Großkommentare der Praxis

RECHT

Strafgesetzbuch

Leipziger Kommentar

Großkommentar

12., neu bearbeitete Auflage

herausgegeben von

Heinrich Wilhelm Laufhütte
Ruth Rissing-van Saan
Klaus Tiedemann

Elfter Band

§§ 306 bis 323

Bearbeiter:

§§ 306–310: Hagen Wolff
§§ 311–312: Manfred Möhrenschlager
§§ 313–314a: Hagen Wolff
§§ 315–316: Peter König
§§ 316a: Christoph Sowada
§§ 316b–316c: Peter König
§§ 317–323: Hagen Wolff

RECHT

De Gruyter Recht · Berlin

Stand der Bearbeitung: Oktober 2008

Redaktor: Heinrich Wilhelm Laufhütte
Sachregister: Friederike Gerber

ISBN 978-3-89949-564-5

Bibliografische Information der Deutschen Nationalbibliothek

Die Deutsche Nationalbibliothek verzeichnet diese Publikation in der Deutschen Nationalbibliografie; detaillierte bibliografische Daten sind im Internet über http://dnb.d-nb.de abrufbar.

Datenkonvertierung/Satz: WERKSATZ Schmidt & Schulz, 06773 Gräfenhainichen
Druck und Bindung: Bercker Graphischer Betrieb GmbH, 47614 Kevelaer
Printed in Germany

Verzeichnis der Bearbeiter der 12. Auflage

Dr. **Dietlinde Albrecht**, Referentin im Innenministerium des Landes Mecklenburg-Vorpommern, Schwerin

Gerhard Altvater, Bundesanwalt beim Bundesgerichtshof, Karlsruhe

Dr. **Georg Bauer**, Oberstaatsanwalt beim Bundesgerichtshof, Karlsruhe

Dr. **Gerhard Dannecker**, Universitätsprofessor an der Ruprecht-Karls-Universität Heidelberg

Dr. **Karlhans Dippel**, Vors. Richter am Oberlandesgericht a.D., Kronberg i. Ts.

Dr. **Klaus Geppert**, Universitätsprofessor an der Freien Universität Berlin

Dr. **Ferdinand Gillmeister**, Rechtsanwalt, Freiburg

Duscha Gmel, Oberstaatsanwältin beim Bundesgerichtshof, Karlsruhe

Michael Grotz, Bundesanwalt beim Bundesgerichtshof a.D., Nationales Mitglied von Eurojust, Den Haag

Joachim Häger (†), Richter am Bundesgerichtshof, Karlsruhe

Dr. **Ernst-Walter Hanack**, em. Universitätsprofessor an der Johannes-Gutenberg-Universität Mainz

Dr. Dr. **Eric Hilgendorf**, Universitätsprofessor an der Julius-Maximilians-Universität Würzburg

Dr. Dr. h.c. **Thomas Hillenkamp**, Universitätsprofessor an der Ruprecht-Karls-Universität Heidelberg

Dr. **Tatjana Hörnle**, Universitätsprofessorin an der Ruhr-Universität Bochum

Dr. **Kristian Hohn**, Wissenschaftlicher Assistent an der Bucerius Law School, Hamburg

Dr. **Jutta Hubrach**, Richterin am Oberlandesgericht Düsseldorf

Dr. **Florian Jeßberger**, Universitätsprofessor an der Humboldt-Universität zu Berlin

Dr. **Peter König**, Richter am Bundesgerichtshof, Karlsruhe, Honorarprofessor an der Ludwig-Maximilians-Universität München

Juliane Krause, Staatsanwältin als Gruppenleiterin bei der Staatsanwaltschaft Hof

Dr. **Matthias Krauß**, Oberstaatsanwalt beim Bundesgerichtshof, Karlsruhe

Dr. **Christoph Krehl**, Oberstaatsanwalt beim Bundesgerichtshof, Karlsruhe

Perdita Kröger, Regierungsdirektorin am Bundesministerium der Justiz, Berlin

Annette Kuschel, Richterin am Oberlandesgericht Dresden

Heinrich Wilhelm Laufhütte, Vorsitzender Richter am Bundesgerichtshof a.D., Berlin

Dr. **Hans Lilie**, Universitätsprofessor an der Martin Luther-Universität Halle-Wittenberg

Dr. **Manfred Möhrenschlager**, Ministerialrat a.D., Bonn

Dr. **Jens Peglau**, Richter am Oberlandesgericht, Hamm

Dr. **Ruth Rissing-van Saan**, Vorsitzende Richterin am Bundesgerichtshof, Karlsruhe

Dr. **Thomas Rönnau**, Universitätsprofessor an der Bucerius Law School, Hamburg

Dr. **Henning Rosenau**, Universitätsprofessor an der Universität Augsburg

Ellen Roggenbuck, Richterin am Bundesgerichtshof, Karlsruhe

Dr. **Wolfgang Ruß**, Vorsitzender Richter am Bundesgerichtshof a.D., Karlsruhe

Wilhelm Schluckebier, Richter am Bundesverfassungsgericht, Karlsruhe
Dr. **Wilhelm Schmidt**, Bundesanwalt beim Bundesgerichtshof, Karlsruhe
Johann Schmid, Oberstaatsanwalt beim Bundesgerichtshof, Karlsruhe
Dr. **Hendrik Schneider**, Universitätsprofessor an der Universität Leipzig
Dr. **Heinz Schöch**, Universitätsprofessor an der Ludwig-Maximilians-Universität München
Dr. Dr. h.c. **Friedrich-Christian Schroeder**, em. Universitätsprofessor an der Universität Regensburg
Dr. Dres. h.c. **Bernd Schünemann**, Universitätsprofessor an der Ludwig-Maximilians-Universität München
Dr. **Christoph Sowada**, Universitätsprofessor an der Universität Rostock
Werner Theune, Richter am Bundesgerichtshof a.D., Karlsruhe
Dr. Dr. h.c. mult. **Klaus Tiedemann**, em. Universitätsprofessor an der Albert-Ludwigs-Universität Freiburg
Dr. **Brian Valerius**, Wissenschaftlicher Mitarbeiter an der Julius-Maximilians-Universität Würzburg
Dr. **Joachim Vogel**, Richter am OLG Stuttgart, Universitätsprofessor an der Eberhard-Karls-Universität Tübingen
Dr. Dr. **Thomas Vormbaum**, Universitätsprofessor an der Fern-Universität Hagen
Dr. **Tonio Walter**, Universitätsprofessor an der Universität Regensburg
Dr. **Thomas Weigend**, Universitätsprofessor an der Universität zu Köln
Dr. **Gerhard Werle**, Universitätsprofessor an der Humboldt-Universität zu Berlin
Hagen Wolff, Vorsitzender Richter am Oberlandesgericht a.D., Celle
Dr. **Frank Zieschang**, Universitätsprofessor an der Julius-Maximilians-Universität Würzburg

Vorwort

Der hiermit vorgelegte Elfte Band der 12. Auflage des Leipziger Kommentars enthält die Neubearbeitung der §§ 306 bis 323.

Die Brandstiftungsdelikte der §§ 306 bis 306f StGB bedurften nach dem Sechsten Gesetz zur Reform des Strafrechts vom 16. Januar 1998 – 6. StrRG – einer weitgehenden Neukommentierung, nachdem die Änderungen der Vorschriften durch dieses Gesetz in der 11. Auflage nur noch kursorisch in einem Nachtrag hatten behandelt werden können. Dies hat zugleich die Gelegenheit gegeben, den zu der Neufassung der Brandstiftungstatbestände mittlerweile erreichten Diskussionsstand einzuarbeiten. Das 6. StrRG hat darüber hinaus zu zu berücksichtigenden Änderungen bei weiteren Tatbeständen des 28. Gesetzesabschnitts geführt. Bei § 309 ist außerdem die Erweiterung von Absatz 6 durch das am 31. Oktober 2007 verkündete Gesetz zur Umsetzung des UN-Übereinkommens vom 13. April 2005 zur Bekämpfung nuklearterroristischer Handlungen zu erwähnen; das selbe Gesetz hat auch Änderungen des § 310 StGB zum Inhalt.

Die Verkehrsstrafvorschriften der §§ 315 bis 316 StGB sind – wie schon seit vielen Jahren – von Gesetzesänderungen unberührt geblieben. Jedoch waren einige Novellierungen außerhalb des Strafrechts zu berücksichtigen. Neue Forschungsergebnisse und ein Kammerbeschluss des BVerfG haben die Diskussion um den Komplex „Drogen im Straßenverkehr" befruchtet. Die Auseinandersetzungen zum Einsatz der Atemalkoholanalyse im Strafverfahren erhielten durch Beschlüsse der Innen- und Justizministerkonferenz aus den Jahren 2007 bzw. 2008 neues Leben. Daneben war eine Fülle von Rechtsprechung und Literatur einzuarbeiten. Grundsatzentscheidungen des Bundesgerichtshofs zu § 315b StGB machten eine weitgehende Überarbeitung der Kommentierung zu §§ 315, 315b StGB erforderlich.

Auch im Bereich des Räuberischen Angriffs auf Kraftfahrer (§ 316a StGB) erfolgte eine grundlegende Neuorientierung der höchstrichterlichen Rechtsprechung, die eine enger am Schutzzweck und an den einzelnen Tatbestandsmerkmalen dieser Strafnorm ausgerichtete Auslegung zum Gegenstand hat.

Die früher vom verstorbenen Richter am Bundesgerichtshof Steindorf [herausragend] bearbeiteten Partien hat – in diesem Band für die §§ 311 und 312 StGB – Manfred Möhrenschlager übernommen. Erweiterungen ergaben sich hier vor allem durch Änderungen dieser Tatbestände und des zu Grunde liegenden europäisch und international beeinflussten Atom- und Strahlenschutzrechts. Dabei wurden auch bisherige Erläuterungen zu den §§ 327, 328 und 330d StGB einbezogen.

Verlag und Herausgeber danken allen Autoren für die Bearbeitung der, schon technisch, komplizierten Vorschriften, deren Fassung gegenüber früherem Recht teilweise erheblich geändert worden ist und deren Regelungsgehalt neu zu durchdenken war.

Die Bearbeitung befindet sich durchgehend auf dem Stand von Oktober 2008.

Karlsruhe, im November 2008 *Heinrich Wilhelm Laufhütte*

Inhaltsübersicht

ERLÄUTERUNGEN

BESONDERER TEIL

Achtundzwanzigster Abschnitt
Gemeingefährliche Straftaten

Abkürzungsverzeichnis

AA	Auswärtiges Amt
aA	anderer Ansicht
aaO	am angegebenen Ort
AbfG	Gesetz über die Vermeidung und Entsorgung von Abfällen (Abfallgesetz)
AbfVerbrG	Gesetz über die Überwachung und Kontrolle der grenzüberschreitenden Verbringung von Abfällen (Abfallverbringungsgesetz)
Abg.	Abgeordneter
AbgO	Reichsabgabenordnung
abgedr.	abgedruckt
Abk.	Abkommen
abl.	ablehnend
ABl.	Amtsblatt
AblEU	Amtsblatt der Europäischen Union (ab 2003); Ausgabe C: Mitteilungen und Bekanntmachungen; Ausgabe L: Rechtsvorschriften
AblKR	Amtsblatt des Kontrollrats
Abs.	Absatz
Abschn.	Abschnitt
abw.	abweichend
AbwAG	Abwasserabgabengesetz
AcP	Archiv für civilistische Praxis (zit. nach Band u. Seite)
AdVermiG	Gesetz über die Vermittlung der Annahme als Kind und über das Verbot der Vermittlung von Ersatzmüttern (Adoptionsvermittlungsgesetz)
AE	Alternativ-Entwurf eines StGB, 1966 ff
a.E.	am Ende
ÄndG	Änderungsgesetz
ÄndVO	Änderungsverordnung
Anh	Anhang
a.F.	alte Fassung
AFG	Arbeitsförderungsgesetz
AfP	Archiv für Presserecht
AG	Amtsgericht; in Verbindung mit einem Gesetz: Ausführungsgesetz
AGBG/AGB-Gesetz	Gesetz zur Regelung des Rechts der Allgemeinen Geschäftsbedingungen
AHK	Alliierte Hohe Kommission
AIDP	Association Internationale de Droit Pénal
AktG	Gesetz über Aktiengesellschaften und Kommanditgesellschaften auf Aktien (Aktiengesetz)
AktO	Anweisung für die Verwaltung des Schriftguts bei den Geschäftsstellen der Gerichte und der Staatsanwaltschaften (Aktenordnung)
allg.	allgemein
allg. M.	allgemeine Meinung
Alt.	Alternative
aM	anderer Meinung
A&M	Arzneimittel und Recht (Zeitschrift für Arzneimittel und Arzneimittelpolitik)
AMG	Arzneimittelgesetz
amtl. Begr.	amtliche Begründung

and.	anders
Angekl.	Angeklagte(r)
Anh.	Anhang
AnhRügG	Gesetz über die Rechtsbehelfe bei Verletzung des Anspruchs auf rechtliches Gehör (Anhörungsrügengesetz)
Anl.	Anlage
Anm.	Anmerkung
Annalen	Annalen des Reichsgerichts
AnwBl.	Anwaltsblatt
ao	außerordentlich
AO 1977	Abgabenordnung
AöR	Archiv des öffentlichen Rechts
AOStrÄndG	Gesetz zur Änderung strafrechtlicher Vorschriften der Reichsabgabenordnung und anderer Gesetze
AP	Arbeitsrechtliche Praxis (Nachschlagewerk des Bundesarbeitsgerichts)
AR	Arztrecht
ArchKrim.	Archiv für Kriminologie
ArchPF	Archiv für Post- und Fernmeldewesen
ArchPR	Archiv für Presserecht
ArchPT	Archiv für Post und Telekommunikation
ARSP	Archiv für Rechts- und Sozialphilosophie (zit. nach Band u. Seite)
Art.	Artikel
AT	Allgemeiner Teil des Strafgesetzbuches
AtG/AtomG	Gesetz über die friedliche Verwendung der Kernenergie und den Schutz gegen ihre Gefahren (Atomgesetz)
AÜG	Arbeitnehmerüberlassungsgesetz
Auff.	Auffassung
aufgehob.	aufgehoben
Aufl.	Auflage
AuR	Arbeit und Recht
ausdrückl.	ausdrücklich
ausführl.	ausführlich
AusfVO	Ausführungsverordnung
ausl.	ausländisch
AuslG	Ausländergesetz
AusnVO	Ausnahmeverordnung
ausschl.	ausschließlich
AV	Allgemeine Verfügung
AVG	Angestelltenversicherung
AWG	Außenwirtschaftsgesetz
AWG/StÄG	Gesetz zur Änderung des Außenwirtschaftsgesetzes, des Strafgesetzbuchs und anderer Gesetze
Az.	Aktenzeichen
b.	bei
BA	Blutalkohol, Wissenschaftliche Zeitschrift für die medizinische und die juristische Praxis
BAK	Blutalkoholkonzentration
BÄK	Bundesärztekammer
BÄO	Bundesärzteordnung
BAG	Bundesarbeitsgericht
BAK	Blutalkoholkonzentration
BAnz.	Bundesanzeiger
BauGB	Baugesetzbuch
BauR	Zeitschrift für das gesamte öffentliche und private Baurecht

Bay.	Bayern, bayerisch
BayBS	Bereinigte Sammlung des Bayerischen Landesrechts (1802–1956)
BayLSG	Bayerisches Landessozialgericht
BayObLG	Bayerisches Oberstes Landesgericht
BayObLGSt	Sammlung von Entscheidungen des Bayerischen Obersten Landesgerichts in Strafsachen
BayVBl.	Bayerische Verwaltungsblätter
BayVerf.	Verfassung des Freistaates Bayern
BayVerwBl.	Bayerische Verwaltungsblätter
BayVerfGHE	s. BayVGHE
BayVGH	Bayerischer Verwaltungsgerichtshof
BayVGHE	Sammlung von Entscheidungen des Bayerischen Verwaltungsgerichtshofs mit Entscheidungen des Bayerischen Verfassungsgerichtshofes, des Bayerischen Dienststrafhofs und des Bayerischen Gerichtshofs für Kompetenzkonflikte (zit. nach Band u. Seite)
BayZ	Zeitschrift für Rechtspflege in Bayern (1905–1934)
BB	Betriebs-Berater
BBG	Bundesbeamtengesetz
BBodSchG	Gesetz zum Schutz vor schädlichen Bodenveränderungen und zur Sanierung von Altlasten (Bundes-Bodenschutzgesetz)
Bd., Bde	Band, Bände
BDH	Bundesdisziplinarhof
BDO	Bundesdisziplinarordnung
BDSG	Bundesdatenschutzgesetz
Bearb.	Bearbeitung
begl.	beglaubigt
BegleitG zum TKG	Begleitgesetz zum Telekommunikationsgesetz
Begr., begr.	Begründung, begründet
Bek.	Bekanntmachung
Bekl., bekl.	Beklagter, beklagt
Bem.	Bemerkung
ber.	berichtigt
bes.	besonders, besondere(r, s)
Beschl.	Beschluss
Beschw.	Beschwerde
Bespr.	Besprechung
Best.	Bestimmung
bestr.	bestritten
betr.	betreffend
BeurkG	Beurkundungsgesetz
BewH	Bewährungshilfe
BezG	Bezirksgerichte
BFH	Bundesfinanzhof
BfJG	Gesetz über die Errichtung des Bundesamtes für Justiz = Art. 1 des Gesetzes zur Errichtung und zur Regelung der Aufgaben des Bundesamtes für Justiz
BG	Bundesgericht (Schweiz)
BGB	Bürgerliches Gesetzbuch
BGBl. I, II, III	Bundesgesetzblatt Teil I, II und III
BGE	Entscheidungen des schweizerischen Bundesgerichts (Amtliche Sammlung)
BGH	Bundesgerichtshof
BGHGrS	Bundesgerichtshof, Großer Senat
BGHSt	Entscheidungen des Bundesgerichtshofes in Strafsachen (zit. nach Band u. Seite)

BGHZ	Entscheidungen des Bundesgerichtshofes in Zivilsachen (zit. nach Band u. Seite)
BG Pr.	Die Praxis des Bundesgerichts (Entscheidungen des schweizerischen Bundesgerichts)
BImSchG	Bundes-Immissionsschutzgesetz
BImSchVO	Bundes-Immissionsschutzverordnung
BinnSchiffG/BinSchG	Gesetz betr. die privatrechtlichen Verhältnisses der Binnenschiffahrt (Binnenschiffahrtsgesetz)
BJagdG	Bundesjagdgesetz
BJM	Basler Juristische Mitteilungen
BK	Basler Kommentar zum Strafgesetzbuch (auch: Bonner Kommentar zum Grundgesetz)
BKA	Bundeskriminalamt
BKAG/BKrimAG	Gesetz über die Einrichtung eines Bundeskriminalpolizeiamtes (Bundeskriminalamtes)
Bln.	Berlin
Bln.GVBl.Sb.	Sammlung des bereinigten Berliner Landesrechts, Sonderband I (1806–1945) und II (1945–1967)
Blutalkohol	Blutalkohol, Wissenschaftliche Zeitschrift für die medizinische und juristische Praxis
BMI	Bundesminister(ium) des Inneren
BMJ	Bundesminister(ium) der Justiz
BNatSchG	Gesetz über Naturschutz und Landschaftspflege (Bundesnaturschutzgesetz)
BNotÄndG	Drittes Gesetz zur Änderung der Bundesnotarordnung und anderer
BNotO	Bundesnotarordnung
BR	Bundesrat
BRAGO	Bundesgebührenordnung für Rechtsanwälte
BRAK	Bundesrechtsanwaltskammer
BranntwMG/BranntwMonG	Branntweinmonopolgesetz
BRAO	Bundesrechtsanwaltsordnung
BRAOÄndG	Gesetz zur Änderung der Bundesrechtsanwaltsordnung, der Patentrechtsanwaltsordnung und anderer Gesetze
BRD	Bundesrepublik Deutschland
BR-Drs./BRDrucks.	Bundesrats-Drucksache
BReg.	Bundesregierung
Brem.	Bremen
BRProt.	Protokolle des Bundesrates
BRRG	Beamtenrechtsrahmengesetz
BRStenBer.	Verhandlungen des Bundesrats, Stenographische Berichte (zit. nach Sitzung u. Seite)
BS	Sammlung des bereinigten Landesrechts
BSeuchG	Bundes-Seuchengesetz
BSG	Bundessozialgericht
BSHG	Bundessozialhilfegesetz
Bsp.	Beispiel
BStBl.	Bundessteuerblatt
BT	Besonderer Teil des StGB (auch: Bundestag)
BTDrucks.	Bundestags-Drucksache
BtMG	Gesetz über den Verkehr mit Betäubungsmitteln (Betäubungsmittelgesetz)
BTProt.	s. BTVerh.
BTRAussch.	Rechtsausschuss des Deutschen Bundestags
BTStenBer.	Verhandlungen des deutschen Bundestag, Stenographische Berichte (zit. nach Wahlperiode u. Seite)

BTVerh.	Verhandlungen des Deutschen Bundestags
Buchst.	Buchstabe
BVerfG	Bundesverfassungsgericht
BVerfGE	Entscheidungen des Bundesverfassungsgerichts (zit. nach Band u. Seite)
BVerfGG	Gesetz über das Bundesverfassungsgericht
BVerwG	Bundesverwaltungsgericht
BVerwGE	Entscheidungen des Bundesverwaltungsgerichts (zit. nach Band u. Seite)
BVwVfG	(Bundes-)Verwaltungsverfahrensgesetz
BW	Baden-Württemberg
bzgl.	bezüglich
BZR	Bundeszentralregister
BZRG	Gesetz über das Bundeszentralregister und das Erziehungsregister (Bundeszentralregistergesetz)
bzw.	beziehungsweise
ca.	circa
ChemG	Gesetz zum Schutz vor gefährlichen Stoffen (Chemikaliengesetz)
CR	Computer und Recht
CWÜAG	AusführungsG zum Chemiewaffenübereinkommen (CWÜ-AG)
DA	Deutschland Archiv
DÄBl.	Deutsches Ärzteblatt
dagg.	dagegen
DAR	Deutsches Autorecht
DAV	Deutscher Anwaltsverein
DB	Der Betrieb
DDevR	Deutsche Devisen-Rundschau (1951–1959)
DDR	Deutsche Demokratische Republik
DDT-G	Gesetz über den Verkehr mit DDT
DepotG	Gesetz über die Verwahrung und Anschaffung von Wertpapieren (Depotgesetz)
ders./dies.	derselbe/dieselbe
dgl.	dergleichen
DGVZ	Deutsche Gerichtsvollzieher-Zeitung
d.h.	das heißt
dies.	dieselbe(n)
Diff., diff.	Differenzierung, differenzierend
Diss.	Dissertation
DJ	Deutsche Justiz, Rechtspflege und Rechtspolitik
DJT	Deutscher Juristentag
DJZ	Deutsche Juristenzeitung (1896–1936)
DMW	Deutsche Medizinische Wochenschrift
DNA-AnalysG	Gesetz zur Novellierung der forensischen DNA-Analyse
DNutzG	Gesetz zur effektiven Nutzung von Dateien im Bereich der Staatsanwaltschaften
DÖV	Die Öffentliche Verwaltung
DOGE	Entscheidungen des Deutschen Obergerichts für das Vereinigte Wirtschaftsgebiet
DR	Deutsches Recht, Wochenausgabe (vereinigt mit Juristische Wochenschrift) (1931–1945)
DRechtsw.	Deutsche Rechtswissenschaft (1936–1943)
DRiB	Deutscher Richterbund
DRiG	Deutsches Richtergesetz

DRiZ	Deutsche Richterzeitung
DRM	Deutsches Recht, Monatsausgabe (vereinigt mit Deutsche Rechtspflege)
DRpfl.	Deutsche Rechtspflege (1936–1939)
Drs./Drucks.	Drucksache
DRsp.	Deutsche Rechtsprechung, hrsg. von Feuerhake (Loseblattsammlung)
DRZ	Deutsche Rechts-Zeitschrift (1946–1950)
DSB	Datenschutzberater
DStrR	Deutsches Steuerrecht
DStR	Deutsches Strafrecht (1934–1944)
DStrZ	Deutsche Strafrechts-Zeitung (1914–1922)
DStZ A	Deutsche Steuerzeitung, bis Jg. 67 (1979): Ausgabe A
dt.	deutsch
DtZ	Deutsch-Deutsche Rechts-Zeitschrift
DuD	Datenschutz und Datensicherheit
DuR	Demokratie und Recht
DVBl.	Deutsches Verwaltungsblatt
DVJJ	Deutsche Vereinigung für Jugendgerichte und Jugendgerichtshilfen e.V.
DVO	Durchführungsverordnung
DVollzO	Dienst- und Vollzugsordnung
DVP	Deutsche Verwaltungspraxis
DVR	Datenverarbeitung im Recht (bis 1985, danach vereinigt mit IuR)
DWW	Deutsche Wohnungswirtschaft
E	Entwurf bzw. Entscheidung
E 1927	Entwurf eines Allgemeinen Deutschen Strafgesetzbuches nebst Begründung (Reichstagsvorlage) 1927
E 62	Entwurf eines Strafgesetzbuches mit Begründung 1962
EAO	Entwurf einer Abgabenordnung
ebd.	ebenda
ebso.	ebenso
ed(s)	editor(s)
EEGOWiG	Entwurf eines Einführungsgesetzes zum Gesetz über Ordnungswidrigkeiten
EEGStGB	Entwurf eines Einführungsgesetzes zum Strafgesetzbuch (EGStGB)
EFG	Entscheidung der Finanzgerichte (zit. nach Band u. Seite)
EG	Einführungsgesetz bzw. Europäische Gemeinschaft(en) bzw. Erinnerungsgabe
EGBGB	Einführungsgesetz zum Bürgerlichen Gesetzbuch
EG-FinanzschutzG/ EGFinSchG	Gesetz zum Übereinkommen v. 26.8.1995 über den Schutz der finanziellen Interessen der Europäischen Gemeinschaften
EGGVG	Einführungsgesetz zum Gerichtsverfassungsgesetz
EGH	Ehrengerichtliche Entscheidungen der Ehrengerichtshöfe der Rechtsanwaltschaft des Bundesgebiets und des Landes Berlin (zit. nach Band u. Seite)
EGInsO	Einführungsgesetz zur Insolvenzordnung
EGInsOÄndG	Gesetz zur Änderung des Einführungsgesetzes zur Insolvenzordnung und anderer Gesetze
EGKS	Europäische Gemeinschaft für Kohle und Stahl
EGMR	Europäischer Gerichtshof für Menschenrechte
EGOWiG	Einführungsgesetz zum Gesetz über Ordnungswidrigkeiten
EGStGB	Einführungsgesetz zum Strafgesetzbuch
EGStPO	Einführungsgesetz zur Strafprozeßordnung
EGV	Vertrag zur Gründung der Europäischen Gemeinschaft

EheG	Ehegesetz
ehem.	ehemalig
EhrenGHE	Ehrengerichtliche Entscheidungen (der Ehrengerichtshöfe der Rechtsanwaltschaft des Bundesgebietes und des Landes Berlin)
Einf.	Einführung
eingeh.	eingehend
einschl.	einschließlich
einschr.	einschränkend
Einl.	Einleitung
EJF	Entscheidungen aus dem Jugend- und Familienrecht (1951–1969)
EKMR	Europäische Kommission für Menschenrechte
EmmingerVO	Verordnung über Gerichtsverfassung und Strafrechtspflege
EMRK	Europäische Menschenrechtskonvention
entgg.	entgegen
Entsch.	Entscheidung
entspr.	entsprechend
Entw.	Entwurf
Erg.	Ergebnis bzw. Ergänzung
ErgBd.	Ergänzungsband
ErgThG	Ergotherapeutengesetz
Erl.	Erläuterung
Erw.	Erwiderung
ESchG	Embryonenschutzgesetz
EStG	Einkommensteuergesetz
etc.	et cetera
Ethik Med.	Ethik in der Medizin
ETS	European Treaty Series
EU	Europäische Union
EUBestG	Gesetz zum Protokoll v. 27.9.1996 zum Übereinkommen über den Schutz der finanziellen Interessen der Europäischen Gemeinschaften (EU-Bestechungsgesetz)
eucrim	The European Criminal Law Associations' Forum
EuGH	Gerichtshof der Europäischen Gemeinschaft
EuGHE	Entscheidungen des Gerichtshofs der Europäischen Gemeinschaften – Amtliche Sammlung
EuGRZ	Europäische Grundrechte-Zeitschrift
EuHbG	Gesetz zur Umsetzung des Rahmenbeschlusses über den Europäischen Haftbefehl und die Übergabeverfahren zwischen den Mitgliedstaaten der Europäischen Union (Europäisches Haftbefehlsgesetz – EuHbG)
EuR	Europarecht
EurGHMR	Europäischer Gerichtshof für Menschenrechte
EurKomMR	Europäische Kommission für Menschenrechte
europ.	europäisch
EuropolG	Europol-Gesetz
EUV	Vertrag über die Europäische Union
EuZW	Europäische Zeitschrift für Wirtschaftsrecht
EV	Vertrag zwischen der Bundesrepublik Deutschland und der Deutschen Demokratischen Republik über die Herstellung der Einheit Deutschlands – Einigungsvertrag
EV I bzw. II	Anlage I bzw. II zum EV
evtl.	eventuell
EWG	Europäische Wirtschaftsgemeinschaft
EWGV	Vertrag zur Gründung der Europäischen Wirtschaftsgemeinschaft
EWiR	Entscheidungen zum Wirtschaftsrecht

EWiV	Europäische wirtschaftliche Interessenvereinigung
EWR	Schriftenreihe zum europäischen Weinrecht (auch: Europäischer Wirtschafts-Raum)
EzSt	Entscheidungssammlung zum Straf- u. Ordnungswidrigkeitenrecht, hrsg. von Lemke (zit. nach Band u. Seite)
f, ff	folgende, fortfolgende
FA	Fachanwalt für Arbeitsrecht
FAG	Gesetz über Fernmeldeanlagen
FamRZ	Ehe und Familie im privaten und öffentlichen Recht. Zeitschrift für das gesamte Familienrecht
FAO	Fachanwaltsordnung
FAZ	Frankfurter Allgemeine Zeitung
Festschr.	Festschrift
FG	Finanzgericht (auch: Festgabe)
FGG	Gesetz über die Angelegenheiten der freiwilligen Gerichtsbarkeit
FGO	Finanzgerichtsordnung
fin.	finanziell
FinVerwG/FVG	Gesetz über die Finanzverwaltung
FlaggRG/FlRG	Gesetz über das Flaggenrecht der Seeschiffe und die Flaggenführung der Binnenschiffe (Flaggenrechtsgesetz)
FlRV	Flaggenrechtsverordnung
Fn.	Fußnote
Forens Psychiatr Psychol Kriminol	Forensische Psychiatrie, Psychologie, Kriminologie
Fortschr Neurol Psychiat	Fortschritte der Neurologie. Psychiatrie
fragl.	fraglich
FS	Festschrift
G bzw. Ges.	Gesetz
G 10	Gesetz zur Beschränkung des Brief-, Post- und Fernmeldegeheimnisses (Gesetz zu Artikel 10 Grundgesetz)
GA	Goltdammer's Archiv für Strafrecht, zit. nach Jahr u. Seite (bis 1933: Archiv für Strafrecht und Strafprozeß, zit. nach Band u. Seite)
GBA	Generalbundesanwalt
GBG	Gesetz über die Beförderung gefährlicher Güter
GBl.	Gesetzblatt
GebFra	Geburtshilfe und Frauenheilkunde (zit. nach Band u. Seite)
GedS	Gedächtnisschrift
gem.	gemäß
Gemeinsame-Dateien-Gesetz	Gesetz zur Errichtung gemeinsamer Dateien von Polizeibehörden und Nachrichtendiensten des Bundes und der Länder
GenG	Gesetz betreffend die Erwerbs- und Wirtschaftsgenossenschaften
GenStA	Generalstaatsanwalt
GerS	Der Gerichtssaal
GeschlKG/GeschlkrG	Gesetz zur Bekämpfung der Geschlechtskrankheiten
GeschO	Geschäftsordnung
gesetzl.	gesetzlich
GesR	Gesundheitsrecht (Zeitschrift für Arztrecht, Krankenrecht, Apotheken- und Arzneimittelrecht)
GewArch	Gewerbearchiv, Zeitschrift für Gewerbe- und Wirtschaftsverwaltungsrecht
GewO	Gewerbeordnung
GewVerbrG	Gesetz gegen gefährliche Gewohnheitsverbrecher und über Maßregeln der Sicherung und Besserung

gg.	gegen
GG	Grundgesetz für die Bundesrepublik Deutschland
ggf.	gegebenenfalls
GjS/GjSM	Gesetz über die Verbreitung jugendgefährdender Schriften und Medieninhalte
GKG	Gerichtskostengesetz
gl.	gleich
GmbHG	Gesetz betreffend die Gesellschaften mit beschränkter Haftung
GmbHR/GmbH-Rdsch	GmbH-Rundschau (vorher: Rundschau für GmbH)
GMBl.	Gemeinsames Ministerialblatt
GnO	Gnadenordnung (Landesrecht)
grdl.	grundlegend
grds.	grundsätzlich
GrS	Großer Senat
GrSSt.	Großer Senat in Strafsachen
GRUR	Gewerblicher Rechtsschutz und Urheberrecht
GS	Der Gerichtssaal (zit. nach Band u. Seite)
GSNW	Sammlung des bereinigten Landesrechts Nordrhein-Westfalen (1945–1956)
GSSchlH	Sammlung des schleswig-holsteinischen Landesrechts, 2 Bde (1963)
GÜG	Gesetz zur Überwachung des Verkehrs mit Grundstoffen, die für die unerlaubte Herstellung von Betäubungsmitteln mißbraucht werden können
GV	Gemeinsame Verfügung (mehrerer Ministerien) (auch: Grundlagenvertrag)
GVBl.	Gesetz- und Verordnungsblatt
GVBl. I–III	Sammlung des bereinigten Hessischen Landesrechts
GVG	Gerichtsverfassungsgesetz
GWB	Gesetz gegen Wettbewerbsbeschränkungen
GwG	Gesetz über das Aufspüren von Gewinnen aus schweren Straftaten (Geldwäschegesetz)
h.A.	herrschende Ansicht
HaagLKO/HLKO	Haager Abkommen betr. die Gesetze und Gebräuche des Landkriegs
Halbs./Hbs.	Halbsatz
Hamb.	Hamburg
HambJVBl	Hamburgisches Justizverwaltungsblatt
HannRpfl	Hannoversche Rechtspflege
Hans.	Hanseatisch
HansGZ bzw. HGZ	Hanseatische Gerichtszeitung (1889–1927)
HansJVBl	Hanseatisches Justizverwaltungsblatt (bis 1946/47)
HansOLGSt	Entscheidungen des Hanseatischen Oberlandesgerichts in Strafsachen (1879–1932/33)
HansRGZ	Hanseatische Rechts- und Gerichtszeitschrift (1928–43), vorher:
HansRZ	Hanseatische Rechtszeitschrift für Handel, Schiffahrt und Versicherung, Kolonial- und Auslandsbeziehungen sowie für Hansestädtisches Recht (1918–1927)
Hdb.	Handbuch
HdbStR	Isensee/Kirchhof (Hrsg.), Handbuch des Staatsrechts der Bundesrepublik Deutschland
HeilPrG	Gesetz über die berufsmäßige Ausübung der Heilkunde ohne Bestallung (Heilpraktikergesetz)
Hess.	Hessen

HESt	Höchstrichterliche Entscheidungen, Sammlung von Entscheidungen der Oberlandesgerichte und der Obersten Gerichte in Strafsachen (1948–49) (zit. nach Band u. Seite)
HFR	Höchstrichterliche Finanzrechtsprechung
HGB	Handelsgesetzbuch
hins.	hinsichtlich
Hinw.	Hinweis
h.L.	herrschende Lehre
h.M.	herrschende Meinung
HöchstRR	Höchstrichterliche Rechtsprechung auf dem Gebiete des Strafrechts, Beilage zur Zeitschrift für die gesamte Strafrechtswissenschaft (1 zu Bd. 46, 2 zu Bd. 47, 3 zu Bd. 48)
HRR	Höchstrichterliche Rechtsprechung (1928–1942), bis 1927: Die Rechtsprechung, Beilage zur Zeitschrift Juristische Rundschau
HRRS	Höchstrichterliche Rechtsprechung zum Strafrecht
Hrsg. bzw. hrsg.	Herausgeber bzw. herausgegeben
h. Rspr.	herrschende Rechtsprechung
HWiStR	Krekeler/Tiedemann/Ulsenheimer/Weinmann (Hrsg.) Handwörterbuch des Wirtschafts- und Steuerstrafrechts
i. Allg.	im Allgemeinen
i. allg. S.	im allgemeinen Sinn
i.d.F.	in der Fassung
i.d.R.	in der Regel
i.d.S.	in diesem Sinne
i.E./i. Erg.	im Ergebnis
i.e.S.	im engeren Sinn
IGH	Internationaler Gerichtshof
i. gl. S.	im gleichen Sinn
i. Grds.	im Grundsatz
IHK	Industrie- und Handelskammer
i.H.v.	in Höhe von
ILC	International Law Commission
ILM	International Legal Materials
IM	Innenminister(ium)
IMT	International Military Tribunal (Nürnberg)
inl.	inländisch
insb./insbes.	insbesondere
insges.	insgesamt
InsO	Insolvenzordnung
IntBestG	Gesetz zur Bekämpfung internationaler Bestechung
inzw.	inzwischen
IPBPR	Internationaler Pakt über bürgerliche und politische Rechte
i.R.d.	im Rahmen der/des
i.R.v.	im Rahmen von
IStGH	Internationaler Strafgerichtshof
IStGH-Statut	Internationaler Strafgerichtshof – Statut
IStR	Internationales Strafrecht
i.S.	im Sinne
i.S.d.	im Sinne der/des
i.S.e.	im Sinne einer(s)
IStGH	(ständiger) Internationaler Strafgerichtshof (Den Haag)
i.S.v.	im Sinne von
ITBR	Der IT-Berater
i. techn. S.	im technischen Sinne

i.U.	im Unterschied
i. üb.	im übrigen
IuKDG	Gesetz zur Regelung der Rahmenbedingungen für Informations- und Kommunikationsdienste (Informations- und Kommunikationsdienstegesetz)
IuR	Informatik und Recht
i.V.m.	in Verbindung mit
i.w.	im wesentlichen
i.w.S.	im weiteren Sinne
i.Z.m.	im Zusammenhang mit
JA	Juristische Arbeitsblätter für Ausbildung und Examen
JahrbÖR	Jahrbuch des öffentlichen Rechts der Gegenwart
JahrbPostw.	Jahrbuch des Postwesens (1937–1941/42)
JA-R	Juristische Arbeitsblätter – Rechtsprechung
JAVollzO	Jugendarrestvollzugsordnung
JBeitrO	Justizbeitreibungsordnung
JBl.	Justizblatt
JBlRhPf.	Justizblatt Rheinland-Pfalz
JBl Saar	Justizblatt des Saarlandes
jew.	jeweils
JFGErg.	Entscheidungen des Kammergerichts und des Oberlandesgerichts München in Kosten-, Straf-, Miet- und Pachtschutzsachen (= Jahrbuch für Entscheidungen in Angelegenheiten der freiwilligen Gerichtsbarkkeit und des Grundbuchrechts. ErgBd.)
JGG	Jugendgerichtsgesetz
JK	Jura-Kartei
JKomG	Gesetz über die Verwendung elektronischer Kommunikationsformen in der Justiz (Justizkommunikationsgesetz – JKomG)
JM	Justizminister(ium)
JMBlNRW/JMBlNW	Justizministerialblatt für das Land Nordrhein-Westfalen
JÖSchG	Gesetz zum Schutze der Jugend in der Öffentlichkeit
JOR	Jahrbuch für Ostrecht
JR	Juristische Rundschau
JRE	Jahrbuch für Recht und Ethik
JSt	Journal für Strafrecht
JStGH	Internationaler Strafgerichtshof für das ehemalige Jugoslawien
JStGH-Statut	Internationaler Strafgerichtshof für das ehemalige Jugoslawien Statut
1. JuMoG	Erstes Gesetz zur Modernisierung der Justiz (1. Justizmodernisierungsgesetz)
2. JuMoG	Zweites Gesetz zur Modernisierung der Justiz (2. Justizmodernisierungsgesetz)
JurA	Juristische Analysen
Jura	Juristische Ausbildung
JurBl./JBl.	Juristische Blätter
JurJahrb.	Juristen-Jahrbuch
JurPC	Internet-Zeitschrift für Rechtsinformatik und Informationsrecht
JuS	Juristische Schulung. Zeitschrift für Studium und Ausbildung
Justiz	Die Justiz. Amtsblatt des Justizministeriums von Baden-Württemberg
JuV	Justiz und Verwaltung
JVA	Justizvollzugsanstalt
JVBl.	Justizverwaltungsblatt
JVKostO	Gesetz über Kosten im Bereich der Justizverwaltung
JVollz.	Jugendstrafvollzugsordnung: s. auch JAVollzO

JW	Juristische Wochenschrift
JWG	Jugendwohlfahrtsgesetz
JZ	Juristenzeitung
JZ-GD	Juristenzeitung – Gesetzgebungsdienst
Kap.	Kapitel
KastG/KastrG	Gesetz über die freiwillige Kastration
KE	Kommissionsentwurf
Kfz.	Kraftfahrzeug
KG	Kammergericht bzw. Kommanditgesellschaft
KGJ	Jahrbuch für Entscheidungen des Kammergerichts in Sachen der freiwilligen Gerichtsbarkeit, in Kosten-, Stempel- und Strafsachen (1881–1922) (zit. nach Band u. Seite)
KindRG	Gesetz zur Reform des Kindschaftsrechts
KJ	Kritische Justiz
KO	Konkursordnung
KOM	(EU-)Kommission
KorBekG/KorrBekG/KorrBG	Gesetz zur Bekämpfung der Korruption
K&R	Kommunikation und Recht
KRABl.	s. ABlKR
KreditwesenG/KWG	Gesetz über das Kreditwesen
KRG	Kontrollratsgesetz
KriegswaffKG/KWKG	Gesetz über die Kontrolle von Kriegswaffen
KrimAbh.	Kriminalistische Abhandlungen, hrsg. von Exner
KrimGwFr	Kriminologische Gegenwartsfragen (zit. nach Band u. Seite)
Kriminalistik	Kriminalistik, Zeitschrift für die gesamte kriminalistische Wissenschaft und Praxis
KrimJournal	Kriminologisches Journal
krit.	kritisch
KritJ/Krit. Justiz	Kritische Justiz
KritV/KritVj	Kritische Vierteljahresschrift für Gesetzgebung und Rechtsprechung
KrW-/AbfG	Gesetz zur Förderung der Kreislaufwirtschaft und Sicherung der umweltverträglichen Beseitigung von Abfällen (Kreislaufwirtschafts- und Abfallgesetz)
KunstUrhG/KUrhG	Kunsturhebergesetz
KuT	Konkurs-, Treuhand- und Schiedsgerichtswesen
KuV/k+v/K+V	Kraftfahrt u. Verkehrsrecht, Zeitschrift der Akademie für Verkehrswissenschaft, Hamburg
KWG	siehe KreditwesenG
LegPer.	Legislaturperiode
LFGB	Lebens- und Futtermittelgesetzbuch
LG	Landgericht
lit.	littera (Buchstabe)
Lit.	Literatur
LM	Nachschlagewerk des Bundesgerichtshofs, hrsg. v Lindenmaier/Möhring u.a. (zit. nach Paragraph u. Nummer)
LMBG	Gesetz über den Verkehr mit Lebensmitteln, Tabakerzeugnissen, kosmetischen Mitteln und sonstigen Bedarfsgegenständen (Lebensmittel- und Bedarfsgegenständegesetz)
LPG	Landespressegesetz
LPK	Lehr- und Praxiskommentar
LRA	Landratsamt
LRE	Sammlung lebensmittelrechtlicher Entscheidungen
LS	Leitsatz

lt.	laut
LT	Landtag
LuftSiG	Gesetz zur Neuregelung von Luftsicherheitsaufgaben (Luftsicherheitsgesetz)
LuftVG	Luftverkehrgesetz
LuftVO/LuftVVO	Verordnung über den Luftverkehr
LuftVZO	Luftverkehrs-Zulassungs-Ordnung
LVerf.	Landesverfassung
LZ	Leipziger Zeitschrift für Deutsches Recht (1907–1933)
m.	mit
m. Anm.	mit Anmerkung
Mat.	Materialien zur Strafrechtsreform (1954). Band I: Gutachten der Strafrechtslehrer. Band II: Rechtsvergleichende Arbeiten
m.a.W.	mit anderen Worten
m. Bespr.	mit Besprechung
MdB	Mitglied des Bundestages
MdL	Mitglied des Landtages
MDR	Monatsschrift für Deutsches Recht
MDStV	Staatsvertrag über Mediendienste
MedR	Medizinrecht
MedSach	Der Medizinische Sachverständige
MfS	Ministerium für Staatssicherheit
MiStra	Anordnung über Mitteilungen in Strafsachen
mißverst./missverst.	mißverständlich/missverständlich
Mitt.	Mitteilung
MittIKV	Mitteilungen der Internationalen Kriminalistischen Vereinigung (1889–1914; 1926–1933)
MK	Münchener Kommentar zum Strafgesetzbuch
m. krit. Anm.	mit kritischer Anmerkung (von)
MMR	MultiMedia und Recht
MMW	Münchner Medizinische Wochenschrift
MRG	Militärregierungsgesetz
MschrKrim./MonKrim.	Monatsschrift für Kriminologie und Strafrechtsreform
MschrKrimBiol/ MonKrimBiol.	Monatsschrift für Kriminalbiologie und Strafrechtsreform
MschrKrimPsych/ MonKrimPsych.	Monatsschrift für Kriminalpsychologie und Strafrechtsreform (1904/05–1936)
MStGO	Militärstrafgerichtsordnung
m.w.N.	mit weiteren Nachweisen
m. zust./abl. Anm.	mit zustimmender/ablehnender Anmerkung
Nachtr.	Nachtrag
Nachw.	Nachweis
NATO-Truppenstatut/NTS	Abkommen zwischen den Parteien des Nordatlantikvertrags v. 19.6.1951 über die Rechtsstellung ihrer Truppen (NATO-Truppenstatut)
Nds.	Niedersachsen
NdsRpfl./Nds.Rpfl	Niedersächsische Rechtspflege
NEhelG	Gesetz über die Rechtsstellung der nichtehelichen Kinder
n.F.	neue Fassung
Niederschr./Niederschriften	Niederschriften über die Sitzungen der Großen Strafrechtskommission
Nieders.GVBl. (Sb. I, II)	Niedersächsisches Gesetz- und Verordnungsblatt, Sonderband I und II, Sammlung des bereinigten niedersächsischen Rechts
NJ	Neue Justiz

NJW	Neue Juristische Wochenschrift
NJW-CoR	Computerreport der Neuen Juristischen Wochenschrift
NJW-RR	NJW-Rechtsprechungs-Report Zivilrecht
NK	Nomos Kommentar zum Strafgesetzbuch
NKrimP	Neue Kriminalpolitik
NPA	Neues Polizei-Archiv
Nr.(n)	Nummer(n)
NRW	Nordrhein-Westfalen
NStE	Neue Entscheidungssammlung für Strafrecht, hrsg. von Rebmann, Dahs und Miebach
NStZ	Neue Zeitschrift für Strafrecht
NStZ-RR	NStZ-Rechtsprechungs-Report Strafrecht
NuR	Natur und Recht
NVwZ	Neue Zeitschrift für Verwaltungsrecht
NWB	Neue Wirtschaftsbriefe für Steuer- und Wirtschaftsrecht
NWVBl	Nordrhein-Westfälische Verwaltungsblätter
NZA	Neue Zeitschrift für Arbeits- und Sozialrecht
NZA-RR	NZA-Rechtsprechungsreport Arbeitsrecht
NZM	Neue Zeitschrift für Miet- und Wohnungsrecht
NZG	Neue Zeitschrift für Gesellschaftsrecht
NZS	Neue Zeitschrift für Sozialrecht
NZV	Neue Zeitschrift für Verkehrsrecht
NZWehrr/NZWehrR	Neue Zeitschrift für Wehrrecht
o.	oben
o.ä.	oder ähnlich
ob. dict.	obiter dictum
OBGer	Obergericht (Schweizer Kantone)
öffentl.	öffentlich
ÖJZ/ÖstJZ	Österreichische Juristenzeitung
Öst OGH	Österreichischer Oberster Gerichtshof; ohne Zusatz: Entscheidung des Öst OGH in Strafsachen (zit. nach Band u. Seite)
o.g.	oben genannt
OG	Oberstes Gericht der DDR
OGDDR	Entscheidungen des Obersten Gerichts der DDR
OGH	Oberster Gerichtshof (Österreich)
OGHSt	Entscheidungen des Obersten Gerichtshofes für die Britische Zone in Strafsachen (1949/50) (zit. nach Band u. Seite)
OHG	Offene Handelsgesellschaft
OLG	Oberlandesgericht
OLGSt	Entscheidungen der Oberlandesgerichte zum Straf- u. Strafverfahrensrecht (zit. nach Paragraph u. Seite, n.F. nach Paragraph u. Nummer)
OrgK	Organisierte Kriminalität
OrgKG	Gesetz zur Bekämpfung des illegalen Rauschgifthandels und anderer Erscheinungsformen der Organisierten Kriminalität
OrgKVerbG	Gesetz zur Verbesserung der Bekämpfung der Organisierten Kriminalität
OVG	Oberverwaltungsgericht
OWiG	Gesetz über Ordnungswidrigkeiten
PartG	Gesetz über die politischen Parteien (Parteiengesetz)
PartGG	Partnerschaftsgesellschaftsgesetz
PatG	Patentgesetz
PAuswG	Gesetz über Personalausweise
PflanzenSchG/PflSchG	Gesetz zum Schutz der Kulturpflanzen (Pflanzenschutzgesetz)

PharmR	PharmaRecht
PHI	Produkthaftpflicht International
PolG	Polizeigesetz
polit.	politisch
Polizei	Die Polizei (seit 1955: Die Polizei – Polizeipraxis)
PolV/PolVO	Polizeiverordnung
PostG	Gesetz über das Postwesen (Postgesetz)
PostO	Postordnung
Pr.	Preußen
PrG	Pressegesetz
PrGS	Preußische Gesetzessammlung (1810–1945)
ProdSG	Produktsicherheitsgesetz
Prot.	Protokolle über die Sitzungen des Sonderausschusses für die Strafrechtsreform
Pr. OT	Preußisches Obertribunal
PrPVG	Preußisches Polizeiverwaltungsgesetz
Prot. BT-RA	Protokolle des Rechtsausschusses des Deutschen Bundestages (zit. nach Nummern)
PrOVG	Preußisches Oberverwaltungsgericht
PrZeugnVerwG	Gesetz über das Zeugnisverweigerungsrecht der Mitarbeiter von Presse und Rundfunk
PStG	Personenstandsgesetz
psych.	psychisch
PsychThG	Gesetz über die Berufe des psychologischen Psychotherapeuten und des Kinder- und Jugendlichenpsychotherapeuten (PsychotherapeutenG)
qualif.	qualifizierend
R	Rechtsprechung des Reichsgerichts in Strafsachen (zit. nach Band u. Seite)
R & P	Recht und Psychiatrie
RabgO/RAO	Reichsabgabenordnung
RAussch.	Rechtsausschuß/Rechtsausschuss
RBerG	Gesetz zur Verhütung von Mißbrauch auf dem Gebiet der Rechtsberatung
RdA	Recht der Arbeit
RdErl.	Runderlaß/Runderlass
RdJB	Recht der Jugend und des Bildungswesens
RdK	Das Recht des Kraftfahrers, Unabhängige Monatsschrift des Kraftverkehrsrechts (1926–43, 1949–55)
Rdn.	Randnummer
Rdschr./RdSchr.	Rundschreiben
RDStH	Entscheidungen des Reichsdienststrafhofs (1939–41)
RDStO	Reichsdienststrafordnung
RDV	Recht der Datenverarbeitung
Recht	Das Recht, begründet von Soergel (1897–1944)
RechtsM	Rechtsmedizin
rechtspol.	rechtspolitisch
RechtsTh	Rechtstheorie
rechtsvergl.	rechtsvergleichend
Reg.	Regierung
RegBl.	Regierungsblatt
rel.	relativ
RfStV	Rundfunkstaatsvertrag

RG	Reichsgericht
RGBl., RGBl. I, II	Reichsgesetzblatt, von 1922–1945 Teil I und Teil II
RGRspr.	Rechtsprechung des Reichsgerichts in Strafsachen (1879–1888)
RGSt	Entscheidungen des Reichsgerichts in Strafsachen (zit. nach Band u. Seite)
RGZ	Entscheidungen des Reichsgerichts in Zivilsachen (zit. nach Band u. Seite)
RHG	Rechnungshofgesetz
RHilfeG/RHG	Gesetz über die innerdeutsche Rechts- und Amtshilfe in Strafsachen
RhPf.	Rheinland-Pfalz
RiAA	Grundsätze des anwaltlichen Standesrechts – Richtlinien gem. § 177 Abs. 2 Satz 2 BRAO
RIDP	Revue internationale de droit pénal
RiJGG	Richtlinien der Landesjustizverwaltungen zum Jugendgerichtsgesetz
RiOWiG	Gemeinsame Anordnung über die Zuständigkeit der Staatsanwaltschaft zur Verfolgung von Ordnungswidrigkeiten und über die Zusammenarbeit mit den Verwaltungsbehörden
RiStBV	Richtlinien für das Strafverfahren und das Bußgeldverfahren
RiVASt	Richtlinien für den Rechtshilfeverkehr mit dem Ausland in strafrechtlichen Angelegenheiten
RJW	Recht der Internationalen Wirtschaft
RKG/RKnappschG	Reichsknappschaftsgesetz
RKGE	Entscheidungen des Reichskriegsgerichts (zit. nach Band u. Seite)
RMBl.	Reichsministerialblatt, Zentralblatt für das Deutsche Reich (1923–45)
RMG/RMilGE	Entscheidungen des Reichsmilitärgerichts (zit. nach Band u. Seite)
RöntgVO/RöV	Röntgenverordnung
ROW	Recht in Ost und West. Zeitschrift für Rechtsvergleichung und interzonale Rechtsprobleme
R & P	Recht und Psychiatrie
Rpfleger	Der Deutsche Rechtspfleger
RpflG	Rechtspflegergesetz
Rspr.	Rechtsprechung
RStGH	Internationaler Strafgerichtshof für Ruanda
RStGH-Statut	Internationaler Strafgerichtshof für Ruanda – Statut
RT	Reichstag
RTDrucks.	Drucksachen des Reichstags
RTVerh.	Verhandlungen des Reichstags
RuP	Recht und Politik. Vierteljahreshefte für Rechts- und Verwaltungspolitik
RVO	Reichsversicherungsordnung
s.	siehe; auch: section (bei ausländischen Gesetzestexten)
S.	Seite oder Satz
s.a.	siehe auch
SA	Sonderausschuss für die Strafrechtsreform
SaarRZ	Saarländische Rechts- und Steuerzeitschrift
SaBremR	Sammlung des bremischen Rechts (1964)
SächsArch.	Sächsisches Archiv für Rechtspflege, seit 1924 (bis 1941/42). Archiv für Rechtspflege in Sachen, Thüringen und Anhalt
SächsOLG	Annalen des Sächsischen Oberlandesgerichts zu Dresden (1880–1920)
ScheckG/SchG	Scheckgesetz

SchiedsmZ	Schiedsmannszeitung (1926–1945), seit 1950 Der Schiedsmann
SchKG	Gesetz zur Vermeidung und Bewältigung von Schwangerschaftskonflikten (Schwangerschaftskonfliktgesetz)
SchlH	Schleswig-Holstein
SchlHA	Schleswig-Holsteinische Anzeigen
Schriften der MGH	Schriften der Monumenta Germanica historica
SchwangUG	(DDR-)Gesetz über die Unterbrechung der Schwangerschaft
schweiz.	schweizerisch
SchwJZ	Schweizerische Juristen-Zeitung
SchwZStr.	Schweizer Zeitschrift für Strafrecht (zit. nach Band u. Seite)
SeemannsG	Seemannsgesetz
SeeRÜbk./SRÜ	Seerechtsübereinkommen der Vereinten Nationen; Vertragsgesetz
Sen.	Senat
SeuffBl.	Seufferts Blätter für Rechtsanwendung (1836–1913)
SexualdelikteBekG	Gesetz zur Bekämpfung von Sexualdelikten und anderen gefährlichen Straftaten – Sexualdeliktebekämpfungsgesetz –
SFHÄndG	Schwangeren- und Familienhilfeänderungsgesetz
SFHG	Gesetz zum Schutz des vorgeburtlichen/werdenden Lebens, zur Förderung einer kinderfreundlicheren Gesellschaft, für Hilfen im Schwangerschaftskonflikt und zur Regelung des Schwangerschaftsabbruchs (Schwangeren- und Familienhilfegesetz)
SG/SoldatG	Gesetz über die Rechtsstellung der Soldaten
SGB I, IV, V, VIII, X, XI	I: Sozialgesetzbuch, Allgemeiner Teil IV: Sozialgesetzbuch, Gemeinsame Vorschriften für die Sozialversicherung V: Sozialgesetzbuch, Gesetzliche Krankenversicherung VIII: Sozialgesetzbuch, Kinder- und Jugendhilfe X: Sozialgesetzbuch, Verwaltungsverfahren, Zusammenarbeit der Leistungsträger und ihre Beziehung zu Dritten XI: Soziale Pflegeversicherung
SGb.	Sozialgerichtsbarkeit
SGG	Sozialgerichtsgesetz
SGV.NW	Sammlung des bereinigten Gesetz- und Verordnungsblatts für das Land Nordrhein-Westfalen (Loseblattsammlung)
SichVG	Gesetz zur Rechtsvereinheitlichung der Sicherungsverwahrung
SJZ	Süddeutsche Juristen-Zeitung (1946–50), dann Juristenzeitung
SK	Systematischer Kommentar zum Strafgesetzbuch
s.o.	siehe oben
sog.	sogenannt(e)
Sonderausschuß	Sonderausschuß des Bundestags für die Strafrechtsreform, Niederschriften zitiert nach Wahlperiode und Sitzung
SortenSchG	Gesetz über den Schutz von Pflanzensorten (Sortenschutzgesetz)
SozVers	Die Sozialversicherung
spez.	speziell
SprengG/SprengstoffG	Gesetz über explosionsgefährliche Stoffe (Sprengstoffgesetz)
SpuRT	Zeitschrift für Sport und Recht
ss.	sections
StA	Staatsanwalt(schaft)
StaatsGH	Staatsgerichtshof
StaatsschStrafsG	Gesetz zur allgemeinen Einführung eines zweiten Rechtszuges in Staatsschutz-Strafsachen
StÄG	s. StRÄndG
StAZ	Das Standesamt. Zeitschrift f. Standesamtswesen, Personenstandsrecht, Ehe- u. Kindschaftsrecht, Staatsangehörigkeitsrecht
StB	Der Steuerberater

StenB/StenBer	Stenographischer Bericht
StGB	Strafgesetzbuch
StPO	Strafprozeßordnung
str.	streitig, strittig
StrAbh.	Strafrechtliche Abhandlungen
StRÄndG	Strafrechtsänderungsgesetz (1. vom 30.8.1951) 18. ~ Gesetz zur Bekämpfung der Umweltkriminalität 27. ~ – Kinderpornographie 28. ~ – Abgeordnetenbestechung 31. ~ – Zweites Gesetz zur Bekämpfung der Umweltkriminalität 37. ~ – §§ 180b, 181 StGB 40. ~ – Gesetz zur Strafbarkeit beharrlicher Nachstellungen
StraffreiheitsG/StrFG	Gesetz über Straffreiheit
StraFo	Strafverteidigerforum
strafr.	strafrechtlich
StrafrAbh.	Strafrechtliche Abhandlungen, hrsg. von Bennecke, dann von Beling, v. Lilienthal und Schoetensack
StraßVerkSichG/	1. Gesetz zur Sicherung des Straßenverkehrs (Straßenverkehrssicherungsgesetz – StraßenVSichG)
StrEG	Gesetz über die Entschädigung für Strafverfolgungsmaßnahmen
StREG	Gesetz über ergänzende Maßnahmen zum 5. StrRG (Strafrechtsreformergänzungsgesetz)
StrlSchuV/StrlSchVO	Strahlenschutzverordnung
StrRG	Gesetz zur Reform des Strafrechts (1. ~, 2. ~, ... 6. ~)
st. Rspr.	ständige Rechtsprechung
StS	Strafsenat
StuR	Staat und Recht
StV/StrVert.	Strafverteidiger
StVE	Straßenverkehrsentscheidungen, hrsg.von Cramer, Berz, Gontard, Loseblattsammlung (zit. nach Paragraph u. Nummer)
StVG	Straßenverkehrsgesetz
StVGÄndG	Gesetz zur Änderung des Straßenverkehrsgesetzes und anderer Gesetze
StVj/StVJ	Steuerliche Vierteljahresschrift
StVK	Strafvollstreckungskammer
StVO	Straßenverkehrsordnung
StVollstrO	Strafvollstreckungsordnung
StVollzÄndG	Gesetz zur Änderung des Strafvollzugsgesetzes
StVollzG	Gesetz über den Vollzug der Freiheitsstrafe und der freiheitsentziehenden Maßregeln der Besserung und Sicherung – Strafvollzugsgesetz
StVollzK	Blätter für Strafvollzugskunde (Beilage zur Zeitschrift „Der Vollzugsdienst“)
1. StVRG	Erstes Gesetz zur Reform des Strafverfahrensrechts
1. StVRErgG	Erstes Gesetz zur Ergänzung des 1. StVRG
StVZO	Straßenverkehrs-Zulassungs-Ordnung
s.u.	siehe unten
SubvG	Subventionsgesetz
SV	Sachverhalt
TDG	Gesetz über die Nutzung von Telediensten
TerrorBekG	Gesetz zur Bekämpfung des internationalen Terrorismus (Terrorismusbekämpfungsgesetz)
TerrorBekErgG	Gesetz zur Ergänzung des Terrorismusbekämpfungsgesetzes (Terrorismusbekämpfungsergänzungsgesetz)

TierschG/TierschutzG	Tierschutzgesetz
Tit.	Titel
TKG	Telekommunikationsgesetz
TPG	Gesetz über die Spende, Entnahme und Übertragung von Organen – Transplantationsgesetz
TV	Truppenvertrag
Tz.	Textziffer, -zahl
u.	unten (auch: und)
u.a.	unter anderem (auch: andere)
u.ä.	und ähnliche
u.a.m.	und anderes mehr
UdG	Urkundsbeamter der Geschäftsstelle
Üb.	Überblick; Übersicht
Übereink./Übk.	Übereinkommen
ÜbergangsAO	Übergangsanordnung
ü. M.	überwiegende Meinung
UFITA	Archiv für Urheber-, Film-, Funk- und Theaterrecht
U-Haft	Untersuchungshaft
UKG	Gesetz zur Bekämpfung der Umweltkriminalität (siehe auch StRÄndG, 31.)
umstr.	umstritten
UmwRG	Umweltrahmengesetz der DDR
UNO	United Nations Organization (Vereinte Nationen)
UNTS	United Nations Treaty Series
unv.	unveröffentlicht
UPR	Umwelt- und Planungsrecht
UrhG	Gesetz über Urheberrecht und verwandte Schutzrechte (Urheberrechtsgesetz)
UStG	Umsatzsteuergesetz
usw.	und so weiter
UTR	Umwelt- und Technikrecht, Schriftenreihe des Instituts für Umwelt- und Technikrecht der Universität Trier, hrsg. von Rüdiger Breuer u.a.
u.U.	unter Umständen
UVNVAG	Ausführungsgesetz v. 23.7.1998 (BGBl. I S. 1882) zu dem Vertrag v. 24.9.1996 über das umfassende Verbot von Nuklearversuchen – Zustimmungsgesetz
UWG	Gesetz gegen den unlauteren Wettbewerb
UZwG	Gesetz über den unmittelbaren Zwang bei Ausübung öffentlicher Gewalt durch Vollzugsbeamte des Bundes
UZwGBw	Gesetz über die Anwendung unmittelbaren Zwanges und die Ausübung besonderer Befugnisse durch Soldaten der Bundeswehr und zivile Wachpersonen
v.	von, vom
VAE	Verkehrsrechtliche Abhandlungen und Entscheidungen
VAG	Versicherungsaufsichtsgesetz
v.A.w.	von Amts wegen
VBlBW	Verwaltungsblätter für Baden-Württemberg
VDA bzw. VDB	Vergleichende Darstellung des deutschen und ausländischen Strafrechts, Allgemeiner bzw. Besonderer Teil
VE	Vorentwurf
VerbrBekG	Gesetz zur Änderung des Strafgesetzbuches, der Strafprozeßordnung und anderer Gesetzte (Verbrechensbekämpfungsgesetz)

VerbringungsverbG	Gesetz zur Überwachung strafrechtlicher und anderer Verbringungsverbote
VereinfVO	Vereinfachungsverordnung 1. ~, VO über Maßnahmen auf dem Gebiet der Gerichtsverfassung und Rechtspflege 2. ~, VO zur weiteren Vereinfachung der Strafrechtspflege 3. ~, Dritte VO zur Vereinfachung der Strafrechtspflege 4. ~, Vierte VO zur Vereinfachung der Strafrechtspflege
VereinhG	Gesetz zur Wiederherstellung der Rechtseinheit auf dem Gebiete der Gerichtsverfassung, der bürgerlichen Rechtspflege, des Strafverfahrens und des Kostenrechts
VereinsG	Gesetz zur Regelung des öffentlichen Vereinsrechts (Vereinsgesetz)
VerfGH	Verfassungsgerichtshof
VerglO	Vergleichsordnung
Verh.	Verhandlungen des Deutschen Bundestages (BT), des Deutschen Juristentages (DJT) usw.
VerjährG	Gesetz über das Ruhen der Verjährung bei SED-Unrechtstaten 2. VerjährG., Gesetz zur Verlängerung strafrechtlicher Verjährungsfristen vom 27.9.1993 3. VerjährG., Gesetz zur weiteren Verlängerung strafrechtlicher Verjährungsfristen vom 22.12.1997
VerkMitt/VerkMitt./VM	Verkehrsrechtliche Mitteilungen
VerkProspektG	Wertpapiere-Verkaufsprospektgesetz
vermitt.	vermittelnd
VerpflG	Gesetz über die förmliche Verpflichtung nichtbeamteter Personen (Verpflichtungsgesetz) idF v. Art. 42 EGStGB
VerschG	Verschollenheitsgesetz
VersG	Gesetz über Versammlungen und Aufzüge (Versammlungsgesetz)
VersR	Versicherungsrecht, Juristische Rundschau für die Individualversicherung
VerwArch.	Verwaltungsarchiv
VG	Verwaltungsgericht
VGH	Verwaltungsgerichtshof
vgl.	vergleiche
Vhdlgen	s. Verh.
VN	Vereinte Nationen
VN-Satzung	Satzung der Vereinten Nationen
VO	Verordnung
VOBl.	Verordnungsblatt
VOR	Zeitschrift für Verkehrs- und Ordnungswidrigkeitenrecht
Voraufl.	Vorauflage
Vorbem.	Vorbemerkung
vorgen.	vorgenannt
VRS	Verkehrsrechts-Sammlung, Entscheidungen aus allen Gebieten des Verkehrsrechts (zit. nach Band u. Seite)
VStGB	Völkerstrafgesetzbuch
VuR	Verbraucher und Recht
VVDStRL	Veröffentlichungen der Vereinigung deutscher Staatsrechtslehrer (zit. nach Heft u. Seite)
VVG	Gesetz über den Versicherungsvertrag
VwGO	Verwaltungsgerichtsordnung
VwVfG	Verwaltungsverfahrensgesetz
VwVG	Verwaltungsvollstreckungsgesetz
VwZG	Verwaltungszustellungsgesetz

WaffG/WaffenG	Waffengesetz
Warn./WarnRspr	Sammlung zivilrechtlicher Entscheidungen des RG, hrsg. von Warneyer (zit. nach Jahr u. Nummer)
WDO	Wehrdisziplinarordnung
WehrpflG	Wehrpflichtgesetz
WeimVerf./WV	Verfassung des Deutschen Reichs (sog. „Weimarer Verfassung“)
WeinG	Weingesetz
weitergeh.	weitergehend
WHG	Gesetz zur Ordnung des Wasserhaushalts (Wasserhaushaltsgesetz)
WiB	Wirtschaftsrechtliche Beratung
1. WiKG	1. Gesetz zur Bekämpfung der Wirtschaftskriminalität
2. WiKG	2. Gesetz zur Bekämpfung der Wirtschaftskriminalität
WiStG	Gesetz zur weiteren Vereinfachung des Wirtschaftsstrafrechts (Wirtschaftsstrafgesetz 1954)
wistra	Zeitschrift für Wirtschaft, Steuer, Strafrecht
WiVerw	Wirtschaft und Verwaltung
WK	Wiener Kommentar zum Strafgesetzbuch
WM	Wertpapier-Mitteilungen
w.N.b.	weitere Nachweise bei
WoÜbG	Gesetz zur Umsetzung des Urteils des Bundesverfassungsgerichts vom 3. März 2004 (akustische Wohnraumüberwachung) v. 24.6.2005
WuM	Wohnungswirtschaft und Mietrecht
WPg	Die Wirtschaftsprüfung
WpHG	Gesetz über Wertpapierhandel
WRP	Wettbewerb in Recht und Praxis
WStG	Wehrstrafgesetz
WZG	Warenzeichengesetz
z.	zur, zum
(Z)	Entscheidung in Zivilsachen
ZahlVGJG	Gesetz über den Zahlungsverkehr mit Gerichten und Justizbehörden
ZAkDR	Zeitschrift der Akademie für Deutsches Recht (1934–1944)
ZaöRV	Zeitschrift für ausländisches öffentliches Recht und Völkerrecht
z.B.	zum Beispiel
ZBB	Zeitschrift für Bankrecht und Bankwirtschaft
ZbernJV/ZBJV	Zeitschrift des Bernischen Juristenvereins
ZDG	Gesetz über den Zivildienst der Kriegsdienstverweigerer (Zivildienstgesetz)
ZfBR	Zeitschrift für deutsches und internationales Baurecht
Z. f. d. ges. Sachverst.wesen	Zeitschrift für das gesamte Sachverständigenwesen
ZFIS	Zeitschrift für innere Sicherheit
ZfJ	Zentralblatt für Jugendrecht
ZfRV	Zeitschrift für Rechtsvergleichung, Internationales Privatrecht und Europarecht
ZfS/ZfSch	Zeitschrift für Schadensrecht
ZfStrVo	Zeitschrift für Strafvollzug und Straffälligenhilfe
ZfW	Zeitschrift für Wasserrecht
ZfWG	Zeitschrift für Wett- und Glücksspielrecht
ZfZ	Zeitschrift für Zölle und Verbrauchssteuern
ZGR	Zeitschrift für Unternehmens- und Gesellschaftsrecht
ZHR	Zeitschrift für das gesamte Handelsrecht und Wirtschaftsrecht, begr. v. Goldschmidt
Zif./Ziff.	Ziffer(n)

ZIP	Zeitschrift für Wirtschaftsrecht
ZIS	Zeitschrift für Internationale Strafrechtsdogmatik
zit.	zitiert
ZMR	Zeitschrift für Miet- und Raumrecht
ZollG	Zollgesetz
ZPO	Zivilprozeßordnung
ZRP	Zeitschrift für Rechtspolitik
ZSchwR	Zeitschrift für Schweizerisches Recht
ZStW	Zeitschrift für die gesamte Strafrechtswissenschaft (zit. nach Band u. Seite)
z.T.	zum Teil
ZUM	Zeitschrift für Urheber- und Medienrecht/Film und Recht
zusf.	zusammenfassend
zust.	zustimmend
ZustErgG	Gesetz zur Ergänzung von Zuständigkeiten auf den Gebieten des Bürgerlichen Rechts, des Handelsrechts und des Strafrechts (Zuständigkeitsergänzungsgesetz)
ZustG	Zustimmungsgesetz
ZustVO	Verordnung über die Zuständigkeit der Strafgerichte, die Sondergerichte und sonstige strafverfahrensrechtliche Vorschriften
zutr.	zutreffend
z.V.b.	zur Veröffentlichung bestimmt
ZVG	Gesetz über die Zwangsversteigerung und die Zwangsverwaltung (Zwangsversteigerungsgesetz)
ZVgR	Zeitschrift für das Vergaberecht
zw.	zweifelhaft (auch: zweifelnd)
ZWehrR	Zeitschrift für Wehrrecht (1936/37–1944)
z.Z.	zur Zeit
ZZP	Zeitschrift für Zivilprozeß (zit. nach Band u. Seite)

Schrifttum und abgekürzt zitierte Literatur

Das Schrifttum zum Kernstrafrecht sowie sämtliche strafrechtlich relevanten Festschriften und vergleichbare Werke stehen unter 1. Es folgt in alphabetischer Reihenfolge das Schrifttum zum Nebenstrafrecht und zu nichtstrafrechtlichen Gebieten usw.: 2. Betäubungsmittelstrafrecht, 3. Bürgerliches Recht und InsO, 4. DDR-Strafrecht, 5. Europäisches Recht, 6. Jugendstrafrecht, 7. Kriminologie, 8. Ordnungswidrigkeitenrecht, 9. Presserecht, 10. Rechtshilfe, 11. Rechtsmedizin und Arztrecht, 12. Strafprozess- und Strafvollzugsrecht, 13. Strahlenschutzrecht, 14. Straßenverkehrsrecht, 15. Verfassungsrecht, 16. Wettbewerbs- und Kartellrecht, 17. Wirtschafts- und Steuerstrafrecht, 18. Zivilprozessrecht, 19. Sonstiges (einschließlich Völkerrecht und Waffenrecht).

1. Strafrecht (StGB) und Festschriften

Ambos	Internationales Strafrecht (2006)
AK	Kommentar zum Strafgesetzbuch – Reihe Alternativkommentare, hrsg. v. Wassermann, Bd. 1 (1990), Bd. 3 (1986)
Appel	Verfassung und Strafe (1998)
Arzt/Weber BT	Strafrecht, Besonderer Teil, Lehrbuch (2000) (Überarbeitung der in fünf Heften erschienenen Ausgabe)
v. Bar	Gesetz und Schuld im Strafrecht, 1. Bd. (1906), 2. Bd. (1907), 3. Bd. (1909)
Baumann	Strafrecht, Allgemeiner Teil, 7. Aufl. (1975)
Baumann/Weber/Mitsch	Strafrecht, Allgemeiner Teil, Lehrbuch, 11. Aufl. (2003)
Beling	Die Lehre vom Verbrechen (1906)
Binding, Grundriß	Grundriß des Deutschen Strafrechts, Allgemeiner Teil, 8. Aufl. (1913)
Binding, Handbuch	Handbuch des Strafrechts (1885)
Binding, Lehrbuch I, II	Lehrbuch des gemeinen Deutschen Strafrechts, Besonderer Teil, 2. Aufl. Bd. 1 (1902), Bd. 2 (1904/05)
Binding, Normen	Die Normen und ihre Übertretung, 2. Aufl., 4 Bände (1890–1919)
BK	Basler Kommentar zum Strafgesetzbuch, hrsg. von Niggli/Wiprächtiger (2003) (s. aber auch 15. Verfassungsrecht) einzeln 2003 / Gesamtwerk 2002
Blei I, II	Strafrecht I, Allgemeiner Teil, 18. Aufl. (1983); Strafrecht II, Besonderer Teil, 12. Aufl. (1983)
Bochumer Erläuterungen	Bochumer Erläuterungen zum 6. Strafrechtsreformgesetz, hrsg. v. Schlüchter (1998)
Bockelmann BT 1, 2, 3	Strafrecht, Besonderer Teil, Bd. 1: Vermögensdelikte, 2. Aufl. (1982); Bd. 2: Delikte gegen die Person (1977); Bd. 3: Ausgewählte Delikte gegen Rechtsgüter der Allgemeinheit (1980)
Bockelmann/Volk	Strafrecht, Allgemeiner Teil, 4. Aufl. (1987)
Bringewat	Grundbegriffe des Strafrechts, 2. Aufl. (2008)
Bruns, Strafzumessungsrecht	Strafzumessungsrecht: Gesamtdarstellung, 2. Aufl. (1974)
Bruns, Recht der Strafzumessung	Das Recht der Strafzumessung, 2. Aufl. (1985)

Bruns, Reflexionen	Neues Strafzumessungsrecht? „Reflexionen" über eine geforderte Umgestaltung (1988)
Coimbra-Symposium	s. Schünemann/de Figueiredo Dias
Dalcke/Fuhrmann/Schäfer	Strafrecht und Strafverfahren, 37. Aufl. (1961)
Dölling/Duttge/Rössner	StGB, StPO, Nebengesetze – Handkommentar (2008)
Ebert	Aktuelle Probleme der Strafrechtspflege: Beiträge anläßlich eines Symposiums zum 60. Geburtstag von E. W. Hanack, hrsg. v. Ebert (1991)
Ebert AT	Strafrecht, Allgemeiner Teil, 3. Aufl. (2001
Einführung 6. StrRG	Einführung in das 6. Strafrechtsreformgesetz (1998) (bearb. v. Dencker u.a.)
Erbs/Kohlhaas	Strafrechtliche Nebengesetze, Loseblattausgabe, 4. Aufl. (1988 ff), 5. Aufl. (1993 ff)
Erinnerungsgabe Grünhut	Erinnerungsgabe für Max Grünhut (1965)
Eser (et al.), Rechtfertigung und Entschuldigung I– IV	Rechtfertigung und Entschuldigung: rechtsvergleichende Perspektiven. Beiträge aus dem Max-Planck-Institut für ausländisches und internationales Strafrecht, Bd. 1, hrsg. v. Eser/Fletcher (1987); Bd. 2, hrsg. v. Eser/Fletcher (1988); Bd. 3: Deutsch-Italienisch-Portugiesisch-Spanisches Strafrechtskolloquium 1990 in Freiburg, hrsg. v. Eser/Perron (1991); Bd. 4: Ostasiatisch-Deutsches Strafrechtskolloquium 1993 in Tokio, hrsg. v. Eser/Nishihara (1995)
Eser/Koch	Schwangerschaftsabbruch im internationalen Vergleich, Bd. 1: Europa (1988); Bd. 2: Außereuropa (1989); Bd. 3: Rechtsvergleichender Querschnitt – rechtspolitische Schlußbetrachtungen – Dokumentation zur neueren Rechtsentwicklung (1999)
Festgabe BGH 25	25 Jahre Bundesgerichtshof
Festgabe BGH 50	50 Jahre Bundesgerichtshof, Festgabe aus der Wissenschaft, Band V: Straf- und Strafprozeßrecht (2000)
Festgabe Frank	Festgabe für Reinhard von Frank zum 70. Geburtstag: 16. August 1930, 2 Bde. (1930)
Festgabe Kern	Festgabe für Eduard Kern zum 70. Geburtstag (1957)
Festgabe Peters	Wahrheit und Gerechtigkeit im Strafverfahren: Festgabe für Karl Peters aus Anlaß seines 80. Geburtstages (1984)
Festgabe RG I–VI	Die Reichsgerichtspraxis im deutschen Rechtsleben: Festgabe der juristischen Fakultäten zum 50jährigen Bestehen des Reichsgerichts (1. Oktober 1929) (1929)
Festgabe Schultz	Lebendiges Strafrecht: Festgabe zum 65. Geburtstag von Hans Schultz (1977)
Festgabe Schweizer JT	Festgabe zum Schweizerichen Juristentag (1963)
Festschrift Androulakis	Festschrift für Nikolaos Androulakis zum 70. Geburtstag, (2003)
Festschrift Augsburg	Recht in Europa – Festgabe zum 30-jährigen Bestehen der Juristischen Fakultät Augsburg (2002)
Festschrift Baumann	Festschrift für Jürgen Baumann zum 70. Geburtstag (1992)
Festschrift Bemmann	Festschrift für Günter Bemmann zum 70. Geburtstag (1997)
Festschrift BGH 50	Festschrift aus Anlaß des fünfzigjährigen Bestehens von Bundesgerichtshof, Bundesanwaltschaft und Rechtsanwaltschaft beim Bundesgerichtshof (2000)
Festschrift Blau	Festschrift für Günter Blau zum 70. Geburtstag (1985)
Festschrift Bockelmann	Festschrift für Paul Bockelmann zum 70. Geburtstag (1979)
Festschrift Böhm	Festschrift für Alexander Böhm zum 70. Geburtstag (1999)

Festschrift Böttcher	Festschrift für Reinhard Böttcher zum. 70 Geburtstag (2007)
Festschrift Boujong	Verantwortung und Gestaltung, Festschrift für Karlheinz Boujong zum 65. Geburtstag (1996)
Festschrift Brauneck	Ehrengabe für Anne-Eva Brauneck (1999)
Festschrift Bruns	Festschrift für Hans-Jürgen Bruns zum 70. Geburtstag (1978)
Festschrift Burgstaller	Festschrift für Manfred Burgstaller zum 65. Geburtstag (2004)
Festschrift v. Caemmerer	Festschrift für Ernst von Caemmerer zum 70. Geburtstag (1978)
Festschrift Celle I	Göttinger Festschrift für das Oberlandesgericht Celle: zum 250jährigen Bestehen des Oberlandesgerichts Celle (1961)
Festschrift Celle II	Festschrift zum 275jährigen Bestehen des Oberlandesgerichts Celle (1986)
Festschrift Dahs	Festschrift für Hans Dahs zum 70. Geburtstag (2005)
Festschrift DJT	Hundert Jahre deutsches Rechtsleben: Festschrift zum hundertjährigen Bestehen des Deutschen Juristentages 1860–1960, 2 Bde. (1960)
Festschrift Dreher	Festschrift für Eduard Dreher zum 70. Geburtstag (1977)
Festschrift Dünnebier	Festschrift für Hans Dünnebier zum 75. Geburtstag (1982)
Festschrift Engisch	Festschrift für Karl Engisch zum 70. Geburtstag (1969)
Festschrift Ermacora	Fortschritt im Bewußtsein der Grund- und Menschenrechte, Festschrift für Felix Ermacora zum 65. Geburtstag (1988)
Festschrift Eser	Menschengerechtes Strafrecht, Festschrift für Albin Eser zum 70. Geburtstag (2005)
Festschrift Fezer	Festschrift für Gerhard Fezer zum 70. Geburtstag (2008)
Festschrift Friebertshäuser	Festgabe für den Strafverteidiger Dr. Heino Friebertshäuser (1997)
Festschrift GA	140 Jahre Goltdammer's Archiv für Strafrecht: eine Würdigung zum 70. Geburtstag von Paul-Günter Pötz (1993)
Festschrift Gallas	Festschrift für Wilhelm Gallas zum 70. Geburtstag (1973)
Festschrift Geerds	Kriminalistik und Strafrecht: Festschrift für Friedrich Geerds zum 70. Geburtstag (1995)
Festschrift Geilen	Bochumer Beiträge zu aktuellen Strafrechtsthemen: Festschrift für Gerd Geilen zum 70. Geburtstag (2003)
Festschrift Geiß	Festschrift für Karlmann Geiß zum 65. Geburtstag (2000)
Festschrift Germann	Rechtsfindung – Beiträge zur juristischen Methodenlehre: Festschrift für Oscar Adolf Germann zum 80. Geburtstag (1969)
Festschrift Gleispach	Gegenwartsfragen der Strafrechtswissenschaft: Festschrift zum 60. Geburtstag von Graf W. Gleispach (1936) (Nachdruck 1995)
Festschrift Göppinger	Kriminalität, Persönlichkeit, Lebensgeschichte und Verhalten: Festschrift für Hans Göppinger zum 70. Geburtstag (1990)
Festschrift Gössel	Festschrift für Karl Heinz Gössel zum 70. Geburtstag (2002)
Festschrift Graßhoff	Der verfasste Rechtsstaat, Festgabe für Karin Graßhoff (1998)
Festschrift Grünwald	Festschrift für Gerald Grünwald zum 70. Geburtstag (1999)
Festschrift Grützner	Aktuelle Probleme des internationalen Strafrechts – Beiträge zur Gestaltung des internationalen und supranationalen Strafrechts: Heinrich Grützner zum 65. Geburtstag (1970)

Festschrift Hamm	Festschrift für Rainer Hamm zum 65. Geburtstag (2008)
Festschrift Hanack	Festschrift für Ernst-Walter Hanack zum 70. Geburtstag (1999)
Festschrift Heidelberg	Richterliche Rechtsfortbildung: Festschrift der Juristischen Fakultät zur 600-Jahr-Feier der Universität Heidelberg (1986)
Festschrift Heinitz	Festschrift für Ernst Heinitz zum 70. Geburtstag (1972)
Festschrift Henkel	Grundfragen der gesamten Strafrechtswissenschaft: Festschrift für Heinrich Henkel zum 70. Geburtstag (1974)
Festschrift v. Hentig	Kriminologische Wegzeichen: Festschrift für Hans v. Hentig zum 80. Geburtstag (1967)
Festschrift Herzberg	Strafrecht zwischen System und Telos, Festschrift für Rolf Dietrich Herzberg zum 70. Geburtstag (2008)
Festschrift Heusinger	Ehrengabe für Bruno Heusinger (1968)
Festschrift Hilger	Datenübermittlungen und Vorermittlungen, Festgabe für Hans Hilger (2003)
Festschrift Hirsch	Festschrift für Hans Joachim Hirsch zum 70. Geburtstag (1999)
Festschrift Honig	Festschrift für Richard M. Honig zum 80. Geburtstag (1970)
Festschrift Hruschka	Jahrbuch für Recht und Ethik: Festschrift für Joachim Hruschka zum 70. Geburtstag (2006)
Festschrift Hubmann	Beiträge zum Schutz der Persönlichkeit und ihrer schöpferischen Leistung; Festschrift für Heinrich Hubmann zum 70. Geburtstag (1985)
Festschrift Hübner	Festschrift für Heinz Hübner zum 70. Geburtstag (1984)
Festschrift Jacobs	Festschrift für Günther Jakobs zum 70. Geburtstag (2007)
Festschrift Jauch	Wie würden Sie entscheiden? Festschrift für Gerd Jauch zum 65. Geburtstag (1990)
Festschrift Jescheck	Festschrift für Hans-Heinrich Jescheck zum 70. Geburtstag, 2 Bde. (1985)
Festschrift Jung	Festschrift für Heike Jung zum 65. Geburtstag (2007)
Festschrift JurGes. Berlin	Festschrift zum 125jährigen Bestehen der Juristischen Gesellschaft zu Berlin (1984)
Festschrift Kaiser	Internationale Perspektiven in Kriminologie und Strafrecht: Festschrift für Günther Kaiser zum 70. Geburtstag, 2 Bde. (1998)
Festschrift Arthur Kaufmann I	Jenseits des Funktionalismus: Arthur Kaufmann zum 65. Geburtstag (1989)
Festschrift Arthur Kaufmann II	Strafgerechtigkeit: Festschrift für Arthur Kaufmann zum 70. Geburtstag (1993)
Festschrift Kern	Tübinger Festschrift für Eduard Kern (1968)
Festschrift Kleinknecht	Strafverfahren im Rechtsstaat: Festschrift für Theodor Kleinknecht zum 75. Geburtstag (1985)
Festschrift Klug	Festschrift für Ulrich Klug zum 70. Geburtstag, 2 Bde. (1983)
Festschrift Koch	Strafverteidigung und Strafprozeß, Festgabe für Ludwig Koch (1989)
Festschrift Kohlmann	Festschrift für Günter Kohlmann zum 70. Geburtstag (2003)
Festschrift Kohlrausch	Probleme der Strafrechtserneuerung: Eduard Kohlrausch zum 70. Geburtstage dargebracht (1944; Nachdruck 1978)
Festschrift Köln	Festschrift der Rechtswissenschaftlichen Fakultät zur 600-Jahr-Feier der Universität zu Köln (1988)

Festschrift Krause	Recht und Kriminalität: Festschrift für Friedrich-Wilhelm Krause zum 70. Geburtstag (1990)
Festschrift Küper	Festschrift für Wilfried Küper zum 70. Geburtstag (2007)
Festschrift Lackner	Festschrift für Karl Lackner zum 70. Geburtstag (1987)
Festschrift Lampe	Jus humanum: Grundlagen des Rechts und Strafrechts, Festschrift für Ernst-Joachim Lampe zum 70. Geburtstag (2003)
Festschrift Lange	Festschrift für Richard Lange zum 70. Geburtstag (1976)
Festschrift Laufs	Humaniora, Medizin – Recht – Geschichte, Festschrift für Adolf Laufs zum 70. Geburtstag (2006)
Festschrift Leferenz	Kriminologie – Psychiatrie – Strafrecht: Festschrift für Heinz Leferenz zum 70. Geburtstag (1983)
Festschrift Lenckner	Festschrift für Theodor Lenckner zum 70. Geburtstag (1998)
Festschrift Lüderssen	Festschrift für Klaus Lüderssen zum 70. Geburtstag (2002)
Festschrift Maihofer	Rechtsstaat und Menschenwürde: Festschrift für Werner Maihofer zum 70. Geburtstag (1988)
Festschrift Maiwald	Fragmentarisches Strafrecht, Für Manfred Maiwald aus Anlass seiner Emeritierung (2003)
Festschrift Mangakis	Strafrecht – Freiheit – Rechtsstaat: Festschrift für Georgios Mangakis (1999)
Festschrift Maurach	Festschrift für Reinhart Maurach zum 70. Geburtstag (1972)
Festschrift H. Mayer	Beiträge zur gesamten Strafrechtswissenschaft: Festschrift für Hellmuth Mayer zum 70. Geburtstag (1966)
Festschrift Meyer-Goßner	Festschrift für Lutz Meyer-Goßner zum 65. Geburtstag (2001)
Festschrift Mezger	Festschrift für Edmund Mezger zum 70. Geburtstag (1954)
Festschrift Middendorff	Festschrift für Wolf Middendorff zum 70. Geburtstag (1986)
Festschrift Miyazawa	Festschrift für Koichi Miyazawa: dem Wegbereiter des japanisch-deutschen Strafrechtsdiskurses (1995)
Festschrift E. Müller	Opuscula Honoraria, Egon Müller zum 65. Geburtstag (2003)
Festschrift für Egon Müller	Festschrift für Egon Müller zum 70. Geburtstag (2008)
Festschrift Müller-Dietz I	Das Recht und die schönen Künste: Heinz Müller-Dietz zum 65. Geburtstag (1998)
Festschrift Müller-Dietz II	Grundlagen staatlichen Strafens: Festschrift für Heinz-Müller-Dietz zum 70. Geburtstag (2001)
Festschrift Nehm	Strafrecht und Justizgewährung, Festschrift für Kay Nehm zum 65. Geburtstag (2006)
Festschrift Nishihara	Festschrift für Haruo Nishihara zum 70. Geburtstag (1998)
Festschrift Odersky	Festschrift für Walter Odersky zum 65. Geburtstag (1996)
Festschrift Oehler	Festschrift für Dietrich Oehler zum 70. Geburtstag (1985)
Festschrift Otto	Festschrift für Harro Otto zum 70. Geburtstag (2007)
Festschrift Pallin	Strafrecht, Strafprozeßrecht und Kriminologie: Festschrift für Franz Pallin zum 80. Geburtstag (1989)
Festschrift Partsch	Des Menschen Recht zwischen Freiheit und Verantwortung, Festschrift für Karl Josef Partsch zum 75. Geburtstag (1989)
Festschrift Peters	Einheit und Vielfalt des Strafrechts: Festschrift für Karl Peters zum 70. Geburtstag (1974)
Festschrift Pfeiffer	Strafrecht, Unternehmensrecht, Anwaltsrecht: Festschrift für Gerd Pfeiffer zum Abschied aus dem Amt als Präsident des Bundesgerichtshofes (1988)

Festschrift Pfenniger	Strafprozeß und Rechtsstaat, Festschrift zum 70. Geburtstag von H. F. Pfenniger (1976)
Festschrift Platzgummer	Festschrift für Winfried Platzgummer zum 65. Geburtstag (1995)
Festschrift Pötz	s. Festschrift GA
Festschrift Rasch	Die Sprache des Verbrechens – Wege zu einer klinischen Kriminologie: Festschrift für Wilfried Rasch (1993)
Festschrift Rebmann	Festschrift für Kurt Rebmann zum 65. Geburtstag (1989)
Festschrift Reichsgericht	Die Reichsgerichtspraxis im deutschen Rechtsleben, Festgabe der juristischen Fakultäten zum 50jährigen Bestehen des Reichsgerichts, Bd. 5, Strafrecht und Strafprozeß (1929)
Festschrift Reichsjustizamt	Vom Reichsjustizamt zum Bundesministerium der Justiz, Festschrift zum 100jährigen Gründungstag des Reichsjustizamtes am 1.1.1877 (1977)
Festschrift Richterakademie	Justiz und Recht: Festschrift aus Anlaß des 10jährigen Bestehens der Deutschen Richterakademie in Trier (1983)
Festschrift Rieß	Festschrift für Peter Rieß zum 70. Geburtstag (2002)
Festschrift Richter	Verstehen und Widerstehen, Festschrift für Christian Richter II zum 65. Geburtstag (2006)
Festschrift Rittler	Festschrift für Theodor Rittler zu seinem 80. Geburtstag (1957)
Festschrift Rolinski	Festschrift für Klaus Rolinski zum 70. Geburtstag (2002)
Festschrift Rosenfeld	Festschrift für Ernst Heinrich Rosenfeld zu seinem 80. Geburtstag (1949)
Festschrift Roxin	Festschrift für Claus Roxin zum 70. Geburtstag (2001)
Festschrift Rudolphi	Festschrift für Hans-Joachim Rudolphi zum 70. Geburtstag (2004)
Festschrift Salger	Straf- und Strafverfahrensrecht, Recht und Verkehr, Recht und Medizin: Festschrift für Hannskarl Salger zum Abschied aus dem Amt als Vizepräsident des Bundesgerichtshofes (1995)
Festschrift Sarstedt	Festschrift für Werner Sarstedt zum 70. Geburtstag (1981)
Festschrift Sauer	Festschrift für Wilhelm Sauer zu seinem 70. Geburtstag (1949)
Festschrift G. Schäfer	NJW-Sonderheft für Gerhard Schäfer zum 65. Geburtstag (2002)
Festschrift K. Schäfer	Festschrift für Karl Schäfer zum 80. Geburtstag (1980)
Festschrift Schaffstein	Festschrift für Friedrich Schaffstein zum 70. Geburtstag (1975)
Festschrift Schewe	Medizinrecht – Psychopathologie – Rechtsmedizin: diesseits und jenseits der Grenzen von Recht und Medizin: Festschrift für Günter Schewe zum 60. Geburtstag (1991)
Festschrift Schleswig-Holstein	Strafverfolgung und Strafverzicht: Festschrift zum 125jährigen Bestehen der Staatsanwaltschaft Schleswig-Holstein (1992)
Festschrift Schlüchter	Freiheit und Verantwortung in schwieriger Zeit: kritische Studien aus vorwiegend straf(prozeß)rechtlicher Sicht zum 60. Geburtstag von Ellen Schlüchter (1998)
Festschrift Schmid	Recht, Justiz, Kritik: Festschrift für Richard Schmid zum 85. Geburtstag (1985)
Festschrift Eb. Schmidt	Festschrift für Eberhard Schmidt zum 70. Geburtstag (1961)
Festschrift Schmidt-Leichner	Festschrift für Erich Schmidt-Leichner zum 65. Geburtstag (1977)
Festschrift Schmitt	Festschrift für Rudolf Schmitt zum 70. Geburtstag (1992)

Festschrift Schneider	Kriminologie an der Schwelle zum 21. Jahrhundert: Festschrift für Hans Joachim Schneider zum 70. Geburtstag (1998)
Festschrift Schreiber	Strafrecht, Biorecht, Rechtsphilosophie, Festschrift für Hans-Ludwig Schreiber zum 70. Geburtstag (2003)
Festschrift Schroeder	Festschrift für Friedrich-Christian Schroeder (2006)
Festschrift Schüler-Springorum	Festschrift für Horst Schüler-Springorum zum 65. Geburtstag (1993)
Festschrift Schwind	Kriminalpolitik und ihre wissenschaftlichen Grundlagen, Festschrift für Hans-Dieter Schwind zum 70. Geburtstag (2006)
Festschrift Schwinge	Persönlichkeit in der Demokratie: Festschrift für Erich Schwinge zum 70. Geburtstag (1973)
Festschrift Seebode	Festschrift für Manfred Seebode zum 70. Geburtstag (2008)
Festschrift Sendler	Bürger-Richter-Staat, Festschrift für Horst Sendler zum Abschied aus seinem Amt (1991)
Festschrift Spendel	Festschrift für Günter Spendel zum 70. Geburtstag (1992)
Festschrift Spinellis	Die Strafrechtswissenschaft im 21. Jahrhundert: Festschrift für Dionysios Spinellis, 2 Bde. (2001)
Festschrift Stock	Studien zur Strafrechtswissenschaft: Festschrift für Ulrich Stock zum 70. Geburtstag (1966)
Festschrift Stree/Wessels	Beiträge zur Rechtswissenschaft: Festschrift für Walter Stree und Johannes Wessels zum 70. Geburtstag (1993)
Festschrift Stutte	Jugendpsychiatrie und Recht: Festschrift für Hermann Stutte zum 70. Geburtstag (1979)
Festschrift Tiedemann	Strafrecht und Wirtschaftsstrafrecht: Dogmatik, Rechtsvergleich, Rechtstatsachen; Festschrift für Klaus Tiedemann zum 70. Geburtstag (2008)
Festschrift Trechsel	Strafrecht, Strafprozessrecht und Menschenrechte, Festschrift für Stefan Trechsel zum 65. Geburtstag (2002)
Festschrift Triffterer	Festschrift für Otto Triffterer zum 65. Geburtstag (1996)
Festschrift Tröndle	Festschrift für Herbert Tröndle zum 70. Geburtstag (1989)
Festschrift Tübingen	Tradition und Fortschritt im Recht: Festschrift gewidmet der Tübinger Juristenfakultät zu ihrem 500jährigen Bestehen 1977 von ihren gegenwärtigen Mitgliedern (1977)
Festschrift Venzlaff	Forensische Psychiatrie – Entwicklungen und Perspektiven: Festschrift für Ulrich Venzlaff zum 85. Geburtstag (2006)
Festschrift Waseda	Recht in Ost und West: Festschrift zum 30jährigen Jubiläum des Instituts für Rechtsvergleichung der Waseda-Universität (1988)
Festschrift Wassermann	Festschrift für Rudolf Wassermann zum 60. Geburtstag (1985)
Festschrift v. Weber	Festschrift für Hellmuth von Weber zum 70. Geburtstag (1963)
Festschrift Weber	Festschrift für Ulrich Weber zum 70. Geburtstag (2004)
Festschrift Welzel	Festschrift für Hans Welzel zum 70. Geburtstag (1974)
Festschrift Widmaier	Strafverteidigung, Revision und die gesamten Strafrechtswissenschaften – Festschrift für Gunter Widmaier zum 70. Geburtstag (2008)
Festschrift Wolf	Mensch und Recht: Festschrift für Erik Wolf zum 70. Geburtstag (1972)
Festschrift Wolff	Festschrift für E. A. Wolff zum 70. Geburtstag (1998)
Festschrift Würtenberger	Kultur, Kriminalität, Strafrecht: Festschrift für Thomas Würtenberger zum 70. Geburtstag (1977)

Festschrift Würzburger Juristenfakultät	Raum und Recht, Festschrift 600 Jahre Würzburger Juristenfakultät (2002)
Festschrift Zeidler	Festschrift für Wolfgang Zeidler (1987)
Festschrift Zweibrücken	175 Jahre Pfälzisches Oberlandesgericht: 1815 Appellationshof, Oberlandesgericht 1990 (1990)
Fischer	Strafgesetzbuch und Nebengesetze, Kurzkommentar, 55. Aufl. (2008); bis zur 54. Auflage *Tröndle/Fischer*
Forster/Joachim	Alkohol und Schuldfähigkeit (1997)
Frank	Das Strafgesetzbuch für das Deutsche Reich nebst dem Einführungsgesetz, 18. Aufl. (1931)
Freiburg-Symposium	s. Tiedemann
Freund AT	Strafrecht, Allgemeiner Teil (1998
Frisch, Vorsatz und Risiko	Vorsatz und Risiko: Grundfragen des tatbestandsmäßigen Verhaltens und des Vorsatzes (1983)
Frisch, Tatbestandsmäßiges Verhalten	Tatbestandsmäßiges Verhalten und Zurechnung des Erfolgs (1988)
Frister	Strafrecht Allgemeiner Teil, 2. Aufl. (2007)
Gallas, Beiträge	Beiträge zur Verbrechenslehre (1968)
Gedächtnisschrift Delitala	Gedächtnisschrift für (Studi in memoria di) Giacomo Delitala (3 Bde.) (1984)
Gedächtnisschrift Armin Kaufmann	Gedächtnisschrift für Armin Kaufmann (1989)
Gedächtnisschrift H. Kaufmann	Gedächtnisschrift für Hilde Kaufmann (1986)
Gedächtnisschrift Keller	Gedächtnisschrift für Rolf Keller (2003)
Gedächtnisschrift Meurer	Gedächtnisschrift für Dieter Meurer (2002)
Gedächtnisschrift K. Meyer	Gedächtnisschrift für Karlheinz Meyer (1990)
Gedächtnisschrift Noll	Gedächtnisschrift für Peter Noll (1984)
Gedächtnisschrift H. Peters	Gedächtnisschrift für Hans Peters (1967)
Gedächtnisschrift Radbruch	Gedächtnisschrift für Gustav Radbruch (1968)
Gedächtnisschrift Schlüchter	Gedächtnisschrift für Ellen Schlüchter (2002)
Gedächtnisschrift Schröder	Gedächtnisschrift für Horst Schröder (1978)
Gedächtnisschrift Tjong	Gedächtnisschrift für Zong Uk Tjong (1985)
Gedächtnisschrift Vogler	Gedächtnisschrift für Theo Vogler (2004)
Gedächtnisschrift Zipf	Gedächtnisschrift für Heinz Zipf (1999)
Gimbernat u.a.	Internationale Dogmatik der objektiven Zurechnung und der Unterlassungsdelikte: Spanisch-Deutsches Symposium zu Ehren von Claus Roxin, hrsg. v. Gimbernat u.a. (1995)
Gössel I, II	Strafrecht, Besonderer Teil, Bd. 1: Delikte gegen immaterielle Rechtsgüter des Individuums (1987), 2. Aufl. (1999); Bd. 2: Straftaten gegen materielle Rechtsgüter des Individuums (1996)
Gössel/Dölling	Strafrecht, Besonderer Teil, Bd. 1: Straftaten gegen Persönlichkeits- und Gemeinschaftswerte, 2. Aufl. (2004)
Gropp AT	Strafrecht, Allgemeiner Teil, 3. Auflage (2005)
Grundfragen	Grundfragen des modernen Strafrechtssystems, hrsg. v. Schünemann (1984)
Haft AT, BT	Strafrecht, Allgemeiner Teil, 9. Aufl. (2004); Besonderer Teil I, 8. Aufl. (2004); Besonderer Teil II, 8. Aufl. (2005)
Hanack-Symposium	s. Ebert
Hefendehl	Empirische Erkenntnisse, dogmatische Fundamente und kriminalpolitischer Impetus. Symposium für Bernd Schünemann zum 60. Geburtstag, hrsg. v. Hefendehl (2005)
Heinrich	Strafrecht AT I und II (2005)
v. Hippel I, II	Deutsches Strafrecht, Bd. 1 (1925), Bd. 2 (1930)

Hruschka	Strafrecht nach logisch-analytischer Methode, 2. Aufl. (1988)
Jakobs AT	Strafrecht, Allgemeiner Teil, 2. Aufl. (1993)
Jescheck, Beiträge I, II	Strafrecht im Dienste der Gemeinschaft: ausgewählte Beiträge zur Strafrechtsreform, zur Strafrechtsvergleichung, zum internationalen Strafrecht, 1953–1979 (1980) (I); Beiträge zum Strafrecht 1980–1998 (1998) (II), jew. hrsg. v. Vogler
Jescheck/Weigend	Lehrbuch des Strafrechts, Allgemeiner Teil, 5. Aufl. (1996)
Joecks	Strafgesetzbuch, Studienkommentar, 7. Aufl. 2007
Kienapfel AT	Strafrecht, Allgemeiner Teil, 4. Aufl. (1984)
Kienapfel, Urkunden	Urkunden und andere Gewährschaften (1979)
Kindhäuser AT, BT I, II	Strafrecht, Allgemeiner Teil, 3. Aufl. (2008); Besonderer Teil I: Straftaten gegen Persönlichkeitsrechte, Staat und Gesellschaft, 3. Aufl. (2007); Besonderer Teil II: Straftaten gegen Vermögensrechte, 5. Aufl. (2008)
Kindhäuser LPK	Strafgesetzbuch, Lehr- und Praxiskommentar, 3. Aufl. (2006)
Köhler AT	Deutsches Strafrecht, Allgemeiner Teil (1997)
Kohlrausch/Lange	Strafgesetzbuch mit Erläuterungen und Nebengesetzen, 43. Aufl. (1961)
Krey AT I, II	Deutsches Strafrecht, Allgemeiner Teil, Bd. 1: Grundlagen, Tatbestandsmäßigkeit, Rechtswidrigkeit, Schuld, 3. Aufl. (2008); Bd. 2: Täterschaft und Teilnahme, 3. Aufl. (2008)
Krey/Heinrich	Strafrecht, Besonderer Teil, Bd. 1: Besonderer Teil ohne Vermögensdelikte, 13. Aufl. (2005)
Krey/Hellmann	Strafrecht, Besonderer Teil, Bd. 2: Vermögensdelikte, 14. Aufl. (2005)
Kühl AT	Strafrecht, Allgemeiner Teil, 6. Aufl. (2008)
Küper BT	Strafrecht, Besonderer Teil, 7. Aufl. (2008)
Küpper BT	Strafrecht, Besonderer Teil, Bd. 1: Delikte gegen Rechtsgüter der Person und Gemeinschaft, 3. Aufl. (2007)
Lackner/Kühl	Strafgesetzbuch mit Erläuterungen, 26. Aufl. (2007)
v. Liszt, Aufsätze	Strafrechtliche Aufsätze und Vorträge, 2 Bde. (1925)
v. Liszt/Schmidt AT, BT	Lehrbuch des deutschen Strafrechts, Allgemeiner Teil, 26. Aufl. (1932); Besonderer Teil, 25. Aufl. (1925)
LK	Strafgesetzbuch, Leipziger Kommentar, hrsg. v. Jähnke/Laufhütte/Odersky, 11. Aufl. (1992–2006); 12. Aufl. hrsg. v. Laufhütte/Rissing-van Saan/Tiedemann (2006 ff)
Lutz	Strafrecht AT, 4. Aufl. (2008)
Madrid-Symposium	s. Schünemann/Suárez
Manoledakis/Prittwitz	Strafrechtsprobleme an der Jahrtausendwende: Deutsch-Griechisches Symposium in Rostock 1999, hrsg. v. Manoledakis/Prittwitz (2000)
Matheus	Strafrecht BT 2 (2008)
Maurach AT, BT	Strafrecht, Allgemeiner Teil, 4. Aufl. (1971); Besonderer Teil, 5. Aufl. (1969) mit Nachträgen von 1970/71
Maurach/Zipf	Strafrecht, Allgemeiner Teil, Teilbd. 1: Grundlehren des Strafrechts und Aufbau der Straftat, 8. Aufl. (1992)
Maurach/Gössel/Zipf	Strafrecht, Allgemeiner Teil, Teilbd. 2: Erscheinungsformen des Verbrechens und Rechtsfolgen der Tat, 7. Aufl. (1989)

Maurach/Schroeder/Maiwald I, II	Strafrecht, Besonderer Teil, Teilbd. 1: Straftaten gegen Persönlichkeits- und Vermögenswerte, 9. Aufl. (2003); Teilbd. 2: Straftaten gegen Gemeinschaftswerte, 9. Aufl. (2005)
H. Mayer AT	Strafrecht, Allgemeiner Teil (1953)
H. Mayer, Strafrecht	Das Strafrecht des deutschen Volkes (1936)
H. Mayer, Studienbuch	Strafrecht, Allgemeiner Teil, Studienbuch (1967)
Mezger, Strafrecht	Strafrecht, Lehrbuch, 3. Aufl. (1949) (ergänzt durch: Moderne Wege der Strafrechtsdogmatik [1950])
Mitsch BT 1, 2	Strafrecht, Besonderer Teil, Bd. 2: Vermögensdelikte, Teilbd. 1: Kernbereich, 2. Aufl. (2003); Teilbd. 2: Randbereich (2001)
MK	Münchener Kommentar zum Strafgesetzbuch, hrsg. von Joecks/Miebach (ab 2003)
Naucke	Strafrecht, Eine Einführung, 11. Aufl. (2008)
Niederschriften I–XIV	Niederschriften über die Sitzungen der Großen Strafrechtskommission, 14 Bde. (1956–1960)
Niethammer	Lehrbuch des Besonderen Teils des Strafrechts (1950)
NK	Nomos-Kommentar zum Strafgesetzbuch, hrsg. von Kindhäuser/Neumann/Paeffgen, 1. Auflage Loseblatt (1995 ff); 2. Aufl. gebunden (2005)
Oehler	Internationales Strafrecht, 2. Aufl. (1983)
v. Olshausen	Kommentar zum Strafgesetzbuch für das Deutsche Reich, 12. Aufl. (§§ 1–246) bearb. von Freiesleben u.a. (1942 ff); sonst 11. Aufl. bearb. von Lorenz u.a. (1927)
Otto AT, BT	Grundkurs Strafrecht: Allgemeine Strafrechtslehre/Die einzelnen Delikte, jeweils 7. Aufl. (2005)
Pfeiffer/Maul/Schulte	Strafgesetzbuch, Kommentar an Hand der Rechtsprechung des Bundesgerichtshofes (1969)
Preisendanz	Strafgesetzbuch, Lehrkommentar, 30. Aufl. (1978)
Puppe	Strafrecht Allgemeiner Teil, Band 1 (2002); Band 2 (2005)
Rengier BT 1, 2	Strafrecht, Besonderer Teil, Bd. 1: Vermögensdelikte, 10. Aufl. (2008); Bd. 2: Delikte gegen die Person und Allgemeinheit, 9. Aufl. (2008)
Rostock-Symposium	s. Manoledakis/Prittwitz
Roxin AT I	Strafrecht, Allgemeiner Teil, Bd. 1: Grundlagen – Der Aufbau der Verbrechenslehre, 4. Aufl. (2006)
Roxin AT II	Strafrecht, Allgemeiner Teil, Bd. 2: Besondere Erscheinungsformen der Straftat (2003)
Roxin TuT	Täterschaft und Tatherrschaft, 8. Aufl. (2006)
Roxin/Stree/Zipf/Jung	Einführung in das neue Strafrecht, 2. Aufl. (1975)
Roxin-Symposium	s. Gimbernat
Sack	Umweltschutz-Strafrecht, Erläuterung der Straf- und Bußgeldvorschriften, Loseblattausgabe, 4. Aufl. (1997 ff)
Sauer AT, BT	Allgemeine Strafrechtslehre, 3. Aufl. (1955); System des Strafrechts, Besonderer Teil (1954)
Schäfer/v. Dohnanyi	Die Strafgesetzgebung der Jahre 1931 bis 1935 (1936) (Nachtrag zur 18. Aufl. von Frank: das Strafgesetzbuch für das Deutsche Reich [1931])
Schmidt	Strafrecht, Allgemeiner Teil, 7. Aufl. (2008)
Schmidt/Priebe	Strafrecht Besonderer Teil I und II, jeweils 7. Aufl. (2008)
Schmidt-Salzer	Produkthaftung, Bd. 1: Strafrecht, 2. Aufl. (1988)
Schmidhäuser	Einführung in das Strafrecht, 2. Aufl. (1984)
Schmidhäuser AT, BT, StuB	Strafrecht, Allgemeiner Teil, 2. Aufl. (1975); Besonderer Teil, 2. Aufl. (1983); Studienbuch: Allgemeiner Teil, 2. Aufl. (1984)

Schöch	Wiedergutmachung und Strafrecht: Symposium aus Anlaß des 80. Geburtstages von Friedrich Schaffstein, hrsg. v. Schöch (1987)
Schönke/Schröder	Strafgesetzbuch, Kommentar, 27. Aufl. (2006)
Schroth BT	Strafrecht, Besonderer Teil, 4. Aufl. (2006)
Schünemann/de Figueiredo Dias	Bausteine des Europäischen Strafrechts: Coimbra-Symposium für Claus Roxin, hrsg. v. Schünemann/de Figueiredo Dias (1995)
Schünemann/Suárez	Bausteine des europäischen Wirtschaftsstrafrechts: Madrid-Symposium für Klaus Tiedemann, hrsg. v. Schünemann/Suárez (1994)
Sieber	Verantwortlichkeit im Internet (1999)
SK	Systematischer Kommentar zum Strafgesetzbuch, Loseblattausgabe, Bd. 1: Allgemeiner Teil, 8. Aufl. (2001 ff); Bd. 2: Besonderer Teil, 7. Aufl. (1999 ff)
Stratenwerth/Kuhlen AT	Strafrecht, Allgemeiner Teil, Bd. 1: Die Straftat, 5. Aufl. (2004)
Tendenzen der Kriminalpolitik	Neuere Tendenzen der Kriminalpolitik, Beiträge zu einem deutsch-skandinavischen Strafrechtskolloquium, hrsg. v. Cornils/Eser (1987)
Tiedemann	Wirtschaftsstrafrecht in der Europäischen Union, Harmonisierungsvorschläge zum Allgemeinen und Besonderen Teil (Freiburg-Syposium), hrsg. v. Tiedemann (2002)
Tiedemann, Tatbestandsfunktionen	Tatbestandsfunktionen im Nebenstrafrecht (1969)
Walter, Kern des Strafrechts	Der Kern des Strafrechts (2006)
v. Weber	Grundriß des deutschen Strafrechts, 2. Aufl. (1948)
Welzel, Strafrecht	Das Deutsche Strafrecht, 11. Aufl. (1969)
Welzel, Strafrechtssystem	Das neue Bild des Strafrechtssystems, 4. Aufl. (1961)
Wessels/Beulke	Strafrecht, Allgemeiner Teil, 38. Aufl. (2008)
Wessels/Hettinger	Strafrecht, Besonderer Teil 1: Straftaten gegen Persönlichkeits- und Gemeinschaftswerte, 32. Aufl. (2008)
Wessels/Hillenkamp	Strafrecht, Besonderer Teil 2: Straftaten gegen Vermögenswerte, 31. Aufl. (2008)
WK	Wiener Kommentar zum Strafgesetzbuch – StGB; hrsg. v. Höpfl/Ratz, 2. Aufl. (1999 ff)
Zieschang AT	Strafrecht, Allgemeiner Teil (2005)
Zieschang Gefährdungsdelikte	Die Gefährdungsdelikte (1998)
Zöller/Fornoff/Gries	Strafrecht, Besonderer Teil II (2008)

2. Betäubungsmittelstrafrecht

Franke/Wienroeder	Betäubungsmittelgesetz, Kommentar, 3. Aufl. (2008)
Joachimski/Haumer	Betäubungsmittelgesetz (mit ergänzenden Bestimmungen), Kommentar, 7. Aufl. (2002)
Körner	Betäubungsmittelgesetz, (ab 4. Aufl.) Arzneimittelgesetz, Kurzkommentar, 6. Aufl. (2007)
Webel	Betäubungsmittelstrafrecht (2003)
Weber	Betäubungsmittelgesetz, Verordnungen zum BtMG, Kommentar, 2. Aufl. (2003)

3. Bürgerliches Recht und InsO

FK InsO	Frankfurter Kommentar zur Insolvenzordnung, hrsg. v. Wimmer, 5. Aufl. (2008)

HK InsO	Heidelberger Kommentar zur Insolvenzordnung, hrsg. v. Eickmann, 4. Aufl. (2006)
Jaeger, InsO	Insolvenzordnung, Großkommentar, hrsg. v. Henckel/Gerhardt (2004 ff)
MK BGB	Münchener Kommentar zum Bürgerlichen Gesetzbuch, 4. Auflage (ab 2000); 5. Aufl. (ab 2008), hrsg. von Rebmann/Säcker/Rixecker
MK InsO	Münchener Kommentar zur Insolvenzordnung, 2. Aufl. (ab 2007), hrsg. von Kirchhof/Lwowski/Stürner
Palandt	Bürgerliches Gesetzbuch mit Einführungsgesetz (Auszug), Gesetz zur Regelung des Rechts der Allgemeinen Geschäftsbedingungen, Verbraucherkreditgesetz, Gesetz über den Widerruf von Haustürgeschäften und ähnlichen Geschäften, Kurzkommentar, 67. Aufl. (2008)
RGRK	Das Bürgerliche Gesetzbuch, Kommentar, mit besonderer Berücksichtigung der Rechtsprechung des Reichsgerichts und des Bundesgerichtshofes (Reichsgerichtsrätekommentar), hrsg. v. Mitgliedern des Bundesgerichtshofes, 12. Aufl. (1975–1999)
Smid InsO	Insolvenzordnung (InsO) mit Insolvenzrechtlicher Vergütungsverordnung (InsVV), Kommentar, 2. Aufl. (2001)

4. DDR-Strafrecht

StGB-Komm.-DDR	Strafrecht der Deutschen Demokratischen Republik, Kommentar, 5. Aufl. (1987)
StGB-Lehrb.-DDR AT, BT	Strafrecht der DDR, Lehrbuch: Allgemeiner Teil, 2. Aufl. (1976); Besonderer Teil (1981)
StGB-Lehrb.-DDR 1988	Strafrecht der DDR, Lehrbuch, Allgemeiner Teil (1988)
StPO-Komm.-DDR	Strafprozeßrecht der Deutschen Demokratischen Republik, Kommentar, 3. Aufl. (1989)
StPO-Lehrb.-DDR	Strafverfahrensrecht, Lehrbuch, 3. Aufl. (1987)

5. Europäisches Recht

Bleckmann	Europarecht, 6. Aufl. (1997)
Geiger	EUV, EGV, Kommentar 4. Aufl. (2004); (1. und 2. Aufl. unter dem Titel: EG-Vertrag)
Grabitz/Hilf	Das Recht der Europäischen Union, Kommentar, Loseblattausgabe, Altbd. I, II, hrsg. v. Grabitz/Hilf (1983 ff) (jew. bearb. v. Bandilla u.a.); Bd. 1 EUV/EGV, hrsg. v. Meinhard Hilf (bearb. v. Bandilla u.a.); Bd. 2 EUV/EGV, hrsg. v. Meinhard Hilf (bearb. v. Brühann u.a.); Bd. 3 Sekundärrecht: A EG-Verbraucher- und Datenschutzrecht, hrsg. v. Manfred Wolf; Bd. 4 Sekundärrecht: E EG-Außenwirtschaftsrecht, hrsg. v. Hans Günter Krenzler, 35. Aufl. (2008)
Hailbronner/Klein/Magiera/Müller-Graff	Handkommentar zum Vertrag über die Europäische Union (EUV/EGV), Loseblattausgabe (1991 ff)
HdEuropR	Handbuch des Europäischen Rechts, Loseblattausgabe, hrsg. v. Bieber/Ehlermann (1982 ff)
Hecker	Europäisches Strafrecht, 2. Aufl. (2007)

Immenga/Mestmäcker EG	Wettbewerbsrecht EG, 2 Bde., hrsg. v. Immenga/Mestmäcker, 4. Aufl. (2007) (bearb. v. Basedow u.a.)
Satzger	Internationales und Europäisches Strafrecht, 2. Aufl. (2008)
Schweitzer/Hummer	Europarecht, 6. Aufl. (2008)
Streinz	Europarecht, 8. Aufl. (2008)

6. Jugendstrafrecht

AK JGG	Kommentar zum Jugendgerichtsgesetz – Reihe Alternativkommentare, hrsg. v. Wassermann (1987)
Brunner	Jugendgerichtsgesetz, Kommentar, 9. Aufl. (1991)
Brunner/Dölling	Jugendgerichtsgesetz, Kommentar, 12. Aufl. (2008)
Böhm	Einführung in das Jugendstrafrecht, 4. Aufl. (2004)
Diemer/Schoreit/Sonnen	Jugendgerichtsgesetz, Kommentar, 5. Aufl. (2008)
Eisenberg JGG	Jugendgerichtsgesetz, Kommentar, 13. Aufl. (2009)
Laubenthal/Baier	Jugendstrafrecht (2006)
Ostendorf JGG	Jugendgerichtsgesetz, Kommentar, 7. Aufl. (2007)
Schaffstein/Beulke	Jugendstrafrecht, 14. Aufl. (2002)
Streng	Jugendstrafrecht (2003)
Walter, Jugendkriminalität	Jugendkriminalität: eine systematische Darstellung, 3. Aufl. (2005)

7. Kriminologie

Dittmann, Volker	Kriminologie zwischen Grundlagenwissenschaften und Praxis, hrsg. von Volker Dittmann (2003)
Eisenberg, Kriminologie	Kriminologie, 6. Aufl. (2005)
Göppinger	Kriminologie, 4. Aufl. (1980)
Göppinger/Bock	Kriminologie, 6. Aufl. (2008)
HwbKrim	Handwörterbuch der Kriminologie, hrsg. v. Sieverts/Schneider, Bd. 1–3, Ergänzungsband (4. Bd.), Nachtrags- und Registerband (5. Bd.), 2. Aufl. (1966–1998)
IntHdbKrim	Internationales Handbuch der Kriminologie, hrsg. v. H.-J. Schneider, Bd. 1 (2007); Bd. 2 (2009)
Kaiser	Kriminologie, Lehrbuch, 2. Aufl. (1988), 3. Aufl. (1996)
Kaiser, Einführung	Kriminologie: eine Einführung in die Grundlagen, 10. Aufl. (1997)
Meier	Kriminologie, 3. Aufl. (2007)
Mezger, Kriminologie	Kriminologie, Studienbuch (1951)
Schneider	Kriminologie, Lehrbuch, 3. Aufl. (1992)
Schwind	Kriminologie, 17. Aufl. (2007)

8. Ordnungswidrigkeitenrecht

Bohnert	Kommentar zum Ordnungswidrigkeitenrecht, 2. Aufl. (2007)
Bohnert, Grundriss	Ordnungswidrigkeitenrecht, Grundriss für Praxis und Ausbildung, 2. Aufl. (2004)
Göhler	Gesetz über Ordnungswidrigkeiten, Kurzkommentar, 14. Aufl. (2006)

HK OWiG	Heidelberger Kommentar zum Ordnungswidrigkeitengesetz, hrsg. v. Lemke u.a., 2. Aufl. (2005)
KK OWiG	Karlsruher Kommentar zum Gesetz über Ordnungswidrigkeiten, hrsg. v. Boujong, 3. Aufl. (2006)
Mitsch OWiG	Recht der Ordnungswidrigkeiten, 2. Aufl. (2005)
Rebmann/Roth/Hermann	Gesetz über Ordnungswidrigkeiten: Kommentar, Loseblattausgabe (2002 ff)

9. Presserecht

Groß	Presserecht, 3. Aufl. (1999)
Löffler	Presserecht, Kommentar, Bd. 1: Allgemeine Grundlagen, Verfassungs- und Bundesrecht, 2. Aufl. (1969); Bd. 1 (in der 2. Aufl. noch Bd. 2): Die Landespressegesetze der Bundesrepublik Deutschland, 5. Aufl. (2006)
Soehring	Presserecht, 3. Aufl. (2000)

10. Rechtshilfe

Grützner/Pötz	Grützner/Pötz, Internationaler Rechtshilfeverkehr in Strafsachen, Loseblattausgabe, 2. Aufl. (1980 ff)
Hackner/Lagodny/Schomburg/Wolf	Internationale Rechtshilfe in Strafsachen (2003)
Schomburg/Lagodny/Gleß/Hackner	Internationale Rechtshilfe in Strafsachen, 4. Aufl. (2006)
Vogler/Wilkitzki	Gesetz über die Internationale Rechtshilfe in Strafsachen (IRG), Kommentar, Loseblattausgabe (1992 ff) als Sonderausgabe aus Grützner/Pötz (siehe dort)

11. Rechtsmedizin und Arztrecht

Forster	Praxis der Rechtsmedizin (1986)
Forster/Ropohl	Rechtsmedizin, 5. Aufl. (1989)
HfPsych I, II	Handbuch der forensischen Psychiatrie, hrsg. v. Göppinger/Witter, Bd. 1: Teil A (Die rechtlichen Grundlagen) und B (Die psychiatrischen Grundlagen); Bd. 2: Teil C (Die forensischen Aufgaben der Psychiatrie) und D (Der Sachverständige, Gutachten und Verfahren) (jew. 1972)
Laufs	Arztrecht, 6. Aufl. (2001)
Laufs, Fortpflanzungsmedizin	Fortpflanzungsmedizin und Arztrecht (1992)
Psychiatrische Begutachtung	Ein praktisches Handbuch für Ärzte und Juristen, hrsg. v. Venzlaff, 4. Aufl. (2004)
Rieger	Lexikon des Arztrechts, Loseblatt, 2. Aufl. (2001 ff)
Ulsenheimer	Arztstrafrecht in der Praxis, 4. Aufl. (2008)

12. Strafprozeß- und Strafvollzugsrecht

AK StPO	Kommentar zur Strafprozeßordnung – Reihe Alternativkommentare, hrsg. v. Wassermann, Bd. 1 (1988), Bd. 2 Teilbd. 1 (1992), Bd. 2 Teilbd. 2 (1993), Bd. 3 (1996)
AK StVollzG	Kommentar zum Strafvollzugsgesetz – Reihe Alternativkommentare, hrsg. v. Wassermann, 3. Aufl. (1990)

Arloth	Strafvollzugsgesetz, Kommentar, 2. Aufl. (2008)
Beulke	Strafprozeßrecht, 10. Aufl. (2008)
Bringewat	Strafvollstreckungsrecht: Kommentar zu den §§ 449–463d StPO (1993)
Calliess/Müller-Dietz	Strafvollzugsgesetz, Kurzkommentar, 11. Aufl. (2008)
Eisenberg	Beweisrecht der StPO, Spezialkommentar, 6. Aufl. (2008)
HK StPO	Heidelberger Kommentar zur Strafprozeßordnung, hrsg. v. Lemke u.a., 3. Aufl. (2001)
Isak/Wagner	Strafvollstreckung, 7. Aufl. (2004); vormals: Wetterich/Hamann
Jessnitzer	Der gerichtliche Sachverständige, 12. Aufl. (2007)
Joecks	Studienkommentar StPO, 2. Aufl. (2008)
Kamann	Handbuch für die Strafvollstreckung und den Strafvollzug, 2. Aufl. (2008)
Kammeier	Maßregelvollzugsrecht, Kommentar, 2. Aufl. (2002)
KK	Karlsruher Kommentar zur Strafprozeßordnung und zum Gerichtsverfassungsgesetz mit Einführungsgesetz, hrsg. v. Pfeiffer, 6. Aufl. (2008)
Kleinknecht/Meyer-Goßner	Strafprozeßordnung, Gerichtsverfassungsgesetz, Nebengesetze und ergänzende Bestimmungen, Kurzkommentar, 46. Aufl. (2003); nunmehr: Meyer-Goßner
KMR	Kleinknecht/Müller/Reitberger (Begr.), Kommentar zur Strafprozeßordnung, Loseblattausgabe, 8. Aufl. (1990 ff), ab 14. Lfg. hrsg. von v. Heintschel-Heinegg/Stöckel
Kramer	Grundbegriffe des Strafverfahrensrechts: Ermittlung und Verfahren, 6. Aufl. (2004)
Kühne, Strafprozeßlehre	Strafprozeßlehre, 4. Aufl. (1993)
Kühne, Strafprozessrecht	Strafprozessrecht, 7. Aufl. (2007)
LR	Löwe-Rosenberg, Die Strafprozeßordnung und das Gerichtsverfassungsgesetz mit Nebengesetzen, Großkommentar, 26. Aufl. (2006 ff)
Marschner/Volckart	Freiheitsentziehung und Unterbringung, 4. Aufl. (2001) (vormals Saage/Göppinger)
Meyer-Goßner	Strafprozeßordnung, Gerichtsverfassungsgesetz, Nebengesetze und ergänzende Bestimmungen, Kurzkommentar, 51. Aufl. (2008) vormals Kleinknecht/Meyer-Goßner
Müller	Beiträge zum Strafprozessrecht (2003)
Peters	Strafprozeß, Ein Lehrbuch, 4. Aufl. (1985)
Pfeiffer	Strafprozeßordnung und Gerichtsverfassungsgesetz, 6. Aufl. (2008)
Pohlmann/Jabel/Wolf	Strafvollstreckungsordnung, Kommentar, 8. Aufl. (2001)
Putzke	Strafprozessrecht (2005)
Roxin, Strafverfahrensrecht	Studienbuch, 25. Aufl. (1998)
Roxin/Arzt/Tiedemann	Einführung in das Strafrecht und Strafprozeßrecht, 5. Auflage (2006)
Saage/Göppinger	Freiheitsentziehung und Unterbringung, 3. Aufl. (1994) (ab der 4. Auflage Marschner/Volckart)
Sarstedt/Hamm	Die Revision in Strafsachen, 6. Aufl. (1998)
Schäfer, Strafverfahren	Die Praxis des Strafverfahrens, 7. Aufl. (2007)
Schäfer, Strafzumessung	Die Praxis der Strafzumessung, 4. Aufl. (2008)
Schätzler	Handbuch des Gnadenrechts, 2. Aufl. (1992)
Eb. Schmidt, Lehrkommentar I–III	Strafprozeßordnung, Lehrkommentar, Bd. 1: Die rechtstheoretischen und die rechtspolitischen Grundlagen des Strafverfahrensrechts, 2. Aufl. (1964); Bd. 2: Erläuterungen zur Strafprozeßordnung und zum Einführungsgesetz

	zur Strafprozeßordnung (1957) (mit Nachtragsband 1 [1967] und 2 [1970]); Bd. 3: Erläuterungen zum Gerichtsverfassungsgesetz und zum Einführungsgesetz zum Gerichtsverfassungsgesetz (1960)
Schwind/Böhm/Jehle	Strafvollzugsgesetz, Kommentar, 4. Auflage (2005)
SK StPO	Systematischer Kommentar zur Strafprozeßordnung und zum Gerichtsverfassungsgesetz, Loseblattausgabe (1986 ff)
sLSK	Systematischer Leitsatzkommentar zum Sanktionenrecht, hrsg. v. Horn, Loseblattausgabe (1983 ff)
Volckart	Maßregelvollzug, 6. Aufl. (2002)
Volk	Grundkurs StPO, 6. Aufl. (2008)
Walter, Strafvollzug	Strafvollzug, 2. Aufl. (1999)

13. Strahlenschutzrecht

Fischerhof	Deutsches Atomgesetz und Strahlenschutzrecht; Bd. 1 und 2, 2. Aufl. (1978)
Haedrich	Atomgesetz mit Pariser Atomhaftungs-Übereinkommen, Kommentar (1986)
Mattern/Raisch	Atomgesetz, Kommentar (1961)
Winters	Atom- und Strahlenschutzrecht, Kommentar, mit Atomgesetz, Atomhaftungsübereinkommen, Strahlenschutzverordnung, Deckungsvorsorgeverordnung, Verfahrensverordnung, Kostenverordnung und Röntgenverordnung (1978)

14. Straßenverkehrsrecht

Bär/Hauser	Unfallflucht, Kommentar, Loseblattausgabe (1978 ff)
Cramer	Straßenverkehrsrecht, Bd. 1: StVO, StGB, 2. Aufl. (1977)
Full/Möhl/Rüth	Straßenverkehrsrecht: Kommentar (1980) mit Nachtrag (1980/81)
Hentschel, Straßenverkehrsrecht	Straßenverkehrsrecht: Straßenverkehrsgesetz, Straßenverkehrs-Ordnung, Strassenverkehrs-Zulassungs-Ordnung, Fahrerlaubnis-Verordnung, Bußgeldkatalog, Gesetzesmaterialien, Verwaltungsvorschriften und einschlägige Bestimmungen des StGB und StPO, 39. Aufl. (2007), vormals Jagusch/Hentschel
Hentschel	Trunkenheit, Fahrerlaubnisentziehung, Fahrverbot im Straf- und Ordnungswidrigkeitenrecht, 10. Aufl. (2006)
Hentschel/Born	Trunkenheit im Straßenverkehr, 7. Aufl. (1996)
Himmelreich/Bücken	Verkehrsunfallflucht: Verteidigerstrategien im Rahmen des § 142 StGB, 4. Aufl. (2005)
Himmelreich/Hentschel	Fahrverbot, Führerscheinentzug; Bd. 1: Straf- und Ordnungswidrigkeitenrecht, 8. Aufl. (1995)
HK StVR	Heidelberger Kommentar zum Straßenverkehrsrecht, hrsg. v. Griesbaum u.a. (1993)
Janker	Straßenverkehrsdelikte: Ansatzpunkte für die Verteidigung (2002)
Jagow/Burmann/Heß	Straßenverkehrsordnung, Kommentar, 20. Aufl. (2008); vormals: Janiszewski/Jagow/Burmann
Jagusch/Hentschel	Straßenverkehrsrecht, Kurzkommentar, 35. Aufl. (1999)
Janiszewski	Verkehrsstrafrecht, 5. Aufl. 2004

Mühlhaus/Janiszewski	Straßenverkehrsordnung, Kommentar, 15. Aufl. (1998); nunmehr: Janiszewski/Jagow/Burmann
Müller I–III	Straßenverkehrsrecht, Großkommentar, 22. Aufl., Bd. 1 (1969) mit Nachtrag 1969, Bd. 2 (1969), Bd. 3 (1973)
Rüth/Berr/Berz	Straßenverkehrsrecht, Kommentar, 2. Aufl. (1988)

15. Verfassungsrecht

BK	Kommentar zum Bonner Grundgesetz (Bonner Kommentar), Loseblattausgabe, hrsg. v. Dolzer/Vogel (1954 ff)
Dreier I–III	Grundgesetz, Kommentar, Bd. 1: Art. 1–19 (1996), 2. Aufl. (2004); Bd. 2: Art. 20–82 (1998); Bd. 3: Art. 83–146 (2000); Bd. 2 2. Aufl. (2008)
HdStR I–IX	Handbuch des Staatsrechts der Bundesrepublik Deutschland, hrsg. v. Isensee/Kirchhof, Bd. 1, 3. Aufl. (2003); Bd. 2, 3. Aufl. (2004); Bd. 3, 3. Aufl. (2005); Bd. 4, 3. Aufl. (2006); Bd. 5, 3. Aufl. (2007); Bd. 6, 2. Aufl. (2001); Bd. 7 (1992); Bd. 8 (1995); Bd. 9 (1997); Bd. 10 (2000)
Jarass/Pieroth	Grundgesetz für die Bundesrepublik Deutschland: Kommentar, 9. Aufl. (2007)
v. Mangoldt/Klein/Starck	Kommentar zum Grundgesetz, Bd. 1 (Artt. 1–19), Bd. 2 (Artt. 20–82), Bd. 3 (Artt. 83–146), 5. Aufl. (2005); früherer Titel: Das Bonner Grundgesetz
Maunz/Dürig	Grundgesetz, Kommentar, Loseblattausgabe, 7. Aufl. (1991 ff) (bearb. v. Badura u.a.), 51. Aufl. (2008)
Maunz/Schmidt-Bleibtreu/Klein/Ulsamer	Bundesverfassungsgerichtsgesetz, Kommentar, Loseblattausgabe, 3. Aufl. (1992 ff)
v. Münch/Kunig	Grundgesetz, Kommentar, Bd. 1, 5. Aufl. (2000); Bd. 2, 4./5. Aufl. (2001); Bd. 3, 5. Aufl. (2003)
Sachs	Grundgesetz-Kommentar, 4. Auflage (2007)
Schmidt-Bleibtreu/Klein	Kommentar zum Grundgesetz, 11. Aufl. (2008)
Stern I–V	Das Staatsrecht der Bundesrepublik Deutschland, Bd. 1, 2. Aufl. (1984); Bd. 2 (1980); Bd. 3/1 (1988); Bd. 3/2 (1994); Bd. 4 (1997); Bd. 5 (2000)

16. Wettbewerbs- und Kartellrecht

Baumbach/Hefermehl	Wettbewerbsrecht, Kurzkommentar, ab 23. Aufl. als Hefermehl/Köhler/Bornkamm: Wettbewerbsrecht weitergeführt
Emmerich, Kartellrecht	Kartellrecht, Studienbuch, 11. Aufl. (2008)
Emmerich, Wettbewerbsrecht	Unlauterer Wettbewerb, 7. Auflage (2004)
FK Kartellrecht [GWB]	Frankfurter Kommentar zum Kartellrecht, mit Kommentierung des GWB, des EG-Kartellrechts und einer Darstellung ausländischer Kartellrechtsordnungen, Loseblattausgabe, hrsg. v. Glassen u.a. (2001 ff) bis zur 44. Lfg. unter dem Titel: Frankfurter Kommentar zum Gesetz gegen Wettbewerbsbeschränkungen
Fezer	Lauterkeitsrecht (Kommentar zum UWG) 2 Bände (2005)
v. Gamm	Gesetz gegen den unlauteren Wettbewerb, 3. Aufl. (1993)
Immenga/Mestmäcker GWB	Wettbewerbsrecht, Kommentar, hrsg. v. Immenga/Mestmäcker, 4. Aufl. (2007)

Hefermehl/Köhler/Bornkamm	Wettbewerbsrecht: Gesetz gegen den unlauteren Wettbewerb, Preisangabenverordnung 26. Aufl. (2008)
Köhler/Piper	Gesetz gegen den unlauteren Wettbewerb, Kommentar, 4. Aufl. (2006)
Rittner/Kulka	Wettbewerbs – und Kartellrecht, 7. Aufl. (2008)

17. Wirtschafts- und Steuerstrafrecht

Achenbach/Ransiek	Handbuch Wirtschaftsstrafrecht, hrsg. v. Achenbach/Ransiek, 2. Aufl. (2008)
Bender	Zoll- und Verbrauchssteuerstrafrecht (2006)
Bittmann	Insolvenzstrafrecht, hrsg. von Bittmann (2004)
Franzen/Gast/Joecks	Steuerstrafrecht: mit Steuerordnungswidrigkeiten und Verfahrensrecht; Kommentar zu §§ 369–412 AO 1977 sowie zu § 80 des ZollVG, 6. Aufl. (2005)
Geilen, Aktienstrafrecht	Erläuterungen zu §§ 399–405 AktG von Gerd Geilen, Erläuterungen zu § 408 AktG von Wolfgang Zöllner (1984) (Sonderausgabe aus der 1. Aufl. des Kölner Kommentars zum Aktiengesetz)
Greeve/Leipold	Handbuch des Baustrafrechts (2004)
Hellmann/Beckemper	Wirtschaftsstrafrecht, 2. Aufl. (2008)
Hübschmann/Hepp/Spitaler	Abgabenordnung, Finanzgerichtsordnung, Kommentar, Loseblattausgabe, 10. Aufl. (1995 ff) (bearb. v. Söhn u.a.)
HWiStR	Handwörterbuch des Wirtschafts- und Steuerstrafrechts, Loseblattausgabe (1985–1990), hrsg. v. Krekeler/Tiedemann u.a.
Joecks	Steuerstrafrecht, 3. Aufl. (2003)
Klein, AO	Abgabenordnung einschließlich Steuerstrafrecht, Kommentar, 9. Aufl. (2006)
Kohlmann	Steuerstrafrecht, Kommentar zu den §§ 369–412 AO 1977, Loseblattausgabe, 7. Aufl. (1997 ff)
Müller-Gugenberger/Bieneck	Wirtschaftsstrafrecht, 4. Aufl. (2006)
Otto, Aktienstrafrecht	Erläuterungen zu den §§ 399–410 AktG (1997) (Sonderausgabe aus der 4. Aufl. des Großkommentars zum Aktiengesetz)
Park	Kapitalmarktstrafrecht, Handkommentar, 2. Aufl. (2008)
Rolletschke	Steuerstrafrecht, 2. Aufl. (2008)
Schröder (Chr.)	Kapitalmarktstrafrecht (2007)
Tiedemann, GmbH-Strafrecht	GmbH-Strafrecht (§§ 82–85 GmbHG und ergänzende Vorschriften), 4. Aufl. (2002)
Tiedemann, Wirtschaftsstrafrecht AT, BT	Wirtschaftsstrafrecht, Einführung und Allgemeiner Teil, 2. Aufl. (2007), Besonderer Teil, 2. Aufl. (2008)
Tiedemann, Wirtschaftsstrafrecht I, II	Wirtschaftsstrafrecht und Wirtschaftskriminalität, Bd. 1: Allgemeiner Teil; Bd. 2: Besonderer Teil (jew. 1976)
Wabnitz/Janovsky	Handbuch des Wirtschafts- und Steuerstrafrechts, 3. Aufl. (2007)
Weyand/Diversy	Insolvenzdelikte, 7. Aufl. (2006)
Ziouvas	Das neue Kapitalmarktstrafrecht (2005)

18. Zivilprozessrecht

Baumbach/Lauterbach/Albers/Hartmann	Zivilprozessordnung, 66. Aufl. (2008)
MK ZPO	Münchner Kommentar zur ZPO, 3. Aufl. (2007)

Musielak	Kommentar zur Zivilprozessordnung, 6. Aufl. (2008)
Rosenberg/Schwab/Gottwald	Zivilprozessrecht, 16. Aufl. (2004)
Stein/Jonas/Bearbeiter	Kommentar zur Zivilprozeßordnung, 22. Aufl. (2002 ff)
Zöller	Zivilprozessordnung, Kommentar, 26. Aufl. (2007)

19. Sonstiges (einschließlich Völkerrecht und Waffenrecht)

Brownlie	Principles of Public International Law, 7. Aufl. (2008)
Corpus Juris	The implementation of the Corpus Juris in the Member States/La mise en œuvre du Corpus Juris dans les Etats Membres, hrsg. v. Delmas-Marty/Vervaele (2000); Deutsche Version der Entwurfsfassung von 1997: Delmas-Marty (Hrsg.), Corpus Juris der strafrechtlichen Regelungen zum Schutz der finanziellen Interessen der Europäischen Union, Deutsche Übersetzung von Kleinke und Tully, Einführung von Sieber (1998)
Dahm/Delbrück/Wolfrum	Völkerrecht, 2. Aufl., Band I/1 (1989), Band I/2 (2002), Band I/3 (2002)
Fuhr/Stahlhacke	Gewerbeordnung, Kommentar, Gewerberechtlicher Teil, Loseblattausgabe, hrsg. v. Friauf (2001 ff)
Götz/Tolzmann	Bundeszentralregistergesetz, Kommentar, 4. Aufl. (2000); Nachtrag (2003)
Herdegen	Völkerrecht, 7. Aufl. (2008)
HMmR	Handbuch Multimedia-Recht, Loseblattausgabe, hrsg. v. Hoeren/Sieber (1998 ff)
HwbRW I–VIII	Handwörterbuch der Rechtswissenschaft, hrsg. v. Stier-Somlo u.a., Bd. 1 (1926), Bd. 2 (1927), Bd. 3 (1928), Bd. 4 (1927), Bd. 5 (1928), Bd. 6 (1929), Bd. 7 (1931), Bd. 8 (1937) (unter dem Titel: Die Rechtsentwicklung der Jahre 1933 bis 1935/36)
Ipsen	Völkerrecht, 5. Aufl. (2004)
Keller/Günther/Kaiser	Embryonenschutzgesetz, Kommentar (1992)
Kröger/Gimmy	Handbuch zum Internetrecht, 2. Aufl. (2002)
Landmann/Rohmer I, II	Gewerbeordnung und ergänzende Vorschriften, Kommentar, Loseblattausgabe, Bd. 1: Gewerbeordnung; Bd. 2: Ergänzende Vorschriften (jew. 1998 ff)
LdR	Lexikon des Rechts: Strafrecht, Strafverfahrensrecht, hrsg. v. Ulsamer, 2. Aufl. (1996)
Lüder	Materialien zum Völkerstrafgesetzbuch: Dokumentation des Gesetzgebungsverfahrens (2002)
Michalke	Umweltstrafsachen 2. Aufl. (2000)
Rebmann/Uhlig	Bundeszentralregister, Gewerbezentralregister, Verkehrszentralregister und ergänzende Bestimmungen, Kommentar (1985)
Schölz/Lingens	Wehrstrafgesetz, Kommentar, 4. Aufl. (2000)
Seidl-Hohenveldern	Lexikon des Rechts – Völkerrecht, 2. Aufl (1992)
Seidl-Hohenveldern/Stein	Völkerrecht, 11. Aufl. (2005), vormerkbar 12. Aufl. (2009)
Shaw	International Law, 5. Aufl. (2003)
Steindorf	Waffenrecht: Waffengesetz mit Durchführungsverordnungen, Kriegswaffenkontrollgesetz und Nebenbestimmungen, Kurzkommentar, 8. Aufl. (2007)
Strupp/Schlochauer	Wörterbuch des Völkerrechts, 2. Aufl., Band 1 (1960), Band 2 (1961), Band 3 (1962)

Tolzmann	Bundeszentralregistergesetz, Kommentar, Zentralregister, Erziehungsregister und Gewerbezentralregister, Nachtrag zur 4. Aufl. mit Verwaltungsvorschriften (2003)
Verdross/Simma	Universelles Völkerrecht, 3. Auflage (1984)
Vitzthum	Völkerrecht, 4. Aufl. (2007)
Werle	Völkerstrafrecht, 2. Aufl. (2007)

Strafgesetzbuch

vom 15. Mai 1871 (RGBl 1871, 127);
neugefasst durch Bek. v. 13.11.1998 (BGBl. I 3322);
zuletzt geändert durch Gesetz v. 13.8.2008 (BGBl. I 1690)

BESONDERER TEIL

ACHTUNDZWANZIGSTER ABSCHNITT

Gemeingefährliche Straftaten

§ 306
Brandstiftung

(1) Wer fremde
1. Gebäude oder Hütten,
2. Betriebsstätten oder technische Einrichtungen, namentlich Maschinen,
3. Warenlager oder -vorräte,
4. Kraftfahrzeuge, Schienen-, Luft- oder Wasserfahrzeuge,
5. Wälder, Heiden oder Moore oder
6. land-, ernährungs- oder forstwirtschaftliche Anlagen oder Erzeugnisse
in Brand setzt oder durch Brandlegung ganz oder teilweise zerstört, wird mit Freiheitsstrafe von einem Jahr bis zu zehn Jahren bestraft.

(2) In minder schweren Fällen ist die Strafe Freiheitsstrafe von sechs Monaten bis zu fünf Jahren.

Schrifttum

Bayer in Schlüchter (Hrsgin) Bochumer Erläuterungen zum 6. Strafrechtsreformgesetz (1998); *Börner* Ein Vorschlag zum Brandstiftungsrecht (2006); *Cantzler* Die Neufassung der Brandstiftungsdelikte, JA **1999** 474; *Duttge* Strafrechtliche Rätsel – Zur Bedeutung der Rechtsgutlehre für Einwilligung und Gesetzeskonkurrenz, Jura **2006** 15; *Fischer* Strafrahmenrätsel im 6. Strafrechtsreformgesetz, NStZ **1999** 13; *Geppert* Die Brandstiftungsdelikte (§§ 306–306f StGB) nach dem Sechsten Strafrechtsreformgesetz, Jura **1998** 597; *Hörnle* Die wichtigsten Änderungen des Besonderen Teils des StGB durch das Sechste Gesetz zur Reform des Strafrechts, Jura **1998** 169; *Knauth* Neuralgische Punkte des neuen Brandstrafrechts, Jura **2005** 230; *Kreß* Das Sechste Gesetz zur Reform des Strafrechts, NJW **1998** 633; *ders.* Die Brandstiftung nach § 306 StGB als gemeingefährliche Sachbeschädigung, JR **2001** 315; *Küpper* Zur Entwicklung der erfolgsqualifizierten Delikte, ZStW **111** (1999) 785; *Liesching* Die Brandstiftungsdelikte der §§ 306 bis 306c StGB nach dem Sechsten Gesetz zur Reform des Strafrechts (2002); *Lindenberg* Brandstiftungsdelikte – §§ 306 ff StGB Reformdiskussion und Gesetzgebung seit 1870 (2004); *Müller/Hönig* Examensrelevante Probleme der Brandstiftungsdelikte, JA **2001** 517; *Piel* Strafbarkeit eines GmbH-Gesellschafters wegen Brandstiftung gem. § 306 StGB, NStZ **2006** 550; *Radtke* Die Dogmatik der Brandstiftunsgsdelikte (1998), besprochen von *Fischer* GA **2001** 499; *ders.* Das Brandstiftungsrecht des 6. Strafrechtsreformgesetzes – eine Annäherung, ZStW **110** (1989) 848; *Range* Die Neufassung der Brandstiftungsdelikte durch das Sechste Strafrechtsreformgesetz: eine kritische Betrachtung unter besonderer Berücksichtigung der alten Gesetzesfassung (2003); *Rengier* Die Brandstiftungsdelikte nach dem Sechsten Gesetz zur Reform des Strafrechts, JuS **1998** 397; *Schroeder* Technische Fehler beim neuen Brandstiftungsrecht, GA **1998** 571; *Sinn* Der neue Brandstiftungstatbestand – eine missglückte Regelung des Gesetzgebers? Jura **2001** 803; *Stein* in Dencker/Struensee/Nelles/Stein Einführung in das 6. Strafrechtsreformgesetz 4. Teil I Brandstiftungstatbestände (1998); *Wolff* Zur Gemeingefährlichkeit der Brandstiftung nach § 306 StGB, JR **2002** 94; *ders.* Was bedeuten die in dem Katalog der Tatobjekte des § 306 Abs. 1 StGB verwendeten Begriffe? Festschrift Rüping (2008) 29; *Wolters* Das Sechste Gesetz zur Reform des Strafrechts, JZ **1998** 397; *ders.* Die Neuregelung der Brandstiftungsdelikte, JR **1998** 271; *Wrage* Was ist (teilweises) Zerstören durch eine Brandlegung? JR **2000** 360; *ders.* Typische Probleme einer Brandstiftungsklausur, JuS **2003** 985.

Zum Schrifttum zur früheren Fassung der Brandstiftungsdelikte vgl. die in der Vorauflage bei § 306 a.F. aufgeführte Literatur.

Entstehungsgeschichte

Das Strafgesetzbuch für das Deutsche Reich normierte in seiner ursprünglichen Fassung folgende Brandstiftungstatbestände: § 306 Schwere Brandstiftung, § 307 Besonders schwere Brandstiftung, § 308 Brandstiftung, § 309 Fahrlässige Brandstiftung und § 310 Tätige Reue (RGBl. 1871, S. 127, 186 f). Durch Art. 7 Nr. 1 und 2 des Gesetzes zur Änderung des Strafgesetzbuchs vom 28. Juni 1935 – RGBl. I 839, 841 – (vgl. dazu *E. Schäfer* DJ **1935** 991, 997; *K. Schäfer* JW **1935** 2478, 2481) wurde neben einer Fassungsänderung von § 310 aus Anlass zahlreicher Waldbrände im Jahre 1934 § 310a – Herbeiführen einer Brandgefahr – in das StGB eingefügt. Die Vorschrift beschränkte sich zunächst auf den Schutz von Wald-, Heide- und Moorflächen. Durch Gesetz zur Änderung des Reichsstrafgesetzbuchs vom 4. September 1941 – RGBl. I 549, 550 – wurde § 310a auf volkswirtschaftlich besonders wichtige, feuergefährdete Betriebe und Anlagen einschließlich landwirtschaftlicher Betriebe und Anlagen ausgedehnt und, ebenso wie § 309, in der Strafandrohung verschärft (s. dazu *Schmidt-Leichner* DR **1941** 2145, 2149 f). Mit Art. 4, 5 des 1. StrRG vom 25. Juni 1969 – BGBl. I 645, 657 – wurden die Strafbewehrungen der Delikte geändert, insbesondere auf Freiheitsstrafe umgestellt. Art. 19 Nr. 164 ff, 207 EGStGB 1974 – BGBl. I 469, 493, 501 – führte im wesentlichen zu geringfügigen Fassungsänderungen und teilweiser Zurücknahme der Erhöhung der Strafrahmen von §§ 309 und 310a aus dem Jahre 1941.

Seit dem 1. April 1998 sind die bisherigen §§ 306 bis 310a durch die §§ 306 bis 306f abgelöst worden. Mit den neuen Vorschriften sind die Brandstiftungsdelikte tiefgreifend umgestaltet worden. Dies war ein Schwerpunkt des Sechsten Gesetzes zur Reform des Strafrechts vom 26. Januar 1998 (6. StrRG) – BGBl. I 164 –; s. für die Brandstiftungsdelikte im einzelnen Artikel 1 Nr. 80 – S. 181 f – und Artikel 9 (Zeitpunkt des Inkrafttretens) – S. 188 –.

Die Geschichte dieses Gesetzes begann mit einem Referentenentwurf vom 15. Juli 1996 – zu Brandstiftungsdelikten Artikel 1 Nr. 62, 70 – (teilweise abgedruckt bei *Freund* ZStW **109** (1997) 455, 467 f und *Lindenberg* S. 185 f), der unter dem 18. Oktober 1996, ohne dass er zuvor unter den beteiligten Ressorts abgestimmt gewesen wäre, mit Frist bis zum 21. Februar 1997 zur Stellungnahme an die Praxis gegeben wurde. Man wollte mit diesem Gesetzgebungsvorschlag eine seit langem geforderte Reform des Brandstiftungsrechts erreichen und dabei an die Konzeption des Entwurfs 1962 anknüpfen, aber auch Elemente des früheren § 185 StGB-DDR aufgreifen (vgl. zu diesem Entwurf insbes. die

Stellungnahme eines Arbeitskreises von Strafrechtslehrern bei *Freund* ZStW **109** (1997) 455, 483 ff). Unter dem 11. März 1997 wurde von den Fraktionen der CDU/CSU und F.D.P. ein Entwurf eines 6. StrRG beim Bundestag eingebracht (BTDrucks. 13/7164). Er folgte bei den Brandstiftungsdelikten weitgehend dem Referentenentwurf und sah in Artikel 1 Nr. 62, soweit hier von Interesse, folgende Bestimmungen vor: § 306 Brandstiftung, § 306a Schwere Brandstiftung, § 306b Brandstiftung mit Todesfolge, § 306c Herbeiführen einer Brandgefahr und in Artikel 1 Nr. 70 § 320 Tätige Reue, § 321 Führungsaufsicht, § 322 Einziehung (BTDrucks. 13/7164 S. 10 ff; Begründung S. 25 ff; s. zu diesem Entwurf *Radtke* Das Ende der Gemeingefährlichkeit? (1997) 8 ff). In den ersten Beratungen des Bundestags vom 12. und 13. März 1997 über diesen Entwurf (Plenarprotokolle BT 13/162 und 163) waren Brandstiftungstatbestände kein Thema. Die Stellungnahme des Bundesrats vom 16. Mai 1997 (BTDrucks. 13/8587 Anlage 2; BR Plenarprotokoll 712/97 S. 177 (D), 178 (A und B); Anlagen 19 bis 22) enthielt – auch auf dem Hintergrund von kritischen Anmerkungen aus der Praxis – weitreichende Änderungsvorschläge. Diesen lagen Empfehlungen u.a. des Rechtsausschusses des Bundesrats zugrunde (BRDrucks. 164/97, insbesondere S. 36 ff). Der Rechtsausschuss des Bundestags, an den der Gesetzentwurf der Fraktionen der CDU/CSU und der F.D.P. überwiesen worden war, führte in seiner 88. Sitzung am 4. Juni 1997 zu dem Stichwort Strafrahmenharmonisierung eine öffentliche Anhörung durch. Von den Referenten erhob insbesondere der Ltd. Oberstaaatsanwalt *Hubmann* aus Nürnberg in seiner schriftlichen Äußerung deutliche Kritik an dem Entwurf der Brandstiftungsdelikte, der seiner Einschätzung nach teils unangemessene Strafbarkeitslücken aufwies, teils zu weit ging. Einzelne kritische Bemerkungen enthielten auch die Ausarbeitungen anderer Referenten.

Einen mit dem Gesetzesentwurf der Fraktionen der CDU/CSU und F.D.P. wortgleichen Gesetzesentwurf brachte die Bundesregierung unter dem 25. September 1997 beim Bundestag ein (BTDrucks. 13/8587; zu Brandstiftungsdelikten S. 11 ff, 25 ff, 47 ff). Am 9. Oktober 1997 überwies der Bundestag diesen Entwurf ebenfalls seinem Rechtsausschuss (Plenarprotokoll BT 13/197 S. 17730 f). Dem Entwurf waren als Anlage 2 die Stellungnahme des Bundesrats vom 16. Mai 1997 (zu Brandstiftungsdelikten S. 68 ff) und als Anlage 3 eine Gegenäußerung der Bundesregierung (zu Brandstiftungsdelikten S. 86 ff) beigefügt. In letzterer wurde unter Wechsel der bisherigen Konzeption „nunmehr eine Fassung der Brandstiftungsdelikte vorgeschlagen, die zwar Teile der Regelungen des Entwurfs beibehält, sich jedoch im ganzen enger an das geltende Recht anlehnt." Diese Fassung ist, ohne dass Praxis und Wissenschaft noch weitere Gelegenheit gehabt hätten, Stellung zu nehmen, mit nur noch relativ geringfügigen Änderungen Gesetz geworden. Der Rechtsausschuss des Bundestags hat am 12. November 1997 u.a. über die Entwürfe des 6. StrRG abschließend beraten; seine Beschlussempfehlung enthält die jetzt geltende Fassung der §§ 306 ff StGB (BTDrucks. 13/8991 S. 23 f). In dem unter dem 13. November 1997 dazu erstatteten Bericht wird zur Begründung neben wenigen ergänzenden Bemerkungen auf die Stellungnahme des Bundesrats und die Gegenäußerung der Bundesregierung verwiesen (BTDrucks. 13/9064 S. 22). Am 14. November 1997 erfolgten im Bundestag die zweite und dritte Lesung und Verabschiedung des 6. StrRG (Plenarprotokoll BT 13/204 S. 18431 ff). Der Bundesrat ließ das Gesetz am 19. Dezember 1997 passieren (BRDrucks. 931/97). Nach Mitteilung des Bundesministeriums der Justiz vom 24. Januar 2008 bestehen derzeit keine konkreten Planungen zur Änderung der §§ 306 bis 306f.

Übersicht

I. Allgemeines

1 Das Gesetz unterscheidet, im Grundsatz durchaus in Parallele zur bisherigen Regelung, zum einen zwischen *Brandstiftung* – § 306, bisher § 308 Abs. 1 1. Alt. –, *schwerer Brandstiftung* – § 306a, bisher § 306, soweit es § 306a Abs. 1 betrifft – und *besonders schwerer Brandstiftung* – § 306b, dabei entspricht § 306b Abs. 2 Nr. 2 und 3 praktisch § 307 Nr. 2 und 3 a.F. – sowie *Brandstiftung mit Todesfolge* – § 306c, bisher teilweise § 307 Nr. 1 –, zum anderen zwischen *vorsätzlichen Brandstiftungsdelikten* – §§ 306 bis 306c – und *fahrlässiger Brandstiftung* – § 306d Abs. 1 1. Alt. und Absatz 2, bisher war die fahrlässige Brandstiftung in § 309 geregelt –. Dazu tritt das *Herbeiführen einer Brandgefahr* – § 306f, der im wesentlichen § 310a a.F. entspricht –. Gegenüber den §§ 306 ff a.F. weisen die §§ 306 ff n.F. eine Tendenz zu nicht unerheblicher Ausdehnung der Strafbarkeit auf. Mit § 306a Abs. 2 ist ein neuer Tatbestand eingefügt. Die Abstimmung mit anderen Straftatbeständen des StGB ist nicht in jedem Falle gelungen. Weggefallen ist allerdings die mittelbare Brandstiftung nach § 308 Abs. 1 2. Alt. a.F.;[1] die Funktion dieses früheren Straftatbestandes übernehmen teilweise die §§ 306a Abs. 2, 306b Abs. 2 Nr. 1 und § 306f.

2 Keine der Vorschriften enthält **Gemeingefährlichkeit** als Tatbestandsmerkmal (teilweise abweichend *Krey/Heinrich* BT/1 Rdn. 747). Im 28. Abschnitt des StGB taucht der Begriff gemeine Gefahr lediglich in § 323c auf; außerhalb dieses Abschnitts in §§ 145 Abs. 1 Nr. 2, 243 Abs. 1 Nr. 6 und bezogen auf Tatmittel in § 211 Abs. 2 sowie in § 326 Abs. 1 Nr. 1 bei Abfällen mit Erregern gemeingefährlicher Krankheiten. Doch geht der Gesetzgeber davon aus, dass jeder Brand mit gemeiner Gefahr (vgl. zu diesem Begriff allgemein *Wolff* LK[11] § 312 Rdn. 1 und 4) verbunden ist (Gegenäußerung der Bundesregierung BTDrucks. 13/8587, S. 87). Im Rahmen der Brandstiftungsdelikte geht es um die generelle Erkenntnis, dass bei einer Brandstiftung an den in §§ 306 ff erfassten Tatobjekten das Geschehen für den Täter meist (oder jedenfalls häufig) nicht beherrschbar ist und

---

[1] BGH NStZ **1999** 32, 33 = JR **1999** 205 m. Anm. *Wolters*; BayObLGSt **1999** 127 f = JR **2000** 210 m. Anm. *Wolff*; *Fischer* Rdn. 1; *Radtke* MK Rdn. 2; *Sch/Schröder/Heine* Vorbem. §§ 306 ff Rdn. 20; *Kreß* JR **2001** 315 Fn. 3.

damit zugleich im Zeitpunkt der Tathandlung ungewiss ist, ob und welche – gewichtigen und oft zahlreichen – Rechtsgüter zu Schaden kommen werden.[2] Mit diesem Motiv gebliebenen[3] Ansatz steht der Gesetzgeber im übrigen durchaus in der Tradition der zuvor geltenden Vorschriften. Aus ihm erklären sich die zum Teil sehr hohen Strafandrohungen. Dabei wirken allerdings teilweise die Strafrahmen im Verhältnis zueinander (vgl. *Schroeder* GA **1998** 571, 574) und zu anderen Delikten, z.B. zu den Sachbeschädigungsdelikten, schlecht eingepasst.

§ 306 betreffend hat der *BGH* in der Entscheidung NJW **2001** 765 f der Erwägung des Gesetzgebers, dass auch der Brandstiftung nach § 306 Abs. 1 ein Element der Gemeingefährlichkeit anhafte (s. Fußnote 3), eine *weitergehende Bedeutung beigemessen* und ausgeführt, die Bestimmung sei deswegen nicht lediglich ein qualifiziertes Sachbeschädigungsdelikt;[4] zugleich wird § 306 Abs. 1 als Grunddelikt der Brandstiftungsdelikte eingestuft. Die Beschlussbegründung knüpft an Überlegungen von *Radtke*[5] an und verweist auf die erwähnte Stelle in den Materialien und die Stellung der Bestimmung im 28. Abschnitt des StGB über gemeingefährliche Straftaten. Doch ist dem entgegenzuhalten, dass der 28. Abschnitt des StGB nicht nur gemeingefährliche Straftaten betrifft, die Stellung von § 306 innerhalb der Brandstiftungsdelikte ohne Aussagekraft ist und sich bei einem erheblichen Teil der von § 306 Abs. 1 geschützten Tatgegenstände eine Gemeingefahr nicht als typische Folge einer Brandstiftung ergibt (zu letzterem siehe insbes. *Stein* S. 94 (Rdn. 37)). Es spricht deshalb mehr dafür, dass § 306 Abs. 1 kein Kombinationsdelikt von Verletzungsdelikt in Bezug auf fremdes Eigentum und abstraktem Gefährdungsdelikt in Richtung auf weitere Rechtsgüter ist, sondern sich auf eine durch die besondere Tathandlung heraus gehobene Sachbeschädigung beschränkt.[6] Auch wenn **3**

---

2 Vgl. ergänzend *Sch/Schröder/Heine* Vorbem. §§ 306 ff Rdn. 19; *Radtke* MK Vor §§ 306 ff Rdn. 2 f; *ders.* Dogmatik der Brandstiftungsdelikte, S. 114 ff. Vgl. außerdem BGHSt **38** 353, 354 f; **43** 346, 351.

3 In der Gegenäußerung der Bundesregierung BTDrucks. 13/8587 S. 87 heißt es zwar mit Bezug auf § 306 Abs. 1, der Gesichtspunkt der Gemeingefährlichkeit werde durch die Kasuistik der Tatobjekte konkretisiert, und betreffend Absatz 2 – jetzt § 306a Abs. 2 – die aufgeführten Tatobjekte dienten dazu, die Gemeingefährlichkeit bzw. -schädlichkeit der Tathandlung zum Ausdruck zu bringen. Doch wird damit Gemeingefährlichkeit nicht zum Tatbestandsmerkmal.

4 Genau genommen befasst sich die Entscheidung allein mit § 306 Abs. 1 Nr. 1; nur dazu bot der Fall Anlass. Doch gilt die Begründung ersichtlich auch für die übrigen Nummern von § 306 Abs. 1. Dem BGH stimmen zu *Börner* S. 3 ff; *Duttge* Jura **2006** 15 ff; *Kreß* JR **2001** 315 ff; *Wrage* JuS **2003** 985, 987.

5 *Radtke* ZStW **110** (1998) 848, 857 f, 861: „Vielmehr stellt sich die Vorschrift als eine Kombination aus Verletzungsdelikt und (hoch) abstraktem Gefährdungsdelikt dar, das neben dem Eigentumsschutz am Tatobjekt auch den Schutz der Rechtsgüter Leben, Gesundheit und Eigentum jenseits des Tatobjekts vor der generellen Gemeingefährlichkeit … der Tathandlung bezweckt …“. Siehe auch *Radtke* Dogmatik der Brandstiftungsdelikte, S. 76 ff, 372 ff; *ders.* MK Rdn. 8 ff. Vgl. weiter *Arzt/Weber* BT § 37 Rdn. 8, 16.

6 *Fischer* Rdn. 1; *Kindhäuser* LPK Rdn. 1; *Lackner/Kühl* Rdn. 1; Dölling/Duttge/Rössner/*Weiler* HK Rdn. 1; *Sch/Schröder/Heine* Rdn. 1; vgl. aber auch Rdn. 11; *Krey/Heinrich* BT/1 Rdn. 747a, 756; *Maurach/Schroeder/Maiwald* BT/2 § 51 Rdn. 3 f; *Otto* BT § 79 Rdn. 6; *Rengier* BT/2 § 40 Rdn. 1, 3; *Wessels/Hettinger* BT/1 Rdn. 953, 956; *Bayer* S. 104 (§ 306 Rdn. 5; vgl. aber auch Rdn. 4); *Cantzler* JA **1999** 474; *Geppert* Jura **1998** 597, 598, 599; *Hörnle* Jura **1998** 169, 180; *Immel* StV **2001** 477; *Knauth* Jura **2005** 230, 231; *Kreß* NJW **1998** 633, 640; *Kudlich* JuS **2002** 1071, 1075; *ders.* NStZ **2003** 458, 459; *Liesching* S. 73 ff; *Müller/Hönig* JA **2001** 517, 518; *Noack/Collin* Jura **2006** 544, 546; *Range* S. 38; *Rengier* JuS **1998** 397 f; *Sinn* Jura **2001** 803, 804; *Stein*

der Gesetzgeber die Bestimmung, wie die Überschriften von § 306 und §§ 306a und 306b zeigen, als allgemeinen Grundtatbestand der Brandstiftungsdelikte angelegt hat, ist sie dies deshalb in Wirklichkeit nicht.[7]

4 Die polizeiliche Kriminalstatistik weist für 2003 30308 Fälle der Brandstiftung und des Herbeiführens einer Brandgefahr nach §§ 306 bis 306d und 306f auf (die einzelnen Tatbestände werden nicht gesondert erfasst), darunter 15450 Fälle vorsätzlicher Tatbegehung nach §§ 306 bis 306c und 306f Abs. 1 und 2. Für 2004 lauten die entsprechenden Zahlen 25386 Fälle insgesamt – bei einer Aufklärungsquote von 48,9 Prozent – und 13104 vorsätzliche Taten – bei einer Aufklärungsquote von 34,4 Prozent –. Für 2005 sind 24045 Fälle insgesamt – bei einer Aufklärungsquote von 50, 0 Prozent – und 12636 Fälle der vorsätzlichen Brandstiftung – bei einer Aufklärungsquote von 37, 8 Prozent – registriert. Die Zahlen betragen für 2007 24302 Fälle der Brandstiftung und des Herbeiführens einer Brandgefahr bei einer Aufklärungsquote von 48,1 Prozent, davon 13100 Fälle der vorsätzlichen Brandstiftung, die in 37,3 Prozent der Fälle aufgeklärt werden konnten. Es fällt dabei auf, dass die Aufklärungsquote für vorsätzliche Brandstiftungen recht niedrig liegt. Einen Überblick über Brandkriminalität in Berlin als Beispiel gibt *Breitfeld* in Brandkriminalität, Brandstiftung – Reform des Brandstrafrechts überfällig? (1994) 5 ff.

II. Objektiver Tatbestand des § 306 Abs. 1

5 **1. Tathandlung.** Das Gesetz sieht *zwei Möglichkeiten* der Tathandlung vor: Die Tatobjekte können *in Brand gesetzt* werden oder sie können *durch Brandlegung ganz oder teilweise zerstört* werden. Beide Varianten der Tathandlung wiederholen sich in den §§ 306a bis 306d; die folgenden Bemerkungen gelten also auch insoweit. Inbrandsetzen war bereits in der früheren Fassung von §§ 306 bis 308 als Tathandlung normiert. Die dazu vor dem 6. StrRG ergangene Rechtsprechung ist ohne weiteres auch heute noch heranzuziehen und ist insbesondere vom BGH fortgesetzt worden. Mit dem Merkmal durch eine Brandlegung ganz oder teilweise zerstören ist eine Neuschöpfung in das Gesetz eingefügt worden.

6 **a) Inbrandsetzen.** Nach in Rechtsprechung und Lehre übereinstimmend vertretener Definition ist ein Gegenstand in Brand gesetzt, *wenn ein für seinen bestimmungsgemäßen Gebrauch wesentlicher Bestandteil in solcher Weise vom Feuer ergriffen ist, dass er auch*

S. 93 (Rdn. 37); *Wolff* JR **2002** 94 ff; *Wolters* JZ **1998** 397, 400; *ders.* JR **1998** 271 f. Vgl. auch *Herzog* NK Vor §§ 306 ff Rdn. 2.

[7] *Fischer* Rdn. 1; *Lackner/Kühl* Rdn. 1; Dölling/Duttge/Rössner/*Weiler* HK Rdn. 1; *Rengier* BT/2 § 40 Rdn. 1; *Beckemper* JA **2003** 925; *Cantzler* JA **1999** 474; *Fischer* NStZ **1999** 13; *Geppert* Jura **1998** 597, 598; *Knauth* Jura **2005** 230, 231; *Kreß* JR **2001** 315, 316 Fn. 14, 319; *Kudlich* JuS **2002** 1071, 1075; *Müller/Hönig* JA **2001** 517; *Liesching* S. 35 ff; *Range* S. 38; *Rengier* JuS **1998** 397; *Sinn* Jura **2001** 803, 804; *Schroeder* GA **1998** 571; *Wolters* JR **1998** 271, 272; offenbar auch *Sch/Schröder/Heine* Vorbem. §§ 306 ff Rdn. 21 und § 306a Rdn. 1; *Börner* S. 17. **AA** BGH NJW **2001** 765 f; BGH NStZ-RR **2000** 209 (Nr. 3); *Sander/Hohmann* NStZ **1998** 277, 278; offenbar auch *Bayer* S. 105 (§ 306 Rdn. 1). *Radtke* ZStW **110** (1998) 848, 854 f sieht sowohl § 306 Abs. 1 als auch § 306a Abs. 1 als zu unterscheidende Grundtatbestände an; so auch *Arzt/Weber* BT § 37 Rdn. 10.

nach Entfernen oder Erlöschen des Zündstoffs selbständig weiterbrennen kann.[8] Das Anzünden des Zündstoffs ist noch kein Brennen des Tatobjekts. Dazu genügt auch nicht ein Ansengen, Ankohlen (RGSt 7 131, 132 f; **64** 273; BGH NStZ **1982** 201) oder Anglimmen (RGSt **25** 326, 329); ebensowenig genügen durch die Hitze von angezündeten Kartons, die neben einem Gebäude liegen, entstandene Gebäudeschäden oder solche Gebäudeschäden, die bei der Brandlöschung entstehen (BGH, Beschl. v. 12. Januar 1977 – 2 StR 638/76). Vollendet ist die Brandstiftung in dieser Handlungsform also erst mit dem Brennen, aber auch mit diesem (RGSt **63** 105, 107). Ein Brennen mit heller Flamme ist dabei nicht notwendig; auch Glimm- und Schwelbrände sind möglich (RGSt **18** 362, 363; **25** 326, 329 f; RG Rspr. **10** 383 f). Einäscherung ist nicht erforderlich.

Ein **wesentlicher Bestandteil** eines Tatobjekts ist betroffen, wenn es sich nach Sprachgebrauch und Verkehrsanschauung um einen solchen handelt; die Begriffsbestimmungen des BGB über wesentliche Bestandteile, §§ 93 f BGB, sind nicht ausschlaggebend.[9] In der Rechtsprechung wird allerdings teilweise die Einschränkung gemacht, es sei ausreichend, dass sich der Brand auf Teile des Gebäudes – die Entscheidungen betreffen im wesentlichen Gebäude – *ausbreiten* kann, die für dessen bestimmungsgemäßen Gebrauch von wesentlicher Bedeutung sind (z.B. neuestens BGHSt **48** 14, 18; BGH NStZ **2007** 270). Ausgangspunkt dafür ist die Entscheidung BGHSt **18** 363 ff, in der es jedoch nur darum ging, ob von Inbrandsetzen im Sinne von § 306 Nr. 2 a.F. gesprochen werden könne, wenn ein unwesentlicher Gebäudebestandteil angezündet und davon auszugehen war, dass sich der Brand darauf beschränken würde. Die daraus abgeleitete Verallgemeinerung ist nicht berechtigt.[10] **7**

Speziell ein *Gebäude* ist in Brand gesetzt, wenn ein wesentlicher Bestandteil desselben brennt (gleiche Grundsätze gelten z.B. bei einem Schiff – RG Recht **1924** Nr. 719). Wesentliche Bestandteile sind nach der **Rechtsprechung** z.B. Wände und Decken eines Raumes (RG Rspr. **4** 72 ff), nicht oder nicht notwendig aber die Tapete und die Putzschicht auf einer Zimmerwand (BGH NStZ **1981** 220 f; s. auch BGH NStZ **1982** 201) **8**

---

[8] RGSt 7 131, 132; **18** 355, 357; **18** 362; **25** 326, 329; **64** 273; **71** 193, 194; RG GA **39** (1891) 442 f; RG JW **1931** 3281; RG JW **1937** 168; OGHSt 1 293, 298; BGHSt 7 37, 38; **16** 109, 110; **18** 363, 364 f; **34** 115, 117; **36** 221, 222; BGH NStZ **1981** 220; BGH NStZ **1982** 201; BGH NStZ **1984** 74; BGH StV **1984** 245; BGH NStZ **1986** 506; BGHR StGB § 306 Nr. 2 Inbrandsetzen 1 und 3; BGH StV **1991** 50; BGH NStE § 306 Nr. 6; BGH NStZ **1991** 433; BGH NStZ-RR **2007** 78; *Fischer* Rdn. 14; *Herzog* NK Rdn. 24; *Kindhäuser* LPK Rdn. 5; *Lackner/Kühl* Rdn. 3; *Radtke* MK Rdn. 50, § 306a Rdn. 35; *Sch/Schröder/Heine* Rdn. 13; Dölling/Duttge/Rössner/*Weiler* HK Rdn. 7; *Wolters/Horn* SK Rdn. 11, § 306a Rdn. 12b; *Arzt/Weber* BT § 37 Rdn. 18; *Krey/Heinrich* BT/1 Rdn. 748; *Maurach/Schroeder/Maiwald* BT/2 § 51 Rdn. 6; *Rengier* BT/2 § 40 Rdn. 7; *Wessels/Hettinger* BT/1 Rdn. 957; *Geppert* Jura **1989** 417, 422; *ders.* Jura **1998** 597, 598, 600; *Horn/Hoyer* JZ **1987** 965, 976; *Liesching* S. 19, 86; *Müller/Hönig* JA **2001** 517, 518; *Range* S. 40; *Rengier* JuS **1998** 397, 398; *Sinn* Jura **2001** 803, 806 f; *Stein* S. 83 (Rdn. 16); *Wrage* JuS **2003** 985. **Einschränkend** *Kratzsch* JR **1987** 360, 363; *ders.* JuS **1994** 372, 380. *Radtke* Dogmatik der Brandstiftungsdelikte S. 196 ff, will bei Räumlichkeiten auf bestandswesentliche Teile abstellen; anders *ders.* MK Rdn. 52.

[9] BGHSt **16** 109, 110; *Radtke* MK Rdn. 50, § 306a Rdn. 35; *Fischer* Rdn. 14; *Herzog* Rdn. 25; *Geppert* Jura **1989** 417, 422; *Range* S. 45 Fn. 114.

[10] Kritisch/ablehnend auch *Herzog* NK Rdn. 24; *Rengier* BT/2 § 40 Rdn. 8; *Wessels/Hettinger* BT/1 Rdn. 957; *Ingelfinger* JR **1994**, 211, 212; *Sinn* Jura **2001** 803, 807; vgl. weiter *Sch/Schröder/Heine* § 306a Rdn. 10 f. Vgl. auch BTDrucks. 13/8587 S. 26, wo insbesondere die Rechtsprechung bereits im Sinne von BGHSt **48** 14 ff referiert wird. Dem BGH stimmt z.B. *Otto* BT § 79 Rdn. 2 zu.

oder eine Deckenverkleidung (BGHR StGB § 306 Nr. 2 Inbrandsetzen 4; BGH NStZ **1991** 433). Wesentlicher Gebäudebestandteil sind weiter: Dielen und Türpfosten eines Raumes (RG GA **39** (1891) 442, 443); Holzfußboden, Türen mit Rahmen und Fensterrahmen (BGH NStZ **1985** 408; BGH NStZ **1994** 130, 131); Türrahmen und Türblätter (BGHSt **40** 251, 252); eine hölzerne Türverkleidung (BGHSt **20** 246, 247; vgl. aber auch BGHR StGB § 306 Nr. 2 Inbrandsetzen 5: verneint für die Lackschicht einer hölzernen Tür mit Zarge); Fußböden (BGH NStZ **1986** 506; BGH NStZ **2003** 264, 265; nicht aber Fußbodensockelleisten – BGH NStZ **1994** 130, 131); Parkettfußboden (und Fensterrahmen) in einem Raum (OLG Hamburg NJW **1953** 117); (möglicherweise) Teppichboden (BGH wistra **1988** 304 f); mit dem Boden fest verklebter Velourteppich (BGHR StGB § 306 Nr. 2 Inbrandsetzen 7; BGH NStZ-RR **1998** 68, 69; BGH NJW **2001** 765 f – zugleich für hölzerne Deckenbalken eines Raumes eines Gasthofs –); die Flurtreppe (BGH, Beschl. v. 9. Mai 1978 – 5 StR 31/78); der Türstock einer Lokaleingangstür (BGH NStZ **1985** 455); Holzbalken einer Fachwerkwand (RGSt **18** 362 f); das Strohdach einer Hütte (RGSt **18** 355 ff); der fest eingebaute, von verputztem Mauerwerk umgebene Beichtstuhl in einer Kirche (BGH, Urt. v. 23. Juli 1985 – 5 StR 125/85). Dagegen ist die Holzlattentür eines Kelleraums, wenn sich das Feuer nicht auf weitere Gebäudeteile ausdehnen kann, nicht als wesentlicher Gebäudeteil eingestuft worden (BGHSt **18** 363 ff; **48** 14, 22; BGH NStE § 306 Nr. 10); ebensowenig Holzwände, die einzelne Kellerabteile abtrennen (BGH NStZ **2003** 266 = JA **2003** 925 m. Bespr. *Beckemper*) oder Holzlatten und Stofffetzen von Kellerverschlägen oder nicht gasführende Versorgungsleitungen (BGH NStZ **2007** 270 f). Siehe demgegenüber BGHSt **44** 175 ff, nach welcher Entscheidung Brandstiftungsversuch in Frage kommt, wenn eine Ausbreitungsmöglichkeit für das Feuer auf das Treppenhaus besteht. Kein Teil des Gebäudes sind Einrichtungsgegenstände (BGHSt **48** 14, 18; BGH NStZ **1984** 74; vgl. auch OLG Braunschweig NdsRpfl. **1963** 138 f; OLG Hamburg NJW **1953** 117); z.B. Schränke (BGH, Beschl. v. 27. März 1981 – 2 StR 94/81) oder eine Theke (BGHR StGB § 306 Nr. 2 Inbrandsetzen 3). Etwas anderes kann gelten, falls es sich um fest eingebaute Einrichtungsgegenstände handelt (BGHSt **16** 109 ff). So ist eine mit Spiegelfliesen beklebte, fest an die Wand einer Gaststätte gedübelte Spanplatte nicht notwendig wesentlicher Bestandteil eines Gebäudes (BGH StV **2002** 145, wo allgemein bemerkt wird, dass für die Unterscheidung von Gebäudebestandteil und Einrichtungsgegenstand von Bedeutung ist, ob die Sache jederzeit entfernt werden kann, ohne dass das Bauwerk selbst beeinträchtigt wird).

9 Aus der Definition des Inbrandsetzens ergibt sich die Notwendigkeit, bei einer Verurteilung wegen einer derartigen Brandstiftung nicht nur festzustellen, wo es gebrannt hat, sondern auch *was* gebrannt hat.[11] Um ein Brennen zum Ausdruck zu bringen, genügt die Feststellung im Urteil, die Flammen hätten einen bestimmten Bauteil erfasst, ebensowenig wie die Feststellung, sie hätten auf einen Gebäudeteil übergegriffen, weil damit das selbständige Weiterbrennenkönnen nicht ausreichend belegt ist (BGH, Urt. v. 22. Februar 1995 – 3 StR 583/94 – S. 20 f, insoweit in BGHSt **41** 47 ff nicht mit abgedruckt).

10 An einem bereits brennenden Gebäude kann eine *weitere Brandstiftung* begangen werden (OGH JR **1950** 404; offengelassen in BayObLGSt **1959** 175 ff; **aA** OLG Hamm JZ **1961** 94 f m. Anm. *Stratenwerth*, das lediglich Beihilfe annimmt). Das ist weitgehend unstreitig, soweit dabei ein neuer, selbständiger Brandherd geschaffen wird.[12] Dies gilt

[11] Aus der Rechtsprechung z.B.: BGH NStZ **1984** 74; BGH StV **1984** 245; BGHR StGB § 306 Nr. 2 Inbrandsetzen 1 und 4; BGH NStZ **1991** 433 und die im Text erwähnte Entscheidung; vgl. auch *Meyer-Goßner* NStZ **1986** 103, 106 f.

[12] *Fischer* Rdn. 14; *Herzog* NK Rdn. 28; *Kindhäuser* LPK Rdn. 6; *Lackner/Kühl* Rdn. 3;

aber auch, wenn ein bereits ausgebrochener Brand ohne Schaffen eines neuen Brandherdes verstärkt wird.[13] Dem kann nicht mit Erfolg entgegengehalten werden, aus dem Begriff Inbrandsetzen sei die Notwendigkeit eines initiativen Vorgangs – eben das Schaffen eines neuen Brandherdes – abzuleiten.[14] Richtig daran ist, dass der Täter tätig werden muss (zu Unterlassen siehe Rdn. 11). Der Begriff Inbrandsetzen ist in seiner Bedeutung aber nicht zwingend auf das Auslösen eines bisher nicht vorhandenen Brandes beschränkt. Andernfalls würde sich auch die wenig überzeugende Folgerung ergeben, dass jemand, der durch Luftzufuhr für das Durchzünden eines bis dahin leicht zu beherrschenden, mit geringem Einsatz zu löschenden Brandes eines Hauses sorgt, das daraufhin niederbrennt, nicht wegen Brandstiftung, sondern nur wegen Beihilfe dazu bestraft werden könnte.

Das Inbrandsetzen kann durch **Unterlassen** geschehen,[15] wobei im Urteil auf tragfähige Feststellungen zur Ursächlichkeit des Unterlassens für den Brand zu achten ist (BGHR StGB § 306 Nr. 2 Inbrandsetzen 2). Für die Entscheidung der Frage, ob ein Tun oder Unterlassen vorliegt, kommt es nach der Rechtsprechung auf den Schwerpunkt des Täterverhaltens an. Darüber ist in wertender Würdigung vom Tatrichter zu entscheiden; dabei wird das Sichentfernen, ohne eine entstandene Gefahrenquelle für einen Brand zu beseitigen, meist als Unterlassen zu werten sein (BGH NStZ **1999** 607; BGH NStZ **2005** 446, 447; vgl. ergänzend *Weigend* LK § 13 Rdn. 5 ff). Eine Garantenpflicht trifft z.B. Eltern für ihre Kinder (BGH NStZ **1999** 607; BGH NStZ **2005** 446, 447); den Versicherungsnehmer einer gegen Feuer versicherten Sache;[16] den Leiter einer freiwilligen Feuer- 11

Radtke MK Rdn. 52; *Sch/Schröder/Heine* Rdn. 14; *Krey/Heinrich* BT/1 Rdn. 767; *Maurach/Schroeder/Maiwald* BT/2 § 51 Rdn. 6; *Otto* BT § 79 Rdn. 3; *Rengier* BT/2 § 40 Rdn. 9; *Wessels/Hettinger* BT/1 Rdn. 957; *Geppert* Jura **1989** 417, 422; *ders.* Jura **1998** 596, 601; *Müller/Hönig* JA **2001** 517, 518; *Radtke* Dogmatik der Brandstiftungsdelikte, S. 204 ff; *Range* S. 46; *Rengier* JuS **1998** 397, 398; *Rudolphi* Die zeitlichen Grenzen der sukzessiven Beihilfe, Festschrift Jescheck I (1985) 559, 563 ff; *Sinn* Jura **2001** 803, 807 f; *Wrage* JuS **2003** 985.

13 *Herzog* NK Rdn. 28; *Lackner/Kühl* Rdn. 3; *Roxin* LK[11] § 27 Rdn. 37; Dölling/Duttge/Rössner/*Weiler* HK Rdn. 9; *Otto* BT § 79 Rdn. 3; *Klussmann* MDR **1974** 187, 188 f; *Rudolphi*, wie Fn. 12, FS Jescheck I, S. 559, 563 ff; grundsätzlich auch *Wolters/Horn* SK Rdn. 17, § 306a Rdn. 13.

14 Darauf läuft die Begründung dieser Meinung ausgesprochen oder unausgesprochen hinaus; so: *Kindhäuser* LPK Rdn. 6; *Sch/Schröder/Heine* Rdn. 14; *Maurach/Schroeder/Maiwald* BT/2 § 51 Rdn. 6; *Rengier* BT/2 § 40 Rdn. 9; *Geppert* Jura **1998** 596, 601 (vgl. auch schon *ders.* Jura **1989** 417, 422); *Müller/Hönig* JA **2001** 517, 518; *Range* S. 46; *Rengier* JuS **1998** 397, 398; *Sinn* Jura **2001** 803, 807 f; *Wrage* JuS **2003** 985; differenzierend *Radtke* Dogmatik der Brandstiftungsdelikte, S. 204 ff.

15 *Fischer* Rdn. 18; *Herzog* NK Rdn. 29; *Kindhäuser* LPK Rdn. 7; *Lackner/Kühl* Rdn. 3; *Wolters/Horn* SK Rdn. 18, § 306a Rdn. 18; *Arzt/Weber* BT § 37 Rdn. 19; *Krey/Heinrich* BT/1 Rdn. 767; *Otto* BT § 79 Rdn. 3; *Wessels/Hettinger* BT/1 Rdn. 957 Fn. 13; *Klussmann* MDR **1974** 187 ff; *Range* S. 50; mit der Einschränkung, dass das Tatobjekt noch nicht in Brand gesetzt sein darf oder durch den Garanten ein neuer Brandherd nicht verhindert wird, bloßes Weiterbrennenlassen also nicht genügt, auch: *Radtke* MK Rdn. 57, § 306a Rdn. 38; *ders.* Dogmatik der Brandstiftungsdelikte S. 407; *Sch/Schröder/Heine* Rdn. 18; *Maurach/Schröeder/Maiwald* BT/2 § 51 Rdn. 10; *Rengier* BT/2 § 40 Rdn. 10 f; *Geppert* Jura **1989** 417, 423; *ders.* Jura **1998** 596, 601; *Müller/Hönig* JA **2001** 517, 518; *Rengier* JuS **1998** 397, 398; *Sinn* Jura **2001** 803, 808.

16 RGSt **64** 273, 276 ff; **71** 193, 194 f; BGH bei Dallinger MDR **1951** 144 f; *Herzog* NK Rdn. 29; *Maurach/Schroeder/Maiwald* BT/2 § 51 Rdn. 10; **ablehnend** *Radtke* MK Rdn. 57; *Wolters/Horn* SK Rdn. § 306a Rdn. 18; *Geppert* Jura **1989** 417, 423; *ders.* Jura **1998** 597, 601; *Range* S. 50; *Rudolphi*

wehr (OGHSt **1** 316 ff); den Einsatzleiter der Polizei (OLG Rostock NStZ **2001** 199, 200); den Schornsteinfegermeister bei Brandgefahr durch fehlerhaften Schornsteineinbau in einem Haus, das zu seinem Kehrbezirk gehört (RG DR **1943** 76; OLG Oldenburg NdsRpfl. **1956** 207 f). Sie trifft auch denjenigen, der fahrlässig einen Brand verursacht hat.[17] Zu möglichen Garantenpflichten eines Betriebsleiters und eines wiederholt zu Reparaturarbeiten in einem Betrieb herangezogenen Elektromeisters, wenn es durch Mängel in der elektrischen Anlage im Betrieb zu einem Brand kommt, vgl. RG HRR **1940** Nr. 585.

12 b) Weitere mögliche Tathandlung ist die **durch eine Brandlegung bewirkte**, ganz oder teilweise erfolgende **Zerstörung** von Schutzobjekten (BGHR StGB § 306a Abs. 1 Nr. 1 Wohnung 1). Vollendung setzt also mindestens teilweise Zerstörung voraus (**anders** *Müller/Hönig* JA **2001** 517, 519: Vollendung, „wenn die zerstörende Wirkung des Brandmittels eingesetzt hat."). Von den in den Entwürfen zum 6. StrRG noch vorgesehenen Formulierungen Beschädigung durch Feuer von erheblichem Ausmaß oder Zerstörung durch Feuer (s. insbes. Regierungsentwurf BTDrucks. 13/8587 S. 26, 48) hat man bewusst abgesehen, weil zum einen der Begriff Feuer von erheblichem Ausmaß Strafbarkeitslücken und Abgrenzungsschwierigkeiten befürchten ließ, zum anderen mit dem Begriff Feuer die Beschränkung auf ein Brennen mit heller Flamme nahegelegt gewesen wäre (Stellungnahme des Bundesrates BTDrucks. 13/8587 Anlage 2 S. 69 f; Bericht des Rechtsausschusses des BT – BTDrucks. 13/9064 S. 22).

13 **aa)** (1) Die Begriffe des **Zerstörens** und des **teilweisen Zerstörens** sind im Gesetz bereits bei der Sachbeschädigung verwendet, vgl. z.B. §§ 303 Abs. 1, 305 Abs. 1. Auf die dortigen Begriffsbestimmungen kann deshalb – gerade wegen der Sachnähe des § 306 zu diesen Delikten – im Grundsatz verwiesen werden (*Wolff* LK § 303 Rdn. 21; § 305 Rdn. 11). Im Rahmen der Brandstiftungsdelikte ist zum teilweisen Zerstören erforderlich, dass für nicht unbeträchtliche Zeit entweder ein zwecknötiger oder selbständiger Teil eines der Tatobjekte unbrauchbar gemacht wird oder eine von mehreren Zweckbestimmungen des Tatobjekts verloren geht; und zwar durch Umstände, die durch Brandlegung hervorgerufen werden.[18] Des Inbrandsetzens eines wesentlichen Teils des

---

Die Gleichstellungsproblematik der unechten Unterlassungsdelikte und der Gedanke der Ingerenz (1966) 95; *ders.* JR **1987** 337; *ders.* NStZ **1991** 361, 364.

[17] RGSt **60** 77 f; BGHR StGB § 306 Nr. 2 Inbrandsetzen 2; *Herzog* NK Rdn. 29; *Lackner/Kühl* Rdn. 3; *Wolters/Horn* SK § 306d Rdn. 6; *Maurach/Schroeder/Maiwald* BT/2 § 51 Rdn. 10; *Rengier* JuS **1998** 397, 398; *Hecker* Jura **1999** 197, 198; *Klussmann* MDR **1974** 187 ff; differenzierend *Wrage* JuS **2003** 985, 991. **AA** *Radtke* MK Rdn. 57; *ders.* Dogmatik der Brandstiftungsdelikte S. 407 f; *Geppert* Jura **1989** 417, 423; *ders.* Jura **1998** 597, 601.

[18] BGHSt **48** 14, 19 ff = NStZ **2003** 204 m. Anm. *Radtke* (S. 432) = JR **2003** 389 m. Anm. *Wolff*; BGH NStZ-RR **2007** 78; BGH NStZ **2008** 519; BayObLGSt **1999** 127 f = JR **2002** 210 m. Anm. *Wolff*; *Fischer* Rdn. 17; *Herzog* NK Rdn. 31; *Lackner/Kühl* Rdn. 4; *Radtke* MK Rdn. 55, § 306a Rdn. 37; *Sch/Schröder/Heine* Rdn. 16; *Wolters/Horn* SK Rdn. 14, § 306a Rdn. 12b; *Krey/Heinrich* BT/1 Rdn. 747g; *Wessels/Hettinger* BT/1 Rdn. 958; *Cantzler* JA **1999** 474, 475 f; *Liesching* S. 87; *Radtke* Dogmatik der Brandstiftungsdelikte, S. 208 ff; *ders.* ZStW **110** (1998) 848, 871; *Range* S. 47. Vgl. auch *Geppert* Jura **1998** 597, 599; *Rengier* JuS **1998** 397, 398; *Wrage* JR **2000** 360, 363, der nicht ohne Berechtigung darauf hinweist, dass diese Begriffsbestimmung auf nur quantitativ zu erfassende Tatobjekte wie Warenvorräte oder landwirtschaftliche Erzeugnisse nicht ohne weiteres passt und durch einen nennenswerten Teil der Gesamtmenge ersetzt werden muss.

Tatobjekts bedarf es dazu nicht.[19] In BGHSt **48** 14, 20 sind, um den Anwendungsbereich der erheblich schärferer Strafdrohung ausgesetzten Brandstiftungsdelikte zugunsten der Sachbeschädigungsdelikte zurückzudrängen, zwei Einschränkungen eingefügt: die teilweise Zerstörung durch Brandlegung muss sich nicht nur unbeträchtliche Zeit auswirken und es muss sich um ein teilweises Zerstören von Gewicht handeln.[20] Ersteres Moment ist auch im Rahmen des § 305 von Bedeutung (OGHSt **1** 53 ff; **2** 209 ff) und wird vom Senat dahin konkretisiert, dass es für einen „verständigen" Wohnungsinhaber nicht nur um Stunden oder einen Tag gehen dürfe. Letzterer Gesichtspunkt, für den sich im Gesetz kein unmittelbarer Anhalt findet und bei dem dahin stehen mag, ob er den Vorstellungen des Gesetzgebers entspricht, ist in der Tendenz durchaus zu begrüßen. Beide Kriterien sind allerdings unbestimmt und werden erst durch weitere Rechtsprechung klarere Konturen gewinnen (so auch *Radtke* NStZ **2003** 432, 433).

Von teilweiser Zerstörung ist der BGH in der Entscheidung NStZ **2000** 197, 198 ausgegangen: Dort waren im Erdgeschoss liegende Räume eines zweieinhalbgeschossigen, auch bewohnten Hauses durch starke Verrußung nach erfolgtem Feuerlegen so stark beschädigt, dass sie auf absehbare Zeit nicht mehr genutzt werden konnten. Vergleichbar ist die Entscheidung BGH NStZ **2001** 252: Eine Wohnung als Teil eines Gebäudes war nicht mehr benutzbar, weil Teile des Teppichbodens und der Tapeten verbrannt waren, Putz abgeplatzt und der Wohnbereich stark verrußt war. In BGHSt **48** 14, 20 f sind für teilweises Zerstören eines Mehrfamilienhauses starke Verrußungen im Wohnzimmer einer Wohnung unter der Voraussetzung als ausreichend angesehen worden, dass die Wohnung wegen der nötigen Renovierungsarbeiten nicht unerhebliche Zeit nicht benutzbar war; relativ geringfügige Brandschäden in Kellerräumen sind offenbar – zu Recht – nicht als ausreichend angesehen worden. Dagegen sind stellenweise Putzabplatzungen in einem zudem völlig verqualmten Zimmer zur Vollendung nicht ausreichend (BGH NStZ-RR **2007** 78; vgl. außerdem BGH NStZ **2007** 270, 271 und BGH NStZ-RR **2008** 519). **14**

(2) Mit dem Begriff Zerstörung durch **Brandlegung**, einem in Österreich gebräuchlichen Ausdruck für Brandstiftung (vgl. auch *Radtke* Dogmatik der Brandstiftungsdelikte, S. 207 ff; *ders.* ZStW **110** (1998) 848, 870 f; *Wrage* JR **2000** 360, 361), möchte der Gesetzgeber Fälle erfassen, in denen vom Täter unbeabsichtigt der Zündstoff für den gewollten Brand explodiert und es bereits dadurch zu einem erheblichen Schaden am Tatobjekt kommt, ohne dass überhaupt ein Brand entsteht (Bericht des Rechtsausschusses des BT – BTDrucks. 13/9064 S. 22; der Begriff Brandlegung wird dort als weiter = umfassender verstanden als der des in den vorangegangenen Entwürfen verwendeten Begriffs Feuer; ebenso schon der Bundesrat – BTDrucks. 13/8587 S. 69). Des Weiteren sollen Fälle einbezogen sein, in denen ganz oder teilweise eingetretene Zerstörung nicht durch die eigentliche Brandwirkung, sondern durch Hitze, Rauch, Verrußung, Ausgasen von Kunststoffen verursacht wird. Man wird dabei auch durch Brandlegung ausgelöste Löschmittelschäden, z.B. durch automatische Sprinkler- oder sonstige Löschanlagen, die beispielsweise mit Hochdruck-Wassernebel oder Inert- oder sonstigen Gasen arbeiten, **15**

---

[19] BGH NStZ **2001** 252; *Kindhäuser* LPK Rdn. 10; *Wolters/Horn* SK Rdn. 15a; *Wessels/Hettinger* BT/1 Rdn. 958; *Radtke* ZStW **110** (1998) 848, 860; *Sinn* Jura **2001** 803, 807.

[20] So auch BGH NStZ-RR **2007** 78; BGH NStZ **2008** 519. Zustimmend z.B. *Fischer* Rdn. 17; *Radtke* MK Rdn. 55; *Sch/Schröder/Heine* Rdn. 16; *Wolters/Horn* SK Rdn. 14; *Maurach/Schroeder/Maiwald* BT/2 § 51 Rdn. 9; *Rengier* BT/2 § 40 Rdn. 13; *Radtke* NStZ **2003** 432.

einbeziehen müssen.[21] Hintergrund ist die vom Gesetzgeber bereits in den Entwürfen bedachte Entwicklung, dass durch die Verwendung von feuerresistenten und -hemmenden Baumaterialien oder von Kunststoffen relativ häufig wesentliche Gebäudeteile gar nicht in Brand gesetzt sind, aber durch die zuvor skizzierten Brandauswirkungen vergleichbar schwerwiegende Schäden eintreten (s. insbes. Regierungsentwurf BTDrucks. 13/8587 S. 26, 48).

16 Während sich aus den Materialien klar ablesen lässt, welche *Zielvorstellungen der Gesetzgeber* mit diesem Merkmal verfolgt hat, wenn dort auch allein Gebäude, nicht andere Tatgegenstände angesprochen sind, bleiben Zweifel, ob mit dem gewählten Begriff das Gewollte auch genügend deutlich zum Ausdruck gebracht wird (vgl. auch *Maurach/Schroeder/Maiwald* BT/2 § 51 Rdn. 7). Teilweise wird Brandlegung als jede auf das Verursachen eines Brandes zielende Handlung definiert; teilweise wird dies dadurch eingeschränkt, dass die Handlung die Eigenschaft brandspezifischer Gefährlichkeit aufweisen muss.[22] Das Wort Brandlegung ist aber lediglich ein Synonym für Brandstiftung; es ist in diesem Sinne vom BGH auch wiederholt gebraucht worden.[23] Im Grunde wird bei dieser Handlungsalternative durch ein Wort mit gleicher Bedeutung erklärt, was das Gesetz für eine Brandstiftung hält; die Ergänzung um die dadurch verursachte mindestens teilweise Zerstörung eines Tatgegenstandes grenzt die Anwendungsfälle zwar ein, erklärt aber nicht, wann eine Brandlegung vorliegen soll. Von den üblichen Auslegungsmethoden hilft nur der Verweis auf den Willen des Gesetzgebers weiter. Doch bleibt *fraglich, ob* damit in Randbereichen eine *klare Umgrenzung dieses Merkmals* ermöglicht wird.[24] In der Rechtsprechung sind diese Zweifel allerdings bisher nicht aufgegriffen worden.

17 **bb)** Auch wenn das Merkmal Zerstören durch Brandlegung eher auf ein aktives Tun zielt, lassen sich Unterlassungsfälle nicht von vornherein ausschließen.[25]

---

21 BGH StV **2001** 576, 577 = JA **2002** 367 m. Bespr. *A. Schröder* (dort sind Löschwasserschäden ganz allgemein einbezogen worden); *Fischer* Rdn. 15; *Herzog* NK Rdn. 30; *Lackner/Kühl* Rdn. 4; *Sch/Schröder/Heine* Rdn. 17; *Rengier* BT/2 § 40 Rdn. 16; *Cantzler* JA **1999** 474, 476; *Müller/Hönig* JA **2001** 517, 519; *Sinn* Jura **2001** 803, 807; *Wrage* JuS **2003** 985 f. **AA** *Radtke* MK Rdn 54; *ders.* Dogmatik der Brandstiftungsdelikte S. 213; *ders.* NStZ **2003** 432, 433, weil derartige Schäden nicht durch die spezifische Gefahr des Tatmittels Feuer herbeigeführt seien; ebenso ablehnend *Krey/Heinrich* BT/1 Rdn. 747 f; *Maurach/Schroeder/Maiwald* BT/2 § 51 Rdn. 7.

22 In ersterem Sinne z.B. *Herzog* NK Rdn. 30; *Kindhäuser* LPK Rdn. 10; *Lackner/Kühl* Rdn. 4; *Radtke* MK Rdn. 53, § 306a Rdn. 36; *ders.* Dogmatik der Brandstiftungsdelikte S. 21 ff; *ders.* ZStW **110** (1998) 848, 871; Dölling/Duttge/Rössner/*Weiler* HK Rdn. 11; *Krey/Heinrich* BT/1 Rdn. 747e; *Küpper* BT/1 § 5 Rdn. 6; *Otto* BT § 79 Rdn. 1; *Rengier* BT/2 § 40 Rdn. 15; *Börner* S. 35; *Müller/Hönig* JA **2001** 517, 519; *Wrage* JuS **2003** 985 (anders noch JR **2000** 360, 362 f). Im zweiten Sinne beispielsweise *Sch/Schröder/Heine* Rdn. 15; *Liesching* S. 87 f; *Sinn* Jura **2001** 803, 807. Vgl. auch *Arzt/Weber* BT § 37 Rdn. 20; *Wessels/Hettinger* BT/1 Rdn. 958; *Rengier* JuS **1998** 397, 398.

23 BGH NStZ **1986** 314 f; BGHR StGB § 25 Abs. 2 Tatinteresse 4; BGH NStZ **1989** 431; BGHR StGB § 306 Beweiswürdigung 3; BGH wistra **1996** 273, 274; BGH NStZ-RR **1999** 46; BGH NStZ **2000** 197, 198; BGH StV **2001** 579, 580. Auch in dem Entwurf der Bundesregierung zum 6. StrRG ist der Begriff Brandlegung als Synonym für Brandstiftung verwendet – BTDrucks. 13/8587 S. 26.

24 Vgl. insbes. die bei *Stein* S. 84 ff (Rdn. 18 ff) gebildeten Grenzfälle. Zu Eingrenzungsversuchen siehe z.B. *Lackner/Kühl* Rdn. 4a; *Sinn* Jura **2001** 803, 807.

25 *Fischer* Rdn. 18; *Radtke* MK Rdn. 57; *Sch/Schröder/Heine* Rdn. 18; *Radtke* Dogmatik der Brandstiftungsdelikte S. 407; *Sinn* Jura **2001** 803, 808. Vgl. auch *Wolters/Horn* SK Rdn. 18.

cc) Der Tatbestand der Brandstiftung ist damit *nicht unerheblich ausgedehnt* worden; **18** und zwar einmal in den Versuchsbereich, zum anderen in einen Schadensbereich hinein, der nach der vorangegangenen Rechtslage nur teilweise von den Brandstiftungsdelikten, im Übrigen von §§ 303 ff erfasst wurde. Um die Abgrenzung zu §§ 303 Abs. 1, 305a einerseits und § 308 andererseits aufrechterhalten zu können, wird man aber für § 306 verlangen müssen, dass die – und sei es explosive – Feuer- oder Hitzeentwicklung des gezündeten Zündmittels den Beginn der die wenigstens teilweise Zerstörung eines geschützten Tatobjekts bewirkenden Ursachenabfolge bildet und weder schädigende Wirkungen des unangezündet gebliebenen Zündmittels (vgl. BGH JZ **2005** 203 ff) noch die bei einer Explosion des gezündeten Zündmittels entstehende Druckwelle dafür ausreichen.[26]

c) Zu bedenken ist schließlich, dass *nicht in jedem Fall*, in dem es zu einem *Brand* **19** gekommen ist, eine *Brandstiftung* vorliegt (fahrlässige Brandstiftung sei dabei ausgeklammert).[27] Gelagertes Heu kann sich bei entsprechendem Feuchtigkeitsgehalt z.B. ebenso selbst entzünden wie mit Leinöl getränkte Lappen (zu letzterem siehe *Budjarek* Kriminalistik **1999** 679 ff). In derartigen Fällen kommt allerdings eventuell eine – dann regelmäßig fahrlässige – Verletzung von bestehenden Kontrollpflichten, also ein Unterlassen, in Frage. Das wird ausscheiden, wenn Marderbisse in Zündkabel eines Pkw zu dessen Brand geführt haben (vgl. OLG München NZV **2001** 510 f). Ein Brandstiftungsdelikt scheidet auch aus, wenn der Täter Benzin in einen mit Betonboden, -wänden und -decken errichteten, mit einer feuerhemmenden Metalltür verschlossenen Keller eines Wohnhauses laufen lässt und anzündet, um eine – dann auch erfolgende – Explosion auszulösen, auch wenn dabei im Keller liegende Gegenstände verbrennen; denn wesentliche Gebäudeteile konnten nicht in Brand geraten oder durch Brand zerstört werden, es bleibt eine Straftat nach § 308 (vgl. BGH NJW **1996** 329 f). §§ 306, 306a greifen ebenfalls nicht ein, wenn in einer Gewahrsamszelle der Polizei lediglich die von dem Insassen angesteckte Matratze gebrannt hat, eine Übertragung des Feuers auf fest eingebaute Einrichtungsgegenstände aber ausschied (vgl. BSG NStZ-RR **1996** 225 f).

2. Die geschützten Tatgegenstände

a) Der **Katalog** der geschützten, **abschließend** aufgeführten[28] Tatgegenstände enthält **20** gegenüber dem des von einer überholten Wirtschaftsordnung geprägten § 308 Abs. 1 1. Alt. a.F. einige *Änderungen*. Geblieben sind Gebäude und Hütten, außerdem Warenvorräte, die allerdings nicht mehr auf dazu bestimmten öffentlichen Plätzen lagern müssen; weiter Wälder, die mit den früheren Waldungen gleichzusetzen sind, und Moore, die

---

26 *Sinn* Jura **2001** 803, 807. Bei *Maurach/Schroeder/Maiwald* BT/2 § 51 Rdn. 8 sind Explosionen generell § 308 zugeordnet. Vgl. auch *Radtke* MK Rdn. 54 und *Liesching* S. 88. **Abweichend** z.B. *Fischer* Rdn. 16; *Lackner/Kühl* Rdn. 4; *Sch/Schröder/Heine* Rdn. 15; *Wolters/Horn* SK Rdn. 15a; *Rengier* BT/2 § 40 Rdn. 15; *Geppert* Jura **1998** 597, 598, 599; *Rengier* JuS **1998** 397, 398; *Stein* S. 84 ff (Rdn. 18 ff).

27 Einen Überblick über Beweismöglichkeiten für Eigenbrandstiftungen, wenn auch aus zivilrechtlicher Sicht, bietet *Langheid* VersR **1992** 13 ff. Zu Ermittlungsansätzen bei Verdacht auf Eigen- oder Auftragsbrandstiftung siehe *Waschkewitz* Kriminalistik **2003** 599 ff. Zu den Anforderungen an Gutachten von Brandsachverständigen vgl. *Hölemann* StraFo **2005** 487 ff.

28 Vgl. auch BGHSt **41** 219, 221 zu § 308 Abs. 1 1. Alt.; *Radtke* MK Rdn. 14; *Wolters/Horn* SK Rdn. 2; *Sinn* Jura **2001** 803, 804.

das gleiche bedeuten wie Torfmoore. Einige mögliche Tatobjekte, wie z.B. Schiffe oder Bergwerke, sind in umfassenderen Begriffen (Wasserfahrzeuge und Betriebsstätten) aufgegangen. Vorräte jedenfalls an Baumaterialien (soweit es nicht um Warenvorräte geht) sind weggefallen. Technische Einrichtungen, Kraftfahrzeuge, Schienen- und Luftfahrzeuge, aber auch Heiden sind hinzugekommen.

21 *Nach welchen Kriterien* der Katalog der Tatobjekte zusammengestellt worden ist, lässt sich den Gesetzesmaterialien nicht entnehmen. So wird verschiedentlich eine eher willkürliche Verbindung von historisch bedingten Gesichtspunkten der Gemeingefahr mit solchen des Schutzes volkswirtschaftlich wichtiger Güter und des Eigentumsschutzes, die sich einer in sich geschlossenen Systematisierung entziehen, gerügt.[29] Nicht alle aufgeführten Tatgegenstände erscheinen geeignet, bei Brand eine Gemeingefahr zu verursachen; auch wenn der Gesetzgeber beabsichtigt hat, „den Gesichtspunkt der Gemeingefahr durch eine Kasuistik von Tatobjekten zu konkretisieren" (Gegenäußerung der Bundesregierung BTDrucks. 13/8587 Anlage 3 S. 87; vgl. auch *Kreß* NJW **1998** 633, 640; *Range* S. 50 ff). Insbesondere bei land-, ernährungs- oder forstwirtschaftlichen Erzeugnissen werden dem Gesetzeswortlaut nach auch Kleinmengen erfasst, die weder vom Gefahrenpotential im Brandfalle noch vom Wert her den Strafrahmen rechtfertigen;[30] das Problem wird auch nicht durch den bei minder schweren Fällen geltenden geringeren Strafrahmen des Absatz 2 wirklich aufgelöst.

22 Allgemein wird deshalb nach *Möglichkeiten der Restriktion* der verschiedenen Tatobjekte gesucht, wobei überwiegend eine generelle Beschränkung vertreten wird. Diese wird teilweise aus dem Aspekt der Gemeingefährlichkeit abgeleitet (so insbesondere *Radtke* z.B. MK Rdn. 16 ff), meist aber in dem Erfordernis eines nicht unerheblichen Wertes und/oder einer größeren Menge gesehen.[31] Bei der näheren, auf Einschränkung zielenden Begriffsbestimmung hilft das vom Gesetzgeber zugrunde gelegte Element der Gemeingefahr jedoch nicht weiter, weil mit einem Brand der verschiedenen Tatobjekte mindestens ein sehr unterschiedliches Ausmaß von Gemeingefahr (wenn überhaupt eine solche entsteht) als typische Folge verbunden ist, mit der Einfügung der Tathandlungsvariante Zerstören durch Brandlegung weitere Fälle von § 306 Abs. 1 erfasst werden, bei denen eine Gemeingefahr als Typik nicht greifbar ist, und weil das mit den Tatobjekten des § 306 Abs. 1 verbundene Merkmal fremd zeigt, dass der Gesichtspunkt der Gemeingefahr für die Auswahl der Tatobjekte keine wesentliche Rolle gespielt haben kann; denn diese hängt nicht von der Eigentumslage ab.[32] Gegen eine generelle Restriktion auf Tatobjekte von erheblichem Wert und/oder von größerer Menge spricht, dass sich, sieht man

---

[29] *Fischer* Rdn. 2; *Radtke* MK Rdn. 14; ähnlich Dölling/Duttge/Rössner/*Weiler* HK Rdn. 2; *Wolters/Horn* SK Rdn. 2.

[30] Das OLG Frankfurt a.M. hat in dem Beschluss StV **1998** 119, 121 für einen Fall, in dem der Beschuldigte einen Strohballen neben einer Backsteinscheune, die nicht in Brandgefahr geraten war, angezündet haben sollte, den damals noch geltenden § 308 Abs. 1 a.F. nicht einmal erwähnt, sondern auf § 303 verwiesen.

[31] *Herzog* NK Rdn. 23; *Kindhäuser* LPK Rdn. 3; *Lackner/Kühl* Rdn. 2; *Sch/Schröder/Heine* Rdn. 3; *Krey/Heinrich* BT/1 Rdn. 757; *Maurach/Schroeder/Maiwald* BT/2 § 51 Rdn. 11; *Rengier* BT/2 § 40 Rdn. 6; *Geppert* Jura **1998** 597, 599; *Radtke* ZStW **110** (1998) 848, 861 f. Vgl. auch *Fischer* Rdn. 11; *Wolters/Horn* SK Rdn. 1.

[32] Im Ergebnis ebenso RGSt **13** 407 f (für § 308 Abs. 1 1. Alt. a.F.); *Stein* S. 93 f (Rdn. 37); vgl. auch *Geppert* Zur einfachen Brandstiftung (§ 308 StGB), Festschrift Rudolf Schmitt (1992) 187, 195. **AA** *Radtke* MK Rdn. 14 ff; *ders.* Dogmatik der Brandstiftungsdelikte S. 384 f; *ders.* ZStW **110** (1998) 848, 861 f; außerdem *Küpper* BT/1 § 5 Rdn. 5; *Börner* S. 24 ff; *Kreß* JR **2001** 315, 317; für Restfälle auch *Sch/Schröder/Heine* Vorbem. §§ 306 ff Rdn. 1a, § 306 Rdn. 3.

von land-, ernährungs- oder forstwirtschaftlichen Erzeugnissen ab, bereits aus dem Gesetz sinnvolle Einschränkungen ableiten lassen. Es erscheint deshalb sachgerecht, zwischen den einzelnen Nummern von § 306 Abs. 1 zu differenzieren (so auch *Börner* S. 26 ff, 30 f).

b) Das Gesetz führt alle Tatgegenstände im Plural auf. Dennoch ist es selbstverständlich, dass auch ein einzelnes Gebäude pp. geschützt ist (s. nur BGHSt **46** 146, 150 f). Zu den einzelnen Tatobjekten ist folgendes zu bemerken: **23**

aa) Gebäude oder Hütten

(1) Der Begriff *Gebäude* ist entgegen dem Reichsgericht (z.B. RGSt **32** 128, 129; **49** 51, 52) und einem Teil des Schrifttums (z.B. *Kohlrausch/Lange* Anm. IV 2) nicht derselbe wie in § 243 Abs. 1 Nr. 1 (vgl. zu diesem *Ruß* LK[11] § 243 Rdn. 7 ff). Für § 243 Abs. 1 Nr. 1 ist wesentlich, dass das Bauwerk nicht allein dazu bestimmt und geeignet ist, zum Schutze von Menschen, Tieren oder Sachen zu dienen, sondern dass es auch den freien Zutritt Unbefugter verhindern kann (RGSt **55** 153, 154; BGHSt **1** 158, 163; vgl. auch BGHSt **3** 300 ff). Das folgt aus dem Willen des Gesetzes, Gegenständen, die der Eigentümer gegen diebischen Zugriff besonders gesichert hat, einen erhöhten Strafschutz zu gewähren. Die §§ 306 ff bezwecken nicht, die im Innern eines Gebäudes untergebrachten Sachen strafrechtlich besonders zu schützen. Es ist daher hier, anders als bei § 243 Abs. 1 Nr. 1, nicht sachgerecht, den Begriff Gebäude mit von dem Gesichtspunkt her zu bestimmen, dass das Bauwerk geeignet sein muss, Unbefugte fernzuhalten.[33] Maßgebend ist vielmehr der allgemeine Sprachgebrauch, der die erwähnte, bei § 243 sinnvolle Einschränkung nicht macht. Gebäude im Sinne von § 306 Abs. 1 Nr. 1 ist danach ein durch Wände und Dach begrenztes, fest, wenn auch nur durch die eigene Schwere, mit dem Erdboden verbundenes Bauwerk, das von Menschen betreten werden kann. Dem entsprechend ist schon ein mit Wänden und Dach errichteter Rohbau ein Gebäude, auch wenn Türen und Fenster noch nicht eingesetzt sind.[34] Auch ein durch Brand teilweise zerstörtes Gebäude ist noch ein Gebäude im Sinne der Vorschrift (RG JW **1928** 2463 f m. Anm. *Alsberg*; OGH JR **1950** 404). Dagegen ist eine nicht mehr instandsetzungsfähige, einsturzgefährdete und wertlose Ruine kein Gebäude im Sinne der Brandstiftungsdelikte (BGH bei Holtz MDR **1977** 807, 810; kritisch zu dieser Entscheidung *Radtke* Dogmatik der Brandstiftungsdelikte S. 178 Fn. 83). **24**

(2) Von einer *Hütte* ist mindestens zu fordern, „daß sie ein selbständiges, unbewegliches Ganzes bildet, eine nicht völlig geringfügige Bodenfläche bedeckt und zum Schutz gegen äußere Einwirkungen in einer dem jeweiligen Zwecke genügenden Dauerhaftigkeit und Festigkeit, sei es durch Wand und Dach oder sonst ausreichend abgeschlossen ist" (RGSt **17** 179, 184; vgl. auch RG Rspr. **10** 151 ff; RG LZ **1916** Sp. 246). Zwischen Hütten und Gebäuden besteht der Unterschied, dass die Größe, Festigkeit und Dauerhaftigkeit des gesamten Bauwerks wie der einzelnen Teile bei ersteren geringer ist als bei letzteren. Als Hütten sind beispielsweise angesehen worden: Jahrmarktsbuden, sofern sie – **25**

---

33 *Fischer* Rdn. 3; *Lackner/Kühl* Rdn. 2; *Radtke* MK Rdn. 23; *Wolters/Horn* SK Rdn. 3; *Radtke* Dogmatik der Brandstiftungsdelikte S. 178; *Range* S. 39 Fn. 81. **AA** *Herzog* NK Rdn. 3.

34 BGHSt **6** 107, 108 f; *Fischer* Rdn. 3; *Lackner/Kühl* Rdn. 2; *Radtke* MK Rdn. 23; *Wolters/Horn* SK Rdn. 3; *Wessels/Hettinger* BT/1 Rdn. 959; *Geppert* Jura **1998** 596, 599; *Radtke* Dogmatik der Brandstiftungsdelikte S. 178.

und sei es infolge ihres Eigengewichts – fest auf dem Boden stehen und einen abgeschlossenen Raum bilden, auch wenn sie zerlegbar sind (RGSt 73 204 ff); ein Wochenendhäuschen, das auf Rollen fortbewegt werden konnte (RG JW **1938** 3106 f m. Anm. *Mittelbach*). Keine Hütte ist eine aus einem mit Zelttuch umspannten Holzgerüst bestehende Schießbude (RG DRiZ **1933** Nr. 266), wie überhaupt ein Zelt; eine kleine, aus einigen Pfählen und Stroh gebaute Hüterhütte (RG Rspr. **10** 151 ff) oder ein Carport, fahrbereiter Wohnwagen, mobiler Zirkuswagen.

26 bb) **Betriebsstätten oder technische Einrichtungen, namentlich Maschinen.** (1) Der Begriff Betriebsstätte wird in §§ 325, 325a als Unterbegriff einer Anlage verwendet; dies geht wiederum auf § 3 Abs. 5 Bundes-ImmissionsschutzG (v. 26. September 2002 – BGBl. I 3830 –, zuletzt geändert durch Gesetz v. 18. Dezember 2006 – BGBl. I 3180, 3184 –) zurück. Dort sind Anlagen als Betriebsstätten oder sonstige ortsfeste Einrichtungen einerseits und u.a. Maschinen, Geräte und sonstige ortsveränderliche technische Einrichtungen andererseits definiert. Ebenso werden bei §§ 325, 325a Betriebsstätten als ortsfeste Einrichtungen, technische Einrichtungen dagegen als ortsveränderlich eingeordnet (*Steindorf* LK[11] § 325 Rdn. 18 ff m. Nachw.). Doch lässt sich dies wegen der ganz anderen Schutzrichtung des Brandstiftungsrechts auf § 306 Abs. 1 nicht übertragen.[35] Auch die gesetzliche Definition in § 12 Abgabenordnung (v. 1. Oktober 2002 – BGBl. I 3866, berichtigt BGBl. I 2003, 61 –, zuletzt geändert durch G v. 13. Dezember 2006 – BGBl. I 2878, 2901 –), nach welcher Betriebsstätte jede feste Geschäftseinrichtung oder Anlage ist, die der Tätigkeit eines Unternehmens dient, hilft nicht weiter.[36] § 12 Abgabenordnung soll bewirken, dass eine unternehmerische Tätigkeit besteuert wird, wenn sie zu einer intensiven geschäftlichen Beziehung zu einem Territorium geführt hat, wird entsprechend weit aus gelegt (*Kruse* in Tipke/Kruse AO (Stand August 2007/März 2003) § 12 Rdn. 1 ff m. Nachw.) und lässt sich deshalb mit dem mit § 306 Abs. 1 Nr. 2 angestrebten Schutz nicht vergleichen. Vielmehr ist *Betriebsstätte* im Sinne von § 306 Abs. 1 Nr. 2 eigenständig festzulegen und bedeutet eine (meist räumlich) abgegrenzte[37] Sachgesamtheit (vgl. OLG Stuttgart StV **1995** 138, 139), die einer auf Dauer angelegten,[38] gewerblichen[39] Unternehmung dient und die meist, aber nicht zwingend (Beispiel: Schwimmdock), ein Grundstück oder einen Grundstücksteil als Mittelpunkt haben wird.[40] Ortsfestigkeit wird nicht erkennbar vorausgesetzt; man denke an Fahrgeschäfte auf einer Kirmes als Beispiel.[41] Anders als in § 306f muss die Betriebsstätte nicht feuergefährdet sein.

---

35 *Radtke* MK Rdn. 27; *Sch/Schröder/Heine* Rdn. 5.

36 *Fischer* Rdn. 4; *Radtke* MK Rdn. 27; *Liesching* S. 91 f; *Sinn* Jura **2001** 803, 805. **AA** *Lackner/Kühl* Rdn. 2; *Sch/Schröder/Heine* Rdn. 5; Dölling/Duttge/Rössner/*Weiler* HK Rdn. 4; *Wolters/Horn* SK Rdn. 4; *Range* S. 40.

37 *Fischer* Rdn. 4; *Radtke* MK Rdn. 26; *Sch/Schröder/Heine* Rdn. 5; **aM** *Liesching* S. 92.

38 *Fischer* Rdn. 4; *Radtke* MK Rdn. 26, 29; *Sch/Schröder/Heine* Rdn. 5.

39 *Fischer* Rdn. 4; *Radtke* MK Rdn. 26, 28; *Sch/Schröder/Heine* Rdn. 5; *Wolters/Horn* Rdn. 4; *Liesching* S. 92; *Range* S. 40; *Sinn* Jura **2001** 803, 804; in Frage gestellt von *Börner* S. 26 Fn. 77; **aA** *Herzog* NK Rdn. 6.

40 Ähnlich die Abgrenzung bei *Fischer* Rdn. 4; *Radtke* MK Rdn. 26; *Sch/Schröder/Heine* Rdn. 5. Vgl. auch *Stein* S. 96 (Rdn. 43). Teilweise abweichend *Sinn* Jura **2001** 803, 804 f.

41 *Wolters/Horn* SK Rdn. 4; *Sinn* Jura **2001** 803, 805 (mit dem weiteren Beispiel mobiler Imbisswagen). Nach *Radtke* MK Rdn. 29 sind Kirmesfahrgeschäfte jedenfalls technische Einrichtungen. *Heine* in Sch/Schröder/Heine Rdn. 5 sieht als Betriebsstätten offenbar nur ortsfeste Funktionseinheiten an; ebenso *Herzog* NK Rdn. 6; *Maurach/Schroeder/Maiwald* BT/2 § 51 Rdn. 11.

Auch wenn die Zusammenstellung von Betriebsstätten und technischen Einrichtungen im Gesetz es nahelegt, den Begriff Betriebsstätte auf *technische* gewerbliche Funktionseinheiten zu beschränken, gibt es dafür keine tragfähigen Gründe, so dass nicht nur unter Einsatz von technischen Geräten tätiges Gewerbe, insbesondere produzierendes Gewerbe, sondern auch dem Handelsgewerbe dienende Sachgesamtheiten wie Warenhäuser und Geschäfte einzubeziehen sind.[42] Dagegen lässt sich bei Räumen, die für eine freiberufliche Tätigkeit oder für Verwaltungsaufgaben benutzt werden, nicht mehr von einer Betriebsstätte sprechen.[43] Auch Bau- und Montagestellen sind auszuscheiden, weil sie keine auf Dauer angelegte Unternehmung sind.[44] Die Betriebsstätte muss ihrer Zweckbestimmung entsprechend ausgestattet sein und eingesetzt werden; endgültig als solche aufgegebenen Betriebsstätten sind kein geeignetes Tatobjekt im Sinne von § 306 Abs. Nr. 2.[45] 27

Das Gesetz verlangt für die Betriebsstätte keine bestimmte Größe. Dennoch wird man aus der zuvor umrissenen Begriffsbestimmung ableiten können und müssen, dass eine Betriebsstätte einen nennenswerten wirtschaftlichen Wert zu verkörpern hat, um dem § 306 Abs. 1 Nr. 2 zu unterfallen.[46] Dafür spricht auch der Vergleich mit jedenfalls der Mehrzahl der übrigen für das Delikt der Brandstiftung in Betracht kommenden Tatobjekte. 28

(2) Der Begriff *technische Einrichtungen*, der in § 319 auch in Bezug auf den Einbau in ein Bauwerk oder die Änderung entsprechender Einbauten verwendet ist (vgl. *Wolff* LK § 319 Rdn. 10), bedeutet in vorliegendem Zusammenhang aus Sachen zusammengesetzte, industriell oder handwerklich hergestellte Funktionseinheiten, die Naturgesetze oder natürliche Abläufe durch menschliche Einwirkung nutzbar machen sollen.[47] Das Gesetz erwähnt als Beispiel *Maschinen*, das sind mechanische Vorrichtungen zur Übertragung von Kräften. Die technischen Einrichtungen können stationär oder, anders als bei 29

---

42 Ebenso *Fischer* Rdn. 4; *Radtke* MK Rdn. 27; *Sch/Schröder/Heine* Rdn. 5; *Wolters/Horn* Rdn. 4; **abweichend** *Liesching* S. 92; *Stein* S. 96 (Rdn. 43).

43 *Fischer* Rdn. 4; *Radtke* MK Rdn. 27.

44 *Fischer* Rdn. 4; *Radtke* MK Rdn. 29; *Sch/Schröder/Heine* Rdn. 5. **aA** *Wolters/Horn* SK Rdn. 4; *Sinn* Jura **2001** 803, 804; offenbar auch *Liesching* S. 92.

45 *Fischer* Rdn. 4; *Radtke* MK Rdn. 28; *Sch/Schröder/Heine* Rdn. 5.

46 *Geppert* Jura **1998** 595, 599 verlangt ein nicht ganz unerhebliches Ausmaß der Betriebsstätte; ebenso *Stein* S. 96 (Rdn. 43); ähnlich *Liesching* S. 92.Weitergehend wird bei *Lackner/Kühl* Rdn. 2 eine Funktionseinheit von erheblichem Ausmaß gefordert; ebenso *Range* S. 40; dagegen *Fischer* Rdn. 4; *Radtke* MK Rdn. 30. *Sinn* Jura **2001** 803, 805 misst Größe oder Bedeutung der Betriebsstätte keinen Einfluss auf die Strafbarkeit zu.

47 Die Definitionen sind nicht einheitlich, laufen in der Sache aber meist auf dasselbe hinaus: Nach *Radtke* MK Rdn. 31 sind technische Einrichtungen gegenständlich zusammengesetzte Hilfsmittel, die durch menschliche Einwirkung in produktions- oder organisationsbezogenen Prozessen einsetzbar sind. Nach *Sch/Schröder/Heine* Rdn. 5 geht es um ortsfeste Anlagen und ortsveränderliche technische Hilfsmittel, die auf tatsächliche betriebliche Verwendung angelegt sind und im Funktionszusammenhang mit der Unternehmung eine nicht bloß untergeordnete Bedeutung haben. *Fischer* Rdn. 5 spricht von beweglichen oder unbeweglichen Sachen oder Sachgesamtheiten, die in ihrer Herstellung und Funktionsweise auf technischen, d.h. nicht natürlichen Abläufen beruhen; ebenso *Sinn* Jura **2001** 803, 805. Nach *Liesching* S. 93 handelt es sich um mechanisch oder elektronisch gesteuerte Funktionseinheiten von nicht unerheblichem Wert und Ausmaß, die betrieblichen Zwecken dienen.

§ 319, beweglich sein.[48] Das schließt den Schutz auf dem Transportweg ein.[49] Feuergefährdetheit ist auch hier nicht vorausgesetzt. Ob die technischen Einrichtungen der Organisation eines Betriebs dienen oder dessen Produktionsprozessen, ist unerheblich.[50]

30 Damit ist der Begriff technische Einrichtung aber so weit gezogen, dass eine **Einschränkung** nötig ist, denn es kann nicht der Sinn der Regelung sein, die zum Inventar eines Betriebs gehörende Schreibmaschine oder sogar die privat benutzte fremde Bohrmaschine mit der Strafdrohung des § 306 gegen vorsätzlich herbeigeführte Brandschäden zu schützen.[51] Eine ausdrückliche Begrenzung trifft das Gesetz nicht. Doch wird durch den Umstand, dass technische Einrichtungen mit Betriebsstätten in Parallele stehen, ein sachlicher Zusammenhang zwischen beiden Merkmalen derart hergestellt, dass auch die technischen Einrichtungen betriebsbezogen sein müssen.[52] Damit scheiden private Gegenstände von vornherein aus (*Fischer* Rdn. 5). Da Betriebsstätten ihrerseits gewerbliche Funktionseinheiten darstellen, wird man auch bei technischen Einrichtungen weiter verlangen können und müssen, dass sie gewerblicher, auch handelsgewerblicher Tätigkeit zu dienen haben.[53] Damit wird zugleich ein Sinnzusammenhang zwischen § 306 Abs. 1 Nr. 2, § 306 Abs. 1 Nr. 3 sowie § 306 Abs. 1 Nr. 6 hergestellt,[54] indem Nummer 2 den gewerblichen Bereich als Schutzfeld abdeckt, Nummer 3 den Warenhandel (s. Rdn. 31 f) und Nummer 6 die Urproduktion (s. Rdn. 40 f). Schließlich spricht der mit Betriebsstätte gleichgestellte Begriff technische Einrichtung (weniger allerdings das gesetzliche Beispiel Maschine) dafür, dass damit keine einzelnen Kleingeräte gemeint sind; die technische Einrichtung muss also, soll sie § 306 Abs. 1 Nr. 2 unterfallen, einer Betriebsstätte in ihrer wirtschaftlichen Bedeutung entsprechen.[55]

31 cc) **Warenlager oder -vorräte.** § 308 Abs. 1 1. Alt. a.F. schützte u.a. Magazine. Das RG definierte ein Magazin wie folgt (RGSt **13** 407 f): „Mit dem Ausdruck ‚Magazin' … pflegt man ein Gebäude, eine Baulichkeit oder sonstige dauernde Einrichtung zu verstehen, in welchen bestimmungsgemäß größere Vorräte von Waren, Konsumtibilien, Kriegsbedürfnissen oder dergleichen Gegenständen aufgespeichert werden, um dieselben im Bedürfnisfall in Bereitschaft zu haben." Dabei waren die aufbewahrten Vorräte einge-

---

[48] *Fischer* Rdn. 5; *Herzog* NK Rdn. 7; *Radtke* MK Rdn. 32 f; *Sch/Schröder/Heine* Rdn. 5.

[49] *Fischer* Rdn. 5; *Radtke* MK Rdn. 33.

[50] *Fischer* Rdn. 5; *Sch/Schröder/Heine* Rdn. 5; *Sinn* Jura **2001** 803, 805. **AA** *Herzog* NK Rdn. 7 (der nur Sachen, die der Fertigung dienen, erfassen will).

[51] Die Notwendigkeit einer einschränkenden Auslegung, wenn auch mit unterschiedlichem Ansatz, wird durchgehend vertreten: *Fischer* Rdn. 5; *Sch/Schröder/Heine* Rdn. 5; *Wolters/Horn* SK Rdn. 4; *Börner* S. 26 f; *Geppert* Jura **1998** 595, 599; *Sinn* Jura **2001** 803, 805. Vgl. außerdem *Schroeder* GA **1998** 571.

[52] In diesem Sinne auch *Fischer* Rdn. 5; *Herzog* NK Rdn. 7; *Radtke* MK Rdn. 32; *Sch/Schröder/Heine* Rdn. 5; *Wolters/Horn* SK Rdn. 4; *Range* S. 40; *Sinn* Jura **2001** 803, 805; *Stein* S. 96 (Rdn. 43); **aA** offenbar *Rengier* BT/2 § 40 Rdn. 5.

[53] **AA** *Fischer* Rdn. 5; *Radtke* MK Rdn. 33.

[54] Von einem Sinnzusammenhang der erwähnten Nummern des § 306 Abs. 1 gehen auch *Sch/Schröder/Heine* Rdn. 5 und *Börner* S. 25 aus.

[55] Nach *Stein* S. 96 (Rdn. 43) ist für eine technische Einrichtung eine gewisse Größe und ein erheblicher Wert zu verlangen; ähnlich *Geppert* Jura **1998** 597, 599 und *Liesching* S. 93. Einen bedeutenden Wert der technischen Einrichtung fordern *Wolters/Horn* SK Rdn. 4. *Sinn* Jura **2001** 803, 805 stellt auf einen nicht unbedeutenden Wert der Sache ab; ebenso *Range* S. 40. *Radtke* MK Rdn. 32 und *Sch/Schröder/Heine* Rdn. 5 sondern Sachen von bloß untergeordneter Bedeutung aus. Vgl. auch *Herzog* NK Rdn. 7; *Maurach/Schroeder/Maiwald* BT/2 § 51 Rdn. 11.

schlossen.[56] Der Gesetzgeber des 6. StrRG hat den Begriff des Magazins durch den des *Warenlagers* ersetzt, wobei sich beide Begriffe weitgehend, aber nicht vollständig decken.[57] Denn ein Magazin dient anders als ein Warenlager nicht nur der Aufbewahrung von Waren, also von umsatzfähigen und zum Umsatz bestimmten beweglichen Sachen.[58] Auch nach § 92 Abs. 2 BGB ist ein Warenlager dadurch charakterisiert, dass die darin enthaltenen Sachen zur Veräußerung bestimmt sind. Es ist also eine Begriffseinengung vorzunehmen: Erfasst sind nur solche – dauernden – Einrichtungen (dieser Begriff ist bereits in RGSt **13** 407 f als neben Gebäude und Baulichkeit der umfassendste verwendet worden), die zur Lagerung und Aufbewahrung – der Begriff des Lagers umfasst beides, vgl. § 467 Abs. 1 HGB – von Waren im zuvor umrissenen Sinne dienen.[59] Ein Warenlager kann, muss aber nicht ein Gebäude sein; noch nicht einmal eine Räumlichkeit, also ein abgeschlossener Raum, erscheint zwingend nötig (so wird ein lediglich umzäuntes Areal, auf dem zum Verkauf bestimmte Holzbalken und -bretter lagern, ohne weiteres als Warenlager einzustufen sein).[60] Hinzukommen, jetzt vom Gesetz selbst gesondert, die *Warenvorräte.* Diese unterfallen damit auch während des Transports dem § 306 Abs. 1 Nr. 3.[61]

Sowohl beim Warenlager als auch beim Warenvorrat ergibt sich bereits aus dem **32**
Begriff, dass Einrichtungen *geringen Umfangs* und Waren in *geringer Menge* aus dem Anwendungsbereich der Bestimmung auszuklammern sind. Insbesondere sind Vorräte lediglich größere Mengen.[62]

---

56 Auf dieser gesetzlichen Grundlage hat es der BGH abgelehnt, einen gefüllten Lecithintank mit einem Fassungsvermögen von mehreren Tonnen als Magazin einzustufen – BGHSt **41** 219, 220 f; krit. zu dieser Entscheidung z.B. *Radtke* Dogmatik der Brandstiftunsgdelikte S. 386 f. Auf der Grundlage der Neufassung wäre ein anderes Ergebnis wohl nur in Betracht gekommen, wenn das Lecithin zur Veräußerung bestimmt gewesen wäre und es sich deshalb um einen Warenvorrat gehandelt hätte (diese Einschränkung wird bei *Fischer* Rdn. 6; *Radtke* MK Rdn. 34; *Sch/Schröder/Heine* Rdn. 6 und *Wolters/Horn* SK Rdn. 5 nicht ausdrücklich gemacht; möglicherweise ergibt sich daraus der Gegensatz zu *Lackner/Kühl* Rdn. 2).

57 *Radtke* MK Rdn. 34. Von gleicher Bedeutung gehen demgegenüber aus: *Fischer* Rdn. 6; *Herzog* NK Rdn. 8; *Sch/Schröder/Heine* Rdn. 6; *Liesching* S. 93; *Range* S. 41; *Stein* S. 96 (Rdn. 44).

58 In RGZ **130** 85, 88 ist ausgeführt, dass der – im Text wiedergegebene – Begriff der Ware ein allgemeiner Begriff des Handelsrechts und des BGB ist; es ist kein Grund ersichtlich, weshalb das Strafrecht von dieser Begriffsbedeutung abweichen sollte. Vgl. auch *Fischer* Rdn. 6; *Radtke* MK Rdn. 34; *Wolters/Horn* SK Rdn. 5; *Sinn* Jura **2001** 803, 805. **AA** *Börner* S. 26 Fn. 77.

59 Ähnlich *Sch/Schröder/Heine* Rdn. 6. Allein auf Lagerung (nicht auch Aufbewahrung) stellen ab: *Lackner/Kühl* Rdn. 2; *Radtke* MK Rdn. 34; *Wolters/Horn* SK Rdn. 5. Demgegenüber geht *Sinn* Jura **2001** 803, 805 nur auf Aufbewahrung ein. Bei *Müller/Hönig* JA **2001** 517, 518 wird ein Getreidesilo auf einem Bauernhof als Warenlager eingestuft; das erscheint sehr fraglich, es dürfte sich um eine landwirtschaftliche Anlage handeln.

60 **Anders** RGSt **13** 407 f für § 308 Abs. 1 1. Alt. a.F. und überwiegend das dazu entstandene Schrifttum; vgl. die Nachweise in BGHSt **41** 219, 220 f. Auch *Fischer* Rdn. 6; *Lackner/Kühl* Rdn. 2; *Radtke* MK Rdn. 34; *Wolters/Horn* SK Rdn. 5 und *Range* S. 41 sprechen von Räumlichkeit, sehen teilweise aber Dach oder Wände nicht als nötiges Merkmal der Einrichtung an.

61 *Radtke* MK Rdn. 35. Vgl. auch RGSt **10** 186 ff. **AM** *Sch/Schröder/Heine* Rdn. 6 für mobile Container.

62 RGSt **10** 186 ff; RG JW **1937** 997 Nr. 12; *Lackner/Kühl* Rdn. 2. Vgl. aber auch BGHSt **39** 128 f, wo einige Strohballen offenbar als für einen Vorrat ausreichend angesehen worden sind; kritisch dazu *Geppert* JR **1994** 72, 73; *Radtke* ZStW **110** (1998) 848, 862 Fn. 58. Vgl. außerdem *Radtke* MK Rdn. 35; *ders.* Dogmatik der Brandstiftungsdelikte S. 384 f; *Liesching* S. 93. *Sinn* Jura **2001** 803,

33 **dd) Kraftfahrzeuge, Schienen-, Luft- oder Wasserfahrzeuge.** Mit Kraftfahrzeugen, Schienen-, Luft- oder Wasserfahrzeugen hat der Gesetzgeber eine Begriffsreihe aufgegriffen, die er zuvor bereits in §§ 325 Abs. 5, 329 Abs. 1 S. (vgl. auch §§ 3 Abs. 5 Nr. 2, 38 Bundes-ImmissionsschutzG in der in Rdn. 26 erwähnten Fassung) verwendet hatte. Es handelt sich dabei um Verkehrsfahrzeuge (vgl. nur *Steindorf* LK[11] § 329 Rdn. 13). Deshalb geht es schon vom Ansatz her zu weit, im Rahmen des § 306 Abs. 1 diese Objekte umfassend als Fortbewegungsmittel zu verstehen;[63] zumal sich daraus das Problem ergibt, wie diese Tatbestandsvariante sinnvoll wieder einzuschränken ist. Allerdings ist bei § 306, anders als bei den Straftaten gegen die Umwelt, nicht ausschlaggebend, ob diese Verkehrsmittel am öffentlichen Verkehr teilnehmen, denn es geht im vorliegenden Zusammenhang nicht um Immissionen, für die bei im öffentlichen Verkehr eingesetzten Verkehrsmitteln Sondervorschriften bestehen. Entscheidend ist hier, dass die Fahrzeuge zur Beförderung von Personen und Gütern bestimmt und geeignet sind und eingesetzt werden (**dagegen** ausdrücklich *Radtke* MK Rdn. 36). Nur dann besteht ausreichender Anlass, sie gegen Brandgefahr gesondert zu schützen. Und allein diese Eigenschaft erlaubt eine sinnvolle Beschränkung auf geeignete Tatobjekte; auf Wert oder Größe kommt es daneben nicht an. Ob sie eigen- oder fremdangetrieben sind, ist dabei im Übrigen unerheblich.

34 (1) Für den Begriff **Kraftfahrzeug** kann nicht an die Definition in § 248b Abs. 4 angeknüpft werden (**anders** *Sch/Schröder/Heine* Rdn. 7; *Börner* S. 27); diese schließt motorgetriebene Schiffe und Luftfahrzeuge ein (vgl. *Ruß* LK[11] § 248b Rdn. 2), die jedoch in § 306 Abs. 1 Nr. 4 gesondert aufgeführt sind. Vielmehr ist § 1 Abs. 2 StVG heranzuziehen, also unter Kraftfahrzeug ein *nicht schienengebundenes, motorgetriebenes Landfahrzeug* zu verstehen.[64] Dies umfasst bei Sattelschleppern und Lastzügen den Auflieger oder den Anhänger.

35 (2) **Schienenfahrzeuge** sind *an Gleise gebundene Beförderungsmittel.*[65] *Schwebebahnen* werden, anders als in § 315 Abs. 1, nicht erwähnt und sind deshalb, will man das Wort Schienenfahrzeug nicht unzulässig ausdehnen, von § 306 Abs. 1 Nr. 4 nicht erfasst.[66] Anders ist dies bei Magnetschwebebahnen zu beurteilen, die genau genommen zwar nicht schienengebunden, aber „schienenorientiert" sind (der Begriff geht auf *Kirchhoff* FAZ v. 23. November 2005, Nr. 27, S. 43 zurück) und damit, ohne dem Ausdruck Schienenfahrzeug Gewalt anzutun, als solche angesehen werden können (*Sinn* Jura **2001** 803, 805 f; **aA** *Herzog* NK Rdn. 12).

36 (3) Für **Luftfahrzeuge** ist grundsätzlich § 1 Abs. 2 Luftverkehrsgesetz (vom 10. Mai 2007 – BGBl. I 698 –, zuletzt geändert durch Gesetz vom 1. Juni 2007 – BGBl. I 986, 991 –)

---

805 weist zutreffend darauf hin, dass diese größeren Mengen nicht notwendig einen hohen Wert verkörpern müssen; dagegen verlangen *Wolters/Horn* Rdn. 5 für einen Vorrat einen bedeutenden Sachwert.

63 So *Börner* S. 25. Teilweise wird dies auf die Eignung und Bestimmung zur Fortbewegung von Menschen eingeschränkt: so *Radtke* MK Rdn. 36; *Wolters/Horn* Rdn. 6; *Liesching* S. 93 f.

64 *Herzog* NK Rdn. 11; *Lackner/Kühl* Rdn. 2; *Radtke* MK Rdn. 36; *Liesching* S. 93; *Range* S. 41 f; *Stein* S. 95 f (Rdn. 42). *Fischer* Rdn. 7 und *Sinn* Jura **2001** 803, 805 verweisen auf § 248b und § 1 Abs. 2 StVG. *Wolters/Horn* SK Rdn. 6 halten beide Bestimmungen nicht für einschlägig und sehen auch ein Motorboot als Kraftfahrzeug im Sinne von § 306 Abs. 1 Nr. 4 an.

65 *Sch/Schröder/Heine* Rdn. 7; *Sinn* Jura **2001** 803, 805. Vgl. auch *Herzog* NK Rdn. 12; *Ruß* LK[11] § 315 Rdn. 9 ff.

66 *Sinn* Jura **2001** 803, 805 f. **AM** *Fischer* Rdn. 7; *Radtke* MK Rdn. 36.

heranzuziehen. Dies gilt allerdings nicht für die dort aufgeführten Flugmodelle und Rettungsfallschirme, denn diese dienen nicht der Personen- oder Güterbeförderung.[67] Aus demselben Grund sind auch Gleitschirme und ähnliche Sportgeräte, für deren Schutz speziell gegen Brandstiftung nichts spricht, aus dem Anwendungsbereich von § 306 Abs. 1 Nr. 4 herauszunehmen.[68]

(4) **Wasserfahrzeuge** sind nicht allein die schon von § 308 Abs. 1 1. Alt. a.F. geschützten Schiffe, also größere Wasserfahrzeuge. Vielmehr sind, durch den Begriffswechsel im Gesetz veranlasst, nunmehr auch kleinere Wasserfahrzeuge in den Anwendungsbereich von § 306 Abs. 1 Nr. 4 einzubeziehen. Auf die Art des Antriebs – Motor, Segel, Ruder, Paddel z.B. – kommt es dabei nicht an.[69] Die offenbar vom Gesetzgeber gewollte Erweiterung des Anwendungsbereichs dieses Merkmals steht einer Beschränkung auf Wasserfahrzeuge von erheblichem Wert oder auf Fälle, in denen durch den Brand über die Zerstörung hinaus weitere Gefahren entstanden sind, entgegen.[70] Doch erlaubt das Erfordernis, dass das Wasserfahrzeug der Personen- oder Lastenbeförderung zu dienen hat und dafür geeignet ist, das Ausscheiden reiner Sportboote oder Sportgeräte wie beispielsweise Surfbretter.[71] Bei Schlauch- und Paddelbooten hängt dies von ihrem Verwendungszweck ab, der regelmäßig mit entsprechender Größe und Ausstattung einher gehen wird.[72] **37**

ee) **Wälder, Heiden oder Moore.** (1) Mit den von § 306 Abs. 1 Nr. 5 in den Kreis möglicher Tatobjekte einbezogenen *Wäldern* und *Mooren* hat gegenüber § 308 Abs. 1 1. Alt. a.F. lediglich ein Begriffswechsel stattgefunden (*Wolters* JR **1998** 271). Wald bedeutet also dasselbe wie Waldung, nämlich eine erhebliche, zusammenhängende, ganz oder zum größten Teil mit Bäumen bestandene Bodenfläche einschließlich des zwischen den Bäumen stehenden Unterholzes und sonstigen Pflanzenwuchses.[73] Auch der Begriff Moor bringt keinen sachlichen Unterschied zu dem früheren Begriff Torfmoor zum Ausdruck.[74] Es geht immer um infolge eines wenig wasserdurchlässigen Untergrundes **38**

---

[67] Für Flugmodelle ebenso: *Fischer* Rdn. 7; *Herzog* NK Rdn. 13; *Lackner/Kühl* Rdn. 2; *Sch/Schröder/Heine* Rdn. 7; *Wolters/Horn* SK Rdn. 6; *Sinn* Jura **2001** 803, 806. Für Fallschirme gleichfalls *Fischer* Rdn. 7; *Sinn* Jura **2001** 803, 806; insoweit **aA** *Herzog* NK Rdn. 13; *Radtke* MK Rdn. 37; *Wolters/Horn* SK Rdn. 6; *Wolters* JR **1998** 271.

[68] **AA** *Fischer* Rdn. 7 (dort werden Drachen als Beispiel erwähnt); *Herzog* NK Rdn. 13; *Lackner/Kühl* Rdn. 2; *Radtke* MK Rdn. 36; *Sch/Schröder/Heine* Rdn. 7; *Wolters/Horn* SK Rdn. 6; *Maurach/Schroeder/Maiwald* BT/2 § 51 Rdn. 11; *Liesching* S. 94; *Wolters* JR **1998** 271.

[69] *Fischer* Rdn. 7; *Herzog* NK Rdn. 14; *Radtke* MK Rdn. 36; *Sch/Schröder/Heine* Rdn. 7; *Wolters/Horn* SK Rdn. 6; *Liesching* S. 93; *Sinn* Jura **2001** 803, 806.

[70] *Fischer* Rdn. 7; *Stein* S. 96 (Rdn. 42). **AA** *Sch/Schröder/Heine* Rdn. 7; *Sinn* Jura **2001** 803, 806. Vgl. auch *Radtke* MK Rdn. 37; *Wolters/Horn* SK Rdn. 6.

[71] Im Ergebnis ebenso *Fischer* Rdn. 7 (für Surf- oder Bodyboards). **AM** *Sch/Schröder/Heine* Rdn. 7; *Sinn* Jura **2001** 803, 806.

[72] Mindestens grundsätzlich wollen Schlauch- und Paddelboote einbeziehen: *Fischer* Rdn. 7; *Lackner/Kühl* Rdn. 2; *Radtke* MK Rdn. 37; *Maurach/Schroeder/Maiwald* BT/2 § 51 Rdn. 11; *Wessels/Hettinger* BT/1 Rdn. 959; *Liesching* S. 94; *Sinn* Jura **2001** 803, 806; *Stein* S. 96 (Rdn. 42); *Wolters* JR **1998** 271. Dabei stellen *Fischer* und *Radtke* die zusätzliche Anforderung, dass das Schlauchboot einsatzbereit ist oder schnell einsatzbereit gemacht werden kann.

[73] RGSt **6** 22; RG DJ **1934** 913; BGHSt **31** 83 ff (der BGH hat dabei zu Recht nicht an das Bundeswaldgesetz angeknüpft).

[74] **Anders** *Fischer* Rdn. 8; *Radtke* MK Rdn. 40; *Sch/Schröder/Heine* Rdn. 8; *Wolters/Horn* SK Rdn. 7; *Liesching* S. 95; *Range* S. 39 Fn. 84; *Sinn* Jura **2001** 803, 806; *Stein* S. 97 (Rdn. 47).

dauernd durchfeuchtete Flächen mit einer mehr oder weniger starken Torfschicht – schlammigem Boden aus zersetzten Pflanzenresten – und einer charakteristischen Pflanzendecke vorwiegend aus Hartgräsern und Moosen. Daneben sind *Heiden*, nährstoffarme, meist baumlose Bodenflächen mit Bewuchs einer Pflanzengesellschaft von Zwergsträuchern, Gräsern und Kräutern,[75] zum geeigneten Tatobjekt des § 306 Abs. 1 geworden. Dabei können Moore mit Heide bewachsen sein (RG HRR **1939** Nr. 474).

39 (2) Wald kann durch Menschenhand oder auf natürliche Weise entstanden sein. Meist wird er der Holznutzung dienen, muss dies aber nicht (RGSt **9** 381 f). Eine Reihe einzeln stehender Waldbäume ist noch kein Wald (RGSt **9** 381 f; RG DJ **1934** 913); ebensowenig eine mit Walderzeugnissen (wie Buschwerk, Gras, Moos, Laub), aber nicht mit Bäumen bedeckte Grundfläche.[76] Vollendet ist das Delikt, wenn der Wald in Brand gesetzt ist (die zweite Handlungsalternative dürfte hier keine größere Bedeutung gewinnen). Werden Walderzeugnisse angesteckt, ist Vollendung dann gegeben, wenn sich das Feuer ohne weiteren Zündstoff auf Unterholz und Hochstämme ausdehnen kann.[77] Unter dieser Voraussetzung kann das Anzünden von Laub genügen (RGSt **2** 314; weitergehend wohl RG Rspr. **3** 59, 60 f). Ist allein abgebrochenes dürres Holz in Brand gesetzt worden und das Feuer erloschen, ohne dass Unterholz oder Baumstämme in Brand geraten sind, scheidet § 306 als vollendetes Delikt aus (RG JW **1935** 532 f).

40 **ff) Land-, ernährungs- oder forstwirtschaftliche Anlagen oder Erzeugnisse.** (1) Der gesetzlich nicht definierte Begriff **Anlage**, der im StGB auch an anderer Stelle, aber nicht in je gleicher Bedeutung verwendet wird und wenig präzise ist, ist im Rahmen des § 306 Abs. 1 Nr. 6 als aus körperlichen Gegenständen bestehende Funktionseinheit, die der Erzeugung landwirtschaftlicher, ernährungswirtschaftlicher oder forstwirtschaftlicher Produkte dient, zu verstehen.[78] Damit bezieht sich § 306 Abs. 1 Nr. 6, anders als § 306 Abs. 1 Nr. 2, der gewerbliche Funktionseinheiten erfasst (s. Rdn. 26 ff), und § 306 Abs. 1 Nr. 3, der Tatobjekte aus dem Bereich des Handelsgewerbes zum Gegenstand hat (s. Rdn. 31 f), auf Funktionseinheiten, die zur Landwirtschaft, zur Ernährungswirtschaft sowie zur Forstwirtschaft gehören und die kraft Gewohnheitsrechts als Urproduktion und nicht als Gewerbe angesehen werden.[79]

---

[75] *Fischer* Rdn. 8; *Radtke* Rdn. 39; *Sch/Schröder/Heine* Rdn. 8; *Wolters/Horn* SK Rdn. 7.

[76] In diesem Sinne könnte die Begriffsbestimmung in RGSt **9** 381, 382 – eine umfangreiche, mit Bäumen oder sonstigen Walderzeugnissen bewachsene, in sich zusammenhängende Grundfläche – verstanden werden; so weitgehend *Olshausen* Anm. 3h; dagegen BGHSt **31** 83 ff; ebenso BayObLGSt **1993** 106 ff.

[77] Vgl. RGSt **6** 22 f. Enger BayObLGSt **1993** 106 ff: Vollendung , wenn Unterholz oder ein Waldbaum so in Brand gesetzt ist, dass sie ohne weiteres Zutun weiterbrennen können und der Brand auf andere Baumstämme übergreifen kann; so auch *Fischer* Rdn. 8; *Sch/Schröder/Heine* Rdn. 8; *Radtke* Dogmatik der Brandstiftungsdelikte S. 387.

[78] Vgl. *Sch/Schröder/Heine* Rdn. 9; *Sinn* Jura **2001** 803, 806. *Fischer* Rdn. 9; *Lackner/Kühl* Rdn. 2 und *Radtke* MK Rdn. 42 stellen auf den weiten umweltschutzrechtlichen Begriff der Anlage ab. Teilweise wird der Begriff Anlage mit dem bereits vom RG verwendeten Ausdruck Einrichtung gleichgesetzt: *Herzog* NK Rdn. 19 (der auch einzelne technische Geräte einschließt); *Wolters/Horn* SK Rdn. 8; *Liesching* S. 95; *Stein* S. 97 (Rdn. 47). Praktisch durchgehend wird dabei neben der Erzeugung die Verarbeitung der erzeugten Produkte einbezogen.

[79] Vgl. nur *Landmann/Rohmer/Kahl* Gewerbeordnung (Stand 1. Januar 2007/Mai 1992/August 1993) Einleitung Rdn. 32, 62 ff. Auf eine Beschränkung von Nummer 6 auf Urproduktion stellen – mindestens der Sache

Auf dieser Grundlage unterfallen § 306 Abs. 1 Nr. 6 als land- und ernährungswirtschaftliche Anlagen – beides lässt sich nur schwer trennen –: Bauernhöfe mit Scheunen, Ställen und ähnlichen Gebäuden, die sich mit der Erzeugung von Feldfrüchten, mit Gewächshauskultur pflanzlicher Nahrungsmittel, mit Obstbau, mit Viehzucht oder Milchwirtschaft befassen;[80] Weingüter; Geflügelzuchtbetriebe; der Fischzucht dienende Einrichtungen; ebenso in Form von Landwirtschaft betriebene Gärtnereien. Man wird die dazu benutzten landwirtschaftlichen Flächen einschließlich aufstehender Pflanzen wie Felder, Weiden usw. einbeziehen müssen.[81] Zu den land- und ernährungswirtschaftlichen Anlagen zählen auch die Einrichtungen, die der Reinigung, Zurichtung, Be- oder Verarbeitung der selbst gewonnenen Erzeugnisse für den Verkauf sowie die dem Verkauf dienen, wenn das dem Herkommen und der Verkehrsauffassung entsprechend in üblicher Art und Weise geschieht; also z.B. Herstellen und Verkauf von Butter, Käse, Marmelade, Fruchtsaft, Most, Wein. Dies wird alles noch zur Urproduktion gerechnet (vgl. *Landmann/Rohmer/Kahl*, wie Fn. 79, aaO). Dagegen sind aus dem Anwendungsbereich von § 306 Abs. 1 Nr. 6 die Betriebe auszuscheiden, die die erzeugten Rohprodukte auf einer weiteren Stufe gewerblich verarbeiten oder vermarkten;[82] sie sind den Tatobjekten nach § 306 Abs. 1 Nr. 2 zuzuordnen. Forstwirtschaftliche Anlagen sind Funktionseinheiten, die der Erzeugung forstwirtschaftlicher Rohprodukte, nicht aber auch deren Verarbeitung dienen; weshalb beispielsweise Sägewerke Betriebsstätte im Sinne von § 306 Abs. 1 Nr. 2, nicht aber forstwirtschaftliche Anlage sind.[83] 41

(2) **Landwirtschaftliche Erzeugnisse** sind alle abgeernteten, unter Ausnutzung von Grund und Boden gewonnenen Rohprodukte, bei deren Gewinnung dieser selbst seiner Substanz nach unverändert bleibt (RGSt **27** 14 f; **39** 22 ff). Dabei ist ohne Bedeutung, ob bei Hervorbringen der Bodenprodukte eine menschliche Tätigkeit mitgewirkt hat oder nicht. Landwirtschaftliche Erzeugnisse verlieren diese Eigenschaft nicht, wenn sie transportiert werden (RGSt **10** 186, 188). Die Eigenschaft geht jedoch verloren, wenn durch Verarbeitung oder sonstige Verwendung eine Veränderung ihrer Substanz eingetreten ist (RGSt **39** 22, 24 ff). Gleiches gilt, wenn derartige Produkte in den Handelsverkehr übergegangen und damit zur Ware geworden sind (**aA** RGSt **39** 22, 24 ff), denn damit unterfallen sie § 306 Abs. 1 Nr. 3, eine Tatbestandsvariante, die dem RG noch nicht zur Verfügung stand. **Ernährungswirtschaftliche Erzeugnisse** sind vor allem solche der Milchwirtschaft, der Aufzucht von Schlachtvieh und Geflügel, der Fischwirtschaft, des Weinbaus,[84] ohne z.B. die in Molkereien, Schlachthöfen, Kellereien, die fremderzeugte 42

nach – ebenfalls ab: *Sch/Schröder/Heine* Rdn. 10; *Radtke* MK Rdn. 42. Zweifel äußert *Sinn* Jura **2001** 803, 806. **AA** z.B. ersichtlich *Wolters/Horn* SK Rdn. 8.

80 Vgl. z.B. *Fischer* Rdn. 9; *Radtke* MK Rdn. 43 f; *Sch/Schröder/Heine* Rdn. 9. Für eine Scheune auch *Murmann* Jura **2000** 258, 261.

81 Entsprechend *Fischer* Rdn. 9; *Radtke* MK Rdn. 43 f; *Sch/Schröder/Heine* Rdn. 9.

82 *Radtke* MK Rdn. 42, 44; *Sch/Schröder/Heine* Rdn. 9; für den Regelfall auch *Fischer* Rdn. 9, 10, ähnlich *Herzog* NK Rdn. 22 (der auf Abgrenzungsschwierigkeiten zwischen Rohprodukten und Veredelungsstufen hinweist). Die Grenzziehung zwischen Urprodukt und Erzeugnissen von Verarbeitungsstufen hält *Sinn* Jura **2001** 803, 806 für unsicher.

83 *Fischer* Rdn. 9; *Radtke* MK Rdn. 45; **aM** *Wolters/Horn* SK Rdn. 8; *Liesching* S. 95.

84 Nach *Fischer* Rdn. 9; *Radtke* MK Rdn. 44; *Sch/Schröder/Heine* Rdn. 9 geht es insbesondere um Erzeugnisse der Tierproduktion. *Stein* S. 97 (Rdn. 47) versteht demgegenüber unter ernährungswirtschaftlichen Erzeugnissen industriell und handwerklich produzierte Nahrungsmittel.

Reben verarbeiten, hergestellten Produkte der Weiterverarbeitungsstufen.[85] **Forstwirtschaftliche Erzeugnisse** sind die Rohprodukte der Forstwirtschaft. Dazu zählen Baumstämme, Rindenmulch oder Holzschnitzel, die beim Schlagen von Bäumen anfallen, Weihnachtsbäume, Samen, Setzlinge; nicht jedoch Weiterverarbeitungsprodukte wie Bretter und Balken.

43 (3) Während sich bei land-, ernährungs- oder forstwirtschaftlichen Anlagen bereits aus der Begriffsbestimmung ableiten lässt, dass Funktionseinheiten in Rede stehen, die einen nicht unerheblichen wirtschaftlichen Wert verkörpern,[86] sind entsprechende Erzeugnisse, nimmt man das Gesetz beim Wort, auch dann geeignetes Brandstiftungsobjekt, wenn es sich um Kleinmengen ohne großen Wert handelt. Die Eingrenzung auf einen Vorrat wie bei Waren in Nummer 3 fehlt, ohne dass die Gesetzesmaterialien Aufschluss über den Grund für diese Abweichung selbst von § 308 Abs. 1 1. Alt. a.F. geben. Da, wie der Vergleich mit der Mehrzahl der anderen von § 306 Abs. 1 erfassten Tatgegenstände zeigt, auch bei landwirtschaftlichen usw. Erzeugnissen der Schutz bestimmter Wirtschaftsgüter mit aus Gemeininteresse im Fokus der Überlegungen des Gesetzgebers gestanden haben dürfte, werden *Erzeugnisse ohne bedeutsamen Wert oder Kleinmengen* aus dem Anwendungsbereich der Brandstiftung *auszuklammern* und der Sachbeschädigung nach § 303 Abs. 1 zuzuordnen sein;[87] zumal in derartigen Fällen regelmäßig keine ernsthafte Gefahr für weitere Rechtsgüter gegeben sein wird.

44 c) **Überschneidungen** zwischen den einzelnen Nummern von § 306 Abs. 1 bei der Einordnung konkreter Fälle in den Katalog der Tatgegenstände sind möglich. Im Vordergrund wird dabei stehen, dass Gebäude nach Nummer 1 zugleich Betriebsstätte nach Nummer 2, Warenlager nach Nummer 3 (vgl. BGH NStZ **2003** 253 f und BGH JZ **2005** 203 ff) oder z.B. landwirtschaftliche Anlage nach Nummer 6 sind. Bei forstwirtschaftlichen Anlagen nach Nummer 6 kommen Überlappungen mit Wäldern nach Nummer 5 in Betracht. Dagegen werden landwirtschaftliche Anlagen nach Nummer 6 nur ausnahmsweise zugleich Betriebsstätte im Sinne von Nummer 2 sein, nämlich wenn z.B. Mischformen zwischen landwirtschaftlicher Erzeugung einerseits und Verarbeitung auf einer weiteren Produktionsstufe oder Handelsgewerbe andererseits vorliegen. Dass daraus Probleme entstehen, ist jedoch nicht zu erwarten, denn eine alternative Einord-

---

85 Die von *Schroeder* GA **1998** 571 – ebenso *Wolters/Horn* SK Rdn. 8; *Maurach/Schroeder/Maiwald* BT/2 § 51 Rdn. 11; *Herzberg* JZ **2000** 1093, 1097 f; *Liesching* S. 95; *Range* S. 43; vgl. auch *Kindhäuser* LPK Rdn. 3 – als Argument für einen Fehler des Gesetzes erörterte Tüte Cornflakes als ernährungswirtschaftliches Erzeugnis gerät deshalb erst gar nicht in den Anwendungsbereich von § 306 Abs. 1 Nr. 6; so auch *Sch/Schröder/Heine* Rdn. 10.

86 Meist wird ausdrücklich ein erhebliches oder nicht unerhebliches Ausmaß der entsprechenden Funktionseinheit verlangt; vgl. z.B. *Radtke* MK Rdn. 42; *Sch/Schröder/Heine* Rdn. 9; *Wolters/Horn* SK Rdn. 8; *Stein* S. 97 (Rdn. 47).

87 Darüber ist man sich im Schrifttum weitgehend – mit einigen Unterschieden in der Grenzziehung – einig; vgl. *Fischer* Rdn. 10; *Herzog* NK Rdn. 22; *Lackner/Kühl* Rdn. 2; *Wolters/Horn* SK Rdn. 8; *Maurach/Schroeder/Maiwald* BT/2 § 51 Rdn. 11; *Rengier* BT/2 § 40 Rdn. 5 f; *Geppert* Jura **1998** 596, 599; *Kreß* JR **2001** 315, 317; *Liesching* S. 95; *Radtke* Dogmatik der Brandstiftungsdelikte S. 385; *Stein* S. 97 (Rdn. 46). Vgl. auch *Herzberg* JZ **2000** 1093, 1097 f; *Schroeder* GA **1998** 571; sowie OLG Frankfurt a.M. StV **1998** 119, 121. Bedenken gegen eine einschränkende Auslegung äußern *Range* S. 43 und *Sinn* Jura **2001** 803, 806. Eine Gesetzeskorrektur fordert insbesondere *Börner* S. 28 f.

nung unter gleichwertige Tatgegenstände ist möglich; Gleichwertigkeit wird in den erwähnten Fällen zu bejahen sein.[88]

3. **Das Merkmal fremd.** Die aufgeführten Gegenstände sind als fremdes Eigentum ohne Einschränkung gegen Inbrandsetzen oder Zerstören durch Brandlegung geschützt. Fremdes Eigentum sind sie, wenn sie nicht im Alleineigentum des Täters stehen (RGSt **11** 345, 348 ff). Fremdes Eigentum besteht daher auch, wenn der Täter lediglich Miteigentümer (vgl. z.B. BGH StV **2001** 576, 577) oder Gesamthandsberechtigter ist. Für die Eigentumslage ist dabei das bürgerliche Recht ausschlaggebend; es ist also nicht auf davon eventuell abweichendes wirtschaftliches Eigentum abzustellen (vgl. auch BGH StV **1988** 472; BGHR StGB § 308 Abs. 2 minder schwerer Fall 2). Dies gilt auch für den alleinigen Gesellschafter/Geschäftsführer einer GmbH oder GmbH u. Co KG, für den das Gesellschaftsvermögen fremd bleibt (*Piel* NStZ **2006** 550, 551 f). **45**

III. Subjektiver Tatbestand

Subjektiv ist **Vorsatz** erforderlich. Bedingter Vorsatz genügt (vgl. schon RGSt **6** 22, 23). Der Vorsatz muss entweder das Inbrandsetzen bis zum selbständigen Weiterbrennen eines der geschützten Tatobjekte oder deren mindestens teilweise Zerstörung durch Brandauswirkungen wie Verrußung usw. umfassen (in letzterem Falle einschränkend *Radtke* MK Rdn. 58). Dabei wird der Vorsatz des Inbrandsetzens in aller Regel den Vorsatz der Zerstörung durch Brandlegung einschließen (*Herzog* NK Rdn. 33; *Wrage* JuS **2003** 985, 986). Brandstiftungsvorsatz wird nicht dadurch fraglich, dass es dem Täter darum geht, sich beim Alarmieren der Feuerwehr oder bei den Löscharbeiten hervorzutun (**aA** *Maurach/Schroeder/Maiwald* BT/2 § 51 Rdn. 10; vgl. auch *Heghmanns* GA **2007** 214). Geht es dem Täter um Brandstiftung an anderen Gegenständen, insbesondere von Inventar, das durch § 306 Abs. 1 nicht erfasst ist, und scheidet auch bedingter Vorsatz dahin aus, dass sich das Feuer oder die Brandauswirkungen fremden Tatobjekten im Sinne von § 306 Abs. 1 mitteilt, kommt nur fahrlässige Brandstiftung in Betracht, wenn der gelegte Brand auf Tatobjekte nach § 306 Abs. 1 übergreift (*Fischer* Rdn. 19). Der Vorsatz muss sich weiter auf das Inbrandsetzen (bei teilweiser Zerstörung durch Brandlegung gilt entsprechendes selbstverständlich nicht) des *gesamten* Tatgegenstandes erstrecken; so ist der Vorsatz, einen Wald in Brand zu setzen, nicht vorhanden, wenn der Täter nur einen Strauch oder Baum anzünden will (RGSt **6** 22, 23; BGHSt **18** 363, 365). Der Täter muss auch wissen, dass die in Brand gesetzte Sache fremdes Eigentum ist. Hält er sie irrtümlich für seine eigene, kommt nur fahrlässige Brandstiftung in Frage (RG DJ **1940** 549). Ein Irrtum des Täters über die Einwilligung des Eigentümers schließt die Bestrafung nach § 306 Abs. 1 aus. Ein Irrtum über die Einordnung des Tatobjekts in die verschiedenen Varianten von § 306 Abs. 1 ist unerheblich, wenn diese gleichwertig sind (RGSt **35** 285 ff). Unerheblich ist es auch, wenn der Täter mit der begonnenen Ausführung nicht das angestrebte Inbrandsetzen erreicht, z.B. weil das Feuer von selbst erlischt, bevor wesentliche Teile eines Gebäudes derart in Brand geraten sind, dass sie selbständig weiterbrennen, sondern eine jedenfalls teilweise Zerstörung – im Beispiel – des Gebäudes durch Hitzeeinwirkung des Zündvorgangs und Verrußung (*Fischer* Rdn. 19). **46**

---

[88] Vgl. RGSt **35** 285, 287; **73** 204, 206; RG LZ **1916** Sp. 246; RG HRR **1939** Nr. 474. Zweifel bei *Schroeder* GA **1979** 321, 326; siehe auch *Wolter* JuS **1984** 606, 609.

IV. Rechtfertigungsgründe

47 Als Rechtfertigungsgrund steht die **Einwilligung** des Eigentümers im Vordergrund, der sich bei einer Einwilligungserklärung vertreten lassen kann (RGSt **11** 345, 348). Da die Brandstiftung nach § 306 ein Sonderfall eines Sachbeschädigungsdelikts ist (s. Rdn. 3), bestehen keine Bedenken, der Einwilligung des Eigentümers rechtfertigende Wirkung beizumessen.[89] Das entspricht auch Entscheidungen des BGH, in denen die Vereinbarkeit mit BGH NJW **2001** 765 f nicht angesprochen wird (BGH NJW **2003** 1824 = JA **2003** 748 m. Bespr. *Rautenkranz*; BGH NStZ **2006** 350 f; BGH StV **2007** 584, 585). Letztlich inkonsequent (vgl. die berechtigten Gegenargumente bei *Fischer* Rdn. 21) kommen aber auch diejenigen Autoren, die der Brandstiftung eine doppelte Schutzrichtung – Eigentumsschutz und Schutz vor Gemeingefahr – zumessen und damit § 306 neben dem Verletzungsdelikt zugleich als abstraktes Gefährdungsdelikt ansehen, teilweise zu dem Ergebnis, dass die Einwilligung des Eigentümers rechtfertigt.[90] Liegt das Eigentum bei einer juristischen Person, ist einwilligungsberechtigt dasjenige Vertretungsorgan, zu dessen Geschäftsaufgaben die Verfügung über die betroffene Sache gehört. Allerdings darf dieses Vertretungsorgan seine Vertretungsmacht nicht offensichtlich missbrauchen (BGH NJW 2003 1824 = JA 2003 748 m. Bespr. *Rautenkranz*); ein derartiger Missbrauch scheidet bei dem alleinigen Gesellschafter/Geschäftsführer einer GmbH oder GmbH u. Co KG aus (*Piel* NStZ **2006** 550, 552 ff). Daneben sind *Notstandsfälle* denkbar (vgl. RG JW **1925** 964 f), z.B. wenn ein Gegenfeuer angezündet wird, um einen Waldbrand zu bekämpfen.

V. Versuch

48 Der Versuch ist *strafbar*, weil das Delikt Verbrechen ist, § 23 Abs. 1 1. Halbsatz, § 12. Der Beginn der Ausführung ist gegeben, wenn der Täter den Brandzünder installiert oder den Zündstoff ausbringt, sofern sich das Anzünden unmittelbar anschließen soll und kann oder der Täter damit die Zündung aus der Hand geben will. Letztere Gestaltungsmöglichkeit betrifft die Verwendung von Zeitzündern oder Zündvorrichtungen, die den Brand durch einen für einen späteren Zeitpunkt als sicher erwarteten Vorgang (z.B. Zündfunke einer Gastherme oder Funkenbildung beim regelmäßig und automatisch erfolgenden Einschalten eines Elektrogeräts) oder durch Handeln eines arglosen Dritten (z.B. Einschalten der Raumbeleuchtung) auslösen.[91] In der Entscheidung BGH StV **2007** 187 f (mit zu Recht kritischer Anmerkung von *Schuhr*) ist allerdings bereits das

---

[89] *Fischer* Rdn. 20; *Herzog* NK Rdn. 32; *Kindhäuser* LPK Rdn. 1; *Lackner/Kühl* Rdn. 1; *Sch/Schröder/Heine* Rdn. 1, 11; *Maurach/Schroeder/Maiwald* BT/2 § 51 Rdn. 4; *Otto* BT § 79 Rdn. 6; *Rengier* BT/2 § 40 Rdn. 3; *Wessels/Hettinger* BT/1 Rdn. 956; *Geppert* Jura **1998** 597, 598; *Müller/Hönig* JA **2001** 517, 518; *Range* S. 38; *Rengier* JuS **1998** 397, 398; *Sinn* Jura **2001** 803, 808 f. Der Einwilligung messen tatbestandsausschließende Wirkung zu: *Roxin* AT I^4 § 13 Rdn. 12 ff; *Murmann* Jura **2001** 258, 259.

[90] *Radtke* MK Rdn. 60 ff; *ders.* Dogmatik der Brandstiftungsdelikte S. 382; *ders.* ZStW **110** (1998) 848, 861; *Arzt/Weber* BT § 37 Rdn. 16; *Kreß* JR **2001** 315, 316, 318; vgl. auch Dölling/Duttge/Rössner/*Weiler* HK Rdn. 14; *Weißer/Kreß* JA **2003** 857, 858. **AA** *Börner* S. 8 ff; *Duttge* Jura **2006** 15, 16 ff.

[91] Vgl. RGSt **66** 141 ff; RG HRR **1933** Nr. 352; OGHSt **2** 346, 348; BGHSt **43** 177 ff = JR **1998** 291 m. Anm. *Gössel*; BGH NStZ **2003** 253 f; BGH JZ **2005** 203 ff (dort auch zum Rücktritt vom Versuch) m. Anm. *Rotsch/Sahan*; BGHR StGB § 22 Ansetzen 35; *Fischer* Rdn. 22; Radtke MK Rdn. 64; *Sch/Schröder/Heine* Rdn. 20; *Wolters/Horn* SK Rdn. 19; *Radtke* Dogmatik der Brandstiftungsdelikte S. 247 ff; *Rotsch/Sahan* JA **2005** 171 ff.

Aufschließen der Außentür einer Diskothek, die in Brand gesetzt werden sollte, als Versuchsbeginn gewertet worden, während es zum geplanten Aufbrechen einer Zwischentür, dem Ausschütten von von den schon im Vorraum festgenommenen Tätern mitgebrachtem Benzin und dessen Entzündung gar nicht mehr gekommen war. Das ist dahin verallgemeinert, dass auch eine der Verwirklichung eines Tatbestandsmerkmals vorgelagerte Handlung die Strafbarkeit wegen Versuchs begründen könne, wenn sie nach der Vorstellung des Täters bei ungestörtem Fortgang ohne Zwischenakte in die Tatbestandsverwirklichung unmittelbar einmünde oder mit ihr in unmittelbarem räumlichen und zeitlichen Zusammenhang stehe; dies bedürfe stets der wertenden Konkretisierung unter Beachtung der Umstände des Einzelfalls. Aber selbst wenn man den Grundsatz akzeptiert (vgl. näher *Hillenkamp* LK § 22 Rdn. 63 ff), überzeugt das Ergebnis nicht, weil durch das frühe Eingreifen der Polizei die Planung der Täter sozusagen im Vorfeld der Tat hängen geblieben war. Im Einzelfall kann es im Übrigen zu Beweisschwierigkeiten kommen, was ein Beschuldigter zum weiteren Ablauf geplant hatte, so dass dementsprechend ein Versuchsbeginn nicht festgestellt werden kann (s. BGHR StPO § 261 in dubio pro reo 9: dort hatte der Beschuldigte in Selbstmordabsicht in einer Wohnung großflächig Benzin ausgeschüttet und war darüber ohnmächtig geworden). Ein Versuch kommt weiter in Betracht, wenn Gebäudeinventar angezündet wird, um einen Brand des Gebäudes zu bewirken, der dann aber nicht entsteht.[92]

VI. Täterschaft und Teilnahme

Für *Täterschaft* gelten die üblichen Kriterien und Anforderungen an den Nachweis (vgl. BGH NStZ-RR **1999** 46 f; auch BGH NStZ **2003** 253 f – zur Abgrenung von Mittäterschaft und Anstiftung –). Aus der Anwesenheit eines Beschuldigten bei Zündung des Brandes am Tatort lässt sich, solange nicht ausgeschlossen werden kann, dass ein Mittäter vorhanden war und dieser allein das Inbrandsetzen bewirkt hat, nicht folgern, der Beschuldigte sei jedenfalls Täter gewesen; bleiben Zweifel, ob er Täter oder Gehilfe war, darf er nur wegen Beihilfe verurteilt werden (BGHR StGB § 25 Abs. 2 Tatinteresse 4). Mittäterschaft kann z.B. darin liegen, dass der eigentliche Brandstifter mit einem Kraftfahrzeug in die Nähe des Tatorts gefahren wird.[93] Teilnahme an einer Brandstiftung kann es sein, dass demjenigen, der die Tat dann ausführt, zuvor ein Alibi zugesagt wird (BGHSt **43** 356, 359). *Beihilfe* zu einem Brandstiftungsdelikt darf nicht mit einer bloßen Vermutung begründet werden (BGH NJW **1996** 3089). Beihilfe durch Unterlassen ist möglich (RGSt **71** 193, 194; OGHSt **3** 1 ff). Die Beteiligung ist, jedenfalls nach der Rechtsprechung (vgl. näher *Schünemann* LK § 27 Rdn. 39 ff) bis zur Beendigung der Brandstiftung , die meist erst vorliegt, wenn der Tatgegenstand abgebrannt ist, möglich (RGSt **71** 193, 194 für Beihilfe; OGHSt **3** 1, 3 für Mittäterschaft oder Beihilfe). 49

VII. Strafe

Der **Strafrahmen** beträgt Freiheitsstrafe von einem bis zu zehn Jahren, § 306 Abs. 1. 50
Für minder schwere Fälle sieht Absatz 2 Freiheitsstrafe von sechs Monaten bis zu fünf

[92] BGHSt **32** 137 ff; **48** 14, 18 f; BGH bei Holtz MDR **1984** 441, 443; BGH NJW **1985** 813 f.

[93] RG HRR **1934** Nr. 147; vgl. auch RG JW **1933** 427 f; RG JW **1933** 2395; RG JW **1935** 945.

Jahren vor; dies schließt die Anwendung von § 47 Abs. 2 aus.[94] Das entspricht zwar dem § 308 a.F., erscheint aber dennoch wegen der Erfassung auch von Taten geringen Gewichts und ohne begleitende Gemeingefahr als teilweise übersetzt. Ein *minder schwerer Fall* kann gegeben sein, wenn die Voraussetzungen von § 21 ausgefüllt sind (BGH StV **1982** 58). Zu weiteren Beispielen einer Milderungsmöglichkeit vgl. BGH StV **1988** 472, 473 und BGHR StGB § 308 Abs. 2 minder schwerer Fall 1 (s. dazu auch *Frisch* GA **1989** 338, 362 f). Zu den Fragen, wann in einem Strafurteil erörtert werden muss, ob ein minder schwerer Fall des § 306 vorliegt und welche Wertungsgesichtspunkte dafür zu berücksichtigen sind, vgl. BGH GA **1984** 374 f; BGH GA **1987** 226 f. Für die Strafzumessung werden neben der Höhe des Schadens am Tatobjekt von Bedeutung sein der Grad der Gefährdung von Personen und weiteren Sachen. So kann beim Anstifter der Tod des angestifteten Brandlegers durch den Brand straferschwerend berücksichtigt werden (BGH NStZ **1998** 39). – Zur *tätigen Reue* vgl. bei § 306e.

VIII. Konkurrenzen

51 Bezieht sich ein und dieselbe Brandstiftung auf eine Sachgesamtheit – im konkreten Falle hatte der Angeklagte in zwei Fällen (u.a.) einen Pkw in der Tiefgarage einer Wohnanlage angezündet, wodurch jeweils das Gebäude und mehrere Kraftfahrzeuge zu Schaden gekommen waren – wird der Tatbestand des § 306 Abs. 1 nur einmal verletzt, auch wenn Tatobjekte nach § 306 Abs. 1 Nr. 1 und 4 betroffen sind.[95] Die verschiedenen Varianten von Tatobjekten bilden also zusammen mit den übrigen Tatbestandsmerkmalen des § 306 Abs. 1 keinen jeweils selbständigen Tatbestand (vgl. dazu allgemein *Altenhain* ZStW **107** (1995) 382 ff). Fallen die beiden möglichen Tathandlungsvarianten zusammen, gilt nichts anderes (*Radtke* MK Rdn. 67 (der dennoch grundsätzlich Tateinheit zwischen den Tatvarianten des Absatz 1 für möglich hält); **aA** *Fischer* Rdn. 24 – Tateinheit –). Geht eine fahrlässige Brandstiftung in eine vorsätzliche über, wird nur wegen letzterer bestraft (vgl. näher *Rissing-van Saan* LK Vor § 52 Rdn. 149 f). Mehrere Brandstiftungen können durch die Klammerwirkung eines Organisationsdelikts wie § 129a Abs. 2 Nr. 2 zur Tateinheit verbunden werden; diese Wirkung bleibt erhalten, auch wenn eine Verurteilung aus dem Organisationsdelikt nicht erfolgen kann (BGHR StGB § 52 Abs. 1 Klammerwirkung 9).

52 Zwischen § 306 Abs. 1 und § 305 Abs. 1 besteht Gesetzeseinheit (Spezialität), wenn ein fremdes Gebäude durch Brandstiftung zerstört wird; § 305 tritt zurück.[96] Das Gleiche

---

[94] Vgl. zu den bei Festlegung des Strafrahmens im konkreten Fall zu beachtenden Grundsätzen *Theune* LK Vor §§ 46–50 Rdn. 11 ff; § 46 Rdn. 291 ff. Zu einem Fall fehlerhafter weiterer Strafrahmenverschiebung des nach § 306 Abs. 2 zugrunde gelegten Strafrahmens vgl. BGH NStZ **2001** 642. Auf die von *Callies* NJW **1998** 929, 934 f auf der Grundlage der Einstufung minder schwerer Fälle als Tatbestandsmerkmale geäußerten Bedenken gegen die Verfassungsmäßigkeit geht der BGH dabei nicht ein.

[95] BGHR StGB § 306 Konkurrenzen 1; *Radtke* MK Rdn. 67; *Rissing-van Saan* LK § 52 Rdn. 35 f. Für Tateinheit *Fischer* Rdn. 24. Vgl. auch *Mitsch* JuS **1993** 385, 389.

[96] *Fischer* Rdn. 24; *Herzog* NK Rdn. 37; *Kindhäuser* LPK Rdn. 13; *Lackner/Kühl* Rdn. 6; *Radtke* MK Rdn. 68; *Sch/Schröder/Heine* Rdn. 24; *Wolters/Horn* SK Rdn. 21; *Arzt/Weber* BT § 37 Rdn. 64; *Maurach/Schroeder/Maiwald* BT/2 § 51 Rdn. 12; *Otto* BT § 79 Rdn. 6; *Börner* S. 11; *Ellbogen* Jura **1998** 483, 484; *Geppert* Jura **1998** 597, 599; *Rengier* JuS **1998** 397, 398, 400; vgl. auch BGH, Beschl. v. 15. Dezember 1992 – 4 StR 583/92 –.

gilt bei Identität des Tatobjekts im Verhältnis von § 306 Abs. 1 zu § 303 Abs. 1.[97] Bleibt die Brandstiftung im Versuchsstadium stecken, sind die erwähnten Sachbeschädigungsdelikte aber vollendet, wird dagegen von Tateinheit auszugehen sein (*Radtke* MK Rdn. 68; *Wolters/Horn* SK Rdn. 21). Sind von dem Brand Objekte, die nicht dem § 306 Abs. 1 unterfallen, mitbetroffen, kommt Tateinheit zwischen Brandstiftung und Sachbeschädigungsdelikten in Betracht.[98] Tateinheit ist auch im Verhältnis zu §§ 304 Abs. 1, 305a anzunehmen, weil die Schutzrichtungen dieser Delikte mit § 306 Abs. 1 nicht übereinstimmen.[99]

Wird einem Brandstifter vor Tatausführung ein Alibi zugesagt, können Strafvereite- **53**
lung nach § 258 Abs. 1 und Beihilfe zur Brandstiftung in Tateinheit zusammentreffen (BGHSt **43** 356, 359). Soweit nicht § 306c eingreift, kann zwischen § 306 Abs. 1 und § 222 Tateinheit bestehen (*Radtke* MK Rdn. 68; vgl. außerdem BGHSt **23** 60, 63 f). Wird bei einer Brandstiftung vom Täter eine Pistole mitgeführt oder die Fahrt zum oder vom Tatort von ihm mit einem Kraftfahrzeug ausgeführt, für das er nicht die nötige Fahrerlaubnis hat, besteht zwischen Brandstiftung und dem Waffendelikt oder Brandstiftung und Fahren ohne Fahrerlaubnis Tatmehrheit (BGH NStZ **1995** 300; es liegt noch nicht einmal *eine* Tat im Sinne von § 264 StPO vor). Zu einem in engem zeitlichen und räumlichen Zusammenhang mit einer Brandstiftung begangenen Diebstahl besteht Realkonkurrenz (BGH NStZ **1986** 314 f), wenn nicht von einer natürlichen Handlungseinheit auszugehen ist, für deren Annahme oder Nichtannahme dem Tatrichter ein gewisser Beurteilungsspielraum offensteht (BGH NStZ-RR **1998** 68, 69).

Kommt es nach einer Brandstiftung zu einem Betrug(sversuch) gegenüber der Ver- **54**
sicherungsgesellschaft, bei der das Brandobjekt versichert ist, durch deren Inanspruchnahme, besteht zwischen beiden Delikten Tatmehrheit,[100] auch wenn es sich regelmäßig um *eine* prozessuale Tat handelt (BGHR StPO § 264 Abs. 1 Tatidentität 35; BGH NStZ **2006** 350 f; vgl. auch BGHSt **45** 211, 214 f). Kommt es nicht zum Betrugsversuch, so dass die Subsidiaritätsklausel des § 265 Abs. 1 nicht greift, kann zwischen Brandstiftung und Versicherungsmissbrauch Tateinheit vorliegen.[101]

Für das Verhältnis von § 306 zu den weiteren Brandstiftungstatbeständen und den **55**
sonstigen gemeingefährlichen Delikten siehe jeweils dort.

IX. Führungsaufsicht. Einziehung

Nach § 321 besteht die Möglichkeit, *Führungsaufsicht* anzuordnen. In § 322 ist die **56**
Möglichkeit der *Einziehung* von producta und instrumenta sceleris vorgesehen.

---

97 *Fischer* Rdn. 24; *Herzog* NK Rdn. 37; *Kindhäuser* LPK Rdn. 13; *Lackner/Kühl* Rdn. 6; *Radtke* MK Rdn. 68; *Sch/Schröder/Heine* Rdn. 24; *Wolters/Horn* SK Rdn. 21; *Arzt/Weber* BT § 37 Rdn. 64; *Maurach/Schroeder/Maiwald* BT/2 § 51 Rdn. 12; *Börner* S. 11; *Geppert* Jura **1998** 597, 599; *Kreß* JR **2001** 315, 318; *Rengier* JuS **1998** 397, 398, 400.

98 RG JW **1935** 2372; *Fischer* Rdn. 24; *Sch/Schröder/Heine* Rdn. 24; **aA** – Konsumtion – *Radtke* MK Rdn. 68 und *Wolters/Horn* SK Rdn. 21.

99 *Fischer* Rdn. 24; *Herzog* NK Rdn. 37; *Radtke* MK Rdn. 68; *Sch/Schröder/Heine* Rdn. 24; *Wolters/Horn* SK Rdn. 21.

100 BGHR StPO § 264 Abs. 1 Tatidentität 35; *Fischer* Rdn. 24; *Lackner/Kühl* Rdn. 6; *Radtke* MK Rdn. 68; *Sch/Schröder/Heine* Rdn. 24; differenzierend – Tateinheit, wenn die Betrugshandlung im Vortäuschen eines Versicherungsfalles besteht – *Wolters/Horn* SK Rdn. 21.

101 BGH StV **2007** 581, 583; *Fischer* Rdn. 24; *Herzog* NK Rdn. 38; *Lackner/Kühl* Rdn. 6; *Radtke* MK Rdn. 68; *Sch/Schröder/Heine* Rdn. 24; *Wolters/Horn* SK Rdn. 21. Vgl. auch *Arzt/Weber* BT § 37 Rdn. 68.

X. Recht des Einigungsvertrages. Europarechtliche Bezüge

57 1. Hinsichtlich des *Rechts des Einigungsvertrages* wird auf die Vorauflage verwiesen (*Wolff* LK[11] § 306 Rdn. 19 f).

58 2. Das Delikt der Brandstiftung wird von der europarechtlichen und der entsprechenden deutschen Regelung über den *europäischen Haftbefehl* erfasst. Dazu sei auf *Wolff* LK § 303a Rdn. 52 verwiesen.

XI. Prozessuale Hinweise. Sonstiges

59 Es fällt auf, dass bei Verurteilungen wegen Brandstiftung vom Revisionsgericht relativ häufig *Mängel der Beweiswürdigung* gerügt werden. Das betrifft zwar auch Fälle schwerer Brandstiftung, doch geht es nicht um für dieses Delikt typische Fehler. Deshalb soll bereits an dieser Stelle darauf hingewiesen werden.[102] Die Ursache dürfte darin liegen, dass bei dieser Deliktsart häufig Indizienbeweise zu führen sind. – Ist in einer zugelassenen Anklage der Vorwurf erhoben, eine geplante Brandstiftung nicht angezeigt zu haben, § 138 Abs. 1 Nr. 8, ist im Sinne des § 264 StPO zugleich der Vorwurf enthalten, Täter der Brandstiftung zu sein, so dass das Gericht auch darauf eingehen muss, um den Anklagevorwurf auszuschöpfen (BGH wistra **1992** 348 f). Wird ein Brandstiftungsvorwurf nach § 154a StPO im Verfahren ausgeklammert, schließt das nicht aus, aus Feststellungen zur Brandstiftung ein Mordmerkmal abzuleiten (BGH bei Holtz MDR **1993** 719, 720). – Zur Notwendigkeit eines Hinweises nach § 265 Abs. 1 StPO bei einem Wechsel des Vorwurfs von Mittäterschaft zu Beihilfe vgl. BGH bei Pfeiffer/Miebach NStZ **1983** 354, 358. Ebenso ist ein Hinweis dann nötig, wenn, insbesondere auf veränderter Tatsachengrundlage, vom Vorwurf der Alleintäterschaft auf den der Mittäterschaft, mittelbaren Täterschaft oder der Anstiftung übergegangen werden soll (BGH StV **1984** 368; BGH NStZ **1994** 46). Zur Notwendigkeit eines Hinweises auf eine gegenüber der Anklage veränderte Tatzeit, wenn für die angeklagte Tatzeit ein Alibi besteht, siehe BGH NStZ **1994** 502 f. Zur Hinweispflicht beim Wechsel von Tatbestandsvarianten vgl. BGHR StPO § 265 Abs. 1 Hinweispflicht 4. – Zu den durch das Inkrafttreten des 6. StrRG ausgelösten Übergangsfällen, für die der Grundsatz strikter Alternativität gilt

---

[102] So ging es in BGHR StGB § 306 Beweiswürdigung 1 bei einer Verurteilung wegen u.a. versuchter schwerer Brandstiftung um eine unvollständige Beweiswürdigung. In BGHR StGB § 306 Beweiswürdigung 2 mit einer Verurteilung wegen eines Brandes in einem Textilgeschäft als Grundlage und in BGH NJW **2002** 1811 f, der Entscheidung lag ein Freispruch u.a. vom Vorwurf der Anstiftung zur Brandstiftung in einem Getränkehandel zugrunde, werden Fehler bei der Würdigung von Indizien beanstandet. In dem der Entscheidung BGHR StGB § 306 Beweiswürdigung 4 zugrunde liegenden Fall war es zu einem Fehler bei der Würdigung der Aussage des möglicherweise selbst tatverdächtigen einzigen Belastungszeugen gegenüber der Einlassung des leugnenden Angeklagten gekommen. In BGHR StGB § 306 Beweiswürdigung 5 und 6 wurde beanstandet, dass der Vorsatz nicht tragfähig begründet war. Zu einer unzureichenden Beweiswürdigung bei einem widerrufenen Geständnis siehe BGH NStZ **1994** 597. Die Übernahme der moralischen Verantwortung für ein Geschehen hat nicht ohne weiteres die Bedeutung eines Geständnisses (BGH StraFo **2003** 381). Beispielsfälle für eine fehlerfrei Beweiswürdigung finden sich in BGH NJW **2003** 3212 ff (insoweit in BGHSt **48** 301 ff nicht abgedruckt) und in BGHR StPO § 261 Mitangeklagte 3, den Solinger Brandanschlag vom 28./29. Mai 1993 betreffend.

(z.B. BGH NStZ 2000 136), siehe BGH NStZ-RR **1998** 235; BGH NStZ 2000 93. – Brandstiftung kann Anlass geben, ein Delikt nach § 129a (vgl. auch § 129b) zu prüfen (vgl. BGHSt 52 98 ff; und außerdem *Wolff* LK § 303b Rdn. 41). Die vorsätzliche Nichtanzeige einer geplanten Brandstiftung ist Vergehen nach § 138 Abs. 1 Nr. 8.

§ 306a
Schwere Brandstiftung

(1) Mit Freiheitsstrafe nicht unter einem Jahr wird bestraft, wer
1. ein Gebäude, ein Schiff, eine Hütte oder eine andere Räumlichkeit, die der Wohnung von Menschen dient,
2. eine Kirche oder ein anderes der Religionsausübung dienendes Gebäude oder
3. eine Räumlichkeit, die zeitweise dem Aufenthalt von Menschen dient, zu einer Zeit, in der Menschen sich dort aufzuhalten pflegen,
in Brand setzt oder durch eine Brandlegung ganz oder teilweise zerstört.

(2) Ebenso wird bestraft, wer eine in § 306 Abs. 1 Nr. 1 bis 6 bezeichnete Sache in Brand setzt oder durch eine Brandlegung ganz oder teilweise zerstört und dadurch einen anderen Menschen in die Gefahr einer Gesundheitsschädigung bringt.

(3) In minder schweren Fällen der Absätze 1 und 2 ist die Strafe Freiheitsstrafe von sechs Monaten bis zu fünf Jahren.

Schrifttum

Geppert Teleologische Reduzierung des Tatbestandes auch im Rahmen der neugefassten schweren Brandstiftung (§ 306a StGB n.F.)? Festschrift Weber (2004) 426; *Koriath* Einige Bemerkungen zu § 306a StGB, JA **1999** 298; *Kudlich* Identität der Gefährdungsobjekte innerhalb der §§ 306a ff. StGB? NStZ **2003** 458; *Neubacher* Fremdenfeindliche Brandanschläge (1998); *Noack/Collin* Doppelt angezündet brennt besser, Jura **2006** 544; *Pfister* Die BGH-Rechtsprechung zu Brandstiftungsdelikten und zum Versicherungsmissbrauch nach dem 6. StrRG, NJ **2001** 126; *A. Schröder* Schwere Brandstiftung an einem Wohnhaus, JA **2002** 367. Siehe außerdem die Schrifttumsangaben zu § 306.

Entstehungsgeschichte

Siehe bei § 306.

Übersicht

I. Allgemeines

1 Die Vorschrift umfasst **zwei selbständige Straftatbestände.** In Absatz 1 ist der bisherige § 306, bei dem es um den Schutz von Menschen ging und auch in der Neufassung geht, weitgehend übernommen worden. Demgegenüber ist mit § 306a Abs. 2 ein neues Delikt in das StGB eingefügt worden, bei dem es, was die Fassung nahelegen könnte, nicht um den Schutz von Sachen, sondern ebenfalls um den Schutz von durch einen Brand gefährdeten Menschen geht. Insoweit decken sich die Schutzrichtungen beider Absätze also.[1] Dabei bereitet die Deutung von § 306a Abs. 2 nicht unerhebliche Probleme, auf die noch im Einzelnen einzugehen sein wird (Rdn. 25 f).

II. Das Delikt nach § 306a Abs. 1

2 1. Bei **§ 306a Abs. 1** handelt es sich, soweit es um vor von Bränden ausgehenden Gefahren zu schützende Menschen geht,[2] unverändert um ein **abstraktes Gefährdungsdelikt,**[3] also ein Delikt, bei dem die vor von Bränden ausgehenden Gefahren zu schützen-

---

[1] *Fischer* Rdn. 1; *Herzog* NK Rdn. 1; *Radtke* MK Rdn. 3 ff; *Sch/Schröder/Heine* Rdn. 1; *Wolters/Horn* SK Rdn. 3, 22; *Noack/Collin* Jura **2006** 544, 546; *Radtke* Dogmatik der Brandstiftungsdelikte S. 83 f, 161 ff, 254 f, 274 f und 277; *Stein* S. 76 (Rdn. 3), S. 99 (Rdn. 51), wobei *Radtke* MK Rdn. 4 f; *ders.* Dogmatik der Brandstiftungsdelikte S. 265 ff; *ders.* ZStW **110** (1998) 848, 867 f und *Maurach/Schroeder/Maiwald* BT/2 § 51 Rdn. 14; *Geppert* FS Weber, S. 426, 434 ff; *Schroeder* GA **1998** 571, 572 eine Ausnahme für § 306a Abs. Nr. 2 machen: diese Variante soll den öffentlichen Frieden in Gestalt des Religionsfriedens schützen; nach *Wolters/Horn* aaO geht es um den Schutz eines religiösen Tabus. Vgl. auch *Herzog* NK Rdn. 13; *Liesching* S. 96, 103 ff. Doch vermag diese Auffassung nicht zu erklären, weshalb der Gesetzgeber diese Variante zwischen § 306a Abs. 1 Nr. 1 und 3 gestellt und nur den Schutz derartiger Räumlichkeiten vor Brandstiftungen, nicht aber auch vor ebenso wahrscheinlichen anderen Zerstörungen normiert hat. Teilweise wird für § 306a Abs. 1 der Schutz von Räumlichkeiten in den Vordergrund gestellt, in denen sich typischerweise Menschen aufhalten; so: *Lackner/Kühl* Rdn. 1; *Rengier* BT/2 § 40 Rdn. 18; *Geppert* FS Weber, S. 426, 434 ff.

[2] Die Tathandlung durch eine Brandlegung ganz oder teilweise zerstören verlangt allerdings einen Erfolg (vgl. Stellungnahme des Bundesrates BTDrucks. 13/8587 S. 69). Auch das Inbrandsetzen erfordert letztlich einen Erfolg. Vgl. auch *Sch/Schröder/Heine* Rdn. 1; *Wolters/Horn* SK Rdn. 4; *Graul* Abstrakte Gefährdungsdelikte und Präsumtionen im Strafrecht (1991) 22 f, 36 f, 109; *dies.* JuS **1995** L 41 Fn. 1; *Radtke* Dogmatik der Brandstiftungsdelikte S. 69; *ders.* ZStW **113** (2001) 829; *Stein* S. 76 Rdn. 3.

[3] BGH NStZ **1999** 32, 33 f = JR **1999** 205 m. Anm. *Wolters* = JA **1999** 542 m. Besprechung *Eisele*; *Fischer* Rdn. 1, 2; *Herzog* NK Rdn. 2; *Kindhäuser* LPK Rdn. 1; *Lackner/Kühl* Rdn. 1; *Radtke* MK Rdn. 3; *Sch/Schröder/Heine* Rdn. 1, 2; Dölling/Duttge/Rössner/*Weiler* HK Rdn. 1, 2; *Wolters/Horn* SK Rdn. 3; *Arzt/Weber* BT § 37 Rdn. 22; *Krey/Heinrich* BT/1 Rdn. 747b; *Küpper* BT § 5 Rdn. 7; *Otto* BT § 79 Rdn. 8; *Rengier* BT/2

den Menschen weder objektiv noch in der Vorstellung des Täters verletzt werden oder konkret gefährdet sein müssen (vgl. zur Begriffsbestimmung allgemein nur *Radtke* Dogmatik der Brandstiftungsdelikte S. 23 ff, 68 f). Es greift immer dann ein, wenn eine Brandstiftung an einem Gebäude oder einer Räumlichkeit begangen wird, in der sich üblicherweise Menschen aufhalten; bei § 306a Abs. 1 Nr. 2 gilt dies allerdings nur mit Einschränkungen (vgl. auch *Radtke* ZStW **110** (1998) 848, 855 Fn. 30). Der übliche Aufenthalt von Menschen entspricht der Zweckbestimmung der Gebäude oder Räumlichkeiten oder ihrem tatsächlichen Gebrauch. Der tatsächliche Aufenthalt von Menschen in dem Gebäude oder in der Räumlichkeit bei Brandausbruch ist keine Voraussetzung der Tatbestandserfüllung.

Die bereits bei § 306 a.F. bestehende *Streitfrage, ob der Tatbestand dann abzulehnen ist, wenn sich der Täter vor Tatausführung zuverlässig versichert hat, dass sich keine Person in dem Gebäude oder der Räumlichkeit aufhält,*[4] hat der Gesetzgeber gesehen, aber letztlich nicht entschieden. Zwar heißt es in der Begründung zum Regierungsentwurf eines 6. StrRG, es sei in der Rechtsprechung des BGH anerkannt, dass eine einschränkende Auslegung des § 306 Nr. 2 a.F. in Betracht kommen könne, wenn sich der Täter durch absolut zuverlässige, lückenlose Maßnahmen vergewissert habe, dass die durch das Gesetz verbotene Gefährdung mit Sicherheit nicht eintreten könne, welche Einschränkung nur bei kleinen, insbesondere einräumigen Gebäuden möglich sei. Dieser Rechtsprechung wolle der Entwurf folgen, weil im Falle einer entsprechenden allgemeinen Einschränkung Anwendungsbereich und Schutzzweck der Vorschrift erheblich beeinträchtigt würden (BTDrucks. 13/8587 S. 47). Doch hatte sich der BGH bis dahin nicht festgelegt, ob eine solche Einschränkung wirklich anzuerkennen sei (*Koriath* JA **1999** 298, 299; *Stein* S. 88 ff (Rdn. 27 f)): In BGHSt **26** 121 ff ist eine abschließende Stellungnahme vermieden und für den beurteilten Fall darauf abgestellt, dass der Angeklagte bei dem in Brand gesteckten dreistöckigen Hotel die Gewissheit, es halte sich niemand darin auf, nicht erlangen konnte; ebenso BGHSt **34** 115 ff für ein fünfstöckiges Gebäude; BGH NStZ **1982** 420 f m. Anm. *Hilger* für ein zweistöckiges unübersichtliches Gebäude; BGH NStZ **1985** 408 f für ein Zweifamilienhaus; BGH, Urt. v. 11. Oktober 1979 – 4 StR 470/79 – für ein landwirtschaftliches Anwesen mit Nebengebäuden.[5] Damit hat der 3

---

§ 40 Rdn. 29; *Wessels/Hettinger* BT/1 Rdn. 961; *Bindzus/Ludwig* JuS **1998** 1123, 1125; *Cantzler* JA **1999** 474; *Geppert* Jura **1998** 597, 598; *Hörnle* Jura **1998** 169, 181; *Immel* StV **2001** 477; *Koriath* JA **1999** 298 ff; *Liesching* S. 96; *Müller/Hönig* JA **2001** 517, 519; *Radtke* Dogmatik der Brandstiftungsdelikte S. 15 ff und passim; *ders.* ZStW **110** (1998) 848, 862 f; *Range* S. 66 ff; *Rengier* JuS **1998** 397, 398; *Stein* S. 76 (Rdn. 3); *Wohlers* Deliktstypen des Präventionsstrafrechts – Zur Dogmatik „moderner“ Gefährdungsdelikte (2000) 309, 315; *Wolters* JZ **1998** 397, 400; *ders.* JR **1998** 271, 272; *Wrage* JuS **2003** 985, 988. Vgl. auch *Koriath* GA **2001** 51, 65 ff.

4 In der Literatur wurde mit unterschiedlicher dogmatischer Begründung überwiegend der Standpunkt vertreten, es widerstreite dem Schuldprinzip, wenn ein Verhalten bestraft werde, dem die vom Gesetz zugrunde gelegte typische Gefahr fehle; teilweise wurde eine Einschränkung in der Anwendung der Bestimmung abgelehnt. Vgl. *Wolff* LK[11] § 306 Rdn. 3 mit Nachweisen und ergänzend Graul Abstrakte Gefährdungsdelikte, wie Fn. 2, S. 151 ff; *Kratzsch* JuS **1994** 372 ff; *Radtke* Dogmatik der Brandstiftungsdelikte S. 215 ff; *Wolter* Objektive und personale Zurechnung von Verhalten, Gefahr und Verletzung in einem funktionalen Straftatsystem (1981) 276 ff.

5 Siehe auch RGSt **9** 384, 386; OGHSt **1** 244, 245; sowie BGHSt **33** 133, 135 f und BGHSt **43** 8, 12 f. *Stein* S. 90 (Rdn. 30) weist im übrigen zutreffend darauf hin, dass bei einer teilweisen Zerstörung durch Brandlegung für Menschen gefahrlose Fallgestaltungen in Betracht kommen.

Gesetzgeber das Problem genau genommen der Rechtsprechung überlassen, die sich aber auch in der Zwischenzeit auf der Grundlage der aktuellen Fassung von – jetzt – § 306a Abs. 1 nicht umorientiert hat (BGH NStZ **1999** 32, 33 f = JR **1999** 205 m. Anm. *Wolters* = JA **1999** 542 m. Besprechung *Eisele*).

4 Eine **einschränkende Auslegung** ist unverändert **abzulehnen.**[6] Mit der Gestaltung des § 306a Abs. 1 als abstraktes Gefährdungsdelikt hat sich der Gesetzgeber im Rahmen zulässiger Generalisierung gehalten und die Beweisaufnahme im Strafverfahren von der naheliegenden und schwer zu widerlegenden Verteidigung eines Angeklagten entlasten wollen, er habe sich davon überzeugt, dass das in Brand gesteckte Gebäude menschenleer gewesen sei (auch wenn dieser Umstand für die Strafzumessung nicht ohne Bedeutung ist und deshalb meist doch aufgeklärt werden muss, vgl. BGH NJW **1982** 420 f). Zudem ist das Problem entschärft, nachdem der in derartigen Fällen jedenfalls eingreifende § 306 Abs. 1 die gleiche Mindeststrafe erhalten hat wie § 306a Abs. 1. Eine teilweise Einschränkung von § 306a Abs. 1 wäre schließlich kaum damit zu vereinbaren, dass der Gesetzgeber des 6. StrRG insbesondere mit der Einfügung von § 306a Abs. 2 und dem daran anknüpfenden § 306b Abs. 2 Nr. 1 deutlich gemacht hat, dass für ihn der Schutz von Menschen vor Bränden besonderes Gewicht hatte.

5 2. **Tathandlung.** Wie bei § 306 ist eine Möglichkeit der Tathandlung, dass der Täter eines der Tatobjekte *in Brand setzt*, die andere Möglichkeit, dass das Tatobjekt durch eine *Brandlegung ganz oder teilweise zerstört* wird. Insoweit sei auf die Erläuterungen bei § 306 (Rd. 6 ff) verwiesen.

3. Die Tatobjekte des § 306a Abs. 1

6 a) **Allgemeine Anforderungen. aa)** Die Tatobjekte sind dadurch *gekennzeichnet, dass sie in unterschiedlicher Ausgestaltung zur Wohnung oder zum Aufenthalt von Menschen dienen.* Damit ist nach Einschätzung des Gesetzgebers und durch die tatsächlichen Verhältnisse meist bestätigt eine besonders hohe Gefahr für eine häufig unbestimmte Zahl von Menschen verbunden (Stellungnahme des Bundesrates (BTDrucks. 13/8587 Anlage 2 S. 68)). Der Begriff **dienen** hat hier eine andere Bedeutung als in § 304, wo die Zweckbestimmung, dass z.B. Gegenstände dem öffentlichen Nutzen dienen müssen, begriffsnotwendig ist (vgl. *Wolff* LK § 304 Rdn. 11). Eine entsprechende Zweckbestimmung ist im Rahmen des § 306a Abs. 1 unerheblich. Auch auf die Eignung kommt es nicht an. Entscheidend ist vielmehr der **tatsächliche Zustand im Zeitpunkt der Tat.**[7] Die Eigentums-

---

[6] *Lackner/Kühl* Rdn. 1; *Radtke* MK Rdn. 3, 39 ff; *Krey/Heinrich* BT/1 Rdn. 759 ff; *Küpper* BT § 5 Rdn. 7, 10; *Geppert* FS Weber, S. 426, 437 f (vgl. auch *ders.* Jura **1998** 597, 601 f); *Koriath* JA **1999** 298, 301; *ders.* GA **2001** 51, 65 ff; *Lagodny* Strafrecht vor den Schranken der Grundrechte (1996) 480 ff; *Liesching* S. 94 ff; *Radtke* Dogmatik der Brandstiftungsdelikte S. 241 ff; *ders.* ZStW **110** (1998) 848, 863 f; *Rengier* JuS **1998** 397, 398 (vgl. auch *ders.* BT/2 Rdn. 30 ff). **AA** *Sch/Schröder/Heine* Rdn. 2; *Roxin* AT I § 11 Rdn. 154 ff; *Range* S. 82 ff. Der Linie des BGH folgen: *Herzog* NK Rdn. 3; Dölling/Duttge/Rössner/*Weiler* HK Rdn. 2; *Arzt/Weber* BT § 37 Rdn. 30 ff; *Wessels/Hettinger* BT/1 Rdn. 968; *Wolters* JR **1998** 271, 272; *Wrage* JuS **2003** 985, 988. Auf eine Darstellung des Streitstandes beschränken sich *Fischer* Rdn. 2a; *Eisele* JA **1999** 542. Vgl. schließlich auch *Kindhäuser* LPK Rdn. 8 ff; *Wolters/Horn* SK Rdn. 17; *Arzt* in Sowada JR **1997** 57; *Steinberg* GA **2008** 516, 519; *Zieschang* Die Gefährdungsdelikte (1988) 22 ff.

[7] RGSt **60** 136, 137; BGH bei Holtz MDR **1993** 719, 721; *Fischer* Rdn. 4; *Herzog* NK Rdn. 10, 13; *Lackner/Kühl* Rdn. 2; *Radtke* MK

lage bezüglich der in Brand gesetzten Räumlichkeiten ist ebenfalls ohne Bedeutung; sie müssen für den Täter **nicht fremd** sein, so dass der Eigentümer geeigneter Täter sein kann.[8]

bb) Die Eigenschaft des Dienens zum Wohnen oder zum Aufenthalt oder zur Reli- **7**
gionsausübung kann so, wie sie tatsächlich begründet werden kann, **aufgegeben** werden.[9] Das ist zwar bisher überwiegend für Wohngebäude entschieden und gesagt worden, gilt aber für die übrigen Tatobjekte des § 306a Abs. 1 in gleicher Weise; insbesondere auch für zur Religionsausübung benutzte Gebäude. Die Eigentumslage ist wieder bedeutungslos. Ausschlaggebend ist die Entscheidung desjenigen oder derjenigen, die über die tatsächliche Nutzung bestimmen.[10] Sind dies mehrere Personen (BGH NStZ **1988** 71 für Ehegatten; vgl. auch BGHR StGB § 306 Nr. 2 Wohnung 6), müssen sie also alle mit der Aufgabe des Dienens zur Wohnung, zum Aufenthalt oder zur Religionsausübung einverstanden sein. Dabei können Eltern für ihre minderjährigen Kinder entscheiden.[11] Ein derartiges Aufgeben der erwähnten Eigenschaft wird sich in einer Reihe von Fällen schon aus dem Tatablauf erschließen lassen (z.B. BGH NStZ **1999** 32, 34 = JR **1999** 205 m. Anm. *Wolter*). Im Regelfalle bedarf es jedoch im Urteil ausdrücklicher Feststellungen über das Einverständnis oder Nichteinverständnis aller auch nur tatsächlich

---

Rdn. 10, 21, 25; *Sch/Schröder/Heine* Rdn. 4, 5; *Wolters/Horn* SK Rdn. 7; *Arzt/Weber* BT § 37 Rdn. 24, 27; *Krey/Heinrich* BT/1 Rdn. 754; *Küpper* BT § 5 Rdn. 9; *Maurach/Schroeder/Maiwald* BT/2 § 51 Rdn. 15; *Otto* BT § 79 Rdn. 8; *Rengier* BT/2 § 40 Rdn. 20; *Wessels/Hettinger* BT/1 Rdn. 962; *Geppert* Jura **1998** 597, 600; *Müller/Hönig* JA **2001** 517, 519; *Radtke* Dogmatik der Brandstiftungsdelikte S. 180; *ders.* ZStW **110** (1998) 848, 866; *Rengier* JuS **1998** 397, 398; *A. Schröder* JA **2002** 367, 368 f; vgl. auch *Meyer-Goßner* NStZ **1986** 103, 107.

[8] RGSt **23** 102, 103; **60** 136 ff; RG LZ **1925** Sp. 874; BGHSt **16** 394 ff; **45** 211 ff; BGH NStZ **1999** 32, 33; BGH NJW **2001** 765 f; BGH NStZ-RR **2001** 330 f; *Lackner/Kühl* Rdn. 1; *Radtke* MK Rdn. 57; *Sch/Schröder/Heine* Rdn. 2; *Wolters/Horn* SK Rdn. 8; *Arzt/Weber* BT § 37 Rdn. 22; *Krey/Heinrich* BT/1 Rdn. 747b, 754; *Küpper* BT § 5 Rdn. 7; *Rengier* BT/2 Rdn. 18; *Wessels/Hettinger* BT/1 Rdn. 961; *Hörnle* Jura **1998** 169, 181; *Range* S. 38; *Rengier* JuS **1998** 397, 398.

[9] BGHSt **10** 208, 215; **16** 394 f; BGH NStZ **1988** 71; BGH NStZ-RR **2001** 330 f; BGH StV **2007** 584 f m. Anm. *Schlothauer*; *Fischer* Rdn. 4a; *Herzog* NK Rdn. 11; *Kindhäuser* LPK Rdn. 3; *Lackner/Kühl* Rdn. 2; *Radtke* MK Rdn. 15 ff, 30; *Fischer* Rdn. 4a; *Wolters/Horn* SK Rdn. 8, 12a; *Krey/Heinrich* BT/1 Rdn. 755; *Küpper* BT § 5 Rdn. 9; *Maurach/Schroeder/Maiwald* BT/2 § 51 Rdn. 15; *Otto* BT § 79 Rdn. 8; *Rengier* BT/2 § 40 Rdn. 21; *Wessels/Hettinger* BT/1 Rdn. 963; *Geppert* Jura **1998** 597, 600; *Müller/Hönig* JA **2001** 517, 519; *Pfister* NJ **2001** 126; *Radtke* ZStW **110** (1998) 848, 866; *Rengier* JuS **1998** 397, 398; *A. Schröder* JA **2002** 367, 369; *Stein* S. 83 (Rdn. 15); *Weißer/Kreß* JA **2003** 857; *Wrage* JuS **2003** 985, 988. Vgl. auch *Sch/Schröder/Heine* Rdn. 5 und *Radtke* Dogmatik der Brandstiftungsdelikte S. 186 ff, 259 f, die eine objektive Manifestation dafür fordern. Vgl. außerdem BGH StV **2001** 576 f.

[10] BGHSt **16** 394, 395; **26** 121, 122; BGH NStZ **1994** 130 f; BGH NStZ-RR **2001** 330 f; BGH NStZ-RR **2005** 76 f; *Wolters/Horn* SK Rdn. 8, 12a. Vgl. auch *Sch/Schröder/Heine* Rdn. 5.

[11] BGHR StGB § 306 Nr. 2 Wohnung 8; BGH NStZ **1999** 32, 34; BGH StV **2007** 584, 585 m. Anm. *Schlothauer* = NStZ **2008** 99 f m. Anm. *Radtke* (dort auch zu der mit Recht verneinten Frage, ob, wenn neben dem Elternteil, bei dem die Kinder wohnen, dessen geschiedener früherer Ehegatte sorgeberechtigt ist, dieser mit der Aufgabe der Wohneigenschaft einverstanden sein muss); *Fischer* Rdn. 4a; einschränkend *Sch/Schröder/Heine* Rdn. 5 und *Radtke* Dogmatik der Brandstiftungsdelikte S. 189 (dito *ders.* MK Rdn. 18), wenn Kinder gegen den Willen der Eltern im Gebäude bleiben.

Berechtigten, wenn es der Fall nahelegt, dass deren Einverständnis gegeben sein könnte.[12] Ein Aufgeben des Dienens insbesondere zu Wohnzwecken wird nicht dadurch ausgeschlossen, dass es unter dem Vorbehalt des Gelingens der geplanten Brandstiftung erfolgt, während das Haus bei Misslingen wieder bewohnt werden soll und muss (BGH NStZ-RR **2001** 330 f; BGH NStZ-RR **2005** 76 f; vgl. auch BGHSt **26** 121, 122). Das gleiche gilt. wenn nur das Obergeschoss eines Einfamilienhauses in Brand gesetzt werden soll, das mit den erhofften Mitteln aus der Feuerversicherung wieder aufgebaut werden soll, um das Haus erneut vollständig bewohnen zu können (BGH StV **2007** 584 f m. Anm. *Schlothauer* = NStZ **2008** 99 f m. Anm. *Radtke*).

b) **Die möglichen Tatobjekte** sind:

8 aa) **Ein Gebäude, eine Hütte, ein Schiff oder eine andere Räumlichkeit, die der Wohnung von Menschen dienen (Nummer 1).** § 306a Abs. 1 Nr. 1 erweitert den früheren § 306 Nr. 2 hinsichtlich der Tatobjekte allgemein auf *Räumlichkeiten, die der Wohnung von Menschen dienen*; Gebäude, Schiff und Hütte sind nur noch Beispiele.[13] Das erlaubt, die Bestimmung auf unkonventionelle Wohnungsvarianten anzuwenden. Die Materialien erwähnen Wohn- oder Künstlerwagen;[14] die dort ebenfalls angesprochenen Lastkraftwagen mit Schlafkojen,[15] Flugzeuge oder Eisenbahnwagen werden allerdings eher unter § 306a Abs. 1 Nr. 3 zu subsumieren sein, wenn sie nicht stillgelegt sind und als Dauerwohnung benutzt werden (kritisch auch *Radtke* Dogmatik der Brandstiftungsdelikte S. 176).

9 (1) Welche Anforderungen an ein *Gebäude* und eine *Hütte* – hier vom Gesetz in der Einzahl benutzt – zu stellen sind, ist bereits bei § 306 erläutert worden; darauf kann verwiesen werden (*Wolff* LK § 306 Rdn. 24 f). Sieht man zunächst davon ab, dass bei § 306a Gebäude oder Hütte der Wohnung von Menschen dienen müssen (siehe dazu Rdn. 10), ergeben sich keine Unterschiede. Wohnungen, auch einzelne Zimmer, sind Teil eines Gebäudes und damit taugliches Tatobjekt.[16] Bei einem *Schiff* im Sinne von § 306a Abs. 1 Nr. 1 handelt es sich um ein Wasserfahrzeug (gegen die Gleichsetzung von Schiff und Wasserfahrzeug *Wolters/Horn* SK Rdn. 5) unabhängig von seiner Größe (vgl. z.B. RG Recht **1924** Nr. 719; *Hecker* Jura **1999** 197 ff für ein Hausboot); nach *Heine*

---

[12] BGH NStZ **1988** 71; BGHR StGB § 306 Nr. 2 Wohnung 8; BGH bei Holtz MDR **1993** 719, 721; BGH NStZ **1994** 130 f; BGH NStZ-RR **2004** 235 ff; BGH wistra **1994** 21 f; BGHR StGB § 306a Abs. 1 Nr. 1 Wohnung 2; BGH NStZ-RR **2005** 76 f.

[13] Gegenäußerung der Bundesregierung BTDrucks. 13/8587 Anlage 3 S. 88; BGHSt **48** 14, 18 (unter Herausstellung der auf *Heine* in Sch/Schröder/Heine Rdn. 3 zurückgehenden Umschreibung „Wohnstätte“ des Menschen); BGH NStZ-RR **2005** 76; *Fischer* Rdn. 3; *Lackner/Kühl* Rdn. 2; *Radtke* MK Rdn. 6 (der die Erweiterung für dogmatisch verfehlt und für kriminalpolitisch nicht angezeigt hält); *Wolters/Horn* SK Rdn. 6; *Bayer* S. 106; *Geppert* Jura **1998** 597, 599; *Radtke* ZStW **110** (1998) 848, 864.

[14] Stellungnahme des Bundesrats BTDrucks. 13/8587 Anlage 2 S. 68; vgl. auch BGHSt **48** 14, 18 und *Stein* S. 80 (Rdn. 10) zu Abgrenzungsschwierigkeiten, wann Wohnwagen und Wohnmobile zum Wohnen dienen.

[15] Nach *Geppert* Jura **1998** 597, 599 (anders *ders.* FS Weber, S. 426, 439) und *Rengier* BT/2 § 40 Rdn. 19 dienen diese mindestens vorübergehend zum Wohnen; auch *Range* S. 70 f rechnet sie § 306a Abs. 1 Nr. 1 zu; nach *Sch/Schröder/Heine* Rdn. 4 gilt dies unter Umständen; nach *Radtke* MK Rdn. 7 nur ausnahmsweise. Die Einbeziehung halten für zweifelhaft *Krey/Heinrich* BT/1 Rdn. 747b.

[16] BGHSt **48** 14, 18; *Fischer* Rdn. 3; *Lackner/Kühl* Rdn. 2.

(Sch/Schröder/Heine Rdn. 4) sind nur von einer Person bewohnbare Kleinboote – ebenso bei Hütten – auszuschließen (so auch *Radtke* MK Rdn. 9). Alternative Feststellung der Merkmale ist zulässig, wobei das Merkmal der anderen Räumlichkeit die übrigen umfasst.

10 Der Gebäude, Hütte und Schiff einschließende Begriff *einer anderen Räumlichkeit* umfasst jeden irgendwie abgeschlossenen, unbeweglichen oder beweglichen Raum, der zum Wohnen benutzt wird; *Wohnen* ist dabei als insbesondere Schlafen, Essen, Kochen umfassender, auf Dauer angelegter, privater Aufenthalt eines oder mehrerer Menschen zu verstehen.[17] Der Gesetzgeber hat für den Begriff Räumlichkeit an die Ausformung des Begriffs Räumlichkeit nach § 306 Nr. 3 a.F. angeknüpft (Stellungnahme des Bundesrats BTDrucks. 13/8587 Anlage 2 S. 68). Auf die Ausführungen zu – jetzt – § 306a Abs. 1 Nr. 3 wird daher verwiesen (s. Rdn. 18). Der Unterschied zwischen beiden Tatbestandsvarianten besteht allein darin, dass es bei Nummer 1 auf ein (tatsächliches) Dienen zum Wohnen ankommt, also einen Zustand, der durch Dauerhaftigkeit geprägt ist (wenn sich dieser Zustand auch auf einen abgeschlossenen Zeitraum beschränken kann), während in Nummer 3 die Räumlichkeit dem zeitweiligen Aufenthalt von Menschen benutzt werden muss.

11 (2) Gebäude, Hütte, Schiff oder andere Räumlichkeit müssen **zur Wohnung von Menschen dienen.** Das Gebäude pp. braucht dafür nicht zu dem Zweck, Mittelpunkt des Lebens eines oder mehrerer Menschen zu sein, bestimmt zu sein. Da es auf die tatsächliche Situation ankommt (siehe Rdn. 6), können auch unvollendete Neubauten, Ruinenräume, aufgelassene Baracken oder Behelfsbunker geeignete Tatobjekte sein, z.B. wenn sich in ihnen, auch gegen den Willen des Berechtigten, Stadtstreicher niedergelassen haben. Ein leer stehendes Hotel- oder Pensionsgebäude dient dagegen nicht Menschen zur Wohnung (BGH NStZ **1984** 455 f; BGH NStZ **1999** 3234; BGH StraFo **2003** 391).

12 Ein Gebäude dient auch dann der Wohnung von Menschen, wenn nur ein Teil der von ihm umfassten Räume dafür Verwendung findet; gleiches gilt für Hütte, Schiff und andere Räumlichkeit. Wird ein solches **mehreren Zwecken dienendes Gebäude** in Brand gesetzt, greift immer § 306a Abs. 1 Nr. 1 ein, selbst wenn der Täter allein den nicht zum Wohnen dienenden Teil niederbrennen will (vgl. aber auch Rdn. 22).[18] Dies folgt aus

---

[17] Vgl. *Palandt/Weidenkaff* BGB[67] Einf. vor § 535 Rdn. 89. Meist wird eine zum Wohnen dienende Räumlichkeit als mindestens zeitweiser räumlicher Lebensmittelpunkt umschrieben; so z.B. BGH StV **2007** 584; *Kindhäuser* LPK Rdn. 3; *Radtke* MK Rdn. 11 f; *Krey/Heinrich* BT/1 Rdn. 747b; *Maurach/Schroeder/Maiwald* BT/2 § 51 Rdn. 15; *Rengier* BT/2 § 40 Rdn. 20; *Wessels/Hettinger* BT/1 Rdn. 962; *Geppert* Jura **1998** 597, 600; *Radtke* Dogmatik der Brandstiftungsdelikte S. 176 ff, 181 ff; *Range* S. 79 f. – *Fischer* Rdn. 3; *Radtke* MK Rdn. 7; *Sch/Schröder/Heine* Rdn. 4, *Wolters/Horn* SK Rdn. 6, 7; *Radtke* ZStW **110** (1998) 848, 865 und *Stein* S. 77 ff (Rdn. 6 ff), 79 (Rdn. 9) nehmen dabei eine Beschränkung in Größe und Zuschnitt vor; die Gesetzesmaterialien und die dort erörterten Beispiele bieten dafür keine Handhabe.

[18] RG LZ **1926** Sp. 702; RG JW **1931** 3281; RG JW **1936** 262, 263; RG JW **1938** 505; BGHSt **34** 115 ff; **45** 211, 216; BGH GA **1969** 118, 119; BGH NStZ **1988** 407, 408; BGH NStZ **2000** 197, 198; BGH NJW **2000** 3581 f; OLG Hamburg NJW **1953** 117 f; Fischer Rdn. 5; *Arzt/Weber* BT § 37 Rdn. 25; *Krey/Heinrich* BT/1 Rdn. 748a; *Otto* BT § 79 Rdn. 8; *Rengier* BT/2 § 40 Rdn. 25 ff; *Geppert* Jura **1989** 417, 425; *ders.* Jura **1998** 596, 602; *Noack/Collin* Jura **2006** 544, 545; *Range* S. 79 f; *Rengier* JuS **1998** 397, 399; *Wrage* JuS **2003** 985, 988; dahin tendierend auch BGH NStZ **1985** 455; BGH NStZ **1986** 506 und BGH, Urt. v. 18. Juni 1985 – 1 StR 220/85. Kritisch *Maurach/Schroeder/Mai-*

dem Schutzzweck der Norm, die tragfähige Ansatzpunkte für eine Beschränkung auf zur Wohnung von Menschen dienende Gebäudeteile nicht erkennen lässt (**aA** z.B. *Wolters/Horn* SK Rdn. 15; *Kratzsch* JR **1987** 360, 363 f; *Radtke* Dogmatik der Brandstiftungsdelikte S. 189 ff). Für die Beurteilung, ob ein Gebäude der Wohnung von Menschen dient, kann im Einzelfall von Bedeutung sein, ob es sich um ein Gebäude oder um mehrere Gebäude handelt. Das ist Tatfrage; ausschlaggebend ist die bauliche Beschaffenheit, nicht der unterschiedliche wirtschaftliche Verwendungszweck.[19] In der Rechtsprechung des BGH wird darauf abgestellt, ob die Baulichkeiten nach ihrer Anlage und Beschaffenheit für die natürliche Auffassung ein einheitliches zusammenhängendes Gebäude darstellen oder nicht (z.B. BGH GA **1969** 118 f). Nicht jede Verbindung von Bauten macht diese dabei zu einem einheitlichen Gebäude (BGH NStZ **1991** 433). Ein gemeinsames Treppenhaus von Baulichkeiten (BGHSt **34** 115, 120; BGH, Urt. v. 9. Mai 1978 – 5 StR 31/78), ein gemeinsamer Flur oder ineinander übergehende Räume (BGH GA **1969** 118, 119), ein gemeinsamer Dachstuhl und Gebäudeteile verbindende Türen und Öffnungen (BGH GA **1969** 118, 119; vgl. aber auch BGH, Urt. v. 13. Februar 1959 – 4 StR 499/58) können für Einheitlichkeit sprechen (vgl. auch *Otto* NJW **1978** 1, 4); eine trennende Brandmauer (BGH NStZ **1984** 455 f; vgl. auch BGH StV **2002** 145) oder sonstige die Benutzung einer Verbindung von Bauten hindernde Schutzvorrichtungen können Einheitlichkeit ausschließen (BGHSt **35** 283, 286; BGHR StGB § 306a Abs. 1 Nr. 1 Wohnung 2).

13 Die **Eigenschaft** des Gebäudes usw., zur Wohnung von Menschen zu dienen, muss **zur Tatzeit** bestehen (vgl. auch Rdn. 6 f). Sie geht bei einem Gebäude nicht dadurch verloren, dass der oder die darin lebenden Menschen abwesend sind.[20] Dies gilt selbst dann, wenn es sich um eine monatelange Abwesenheit beispielsweise durch Krankenhausaufenthalt (BGH, Urt. v. 9. April 1968 – 5 StR 93/68) oder eine Auslandsreise handelt. Zeitweiliges Bewohnen wie bei einem Wochenend- oder Ferienhaus genügt gleichfalls, um ein Gebäude zu einem für § 306a Abs. 1 Nr. 1 geeigneten Tatobjekt werden zu lassen.[21] Zieht der ein-

---

wald BT/2 § 51 Rdn. 18. Allerdings ist in der Rechtsprechung § 306 Nr. 2 a.F. – das Problem ist durch die Gesetzesänderung zu § 306a Abs. 1 Nr. 1 nicht beeinflusst – teilweise die Einschränkung vorgenommen worden, dass der Tatbestand erst ausgefüllt sei, wenn sich der Brand auf für das Wohnen wesentliche Gebäudeteile auszudehnen vermag; so BGH, Beschl. v. 15. April 1977 – 2 StR 140/77; BGH, Urt. v. 9. Mai 1978 – 5 StR 31/78; in diesem Sinne auch *Lackner/Kühl* Rdn. 2; *Pfister* NJ **2001** 126. Noch weitergehend verlangen *Herzog* NK Rdn. 12 und *Sch/Schröder/Heine* Rdn. 11 für Vollendung, dass das Feuer den Wohnbereich ergriffen hat; entsprechend *Radtke* MK Rdn. 33; *ders.* Dogmatik der Brandstiftungsdelikte S. 193 ff; *ders.* ZStW **110** (1998) 848, 870.

19 RG JR **1927** Nr. 660; RG JW **1931** 3281; RG JW **1936** 262, 263; BGHSt **35** 283, 286; BGH GA **1969** 118 f; BGH NStZ **1988** 407, 408; BGH NStZ **1991** 433; *Radtke* MK Rdn. 32; *Wessels/Hettinger* BT/1 Rdn. 964; *Noack/Collin* Jura **2006** 544, 545; *A. Schröder* JA **2002** 367, 369.

20 BGHSt **26** 121, 122; BGH NStZ **1982** 420; BGH NStZ **1985** 408 f; *Fischer* Rdn. 4; *Herzog* NK Rdn. 10: *Lackner/Kühl* Rdn. 2; *Radtke* MK Rdn. 12; *Sch/Schröder/Heine* Rdn. 5; *Wolters/Horn* SK Rdn. 7; *Radtke* Dogmatik der Brandstiftungsdelikte S. 184; *Range* S. 68 f.

21 OGHSt 1 244; BGHR StGB § 306 Nr. 2 Wohnung 10; *Fischer* Rdn. 4; *Herzog* NK Rdn. 10 (anders noch in der 1. Auflage); *Sch/Schröder/Heine* Rdn. 6 (unter Aufgabe der von *Sch/Schröder/Cramer*[25] § 306 Rdn. 7 vertretenen Auffassung, dies gelte nur für die Zeit des tatsächlichen Aufenthalts); *Wolters/Horn* SK Rdn. 9; *Krey/Heinrich* BT/1 Rdn. 747b; *Küpper* BT § 5 Rdn. 9; *Rengier* BT/2 § 40 Rdn. 20; *Geppert* Jura **1989** 417, 420; *Range* S. 69 f; *Rengier* JuS **1998** 397, 398; *A. Schröder* JA **2002** 367, 369; offengelassen in BGH NStZ **1984** 455. *Radtke* MK Rdn. 13; *ders.* Dogmatik der Brandstiftungsdelikte S. 184 ff und ZStW **110**

zige Bewohner eines Hauses aus (RG DRiZ **1933** Nr. 767) oder stirbt er, und sei es auch eines gewaltsamen Todes durch die Hand des späteren Brandstifters,[22] wird § 306a Abs. 1 Nr. 1 unanwendbar. Ein Aufgeben eines Gebäudes als Wohnung kann schließlich darin liegen, dass es der einzige Bewohner in Brand steckt, gleichgültig, ob er zuvor seine bewegliche Habe aus dem Gebäude entfernt hat oder nicht, denn die Brandstiftung setzt den Entschluss voraus, das Gebäude nicht mehr zu Wohnzwecken zu benutzen.[23] Eigentümer des Gebäudes muss er dabei nicht sein (BGH NStZ **1984** 455 f; BGH, Beschl. v. 25. Juli 1985 – 5 StR 415/85; LG Düsseldorf NStZ **1981** 224). Das Gleiche gilt, wenn der oder die Bewohner die Brandstiftung durch einen Dritten erledigen lassen (BGH NStZ **1988** 71; BGH NStZ-RR **2001** 330 f). Ein Aufheben der Eigenschaft des Gebäudes, zur Wohnung von Menschen zu dienen, kann auch durch Tatbeteiligte geschehen, wenn sie das Gebäude allein benutzen (BGHR StGB § 306 Nr. 2 Wohnung 3; BGH NStZ-RR **2005** 76 f).

bb) Eine Kirche oder ein anderes der Religionsausübung dienendes Gebäude. (1) Zu den durch § 306 a.F. geschützten Aufenthaltsräumen gehörten zu gottesdienstlichen Versammlungen bestimmte Gebäude. § 306 Nr. 1 a.F. beschränkte sich dabei auf Gebäude, deren Zweckbestimmung gottesdienstliche Versammlungen waren. Eine Versammlung setzt eine größere Anzahl von Personen voraus, so dass nicht jedes dem Gottesdienst dienende Gebäude, das von daran teilnehmenden Personen betreten werden kann, und sei es noch so klein, geschützt wurde. Da es auf die Zweckbestimmung für den Gottesdienst ankam, fielen außerdem Andachtsräume oder z.B. ein in einem christlichen Hospiz für gemeinsames Beten eingerichtetes Zimmer aus dem Anwendungsbereich des Paragraphen heraus. Mit der Änderung von § 306 Nr. 1 a.F. zu § 306a Abs. 1 Nr. 2 hat der Gesetzgeber die Formulierung aus § 243 Abs. 1 S. 2 Nr. 4 übernommen (Gegenäußerung der Bundesregierung BTDrucks. 13/8587 Anlage 3 S. 88). Damit ist der Anwendungsbereich nicht unerheblich erweitert worden,[24] auch wenn es bei der Beschränkung auf *Gebäude* geblieben ist, der umfassendere Begriff der Räumlichkeit hier also keine Rolle spielt. Denn es kommt zum einen *nicht* mehr darauf an, *dass das Gebäude für eine gottesdienstliche Versammlung* bestimmt *ist*,[25] zum anderen *dienen auch Gebäude der Religionsausübung, die nicht zum Gottesdienst bestimmt sind* (vgl. *Ruß* LK[11] § 243 Rdn. 23). Der Gesetzgeber hat sich bei dieser Tatbestandsvariante also der Sache nach von der bisher zugrunde gelegten Gemeingefahr für die körperliche Unversehrtheit von 14

(1998) 848, 866 differenziert zwischen privater Nutzung – dann dauernder Schutz – und gewerblicher Nutzung – dann Schutz durch § 306a Abs. 1 Nr. 1 nur während des tatsächlichen Aufenthalts von Personen –.

22 BGHSt **23** 114 f; *Fischer* Rdn. 4a; *Kindhäuser* LPK Rdn. 3; *Lackner/Kühl* Rdn. 2; *Sch/Schröder/Heine* Rdn. 5; *Fischer* Rdn. 4a; *Wolters/Horn* SK Rdn. 8; *Krey/heinrich* BT/1 Rdn. 755; *Rengier* BT/2 § 40 Rdn. 21; *Range* S. 69. Bedenken gegen diese Entscheidung bei *Geppert* Jura **1998** 597, 600; s. auch *ders.* Jura **1989** 417, 420. Abweichend *Radtke* MK Rdn. 16.

23 BGHSt **16** 394 ff; BGH bei Holtz MDR **1981** 979, 981; BGH bei Holtz MDR **1993** 719, 721; BGH NStZ **1994** 130 f; *Fischer* Rdn. 4a; *Kindhäuser* LPK Rdn. 3; *Lackner/Kühl* Rdn. 2; *Radtke* MK Rdn. 18; *Sch/Schröder/Heine* Rdn. 5; *Wolters/Horn* SK Rdn. 8; vgl. auch BGHSt **10** 208, 215 ff; BGHR StGB § 306 Nr. 2 Inbrandsetzen 4 und Wohnung 5; enger noch RGSt **60** 136 ff.

24 Siehe auch *Range* S. 73; *Schroeder* GA **1998** 571, 572. *Wolters/Horn* SK Rdn. 10 messen dem Begriffswechsel keine erhebliche Bedeutung zu.

25 AA *Wessels/Hettinger* BT/1 Rdn. 965; *Rengier* BT/2 § 40 Rdn. 22; *Geppert* Jura **1998** 597, 600; offenbar auch *Herzog* NK Rdn. 13.

Menschen ein Stück weit entfernt,[26] ohne dass dafür aus den Materialien ein Grund erkennbar würde.[27] Entfallen ist ebenfalls die Notwendigkeit einer Zweckbestimmung. Es genügt die *tatsächliche Nutzung des Gebäudes als Kirche oder zur Religionsausübung* (s. insbesondere *Radtke* Dogmatik der Brandstiftungsdelikte S. 270 ff, der dies allerdings bereits für die abgelöste Gesetzesfassung vertritt; **aA** *Geppert* Jura **1998** 597, 600).

15 (2) **Kirche** – im Sinne von Kirchenbau – ist ein Gebäude, das zum christlichen Gottesdienst benutzt wird (zum Begriff Kirche als Unterfall von Religionsgesellschaften vgl. demgegenüber *Dippel* LK[11] § 166 Rdn. 59 ff), wobei sich der Schutz auf für den Gottesdienst bedeutsame Nebenräume wie die Sakristei erstreckt. **Der Religionsausübung dienen** z.B. der Andacht gewidmete **Gebäude** der unterschiedlichsten Art wie Wallfahrts- oder Votivkapellen (*Sch/Schröder/Heine* Rdn. 7; *Maurach/Schroeder/Maiwald* BT/2 § 51 Rdn. 16), Synagogen, Moscheen (weitergehend *Range* S. 73: auch Gemeindehäuser und Seminarräume). Der Tatbestand beschränkt sich aber nicht auf die Gebäude bestimmter, insbesondere jüdischer (s. z.B. BGH NStZ **2000** 609), christlicher oder islamischer Religionsgesellschaften; etwas anderes lässt sich auch nicht aus dem dem Christentum zuzuordnenden Begriff Kirche ableiten. Dem steht entgegen, dass das Gesetz ganz allgemein von Religionsausübung spricht. Damit sind auch religiöse Sekten, jedoch nicht Weltanschauungsgemeinschaften, hinsichtlich der von ihnen zur Ausübung ihrer Religion benutzten Gebäude geschützt (*Range* S. 73). Was der Religionsausübung dient, entscheidet sich dabei nach dem Selbstverständnis der betroffenen Glaubensgemeinschaft (vgl. BVerfG DVBl. **2007** 119, 120; EGMR NJW **2008** 495 ff).

16 (3) Ein Gebäude muss, um § 306a Abs. 1 Nr. 2 zu unterfallen, nicht ausschließlich zu Gottesdienst oder Religionsausübung genutzt werden (*Radtke* Dogmatik der Brandstiftungsdelikte S. 272 f; **aA** offenbar *Geppert* Jura **1998** 597, 600). In einem derartigen Fall muss, soll die Brandstiftung vollendet sein, ein wesentlicher Gebäudeteil, nicht notwendig der zu Gottesdienst oder Religionsausübung benutzte Gebäudeteil in Brand gesetzt oder durch Brandlegung teilweise zerstört sein (*Rengier* BT/2 § 40 Rdn. 28; **aA** *Radtke* Dogmatik der Brandstiftungsdelikte S. 272 f). Es ist beispielsweise vollendete schwere Brandstiftung, wenn die hölzerne Tür eines in einer Kirche fest eingebauten Beichtstuhls Feuer gefangen hat (BGH, Urt. v. 23. Juli 1985 – 5 StR 125/85). Dass der Brand zu einer Zeit ausbricht, zu der üblicherweise Gottesdienst oder Religionsausübung stattfinden, ist nicht notwendig (zum gegenteiligen Standpunkt siehe Fußnote 27).

17 cc) **Eine Räumlichkeit, die zeitweise dem Aufenthalt von Menschen dient, zu einer Zeit, in der Menschen sich dort aufzuhalten pflegen.** § 306a Abs. 1 Nr. 3 ist gegenüber dem vorherigen § 306 Nr. 3 unverändert geblieben.

---

[26] *Stein* S. 81 f (Rdn. 13) will das Merkmal der bisherigen Rechtslage entsprechend restriktiv interpretieren und versteht unter der Religionsausübung dienenden Gebäuden solche, bei denen typischerweise die Anwesenheit von Personen nicht ausgeschlossen werden kann, wie Gebäude, die ganz oder teilweise den für die jeweilige Religion spezifischen rituellen Handlungen und Andachten dienen. Gegen derartige Einschränkungen *Lackner/Kühl* Rdn. 3. Vgl. auch *Börner* S. 50 f.

[27] Vgl. *Radtke* MK Rdn. 5, 20, 22; *ders.* Dogmatik der Brandstiftungsdelikte S. 273 ff; *ders.* ZStW **110** (1998) 848, 867 f; *Liesching* S. 103 ff; diese Autoren schlagen deswegen eine teleologische Reduktion auf Zeiten tatsächlicher Nutzung vor (dagegen *Sch/Schröder/Heine* Rdn. 2); kritisch zur Neuregelung auch *Fischer* Rdn. 6. Von sachlicher Übereinstimmung mit der alten Fassung geht *Bayer* S. 106 (Rdn. 3) aus.

18 (1) Unter **Räumlichkeit, die zeitweise dem Aufenthalt von Menschen dient,** ist jeder Raum, also jedes dreidimensionale, allseits abgeschlossene, unbewegliche oder bewegliche Gebilde – die einen Raum umgrenzenden Flächen (OLG Braunschweig NdsRpfl. **1963** 138 f) – zu verstehen, das den Aufenthalt von Menschen erlaubt und für unregelmäßigen oder sich regelmäßig wiederholenden vorübergehenden Aufenthalt tatsächlich benutzt wird.[28] Es kommt also auch hier nicht darauf an, ob die Räumlichkeit zum Aufenthalt von Menschen bestimmt ist; vielmehr handelt es sich wie bei § 306a Abs. 1 Nr. 1 und 2 (vgl. Rdn. 6, 11, 14) um ein Merkmal tatsächlicher Art.[29] Es geht auch nicht nur um Bauwerke.

19 Von dem Begriff werden daher *ganz verschiedene Gegenstände* erfasst: Theater, Museen, Kinos, Konzertsäle; Zirkusbauten, Künstlerwagen; Schäferkarren und Hüterhütten; Flugzeuge, Eisenbahnwagen, Autobusse, Wohnwagen, Schiffe (soweit sie nicht unter § 306a Abs. 1 Nr. 1 fallen) unabhängig von ihrer Größe; Büros, Fabrikationshallen, Werkstätten, Bergwerke, eine Lagerhalle, in der Fertigwaren angeliefert, sortiert und für den Abtransport bereitgestellt werden (BGH, Urt. v. 3. Oktober 1973 – 2 StR 373/73); eine Gaststätte (BGH, Beschl. v. 7. April 1981 – 4 StR 136/81), ein Hähnchengrill- und Verkaufsfahrzeug (BGHSt **40** 106, 107); eine Gewahrsamszelle der Polizei (BSG NStZ-RR **1996** 225 f); ein als Unterstand ausgebauter Holzstoß für ein Osterfeuer, der es einer Nachtwache erlaubt, darin zu schlafen; eine Scheune, in der Landstreicher zu übernachten pflegen.[30] *Keine geeignete Räumlichkeit* sind: ein Personenkraftwagen,[31] es sei denn, er ist in ein Dauerquartier umgewandelt worden (dann § 306a Abs. 1 Nr. 1),[32] oder ein Lastzug (*Arthur Kaufmann* JuS **1987** 306), anders jedoch, wenn er mit Schlafkoje ausgestattet ist (aM *Wolters/Horn* SK Rdn. 11); eine Telefonzelle.[33] Streitig ist die Rechtslage bei *Scheunen und Ställen*. Das RG hatte sie unter Hinweis auf die Gesetzesgeschichte und die fehlende Bestimmung zum Aufenthalt von Menschen, was etwas anderes bedeute, als wenn Räume, die zur Aufnahme von Getreide und Futter oder Vieh und Haustieren bestimmt seien, für kurze Verrichtungen von Menschen betreten zu

---

28 OLG Braunschweig NdsRpfl. **1963** 138 f; *Fischer* Rdn. 7; *Lackner/Kühl* Rdn. 4; *Wolters/Horn* SK Rdn. 11; *Küpper* BT § 5 Rdn. 12. *Sch/Schröder/Heine* Rdn. 8 fordern Aufenthaltsmöglichkeit für mehrere Menschen; so auch *Radtke* MK Rdn. 24. Vgl. auch *Geppert* FS Weber, S. 426, 438 ff und *Kindhäuser* LPK Rdn. 4.

29 BGHSt **10** 208, 214; *Fischer* Rdn. 7; *Lackner/Kühl* Rdn. 4; *Radtke* MK Rdn. 25; *Sch/Schröder/Heine* Rdn. 8; *Murmann* Jura **2001** 258, 261; *Radtke* ZStW **110** (1998) 848, 867.

30 BGHSt **23** 60 ff; BGH, Beschl. v. 13. Oktober 1983 – 1 StR 492/83; *Fischer* Rdn. 7; *Lackner/Kühl* Rdn. 4; *Rengier* BT/2 § 40 Rdn. 23; *ders.* JuS **1998** 397, 399; vgl. auch SächsOAppG GA **24** 644. *Sch/Schröder/Heine* Rdn. 8 ordnen den Fall § 306a Abs. 1 Nr. 1 zu.

31 BGHSt **10** 208, 213 f; *Fischer* Rdn. 7; *Lackner/Kühl* Rdn. 4; *Radtke* MK Rdn. 7, 29; *Wolters/Horn* SK Rdn. 11; *Krey/Heinrich* BT/1 Rdn. 747c; *Rengier* BT/2 § 40 Rdn. 23; *ders.* JuS **1998** 397, 398 f; *Knauth* Jura **2005** 230, 231; *Range* S. 76; nach *Sch/Schröder/Heine* Rdn. 8 nur unter bestimmten Voraussetzungen. **AA** *Otto* BT § 79 Rdn. 10; abweichend auch *Maurach/Schroeder/Maiwald* BT/2 § 51 Rdn. 17.

32 OLG Stuttgart OLGSt Bd. 2 § 306 Nr. 3; *Fischer* Rdn. 7; vgl. auch *Spöhr* MDR **1975** 193. **Ablehnend** *Wolters/Horn* SK Rdn. 11; *Radtke* Dogmatik der Brandstiftungsdelikte S. 257.

33 BGH bei Holtz MDR **1977** 637, 638; *Kindhäuser* LPK Rdn. 4; *Lackner/Kühl* Rdn. 4; *Radtke* MK Rdn. 7, 29; *Fischer* Rdn. 7; *Wolters/Horn* SK Rdn. 11; *Krey/Heinrich* BT/1 Rdn. 747c; *Range* S. 76; **aA** OLG Düsseldorf MDR **1979** 1092; *Otto* BT § 79 Rdn. 10; unter bestimmten Voraussetzungen auch *Sch/Schröder/Heine* Rdn. 8. Abweichend schließlich *Maurach/Schroeder/Maiwald* BT/2 § 51 Rdn. 17.

werden pflegten, dem § 308 a.F. zugeordnet (RGSt **69** 148 ff; s. auch OLG Schleswig SchlHA **1955** 99, 100). Dem lag wohl das Bestreben zugrunde, den § 306 Nr. 3 a.F. in seinem Anwendungsbereich gegenüber § 308 a.F. nicht zu sehr auszudehnen. Das BayObLG (BayObLGSt **1967** 125 ff; vgl. auch BGH, Beschl. v. 13. Oktober 1983 – 1 StR 492/83) hat sich demgegenüber auf den Standpunkt gestellt, dass auch Scheunen und Ställe grundsätzlich zu den Räumlichkeiten im Sinne von § 306 Nr. 3 a.F. zu zählen sind;[34] es hielt beide Gründe des RGs nicht für durchschlagend. Doch ist festzuhalten, dass Scheunen und Ställe – von Ausnahmen abgesehen – nicht durch den tatsächlichen zeitweiligen Aufenthalt von Menschen als Typik gekennzeichnet sind, wenn sie auch von Menschen betreten werden. Deshalb ist dem RG zu folgen (so im Ergebnis wohl auch *Wessels/Hettinger* BT/1 Rdn. 966). Denn zieht man diese Grenze nicht, so lässt sich dem § 306a Abs. 1 Nr. 3 im Grunde jeder Raum subsumieren, den Menschen mit einer gewissen Regelmäßigkeit betreten, eine Konsequenz, die auch das BayObLG verneinte.

20 (2) Bei § 306a Abs. 1 Nr. 3 ist es notwendig, dass die Tat zu einer **Zeit** verübt wird, also die Räumlichkeit in Brand gerät oder durch Brandlegung mindestens teilweise zerstört wird, **während der Menschen sich in dieser Räumlichkeit aufzuhalten pflegen.** Das setzt entsprechende Zugangszeiten für die oder Gewohnheiten der sich in der konkreten Räumlichkeit aufhaltenden Menschen voraus.[35] Eine Tathandlung, die zwar in dieser Zeit erfolgt, aber dazu führt, dass erst außerhalb dieser Zeit der Brand ausbricht oder jedenfalls eine Teilzerstörung des Tatobjekts bewirkt wird, genügt nicht; wie überhaupt der Zeitpunkt des Beginns der Ursachenkette für den Brand unerheblich ist.[36] Das bedeutet jedoch nicht, dass die Bestimmung entfällt, wenn sich tatsächlich kein Mensch in der Räumlichkeit befunden hat. Wie bei § 306a Abs. 1 Nr. 1 und 2 ist dies vielmehr ohne Belang (RGSt **23** 102, 103; OGHSt **1** 244, 245). Die in § 306a Abs. 1 Nr. 3 umschriebene Zeit fällt im übrigen bei einem Bürogebäude nicht ohne weiteres mit den Büro- oder Dienststunden zusammen (BGHSt **36** 221, 223).

21 (3) Treffen bei der Brandstiftung die Voraussetzungen nach § 306a Abs. 1 Nr. 3 für das Tatobjekt nur *auf einen Teil eines einheitlichen Bauwerks* zu, ist der Tatbestand auch dann ausgefüllt, wenn sich die Brandstiftung auf den nicht durch § 306a Abs. 1 Nr. 3 geschützten Teil des Bauwerks beschränkt.[37] Es gelten die gleichen Erwägungen wie bei einem Gebäude, das lediglich teilweise zur Wohnung von Menschen dient (vgl. Rdn. 12).

---

[34] Ebenso *Lackner/Kühl* Rdn. 4; *Radtke* MK Rdn. 26, 29; *Sch/Schröder/Heine* Rdn. 8; *Wolters/Horn* SK Rdn. 11; *Küpper* BT § 5 Rdn. 12; *Maurach/Schroeder/Maiwald* BT/2 § 51 Rdn. 17; *Geppert* Jura **1989** 417, 421 f; *Hillenkamp* JuS **1997** 821, 827; *Radtke* Dogmatik der Brandstiftungsdelikte S. 257 f; *Range* S. 76 f; wohl auch *Stein* S. 82 f (Rdn. 15).

[35] *Radtke* MK Rdn. 27; *Sch/Schröder/Heine* Rdn. 8; *Wolters/Horn* SK Rdn. 12; *Murmann* Jura **2001** 258, 261; *Radtke* Dogmatik der Brandstiftungsdelikte S. 260 ff; *Range* S. 77.

[36] BGHSt **36** 221, 223; *Fischer* Rdn. 7; *Kindhäuser* LPK Rdn. 6; *Lackner/Kühl* Rdn. 4 (nach diesen zweifelhaft); *Sch/Schröder/Heine* Rdn. 8; *Wolters/Horn* SK Rdn. 12; *Rengier* BT/2 § 40 Rdn. 24; *Wessels/Hettinger* BT/1 Rdn. 966; *Range* S. 77; **aA** *Otto* BT § 79 Rdn. 11 und bezüglich der Zerstörung durch Brandlegung *Radtke* MK Rdn. 28; *ders.* Dogmatik der Brandstiftungsdelikte S. 264.

[37] BGHSt **35** 283, 285; *Fischer* Rdn. 7; *Lackner/Kühl* Rdn. 4; *Küpper* BT § 5 Rdn. 12; *Rengier* BT/2 § 40 Rdn. 25 ff; *Wessels/Hettinger* BT/1 Rdn. 966; zweifelnd *Stein* S. 83 (Rdn. 15); einschränkend *Radtke* Dogmatik der Brandstiftungsdelikte S. 258 f; **ablehnend** *Sch/Schröder/Heine* Rdn. 11; *Kindhäuser* StV **1990** 161 ff.

c) Bei entsprechender gemischter Nutzung eines Gebäudes oder einer Räumlichkeit können sich die Nummern 1 bis 3 des § 306a überschneiden (*Radtke* MK Rdn. 31; für gegenseitige Ausschließung *Tröndle/Fischer*[52] Rdn. 2). 22

3. Subjektiver Tatbestand

a) Das Delikt verlang **Vorsatz**; die fahrlässig begangene schwere Brandstiftung nach § 306a Abs. 1 ist in § 306d Abs. 1 2. Variante unter Strafe gestellt. *Bedingter Vorsatz* genügt,[38] wobei der Abgrenzung zur bewussten Fahrlässigkeit Beachtung zu schenken ist (BGHR StGB § 306 Beweiswürdigung 6; zur Abgrenzung zwischen bedingtem Vorsatz und Fahrlässigkeit siehe auch BGH NStZ **2003** 264, 265), diese aber nicht vorschnell bejaht werden darf (vgl. BGH NStZ **1999** 32, 34). Dabei ist nicht nur das Wissenselement des Vorsatzes zu begründen, sondern auch das Wollenselement des Vorsatzes zu prüfen und mit Tatsachen zu belegen (BGH NStZ-RR **2006** 100, 101). (Mindestens) bedingter Vorsatz ist regelmäßig gegeben, wenn der oder die Täter in geschlossenen Räumen angezündete Brandflaschen wirft/werfen (BGH NStZ **1995** 86 f). Bedingter Vorsatz ergibt sich andererseits nicht bereits daraus, dass z.B. die Gefahr besteht, das Feuer werde von einem in Brand gesetzten Personenkraftwagen auf ein nebenstehendes Gebäude übergreifen (BGH, Beschl. v. 20. Dezember 1983 – 4 StR 697/83; zum Nachweis bedingten Vorsatzes, wenn nur Mobiliar angezündet worden ist, siehe BGHR StGB § 306 Beweiswürdigung 5). Gegen Vorsatz spricht es auch, wenn der Täter im Keller eines Mehrfamilienhauses, in dem er mit seiner Familie selbst wohnt, zündelt und danach in seine Wohnung zurückgeht (BGH NStZ **2007** 270, 271). 23

b) Der Vorsatz muss das Wissen umfassen, dass der Gegenstand der Brandstiftung die im gesetzlichen Tatbestand verlangten Eigenschaften hat, sowie den Willen, den Gegenstand in Brand zu setzen oder durch Brandlegung mindestens teilweise zu zerstören. Damit sind zugleich die *Anforderungen an den Vorsatz* abschließend umschrieben (BGHSt **34** 115, 119; BGH, Beschl. v. 7. Oktober 1986 – 1 StR 523/86). In einem Urteil ist entsprechender Vorsatz widerspruchsfrei und tragfähig zu begründen (BGHR StGB § 306 Nr. 2 Vorsatz 1; BGH NStZ-RR **1996** 2 f). Der Täter braucht nicht zu wissen, dass sich in den von ihm in Brand gesetzten Räumen Menschen befinden; andererseits ist die irrige Annahme, ein als Wohnung von Menschen erkanntes Gebäude sei leer, für einen Schuldspruch nach § 306a Abs. 1 bedeutungslos. Unerheblich ist es, ob der Täter nur anzünden, das Weiterbrennen aber durch Löschen verhindern wollte (RGSt **18** 355 ff; RG JW **1930** 835 f m. Anm. *Graf zu Dohna*; BGHSt **23** 60, 63); unerheblich ist es ferner, ob er das angezündete Gebäude für eine Hütte hält oder ob er ein Gebäude, das zur Wohnung von Menschen dient, mit einer Räumlichkeit verwechselt, die zeitweise zum Aufenthalt von Menschen dient. Hierbei handelt es sich um gleichwertige Tatbestandsmerkmale, die wahlweise Feststellung auch zur inneren Tatseite gestatten (vgl. BGH, Beschl. v. 15. April 1977 – 2 StR 140/77; im Ergebnis übereinstimmend *Schroeder* GA **1979** 321, 325 f). Weiß der Täter nicht, dass das Gebäude, welches er anzündet, zur Wohnung von Menschen dient, so trifft nicht § 306a Abs. 1 Nr. 1, sondern § 306 Abs. 1 Nr. 1 zu, vorausgesetzt es handelt sich um ein fremdes Gebäude. Im Falle des § 306a Abs. 1 Nr. 3 muss der Täter auch wissen, dass er die Räumlichkeit zu einer Zeit in Brand 24

---

38 RGSt **66** 141, 142; RG JW **1938** 505; BGHSt **36** 221, 222; *Herzog* NK Rdn. 21; *Lackner/Kühl* Rdn. 6; *Radtke* MK Rdn. 51; *Sch/Schröder/Heine* Rdn. 14; *Wolters/Horn* SK Rdn. 16.

setzt, während welcher sich Menschen in der betreffenden Räumlichkeit aufzuhalten pflegen (BGHSt **36** 221, 222); nimmt er das irrig an, kommt Versuch am untauglichen Objekt in Betracht. Zu einem Fall der actio libera in causa vgl. BGH NStZ **2002** 28.

III. Das Delikt nach § 306a Abs. 2

25 **1. Allgemeines.** § 306a Abs. 2 war zunächst in einer auch Sachgefährdungen enthaltenden Fassung in der Gegenäußerung der Bundesregierung zur Stellungnahme des Bundesrates zu dem Entwurf des 6. StrRG als Absatz 2 des gegenüber den bis dahin vorliegenden Entwürfen neu konzipierten § 306 vorgesehen (vgl. BTDrucks. 13/8587 Anlage 3 S. 86). In der Begründung dazu (aaO S. 87 f) war ausgeführt, Absatz 2 solle an die Stelle von § 308 Abs. 1 2. Alternative (mittelbare Brandstiftung) treten. Jedoch werde nicht auf die Eigentumslage des jeweiligen Tatobjekts abgestellt, weil dies hier nicht selbst Schutzgut sei, sondern ausschließlich dazu diene, die Gemeingefährlichkeit bzw. -schädlichkeit der Tathandlung zum Ausdruck zu bringen. Auch eine Beschränkung auf tätereigene Tatobjekte sei nicht geboten. Es sei vielmehr sachgerecht, klarzustellen, dass auch herrenlose und solche fremden Tatobjekte erfasst seien, die mit Einwilligung ihres Eigentümers angezündet werden. Bei den übrigen fremden Tatobjekten könnten die Absätze 1 und 2 wegen ihrer unterschiedlichen Schutzrichtung nebeneinander zur Anwendung gelangen. Im Rechtsausschuss des Bundestags ist die angestrebte Regelung, weil die Fälle der Herbeiführung einer Leibes- oder Lebensgefahr schwerer gewichtet werden sollten, wohingegen bei Sachgefährdung ein Verbrechenstatbestand überzogen erschien, soweit es Leib- oder Lebensgefahr von Menschen betrifft, auf die §§ 306a (Abs. 2) und § 306b (Abs. 2 Nr. 1) aufgespalten worden, während man sich bei der Sachgefährdung mit § 306f (Herbeiführen einer Brandgefahr) begnügte (Beschlussempfehlung Rechtsausschuss BTDrucks. 13/8991 S. 23 f; Bericht des Rechtsausschusses BTDrucks. 13/9064 S. 22). Dass der Tatbestand zugleich auf eigene, herrenlose und fremde, aber mit Einwilligung des Eigentümers in Brand gesteckte Tatobjekte beschränkt werden sollte, lässt sich weder dem Gesetzeswortlaut noch den Materialien entnehmen. So sind die Vorschriften Gesetz geworden.

26 § 306a Abs. 2 ist mit der weggefallenen bisherigen mittelbaren Brandstiftung nicht zu vergleichen (**aA** *Lesch* JA **1998** 474, 478 f; auch *Geppert* Jura **1998** 597, 602 spricht von bewusster Anknüpfung an § 308 Abs. 1 2. Alternative a.F.). Der Tatbestand verknüpft eine Brandstiftung an Sachen, wie sie in § 306 Abs. 1 aufgezählt sind, mit der Gefahr einer Gesundheitsschädigung eines Menschen. Dabei sprechen Entstehungsgeschichte und Wortlaut dafür, dass sich die Bezugnahme auf den Katalog des § 306 Abs. 1 und nicht mit auf das dort vorangestellte Merkmal fremd bezieht.[39] Dennoch können die angesprochenen Sachen, die in Brand gesetzt pp. sein müssen, für den Täter fremd sein, sie können, wenn sie fremd sind, mit oder ohne Einwilligung des Eigentümers zum Tatobjekt werden, sie können auch dem Täter gehören oder herrenlos sein. Handelt es sich

[39] So auch BGH NStZ **1999** 32, 33 = JR **1999** 205 m. Anm. *Wolters* = JA **1999** 542 m. Besprechung *Eisele*; BGH NStZ-RR **2000** 209 Nr. 2; *Kindhäuser* LPK Rdn. 11; *Lackner/Kühl* Rdn. 7; *Radtke* MK Rdn. 1, 44; *Sch/Schröder/Heine* Rdn. 17; *Arzt/Weber* BT § 37 Rdn. 35; *Krey/Heinrich* BT/1 Rdn. 758; *Otto* BT § 79 Rdn. 12; *Rengier* BT/2 § 40 Rdn. 34; *Kreß* JR **2000** 315, 318; *Liesching* S. 107 f; *Murmann* Jura **2001** 258, 259; *Pfister* NJ **2001** 126; *Radtke* Dogmatik der Brandstiftungsdelikte S. 281; *Range* S. 93 f; *Stein* S. 98 f (Rdn. 50); *Wolters* JR **1998** 271, 272. **AA** *Sander/Hohmann* NStZ **1998** 273, 278.

um tätereigene oder herrenlose Tatobjekte, an denen die Brandstiftung begangen wird, oder geht es zwar um für den Täter fremde Sachen, ist der Eigentümer aber mit der Inbrandsetzung einverstanden,[40] bildet § 306a Abs. 2 zweifellos ein gegenüber § 306 eigenständiges Delikt, bei dem die Verweisung auf den Katalog des § 306 Abs. 1 Nr. 1 bis 6 lediglich die Wiederholung der Tatgegenstände ersetzt, an denen die Brandstiftung begangen sein muss. Demgegenüber legt es der Wortlaut der Vorschrift nahe, dass, soweit es sich um täterfremde Tatobjekte handelt, eine Qualifikation zu § 306 in Rede steht, bei der zu dem (Grund)Tatbestand dieses Delikts hinzutritt, dass durch die Brandstiftung die Gesundheit eines Menschen gefährdet wird.[41] Eine solche Deutung der Bestimmung führt aber zu unlösbaren Problemen bei § 306d. *Fischer* (aaO) hat deshalb zunächst vorgeschlagen, im Wege der einschränkenden Auslegung täterfremde Tatgegenstände auszuklammern (s. dagegen aber BGH NStZ **1999** 32, 33 und insbesondere BGH NStZ-RR **2000** 209 Nr. 2). Die Überlegungen des Gesetzgebers sind offenbar in eine andere Richtung gegangen. Die Materialien zeigen, dass § 306a Abs. 2 insgesamt als **gegenüber § 306 eigenständiges Delikt** angelegt worden ist. Denn Schutzgut soll anders als bei § 306 Abs. 1 nicht der in Brand gesetzte oder durch Brandeinwirkung zerstörte Tatgegenstand sein, vielmehr dient dieser lediglich als Anknüpfung für den angestrebten Schutz eines durch einen vom Gesetzgeber als gemeingefährlich eingeschätzten Brand gefährdeten Menschen.[42] Andernfalls wäre es nicht verständlich, dass beide Vorschriften nebeneinander Anwendung finden können sollen (BTDrucks. 13/8587 Anlage 3 S. 88). Ein zusätzliches Argument ergibt sich aus der Entwicklungsgeschichte von § 306f Abs. 2 (s. *Wolff* LK § 306f Rdn. 1). Diese Deutung ist mit dem Gesetzeswortlaut durchaus vereinbar.

Dass damit der Schutz menschlicher Gesundheit vor Feuergefahr im übrigen nicht **27** umfassend angelegt ist, zeigen die immer wieder vorkommenden schuldhaft herbeigeführten Unfälle, bei denen Verletzungen von Personen durch offenes Feuer verursacht werden, wie z.B. beim unvorsichtigen Umgang mit Spiritus bei Grillfeuern; um Straftaten, die unter die Brandstiftungsdelikte fallen, geht es dabei nicht.

2. Objektiver Tatbestand

a) **Tathandlung und Tatgegenstände.** Das Gesetz verlangt eine Brandstiftung im **28** Sinne des § 306 Abs. 1. Es muss also eines (oder mehrere) der in § 306 Abs. 1 unter Nummer 1 bis 6 aufgeführten Objekte – die Eigentumslage ist dabei ohne Bedeutung

---

40 Allein solche Sachen erwähnen bei § 306a Abs. 2 *Geppert* Jura **1998** 597, 602; *Lesch* JA **1998** 474, 478 f; *Radtke* Dogmatik der Brandstiftungsdelikte S. 276 ff, insbesondere S. 281; *Rengier* JuS **1998** 397, 399.

41 In diesem Sinne ist die Bestimmung verstanden bei *Radtke* MK Rdn. 1, 43 (der § 306a Abs. 2 dementsprechend eine Doppelfunktion – teilweise Gefahrerfolgsqualifikation zu § 306 Abs. 1, teilweise eigenständiger Tatbestand – zuschreibt); *Tröndle/Fischer*[49] Rdn. 10 (aufgegeben ab der 50. Auflage); *Arzt/Weber* BT § 37 Rdn. 35; *Fischer* NStZ **1999** 13; *Kreß* JR **2001** 315, 319; dagegen aber BGH NStZ-RR **2000** 209 Nr. 2.

42 *Fischer* Rdn. 1, 10a f; *Herzog* NK Vor §§ 306 ff Rdn. 4; *Lackner/Kühl* Rdn. 7; *Sch/Schröder/Heine* Rdn. 1, 16 f; Dölling/Duttge/Rössner/*Weiler* HK Rdn. 8 f; *Wolters/Horn* SK Rdn. 23 ff; *Liesching* S. 52, 66; *Müller/Hönig* JA **2001** 517, 520; *Pfister* NJ **2001** 126; *Stein* S. 98 f (Rdn. 50 f); *Wrage* JuS **2003** 985, 988; ähnlich *Cantzler* JA **1999** 474, 476; *Radtke* ZStW **110** (1998) 848, 858, 874 (vgl. auch *ders.* Dogmatik der Brandstiftungsdelikte S. 276 ff); *Schnabel* JuS **1999** 103; *Wolters* JR **1998** 271, 272 f; wohl auch *Wessels/Hettinger* BT/1 Rdn. 969. Vgl. auch *Maurach/Schroeder/Maiwald* BT/2 § 55 Rdn. 25; *Rengier* BT/2 § 40 Rdn. 35.

(s. Rdn. 26) – in Brand gesetzt oder durch Brandlegung ganz oder teilweise zerstört werden. Für die Bedeutung dieser Merkmale kann daher auf § 306 Rdn. 5 ff, 20 ff verwiesen werden.

29 b) Durch die so umrissene Brandstiftungshandlung[43] muss **ein anderer Mensch** (als, wie die Wortwahl nahelegt, Täter oder Tatbeteiligte)[44] **in die Gefahr einer Gesundheitsschädigung gebracht werden.** Mit dieser auch in weiteren Vorschriften des Abschnitts über gemeingefährliche Straftaten ähnlich verwendeten Formulierung hat der Gesetzgeber an eine Gefahrformel angeknüpft, die das Erfordernis einer **konkreten Gefahr** zum Ausdruck bringen soll, die der Täter mindestens mit bedingtem Vorsatz herbeigeführt hat.[45] Die Rechtsprechung des BGH hat dafür, wann eine solche Gefahr vorliegt, folgende *Leitlinien* herausgearbeitet: Eine exakte wissenschaftliche Umschreibung ist nicht möglich. „Die Tathandlung muß aber jedenfalls über die ihr innewohnende latente Gefährlichkeit hinaus im Hinblick auf einen bestimmten Vorgang in eine kritische Situation für das geschützte Rechtsgut geführt haben. In dieser Situation muß – was nach der allgemeinen Lebenserfahrung aufgrund einer objektiv nachträglichen Prognose zu beurteilen ist – die Sicherheit einer bestimmten Person so stark beeinträchtigt worden sein, daß es nur noch vom Zufall abhing, ob das Rechtsgut verletzt wurde oder nicht. Allein der Umstand, daß sich Menschen in enger räumlicher Nähe zur Gefahrenquelle befinden, genügt noch nicht zur Annahme einer konkreten Gefahr einer Gesundheitsschädigung. Andererseits ist nicht der Eintritt einer Gesundheitsschädigung selbst Tatbestandsvoraussetzung. Die Anforderungen an die Feststellung einer konkreten Gefahr dürfen zudem nicht überspannt werden ...“[46]

---

[43] *Fischer* Rdn. 11; *Lackner/Kühl* Rdn. 7. An den Erfolg, also Brand oder brandlegungsbedingte Zerstörung, knüpft *Stein* S. 115 (Rdn. 78) an.

[44] *Lackner/Kühl* Rdn. 7; *Otto* BT § 79 Rdn. 15; *Range* S. 102. In der Entscheidung BayObLGSt **1999** 217 ist entschieden, dass Täter nicht zu den geschützten anderen gehören; so auch *Wolters/Horn* SK Rdn. 27. *Radtke* MK Rdn. 50 und *Sch/Schröder/Heine* Rdn. 21 zählen Tatbeteiligte außer Tätern zu den möglichen anderen; für diese damit grundsätzlich geschützten Tatbeteiligten sei jedoch in der Regel die Zurechenbarkeit wegen eigenverantwortlicher Selbstgefährdung oder einverständlicher Fremdgefährdung zu verneinen. Nach *Rengier* BT/2 § 40 Rdn. 37 gilt dies auch für Mittäter.

[45] Regierungsentwurf BTDrucks. 13/8587 S. 48. Für konkretes Gefährdungsdelikt sprechen sich auch aus: BGH NStZ **1999** 32, 33 = JA **1999** 542 m. Besprechung *Eisele*; BayObLGSt **1999** 127 f = JR **2000** 210 m. Anm. *Wolff*; *Fischer* Rdn. 10, 11; *Kindhäuser* LPK Rdn. 1; *Lackner/Kühl* Rdn. 7; *Radtke* MK Rdn. 1, 43, 45; *Sch/Schröder/Heine* Rdn. 1, 16; Dölling/Duttge/Rössner/*Weiler* HK Rdn. 1, 10; *Arzt/Weber* BT § 37 Rdn. 36; *Küpper* BT § 5 Rdn. 15; *Otto* BT § 79 Rdn. 12; *Wessels/Hettinger* BT/1 Rdn. 969; *Börner* S. 41 f; *Cantzler* JA **1999** 474, 477; *Geppert* Jura **1998** 597, 602; *Liesching* S. 105; *Müller/Hönig* JA **2001** 517, 519 f; *Radtke* Dogmatik der Brandstiftungsdelikte S. 276 ff; *ders.* ZStW **110** (1998) 848, 853, 858; *Range* S. 66, 91, 97; *Stein* S. 99 f (52); *Wolters* JZ **1998** 398, 400. *Rengier* JuS **1998** 397, 399 hat § 306a Abs. 2 als abstraktes Gefährdungsdelikt mit eingetretenem konkreten Gefahrerfolg bezeichnet (anders BT/2 § 40 Rdn. 35 f).

[46] BGH NStZ **1999** 32, 33 m. weiteren Nachweisen; s. dazu auch *Steinberg* GA **2008** 516, 528; BGH StV **2006** 470; *Radtke* MK Rdn. 45; *Pfister* NJ **2001** 126. Vgl. auch *Herzog* NK Rdn. 19; *Sch/Schröder/Heine* Rdn. 19 und Vorbem. §§ 306 ff Rdn. 5; *Wessels/Hettinger* BT/1 Rdn. 969; *Liesching* S. 105 f; *Radtke* Dogmatik der Brandstiftungsdelikte S. 282 ff, 330; *ders.* ZStW **110** (1998) 848, 874; *Stein* S. 99 f (Rdn. 52).

Danach muss die konkrete Gefahr für die Gesundheit eines anderen **spezifische Folge der Brandstiftung,** also des Inbrandsetzens oder der mindestens zur teilweisen Zerstörung eines geeigneten Tatobjekts führenden Brandlegung sein. Die in der Brandstiftung liegende Gefahr muss sich auswirken.[47] Bei (Teil-)Zerstörung durch Brandlegung ist allerdings zweifelhaft, ob an die Brandlegung oder die sich daraus ergebende Zerstörung anzuknüpfen ist; der Wortlaut lässt beide Deutungen zu. Wegen der Parallele zum Inbrandsetzen und der Absicht des Gesetzgebers, die er mit der Einführung dieses Merkmals verfolgt hat, wird bereits auf die Brandlegung als Ausgangspunkt der Gefährdung abzustellen sein.[48] 30

Das Gesetz verlangt nicht enge räumliche Nähe des gefährdeten Menschen zum Tatobjekt der Brandstiftung, so wie andererseits Nähe nicht ohne weiteres konkrete Gefahr bedeutet. Die mit einer Brandstiftung verbundene Gefahr einer Gesundheitsschädigung von Menschen kann – man denke an eine bei einem Brand entstehende Wolke giftiger Gase – durchaus weiträumig sehr konkret sein. Dem Gesetz lässt sich auch nichts dafür entnehmen, dass eine Beschränkung auf eine Gesundheitsgefährdung von zum Zeitpunkt des Brandausbruchs im Gefahrenbereich befindlichen Personen durch Feuer, Rauch-, Ruß- oder Gasentwicklung, Einsturz und ähnliches gemeint ist (vgl. auch *Radtke* JR 2000 428, 429 f). Man wird vielmehr solche Gefährdungen von anwesenden oder hinzukommenden *Personen, die Rettungsmaßnahmen oder Löschversuche unternehmen wollen,* auch unter dem Blickwinkel möglicher freiwilliger Selbstgefährdung grundsätzlich einbeziehen müssen (vgl. ergänzend bei § 306c Rdn. 5).[49] Damit wird der Tatbestand allerdings sehr weit ausgedehnt (kritisch z.B. *Schroeder* GA **1998** 571, 573). 31

Drohende **Gesundheitsschädigungen** (s. dazu allgemein *Lilie* LK[11] § 223 Rdn. 12 ff; individuelle Schadensdisposition ist zu berücksichtigen, vgl. BGH NStZ **2002** 542 ff) werden nicht nur Brand- oder sonstige Verletzungen sein, sondern auch und insbesondere Rauchvergiftungen. Fraglich ist allerdings, ob auch noch der infolge der durch einen Brand verursachten Aufregung drohende Herzinfarkt einer dazu disponierten Person einzubeziehen ist. Dies wird man verneinen müssen, denn damit würde der Bereich der mit einem Brand verbundenen typischen Gefahren verlassen. 32

3. **Subjektiver Tatbestand.** Neben der Tathandlung und den Tatgegenständen muss auch die Gesundheitsgefährdung des anderen vom Vorsatz umfasst sein, wobei bedingter Vorsatz genügt (Regierungsentwurf BTDrucks. 13/8587 S. 48).[50] Dies ergibt sich zusätz- 33

---

47 *Fischer* Rdn. 11; *Radtke* MK Rdn. 48; *Sch/Schröder/Heine* Rdn. 20; *Rengier* BT/2 § 40 Rdn. 36, 42 ff; *Wessels/Hettinger* BT/1 Rdn. 969; *Geppert* Jura **1998** 597, 602; *Radtke* Dogmatik der Brandstiftungsdelikte S. 287 ff; *Range* S. 98; *Stein* S. 100 (Rdn. 53), S. 108 ff (Rdn. 71 ff).

48 So auch *Fischer* Rdn. 11; *Radtke* MK Rdn. 48; *Sch/Schröder/Heine* Rdn. 20, § 306 Rdn. 15; *Radtke* Dogmatik der Brandstiftungsdelikte S. 285. **AM** *Wolters/Horn* SK Rdn. 27. Siehe auch Fn. 43.

49 *Cantzler* JA **1999** 474, 476 f; *Geppert* Jura **1998** 397, 400; *Murmann* Jura **2001** 258, 260; *Schroeder* GA **1998** 571, 573. Vgl. auch *Kudlich* NStZ **2003** 458 ff; *Radtke* MK Rdn. 46; *ders.* Dogmatik der Brandstiftungsdelikte S. 288 ff. **Ablehnend** *Rengier* JuS **1998** 397, 400, weil das Eingriffsrisiko allgemein bestehe und keine „tatbestandsspezifische" Besonderheit von §§ 306, 306a darstelle.

50 BGH NStZ **1999** 32, 33; BGH NStZ-RR **2000** 209 Nr. 2; *Fischer* Rdn. 11; *Herzog* NK Rdn. 21; *Kindhäuser* LPK Rdn. 12; *Lackner/Kühl* Rdn. 7; *Radtke* MK Rdn. 54; *Sch/Schröder/Heine* Rdn. 23; *Wolters/Horn* SK Rdn. 28; *Krey/Heinrich* BT/1 Rdn. 758; *Küpper* BT § 5 Rdn. 15; *Maurach/Schroeder/Maiwald* BT/2 § 51 Rdn. 23; *Rengier* BT/2 § 40 Rdn. 39; *Börner* S. 42; *Cantzler* JA **1999** 474, 477; *Geppert* Jura **1998** 597,

lich zu den Materialien aus § 306d Abs. 1 2. Alt.; *§ 18 gilt also nicht* (**aA** soweit ersichtlich nur *Hörnle* Jura **1998** 169, 181). Vorsatz wird nicht dadurch ausgeschlossen, dass sich der Täter der Hoffnung hingegeben hat, dass schon kein Mensch zu Schaden kommen werde, wenn die objektiven Umstände dagegen sprechen (BGH NStZ **1999** 32, 33 für den Fall eines nachts in Brand gesteckten Hotels, dem in geschlossener Bauweise ein Wohnhaus benachbart war; vgl. aber auch BGH NStZ **2008** 571 f). Ist eine Gesundheitsgefahr für einen anderen nur fahrlässig herbeigeführt, ist § 306d Abs. 1 3. Variante anzuwenden.

IV. Rechtfertigungsgründe

34 Während bei § 306a Abs. 1 Rechtfertigung durch Einwilligung des Eigentümers eines der Tatobjekte nicht in Betracht kommt, weil die Eigentumslage ohne Bedeutung ist (vgl. Rdn. 6), ist bei § 306a Abs. 2 **Einwilligung** denkbar; allerdings nicht durch den Eigentümer des Objekts der Brandstiftung – auch hier spielt die Eigentumslage keine Rolle (vgl. Rdn. 26) –, sondern durch den in seiner Gesundheit gefährdeten anderen Menschen.[51] Jedoch dürfte dies nur im Ausnahmefalle praktisch werden. Einen Fall von Notstand bei § 306 a.F., der dem § 306a Abs. 1 weitgehend entspricht, behandelt RG JW **1925** 964 f.

V. Versuch

35 § 306a Abs. 1 und 2 sind Verbrechenstatbestände; *Versuch* ist also ohne weiteres *strafbar*, § 23 Abs. 1 erster Halbsatz, § 12. Soweit es § 306a Abs. 1 betrifft, kann auf die Bemerkungen zu § 306 Abs. 1 verwiesen werden (dort Rdn. 48), denn sie lassen sich ohne Schwierigkeiten auf das hier behandelte Delikt übertragen. Der Beginn des Versuchsstadiums bei § 306a Abs. 2 entspricht gleichfalls dem Versuchsbeginn bei § 306 Abs. 1 bzw. § 306a Abs. 1. Bei diesem Delikt endet das Versuchsstadium mit dem Eintritt der konkreten Gefahr für einen anderen, denn damit ist Vollendung erreicht.

VI. Täterschaft und Teilnahme

36 Auch hier sind die Ausführungen bei § 306 (Rdn. 49) sinngemäß heranzuziehen.

603; *Küpper* ZStW **111** (1999) 785, 788; *Liesching* S. 53, 106; *Murmann* Jura **2001** 258, 260 f; *Noack/Collin* Jura **2006** 544, 545; *Pfister* NJ **2001** 126; *Radtke* Dogmatik der Brandstiftungsdelikte S. 305 ff; *ders.* ZStW **110** (1998) 848, 875; *Stein* S. 100 (Rdn. 54).

51 *Fischer* Rdn. 11; *Kindhäuser* LPK Rdn. 14; *Lackner/Kühl* Rdn. 7; *Wolters/Horn* SK Rdn. 29; *Range* S. 103. Nach *Radtke* MK Rdn. 55 kommt je nach Konstellation eine die Rechtswidrigkeit ausschließende einverständliche Fremdgefährdung oder eine den Tatbestand ausschließende eigenverantwortliche Selbstgefährdung in Betracht. Vgl. auch *Sch/Schröder/Heine* Rdn. 16; *Radtke* Dogmatik der Brandstiftungsdelikte S. 383. **AA** Dölling/Duttge/Rössner/*Weiler* HK Rdn. 12; *Maurach/Schroeder/Maiwald* BT/2 § 51 Rdn. 22; *Duttge* Jura **2006** 15, 17 f.

VII. Strafe

Der *Strafrahmen* beträgt Freiheitsstrafe von einem Jahr bis zu fünfzehn Jahren, § 38 Abs. 2. Für *minder schwere Fälle* sieht Absatz 3 – anders als § 306 a.F. – Freiheitsstrafe von sechs Monaten bis zu fünf Jahren vor (die Übereinstimmung der Strafrahmen von § 306a Abs. 3 und § 306 Abs. 2 halten *Fischer* Rdn. 12 und *Wessels/Hettinger* BT/1 Rdn. 969 für verfehlt); dies schließt die Anwendung von § 47 Abs. 2 aus. Nach den Vorstellungen des Gesetzgebers kommt letzterer Strafrahmen z.B. dann in Betracht, wenn im Falle des § 306a Abs. 1 eine Gefährdung von Menschenleben nach den tatsächlichen Gegebenheiten mit Sicherheit ausgeschlossen werden konnte und dem Täter dies bewusst war;[52] in Fällen des § 306a Abs. 2 vor allem dann, wenn die vom Täter herbeigeführte Personengefährdung nicht zu einem Schaden geführt hat (Regierungsentwurf BTDrucks. 13/8587 S. 48). Im Rahmen des § 306a Abs. 1 Nr. 1 kann die Fremdheit der Räumlichkeit als Straferschwerungsgrund verwendet werden (BGH NJW **2001** 765, 766; BGH bei Detter NStZ **2001** 467, 471). Wird einem Arzt die Beteiligung an einer schweren Brandstiftung nachgewiesen, ist seine berufliche Stellung kein zulässiger Strafschärfungsgrund, weil sie mit der Tat nicht in unmittelbarer Beziehung steht (BGH NJW **1996** 3089, 3090). Zu den Voraussetzungen einer Unterbringung in einem psychiatrischen Krankenhaus bei verminderter Unrechtseinsichtsfähigkeit vgl. BGH NStZ **2006** 682 f. – Zur tätigen Reue vgl. bei § 306e. – § 306a Abs. 2 ist kein gegen die körperliche Unversehrtheit gerichtetes Verbrechen im Sinne des § 66b Abs. 1 (BGHSt **51** 25 ff). **37**

VIII. Konkurrenzen

Wird durch eine Brandstiftung eine Räumlichkeit in Brand gesetzt, die zugleich unterschiedlichen Varianten von § 306a Abs. 1 unterfällt, oder durch Brandlegung zerstört oder sind von derselben Brandstiftung mehrere Gebäude betroffen, die unterschiedlichen Varianten des § 306a Abs. 1 zuzuordnen sind, wird der Tatbestand des § 306a Abs. 1 nur einmal verletzt.[53] Zwischen § 306a Abs. 1 und § 306a Abs. 2 kann Tateinheit bestehen.[54] Zur Klammerwirkung eines Organisationsdelikts wie § 129a für mehrere Brandstiftungen vgl. BGHR StGB § 52 Abs. 1 Klammerwirkung 9. **38**

Geht es um ein und dieselbe Brandstiftung an unterschiedlichen Gebäuden, die teilweise § 306a Abs. 1 unterfallen und teilweise § 306 Abs. 1, besteht zwischen beiden Delikten Tateinheit. Wegen der unterschiedlichen Schutzrichtung von § 306a Abs. 1 und § 306 Abs. 1 ist auch dann Tateinheit gegeben, wenn ein fremdes Gebäude im Sinne von § 306 Abs. 1 Nr. 1 zugleich ein der Wohnung von Menschen dienendes Gebäude nach § 306a Abs. 1 Nr. 1 ist;[55] gleiches gilt, wenn ein fremdes Gebäude außerdem eine der **39**

---

52 Siehe auch *Fischer* Rdn. 12; *Radtke* MK Rdn. 1, 59; *Sch/Schröder/Heine* Rdn. 25; *Radtke* Dogmatik der Brandstiftungsdelikte S. 249 ff; *ders.* ZStW **110** (1998) 848, 863. *Koriath* JA **1999** 298, 301 f lehnt bei einer solchen Fallgestaltung die Anwendung von Absatz 3 ab.

53 BGHR StGB § 306 Konkurrenzen 1; vgl. auch BGH NStZ **1994** 394. Die Auffassung, es sei Tateinheit gegeben (*Wolff* LK[11] § 306 Rdn. 17), gebe ich auf. Für Tateinheit: *Radtke* MK Rdn. 60; *Tröndle/Fischer*[52] Rdn. 2.

54 *Fischer* Rdn. 13; *Radtke* MK Rdn. 60; *Maurach/Schroeder/Maiwald* BT/2 § 51 Rdn. 13; *Rengier* BT/2 § 40 Rdn. 39a; *ders.* JuS **1998** 397, 400.

55 *Sch/Schröder/Heine* § 306 Rdn. 24; *Wolters/Horn* SK § 306 Rdn. 21; *Arzt/Weber* BT § 37 Rdn. 62; *Krey/Heinrich* BT/1 Rdn. 767; *Liesching* S. 60 ff; *Noack/Collin* Jura **2006** 544, 546; *Rengier* JuS **1998** 397, 400.

anderen Varianten von § 306a Abs. 1 ausfüllt oder z.B. zugleich als Betriebsstätte und zur Wohnung von Menschen dient. Ebenso kommt es zur Tateinheit, wenn die Voraussetzungen von § 306a Abs. 2 und § 306 Abs. 1 zusammentreffen.[56]

40 Versucht ein Täter erfolglos, einen Dritten zu einer schweren Brandstiftung nach § 306a Abs. 1 anzustiften, und beteiligt er sich später als Mittäter an der dann durchgeführten Tat, tritt die versuchte Anstiftung als subsidiär hinter der Mittäterschaft an dem vollendeten Delikt zurück (vgl. BGH NStZ **2000** 197, 199 und dazu *Pfister* NJ **2001** 126). Bleibt unaufklärbar, ob sich ein Beschuldigter an einer schweren Brandstiftung beteiligt hat, kann Strafbarkeit nach § 323c in Frage kommen, wenn er nicht erforderliche, mögliche und zumutbare Hilfe geleistet hat; der BGH sieht § 323c als Auffangtatbestand an (BGHSt **39** 164 ff; vgl. demgegenüber *Tag* JR **1995** 133 ff). Wahlweise Verurteilung wegen Anstiftung zur schweren Brandstiftung und Nichtanzeige einer geplanten Straftat nach § 138 Abs. 1 Nr. 9 kommt mangels rechtsethischer und psychologischer Vergleichbarkeit nicht in Betracht (BGHSt **36** 167, 174).

41 Mit Körperverletzungs- und Tötungsdelikten kann, soweit nicht § 306b Abs. 1 und § 306c Abs. 1 dem § 306a Abs. 1 oder 2 vorgehen, **Tateinheit** bestehen.[57] Ebenso ist mit § 303 (BGH StV **2007** 581, 582 f) und § 305 Tateinheit möglich, weil diese Tatbestände fremde Sachen voraussetzen.[58] Tateinheit kann weiter bestehen zwischen § 306a Abs. 1 und § 52 Abs. 1 Nr. 1 in Verbindung mit § 2 WaffenG, Anlage 2 zum WaffenG Abschnitt 1 Nr. 1.3.4, wenn bei einer Brandstiftung z.B. ein Molotowcocktail zum Einsatz kommt (vgl. BGHR WaffG § 37 Brand 1). Tateinheit kommt auch in Betracht, wenn versuchte (oder vollendete) schwere Brandstiftung und Diebstahl in natürlicher Handlungseinheit zusammenfallen (vgl. BGH NStZ **1997** 276). Zum Verhältnis zwischen schwerer Brandstiftung und Betrug oder Versicherungsmissbrauch vgl. BGH StV **2007** 581, 583; *Wolff* LK § 306 Rdn. 54 entsprechend.

IX. Führungsaufsicht und Einziehung

42 Nach § 321 besteht bei einer Verurteilung wegen schwerer Brandstiftung die Möglichkeit, Führungsaufsicht anzuordnen. In § 322 ist die Möglichkeit der Einziehung von bei der Tat verwendeten instrumenta und producta sceleris vorgesehen.

AA – Gesetzeskonkurrenz mit Zurücktreten von § 306 Abs. 1 Nr. 1 – BGH NJW **2001** 765 f (mit der Begründung, in einem solchen Falle sei der Unrechtsgehalt des § 306 Abs. 1 Nr. 1 im Tatbestand des § 306a Abs. 1 Nr. 1 vollständig miterfasst); *Fischer* § 306 Rdn. 25; *Lackner/Kühl* § 306 Rdn. 6; *Radtke* MK Rdn. 60; § 306 Rdn. 69; *Bindzus/Ludwig* JuS **1998** 1123, 1128; *Börner* S. 11 ff; *Duttge* Jura **2006** 15, 17; *Kreß* JR **2001** 315, 317 f; *Radtke* Dogmatik der Brandstiftungsdelikte S. 387 ff. Vgl. auch BGHR StGB § 308 Abs. 1 Konkurrenzen 2 und BGH NStZ-RR **2000** 209 Nr. 3.

[56] *Fischer* Rdn. 10a, 13, § 306 Rdn. 25; *Sch/Schröder/Heine* § 306 Rdn. 24; *Wolters/Horn* SK Rdn. 24, 26, § 306 Rdn. 21; *Rengier* BT/2 § 40 Rdn. 39a; *Börner* S. 11 ff; *Duttge* Jura **2006** 15, 17; **aA** *Lackner/Kühl* § 306 Rdn. 6 (§ 306 tritt zurück); *Arzt/Weber* BT § 37 Rdn. 63.

[57] BGH StraFo **2007** 430 (für § 223); *Fischer* Rdn. 13; *Herzog* NK Rdn. 24; *Lackner/Kühl* Rdn. 9; *Radtke* MK Rdn. 60; *Sch/Schröder/Heine* Rdn. 26; *Wolters/Horn* SK Rdn. 30. Vgl. auch BGH NJW **1996** 939 f, insoweit in BGHSt **41** 358 ff nicht abgedruckt.

[58] *Fischer* Rdn. 13; *Herzog* NK Rdn. 24; *Lackner/Kühl* Rdn. 9; *Radtke* MK Rdn. 60; *Sch/Schröder/Heine* Rdn. 29.

X. Sonstiges

Zu Übergangsfällen zwischen altem und neuem Recht vgl. BGHSt **44** 175, 176 f = JR **1999** 210 m. Anm. *Ingelfinger*; BGH StV **1998** 546; BGH NStZ **1999** 32, 33 = JR **1999** 205 m. Anm. *Wolters*; sowie *Pfister* NJ **2001** 126. Eine Straftat nach § 306a kann Anlass bieten, das Delikt der Bildung einer terroristischen Vereinigung nach § 129a Abs. 2 Nr. 2 zu prüfen (BGHSt **52** 98 ff; BGH StV **2006** 691 ff; vgl. ergänzend *Helm* StV **2006** 719 ff). Die vorsätzliche Nichtanzeige einer geplanten schweren Brandstiftung ist Vergehen nach § 138 Abs. 1 Nr. 8. – Zum Recht des Einigungsvertrages, zu europarechtlichen Regelungen und für prozessuale Hinweise wird auf *Wolff* LK § 306 Rdn. 57 ff Bezug genommen. Auf die Möglichkeit der Zuständigkeit eines Oberlandesgerichts in erster Instanz nach § 120 Abs. 2 Nr. 3 GVG sei hingewiesen. **43**

§ 306b
Besonders schwere Brandstiftung

(1) Wer durch eine Brandstiftung nach § 306 oder § 306a eine schwere Gesundheitsschädigung eines anderen Menschen oder eine Gesundheitsschädigung einer großen Zahl von Menschen verursacht, wird mit Freiheitsstrafe nicht unter zwei Jahren bestraft.

(2) Auf Freiheitsstrafe nicht unter fünf Jahren ist zu erkennen, wenn der Täter in den Fällen des § 306a
1. einen anderen Menschen durch die Tat in die Gefahr des Todes bringt,
2. in der Absicht handelt, eine andere Straftat zu ermöglichen oder zu verdecken oder
3. das Löschen des Brandes verhindert oder erschwert.

Schrifttum

Hecker Brandstiftung in betrügerischer Absicht – ein Fall des § 303b Abs. 2 Nr. 2 StGB? GA 1999 332; *Kudlich* Identität der Gefährdungsobjekte innerhalb der §§ 306a ff StGB? NStZ **2003** 458; *Nagel* Der unbestimmte Rechtsbegriff der „großen Zahl", Jura **2001** 558; *Rönnau* Das Verhältnis der besonders schweren Brandstiftung gem. § 306b Abs. 2 Nr. 2 StGB zum (versuchten) Betrug – BGHSt 45, 211, JuS **2001** 328.

Siehe außerdem bei § 306 und § 306a.

Entstehungsgeschichte

Siehe bei § 306

Übersicht

I. Allgemeines

1 Mit § 306b hat der Gesetzgeber **Qualifikationstatbestände zu §§ 306, 306a** teils neu geschaffen, teils in Anknüpfung an das zuvor geltende Recht unter Erweiterung übernommen. In § 306b Abs. 1 sind die in § 306 Abs. 4 S. 2 des Regierungsentwurfs zunächst vorgesehenen Regelbeispiele besonders schwerer Fälle von Brandstiftung auf Vorschlag der Bundesregierung in eine Qualifikation zu den §§ 306 und 306a umgewandelt worden; das Merkmal leichtfertig aus dem Entwurf ist entfallen (vgl. BTDrucks. 13/8587 Anlage 3 S. 88 und 78, 79; siehe auch BGHSt **44** 175, 177, 178). Die im Rechtsausschuss des Bundestags vorgenommenen Umgestaltung von § 306 Abs. 2 aus der Gegenäußerung der Bundesregierung zu § 306a Abs. 2 hat keine Änderung des Wortlauts von § 306b Abs. 1 ausgelöst. Doch wird man, wenn nach § 306a Abs. 2 Gefährdeter und nach § 306b Abs. 1 Verletzter dieselbe Person ist, § 306b Abs. 1 so zu lesen haben, dass bei Vorliegen der qualifizierenden Voraussetzungen von § 306b Abs. 1 der Grundtatbestand des § 306a Abs. 2 verdrängt wird, es auf die dann ja realisierte Gefahr für die Gesundheit eines anderen also nicht gesondert ankommt.[1] Soweit es dem Täter fremde Tatgegenstände anbetrifft, hat die Verweisung von § 306b Abs. 1 auf § 306 keine selbständige Bedeutung, weil § 306a Abs. 2 diese bereits miterfasst (s. *Wolff* LK § 306a Rdn. 26).

II. Qualifizierung im Sinne von § 306b Abs. 1

2 **Qualifiziert nach § 306b Abs. 1** ist eine Brandstiftung nach den §§ 306 und 306a dann, wenn der Täter wenigstens fahrlässig, § 18, (siehe dazu Rdn. 8) entweder die schwere Gesundheitsschädigung eines anderen oder eine (nicht notwendig schwere) Gesundheitsschädigung einer großen Zahl von Menschen herbeiführt.

3 **1. Tathandlung und Tatobjekte.** Der Täter muss eine Brandstiftung mittels Inbrandsetzens oder mindestens teilweiser Zerstörung durch Brandlegung an einem – beliebigen – der in § 306 Abs. 1 oder § 306a Abs. 1 aufgezählten Tatobjekte begangen haben, wobei es im Falle von § 306a ohne Belang ist, ob das betroffene Tatobjekt für den Täter fremd ist oder nicht, ob er mit Einverständnis des Eigentümers vorgeht oder nicht (vgl. *Wolff* LK § 306a Rdn. 6, 26, 34). Insoweit kann auf die Ausführungen zu §§ 306, 306a verwiesen werden (*Wolff* LK § 306 Rdn. 5 ff, 24 ff; § 306a Rdn. 8 ff).

[1] *Fischer* Rdn. 2 und § 306a Rdn. 13; *Radtke* MK § 306a Rdn. 60.

2. **Qualifikation.** Diese Brandstiftung muss **Ursache für den Erfolg** einer schweren Gesundheitsschädigung (mindestens) *eines* anderen Menschen oder einer Gesundheitsschädigung einer großen Zahl von Menschen sein.[2] Dabei ist wie bei § 306a Abs. 2 (*Wolff* LK § 306a Rdn. 30) auf den erforderlichen tatbestandsspezifischen Gefahrzusammenhang zu achten.[3] Zu den möglichen Betroffenen vgl. *Wolff* LK § 306a Rdn. 29, 31; § 306c Rdn. 4 f. Ist Grunddelikt § 306a Abs. 2, müssen die vorsätzlich gefährdete Person im Rahmen dieses Delikts und die im Sinne von § 306b Abs. 1 mindestens fahrlässig verletzte Person nicht identisch sein.[4] 4

a) Der auch in anderen Vorschriften, z.B. §§ 218 Abs. 2 Nr. 2, 330 Abs. 2 Nr. 1, vorkommende Begriff der **schweren Gesundheitsschädigung** reicht nach den Vorstellungen des Gesetzgebers weiter als der in § 224 a.F., jetzt § 226, umschriebene Tatbestand der schweren Körperverletzung. Er umfasst z.B. eine ernsthafte, langwierige Krankheit oder die erhebliche Beeinträchtigung der Arbeitsfähigkeit (vgl. BTDrucks. 13/8587 S. 27, 28).[5] Dabei kann eine individuelle Schadensdisposition zu einer schweren Gesundheitsschädigung beitragen (vgl. BGHSt **51** 252 ff; BGH NStZ **2002** 542 ff). Zurückbleibende verunstaltende Narben im Gesicht eines Brandstiftungsopfers werden nicht ohne weiteres für eine schwere Gesundheitsschädigung ausreichen (vgl. BGHR StGB § 226 Abs. 1 Entstellung 1 und 2). 5

b) aa) Die Eingrenzung des unbestimmten Rechtsbegriffs einer **großen Zahl von Menschen**, der der schweren Gesundheitsschädigung eines Menschen nicht nur hier nebengeordnet ist, ist durch die Entscheidung BGHSt **44** 175, 177 f[6] vorgezeichnet: Es müssen 6

---

2 Für Erfolgsqualifikation sprechen sich z.B. auch aus: BGHSt **44** 175, 177 (s. dazu auch Fn. 6); *Fischer* Rdn. 2; *Herzog* NK Rdn. 1; *Kindhäuser* LPK Rdn. 1 f; *Lackner/Kühl* Rdn. 1; *Radtke* MK Rdn. 1, 3; *Sch/Schröder/Heine* Rdn. 1, 3; *Wolters/Horn* SK Rdn. 2; *Küpper* BT § 5 Rdn. 16; *Arzt/Weber* BT § 37 Rdn. 37; *Maurach/Schroeder/Maiwald* BT/2 § 51 Rdn. 26; *Otto* BT § 79 Rdn. 13; *Rengier* BT/2 § 40 Rdn. 40; *Wessels/Hettinger* BT/1 Rdn. 971; *Range* S. 104. Siehe ergänzend Fn. 10. *Krey/Heinrich* BT/1 Rdn. 747 setzen das Merkmal Gesundheitsschädigung einer großen Zahl von Menschen der Sache nach mit Gemeingefahr gleich.

3 *Fischer* Rdn. 5a; *Kindhäuser* LPK Rdn. 3; *Lackner/Kühl* Rdn. 2; *Radtke* MK Rdn. 11; *Sch/Schröder/Heine* Rdn. 3; *Wolters/Horn* SK Rdn. 5; *Rengier* BT/2 § 40 Rdn. 42; *Wessels/Hettinger* BT/1 Rdn. 971; *Cantzler* JA **1999** 474, 476; *Liesching* S. 108; *Müller/Hönig* JA **2001** 517, 522; *Radtke* ZStW **110** (1998) 848, 876; *Range* S. 107; *Rengier* JuS **1998** 397, 400; *Stein* S. 102 (Rdn. 59), 108 ff (Rdn. 71 ff). Vgl. auch *Altenhain* GA **1996** 19, 34.

4 *Lackner/Kühl* Rdn. 2; *Maurach/Schroeder/Maiwald* BT/2 § 51 Rdn. 24; *Kudlich* NStZ **2003** 458; **aA** *Stein* S. 115 (Rdn. 89).

5 Siehe neben *Windhorst* Der Rechtsbegriff der „schweren Gesundheitsschädigung“ (2001) insbesondere *Stein* S. 102 f (Rdn. 60 ff), der allerdings aus der Entstehungsgeschichte des Begriffs ableitet, dass die Gesundheitsschädigung dem Schweregrad des § 226 entsprechen müsse (ebenso *Börner* S. 51); das dürfte jedoch den Vorstellungen des Gesetzgebers des 6. StrRG nicht entsprechen und diese Auffassung hat sich auch nicht durchgesetzt. Gegen diese Einschränkung auch *Radtke* MK Rdn. 7; *Arzt/Weber* BT § 37 Rdn. 39 und *Liesching* S. 109 f. Siehe weiter *Fischer* Rdn. 4; *Herzog* NK Rdn. 3; *Wolters/Horn* SK Rdn. 3; *Krey/Heinrich* BT/1 Rdn. 132; *Maurach/Schroeder/Maiwald* BT/2 § 51 Rdn. 25; *Wessels/Hettinger* BT/1 Rdn. 315; *Geppert* Jura **1998** 597, 603; *Jäger* JuS **2000** 31, 33; *Müller/Hönig* JA **2001** 517, 522; *Noack/Collin* Jura **2006** 544, 546; *Range* S. 104 f; *Rengier* JuS **1998** 397, 399 f; *Wrage* JuS **2003** 985, 989.

6 Die Entscheidung ist auch veröffentlicht in NStZ **1998** 84 m. Anm. *Kühn* S. 559 und JR **1999** 210 m. Anm. *Ingelfinger*; vgl. auch

mehr sein als mehrere, also mehr als drei, und vierzehn Geschädigte genügen (in der Entscheidung BGH NJW **2001** 765 f waren vierundzwanzig Personen von einem Versuch einer besonders schweren Brandstiftung betroffen). Vermutlich wird sich die Praxis bei einer Zahl von geschädigten Personen ab zehn einpendeln;[7] teilweise werden aber auch höhere Zahlen genannt.[8] Der Versuch des BGH, die von ihm tatbestandsspezifisch vorgenommene Eingrenzung durch Hinweis auf die in ihrem Gefährdungspotential für Menschen durchaus unterschiedlich zu sehenden Tatobjekte – insbesondere des § 306 Abs. 1 –, die Gleichstellung mit der schweren Gesundheitsschädigung eines Menschen und die relativ geringe Anhebung der Untergrenze des Strafrahmens systematisch zu untermauern, kann nicht darüber hinwegtäuschen, dass der Grenzziehung ein gewisses Maß an Willkür innewohnt.[9] Berechtigt ist aber jedenfalls der Hinweis in der Entscheidung, dass es nicht auf eine unübersehbar große Zahl von Menschen ankommen kann.

7 bb) Für die hierbei in Betracht kommenden **Gesundheitsschädigungen** sei auf *Wolff* LK § 306a Rdn. 32 verwiesen.

8 **3. Subjektiver Tatbestand.** Während die Brandstiftung an einem der Tatgegenstände von § 306 Abs. 1 oder § 306a Abs. 1 vorsätzlich begangen sein muss, genügt hinsichtlich der Verursachung des qualifizierenden Erfolgs nach § 306b Abs. 1 Fahrlässigkeit (allerdings ist auch Vorsatz möglich – BGHSt **44** 175, 176 f), § 18.[10] Dafür spricht nicht nur

---

Nagel Jura **2001** 588, 589 f, der im Grenzbereich zwischen zehn und vierzehn Personen, auf den Einzelfall abstellen will, ohne sich auf eine Untergrenze festzulegen. Siehe weiter *Pfister* NJ **2001** 126, 127.

7 Vergleichbar *Lackner/Kühl* Rdn. 2; *Wolters/Horn* SK Rdn. 4; *Küpper* BT § 5 Rdn. 16; *Otto* BT § 79 Fn. 28; *Rengier* BT/2 § 40 Rdn. 4; *Bayer* S. 108 (Rdn. 3); *Geppert* Jura **1998** 597, 603; *Ingelfinger* JR **1999** 210; *Kühn* NStZ **1999** 559; *Liesching* S. 111 ff; *Noack/Collin* Jura **2006** 544, 546; *Range* S. 105 ff. *Sch/Schröder/Heine* Vorbem. §§ 306 ff Rdn. 13a, *Stein* S. 103 f (Rdn. 63) und *Müller/Hönig* JA **2001** 517, 522 befürworten – allerdings kaum praktikable – Ansätze einer Differenzierung nach der Schwere der Verletzungen. *Herzog* NK Rdn. 4 will auf die Festlegung einer bestimmten Zahl überhaupt verzichten; ähnlich *Windhorst*, wie Fn. 5, S. 100 f.

8 *Fischer* Rdn. 5: jedenfalls bei zwanzig Personen; ebenso *Radtke* MK Rdn. 9; *ders.* Dogmatik der Brandstiftungsdelikte S. 368 f; *ders.* ZStW **110** (1998) 848, 876; *Arzt/Weber* BT § 37 Rdn. 38 f. Ab circa fünfzig Personen: *Cantzler* JA **1999** 474, 476; *Ellbogen* Jura **1998** 483, 488 Fn. 69.

9 Vgl. auch z.B. *Fischer* Rdn. 5; Dölling/Duttge/Rössner/*Weiler* HK Rdn. 5; *Börner* S. 52; nach *Küpper* Mengenbegriffe im Strafgesetzbuch, Festschrift Kohlmann (2003) 133, 139 ff führt keiner der üblichen Auslegungsansätze zu einem klaren Ergebnis.

10 *Fischer* Rdn. 2; *Kindhäuser* LPK Rdn. 3; *Lackner/Kühl* Rdn. 1, 2; *Radtke* MK Rdn. 3, 29; *Sch/Schröder/Heine* Rdn. 1, 6; *Wolters/Horn* SK Rdn. 2; *Arzt/Weber* BT § 37 Rdn. 40; *Küpper* BT § 5 Rdn. 16; *Maurach/Schroeder/Maiwald* BT/2 § 51 Rdn. 26; *Otto* BT § 79 Rdn. 13; *Wessels/Hettinger* BT/1 Rdn. 953; *Hecker* GA **1999** 332 Fn. 3; *Hörnle* Jura **1998** 169, 182; *Immel* StV **2001** 477; *Ingelfinger* JR **1999** 211, 212; *Kreß* JR **2001** 315, 318 f; *Kreß/Weißer* JA **2006** 115, 121; *Kudlich* NStZ **2003** 458, 459; *Kühl* Erfolgsqualifizierte Delikte in der Rechtsprechung des Bundesgerichtshofs, Festgabe BGH IV (2000) 237, 245; *Küpper* ZStW **111** (1999) 785, 788; *Müller/Hönig* JA **2001** 517, 522; *Murmann* Jura **2001** 258, 264; *Radtke* ZStW **110** (19989) 848, 876; *Range* S. 107 f; *Rengier* JuS **1998** 397, 399; *Stein* S. 104 f (Rdn. 64); *ders.* JR **2000** 115, 116; *Wrage* JuS **2003** 985, 989. Ein erfolgsqualifiziertes Delikt verneint *Geppert* Jura **1998** 597, 603; für die Notwendigkeit von Vorsatz auch *Liesching* S. 54 ff, 108; *Radtke* Dogmatik der Brandstiftungsdelikte S. 311, 369; *Wolters* JZ **1998** 398, 400.

der Wortlaut der Bestimmung, sondern auch der Vergleich mit dem ebenso formulierten § 315 Abs. 3 Nr. 2, der ausdrücklich als Erfolgsqualifikation konzipiert ist (BTDrucks. 13/9064 S. 22 f zu Nr. 80). Dazu passt, dass eine besondere Fahrlässigkeitsregelung in § 306d fehlt. Zweifel am Vorsatz, einen Großbrand auszulösen, können sich daraus ergeben, dass der Täter Einbußen an eigenen Rechtsgütern befürchten muss, etwa wenn er sein Fahrzeug vor der Brandstelle geparkt hat (BGH bei Altvater NStZ 2000 18, 19).

4. **Versuch.** Dieser ist, weil die Grunddelikte Verbrechen sind, §§ 12 Abs. 1, 23 Abs. 1 **9**
1. Halbsatz, und sich die Qualifizierung bei Gesundheitsschädigung bereits aus der Gefährlichkeit der Tathandlung ergibt (vgl. dazu *Wolff* LK § 306c Rdn. 4 bezogen auf die Brandstiftungsdelikte und allgemein *Hillenkamp* LK Vor § 22 Rdn. 107 ff), jedenfalls möglich; und zwar in zweierlei Ausgestaltung: Die schwere Brandstiftung kann vollendet sein, die gewollte dadurch verursachte Gesundheitsschädigung bleibt aber im Versuchsstadium stecken – die Gestaltung wird häufig als versuchte Erfolgsqualifizierung bezeichnet – oder die Gesundheitsschädigung ist schon wenigstens fahrlässig herbeigeführte Folge einer versuchten schweren Brandstiftung – oft erfolgsqualifizierter Versuch genannt –.[11]

III. Qualifikationstatbestände nach § 306b Abs. 2

1. **Allgemeines.** Bei § 306b Abs. 2 wirken für eine Brandstiftung nach § 306a Abs. 1 **10**
oder § 306a Abs. 2, nicht auch nach § 306, dessen Tatobjektskatalog allerdings über § 306a Abs. 2 auch für § 306b Abs. 2 Bedeutung hat,[12] folgende Umstände qualifizierend: wenn der Täter durch die Tat einen anderen Menschen in die Gefahr des Todes bringt, wenn er in der Absicht handelt, eine andere Straftat zu ermöglichen oder zu verdecken oder wenn er das Löschen des Brandes verhindert oder erschwert. Voraussetzung für die Anwendbarkeit von § 306b Abs. 2 ist danach, dass objektiv und subjektiv eine Brandstiftung nach § 306a Abs. 1 oder § 306a Abs. 2 vorliegt, dies beurteilt sich nach den erwähnten Vorschriften, und eine Variante der nach § 306b Abs. 2 qualifizierenden Merkmale hinzutritt (kritisch zu diesem Verständnis der Bestimmung z.B. *Fischer* Rdn. 6 f). Fehlt es an der für § 306a Abs. 2 nötigen Vorsatz-Vorsatz-Kombination, z.B. weil der Täter die Gefahr nur fahrlässig herbeigeführt hat, § 306d Abs. 1 2. Alt., greift § 306b Abs. 2 nicht ein (BGH NStZ-RR 2000 209 Nr. 2).

2. Zu den **Qualifikationen** ist folgendes zu bemerken: **11**

a) **Einen anderen Menschen durch die Tat** – die schwere Brandstiftung – **in die Gefahr des Todes bringen (Nummer 1):** **12**

aa) Im Regierungsentwurf – § 306a – war noch die Einschränkung enthalten, dass **13**
sich der in Todesgefahr geratene Mensch zur Zeit der Tat in der geschützten Räumlich-

11 BGHSt **44** 175, 177; *Fischer* Rdn. 3; *Lackner/Kühl* Rdn. 2; *Radtke* MK Rdn. 38; *Sch/Schröder/Heine* Rdn. 2, 7; *Arzt/Weber* BT § 37 Rdn. 41; *Maurach/Schroeder/Maiwald* BT/2 § 51 Rdn. 35; *Range* S. 111 ff; *Rengier* JuS **1998** 397, 400; *ders.* BT/2 § 40 Rdn. 45. Vgl. auch *Geppert* Jura **1998** 597, 603.

12 Vgl. *Fischer* Rdn. 6a; *Lackner/Kühl* Rdn. 3; *Radtke* MK Rdn. 3, 5, 12; *Sch/Schröder/Heine* Rdn. 8; *Wolters/Horn* SK Rdn. 8. Vgl. außerdem *Maurach/Schroeder/Maiwald* BT/2 § 51 Rdn. 27.

keit aufgehalten haben musste (BTDrucks. 13/8578 S. 11, 12, 49). Das Gleiche gilt für die Gegenäußerung der Bundesregierung zur Stellungnahme des Bundesrates (BTDrucks. 13/8587 Anlage 3 S. 86). Die Fassung, die Geltung erlangt hat, ist das Ergebnis der Beratungen des Rechtsausschusses des Bundestags (BTDrucks. 13/8991 S. 23; BTDrucks. 13/9064 S. 22). Wegen der Einbeziehung von § 306a Abs. 2 konnte man an der Einschränkung, dass sich der gefährdete Mensch in den geschützten Räumlichkeiten aufgehalten haben musste, nicht festhalten. In der Sache ist damit aber eine nicht unerhebliche Ausdehnung des Anwendungsbereichs der Qualifikation verbunden (vgl. auch *Wolff* LK § 306c Rdn. 4 f).

14 Bei der Gefahr muss es sich um eine **konkrete Gefahr** handeln.[13] Soweit es § 306b Abs. 2 Nr. 1 in Verbindung mit § 306a Abs. 1 betrifft, verwandelt sich das abstrakte Gefährdungsdelikt des § 306a Abs. 1 also durch die Qualifikation in ein konkretes Gefährdungsdelikt. In diesem Umfang bildet die Strafvorschrift des § 306b Abs. 2 Nr. 1 quasi eine Vorstufe zu der Brandstiftung mit Todesfolge nach § 306c. Demgegenüber steht die Bestimmung im Verhältnis zu § 306a Abs. 2 einerseits und § 306c andererseits in der Mitte einer Abstufung Gefahr einer Gesundheitsschädigung, Gefahr des Todes und Herbeiführen des Todes. Da im Falle einer durch die Brandstiftung verursachten Todesgefahr für einen Menschen diesem immer zugleich eine Gesundheitsschädigung droht, hat § 306a Abs. 2 bei – vorsätzlicher – Herbeiführung von Todesgefahr für einen anderen neben § 306b Abs. 2 Nr. 1 keine selbständige Bedeutung.[14] Dies ändert sich allerdings, wenn durch die Tat unterschiedliche Personen vorsätzlich teils in Todes-, teils in Verletzungsgefahr gebracht werden.

15 Bei der Abgrenzung drohender Gefahr einer Gesundheitsschädigung von drohender Todesgefahr werden die gleichen Fallgestaltungen wie bei § 306a Abs. 2 Grundlage sein; auch der Gefahrbegriff unterscheidet sich, sieht man von dem abweichenden drohenden Erfolg ab, nicht (vgl. *Wolff* LK § 306a Rdn. 29 ff). Die Abgrenzung selbst wird vom Einzelfall abhängen und kann tatsächliche Schwierigkeiten bereiten (Bedenken auch bei *Schoeder* GA **1998** 571, 572 f). Die Todesgefahr muss durch die Brandstiftung und deren spezifische Gefahrenlage verursacht sein.[15] Dafür sei auf *Wolff* LK § 306a Rdn. 30; § 306c Rdn. 4 f verwiesen.

16 **bb**) Die Herbeiführung der Gefahr des Todes muss zudem vom **Vorsatz** umfasst sein, wobei bedingter Vorsatz genügt.[16] Das ergibt sich aus der dafür ausreichend tragfähigen

---

[13] *Fischer* Rdn. 7; *Kindhäuser* LPK Rdn. 4; *Lackner/Kühl* Rdn. 3; *Radtke* MK Rdn. 13; *Sch/Schröder/Heine* Rdn. 9; Dölling/Duttge/Rössner/*Weiler* HK Rdn. 8; *Wolters/Horn* SK Rdn. 9; *Arzt/Weber* BT § 37 Rdn. 42; *Küpper* BT § 5 Rdn. 17; *Rengier* BT/2 § 40 Rdn. 46; *Wessels/Hettinger* BT/1 Rdn. 972; *Geppert* Jura **1998** 597, 604; *Radtke* Dogmatik der Brandstiftungsdelikte S. 327 ff; *Range* S. 118; *Wolters* JZ **1998** 398, 400.

[14] *Schroeder* GA **1998** 571, 573; vgl. auch *Liesching* S. 113 f; *Radtke* Dogmatik der Brandstiftungsdelikte S. 312, 329.

[15] *Fischer* Rdn. 7 in Verbindung mit § 306a Rdn. 11; *Radtke* MK Rdn. 13; *Sch/Schröder/Heine* Rdn. 9; *Wessels/Hettinger* BT/1 Rdn. 972 in Verbindung mit 969; *Geppert* Jura **1998** 597, 604; *Radtke* Dogmatik der Brandstiftungsdelikte S. 329 f; *Range* S. 120. Vgl. auch *Wolters* JR **1998** 271, 273.

[16] BGHSt **46** 225, 227 = NStZ **2001** 313 m. Anm. *Laubenthal* S. 367; BGH NJW **1999** 3131 f = NStZ **2000** 88 m. Anm. *Radtke* = JR **2000** 114 m. Anm. *Stein*; *Fischer* Rdn. 7; *Herzog* NK Rdn. 5; *Kindhäuser* LPK Rdn. 4; *Lackner/Kühl* Rdn. 3; *Radtke* MK Rdn. 3, 30; *Sch/Schröder/Heine* Rdn. 1, 9; Dölling/Duttge/Rössner/*Weiler* HK Rdn. 8; *Wolters/Horn* SK Rdn. 8, 10; *Arzt/Weber* BT § 37 Rdn. 42; *Küpper* BT § 5 Rdn. 17; *Rengier* BT/2 § 40 Rdn. 46; *Wessels/Hettinger* BT/1 Rdn. 972; *Bayer* S. 108 (Rdn. 6); *Geppert*

Begründung des Entwurfs der Bundesregierung (BTDrucks. 13/8587 S. 49), aus der im Vergleich mit § 306a Abs. 2 parallelen Formulierung des Merkmals (bei § 250 Abs. 1 Nr. 3 und § 177 Abs. 4 Nr. 2b z.B. wird die gleiche Formulierung ebenso ausgelegt) und aus der gegenüber § 306b Abs. 1 erheblich angehobenen Mindeststrafe. Allerdings ist die fahrlässige Herbeiführung von Todesgefahr für einen anderen in § 306d nicht aufgenommen, so dass in einem solchen Falle auf § 306b Abs. 1 (oder § 306a) zurückgegriffen werden muss.

Der Einsatz besonders gefährlicher Tatmittel, wie das Werfen von gezündeten Brandflaschen auf bewohnte Gebäude, stellt ein gewichtiges Indiz für mindestens bedingt vorsätzliches Herbeiführen einer Todesgefahr für Menschen dar, auch wenn dies im Einzelfall zu prüfen ist. Daneben kommen Tatzeit, Bauweise des Gebäudes, Wohnsituation der Bewohner, konkrete Vorgehensweise und Abwehr- und Fluchtmöglichkeiten der Gefährdeten Bedeutung zu (vgl. BGH NStZ **1994** 483, 484; BGH NStZ **1994** 584). Die **Anforderungen an** einen auf die Herbeiführung einer konkreten Todesgefahr gerichteten **Vorsatz** (s. auch BGH NJW **1999** 3131 f, in welcher Entscheidung es um das Werfen einer Brandflasche in Richtung eines Fensters eines Asylbewerberheims, hinter dem ein Fernseher lief, am späten Abend ging) lassen sich wie folgt verallgemeinern: Gefährdungsvorsatz ist nicht mit bedingtem Verletzungsvorsatz gleichzusetzen (BGHSt **22** 67, 73; **26** 176, 182; **26** 244, 246; BGH NStZ-RR **2008** 309, 310); der Täter muss die Umstände kennen, die zu einer konkreten Gefährdung geführt haben, also die Umstände, die die Schädigung des Rechtsgutes Leben (mindestens) eines Menschen ohne den Eintritt einer plötzlichen Wendung etwa durch Schutzmaßnahmen des Bedrohten als naheliegende Möglichkeit erscheinen ließen und so auf einen unmittelbar drohenden Schaden hindeuteten; weitere Voraussetzung ist, dass der Täter das Herbeiführen der Gefahrenlage durch sein Handeln zumindest billigend in Kauf genommen, zugleich aber auf den Nichteintritt des Todeserfolges vertraut hat (vgl. BGHSt **22** 67, 74; **26** 244, 246; BGH NStZ-RR **2008** 309, 310).[17] **17**

cc) Zum **Versuch** wird auf *Wolff* LK § 306a Rdn. 35 verwiesen. Versuch kann bei entsprechend nachweisbarem subjektiven Tatbestand also vorliegen, obwohl weder ein Brand ausgebrochen noch eine konkrete Todesgefahr für einen Menschen entstanden ist (BGH NJW **1999** 3131 f; *Pfister* NJ **2001** 126, 127). **18**

b) **Der Täter handelt in der Absicht, eine andere Straftat** – ein Verbrechen oder Vergehen im Sinne von § 12 – **zu ermöglichen oder zu verdecken (Nummer 2).** **19**

aa) Der Gesetzgeber hat damit *unter Erweiterung an § 307 Nr. 2 a.F.* (vgl. zu dessen Historie *St. Cramer* Jura **1995** 347 ff) *angeknüpft* und sich dabei an § 315 Abs. 3 Nr. 2 **20**

Jura **1998** 597, 603; *Immel* StV **2001** 477, 478; *Kreß* JR **2001** 315, 318 f; *Kreß/Weißer* JA **2006** 115, 121; *Kudlich* JA **2000** 511, 512; *Kühl* Festgabe BGH, wie Fn. 10, S. 237, 245; *Küpper* ZStW **111** (1999) 785, 788 f; *Liesching* S. 114 ff; *Müller/Hönig* JA **2001** 517, 523; *Murmann* Jura **2001** 258, 264; *Pfister* NJ **2001** 126, 127; *Radtke* Dogmatik der Brandstiftungsdelikte S. 330 ff; *ders.* ZStW **110** (1998) 848, 877; *Range* S. 117 ff; *Rengier* JuS **1998** 397, 400; *Stein* S. 105 (Rdn. 65 f); *Wolters* JR **1998** 271, 273. Vgl. auch BGHSt **26** 176, 180; **26** 244 ff; *Herdegen* LK[11] § 250 Rdn. 28. Zweifelnd *Wolters* JZ **1998** 398, 400. **AA** *Hörnle* Jura **1998** 169, 182.

17 Ähnlich *Radtke* Dogmatik der Brandstiftungsdelikte S. 305 ff, 331 f; *ders.* NStZ **2000** 89 f, auch zu Zweifeln, ob sich ein bedingter Gefährdungsvorsatz sinnvoll abgrenzen lässt.

a.F., jetzt § 315 Abs. 3 Nr. 1b, orientiert; u.a. wegen der Tatbestandserweiterung ist der Strafrahmen im Vergleich zu § 307 Nr. 2 a.F. herabgesetzt worden (Regierungsentwurf BTDrucks. 13/8587 S. 49). Der Bundesrat hatte gerade auch wegen der Ausdehnung dieses Qualifikationstatbestandes die Strafrahmenuntergrenze von fünf Jahren für unangemessen hoch gehalten (Stellungnahme BTDrucks. 13/8587 Anlage 2 S. 70). Dem ist die Bundesregierung entgegengetreten (Gegenäußerung BTDrucks. 13/8587 Anlage 3 S. 88). Der Rechtsausschuss des Bundestags (BTDrucks. 13/9064 S. 22) und dieser selbst haben sich dem ersichtlich angeschlossen. Letztlich ist das Merkmal dem § 211 Abs. 2 entnommen.

21 Im Vergleich zu § 307 Nr. 2 a.F., der die Absicht des Täters verlangte, die Tat zu bestimmten, abschließend aufgezählten Straftaten „auszunutzen", was die Ausnutzung der durch die schwere Brandstiftung geschaffenen Gefahrenlage für die Begehung der weiteren Straftat und somit einen engen zeitlichen, räumlichen und sachlichen Zusammenhang der geplanten weiteren Tat mit der Brandsituation forderte,[18] zeigt die Fassung des Gesetzes und seine Entstehungsgeschichte, dass es auf diese Einschränkung nicht mehr ankommt.[19] Auch im Rahmen des § 315 Abs. 3 Nr. 1b (vgl. *König* LK § 315 Rdn. 115 ff) und des § 211 (vgl. *Jähnke* LK[11] § 211 Rdn. 9 ff) genügt es, dass der Täter bei seiner Tat das Ziel verfolgt, entweder diese zur Begehung einer weiteren Straftat zu nutzen oder die Aufdeckung oder Aufklärung der ersten Straftat zu verhindern oder zu erschweren. Demgegenüber wird im Schrifttum teilweise die Einschränkung befürwortet, die für die Absicht, eine andere Straftat zu ermöglichen, im Wesentlichen an das Ausnutzen der spezifischen Auswirkungen der mit der Brandstiftung verbundenen Gemeingefahr in der Vorstellung des Täters anknüpfen will.[20] Dies betrifft insbesondere den häufigen Fall, dass die Brandstiftung dazu dient, einen Betrug gegenüber einer Versicherungsgesellschaft vorzubereiten. Doch sind diese Einschränkungsversuche abzulehnen (siehe z.B. *Radtke* MK Rdn. 18 ff; Dölling/Duttge/Rössner/*Weiler* HK Rdn. 9; *Börner* S. 53 ff). Das insbesondere durch die über § 306a Abs. 2 erfolgte Einbeziehung des Katalogs des § 306 Abs. 1 als mögliche Brandstiftungsobjekte verschärfte Problem einer teilweise sehr hoch anzusehenden Strafandrohung – der BGH hält sie wegen des besonderen Unwerts einer Brandstiftung, die der Begehung weiteren kriminellen Unrechts dienen

---

18 BGHSt **38** 309, 311 = JR **1993** 294 m. Anm. *Graul*; BGHSt **40** 251 ff; sowie ergänzend *Kratzsch* JuS **1994** 372 ff; *Zopfs* JuS **1995** 686 ff.

19 BGHSt **45** 211, 216 ff = JR **2000** 425 m. Anm. *Radtke* = StV **2000** 133 m. Anm. *Schlothauer* = JA **2000** 361 m. Besprechung *Kudlich* (siehe zu dieser Entscheidung auch *Pfister* NJ **2001** 126, 127 und *Rönnau* JuS **2001** 328 ff); BGHSt **46** 73, 81; BGH NStZ **2000** 197, 198 = StV **2000** 136 m. Anm. *Schlothauer;* BGH NStZ-RR **2000** 209 Nr. 2; BGH StraFo **2000** 335, 337; BGH NJW **2000** 3581 f = JR **2001** 125 m. Anm. *Liesching*; BGH NStZ-RR **2004** 366 f; BGH NStZ-RR **2005** 76; BGH NStZ **2008** 571 f; *Herzog* NK Rdn. 7; *Radtke* MK Rdn. 17; *Maurach/Schroeder/Maiwald* BT/2 § 51 Rdn. 29; *Börner* S. 53 ff; *Ellbogen* Jura **1998** 483, 488; *Liesching* S. 116 ff; *Radtke* Dogmatik der Brandstiftungsdelikte S. 334 ff; *ders.* ZStW **110** (1998) 848, 876 f; *Range* S. 126 ff; *Stein* S. 106 f (Rdn. 67); *Wrage* JuS **2003** 985, 991. Vgl. auch *Sch/Schröder/Heine* Rdn. 10.

20 *Fischer* Rdn. 9 ff; *Lackner/Kühl* Rdn. 4; *Sch/Schröder/Heine* Rdn. 13; *Wolters/Horn* SK Rdn. 11c f; *Küpper* BT § 5 Rdn. 20; *Rengier* BT/2 § 40 Rdn. 49 ff; *ders.* Methodische Aspekte und Aufgaben des Bundesgerichtshofes im Lichte von Entscheidungen zum Besonderen Teil des Strafrechts, Festgabe BGH Bd. IV (2000), 467, 476 f; *Geppert* Jura **1998** 597, 604; *Hecker* GA **1999** 332 ff; *Weißer/Kreß* JA **2003** 857, 862; ebenso LG Kiel StV **2003** 675 f m. Anm. *Ostendorf* (aufgehoben durch BGH NStZ-RR **2004** 366, 367); einschränkend auch *Mitsch* ZStW **111** (1999) 65, 114 f; *Schlothauer* StV **2000** 138 ff.

soll, für berechtigt (BGHSt **45** 211, 217; BGH NJW **2000** 3581 f = JR **2001** 125 m. Anm. *Liesching*) – ist im Gesetzgebungsverfahren gesehen und anders bewertet worden.[21]

bb) Bei § 306b Abs. 2 Nr. 2 ist Grundlage eine vorsätzliche Brandstiftung nach § 306a Abs. 1 oder 2 (BGH NStZ-RR **2000** 209 Nr. 2; BGH NStZ-RR **2005** 76; BGH StV **2007** 584), wobei bedingter Vorsatz genügt. Dieser reicht auch aus, soweit es um die andere Straftat geht, die – erste Alternative – durch die Brandstiftung ermöglicht werden soll (aber nicht zur Ausführung kommen muss).[22] Handeln[23] in der **Absicht**, eine andere Straftat zu ermöglichen, gleichzusetzen mit zielgerichtetem Handeln – der Handlungswille des Täters muss gerade auf die Begehung der anderen Straftat gerichtet sein – (BGH NJW **2000** 3581, 3582), ein besonderes persönliches Merkmal im Sinne des § 28 Abs. 2,[24] *bezieht sich allein auf die Verknüpfung zwischen dem Handeln des Brandstifters und dem von ihm verfolgten Zweck der Ermöglichung der weiteren Straftat.*[25] Darauf muss es dem Täter ankommen. Die als Ziel vorgestellte weitere Straftat braucht nicht die des Brandstifters zu sein.[26] Die Brandstiftung muss dem Täter für das weitere Delikt nicht als notwendiges Mittel erscheinen; es genügt die Vorstellung, sie werde die weitere Tat erleichtern.[27] Die Brandstiftung muss weiter nach der Vorstellung des Täters mindestens Vorbereitungshandlung der angestrebten weiteren Straftat, kann aber auch Teilakt oder Versuchsbeginn der weiteren Straftat sein.[28] Die weitere Straftat muss allerdings weder versucht noch gar vollendet werden, um die Anwendbarkeit von § 306b Abs. 2 Nr. 2 auszulösen.[29] Zu differenzieren ist bei Beantwortung der Frage, ob die Brandstiftung Tatmittel dafür sein kann.[30] Fallen Tathandlung und Tatobjekt der schweren Brand- **22**

---

[21] Zu Reparaturüberlegungen vgl. *Geißler* JR **2000** 489, 493.

[22] BGHSt **45** 211, 217; BGH NStZ **2008** 571 f; vgl. auch BGHSt **40** 106, 107 f; kritisch dazu *Sch/Schröder/Heine* Rdn. 12; *Mitsch* JuS **1997** 788, 790; *Schmidt* JuS **1995** 81 f; *Zopfs* JuS **1995** 686. Der Linie des BGH folgen *Fischer* Rdn. 10a; *Lackner/Kühl* Rdn. 4; *Radtke* MK Rdn. 3, 31; *Wolters/Horn* SK Rdn. 11a; *Küpper* BT § 5 Rdn. 21; *Wessels/Hettinger* BT/1 Rdn. 972; *Ellbogen* Jura **1998** 483, 488; *Geppert* Jura **1998** 597, 604; *Radtke* Dogmatik der Brandstiftungsdelikte S. 342 f; *ders.* ZStW **110** (1998) 848, 877; *Range* S. 130 f.

[23] Auch Unterlassen ist möglich; vgl. *Jähnke* LK[11] § 211 Rdn. 10; **aA** *Wolters/Horn* SK Rdn. 14.

[24] BGH NStZ **2000** 197, 198; BGH NJW **2000** 3581, 3582; *Fischer* Rdn. 10a; *Lackner/Kühl* Rdn. 4; *Radtke* MK Rdn. 33; *Sch/Schröder/Heine* Rdn. 12; *Maurach/Schroeder/Maiwald* BT/2 § 51 Rdn. 30; *Rengier* BT/2 § 40 Rdn. 55; *Liesching* S. 64 f; *Pfister* NJ **2001** 126, 127; *Radtke* Dogmatik der Brandstiftungsdelikte S. 349 ff; im Ergebnis auch *Wolters/Horn* SK Rdn. 15.

[25] BGHSt **45** 211, 217; BGH NStZ **2008** 571; BGH, Beschl. v. 10. Juni 1999 – 4 StR 60/99 –; *Fischer* Rdn. 10a; *Lackner/Kühl* Rdn. 4; *Radtke* MK Rdn. 16; *Wolters/Horn* SK Rdn. 11a; *Küpper* BT § 5 Rdn. 21; *Ellbogen* Jura **1998** 483, 488; *Radtke* Dogmatik der Brandstiftungsdelikte S. 344 f. Vgl. auch *Wessels/Hettinger* BT/1 Rdn. 972 in Verbindung mit 124a. Abweichend *Maurach/Schroeder/Maiwald* BT/2 § 51 Rdn. 30.

[26] BGH NJW **2000** 3581 f = JR **2001** 125 m. Anm. *Liesching*; *Fischer* Rdn. 8; *Herzog* NK Rdn. 6; *Lackner/Kühl* Rdn. 4; *Sch/Schröder/Heine* Rdn. 12; *Wolters/Horn* SK Rdn. 11a; *Pfister* NJ 2001 126, 127; *Range* S. 122.

[27] BGHSt **45** 211, 216 f; *Fischer* Rdn. 10; *Wolters/Horn* SK Rdn. 11a; *Radtke* Dogmatik der Brandstiftungsdelikte S. 342.

[28] *Fischer* Rdn. 10; *Herzog* NK Rdn. 6; *Radtke* MK Rdn. 21; *ders.* NStZ **2007** 642, 643; *Sch/Schröder/Heine* Rdn. 11.

[29] *Fischer* Rdn. 10; *Radtke* MK Rdn. 22; *ders.* Dogmatik der Brandstiftungsdelikte S. 339; *Küpper* BT § 5 Rdn. 18.

[30] Für § 307 Nr. 2 a.F. ist dies in der Rechtsprechung bejaht worden: BGHSt **20** 246 f; **40** 106, 107. Für § 306b Abs. 2 Nr. 2 ebenso: *Radtke* MK Rdn. 21; *Sch/Schröder/Heine* Rdn. 11, 13; *Tröndle/Fischer*[54] Rdn. 10 (anders *Fischer*[55] Rdn. 10); *Küpper* BT § 5

stiftung und eines weiteren Delikts zusammen, wie es bei schwerer Brandstiftung und Versicherungsmissbrauch der Fall ist, kann in Hinblick auf die Straftat nach § 265 von der Absicht, diese durch die Brandstiftung zu ermöglichen, nicht sinnvoll gesprochen werden; dem steht schon der Gesetzeswortlaut entgegen.[31] Weicht dagegen das Tatobjekt des weiteren Delikts von dem der schweren Brandstiftung ab, wie es bei Inbrandsetzen eines Wohnhauses samt fremdem Inventar, für das ebenfalls Versicherungsleistungen in Anspruch genommen werden sollen, in Bezug auf die darin liegende Sachbeschädigung der Fall ist, sind die Voraussetzungen von § 306b Abs. 2 Nr. 2 zu bejahen.[32] § 306b Abs. 2 Nr. 2 bringt eine Zweckbeziehung zum Ausdruck, sagt aber nichts über das zeitliche Verhältnis zwischen schwerer Brandstiftung und bezweckter weiterer Straftat aus; wenn der BGH in der erwähnten Entscheidung – BGH NStZ **2007** 640 ff – einen weiteren Tätigkeitsakt zur Herbeiführung eines über die schwere Brandstiftung hinausgehenden Erfolgs als beabsichtigt fordert, findet sich dafür im Gesetz kein Anhalt.

23 Eine **Verdeckungsabsicht**[33] ist dann gegeben, wenn der Täter das Ziel verfolgt, mit der Brandstiftung[34] die Entdeckung oder Aufklärung – einschließlich der Tatbeteiligung – einer vorangegangenen Straftat zu verhindern oder zu erschweren; wobei es wieder genügt, wenn sich die Absicht auf die Verknüpfung von Handeln – schwere Brandstiftung – zum verfolgten Zweck – Verdeckung – erstreckt.[35] Auch hier muss es sich nicht um seine Straftat handeln (BGH NJW **2000** 3581 f = JR **2001** 125 m. Anm. *Liesching*). Der angestrebte Verdeckungszweck muss nicht erreicht werden. Bei der Absicht, eine andere Straftat zu verdecken, handelt es sich ebenfalls (s. Rdn. 22) nicht um ein tatbezogenes, sondern um ein täterbezogenes, strafschärfendes, besonderes persönliches Merkmal im Sinne von § 28 Abs. 2. Fehlt es beim Haupttäter, kann es für den Anstifter doch erfüllt sein (BGH NStZ **2000** 197, 198; BGH NJW **2000** 3581, 3582).

24 cc) **Versuch** ist strafbar, § 23 Abs. 1 1. Halbsatz, § 12 Abs. 1, und möglich, wenn die Brandstiftung im Versuchsstadium stecken bleibt. Das Handeln *in der Absicht*, eine andere Straftat zu ermöglichen oder zu verdecken, ist aber notwendige Voraussetzung (*Radtke* MK Rdn. 39; *ders.* Dogmatik der Brandstiftungsdelikte S. 342 f; *Wolters/Horn* SK Rdn. 13).

Rdn. 18; *Maurach/Schroeder/Maiwald* BT/2 § 51 Rdn. 29; *Rengier* BT/2 § 40 Rdn. 48; *Geppert* Jura **1998** 597, 604; *Range* S. 129 ff.

[31] BGHSt **51** 236, 240 ff = BGH NStZ **2007** 640, 641 m. Anm. *Radtke*; *Fischer* Rdn. 10; vgl. auch BGH NZV **1995** 285; *König* LK[11] § 315 Rdn. 116; *Sch/Schröder/Heine* Rdn. 13; **aA** *Weber* bei Dietmeier ZStW **112** (2000) 886, 901 und für das Verhältnis § 306b Abs. 2 Nr. 2/§ 306, wenn Grundlage für die Anwendung von § 306b Abs. 2 Nr. 2 eine schwere Brandstiftung nach § 306a Abs. 2 an einer fremden Sache ist, *Schroeder* GA **1998** 571, 575.

[32] BGH, Beschl. v. 10. Juni 1999 – 4 StR 60/99 –, erwähnt in BGH NStZ **2007** 640, 642; *Herzog* NK Rdn. 6; *Wolters/Horn* SK Rdn. 11b; *Börner* S. 53 Fn. 142; **aA** BGHSt **51** 236, 240 ff = BGH NStZ **2007** 640; *Fischer* Rdn. 10; *Sch/Schröder/Heine* Rdn. 13; *Arzt/Weber* BT § 37 Rdn. 45; *Bosch* JA **2007** 743, 744; *Radtke* NStZ **2007** 642 f.

[33] Kritisch zur Verwendung als Qualifikationsgrund *Otto* Jura **2003** 612, 620; vgl. weiter *Heine* Stand und Entwicklung der Mordtatbestände, FS Brauneck, S. 325, 328 f.

[34] Beabsichtigte Tatbegehung durch Unterlassen ist möglich; vgl. BGH NJW **2000** 1730, 1732; BGH NStZ **2003** 312 f; *Jähnke* LK[11] § 211 Rdn. 20.

[35] Vgl. BGHSt **41** 358 ff = JZ **1996** 686 m. Anm. *Schroeder* = StV **1998** 21 m. Anm. *Saliger*; s. auch *Mitsch* JuS **1997** 788.

c) **Das Verhindern oder Erschweren des Löschens des Brandes (Nummer 3):**

aa) Auch diese Variante knüpft an § 307 a.F. – Nummer 3 – an. Sie verallgemeinert die frühere Fassung, bei der die Qualifikation darin bestand, dass der Täter, um das Löschen zu verhindern oder zu erschweren, Löschgerätschaften entfernt oder unbrauchbar gemacht hatte,[36] dahin, dass jede Handlung, die das Löschen des Brandes verhindert oder erschwert, genügt. Allerdings bedeutet die Änderung **nicht nur eine Erweiterung**, denn das Löschen des Brandes muss tatsächlich verhindert oder erschwert worden sein. Ursprünglich bezog sich die Umgestaltung von § 307 Nr. 3 a.F. allein auf § 306 Abs. 1 des Regierungsentwurfs, der weitgehend dem § 306 a.F. entsprach; dementsprechend war in der Begründung auf die besondere Schutzbedürftigkeit der dort aufgeführten Gebäude und Räumlichkeiten abgestellt (BTDrucks. 13/8587 S. 11 f, 49). Auch hierbei beanstandete der Bundesrat, dass der Strafrahmen unangemessen hoch erscheine (BT-Drucks. 13/8587 Anlage 2 S. 70). Dem ist die Bundesregierung nicht gefolgt (Gegenäußerung BTDrucks. 13/8587 Anlage 3 S. 86 ff). Der Rechtsausschuss des Bundestags hat sich dieser Bewertung angeschlossen, obwohl dort § 306a um seinen jetzigen Absatz 2 ergänzt worden war und sich die Qualifikation, die als solche unverändert blieb, nunmehr auch auf das Delikt des § 306a Abs. 2 bezog (Beschlussempfehlung des Rechtsausschusses BTDrucks. 13/8991 S. 23; Bericht des Rechtsausschusses BT/Drucks. 13/9064 S. 22). Dafür passt jedoch die Begründung des Regierungsentwurfs nicht; man wird sie um die besondere Schutzbedürftigkeit des nach § 306a Abs. 2 gefährdeten Menschen ergänzen müssen.[37] 25

bb) Objektiv muss der Täter neben der Begehung einer Brandstiftung nach § 306a Abs. 1 oder 2 *das Löschen des Brandes verhindern*, eine Brandbekämpfung kann also nicht stattfinden, *oder erschweren*, die Brandbekämpfung wird also verzögert oder beeinträchtigt, wobei das Erschweren in ein Verhindern übergehen kann.[38] Es handelt sich dementsprechend um ein zweiaktiges Delikt. Dabei ist die Qualifikation im Grunde ganz auf das Tatbestandsmerkmal des Inbrandsetzens bezogen und nicht auf mindestens teilweises Zerstören durch eine Brandlegung, denn in letzterem Falle muss es nicht zu einem noch löschungsbedürftigen Brand kommen. Jedenfalls muss ein noch zu löschender Brand entstanden sein und andauern; wobei die Maßnahmen des Täters zur Verhinderung oder Erschwerung des Löschens dem Brand zeitlich vorausgehen können (s. Rdn. 28). Erlischt der Brand z.B. wegen Sauerstoffmangel von allein, scheidet § 306b Abs. 2 Nr. 3 als vollendetes Delikt aus.[39] Bei dem zu löschenden Brand muss sich um einen solchen eines Tatobjekts des § 306a handeln; der Brand von Inventar in einem Gebäude genügt 26

---

[36] Vgl. zu § 307 Nr. 3 a.F. besonders *Woelk* Täterschaft bei zweiaktigen Delikten – Am Beispiel des § 307 Nr. 3 StGB (1994), besprochen von *Lesch* GA **1996** 345.

[37] *Radkte* Dogmatik der Brandstiftungsdelikte S. 353 f und ihm folgend *Liesching* S. 124 sehen den Strafgrund in der Verstärkung der generellen Gemeingefährlichkeit infolge besonderer krimineller Energie; ähnlich *Sch/Schröder/Heine* Rdn. 15. Doch liegt darin wohl kein wirklicher sachlicher Unterschied. Die Gesichtspunkte der erhöhten Gefährlichkeit und der gesteigerten kriminellen Energie als Grund für die Qualifikation wurden bereits zu § 307 Nr. 3 a.F. herangezogen; siehe *Woelk*, wie Fn. 27, S. 17 m. Nachw.

[38] Unterlassungen halten für möglich: *Kindhäuser* LPK Rdn. 4; *Lackner/Kühl* Rdn. 5; *Radtke* MK Rdn. 28; *Sch/Schröder/Heine* Rdn. 16; *Wolters/Horn* SK Rdn. 19; *Radtke* Dogmatik der Brandstiftungsdelikte S. 355, 411 ff. Derartige Fälle werden jedenfalls selten sein. Siehe auch *Woelk*, wie Fn. 35, S. 74 ff.

[39] *Fischer* Rdn. 12.

z.B. nicht. Der Brand muss weiter löschbar sein. Ist dies von vornherein nicht möglich, kann das Löschen nicht erschwert oder verhindert werden; es kommt lediglich Versuch in Betracht.[40]

27 Das Verhindern oder Erschweren des Löschens kann durch das Entfernen oder Beschädigen von Löschgeräten (nicht aber reinen Rettungsgeräten), z.B. der Feuerlöscher, oder das Außerfunktionsetzen von Löscheinrichtungen wie Sprinkleranlagen oder Steigleitungen zur Löschwasserzufuhr ebenso geschehen wie durch Beseitigen oder Beschädigen von Geräten zur Benachrichtigung der Feuerwehr oder Versperren der Zugangsmöglichkeiten für diese.[41] Die Auswirkungen der entsprechenden Maßnahmen des Täters auf den weiteren Brandverlauf ist aufgrund hypothetischer Beurteilung aufzuklären und im Falle der Verurteilung festzustellen. Man wird im übrigen auch Maßnahmen des Täters einbeziehen müssen, mit denen dieser die Möglichkeit seiner Flucht vom Tatort, um nicht entdeckt zu werden, offenhalten will, wie das Abschalten von mit der Feuerwache verbundenen Rauchmeldern, wenn dies zugleich dazu führt, dass der Brand so spät entdeckt wird, dass er nicht mehr gelöscht werden kann. Die schlichte Wahl eines günstigen Zeitpunkts für die Brandstiftung – Abwesenheit von Personen, die zur Brandverhinderung eingreifen können, Unterbesetzung oder anderweiter Einsatz der Feuerwehr – kann aber nicht genügen.[42] Es muss allerdings das Löschen **tatsächlich mindestens erschwert** worden sein.[43] Ist dies nicht der Fall, weil die Löscharbeiten infolge des Eingreifens Dritter oder bestehender Ausweichmöglichkeiten ohne nennenswerte Behinderung in Angriff genommen und durchgeführt werden können, ist jedenfalls Vollendung zu verneinen.[44]

28 Auf den Zeitpunkt des Tätigwerdens des Täters zur Verhinderung oder Erschwerung des Löschens kommt es nicht an. Es kann der Brandstiftung vorausgehen, mit dieser zusammenfallen oder ihr nachfolgen.[45] Der Täter braucht dazu auch nicht in eigener Person tätig zu werden; er kann die das Löschen erschwerenden Maßnahmen durch einen Dritten ausführen lassen, der dadurch zum Mittäter oder Gehilfen werden kann, möglicherweise aber auch nur Sachbeschädigung oder ein Delikt nach § 145 Abs. 2 Nr. 2 begeht, wenn er Löschmittel beschädigt oder zerstört, ohne um die zugrunde liegende schwere Brandstiftung zu wissen; allein durch das Erschweren oder Verhindern des Löschens würde der Dritte nicht zum Täter der besonders schweren Brandstiftung werden.[46]

---

[40] *Sch/Schröder/Heine* Rdn. 17; *Radtke* MK Rdn. 26; *ders.* Dogmatik der Brandstiftungsdelikte S. 356.

[41] *Fischer* Rdn. 12; *Herzog* NK Rdn. 8; *Lackner/Kühl* Rdn. 5; *Radtke* MK Rdn. 24; *Sch/Schröder/Heine* Rdn. 16; *Wolters/Horn* SK Rdn. 17; *Küpper* BT § 5 Rdn. 22; *Liesching* S. 124; *Radtke* Dogmatik der Brandstiftungsdelikte S. 355; *Range* S. 131.

[42] *Radtke* MK Rdn. 25; *Sch/Schröder/Heine* Rdn. 18; *Radtke* Dogmatik der Brandstiftungsdelikte S. 363; teilweise abweichend *Fischer* Rdn. 12.

[43] *Fischer* Rdn. 12; *Herzog* NK Rdn. 8; *Lackner/Kühl* Rdn. 5; *Radtke* MK Rdn. 24; *Sch/Schröder/Heine* Rdn. 16 ff; *Liesching* S. 124; *Radtke* Dogmatik der Brandstiftungsdelikte S. 351 ff; *ders.* ZStW **110** (1998) 848, 878.

[44] Vgl. auch *Sch/Schröder/Heine* Rdn. 18; *Radtke* Dogmatik der Brandstiftungsdelikte S. 356 ff; *Range* S. 131 f.

[45] *Fischer* Rdn. 12; *Kindhäuser* LPK Rdn. 4; *Lackner/Kühl* Rdn. 5; *Radtke* MK Rdn. 24; *Sch/Schröder/Heine* Rdn. 16; *Wolters/Horn* SK Rdn. 16a; *Maurach/Schroeder/Maiwald* BT/2 § 51 Rdn. 31; *Geppert* Jura **1998** 597, 604: *Liesching* S. 124; *Radtke* Dogmatik der Brandstiftungsdelikte S. 358.

[46] *Sch/Schröder/Heine* Rdn. 15; *Radtke* MK Rdn. 35; *ders.* Dogmatik der Brandstiftungsdelikte S. 362, 367; vgl. auch *Wolters/Horn* SK Rdn. 20. Nach *Geppert* Jura **1998** 597, 604 muss ein und dieselbe Person den Brand

cc) Subjektiv ist **Vorsatz** erforderlich; bedingter Vorsatz genügt.[47] 29

dd) **Versuch** ist strafbar, § 23 Abs. 1 1. Halbsatz, § 12 Abs. 1. Er wird insbesondere 30
in Betracht kommen, wenn der Täter das Löschen des Brandes jedenfalls erschweren will und in diese Richtung tätig wird, der Erfolg einer Erschwerung des Löschens aber ausbleibt.[48] Geht die vom Täter dazu geplante Maßnahme der schweren Brandstiftung voraus, bedeutet dies Versuchsbeginn für eine besonders schwere Brandstiftung nur, wenn der Täter alsbald eines der in § 306a erfassten Tatobjekte in Brand setzen will.[49] Soll das Verhindern oder Erschweren des Löschens nach dem Plan des Täters einer ins Werk gesetzten schweren Brandstiftung nachfolgen, beginnt der Versuch der besonders schweren Brandstiftung erst, wenn der Täter die dazu gedachte Maßnahme in Angriff nimmt.[50]

d) **Wahlweise Feststellung** der qualifizierenden Umstände nach § 306b Abs. 2 Nr. 1 31
bis 3 scheidet aus, weil sie nicht vergleichbar sind.

IV. Strafe

Der Strafrahmen beträgt bei § 306b Abs. 1 Freiheitsstrafe von zwei bis fünfzehn 32
Jahre, bei § 306b Abs. 2 Freiheitsstrafe von fünf bis fünfzehn Jahre. Ein herabgesetzter Strafrahmen für minder schwere Fälle ist nicht vorgesehen, was insbesondere bei Taten nach § 306b Abs. 2 Nr. 2 in Verbindung mit § 306a Abs. 2 zu Friktionen führen und Probleme bei der Kompensation nach rechtsstaatswidriger Verfahrensverzögerung bereiten kann, wenn diese in der Herabsetzung der zu verhängenden Strafe gesucht wird.[51] Die Absicht nach § 306b Abs. 2 Nr. 2 ist ein strafschärfendes besonderes persönliches Merkmal im Sinne von § 28 Abs. 2 (BGH NStZ **2000** 197, 198; BGH NJW **2000** 3581, 3582; s. auch Rdn. 22, 23). Mittäterschaft an (u.a.) einer versuchten besonders schweren Brandstiftung nach § 306b Abs. 2 Nr. 1 durch einen Brandanschlag auf ein Asylbewerberheim kann bei Jugendlichen für schädliche Neigungen sprechen, die eine Jugendstrafe erfordern (BGHR JGG § 17 Abs. 2 Schädliche Neigungen 10; vgl. ergänzend *Neubacher* S. 86 ff). – Zur tätigen Reue vgl. bei § 306e.

---

legen und das Löschen verhindern oder erschweren; so offenbar auch *Maurach/Schroeder/Maiwald* BT/2 § 51 Rdn. 31.

47 *Fischer* Rdn. 12; *Radtke* MK Rdn. 3, 31; *Sch/Schröder/Heine* Rdn. 1, 19; *Küpper* BT § 5 Rdn. 17; *Maurach/Schroeder/Maiwald* BT/2 § 51 Rdn. 32; *Rengier* BT/2 § 40 Rdn. 56; *Wessels/Hettinger* BT/1 Rdn. 972; *Liesching* S. 125; *Radtke* Dogmatik der Brandstiftungsdelikte S. 360 ff.

48 *Fischer* Rdn. 12; *Radtke* Dogmatik der Brandstiftungsdelikte S. 358 ff.

49 *Wolters/Horn* SK Rdn. 18; *Laubenthal* JZ **1987** 1065, 1066; *Roxin* JuS **1979** 1, 7; **aA** *Hillenkamp* LK § 22 Rdn. 123 (erst mit Beginn des Inbrandsetzens); ebenso offenbar *Radtke* Dogmatik der Brandstiftungsdelikte S. 358.

50 *Hillenkamp* LK § 22 Rdn. 124; *Radtke* MK Rdn. 39; *Wolters/Horn* SK Rdn. 18; *Laubenthal* JZ **1987** 1065; *Radtke* Dogmatik der Brandstiftungsdelikte S. 360; *Roxin* JuS **1979** 1, 7 f.

51 Vgl. den Vorlagebeschluss BGH NJW **2007** 3294 f m. Anm. *Peglau* = JR **2008** 31 m. Anm. *Weber*; siehe dazu auch *Salditt* StraFo **2007** 513 und *I. Roxin* StV **2008** 14 ff. Der darauf ergangene Beschluss des Großen Senats des BGH ist u.a. in NJW **2008** 860 ff veröffentlicht; s. dazu z.B. *Kraatz* JR **2008** 189 ff.

V. Konkurrenzen

33 Wird durch eine besonders schwere Brandstiftung nach § 306b Abs. 1 bei einem Menschen eine schwere Gesundheitsschädigung und zugleich bei einer großen Zahl von Menschen eine Gesundheitsschädigung verursacht, ist gleichartige **Idealkonkurrenz** zwischen beiden Alternativen der Qualifikation anzunehmen, weil höchstpersönliche Rechtsgüter in Rede stehen und das Gesetz nur letztere zu einer Einheit zusammenfasst. Auch im Rahmen des § 306b Abs. 2 ist zwischen den einzelnen Qualifikationen nach Nummer 1 bis 3 Tateinheit möglich;[52] bei Nummer 1 geht es um ein höchstpersönliches Rechtsgut, bei Nummern 2 und 3 wird, wenn sie zugleich ausgefüllt sind oder mit Nummer 1 zusammentreffen, das Unrecht der Tat nur als doppelte oder mehrfache Gesetzesverletzung erschöpfend gekennzeichnet.[53] Zwischen § 306b Abs. 1 und Abs. 2 ist ebenfalls Tateinheit möglich.[54]

34 Bei einem vollendeten Delikt nach § 306b Abs. 1 werden, Identität der Tatobjekte vorausgesetzt, § 306 Abs. 1 oder § 306a Abs. 1 im Wege der **Gesetzeskonkurrenz** verdrängt (Spezialität);[55] ebenso Körperverletzungsdelikte in Bezug auf die nach § 306b Abs. 1 verletzten Menschen (**aA** – Tateinheit – *Fischer* Rdn. 14). Demgegenüber ist in BGH NJW **2001** 765 f zwischen versuchter besonders schwerer Brandstiftung nach § 306b Abs. 1 und vollendeter schwerer Brandstiftung nach § 306a Abs. 1 Nr. 1 zu Recht Tateinheit gebilligt worden. Hinter § 306b Abs. 2 Nr. 1 tritt § 306a Abs. 2 als subsidiär zurück. Zwischen § 306b Abs. 2 Nr. 1 und § 306 Abs. 1 Nr. 1 besteht nach BGHR StGB § 306 Abs. 1 Konkurrenzen 2 Gesetzeseinheit (ebenso *Fischer* Rdn. 14 und § 306 Rdn. 25; *Radtke* MK Rdn. 43 und § 306 Rdn. 69; *Wrage* JuS **2003** 985, 986 f); richtigerweise wird Tateinheit anzunehmen sein (vgl. *Wolff* LK § 306a Rdn. 39).

35 Tateinheit ist möglich zwischen besonders schwerer Brandstiftung nach § 306b Abs. 2 Nr. 1 und vorsätzlicher Körperverletzung und gefährlicher Körperverletzung, letzteres allerdings nicht bei gefährlicher Körperverletzung nach § 224 Abs. 1 Nr. 5 – insoweit Gesetzeskonkurrenz – (vgl. BGHR StGB § 224 Abs. 1 Nr. 5 Gesetzeskonkurrenz 1; BGH StraFo **2007** 430). Das Gleiche gilt für das Verhältnis von § 306b Abs. 1 Nr. 1 zu § 52 Abs. 1 Nr. 1 in Verbindung mit § 2 Abs. 3 WaffenG, Anlage 2 zum WaffenG Abschnitt 1 Nr. 1.3.4 (vgl. BGH NStZ-RR **2000** 165 f). Soweit nicht § 306c eingreift, ist Tateinheit mit §§ 211 f, 222 denkbar (z.B. bei unterschiedlichen Opfern). Zwischen § 306b Abs. 2 Nr. 2 und versuchtem Mord kann Tateinheit bestehen (vgl. BGHSt **40** 106 ff; vgl. aber auch BGHSt **51** 236, 240 ff = BGH NStZ **2007** 640 m. Anm. *Radtke*), wie überhaupt zwischen der besonders schweren Brandstiftung nach § 306b Abs. 2 Nr. 2 und der Straftat, die ermöglicht oder verdeckt werden soll, wenn sie zusammenfallen, Tateinheit in Betracht kommt.[56] Dies gilt allerdings nicht für das Verhältnis der besonders schweren Brandstiftung nach § 306b Abs. 2 Nr. 2 und dem beabsichtigten, nach-

---

52 *Herzog* NK Rdn. 2. Vgl. auch *Heregen* LK[11] § 250 Rdn. 33; aber auch BGH NStZ **1994** 394 f.

53 Dazu allgemein *Rissing-van Saan* LK § 52 Rdn. 35 f; abweichend *Wolff* LK[11] § 307 Rdn. 9.

54 *Fischer* Rdn. 14; *Radtke* MK Rdn. 42; *Sch/Schröder/Heine* Rdn. 21.

55 *Fischer* Rdn. 14, § 306 Rdn. 25; *Lackner/Kühl* § 306 Rdn. 6; *Radtke* MK Rdn. 43, § 306 Rdn. 69; *Arzt/Weber* BT § 37 Rdn. 63; *Börner* S. 11; *Noack/Collin* Jura **2006** 544, 550. **AA** (Idealkonkurrenz zwischen § 306b Abs. 1 und § 306 Abs. 1 oder § 306a Abs. 1) *Krey/Heinrich* BT/1 Rdn. 766; *Liesching* S. 63.

56 Vgl. auch *Fischer* Rdn. 14; *Herzog* NK Rdn. 6; *Radtke* MK Rdn. 44; *Wolters/Horn* SK Rdn. 16; *Arzt/Weber* BT § 37 Rdn. 66.

folgend in die Tat umgesetzten Betrug(sversuch) zum Nachteil der Versicherungsgesellschaft, der gegenüber zu Unrecht der Brandschaden geltend gemacht wird, weil sich beide Delikte im Regelfall nicht decken.[57] § 306b Abs. 2 Nr. 2 verdrängt als das speziellere Delikt § 306a Abs. 1 und 2 (vgl. *Ellbogen* Jura **1998** 483, 489), nicht aber § 306 Abs. 1 – insoweit besteht Tateinheit – (*Hellmann* JuS **1999** 264, 267; **aA** *Ellbogen* Jura **1998** 483, 489). In der Entscheidung BGHR StGB § 145 Abs. 2 Konkurrenzen 1 hat der BGH ausgesprochen, dass § 145 Abs. 2 Nr. 2 hinter einem versuchten Delikt nach §§ 306 Nr. 2, 307 Nr. 3 a.F. wegen entsprechender Schutzrichtung als subsidiär zurücktritt; daran wird auch für § 306b Abs. 2 Nr. 3 in Verbindung mit § 306a Abs. 1 oder 2 festzuhalten sein.

VI. Führungsaufsicht und Einziehung

Nach § 321 kann im Falle einer Verurteilung wegen eines Verbrechens nach § 306b **36**
Führungsaufsicht angeordnet werden. In § 322 ist die Möglichkeit der Einziehung von producta und instrumenta sceleris vorgesehen.

VII. Sonstiges

Für Übergangsfälle nach Inkrafttreten des 6. StrRG vgl. BGHSt **45** 211, 215 f; BGH **37**
NStZ **2000** 196 f; jeweils das Inbrandsetzen auch zum Wohnen genutzter Gebäude betreffend. – Zum Recht des Einigungsvertrages, zu europarechtlichen Bezügen und für prozessuale Hinweise wird auf *Wolff* LK § 306 Rdn. 57 ff, § 306a Rdn. 43 Bezug genommen. – Zur Nebenklagebefugnis bei jugendlichen Beschuldigten vgl. § 80 Abs. 3 JGG in der Fassung von Art. 23 Nr. 4 des Zweiten Gesetzes zur Modernisierung der Justiz vom 22. Dezember 2006 – BGBl. I 3416, 3433, nach Art. 28 Abs. 1 am 31. Dezember 2006 in Kraft getreten (s. dazu *Hinz* JR **2007** 140 ff).

§ 306c
Brandstiftung mit Todesfolge

Verursacht der Täter durch eine Brandstiftung nach den §§ 306 bis 306b wenigstens leichtfertig den Tod eines anderen Menschen, so ist die Strafe lebenslange Freiheitsstrafe oder Freiheitsstrafe nicht unter zehn Jahren.

Schrifttum

Kreß/Weißer „Der nachlässige Brandstifter", JA **2006** 115; *Radtke/Hoffmann* Die Verantwortungsbereiche von Schädiger und Geschädigten bei sog. „Retterschäden", GA **2007** 201; *Reinbacher* Rassistischer Anschlag mit unerwartetem Ausgang, Jura **2007** 382. Siehe außerdem bei § 306 und § 306a.

---

57 BGH NStZ-RR **2004** 235; BGH NStZ-RR **2004** 366; BGH NStZ **2005** 76; *Fischer* Rdn. 14; *Ranft* JuS **2003** 417, 421. Vgl. auch BGHSt **11** 398; **45** 211, 213 = JR **2000** 425 m. Anm. *Radtke*; BGHSt **46** 73, 80 f.

Entstehungsgeschichte

Siehe bei § 306.

Übersicht

I. Allgemeines

1 Die Bestimmung ersetzt § 307 Nr. 1 a.F. Schon der Entwurf der Bundesregierung sah dieser abgelösten Vorschrift gegenüber eine erhebliche Erweiterung dadurch vor, dass sich § 306b in der Fassung dieses Entwurfs – der jetzige § 306c – nicht nur wie § 307 a.F. auf schwere Brandstiftung nach § 306 a.F. bezog, sondern auch für andere vorsätzliche Brandstiftungen gelten und zudem die Einschränkung entfallen sollte, dass sich der zu Tode gekommene Mensch zur Zeit der Tat in einer der in Brand gesetzten Räumlichkeiten befand (Regierungsvorlage BTDrucks. 13/8587 S. 11 f, 49). Der Bundesrat schlug demgegenüber eine differenzierte Regelung je nach Begehungsweise der Brandstiftung vor und wollte dabei für schwere Brandstiftungen im Sinne des § 306 a.F., dem § 306a Abs. 1 in der geltenden Fassung, an dem Erfordernis festhalten, dass sich das Opfer zur Zeit der Tat in einer der in Brand gesetzten Räumlichkeiten aufgehalten hatte (Stellungnahme Bundesrat BTDrucks. 13/8587 Anlage 2 S. 71). Die Bundesregierung hielt demgegenüber an ihrer Auffassung fest, vorsätzliche Brandstiftungen in dem nun zu § 306c gewordenen Paragraphen Brandstiftung mit Todesfolge ganz allgemein einzubeziehen und von einer teilweisen Beschränkung auf Opfer, die sich in dem Brandobjekt aufgehalten hatten, abzusehen (Gegenäußerung BTDrucks. 13/8587 Anlage 3 S. 87, 88). Dabei ist es im Folgenden geblieben (Beschlussempfehlung des Rechtsausschusses des Bundestags BTDrucks. 13/8991 S. 24; Bericht dieses Rechtsausschusses BTDrucks. 13/9064 S. 24).

2 Bei § 306c geht es – wie schon bei § 307 Nr. 1 a.F. – um eine **Erfolgsqualifikation** im Sinne von § 18, die bei vom Gesetz vorgegebener Leichtfertigkeit möglich ist und – durch das Wort wenigstens deutlich gemacht – auch bei vorsätzlicher Tötung durch Brandstiftung ausgefüllt sein kann.[1] Die Qualifizierung knüpft an die §§ 306 bis 306b an, wobei die Einbeziehung von § 306b nur teilweise eigenständige Bedeutung hat, weil § 306b

[1] *Fischer* Rdn. 2; *Herzog* NK Rdn. 1; *Kindhäuser* LPK Rdn. 1; *Lackner/Kühl* Rdn. 1; *Radtke* MK Rdn. 1; *Sch/Schröder/Heine* Rdn. 1; *Wolters/Horn* SK Rdn. 2; *Arzt/Weber* BT § 37 Rdn. 47; *Krey/Heinrich* BT/1 Rdn. 751; *Küpper* BT/1 § 5 Rdn. 23; *Otto* BT § 79 Rdn. 16; *Rengier* BT/II § 40 Rdn. 57; *Wessels/Hettinger* BT/1 Rdn. 973; *Bussmann* GA **1999** 21 f; *Geppert* Jura **1998** 597, 604; *Liesching* S. 133; *Radtke* ZStW **110** (1998) 848, 880 f; *Range* S. 132; *Reinbacher* Jura **2007** 382, 388; *Rengier* JuS **1998** 397, 400. Vgl. auch BGHSt **39** 100, 103 ff.

seinerseits die §§ 306 und 306a in verschiedene Richtung qualifiziert (vgl. auch *Radtke* MK Rdn. 1 Fn. 1; *Wolters/Horn* SK Rdn. 2). Jedenfalls genügt als Grunddelikt jede Brandstiftung nach § 306 oder § 306a.[2]

II. Objektiver Tatbestand

1. Tathandlungen und Tatobjekte. Der Täter muss eine Brandstiftung durch Inbrandsetzen oder durch Brandlegung, die zu einer mindestens teilweisen Zerstörung führt, an einem – beliebigen – Tatobjekt der §§ 306 Abs. 1 oder 306a Abs. 1 (auch durch Unterlassen) begangen haben, wobei dies nur bei § 306 Abs. 1 als Grunddelikt fremd sein muss. Insoweit kann auf die Ausführungen zu §§ 306, 306a verwiesen werden. Das in § 306a Abs. 2 enthaltene Merkmal, dass durch die Brandstiftung ein anderer in die Gefahr einer Gesundheitsschädigung gebracht worden sein muss, wird bei Personenidentität objektiv immer vorliegen, wenn die Todesfolge im Sinne von § 306c eingetreten ist. Das Gleiche gilt für die Erfolge nach § 306b Abs. 1 1. Alternative, Abs. 2 Nr. 1, während die Erfolge nach § 306b Abs. 2 Nr. 2 und 3 gesonderter Feststellung bedürfen. 3

2. Qualifikation. Eine so umrissene Brandstiftung muss Ursache für den Tod eines anderen Menschen sein. Täter und Tatbeteiligte scheiden dabei als für § 306c in Frage kommende Opfer aus.[3] Im Fall des § 306a Abs. 1 ist also ein abstraktes Gefährdungsdelikt mögliche Ursache für eine schwere Folge im Sinne von § 306c (*Hardtung* NStZ 2003 261, 263); im Falle des § 306 Abs. 1 eine Sonderform der Sachbeschädigung.[4] Der Kausalzusammenhang zwischen Brandstiftung und Tod des anderen schließt an die Handlung, nicht erst an den Erfolg – also den voll aufgeflammten Brand oder die jedenfalls teilweise Zerstörung eines der Tatobjekte – an; bereits das Inbrandsetzen oder die Brandlegung führt zur Anwendung des Qualifikationstatbestandes, wenn dadurch der Tod eines anderen Menschen herbeigeführt und die Tat danach im übrigen vollendet wird.[5] Der Kreis der geschützten Personen wird allein dadurch begrenzt, dass es sich bei der Todesfolge um eine spezifische oder typische Auswirkung einer Brandstiftung und der 4

---

[2] Die Verweisung auf § 306 will *Liesching* S. 59 f, 125 im Wege der teleologischen Reduktion ausklammern.

[3] Siehe *Wolff* LK § 306a Rdn. 29 mit Nachw. sowie ergänzend zu § 306c für die hier vertretene Meinung: *Ferschl* Das Problem des unmittelbaren Zusammenhangs beim erfolgsqualifizierten Delikt (1999) 274; für die Gegenauffassung: *Herzog* NK Rdn. 2; *Radtke* MK Rdn. 8; *ders.* Dogmatik der Brandstiftungsdelikte S. 320; *Sch/Schröder/Heine* Rdn. 2.

[4] Zum Charakter des § 306 Abs. 1 vgl. *Wolff* LK § 306 Rdn. 3 m. Nachweisen. Die hier vertretene Auffassung teilen: *Fischer* Rdn. 2; *Lackner/Kühl* Rdn. 1; *Radtke* MK Rdn. 3, 6; *Sch/Schröder/Heine* Rdn. 1; *Wolters/Horn* SK Rdn. 2; *Kudlich* NStZ **2003** 458, 459; *Radtke* ZStW **110** (1998) 848, 854. **AM** *Liesching* S. 125 (nach ihm kommt der Verweisung auf § 306 keine Bedeutung zu; vgl. Fn. 2). Ob eine Vorschrift wie § 306c in Verbindung mit § 306 Abs. 1 rechtspolitisch sinnvoll ist, lässt sich bezweifeln.

[5] *Fischer* Rdn. 3; *Hillenkamp* LK Vor § 22 Rdn. 113; *Radtke* MK Rdn. 10, 30; *Sch/Schröder/Heine* Rdn. 4; *Wolters/Horn* SK Rdn. 3; *Krey/Heinrich* BT/1 Rdn. 753 f; *Rengier* BT/II § 40 Rdn. 58; *Kreß/Weißer* JA **2006** 115, 117; *Liesching* S. 126 ff; *Müller/Hönig* JA **2001** 517, 524; *Radtke* Dogmatik der Brandstiftungsdelikte S. 315 ff; *Rengier* JuS **1998** 398, 400; **aA** *Bussmann* GA **1999** 21, 33; *Küpper* ZStW **111** (1999) 785, 794; *ders.* BT/1 § 5 Rdn. 24; *Roxin* AT II § 29 Rdn. 331; *Stein* S. 111 ff (Rdn. 77 ff). Vgl. auch *Ferschl*, wie Fn. 3, S. 271 ff.

damit einher gehenden Gemeingefahr handeln muss.[6] Dagegen kommt es auf einen unmittelbaren zeitlichen und räumlichen Zusammenhang zwischen Brandstiftung und Todesfolge, wie die Gesetzgebungsgeschichte zeigt, nicht mehr an.[7]

5 Man wird deshalb, anders als noch in BGHSt **39** 322, 323 ff,[8] **nach der Brandentstehung hinzukommende Personen** wie Feuerwehrleute oder helfende Nachbarn, auch unter dem Blickwinkel der Frage nach freiwillig übernommener Selbstgefährdung, als **geschützt** ansehen müssen.[9] In diesem Zusammenhang ist von Bedeutung, dass § 323c im Rahmen des Zumutbaren eine Hilfspflicht bei einem Unglücksfall oder bei gemeiner Gefahr – und darum wird es sich bei einem Brand im Sinne der §§ 306 Abs. 1 oder 306a jedenfalls überwiegend handeln (BGHSt **39** 164, 166) – voraussetzt. Diese gesetzlich vorausgesetzte Hilfspflicht erlaubt es auch nicht, zwischen berufsmäßig dazu verpflichteten

---

6 *Fischer* Rdn. 3; *Lackner/Kühl* Rdn. 1; *Radtke* MK Rdn. 2, 4, 5, 11 ff; *Sch/Schröder/Heine* Rdn. 4; *Wolters/Horn* Rdn. 3, 4; *Arzt/Weber* BT § 37 Rdn. 48; *Küpper* BT/1 § 5 Rdn. 23; *Rengier* BT/II § 40 Rdn. 58; *Bayer* S. 109 (Rdn. 4); *Kreß* NJW **1998** 633, 640; *Kreß/Weißer* JA **2006** 115, 116; *Liesching* S. 126; *Radtke* Dogmatik der Brandstiftungsdelikte S. 312 ff; *Range* S. 132; *Reinbacher* Jura **2007** 382, 389; *Stein* S. 108 ff (Rdn. 70 ff). Vgl. auch *Herzog* NK Rdn. 1.

7 *Lackner/Kühl* Rdn. 1; *Radtke* MK Rdn. 2; *Sch/Schröder/Heine* Rdn. 5; *Wolters/Horn* SK Rdn. 4; *Arzt/Weber* BT § 37 Rdn. 49; *Krey/Heinrich* BT/1 Rdn. 753b; *Küpper* BT/1 § 5 Rdn. 24; *Otto* BT § 79 Rdn. 16; *Kreß/Weißer* JA **2006** 115, 119; *Range* S. 132. Insoweit **aM** *Fischer* Rdn. 3. Auch *Stein* S. 109 (Rdn. 73) verlangt, dass die zu Schaden gekommenen Personen im unmittelbaren Einflussbereich des Brandes oder des zerstörten Objekts sein müssen, zieht diesen allerdings beispielsweise bei der Verseuchung mit Dioxin mehrere Quadratkilometer weit. Vgl. auch BGH NJW 2000 226, 228.

8 Die Entscheidung ist z.B. auch veröffentlicht und besprochen in/von: NStZ **1994** 83 m. Anm. *Alwart* und *Amelung* NStZ **1994** 338; StV **1995** 97 m. Anm. *Günther*; JA **1994** Teilb. 2, S. 100 m. Anm. *Meindl*; *Roxin* AT I § 11 Rdn. 116 ff; *Bernsmann/Zieschang* JuS **1995** 775 ff; *Derksen* NJW **1995** 240 f; *Frisch* Strafrechtssystem und Rechtsfindung. Zur Bedeutung systematischer Einsichten für die Beantwortung von Sachfragen am Beispiel der „Zurechnung bei Retterfällen", in Festschrift Nishihara (1998) 66; *Sowada* JZ **1994** 663.

9 OLG Stuttgart NJW **2008** 1971 f; *Kindhäuser* LPK Rdn. 2; *Wolters/Horn* SK Rdn. 3, 4 (unter Hervorheben, dass sich das rettende Eingreifen als typische Folge der Brandstiftung erkennbar machen muss); *Arzt/Weber* BT § 37 Rdn. 50; *Krey/Heinrich* BT/1 Rdn. 131a, 753b; *Bayer* S. 109 (Rdn. 4); *Cantzler* JA **1999** 474, 476 f; *Geppert* Jura **1998** 597, 604; *Hörnle* Jura **1998** 169, 182; *Kreß/Weißer* JA **2006** 115, 119 ff; *Reinbacher* Jura **2007** 382, 385, 389 f; *Stein* S. 115 ff (Rdn. 90 ff); *Wrage* JuS **2003** 985, 990; grundsätzlich auch *Fischer* Rdn. 4 (der den Täter – vergleichbar *Wolters/Horn* – für die Schädigung der eingreifenden Person dann einstehen lassen will, wenn das rettende Eingreifen typische Folge der Brandstiftung ist); *Liesching* S. 129 ff (im Wesentlichen bei eigener Strafbarkeit des Retters im Falle der Nichthilfe); *Radtke* Dogmatik der Brandstiftungsdelikte S. 288 ff, 319 f (in Fällen, in denen der Retter zur Bewahrung von im Sinne von § 35 notstandsfähiger Rechtsgüter tätig wird, sonst nur in Fällen, in denen beim Retter Einschränkungen der Risikoeinsichtsfähigkeit – wie jugendliches Alter oder Alkoholbeeinflussung vorliegen); ähnlich *ders.* MK Rdn. 19 ff und ZStW **110** (1998) 848, 879 f; *Sch/Schröder/Heine* Rdn. 5 ff (unter Heranziehen des Rechtsgedankens von § 35). Vgl. außerdem *Küpper* ZStW **111** (1999) 785, 788; *ders.* BT/1 § 5 Rdn. 24; *Noack/Collin* Jura **2006** 115, 116; *Windhorst* Der Rechtsbegriff der „schweren Gesundheitsschädigung" (2001) 187 f. **Ablehnend** *Maurach/Schroeder/Maiwald* BT/2 § 51 Rdn. 34. Die Zurechenbarkeit zum Nachteil des Brandstifters kann aber nicht so weit gehen, dass der Tod des auf dem Weg zur Brandstelle im Straßenverkehr verunglückenden Feuerwehrmanns als Erfolg im Sinne des § 306c zu werten ist, vgl. *Radtke* MK Rdn. 15.

Rettern wie Feuerwehrleuten oder Polizeibeamten und lediglich der allgemeinen Hilfspflicht unterliegenden Personen grundsätzlich zu unterscheiden, mag für erstere auch ein höheres Maß an Selbstgefährdung verlangt werden können.[10] Auf dieser Grundlage würde man weiter den Fall aus RGSt 5 202 ff, bei dem der Getötete aus einem brennenden Schuppen, in dem er sich aufgehalten hatte, zunächst hinausgelaufen war, sich also aus der Gefahrenzone begeben hatte, dann aber in das Gebäude zurückkehrte, um sein Paar Stiefel zu holen, und dabei zu Tode gekommen war – seinerzeit ist § 307 Nr. 1 a.F. verneint worden – nach dem derzeitigen Recht wohl anders entscheiden müssen. Allerdings wird man bei aller im Brandfalle naheliegenden Kopflosigkeit greifbar sinnlose Selbstgefährdungen ausklammern müssen.[11]

Der Tod eines Menschen ist nicht nur dann durch die Brandstiftung verursacht, wenn 6
der Mensch verbrennt, sondern auch wenn er im Rauch erstickt, durch von in Brand geratenen Sachen ausströmende Dämpfe oder Gase – auch wenn es sich dabei z.B. um Inventarstücke im Innern eines Gebäudes handelt, solange nur das Gebäude ebenfalls brennt – vergiftet, durch einstürzendes Mauerwerk oder einen herabfallenden Balken erschlagen wird oder wenn er bei dem Versuch, sich durch einen Sprung aus Fenster vor dem Feuer zu retten, umkommt.[12] Streitig ist in diesem Zusammenhang, ob ein ausreichender Kausalzusammenhang vorliegt, wenn der Tod infolge eines durch die Brandstiftung hervorgerufenen Schreckens eintritt;[13] dieser ist mindestens dann gegeben, wenn der Brand als dramatisches, das eigene Leben oder das naher Angehöriger gefährdendes Ereignis unmittelbar erlebt wird. Eine entsprechende individuelle Schadensdisposition des Opfers stellt die Zurechenbarkeit zur Tat des Täters nicht in Frage (vgl. BGH NStZ **2002** 542 ff; **aA** *Wrage* JuS **2003** 985, 900, der eine schwache Konstitution zum Lebensrisiko rechnet). Ist § 306a Abs. 2 Grunddelikt für einen Fall des § 306c, müssen im Übrigen die vorsätzlich gefährdete Person und die durch Leichtfertigkeit des Täters zu Tode gekommene Person nicht identisch sein (*Kudlich* NStZ **2003** 458 ff; **aA** *Stein* S. 115 (Rdn. 89)).

---

10 *Fischer* Rdn. 4; *Frisch* FS Nishihara, wie Fn. 8, S. 66, 80 f; *Radtke/Hoffmann* GA 2007 201, 211 ff. Eine derartige Unterscheidung ist z.B. zugrunde gelegt bei *Radtke* MK Rdn. 20; sie wird diskutiert bei *Stein* S. 118 (Rdn. 94). Vgl. auch *Roxin* AT I § 11 Rdn. 117 ff, der sich – aaO Rdn. 139 – gegen eine Ableitung der Zurechnung aus Hilfspflichten ausspricht. Zu den sogenannten Retterschäden allgemein siehe ergänzend *Walter* LK Vor § 13 Rdn. 116 ff.

11 *Fischer* Rdn. 4; *Sch/Schröder/Heine* Rdn. 7; Dölling/Duttge/Rössner/*Weiler* HK Rdn. 3; *Wolters/Horn* SK Rdn. 3, 4. Ähnlich *Stein* S. 116 ff (Rdn. 91 ff); *Wrage* JuS **2003** 985, 990 f. Grundsätzlich auch OLG Stuttgart NJW **2008** 1971, 1972 (dessen Ergebnis im entschiedenen Fall – als sinnlos eingestuftes Verhalten zweier in einem brennenden Gebäude zu Tode gekommener Feuerwehrleute allerdings als durchaus fraglich erscheint). Mit den Grenzen der Rettungspflicht verbinden die Zurechenbarkeit des Rettungsschadens zum Schädiger *Radtke/Hoffmann* GA **2007** 201, 213 ff (dort auch unter kritischer Würdigung von Gegenpositionen zu Zurechnungskriterien jenseits von Rettungspflichten).

12 *Fischer* Rdn. 3; *Herzog* NK Rdn. 3; *Radtke* MK Rdn. 9, 13; *Sch/Schröder/Heine* Rdn. 3, 4; Dölling/Duttge/Rössner/*Weiler* HK Rdn. 3; *Wolters/Horn* SK Rdn. 3; *Arzt/Weber* BT § 37 Rdn. 49; *Krey/Heinrich* BT/1 Rdn. 753, 753b; *Wessels/Hettinger* BT/1 Rdn. 973; *Geppert* Jura **1998** 597, 604; *Radtke* Dogmatik der Brandstiftungsdelikte S. 319; *Stein* S. 109 (Rdn. 72); *Wrage* JuS **2003** 985, 990.

13 Dies bejahen bei Tod durch Schockeinwirkung: *Fischer* Rdn. 3; *Sch/Schröder/Heine* Rdn. 3; *Wolters/Horn* Rdn. 3. Verneint wird es von: *Küpper* BT/1 § 5 Rdn. 23; *Wrage* JuS **2003** 985, 990. Zweifelnd Dölling/Duttge/Rössner/*Weiler* HK Rdn. 3; *Ferschl*, wie Fn. 3, S. 277 f.

III. Subjektiver Tatbestand

7 1. Soweit § 306c an § 306 Abs. 1 sowie § 306a Abs. 1 und 2 anknüpft, muss zunächst der dort nötige **Vorsatz** gegeben sein (s. *Wolff* LK § 306 Rdn. 46, § 306a Rdn. 23, 33). Die Absicht, ein Möbelstück durch Feuer zu vernichten, richtet sich lediglich auf eine Sachbeschädigung und reicht für einen Brandstiftungsvorsatz selbst dann nicht aus, wenn der Brand außer Kontrolle gerät, auf ein Gebäude übergreift und dadurch ein Mensch getötet wird (BGH bei Altvater NStZ **2004** 23, 28). Das Vorsatzerfordernis gilt ebenso für § 306b Abs. 2, wobei bei Nummer 2 die dort verlangte Absicht hinzutreten muss (*Wolff* LK § 306b Rdn. 19 ff). Für § 306b Abs. 1 genügt hinsichtlich der Gesundheitsschäden Fahrlässigkeit (s. *Wolff* LK § 306b Rdn. 8).

8 2. Der objektiv verlangte Todeserfolg muss darüber hinaus **wenigstens leichtfertig** verursacht sein. Durch diese Fassung hat der Gesetzgeber deutlich gemacht, dass auch eine vorsätzliche Todesverursachung dem § 306c unterfällt.[14] Zu möglichen Indizien für Tötungsvorsatz beim Einsatz von Brandsätzen vgl. BGHR StGB § 212 Abs. 1 Vorsatz, bedingter Nr. 36, 38, 39; BGH NStZ-RR **1996** 35; BGH StV **2003** 557 f (s. auch *Hellmann* JuS **1999** 264, 265 f). Doch gibt es auch bei dem Einsatz äußerst gefährlicher Brandsätze Ausnahmefälle, in denen (bedingter) Tötungsvorsatz zu verneinen sein kann, obwohl der Täter alle Umstände seiner das Leben anderer gefährdenden Vorgehensweise kennt (BGH NStZ **2002** 314 f; vgl. auch BGH bei Altvater NStZ **2000** 18, 19). Nächtliche Brandstiftungen an Wohngebäuden legen Tötungsvorsatz so nahe, dass sich der Tatrichter in einem Urteil damit auseinandersetzen muss, zumal wenn noch weitere Gefährdungsmomente hinzukommen (BGH bei Altvater NStZ **2000** 18, 19). Vgl. ergänzend *Neubacher* S. 104 ff, dort auch zur Kriminologie fremdenfeindlicher Brandanschläge speziell junger Täter (zu letzterem auch *ders.* MschrKrim **1999** 3 ff).

9 **Leichtfertigkeit** ist ein gesteigertes Maß von Fahrlässigkeit und in etwa mit grober Fahrlässigkeit gleichzusetzen (so schon RGSt **71** 174, 176), nicht jedoch mit besonderer Gewissenlosigkeit (BGH NStZ **1988** 276, 277). Leichtfertig handelt, wer die sich ihm aufdrängende Möglichkeit eines tödlichen Verlaufs aus besonderem Leichtsinn oder besonderer Gleichgültigkeit außer acht lässt.[15] Sie kommt also auch als unbewusste Fahrlässigkeit vor (BGH NStZ **1988** 276, 277). Ihr Nachweis ist im wesentlichen Tatfrage, wobei die besonderen Umstände des Falles ebenso zu berücksichtigen sind wie die Kenntnisse und Erkenntnismöglichkeiten des Täters (BGH NStZ **1988** 276, 277). Gelingt der Nachweis von Leichtfertigkeit nicht, aber der von Fahrlässigkeit, bleibt lediglich der Rückgriff auf § 306b Abs. 1 (eventuell auch § 306b Abs. 2 Nr. 1 und § 222).

10 3. Dadurch, dass § 306c auf durchaus unterschiedlichen Delikten aufbaut und daran eine einheitliche Qualifikation knüpft, ergeben sich *Konsequenzen, die teilweise schwer zu akzeptieren sind* (vgl. auch z.B. die Kritik bei *Radtke* ZStW **110** (1998) 848, 878 f). Unproblematisch sind dabei die Fälle nach § 306c in Verbindung mit § 306 Abs. 1 (diese will *Liesching* S. 57 ff im Wege der teleologischen Reduktion aus dem Anwendungs-

---

[14] *Fischer* Rdn. 5; *Lackner/Kühl* Rdn. 1; *Radtke* MK Rdn. 23; *Sch/Schröder/Heine* Rdn. 8; *Wolters/Horn* Rdn. 5; *Geppert* Jura **1998** 597, 604; *Range* S. 133. Vgl. auch Fn. 1.

[15] BGHSt **33** 66, 67; vgl. ergänzend *Herdegen* LK[11] § 251 Rdn. 1 ff; *Vogel* LK § 15 Rdn. 292 ff; *Radtke* Dogmatik der Brandstiftungsdelikte S. 322 ff (wobei *Radtke* – S. 325 – dem Merkmal Leichtfertigkeit bezüglich der Zurechnung der Todesfolge einschränkende Wirkung zuschreibt, s. auch *ders.* MK Rdn. 4, 23); jeweils mit weiteren Nachweisen.

bereich des § 306c herausnehmen) und § 306c in Verbindung mit § 306a Abs. 1. Schwierigkeiten macht dagegen § 306c in Verbindung mit § 306a Abs. 2: Gelingt trotz leichtfertiger Herbeiführung des Todes eines Menschen durch die Brandstiftung der Nachweis nicht, dass der Täter vorsätzlich einen anderen Menschen in die Gefahr einer Gesundheitsschädigung gebracht hat, und dies wird nicht nur ganz ausnahmsweise der Fall sein, bleibt es bei der Anwendbarkeit von § 306c, nunmehr allerdings in Verbindung mit § 306 Abs. 1, wenn das von der Brandstiftung betroffene Tatobjekt für den Täter fremd und der Eigentümer mit der Inbrandsetzung oder Zerstörung durch Brandlegung auch nicht einverstanden war. Demgegenüber ist § 306c nicht anwendbar, wenn es sich um ein eigenes Tatobjekt des Täters oder ein herrenloses oder ein zwar fremdes, aber mit Einverständnis des Eigentümers angestecktes Tatobjekt gehandelt hat, denn dann sind die Voraussetzungen von § 306 Abs. 1 nicht ausgefüllt. In einem solchen Falle kann auch nicht auf § 306b zurückgegriffen werden, denn für § 306b Abs. 1 müsste die Gesundheitsgefährdung im Sinne von § 306a Abs. 2 vorsätzlich herbeigeführt sein und für § 306b Abs. 2 Nr. 1 erfordert die Todesgefahr für einen anderen Menschen ebenfalls Vorsatz. Es bleibt nur § 306d Abs. 1 2. Alternative in Tateinheit mit § 222, was aber mit einem erheblich niedrigeren zugrunde zu legenden Strafrahmen verbunden ist. Dieser Strafrahmenunterschied je nachdem, wem das Eigentum an dem Brandstiftungsobjekt zuzuordnen ist, ist kaum verständlich, zumal bei § 306a Abs. 2 der Schutz der Gesundheit von Menschen im Vordergrund steht (vgl. *Wolff* LK § 306a Rdn. 1, 26). Bei § 306c in Verbindung mit § 306b Abs. 2 treffen im übrigen zwei Qualifikationen zusammen, die grundsätzlich unterschiedliche subjektive Voraussetzungen haben, im Falle von § 306b Abs. 2 Nr. 1 bei vorsätzlich herbeigeführter Todesfolge sich aber auch in der Weise decken können, dass die Gefahr im Erfolg aufgeht.

IV. Versuch

Der **Versuch** ist **strafbar**. Er kommt, und dies gilt für alle Grundtatbestände, die **11**
§ 306c qualifizieren kann (sie sind Verbrechen, § 23 Abs. 1 1. Halbsatz, § 12 Abs. 1, die Qualifizierung ergibt sich bereits aus der Gefährlichkeit der Tathandlung), in zweierlei Ausgestaltung in Betracht: Das Grunddelikt kann im Versuchsstadium steckenbleiben, aber bereits den leichtfertig herbeigeführten Tod eines Menschen zur Folge haben – häufig als erfolgsqualifizierter Versuch bezeichnet[16] – oder das Grunddelikt ist vollendet und die dadurch erstrebte Todesfolge bleibt aus – auch versuchte Erfolgsqualifizierung genannt (BGH NStZ-RR **2004** 367 = JR **2005** 127 m. Anm. *Wolff*) –; in letzterem Fall muss der durch die Handlung herbeizuführende Erfolg allerdings von (mindestens bedingtem) Vorsatz umfasst sein.[17] Dies entspricht im Übrigen der herrschenden Meinung schon zu § 307 Nr. 1 a.F. (vgl. *Wolff* LK[11] § 307 Rdn. 4 m. Nachweisen).

---

[16] BGHSt **48** 34, 38; *Fischer* Rdn. 5; *Herzog* NK Rdn. 4; *Kindhäuser* LPK Rdn. 3; *Radtke* MK Rdn. 29; *Sch/Schröder/Heine* Rdn. 9; *Wolters/Horn* Rdn. 6; *Krey/Heinrich* BT/1 Rdn. 750 ff; *Maurach/Schroeder/Maiwald* BT/2 § 51 Rdn. 35; *Kreß* NJW **1998** 633, 640; *Kreß/Weißer* JA **2006** 115, 116; *Radtke* Dogmatik der Brandstiftungsdelikte S. 318, 326; *ders.* ZStW **110** (1998) 848, 871 f; *Rengier* JuS **1998** 397, 400. Vgl. auch *Lackner/Kühl* Rdn. 1; *Bussmann* GA **1999** 21, 33; *Kühl* Erfolgsqualifizierte Delikte in der Rechtsprechung des BGH, Festgabe BGH Bd. IV (2000) 237, 247; *Küpper* ZStW **111** (1999) 785, 794; *Stein* S. 111 ff (Rdn. 77 ff). Ablehnend *Hardtung* (u.a.) MK § 18 Rdn. 70 ff; *Küpper* BT/1 § 5 Rdn. 24.

[17] *Fischer* Rdn. 5; *Kindhäuser* LPK Rdn. 3; *Radtke* MK Rdn. 29; *Sch/Schröder/Heine* Rdn. 9; *Wolters/Horn* SK Rdn. 6; *Krey/*

V. Strafe

12 Vorgesehen ist lebenslange Freiheitsstrafe und Freiheitsstrafe von zehn bis fünfzehn Jahren. Einen milderen Strafrahmen für minder schwere Fälle gibt es nicht. Lebenslange Freiheitsstrafe wird insbesondere bei vorsätzlicher Herbeiführung der Todesfolge in Betracht kommen (nach *Wolters/Horn* SK Rdn. 10 ist lebenslange Freiheitsstrafe auf Fälle vorsätzlicher Todesherbeiführung zu beschränken). Straferschwerend wird regelmäßig auch zu werten sein, wenn die Brandstiftung mehr als ein Opfer gefordert hat. Ist es nur zu einem versuchten Delikt nach § 306c gekommen, muss das Gericht zunächst festlegen, von welchem Regelstrafrahmen – zeitige oder lebenslange Freiheitsstrafe – es ausgehen will, bevor über eine Strafmilderung wegen Versuchs zu befinden ist (BGH bei Detter NStZ **1998** 501, 502). Bei Alkoholmissbrauch durchbrechende pyromanische Neigungen können eine erhebliche Persönlichkeitsstörung in Form einer anderen seelischen Abartigkeit sein und bei einer entsprechenden Tat zur Anwendung von § 21 führen; damit muss sich der Tatrichter gegebenenfalls auseinandersetzen; ist der Alkoholmissbrauch verfestigt, können die Voraussetzungen von § 64 gegeben sein (BGH NStZ-RR 2007 336). – Tätige Reue kommt bei § 306c nicht in Frage, § 306e.

VI. Konkurrenzen

13 Bei gewolltem Tod kann zwischen Brandstiftung mit Todesfolge und Mord oder Totschlag **Tateinheit** bestehen;[18] ebenso zwischen Brandstiftung mit Todesfolge und fahrlässiger Tötung, wenn die Brandstiftung mehrere Opfer gefordert hat und dem Täter nicht für alle leichtfertige Verursachung nachgewiesen werden kann (vgl. BGHSt **39** 322, 323), während Brandstiftung mit leichtfertig herbeigeführter Todesfolge als das speziellere Delikt § 222 verdrängt.[19] Kommen durch eine schwere Brandstiftung nach § 306a Abs. 1 Nr. 1 Menschen zu Tode und werden andere entsprechend schwer verletzt, kann § 306c in Tateinheit mit § 306b Abs. 1, Abs. 2 Nr. 1 und § 226 zusammentreffen (BGH NStZ 2002 314 f). Auch mit § 306b Abs. 2 Nr. 2 und 3 ist Tateinheit möglich.[20]

14 Hinter § 306c als dem spezielleren Delikt treten § 306 Abs. 1 und § 306a Abs. 1 zurück (**Gesetzeskonkurrenz**), vorausgesetzt § 306c ist vollendet.[21] Dagegen besteht zwi-

---

Heinrich BT/1 Rdn. 750 ff; *Küpper* BT/1 § 5 Rdn. 24; *Maurach/Schroeder/Maiwald* BT/2 § 51 Rdn. 35; *Ellbogen* Jura **1998** 483, 488 f; *Miehe* JuS **1996** 1000, 1005 f; *Radtke* Dogmatik der Brandstiftungsdelikte S. 326 f. Vgl. dazu auch allgemein *Hillenkamp* LK Vor § 22 Rdn. 107 ff.

[18] BGH NStZ-RR **2007** 336 f; BGH NStZ **2008** 275 f; *Fischer* Rdn. 7; *Lackner/Kühl* Rdn. 1; *Radtke* MK Rdn. 31; *Sch/Schröder/Heine* Rdn. 11; *Arzt/Weber* BT § 37 Rdn. 65; *Maurach/Schroeder/Maiwald* BT/2 § 51 Rdn. 33; *Murmann* Jura **2001** 258, 266; *Radtke* Dogmatik der Brandstiftungsdelikte S. 327; *Reinbacher* Jura **2007** 382, 390; *Rengier* JuS **1998** 397, 400. Vgl. auch BGH NJW **1993** 3210, 3211. *Wolters/Horn* SK Rdn. 5 befürworten, dass § 211 § 306c verdrängt.

[19] *Fischer* Rdn. 7; *Radtke* MK Rdn. 31; *Wolters/Horn* SK Rdn. 9; *Arzt/Weber* BT § 37 Rdn. 65; *Rengier* BT/II § 40 Rdn. 58; *Wessels/Hettinger* BT/1 Rdn. 974; *Reinbacher* Jura **2007** 382, 390; *Rengier* JuS **1998** 397, 400. Nach *Sch/Schröder/Heine* Rdn. 11 besteht Tateinheit.

[20] BGH NStZ **2008** 275 f; *Fischer* Rdn. 7; *Radtke* MK Rdn. 31; nach *Reinbacher* Jura **2007** 382, 390 verdrängt § 306c den § 306b Abs. 2 Nr. 2; nach *Ellbogen* Jura **1998** 483, 489 verdrängt § 306b Abs. 2 Nr. 2 § 306c in Versuchsform.

[21] BGH NStZ-RR **2000** 209 Nr. 3; BGH NStZ-RR **2004** 367 = JR **2005** 127 m. Anm.

schen versuchter Brandstiftung mit Todesfolge und vollendeter schwerer Brandstiftung nach § 306a Abs. 1 Tateinheit, weil nur so ausreichend klargestellt werden kann, ob eine versuchte Erfolgsqualifizierung oder ein erfolgsqualifizierter Versuch vorliegt.[22] Das wird auch zu gelten haben, wenn der Versuch nach § 306c an § 306 Abs. 1 anknüpft (*Hellmann* JuS **1999** 264, 267). Soweit es um dieselben Opfer geht, verdrängt § 306c auch § 306b Abs. 1 und Abs. 2 Nr. 1.[23]

VII. Führungsaufsicht und Einziehung

Nach § 321 besteht die Möglichkeit, im Falle einer Verurteilung nach § 306c **15**
Führungsaufsicht anzuordnen. In § 322 ist die Möglichkeit der Einziehung von producta und instrumenta sceleris vorgesehen.

VIII. Sonstiges

Werden durch eine Brandstiftung zwei Personen getötet, ist wegen Brandstiftung mit **16**
zweifacher Todesfolge (und nicht wegen Brandstiftung mit Todesfolge in zwei tateinheitlich zusammentreffenden Fällen) zu verurteilen (BGH bei Altvater NStZ **2004** 23, 28; anders offenbar noch BGH NStZ **2002** 314 f). – Vgl. außerdem *Wolff* LK § 306 Rdn. 57 ff, § 306a Rdn. 43 und § 306b Rdn. 37. Zur Zuständigkeit vgl. §§ 74 Abs. 2 Nr. 16, 120 Abs. 2 Nr. 3 GVG.

§ 306d
Fahrlässige Brandstiftung

(1) Wer in den Fällen des § 306 Abs. 1 oder des § 306a Abs. 1 fahrlässig handelt oder in den Fällen des § 306a Abs. 2 die Gefahr fahrlässig verursacht, wird mit Freiheitsstrafe bis zu fünf Jahren oder mit Geldstrafe bestraft.

(2) Wer in den Fällen des § 306a Abs. 2 fahrlässig handelt und die Gefahr fahrlässig verursacht, wird mit Freiheitsstrafe bis zu drei Jahren oder mit Geldstrafe bestraft.

Schrifttum

Immel Probleme der Fahrlässigkeitstatbestände des neuen Brandstiftungsrechts, StV **2001** 477; *Herzberg* Zweifelsfragen des § 222 StGB, NStZ **2005** 602. Siehe außerdem bei § 306 und § 306a.

Wolff; *Fischer* Rdn. 7; *Lackner/Kühl* Rdn. 2, § 306 Rdn. 6 (für § 306 mit Einschränkungen); *Arzt/Weber* BT § 37 Rdn. 63; *Otto* BT § 79 Rdn. 16; *Rengier* BT/II § 40 Rdn. 58; *Wessels/Hettinger* BT/1 Rdn. 974; *Murmann* Jura **2001** 258, 266; *Reinbacher* Jura **2007** 382, 390. Nach *Radtke* MK Rdn. 31; *Wolters/Horn* SK Rdn. 9 und *Liesching* S. 63 besteht zwischen § 306c und § 306 Abs. 1 Tateinheit.

22 BGH NStZ-RR **2004** 367 = JR **2005** 127 m. Anm. *Wolff*; *Fischer* Rdn. 7; *Lackner/Kühl* Rdn. 2; *Wolters/Horn* Rdn. 9; *Maurach/Schroeder/Maiwald* BT/2 § 51 Rdn. 35; *Otto* BT § 79 Rdn. 16. Vgl. auch *Krey/Heinrich* BT/1 Rdn. 753a und *Miehe* JuS **1996** 1000, 1009.

23 *Fischer* Rdn. 7; *Radtke* MK Rdn. 31; *Wessels/Hettinger* BT/1 Rdn. 974; *Murmann* Jura **2001** 258, 266.

Entstehungsgeschichte

Siehe bei § 306.

Übersicht

I. Allgemeines

1 Die Vorschrift regelt in **Absatz 1 1. und 2. Variante** entsprechend dem früheren § 309 in Verbindung mit §§ 306, 308 Abs. 1 1. Alternative a.F. die fahrlässig[1] begangene Brandstiftung nach § 306[2] und § 306a Abs. 1. Insoweit wirken sich zwar die Änderungen in § 306 Abs. 1 im Vergleich zu § 308 Abs. 1 1. Alternative a.F. und in § 306a Abs. 1 im Vergleich zu § 306 a.F. aus. Davon abgesehen hat sich sachlich aber nichts verändert. Ein grundsätzliche Umgestaltung war im Gesetzgebungsverfahren auch nicht vorgesehen. Allerdings ist der Strafrahmen gegenüber § 309 a.F. angehoben worden, soweit es diese Delikte betrifft.

2 Der gleiche Strafrahmen gilt nach **§ 306d Abs. 1 3. Variante**, wenn der Täter vorsätzlich, vgl. § 306d Abs. 2, eine Sache nach § 306 Abs. 1 Nr. 1 bis 6 in Brand setzt oder durch Brandlegung ganz oder teilweise zerstört und dadurch fahrlässig einen anderen Menschen in die Gefahr einer Gesundheitsschädigung bringt. Dabei bedarf das Verhältnis zu § 306 Abs. 1 näherer Erörterung: Handelt es sich um tätereigene oder herrenlose oder zwar fremde, aber durch Einwilligung des Eigentümers dem Täter dafür freigegebene Tatobjekte, an denen die Brandstiftung begangen wird, ergibt die Herabstufung des Strafrahmens im Vergleich zu § 306a Abs. 2 Sinn. Bei vorsätzlicher Herbeiführung der Gefahr ist der höhere Strafrahmen (Verbrechen) gerechtfertigt, bei lediglich fahrlässiger Herbeiführung der Gefahr der niedrigere (Vergehen). Dreht es sich um täterfremde Objekte der Brandstiftung – und auch dies wird von § 306a Abs. 2 erfasst (*Wolff* LK § 306a Rdn. 26) –, bewirkt, sieht man insoweit § 306a Abs. 2 als Qualifikation zu § 306 Abs. 1 an (so *Fischer* in Tröndle/Fischer[49] Rdn. 3, 4, der deshalb im Wege der einschränkenden Auslegung die Anwendung auf täterfremde Tatgegenstände zunächst verneint hat; vgl. auch *ders.* NStZ **1999** 13, 14), das Hinzutreten der fahrlässig herbeigeführten Gefahr für die Gesundheit eines anderen Menschen zu dem Grundtatbestand des § 306 Abs. 1, dass die Tat als Vergehen und nicht mehr als Verbrechen wie der Grundtatbestand des § 306

[1] Zur ausreichenden Bestimmtheit des Begriffs fahrlässig siehe *Herzberg* NStZ **2004** 593 ff; *ders.* NStZ **2005** 602 ff; jeweils mit weiteren Nachweisen, auch zu abweichenden Auffassungen.

[2] Nicht nur nach § 306 Abs. 1, wie der Gesetzestext nahelegt; vgl. *Stein* S. 119 (Rdn. 98) sowie *Range* S. 135 f.

Abs. 1 bestraft würde. Dieses vom Gesetzgeber sicherlich nicht beabsichtigte Ergebnis erledigt sich, wenn man § 306a Abs. 2 wie hier vertreten (*Wolff* LK § 306a Rdn. 26) auch bei täterfremden Tatgegenständen nicht als Qualifikation zu § 306 Abs. 1 ansieht, sondern als insgesamt gegenüber § 306 Abs. 1 eigenständigen Tatbestand, weil dann der Strafrahmen des § 306 Abs. 1 nicht in den Vergleich der Strafrahmen einzubeziehen ist.[3]

Für § 306d Abs. 1 3. Variante trifft im Übrigen die Überschrift der Bestimmung nicht **3**
zu, denn es handelt sich um eine Vorsatztat, § 11 Abs. 2.[4] Das hat zur Konsequenz, dass Tatbeteiligung möglich ist (*Murmann* Jura **2001** 258, 263). Der Fehler hätte vermieden werden können, wenn man § 306a Abs. 2, § 306d Abs. 1 3. Variante und § 306d Abs. 2 in einem eigenen Paragraphen zusammengefasst hätte. Versuch ist nicht unter Strafe gestellt.

Auf dieser Basis ist auch § **306d Abs. 2** sachgerecht einzupassen, nach welcher **4**
Bestimmung die Obergrenze der Freiheitsstrafe für das sowohl hinsichtlich der Tathandlung als auch bezüglich der dadurch herbeigeführten Gefahr fahrlässig begangene Delikt nach § 306a Abs. 2 weiter herabgestuft ist.

§ 306 b ist in § 306d nicht erwähnt (kritisch dazu z.B. *Wolters* JR **1998** 271, 274). Bei **5**
§ 306b Abs. 1 wird die fahrlässige Herbeiführung des Erfolgs von dem Tatbestand infolge der Geltung von § 18 (*Wolff* LK § 306b Rdn. 8) unmittelbar erfasst. Im Übrigen und für § 306b Abs. 2 ist bei Fahrlässigkeit gegebenenfalls auf die Fahrlässigkeitsregelung für die dahinterstehenden Grunddelikte zurückzugehen.[5] Auch eine fahrlässige Brandstiftung mit Todesfolge (vgl. den Beispielsfall BGH NJW **2008** 1897 ff m. Anm. *Kühl*) ist, anders als in § 309 a.F., nicht vorgesehen.

II. Die Voraussetzungen der drei Varianten von § 306d Abs. 1 und von § 306d Abs. 2

1. § 306d Abs. 1 1. und 2. Variante

a) **Fahrlässige Brandstiftung durch positives Tun. aa) Äußerer Tatbestand.** Der **6**
äußere Tatbestand der fahrlässigen Brandstiftung nach diesen beiden Varianten ist erfüllt, wenn der Täter entweder fremde Tatobjekte nach § 306 Abs. 1[6] oder Tatgegenstände nach § 306a Abs. 1 in Brand gesetzt oder durch eine Brandlegung wenigstens teilweise zerstört hat. Dazu kann zunächst auf die Kommentierung zu diesen Bestimmungen verwiesen werden (*Wolff* LK § 306 Rdn. 5 ff; § 306a Rdn. 5 ff). An der Fassung des § 309 a.F.: „Wer einen Brand der in den §§ 306 und 308 bezeichneten Art … verursacht, …" konnte wegen der Erweiterung der Tathandlung um „durch eine Brandlegung ganz oder

---

3 Vgl. – meist unter dem Stichwort Konkurrenzlösung – *Herzog* NK Rdn. 3; *Radtke* MK Rdn. 4 ff; *Sch/Schröder/Heine* Rdn. 1; Dölling/Duttge/Rössner/*Weiler* HK Rdn. 6; *Wolters/Horn* SK Rdn. 7; *Börner* S. 21 ff; *Immel* StV **2001** 477, 478 ff; auch *Tröndle/Fischer* – jetzt *Fischer* – seit der 52. Auflage Rdn. 6; wobei die Regelung überwiegend unverändert sehr kritisch gesehen wird.

4 *Fischer* Rdn. 5, 6a: *Lackner/Kühl* Rdn. 2 *Radtke* MK Rdn. 12; *Sch/Schröder/Heine* Rdn. 1, 5; Dölling/Duttge/Rössner/*Weiler* HK Rdn. 5; *Wessels/Hettinger* BT/1 Rdn. 953, 975; *Geppert* Jura **1998** 597, 605; *Müller/Hönig* JA **2001** 517, 525.

5 *Radtke* MK Rdn. 1; *Cantzler* JA **1999** 474, 477; *Range* S. 138. Vgl. auch *Maurach/Schroeder/Maiwald* BT/2 § 51 Rdn. 37; *Börner* S. 55 f; *Liesching* S. 30 f; *Schroeder* GA **1998** 571, 574.

6 Der Charakter als Sachbeschädigungsdelikt wird durch den Wechsel vom Vorsatz- zum Fahrlässigkeitsdelikt nicht in Frage gestellt.

teilweise zerstört ..." nicht festgehalten werden. Dennoch kommt es unverändert auf eine Verursachung an, eine Handlung des Täters muss zu dem Erfolg führen, dass an einem der Tatobjekte des § 306 Abs. 1 oder des § 306a Abs. 1 ein Brand entstanden oder das betroffene Objekt durch Brandlegung ganz oder teilweise zerstört worden ist.[7] Der Täter braucht jedoch für den Brand usw. nicht die alleinige Ursache gesetzt zu haben (RGSt **6** 146 ff); selbst das vorsätzliche Handeln eines Dritten, das dazwischentritt, unterbricht den Ursachenzusammenhang nicht ohne weiteres (vgl. RGSt **61** 318 ff; BGH JR **2007** 420 ff). Bewirkt jemand aber durch ein vor dem Brandausbruch liegendes Verhalten – z.B. eine bestimmte Baumaßnahme –, dass ein dann nicht von ihm fahrlässig hervorgerufener Brand eine stärkere Wirkung erhält, als es ohne sein Verhalten geschehen wäre, ist dieses Handeln für den Brand nicht ursächlich geworden (BayObLGSt **1959** 175 ff).

7 bb) Für die **Fahrlässigkeit** gelten die allgemeinen Grundsätze (s. *Vogel* LK § 15 Rdn. 144 ff). Sie muss sich auch nicht notwendig auf die Inbrandsetzung oder Zerstörung durch Brandlegung, sondern kann sich auch auf andere objektive Tatbestandsmerkmale des § 306 Abs. 1 oder des § 306a Abs. 1 beziehen.[8] Es sei noch darauf hingewiesen, dass ein fahrlässig hervorgerufener Brand für den Täter eine Garantenpflicht aus vorangegangenem gefährdenden Tun zur Folge haben kann; unterlässt der Täter dann mögliche und erfolgversprechende Löschmaßnahmen, kann ihm eine vorsätzliche Brandstiftung vorzuwerfen sein (*Wolff* LK § 306 Rdn. 11 m. Nachweisen).

8 Als **Beispiele** für fahrlässige Brandstiftung seien erwähnt: Anfertigen eines Bauplans unter Vorschreiben eines nicht feuerfesten Baumaterials, ohne dass die nötige Ummauerung von Rauchrohren vorgesehen ist (BayObLGSt **1958** 217 ff); Verlegen eines Holzbalkens in der Nähe eines Rauchrohrs bei Errichtung eines Hauses (RGSt **9** 152 ff); der Bau und das Beziehenlassen einer feuergefährdeten Dachwohnung (RGSt **61** 318 ff); zu Konsequenzen hinsichtlich des Verjährungsbeginns in derartigen Fällen vgl. LG Düsseldorf StV **2002** 53 f betreffend den Düsseldorfer Flughafenbrand und allgemein *Jähnke* LK[11] § 78a Rdn. 16. Weiteres Beispiel ist das Schweißen ohne ausreichende Sicherungsmaßnahmen (AG Köln BB **1957** 1018); zu sachgemäßem Schweißen gehört, dass bei Schweißarbeiten in der Nähe von Fachwerkbalken die gefährdeten Stellen solange beobachtet werden, bis an ihnen eine Übertemperatur nicht mehr wahrgenommen werden kann (BGH, Urt. v. 14. November 1973 – 2 StR 275/73 –). Fahrlässige Brandstiftung kann sich aus dem unsachgemäßen Abfüllen von Treibstoff aus einem Großtank durch den Fahrer eines Tanklastzuges – und durch das Gewährenlassen seitens des Betriebsinhabers des Tanklagers – ergeben (vgl. BGH NJW **1977** 2264 ff). Es ist fahrlässig, wenn Phosphor, der per Schiff versandt werden soll, als ungefährliche Ladung deklariert wird, so dass die Behälter ohne besondere Sicherungsmaßnahmen verstaut werden (RG Recht **1924** Nr. 719). Das Verbrennen von Unkraut auf einem von Wald umgebenen Acker kann, wenn es zum Waldbrand kommt, fahrlässige Brandstiftung sein, auch wenn nach Waldschutzvorschriften zu beachtende Abstände eingehalten sind (BGH LM StGB § 309 Nr. 1; vgl. auch BGHSt **31** 83 ff); das gleiche gilt für das Verbrennen landwirtschaftlicher Abfälle auf einem Bauernhof an einem heißen und windigen Tag (vgl. BGH NJW **1993**

[7] *Fischer* Rdn. 3 (unter teilweiser Ausnahme von Brandverstärkungen); *Radtke* MK Rdn. 8 (auch bei Vergößerung des Brandes, wenn dadurch mindestens weitere taugliche Tatobjekte in Brand geraten); *Wolters/Horn* SK Rdn. 3. Vgl. auch RGSt **4** 22, 23; **40** 321, 323; **75** 49, 50 ff; BayObLGSt **1959** 175 ff.

[8] *Kindhäuser* LPK Rdn. 1; *Radtke* MK Rdn. 10; *Sch/Schröder/Heine* Rdn. 3; *Rengier* JuS **1998** 397, 400 und *ders.* BT/II § 40 Rdn. 59.

2234 f). Entsprechende Fahrlässigkeit ergibt sich im Einzelfall aus dem Umgang mit offenem Feuer in der Nähe von leicht brennbaren Flüssigkeiten oder Gegenständen (RGSt **40** 321 ff; RG Rspr. **4** 428 ff; KG JW **1932** 2047); aus dem Umgang mit offenem Feuer in einem Pferdestall (RG HRR **1939** Nr. 1560) oder auf dem Heuboden einer Scheune (BGH NStZ **1989** 431 f); aus dem Abstellen einer brennenden Petroleumlampe auf unsicherer Grundlage in einer Scheune (RGSt **6** 146 ff). Fahrlässige Verursachung im Brandfalle liegt vor, wenn leicht brennbare Dinge in die Nähe eines geheizten Ofens gebracht werden (RG Rspr. **4** 72 ff); wenn ein Pkw, aus dessen Motorraum Qualm dringt und bei dem anschließend ein Fahrzeugbrand entsteht, so neben einem Gebäude abgestellt wird, dass dieses dabei Feuer fängt (vgl. OLG Hamm NZV **1997** 309); wenn heiße Asche neben einem Holzschuppen abgelagert wird (BayObLGSt **1999** 127 f = JR **2000** 210 m. Anm. *Wolff*; vgl. auch den ähnlichen Brandfall in OLG Stuttgart NJW **2008** 1971); wenn ein elektrischer Heizofen unbeaufsichtigt in einem Büroraum betrieben wird (OLG Hamburg NJW **1953** 117 f; vgl. auch BGH NJW **1997** 528 f) oder eine Kerze unbeaufsichtigt im Wohnzimmer eines Wochenendhauses brennt (BayObLGSt **1990** 67 ff). Fahrlässigkeit einer Brandverursachung kann gegeben sein beim achtlosen Fortwerfen eines brennenden Streichholzes (RG GA **40** (1892) 326; OLG Schleswig NStZ **1982** 116 f); beim Verlassen eines mit Heu und Stroh gefüllten Dachbodens, ohne zu löschen, nachdem dem Täter die brennende Pfeife heruntergefallen war und Funken ins Stroh geraten waren (RGSt **60** 77 f); beim Liegenlassen einer brennenden Zigarette (vgl. BGH, Beschl. v. 7. Oktober 1986 – 1 StR 523/86 –) oder unsorgfältigen Ausdrücken einer Zigarette (BGHR StGB § 306 Nr. 2 Inbrandsetzen 2; vgl. auch Rdn. 10). Nach RGSt **76** 1, 2 kann unter Umständen der Verkauf von Streichhölzern an kleine Kinder fahrlässige Brandstiftung sein, wenn diese damit erfolgreich zündeln. Die Verletzung von feuerpolizeilichen Vorschriften (RGSt **76** 1, 2) oder Unfallverhütungsvorschriften (BayObLG OLGSt Bd. 2 § 309 Nr. 1) begründen für sich allein den Vorwurf der Fahrlässigkeit nicht.[9]

Nachdem § 306 Abs. 1 Nr. 4 auch fremde Kraftfahrzeuge gegen Brandstiftung **9**
schützt, wird an fahrlässige Brandstiftung selbst dann zu denken sein, wenn durch einen schuldhaft herbeigeführten Verkehrsunfall ein nicht dem Täter gehörendes Kraftfahrzeug in Brand gerät.[10]

b) Tatbestandserfüllung durch **fahrlässiges Unterlassen** ist möglich.[11] Für die Herlei- **10**
tung von Garantenpflichten ergeben sich dabei keine Besonderheiten (s. dazu allgemein

---

9 Siehe auch OLG Stuttgart NStZ **1997** 190 f = JR **1997** 517 m. Anm. *Gössel*; missverständlich OLG Oldenburg NdsRpfl. **1956** 207; **aA** *Fischer* Rdn. 4; *Radtke* MK Rdn. 9; *Sch/Schröder/Heine* Rdn. 3; *Wolters/Horn* SK Rdn. 5.

10 *Fischer* Rdn. 4; *Lackner/Kühl* Rdn. 1; *Radtke* MK Rdn. 3; *Sch/Schröder/Heine* Rdn. 1; Dölling/Duttge/Rössner/*Weiler* HK Rdn. 3; *Wolters/Horn* SK Rdn. 4; *Stein* S. 118 (Rdn. 96); *Liesching* S. 31. Als weiteres Beispiel der Auswirkung der Änderung des Tatobjektkatalogs von § 306 Abs. 1 wird erwähnt, dass es als fahrlässige Brandstiftung zu erfassen ist, wenn durch unsachgemäße Schweißarbeiten an einem fremden Kraftfahrzeug dieses in Brand gerät: *Geppert* Jura **1998** 597, 604 (nach *Schroth* BT[1] S. 176, jetzt 4. Auflage S. 275); dazu auch *Sch/Schröder/Heine* Rdn. 1; *Liesching* S. 30 Fn. 56; *Range* S. 135.

11 RGSt **75** 49 ff; BGH NStZ **1999** 607 f; BGH NStZ **2005** 446, 447; *Fischer* Rdn. 3; *Lackner/Kühl* Rdn. 1; *Radtke* MK Rdn. 8, 11; *Sch/Schröder/Heine* Rdn. 4; *Weigend* LK § 13 Rdn. 97; *Wolters/Horn* SK Rdn. 6; vgl. auch *Ida* Inhalt und Funktion der Norm beim fahrlässigen Erfolgsdelikt, Festschrift Hirsch (1999) 225, 231. Siehe ergänzend *Wolff* LK § 306 Rdn. 11; dort auch zur Abgrenzung von Tun und Unterlassen.

Weigend LK § 13 Rdn. 25 ff). Bei einer fahrlässigen Brandstiftung durch Unterlassen ist die ausreichende Feststellung des Kausalzusammenhangs besonders zu beachten (vgl. RGSt **75** 49, 50 ff; BGHR StGB § 306 Nr. 2 Inbrandsetzen 2 und auch BGH NJW **2008** 1897, 1898 f m. Anm. *Kühl*). Teilweise betreffen bereits die in Rdn. 8 aufgeführten Beispielsfälle auch Unterlassungen. Daneben seien folgende Entscheidungen angesprochen: Eine Pflicht, eine sorglos aufgestellte Kerze nicht unbeaufsichtigt brennen zu lassen, kann auch bestehen, wenn der Täter die Kerze nicht selbst angezündet hat (BayObLGSt **1990** 67 ff). Dagegen wird eine Verpflichtung eines Einbrechers, seinen Mittäter am achtlosen Fortwerfen von zum Leuchten benutzten brennenden Streichhölzern zu hindern, zu verneinen sein (OLG Schleswig NStZ **1982** 116 f). Weiter trifft den Leiter eines landwirtschaftlichen Betriebs die Pflicht, zur Selbstentzündung neigende Ernteerzeugnisse wie Heu nach Einlagerung auf zu starke Erwärmung zu kontrollieren (BayObLGSt **1978** 45 f; vgl. auch RGSt **75** 49 ff). Der Mitbetreiber einer Gaststätte ist gegenüber Mitarbeitern und Gästen verpflichtet, Gefahren, die im Bereich seines Betriebs aus dem achtlosen Umgang mit Zigarettenresten und offenem Feuer herrühren, entgegenzuwirken und geeignete Vorkehrungen zu treffen, um eine Gefährdung anderer zu vermeiden (BGH NStZ-RR **1996** 1 f). Vergleichbar hat der BGH – zu Recht – eine Sorgfaltspflichtverletzung einer Mutter bejaht, die nach einem Alkoholgelage mit Gästen in ihrer Wohnung, bei dem die Anwesenden auch geraucht gehabt hatten, ihre beiden schlafenden Kleinkinder für längere Zeit allein in der Wohnung zurückgelassen hatte, ohne zuvor das auf dem Tisch liegende Feuerzeug zu entfernen oder zu kontrollieren, ob noch Zigarettenreste brannten oder glimmten, nachdem während ihrer Abwesenheit ein Zimmerschwelbrand entstanden war, durch den die Kinder zu Tode kamen.[12] Zur Garantenpflicht eines Polizeibeamten, Brandstiftungen zu verhindern, siehe OLG Rostock NStZ **2001** 199 f. Ein Bezirksschornsteinfegermeister kann sich der fahrlässigen Brandstiftung durch Unterlassen schuldig machen, wenn er nicht gegen den feuergefährdenden Zustand eines Schornsteins einschreitet und sich später aus dem Mangel ein Brand entwickelt, der durch eine rechtzeitige Beanstandung hätte verhindert werden können (OLG Oldenburg BB **1956** 870). Eine fahrlässige Verletzung von Aufsichtspflichten durch Eltern oder Erziehungsberechtigte gegenüber verhaltensauffälligen und deshalb zum Zündeln neigenden Kindern oder Jugendlichen kommt gleichfalls in Betracht;[13] das gleiche gilt bei Kleinkindern (vgl. BGH NStZ **1999** 607 f; vgl. auch OLG Koblenz NJW **2004** 3047 f).

2. § 306d Abs. 1 3. Variante und § 306d Abs. 2

11 a) **Objektiv** erfordern diese sachlich zusammengehörenden Regelungen, dass einer der in § 306 Abs. 1 Nr. 1 bis 6 aufgezählten Tatgegenstände in Brand gesetzt oder durch Brandlegung mindestens teilweise zerstört wird. Insoweit ergeben sich gegenüber § 306a Abs. 2 keine Abweichungen (vgl. *Wolff* LK § 306a Rdn. 28). Durch die Handlung muss ein anderer Mensch (als Täter oder Tatbeteiligte; vgl. *Wolff* LK § 306a Rdn. 29) sorgfaltswidrig in die konkrete Gefahr einer Gesundheitsschädigung gebracht werden (vgl. zu letzteren Merkmalen *Wolff* LK § 306a Rdn. 29).

---

[12] BGH NStZ **2005** 446 f = JZ **2005** 685 m. krit. Anm. *Walther*; vgl. dazu auch *Altvater* NStZ **2006** 86, 87. Kritisch zu dieser Entscheidung auch *Duttge* NStZ **2006** 266, 269; *Herzberg* NStZ **2005** 602, 606 f.

[13] Vgl. BGH NJW **1995** 3385 f; BGH NJW **1996** 1404 f; BGH NJW **1997** 2047 f; sowie OLG Zweibrücken NZV **2007** 207 f; LG Zweibrücken NJW-RR **2005** 1546 f.

b) **Subjektiv** ist für **§ 306d Abs. 1 3. Variante** *Vorsatz* gefordert, *soweit es das Inbrandsetzen oder jedenfalls teilweise Zerstören eines der Tatobjekte durch Brandlegung betrifft* (vgl. *Wolff* LK § 306a Rdn. 33). Für das *Verursachen der Gefahr für die Gesundheit eines anderen* kommt es auf *Fahrlässigkeit* an. **§ 306d Abs. 2** erfasst die Fälle, in denen auch die Brandstiftung lediglich von Fahrlässigkeit getragen ist (vgl. den Beispielsfall bei *Knauth* Jura **2005** 230, 233 f). 12

III. Strafe

Die **Strafandrohung** beträgt für Fälle nach § 306d Abs. 1 Freiheitsstrafe bis zu fünf Jahren oder Geldstrafe, für Fälle nach § 306d Abs. 2 Freiheitsstrafe bis zu drei Jahren oder Geldstrafe. Es geht also um Vergehen, § 12 Abs. 2.[14] – Tätige Reue führt zur Strafbefreiung, § 306e Abs. 2. 13

IV. Konkurrenzen

Zwischen fahrlässigen Brandstiftungsdelikten und vorsätzlichen Brandstiftungsdelikten kommt **Tateinheit** in Betracht, sofern verschiedene Tatobjekte betroffen sind, die nicht alle vom Vorsatz umfasst werden.[15] Tateinheit ist weiter gegeben zwischen § 306d Abs. 1 3. Variante und § 306, wenn es um für den Täter fremde Tatobjekte geht.[16] Tateinheit ist zwischen § 306d Abs. 1 1. Variante und § 306d Abs. 2 möglich (*Börner* S. 23 f; *Liesching* S. 66 f). Wird durch eine fahrlässige Brandstiftung nach § 306d Abs. 1 1. oder 2. Variante oder nach § 306d Abs. 2 fahrlässig der Tod eines Menschen verursacht, besteht zwischen § 306d und § 222 gleichfalls Tateinheit.[17] Tateinheit ist ebenfalls mit Sachbeschädigung nach § 303 Abs. 1 denkbar.[18] Schließlich kann zwischen fahrlässiger Brandstiftung und dem Vortäuschen einer Straftat Tateinheit bestehen (BGH NStZ **2003** 264, 265). 14

---

14 Auf Ungereimtheiten der Strafandrohungen, die sich aus dem Verhältnis von § 306d zu § 306 Abs. 1 und § 306a Abs. 2 ergeben, weisen eine ganze Reihe von Autoren hin, z.B.: *Radtke* MK Rdn. 7; *Cantzler* JA **1999** 474, 477 f; *Lieschimg* S. 30 f; *Range* S. 134 ff; *Schnabel* JuS **1999** 103; *Schroeder* GA **1998** 571, 574; *Stein* S. 118 f (Rdn. 96 f); ebenso *Immel* StV **2001** 477, 479, der eine Strafrahmenkorrektur jenseits des Gesetzes vorschlägt.

15 *Fischer* Rdn. 6; *Herzog* NK Rdn. 5; *Radtke* MK Rdn. 14; *Sch/Schröder/Heine* Rdn. 1; *Wolters/Horn* SK Rdn. 12; *Börner* S. 22 (der dies – S. 22 f – unter bestimmten Voraussetzungen auch für § 306d Abs. 1 2. Variante und § 306 annimmt); *Schnabel* JuS **1999** 103.

16 BGH NStZ **1999** 32, 34; *Fischer* Rdn. 7; *Radtke* MK Rdn. 14; *Sch/Schröder/Heine* Rdn. 8; *Maurach/Schroeder/Maiwald* BT/2 § 51 Rdn. 36.

17 *Fischer* Rdn. 7; *Lackner/Kühl* Rdn. 3; *Cantzler* JA **1999** 474, 477 f; *Murmann* Jura **2001** 258, 262, 266. Vgl. zudem BGH NJW **1989** 2479 = JZ **1990** 763 m. Anm. *Eue*; sowie *Küpper* JuS **1990** 184, 185 f. Teilweise abweichend *Radtke* MK Rdn. 12. AM *Sch/Schröder/Heine* Rdn. 8 (Gesetzeskonkurrenz mit Vorrang von § 306d); *Wolters/Horn* SK Rdn. 12 (Gesetzeskonkurrenz mit Vorrang von § 222).

18 RGSt **54** 1 f; *Fischer* Rdn. 7; *Herzog* NK Rdn. 5. Teilweise abweichend *Radtke* MK Rdn. 15.

§ 306e
Tätige Reue

(1) Das Gericht kann in den Fällen der §§ 306, 306a und 306b die Strafe nach seinem Ermessen mildern (§ 49 Abs. 2) oder von Strafe nach diesen Vorschriften absehen, wenn der Täter freiwillig den Brand löscht, bevor ein erheblicher Schaden entsteht.

(2) Nach § 306d wird nicht bestraft, wer freiwillig den Brand löscht, bevor ein erheblicher Schaden entsteht.

(3) Wird der Brand ohne Zutun des Täters gelöscht, bevor ein erheblicher Schaden entstanden ist, so genügt sein freiwilliges und ernsthaftes Bemühen, dieses Ziel zu erreichen.

Schrifttum

Blöcker Die tätige Reue (2000); *Blum* Strafbefreiungsgründe und ihre kriminalpolitischen Begründungen (1996); *R. Schäfer* Die Privilegierung des „freiwillig-positiven" Verhaltens des Delinquenten nach formell vollendeter Straftat (1992). Siehe außerdem bei § 306 und § 306a.

Entstehungsgeschichte

Siehe bei § 306.

Übersicht

I. Allgemeines

1 § 306e ist an die Stelle von § 310 a.F. getreten, der Strafbefreiung gewährte, wenn der Täter den Brand gelöscht hatte, bevor dieser entdeckt und bevor weiterer als durch die bloße Inbrandsetzung bewirkter Schaden entstanden war.[1] Im Regierungsentwurf zum 6. StrRG war noch vorgesehen, die über den gesamten Abschnitt „Gemeingefährliche Straftaten" verstreuten Vorschriften über tätige Reue in § 320 E zusammenzufassen und zu vereinheitlichen (BTDrucks. 13/8587 S. 14 f); dabei wollte man die Regelungen auf der Grundlage des ursprünglichen § 311c (später § 311e) – Tätige Reue bei § 310b bis § 311a a.F. – vereinheitlichen (Begründung zum Regierungsentwurf BTDrucks. 13/8587

[1] Vgl. zu § 310 a.F. insbesondere *Blöcker* S. 62 f; *Blum* S. 25 f; *R. Schäfer* S. 267 ff.

S. 52). Auf Widerspruch des Bundesrates, der die Unübersichtlichkeit monierte und unnötige Fehlerträchtigkeit bei der Anwendung befürchtete (BTDrucks. 13/8587 Anlage 2 S. 75), hat die Bundesregierung in ihrer Gegenäußerung tätige Reue bei Brandstiftungsdelikten in einem neu geschaffenen § 306e zusammengefasst; dabei wollte man in der Grundanlage weitgehend an dem § 320 E festhalten (BTDrucks. 13/8587 Anlage 3 S. 87, 88). Sieht man von einer redaktionellen Änderung ab (vgl. BTDrucks. 13/8991 S. 24; BTDrucks. 13/9064 S. 22), ist diese Regelung Gesetz geworden.

Es geht – wie bisher – um einen **persönlichen Strafaufhebungsgrund** oder – neu – um einen **persönlichen Strafmilderungsgrund**[2] bei **vollendetem Delikt**. Er wirkt bei mehreren Tatbeteiligten also nur für den Täter oder Teilnehmer, der mit gelöscht hat.[3] Der als Überschrift verwendete Begriff Tätige Reue, der im Gesetz auch anderweit verwendet, aber nicht definiert wird, trägt zum Verständnis nur insoweit bei, als er einen Bereich kennzeichnet, in dem ein Rücktritt nach § 24 nicht mehr möglich ist (vgl. auch *Blöcker* S. 42 f, 79 ff; *R. Schäfer* S. 267 ff). Zu den diskutierten Gründen für eine derartige gesetzgeberische Privilegierung des Straftäters siehe allgemein insbesondere *R. Schäfer* S. 13 ff mit Nachweisen; sowie *Blöcker* S. 97 ff, 117 und *Blum* S. 21 ff, 91. Die allgemeinen Rücktrittsvorschriften, §§ 24, 31, werden dadurch nicht tangiert. Im Falle des Versuchs eines Brandstiftungsdelikts ist für die Frage, ob der Täter zurückgetreten ist, allein auf § 24 abzustellen.[4] *Radtke*[5] weist in diesem Zusammenhang auf die auseinanderfallenden Vollendungszeitpunkte bei Inbrandsetzen einerseits und (teilweisen) Zerstören durch Brandlegung andererseits hin, die zu Divergenzen bei der Abgrenzung von § 24 und § 306e führen können. 2

II. § 306e Abs. 1

§ 306e Abs. 1 bezieht sich auf Brandstiftungen nach § 306, auf schwere Brandstiftungen nach § 306a und auf besonders schwere Brandstiftungen nach § 306b. Im Falle einer Brandstiftung mit Todesfolge nach § 306c kommt tätige Reue nicht in Betracht, wenn aus dem Löschen in einem derartigen Fall auch ein Strafmilderungsgrund abzuleiten sein wird. Die Vorschrift bezieht sich nicht auf mit einer Brandstiftung zugleich begangene andere Delikte wie Versicherungsmissbrauch (*Rönnau* JR **1998** 441, 446; **aA** *Arzt/Weber* BT § 37 Rdn. 60) oder Sachbeschädigung.[6] Auch die Strafbarkeit wegen Herbeiführens 3

---

[2] *Walter* LK Vor § 13 Rdn. 191. *Radtke* MK Rdn. 3, 21 kommt zu dem Ergebnis obligatorischer Strafaufhebung; von einer „Regelung im Strafzumessungsbereich" spricht *Cantzler* JA **1999** 474 in Bezug auf Absatz 1; abweichend auch *Müller/Hönig* JA **2001** 517, 525.

[3] *Fischer* Rdn. 8; *Radtke* MK Rdn. 9; *Sch/Schröder/Heine* Rdn. 1, 16; *Wolters/Horn* SK Rdn. 2, 6; *Arzt/Weber* BT § 37 Rdn. 56.

[4] BGHSt **39** 128, 129; BGH NJW **1985** 813 f; BGH NStZ-RR **1997** 233 f; BGH bei Altvater NStZ **2000** 18, 22; LG Zweibrücken NStZ **1993** 85; *Fischer* Rdn. 2; *Lackner/Kühl* Rdn. 1; *Radtke* MK Rdn. 4; *Sch/Schröder/Heine* Rdn. 2; *Wolters/Horn* SK Rdn. 9; *Geppert* Jura **1998** 597, 605; *Müller/Hönig* JA **2001** 517, 525; *Radtke* Dogmatik der Brandstiftungsdelikte S. 415; *Sinn* Jura **2001** 803, 809; *Stein* S. 119 (Rdn. 99).

[5] Dogmatik der Brandstiftungsdelikte S. 415 f, 418 Fn. 15; *ders.* ZStW **110** (1998) 848, 872 f; *ders.* MK Rdn. 3; vgl. auch *Lackner/Kühl* Rdn. 1; *Sch/Schröder/Heine* Rdn. 2; *Cantzler* JA **1999** 474, 478; *Kreß* JR **2001** 315, 319 Fn. 51; *Range* S. 150; *Sinn* Jura **2001** 803, 809. Gegenargumente bei *Börner* S. 37 ff; *Liesching* S. 89 f.

[6] *Fischer* Rdn. 8; *Lackner/Kühl* Rdn. 1; *Radtke* MK Rdn. 22; *Wolters/Horn* SK Rdn. 19; *Arzt/Weber* BT § 37 Rdn. 61; *Müller/Hönig* JA **2001** 517, 525 f; *Rengier* JuS **1998** 397, 401; *Sinn* Jura **2001** 803, 809 Fn. 103. Inso-

einer Brandgefahr nach § 306f bleibt bestehen, wie durch die Fassung der Bestimmung und ihre Stellung im Gesetz belegt ist.[7]

4 § 306e Abs. 1 verlangt vom Täter – gleiches gilt für Teilnehmer[8] – freiwilliges Löschen des Brandes, bevor ein erheblicher Schaden entstanden ist. Ob der Brand durch Dritte entdeckt war, ist unerheblich geworden.[9]

5 **1. Löschen des Brandes.** Der Täter hat den Brand gelöscht, wenn er das Feuer durch seine eigene Tätigkeit mit Erfolg bekämpft hat. Sein Motiv ist unerheblich; auch Furcht vor Strafe kommt ihm zugute (BGH NStZ **2003** 264, 265 f). Nicht erforderlich ist, dass der Täter die Löscharbeiten allein oder überhaupt mit eigener Hand verrichtet.[10] Er kann auch dann straflos bleiben oder geringer bestraft werden, wenn er das Feuer mit fremder Hilfe löscht oder wenn er sich darauf beschränkt, rechtzeitig Hilfe anderer zu holen, z.B. die Feuerwehr zu alarmieren.[11] Das Löschen durch andere Personen muss aber nicht nur auf die Tätigkeit, sondern *auch auf den Willen des Täters zurückzuführen* sein; dem Vorsatz auf Brandstiftung muss ein auf das Löschen gerichteter Vorsatz gegenübertreten (RG JW **1930** 3412 m. Anm. *Graf zu Dohna*; *Herzog* NK Rdn. 5; *Radtke* MK Rdn. 10). Ohne Erfolg gebliebene Löschversuche reichen nicht aus.[12]

---

weit **aA** RGSt **57** 294, 296 f; *Hillenkamp* JuS **1997** 821, 828; gegen diese Meinung aber zu Recht *Geppert* JR **1994** 72, 73 Fn. 9.

[7] *Fischer* Rdn. 8, § 306f Rdn. 7; *Kindhäuser* LPK Rdn. 6; *Lackner/Kühl* Rdn. 1, § 306f Rdn. 3; *Radtke* MK Rdn. 5, § 306f Rdn. 28; *Sch/Schröder/Heine* Rdn. 16; *Wolters/Horn* SK Rdn. 19, § 306f Rdn. 15, 19; *Küpper* BT/1 § 5 Rdn. 28; *Cantzler* JA **1999** 474, 479; *Liesching* S. 33; *Müller/Hönig* JA **2001** 517, 526; *Radtke* Dogmatik der Brandstiftungsdelikte S. 424 f; *ders.* ZStW **110** (1998) 848, 881; *Rengier* JuS **1998** 397, 401; *ders.* BT/II § 40 Rdn. 65; *Wolters* JR **1998** 271, 275; kritisch *Range* S. 147 ff. **AA** *Herzog* NK Rdn. 6; *Arzt/Weber* BT § 37 Rdn. 60; *Geppert* Jura **1998** 597, 605 f. Für die analoge Anwendung von § 314a Abs. 2 sprechen sich *Schroeder* GA **1998** 571, 576 und *Maurach/Schroeder/Maiwald* BT/2 § 51 Rdn. 41, 49 aus; vgl. auch *Otto* BT § 79 Rdn. 24; *Börner* S. 58; *Stein* S. 124 f (Rdn. 111). Vgl. zur gleichen Streitfrage für das Verhältnis von § 310 a.F. zu § 310a a.F. BGHSt **39** 128, 131 f = JR **1994** 71 m. Anm. *Geppert* = StV **1994** 18 m. Anm. *Gropengießer* (Revisionsentscheidung zu LG Zweibrücken NStZ **1993** 85) und ergänzend *Wolff* LK[11] § 310 Rdn. 1; *Hillenkamp* JuS **1997** 821, 828 ff; *Lagodny* Strafrecht vor den Schranken der Grundrechte (1996) 489, dessen Mahnung an den Gesetzgeber, das Differenzierungsgebot zu beachten, S. 505, unbeachtet geblieben ist.

[8] *Fischer* Rdn. 8; *Radtke* MK Rdn. 8; *Wolters/Horn* SK Rdn. 5; *Arzt/Weber* BT § 37 Rdn. 56.

[9] *Fischer* Rdn. 3; *Sch/Schröder/Heine* Rdn. 4; *Bayer* S. 112 (Rdn. 4). *Wolters* JR **1998** 271, 275 geht davon aus, dass die Vorschrift jedenfalls dann anwendbar ist, wenn der Täter den Brand noch nicht entdeckt glaubt, es komme auf seinen Horizont an; so auch *Wolters/Horn* SK Rdn. 7.

[10] RGSt **1** 375, 376; **19** 394, 395; **57** 294, 296; RG LZ **1931** Sp. 1334; OLG Hamm NJW **1963** 1561, 1562; *Fischer* Rdn. 5; *Herzog* NK Rdn. 5; *Kindhäuser* LPK Rdn. 3; *Lackner/Kühl* Rdn. 2; *Radtke* MK Rdn. 10; *Sch/Schröder/Heine* Rdn. 11; *Wolters/Horn* SK Rdn. 8; *Maurach/Schroeder/Maiwald* BT/2 § 51 Rdn. 39; *Radtke* Dogmatik der Brandstiftungsdelikte S. 421; *ders.* ZStW **110** (1998) 848, 881; *Range* S. 139; *Sinn* Jura **2001** 803, 809.

[11] BGH NStZ-RR **1997** 193 f; BGH NStZ 2003 264, 265; BGH NStZ **2003** 266 = JA **2003** 925 m. Besprechung *Beckekemper*; *Lackner/Kühl* Rdn. 2; *Radtke* MK Rdn. 10; *Sch/Schröder/Heine* Rdn. 11; Dölling/Duttge/Rössner/*Weiler* HK Rdn. 6; *Küpper* BT/1 § 5 Rdn. 27; *Maurach/Schroeder/Maiwald* BT/2 § 51 Rdn. 39; *Geppert* Jura **1998** 597, 605; *Sinn* Jura **2001** 803, 809.

[12] *Fischer* Rdn. 5; *Herzog* NK Rdn. 5; *Radtke* MK Rdn. 10; *Sch/Schröder/Heine* Rdn. 11; *Wolters/Horn* SK Rdn. 8; *Hillenkamp* JuS **1997** 821, 828; *Radtke* Dogmatik der Brandstiftungsdelikte S. 421 f.

6 Das Löschen des Brandes ist an sich **Gegenakt zum Inbrandsetzen** als Tathandlung der §§ 306 bis 306d und passt entsprechend schlecht zum zumindest teilweisen Zerstören durch Brandlegung. § 306e bezieht sich aber auch darauf (BGHSt **48** 14, 22 f). Man wird deshalb, um § 306e Abs. 1 den vom Gesetzgeber gewollten Anwendungsbereich zu erhalten, das Löschen nicht allzu eng auslegen dürfen und das erfolgreiche Bekämpfen der Brandauswirkungen (z.B. durch das Ableiten von Rauchgasen oder das Neutralisieren von Giftstoffen) gleichstellen müssen.[13] Das Problem wird teilweise dadurch entschärft, dass bei dieser Tatbestandsalternative Vollendung später eintritt als beim Inbrandsetzen und deshalb entsprechend länger eine Rücktrittsmöglichkeit besteht (vgl. Rdn. 2; *Radtke* Dogmatik der Brandstiftungsdelikte S. 418 Fn. 15; *ders.* ZStW **110** (1998) 848, 872 f, 882 sieht deshalb § 306e nur für das Inbrandsetzen als relevant an).

7 2. **Freiwilligkeit.** Für die Freiwilligkeit sind die zu § 24 Abs. 1 entwickelten Kriterien heranzuziehen.[14] Vgl. dazu im einzelnen *Lilie/Albrecht* LK § 24 Rdn. 220 ff. Es muss sich aus der Sicht des Täters um eine autonome Entscheidung handeln, deren Motivation nicht maßgeblich ist und die schon vor Tatausführung geplant, aber auch von dritter Seite angestoßen worden sein kann.[15]

8 3. **Das Merkmal „bevor ein erheblicher Schaden entsteht“.** Das Merkmal bereitet Abgrenzungsschwierigkeiten, die nicht in der darin zum Ausdruck kommenden zeitlichen Grenze liegen.

9 a) Man wird davon ausgehen müssen, dass der Schaden **Sach-, aber auch Personenschaden** umfassen kann.[16] Dies galt bereits für § 310 a.F. (*Wolff* LK[11] § 310 Rdn. 4 m. Nachw.) und die Materialien zu § 306e ergeben nichts dafür, dass sich diesbezüglich etwas ändern sollte, also Personenschäden ausgeklammert werden sollten. Es wäre sonst unverständlich, dass sich § 306e Abs. 1 auch auf § 306b Abs. 1 erstrecken soll, der zu seiner Vollendung eine schwere Gesundheitsschädigung eines Menschen oder eine Gesundheitsschädigung einer großen Zahl von Menschen voraussetzt. Dennoch sind bei § 306b Abs. 1 Fallgestaltungen, die eine Anwendung von § 306e Abs. 1 erlauben würden, nur in einem sehr engen Rahmen vorstellbar. Das gleiche gilt im Übrigen für § 306b

---

[13] Vgl. auch *Sch/Schröder/Heine* Rdn. 12; *Wolters/Horn* SK Rdn. 15; *Range* S. 140; *Stein* S. 121 (Rdn. 104) sowie *Börner* S. 56 f zu vom Löschen abweichenden Rettungsmaßnahmen bei gefährdeten Personen, für die eine analoge Anwendung von § 306e diskutiert wird. Näher liegt ein gewichtiger Umstand zugunsten des Täters bei der Strafzumessung; gegenüber einer Analogie teilweise ablehnend *Radtke* MK Rdn. 11, 12; offenbar auch *Kindhäuser* LPK Rdn. 3.

[14] *Fischer* Rdn. 5; *Herzog* NK Rdn. 6; *Lackner/Kühl* Rdn. 2; *Radtke* MK Rdn. 17; *Sch/Schröder/Heine* Rdn. 13; *Wolters/Horn* SK Rdn. 7; *Arzt/Weber* BT § 37 Rdn. 57; *Bayer* S. 111 (Rdn. 1); *Cantzler* JA **1999** 474, 478; *Geppert* Jura **1998** 597, 605; *Müller/Hönig* JA **2001** 517, 525; *Radtke* ZStW **110** (1998) 848, 881; *Rengier* JuS **1998** 397, 401; *Sinn* Jura **2001** 803, 809.

[15] BGH NStZ **2003** 264, 265 f; *Fischer* Rdn. 5; *Herzog* NK Rdn. 5; *Lackner/Kühl* Rdn. 2; *Wolters/Horn* SK Rdn. 7; *Müller/Hönig* JA **2001** 517, 525; *Range* S. 142.

[16] So auch *Fischer* Rdn. 3; *Kindhäuser* LPK Rdn. 2; *Lackner/Kühl* Rdn. Rdn. 2; *Radtke* MK Rdn. 14 ff; *Sch/Schröder/Heine* Rdn. 5 ff; *Wolters/Horn* SK Rdn. 9 ff; *Arzt/Weber* BT § 37 Rdn. 58 f; *Küpper* BT/1 § 5 Rdn. 27; *Rengier* BT/II § 40 Rdn. 66 f; *Blöcker* S. 63 ff; *Cantzler* JA **1999** 474, 478; *Geppert* Jura **1998** 597, 605; *Müller/Hönig* JA **2001** 517, 525; *Range* S. 143 f; *Rengier* JuS **1998** 397, 401. Gegen die Einbeziehung von Personenschäden *Maurach/Schroeder/Maiwald* BT/2 § 51 Rdn. 40.

Abs. 2 Nr. 3 (vgl. *Maurach/Schroeder/Maiwald* BT/2 § 51 Rdn. 40; *Liesching* S. 32; *Schroeder* GA **1998** 571, 575).

10 b) Der **Schaden** muss **an den durch die Brandstiftung betroffenen Schutzgütern** eingetreten sein.[17] Kommt es, wie z.B. bei § 306a Abs. 1 Nr. 1, auf eine Brandstiftung an einem Wohngebäude an, so bleibt bei der Beurteilung, ob ein erheblicher Schaden entstanden ist, außer Betracht, ob und welche Einrichtungsgegenstände verbrannt sind; dies galt bereits bei § 310 a.F. (RGSt 57 294 295), es hat sich daran nichts geändert (*Sch/Schröder/Heine* Rdn. 9; *Sinn* Jura **2001** 803, 809). Auch der durch das Löschen entstandene Schaden ist ohne Belang; schon aus der Fassung der Bestimmung ergibt sich, dass es um Brand-, nicht um Löschschäden geht (*Radtke* MK Rdn. 13; *Sch/Schröder/Heine* Rdn. 6; *Wolters/Horn* SK Rdn. 14).

11 Die Anknüpfung an das Brandobjekt passt allerdings nicht bei **§ 306a Abs. 2** und **§ 306b Abs. 2 Nr. 1**, denn Schutzgut dieser Vorschriften ist die in Gefahr geratene Gesundheit oder das Leben eines Menschen (*Wolff* LK § 306a Rdn. 26; *ders.* § 306b Rdn. 12 ff). Es wäre deshalb konsequent, die Beseitigung dieser Gefahr als Ansatz für tätige Reue zu nehmen. Doch lässt sich dies mit dem Wortlaut der Vorschrift nicht vereinbaren; der Gesetzgeber hat von einer solchen Regelung aus nicht erkennbaren Gründen keinen Gebrauch gemacht, obwohl in § 320 in der Fassung des Regierungsentwurfs noch vorgesehen war: „(2) Das Gericht kann die Strafe nach seinem Ermessen mildern (§ 49 Abs. 2) oder von Strafe absehen, wenn der Täter freiwillig … 3. in den Fällen des a) § 306 Abs. 2 oder 5 … die Gefahr abwendet, bevor ein erheblicher Schaden entsteht." § 306 Abs. 2 diese Entwurfs entsprach weitgehend dem jetzigen § 306a Abs. 2 (vgl. auch §§ 314a, 320, wo das Gesetz entsprechend gefasst ist). Es bleibt daher lediglich die Möglichkeit, auch bei diesem Delikt für tätige Reue auf den Schaden an den angezündeten oder durch Brandlegung zerstörten Gegenständen zurückzugreifen, zumal mit deren Ablöschen in aller Regel eine weitere Gefahr für die menschliche Gesundheit beendet sein wird.[18]

12 c) *Das Gesetz gibt keinen unmittelbaren Aufschluss darüber, wann ein entstandener Schaden erheblich ist.* Auch andere Vorschriften – sieht man von § 314a ab (s. *Wolff* LK § 314a Rdn. 10) – können nicht mit Erfolg zum Vergleich herangezogen werden (BGHSt 48 14, 23 = NStZ **2003** 204 m. Anm. *Radtke* S. 432 = JR **2003** 389 m. Anm. *Wolff*). Der Hinweis auf den früheren § 311c in der Begründung zum Regierungsentwurf (BTDrucks. 13/8578 S. 52) hilft nicht recht weiter, weil der Begriff auch dort Anwendungsprobleme bereitete. Nach § 310 a.F. durfte kein weiterer als der durch die bloße Inbrandsetzung

---

[17] BGHSt **48** 14, 22 = NStZ **2003** 204 m. Anm. *Radtke* S. 432 = JR **2003** 389 m. Anm. *Wolff*; *Fischer* Rdn. 3; *Kindhäuser* LPK Rdn. 2; *Radtke* MK Rdn. 14; *Sch/Schröder/Heine* Rdn. 5; *Radtke* Dogmatik der Brandstiftungsdelikte S. 422 f; *ders.* ZStW **110** (1998) 848, 882; *Range* S. 145, 147; *Sinn* Jura **2001** 803, 809; offenbar auch *Wolters/Horn* SK Rdn. 9 ff.

[18] *Fischer* Rdn. 4 (nach dem § 306e Abs. 1 für §§ 306a Abs. 2, 306b Abs. 2 Nr. 1 keine eigenständige Bedeutung hat). Vgl. auch *Range* S. 145 ff. **AA** *Radtke* MK Rdn. 14 (nach dem allgemein Intensität und Gefährlichkeit des Brandzustands für das geschützte Rechtsgut maßgebend sind); *Wolters/Horn* SK Rdn. 12. Teilweise wird eine auf Abwendung der Gefahr bezogene Analogie zu § 306e – so *Stein* S. 121 (Rdn. 104) – oder zu Varianten von §§ 314a, 320 – so *Sch/Schröder/Heine* Rdn. 12; *Radtke* Dogmatik der Brandstiftungsdelikte S. 419 ff; *Schroeder* GA **1998** 571, 575 – befürwortet. Gegen die Möglichkeit einer Analogie z.B. *Lilie/Albrecht* LK § 24 Rdn. 505.

bewirkter Schaden entstanden sein. Der Wortwechsel zu „erheblicher Schaden", der bereits im Referentenentwurf auftaucht, lässt sich nicht nur mit der Aufnahme der Alternative „durch eine Brandlegung ganz oder teilweise zerstört" als Handlungsmodalität von Brandstiftungen erklären (so *Fischer* Rdn. 3 (mit der Folgerung, dass bei der Alternative Inbrandsetzen der Schaden nicht über den durch die bloße Inbrandsetzung bewirkte hinausgehen dürfe); *Radtke* MK Rdn. 13; *Sch/Schröder/Heine* Rdn. 5). Vielmehr sollte der Begriffswechsel das Ausmaß möglicher Schäden, die eine tätige Reue nicht hindern, offenbar allgemein weiter ziehen als bisher. Anders lässt sich neben dem Umstand, dass eine teilweise Zerstörung von Gebäuden im Sinne von § 306a Abs. 1 Nr. 1 durch Brandlegung meist zu beträchtlichen Schäden führen wird, § 306e Abs. 1 aber dennoch Anwendung finden soll (BGHSt **48** 14, 22 f), insbesondere die Einbeziehung von § 306b Abs. 1 in den Anwendungsbereich von § 306e Abs. 1 nicht erklären. Hinzu kommt die Überlegung, die tätige Reue überhaupt trägt, den Anwendungskreis von § 306e um des Erfolgs der Eindämmung gemeingefährlicher Brände willen nicht zu schmal zu schneiden.

Am ehesten wird eine Grenzziehung für die Anwendbarkeit von § 306e Abs. 1 noch **13**
bei **Personenschäden** aus einer Tat nach § 306b Abs. 1 überzeugen: Im Falle einer schweren Gesundheitsschädigung eines Menschen wird man ohne weiteres von einem erheblichen Schaden ausgehen müssen.[19] Dagegen kommen bei der Gesundheitsschädigung einer großen Zahl von Menschen wohl doch Fälle in Frage, in denen gegebenenfalls an tätige Reue gedacht werden kann,[20] wenn es bei den Gesundheitsschäden z.B. um solche von einer ausreichenden Erheblichkeit geht, die aber – wie durch Einwirkung von Rauchgasen entstandene, nach relativ kurzer Zeit abklingende Atembeschwerden oder Kopfschmerzen – keiner Behandlung bedürfen.

Schwieriger ist die Situation bei **Sachschäden**, insbesondere durch den Umstand be- **14**
dingt, dass in den §§ 306 Abs. 1, 306a Abs. 1 und 306a Abs. 2 Tatobjekte erfasst sind, die einen ganz unterschiedlichen wirtschaftlichen Wert verkörpern werden oder mindestens verkörpern können und bei denen sich auch das Ausmaß der Gemeingefahr im Brandfalle, sofern sie überhaupt entsteht, nicht wirklich vergleichen lässt. Dennoch hat der BGH in der Entscheidung BGHSt **48** 14, 22 f = NStZ **2003** 204 m. Anm. *Radtke* S. 432 = JR **2003** 389 m. Anm. *Wolff* in einem obiter dictum ohne weiteres auf den wirtschaftlichen Wert des Tatobjekts abgestellt und für einen durch Brandstiftung an einem Wohngebäude entstandenen Schaden den Standpunkt eingenommen, ein Schaden sei regelmäßig erst dann erheblich, wenn bezogen auf das Tatobjekt objektiv mindestens 2500 Euro Schadensbeseitigungskosten erforderlich seien.[21] Abgesehen davon, dass diese

---

19 So auch *Wolters/Horn* SK Rdn. 13; *Cantzler* JA **1999** 474, 478; *Liesching* S. 32; *Schroeder* GA **1998** 571, 575. Ähnlich *Lackner/Kühl* Rdn. 2; *Radtke* MK Rdn. 16; *Sch/Schröder/Heine* Rdn. 7; *Küpper* BT/1 § 5 Rdn. 27; *Rengier* BT/II § 40 Rdn. 66; *Geppert* Jura **1998** 597, 605; *Radtke* ZStW **110** (1998) 848, 882; *Rengier* JuS **1998** 397, 401. Vgl. auch *Stein* S. 121 (Rdn. 103). Nach *Range* S. 143 ist bereits eine einfache Körperverletzung ein erheblicher Schaden. Nach *Arzt/Weber* BT § 37 Rdn. 58 ist der Rücktritt (sic) von einer Tat nach § 306b im Normalfall ausgeschlossen.

20 *Wolters/Horn* SK Rdn. 13; *Geppert* Jura **1998** 597, 605; **aM** *Liesching* S. 32; *Schroeder* GA **1998** 571, 575; wohl auch *Blöcker* S. 65 f.

21 Ebenso *Herzog* NK Rdn. 4; Dölling/Duttge/Rössner/*Weiler* HK Rdn. 5; *Maurach/Schroeder/Maiwald* BT/2 § 51 Rdn. 40. *Lackner/Kühl* Rdn. 2, *Arzt/Weber* BT § 37 Rdn. 59; *Geppert* Jura **1998** 597, 605 und *Rengier* JuS **1998** 397, 401; *ders.* BT/II § 40 Rdn. 67 ziehen grundsätzlich die bei § 315c Abs. 1 zu gefährdeten Sachen von bedeutendem Wert entwickelten Maßstäbe heran; dagegen *Fischer* Rdn. 3, *Sch/Schröder/Heine* Rdn. 5, 8 und *Radtke* MK Rdn. 14

Grenzziehung nicht so eindeutig ist, wie sie auf den ersten Blick erscheint,[22] wird sich die Wertgrenze von 2500 Euro nicht auf alle Tatobjekte z.B. des § 306 Abs. 1 übertragen lassen. Da das Gesetz den Schaden für ausschlaggebend erklärt, wird sich auch nicht auf das Maß der entstandenen konkreten Gefahr oder der Gemeingefahr abstellen lassen;[23] zumal die Gemeingefahr im Brandfalle bei einzelnen Tatobjekten des § 306 Abs. 1 von vornherein fraglich ist und auch sonst im Einzelfall fehlen kann. Als Lösung bleibt nur, das Maß der Erheblichkeit eines Schadens für die verschiedenen Schutzobjekte der §§ 306 bis 306b gesondert festzulegen, wobei, soweit möglich (bei Heiden und Mooren kommt dies z.B. nicht in Betracht), Kosten der Reparatur oder Wiederbeschaffung sicherlich einen ersten Einstieg zur Beurteilung geben werden.[24]

15 4. Sind die Voraussetzungen des § 306e Abs. 1 ausgefüllt, kann das Gericht **die Strafe mildern oder von einer Strafe absehen.**[25] Dies steht in seinem Ermessen. Dabei wird das Ausmaß der bereits entstandenen Schäden oder Gefahr von Bedeutung sein.[26] In letzterem Falle ist auch an § 153b StPO zu denken. Bevor das Gericht die Strafe für eine Tat nach §§ 306, 306a oder 306b, bei der § 306e Abs. 1 eingreift, zumessen kann, muss es also zunächst entscheiden, ob es von Strafe absehen oder, falls dies verneint wird, von der Strafrahmenverschiebung nach §§ 306e Abs. 1, 49 Abs. 2 Gebrauch machen will.

III. Tätige Reue bei fahrlässiger Brandstiftung

16 Geht es um fahrlässige Brandstiftung nach § 306d in den verschiedenen Varianten, führt tätige Reue nach **§ 306e Abs. 2** stets zur **Strafbefreiung.** Dabei wird man die Freiwilligkeit des Löschens durch den Täter nicht dann ablehnen dürfen, wenn er die eigene

---

sowie *ders.* ZStW **110** (1998) 848, 882. *Cantzler* JA **1999** 474, 478 und *Sinn* Jura **2001** 803, 809 stellen auf das Verhältnis zwischen eingetretenem und möglichem oder vom Täter verhindertem Schaden ab. Vgl. auch *Blöcker* S. 63 ff, 111 ff und *Range* S. 143.

22 Sollen die Reparaturkosten an Handwerkerkosten oder an den Aufwendungen für die im entschiedenen Fall teilweise erbrachten Eigenleistungen gemessen werden? Welches von mehreren Handwerkerangeboten soll ausschlaggebend sein, wenn sie sich im Preis unterscheiden? Wie sind Kostensteigerungen zwischen Tatzeit und Zeit der Wiederherstellung zu berücksichtigen?

23 Demgegenüber will *Radtke* NStZ **2003** 432, 433 f für §§ 306a und 306b auf die Steigerung des Gefährlichkeitspotentials der jeweiligen Tat für die tatbestandlich geschützten Rechtsgüter abstellen; vgl. auch schon *ders.* Dogmatik der Brandstiftungsdelikte S. 418 f und ZStW **110** (1998) 848, 882 sowie jetzt MK Rdn. 14. Auch bei *Sch/Schröder/Heine* Rdn. 9 wird für tätige Reue bei den gemeingefährlichen Brandstiftungsdelikten, insbesondere § 306a Abs. 1, an die Bedeutung der Tatobjekte für die Brandgefahr angeknüpft. Ebenso bemessen *Wolters/Horn* SK Rdn. 11 bei § 306a Abs. 1 Nr. 1 und Nr. 3 die Erheblichkeit des Schadens allein nach Gesichtspunkten der Gefährlichkeit oder Gefährdung der Schutzgüter. Vgl. außerdem *Herzog* NK Rdn. 4.

24 Von der Notwendigkeit einer Differenzierung gehen z.B. ebenfalls aus: *Sch/Schröder/Heine* Rdn. 5 ff; *Wolters/Horn* SK Rdn. 9 ff; *Stein* S. 121 (Rdn. 103). Vgl. außerdem *Maurach/Schroeder/Maiwald* BT/2 § 50 Rdn. 24.

25 Kritisch zu dieser Verschärfung gegenüber dem vorangegangenen Rechtszustand *Radtke* ZStW **110** (1998) 848, 860 und MK Rdn. 3, 21 (der nur die Strafaufhebung gelten lassen will); *Range* S. 151; *Stein* S. 120 (Rdn. 100).

26 *Fischer* Rdn. 6. Eine Möglichkeit der Ermessensreduzierung aufgrund der unterschiedlichen Vollendungszeitpunkte bei Inbrandsetzen und teilweiser Zerstörung durch Brandlegung erörtert *Radtke* Dogmatik der Brandstiftungsdelikte S. 427.

Fahrlässigkeit bei der Herbeiführung des Brandes nicht erkannt hatte.[27] Im Übrigen decken sich die Voraussetzungen mit denen in § 306e Abs. 1.

IV. § 306e Abs. 3

17 § 306e Abs. 3 überträgt eine urprünglich für Brandstiftungen nicht, nach § 311e Abs. 4 a.F., vormals § 311c Abs. 4, aber für andere gemeingefährliche Delikte geltende Regelung (vgl. auch § 24 Abs. 1 S. 2) in das Recht der Brandstiftungsdelikte. Danach genügt für tätige Reue das **freiwillige und ernsthafte Bemühen** des Täters einer Brandstiftung, den Brand zu löschen, wenn der Brand ohne sein Zutun gelöscht wird, bevor ein erheblicher Schaden entsteht. Die Bestimmung gilt sowohl für vorsätzliche als auch für fahrlässige Brandstiftungen.[28] Dem Löschen von anderer Seite wird gleichzustellen sein, wenn der Brand von selbst erlischt.[29] Dabei kann das Löschen oder Erlöschen des Brandes bereits eingetreten sein, bevor der Täter selbst tätig wird. Sein aktives Eingreifen mit dem Ziel des Löschens ist allerdings zwingende Voraussetzung. Die bloße Absicht zu löschen genügt nicht, mag sie auch schon vor der Brandstiftung vorhanden gewesen sein.[30]

18 **Ernsthaftes Bemühen** um das Löschen setzt zudem das Ausschöpfen der dem Täter dazu zu Gebote stehenden Möglichkeiten voraus. Die Rechtsprechung stellt hierbei objektivierend[31] zu Recht ziemlich strenge Anforderungen; z.B. genügt Verständigung von Polizei, Ordnungsbehörde oder Feuerwehr vom Brand, möglichst noch mit unvollständigen oder falschen Einzelheiten, nicht, wenn nähere Angaben einen effektiveren Einsatz ermöglichten oder wenn näher liegende Hilfsmöglichkeiten vernachlässigt werden.[32] Zur **Freiwilligkeit** siehe Rdn. 7 entsprechend.

V. Sonstiges

19 Für Übergangsfälle vom alten zum neuen Recht ist bei § 306e § 2 Abs. 3 zu bedenken (BGH NStZ-RR 2000 42 f). Sofern nicht wegen anderer Delikte zu Strafe zu verurteilen ist, wird bei tätiger Reue nach § 306e Abs. 1 2. Alternative nicht freigesprochen, sondern es erfolgt der Schuldspruch wegen des zugrunde liegenden Brandstiftungsdelikts verbunden mit dem Ausspruch, dass von Strafe abgesehen wird, § 260 Abs. 4 S. 4 StPO; dagegen erfolgt im Falle des § 306e Abs. 2 Freispruch.

---

27 RGSt **19** 394, 395; *Radtke* MK Rdn. 18.

28 BGH NStZ-RR **2000** 42 f; *Fischer* Rdn. 7; *Radtke* MK Rdn. 19; *Sch/Schröder/Heine* Rdn. 3; *Cantzler* JA **1999** 474; *Geppert* Jura **1998** 597, 605; *Müller/Hönig* JA **2001** 517, 525; *Pfister* NJ **2001** 126, 127; *Range* S. 139 f **AA** *Bayer* S. 112 (Rdn. 7).

29 *Fischer* Rdn. 5; *Radtke* MK Rdn. 2, 19 (Fn. 60), 20; *Sch/Schröder/Heine* Rdn. 11; *Range* S. 139; *Stein* S. 120 (Rdn. 101). Vgl. auch BGH NStZ **1986** 27 (dort ist offengelassen worden, ob § 310 a.F. angewendet werden kann).

30 RGSt **18** 355, 360 f; BGHSt **23** 60, 63 f.

31 Vgl. *Bloy* JZ **1999** 157, 158; für eine rein subjektive Sicht des Täters von der Eignung seiner Bemühungen zur Erfolgsverhinderung z.B. *Maiwald* Das Erfordernis ernsthaften Bemühens beim fehlgeschlagenen oder beendeten Versuch (§ 24 Abs. 1 Satz 2 StGB), Festschrift Wolff (1998) 337 ff; offenbar auch *Radtke* MK Rdn. 20. Siehe ergänzend *Lilie/Albrecht* LK § 24 Rdn. 330 ff, 419 ff.

32 BGH NStZ **1986** 27; BGH NStZ-RR **1997** 193, 194; BGH NStZ-RR **2000** 42 f; BGHR StGB § 24 Abs. 1 S. 2 Bemühen 6; *Lackner/Kühl* Rdn. 2. Vgl. auch *Fischer* Rdn. 5; *Sch/Schröder/Heine* Rdn. 15; *Wolters/Horn* SK Rdn. 8. Siehe weiter dazu allgemein *Lilie/Albrecht* LK § 24 Rdn. 336 ff.

§ 306f
Herbeiführen einer Brandgefahr

(1) Wer fremde
1. feuergefährdete Betriebe oder Anlagen,
2. Anlagen oder Betriebe der Land- oder Ernährungswirtschaft, in denen sich deren Erzeugnisse befinden,
3. Wälder, Heiden oder Moore oder
4. bestellte Felder oder leicht entzündliche Erzeugnisse der Landwirtschaft, die auf Feldern lagern,

durch Rauchen, durch offenes Feuer oder Licht, durch Wegwerfen brennender oder glimmender Gegenstände oder in sonstiger Weise in Brandgefahr bringt, wird mit Freiheitsstrafe bis zu drei Jahren oder mit Geldstrafe bestraft.

(2) Ebenso wird bestraft, wer eine in Absatz 1 Nr. 1 bis 4 bezeichnete Sache in Brandgefahr bringt und dadurch Leib oder Leben eines anderen Menschen oder fremde Sachen von bedeutendem Wert gefährdet.

(3) Wer in den Fällen des Absatzes 1 fahrlässig handelt oder in den Fällen des Absatzes 2 die Gefahr fahrlässig verursacht, wird mit Freiheitsstrafe bis zu einem Jahr oder mit Geldstrafe bestraft.

Schrifttum. Siehe bei § 306 bis § 306d.

Entstehungsgeschichte

Siehe bei § 306.

Übersicht

I. Allgemeines

1 § 310a a.F. bedrohte in Absatz 1 denjenigen mit Strafe, der vorsätzlich feuergefährdete Betriebe und Anlagen sowie Betriebe oder Anlagen der Land- oder Ernährungswirtschaft, in denen sich landwirtschaftliche Erzeugnisse befanden, oder Wald-, Heide- oder Moorflächen, bestellte Felder oder Felder, auf denen Getreide, Heu oder Stroh lagerten, in – konkrete (BGHSt **41** 219, 222) – Brandgefahr brachte; Absatz 2 erfasste fahrlässiges Verhalten. Wem die Tatobjekte gehörten, war unerheblich (*Wolff* LK[11] § 310a Rdn. 5 m.N.). Schon im Referentenentwurf war demgegenüber in § 306b vorgesehen, dass das – vorsätzliche oder fahrlässige – Herbeiführen einer Brandgefahr grundsätzlich nur dann strafbar sein sollte, wenn es Sachen betraf, die dem Täter nicht gehörten – Absatz 1 –; für tätereigene Sachen sollte dies nur dann gelten, wenn dadurch zugleich Leib oder Leben eines anderen oder fremde Sachen von bedeutendem Wert gefährdet würden – Absatz 2 – (Referentenentwurf S. 37 f, 172 f). Dies wurde so in den Regierungsentwurf – § 306c – übernommen (BTDrucks. 13/8587 S. 12, 49 f). Obwohl der Bundesrat gegen diese Vorschrift, sieht man von einer Formulierungsfrage ab, keine Bedenken geäußert hatte (vgl. BTDrucks. 13/8587 Anlage 2 S. 71), hat die Bundesregierung in ihrer Entgegnung an § 306c Abs. 2 E nicht festgehalten, sondern die dann nicht mehr diskutierte und so Gesetz gewordene Fassung vorgeschlagen. Zur Begründung ist ausgeführt, an die im Entwurf vorgesehene Beschränkung auf tätereigene Sachen solle verzichtet und eine Parallelregelung zu § 306 Abs. 2 – jetzt § 306a Abs. 2 – vorgenommen werden (BTDrucks. 13/8587 Anlage 3 S. 87, 88). Daraus lässt sich wie bei § 306a Abs. 2 (vgl. *Wolff* LK § 306a Rdn. 25 f) ableiten, dass die Vorstellung des Gesetzgebers dahin ging, mit § 306f Abs. 2 einen gegenüber § 306f Abs. 1 insgesamt selbständigen Tatbestand zu schaffen, von dem auch dem Täter nicht gehörende Objekte erfasst werden.[1] Liest man das Gesetz entsprechend, ergeben sich keine schwerwiegenden Friktionen. § 306f Abs. 2 übernimmt damit im Übrigen teilweise die Funktion des früheren § 308 Abs. 1 2. Alternative (mittelbare Brandstiftung).

II. § 306f Abs. 1 als Parallelvorschrift zu § 306 Abs. 1

2 § 306f Abs. 1 steht somit in Parallele zu § 306 Abs. 1, ohne dass sich der Katalog der Tatgegenstände deckt; dies ist vielmehr nur teilweise der Fall. **Geschützt** ist durch die Vorschrift jedenfalls **fremdes Eigentum.**[2] Fraglich ist, ob daneben nicht auch der Schutz

---

1 So auch *Herzog* NK Rdn. 2; *Stein* S. 122 (Rdn. 107); *Lesch* JA **1998** 474, 479; *Liesching* S. 32 f; ähnlich *Fischer* Rdn. 5 (der dieser unter dem überwiegend verwendeten Stichwort Konkurrenzlösung laufenden Auslegung kritisch gegenübersteht – Rd. 5a –); *Radtke* MK Rdn. 1, 19; *Sch/Schröder/Heine* Rdn. 1, 10; *Wolters* JR **1998** 271, 275; wohl auch *Lackner/Kühl* Rdn. 2; *Wolters/Horn* SK Rdn. 2, 11; *Cantzler* JA **1999** 474, 478. Bei *Tröndle/Fischer*[49] Rdn. 5 wurde die Anwendbarkeit von § 306f Abs. 2 noch auf tätereigene oder herrenlose Sachen beschränkt; auch bei *Geppert* Jura **1998** 597, 605 und *Radtke* Dogmatik der Brandstiftungsdelikte S. 80 ff; *ders.* ZStW **110** (1998) 848, 883 sind nur tätereigene (und herrenlose) Objekte erwähnt.

2 Für fremdes Eigentum als (alleiniges) geschütztes Rechtsgut: *Kindhäuser* LPK Rdn. 1; *Lackner/Kühl* Rdn. 2; *Sch/Schröder/Heine* Rdn. 1; Dölling/Duttge/Rössner/*Weiler* HK Rdn. 1; *Wolters/Horn* SK Rdn. 2; *Maurach/Schroeder/Maiwald* BT/2 § 51 Rdn. 43; *Geppert* Jura **1998** 597, 605; *Liesching* S. 32; *Rengier* JuS **1998** 397, 400; *Stein* S. 122 (Rdn. 107); *Wolters* JR **1998** 271, 275. **AA** *Radtke* MK Rdn. 1 ff (danach geht

der Volks- und Ernährungswirtschaft beabsichtigt ist, wie es für § 310a a.F. vertreten worden ist (vgl. *Wolff* LK[11] § 310a Rdn. 1). Doch spricht die Ausklammerung tätereigener Objekte dagegen.[3] Anders als bei § 310a a.F. wird man deswegen das geschützte Rechtsgut auch nicht mehr in der Sicherheit der Allgemeinheit vor einer Gemeingefahr als im Vordergrund stehend ansehen können, auch wenn der Katalog des § 306f Abs. 1 sich auf Objekte beschränkt, bei denen eine Gemeingefahr im Brandfalle typisch sein dürfte.[4]

1. Objektiver Tatbestand

3 a) **Tathandlung.** Die Vorschrift soll für die geschützten Gegenstände den Eintritt einer **konkreten Brandgefahr** verhindern.[5] Es geht um eine verselbständigte Vorstufe zum entsprechenden Verletzungsdelikt (vgl. BGHSt **39** 128, 131 = JR **1994** 71 m. Anm. *Geppert*), wobei jedoch die Handlungsalternative Zerstörung durch Brandlegung keine Rolle spielt. Das **Herbeiführen** einer derartigen Brandgefahr ist auf jede Weise – durch **Tun oder Unterlassen** (RGSt 77 120, 121; BGHSt 5 190, 197 f) – möglich. Das Gesetz zählt, wie durch den Zusatz „oder in sonstiger Weise" deutlich gemacht, beispielhaft auf: Rauchen, offenes Feuer oder Licht, sei es durch Verwendung oder ungenügende Beaufsichtigung, das Wegwerfen brennender oder glimmender Gegenstände. Ein solches Verhalten ist durch § 306f Abs. 1 nicht schlechthin verboten. Vielmehr muss dem Täter nachgewiesen werden, dass er durch seine Handlungsweise eines der geschützten Objekte in eine solche **Gefahr** gebracht hat, *dass nach den obwaltenden Umständen die begründete Besorgnis besteht, es könne ein Brand eintreten.*[6] Dabei kann die Gefahr allerdings nicht mit denselben Umständen begründet werden, aus denen die Feuergefährlichkeit abgeleitet wird; dem stehen Wortlaut und Sinn der Vorschrift entgegen.[7] Dementsprechend verletzt die Lagerung leicht entzündlicher Sachen für sich allein den Tatbestand nicht.[8]

4 b) **Mögliche Gefährdungsobjekte.** Der Katalog der in Betracht kommenden Gefährdungsobjekte ist abschließend. Es geht um:

---

es dem Unrechtsgehalt nach um eine Kombination aus konkreter Eigentumsgefahr mit abstrakter, genereller Gefährdung weiterer Rechtsgüter).

[3] Auch *Fischer* Rdn. 3 sieht die Auswahl der Schutzobjekte nicht an volks- oder ernährungswirtschaftlicher Bedeutung orientiert an; ebenso *Radtke* Dogmatik der Brandstiftungsdelikte S. 81; *ders.* ZStW **110** (1998) 848, 882; *ders.* MK Rdn. 6; *Range* S. 155 ff; *Wolters* JR **1998** 271, 275.

[4] AA *Fischer* Rdn. 3; *Radtke* MK Rdn. 1 ff; *ders.* Dogmatik der Brandstiftungsdelikte S. 393 ff; *ders.* ZStW **110** (1998) 848, 882 Fn. 143; *Range* S. 157. Vgl. zur entsprechenden Problematik bei § 306 *Wolff* LK § 306 Rdn. 3.

[5] *Fischer* Rdn. 2, 4; *Herzog* NK Rdn. 1 (der der Vorschrift kritisch gegenübersteht); *Kindhäuser* LPK Rdn. 1; *Lackner/Kühl* Rdn. 1; *Radtke* MK Rdn. 1, 17; *Sch/Schröder/Heine* Rdn. 1; Dölling/Duttge/Rössner/*Weiler* HK Rdn. 1; *Wolters/Horn* SK Rdn. 3; *Immel* StV **2001** 477, 478; *Radtke* Dogmatik der Brandstiftungsdelikte S. 69 f, 393 ff, 398; *ders.* ZStW **110** (1998) 848, 882 f; *Rengier* JuS **1998** 397, 400; *Stein* S. 122 (Rdn. 106 f).

[6] BGH, Urt. v. 2. März 1971 – 5 StR 585/70 –; ähnlich *Fischer* Rdn. 4; *Herzog* NK Rdn. 4; *Radtke* MK Rdn. 17 f; *Sch/Schröder/Heine* Rdn. 8; *Wolters/Horn* SK Rdn. 7 f; *Radtke* ZStW **110** (1998) 848, 883.

[7] BGHSt **5** 190, 197; **aA** *Radtke* MK Rdn. 18; *ders.* Dogmatik der Brandstiftungsdelikte S. 402; offenbar auch *Rotsch/Sahan* JZ 2005 205; vgl. auch *dies.* JA 2005 171, 172 f. Vgl. auch *Fischer* Rdn. 4.

[8] Vgl. OLG Stuttgart JR **1997** 517 ff m. Anm. *Gössel*; **anders** *Radtke* MK Rdn. 16; *Sch/Schröder/Heine* Rdn. 7.

5 aa) **Feuergefährdete Betriebe und Anlagen.** § 310a a.F. führte als Beispiele dafür auf: „insbesondere solche, in denen explosive Stoffe, brennbare Flüssigkeiten oder brennbare Gase hergestellt oder gewonnen werden oder sich befinden." Man wird nicht davon ausgehen können, dass mit dem Wegfall dieser Beispiele in der geltenden Fassung des § 306f Abs. 1 eine sachliche Änderung verbunden sein sollte, denn der Gesetzgeber strebte lediglich an, die Aufzählung der geschützten Gegenstände zu vereinfachen (s. insbes. Begründung zur Regierungsvorlage BTDrucks. 13/8587 S. 49 f). Daher gehören die früher vom Gesetz selbst aufgezählten Beispiele jedenfalls zu den feuergefährdeten Betrieben oder Anlagen; so ein Betrieb, der einen pyrotechnischen Artikel herstellt (RGSt 77 120, 121). Für die Begriffe Betriebe und Anlagen sei zunächst auf *Wolff* LK § 306 Rdn. 26 ff verwiesen; dabei ist Betriebsstätte mit Betrieb gleichzusetzen. Es geht auch hier um Sachgesamtheiten, die entweder einer gewerblichen Unternehmung dienen (= Betrieb) oder im Rahmen gewerblicher Tätigkeit die Funktion haben, dass in ihnen Produkte hergestellt, verarbeitet oder gelagert werden (= Anlage).[9]

6 Der **BGH** (BGHSt 5 190, 194) hat die ursprünglichen gesetzlichen Beispiele dahin **verallgemeinert**, dass als feuergefährdete Betriebe und Anlagen anzusehen sind, „die deshalb einer erhöhten, d.h. über das gewöhnliche Maß hinausgehenden Brandgefahr ausgesetzt sind, weil die vorhandenen Erzeugnisse oder Vorräte entweder sich leicht von selbst entzünden oder aber leicht Feuer fangen und, einmal vom Feuer erfaßt, „wie Zunder" brennen (...). Dabei spielen neben dem Grad der Selbstentzündlichkeit oder Feuerempfänglichkeit auch die Menge der Erzeugnisse oder Vorräte und die Art ihrer Lagerung eine Rolle." Hierbei geht die erhöhte Brandgefahr also von den erzeugten, verarbeiteten oder gelagerten Stoffen aus. Zu den leicht Feuer fangenden Gegenständen gehört z.B. nicht gelagertes Grubenholz (KG DJZ **1928** Sp. 1091). Daneben sind nach der erwähnten Entscheidung solche Betriebe und Anlagen als feuergefährdet einzustufen, „die wegen anderer ihnen anhaftender Eigenschaften besonders leicht in Brand geraten können (...) oder bei denen wegen solcher Eigenschaften ein einmal ausgebrochener Brand ungewöhnlich schnell um sich greift und deshalb nur selten mit Erfolg bekämpft werden kann." Als mögliche derartige Eigenschaften werden erwähnt: besondere bauliche Beschaffenheit (leichte Holzbauweise z.B.) oder gefährliche Produktionsverfahren (wie Arbeit mit offenem Feuer) oder das Zusammentreffen dieser beiden Gegebenheiten. Diese Definition ist unverändert verwendbar.[10] Anhaltspunkte können die Maßstäbe von Gewerbeaufsichtsbehörden, Berufsgenossenschaften und Feuerversicherungen für feuergefährdete Betriebe geben. Teilweise wird vertreten, dass zu den feuergefährdeten Betrieben Theater und Kinos gehören.[11] Doch ist dies abzulehnen, denn eine erhöhte Brandgefahr wird bei den heutigen technischen Standards zum Bautenschutz und zum Einsatz von Lichtquellen ohne gefährliche Hitzeentwicklung sowie den Möglichkeiten, das Rauchen der Besucher ganz zu verbieten oder nur in ungefährdeten Bereichen zu erlauben, nicht (mehr) gegeben sein. Die für derartige Betriebe geltenden strengen Brandschutzauf-

---

[9] BGHSt 5 190, 194; *Fischer* Rdn. 3; *Lackner/Kühl* Rdn. 1; *Sch/Schröder/Heine* Rdn. 3; vgl. auch BGHSt **41** 219, 222; OLG Stuttgart StV **1995** 138. Gegen eine Beschränkung auf gewerbliche Ausrichtung bei Ausschluss von Betrieben der Land- und Ernährungswirtschaft *Radtke* Dogmatik der Brandstiftungsdelikte S. 399 f; *ders.* MK Rdn. 8 ff.

[10] *Fischer* Rdn. 3; *Herzog* NK Rdn. 3; *Radtke* MK Rdn. 11 f; *Sch/Schröder/Heine* Rdn. 3; Dölling/Duttge/Rössner/*Weiler* HK Rdn. 3; *Wolters/Horn* SK Rdn. 5; *Maurach/Schroeder/Maiwald* BT/2 § 51 Rdn. 45; *Radtke* Dogmatik der Brandstiftungsdelikte S. 400 f; *ders.* ZStW **110** (1998) 848, 883.

[11] *Herzog* NK Rdn. 3; *Radtke* MK Rdn. 10; *Rietzsch* in Pfundtner/Neubert Das neue Deutsche Reichsrecht II c 6 S. 184 Anm. 2; nach *Sch/Schröder/Heine* Rdn. 3 bei besonderer Feueranfälligkeit.

lagen deuten nicht auf ein gesteigertes Brandrisiko hin, sondern finden ihre Erklärung wohl hauptsächlich darin, dass im Brandfalle viele Menschen in Gefahr geraten (ablehnend auch *Fischer* Rdn. 3). Ebenso ist nicht jedes in Holz errichtete Gebäude allein deswegen als feuergefährdet anzusehen (*Radtke* MK Rdn. 12; *Sch/Schröder/Heine* Rdn. 3).

7 Es genügt, dass ein **Teil des Betriebs oder der Anlage** wie beschrieben feuergefährdet ist, sofern er mit den übrigen Teilen der Gesamtanlage in einem so engen räumlichen Zusammenhang steht, dass ein dort ausgebrochenes Feuer auf die Gesamtanlage übergreifen muss, falls es nicht ausnahmsweise gelingt, das Feuer im Keime zu ersticken.[12] Anders kann es sein, wenn nur ein verhältnismäßig kleiner und unbedeutender Teil des Betriebs einer erhöhten Brandgefahr ausgesetzt ist.

8 **bb) Anlagen oder Betriebe der Land- oder Ernährungswirtschaft, in denen sich deren Erzeugnisse befinden.** Während ursprünglich vorgesehen war, diese Variante nicht mehr in den Gesetzestext aufzunehmen, weil es sich dabei „in der Regel um feuergefährdete Betriebe oder Anlagen … handelt" (so nach dem Referentenentwurf – S. 37 f, 173 – der Regierungsentwurf BTDrucks. 13/8587 S. 50), hat man später davon Abstand genommen (Gegenäußerung der Bundesregierung BTDrucks. 13/8587 Anlage 3 S. 87 f), nachdem der Bundesrat Bedenken geäußert hatte (BTDrucks. 13/8587 Anlage 2 S. 71). Feuergefährdetheit dieser Anlagen und Betriebe ist danach nicht erforderlich und wird – die Bedenken des Bundesrates waren durchaus berechtigt – keineswegs in jedem Falle gegeben sein. Für den Begriff **land- oder ernährungswirtschaftliche Anlage** kann grundsätzlich an die Bedeutung des gleichlautenden Begriffs in § 306 Abs. 1 angeschlossen werden (siehe *Wolff* LK § 306 Rdn. 40 f); allerdings ist die Einschränkung zu machen, dass bei § 306f Abs. 1 Nr. 2 nur Räumlichkeiten erfasst sind, denn die Erzeugnisse müssen sich **in** ihnen befinden (*Radtke* MK Rdn. 13; *Sch/Schröder/Heine* Rdn. 4). Unter **Betrieb** ist eine auf Dauer angelegte Funktionseinheit zu verstehen, die der Erzeugung land- oder ernährungswirtschaftlicher Produkte im Rahmen herkömmlicher Urproduktion dient (vgl. *Wolff* LK § 306 Rdn. 40 f; *Fischer* Rdn. 3 stellt auf die Zwecke Lagerung, Weiterverarbeitung und Verbrauch unter Ausschluss privaten Verbrauchs ab). Sie werden durch § 306f Abs. 1 Nr. 2 nur dann geschützt, wenn sich in ihnen Erzeugnisse der Land- und Ernährungswirtschaft (vgl. dazu *Wolff* LK § 306 Rdn. 42) befinden (die Formulierung von § 310a Abs. 1 Nr. 1 a.F. war deutlicher und plastischer). Das könnte es nahelegen, dass die hervorgerufene Brandgefahr in Zusammenhang mit den dort befindlichen land- oder ernährungswirtschaftlichen Erzeugnissen stehen muss, es also darum geht, dass eine Brandgefahr für Betrieb oder Anlage über die darin befindlichen Erzeugnisse entsteht. Doch ist diese Einschränkung nicht zwingend und zu verneinen, zumal sich der Schutz auf Erzeugnisse und Anlagen oder Betriebe gleichermaßen erstreckt. Allerdings bleibt etwas dunkel, weshalb der Gesetzgeber Anlass gesehen hat, gerade Anlagen und Betriebe der Land- und Ernährungswirtschaft unabhängig davon, ob sie feuergefährdet sind oder nicht, und dies auch nur in einem eingeschränkten Umfang gegen Brandgefahr zu schützen, nachdem die Gründe für die ursprüngliche Einbeziehung derartiger Anlagen und Betriebe in § 310a a.F. – es ging um den Schutz von im Jahr **1941** als volkswirtschaftlich besonders wichtig eingestufter Einrichtungen – heute in den Hintergrund getreten sein dürften (*Radtke* MK Rdn. 7 sieht Objekte nach Absatz 1 Nr. 2 generell als in erhöhtem Maß feuerempfänglich an; vgl. auch schon *ders.* Dogmatik der Brandstiftungsdelikte S. 395).

---

[12] BGHSt 5 190, 195; *Herzog* NK Rdn. 3; *Radtke* MK Rdn. 11; *Sch/Schröder/Heine* Rdn. 3.

cc) **Wälder, Heiden und Moore.** Zur Begriffsbestimmung siehe *Wolff* LK § 306 Rdn. 38 f. Im Ansatz geht es hier um typische Fälle drohender Gemeingefahr, die in jedem trockenen, warmen Sommer z.B. durch Lager- oder Grillfeuer, Rauchen, Abstellen von Kraftfahrzeugen mit heiß gewordenen Katalisatoren vor allem in Wäldern beobachtet werden und trotz bei entsprechenden Witterungslagen durchgeführter Beobachtungsmaßnahmen sehr schnell zu großflächigen und entsprechend schwer zu beherrschenden Bränden führen können. Vor diesem Hintergrund ist es allerdings unklar, weshalb der Gesetzgeber im Eigentum des Täters stehende Wälder, Heiden und Moore nicht in den Schutzbereich der Vorschrift einbezogen hat; denn die Eigentumslage ist für das Ausmaß der hier auf der Hand liegenden Gefahrmöglichkeiten ohne jede Bedeutung. 9

dd) **Bestellte Felder oder leicht entzündliche Erzeugnisse der Landwirtschaft, die auf Feldern lagern.** Während bei bestellten Feldern, also mit Feldfrüchten bebautem Ackerland, nicht aber Weiden, der Aspekt der Gemeingefahr zurücktritt und der Eigentumsschutz im Vordergrund steht, wird es bei auf Feldern lagernden, leicht entzündlichen landwirtschaftlichen Erzeugnissen wie insbesondere Heu oder Stroh genau umgekehrt sein. Das in § 310a Abs. 1 Nr. 2 a.F. in diesem Zusammenhang aufgezählte Getreide wird heutzutage kaum noch auf einem Feld lagern. Das Abbrennen eines Stoppelfeldes unterfällt § 306f Abs. 1 nur dann, wenn es z.B. ein angrenzendes Waldstück in Brandgefahr bringt. 10

c) **Das Merkmal fremd.** Im Rahmen des § 306f Abs. 1 müssen die in Brandgefahr gebrachten Tatobjekte **fremd** sein, sie dürfen also nicht im Alleineigentum des Täters stehen (vgl. auch *Wolff* LK § 306 Rdn. 45). Gehören sie dem Täter oder geht dieser mit Einverständnis des Eigentümers vor, bleibt er straflos, wenn er sie in Brandgefahr bringt. Die Einwilligung des Eigentümers hat rechtfertigende Wirkung.[13] 11

2. **Subjektiver Tatbestand.** § 306f Abs. 1 verlangt, wie Absatz 3 1. Alternative zeigt, **Vorsatz,** wobei bedingter Vorsatz genügt.[14] Der Vorsatz muss sich auf sämtliche Merkmale des objektiven Tatbestandes beziehen, also auch auf das Herbeiführen einer Brandgefahr. 12

III. § 306f Abs. 2 als Parallelvorschrift zu § 306a Abs. 2

Die Bestimmung steht in Parallele zu § 306a Abs. 2 und hat einen selbständigen Straftatbestand zum Inhalt (vgl. Rdn. 1), ist also keine Qualifikation zu § 306f Abs. 1.[15] Auch hierbei geht es um ein **konkretes Gefährdungsdelikt;** und zwar in doppeltem Sinne: einer der Tatgegenstände muss in Brandgefahr geraten und dadurch müssen ein anderer Mensch – als der Täter oder Tatbeteiligte (vgl. *Wolff* LK § 306a Rdn. 29) – in Leib- oder Lebensgefahr versetzt oder fremde Sachen von bedeutendem Wert gefährdet werden.[16] 13

---

[13] *Kindhäuser* LPK Rdn. 1; *Lackner/Kühl* Rdn. 2; *Radtke* MK Rdn. 5, 27; *Sch/Schröder/Heine* Rdn. 1; *Wolters/Horn* SK Rdn. 2; *Cantzler* JA **1999** 474, 479; *Geppert* Jura **1998** 597, 605; *Liesching* S. 32; *Range* S. 153; *Rengier* JuS **1998** 367, 400; *ders.* BT/II § 40 Rdn. 61.

[14] *Fischer* Rdn. 4; *Herzog* NK Rdn. 5; *Radtke* MK Rdn. 24; *Sch/Schröder/Heine* Rdn. 7, 9; *Wolters/Horn* SK Rdn. 9; *Stein* S. 123 (Rdn. 108).

[15] *Fischer* Rdn. 5 (vgl. aber noch *ders.* NStZ **1999** 13 f); *Sch/Schröder/Heine* Rdn. 10. Vgl. auch *Wolters/Horn* SK Rdn. 11.

[16] *Fischer* Rdn. 2, 5; *Kindhäuser* LPK Rdn. 3; *Radtke* MK Rdn. 19, 20 ff; *Sch/Schröder/Heine* Rdn. 1, 12; Dölling/Duttge/Rössner/*Weiler* HK Rdn. 5; *Cantzler* JA **1999** 474; *Geppert* Jura **1998** 597, 605; *Liesching* S. 33; *Range* S. 153; *Rengier* JuS **1998** 397, 400; *Stein* S. 122 (Rdn. 107); *Wolters* JR **1998** 271, 275. Vgl. auch *Lackner/Kühl* Rdn. 1, 2.

1. Objektiver Tatbestand

14 a) **Tathandlung.** Der Täter muss eine – konkrete – Brandgefahr für eines der Objekte nach § 306f Abs. 1 Nr. 1 bis 4 herbeigeführt haben. Insoweit unterscheidet sich § 306f Abs. 2 nicht von § 306f Abs. 1, so dass auf die entsprechenden Ausführungen zur Tathandlung verwiesen werden kann (Rdn. 3).

15 Das Gesetz formuliert weiter, dass „dadurch Leib oder Leben eines anderen Menschen oder fremde Sachen von bedeutendem Wert gefährdet" sein müssen. Das legt eine zeitliche Abfolge dahin nahe, dass zunächst eine konkrete Brandgefahr z.B. für einen Wald entstanden sein und diese entstandene Brandgefahr zu einer ebenfalls konkreten Gefahr für einen Menschen oder fremde Sachen führen muss. Doch wird man auch solche Fälle als erfasst ansehen müssen, in denen Brandgefahr und beispielsweise Gefahr für einen Menschen gleichzeitig entstehen;[17] praktisch werden solche Fallgestaltungen sogar überwiegen. Jedenfalls geht es bei der Herbeiführung letzterer Gefahr um eine **Verursachung**, wie § 306f Abs. 3 2. Alternative zeigt. Normalerweise wird dies darauf hinauslaufen, dass sich mindestens ein Mensch und/oder wertvolle fremde Sachen im Bereich der entstehenden oder entstandenen Brandgefahr befunden haben und daraus auch nicht ohne weiteres entfernt werden oder sich entfernen konnten (andernfalls wäre die Konkretheit der Gefahr fraglich). Man wird aber auch insbesondere Personen nicht von vornherein als nicht geschützt ausklammern können, die sich sehenden Auges in den Bereich einer entstandenen Brandgefahr hineinbegeben, z.B. um dieser Brandgefahr entgegenzutreten (vgl. auch *Wolff* LK § 306c Rdn. 5). Das zeigt, dass der Tatbestand bedenklich weit gezogen ist.

16 b) **Gefährdungsobjekte. aa)** Die herbeigeführte Brandgefahr muss eines solcher **Objekte** erfassen, wie sie in **§ 306f Abs. 1 Nr. 1 bis 4** als abschließender Katalog aufgeführt sind. Dazu kann gleichfalls auf die Bemerkungen zu § 306f Abs. 1 (Rdn. 5 ff) verwiesen werden.

17 bb) Allerdings spielt es, anders als bei § 306f Abs. 1, keine Rolle, wem diese Objekte gehören; sie müssen für den Täter **nicht fremd** sein, können also auch in seinem Eigentum stehen oder, was bei Wäldern, Heiden und Mooren tatsächlich einmal vorkommen mag, herrenlos sein.[18]

18 cc) In einem weiteren gedanklichen Schritt ist nach einer Gefährdung eines anderen Menschen an Leib oder Leben oder fremder Sachen von bedeutendem Wert zu fragen. Zum **Gefahrbegriff** sei auf *Wolff* LK § 306a Rdn. 29 verwiesen. Einem **anderen Men-**

Radtke Dogmatik der Brandstiftungsdelikte S. 393 ff, 398 ff spricht von gemeingefährlicher Handlung mit daraus resultierender konkreter Gefahr für die gesetzlichen Rechtsgüter; vgl. auch *ders.* ZStW **110** (1998) 848, 882 f. *Schroeder* GA **1998** 571, 575 f sieht demgegenüber bei Fällen nach § 306f Abs. 1 immer zugleich § 306f Abs. 2 als erfüllt an.

[17] *Sch/Schröder/Heine* Rdn. 12; *Radtke* MK Rdn. 23; *ders.* Dogmatik der Brandstiftungsdelikte S. 403 f; *ders.* ZStW **110** (1998) 848, 883.

[18] *Fischer* Rdn. 1, 5; *Kindhäuser* LPK Rdn. 3; *Lackner/Kühl* Rdn. 2; *Radtke* MK Rdn. 19; *Sch/Schröder/Heine* Rdn. 1, 10; Dölling/Duttge/Rössner/*Weiler* HK Rdn. 5; *Wolters/Horn* SK Rdn. 11; *Rengier* BT/II § 40 Rdn. 62; *Liesching* S. 33; *Range* S. 152; *Schroeder* GA **1998** 571, 575; *Wolters* JR **1998** 271, 275; offenbar auch *Bayer* S. 114 (Rdn. 6). Vgl. auch *Otto* BT § 79 Rdn. 20.

schen – als dem Täter oder Tatbeteiligten (vgl. *Wolff* LK § 306a Rdn. 29) – muss **wenigstens Leibesgefahr** drohen, also erhebliche Verletzungen oder körperliche Beeinträchtigungen (vgl. zu der Formel Gefährdung von Leib oder Leben eines anderen Menschen auch *König* LK § 315 Rdn. 67 ff).

Die gefährdeten **Sachen** – die Verwendung des Plurals schließt nicht aus, dass es sich um eine Sache handelt – können beweglich oder unbeweglich sein, das Gesetz trifft diesbezüglich keine Unterscheidung. Sie müssen für den Täter **fremd** sein, dürfen also nicht in seinem alleinigen Eigentum stehen. Dieses Merkmal und das Absetzen der gefährdeten fremden Sachen von den in Brandgefahr gebrachten Objekten nach § 306f Abs. 1 bis 4 im Gesetzestext zeigen, dass die gefährdeten fremden Sachen von erheblichem Wert nicht mit den feuergefährdeten Betrieben usw. gleichgesetzt werden dürfen, sondern andere, weitere Sachen sein müssen.[19] Dafür spricht auch § 306f Abs. 3 2. Alternative (siehe Rdn. 23). Würde man dies anders sehen, wäre die Bestimmung, über deren Notwendigkeit man überhaupt streiten kann, unverständlich. Bei den geschützten fremden Sachen kommt es auf den **wirtschaftlichen Wert** an.[20] Dieser dürfte allerdings deutlich höher anzusetzen sein als z.B. bei §§ 315 ff, um dem Erfordernis der **Erheblichkeit** zu genügen.[21] Es bietet sich an, die vom BGH in BGHSt **48** 14, 22 f für § 306e ins Spiel gebrachte Sachwertgrenze von 2500 Euro (vgl. *Wolff* LK § 306e Rdn. 14) auch hier heranzuziehen, um den Anwendungsbereich des Gefährdungsdelikts nach § 306f Abs. 2 nicht weiter zu ziehen als den Bereich eines Verletzungsdelikts nach §§ 306 bis 306b oder § 306d, für den der Täter bei tätiger Reue Straflosigkeit erreichen kann, zumal sich die Begriffe erheblich und bedeutend nur in Nuancen unterscheiden. Zu beachten ist auch, dass es bei der Sachgefährdung um den drohenden Schaden geht, der sich nicht in jedem Falle mit dem vollen Sachwert decken muss (vgl. BGH NStZ **2008** 289). 19

2. **Subjektiver Tatbestand.** Auch § 306f Abs. 2 erfordert **Vorsatz** für alle objektiven Merkmale, also auch für das Herbeiführen der doppelten Gefahr (dies ergibt sich aus § 306f Abs. 3 2. Alternative); bedingter Vorsatz genügt.[22] 20

IV. § 306f Abs. 3

§ 306f Abs. 3 ergänzt § 306f Abs. 1 um die Normierung der fahrlässigen Begehung und § 306f Abs. 2 um die Regelung der fahrlässigen Verursachung der Gefahr bei herabgesetzter Strafandrohung. Ersteres entspricht dabei § 310a Abs. 2 a.F. Letzteres steht in Parallele zu § 306d Abs. 1 3. Variante; eine Parallelvorschrift zu § 306d Abs. 2 ist nicht vorhanden.[23] 21

---

[19] *Fischer* Rdn. 5 (bei kritischer Grundhaltung); *Radtke* MK Rdn. 22; Dölling/Duttge/Rössner/*Weiler* HK Rdn. 6; *Maurach/Schroeder/Maiwald* BT/2 § 51 Rdn. 44; *Rengier* BT/II § 40 Rdn. 62; *Börner* S. 57; *Schroeder* GA **1998** 571, 575 f (der die Vorschrift grundsätzlich anders versteht); wohl auch *Sch/Schröder/Heine* Rdn. 12.

[20] *Sch/Schröder/Heine* Vorbem. §§ 306 ff Rdn. 15. Vgl. dazu allgemein *König* LK § 315 Rdn. 82 ff. **AM** *Maurach/Schroeder/Maiwald* BT/2 § 50 Rdn. 24.

[21] Auf §§ 315 ff verweisen *Fischer* Rdn. 5; *Radtke* MK Rdn. 22; *Range* S. 153 f. Vgl. auch *Sch/Schröder/Heine* Vorbem. §§ 306 ff Rdn. 15; *Wolff* LK § 308 Rdn. 8.

[22] *Fischer* Rdn. 5; *Radtke* MK Rdn. 24; *Sch/Schröder/Heine* Rdn. 13; *Cantzler* JA **1999** 474, 478; *Geppert* Jura **1998** 597, 605; *Stein* S. 123 (Rdn. 109).

[23] *Fischer* Rdn. 6; *Radtke* MK Rdn. 26; *Sch/Schröder/Heine* Rdn. 14; *Bayer* S. 114 (Rdn. 3); *Immel* StV **2001** 477, 483; *Range* S. 155; *Stein* S. 124 (Rdn. 110).

22 1. **Fahrlässiges Herbeiführen einer Brandgefahr im Sinne von § 306f Abs. 1.** § 306f Abs. 3 1. Alternative wird anwendbar, wenn sich auf eines der Merkmale des ausgefüllten objektiven Tatbestandes von § 306f Abs. 1 nicht Vorsatz des Täters, sondern lediglich Fahrlässigkeit bezieht. Bei fahrlässiger Tathandlung setzt dies die Voraussehbarkeit einer konkreten Gefährdung voraus.

23 2. **§ 306f Abs. 3 2. Alternative.** Bei § 306f Abs. 3 2. Alternative ist die Gesetzesfassung nicht sehr präzise, weil § 306f Abs. 2 zwei Gefahren voraussetzt, Brandgefahr und Gefahr für einen Menschen oder Sachen (vgl. Rdn. 13), es aber nicht klar gesagt wird, welche Gefahr, die fahrlässig verursacht sein soll, Absatz 3 meint. Doch zeigt insbesondere der Vergleich mit § 306d Abs. 1 3. Variante, dass mit der angesprochenen fahrlässig verursachten Gefahr diejenige für einen anderen Menschen oder fremde Sachen gemeint ist und nicht die Brandgefahr für Objekte nach § 306f Abs. 1 Nr. 1 bis 4.[24] Es geht also um eine **Vorsatz-/Fahrlässigkeitskombination.** Die Brandgefahr für einen feuergefährdeten Betrieb usw. muss daher vorsätzlich herbeigeführt sein, während für die dadurch ausgelöste Verursachung einer Gefahr für einen anderen oder für fremde Sachen von bedeutendem Wert Fahrlässigkeit ausreicht.

V. Strafe

24 § 306f Abs. 1 und 2 sehen einen übereinstimmenden Strafrahmen von Freiheitsstrafe bis zu drei Jahren oder Geldstrafe vor. § 306f Abs. 3 droht Freiheitsstrafe bis zu einem Jahr oder Geldstrafe an. Es geht somit um Vergehen, § 12 Abs. 2.

VI. Konkurrenzen

25 Geraten verschiedene Tatobjekte nach § 306f Abs. 1 Nr. 1 bis 4 durch eine Handlung in Brandgefahr, ist der Tatbestand nur einmal verwirklicht (*Wolters/Horn* SK Rdn. 13; vgl. auch *Wolff* LK § 306 Rdn. 51). Bleibt es im Falle des § 306f Abs. 1 oder 2 nicht bei der Brandgefahr, sondern entsteht ein Brand und ist dadurch – bei Identität der Tatobjekte – zugleich § 306 Abs. 1 oder § 306a Abs. 2 ausgefüllt, verdrängt das Verletzungsdelikt das Gefährdungsdelikt im Wege der **Gesetzeskonkurrenz** – Subsidiarität –.[25] Tritt der Täter vom Versuch des Verletzungsdelikts zurück (vgl. *Rissing-van Saan* LK Vor § 52 Rdn. 140; *Wolters/Horn* SK Rdn. 15) oder übt er tätige Reue beim vollendeten Verletzungsdelikt (vgl. *Wolff* LK § 306e Rdn. 3), lebt die Strafbarkeit nach § 306f jedoch wieder auf. Zwischen § 306f Abs. 1 und § 306f Abs. 2 oder § 306f Abs. 3

---

[24] *Radtke* MK Rdn. 25; *Rissing-van Saan* LK Vor § 52 Rdn. 130; *Sch/Schröder/Heine* Rdn. 14; *Maurach/Schroeder/Maiwald* BT/2 § 51 Rdn. 47; *Bayer* S. 114 (Rdn. 3); *Immel* StV **2001** 477, 478; *Range* S. 154 f; *Stein* S. 123 f (Rdn. 109 f). Vgl. auch *Fischer* Rdn. 6; *Radtke* ZStW **110** (1998) 848, 883.

[25] *Fischer* Rdn. 7; *Herzog* NK Rdn. 6 und Vor §§ 306 ff Rdn. 10; *Kindhäuser* LPK Rdn. 2; *Radtke* MK Rdn. 29; *Rissing-van Saan* LK Vor § 52 Rdn. 130; *Sch/Schröder/Heine* Rdn. 15; *Wolters/Horn* SK Rdn. 13 (s. auch Rdn. 19); *Maurach/Schroeder/Maiwald* BT/2 § 51 Rdn. 48; *Rengier* BT/II § 40 Rdn. 62; *Geppert* Jura **1998** 597, 605; *Rengier* JuS **1998** 397, 400; nach *Lackner/Kühl* Rdn. 3 ist § 306f gegenüber §§ 306a bis 306d subsidiär. Vgl. auch BGHSt **39** 128, 129 = JR **1994** 71 m. Anm. *Geppert*.

2. Alternative besteht bei Erfüllung beider Tatbestände wegen der unterschiedlichen Schutzrichtung **Tateinheit.**[26]

Bei dem Konkurrenzverhältnis zwischen § 310a Abs. 1 a.F. und §§ **303 Abs. 1, 305 Abs. 1** hatte sich der BGH für Tateinheit ausgesprochen (BGHSt **39** 128, 132; **41** 219, 222; s. auch OLG Stuttgart StV **1995** 138, 139); dies zu Recht, weil die Tatbestände unterschiedliche Schutzgüter abdeckten. Da § 306f Abs. 1 anders als § 310a a.F. fremdes Eigentum schützt (vgl. Rdn. 2), könnte man daran denken, dass § 306f Abs. 1 demgegenüber als Gefährdungsdelikt gegenüber den Verletzungsdelikten nach §§ 303 Abs. 1, 305 Abs. 1 zurücktritt. Doch geht im Falle des Herbeiführens einer Brandgefahr nach § 306f Abs. 1, die zu einem Schaden an fremdem Eigentum geführt hat, der sich nicht unter § 306 Abs. 1 einordnen lässt, die Gefährdung regelmäßig über den entstandenen Schaden hinaus, weil sie durch die mit einem Brand der Objekte des § 306f Abs. 1 verbundene Gemeingefahr gekennzeichnet ist. Deshalb wird auch nach dem geltenden Rechtszustand Idealkonkurrenz die zutreffende Lösung sein.[27] Dem entsprechend ist auch zwischen § 306f Abs. 2 oder Abs. 3 2. Alternative einerseits und §§ 303 Abs. 1, 305 Abs. 1 andererseits Idealkonkurrenz möglich. **26**

§ 307
Herbeiführen einer Explosion durch Kernenergie

(1) Wer es unternimmt, durch Freisetzen von Kernenergie eine Explosion herbeizuführen und dadurch Leib oder Leben eines anderen Menschen oder fremde Sachen von bedeutendem Wert zu gefährden, wird mit Freiheitsstrafe nicht unter fünf Jahren bestraft.

(2) Wer durch Freisetzen von Kernenergie eine Explosion herbeiführt und dadurch Leib oder Leben eines anderen Menschen oder fremde Sachen von bedeutendem Wert fahrlässig gefährdet, wird mit Freiheitsstrafe von einem Jahr bis zu zehn Jahren bestraft.

(3) Verursacht der Täter durch die Tat wenigstens leichtfertig den Tod eines anderen Menschen, so ist die Strafe
1. **in den Fällen des Absatzes 1 lebenslange Freiheitsstrafe oder Freiheitsstrafe nicht unter zehn Jahren,**
2. **in den Fällen des Absatzes 2 Freiheitsstrafe nicht unter fünf Jahren.**

(4) Wer in den Fällen des Absatzes 2 fahrlässig handelt und die Gefahr fahrlässig verursacht, wird mit Freiheitsstrafe bis zu drei Jahren oder mit Geldstrafe bestraft.

Schrifttum

Bayer in Schlüchter (Hrsgin.) Bochumer Erläuterungen zum 6. Strafrechtsreformgesetz (1998); *Fischerhof* Deutsches Atomgesetz und Strahlenschutzrecht Bd. I² (1978); *Heine* in Meinberg/Möhrenschlager/Link (Hrsg.) Umweltstrafrecht (1989) 122; *Mattern/Raisch* Atomgesetz (1961); *Reinhardt* Der strafrechtliche Schutz vor den Gefahren der Kernenergie und den schädlichen Wirkungen ionisierender Strahlen (1989); *Sack* Umweltschutzstrafrecht⁵ (Stand: Juni 2007) A 1.5.

---

26 *Fischer* Rdn. 7; *Radtke* MK Rdn. 19, 30; *Sch/Schröder/Heine* Rdn. 15; *Wolters/Horn* SK Rdn. 14; *Maurach/Schroeder/Maiwald* BT/2 § 51 Rdn. 48; *Immel* StV **2001** 477, 483.

27 *Fischer* Rdn. 7; *Lackner/Kühl* Rdn. 3; *Radtke* MK Rdn. 29; *Wolters/Horn* SK Rdn. 13 f; *Sch/Schröder/Heine* Rdn. 15. Vgl. auch RGSt **68** 407, 409 ff; *Rissing-van Saan* LK Vor § 52 Rdn. 130.

Entstehungsgeschichte

Die Bestimmung war als § 310b durch Art. 19 Nr. 169 EGStGB 1974 (BGBl. I 469, 493 f) in das Strafgesetzbuch eingefügt worden; sie entsprach dem § 40 AtomG a.F. mit Ausnahme des in Anlehnung an § 311 Abs. 5 a.F. hinzugefügten Absatzes 4. § 40 AtomG a.F. war zugleich aufgehoben worden, Art. 192 EGStGB 1974. Damit hatte der Gesetzgeber wie bereits zuvor bei § 311 a.F. entsprechend § 322 E 1960 und § 322 E 1962 das Delikt wegen seiner Bedeutung in das Strafgesetzbuch eingestellt (vgl. Begründung zum E 1962 BTDrucks. IV/650 S. 501). Das Gesetz über die friedliche Verwendung der Kernenergie und den Schutz gegen ihre Gefahren (Atomgesetz) gilt derzeit in der Fassung vom 15. Juli 1985 (BGBl. I 1565), zuletzt geändert durch Verordnung vom 31. Oktober 2006 (BGBl. I 2407, 2426). Es enthält keine Strafbestimmungen mehr, allerdings Ordnungswidrigkeitenvorschriften.

§ 310b ist durch Art. 1 Nr. 80 des am 1. April 1998 in Kraft getretenen 6. StrRG vom 26. Januar 1998 (BGBl. I 164, 182), vgl. zu diesem Gesetz auch *Wolff* LK § 306 Entstehungsgeschichte, neu gefasst worden und hat die Paragraphennummer 307 erhalten. Die Bestimmung schließt damit wie die abgelöste Vorschrift an die Brandstiftungsdelikte an. Die einzige sachliche Änderung durch die Neufassung betrifft Absatz 3: die bisher dort normierte Strafzumessungsregel ist – wie in vergleichbaren Vorschriften auch – in einen Qualifikationstatbestand umgewandelt worden (vgl. schon Regierungsentwurf zum 6. StrRG BTDrucks. 13/8587 S. 12 und 50).

Übersicht

I. Allgemeines

1 Wegen der besonderen Gefährlichkeit, die dem Missbrauch von Kernenergie innewohnt, greift die Strafbarkeit bereits früh ein: § 307 ist in Absatz 1 als Unternehmensdelikt, § 11 Abs. 1 Nr. 6 (vgl. dazu allgemein *Hilgendorf* LK § 11 Rdn. 81 ff) angelegt, Vorbereitungshandlungen werden außerdem durch § 310 Abs. 1 Nr. 1 erfasst. Bei § 307 handelt es sich, sieht man von Absatz 3 ab, um ein **konkretes Gefährdungsdelikt** (allg. M.). Geschützt werden konkrete Rechtsgüter eines anderen als des Täters (oder Tatbeteiligter). Die Strafandrohung ist nach der Schuldform abgestuft. Die Vorschrift ähnelt in ihrem Aufbau § 308. Praktische Bedeutung hat sie bisher nicht gewonnen; so weist die polizeiliche Kriminalstatistik für die Jahre 2003 bis 2005 keine Fälle aus. Daran hat sich auch z.B. 2007 nichts geändert.

II. Der objektive Tatbestand bei Taten nach Absatz 1

1. Tathandlung nach Absatz 1: das Unternehmen, durch Kernenergie eine Explosion herbeizuführen. Die Tathandlung nach Absatz 1 erfordert, dass der Täter es **unternimmt** (Versuch und Vollendung), durch Freisetzen von Kernenergie eine Explosion herbeizuführen. Unter dem **Freisetzen von Kernenergie** ist das vom Täter veranlasste Freiwerden der in den Atomkernen gebundenen Energie durch Kernspaltungs- und Kernverschmelzungsvorgänge zu verstehen (Begründung zum E 1962 BTDrucks. IV/650 S. 501).[1] Aus einem derartigen Vorgang muss eine **Explosion** entstehen, also plötzlich auftretende Druckwellen außergewöhnlicher Beschleunigung.[2] Die nähere Klärung des Begriffs der Explosion, die durch Kernenergie ausgelöst wird, hat der Gesetzgeber der Rechtsprechung überlassen (Begründung zum E 1962 BTDrucks. IV/650 S. 501), so dass nicht ohne weiteres naturwissenschaftliche Begriffsbestimmungen verwendet werden können (*Sch/Schröder/Cramer/Heine* Rdn. 3; **aA** *Krack* MK Rdn. 4 und offenbar auch Dölling/Duttge/Rössner/*Weiler* HK Rdn. 3). Bei durch Kernenergie verursachten Explosionen werden die Druckwellen wohl immer von Wärmewellen und radioaktiver Strahlung begleitet sein (vgl. auch *Fischerhof* § 40 AtomG a.F./§ 310b Rdn. 3, 4). Dabei ist nicht nur an die Detonation von Wasserstoff- und Atombomben oder Atomgranaten zu denken.[3] Auch – und näher liegend – an sich kontrolliert verlaufende Atomkernspaltungs- (bei Atomreaktoren) oder -verschmelzungsvorgänge, die z.B. der Energieerzeugung dienen, fallen, wenn der Täter die Steuerungsmechanismen außer Funktion setzt und es dadurch zu einer unkontrollierten, explosionsartigen Kernreaktion kommt, in den Anwendungsbereich der Vorschrift. Der Wortlaut deckt jedoch schon nicht mehr Fälle außer Kontrolle geratener Atomkernreaktionen, die zwar zur Emission von Wärme und radioaktiver Strahlung, nicht jedoch zu einer damit einher gehenden Explosion führen.[4] Löst die dabei frei werdende Strahlungsenergie an anderer Stelle eine Explosion im Sinne 2

---

1 *Fischer* Rdn. 2; *Herzog* NK Rdn. 4; *Kindhäuser* LPK Rdn. 3; *Krack* MK Rdn. 3; *Lackner/Kühl* Rdn. 2; *Sch/Schröder/Cramer/Heine* Rdn. 3; *Wolters/Horn* SK Rdn. 3; *Sack* Rdn. 4. Vgl. auch *Dalcke/Fuhrmann/Schäfer* B II 16 § 40 AtomG Anm. 2.

2 *Wolters/Horn* SK Rdn. Rdn. 3; ähnlich *Herzog* NK Rdn. 4; *Kindhäuser* LPK Rdn. 3; *Sch/Schröder/Cramer/Heine* Rdn. 3 und in der Sache auch *Fischer* Rdn. 2. Vgl. außerdem *Krack* MK Rdn. 4 sowie *Wolff* LK § 308 Rdn. 4. Kernexplosionen in der Atmosphäre führen zu einem Feuerball, einer rapide expandierenden Kugel heißer Gase mit einer überschallschnellen Stoßwelle als Folge. Gleichzeitig emittiert der Feuerball in alle Richtungen große Energiemengen in Form thermischer Strahlung, hochenergetischer Röntgen- und Gammastrahlen, schneller Neutronen und ionisierter Reste des Sprengkörpers. Durch die Strahlung entsteht ein starker elektromagnetischer Puls. Bei bodennahen Explosionen absorbiert die Atmosphäre die Strahlung unter starker Erhitzung der Luft; die Luftmoleküle schwächen auch die Erzeugung des elektromagnetischen Pulses ab. Eine derartige Explosion wirkt durch unmittelbare Zerstörung durch vernichtende Stoßwellen, heftige Stürme und Hitze. Wird die Explosion in großer Höhe ausgelöst, wächst der Feuerball wesentlich schneller und dehnt sich weiter aus. Der dann stärkere elektromagnetische Puls führt zur Störung bis zum Ausfall elektronischer Geräte, Strom-, Telefon- und Funksysteme. Vgl. zum Ganzen *Dupont* Spektrum der Wissenschaft Dezember 2006 S. 52, 54 f.

3 Zum Begriff Atomwaffen vgl. § 17 Abs. 2 KrWaffG in Verbindung mit Teil A I. der Kriegswaffenliste. Nicht dazu gehört Uranmunition, siehe dazu *Biehler* JA **2001** 526 ff.

4 *Lackner/Kühl* Rdn. 2; *Sch/Schröder/Cramer/Heine* Rdn. 3; *Wolters/Horn* SK Rdn. 3; *Heine* in Meinberg/Möhrenschlager/Link S. 123; *Sack* Rdn. 6; *Schünemann* Die Regeln der Technik im Strafrecht, Festschrift Lackner (1987) 367 Fn. 1; **aM** *Fischerhof* § 40 AtomG a.F. § 310b Rdn. 4.

von § 308 aus, fällt auch dies aus dem Tatbestand heraus (*Lackner/Kühl* Rdn. 2; so wohl auch *Tiedemann/Kindhäuser* NStZ **1988** 337, 338). Kontrollierte Kernspaltungs- und -verschmelzungsprozesse scheiden von vornherein aus.[5] **Herbeiführen** bedeutet Verursachen durch Tun oder Unterlassen (*Wolters/Horn* SK Rdn. 5, 5a; *Dalcke/Fuhrmann/Schäfer* B II 16 § 40 AtomG Anm. 2).

3 2. Durch den Versuch, eine derartige Explosion herbeizuführen, oder die ausgelöste Explosion muss eine konkrete Gefahr für Leib oder Leben eines anderen Menschen – Mittäter und Tatbeteiligte sind vom Schutz der Vorschrift ausgeschlossen[6] – oder für fremde Sachen von bedeutendem Wert entstanden sein. Dabei genügt es, wenn die Gefahr durch die Begleiterscheinungen einer Kernexplosion, also Wärme und radioaktive Strahlung, hervorgerufen wird (aM *Krack* MK Rdn. 6); es muss sich aber jedenfalls um eine spezifische Folge der Kernexplosion handeln. Unter konkreter Gefahr ist ein Zustand zu verstehen, bei dem die körperliche Integrität einer bestimmten Person oder die Unversehrtheit einer bestimmten Sache so stark in Frage gestellt ist, dass es vom Zufall abhängt, ob es zu einer Verletzung der Person oder zur Beschädigung der Sache kommt oder nicht; die Situation muss auf einen unmittelbar bevorstehenden Schaden hindeuten, der allerdings nicht einzutreten braucht. Dabei ist die Beantwortung der Frage, ob eine konkrete Gefahr vorgelegen hat, durch ein auf allgemeiner Lebenserfahrung beruhendes, objektives, nachträgliches Wahrscheinlichkeitsurteil vorzunehmen.[7] Die Begriffe Leben und Gesundheit eines anderen Menschen und Sachen von bedeutendem Wert decken sich im Wesentlichen mit den gleichen Begriffen in §§ 315 ff (vgl. dazu *König* LK § 315 Rdn. 67 ff). Leibesgefahr setzt das Drohen erheblicher Verletzungen oder körperlicher Beeinträchtigungen voraus. Bei den geschützten Sachen kommt es auf den Verkehrswert an. Allerdings ist die Wertgrenze im Rahmen des § 307, bedenkt man die abweichende Strafdrohung, deutlich höher anzusetzen als bei den § 315 ff; andernfalls würde zudem das Erfordernis, dass die Sachen einen bedeutenden Wert verkörpern müssen, jede eingrenzende Wirkung verlieren (vgl. auch für die ähnliche Problematik bei dem Herbeiführen einer Brandgefahr nach § 306f Abs. 2 *Wolff* LK § 306f Rdn. 19). Ein Sachwert von 5000 Euro erscheint im vorliegenden Zusammenhang als Schutzgrenze angemessener.[8] Bei dieser Abgrenzung ist vorausgesetzt, dass der gefährdeten Sache ein ihrem Wert entsprechender Schaden droht. Ist der drohende Schaden demgegenüber erheblich geringer als der Wert der gefährdeten Sache, kommt es auf den Wert des drohenden Schadens an (vgl. BGH NStZ-RR 2008 289). Der entstandene Schaden kann nur ausnahmsweise zugrunde gelegt werden.

---

[5] *Fischer* Rdn. 2; *Herzog* NK Rdn. 4; *Kindhäuser* LPK Rdn. 3; *Lackner/Kühl* Rdn. 2; *Sch/Schröder/Cramer/Heine* Rdn. 3; *Wolters/Horn* SK Rdn. 3; *Sack* Rdn. 6. Vgl. auch *Krack* MK Rdn. 3.

[6] *Fischer* Rdn. 3; *Herzog* NK Rdn. 5; *Sch/Schröder/Cramer/Heine* Rdn. 4 in Verbindung mit Rdn. 12 Vor §§ 306 ff; **aA** *Wolters/Horn* SK Rdn. 3. Vgl. auch *Wolff* LK § 306a Rdn. 29.

[7] Vgl. auch *Wolff* LK § 306a Rdn. 29.

[8] *Krack* MK Rdn. 5. Teilweise wird auf §§ 315 ff verwiesen; so: *Fischer* Rdn. 3; *Sch/Schröder/Cramer/Heine* Rdn. 4 in Verbindung mit Rdn. 14 ff Vor §§ 306 ff. *Fischerhof* § 40 AtomG a.F./§ 310b in Verbindung mit § 41 AtomG a.F./§ 311a Rdn. 14, 16 sprach sich für mindestens 1000 DM aus.

III. Objektiver Tatbestand bei Taten nach Absätzen 2 und 4

Bei Taten nach den Absätzen 2 und 4 genügt der Versuch, eine Explosion durch Freisetzen von Kernenergie nicht. Die Explosion muss, soll der objektive Tatbestand erfüllt sein, **tatsächlich eingetreten** sein. Dies hat andererseits zur Folge, dass bei einer Tat nach Absatz 2 Versuch nach den allgemeinen Regeln möglich ist und damit im Gegensatz zu Delikten nach Absatz 1 auch Rücktritt vom Versuch nach § 24.[9] Im Übrigen entspricht der objektive Tatbestand dem des Absatzes 1. 4

IV. Subjektiver Tatbestand bei Absätzen 1, 2 und 4

Subjektiv ist bei **Absatz 1** Vorsatz hinsichtlich des gesamten objektiven Tatbestandes notwendig; bedingter Vorsatz genügt. Bei **Absatz 2** muss das Herbeiführen einer Kernexplosion mindestens bedingt vorsätzlich geschehen; in Bezug auf die dadurch entstandene Gefahr muss dem Täter Fahrlässigkeit vorzuwerfen sein. Es handelt sich um eine Vorsatztat, § 11 Abs. 2, so dass Teilnahme möglich ist. Das Vergehen nach **Absatz 4** ist durch insgesamt fahrlässige Begehung gekennzeichnet. 5

V. Rechtfertigung

Die Tat ist grundsätzlich, d.h. soweit eine rechtlich erhebliche Einwilligung überhaupt in Betracht kommt,[10] gerechtfertigt, wenn die gefährdeten Personen oder die Eigentümer der gefährdeten Sachen sämtlich **einwilligen** (was sicherlich nur im Ausnahmefall in Betracht kommen wird).[11] Da die Vorschrift als konkretes Gefährdungsdelikt ausgestaltet ist, kann auf eine dahinter stehende abstrakte Gefährlichkeit nicht abgestellt werden.[12] Sie wird aufgefangen durch die ergänzende Bestimmung des § 328 Abs. 2 Nr. 3. Als Rechtfertigungsgründe sind vor allem von Bedeutung **Genehmigung** der Explosion durch Kernenergie (Begründung E 1962 BTDrucks. IV/650 S. 501 f)[13] und **erlaubtes Risiko,**[14] soweit man darin einen Rechtfertigungsgrund und nicht ein Tatbestandsele- 6

9 *Fischer* Rdn. 5; *Herzog* NK Rdn. 6; *Kindhäuser* LPK Rdn. 3; *Sch/Schröder/Cramer/Heine* Rdn. 13; *Wolters/Horn* SK Rdn. 9; *Sack* Rdn. 17; teilweise abweichend *Krack* MK Rdn. 10 f. Kommt es bei einem Versuch, vorsätzlich eine Explosion durch Kernenergie herbeizuführen, nicht zu einer Gefährdung von Menschen oder fremden Sachen, ergibt sich die Versuchsstrafbarkeit aus § 328 Abs. 2 Nr. 3, Abs. 4.

10 Streitpunkt ist neben der dogmatischen Einordnung, ob in eine Gefährdung des Lebens wirksam eingewilligt werden kann; vgl. *Walter* LK Vor § 13 Rdn. 128 ff; *Vogel* LK § 15 Rdn. 237 ff; jeweils mit Nachweisen.

11 *Fischer* Rdn. 8; *Herzog* NK Rdn. 9; *Sch/Schröder/Cramer/Heine* Rdn. 12; *Wolters/Horn* SK Rdn. 4; *Maurach/Schroeder/Maiwald* BT/2 § 50 Rdn. 7; **aA** *Mattern/Raisch* AtomG § 40 Rdn. 8. *Krack* MK Rdn. 21 misst der Einwilligung tatbestandsausschließende Wirkung zu.

12 **AA** *Tröndle/Fischer*[49] § 310b Rdn. 8; *Sack* Rdn. 11; vgl. auch BGHSt **23** 261, 264.

13 *Herzog* NK Rdn. 9; *Sch/Schröder/Cramer/Heine* Rdn. 11 (unter Hinweis auf die zu beachtenden Kautelen); *Tröndle/Fischer*[49] § 310b Rdn. 8; *Fischerhof* § 40 AtomG a.F. § 310b Rdn. 13, 14; *Sack* Rdn. 11. Bedenken bei *Wolters/Horn* SK Rdn. 4; *Maurach/Schroeder/Maiwald* BT/2 § 52 Rdn. 8; **ablehnend** *Heine* in Meinberg/Möhrenschlager/Link S. 123. Vgl. auch *Heine* NJW **1990** 2425, 2430 ff.

14 *Herzog* NK Rdn. 9; *Sch/Schröder/Cramer/Heine* Rdn. 11; *Sack* Rdn. 11. *Fischer* Rdn. 8 greift bei Verstößen gegen Anordnungen, Auflagen usw. bei zulässiger Forschungstätig-

ment sieht (siehe dazu allgemein *Rönnau* LK Vor § 32 Rdn. 53 ff). Schließlich kommen **völkerrechtliche Normen** in Betracht.[15]

VI. Die Erfolgsqualifikation des § 307 Abs. 3

7 § 307 Abs. 3 hat einen **Qualifikationstatbestand** zum Inhalt, der § 306c gleicht und sich in § 308 Abs. 3 wiederholt.

8 1. **Objektiv** ist entweder – nach Absatz 1 – das Unternehmen erforderlich, durch Freisetzen von Kernenergie eine Explosion herbeizuführen,[16] oder – nach Absatz 2 – das Herbeiführen einer solchen Explosion; hinzutreten muss nach beiden Alternativen die durch die Tathandlung verursachte Gefährdung von Leib oder Leben eines anderen oder fremder Sachen von bedeutendem Wert. Insoweit ergeben sich gegenüber § 307 Abs. 1 und 2 keine Abweichungen. **Qualifizierend** wirkt der (mindestens leichtfertig) verursachte **Tod eines Menschen**, der nicht zum Täter- oder Teilnehmerkreis gehört (vgl. *Wolff* LK § 306a Rdn. 29; **aA** *Wolters/Horn* SK Rdn. 11), wobei sich in diesem Erfolg die mit der Tathandlung verbundene, spezifische Gefahr ausgewirkt haben muss. Das werden in erster Linie die Explosionswirkungen und deren Begleiterscheinungen sein; es gehört aber auch zur spezifischen Gefahr, wenn Rettungswillige, durch die Explosion zum Eingreifen veranlasst, zu Schaden kommen (vgl. *Wolff* LK § 306c Rdn. 5). Entscheidend ist dabei die Kausalverknüpfung zwischen Tathandlung und Todesfolge.[17] Mit einem solchen Erfolg verliert das Merkmal Gefährdung von Leib oder Leben eines anderen Menschen objektiv seine selbständige Bedeutung, denn es ist in dem Todeserfolg eingeschlossen (Personenidentität des Opfers oder der Opfer vorausgesetzt).

2. Subjektive Voraussetzungen

9 a) Subjektiv ist im Falle eines Delikts nach **Absatz 1** *Vorsatz* hinsichtlich Tathandlung und dadurch verursachter Gefahr für einen Menschen oder fremde Sachen nötig. Das Verursachen des Todeserfolgs muss mindestens leichtfertig geschehen. *Leichtfertigkeit* ist ein gesteigertes Maß von Fahrlässigkeit und in etwa mit grober Fahrlässigkeit gleichzusetzen (vgl. näher *Wolff* LK § 306c Rdn. 9). Ist vorsätzlich Gefährdeter und infolge leichtfertigen Handelns zu Tode Gekommener ein und dieselbe Person, was allerdings nicht zwangsläufig der Fall sein muss, wird der Nachweis der Leichtfertigkeit, bedenkt man die allgemein bekannte Gefährlichkeit von Kernenergieexplosionen, regelmäßig unproblematisch sein. Gelingt der Nachweis von Leichtfertigkeit im Einzelfall nicht, aber der von fahrlässiger Verursachung des Todes, ist ergänzend zu § 307 Abs. 1 auf § 222 zurückzugreifen.

---

keit auf § 311d oder § 46 Nr. 4 AtomG zurück; vgl. dazu auch *Sch/Schröder/Cramer/Heine* Rdn. 11. Für erlaubtes Risiko als Tatbestandselement sprechen sich *Kindhäuser* LPK Rdn. 8; *Lackner/Kühl* Rdn. 4; *Wolters/Horn* SK Rdn. 4 und *Heine* in Meinberg/Möhrenschlager/Link S. 123 aus. Vgl. auch *Krack* MK Rdn. 20.

[15] *Fischer* Rdn. 8; *Herzog* NK Rdn. 9; *Sch/Schröder/Cramer/Heinrich* Rdn. 12; *Sack* Rdn. 11.

[16] Vollendung des Grunddelikts fordern *Krack* MK Rdn. 16 und *Hardtung* (u.a.) MK § 18 Rdn. 8 Fn. 12.

[17] Vgl. *Wolff* LK § 306c Rdn. 4; **aA** *Ferschl* Das Problem des unmittelbaren Zusammenhangs beim erfolgsqualifizierten Delikt (1999) 304 ff (nach ihm unterbricht jedes Dazwischentreten Dritter die Zurechnung zum Täter).

b) Im Falle eines Delikts nach § **307 Abs. 2** bedarf es neben dem *Vorsatz* betreffend die Herbeiführung einer Kernenergieexplosion des Nachweises von *Fahrlässigkeit* hinsichtlich der dadurch bewirkten Gefährdung eines Menschen oder von fremden Sachen. Daneben tritt wieder das Erfordernis von *Leichtfertigkeit* der Todesverursachung. Diese schließt bei Identität von gefährdeter und zu Tode gekommener Person die fahrlässige Gefährdung ein; umgekehrt ist, wenn eine Person durch eine Kernenergieexplosion leichtfertig zu Tode gebracht worden ist, diese auch immer fahrlässig an ihrem Leben gefährdet gewesen. Doch müssen Gefährdeter und Getöteter auch hier nicht identisch sein, so dass es im Einzelfall erforderlich sein kann, beide Fahrlässigkeitsstufen für verschiedene Gefährdete/Geschädigte gesondert zu prüfen. 10

c) Bei beiden Alternativen kann der **Tod** dem Wortlaut nach auch **vorsätzlich** verursacht sein, wie durch das „wenigstens leichtfertig" deutlich gemacht ist.[18] Doch ist bei von Vorsatz getragener Verursachung der Todesfolge immer – auch bei Versuch – das Unternehmensdelikt des § 307 Abs. 1 in Verbindung mit Absatz 3 Nr. 1 ausgefüllt, so dass § 307 Abs. 3 Nr. 2 insoweit leerläuft (ebenso *Fischer* Rdn. 7; *Krack* MK Rdn. 17). Versuch ist danach praktisch nur als versuchte Erfolgsqualifizierung möglich (vgl. auch *Krack* MK Rdn. 18; sowie allgemein *Hillenkamp* LK Vor § 22 Rdn. 116 f). 11

VII. Konkurrenzen

§ 307 Abs. 2 tritt hinter § 307 Abs. 1 zurück (Spezialität); dies gilt auch im Fall der Erfolgsqualifizierung. **Tateinheit** ist möglich mit den vorsätzlichen Körperverletzungs- und Tötungsdelikten;[19] ebenso mit § 229 oder § 222, letzteres sofern nicht bei Identität des oder der Tatopfer Leichtfertigkeit gegeben ist, denn dann tritt § 222 hinter § 307 Abs. 3 zurück (Spezialität).[20] Auch mit den Sachbeschädigungsdelikten und Brandstiftungsdelikten kommt Tateinheit in Frage.[21] Tateinheit ist schließlich möglich mit § 19 Abs. 1 Nr. 1, Abs. 2 KrWaffG. Für das Verhältnis zu den weiteren gemeingefährlichen Delikten siehe jeweils dort. 12

VIII. Tätige Reue. Führungsaufsicht. Einziehung

Zu *tätiger Reue* siehe bei § 314a, zur *Führungsaufsicht* bei § 321 und zur *Einziehung* bei § 322. 13

---

[18] Nach *Wolters/Horn* SK Rdn. 13 soll die angedrohte lebenslange Freiheitsstrafe nur für diese Fallgestaltung gelten, was jedoch nicht dem Gesetzeswortlaut entspricht.

[19] *Fischer* Rdn. 9; *Herzog* NK Rdn. 12; *Kindhäuser* LPK Rdn. 9; *Krack* MK Rdn. 23; *Lackner/Kühl* Rdn. 6; *Sch/Schröder/Cramer/Heine* Rdn. 16; *Wolters/Horn* SK Rdn. 7, 14; *Maurach/Schroeder/Maiwald* BT/2 § 50 Rdn. 12; *Fischerhof* § 40 AtomG a.F. § 310b Rdn. 22; **aA** *Mattern/Raisch* AtomG § 40 Rdn. 11.

[20] *Herzog* NK Rdn. 12; *Kindhäuser* LPK Rdn. 9; *Lackner/Kühl* Rdn. 6; vgl. auch *Wolters/Horn* SK Rdn. 9a.

[21] *Fischer* Rdn. 9 (für § 306b); *Herzog* NK Rdn. 12; *Kindhäuser* LPK Rdn. 9; *Krack* MK Rdn. 23; *Lackner/Kühl* Rdn. 6; *Sch/Schröder/Cramer/Heine* Rdn. 16; *Wolters/Horn* SK Rdn. 7.

IX. Sonstiges

14 § 307 gehört zu den Delikten, die ohne Rücksicht auf Tatort, Recht des Tatorts und Staatsangehörigkeit des Täters und des Opfers dem deutschen Strafrecht unterliegen, *§ 6 Nr. 2* (vgl. dazu *Werle/Jeßberger* LK § 6 Rdn. 40 ff). Die Vorschrift wird ergänzt durch § 328 Abs. 2 Nr. 3, einem abstrakten Gefährdungsdelikt. Eine Straftat nach § 307 Abs. 1 bis 3 kann Anlass bieten, das Delikt der Bildung einer terroristischen Vereinigung nach § 129a Abs. 2 Nr. 2 zu prüfen; daneben sei auf § 129b hingewiesen (vgl. BGHSt 52 98 ff und ergänzend *Wolff* LK § 303b Rdn. 41). Die Nichtanzeige einer geplanten Straftat nach § 307 Abs. 1 bis 3 unterfällt *§ 138 Abs. 1 Nr. 8*. Zur *Zuständigkeit* vgl. §§ 74 Abs. 2 S. 1 Nr. 17, 120 Abs. 2 Nr. 3 GVG.

§ 308
Herbeiführen einer Sprengstoffexplosion

(1) Wer anders als durch Freisetzen von Kernenergie, namentlich durch Sprengstoff, eine Explosion herbeiführt und dadurch Leib oder Leben eines anderen Menschen oder fremde Sachen von bedeutendem Wert gefährdet, wird mit Freiheitsstrafe nicht unter einem Jahr bestraft.

(2) Verursacht der Täter durch die Tat eine schwere Gesundheitsschädigung eines anderen Menschen oder eine Gesundheitsschädigung einer großen Zahl von Menschen, so ist auf Freiheitsstrafe nicht unter zwei Jahren zu erkennen.

(3) Verursacht der Täter durch die Tat wenigstens leichtfertig den Tod eines anderen Menschen, so ist die Strafe lebenslange Freiheitsstrafe oder Freiheitsstrafe nicht unter zehn Jahren.

(4) In minder schweren Fällen des Absatzes 1 ist auf Freiheitsstrafe von sechs Monaten bis zu fünf Jahren, in minder schweren Fällen des Absatzes 2 auf Freiheitsstrafe von einem Jahr bis zu zehn Jahren zu erkennen.

(5) Wer in den Fällen des Absatzes 1 die Gefahr fahrlässig verursacht, wird mit Freiheitsstrafe bis zu fünf Jahren oder mit Geldstrafe bestraft.

(6) Wer in den Fällen des Absatzes 1 fahrlässig handelt und die Gefahr fahrlässig verursacht, wird mit Freiheitsstrafe bis zu drei Jahren oder mit Geldstrafe bestraft.

Schrifttum

Bayer in Schlüchter (Hrsgin.) Bochumer Erläuterungen zum 6. Strafrechtsreformgesetz (1998); *Cramer* Die Neuregelung der Sprengstoffdelikte durch das 7. Strafrechtsänderungsgesetz, NJW **1964** 1835; *Kühne* Forum: Die sog. „Celler Aktion" und das deutsche Strafrecht, JuS **1987** 188; *Lackner* Das Siebente Strafrechtsänderungsgesetz, JZ **1964** 674; *Potrykus* Die Neuregelung der Sprengstoffdelikte, Die Polizei **1965** 249; *v. Ullmann* § 311 RStrGB. und Sprengstoffgesetz, VDB IX S. 67.

Entstehungsgeschichte

§ 311 des Strafgesetzbuchs für das Deutsche Reich, Vorläufervorschrift des jetzigen § 308, lautete ursprünglich (RGBl. 1871 S. 127, 187):

Die gänzliche oder theilweise Zerstörung einer Sache durch Gebrauch von Pulver oder anderen explodirenden Stoffen ist der Inbrandsetzung der Sache gleich zu erachten.

Damit wurde also nur ein spezieller Fall der Sachbeschädigung wegen seiner Gefährlichkeit den Brandstiftungsdelikten gleichbehandelt. Daneben erfasste § 5 des wegen sich häufender Sprengstoffattentate erlassenen Gesetzes gegen den verbrecherischen und gemeingefährlichen Gebrauch von Sprengstoffen vom 9. Juni 1884 (RGBl. S. 61, 62) die Herbeiführung einer Gefahr für Eigentum, Gesundheit oder Leben durch Anwendung von Sprengstoff und bedrohte sie mit Zuchthaus, in Fällen schweren Erfolges mit noch schärferer Strafe.

§ 311 ist umgestaltet worden durch Art. 1 Nr. 1 des 7. StRÄndG vom 1. Juni 1964 (BGBl. I 337), mit dem die Strafvorschriften gegen den Gebrauch von Sprengstoffen neu geregelt und weitgehend aus dem Sprengstoffgesetz in das StGB übernommen worden sind; außer der Neufassung des § 311 wurden die §§ 311a bis c neu in das StGB eingefügt. Der § 311c, der die Einziehung betraf, ist durch das EGOWiG in § 325a, jetzt § 322, aufgegangen. § 311 ist durch Art. 12 Abs. 1, Art. 19 Nr. 170 und 207 EGStGB 1974 (BGBl. I 469) geringfügig geändert worden; die §§ 311a und b sind in §§ 311b, 311c, jetzt § 310 und § 314a, aufgegangen. Der Sache nach deckte sich § 311 mit dem aufgehobenen § 5 Sprengstoffgesetz a.F. (BGH, Urt. v. 18. August 1964 – 5 StR 289/64). Die Bestimmung entsprach im wesentlichen §§ 323, 338, 340 E 1962, so dass für die Gesetzesmaterialien hauptsächlich auf die Begründung dieses Entwurfs verwiesen werden kann (BTDrucks. IV/650 S. 502, 515 ff, 517 f; vgl. außerdem insbesondere den schriftlichen Bericht des Sonderausschusses Strafrecht zum Entwurf des 7. StRÄndG BTDrucks. IV/2186). Das Sprengstoffgesetz, inzwischen Gesetz über explosionsgefährliche Stoffe (Sprengstoffgesetz – SprengG), gilt zur Zeit seit dem 6. September 2002 in der Fassung vom 10. September 2002 (BGBl. I 3518), zuletzt geändert durch Gesetz vom 21. Juni 2005 (BGBl. I 1818, 1826).

§ 311 a.F. ist durch Art. 1 Nr. 80 des 6. StrRG vom 26. Januar 1998 – BGBl. I 164, 182 – (vgl. zu diesem Gesetz auch *Wolff* LK § 306 Entstehungsgeschichte) unter Änderungen zum geltenden § 308 geworden. Während im Regierungsentwurf zum 6. StrRG noch ein Gleichklang mit § 306 des Entwurfs – Brandstiftung – vorgesehen war (BTDrucks. 13/8587 S. 12, 50) und sich daran im Gesetzgebungsverfahren zunächst auch nichts geändert hatte (BTDrucks. 13/8587 Anlage 2 S. 71 und Anlage 3 S. 88), haben die Beratungen im Rechtsausschuss des Bundestags zu Änderungen u.a. bei § 308 geführt (Beschlussempfehlung des Rechtsausschusses des Bundestags BTDrucks. 13/8991 S. 24; Bericht dazu BTDrucks. 13/9064 S. 11 f, 15). Danach ist in Absatz 2 ein Qualifikationstatbestand geschaffen worden, der § 306b Abs. 1 entspricht. Die Erfolgsqualifikation des Absatzes 3 – wenigstens leichtfertiges Herbeiführen des Todes eines anderen Menschen durch eine Explosion – deckt sich mit der Regelung in § 306c (Brandstiftung mit Todesfolge). In Absatz 4 werden für minder schwere Fälle geringere Strafrahmen vorgesehen. Die Absätze 5 und 6 sind wortgleich mit § 311 Abs. 4 und 5 a.F.

Übersicht

I. Allgemeines

1 § 308 stellt das Herbeiführen einer Explosion mit Ausnahme der durch § 307 erfassten Explosionen durch Kernenergie unter Strafe, sofern dadurch Leib oder Leben eines anderen oder fremde Sachen von bedeutendem Wert gefährdet werden oder Menschen zu Schaden kommen. § 308 ist daher, sieht man von den Qualifikationen ab, **konkretes Gefährdungsdelikt;**[1] die herbeigeführte Explosion muss bestimmte Rechtsgüter zu verletzen drohen. Die Bestimmung setzt, obwohl sie nach der Gliederung des Besonderen Teils des StGB unter den Abschnitt Gemeingefährliche Straftaten fällt, ebensowenig wie die übrigen Straftaten dieses Abschnitts (vgl. *Wolff* LK § 306 Rdn. 2) die Herbeiführung einer Gemeingefahr voraus.[2] Deshalb bleibt straflos, wer sein eigenes Haus in die Luft sprengt, sofern er dabei nicht eine konkrete Gefahr für andere Personen oder für fremde Sachen verursacht. Die praktische Bedeutung der Vorschrift ist nicht sehr erheblich. In der polizeilichen Kriminalstatistik sind für 2003 339 Fälle erfasst, für 2004 338 Fälle bei einer Aufklärungsquote von 55, 9 Prozent und für 2005 346 Fälle bei einer Aufklärungsquote von 61,0 Prozent. Für 2007 lauten die entsprechenden Zahlen 413 Fälle und 55,4 Prozent Aufklärungsrate.

2 Das Delikt erfordert als eigentliche Tathandlung das Herbeiführen einer Explosion. Daraus muss eine konkrete Gefahr für die im einzelnen bezeichneten Rechtsgüter entstehen, soweit es die Absätze 1, 5 und 6 betrifft; bei den Absätzen 2 und 3 müssen qualifizierende Erfolge vorliegen. Hinsichtlich des subjektiven Tatbestandes unterscheidet die Vorschrift mehrere Fälle: In den Absätzen 1 bis 3 muss der Vorsatz des Täters das Auslösen einer Explosion und bei Absatz 1 auch den Eintritt der dadurch verursachten Gefahr umfassen, während bei der Verursachung der Erfolge nach den Absätzen 2 und 3 Fahrlässigkeit oder Leichtfertigkeit ausreicht. In Absatz 5 setzt zwar die Tathandlung Vorsatz voraus, die Folge der Gefährdung jedoch nur Fahrlässigkeit. Absatz 6 erfasst die Fälle, in denen der Täter bezüglich der Herbeiführung der Explosion ebenso wie bezüglich der Gefährdung fahrlässig gehandelt hat. Dementsprechend ist die Strafdrohung für die verschiedenen Fälle abgestuft. Absatz 4 normiert den Strafrahmen für minder schwere Fälle des Absatzes 1 und des Absatzes 2.

---

[1] *Fischer* Rdn. 1, 2, 4; *Herzog* NK Rdn. 2; *Kindhäuser* LPK Rdn. 1; *Krack* MK Rdn. 1, 8; *Lackner/Kühl* Rdn. 1; *Sch/Schröder/Cramer/Heine* Rdn. 1, 7; *Wolters/Horn* SK Rdn. 2, 3, 6; *Arzt/Weber* BT § 37 Rdn. 70; *Maurach/Schroeder/Maiwald* BT/2 § 50 Rdn. 7; *Otto* BT § 78 Rdn. 9. Vgl. auch BGH NStZ-RR **1996** 132 f.

[2] *Fischer* Rdn. 1; *Krack* MK Rdn. 4; *Sch/Schröder/Cramer/Heine* Rdn. 1, 7; *Maurach/Schroeder/Maiwald* BT/2 § 50 Rdn. 7; *Kühne* JuS **1987** 188, 189.

II. Der objektive Tatbestand von § 308 Abs. 1, 5 und 6

Der objektive Tatbestand bei § 308 Abs. 1, 5 und 6 verlangt das Herbeiführen einer Explosion und eine dadurch hervorgerufene Gefahr für bestimmte Rechtsgüter. 3

1. Der Begriff der Explosion. Unter Explosion im Sinne der Strafvorschrift ist die plötzliche Auslösung von Druckwellen außergewöhnlicher Beschleunigung zu verstehen.[3] Das kann namentlich durch **Sprengstoffe** geschehen, also Stoffe, die bei der Entzündung zu einer plötzlichen Ausdehnung von Flüssigkeiten oder Gasen und dadurch zu einer Sprengwirkung führen (RGSt **48** 72 ff; **67** 35, 37), z.B. Dynamit (RG GA **55** (1908) 332), aber auch Gemische von für sich gesehen nicht explosionsgefährlichen Stoffen (LG Braunschweig NStZ **1987** 231 f). Taugliches Tatmittel ist weiter z.B. eine Handgranate[4] oder Mine.[5] Schießmittel, z.B. Schwarzpulver, gehören hierher, sofern sie als Sprengmittel verwendet werden.[6] Geeignet sind aber auch Benzin-Luft-Gemische;[7] Azetylengas (RGSt **67** 35 ff); Leucht- oder Erdgas.[8] Soll ein an sich explosionsfähiger Stoff – im konkreten Fall ein Gemisch aus Natriumchlorat und Zucker – lediglich als Zünder für einen Brandsatz benutzt werden, scheidet die Anwendbarkeit von § 308 dagegen aus (KG NStZ **1989** 369); anders wenn ein Ammoniumnitrat/Zuckergemisch als Sprengsatz in Mörsergranaten zum Einsatz kommt (OLG Celle, Urt. v. 23. Dezember 2003 – 2 StE 2/03 – 2 – betreffend einen Anschlag der Provisional Irish Republican Army). Eine Explosion im Sinne des § 308 kann weiter durch unter Überdruck stehenden Wasserdampf[9] oder unter hohem Druck stehende Gase (*Krack* MK Rdn. 6; *Maurach/Schroeder/Maiwald* BT/2 § 52 Rdn. 6; **aA** *Herzog* NK Rdn. 4) hervorgerufen werden. Schließlich sind auch durch Unterdruck entstehende Implosionen[10] und die Erzeugung sehr 4

---

[3] KG NStZ **1989** 369; *Fischer* Rdn. 3; *Herzog* NK Rdn. 3; *Krack* MK Rdn. 3; *Lackner/Kühl* Rdn. 2; *Sch/Schröder/Cramer/Heine* Rdn. 3; *Wolters/Horn* SK Rdn. 4; *Otto* BT § 78 Rdn. 9. Möglicherweise weitergehend LG Braunschweig NStZ **1987** 231, 232. Vgl. auch *Kindhäuser* LPK Rdn. 3; *Maurach/Schroeder/Maiwald* BT/2 § 52 Rdn. 6.

[4] BGHR StGB § 25 Abs. 2 Mittäter 28; BGH NStZ **1998** 294 f (im entschiedenen Fall als Autobombe verwendet); *Bohnert* JuS **1983** 942, 943.

[5] BGH NStZ **1994** 537 f m. Anm. *Gogger* S. 586, der als Selbstschussanlagen verwendete Splitterminen – vgl. zu deren Beschaffenheit BGHSt **50** 16, 17 – ausnehmen will; ebenso *Sch/Schröder/Cramer/Heine* Rdn. 7; *Maurach/Schroeder/Maiwald* BT/2 § 52 Rdn. 6.

[6] RGSt **58** 276; BGHSt **46** 266 ff (mit Schwarzpulver gefüllte Feuerlöscher); OLG Düsseldorf NStZ-RR **1998** 190 f (Schwarzpulver aus Böllern, das zum Eigenbau eines größeren Böllers eingesetzt wird). Siehe auch BGH NStZ-RR **1996** 132 f (Inhalt von Leuchtspurmunition) und OLG Hamm NJW-RR **1995** 157 f (selbstgebastelte Sylvesterböller).

[7] RGSt **8** 33; BGHSt **20** 230 ff; BGH NStZ **2003** 253 f; BGH NStZ **2004** 614 f. Bei den am 31. Juli 2006 in Köln in zwei Regionalzügen abgestellten Kofferbomben sollte die Explosionswirkung durch Zündung des Inhalts einer Gasflasche mit Butan und von mit Benzin gefüllten Petflaschen erreicht werden.

[8] BGHSt **28** 196 ff; **48** 147, 148; BGH GA **1966** 374 f; BGH NStZ **2003** 253 f; BGH NStZ **2004** 614 f; BGH StV **2003** 540 ff (Sprengung eines Wohnhauses in Düsseldorf; zum Fortgang des Verfahrens s. BVerfG NStZ **2006** 647 ff; BVerfG NJW **2006** 672 ff). Zu Fragen der Beweiswürdigung vgl. BGHR StPO § 261 Inbegriff der Verhandlung 44.

[9] Begründung zum E 1962 BTDrucks. IV/605 S. 502; *Fischer* Rdn. 3; *Krack* MK Rdn. 6; *Lackner/Kühl* Rdn. 2; *Sch/Schröder/Cramer/Heine* Rdn. 5; *Wolters/Horn* SK Rdn. 5; *Maurach/Schroeder/Maiwald* BT/2 § 52 Rdn. 6; anders RGSt **22** 304 ff für den ursprünglichen Rechtszustand. **AM** *Herzog* NK Rdn. 4.

[10] *Fischer* Rdn. 3; *Lackner/Kühl* Rdn. 2; *Maurach/Schroeder/Maiwald* BT/2 § 52 Rdn. 6. Demgegenüber nehmen Implosionen aus: *Herzog* NK Rdn. 4; *Krack* MK Rdn. 3; *Sch/Schröder/Cramer/Heine* Rdn. 3; *Wolters/Horn* SK Rdn. 4; *Otto* BT § 78 Rdn. 9.

starker Schallwellen (*Maurach/Schroeder/Maiwald* BT/2 § 52 Rdn. 6; **aA** z.B. *Krack* MK Rdn. 3; *Wolters/Horn* SK Rdn. 4), z.B. durch schnell fliegende Flugzeuge, erfasst; auch sie können schadensauslösende Druckwellen zur Folge haben. *Cramer* (NJW **1964** 1835, 1836) befürchtet, dass durch die Ausweitung des Tatbestandes auf jede Art von Explosion in Labor, Industrie und selbst in der Küche des Haushalts, für die schon Fahrlässigkeit und jede Individualgefahr ausreicht, die Strafbarkeit über Gebühr ausgedehnt werde. Dem kann jedoch einmal durch eine entsprechende Auslegung des Begriffs der Explosion begegnet werden (indem man z.B. die Verwendung kleiner Feuerwerkskörper schon mit Hilfe diese Begriffs aus dem Tatbestand ausscheidet – Begründung E 1962 BTDrucks. IV/650 S. 502) und zum anderen dadurch, dass bei sozialadäquatem Verhalten die Anwendung von § 308 verneint wird (vgl. auch Rdn. 13).[11]

5 2. **Das Herbeiführen einer Explosion** bedeutet deren Verursachen als Täter, Mittäter[12] oder mittelbarer Täter,[13] wobei auch das Inverkehrbringen fehlerhafter Sprengmittel in Betracht kommt.[14] Das Herbeiführen der Explosion kann auch durch **Unterlassen** geschehen (BGHSt **48** 147, 148 f; vgl. auch *Wolters/Horn* SK Rdn. 9).

6 3. **Gefährdung eines anderen oder fremden Eigentums.** Durch das Herbeiführen der Explosion als Ursache muss **Leben oder Gesundheit eines anderen Menschen oder fremdes Eigentum von bedeutendem Wert konkret gefährdet** werden.[15] Es genügt dabei, wenn die Gefahr durch die spezifischen Begleiterscheinungen der Explosion wie Hitze oder Explosionsgase hervorgerufen wird.[16] *Mittäter und Tatbeteiligte* sind vom Schutz der Vorschrift ausgeschlossen.[17]

7 a) Unter **konkreter Gefahr** ist ein Zustand zu verstehen, bei dem die körperliche Integrität einer Person oder die Unversehrtheit einer Sache so stark in Frage gestellt ist, dass es vom Zufall abhängt, ob es zu einer Verletzung der Person oder zur Beschädigung der Sache kommt oder nicht; die Situation muss auf einen unmittelbar bevorstehenden Schaden hindeuten, der allerdings nicht einzutreten braucht. Dabei ist die Beantwortung der Frage, ob eine konkrete Gefahr vorgelegen hat, durch ein auf allgemeiner Lebenserfah-

---

11 Vgl. *Krack* MK Rdn. 4 f; *Lackner/Kühl* Rdn. 2; *Sch/Schröder/Cramer/Heine* Rdn. 3, 5; Dölling/Duttge/Rössner/*Weiler* HK Rdn. 3; **ablehnend** *Fischer* Rdn. 3; *Herzog* NK Rdn. 4; *Wolters/Horn* SK Rdn. 5 (die eine Begrenzung aus dem Merkmal der konkreten Gefahr ableiten).

12 Zu Mittäterschaft durch den Transport einer später eingesetzten Handgranate s. BGHR StGB § 25 Abs. 2 Mittäter 28. Allein die „need-to-know-Regel" genügt zum Nachweis von Mittäterschaft nicht, BGH NStZ-RR **1998** 267.

13 BGH NStZ **1994** 537 ff; *Fischer* Rdn. 5; *Herzog* NK Rdn. 5; *Wolters/Horn* SK Rdn. 5.

14 *Fischer* Rdn. 11; *Sch/Schröder/Cramer/Heine* Rdn. 15; vgl. auch *Wolters/Horn* SK Rdn. 20.

15 Die Gefährdung des nicht dem Täter gehörenden Sprengstoffs als solche reicht jedoch nicht aus; *Sch/Schröder/Cramer/Heine* Rdn. 7 weisen zutreffend darauf hin, dass das Abbrennen eines fremden Feuerwerks nicht den Tatbestand des § 308 erfüllt, sondern als Eigentumsdelikt zu behandeln ist; ebenso *Fischer* Rdn. 4; *Herzog* NK Rdn. 6; *Wolters/Horn* SK Rdn. 6; *Maurach/Schroeder/Maiwald* BT/2 § 50 Rdn. 25; vgl. auch *Krack* MK Rdn. 10.

16 LG Braunschweig NStZ **1987** 231, 232; *Krack* MK Rdn. 10; **aA** *Herzog* NK Rdn. 6; *Wolters/Horn* SK Rdn. 6; die Entscheidung des LGs Braunschweig lehnen auch *Sch/Schröder/Cramer/Heine* Rdn. 7 ab.

17 *Herzog* NK Rdn. 6. Vgl. auch *Wolff* LK § 306a Rdn. 29 und § 307 Rdn. 3. **AM** *Krack* MK Rdn. 8 in Verbindung mit *Radtke* MK Vor §§ 306 ff Rdn. 2; *Wolters/Horn* SK Rdn. 6, 13.

rung beruhendes, objektives, nachträgliches Wahrscheinlichkeitsurteil vorzunehmen (vgl. BGH NStZ **1999** 32, 33 m.w.N. sowie ergänzend *Wolff* LK § 306a Rdn. 29 und auch § 307 Rdn. 3).

b) Die Begriffe **Leib oder Leben** und **fremde**, also nicht im Alleineigentum des Täters stehende, **Sachen von bedeutendem Wert**, wobei eine Sache ausreicht, decken sich im wesentlichen mit den gleichen Begriffen in §§ 315 ff (vgl. dazu *König* LK § 315 Rdn. 67 ff). Leibesgefahr setzt das Drohen erheblicher Verletzungen oder körperlicher Beeinträchtigungen voraus. Bei den geschützten Sachen kommt es auf den Verkehrswert an. Allerdings ist die Wertgrenze im Rahmen des § 308, bedenkt man die abweichende Strafdrohung, höher anzusetzen als bei den §§ 315 ff. Es bietet sich an, eine Parallele zu § 306f Abs. 2 zu ziehen und eine Wertgrenze von 2500 Euro zugrunde zu legen.[18] Bei dieser Abgrenzung ist vorausgesetzt, dass den gefährdeten Sachen ein ihrem Wert entsprechender Schaden droht; ist der drohende Schaden erheblich geringer als der Wert der gefährdeten Sache, kommt es auf den Wert des drohenden Schadens an (vgl. BGH NStZ-RR **2008** 289). Der eventuell entstandene Schaden kann nur ausnahmsweise zugrunde gelegt werden (vgl. *Kühne* JuS **1987** 188, 189 f). **8**

III. Subjektiver Tatbestand bei § 308 Abs. 1, 5 und 6

Im subjektiven Tatbestand enthalten die Absätze 1 sowie 5 und 6 verschiedene Kombinationen zwischen Vorsatz und Fahrlässigkeit: **9**

1. In den Fällen des **Absatzes 1** ist **Vorsatz** bezüglich aller Tatbestandsmerkmale, also sowohl der Herbeiführung einer Explosion als auch der für die verschiedenen Rechtsgüter dadurch herbeigeführten Gefahr erforderlich; bedingter Vorsatz genügt. Wer im Einzelnen durch eine in diesem Sinne vorsätzliche Handlung gefährdet (oder gar geschädigt) wird, braucht der Täter allerdings nicht zu wissen (*Herzberg* JuS **1987** 617, 619). In diesen Fällen ist die Tat ein Verbrechen, auch in den minder schweren Fällen nach Absatz 4, § 12 Abs. 1, 3, so dass insoweit, wenn der subjektive Tatbestand nachweisbar ist, Versuch möglich ist (BGH NStZ-RR **1996** 132 f). Ist der Vorsatz auf die Verletzung eines durch § 308 geschützten Rechtsguts gerichtet, so umfasst der Verletzungsvorsatz den entsprechenden Gefährdungsvorsatz (*Herzog* NK Rdn. 7; *Sch/Schröder/Cramer/Heine* Rdn. 10). **10**

2. **Absatz 5** behandelt den Fall, dass die Explosion vorsätzlich herbeigeführt und die Gefahr fahrlässig verursacht wird (eine **Vorsatz/Fahrlässigkeitskombination** im Sinne von § 11 Abs. 2, die Teilnahme erlaubt, während Versuch anders als bei § 308 Abs. 1 nicht mit Strafe bedroht ist). Das vorsätzliche Auslösen von Explosionen, die sich innerhalb aller bestehenden Sicherheits- und Ordnungsvorschriften halten, fällt dabei aus diesem Deliktstatbestand heraus (vgl. Rdn. 13). Erfasst werden demgegenüber die Explosionen, die unerlaubt oder zwar erlaubt, aber unter bewusstem oder mindestens bedingt vorsätz- **11**

---

[18] Vgl. *Wolff* LK § 306f Rdn. 19, aber auch § 307 Rdn. 3. In Parallele zu § 307 spricht sich *Krack* MK Rdn. 9 bei § 308 für eine Grenze von 5000 Euro aus. *Fischer* Rdn. 4 verweist auf § 315, *Sch/Schröder/Cramer/Heine* Rdn. 7 in Verbindung mit Rdn. 14 ff Vor §§ 306 ff nehmen im Wesentlichen auf §§ 315 ff Bezug. Vgl. außerdem *Maurach/Schroeder/Maiwald* BT/2 § 50 Rdn. 24.

lichem Außerachtlassen von Sicherheitsvorschriften herbeigeführt werden, wenn es dabei infolge Unachtsamkeit oder schuldhaft irrigem Vertrauen auf die Gefahrlosigkeit zu einer Gefährdung eines der geschützten Rechtsgüter kommt (*Herzog* NK Rdn. 8; vgl. auch *Sch/Schröder/Cramer*[25] § 311 Rdn. 11).

12 3. In **Absatz 6** ist der Fall geregelt, dass sowohl bezüglich der Herbeiführung der Explosion als auch der Gefährdung lediglich **Fahrlässigkeit** gegeben ist. Dafür gelten die allgemeinen Maßstäbe. Hierbei ist jedoch zu beachten, dass es nicht allein auf die persönlichen Fähigkeiten und Erfahrungen des Täters ankommt, sobald er sich nicht mehr im Bereich seines eigenen unmittelbaren Erfahrungswissens bewegt, sondern er Warnungen und allgemeine Vorschriften zu beachten hat, welche das Ergebnis der Erfahrung von besonders sachverständigen Personen sind und auf einer umfassenden Voraussicht möglicher Gefahren beruhen; die Vernachlässigung einer solchen Vorschrift kann auch dann einen Schluss auf die Voraussehbarkeit des Erfolgs zulassen, wenn der Täter ihre Beachtung als übertriebene Vorsicht angesehen hat (BGH GA **1966** 374 f). Die Fahrlässigkeit wird häufig daraus abzuleiten sein, dass Sicherheitsrichtlinien oder naheliegende Vorsichtsmaßnahmen bei dem Umgang mit explosiblen Stoffen außer acht geblieben sind (vgl. BGHSt **28** 196 ff). Sie kann aber auch gegeben sein, wenn der Täter einer Brandstiftung die Explosionsgefährlichkeit des verwendeten Brandsatzes vorwerfbar nicht erkannt hat (BGH bei Holtz MDR **1984** 979, 982). Ein weiteres Beispiel für ein fahrlässiges Delikt nach § 308 Abs. 6 ist, wenn bei einer Bundeswehrübung im freien Gelände aus Unachtsamkeit nicht gezündete Übungsmunition zurückgelassen wird, diese von Dritten gefunden wird und bei deren nicht sachkundigem Umgang damit explodiert und Verletzungen von Personen herbeiführt.

IV. Rechtfertigungsgründe

13 1. **Soziale Adäquanz/erlaubtes Risiko als Rechtfertigung.** Die Tat ist mindestens gerechtfertigt, soweit sich der Täter beim Herbeiführen der Explosion im Rahmen der sozialen Adäquanz oder des erlaubten Risikos hält; teilweise werden diese Fälle bereits auf Tatbestandsebene ausgeschieden.[19] Das betrifft insbesondere die Handhabung von Sprengstoffen oder sonstigen explosiblen Stoffen in Gewerbe, Industrie oder bei Forschungsvorhaben im Rahmen der bestehenden polizeilichen Vorschriften.

14 2. Die Tat ist grundsätzlich, d.h. soweit eine rechtlich erhebliche Einwilligung überhaupt in Betracht kommt,[20] gerechtfertigt, wenn die gefährdeten Personen und/oder Eigentümer der gefährdeten Sachen sämtlich **einwilligen.**[21] Als weiterer Rechtfertigungs-

---

[19] *Fischer* Rdn. 10; *Herzog* NK Rdn. 10; *Sch/Schröder/Cramer/Heine* Rdn. 13. Für Zuordnung zur Tatbestandsebene z.B. *Kindhäuser* LPK Rdn. 10; *Krack* MK Rdn. 23; *Lackner/Kühl* Rdn. 2, 4; *Wolters/Horn* SK Rdn. 7. Siehe dazu allgemein *Rönnau* LK Vor § 32 Rdn. 53 ff.

[20] Streitpunkt ist neben der dogmatischen Einordnung, ob in eine Gefährdung des Lebens wirksam eingewilligt werden kann; vgl. *Walter* LK Vor § 13 Rdn. 128 ff; *Vogel* LK § 15 Rdn. 237 ff; jeweils mit Nachweisen.

[21] *Fischer* Rdn. 10; *Herzog* NK Rdn. 10; *Sch/Schröder/Cramer/Heine* Rdn. 13 in Verbindung mit § 307 Rdn. 12; *Wolters/Horn* SK Rdn. 7 in Verbindung mit Rdn. 12 Vor § 306; *Maurach/Schroeder/Maiwald* BT/2 § 50 Rdn. 7; *Kühne* JuS **1987** 188, 190. *Krack* MK Rdn. 23 in Verbindung mit § 307 Rdn. 21 misst der Einwilligung tatbestandsausschließende Wirkung zu.

grund für das Herbeiführen einer Explosion hat **Genehmigung** Bedeutung.[22] Eine Erlaubnis zum Umgang oder Verkehr mit explosionsgefährlichen Stoffen im gewerblichen Bereich nach § 7 SprengG rechtfertigt für sich gesehen eine Tat nach § 308 allerdings noch nicht.[23]

V. Der Qualifikationstatbestand des § 308 Abs. 2

§ 308 Abs. 2 enthält einen § 306b Abs. 1 gleichenden, rechtlich selbständigen **Qualifikationstatbestand** zu § 308 Abs. 1. Qualifiziert im Sinne dieses Absatzes ist das Herbeiführen einer Sprengstoffexplosion dann, wenn der Täter durch die Explosion *wenigstens* fahrlässig, § 18, entweder die schwere Gesundheitsschädigung eines anderen oder eine (nicht notwendig schwere) Gesundheitsschädigung bei einer großen Zahl von Menschen herbeiführt. **15**

1. **Objektiv** ist danach erforderlich, dass der Täter eine *Explosion* im Sinne von § 308 Abs. 1 herbeigeführt hat. Insoweit sei auf die Ausführungen Rdn. 3 f verwiesen. Als *Qualifikation* muss wahlweise hinzutreten eine *schwere Gesundheitsschädigung eines anderen Menschen oder eine Gesundheitsschädigung bei einer großen Zahl von Menschen*. Der Begriff der **schweren Gesundheitsschädigung** umfasst nicht nur schwere Körperverletzungen im Sinne von § 226, sondern z.B. auch eine ernsthafte, langwierige Erkrankung oder erhebliche Beeinträchtigungen der Arbeitsfähigkeit (vgl. Begründung zum Regierungsentwurf des 6. StrRG BTDrucks. 13/8587 S. 27 f). Die Eingrenzung des unbestimmten Rechtsbegriffs einer **großen Zahl von Menschen**, bei denen es alternativ zu einer **einfachen Gesundheitsschädigung**, also einer körperlichen Beeinträchtigung wie einer Verletzung oder Erkrankung gekommen sein muss, ist im Rahmen des § 306b Abs. 1 durch die Entscheidung BGHSt **44** 175, 177 f vorgezeichnet: es müssen mehr als drei Personen sein und vierzehn Geschädigte reichen aus. Ab zehn Personen wird man dort von einer großen Zahl von Menschen sprechen müssen (vgl. – auch zum Diskussionsstand – *Wolff* LK § 306b Rdn. 6). Auch wenn sich der BGH in der erwähnten Entscheidung für eine tatbestandsspezifische Auslegung des Merkmals ausgesprochen hat, wird man die zu § 306b Abs. 1 entwickelten Überlegungen ohne weiteres auf § 308 Abs. 2 übertragen können (so z.B. auch *Nagel* Jura **2001** 588, 590). Dafür spricht, dass sich die Tatbestände von Angriffs-, Gefährdungs- und Schutzrichtung her gleichen, es verschiedentlich vom Zufall abhängt, ob es zu einer Brandstiftung oder zu einer Explosion kommt (z.B. bei der Verwendung von Erdgas als Zündmittel) und auch die Strafdrohung übereinstimmt. Deshalb wird bei § 308 Abs. 2 gleichfalls von einer Mindestzahl von zehn Geschädigten auszugehen sein. Geschützt sind dabei – mit der Ausnahme von Mittätern oder Tatbeteiligten[24] – alle Personen, die von den Auswirkungen des Herbeiführens der Explosion betroffen werden, auch diejenigen, die bei nicht völlig sinnlosen Sicherungs- und Rettungsmaßnahmen Schaden nehmen (vgl. *Wolff* LK § 306c Rdn. 5). Die Gesundheitsschädigung muss dabei im Übrigen nicht nur durch die Herbeiführung **16**

---

22 Bedenken bei *Maurach/Schroeder/Maiwald* BT/2 § 52 Rdn. 8. *Krack* MK Rdn. 23 misst der Genehmigung tatbestandsausschließende Wirkung zu.

23 *Fischer* Rdn. 10; *Herzog* NK Rdn. 10; *Kindhäuser* LPK Rdn. 10; *Lackner/Kühl* Rdn. 4; *Sch/Schröder/Cramer/Heine* Rdn. 13.

24 Vgl. *Wolff* LK § 306a Rdn. 29. **AM** *Krack* MK Rdn. 8 in Verbindung mit *Radtke* MK Vor §§ 306 ff Rdn. 2; *Wolters/Horn* SK Rdn. 13.

der Explosion *verursacht* worden sein; es muss sich darin auch die **spezifische Gefahr**, die damit verbunden ist, ausgewirkt haben.[25]

17 2. **Subjektiver Tatbestand.** Für das Herbeiführen der Explosion ist (bedingter) *Vorsatz* zu verlangen. Demgegenüber genügt für die Verursachung des qualifizierenden Erfolgs *Fahrlässigkeit*, § 18. Dafür spricht zum einen der § 315 Abs. 3 Nr. 2 parallele Wortlaut, welche Bestimmung im Gesetzgebungsverfahren bewusst als Erfolgsqualifikation im Sinne von § 18 konzipiert worden ist (vgl. Bericht des Rechtsausschusses des Bundestags BTDrucks. 13/9064 S. 22 f zu Nr. 80), zum anderen das im – Vergleich zu § 308 Abs. 1 und 5 – Fehlen einer ausdrücklichen Regelung für die fahrlässige Erfolgsherbeiführung.[26] Damit kann der Erfolg *auch vorsätzlich* verursacht sein. Die Tat nach § 308 Abs. 2 bleibt damit jedenfalls vorsätzliche Straftat, § 11 Abs. 2, an der Teilnahme möglich ist.

VI. Die Erfolgsqualifikation des § 308 Abs. 3

18 Auch **§ 308 Abs. 3** regelt eine **Erfolgsqualifikation**; sie entspricht § 306c bei den Brandstiftungsdelikten (vgl. auch § 307 Abs. 3) und löst § 311 Abs. 3 a.F. ab, der die leichtfertige Verursachung des Todes eines Menschen durch Herbeiführen einer Sprengstoffexplosion als Regelfall eines besonders schweren Falles behandelte.

19 1. **Objektiver Tatbestand.** Grundlage ist das **Herbeiführen einer Explosion** nach § 308 Abs. 1 durch den Täter. Hinzutreten muss der durch die spezifischen Gefahren, die mit dem Herbeiführen einer derartigen Explosion verbunden sind, verursachte **Tod eines Menschen** außerhalb des Täter- oder Teilnehmerkreises (vgl. *Wolff* LK § 306a Rdn. 29). Kommt es dabei zu einer Verwechslung des angegriffenen Tatopfers ist dies unerheblich (BGH NStZ **1998** 294, 295). Geschützt sind Personen in gleichem Umfang wie bei § 306c, also auch Personen, die zur Sicherung oder Rettung nach einer Explosion von außen eingreifen (vgl. *Wolff* LK § 306c Rdn. 5 sowie oben Rdn. 16).[27]

20 2. **Subjektiver Tatbestand.** Das Herbeiführen der Sprengstoffexplosion verlangt (bedingten) **Vorsatz.** Für die Verursachung des Todeserfolgs genügt Leichtfertigkeit, doch kann, wie die Gesetzesfassung deutlich macht, insoweit auch (bedingter) Vorsatz gegeben sein. Für bedingten Vorsatz kann z.B. sprechen, wenn der Täter nachts in einem bewohnten Haus die Gasleitung derart manipuliert, dass Gas in großen Mengen ausströmen und sich im Gebäude verteilen kann (BGHR StGB § 15 Vorsatz, bedingter 10). **Leichtfertigkeit** ist ein gesteigertes Maß von Fahrlässigkeit und in etwa mit grober Fahrlässigkeit gleichzusetzen (vgl. näher *Wolff* LK § 306c Rdn. 9). Leichtfertig handelt, wer die sich

---

[25] Vgl. *Wolff* LK § 306b Rdn. 4. Auf den Gefahrzusammenhang mit der Explosion stellen ab: *Fischer* Rdn. 6; *Krack* MK Rdn. 16; *Sch/Schröder/Cramer/Heine* Rdn. 10a; *Wolters/Horn* SK Rdn. 13.

[26] *Fischer* Rdn. 6; *Lackner/Kühl* Rdn. 5 in Verbindung mit § 306b Rdn. 2; *Sch/Schröder/Cramer/Heine* Rdn. 10a; *Wolters/Horn* SK Rdn. 13. Vgl. für die entsprechende Problematik bei § 306b und den dortigen Diskussionsstand *Wolff* LK § 306b Rdn. 8.

[27] *Ferschl* Das Problem des unmittelbaren Zusammenhangs beim erfolgsqualifizierten Delikt (1999) 302 ff vertritt demgegenüber zu § 311 Abs. 3 a.F. die Auffassung, dass jedes Dazwischentreten Dritter die Zurechnung zum Täter unterbreche und im Verhältnis Täter/Opfer für die Zurechnung zum Täter allein die Fluchtreaktion des Opfers praktisch relevant sei.

ihm aufdrängende Möglichkeit eines tödlichen Verlaufs aus besonderem Leichtsinn oder besonderer Gleichgültigkeit außer acht lässt (BGHSt 33 66, 67). Dabei muss sich die Leichtfertigkeit auf die Tathandlung, das Herbeiführen einer den Tod des Opfers verursachenden Explosion, und abschließend mit dieser beziehen; Leichtfertigkeit bei späterem Verhalten ist unerheblich (BGHSt 33 66, 69). Gelingt der Nachweis von Leichtfertigkeit nicht, aber der von fahrlässiger Verursachung des Todes eines Menschen, ist auf § 308 Abs. 2 zurückzugreifen, denn im Tod liegt zugleich eine schwere Gesundheitsschädigung (*Krack* MK Rdn. 15).

VII. Versuch bei § 308 Abs. 2 und 3

Sowohl bei § 308 **Abs.** 2 als auch bei § 308 **Abs.** 3 kommt Versuch in zweierlei Ausgestaltung in Betracht: Das Grunddelikt kann im Versuchsstadium steckenbleiben, aber z.B. bereits den leichtfertig verursachten Tod eines anderen zur Folge haben (sog. **erfolgsqualifizierter Versuch**)[28] oder das Grunddelikt ist vollendet und die dadurch – hier vorsätzlich – erstrebte Todesfolge bleibt aus (**versuchte Erfolgsqualifizierung**).[29] Das Grunddelikt des § 308 Abs. 1 ist Verbrechen, §§ 23 Abs. 1 1. Halbsatz, 12 Abs. 1. Der Kausalzusammenhang zwischen Herbeiführen einer Sprengstoffexplosion und einer schweren Gesundheitsschädigung oder dem Tod eines anderen knüpft, wie schon der Gesetzeswortlaut nahelegt, an die Tathandlung und nicht erst an den Erfolg an (**aA** z.B. *Ferschl*, wie Fn. 24, S. 302 ff zu § 311 Abs. 3 a.F.). Zum Versuchsbeginn siehe BGHR StGB § 22 Ansetzen 35. **21**

VIII. Strafrahmen. Minder schwere Fälle nach § 308 Abs. 4

§ 308 **Abs.** 1 droht Freiheitsstrafe von einem bis zu fünfzehn Jahren an. Bei § 308 **22**
Abs. 2 ist die Mindestfreiheitsstrafe auf zwei Jahre erhöht. § **308 Abs.** 3 sieht lebenslange Freiheitsstrafe oder Freiheitsstrafe nicht unter zehn Jahren vor und deckt sich damit bei der Strafandrohung mit § 306c und § 307 Abs. 3 Nr. 1. Bei § **308 Abs.** 5 **und 6** mit Strafrahmen von Freiheitsstrafe bis zu fünf Jahren oder Geldstrafe und Freiheitsstrafe bis zu drei Jahren oder Geldstrafe geht es dem entsprechend um Vergehen, § 12 Abs. 2. Für **minder schwere Fälle** von Absatz 1 und Absatz 2 sind in § **308 Abs. 4** mildere Strafrahmen vorgegeben – Freiheitsstrafe von sechs Monaten bis zu fünf Jahren einerseits, was die Anwendung von § 47 ausschließt, und Freiheitsstrafe von einem Jahr bis zu zehn Jahren andererseits –; für § 308 Abs. 3 gilt dies nicht.

---

[28] Ein Beispiel wäre: Ein Haus soll durch eine Gasexplosion zum Einsturz gebracht werden. Der Täter löst dazu die im Keller gelegene Hauptgasleitung von dem weiterführenden Rohrnetz. Das sich im Keller ausbreitende Gas explodiert jedoch trotz vorhandener Zündquelle nicht, weil der Sauerstoffanteil des Luft/Gasgemischs zu gering ist. Der hinzu gerufene und im Keller nach der Schadensursache suchende, ahnungslose Hausmeister stirbt jedoch durch Gaseinwirkung an einer Vergiftung. **Gegen** die Möglichkeit eines erfolgsqualifizierten Versuchs *Hardtung* (u.a.) MK § 18 Rdn. 70 ff; *Krack* MK Rdn. 16.

[29] BGHSt **48** 147 ff (dort auch zum Rücktritt vom Versuch). Siehe dazu ergänzend: *Jakobs* JZ **2003** 743 ff; *Neubacher* NStZ **2003** 576 ff; *Puppe* NStZ **2003** 309 f; *Zwiehoff* StV **2003** 631 ff. Zum vorangegangenen Anfrageverfahren vgl. BGH NJW **2002** 3719 f und BGH NJW **2002** 3720 sowie *Beckekemper* JA **2003** 277 ff.

23 Ein **minder schwerer Fall** eines Delikts nach § 308 Abs. 1 kommt in Betracht, wenn nur Sachwerte von nicht besonders hohem Wert gefährdet werden (vgl. BGH StV **1995** 408). Auch die Verwendung einer geringen Menge eines Explosivstoffs – im entschiedenen Fall ca. 40 Gramm Schwarzpulver in einem Sprengkörper – kann einen minder schweren Fall nahelegen (BGH, Beschl. v. 16. März 1982 – 1 StR 684/81). Bei § 308 Abs. 2 sind minder schwere Fälle schwerer vorstellbar; der herabgesetzte Strafrahmen mag anwendbar sein, wenn z.B. die schwere Gesundheitsschädigung des Opfers im wesentlichen auf einer Verkettung unglücklicher Umstände beruht oder ein erhebliches Eigenverschulden des zu Schaden Gekommenen mitgewirkt hat. Auch bei einer Gesundheitsschädigung einer großen Zahl von Menschen durch eine Sprengstoffexplosion sind minder schwere Fälle wohl nur ganz ausnahmsweise in Erwägung zu ziehen.

IX. Konkurrenzen

24 § 308 Abs. 5 tritt hinter § 308 Abs. 1 zurück (Spezialität). § 308 Abs. 3 verdrängt als spezielleres Delikt § 308 Abs. 2, bei vorsätzlicher Todesverursachung auch § 308 Abs. 1 und bei leichtfertiger Todesverursachung § 222,[30] vorausgesetzt es besteht Opferidentität; andernfalls kommt Tateinheit in Betracht (BGH NJW **1979** 663). Bei gewolltem Tod kann zwischen § 308 Abs. 3 und Mord oder Totschlag **Tateinheit** bestehen;[31] ebenso zwischen § 308 Abs. 3 und fahrlässiger Tötung, wenn die Explosion mehrere Opfer gefordert hat und dem Täter nicht für alle Leichtfertigkeit, jedoch Fahrlässigkeit nachgewiesen werden kann. Tateinheit besteht zwischen § 308 Abs. 1 und Körperverletzungsdelikten, wenn die Voraussetzungen von § 308 Abs. 2 nicht gegeben sind;[32] bei fahrlässiger Körperverletzung auch mit § 308 Abs. 5 und 6.

25 Tateinheit kann weiter bestehen zwischen § 308 und §§ 303 ff[33] sowie § 308 und den Brandstiftungsdelikten, wenn die Explosion zu einem Brand führt.[34] § 308 und § 307 schließen sich gegenseitig aus.[35]

---

30 *Krack* MK Rdn. 24; *Sch/Schröder/Cramer/Heine* Rdn. 17; vgl. auch *Wolters/Horn* SK Rdn. 23.

31 BGHSt **28** 355 f; **34** 329, 331; **46** 266 ff; **48** 147 ff; BGH NStZ-RR **1996** 321; BGH NStZ-RR **1998** 267; BGH StV **2003** 540 ff; BGH NStZ **2005** 35 f m. Anm. *Schroeder* S. 153 (den La Belle-Anschlag betreffend); *Fischer* Rdn. 12; *Herzog* NK Rdn. 14; *Krack* MK Rdn. 24; *Sch/Schröder/Cramer/Heine* Rdn. 17; *Wolters/Horn* SK Rdn. 12; *Maurach/Schroeder/Maiwald* BT/2 § 50 Rdn. 12, § 52 Rdn. 12.

32 BGH NJW **1990** 584, 586; *Fischer* Rdn. 12; *Herzog* NK Rdn. 14; *Krack* MK Rdn. 24; *Wolters/Horn* SK Rdn. 12; *Maurach/Schroeder/Maiwald* BT/2 § 50 Rdn. 12, § 52 Rdn. 12.

33 BGHR StGB § 25 Abs. 2 Mittäter 28; *Fischer* Rdn. 12; *Herzog* NK Rdn. 14; *Sch/Schröder/Cramer/Heine* Rdn. 17; *Wolters/Horn* SK Rdn. 12; **aA** *Rotsch/Sahan* JZ **2005** 205 (Spezialität von § 308).

34 BGHSt **20** 230, 231; BGH bei Holtz MDR **1984** 979, 982; BGH NStZ **2003** 253 f; BGH NStZ **2004** 614 f; *Fischer* Rdn. 12; *Sch/Schröder/Cramer/Heine* Rdn. 17; *Wolters/Horn* SK Rdn. 12; *Maurach/Schroeder/Maiwald* BT/2 § 52 Rdn. 12; **aM** *Krack* MK Rdn. 25 (Subsidiarität von § 308 gegenüber vollendeten Brandstiftungsdelikten).

35 *Krack* MK § 307 Rdn. 7; *Lackner/Kühl* § 307 Rdn. 6; *Wolters/Horn* SK § 307 Rdn. 7. Nach *Fischer* § 307 Rdn. 9 ist § 307 lex specialis gegenüber § 308; ebenso *Herzog* NK § 307 Rdn. 12; *Kindhäuser* LPK § 307 Rdn. 9; *Sch/Schröder/Cramer/Heine* § 307 Rdn. 16.

Tateinheit kann schließlich zwischen § 308 und schwerer räuberischer Erpressung nach §§ 255, 250,[36] zwischen § 308 und Betrug nach § 263 (BGH NJW **1990** 584 ff) und zwischen § 308 und einem Verbrechen nach § 129a (BGH StV **2006** 627 ff; BGH NStZ **2006** 714 f) bestehen. Auch mit § 22a Abs. 1 Nr. 6a KrWaffG (BGHR StGB § 25 Abs. 2 Mittäter 28) und § 20a Abs. 1 Nr. 1 KrWaffG kommt Tateinheit in Frage. Ergänzend sei auf die Straf- und Bußgeldvorschriften von §§ 40 bis 42 SprengG hingewiesen. **26**

X. Tätige Reue. Führungsaufsicht. Einziehung

Zu **tätiger Reue** vgl. § 314a Abs. 2 Nr. 2b, Abs. 3 Nr. 1b, Abs. 4; zu **Führungsaufsicht** § 312 und zu **Einziehung** § 322. **27**

XI. Recht des Einigungsvertrages

Zum **Recht des Einigungsvertrages** wird auf *Wolff* LK[11] § 311 Rdn. 14 f verwiesen. **28**

XII. Sonstiges

Straftaten nach § 308 Abs. 1 bis 4 gehören zu den Delikten, die ohne Rücksicht auf Tatort, Recht des Tatorts und Staatsangehörigkeit des Täters und des Opfers dem deutschen Strafrecht unterliegen, *§ 6 Nr. 2* (vgl. dazu *Werle/Jeßberger* LK § 6 Rdn. 40 ff). Eine Straftat nach § 308 Abs. 1 bis 4 kann Anlass bieten, das Delikt der Bildung einer terroristischen Vereinigung zu prüfen, § 129a Abs. 2 Nr. 2; vgl. auch § 129b (vgl. BGHSt 52 98 ff; siehe ergänzend *Wolff* LK § 303b Rdn. 41). Die Nichtanzeige einer geplanten Straftat nach § 308 Abs. 1 bis 4 unterfällt *§ 138 Abs. 1 Nr. 8*. Das Internationale Übereinkommen vom 15. Dezember 1997 zur Bekämpfung terroristischer Bombenanschläge, das für die Bundesrepublik Deutschland aufgrund Zustimmungsgesetzes vom 5. Oktober 2002 – BGBl. II 2505 – seit dem 12. Oktober 2002 gilt (vgl. dazu auch BTDrucks. 14/9198), hat keinen Anlass gegeben, § 308 zu ändern. – Zur Nebenklagebefugnis bei jugendlichen Beschuldigten siehe *Wolff* LK § 303b Rdn. 37. **29**

§ 309
Mißbrauch ionisierender Strahlen

(1) Wer in der Absicht, die Gesundheit eines anderen Menschen zu schädigen, es unternimmt, ihn einer ionisierenden Strahlung auszusetzen, die dessen Gesundheit zu schädigen geeignet ist, wird mit Freiheitsstrafe von einem Jahr bis zu zehn Jahren bestraft.

(2) Unternimmt es der Täter, eine unübersehbare Zahl von Menschen einer solchen Strahlung auszusetzen, so ist die Strafe Freiheitsstrafe nicht unter fünf Jahren.

---

[36] BGHSt **41** 368 ff = NStZ **1996** 429 m. Anm. *Beneke/Satzger* = JR **1996** 511 m. Anm. *Puppe* (Fälle Dagobert); siehe dazu ergänzend *Mommsen* NJW **1999** 982 ff.

(3) Verursacht der Täter in den Fällen des Absatzes 1 durch die Tat eine schwere Gesundheitsschädigung eines anderen Menschen oder eine Gesundheitsschädigung einer großen Zahl von Menschen, so ist auf Freiheitsstrafe nicht unter zwei Jahren zu erkennen.

(4) Verursacht der Täter durch die Tat wenigstens leichtfertig den Tod eines anderen Menschen, so ist die Strafe lebenslange Freiheitsstrafe oder Freiheitsstrafe nicht unter zehn Jahren.

(5) In minder schweren Fällen des Absatzes 1 ist auf Freiheitsstrafe von sechs Monaten bis zu fünf Jahren, in minder schweren Fällen des Absatzes 3 auf Freiheitsstrafe von einem Jahr bis zu zehn Jahren zu erkennen.

(6) Wer in der Absicht,

1. die Brauchbarkeit einer fremden Sache von bedeutendem Wert zu beeinträchtigen,
2. nachhaltig ein Gewässer, die Luft oder den Boden nachteilig zu verändern oder
3. ihm nicht gehörende Tiere oder Pflanzen von bedeutendem Wert zu schädigen, die Sache, das Gewässer, die Luft, den Boden, die Tiere oder Pflanzen einer ionisierenden Strahlung aussetzt, die geeignet ist, solche Beeinträchtigungen, Veränderungen oder Schäden hervorzurufen,

wird mit Freiheitsstrafe bis zu fünf Jahren oder mit Geldstrafe bestraft. Der Versuch ist strafbar.

Schrifttum

Bayer in Schlüchter (Hrsgin.) Bochumer Erläuterungen zum 6. Strafrechtsreformgesetz (1998); *Fischerhof* Deutsches Atomgesetz und Strahlenschutzrecht Bd. I[2] (1978); *Hoyer* Die Eignungsdelikte (1987); *Reinhardt* Der strafrechtliche Schutz vor den Gefahren der Kernenergie und den schädlichen Wirkungen ionisierender Strahlen (1989); *Sack* Umweltschutzstrafrecht[5] (Stand: Juni 2007) A 1.6.

Entstehungsgeschichte

Die Bestimmung war durch Art. 19 Nr. 171 EGStGB 1974 – BGBl. I 469, 494 – anstelle des zuvor geltenden § 311a, der unter Erweiterung zu § 311b, jetzt in § 314a aufgegangen, wurde, in das StGB eingefügt worden. Die Vorschrift entsprach weitgehend § 41 AtomG a.F., der zugleich aufgehoben wurde (Art. 192 EGStGB 1974). Dabei wurde im wesentlichen die Fassung geändert (vgl. Begründung zum E EGStGB BTDrucks. 7/550 S. 2640). Der Grund für die Einstellung in das StGB entspricht dem bei § 307 (vgl. *Wolff* LK § 307 Entstehungsgeschichte). Die Übernahme als § 324 in das StGB war ebenfalls bereits im E 1962 vorgesehen (siehe dazu die Begründung BTDrucks. IV/650 S. 502).

Durch Art. 1 Nr. 80 des am 1. April 1998 in Kraft getretenen 6. StrRG vom 26. Januar 1998 – BGBl. I 164, 182 (vgl. zu diesem Gesetz auch *Wolff* LK § 306 Entstehungsgeschichte) ist § 311a zu § 309 geworden. Dabei deckt sich § 309 Abs. 1 mit § 311a Abs. 1 S. 1 a.F., Absatz 2 mit § 311a Abs. 2 a.F., in Absatz 6 war § 311a Abs. 4 a.F. übernommen. Ziel des Entwurfs war es, die Vorschrift zu vereinfachen und insbesondere der Systematik von § 308 anzupassen (Regierungsentwurf BTDrucks. 13/8587 S. 12, 50). Die im Gesetzgebungsverfahren bei § 308 erfolgten Änderungen (vgl. *Wolff* LK § 308 Entstehungsgeschichte) sind auf § 309 übertragen worden (Beschlussempfehlung des Rechtsausschusses des Bundestags BTDrucks. 13/8991 S. 25; Bericht dazu BTDrucks. 13/9064 S. 11 f, 15). Auf diese Weise ist nicht nur Absatz 4, sondern auch Absatz 3 als Qualifikationstatbestand eingefügt worden. Absatz 5 ersetzt § 311a Abs. 1 S. 2 a.F.

Durch Art. 1 Nr. 1 des am 31. Oktober 2007 verkündeten und am folgenden Tag in Kraft getretenen Gesetzes zur Umsetzung des VN-Übereinkommens vom 13. April 2005 zur Bekämpfung nuklearterroristischer Handlungen (BGBl. I 2523) ist Absatz 6 erweitert worden. Mit diesem Gesetz soll das erwähnte VN-Übereinkommen in das nationale Recht umgesetzt werden (vgl. Gesetzentwurf der Bundesregierung vom 11. Mai 2007 – BTDrucks. 16/5334 Anlage 1 S. 4 ff; Stellungnahme des Bundesrates dazu BTDrucks. 16/5334 Anlage 2 S. 8; Beschlussempfehlung und Bericht des Rechtsausschusses des Bundestags BTDrucks. 16/5936). Dem Internationalen Übereinkommen der Vereinten Nationen vom 13. April 2005 zur Bekämpfung nuklearterroristischer Handlungen, das am 15. September 2005 von der Bundesrepublik Deutschland unterzeichnet worden war, hat der Bundestag mit Gesetz vom 23. Oktober 2007 zugestimmt – BGBl. II 1586 ff. – (zum Gesetzentwurf vgl. BTDrucks. 16/53336; Beschlussempfehlung und Bericht des Rechtsausschusses des Bundestags dazu BTDrucks. 16/5935).

Übersicht

I. Allgemeines

Bei § 309 lassen sich neben den Qualifikationstatbeständen der Absätze 3 und 4 **drei Tatbestände** mit entsprechend gestufter Strafandrohung unterscheiden: In Absatz 1 ein Unternehmensdelikt, § 11 Abs. 1 Nr. 6 (vgl. dazu allgemein *Hilgendorf* LK § 11 Rdn. 81 ff), bei dem die Tathandlung in dem Unternehmen besteht, einen anderen einer ionisierenden Strahlung auszusetzen, die geeignet ist, dessen Gesundheit zu schädigen. In Absatz 2 ist statt eines Menschen eine unübersehbare Zahl von Menschen als erweitertes Angriffsobjekt eingesetzt. Absatz 6 betrifft die Schädigung fremder Sachen und von Objekten der Umwelt durch ionisierende Strahlen, wobei es sich nicht um ein Unternehmensdelikt handelt. Bei Delikten nach Absatz 6 ist auch der Versuch für strafbar erklärt; da es sich um ein Vergehen handelt, bedurfte dies ausdrücklicher Regelung. Allen drei Tatbeständen gemeinsam ist, dass der Täter in Schädigungsabsicht handeln muss. Der Gesetzgeber hat davon abgesehen, schlichten Vorsatz ausreichen zu lassen, um die wirklich strafwürdigen Fälle zu erfassen und den medizinischen und wissenschaftlichen Umgang mit ionisierenden Strahlen nicht einzuschränken (vgl. Begründung zum E 1962 BTDrucks. IV/650 S. 502 f und BGHSt **43** 346, 350). Auf eine Schädigung von Mensch oder Sache oder Umwelt kommt es nicht an. § 309 ist vielmehr – sieht man von den Absätzen 3 und 4 ab – **Gefährdungsdelikt**. Die Bestimmung erfasst das Vorfeld der Körperverletzungs- 1 delikte (Absätze 1, 2 und 3), der Tötungsdelikte (Absatz 4) und der Sachbeschädigungsdelikte und der Straftaten gegen die Umwelt (Absatz 6). Die Strafbarkeit ist also im Vergleich zu den entsprechenden Verletzungsdelikten vorverlegt; die Strafdrohung dabei gleichzeitig verschärft. Die praktische Bedeutung der Vorschrift ist gleich Null: in der polizeilichen Kriminalstatistik sind im Jahr 2003 ein Fall, 2004 zwei Fälle, von denen einer aufgeklärt worden ist, und im Jahr 2005 kein Fall erfasst; für 2007 ist wieder ein Fall aufgelistet, der unaufgeklärt geblieben ist.

II. Tathandlung bei § 309 Abs. 1 und 2

2 Tathandlung bei § 309 Abs. 1 und 2 ist das Unternehmen (Versuch und Vollendung), Menschen einer ionisierenden Strahlung auszusetzen, die deren Gesundheit zu schädigen geeignet ist.

3 1. Unter **ionisierender Strahlung**, einem deskriptiven Tatbestandsmerkmal (*Puppe* NStZ 2001 482, 484), sind zum einen alle Photonenstrahlen (elektromagnetische Wellen) und Korpuskularstrahlen zu verstehen, die bei Atomen oder Molekülen derartige Veränderungen in der Elektronenhülle hervorrufen können, dass die angeregten Teilchen im elektrischen Feld wandern (Ionisation). Daneben aber auch Strahlen, die – wie Neutronenstrahlen – zu Kernreaktionen führen (Begründung zum E 1962 BTDrucks. IV/650 S. 502; vgl. auch Art. 1 Nr. 1 des Internationalen Übereinkommens zur Bekämpfung nuklearterroristischer Handlungen – BGBl. II 2007 S. 1586, 1588). Zu den physikalischen Grundlagen vgl. z.B. *Beck* Die Strahlenschutzverordnungen Bd. I (1961) S. 2 ff. Neben den durch Radioaktivität (z.B. BGHSt **39** 371, 372 – Cäsium 137 –; BGH NJW **1994** 2161 f – Cäsium 137 und Strontium 90 –) oder Kernspaltungs- und -verschmelzungsvorgänge entstehenden Alpha-, Beta-, Gamma- und Neutronenstrahlen geht es hauptsächlich um Röntgenstrahlen (BGHSt **43** 346, 347; vgl. auch Begründung zum E 1962 BTDrucks. IV/650 S. 502 und *Steindorf* LK[11] § 311d Rdn. 2 f).[1]

4 2. **Eignung zur Gesundheitsschädigung.** Die Strahlung muss geeignet sein, das oder die Opfer an der Gesundheit zu schädigen. Der BGH rechnet Eignungsdelikte wie das Freisetzen ionisierender Strahlen nach § 311 zu den **abstrakt-konkreten oder potentiellen Gefährdungsdelikten** und sieht sie – zu Recht – als Unterfall der abstrakten Gefährdungsdelikte an.[2] Es reicht danach – im Rahmen des § 311 – aus, dass es bei genereller

---

[1] Für Röntgenstrahlen vgl. ergänzend die Röntgenverordnung vom 8. Januar 1987 – BGBl. I 114 – in der Fassung vom 30. April 2003 – BGBl. I 604 –; sowie auch *Wagner* NVwZ 2002 1426 ff.

[2] Vgl. BGHSt **39** 371, 372 = JR **1995** 32 m. Anm. *Geerds*; BGHSt **46** 212, 218 f; BGH NJW **1994** 2161 f; BGH NJW **1999** 2129. Siehe zu den Eignungsdelikten als abstrakten Gefährdungsdelikten allgemein u.a. auch *Walter* LK Vor § 13 Rdn. 66; *Roxin* AT I § 11 Rdn. 162 f; *Gallas* Abstrakte und konkrete Gefährdung, Festschrift Heinitz (1972) 171 ff; *Graul* Abstrakte Gefährdungsdelikte und Präsumtionen im Strafrecht (1991) 116 ff; *Satzger* NStZ **1998** 112, 113 f. *Hoyer* S. 201 z.B. sieht sie als selbständige Gruppe zwischen abstrakten und konkreten Gefährdungsdelikten an. Den konkreten Gefährdungsdelikten ordnet sie beispielsweise grundsätzlich zu *Schröder* JZ **1967** 522 ff und – teilweise abgeschwächt – ZStW **81** (1969) 718 ff. *Wolter* Objektive und personale Zurechnung von Verhalten, Gefahr und Verletzung in einem funktionalen Straftatsystem (1981) 184 ff ordnet sie als potentielle Verletzungsdelikte oder unechte Unternehmensdelikte ein, die jedenfalls keine abstrak-

Betrachtung nicht fernliegt, dass die freigesetzten Strahlen bei der gefährdeten Person oder bei den gefährdeten Personen einen nicht ganz unerheblichen pathologischen Zustand hervorrufen können; einer konkreten Gefährdung bedarf es nicht.[3] Es geht bei der Eignung von ionisierenden Strahlen für eine Gesundheitsschädigung um eine nachträglich objektiv feststellbare naturwissenschaftliche Erkenntnis. In die generelle Betrachtung gehen dabei die konkreten Umstände des Einzelfalls ein; es bedarf dazu auch ausdrücklicher Feststellungen.[4] Da bei § **309 Abs. 1**, anders als bei § 311, das mögliche Opfer von vornherein bestimmt ist – die Tat muss sich gegen einen bestimmten anderen Menschen richten[5] –, daneben aber wie bei § 311 die Eignung der ionisierenden Strahlung zur Gesundheitsschädigung, und zwar dieses Menschen, konkret festgestellt werden muss,[6] bleibt hier kein Raum für eine generelle Betrachtung; bei entsprechender Schädigungseignung der Strahlung ist das gefährdete Opfer *konkret* gefährdet.[7] Gleiches gilt mindestens teilweise für *§ 309 Abs. 6.*[8] Demgegenüber lassen sich die vom BGH für § 311 entwickelten Grundsätze auf § **309 Abs. 2** übertragen, denn dort ist durch das Merkmal einer unübersehbaren Menschenzahl ein generelles Moment vorhanden.[9] Die so festzustellende Eignung wird von Strahlungsintensität und -dauer und davon abhängen, welche Organe und Körperpartien des Opfers oder der Opfer betroffen sind.[10] Glaubt der Täter irrig an eine solche Eignung, ist untauglicher Versuch anzunehmen (Begründung zum E 1962 BTDrucks. IV/650 S. 503).

3. Zur **Gesundheitsschädigung** vgl. *Lilie* LK[11] § 223 Rdn. 12 ff. Es kommen beson- 5
ders Verbrennungen, Anregung von Zellwucherungen, Missbildung bei Ungeborenen, Verlust der Zeugungsfähigkeit, aber auch Schädigung der Erbanlagen, die sich erst bei

---

ten Gefährdungsdelikte seien. Vgl. ergänzend *Zieschang* Die Gefährdungsdelikte (1998) 162 ff (das Werk ist besprochen von *Zaczyk* in ZStW **113** (2001) 192 ff).

3 Vgl. BGHSt **39** 371, 372 = JR **1995** 32 m. Anm. *Geerds*; BGHSt **46** 212, 218 = CR **2001** 260 m. Anm. *Vassilaki*; BGH NJW **1994** 2161 f. Siehe auch BGHSt **39** 381, 385; *Steindorf* LK[11] § 311d Rdn. 11.

4 BGHSt **46** 212, 218; BGH NJW **1994** 2161 f; BGH NJW **1999** 2129 f; vgl. auch *Krack* MK Rdn. 3; *Bartholme* JA **1996** 730 f; *Gallas*, wie Fn. 2, FS Heinitz, S. 171, 181; *Graul*, wie Fn. 2, S. 124 ff.

5 Nach *Fischer* Rdn. 6 kann es sich um einen beliebigen anderen Menschen handeln, der nicht vorher bestimmt sein muss.

6 *Fischer* Rdn. 4; *Lackner/Kühl* Rdn. 3; *Sch/Schröder/Cramer/Heine* Rdn. 4; *Wolters/Horn* SK Rdn. 2.

7 *Fischer* Rdn. 2 und *Sack* Rdn. 2 sehen sowohl Absatz 1 als auch Absatz 2 als abstraktes (potentielles) Gefährdungsdelikt an. Nach *Lackner/Kühl* Rdn. 1 handelt es sich bei § 309 um einen besonderen Typus des konkreten Gefährdungsdelikts; ebenso *Wolters/Horn* SK Rdn. 2, 3 und *Ostendorf* JuS **1982** 426, 427 f; auch nach *Kindhäuser* LPK Rdn. 1 normiert die Vorschrift konkrete Gefährdungsdelikte; vgl. zudem *Dölling* JR **1987** 467, 469. *Krack* MK Rdn. 5 interpretiert den Eignungsbegriff im Sinne des § 309 als generelle Kausalität. Siehe schließlich auch *Herzog* NK Rdn. 5.

8 *Wolters/Horn* SK Rdn. 2 betr. § 309 Abs. 6 a.F. Nach *Fischer* Rdn. 2 ist ein Vergehen nach Absatz 6 potentielles Gefährdungsdelikt.

9 *Blöcker* Die tätige Reue (2000) 69 rechnet § 309 Abs. 2 zu den konkreten Gefährdungsdelikten. Nach *Arzt/Weber* BT § 37 Rdn. 76 geht es dabei um echte Gemeingefährlichkeit.

10 Die Ermächtigungsnorm für Schutzmaßnahmen gegen ionisierende Strahlen findet sich in § 12 AtomG in der Fassung vom 15. Juli 1985 – BGBl. I 1565 –, zuletzt geändert durch Verordnung vom 31. Oktober 2006 – BGBl. I 2407, 2426 –. Der Ausfüllung dient insbesondere die Strahlenschutzverordnung vom 20. Juli 2001 – BGBl. I 1714, berichtigt BGBl. I 2002 S. 1459, zuletzt geändert durch Gesetz vom 1. September 2005 – BGBl. I 2653, 2658 –; vgl. dazu *Wagner* NVwZ **2002** 168 ff.

Nachkommen auswirkt, in Betracht.[11] Die mögliche Gesundheitsschädigung muss unmittelbare Folge der Einwirkung ionisierender Strahlen sein.[12] Der mögliche pathologische Körperzustand muss allerdings nicht von Dauer sein (*Sack* Rdn. 7). Eine Gesundheitsschädigung braucht nicht eingetreten zu sein. Praktisch bedeutet dies eine nicht unwichtige Beweiserleichterung.

6 **4. Einer ionisierenden Strahlung aussetzen.** Der Begriff **aussetzen** bedeutet jedes (nicht notwendig eigenhändiges) Handeln oder Unterlassen mit der Folge, dass mindestens ein Mensch von ionisierender Strahlung getroffen wird.[13] Das kann auch durch Einatmenlassen von mit Radionukliden durchsetzten Baustaub geschehen (vgl. OLG Bamberg MDR **1992** 687 f).

III. Geschädigte nach Absatz 1 und 2

7 Während es bei **Absatz 1** genügt, wenn **ein Mensch**, der allerdings nicht Mittäter oder Tatbeteiligter sein darf,[14] der ionisierenden Strahlung ausgesetzt wird, muss es bei **Absatz 2 eine unübersehbare Zahl von Menschen** sein. Das ist eine Einschränkung gegenüber dem § 41 AtomG a.F., der von einer Vielzahl von Menschen sprach. Der Gesetzgeber wollte mit der Änderung einer möglichen Massengefährdung begegnen. Mit dem Begriff unübersehbar ist nach den Materialien gemeint: „daß die Zahl der gefährdeten Menschen so groß sein muß, daß sie auch für den objektiven Betrachter nicht ohne weiteres übersehbar, also in ihrer ungefähren Zahl zu bestimmen ist" (Begründung zum E 1962 BTDrucks. IV/650 S. 503). Das ist mit der Festlegung einer Mindestzahl nicht zu vereinbaren.

IV. Tathandlung und Tatobjekte nach § 309 Abs. 6

8 **1. Allgemeines.** Während § 309 Abs. 6 in der bisher geltenden Fassung allein fremde Sachen vor möglichen Beeinträchtigungen durch ionisierende Strahlung schützen wollte, bezieht die Neufassung auch Umweltgefährdungen aufgrund des Missbrauchs ionisierender Strahlen ein. Hintergrund der Erweiterung ist, dass Art. 5a) des Internationalen Übereinkommens der Vereinten Nationen zur Bekämpfung nuklearterroristischer Hand-

---

[11] Zu letzterem ebenso *Fischer* Rdn. 4; *Herzog* NK Rdn. 6; *Krack* MK Rdn. 4; *Sch/Schröder/Cramer/Heine* Rdn. 5; *Fischerhof* § 41 AtomG a.F./§ 311a Rdn. 3; *Sack* Rdn. 7; **ablehnend** *Mattern/Raisch* AtomG § 41 Rdn. 8. Zu den Auswirkungen von Gammastrahlen auf den menschlichen Organismus vgl. BGHSt **43** 306, 308 f = NStZ **1999** 132 m. Anm. *Wolfslast*; siehe zu dieser Entscheidung auch *Jerouschek* JuS **1999** 746 ff; zu gesundheitsschädlichen Folgen von Röntgenstrahlen vgl. BGHSt **43** 346, 353 ff = NStZ **1999** 132 m. Anm. *Wolfslast* = JR **1998** 520 m. Anm. *Rigizahn* = MedR **1998** 326 m. Anm. *Jung/Wigge* sowie zu dieser Entscheidung auch *Götz/Hinrichs/Seibert/Sommer* MedR **1998** 505 ff.

[12] *Sch/Schröder/Cramer/Heine* Rdn. 5; *Fischerhof* § 41 AtomG a.F./§ 311a Rdn. 2.

[13] *Fischer* Rdn. 6; *Herzog* NK Rdn. 7; *Kindhäuser* LPK Rdn. 4; *Krack* MK Rdn. 3; *Lackner/Kühl* Rdn. 2; *Sch/Schröder/Cramer/Heine* Rdn. 5a; *Wolters/Horn* SK Rdn. 3; *Sack* Rdn. 6. Vgl. auch BGHSt **43** 346, 350.

[14] *Fischer* Rdn. 6; *Fischerhof* § 41 AtomG a.F. § 311a Rdn. 1; *Herzog* NK Rdn. 5; *Kindhäuser* LPK Rdn. 4; vgl. ergänzend *Wolff* LK § 306a Rdn. 29; **aA** *Wolters/Horn* SK Rdn. 3 in Verbindung mit Rdn. 9 Vor § 306.

lungen vom 13. April 2005 die Vertragsstaaten verpflichtet, u.a. als Straftat nach innerstaatlichem Recht einzustufen: „wer widerrechtlich und vorsätzlich radioaktives Material besitzt oder eine Vorrichtung – i.e. ein Kernsprengkörper oder eine zur Herbeiführung schwerer Schäden geeignete Vorrichtung, die zur Verbreitung von radioaktivem Material dient oder Strahlung emittiert – anfertigt oder besitzt und … beabsichtigt, bedeutende Sach- oder Umweltschäden zu verursachen“ bzw. radioaktives Material oder eine Vorrichtung entsprechend verwendet (Art. 2 Abs. 1a) ii), b) ii) des erwähnten Übereinkommens in der amtlichen deutschen Übersetzung – BGBl. II 2007 S. 1587, 1590 f sowie Denkschrift dazu BTDrucks. 16/5336 S. 23, 24).

2. **Tathandlung** ist, dass der Täter Sachen oder ein Gewässer, die Luft, den Boden oder Tiere oder Pflanzen einer ionisierenden Strahlung aussetzt (Gesetzentwurfsbegründung BTDrucks. 16/5334 S. 6). Die Strahlung (vgl. Rdn. 3) muss vergleichbar dem Sinn von Rdn. 4[15] **geeignet** sein, bestimmte Schäden herbeizuführen (BTDrucks. 16/5334 S. 6), nämlich Sachen von bedeutendem Wert zu beeinträchtigen (Nummer 1) oder ein Gewässer, die Luft oder den Boden nachhaltig nachteilig zu verändern (Nummer 2) oder Tiere oder Pflanzen von bedeutendem Wert zu schädigen (Nummer 3). Es handelt sich, anders als § 309 Abs. 1 nicht um ein Unternehmensdelikt. Jedoch ist der Versuch nach § 309 Abs. 6 S. 2 unter Strafe gestellt. Mit der Beeinträchtigung der Brauchbarkeit einer Sache ist deren Beschädigen im Sinne von § 303 Abs. 1 gemeint;[16] darunter fällt auch, dass die Sache radioaktiv verseucht wird und deshalb nicht mehr ohne Gefahren für die menschliche Gesundheit benutzt werden kann.[17] Die Eignung zu nachhaltiger und nachteiliger Veränderung von Gewässern, Luft oder Boden sowie die Eignung zur Schädigung von Tieren und Pflanzen orientieren sich an Formulierungen in verschiedenen umweltstrafrechtlichen Vorschriften (BTDrucks. 16/5334 S. 6) und sind hier nicht anders auszulegen als dort.[18] Zu Nummer 2 sei hervorgehoben, dass mit dem Begriff „nachhaltig“ zum Ausdruck gebracht werden soll, dass die Veränderung der Luft usw., die im Übrigen nicht Verunreinigung sein muss (Verunreinigung wäre auch nur ein Unterfall einer nachteiligen Veränderung), vielleicht nicht einmal sein kann, einen erheblichen Umfang haben und für längere Zeit erfolgen muss (BTDrucks. 16/5334 S. 6). 9

3. **Gefährdungsobjekte** des Delikts nach § 309 Abs. 6 sind: eine fremde, also nicht im Alleineigentum des Täters stehende **Sache**, natürlich auch Sachen, von – insgesamt[19] – bedeutendem Wert (Nummer 1), **Gewässer, Luft** oder **Boden** (Nummer 2)[20] oder nicht dem Täter gehörende, also auch wild lebende oder wachsende und damit herrenlose **Tiere** oder **Pflanzen** von bedeutendem Wert (Nummer 3). Soweit es um den bedeutenden Wert von Sachen geht, ist auf den Verkehrswert abzustellen; dabei ist vorausgesetzt, dass das Maß der Gefährdung dem vollen Sachwert entspricht. Die Wertgrenze sollte dabei niedriger als bei § 307 oder § 308 liegen, die bei vorsätzlichem Handeln Verbrechen 10

---

[15] *Fischer* Rdn. 5; *Sch/Schröder/Cramer/Heinrich* Rdn. 10; *Wolters/Horn* SK Rdn. 10.

[16] *Sch/Schröder/Cramer/Heine* Rdn. 10; *Fischerhof* § 41 AtomG a.F. § 311a Rdn. 16; s. dazu näher *Wolff* LK § 303 Rdn. 9 ff.

[17] *Fischer* Rdn. 5; *Herzog* NK Rdn. 9; *Krack* MK Rdn. 19; *Sch/Schröder/Cramer/Heine* Rdn. 10; *Bayer* S. 120 (Rdn. 7).

[18] Zu dem Begriff der nachteiligen Veränderung eines Gewässers vgl. *Steindorf* LK[11] § 324 Rdn. 27 ff; des Bodens *Steindorf* LK[11] § 324a Rdn. 37 ff und der Luft *Steindorf* LK[11] § 325 Rdn. 3 ff.

[19] Vgl. auch *Fischer* Rdn. 5; *Wolters/Horn* SK Rdn. 10; gegen eine Zusammenfassung vieler Sachen: *Sch/Schröder/Cramer/Heine* Rdn. 10.

[20] Zu Gewässer vgl. neben § 330d Nr. 1 *Steindorf* LK[11] § 324 Rdn. 7 ff und zu Boden *Steindorf* LK[11] § 324a Rdn. 7 ff sowie ergänzend *Steindorf* LK[11] § 326 Rdn. 94.

sind, und mit Rücksicht auf den gleichen Strafrahmen an dem bedeutenden Wert der gefährdeten Sache bei §§ 315b und c ausgerichtet werden.[21] Bei Tieren und Pflanzen kann nicht allein auf den Verkehrswert abgestellt werden, denn ein solcher wird sich häufig gar nicht feststellen lassen. Vielmehr sind dafür wie bei den Umweltdelikten auch sonst neben denkbaren wirtschaftlichen Gesichtspunkten ökologische oder historische Allgemein- oder Individualinteressen zu berücksichtigen (vgl. *Steindorf* LK[11] § 325 Rdn. 11, 13 sowie *Fischer* Rdn. 5).

V. Subjektive Tatbestandsmerkmale: Vorsatz und Absicht

11 Subjektiv ist bei **Absätzen 1, 2 und 6 Vorsatz** erforderlich. Dieser hat sich auf die Eignung der ionisierenden Strahlung, Schäden oder nachhaltige und nachteilige Veränderungen bei Menschen, Sachen oder der Umwelt hervorzurufen, zu erstrecken. Bedingter Vorsatz genügt. Hinzu kommen muss die **Absicht**, entsprechende bedeutsame Schäden oder Veränderungen bei den einzelnen Tatobjekten zu erzielen. Dies gilt auch für Absatz 2, der in Zusammenhang mit Absatz 1 zu lesen ist (Begründung zum E 1962 BTDrucks. IV/650 S. 502). Dabei braucht sich bei Absatz 2 die Absicht nicht auf die Schädigung einer unübersehbaren Zahl von Menschen zu richten (Begründung zum E 1962 BTDrucks. IV/650 S. 502; anders noch Begründung zu § 324 E 1960); Wortlaut und Sinn der Vorschrift bieten für eine solche Einengung keinen hinreichenden Anhalt. Vielmehr genügt die Absicht, einen oder wenige Menschen an ihrer Gesundheit zu schädigen.[22] Absicht liegt vor, wenn es dem Täter darauf ankommt, diesen angestrebten Erfolg zu erreichen, ohne dass dies sein Endziel sein muss.

VI. Rechtfertigung

12 **Einwilligung** als Rechtfertigungsgrund kommt nur bei § 309 Abs. 1 und § 309 Abs. 6 Nr. 1 und Nr. 3 bei fremden Tieren und Pflanzen in Betracht (vgl. auch Rdn. 4). Für weitere denkbare Rechtfertigungsgründe gelten die Ausführungen bei *Wolff* LK § 307 Rdn. 6 sinngemäß.

VII. Der Qualifikationstatbestand des § 309 Abs. 3

13 In § 309 Abs. 3 wird eine Tat nach Absatz 1 – der Versuch ist eingeschlossen[23] – dadurch qualifiziert, dass der Täter durch den entsprechenden Missbrauch ionisierender Strahlen wenigstens fahrlässig, § 18, entweder die schwere Gesundheitsschädigung eines

---

[21] *Fischer* Rdn. 5 verweist auf § 316; *Lackner/Kühl* Rdn. 3 verweisen auf § 315c. *Sch/Schröder/Cramer/Heine* Rdn. 10 in Verbindung mit Rdn. 14 ff Vor §§ 306 ff nehmen im wesentlichen auf §§ 315 ff Bezug. *Sack* Rdn. 10 in Verbindung mit A 1.20 Rdn. 80 spricht sich für einen Mindestwert von etwa 1000 Euro aus. *Krack* MK Rdn. 19 in Verbindung mit § 308 Rdn. 9 plädiert für eine Wertgrenze von 5000 Euro.

[22] *Herzog* NK Rdn. 10; *Kindhäuser* LPK Rdn. 7; *Krack* MK Rdn. 10; *Lackner/Kühl* Rdn. 4; *Sch/Schröder/Cramer/Heine* Rdn. 8; *Wolters/Horn* SK Rdn. 7; *Sack* Rdn. 14. Kritisch *Fischer* Rdn. 8.

[23] Materielle Vollendung des Grunddelikts verlangen *Hardtung* (u.a.) MK § 18 Rdn. 8 Fn. 12; *Krack* MK Rdn. 12.

anderen oder eine – nicht notwendig schwere – Gesundheitsschädigung einer großen Zahl von Menschen herbeiführt. Die Regelung gleicht § 306b Abs. 1 und § 308 Abs. 2. Für § 309 Abs. 2 hat § 309 Abs. 3 keine unmittelbare Bedeutung; als Strafzumessungserwägung ist es jedoch erheblich, wenn der Täter eine unübersehbare Zahl von Menschen einer ionisierenden Strahlung aussetzen wollte.

1. **ObjektiverTatbestand.** Objektiv ist es danach nötig, dass der Täter es unternimmt, einen anderen Menschen einer ionisierenden Strahlung auszusetzen (teilweise abweichend *Krack* MK Rdn. 17). Dazu kann auf die Bemerkungen unter Rdn. 2 ff verwiesen werden. Als qualifizierendes Moment muss hinzutreten entweder die **schwere Gesundheitsschädigung eines einzelnen anderen Menschen** oder eine **einfache Gesundheitsschädigung einer großen Zahl von Menschen.** Dafür lassen sich die Erwägungen zu § 308 Abs. 2, insbesondere auch zur Eingrenzung des Begriffs einer großen Zahl von Menschen (s. *Nagel* Jura **2001** 588, 590), ohne Einschränkung übertragen. Die Tatbestände ähneln sich von Angriffs-, Gefährdungs- und Schutzrichtung her dafür ausreichend. Daher wird insoweit auf *Wolff* LK § 308 Rdn. 16 Bezug genommen. Auch hier sind Mittäter und Tatbeteiligte nicht mit in den Schutzbereich der Vorschrift einzubeziehen.[24] Geschützt sind jedoch die Personen, die sich in dem Ausbreitungsbereich der zur Schädigung geeigneten ionisierenden Strahlung bei deren Auftreten aufgehalten haben oder z.B. zu Rettungsmaßnahmen, aber auch aus Unwissenheit wegen der Nichterkennbarkeit der Gefahr hineingeraten (vgl. *Wolff* LK § 306c Rdn. 5). Allerdings ist die Einschränkung zu beachten, dass die Gesundheitsschädigung/en nicht nur durch die ionisierende Strahlung verursacht sein müssen, sondern sich in der Gesundheitsschädigung die mit der Strahlung verbundene spezifische Gefahr ausgewirkt haben muss.[25] 14

2. Der **subjektive Tatbestand** erfordert für das Unternehmen, einen anderen Menschen einer zu dessen Schädigung geeigneten ionisierenden Strahlung auszusetzen, **Vorsatz.** Für die Verursachung des qualifizierenden Erfolgs genügt jedoch Fahrlässigkeit, § 18.[26] Es gelten sinngemäß die gleichen Argumente wie bei § 308 Abs. 2 (vgl. *Wolff* LK § 308 Rdn. 17). Der Erfolg kann allerdings auch vorsätzlich herbeigeführt werden. Die verletzte(n) Person(en) und die Person, deren Verletzung in der Absicht des Täters lag, müssen dabei im Übrigen nicht identisch sein. Die Tat nach § 309 Abs. 3 bleibt auch bei fahrlässiger Erfolgsherbeiführung vorsätzliche Straftat, § 11 Abs. 2, an der Teilnahme möglich ist. 15

VIII. Der Qualifikationstatbestand des § 309 Abs. 4

§ 309 Abs. 4 hat als Erfolgsqualifikation für Taten nach § 309 Abs. 1 und 2,[27] die den Versuch einschließen,[28] zum Inhalt, dass der Täter durch die Tat wenigstens leichtfertig den Tod eines anderen Menschen verursacht. Sie entspricht § 306c bei den Brandstiftungsdelikten und § 307 Abs. 3 und § 308 Abs. 3 bei den Explosionsdelikten. Sie ersetzt die Regelung für besonders schwere Fälle in § 311a a.F. Von einer Differenzierung 16

---

24 Vgl. *Wolff* LK § 306a Rdn. 29.

25 *Fischer* Rdn. 10; *Sch/Schröder/Cramer/Heine* Rdn. 8a; *Wolters/Horn* SK Rdn. 14.

26 *Fischer* Rdn. 9; *Sch/Schröder/Cramer/Heine* Rdn. 8a; *Wolters/Horn* SK Rdn. 14.

27 *Fischer* Rdn. 11; *Sch/Schröder/Cramer/Heine* Rdn. 8b; *Wolters/Horn* SK Rdn. 15.

28 Materielle Vollendung des Grunddelikts verlangen *Hardtung* (u.a.) MK Rdn. 8 Fn. 12; *Krack* MK Rdn. 12.

des Strafrahmens bei Taten nach § 309 Abs. 1 und § 309 Abs. 2 als Grunddelikt hat der Gesetzgeber abgesehen.

17 1. **Objektiver Tatbestand.** Grundlage ist, dass es der Täter unternimmt, einen anderen oder eine unübersehbare Zahl von Menschen einer zur Schädigung von Menschen geeigneten ionisierenden Strahlung auszusetzen (teilweise abweichend *Krack* MK Rdn. 17). Hinzutreten muss der durch die spezifische Gefahr, die mit der einer solchen Strahlung gegenüber erfolgenden Exposition verbunden ist, verursachte Tod eines Menschen[29] außerhalb des Täter- oder Teilnehmerkreises (s. dazu Rdn. 13). Geschützt sind Personen im gleichen Umfang wie bei § 306c (vgl. *Wolff* LK § 306c Rdn. 5).

18 2. **Subjektiver Tatbestand.** Das Unternehmen, einen anderen oder eine unübersehbare Zahl von Menschen einer schädigungsgeeigneten ionisierenden Strahlung auszusetzen, verlangt **Vorsatz.** Hinzutreten muss die **Schädigungsabsicht.** Für die Verursachung des Todeserfolgs reicht **Leichtfertigkeit** aus; doch kann, wie die Gesetzesfassung deutlich macht, insoweit auch (bedingter)Vorsatz gegeben sein. Zum Begriff der Leichtfertigkeit, der ein gesteigertes Maß von Fahrlässigkeit zum Ausdruck bringt und in etwa mit grober Fahrlässigkeit gleichzusetzen ist, vgl. näher *Wolff* LK § 306c Rdn. 9. Lässt sich Leichtfertigkeit nicht, sondern nur einfache Fahrlässigkeit nachweisen, ist auf § 309 Abs. 3 zurückzugehen, denn im Tod liegt immer zugleich eine schwere Gesundheitsschädigung.

IX. Strafrahmen. Minder schwere Fälle

19 Verbrechen nach **§ 309 Abs. 1** sind mit Freiheitsstrafe von einem bis zu zehn Jahren bedroht, solche nach **§ 309 Abs. 2** mit Freiheitsstrafe nicht unter fünf Jahren. Bei Verbrechen nach **§ 309 Abs. 3** ist Freiheitsstrafe nicht unter zwei Jahren, bei Verbrechen nach **§ 309 Abs. 4** lebenslange Freiheitsstrafe oder Freiheitsstrafe nicht unter zehn Jahren vorgesehen. In minder schweren Fällen des Absatzes 1 beträgt der Strafrahmen Freiheitsstrafe von sechs Monaten bis zu fünf Jahren, was die Anwendung von § 47 ausschließt, in minder schweren Fällen des Absatzes 3 Freiheitsstrafe von einem bis zu zehn Jahren, **§ 309 Abs. 5**. Das Vergehen nach **§ 309 Abs. 6** zieht Freiheitsstrafe bis zu fünf Jahren oder Geldstrafe nach sich. Die Regelung für minder schwere Fälle hat eine Parallele in § 308 Abs. 4. Als Beispielsfälle ist an Sachverhaltsgestaltungen zu denken, in denen das Versuchsstadium nicht überschritten wird.[30]

X. Konkurrenzen

20 § 309 Abs. 2 verdrängt § 309 Abs. 1. Ebenso verdrängen Taten nach den Qualifikationstatbeständen der Absätze 3 und 4 die dahinter stehenden Grunddelikte, soweit Opferidentität besteht; andernfalls ist Tateinheit gegeben. Zwischen einem Delikt nach § 309 Abs. 6 und solchen nach § 309 Abs. 1 bis 4 kommt **Tateinheit** in Frage. Mit vorsätzlichen und fahrlässigen Körperverletzungs- und Tötungsdelikten kann gleichfalls Tateinheit bestehen, sofern die Qualifikationstatbestände der Absätze 3 und 4 § 229 und

---

29 *Fischer* Rdn. 11; *Sch/Schröder/Cramer/Heine* Rdn. 8b; *Sack* Rdn. 8c.

30 *Sch/Schröder/Cramer/Heine* Rdn. 8c; *Wolters/Horn* SK Rdn. 5 in Verbindung mit § 308 Rdn. 11.

§ 222 nicht verdrängen.[31] Tateinheit kommt weiter mit Sachbeschädigungsdelikten in Betracht.[32] Auch mit § 129a ist Tateinheit möglich. Für das Verhältnis zu den weiteren gemeingefährlichen Delikten siehe jeweils dort.

XI. Tätige Reue. Führungsaufsicht. Einziehung

Zur **tätigen Reue** siehe bei § 314a Abs. 1 und Abs. 2 Nr. 1 und 2; zur **Führungsaufsicht** bei § 321 und zur **Einziehung** bei § 322. 21

XII. Sonstiges

Delikte nach § 309 Abs. 2 unterliegen ohne Rücksicht auf Tatort, Recht des Tatorts und Staatsangehörigkeit von Täter und Opfer dem deutschen Strafrecht, *§ 6 Nr. 2* (vgl. dazu *Werle/Jeßberger* LK § 6 Rdn. 40 ff). Zum Erfolgsort im Sinne von *§ 9 Abs. 1 3. Variante* einer im Ausland begangenen Straftat nach § 309 vgl. BGHSt **46** 212, 220 f.[33] § 309 wird ergänzt durch *§ 328 Abs. 1 Nr. 2*. Ein Verbrechen nach § 309 Abs. 1 bis 5 kann Anlass bieten, das Delikt einer terroristischen Vereinigung nach *§ 129a Abs. 2 Nr. 2* zu prüfen; vgl. auch § 129b (vgl. BGHSt **52** 98 ff und ergänzend *Wolff* LK § 303b Rdn. 41). Die Nichtanzeige einer geplanten Straftat nach § 309 Abs. 1 bis 5 unterfällt *§ 138 Abs. 1 Nr. 8*. Zur Zuständigkeit siehe *§§ 74 Abs. 2 S. 1 Nr. 19, 120 Abs. 2 Nr. 3 GVG*. 22

§ 310
Vorbereitung eines Explosions- oder Strahlungsverbrechens

(1) Wer zur Vorbereitung
1. **eines bestimmten Unternehmens im Sinne des § 307 Abs. 1 oder des § 309 Abs. 2,**
2. **einer Straftat nach § 308 Abs. 1, die durch Sprengstoff begangen werden soll,**
3. **einer Straftat nach § 309 Abs. 1 oder**
4. **einer Straftat nach § 309 Abs. 6**

Kernbrennstoffe, sonstige radioaktive Stoffe, Sprengstoffe oder die zur Ausführung der Tat erforderlichen besonderen Vorrichtungen herstellt, sich oder einem anderen verschafft, verwahrt oder einem anderen überläßt, wird in den Fällen der Nummer 1 mit Freiheitsstrafe von einem Jahr bis zu zehn Jahren, in den Fällen der Nummer 2 und der Nummer 3 mit Freiheitsstrafe von sechs Monaten bis zu fünf Jahren, in den Fällen der Nummer 4 mit Freiheitsstrafe bis zu drei Jahren oder mit Geldstrafe bestraft.

---

31 *Fischer* Rdn. 16; *Herzog* NK Rdn. 14; *Kindhäuser* LPK Rdn. 9; *Krack* MK Rdn. 21; *Sch/Schröder/Cramer/Heinrich* Rdn. 16; *Wolters/Horn* SK Rdn. 6, 9, 16.

32 *Fischer* Rdn. 16; *Herzog* NK Rdn. 14; *Kindhäuser* Rdn. 9; *Krack* MK Rdn. 21; *Sch/Schröder/Cramer/Heinrich* Rdn. 16; *Wolters/Horn* SK Rdn. Rdn. 13; *Fischerhof* § 41 AtomG a.F. § 311a Rdn. 22; **aA** für § 303 *Dalcke/Fuhrmann/Schäfer* B II 16 § 41 AtomG Anm. 5. Die von mir in LK[11] § 311a Rdn. 12 vertretene Auffassung, § 303 trete hinter § 311a Abs. 4 – jetzt § 309 Abs. 6 – zurück, gebe ich auf.

33 Die Entscheidung BGHSt **46** 212 ff ist u.a. auch veröffentlicht in JR **2001** 429 m. Anm. *Jeßberger* und in StV **2001** 395 m. Anm. *Kudlich*. Siehe zu dieser Entscheidung auch *Koch* JuS **2002** 123 f.

(2) In minder schweren Fällen des Absatzes 1 Nr. 1 ist die Strafe Freiheitsstrafe von sechs Monaten bis zu fünf Jahren.

(3) In den Fällen des Absatzes 1 Nr. 3 und 4 ist der Versuch strafbar.

Schrifttum

Cramer Die Neuregelung der Sprengstoffdelikte durch das 7. Strafrechtsänderungsgesetz, NJW **1964** 1835; *Lackner* Das Siebente Strafrechtsänderungsgesetz, JZ **1964** 674; *Mattausch*/Baumann Nuklearkriminalität – Illegaler Handel mit radioaktiven Stoffen, NStZ **1994** 462; Potrykus Die Neuregelung der Sprengstoffdelikte, Die Polizei **1965** 249; *Reinhardt* Der strafrechtliche Schutz vor den Gefahren der Kernenergie und den schädlichen Wirkungen ionisierender Strahlen (1989); *Sack* Umweltschutzstrafrecht[5] (Stand: Juni 2007) A 1.7.

Entstehungsgeschichte

Die Vorschrift ist ursprünglich durch Art. 1 Nr. 1 des 7. StRÄndG vom 1. Juni 1964 (BGBl. I 337) mit der Übernahme wichtiger Sprengstoffdelikte aus dem Sprengstoffgesetz als § 311a in das StGB eingefügt worden. Sie umfasste zunächst nur Vorbereitungshandlungen zu § 311 a.F. (vgl. dazu insbesondere den Bericht des Strafrechtssonderausschusses BTDrucks. IV/2186 S. 3 f). Art. 1 Nr. 87 des 1. StrRG vom 25. Juni 1969 (BGBl. I 645) hat die Strafdrohung ermäßigt. Durch Art. 19 Nr. 172 EGStGB 1974 (BGBl. I 469, 494) ist diese Vorschrift mit § 42 AtomG a.F. zu der Bestimmung des § 311b a.F. zusammengefasst worden (vgl. Begründung zum Entwurf des EGStGB BTDrucks. 7/550 S. 265). Damit war mit nicht sehr erheblichen Abweichungen § 326 des E 1962 verwirklicht worden (s. auch Begründung dazu BTDrucks. IV/650 S. 503 f).

Durch Art. 1 Nr. 80 des 6. StrRG vom 26. Januar 1998 (BGBl. I 164, 182) ist die Vorschrift als § 310 an § 309 angeschlossen worden. Dabei hat der Absatz 1 keine sachliche Änderung erfahren, es sind lediglich die geänderten Paragraphennummern eingesetzt worden. In Absatz 2 ist die Regelung für minder schwere Fälle des § 311b Abs. 1 Nr. 2 a.F. entfallen; der Gesetzgeber hat sie als entbehrlich und zudem systemwidrig angesehen (Regierungsentwurf zum 6. StrRG BTDrucks. 13/8587 S. 13 und 50; kritisch dazu *Krack* MK Rdn. 12; *Wolters/Horn* SK Rdn. 1).

Durch Art. 1 Nr. 2 des am 31. Oktober 2007 verkündeten und am 1. November 2007 in Kraft getretenen Gesetzes zur Umsetzung des VN-Übereinkommens vom 13. April 2005 zur Bekämpfung nuklearterroristischer Handlungen (BGBl. I 2523) – vgl. dazu *Wolff* LK § 309 Entstehungsgeschichte – sind in Absatz 1 die Nummern 3 und 4 eingefügt, die Strafandrohung dafür ergänzt und Absatz 3 angefügt worden. Der Vorschlag des Bundesrates im Gesetzgebungsverfahren, die Versuchsstrafbarkeit auch auf § 310 Abs. 1 Nr. 2 auszudehnen (BTDrucks. 16/5334 Anlage 2 S. 8), ist nicht aufgegriffen worden.

Übersicht

I. Allgemeines

§ 310 bedroht **als selbständige Straftat** Vorbereitungshandlungen zu einem bestimmten Unternehmen nach § 307 Abs. 1 und § 309 Abs. 2 (Absatz 1 Nr. 1), zu Verbrechen nach § 308 Abs. 1, wenn diese durch Sprengstoff begangen werden sollen, (Nummer 2), zu Verbrechen nach § 309 Abs. 1 (Nummer 3) und zu Vergehen nach § 309 Abs. 6 (Nummer 4) mit Strafe. Dabei handelt es sich im Falle des § 310 Abs. 1 Nr. 1 um ein Verbrechen, so dass Versuch auch ohne ausdrückliche Anordnung strafbar ist.[1] Im Übrigen handelt es sich um Vergehen. Zu den Taten, deren Vorbereitung nach § 310 strafbar ist, gehören auch die Qualifikationstatbestände der §§ 307 Abs. 3 Nr. 1, § 309 Abs. 4 und § 308 Abs. 2 und 3 sowie die minder schweren Fälle nach §§ 308 Abs. 4 und § 309 Abs. 5. Die praktische Bedeutung der Vorschrift ist gering, obwohl selbst Plutonium und hoch angereichertes, waffenfähiges Uran international illegal gehandelt werden (z.B. FAZ Nr. 302 vom 29. Dezember 2006 S. 1 f; The Economist Februar 2007 S. 56 f). In der polizeilichen Kriminalstatistik sind für 2003 16 Fälle registriert, für 2004 22 Fälle bei einer Aufklärungsquote von 86, 4 Prozent, für 2005 32 Fälle bei einer Aufklärungsquote von 65, 6 Prozent und für 2007 13 Fälle bei einer Aufklärungsquote von 76,9 Prozent. 1

II. Tatgegenstände

Tatgegenstände sind Kernbrennstoffe, sonstige radioaktive Stoffe, Sprengstoffe oder die zur Ausführung der Tat erforderlichen besonderen Vorrichtungen. 2

1. **Kernbrennstoffe** sind nach der auch für § 310 geltenden (vgl. Begründung zum E 1962 BTDrucks. IV/650 S. 504) Definition in § 2 Abs. 1 S. 2 Atomgesetz:[2] Plutonium 239[3] und Plutonium 241, mit den Isotopen 235 und 233 angereichertes Uran, jeder Stoff, der einen oder mehrere der vorerwähnten Stoffe enthält und Stoffe, mit deren Hilfe in einer geeigneten Anlage (Reaktor) eine sich selbst tragende Kettenreaktion aufrechterhalten werden kann und die in einer Rechtsverordnung bestimmt werden. Der Ausdruck „mit den Isotopen 235 oder 233 angereichertes Uran“ bedeutet Uran, das die Isotope 235 oder 233 oder diese beiden Isotope in einer solchen Menge enthält, dass die 3

---

1 *Fischer* Rdn. 2 (vgl. aber auch Rdn. 6); *Herzog* NK Rdn. 13; *Krack* MK Rdn. 1, 14; *Lackner/Kühl* Rdn. 4; *Sch/Schröder/Cramer/Heine* Rdn. 9; *Wolters/Horn* SK Rdn. 8; *Sack* Rdn. 17.

2 Das Gesetz über die friedliche Verwendung der Kernenergie und den Schutz gegen ihre Gefahren (Atomgesetz) gilt derzeit in der Fassung vom 15. Juli 1985 (BGBl. I 1565), zuletzt geändert durch VO vom 31. Oktober 2006 (BGBl. I 2407, 2426). § 2 Abs. 1 Atomgesetz ziehen auch heran: *Fischer* Rdn. 4; *Herzog* NK Rdn. 4; *Kindhäuser* LPK Rdn. 2; *Krack* MK Rdn. 4; *Lackner/Kühl* Rdn. 2; *Sch/Schröder/Cramer/Heine* Rdn. 4 in Verbindung mit § 328 Rdn. 2; *Wolters/Horn* SK Rdn. 3; *Sack* Rdn. 3 in Verbindung mit A 1.20 § 328 Rdn. 12.

3 Zur praktischen Relevanz vgl. *Bartholme* JA **1996** 730 ff.

Summe der Mengen dieser beiden Isotope größer ist als die Menge des Isotops 238 multipliziert mit dem in der Natur auftretenden Verhältnis des Isotops 235 zum Isotop 238.[4]

4 **2. Sonstige radioaktive Stoffe** sind solche, die, ohne Kernbrennstoffe zu sein, spontan ionisierende Strahlen aussenden (vgl. auch § 2 Abs. 1 S. 1 Atomgesetz: grundsätzlich alle Stoffe, die ein oder mehrere Radionuklide enthalten; ähnlich Art. 1 Nr. 1 des in Fn. 4 erwähnten VN-Abkommens).[5] Zum Begriff der ionisierenden Strahlen vgl. *Wolff* LK § 309 Rdn. 3. Die radioaktiven Stoffe können natürlichen oder künstlichen Ursprungs sein.

5 **3. Sprengstoffe.** Siehe dazu *Wolff* LK § 308 Rdn. 4.[6] § 310 Abs. 1 Nr. 2 gilt jedoch nicht für sonstige Explosivstoffe im Sinne des § 308 (vgl. Begründung zum E 1962 BTDrucks. IV/650 S. 504).

6 **4. Zur Ausführung der Tat erforderliche besondere Vorrichtungen.** Das Wort „besondere“ ist im Gesetzgebungsverfahren für das 7. StRÄndG in der Text der Bestimmung gekommen und sollte eine Einengung des Tatbestandes bedeuten; man wollte allgemein verwendbares Zubehör wie eine Batterie oder einen Wecker, die erst in einen Zeitzünder eingebaut werden sollten, ausscheiden (vgl. Bericht des Strafrechtssonderausschusses BTDrucks. IV/2186 S. 3 f und Begründung zum Entwurf EGStGB 1974 BTDrucks. 7/550 S. 265). Danach sind unter besonderen Vorrichtungen jedenfalls die Gegenstände zu verstehen, die dazu erforderlich sind, um mit Kernbrennstoffen oder Sprengstoffen eine Explosion, mit sonstigen radioaktiven Stoffen die Emission von ionisierenden Strahlen herbeizuführen oder diese Vorgänge zu lenken. Bei Kernbrennstoffen und sonstigen radioaktiven Stoffen werden das alle Dinge sein, die man zur Aufbewahrung, Beförderung und zur Steuerung der Kernprozesse oder der Strahlung benötigt. Daneben sind aber auch Geräte erfasst, die der künstlichen Erzeugung ionisierender Strahlen dienen. Bei Sprengstoffen – und dies ist von größerer praktischer Bedeutung – kommen vor allem Zündvorrichtungen aller Art, aber auch eventuell notwendige besondere Transport- und Verwahrungsbehältnisse und solche Gegenstände in Betracht, die dazu benutzt werden sollen, den Sprengstoff dem in Aussicht genommenen Opfer gegenüber zu verbergen; ein Beispiel sind die besonders präparierten Briefumschläge für Briefbomben. Auszuscheiden sind allerdings im Hinblick auf die gesetzgeberischen Absichten all die Sachen, die an sich einen alltäglichen Verwendungszweck haben, wie Batterien, Wecker, Kabel, Metallröhren, solange sie noch nicht für die Durchführung einer Sprengstoffexplosion umgearbeitet sind.[7] Auch Baupläne für Sprengkörper oder Rezepturen für Sprengstoffe, wie

---

[4] Vgl. auch die etwas abweichende Begriffsbestimmung in Teil A I. der Kriegswaffenliste, Anlage zum Gesetz über die Kontrolle von Kriegswaffen, in der Fassung vom 22. November 1990 – BGBl. I 2506 – (zuletzt geändert durch Gesetz vom 11. November 2002 – BGBl. I 3970 –), nach welcher in BGHSt **38** 205 ff hochreines Tritiumgas als Kernbrennstoff eingestuft worden ist. Vgl. außerdem die Definition in Art. 1 Nr. 2 des Internationalen Übereinkommens der Vereinten Nationen vom 13. April 2005 zur Bekämpfung nuklearterroristischer Handlungen – BGBl. II 2007 S. 1586, 1588.

[5] *Fischer* Rdn. 4; *Herzog* NK Rdn. 5; *Kindhäuser* LPK Rdn. 2; *Krack* MK Rdn. 4; *Sch/Schröder/Cramer/Heine* Rdn. 4; *Wolters/Horn* SK Rdn. 3; *Sack* Rdn. 4.

[6] *Krack* MK Rdn. 5 und *Wolters/Horn* SK Rdn. 3 ziehen die – umfassendere – Begriffsdefinition von § 1 Abs. 1 SprengG (siehe zu diesem Gesetz Fn. 17) heran.

[7] Der Sache nach vergleichbare Abgrenzungen und Begriffsbestimmungen bei *Fischer* Rdn. 4; *Kindhäuser* LPK Rdn. 2; *Lackner/Kühl* Rdn. 2; *Sch/Schröder/Cramer/Heinrich* Rdn. 5; Dölling/Duttge/Rössner/*Weiler* HK Rdn. 2; *Wolters/Horn* SK Rdn. 3; *Maurach/*

sie im Internet zugänglich sind, fallen nicht unter den Begriff der besonderen Vorrichtung (*Gercke* CR **2006** 62, 66). Ob die Differenzierung in eigentliches und uneigentliches Zubehör weiterhilft (so *Cramer* NJW **1964** 1835, 1838; ebenso *Sch/Schröder/Cramer/Heine* Rdn. 5), erscheint zweifelhaft. Die vom Gesetzgeber gewählte Formulierung ist nicht besonders glücklich und wird immer Auslegungsschwierigkeiten bereiten.

III. Tathandlung

Als Tathandlung führt das Gesetz verschiedene Möglichkeiten auf: das Herstellen, das sich oder einem anderen Verschaffen, Verwahren, das einem anderen Überlassen. Damit sind auch Sachverhaltsgestaltungen erfasst, die bei Durchführung eines Explosions- oder Strahlungsverbrechens lediglich Beihilfe wären (vgl. EGMR NStZ **2007** 103, 104). Im Gegensatz zu § 311a a.F. erwähnt das Gesetz nicht mehr die Einfuhr. Der Gesetzgeber hat auch darauf verzichtet, Ausfuhr und Inverkehrbringen besonders zu erwähnen (vgl. Begründung zum E 1962 BTDrucks. IV/650 S. 504). Derartige Fälle werden bereits durch die Gesetz gewordenen Varianten abgedeckt, vgl. zudem ergänzend § 328. **7**

1. Unter **Herstellen** ist das tatsächliche, zur Gebrauchsfähigkeit führende Fertigstellen von Kernbrennstoffen, sonstigen radioaktiven Stoffen und Sprengstoffen einschließlich der notwendigen Zwischenstufen zu verstehen.[8] **8**

2. Das **Sichverschaffen** bedeutet das Bewirken eigener tatsächlicher (Mit)Verfügungsgewalt durch den Täter, wobei es nicht darauf ankommt, auf welchem Wege dies geschieht (Kauf, Tausch, Diebstahl, Hehlerei pp.).[9] **9**

3. Das **einem anderen Verschaffen** ist gegeben, wenn ein Dritter tatsächliche Verfügungsgewalt auf Veranlassung des Täters erhält.[10] **10**

4. **Einem anderen überlassen** ist der Tatgegenstand, wenn der Täter dem anderen mindestens zeitweilig die tatsächliche Verfügungsgewalt übertragen hat.[11] Das kann z.B. geschehen durch Übersenden eines Konnossements (vgl. RG GA **57** 400) oder durch Einräumen der selbständigen Verwaltung eines Sprengstofflagers (vgl. RG Rspr. **8** 538 ff; RG GA **54** 80). Das Zulassen der Wegnahme genügt (vgl. RGSt **59** 214, 216 f). **11**

Schroeder/Maiwald BT/2 § 52 Rdn. 9; *Sack* Rdn. 5. *Krack* MK Rdn. 6 will Gegenstände mit Hilfsfunktion, etwa zum Transport oder zur Tarnung, ausnehmen; dazu neigt auch *Herzog* NK Rdn. 7.

8 *Fischer* Rdn. 3; *Herzog* NK Rdn. 9; *Kindhäuser* LPK Rdn. 3; *Krack* MK Rdn. 8; *Sch/Schröder/Cramer/Heine* Rdn. 6; *Wolters/Horn* SK Rdn. 5; *Sack* Rdn. 6. Vgl. auch OGH NJW **1950** 879: dort ist bereits das Schärfen von Sprengpatronen zum Herstellen gerechnet.

9 *Fischer* Rdn. 3; *Herzog* NK Rdn. 10; *Kindhäuser* LPK Rdn. 3; *Krack* MK Rdn. 8; *Sch/Schröder/Cramer/Heine* Rdn. 6; *Wolters/Horn* SK Rdn. 5; *Sack* Rdn. 7. Vgl. auch BGHSt **44** 62, 64 ff und z.B. BGH wistra **2008** 19 f zum Sichverschaffen im Sinne des § 146 Abs. 1 Nr. 2, das zusätzlich voraussetzt, dass das Sichverschaffen vom Willen zu eigenständiger Verfügung getragen ist.

10 *Fischer* Rdn. 3; *Herzog* NK Rdn. 11; *Kindhäuser* LPK Rdn. 3; *Krack* MK Rdn. 8; *Sch/Schröder/Cramer/Heine* Rdn. 6; *Wolters/Horn* SK Rdn. 5; *Sack* Rdn. 7.

11 *Fischer* Rdn. 3; *Kindhäuser* LPK Rdn. 3; *Krack* MK Rdn. 8; *Sch/Schröder/Cramer/Heine* Rdn. 6; *Wolters/Horn* SK Rdn. 5; *Sack* Rdn. 10. Vgl. außerdem RGSt **14** 231 ff; **15** 237, 241 f; **15** 387, 388; **17** 257; **43** 10, 15.

12 5. Mit **Verwahren** ist die Ausübung der tatsächlichen Herrschaftsgewalt im Sinne des strafrechtlichen Gewahrsamsbegriffs gemeint.[12]

IV. Subjektiver Tatbestand

13 **1. Vorsatz und Absicht.** Es ist **Vorsatz** hinsichtlich des objektiven Tatbestands erforderlich; bedingter Vorsatz genügt dabei.[13] Darüber hinaus muss der Täter zur Vorbereitung entweder eines bestimmten Unternehmens nach § 307 Abs. 1 oder § 309 Abs. 2 oder einer Straftat nach § 308 Abs. 1, sofern sie durch Sprengstoff begangen werden soll, oder einer Straftat nach § 309 Abs. 1 oder § 309 Abs. 6 handeln. Mit anderen Worten: Es muss dem Täter – im Sinne von **Absicht** – darauf ankommen, ein entsprechendes Explosions- oder Strahlungsdelikt zu fördern.[14] Wer die Tat, die gefördert werden soll, ausführt, ob der Täter selbst oder ein Dritter, ist unerheblich; ebenso, ob der Dritte gutgläubig ist oder in den Plan eingeweiht, ob er schuldfähig ist oder nicht. Der Dritte, der die geplante Tat ausführen soll, braucht nicht derjenige zu sein, dem der Täter einen Tatgegenstand verschafft oder überlässt. Schließlich ist ohne Bedeutung, ob der Täter mit seinem Tun die geplante Straftat tatsächlich fördert.[15] Fehlt dem Täter die Förderungsabsicht, kommt Beihilfe zu dem geplanten Delikt oder auch zu § 310 in Betracht (vgl. auch *Lackner/Kühl* Rdn. 3).

14 **2. Grad der Konkretisierung des vorbereiteten Delikts.** Es ist strittig, in welchem Umfang die geplante Straftat bereits konkretisiert sein muss. Das Gesetz spricht in § 310 Abs. 1 Nr. 1 von einem **bestimmten** Unternehmen nach § 307 Abs. 1 oder § 309 Abs. 2, dagegen in § 310 Abs. 1 Nr. 2 bis 4 lediglich von einer Straftat nach § 308 Abs. 1, § 309 Abs. 1 oder § 309 Abs. 6. Das besagt jedoch nicht, dass es in letzteren Fällen auf die Vorbereitung einer bestimmten Straftat nicht ankommt. Vielmehr sind bei § 310 Abs. 1 Nr. 1 einerseits und § 310 Abs. 1 Nr. 2 bis 4 insoweit keine Unterschiede zu machen.[16] Dafür spricht neben den Gesetzesmaterialien, die die Absicht einer Differenzierung nicht erkennen lassen (vgl. Begründung zum E 1962 BTDrucks. IV/650 S. 504), die Gesetzesfassung: „zur Vorbereitung einer Straftat" legt auf eine bestimmte Straftat zielgerichtetes Handeln nahe. Außerdem erscheinen die Strafrahmen des § 310 unangemessen, wenn bereits derart weit im Vorfeld des Explosions- oder Strahlungsdelikts liegende Handlungen von der Bestimmung erfasst würden (vgl. auch *Herzberg* JR **1977** 469, 471). Es

---

[12] *Fischer* Rdn. 3; *Herzog* NK Rdn. 10; *Kindhäuser* LPK Rdn. 3; *Krack* MK Rdn. 8; *Sch/Schröder/Cramer/Heine* Rdn. 6; *Wolters/Horn* SK Rdn. 5; Sack Rdn. 9.

[13] *Fischer* Rdn. 5; *Herzog* NK Rdn. 12; *Kindhäuser* LPK Rdn. 4; *Krack* MK Rdn. 9; *Lackner/Kühl* Rdn. 3; *Wolters/Horn* SK Rdn. 6; *Sack* Rdn. 12.

[14] *Fischer* Rdn. 5; *Herzog* NK Rdn. 12; *Kindhäuser* LPK Rdn. 4; *Krack* MK Rdn. 10; *Lackner/Kühl* Rdn. 3; *Wolters/Horn* SK Rdn. 7. Vorsatz lassen auch insoweit ausreichen: BayObLGSt **1973** 117 ff = JR **1974** 475 m. zustimmender Anm. *Fuhrmann*; *Sch/Schröder/Cramer/Heine* Rdn. 7; *Cramer* NJW **1964** 1835, 1838; *Sack* Rdn. 15.

[15] *Fischer* Rdn. 4; **aA** *Wolters/Horn* SK Rdn. 3.

[16] BGH NJW **1977** 540 = JR **1977** 468 m. Anm. *Herzberg*; KG NStZ **1989** 369; *Fischer* Rdn. 5; *Herzog* NK Rdn. 12; *Kindhäuser* LPK Rdn. 4; *Krack* MK Rdn. 11; *Lackner/Kühl* Rdn. 3; *Sch/Schröder/Cramer/Heine* Rdn. 7; *Wolters/Horn* SK Rdn. 7, 11; **aM** BayObLGSt **1973** 117 ff = JR **1974** 475 m. Anm. *Fuhrmann*. Auch die Rechtsprechung und Lehre zum Sprengstoffgesetz in der alten Fassung kam zu einem anderen Ergebnis, vgl. RG Recht **1926** Nr. 150 und *Stenglein* Strafrechtliche Nebengesetze Bd. I[5] § 7 des Reichsgesetzes vom 9. Juni 1884 gegen den verbrecherischen und gemeingefährlichen Gebrauch von Sprengstoffen Anm. 7, 9.

fehlt im Übrigen nicht an einer Ahndungsmöglichkeit, weil ergänzend § 328 und §§ 40 ff SprengG[17] eingreifen (vgl. KG NStZ **1989** 369). Das geplante Delikt ist dann ausreichend bestimmt, wenn es sich in § 307 Abs. 1, § 308 Abs. 1 oder § 309 Abs. 1, 2 oder 6 einordnen lässt und hinsichtlich Tatziel, Tatzeit und Tatmodalitäten in den Grundzügen festliegt, wobei der nötige Grad der Konkretisierung von dem Plan des Täters beeinflusst sein kann.[18] Sind Angriffsziel nach dem Plan des Täters viele, aber nicht bestimmte und auch nicht bestimmbare Menschen, genügt zur Konkretisierung des Tatorts irgendein bewohnter Ort (BGH bei Holtz MDR **1978** 803, 805).

V. Rechtswidrigkeit

Einwilligung kommt bei § 310 als Rechtfertigungsgrund **nicht** in Frage. Im Übrigen **15**
sei zu möglichen Rechtfertigungsgründen auf *Wolff* LK § 307 Rdn. 6 und § 308 Rdn. 13 verwiesen.

VI. Teilnahme

Teilnahme an den Vorbereitungshandlungen nach § 310 ist möglich, auch in der Form **16**
der Beihilfe, weil es sich bei § 310 auch insoweit um selbständige Delikte handelt, als Unterstützungshandlungen unter Strafe gestellt sind.[19]

VII. Versuch in den Fällen des Absatzes 1 Nr. 3 und 4

In **Absatz 3** ist der Versuch der Vergehen nach § 310 Abs. 1 Nr. 3 und 4 unter Strafe **17**
gestellt. Dies beruht auf der Vorgabe von Art. 2 Abs. 3 des Internationalen Übereinkommens der Vereinten Nationen vom 13. April 2005 zur Bekämpfung nuklearterroristischer Handlungen. Damit bleibt lediglich der Versuch eines Delikts nach § 310 Abs. 1 Nr. 2 straflos.

VIII. Strafrahmen und minder schwere Fälle

Für das Verbrechen nach § 310 Abs. 1 Nr. 1 ist ein Strafrahmen von einem bis zu **18**
zehn Jahren Freiheitsstrafe vorgesehen; insoweit ist in Absatz 2 bei minder schweren Fällen die Strafandrohung auf Freiheitsstrafe von sechs Monaten bis zu fünf Jahren

---

[17] Gesetz über explosionsgefährliche Stoffe (Sprengstoffgesetz – SprengG) in der Fassung vom 10. September 2002 (BGBl. I 3518), zuletzt geändert durch VO vom 31. Oktober 2006 (BGBl. I 2407, 2424).

[18] BGH NJW **1977** 540; *Fischer* Rdn. 5; *Herzog* NK Rdn. 12; *Kindhäuser* LPK Rdn. 7; *Lackner/Kühl* Rdn. 3; *Sch/Schröder/Cramer/Heine* Rdn. 1, 7; Dölling/Duttge/Rössner/*Weiler* HK Rdn. 1, 4; *Wolters/Horn* SK Rdn. 7, 11; *Otto* BT § 78 Rdn. 13. Vgl. auch BGHR StGB § 57 Abs. 1 Erprobung 3 (zur Möglichkeit der Berücksichtigung von Urteilsfeststellungen zu auf die Ausführung eines Sprengstoffanschlags gerichteten terroristischen Aktivitäten, die mangels näherer Konkretisierung der Anschlagstat nicht für eine Verurteilung nach § 310 ausreichten, bei einer späteren Prognoseentscheidung im Rahmen des § 57 Abs. 1) sowie *Bohnert* JuS **1983** 942, 943.

[19] *Fischer* Rdn. 6; *Krack* MK Rdn. 1, 13; *Lackner/Kühl* Rdn. 3; *Sch/Schröder/Cramer/Heine* Rdn. 8; *Wolters/Horn* SK Rdn. 2; *Sack* Rdn. 16.

herabgesetzt, was die Anwendung von § 47 ausschließt. Bei den übrigen Varianten des § 310 Abs. 1 handelt es sich um Vergehen, für die teilweise – Absatz 1 Nr. 2 und 3 – ein Strafrahmen von sechs Monaten bis zu fünf Jahren, teilweise – Absatz 1 Nr. 4 – ein solcher von Freiheitsstrafe bis zu drei Jahren oder Geldstrafe gilt.

IX. Konkurrenzen

19 Wird das nach § 310 vorbereitete Explosions- oder Strahlungsdelikt unter Beteiligung des vorbereitend tätig gewordenen Täters versucht oder ausgeführt, tritt § 310 hinter § 307, § 308 oder § 309 als **subsidiär** zurück.[20] Jedoch kann die Mindeststrafe des § 310 ihre Bedeutung behalten (vgl. nur BGHSt **1** 152, 156). Dagegen kann mit dem in § 30 unter Strafe gestellten Versuch der Beteiligung an einem Delikt nach § 307 bis § 309 oder auch des Mordes, § 211, **Tateinheit** gegeben sein.[21] Tateinheit kann gleichfalls mit § 306f bestehen (*Rotsch/Sahan* JZ **2005** 205, 207); außerdem mit § 40 Abs. 3 SprengG, während § 40 Abs. 1 und 2 SprengG von § 310 verdrängt werden.[22]

X. Tätige Reue. Führungsaufsicht. Einziehung

20 Zur **tätigen Reue** vgl. § 314a Abs. 3 Nr. 2; zur **Führungsaufsicht** § 312 und zur **Einziehung** § 322.

XI. Sonstiges

21 Delikte nach § 310 unterliegen ohne Rücksicht auf Tatort, Recht des Tatorts und Staatsangehörigkeit des Täters dem deutschen Strafrecht, *§ 6 Nr. 2* (vgl. dazu *Werle/Jeßberger* LK § 6 Rdn. 40 ff). Die Nichtanzeige einer geplanten Straftat nach § 310 unterfällt *§ 138 Abs. 1 Nr. 8*. Nach *§ 4 Abs. 1 Nr. 1 BKAG* nimmt in Fällen des international organisierten ungesetzlichen Handels mit (u.a.) Sprengstoffen das Bundeskriminalamt die polizeilichen Aufgaben auf dem Gebiet der Strafverfolgung wahr. Taten nach § 310 können unter den Stichworten Terrorismus, illegaler Handel mit Sprengstoffen, Umweltkriminalität und illegaler Handel mit nuklearen und radioaktiven Substanzen der europarechtlichen und der entsprechenden deutschen Regelung über den europäischen Haftbefehl erfasst werden. Dazu sei auf *Wolff* LK § 303a Rdn. 52 verwiesen.

---

[20] *Fischer* Rdn. 8; *Herzog* NK Rdn. 14; *Kindhäuser* LPK Rdn. 7; *Krack* MK Rdn. 15; *Lackner/Kühl* Rdn. 5; *Sch/Schröder/Cramer/Heine* Rdn. 11; *Wolters/Horn* SK Rdn. 10; *Sack* 25. Vgl. auch *Rotsch/Sahan* JA **2005** 171, 172 f; *dies.* JZ **2005** 205. Bei *Stenglein*, wie Fn. 16, Anm. 13 wird zwischen der Vorbereitung eines fremden Sprengstoffdelikts und der späteren eigenen Beteiligung daran Tatmehrheit angenommen.

[21] BGHSt **46** 266 ff; *Fischer* Rdn. 8; **aA** – Subsidiarität von § 310 – *Krack* MK Rdn. 15; *Lackner/Kühl* Rdn. 5; *Sack* Rdn. 25.

[22] Für Zurücktreten von § 40 Abs. 1 und 2 SprengG hinter § 310 auch *Fischer* Rdn. 8; *Kindhäuser* LPK Rdn. 7; *Krack* MK Rdn. 15; *Sch/Schröder/Cramer/Heine* Rdn. 11 (unter Hinweis auf BayObLGSt **1973** 117 ff). Vgl. auch *Herzog* NK Rdn. 14. Tateinheit zwischen § 310 und § 40 Abs. 3 und 4 SprengG befürworten: *Fischer* Rdn. 8; *Krack* MK Rdn. 15.

§ 311
Freisetzen ionisierender Strahlen

(1) Wer unter Verletzung verwaltungsrechtlicher Pflichten (§ 330d Nr. 4, 5)
1. ionisierende Strahlen freisetzt oder
2. Kernspaltungsvorgänge bewirkt,
die geeignet sind, Leib oder Leben eines anderen oder fremde Sachen von bedeutendem Wert zu schädigen, wird mit Freiheitsstrafe bis zu fünf Jahren oder mit Geldstrafe bestraft.

(2) Der Versuch ist strafbar.

(3) Wer fahrlässig
1. beim Betrieb einer Anlage, insbesondere einer Betriebsstätte, eine Handlung im Sinne des Absatzes 1 in einer Weise begeht, die geeignet ist, eine Schädigung außerhalb des zur Anlage gehörenden Bereichs herbeizuführen oder
2. in sonstigen Fällen des Absatzes 1 unter grober Verletzung verwaltungsrechtlicher Pflichten handelt,
wird mit Freiheitsstrafe bis zu zwei Jahren oder mit Geldstrafe bestraft.

Die Vorschrift wird ergänzt durch Art. 2 des „Gesetzes zu dem Übereinkommen vom 26.10.1979 über den physischen Schutz von Kernmaterial" vom 24.4.1990 (BGBl. II S. 326) i.d.F. des Art. 6 des 31. StrÄndG – 2. UKG v. 27.6.1994 (BGBl. I S. 1440, 1444) und des Art. 4 Abs. 4 des 6. StrRG v. 26.1.1998 (BGBl. I S. 164, 187). Die Vorschrift lautet:

Artikel 2

§ 311 Abs. 1 und 2 sowie § 328 Abs. 1 Nr. 1 des Strafgesetzbuches gelten mit folgender Maßgabe:

Einer verwaltungsrechtlichen Pflicht im Sinne des § 311 Abs. 1 und einer Genehmigung und Untersagung im Sinne des § 328 Abs. 1 Nr. 1 stehen eine entsprechende ausländische verwaltungsrechtliche Pflicht, Genehmigung und Untersagung gleich.

Schrifttum

A. Strafrecht: *Bartholme* Strafrechtliche Aspekte des „Plutoniumtourismus", JA 1996 730; *Braun/Ferchland* Nuklearkriminalität, Kriminalistik **1993** 481; *Fenner* Der Rechtsmissbrauch im Umweltstrafrecht im System des Strafrechts und des Öffentlichen Rechts (2000); *Fischerhof* Deutsches Atomgesetz und Strahlenschutzrecht (Kommentierung der §§ 40 ff AtomG, §§ 310b, 311a, 311b StGB a.F.), 2. Aufl. (1978); *Götz/Hinrichs/Seibert/Sommer* Medizinisch nicht indiziertes Röntgen, MedR **1998** 505; *Hoyer* Die Eignungsdelikte (1987); *Laufhütte/Möhrenschlager* Umweltstrafrecht in neuer Gestalt, ZStW **92** (1980) 912; *Meinberg/Möhrenschlager/Link* Umweltstrafrecht (1989); *Michalke* Verwaltungsrecht im Umweltstrafrecht. Die Legaldefinition der „verwaltungsrechtlichen Pflicht" in § 330d Ziff. 4 StGB, 2001; *Möhrenschlager* Neuere Entwicklungen im Umweltstrafrecht des Strafgesetzbuches, NuR **1983** 209; *ders.* Kausalitätsprobleme im Umweltstrafrecht des Strafgesetzbuches, WiVerw **1984** 47; *ders.* Revision des Umweltstrafrechts – Das Zweite Gesetz zur Bekämpfung der Umweltkriminalität –, NStZ **1994** 513 und 566; *Nehring* Strafnormen im Atomenergierecht (1965); *Perschke* Die Verwaltungsakzessorietät des Umweltstrafrechts nach dem 2. UKG, wistra **1996** 161; *Reinhardt* Der strafrechtliche Schutz vor den Gefahren der Kernenergie (1989); *Rengier* Zum Gefährdungsmerkmal „(fremde) Sachen von bedeutendem Wert" im Umwelt- und Verkehrsstrafrecht, Festschrift Spendel (1992) S. 559; *ders.* Zum Täterkreis und zum Sonder- und Allgemeindeliktscharakter der „Betreiberdelikte" im Umweltstrafrecht, Festschrift Kohlmann (2003) 225; *Ries* Die Durchbrechung der Verwaltungsakzessorietät durch § 330d Nr. 5 StGB. Diss. Tübingen

2003; *Rogall* Das Gesetz zur Bekämpfung der Umweltkriminalität (18. Strafrechtsänderungsgesetz), JZ-GD **1980** 101; *ders.* Die Verwaltungsakzessorietät des Umweltstrafrechts – Alte Streitfragen, neues Recht, – GA **1995** 299; *Schall* Die Verwaltungssakzessorietät im Lichte des § 330d Nr. 5 StGB, Festschrift Otto (2007) 743; *ders.* Die „Verletzung verwaltungsrechtlicher Pflichten" als strafbegründendes Tatbestandsmerkmal im Umweltstrafrecht, Festschrift Küper (2007) 505; *Steindorf* Kommentierung zum Atomgesetz in Erbs/Kohlhaas Strafrechtliche Nebengesetze A 206 [Stand: 1.1.2006]; *Tiedemann* Die Neuordnung des Umweltstrafrechts (1980); *Triffterer* Umweltstrafrecht (1980); zu sonstigem älteren Schrifttum s. die Darstellung in der Vorauflage.

B. Strahlenschutz und Strahlenschutzrecht: *Bayer* Radiation protection aspects in natural radioactivity, Kerntechnik **2008** 85; *Bayerisches Staatsministerium für Umwelt, Gesundheit und Verbraucherschutz* Radioaktivität und Strahlungsmessung, 8. Aufl. (2006); *Beck/Ettenhuber* Überwachung von Strahlenexpositionen bei Arbeiten (2006); *Bundesamt für Strahlenschutz* Strahlung, Strahlenschutz 3. Aufl. (2004); *Bundesregierung* Berichte über „Umweltradioaktivität und Strahlenbelastung" in den Jahren 2004 bis 2006, BTDrucks. 16/200, 3084, 6835; *Fischerhof* Deutsches Atomgesetz und Strahlenschutzrecht, 2. Aufl. (1978); *Giesen/Zerlett* RöntgenVO (2007); *Grupen* Strahlenschutz 4. Aufl. (2008) m. ausführlichen N. zur deutschen und ausländischen Literatur; *Heller* Novellierung der strahlenschutzrechtlichen Verordnungen, atw **2007** 362; *Informationskreis KernEnergie/Volkmer* Radioaktivität und Strahlenschutz (2007); *Kasper* Handbuch für Strahlenschutzbeauftragte, 2. Aufl. (2007); *Krieger* Strahlenquellen für Technik und Medizin (2005); *Sellner/Hennenhöfer* Atom- und Strahlenschutzrecht, in Hansmann/Sellner (Hrsg.) Grundzüge des Umweltrechts, 3. Aufl. (2007) S. 863 ff; *Sparwasser/Engel/Vosskuhle* Umweltrecht, § 7 B, 5. Aufl. (2003); *Stieve/Bischof* Zur Anwendungsberechtigung und Festlegungsbefugnis bei der Einwirkung von Röntgenstrahlen auf den Menschen nach der Röntgenverordnung 1987, MedR **1992** 79; *Veith* Strahlenschutzverordnung 7. Aufl. (2007); *Witt/Jäger/Kasper* Strahlenschutzverordnung mit Anmerkungen (2006).

Zur sonstigen älteren Literatur s. *Grupen* aaO und *Steindorf* LK[11].

Entstehungsgeschichte

Die Bestimmung geht in ihrem Ursprung auf verschiedene Vorschläge zum strafrechtlichen Schutz vor den Gefahren ionisierender Strahlen bei der Schaffung des Atomgesetzes zurück, die im Gesetzgebungsverfahren dann schließlich zu einer neuen Regelung in dessen § 47 führten.[1]

Der RegE 1956 (BTDrucks. II/3026) hatte zunächst in § 36 Abs. 2 Nr. 2 und 3 vorgeschlagen, schon bloße vorsätzliche Verstöße gegen Überwachungsbestimmungen einer nach § 10 Abs. 2, 3, § 15 Abs. 2 oder § 16 ergangenen dem Strahlenschutz dienenden Rechtsverordnung (mit sog. „Rückverweisungsklausel"), mit Kriminalstrafe (Gefängnis oder/und Geldstrafe bis zu 100 000 DM) zu bedrohen (abstraktes Gefährdungsdelikt!). Die Gefängnisstrafe sollte nicht unter drei Monaten liegen, wenn ein Verstoß fahrlässig zu einer „Gemeingefahr" i.S. des § 315 Abs. 3 StGB a.F. führt (Absatz 3; konkretes Gefährdungsdelikt). Fahrlässige Verstöße mit derselben Folge sollten nach Absatz 4 mit Gefängnis bis zu zwei Jahren oder mit Geldstrafe bis zu 1000 DM bestraft werden. Für das Petitum des Bundesrates, auch Fälle vorsätzlich herbeigeführter Gemeingefahr in Absatz 3 zu erfassen, sah die BReg im Hinblick auf andere Straftatbestände zwar kein Bedürfnis, war aber bereit, dem Anliegen dadurch Rechnung zu tragen, dass man in Absatz 3 ein „wenigstens" fahrlässiges Handeln verlange. Diese Anliegen wurde

---

1 Zum Folgenden näher *Reinhardt* S. 47, 53 f, 56 f, 60 ff, 65 f, 69, 98, 100, 104 ff, 159 ff, 164 ff; Texte: S. 339 f, 343 f, 347 ff, 353, 358 f, 393 f, 397, 401 ff, 407, 414 ff.

von den beteiligten BT-Ausschüssen unter Berücksichtigung einer zusätzlichen Konkretisierung in einem neuen Absatz 3 aufgegriffen (BTDrucks. II/3502 v. 9.5.1957): „(3) Wer durch eine der in den Absätzen ... 2 bezeichneten Handlungen wenigstens fahrlässig eine Gemeingefahr (§ 315 Abs. 3 des Strafgesetzbuchs) herbeiführt, die mit der Wirkung eines Kernspaltungsvorgangs oder der Strahlung eines radioaktiven Stoffes zusammenhängt, wird ... bestraft." Aufgrund des Scheiterns einer notwendigen GG-Änderung konnte das Vorhaben nicht mehr verabschiedet werden, was zu dem Zwischenschritt von Ländergesetzen führte, die teilweise ähnlich strukturierte Strafvorschriften enthielten.

Eine Neuorientierung erfolgte in der 3. Legislaturperiode in dem „Entwurf eines Gesetzes über die friedliche Verwendung der Kernenergie und dem Schutz gegen ihre Gefahren" (BTDrucks. III/759; sog. RegE 1958). Aufgegriffen wurde hier die immer häufiger anzutreffende Unterscheidung zwischen „Ordnungswidrigkeiten" und „Straftatbeständen". Nach § 47 Abs. 2 sollten vorsätzliche oder fahrlässige „Zuwiderhandlungen" gegen Vorschriften einer [Strahlenschutz]RVO bzw. eine Verfügung einer Aufsichtsbehörde als „Ordnungswidrigkeit" eingestuft werden. Vorsätzliche Verstöße sollten dann nach Absatz 3 mit einer Geldbuße bis zu 100000, fahrlässige bis zu 50000 DM geahndet werden. Anknüpfend an den o.g. Ausschussbericht wurde in § 48 (Strafbare Verletzung von Schutzvorschriften, Auflagen und Anordnungen) vorgeschlagen, (nur) solche vorsätzlichen Verstöße, die vorsätzlich oder fahrlässig „eine Gefahr für Leib und Leben eines Menschen oder für fremde Sachen von bedeutendem Wert herbeiführen, die von einem Kernspaltungsvorgang oder von ionisierenden Strahlen ausgehen, mit Gefängnis und/ oder mit Geldstrafe zu bedrohen. Führte der Täter die Gefahr sogar „wissentlich" herbei, sollten mindestens drei Monate verhängt werden. Im Wortlaut nahezu unverändert übernahmen die BT-Ausschüsse und dann auch der Gesetzgeber im AtomG v. 23.12.1959 (BGBl. I S. 814) in den §§ 46 und 47 diese Vorschläge. Formelle Änderungen der Strafvorschrift erfolgten – entsprechend dem RegE in Anpassung an strafrechtsreformbedingte Vorgaben (BTDrucks. 7/550 S. 411) – durch Art. 192 Nr. 3 des EGStGB v. 2.3.1974 (BGBl. I 469, 591) und nachfolgend – auch entsprechend dem RegE (BTDrucks. 7/2183 S. 30) – als Folge von Änderungen der zugrundeliegenden Bußgeldvorschrift durch Art. 1 Nr. 36 des Dritten Gesetzes zur Änderung des Atomgesetzes v. 15.7.1975 (BGBl. I S. 1885).

Eine neue Diskussion zu § 47 AtomG entstand im Zusammenhang mit der Vorlage eines „Sechzehnten Strafrechtsänderungsgesetzes – Gesetz zur Bekämpfung der Umweltkriminalität – (16. StÄndG), BTDrucks. 8/2382 v. 13.12.1978 = BRDrucks. 399/78 v. 8.9.1978. In dem Entwurf war eine Übernahme von § 47 AtomG in das StGB zwar noch nicht vorgesehen. Dieser wurde erst im Laufe der Beratungen des BTRAussch. eingefügt. Nachdem *Tiedemann* in seinen gutachterlichen Äußerungen[2] bereits darauf hingewiesen hatte, dass ein Blankettatbestand wie § 47 i.V.m. § 46 Nr. 2 und 3 AtomG zumindest teilweise in das StGB übernommen werden könne, wurde bei den Beratungen der Wunsch geäußert, alle Strafvorschriften des Atomgesetzes dorthin zu übernehmen. Diesen Bestrebungen wurde zunächst von der BReg. entgegengehalten, dass die Verzahnung des § 47 AtomG mit § 46 AtomG und den Vorschriften der Strahlenschutzverordnung zu kompliziert sei. Auch war daran gedacht, eine Übernahme allenfalls in den § 311b vorzusehen, weil die Gefährdungen sich nicht auf die Außenwelt beschränkten, der Strahlenschutz sich vielmehr auch auf den Mitarbeiterschutz erstrecke. Für eine Übernahme in das StGB wurde ins Feld geführt, dass von den Schutzvorschriften des

---

2 *Tiedemann* Die Neuordnung des Umweltstrafrechts 1980 S. 17.

Atomgesetzes ein größerer Personenkreis betroffen sei; in der Praxis würden die meisten Strahlen bei der Anwendung ionisierender Strahlen in der Medizin freigesetzt, wodurch der einzelne sehr viel mehr gefährdet werde als bei kerntechnischen Anlagen. Ausschlag für die Übernahme gab schließlich die Erwägung, bei den **„gravierendsten"** Umweltbeeinträchtigungen, nämlich im Bereich der Kernbrennstoffe und der ionisierenden Strahlen, könne man es nicht bei der Regelung in Spezialgesetzen belassen; nur so könne das Ziel des Umweltschutzstrafrechts, die Vorschriften zusammenzufassen, auffindbar und für den Rechtsbetroffenen kalkulierbar zu machen, erreicht werden.[3] Seitens der BReg. wurde nochmals – ohne Erfolg – auf die Schwierigkeiten hingewiesen, die diesem Vorhaben entgegenstünden: Die Verknüpfung beispielsweise mit der Strahlenschutzverordnung und ihren 31 Ordnungswidrigkeitstatbeständen, die ihrerseits wieder an die Verletzung verwaltungsrechtlicher Vorschriften anknüpften, sei so unübersichtlich, dass die Gefahr bestehe, in einem einzigen Tatbestand nicht alle Fälle erfassen zu können.

Nachdem man zunächst eine einfache Übernahme des § 47 AtomG in Form eines konkreten Gefährdungsdelikts ins Auge gefasst hatte, entschloss man sich schließlich dazu, ein **abstrakt-konkretes Gefährdungsdelikt** zu schaffen, wobei man an § 325 Abs. 1 Satz 1 (Luftverunreinigung) anknüpfte.[4] Ausschlaggebender Grund hierfür war, dass die bei konkreten Gefährdungsdelikten stets auftretenden Beweisschwierigkeiten umgangen werden sollten. Hierzu wurde darauf hingewiesen, dass gerade auf dem Strahlenschutzsektor der Nachweis der Ursächlichkeit in der Praxis äußerst schwierig sei; beim Umgang mit Röntgenapparaten beispielsweise lasse sich hinterher nicht mehr genau feststellen, ob der Gesundheitsschaden direkt auf diesen zurückzuführen sei.

Eine Begrenzung des Tatbestandes sollte die Formulierung „unter Verletzung verwaltungsrechtlicher Pflichten" bringen. In den Beratungen des BTInnenAussch.[5] wurde herausgestellt, dass es sich bei diesem Begriff im Strafrecht um eine „Novität" handele: Ein gewisses Vorbild sei zwar im Verkehrsstrafrecht vorhanden, wo der Begriff des Verstoßes gegen Rechtsvorschriften durch grob pflichtwidriges Verhalten eines Fahrzeugführers (§ 315a Abs. 1 Nr. 2) enthalten sei. Weitere Streitpunkte wurden schließlich ausgeräumt: An die Stelle der Formulierung „geeignet, zu gefährden" trat „geeignet ..., ... zu schädigen". Bei der Bestrafung der fahrlässigen Tat wurde abgelehnt, nur leichtfertiges Handeln zu erfassen. Schließlich einigte man sich auch noch auf die Strafbarkeit des Versuchs, was bisher im AtomG nicht vorgesehen war.

Die **Unterschiede** der Neuregelung **gegenüber § 47 AtomG** liegen in Folgendem: Wegen der Trennung der Strafvorschrift, die in das StGB übernommen wurde, von den Ordnungswidrigkeitstatbeständen des Atomgesetzes war gesetzestechnisch die Fassung als „unechter Mischtatbestand",[6] der Ordnungswidrigkeiten bei einer durch sie herbeigeführten konkreten Gefahr zu Straftaten werden ließ, nicht aufrechtzuerhalten. Zum anderen ging der Wille des Gesetzgebers dahin, den Strafrechtsschutz zu erweitern, die Schwelle zum Kriminaldelikt in der Weise vorzuverlegen, dass an die Stelle des konkreten Gefährdungsdeliktes ein auf die **Eignung** zur Herbeiführung von Schäden abstellendes „abstrakt-konkretes" Gefährdungsdelikt geschaffen wurde (BTDrucks. 8/3633 S. 23).[7]

---

3 Eingehend *Reinhardt* S. 159 ff.

4 Ausführlich *Reinhardt* S. 164 ff.

5 Prot. 83/20 v. 7.11.1979.

6 *Rogall* KK-OWiG vor § 1 Rdn. 14; *König* in *Göhler* vor § 1 Rdn. 36.

7 Vgl. BGHSt **39** 371, 372 = NJW **1994** 672 = MDR **1994** 291 = JR **1995** 32 m. Anm. *Geerds*; **46** 212, 218 = CR **2001** 260 m. Anm. *Vassikali* (primär zu § 130, aber auch zu § 311d StGB; nach BGH sind diese Delikte eine Untergruppe der abstrakten Gefährdungsdelikte; ebenso *Sch/Schr/Heine* vor § 306 Rdn. 3 m.N.; *Wolters/Horn* SK Rdn. 2; *Wolff* LK § 309 Rdn. 2); NJW **1999** 2161

In neuerer Zeit wird dieses mehr als „potentielles" Gefährdungsdelikt[8] oder einfach als „Eignungsdelikt"[9] gekennzeichnet Einer zu starken Ausweitung der Strafbarkeit wurde dadurch entgegengesteuert, dass bei der in § 311d Abs. 4 a.F. aufgenommenen Verletzung verwaltungsrechtlicher Pflichten (teilweises Vorbild § 325 Abs. 4 a.F.) das Erfordernis „grob" pflichtwidrigen Handelns eingeführt wurde.[10]

Durch Art. 2 des Gesetzes zu dem Übereinkommen vom 26.10.1979 über den physischen Schutz von Kernmaterial vom 24.4.1990 (BGBl. II S. 326) wurde § 311d Abs. 4 auch auf die vorsätzliche Verletzung entsprechender ausländischer Pflichten erstreckt.

Nachfolgend hat Art. 1 Nr. 3 des 31. StRÄndG – 2. UKG vom 27.6.1994 (BGBl. I S. 1440) § 311d erweitert. Ausgangspunkt für den RegE (BTDrucks. 12/192 S. 15) war zunächst die Erkenntnis, dass, vor allem im Interesse des Gesundheitsschutzes, alle vorsätzlichen Gefährdungen gleichermaßen, also nicht nur bei grob pflichtwidrigem Handeln, erfasst werden sollten. Die Beschränkung auf grobe Pflichtwidrigkeit hatte der Vorschrift viel von ihrer Wirkungskraft genommen. Technisch wurde die Erweiterung durch Streichung von Absatz 4 (s.o.) und Einführung einer Verweisung auf die neue Definition der „verwaltungsrechtlichen Pflicht" in § 330d Nr. 4 erreicht Deren Verletzung wurde in Absatz 1 nicht mehr länger auf grob pflichtwidriges Verhalten beschränkt. Damit zusammenhängend erhielt Art. 2 des Gesetzes v. 24.4.1990 in Art. 6 des 31. StrÄndG – 2. UKG – redaktionell eine neue Gestalt. Durch Verweisung wurde zudem die Regelung über Rechtsmissbrauch für Umweltstraftaten in § 330d Nr. 5 Bestandteil von Absatz 1 (BTRAusch 12/7300 S. 22). Als Folge dehnte der Gesetzgeber, dem RegE folgend, auch die Fahrlässigkeitsvorschrift (Absatz 3 Nr. 1) in teilweiser Parallele zu § 325 Abs. 3 i.V. mit Abs. 2 auf Fälle aus, in denen der Täter in einer Weise handelt, die geeignet ist, außerhalb des Bereichs einer Anlage Schäden herbeizuführen. Der RegE hatte hier eine Empfehlung des nach dem Reaktorunfall in Tschernobyl und der Basler Sandoz-Rheinverschmutzung eingesetzten interministeriellen Arbeitskreises „Umweltstrafrecht"[11] aufgegriffen. Hinsichtlich sonstiger fahrlässiger Handlungen mit nicht anlagenbezogener oder ausschließlich betriebsbezogener Schädigungseignung blieb die Strafbarkeit – entgegen dem weitergehenden Vorschlag der SPD-Fraktion[12] – gemäß Absatz 3 Nr. 2 jedoch weiterhin von einer groben Pflichtverletzung abhängig (BTDrucks. 12/192 S. 15; 12/7300

(primär zu § 34 II Nr. 3 AWG); *Herzog* MK Rdn. 1; *Sack* Rdn. 5; *Tiedemann* Wirtschaftsstrafrecht BT Rdn. 505; *Laufhütte/Möhrenschlager* ZStW **92** 912, 965.

8 BGHR StGB § 311d – Schädigung 2 – ionisierende Strahlen = NJW **1994** 2161; *Walter* LK vor § 13 Rdn. 66; *Sch/Schröder/Heine* aaO; *Fischer* Rdn. 1; *Lackner/Kühl* Rdn. 1; *Arzt/Weber* § 35 Rdn. 84; *Pfohl* in Müller-Gugenberger/Bieneck Wirtschaftsstrafrecht, 4. Aufl. (2006), § 54 Rdn. 258; alternativ auch in BGHSt **39** 371, 372; **46** 212, 218 und von *Wolff* LK § 309 Rdn. 4 m.w.H. in Fn. 2 sowie *Reinhardt* S. 233 erwähnt.

9 Vgl. z.B. *Hoyer* Eignungsdelikte (1987); *Krack* NK Rdn. 1; *Sch/Schröder/Heine* aaO; *Baumann/Weber/Mitsch* AT § 8 Rdn. 44; *Arzt/Weber* aaO; w.N. bei *Wolff* LK § 309 Fn. 2 ff.

10 Der Gang der Gesetzgebung wird auch insoweit eingehend von *Reinhardt* S. 168 ff dokumentiert.

11 Bericht der Interministeriellen Arbeitsgruppe von BMJ und BMI „Umwelthaftungs- und Umweltstrafrecht" – Arbeitskreis „Umweltstrafrecht" – v. 19.12.1988 S. 152 f, 230.

12 BTDrucks. 11/6449 = 12/376 (Begr. S. 15); für eine generelle Streichung der Beschränkung auf pflichtwidriges Verhalten zuvor schon *Triffterer* Umweltstrafrecht (1980) S. 97, 254; *Reinhardt* S. 168 ff, 172; gegen eine allgemeine Ausdehnung auf einfache Fahrlässigkeit jedoch *Rogall* in der Anhörung (zitiert bei *Möhrenschlager* NStZ **1994** 566, 569 Fn. 55).

S. 22). Weitere Überlegungen, in einem begrenzten Rahmen wesentliche Überschreitungen von Strahlengrenzwerten schon als solche, also als rein abstraktes Gefährdungsdelikt, unter Strafe zu stellen, wie sie z.B. in den inhaltsgleichen Gesetzentwürfen eines Kernenergieabwicklungsgesetzes der SPD-Fraktion (BTDrucks. 10/6700 = 11/13) und von Hamburg (BRDrucks. 185/87) in einem neuen § 328a ihren Niederschlag gefunden hatten, hatten schon zuvor bei der BReg und im Gesetzgebungsverfahren keinen Widerhall gefunden. Befürchtet wurden eine zu weite Ausdehnung der Strafbarkeit und erhebliche Schwierigkeiten bei der Festlegung von Grenzwertüberschreitungen; außerdem wurde im Hinblick auf die (geplante) Ausdehnung von § 311d das Bedürfnis für eine solche Regelung bezweifelt.[13] Die SPD-Fraktion hat dann von der erneuten Einbringung eines solchen Vorschlages in der 12. Legislaturperiode auch abgesehen.

Durch Art. 1 Nr. 80 des 6. StrRG v. 26.1.1998 (BGBl. I S. 164, 183) wurde, dem RegE (BTDrucks. 13/8587, Art. 1 Nr. 62, Begr. S. 50) folgend, **§ 311d** im Zusammenhang mit der Neugestaltung gemeingefährlicher Straftatbestände (§§ 306 ff) **unverändert zu § 311.** Dies schlug sich auch in einer Änderung von Art. 2 des o.g. Gesetzes v. 24.4.1990 durch Art. 4 Abs. 4 des 6. StrÄndG (BGBl. 1998 I S. 187) nieder (geltender Text eingangs abgedruckt). Der Vorschlag des Bundesrates, dem Tatbestand noch eine Regelung über besonders schwere Fälle mit Regelbeispielen in Anlehnung an vergleichbare neugefasste gemeingefährliche Straftaten anzufügen (BTDrucks. 13/8587 S. 71), hatten sowohl die BReg (BTDrucks. 13/8587 S. 88) als auch der Gesetzgeber mangels eines Bedürfnisses abgelehnt.

Änderungen sollte noch die Umsetzung des Rahmenbeschlusses des Rates der Europäischen Union vom 27.1.2003 über den Schutz der Umwelt durch Strafrecht durch das Strafrecht[14] bringen. Im RegE eines ... Strafrechtsänderungsgesetzes (BRDrucks. 399/05) wurde u.a. vorgeschlagen worden, § 330d um einen Absatz zur Einbeziehung von Verstößen gegen ausländisches Verwaltungsrecht mittels einer Gleichstellungsklausel zu ergänzen und als Folge Art. 2 des o.g. Gesetzes von 1990 aufzuheben.[15] Da der Rahmenbeschluss Strafbarkeitsverpflichtungen auch für zumindest grob fahrlässig begangene Taten enthielt, schlug der RegE vor, die Gleichstellungsvorschrift in § 330d Abs. 2-E nicht auf § 311 Abs. 1 zu beschränken, sondern weitergehend als bisher auf den gesamten § 311, also auch auf fahrlässiges Freisetzen, auszudehnen. Auf Klage der Europäischen Kommission hat der Europäische Gerichtshof am 13.9.2005 (Rechtssache C-176/03)[16] den Rahmenbeschluss jedoch für nichtig erklärt. Damit wurde der RegE hinfällig. Inzwischen hat jedoch die Kommission einen neuen Richtlinien-Vorschlag über den Schutz der Umwelt durch Strafrecht vorgelegt (KOM/2007/51 endg.) v. 9.2.2007; BRDrucks. 128/07).[17] Welchen Änderungsbedarf die Umsetzung der [zu erwartenden] neuen Richtlinie auslösen wird, bleibt abzuwarten. Soweit Fälle von § 311 tangiert werden, ist ebenfalls eine Ausdehnung des zuvor gen. Art. 2 bzw. eine entsprechende Erweiterung des § 330d auf den Fahrlässigkeitsbereich zu erwarten.

---

13 Abl. z.B. der BMJ/BMI-Arbeitskreis „Umweltstrafrecht" S. 153 und detailliert *Reinhardt* S. 293 ff, 303 ff, 309 ff, 318 ff, 329 f.

14 ABl. EU Nr. L 29 v. 5.2.2003 S. 55 (Text z.B. abgedruckt bei *Wasmeier* Das Strafrecht der Europäischen Union 1. Aufl. (2003) S. 357 [nicht mehr in der 2. Aufl. von *Wasmeier/Möhlig*, 2008].

15 Text auch abgedruckt bei *Möhrenschlager* wistra 2005 Register R XXVIII f = Heft 3 S. V f.

16 NVwZ **2005** 1289 (m. Anm. *Heger* JZ **2006** 310 und *Pohl* ZIS **2006** 213) = NuR **2006** 97.

17 Inhaltliche Darstellung bei *Möhrenschlager* wistra 2007 Register R XXVIII ff = Heft 3 S. V ff.

Übersicht

I. Rechtsgüterschutz; Tatbestandsstruktur

Der Bestimmung geht es nach ihrem Wortlaut um den **Schutz der Rechtsgüter Leben und Gesundheit des Menschen sowie des Rechtsguts Eigentum an (fremden) Sachen von bedeutendem Wert.** Zur Erläuterung dieser Begriffe wird auf die Kommentierungen zu §§ 315 ff verwiesen. Der RegE zum 31. StrÄndG – 2. UKG (BTDrucks. 12/192 S. 15) hat zwar auch auf einen Umweltbezug und die Erfassung von Gefahren für die Umwelt hingewiesen. Dies spiegelt sich auch in der generellen Regelung über die „Verletzung verwaltungsrechtlicher Pflichten" i.S. von § 330d Nr. 4 wider, die jedoch jeweils tatbestandsbezogen zu interpretieren ist (s. dazu Rdn. 8). Auch die hier relevante Strahlenschutzverordnung[18] (vgl. §§ 1, 4, 6 und Titel von Teil 2 und 3) dient nicht nur dem Schutz von Menschen, sondern auch der Umwelt (so auch § 1 des StrahlenschutzvorsorgeG – StrVG v. 19.12.1986, BGBl. I S. 2610). Gleichwohl kann aufgrund der Begrenzung der Gefährdungsobjekte der Tatbestandsstruktur des geltenden § 311 kein doppelter Rechtsgutsbezug entnommen werden.[19] Die Anknüpfung an die „Verletzung verwaltungsrechtlicher Pflichten" führt auch nicht dazu, „das Allgemeininteresse an der Einhaltung verwaltungsrechtlicher Vorgaben" bzw. den sog. „Verwaltungsgehorsam" als weiteres Rechtsgut anzuerkennen.[20] 1

Eine neue Sachlage hinsichtlich der Frage der Einbeziehung des Umweltschutzes hat sich inzwischen jedoch durch eine durch **Gesetz vom 6.6.2008** (BGBl. II 574) ins innerstaatliche Recht umgesetzte **Änderung v. 8.7.2005** (BGBl. II 575 ff) des oben erwähnten **Übereinkommens vom 26.10.1979 über den physischen Schutz von Kernmaterial vom 24.4.1990** (BGBl. II S. 326) ergeben (Titel nunmehr erweitert auf den Schutz auch von Kernanlagen).[21] Nach der neuen Regelung in Art. 7 Abs. 1e des Übereinkommens ist 2

---

[18] Verordnung über den Schutz vor Schäden durch ionisierende Strahlen (Strahlenschutzverordnung – StrlSchV) v. 20.7.2001, BGBl. I 1714; 2002 I 1459, zuletzt geändert durch Art. 3 § 15 des Gesetzes v. 13.12.2007, BGBl. I 2930.

[19] So i.Erg. die h.M. vgl. *Krack* MK Rdn. 1; *Herzog* NK Rdn. 2; *Sch/Schröder/Cramer/Heine* Rdn. 1; *Fischer* Rdn. 1; *Lackner/Kühl* Rdn. 1; *Wolters/Horn* SK Rdn. 2; *Sack* Rdn. 5 ; *Rogall* JZ-GD **1980** 101, 107; **aA** *Reinhardt* S. 221 ff; *Steindorf* LK[11] Rdn. 1.

[20] *Krack* MK aaO.

[21] Voller Titel des Gesetzes: „Gesetz zu der Entschließung vom 8. Juli 2005 zur Änderung des Übereinkommens vom 26. Oktober 1979 über den physischen Schutz von Kernmaterial v. 6. Juni 2008". Nach Art. 1 des Ge-

derjenige mit Strafe zu bedrohen, der vorsätzlich eine „gegen eine Kernanlage [i.S. von Art. 1d] gerichtete oder auf den Betrieb einer Kernanlage einwirkende Handlung" begeht, bei welcher der Täter vorsätzlich den Tod oder eine schwere Körperverletzung eines anderen oder bedeutende Sach- oder Umweltschäden („substantial damage ... to the environment", „dommages substantielles ... à l'environnement") durch Strahlenbelastung oder Freisetzung radioaktiver Stoffe verursacht oder bei der er Kenntnis davon hat, dass sie geeignet ist, diese Folgen zu verursachen, es sei denn, die Handlung wird im Einklang mit dem innerstaatlichen Recht des Vertragsstaats vorgenommen, in dessen Hoheitsgebiet sich die Kernanlage befindet." Darüber hinaus soll nach Art. 7 Abs. 1a n.F. auch der im Einzelnen beschriebene vorsätzlich-illegale Umgang (einschließlich der Verwendung und Verbreitung) mit Kernmaterial i.S. von Art. 1a (Plutonium sowie Uran 233 und 235 wie dort umschrieben[22]) nicht nur dann mit Strafe bedroht werden, wenn dieser vorsätzlich Personen- oder bedeutende Sachschäden verursacht oder auch nur geeignet ist, diese Folgen herbeizuführen (bisher abgedeckt durch § 311 Abs. 1). Erweitert wurde nunmehr auch diese Vorschrift auf die vorsätzliche Verursachung von „bedeutenden Umweltschäden" einschließlich der bloßen Eignung dazu. Da die illegalen Handlungen, auch wenn tatbestandlich auf gegen eine Kernanlage gerichtete Handlungen bzw. auf den illegalen Umgang mit hochgefährlichen Kernbrennstoffen beschränkt, das Freisetzen von „umweltgefährlichen" ionisierenden Strahlen miterfassen, ist zumindest insoweit eine in dem Vertragsgesetz noch nicht vorgenommene Erweiterung von § 311 Abs. 1 geboten, wenn dieses geeignet ist, „bedeutende Umweltschäden" zu verursachen. Der RegE ging in seiner Denkschrift (BTDrucks. 16/8151 S. 23 f) noch davon aus, dass diese Regelungen des Übereinkommens durch die §§ 211, 212, 226, 304, 305, 308, 309 Abs. 1, 2, 3 und 6, § 311 Abs. 1 Nr. 1 §§ 316b, 324 und 328 Abs. 1 Nr. 1 (teilweise auch i.V.m. Art. 2 des o.g. Gesetzes von 1990) abgedeckt seien. Angesichts der (teilweisen) Beschränkung von § 309 Abs. 6 n.F. auf absichtliche Handlungen, ist dies jedoch nicht der Fall. Aus Gründen der Bestimmtheit sollte eine umweltbezogene Erweiterung mit einer Kon-

---

setzes beruht die Änderung auf einer Entschließung der Konferenz von 88 Vertragsstaaten in Wien (mit Beteiligung von EURATOM gemäß Art. 18 Abs. 4 des Übereinkommens; Erläuterungen zur Konferenz und zur Änderung sind in IAEA International Law Series No. 2, Amendment to the Convention on the Physical Protection of Nuclear Material, Wien [2006] zu finden). – Nr. 1 der Präambel der Änderung des Übereinkommens ersetzte den bisherigen Titel durch die Formulierung „Übereinkommen über den physischen Schutz von Kernmaterial und Kernanlagen". Das Gesetz v. 6.6.2008 ist nach seinem Art. 2 Abs. 1 am 12.6.2008 in Kraft getreten. BT-Umwelt-Aussch (BTDrucks. 16/8486) und Gesetzgeber hatten den RegE (BTDrucks. 16/8151 mit Denkschrift S. 20 ff = BRDrucks. 16/08) unverändert angenommen. – Die Änderung des Übereinkommens ist noch nicht in Kraft. Sie wird für Deutschland, nachdem es seine Ratifikationsurkunde hinterlegt hat, am 30. Tag nach dem Zeitpunkt in Kraft treten, an dem zwei Drittel der Vertragsstaaten ihre Ratifikations-, Annahme- oder Genehmigungsurkunden beim Verwahrer hinterlegt haben (Art. 20 Abs. 2 des Übereinkommens; Nr. 10 der Schlussakte der Konferenz; Denkschrift Nr. I 1 zum Übereinkommen und Anlage dazu, BTDrucks. 16/08 S. 20, 25 f). Der Tag des Inkrafttretens der Änderung für Deutschland wird im BGBl. II bekannt gegeben (Art. 2 Abs. 2 des Gesetzes v. 6.6.2008).

22 Ein Vorschlag von Paraguay, den Anwendungsbereich des Übereinkommens auf alle radioaktiven Stoffe zu erstrecken, wurde bei den Verhandlungen in Wien im Juli 2005 nicht aufgegriffen. Die Frage der Sicherheit radioaktiver Stoffe und Strahlenquellen wird in anderen internationalen Gremien erörtert (Nr. 5 des Berichts des Gesamtausschusses der Konferenz, BTDrucks. 16/8151 S. 27).

kretisierung des Umweltbegriffs auf der Linie der in § 309 Abs. 6, § 330d Nr. 4 a.E. genannten konkreten Schutzobjekte verbunden werden.

Nach **Absatz 1** macht sich strafbar, wer vorsätzlich verwaltungsrechtliche Pflichten 3
i.S. von § 330d Nr. 4, 5 verletzt und dadurch vorsätzlich ionisierende Strahlen so freisetzt oder Kernspaltungsvorgänge so bewirkt, dass sie geeignet sind, Leib oder Leben eines anderen oder fremde Sachen von bedeutendem Wert zu schädigen. **Absatz 2** bedroht auch den **Versuch** mit Strafe. **Fahrlässiges Handeln** ist in **Absatz 3** in differenzierter Weise unter Strafe gestellt. Dies ist nach **Nummer 1** auch bei leichter Fahrlässigkeit der Fall, wenn der Täter beim Betrieb einer Anlage pflichtwidrig eine Schädigungseignung außerhalb des Anlagenbereichs herbeiführt. In sonstigen Fällen muss nach **Nummer 2** eine grobe Pflichtwidrigkeit hinzukommen.

In der Ausgestaltung des Tatbestandes hat sich der Gesetzgeber – anders als bei § 312 – 4
akzessorisch an das Verwaltungsrecht angelehnt. Atomgesetz, Strahlenschutz- und Röntgenrecht bestimmen – mit Einfluss auch auf den Bereich des Strafrechts – die Reichweite des Rechtsgüterschutzes und die Grenzziehung zwischen erlaubtem und verbotenem Verhalten. Strafrechtliche Sanktionen beschränken sich – im Verhältnis zu der weitergehenden Bewehrung von Verstößen als Ordnungswidrigkeiten z.B. nach § 46 AtomG i.V. mit § 116 StrlSchV und § 44 RöV – auf Fälle, in denen der Täter schwerwiegende Gefahrensituationen herbeiführt. Nach der Tatbestandsgestaltung ist dabei zu beachten, dass keine konkrete Gefahr herbeigeführt sein muss. Bei der Schwierigkeit, konkrete Schäden bzw. konkrete Gefährdungen in einen nachweisbaren Zusammenhang mit Pflichtverletzungen beim Umgang mit radioaktiven Stoffen oder der Anwendung ionisierender Strahlen zu bringen, ist nach Ansicht des Gesetzgebers eine Umwandlung in ein auf die Eignung zur Herbeiführung von Schäden abstellendes Delikt effektiver (BTDrucks. 8/3633 S. 23). Dem Charakter als abstrakt-konkretes bzw. potentielles Gefährdungsdelikt entsprechend muss sich die Gefahr nicht in bestimmten Objekten individualisiert haben; eine Person oder eine Sache braucht nicht in den Wirkungskreis der ionisierenden Strahlung usw. geraten sein.[23]

II. Tathandlungen

1. Typisiertes Unrecht ist zunächst das **Freisetzen ionisierender Strahlen** (Abs. 1 Nr. 1). 5

a) Diese umfassen sowohl elektromagnetische (Wellen)Strahlungen (Photonen oder Quanten der Röntgen- oder Gammastrahlung) als auch Teilchen-(Korpuskular-)Strahlungen (Alphateilchen, Betateilchen, Elektronen, Positronen, Protonen, Neutronen und schwere Teilchen), deren Quanten- bzw. kinetische Energie in der Lage ist, die Bildung von Ionen direkt oder indirekt zu bewirken. Ionisierende Strahlen werden bei Kernumwandlungen freigesetzt. Eine Ionisation entsteht durch Umwandlung eines elektrisch neutralen Atoms oder Moleküls in einen positiv oder negativ geladenen Körper (Ion) unter Verlust oder Anlagerung eines Elektrons in der Elektronenhülle.[24] Die natürliche Strah-

[23] *Wolters/Horn* SK aaO.

[24] Vgl. *Herzog* NK § 309 Rdn. 4; *Sch/Schröder/Cramer/Heine* § 309 Rdn. 3; E 1962, BTDrucks. V/32 S. 502; *Sparwasser/Engel/Vosskuhle* § 7 Rdn. 98 ff; *Grupen* S. 19 ff, 30 ff, 298; *Sellner/Hennenhöfer* Rdn. 168 ff; *Veith* Strahlenschutzverordnung S. 8 ff; *Reinhardt* S. 15; frühere N. bei *Steindorf* LK[11] Rdn. 2 (bis 1996); früher schon Art. 1 § 1 der Euratom-Grundnormen, ABl. EG 1959, 221; i.d.F. v. 1.6.1976, ABl. L 187 S. 2; Anl. I (Begriffsbestimmungen) der StrlSchV idF

lenbelastung hat ihren Ursprung z.B. in kosmischen (einschließlich U-V-Strahlungen der Sonne) und terrestrischen Strahlungen (durch Radionuklide im Erdreich und in Baustoffen) sowie in der Aufnahme natürlich radioaktiver Stoffe in den Körper. Die künstlich-zivilisatorische Strahlenexposition der Bevölkerung kraft menschlicher Tätigkeit resultiert insbesondere aus der Anwendung ionisierender Strahlung und radioaktiver Stoffe in Medizin in Diagnostik und Therapie (größter Beitrag), Forschung, Technik (etwa bei Industrieerzeugnissen) und Haushalt und auch aus geringen Beiträgen kerntechnischer Anlagen. In Deutschland exisitiert für hochradioaktive umschlossene Strahlungsquellen ein breites Anwendungsfeld. Zu nichtionisierenden Strahlen gehören dagegen z.B. Radar- und Laserstrahlen, UV-Strahlen, Radiowellen und Wellen elektromagnetische Felder wie die des Mobilfunks sowie Infrarotstrahlen. Nähere Einzelheiten enthalten die Jahresberichte von Bundesregierung/BMU über „Umweltradioaktivität und Strahlenbelastung" z.B. für 2004 bis 2006 in BTDrucks. 16/200, 3084, 6835)[25] und Fachbücher über Strahlenschutz, wie z.B. von *Grupen*, s. weiter Lit.verz.

6 b) Die **Schädigung** durch ionisierende Strahlen besteht in der meist physisch zunächst nicht wahrnehmbaren, aber weiterwirkenden Veränderung der bestrahlten Substanz, namentlich des lebenden Organismus[26] durch Einwirkung von außerhalb (Äußere Strahlenexposition) oder von innerhalb des Körpers (Innere Strahlenexposition, etwa durch Inhalation oder über die Nahrung, Ingestion), § 3 II Nr. 30 StrlSchV (zu Schutzmaßnahmen s. §§ 46 ff, 49 ff, 54 ff, 60 ff). Ionisierende Strahlen – in der Praxis vor allem **Röntgenstrahlen**[27] – können vor allem in höheren Dosen **Strahlenschäden** auslösen, und zwar **somatische** (an der bestrahlten Person selbst wie Leukämie und (Haut)Krebs; am Embryo durch Fehlbildungen) oder **genetische** (Mutationen durch Einwirkung auf Keimzellen), die erst bei deren Nachkommen auftreten. Bei akuten (Früh)-Schäden liegt die Letaldosis (50 % Mortalität) für den Menschen bei 4 Sv (bei 7 Sv nahezu 100 %).[28] Schädigende Effekte hängen nicht allein von der Strahlendosis ab, sondern u.a. von der zeitlichen und räumlichen Dosisverteilung auf Körper(teile)der (unterschiedlichen) „rela-

---

v. 30.6.1989, BGBl. I 1321, 1926 m. nachfolgenden Änderungen; diese Fassung wurde durch eine vollständig neue StrlSchV v. 20.7.2001, BGBl. I 1714, 2002 I 1459, zuletzt geändert durch Art. 3 § 15 des Gesetzes v. 13.12.2007, BGBl. I 2930, ersetzt. Umgesetzt wurden 2001 die Richtlinien 96/29 EURATOM v. 13.5.1996 zur Festlegung grundlegender Sicherheitsnormen [sog. EURATOM-Grundnormen-RL], ABl. EG Nr. L 159 S. 1, und 97/43/EURATOM v. 30.6.1997 über den Gesundheitsschutz von Personen gegen die Gefahren ionisierender Strahlung bei medizinischer Exposition usw. [sog. Patientenschutz-RL], ABl. EG Nr. L 180 S. 22, weiter 2002 die Grundnormen-RL zusätzlich durch eine Änderung der RöV durch die VO v. 18.6.2002, BGBl. I 1869 und 2005 die RL 2003/122/EURATOM, ABl. EU Nr. L 346 S. 57 v. 31.12.2003 zur Kontrolle hoch radioaktiver umschlossener Strahlenquellen und herrenloser Strahlenquellen durch das Gesetz zur Kontrolle hochradioaktiver Strahlenquellen v. 22.12.2003, BGBl. I 2365. – Die Neufassung der StrlSchV enthält keine Begriffsbestimmung mehr.

[25] N. bis zur 12. Legislaturperiode bei *Steindorf* LK[11] Rdn. 2 f m. Fn. 4; zur natürlichen Strahlenbelastung s. die instruktive Übersicht von *Bayer* Kerntechnik **2008** 85.

[26] *Veith* StrlSchV S. 10 f.; *Grupen* S. 179 ff; *Sellner/Hennenhöfer* Rdn. 175 ff; weiter s. Schrifttumsverzeichnis; *Fischerhof* § 1 Rdn. 6, vor § 25 Rdn. 12; *Reinhardt* S. 27 ff.

[27] Aufschlüsse hierüber ergeben die Strahlenschutzberichte. Aus ihnen ergibt sich, dass vor allem Personen, die künstlichen Strahlen ausgesetzt werden, wie z.B. durch die Anwendung ionisierender Strahlen und radioaktiver Stoffe in der Medizin *(Stieve/Bischof* MedR **1992** 79), besonders schutzbedürftig sind.

[28] *Grupen* S. 179, 192.

tiven biologischen Wirksamkeit" einzelner Strahlenarten, ihrer fraktionierten Anwendung, der Strahlenempfindlichkeit einzelner Zellen und „Milieufaktoren", u.a. auch der Mitwirkung anderer (chemischer) Stoffe.[29]

c) Die Tathandlung **„Freisetzen"** umfasst mehrere Begehungsmöglichkeiten, die zu 7
einem Austreten, Ausströmen und räumlichen Ausbreiten ionisierender Strahlen in einer Weise führen, dass Personen oder Sachen mit diesen in Kontakt kommen können.[30] Aus der Kennzeichnung als gemeingefährliche Straftat leitete der Gesetzgeber her, dass § 311 solche Handlungen erfassen soll, „bei denen ... ionisierende Strahlen unkontrolliert entweichen und sich in der Umwelt ausbreiten können,[31] mit der Folge der Gefährdung einer Vielzahl von Personen (vgl. BTDrucks. 8/2382 S. 23, 24). Bei Gebrauch einer einwandfrei funktionierenden Röntgeneinrichtung wird aber nur eine Person eingegrenzten Gefahren ... ionisierender Strahlen ausgesetzt". „Führt deshalb ein Arzt mit einer technisch einwandfreien Röntgeneinrichtung medizinisch nicht indizierte Röntgenaufnahmen durch, verwirklicht er nicht den Straftatbestand des § 311" (BGHSt **43** 346, 348 f, 352 = BGHR StGB § 311d – Freisetzen, Röntgenuntersuchung = NJW **1998** 833 = StV **1998** 200 = JR **1998** 520 m. zust. Anm. Riggizahn = NStZ **1999** 132 m. Anm. Wolfslast; = MedR **1998** 326; dazu krit. *Götz/Hinrich/Seibert/Sommer* MedR **1998** 523 f). Anders kann die Sachlage bei einem defekten Gerät oder bei Bedienungsfehlern sein (BGHSt **43** 349) „Freisetzen" kann auch durch garantenpflichtwidriges Unterlassen begangen werden. „Freisetzen" umfasst folgende Varianten:

aa) die künstliche (ungeschützte) Erzeugung der Strahlung, die sich dann frei ausbrei- 8
tet (BGHSt **43** 346, 352 [Röntgenstrahlen]; OLG Bamberg MDR **1992** 687);

bb) die Strahlenquelle wird nicht durch eine ausreichende Schutzvorkehrung abge- 9
schirmt[32] (vgl. BGHSt. **39** 371 f – mangelhafte Verpackung – = NJW **1994** 672 = MDR **1994** 291 = JR **1995** 32 m. Anm. *Geerds*; BGHR StGB § 311d Schädigung 2 – Ionisierende Strahlen = NJW **1994** 2161 – in Verkehr gebrachte Cäsium 137- und Strontium 90-Behälter [letzterer nicht verplombt und fachmännisch nicht abgesichert] hatten eine zu hohe Oberflächenstrahlung von 6 bzw. 5 Mikrosievert/Stunde); der Strahlenquelle wird hinsichtlich der mit dem Umgang mit ionisierenden Strahlen befassten Personen nicht mit den erforderlichen Schutzausrüstungen entgegengewirkt (OLG Bamberg MDR **1992** 687); Personengefährdung von Findern eines Isotopenprüfgeräts, das nicht ausreichend gesichert aus einem Fahrzeug herausgefallen war (LG München I NStZ **1982** 470).

cc) die Aufhebung einer Sperrvorrichtung, die dem Ausbreiten einer bereits erzeugten 10
Strahlung entgegensteht, die Beseitigung einer Schutzvorrichtung bei einer begrenzten

---

29 Vgl. z.B. *Grupen* S. 179 ff; früher *Reinhardt* S. 30 f Fn. 72, 74 und BTDrucks. 12/69 S. 9.

30 *Herzog* NK Rdn. 3; BGHSt **43** 346, 348 weist darauf hin, dass nach allgemeinem Sprachgebrauch Freisetzen „aus einer Bindung lösen" bedeute; an anderen Stellen, S. 350 f spricht der BGH davon, dass den Strahlen freier Lauf gelassen wird bzw. diese sich im freien Raum verbreiten.

31 **H.M.**; OLG Bamberg MDR **1992** 687; LG Karlsruhe 3 Kls 55 Js 22 449/01, 11.8.2002, zit. bei *Sack* Rdn. 37a (Freisetzen radioaktiv verstrahlter Wischtücher in einer Wohnung, die aus einer Wiederaufbereitungsanlage stammten); weiter (auch zum Folgendem), *Krack* MK Rdn. 4; *Herzog* NK Rdn. 3; *Sch/Schröder/Cramer/Heine* Rdn. 3; *Fischer* Rdn. 2; *Lackner/Kühl* Rdn. 3; *Wolters/Horn* SK Rdn. 3; *Sack* Rdn. 9, 37a; *Martin* Jus **1998** 564.

32 *Sch/Schröder/Cramer/Heine* aaO.

künstlichen Strahlenquelle, beispielsweise einem in Verwahrung befindlichen radioaktiven Stoff (BGHSt **39** 371 f; BGH NJW **1994** 2161; BGHSt **43** 346, 352; OLG Bamberg MDR **1992** 687; LG München I NStZ **1982** 470, Rdn. 26)[33] oder einem in Betrieb befindlichen Strahlengerät (BTDrucks. 8/3633 S. 24; BGHSt **43** 346, 352).

11 **2.** Die zweite Tatmodalität ist das **Bewirken von Kernspaltungsvorgängen.** Hierunter wird das Verursachen der bei der spontanen oder durch Kettenreaktionen induzierten Spaltung von Kernbrennstoffen (BVerwG DVBl. **1995** 245) ablaufenden physikalischen Prozesse verstanden.[34] Die Regelung knüpft an das naturwissenschaftliche Phänomen der Atomkernspaltung an.[35] Gegenstand sind radioaktive Stoffe (Oberbegriff) in Form von „besonderen spaltbaren Stoffen (Kernbrennstoffen)", wie sie in § 2 Abs. 1 AtomG aufgeführt sind. Diese Substanzen verfügen über die Eigenschaft, bei besonderen Bedingungen Kernenergie durch Kernspaltung in Kettenreaktionen freizusetzen (§ 2 Abs. 1 Satz 2 Nr. 4 AtomG). Die dabei frei werdende Energie besteht aus der Bewegungsenergie (Wärme) der bei der Spaltung der Atomkerne entstehenden Teilchen und aus Energie in Form von Beta- und Gammastrahlen. Die Tatmodalität des Bewirkens von Kernspaltungsvorgängen ist eingefügt worden, um sicherzustellen, dass **auch Gefahren,** die **nicht** auf dem **Freisetzen ionisierender Strahlen** beruhen, erfasst werden können (BTDrucks. 8/3633 S. 24[36]). Das Gesetz folgt damit einer Differenzierung, die bereits dem früheren Recht zugrunde lag (§ 47 AtomG a.F.). **Bewirken** von derartigen Vorgängen bedeutet das verantwortliche Ingangsetzen und erfasst alle Handlungsweisen, die Kernspaltungsvorgänge herbeiführen. Die Tat kann auch durch Unterlassen, eine schon laufende Kettenreaktion zu unterbrechen, begangen werden.[37]

III. Sonstige Tatbestandsmerkmale

12 **1.** Nicht jede dieser in Absatz 1 Nr. 1 und 2 umschriebenen gefährlichen Tathandlungen erfüllt bereits den Tatbestand. Erforderlich ist vielmehr, dass dies **„unter Verletzung verwaltungsrechtlicher Pflichten"** geschieht (§ 330d Nr. 4 und 5; *Steindorf* LK[11] § 325 Rdn. 26 ff). Hierbei handelt es sich um ein **unrechtsbegründendes Tatbestandsmerkmal.**[38] Diese neuartige Formulierung musste gewählt werden, nachdem der unechte Mischtatbestand des § 47 AtomG, der Vorläufer der jetzigen Regelung, nach seiner

---

[33] *Herzog* NK Rdn. 4; *Sch/Schröder/Cramer/Heine* aaO; *Fischer* Rdn. 2; *Lackner/Kühl* Rdn. 3; *Sack* Rdn. 9; *Laufhütte/Möhrenschlager* ZStW **92** 911, 966; *Rogall* JZ-GD **1980** 101, 107.

[34] *Krack* MK Rdn. 5; *Sch/Schröder/Cramer/Heine* Rdn. 4; *Lackner/Kühl* Rdn. 4; *Grupen* S. 223 ff, 291, 303, 307.

[35] *Fischerhof* Einführung vor § 1 I AtomG mit Hinweisen auf naturwissenschaftliches Schrifttum; weiter *Mattern/Raisch* Atom- und Strahlenschutzrecht (1978) § 25 AtomG Rdn. 8; *Sellner/Hennenhöfer* Rdn. 4; *Sack* Rdn. 39: Spaltung durch Beschuss durch Neutronen verschiedener Geschwindigkeit, wobei Kernenergie in Form von kinetischer Energie (Wärme) der Bruchstücke und in Form von Beta- und Gammastrahlen erzeugt wird.

[36] *Herzog* NK Rdn. 5; *Sch/Schröder/Cramer/Heine* Rdn. 4; *Fischer* Rdn. 3; *Wolters/Horn* SK Rdn. 3; nach *Krack* NK aaO geht es in Nr. 2 primär um die Erfassung von Gefahren, die allein aus der Wärmeentwicklung herrühren.

[37] *Herzog* NK Rdn. 5.

[38] *Herzog* NK Rdn. 7; *Triffterer* S. 94 ff, der sich im Übrigen, wie *Dölling* ZRP **1988** 334, 337, für eine Abschaffung dieser einschränkenden Merkmale einsetzte; krit. auch *Reinhardt* S. 170 ff, 176.

Herauslösung aus dem Atomgesetz in der neuen Form als Regelung im Strafgesetzbuch nicht mehr in der bisherigen Weise auf einer Bestimmung in demselben Gesetz (§ 46 AtomG) aufbauen konnte. Um diese Frage zu lösen, hat der Gesetzgeber die Formel" „unter Verletzung verwaltungsrechtlicher Pflichten" gewählt , zu der er in § 311d a.F. (s.o. Entstehungsgeschichte) in Absatz 4 eine engere Begriffsbestimmung gab. Die in die vorliegende Bestimmung durch Verweis auf § 330d Nr. 4 mit Abweichungen übernommene Definition diente der **Einschränkung** des Tatbestandes auf strafwürdige Fälle (so BTDrucks. 8/2382 S. 16 zu § 311d Abs.4 a.F.). Sie stellt klar, dass die Strafbarkeit die „Verletzung" einer Rechtsvorschrift, einer gerichtlichen Entscheidung, eines vollziehbaren Verwaltungsakts, einer vollziehbaren Auflage oder eines öffentlich-rechtlichen Vertrages, soweit die Pflicht auch durch Verwaltungsakt hätte auferlegt werden können, voraussetzt. Es sollten mit der neuen Struktur sämtliche Sachverhalte erfasst werden, die § 47 AtomG a.F. durch die Verknüpfung mit § 46 AtomG a.F. und den dazu gehörigen Bußgeldvorschriften (s. Entstehungsgeschichte) einbezogen hatte (BTDrucks. aaO S. 24; näher dazu *Steindorf* LK[11] Rdn. 8).

Durch **Art. 2 des „Gesetzes zu dem Übereinkommen vom 26. Oktober 1979 über den physischen Schutz von Kernmaterial" vom 24.4.1990 (BGBl. II S. 326)** i.d.F. von Art. 6 des 31. StrÄndG – 2. UKG (BGBl. I 1440, 1444) und von Art. 4 Abs. 4 des 6. StrRG v. 26.1.1998 (BGBl. I 164, 187) **wurde einer verwaltungsrechtlichen Pflicht i.S. von § 311 Abs. 1 eine entsprechende ausländische verwaltungsrechtliche Pflicht gleichgestellt.** Deren vorsätzliche Verletzung kann daher bei Vorliegen der übrigen Voraussetzungen zur Anwendung von § 311 Abs. 1 auch bei Auslandstaten führen. Auf Auslandstaten von Deutschen und von Ausländern bei Nichtauslieferung konnte § 311d a.F. wegen seiner innerstaatlich verwaltungsakzessorischen Ausgestaltung zuvor nicht angewandt werden. Umgesetzt wurden Art. 7 Abs. 1 a i.V. mit Art. 8 Abs. 1, 2 des Übereinkommens (Bericht des BTRAussch in BTDrucks. 11/6218 S. 4). In Art. 8 Abs. 1 wurde nicht nur das Territorialitäts-, sondern auch das Nationalitätsprinzip festgelegt; Art. 8 Abs. 2 i.V. mit Art. 11 enthält darüber hinaus auch die Verpflichtung zur Schaffung einer Jurisdiktionsregelung bei Nichtauslieferung eines von einem Ausländer im Ausland begangenen Tat. Diese Regelungen hatten nur einen Sinn, wenn auch ausländische Taten von Staatsangehörigen einer Vertragspartei oder von Ausländern bei Nichtauslieferung verfolgt und geahndet werden sollten. Die Bestimmung der verletzten ausländischen verwaltungsrechtlichen Pflicht richtet sich nach dem Recht des Staates, in dem die Tat begangen wurde (entsprechend bei einer auf einem „ausländischen" Schiff oder Flugzeug begangenen Tat). Die Regelung in Art. 2 des o.g. Gesetzes ist nicht auf Vertragsstaaten des Übereinkommens beschränkt.[39] – Zu begrüßen sind Bestrebungen, den Anwendungsbereich auch auf fahrlässige Taten i.S. von § 311 Abs. 3 auszudehnen (s.o. Entstehungsgeschichte a.E.). Der Hauptanwendungsbereich von § 311 ist die fahrlässige Verletzung von Sicherheitsvorschriften; sie sollten strafrechtlich erfasst werden, wenn beispielsweise im Ausland tätige Deutsche an Strahlenunfällen (Beispiele bei *Grupen* S. 193 ff) beteiligt sind. 13

Die Verletzung verwaltungsrechtlicher Pflichten (§ 330d Nr. 4) betrifft hier solche, die dem Schutz vor Gefahren für Personen und Sachen dienen, die entweder von ionisierenden Strahlen oder von einem Kernspaltungsvorgang ausgehen, also die Herbeiführung einer **typisch „atomaren" Gefahr** betreffen.[40] Diese Beschränkung der Verweisung auf die umfassendere Regelung in 330d Nr. 5 ergibt sich aus der Struktur und engeren 14

---

[39] Der einengenden Auslegung von *Steindorf* LK[11] Rdn. 6a; *Lackner/Kühl* Rdn. 2 und *Wolters/Horn* SK Rdn. 4 ist nicht zu folgen.

[40] *Steindorf* LK[11] Rdn. 8; *Fischerhof* § 45 AtomG Rdn. 3.

Schutzrichtung des § 311.[41] Mit der künftigen Ausdehnung auf den Schutz vor Gefahren für die Umwelt in Umsetzung von Art. 7 Abs. 1e des Übereinkommens über den physischen Schutz von Kernmaterial und Kernanlagen v. 26.10.1979 i.d.F. der Änderung durch die Entschließung v. 8.7.2005 (Rdn. 2) wird dann § 330d Nr. 5 doch voll in Bezug genommen werden. – Es wird als ausreichend anzusehen sein, wenn die verwaltungsrechtliche Pflicht **auch** dem Strahlenschutz bzw. dem Schutz vor sonstigen typischen atomaren Gefahren dient, was z.B. bei Arbeitnehmerschutzvorschriften der Fall sein kann. Bereits die StrlSchV berücksichtigt diese Aspekte in ihren Teilen 2 und 3 (Schutz von Mensch und Umwelt vor radioaktiven Stoffen oder ionisierender Strahlung aus der zielgerichteten Nutzung bei Tätigkeiten, §§ 4 ff, vor natürlichen Strahlungsquellen bei Arbeiten, §§ 121 ff). Regierung und Gesetzgeber sind beim 31. StrÄndG – 2. UKG davon ausgegangen, dass mit der Anknüpfung an Verletzungen verwaltungsrechtlicher Pflichten auch Situationen erfasst werden sollten, die mit einer Gefährdung am Arbeitsplatz, in Kliniken und bei Röntgenärzten verbunden sind (BTDrucks. 12/192 S. 15; vgl. auch BGHSt **43** 346, 351 mit Hinweis auf den Bereich der Medizin und maßgebende arbeitsschutzrechtliche Gesichtspunkte). Entgegen OLG Bamberg MDR **1992** 792[42] kann ein Freisetzen unter Verstoß gegen StrlSch-Vorschriften auch dann vorliegen, wenn der Akt des Freisetzens dadurch pflichtwidrig wird, dass ohne zusätzliche Schutzvorkehrungen Arbeitnehmer in Strahlenschutzbereichen (vgl. §§ 36 ff und §§ 54 ff StrSchV) den damit verbundenen Gefahren ausgesetzt werden (s. auch Rdn. 7 ff zu den Tathandlungen).[43]

15 a) Ausgangspunkt für die Anwendung von § 311 kann die Verletzung einschlägiger **Rechtsvorschriften** (§ 330d Nr. 4a) sein. Dazu gehören insbesondere solche **im Atomgesetz, in der StrlSchV** (Rdn. 1 m. Fn. 18) **und der RöV.**[44] Von Bedeutung ist dabei § 46 Abs. 1 Nr. 4 AtomG als Grundlage für die Verhängung von Geldbußen nach § 116 StrlSchV bzw. § 44 RöV wegen Zuwiderhandlungen gegen die zahlreichen in der StrlSchV und der RöV auferlegten Pflichten. Relevante bußgeldbewehrte Beispiele sind als Verstoß gegen Rechtsvorschriften **Handlungen ohne die erforderliche Genehmigung**[45]; die Genehmigungsfähigkeit alleine reicht zum Tatbestandsausschluss nicht aus.[46] Nach

---

[41] *Krack* MK Rdn. 9; *Sch/Schröder/Cramer/Heine* Rdn. 8; *Wolters/Horn* SK Rdn. 4; RegE BTDrucks. 12/192 S. 15, 31 erwähnt hier irrtümlich nur den Schutz vor Gesundheitsgefahren. – *Fischer* Rdn. 4 und *Sack* Rdn. 14 verweisen demgegenüber bereits jetzt auf § 330d Nr. 5 in vollem Umfang, d.h. mit Einbeziehung des Umweltschutzes.

[42] Zust. *Fischer* Rdn. 4.

[43] *Krack* MK Rdn. 9; *Sch/Schröder/Cramer/Heine* Rdn. 8; *Lackner/Kühl* Rdn. 2.

[44] Verordnung über den Schutz vor Schäden durch Röntgenstrahlen (Röntgenverordnung – RöV) v. 8.1.1987 (BGBl. I 114) i.d.F. v. 30.4.2003 (BGBl. I S. 604); gilt im Gebiet der ehemaligen DDR einschl. Berlin/Ost nach Maßgabe d. Anl. I Kap. VIII Sachgeb. B Abschn. III Nr. 13 des Einigungsvertrages v. 31.8.1990 (BGBl. II 889, 1030). – Sonderregelungen existieren z.B. im Arzneimittelrecht (ArzneimittelG, AMRadV idF v. 19.1.2007, BGBl. I S. 48), im Lebensmittelrecht (Lebensmittel- und FuttermittelGB; LebensmittelbestrahlungsVO, KosmetikVO), im Infektionsschutzrecht (TrinkwasserVO) und im Gefahrgutrecht (*Veith* S. 17 f; *Grupen* S. 89 f).

[45] Nicht nur eine rechtmäßige, sondern grundsätzlich auch eine rechtswidrige Genehmigung schließt nach h.M. den Tatbestand aus, BGHSt **50** 105, 112, 115 = NJW **2005** 2095, 2098; *Rönnau* LK Rdn. 281 ff vor § 32; jeweils vor § 324 *Steindorf* LK[11] Rdn. 17; *Schmitz* MK Rdn. 70 ff; *Ransiek* NK Rdn. 46; *Sch/Schröder/ Cramer/Heine* Rdn. 17.

[46] BGHSt **37** 21, 28 f; NJW **2002** 2175 f; OLG Köln wistra **1991** 74 f (zu § 327); *Sch/Schröder/Cramer/Heine* vor § 324 Rdn. 19; *Fischer* vor § 324 Rdn. 10; *Laufhütte/Möhrenschlager* ZStW **92** 912, 921; *Möhrenschlager* NuR **1983** 209, 215 f; w. umfangreiche N.

Absatz 1 i.V. mit § 330d Nr. 5 ist „ein Handeln ohne Genehmigung ... auch ein Handeln auf Grund einer durch Drohung, Bestechung oder Kollusion erwirkten oder durch unrichtige oder unvollständige Angaben erschlichenen Genehmigung.[47] – Zu solchem Handeln ohne Genehmigung gehört das Betreiben einer Anlage zur Erzeugung ionisierender Strahlen, einer Röntgeneinrichtung und eines Störstrahlers oder deren wesentliche Veränderung (§ 11 StrlSchV; § 3 Abs. 1, § 5 Abs. 1 RöV), wobei – relevant für § 311 – zusätzlich z.B. auch die Genehmigungsvoraussetzungen bezüglich des Grenzwertes bei der Errichtung der Anlage (§ 13 Nr. 3 StrlSchV) und von Schutzmaßnahmen beim (Probe)Betrieb (§ 14 Abs. 1 Nr. 5; Abs. 5 Satz 2 StrlSchV; § 3 Abs. 2 Nr. 4 RöV) nicht eingehalten werden. Ähnliches gilt auch bei Verletzungen von Genehmigungsvoraussetzungen im Zusammenhang mit ungenehmigter Beförderung radioaktiver Stoffe (§§ 16, 18 Abs. 1 Nr. 3 StrlSchV) und ungenehmigter Anwendung solcher Stoffe, ionisierender oder Röntgen-Strahlung am Menschen in der medizinischen Forschung (§§ 23, 24 Abs. 1 Nr. 1, 7 StrlSchV [Sicherstellung des ordnungsgemäßen Anlagenfunktionierens]; § 28a Abs. 1, § 28b Abs. 1 Nr. 7 RöV). – Hinzu kommen andere Verstöße: An einer bauartzugelassenen Vorrichtung, die radioaktive Stoffe enthält oder Röntgen- bzw. Störungsstrahler betreffen, dürfen keine Änderungen vorgenommen werden, die für den Strahlenschutz wesentliche Merkmale betreffen (§ 27 Abs. 3 StrlSchV; § 12 Abs. 2 RöV [aber nicht bußgeldbewehrt !]). Entspricht sie diesen durch Abnutzung oder Beschädigung nicht mehr, darf sie nicht mehr verwendet werden (§ 27 Abs. 4 StrlSchV). Zahlreiche Pflichten für Schutzmaßnahmen seitens Strahlenschutzverantwortlichen und -beauftragten sind vor allem in § 33 StrlSchV und § 15 RöV in Bezug genommen, deren Verletzung Ordnungswidrigkeiten nach § 116 Abs. 3 Nr. 1 StrlSchV bzw. § 44 Nr. 12 RöV sind. Bestimmte Dosisgrenzwerte (i.d.R. für das Kalenderjahr) dürfen nicht überschritten werden (vgl. § 5 i.V.m. §§ 46, 47, 55 ff; § 93 i.V.m. §§ 95, 103 StrlSchV; zu § 45 StrlSchV a.F. s. BVerwGE **61** 256, 263 ff). Verstöße seitens dieses Personenkreises können Ordnungswidrigkeiten nach § 116 Abs. 3 Nr. 3 StrlSchV darstellen (vgl. zu Bußgeldbescheiden bei Verstößen gegen die StrlSchV a.F. auch den Sachverhalt in OLG Bamberg MDR **1992** 687; zu den Pflichtverletzungen und zur Strafbarkeit eines Durchstrahlungsprüfers LG München NStZ **1982** 470 (Rdn. 35); BGHSt **43** 346, 348 hat einen Verstoß eines Arztes gegen § 25 Abs. 1 Nr. 1 RöV a.F. [= § 25 Abs. 1 Nr. 1 n.F.] bei der aus ärztlicher Indikation nicht gebotenen Anwendung von Röntgenstrahlen auf Menschen gesehen, auch wenn er i.ü. ein „Freisetzen" verneinte, s. Rdn. 7). Eine Ausdehnung des zu ahndenden Personenkreises kann sich darüber hinaus aus § 9 Abs. 2 OWiG (Erfassung von sog. „Beauftragten") ergeben. – Anknüpfungspunkt für eine Straftat nach § 311 können ggf. auch Verstöße gegen Vorschriften sein, die als solche nicht einmal Ordnungswidrigkeiten sind. Voraussetzung dafür ist, dass diese für strafrechtliche Anwendungen ausreichend bestimmt sind. Grundlage dafür kann insbesondere die Verletzung der unverzüglichen Anzeigepflicht für den Finder[48] oder Besitzer eines radioaktiven Stoffes nach Kenntnis von dessen gewichtiger Radioaktivität sein (§ 71 Abs. 2, 3;) sein, weiter z.B.

bei *Rönnau* LK Rdn. 290 ff vor § 32 und *Schmitz* MK vor § 324 Rdn. 82, der jedoch in Rdn. 83 ff für den Fall eines Genehmigungsanspruchs die Rechtswidrigkeit verneint.

[47] Dazu z.B. die Diss. von *Ries* und jüngst *Schall* Festschr. Otto (2007) S. 743, 749 ff.

[48] Im Finder-Fall des LG München I NStZ **1992** 470 (Rdn. 9 f, 35) hatten die Sachverständigen ein zu geringes gesundheitliches Risiko festgestellt, weshalb das Gericht eine fahrlässige Körperverletzung des pflichtwidrig handelnden Durchstrahlungsprüfers verneinte, aber gleichwohl ein fahrlässiges Freisetzen ionisierender Strahlen bejahte; Kritik an der Verurteilung übte deshalb *Reinhardt* S. 174 ff.

§ 5 (Dosisbegrenzung) für Personen sein, die eine Tätigkeit nach § 2 Abs. 1 Nr. 1 Buchst. a bis d planen, ausüben oder ausüben lassen, soweit es sich nicht um den zuvor genannten engeren Personenkreis handelt. Einschlägig ist auch ein Verstoß gegen § 12 Abs. 2 RöV (s.o.).

16 b) Verwaltungsrechtliche Pflichten verletzt auch derjenige, der ihn betreffende relevante Festlegungen in rechtskräftigen Entscheidungen von (Verwaltungs)Gerichten (vgl. § 330d Nr. 4b) nicht befolgt.[49]

17 c) Eine verletzbare Pflicht kann sich bei genügender Bestimmtheit auch aus einem **„vollziehbaren" Verwaltungsakt** i.S. von § 35 VwVerfG und der entsprechenden Vorschrift eines Landes-VwVerfG ergeben (§ 330d Nr. 4c). Das Erfordernis, dass der Verwaltungsakt nur „vollziehbar" sein muss, bedeutet, dass es mit der **h.M.** nicht auf die materielle Rechtmäßigkeit oder Rechtswidrigkeit des Verwaltungsaktes ankommt.[50] Die Rechtmäßigkeit des Verwaltungsakts ist weder in § 311 noch in § 300d Nr. 4 eine (ausdrückliche) Strafbarkeitsvoraussetzung. Der Strafrichter hat, u.a. auch aus Gründen der Praktikabilität, demnach nur zu prüfen, ob gegen einen wirksamen – also nicht nach § 44 VwVerfG nichtigen – und vollziehbaren Verwaltungsakt verstoßen worden ist. Vollziehbar ist ein Verwaltungsakt, wenn er unanfechtbar ist, also z.B. gegen ihn kein Rechtsmittel eingelegt worden ist, das aufschiebende Wirkung hat (§ 80 Abs. 1 VwGO), oder wenn die sofortige Vollziehung angeordnet worden ist (§ 80 Abs. 2 Nr. 4 VwGO). Hinzu kommen die Fälle, in denen schon mit Erlass des Verwaltungsaktes dieser kraft

---

[49] Nach BTRAussch BTDrucks. 12/7300 S. 25 „eine redaktionelle Ergänzung"; nach *Schmitz* MK § 330d Rdn. 10 überflüssig; je nach Inhalt kann die Verletzung einer gerichtlichen Entscheidung entweder als Verstoß gegen eine Rechtsvorschrift oder z.B. als Verstoß gegen eine rechtskräftige einstweilige Anordnung (s.u.) gedeutet werden.

[50] *Ransiek* NK § 324a Rdn. 37; *Rogall* JZ-GD **1980** 101, 105; GA **1995** 299, 309; richtungsweisend für die h.M., auch soweit sie nicht auf die Vollziehbarkeit des Verwaltungsakts abstellt, war die straßenverkehrsrechtliche Entscheidung in BGHSt **23** 86 ff; weiter BGHSt **31** 314 f (AuslG); NJW **1982** 189; NStZ **1990** 123; zu zahlreichen OLG-Entscheidungen und umfangreichen N. zur früheren zust. Literatur (auch *Laufhütte/Möhrenschlager* ZStW **90** 912, 92; *Möhrenschlager* NuR **1983** 209, 216; WiVerw **1984** 47, 66) s. *Steindorf* LK[11] vor § 324 Rdn. 31 m. Fn. 302; § 325 Rdn. 44 m. Fn. 254; *Sch/Schröder/Cramer/Heine* Rdn. 16a, c vor § 324 (unter Berufung auf Umkehrschluss aus § 330d Nr. 5); weiter etwa *Gössel/Dölling* § 45 Rdn. 11; für die umfangreiche Gegenmeinung wird auf *Schmitz* in MK Rdn. 76 ff vor § 324 m. Fn. 242 und Verwaltungshandeln und Strafrecht, 1991, S. 67 f m. Fn. 49 verwiesen. – Zur verfassungsrechtlichen Zulässigkeit des Verzichts auf die Rechtmäßigkeitsprüfung vgl. BVerfGE **80** 244, 256 f = NJW **1990** 37, 39 (Pflicht des Strafrichters, ein vollziehbares Vereinsverbot … jedenfalls grundsätzlich als gegeben hinzunehmen, folgt aus der Formulierung des gesetzlichen Tatbestandes); E 87 399, 407 ff = NJW **1993** 581, 582 f (dem Gesetzgeber ist nicht von vornherein verwehrt, Widersetzlichkeit gegen behördliche Anordnungen unter Strafe oder Buße zu stellen, ohne dass es für deren Verhängung auf die Rechtmäßigkeit der Anordnung ankäme; zu § 29 Abs. 1 Nr. 2 VerslG konnte BVerfG eine entsprechende Absicht dem Gesetz jedoch nicht entnehmen, deshalb konnte die Feststellung der Rechtmäßigkeit einer Versammlungsauflösung bei § 29 Abs. 1 Nr. 2 VerslG nicht unterbleiben); für *Schmitz* MK vor § 324 Rdn. 81 ist mehr als zweifelhaft, ob sich aus dem jeweiligen Tatbestand selbst hinreichend deutlich ergibt, dass auch der Verstoß gegen rechtswidrige Verwaltungsakte mit Strafe bedroht werden kann; noch negativer *Perschke* wistra **1996** 161, 164 f; vgl. auch *Rengier* BT II § 30 Rdn. 24; § 47 Rdn. 17.

Gesetzes sofort vollziehbar ist. Demgegenüber liegt Vollziehbarkeit noch nicht vor (sofern die sofortige Vollziehbarkeit nicht auf dem Gesetz oder auf behördlicher Anordnung beruht) in dem Zeitraum vom Erlass des Verwaltungsakts ab, solange die Widerspruchsfrist noch nicht abgelaufen ist Die spätere Aufhebung des Verwaltungsakts beseitigt nicht die im Tatzeitpunkt verwirklichte Verletzung eines Verwaltungsakts (BGHSt 23 86, 93 f). Einen Strafaufhebungsgrund für solche Fälle hat der Gesetzgeber nicht eingeführt. Eine Aushilfe stellt die Anwendung der §§ 153 ff StPO dar.[51]

Beispiele für (belastende) Verwaltungsakte können **Anordnungen** von (Schutz)Maßnahmen nach der StrlSchV (§ 113) oder der RöV (§ 33) sein, z.B. Verpflichtung eines Strahlenschutzverantwortlichen zum Erlass einer Strahlenschutzanweisung (§ 15a RöV); Bestimmungen zu Strahlenschutzbereichen (§ 36 III StrlSchV; § 19 Abs. 4 RöV), zur Ermittlung der Körperdosis (§ 41 StrlSchV, § 35 Abs. 8 RöV), zur ärztlichen Untersuchung bei Überschreitung genehmigter Dosiswerte (§ 28f RöV), der Bestimmung der Aktivität von Proben bei der Emissions- und Immissionsüberwachung (§ 48 StrlSchV), zur Beschränkung von Aufgaben einer gefährdeten beruflich strahlenexponierten Person (§ 63 Abs. 2 StrlSchV), zur Prüfung der Umhüllung radioaktiver Stoffe (§ 66 Abs. 4 StrlSchV). Weitergehend können in bestimmten Fällen auch **Untersagungen** ergehen, z.B. hinsichtlich des Betriebs einer Anlage zur Erzeugung ionisierender Strahlen, der Beförderung von radioaktiven Stoffen und der Prüfung von Röntgeneinrichtungen und Störstrahlern bei Unzuverlässigkeit von verantwortlichen Personen (§ 12 Abs. 2; § 17 Abs. 1a StrlSchV [auch beim Fehlen von Schutzmaßnahmen]; § 7 RöV) und des Betriebs einer nur anzeigenbedürftigen Röntgeneinrichtung (§ 4 Abs. 6 RöV). – Ergänzend hebt § 330d **Nr. 4e** zur Klarstellung (RegE BTDrucks. 12/192 S. 31) auch die selbständig verletzbare Pflicht hervor, die sich **„aus einer vollziehbaren Auflage“** (§ 36 Abs. 2 Nr. 4 VwVfG) als hinreichend bestimmte „Nebenbestimmung“ zu einem Verwaltungsakt der o.g. Art oder von Genehmigungen ergibt (näher dazu *Steindorf* LK[11] § 324 Rdn. 80 ff, § 325 Rdn. 50 f). Grundlage für eine verwaltungsrechtliche Pflicht kann auch ein **„öffentlich-rechtlicher Vertrag“** sein, **„soweit die Pflicht auch durch Verwaltungsakt hätte auferlegt werden können“** (**§ 330d Nr. 4e**). Die Verletzung sog. überobligatorischer (also freiwillig übernommener zusätzlicher) Pflichten ist damit nicht tatbestandsmäßig (BTRAussch 12/7300 S. 25). 18

2. **„Geeignetheit zur Schädigung“**. Sowohl die freigesetzten ionisierenden Strahlen als auch die Kernspaltungsvorgänge (nicht die Tathandlung) müssen in gleicher Weise **geeignet** sein, Leib oder Leben eines anderen oder fremde Sachen von bedeutendem Wert **zu schädigen** (was mehr erfordert als die Formulierung „gefährden“). Aus dem typisierten Unrechtstatbestand fallen also Strahlungen und Kernspaltungsvorgänge heraus, denen nach den Feststellungen im Einzelfall eine solche Eignung nicht zukommt. Hier zeigt sich, dass es sich nicht um ein rein abstraktes Gefährdungsdelikt handelt; ein solches würde das Freisetzen der Strahlen und Bewirken des Spaltungsvorganges als an sich schon höchst gefährdend ausreichen lassen. Eingeführt wurde ein sog. **abstrakt-konkretes** Gefährdungsdelikt, das in neuerer Zeit mehr als „potentielles“ Gefährdungs- bzw. als Eignungsdelikt bezeichnet wird (N. zur nahezu gleichwertigen Verwendung und Charakterisierung dieser Bezeichnungen in Fn. 7 bis 9). 19

---

51 *Steindorf* LK[11] vor § 324 Rdn. 40; *Fischer* § 330d Rdn. 8; *Laufhütte/Möhrenschlager* ZStW 92 912, 921; *Möhrenschlager* NuR 1983 209, 216; *Gössel/Dölling* § 45 Rdn. 11; für einen Strafaufhebungsgrund z.B. *Sch/Schröder/Cramer/Heine* Rdn. 21 f vor § 324 m.w.N; *Arzt/Weber* BT § 41 Rdn. 27.

20 Die möglichen Gefahren, die es zu vermeiden gilt, sind in Absatz 1 in herkömmlicher Weise umschrieben: Schädigungen von Leib oder Leben, auch des werdenden[52], eines anderen oder fremder Sachen von bedeutendem Wert. Es kann hier weitgehend auf die Erläuterungen zu den §§ 315 ff (vgl. z.B. *König* LK § 315 Rdn. 67 ff) verwiesen werden. Der „bedeutende Wert" i.S. der Höhe des vom (wirtschaftlichen)Verkehrs/Sachwert [ggf. auch des ökologischen Wertes bei Tieren und Pflanzen] der Sache ausgehend drohenden Mindestschadens sollte jedoch höher als bei den Straßenverkehrsdelikten angesetzt werden.[53] Eine Schädigung kann auch darin liegen, dass die Sache selbst radioaktiv wird.[54] Dem Sinn der Regelung entsprechend werden auch **genetische** Schädigungen erfasst.[55]

21 Die Frage, wann ionisierende Strahlen oder Kernspaltungsvorgänge **geeignet** sind, Leib oder Leben eines anderen oder fremde Sachen von bedeutendem Wert zu schädigen, wird ohne Sachverständigenhilfe kaum zu entscheiden sein.[56] „Ausreichend ist [es allerdings], dass es nach den Umständen des Falles, insbesondere Herkunft, Intensität und Dauer der Strahlung bei genereller Betrachtung nicht fern liegt, bei (irgend-)einer Person könne ein nicht ganz unerheblicher pathologischer Zustand verursacht werden" (BGHSt **39** 371 f m. zust. Anm. *Geerds* JR **1995** 32 f). Spezielle Tatumstände sollen, wenn auch nur generalisierend, berücksichtigt werden (BGH NJW **1994** 2161; RegE BTDrucks. 8/2382 S. 16 [zu § 325]). Eine bestimmte Person oder Sache braucht nicht in Verletzungsgefahr geraten sein (*Wolters/Horn* SK Rdn. 4). Es ist zu fragen, ob eine Handlung wie die des Täters grundsätzlich und typischerweise geeignet erscheint, Gesundheits- oder Sachschäden herbeizuführen; eine besondere Empfindlichkeit oder eine ungewöhnliche Resistenz eines Opfers aufgrund besonderer Schutzvorkehrungen sollen dabei jedoch grundsätzlich außer Betracht bleiben.[57] Das Erfordernis des Eingehens auf die konkreten Umstände (vgl. auch BGHSt **46** 212, 218: notwendig konkrete Feststellung der Eignung) kann im Einzelfall dazu führen, dass die allgemein an sich vorliegende abstrakte Gefährlichkeit nicht bejaht werden kann, etwa beim Freisetzen geringster Strahlenmengen. Dabei ist aber stets sorgfältig zu prüfen, ob nicht über die unmittelbar betroffenen Opfer der Strahlen wegen der diffusen Verbreitung, die ihnen eigentümlich ist, auch weitere mögliche Opfer berücksichtigt werden müssen.[58] Die Grenzwerte der Strahlenschutzver-

[52] *Wolters/Horn* SK Rdn. 4; *Sack* Rdn. 11.

[53] Von 5 000 € als Wertgrenze geht bei den §§ 307–309 und 311 *Krack* MK aus, vgl. § 311 Rdn. 6; § 308 Rdn. 9, § 307 Rdn. 5; ebenso *Wolff* LK bei §§ 307 (Rdn. 3), nicht jedoch bei § 308 (Rdn. 8: hier für 2 500 €) und § 309 Abs. 6 (Rdn. 10: hier für Orientierung an § 315b). – Generell zur Frage der Orientierung am wirtschaftlich messbaren Verkehrswert bzw. drohenden Schaden und die Berücksichtigung ökologischer Schäden *Rengier* FS Spendel S. 553, 562 ff, 570 ff. Zu § 315a s. *König* LK Rdn. 95 m. Fn. 211.

[54] *Sack* Rdn. 13; *Steindorf* LK[11] Rdn. 12.

[55] *Herzog* MK § 309 Rdn. 6; *Krack* NK § 309 Rdn. 4; *Sch/Schröder/Cramer/Heine* Rdn. 4; *Fischer* Rdn. 4; *Sack* Rdn. 12.

[56] *Sack* Rdn. 10; *Reinhardt* S. 236; das LG München in NStZ **1982** 470 (Rdn. 26) hatte drei Gutachter hinzugezogen; ausführlich: *Hoyer* S. 179 ff.

[57] *Krack* MK § 309 Rdn. 5; nach *Bartholme* JA **1996** 730 f sollen nur solche konkreten Umstände eine Rollle spielen, die Aufnahme in einen für eine unbestimmte Vielzahl von Fällen geltenden menschlichen Erfahrungssatz finden können, ohne dass ein solcher gerade wegen dieses konkreten Bezuges seine generalisierende Eigenschaft verliert; alle variablen Umstände sollen unberücksichtigt bleiben; in diese Richtung auch *Möhrenschlager* WiVerw **1984** 47, 65 (zu § 325, mit Ausrichtung an naturwissenschaftlich gesicherten Erfahrungssätzen, wozu auch massenstatistische Beweise ausreichen können). Näher zur schädlichen physikalisch-biologischen Strahlenwirkung *Grupen* S. 179 ff, auch zu Strahlenunfällen S. 193 ff.

[58] Nach BGHSt **39** 372 f sollte bei der Feststellung der Eignung nicht nur auf die akut freigesetzte Strahlung (so das Urteil der Vorinstanz, LG München II) abgestellt

ordnung liefern für die Feststellung der Schädigungseignung wesentliche Anhaltspunkte (BGHSt. **39** 371, 373; BGH NJW **1994** 2161 (vgl. oben Rdn. 9 f a.E.); *Reinhardt* S. 239, 303 ff).

IV. Rechtswidrigkeit

Für die Beurteilung der **Rechtswidrigkeit** des im Tatbestand im Einzelnen umschriebenen Verhaltens gelten die allgemeinen Grundsätze. Das Merkmal „unter Verletzung verwaltungsrechtlicher Pflichten" ist – wie bei § 325 – Tatbestandsmerkmal Ein Verhalten, das den verwaltungsrechtlichen Anforderungen genügt, ist demnach schon nicht tatbestandsmäßig,[59] nicht etwa wird dadurch nur die Rechtswidrigkeit ausgeräumt. Die Erfüllung des objektiven Tatbestands indiziert auch hier die Rechtswidrigkeit, die bei Vorliegen von Rechtfertigungsgründen im Einzelfall ausgeschlossen sein kann. Ausnahmsweise kann angesichts des sich bisher auf einen konkreten Individualrechtsschutz beschränkenden Tatbestand die Einwilligung von Gefährdeten die Rechtswidrigkeit beseitigen. Dies ist z.B. dann möglich, wenn sich die tatsächliche Gefährdung auf einen fest umrissenen Personenkreis beschränkt,[60] was vielfach nicht der Fall sein wird. **22**

V. Innere Tatseite

Die Tathandlung des Absatzes 1 erfordert **Vorsatz.** Bedingter Vorsatz reicht aus. Der Täter muss danach wissen, dass er ionisierende Strahlen freisetzt oder einen Kernspaltungsvorgang bewirkt, und diesen Erfolg mindestens bedingt wollen, mit dessen Eintritt einverstanden sein. Ihm muss weiter bekannt sein, dass seinem Verhalten die Eignung zur Schädigung der im Tatbestand umschriebenen Rechtsgüter zukommt; genaue Vorstel- **23**

werden, sondern auch darauf, was hätte geschehen können, wenn die Tat nicht entdeckt worden wäre; hätte sich das Cäsium 137 weiterhin auf unbestimmte Zeit in mangelhaft verpackten Zustand, also ohne bessere Absicherung in absehbare Zeit, im illegalen Umlauf befunden, so sei nicht von vornherein ausgeschlossen, dass Gesundheitsschäden hätten auftreten können. Der nach der Anl. zur StrlSchV niedrigste Doseiswert konnte bei andauernder, dieselbe Strahlung treffender Strahlung – die bei unsachgemäßer Lagerung, bis etwa ein Absatzgeschäft abgeschlossen war, nicht ausgeschlossen werden konnte – in durchaus überschaubarer Zeit erreicht werden. – Zustimmend zum Additionsansatz *Sch/Schröder/Cramer/Heine* Rdn. 9; *Maurach/Schroeder* BT II § 58 IX Rdn. 99 – Zur Charakterisierung der Eignungsdelikte wird u.a. auf die Schriften von *Hoyer* Eignungsdelikte, *Wohlers*, Deliktstypen des Präventionsstrafrechts – zur Dogmatik „moderner" Gefährdungsdelikte, 2000, S. 297 ff und die bei *Sch/Schröder/Heine* Rdn. 3 zitierten sowie auf die Erörterungen zu § 325 verwiesen (vgl. *Steindorf* LK[11] Rdn. 4 ff; *Möhrenschlager* WiVerw **1984** 47, 65).

59 *Sch/Schröder/Cramer/Heine* vor § 324 Rdn. 11, 13; § 325 Rdn. 1, 9; *Sack* Rdn. 43; zu § 325 *Alt* MK Rdn. 20; *Fischer* Rdn. 3; *Wolters/Horn* SK Rdn. 11; *Schall* FS Küper (2007) S. 505 ff.

60 *Sch/Schröder/Cramer/Heine* Rdn. 11 (Beispiel: eine Forschungsgruppe innerhalb eines nach außen völlig abgesicherten Raumes bewirkt einen gesundheitsgefährdenden Kernspaltungsvorgang, dem jeder Anwesende in Kenntnis der Gefahr zugestimmt hat); nicht auf einen solchen Fall beschränkt *Möhrenschlager* LK § 312 Rdn. 15; *Wolff* LK § 307 Rdn. 6 m.w.N.; **aA** *Steindorf* LK[11] Rdn. 16; *Wolters/Horn* SK Rdn. 5; *Sack* Rdn. 44; *Reinhardt* S. 222 f (außer wenn Umweltgefährdung absolut ausgeschlossen !).

lungen über die Wirkung der Strahlenfreisetzung braucht er nicht zu haben. Am Vorsatz fehlt es, wenn der Täter eine Schädigungseignung subjektiv ausschließt, z.B. die schützende Verpackung irrig für ausreichend (*Geerds* JR **1995** 32 f) oder wenn er nur eigene Sachen für gefährdet hält (Tatumstandsirrtum). Vom Vorsatz mitumfasst muss auch das Tatbestandsmerkmal „unter Verletzung verwaltungsrechtlicher Pflichten" sein. Der Täter muss die ihn verwaltungsrechtlich treffenden Pflichten in ihrem inhaltlichen Gehalt kennen und wissen, dass er gegen sie verstößt Es reicht, wie auch sonst, aus, dass der Täter über alle Tatumstände vollständig informiert ist. Dazu gehört beispielsweise das Wissen um Verwaltungsakte, die an ihn auf dem Gebiet der Vermeidung atomarer Gefahren ergangen sind (vgl. *Vogel* LK § 16 Rdn. 38 ff m.w.N.). Glaubt der Täter irrigerweise, er habe die erforderliche Genehmigung, so liegt ein vorsatzausschließender Tatbestandsirrtum vor. Dies ist auch der Fall, wenn er bei Kenntnis aller Umstände davon ausgeht, eine Genehmigung sei nicht erforderlich.[61] Generell wird zur Abgrenzung zwischen Tatbestands-, Verbots- und Subsumtionsirrtum auf die Erörterungen zu den §§ 16 und 17 verwiesen. Ein Verbotsirrtum nach § 17 wird fast immer als vermeidbar einzustufen sein, da in diesem umfassend reguliertem Bereich weitgehende Pflichten zu Informationen und vielfältige Kontakte zu den zuständigen Fachbehörden bestehen bzw. möglich sind.

VI. Vollendung und Versuch

24 Vollendet ist die Tat mit dem schädigungsgeeigneten Freisetzen ionisierender Strahlen bzw. dem schädigungsgeeigneten Bewirken von Kernspaltungsvorgängen. Abweichend zu den §§ 46, 47 AtomG a.F. ist der **Versuch** strafbar. Wann ein unmittelbares Ansetzen zur Tat vorliegt, richtet sich nach den jeweiligen Umständen des Einzelfalles; auf die zu § 22 entwickelten Grundsätze wird verwiesen.[62] In den sog. Additionsfällen (Rdn. 21 m. Fn. 58) könnte nach dem Freisetzen zunächst ungefährlicher ionisierender Strahlen – der Täter ging aber schon von der Gefährlichkeit aus – zunächst nur ein Versuch vorliegen, in der Folge jedoch die vom Täter bewusst gewollte Vollendung durch Erreichen einer schädigungsgeeigneten kritischen Grenze verhindert wird (beim Täter wäre dann ggf. sogar noch ein Rücktritt möglich).

VII. Das Fahrlässigkeitsdelikt (Absatz 3)

25 Die seit 1.11.1994 aufgrund des 31. StrÄndG – 2. UKG (Entstehungsgeschichte m. Fn. 11 ff) geltende Fassung hat Absatz 3 erheblich umgestaltet. Sie unterscheidet zwei verschiedene Modalitäten fahrlässigen Verhaltens (hinsichtlich der Tathandlung – Freisetzen, Kernspaltung; Bewirken von Schädigungseignung – bzw. der Verletzung verwaltungsrechtlicher Pflichten).

26 1. Erweitert wurde die Strafbarkeit nach **Absatz 3 Nr. 1,** falls der Verstoß **„anlagebezogen"** begangen wird und eine umweltbezogene, nicht ausschließlich betriebsbezogene

---

[61] *Alt* MK § 324a Rdn. 46 m.N. aus der Rechtspr. des BayObLG und der Literatur; zu § 325 *Steindorf* LK[11] Rdn. 73b, c; *Sch/Schröder/Cramer/Heine* Rdn. 26; *Fischer* Rdn. 19; *Lackner/Kühl* Rdn. 16.

[62] Vgl. zu § 22 *Hillenkamp* LK Rdn. 54 ff, 86 ff, 110 ff; *Herzog* MK Rdn. 114 ff, 128 ff, 155 ff, 171 ff; *Zaczyk* NK Rdn. 22 ff; *Sch/Schröder/Eser* Rdn. 32 ff; *Fischer* Rdn. 9 ff.

Schädigungseignung aufweist. Bei derartigen Delikten (oft sog. Strahlenunfälle) genügt zukünftig „einfache" Fahrlässigkeit als Schuldform. Voraussetzung hierfür ist zunächst, dass der Verstoß **„beim Betrieb einer Anlage**, insbesondere einer Betriebsstätte" begangen worden ist. Damit verwendet der Gesetzgeber die bisher nur in § 325 Abs. 1 enthaltene eingrenzende Formulierung, die – trotz erheblicher Einwände – auch in der Neufassung dieser Bestimmung beibehalten worden ist (Begr. RegE BTDrucks. 12/192 S. 18). Der Anlagenbegriff ist hier gleichwohl eigenständig und deliktsspezifisch zu bestimmen. Daraus dass § 311 als Beispiel nur eine Betriebsstätte und nicht auch, wie in § 325 Abs. 2 eine Maschine oder wie in § 328 Abs. 3 Nr. 1 eine technische Einrichtung sowie der RegE BTDrucks. 12/192 S. 15 nur Anlagen zur Lagerung von Kernbrennstoffen oder von radioaktiven Abfällen erwähnt, sollte nicht geschlossen werden, dass der Anlagenbegriff in § 311 sich nur auf größere Einheiten beziehen sollte.[63] „Anlagebezogen" ist eine Handlungsweise nicht nur dann, wenn sie auf einem entsprechend eingerichteten Grundstück („stationär") erfolgt, sondern auch dann, wenn sie von einer sonstigen „technischen Einrichtung", beispielsweise einer nicht stationären Strahlenquelle, einem tragbaren Gerät, ausgeht. Der RegE wollte generell über den Bereich von § 7 AtomG hinaus Anlagen erfassen, von denen eine schädigende radioaktive Strahlung ausgeht. Auch in diesen Fällen könne eine Vielzahl von Personen oder Sachen außerhalb der Anlage geschädigt werden. Erforderlich ist, dass die Einrichtung mit dem Freisetzen ionisierender Strahlen oder dem Bewirken von Kernspaltungsvorgängen in Verbindung zu setzen ist und auf diese das tatbestandsspezifische spezifische Regime verwaltungsrechtlicher Pflichten anwendbar ist.

Anlagen in diesem Sinne sind zunächst **kerntechnische Anlagen** i.S. der §§ 312, 327 **27**
Abs. 1 Nr. 1, § 330d Nr. 2 und des § 7 AtomG (näher dazu § 312 Rdn. 2; extremes Beispiel Tschernobyl-Reaktorunfall 1986), weiter Betriebsstätten, in denen Kernbrennstoffe (vgl. BVerwG DVBl. **1995** 245) verwendet werden (vgl. § 327 Abs. 1 Nr. 2). Einbezogen sind darüber hinaus alle Anlagen i.S. der StrlSchV. § 3 Nr. 5 nennt zunächst Anlagen des Bundes zur Sicherstellung und zur Endlagerung radioaktiver Abfälle; hinzuzurechnen sind aber auch die Landessammelstellen zur Zwischenlagerung (vgl. §§ 5, 9 Abs. 3 Satz 1 AtomG), weiter aber vor allem Anlagen zur Erzeugung ionisierender Strahlen i.S. des § 11 Abs. 1 Nr. 2 AtomG, die geeignet sind, Photonen oder Teilchenstrahlung gewollt oder ungewollt zu erzeugen (insbesondere Elektronenbeschleuniger, Ionenbeschleuniger, Plasmaanlagen mit näheren ergänzenden Ausführungen in §§ 11 ff StrlSchV [nur Anzeigepflicht bei geringerer Wirkung]. Ein weiteres Beispiel sind Anlagen zur Lagerung von Kernbrennstoffen (§§ 5, 6 AtomG; vgl. RegE BTDrucks. 12/192 S. 15); Einrichtungen für die Lagerung von Kernmaterialien sind u.a. auch ein Beispiel für den haftungsrechtlichen Begriff der Kernanlage in Anl. 1 Nr. 2 zum AtomG; weitere Ergänzungen bei § 312 Rdn. 2).

Einen weiteren Bereich von Anlagen im Sinne der vorliegenden Bestimmung stellen **28**
die Einrichtungen zur Anwendung radioaktiver Stoffe und ionisierender Strahlen in der **Medizin** dar. Dazu gehören vor allem **Röntgeneinrichtungen**, auch für Untersuchungen in der Schule (Unterfälle Hochschutz- und Vollschutzgeräte) mit **Röntgenstrahlern** als Bestandteil (§ 2 Nr. 9, 14, 16, 17, 25 mit Regelungen in §§ 3 ff RöV).[64] Ihre Einbe-

---

[63] So aber *Krack* MK Rdn. 14; *Sch/Schröder/Cramer/Heine* Rdn. 6 (Mindestmaß an räumlicher Ausdehnung erforderlich); auch *Herzog* NK Rdn. 8 weist auf Abgrenzungsschwierigkeiten insbesondere bei nicht kerntechnischen Anlagen, wie in Krankenhäusern oder im Bereich von Forschungsanlagen hin.

[64] Abl. bzw. kritisch die in Fn. 63 Genannten; *Sch/Schröder/Cramer/Heine* aaO wollen deshalb § 311 bei kleineren ortsveränderlichen

ziehung erklärt sich auch aus der Erfahrung, dass Strahlen im medizinischen Bereich den Einzelnen mehr gefährden können als eine kerntechnische Anlage (BGHSt **43** 346, 351). Der bei weitem größte Anteil an der sog. zivilisatorischen Strahlenexposition stammt aus der medizinischen Röntgendiagnostik (Anstieg von 1996 – 1,6 mSv – bis 2004 – 1,8 mSv pro Einwohner –, vor allem bedingt durch Zunahme von CT-Untersuchungen [z.B. von 2003 auf 2004 um fast 10 %] gegenüber sonstigen abnehmenden Untersuchungen). Die Belastung durch die nuklearmedizinische Diagnostik ist relativ gering (1996–2004 durchschnittlich 0,12 mSv pro Einwohner), Bericht der BReg. über die Umweltradioaktivität und Strahlenbelastung im Jahr 2006 vom 23.10.2007, – BTDrucks. 16/6835 S. 3 ff, 38, 40 ff; vgl. auch die Berichte für 2004 und 2005, BTDrucks. 16/200 und 16/3084). Diesen Berichten ist auch zu entnehmen, dass der Anlagenbegriff nicht zu eng verstanden werden sollte. Dies zeigen Fälle wie die Exposition einer Person in einer LKW-Röntgenkontrollanlage bei einer Zollbehörde (BTDrucks. 16/200 S. 31) bzw. eines Kindes in einer Röntgenkontrollanlage auf einem Flughafen (BTDrucks. 16/3084 S. 33) und die Fehlbestrahlung von mehreren Patienten mit einer „Afterloadinganlage" (Nachladegerät zur Beschickung von Radionukliden zur Tumorbekämpfung) in einem Klinikum (BTDrucks. 16/6835 S. 30); letztere führten auch zu Ermittlungsverfahren.

29 Hinzu kommen Anlagen zur Anwendung radioaktiver Stoffe und ionisierender Strahlen in **Forschung, Technik und Haushalt, die auch Geräte umfassen.** Insbesondere die Industrie setzt bei einigen technischen Prozessen Strahlenquellen zur Messung und Steuerung (Füllstand-, Dicke- und Dichtemessung; vgl. auch BGH NJW **1994** 2161 – Cäsiumbehälter als Messgerät) oder zur Qualitätskontrolle bei der zerstörungsfreien Materialprüfung ein (BTDrucks. 16/6835 S. 23). Schließlich sind noch „Störstrahler" (§ 2 Nr. 18 mit Regelungen in § 5 RöV) zu erwähnen, Geräte oder Einrichtungen, die unbeabsichtigt Röntgenstrahlen erzeugen (Elektronenmikroskope, Hochspannungsgleichrichter, auch Kathodenstrahlröhren in Bildschirmgeräten).

30 2. Weitere Voraussetzung für Nr. 1 ist, dass der Täter in einer Weise handelt, die geeignet ist, außerhalb des Anlagenbereichs, nach RegE BTDrucks. 12/192 S. 15 **„umweltbezogen"**, Schäden an den in Absatz 1 genannten Rechtsgütern zu verursachen. Dies sollte allerdings nicht so verstanden werden, dass bei Anlagen in einer Fabrik (vgl. Anl. I Nr. 2 zum AtomG), in einem Krankenhaus oder auf einem Flughafen nur die Fälle erfasst werden, bei denen eine Schädigung außerhalb dieser Gebäude auftreten kann. Die Abgrenzung sollte hier von Auswirkungen außerhalb des Nahbereichs ausgehen, der je nach Funktionsart und Standort und Betroffenheit von Personen bzw. Sachen mitunter sehr eng zu ziehen ist (wie etwa bei einer Durchleuchtungsanlage oder bei Geräten). Kann diese Schädigungseignung tatsächlich auf den Bereich „innerhalb" der Anlage begrenzt werden, ist Nr. 1 nicht anwendbar. Dies kann z.B. bei fehlerhaftem gefahrengeeigneten Umgang mit Röntgengeräten gegenüber dem einzelnen Patienten der Fall sein.[65]

31 3. In diesen Fällen ausschließlich auf den Innenbereich bezogener Schädigungseignung und immer dann, wenn die Handlungsweise – ausnahmsweise – nicht anlagebezogen ist (so z.B. beim illegalen Handel mit radioaktiven Stoffen),[66] verbleibt es nach **Absatz 3 Nr. 2** bei dem früheren Rechtszustand, dass zur Erfüllung des Fahrlässigkeitstatbestandes **„grob pflichtwidriges Handeln"** bei der „Verletzung verwaltungsrechtlicher

---

technischen Einsatzmitteln, z.B. Geräten der Röntgenmedizin oder Laborapparate nicht anwenden.

[65] *Möhrenschlager* NStZ **1994** 566, 569.

[66] *Sch/Schröder/Cramer/Heine* Rdn. 7; i.Erg. auch *Herzog* NK Rdn. 9.

Pflichten" (Rdn. 15 ff.) erforderlich ist (RegE aaO). Kennzeichnend ist nach dem RegE BTDrucks. 8/2382 S. 16 (zu § 325) eine „besonders schwere Verletzung einer Pflicht, aber auch die Verletzung einer besonders gewichtigen bzw. ernst zu nehmenden Pflicht".[67] Letzteres wird durchweg der Fall sein, wenn der Täter ohne die erforderliche Genehmigung oder entgegen einer vollziehbaren Untersagung handelt.[68]

VIII. Täterschaft

Die Handlung kann durch positives Tun oder Unterlassen im Sinne von § 13 Abs. 1 begangen werden. Gerade bei dem Umgang mit ionisierenden Strahlen und mit Kernspaltungen wird es sich in aller Regel um Personen handeln, denen eine Garantenstellung aufgrund ihres Umgehens mit den gefährlichen Materien zukommt. Auch bei der Auslegung dieses Tatbestandes ist allerdings zunächst immer zu prüfen, ob nicht, wie meistens, ein positives Handeln vorliegt. Falls tatsächlich eine Tatbegehung durch Unterlassen gegeben ist, wird eine Milderungsmöglichkeit nach § 13 Abs. 2 grundsätzlich auszuscheiden haben. Abgesehen von Ausnahmefällen ist nichts dafür ersichtlich, dass eine Bewertung des durch den Garanten verwirklichten Unrechts zu einem geminderten Vorwurf führen könnte. **32**

Verantwortlicher **Täter** kann an sich jedermann sein. Wird die Straftat im Bereich eines Unternehmens begangen, ist § 14 zu berücksichtigen. Hierbei wird jeweils derjenige zu ermitteln sein, den die Verantwortung im Einzelfall trifft. Täter können insbesondere der **„Strahlenschutzverantwortliche"** (§ 31 Abs. 1 StrlSchV; § 13 Abs. 2 RöV) und der von ihm bestellte **„Strahlenschutzbeauftragte"** (§ 31 Abs. 2 bis 5 StrlSchV; § 13 Abs. 2 bis 5 RöV) sein. Deren jeweiliger Pflichtenkreis ist in § 33 StrlSchV bzw. §§ 14 ff RöV im einzelnen klar umrissen. Aus ihnen ergibt sich, in welchem Umfang eine Garantenpflicht besteht.[69] Als Täter kommt in diesem Zusammenhang auch ein Arbeitnehmer in Betracht, wenn er unter Verletzung von auch ihn treffenden Strahlenschutzvorschriften oder als nach § 14 Abs. 2 Nr. 2 entsprechend Handelnder die im Tatbestand umschriebenen Folgen verursacht.[70] **33**

IX. Strafe, Einziehung, Verjährung

Die **Strafdrohung** für das vorsätzliche Delikt ist mit Freiheitsstrafe bis zu fünf Jahren oder Geldstrafe nach dem Tagessatzsystem des § 40 festgelegt. Damit entspricht die vorgesehene Strafe den vergleichbaren Regelungen des Umweltschutzstrafrechts (§§ 324, 325). Eine Änderung gegenüber dem durch die vorstehende Regelung abgelösten § 47 AtomG a.F. ist damit nicht eingetreten, wobei allerdings zu beachten ist, dass jene **34**

---

67 H.M.; *Krack* MK Rdn. 16; *Sch/Schröder/Cramer/Heine* § 325 Rdn. 24 m.w.N.; z. Kritik, insbesondere am früheren Recht vgl. *Steindorf* LK[11] Rdn. 7 f.

68 *Möhrenschlager* aaO S. 567 (zu § 328).

69 Zu deren Bestehen *Steindorf* LK[11] Rdn. 15; *Sack* Rdn. 58; anders noch die Zweifel von *Laufhütte/Möhrenschlager* ZStW 92 912, 966 Fn. 239.

70 *Steindorf* und *Sack* aaO; *Reinhardt* S. 238 Fn. 135; **aA** *Schünemann* in FS Lackner S. 306 Fn. 1 und früher *Laufhütte/Möhrenschlager* aaO. – Generell zur Problematik im Umweltstrafrecht *Rengier* FS Kohlmann S. 225, 230 f, 234 ff.

Bestimmung den Eintritt einer **konkreten** Gefahr vorausgesetzt hatte. Eine dem Satz 2 von § 47 AtomG entsprechende Vorschrift, wonach eine erhöhte Mindeststrafdrohung den traf, der die Gefahr „wissentlich" herbeigeführt hat, kennt die Bestimmung nicht. Freiwillige Abwendung der Gefahr, bevor ein erheblicher Schaden entsteht, kann zum Absehen von Strafe oder deren Milderung führen (**Tätige Reue,** § 314a Abs. 2 Nr. 2d; ergänzend Abs. 4). In der polizeilichen Kriminalstatistik wurden 2004 drei Fälle und in der Strafverfolgungsstatistik 2003 und 2004 je eine Verurteilung registriert (für die Zeit bis 2001 s. *Sack* Rdn. 4).

35 Nach **Absatz 3** ist, insoweit über das frühere Recht in § 47 AtomG a.F. hinausgehend, auch die **fahrlässige** Begehung unter – erheblich geringere – Strafe gestellt. Sie kommt insbesondere in Betracht, wenn nicht nachweisbar ist, dass das objektive Geschehen in allen Varianten vom Vorsatz des Täters getragen war, oder wenn der Täter seine verwaltungsrechtlichen Pflichten in einer den Vorsatz ausschließenden Weise (§ 16 Abs. 1) verkennt, z.B. bei Missachtung von Sicherheitsvorschriften. In diesen Fällen unvorsätzlichen Handelns bedarf allerdings die Fahrlässigkeit jeweils einer eigenständigen Begründung. Der weitverbreiteten Praxis, bei Vorliegen eines Irrtums über Tatumstände bzw. bei sonstigem Misslingen des Vorsatznachweises (vgl. *Vogel* LK § 15 Rdn. 14, 71) quasi automatisch nach § 16 Abs. 1 Satz 2 fahrlässige Begehungsweise anzunehmen, kann nicht entschieden genug entgegengetreten werden. Zur Erläuterung der Fahrlässigkeitsmerkmale wird auf *Vogel* LK § 16 Rdn. 144 ff verwiesen. Die Rechtsprechung hat bisher – soweit ersichtlich – nur einen Fall dieser Art entschieden (LG München NStZ **1982** 470): Ein als Durchstrahlungsprüfer ausgebildeter Spezialist sicherte sein Arbeitsgerät, ein Isotopengerät Gammamat TE-F, beim Transport mit einem Kraftfahrzeug in mehrfacher Weise unvorschriftsmäßig, so daß es aus dem Fahrzeug auf die Straße fiel und dort von einem Landwirt entdeckt wurde, der etwa zehn Minuten lang an dem Gerät manipulierte, so dass Gammastrahlung in nicht mehr genau feststellbarer Menge austreten konnte. Dieser Fall zeigt gleichzeitig die Schwierigkeiten, die in derartigen Fällen der Feststellung des Sachverhalts entgegenstehen. Es mussten allein in diesem Fall drei Sachverständige hinzugezogen werden. Der Angeklagte wurde schließlich wegen fahrlässigen Freisetzens ionisierender Strahlen in Tateinheit mit fahrlässiger schwerer Umweltgefährdung nach § 330 Abs. 1 Satz 1 Nr. 4, Abs. 6 a.F. zu einer Geldstrafe von 100 Tagessätzen zu je 50,– DM verurteilt.[71] – In Fällen **Tätiger Reue** kann keine Strafe verhängt werden (§ 314 Abs. 3 Nr. 1c, Abs. 4).

36 Für **Einziehungen** gilt die Sondervorschrift des § 322, die über die allgemeinen Vorschriften der §§ 74 ff hinausgeht (Ausdehnung auf sog. Beziehungsgegenstände und auf Fahrlässigkeitstaten). Sie hat auch Auswirkungen auf die Strafzumessung (*Theune* LK § 46 Rdn. 10; *Schmidt* LK § 74b Rdn. 3 m.N. aus der Rechtsprechung). – Die **Verjährung** der Strafverfolgung tritt mit Ablauf von fünf Jahren ein (§ 78 Abs. 3 Nr. 4).

X. Zusammentreffen mit anderen Gesetzesverletzungen

37 Kommt es zur Verletzung der in Absatz 1 umschriebenen Rechtsgüter, so verdrängt das Verletzungsdelikt (§§ 211 ff, 223, 303 bei jeweils im Tatbestand vorgesehener vorsätzlicher Begehungsweise) insoweit das Gefährdungsdelikt.[72] Soweit Gefährdung und

---

[71] Ausführlich hierzu *Reinhardt* S. 166 f, 229.

[72] *Herzog* NK Rdn. 11; immer für Tateinheit *Krack* NK Rdn. 19 (außer im Verhältnis zum Mord mit gemeingefährlichen Mitteln); *Sch/Schröder/Cramer/Heine* Rdn. 14; *Fischer* Rdn. 8; *Lackner/Kühl* Rdn. 7; *Sack* Rdn. 68;

Verletzung sich nicht decken, wird das Unrecht der Tat nur durch die Annahme von Tateinheit voll erfasst. Mit den Fahrlässigkeitstatbeständen §§ 222, 229 besteht Tateinheit, da in diesen Vorschriften die abstrakte Gefährdung, die der vorliegenden Bestimmung auch zugrunde liegt, nicht ausgeschöpft wird.[73] Im Übrigen wird Tateinheit anzunehmen sein mit §§ 308, 327 und 328[74]; näher dazu Rdn. 38. Hinter den §§ 307 und 309 tritt die vorliegende Vorschrift zurück, da insoweit Subsidiarität gegeben ist.[75] Das gleiche gilt im Verhältnis zu § 312.[76]

Aus dem Bereich der Umweltstraftaten kann es zur **Tateinheit** mit folgenden Vorschriften kommen: Bei radioaktiver Kontamination eines Gewässers mit § 324, des Bodens mit § 324a. Falls das Freisetzen ionisierender Strahlen von radioaktiven Abfällen ausgeht (§ 326 Abs. 1 Nr. 3, Abs. 2 bis 5), sind gleichzeitig die abfallrechtlichen Kontrollvorschriften verletzt, so dass der Unrechtsgehalt der Tat nur durch die Annahme von Tateinheit voll erfasst wird. Tateinheit ist auch beim Zusammentreffen mit § 327 Abs. 1 gegeben; das Freisetzen ionisierender Strahlen kann auch von fehlerhaften behördlich zugelassenen Anlagen ausgehen, so dass genehmigungsloses Handeln stärkeres Unrecht darstellt. Entsprechendes gilt für § 328 Abs. 1. Die Tatbestände des § 328 Abs. 2 Nr. 1 bis 3 können wegen des beabsichtigten Schutzes eigenständiger Rechtsgüter ebenfalls ideell konkurrieren, soweit nicht bloßes Vermitteln – ohne Ausübung der tatsächlichen Gewalt über die Stoffe – vorliegt. In dem konkreten Gefährdungsdelikt des § 328 Abs. 3 geht die vorliegende Tat nicht auf, da die hier (§ 311) erforderlichen Tatbestandsvoraussetzungen unterschiedlich sind, so dass auch insoweit Tateinheit anzunehmen ist. 38

§ 312
Fehlerhafte Herstellung einer kerntechnischen Anlage

(1) Wer eine kerntechnische Anlage (§ 330d Nr. 2) oder Gegenstände, die zur Errichtung oder zum Betrieb einer solchen Anlage bestimmt sind, fehlerhaft herstellt oder liefert und dadurch eine Gefahr für Leib oder Leben eines anderen Menschen oder für fremde Sachen von bedeutendem Wert herbeiführt, die mit der Wirkung eines Kernspaltungsvorgangs oder der Strahlung eines radioaktiven Stoffes zusammenhängt, wird mit Freiheitsstrafe von drei Monaten bis zu fünf Jahren bestraft.

(2) Der Versuch ist strafbar.

(3) Verursacht der Täter durch die Tat eine schwere Gesundheitsschädigung eines anderen Menschen oder eine Gesundheitsschädigung einer großen Zahl von Menschen, so ist auf Freiheitsstrafe von einem Jahr bis zu zehn Jahren zu erkennen.

Dölling/Duttge/Rössner/*Weiler* § 311 Rdn. 8; *Wolters/Horn* SK Rdn. 9. – Zur Körperverletzung durch Gammastrahlenbehandlung – BGHSt **43** 306 = NJW **1998** 1802; *Jerouschek* JuS **1999** 746; weiter durch Röntgenstrahlen BGHSt **46** 346, 353 ff (s.o. Rdn. 4) m. Anm. *Jung* in MedR **1998** 329; *Martin* in JuS **1998** 564; *Riggizahn* in JR **1998** 524 und *Wolfslast* in NStZ **1999** 133 sowie den Beitrag von *Götz/Hinrichs/Seibert/Sommer* in MedR **1998** 505; weiter *Grupen* S. 179 ff. Über Todesfälle im Ausland vgl. den Überblick im RegE zum Gesetz zur Kontrolle hochradioaktiver Strahlenquellen, BTDrucks. 15/5284 S. 47 (s. auch *Veith* S. 47 f; *Grupen* S. 193 f, 198 f).

73 *Sch/Schröder/Cramer/Heine* aaO.

74 S. die Befürworter von Tateinheit in Fn. 72.

75 Ebenso die Autoren für Tateinheit in Fn. 72; **aA** (Tateinheit) *Krack* MK Rdn. 18 und *Wolters/Horn* SK Rdn. 9.

76 *Krack* MK aaO.

(4) Verursacht der Täter durch die Tat den Tod eines anderen Menschen, so ist die Strafe Freiheitsstrafe nicht unter drei Jahren.

(5) In minder schweren Fällen des Absatzes 3 ist auf Freiheitsstrafe von sechs Monaten bis zu fünf Jahren, in minder schweren Fällen des Absatzes 4 auf Freiheitsstrafe von einem Jahr bis zu zehn Jahren zu erkennen.

(6) Wer in den Fällen des Absatzes 1

1. die Gefahr fahrlässig verursacht oder

2. leichtfertig handelt und die Gefahr fahrlässig verursacht,

wird mit Freiheitsstrafe bis zu drei Jahren oder mit Geldstrafe bestraft.

Schrifttum

Es wird auf die Angaben zu den §§ 311, 327 und 328, insbesondere auf die Monographie von *Reinhardt* Der strafrechtliche Schutz vor den Gefahren der Kernenergie (1989), verwiesen; weiter zum **Atomrecht** *Kimminich* Atomrecht (1979); *Kloepfer* Umweltrecht, 3. Aufl. (2004); *ders.* Umweltschutzrecht (2008); *Posser/Schmans/Müller-Dehn* Atomgesetz – Kommentierung zur Novelle 2002 – (2003); *Raetzke* Die Veränderungsgenehmigung für Kernkraftwerke nach § 7 Atomgesetz (2001).

Entstehungsgeschichte[1]

Die Bestimmung geht in ihrem Ursprung auf einen nicht Gesetz gewordenen Beschluss des BT-Ausschusses für Atomfragen zurück (Nr. 24 des Berichts zu BTDrucks. II/3502 v. 9.5.1957). Sie wurde als § 49 Bestandteil des RegE zum AtomG (BTDrucks. III/759 S. 45 f). Erklärtes Vorbild war § 109e Abs. 2 StGB. Gesetz wurde die Regelung mit Änderung des Gefahrenbegriffs als § 48 AtomG, später entsprechend dem RegE (BTDrucks. 7/550 S. 411) in den Strafdrohungen geändert durch Artikel 192 Nr. 4 EGStGB v. 2.3.1974 (BGBl. I S. 469, 591 f) sowie entsprechend dem RegE (BTDrucks. 7/4794 S. 7, 10 f) unter Erweiterung des Anlagenbegriffs durch Artikel 18 des 4. ÄndG zum AtomG v. 30.8.1976 (BGBl. I S. 2573; vgl. auch die vorangehende Erweiterung in Art. 1 Nr. 4 des 3. ÄndG v. 15.7.1975, BGBl. I S. 1885). In das StGB übernommen wurde sie – im wesentlichen unverändert als § 311e durch Artikel 1 Nr. 8 des 18. StRÄndG vom 28.3.1980 (BGBl. I S. 373). In Absatz 3 Satz 2 wurde ein Regelbeispiel für den besonders schweren Fall eingefügt. Die Übernahme auch dieser Bestimmung in das StGB war im RegE (BTDrucks. 8/2382) noch nicht vorgesehen gewesen; sie geschah auf Betreiben des BTRAussch. (s. Bericht BTDrucks. 8/3633 S. 23 f). § 48 AtomG wurde durch Artikel 14 Nr. 2 des genannten StRÄndG aufgehoben.

Durch Art. 1 Nr. 2 des 31. StRÄndG – 2. UKG vom 27.6.1994 (BGBl. I S. 1440) wurde die Vorschrift u.a. auch auf Grund der gegen sie erhobenen Kritik[2] umgestaltet.

---

1 Dazu vor allem *Reinhardt* S. 58 f, 68 ff, 72, 101, 159 ff, 176 ff, 198 f, 206, 221 ff, 243 ff m.N. zur Textentwicklung bis 1980 auf S. 344, 353 f, 359, 395, 398, 404, 407 f.

2 Z.B. durch *Triffterer* Umweltstrafrecht (1980) S. 254 f; *Reinhardt* S. 177 ff; vgl. auch *Wimmer* in Baumann/Rossnagel/Weinzierl, Rechtsschutz für die Umwelt im vereinigten Deutschland (1992) S. 201, 203. – Der nach dem Reaktorunfall in Tschernobyl und der Basler Sandoz-Rheinverschmutzung eingesetzte Arbeitskreis Umweltstrafrecht hatte in seinem Bericht vom 19.12.1988 S. 155 zur Überprüfung des Umweltstrafrechts zwar anerkannt, dass eine Modifizierung der Vorschrift in mancherlei Beziehung, z.B. durch Erweiterung der subjektiven Voraussetzungen, in Betracht kommen könnte, damals jedoch

Sie erhielt die Bezeichnung „§ 311c“ statt der zuvor maßgebenden Einordnung als § 311e. Sachlich wurde die **Beschränkung in Absatz 1 auf „wissentliche“ Begehungsweise beseitigt**, so dass nunmehr auch bedingter Vorsatz zur Verwirklichung des Delikts ausreicht. Nach dem Willen des Gesetzgebers sollte die Bestimmung „nicht länger auf Sabotageakte beschränkt bleiben“ (Begr. BTDrucks. 12/192 S. 14). Gleichzeitig wurde ein Absatz 5 eingefügt, nach dem nunmehr auch eine „leichtfertige“ Begehungsweise, die zu einer fahrlässigen Gefahr führt, unter Strafdrohung stand.

Weitergehende Änderungsvorschläge im Gesetzentwurf der SPD-Opposition (BT-Drucks. 12/376 S. 3, 15 f; identischer Vorgänger BTDrucks. 11/6449) blieben unberücksichtigt. Hier war angestrebt worden, das Delikt zu einem abstrakten Gefährdungsdelikt umzugestalten, so dass es zur Strafbarkeit ausreichen sollte, „daß die fehlerhafte Herstellung für die Sicherheit der Anlage oder den Strahlenschutz abträglich ist“. Ferner war als weitere Begehungsform neben dem Herstellen und Liefern das „Instandhalten“ vorgesehen worden.[3] Außerdem sollte anstelle von „Leichtfertigkeit“ einfache Fahrlässigkeit als Schuldform ausreichen. Schließlich hatte sich der Entwurf für die Beibehaltung der Mindestfreiheitsstrafe von sechs Monaten und die Anhebung der Höchststrafe für vorsätzliche Begehungsweise – unabhängig vom Vorliegen eines besonders schweren Falles – auf zehn Jahre ausgesprochen.

Durch Art. 1 Nr. 80 des 6. StrRG v. 26.1.1998 (BGBl. I S. 164, 183) wurde § 311c zu § 312. Die in Absatz 3 Satz 2 a.F. enthaltene und im RegE (BTDrucks. 13/8587 S. 13, 50) in Anlehnung an vergleichbare Regelungen noch erweiterte Regelbeispielsmethode wurde vom BTRAussch. nicht übernommen. An ihre Stelle traten im Strafmaß differenzierende **Erfolgsqualifikationen** in Absatz 3 (betr. schwere Gesundheitsschädigung bzw. Gesundheitsschädigung einer großen Zahl von Menschen) und Absatz 4 (Todesverursachung) mit zusätzlichen Regelungen für **minder schwere Fälle** in Absatz 5 (vgl. den BR-Vorschlag in BTDrucks. 13/8587 S. 71 und den Vorschlag des BTRAussch. in BTDrucks. 13/9064 S. 22). In Absatz 6 wurde **für Fahrlässigkeitsdelikte ein einheitlicher Strafrahmen** in Anlehnung an den für andere gemeingefährliche Delikte gebildet (RegE, BTDrucks. 13/8587 aaO).

Durch das Verbot der Erteilung von Genehmigungen „für die Errichtung und den Betrieb von Anlagen zur Spaltung von Kernbrennstoffen zur gewerblichen Erzeugung von Elektrizität und von Anlagen zur Aufarbeitung bestrahlter Kernbrennstoffe“ in § 7 Abs. 1 Satz 2 AtomG hat § 312 noch mehr als bisher an Bedeutung verloren. Dieses Verbot gilt allerdings nicht für nicht gewerbliche Anlagen und für Forschungsreaktoren sowie, was besonders bedeutsam ist, auch nicht für „wesentliche Veränderungen von Anlagen oder ihres Betriebs“ (§ 7 Abs. 1 Satz 3 AtomG).

Übersicht

noch kein dringendes Bedürfnis für eine Änderung gesehen. Nach dem Bericht waren praktische Fälle bis dahin nicht bekannt geworden, was wohl weitergehend der Fall ist. Es kann daher höchstens von einer präventiven Wirkung der Vorschrift ausgegangen werden.

[3] Befürwortend *Möhrenschlager* NStZ **1994** 566, 569 (mit Hinweis auf breite Unterstützung in der Anhörung zum Entwurf).

I. Allgemeines

1 Nach der Begründung zum AtomG (BTDrucks. III/759 S. 45 zu § 49) besteht wegen der – auch im 18. StRÄndG (s. Ausschussbericht BTDrucks. 8/3633 S. 24) anerkannten – besonderen Gefährlichkeit von Atomanlagen (§ 7 AtomG, § 330d Nr. 2 StGB) ein Bedürfnis für eine Strafdrohung gegen denjenigen, der eine solche Anlage oder Teile hiervon fehlerhaft herstellt und dadurch eine „Gemeingefahr" herbeiführt. Der Begriff der „Gemeingefahr" i.S. von § 315 Abs. 3 StGB a.F. wurde im Laufe des Gesetzgebungsverfahrens zu § 49 AtomG „aufgelöst" (zu BTDrucks. III/1412 S. 6), um klarzustellen, dass – anders als BGHSt **11** 199 zu § 315a a.F. – die Gefährdung eines bestimmten Menschen den Tatbestand auch dann erfüllt, wenn der Gefährdete „nicht Repräsentant der Allgemeinheit" ist.

2 Es handelt sich um ein **konkretes Gefährdungsdelikt;** geschützt werden die Rechtsgüter Leben und Gesundheit sowie das Eigentum an Sachen von bedeutendem Wert vor schwerwiegenden spezifischen Gefahren der Kernenergie und der schädlichen Wirkung ionisierender Strahlen (§ 1 Abs. 2 AtomG) durch fehlerhaft hergestellte kerntechnische Anlagen bzw. durch für deren Errichtung oder Betrieb fehlerhaft gelieferte Gegenstände. Für einen doppelten Rechtsgutsbezug, der auch „Umweltrechtsgüter" einbezieht, setzt sich zwar mit guten Gründen *Reinhardt* (S. 221 f) ein. Die bisherige Tatbestandsstruktur, die keinen Umweltbezug enthält (dieser fehlt auch in der Grundnorm des § 1 Nr. 2, wird aber in § 7 Abs. 2 Nr. 6 AtomG erwähnt), erlaubt eine solche Ausweitung jedoch nicht.

II. Tatobjekte

3 Tatobjekte sind eine „kerntechnische Anlage" und darüber hinaus auch „Gegenstände, die zur Errichtung oder zum Betrieb einer solchen Anlage bestimmt sind".

1. Der Begriff der **„kerntechnischen Anlage"** ist seit dem 18. StRÄndG im StGB selbst umschrieben (§ 330d Nr. 2): „eine Anlage zur Erzeugung oder zur Bearbeitung oder Verarbeitung oder zur Spaltung von Kernbrennstoffen oder zur Aufarbeitung bestrahlter Kernbrennstoffe". Hiermit wurde die Formulierung aus § 7 Abs. 1, 5 AtomG übernommen, wodurch nicht nur ortsfeste, sondern auch ortsveränderliche genehmigungsbedürftige Anlagen erfasst werden. Zu letzteren gehören z.B. Reaktorschiffe und einschlägige Anlagen auf Atom-U-Booten, an Bord von Luftfahrzeugen oder von Satelliten.[4] „Kernbrennstoffe" sind nach § 2 Abs. 1 Satz 2 AtomG besonders spaltbare Stoffe, deren verschiedene Formen dort näher aufgeführt sind.

4 Der Anlagenbegriff ist nicht unumstritten.[5] Zu folgen ist – ausgehend von der Entstehungsgeschichte des § 312 – auch für das Strafrecht der an der Rechtsprechung des

---

[4] *Steindorf* in Erbs-Kohlhaas § 7 AtomG Rdn. 2c.

[5] Vgl. *Reinhardt* S. 188 ff; *Ronellenfitsch* Das atomrechtliche Genehmigungsverfahren S. 134 ff; *Steindorf* § 7 AtomG Rdn. 2b.

BVerwGE 72 300, 328 ff (= NVwZ **1986** 208, 215 = DVBl. **1986** 190, 198); weiterentwickelt in 80 21, 25 ff (= NVwZ **1988** 1024 = DVBl. **1988** 973 = UPR **1988** 448) orientierten verwaltungsrechtlichen Auffassung (**aA** *Alt* MK § 327 Rdn. 6). Welchem Zweck eine Anlage dienen soll, bestimmt grundsätzlich derjenige, der die Anlage errichtet. Der Errichter der Anlage bestimmt mit seinem Genehmigungsantrag – im Rahmen des gesetzlichen Anlagenbegriffs – den Genehmigungsgegenstand. Das bedeutet allerdings keineswegs, dass es ausschließlich darauf ankäme, welchen Zweck derjenige, der eine Anlage errichtet, verlautbart. Wird eine Anlage errichtet, die erkennbar einem anderen als dem vom Errichter angegebenen Zweck dienen soll, nämlich einem solchen, der einer atomrechtlichen Genehmigung oder Planfeststellung bedarf, so ist die Errichtung ohne das erforderliche atomrechtliche Verfahren unzulässig. Das Atomgesetz gestattet es nicht, dass der Errichter das Erfordernis eines atomrechtlichen Verfahrens durch falsche Angaben über den beabsichtigten Zweck umgeht (BVerwGE 80 21, 24; 85 54, 56 f).

Für die Auslegung des Begriffs der Anlage im Sinne des § 7 Abs. 1 AtG ist auch auf die (in Satz 2, 3 durch das Gesetz zur geordneten Beendigung der Kernenergienutzung zur gewerblichen Erzeugung von Elektrizität v. 22.4.2002, BGBl. I 1351, eingeschränkten) Genehmigungsvoraussetzungen des § 7 Abs. 2 AtomG, soweit diese der nuklearspezifischen Gefahrenabwehr dienen, zurückzugreifen. Nach § 7 Abs. 2 Nr. 5 AtomG darf die Genehmigung nur erteilt werden, wenn auch „der erforderliche Schutz gegen Störmaßnahmen oder sonstige Einwirkungen Dritter gewährleistet ist“ (BVerwGE 80 21, 26 f, 29). Nach BVerwGE 80 207, 216 (9.9.1988) fordert § 7 Abs. 2 AtomG „von der Genehmigungsbehörde bestmögliche Gefahrenabwehr und Risikovorsorge“. Von Bedeutung ist auch die nach dem Stand von Wissenschaft und Technik erforderliche Schadensvorsorge gemäß Nr. 3. **5**

Nach der Rechtsprechung werden nicht nur Anlagen und Anlagenteile bzw. -vorrichtungen erfasst, die nuklearspezifisches Gefährdungspotential in sich bergen, sondern auch solche, die für sich zwar keine Strahlengefahren mit sich bringen, aber sicherheits- und sicherungstechnisch notwendig sind, um eine Anlage gefahrlos betreiben zu können.[6] Der Schutzzweck des Atomgesetzes [vgl. § 1 Nr. 2 AtomG] verlangt, den gesamten auf Erzeugung, Bearbeitung, Verarbeitung, Spaltung oder (Wieder)Aufarbeitung von Kernbrennstoffen gerichteten Arbeitsprozess mit jeweils allen nuklearspezifisch gefährlichen Arbeitsschritten, auch vorbereitenden und nachbereitenden wie der Lagerung, und die diesen Aufgaben dienenden Einrichtungen der einheitlichen atomrechtlichen Anlagegenehmigung nach § 7 Abs. 1 zu unterwerfen, unabhängig davon, ob der nuklearspezifisch gefährliche Prozess in einem einzigen Gebäude stattfindet oder in einem fabrikartigen Gesamtkomplex betrieblich miteinander verbundenen Teilanlagen und -einrichtungen (BVerwGE 80 21, 27; NVwZ **2008** 1012 f). Der darüber hinausgehenden Auffassung eines weiten Anlagenbegriffs durch das VGH Mannheim (NJW **1983** 63) war das BVerwG im Whyl-Urteil allerdings nicht gefolgt.[7] Eine Erweiterung sah der Sachverständigen-Entwurf für ein Umweltgesetzbuch vor, die aber im Referentenentwurf 2008 aufgrund der Ausklammerung des Atomrechts nicht aufgegriffen wurde.[8] Einen engeren **6**

---

6 *Kloepfer* Umweltrecht, 3. Aufl. (2004) § 15 Rdn. 58 ff; *Sparwasser/Engel/Vosskuhle* Umweltrecht, 5. Aufl., (2003) § 7 Rdn. 183.

7 BVerwGE 72 300, 328 ff; weitergehend hatte sich früher *Kutscheidt* in Lukes/Birkhofer (Hrsg.) 9. Atomrechts-Symposium (1991) S. 229, 234 für einen ausgedehnten Anlagenbegriff eingesetzt, dazu *Steindorf* LK[11] Rdn. 3.

8 Die Unabhängige Sachverständigenkommission zum Umweltgesetzbuch beim BMU hatte in § 468 Abs. 1 Nr. 4 ihres vom BMU 1998 veröffentlichten Entwurf eines Umweltgesetzbuches (UGB-KomE) S. 291, 1253 noch vor-

Standpunkt vertritt *Alt* MK aaO; er rechnet nur nuklearspezifische Anlagenteile (Reaktorgebäude, Reaktorhilfsanlagengebäude) dazu, von denen ein Strahlungsrisiko ausgeht.

7 Zur Erläuterung des Begriffs der kerntechnischen Anlage kann weiterhin auf Beispiele im RegE zum Atomgesetz (BTDrucks. III/759 S. 22 f[9]) zurückgegriffen werden, die in Zusammenhang mit den Formen von Kernbrennstoffen in § 2 Abs. 1 Satz 2 AtomG stehen: a) Chemische Fabriken, in denen Uran(verbindungen) so rein dargestellt werden, dass mit ihnen in Reaktorbetrieben Kernkettenreaktionen aufrechterhalten werden können; b) Isotopen-Brennanlagen, in denen das Uran-Isotop 235 im Isotopen-Gemisch des natürlichen Urans (99,3 % Uran 238 und 0,7% Uran 235) angereichert wird; c) Reaktoren, in denen Kernbrennstoffe gespalten oder Plutonium 239 oder Uran 233 erzeugt werden; d) chemische Fabriken, in denen die in einem Reaktor der Bestrahlung ausgesetzten Kernbrennstoffe zur Wiederbenutzung aufgearbeitet werden; zum Wesen eines Reaktors gehört wiederum, dass er geeignet ist, eine kontrollierte, sich selbst tragende Kettenreaktionsspaltung aufrechtzuerhalten. – Das Wackersdorf-Urteil (BVerwGE **80** 21) bezog sich auf Teile einer zu errichtenden Wiederaufarbeitungsanlage für bestrahlte Kernbrennstoffe (ausgediente Brennelemente) aus Leichtwasserreaktoren und einer Mischoxid-Brennelementfabrik. Eine Anlage zur Konditionierung abgebrannter Brennelemente für die Endlagerung stellt nach dem Gorleben-Urteil eine „Anlage zur Bearbeitung von Kernbrennstoffen" dar (BVerwG NVwZ **1994** 1097 = DVBl. **1993** 1152). Im Hanauer Fall (BVerwGE **96** 258 ff) ging es um eine Anlage zur Be- und Verarbeitung von Kernbrennstoffen, zur Weiterentwicklung der Plutoniumstechnologie und zur Herstellung von Brennelementen aus Uran-Plutonium-Mischoxid (vgl. auch LG Wiesbaden RdE **1993** 162 betr. Betriebsteil Mischoxyd-Verarbeitung eines Brennelementwerkes).

8 Nicht erfasst sind Anlagen zur Kernvereinigung (§§ 9, 26 AtomG), zur Lagerung (§§ 5, 6 AtomG; dazu BayVGH DVBl **1982** 35 f), zur Verwertung radioaktiver Reststoffe oder zur Beseitigung radioaktiver Abfälle nach §§ 9b, c AtomG, Fusionsreaktoren, Einrichtungen, in denen zu Versuchs- und Prüfungszwecken mit Kernbrennstoffen umgegangen wird (Laboratorien u.ä.) und Anlagen nach §§ 11 ff StrlSchV zur Erzeugung ionisierender Strahlen.[10] Eine Zwischenlager-Halle, in der bestrahlte Brennelemente aus Kernkraftwerken außerhalb staatlicher Verwahrung aufbewahrt werden sollen, erfüllt nicht die Voraussetzungen von § 7 Abs. 1 AtomG (BVerwGE **82** 61, 64). Dasselbe gilt für Zwischenlager i.S. von § 6 Abs. 3 AtomG, in denen Kernbrennstoffe in Transport- und Lagerbehältern in einem gesonderten Lagergebäude aufbewahrt werden (BVerwG NVwZ

---

geschlagen, zu den genehmigungsbedürftigen kerntechnischen Anlagen auch „Anlagen zur Aufbewahrung von bestrahlten Kernbrennstoffen oder Spaltprodukten aus der Aufarbeitung bestrahlter Kernbrennstoffe, insbesondere Zwischenlager für abgebrannte Brennelemente" zu rechnen. Der BMU-Referentenentwurf (E-UGB 2009; www.Umweltgesetzbuch.de) enthält demgegenüber jedoch keinen Abschnitt zum Atomrecht mehr! Zwar sollen nach 2009 die Arbeiten am UGB auch weitergehen. Ggf. soll dann auch der Schutz vor ionisierenden Strahlen mit aufgenommen werden. „Nicht in das UGB einbezogen werden soll das Kernenergierecht als fachspezifisch geregelte, nur noch für einen vorübergehenden [?] Zeitraum bedeutsame Materie" (RefE UGB I Begr. S. 22).

9 Vgl. auch *Kimminich* Atomrecht S. 79; teilweise weiter ist der haftungsrechtliche Begriff der Kernanlage im „Protokoll zur Änderung des Übereinkommens vom 29. Juli 1960 über die Haftung gegenüber Dritten auf dem Gebiet der Kernenergie in der Fassung des Zusatzprotokolls vom 28. Januar 1964 und des Protokolls vom 16. November 1982" (BGBl. II 2008 S. 904), auf den Art. 1 Nr. 1a des Gesetzes v. 29.8.2008 (BGBl. I 1793) Bezug nimmt.

10 *Steindorf* § 7 AtomG Rdn. 2a, b und LK[11] Rdn. 2, 3; *Alt* MK § 327 Rdn. 6.

2008 1012); dazu die Referate und die Diskussion auf dem Deutschen Atomrechtstag im Dezember 2008. Eine Urananlage, als Anlage zur Verarbeitung von Uranerz konzipiert, in der das zu verarbeitende angereicherte Uran noch während des Produktionsvorgangs mit abgereichertem Uran verschnitten und als Endprodukt Ammoniumdiuranat in natürlicher Isotopenzusammensetzung, also nur ein Ausgangsstoff zur Herstellung von Brennelementen für Kernreaktoren, gewonnen wird, stellt nach Ansicht der StA Bad Kreuznach (6 Js 455/88) auch keine kerntechnische Anlage dar.[11]

Zweifelhaft kann im Einzelfall sein, welche **Teile** (Einrichtungen) aus einem größeren Atomanlagenkomplex „kerntechnische Anlagen" sind. Hierbei ist die Abgrenzung nach dem Zweck der Genehmigungspflicht vorzunehmen.[12] Zur Anlage gehören der Reaktor als Anlagekern zur Spaltung von Kernbrennstoffen (BVerwGE **72** 329), auch wenn dieser zunächst nur erprobt werden soll (BVerwGE **85** 54, 59; **88** 286, 296 ff = DVBl **1992** 51), sowie alle Teilanlagen bzw. -einrichtungen, die eine Strahlengefahr in sich bergen (BVerwGE **80** 29). Darüber hinaus sind aber auch solche Bestandteile dazu zu rechnen, die zwar nicht nuklearspezifisch gefährlich sind, aber es mittelbar werden können, weil sie in einem sicherheitstechnischen Zusammenhang mit der Kernspaltanlage stehen (BVerwGE **80** 26). Einrichtungen oder Teilanlagen innerhalb eines fabrikartigen Anlagenkomplexes zur Aufarbeitung bestrahlter Kernbrennstoffe, in denen Kernbrennstoffe gelagert, transportiert oder sonst behandelt werden, sind allerdings nicht „Nebeneinrichtungen", die nur wegen eines sicherheitstechnischern Zusammenhangs mit der Aufarbeitungsanlage auch der für diese bestehenden atomrechtlichen Genehmigungspflicht unterlägen, sondern originär Bestandteile der genehmigungspflichtigen (Gesamt-)Anlage (BVerwGE **80** 26 f). Zur Anlage gehören alle Vorrichtungen, welche erforderlich sind, um eine unzulässige radioaktive Strahlung – sei es beim bestimmungsgemäßem Betrieb, sei es beim Störfall – auszuschließen (BVerwGE **72** 329; **80** 26, 29). BVerwGE **80** 207, 211 f rechnet zu den „sicherheitstechnisch bedeutsamen Anlagenteilen und Systemen" das „Reaktorgebäude" und „sämtliche anderen sicherheitstechnisch relevanten Gebäude, den Reaktordruckbehälter mit Einbauten, den Reaktorkern, die Kühlmittelsysteme, die Entwässerungs- und Entlüftungssysteme bis zur Umzäunung und „das „Raum- und Anlagenüberwachungssystem". – Einigkeit besteht, dass sog. „funktions-neutrale" Anlagenteile, soweit diesen keine Funktion im nuklearen Bereich zukommt, keine kerntechnischen Anlagen sind. Dazu gehören z.B. Büro- und Sozialgebäude, Garagen und Werkstätten.[13] Im Hinblick auf sicherheitsrelevante auch von außerhalb bewirkte Sabotage- und Störfälle, die zu einer möglichen unzulässigen Strahlung führen könnten, sollten selbst Anlagewachen und Außenzäune nicht von vornherein aus dem Anlagenbegriff ausgeschlossen werden (BVerwGE **80** 21, 22, 28 f). Im Whyl-Urteil hat das BVerwGE **72** 300, 320 allerdings entgegen VGH Mannheim aaO den Kühlturm vom Anlagenbegriff ausgeschlossen, da er, obwohl Teil des Kühlwassersystems, in keinem sicherheitstechnischen Zusammenhang mit der Kernspaltanlage stand. 9

11 Zitiert von *Sack*, Umweltschutz-Strafrecht (Stand: Aug. 2005) § 327 Rdn. 54.

12 *Steindorf* LK[11] § 327 Rdn. 4; *Winters* Atom- und Strahlenschutzrecht (1978) S. 21; *Hansmann* NVwZ **1983** 16, 18.

13 *Steindorf* LK[11] § 327 Rdn. 4 und in Erbs-Kohlhaas § 7 AtomG Rdn. 2 ff. (ebenso Umspannwerk zur Stromerzeugung und Wasserentnahmewerk); *Maurach/Schoeder/Maiwald* BT 2 § 58 Rdn. 82; *Michalke* Umweltstrafsachen, 2. Aufl. (2000) Rdn. 300; vgl. auch *Reinhardt* S. 191 (rechnet auch Wachgebäude dazu); betr. Bürogebäude *Ransiek* NK und *Sch/Schröder/Cramer/Heine* jeweils Rdn. 3.

Erfasst werden auch **Anlagen im Ausland**. Für die Erfassung von Auslandstaten spricht der primäre Bezug auf den Schutz von Individualrechtsgütern. Auch enthält § 312 keine innerstaatliche Beschränkung durch Anbindung an deutsches Verwaltungsrecht (wie in § 327 Abs. 1 Nr. 1); die Entlehnung des Begriffs aus dem AtomG stellt kein Hindernis dar.[14] Neben den 17 Kernkraftwerken in Deutschland gab es nach dem Stand vom 31.12.2007 weltweit weitere 422 Kernkraftwerke.

10 2. Außer einer Gesamtanlage können Objekt des Tatbestandes auch einzelne **Gegenstände** sein, falls sie a) zur **Errichtung** einer solchen Anlage oder b) zu deren **Betrieb** bestimmt sind. **Errichten** bedeutet, die Anlage an dem Ort, an dem der nachfolgende Betrieb stattfinden soll, in einer Weise erstmals bereitzustellen,[15] dass mit dem Betrieb begonnen werden kann.[16] Die Unterscheidung zwischen Errichtung und Betrieb findet sich auch in § 4 Abs. 1 Satz 1 BImSchG. Nach den Materialien zu diesem Gesetz ist der Begriff des Errichtens in einem umfassenden Sinne zu verstehen. Errichtung ist nicht allein das Stadium des Aufbaus, sondern auch die Einrichtung der Anlage ihrer gesamten technisch-konstruktiven Beschaffenheit nach, einschließlich ihrer Funktionsweise. Errichtung ist damit als Vorstufe zum „Betrieb" der Anlage aufzufassen und umfasst sämtliche hierfür im Einzelfall erforderlichen Maßnahmen **bis zur Erreichung der** konkret beabsichtigten **Funktionsbereitschaft**. Etwa erforderlich werdende Probeläufe der Anlage sind bereits dem „Betrieb" zuzurechnen.[17] Die Errichtung liegt nicht erst dann vor, wenn die Herrichtungsarbeiten zur Aufnahme des Betriebes zum Abschluss gelangt sind, wie man aus dem – einen solchen Abschluss an sich enthaltenden – Wort „Errichtung" in seiner Kennzeichnung für ein abgeschlossenes Faktum entnehmen könnte, sondern bereits dann, wenn tatsächlich „errichtet" wird, d.h., wenn Ausschachtungs-, Bau- oder Montagearbeiten für das Vorhaben ausgeführt werden. Rein büromäßige Vorbereitungshandlungen gehören hierzu noch nicht.[18] Baumaterialien (u.a. Stahl, Eisen, Beton), Halbfabrikate und zum Einbau bestimmte Fertigfabrikate, Maschinen und Rohre, Kontrollgeräte sowie Arbeitsmittel (wie Isoliermaterial), die Bestandteil der Anlage werden, können hiernach nicht erst zum Betrieb, sondern bereits zur Errichtung einer Anlage bestimmt sein.[19]

11 Auch der Begriff **„Betrieb"** ist „in einem umfassenden Sinne" zu verstehen (BTDrucks. 7/179 S. 31), so dass hierunter nicht allein die Produktion im engeren Sinne, sondern die gesamte Betriebsweise (bis zur Stilllegung), einschließlich ihrer Wartung und

---

[14] S. *Möhrenschlager* in Wabnitz/Janovsky, Handbuch des Wirtschafts- und Steuerstrafrechts, 3. Aufl. (2007) Kap. 3 Rdn. 7, 10 zu ähnlichen Fragen bei den §§ 264a, 265b, 283 ff StGB.

[15] *Krack* MK Rdn. 3; *Herzog* NK Rdn. 4 (erstmaliges funktionstüchtiges Bereitstellen); *Sch/Schröder/Cramer/Heine* Rdn. 3; *Lackner/Kühl* Rdn. 2; *Sack* Rdn. 12.

[16] *Fischerhof* § 1 AtomG Rdn. 7.

[17] Abw. § 15a Abs. 1 Nr. 2 BImSchG i.d F. von Art. 8 Nr. 6 des Gesetzes vom 22.4.1993 (BGBl. I S. 466, 484), aufgehoben durch Art. 1 Nr. 9 des Gesetzes vom 9.10.1996 (BGBl. I S. 1498, 1499), wo von „Errichtung einschließlich des Probebetriebs" gesprochen wurde.

[18] *Kutscheidt* in Landmann/Rohmer Umweltrecht Band I § 4 BImSchG Rdn. 37.

[19] *Krack* MK Rdn. 3 (Bauteile, Arbeitsmittel); *Herzog* NK Rdn. 4 (Baumaterialien); *Sch/Schröder/Cramer/Heine* Rdn. 3 (Maschinen, Kontrollgeräte); *Sch/Schröder/Eser* nennt zu § 109e II (Rdn. 9) als „Werkstoffe" auch Stahl, Eisen, Beton; dort *Schroeder* LK Rdn. 7 und *Müller* MK Rdn. 25 auch Halb- und zum Einbau bestimmte Fertigfabrikate; *Sack* Rdn. 12 (Isoliermaterial, Maschinen, Kontrollgeräte); teilweise abweichend *Wolters/Horn* SK Rdn. 3 (rechnet Baumaterial dazu; während Maschinen und Rohre nur im Zusammenhang mit dem Betrieb genannt werden).

Unterhaltung, zu fassen ist. Auch spricht man besser vom „Betreiben" der Anlage. Schwierigkeiten der Auslegung werden hier seltener auftreten. Erforderlich ist, dass die errichtete Anlage in Funktion gesetzt wird, was schon bei Probeläufen der Fall ist (BVerwGE **88** 286, 296 ff = NVwZ **1993** 177 mit Ausführungen zum umstrittenen Begriff des Probebetriebs). Der Transport von Kernbrennstoffen zu einer atomaren Anlage gehört nicht zum Betrieb der Anlage (OVG Lüneburg NVwZ-RR **1994** 17).

Die Abgrenzung ist in Zweifelsfällen nicht entscheidungserheblich, da in beiden Fällen Strafbarkeit eintritt. Auszuscheiden sind lediglich die Fälle, in denen weder Errichten noch Betreiben vorliegt.

Die Frage, ob die **„Gegenstände"** konkret **„zur Errichtung oder zum Betrieb einer solchen Anlage bestimmt sind"**,[20] trifft nach **h.L.**[21] grundsätzlich, der zur Errichtung oder zum Betrieb Verantwortliche; **aA** *Steindorf* LK[11] Rdn. 5.[22] Die Bestimmung kann sich auch aus Bau- und Betriebsplänen ergeben.[23] Über den Verwendungszweck bestimmt nicht einseitig der Hersteller oder Lieferant. Die bloße Herstellung von Gegenständen generell für einen Markt ist keine ausreichende Konkretisierung.[24] Abzustellen ist weiter darauf, ob die Gegenstände Bestandteil der kerntechnischen Anlage werden sollen; erfasst wird somit alles, was zur Einrichtung der Anlage verwendet werden soll. Werkzeuge und betriebsunspezifische Arbeitsmittel werden nicht Bestandteil der Anlage[25] (anders u.U. bei Isoliermaterial, s.o.). Derartige Arbeitsmittel können so fehlerhaft sein, wie sie wollen, wenn nur das durch sie geschaffene Produkt, das der Anlage eingefügt werden soll, fehlerfrei ist. Bei den Gegenständen muss es sich um Material für „ungewöhnlich große Gefahrenquellen"[26] handeln. Gegenstände, die aufgrund ihrer Beschaffenheit nicht nur als fehlerhaft im Rahmen der vorgegebenen Bestimmung, sondern zum Zweck der beabsichtigten Komplettierung einer Atomanlage überhaupt nicht verwendbar sind, scheiden als Objekte des Tatbestandes aus.[27] 12

III. Tathandlungen

Anlagen oder Gegenstände mit der in Rdn. 12 geschilderten Zweckbestimmung müssen entweder **fehlerhaft hergestellt** oder **fehlerhaft geliefert** worden sein. Zunächst ist klarzustellen, dass es hierbei nicht auf Fehler in dem Herstellungs- oder Lieferungsvorgang selbst ankommen kann. Dementsprechend müsste die Überschrift auch lauten: Herstellung einer fehlerhaften kerntechnischen Anlage und nicht: Fehlerhafte Herstellung einer kerntechnischen Anlage. Entscheidend ist allein die mangelnde Qualität des hergestellten oder gelieferten **Produkts**. Fehlerbehaftet ist ein solches, wenn seine Beschaffenheit die Verwendbarkeit zum bestimmungsgemäßen Gebrauch entweder völlig aus- 13

---

[20] Darauf, ob der betreffende Gegenstand zwischen Ingangsetzen und endgültiger Stilllegung in der Anlage – tatsächlich – benutzt wird (so offenbar *Sch/Schröder/Cramer/Heine* Rdn. 3; *Sack* Rdn. 12), kommt es nicht an; entscheidend ist die Zweckbestimmung ex ante (so auch *Krack* MK Rdn. 3).

[21] *Krack* MK Rdn. 3; *Herzog* NK Rdn. 4; *Sch/Schröder/Cramer/Heine* aaO; *Wolters/Horn* SK Rdn. 3; *Lackner/Kühl* Rdn. 2; *Sack* aaO.

[22] Objektiver Maßstab: maßgebend ist, dass die Gegenstände den Bestimmungszweck in sich tragen.

[23] *Herzog* NK Rdn. 4; *Lackner/Kühl* aaO; Dölling/Duttge/Rössner/*Weiler* Rdn. 2.

[24] *Fischer* Rdn. 2.

[25] *Fischer* aaO; *Lackner/Kühl* aaO.

[26] *Triffterer* Umweltstrafrecht S. 354.

[27] Nach *Herzog* NK Rdn. 4 darf der Gegenstand – objektiv – nicht vollkommen belanglos für den Betrieb oder die Errichtung der Anlage sein.

schließt oder in einem derart erheblichen Maße herabmindert, dass die Zweckerreichung gefährdet ist, der angestrebte Zweck nicht vollständig verwirklicht werden kann.[28] Entsprechend dem Zweck der gesetzlichen Bestimmung ist die Frage der Verwendbarkeit (Tauglichkeit) im Wesentlichen unter dem Gesichtspunkt der **Ausschaltung atomarer Gefahren** zu entscheiden. Es geht nicht um die Garantie bloßer technischer Wertarbeit. Maßstäbe für die Fehlerhaftigkeit sind einerseits Sicherheitsanforderungen, die durch Rechtsvorschriften (z.B. § 7 Abs. 2 Nr. 3 AtomG) festgelegt sind, andererseits auch solche, die der (sicherheits)technische Erfahrungsstand i.S. des sog. Kerntechnischen Regelwerks (etwa anerkannte Regeln von Wissenschaft und Technik, insbesondere solche von zuständigen Organen entwickelte Sicherheitsrichtlinien, oder sonst vorhandene Erfahrungen) gebietet, ohne dass diese rechtlich reglementiert sein müssten.[29] Fehlerhaft kann auch eine mengenmäßige Minderlieferung fehlerfreier Gegenstände sein,[30] soweit diese eine Gefahrenquelle darstellen kann. Dies gilt auch bei der Lieferung eines **„aliud"**[31], außer wenn diesem die erforderliche Zweckbestimmung erkennbar fehlt und es deshalb kerntechnisch gesehen irrelevant ist. Die zivilrechtliche Betrachtungsweise (u.a. auch nicht die Wirksamkeit eines Vertrages)[32] ist für die Annahme der Fehlerhaftigkeit nicht ausschlaggebend.[33] Nicht fehlerhaft handelt beispielsweise auch derjenige, der – vertragswidrig – überhaupt nicht oder zwar verspätet, aber fehlerfrei herstellt oder liefert.[34] In all diesen Fällen kann die Gefahr einer sicherheitstechnischen Panne infolge eines Mangels an der Anlage mit ihren schwerwiegenden Folgen nicht akut werden. Wohl aber kann die Gefahr eintreten, wenn der Besteller eines nach seinen Plänen herzustellenden sicherheitsrelevanten Bestandteils der Anlage ihre Mangelhaftigkeit nicht erkennt, der Hersteller oder Lieferant aber den erforderlichen „Durchblick" hat. Falls einer von diesen in Bezug auf den Fehler des Gegenstandes vorsätzlich handelt und ihm auch die Gefahr in einer der Formen des Tatbestandes zuzurechnen ist, ist er Täter.[35]

14 1. Als gleichwertige Tathandlungen stehen nebeneinander das Herstellen und das Liefern; sie setzen keine Eigenhändigkeit voraus.[36] Das „Instandhalten" ist entgegen dem Entwurf der SPD-Opposition (BTDrucks. 12/376 S. 14) bedauerlicherweise nicht als

---

[28] *Lackner/Kühl* Rdn. 5; sachlich übereinstimmend stellen *Krack* MK Rdn. 7; *Heine* in *Sch/Schröder/Cramer* Rdn. 5 und in Meinberg/Möhrenschlager/Link Umweltstrafrecht S. 124; *Wolters/Horn* SK Rdn. 4; *Sack* Rdn. 15 auf die objektive Unbrauchbarkeit/Untauglichkeit zum bestimmungsgemäßem Zweck bzw. Gebrauch ab.

[29] *Herzog* NK Rdn. 6; *Sch/Schröder/Cramer/Heine; Lackner/Kühl* und *Sack* aaO; Dölling/Duttge/Rössner/*Weiler* Rdn. 3; zu § 109e II LK-*Schroeder* Rdn. 7; *Müller* MK Rdn. 23; *Wohlers* NK Rdn. 3; *Sch/Schröder/Eser* Rdn. 11. – Zu neuen Anforderungen an kerntechnische Regelwerke vgl. z.B. *Ossenbühl* und *Raetzke* in atw **2006** 305 ff, 315 ff; *Heller* in atw **2007** 190 und *Sellner/Hennhöfer* in Hansmann/Sellner, Atom- und Strahlenschutzrecht, Rdn. 94 ff (Schrifttumsverzeichnis zu § 311).

[30] *Fischer* Rdn. 4; *Laufhütte/Möhrenschlager* ZStW **92** 912, 966 Fn. 242 (1980); **aA** *Steindorf* in der Voraufl. Rdn. 6.

[31] *Herzog* NK Rdn. 6; *Sch/Schröder/Cramer/Heine* Rdn. 5; *Fischer* aaO; *Wolters/Horn* SK Rdn. 4; *Sack* Rdn. 15; *Laufhütte/Möhrenschlager* aaO.

[32] *Sch/Schröder/Cramer/Heine* aaO; *Wolters/Horn* SK aaO.

[33] *Krack* MK Rdn. 7.

[34] *Wolters/Horn* SK Rdn. 4; *Fischer* Rdn. 4; *Sack* Rdn. 15 (vertragswidrige aber vorschriftsmäßige Lieferung oder Herstellung); zu § 109e II *Müller* MK Rdn. 24; *Wohlers* NK Rdn. 3 m.w.N.; *Schroeder* LK § 109e Rdn. 7 sieht in der Straflosigkeit der völligen Nichterfüllung eines Vertrages einen Wertungswiderspruch.

[35] *Wolters/Horn* SK aaO.

[36] *Krack* MK Rdn. 11; *Wolters/Horn* SK Rdn. 4; *Sack* Rdn. 30.

weitere ausdrückliche Modalität in den Tatbestand aufgenommen worden[37]; die fehlerhafte Reparatur an bestehenden Anlagen kann aber u.U. durch die Variante der Lieferung von Gegenständen für die Errichtung oder den Betrieb der Anlage erfasst werden. **Herstellen** bezieht sich in erster Linie auf die Erstellung der ortsfesten Gesamtanlage in der Sphäre des Bestellers, da nur durch ein solches Herstellen die konkrete Gefahr verursacht werden kann. Der Hersteller der nicht gelieferten fehlerhaften Einzelteile, die er noch in seinem Besitz hat, wird zur Verursachung einer solchen Gefahr regelmäßig nicht in der Lage sein. Unter Herstellen versteht man zunächst die Anfertigung eines Gegenstandes bis zu seiner bezweckten Fertigstellung als Vorstufe der Ingebrauchnahme. Es entsteht ein „Werk", zu dessen Gestaltung das Bearbeiten oder Verarbeiten von Werkstoffen vorgenommen wird.[38] Für das Bundes-Immissionsschutzgesetz stellt dessen § 3 Abs. 7 das Verarbeiten, Bearbeiten oder sonstiges Behandeln dem Herstellen gleich. Begriffe aus diesem Bereich des sog. technischen Rechts sind als Parallelen besser geeignet als etwa solche aus dem Urkundenrecht, in dem ebenfalls das „Herstellen" zum Tatbestand gehört. Überwiegend wird jedoch auch die Auswahl des Rohstoffes oder Halbfertigfabrikats als wichtiger Teil des Produktionsprozesses unter den Begriff des Herstellens gefasst.[39]

2. **Liefern** betrifft ortsveränderliche Anlagen oder Gegenstände, die im Anschluss an ihre Herstellung in der Sphäre des Produzenten dazu bestimmt und geeignet sind, in den Besitz des Bestellers und späteren Benutzers überzugehen, und bedeutet diesen Besitzwechsel, das Überlassen zum bestimmungsgemäßen Gebrauch. Dieser Besitzübergang wird häufig auf rechtsgeschäftlicher Basis vonstatten gehen. Notwendig ist dies indes nicht.[40] 15

Die Verantwortlichkeit für Herstellen oder Liefern richtet sich nach den allgemeinen Regelungen. Nach diesen ist der jeweils innerbetrieblich Verantwortliche (Betriebs/Produktionsleiter, Spediteur) heranzuziehen, darüber hinaus aber auch bei entsprechendem Kenntnisstand der herstellende Arbeiter[41] oder ausliefernde Kraftfahrer. 16

Einen Sonderfall behandeln *Wolters/Horn* (SK Rdn. 4)[42]: Danach verhält sich nicht tatbestandsmäßig der – außenstehende – **Saboteur,** der mit dem Erfolg der Fehlerhaftigkeit des Gegenstandes in den Herstellungsprozess eingreift oder in dieser Weise auf den Gegenstand bei der Lieferung einwirkt. Dem kann nicht gefolgt werden. Vorbild für die vorliegende Regelung ist § 109e, der die Überschrift trägt: Sabotagehandlungen an Verteidigungsmitteln. Schon daraus erhellt, dass die Herstellung oder Lieferung einer fehlerhaften kerntechnischen Anlage oder von Bestandteilen hierfür durch einen Saboteur, der 17

---

37 *Herzog* NK Rdn. 4; *Sch/Schröder/Cramer/Heine* Rdn. 4; krit. Zur gesetzgeberischen Entscheidung *Möhrenschlager* NStZ **1994** 566, 569; *Krack* MK Rdn. 5; *Lackner/Kühl* Rdn. 3.

38 *Lackner/Kühl* aaO; nur auf das Anfertigen stellt *Wohlers* NK Rdn. 3 zu § 109e II ab.

39 *Krack* MK aaO; *Fischer* Rdn. 3; *Sack* Rdn. 13; *Laufhütte/Möhrenschlager* ZStW 92 912, 966 Fn. 242 (1980); zu § 109e II *Schroeder* LK Rdn. 7; *Müller* MK Rdn. 22; *Sch/Schröder/Eser* Rdn. 11; **aA** Steindorf in der Voraufl. Rdn. 7.

40 Tatsächliches Bereitstellen ausreichend für *Krack* MK Rdn. 5; *Herzog* NK Rdn. 5; wohl auch *Lackner/Kühl* Rdn. 3; *Wolters/Horn* SK Rdn. 4 (auf die Rechtswirksamkeit des Liefervertrages kommt es nicht an); auf rechtsgeschäftliches Handeln stellen *Fischer* Rdn. 4; *Sack* Rdn. 14 und früher auch *Laufhütte/Möhrenschlager* aaO; zu § 109e II LK-*Schroeder* aaO; *Müller* MK Rdn. 24 und *Wohlers* NK Rdn. 3 (nicht aber *Sch/Schröder/Eser* Rdn. 11) ab.

41 Zu § 109e II *Schroeder* LK aaO; *Müller* MK Rdn. 22; *Sch/Schröder/Eser* Rdn. 11.

42 Ebenso *Sch/Schröder/Cramer/Heine* Rdn. 4; *Sack* Rdn. 30.

sich in den Herstellungs- oder Lieferungsvorgang eingeschlichen hat, sehr wohl erfasst ist. Man denke an den Fall, dass ein Fahrzeug mit vorschriftsgemäßer Ware auf dem Transportweg abgefangen und diese Ware von Saboteuren gegen gefahrbringende Teile ausgetauscht wird. Dass in einem solchen Falle fehlerhafte Gegenstände geliefert werden und dadurch vorsätzlich die vom Tatbestand geforderte Gefahr verursacht wird, lässt sich kaum in Zweifel ziehen. Eine Bestätigung der hier vertretenen Ansicht[43] ist auch darin zu erblicken, dass der Gesetzgeber des 31. StRÄndG – 2. UKG ausdrücklich erklärt hat, der – nunmehr umgestaltete – Tatbestand der vorliegenden Vorschrift solle „nicht länger auf Sabotageakte beschränkt" bleiben (RegE BTDrucks. 12/192 S. 14; *Möhrenschlager* NStZ **1994** 566, 569). Es kann nicht genug betont werden, dass jede Art von zivilrechtlicher Betrachtungsweise (vertraglicher Hersteller oder Lieferant) fehl am Platze ist.

18 3. Die **konkrete Gefahr,** die durch das Herstellen oder Liefern eines fehlerhaften Gegenstandes verursacht werden muss, entspricht in ihrer gesetzestechnischen Ausgestaltung derjenigen, die beispielsweise in § 315c Abs. 1 enthalten ist. Den Bestrebungen, den Charakter des konkreten Gefährdungsdelikts, aufzugeben, ist der Gesetzgeber nicht gefolgt *(Möhrenschlager* NStZ **1994** 566, 569). Insoweit kann auf die Erläuterungen zu dieser Vorschrift verwiesen werden. Nach der neueren Rechtsprechung muss ein Schadenseintritt so nahe drohen, dass seine Vermeidung sich praktisch nur noch als Zufall darstellt[44]; früher hatte die Rechtsprechung vielfach auf die überwiegende Wahrscheinlichkeit des Gefahreintritts abgestellt.[45] Die Besonderheit der vorliegenden Regelung liegt darin, dass die geforderte konkrete Gefahr wiederum – zumindest auch[46] – **eine typisch atomare**[47] bzw. **nukleare Gefahr** sein muss. Diese Gefahr braucht aber nicht von einem tatsächlich stattgefundenen Kernspaltungsvorgang oder einer tatsächlich wirkenden ionisierenden Strahlung auszugehen.[48] Alle Gefahren scheiden aus, die nicht mit der Wirkung eines Kernspaltungsvorgangs oder der Strahlung eines – natürlich oder künstlich (BTDrucks. III/759 S. 43) – radioaktiven Stoffes (näher § 2 Abs. 1 AtomG) in Zusammenhang zu bringen sind,[49] beispielsweise eine Verbrennungs- und Verbrühungsgefahr etwa durch undichte Leitungen, die Gefahr von Verletzungen durch instabile Bauteile, die abzustürzen drohen oder eine „isolierte" Feuergefahr.[50] Nicht erfasst sind auch Gefahren, die von anderen Strahlenquellen ausgehen, beispielsweise von künstlich erzeugten ionisierende Strahlen, wie Röntgenstrahlen, so dass die Herstellung und Lieferung eines fehlerhaften Röntgengerätes nicht unter die Bestimmung fällt.[51]

19 Zwischen Tathandlung (Herstellen oder Liefern eines fehlerbehafteten Gegenstandes oder der fehlerhaften Gesamtanlage) und dem „Erfolg", nämlich dem Eintritt der konkreten Gefahr muss ein Ursachenzusammenhang bestehen. Es kann vom Ausmaß des

---

43 Dafür auch *Krack* MK Rdn. 6.

44 N. bei *Fischer* § 315c Rdn. 15; s. allgemein *Sch/Schröder/Heine* vor § 306 Rdn. 5; *Arzt/Weber* BT § 35 Rdn. 73 ff.

45 So auch noch *Steindorf* in der Voraufl. Rdn. 17 m.w.N. und *Sack* Rdn. 18.

46 *Lackner/Kühl* Rdn. 4.

47 *Fischerhof* AtomG Rdn. 2 zu §§ 45 und 48 AtomG a.F.

48 *Laufhütte/Möhrenschlager* ZStW **92** 912, 966 Fn. 242 (1980); *Fischerhof* § 48 AtomG Rdn. 2.

49 Allg. Meinung, z.B. *Krack* MK Rdn. 8; *Herzog* NK Rdn. 7; *Sch/Schröder/Cramer/Heine* Rdn. 6; *Wolters/Horn* SK Rdn. 5.

50 *Krack* MK aaO; Beispiel für *Sch/Schröder/Cramer/Heine* Rdn. 6 und *Sack* Rdn. 20 ist die Heißluft aus Röhren; für *Fischerhof* zu § 48 AtG a.F. Rdn. 3 die Feuergefahr.

51 *Sack* Rdn. 18; *Fischerhof* § 48 AtomG a.F. Rdn. 2; *Reinhardt* S. 193; *Laufhütte/Möhrenschlager* 92 ZStW 912, 966 Fn. 243 (1980).

Fehlers abhängen, ob nur Betriebsangehörige konkret gefährdet werden oder ob durch Austritt von Radioaktivität in die Umwelt weitergehender Schaden zu besorgen ist.[52]

Vollendung liegt vor , wenn durch eine Tathandlung (Herstellung fehlerhafter Anlage, dokumentiert z.B. durch deren Abnahme, oder Gegenstände oder deren (Ab)Lieferung) eine konkrete Gefahr (Rdn. 18) eingetreten ist.[53] **20**

IV. Täterschaft und Teilnahme

Täterschaft und Teilnahme in den Fällen des Absatzes 1 sind nach allgemeinen Grundsätzen zu beurteilen. Jeder, der den Tatbestand in seinen Merkmalen erfüllt, kann ohne Rücksicht auf seine Stellung im Herstellungs- oder Lieferungsprozess Täter sein.[54] Der Besteller, der nicht herstellt oder liefert, kann, wenn er eine Anlage unerlaubt betreibt oder rechtswidrig mit gefährlichen radioaktiven Stoffen umgeht , die er unter Verstoß gegen Rechtsvorschriften in Auftrag gegeben hat, ggf. nach den §§ 327 oder 328 als Täter bestraft werden[55]; eine Strafbarkeit wegen Teilnahme an § 312 wird dadurch nicht ausgeschlossen. Zur Frage, ob auch ein außenstehender „Saboteur" als Täter in Betracht kommt, wird auf Rdn. 17 verwiesen. **21**

V. Rechtswidrigkeit

Auch die Frage des **Unrechtsausschlusses** durch Rechtfertigungsgründe beurteilt sich nach allgemeinen Regeln. Kraft wirksamer Einwilligung des Gefährdeten (wozu auch der Besteller der Anlage gehören kann) oder mehrerer Gefährdeten in Leibes- und sogar Lebensgefahr kann die Rechtswidrigkeit der Tat bezüglich der betroffenen Personen entfallen. Eine solche Einwilligung wird nur in seltenen Fällen vorliegen. Eine abstrakte Gefährlichkeit für die Allgemeinheit oder die Umwelt reicht bei dem vorliegenden sich auf einen konkreten Individualrechtsschutz beschränkenden Tatbestand nicht aus, einer Einwilligung die rechtfertigende Wirkung zu versagen. Die Beachtung verwaltungsrechtlicher Pflichten (i.S. von § 330d Abs. 1 Nr. 4, 5, worauf auch § 311 verweist) und technischer Regelungen rechtfertigt i.ü. die Tat nicht, wenn diese, vom Täter erkannt und zumindest hingenommen, gleichwohl zu gefahrverursachenden Mängeln führt.[56] **22**

VI. Innere Tatseite

Berechtigter Kritik[57] an Absatz 1 a.F. Rechnung tragend, hat der Gesetzgeber des 31. StRÄndG – 2. UKG die Beschränkungen des Vorsatz-Tatbestandes in subjektiver Hinsicht („wissentlich") im Hinblick auf die möglichen katastrophalen Folgen der Tathandlungen sowohl für das Betriebspersonal als auch für weite Teile der Bevölkerung nicht für sachgerecht gehalten. Zur Anwendung von Absatz 1 genügt seitdem bedingter Vor- **23**

---

52 *Reinhardt* S. 241.
53 *Fischer* Rdn. 7.
54 *Krack* MK Rdn. 11; *Herzog* NK Rdn. 8; *Sch/Schröder/Cramer/Heine* Rdn. 13.
55 Vgl. *Krack* MK, *Sch/Schröder/*Cramer/Heine aaO.
56 *Fischer* aaO.
57 *Triffterer* Umweltstrafrecht S. 254 f.; *Reinhardt* S. 177; *Kohlhaas* GA **1962** 43, 55.

satz („dolus eventualis") hinsichtlich der Tathandlungen und Tatobjekte als auch hinsichtlich des Eintritts einer konkreten Gefahr. Es reicht daher aus, wenn der Werkunternehmer oder Lieferant zwar nicht sicher weiß, dass die Anlage(nteile) oder die Materialien fehlerhaft sind und auch nicht sicher ist, dass sie zu einer konkreten Gefahr führen, dies jedoch als möglich erkennt, die entstandene kritische Situation gleichwohl billigend in Kauf nimmt bzw. sich mit ihr abfindet.[58]

VII. Versuch

24 **Absatz 2** erklärt den **Versuch** des Absatzes 1 in Übereinstimmung mit dem früheren Recht (§ 48 Abs. 2 AtomG) für strafbar (§ 23 Abs. 1). In Fällen, in denen zwar noch keine Gefährdung eingetreten ist, der Täter, der die Bestandteile einer kerntechnischen Anlage herstellt oder liefert, jedoch mit ihrer Fehlerhaftigkeit rechnet und sie in Kauf nimmt, wird, wenn diese sicherheitsrelevant ist, vielfach ein strafbarer Versuch vorliegen (RegE BTDrucks. 12/192 S. 14). Bei einem dem objektivem Tatbestand entsprechendem Tatplan kann ein Versuch bereits dann vorliegen, wenn mit der Herstellung, wenn auch zunächst fehlerlos, begonnen worden ist.[59] Wann ein unmittelbares Ansetzen zur Tat vorliegt, richtet sich nach den jeweiligen Umständen des Einzelfalles; auf die zu § 22 entwickelten Grundsätze wird verwiesen.[60] Die Erstellung von Plänen für eine fehlerhafte Anlage ist noch Vorbereitungshandlung.[61]

VIII. Erfolgsqualifikationen

25 Die **Absätze 3 und 4** enthalten nach dem Erfolg differenzierend unterschiedliche Qualifikationen zu dem von Absatz 1 erfassten vorsätzlich begangenen Delikt. Der Eintritt einer schweren Folge muss auf der fehlerhaft hergestellten Anlage oder auf dem mit Fehlern behafteten Liefergegenstand beruhen. Die Verursachung einer **„schweren Gesundheitsschädigung eines anderen Menschen"** oder einer **„Gesundheitsschädigung einer großen Zahl von Menschen"** als Kriterium für einen höheren Strafrahmen in Absatz 3 entspricht der vom Gesetzgeber des 6. StrRG (vgl. BTRAussch Drs. 13/8991; S. 25; 13/9064 S. 22) im Unterschied zum RegE beschlossenen Linie für gemeingefährliche Delikte (vgl. § 306b; § 308 Abs. 2; § 309 Abs. 3; vgl. weiter § 330 Abs. 2; § 330a Abs. 1, 2). **Absatz 4** reicht durch den Verzicht auf die Beschränkung auf leichtfertige Todesverursachung weiter als § 306c [vgl. aber die Ergänzung in § 306b Abs. 2 Nr. 1], § 307 Abs. 3; § 308 Abs. 3 und § 309, was aber dort weitgehend durch andere Strafrahmenregelungen ausgeglichen wird. Parallele Regelungen enthalten § 330 Abs. 2 Nr. 1

---

[58] Näher zu den umstrittenen Grundfragen zum „bedingten" Vorsatz (insbesondere zur Bedeutung des intellektuellen und des voluntativen Elements, auch bei der Abgrenzung zur Leichtfertigkeit und zur sog. bewussten Fahrlässigkeit) *Vogel* LK § 15 Rdn. 96 ff, 102 ff, 129 ff; *Puppe* NK Rdn. 37 ff, 45 ff, 56 ff, 64 ff, 88 ff (krit. zur **h.M.**); *Joecks* MK § 16 Rdn. 18 ff, 26 ff; *Sch/Schröder/Cramer/Sternberg-Lieben* § 15 Rdn. 72 ff, 80 ff, 84 ff, 98a, jeweils m.w.N.

[59] *Sch/Schröder/Cramer/Heine* Rdn. 12; *Wolters/Horn* SK Rdn. 10; *Fischer* Rdn. 7; *Sack* Rdn. 32.

[60] Vgl. zu § 22 *Hillenkamp* LK Rdn. 54 ff, 86 ff, 110 ff; *Herzberg* MK Rdn. 114 ff, 128 ff, 155 ff, 171 ff; *Zaczyk* NK Rdn. 22 ff; *Sch/Schröder/Eser* Rdn. 32 ff; *Fischer* Rdn. 9 ff.

[61] *Sch/Schröder/Cramer/Heine* Rdn. 12; *Sack* Rdn. 32.

und § 330a Abs. 2. Auf die Auslegung der Begriffe zur qualifizierten Gesundheitsschädigung in den genannten Vorschriften wird verwiesen. Nach der für solche schweren Folgen einschlägigen Regelung des § 18 StGB sind die beiden Absätze sowohl anwendbar, wenn die schwere Folge vorsätzlich, als auch, wenn sie fahrlässig herbeigeführt werden. Im letzteren Fall stellt die Gesamttat daher eine Kombination aus einer Vorsatztat (hinsichtlich Handlung und Gefahreintritt) und einer Fahrlässigkeitstat (hinsichtlich der qualifizierten Gesundheitsschädigung) dar. Zur Frage der **Strafbarkeit eines erfolgsqualifierten Deliktsversuchs** wird auf die einschlägige Literatur zu § 18 verwiesen.[62] Eine zusätzliche Androhung der Strafbarkeit des Versuchs – wie in Absatz 2 zum Grundtatbestand in Absatz 1 – bedurfte es nicht, da die erfolgsqualifizierten Straftaten der Absätze 3 und 4 nach § 12 Abs. 1 Verbrechen sind, deren Versuch nach § 23 Abs. 1 stets strafbar ist.

IX. Fahrlässigkeitstaten

Absatz 6 zieht über die in den Absätzen 3 und 4 fahrlässig bewirkten Erfolgsqualifi- 26
kationen zur Vorsatztat i.S. von Absatz 1 hinaus in die Strafbarkeit noch andere in den Fahrlässigkeitsbereich reichende Fälle unverantwortlichen Verhaltens mit ein, soweit dieses zumindest zu einer konkreten Gefährdung i.S. des Absatzes 1 führt. Zum einen handelt es sich um die Taten, in denen zwar die von Absatz 1 erfasste Handlung auch vorsätzlich begangen sein muss, jedoch hinsichtlich der durch sie bewirkten konkreten Gefahr dem Täter nur ein Fahrlässigkeitsvorwurf gemacht werden kann (**Absatz 6 Nr. 1**). Diese Ausdehnung hatte der Gesetzgeber schon in § 48 Abs. 4 AtomG a.F. eingeführt; sie wurde durch das 18. StrÄndG (vor Rdn. 1) als § 311e Abs. 4 a.F. in das StGB überführt und im Rahmen des 2. UKG (vor Rdn. 1) zunächst in § 311c Abs. 4 verankert. Seit dem EGStGB ist eine solche Vorsatz-Fahrlässigkeitkombination nach § 11 Abs. 2 StGB insgesamt – was vorher streitig war – gleichwohl als Vorsatztat anzusehen.

Im 2. UKG hielten darüber hinaus Regierung und Gesetzgeber es für unverzichtbar, innerhalb eines Technologiebereichs mit extrem hohen Gefahrenpotential auch gravierende Fälle sorgfaltspflichtigen Handels ahnden zu können. Dränge sich einem Hersteller sicherheitsrelevanter Teile einer kerntechnischen Anlage der Pflichtenverstoß geradezu auf, so sei nicht ersichtlich, warum er bei derartig leichtfertigem Handeln aus strafrechtlicher Verantwortung entlassen sein sollte. Dem Vorwurf in gravierender Weise sorgfaltswidrig gehandelt zu haben, sind Hersteller und Zulieferer allerdings nur dann ausgesetzt, wenn sie in grober, also besonders sorgloser Weise gegen die allgemein anerkannten und für diesen Technologiebereich geforderten Produktions- und Kontrollregeln und -verfahren verstoßen, sofern dies zu einer für den Täter vorsehbaren konkreten Gefährdung führt (RegE, BTDrucks. 12/192 S. 14[63]). Demgemäß macht sich nach **Absatz 6 Nr. 2** (wie zuvor nach § 311c V a.F.) wegen einer reinen Fahrlässigkeitstat strafbar, wer in den **„Fällen des Absatzes 1 leichtfertig handelt und die Gefahr fahrlässig verursacht."** Der Vorfeldcharakter der Tat und die fehlende Nähe des Täters (z.B. eines Zulieferers) zum

---

[62] Vgl. *Vogel* LK Rdn. 72 ff; *Hardtung* MK Rdn. 42 ff; *Paeffgen* NK Rdn. 109 f; *Sch/Schröder/Cramer/Sternberg-Lieben* Rdn. 8 ff; *Fischer* Rdn. 7 ff; *Lackner/Kühl* Rdn. 9 f.

[63] Ebenso *Krack* MK Rdn. 17; *Herzog* NK Rdn. 10; *Sch/Schröder/Cramer/Heine* Rdn. 10; *Sack* Rdn. 26; *Möhrenschlager* NStZ **1994** 566, 569.

Gefahreneintritt haben den Gesetzgeber davon abgehalten, entgegen weitergehenden Forderungen[64] auch leicht fahrlässige Handlungen mit Strafe zu bedrohen (RegE aaO).

X. Rechtsfolgen

27 Der Strafrahmen des Vergehens nach **Absatz 1** reichte bis zur Änderung durch das 31. StRÄndG – 2. UKG mit Wirkung vom 1.11.1994 – wie bei seinem Vorläufer § 48 Abs. 1 AtomG – von sechs Monaten bis zu fünf Jahren Freiheitsstrafe.[65] Mit Rücksicht auf die Einbeziehung „schlicht" vorsätzlichen Handelns (Rdn. 23) wurde die Mindeststrafe auf drei Monate herabgesetzt. Dem Anliegen des Bundesrates, es trotz der Gesetzesänderung bei der Mindeststrafe von sechs Monaten zu belassen (BTDrucks. 12/192 S. 39), folgte der Gesetzgeber zu Recht nicht; die von der BReg. in ihrer Gegenäußerung hierzu (aaO S. 43) dargelegten Gründe der Harmonisierung mit den übrigen Vorschriften des 2. UKG, insbesondere mit § 330 StGB n.F., überzeugen. Die Höchststrafe blieb (auch im 6. StrRG) unverändert. **Verschärfungen für die Freiheitsstrafe** brachte des 6. StrRG – auf dem Hintergrund der Harmonisierung mit anderen gemeingefährlichen Straftaten – für die erfolgsqualifizierten Verbrechenstatbestände der **Absätze 3 und 4.** Der Strafrahmen des Absatzes 3 (ein Jahr bis zu zehn Jahren) folgt dem für besonders schwere Fälle durch das 18. StRÄndG eingeführten Strafrahmen, der auch nach der strukturellen Umstellung auf die durch das 6. StrRG in Absatz 3 eingeführte Erfolgsqualifikation beibehalten wurde (vor Rdn. 1; Rdn. 26). Der noch höhere Strafrahmen des Absatzes 4 (drei Jahre bis – gemäß § 38 Abs. 2 StGB – fünfzehn Jahre) geht auf einen Vorschlag des Bundesrates zurück, BTDrucks. 13/8587 S. 71, dem nach Zustimmung durch die BReg, BTDrucks. aaO S. 89 auch der BT-RAusschuss, BTDrucks. 13/8991; 9064 S. 22) übernahm. Diese Verschärfung wurde durch die Einfügung einer **Ergänzung in Absatz 5 „in minder schweren Fällen"** gemildert. Bei Gesundheitsschädigungen i.S.d. Absatzes 3 reicht dann der Strafrahmen von sechs Monaten bis zu fünf Jahren, bei Eintritt des Todes in Absatz 4 von einem bis zu zehn Jahren Freiheitsstrafe.

28 Einer milderen Strafdrohung (Freiheitsstrafe von einem Monat bis zu drei Jahren oder Geldstrafe) unterfallen nach **Absatz 6,** wer vorsätzlich oder leichtfertig handelnd die Gefahr fahrlässig herbeiführt (so hinsichtlich der Obergrenze für die Fälle der Nummer 2 bereits das 18. StrÄndG, was im Rahmen des 6. StrRG aus Harmonisierungsgründen auch für die Nummer 1 – strafmildernd gegenüber § 48 Abs. 4 AtomG, § 311e a.F., § 311c Abs. 4 StGB a.F. – übernommen wurde (RegE BTDrucks. 13/8587 S. 50)

XI. Tätige Reue

29 Eine Regelung hierüber hatte der Gesetzgeber des 18. StRÄndG noch nicht vorgesehen. Dies war als ausdrückliche Ablehnung aufzufassen.[66] Der Gesetzgeber des

---

64 Art. 1 Nr. 6 des SPD-Entwurfs BTDrucks. 12/376 (vor Rdn. 1); abl. dazu *Rogall* in der Anhörung, s. *Möhrenschlager* aaO Fn. 55; *Triffterer* S. 255; *Reinhardt* S. 178.

65 Mit Recht – im Hinblick auf drohende Massengefährdungen – kritisch zu dieser Begrenzung *Triffterer* S. 254 f und *Reinhardt* S. 177, 243: [„echte Hochkriminalität"].

66 *Steindorf* LK[11] Rdn. 19; *Sack* Rdn. 37 (unter Ablehnung der von *Sch/Schröder/Cramer*, 24. Aufl. 1991 Rdn. 13 bzw. früher von *Horn* SK Rdn. 14 angeregten Analogie zu § 311e Abs. 2 Nr. 2 a.F.); **aA** Reinhardt S. 185. Fn. 322: in der Eile übersehen.

31. StRÄndG – 2.UKG änderte die Gesetzeslage. Die durch das EGStGB eingeführte Regelung über Tätige Reue in § 311c für Kernenergie- und Strahlenschutzdelikte wurde in einer abgeänderten Regelung in § 311e auch auf den hiesigen Tatbestand ausgedehnt. Dies wurde dann im Rahmen des 6. StrRG in die neue Regelung des § **314a** über Tätige Reue übernommen. Absehen und Milderung von Strafe ist nach Absatz 2 Nr. 2 für die Vorsatz-Straftaten nach § 312 Abs. 1 und Absatz 6 Nr. 1 möglich, wenn die Gefahr freiwillig abgewendet wird, bevor ein erheblicher Schaden entsteht (z.B. durch Beseitigung eines gefährlichen technischen Defekts oder durch Abschalten der Anlage[67]). Weitergehend tritt Straflosigkeit nach Absatz 3 Nr. 1d unter den gleichen Voraussetzungen für die Fahrlässigkeitstat nach § 312 Abs. 6 Nr. 2 ein. Auf die Erläuterungen von *Wolff* LK zu § 314a wird verwiesen.

XII. Zusammentreffen verschiedener Verstöße

Wird sowohl durch eigenes Herstellen als auch durch anschließendes Liefern die Gefahr verursacht, so können beide Alternativen verwirklicht sein. In einem solchen Fall ist eine einheitliche Tat anzunehmen. Der Tatbestand des Liefern verdrängt nicht stets den des Herstellens, da auch denkbar ist, dass die Person des Lieferns nicht mit der des Herstellens identisch ist. Ebenso gewinnt das Liefern selbständige Bedeutung, wenn der Hersteller den Mangel beim Herstellungsvorgang nicht entdeckt, wohl aber noch vor Ablieferung.[68] **30**

Tateinheit ist möglich mit Verletzungsdelikten (§§ 211 ff, 223 ff, 303 ff),[69] insbesondere soweit der Umfang der gefährdeten Rechtsgüter größer war als der der verletzten.[70] Aus Gründen der Subsidiarität ist § 312 neben den §§ 307, 309 nicht anwendbar.[71] Als konkretes Gefährdungsdelikt hat § 312 Vorrang gegenüber § 311.[72] Tateinheit kann über die geschilderten Fälle hinaus vorliegen beim Zusammentreffen mit §§ 326, 327, 328, 330, desgl. mit §§ 109e, 263.[73]

§ 313
Herbeiführen einer Überschwemmung

(1) Wer eine Überschwemmung herbeiführt und dadurch Leib oder Leben eines anderen Menschen oder fremde Sachen von bedeutendem Wert gefährdet, wird mit Freiheitsstrafe von einem Jahr bis zu zehn Jahren bestraft.

(2) § 308 Abs. 2 bis 6 gilt entsprechend.

---

67 Vgl. *Wimmer* (vor Rdn. 1 Fn. 2) S. 204.

68 Näher *Steindorf* LK[11] Rdn. 11; LK-*Schroeder* § 109e Rdn. 7.

69 *Krack* MK Rdn. 19; *Herzog* NK Rdn. 14; *Sch/Schröder/Cramer/Heine* Rdn. 15; *Wolters/Horn* SK Rdn. 12; *Fischer* Rdn. 12; *Lackner/Kühl* Rdn. 8; grundsätzlich auch *Sack* Rdn. 41.

70 Beschränkend auf die letzteren Fälle *Steindorf* LK[11] Rdn. 20 (wie zuvor *Fischerhof* § 48 AtomG Rdn. 9); ähnlich einschränkend bezüglich §§ 212 ff auch *Sack* aaO.

71 *Krack* MK Rdn. 19; § 309 Rdn. 21; *Sack* Rdn. 41; betr. § 307 *Herzog* NK Rdn. 14; *Sch/Schröder/Cramer/Heine* aaO; *Wolters/Horn* SK aaO.

72 *Krack* MK Rdn. 18; aA *Steindorf* Rdn. 20 (Tateinheit).

73 Zu letzerem *Sch/Schröder/Cramer* aaO; *Fischer* Rdn. 12; *Lackner/Kühl* Rdn. 8.

Schrifttum

Bayer in Schlüchter (Hrsgin.) Bochumer Erläuterungen zum 6. Strafrechtsreformgesetz (1998); *Dedes* Gemeingefahr und gemeingefährliche Straftaten, MDR **1984** 100; *v. Ende* Zur gemeingefährlichen Überschwemmung (1901); *Hartung* Gemeingefahr! NJW **1960** 1417; *Kirchner* Die Herbeiführung einer Überschwemmung (1901); *Sack* Umweltschutzstrafrecht[5] (Stand: Juni 2007) A 1.10; *Schröder* Die Gefährdungsdelikte im Strafrecht, ZStW **81** (1969) 7; *v. Ullmann* Überschwemmung VDB IX S. 79; *Wanjeck* Ein Beitrag zur Lehre von der Brandstiftung und Überschwemmung nach heutigem Deutschen Strafrecht, GS **31** 1.

Entstehungsgeschichte

Im Strafgesetzbuch für das Deutsche Reich waren mit §§ 312 bis 314 drei Strafvorschriften betreffend das Herbeiführen einer mit gemeiner Gefahr verbundenen Überschwemmung enthalten. Und zwar wurde in § 312 vorsätzliches Handeln mit gemeiner Gefahr für Menschenleben, in § 313 Abs. 1 vorsätzliches Handeln mit gemeiner Gefahr für das Eigentum und in § 314 fahrlässiges Handeln mit gemeiner Gefahr für Leben oder Eigentum erfasst und mit Zuchthaus – §§ 312 und 313 Abs. 1 – bzw. Gefängnis – § 314 – bedroht; in §§ 312 Abs. 2 und 314 war für die Qualifikation, dass durch die Überschwemmung der Tod eines Menschen verursacht worden ist, ein höherer Strafrahmen vorgesehen, während bei der sachgefährdenden Überschwemmung ein niedrigerer Strafrahmen normiert war, wenn der Täter in der Absicht gehandelt hatte, sein Eigentum zu schützen (RGBl. 1871 S. 127, 187 f). Änderungen durch das 3. StRÄndG vom 4. August 1953 (BGBl. I 735), das 1. StrRG vom 25. Juni 1969 (BGBl. I 645) und Art. 11, 12, 19 Nr. 173 f EGStGB 1974 (BGBl. I 469, 494 f) betrafen im wesentlichen die Rechtsfolgenseite.

§ 313 in der Fassung von Art. 1 Nr. 80 des 6. StrRG vom 26. Januar 1998 (BGBl. I 164, 183) fasst die bisherigen §§ 312 bis 314 in einer Vorschrift zusammen. Sie ist unverändert aus dem Regierungsentwurf zum 6. StrRG übernommen worden (vgl. BTDrucks. 13/8587 S. 13 und 50). Während im E 1962 mit §§ 328, 340 noch eine weitgehende Übernahme der §§ 312 bis 314 a.F. unter Erweiterung auf das Entfesseln anderer Naturkräfte vorgesehen war (BTDrucks. IV/650 S. 64, 66, 505, 517 f), ging es dem Gesetzgeber des 6. StrRG um eine „Vereinfachung, Vereinheitlichung und Anpassung der praktisch bedeutungslosen Vorschriften". Die Verweisung auf § 308 Abs. 2 bis 6 in Absatz 2 hat allerdings durch die im Laufe des Gesetzgebungsverfahrens vorgenommene Umgestaltung von § 308 Abs. 2 bis 4 des Entwurfs zu der Gesetz gewordenen Fassung (vgl. *Wolff* LK § 308 Entstehungsgeschichte) einen entsprechenden Bedeutungswandel erfahren. Mit der Neuregelung ist das Merkmal gemeine Gefahr für Menschenleben oder Eigentum – wie schon im E 1962 vorgesehen (BTDrucks. IV/650 S. 496 ff) – entfallen; an seine Stelle ist das Merkmal der – konkreten – Gefährdung von Leib oder Leben eines anderen Menschen oder fremder Sachen von bedeutendem Wert getreten. Damit ist eine nicht unerhebliche Ausdehnung des Anwendungsbereichs der Vorschrift verbunden (*Bayer* S. 124 Rdn. 6). In Absatz 1 ist außerdem der Strafrahmen für die Herbeiführung einer menschengefährdenden und einer sachgefährdenden Überschwemmung vereinheitlicht worden.

Übersicht

I. Allgemeines

§ 313 stellt das Herbeiführen einer Überschwemmung unter Strafe, wenn dadurch Leib oder Leben eines anderen oder fremde Sachen von bedeutendem Wert gefährdet werden. § 313 ist also, sieht man von den Qualifikationen nach Absatz 2 in Verbindung mit § 308 Abs. 2 und 3 ab, **konkretes Gefährdungsdelikt**;[1] die herbeigeführte Überschwemmung muss bestimmte Rechtsgüter zu verletzen drohen. Gemeingefahr, so nahe sie bei Überschwemmungen liegt, ist nicht mehr erforderlich oder – außer für eine eventuelle Strafzumessung – von Bedeutung. 1

Das Delikt verlangt als eigentliche Tathandlung das Herbeiführen einer Überschwemmung. Daraus muss eine konkrete Gefahr für die im einzelnen bezeichneten Rechtsgüter, um deren Schutz es geht, entstehen, soweit es § 313 Abs. 1 und § 313 Abs. 2 in Verbindung mit § 308 Abs. 2 und 3 betrifft. Bei § 313 Abs. 2 in Verbindung mit § 308 Abs. 2 und 3 müssen zudem qualifizierende Erfolge vorliegen. Hinsichtlich des subjektiven Tatbestandes fasst die Vorschrift mehrere Möglichkeiten zusammen: Bei § 313 Abs. 1 ist insgesamt Vorsatz nötig; bei § 313 Abs. 2 in Verbindung mit § 308 Abs. 2, 3 und 5 gilt dies für das Herbeiführen der Überschwemmung, während für das Verursachen des Erfolgs nach § 308 Abs. 2 und 3 entsprechend Fahrlässigkeit oder Leichtfertigkeit genügt und für das Verursachen der Gefahr nach § 308 Abs. 5 entsprechend ebenfalls Fahrlässigkeit. § 313 Abs. 2 in Verbindung mit § 308 Abs. 6 erfasst Fälle insgesamt fahrlässigen Verhaltens. § 313 Abs. 2 in Verbindung mit § 308 Abs. 4 sieht herabgesetzte Strafrahmen für minder schwere Fälle des § 313 Abs. 1 und des § 313 Abs. 2 in Verbindung mit § 308 Abs. 2 vor. 2

II. Objektiver Tatbestand von § 313 Abs. 1 und § 313 Abs. 2 in Verbindung mit § 308 Abs. 5 und 6

Der objektive Tatbestand von **§ 313 Abs. 1** verlangt das Herbeiführen einer Überschwemmung und eine dadurch hervorgerufene Gefahr für Leib und Leben von Men- 3

[1] *Fischer* Rdn. 2, 3; *Herzog* NK Rdn. 2, 4; *Kindhäuser* LPK Rdn. 1, 4; *Krack* MK Rdn. 1, 6; *Lackner/Kühl* Rdn. 2; *Sch/Schröder/Heine* Rdn. 1, 5; Dölling/Duttge/Rössner/*Weiler* HK Rdn. 1; *Wolters/Horn* SK Rdn. 1, 3; *Arzt/Weber* BT § 37 Rdn. 81; *Sack* Rdn. 1. Nach *Maurach/Schroeder/Maiwald* BT/2 § 52 Rdn. 5 handelt es sich um ein allgemeines Gefährdungsdelikt.

schen oder fremde Sachen von bedeutendem Wert. Das gilt genauso für **§ 313 Abs. 2 in Verbindung mit § 308 Abs. 5 und 6.**

4 1. Eine **Überschwemmung** liegt vor, wenn Wasser in solcher Menge und Stärke über seine natürlichen oder künstlichen Grenzen tritt, dass es zu einer Gefahr für die im Überflutungsbereich befindlichen Personen oder Sachen wird.[2] Es genügt also nicht jedes Überlaufen von Wasser auf einen sonst wasserfreien Teil der Erdoberfläche. Von dem Begriff wird auch erfasst, wenn ein größerer umschlossener Raum, z.B. ein Bergwerksschacht, unter Wasser gesetzt wird;[3] die Überflutung eines einzelnen Kellers oder Zimmers reicht jedoch nicht aus (*Krack* MK Rdn. 4; *Sch/Schröder/Heine* Rdn. 3).

5 2. Der Ausdruck **herbeiführen** hat dieselbe Bedeutung wie **verursachen.** Darunter fällt auch die Vergrößerung einer aufgrund anderweitiger Ursachen eingetretenen Überschwemmung.[4] Auch hier genügt nicht jedes zusätzliche Zuleiten weiteren Wassers; vielmehr muss die Überschwemmung einen deutlich größeren Umfang annehmen. Überhaupt wird das Herbeiführen regelmäßig Mitverursachen sein, weil eine Mitwirkung der elementaren Kräfte des Wassers wohl immer vorliegen wird. Die Verursachung ist durch Tun – z.B. einen Deichdurchstich (AG Zerbst NJ **2004** 181 f) oder Sperrung von zu einem Schöpfwerk führenden Entwässerungsgräben (BGH NJW **1992** 3229, 3230) –, aber auch durch Unterlassen möglich.[5] Letzteres kommt dann in Betracht, wenn trotz entsprechender Garantenpflicht von vorhandenen Schutzeinrichtungen gegen Überschwemmungen kein Gebrauch gemacht wird oder diese nicht funktionstüchtig gehalten (vgl. den Sachverhalt in BGH BauR **2005** 687 ff) oder gar nicht erst ausreichend dimensioniert eingerichtet werden. Die Verursachung wird nicht dadurch in Frage gestellt, dass es später z.B. durch weiteres Anschwellen des Wasserzuflusses auch ohne Eingreifen des Täters zu einer Überschwemmung gekommen wäre (*Kindhäuser* LPK Rdn. 4; *Wolters/Horn* SK Rdn. 2; vgl. auch AG Zerbst NJ **2004** 181 f m. Anm. *Krüger*); derartige hypothetische Abläufe bleiben nach ständiger Rechtsprechung des BGH außer Betracht (vgl. nur BGHSt **49** 1, 3 f).

6 3. Die herbeigeführte Überschwemmung muss Ursache für eine **konkrete Gefahr für Leib oder Leben eines anderen Menschen** – als des Täters oder von Tatbeteiligten[6] – oder **für fremde Sachen von bedeutendem Wert** werden. Dazu kann im Grundsatz auf die Aus-

---

[2] RG Rspr. 7 577; AG Zerbst NJ **2004** 181 f m. Anm. *Krüger* (das Verfahren ist inzwischen abgeschlossen und hat bei den in erster Instanz verurteilten Angeklagten entweder zur Verfahrenseinstellung nach § 153a StPO oder zum Freispruch aus tatsächlichen Gründen geführt); *Fischer* Rdn. 2; *Herzog* NK Rdn. 3; *Krack* MK Rdn. 4; *Lackner/Kühl* Rdn. 1; *Sch/Schröder/Heine* Rdn. 3; Dölling/Duttge/Rössner/*Weiler* HK Rdn. 2; *Wolters/Horn* SK Rdn. 2; *Maurach/Schroeder/Maiwald* BT/2 § 52 Rdn. 13; *Sack* Rdn. 2.

[3] *Fischer* Rdn. 2; *Kindhäuser* LPK Rdn. 3; *Krack* MK Rdn. 5; *Sack* Rdn. 2. Vgl. auch RGSt 5 309.

[4] RGSt 5 309, 310; RG Recht **1910** Nr. 2327; RG JW **1933** 700 f m. Anm. *Heiland*; *Fischer* Rdn. 2; *Herzog* NK Rdn. 3; *Krack* MK Rdn. 5; *Sch/Schröder/Heine* Rdn. 4; Dölling/Duttge/Rössner/*Weiler* HK Rdn. 3; *Wolters/Horn* SK Rdn. 2; *Sack* Rdn. 2, 3.

[5] RGSt 5 309, 310; *Fischer* Rdn. 2; *Krack* MK Rdn. 5; *Sch/Schröder/Heine* Rdn. 4; *Wolters/Horn* SK Rdn. 5; *Sack* Rdn. 5. Vgl. auch RG JW **1928** 409.

[6] Vgl. *Wolff* LK § 308 Rdn. 6. Differenzierend – nur Täter sind anders als sonstige Tatbeteiligte nicht geschützt – *Krack* MK Rdn. 6 in Verbindung mit *Radtke* MK § 306a Rdn. 50. **AM** *Wolters/Horn* SK Rdn. 3 in Verbindung mit Rdn. 9 vor § 306, die Mittäter und Beteiligte als geschützt ansehen.

führungen zu § 308 verwiesen werden (*Wolff* LK § 308 Rdn. 6 ff). Konkret ist die Gefahr, wenn Menschen oder Sachen in den Einflussbereich der Überschwemmung geraten oder sich darin befinden (vgl. *Zieschang* Die Gefährdungsdelikte (1998) 36 ff). Die mindestens nötige Leibesgefahr wird häufig darin bestehen, dass ein Mensch (oder Menschen) durch infolge der Überschwemmung einstürzende Gebäude oder durch Treibgut verletzt werden kann oder zu ertrinken droht. Fremde, also nicht allein dem Täter gehörende Sachen von bedeutendem Wert – die Wertuntergrenze, für die der Sachwert ausschlaggebend ist, wird in gleicher Höhe wie bei § 308 festzulegen sein[7] – können auch bestellte Äcker oder Weiden sein, wenn durch die Überschwemmung Schäden am Bewuchs eintreten. Besteht das Herbeiführen der Überschwemmung in der Vergrößerung einer z.B. aus natürlichen Abläufen schon entstandenen Überschwemmung, muss die Gefahr für Mensch oder Sachen allerdings Folge der Vergrößerung der Überschwemmung durch den Täter sein (vgl. RG Recht **1910** Nr. 2327; RG JW **1933** 700 f m. Anm. *Heiland*).

III. Subjektiver Tatbestand bei § 313 Abs. 1 und § 313 Abs. 2 in Verbindung mit § 308 Abs. 5 und 6

Der subjektive Tatbestand verlangt bei **§ 313 Abs. 1 Vorsatz** hinsichtlich aller Merkmale des objektiven Tatbestandes, wobei bedingter Vorsatz ausreicht.[8] **§ 313 Abs. 2 in Verbindung mit § 308 Abs. 5** setzt das (bedingt) **vorsätzliche Herbeiführen einer Überschwemmung** voraus; demgegenüber ist für die **Verursachung der Gefahr für Mensch und Sachen Fahrlässigkeit** ausreichend. **§ 313 Abs. 2 in Verbindung mit § 308 Abs. 6** greift bei **insgesamt fahrlässigen Verhalten** des Täters ein. Letztere beiden Varianten decken auch Fälle ab, in denen durch schlechte Planung bei Baumaßnahmen Unwetter Überschwemmungen in tiefer liegenden Gebieten hervorrufen (vgl. z.B. BGH NJW **1992** 3229, 3234 und *Fischer* Rdn. 2). Da es nicht mehr auf eine Gemeingefahr ankommt, dürfte der Tatbestand häufiger als bisher zur Anwendung kommen. 7

IV. Rechtswidrigkeit

Da es sich um ein konkretes Gefährdungsdelikt zum Schutz von Individualrechtsgütern handelt, kommt grundsätzlich **Einwilligung** als Rechtfertigungsgrund in Betracht (*Maurach/Schroeder/Maiwald* BT/2 § 50 Rdn. 7; vgl. *Wolff* LK § 308 Rdn. 14), auch wenn die Einwilligung aller durch eine Überschwemmung körperlich oder an ihrem Eigentum Gefährdeter kaum jemals zu erreichen sein wird. Weiter kommen insbesondere **Notstand**[9] und **Handeln auf Befehl** (*Krack* MK Rdn. 11; *Wolters/Horn* SK Rdn. 5a) in Frage, soweit es dabei nicht nur um Schuldausschließungsgründe geht (vgl. dazu allge- 8

---

[7] Vgl. *Wolff* LK § 308 Rdn. 8. *Fischer* Rdn. 3 verweist auf § 315; *Sch/Schröder/Heine* Rdn. 5 in Verbindung mit Rdn. 14 ff vor §§ 306 ff nimmt im wesentlichen auf §§ 315 ff Bezug. In Parallele zu §§ 307, 308 spricht sich *Krack* MK Rdn. 6 in Verbindung mit § 308 Rdn. 9 für eine Grenze von 5 000 Euro aus.

[8] RG JW **1928** 409; *Fischer* Rdn. 4; *Herzog* NK Rdn. 5; *Kindhäuser* LPK Rdn. 5; *Krack* MK Rdn. 3, 7; *Lackner/Kühl* Rdn. 3; *Sch/Schröder/Heine* Rdn. 2, 6; *Wolters/Horn* SK Rdn. 4; *Sack* Rdn. 6.

[9] *Krack* MK Rdn. 11; *Wolters/Horn* SK Rdn. 5a; *Krüger* NJ **2004** 182 f. Vgl. auch RG JW **1933** 700 f m. Anm. *Heiland*; BayObLGSt 1 246; AG Zerbst NJ **2004** 181 f.

mein z.B. *Rönnau* LK Vor § 32 Rdn. 113 und Rdn. 295 ff). Auch an öffentlichrechtliche Eingriffsrechte auf der Grundlage von **Katastrophenschutzregelungen**, in Sonderheit an Bestimmungen zur Abwehr von Wassergefahr (vgl. BGH NJW **1992** 3229 ff; *Krüger* NJ 2004 182, 183) ist zu denken. Dagegen vermögen bestehende Staurecht die Rechtswidrigkeit nicht auszuschließen (vgl. RG Rspr. 3 471 f; RG JW **1911** 246).

V. Qualifikationstatbestände nach § 313 Abs. 2 in Verbindung mit § 308 Abs. 2 und 3

9 § 313 enthält durch die Verweisung in Absatz 2 auf § 308 Abs. 2 und 3 die gleichen Qualifikationstatbestände wie das Herbeiführen einer Sprengstoffexplosion. **Qualifizierend** auch für das Herbeiführen einer Überschwemmung wirken das *wenigstens fahrlässige, § 18, Verursachen einer schweren Gesundheitsschädigung eines anderen Menschen oder eine Gesundheitsschädigung einer großen Zahl von Menschen*, § 308 Abs. 2 entsprechend, und *das mindestens leichtfertige Verursachen des Todes eines Menschen*, § 308 Abs. 3 entsprechend. Insoweit und zur Möglichkeit des **Versuchs dieser Qualifikationstatbestände** sei auf die auch hier sinngemäß geltenden Bemerkungen dazu bei § 308 Bezug genommen (*Wolff* LK § 308 Rdn. 15 ff).[10]

VI. Strafrahmen. Minder schwere Fälle

10 **§ 313 Abs. 1** droht Freiheitsstrafe von einem bis zu zehn Jahren an; es handelt sich danach um ein Verbrechen. Bei **§ 313 Abs. 2 in Verbindung mit § 308 Abs. 2** ist die Mindestfreiheitsstrafe auf zwei Jahre erhöht. **§ 313 Abs. 2 in Verbindung mit § 308 Abs. 3** sieht lebenslange Freiheitsstrafe oder Freiheitsstrafe nicht unter zehn Jahren vor. Bei **§ 313 Abs. 2 in Verbindung mit § 308 Abs. 5 und 6** mit Strafrahmen von Freiheitsstrafe bis zu fünf Jahren oder Geldstrafe und Freiheitsstrafe bis zu drei Jahren oder Geldstrafe geht es um Vergehen. Für **minder schwere Fälle** von § 313 Abs. 1 und § 313 Abs. 2 in Verbindung mit § 308 Abs. 2 sind in **§ 308 Abs. 4 entsprechend** mildere Strafrahmen vorgegeben: Freiheitsstrafe von sechs Monaten bis zu fünf Jahren einerseits, was die Anwendung von § 47 ausschließt, und Freiheitsstrafe von einem bis zu zehn Jahren andererseits. Praktisch bedeutsamer wird dies für die erste Alternative sein und in Frage kommen, wenn nur Sachen von nicht sehr hohem Wert gefährdet werden oder die Überschwemmung keinen sehr großen Umfang angenommen hat. Bei einer Fehleinschätzung über die Folgen einer vorsätzlich herbeigeführten Überschwemmung in einer Katastrophensituation mag auch die zweite Alternative zum Tragen kommen (vgl. AG Zerbst NJ **2004** 181, 182).

VII. Konkurrenzen

11 § 313 Abs. 2 in Verbindung mit § 308 Abs. 5 tritt hinter § 313 Abs. 1 als dem spezielleren Delikt zurück. §§ 313 Abs. 2, 308 Abs. 3 verdrängen §§ 313 Abs. 2, 308 Abs. 2, bei vorsätzlicher Todesverursachung auch § 313 Abs. 1 und bei leichtfertiger Todesverursachung § 222 (*Krack* MK Rdn. 12; *Sch/Schröder/Heine* Rdn. 9), vorausgesetzt es besteht

[10] Vgl. ergänzend auch *Ferschl* Das Problem des unmittelbaren Zusammenhangs beim erfolgsqualifizierten Delikt (1999) 286 ff.

Opferidentität; andernfalls kommt Tateinheit in Betracht. Bei gewolltem Tod kann zwischen §§ 313 Abs. 2, 308 Abs. 3 und vorsätzlichen Tötungsdelikten **Tateinheit** bestehen (*Krack* MK Rdn. 12; *Sch/Schröder/Heine* Rdn. 9); ebenso zwischen §§ 313 Abs. 2, 308 Abs. 3 und fahrlässiger Tötung, wenn die Überschwemmung mehrere Opfer gefordert hat und dem Täter nicht für alle Leichtfertigkeit, jedoch Fahrlässigkeit nachgewiesen werden kann (*Wolters/Horn* SK Rdn. 9). Tateinheit besteht zwischen § 313 Abs. 1 und Körperverletzungsdelikten, wenn die Voraussetzungen von §§ 313 Abs. 2, 308 Abs. 2 nicht gegeben sind; bei fahrlässiger Körperverletzung auch mit §§ 313 Abs. 2, 308 Abs. 5 und 6 (*Herzog* NK Rdn. 7; *Krack* MK Rdn. 12; *Wolters/Horn* SK Rdn. 9). Tateinheit kann weiter zwischen § 313 und §§ 303 ff bestehen (*Herzog* NK Rdn. 7; *Krack* MK Rdn. 12); sowie mit einem Delikt nach § 308, wenn zur Auslösung der Überschwemmung eine vom Täter herbeigeführte Explosion führt.

VIII. Tätige Reue und Einziehung

Für **tätige Reue** siehe bei § 314a Abs. 2 Nr. 2f, Abs. 3 Nr. 1e; zur **Einziehung** bei § 322 Nr. 1. **12**

IX. Recht des Einigungsvertrages

Zum Recht des **Einigungsvertrages** vgl. *Wolff* LK[11] § 312 Rdn. 10 f. **13**

X. Sonstiges

Straftaten nach § 313 können Anlass geben, das Delikt einer terroristischen Vereinigung nach § **129a Abs. 2 Nr. 2** zu prüfen; siehe auch § 129b (vgl. dazu BGHSt **52** 98 ff und ergänzend *Wolff* LK § 303b Rdn. 41). Die Nichtanzeige einer geplanten Straftat nach § 313 unterfällt § 138 Abs. 1 Nr. 8. Zur Zuständigkeit siehe §§ 74 Abs. 2 S. 1 Nr. 21, 120 Abs. 2 Nr. 3 GVG. **14**

§ 314
Gemeingefährliche Vergiftung

(1) Mit Freiheitsstrafe von einem Jahr bis zu zehn Jahren wird bestraft, wer
1. **Wasser in gefaßten Quellen, in Brunnen, Leitungen oder Trinkwasserspeichern oder**
2. **Gegenstände, die zum öffentlichen Verkauf oder Verbrauch bestimmt sind,**

vergiftet oder ihnen gesundheitsschädliche Stoffe beimischt oder vergiftete oder mit gesundheitsschädlichen Stoffen vermischte Gegenstände im Sinne der Nummer 2 verkauft, feilhält oder sonst in den Verkehr bringt.

(2) § 308 Abs. 2 bis 4 gilt entsprechend.

Schrifttum

Bayer in Schlüchter (Hrsgin.) Bochumer Erläuterungen zum 6. Strafrechtsreformgesetz (1998); *Bock* Produktkriminalität und Unterlassen (1997) 50 ff; *Bosch* Organisationsverschulden in Unternehmen (2002) 505 ff; *Bottke/Mayer* Krankmachende Bauprodukte, ZfBR **1991** 233, 234 f; *Geerds*

Warenfälschung – Sammelbezeichnung oder einheitliche Wirtschaftsstraftat? ZStW 74 (1962) 245; *ders.* Herstellen und Absatz gesundheitsgefährdender Ver- und Gebrauchsgüter (§§ 319, 320 StGB), Festschrift Tröndle (1989) 241; *Gretenkordt* Herstellen und Inverkehrbringen gesundheitsgefährlicher Verbrauchs- und Gebrauchsgüter (1993); *Hilgendorf* Strafrechtliche Produzentenhaftung in der „Risikogesellschaft" (1993) 164 ff; *Holtermann* Neue Lösungsansätze zur strafrechtlichen Produkthaftung, Eine Untersuchung unter Heranziehung des Tatbestandes der gemeingefährlichen Vergiftung – § 314 Abs. 1 Nr. 2 StGB (2007); *Horn* Strafrechtliche Haftung für die Produktion von und den Handel mit vergifteten Gegenständen, NJW **1986** 153; *Kitzinger* Die gemeingefährliche Vergiftung und die Gefährdung der Gesundheit durch schädliche Nahrungsmittel, Gebrauchs- und Verbrauchsgegenstände, VDB IX S. 119; *Kuhlen* Fragen einer strafrechtlichen Produkthaftung (1989); *Landry* Inverkehrbringen und Herstellen gesundheitsschädlicher Gegenstände (§§ 324, 326 StGB, 3 und 11 LMG). Eine strafr. und kriminologische Untersuchung unter besonderer Berücksichtigung der Verfahren im OLG-Bezirk Schleswig-Holstein in den Jahren 1962–1964, Diss. Kiel 1966; *Merten* Zigaretten – ein fehlerhaftes Produkt, VersR **2005** 465; *Moseschus* Produkterpressung, Diss. Berlin 2004, S. 142 ff; *Ohm* Der Giftbegriff im Umweltstrafrecht (1985); *Sack* Umweltschutzstrafrecht^5 (Stand: Juni 2007) A 1.11; *Seher* Herstellung oder Vertrieb gesundheitsgefährdender Produkte: Ein Fall des § 314? – Versuch der Aufhellung einer neu gefassten Dunkelnorm, NJW **2004** 113; *Zieschang* Die Gefährdungsdelikte (1998) 261 ff.

Entstehungsgeschichte

Das Strafgesetzbuch für das Deutsche Reich sah von Anfang an, zunächst als § 324, eine dem späteren § 319 weitgehend gleichlautende Strafbestimmung vor, die bereits seinerzeit Verbrechen war (RGBl. 1871 S. 127, 189 f). Durch Art. 4 und 5 des 1. StrRG vom 25. Juni 1969 (BGBl. I 645) wurde die Zuchthausstrafe in Freiheitsstrafe übergeleitet. Art. 19 Nr. 181, 207 EGStGB 1974 (BGBl. I 469) brachte Fassungsänderungen ohne sachliche Änderung. Durch Art. 1 Nr. 10 des 18. StRÄndG vom 28. März 1980 (BGBl. I 373) ist die Numerierung der Vorschrift von § 324 in § 319 umgewandelt worden. Im E 1962 war vorgesehen, das Delikt der gemeingefährlichen Vergiftung in die beiden Straftatbestände der Brunnenvergiftung, § 329, und der Vergiftung von Lebensmitteln, Arzneimitteln und Bedarfsgegenständen, § 330, aufzulösen und in konkrete Gefährdungsdelikte umzugestalten; in § 340 sollte u.a. die fahrlässige Begehung von § 329 unter Strafe gestellt werden. Damit sollte eine Ausdehnung des Strafschutzes verbunden werden (vgl. BTDrucks. IV/650 S. 1, 64, 66, 496, 506 ff, 517 f).

§ 319 a.F. ist durch Art. 1 Nr. 80 des 6. StrRG (BGBl. I 164, 183) zu § 314 umgestaltet worden. Auch im Regierungsentwurf zum 6. StrRG war die Änderung von einem abstrakten in ein konkretes Gefährdungsdelikt vorgesehen (BTDrucks. 13/8587 S. 13 und 50 f). Das hat der Bundesrat für nicht vertretbar gehalten (vgl. BTDrucks. 13/8587 Anlage 2 S. 71 f). Die Bundesregierung hat dem in ihrer Gegenäußerung zugestimmt (BTDrucks. 13/8587 Anlage 3 S. 89). Dabei ist es im folgende geblieben. Es geht bei § 314 also wie bisher um ein abstraktes Gefährdungsdelikt. Die in § 319 a.F. normierte Qualifikation – wenigstens fahrlässige Verursachung des Todes eines Menschen – ist durch die Verweisung auf § 308 Abs. 2 und 3 in Absatz 2 ersetzt und um eine Regelung für minder schwere Fälle – § 308 Abs. 4 entsprechend – ergänzt worden. Die fahrlässige Begehung ist nicht strafbar; § 320 a.F. ist insoweit ersatzlos weggefallen. Mit § 314 hat der Gesetzgeber zugleich die Tatobjekte präzisiert und die Umschreibung der Tathandlung gestrafft.

Übersicht

I. Allgemeines

§ 314 Abs. 1 fasst **verschiedene Tatbestände** zusammen, mit deren Verwirklichung Gefahr für die Allgemeinheit verbunden ist: 1. Die Vergiftung von Wasser, das in besonderen Vorrichtungen aufgefangen ist; 2. das Vergiften von Gegenständen, welche zum öffentlichen Verkauf oder Verbrauch bestimmt sind und 3. das Inverkehrbringen der unter 2. bezeichneten Gegenstände.[1] Die Gemeingefährlichkeit ist zwar in die Paragraphenüberschrift aufgenommen, aber für die Vorschrift selbst lediglich Motiv des Gesetzgebers geblieben und nicht Tatbestandsmerkmal geworden, wobei bei der Vergiftung von Wasser dieses Motiv noch nicht einmal konsequent umgesetzt ist. § 314 Abs. 1 ist also **abstraktes Gefährdungsdelikt.**[2] Auf eine tatsächliche Gefährdung kommt es nicht an. Es ist daher auch ohne Bedeutung, wenn der Täter aufgrund eigener oder fremder Vorsichtsmaßnahmen davon ausgeht, eine Gefährdung von Mensch oder Tier sei ausgeschlossen, selbst wenn dies tatsächlich zutrifft.[3] Die praktische Bedeutung der Vorschrift ist gering (dagegen *Horn* NJW **1986** 153). In der polizeilichen Kriminalstatistik sind für 2003 22 Fälle registriert, für 2004 16 Fälle, von denen die Hälfte aufgeklärt worden ist, für 2005 10 Fälle, die ebenfalls zur Hälfte aufgeklärt worden sind, und für 2007 10 Fälle mit einer Aufklärungsquote von 40 Prozent. Meist werden die spezielleren Strafvorschriften des Nebenstrafrechts wie des Lebensmittel- und Bedarfsgegenständegesetzes, inzwischen weitgehend abgelöst durch das Lebensmittel- und Futtergesetz- 1

---

1 Ähnlich *Fischer* Rdn. 2 ff. Eine Zweiteilung nehmen z.B. vor: *Sch/Schröder/Heine* Rdn. 2; *Wolters/Horn* SK Rdn. 2 f; *Bayer* S. 125 Rdn. 3; *Zieschang* S. 261. Vgl. auch *Geerds* FS Tröndle S. 241, 245; *Hilgendorf* S. 165; *Horn* NJW **1986** 153; *Kuhlen* S. 152.

2 *Fischer* Rdn. 1; *Herzog* NK Rdn. 2; *Kindhäuser* LPK Rdn. 1; *Krack* MK Rdn. 1; *Lackner/Kühl* Rdn. 1; *Sch/Schröder/Heine* Rdn. 2; Dölling/Duttge/Rössner/*Weiler* HK Rdn. 1; *Wolters/Horn* SK Rdn. 2; *Arzt/Weber* BT § 37 Rdn. 98; *Otto* BT § 82 Rdn. 101; *Bayer* S. 125 Rdn. 3; *Bosch* S. 504; *Merten* VersR **2005** 465, 476; *Moseschus* S. 142; *Sack* Rdn. 1; *Seher* NJW **2004** 113, 116; im Ergebnis auch *Holtermann* S. 21, 74 ff. Nach *Zieschang* S. 262 ff handelt es sich um ein potentielles Gefährdungsdelikt, wobei der Verfasser das potentielle Gefährdungsdelikt abweichend von der üblichen Definition – siehe dazu *Wolff* LK § 309 Rdn. 4 – dahin versteht, dass ein für das geschützte Rechtsgut konkret gefährlicher Zustand eingetreten sein muss (S. 100 ff).

3 **AA** *Holtermann* S. 91 f. Vgl. die gleiche Problematik bei § 306a Abs. 1, *Wolff* LK § 306a Rdn. 2 ff.

buch,[4] und des Arzneimittelgesetzes[5] herangezogen (vgl. insbesondere *Geerds* FS Tröndle S. 241, 249 ff) oder es wird bei eingetretenen Schäden allein aus den Verletzungsdelikten bestraft.[6] Bei fahrlässigem Handeln bleibt nur dieser Weg; doch wird er auch bei (bedingt) vorsätzlichem Handeln gewählt, obwohl damit häufig schwierige Beweisfragen verknüpft sind, die sich im Rahmen des § 314 jedenfalls teilweise so nicht stellen (vgl. auch *Hassemer* Produktverantwortung im modernen Strafrecht[2] (1996) 11).

II. Tatobjekte des § 314 Abs. 1

2 Tatobjekte des § 314 Abs. 1 sind nach der abschließenden Aufzählung des Gesetzes Wasser in gefassten Quellen, in Brunnen, Leitungen oder Trinkwasserspeichern (Nummer 1) oder zum öffentlichen Verkauf oder Verbrauch bestimmte Gegenstände (Nummer 2).

3 **1. Wasser in gefassten Quellen, in Brunnen, Leitungen oder Trinkwasserspeichern.** Grundgedanke des Tatbestandes ist, dass Wasser, das in besonderen Vorrichtungen aufgefangen ist, geschützt werden soll, um einwandfreie Beschaffenheit zum Gebrauch sicherzustellen. Während § 319 a.F. dabei auf den Gebrauch durch Menschen abstellte (vgl. *Wolff* LK[11] § 319 Rdn. 2), wollte der Gesetzgeber „entsprechend dem Grundgedanken des geltenden Rechts“ Wasser schützen, das in besonderen Vorrichtungen aufgefangen ist, „um einen einwandfreien Gebrauch für Menschen und Tiere, insbesondere zu Trinkzwecken“ zu sichern (Begründung zum Regierungsentwurf BTDrucks. 13/8587 S. 51; durch die spätere Umwandlung in ein abstraktes Gefährdungsdelikt hat sich daran ersichtlich nichts geändert). Schutzgut ist danach Trink- und Brauchwasser für Mensch und Tier; dahinter steht deren Schutz als zu wahrendes Rechtsgut.[7] Allerdings ist auch durch die geänderte Fassung dieser Schutzgedanke nicht umfassend verwirklicht. Zwar sind nunmehr, anders als bei § 319 a.F., gefasste Quellen ausdrücklich erwähnt und

---

[4] Gesetz über den Verkehr mit Lebensmitteln, Tabakerzeugnissen, kosmetischen Mitteln und sonstigen Bedarfsgegenständen (Lebensmittel- und Bedarfsgegenständegesetz – LMBG), in der Fassung vom 9. September 1997 (BGBl. I 2297); weitgehend ersetzt durch das am 7. September 2005 in Kraft getretene Lebensmittel-, Bedarfsgegenstände- und Futtermittelgesetzbuch (Lebensmittel- und Futtermittelgesetzbuch – LFGB) in der Fassung vom 26. April 2006 (BGBl. I 945), zuletzt geändert durch Gesetz vom 5. November 2007 (BGBl. I 2558). Dem Schutz u.a. der Gesundheit dient auch das Gesetz über technische Arbeitsmittel und Verbraucherprodukte (Geräte- und Produktsicherheitsgesetz – GPSG) vom 6. Januar 2004 (BGBl. I 2, berichtigt BGBl. I 2004 219), zuletzt geändert durch Gesetz vom 7. Juli 2005 (BGBl. I 1970, 2014).

[5] Gesetz über den Verkehr mit Arzneimitteln (Arzneimittelgesetz – AMG), zur Zeit in der Fassung vom 12. Dezember 2005 (BGBl. I 3394), zuletzt geändert durch Gesetz vom 14. Juni 2007 (BGBl. I 1066).

[6] Vgl. z.B. *Gretenkordt* S. 1 ff; *Holtermann* S. 16 ff; *Kuhlen* JZ **1994** 1142 ff; *ders.* Strafrechtliche Produkthaftung, Festgabe BGH IV (2000) 647 ff. So ist in BGHSt **37** 106 ff – Lederspray-Entscheidung – § 319 a.F. nicht erwähnt; siehe dazu auch *Hilgendorf* S. 164 ff; *Kuhlen* NStZ **1990** 566 ff. Gleiches gilt für BGHSt **41** 206 ff – Holzschutzmittelfall –.

[7] Dölling/Duttge/Rössner/*Weiler* HK Rdn. 2; *Bayer* S. 125 Rdn. 4. Auf den Schutz allein von Leib und Leben von Menschen stellen ab: *Fischer* Rdn. 1; *Kindhäuser* LPK Rdn. 3; *Krack* MK Rdn. 1; *Lackner/Kühl* Rdn. 2; *Sch/Schröder/Heine* Rdn. 2, 5; *Wolters/Horn* SK Rdn. 2, 5; *Sack* Rdn. 2. Den Gedanken der Gemeingefahr will *Holtermann* S. 81 ff, 143 ff mit einbeziehen.

Leitungen und Trinkwasserspeicher, z.B. Talsperren, erstmals einbezogen. Doch wird darunter beispielsweise der für die gesamte Umgebung als Trinkwasserreservoir dienende, vor einiger Zeit einem Giftanschlag ausgesetzte Bodensee als natürliches, zudem vom Rhein durchflossenes Gewässer nicht subsumieren lassen (**aA** *Wolters/Horn* SK Rdn. 5). Wie überhaupt sich die Vorschrift nicht auf stehende oder fließende natürliche Gewässer oder das Grundwasser bezieht; insoweit ist auf § 324 und § 330a zurückzugreifen. Andererseits sind auch im Haushalt verwendete Behältnisse zur Aufbewahrung oder Nutzung von Wasser wie Kanister oder Boiler nicht gemeint (*Sch/Schröder/Heine* Rdn. 5; **aM** *Holtermann* S. 90 f; für Boiler auch *Herzog* NK Rdn. 3). Die im Gesetz verwendeten Begriffe erklären sich im Übrigen weitgehend von selbst, wobei die Verwendung des Plurals bei Quellen usw. nicht ausschließt, dass die Vergiftung des Wassers in *einer* Quelle den Tatbestand erfüllt (vgl. nur BGHSt **46** 146, 150).

Erfasst wird danach nicht nur Trinkwasser, sondern auch Wasser zum Viehtränken, 4
Waschen und Baden.[8] Unverändert nicht erfasst ist Wasser für feuerpolizeiliche Zwecke; bei gewerblich genutztem Wasser wird zwischen bei der Getränke- und Nahrungsmittelherstellung dienendem Einsatz und sonstigen gewerblichen Zwecken zu differenzieren sein: in ersterem Falle handelt es sich um ein geeignetes Tatobjekt, in letzterem Falle nicht.[9] Es ist im übrigen nicht erforderlich, dass das in besonderen Vorrichtungen aufgefangene Wasser dem öffentlichen Gebrauch dienen soll. Privatgebrauch, z.B. bei Wasser aus einem nicht in das öffentliche Versorgungsnetz einbezogenen Brunnen, genügt, so dass auch der Eigentümer Täter sein kann, solange er nicht der einzige Benutzer ist.

2. **Gegenstände, die zum öffentlichen Verkauf oder Verbrauch bestimmt sind.** Das 5
Bestimmen, das mit dem Vergiften oder dem Beimischen gesundheitsschädlicher Stoffe zusammenfallen, ihm aber auch vorausgehen kann,[10] bedeutet, dass die Gegenstände vom Täter oder einem Dritten für den öffentlichen Verkauf oder Verbrauch vorgesehen sind. *Verkauf* ist dabei als Veräußerung gegen Entgelt, *Verbrauch* als Verzehr oder Aufbrauchen zu verstehen. Für *öffentlichen* Verkauf im Sinne des § 314 ist nicht ein Verkauf z.B. an öffentlichen Orten oder in öffentlicher Versteigerung wesentlich, vielmehr geht es um das Veräußern an das allgemeine Publikum. Das Merkmal liegt nicht nur vor, wenn die Ware einer unbestimmten Mehrheit von Personen zum Kauf zugänglich gemacht werden soll, sondern auch dann, wenn sie an eine bestimmte Person zum Zwecke der Weiterveräußerung an das Publikum abgegeben werden soll (vgl. auch BGH NStZ **1987** 514 f). Dabei ist ohne Bedeutung, ob die Weiterveräußerung erst nach einer Bearbeitung oder Verarbeitung stattfinden soll.[11] Um *welche Art Gegenstände* es sich handelt, ist gleich-

---

[8] Wasser zum Viehtränken klammern aus: *Fischer* Rdn. 2; *Kindhäuser* LPK Rdn. 3; *Krack* MK Rdn. 4; *Lackner/Kühl* Rdn. 2; *Sch/Schröder/Heine* Rdn. 5; *Wolters/Horn* SK Rdn. 5; *Sack* Rdn. 2. Von (Trink-)Wasser im weitesten Sinne spricht *Moseschus* S. 142 f (dort auch zu Beispielsfällen von erfolgter oder geplanter Trinkwasservergiftung).

[9] Ähnlich *Fischer* Rdn. 2; *Kindhäuser* LPK Rdn. 3; Dölling/Duttge/Rössner/*Weiler* HK Rdn. 2; *Sch/Schröder/Heine* Rdn. 5 scheidet Brauchwasser insgesamt aus; ebenso *Krack* MK Rdn. 4; *Holtermann* S. 92 f.

[10] *Lackner/Kühl* Rdn. 2; *Sch/Schröder/Heine* Rdn. 9, 12 (der, ebenso wie *Holtermann* S. 97 ff, zusätzlich eine hinreichende objektive Konkretisierung der Bestimmung fordert, die jedoch normalerweise ohne Schwierigkeiten festzustellen sein dürfte); *Wolters/Horn* SK Rdn. 6, 7, 9; vgl. auch *Gretenkordt* S. 6 ff.

[11] Bei *Sch/Schröder/Heine* Rdn. 12; *Wolters/Horn* SK Rdn. 6 wird demgegenüber auf das Endprodukt industrieller Herstellungsprozesse abgestellt und werden Zwischenprodukte ausgenommen; doch bietet das Gesetz für diese Einschränkung keine ausreichende Grundlage.

gültig. In Betracht kommen nicht nur die zum Verbrauch geeigneten Dinge (siehe dazu in der folgenden Randnummer), sondern z.B. auch Kleidungsstücke, Spielsachen, Farben, Tapeten.[12]

6 Dem **öffentlichen Verbrauch** dienen Gegenstände, die zum Verbrauch durch einen nicht festgelegten Personenkreis bestimmt sind.[13] Zu diesen Gegenständen gehören Nahrungs- und Genussmittel, Getränke einschließlich Mineralwasser in Flaschen oder Dosen (*Fischer* Rdn. 2; *Wolters/Horn* SK Rdn. 57), Arzneien, aber auch z.B. Seife oder Waschmittel. Jedoch genügt es nicht, dass Gegenstände durch eine ihrem Zweck entsprechende Verwendung abgenutzt werden. Die besondere Hervorhebung der Gegenstände des öffentlichen Verbrauchs neben denjenigen des öffentlichen Verkaufs hat praktische Bedeutung für den Fall, dass z.B. Nahrungs- und Genussmittel in Gaststätten oder dergleichen oder bei Werbeveranstaltungen dem Publikum unentgeltlich zur Verfügung gestellt werden (abweichend *Krack* MK Rdn. 5; *Wolters/Horn* SK Rdn. 7 f).

III. Tathandlung

7 **1. Vergiften oder Beimischen von gesundheitsschädlichen Stoffen.** Die Tathandlung kann bestehen im **Vergiften** (das Teilakt einer Erpressung sein kann, vgl. BGH NStZ **1994** 187) oder im **Beimischen von gesundheitsschädlichen Stoffen.** § 319 a.F. formulierte bei letzterem: „... Stoffe beimischt, von denen ihm bekannt ist, daß sie die menschliche Gesundheit zu zerstören geeignet sind". Nach der Begründung zum Regierungsentwurf des 6. StrRG wollte man bei der Beschreibung der Tathandlung im wesentlichen dem seinerzeit geltenden § 319 folgen und den Tatbestand vereinfachen und straffen, indem u.a. die Wörter „Stoffe, die die menschliche Gesundheit zu zerstören geeignet sind" in Anlehnung an den in mehreren Entwurfsvorschriften verwendeten Begriff „Gesundheitsschädigung" durch die Wörter „gesundheitsschädliche Stoffe" ersetzt werden (BTDrucks. 13/8587 S. 51). Diese Begründung lässt im dunkeln, ob dem Gesetzgeber klar war, dass der Begriff „Stoffe, die die menschliche Gesundheit zu zerstören geeignet sind" enger ist als der Begriff „gesundheitsschädliche Stoffe" und, jedenfalls nach Abkehr von einem konkreten Gefährdungsdelikt, das abstrakte Gefährdungsdelikt des § 314 Abs. 1 bei unverändertem, sehr hohem Strafrahmen einen im Vergleich zu § 319 a.F. deutlich weitergehenden Anwendungsbereich bekommen hat und ob dies gewollt war. Doch lässt der Wortlaut eine einschränkende Auslegung kaum zu.[14] Dabei hilft auch der Blick auf § 224

---

[12] *Fischer* Rdn. 5; *Lackner/Kühl* Rdn. 2; *Sch/Schröder/Heine* Rdn. 6 f; Dölling/Duttge/Rössner/*Weiler* HK Rdn. 5; *Wolters/Horn* SK Rdn. 7; *Geerds* FS Tröndle S. 241, 253; *Gretenkordt* S. 5; *Horn* NJW **1986** 153; *Moseschus* S. 143; vgl. auch *Holtermann* S. 94, 97 ff. Zu mit Teeröl impregnierten hölzernen Bahnschwellen vgl. BayObLGSt **2001** 115 ff.

[13] *Fischer* Rdn. 5; *Sch/Schröder/Heine* Rdn. 8; *Gretenkordt* S. 5 f; *Holtermann* S. 95 f; *Moseschus* S. 143 f. Das Aufstellen einer Flasche mit vergiftetem Inhalt im eigenen, privat genutzten Haus fällt auch dann nicht darunter, wenn mehrere, nicht von vornherein bestimmte Personen Zugriff darauf haben, vgl. BGHSt **43** 177 ff; **aA** *Moseschus* S. 149.

[14] *Sch/Schröder/Heine* Rdn. 1, 15. Für eine restriktive Auslegung sprechen sich aus: *Fischer* Rdn. 3; *Kindhäuser* LPK Rdn. 5; *Krack* MK Rdn. 8; *Wolters/Horn* SK Rdn. 9; Seher NJW **2004** 113, 116 f (der dies aus der – allerdings nicht zutreffenden, siehe Rdn. 8 – Einordnung des § 314 als Eignungsdelikt ableitet); vgl. auch *Lackner/Kühl* Rdn. 3. *Bayer* S. 125 (Rdn. 5) sieht in dem Begriffswechsel nur eine redaktionelle Modifizierung.

Abs. 1 Nr. 1, wo ebenfalls der Begriff „gesundheitsschädliche Stoffe“ verwendet ist,[15] nicht weiter, denn die beiden Delikte sind als Tat mit abstrakter Gefahr für eine unbestimmte Zahl von Personen einerseits – § 314 Abs. 1 – und als qualifiziertes Verletzungsdelikt für eine konkrete Person andererseits – § 224 Abs. 1 Nr. 1 – nicht vergleichbar (so auch *Seher* NJW **2004** 113, 114 f; dagegen insbesondere *Holtermann* S. 111 ff). Eine weite Auslegung wird zusätzlich dadurch nahegelegt, dass nach § 314 Abs. 2 in Verbindung mit § 308 Abs. 2 die Tat bei Eintritt einer schweren Gesundheitsschädigung einer Person oder einer leichten Gesundheitsschädigung einer großen Zahl von Personen qualifiziert ist; damit wäre es schwerlich vereinbar, wenn für den Grundtatbestand eine Gefahr gesteigerter Gesundheitsschädigung verlangt wird (siehe auch *Moseschus* S. 144; *Seher* NJW **2004** 113, 114 f). Da Vergiften und Beimischen gesundheitsschädlicher Stoffe gleichgestellt sind, führt dies zudem zu entsprechender Ausweitung des Begriffs „vergiften“.[16]

Obwohl in der geltenden Gesetzesfassung der Begriff der Eignung der beigemischten Stoffe zur Gesundheitszerstörung nicht mehr verwendet ist, wird § 314 überwiegend insoweit unverändert als Eignungsdelikt eingestuft.[17] Doch ist dies abzulehnen. Das Adjektiv „gesundheitsschädlich“ bringt eine Eigenschaft, nicht eine Eignung zum Ausdruck. Der Gesetzgeber hat zudem den Ausdruck bewusst gewechselt und damit ersichtlich eine sachliche Änderung verbunden; die Umformulierung kann daher nicht als sachlich bedeutungslos angesehen werden. Dementsprechend hat auch das Vergiften einen Bedeutungswandel erfahren: nach der abgelösten Gesetzesfassung musste auch das Gift zur Gesundheitszerstörung geeignet sein; jetzt genügt Gesundheitsschädlichkeit (so auch *Lackner/Kühl* Rdn. 3). **8**

Gift ist jeder organische oder anorganische Stoff, der durch im menschlichen Körper (oder in Tieren) ausgelöste chemische oder chemisch-physikalische Reaktionen die Gesundheit zu schädigen vermag. Daneben kommen auch entsprechende Reaktionen auf der Körperoberfläche in Betracht (vgl. BGHSt **32** 130, 132 = NStZ **1984** 165 m. krit. Anm. *Bottke*). Auch das Gift muss also gesundheitsschädlich sein. Das hängt von der Wirkungsweise des Stoffes, seiner Dosis, der Anwendungsweise und der menschlichen Konstitution ab.[18] Dabei ist im Rahmen des § 314 zu beachten, dass der Benutzer-, **9**

---

15 Gegen eine einschränkende Auslegung von § 224 Abs. 1 Nr. 1 z.B. *Struensee* in Dencker/Struensee/Nelles/Stein Einführung in das 6. Strafrechtsreformgesetz 1998 (1998) 47 ff (Rdn. 67 ff); vgl. auch BGHSt **51** 18, 22 (dort wird die Eignung zu einer erheblichen Gesundheitsschädigung als erforderlich und ausreichend angesehen).

16 *Krack* MK Rdn. 7; *Lackner/Kühl* Rdn. 3; **aA** *Sch/Schröder/Heine* Rdn. 14 (der insoweit an dem Erfordernis der Eignung zur Gesundheitszerstörung festhält); ebenso *Kindhäuser* LPK Rdn. 5; *Bosch* S. 508 f; *Holtermann* S. 107 f; *Sack* Rdn. 3; widersprüchlich *Fischer* Rdn. 3.

17 *Herzog* NK Rdn. 2; *Kindhäuser* LPK Rdn. 5; *Sch/Schröder/Heine* Rdn. 13, 19; Dölling/Duttge/Rössner/*Weiler* HK Rdn. 3, 5; *Wolters/Horn* SK Rdn. 3, 9, 10; *Bosch* S. 508, 509; *Merten* VersR **2005** 465, 476; *Seher* NJW **2004** 113, 116 f; *Zieschang* S. 261; vgl. auch BGHSt **51** 18 22 f; *Struensee*, wie Fn. 15, S. 47 f (Rdn. 68) zu § 224 Abs. 1 Nr. 1.

18 Vgl. auch *Fischer* Rdn. 3; *Holtermann* S. 122 f und BGHSt **51** 18, 22 f (zur toxischen Wirkung von Kochsalz). Zur – umstrittenen – gesundheitsschädlichen Wirkung von mit bioziden Inhaltsstoffen versehenen, verwendeten Holzschutzmitteln siehe LG Frankfurt a.M. NStZ **1990** 592 und ZUR **1994** 33 m. Besprechung von *Schulz* ZUR **1994** 26 ff sowie BGHSt **41** 206 ff. Zum Beginn des Verfahrens vgl. *Schöndorf* Verbraucherschutz durch Strafrecht – Das Frankfurter Holzschutzmittelverfahren in Micklitz (Hrsg.) Rechtseinheit oder Rechtsvielfalt in Europa? (1996) 415 ff und zum

Käufer- oder Verbraucherkreis im Zeitpunkt der Deliktsverwirklichung noch nicht individualisiert ist.[19] **Beispiele** für Gifte sind Arsenverbindungen (BGH NJW **1999** 1562 ff – Pistazieneis-Fall), Blausäureverbindungen, Strychnin, aber auch z.B. Stechapfelsamen (BGH NJW **1979** 556) oder Tetrachlorkohlenstoff (OLG München NStZ-RR **1996** 71 ff) oder Schwermetalle (deren toxische Wirkung als Metall im Vordergrund stehen wird, auch wenn sie radioaktiv sind). **Gesundheitsschädlichkeit** liegt vor, wenn ein nicht nur völlig bedeutungsloser pathologischer Zustand hervorgerufen wird, selbst wenn bereits eine Vorschädigung gegeben ist. Das Wasser eines Brunnens oder ein Gegenstand ist dann vergiftet, wenn es oder er gesundheitsschädlich wirkt (vgl. RGSt **67** 360, 361 und auch RG JW **1930** 3403). Das bedarf der Feststellung (*Wolters/Horn* SK Rdn. 10). Das Vergiften kann durch Tun – irgendeine Form des Einbringens –, aber auch durch Unterlassen geschehen (vgl. BGH LM StGB § 326 Nr. 1; Bedenken bei *Geerds* FS Tröndle S. 241, 246; abweichend *Wolters/Horn* SK Rdn. 15), was insbesondere bei Fällen in Betracht kommt, in denen Giftstoffe mangelhaft aufbewahrt werden und deshalb in Nahrungsmittel geraten (vgl. RGSt **21** 76 ff).

10 **Gesundheitsschädliche Stoffe** sind solche, die körperliche Funktionen auf mechanischem oder thermischem Wege pathologisch verändern.[20] Bei dem **Beimischen** von Stoffen, die die menschliche (oder tierische) Gesundheit schädigen, kommt es nicht darauf an, in welchem Verhältnis ein an sich harmloser Stoff mit einem gesundheitsschädlichen Stoff vermischt wird, noch welches der Grundstoff ist, noch ob die Vermischung von vornherein oder erst nachträglich geschieht.[21] Zwar spricht das Gesetz vom Beimischen gesundheitsschädlicher Stoffe, ordnet das Merkmal der Gesundheitsschädlichkeit also den beigemischten Stoffen zu. Doch zeigen Gesetzesüberschrift, die Tathandlungsalternative vergiften und der dritte Tatbestand – das Inverkehrbringen von vergifteten usw. Gegenständen –, dass entscheidend das Ergebnis der Handlung ist: ein vergifteter oder mit (weiteren) gesundheitsschädlichen Stoffen vermischter Gegenstand; von diesem geht die Gefahr aus.[22] Dass es sich um einen solchen handelt und die daraus resultierende Gefahr bedürfen ausdrücklicher Feststellung; dies wird sich meist ohne Sachverständigenhilfe nicht klären lassen (zur Auswirkung naturwissenschaftlicher Zweifel siehe *Walter* LK Vor § 13 Rdn. 80; vgl. auch z.B. *Holtermann* S. 131 ff). Das Beimischen setzt nicht etwa voraus, dass der Täter (zur strafrechtlichen Haftung von Vertretern im Sinne von § 14 Abs. 1 siehe *Schünemann* LK § 14 Rdn. 44 ff) die Stoffe selbst zusammenfügt oder den gesundheitsschädlichen Stoff selbst in einen Brunnen oder Wasserbehälter einleitet. So mischt auch derjenige gefährliche Stoffe bei, der durch Ablassen von Fäkalien im Gelände bewirkt, dass die Jauche in Trinkwasserquellen und über diese in einen der Trinkwasserversorgung dienenden Hochbehälter mit der Folge von Typhuserkrankungen bei Wasserbenutzern eindringt (BGH, Urt. v. 11. Juli 1957 – 4 StR 569/56); vgl. auch die ähnlichen Fälle RG Rspr. 8 750 f und BGH NJW **1966** 1570 sowie

---

Ausgang des Verfahrens vgl. LG Frankfurt a.M. NJW **1997** 1994. Vgl. außerdem *Bottke/Mayer* ZfBR **1991** 233, 234 f.

19 Vgl. auch *Horn* NJW **1986** 153, 154 f; *Hoyer* Die Eignungsdelikte (1987) 160 ff; *Kuhlen* S. 158 ff; *Ohm* S. 11 ff.

20 Ähnlich *Fischer* Rdn. 3; *Krack* MK Rdn. 7; *Sch/Schröder/Heine* Rdn. 15; vgl. auch *Herzog* NK Rdn. 9.

21 RGSt **67** 360, 362; *Fischer* Rdn. 7; *Krack* MK Rdn. 7; *Gretenkordt* S. 9 ff.

22 Insbesondere RGSt **67** 360, 362. Dieser – herrschenden – Meinung folgen: *Fischer* Rdn. 7; *Herzog* NK Rdn. 10; *Lackner/Kühl* Rdn. 3; *Wolters/Horn* SK Rdn. 9 f; *Holtermann* S. 118 ff; *Merten* VersR **2005** 465, 476 f; *Seher* NJW **2004** 113, 114. **AA** – zu § 319 a.F. – *Bottke/Mayer* ZfBR **1991** 233, 235; *Horn* NJW **1986** 153, 154.

BayObLG NJW **1995** 540 f. Die Beispielsfälle zeigen zugleich, dass gesundheitsschädliche Stoffe im Sinne des § 314 neben anorganischen Substanzen auch Bakterien oder andere krankheitserregende Mikroorganismen sein können.[23] Man wird deshalb bei (bedingtem) Vorsatz mit § 314 auch Fälle erfassen können, bei denen infolge mangelnder Hygiene Colibakterien in zum Verkauf gestelltes Speiseeis geraten (vgl. z.B. OLG Düsseldorf NStZ-RR **1996** 242 f). Eine bloße Verunreinigung erfüllt den Tatbestand allerdings nicht (RG JW **1930** 3403).

In jedem Falle ist es erforderlich, dass die Gegenstände bei bestimmungsgemäßer Verwendung ihre Giftwirkung oder ihre Gefahr für die menschliche Gesundheit entfalten,[24] weil bei bestimmungswidrigem Ge- oder Verbrauch fast jeder Gegenstand gesundheitsschädlich wirken kann. Dabei gehört zum bestimmungsgemäßen Gebrauch von Spielzeug für Kleinkinder durchaus noch, dass diese es in den Mund stecken. Die allgemeine Gesundheit wird durch § 314 also nur vor im Vergleich zur normalen, vorausgesetzten Beschaffenheit künstlich herbeigeführten, gesundheitsschädlichen Veränderungen von Gegenständen geschützt. Diese Einschränkung hat insbesondere für Arzneimittel Bedeutung. Bei diesen sind auch Giftbeimengungen nicht tatbestandsmäßig, die um ihrer Heilwirkung erfolgt sind. **11**

2. **Verkaufen, Feilhalten oder sonst in den Verkehr bringen.** Bei der anderen Alternative der Tathandlung besteht die Handlung im Feilhalten, Verkaufen oder sonstigem Inverkehrbringen von im Sinne der vorstehenden Ausführungen vergifteten oder mit gefährlichen Stoffen vermischten Sachen unter Verschweigen ihrer gefahrbringenden Eigenschaft. Der Begriff Inverkehrbringen, der den Oberbegriff zu Verkaufen und Feilhalten bildet,[25] ist in verschiedenen Gesetzen verwendet. So definierte § 7 Abs. 1 Lebensmittel- und Bedarfsgegenständegesetz das Inverkehrbringen als: das Anbieten, Vorrätighalten zum Verkauf oder zu sonstiger Abgabe, Feilhalten und jedes Abgeben an andere (vgl. auch die ähnliche Begriffsbestimmung in § 4 Abs. 17 Arzneimittelgesetz). Doch geht die Einbeziehung des Anbietens und des Vorrätighaltens zum Verkauf im Rahmen des § 314, bedenkt man den Strafrahmen, zu weit (zum Vorrätighalten zum Absatz ebenso *Geerds* FS Tröndle S. 241, 261 Fn. 75). Danach ist das **Inverkehrbringen** für den § 314 zu bestimmen als – unter Einschluss des Feilhaltens – jede Übertragung der tatsächlichen Verfügungsgewalt auf einen anderen, so dass dieser mit dem Gegenstand nach Belieben verfahren kann.[26] Auch Verschenken ist damit ein Inverkehrbringen (RGSt 3 119 ff). **12**

---

[23] *Krack* MK Rdn. 7. Nach *Fischer* Rdn. 3 sind Erreger infektiöser Krankheiten Gifte; ebenso *Sch/Schröder/Heine* Rdn. 14. Zweifelnd Dölling/Duttge/Rössner/*Weiler* HK Rdn. 3.

[24] RGSt **67** 360, 361; *Herzog* NK Rdn. 10; *Lackner/Kühl* Rdn. 3; *Sch/Schröder/Heine* Rdn. 13; *Wolters/Horn* SK Rdn. 9; *Bosch* S. 508; *Hilgendorf* S. 166; *Holtermann* S. 123 ff; *Horn* NJW **1986** 153, 154 f; *Merten* VersR **2005** 465, 476; *Ohm* S. 13 ff; einschränkend *Kuhlen* S. 160. Auf den üblichen Gebrauch oder Verbrauch stellt *Seher* NJW **2004** 113, 116 f ab; ähnlich *Krack* MK Rdn. 9; *Gretenkordt* S. 18 ff. Dass der Unterschied zwischen bestimmungsgemäßer und üblicher Verwendung nicht bedeutungslos ist, zeigt der Sachverhalt in BGHZ **116** 60 ff: Während bei Dauernuckeln von gezuckertem Kindertee Zahnschäden am Milchgebiss drohten – übliche Verwendung –, bestand bei sachgemäßem Einsatz als Getränk – bestimmungsgemäße Verwendung – keine Gefahr; vgl. auch *Fahrenhorst* JuS **1994** 288, 290. Nach den Umständen des Einzelfalls will *Zieschang* S. 266 f entscheiden.

[25] RGSt 3 119, 122; *Krack* MK Rdn. 16 f; *Holtermann* S. 151 f; **aA** *Wolters/Horn* SK Rdn. 18, 26.

[26] *Fischer* Rdn. 8; *Krack* MK Rdn. 17; *Sch/Schröder/Heine* Rdn. 20; *Wolters/Horn* SK Rdn. 21; *Gretenkordt* S. 61; *Holtermann*

Ebenso wäre massenhaftes Versenden von mit Milzbranderregern infizierten Briefen, wie in den USA geschehen (vgl. *Lenz/Kieser* NJW **2002** 401 ff und *Schramm* NJW **2002** 419 ff), das Inverkehrbringen von mit gesundheitsschädlichen Stoffen vermischten Gegenständen (*Moseschus* S. 148 f; **aA** *Weidemann* JA **2002** 43, 47 Fn. 35). Das Anbieten oder Vorrätighalten vergifteter oder mit gesundheitsschädlichen Stoffen vermischter Sachen kann Versuch des Inverkehrbringens sein (vgl. auch *Wolters/Horn* SK Rdn. 20, 25, 27; *Horn* NJW **1986** 153, 156); Versuch ist, da es sich bei dem Delikt um ein Verbrechen handelt, strafbar. **Verkaufen** meint nicht den Abschluss des Kaufvertrags, sondern ist als Veräußerung zu verstehen.[27] **Feilhalten** ist das äußerlich als solches erkennbare Bereitstellen zum Zwecke des Verkaufs an das Publikum; neben dem darin liegenden objektiven Moment ist als subjektives Moment die Verkaufsabsicht zu fordern.[28] Das bloße Ankündigen genügt nicht (BayObLG JW **1930** 1603 f m. Anm. *Hamburger*; KGJ 42 C 426).

13 In Verkehr gebracht werden müssen im erörterten Sinne vergiftete oder mit gesundheitsschädlichen Stoffen vermischte Sachen. Damit fallen alle Sachen heraus, die nicht durch menschliche Tätigkeit, sondern z.B. durch inneren Verderb oder Bakterien- oder Virenbefall vergiftet sind.[29] So lässt sich der Verkauf von trichinenverseuchtem Fleisch nicht mit § 314 erfassen (vgl. RGSt **6** 121 ff); ebensowenig der Vertrieb von verdorbenen Backwaren (vgl. BGH NStE § 223 Nr. 5). Gifte scheiden ebenfalls aus.[30] Die Vergiftung pp. braucht nicht notwendig rechtswidrig geschehen zu sein (Beispiel: mit Rattengift getränktes Getreide wird als Brotgetreide verkauft; vgl. auch Span. OGH NStZ **1994** 37 ff).

14 Schließlich ist notwendig, dass der Täter die gesundheitsschädliche Eigenschaft der Sache verschweigt, also nicht für klare, vollständige und sachgerechte Unterrichtung seines Abnehmers sorgt.[31] Macht er diesem von der Gefährlichkeit des Gegenstandes Mitteilung, entfällt der Tatbestand des § 314.[32] Dies gilt unverändert, auch wenn § 314

S. 153 ff: *Moseschus* S. 148 f; vgl. auch BGHSt **37** 106, 118 und zum Begriff des Inverkehrbringens allgemein *Horn* NJW **1977** 2329 ff.

[27] BayObLG JW **1930** 1603 f m. Anm. *Hamburger*; *Fischer* Rdn. 8; *Krack* MK Rdn. 16; *Sch/Schröder/Heine* Rdn. 20; *Holtermann* S. 151; **aM** *Wolters/Horn* SK Rdn. 26; *Horn* NJW **1986** 153, 156.

[28] RGSt **4** 274, 275; *Krack* MK Rdn. 15; *Lackner/Kühl* Rdn. 5; *Sch/Schröder/Heine* Rdn. 20; *Wolters/Horn* SK Rdn. 19; *Holtermann* S. 152 f. Der BGH neigt in der Entscheidung BGHSt **23** 286 ff der Auffassung zu, dass billigendes Inkaufnehmen oder fahrlässiges Geschehenlassen des Verkaufs durch andere als subjektives Moment ausreicht; vgl. auch BGHR StGB § 152a Abs. 1 Nr. 1 Feilhalten 1. Dies vertritt auch *Gretenkordt* S. 68 ff. Vgl. weiter OLG Karlsruhe NStZ-RR **2002** 280 f.

[29] *Lackner/Kühl* Rdn. 4; *Sch/Schröder/Heine* Rdn. 14, 18; *Gretenkordt* S. 47 (einschränkend S. 53); *Holtermann* S. 117 f; **aA** *Wolters/Horn* SK Rdn. 15, 18.

[30] *Fischer* Rdn. 9; *Wolters/Horn* SK Rdn. 18; *Holtermann* S. 117; offengelassen in RGSt **67** 360, 361; vgl. auch BGH NStZ **1987** 514 f. Das gleiche gilt z.B. für Zigaretten, *Sch/Schröder/Heine* Rdn. 19; *Bosch* S. 507 f; **aA** *Merten* VersR **2005** 465, 467, oder alkoholische Getränke, deren Inverkehrbringen trotz gesundheitlicher Schädlichkeit sozial akzeptiert ist, siehe zu beidem auch *Wolters/Horn* SK Rdn. 14a.

[31] Vgl. auch *Wolters/Horn* SK Rdn. 13; *Horn* NJW **1986** 153, 156 f; *Sack* Rdn. 7. Bei z.B. *Sch/Schröder/Heine* Rdn. 19 ist dieser Gesichtspunkt mit der Schädigungseignung in Zusammenhang gebracht. *Holtermann* S. 155 ff diskutiert eine Einschränkung des Tatbestandes über erlaubtes Risiko.

[32] **AA** *Fischer* Rdn. 10; *Krack* MK Rdn. 2, 19; *Lackner/Kühl* Rdn. 5; *Sch/Schröder/Heine* Rdn. 1, 21; *Bayer* S. 125 (Rdn. 6); *Bosch* S. 506, 507; *Moseschus* S. 147. Vgl. auch RGSt **6** 121, 122; *Wolters/Horn* SK Rdn. 13; *Geerds* FS Tröndle S. 241, 246; *Horn* NJW **1986** 153, 156.

Abs. 1, anders als § 319 a.F., nicht mehr die Worte enthält: „mit Verschweigen dieser Eigenschaft“ in Verkehr bringt. Der Gesetzgeber hat diese Formel als entbehrlich gestrichen, wollte mit § 314 Abs. 1 in diesem Punkte gegenüber § 319 a.F. aber ersichtlich sachlich nichts ändern (BTDrucks. 13/8587 S. 51). Andernfalls ließen sich z.B. Giftköder zur Schädlingsbekämpfung nicht mehr straflos veräußern.

IV. Subjektiver Tatbestand des § 314 Abs. 1

Der subjektive Tatbestand des § 314 Abs. 1 verlangt **Vorsatz**. Bedingter Vorsatz genügt (allgemeine Meinung); und zwar auch, soweit das Wissen um die gesundheitsschädlichen Eigenschaften in Frage steht (vgl. RGSt **16** 191, 192). Das in der ursprünglichen Fassung der Vorschrift in diesem Zusammenhang verwendete „wissentlich“, das es zweifelhaft machte, ob insoweit bedingter Vorsatz ausreichte, ist bereits durch Art. 19 Nr. 181 EGStGB 1974 gestrichen worden. **15**

V. Rechtfertigung

Die **allgemeinen Rechtfertigungsgründe** dürften kaum je praktisch werden. Auch eine Rechtfertigung durch Verlautbarungen von Verwaltungsbehörden über die Unbedenklichkeit von zum öffentlichen Verkauf oder Verbrauch bestimmten oder in den Verkehr gebrachten Gegenständen im Sinne des § 314 Abs. 1 scheidet aus. Selbst einer **verwaltungsrechtlichen Genehmigung oder Erlaubnis** z.B. zur Einleitung giftiger Stoffe ins Erdreich im Einzugsbereich eines dann dadurch vergifteten Brunnens oder zur Produktion oder zum Inverkehrbringen von mit gesundheitsschädlichen Stoffen versetzten Gegenständen in Verkennung des Ausmaßes ihrer Gefährlichkeit wird rechtfertigende Wirkung nicht beigemessen werden können. Zunächst werden derartige Genehmigungen oder Erlaubnisse nur ausnahmsweise Gesundheitsgefahren für die Allgemeinheit in ihren Regelungsbereich einschließen. Aber auch wenn dies der Fall sein sollte, lässt sich daraus kein wirksamer Rechtfertigungsgrund ableiten. Denn die menschliche Gesundheit steht nicht zur Disposition von Verwaltungsbehörden; diese können nicht mögliche schwerwiegende Eingriffe in die menschliche Gesundheit erlauben.[33] Auch § 314 Abs. 1 schützt die menschliche Gesundheit; ist der Tatbestand ausgefüllt, ist damit eine ernste Gefahr für die Gesundheit eines unbestimmten Personenkreises verbunden. Eine derartige Gefahr kann aber eine Verwaltungsgbehörde nicht legitimieren. Ob es für dieses Ergebnis des Gedankens des Missbrauchs von Genehmigung oder Erlaubnis bedarf (so speziell zu § 319 a.F. *Horn* NJW **1986** 153, 156), erscheint fraglich.[34] Es mögen allerdings Irrtumsfragen in Betracht kommen. **16**

---

[33] Siehe insbesondere BVerfGE **49** 89, 140 ff; *Steindorf* LK[11] § 324 Rdn. 78, 107; *ders.* LK[11] § 330a Rdn. 15 ff; *Wolters/Horn* SK Rdn. 17 in Verbindung mit Rdn. 12 Vor § 324. Vgl. weiter OLG Celle NdsRpfl. **1993** 133 f. Großzügiger *Sch/Schröder/Heine* Rdn. 24; *Sack* Rdn. 6.

[34] *Fischer* Vor § 324 Rdn. 7 ff; *Sch/Schröder/Lenckner* Vor §§ 32 ff Rdn. 61 ff; *Roxin* AT I § 17 Rdn. 58 ff.

VI. Die Qualifikationstatbestände des § 314 Abs. 2 in Verbindung mit § 308 Abs. 2 und 3

17 Durch die Verweisung auf § 308 Abs. 2 und 3 in § 314 Abs. 2 ergeben sich **zwei Qualifikationstatbestände**: Führt die gemeingefährliche Vergiftung zu einer wenigstens fahrlässig, § 18,[35] verursachten schweren Gesundheitsschädigung bei *einem* anderen oder zu einer einfachen Gesundheitsschädigung bei einer *großen Zahl* von Menschen verschiebt sich der Strafrahmen nach oben; eine weitere Erhöhung der Strafdrohung erfolgt für den Fall, dass der Täter durch die Tat wenigstens leichtfertig den Tod eines anderen Menschen bewirkt (in § 319 a.F. genügte wenigstens fahrlässige Todesverursachung). In beiden Fällen muss sich bei dem Herbeiführen des Erfolgs – das abstrakte Gefährdungsdelikt des § 314 Abs. 1 wird zum Erfolgsdelikt – die spezifische Gefahr der gemeingefährlichen Vergiftung verwirklicht haben[36] und sind Täter und Tatbeteiligte aus dem Kreis der geschützten Personen ausgeschlossen.[37] Im Übrigen wird auf die Kommentierung zu § 308 Abs. 2 und 3 verwiesen, die sinngemäß gilt (vgl. *Wolff* LK § 308 Rdn. 15 ff).

VII. Strafrahmen und minder schwere Fälle

18 Für Verbrechen nach **§ 314 Abs. 1 Nr. 1 und** 2 ist Freiheitsstrafe von einem bis zu zehn Jahren angedroht. Verursacht der Täter durch eine gemeingefährliche Vergiftung schuldhaft Gesundheitsschädigungen im Sinne von **§§ 314 Abs. 2, 308 Abs. 2 entsprechend**, erhöht sich die Mindeststrafe auf zwei, die Höchststrafe auf fünfzehn Jahre. Für **minder schwere Fälle** nach § 314 Abs. 1 Nr. 1 und 2 in Verbindung mit § 308 Abs. 4 1. Alternative reduziert sich der Strafrahmen auf Freiheitsstrafe von sechs Monaten bis zu fünf Jahren, was die Anwendung von § 47 ausschließt; bei minder schweren Fällen des § 314 Abs. 2 in Verbindung mit § 308 Abs. 2 und 4 2. Alternative beträgt der Strafrahmen Freiheitsstrafe von einem bis zu zehn Jahren. Erstere Regelung wird bei Fallgestaltungen in Frage kommen, bei denen die Gesundheitsschädlichkeit der Beimengungen und damit des Gegenstandes gering ist und der Kreis der möglichen Geschädigten klein bleibt.[38] Kommt es zu einem Erfolg im Sinne von § 308 Abs. 2 entsprechend mag erhebliches Mitverschulden des oder der Geschädigten Anlass für die Anwendung des niedrigeren Strafrahmens geben.[39] Bei Delikten nach **§ 314 Abs. 2 in Verbindung mit § 308 Abs. 3** beträgt die angedrohte Freiheitsstrafe lebenslang oder nicht unter zehn Jahren; eine Strafrahmenverschiebung für minder schwere Fälle ist insoweit, in Parallele zu vergleichbar aufgebauten Delikten, nicht vorgesehen.

VIII. Konkurrenzen

19 Geht das Vergiften usw. bei § 314 Abs. 1 Nr. 2 in das Verkaufen pp. über, wird meist natürliche Handlungseinheit vorliegen und damit kein Konkurrenzverhältnis (*Gretenkordt* S. 82 f). **Tateinheit** kommt mit den Körperverletzungs- und Tötungsdelikten in

[35] *Fischer* Rdn. 13; Krack MK Rdn. 22; *Sch/Schröder/Heine* Rdn. 25; *Wolters/Horn* SK Rdn. 30.

[36] Vgl. auch *Ferschl* Das Problem des unmittelbaren Zusammenhangs beim erfolgsqualifizierten Delikt (1999) 232 ff.

[37] Vgl. *Wolff* LK § 306a Rdn. 29.

[38] *Fischer* Rdn. 14; *Krack* MK Rdn. 22; *Sch/Schröder/Heine* Rdn. 26.

[39] *Fischer* Rdn. 14; *Krack* MK Rdn. 22; *Sch/Schröder/Heine* Rdn. 26.

Betracht,[40] sofern nicht die spezielleren Qualifikationstatbestände eingreifen (vgl. dazu und zu dem Verhältnis der Qualifikationstatbestände untereinander ergänzend *Wolff* LK § 308 Rdn. 24); diese verdrängen auch § 314 Abs. 1. Tateinheit kann weiter mit räuberischer Erpressung nach §§ 255, 253 bestehen. Auch mit §§ 58, 59 Lebensmittel- und Futtermittelgesetzbuch,[41] §§ 95, 96 Arzneimittelgesetz[42] oder §§ 74, 75 Infektionsschutzgesetz[43] ist Tateinheit denkbar. Für das Verhältnis zu den weiteren gemeingefährlichen Delikten siehe jeweils dort.

IX. Tätige Reue; Einziehung

Für **tätige Reue** siehe bei § 314a Abs. 2 Nr. 1; zur **Einziehung** siehe bei § 322. **20**

X. Recht des Einigungsvertrages

Zum **Recht des Einigungsvertrages** wird auf die Vorauflage Bezug genommen (*Wolff* **21**
LK[11] § 319 Rdn. 17 f).

XI. Sonstiges

Eine Straftat nach § 314 kann Anlass bieten, das Delikt der Bildung einer terroristi- **22**
schen Vereinigung nach § 129a Abs. 2 Nr. 2 (vgl. auch § 129b) zu prüfen (vgl. BGHSt 52 98 ff und ergänzend *Wolff* LK § 303b Rdn. 41). Die Nichtanzeige einer geplanten Straftat nach § 314 unterfällt § 138 Abs. 1 Nr. 8. Zur Zuständigkeit vgl. §§ 74 Abs. 1 S. 1 Nr. 22, 120 Abs. 2 Nr. 3 GVG.

---

40 *Fischer* Rdn. 15; *Herzog* NK Rdn. 14; *Kindhäuser* LPK Rdn. 9; *Lackner/Kühl* Rdn. 8; *Sch/Schröder/Heine* Rdn. 29; *Wolters/Horn* SK Rdn. 28; *Gretenkordt* S. 84 f; *Sack* Rdn. 14.

41 *Fischer* Rdn. 15; *Kindhäuser* LPK Rdn. 9; *Krack* MK Rdn. 24; *Sch/Schröder/Heine* Rdn. 29; *Gretenkordt* S. 84 f; *Moseschus* S. 152. **AM** – Vorrang des Lebensmittel- und Bedarfsgegenständegesetzes als speziellere Regelung – *Wolters/Horn* SK Rdn. 28; *Maurach/Schroeder/Maiwald* BT/2 § 56 Rdn. 14; dagegen insbes. *Herzog* NK Rdn. 14. Zur Fassung des Lebensmittel- und Bedarfsgegenständegesetzes siehe Fn. 4.

42 *Fischer* Rdn. 15; *Kindhäuser* LPK Rdn. 9; *Krack* MK Rdn. 24; *Sch/Schröder/Heine* Rdn. 29; *Gretenkordt* S. 84 f. **AA** – Vorrang des Arzneimittelgesetzes als speziellere Regelung – *Wolters/Horn* SK Rdn. 28; *Maurach/Schroeder/Maiwald* BT/2 § 56 Rdn. 14. Zur Fassung des Arzneimittelgesetzes siehe Fn. 5.

43 Für Tateinheit mit § 64 Bundesseuchengesetz *Fischer* Rdn. 15; *Kindhäuser* LPK Rdn. 9; *Krack* MK Rdn. 24. **AA** – Vorrang des Bundesseuchengesetzes als speziellere Regelung – *Wolters/Horn* SK Rdn. 28. Das Bundesseuchengesetz mit den Strafvorschriften §§ 63 ff ist durch das Gesetz zur Verhütung und Bekämpfung von Infektionskrankheiten beim Menschen (Infektionsschutzgesetz – IfSG) vom 20. Juli 2000 (BGBl. I 1045), zuletzt geändert durch Gesetz vom 20. Juli 2007 (BGBl. I 930) abgelöst worden.

§ 314a
Tätige Reue

(1) Das Gericht kann die Strafe in den Fällen des § 307 Abs. 1 und des § 309 Abs. 2 nach seinem Ermessen mildern (§ 49 Abs. 2), wenn der Täter freiwillig die weitere Ausführung der Tat aufgibt oder sonst die Gefahr abwendet.

(2) Das Gericht kann die in den folgenden Vorschriften angedrohte Strafe nach seinem Ermessen mildern (§ 49 Abs. 2) oder von der Strafe nach diesen Vorschriften absehen, wenn der Täter
1. in den Fällen des § 309 Abs. 1 oder § 314 Abs. 1 freiwillig die weitere Ausführung der Tat aufgibt oder sonst die Gefahr abwendet oder
2. in den Fällen des
a) § 307 Abs. 2,
b) § 308 Abs. 1 und 5,
c) § 309 Abs. 6,
d) § 311 Abs. 1,
e) § 312 Abs. 1 und 6 Nr. 1,
f) § 313, auch in Verbindung mit § 308 Abs. 5,
freiwillig die Gefahr abwendet, bevor ein erheblicher Schaden entsteht.

(3) Nach den folgenden Vorschriften wird nicht bestraft, wer
1. in den Fällen des
a) § 307 Abs. 4,
b) § 308 Abs. 6,
c) § 311 Abs. 3,
d) § 312 Abs. 6 Nr. 2,
e) § 313 Abs. 2 in Verbindung mit § 308 Abs. 6
freiwillig die Gefahr abwendet, bevor ein erheblicher Schaden entsteht, oder
2. in den Fällen des § 310 freiwillig die weitere Ausführung der Tat aufgibt oder sonst die Gefahr abwendet.

(4) Wird ohne Zutun des Täters die Gefahr abgewendet, so genügt sein freiwilliges und ernsthaftes Bemühen, dieses Ziel zu erreichen.

Schrifttum

Blöcker Die tätige Reue (2000); *Bottke* Strafrechtswissenschaftliche Methodik und Systematik bei der Lehre vom strafbefreienden und tatmildernden Täterverhalten (1979); *Cramer* Die Neuregelung der Sprengstoffdelikte durch das 7. Strafrechtsänderungsgesetz, NJW **1964** 1835; *Fischerhof* Deutsches Atomgesetz und Strahlenschutzrecht Bd. I[2] (1978); *Hillenkamp* Möglichkeiten der Erweiterung des Instituts der tätigen Reue in Schöch (Hrsg.) Wiedergutmachung und Strafrecht (1987) 81; *Lackner* Das Siebente Strafrechtsänderungsgesetz, JZ **1964** 674; *Potrykus* Die Neuregelung der Sprengstoffdelikte, Die Polizei **1965** 249; *Putzke* in Schlüchter (Hrsgin) Bochumer Erläuterungen zum 6. Strafrechtsreformgesetz 1998 (1998); *Reinhardt* Der strafrechtliche Schutz vor den Gefahren der Kernenergie und den schädlichen Wirkungen ionisierender Strahlen (1989); *Schäfer* Die Privilegierung des „freiwillig-positiven" Verhaltens des Delinquenten nach formell vollendeter Straftat (1992); *Zieschang* Die Gefährdungsdelikte (1998) 152 ff.

Entstehungsgeschichte

Durch Art. 19 Nr. 172 EGStGB 1974 (BGBl. I 469, 494) wurde als § 311c eine Vorschrift über tätige Reue in das StGB eingefügt, die den § 311b a.F., der mit dem

7. StRÄndG vom 1. Juni 1964 (BGBl. I 337) in das StGB eingestellt worden war und der sich nur auf Sprengstoffdelikte nach §§ 311, 311a a.F. bezog (vgl. dazu insbesondere den Bericht des Strafrechtssonderausschusses BTDrucks. IV/2186 S. 4 f), und § 44 AtomG a.F. unter einigen Änderungen zusammenführte (vgl. Begründung zum E EGStGB BTDrucks. 7/550 S. 265 f). Diese Regelung schloss sich weitgehend an § 341 E 1962 (Begründung dazu BTDrucks. IV/650 S. 518 ff) an. Mit Art. 1 Nr. 2, 4 des 31. StRÄndG – 2. UKG – vom 27. Juni 1994 (BGBl. I 1440) tauschte § 311c mit dem früheren § 311e den Standort, womit die Regelung über tätige Reue zugleich auf Fälle der Herstellung einer kerntechnischen Anlage ausgedehnt wurde (vgl. dazu BTDrucks. 12/192 S. 3, 14, 15).

§ 314a löst § 311e ab (Art. 1 Nr. 80 des 6. StrRG vom 26. Januar 1998 – BGBl. I 164, 183 f) und fasst die Möglichkeiten tätiger Reue bei den §§ 307 bis 314 zusammen. Im Regierungsentwurf zum 6. StrRG war vorgesehen gewesen, die über den gesamten Abschnitt „Gemeingefährliche Straftaten" verstreuten Vorschriften über tätige Reue auf der Grundlage des bisherigen § 311e zu vereinheitlichen und in einem § 320 zusammenzufassen; dabei sollte aus Gründen der Gleichbehandlung u.a. auch für das Herbeiführen einer Überschwemmung nach § 313 und die gemeingefährliche Vergiftung nach § 314 die Möglichkeit tätiger Reue neu eingeführt werden (BTDrucks. 13/8587 S. 14 und 52). In der Stellungnahme des Bundesrates dazu wurde moniert, die Auflistung in § 320 des Entwurfs sei unübersichtlich, erschwere die Rechtsanwendung und berge so die Gefahr der Revisionsanfälligkeit in sich; es wurde vorgeschlagen, die Regelung über tätige Reue bei den jeweils in Bezug genommenen Vorschriften einzustellen (BTDrucks. 13/8587 Anlage 2 S. 75). Dem wollte die Bundesregierung insofern Rechnung tragen, als sie vorschlug, die Regelung auf drei Vorschriften aufzuteilen, wobei § 306e für die Brandstiftungsdelikte (vgl. *Wolff* LK § 306e Rdn. 1) gesondert erwähnt wurde (BTDrucks. 13/8587 Anlage 3 S. 89). Dies griff der Rechtsausschuss des Bundestags mit der dann Gesetz gewordenen Formulierung von § 306e, § 314a und § 320 auf (Beschlussempfehlung BTDrucks. 13/8991 S. 24, 26 f; Bericht dazu BTDrucks. 13/9064 S. 22).

Übersicht

I. Allgemeines

§ 314a bestimmt für §§ 307 bis 314 abschließend, in welchen Fällen unter welchen Voraussetzungen und mit welchen Folgen tätige Reue beim vollendeten Delikt möglich ist. Liegen die Voraussetzungen tätiger Reue vor, hat das lediglich für die erwähnten Bestimmungen Bedeutung; andere, konkurrierende Strafvorschriften folgen den speziell für sie geltenden Regeln (z.B. § 306e für die Brandstiftungsdelikte). Soweit bei §§ 307 1 bis 314 Versuch möglich ist und vorliegt, greift § 24 und nicht § 314a ein.[1] Die mit der Bestimmung dem Täter in Aussicht gestellten Vergünstigungen sollen ihm in Parallele zu § 306e bei den Brandstiftungsdelikten aus kriminalpolitischen Gründen einen Anreiz für den Entschluss schaffen, eine derartige besonders gefährliche Straftat vor Eintritt von ernsthaften Schäden abzubrechen (vgl. Bericht des Strafrechtssonderausschusses BT-Drucks. IV/2186 S. 4 und Begründung zum E 1962 BTDrucks. IV/650 S. 518 f sowie Begründung zum Entwurf des 31. StRÄndG BTDrucks. 12/192 S. 15). Sie soll damit ein Gegengewicht gegen die weitreichende Vorverlegung der Strafbarkeit sein.

II. Tätige Reue bei Delikten nach §§ 307 Abs. 1, 309 Abs. 1 und 2, 310 und 314 Abs. 1

2 **1. Voraussetzungen.** Bei den Unternehmensdelikten nach § 307 Abs. 1, § 309 Abs. 1 und 2, bei den durch § 310 zum selbständigen Delikt erhobenen Vorbereitungshandlungen und bei dem abstrakten Gefährdungsdelikt des § 314 Abs. 1 setzt tätige Reue voraus, dass der Täter freiwillig die weitere Ausführung der Tat aufgibt oder sonst die Gefahr abwendet, § 314a Abs. 1, Abs. 2 Nr. 1, Abs. 3 Nr. 2. Dass dies auch für minder schwere Fälle gilt, ist mit § 314a Abs. 3 Nr. 2 nur für § 310 Abs. 2 in Verbindung mit § 310 Abs. 1 Nr. 1 ausdrücklich geregelt. Man wird daraus aber nicht den Schluss ziehen dürfen, dass bei minder schweren Fällen nach § 309 Abs. 5 in Verbindung mit Absatz 1 und § 314 Abs. 2 in Verbindung mit §§ 308 Abs. 4, 314 Abs. 1 tätige Reue ausscheidet. Das Gegenteil dürfte richtig sein. Bei § 307 Abs. 1 und § 309 Abs. 2 sind minder schwere Fälle nicht vorgesehen.

3 **a) Das Aufgeben der weiteren Ausführung der Tat.** Es liegt vor, wenn der Täter vor Vollendung eines Unternehmens nach § 307 Abs. 1, § 309 Abs. 1 und 2 oder vor Vollendung eines nach § 310 Abs. 1 Nr. 1 oder 2 vorbereiteten Explosions- oder Strahlungsverbrechens die begonnene Tathandlung in Aufgabe seines Tatentschlusses endgültig abbricht.[2] Steht im Rahmen der Tathandlung ein Tun in Frage, genügt dazu schlichte Untätigkeit; geht es um strafbares Unterlassen, muss der Täter zur Gefahren- oder Erfolgsabwehr tätig werden. Dies entspricht dem Rücktritt vom unbeendeten Versuch nach § 24 Abs. 1 S. 1 1. Alternative (vgl. dazu *Lilie/Albrecht* LK § 24 Rdn. 197 ff, 470 ff). Bei § 314 Abs. 1, bei dem Versuch möglich und strafbar ist, scheidet diese Alternative wegen des Vorrangs von § 24 bei dem Versuch des Delikts aus, obwohl der Gesetzeswortlaut etwas anderes nahelegt. Auch bei § 310 Abs. 1 ist zu beachten, dass hinsichtlich der selbständig mit Strafe bewehrten Vorbereitungshandlung Versuch und damit gegebenenfalls die Anwendbarkeit von § 24 möglich ist.

4 **b) Das Merkmal oder sonst die Gefahr abwendet.** Dieses Erfordernis bedeutet: bei § 307 Abs. 1 das Abwenden der zum Tatbestand gehörenden konkreten Gefahr für Leib oder Leben eines anderen Menschen oder für fremde Sachen von bedeutendem Wert; bei

---

[1] *Fischer* Rdn. 2; *Kindhäuser* LPK Rdn. 2; *Krack* MK Rdn. 1; *Sch/Schröder/Cramer/Heine* Rdn. 1; *Wolters/Horn* SK Rdn. 2, 7; *Fischerhof* § 44 AtomG a.F. § 311c Rdn. 1.

[2] *Lackner/Kühl* Rdn. 2; *Krack* MK Rdn. 4; *Sch/Schröder/Cramer/Heine* Rdn. 4; *Wolters/Horn* SK Rdn. 4, 9; *Fischerhof* § 44 AtomG a.F. § 311c Rdn. 2, 4; *Sack* Umweltschutzstrafrecht[5] (Stand: Juni 2007) A 1.5 Rdn. 22 (für § 307 Abs. 1). Teilweise abweichend *Herzog* NK Rdn. 5.

§ 309 Abs. 1 und 2 das Abwenden der in der Eignung einer ionisierenden Strahlung zur Gesundheitsschädigung zum Ausdruck kommenden Gefahr, die bei § 309 Abs. 1 konkrete, bei § 309 Abs. 2 abstrakte Gefahr ist (vgl. *Wolff* LK § 309 Rdn. 4); bei § 310 das Abwenden der zum Tatbestand der vom Täter vorbereiteten Tat gehörenden Gefahr. Bei § 314 kann es sich nur um das Abwenden der mit einer gemeingefährlichen Vergiftung einher gehenden abstrakten Gefahr handeln, die im Tatbestand keinen unmittelbaren Niederschlag gefunden hat. Unter **Abwenden** der Gefahr ist das Verhindern ihres Eintritts (sie muss also noch nicht entstanden sein, z.B. *Fischer* § 309 Rdn. 2), aber auch das Beseitigen der bereits eingetretenen Gefahr zu verstehen, solange sie noch nicht zu einem Schaden geführt hat.[3] Dazu muss der Täter eigenes positives Handeln entfalten.

c) **Freiwilligkeit** ist in gleichem Sinne wie bei § 24 zu verstehen.[4] Es kann deshalb auf die diesbezüglichen Bemerkungen zu dieser Bestimmung verwiesen werden (*Lilie/Albrecht* LK § 24 Rdn. 220 ff). 5

2. **Die Folgen tätiger Reue** sind nach der Gefährlichkeit der in Rede stehenden Delikte abgestuft: Bei § 307 Abs. 1 und § 309 Abs. 2 hat der Richter die Möglichkeit, die Strafe nach seinem Ermessen zu mildern, §§ 314a Abs. 1, 49 Abs. 2. Bei § 309 Abs. 1 und § 314 Abs. 1 kann wahlweise gemildert oder von Strafe abgesehen werden, §§ 314a Abs. 2 Nr. 1, 49 Abs. 2. Bei § 310 wirkt tätige Reue als persönlicher Strafaufhebungsgrund, § 314a Abs. 3 Nr. 2. 6

III. Tätige Reue bei Delikten nach § 307 Abs. 2 und 4, § 308 Abs. 1, 5 und 6, § 309 Abs. 6, § 311 Abs. 1 und 3, § 312 Abs. 1 und 6 sowie § 313

1. Für tätige Reue bei Straftaten nach § 307 **Abs. 2 und 4** – minder schwere Fälle sind insoweit nicht vorgesehen –, § 308 **Abs. 1** einschließlich minder schwerer Fälle nach Absatz 4, § 308 **Abs. 5 und 6**, § 309 **Abs. 6**, § 311 **Abs. 1 und 3**, § 312 **Abs. 1 und 6 Nr. 1 und 2** sowie § 313, auch in Verbindung mit § 308 Abs. 5,[5] und § 313 **Abs. 2 in Verbindung mit** § 308 **Abs. 6** ist **Voraussetzung**, dass der Täter freiwillig die Gefahr abwendet, bevor ein erheblicher Schaden entsteht, § 314a Abs. 2 Nr. 2 lit. a) bis f), Abs. 3 Nr. 1 lit. a)bis g).[6] Damit ist die Grenze, bis zu der der Täter tätige Reue üben kann, noch über die Vollendung hinausgeschoben, denn diese verlangt bei keinem der in Rede stehenden Delikte den Eintritt eines Schadens. 7

Zur Bedeutung des **freiwilligen Abwendens der Gefahr** wird auf Rdn. 4 und 5 Bezug genommen. Jedoch ist zu beachten, dass es hier in erster Linie darum geht, die Aus- 8

[3] *Herzog* NK Rdn. 6; *Krack* MK Rdn. 7; *Wolters/Horn* SK Rdn. 4; *Fischerhof* § 44 AtomG a.F./§ 311c Rdn. 2, 4; *Sack*, wie Fn. 2. Teilweise abweichend *Lackner/Kühl* Rdn. 2; *Sch/Schröder/Cramer/Heine* Rdn. 5. **AA** *Zieschang* S. 155 f, nach dem bei konkreten Gefährdungsdelikten tätige Reue in der Form des Abwendens der Gefahr regelmäßig leerläuft; ähnlich *Blöcker* S. 69.

[4] *Fischer* Rdn. 2; *Krack* MK Rdn. 8; *Sch/Schröder/Cramer/Heine* Rdn. 6; *Wolters/Horn* SK Rdn. 4; *Fischerhof* § 44 AtomG a.F. § 311c Rdn. 2, 4.

[5] Richtig zu lesen wohl: § 313 Abs. 1 einschließlich minder schwerer Fälle nach §§ 313 Abs. 2, 308 Abs. 4, 313 Abs. 1 und § 313 Abs. 2 in Verbindung mit §§ 308 Abs. 5, 313 Abs. 1

[6] *Blöcker* S. 70 hält die Vorschrift für praktisch bedeutungslos; ebenso *Lackner/Kühl* Rdn. 3 und *Sch/Schröder/Cramer/Heine* Rdn. 9 für §§ 307 und 308.

dehnung oder, anders ausgedrückt, das weitere Umschlagen von Gefahr, die eingetreten sein muss, soweit es sich um konkrete Gefährdungsdelikte handelt, weil nur dann die für die Anwendbarkeit von § 314a vorauszusetzende Vollendung vorliegt, aber auch bei den Eignungsdelikten des § 311 Abs. 1 und 3 regelmäßig eingetreten sein wird, in Schaden zu verhindern. Es muss deshalb in jedem Falle genügen, wenn der Täter es durch sein Tun erreicht, dass der Schaden unerheblich bleibt.[7] Beispiele für ein Abwenden der Gefahr sind das Warnen gefährdeter Personen oder das Schützen gefährdeter Sachen oder – bei § 312 – das Beseitigen des Anlagenfehlers oder die Stilllegung der Anlage (vgl. auch *Rotsch/Sahan* JA **2005** 171, 173; *dies.* JZ **2005** 205, 207).

9 Es darf **kein erheblicher Schaden** entstanden sein. Was mit erheblich gemeint ist, ist zweifelhaft und strittig (das gleiche Problem besteht bei § 306e und § 320 Abs. 2 und 3). Die Gesetzesmaterialien (vgl. vor allem Begründung zum E 1962 BTDrucks. IV/650 S. 519) helfen nicht recht weiter. Jedoch lässt sich die Frage einengen. Zunächst einmal muss es um einen Schaden gehen, der aus der mit dem jeweiligen Delikt verbundenen spezifischen Gefahr entstanden ist. Ergeben sich **Personenschäden**, so ist eine Gesundheitsbeeinträchtigung von Gewicht oder eine nicht belanglose Verletzung eines Menschen immer ein erheblicher Schaden.[8] Das findet eine gewisse Bestätigung darin, dass der Gesetzgeber Qualifikationstatbestände aus dem Anwendungsbereich des § 314a ausgeklammert hat, bei denen eine schwere Gesundheitsschädigung eines anderen Menschen oder eine Gesundheitsschädigung einer großen Zahl von Menschen qualifiziert (vgl. Rdn. 12).

10 Bei **Sachschäden** ist man sich darüber einig, dass die Untergrenze nicht in Anlehnung an einen nicht völlig belanglosen Schaden gezogen werden kann, bei dem ein Unfall im Sinne des § 142 vorliegt.[9] Als obere Grenze für die Anwendbarkeit von § 314a Abs. 2 Nr. 2, Abs. 3 Nr. 1 wird die diesem Wert entsprechende Schädigung eines bedeutenden Sachwerts angesehen werden müssen. Die Wortwahl im Gesetz – Gefährdung fremder Sachen von *bedeutendem* Wert in §§ 307 Abs. 2, 308 Abs. 1, 309 Abs. 6, 311 Abs. 1, 312 Abs. 1, 313 Abs. 1 einerseits, kein *erheblicher* Schaden in § 314a Abs. 2 Nr. 2, Abs. 3 Nr. 1 andererseits – legt es nahe, dass damit nichts Übereinstimmendes, sondern etwas Verschiedenes gemeint ist; nämlich mit **erheblich** ein Weniger im Vergleich zu **bedeutend**. Ein erheblicher Schaden liegt also nicht erst dann vor, wenn eine Sache von bedeutendem Wert vernichtet worden ist.[10] Sich an dem Verhältnis zwischen Wert der gefährdeten Sache und Höhe des eingetretenen Schadens zu orientieren (so *Rüth* LK[10] § 315 Rdn. 52), erscheint nicht sachgerecht. Denn werden – wie es z.B. bei Explosionen durch Kernenergie naheliegt – besonders hohe Sachwerte gefährdet und ist der von dem dann tätige Reue übenden Täter verursachte Schaden im Vergleich dazu gering, absolut gesehen aber

---

7 *Herzog* NK Rdn. 8; *Kindhäuser* LPK Rdn. 4; *Lackner/Kühl* Rdn. 3; *Sch/Schröder/Cramer/Heine* Rdn. 8; *Wolters/Horn* SK Rdn. 7. Siehe auch BT/Drucks. 12/192 S. 15: „Ziel ist es, einen Anreiz dafür zu schaffen, daß ein Täter nach Vollendung der Tat doch noch dafür sorgt, daß die von ihm geschaffene Gefahrenlage sich nicht in einem Schaden realisiert.“ Vgl. außerdem *Zieschang* S. 155 f.

8 *Herzog* NK Rdn. 9; *Kindhäuser* LPK Rdn. 4; *Krack* MK Rdn. 6; *Sch/Schröder/Cramer/Heine* Rdn. 9; *Wolters/Horn* SK Rdn. 7. Nach *Fischer* Rdn. 3 kommt es auf das absolute Ausmaß der Beeinträchtigung oder Verletzung, aber auch auf deren Verhältnis zum Gefahrenpotential der Tat an. Vgl. auch *König* LK § 315 Rdn. 128 und *Wolff* LK § 306e Rdn. 13.

9 *Fischer* Rdn. 3; *König* LK § 315 Rdn. 128.

10 *Krack* MK Rdn. 6. Nach *Fischer* Rdn. 3 überschreitet ein bedeutender Schaden die Erheblichkeitsgrenze sicher. Zweifel dagegen bei *König* LK § 315 Rdn. 128, der einen erheblichen Schaden erst dann annimmt, wenn er zugleich bedeutend ist; ebenso *Herzog* Rdn. 9; *Kindhäuser* LPK Rdn. 4; *Sch/Schröder/Cramer/Heine* Rdn. 9; *Wolters/Horn* SK Rdn. 7.

bedeutend, so erscheint die Anwendung von § 314a verfehlt. Auch eine Ausrichtung an dem entstandenen Maß der Gefahr scheidet aus; dem steht schon der Gesetzeswortlaut entgegen. Ausschlaggebend ist vielmehr der wirtschaftliche Wertverlust, der durch die Schädigung eingetreten ist und meist auch anhand der Reparatur- oder Wiederherstellungskosten festgestellt werden kann. Dabei stellt sich überhaupt die Frage, ob für alle in § 314a Abs. 2 Nr. 2 und Abs. 3 Nr. 1 erfassten Straftatbestände eine einheitliche Grenze festgelegt werden kann, wenn es um die Bemessung der Erheblichkeit von Schäden an durch den jeweiligen Tatbestand geschützten Sachen geht (vgl. auch BGHSt **48** 14, 22 f). Einen Fingerzeig für eine praxisgerechte Grenzziehung gibt die Entscheidung BGHSt **48** 14, 23: dort hat der BGH im Rahmen von § 306e erst einen objektiven Schadensbeseitigungsbedarf von mindestens 2500 Euro als erheblich angesehen. Dieser Wert wird auch im vorliegenden Zusammenhang kaum unterschritten werden können.[11]

2. Auch bei den unter Rdn. 7 aufgeführten Straftaten sind **die Folgen tätiger Reue** abgestuft: Bei § 307 Abs. 2, § 308 Abs. 1 und 5, § 309 Abs. 6, § 311 Abs. 1, § 312 Abs. 1 und 6 Nr. 1, § 313 Abs. 1 und § 313 Abs. 2 in Verbindung mit §§ 308 Abs. 5, 313 Abs. 1 kann das Gericht wahlweise die Strafe mildern oder von Strafe absehen, § 314a Abs. 2 Nr. 2 lit. a) bis f). In den Fällen des § 307Abs. 4, § 308 Abs. 6, § 311 Abs. 3, § 312 Abs. 6 Nr. 2 sowie § 313 Abs. 2 in Verbindung mit §§ 308 Abs. 6, 313 Abs. 1 wirkt tätige Reue als persönlicher Strafaufhebungsgrund, § 314a Abs. 3 Nr. 1. **11**

IV. Qualifikationstatbestände

Bei den Qualifikationstatbeständen nach § 307 Abs. 3, § 308 Abs. 2 und 3, § 309 Abs. 3 und 4, § 312 Abs. 3 und 4; § 313 Abs. 2 in Verbindung mit §§ 308 Abs. 2 und 3, 313 Abs. 1 und § 314 Abs. 2 in Verbindung mit §§ 308 Abs. 2 und 3, 314 Abs. 1 einschließlich teilweise möglicher minder schwerer Fälle scheidet tätige Reue aus; die entsprechenden Bestimmungen werden in § 314a nicht erwähnt. Der Unterschied zu § 306e, der auch bei besonders schwerer Brandstiftung nach § 306b tätige Reue ermöglicht, fällt auf; er findet in den Gesetzesmaterialien keine weitere Erklärung. Eine ergänzende analoge Einbeziehung von § 306e in § 314a bei vergleichbar erscheinenden Fällen ist jedoch abzulehnen. Es liegt keine planwidrige Gesetzeslücke vor. **12**

V. § 314a Abs. 4

Nach § **314a Abs.** 4 reicht es in allen Fällen aus, dass sich der Täter **freiwillig und ernsthaft** durch aktives Eingreifen darum **bemüht, die Gefahr abzuwenden,** wenn diese auf andere Weise abgewendet wird. Letzteres ist allerdings zwingende Voraussetzung. Die Gefahr kann dabei schon abgewendet sein, bevor der Täter zu ihrer Abwehr tätig wird. Ernsthaftes Bemühen um Gefahrabwendung setzt voraus, dass der Täter die ihm dafür zur Verfügung stehenden Möglichkeiten ausschöpft (BGH NStZ **1986** 27; BGH NStZ-RR **2000** 42 f; vgl. auch *Wolff* LK § 306e Rdn. 18). **13**

---

11 *Sack*, wie Fn. 2, A 1.5 Rdn. 23 zieht die Grenze für § 307 Abs. 2 bei etwa 700 bis 800 Euro; dito für § 309 Abs. 6 (A 1.6 Rdn. 20).

VI. Tätige Reue bei mehreren Tatbeteiligten

14 Bei einer Mehrzahl von Tatbeteiligten gelten die in § 24 Abs. 2 niedergelegten Grundsätze entsprechend (vgl. dazu *Lilie/Albrecht* LK § 24 Rdn. 361 ff).

VII. Einziehung

15 Die **Einziehungsmöglichkeit** nach § 322 bleibt bestehen, auch wenn das Gericht wegen tätiger Reue von Strafe absieht oder den Täter freispricht, § 76a.

§ 315
Gefährliche Eingriffe in den Bahn-, Schiffs- und Luftverkehr

(1) Wer die Sicherheit des Schienenbahn-, Schwebebahn-, Schiffs- oder Luftverkehrs dadurch beeinträchtigt, dass er
1. Anlagen oder Beförderungsmittel zerstört, beschädigt oder beseitigt,
2. Hindernisse bereitet,
3. falsche Zeichen oder Signale gibt oder
4. einen ähnlichen, ebenso gefährlichen Eingriff vornimmt,
und dadurch Leib oder Leben eines anderen Menschen oder fremde Sachen von bedeutendem Wert gefährdet, wird mit Freiheitsstrafe von sechs Monaten bis zu zehn Jahren bestraft.

(2) Der Versuch ist strafbar.

(3) Auf Freiheitsstrafe nicht unter einem Jahr ist zu erkennen, wenn der Täter
1. in der Absicht handelt,
a) einen Unglücksfall herbeizuführen oder
b) eine andere Straftat zu ermöglichen oder zu verdecken, oder
2. durch die Tat eine schwere Gesundheitsschädigung eines anderen Menschen oder eine Gesundheitsschädigung einer großen Zahl von Menschen verursacht.

(4) In minder schweren Fällen des Absatzes 1 ist auf Freiheitsstrafe von drei Monaten bis zu fünf Jahren, in minder schweren Fällen des Absatzes 3 auf Freiheitsstrafe von sechs Monaten bis zu fünf Jahren zu erkennen.

(5) Wer in den Fällen des Absatzes 1 die Gefahr fahrlässig verursacht, wird mit Freiheitsstrafe bis zu fünf Jahren oder mit Geldstrafe bestraft.

(6) Wer in den Fällen des Absatzes 1 fahrlässig handelt und die Gefahr fahrlässig verursacht, wird mit Freiheitsstrafe bis zu zwei Jahren oder mit Geldstrafe bestraft.

Schrifttum

Berz Formelle Tatbestandsverwirklichung und materialer Rechtsgüterschutz (1986); *ders.* Zur konkreten Gefahr im Verkehrsstrafrecht, NZV **1989** 409; *Cramer* Anmerkung zu BGH JZ **1983** 811, JZ **1983** 813; *Demuth* Zur Bedeutung der „konkreten Gefahr" im Rahmen der Straßenverkehrsdelikte, VOR **1973** 436; *Fabricius* Zur Präzisierung des Terminus „ähnlicher, ebenso gefährlicher Eingriff" im Sinne der §§ 315, 315b StGB, GA **1994** 164; *Gallas* Abstrakte und konkrete Gefährdung, Festschrift Heinitz (1972) S. 177; *Geerds* Konkurrenzprobleme der neuen Strafvorschriften zum Schutze des Verkehrs unter besonderer Berücksichtigung der Trunkenheit am Steuer,

BA 3 (1965) 124; *Geppert* Anmerkung zu BGH NStZ 1985 263 (= NJW 1985 1036), NStZ **1985** 264; *Hartung* Zweites Gesetz zur Sicherung des Straßenverkehrs, NJW **1965** 86; *ders.* „Fremde Sachen von bedeutendem Wert" in den §§ 315a, 315c und 315d StGB n.F., NJW **1966** 15; *Hirsch* Gefahr und Gefährlichkeit, Festschrift Kaufmann S. 545; *Horn* Konkrete Gefährdungsdelikte (1973); *Horn/Hoyer* Rechtsprechungsübersicht zum 27. Abschnitt des StGB – Gemeingefährliche Straftaten –, JZ **1987** 965; *Hoyer* Die Eignungsdelikte (1987); *Jaekel* Nochmals: Schiffe als Schutzobjekte des § 315 StGB, NJW **1964** 285; *Jähnke* Fließende Grenzen zwischen abstrakter und konkreter Gefahr im Verkehrsstrafrecht, DRiZ **1990** 425; *Kindhäuser* Gefährdung als Straftat (1989); *Kürschner* Strafrechtliche Aspekte von Unfällen im Bereich von Bergbahnen und Schleppliften, NJW **1982** 1966; *Krause* Verkehrsgefährdungen in der Binnenschiffahrt, Zeitschrift für Binnenwirtschaft **1975** 337; *Lackner* Das Zweite Gesetz zur Sicherung des Straßenverkehrs, JZ **1965** 92; *ders.* Das konkrete Gefährdungsdelikt im Verkehrsstrafrecht (1967); *Meyer-Gerhards* Verkehrsgefährdung und tätige Reue, JuS **1972** 506; *Nüse* Zu den neuen Vorschriften zur Sicherung des Straßenverkehrs, JR **1965** 41; *Ostendorf* Grundzüge des konkreten Gefährdungsdelikts, JuS **1982** 426; *Rengier* Zum Gefährdungsmerkmal „(fremde) Sachen von bedeutendem Wert", Festschrift Spendel (1992) 559; *Renzikowski* Anmerkung zu BGH NJW **1996** 329, JR **1997** 115; *Rudolf* Zur Änderung des Luftstrafrechts durch das Zweite Verkehrssicherungsgesetz, ZLW **1965** 118; *Rüth* Anmerkung zu BGH JR 1977 431, JR **1977** 432; *ders.* Anmerkung zu BGH JR **1979** 515, JR **1979** 516; *Schaberg* Die Abgrenzung des Eingriffs in den Schiffsverkehr gemäß § 315 StGB von der Schiffahrtsgefährdung gemäß § 315a StGB und den Ordnungswidrigkeiten, 18. VGT **1980** S. 315; *Schmid* Die Verkehrsbeeinträchtigung der §§ 315, 315a StGB aus der Sicht des Luftverkehrs, NZV **1988** 125; *H. W. Schmidt* Die Schiffahrtsgefährdung gemäß § 315 StGB, MDR **1960** 90; *ders.* Schiffe als Schutzobjekte des § 315 StGB, NJW **1963** 1861; *Schröder* Die Gefährdungsdelikte im Strafrecht, ZStW **81** (1969) 7; *Schünemann* Moderne Tendenzen in der Dogmatik der Fahrlässigkeits- und Gefährdungsdelikte, JA **1975** 787; *Warda* Das Zweite Gesetz zur Sicherung des Straßenverkehrs, MDR **1965** 1; *Wolter* Konkrete Erfolgsgefahr und konkreter Gefahrerfolg im Strafrecht – OLG Frankfurt, NJW 1975, 840, JuS **1978** 748; *ders.* Objektive und personale Zurechnung von Verhalten, Gefahr und Verletzung in einem funktionalen Straftatsystem (1981); *Zieschang* Die Gefährdungsdelikte (1998).

S. ergänzend die Schrifttumsnachweise bei §§ 315a, 315b und 315c.

Entstehungsgeschichte

I. Das **Reichsstrafgesetzbuch** enthielt in §§ 315, 316 Strafvorschriften gegen die vorsätzliche und fahrlässige Gefährdung von **Eisenbahntransporten.** § 315 Abs. 1 a.F. lautete:

Wer vorsätzlich Eisenbahnanlagen, Beförderungsmittel oder sonstiges Zubehör derselben dergestalt beschädigt oder auf der Fahrbahn durch falsche Zeichen oder Signale oder auf andere Weise solche Hindernisse bereitet, dass dadurch der Transport in Gefahr gesetzt wird, wird mit Zuchthaus bis zu zehn Jahren bestraft.[1]

Die den **Schiffsverkehr** betreffenden Tatbestände waren in den §§ 321 und 322 zersplittert geregelt und schützten diesen nur unvollkommen (*H. W. Schmidt* MDR **1960** 90). § 321 Abs. 1 stellte soweit hier relevant denjenigen unter Strafe, der

[1] Absatz 2 enthielt im Strafrahmen abgestufte Qualifikationstatbestände für die Verursachung einer schweren Körperverletzung bzw. des Todes eines Menschen. Fahrlässigkeitstaten waren in § 316 Abs. 1 unter Strafe gestellt. § 316 Abs. 2 bedrohte „die zur Leitung der Eisenbahnfahrten und zur Aufsicht über die Bahn und den Beförderungsbetrieb angestellten Personen" mit Strafe, die „durch Vernachlässigung der ihnen obliegenden Pflichten einen Transport in Gefahr" setzten. Ergänzende Bestimmungen zum Berufsverbot und zu dessen strafrechtlicher Absicherung gegen die in § 316 Abs. 2 genannten Personen enthielten die §§ 319, 320.

„in schiffbaren Strömen, Flüssen oder Kanälen das Fahrwasser stört und durch eine dieser Handlungen Gefahr für das Leben oder die Gesundheit anderer herbeiführt“.[2] *§ 322 betraf die Gefährdung der Schifffahrt durch Störung des Signal- und Zeichenwesens.*[3] *Dessen Absatz 1 lautete: Wer vorsätzlich ein zur Sicherung der Schiffahrt bestimmtes Feuerzeichen oder ein anderes zu diesem Zwecke aufgestelltes Zeichen zerstört, wegschafft oder unbrauchbar macht oder ein solches Feuerzeichen auslöscht oder seiner Dienstpflicht zuwider nicht aufstellt oder ein falsches Zeichen, welches geeignet ist, die Schiffahrt unsicher zu machen, aufstellt, insbesondere zur Nachtzeit auf der Strandhöhe Feuer anzündet, welches die Schiffahrt zu gefährden geeignet ist, wird mit Zuchthaus bis zu zehn Jahren bestraft.*

Sonderbestimmungen **zum Schutz der Luftfahrt** wurden eingeführt mit dem Luftverkehrsgesetz vom 1.8.1922 (RGBl. I S. 681). § 33 Abs. 1 LuftVG a.F. hatte folgenden Wortlaut:

Wer Menschenleben dadurch gefährdet, dass er vorsätzlich ein Luftfahrzeug beschädigt, zerstört oder sonst unbrauchbar oder unzuverlässig macht, oder vorsätzlich die Fahrt eines Luftfahrzeugs durch falsche Zeichen oder sonst stört, wird mit Gefängnis nicht unter drei Monaten bestraft.[4]

II. § 206 E 1925[5] **und § 230 E 1927** fassten die Strafbestimmungen zum Schutz des Eisenbahn-, Schiffs- und Luftverkehrs erstmals in einer Vorschrift zusammen. Die Vorschläge wiesen bereits die Strukturen auf, die auch das geltende Recht prägen, wobei § 230 Abs. 2 E 1927 bis zu einem gewissen Grad als Vorläufer des § 315a heutiger Fassung gelten kann. § 230 E 1927 lautete wie folgt:

Wer die Sicherheit des Betriebes einer Eisenbahn, einer Schwebebahn, der Schiffahrt oder der Luftfahrt durch Beschädigen, Zerstören oder Beseitigen von Anlagen, Beförderungsmitteln oder Gegenständen, die dem Bahn-, Schiffs- oder Luftverkehr dienen, durch Bereiten von Hindernissen auf der Fahr- oder Flugbahn, durch falsche Zeichen oder Signale oder auf ähnliche Weise stört und dadurch eine Gefahr für Leib oder Leben oder in bedeutendem Umfang für fremdes Eigentum herbeiführt, wird mit Zuchthaus bestraft.

Ebenso wird bestraft, wer als Angestellter eines Eisenbahn-, Schwebebahn-, Schiffahrt- oder Luftfahrtunternehmens bei Wahrnehmung des Dienstes seine Pflichten verletzt und dadurch die Sicherheit des Betriebes stört und eine Gefahr für Leib und Leben oder in bedeutendem Umfang für fremdes Eigentum herbeiführt.

Das **Gesetz zur Änderung des Strafgesetzbuchs vom 28.6.1935** (RGBl. I S. 839) hat die Vorschläge der Reformentwürfe aufgegriffen, erbrachte aber mit dem Begriff der

---

[2] Der andere Teil der Vorschrift betraf Angriffe gegen Wasserleitungen, Schleusen, Wehre, Deiche, Dämme oder andere Wasserbauten, Brücken, Fähren, Wege oder Schutzwehre oder dem Bergwerksbetrieb dienende Vorrichtungen zur Wasserhaltung, zur Wetterführung oder zum Ein- und Ausfahren der Arbeiter. Er ist Vorläufer der heute in § 318 (Beschädigung wichtiger Anlagen) eingestellten Tatbestände.

[3] Absatz 2 enthielt im Strafrahmen abgestufte Qualifikationstatbestände für die Verursachung der Strandung eines Schiffes oder des Todes eines anderen.

[4] In Absatz 2 war die Versuchsstrafbarkeit geregelt, Absatz 3 enthielt Erfolgsqualifikationen für die Verursachung einer schweren Körperverletzung und des Todes, Absatz 4 pönalisierte fahrlässiges Verhalten.

[5] Der E 1925 bezog die Schwebebahn noch nicht ein. S. auch die Vorarbeiten in §§ 183, 186 E 1909 sowie in § 259 E 1919, der (nur) den Eisenbahn- und Schiffsverkehr in sich vereinigte.

Gemeingefahr eine wesentliche Neuerung. § 315 i.d.F. dieses Gesetzes hatte folgenden Wortlaut:

Wer die Sicherheit des Betriebes einer Eisenbahn oder Schwebebahn, der Schiffahrt oder der Luftfahrt durch Beschädigen, Zerstören oder Beseitigen von Anlagen oder Beförderungsmitteln, durch Bereiten von Hindernissen, durch falsche Zeichen oder Signale oder durch ähnliche Eingriffe oder durch eine an Gefährlichkeit einem solchen Eingriff gleichkommende pflichtwidrige Unterlassung beeinträchtigt und dadurch eine Gemeingefahr herbeiführt, wird mit Zuchthaus bis zu zehn Jahren bestraft. In besonders schweren Fällen ist auf Zuchthaus nicht unter fünf Jahren oder auf Todesstrafe zu erkennen.

Wer auf solche Weise die Sicherheit des Betriebs einer Straßenbahn beeinträchtigt und dadurch eine Gemeingefahr herbeiführt, wird mit Gefängnis bestraft. Der Versuch ist strafbar. In besonders schweren Fällen ist die Strafe Zuchthaus bis zu zehn Jahren.

Gemeingefahr bedeutet eine Gefahr für Leib oder Leben, sei es auch nur eines einzelnen Menschen, oder für bedeutende Sachwerte, die in fremdem Eigentum stehen oder deren Vernichtung gegen das Gemeinwohl verstößt.

§ 316 bedrohte fahrlässige Taten mit Strafe. Der Strafrahmen betrug für fahrlässige Taten im Sinne des § 315 Abs. 1 Gefängnis nicht unter einem Monat, für solche nach § 315 Abs. 2 Gefängnis bis zu drei Jahren oder Geldstrafe.

III. Das **Gesetz zur Sicherung des Straßenverkehrs vom 19.12.1952** (BGBl. I S. 832) hat an der Ausgestaltung der den Bahn-, Schiffs- und Luftverkehr betreffenden Tatbestände des § 315 nur wenig geändert:

Wer die Sicherheit des Betriebes einer Schienenbahn auf besonderem Bahnkörper oder Schwebebahn, der Schiffahrt oder der Luftfahrt durch Beschädigen, Zerstören oder Beseitigen von Anlagen oder Beförderungsmitteln, durch Bereiten von Hindernissen, durch falsche Zeichen oder Signale oder durch ähnliche Eingriffe oder durch eine an Gefährlichkeit einem solchen Eingriff gleichkommende pflichtwidrige Unterlassung beeinträchtigt und dadurch eine Gemeingefahr herbeiführt, wird mit Zuchthaus bis zu zehn Jahren bestraft. In besonders schweren Fällen ist auf Zuchthaus nicht unter fünf Jahren oder auf lebenslanges Zuchthaus zu erkennen.

In minder schweren Fällen kann auf Gefängnis nicht unter drei Monaten erkannt werden.

Gemeingefahr bedeutet … [wie oben § 315 Abs. 3].

Neu eingeführt wurde der Begriff der „Schienenbahn auf besonderem Bahnkörper", der an die Stelle des Merkmals der „Eisenbahn" trat, ohne dass damit eine sachliche Änderung bewirkt worden wäre. Die Aufführung des „besonderen Bahnkörpers" diente der Abgrenzung zur im öffentlichen Straßenraum fahrenden Straßenbahn, die in den neu geschaffenen § 315a (Sicherheit des Straßenverkehrs) einbezogen wurde (hierzu § 315d Entstehungsgeschichte). Zu diesem Zweck ist § 315 Abs. 2 i.d.F. des Gesetzes vom 28.6.1935 gestrichen worden. Weitere Änderungen betrafen die Strafdrohungen. Die Todesstrafe wurde beseitigt. Außerdem wurden im frei gewordenen Absatz 2 die minder schweren Fälle privilegiert.

IV. § 342 E 1960 (BTDrucks. III/2150 S. 65) und § 342 E 1962 (BTDrucks. IV/650, S. 67, 521 ff) haben die Konzeption der Vorschrift weiter entwickelt. Die Vorschläge des E 1962 sind im Wesentlichen in die Vorlage der BReg. zum 2. StraßenVSichG (BTDrucks. IV/651) übernommen und mit Art. 1 Nr. 6 des **Zweiten Gesetzes zur Sicherung des Straßenverkehrs vom 21.11.1964** (BGBl. I S. 921) umgesetzt worden.

1. Die Ersetzung des Begriffspaars „ähnliche Eingriffe oder durch eine an Gefährlichkeit einem solchen Eingriff gleichkommende pflichtwidrige Unterlassung" durch den Begriff **des „ähnlichen, ebenso gefährlichen Eingriffs"** ist in engem Zusammenhang mit dem neu eingeführten § 315a zu sehen. Erreicht werden sollte, dass unter das Merkmal des ähnlichen, ebenso gefährlichen Eingriffs nur noch Handlungen subsumiert werden, die ihrer Art nach den in Absatz 1 Nr. 1 bis 3 „verwandt sind und ihnen zugleich auch an Gefährlichkeit gleichkommen", während geringer wiegendes Fehlverhalten, das unterhalb dieser Schwelle liegt, durch § 315a aufgefangen werden sollte (BTDrucks. IV/651 S. 22). Beides zielte demgemäß auf eine Begrenzung der Strafbarkeit ab. Zu den dadurch aufgeworfenen Abgrenzungsproblemen im Verhältnis der §§ 315 und 315a zueinander wird auf das in Rdn. 19 ff, zum Merkmal des „ähnlichen, ebenso gefährlichen Eingriffs auf das in Rdn. 40 ff Gesagte verwiesen.

2. Zweites Kernstück des Gesetzes war die Aufgabe des **Merkmals der Gemeingefahr.** An die Stelle dieses in § 315 Abs. 3 a.F. definierten Begriffs (s. oben II a.E.) trat die auch in zahlreichen anderen Strafvorschriften gebrauchte Formel Gefahr für „Leib oder Leben eines anderen oder fremde Sachen von bedeutendem Wert". Mit dieser Maßnahme sollten Auslegungsschwierigkeiten behoben werden (BTDrucks. IV/651 S. 23 f; BGHSt **23** 261, 263). Unterschiedlich beurteilt worden war nach altem Rechtszustand vor allem, ob Gemeingefahr auch gegeben sein kann, wenn ein bestimmt ausgesuchter Einzelner gefährdet wird, was sich insbesondere bei dem (den) Mitfahrer(n) auswirkt. Der BGH hatte die Frage im Anschluss an die Rechtsprechung des RG zu § 315 (RGSt **14** 135; **42** 301; **74** 273) zunächst generell bejaht (BGHSt **6** 100, 102 f; 232, 233 f), mit dieser Auffassung aber in BGHSt **11** 199 (201 ff) gebrochen: Gemeingefahr könne nur angenommen werden, wenn anstelle des betroffenen Fahrzeuginsassen auch ein beliebiger anderer der Gefahr hätte ausgesetzt sein können (BGH aaO S. 203). Von da an war die Rechtsprechung zu der im Einzelfall außerordentlich schwierigen Entscheidung gezwungen, unter welchen Umständen das gefährdete Individuum als Repräsentant der Allgemeinheit gelten kann (BGH aaO S. 203 ff; **14** 395, 398 ff).[6]

Der Verzicht auf das Merkmal der Gemeingefahr war bei den Beratungen der Großen Strafrechtskommission umstritten. Namentlich *Jescheck* hatte vor einer damit einhergehenden grundlegenden Veränderung des Unrechtskerns gewarnt; die die neue Gefahrformel verwendenden Vorschriften könnten letztlich nicht mehr als gemeingefährliche Delikte im eigentlichen Sinne angesehen werden (Niederschriften VIII S. 423 f).[7] Die Befürworter verwiesen hingegen darauf, dass der Charakter der gemeingefährlichen Delikte durch die abstrakte Gemeingefährlichkeit des Mittels gekennzeichnet werde (insbesondere *Gallas* Niederschriften VIII S. 423).[8] Dieser Standpunkt hat sich letztlich durchgesetzt.

Die Änderung ist in der Literatur überwiegend positiv aufgenommen worden.[9] Sie hat jedenfalls den mit ihr verfolgten Zweck der Klarstellung erreicht, dass die Gefährdung

---

6 Näher die Begründung des Regierungsentwurfs BTDrucks. IV/651 S. 23 f; *Dreher* Niederschriften VIII S. 419 f; *Baldus* ebd. S. 428; vgl. auch *Arzt/Weber* BT § 35 Rdn. 91; eingehend zur Entwicklung *Puhm* Strafbarkeit gemäß § 315c StGB S. 6 ff; *Mayr* FG BGH S. 273, 274 f.

7 Ebenso *Krille* Niederschriften VIII S. 424.

8 Zust. *Bockelmann* Niederschriften VIII S. 423; *Baldus* ebd. S. 424, 428.

9 U.a. *Geerds* BA 3 (1965) 124, 133; *Nüse* JR **1965** 41; im Grundsatz auch *Warda* MDR **1965** 1, 5. Kritisch hingegen *Cramer* NJW **1964** 1835, 1836.

eines bestimmten Einzelnen genügt.[10] Dieser Vorteil ist allerdings teuer erkauft worden. Es lässt sich schwer in Abrede stellen, dass die in §§ 315 bis 315c normierten Tatbestände durch den Wegfall der Gemeingefahr bis zu einem gewissen Grad aus den Fugen geraten sind. Vor allem der Problemkreis der Gefährdung (auch) fremder Sachen, die der Täter wie ein Eigentümer oder einvernehmlich mit dem Eigentümer in Besitz hat (Rdn. 72 ff), kann widerspruchsfrei nicht gelöst werden. Der Vorgang liefert Zeugnis für die altbekannte Tatsache, dass eine mit guter Absicht vorgenommene Gewichtsverschiebung in einem ausdifferenzierten Strafrechtssystem Probleme nicht nur beseitigt, sondern in aller Regel auch eine Reihe neuer produziert. Ein überzeugender Alternativvorschlag zur gegenwärtigen Ausgestaltung ist dabei nicht ersichtlich (s. auch Rdn. 66).

3. Schließlich sind die **Strafdrohungen** grundlegend umgestaltet und die erschwerten Taten in anderer Weise erfasst worden (eingehend BTDrucks. IV/651 S. 24 ff). Hinzugekommen ist die Möglichkeit, in Fällen der **Tätigen Reue** die Strafe zu mildern oder ganz von Strafe abzusehen. Sie ist mit Blick auf das frühzeitige Eingreifen der Gefährdungsdelikte vorgesehen worden (BTDrucks. IV/651 S. 26).

V. Art. 1 Nr. 89 des **Ersten Gesetzes zur Reform des Strafrechts vom 25.6.1969** (BGBl. I S. 645) und Art. 19 Nr. 175 des **EGStGB vom 2.3.1974** (BGBl. I S. 469) haben Korrekturen bei den Regelungen zur **Tätigen Reue** vorgenommen. Abgesehen davon ist § 315 in der Folge unverändert geblieben.

VI. Mit dem **Sechsten Gesetz zur Reform des Strafrechts (6. StrRG) vom 26.1.1998** (BGBl. I S. 164) wurde *Absatz 1* redaktionell ergänzt (eines anderen *Menschen*; vgl. auch Absatz 3 Nr. 2). Dies entspringt dem Bestreben nach geschlechtsindifferenter Formulierung der Gesetzessprache (BTDrucks. 13/8587 S. 51, s. allgemein die Stellungnahme des BR in BTDrucks. 13/8587 S. 56 sowie die Gegenäußerung der BReg., aaO S. 80; näher *König* LK[11] Entstehungsgeschichte VI.).

1. In der Sache hat das 6. StrRG den **Strafrahmen des Absatzes 1 gravierend angehoben** (früher Freiheitsstrafe von drei Monaten bis zu fünf Jahren). Diese, in der Gesetzesvorlage nicht eigens begründete (BTDrucks. 13/8587 S. 51) Maßnahme stand wohl vor dem Hintergrund der mit dem Reformvorhaben insgesamt bezweckten Harmonisierung der Strafrahmen unter Stärkung der durch § 315 StGB faktisch mitgeschützten höchstpersönlichen Rechtsgüter von Leib und Leben (allgemein BTDrucks. 13/8587 S. 19 ff und hierzu kritisch *Lackner/Kühl* vor § 38 Rdn. 8 ff m.w.N.). Der Bundesrat hatte es bei der herkömmlichen Strafdrohung belassen wollen (BTDrucks. 13/8587 S. 72), was die BReg. ohne substanzielle Erläuterung ablehnte (BTDrucks. 13/8587 S. 89). Deren Vorschläge sind Gesetz geworden. Die Folge sind kaum vertretbare Strafrahmendivergenzen des § 315 zu den §§ 315a ff, die sich in Bezug auf den Schutz von höchstpersönlichen Rechtsgütern von § 315 nicht unterscheiden. Das 2. StraßenVSichG hatte die bis dahin in den Strafdrohungen zum Ausdruck kommende unterschiedliche Bewertung der Verkehrsarten als „nicht mehr zeitgemäß“ erachtet und deswegen die Strafrahmen einander angenähert (BTDrucks. IV/651 S. 24 f). Diese auf gute Gründe gestützte Entscheidung ist durch das 6. StrRG mit einem Federstrich revidiert worden.

---

[10] Skeptisch insoweit *v. Hippel* ZStW **80** (1967) 378, 379 ff.

2. Gleichfalls nicht gefolgt ist die BReg. den Vorschlägen des Bundesrats, die in **Absatz 3 enthaltenen Qualifikationstatbestände** in einen durch Regelbeispiele konkretisierten Strafzumessungsgrund umzugestalten und hiermit zugleich vom Verbrechen zum Vergehen herabzustufen (§ 12 Abs. 3), die Höchststrafdrohung des § 315 Abs. 4 abzusenken sowie in Anlehnung an andere Vorschriften einen Qualifikationstatbestand für die mindestens leichtfertige Verursachung des Todes einzuführen (BTDrucks. 13/8587 S. 72, 89; s. auch Rdn. 122). Der Gesetzgeber hat sich auch insoweit dem Standpunkt der BReg. angeschlossen. Er ist dem Bundesrat aber dadurch ein wenig entgegengekommen, dass er den bisherigen Qualifikationstatbeständen nach Absatz 3 in der neuen Nummer 2 eine auf die Herbeiführung von Gesundheitsschädigungen abhebende Erfolgsqualifikation zur Seite gestellt hat (BTDrucks. 13/9064 S. 22 f). Die bisherigen Nummern 1 und 2 des Absatzes 3 sind unverändert in Absatz 3 Nr. 1a und b eingestellt worden.

3. Der neu eingefügte **Absatz 4** enthält abgestufte Strafrahmen für den **minder schweren Fall.** Die Absätze 4 und 5 alt sind unverändert in *Absatz 5 und 6* übernommen worden. Die früher in Absatz 6 enthaltenen **Bestimmungen zur Tätigen Reue** wurden in die „Sammelnorm" des § 320 (Abs. 2 Nr. 1, Abs. 3 Nr. 1a, Abs. 4) eingestellt. Ob mit einer solchen Bündelung mehr Übersicht und damit ein Zugewinn für die Rechtsanwendung verbunden ist, erscheint dabei fraglich. Der Regierungsentwurf hatte demgegenüber sogar vorgeschlagen, eine für die gemeingefährlichen Straftaten insgesamt geltende Pauschalnorm über die Tätige Reue zu schaffen (BTDrucks. 13/8587 S. 52). Hieran hat der Bundesrat zu Recht Kritik geübt (BTDrucks. 13/8587 S. 75). Unter dem Eindruck der Bedenken ist immerhin eine Aufspaltung in drei Vorschriften (§§ 306e, 314a, 320) vorgenommen worden (BTDrucks. 13/8587 S. 89; BTDrucks. 13/9064 S. 22).

Übersicht

Alphabetische Übersicht

I. Bedeutung der Vorschrift

§ 315 spielt in der Praxis der Strafverfolgung quantitativ betrachtet eine vergleichsweise geringe Rolle. Die Strafverfolgungsstatistik weist in den letzten Jahrzehnten zwischen rund 300 und 500 Aburteilungen und zwischen rund 200 und 400 Verurteilungen auf.[11] In der Vergangenheit hat die Vorschrift auch im Zusammenhang mit militanten Protesten gegen die Errichtung von Großprojekten und den Transport von „Atommüll" eine Rolle gespielt. Die kriminalpolitische Legitimation des § 315 ist weithin unbestritten. 1

II. Deliktsaufbau und -charakter

Die in § 315 Abs. 1 enthaltenen Tatbestände **sind nach h.M. dreistufig aufgebaut.**[12] 2
Durch die *gefährlichen Handlungen* (Eingriffe) muss eine *Beeinträchtigung der Verkehrssicherheit* bewirkt werden, in deren Folge eine *konkrete Gefahr* für Leib oder Leben bzw. bedeutende (fremde) Sachwerte eintritt. Teils wird auch von einem zweistufigen Aufbau ausgegangen (verkehrsgefährlicher Eingriff – konkrete Gefahr).[13] Der Meinungsstreit wirkt sich im Ergebnis kaum aus (Rdn. 47 ff). *Gewiss* ist „die Beeinträchtigung ..." aber keine „Tathandlung".[14] § 315 stellt ein konkretes Gefährdungs- und zugleich Erfolgsdelikt dar. Die Vorschrift trägt allerdings auch deutliche Züge des abstrakten Gefährdungsdelikts. Strafgrund ist nämlich die Vornahme einer abstrakt riskanten Handlung,

[11] 2006: 404 Aburteilungen, 298 Verurteilungen (Quelle: Statistisches Bundesamt, Fachserie 10/Reihe 3, Strafverfolgung, Tab. 2.1).

[12] Deutlich BGHSt **48** 119 (zu § 315b); BGH NZV **2006** 483; Sch/Sch/*Cramer/Sternberg-Lieben* Rdn. 7; *Herzog* NK Rdn. 1; m.w.N.; s. § 315b Rdn. 2.

[13] *Horn/Wolters* SK Rdn. 2; *Barnickel* MK Rdn. 10 m.w.N. [aus BGHSt **6** 1 lässt sich dies freilich nicht ableiten]; in diese Richtung auch *Fischer* § 315b Rdn. 5 (abw. aber § 315 Rdn. 3).

[14] **AM** *Barnickel* MK Rdn. 10.

deren besondere Gefährlichkeit für die Verkehrssicherheit sich im Bewirken eines konkreten Gefahrerfolgs ausprägt (näher Rdn. 4 f).[15] Bezüglich des Beschädigens und des Zerstörens von Gegenständen (Absatz 1 Nr. 1) vereinigt die Norm auch Elemente des Verletzungsdelikts in sich (weitergehend *Geppert* Jura **1996** 639, 641). § 315 normiert ferner durchgehend Allgemeindelikte (Rdn. 132) und keine Dauerstraftaten (Rdn. 108).

III. Schutzgut

3 Welches Rechtsgut § 315 zu schützen bestimmt ist, wird ebenso wie bei den §§ 315a bis 315c (316) nicht einheitlich beurteilt. Der Meinungsstreit rührt im Wesentlichen daher, dass seit dem Verzicht auf den Begriff der Gemeingefahr des alten Rechts (Entstehungsgeschichte IV 2) die Individualrechtsgüter Leib und Leben sowie fremdes Eigentum ausdrücklich als Bezugsobjekte für die Gefährdung genannt sind. Er wirkt sich vor allem auf die Frage aus, ob der Inkaufnahme des Risikos durch den Gefährdeten strafausschließende Wirkung zuzubilligen ist (Rdn. 69). Sieht man den Schutzzweck mit der überkommenen Auffassung im Allgemeininteresse an der Sicherheit des Verkehrs, so scheidet Straflosigkeit nach hergebrachten Kriterien mangels Verfügbarkeit des Rechtsguts für den Einzelnen aus. Die Problematik kristallisiert sich in der Praxis besonders im Rahmen des § 315c heraus, und zwar in der Konstellation, dass der Mitfahrer die mit der Alkoholisierung des Fahrzeugführers verbundenen Gefahren bewusst in Kauf nimmt (§ 315c Rdn. 160 f) sowie im Rahmen des § 315b bei „gestellten" Verkehrsunfällen, mit denen Versicherungsbetrügereien vorbereitet werden (§ 315b Rdn. 71 ff). Sie kann aber auch für die §§ 315, 315a Bedeutung erlangen. Eine zentrale Rolle spielt das Verständnis vom Schutzgut der §§ 315 ff außerdem in der Konkurrenzlehre (§ 315b Rdn. 93 ff; § 315c Rdn. 207 ff).

4 **1. Allgemeininteresse an der Sicherheit des Verkehrs.** Als Schutzgut der §§ 315, 315a (316)[16] ist das Universalrechtsgut der Sicherheit des öffentlichen und privaten (Rdn. 7) Bahn-, Schiffs- und Luftverkehrs anzusehen; Schutzgut der §§ 315b, 315c (316) ist die Sicherheit des öffentlichen Straßenverkehrs. Die §§ 315 bis 315c (316) enthalten entsprechend einer vielzitierten Formulierung *Lackners* „durch und durch Tatbestände zum Schutze der Allgemeinheit" (Das konkrete Gefährdungsdelikt S. 13). Diese Auffassung liegt trotz mancher problematischer Entscheidung[17] der gefestigten Rechtsprechung[18] zugrunde und entspricht auch einem Teil der Lehre.[19] Für sie streiten der Gesetzeswortlaut, der ausdrücklich auf die Beeinträchtigung der Sicherheit der genannten Verkehrsar-

---

15 Eingehend und m.w.N. *Puhm* Strafbarkeit gemäß § 315c StGB S. 142 ff; *Geppert* Jura **1996** 639, 641; s. auch *Ostendorf* JuS **1982** 426, 427.

16 § 316 gilt für sämtliche Verkehrsarten.

17 Insbesondere BGH NJW **1991** 1120 (hierzu § 315b Rdn. 72 ff) und BGH NJW **1995** 1766, 1767 (hierzu § 315b Rdn. 86).

18 BGHSt **23** 261, 263 f; **27** 40, 42 [jeweils zu § 315c]; BGH VRS **61** 122, 123 [zu § 315b]; NJW **1989** 1227, 1228 [zu § 315c]; NJW **1989** 2550 [zu § 315b]; BGH NStZ **2004** 625 [zu § 315b]; BayObLG NJW **1983** 2827, 2828 [zu § 315]; NJW **1984** 68 [zu § 315c]; OLG Karlsruhe NJW **1967** 2321, 2322 f [zu § 315c]; s. auch BGHSt **6** 232, 234 [zu § 315a a.F.].

19 *Jagow/Burmann/Heß* § 315c Rdn. 1 (s. aber § 315b Rdn. 1); *Arzt/Weber* BT § 35 Rdn. 90; *Janiszewski* Verkehrsstrafrecht Rdn. 262, 297; *Otto* GK BT § 80 Rdn. 1; *Geerds* BA 3 (1965) 124, 133 f; *Lackner* Das konkrete Gefährdungsdelikt, 12 f; *Herzog* NK Rdn. 2 (auch das Transportwesen); wohl auch *Engelhardt* DRiZ **1982** 106, 107.

ten abstellt,[20] die systematische Stellung im 28. Abschnitt des StGB („Gemeingefährliche Straftaten") und der eindeutige Wille des historischen Gesetzgebers.[21] Strafgrund ist es danach, dass der Täter eine abstrakte „Gefahr für eine unbestimmte Vielzahl von Menschen oder Sachen" schafft, deren Auswirkungen er „regelmäßig nicht in der Hand hat" (BTDrucks. IV/651 S. 23). Für den Bahn-, Schiffs- und Luftverkehr, bei dem regelmäßig zahlreiche Menschen sowie außergewöhnlich hohe Sachwerte tangiert sind und damit einhergehend große Risiken bestehen, gilt dieser Aspekt in besonderem Maße. Trotz aller damit verbundener Verwerfungen hat die Streichung des Merkmals der Gemeingefahr durch das 2. StraßenVSichG (Entstehungsgeschichte IV 2) am Normzweck nichts geändert; damit sollten lediglich Auslegungsprobleme behoben werden (BGHSt **23** 261, 263 f). Die **abweichende Meinung,** wonach die §§ 315 ff nur oder in erster Linie dem Schutz von Individualrechtsgütern dienen,[22] vermag auch vom Ergebnis her gesehen nicht zu überzeugen. Sie führt sich im Hinblick darauf, dass die Gefährdung von Sachwerten ausreicht, selbst ad absurdum (*Geerds* BA 3 (1965) 124, 133). Konsequent zu Ende gedacht würden die §§ 315 ff nämlich im Fahrlässigkeitsbereich zu Delikten gegen die *fahrlässige Sachgefährdung* denaturieren (vgl. *Geppert* NStZ **1989** 320, 321). Nur aufgrund des Gedankens der Gefährdung von Allgemeininteressen können ferner die scharfen Sanktionen gerechtfertigt werden, die das Gesetz bereits an die Herbeiführung der Gefahr knüpft. Die Strafdrohungen für *die bloße Gefährdung* der Individualrechtsgüter Leben und körperliche Unversehrtheit sowie Eigentum an bedeutenden Sachwerten überragen nämlich die *für deren Verletzung* (§§ 223, 303 StGB) teilweise beträchtlich. Das Strafrahmengefälle wäre nicht erklärlich, wenn § 315 (und die §§ 315a bis 315c) ausschließlich oder auch nur vorrangig auf den Schutz dieser Individualrechtsgüter abzielen würde.[23]

2. **Individualrechtsgüter.** Faktisch mitgeschützt werden auch die in der Norm aufgeführten Individualrechtsgüter. Jedoch ist der wohl schon überwiegenden Auffassung im Schrifttum nicht zu folgen, die den Individualrechtsschutz als dem Schutz von Allgemeininteressen als mehr oder weniger gleichgewichtig ansieht, im Ergebnis also zu einem „janusköpfigen" Schutzgut gelangt.[24] Sie lässt sich namentlich nicht überzeugend durch einen Vergleich mit § 316 stützen, der anders als § 315 (und §§ 315a bis 315c) nicht auf die Beeinträchtigung von Rechtsgütern des Einzelnen abstellt. Die §§ 315 bis 315c 5

[20] *Arzt/Weber* BT § 35 Rdn. 90. Zu § 315c s. dort Rdn. 2.

[21] BTDrucks. IV/651 S. 22: „Die Vorschrift, die dem Schutz der Sicherheit des Bahn-, Schiffs- und Luftverkehrs gegen gefährliche Eingriffe dient, ...".

[22] OLG Hamburg NJW **1969** 336, 337 [zu § 315c]; OLG Schleswig SchlHA **1968** 229 (Nr. 140); *Barnickel* MK Rdn. 6, *Horn/Wolters* SK Rdn. 2; *Maurach/Schroeder/Maiwald* BT/2 § 50 Rdn. 3; *Ostendorf* JuS **1982** 426, 431 und dort (ohne Begründung) Fn. 98; *Schroeder* JuS **1994** 846, 847 f.

[23] *Dreher* Niederschriften VIII S. 420. Zu § 315c eingehend und m.w.N.: *Puhm* Strafbarkeit gemäß § 315c StGB S. 130 ff. Dort auch zum Strafantragserfordernis und zum Charakter der §§ 223 und 303 als Privatklagedelikte.

[24] *Sch/Schröder/Cramer/Sternberg-Lieben* Rdn. 1; *Lackner/Kühl* Rdn. 1; *Fischer* Rdn. 2; *Herzog* NK Rdn. 3; *Roxin* AT/I § 13 Rdn. 35; *Rengier* BT/2 § 44 Rdn. 9; *Wessels/Hettinger* BT/1 Rdn. 978; *Zipf* Einwilligung und Risikoübernahme im Strafrecht (1970) S. 18 f; *Bickelhaupt* NJW **1967** 713, 714; *Geppert* ZStW **83** (1971) 947, 985; *ders.* Jura **1996** 47, 49; *ders.* Jura **1996** 639, 646; mehr in Richtung auf Universalschutz *ders.* NStZ **1989** 320, 321; *Graul* JuS **1992** 321, 325; *Hoffmann* NJW **1957** 211, 212 [zu § 315a a.F.]; *Langrock* MDR **1970** 982, 983 f; *Oellers* NJW **1970** 2121; *Tepperwien* FS Nehm S. 427.

verkoppeln nicht das Universalrechtsgut mit Individualbelangen als selbstständig zu schützenden Rechtsgütern. In der Herbeiführung einer konkreten Gefahr für fremde Individualrechtsgüter prägt sich vielmehr die besondere Gefährlichkeit der Tat für die Gemeinschaft aus. Dem Gefahrerfolg kommt eine Auslesefunktion, also indizielle Bedeutung zu.[25] Der mitverwirklichte Schutz des Einzelnen ist demgemäß nur eine Nebenwirkung von untergeordneter Bedeutung (*Lackner* Das konkrete Gefährdungsdelikt S. 13),[26] ein „Rechtsreflex" (*Puhm* Strafbarkeit gemäß § 315c StGB S. 139). Einzuräumen ist, dass die Beschränkung auf die Gefährdung *fremder* Rechtsgüter mit diesem Gedanken nicht recht verträglich erscheint. Denn die Gefährdung eigener Sachen kann in gleicher Weise indiziell für die Beeinträchtigung der allgemeinen Sicherheit sein wie die Gefährdung fremder Rechtsgüter (vgl. *Maurach/Schroeder/Maiwald* BT/2 § 50 Rdn. 3). Die insoweit getroffene Entscheidung des Gesetzgebers dürfte der Überzeugung entspringen, dass sich die abstrakte Gefährdung der allgemeinen Verkehrssicherheit über die eigene Rechtssphäre des Täters hinaus „nach außen hin" verdichtet haben muss, um der (höheren) Strafe würdig und bedürftig zu sein. Die konkrete Gefährdung ausschließlich der eigenen Belange durch abstrakt gefährliche Eingriffe (und die daraus resultierenden Wertungswidersprüche) nimmt die Strafrechtsordnung im Rahmen der §§ 315 bis 315c und vergleichbarer Delikte letztlich hin.

IV. Die geschützten Verkehrsarten

6 **1. Gegenständlicher Anwendungsbereich.** Geschützt ist die Sicherheit der in § 315 genannten Verkehrsarten *in ihrer Gesamtheit.* Umfasst sind nicht nur die einzelnen Fahrzeuge oder Flugzeuge, sondern alle der Beförderung von Menschen oder von Gütern dienenden Einrichtungen sowie die beförderten Fahrgäste und das Betriebspersonal (RGSt **74** 273, 274 m.w.N.). Unerheblich ist, ob die Bahn, das Schiff oder das Flugzeug im öffentlichen oder privaten Eigentum steht. Eine Widmung an die Öffentlichkeit ist gleichfalls nicht erforderlich.

7 **2. Auch private Verkehrsvorgänge.** Anders als bei den §§ 315b, 315c ist der Schutzbereich der §§ 315, 315a nicht auf den öffentlichen Verkehr beschränkt, sondern bezieht private Verkehrsvorgänge ein.[27] Es sind also auch Schienen- und Schwebebahnen auf privaten Grundstücken wie etwa Werksgeländen (OLG Köln VRS **15** 49, 50 f) inbegriffen, die nur von einem bestimmten Personenkreis benutzt werden. Entsprechendes muss für Schiffe auf Privatgewässern gelten. Für Luftfahrzeuge stellt sich die Problematik nicht, weil die Fortbewegung stets im öffentlichen Verkehrsraum erfolgt.

8 **3. Ausrichtung: Verkehr.** Einbezogen sind nur Verkehrsvorgänge. Ein Verkehrsvorgang ist gegeben, wenn Menschen oder Güter transportiert werden. Der Ausgangspunkt des Transports muss vom Bestimmungsort nicht verschieden sein, weswegen § 315 auf Schiffsrundfahrten und Rundflüge anwendbar ist. Auch eine Eisenbahn, die die Besucher

---

[25] *Geerds* BA 3 (1965) 124, 133 f; *Lackner* Das konkrete Gefährdungsdelikt S. 13; *Puhm* Strafbarkeit gemäß § 315c StGB S. 138 f; in diese Richtung auch *Baldus* Niederschriften VIII S. 428.

[26] Im Anschluss daran: BGHSt **23** 261, 264; **27** 40, 42 [jeweils zu § 315c].

[27] Vgl. RGSt. **9** 233, 235; deutlich **13** 380, 382; *Lackner/Kühl* Rdn. 1; aM nunmehr wohl *Fischer* Rdn. 2; s. aber dort Rdn. 4 („auch Werksbahnen").

über verschiedene Haltestellen durch das Gelände eines größeren Vergnügungsparks befördert, unterfällt dem erhöhten Strafschutz des § 315 (vgl. *Rüth* LK[10] Rdn. 2). Vereinzelt wird der Terminus „Verkehr" „physikalisch" als die „Bewegung einer Masse mithilfe eines Beförderungsmittels in einem dafür geeigneten Raum" definiert.[28] Fraglich ist, worin der substanzielle Unterschied zur hier vertretenen Auffassung liegt. Denn der Transport von Menschen oder Gütern („Massen") geschieht notwendig durch Bewegung. Ferner ist es eine Selbstverständlichkeit, dass gerade die Bewegung (kinetische Energie) das besondere, nach Strafschutz drängende Gefahrenpotential ausmacht und wird nicht recht deutlich, was mit „dafür geeignetem Raum" gemeint sein könnte. In der Sache leuchtet nicht ein, warum bei Anlegung dieses Maßstabs z.B. das Behindern eines Spielflugzeugs[29] (Beförderungsmittel?) grundsätzlich den Strafschutz der §§ 315, 315a genießen soll (zu den Konsequenzen Rdn. 17).

Nicht dem Verkehr dienen demgegenüber die Fahrgeschäfte der Schausteller. Achterbahnen und ähnliche Fahrgeschäfte zielen nicht auf die Beförderung der in ihnen befindlichen Personen ab, weil der Bereich des konkreten Fahrgeschäfts nicht verlassen wird.[30] Aus dem gleichen Grund scheidet etwa der Miniaturzug für Kinder aus, der in einem Tierpark seine engen Kreise zieht. Nimmt man die Gefahren in den Blick, die mit Sabotageakten an Hochgeschwindigkeitsbahnen wie Achterbahnen o.Ä. verbunden sein können, so ist die unterschiedliche Behandlung vom Strafgrund her gesehen nicht so schlüssig, wie es auf den ersten Blick scheinen mag. Jedoch stehen der Einbeziehung solcher Bahnen der noch mögliche Wortsinn des Gesetzes und die Gefahr völliger Ausuferung des Tatbestandes entgegen (s. auch Rdn. 17). Der strafrechtliche Schutz muss über andere Vorschriften gewährleistet werden. Nicht dem Verkehr dient auch ein auf Gleisen stehendes oder an Seilen hängendes Ausstellungsfahrzeug. Das Gleiche gilt für Spielfahrzeuge oder Spielflugzeuge sowie für ferngelenkte Wasser- oder Luftfahrzeuge, mit denen weder Menschen noch Güter befördert werden (s. auch Rdn. 17). Am Element des Verkehrs fehlt es des Weiteren für den auf einem Gleisstück zu bewegenden Kran, wie er vielfach bei Bauten, auf Laderampen oder in Hafengebieten Verwendung findet. Zweck eines solchen Krans ist lediglich die Durchführung von Ladevorgängen. 9

4. Schienenbahn. Mit dem im Vergleich zu § 315b schärferen Strafrahmen trägt der Gesetzgeber in § 315 den besonderen Gefahren des Schienenbahnverkehrs Rechnung. So können mit einer Schienenbahn auf den in der Regel ausschließlich ihr zur Verfügung stehenden, hindernislosen Gleisen höhere Geschwindigkeiten gefahren werden; aufgrund dessen und wegen des hohen Eigengewichts der Bahn sowie der transportierten Gewichtsmassen ist ein rasches Anhalten zumeist unmöglich (BGH VRS **19** 12, 13 f; BayObLG VRS **17** 125, 127; OLG Köln VRS **13** 288, 289). Außerdem werden Kontrollvorkehrungen in erster Linie zur Vermeidung innerbetrieblicher Gefahren getroffen (*Sch/Schröder/Cramer/Sternberg-Lieben* Rdn. 2). Gerade bei der Eisenbahn sind typischerweise eine Vielzahl von Menschen sowie sehr hohe Sachwerte tangiert, weswegen die Folgen von Unfällen gewöhnlich schwerwiegend sind (Rdn. 4; vgl. auch BGH VRS **7** 120, 122). Nimmt man freilich das gesamte Spektrum der vom Bahnverkehr umfassten Arten der Fortbewegung in den Blick und zieht den Vergleich mit dem Straßenverkehr, so erscheinen die seit dem 6. StrRG bestehenden gravierenden Divergenzen nicht hinreichend legitimierbar (Entstehungsgeschichte VI 1). 10

---

[28] So *Barnickel* MK Rdn. 12.
[29] *Barnickel* MK Rdn. 14 mit Fn. 97.
[30] **AM** *Barnickel* MK Rdn. 15.

11 a) **Einzelne Bahnen.** Der Begriff der Schienenbahn umfasst nach einer Rechtsprechungsformel *jedes an Gleise gebundene Fahrzeug, das durch Motorkraft oder mechanisch auf Schienen bewegt wird* (OLG Köln VRS **15** 49, 50). Nicht (mehr) erforderlich ist ein besonderer Bahnkörper (Entstehungsgeschichte III). Schienenbahnen sind u.a. Eisenbahnen, Klein- und Werksbahnen, auch innerhalb eines Werksgeländes oder in einem Bergwerk, Hoch- und Untergrundbahnen, Schienenbusse und Zahnradbahnen. Auch *die Magnetschwebebahn*, die durch ein elektrisches Regelsystem in einem Luftspalt über den Reaktionsschienen gehalten wird, also im echten Sinn des Wortes schwebt, dürfte (was i. Erg. irrelevant ist) nicht als Schwebe-, sondern in Übereinstimmung mit der Einstufung des Eisenbahnrechts (vgl. § 1 Abs. 3 AEG) als Schienenbahn einzustufen sein.[31] Schienenbahn ist ferner die Straßenbahn. Sie ist zugleich der Hauptanwendungsfall der in § 315d getroffenen gesetzgeberischen Entscheidung, wonach die §§ 315b, 315c gelten, sofern die Schienenbahn am Straßenverkehr teilnimmt (näher dort). Als Schienenbahnen anzusehen sind des Weiteren die schienengebundenen Drahtseil- und Zahnradbahnen (*Fischer* Rdn. 4). Schienengebundene Drahtseilbahn und damit Schienenbahn ist der auf Gleisen laufende, in Gebirgsgegenden verwandte Schräglift, der an Seilen mittels Motor hochgezogen wird. Hingegen kann der Lift in einem Haus nicht als Schienenbahn angesehen werden, weil dessen Schienen nur Pendelbewegungen ausschließen sollen, er sich also nicht „auf" ihnen bewegt, nicht „auf Gleisen läuft" (s. auch Rdn. 14). Rolltreppen können begrifflich nicht als „Bahn" bezeichnet werden.

12 b) **Antriebskräfte.** Nach h.M erforderlich ist es, dass die Bahn durch motorische oder mechanische Kräfte fortbewegt wird. Die Art der motorischen Antriebskraft ist nicht entscheidend (Vergaser- oder Dieselmotor, Dampfmaschine [RGSt **16** 431, 432], elektrische Energie). Durch mechanische Kräfte wird z.B. eine aus zwei Waggons bestehende Bergbahn bewegt, bei der die Wassertanks des an der Bergstation befindlichen Wagens mit Wasser gefüllt werden, so dass dieses Fahrzeug schwerer wird als das im Tal befindliche und durch die Seilverbindung beider Wagen der oben befindliche, nunmehr schwerere Wagen den im Tal stehenden nach oben zieht. Für den Begriff der Schienenbahn ist es naturgemäß unerheblich, ob die motorischen oder mechanischen Kräfte im Zeitpunkt des Eingriffs wirken. Eine Schienenbahn verliert die Eigenschaft als Schienenbahn nicht dadurch, dass der Fahrzeugführer sie über eine Gefällstrecke abrollen lässt oder dass sie geschleppt oder gezogen wird. Nach der herrschenden Begriffsdefinition fallen aus dem Schutzbereich der §§ 315, 315a lediglich solche auf Schienen bewegte Beförderungsmittel heraus, die *generell* nicht durch motorische oder mechanische Kraft bewegt werden, wie es etwa bei den Pferdebahnen der Fall war.[32] Gleichfalls ist eine von Menschen geschobene Lore nicht als Schienenbahn anzusehen. Für den Standpunkt der h.M. lässt sich anführen, dass es in solchen Konstellationen an den den Bahnverkehr prägenden Gegebenheiten und den damit verbundenen typischen Gefahren fehlt. Jedoch ist zweifelhaft, ob dem Begriffselement der bestimmungsmäßigen Verwendung der Antriebskräfte heute noch selbstständige Bedeutung zukommt (näher § 315c Rdn. 10). Der Streitfrage dürfte nur geringe praktische Relevanz zukommen.

13 5. **Schwebebahnen** sind Beförderungseinrichtungen, bei denen die Beförderungsmittel während der Fahrt die Erde nicht berühren. Deren Einbeziehung in § 315 ist mit Rück-

---

[31] *Barnickel* MK Rdn. 22, **aM** *Fischer* Rdn. 5; *Herzog* NK Rdn. 6; *König* LK[11] Rdn. 14.

[32] RGSt **12** 205, 209 ff; **16** 431; **aM** *Barnickel* MK Rdn. 14.

sicht auf die mit Schienenbahnen vergleichbare Gefahrenlage im Grundsatz nicht zu beanstanden. Jedoch gelten die Bedenken hinsichtlich des Strafrahmens auch hier (Rdn. 9).

Einzelne Schwebebahnen. Zu den Schwebebahnen gehören die an Drahtseilen oder ähnlichen Vorrichtungen hängenden Kabinen-(Gondel-) Bahnen sowie die Sessellifte (*Fischer* Rdn. 5; *Kürschner* NJW **1982** 1966, 1967) und auch die Wuppertaler Schwebebahn (zu ihr BGH NJW **2002** 224). Gleichgültig ist, ob beim konkreten Vorgang Menschen oder Güter befördert werden, sofern die Schwebebahn für einen solchen Transport grundsätzlich geeignet und bestimmt ist. *Nicht als Schwebebahnen* kann man hingegen solche Einrichtungen ansehen, bei denen zwar das Beförderungsmittel, nicht aber die beförderten Menschen oder Güter über dem Boden schwebend befördert werden. Aus diesem Grund sind Skischlepplifte keine Schwebebahnen.[33] Desgleichen kann der Betrieb von Personen- oder Warenliften(-aufzügen) in Häusern nicht als „Bahnverkehr" angesehen werden. Ob man dies daraus ableiten kann, dass sie keine Ortsveränderungen in horizontaler Richtung zulassen (so *Horn/Wolters* SK Rdn. 4), ist indessen zweifelhaft. Der Terminus der Schwebebahn gibt eine derartige Einengung nicht her. Sie müsste zu einer kriminalpolitisch nicht wünschenswerten Ausgrenzung einer Reihe von Bergbahnen im Hochgebirge führen. Der Betrieb von Liften fällt vielmehr deshalb aus dem Anwendungsbereich des § 315 heraus, weil er begrifflich nicht dem „Bahnverkehr" zugerechnet kann.[34] Entsprechendes gilt für Kräne, an denen Güter hochgezogen werden. Zur *Magnetschwebebahn* Rdn. 11. 14

6. **Schiffsverkehr.** Der Schiffsverkehr umfasst die Seeschifffahrt ebenso wie die Binnensee- und Flussschifffahrt (allg. M.). „Schiff" ist jedes Wasserfahrzeug ohne Rücksicht auf seine Größe, sofern es in Beziehung zu einem bestimmten Beförderungsvorgang steht (OLG Schleswig SchlHA **1962** 275). In den Tatbestand einbezogen sind Kleinfahrzeuge wie Boote einschließlich Schlauch-, Tret- oder Paddelbooten, Kähne und Flöße, auch im Rahmen des Sportbootverkehrs, sowie Segel- oder Kitesurfbretter.[35] Eine Mindermeinung will den Sportbootverkehr bzw. generell „Fahrzeuge von unbedeutendem Wert" im Wege der teleologischen Reduktion aus § 315 ausgliedern (*H. W. Schmidt* MDR **1960** 90 f; ders. NJW **1963** 1861, 1862 f). Sie hat sich zu Recht nicht durchgesetzt. Der Begriff der „Schiffsverkehr" umfasst unzweifelhaft auch den Verkehr mit den genannten Fahrzeugen. Weder er noch der Tatbestand im Übrigen bietet ein Einfallstor für eine Restrik- 15

---

[33] *Fischer* Rdn. 5; *Sch/Schröder/Cramer/Sternberg-Lieben* Rdn. 4; *Kürschner* NJW **1982** 1966, 1967; s. auch BGH VRS **19** 12, 14 [zu § 1 RHG].

[34] **AM** *Barnickel* MK Rdn. 23, u.a. unter Hinweis darauf, dass § 1 Abs. 2 Nr. 1, 7 der 12. GPSGV und § 1 Abs. 4 Nr. 4, 9 AufzV bestimmte Bahnen (z.B. Seil- und Zahnradbahnen) aus ihrem Anwendungsbereich ausdrücklich ausschließen. Das bedeutet jedoch nicht, dass jeder Aufzug „Bahn" ist, sondern dass z.B. Seil- und Zahnradbahnen unter den weiten Begriff des Aufzugs subsumiert werden könnten. Dass „Aufzug" i.S. von § 2 der 12. GPSGV oder § 2 Abs. 1 AufzV und „Bahn" i. S. von § 315 einander ausschließen, ist damit nicht gesagt. Doch sehr merkwürdige Konsequenz dieser Auffassung wäre es i.Ü., dass z.B. der Warenaufzug, mit dem Speisen aus der Küche in den Gastraum eines Restaurants transportiert werden, grundsätzlich den Strafschutz des § 315 genösse.

[35] OLG Schleswig SchlHA **1962** 275; *Jaekel* NJW **1964** 285; *Geppert* BA **24** (1987) 262, 264. **AM** für Flöße unter Hinweis auf Regelungen in den Binnenschifffahrtsordnungen *Kortendick* Zeitschrift für Binnenschiffahrt **1966** 162, 163.

tion.[36] Auch beim Wassersport, bei dem teils große Schiffe Verwendung finden, und bei Fahrten mit „Fahrzeugen von unbedeutendem Wert" können bedeutende Gefahren für Verkehrssicherheit entstehen. Davon bleibt unberührt, dass man hinsichtlich der sehr harten Strafdrohungen Unbehagen hegen kann. Das ist aber bei der Schifffahrt nicht anders als bei den anderen in § 315 aufgeführten Verkehrsarten (Rdn. 9, 73). *Nicht einbezogen sind* Wasser- und Schwimmmatratzen oder ein als Kinderspielzeug anzusehendes aufblasbares Schwimmfloß. Mit ferngelenkten oder gezogenen Schiffen, die der Bundesmarine als Zielscheibe dienen, wird keine Beförderung vorgenommen wird, weswegen es am Element des Verkehrs fehlt (Rdn. 8).

16 7. **Luftverkehr.** Die Begriffsbestimmungen des § 1 Abs. 2 Satz 1 LuftVG können grundsätzlich auch für § 315 herangezogen werden. Nach dieser Vorschrift rechnen zur Luftfahrt Flugzeuge, Drehflügler, Luftschiffe, Segelflugzeuge, Motorsegler, Frei- und Fesselballons, Drachen, Fallschirme, Flugmodelle und sonstige für die Benutzung des Luftraums bestimmte Geräte. Raumfahrzeuge, Raketen und ähnliche Flugkörper gelten als Luftfahrzeuge, solange sie sich im Luftraum befinden (§ 1 Abs. 2 Satz 2 LuftVG). Allerdings müssen die Fluggeräte und Flugkörper dem Verkehr dienen, also für die Beförderung von Menschen oder Gütern bestimmt sein (Rdn. 8 und 17). Dass das Luftfahrzeug durch einen an Bord befindlichen Piloten gesteuert wird, ist nicht notwendig. Luftverkehr, insbesondere solcher mit Gütern, ist auch mit ferngelenkten Flugkörpern möglich. Desgleichen unterfallen Raketen, die der Beförderung von Menschen dienen, dem Anwendungsbereich der Norm. Entsprechendes gilt für Raketen, mit denen Forschungsmittel oder der Funkübertragung dienende Mittel (Satelliten) in die Atmosphäre geschossen werden sowie die Raketenbasen mit all ihren Anlagen. Der Verkehr im *Weltraum* ist allerdings, wie sich auch aus § 1 Abs. 2 Satz 2 LuftVG ergibt, kein *Luft*verkehr.[37] Fallschirmspringer zählen zum Luftverkehr; gleichgültig ist, ob sie freiwillig oder wegen eines bevorstehenden Absturzes des Luftfahrzeugs abgesprungen sind. Entsprechendes gilt für die an Fallschirmen zur Erde zurückkehrende Raumkapsel. Wer sich mit einem Flugdrachen von einer Bergkuppe in die Tiefe stürzt, bewegt sich gleichfalls im Luftverkehr. Dem Luftverkehr dürfte schließlich auch das sog. Paragliding zuzurechnen sein, bei dem die Auftriebskraft dadurch genutzt wird, dass ein an einem Fallschirm hängender Mensch von einem mit dem Fallschirm durch ein Seil verbundenes Motorboot gezogen wird.

16a Der Schutzbereich des § 315 ist nicht nur dann eröffnet, wenn sich das vom Eingriff betroffene Flugzeug in der Luft befindet oder zumindest gerade startet oder (noch) landet.[38] Er umfasst vielmehr auch **den gesamten Bewegungsverkehr von Flugzeugen auf einem Flugplatz**. Denn die den Luftverkehr prägenden spezifischen Gefahren (große Masse, schwere Manövrierfähigkeit, hohe Explosionsgefahr usw.) bestehen auch hier. Überdies ist der Verkehr auf einem Flugplatz durch das Ineinandergreifen mannigfaltiger Betriebsvorgänge geprägt, weswegen etwa die Schädigung eines auf das Vorfeld rollenden Flugzeugs eine Vielzaj220

hl sicherheitsrelevanter Beeinträchtigungen des Flugverkehrs nach sich ziehen kann.[39]

[36] *Sch/Schröder/Cramer/Sternberg-Lieben* Rdn. 5; *Jaekel* NJW **1964** 285.

[37] Zur Abgrenzung *Schwenk* Handbuch des Luftverkehrsrechts 2. Aufl. (1996) S. 49, 195. Vgl. auch *Herzog* NK Rdn. 8.

[38] **AM** *Barnickel* MK Rdn. 25 unter Bezugnahme auf das der Bekämpfung der Luftpiraterie und damit ganz anderen Zwecken dienende Übereinkommen von Tokio (hierzu *König* LK § 316c Entstehungsgeschichte).

[39] S. auch die Bsp. bei *Schmid* NZV **1988** 125, 126.

Es erscheint daher auch vom Ergebnis her gesehen wenig überzeugend, verkehrsrechtlichen Strafschutz mit einer Mindermeinung erst mit dem Beginn des Startvorgangs zu gewähren.[40] Damit ist nicht gesagt, dass z.B. die Beschädigung eines Flugzeugs auf einem Flugplatz stets eine Straftat nach § 315 darstellt. Erschöpft sich der Eingriff darin, kann vielmehr die abstrakte Verkehrsgefahr zu verneinen sein (hierzu Rdn. 48).

Mangels Beförderung von Menschen oder Gütern (Rdn. 8) scheiden ferngesteuerte, nur der Spielerei dienende Flugzeugmodelle ebenso aus (OLG Düsseldorf VersR **1973** 826) wie Spielzeugdrachen. Mit dem Boden festverankerte Ballons zur Verhinderung des Einfliegens feindlicher Flugzeuge oder zur Erforschung oder Messung eines Geländes oder der Windrichtung und -stärke unterfallen § 315 gleichfalls nicht. Allerdings können *durch* Ballons sicherheitsbeeinträchtigende konkrete Gefährdungen des Luftverkehrs herbeigeführt werden, ein Phänomen, das in der Vergangenheit vor allem bei militanten Protesten gegen Großprojekte erlebt werden musste, als man Ballons aufsteigen ließ, um das Heranfliegen und Landen von Hubschraubern zu verhindern (zu ihrem Charakter als Hindernis Rdn. 35a). **17**

V. Tathandlungen

§ 315 Abs. 1 pönalisiert den gefährlichen Eingriff in die Sicherheit der geschützten Verkehrsarten. In Nummer 1 bis 3 benennt das Gesetz typische Angriffsformen (*Fischer* Rdn. 8: „Leitbeispiele"). Absatz 1 Nr. 4 stellt ihnen den ähnlichen, ebenso gefährlichen Eingriff an die Seite und macht diesen dadurch zum Oberbegriff. In der Prüfungsreihenfolge sind die Nummern 1 bis 3 vorgreiflich. Man benötigt sie zudem, um die Gleichwertigkeit des sonstigen Eingriffs feststellen zu können. **18**

1. Verkehrsinternes Verhalten (Verhältnis zu § 315a). Nach höchstrichterlicher Rechtsprechung umfasst § 315 auch verkehrsinternes Fehlverhalten, ist also – anders als § 315b (s. dort Rdn. 11 ff) – nicht auf Eingriffe von außen und auf die pervertierte Verkehrsteilnahme beschränkt.[41] Für § 315a Abs. 1 Nr. 2 ist danach erst Raum, wenn § 315 als das für jedermann geltende schwerere Gesetz nicht eingreift (BTDrucks. IV/651 S. 26; BGHSt **24** 231, 234). Die Lehre stimmt dem ganz überwiegend zu.[42] **19**

a) Nur verkehrsfremde Eingriffe? Demgegenüber will eine Mindermeinung das Verhältnis der §§ 315, 315a Abs. 1 Nr. 2 zueinander – bei Divergenzen im Detail – in Anlehnung an die Lage bei den §§ 315b, 315c bestimmen. Teils wird dies generell befürwortet,[43] teils unter Ausklammerung der jeweils anderen Verkehrsarten nur für den **20**

[40] So *Barnickel* MK Rdn. 25, der – gänzlich fernliegend – § 315b anwenden will. Jedoch ist ein Flugzeug genauso wenig ein Kraftfahrzeug (§ 1 Abs. 2 StVG: „Landfahrzeug") wie ein Flugplatz dem öffentlichen Straßenverkehr dient; hierzu auch *König* § 315b Rdn. 2.

[41] BGHSt **21** 173 f; **24** 231, 232 ff; OLG Hamm VRS **61** 268, 269; OLG Karlsruhe NZV **1993** 159 f; vgl. aber auch – durchaus offen – das obiter dictum in BGH GA **1971** 246 f.

[42] *Lackner/Kühl* Rdn. 5; *Sch/Schröder/Cramer/Sternberg-Lieben* Rdn. 11; *Fischer* Rdn. 8; *Horn/Wolters* SK Rdn. 6; *Herzog* NK Rdn. 15; *Geerds* BA 3 (1965) 124, 137 f.

[43] *Barnickel* MK Rdn. 27 ff; *Maurach/Schroeder/Maiwald* BT/2 § 53 Rdn. 10; im Ergebnis auch *Arzt/Weber* BT § 38 Rdn. 19, 28.

Schiffsverkehr[44] oder für den Luftverkehr.[45] Zur Begründung wird darauf verwiesen, dass sich kaum ein grob pflichtwidriger Verkehrsverstoß im Sinne des § 315a Abs. 1 Nr. 2 denken lasse, der nicht zugleich auch einen gefährlichen Eingriff nach § 315 Abs. 1 Nr. 1 bis 4 darstelle.[46] Dies führe zu Wertungswidersprüchen und nicht legitimierbaren Strafrahmendivergenzen vor allem im Fahrlässigkeitsbereich sowie letztlich zu einem Leerlaufen des § 315a Abs. 1 Nr. 2. Im Extremfall könne es dazu kommen, dass sich die Normadressaten des § 315a Abs. 1 Nr. 2 wegen eines fahrlässigen Eingriffs nach § 315 Abs. 1, 6 strafbar machten, obwohl der darin zugleich liegende Verkehrsverstoß mangels grober Pflichtwidrigkeit nicht nach § 315a Abs. 1 Nr. 2 strafbar wäre.[47] Einen anderen Weg geht *Fabricius* (GA **1994** 164, 178 ff). Er vertritt die Auffassung, Handlungen im Rahmen der Verkehrsteilnahme könnten begrifflich nicht als „Eingriff" verstanden werden; der Terminus setze voraus, dass von außen auf den Verkehrsablauf eingewirkt werde (aaO insbesondere S. 180);[48] auf „subjektive Gesinnungen und Absichten" komme es deshalb nicht an (aaO S. 183).

21 b) **Stellungnahme.** Trotz nicht bestreitbarer Verwerfungen im Verhältnis des § 315 zu § 315a Abs. 1 Nr. 2 (s. auch § 315a Rdn. 22 ff) ist der herrschenden Lehre zuzustimmen. Die gegenteiligen Standpunkte sprengen die Systematik des Gesetzes und führen ihrerseits zu schwer lösbaren Abgrenzungsproblemen und zu gravierenden Wertungswidersprüchen.

22 aa) **§ 315a als Auffangtatbestand.** § 315a Abs. 1 Nr. 2 ist nicht als Spezialtatbestand für Pflichtverstöße des Fahrzeugführers und anderer Sonderpflichtiger konzipiert, sondern als subsidiärer Auffangtatbestand. Die Schaffung des § 315a Abs. 1 Nr. 2 in Verbindung mit der Einengung des § 315 Abs. 1 Nr. 4 sollte es der Rechtsprechung ermöglichen, Konstellationen, für die die Strafdrohung des § 315 zu hart erscheint, für deren Pönalisierung aber ein kriminalpolitisches Bedürfnis besteht, aus § 315 auszugrenzen und der in § 315a Abs. 1 Nr. 2 enthaltenen milderen Strafdrohung zu unterwerfen (BTDrucks. IV/651 S. 22). Der Auffangcharakter des § 315a ist durch die mit dem 6. StrRG vorgenommene beträchtliche Strafrahmenverschärfung des § 315 Abs. 1 nochmals betont worden. Bereits aus diesen Gründen lässt sich eine Interpretation des § 315a Abs. 1 Nr. 2 als Spezialnorm mit Ausschlusswirkung nicht halten.

23 bb) **Strukturelle Unterschiede zu §§ 315b, 315c.** Eine solche Auslegung verbietet sich aber auch im Hinblick auf die strukturellen Unterschiede der beiden Regelungskomplexe. In § 315c sind riskante Pflichtverstöße des „fahrenden Allgemeinbürgers" pönalisiert (§ 315b Rdn. 11). § 315a Abs. 1 Nr. 2 nimmt hingegen Personen, die „durch ständig wiederholte Belehrung eingehend über ihre Pflichten unterrichtet werden" (BTDrucks.

---

[44] AG Hamburg VersR **1981** 195 mit zust. Anm. *Passehl*; wohl im Anschluss an *Krause* Zeitschrift für Binnenschiffahrt **1975** 337, 338 f (der die Restriktion allerdings auf Manöver beschränken will, die vom Schiffsführer in Fahrt befindlicher Fahrzeuge vorgenommen werden) und *Specht* Zeitschrift für Binnenschiffahrt 1966 20, 23 f; ebenso *Schaberg* 18. VGT **1980** S. 315, 318 ff. S. auch – ohne Begründung – *Hoppe* DAR **1968** 76, 77.

[45] *Rudolf* ZLW **1965** 118, 126 ff; weitergehend wohl (auch für den Schiffsverkehr) aber *ders.* ZLW **1968** 11, 14 f.

[46] AG Hamburg VersR **1981** 195; *Krause* Zeitschrift für Binnenschiffahrt **1975** 337, 339.

[47] AG Hamburg VersR **1981** 195 zum Fall des Schiffsführers, der ohne groben Pflichtenverstoß ein falsches Signal gibt.

[48] So auch bereits *Specht* Zeitschrift für Binnenschiffahrt **1966** 20, 23 f; AG Hamburg VersR **1981** 195, 196.

IV/651 S. 26), aufgrund der typischerweise großen Gefahren des Bahn-, Schiffs- und Luftverkehrs *zusätzlich* in die Verantwortung. Die Vorschrift bezieht vor diesem Hintergrund nicht nur einzelne besonders gefährliche Pflichtverstöße ein, sondern pönalisiert gewissermaßen „flächendeckend" die (grob pflichtwidrige) Verletzung *sämtlicher* Verkehrssicherungsvorschriften. Versteht man nun § 315a als Spezialnorm, so wäre § 315 gerade hinsichtlich Sonderpflichtiger weitgehend seines Anwendungsbereichs entkleidet. Denn zahlreiche Eingriffe im Sinne des § 315 erfüllen zugleich § 315a Abs. 1 Nr. 2. Mithin wäre der Sonderpflichtige in aller Regel milder zu bestrafen. Bei Handlungen, die zwar einem Tatbestand des § 315 Abs. 1 unterfallen, mangels einschlägiger Verkehrssicherungs*vorschrift* aber nicht dem des § 315a Abs. 1 Nr. 2, müsste er sogar straflos gestellt werden. Im Unterschied dazu wären Außenstehende und nicht sonderpflichtige Bedienstete weiterhin zu bestrafen, und zwar *stets* nach dem im Vergleich zu § 315a schärferen § 315 (vgl. BGHSt **24** 231, 234). Die Differenzierung zwischen Eingriffen von außen und verkehrsinternem Fehlverhalten kann auch deswegen nicht auf die §§ 315, 315a übertragen werden, weil § 315a Abs. 1 Nr. 2 – wiederum anders als § 315c – auch *verkehrsexterne* Handlungen umfasst. Begreift man nun lediglich § 315a Abs. 1 Nr. 2, 1. Alt. (Fahrzeugführen) als Spezialtatbestand, so würde der Fahrzeugführer im Vergleich zu sonstigem Personal bessergestellt. Stellt man zur Vermeidung dieses Ergebnisses auch für andere Sonderpflichtige auf den Aspekt der Verkehrsteilnahme ab, so gelangt man zu einer Privilegierung des Fehlverhaltens des Maschinisten etc. *während* der Fahrt, wohingegen das Wartungspersonal bei Verrichtungen *vor oder nach* einer Fahrt in Gestalt des § 315 die volle Härte des Gesetzes träfe. Für beides fehlt jeder nachvollziehbare Grund.[49] Es verbliebe deshalb nur, für verkehrsinternes *und* verkehrsexternes Verhalten gerade Sonderpflichtiger von einer den § 315 ausschließenden Vorrangstellung auszugehen und davon nur abzugehen, sofern die Handlung als verkehrsfeindlicher Eingriff angesehen werden kann. § 315 wäre dann in Bezug auf den Personenkreis, den der Gesetzgeber besonders in die Pflicht nehmen wollte, im Wesentlichen auf Sabotageakte reduziert.[50] Es liegt auf der Hand, dass eine solche Lösung die Konzeption des Gesetzes aushebelt.

cc) **Ausgliederung menschlichen Versagens?** Teilweise wird eine auf Fehlleistungen des Fahrzeugführers während der Fahrt beschränkte tatbestandliche Restriktion auf die Überlegung gestützt, dass „nautisches Fehlverhalten" nicht Ausdruck krimineller Energie sei, sondern „regelmäßig mehr auf menschlichem Versagen" beruhe (*Krause* Zeitschrift für Binnenschiffahrt **1975** 337, 339; AG Hamburg VersR **1981** 195, 196). Dies ist allerdings bereits im Ansatz nicht plausibel. Denn Fahrlässigkeitstaten sind generell durch menschliches Versagen geprägt. Dieser Umstand hat den Gesetzgeber nicht davon abgehalten, sie sowohl hinsichtlich des Außenstehenden als auch des Sonderpflichtigen unter Strafe zu stellen. Es mag ein Anliegen sein, „das Verkehrsrecht zu entkriminalisieren" (AG Hamburg aaO). Ihm ggf. Rechnung zu tragen, obliegt jedoch dem Gesetzgeber und nicht den Strafgerichten. Im Einzelfall auftretenden Härten muss im Rahmen der Strafzumessung und über die §§ 153, 153a StPO Rechnung getragen werden (in diesem Sinne auch Nr. 245 Abs. 4 RiStBV). 24

---

49 AM – für den Luftverkehr – wohl *Rudolf* ZLW **1968** 11, 13 f, 15 f, der dort allerdings eine ausdrückliche gesetzliche Klarstellung für erforderlich hält und auf Wertungsprobleme nicht eingeht.

50 So zu § 315b allerdings BayObLG JR **1975** 28 f. Näher § 315b Rdn. 19.

25 dd) **Terminus des Eingriffs.** Nicht überzeugend erscheint es schließlich, die Beschränkung des § 315 auf Handlungen außerhalb der Verkehrsteilnahme aus dem Terminus des „Eingriffs" herleiten zu wollen (so *Fabricius* GA **1994** 164, 178 ff). Denn begrifflich lässt sich in einen Verkehrsvorgang ebenso gut „von innen" eingreifen (s auch *König* LK § 315b Rdn. 15). Dass diese Wertung dem Gesetz zugrunde liegt, erweist § 315 Abs. 1 Nr. 3. Mit der Signal- oder Zeichengebung hat der Gesetzgeber nämlich Kerntätigkeiten der Teilnahme am Schiffsverkehr in den Tatbestand einbezogen (vgl. *Geerds* BA 3 [1965] 124, 137).[51] Dass „navigatorische Entscheidungen ... in Form falscher Signale von außen" kommen (*Fabricius* aaO S. 183), ist dementsprechend nicht mehr als eine Behauptung. Ähnliches gilt für die anderen Tathandlungen. Die bereits angesprochenen Wertungswidersprüche kommen hinzu. Wird etwa das Schiff durch ein falsches Kommando unmanövrierbar und dadurch zum Hindernis, so läge nach *Fabricius* wohl kein „Eingriff" vor. Fehlt es in einem solchen Fall an grober Pflichtwidrigkeit, so ginge der Schiffsführer straflos aus (Anwendungsfall in AG Hamburg VersR **1981** 195). Unterläuft hingegen – mit denselben Folgen – dem Monteur vor dem Auslaufen des Schiffes ein Fehler, so wäre § 315 erfüllt. Beide können aber in derselben „Hitze des Gefechts" gehandelt haben. Gerade solche Konsequenzen wollte der Gesetzgeber vermeiden. Dass er sie bei den §§ 315b, 315c bis zu einem gewissen Grad in Kauf genommen hat (BTDrucks. IV/651 S. 26), besagt nichts Gegenteiliges. Es war eine Andersbehandlung und eben nicht „Kongruenz" gewollt (**aA** *Fabricius* GA **1994** 164, 183).

26 ee) **Strafrahmendivergenzen.** Die gerügten Strafrahmendivergenzen sind bei näherem Hinsehen nicht so gravierend wie teils herausgestellt. So wird der (vorsätzlich handelnde) betrunkene Führer einer Lokomotive entgegen *Maurach/Schroeder/Maiwald*[52] nicht milder, sondern härter bestraft als der „fahrlässige Übertreter einer Verkehrsvorschrift" (§ 315a Abs. 1 Nr. 1 im Vergleich zu § 315 Abs. 6) und im Falle der Fahrlässigkeit allenfalls aus demselben Strafrahmen (§ 315a Abs. 3). Unrichtig ist auch, dass einem „Schiffsführer, der aufgrund eines nicht grob pflichtwidrig gegebenen falschen Signals eine Schiffsgefährdung fahrlässig verursacht", eine höhere Strafe droht als dem Schiffsführer, der grob pflichtwidrig gegen das Rechtsfahrgebot verstößt und fahrlässig einen Gefahrerfolg herbeiführt;[53] denn in beiden Fällen ist der Strafrahmen identisch (§ 315 Abs. 6, § 315a Abs. 3). Man kann dem Gesetz vielleicht vorwerfen, dass es in § 315a für die Vorsatz-Fahrlässigkeits-Kombination (§ 315a Abs. 3 Nr. 1) keinen höheren Strafrahmen vorgesehen hat als für insgesamt fahrlässiges Verhalten (§ 315a Abs. 3 Nr. 2).[54] Allerdings kann der gewichtigere Unrechtsgehalt des ersten Falls im Rahmen der Strafzumessung gewürdigt werden (näher § 315a Rdn. 35).

---

[51] **AM** insoweit womöglich RGSt **51** 77, 78. Das Geben falscher Zeichen und Signale ist nicht in § 315a Abs. 1 Nr. 1 a.F. übernommen worden, weil andernfalls bereits das falsche Betätigen des Fahrtrichtungszeigers (Winkers) geeignet wäre, die Strafbarkeit auszulösen. Das 2. StraßenVSichG hat diese Entscheidung nochmals ausdrücklich bestätigt (BTDrucks. IV/651 S. 28; näher § 315b Rdn. 10).

[52] BT/2 § 53 Rdn. 10. Die dort zitierte Entscheidung (BGHSt **21** 173) betraf eine Verurteilung nach § 315 Abs. 5 a.F., der § 315 Abs. 6 entspricht.

[53] So *Schaberg* 18. VGT **1980** S. 315, 318. Ähnlich für die Luftfahrt *Rudolf* ZLW **1965** 118, 127 f.

[54] *Sch/Schröder/Cramer/Sternberg-Lieben* § 315a Rdn. 13; *Rüth* LK[10] § 315a Rdn. 21.

2. Zerstören, Beschädigen oder Beseitigen von Anlagen oder Beförderungsmitteln (Absatz 1 Nr. 1)

a) **Tatobjekte.** Taugliche Tatobjekte sind Anlagen und Beförderungsmittel der geschützten Verkehrsarten. 27

aa) **Anlagen.** Anlagen im Sinne des § 315 sind alle festen und unbeweglichen Bestandteile, die dem ungestörten Ablauf des Verkehrsbetriebs dienen. Dass anders als im Umweltstrafrecht (s. § 325 Abs. 5) bewegliche Gegenstände grundsätzlich nicht umfasst sind, erweist die Gegenüberstellung zu den Beförderungsmitteln. Als Anlagen müssen darüber hinaus an sich bewegliche Gegenstände gelten, die ortsfest eingesetzt werden. **Anlagen sind** insbesondere: *im Schienenbahnverkehr* Schienen, Schwellen, Signale, elektrische Leitungen samt den Leitungsmasten, Bahnschranken, Signallichter, die vor unbeschrankten Bahnübergängen stehenden Warnkreuze, Weichenstellenanlagen, Über- und Unterführungen, Stationsuhren; *bei Schwebebahnen* u.a. Zug- und Laufseil, Stützpfeiler, Motor samt seinen Anlagen; *im Schiffsverkehr* alle Schifffahrtsanlagen, die mittelbar oder unmittelbar dem Schiffsverkehr dienen, wie z.B. Trocken- und Wasserdocks, Hafenanlagen (Kai, Poller etc.), Leuchttürme, Leuchtfeuer, Bojen; auf Wasserstraßen die Schleusen, Wehre, Talsperren, wenn sie für die Durchführung oder für die Sicherheit des Schiffsverkehrs (Regulierung des Wasserstands) erforderlich sind; *im Luftverkehr* Flugplätze, vor allem die Landebahnen, sämtliche Signaleinrichtungen (Leuchtfeuer, Radaranlagen) und sonstige Einrichtungen für die Sicherheit des Flugverkehrs. Auch das Betriebszwecken dienende Zubehör ist zu den Anlagen zu rechnen, soweit es von der Verkehrsanschauung als Teil der Betriebsanlagen betrachtet wird (*Sch/Schröder/Cramer/Sternberg-Lieben* Rdn. 10). 28

bb) **Beförderungsmittel.** Beförderungsmittel sind die der Beförderung von Menschen oder Gütern unmittelbar dienenden beweglichen Einrichtungen. Dazu gehören vor allem die Fahrzeuge samt ihrem Zubehör, im Bahnbetrieb also nicht nur die Personen- oder Güterwaggons, sondern auch die Zugmaschinen. Welchen Zwecken die Beförderung dient, ist ohne Bedeutung. Geschützt sind die Beförderungsmittel des allgemeinen Verkehrs, aber auch Fahrzeuge, die besonderen staatlichen Aufgaben dienen, wie z.B. militärischen oder sonstigen hoheitlichen Zwecken.[55] 29

b) **Angriffshandlungen.** Die Begriffe des Beschädigens und Zerstörens sind § 303 entnommen und decken sich mit diesen. Rechtsprechung und Literatur hierzu können daher für die Interpretation herangezogen werden. Demgegenüber hat das Merkmal des Beseitigens in § 303 keine Entsprechung (vgl. aber § 87 Abs. 2 Nr. 2; § 316b Abs. 1). *Stets zu beachten ist,* dass die Beeinträchtigung der Verkehrssicherheit (Rdn. 47 ff) und die konkrete Gefahr für Leib und Leben oder hohe Sachwerte (Rdn. 50 ff) hinzukommen müssen. Erschöpft sich der Eingriff hingegen in der Beschädigung (dem Entfernen), so liegt kein Fall des Absatzes 1 Nr. 1 vor (Rdn. 33). Es ist dann – wie im Rahmen des § 315b (dort Rdn. 26) – aber Absatz 1 Nr. 4 zu prüfen. 30

aa) **Beschädigen/Zerstören.** Die Merkmale des Beschädigens und Zerstörens unterscheiden sich nur graduell. Zerstören ist ein stärkerer Grad des Beschädigens (*Wolff* LK 31

---

[55] Ebenso *Sch/Schröder/Cramer/Sternberg-Lieben* Rdn. 10.

§ 303 Rdn. 10). Nach st. Rspr. des BGH[56] liegt eine *Beschädigung* bei jeder nicht ganz unerheblichen körperlichen Einwirkung auf eine Sache vor, durch die ihre stoffliche Zusammensetzung verändert oder ihre Unversehrtheit derart aufgehoben wird, dass die Brauchbarkeit für ihre Zwecke gemindert ist (BGHSt **13** 207, 208, im Anschluss an RGSt **74** 13, 14 ff). *Zerstörung* ist eine so erhebliche Beschädigung, dass die Sache für ihre Zwecke völlig unbrauchbar ist (*Otto* GK/BT § 47 Rdn. 10). Die Abgrenzung fällt gelegentlich nicht leicht. Im Hinblick darauf, dass mit einer Zerstörung stets auch eine Beschädigung verwirklicht wird, muss die Unterscheidung in der Praxis nicht trennscharf nachvollzogen werden.

32 (1) **Substanzverletzung/Funktionseinbuße.** Beschädigung ist zunächst die Substanzverletzung, d.h. die Beseitigung der stofflichen Unversehrtheit einer Sache, deren stoffliche Verringerung oder Verschlechterung.[57] Der Begriff der Beschädigung einer Sache verlangt jedoch nicht notwendig eine Verletzung der Substanz.[58] Es genügt, wenn durch körperliche Einwirkung auf die Sache deren bestimmungsgemäße (technische) Brauchbarkeit nachhaltig vermindert wird.[59] Die Variante der *Funktionseinbuße ohne Substanzbeeinträchtigung* wurde vor dem Hintergrund von Eingriffen in zusammengesetzte Sachen (Maschinen, sonstige technische Einrichtungen) entwickelt, deren Gebrauchsfähigkeit auch dann beeinträchtigt sein kann, wenn die Einzelteile unversehrt bleiben.[60] Sie kann jedoch auch für andere Sachen relevant werden (*Sch/Schröder/Stree* § 303 Rdn. 8b). In beiden Fallgruppen kann eine Beschädigung allerdings zu verneinen sein, wenn sich die Funktionsbeeinträchtigung auf eine ganz kurze Zeitspanne beschränkt und/oder ohne größeren Aufwand beseitigt werden kann (RGSt **39** 223, 224; BGHSt **44** 34, 38). Jedoch ist gerade im Rahmen des § 315 das Interesse an einer Nutzbarkeit ad hoc zu beachten.[61] Beschädigen liegt etwa vor, wenn aus einer Maschine kurzzeitig eine Schraube entfernt wird, mit der Folge, dass deren Einsatz nicht möglich ist. Die Annahme des Merkmals erscheint unter dem Aspekt der Funktionseinbuße vertretbar, wenn ein Signal durch Verschmutzen oder Übermalen mit einer leicht abwaschbaren Farbe unmittelbar vor einem einfahrenden Zug unkenntlich gemacht und die Farbe/Verschmutzung sofort beseitigt wird, nachdem der Zug die Stelle passiert hat; denn für den relevanten Moment ist seine Gebrauchstauglichkeit aufgehoben gewesen. Denkbar ist jedoch auch die Annahme von Absatz 1 Nr. 3 (Rdn. 43) und u.U. von Absatz 1 Nr. 2 (Rdn. 39). Der Gebrauch einer Sache kann schließlich auch durch das Hinzufügen eines Gegenstands nachhaltig beeinträchtigt werden (BGHSt **44** 34, 38).

32a **Als Beschädigung von Anlagen oder Beförderungseinrichtungen** ist danach u.a. anzusehen die Wegnahme einer Bohle unter einer Eisenbahnbrücke, die Entfernung einer Eisenbahnschwelle oder von Bolzen und Laschen (RGSt **55** 169 f [zu § 305]), das Lösen

---

[56] Zur Entwicklung seit der Rechtsprechung des RG *Rüth* LK[10] Rdn. 19; *Wolff* LK § 303 Rdn. 6, 7.

[57] *Sch/Schröder/Stree* § 303 Rdn. 8a; *Otto* GK BT § 47 Rdn. 6.

[58] **AM** *Obermann* Gefährliche Eingriffe in den Straßenverkehr (2005) S. 77 ff: Im Rahmen des § 315b nur Substanzverletzungen; aber § 315b Abs. 1 Nr. 3 einschlägig.

[59] BGHSt **29** 129, 131 f; **44** 34, 38; BGH NJW **1980** 602, 603; NStZ **1982** 508, 509; *Lackner/Kühl* § 303 Rdn. 4; *Fischer* § 303 Rdn. 6. Der E 1962 hatte für die Sachbeschädigung (§ 249 E 1962), nicht aber für den gefährlichen Eingriff in den Bahn-, Schiffs- und Luftverkehr (§ 342 Abs. 1 Nr. 1 E 1962) die Variante des „Unbrauchbarmachens" vorgeschlagen.

[60] RGSt. **20** 182, 183 ff; **31** 329, 331; **39** 223, 224; **55** 169 f; im Einzelnen *Wolff* LK[11] § 303 Rdn. 10.

[61] Zu § 303 *Sch/Schröder/Stree* § 303 Rdn. 8b; *Wolff* LK[11] § 303 Rdn. 9 ff; *Stree* JuS **1988** 187, 188.

von Schwellenschrauben (BGH NStZ-RR **1997** 200), das Verbiegen oder Verdrehen eines Signals (zum Verschmutzen, Übermalen Rdn. 32), so dass es den ihm zugedachten Zweck nicht mehr erfüllen kann, die Färbung oder Umfärbung von Signalleuchten, das Durchschneiden von Leitungen, die der Betätigung von Bahnschranken dienen, das Einklemmen von Gegenständen in Weichen oder Stellwerkshebel, so dass diese außer Betrieb gesetzt werden, das Anbringen eines Stahlkastens auf einem Eisenbahngleis (BGHSt **44** 34, 38) oder das Werfen von Seilen auf die stromführende Oberleitung einer Schnellfahrtstrecke der Deutschen Bahn AG (vgl. BGH vom 9.5.1995 – 4 StR 230/95). In den zuletzt genannten Fällen ist auch Absatz 1 Nr. 2 gegeben (zum Konkurrenzverhältnis Rdn. 133). Beschädigung ist ferner die Herbeiführung eines Kurzschlusses, durch den für die Verkehrssicherheit wesentliche Teile ausfallen (Signale, Blinkfeuer, Radaranlagen; Instrumentenlandesystem), und das Herauslassen der Druckluft aus einer Bremsleitung (OGH BrZ **1** 391). Eine Beschädigung und nicht einen ähnlich gefährlichen Eingriff nach Absatz 1 Nr. 4 nimmt vor, wer mittels eines Gegenstandes (Transistorradio, Magnet, Mobiltelefon o.Ä.) die Kompassanlage eines Flugzeugs zumindest vorübergehend außer Betrieb setzt.[62]

(2) **Beeinträchtigung der Verkehrssicherheit.** Immer im Auge behalten werden muss, dass die Beschädigung oder Zerstörung zu einer Beeinträchtigung der Verkehrssicherheit und zu einer konkreten Gefahr führen muss (s. schon Rdn. 30 und im Einzelnen Rdn. 47 ff). Aus diesem Grund[63] erfüllt der vielfach zu beobachtende Vandalismus in Eisenbahnen, Untergrundbahnen etc. (etwa Aufschlitzen von Sitzen oder tiefe Verkratzungen in Fenstern) § 315 grundsätzlich nicht. Jedoch kann § 304 in Betracht kommen. Allenfalls Sachbeschädigung kann des Weiteren gegeben sein bei den ubiquitären „Graffitimalereien"[64] namentlich auf Anlagen und Beförderungseinrichtungen im Schienenbahnverkehr. Anders ist es zu beurteilen, wenn Einrichtungen oder Beförderungsmittel aufgrund der Malerei ihrer Funktion für die Verkehrssicherheit nicht mehr gerecht werden (Rdn. 32). 33

bb) **Beseitigen.** Der Begriff des Beseitigens ist erfüllt bei einer *räumlichen Entfernung* und daraus resultierender *Verhinderung des bestimmungsgemäßen Gebrauchs* von Anlagen oder Beförderungsmitteln (vgl. *Wolff* LK § 317 Rdn. 7). Eine Beeinträchtigung der stofflichen Substanz ist nicht notwendig. Nicht selten wird das Beseitigen mit Eigentumsdelikten konkurrieren. Beseitigen erfordert aber keine Zueignung. Vielmehr genügt die räumliche Veränderung der Anlage oder des Beförderungsmittels. Die Entfernung von Gleisteilen stellt tatbestandsrelevantes Beseitigen dar. Wird z.B. eine Zugmaschine von einem Zug abgekuppelt, auf ein Abstellgleis gefahren und dort stehen gelassen, so ist § 315 Abs. 1 Nr. 1 erfüllt, wenn die stehen gelassenen, aus sich heraus nicht mehr bewegungsfähigen Waggons eine Sicherheitsbeeinträchtigung des Schienenverkehrs bedeuten und zur Ursache einer konkreten Gefahr werden. In solchen Fällen ist zugleich ein Hindernisbereiten nach Absatz 1 Nr. 2 gegeben. Auch in weiteren Konstellationen kann es zu Überschneidungen mit anderen Modalitäten des Absatzes 1 kommen. So stellt die Wegnahme von Signalen, Bojen etc. zunächst eine Beseitigung von Anlagen dar; werden sie an anderer Stelle zur Irreführung eingesetzt, so ist dieses Verhalten als ein Geben falscher Zeichen oder Signale nach Absatz 1 Nr. 3 anzusehen (zu Konkurrenzfragen Rdn. 133). 34

62 AM, unter unzutreffender Bezugnahme auf *Rüth* LK[10] Rdn. 21, *Schmid* NZV **1988** 125, 126.

63 Entgegen *Barnickel* MK Rdn. 36 nicht schon, weil kein Beschädigen vorliege.

64 Auf die die in § 303 Abs. 2, § 304 Abs. 2 eingefügten Tatbestände gegen die Veränderung des Erscheinungsbildes von Sachen zielen.

35 3. **Hindernisbereiten (Absatz 1 Nr. 2).** Hindernisbereiten kann durch Eingriffe von außen erfolgen. Jedoch ist § 315 nicht auf Außeneingriffe beschränkt (Rdn. 19 ff), kann also auch durch einen Verkehrsvorgang wie durch einen in Bewegung gesetzten Güterwaggon erfüllt werden (RGSt **31** 198, 199). Unter Hindernisbereiten ist nach Rspr. und h.M. jede Einwirkung im Verkehrsraum zu verstehen, die geeignet ist, den ordnungsgemäßen Betrieb zu hemmen oder zu verzögern.[65] Auf dieser Basis fallen auch Gegenstände ohne (unmittelbares) Schädigungspotential unter den Begriff des Hindernisses. Beispiele sind ein sich auf Bahngleisen oder auch einer Landebahn befindlicher (sich bewegender oder liegender) Mensch (Leichnam) oder auch den Anschein eines massiven Hindernisses erweckende Attrappen (z.B. Felsen, Balken aus Schaumstoff auf der Landebahn eines Flugplatzes oder auf Bahngeleisen, s auch § 315b Rdn. 28a). Sie sind, was für den Begriff des Hindernisses typisch ist, geeignet, Brems- oder Ausweichvorgänge mit den damit verbundenen massiven Gefahren auszulösen. Demgegenüber will eine Mindermeinung aus dem Begriff des Hindernisses ableiten, dass der in den Verkehrsraum eingebrachte Gegenstand den Verkehr (das betroffene Beförderungsmittel) tatsächlich aufzuhalten (s. § 315b Rdn. 28) oder ihm zumindest „mechanisch" entgegenzuwirken vermag, bzw. dass er geeignet ist, die Gefährdungsobjekte (Fahrzeug, beförderte Personen) im Fall einer Kollision tatsächlich und „unmittelbar" zu schädigen.[66] Diese Auffassung verkennt, dass der Terminus weder ein Gewalt- noch gar ein Schädigungselement enthält, sie vermengt die verschiedenen Tatbestandsmerkmale miteinander[67] und steht methodisch freier Rechtsschöpfung zumindest nahe. Offen bleibt darüber hinaus, ob es namentlich für die Gefährdung der Fahrzeuginsassen oder von in den Bereich des ausweichenden bzw. bremsenden (schleudernden) Beförderungsmittels gelangenden und damit gefährdeten Menschen oder hohen Sachwerten an dem (behaupteten) Erfordernis der „Unmittelbarkeit" fehlen soll. Nach zutr. h.M. ist tatbestandsrelevantes Hindernisbereiten gleichfalls gegeben, wenn auf die Fahrbahn (z.B. Landebahn eines Flugzeugs) Schmierstoffe (Öl, Seifenlauge etc., vgl. BGH VRS **15** 303) aufgebracht werden. Dass solche Handlungen die Fortbewegung des betroffenen Beförderungsmittels (zunächst) u.U. nicht hemmen, sondern im Gegenteil beschleunigen (anders aber schon bei einem dadurch ausgelösten Schleudervorgang), steht dem nicht entgegen.[68] Denn es kommt nach der Rechtsprechungsformel (s.o.) darauf an, ob der *ordnungsgemäße Betrieb* gehemmt oder verzögert werden kann, und dies ist unzweifelhaft der Fall. All dies hat nichts mit einer „ausufernden" bzw. „psychologisierenden" Interpretation zu tun,[69] sondern entspricht sachgerechter Auslegung des Merkmals des Hindernisbereitens. Ob in solchen Fällen eine Strafbarkeit nach § 315 gegeben ist, entscheidet sich an den weiteren Tatbestandsmerkmalen.

35a **Weitere Beispiele für Hindernisbereiten** *im Bahnverkehr* sind das Werfen von Seilen (vgl. BGH v. 9.5.1995 4 StR 230/95) oder von Metallbügeln (BGH NStZ **1988** 178) auf die Oberleitung von Eisenbahnen, das Anbringen einer Stahlkralle am Seil einer Schwebebahn (vgl. BGH NJW **2002** 224), das Legen einer Gleissperre oder von Steinen auf

---

[65] RGSt. **31** 198, 199; BGH VRS **8** 272, 274; BGHSt **6** 219, 224; **13** 66, 69; BGH NStZ **1988** 178; BGHSt **41** 231, 234; BGH NStZ **2003** 206 (je zu § 315b).

[66] AM *Barnickel* MK Rdn. 39. Entgegen seiner Behauptung können solche Erfordernisse auch nicht aus BGHSt **48** 119 abgeleitet werden.

[67] Vgl. BGHSt **41** 231 und dazu § 315b Rdn. 28; eingehend *Obermann* Gefährliche Eingriffe in den Straßenverkehr (2005) S. 110 ff, 119, 124 f.

[68] AM *Barnickel* MK Rdn. 38.

[69] So aber *Barnickel* MK Rdn. 38; eine ausufernde Interpretation kritisiert auch *Obermann* wie Fn. 67 S. 117 f.

Eisenbahnschienen (RGSt **31** 198, 199; **71** 42, 43), das Legen eines eisenbewehrten Betonpfahls quer über die Schienen (BGHSt **48** 119) sowie das Entfernen von Schwellenschrauben oder Schienen; teilweise kann zugleich Absatz 1 Nr. 1 erfüllt sein (Rdn. 32, 34). Ein Hindernis bereitet auch ein Kraftfahrer, der mit seinem Fahrzeug die geschlossene Schranke eines Bahnübergangs durchbricht und dann auf den Schienen stehen bleibt (BayObLG v. 5.12.1962 1 St 682/61). Das Überqueren von Eisenbahngleisen zu verbotener Zeit erfüllt den Tatbestand (BGHSt **6** 219, 224; BGH VRS **8** 272, 274; OLG Stuttgart VRS **44** 33, 34). Nach – freilich nicht unumstrittener – Auffassung bereitet auch derjenige ein Hindernis, der mit unverminderter Geschwindigkeit an einen unbeschrankten Bahnübergang heranfährt und dadurch den herannahenden Zug zu einer Notbremsung zwingt.[70] Verwirklicht werden kann das Merkmal ferner durch nicht veranlasstes Ziehen der Notbremse, falls aufgrund dieser Handlungen der nachfolgende Verkehr gefährdet wird (ansonsten Absatz 1 Nr. 4, Rdn. 43). Ein Beispiel für Hindernisbereiten *im Schiffsverkehr* bildet das Spannen eines Drahtseils zwischen Boje und Anker bei einem Stapellauf (OLG Oldenburg VRS **30** 110, 111 f, s. auch Rdn. 45). Ein Hindernis kann aber auch bereiten, wer regelwidrig navigiert, etwa auf einem Kanal einen Schlepper in die Fahrbahn des entgegenkommenden Schiffs fährt.[71] Übliche Behinderungen erfüllen den Tatbestand nicht; sie sind vielmehr durch pflichtgemäße Rücksichtnahme auszugleichen (*H. W. Schmidt* MDR **1960** 90, 91). Beispiel für Hindernisbereiten *im Luftverkehr* ist das Versperren einer Landebahn mit Betonklötzen oder anderen Gegenständen, desgleichen das Steigenlassen von Ballons oder Drachen im Bauschutzbereich von Flughäfen oder in einer Entfernung von weniger als drei Kilometern von der Begrenzung von Landeplätzen oder Segelfluggeländen (*Schmid* NZV **1988** 125, 126; s. auch Rdn. 17). Hierbei handelt es sich nicht um „Scheinhindernisse",[72] sondern wegen der Sichtbehinderung um „echte". Die Handlung birgt sogar („unmittelbares") Schädigungspotential in sich, weil die Ballons z.B. durch den Luftansaugetrakt eines Hubschraubers in das Triebwerk gelangen und dort Schäden verursachen können. Bei Steinwürfen ist zu differenzieren: Kommt der Stein auf der Fahrbahn zu liegen, so bildet er ein Hindernis im Sinne von Absatz 1 Nr. 2 (z.B. RGSt **31** 198, 199); wird er hingegen gegen das Beförderungsmittel geschleudert, so kommt Absatz 1 Nr. 4 in Betracht (Rdn. 43; § 315b Rdn. 40).[73]

4. Geben falscher Zeichen oder Signale (Absatz 1 Nr. 3)

a) Zeichen und Signale. Die Ausdrücke Zeichen und Signale sind gleichbedeutend. **36**
Erfasst werden alle optisch oder akustisch wahrnehmbaren Zeichen oder Signale, die für

---

70 OLG Hamm VRS **15** 356, 357; OLG Düsseldorf NJW **1971** 1850, 1851; *Herzog* NK Rdn. 15; *Sch/Schröder/Cramer/Sternberg-Lieben* Rdn. 11; **aM** *Fischer* Rdn. 9; *Horn/Wolters* SK Rdn. 6; offen gelassen in BGHSt **13** 66, 69, wonach zumindest ein ähnlich gefährlicher Eingriff nach Absatz 1 Nr. 4 gegeben ist.

71 OLG Oldenburg MDR **1951** 630, 631; **aA** *Schaberg* 18. VGT **1980** S. 315, 321; hierzu Rdn. 19 ff.

72 So aber *Barnickel* MK Rdn. 41.

73 **AM,** jedoch widersprüchlich (wie soll ein Steinwurf geeignet sein, der Fortbewegung z.B. eines ICE „mechanisch" entgegenzuwirken?), *Barnickel* MK Rdn. 39: stets Hindernisbereiten. AM, bei Steinwürfen, die das Zugpersonal, insbesondere den Lokomotivführer treffen, auch RGSt **51** 77, 78 [zur Transportgefährdung], aber vor Schaffung des ebenso gefährlichen Eingriffs und unter Bejahung eines von *Barnickel* MK Rdn. 39 abgelehnten „mittelbaren" Hindernisbereitens. Interessante Ausführungen zur Gefährdung eines ICE durch Steinwürfe in dem in der rechtlichen Würdigung freilich zweifelhaften Urteil des LG Ulm vom 31.7.2006, 1 Kls 21 Js 20974/05, juris.

die jeweilige Verkehrsart als Anlage oder Zubehör Verwendung finden. Unerheblich ist, ob sie innerhalb oder außerhalb geschlossener Räume Verwendung finden.

37 aa) **Beispiele.** Im *Bahnbetrieb* ist auf die Eisenbahnsignalordnung (ESO) zu verweisen. Einbezogen sind insbesondere alle auf der Bahnstrecke befindlichen Signale oder Warneinrichtungen, einschließlich der den Stellwerken übermittelten Signale. Entsprechendes gilt für das Läutewerk, durch das das Herannahen eines Zuges angekündigt wird. Die Signal- und Zeichengebung *im Schiffsverkehr* ist in den Verkehrsordnungen der See- und Binnenschifffahrt umfassend geregelt (zu den Schifffahrtszeichen [Sichtzeichen und Schallsignalen] etwa §§ 5, 6 SeeSchStrO nebst Anlagen). Für den *Luftverkehr* sind in der Anlage zu § 21 LuftVO Regelungen enthalten. Umfasst sind demnach namentlich Not- und Dringlichkeitssignale, Warnsignale, Signale zur Regelung des Flugplatzverkehrs, Ansteuerungssignale und Zeichen des Einwinkers sowie des Flugzeugführers (s. auch *Schmid* NZV **1988** 125, 126 f, m.w.N.).

38 bb) **Auskünfte.** Mündliche, fernmündliche, schriftliche oder elektronisch gegebene Auskünfte sind *keine* Zeichen oder Signale, auch wenn sie im weiteren Verlauf ursächlich für das Geben falscher Zeichen oder Signale werden. Der Pilot, der über einem Meldepunkt eine Überflugmeldung absetzt, obwohl er infolge eines Navigationsfehlers diesen Meldepunkt überhaupt nicht oder nicht zur angegebenen Zeit überflogen hat, gibt deshalb kein falsches Zeichen oder Signal. In Betracht kommt nur ein gefährlicher Eingriff nach Absatz 1 Nr. 4 (*Schmid* NZV **1988** 125, 127; **aA** *Rudolf* ZLW **1968** 11, 12).

39 b) **Falschheit.** Falsch ist ein Zeichen oder Signal, sofern es der gegebenen Verkehrslage nicht entspricht (OLG Düsseldorf NJW **2000** 3223). Falsch ist somit auch ein richtiges Zeichen oder Signal, wenn es vorzeitig oder verspätet abgegeben wird. Wer im Rahmen seiner Aufgaben dem Luftfahrzeugführer eines Verkehrsflugzeugs das Zeichen zum Rollen gibt, obwohl sich noch eine Person im unmittelbaren Gefahrenbereich des Flugzeugs befindet, gibt deshalb ein falsches Zeichen (*Schmid* NZV **1988** 125, 127). Auch der Schiffsführer, der eine an sich mögliche Flagge setzt, dadurch bei einem anderen den Irrtum erweckt, er werde ein bestimmtes Fahrmanöver durchführen, tatsächlich aber anders navigiert, erfüllt Absatz 1 Nr. 3. Des Weiteren wird die Unterlassung, das richtige Zeichen oder Signal zu geben, von Nummer 3 erfasst (BGHSt **11** 162, 164), z.B., wenn der Täter das Freizeichen nicht auf ein Haltesignal umstellt, obwohl dies geboten wäre. Auch wer das Freizeichen verdeckt und dadurch einem Haltesignal zur Geltung verhilft, gibt ein falsches Signal (zum Verschmutzen, Übermalen von Signalen als Beschädigung Rdn. 32; zum ähnlichen, ebenso gefährlichen Eingriff Rdn. 43). Wer dadurch einen Alarmton auslöst, dass er entgegen einem Rauchverbot auf der Toilette eines Flugzeugs raucht, gibt jedenfalls kein *falsches* Zeichen (OLG Düsseldorf NJW **2000** 3223).

40 5. **Ähnliche, ebenso gefährliche Eingriffe (Absatz 1 Nr. 4).** Die in der Regierungsvorlage zum 2. StraßenVSichG (unglücklich) so genannte „Analogieklausel" (BTDrucks. IV/651 S. 23) des Absatzes 1 Nr. 4 trägt dem Umstand Rechnung, dass es im Verkehr „zahlreiche höchst gefährliche Handlungen [gibt], die sich infolge ihrer Mannigfaltigkeit einer erschöpfenden Aufzählung entziehen" (BTDrucks. IV/651 S. 22). Einen Verzicht auf die strafrechtliche Ahndung von Handlungen, die zwar nicht von Absatz 1 Nr. 1 bis 3 erfasst werden, den dort genannten Taten aber an Gefährlichkeit nicht nachstehen, sah der Regierungsentwurf und ihm folgend der Gesetzgeber aus kriminalpolitischen Gründen als „unmöglich", „gewisse Einwendungen" „aus rechtsstaatlichen Gründen" gegen den der Ausfüllung bedürftigen Begriff als überwindbar an. Das kriminalpolitische Be-

dürfnis wird man dabei schwer in Abrede stellen können. Die strafgerichtliche Rechtsprechung (insbesondere BGHSt **22** 365, 366 f [zu § 315b]) und das BVerfG (BVerfG vom 11.6.1969, BvR 182/69 [zu § 315b]) sowie ein großer Teil des Schrifttums[74] teilen auch die Einschätzung, dass die Formel dem strafrechtlichen Bestimmtheitsgebot (Art. 103 Abs. 2 GG) nicht widerstreitet.

a) **Begriffskritik.** Es existieren allerdings nicht wenige Stimmen, die die Verfassungsmäßigkeit der Regelung bezweifeln[75] oder gar in Abrede stellen.[76] Der Kritik ist einzuräumen, dass aus einer allgemeinen Klausel wie der in Absatz 1 Nr. 4 enthaltenen Unsicherheiten resultieren. Jedoch ist die Regelung in Übereinstimmung der h.M. *als verfassungsgemäß zu erachten*. Bereits im Ansatz verfehlt ist es namentlich, dem Gesetzgeber einen Verstoß gegen das Analogieverbot vorwerfen zu wollen.[77] Denn dieses Verbot gilt nur für die Lückenfüllung zwischen den Tatbeständen auf der Ebene der Rechtsanwendung, während es hier um die Auslegung eines durch den Gesetzgeber geschaffenen generellen Terminus geht.[78] Der Gesetzgeber hat mit dem „gefährlichen Eingriff" einen Oberbegriff geschaffen, der die in Absatz 1 Nr. 1 bis 3 genannten Tatmodalitäten und noch mehr in sich vereinigt. Diese Technik ist dem StGB auch sonst nicht fremd. Etwa das „gefährliche Werkzeug" (u.a. § 224 Abs. 1 Nr. 2, § 244 Abs. 1 Nr. 1, § 250 Abs. 1 Nr. 1a) oder die sonst niedrigen Beweggründe (§ 211) liefern dafür Zeugnis.[79] Aus der neueren Gesetzgebung ist ergänzend auf die dem Beischlaf ähnlichen „Penetrationshandlungen" zu verweisen, die in § 176a Abs. 1 Nr. 1 und § 177 Abs. 2 Satz 2 Nr. 1 aufgenommen worden sind. § 238 Abs. 1 Nr. 5 („Stalking") ist sogar bewusst an § 315 Abs. 1 Nr. 4 angelehnt worden. Die Beispiele ließen sich beliebig vermehren. **41**

In der Sache geht es darum, **ob das Merkmal bestimmt genug ist.** Dabei erscheint durchaus offen, ob nicht die Verwendung ***nur*** dieses Merkmals unter Wegfall der Nummern 1 bis 3 Bestimmtheitsanforderungen genügen würde. Der Gesetzgeber belässt es aber nicht dabei, sondern stellt dem generellen Begriff von ihm ins Auge gefasste typische Tathandlungen an die Seite und nimmt im generellen Begriff auf diese Bezug („ähnliche, ebenso gefährliche"). Hierdurch werden dem Begriff hinreichend feste Konturen für die Rechtsanwendung verliehen. Der Bezugnahme auf die konkreten Modalitäten kommt eine eingrenzende Wirkung zu (*Fabricius* GA **1994** 164, 166). Dem Richter wird nichts Ungewöhnliches auferlegt. Vielmehr ist es auch über die zuvor genannten strukturell ähnlichen Regelungen hinaus an der Tagesordnung, dass der Rechtsanwender ein Merk- **41a**

---

[74] *Lackner/Kühl* Rdn. 6; *Sch/Schröder/Cramer/Sternberg-Lieben* § 315b Rdn. 9; *Fischer* Rdn. 11; *Arzt/Weber* BT § 38 Rdn. 22 [„bedenklich"]; *Krey* Studien zum Gesetzesvorbehalt S. 223 ff; *Cramer* JZ **1983** 812; *Fabricius* GA **1994** 164, 165 ff; *Mayr* FG BGH (1975) S. 273, 277; *Rudolf* ZLW **1965** 118, 121 f sowie Fn. 22.

[75] *Maurach/Schroeder/Maiwald* BT/2 § 53 Rdn. 16.

[76] *Herzog* NK Rdn. 18 (der aber seltsamerweise bei demselben Merkmal im Rahmen des § 315b [dort Rdn. 12] verfassungsrechtliche Bedenken als „eher theoretischer Natur" ansieht); *Bruns* GA **1986** 1, 14 ff; *Isenbeck* NJW **1969** 174; *Stöckel* Gesetzesumgehung und Umgehungsgesetze im Strafrecht S. 125 f; *ders.* ZRP **1977** 134, 136. Eingehend zu den mit dem Analogieverbot zusammenhängenden Fragen *Obermann* wie Fn. 67 S. 136 ff [zu § 315b].

[77] So *Herzog* NK Rdn. 18; *Bruns* GA **1986** 1, 14 ff; *Stöckel* Gesetzesumgehung und Umgehungsgesetze im Strafrecht S. 125 f; *ders.* ZRP **1977** 134, 136.

[78] *Mayr* FG BGH S. 273, 277; *Cramer* JZ 1983 812 Fn. 8; *Fabricius* GA **1994** 164, 166.

[79] *Krey* Studien zum Gesetzesvorbehalt im Strafrecht S. 224; *Fabricius* GA **1994** 164, 166; **aA**, freilich ohne jede Begründung, *Bruns* GA **1986** 1, 16.

mal im Lichte anderer Tatbestandsmerkmale auszufüllen hat, in deren systematischem Zusammenhang es steht. Der Vorwurf, § 315 Abs. 1 Nr. 4 enthalte eine legislatorische „Anweisung zur strafausdehnenden Analogie" (so *Maurach/Schroeder/Maiwald* BT/2 § 53 Rdn. 16) oder stelle eine Ermessensvorschrift dar (so *Isenbeck* NJW **1969** 174, 176), erscheint daher überzogen. Schon gar nicht ist es gerechtfertigt, dem Ganzen das Etikett nationalsozialistischen Gedankenguts anheften zu wollen.[80] Zwar ist durch das Gesetz zur Änderung des Strafgesetzbuchs vom 28.6.1935 zugleich mit dem Begriff des ähnlichen Eingriffs die analoge Anwendung von Strafgesetzen zugelassen worden (§ 2 StGB i.d.F. dieses Gesetzes). Gerade mit Blick auf die *allgemeine* Zulassung der Analogie zulasten des Täters hätte es aber der „Ähnlichkeitsklausel" in § 315 Abs. 1 aber nicht bedurft. Es überrascht daher nicht, dass das Merkmal nicht „jenem autoritären Motiv" (*Isenbeck* NJW **1969** 174) der nationalsozialistischen Machthaber entspringt, sondern auf die Reformarbeiten aus der Zeit vor 1933 zurückgeht. Es ist im Grundsatz dem E 1927 entnommen (hierzu Entstehungsgeschichte II).

42 b) **Sachlicher Gehalt.** Ähnliche, ebenso gefährliche Eingriffe sind Verhaltensweisen, die unmittelbar auf einen Verkehrsvorgang einwirken, ihrer Art nach den in Absatz 1 Nr. 1 bis 3 aufgeführten Begehungsformen verwandt sind und diesen an Gefährlichkeit gleichkommen (vgl. BGH **10** 404, 405).[81] Das Merkmal *ist restriktiv auszulegen* (insoweit richtig *Herzog* NK Rdn. 19). Das Gebot enger Interpretation entspricht den Intentionen des Gesetzgebers. Die Modifikation des vor dem 2. StraßenVSichG verwandten Terminus des „ähnlichen Eingriffs" in Verbindung mit der Schaffung des Tatbestands nach § 315a Abs. 1 Nr. 2 zielte darauf ab, grob pflichtwidrige Verstöße gegen Verkehrsvorschriften, für die die Strafdrohung des § 315 zu hart erschien, vor der Gesetzesänderung aber darunter subsumiert worden waren, aus § 315 auszugrenzen (BTDrucks. IV/651 S. 22; BGHSt **24** 231, 234). Mit dieser Zielsetzung wäre es nicht vereinbar, wenn sich solche Fallgestaltungen über eine weite Interpretation des vergleichbar gefährlichen Eingriffs doch wieder im Anwendungsbereich des § 315 fänden. Die Abgrenzung fällt allerdings aufgrund der vielfachen Überschneidungen nicht leicht. Jedoch ist es keine überzeugende Lösung, einem Teil der Probleme dadurch gerecht werden zu wollen, dass § 315 (Abs. 1 Nr. 4) auf Eingriffe von außen und verkehrsfeindliches Verkehrsverhalten beschränkt wird (Rdn. 19 ff).[82] Die Thematik dürfte sich ihrer Eigenart nach einer trennscharfen theoretischen Systematisierung entziehen (*Cramer* JZ **1983** 812). Maßgebend sind die Umstände des Einzelfalls. Die Bildung von Fallgruppen wäre hilfreich; jedoch ist das Rechtsprechungsmaterial im Vergleich zur Situation bei § 315b (dort Rdn. 39 ff) spärlich.

43 aa) **Eingriff gegeben.** Als ähnlichen, ebenso gefährlichen Eingriff sah der Regierungsentwurf mit Recht die Behinderung des Personals bei der Führung von Fahrzeugen an (BTDrucks. IV/651 S. 22). Dies kann durch einen tätlichen Angriff oder durch Bedrohung geschehen (etwa: der Flugzeugführer wird verletzt, so dass er zur sicheren Führung des Flugzeugs nicht mehr fähig ist, oder er wird zu einer Kursänderung oder zur Landung gezwungen). Man kann insoweit eine strukturelle Ähnlichkeit mit dem Hindernisbereiten ausmachen; an der Gefährlichkeit besteht ohnehin kein Zweifel. Vielfach wird in solchen Fällen auch § 316c eingreifen. Gefährliche Eingriffe können Steinwürfe

[80] So *Herzog* NK Rdn. 18; *Bruns* GA **1986** 1, 14; *Isenbeck* NJW **1969** 174.

[81] BTDrucks. IV/651 S. 22; BGHSt **24** 231, 232 f; *Lackner/Kühl* Rdn. 6; *Fischer* Rdn. 11.

[82] So zu § 315b *Obermann* wie Fn. 67 S. 154 ff.

gegen den Zugführer sein (zur verkehrsspezifischen Gefahr Rdn. 97).[83] Tatbestandsmäßig ist in der Regel das unberechtigte Ziehen der Notbremse (BGH bei *Spiegel* DAR **1985** 188), sofern nicht bereits Hindernisbereiten gegeben ist (hierzu Rdn. 35). Parallelen ergeben sich auch zum Beschädigen. Das Unterbrechen der Stromversorgung für Sicherheitsanlagen, die Störung des Funkverkehrs oder der Radaranlagen (BTDrucks. IV/651 S. 22 f) wird vielfach von Absatz 1 Nr. 1 erfasst (hierzu Rdn. 32). Sofern dies nicht der Fall ist (etwa wenn der Angriffsgegenstand nicht zu den Anlagen oder Beförderungsmitteln gerechnet werden kann), bestehen gegen die Annahme des gefährlichen Eingriffs keine Bedenken. Auch wer – dem in § 315a Abs. 1 Nr. 2 bezeichneten Personenkreis zugehörend – Gleisarbeiten vorschriftswidrig so ausführen lässt, dass die Gefahr einer Gleisverwerfung und damit der Entgleisung entsteht, macht sich u.U. wegen eines gefährlichen Eingriffs strafbar (BGH **24** 231, 232 ff; **aM** *Lackner/Kühl* Rdn. 6). Die vorschriftswidrige Ausführung der Gleisarbeiten kommt der Beschädigung (BGH aaO S. 233) und dem Hindernisbereiten gleich. Tatbestandsrelevanter Eingriff ist die Anordnung, ein Schiff in überladenem Zustand fahren zu lassen; denn es macht keinen Unterschied, ob die Manövrierunfähigkeit z.B. durch Sabotage oder durch erhebliche Überladung bewirkt wird (OLG Hamburg NZV **1997** 237, 238). Auch wird derjenige Pilot Absatz 1 Nr. 4 erfüllen, der mit nicht erkennbar verminderter Geschwindigkeit ein Flugzeug an den Rollhalteort vor der Start- und Landebahn heranrollt, so dass der Luftfahrzeugführer eines im Landeanflug befindlichen Luftfahrzeugs annehmen muss, dass das heranrollende Flugzeug nicht halten werde, und sich deshalb zum Durchstarten veranlasst sieht (*Schmid* NZV **1988** 125, 127); derartiges Verhalten ist dem Hindernisbereiten ähnlich, wenn es nicht schon als Hindernisbereiten angesehen werden kann (zum schnellen Heranfahren an einen Bahnübergang Rdn. 35); die erheblichen Gefahren liegen auf der Hand. Entsprechendes gilt für das Verdecken von Signalen durch Tücher oder andere Vorrichtungen (BTDrucks. IV/651 S. 23), das u.U. aber schon unter Absatz 1 Nr. 1, ggf. aber auch unter Absatz 1 Nr. 3 fällt (hierzu Rdn. 32, 39) sowie für falsche Anweisungen vom Kontrollturm an den Führer eines Luftfahrzeugs (*Lackner/Kühl* Rdn. 6) und für falsche Meldungen des Piloten an den Kontrollturm (Rdn. 38).

bb) Eingriff nicht gegeben. Demgegenüber sind einige Fälle nicht (mehr) unter § 315 **44**
Abs. 1 Nr. 4 zu subsumieren, die teils noch dafür in Ansatz gebracht werden. So ist das Durchfahren einer Langsamfahrstrecke mit überhöhter Geschwindigkeit ohne Hinzutreten weiterer Umstände jedenfalls bei nicht wesentlich überhöhter Geschwindigkeit (OLG Karlsruhe NZV **1993** 159, 160) nur noch nach § 315a Abs. 1 Nr. 2 strafbar (vgl. auch *Sch/Schröder/Cramer/Sternberg-Lieben* Rdn. 13), gleichfalls der Start mit einem Flugzeug trotz nicht ausreichenden Kraftstoffvorrats (OLG Karlsruhe NJW **2001** 1661; hierzu § 315a Rdn. 29). Wenig überzeugend erscheint es aber auch, *grobe* Geschwindigkeitsüberschreitungen unter § 315 Abs. 1 Nr. 4 zu subsumieren (so BGHSt **8** 8, 16). Das Übersehen eines Signals in schneller Fahrt dürfte dem Geben falscher Zeichen gleichfalls nicht hinreichend ähnlich sein (**aA** OLG Hamm VRS **61** 268, 269),[84] ebenso wenig ein vorzeitiges Auflösen einer Fahrstraße im Eisenbahnbetrieb (anders OLG Neustadt VRS **14** 56, 57). Für die Strafbarkeit nach § 315 spielt es in einem solchen Fall keine maßgebende Rolle, ob Rechtsvorschriften zuwidergehandelt worden ist (**aA** *Rüth* LK[10]

---

[83] RGSt **51** 77, 78 f und **61** 362, 363 haben sie, freilich vor Schaffung des ähnlichen, ebenso gefährlichen Eingriffs, als Hindernisbereiten angesehen.

[84] Im Anschluss an BGHSt **8** 8, 16 [zu § 315 a.F.]; zust. *Fischer* Rdn. 11. Wie hier *Horn/Hoyer* JZ **1987** 965, 975. Bedenken bei *Lackner/Kühl* Rdn. 6.

Rdn. 30). Diese Frage stellt sich erst im Rahmen des § 315a Abs. 1 Nr. 2. Im Einzelfall kann jedoch Hindernisbereiten nach § 315 Abs. 1 Nr. 2 gegeben sein.

45 **6. Unterlassen.** Sämtliche Tatbestandsvarianten des Absatzes 1 können auch durch Unterlassen verwirklicht werden (ganz h.M.; kritisch *Fabricius* GA **1994** 164, 177). Dass das Unterlassen nicht mehr wie früher ausdrücklich im Tatbestand aufgeführt ist, steht dem nicht entgegen; dessen Streichung erfolgte zum Zwecke der Anpassung an die allgemeinen Regeln und zur Vermeidung von Rechtsunsicherheiten (BTDrucks. IV/651 S. 22). Es gelten die Grundsätze des unechten Unterlassungsdelikts (BGHSt **8** 8, 11). Das Unterlassen muss nach allgemeinen Regeln dort, wo die einschlägige Variante als Beschreibung einer Handlungsmodalität aufzufassen ist (*Maurach/Schroeder/Maiwald* BT/2 § 53 Rdn. 20), den vom Gesetz beschriebenen Handlungen entsprechen und damit auch ebenso gefährlich sein (*Fischer* Rdn. 12; *Sch/Schröder/Cramer/Sternberg-Lieben* Rdn. 13).

46 **Beispiele:** Ist ein Schaden an einer Anlage oder einem Beförderungsmittel schon entstanden, so ist die pflichtwidrige Nichtbeseitigung durch einen Garanten bei Vorliegen der weiteren Voraussetzungen nach *Absatz 1 Nr. 1* strafbar.[85] Das Gleiche gilt für die Nichtbeseitigung eines bereits entstandenen Hindernisses (OLG Schleswig SchlHA **1983** 85 f), z.B. von zur Sicherung gespannten Drahtseilen, die den Stapellauf eines Schiffes behindern (OLG Oldenburg VRS **30** 110, 111 f). „Bereiten" des Hindernisses ist dabei nicht als Beschreibung einer bestimmten Handlungsmodalität aufzufassen, sondern im Sinne der Erfolgsverursachung, so dass die Entsprechensklausel des § 13 nicht gesondert zu würdigen ist.[86] Wird der Eisenbahnbetrieb auf einer eingleisigen Strecke ohne Signale mit Funkspruchverkehr geleitet, so ist auch der Triebwagenführer verpflichtet darauf zu achten, ob die planmäßig vorgesehene Kreuzung mit einem Gegenzug stattgefunden hat, bevor er einem Abfahrauftrag des Zugführers nachkommt; die Verletzung dieser Pflicht kann mit Blick auf den Gegenzug Hindernisbereiten bedeuten; ansonsten ist nach OLG Hamburg VRS **21** 433 (438 ff) wohl Absatz 1 Nr. 4 einschlägig; richtiger erscheint es jedoch, einen solchen Pflichtverstoß § 315a Abs. 1 Nr. 2 zuzuordnen (Rdn. 42 ff). Das Unterlassen, dem Fahrer eines Gegenzuges rechtzeitig das Abfahrtszeichen zu geben, bedeutet einen Verstoß gegen *Absatz 1 Nr. 3* (BGHSt **11** 162, 165).

Ein Schrankenwärter, der es unterlässt, an einem höhengleichen Bahnübergang die Schranken rechtzeitig zu schließen, nimmt einen ähnlichen, ebenso gefährlichen Eingriff vor (OLG Frankfurt NJW **1975** 840 mit Bespr. *Wolter* JuS **1978** 748). Eine Schifffahrtsgefährdung nach *Absatz 1 Nr. 4* kann nach OLG Schleswig SchlHA **1959** 23 dadurch begangen werden, dass es der Verantwortliche unterlässt, in gefährlichen Gewässern einen erfahrenen Rudergänger einzusetzen (aaO S. 24; zust. *H. W. Schmidt* MDR **1960** 90, 91 f); diese Interpretation erscheint mit Blick auf das Ähnlichkeitskriterium jedoch zweifelhaft. Ein relevanter Eingriff kann im Unterlassen einer gebotenen Weichenstellung gesehen werden (vgl. BGH VRS **21** 426, 427 ff). Keine Unterlassensstrafbarkeit ist gegeben, wenn der verantwortliche Amtsträger einer Aufsichtsbehörde vorgeschriebene Betriebsüberprüfungen einer Seilbahn nicht veranlasst, sofern er bei Erfüllung seiner Pflichten als einzige Einwirkungsmöglichkeit die Entziehung der Genehmigung bzw. die Stilllegung des Betriebs gehabt hätte; das Unterlassen entspricht dann nicht dem durch positives Tun verwirklichten ähnlichen Eingriff, weil dessen Bezugspunkt in solchen Kon-

---

[85] Vgl. RGSt. 74 273, 274 f; BGHSt 10 404, 405.

[86] Eingehend und m.w.N. *Maurach/Schroeder/Maiwald* BT/2 § 53 Rdn. 20; zust. *Horn/Wolters* SK § 315b Rdn. 14; *Geppert* Jura **1996** 639, 643. AM *Sch/Schröder/Cramer/Sternberg-Lieben* § 315b Rdn. 11.

stellationen die Beschädigung nach § 315 Abs. 1 Nr. 1 ist und diese einen unmittelbaren Eingriff in den Betriebsmechanismus erfordert (vgl. BGHSt **10** 404, 405; **aA** *Maurach/Schroeder/Maiwald* BT/2 § 53 Rdn. 21). Wegen eines ähnlichen Eingriffs durch Unterlassen macht sich demgegenüber der Betriebsleiter strafbar, dessen Aufgabe die Seiluntersuchung und die Behebung etwaiger Mängel ist (BGHSt **10** 404, 405).

VI. Beeinträchtigung der Sicherheit des Bahn-, Schiffs- oder Luftverkehrs

1. Charakter als Tatbestandsmerkmal. Folge der in Absatz 1 Nr. 1 bis 4 aufgeführten Handlungen muss eine Beeinträchtigung der Sicherheit des Bahn-, Schiffs- oder Luftverkehrs sein. Dabei handelt es sich nach h.M. um ein „echtes" Tatbestandsmerkmal, das dementsprechend vom Richter gesondert festzustellen ist.[87] Allerdings muss die Sicherheitsbeeinträchtigung nicht als selbstständiger Gefahrerfolg zu der konkreten Gefahr für Menschen oder hohe Sachwerte hinzutreten.[88] Ausreichend ist vielmehr die Feststellung, dass die Handlung generell für die Verkehrssicherheit besonders gefährlich ist (*Lackner/Kühl* Rdn. 3), was letztlich auf eine Eignungsbeurteilung hinausläuft.[89] Demgemäß macht es substanziell keinen Unterschied, wenn man mit einem Teil des Schrifttums (eingehend *Dencker* FS Nehm S. 374) die abstrakte Verkehrsgefahr als integrativen Bestandteil der Tathandlung begreift und damit von einem zweistufigen Deliktsaufbau (hierzu schon Rdn. 2) ausgeht (aM *Dencker* aaO). Der Sache nach bildet das Merkmal unbestritten ein die Strafbarkeit einschränkendes Korrektiv.[90] Generelle Gefährlichkeit im geforderten Sinn ist gegeben, wenn die mit den Verkehrsarten ohnehin verbundene abstrakte Gefahr („Betriebsgefahr") so erhöht ist, dass eine konkrete Gefahr deutlich wahrscheinlicher geworden ist (BGH VRS **8** 272, 274; BGHSt **13** 66, 69), der Verkehr also in seinem ungestörten Ablauf tangiert wird (*Lackner/Kühl* Rdn. 3; s. auch BGHSt **22** 6, 8 [zu § 315b]). Das Entstehen einer konkreten Gefahr ist dabei Indiz für die Sicherheitsbeeinträchtigung (*Fischer* Rdn. 13). Zur „verkehrsspezifischen" (konkreten) Gefahr Rdn. 97a ff. 47

2. Sicherheitsbeeinträchtigung als Folge. Die Handlungen nach Absatz 1 Nr. 1 bis 4 müssen die Sicherheitsbeeinträchtigung *bewirken, dieser also vorausgehen.* Im Rahmen des § 315 Abs. 1 Nr. 1 genügt es deshalb nicht, wenn die Beschädigung oder Zerstörung des Beförderungsmittels lediglich Unfall*folge* ist (*Sch/Schröder/Cramer/Sternberg-Lieben* Rdn. 7; vgl. auch RGSt **51** 77, 78). Bereits auf dieser Stufe scheidet § 315 beispielsweise im Fall eines zu schnell fahrenden Sportbootführers aus, dessen pflichtwidriges Verhalten lediglich die Zerstörung des von ihm geführten Boots herbeiführt (vgl. OLG Karlsruhe NZV **1993** 159, 160). § 315 kann in einer derartigen Konstellation nur erfüllt sein, wenn das zerstörte Beförderungsmittel vorwerfbar eine Gefährdung des Verkehrs verursacht 48

---

[87] Deutlich BGHSt **48** 119 [zu § 315b]; *Lackner/Kühl* Rdn. 3, 7, § 315b Rdn. 2; *Fischer* Rdn. 13; *Herzog* NK Rdn. 22; *Krumme* § 315b Rdn. 7; *Jagow/Burmann/Heß* § 315b Rdn. 8; *Cramer* JZ **1983** 812, 814; *Fabricius* GA **1994** 164, 169; wohl auch *Sch/Schröder/Cramer/Sternberg-Lieben* Rdn. 8. **AA** *Horn/Wolters* SK Rdn. 2; *Maurach/Schroeder/Maiwald* BT/2 § 53 Rdn. 22; *Geppert* Jura **1996** 639, 640 f. Zu den Auswirkungen auf den subjektiven Tatbestand unten Rdn. 104.

[88] Abw. wohl BGHSt **48** 119 [zu § 315b]; *Fischer* Rdn. 3.

[89] *Cramer* JZ **1983** 812, 814; offen gelassen von BGHR § 315b Abs. 1 Nr. 3 Eingriff, erheblicher 3.

[90] *Geppert* Jura **1996** 639, 640 f; hierzu auch *Horn/Wolters* SK Rdn. 2.

(etwa, weil es ein Hindernis bildet).[91] Gleichfalls an der abstrakten Verkehrsgefahr fehlt es dann, wenn etwa die Eisenbahn im Depot oder das Flugzeug im Hangar (zu § 315 bei Rollbewegungen auf dem Flugplatz Rdn. 16a) beschädigt oder zerstört wird und die Tat keine (weiteren) Sicherheitsbeeinträchtigungen entfaltet. Solche Taten sind vielmehr an anderen Delikten (Sachbeschädigung usw.) zu messen. Mangels Beeinträchtigung der Verkehrssicherheit unter dem Aspekt des § 315 irrelevant ist grundsätzlich auch der Vandalismus gegenüber Einrichtungen der Verkehrsbetriebe, z.B. das Aufschlitzen von Sitzen in Bahnwaggons, „Graffiti-Malereien", das Verkratzen von Fenstern u.ä. (dazu auch Rdn. 33).

49 3. **Beeinträchtigung von Verkehrsvorgängen.** Die störenden Eingriffe müssen die Sicherheit des Bahn-, Schiffs- und Luft*verkehrs* (Rdn. 8 ff) tangieren. In den Schutzbereich einbezogen sind unter dieser Prämisse die Beförderungsmittel, das Bedienungspersonal und die Fahrgäste (BGHSt **6** 1, 3 f). Die Sicherheitsbeeinträchtigung wird u.a. regelmäßig anzunehmen sein, wenn im Bahnverkehr eine Schnellbremsung vollführt werden muss (zur Frage der ***konkreten*** Gefahr bei Schnellbremsungen Rdn. 60a).[92] Hingegen ist § 315 nicht einschlägig, wenn der Bezug zu einem bestimmten Beförderungsvorgang fehlt. Dass sich der Vorfall lediglich im Bereich oder im unmittelbaren Umfeld von Schienen- oder Schwebebahnen, der Schifffahrt oder des Luftverkehrs ereignet, reicht demgemäß nicht aus.[93] So ist die Gefährdung von Gleisarbeitern durch einen eine Bahnschranke durchbrechenden Pkw (OLG Braunschweig NdsRpfl. **1952** 157, 158) ohne Hinzutreten weiterer Umstände nicht an § 315, sondern ggf. an anderen Strafvorschriften zu messen.[94] Damit ist nicht gesagt, dass betriebsfremde Personen nicht am Merkmal der (konkreten) Gefahr für Leib oder Leben eines anderen teilhaben. Insoweit ist jedoch schon die nächste Stufe des Tatbestands betroffen. Der Gefährdung vorgelagert sein muss stets die den Verkehrsvorgang beeinträchtigende Tathandlung (BGH **6** 1, 3 f; *Lackner/Kühl* Rdn. 2 a.E.). Werden z.B. Passagiere aufgrund einer Beschädigung von Sitzen (Rdn. 48) gefährdet, so kommen gleichfalls nur allgemeine Strafvorschriften in Betracht (*Maurach/Schroeder/Maiwald* BT/2 § 53 Rdn. 22 [zu § 315b]).

49a **Mangels abstrakter Verkehrsgefahr** können unter dem Aspekt des § 315 auch Taten straflos sein, die teilweise unter dem (problematischen) Topos der „verkehrsspezifischen" (konkreten) Gefahr erörtert werden (hierzu Rdn. 97 ff). Wirft der Täter z.B. Gegenstände von einer Brücke herab auf den letzten (usw.) Waggon eines ICE oder schleudert er Gegenstände (Steine, Farbbeutel) vom Rand der Bahnstrecke gegen Seitenfenster, so gefährdet er in der Regel nicht die Sicherheit des Bahnverkehrs (den Verkehrsvorgang). Vielmehr wohnt seiner Tat nur ein Sach- bzw. Körpergefährdungselement (Passagiere) inne.[95] Anders liegt es aber dann, wenn Gegenstände in Richtung der Lokomotive

---

[91] S. dazu, dass verkehrsteilnehmendes Verhalten im Rahmen des § 315 – anders als bei § 315b – relevant ist, Rdn. 19 ff.

[92] BGHSt **6** 1, 2 f; **13** 66, 69; *Lackner/Kühl* Rdn. 3; vgl. auch Nr. 245 Abs. 3 RiStBV.

[93] *Lackner/Kühl* Rdn. 2; *Fischer* Rdn. 13; hierzu auch, im Einzelnen allerdings teils zweifelhaft, *Fabricius* GA **1994** 164, 169.

[94] Zweifelhaft ist hingegen das obiter dictum in RGSt. **42** 301 (302), wonach eine Transportgefährdung stets ausscheiden soll, wenn auf den Gleisen befindliche Arbeiter nicht rechtzeitig vor einem herannahenden Zug gewarnt werden; befinden sich die Arbeiter nämlich auf den Gleisen, so werden nicht nur sie gefährdet, sondern sie bilden zugleich ein Hindernis, womit auch die Sicherheit des Transports beeinträchtigt wird (etwa Notwendigkeit einer Schnellbremsung etc.).

[95] Im Ergebnis auch RG GA **46** (1898/1899) 446; RGSt **51** 77, 78. Beispielsfall mit lehrreichen technischen Ausführungen zu den jeweils drohenden Gefahren in LG Ulm vom 31.7.2006, 1 Kls 21 Js 20974/05, juris.

geschleudert werden (Rdn. 97c). Gleichfalls anders kann es liegen, wenn nach den Umständen die Gefahr besteht, dass der vom fahrenden Beförderungsmittel abspringende Gegenstand Leib und Leben von Personen oder hohe Sachwerte zu verletzen droht. Auch vor derartigen Folgen will das Verkehrsstrafrecht schützen.

VII. Gefahr für Leib und Leben oder bedeutende Sachwerte

Durch die in Absatz 1 Nr. 1 bis 4 bezeichneten, generell gefährlichen (Rdn. 47 ff) Handlungen muss eine **konkrete Gefahr** für Leib oder Leben eines anderen Menschen oder für fremde Sachen von bedeutendem Wert herbeigeführt werden. Der Eintritt der konkreten Gefahr ist eigenständiges Element des objektiven Tatbestands. Er ist nicht nur „Vorstufe einer Folge" (so BGHSt **26** 176, 181), sondern spezifischer Taterfolg (*Küper*[7] BT S. 154 f). § 315 stellt mithin, was allgemeine Meinung ist, ein Erfolgsdelikt dar.[96] **50**

1. Gefahrbegriff. Das Gesetz definiert den Begriff der Gefahr nicht. Ihn auszufüllen, hat der Gesetzgeber der Rechtsprechung vorbehalten (BTDrucks. IV/651 S. 24).[97] Diese Entscheidung ist sachgerecht. Es erscheint nicht möglich, den Gefahrbegriff in einer abstrakt-generellen Regelung hinreichend präzis und mit Anspruch auf Gültigkeit für die Vielzahl von Strafvorschriften mit völlig unterschiedlichen Tathandlungen und Schutzobjekten zu beschreiben, in die er mittlerweile Einzug gehalten hat. Die in jedem Gefahrbegriff vorauszusetzende kritische Situation kann nur einzelfallbezogen nach dem Gefährlichkeitspotential der Tathandlung in ihrer Verknüpfung mit den umgebenden Verhältnissen[98] und nach der spezifischen Ausgestaltung des jeweiligen Tatbestandes beurteilt werden (E 1962 S. 467). Gefahr ist nach der üblicherweise gebrauchten, verschiedentlich freilich nuancierten Formel ein *ungewöhnlicher Zustand, in dem nach den konkreten Umständen der Eintritt eines Schadens nahe liegt.*[99] Diesem – „ziemlich unbestimmten" (*Arzt/Weber* BT § 35 Rdn. 73) – Gefahrbegriff lässt sich immerhin die Selbstverständlichkeit entnehmen, dass es zu einem Schaden nicht gekommen sein muss,[100] und damit zugleich, dass aus dem Ausbleiben der Verletzung nicht auf das Fehlen einer objektiven Gefährdung geschlossen werden darf. Einer streng kausalgesetzlichen Betrachtungsweise, nach der die Nichtverletzung unwiderleglich beweist, dass die Handlung das **51**

---

96 S. etwa *Jakobs* AT 6/IV Rdn. 79; *Jescheck/Weigend* AT § 26 II 2; *Küper*[7] BT S. 135; *Roxin* AT I § 11 Rdn. 147; *Lackner* Das konkrete Gefährdungsdelikt S. 7; *ders.* Niederschriften VIII S. 430 f; *Gallas* FS Heinitz, 171, 176; *Geppert* NStZ **1985** 264; *Hirsch* FS Kaufmann S. 545, 558; *Ostendorf* JuS **1982** 426, 429. **AA** *Welzel* Niederschriften VIII S. 430 (vgl. aber *dens.* Das Deutsche Strafrecht S. 63).

97 Das Bundesministerium der Justiz hatte ursprünglich eine Definition des Gefahrbegriffs geplant (*Dreher* Niederschriften VIII S. 418); hiergegen *Welzel* aaO S. 421.

98 BGHSt **18** 271, 272; BGH NJW **1995** 3131; *Jähnke* DRiZ **1990** 425, 429; *Lackner/Kühl* § 315c Rdn. 22. In diesem Sinne schon RGRspr. 7 98, 100: „Hierfür lassen sich schlechterdings keine Normen aufstellen; die concrete Beschaffenheit des Einzelfalls und seine sachliche Beurteilung entscheiden allein."

99 RGSt. **10** 173, 176; **30** 179; BGHSt **8** 28, 31; **18** 271, 272 f; *Lackner/Kühl* § 315c Rdn. 21; *Sch/Schröder/Heine* §§ 306 ff Vorbem. Rdn. 5; *Fischer* § 315c Rdn. 15; *Arzt/Weber* BT § 35 Rdn. 72; *Puhm* Strafbarkeit gemäß § 315c StGB S. 91; s. auch *Berz* NZV **1989** 409.

100 BGHSt **22** 67, 73, 74; BGH VRS **37** 365, 366; BGH NJW **1985** 1036; *Rüth* LK[10] § 315b Rdn. 26 und 28; *Berz* NZV **1989** 409.

Rechtsgut objektiv nicht gefährdet hat,[101] ist damit eine Absage erteilt. In deren Konsequenz läge es, dass die konkrete Gefährdung stets mit der Verletzung zusammenfällt. Hierdurch würde das gesetzliche Fundament gesprengt, auf dem die konkreten Gefährdungsdelikte ruhen. Denn diese sollen gerade die Lücke füllen, die zwischen den abstrakten Gefährdungsdelikten und den Verletzungsdelikten klafft.[102] Zudem widerstreitet eine solche Betrachtungsweise der allgemeinen Lebenserfahrung und dem Sprachgebrauch.[103] Sie wird dementsprechend heute nicht mehr angelegt (*Wolter* JuS **1978** 748, 749 f).

52 2. **Konkrete Gefahr.** Die Gefahr muss sich *hinreichend verdichtet haben.* Nach welchen Maßstäben die konkrete Krisensituation des beeinträchtigten Rechtsguts im Einzelnen zu bestimmen ist, wird nicht einheitlich beurteilt und harrt einer abschließenden Klärung.

53 a) **Gefahrformel der Rechtsprechung.** Unter Vorantritt des RG[104] und des BGH[105] ist die konkrete Gefährdung in der Rechtsprechung zunächst in der Weise beschrieben worden, dass der durch die Tathandlung verursachte regelwidrige Zustand den Eintritt der Verletzung wahrscheinlicher erscheinen lassen müsse als dessen Ausbleiben. Auf Vorlage des BayObLG (VRS **23** 379) hat der BGH in BGHSt **18** 271 dann klargestellt, dass mit der Wahrscheinlichkeitsprognose nicht eine (undurchführbare) Beurteilung „mit Hilfe von Prozentzahlen" (z.B. konkrete Gefahr ab 51 % Wahrscheinlichkeit) gemeint sei; vielmehr komme es darauf an, ob die Umstände auf einen unmittelbar bevorstehenden Unfall hindeuteten, wenn keine plötzliche Wendung eintrete (BGH aaO S. 272 f). Zu Recht hat er dabei betont, sich hierin in Übereinstimmung mit der Rechtsprechung des RG zu befinden (BGH aaO S. 273, unter Hinweis auf RGSt **10** 173, 176). Wesentlich unter dem Einfluss *Cramers*[106] hat die Gefahrformel in der Folge eine weitere Modifizierung erfahren. Seit dem grundlegenden Urteil vom 8.3.1973 (VRS **44** 422) stellt der BGH maßgebend darauf ab, ob die Sicherheit einer bestimmten Person oder Sache durch das Verhalten des Täters so stark beeinträchtigt wird, dass es *nur noch vom Zufall abhängt, ob das Rechtsgut verletzt wird oder nicht* (BGH aaO S. 423). Den vorläufigen Schlusspunkt bildet die Grundsatzentscheidung vom 30.3.1995 (NJW **1995** 3131).[107] Darin fordert der BGH unter wesentlicher Einengung seiner bisherigen Rechtsprechung *einen „Beinahe-Unfall", also ein Geschehen, bei dem ein unbeteiligter Beobachter zu der Einschätzung gelange, dass „das noch einmal gut gegangen sei"* (BGH aaO S. 3132). Zugleich wird zum Ausdruck gebracht, dass der in der neueren Rechtsprechung einzelner Oberlandesgerichte gelegentlich gebrauchte Terminus der „hochgradigen Existenzkrise" für das bedrohte Rechtsgut (OLG Düsseldorf NJW **1993** 3212) nicht zu einer Überspannung der Anforderungen führen dürfe (BGH aaO S. 3131; s. auch Rdn. 65).[108]

---

101 S. aber RGSt. **8** 198, 202 [zum Versuch] sowie OLG Bremen DAR **1959** 191, 192. Nachweise zum älteren Schrifttum bei *Puhm* Strafbarkeit gemäß § 315c StGB S. 92 f und bei *Schünemann* JA **1975** 787, 794.

102 E 1962 (BTDrucks. IV/650) S. 496; *Demuth* VOR **1973** 436, 444; *Puhm* Strafbarkeit gemäß § 315c StGB S. 91 f; *Berz* NZV **1989** 409, 410.

103 *Arzt/Weber* BT § 35 Rdn. 68; *Demuth* VOR **1973** 436, 444 f.

104 RGRspr. 7 98, 100; 128, 130; RGSt. **10** 173, 175; **30** 178, 179; **61** 362, 363 f.

105 BGHSt **8** 28, 31; **11** 162, 164; **13** 66, 69 f.

106 Straßenverkehrsrecht[1] (1971) § 315c Rdn. 51 f; hierzu *Mayr* FG BGH S. 273, 275.

107 M. Anm. *Berz* NStZ **1996** 85; seither st. Rspr., s z.B. BGH NJW **1996** 329, 330 (m. Anm. *von Heintschel-Heinegg* JA **1996** 447), BGH NStZ-RR **1997** 200, BGHSt **48** 119; 233; BayObLG NJW **1996** 2045 (alle zu § 315b).

108 Kritisch zur „hochgradigen Existenzkrise" auch OLG Frankfurt NZV **1994** 365, 366; *Steindorf* LK[11] § 328 Rdn. 47.

b) **Ansätze der Lehre.** Im Schrifttum gibt es verschiedenartige Versuche, dem Gefahrbegriff eine dogmatische Basis zu verleihen.[109] So zeichnet sich die konkrete Gefahr nach *Horn* dadurch aus, dass auch unter Zuhilfenahme aller wissenschaftlichen Erkenntnismöglichkeiten nicht erklärt werden kann, weshalb die Verletzung schließlich doch ausgeblieben ist.[110] Die Gefährdung vermittle nur dann einen besonderen Eindruck der Unwertigkeit ähnlich der Rechtsguts*verletzung*.[111] Demgegenüber sieht *Schünemann* den erforderlichen Gefahrengrad als erreicht an, wenn die normalen Veranstaltungen für die Entschärfung der Situation nicht mehr ausreichen und zu diesem Zweck zu außergewöhnlichen Maßnahmen gegriffen werden muss bzw. müsste. Lediglich die generell beherrschbaren Rettungsmittel, verdienten Vertrauen und nähmen der Handlung die Gefährlichkeit, nicht aber der „Zufall“ in Gestalt von solchen Künsten des Opfers oder solchen glücklichen Begleitumständen, auf die man nicht vertrauen könne.[112] Ähnlich verlangt *Demuth* eine „akute krisenhafte Bedrohungssituation“, die nicht mehr mit normalen schadensverhütenden Maßnahmen beherrscht werden kann, sondern außergewöhnliche, aus der Not geborene Mittel erforderlich macht.[113] *Wolter* hebt maßgebend darauf ab, ob ex post betrachtet die Rettung objektiv vorhersehbar (bezweckbar, wiederholbar und deshalb nicht als Zufall) erscheine (dann keine konkrete Gefahr).[114] Nach *Hoyer* ist unter einer konkreten Gefahr ein Zustand zu verstehen, innerhalb dessen sich ein in hinreichendem Maße verletzungsursachentauglicher Sachverhalt und eine von diesem „ansprechbare“ veränderbare Opfersphäre soweit einander angenähert haben, dass ihrer Kollision (dem Eintritt einer Verletzung am avisierten Opfer) nicht mehr durch hinreichend zuverlässig verletzungshindernd wirkende Negationsfaktoren entgegengewirkt werden kann.[115] Nach *Kindhäuser* ist ein Gut dann konkret gefährdet, wenn nach den Umständen mit den Mitteln seines Organisationsbereichs keine zur Verhinderung einer wahrscheinlichen Beeinträchtigung geeignete Maßnahme ergriffen werden kann.[116] 54

c) **Stellungnahme.** Den genannten Literaturstimmen gebührt das Verdienst, den Gefahrbegriff in vielfältigen Facetten ausgeleuchtet und damit auch zu einer Schärfung der Problemsicht sowie zur Fortentwicklung der Rechtsprechung beigetragen zu haben. Jedoch wird man sagen können, dass die Praxis mit der vom BGH in langen Jahren herausgebildeten Formel im Wesentlichen zurechtkommt[117] und dass sich mit ihr die Aufgabe bewältigen lässt, die relevanten Konstellationen herauszufiltern. Dass die Beurteilung im Einzelfall Schwierigkeiten bereitet, bleibt davon unberührt, ist jedoch kein Spezifikum der konkreten Gefährdungsdelikte. Gerade Massenverfahren, um die es im Verkehrsstrafrecht geht, bedürfen darüber hinaus in besonderem Maße der Rechtssicherheit. Vor diesem Hintergrund könnte man der Praxis zu dem mit einem grundlegenden Rechtsprechungswandel verbundenen Wagnis allenfalls dann raten, wenn die durch die Literatur entwickelten andersartigen Ansätze, die teils einen beträchtlichen Abstraktionsgrad aufweisen, der Formel des BGH signifikant überlegen wären. Davon kann nicht ausgegan- 55

109 S. – mit zahlreichen Nachweisen – *Zieschang* Die Gefährdungsdelikte S. 43 ff.

110 Eingehend *Horn* Konkrete Gefährdungsdelikte, S. 159 ff; *ders./Wolters* SK vor § 306 Rdn. 5 ff; vgl. auch *Horn/Hoyer* JZ **1987** 965, 966; treffende Kritik bei *Schünemann* JA **1975** 787, 795 f, und *Roxin* AT I § 11 Rdn. 148.

111 *Horn* Konkrete Gefährdungsdelikte S. 107 f; *ders./Wolters* SK vor § 306 Rdn. 5.

112 *Schünemann* JA **1975** 787, 796 f.

113 Der normative Gefahrbegriff S. 218.

114 *Wolter* Objektive und personale Zurechnung S. 226; vgl. auch *dens.* JuS **1978** 748, 754.

115 *Hoyer* Die Eignungsdelikte S. 93.

116 *Kindhäuser* Gefährdung als Straftat (1989) S. 277; s. auch S. 210 f, 214 f.

117 In diesem Sinne auch *Geppert* NStZ **1985** 264; *ders.* Jura **1996** 47, 50.

gen werden. Eine „Zauberformel" hält weder die Rechtsprechung noch das Schrifttum bereit (*Geppert* NStZ **1985** 264),[118] und es ist zu befürchten, dass es auch künftig nicht gelingen wird, eine solche zu entwickeln. Auch dürfen die Divergenzen nicht den Blick darauf verstellen, dass die Positionen in Rechtsprechung und Schrifttum im gedanklichen Zugriff und auch in den Ergebnissen teils nicht sehr weit auseinander liegen. Eine weitere Annäherung dürfte mit dem Abstellen auf den Gedanken des „Beinahe-Unfalls" (Rdn. 53) und dessen konsequenter Durchführung eingetreten sein.

56 3. **Die Prognose und ihre Basis.** Die Beurteilung hat, was weithin anerkannt ist, anhand einer *objektiven nachträglichen Prognose (ex-ante-Sicht)* zu erfolgen.[119] Wie bei den Verletzungsdelikten sind demnach spätere Ereignisse und das spätere Wissen um zur Tatzeit unbekannte Tatsachen einzubeziehen, und zwar auch unter Nutzung verbesserter Erkenntnismöglichkeiten.[120] Damit könnte es theoretisch zu einer Benachteiligung des Täters in solchen Konstellationen kommen, in denen sich die Gefährlichkeit der Handlung erst im Nachhinein ergibt. Eine solche Benachteiligung wird jedoch nicht praktisch, weil es dann am subjektiven Tatbestand, also an Vorsatz und Fahrlässigkeit fehlt.[121] Eine künstliche Beschränkung der Urteilsbasis auf Umstände, die im Zeitpunkt der Tat erkennbar waren, könnte sich im Gegenteil als Fiktion zulasten des Angeklagten auswirken (*Schünemann* JA **1975** 787, 794). Ob und ggf. welche Einschränkungen hinsichtlich der objektiven und subjektiven Faktoren vorzunehmen sind, ist nicht abschließend geklärt.[122]

57 a) **Eintritt einer Verletzung.** Aus dem Ausbleiben einer Verletzung darf nicht das Fehlen einer Gefährdung abgeleitet werden (Rdn. 51). Das bedeutet umgekehrt nicht, dass der Eintritt der Rechtsgutsverletzung für die Annahme der konkreten Gefahr unbeachtlich wäre. Nach ganz herrschender Meinung setzt vielmehr *der Eintritt der Rechtsgutsverletzung zwingend eine zuvor gegebene Gefahr voraus.*[123] Eine jede Verletzungshandlung muss nämlich ein Stadium der Gefährdung durchlaufen, ehe sie ihr Ziel erreicht (*Binding* Normen IV S. 394). Es wäre widersinnig anzunehmen, ein Schaden an rechtlich geschützten Interessen könne durch eine Handlung herbeigeführt werden, die im Rechtssinne ungefährlich gewesen ist (*Schröder* ZStW **81** [1969] 7, 12). Entsprechendes gilt hin-

---

118 In diesem Sinne auch *Lackner/Kühl* § 315c Rdn. 22; *Jähnke* DRiZ **1990** 425, 429 ff.

119 BGH NJW **1985** 1036; NJW **1995** 3131; *Herzog* NK Rdn. 24; *Lackner/Kühl* § 315c Rdn. 22; *Sch/Schröder/Heine* §§ 306 ff Vorbem. Rdn. 5; *Fischer* § 315c Rdn. 15; *Arzt/Weber* BT § 35 Rdn. 77; *Demuth* Der normative Gefahrbegriff, S. 104 ff; *Puhm* Strafbarkeit gemäß § 315c StGB S. 93 ff; *Berz* NZV **1989** 409; *Horn/Hoyer* JZ **1987** 965, 966; *Schröder* ZStW **81** (1969) 7, 13 f; *Schünemann* JA **1975** 787, 794; *Wolter* JuS **1978** 748, 750.

120 BGHSt **18** 271, 272; *Gallas* FS Heinitz S. 171, 178: „Maximum an Wahrheitsgarantie"; *Puhm* Strafbarkeit gemäß § 315c StGB S. 93 m.w.N.

121 *Koffka* Niederschriften VIII S. 429; *Lackner* Das konkrete Gefährdungsdelikt S. 10 f; *Schröder* ZStW **81** (1969) 7, 13; *Schünemann* JA **1975** 787, 794.

122 *Lackner/Kühl* § 315c Rdn. 22, m.w.N; *Roxin* AT I § 11 Rdn. 150; *Renzikowski* JR **1997** 115, 118.

123 Vgl. RGSt. **4** 397; **10** 1 f [jeweils zu § 330c a.F.]; *Lackner/Kühl* § 315c Rdn. 22; *Arzt/Weber* BT § 35 Rdn. 78; *Horn* Konkrete Gefährdungsdelikte S. 52; *Puhm* Strafbarkeit gemäß § 315c StGB S. 94; *Geppert* NStZ **1985** 264; *Ostendorf* JuS **1982** 426, 429; *Schröder* ZStW **81** (1969) 7, 12 f. Enger (allenfalls Indiz): *Lackner* Das konkrete Gefährdungsdelikt im Verkehrsstrafrecht S. 18; so auch *Herzog* NK Rdn. 24.

sichtlich der Gefahr für bedeutende Sachwerte, wenn bedeutende Sachwerte in bedeutendem Umfang geschädigt sind.[124]

Demgegenüber will *Wolter* (JuS **1978** 748, 750 ff) unter Hinweis auf die Notwendigkeit eines adäquaten Gefährdungsrisikos, das sich im Gefahrerfolg verwirklichen müsse, für einen Teil der einschlägigen Fälle auch bei Eintritt der Verletzung die objektive Zurechnung verneinen. Ein (abgewandeltes)[125] Beispiel gäbe der Täter, der auf einer selten befahrenen Bahnstrecke für eine begrenzte Zeit Betonplatten auf die Schienen legt, wobei er es angesichts der geringen Zugfrequenz für nicht sehr wahrscheinlich hält, dass ein Zug kommen wird, aber doch auch nicht für ausgeschlossen. Die Strecke wird außerplanmäßig („zufällig doch") von einem Personenzug befahren, der aufgrund des Hindernisses entgleist, wobei zahlreiche Menschen verletzt werden und hohe Sachschäden entstehen. Es leuchtet nicht ein, warum es in einer solchen Konstellation deshalb an einem adäquaten Gefährdungsrisiko fehlen sollte, weil „objektiv" zu dieser Zeit kaum mit einem herannahenden Zug zu rechnen war. Vielmehr hat sich das Gefährdungsrisiko realisiert, das der Täter gesetzt hat. Auch hinsichtlich des subjektiven Tatbestandes wird man bei einer solchen Sachlage wenig Zweifel haben (**aA** *Wolter* JuS **1978** 748, 751). **57a**

b) **Nichteintritt einer Verletzung.** Soweit ersichtlich heute unbestrittenermaßen (Rdn. 51) ist die Annahme der konkreten Gefahr nicht ausgeschlossen, wenn durch die Tat Menschen nicht oder nur unerheblich körperlich verletzt und/oder fremde Sachwerte nicht oder nur unbedeutend geschädigt werden. In derartigen Fällen muss die konkrete Gefahr vom Richter gesondert festgestellt werden. Dies bereitet nicht selten gravierende Schwierigkeiten. Im Hinblick darauf, dass die konkrete Gefahr oftmals die Scheidelinie zwischen Strafbarkeit und Straflosigkeit bildet, können die Ergebnisse unbefriedigend ausfallen (zur Reformkritik Rdn. 66). **58**

aa) **Kriterium der Gefahrenzone.** Eine wertvolle Auslegungshilfe bildet zunächst das Kriterium der Gefahrenzone (*Geppert* NStZ **1985** 264, 265). Die konkrete Gefahr verlangt eine Krisensituation für die bedrohten Rechtsgüter. Daran fehlt es jedenfalls dann, wenn sich andere Personen oder bedeutende Sachwerte während eines bestimmten Verkehrsvorgangs erwiesenermaßen nicht in der unmittelbaren Gefahrenzone befunden haben[126] oder – anders gesagt –, wenn fremde Rechtsgüter „überhaupt nicht da" gewesen sind (*Horn/Wolters* SK vor § 306 Rdn. 7).[127] Zerstört also der Täter Eisenbahngleise oder verstellt er ein Signal, so begeht er keine vollendete Straftat nach § 315 (sondern allenfalls deren Versuch), wenn die Bahnstrecke im Zeitraum der Beeinträchtigungen nicht von einem Zug befahren wird. **59**

bb) **Latente (abstrakte) Gefahr.** Allein der Umstand, dass sich ein relevantes Rechtsgut in der Gefahrenzone (vorstehende Rdn.) befindet, vermag eine konkrete Gefahr aber **60**

124 OLG Koblenz DAR **1973** 48; OLG Hamm VRS **34** 445, 446; *Geppert* NStZ **1985** 264.

125 *Wolter* bildet in Variation des vieldiskutierten „Bergkuppenbeispiels" u.a. den Fall, dass „der Täter auf einer völlig einsamen Straße" vor einer unübersichtlichen Bergkuppe vorschriftswidrig überholt und es dann zu einem Unfall kommt, weil „zufällig doch ein schwach beleuchtetes Fahrzeug entgegenkommt" (JuS **1978** 748, 750).

126 BGH VRS **26** 347, 348; BGH NJW **1995** 3131; OLG Frankfurt NZV **1994** 365, 366; *Geppert* NStZ **1985** 264, 265.

127 In diesem Sinne auch *Arzt/Weber* BT § 35 Rdn. 79; *Hentschel* JR **1985** 434, 435; *Ostendorf* JuS **1982** 426 430; *Puhm* Strafbarkeit gemäß § 315 c StGB S. 95; *Wolter* JuS **1978** 748, 750.

noch nicht zu begründen. Zwar ist bei einem Aufeinandertreffen von Sicherheitsbeeinträchtigung und Rechtsgut die Gefahr gegenüber den zuvor angesprochenen Fällen erhöht. Die bloß latente (abstrakte) Gefährlichkeit des betreffenden Verhaltens genügt jedoch nicht.[128] Das gilt auch dann, wenn das Täterverhalten ein besonders hohes Unfallrisiko begründet. Selbst die erhebliche Steigerung des allgemeinen Unfallrisikos stellt sich nämlich bloß als eine abstrakte Gefahr dar (BGH NJW **1996** 329, 330). Stets im Auge behalten werden muss, dass das Element des Zufalls (Rdn. 61) auf dieser Ebene noch nicht maßgebend herangezogen werden darf. Es ist nicht der Zufall maßgebend, dass eine akute Krisensituation für das Rechtsgut nicht eingetreten ist.[129] Das kann auch gar nicht anders sein, würde doch ansonsten die abstrakte Gefährdung vielfach mit der konkreten Gefahr zusammenfallen. Bereits ob ein Rechtsgut in den unmittelbaren Gefahrenbereich gelangt oder nicht, wird stets mehr oder weniger vom Zufall abhängen.[130]

60a **Auf dieser Linie hat der BGH** konsequent einen vollendeten Eingriff in den Bahnverkehr für einen Sachverhalt verneint, in dem der Täter an einem Gleis Schwellenschrauben gelöst hatte und es zu einem Unfall des die betreffende Stelle überfahrenden Zugs lediglich aufgrund der zu diesem Zeitpunkt herrschenden Außentemperaturen, also infolge von „Zufälligkeiten“, nicht gekommen war (BGH NStZ-RR **1997** 200). Eine lediglich abstrakte Gefahr dürfte auch in einem durch das OLG Schleswig (gegenteilig) entschiedenen Fall vorgelegen haben, in dem der Täter sein Fahrzeug zwischen den Gleisen stehen gelassen hatte, wobei die vordere Ecke des Pkw nur 10 cm von den äußersten Teilen vorbeifahrender Züge entfernt gestanden hatte (SchlHA **1983** 85).[131] Instruktiv ist auch eine Entscheidung des OLG Hamburg (NZV **1997** 237). Im zugrunde liegenden Fall hatte der Täter ein erheblich überladenes Schiff in See gehen lassen, weswegen vor allem unter ungünstigen Bedingungen das hohe Risiko des Kenterns bestand; nicht anders als in den Konstellationen des Führens eines Kraftfahrzeugs mit schadhafter Bremsanlage (§ 315b Rdn. 65) begründet ein solcher Vorgang gleichfalls nur eine abstrakte Gefahr (**aA** OLG Hamburg NZV **1997** 237, 238).[132] Durch den Eingriff verursachte **Schnellbremsungen im Bahnverkehr** begründen per se gleichfalls nur eine abstrakte Gefährdung. Es existiert wohl kein wissenschaftlich begründeter Erfahrungssatz, auch keine Lebenserfahrung, dass bei solchen Schnellbremsungen *stets* die konkrete Gefahr einer Leibes- oder Sachgefährdung besteht.[133] Demgemäß müssen die Feststellungen einen über die Schnellbremsung hinaus eingetretenen konkreten Gefahrerfolg ergeben (z.B. Beinahesturz eines gebrechlichen Fahrgasts).[134]

---

128 BGH NJW **1995** 3131; NZV **1995** 80, 81; NJW **1996** 329; NZV **2000** 213; *Lackner/Kühl* § 315c Rdn. 21; *Fischer* § 315c Rdn. 16.

129 *Geppert* NStZ **1989** 320, 322 f; *ders.* Jura **1996** 47, 51; *Horn/Hoyer* JZ **1987** 965, 966; *Renzikowski* JR **1997** 115, 116; *Werle* JR **1990** 76; *Wolter* JuS **1978** 748, 750.

130 Hierzu m.w.N. *Wolter* JuS **1978** 748, 750.

131 Ein Zug war mit unverminderter Geschwindigkeit an dem Hindernis vorbeigefahren, drei Züge nach einer Warnung mit stark verminderter Geschwindigkeit. Zu einem Unfall war es nicht gekommen.

132 Das Schiff ist tatsächlich gekentert. Allerdings war die Kausalität der Überladung für das Kentern nach Auffassung des Gerichts wohl nicht hinreichend sicher feststellbar; demgemäß hätte eine Verurteilung wegen eines vollendeten Eingriffs in den Schiffsverkehr nicht erfolgen dürfen. Seltsamerweise bezieht sich das OLG Hamburg nur auf die ältere Rechtsprechung des BGH.

133 Instruktiv zur eher geringen Gefährdung der Fahrzeuginsassen bei Schnellbremsungen im Bahnverkehr, speziell beim ICE, LG Ulm vom 31.7.2006, 1 Kls 21 Js 20974/05, juris.

134 Vgl. BayObLG NJW **1983** 2827, 2829; s. auch OLG Celle DAR **1961** 313 [keine Gemeingefahr bei Schnellbremsung aus 30 km/h]; **aM** OLG Oldenburg NStZ **2005** 387. Zum Ganzen auch *König* LK § 315b Rdn. 66, § 315c Rdn. 155.

cc) **Kriterium des Zufalls.** Entscheidend ist, ob *bei gegebener Zuspitzung der Krisensituation das Ausbleiben der Verletzung auf Zufall beruht.* Zunächst ist demnach zu fragen, ob eine hinreichend gefährliche Lage für das jeweilige Rechtsgut besteht. Die Beantwortung entzieht sich entsprechend einer vom BGH mehrfach gebrauchten Wendung exakter wissenschaftlicher Umschreibung (BGHSt **18** 271, 272; BGH NJW **1995** 3131). Diese Formulierung ist nicht Ausdruck von „Beliebigkeit".[135] Sie anerkennt lediglich die kaum bestreitbare Tatsache, dass die Beurteilung nur anhand der Umstände des Einzelfalls erfolgen kann. Erforderlich ist eine Situation, in der die Sicherheit einer bestimmten Person oder Sache akut beeinträchtigt ist, in der also die Sicherheitsbeeinträchtigung und die geschützten Rechtsgüter in bedrohliche Kollisionslage zueinander geraten sind. Für die Annahme der konkreten Gefahr darf es dann nur noch vom Zufall abhängen, ob das Rechtsgut verletzt wird oder nicht. Ein unbeteiligter Beobachter muss zu der Einschätzung gelangen, dass das gerade noch einmal gut gegangen ist (BGH NJW **1995** 3131, 3132; **1996** 329; NStZ-RR **1997** 200). Damit wird darauf abgestellt, ob der Täter die Auswirkungen der Lage aus objektiver Sicht beherrschen konnte, in die er das Opfer gebracht hat.[136] Die kritische Situation wird demgemäß durch das Zufallselement als konkrete Gefahr „normativ" näher bestimmt (*Küper*[7] BT S. 156). Dieser theoretische Ansatz steht in Einklang mit der Rechtsprechung seit BGH VRS **44** 422. Nicht in Bezug auf die Kriterien zur Beherrschbarkeit, sondern hinsichtlich der Anforderungen an die kritische Verkehrssituation hat der BGH mit dem Abstellen auf den Beinahe-Unfall – gravierende – Restriktionen vorgenommen.[137] 61

(1) **Maßnahmen des Bedrohten.** Eine bedrohliche Kollisionslage vorausgesetzt kann es den Täter nicht entlasten, wenn „der Bedrohte infolge eines mehr oder weniger gefühlsmäßigen Erahnens oder Wahrnehmens der Gefahr eine Schutzmaßnahme trifft" (BGHSt **18** 271, 273) oder sich aufgrund überdurchschnittlicher Reaktionen noch in Sicherheit bringen kann (BGH NJW **1995** 3131; OLG Rostock v. 20.12.2002, 1 Ss 206/01 I 88/01, juris, hierzu § 315c Rdn. 156). Gelingt es z.B. dem Führer eines Motorboots trotz schneller Fahrt, das vom Saboteur geschaffene Hindernis über eine schmale Furt gerade eben noch zu umschiffen oder kann der Zugführer aufgrund außerordentlicher Reaktion den Zug gerade eben noch vor dem blockierten Gleisstück anhalten, so ist eine konkrete Gefahr anzunehmen. Die Rettung beruht, da für den objektiven Beobachter überraschend, auf Zufall. Zu demselben Ergebnis führt es, wenn man mit einer breiten Strömung im Schrifttum auf den Vertrauensgrundsatz abhebt; auf die Geschicklichkeit des Bedrohten darf der Täter nicht vertrauen.[138] Ebenso liegt es in dem viel erörterten (aber wohl nur akademisch bedeutsamen) Schulbeispiel des über außergewöhnliche Fähigkeiten verfügenden Gefährdeten, die diesen in die Lage versetzen, der Gefahr mit leichter Hand zu entkommen. Man müsste das vorstehende Beispiel in der Weise variieren, dass der Bootsführer professioneller Schnellboot-Sportler ist und der Gefahr aufgrund seiner Ausbildung und seiner Erfahrung entkommt.[139] 62

---

135 So – freilich in der Folge relativierend – *Renzikowski* JR **1997** 115, 116.

136 *Sch/Schröder/Heine* §§ 306 ff Vorbem. Rdn. 5 unter Hinweis auf BGH VRS **44** 422, 423; **45** 38; NJW **1985** 1036; *Geppert* NStZ **1985** 264, 266.

137 **AA** wohl *Renzikowski* JR **1997** 115, 116.

138 *Schünemann* JA **1975** 787, 797; ihm folgend *Roxin* AT I § 11 Rdn. 151; *Jakobs* AT 6/IV Rdn. 79.

139 *Schünemann* JA **1975** 787, 797; *Roxin* AT I § 11 Rdn. 151; *Jakobs* AT 6/IV Rdn. 79; *Berz* NStZ **1996** 85; differenzierend *Renzikowski* JR **1997** 115, 117; **aM** *Horn/Wolters* SK vor § 306 Rdn. 7 und § 315c Rdn. 19; *Wolter* JuS **1978** 758, 753.

63 (2) **Maßnahmen des Täters.** Genauso wenig scheidet eine konkrete Gefahr von vornherein aus, weil *der riskant handelnde Täter selbst* den Verletzungseintritt noch verhindern konnte (BGH NJW **1995** 3131), und sei es aufgrund überdurchschnittlicher Fähigkeiten. Ein „russisches Roulett" spielender Täter kann den Geschehensablauf oftmals bereits deswegen nicht beherrschen, weil er die Reaktionen des Gefährdeten nicht zu kalkulieren vermag.[140] Das ist für die Fälle offenkundig, in denen es zu gefahrsteigernden Reaktionen des Gefährdeten kommt. Fährt etwa der Motorbootführer rasch auf einen Schwimmer oder einen Ruderer in der Absicht zu, unmittelbar vor dem Aufeinandertreffen in einer bestimmten Richtung abzuschwenken, und versucht sich der Schwimmer bzw. Ruderer in genau dieser Richtung zu retten, so ist eine konkrete Gefahr zu bejahen, wenn der Motorbootführer die Kollision trotzdem noch um Haaresbreite vermeiden kann. Aber auch der Umstand, dass der Schwimmer bzw. Ruderer „vor Schrecken starr" in seiner Position verharrt, steht der Annahme einer hinreichenden Gefährdung nicht zwingend entgegen. Der Motorbootführer hat es nämlich nicht in der Hand, was der Gefährdete tut. Er ist nicht Herr der Situation, weil er seinerseits auf eine ungünstige Entwicklung nicht mehr hinreichend sicher reagieren kann.[141] Im Zeitpunkt des nahen Vorbeifahrens am Opfer kann deshalb eine konkrete Gefahr vorliegen. Allerdings darf die Gefahr in solchen Fällen nicht mit der generalisierenden Begründung bejaht werden, Fehlreaktionen könnten grundsätzlich niemals ausgeschlossen werden (*Berz* NZV **1989** 409, 411).[142] Dies liefe auf eine hypothetische Betrachtungsweise und letztlich auf die Fiktion der konkreten Gefahr hinaus. Es kommt auf die Umstände des Einzelfalls an. Maßgebend dürfte sein, wie nahe sich Täter- und Opfersphäre gekommen sind. Eine konkrete Gefahr wäre etwa dann anzunehmen, wenn *jede* (andere) Reaktion des Gefährdeten unweigerlich zur Kollision geführt hätte.

64 (3) **Andere Faktoren.** Dieselben Maßstäbe gelten für Umstände, die weder der Täternoch der Opfersphäre entstammen (*Naturgewalten, Rettung durch Dritte*). Eine vollendete Straftat nach § 315 läge im Beispiel unter Rdn. 63 auch dann vor, wenn – die kritische Verkehrssituation vorausgesetzt – ein Mitfahrer dem Bootsführer noch rechtzeitig in das Steuer fiele oder eine Wellenbewegung oder Windbö das Aufeinanderprallen gerade noch verhindern würde. Namentlich für das Eingreifen von Naturgewalten spielt es dabei keine Rolle, ob die Rettungsursache wissenschaftlich erklärt werden kann.[143] Vielmehr ist dann die typische Situation gegeben, in der die Rettung auf unbeherrschbaren, „zufälligen" Faktoren beruht.[144] Ebenso wäre es, wenn man BGH NStZ-RR **1997** 200 (Rdn. 60) dahin variiert, dass der Zug aufgrund der gelockerten Schienen zunächst die Haftung verliert, dann aber wieder in die Gleise zurückfällt und wegen atypischer tatsächlicher Gegebenheiten weiterzufahren vermag. Nicht maßgebend ist auch, ob die im Eingreifen eines Dritten bestehende Rettungsursache „bekannt" ist (**aA** OLG Schleswig NStE Nr. 11 zu § 315c und hierzu § 315c Rdn. 158).

---

140 BGHSt **26** 176, 178 f m. Bspr. *Meyer-Gerhards* JuS **1976** 228; BGHSt **28** 87, 89; BGH JZ **1983** 811, 812 m. Anm. *Cramer*; BGH VRS **69** 125, 126; **71** 193, 194. S. auch § 315b Rdn. 67.

141 So für das Zufahren auf einen Fußgänger *Berz* NZV **1989** 409, 411; **aA** *Renzikowski* JR **1997** 115, 117.

142 Vgl. auch BGH VRS **63** 205, 207 f; VRS **69** 125, 127. Zu derartigen Begründungen beim „Drängeln" auf der Autobahn § 315c Rdn. 157.

143 **AA** *Horn* Konkrete Gefährdungsdelikte S. 175.

144 *Schünemann* JA **1975** 787, 796; *Roxin* AT I § 11 Rdn. 148; *Jakobs* AT 6/IV Rdn. 79.

c) **Feststellung im Urteil.** Das Vorliegen der konkreten Gefahr ist vom Tatrichter gesondert festzustellen. Es versteht sich von selbst, dass der betreffende Verkehrsvorgang im Urteil möglichst genau dargestellt werden muss. Mit Recht betont der BGH aber, dass die Anforderungen nicht überspannt werden dürfen (kritisch *Berz* NStZ **1996** 85). Vor allem würde es eine unangemessene Rücknahme des strafrechtlichen Schutzes bedeuten, wenn man vom Tatrichter verlangen würde, nur deskriptive Begriffe zu verwenden, die Geschwindigkeiten und Entfernungen exakt anzugeben etc.[145] Hierdurch würden an die Präzision von Zeugenaussagen unerfüllbare Anforderungen gestellt. Es muss ausreichen, wenn etwa festgestellt wird, dass der Aufprall „gerade eben noch" oder „um Haaresbreite" vermieden werden konnte. Den Unzulänglichkeiten ungenauer Zeugenaussagen ist dabei durch eine deren geringeren Beweiswert berücksichtigende, besonders sorgfältige Beweiswürdigung Rechnung zu tragen (BGH NJW **1995** 3131, 3132).[146] 65

d) **Reformkritik.** Schlägt die Feststellung der konkreten Gefahr im Einzelfall fehl, so kann Versuch in Betracht kommen. Jedoch hilft die Versuchsstrafbarkeit nicht weiter, wenn der Gefährdungsvorsatz nicht vorliegt oder nicht nachweisbar ist. Greifen dann keine anderen Tatbestände ein, so bildet die konkrete Gefahr die Scheidelinie zwischen Strafbarkeit und Straflosigkeit eines ansonsten objektiv und subjektiv riskant handelnden Täters. Ist dessen Verhalten im landläufigen Sinne „gemeingefährlich", so kann die Entscheidung für die Straflosigkeit unbefriedigend sein, zumal derart gefährliches Handeln zumeist auf generelle Eignungsmängel des Täters hindeutet. Der Hinweis auf das jedem Erfolgsdelikt innewohnende „Glückselement" (*Renzikowski* JR **1997** 115, 117) vermag unter solchen Umständen nicht recht zu überzeugen. Auf diese Aspekte wird es maßgebend zurückzuführen sein, dass die Rechtsprechung und ein Teil der Literatur die Anforderungen an die akute Krisensituation bei Taten im oberen Spektrum der Gefährlichkeitsskala vormals nicht eng gespannt haben.[147] Wenn der BGH nunmehr auf den „Beinahe-Unfall" abstellt (Rdn. 53, 60 ff), so ist dies als grundsätzliche Abkehr von einer solchen Betrachtungsweise zu werten. Die Folge ist, dass unbefriedigende Ergebnisse vermehrt in Kauf genommen werden müssen. *De lege ferenda* könnte den Defiziten (und den Unsicherheiten hinsichtlich des Begriffs der konkreten Gefahr) mit der Ersetzung konkreter durch abstrakte Gefährdungsdelikte[148] abgeholfen werden. Dies entspricht für das Verkehrsstrafrecht der Konzeption des AE (s. insbesondere § 163 Vorbemerkung, S. 101).[149] Allerdings lässt sich die gefährliche Handlung in einer gesetzlichen Regelung nur selten hinreichend eingrenzen, was bedingt, dass eine breite Palette geringer wiegender Taten einbezogen wird, die als solche keine Pönalisierung verdienen. Die abstrakten Gefährdungsdelikte bergen deshalb Probleme in Bezug auf den Schuldgrundsatz sowie 66

---

145 In diese Richtung OLG Hamm NZV **1991** 158; OLG Düsseldorf NJW **1993** 3212; NZV **1994** 406. Im Einzelnen § 315b Rdn. 66; § 315c Rdn. 154 ff.

146 Hierzu OLG Frankfurt NZV **1994** 365, 366; insoweit zust. *Berz* NStZ **1996** 85. S. auch *Renzikowski* JR **1997** 115, 118.

147 Instruktiv zu Konstellationen aus dem Straßenverkehrsstrafrecht *Jähnke* DRiZ **1990** 425, 429 ff.

148 Zur Klassifizierung („Gefährlichkeitsdelikte", „potentielle Gefährdungsdelikte" bzw. „Eignungsdelikte") *Lackner/Kühl* vor § 13 Rdn. 32, m.w.N.; *Hettinger* JuS **1997** L 41, 42 f; *Hirsch* FS Kaufmann S. 545, 548 ff; *Küper*[7] BT S. 155.

149 Befürwortend *Horn/Wolters* SK vor § 306 Rdn. 2; *ders.* Konkrete Gefährdungsdelikte, S. 212; differenzierend *Wolter* Objektive und personale Zurechnung S. 248 ff; *ders.* JuS **1978** 748, 754; *Seiler* FS Maurach S. 75, 86 ff. S. auch *Struensee* Einführung in das 6. Strafrechtsreformgesetz 2. Teil Rdn. 21, wonach der Gefahrbegriff, weil zu unbestimmt, verfassungswidrig sein soll.

das Übermaßverbot staatlichen Strafens in sich[150] und nötigen nicht selten zu teleologischen Reduktionen auf oftmals unsicherem Boden. Eine Patentlösung ist demzufolge weiterhin nicht in Sicht. Der Gesetzgeber des 2. StraßenVSichG hat Überlegungen in Richtung auf weitgehende Umgestaltung konkreter in abstrakte Gefährdungsdelikte, die im Gesetzgebungsverfahren eine Rolle gespielt[151] und später in die außerordentlich rigiden §§ 164 ff des AE Eingang gefunden haben, im Wesentlichen aus diesen Gründen nicht aufgegriffen (*Lackner* Das konkrete Gefährdungsdelikt S. 8). Trotz der unbestreitbaren Schwächen der konkreten Gefährdungsdelikte hat er darin cum grano salis recht getan. Lässt man die jüngere Gesetzgebung außerhalb des Verkehrsstrafrechts Revue passieren, so finden sich vielfältige Beispiele für die Neuschaffung oder Bestätigung sowohl abstrakter als auch konkreter Gefährdungsdelikte. Keinesfalls lässt sich eine Tendenz feststellen, wonach der Gesetzgeber langsam Abschied vom konkreten Gefährdungsdelikt nehmen könnte. Das 6. StrRG liefert im Gegenteil in zahlreichen Bestimmungen dafür Zeugnis, dass er am Moment der konkreten Gefährdung als Gradmesser für oder gegen die Strafbarkeit oder für einen höheren Strafrahmen weiterhin festhält und ihn sogar noch ausbaut.[152] Mit den durch diese Deliktsart aufgeworfenen spezifischen Problemen wird man mithin weiter leben müssen.

4. Gefahr für Leib und Leben eines anderen Menschen

67 a) **Gefährdung eines beliebigen Menschen.** Es genügt die Gefährdung von Leib und Leben eines beliebigen Menschen. Eine Gemeingefahr, die das frühere Recht verlangt hatte, ist nicht mehr erforderlich. Demgemäß erübrigt sich die Feststellung, ob die gefährdete Einzelperson „Repräsentant der Allgemeinheit" ist (dazu Entstehungsgeschichte II, IV 2).[153] Es ist daher ohne Bedeutung, ob es sich bei den Insassen des Beförderungsmittels, die in den Strafschutz einbezogen sind,[154] um vom Zufall bestimmte oder durch den Unternehmer bzw. Fahrzeugführer nach spezifischen Gesichtspunkten ausgewählte Personen handelt, wie es etwa bei der Mitnahme von Verwandten oder Freunden der Fall ist.[155] Auch die absichtliche Gefährdung einer einzelnen Person reicht aus,[156] sofern eine Beeinträchtigung der Verkehrssicherheit gegeben ist (Rdn. 47 ff; § 315b Rdn. 60). Der Gefährdete braucht nach soweit ersichtlich allgemeiner Meinung[157] nicht selbst am Verkehrsvorgang beteiligt zu sein (BGHSt **6** 1, 4). § 315 ist auch anwendbar, wenn eine am Verkehrsbetrieb nicht teilnehmende Person durch den Eingriff gefährdet wird, z.B., wenn Personen außerhalb des Schienenbereichs durch eine entgleiste Lokomotive oder wenn Passanten durch ein abstürzendes Flugzeug in Gefahr geraten (s. auch Rdn. 49).

---

150 S. nur *Lackner* Das konkrete Gefährdungsdelikt S. 8 ff; *Arzt/Weber* § 35 Rdn. 52 ff; *Ostendorf* JuS **1982** 426, 432 f.

151 *Lackner* Das konkrete Gefährdungsdelikt S. 8, unter Hinweis auf *Baumann* in: Folgenlose Verkehrsgefährdung als Massenerscheinung (1961) S. 162, 177 ff.

152 Etwa § 176a Abs. 1 Nr. 3, Abs. 4 Nr. 2; § 177 Abs. 3 Nr. 3, Abs. 4 Nr. 2b; § 306a Abs. 2; § 306f Abs. 2.

153 **AA** soweit ersichtlich nur *Ranft* Jura **1987** 608, 611; hierzu auch Rdn. 72 f.

154 So schon BGHSt **6** 100, 102; 232, 233 [zu § 315a a.F.].

155 KG VRS **36** 106, 107; OLG Düsseldorf VRS **36** 109; *Lackner* JZ **1965** 120, 124; *Warda* MDR **1965** 1, 5; *Sch/Schröder/Heine* §§ 306 ff Vorbem. Rdn. 10; *Fischer* Rdn. 15. Anders zum Merkmal der Gemeingefahr BGHSt **11** 199, 204 f.

156 Anders zum früheren Recht BGH DAR **1960** 296; OLG Celle NdsRpfl. **1962** 68.

157 S. nur *Horn/Wolters* SK vor § 306 Rdn. 10; *Sch/Schröder/Cramer/Sternberg-Lieben* Rdn. 14; *Fischer* Rdn. 15. Zur Beurteilung im Rahmen des § 315b s. dort Rdn. 61.

b) **Mittäter/Teilnehmer.** Nach einhelliger, aber abzulehnender Rechtsprechung zum *Straßen*verkehrsstrafrecht fällt der „Tatbeteiligte" (Mittäter oder Teilnehmer) nicht in den Schutzbereich der einschlägigen Vorschriften (§ 315b Rdn. 71 ff). Die Kommentarliteratur überträgt dies auf die §§ 315, 315a.[158] Eine höchstrichterliche Entscheidung steht soweit ersichtlich aus. An der Übertragbarkeit des Gedankens könnte man im Hinblick darauf gewisse Zweifel hegen, dass die Rechtsprechung zum ähnlich gelagerten Problem der Gefährdung/Verletzung des vom Täter geführten Fahrzeugs unter Hinweis auf die Besonderheiten des Bahn-, Schiffs- und Luftverkehrs eine differenzierende Behandlung vornimmt (Rdn. 77). Die dafür durch den BGH angeführten Gründe (Schutz der Beförderungsmittel etc.) treffen auf den Tatbeteiligten aber nicht zu. Deswegen spricht mehr dafür, dass Mittäter oder Teilnehmer – entsprechend der h.M. zu den §§ 315b, 315c – *keine* geeigneten Gefährdungsobjekte im Sinne der §§ 315, 315a sind. 68

c) **Inkaufnahme des Risikos.** Irrelevant ist es nach allgemeiner Meinung, ob sich der Gefährdete der ihm drohenden Gefahren bewusst war, sie also erkannt hat (BGHSt **6** 232, 235; *Fischer* Rdn. 15). Hingegen ist im Rahmen vornehmlich des § 315c sehr umstritten, ob der bewussten Inkaufnahme der Gefahr durch den Gefährdeten eine die Strafbarkeit ausschließende Wirkung zukommt. Die seit vielen Jahrzehnten gefestigte Rechtsprechung und ein Teil der Literatur behandeln die Thematik unter dem Aspekt der rechtfertigenden Einwilligung und sprechen der Einwilligung eine den Eingriff legitimierende Wirkung ab, weil der Gefährdete nicht Inhaber des Universalrechtsguts der Verkehrssicherheit sei (Rdn. 4 f). Die Streitfrage ist theoretisch für das gesamte Verkehrsstrafrecht bedeutsam. Im Rahmen des § 315 wird sie kaum je praktisch werden, weil typischerweise auch die Rechtsgüter Dritter tangiert werden (s. auch Rdn. 73). Ggf. gilt das unter § 315b Rdn. 71 ff und § 315c Rdn. 161 Gesagte entsprechend. 69

d) **Unerhebliche Leibesgefahr.** Kein tatbestandsrelevantes Risiko ist gegeben, wo nur unbedeutende Beeinträchtigungen der körperlichen Unversehrtheit zu erwarten sind, insbesondere solche, die noch unterhalb der für die §§ 223 ff maßgebenden Erheblichkeitsgrenze liegen,[159] aber wohl auch diejenigen, die, wie etwa leichte Prellungen, womöglich auch ein leichter, „nur psychischer" Schock eines Lokomotivführers aufgrund eines Steinwurfs gegen den Triebwagen eines ICE[160], knapp darüber anzusiedeln sind (vgl. *Sch/Schröder/Heine* Vorbem. §§ 306 ff Rdn. 13). Damit ist jedoch nicht gesagt, dass Schockschäden generell für § 315 nicht hinreichen.[161] Die Beschränkung auf ernste Leibesgefahren entspricht der Interpretation des früheren Rechts (Gemeingefahr); das 2. StraßenVSichG wollte daran nichts ändern (BTDrucks. IV/651 S. 24). Allein die Feststellung, die Fahrgäste einer Schienenbahn seien durch eine Notbremsung „heftig durcheinander gerüttelt" worden, reicht demzufolge nicht aus (OLG Zweibrücken VRS 32 70

---

158 *Rüth* LK[10] Rdn. 34; *Sch/Schröder/Heine* §§ 306 ff Vorbem. Rdn. 12; *Fischer* Rdn. 15; wohl auch *Lackner/Kühl* Rdn. 7 und § 315c Rdn. 25; nur im Ergebnis ebenso *Horn/Wolters* SK vor § 306 Rdn. 9, 12.

159 *Lackner/Kühl* § 315c Rdn. 23; *Herzog* NK Rdn. 25; *Maurach/Schroeder/Maiwald* BT/2 § 53 Rdn. 23; *Geppert* Jura **1996** 639, 645; vgl. auch RGSt **66** 397, 400 (zum Notstand). **AA** womöglich *Jagow/Burmann/Heß* § 315c Rdn. 7.

160 Hierzu LG Ulm vom 31.7.2006, 1 Kls 21 Js 20974/05, juris. Bei Krankschreibung der Lokomotivführer von einer bzw. vier Wochen dürfte die Erheblichkeitsschwelle allerdings entgegen LG Ulm aaO überschritten sein.

161 Vgl. BGHSt **26** 176; OLG Zweibrücken NZV **1997** 239; aM *Barnickel* MK Rdn. 50.

376; s. auch Rdn. 60a).[162] Hinreichende Leibesgefahr ist allerdings auch in einem solchen Fall nicht ausgeschlossen. Das Urteil muss aber begründet darlegen, dass ungeachtet der tatsächlich eingetretenen unwesentlichen Beeinträchtigungen erhebliche Leibes- oder Lebensgefahren *gedroht haben*.

71 e) **Nasciturus/Leichnam.** Tatbestandlich vorausgesetzt ist die Gefährdung *eines Menschen*. Nach h.M. ist der nasciturus strafrechtlich nicht als Mensch geschützt. Pränatale schädigende Einwirkungen können daher nicht unter dem Aspekt der Tötungs- und Körperverletzungsdelikte verfolgt werden.[163] Dies ist früher maßgebend aus der Wertentscheidung des § 217 hergeleitet worden, gilt jedoch auch nach dessen Aufhebung durch das 6. StrRG fort. Es ist nicht anzunehmen, der Gesetzgeber habe mit der Streichung der Vorschrift den Beginn des strafrechtlichen Schutzes des Menschen verschieben wollen. Vielmehr bringt die Begründung des 6. StrRG-E zum Ausdruck, dass die bislang unter § 217 fallenden Konstellationen nunmehr durch § 213 erfasst würden, will also wohl an den bisherigen Grundsätzen festhalten.[164] Eine anderweitige Absicht hätte eindeutiger gesetzlicher Festlegung bedurft. Bereits aufgrund dieser, auf die §§ 315 ff übertragbaren Gesichtspunkte genügt die Gefährdung der Leibesfrucht nicht.[165] Die Sperrwirkung der §§ 218 ff kommt hinzu.[166] Auch der Leichnam ist kein Mensch im strafrechtlichen Sinne (vgl. § 168; zur Frage des Leichnams als Sachwert Rdn. 81).

72 5. **Gefahr für fremde Sachen von bedeutendem Wert.** Gefährdet werden müssen fremde Sachen von bedeutendem Wert. Entsprechend der Lage bei der Leibes- und Lebensgefahr sind nicht nur den Verkehrseinrichtungen zuzurechnende Sachen (Betriebs- oder Beförderungsgegenstände bzw. Beförderungsmittel) in den Schutzbereich einbezogen, sondern *im Prinzip alle für den Täter fremden Sachgegenstände*. Die Gefährdung eigener Sachen ist hingegen nicht mehr tatbestandsrelevant. Vor In-Kraft-Treten des 2. StraßenVSichG hatte das StGB eine Gemeingefahr für bedeutende Sachwerte verlangt, „die in fremdem Eigentum stehen oder deren Vernichtung gegen das Gemeinwohl verstößt“ (§ 315 Abs. 3 a.F.). Die Klausel war von der h.M. dahin ausgelegt worden, dass die *fremden* Gegenstände die Allgemeinheit repräsentieren müssen.[167] Als Beispiele für die gemeinwohlwidrige Gefährdung *eigener* Sachwerte sind Bauwerke, Waldungen und Nahrungsmittelvorräte angegeben worden (*Schäfer* JW **1935** 2480). Das Erfordernis der Gemeinwohlgefährdung brachte den Charakter der §§ 315 ff als gemeingefährliche Straftaten besser zum Ausdruck als das geltende Recht. Die dadurch aufgeworfenen beträchtlichen Auslegungsschwierigkeiten sind andererseits nicht zu verkennen (Entstehungsgeschichte II, IV 2).

---

162 Zur konkreten Gefahr bei Schnellbremsungen auch OLG Celle DAR **1961** 313 f.

163 BVerfG NJW **1988** 2945; BGHSt **31** 348, 351 ff; s. auch BGHSt **32** 194; *Sch/Schröder/Eser* §§ 211 ff Vorbem. Rdn. 13, 15; *Lackner/Kühl* vor § 211 Rdn. 3, § 223 Rdn. 2; *Fischer* vor § 211 Rdn. 2 – jeweils m.w.N.

164 Die kursorischen Ausführungen des RegE werden den Dimensionen der Änderung nicht gerecht (BTDrucks. 13/8587 S. 34); hierzu auch *Gropp* GA **2000** 1, 14 f; *Struensee* Einführung in das 6. Strafrechtsreformgesetz 2. Teil Rdn. 5, 6.

165 Vgl. auch *Sch/Schröder/Heine* §§ 306 ff Vorbem. Rdn. 10; *Horn/Wolters* SK vor § 306 Rdn. 9; *Hillenkamp* JuS **1977** 166, 167.

166 BGHSt **31** 348, 351 ff; *Fischer* vor § 211 Rdn. 2; *Hillenkamp* JuS **1977** 166, 167; *Ranft* Jura **1987** 608, 613 f m.w.N.

167 RGSt. **75** 68, 70 [zu § 330c a.F.]; OLG Celle JZ **1963** 563; KG VRS **13** 43, 48; *Schönke/Schröder*[11] (1963) vor § 306 Rdn. 11; *Werner* LK[8] (1958) Rdn. II 3.

a) **„Fremd"**. Das Merkmal „fremd" ist grundsätzlich nach bürgerlichem Recht auszufüllen. Danach ist die Sache für den Täter fremd, wenn sie nicht in seinem Alleineigentum steht und nicht herrenlos ist.[168] Das Abstellen auf den zivilrechtlichen Eigentumsbegriff kann im Bereich des Verkehrsstrafrechts zu vom Gesetzgeber wohl nicht gewollten Härten führen. Erörtert wird dies vor allem für das Straßenverkehrsrecht und dort für § 315c (§ 315c Rdn. 162 ff). Der generalisierende Hinweis auf die Besonderheiten des Bahn-, Schiffs- und Luftverkehrs „mit seinen außergewöhnlich hohen Sachwerten und entsprechend großen Gefahren" (z.B. BGHSt 27 40, 44) verstellt allerdings mitunter den Blick darauf, dass auch die §§ 315, 315a ein Spektrum von Fällen einbeziehen, deren Strafwürdigkeit und Strafbedürftigkeit unter dem Aspekt des konkreten Gefährdungsdelikts mit seinen vergleichsweise hohen Strafrahmen zweifelhaft erscheinen kann. 73

Im Rahmen des § 315 ist die Frage freilich *praktisch* kaum bedeutsam. Dies ist wohl in erster Linie dadurch bedingt, dass in den bekannt werdenden Fällen meist die Rechtsgüter anderer mitbeeinträchtigt sind. Selbst wenn aber nur das Beförderungsmittel gefährdet wird, scheidet § 315 u.U. deshalb aus, weil die Tat keine Sicherheitsbeeinträchtigung bewirkt (Rdn. 48). Aus diesem Grund würde sich etwa derjenige nicht nach § 315 (evt. aber nach § 315a) strafbar machen, der das von ihm unter Eigentumsvorbehalt gekaufte Boot an einen Felsen fährt, ohne dass weitere Folgen eintreten. Variiert man das Beispiel allerdings in der Weise, dass der Betreffende vor Antritt der Fahrt fahrlässig die Vorrichtungen zur Steuerung des (auch) fremden Motorbootes funktionsunfähig macht oder beseitigt (§ 315 Abs. 1 Nr. 1), weswegen es zu dessen Aufprall auf den Felsen kommt, so ist der Tatbestand dem Wortlaut nach erfüllt. Bei einer Fahrt mit einem nicht steuerbaren Fahrzeug lässt sich auch die abstrakte Beeinträchtigung der Verkehrssicherheit (Rdn. 47 ff) kaum in Abrede stellen.[169] Ein weiteres Beispiel gäbe der Schiffsführer, der falsche Zeichen oder Signale gibt, infolgedessen er von der richtigen Fahrlinie abgedrängt wird und das im Sicherungseigentum seiner Bank stehende Boot „auf Grund setzt". Zum Hindernisbereiten ist u.a. an den Fall „verkehrsfremden" Eindringens in die von § 315 geschützten Verkehrsarten zu denken (Rdn. 79). Ferner lassen sich die zu § 315b von der Rechtsprechung mehrfach entschiedenen Fälle fingierter Verkehrsunfälle zum Zweck von Versicherungsbetrügereien zwanglos auf § 315 übertragen; in diesen Konstellationen besteht allerdings nach der hier vertretenen Auffassung bereits im Ansatz kein anerkennenswerter Grund zu einer Ausgrenzung aus den §§ 315, 315b (näher § 315b Rdn. 71 ff). 73a

Im Rahmen des § 315a ist u.a. zu denken an den das Fahrzeug (Motorboot, Segelschiff, Paddelboot [Rdn. 15], Segelflugzeug, Flugdrachen [Rdn. 16] o.Ä.) benutzenden, nicht (allein) eigentumsberechtigten Ehegatten,[170] den Sohn oder die Tochter des Eigners, Mitgesellschafter etc., aber auch an den Mieter oder Entleiher des Segelsurfbretts, die die genannten Gegenstände aufgrund alkoholbedingter Fahrunsicherheit gefährden oder schädigen (§ 315a Abs. 1 Nr. 1). Auch für grob pflichtwidrige Regelverstöße nach § 315a Abs. 1 Nr. 2 lässt sich eine Vielzahl von Anwendungsbeispielen denken. Die Beurteilung stellt sich hier nicht wesentlich anders dar als im Anwendungsbereich des § 315c. Die einschlägigen Handlungen werden im Unrechtsgehalt und in der Gefährlichkeit nicht 73b

---

[168] Allg. M., s. nur *Lackner/Kühl* § 242 Rdn. 4 bis 7; *Ruß* LK[11] § 242 Rdn. 6; *Fischer* Rdn. 16; *Sch/Schröder/Heine* §§ 306 ff Vorbem. Rdn. 18. Zu herrenlosen Sachen Rdn. 81.

[169] Anders wohl *Rüth* LK[10] Rdn. 38.

[170] Anwendungsfall [zu § 315c] in OLG Schleswig NJW **1965** 1727 m. Bespr. *Hartung* NJW **1966** 15, 18.

selten sogar unterhalb derer des Führens von Kraftfahrzeugen im Zustand der Fahrunsicherheit liegen.

73c Das Merkmal der Gemeinwohlgefährdung (s. Rdn. 72) hätte Handhaben geboten, unter dem Blickwinkel der konkreten Verkehrsgefährdung weniger relevante Verhaltensweisen aus den jeweiligen Tatbeständen auszugrenzen (offen gelassen in BGHSt **11** 148, 151). Es steht indessen nicht mehr zur Verfügung. Der Versuch, die Gemeinwohlgefahr im Wege der Interpretation (teilweise?) wieder einzuführen (in diese Richtung *Ranft* Jura **1987** 608, 611 [zu § 315b]), erscheint wenig überzeugend. De lege lata stellt es ein außerordentlich schwieriges, wenn nicht gar aussichtsloses Unterfangen dar, einen stringenten Weg aus dem Dilemma zu weisen, der Härtefälle vermeidet, ohne seinerseits diffizile Abgrenzungsfragen aufzuwerfen.

74 aa) **Wirtschaftliches Eigentum.** Einigkeit besteht, dass der zivilrechtliche Eigentumsbegriff nicht immer den Ausschlag geben kann. Eine Sache ist für den Täter auch dann *nicht fremd, wenn sie ihm bei wirtschaftlicher Betrachtung eindeutig zusteht.* Wirtschaftlicher Eigentümer von Gegenständen, die der GmbH gehören, ist beispielsweise der Gesellschafter einer „Ein-Mann-GmbH" (KG VRS **13** 43, 47 f). Deshalb geht der faktische Inhaber eines Luft- oder Schiffahrtunternehmens straflos aus, wenn er durch eine Handlung im Sinne des § 315 Abs. 1 (was sehr selten sein wird) *nur* das „seiner" GmbH gehörende Flugzeug oder Schiff und die darin befindliche, dieser zustehende Ladung gefährdet. Das Ergebnis erscheint sachgerecht. Für die strafrechtliche Beurteilung kann es nicht auf die für das Unternehmen gewählte Rechtsform ankommen.

75 bb) **(Auch) fremde Sachen.** Die Annahme wirtschaftlichen Eigentums im vorgenannten Sinne kommt nach ganz h.M. *nicht* in Betracht, wenn Gegenstände gefährdet werden, die der Täter unter *Eigentumsvorbehalt* gekauft, zur *Sicherung einem Dritten übereignet, geleast* oder aus anderen Gründen *„wie ein Eigentümer"* in Besitz hat. Stimmen in der Literatur, die das Merkmal „fremd", freilich wohl nur in Bezug *auf das vom Täter geführte Fahrzeug,*[171] auch in solchen Fällen ausschließen wollen,[172] haben sich zu Recht nicht durchgesetzt. Abgesehen davon, dass die wirtschaftliche Betrachtungsweise oftmals bereits aus tatsächlichen Gründen nicht zu dem gewünschten Ergebnis führt (näher § 315c Rdn. 165), würde die strafrechtliche Beurteilung hierdurch mit erheblichen und letztlich untragbaren Unsicherheiten befrachtet.[173]

76 cc) **Rechtmäßiger Besitz.** Desgleichen ist es kein gangbarer Weg, fremdes Eigentum im Sinne der Vorschrift auszuschließen, wenn der Täter das von ihm geführte Fahrzeug rechtmäßig besitzt (hierzu § 315c Rdn. 166).[174] Geht man mit der h.M. davon aus, dass die §§ 315 ff das Allgemeininteresse an der Verkehrssicherheit zu schützen bestimmt sind und dass die Gefährdung fremder Rechtsgüter die Gefährlichkeit des Eingriffs indiziert (Rdn. 5), so ist nicht einzusehen, wie die Rechtmäßigkeit des Besitzes diese Indizwirkung sollte entkräften können. Ferner steht diesem Ansatz entgegen, dass § 315 das Beförde-

---

171 Unklar auch hinsichtlich der beförderten Ladung *Rüth* LK[10] Rdn. 37 einerseits, Rdn. 38 andererseits.

172 So *Rüth* LK[10] Rdn. 37; *Hartung* NJW **1966** 15, 17 f; *ders.* NJW **1967** 909, 910.

173 In diesem Sinne auch allgemein BGHSt **12** 282, 287; **aA** *Hartung* NJW **1966** 15, 17 f.

174 So, allerdings wohl nur für die §§ 315b, 315c, *Rüth* LK[10] § 315b Rdn. 8 und andererseits § 315 Rdn. 38; *ders.* JR **1977** 432, 433 [zu § 315c].

rungsmittel ausdrücklich schützt und dabei auch das Verkehrsverhalten mit einbezieht (Rdn. 19 ff).[175] Der Zug-, Schiffs- oder Luftfahrzeugführer wird das Beförderungsmittel aber typischerweise rechtmäßig besitzen. Demgemäß würde der Tatbestand zu einem guten Teil leer laufen.

dd) **Elimination des vom Täter geführten Fahrzeugs?** Im Rahmen *der §§ 315b und 315c* greift die ganz h.M. zu einer teleologischen Reduktion. Danach sind – entgegen dem hier eingenommenen Standpunkt – solche Fälle aus diesen Tatbeständen zu eliminieren, in denen der Täter lediglich das von ihm geführte (auch) fremde Fahrzeug gefährdet (§ 315b Rdn. 80, § 315c Rdn. 167 f).[176] Allerdings betont der BGH zugleich, dass seine Rechtsprechung auf den Bahn-, Schiffs- und Luftverkehr „mit seinen außergewöhnlich hohen Sachwerten und entsprechend großen Gefahren" (BGHSt **11** 148, 151 f; **27** 40, 44) nicht übertragbar sei. Dies ergebe sich auch daraus, dass § 315 im Allgemeininteresse wesentlich die Erhaltung und den Betrieb der dort genannten Beförderungsmittel zu schützen bestimmt sei; die Sicherheit des Betriebs einer Eisenbahn usw. sei deswegen beeinträchtigt, wenn das einzelne Fahrzeug beschädigt oder zerstört werde. Demgegenüber sei die allgemeine Sicherheit des Straßenverkehrs durch die Zerstörung, Beschädigung oder Gefährdung des vom Täter geführten Kraftfahrzeugs noch nicht tangiert (BGHSt **11** 148, 151 f). Die Lehre ist dem BGH in diesem Punkt nur z.T. gefolgt.[177] **77**

(1) **Stellungnahme.** Die Ausklammerung des Bahn-, Schiffs- und Luftverkehrs aus einer restriktiven Interpretation im vorgenannten Sinne erscheint nicht plausibel. Sie kann letztlich als Beweis dafür gewertet werden, dass die Eliminierung des vom Täter geführten Fahrzeugs auch im Rahmen der §§ 315b, 315c nicht haltbar ist. **78**

(a) Bereits der Hinweis auf die gegenüber dem Straßenverkehr **verschiedenen Verhältnisse** der von § 315 geschützten Verkehrsarten vermag nicht zu überzeugen. Im Vergleich etwa zur Fahrt mit dem Omnibus oder dem Lastkraftwagen sind weder die Sachwerte schlechthin signifikant höher noch sind die mit einem entsprechenden Verhalten verbundenen Gefahren generell größer (*Hartung* NJW **1966** 15, 16; vgl. auch *Maurach/Schroeder/Maiwald* BT/2 § 50 Rdn. 25). Hinzu kommt, dass die §§ 315, 315a eine breite Palette von Verkehrsvorgängen umfassen, die hinsichtlich der Werte und der Gefahren abstrakt betrachtet sogar weniger schwer wiegen als das Führen eines Kraftfahrzeugs (Rdn. 73). Daraus wird ferner deutlich, dass nicht durchschlagend mit dem Erhaltungsinteresse der von § 315 geschützten Beförderungsmittel „zur Benutzung von jedermann" (BGHSt **11** 148, 150) argumentiert werden kann. Vor allem der Schiffs-, aber auch der Luftverkehr dient in einem beträchtlichen Ausmaß nicht Belangen der Allgemeinheit, sondern reinen Privatinteressen. Der reibungslose Betrieb der Verkehrsunternehmen gegenüber Störungshandlungen wird im Übrigen nicht durch § 315 geschützt, sondern durch § 316b. **78a**

(b) Auch die unterschiedliche Bestimmung der Schutzrichtung leuchtet nicht ein. Die §§ 315 ff sind strukturell einheitlich ausgestaltet. Sie betreffen abstrakt gefährliches Ver- **78b**

---

175 Dies wird von *Rüth* auch nicht verkannt (LK[10] Rdn. 38).

176 BGHSt **11** 148, 150; **27** 40, 42 ff; BGH NStZ **1992** 233; BGH NStZ-RR **1999** 120.

177 *Lackner/Kühl* Rdn. 7 und § 315c Rdn. 25; *Fischer* Rdn. 16. **AM** *Horn/Wolters* SK vor § 306 Rdn. 10; *Sch/Schröder/Heine* §§ 306 ff Vorbem. Rdn. 11; *Otto* GK BT § 80 Rdn. 1; *Hartung* JR **1958** 265; *ders.* NJW **1966** 15; *ders.* NJW **1967** 909. Hinsichtlich der Durchschlagskraft des Arguments in Bezug auf den Schiffs- und Luftverkehr zweifelnd BayObLG NJW **1983** 2827, 2828; dazu Rdn. 79.

halten für die jeweiligen Verkehrsarten. Sowohl die §§ 315, 315a als auch die §§ 315b, 315c setzen demgemäß teils ausdrücklich (§§ 315, 315b), teils implizit (§§ 315a, 315c) eine Beeinträchtigung der *allgemeinen* Verkehrssicherheit voraus. Diese wird aber bei der Zerstörung der Bremsen eines Omnibusses oder Tanklastzugs (§ 315b Abs. 1 Nr. 1) nicht weniger beeinträchtigt als bei der Zerstörung der Bremsvorrichtungen einer Eisenbahn (§ 315 Abs. 1 Nr. 1) und beim Führen eines Kraftfahrzeugs im Zustand der Fahrunsicherheit (§ 315c Abs. 1 Nr. 1a) nicht weniger als beim Führen eines Boots im gleichen Zustand (§ 315a Abs. 1 Nr. 1). Hier wie dort soll der reibungslose Betrieb einzelner Fahrzeuge im Interesse des Ganzen (allgemeine Verkehrssicherheit) gewährleistet werden. Ein Unterschied ist nicht auszumachen.

78c (c) Pönalisiert ist riskantes Verhalten nur, wenn es sich in einem Gefahrerfolg auswirkt. Im Gefahrerfolg dokumentiert sich die Gefährlichkeit des Täterverhaltens. Auch insoweit gibt es keine tatbestandlichen Divergenzen zwischen den verschiedenen Verkehrsarten. Prämisse des BGH ist nun offensichtlich, dass die Gefährdung des selbst geführten Fahrzeugs im Bahn-, Schiffs- und Luftverkehr typisierend betrachtet *stets* ein Indiz für abstrakt hinreichend gefährliches Handeln ist, im Straßenverkehr hingegen *niemals*. Selbst wenn man nur die idealtypischen Fälle in den Blick nimmt (Eisenbahnunglück, Schiffshavarie, Flugzeugabsturz) lässt sich eine dahingehende These nicht halten (Omnibus, Lastzug). Hinzu kommt, dass diesen idealtypischen Fällen bei näherem Hinsehen nur theoretische Bedeutung zukommt. Denn dort werden immer Drittinteressen tangiert sein (Personal, Passagiere, Ladung). Die differenzierende Behandlung müsste demnach dem Vergleich der „Minima" (Führer eines Paddelboots, Segelschiffs, Drachens) mit dem Straßenverkehr generell standhalten. Es ist offensichtlich, dass ihr dies nicht gelingen kann. Ferner muss dem Standpunkt des BGH die Annahme zugrunde liegen, dass die Gefährdung des selbst geführten Fahrzeugs (nur) im Straßenverkehr auf eine geringere Beeinträchtigung der allgemeinen Verkehrssicherheit hindeutet, als es bei einer Gefährdung anderer Sachen der Fall ist. Dies trifft aber schon im „Binnenvergleich" des Straßenverkehrs nicht zu. Die Beeinträchtigung der *allgemeinen* Verkehrssicherheit ist nicht greifbarer, wenn der betrunkene Fahrer eines Kraftwagens einen in fremdem Eigentum stehenden Zaun streift und dabei einen über der Wertgrenze liegenden Schaden verursacht, als wenn er infolge von Volltrunkenheit von der Straße abkommt und das von ihm geführte fremde Fahrzeug völlig zerstört (näher § 315c Rdn. 168). Das ist im Rahmen der von §§ 315, 315a geschützten Verkehrsarten nicht anders.

78d (d) Schließlich führt die Auffassung des BGH **zu krassen Wertungswidersprüchen**. Sie werden z.B. bei der Straßenbahn deutlich, die, soweit sie am Straßenverkehr teilnimmt und damit diesem zuzuordnen ist (§ 315d), wohl nicht als geeigneter Gefährdungsgegenstand gelten kann, während sie es als Bestandteil des Bahnverkehrs ist. Aber auch ungeachtet dieses Sonderfalls kann nicht schlüssig erklärt werden, warum zwar der trunkene oder grob pflichtwidrig handelnde Bootsführer soll bestraft werden können, der ein von ihm gemietetes Motorboot gefährdet, nicht aber der Kraftfahrer, dem hinsichtlich des Mietwagens dasselbe widerfährt.

79 (2) **Eindringen in die geschützten Verkehrsarten.** Unter Übertragung der zu §§ 315b, 315c entwickelten Grundsätze hat das BayObLG (NJW **1983** 2827) in einem Fall entschieden, in dem der Täter mit dem einem Kunden gehörenden Kraftfahrzeug in den Gleisbereich eines Schienenbusses geraten und es zu einer Beinahekollision mit dem Bus gekommen war. Das BayObLG lässt offen, ob dem BGH zur generellen Andersbehandlung des Schienen-, Schiffs- und Luftverkehrs zu folgen ist. Jedenfalls in Konstellationen, in denen der Täter mit einem *betriebsfremden Gegenstand von außen* in die von § 315 geschützten Verkehrsarten eindringe und nur dieser, ihm nicht (alleine) gehörende Gegenstand gefährdet werde, sei eine divergierende Behandlung gegenüber dem Straßenverkehr nicht gerechtfertigt. Demnach genüge allein die Gefährdung des Kraftfahrzeugs für die Annahme des § 315 nicht (wohl aber die des Schienenbusses bzw. der darin befindlichen Personen); Eigentumsschutz hinsichtlich solcher Sachen zu gewährleisten, sei nicht Aufgabe des § 315 (aaO S. 2828).[178] Auf der Linie der h.M. zu den §§ 315b, 315c erscheint dies konsequent; *im Ganzen gesehen* sind die Ergebnisse jedoch ungereimt (vorstehende Rdn.).

ee) **Sachen von Tatbeteiligten.** Ähnlich wie der vorstehend angesprochene Fragen- **80**
kreis, ohne sich mit ihm jedoch ganz zu decken, liegt die Problematik der Gefährdung von Sachen, die im Eigentum von an der Tat beteiligten Personen stehen. Auch in solchen Fällen kommt es nach herrschender, hier abgelehnter Meinung, nicht zur Anwendung der §§ 315b, 315c (§ 315b Rdn. 81). Dies dürfte auf die §§ 315, 315a zu übertragen sein. Auf das zum Tatbeteiligten Gesagte (Rdn. 68) wird verwiesen.

ff) **Herrenlose Sachen.** Nach allgemeinen Grundsätzen nicht „fremd" sind herrenlose **81**
Sachen. Im Rahmen des Verkehrsstrafrechts kann dies insbesondere relevant werden für wilde Tiere (§ 960 Abs. 1 Satz 1 BGB), die durch den Täter gefährdet werden, oder für das Grundwasser (AG Schwäbisch-Hall NStZ **2002** 152; hierzu auch Rdn. 85). Wegen Herrenlosigkeit keine fremden Sachen sind ferner, sieht man von Sonderfällen ab,[179] der menschliche Leichnam sowie Teile davon.[180] Ob beidem ein Sach*wert* zukommt,[181] ist eine schwierige, im Hinblick auf die regelmäßig gegebene Herrenlosigkeit letztlich aber nicht entscheidungserhebliche Frage. Für Leichenorgane, die einer Heilbehandlung zu dienen bestimmt sind, dürfte sie zu bejahen sein, obwohl diese keine handelbaren Objekte des Marktes sind (§§ 17, 18 TPG; s. Rdn. 84).

b) **Gefahr für Sachen von bedeutendem Wert.** Gefährdet werden müssen fremde **82**
Sachen von bedeutendem Wert. Die Beschränkung auf *bedeutende* Sachwerte beruht wesentlich auf dem Gedanken, dass es unangemessen wäre, Leib und Leben eines Menschen jedem unbedeutenden Sachwert gleichzustellen.[182] Außerdem haftet der Sachgefährdungsklausel insoweit noch ein Rest des im früheren Recht verwendeten Gemeingefahrerfordernisses an.[183] Die Klausel ist verkürzt formuliert.[184] Eine am Gesetzeswortlaut

---

178 Zust. *Sch/Schröder/Cramer/Sternberg-Lieben* Rdn. 14; *Maurach/Schroeder/Maiwald* BT/2 § 53 Rdn. 25; zum Argument des nicht gewollten Eigentumsschutzes § 315c Rdn. 167, 168.

179 Z.B. die Mumie im Eigentum eines Museums.

180 Ganz h.M., s. etwa OLG Celle NJW **1960** 2017; *Fischer* Rdn. 16; *Lackner/Kühl* § 242 Rdn. 7; *Ruß* LK[11] § 242 Rdn. 10; *König* Strafbarer Organhandel (1999), S. 78 f m.w.N.

181 Vgl. OLG Celle NJW **1960** 2017, 2018 (zum Merkmal der Gemeingefahr) und unter Bezugnahme darauf *Sch/Schröder/Heine* §§ 306 ff Vorbem. Rdn. 15 a.E. und *Rüth* LK[10] Rdn. 39.

182 S. dazu *Dreher* Niederschriften VIII S. 420; *Gallas* aaO S. 423, 442; *Rehs*, *Baldus*, *Lackner*, jeweils aaO S. 442.

183 Hierzu *Jescheck* Niederschriften VIII S. 423. Zur Gemeingefahr und zu den durch ihren Wegfall verursachten Friktionen Entstehungsgeschichte IV 2 und Rdn. 72 f.

184 Der E 1927 hatte verlangt, dass fremdem Eigentum „in bedeutendem Umfang" Gefahr drohen muss (u.a. § 230 E 1927; s. Entstehungsgeschichte II); näher die Begründung S. 116. Hierzu auch *Dreher* Niederschriften VIII S. 420.

haftende Interpretation müsste zur Annahme des Tatbestands gelangen, wenn einem bedeutenden Sachwert nur geringer Schaden droht. Dies wäre jedoch offensichtlich nicht sachgerecht und stünde in Widerspruch zur Verfahrensweise bei der Leibesgefährdung, wo nicht erhebliche Beeinträchtigungen der körperlichen Unversehrtheit ausgeklammert werden (Rdn. 70). Anerkanntermaßen muss der Sache deshalb bedeutender Schaden drohen.[185] Dies ist ungeschriebenes Element der Sachgefährdungsklausel. Für die Bemessung des Werts und die Bemessung des (drohenden) Schadens maßgebend ist (natürlich) der Zeitpunkt des Eintritts des Gefahrerfolgs (BGH DAR **2008** 272; NStZ-RR **2008** 289).

82a Nach der eindeutigen Gesetzesfassung muss die Gefahr gerade einer Sache von bedeutendem Wert drohen. Ist ein unbedeutender Sachwert erheblicher Gefahr ausgesetzt, so reicht dies von vornherein nicht aus. Die Sachgefährdungsklausel setzt sich demnach aus **zwei Elementen** zusammen, nämlich der **Sache von bedeutendem Wert** und außerdem **der Gefahr bedeutenden Sachschadens** (nunmehr ausdrücklich auch BGH DAR **2008** 272, NStZ-RR **2008** 289).[186] Teilweise wird allerdings in der Rechtsprechung[187] und im Schrifttum[188] die Auffassung vertreten, maßgebend sei *allein* die Höhe des (drohenden) Schadens. Ob die widerstreitenden Ansichten[189] zu unterschiedlichen Resultaten führen, hängt dabei von der Art der Schadensberechnung ab. Stellt man insoweit mit der wohl h.M. (Rdn. 91) auf die objektive Wertminderung ab, so laufen die Ergebnisse nicht auseinander. Denn der Betrag der Wertminderung kann naturgemäß nur dann über dem Schwellenwert liegen, wenn auch der Sachwert vor dem Ereignis über dem Schwellenwert (derzeit 750 €; Rdn. 94 ff) gelegen hat. Unbedeutende Sachwerte werden auf diese Weise ausgegrenzt. Anders fällt die Beurteilung aber aus, wenn ***nur*** die Wiederherstellungskosten herangezogen werden. Die Wiederherstellung des status quo ante kann nämlich bei Sachwerten unterhalb des Schwellenwerts Kosten verursachen, die (weit) über der maßgebenden Wertgrenze liegen. Eine Interpretation, die auch solche Sachgefahren einbezieht, steht mit Wortlaut und Wortsinn des Gesetzes nicht in Einklang (näher Rdn. 86, 92).

83 aa) **Sachwert.** Der Wert einer Sache ist nach heute nahezu unbestrittener Rechtsprechung und Lehre nach *rein wirtschaftlichen Maßstäben* zu bestimmen.[190] Auf das Affektionsinteresse des Eigentümers oder den funktionalen Wert der Sache (Rdn. 86) kommt

---

185 BGH NJW **1990** 194, 195 m. zust. Anm. *Laubenthal* JR **1990** 513, 514; BGH DAR **2008** 272; NStZ-RR **2008** 289; BayObLG bei *Janiszewski* NStZ **1988** 264 f; NJW **1998** 1966; OLG Bremen DAR **1959** 191; OLG Frankfurt StV **1985** 111; OLG Hamm VRS **34** 445, 446; KG VRS **13** 43, 48; OLG Köln VRS **13** 288, 291; OLG Schleswig VRS **29** 266, 267; OLG Zweibrücken VRS **32** 277. *Sch/Schröder/Heine* §§ 306 ff Vorbem. Rdn. 16; *Horn/Wolters* SK vor § 306 Rdn. 11; *Lackner/Kühl* § 315c Rdn. 24; *Fischer* Rdn. 16; *Maurach/Schroeder/Maiwald* BT/2 § 53 Rdn. 22.

186 S. auch OLG Celle VRS **49** 428 f; OLG Köln VRS **64** 114; s. auch BGH NStZ **1999** 350; implizit auch die in Fn. 194 zitierten Entscheidungen, die sich mit dem Wert *der Sache* befassen. Ebenso *Otto* GK BT § 80 Rdn. 35.

187 So wohl BGH NJW **1990** 194, 195; BayObLG bei *Janiszewski* NStZ **1988** 264 f; NJW **1998** 1966; anders aber BayObLG bei *Rüth* DAR **1968** 226.

188 Strikt in diesem Sinne *Maurach/Schroeder/Maiwald* BT/2 § 50 Rdn. 24; § 53 Rdn. 23 f. In der Sache wird damit das Gesetz im Sinne des E 1927 (Fn. 184) umgedeutet.

189 So es sich, soweit die Rechtsprechung betroffen ist, tatsächlich um widerstreitende Ansichten und nicht nur um verkürzende Formulierungen handelt.

190 BayObLG NJW **1998** 1966; *Sch/Schröder/Heine* §§ 306 ff Vorbem. Rdn. 15; *Horn/Wolters* SK vor § 306 Rdn. 11; *Fischer* Rdn. 16; wohl auch *Lackner/Kühl* § 315c Rdn. 24; *Rengier* FS Spendel S. 559, 562 ff.

es nicht an. Wird eine an sich geringwertige Sache allerdings in Sammlerkreisen zu festen, über der Wertgrenze liegenden Preisen gehandelt, so ist ein bedeutender Wert anzunehmen (so für Oldtimer *Rüth* LK[10] Rdn. 39).

(1) **Verkehrsfähigkeit.** Einschränkungen hinsichtlich des Sachbegriffs (hierzu *Ruß* LK § 242 Rdn. 1 ff; *Wolff* LK § 303 Rdn. 3) nimmt das Gesetz nicht vor. „Sachen" sind bewegliche und unbewegliche Gegenstände. Nicht erforderlich ist, dass für die Objekte ein Marktpreis existiert. Die Gegenstände müssen also nicht selbstständig gehandelt werden können; notwendig ist lediglich, dass ihnen ein wirtschaftlicher Wert zukommt. Das wird bei den allermeisten Gegenständen der Fall sein. Taugliche Gefährdungsobjekte sind u.a. Gebäude, Zäune, Mauern, Signalanlagen, Schilder, Leitplanken, Bäume etc. **84**

(2) **Wertbildende Faktoren.** Welche Faktoren in die Wertbestimmung einfließen, hängt von der jeweiligen Sache ab. Sofern – wie etwa bei Fahrzeugen – ein Marktpreis existiert, ist dieser maßgebend. Ansonsten sind der stoffliche Wert der Substanz(en) zu berücksichtigen, aus der (denen) sich die Sache zusammensetzt, sowie die Kosten für die Herstellung (OLG Schleswig VerkMitt. **1963** Nr. 135 S. 86). In Abzug gebracht werden müssen ggf. Wertminderungen aufgrund von Alterungsprozessen sowie Abnutzung (OLG Schleswig aaO). Der Wert eines Baums wird maßgebend durch Alter, Art und Größe bestimmt (BGH vom 25.10.1994 – 4 StR 559/94).[191] Bei Grundstücken zählt deren Verkehrswert.[192] Dabei dürfte es beispielsweise möglich sein, die objektive Wertminderung aufgrund einer Verseuchung des Erdreichs durch Dieselöl zu bemessen (s. auch Rdn. 97d).[193] Der Richter wird oftmals ohne Hinzuziehung eines Sachverständigen nicht auskommen. **85**

(3) **Funktionswert.** Die wirtschaftliche Betrachtungsweise (Rdn. 83) impliziert, dass die funktionale Bedeutung, die die Sache für den Einzelnen oder die Allgemeinheit hat, außer Betracht bleiben muss.[194] Entgegen einem Teil der (vorwiegend älteren) Rechtsprechung[195] sind deshalb insbesondere *(fahrbereite) Kraftfahrzeuge*, deren Zeitwert unterhalb der maßgebenden Wertgrenze liegt, keine geeigneten Gefährdungsgegenstände,[196] ohne dass es darauf ankäme, in welcher Weise der (drohende) Schaden zu berechnen ist (Rdn. 89 ff). Unter der Prämisse der Geringwertigkeit gilt Entsprechendes beispielsweise für *Verkehrseinrichtungen* wie Signalanlagen, Leitplanken oder auch für Straßenlaternen[197] (s. auch Rdn. 92). **86**

---

191 Hingegen stellt der BGH im zivilrechtlichen Schadensrecht bei Baumschäden auf die Wertminderung des Grundstücks ab; hierzu etwa BGH NJW **2006** 1424; *Hentschel-König* § 12 StVG Rdn. 51.

192 Zu BGH NJW **1990** 194, wonach allein der drohende Schaden zählt, s. Rdn. 82a.

193 *Fischer* Rdn. 16; **aM** AG Schwäbisch-Hall NStZ **2002** 152.

194 BayObLG NJW **1969** 2026; OLG Celle VRS **14** 123, 124; **17** 350; KG JR **1956** 71; OLG Bremen DAR **1959** 191; NJW **1962** 1408, 1409; OLG Düsseldorf VerkMitt. **1962** Nr. 147 S. 88, 89; OLG Hamm VRS **27** 26; offen gelassen von OLG Saarbrücken VRS **24** 282, 284 f; OLG Schleswig VerkMitt. **1963** Nr. 135 S. 86; DAR **1984** 122, 123.

195 OLG Hamm VRS **18** 437, 438 f; OLG Karlsruhe DAR **1962** 302; OLG Bremen VRS **62** 275.

196 KG VRS **12** 357, 359; vgl. OLG Schleswig SchlHA **1992** 144; *Sch/Schröder/Heine* §§ 306 ff Vorbem. Rdn. 15; *Horn/Wolters* SK vor § 306 Rdn. 11; *Jagow/Burmann/Heß* § 315c Rdn. 7; *Rengier* FS Spendel S. 559, 562 ff.

197 **AA** insbesondere *Kohlhaas* JR **1956** 71 [freilich zum alten Recht]: Der „alte Gaskandelaber aus verwittertem Eisen" an einer bedeutsamen Verkehrsstelle erfülle für die Allgemeinheit weitaus wichtigere Funktionen als der noch so wertvolle parkende Wagen.

87 (4) **Addition mehrerer Sachwerte.** Nach soweit ersichtlich nicht angefochtener Rechtsprechung und Lehre genügt die Gefährdung (Schädigung) mehrerer an sich geringwertiger Sachen zur Tatbestandserfüllung, sofern deren Gesamtwert und der (drohende) Gesamtschaden über der Mindestgrenze liegen. Die einzelnen Sachwerte und die (drohenden) Wertminderungen werden demnach zusammengerechnet.[198] Diese Interpretation ist mit Blick auf die Wortfassung nicht ganz unproblematisch, erscheint jedoch im Hinblick auf den im Gesetz verwendeten Plural vertretbar.[199]

88 bb) **Drohender Schaden.** Bei Eintritt eines bedeutenden Schadens steht die für den Tatbestand hinreichende konkrete Gefahr fest, weil das Ausmaß der Gefahr nicht geringer gewesen sein kann als der tatsächlich eingetretene Schaden;[200] ist hingegen nur unbedeutender Schaden eingetreten, so darf daraus nicht ohne Weiteres auf eine nur unbedeutende Gefahr geschlossen werden. Beides folgt zwingend aus dem Gefahrbegriff (Rdn. 50 ff). Für den letztgenannten Fall ist an die Stelle des rettenden Zufalls gedanklich die vollständige Realisierung der Gefahr zu setzen. Gelingt es beispielsweise dem Schiffsführer gerade eben noch, an einem massiven Hindernis vorbeizusteuern, so hat dem Schiff auch dann bedeutende Gefahr gedroht, wenn das Ausweichmanöver nur einige Lackkratzer im Schiffskörper hinterlassen hat. Nur wenn die Prognose ergibt, dass von vornherein lediglich der tatsächlich eingetretene geringe Schaden gedroht hat, dass also kein „unverbrauchter Eskalationsrest“ vorhanden gewesen ist, scheidet der Tatbestand aus.[201]

89 cc) **Schadensberechnung.** Eine „echte“ Schadensberechnung ist nur dann notwendig (und möglich), wenn es zu einem Unfall gekommen ist und wenn außerdem feststeht, dass nicht weiterer (relevanter) Schaden gedroht hat (vorstehende Rdn.). Sie ist überflüssig, wenn die Sache keinen bedeutenden Wert aufweist (Rdn. 82, 92). Zum maßgebenden Zeitpunkt der Bemessung Rdn. 82.

90 (1) **Unbeachtliche Schadensposten.** Nach allg. Meinung bleiben Posten wie Bergungs- oder Abschleppgebühren, erstattungsfähige Mietwagen- und Nutzungsausfallentschädigungen sowie Kosten der Rechtsverfolgung (z.B. Gutachter- oder Anwaltsgebühren) außer Betracht. Das Gleiche gilt für Entsorgungskosten bei Umweltschäden an Grundstücken (AG Schwäbisch-Hall NStZ **2002** 152; hierzu aber Rdn. 85). Die Situation stellt sich demnach anders dar als bei den § 69 Abs. 2 Nr. 3, § 142 Abs. 4, wo die genannten Schadenspositionen relevant sind. Der weitere Umgriff der §§ 69, 142 ist durch das von § 142 geschützte private Interesse an möglichst umfassender Aufklärung des Unfallgeschehens zur Durchsetzung eigener und Abwehr fremder Schadensersatzansprüche bedingt (*Geppert* LK § 69 Rdn. 84).[202] Diese Aspekte spielen im Rahmen der §§ 315 ff keine Rolle.

---

198 OLG Karlsruhe NJW **1961** 133; *Sch/Schröder/Heine* §§ 306 ff Vorbem. Rdn. 16; *Horn/Wolters* SK vor § 306 Rdn. 11; *Fischer* Rdn. 16; *Maurach/Schroeder/Maiwald* BT/2 § 50 Rdn. 24; § 53 Rdn. 22; *Schroeder* GA **1964** 225, 230.

199 *Dreher* und *Schafheutle* Niederschriften VIII jeweils S. 442.

200 OLG Hamm VRS **34** 445, 446; OLG Karlsruhe DAR **1962** 302; *Horn/Wolters* SK vor § 306 Rdn. 11; *Sch/Schröder/Heine* §§ 306 ff Vorbem. Rdn. 17; *Fischer* Rdn. 16.

201 Allg. Meinung, s. u.a. BGH NZV **1992** 325, 326; BayObLG bei *Rüth* DAR **1968** 226; BayObLG NJW **1998** 1966; OLG Bremen VRS **62** 265, 266. *Horn/Wolters* SK vor § 306 Rdn. 11; *Lackner/ Kühl* § 315c Rdn. 24; *Sch/Schröder/Heine* §§ 306 ff Vorbem. Rdn. 16; *Fischer* Rdn. 16.

202 Hierzu auch *Horn/Wolters* SK vor § 306 Rdn. 11; *Fischer* Rdn. 16; § 69 Rdn. 13; *Rengier* FS Spendel S. 559, 562.

(2) **Wertminderung – Wiederherstellungskosten.** Für die Bemessung des Schadens ist die Minderung des wirtschaftlichen Werts der Sache maßgebend.[203] Ein entscheidender Gradmesser sind dabei die (mutmaßlichen) Wiederherstellungskosten.[204] Liegen sie unterhalb des Schwellenwerts, so muss die Wertminderung grundsätzlich nicht mehr eigens berechnet werden, sofern weiterer Schaden nicht gedroht hat (vgl. BayObLG aaO). Nicht sachgerecht ist es aber, *ausschließlich* den Wiederherstellungsaufwand heranzuziehen. Einerseits würden hierdurch ohne nachvollziehbaren Grund andere, das Ausmaß der durch den Täter verursachten Beeinträchtigung unzweifelhaft beeinflussende Faktoren ausgeblendet. Dies gilt z.B. für den Fall, dass die Sache nur noch unvollkommen wieder hergestellt werden kann (etwa weil Ersatzteile, die Originalfarbe u.Ä. nicht mehr erhältlich sind). Andererseits kann das Abstellen auf die Wiederherstellungskosten aber auch zu weit gehen (Rdn. 93). Richtig dürfte es sein, die Minderung des wirtschaftlichen Werts als Obergrenze des berücksichtigungsfähigen Schadens anzusehen. Stets ist im Auge zu behalten, dass der Sachwert den Schwellenwert überschreiten muss (nachfolgende Rdn.). 91

(a) **Hohe Wiederherstellungskosten bei nicht bedeutendem Sachwert.** § 315 verlangt eine Gefahr für Sachen von bedeutendem Wert. Die Höhe der Wiederherstellungskosten ist deswegen irrelevant, sofern ein unbedeutender Sachwert beeinträchtigt wird. Entgegen einem Teil der Lehre[205] *sind Ausnahmen nicht anzuerkennen.* Eine Interpretation der Sachgefährdungsklausel in dem Sinne, dass für wirtschaftlich wertlose Gegenstände und/oder für Sachen, für die kein Marktpreis existiert, allein auf die (mutmaßliche) Höhe der Wiederherstellungskosten abgestellt wird, sofern die Sachen einen wirtschaftlichen Schaden erleiden können (so *Rengier* FS Spendel S. 559, 564 f), verstößt gegen den eindeutigen, nicht zum Nachteil des Täters korrigierbaren Wortlaut des Gesetzes (Rdn. 82). Es kommt daher *stets* darauf an, ob der nach den relevanten Faktoren zu bemessende Sachwert (Rdn. 85) den Schwellenwert überragt. Sollte dieser z.B. bei einer sanierungsbedürftigen romanischen Kapelle,[206] einem Baum oder einer Mauer[207] nicht erreicht sein, so scheidet § 315 (bzw. die §§ 315a bis 315c) aus (s. auch BGH NStZ **1999** 350). 92

(b) **Hohe Wiederherstellungskosten bei bedeutendem Sachwert.** Eine tatbestandsrelevante Sachgefahr ist nicht gegeben, sofern zwar die Reparaturkosten für eine Sache von bedeutendem Wert den Schwellenwert übersteigen, die Wertminderung aber unter der Mindestgrenze liegt (und weiterer Schaden nicht gedroht hat). Beispielsweise wird eine Delle im Zugwagen eines ICE oder eines Schiffs dessen Wert nicht oder nur unwesentlich mindern. Ähnliches gilt für kaum sichtbare Beschädigungen einer Leitplanke, einer 93

---

203 BGH DAR **2008** 272; NStZ-RR **2008** 289; BayObLG NJW **1998** 1966; inwieweit die Wiederherstellungskosten entscheidend sind, wird dort offen gelassen; s. auch *Lackner/Kühl* § 315c Rdn. 24.

204 Die von *Rengier* FS Spendel S. 559, 562 als missverständlich kritisierten Judikate (OLG Düsseldorf VerkMitt. **1962** Nr. 147 S. 88, 89; OLG Hamm DAR **1964** 25; OLG Schleswig VerkMitt. **1963** Nr. 135 S. 86) stehen dem nicht entgegen. Sie befassen sich nicht mit der Schadensberechnung, sondern mit der Frage, ob *die Sache* bedeutenden Wert hat, teilweise in Abgrenzung zum funktionalen Wert (zum Ganzen Rdn. 83 ff). S. auch *Horn/Wolters* SK vor § 306 Rdn. 11; **aA** aber wohl *Sch/Schröder/Heine* §§ 306 ff Vorbem. Rdn. 15. Zur Berücksichtigung des Wiederherstellungsaufwands strikt ablehnend BGH NStZ **1999** 350.

205 *Maurach/Schroeder/Maiwald* BT/2 § 50 Rdn. 24; *Rengier* FS Spendel S. 559, 564 f.

206 **AA** *Maurach/Schroeder/Maiwald* BT/2 § 50 Rdn. 24; *Rengier* FS Spendel S. 559, 564, 565.

207 **AA** *Rengier* FS Spendel S. 559, 564 f.

Mauer oder eines Zauns. In den genannten Fällen macht die Restitution aber womöglich eine kostenträchtige Teillackierung bzw. einen neuen Farbanstrich erforderlich. Es erschiene vom Normzweck her gesehen nicht überzeugend, den Tatbestand in derartigen Konstellationen zu bejahen. Denn im Rahmen der §§ 315 ff geht es nicht um Eigentumsschutz und Schadensersatz, sondern darum, ob sich die Gefährlichkeit der Tat in einer hinreichend gewichtigen Gefährdung fremder Belange nach außen hin ausgeprägt hat (Rdn. 5).[208]

94 (3) **Maßgebende Wertgrenze.** Der Gesetzgeber hat von einer Festlegung des „bedeutenden Werts" mit Recht abgesehen (zur entsprechenden Problematik bei § 69 s. BTDrucks. IV/2161 S. 3). Der Sachwert ist von der Entwicklung der Preise und Einkommen abhängig (*Geppert* LK § 69 Rdn. 85) und daher eine veränderliche Größe. Ältere Rechtsprechung und Literatur können mit Rücksicht darauf nur noch sehr eingeschränkt herangezogen werden (Nachweise hierzu bei *Rüth* LK[10] Rdn. 39). Allgemein ist zu bemerken, dass die Wertgrenze auch deshalb nicht zu niedrig angesetzt werden darf, weil dem Sachwert ansonsten ein gegenüber Leib und Leben unangemessenes Gewicht zugestanden würde.[209] Die drohende Beeinträchtigung der körperlichen Unversehrtheit darf gleichfalls nicht unerheblich sein (Rdn. 70).

95 (a) **Wertgrenze im Straßenverkehrsrecht.** In Bezug auf den Straßenverkehr erscheint plausibel, dass der für §§ 315b, 315c maßgebende Wert niedriger bemessen werden muss als der für die §§ 69, 142 geltende (*Fischer* Rdn. 16). In die Wertberechnung nach §§ 69, 142 fließen nämlich weitaus mehr Schadensposten ein als bei den §§ 315b, 315c (Rdn. 90). Gleichwohl liegen die Mindestgrenzen in beiden Bereichen nicht sehr weit auseinander. Für §§ 69, 142 ist der Schwellenwert derzeit bei ca. 1.300 € anzusetzen.[210] Nach der hierzu ergangenen neueren Rechtsprechung namentlich des BGH gilt im Rahmen der §§ 315b, 315c derzeit eine Wertgrenze **von ca. 750 €**.[211]

96 (b) **Wertgrenze bei den §§ 315, 315a.** Fraglich ist, ob die für den Straßenverkehr bestimmten Mindestwerte auf den Bahn-, Schiffs- und Luftverkehr unbesehen übertragen werden können. Dem könnte widerstreiten, dass im Rahmen der §§ 315, 315a nicht selten weit höhere Sachwerte in Frage stehen als im Straßenverkehr. Gerade deswegen wird sich allerdings ein Eingehen auf eine denkbare Untergrenze zumeist erübrigen. Darüber hinaus sind oftmals Menschen gefährdet. Der Problematik kommt dementsprechend in der Praxis soweit ersichtlich keine Bedeutung zu. Stellt man sich ihr trotzdem, so spricht

---

208 In diese Richtung auch BayObLG NJW **1998** 1966. **AA** *Rengier* FS Spendel S. 559, 563.

209 OLG Düsseldorf VRS **81** 184, 187 [zu § 69]; *Geppert* LK § 69 Rdn. 85.

210 *Hentschel-König* § 69 StGB Rdn. 17. Der Gesetzgeber hat die Entwicklung ausdrücklich gebilligt (Bericht des Rechtsausschusses zu § 142 Abs. 4 i.d.F. des 6. StrRG: „inzwischen deutlich höher" als 1200 DM – BTDrucks. 13/9064 S. 10).

211 BGHSt **48** 119; BGH DAR **2008** 272; NStZ-RR **2008** 289; BayObLG NJW **1998** 1966: „Ein drohender Schaden von 1400 DM kann nicht mehr als bedeutender Schaden angesehen werden." Andererseits BGH NZV **1994** 325, 326: Bei Schäden von 1500 bzw. 1800 DM verstehe sich die Überschreitung des Schwellenwerts von selbst. Ähnlich OLG Köln VRS **97** 349: Bei einem Schaden von 1900 DM sei der Tatbestand unbedenklich erfüllt. Das Schrifttum setzt den Schwellenwert z.T. höher an; z.B. *Fischer* Rdn. 16a: 1300 €; *Sch/Schröder/Heine* §§ 306 ff Vorbem. Rdn. 15; *Jagow/Burmann/Heß* § 315c Rdn. 7; *Horn/Wolters* SK vor § 306 Rdn. 11 (je 1200 €); wie BGH aber *Herzog* NK Rdn. 26.

mehr dafür, die Mindestgrenze für die §§ 315 ff einheitlich zu bestimmen.[212] Zunächst ist die „Bezugsgrenze" der Interpretation, nämlich die erhebliche Gefährdung der körperlichen Unversehrtheit, im Rahmen der §§ 315 ff identisch. Auch sind die Sachwerte auf das gesamte Spektrum bezogen nicht generell höher (Rdn. 73). Beispielsweise leuchtet nicht ein, warum die Gefährdung eines Motor- oder Paddelboots bzw. eines Flugdrachens anders beurteilt werden sollte als die Gefährdung von Fahrzeugen im Straßenverkehr. Ferner erschiene eine Ungleichbehandlung des „Zwitters" Straßenbahn ungereimt. Und schließlich kann es für die „verkehrsexternen" Gefährdungsgegenstände nicht darauf ankommen, durch welche Verkehrsart sie tangiert werden (z.B. Haus bzw. Baum an einer Bahnlinie oder an der Straße).

VIII. Kausalität, „verkehrsspezifische Gefahr"

1. Ursache des Gefahrerfolgs muss eine in Absatz 1 Nr. 1 bis 4 beschriebene, generell gefährliche Tathandlung (Rdn. 47 ff) sein („dadurch").[213] Es genügt, wenn die Gefahr durch die Handlung *mit*verursacht wird (vgl. BGHSt **48** 119, 124; *Lackner/Kühl* § 315c Rdn. 27). Mit dem Kausalitätserfordernis ist verbunden, dass der verkehrsgefährliche Eingriff der konkreten Gefahr vorausgehen muss.[214] Er darf demgemäß nicht vollständig mit dem Erfolg zusammenfallen, sich also nicht in ihm erschöpfen. Relevant wird dies für § 315 Abs. 1 Nr. 1 in den Fällen, in denen der Beschädigung oder Zerstörung des Gefährdungsobjekts keine abstrakte Verkehrsgefahr und kein (weiterer) Gefahr- oder Verletzungserfolg nachfolgt (Rdn. 26, 33, 48). Hingegen hat der BGH mit Recht seinen in einzelnen Entscheidungen[215] vertretenen Standpunkt aufgegeben, dass in den Fällen des Hindernisbereitens und des ähnlichen, ebenso gefährlichen Eingriffs einem Verletzungserfolg ein weiterer Gefahr- oder Verletzungserfolg nachfolgen müsse; damit ist zugleich klargestellt, dass schnell ablaufende Taten (z.B. Rammen eines Beförderungsmittels, Werfen von Gegenständen, Abgabe von Schüssen) tatbestandsrelevant sein können; eine „zeitliche Streckung" ist also nicht erforderlich (s. aber Rdn. 97b ff).[216] Entsprechendes muss für die falsche Signal- und Zeichengebung gelten. **97**

An der Kausalität kann es fehlen, wenn die Gefahr nur gelegentlich der Handlung entsteht.[217] Nach BGH NZV **1997** 363 [zu § 315b] ist dies der Fall, wenn der Täter durch Verspritzen von Benzin in einem Beförderungsmittel den Fahrer am Wegfahren hindern will und der Fahrer sowie die Fahrzeuginsassen hierdurch in Brand- oder Explosionsgefahr geraten. Jedoch dürfte es hier schon an einer abstrakten Verkehrsgefahr **97a**

---

212 AA *Maurach/Schroeder/Maiwald* BT/2 § 50 Rdn. 24: „bei der Bahn-, Schiffs- und Luftverkehrsgefährdung wesentlich höher"; *Krause* Zeitschrift für Binnenschiffahrt **1975** 337, 340 (Mindestgrenze von 10000 DM [nach den damaligen Verhältnissen]).

213 BGHSt **5** 298, 299; BGH DAR **1954** 211, 213; NJW **1985** 1036; **1990** 1120; NZV **1990** 77; NStZ **1995** 31; VRS **93** 306, 307; **94** 213, 214 [insoweit aber zweifelhaft; s. § 315b Rdn. 51]; OLG Köln NZV **1991** 319; *Sch/Schröder/Cramer/Sternberg-Lieben* Rdn. 14.

214 S. die Nw in Fn. 213. Anders [die Vorschrift könne auch dann erfüllt sein, wenn „die Tathandlung unmittelbar zu einem bedeutenden Fremdsachschaden geführt" habe], aber wohl nur missverständlich BGHSt **48** 119, 122 [zu § 315b]; hierzu *König* JA **2003** 818, JR **2003** 255 sowie *Horn/Wolters* Rdn. 19.

215 BGH NZV **1998** 36, **2001** 265; BGHSt **47** 158 [alle zu § 315b].

216 BGHSt **48** 119, 122 [zu § 315b] m insoweit zust. Anm. *König* JR **2003** 255 und Bspr. JA **2003** 818.

217 *Lackner/Kühl* § 315c Rdn. 27.

(Rdn. 47 ff) fehlen; zudem dürfte mit derartigem Handeln keine konkrete Gefahr im Sinne des „Beinaheunfalls“ (Rdn. 53 ff) verbunden sein.

97b **2. Verkehrsspezifische Gefahr.** In seiner Grundsatzentscheidung vom 4.12.2002 (BGHSt 48 119 [zu § 315b]) verlangt der BGH zusätzlich, dass sich die konkrete Gefahr als Steigerung der durch die Tathandlung bewirkten abstrakten Gefahr für die Verkehrssicherheit darstellt („verkehrsspezifische Gefahr“). Der Erfolg (Gefahr, Verletzung) müsse jedenfalls auch auf die Wirkungsweise der für Verkehrsvorgänge typischen Fortbewegungskräfte zurückzuführen sein, wohingegen es nicht ausreiche, wenn der Eingriff zwar zu einer abstrakten Gefährdung des Straßenverkehrs führe, die sich hieraus entwickelnde konkrete Gefahr aber in keiner inneren Verbindung mit der Dynamik des Straßenverkehrs stehe (BGHSt **48** 119, 124 f). Für Außeneingriffe werden zwei Fallgruppen gebildet: *In Fallgruppe 1* muss „durch den Eingriff die sichere Beherrschbarkeit eines im fließenden Verkehr befindlichen Fahrzeugs beeinträchtigt und dadurch – mit der Folge eines „Beinahe-Unfalls“ – unmittelbar auf den Fahrvorgang eingewirkt“ werden; *in Fallgruppe 2* muss „der Fortbewegung des Fahrzeugs mittels eines Hindernisses oder eines anderen, ebenso gefährlichen Eingriffs in der Weise entgegengewirkt [werden], dass eine konkrete Gefahr für Fahrzeuginsassen oder Fahrzeug entsteht“ (BGH aaO). Die Reichweite dieser Grundsätze ist ungeklärt. Sie wirken sich aber wohl in erster Linie auf Konstellationen aus, in denen Gegenstände auf Beförderungsmittel geworfen oder geschossen werden (s. aber Rdn. 97d). Z.B. dürfte danach im Grundsatz (s. Rdn. 97c) wegen vollendeter Tat zu bestrafen sein, wer von einer Erhöhung herab einen Steinbrocken gegen das Fenster einer Lokomotive schleudert und dadurch eine Zersplitterung der Frontscheibe verursacht, hingegen (allenfalls, s. Rdn. 97c) wegen Versuchs, wer die Frontscheibe knapp verfehlt und stattdessen „nur“ einen erheblichen Schaden am Dach des Führerhauses herbeiführt. Das Schrifttum hat den in BGHSt **48** 119 statuierten Grundsätzen überwiegend zugestimmt.[218] Diese haben freilich in der nachfolgend veröffentlichten Rechtsprechung soweit ersichtlich keinen Niederschlag mehr gefunden, obwohl sich deren Erörterung insbesondere in BGH NZV **2006** 270 (zu § 315b; m. Anm. *König* NZV **2006** 432) aufgedrängt hätte (Schüsse auf ein fahrendes Kraftfahrzeug).

97c **Stellungnahme.** BGHSt **48** 119 liegt das im Prinzip zu teilende Bestreben zugrunde, das Verkehrsdelikt des § 315b (ebenso § 315) auf den ihm zukommenden Unrechtskern zu begrenzen und namentlich nicht ihrem Wesen nach als Sachbeschädigung anzusehende Taten nur deswegen in den Anwendungsbereich des § 315b einzubeziehen, weil sie sich („zufällig“) im öffentlichen Verkehrsraum ereignet bzw. Verkehrsmittel betroffen haben. Diesem Anliegen wird jedoch bereits durch das Erfordernis der abstrakten Verkehrsgefahr (Rdn. 47 ff) ausreichend Rechnung getragen. Wirft der Täter mit der Folge bedeutender Sachschäden beispielsweise Gegenstände auf ein *stehendes* Beförderungsmittel, so greifen die §§ 315, 315b mangels Beeinträchtigung der Verkehrssicherheit nicht ein; gleich stehen Fälle, in denen er Gegenstände nicht auf die Lokomotive, sondern etwa auf den letzten Waggon wirft oder wenn er von der Seite aus Farbbeutel gegen die Fenster eines Waggons wirft. In den genannten Fällen geht von dem Eingriff in der Regel nur eine Sachbeschädigungsgefahr, nicht aber eine Verkehrsgefahr aus (Rdn. 49a). Hingegen erscheint es weder im Ansatz überzeugend noch in der näheren Ausformung plausibel durchführbar, bei eingetretenem Verletzungserfolg über den diffusen Gradmesser des

---

[218] *Lackner/Kühl* § 315b Rdn. 5; *Fischer* § 315b Rdn. 17; *Barnickel* MK Rdn. 48 ff; *Obermann* wie Fn. 67 S. 204 f; *Berz/Saal* NZV 2003 198; i. Erg. auch *Dencker* FS Nehm S. 373.

„Wirkens" der Fortbewegungskräfte (bzw. der kinetischen Energie, der Geschwindigkeit oder „Eigendynamik") des Beförderungsmittels Fälle aus dem vollendeten § 315 (§ 315b) auszugliedern, in denen ein (gemein-) gefährlicher Eingriff gegeben ist, dieser aber das Beförderungsmittel „nur" „ruiniert" (so *Dencker* FS Nehm S. 383).[219] Der Standpunkt des BGH ist entweder dahin zu verstehen, dass eine Steigerung der Verkehrsgefahr verlangt wird, wonach eine durch den Eingriff verursachte Beschädigung verkehrsspezifisch *wirken* muss (z.B. Täter kann aufgrund Sichtbehinderung nicht weiterfahren), also eine abstrakte Verkehrsgefahr nach Eintritt des Verletzungserfolgs und damit nach vollständiger Beendigung der Tat (*König* JR 2003 255, JA 2003 818). Denkbar ist aber auch, dass mittels physikalischer Messungen ermittelt werden muss, ob je nach Auftreffen des Gegenstands die Geschwindigkeit des geschädigten Fahrzeugs (erheblich?) schadenserhöhend gewirkt hat, und dass die verkehrsspezifische Gefahr sodann z.B. bei einem seitlichen Auftreffen verneint werden müsste, weil hier ausschließlich die vom Eingriff verursachte Bewegungsenergie (Wurf, Schuss) gewirkt habe. Radikal zu Ende gedacht ist unter diesem Aspekt selbst der den Reifen des Beförderungsmittels treffende und zum Platzen bringende Schuss genauso wenig als vollendete Tat nach §§ 315, 315b ahndbar wie der den Lokomotivführer z.B. am Arm treffende oder tötende Schuss, sofern das Fahrzeug (z.B. von einem anderen) gefahrlos zum Stillstand gebracht oder weitergefahren werden kann (nur bei weiteren Gefährdungen wäre Absatz 1 Nr. 1 bzw. 4 gegeben).[220] Die Beispiele, die sich beliebig vermehren ließen, zeigen zugleich, dass das mit dem Verletzungsdelikt ohnehin stets verbundene Zufallselement des Eintritts eines (Gefahr-) Erfolgs überhaupt (Rdn. 61) ohne Not durch das weitere Zufallselement ergänzt wird, wo der geworfene Gegenstand gerade trifft. Der Ansatz bleibt ferner nicht ohne Auswirkungen auf den subjektiven Tatbestand. Lässt sich etwa der Steinewerfer unwiderlegbar dahin ein, er habe nicht wie geschehen die Frontscheibe treffen und deshalb keinen „verkehrsspezifischen" Schaden herbeiführen wollen, so kann er nur wegen fahrlässiger Tat belangt werden. Lässt er sich bei knappem Verfehlen der Frontscheibe dahin ein, er habe nicht mehr als geschehen gewollt, so könnte er gar nicht nach §§ 315, 315b bestraft werden. All dies erscheint wenig gereimt und schneidet den Tatbestand in sachlich nicht vertretbarer Weise zurück. Hinzu kommt beträchtliche Rechtsunsicherheit. Die durch den BGH entwickelten Fallgruppen (Rdn. 97b) erscheinen dabei bereits in sich nicht schlüssig; in den relevanten Konstellationen dürften sie kaum weiterhelfen (hierzu *König* JR 2003 255; JA 2003 818). Geht man mit der hier vertretenen Ansicht davon aus, dass sich die besondere Gefährlichkeit der Tat in der Herbeiführung einer konkreten Gefährdung (Verletzung) fremder Individualrechtsgüter (auch und gerade in deren „Ruinierung") indiziell ausprägt, so sind diese Verwerfungen vermeidbar. Es kann auf dieser Basis nicht generell ausschlaggebend sein, an welcher Stelle das Tatobjekt durch einen verkehrsgefährlichen Eingriff (zufällig) getroffen wird. Vielmehr hat sich die abstrakte Verkehrsgefährlichkeit bei Eintritt des Verletzungserfolgs über die Rechtssphäre des Täters hinaus in bedeutendem Maße nach außen hin konkretisiert und das genügt (Rdn. 4 f). Die Umstände des Einzelfalls können im Rahmen der Strafzumessung (bzw. der Frage der Verfahrenserledigung nach Opportunitätsgrundsätzen) angemessen gewürdigt werden.

3. Nicht gerechtfertigt und auch aus BGHSt 48 119 (Rdn. 97a) nicht ableitbar erscheint es, unter dem Topos der „verkehrsspezifischen Gefahr" **bestimmte Arten von Schäden** generell aus dem Anwendungsbereich der §§ 315, 315b eliminieren zu wollen. **97d**

---

[219] In gleichem Sinne mit Nuancierungen auch BGHSt 48 119; *Barnickel* MK Rdn. 48 ff.

[220] In diesem Sinne (konsequent) *Barnickel* MK Rdn. 49, 50.

Unter die §§ 315 ff können nach bislang allgemeiner Meinung[221] grundsätzlich alle Arten von Schäden bzw. Gefahren fallen. Es besteht kein Anlass, hiervon abzurücken. Tatbestandsrelevant ist demgemäß, sofern messbar (*Sch/Schröder/Heine* Vorbem. §§ 306 ff Rdn. 15), z.B. der durch den Eingriff verursachte „Umweltschaden", etwa die Verseuchung des Erdreichs mit Treibstoff, das aus einem umgekippten Beförderungsmittel ausgetreten ist (zur Berechnung des Schadens Rdn. 85),[222] gleichfalls Explosions- oder Brandschäden. Auch ein gewichtiger Schockschaden kann tatbestandsrelevant sein (Rdn. 70).

IX. Subjektiver Tatbestand

98 § 315 stellt – wie es bei den §§ 315 ff durchgehend der Fall ist – vorsätzliches und fahrlässiges Verhalten unter Strafe. Dem unterschiedlichen Gewicht der einschlägigen Taten trägt das Gesetz durch abgestufte Strafdrohungen Rechnung (Absatz 1: Freiheitsstrafe von sechs Monaten bis zu zehn Jahren; Absatz 5: Freiheitsstrafe bis zu fünf Jahren oder Geldstrafe; Absatz 6: Freiheitsstrafe bis zu zwei Jahren oder Geldstrafe). Die Schuldform (vorsätzlicher oder fahrlässiger Eingriff in den Bahn-, Schiffs- oder Luftverkehr) muss sich aus dem Tenor des Urteils ergeben (BGH VRS **65** 359, 361 [zu § 315c]).

99 **1. „Reine" Vorsatztat (Absatz 1).** Für Absatz 1 ist Vorsatz hinsichtlich sämtlicher Tatbestandsmerkmale erforderlich. Der Vorsatz muss demgemäß den gefährlichen Eingriff, die Beeinträchtigung der Verkehrssicherheit und die konkrete Gefahr für Menschen und/oder fremde Sachwerte umfassen.[223] Bei der Sachgefährdung muss der Täter die Umstände in seinen Vorsatz aufgenommen haben, die die erhebliche Gefahr für den bedeutenden Sachwert ergeben (vgl. OLG Hamm VRS **44** 100, 101). Bedingter Vorsatz reicht aus.[224]

100 **a) Gefährdungs-, Verletzungsvorsatz.** Handelt der Täter mit *Verletzungs*vorsatz, so ist auch Gefährdungsvorsatz gegeben (*Horn/Wolters* SK vor § 306 Rdn. 13; *Arzt/Weber* BT § 35 Rdn. 101). Nach zutreffender h.M. muss sich der Vorsatz des Täters aber nicht zugleich auf die Verletzung beziehen, fallen Gefährdungs- und Verletzungsvorsatz also nicht notwendig zusammen.[225] Denn der Täter kann zwar die Gefahr sicher voraussehen und in Kauf nehmen, die Verletzung aber beispielsweise verhindern wollen. Vertraut er auf das Ausbleiben der Verletzung, so fehlt es insoweit am voluntativen Vorsatzelement, während der Gefährdungsvorsatz unberührt bleibt (*Arzt/Weber* BT § 35 Rdn. 102).

---

[221] Abw. aber nunmehr *Barnickel* MK Rdn. 50.

[222] AG Schwäbisch-Hall NStZ **2002** 153; aM *Barnickel* MK Rdn. 50.

[223] Vgl. BGHSt **22** 67, 74; *Sch/Schröder/Cramer/Sternberg-Lieben* Rdn. 16; *Lackner/Kühl* Rdn. 7; *Fischer* Rdn. 18. **AA** aufgrund des anders gearteten Verständnisses des Merkmals der Beeinträchtigung der Verkehrssicherheit *Horn/Wolters* SK Rdn. 2; *Maurach/Schroeder/Maiwald* BT/2 § 53 Rdn. 22 (hierzu Rdn. 47).

[224] RGSt. **71** 42, 43; *Sch/Schröder/Cramer/Sternberg-Lieben* Rdn. 16; *Fischer* Rdn. 18.

[225] BGHSt **22** 67, 73 ff; **26** 244, 246; BGH VRS **50** 94, 95; **69** 127; BGH bei *Janiszewski* NStZ **1985** 541; BGH NZV **1992** 325, 326; *Lackner/Kühl* § 15 Rdn. 28; *Fischer* Rdn. 18 und § 15 Rdn. 10; *Herzog* NK Rdn. 27; *Zieschang* Die Gefährdungsdelikte S. 122 ff. **AM** *Horn/Wolters* SK vor § 306 Rdn. 13 f; *Horn* Konkrete Gefährdungsdelikte S. 204 ff; *Jakobs* AT 6/IV Rdn. 79; *Dahs* NJW **1955** 1448, 1449; *Schmidhäuser* FS Oehler S. 135, 153; *Wolter* JuS **1981** 168, 171; *ders.* Objektive und personale Zurechnung S. 209 ff.

101 b) **Vorsatz hinsichtlich konkreter Gefahr.** Für den Gefährdungsvorsatz reicht es nicht aus, wenn dem Täter bewusst ist, dass er eine abstrakte („irgendeine") Gefahr für den Straßenverkehr verursacht (vgl. BGH VRS **92** 205, 206; BGH NStZ-RR **1998** 150). Er muss vielmehr die Umstände kennen, die den Gefahrerfolg (Beinahe-Unfall) als nahe liegende Möglichkeit erscheinen lassen, und diese Gefahrenlage zumindest billigend in Kauf nehmen (vgl. BGHSt **22** 67, 73 ff; BGH VRS **92** 205, 206). Wegen der näheren Einzelheiten s. § 315c Rdn. 191 ff.

102 c) **Selbstgefährdung.** Dass sich der Täter durch den gefährlichen Eingriff selbst gefährdet, schließt die Annahme des Vorsatzes der Fremdgefährdung nicht aus.[226] Allerdings verlangt die Rechtsprechung verschiedentlich, dass dann der Fremdgefährdungsvorsatz *näher begründet wird*.[227] Das in § 315c Rdn. 193 Gesagte gilt hier sinngemäß.

103 2. **Vorsatz-Fahrlässigkeits-Kombination (Absatz 5).** Absatz 5 enthält eine Vorsatz-Fahrlässigkeits-Kombination. Sie erfasst typischerweise den Fall, dass der Täter hinsichtlich des in Absatz 1 geregelten Eingriffs und hinsichtlich der Beeinträchtigung der Verkehrssicherheit vorsätzlich handelt, die konkrete Gefahr aber nur fahrlässig verursacht.

104 a) **Fahrlässigkeit bezüglich Sicherheitsbeeinträchtigung.** Im Gesetz nicht ausdrücklich geregelt ist die Konstellation, dass der Täter zwar den Eingriff vorsätzlich vornimmt, aber in Bezug auf die Beeinträchtigung der Verkehrssicherheit *und* den konkreten Gefahrerfolg fahrlässig handelt. Die h.M. rechnet sie dem Anwendungsbereich des Absatzes 5 zu, weil Sicherheitsbeeinträchtigung und Verursachung der konkreten Gefahr praktisch weitgehend zusammenfallen.[228] Nicht vorstellbar ist, dass der Täter sowohl den Eingriff vorsätzlich vornimmt als auch die Gefahr vorsätzlich verursacht, dass ihm aber hinsichtlich der Beeinträchtigung der Verkehrssicherheit nur Fahrlässigkeit zur Last fällt. Denn die vorsätzliche Herbeiführung der Gefahr ist ein Indiz auch für den Vorsatz in Bezug auf die Sicherheitsbeeinträchtigung. Ggf. unterfällt auch eine solche Konstellation dem milderen Strafrahmen nach Absatz 5.[229]

105 b) **Absatz 5 als Vorsatztat.** Die Tat ist nach ganz herrschender Lehre Vorsatztat im Sinne des § 11 Abs. 2;[230] zu verurteilen ist demgemäß wegen *vorsätzlichen* Eingriffs (vgl. § 315c Rdn. 194). Die Kennzeichnung als Vorsatztat und die Herbeiführung der daran anknüpfenden Folgen waren das wesentliche gesetzgeberische Motiv für die Einführung der Vorsatz-Fahrlässigkeits-Kombination (BTDrucks. IV/651 S. 25). Bedeutung hat § 11

---

226 So für den Straßenverkehr BGH DAR **1955** 282; BGH VRS **92** 205; BayObLG NJW **1955** 1448, 1449 m. Anm. *Dahs*; OLG Braunschweig NJW **1954** 486, 487; OLG Hamm NJW **1954** 1418 f; KG VRS **12** 352, 354 f. S. auch BGHSt **41** 231, 239 f („Münchner Fahrbahngegner") und hierzu § 315b Rdn. 35.

227 BayObLG NJW **1955** 1448, 1449 m. Anm. *Dahs*; OLG Braunschweig NJW **1954** 486, 487; OLG Hamm NJW **1954** 1418 f; OLG Köln NZV **1992** 80, 82.

228 *Herzog* NK Rdn. 29; *Sch/Schröder/Cramer/Sternberg-Lieben* Rdn. 17; *Fischer* Rdn. 19; s. auch OLG Köln NZV **1991** 319, 320. Vgl. aber – von einem grundsätzlich anders gearteten Standpunkt aus – *Horn/Wolters* SK Rdn. 14: „untaugliche Einordnungsversuche".

229 *Herzog* NK Rdn. 29.

230 BGH VRS 57 271, 272; NJW **1985** 1036; *Gribbohm* LK[11] § 11 Rdn. 110; *Sch/Schröder/Eser* § 11 Rdn. 73 f; *Seib* DAR **1971** 225, 231. S. aber *Miseré* Die Grundprobleme der Delikte mit strafbegründender besonderer Folge (1997) S. 11 ff; *Krey/Schneider* NJW **1970** 640, 645 f.

Abs. 2 vor allem für die Teilnahme (BGH NStZ **1992** 233, 234; näher Rdn. 132). Relevant ist die Frage aber auch hinsichtlich des Widerrufs des Straferlasses (§ 56g Abs. 2), der Anordnung der Sicherungsverwahrung sowie des Verfalls (*Gribbohm* LK[11] § 11 Rdn. 119). Der Versuch einer Tat nach Absatz 5 ist trotz § 11 Abs. 2 nicht mit Strafe bedroht (näher Rdn. 109).

106 3. **Durchgehend fahrlässiges Verhalten (Absatz 6).** § 315 Abs. 6 greift bei durchgehend fahrlässigem Verhalten ein. Notwendig ausgeschlossen ist Fahrlässigkeit bezüglich der Tathandlung und damit auch Absatz 6 bei bewusst verkehrsfeindlichem Verhalten des Täters.[231] Die Frage hat freilich in erster Linie für § 315b Bedeutung (hierzu § 315b Rdn. 84). Ist der Eingriff fahrlässig vorgenommen worden, erkennt der Täter aber vor Eintritt der Gefahr die Gefahrenlage, so muss er die Sicherheitsbeeinträchtigung als deren Verursacher beseitigen. Andernfalls macht er sich eines *vorsätzlichen* Eingriffs durch Unterlassen schuldig.

107 **Kasuistik:** Ein Schrankenwärter darf, um seiner Pflicht zum rechtzeitigen Schließen der Schranke genügen zu können, die Bestimmung des Zeitpunkts des Schrankenschließens nicht seinem bloßen Zeitgefühl überlassen (BGH VRS **20** 58, 61). Bei der Anfahrt an einen unbeschrankten Bahnübergang darf der Zugführer des mit erlaubter Geschwindigkeit fahrenden Zugs grundsätzlich darauf vertrauen, dass der Führer eines Straßenfahrzeugs den Vorrang des Zugs nicht gefährden werde; nur wenn er bei sorgfältiger Beobachtung der Strecke erkennen muss, dass der Führer des anderen Fahrzeugs nicht vor dem Bahnübergang halten werde, ist er zu den ihm möglichen Gegenmaßnahmen verpflichtet (BGH NJW **1962** 408; vgl. auch BGH VRS **21** 14, 16). Bei Unübersichtlichkeit der zu einem unbeschrankten Bahnübergang führenden Bahnstrecke muss sich der Kraftfahrzeugführer so langsam, nötigenfalls mit Schrittgeschwindigkeit an den Übergang herantasten, dass er beim plötzlichen Auftauchen eines schienengebundenen Fahrzeugs rechtzeitig vor dem Gleis anhalten kann; er darf sich nicht darauf verlassen, dass die Bahnbediensteten die in den Fahrdienstvorschriften angeordneten Warnsignale geben und sonstige Sicherheitsmaßnahmen anwenden werden (BGH VRS **21** 356, 358 f). Werden Bahnschranken während des Schließvorgangs in einer Stellung angehalten, die es dem Führer eines Straßenfahrzeugs ermöglicht, ohne Berührungsgefahr unter ihnen durchzufahren, so darf er die Gleise noch überqueren; die Strafbarkeit des Führers des Straßenfahrzeugs entfällt aber nur dann, wenn die Schranken erkennbar freiwillig angehalten werden, und zwar selbst wenn der Schrankenwärter den Übergang nicht hätte freigeben dürfen, nicht aber, wenn der Schrankenwärter das Schließen der Schranken unter Umständen unterbricht, die deutlich machen, dass er dies nicht in Ausübung pflichtgemäßen Ermessens tut (BGH VRS **20** 58, 65 ff; OLG Hamm VRS **21** 368, 369). Bei durch Schranken oder Lichtzeichen gesicherten Bahnübergängen darf sich der dem Übergang mit zulässiger Geschwindigkeit nähernde Kraftfahrer darauf verlassen, dass er bei nicht gesperrtem Übergang die Schienen überqueren darf. Fahrlässigkeit ist in einem solchen Fall nur dann anzunehmen, wenn er die Annäherung eines Schienenfahrzeugs bei Anwendung der erforderlichen Sorgfalt hätte erkennen können.[232]

---

[231] BGHSt **23** 4, 8; BGH VerkMitt. **1979** Nr. 10 S. 9; OLG Karlsruhe NJW **1978** 1391; *Fischer* Rdn. 20.

[232] BGH VRS **4** 131, 133; BayObLG VRS **48** 270, 272; OLG Köln VRS **15** 49, 54; OLG Oldenburg VRS **23** 150, 151; *Sch/Schröder/Cramer/Sternberg-Lieben* Rdn. 18.

X. Vollendung, Beendigung, Versuch

1. Vollendung. Die Tat ist mit Eintritt der konkreten Gefahr *vollendet*. Ein Schaden braucht nicht eingetreten zu sein. An der Strafbarkeit wegen vollendeter Tat ändert es deswegen nichts, wenn die Verletzung nach Eintritt des Gefahrerfolgs durch den Gefährdeten, durch Dritte oder durch Naturgewalten noch verhindert wird, z.B., wenn sich der Gefährdete noch in Sicherheit bringen kann (vgl. OLG Celle VRS 7 459 [zu § 315a a.F.]) oder wenn Hindernisse noch rechtzeitig beseitigt werden können (RG HRR **1939** 270). Maßnahmen des Täters *nach* Gefahreintritt (Vollendung) zur Abwendung der Verletzung sind im Rahmen des § 320 (Tätige Reue, Rdn. 124) sowie im Rahmen der Strafzumessung zu würdigen. *Beendigung* tritt ein mit der endgültigen Beseitigung der Gefahr oder mit deren Realisierung in einem Verletzungserfolg. § 315 stellt kein Dauerdelikt dar (BGH NJW **1995** 1766, 1767 [zu § 315b]; näher § 315b Rdn. 86). **108**

2. Versuch. Der Versuch eines Vergehens nach Absatz 1 ist durch Absatz 2 unter Strafe gestellt, für den Versuch des Verbrechens nach Absatz 3 ergibt sich die Versuchsstrafbarkeit schon aus § 23 Abs. 1.[233] Hingegen ist für Taten nach Absatz 5 keine Versuchsstrafbarkeit angeordnet. Dies ergibt sich aus der systematischen Stellung des Absatzes 2, der hinter Absatz 1 eingefügt ist, demzufolge Absatz 5 nicht mit umfasst.[234] Die Versuchsstrafbarkeit setzt demnach stets Vorsatz hinsichtlich des Gefahrerfolgs voraus (z.B. OLG Düsseldorf VRS **35** 29 f; NZV **1994** 486). Versuch kann beispielsweise anzunehmen sein, wenn der Täter begonnen hat, ein Signal außer Funktion zu setzen oder Schwellenschrauben am Bahngleis zu lockern, was ihm aber nicht gelingt. Werden die Folgen des Eingriffs noch beseitigt und so der Eintritt der konkreten Gefahr noch verhindert oder kommt es aus sonstigen Gründen nicht zum Gefahrerfolg (Beispielsfall in BGH NStZ-RR **1997** 200; hierzu Rdn. 60), so liegt gleichfalls Versuch vor. Das Bereitlegen von Werkzeug für einen sicherheitsgefährdenden Eingriff ist straflose Vorbereitungshandlung. **109**

XI. Qualifikationstatbestände (Absatz 3)

In Absatz 3 beschreibt der Gesetzgeber **besonders schwerwiegende Taten**. Sie sind als Verbrechen (§ 12 Abs. 1) mit einem Strafrahmen von einem bis zu fünfzehn Jahren Freiheitsstrafe (§ 38 Abs. 2) eingestuft. Nummer 1 enthält Absichtsqualifikationen, die durch das 6. StrRG neu eingefügte Nummer 2 (hierzu Entstehungsgeschichte VI 2) beinhaltet Erfolgsqualifikationen. **110**

1. Beabsichtigter Unglücksfall (§ 315 Abs. 3 Nr. 1a). Für Nummer 1a muss der Täter in der Absicht handeln, einen Unglücksfall herbeizuführen. Die Qualifikation setzt eine vorsätzliche Tat nach Absatz 1 voraus (BGHSt **22** 67, 72 f [zu § 315b]). Eine Tat nach Absatz 5 reicht mithin nicht aus. **111**

a) Absicht. Absicht hinsichtlich des Unglücksfalls ist nach allgemeinen Grundsätzen dann gegeben, wenn es dem Täter auf die Herbeiführung dieses Erfolgs ankommt; der Erfolg muss dem Täter aber weder erwünscht noch muss er das Endziel dessen Handelns **112**

---

[233] Zum Versuch des erfolgsqualifizierten Delikts *Vogel* LK § 18 Rdn. 72 ff.

[234] *Hilgendorf* LK § 11 Rdn. 110; *Sch/Schröder/Eser* § 11 Rdn. 76; *Fischer* Rdn. 17.

sein.[235] In Bezug auf das Wissenselement genügt es, wenn sich der Täter den Unglücksfall als möglich vorstellt (zur Absicht allgemein *Vogel* LK § 15 Rdn. 79 ff). Welche Ziele er letztendlich verfolgt (z.B. Diebstahl, Sabotage, Bestrafungsaktion nach Schutzgelderpressung; vgl. BGH NStZ **1993** 440), ist gleichgültig.

113 b) **Unglücksfall.** Die Begriffsdefinition des Unglücksfalls im Rahmen des § 323c als eines mit einer gewissen Plötzlichkeit eintretenden äußeren Ereignisses, das eine erhebliche Gefahr für Personen oder Sachen verursacht oder zu verursachen droht (BGHSt **6** 147, 152),[236] kann für die §§ 315 ff nur eingeschränkt herangezogen werden. Anders als dort genügt Absicht in Bezug auf die Herbeiführung der *Gefahr* hier nicht; vielmehr muss es dem Täter auf die Herbeiführung *der Verletzung* ankommen (BGH NJW **1996** 329, 330 [zu § 315b]).[237] Das folgt zwar nicht zwingend aus Wortlaut und Aufbau der Vorschrift. Namentlich könnte eine Verschärfung der Strafdrohung theoretisch auch nur an das Absichtserfordernis hinsichtlich der Gefährdung anknüpfen, weswegen (bedingt vorsätzlich begehbare) Taten nach Absatz 1 nicht stets mit solchen nach Absatz 3 Nr. 1a zusammenfallen würden. Andererseits hätte es der ausdrücklichen Aufführung des Unglücksfalls nicht bedurft, wenn allein schon die *Gefährdungsabsicht* hätte qualifizierend wirken sollen. Auch ist mit Blick auf den hohen Strafrahmen eine restriktive Auslegung geboten. Die Anforderungen sind somit – entsprechend dem Willen des historischen Gesetzgebers (BTDrucks. IV/651 S. 25) – gegenüber dem Grundtatbestand in zweifacher Hinsicht verschärft: einmal in Bezug auf die Vorsatzform der Absicht (statt des bedingten Gefährdungsvorsatzes) und außerdem hinsichtlich des Bezugspunkts (Verletzung, nicht lediglich Gefährdung). In Übereinstimmung mit der h.M. zu § 323c muss auch nicht gerade die Herbeiführung eines *Personen*schadens beabsichtigt sein; vielmehr reicht ein (beabsichtigter) Sachschaden aus.[238] Genügend ist, dass der Täter einen Unfall herbeiführen will.[239] Bedeutend muss der Schaden im Rahmen der §§ 315 ff ohnehin sein, andernfalls bereits der Grundtatbestand ausscheidet, weswegen die in diesem Punkt zu § 323c bestehenden Differenzen faktisch nicht relevant werden. Ob die Verletzung tatsächlich eintritt (OLG Bremen VRS **62** 266) bzw. sich in anderer Weise als vom Täter beabsichtigt realisiert (z.B. anderes Opfer, vgl. BGHSt **34** 53), ist nicht maßgebend.

114 Nach BGH NJW **1991** 1120 [zu § 315b] soll ein **von den Tatbeteiligten absichtlich herbeigeführter „Unfall" kein Unglücksfall** im Sinne des Gesetzes sein, weil es an einem plötzlich eintretenden äußeren Ereignis fehle. Diese (die Entscheidung nicht tragende) Feststellung ist zumindest missverständlich.[240] Isoliert gesehen wäre sie geeignet, die Qualifikation leer laufen zu lassen. Denn die absichtliche Herbeiführung des Unglücksfalls ist gerade Voraussetzung des § 315 Abs. 3. Dementsprechend wird das Merkmal bei einer absichtlich verursachten Verletzung fremder Rechtsgüter ansonsten allgemein ohne

235 Nach OLG München NJW **2005** 3794 muss ein Vorstellungsbild in Form „zielorientierten, direkten Vorsatzes" gegeben sein.

236 Hierzu kritisch *Spendel* LK[11] § 323c Rdn. 36 ff, 42 ff.

237 Vgl. BGHSt **22** 67, 73; OLG Bremen VRS **62** 266; *Horn/Wolters* SK Rdn. 13; *Fischer* Rdn. 22; *Küper*[7] BT S. 314. Entgegen *Barnickel* MK Rdn. 83 mit Fn. 553 dürfte dies allg. M. sein.

238 Implizit etwa BGH NZV **1992** 325, 326; BGHR § 315b Abs. 1 Nr. 3 Konkurrenzen 3; Hindernisbereiten 1. Zum Ganzen *Lackner/Kühl* § 323c Rdn. 2; *Sch/Schröder/Cramer/Sternberg-Lieben* § 323c Rdn. 5; alle m.w.N.; **aM** *Barnickel* MK Rdn. 83, der mindestens einen „schweren Unfall" voraussetzen will, der gegeben sein soll, wenn „erhebliche Verletzungsgefahren" für Menschen gewollt sind.

239 Vgl. BGH NZV **1992** 325; NStZ **1992** 182 [183], NStZ-RR **2001** 298.

240 Zust. allerdings *Fleischer* NJW **1976** 878, 880.

Weiteres bejaht, und zwar auch dann, wenn der Gefährdete dem Eingriff sehenden Auges ausgesetzt ist.[241] Gültigkeit beansprucht die Entscheidung demgemäß wohl nur bei Gegebenheiten wie dem konkret inmitten stehenden Fall, in dem die Verurteilten „echte" Unfälle mit eigenen Sachen zwecks Versicherungsbetrügereien fingiert hatten. In solchen Konstellationen ist das Merkmal des Unglücksfalls, was der BGH auch nicht verkennt, allerdings irrelevant, weil nach der Rechtsprechung schon der Grundtatbestand nicht verwirklicht ist, sofern ausschließlich die Beteiligten und ihre Sachen beeinträchtigt werden (s. auch *Sch/Schröder/Cramer/Sternberg-Lieben* Rdn. 22 sowie *König* LK § 315b Rdn. 71 ff). Nimmt man den gegenteiligen Standpunkt ein, so ließe sich auch mit Blick auf die zum Suizidversuch eingenommene Linie des BGH[242] vertreten, dass ein „Unglücksfall" gegeben sein kann, wenngleich einzuräumen ist, dass eine solche Situation dem idealtypischen Tatbild der Qualifikation nicht vollends entspricht. Jedenfalls wäre aber § 315 Abs. 3 Nr. 1b erfüllt.

2. **Ermöglichungs-/Verdeckungsabsicht (§ 315 Abs. 1 Nr. 1b).** Der erhöhte Strafrahmen des Absatzes 3 trifft den Täter auch dann, wenn er in der Absicht gehandelt hat, eine andere Straftat zu ermöglichen oder zu verdecken (Nummer 1b). Das Merkmal ist dem § 211 Abs. 2 entlehnt und mittlerweile in § 306b Abs. 2 Nr. 2 übernommen worden. Die zu den genannten anderen Tatbeständen ergangene Rechtsprechung kann (und muss) auch zur Interpretation des § 315 Abs. 1 Nr. 1b herangezogen werden.[243] Wie dort zeichnet sich die Qualifikation dadurch aus, dass der Täter mit der Tat weitere kriminelle Ziele verwirklichen will.[244] Das Merkmal ist nach Auffassung der Motive geeignet, den Großteil derjenigen Sabotageakte zu erfassen, die „von gemeinen Verbrechern zu ihrem persönlichen Nutzen begangen werden" (BTDrucks. IV/651 S. 25). Gedacht war demgemäß wohl in erster Linie an die auch derzeit aktuellen Anschläge auf den Bahn- oder Luftverkehr, die in Erpressungsabsicht begangen werden. Der Tatbestand beschränkt sich aber naturgemäß nicht auf solche Konstellationen.[245] **115**

a) **Absichtserfordernis.** In Übereinstimmung mit Rechtsprechung und Literatur zu §§ 211, 306b (vorstehende Rdn.) muss der Täter bei der **Ermöglichungsabsicht** mit dem Ziel handeln, die Tat zur Begehung einer weiteren, nicht notwendig eigenen Straftat zu nutzen. Die Tat nach § 315 muss nach seinem Willen zumindest Vorbereitungshandlung, kann aber auch Mittel der weiteren Straftat sein (*Fischer* § 306 b Rdn. 10). Unproblematisch tatbestandsgemäß sind dabei Fälle, in denen der Tat nach § 315 (§ 315b) eine Anschlusstat folgen soll. Dies wäre etwa dann gegeben, wenn ein begangener Anschlag auf den Bahnverkehr, entsprechend vorgefasster Absicht dazu genutzt werden soll, der erpresserischen Drohung mit weiteren Anschlägen Gewicht zu verleihen. Auch der in der Realität wohl am häufigsten vorkommende Fall der Unfallprovokation (§ 315b) in der Absicht, später Versicherungsleistungen aus dem „Unfall" geltend zu machen, rechnet hierher.[246] Ein enger räumlicher und zeitlicher Zusammenhang zwischen der Tat nach **116**

---

241 BGH NZV **1992** 325, 326; BGHR § 315b Abs. 1 Nr. 3 Konkurrenzen 3; Hindernisbereiten 1; BayObLG bei *Janiszewski* NStZ **1988** 544; *Sch/Schröder/Cramer/Sternberg-Lieben* Rdn. 22; *Sch/Schröder/Eser* § 323c Rdn. 7; *Fleischer* NJW **1976** 878, 880.

242 Hierzu *Lackner/Kühl* § 323c Rdn. 2; *Sch/Schröder/Eser* § 323c Rdn. 7; je m.w.N.

243 BGHSt **45** 211, 217 = NJW **2000** 227; **2000** 3581; **2007** 2130.

244 *Schneider* MK § 211 Rdn. 195, *Jähnke* LK[11] § 211 Rdn. 9, *Radtke* MK § 306b Rdn. 85.

245 **AM** wohl *Barnickel* MK Rdn. 83 mit Fn. 561.

246 BGH NZV **1992** 325, 326; BGHR § 315b Abs. 1 Nr. 3 Konkurrenzen 3; Hindernisbereiten 1; BGH NStZ **1995** 31; *Fleischer* NJW **1976** 878, 880. Näher § 315b Rdn. 90.

§ 315 und der geplanten weiteren Straftat ist dabei nicht erforderlich (BGH NJW **2000** 226, 228 m.w.N. [zu § 306 b]). „Andere Straftat" bedeutet aber nicht, dass nur Taten relevant sind, die mit der Tat nach § 315 (§ 315b) real konkurrieren. Vielmehr ist anerkannt, dass die Qualifikation auch bei tateinheitlichem Zusammentreffen eingreifen kann.[247] So liegt es z.B., wenn die Tat als Mittel zur Begehung eines Prozessbetrugs eingesetzt wird (OLG München NJW **2006** 3364). Denn die Tat ist nicht zugleich gefährlicher Eingriff und Betrug, sondern der gefährliche Eingriff schafft die Voraussetzung für das weitere Geschehen (Irrtumserregung, Vermögensverfügung usw.).[248] Andererseits darf die Tat nach § 315 nicht mit der weiteren Straftat vollständig zusammenfallen, sodass sie nicht funktionales Mittel zur Verwirklichung weiteren Unrechts ist, sondern sich völlig in der Begehung der gleichzeitig vollzogenen anderen Straftat erschöpft. „Erschöpfung" in diesem Sinne heißt dabei nicht, dass nicht auch andere Rechtsgüter angegriffen sein dürfen.[249] Eine identische Handlung liegt z.B. vor, wenn die Tat zugleich § 113 (BGH NZV **1995** 285, s. § 315b Rdn. 90) oder § 240 (BGH NStZ-RR **2001** 298) erfüllt. Das gilt auch dann, wenn der Täter mit Tötungsvorsatz handelt (BGH NJW **2007** 2130). Wie beim Mord muss es **bei der Verdeckungsabsicht** nicht Ziel des Täters sein, gerade die Strafverfolgung abzuwenden (*Lackner/Kühl* § 211 Rdn. 12 m.w.N.). Will der Täter in erster Linie außerstrafrechtliche, etwa zivil- oder versicherungsrechtliche Folgen aus der ersten Straftat vermeiden, so verwirklicht er die Qualifikation nach Absatz 3 Nr. 1b. Das Gleiche gilt, wenn er davon ausgehen muss, dass seine Täterschaft durch die Polizei schon festgestellt ist, er also nur einen zeitlichen Vorsprung erhalten will, um fliehen zu können (vgl. OLG Hamm NZV **2008** 261; § 315b Rdn. 90).

117 **b) Straftat als Merkmal des subjektiven Tatbestands.** Weder die zu verdeckende noch die zu ermöglichende Straftat muss tatsächlich begangen worden sein bzw. werden oder auch nur begehbar sein; die andere Straftat ist kein Merkmal des (objektiven) Tatbestands (BGHSt **28** 93, 95 m. zust. Anm. *Rüth* JR **1979** 516). Vielmehr stellt das Gesetz allein auf die entsprechende (subjektive) Vorstellung des Täters ab. Die Qualifikation ist deshalb erfüllt, wenn der Täter irrig meint, er habe mit dem Vorverhalten, das er verdecken will, eine Straftat begangen (BGH aaO; *Rüth* aaO 517). Entsprechendes gilt für die zu ermöglichende Straftat. Unerheblich ist des Weiteren, ob der Täter wegen der von ihm vorgestellten anderen Straftat bestraft werden könnte. Die Qualifikation liegt deshalb auch vor, wenn er insoweit wegen eines Strafaufhebungs- oder Strafausschließungsgrundes bzw. aufgrund Rechtfertigung straflos bliebe (BGHSt **11** 226, 227 f [zu § 211]; *Rüth* JR **1979** 516).

118 **c) Straftat, nicht Ordnungswidrigkeit.** Nach dem eindeutigen Wortlaut des Gesetzes muss die andere Tat eine mit Kriminalstrafe bedrohte Handlung sein. Wenn der Täter handelt, um eine bloße Ordnungswidrigkeit zu verdecken oder zu ermöglichen, genügt dies daher nicht.[250] Das Ergebnis muss angesichts der Gesetzesfassung hingenommen werden (BGHSt **28** 93, 94 f), obgleich die kriminelle Energie des Täters im Hinblick auf das Missverhältnis zwischen Mittel und Zweck durchaus nicht geringer zu sein braucht,

---

[247] BGHSt **40** 106 [zu § 307 Nr. 2 a.F.]; OLG München NJW **2006** 3364, *Schneider* MK § 211 Rdn. 199; *Jähnke* LK[11] § 211 Rdn. 9; *Radtke* NStZ **2007** 642, 643.

[248] Zust. *Bosch* JA **2007** 151. S. auch *Jähnke* LK[11] § 211 Rdn. 9 m.w.N. BGH NStZ **2007** 640 [zu § 306b] m. Anm. *Radtke* steht dem wohl nicht entgegen.

[249] BGH NJW **2007** 2130; aM *Barnickel* MK § 315 Rdn. 85.

[250] BGH VRS **47** 268, 269; BGHSt **28** 93, 94; *Fischer* Rdn. 22; *Horn/Wolters* SK Rdn. 13; *Sch/Schröder/Eser* § 211 Rdn. 32.

u.U. sogar gewichtiger ist. Namentlich kann das gegenteilige Resultat schwerlich überzeugend aus älteren Vorschriften abgeleitet werden, die die erst später verselbstständigte Ordnungswidrigkeit umfasst haben (so *Maurach/Schroeder/Maiwald* BT/1 § 2 Rdn. 34). Denn der Gesetzgeber verwendet den Begriff der Straftat auch in einschlägigen Gesetzen aus jüngerer Vergangenheit (etwa § 306b Abs. 2 Nr. 2), und dies, wie man annehmen muss, bewusst.

3. **Verursachung der Gesundheitsschädigung** (§ **315 Abs. 3 Nr. 2**). Absatz 3 Nr. 2 **119**
qualifiziert eine Tat nach Absatz 1 zum Verbrechen, wenn durch sie die schwere Gesundheitsschädigung (mindestens) eines anderen Menschen oder die Gesundheitsschädigung einer großen Zahl von Menschen verursacht wird. Es handelt sich in beiden Varianten um erfolgsqualifizierte Delikte, auf die § 18 Anwendung findet. Der Täter muss demgemäß durch die vorsätzliche Tat zumindest fahrlässig die schwere Folge verursacht haben (hierzu auch BTDrucks. 13/9064 S. 22). Ob die Qualifikation auch dann zur Anwendung kommen soll, wenn die schwere Folge durch eine Tat nach Absatz 5 verursacht wird, wird in den Materialien nicht gesagt. Aufgrund der systematischen Stellung des Absatzes 3 vor Absatz 5 und der mit Blick auf den strengen Strafrahmen gebotenen restriktiven Auslegung dürfte die Frage zu verneinen sein.

a) **Schwere Gesundheitsschädigung.** Der Begriff der (schweren) Gesundheitsschädigung **120**
hat mit dem 6. StrRG in breitestem Umfang in das StGB Einzug gehalten.[251] Zuvor war er dort lediglich in § 218 Abs. 2 Satz 2 Nr. 2 sowie § 330 Satz 2 Nr. 1, 2 a.F., § 330a Abs. 1 enthalten gewesen[252] und hatte mangels praktischer Relevanz keine nähere Ausformung durch die Rechtsprechung erfahren. Der Terminus kann nicht gerade als scharf konturiert bezeichnet werden. Unüberwindliche Schwierigkeiten wird er aber wohl nicht bereiten. Das Merkmal, das im Ansatz auf § 147 E 1962 zurückgeht,[253] umfasst zunächst die in § 226 Abs. 1 beschriebenen schweren Folgen, reicht jedoch weiter. Einbezogen sind Gesundheitsschäden, die nach Dauer und Verlauf den in § 226 Abs. 1 genannten Folgen im Schweregrad gleichkommen, so etwa eine lebensbedrohende, eine qualvolle oder eine ernste und langwierige Krankheit,[254] erhebliche Kopfverletzungen (BGH NStZ **2003** 662 [zu § 250]), eine Verletzung, die intensivmedizinische Behandlung erforderlich macht, schwere psychische Traumata oder der Verlust eines inneren Organs wie z.B. der Niere (*Schroth* NJW **1998** 2861, 2865). Schwere Gesundheitsschädigung ist auch die erhebliche Beeinträchtigung der Arbeitskraft von einiger Dauer.[255] Insoweit kann – wie auch beim „wichtigen Glied" in § 226 Abs. 1 Nr. 2 – zweifelhaft sein, ob auf Besonderheiten in der Opfersphäre abzustellen ist. So beinhaltet die Hand- oder Fingerverletzung für den Chirurgen oder Musiker eine gravierende Beeinträchtigung seiner Arbeitsfähigkeit (*Schroth* aaO). Nach neuerer Rechtsprechung des BGH sind jedenfalls individuelle Körpereigenschaften

[251] § 113 Abs. 2 Satz 2 Nr. 2; § 121 Abs. 3 Satz 2 Nr. 3; § 125a Satz 2 Nr. 3; § 176a Abs. 1 Nr. 3; § 177 Abs. 3 Nr. 3; § 179 Abs. 4 Nr. 3; § 221 Abs. 2 Nr. 2; § 225 Abs. 3 Nr. 1; § 235 Abs. 4 Nr. 1; § 239 Abs. 3 Nr. 2; § 250 Abs. 1 Nr. 1c; § 306b Abs. 1; § 308 Abs. 2, auch in Verbindung mit § 313 Abs. 2, § 314 Abs. 2; § 309 Abs. 3; § 312 Abs. 3; § 318 Abs. 3.

[252] Außerdem in § 51 Abs. 3 Satz 2 Nr. 2 LMBG; § 95 Abs. 3 Satz 2 Nr. 2 AMG.

[253] Hierzu *Stein* Einführung in das 6. Strafrechtsreformgesetz 4. Teil Rdn. 60 ff.

[254] BTDrucks. 13/8587 S. 28; E 1962 (BTDrucks. IV/650) S. 283 [zu § 147 E 1962]; BTDrucks. VI/3434 S. 13 [zu § 218]; 12/192 S. 28 [zu § 330]. *Fischer* § 218 Rdn. 15; *Sch/Schröder/Cramer* § 330 Rdn. 4; *Stein* Einführung in das 6. Strafrechtsreformgesetz 4. Teil Rdn. 61; *Schroth* NJW **1998** 2861, 2865 f.

[255] Nachweise wie Fn. 254.

und dauerhafte körperliche (Vor-)Schädigungen des Verletzten zu berücksichtigen (BGHSt 51 252 (zu § 226]).[256] Unbedeutende Erkrankungen genügen auch dann nicht, wenn sie von längerer Dauer sind (E 1962 [BTDrucks. IV/650] S. 283).

121 b) **Große Anzahl von Menschen.** Der schweren Gesundheitsschädigung eines oder mehrerer Menschen ist die Gesundheitsschädigung einer großen Zahl von Menschen gleichgestellt. Für § 306b Abs. 1 folgert BGHSt **44** 175 (177 f) aus den dort genannten Tatobjekten, der Gleichstellung mit der schweren Gesundheitsschädigung eines Menschen und der maßvollen Anhebung der Mindeststrafe (dort von einem auf zwei Jahre Freiheitsstrafe), dass jedenfalls die Schädigung von 14 Personen ausreiche, wobei das Merkmal tatbestandsspezifisch auszulegen sei. Die Erwägungen des BGH können im Prinzip auf die §§ 315 ff übertragen werden, wobei die Strafrahmenerhöhung gegenüber dem Grundtatbestand noch maßvoller ausfällt als bei § 306b. Eine große Zahl von Menschen wird unter diesem Blickwinkel bei *zehn* Personen anzunehmen sein.[257] Die einzelnen Gesundheitsschädigungen müssen dabei nicht schwer sein. Allerdings haben Beeinträchtigungen, die die Erheblichkeitsgrenze bei der Körperverletzung gerade erreichen, außer Betracht zu bleiben.[258] Kein gangbarer Weg dürfte es sein, die Gesundheitsschädigungen mehrerer Personen gewissermaßen zu addieren und das Merkmal dann anzunehmen, wenn die „Summe" ein Maß erreicht, das der schweren Gesundheitsschädigung eines Menschen entspricht.[259] Denn es ist nicht ersichtlich, nach welchem Gradmesser dabei vorgegangen werden sollte (ablehnend auch *Fischer* § 306b Rdn. 5).

122 c) **Verursachung des Todes.** Die Verursachung des Todes hat der Gesetzgeber entgegen einem Vorschlag des Bundesrats nicht in Absatz 3 aufgenommen (hierzu Entstehungsgeschichte VI 3). Demgemäß erfüllt eine Tat mit fahrlässig verursachter Todesfolge nur den Grundtatbestand des Absatzes 1 sowie § 222. Zwar könnte man die Gesundheitsschädigung theoretisch als notwendiges Durchgangsstadium zum Tod und damit als mit umfasst ansehen. Dem steht allerdings entgegen, dass der Gesetzgeber in zahlreichen Regelungen differenziert, indem er dort allein[260] oder in Verbindung mit dem Merkmal der Gesundheitsschädigung[261] an die Verursachung gerade des Todes einen strengeren Strafrahmen knüpft (vgl. *Fischer* Rdn. 24). Warum von der Aufnahme der Todesfolge abgesehen worden ist, geht aus den Motiven nicht hervor (BTDrucks. 13/9064 S. 22 f). Vergesslichkeit ist aber wenig wahrscheinlich. Womöglich ist der Gesetzgeber zuletzt vor den Wassermassen erschrocken, die nach Öffnung der „Strafrahmen-Schleusen" durch das Vorhaben „Strafrahmenharmonisierung" über ihm zusammengeschlagen sind. Der Umstand ist letztlich den „Strafrahmenrätseln"[262] zuzurechnen, die das 6. StrRG hinterlassen hat.

---

[256] Krit. Bspr. *Paeffgen/Grosse-Wilde* HRRS **2007** 363. Zum Ganzen *Schroth* NJW **1998** 2861, 2865 m.w.N.

[257] Ebenso *Sch/Schröder/Heine* § 306 Vorbem. Rdn. 13a; *Wolters/Horn* SK § 306b Rdn. 4. AM (jedenfalls 20 Personen): *Fischer* § 306b Rdn. 5; *Radtke* MK § 306b Rdn. 9; *Bayer* Bochumer Erläuterungen zum 6. Strafrechtsreformgesetz § 306b Rdn. 3. Nach *Barnickel* MK Rdn. 88 führt „an der Verfassungswidrigkeit … [der Regelung] wohl kein Weg vorbei".

[258] Hierzu auch *Fischer* § 306b Rdn. 5; anders wohl *Stein* Einführung in das 6. Strafrechtsreformgesetz 4. Teil Rdn. 63: Die minimale Verletzung jedes von 50 Menschen reiche aus.

[259] So aber *Stein* Einführung in das 6. Strafrechtsreformgesetz 4. Teil Rdn. 63.

[260] U.a. § 227 Abs. 1, § 178; § 235 Abs. 5; § 251; § 306c.

[261] U.a. § 221 Abs. 2 Nr. 2 versus Abs. 3; § 239 Abs. 3 Nr. 2 versus Abs. 4.

[262] Vgl. den gleichnamigen Titel des Aufsatzes von *Fischer* NStZ **1999** 13.

XII. Minder schwerer Fall (Absatz 4)

Der unbenannte Strafmilderungsgrund nach Absatz 4 ordnet für weniger gewichtige Fälle einen geringeren Strafrahmen an. Dieser beträgt für Taten nach Absatz 1 drei Monate bis zu fünf Jahre Freiheitsstrafe, was dem vor dem 6. StrRG für § 315 Abs. 1 geltenden Normalstrafrahmen entspricht. Hinter der Regelung dürfte die Überlegung stehen, für gering wiegende Taten die Verhängung der Geldstrafe zu ermöglichen (§ 47 Abs. 2 Satz 1). Dies ist mit Blick auf die erhöhte Mindeststrafdrohung des Absatzes 1 gewiss notwendig. Vorzugswürdig wäre es freilich gewesen, wenn Absatz 1 unverändert geblieben wäre (näher Entstehungsgeschichte VI 1). Für minder schwere Fälle von Taten nach Absatz 3 beträgt – bei derselben Höchststrafe – die Mindeststrafe sechs Monate Freiheitsstrafe. Die Regelung des Absatzes 4 ist insgesamt Ausfluss eines das 6. StrRG generell prägenden schematisierenden Denkens. Es mutet daher etwas seltsam an, dass die Bundesregierung auf die Kritik des Bundesrats am uneinheitlichen Einsatz unbenannter Strafmilderungsgründe (BTDrucks. 13/8587 S. 55 f) mit dem Hinweis darauf geantwortet hat, dass „sich die Frage ... jeder schematisierenden Regelung“ entziehe (BTDrucks. 13/8587 S. 80). Der minder schwere Fall ist nach allgemeinen Grundsätzen im Wege einer umfassenden Gesamtwürdigung festzustellen.[263] Geringer Schaden bzw. geringe Gefahr oder auch notstandsähnliche Lagen können zum minder schweren Fall führen (OLG Koblenz VRS 65 25). 123

XIII. Tätige Reue (§ 320)

Die Vorschriften über die Tätige Reue sind in § 320 zusammengefasst (hierzu Entstehungsgeschichte VI 3). Mit ihnen wird dem Umstand Rechnung getragen, dass die Strafbarkeit wegen Vollendung bei den Gefährdungsdelikten vorverlagert ist (BTDrucks. IV/651 S. 26). Für § 315 relevant sind § 320 Abs. 2 Nr. 1, Abs. 3 Nr. 1 und Abs. 4. Dabei enthält § 320 Abs. 2 Nr. 1 eine fakultative Regelung zur Strafmilderung und zum Absehen von Strafe für die Vorsatztaten nach § 315 Abs. 1, 3 Nr. 1 und Abs. 5. Der Qualifikationstatbestand nach § 315 Abs. 3 Nr. 2 ist in § 320 nicht aufgeführt. Gleichfalls nicht mehr in Bezug genommen ist die Versuchsstrafbarkeit nach § 315 Abs. 2. Die Einbeziehung des Versuchs durch das frühere Recht war im Hinblick auf § 24 überflüssig.[264] § 320 Abs. 3 Nr. 1 a beinhaltet einen persönlichen Strafaufhebungsgrund für Fahrlässigkeitstaten nach § 315 Abs. 6. § 320 Abs. 4 lässt in allen Fällen das freiwillige und ernsthafte Bemühen zur Gefahr- bzw. Erfolgsverhinderung ausreichen, wenn die Gefahr bzw. der Erfolg ohne Zutun des Täters abgewendet wird. Dies setzt allerdings voraus, dass die Gefahr nach der Tätervorstellung noch abgewendet werden kann (s. auch Rdn. 130 a.E.). 124

1. **Rücktrittsgrundsätze.** § 320 Abs. 2, 3 und 4 setzen Freiwilligkeit voraus. Die Merkmale entsprechen denen des § 24, denen sie auch entnommen sind. Auf die Erläuterungen zu dieser Vorschrift (*Lilie/Albrecht* LK § 24 Rdn. 220 ff) wird daher verwiesen. 125

2. **Abwendung der Gefahr.** Die Wohltaten der Strafmilderung und des Absehens von Strafe (§ 320 Abs. 2 Nr. 1) setzen zunächst voraus, dass der Täter die Gefahr abwendet. Wäre damit nur gemeint, dass er den *Eintritt* der konkreten Gefahr verhindern muss, so 126

---

263 OLG Koblenz VRS 65 25; eingehend *Gribbohm* LK[11] § 46 Rdn. 254 ff.

264 Zur Konkurrenz mit dem Rücktritt vom Versuch *Rüth* LK[10] Rdn. 51.

gäbe dies keinen Sinn. Denn dann fehlt es schon an der Vollendung (*Sch/Schröder/Cramer/Heine* § 314a Rdn. 8), und für den Versuch wäre § 24 anzuwenden; im Fall des § 315 Abs. 5 ermangelt es schon der Versuchsstrafbarkeit (Rdn. 109). Daraus ist zu schließen, dass Tätige Reue einmal dann möglich ist, wenn der Täter die nach Eintritt des Gefahrerfolgs fortdauernde Gefahr abwendet. Darüber hinaus kann es sogar zum Eintritt der Verletzung kommen; diese darf nur nicht erheblich sein (BTDrucks. IV/651 S. 26). Letzteres ergibt sich aus der weiteren Voraussetzung, wonach Strafmilderung und Absehen von Strafe bei Eintritt eines *erheblichen* Schadens ausgeschlossen sind, ein nicht erheblicher Schaden der Anwendung also nicht entgegensteht. Im Hinblick auf die Rechtsprechung zum Beinahe-Unfall (hierzu Rdn. 53, 61 ff) betrifft beides einen sehr schmalen Bereich. Denn der Täter muss nach Eintritt des Gefahrerfolgs und vor Eintritt der erheblichen Verletzung oder dem Zeitpunkt tätig werden, in dem sich die kritische Situation entspannt. Ein Beispiel gäbe derjenige, der eine Betonplatte auf die Gleise legt, und diese dann durch eine waghalsige Aktion unmittelbar vor dem mit hoher Geschwindigkeit heranfahrenden Zug wieder entfernt.

127 a) **Guter Ausgang bei planvollem Risiko.** Kein Anwendungsfall des § 320 ist gegeben, wenn der mit *Gefährdungs*vorsatz Handelnde nur das vollführt, was er von vornherein geplant hatte. Fährt z.B. der Motorbootführer mit hoher Geschwindigkeit auf einen Schwimmer zu, um diesen zu erschrecken, und kann er den Unfall um Haaresbreite verhindern, so ist kein Grund ersichtlich, warum ihm das „gerade noch einmal Gutgehen" seines riskanten Unternehmens honoriert werden sollte.[265] Es fehlt dann an dem die Tätige Reue prägenden Element der Umkehr. Wollte man dem mit Blick auf den Wortlaut nicht folgen, so ist zumindest das Ermessen im negativen Sinn zu gebrauchen. Sind an der *Tat mehrere beteiligt*, so ist bei Tätiger Reue eines der Beteiligten § 24 Abs. 2 entsprechend anzuwenden. Das bedeutet, dass die Aufgabe der weiteren Tatausführung durch den Täter allein nicht ausreichend, vielmehr die Abwendung der Gefahr notwendig ist (*Sch/Schröder/Cramer/Heine* § 314a Rdn. 5).

128 b) **Erheblicher Schaden.** Nicht einheitlich beurteilt wird, wie der Begriff des erheblichen Schadens auszufüllen ist. Bedauerlicherweise hat der Gesetzgeber die Unsicherheiten bei der Neufassung der §§ 314a, 320 nicht geklärt. Immerhin hat er aber durch die Ausgrenzung des § 315 Abs. 3 Nr. 2 zu erkennen gegeben, dass die Gesundheitsbeeinträchtigung einer großen Zahl von Menschen außerhalb des nicht erheblichen Schadens liegt. Diese gesetzgeberische Entscheidung stützt die schon vorher weithin vertretene Auffassung, dass *Personenschäden generell* einen erheblichen Schaden begründen, sofern sie nicht geringfügig sind.[266] Bei *Sachschäden* wird die Beurteilung dadurch erschwert, dass die Terminologie vom Begriff der Sache von bedeutendem Wert abweicht. Dies wirft die Frage auf, ob gleichwohl dasselbe gemeint ist oder ob eine weitere „Zwischengrenze" eingezogen werden sollte, nämlich in der Weise, dass der „erhebliche Schaden" gegenüber dem „bedeutenden Sachwert" bzw. „bedeutendem Sachschaden" ein Weniger dar-

---

[265] Im Rahmen des § 315a hat u.a. der Aspekt, dass Geschicklichkeit nicht belohnt werden soll, dazu geführt, dass von der Normierung der Tätigen Reue abgesehen worden ist (BTDrucks. IV/651 S. 27 und § 315a Rdn. 37).

[266] *Sch/Schröder/Cramer/Heine* § 314a Rdn. 9; abw. *Fischer* § 314a Rdn. 3: Es komme auf das absolute Ausmaß der Beeinträchtigung oder Verletzung, aber auch auf deren Verhältnis zum Gefahrenpotential der Gefährdung an.

stellt (so *Wolff* LK[11] § 311e Rdn. 8). Eine solche Interpretation lässt sich freilich nicht zwingend aus den gewählten Begriffen herleiten. Denn das Gesetz wollte mit dem Terminus des erheblichen Schadens womöglich nur einer weiteren Differenzierung zwischen Sach- und Personenschaden aus dem Wege gehen und hat deshalb den für den Körperschaden gebräuchlichen Ausdruck der Erheblichkeit gewählt.[267] Zudem lässt sich trefflich darüber streiten, ob „erheblich" hinter „bedeutend" terminologisch zurücksteht. Auch aus Gründen der Rechtssicherheit dürfte es letztlich sachgerecht sein, einen erheblichen Sachschaden erst dann anzunehmen, wenn er auch bedeutend im Sinne des unter Rdn. 94 Gesagten ist.[268] Einigkeit besteht demgegenüber darin, dass der unerhebliche Schaden nicht mit dem „belanglosen" Sachschaden im Rahmen des § 142 gleichzusetzen ist (*Fischer* § 314a Rdn. 3).

c) **Strafmilderung, Absehen von Strafe.** Sind die Voraussetzungen erfüllt, so kann der Richter die Strafe nach § 49 Abs. 2 mildern oder den Täter – unter Auferlegung der Kosten (§ 465 Abs. 1 Satz 2 StPO) – schuldig sprechen und von Strafe absehen.[269] Ihm steht im Grundsatz ein Strafrahmen von Null bis zu zehn bzw. 15 Jahren zur Verfügung (kritisch *Sch/Schröder/Cramer/Heine* § 314a Rdn. 12). Hinweise zur Ausübung des Ermessens gibt das Gesetz hier wie auch in zahlreichen vergleichbaren Regelungen nicht. Der Ermessensspielraum ist nach den allgemeinen Grundsätzen zur Strafzumessung zu handhaben. Die Möglichkeit, von Strafe ganz abzusehen, eröffnet für Staatsanwaltschaft und Gericht die Einstellungsmöglichkeit nach § 153b StPO. **129**

3. **Strafaufhebungsgrund (§ 315 Abs. 6).** Bei durchgehend fahrlässiger Tat nach § 315 Abs. 6 führt Tätige Reue zur Straflosigkeit des Täters (§ 320 Abs. 1 Nr. 3). Es handelt sich um einen persönlichen Strafaufhebungsgrund. Im Ermittlungsverfahren erfolgt demnach eine Einstellung gemäß § 170 Abs. 2 StPO, im gerichtlichen Verfahren Freispruch. Einen Fall des heutigen § 320 Abs. 4 behandelt OLG Düsseldorf NJW **1971** 1850 (1851); dort hatte ein Schrankenwärter – bei anderweitig abgewendeter Gefahr – die von ihm zu früh geöffnete Schranke alsbald wieder geschlossen. Eine Honorierung Tätiger Reue nach § 320 Abs. 4 wäre im zugrunde liegenden Fall aber nicht mehr möglich gewesen, weil die Gefahr nach der Vorstellung des Täters nicht mehr hatte abgewendet werden können (*Meyer-Gerhards* JuS **1972** 506, 508). **130**

4. **Geltung nur für Verkehrsstraftat.** Die durch § 320 angeordneten Folgen treten immer nur für die dort genannten Straftaten ein. Auf konkurrierende Taten ist die Vorschrift nicht anwendbar.[270] Bei Absehen von Strafe nach § 320 Abs. 2 oder Nichtverurteilung nach § 320 Abs. 3 kann eine Verurteilung wegen solcher Taten erfolgen, die ansonsten im Wege der Gesetzeskonkurrenz zurücktreten würden.[271] **131**

---

267 Eine solche Differenzierung enthält § 69 Abs. 2 Nr. 3.

268 Ebenso *Sch/Schröder/Cramer/Heine* § 314a Rdn. 9; *Fischer* Rdn. 26; abw. *Wolff* LK[11] § 311c Rdn. 8.

269 Zur Beachtlichkeit des vertypten Strafmilderungsgrundes auch für die Annahme des minder schweren Falls *Gribbohm* LK[11] § 46 Rdn. 260 ff.

270 *Sch/Schröder/Cramer/Heine* § 314a Rdn. 14; *Fischer* § 314a Rdn. 4.

271 *Sch/Schröder/Cramer/Heine* § 314a Rdn. 14; *Fischer* § 314a Rdn. 4.

XIV. Täterschaft; Teilnahme

132 **§ 315 enthält Allgemeindelikte.** *Täter* kann demnach jeder sein. Für die *Teilnahme* gelten die allgemeinen Grundsätze. Teilnahme ist auch an Taten nach Absatz 5 möglich (§ 11 Abs. 2; dazu schon Rdn. 105). Sie ist gegeben, wenn der Betreffende den Tatentschluss in Bezug auf den vom Haupttäter verwirklichten „Vorsatzteil" (Tathandlung) vorsätzlich hervorruft bzw. zum „Vorsatzteil" vorsätzlich Hilfe leistet. Darüber hinaus ist mit der ganz h.M. zu fordern, dass ihm hinsichtlich des Eintritts der konkreten Gefahr zumindest Fahrlässigkeit zur Last fällt.[272] Dies dürfte namentlich aus § 29 zu folgern sein, wonach jeder Beteiligte nur im Rahmen seines Verschuldens verantwortlich ist (*Sch/Schröder/Eser* § 11 Rdn. 75) und entspricht der für erfolgsqualifizierte Delikte ausdrücklich in § 18 getroffenen Wertentscheidung des Gesetzgebers. Aus der zuletzt genannten Vorschrift ergibt sich schließlich, dass Teilnahme auch am erfolgsqualifizierten Delikt nach Absatz 3 Nr. 2 möglich ist. Trifft den Teilnehmer demnach hinsichtlich einer tatbestandsrelevanten Gesundheitsschädigung zumindest der Vorwurf der Fahrlässigkeit, so ist für ihn die Strafe dem Sonderstrafrahmen des Absatzes 3 zu entnehmen. Dies gilt auch dann, wenn der Täter mangels Fahrlässigkeit hinsichtlich der schweren Folge nur den Grundtatbestand erfüllt.[273] Hinzu kommen muss aber, dass der Teilnehmer hinsichtlich der Gefahr vorsätzlich handelt (zur Lage beim Täter Rdn. 119).

XV. Konkurrenzen

133 **Tateinheit ist möglich** mit § 315a Abs. 1 Nr. 1 sowie mit § 315b und § 316 (vgl. auch § 315d Rdn. 10, 16), mit § 316b (s. dort Rdn. 38) und mit § 316c (s. dort Rdn. 53), sowie mit §§ 306, 310. Auch mit Körperverletzungs- und Tötungsdelikten kann § 315 idealiter konkurrieren, desgleichen mit Sachbeschädigung (§§ 303 ff). Letzteres gilt allerdings nicht, sofern der Eingriff in einer Beschädigung von Beförderungsmittel oder Anlagen besteht (§ 315 Abs. 1 Nr. 1); insoweit werden die Sachbeschädigungsdelikte verdrängt (näher § 315b Rdn. 93). Ist durch die Handlung zugleich § 315a Abs. 1 Nr. 2 erfüllt, so kommt nur § 315 zur Anwendung (BGHSt **21** 173, 174; **24** 231, 232 ff; im Einzelnen Rdn. 19 ff). Genauso ist für die parallele Problematik im Verhältnis zu § 59 LuftVG zu entscheiden.[274] Zurück tritt auch § 87 (*Fischer* Rdn. 27). Verursacht der Täter durch eine Handlung Gefahren für mehrere Rechtsgüter oder mehrere Gefahrenlagen für die Belange verschiedener Rechtsgutsträger, so liegt nur eine Tat nach § 315 vor (§ 315b Rdn. 96 f). Das Gleiche gilt, sofern er im Zuge eines Eingriffs eine Tathandlung des Absatzes 1 mehrmals verwirklicht oder mehrere Tathandlungen verübt (*Geerds* BA 3 [1965] 124, 126). Beim Zusammentreffen mit *Ordnungswidrigkeiten* (etwa § 50 WaStrG, § 61 SeeSchStrO) kommt nur § 315 zur Anwendung (§ 21 Abs. 1 Satz 1 OWiG). Wegen

---

272 OLG Stuttgart NJW **1976** 335; *Hilgendorf* LK § 11 Rdn. 109; *Sch/Schröder/Cramer/Sternberg-Lieben* Rdn. 19; *Sch/Schröder/Eser* § 11 Rdn. 75; *Fischer* Rdn. 19; **aM** *Noak* JuS **2005** 312, *Noak/Sengbusch* Jura **2005** 494, 499, die allerdings verkennen, dass es sich um eine den Teilnehmer begünstigende *einschränkende* Auslegung handelt, für die das Analogieverbot nicht gilt; würde man, wie von ihnen postuliert, Vorsatz auch hinsichtlich des Eintritts des Gefahrerfolgs verlangen, so liefe § 11 Abs. 2 insoweit leer.

273 BGHSt **19** 339, 341 f; *Roxin* LK[11] § 26 Rdn. 99 f; *Sch/Schröder/Cramer/Sternberg-Lieben* § 18 Rdn. 7; *Fischer* § 18 Rdn. 3; *Vogel* LK § 18 Rdn. 69.

274 *Sch/Schröder/Cramer/Sternberg-Lieben* Rdn. 23; *Fischer* Rdn. 27; **aM** *Lampe* Erbs/Kohlhaas § 59 LuftVG Rdn. 15.

der näheren Einzelheiten wird auf § 315c Rdn. 214 Bezug genommen. Ergänzend gilt das unter § 315b Rdn. 93 ff Gesagte.

XVI. Sonstiges

Das Androhen sowie Vortäuschen einer Tat nach § 315 Abs. 3 führt nach § 126 Abs. 1 Nr. 6, Abs. 2, § 145d Abs. 1 Nr. 2, Abs. 2 Nr. 2 unter den dort genannten Voraussetzungen zur Strafbarkeit, die Belohnung oder Billigung unter denen des § 140. Die Nichtanzeige geplanter Straftaten nach § 315 Abs. 3 ist durch § 138 Abs. 1 Nr. 9 pönalisiert. § 315 Abs. 3 ist auch in § 100a Abs. 2 Nr. 1 s StPO (Überwachung der Telekommunikation) sowie in § 12 BGSG genannt. **134**

§ 315a
Gefährdung des Bahn-, Schiffs- und Luftverkehrs

(1) Mit Freiheitsstrafe bis zu fünf Jahren oder mit Geldstrafe wird bestraft, wer

1. ein Schienenbahn- oder Schwebebahnfahrzeug, ein Schiff oder ein Luftfahrzeug führt, obwohl er infolge des Genusses alkoholischer Getränke oder anderer berauschender Mittel oder infolge geistiger oder körperlicher Mängel nicht in der Lage ist, das Fahrzeug sicher zu führen, oder

2. als Führer eines solchen Fahrzeugs oder als sonst für die Sicherheit Verantwortlicher durch grob pflichtwidriges Verhalten gegen Rechtsvorschriften zur Sicherung des Schienenbahn-, Schwebebahn-, Schiffs- oder Luftverkehrs verstößt

und dadurch Leib oder Leben eines anderen Menschen oder fremde Sachen von bedeutendem Wert gefährdet.

(2) In den Fällen des Absatzes 1 Nr. 1 ist der Versuch strafbar.

(3) Wer in den Fällen des Absatzes 1

1. die Gefahr fahrlässig verursacht oder

2. fahrlässig handelt und die Gefahr fahrlässig verursacht,

wird mit Freiheitsstrafe bis zu zwei Jahren oder mit Geldstrafe bestraft.

Schrifttum

Juristische/kriminologische Abhandlungen. *Escherich* Eignungskriterien und Alkoholgrenzwerte in der Berufs- und Sportschifffahrt – Das Präventions- und Sanktionskonzept der Bundesregierung gegenüber Alkoholmissbrauch in der Seeschifffahrt, 44. VGT **2006** S. 233 = BA **43** (2006) 207; *Geppert* Trunkenheit im Schiffsverkehr (§ 316), BA **24** (1987) 262; *Kortendick* Trunkenheit am Ruder in der Binnenschifffahrt, Zeitschrift für Binnenschiffahrt **1966** 162; *Rudolf* Die Strafnormen zum Schutz des Luftverkehrs im Entwurf eines neuen Strafgesetzbuches, ZLW **1968** 11; *Seifert* Zur strafrechtlichen Behandlung der Trunkenheit am Ruder, NZV **1997** 147; *Specht* Probleme bei der Bestimmung der Verantwortlichen im Schiffahrtsrecht sowie Trunkenheit auf dem Wasser, 16. VGT **1978** S. 304; *Spöntjes* Eignungskriterien und Alkoholgrenzwerte in der Berufs- und Sportschifffahrt 44. VGT **2006** S. 247; *Steinicke* Probleme bei der Bestimmung des Verantwortlichen im Binnenschifffahrtsrecht sowie Trunkenheit auf dem Wasser einschließlich Sportschiffahrt, 16. VGT **1978** S. 323; *Sudmeyer* Nochmals: Zur strafrechtlichen Behandlung der Trunkenheit am Ruder, NZV **1997** 340.

Medizinisch-naturwissenschaftliche Abhandlungen. *Helmer/Peters* Zum Begriff der „sicheren Führung“ von Wasserfahrzeugen und ihre „Behinderung“ durch Alkoholeinfluß, BA **13** (1976) 39; *Janssen/Naeve* Zur Einführung eines Promille-Grenzwertes in der See- und Binnenschiffahrt, BA **12**

(1975) 354; *Janssen* Trunkenheit auf dem Wasser, 16. VGT **1978** S. 295; *Janssen und Autorenteam* Alkoholeinfluß auf die Sicherheit im Schiffsverkehr Begründung eines Promille-Grenzwertes, Hansa **1987** 659; *Kaatsch/Thome/Bilzer/Grütters/Grütters/Reichelt/Lemburg/Ritz-Timme* Eignungskriterien und Alkoholgrenzwerte in der Berufs- und Sportschifffahrt – Alkohol und Sicherheit im Schiffsverkehr ..., BA **43** (2006) 192; *Naeve* Bedeutung des Alkohols bei tödlichen Unfällen an Bord und im Hafen, BA **13** (1976) 27; *Naeve/Klages* Trunkenheit bei der Führung eines Schiffes, BA **11** (1974) 357; *Scheibe/Lustig* Alkoholbeeinflußte Sportbootfahrer aus rechtsmedizinischer und nautisch-seemännischer Sicht, Festschrift Prof. Dr. med. Dr. h.c. Volkmar Schneider (2000) S. 469.

S. im Übrigen die Schrifttumsnachweise zu §§ 315, 315c und 316.

Entstehungsgeschichte

§ 315a ist durch das **Zweite Gesetz zur Sicherung des Straßenverkehrs vom 21.11.1964** (BGBl. I S. 921) eingeführt worden. Maßgebendes gesetzgeberisches Ziel war es, einen Teilbereich geringer gewichtiger, aber strafwürdiger Handlungen der Transportgefährdung aus dem Anwendungsbereich des § 315 auszugliedern und in dem neu geschaffenen § 315a Abs. 1 Nr. 2 eigenständig unter (mildere) Strafe zu stellen (BTDrucks. IV/651 S. 22, 26; näher § 315 Entstehungsgeschichte IV 1; § 315 Rdn. 19 ff). Mit § 315 Abs. 1 Nr. 1 sollte der Gleichklang zum Straßenverkehrsstrafrecht (§ 315c Abs. 1 Nr. 1) herbeigeführt werden (BTDrucks. IV/651 S. 26). Als Vorbild des § 315a Abs. 1 Nr. 2 kann bis zu einem gewissen Grad § 230 Abs. 2 E 1927 gelten (§ 315 Entstehungsgeschichte II). Einen gesetzlichen Vorläufer hatte die Vorschrift in § 59 2. Alt. LuftVG a.F.; sie war deshalb für den Luftverkehr nicht so neu wie für die anderen Verkehrsarten (*Rudolf* ZLW **1965** 118, 125). § 59 LuftVG a.F.[1] hatte folgenden Wortlaut: *Wer die Sicherheit des Luftverkehrs dadurch beeinträchtigt, dass er in grob verkehrswidriger und rücksichtsloser Weise einer im Rahmen der Luftaufsicht erlassenen Verfügung (§ 29) oder einer aufgrund des § 32 erlassenen Rechtsvorschrift zuwiderhandelt und dadurch eine Gemeingefahr (§ 315 Abs. 3 des Strafgesetzbuches) herbeiführt, wird mit Gefängnis bestraft.* § 315a ist in der Folge, eine redaktionelle Änderung in Absatz 1 durch das **Sechste Gesetz zur Reform des Strafrechts (6. StrRG) vom 26.1.1998** (BGBl. I S. 164) ausgenommen (eines anderen *Menschen*; hierzu § 315 Entstehungsgeschichte VI), unverändert geblieben.

Übersicht

[1] In der bis zum In-Kraft-Treten des 2. StraßenVSichG am 2.1.1965 geltenden Fassung. Absatz 2 pönalisierte fahrlässiges Verhalten.

I. Bedeutung der Vorschrift, Schutzgut

Die praktische Bedeutung der Vorschrift ist nicht groß (2006: 57 Aburteilungen, 33 Verurteilungen).[2] Geschütztes Rechtsgut ist wie bei § 315 die Sicherheit des Bahn-, Schiffs- und Luftverkehrs (im Einzelnen § 315 Rdn. 3 ff). Dass § 315a abweichend von § 315 eine Beeinträchtigung der Verkehrssicherheit nicht ausdrücklich verlangt, steht dem nicht entgegen (hierzu auch die nachfolgende Rdn.) 1

II. Deliktsaufbau und -charakter

Die in § 315a enthaltenen Tatbestände sind anders als die des § 315 (dort Rdn. 2) *zweistufig* aufgebaut. Durch die in Absatz 1 genannten *gefährlichen Handlungen* muss „nur" die *konkrete Gefahr* verursacht werden. Die in § 315 gesondert geforderte Beeinträchtigung der Verkehrssicherheit (hierzu § 315 Rdn. 47 ff) ist hier kein eigenständiges Merkmal des Tatbestandes. Der Gesetzgeber ist ersichtlich davon ausgegangen, dass die Tathandlungen nach § 315a Abs. 1 generell geeignet sind, eine abstrakte Gefährdung der Verkehrssicherheit herbeizuführen. § 315a ist wie § 315 konkretes Gefährdungs- und zugleich Erfolgsdelikt, trägt aber auch Züge des abstrakten Gefährdungsdelikts (§ 315 Rdn. 2). Die Taten sind, soweit die Strafbarkeit des Fahrzeugführers betroffen ist (§ 315a Abs. 1 Nr. 1, 2, 1. Alt.), *eigenhändige Delikte*; § 315a Abs. 1 Nr. 2, 2. Alt. normiert ein *Sonderdelikt* (Rdn. 38). 2

III. Objektiver Tatbestand

§ 315a Abs. 1 vereinigt zwei sehr unterschiedliche Delikte in sich (*Sch/Schröder/Cramer/Sternberg-Lieben* Rdn. 1). Nummer 1 pönalisiert Fahrten im Zustand der Fahrunsicherheit, Nummer 2 enthält einen Blankettatbestand gegen die grob pflichtwidrige Verletzung von Verkehrssicherungsvorschriften. 3

1. Verkehrsarten. Die Begriffe des Schienenbahn-, Schwebebahnfahrzeugs, des Schiffs und des Luftfahrzeugs (Absatz 1 Nr. 1) sowie des Schienenbahn-, Schwebebahn-, Schiffs- und Luftverkehrs (Absatz 1 Nr. 2) entsprechen denen in § 315. Wegen der näheren Einzelheiten wird auf die Ausführungen unter § 315 Rdn. 6 ff verwiesen. Zu beachten 4

[2] Quelle: Statistisches Bundesamt, Fachserie 10/Reihe 3, Strafverfolgung, Tab. 2.1 (abrufbar über www.destatis.de).

ist, dass § 315a anders als § 315c *auch „private" Verkehrsvorgänge* mit umfasst. Dies folgt aus der Anknüpfung der Vorschrift an § 315, dem eine Beschränkung auf den öffentlichen Verkehrsraum nicht zu entnehmen ist (näher § 315 Rdn. 7). Das Gleiche muss dann für § 315a gelten. Soweit im Rahmen des § 316 (ohne nähere Begründung) teils eine Beschränkung auf den „öffentlichen" Verkehr der in §§ 315, 315a genannten Verkehrsarten befürwortet wird (s. m.w.N. § 316 Rdn. 6), vermag dies nicht zu überzeugen. Zur Teilnahme der Schienenbahn am Straßenverkehr gilt das zu § 315d Gesagte.

5 2. **Fahrzeugführen im Zustand der Fahrunsicherheit (Absatz 1 Nr. 1).** Nummer 1 erfordert das Führen eines der dort genannten Fahrzeuge im Zustand der Fahrunsicherheit. Die Wortfassung stimmt mit der des § 315c Abs. 1 Nr. 1 und hinsichtlich der rauschmittelbedingten Fahrunsicherheit auch mit der des § 316 Abs. 1 überein.

6 a) **Fahrzeugführen.** Fahrzeugführen ist nach ganz herrschender Lehre gegeben, wenn jemand das Fahrzeug unter bestimmungsgemäßer Verwendung seiner Antriebskräfte unter eigener Allein- oder Mitverantwortung in Bewegung setzt oder es während der Fahrbewegung durch den Verkehrsraum ganz oder wenigstens zum Teil lenkt (im Einzelnen § 315c Rdn. 10 ff; zum Fahrzeugführen durch Unterlassen § 316 Rdn. 9). Nicht erforderlich ist, dass sich der Täter im Fahrzeug befindet. Auch eine Steuerung von außen genügt. Fahrzeugführer ist demnach beispielsweise, wer den Einsatz eines Sessellifts, einer Gondelbahn oder auch einer „fahrerlosen" Untergrundbahn der neuesten Generation vom Führerhaus bzw. der Einsatzzentrale aus leitet. Ebenso liegt es bei der Steuerung eines ferngelenkten Flugkörpers.

7 aa) **Eigenhändiges Führen.** Maßgebend ist, wer die (Mit-) Verantwortung für die Bewegung des Fahrzeugs hat und diese mit Blick auf den Bewegungsvorgang faktisch betätigt. Für das Merkmal des Führens kommt es deshalb auf die schifffahrtsrechtlich geregelte Verantwortlichkeit nicht entscheidend an (*Geppert* BA **24** (1987) 262, 265); das gilt sinngemäß auch für die anderen von § 315a geschützten Verkehrsarten.[3] Der Lokomotivführer, Kapitän oder Pilot, der sein Fahrzeug der Führung einer anderen Person anvertraut, ist deshalb nicht schon aufgrund seiner Stellung und Befähigung Führer des jeweiligen Fahrzeugs;[4] umgekehrt ist es bedeutungslos, ob der Lenker des Fahrzeugs über die erforderlichen Befähigungen bzw. Befähigungsnachweise verfügt (*Geppert* aaO; s. aber Rdn. 9).

8 (1) **Arbeitsteiliges Führen.** Seit langem ist in Rechtsprechung und Literatur anerkannt, dass sich mehrere Personen die Führung eines Fahrzeugs derart teilen können, dass sie alle als Fahrzeugführer anzusehen sind.[5] Führer des Fahrzeugs ist danach auch derjenige, der eigenverantwortlich *einzelne* technische Funktionen ausübt, ohne die eine zielgerichtete Fortbewegung des Fahrzeugs im Verkehr unmöglich wäre (BGHSt **36** 341, 344). Die Ausführung ganz untergeordneter Hilfsdienste unter fremder Gesamtverant-

---

[3] Eingehend zum verantwortlichen Luftfahrtführer im Sinne von § 2 LuftVO *Schwenk* Handbuch des Luftfahrtrechts 2. Aufl. 1996 S. 336 ff; *Giemulla/Schmid* Der Luftfahrzeugführer (1990) Rdn. 107 ff.

[4] AA OLG Schleswig SchlHA **1970** 196 (näher Fn. 10). In diese Richtung auch OLG Oldenburg OLGSt. 1 § 315a S. 7, 8.

[5] BGHSt **13** 226, 227 [zu § 24 StVG a.F.]; BGHSt **36** 341, 344; BayObLG NJW **1984** 878, 879; OLG Hamm VRS **37** 281, 282. *Geppert* LK § 69 Rdn. 28; *Fischer* Rdn. 4; *Geppert* BA **24** (1987) 262, 265. Offengeblieben in KG VRS **12** 110, 112 f, mit Nachweisen zur älteren, teils entgegengesetzten Rechtsprechung und Literatur.

wortung oder auch ein kurzzeitiges Eingreifen in die Steuerung genügt jedoch nicht (im Einzelnen § 315 c Rdn. 37 ff).[6]

(2) **Führen durch Worte.** Nach überwiegender (freilich älterer) Rechtsprechung sowie Literatur soll Schiffsführer auch sein können, wer als an Bord befindlicher Verantwortlicher das Ruder durch einen Rudergänger oder einen Fahrgast führen lässt.[7] Dies vermag jedoch nicht zu überzeugen. Der BGH verlangt in seiner Rechtsprechung zu den §§ 315c, 316, dass sich der Einzelne *selbst aller oder wenigstens eines Teiles der wesentlichen technischen Einrichtungen* des Fahrzeugs bedienen muss.[8] Entgegen mancher Andeutung im Schrifttum[9] betrifft diese Formel nicht lediglich die Bestimmung *des Beginns* des Führens, sondern stellt die Definition des Führens dar (vgl. BGH NZV **1995** 364, StraFo 2007 475 [je zu § 315c]). Die Tat ist demgemäß eigenhändiges Delikt (Rdn. 38). Die Frage kann im Bahn-, Schiffs- oder Luftverkehr nicht abweichend beurteilt werden.[10] Dabei ist offenkundig, dass der Kapitän, der sich „tätiger" Steuerungsverrichtungen enthält, das solchermaßen interpretierte Merkmal des Fahrzeugführens nicht in eigener Person erfüllt, also nicht unmittelbarer Täter sein kann. Mittelbare Täterschaft und uneigenhändige Mittäterschaft sind bei eigenhändigen Delikten nach allgemeinen Regeln ausgeschlossen. Andererseits verwirklicht der Rudergänger das Merkmal des Führens unzweifelhaft in vollem Umfang, so dass er als Täter anzusehen ist; ob es sich bei ihm um eine nautisch erfahrene oder unerfahrene Person handelt und inwieweit er weisungsgebunden tätig wird, kann keine Rolle spielen (**aA** *Geppert* BA **24** (1987) 262, 265). Demzufolge kann sich der lediglich „durch Worte" führende Kapitän nur nach § 315 Abs. 1 Nr. 4, § 315a Abs. 1 Nr. 2, 2. Alt. oder wegen Anstiftung bzw. Beihilfe strafbar machen (s. ergänzend § 315c Rdn. 42, 201 ff). Entsprechendes gilt in vergleichbaren Konstellationen für den Bahn- und Luftverkehr, etwa für den gelegentlich relevant werdenden Fall, in dem die flugunkundige Person wegen Ausfalls des Piloten das Luftfahrzeug nach den Anweisungen der Flugleitung oder der Besatzung eines in unmittelbarer Nähe fliegenden Flugzeugs führt und letztlich zur Landung bringt. Dass bei dieser Interpretation Strafbarkeitslücken bestehen (s. *Fischer* Rdn. 4), wird nicht verkannt. Deren Behebung obliegt jedoch dem Gesetzgeber. 9

bb) **Bewegungsvorgang im Verkehr.** Durch den Begriff des „Führens" werden nur Bewegungsvorgänge im Verkehr erfasst. Vorgänge, die dem Bewegungsvorgang vorgelagert sind, wie etwa das Bedienen von Trieb- oder Fahrwerk, das Lösen der Feststellbremse oder das Anlassen des Motors können allenfalls als Versuch strafbar sein (Absatz 2). Dies entspricht seit BGHSt **35** 390 der ganz herrschenden Lehre (näher § 315c Rdn. 11 f).[11] 10

---

6 KG VRS **12** 110, 111 ff; *Geppert* BA **24** (1987) 262, 265.

7 OLG Schleswig SchlHA **1970** 196; *Fischer* Rdn. 4 (s. aber *denselben* § 315c Rdn. 3, § 316 Rdn. 2/3; *Geppert* BA **24** (1987) 262, 265 f, m.w.N. zu unveröffentlichten Entscheidungen. Nicht abschließend entschieden von OLG Oldenburg OLGSt. **1** § 315a S. 7, 8; im dortigen Fall hatte der Kapitän nicht nur kurzfristig in die Steuerung eingegriffen.

8 BGHSt **35** 390, 393; **36** 341, 343 f, BGH NZV **1995** 364, StraFo **2007** 475 [je zu § 315c].

9 Z.B. *Fischer* Rdn. 4; s. aber *denselben* § 315c Rdn. 3, § 316 Rdn. 2.

10 S. aber OLG Schleswig SchlHA **1970** 196: „Der Schiffsführer ist anders als der Halter eines Kraftfahrzeugs zu keiner Zeit bloß Mitfahrender, sondern bleibt auch bei Überlassung des Ruders an einen anderen für die Führung des Schiffes verantwortlich." Ähnlich OLG Oldenburg OLGSt. **1** § 315a S. 7, 8.

11 Anders noch *Rüth* LK[10] Rdn. 6 m.w.N. zur älteren Rechtsprechung.

Der Frage kommt im Rahmen des § 315a Abs. 1 Nr. 1 geringere Relevanz zu, weil dessen Anwendungsbereich nur eröffnet wird, sofern das stehende Fahrzeug eine konkrete Gefahr auslöst. Ein Beispielsfall wäre es, wenn der fahrunsichere Pilot den Motor des Luftfahrzeugs in einer Halle startet und dadurch Gefahren verursacht.[12] Er würde sich mangels „Führens" keiner vollendeten Straftat nach § 315a Abs. 1 Nr. 1 schuldig machen (Gefährdungsvorsatz vorausgesetzt aber wegen Versuchs). Mit dem maßgebenden Abstellen auf Bewegungsvorgänge ist zugleich verbunden, dass **Vorgänge nach deren Abschluss nicht mehr dem Führen** zuzurechnen sind. Unterlässt z.B. der Zug- oder Schiffsführer nach Abschluss der Fahrt in alkoholbedingter Verkennung der Situation eine notwendige Sicherungsmaßnahme und wird dadurch ein gefährlicher Bewegungsvorgang herbeigeführt, so fällt dies nicht unter § 315a Abs. 1 Nr. 1 (str., im Einzelnen § 315c Rdn. 13).

11 cc) **Antriebskraft.** Generell zweifelhaft ist, ob dem Begriffselement der bestimmungsgemäßen Verwendung der Antriebskräfte eigenständige Bedeutung zukommt (§ 315 Rdn. 12, näher § 315c Rdn. 10). Ungeachtet dessen darf Antriebskraft nicht mit Motorkraft oder mechanisch wirkender Kraft gleichgesetzt werden. Ein Fahrzeug führt deshalb auch, wer dieses mit Hilfe der Schwerkraft bewegt (BGHSt **14** 185, 186 ff), also etwa einen Zug über ein Gefälle abrollen lässt. Ebenso genügt es, wenn sich der Lenker eines Segelflugzeugs oder Drachens Luftströmungen, der Lenker eines Ballons dessen Gasauftrieb oder der Lenker eines Bootes Wasserströmungen zunutze macht. Auch Muskelkraft reicht aus (*Geppert* BA **24** (1987) 262, 272 Fn. 18).

12 dd) **Willentliches Führen.** Der Begriff des Führens beinhaltet ein finales Element. Kein Fahrzeugführen liegt demgemäß vor, wenn das Fahrzeug ohne Zutun oder ohne Willen der darin sitzenden Person in Bewegung gerät; ein Beispiel gäbe der Zugführer, der infolge Trunkenheit unbeabsichtigt eine Arretierung löst, weswegen der Zug ins Rollen kommt (im Einzelnen § 315c Rdn. 34; s. auch oben Rdn. 10 a.E.).

13 b) **Im Zustand der Fahrunsicherheit.** § 315a Abs. 1 Nr. 1 pönalisiert das Fahrzeugführen im Zustand der Fahrunsicherheit. Der Begriff der Fahrunsicherheit ist mit dem der § 315c Abs. 1 Nr. 1, § 316 Abs. 1 deckungsgleich. Auf das unter § 315c Rdn. 44 ff, § 316 Rdn. 10 f Gesagte wird verwiesen. Zu beachten ist, dass jede Verkehrsart andere Anforderungen an den Fahrzeugführer stellt und dass auch innerhalb der Verkehrsarten ein differenzierender Maßstab hinsichtlich der einzelnen Fahrzeuge und Bewegungsvorgänge anzulegen sein kann. So liegt auf der Hand, dass die Anforderungen an die psycho-physische Leistungsfähigkeit des Führers eines Ruderboots anders zu beurteilen sind als an die des Führers eines ICE, eines Passagierdampfers oder eines Flugzeugs. Das ist allerdings im Straßenverkehr nicht grundsätzlich anders (z.B. Lkw-Fahrer – Radfahrer).

13a Die Fahrunsicherheit muss **durch Rauschmittelkonsum oder geistige/körperliche Mängel** hervorgerufen worden sein. Dies entspricht § 315c Abs. 1 Nr. 1, wobei aber § 315a Abs. 1 Nr. 1 im Unterschied zu § 315c Abs. 1 Nr. 1 auf eine tatbestandliche Aufgliederung in verschiedene Buchstaben verzichtet. U.U. ist wegen der geringeren praktischen Relevanz des § 315a auf legislatorische Perfektion verzichtet worden; die statistischen Erwägungen, die im Rahmen des § 315c Abs. 1 Nr. 1 eine Rolle gespielt haben (§ 315c Rdn. 46), sind hier von untergeordneter Bedeutung. Sachliche Unterschiede sind

[12] Vgl. *Schmid* NZV **1988** 125, 127.

mit alledem nicht verbunden. Hier wie dort ist die rauschmittelbedingte Fahrunsicherheit ein Spezialfall der Fahrunsicherheit aufgrund eines körperlichen Mangels und geht dieser demgemäß vor.

aa) **Rauschmittelbedingte Fahrunsicherheit.** Die Grundsatzfragen zur Fahrunsicherheit infolge des Konsums alkoholischer Getränke oder anderer berauschender Mittel (illegale Drogen, Medikamente mit Rauschmitteleigenschaft) sind in der Kommentierung zu § 316 dargelegt; darauf wird Bezug genommen. Der in der Praxis wesentlichste Unterschied zum Straßenverkehrsstrafrecht ist darin zu sehen, dass für sämtliche von § 315a erfassten Verkehrsarten noch **kein höchstrichterlich allgemein anerkannter Grenzwert „absoluter" Fahrunsicherheit** nach Alkoholkonsum existiert.[13] Bei allen Divergenzen zwischen den jeweiligen Verkehrsarten wird man jedoch mittlerweile mit guten Gründen vertreten können, dass absolute Grenzwerte im Rahmen des § 315a (und des für alle Verkehrsarten geltenden § 316) jedenfalls bei „Fahrzeugen von Gewicht" anzuerkennen sind. Dafür spricht, dass der straßenverkehrsbezogenen Alkoholforschung nicht durchwegs Methoden zugrunde lagen, die ausschließlich auf die Bedingungen des Straßenverkehrs ausgerichtet waren, und dass die entsprechenden sinnesphysiologischen Leistungen nur zu einem Teil an Modellfahrgeräten oder durch echte Fahrversuche geprüft worden sind (im Einzelnen § 316 Rdn. 16).[14] Stützend kann auf die Grundsatzentscheidung des BGH zur Geltung des „Kraftfahrer-Grenzwerts" (nunmehr 1,1 ‰) für das Führen (ab-)geschleppter (Kraft-)Fahrzeuge verwiesen werden (BGHSt **36** 341). Dass speziell für diese Konstellation keine wissenschaftlichen Untersuchungen durchgeführt worden sind, hat den BGH nicht daran gehindert, die Übertragung vorzunehmen. BGHSt **36** 341 stellt vielmehr entscheidend auf die Anforderungen an die Leistungsfähigkeit in psycho-physischer Hinsicht und auf die vom alkoholisierten Fahrzeugführer für andere Verkehrsteilnehmer ausgehenden Gefahren ab, die in den relevanten Fällen nicht geringer seien (aaO S. 346; näher § 315c Rdn. 16, 20). 14

Einzuräumen ist, dass dieser Spezialfall durch einen engen Bezug zu vergleichbaren Bewegungsvorgängen *im Straßenverkehr* geprägt ist. Andererseits sind die Leistungsanforderungen und die alkoholbedingten Gefahren in den anderen Verkehrsarten typisierend betrachtet nicht geringer, sondern eher höher als im Straßenverkehr. So erschiene es befremdlich, bei einem Grenzwert von 1,6 ‰ von absoluter Fahrunsicherheit zwar beim Radfahrer auszugehen (§ 316 Rdn. 71) und bei einem Grenzwert von 1,1 ‰ den Führer eines Mofas 25 für „absolut" fahrunsicher zu halten (§ 316 Rdn. 67, 70),[15] den Führer eines ICE, eines hochmotorisierten Schnellboots, eines Passagierdampfers oder eines Gefahrgut transportierenden Frachtschiffs bzw. eines Flugzeugs aber weiterhin als fahrsicher anzusehen, sofern nicht Ausfallerscheinungen festgestellt sind. Dementsprechend sind in der Rechtsprechung und im Schrifttum hinsichtlich gewichtiger Verkehrsvorgänge deutliche Tendenzen in Richtung auf eine Anerkennung des für das Führen von Kraftfahrzeugen im Straßenverkehr geltenden Grenzwerts (1,1 ‰ BAK) festzustellen.[16]

---

13 *Sch/Schröder/Cramer/Sternberg-Lieben* Rdn. 3; *Fischer* Rdn. 6; *Lackner/Kühl* Rdn. 2; *Horn/Wolters* SK Rdn. 3.

14 *Janssen* 16. VGT **1978** S. 295, 297; *Geppert* BA **24** (1987) 262, 270, m.w.N.; s. auch *Janssen* Hansa **1987** 659 [jeweils zum Schiffsverkehr]. Allerdings betont der BGH in jüngerer Zeit den hohen Stellenwert von Fahrversuchen (BGHSt **30** 251, 253 ff; **34** 133, 134 ff; **37** 89, 94).

15 Den Vergleich zum Radfahrer ziehen für die Schifffahrt auch OLG Schleswig SchlHA **1987** 107, 108 und OLG Köln NJW **1990** 847 f. Hiergegen *Seifert* NZV **1997** 147, 148.

16 *Geppert* BA **24** 262, 270, 278 Fn. 52, mit Nachweisen zu unveröffentlichten Entschei-

15 (1) **Bahnverkehr.** Soweit ersichtlich existieren keine Judikate, in denen die Frage der absoluten Fahrunsicherheit des Führers von Schienen- oder Schwebebahnen entscheidungserheblich gewesen ist.[17] BayObLGSt **1993** 44, 45 stellt hierzu allgemein fest, dass keine Grenzwerte festgesetzt seien, meint aber in einem obiter dictum, trotz der teilweise unterschiedlichen Anforderungen des Bahnverkehrs sprächen im Hinblick auf die gesicherten wissenschaftlichen Erkenntnisse in Bezug auf den Kraftfahrer gute Gründe für die durch die Vorinstanz angenommene absolute Fahrunsicherheit (Lokomotivführer mit einer BAK von 1,56 ‰). Dies steht in Übereinstimmung mit der allgemeinen Tendenz (vorstehende Rdn.) und ist zu befürworten. Bei der Steuerung von Eisenbahnen oder von Schnellbahnen des öffentlichen Nahverkehrs (Untergrund-, S-Bahnen) und auch von Straßenbahnen kann kein geringerer Grenzwert gelten als für das Führen eines Kraftfahrzeugs im Straßenverkehr.[18] Soweit gerade die Straßenbahn am Straßenverkehr teilnimmt, wird sie, wie § 315d zeigt, auch dem Straßenverkehr zugeordnet. Es wäre nicht überzeugend, dieses sicher nicht leichter als ein Kraftfahrzeug zu handhabende Fahrzeug nur deswegen in einem anderen Lichte zu sehen, weil es an Schienen gebunden ist. Der Grenzwert von 1,1 ‰ muss gleichermaßen für den Einsatz von Gondelbahnen im Hochgebirge gelten, bei denen es in besonderem Maße auf schnelle und richtige Reaktionen zur Vermeidung gravierender Gefahren ankommt.

16 (2) **Schiffsverkehr.** Für den Bereich der Schifffahrt existieren verkehrsmedizinische Untersuchungen, die die Auswirkungen der Alkoholisierung auf Schiffs- und Bootsführer behandeln.[19] Sie gehen von der gesicherten Erkenntnis aus, dass bei jedem Menschen Leistungsausfälle bereits bei einer BAK zwischen 0,5 ‰ und 1,0 ‰ feststellbar sind[20] und fordern im Hinblick auf die gegenüber dem Straßenverkehr nicht geringeren Anforderungen an die Leistungsfähigkeit des Schiffs- oder Bootsführers die Festlegung eines dem „Kraftfahrergrenzwert“ im Straßenverkehr entsprechenden Beweisgrenzwerts für die Schifffahrt.[21] Anhand konkreter Beispiele wird der Nachweis geführt, dass die gegen

---

dungen betreffend die Schifffahrt; AG Rostock NZV **1996** 124, mit zust. Anm. *Reichart*; wohl auch BayObLGSt **1993** 44, 45 [zum Schienenbahnverkehr]; *Seifert* NZV **1997** 147; **aM** *Horn/Wolters* SK § 316 Rdn. 21; *Riemenschneider* Fahrunsicherheit S. 161; *Specht* 16. VGT **1978** S. 304, 316 ff; *Steinicke* 16. VGT **1978** S. 323, 342 ff und für die Binnenschifffahrt *Sudmeyer* NZV **1997** 147. S. auch *Lackner/Kühl* Rdn. 2 und *Fischer* § 316 Rdn. 6.

[17] Die in diesem Zusammenhang teils zitierte Entscheidung des OLG Hamm (NJW **1969** 198: Triebwagenfahrer der Bundesbahn mit einer BAK von 2,65 ‰; s. *Fischer* Rdn. 6) betrifft keinen Fall absoluter Fahrunsicherheit; vielmehr waren im konkreten Fall deutliche Ausfallerscheinungen festgestellt worden (u.a. Fahren in entgegengesetzter Richtung).

[18] **AM** – apodiktisch – AG Regensburg NStZ-RR **2005** 266, sowie *Hentschel* Trunkenheit Rdn. 166; die dort angeführte Entscheidung des BayObLG (NZV **1993** 239 = BayObLGSt **1993** 44) gibt allerdings für diesen Standpunkt nichts her.

[19] *Naeve/Klages* BA **11** (1974) 357; *Janssen/Naeve* BA **12** (1975) 354; *Kaatsch/Thome/Bilzer/Grütters/Grütters/Reichelt/Lemburg/Ritz-Timme* BA **43** (2006) 192; *Naeve* BA **13** (1976) 27; *Helmer/Peters* BA **13** (1976) 39; zusammenfassend *Janssen* 16. VGT **1978** 295; *Janssen u.a.* Hansa **1987** 659; zu den Gefahren des alkoholisierten Führens von Sportbooten s. *Scheibe/Lustig* FS (med.) Schneider S. 469.

[20] *Janssen/Naeve* BA **12** (1975) 354, 355; *Janssen* 16. VGT **1978** S. 295, 297; hierzu auch BTDrucks. 15/5514.

[21] *Naeve/Klages* BA **11** (1974) 357, 382 f; *Janssen/Naeve* BA **12** (1975) 354, 356 f; *Janssen* 16. VGT (1978) 295, 302 f; *Kaatsch/Thome/Bilzer/Grütters/Grütters/Reichelt/Lemburg/Ritz-Timme* BA **43** (2006) 192, 204: „zwingend geboten“; wohl auch *Helmer/Peters* BA **13** (1976) 39, 43.

einen Grenzwert angeführten Spezifika des Schiffsverkehrs (u.a. langsamere Geschwindigkeit, geringere Verkehrsdichte, Übersichtlichkeit der Wasserstraße)[22] durch erschwerende Umstände (z.B. schwerfällige Navigation; Witterungs-, Strömungs- und Gezeitenverhältnisse) zumindest aufgewogen werden.[23] Hinzu kommt, dass beispielsweise die Navigation in engen Hafenbecken sehr nahe bei den Verhältnissen des Straßenverkehrs liegt (*Naeve/Klages* BA **11** [1974] 357, 379 f) und dass das Argument der geringeren Geschwindigkeiten etwa bei schnellen Motor- oder Segelbooten ohnehin nicht durchschlägt (s. *Scheibe/Lustig* FS [med.] Schneider S. 469). Ferner sind die besonderen Gefahren bei Tankschiffen (z.B. Transport verflüssigter Gase, flüssiger Chemikalien sowie sonstiger umweltschädliche Güter) und bei Schiffen, die radioaktive Stoffe oder Abfälle befördern, zu beachten (vgl. BTDrucks. 15/5514). Gleichwohl hatte sich der 16. VGT 1978 – wie schon frühere Verkehrsgerichtstage – „mit knapper Mehrheit" gegen die Festlegung eines absoluten Grenzwerts im Schiffsverkehr ausgesprochen (16. VGT **1978** S. 14 f). Eine auf seine Bitte hin abgegebene Stellungnahme des Bundesministers für Verkehr sah aufgrund der „verhältnismäßig geringen Anzahl von Vorfällen" keine „zwingenden Gründe für die Einführung eines Promillegrenzwerts in der Schifffahrt, da davon auszugehen ist, dass die anfallenden Vorgänge … sachgerecht entschieden werden könnten" (mitgeteilt von *Geppert* BA **24** [1987] 262, 268).[24] Dieser Standpunkt ist jedoch überholt.[25] Mittlerweile sind im Bußgeldbereich vielerorts Grenzwerte eingeführt (Rdn. 18). Der AK VII des 44. VGT 2006 spricht sich für die Geltung des „Kraftfahrergrenzwerts" im Schiffsverkehr aus (VGT **2006** S. 11 f = BA **43** (2006) 99). Für diesen Umschwung sind u.a. schwere Havarien verantwortlich, die durch Alkoholmissbrauch ausgelöst wurden, sowie ein nicht geringer Anteil von Alkoholunfällen an den im Jahr 2004 neu verzeichneten Seeunfällen und ein recht hoher Anteil alkoholpositiver Kontrollen in der Schifffahrt.[26] Nach einer neueren Untersuchung von *Kaatsch u.a.* (BA **43** (2006) 192) führt bereits eine BAK von 0,4 ‰ zu hohen Risiken; eine BAK von 1,0 ‰ schließt eine ausreichend sichere Fahrweise im Schiffsverkehr aus.

(a) **Entwicklung der Rechtsprechung.** Die Gerichte haben sich in der Folge von den **17**
Argumenten der Rechtsmedizin mehr und mehr überzeugen lassen und nehmen mittlerweile absolute Fahrunsicherheit diesseits der 2 ‰[27] an oder ziehen sie mehr oder minder

---

[22] Näher *Hoppe* DAR **1968** 76, 78; *Specht* 16. VGT **1978** S. 304, 320 f; *Steinicke* 16. VGT **1978** S. 323, 346 f; *Sudmeyer* NZV **1997** 147 [für die Binnenschifffahrt].

[23] *Naeve/Klages* BA **11** (1974) 357, 379 f; *Janssen* Hansa **1987** 659, 660. Dem folgend: AG Rostock NZV **1996** 124, 125; hierzu auch schon OLG Oldenburg OLGSt. **1** § 315a S. 7, 9 und OLG Hamm BA **20** (1983) 77, 79; *Spöntjes* VGT **2006** 247.

[24] Mit Recht kritisch zu diesem Argument *Seifert* NZV **1997** 147, 148.

[25] Vgl. die Empfehlungen des AK VII des 44. VGT 2006 VGT **2006** 11 = BA **43** (2007) 99; s. auch die Stellungnahme der Bundesregierung vom 29.9.2005 zu einer Entschließung des Bundesrates (BRDrucks. 724/05) sowie BTDrucks. 15/5514.

[26] Namentlich die Havarie der ENA 2, am 25.6.2004, bei der 960 Tonnen Schwefelsäure in die Elbe ausgelaufen sind, und die Kollision des Frachters „KAREN DANIELSEN" mit der Brücke über den Großen Belt am 3.3.2005; hierzu *Escherich* BA **43** (2006) 207, 208 und *Spöntjes* VGT **2006** 247.

[27] Zu Werten jenseits der 2 ‰-Grenze unter Bezugnahme auf die Beeinträchtigung der Schuldfähigkeit etwa OLG Oldenburg OLGSt. **1** § 315a S. 7, 9 (2,4 ‰); OLG Hamm BA **20** (1983) 77, 79 (2,3 ‰); s. auch – freilich in Verbindung mit Ausfallerscheinungen – OLG Schleswig SchlHA **1970** 196. Zur (versicherungsrechtlichen) Verhaltensunsicherheit eines „Mitseglers", der das Schiff nicht führt [jedenfalls mehr als der Radfahrer-Grenzwert von 1,6 ‰], OLG Hamburg vom 21.11.1995 – 7 U 7/95, mitgeteilt von *Bürck* BA **33** (1996) 100.

deutlich in Erwägung. So überträgt das OLG Köln den „Radfahrergrenzwert" auf den Schiffsverkehr und sieht beim Steuermann eines Binnenschiffs absolute Fahrunsicherheit jedenfalls ab einer BAK von 1,7 ‰ als erreicht an (NJW **1990** 847, 848), setzt allerdings (nach den damaligen Erkenntnissen zu Recht) einen nach der neueren Rechtsprechung des BGH (§ 316 Rdn. 60, 63) überholten Sicherheitszuschlag von 0,2 ‰ an, weswegen heute von einem Grenzwert von 1,6 ‰ auszugehen wäre (*Sch/Schröder/Cramer/Sternberg-Lieben* Rdn. 3). Nach KG VRS **72** 111, 115 liegt die Übertragung des „Kraftfahrergrenzwerts" des Straßenverkehrs „für den Bereich des Passagier- und Frachtschiffsverkehrs ... nahe". Bei „Kleinfahrzeugen unter Motor" sei an einen Grenzwert von 2 ‰ zu denken, der jedoch nach den Besonderheiten des Einzelfalls auch unterschritten werden könne (KG aaO); dafür könne die Rechtsprechung zu § 21 herangezogen werden (KG aaO S. 113 f). Beim Führer eines 9 m langen Kajütboots mit einem 70 kW starken Motor sei absolute Fahrunsicherheit jedenfalls bei einer BAK von 2,5 ‰ gegeben.[28] OLG Schleswig SchlHA **1987** 107, 108 neigt zur Annahme absoluter Fahrunsicherheit bereits beim Vorliegen des „Kraftfahrer-Grenzwerts" (damals 1,3 ‰); (absolute) Fahrunsicherheit liege aber „mit Sicherheit" bei einer BAK von 1,92 ‰ vor. Zu einem Grenzwert von 1,1 ‰ bekennen sich das OLG Brandenburg (NStZ-RR **2002** 222), das AG Rostock (NZV **1996** 124) sowie – teils wohl schon seit langem – eine Reihe weiterer Gerichte[29] und die Seeämter sowie das Bundesoberseeamt.[30]

18 (b) **Stellungnahme.** Nimmt man alles zusammen, so sprechen die besseren Gründe für eine Anerkennung des Grenzwerts von 1,1 ‰ auch für Teile der Schifffahrt. Zwar reichen die zum Schiffsverkehr vorliegenden verkehrsmedizinischen Erkenntnisse in Breite und Tiefe nicht an die für das Führen eines Kraftfahrzeugs im Straßenverkehr vorhandenen heran. Die vergleichsweise eher schmale Erkenntnisbasis betreffend das Führen eines Fahrrads hat dem BGH jedoch ebenfalls genügt, um insoweit einen Grenzwert festzusetzen (BGHSt **34** 133, 134 ff; § 316 Rdn. 71). Die Beurteilung des Führens (ab-)geschleppter (Kraft-)Fahrzeuge kommt hinzu (Rdn. 14). Spätestens seit der Untersuchung von *Janssen u.a.* (Hansa **1987** 659), deren Ergebnisse durch die von *Kaatsch u.a.* (BA **43** (2006) 192) durchgeführten Tests an Schiffssimulatoren eindrucksvoll bestätigt wurden, erscheint der Boden in Bezug auf die Schifffahrt hinreichend gesichert.[31] Damit korreliert, dass der Verordnungsgeber für den Schiffsverkehr in Einklang mit Forderungen des Bundestages (BTDrucks. 15/5514) durch die weitgehende Einführung der 0,5 ‰-Grenze im Bußgeldbereich (z.B. § 3 Abs. 4, § 61 Abs. 1 Nr. 1 SeeSchStrO)[32] beide Bereiche weitgehend gleichgestellt und in der SeeSchStrO u.a. das Fahren mit einem Segelsurfbrett und einem Wassermotorrad einbezogen hat. Andere Normen enthalten noch die alte 0,8 ‰-Grenze[33], wohingegen § 26.20 BinSchStrO gar eine 0,2 ‰-Grenze

[28] KG VRS **72** 111. Eingehend zu dieser Entscheidung *Geppert* BA **24** (1987) 262, 269 f.

[29] S. die Nachweise bei KG VRS **72** 111, 114 f; *Geppert* BA **24** (1987) 262, 274 Fn. 52; *Janssen u.a.* Hansa **1987** 659, 661.

[30] *Reichart* NZV **1996** 125, 126; *Seifert* NZV **1997** 147, 148.

[31] Zu den Gefahren des Führens von Schiffen unter Alkohol ausführlich: Stellungnahme der BReg. in BRDrucks. 725/05 zur Entschließung des BR in BRDrucks. 724/05 sowie Beschlussempfehlung und Bericht des Ausschusses für Verkehr, Bau- und Wohnungswesen des BT in BTDrucks. 15/5514; s. auch *Escherich* BA **43** (2006) 207.

[32] Ebenso § 14 EmsSchEV, § 9 Abs. 1 Nr. 2a der VO zu den Internationalen Regeln von 1972 zur Verhütung von Zusammenstößen auf See, § 24 Abs. 4 Nr. 5 der Talsperrenverordnung und § 26 Abs. 5 BaySchO.

[33] So z.B. noch § 16 Abs. 6 Nr. 16a, 16b DonauschifffahrtsPolVO, Art. 4 Abs. 4 Nr. 2, 3 MoselSchifffahrtsPEV, Art. 4 Abs. 2 Nr. 2a, Abs. 4 Nr. 2a RheinSchPEV.

bestimmt.[34] Einer Differenzierung nach Binnen- und Seeschifffahrt oder gar nach Tageszeiten bzw. den gerade herrschenden Wetterverhältnissen bedarf es dabei nicht (aA *Sudmeyer* NZV **1997** 340). Mit den durch den BGH zur starren Grenze im Rahmen der absoluten Fahrunsicherheit im Straßenverkehr entwickelten Grundsätzen (BGHSt **31** 42, 43) wäre eine nach den Umständen der konkreten Verkehrsbewegung differenzierende Betrachtungsweise überdies nicht vereinbar (§ 316 Rdn. 76 ff).

Wie im Straßenverkehr können nicht alle Arten des Fahrzeugführens einbezogen werden. Der Grenzwert erscheint berechtigt für den *Passagier- und Frachtschiffverkehr* (zu Gefahrguttransporten Rdn. 17), aber auch für das (sonstige) Führen *motorisierter Schiffe und für größere Segelschiffe*. Im Hinblick auf die damit erreichbaren Geschwindigkeiten und die hieraus resultierenden Gefahren, denen auf der Ebene der Ordnungswidrigkeit bereits Rechnung getragen worden ist (s. Rdn. 18), dürfte dasselbe für den Führer eines Segelsurfbretts sowie eines Wassermotorrads gelten. *Ausnahmen* müssen hingegen für *Kleinfahrzeuge „unter Muskelkraft"* vorgenommen werden (*Geppert* BA **24** [1987] 262, 270). Trotz der denkbaren Gefahren, die von einem volltrunkenen Paddler ausgehen können, wird insoweit auch nicht der für den Radfahrer im Straßenverkehr maßgebliche Grenzwert zugrunde gelegt werden können (1,6 ‰). Entsprechend ist beim Führen eines auf geringe Geschwindigkeiten ausgelegten, mit Elektromotor betriebenen „Ausflugsboots" auf einem See zu entscheiden. Für solche Fälle gelten demgemäß die Grundsätze zur „relativen Fahrunsicherheit". Das bedeutet, dass die Annahme der Fahrunsicherheit nur möglich ist, wenn aussagekräftige Beweisanzeichen, namentlich Ausfallerscheinungen im Leistungsverhalten des Fahrzeugführers, festgestellt sind (näher § 316 Rdn. 90 ff). **18a**

(3) **Luftverkehr.** Zur alkoholbedingten Unsicherheit, Luftfahrzeuge zu führen, existiert wohl keine veröffentlichte strafrechtliche Rechtsprechung.[35] Durchaus plausibel erscheint, dass der Grenzwert hier niedriger anzusetzen ist als im Straßenverkehr.[36] Denn das Führen eines Flugzeugs stellt nicht nur bei Start und Landung höhere Anforderungen an den Einzelnen als das Führen von Kraftfahrzeugen im Straßenverkehr.[37] Unter Bezugnahme auf Erkenntnisse der internationalen Flugmedizin wird die Auffassung vertreten, dass absolute Flugunsicherheit bei einer BAK von 0,5 ‰ beginne.[38] Andere Autoren sprechen sich mit Blick darauf, dass die besonders hohen Anforderungen des Luftverkehrs eine Differenzierung zwischen absoluter und relativer Flugunsicherheit wenig sinnvoll erscheinen ließen, für ein absolutes Alkoholverbot aus (*Sch/Schröder/Cramer/Sternberg-Lieben* Rdn. 3). Allerdings tritt die zuletzt genannte Auffassung in Widerspruch zu § 1 Abs. 3, § 43 Nr. 3 LuftVO, wonach das Führen eines Luftfahrzeugs trotz alkoholbedingter *Behinderung* mit Geldbuße bewehrt ist. Bei einem über das Strafrecht sanktionierten absoluten Alkoholverbot bliebe für die Ordnungswidrigkeit aber wegen § 316 kein Raum **19**

---

[34] Zur Entwicklung der Alkoholgrenzwerte im Ordnungswidrigkeitenrecht *Escherich* BA **43** (2006) 207.

[35] S. aber – freilich ohne Nachweis – *Schwenk* Handbuch des Luftverkehrsrechts 2. Aufl. (1996) S. 164, wonach die „Rechtsprechung ... aufgrund flugmedizinischer Erkenntnisse von einer Promillegrenze [ausgeht], die im Vergleich zu anderen Verkehrsmitteln niedriger" ist.

[36] So auch OLG Frankfurt VersR **2006** 795 [zur Luftkaskoversicherung]; LG Kassel [Vorinstanz] v. 27.1.2004, 7 O 1546/01, juris [es spreche viel für eine Promillegrenze von 0,5 ‰]. Zur Anweisung des Bundesministeriums der Verteidigung, 12 Stunden vor Flugbeginn keinen Alkohol zu sich zu nehmen, BVerwG NJW **1991** 1317.

[37] *Sch/Schröder/Cramer/Sternberg-Lieben* Rdn. 3; *Fischer* Rdn. 6; *Schmid* NZV **1988** 125, 127 f; *Rudolf* ZLW **1968** 11, 19.

[38] LG Kassel v. 27.1.2004, wie Fn. 36; *Schmid* NZV **1988** 125, 128.

mehr (§ 21 Abs. 1 Satz 1 OWiG). Die Rechtsprechung darf solche normativen Vorgaben nicht unberücksichtigt lassen (vgl. *Maatz* BA **38** (2001) 40, 45). Ungeachtet aller Plausibilität ist auch nicht ganz gewiss, ob die „Erkenntnisse der internationalen Flugmedizin" eine hinreichend sichere Grundlage gerade für die Annahme einer 0,5 ‰-Grenze bieten. Außer Streit sollte allerdings stehen, dass ein höherer Grenzwert als 1,1 ‰ für den Luftverkehr keinesfalls gelten kann (zust. *Fischer* Rdn. 6).

20 **bb) Körperlicher, geistiger Mangel.** Die Problematik des geistigen oder körperlichen Mangels ist unter § 315c Rdn. 48 ff dargelegt. Für die von § 315a geschützten Verkehrsarten ergeben sich keine wesentlichen Besonderheiten.

21 **3. Grob pflichtwidriger Verstoß gegen Verkehrssicherungsvorschriften (Absatz 1 Nr. 2).** Tatbestandsmäßig nach Nummer 2 ist das grob pflichtwidrige Verhalten des Fahrzeugführers oder sonst für die Sicherheit Verantwortlichen, mit dem er gegen Rechtsvorschriften zur Sicherung der in § 315a geschützten Verkehrsarten verstößt.

22 **a) Verhältnis zu § 315.** Der Gesetzgeber des 2. StraßenVSichG (hierzu § 315 Entstehungsgeschichte IV 1) verfolgte mit § 315a Abs. 1 Nr. 2 das Ziel, § 315 zu entlasten. Die Schaffung eines Auffangtatbestandes in Verbindung mit der Einengung des § 315 Abs. 1 Nr. 4 sollte es der Rechtsprechung ermöglichen, Konstellationen, für die die Strafdrohung des § 315 zu hart erscheint, für deren Pönalisierung aber ein kriminalpolitischen Bedürfnis besteht, aus § 315 auszugrenzen und der in § 315a Abs. 1 enthaltenen milderen Strafdrohung zu unterwerfen (BTDrucks. IV/651 S. 22, 26). Die Ausgestaltung der § 315, § 315a Abs. 1 Nr. 2 wirft allerdings schwierige Abgrenzungsprobleme auf.[39] Vor allem wird die Verletzung von Verkehrssicherungsvorschriften vielfach zugleich einen gefährlichen Eingriff im Sinne des – vorgehenden – § 315 Abs. 1 Nr. 1 bis 4 beinhalten, weswegen es bei Fahrlässigkeitstaten dazu kommen kann, dass diese zwar § 315 (Abs. 6), mangels des erforderlichen Maßes an Pflichtwidrigkeit aber nicht § 315a (Abs. 3) erfüllen. Gleichwohl ist es kein gangbarer Weg, § 315a Abs. 1 Nr. 2 als einen den § 315 verdrängenden Spezialtatbestand zu qualifizieren (im Einzelnen § 315 Rdn. 19 ff). Auslegungsspielräume insbesondere bei § 315 Abs. 1 Nr. 4 sollten jedoch ausgeschöpft werden (§ 315 Rdn. 42 ff).

23 **b) Sonderpflichtige.** Tauglicher Täter ist neben dem Fahrzeugführer (Rdn. 5 ff) der sonst für die Sicherheit des Verkehrsbetriebes Verantwortliche. Der Begriff des Verantwortlichen wird weit ausgelegt (kritisch *Rudolf* ZLW **1968** 11, 15 f). Verantwortlich im Sinne der Vorschrift sind neben denjenigen, denen die Sicherheit eines bestimmten Fahrzeugs anvertraut ist, alle Personen, die nach ihrer Stellung und den ihnen übertragenen Rechten und Pflichten für den reibungslosen Ablauf der Verkehrsvorgänge zu sorgen haben.[40]

---

[39] Hierzu *Sch/Schröder/Cramer/Sternberg-Lieben* Rdn. 1: „Das Verhältnis der §§ 315, 315a zueinander lässt sich befriedigend nicht erklären.".

[40] Enger *Barnickel* MK § 315 Rdn. 31; jedoch ist die von ihm angeführte Entwurfsbegründung nicht eindeutig (BTDrucks IV/651 S. 27 r. Sp. o. zur Tätigen Reue: „Er [der Unterschied zur Lage bei den §§ 315, 315b] ergibt sich daraus, dass die §§ 315a und 315c überwiegend nur das Fehlverhalten von Fahrzeugführern oder anderen für die Sicherheit verantwortlichen Personen unmittelbar im Verkehrsablauf mit Strafe bedrohen ..."; nicht also „anderen unmittelbar für die Sicherheit im Verkehrsablauf verantwortlichen Personen"; zudem „überwiegend") und ist das von ihm zitierte Urteil des BGH (BGHSt 10 404) im Jahr 1957 und damit vor In-Kraft-Treten des § 315a ergangen. S. auch Rdn. 27.

Mit Ausnahme ganz untergeordneter Verrichtungen und nicht spezifisch betriebsbezogener Tätigkeiten (etwa Koch, Kellner im Zugrestaurant oder auf einem Passagierdampfer) dürfte das gesamte Betriebspersonal im weiteren Sinne erfasst werden. Zu den Sonderpflichtigen gehören *im Bahnverkehr* z.B. das Zugpersonal, die Angehörigen der Einsatzleitung, Schrankenwärter sowie diejenigen, die für die Auswahl charakterlich geeigneter Bediensteter die Verantwortung tragen,[41] des Weiteren „technisches" Personal wie Monteure und Schienenarbeiter, *im Schiffsverkehr* der Rudergänger, Lotse oder der Schleusenwärter und *im Luftverkehr* die Besatzungsmitglieder (auch Stewardessen und Stewards), Flugsicherungslotsen, Sicherheitsbeauftragten, Flugbetriebsleiter, Halter von Luftfahrzeugen, Unternehmer von Flugplätzen.[42] Demgegenüber sind Fahrgäste dem Täterkreis nicht zuzurechnen (*Rudolf* ZLW **1965** 118, 126).

c) **Verkehrssicherungsvorschriften.** Der Täter muss gegen Rechtsvorschriften zur Sicherung der von § 315a geschützten Verkehrsarten verstoßen. § 315a Abs. 1 Nr. 2 stellt einen Blankettatbestand im engeren Sinne dar.[43] Die betroffenen Rechtsvorschriften werden in § 315a Abs. 1 Nr. 2 nicht im Einzelnen aufgeführt. Die Entwurfsbegründung zum 2. StraßenVSichG-E sah die daraus resultierenden Unsicherheiten in Anbetracht des bestehenden kriminalpolitischen Bedürfnisses als „geringfügiges Bedenken" an und verwies ergänzend darauf, dass die Normadressaten mit den Sicherheitsvorschriften vertraut seien bzw. vertraut sein müssten (BTDrucks. IV/651 S. 26).[44] Ob diesen Überlegungen mit Blick auf die unbestreitbare Beeinträchtigung der Rechtsklarheit vorbehaltlos beizutreten ist, kann dahingestellt bleiben. Verfassungsrechtliche Bedenken namentlich unter dem Aspekt des Bestimmtheitsgebots greifen letztlich nicht durch; das Gleiche gilt für die teils unter dem Stichwort der „Selbstentmachtung des (Straf-) Gesetzgebers" erhobenen Einwände gegen die Ermöglichung von blankettausfüllenden Rechtsverordnungen ohne Rückverweisungsklausel.[45] Wegen der zunehmenden Europäisierung des Strafrechts ist der Zug in Richtung auf immer mehr strafrechtliche Blanketttatbestände ohnehin nicht mehr aufzuhalten. 24

aa) **Rechtsvorschriften.** Mit dem Begriff der „Rechtsvorschriften" sind förmliche Gesetze und Rechtsverordnungen gemeint (BTDrucks. IV/651 S. 27). Verwaltungsregelungen wie Unfallverhütungsvorschriften der Berufsgenossenschaften[46] sowie Allgemeinverfügungen und innerbetriebliche Einzelanordnungen sind daher keine Rechtsvorschriften im Sinne des Gesetzes.[47] Konkretisiert hingegen die generelle Regelung unterhalb der Rechtsvorschrift oder die Einzelanweisung lediglich die sich bereits aus Gesetz oder Verordnung unmittelbar ergebenden Pflichten, so verletzt der dagegen verstoßende Täter 25

---

41 BGH vom 2.12.1978 4 StR 518/77 mitgeteilt von *Fischer* Rdn. 5.

42 *Lampe* Erbs/Kohlhaas § 59 LuftVG Rdn. 4; *Rudolf* ZLW **1965** 118, 126; *Schmid* NZV **1988** 125, 128.

43 Zu den terminologischen Unsicherheiten bei Blankettatbeständen etwa *Tiedemann*, Tatbestandsfunktionen im Nebenstrafrecht (1969) S. 89 ff, mit zahlreichen Nachweisen; *Schünemann* FS Lackner S. 367, 370. Plastisch *Heinze*, Das Verhältniss des Reichsstrafrechts zu dem Landesstrafrecht (1871) S. 56: „blinde" Sanktionsvorschriften.

44 Zu diesem Aspekt BVerfGE **48** 48, 57; BVerfG v. 13. 9.1988 2 BvR 1824/83. S. auch *Puppe* GA **1990** 145, 167, m.w.N.

45 Eingehend und mit zahlreichen Nachweisen *Kühl* FS Lackner S. 815, 822 ff; **aA** z.B. *Lenzen* JR **1980** 133, 135 f. S. auch *Rudolf* ZLW **1965** 118, 128 f; *ders.* ZLW **1968** 11, 16 f.

46 BGHR StGB § 315a Abs. 1 Nr. 2 Rechtsvorschriften 1; AG Hamburg VersR **1981** 195, 196.

47 LG Mainz MDR **1982** 597, 598; *Sch/Schröder/Cramer/Sternberg-Lieben* Rdn. 8; *Fischer* Rdn. 7; *Lackner/Kühl* Rdn. 3a.

zugleich die Rechtsvorschrift[48] und handelt damit tatbestandsgemäß. Dies setzt allerdings voraus, dass die jeweilige Rechtsnorm eine hinreichende „Regelungsdichte“ aufweist. U.a. bei § 29 LuftVG ist dies nicht der Fall. Ein Verstoß gegen auf dieser Grundlage getroffene Verfügungen der Luftaufsicht reicht für § 315a mithin nicht aus. Abgrenzungsprobleme im Verhältnis des § 315a Abs. 1 Nr. 2 zu § 59 LuftVG,[49] der Verstöße gegen Anordnungen nach § 29 LuftVG im Rahmen der Luftaufsicht mit Strafe bedroht, können sich demnach nicht ergeben.[50]

26 **bb) Zur Sicherung des Verkehrs.** Erforderlich ist, dass die Rechtsvorschriften *zumindest auch* der Sicherung des Verkehrs in dem betreffenden Bereich dienen (BGH GA **1971** 246). Ob sie als Sicherheitsvorschrift bezeichnet sind, ist ohne Belang (BTDrucks. IV/651 S. 26). Der Verstoß gegen Rechtsvorschriften muss als solcher nicht spezifisch pönalisiert oder mit Geldbuße bewehrt sein.

Sicherheitsvorschriften im Sinne der Vorschrift sind beispielsweise enthalten *für den Bahnverkehr* in der Eisenbahn-Verkehrsordnung (EVO), der Eisenbahn-Bau- und Betriebsordnung (EBO), der Eisenbahn-Bau- und Betriebsordnung für Schmalspurbahnen (ESBO), der Straßenbahnbau- und Betriebsordnung (BOStrab) und der Eisenbahn-Signalordnung (ESO); *für den Schiffsverkehr* in der Seeschifffahrtsstraßen-Ordnung (SeeSchStrO), der Schiffsicherheitsverordung (SchSV), der Verordnung über die Sicherheit der Seefahrt (SeeFSichV), der Verordnung zu den Internationalen Regeln von 1972 zur Verhütung von Zusammenstößen auf See (VSeeStrO), dem Bundeswasserstraßengesetz (WaStrG), der Binnenschifffahrtsstraßenordnung (BinSchStrO), den Polizeiverordnungen für die Donau-, Mosel- und Rheinschifffahrt (MoselSchPV, DonauSchPV, RheinSchPV nebst EinfVO), der Binnenschiffs-Untersuchungsordnung (BinSchUO), der Fährenverordnung (FährenVO), der Wassermotorräder-Verordnung und der Wasserski-Verordnung (WasserskiVO); *für den Luftverkehr* im Luftverkehrsgesetz (LuftVG), in der Luftverkehrs-Ordnung (LuftVO), der Luftsicherheitsverordnung (LuftSiV), der Luftverkehrszulassungsordnung (LuftVZO), der Betriebsordnung für Luftfahrtgerät (LuftBO) nebst Durchführungsverordnungen, der Verordnung über Luftfahrtpersonal (LuftPersV) und der Prüfordnung für Luftfahrtgerät (LuftGerPO).

27 **d) Grobe Pflichtwidrigkeit.** Der Verstoß gegen die Verkehrssicherungsvorschrift muss auf einem grob pflichtwidrigen Verhalten (Tun oder Unterlassen) beruhen. Die gegenüber § 315c Abs. 1 Nr. 2 abweichende Terminologie („grob verkehrswidrig und rücksichtslos“) beruht auf einer bewussten Entscheidung des Gesetzgebers. Damit sollte den unterschiedlichen tatsächlichen Verhältnissen in den jeweiligen Verkehrsarten Rechnung getragen werden: Wo „in der Regel viele Menschen Tatbeiträge zu den einzelnen Verkehrsvorgängen erbringen, [eignet] sich das Merkmal der Rücksichtslosigkeit zur Begründung der Strafbarkeit nicht“ (BTDrucks. IV/651 S. 27). Diese Überlegung zielt ersichtlich auf den „sonst für die Sicherheit Verantwortlichen“ (Rdn. 23), der nicht typischerweise selbst am Verkehrsvorgang teilnimmt; neben dem Merkmal der Rücksichtslosigkeit würde deshalb auch das der „Verkehrswidrigkeit“ nicht recht passen. Der Be-

---

[48] LG Mainz MDR **1982** 597, 598; *Sch/Schröder/Cramer/Sternberg-Lieben* Rdn. 8; *Rudolf* ZLW **1965** 118, 134.

[49] Hierzu allgemein BTDrucks. IV/651 S. 41. *Lampe* Erbs/Kohlhaas § 58 Rdn. 4; *Rudolf* ZLW **1965** 118, 133 ff.

[50] Im Ergebnis auch *Lackner/Kühl* Rdn. 5; *Fischer* Rdn. 12; **aM** *Lampe* Erbs/Kohlhaas § 59 LuftVG Rdn. 14; *Rudolf* ZLW **1965** 118, 133 ff.

griff der objektiven Pflichtwidrigkeit hat – teilweise mit etwas abweichender Terminologie – als Vorbild für einige Umwelttatbestände gedient[51] und ist in diesem Rahmen durch den Gesetzgeber sowie durch Rechtsprechung und Lehre näher ausgeformt worden. Hier wie dort stellt er ein Korrektiv zur Eingrenzung der Strafbarkeit dar.

aa) Schwerwiegendes Fehlverhalten. Bei der groben Pflichtwidrigkeit handelt es sich um ein sog. gesamttatbewertendes Merkmal (zu den Konsequenzen für den Vorsatz Rdn. 34). Vorausgesetzt wird ein besonders schwerwiegendes Fehlverhalten. Es kann darin liegen, dass der Täter gegen eine ihm durch die Rechtsvorschrift auferlegte, *an sich weniger bedeutende Pflicht in krasser Weise* verstößt, zum anderen darin, dass *der verletzten Vorschrift bereits isoliert betrachtet hoher Stellenwert* für die Verkehrssicherheit beizumessen ist (BTDrucks. 8/2382 S. 16).[52] Je höher demnach der Rang des durch die Rechtsvorschrift statuierten Ge- oder Verbots ist, desto weniger qualifiziert muss dessen Verletzung sein (*Sch/Schröder/Stree/Heine* § 325 Rdn. 24). Bei geringer gewichtigen Pflichten entscheidet nach h.M. das *besondere Maß der „Pflichtvergessenheit"* (BTDrucks. 8/2382 S. 16), das z.B. in einem außergewöhnlich leichtfertigen oder gleichgültigem Verhalten bestehen kann.[53] Mithin spielen subjektive Aspekte eine maßgebende Rolle, ohne dass die Wortfassung dem entgegenstünde.[54] Dem Bedeutungsgehalt nach steht die solchermaßen interpretierte grobe Pflichtwidrigkeit den Merkmalen der groben Verkehrswidrigkeit und Rücksichtslosigkeit im Sinne des § 315c Abs. 1 Nr. 2 sehr nahe; Rechtsprechung und Literatur hierzu können mit aller Vorsicht sinngemäß herangezogen werden (im Einzelnen § 315c Rdn. 131 ff). **28**

bb) Beispiele. Grob pflichtwidrig kann es sein, wenn der Schiffsführer zur Ermittlung der Stabilität des Schiffs nicht die von der See-Berufsgenossenschaft geprüften Stabilitätsunterlagen heranzieht (OLG Hamburg VRS **53** 113). Grob pflichtwidrig handelt auch ein Flugzeugführer, der entgegen § 6 Abs. 1, § 12 Abs. 1 LuftVO im Tiefflug nur wenige Meter über dem Boden ein Fahrzeug oder eine Fußgängergruppe an- und überfliegt (BGH GA **1971** 246).[55] Das Gleiche gilt für einen Piloten, der entgegen § 26b Abs. 1 LuftVO eine Überflugmeldung absetzt, obwohl er den (Pflicht-) Meldepunkt nicht oder noch nicht überflogen hat (*Schmid* NZV **1988** 125, 128)[56] oder der sich auf die von ihm angestellten Treibstoffbedarfsberechnungen verlässt, obwohl nach der Kraftstoffanzeige des Flugzeugs Anlass zu Bedenken besteht, ob der Kraftstoffvorrat zur Durchführung des beabsichtigten Flugs ausreicht (OLG Karlsruhe NJW **2001** 1661). Tatbestandsmäßig handelt der Halter eines Luftfahrzeugs oder der Betriebsleiter, der die vorgeschriebene Grund- oder Teilüberholung des Luftfahrzeugs nach Erreichen der zulässigen Betriebszeit (§§ 4, 7 LuftBO) nicht vornehmen lässt (*Schmid* NZV **1988** 125, 128). Hingegen liegt in der unangepassten Geschwindigkeit bei „unsichtigem Wetter" (§ 6.30 Nr. 1, § 1.04 RheinSchPolV) aus kurzzeitigem Versagen kein grober Pflichtenverstoß (OLG Karlsruhe NZV **1993** 159, 160). **29**

---

[51] § 311 Abs. 3 Nr. 2, § 325 Abs. 2, § 328 Abs. 1 Nr. 2, Abs. 3.

[52] H.M; s. OLG Karlsruhe NJW **2001** 1661; LG Mainz MDR **1982** 597, 598; *Fischer* Rdn. 7; *Horn/Wolters* SK Rdn. 10; *Lackner/Kühl* § 325 Rdn. 11; *Sch/Schröder/Stree/Heine* § 325 Rdn. 24. Vgl. auch BGH GA **1971** 246; OLG Karlsruhe NZV **1993** 159, 160.

[53] *Horn/Wolters* SK Rdn. 10; *Sch/Schröder/Stree/Heine* § 325 Rdn. 24; s. auch *Rudolphi* NStZ **1984** 248, 251.

[54] AA wohl *Rudolf* ZLW **1965** 118, 130; s. aber *dens.* ZLW **1968** 11, 18.

[55] Der BGH weist freilich darauf hin, dass im konkreten Fall § 315 erfüllt gewesen wäre.

[56] S. dazu, dass ein solches Verhalten zwar nicht § 315 Abs. 1 Nr. 3, womöglich aber § 315 Abs. 1 Nr. 4 erfüllt § 315 Rdn. 38, 43.

30 **4. Konkrete Gefahr.** Die Tathandlungen nach Absatz 1 müssen eine konkrete Gefahr für Leib oder Leben eines anderen Menschen oder für bedeutende Sachwerte herbeiführen. Dies entspricht § 315. Die dortigen Ausführungen zum Gefahrbegriff (Rdn. 50 ff), zur Gefährdung von Leib und Leben (Rdn. 67 ff), zur Sachgefährdungsklausel (Rdn. 72 ff) und zur Zurechnung (§ 315 Rdn. 97; im Einzelnen § 315c Rdn. 171 ff) gelten daher entsprechend. Besonders ist darauf hinzuweisen, dass nach Auffassung des BGH – anders als im Rahmen der §§ 315b, 315c (hierzu § 315c Rdn. 167) – *die Gefährdung des vom Täter selbst geführten Fahrzeugs tatbestandsrelevant ist.* Die divergierende Behandlung der verschiedenen Verkehrsarten ist jedoch nach der hier vertretenen Auffassung (ebenso wie die Restriktion selbst; § 315c Rdn. 168) abzulehnen (im Einzelnen § 315 Rdn. 78).

IV. Subjektiver Tatbestand

31 Der innere Tatbestand unterscheidet zwischen durchgehend vorsätzlichem Handeln (Absatz 1), der vorsätzlichen Tathandlung mit fahrlässig herbeigeführtem Gefahrerfolg (Absatz 3 Nr. 1) und durchgehend fahrlässigem Verhalten (Absatz 3 Nr. 2). Die Strafdrohung reicht bei Taten nach Absatz 1 bis zu fünf Jahren, bei solchen nach Absatz 3 bis zu zwei Jahren Freiheitsstrafe. Die Schuldform (Vorsatz oder Fahrlässigkeit) muss im Tenor zum Ausdruck gebracht und in den Gründen erläutert werden (BGH VRS **65** 359, 361 [zu § 315c]).

32 **1. Vorsatztat (§ 315a Abs. 1).** Bei Taten nach Absatz 1 ist Vorsatz hinsichtlich sämtlicher Tatbestandsmerkmale erforderlich. Bedingter Vorsatz genügt.

33 a) **Fahrten im Zustand der Fahrunsicherheit.** Im Fall der Nummer 1 muss der Fahrzeugführer – neben dem Eintritt des Gefahrerfolgs (hierzu § 315c Rdn. 191 ff) – die Fahrunsicherheit zumindest billigend in Kauf genommen haben. Wie bei §§ 315c, 316 stößt die diesbezügliche Feststellung auf gravierende Schwierigkeiten (im Einzelnen § 316 Rdn. 181 ff).

34 b) **Grobe Pflichtverstöße (§ 315a Abs. 1 Nr. 2).** Für Taten nach Nummer 2 stellt sich zunächst das allgemeine Problem des Vorsatzbezugs bei Blanketttatbeständen. Nach h.M. ist insoweit Gegenstand des Vorsatzes nur der Inhalt, nicht aber die Existenz der blankettausfüllenden Norm.[57] Ansonsten gelten die allgemeinen Irrtumsregeln. Der Irrtum über die Tatbestandsmerkmale der ausfüllenden Verkehrssicherungsvorschrift ist Tatbestandsirrtum; machen diese eine normative Wertung erforderlich, so ist die soziale Bedeutungskenntnis des Täters nach den Grundsätzen der Parallelwertung in der Laiensphäre festzustellen (vgl. *Rengier* KK OWiG § 11 Rdn. 25). Die **grobe Pflichtwidrigkeit** ist ein sog. gesamttatbewertendes Merkmal. Nach herrschender Lehre gehören die gesamttatbewertenden tatsächlichen Umstände zum gesetzlichen Tatbestand und müssen deshalb vom (bedingten) Vorsatz umfasst sein. Eine diesbezügliche Fehlvorstellung führt zum Tatbestandsirrtum. Das Urteil der groben Pflichtwidrigkeit muss der Täter jedoch

---

57 *Sch/Schröder/Cramer/Sternberg-Lieben* § 15 Rdn. 99 ff; *Fischer* Rdn. 9; *Lackner/Kühl* § 17 Rdn. 22; *Warda* Die Abgrenzung von Tatbestands- und Verbotsirrtum bei Blankettstrafgesetzen (1955) S. 36 ff. **AA** etwa *Bockelmann/Volk* AT S. 77; *Schroth* Vorsatz und Irrtum (1998) S. 60 f; *Lange*, JZ **1956** 73, 76, 79; *Puppe* GA **1990** 145, 166; alle m.w.N.

nicht für sich nachvollziehen.[58] Ein insoweit bestehender Irrtum ist ggf. an § 17 zu messen. Ergänzend wird auf die Ausführungen zur groben Verkehrswidrigkeit und Rücksichtslosigkeit im Rahmen des § 315c verwiesen (§ 315c Rdn. 149, 190). Hinzu kommen muss auch für Nummer 2 der Gefährdungsvorsatz.

2. **§ 315a Abs. 3.** Absatz 3 stellt Fahrlässigkeit hinsichtlich der Tathandlungen und/ oder des Gefahrerfolgs unter Strafe. Die Vorsatz-Fahrlässigkeits-Kombination des Absatzes 3 Nr. 1 ist Vorsatztat (§ 11 Abs. 2), während Absatz 3 Nr. 2 durchgehend fahrlässiges Handeln betrifft. Zu den damit verbundenen Aspekten wird auf § 315 Rdn. 103 ff verwiesen. Zum Sorgfaltsmaßstab in Bezug auf die Fahrunsicherheit gilt das zu § 315c und § 316 Gesagte entsprechend (§ 315c Rdn. 64 ff, 195; § 316 Rdn. 210 ff). Anders als § 315 (Abs. 5, 6) differenziert der gesetzliche Strafrahmen nicht zwischen der in Absatz 3 Nr. 1 geregelten Vorsatz-Fahrlässigkeits-Kombination und insgesamt fahrlässigem Handeln (Absatz 3 Nr. 2), sondern droht durchgehend Freiheitsstrafe bis zu zwei Jahren im Höchstmaß an. Der Regierungsentwurf hebt insoweit hervor, dass bei den von § 315a betroffenen verkehrsinternen Fehlleistungen erfahrungsgemäß Vorsatz und Fahrlässigkeit sowohl tatsächlich als auch mit Blick auf die Beweisfrage oft ununterscheidbar ineinander übergingen, weswegen eine Dreistufung eine Erschwernis für die Gerichte bedeuten könnte, ohne für die Gerechtigkeit wirklichen Gewinn zu erbringen (BTDrucks. IV/651 S. 27). Dem kann entgegengehalten werden, dass Vorsatztaten im Unrechtsgehalt generell schwerer wiegen als fahrlässige Taten (*Sch/Schröder/Cramer/Sternberg-Lieben* Rdn. 13) und dass § 315a auch verkehrsexterne Handlungen umfasst. Außerdem sind die Motive insofern nicht ganz überzeugend, als die Schuldform trotz desselben Strafrahmens im Rahmen der Strafzumessung eine Rolle spielen muss. Andererseits entkräftet gerade dieser Aspekt die vorgetragenen Einwände zu einem guten Teil. Denn der unterschiedliche Unrechtsgehalt kann bei der Bemessung der Strafe berücksichtigt werden. Nicht zuletzt aufgrund der Erfahrungen mit dem 6. StrRG muss überdies vor allzuausziselierter Strafrahmenarithmetik gewarnt werden. 35

V. Vollendung, Versuch

Die Tat ist mit Eintritt der konkreten Gefahr vollendet (näher § 315 Rdn. 108). Die Versuchsstrafbarkeit ordnet Absatz 2 nur für Taten nach Absatz 1 Nr. 1 an, was der Lage bei § 315c entspricht (dort Absatz 2). Zur Straflosigkeit des Versuchs bezüglich Taten nach Absatz 1 Nr. 2 verhalten sich die Motive etwas sibyllinisch. Wegen des Blankettcharakters der Vorschrift seien „in einer nicht übersehbaren Zahl von Fällen“ unerwünschte Ergebnisse zu besorgen (BTDrucks. IV/651 S. 27). Dass diese Befürchtung einen realen Hintergrund hat, wird man bezweifeln dürfen. Denn es müsste jeweils der Gefährdungsvorsatz nachgewiesen werden, was erhebliche Schwierigkeiten bereitet. Aus demselben Grund dürfte aber auch bei Taten nach Absatz 1 Nr. 1 die Versuchsstrafbarkeit kaum je praktisch werden (näher § 315c Rdn. 197). Unmittelbares Ansetzen wäre z.B. anzunehmen, wenn sich der betrunkene Lokomotiv-, Schiffs- oder Luftfahrzeugführer mit Gefährdungsvorsatz ans Steuer begibt und den Motor anlässt. 36

---

[58] *Fischer* Rdn. 9; *Lackner/Kühl* § 15 Rdn. 16, § 325 Rdn. 16; *Horn/Wolters* SK Rdn. 13; *Sch/Schröder/Stree* § 325 Rdn. 26; *Rengier* KK OWiG § 11 Rdn. 45, jeweils m.w.N.

VI. Tätige Reue

37 In die Regelungen zur Tätigen Reue (heute § 320) ist § 315a nicht einbezogen. Nach Auffassung des Gesetzgebers wäre es „sinnwidrig" und würde es den „Kampf gegen die Verkehrsgefahren in gefährlicher Weise schwächen", wenn namentlich die freiwillige Gefahrabwendung nach Fehlverhalten im fließenden Verkehr strafrechtlich begünstigt würde. Denn der Täter werde sich aus Selbsterhaltungstrieb mindestens von dem Zeitpunkt ab um Abwendung der Gefahr bemühen, in dem er erkenne, dass er selbst Schaden zu nehmen drohe. Er könne nicht deshalb von Strafe verschont werden, weil er die verschuldete Gefahr durch geschicktes Fahren gemeistert habe oder weil er nach längerer Fahrt in trunkenem Zustand nicht weitergefahren sei. Die Anerkennung Tätiger Reue eröffne zudem unwiderlegbaren Ausreden Tür und Tor. Soweit Taten Sonderpflichtiger im Sinne des Absatzes 1 Nr. 2 in Frage stünden, stelle eine gesetzliche Honorierung Tätiger Reue die Bestimmtheit des Tatbestands in Frage und könne als ungerechtfertigte Milde aufgefasst werden. Härtefällen könne durch analoge Anwendung der Vorschriften über die Tätige Reue Rechnung getragen werden (BTDrucks. IV/651 S. 27). Der amtlichen Begründung ist für Taten nach Absatz 1 Nr. 1 uneingeschränkt zuzustimmen. Diese sind bereits nach ihrer Struktur dem Gedanken der Tätigen Reue nicht zugänglich (*Lackner/Kühl* Rdn. 6). Bei Taten nach Absatz 1 Nr. 2 kann es hingegen – was die Motive auch nicht verkennen – Situationen geben, in denen sich die Problemlage nicht sehr von der des § 315 unterscheidet. Dies gilt zunächst für Taten Sonderpflichtiger außerhalb des fließenden Verkehrs, mit Rücksicht auf die konzeptionell im Gesetz angelegten Überschneidungen (hierzu Rdn. 22 und § 315 Rdn. 19 ff) aber auch für Fehlleistungen im Verkehr. Liegen in derartigen Fällen die Voraussetzungen des § 320 vor (hierzu § 315 Rdn. 124 ff), so ist eine analoge Anwendung weiterhin vertretbar. Zwar trägt § 320 abschließenden Charakter und ist der Problematik im 6. StrRG nicht entsprochen worden. Jedoch ist angesichts der Hektik, die das Gesetzgebungsverfahren zum 6. StrRG geprägt hat, kaum anzunehmen, dass § 315a Abs. 1 Nr. 2 strikt ausgeschlossen werden sollte.[59] Die Praxis dürfte ohnehin eher nach § 153 StPO verfahren. Bei alledem muss man sich darüber hinaus im Klaren sein, dass der Anwendungsbereich für Tätige Reue aufgrund der tatbestandlichen Ausgestaltung der §§ 315, 315a und der neuen Rechtsprechung zum Gefahrbegriff (Beinahe-Unfall) in der Lebenswirklichkeit generell sehr schmal ist (näher § 315 Rdn. 124).

VII. Täterschaft, Teilnahme

38 Absatz 1 Nr. 1 und – soweit das Fahrzeugführen betroffen ist – auch Absatz 1 Nr. 2 sind nach ganz herrschender Meinung **eigenhändige Delikte**. Uneigenhändige Mittäterschaft und mittelbare Täterschaft sind nach hergebrachten Grundsätzen ausgeschlossen. Personen, die sich nicht selbst wenigstens eines Teils der technischen Steuerungsfunktionen bedienen, können sich auf der Grundlage der h.M. demzufolge nur als Teilnehmer oder nach anderen Vorschriften strafbar machen. Rechtsprechung und Lehre weichen von diesen Grundsätzen jedoch zum Teil ab (Rdn. 9). Ähnliche Phänomene sind im Rahmen des § 315c festzustellen (§ 315c Rdn. 23, 41 f, 201 ff). Insoweit sowie zum Ganzen

---

[59] Unentschieden *Horn/Wolters* SK Rdn. 14; *Fischer* Rdn. 11; aM *Sch/Schröder/Cramer/Sternberg-Lieben* Rdn. 16.

wird hierauf verwiesen. Die Merkmale des Führens sowie wohl auch der groben Pflichtwidrigkeit sind keine „täterbezogenen“ Merkmale im Sinne des § 28, so dass eine Strafmilderung nach § 28 Abs. 1 bzw. eine Anwendung des § 28 Abs. 2 bei dem Teilnehmer, der sie nicht aufweist, ausscheiden (näher § 315c Rdn. 206). Was den grob pflichtwidrigen Verstoß des für die Sicherheit Verantwortlichen gegen Verkehrssicherungsvorschriften anbelangt, stellt **Absatz 1 Nr. 2 auch ein echtes Sonderdelikt** dar.[60] Außenstehende können daher nicht Täter, wohl aber Teilnehmer sein. Für sie gilt dann § 28 Abs. 1 (*Lackner/Kühl* Rdn. 3).

VIII. Konkurrenzen

Tateinheit ist möglich mit allen Verletzungsdelikten (insbesondere §§ 303 ff; 223 ff; **39**
Tötungsdelikte). § 315a Abs. 1 Nr. 1 kann ***mit § 315*** idealiter konkurrieren, verdrängt aber seinerseits § 316 (Subsidiarität, § 316 Abs. 1 a.E.). § 315a Abs. 1 Nr. 2 tritt als subsidiärer Auffangtatbestand ***hinter § 315 zurück*** (§ 315 Rdn. 19 ff; 133). In Ausnahmefällen (falls sich die rauschmittelbedingte Fahrunsicherheit nicht auf den Gefahrerfolg auswirkt) kann Idealkonkurrenz zwischen § 315a Abs. 1 Nr. 2 und § 316 anzunehmen sein (§ 315c Rdn. 211). Überschneidungen mit § 59 LuftVG können sich nicht ergeben (Rdn. 25). Bei Überschneidungen mit Strafvorschriften, die Verstöße gegen Verkehrssicherungsvorschriften mit Strafe bedrohen, geht § 315a vor. Beim Zusammentreffen mit **Ordnungswidrigkeiten** kommt nur § 315a zur Anwendung (§ 21 Abs. 1 Satz 1 OWiG). Wegen der näheren Einzelheiten wird auf das in § 315c Rdn. 214 Gesagte Bezug genommen. Ergänzend ist auf die Ausführungen unter § 315c Rdn. 207 ff zu verweisen.

IX. Sonstiges

Eine strafgerichtliche Entziehung der Fahrerlaubnis für das Führen von Kraftfahrzeugen **40**
im Straßenverkehr wegen Fehlleistungen beim Führen von Schienenfahrzeugen,[61] Wasser- und Luftfahrzeugen scheidet ebenso aus wie die Anordnung eines Fahrverbots; denn sowohl § 69 als auch § 44 stellen auf das Führen eines *Kraftfahrzeugs* bzw. die Pflichten eines *Kraftfahrzeug*führers ab.[62] Zur Problematik schifffahrtsrechtlicher Erlaubnisse bzw. Fahrverboten s. die Entschließung des BT in BT-Drs. 15/5514 sowie den Bericht der Bundesregierung in BR-Drs. 724/05. Zu den Übermittlungsbefugnissen in Bezug auf Eintragungen im Verkehrszentralregister s. § 30 Abs. 4, 4a StVG.[63] Die Einziehung des durch den Täter benutzten Fahrzeugs kommt in der Regel nicht in Betracht, da dieses bloßer Beziehungsgegenstand und nicht Tatwerkzeug im Sinne des § 74 Abs. 1 ist (§ 315c Rdn. 217).

---

[60] AM *Deichmann* Grenzfälle der Sonderstraftat S. 222 ff.

[61] Zur Trunkenheitsfahrt eines Lokomotivführers eingehend BayObLGSt **1993** 44, 46 ff.

[62] Eingehend *Hentschel-König* § 69 StGB Rdn. 3a; *Geppert* LK § 44 Rdn. 43; § 69 Rdn. 22 f; aM *Fischer* § 69 Rdn. 3.

[63] Zu den Motiven BT-Drs. 16/7415 S. 31.

§ 315b
Gefährliche Eingriffe in den Straßenverkehr

(1) Wer die Sicherheit des Straßenverkehrs dadurch beeinträchtigt, daß er
1. Anlagen oder Fahrzeuge zerstört, beschädigt oder beseitigt,
2. Hindernisse bereitet oder
3. einen ähnlichen, ebenso gefährlichen Eingriff vornimmt,
und dadurch Leib oder Leben eines anderen Menschen oder fremde Sachen von bedeutendem Wert gefährdet, wird mit Freiheitsstrafe bis zu fünf Jahren oder mit Geldstrafe bestraft.

(2) Der Versuch ist strafbar.

(3) Handelt der Täter unter den Voraussetzungen des § 315 Abs. 3, so ist die Strafe Freiheitsstrafe von einem Jahr bis zu zehn Jahren, in minder schweren Fällen Freiheitsstrafe von sechs Monaten bis zu fünf Jahren.

(4) Wer in den Fällen des Absatzes 1 die Gefahr fahrlässig verursacht, wird mit Freiheitsstrafe bis zu drei Jahren oder mit Geldstrafe bestraft.

(5) Wer in den Fällen des Absatzes 1 fahrlässig handelt und die Gefahr fahrlässig verursacht, wird mit Freiheitsstrafe bis zu zwei Jahren oder mit Geldstrafe bestraft.

Schrifttum

Dencker Zur Tatbestandsstruktur des § 315b StGB, Festschrift Nehm (2007) S. 373; *Dreher* Eingriff in den Straßenverkehr durch bewusste Zweckentfremdung, JuS **2003** 1159; *Fleischer* Die strafrechtliche Beurteilung provozierter Autounfälle, NJW **1976** 878; *Franzheim* Strafrechtliche Verantwortlichkeit für durch Straßenbau verursachte Unfälle, NJW **1993** 1836; *Freund* Äußerlich verkehrsgerechtes Verhalten als Straftat? – BGH NJW 1999 3132, JuS **2000** 754; *Geppert* Der gefährliche Eingriff in den Straßenverkehr (§ 315b), Jura **1996** 639; *Grupp/Kinzig* Der Griff ins Lenkrad – Zugleich Anmerkung zu den Entscheidungen BGH, Beschluss vom 13.6.2006 – 4 StR 123/06 und OLG Dresden, NJW **2006** 1013, NStZ **2007** 132; *Hillenkamp* Verkehrsgefährdung durch Gefährdung des Tatbeteiligten – OLG Stuttgart NJW **1976** 1904, JuS **1977** 166; *König* Der gefährliche Eingriff in den Straßenverkehr durch „verkehrsgerechtes Verhalten", JA **2000** 777; *ders.* Neues zu § 315b StGB, JA **2003** 818; *ders.* Verkehrsfeindlicher Inneneingriff und Gefährdungsvorsatz, NStZ **2004** 175; *ders.* Zum Einsatz des Strafrechts gegen Verkehrsrowdys, NZV **2005** 27; *Melkos/Clauß* Strafrechtliche Aspekte der Verursachung künstlicher Staus zur Verfolgung flüchtiger Straftäter durch die Polizei, DAR **2006** 73; *Obermann* Gefährliche Eingriffe in den Straßenverkehr (2005, zugl. Diss. Münster 2004); *Ranft* Delikte im Straßenverkehr, Jura **1987** 608; *Solbach/Kugler* Fehlverhalten von Verkehrsteilnehmern im Straßenverkehr als „Hindernisbereiten" und „ähnlicher, ebenso gefährlicher Eingriff" gemäß § 315b StGB?, JR **1970** 121.

S. ergänzend die Schrifttumsnachweise bei §§ 315, 315c.

Entstehungsgeschichte

I. Das **Reichsstrafgesetzbuch** enthielt in §§ 305, 321 bruchstückhafte Bestimmungen zum Schutz des Straßenverkehrs. § 305 RStGB pönalisierte die (teilweise) Zerstörung fremder Brücken, Dämme oder gebauter Straßen. In § 321 RStGB war die Zerstörung oder Beschädigung von Brücken und Wegen bei dadurch verursachten Gefahren für das Leben oder die Gesundheit anderer unter Strafe gestellt.

§ 207 E 1925 enthielt erstmals[1] spezifische Strafvorschriften gegen die „Störung der Verkehrssicherheit auf Straßen", die in ihrem Absatz 1 auf den Schutz des Betriebes von Straßenbahnen, nach den damaligen Verhältnissen „eines der wichtigsten Straßenverkehrsmittel" (E 1925 S. 110), ausgerichtet waren; in Absatz 2 sollten die den Straßenverkehr betreffenden Regelungen der §§ 305, 321 RStGB in einer einheitlichen Vorschrift zusammengefasst werden. Die Vorschläge sind in § 231 E 1927 weiter entwickelt worden. Dessen Absatz 1 bezog sich allgemein auf Eingriffe in die Sicherheit des Straßenverkehrs. Die Tathandlungen entsprachen bereits weitgehend denen des heute geltenden Rechts. Aufgeführt waren u.a. die Zerstörung, Beschädigung oder Beseitigung von Anlagen oder Beförderungsmitteln, das Bereiten von Hindernissen und die Tatalternative des Störens „auf ähnliche Weise".

II. Mit dem **Gesetz zur Sicherung des Straßenverkehrs vom 19.12.1952** (BGBl. I S. 832) hat der Gesetzgeber die Reformarbeiten der Vorkriegszeit aufgegriffen und in § 315a a.F. Strafvorschriften gegen die Störung der Verkehrssicherheit auf Straßen geschaffen. Zuvor waren Verkehrszuwiderhandlungen vornehmlich als Übertretung der § 49 StVO, §§ 2, 71 StVZO a.F. geahndet worden. Nach Auffassung des Gesetzgebers war die Ahndung mit Übertretungsstrafe dem Unrechtsgehalt und der Gefährlichkeit einschlägiger Taten in keiner Weise gerecht geworden (BTDrucks. (I/) 2674 S. 15). § 315a a.F. hatte folgenden Wortlaut:

(1) Wer die Sicherheit des Straßenverkehrs dadurch beeinträchtigt, daß er

1. *Anlagen oder Beförderungsmittel beschädigt, zerstört oder beseitigt, Hindernisse bereitet oder einen ähnlichen Eingriff vornimmt,*
2. *ein Fahrzeug führt, obwohl er infolge des Genusses geistiger Getränke oder anderer berauschender Mittel nicht in der Lage ist, das Fahrzeug sicher zu führen,*
3. *ein Fahrzeug führt, obwohl er infolge geistiger oder körperlicher Mängel sich nicht sicher im Verkehr bewegen kann und keine Vorsorge getroffen ist, daß er andere nicht gefährdet, oder*
4. *in grob verkehrswidriger und rücksichtsloser Weise die Vorfahrt nicht beachtet, falsch überholt oder an unübersichtlichen Stellen, an Straßenkreuzungen oder -einmündungen zu schnell fährt*

und dadurch eine Gemeingefahr (§ 315 Abs. 3) herbeiführt, wird mit Gefängnis bestraft.

(2) In den Fällen des Absatzes 1 Nummern 1 bis 3 ist der Versuch strafbar.

(3) In besonders schweren Fällen des Absatzes 1 Nummer 1 kann auf Zuchthaus bis zu zehn Jahren erkannt werden.

§ 316 Abs. 2 stellte fahrlässige Verstöße gegen § 315a unter Strafe. Der Strafrahmen reichte bis zu zwei Jahren Gefängnis.

III. Der E 1960 hat die Unterscheidung zwischen „Eingriffen von außen" und verkehrsinternem Fehlverhalten durch Aufspaltung in verschiedene Absätze zum Ausdruck gebracht (§ 343 Abs. 1 bzw. 3 E 1960). Diese Konzeption ist im E 1962 mit der dem geltendem Recht geläufigen Differenzierung zwischen „Gefährlichen Eingriffen in den Straßenverkehr" (§ 344 E 1962) und der „Gefährdung des Straßenverkehrs" (§ 346 E 1962) ausgebaut worden. Die Vorschläge des E 1962 haben als §§ 315b, 315c im Wesentlichen unverändert Eingang in die Regierungsvorlage zum **Zweiten Gesetz zur Sicherung**

[1] Vorarbeiten im E 1909 (§ 182) und im E 1919 (§ 260).

des Straßenverkehrs (BTDrucks. IV/651) und schließlich in das gleichnamige Gesetz vom 21.11.1964 gefunden (BGBl. I S. 921).

IV. § 315b ist durch Art. 1 Nr. 83 des **6. Strafrechtsreformgesetzes vom 26.1.1998** (BGBl. I S. 164) nur unwesentlich geändert worden. Neben einer redaktionellen Ergänzung in Absatz 1 (eines anderen *Menschen*) sind die bis dahin in Absatz 6 enthaltenen Regelungen zur Tätigen Reue in die „Sammelvorschrift" des § 320 übernommen worden. Der Ausbau der in § 315 Abs. 3 enthaltenen Qualifikationstatbestände hat freilich auch für § 315b Gültigkeit (§ 315b Abs. 3). Insoweit wird auf das zu § 315 Gesagte verwiesen (dort Entstehungsgeschichte VI). Zur Entstehungsgeschichte s. auch *Obermann* S. 4 ff.

Übersicht

Alphabetische Übersicht

I. Bedeutung der Vorschrift

1 § 315b kommt in der Praxis der Strafverfolgung quantitativ betrachtet keine allzu große Bedeutung zu. Aus der Strafverfolgungsstatistik[2] ergibt sich in Bezug auf rechtskräftige Aburteilungen (Zeile 1) und Verurteilungen (Zeile 2) folgendes Bild:

1970	*1975*	*1980*	*1985*	*1990*	*1995*	*2000*	*2005*	*2006*
584	922	1.350	1.525	2.736	2.555	1.912	1.909	1.703
461	679	890	960	1.474	1.352	1.179	1.114	992

Sowohl hinsichtlich der Aburteilungen als auch der Verurteilungen steht einem deutlichen Anstieg bis Anfang der neunziger Jahre eine relativ stabile Entwicklung mit zuletzt abnehmender Tendenz gegenüber. Für den Rückgang der Aburteilungen in den letzten Jahren wird zunächst verantwortlich sein, dass durch die Staatsanwaltschaften generell vermehrt von den Opportunitätsvorschriften der Verfahrensordnungen Gebrauch machen. Das erhebliche Auseinanderklaffen zwischen den Aburteilungen und den Verurteilungen und eine relativ hohe Einstellungsquote durch die Gerichte (insbesondere §§ 153, 153a StPO) könnte darauf hindeuten, dass nicht selten Taten angeklagt (und zur Hauptverhandlung zugelassen) werden, deren Nachweis unter dem Aspekt des § 315b Schwierigkeiten bereitet. Seit 1995/1996 könnte sich auch die engere Rechtsprechung des BGH zur konkreten Gefahr („Beinahe-Unfall") auswirken (hierzu Rdn. 63 ff). Das Phänomen ist allerdings bei § 315c nicht in gleicher Weise zu beobachten, wo der Rechtsprechungswandel ebenfalls relevant werden müsste (s. § 315c Rdn. 1). In den Jahren 2002 und 2003 hat der BGH durch Einführung des Topos der „verkehrsspezifischen Gefahr" (Rdn. 83a, § 315 Rdn. 97a f) und vor allem des Erfordernisses eines zumindest bedingten Schädigungsvorsatzes beim verkehrsfeindlichen Inneneingriff (Rdn. 12a, 12b) den Tatbestand zusätzlich restringiert, was gleichfalls zur Abnahme der Ab- und Verurteilungen beitragen wird.

Nach der Art ihrer Begehung und ihrer Gefährlichkeit geht es bei den von § 315b erfassten Straftaten vornehmlich **um gewichtige Kriminalität** (*Janiszewski* Verkehrsstrafrecht Rdn. 239a). Zum BGH gelangen – abgesehen von Vorlagefällen – zumeist Taten der Schwerstkriminalität, in denen § 315b dem „Randgeschehen" (insbesondere Polizeiflucht) zuzurechnen ist (*Jähnke* DRiZ **1990** 425). Dieser Aspekt hat sich aufgrund der Erhöhung des amtsgerichtlichen Strafbanns noch verstärkt. Über die kriminalpolitische Berechtigung des § 315b ist man sich weithin einig.

II. Deliktsaufbau und -charakter

2 Die Tatbestände des § 315b sind nach h.M. dreistufig aufgebaut (zum diesbezüglichen Meinungsstreit § 315 Rdn. 2, 47 ff). Durch die in Absatz 1 genannten *gefährlichen Handlungen* muss eine *Beeinträchtigung der Verkehrssicherheit* bewirkt werden, in deren Folge eine *konkrete Gefahr* für Leib oder Leben bzw. bedeutende fremde Sachwerte eintritt. § 315b stellt ein konkretes Gefährdungs- und zugleich Erfolgsdelikt dar. Die Vorschrift trägt allerdings auch Züge des abstrakten Gefährdungsdelikts. Strafgrund ist nämlich die

[2] Quelle: Strafverfolgungsstatistik (Hrsg. Statistisches Bundesamt, Wiesbaden) Tabelle 2.1 (abrufbar über www.destatis.de).

Vornahme einer abstrakt riskanten Handlung, deren besondere Gefährlichkeit für die Verkehrssicherheit sich im Bewirken eines konkreten Gefahrerfolgs ausprägt (im Einzelnen § 315 Rdn. 3 ff). Bezüglich des Beschädigens und des Zerstörens von Gegenständen (Absatz 1 Nr. 1) vereinigt die Norm auch Elemente des Verletzungsdelikts in sich (weitergehend *Geppert* Jura **1996** 639, 641). § 315b normiert ferner durchgehend Allgemeindelikte (Rdn. 92) und keine Dauerstraftaten (Rdn. 86).

III. Schutzgut

3 Geschütztes Rechtsgut ist **das Universalinteresse an der Sicherheit des öffentlichen Straßenverkehrs.** Die Individualrechtsgüter des Lebens, der körperlichen Unversehrtheit und des Eigentums werden faktisch mitgeschützt (im Einzelnen § 315 Rdn. 3 ff).

IV. Öffentlicher Straßenverkehr

4 Der Anwendungsbereich des § 315b ist auf den öffentlichen Straßenverkehr (Rdn. 5 ff) beschränkt. Es genügt nicht, wenn der Vorgang lediglich damit in Zusammenhang steht (Rdn. 9).

5 **1. Straßenverkehr.** Vom Begriff des Straßenverkehrs ist jede Verkehrsart auf öffentlichen Straßen, Wegen und Plätzen umfasst. Inbegriffen ist demnach nicht nur der Verkehr mit Kraftfahrzeugen, sondern auch der Verkehr von Radfahrern oder Fußgängern in dem nur ihnen zugänglichen Verkehrsraum, namentlich in Fußgängerzonen[3] oder auf Geh- (BGHSt **22** 365, 367; OLG Schleswig VerkMitt. **1971** Nr. 80 S. 66) bzw. Radwegen. Gleichgültig ist, ob es sich um ruhenden oder fließenden Verkehr handelt.[4] Bahn-, Schiffs- und Luftverkehr scheiden aus. Vorgänge während der Beförderung von Fahrzeugen auf dem Wagendeck eines Fährschiffs oder in einem Autozug der Deutschen Bahn AG können deshalb bereits begrifflich nicht als *Straßenverkehr* angesehen werden.[5] Hingegen sind Auf- und Abfahrtvorgänge im Einzelfall u.U. noch dem Straßenverkehr zuzurechnen (vgl. *Janiszewski* NStZ **1993** 275 [zu § 142]). Hinsichtlich der Schienenbahnen ist § 315d zu beachten (näher dort).

6 **2. Öffentlicher Verkehrsraum.** Der Begriff des Straßenverkehrs im Sinne der §§ 315b bis 315d entspricht dem der StVG (insbesondere §§ 1, 6, 21, 24a, 24c StVG), der StVO und von FZV sowie StVZO (vgl. BTDrucks. (I/) 2674 S. 15; BGH NJW **2004** 1965). Er meint Vorgänge im öffentlichen Verkehrsraum. Neuerdings wird freilich unter Bezugnahme auf den Wortlaut (nur „Straßenverkehr“, nicht „öffentlicher“ Straßenverkehr) und den auch den privaten Verkehr umfassenden § 7 StVG vereinzelt die Auffassung vertreten, dass der gesamte nichtöffentliche Verkehrsraum einbezogen sei.[6] Das ist jedoch fernliegend. Denn der Begriff „Straßenverkehr“ meint im *gesamten* Verkehrsrecht nur den

---

[3] BayObLG VRS **70** 53, 54; *Geppert* Jura **1996** 639, 640.

[4] *Sch/Schröder/Cramer/Sternberg-Lieben* § 142 Rdn. 15; *Hentschel/König*[40] § 1 StVO Rdn. 13 ff; *Janiszewski* Verkehrsstrafrecht Rdn. 50a.

[5] OLG Karlsruhe VRS **84** 100, 101; *Sch/Schröder/Cramer/Sternberg-Lieben* § 142 Rdn. 14; im Ergebnis auch *Janiszewski* NStZ **1993** 275.

[6] *Barnickel* MK Rdn. 11.

öffentlichen Verkehrsraum,[7] wohingegen der die privatrechtliche Gefährdungshaftung regelnde § 7 StVG den Terminus „Straßenverkehr“ bewusst überhaupt nicht verwendet, eben, *weil* er private Verkehrsvorgänge umfassen will und muss.[8] Öffentlich ist ein Verkehrsraum, wenn er entweder ausdrücklich oder mit stillschweigender Duldung des Verfügungsberechtigten für jedermann zur Benutzung zugelassen ist und auch so benutzt wird.[9] Dies ist unproblematisch bei Straßen und Wegen gegeben, die nach dem Wegerecht des Bundes und der Länder dem allgemeinen Straßenverkehr gewidmet sind *(rechtlich-öffentliche Wege)*.[10] Ausdrückliche oder faktische Zulassung durch den Berechtigten steht gleich, ohne dass es auf die Eigentumsverhältnisse oder einen rechtlichen Widmungsakt ankommen würde *(tatsächlich öffentliche Wege)*.[11] Dass für die Benutzung ein Entgelt (Maut, Parkgebühr) bezahlt werden muss, nimmt einem Weg oder einer sonstigen Fläche nicht den Charakter der Öffentlichkeit.

Öffentlichkeit ist nicht in dem Sinne zu verstehen, dass die Verkehrsfläche auch wirklich von jedem quivis ex populo genutzt wird. Der Verkehrsraum muss nur einer nach *allgemeinen* Merkmalen bestimmten größeren Personengruppe zur Verfügung stehen (BGH VRS **61** 122, 123; NZV **1998** 418; NJW **2004** 1965), also nicht lediglich einem engen und genau umschriebenen Personenkreis, der deutlich „aus einer unbestimmten Vielheit möglicher Benutzer ausgesondert ist“ (BGHSt **16** 7, 11). Ob öffentlicher Verkehr gegeben ist, wird *nach den erkennbaren äußeren Umständen* beurteilt.[12] Ein der Allgemeinnutzung insgesamt oder für bestimmte Zeiten entgegenstehender Wille des Verfügungsberechtigten schließt das Merkmal nur und erst aus, wenn er unmissverständlich nach außen gedrungen ist.[13] Selbst für diesen Fall ist nach wie vor von faktischer Duldung auszugehen, wenn der Berechtigte zwar z.B. Verbotsschilder aufstellt, aber keine wirksamen Maßnahmen gegen die gleichwohl erfolgende weitere Benutzung trifft (KG VRS **60** 130, 131). Selbst für den Fall, dass der Berechtigte seinen Willen zum Widerruf durch Aufstellen von Hindernissen o.Ä. eindeutig kenntlich macht, kann der Charakter als öffentlicher Verkehrsraum erhalten bleiben, falls der Widerruf unzulässig ist (OLG Koblenz VRS **67** 146).[14]

---

7 *Hentschel/König*[40] § 1 StVO Rdn. 13; *Jagow/Burmann/Heß* § 1 StVO Rdn. 5. Namentlich verwendet auch die Zentralnorm des § 1 StVO nur den Begriff „Straßenverkehr“. Hingegen formuliert z.B. das StVG oftmals (sachgleich) „öffentliche Straßen“ (z.B. § 1 Abs. 1 Satz 1 StVG).

8 Vgl. *Hentschel/König* § 7 StVG Rdn. 1 m. zahlreichen Nw. Abgrenzungsprobleme stellen sich allerdings im Rahmen des § 7 StVG beim Merkmal „beim Betrieb“, dies freilich in anderem Gewande; hierzu eingehend *Grüneberg* NZV **2001** 109.

9 St. Rspr. Vgl. etwa BGH VRS **12** 414, 415 f; **22** 185; BGHSt **16** 7, 9; BayObLG VRS **70** 53, 54; OLG Frankfurt VRS **31** 184, 185; OLG Karlsruhe VRS **60** 439; OLG Koblenz VRS **67** 146, 147 f; OLG Oldenburg VRS **33** 90, 91 f. *Hentschel/König*[40] § 1 StVO Rdn. 14; *Janiszewski* Verkehrsstrafrecht Rdn. 50a. S. auch VwV zu § 1 StVO Rdn. 2.

10 Zur Terminologie *Jagow/Burmann/Heß* § 1 StVO Rdn. 6.

11 *Jagow/Burmann/Heß* § 1 StVO Rdn. 6.

12 BayObLGSt **1982** 60, 61 f; BayObLG VerkMitt. **1972** Nr. 42 S. 33, 34; VRS **63** 287 f; 73 57 f; *Hentschel/König*[40] § 1 StVO Rdn. 13; *Jagow/Burmann/Heß* § 1 StVO Rdn. 6.

13 OLG Hamburg VRS **37** 278, 279 ff; **52** 369 f; OLG Koblenz VRS **67** 146, 148 f; OLG Düsseldorf JR **1992** 300. *Hentschel/König*[40] § 1 StVO Rdn. 13, 16; *Jagow/Burmann/Heß* § 1 StVO Rdn. 6.

14 Widerruf einer vor 19 Jahren erteilten Zustimmung zur Freigabe eines Stichweges, nachdem der Betroffene zusammen mit 4 weiteren Anliegern den Stichweg mit erheblichen Kostenaufwand ausgebaut hatte, um eine Zufahrtsmöglichkeit für Versorgungs- und Transportfahrzeuge zu schaffen und danach auf dem Stichweg rund 16 Jahre den Anliegerverkehr ohne Beanstandungen geduldet hatte [zu § 32 StVO].

7 a) **Öffentlicher Verkehrsraum ist u.a. in folgenden Fällen zu bejahen:** *Parkplätze und Parkhäuser* zumindest während der Betriebszeiten (ansonsten Rdn. 8), deren Benutzung jedermann, wenn vielleicht auch nur gegen Zahlung einer Parkgebühr freisteht.[15] *Parkplätze von Gastwirtschaften*, die der Gastwirt allgemein seinen Gästen zur Verfügung stellt (BGHSt **16** 7, 11). Dies gilt allerdings grundsätzlich nur während deren Öffnungszeiten einschließlich der üblichen An- und Abfahrtszeiten vor und nach der Öffnung der Gastwirtschaft. Die gegenteilige Meinung, nach der der Parkplatz den öffentlichen Charakter auch außerhalb der Betriebszeiten nicht verliert, es sei denn, der Eigner sperrt ihn durch Ketten, Schranken o.Ä.,[16] tritt in Widerspruch zur Beurteilung in vergleichbaren Fallgestaltungen (Parkhäuser, Tankstellengelände; vgl. Rdn. 8). Konsequenz einer gegenteiligen Interpretation wäre es, dass ggf. selbst den Eigentümer straf- bzw. ordnungswidrigkeitenrechtliche Verantwortlichkeit für Verkehrsvorgänge auf seinem Privatgrundstück träfe, und zwar zu Zeiten, zu denen Verkehr generell nicht stattfindet und nach seinem Willen auch nicht stattfinden soll; dies erschiene ungereimt (*Hentschel* JR **1992** 300, 301 f). Öffentlicher Verkehrsraum kann freilich auch in Zeiten der Betriebsruhe anzunehmen sein, wenn der Parkplatz nicht nur gelegentlich faktisch von jedermann genutzt wird und der Gastwirt dies duldet;[17] einen Beispielsfall gäbe der Parkplatz einer Ausflugsgaststätte, der als Ausgangspunkt für Wanderungen dient. *Parkplätze von Einkaufsmärkten* (OLG Stuttgart VRS **47** 15, 17) oder von allgemein zugänglichen *Großmärkten*, selbst wenn für die Zufahrt mit Fahrzeugen eine Parkerlaubnis verlangt wird (BayObLG VRS **62** 133, 134 ff). Ein *Hinterhofparkplatz*, der den Anwohnern sowie den Kunden mehrerer ansässiger Firmen zur Verfügung steht (OVG Münster NZV **2000** 183, 184). *Besucherparkplätze und allgemein Gelände von Krankenhäusern* (VGH Kassel NZV **1989** 404; LG Dresden NZV **1999** 221, 222) sowie von *Behörden oder privaten Unternehmen*, deren Nutzung nicht auf die Bediensteten beschränkt ist (BGHSt **16** 7, 10); das gilt auch dann, wenn betriebsexterne Personen nach Erfüllung bloßer Formalitäten, etwa mit einem ohne besondere Kontrollen zu erlangenden Passierschein durchgelassen werden[18] oder nach bloßer Deklaration als Besucher eine Schranke passieren können (LG Dresden NZV **1999** 221, 222).

Auch *Tankstellengelände* dienen zumindest während der Betriebszeiten dem öffentlichen Verkehr,[19] und zwar einschließlich der Zufahrt zur Waschanlage (BayObLG NJW **1980** 715); selbst außerhalb der Öffnungszeiten kann öffentlicher Verkehrsraum zu bejahen sein, wenn das Gelände längerwährend genutzt wird und der Inhaber hiergegen keine ausreichenden Maßnahmen trifft, wofür Schilder allein nicht ausreichen (OLG Braunschweig VRS **27 458** f; KG VRS **60** 130, 131). *Turniergelände* während eines Reitturniers mit Publikum (OLG Celle VRS **92** 109 f). *Straßen*, die zu einer Siedlung von nur wenigen Häusern führen (BGH VerkMitt. **1957** Nr. 20 S. 14) oder für den Anliegerverkehr frei sind (OLG Hamm VerkMitt. **1959** Nr. 43 S. 24), sowie – selbst wenn als solche durch ein Schild gekennzeichnet und nachts durch eine Schranke versperrt – *Privatstraßen*, sofern allgemein zugänglich und von Außenstehenden genutzt (OLG Frankfurt VersR **1982** 555), desgleichen *Ladestraßen eines Güterbahnhofs* (OLG Köln VRS **16**

---

15 OLG Bremen NJW **1967** 990; OLG Düsseldorf VRS **39** 204, 205; OLG Stuttgart VRS 30 209, 210; *Bullert* DAR **1963** 325. **AA** *Müller-Forwerk* MDR **1963** 721.

16 OLG Düsseldorf JR **1992** 300 m. zust. Anm. *Pasker*. Zust. auch *Fischer* Rdn. 2; *Jagow/Burmann/Heß* § 1 StVO Rdn. 8.

17 Hierzu auch *Horn/Hoyer* JZ **1987** 965, 967.

18 OLG Karlsruhe VRS **60** 439, 440 f; OLG Bremen MDR **1980** 421 m. krit. Anm. *Brede*.

19 BayObLG VRS **24** 69 f; OLG Düsseldorf VRS **59** 282, 283; OLG Hamm VRS **30** 452, 453 f.

55, 56 f) oder eines *Flughafens*, die jedem beliebigen Menschen offen stehen, der Waren transportiert (OLG Bremen VRS **28** 24, 25), *Forstwege*, die nur für die Holzabfuhr freigegeben sind (BGH VerkMitt. **1963** Nr. 68 S. 44), *Zufahrtsstraßen zum Übungsgelände der Bundeswehr* (OLG Oldenburg VRS **33** 90, 91 f; OLG Düsseldorf NJW **1956** 1651), während bestimmter Zeiten u.U. sogar sonst nicht öffentliches *Kasernengelände* (OLG Karlsruhe VRS **60** 439, 440 f) und u.U. „*Panzerstraßen*" der Bundeswehr (OLG Hamm VRS **91** 346, 347).

b) **Nichtöffentlicher Verkehrsraum liegt u.a. in folgenden Fällen vor:** *Parkplatz eines Hotels oder einer Gaststätte*, der nur Übernachtungsgästen zur Verfügung steht (BGHSt **16** 7, 11 f), grundsätzlich Gaststättenparkplätze außerhalb der Betriebszeiten (näher Rdn. 7). Parkplatz eines privaten Unternehmens oder einer Behörde, der nur für die Bediensteten bereitgehalten (BGHSt **16** 7, 10 f) und dessen Nutzung durch Außenstehende nicht zugelassen wird (BayObLG VRS **66** 290 f). Werksgelände, sofern sich z.B. aus der Einfriedung des Geländes und einer Zugangsbeschränkung in Gestalt einer Einlasskontrolle sowie entsprechender Beschilderung ergibt, dass der Verfügungsberechtigte die Allgemeinheit von der Benutzung des Geländes ausschließen will (BGH NJW **2004** 1965). Privatparkplatz, den nur bestimmte Mieter (OLG Braunschweig VRS **27** 458 f), ggf. auch deren Besucher (OLG Hamm NZV **2008** 257 [zu § 142]) nutzen dürfen, Garagenvorplatz eines Wohnhauses (OLG Köln VRS **99** 126), desgleichen vom Verkehrsraum abgegrenzte private Parkbucht (BayObLG NJW **1983** 129). Parkhäuser außerhalb der Betriebszeiten, selbst wenn noch „Restverkehr" stattfindet (OLG Stuttgart VRS **57** 418, 419). Tankstellengelände außerhalb der Öffnungszeiten, wenn der Ausschluss des Verkehrs hinreichend, etwa durch Abschalten der Zapfsäulen und der Beleuchtung, deutlich gemacht wird (OLG Hamburg VRS **37** 278 f), sofern das Gelände nicht auch zu dieser Zeit genutzt wird (hierzu Rdn. 7). *Gelände eines Großmarkts*, falls es nur Inhabern eines Ausweises der Markthallenverwaltung zugänglich ist (BGH NJW **1963** 152; KG VerkMitt. **1987** Nr. 68 S. 56), desgleichen Produktionsstätte, die nur dem Anliefer- und Abholerverkehr zugänglich ist (OLG Köln DAR **2002** 417). *Gelände einer Kaserne* oder eines *Fliegerhorsts*, wenn dessen Betreten einem *eingegrenzten, im Einzelnen kontrollierten* Personenkreis nur gegen Vorlage eines Ausweises und/oder gegen Aushändigung eines Tagespassierscheins erlaubt wird (s. aber auch vorstehende Rdn.).[20] *Hofraum* zwischen den Garagen, der als Entladeplatz oder als Wohnungszugang für die Anlieger dient (BGH NPolA § 250 Bl. 10), gleichfalls ein enger, von der öffentlichen Straße nicht einsehbarer *Hinterhof* (BGH NZV **1998** 418). 8

Durch Zaun und Verbotstafeln *abgesperrter Weg*, wobei gelegentliche Benutzung noch keine Öffentlichkeit bewirkt (OLG Braunschweig VRS **27** 458 f; s. auch VwV zu § 1 StVO Rdn. 2). *Ausnahmsweise* bei fehlender Eintragung ins Wegeverzeichnis ein *Sackweg*, sofern nach dem äußeren Erscheinungsbild mehrere Umstände zusammentreffen, wie etwa fehlende Schilder, schmale Verkehrsfläche, kein Verkehr (BayObLG VerkMitt. **1972** Nr. 42 S. 33, 34). Dem öffentlichen Verkehr entzogen sind, da der Abwasserführung, u.U. auch der Abgrenzung zum Straßenraum dienend, *Straßengräben* (BGH VRS **61** 122, 123; OLG Hamm VRS **39** 270, 271; OLG Stuttgart Die Justiz **1983** 310) und *abgegrenzte Grünstreifen* (BGH NStZ **2004** 625 m. Anm. *König* DAR **2004** 656; OLG Köln VRS **65** 156, 157; OLG Düsseldorf NZV **1993** 161). Für *Getreidefelder* versteht sich dies von selbst (BGH VRS **61** 122, 123).

---

[20] BGH VRS **26** 255, 256 f; 334, 336; BayObLGSt **1962** 266, 267; OLG Celle NJW **1958** 1739 f; OLG Karlsruhe VRS **60** 439, 440 f; OLG Hamburg NZV **1993** 477.

9 3. **Zusammenhang mit dem Straßenverkehr.** Im Hinblick auf den klaren Gesetzeswortlaut ist § 315b nicht anwendbar, wenn sich der gesamte regelwidrige Vorgang außerhalb des öffentlichen Verkehrsraums abspielt, z.B., wenn der Täter einen Passanten mehrere hundert Meter mit seinem Wagen durch einen Straßengraben verfolgt, um diesen zu bedrohen (*Landsberg* NStZ **1983** 223) oder wenn er einen Nebenbuhler auf einem Getreidefeld überrollt (BGH VRS **61** 122, 123). Nicht anders ist es zu beurteilen, wenn der Fahrzeugführer sein Opfer vom Straßenraum aus „ins Visier nimmt", es bis in den nichtöffentlichen Verkehrsraum verfolgt und erst dort gefährdet (**aA** LG Bonn bei *Landsberg* NStZ **1983** 223), wenn er vom Straßenrand aus den Gehweg überfährt und sein sich auf einem mehrere Meter breiten Grünstreifen befindliches Opfer anfährt (BGH NStZ **2004** 625 m. Anm. *König* DAR **2004** 656), falls er auf einen Fußgänger zufährt, der sich auf einer von der Straße durch Metallpoller abgesperrten Fläche befindet (OLG Düsseldorf NJW **1982** 2391) oder wenn er einen anderen auf dem Garagenvorplatz eines Wohnhauses anfährt (OLG Köln VRS **99** 126). Allein der Zusammenhang mit dem Straßenverkehr reicht nicht aus, weil nicht die Sicherheit gerade des öffentlichen Verkehrsraums beeinträchtigt wird.[21] **Nicht sind insoweit Konstellationen gemeint,** in denen der regelwidrige Verkehrsvorgang ganz oder teilweise innerhalb des Straßenverkehrs stattfindet, der Gefahrerfolg aber außerhalb eintritt. Derartige Fälle werden von § 315b erfasst (im Einzelnen Rdn. 61).

V. Tathandlungen

10 Die Tathandlungen des § 315b Abs. 1 sind weitgehend dem § 315 entnommen (BTDrucks. [I/] 2674 S. 15 [zu § 315a a.F.]). Im (1.) StraßenVSichG (s. Entstehungsgeschichte) hat der Gesetzgeber – in Abweichung vom zugrunde liegenden RegE (§ 315a Abs. 1 Nr. 1 E; Art. 1 Nr. 4 BTDrucks. [I/] 2674 S. 4) – allerdings das in § 315 Abs. 1 Nr. 3 eigenständig pönalisierte Geben falscher Zeichen und Signale nicht auch als Eingriff in den Straßenverkehr pönalisiert. Er ist damit der Empfehlung der Ausschüsse gefolgt. Diese hatten es übereinstimmend als unangemessen angesehen, wenn bereits das „falsche Stellen eines Fahrtrichtungsanzeigers (Winkers) unter die verschärfte Vorschrift fallen" würde; „das ginge ... zu weit" (BTDrucks. [I/] 3774 S. 5). Das 2. StraßenVSichG hat diese Entscheidung nochmals ausdrücklich und mit eingehender Begründung bestätigt (BTDrucks. IV/651 S. 28). Das Geben falscher Zeichen und Signale kann jedoch, insbesondere wenn es als Außeneingriff erfolgt, als ähnlicher, ebenso gefährlicher Eingriff zu werten sein (BTDrucks. IV/651 S. 28 und unten Rdn. 40). Oberbegriff der in Absatz 1 aufgeführten Tathandlungen ist der „gefährliche Eingriff". Die Tatbestandsvarianten nach Nummer 1 und 2 beschreiben als „Leitbeispiele" (*Fischer* § 315 Rdn. 8) nur typische Angriffsformen (näher § 315 Rdn. 18).

1. Verkehrsfremde Eingriffe (Verhältnis zu § 315c)

11 a) **Außeneingriffe.** Anders als § 315 (hierzu § 315 Rdn. 19 ff) ist § 315b grundsätzlich auf „Eingriffe von außen" beschränkt. Dies ergibt sich zwar nicht aus dem Wortlaut der Vorschrift (*Ranft* Jura **1987** 608), kann aber aus dem systematischen Zusammenhang mit

---

21 Vgl. BGH VRS **61** 122, 123; OLG Düsseldorf NJW **1982** 2391; *Janiszewski* Verkehrsstrafrecht Rdn. 239a; *Horn/Hoyer* JZ **1987** 965, 967. AM nunmehr *Barnickel* MK Rdn. 12; jedoch lässt sich dieses Ergebnis schwerlich aus § 2 Abs. 1 StVO ableiten.

§ 315c in Verbindung mit dem Willen des historischen Gesetzgebers abgeleitet werden. Danach sollten „dem § 315c ... alle Handlungen zugeordnet [werden], die sich in der Verletzung einer für den Verkehr geltenden Verhaltensregel erschöpfen, während § 315b vornehmlich Eingriffe in die Verkehrssicherheit von außen abwehren und im fließenden Verkehr begangene Handlungen nur insoweit erfassen soll, als sie nicht nur fehlerhafte Verkehrsteilnahme sind“ (BTDrucks. IV/651 S. 28). Der den Motiven innewohnende Gedanke war bereits in der Rechtsprechung zu § 315a Abs. 1 Nr. 1 a.F. angelegt, die die Begriffe des Hindernisbereitens und des ähnlichen Eingriffs mit Blick auf § 315a Abs. 1 Nr. 4 a.F. einschränkend interpretiert hatte.[22] Der Gesetzgeber hat dies aufgegriffen und dem Verhältnis der §§ 315b, 315c zueinander seine heutige Ausprägung verliehen. Fehlleistungen namentlich des Fahrzeugführers im Rahmen von Verkehrsvorgängen sind demnach grundsätzlich an § 315c zu messen. Sofern sie diese Vorschrift nicht erfüllen, können sie allenfalls nach anderen Straftatbeständen (insbesondere Verletzungsdelikten) bzw. als Ordnungswidrigkeit geahndet werden. Aus § 315c Abs. 1 Nr. 2 g ist dabei ersichtlich, dass *auch der ruhende Verkehr* in die Privilegierung einbezogen ist.[23] Die prinzipielle Beschränkung des § 315b Abs. 1 auf verkehrsexternes Verhalten liegt der einhelligen Rechtsprechung zugrunde[24] und ist auch in der Lehre allgemein anerkannt.[25]

b) **Verkehrsfeindlicher(-fremder) Inneneingriff.** Gleichfalls auf die zu § 315a a.F. ergangene (BGHSt 7 379, 380) und durch den Gesetzgeber gebilligte (BTDrucks. IV/651 12
S. 28) Judikatur des BGH geht die bedeutsame Ausnahme zurück, dass Handlungen im ruhenden und fließenden Verkehr unter der Voraussetzung von § 315b erfasst werden, dass damit ein Verkehrsvorgang zu einem Eingriff in den Straßenverkehr pervertiert wird (*Cramer* Straßenverkehrsrecht [1971] Rdn. 4).[26] Verkehrsinterne Fehlleistungen genügen für die Annahme pervertierten Handelns freilich selbst dann nicht, wenn sie gänzlich aus dem Rahmen dessen fallen, was im Verkehr vorzukommen pflegt.[27] Vielmehr ist eine bewusste Zweckentfremdung des Beförderungsmittels oder Verkehrsvorgangs erforderlich; der gefährliche Eingriff muss Zweck, nicht Folge des Verhaltens sein;[28] es muss dem Täter darauf ankommen, in die Sicherheit des Straßenverkehrs einzugreifen (BGHSt **41** 231, 239). Nicht selten fügte der BGH hinzu, dass sich in solchen Fällen hinter dem Schein des Verkehrsverhaltens in Wirklichkeit ein verkehrsfremdes Verhalten verberge.[29] Der entscheidende Gradmesser für die Anwendung des § 315b ist die innere Einstellung des Täters, die sich in der Form **verkehrsfeindlicher Absicht** ausprägen muss (s. erg.

---

22 Z.B. BGHSt **5** 297, 300; 392, 393 f; **6** 219, 221; 7 379 f, **15** 28, 33 ff.

23 BayObLGSt **1969** 67, 71; BayObLG JR **1975** 164, 165; *Sch/Schröder/Cramer/Sternberg-Lieben* Rdn. 7. **AA** *Barnickel* MK Rdn. 22; *Kohlhaas* JR **1975** 165.

24 U.a. BGHSt **21** 301, 302; **23** 4, 6 ff.

25 S. nur *Sch/Schröder/Cramer/Sternberg-Lieben* Rdn. 6 ff; *Lackner/Kühl* Rdn. 4; *Fischer* Rdn. 2; *Wessels/Hettinger* BT/1 Rdn. 979.

26 Der plastische Ausdruck der Pervertierung des Verkehrsvorgangs wurde wohl durch das OLG Hamm (NJW **1969** 1975, 1976) geprägt. Soweit ersichtlich seit 1989 (BGHR § 315b Abs. 1 Nr. 3 Vorsatz 1) wird er auch vom BGH verwendet. Kritisch hierzu *Dencker* FS Nehm S. 384.

27 BGHSt **28** 87, 88; BGH VRS **55** 126, 127; BGHSt **41** 231, 239. Kritisch hierzu *Arzt/Weber* BT § 38 Rdn. 21 Fn. 18.

28 So – allerdings mit terminologischen Nuancierungen – die st. Rspr. des BGH. S. etwa BGHSt **21** 301, 303; **23** 4, 6 ff; **26** 176, 177, 178; **28** 87, 88; **41** 231, 237; **48** 233; BGH NStZ **1985** 267; BGHR § 315b Abs. 1 Nr. 2 Hindernisbereiten 1; § 315b Abs. 1 Nr. 3 Vorsatz 1.

29 Etwa BGHSt **23** 4, 7; BGH VRS **53** 355; BGHR § 315b Abs. 1 Nr. 2 Hindernisbereiten 1 S. 2.

Rdn. 12a),[30] wobei allerdings – wie in einigen Entscheidungen zum Ausdruck gebracht wird – eine *allgemein* verkehrsfeindliche Einstellung nicht notwendig ist.[31] Hinzu kommen muss in sämtlichen Alternativen, dass der Eingriff eine **grobe Einwirkung von einigem Gewicht** darstellt; Verstöße geringeren Gewichts genügen demgemäß nicht (BGHSt **41** 231, 237 m.w.N.).

12a aa) **(Zumindest bedingter) Schädigungsvorsatz.** Seit der Grundsatzentscheidung in BGHSt **48** 233 verlangt der BGH für den verkehrsfeindlichen Inneneingriff in allen Tatvarianten des § 315b Abs. 1 zusätzlich, dass der Täter mit zumindest bedingtem Schädigungsvorsatz handelt. Gefährdungsvorsatz reicht danach nicht aus. Das Urteil betrifft Fälle der sog. „Polizeiflucht" („Schneiden" eines Verfolgerfahrzeugs), beschränkt sich aber nicht darauf. Die Rechtsprechung ist fortgeführt worden in BGH DAR **2004** 230 und DAR **2006** 30 (jeweils Zufahren auf einen anderen). Der BGH begründet seine Auffassung maßgebend damit, dass das in der gewollten Behinderung eines anderen Fahrzeugs liegende Nötigungselement allein ein Verkehrsverhalten noch nicht zu einem verkehrsfeindlichen Inneneingriff mache, sofern das eigene Fortkommen primäres Ziel des Täters sei; erst der (bedingte) Schädigungsvorsatz mache das Fahrzeug zur „Waffe" bzw. zum „Schadenswerkzeug" und konkretisiere das Vorstellungsbild des Täters zu der hierfür erforderlichen „Pervertierungsabsicht", wohingegen bei bloßem Gefährdungsvorsatz Verkehrsverhalten gegeben sei, das an § 315c Abs. 1 Nr. 2 zu messen sei (BGHSt **48** 233, 237 f). Die Entscheidung ist mit dem überwiegenden Schrifttum[32] abzulehnen. Die Konstruktion (Fahrzeug als Verkehrsmittel beim Ziel des Fortkommens, hingegen als Waffe bei zumindest bedingtem Schädigungsvorsatz) trägt in Fluchtfällen schon deswegen nicht, weil das Fortkommen auch in Fällen eines (bedingten) Schädigungsvorsatzes das Hauptziel des Täters bleibt und ihm der Schadenseintritt in aller Regel höchst unerwünscht ist (*König* NStZ **2004** 175, 178). Andererseits existieren gerade auch in den Fluchtfällen Konstellationen, in denen der Täter zwar fortkommen will, sich seine Handlungsweise aber beim besten Willen nicht mehr als bloße Fehlleistung im Straßenverkehr qualifizieren lässt; das ist u.a. beim „Mitnehmen" oder „Abschütteln" einer Person der Fall (Rdn. 48). Auch wird man einem mit hoher Geschwindigkeit auf eine Person zufahrenden Kraftwagen den Charakter als „Waffe" (im untechnischen Sinn) auch dann kaum absprechen können, wenn der Täter sein Opfer „nur" in höchste Gefahr bringen will (*König* NStZ **2004** 175, 178). Ferner tritt das Erfordernis eines (bedingten) Schädigungsvorsatzes mit dem Charakter des § 315b als konkretes Gefährdungsdelikt in Spannungslage (*Seier/Hillebrand* NZV **2003** 490) und ist generell nicht ersichtlich, wie ein (bedingter) Verletzungsvorsatz eine (verkehrsfeindliche) Absicht soll konkretisieren können (*König* NStZ **2004** 175, 177). Auf der Basis dieser Rechtsprechung fällt auch im Hinblick auf die Schwierigkeit des Nachweises eines Schädigungsvorsatzes ein großer Teil der Fälle der Polizeiflucht und vergleichbarer Konstellationen (dazu Rdn. 30 ff; 41 ff) aus dem Anwendungsbereich des § 315b heraus. Der lediglich mit Gefährdungsvorsatz han-

---

[30] Hierzu *Fabricius* GA **1994** 164, 169: Es entscheide der „böse Wille" des Fahrzeugführers.

[31] Etwa BGH VRS **43** 34, 36; BGHR § 315b Abs. 1 Nr. 3 Eingriff, erheblicher 3 S. 2. *Krumme* § 315b Rdn. 3 a.E.

[32] *Sch/Schröder/Cramer/Sternberg-Lieben* Rdn. 10; *Horn/Wolters* SK Rdn. 14; 16; *Barnickel* MK Rdn. 10; *König* NStZ **2004** 175; *Seier/Hillebrand* NZV **2003** 486; *Dreher* JuS **2003** 1159; *Hentschel* NJW **2004** 659. Dem BGH zustimmend *Fischer* Rdn. 14, *Maatz* NZV **2006** 374; wohl auch *Lackner/Kühl* Rdn. 4 und u.U. *Herzog* NK Rdn. 10. Nur im Erg. weitgehend wie BGH *Dencker* FS Nehm S. 375; zu seinem Standpunkt Rdn. 57c.

delnde Täter kann demnach allenfalls nach § 113 (Polizeibeamter) oder nach § 240 (oft je im besonders schweren Fall)[33] sowie ggf. wegen Verletzungsdelikten belangt werden. Zugleich ist der Zugang zur Qualifikation der § 315b Abs. 3, § 315 Abs. 3 Nr. 1b verstellt. Wo Schädigungsvorsatz gegeben und nachweisbar ist, werden zumeist Verletzungsdelikte eingreifen, neben denen § 315b außerhalb der Qualifikation des § 315b Abs. 3 kaum noch Bedeutung zukommt (*Wessels/Hettinger* BT/1 Rdn. 980). § 315c Abs. 1 Nr 2 wird (u.U. entgegen der Auffassung des BGH) oftmals nicht erfüllt sein. Zu den praktischen Konsequenzen s. auch Rdn. 57.

BGHSt **48** 233 lässt sich nicht entnehmen, ob das Erfordernis des Schädigungsvorsatzes auch für Handlungen gelten soll, **deren Beweggrund (eindeutig) nicht das Fortkommen** (mit dem Kfz im Straßenverkehr) ist (näher *König* NStZ **2004** 175, 178), oder ob für sie weiterhin bloßer Gefährdungsvorsatz genügt. Beispiele sind das „Ausbremsen" eines anderen aus Rache oder zur Disziplinierung des Opfers (hierzu Rdn. 33) und das Zufahren auf einen anderen, bei dem es dem Täter um „puren" Zwang geht (Rdn. 44, 48). Im Hinblick darauf, dass der BGH den verkehrsfeindlichen Inneneingriff gerade am Ziel des Fortkommens ausrichtet (Rdn. 12a), versteht sich die Antwort nicht von selbst. Die bislang ergangene oberlandesgerichtliche Rechtsprechung versteht die Restriktion gleichwohl umfassend,[34] ohne die Frage freilich zu problematisieren. So verlangt OLG Köln DAR **2004** 469 Schädigungsvorsatz für das frontale Zufahren auf eine andere Person, um diese zum Anhalten zu zwingen und zur Rede zu stellen, desgleichen OLG München NJW **2005** 3794 und OLG Hamm VD **2005** 192 für „Gewaltbremsen" zur Disziplinierung oder aus Rache. Ein klärendes Wort des BGH wäre dringend geboten. **12b**

bb) **Ausgliederung jeglicher Verkehrsteilnahme?** Die Weichenstellung, dass von § 315b ausnahmsweise auch Handlungen *im Verkehr* umfasst werden, erfährt im Schrifttum nur vereinzelt Kritik (*Obermann* S. 23 ff [S. 46 ff], *Solbach/Kugler* JR **1970** 121). Namentlich vor den Grundsatzentscheidungen des BGH sind allerdings auch Oberlandesgerichtsentscheidungen ergangen, in denen die Frage abweichend beurteilt worden ist.[35] Es sind im Wesentlichen zwei Argumente, die gegen die nahezu allgemeine Meinung angeführt werden: **13**

(1) **Systematik.** In systematischer Hinsicht wird argumentiert, die §§ 315b und 315c stünden im Verhältnis strikter Alternativität zueinander. Dies habe das Gesetz durch die Normierung typisierten, besonders schweren Fehlverhaltens im Straßenverkehr, das zudem grob verkehrswidrig und rücksichtslos sein müsse, in § 315c eindeutig zum Ausdruck gebracht. Der davon abweichende Wille des historischen Gesetzgebers dürfe nicht berücksichtigt werden, weil er im Gesetz keinen Niederschlag gefunden habe.[36] Dem ist freilich entgegenzuhalten, dass sich ein solch striktes Ausschlussverhältnis weder aus dem Gesetzeswortlaut noch aus dem Zusammenhang ableiten lässt. Das Gesetz selbst lässt nur erkennen, dass es bestimmte Fehlleistungen als besonders gefährlich ansieht und bei qualifiziertem Pflichtenverstoß (und dadurch verursachter konkreter Gefahr) als Straftat **14**

---

33 In der Qualifikation des Kfz als „Waffe" im Sinne von § 113 Abs. 2 Nr. 1 sieht allerdings BVerfG v. 1.9.2008, 2 BvR 2238/07 (Kammerbeschluss), einen Verstoß gegen das Analogieverbot (atypischer besonders schwerer Fall jedoch nicht ausgeschlossen).

34 Ebenso das überwiegende Schrifttum, s. etwa *Fischer* Rdn. 14; *Wessels/Hettinger* BT/1 Rdn. 980.

35 OLG Frankfurt DAR **1967** 222, 223; Nachweise auch bei *Solbach/Kugler* JR **1970** 121, 123 Fn. 33.

36 *Solbach/Kugler* JR **1970** 121, 122 f.

und nicht nur als Ordnungswidrigkeit kennzeichnet. Sämtliche Tatbestandsvarianten des § 315c Abs. 1 haben dabei gemein, dass sie *verkehrstypisches* Verhalten betreffen. Das *atypische* (pervertierte) Verhalten ist in § 315c hingegen überhaupt nicht geregelt. Beispielsweise sucht man dort vergebens nach Tatbeständen gegen Schüsse auf einen vorausfahrenden Autofahrer (BGHSt **25** 306), gegen das Werfen eines Tuches über den Kopf einer Radfahrerin (BGHR § 315b Abs. 1 Nr. 3 Eingriff 1) oder gegen das abrupte Bremsen bei Gelblicht, um einen Auffahrunfall zu provozieren (BGHR § 315b Abs. 1 Nr. 2 Hindernisbereiten 1). Es stellt ein kühnes Unterfangen dar, aus dem Schweigen des Gesetzes zu solchen und anderen Taten, die die in § 315c Abs. 1 genannten an Gefährlichkeit für die Verkehrssicherheit und an krimineller Energie um Einiges übertreffen, auf Straflosigkeit unter dem Aspekt der Verkehrsdelikte zu schließen. Überdies widerstreitet einer derartigen Auslegung der eindeutige Wille des Gesetzgebers (hierzu Rdn. 11), der nach hergebrachter Methodik nicht schlichtweg ausgeblendet werden darf. Der Rechtsprechung eine Umgehung der in § 315c getroffenen legislatorischen Entscheidung vorzuwerfen (so *Obermann* S. 51), erscheint angesichts dieses eindeutigen gesetzgeberischen Willens wenig plausibel.

15 (2) **Terminologie.** Behauptet wird, der Terminus des „Eingriffs" beinhalte, dass sich der Täter selbst außerhalb des Verkehrsraums („draußen") befinden müsse, um im Wortsinn „eingreifen" zu können, was auf den Verkehrsteilnehmer aber nicht zutreffe (*Solbach/Kugler* JR **1970** 121, 122). Ein solcher räumlicher Ansatz lässt sich jedoch nicht halten. Denn der Straßenverkehr ist ein komplexes Gebilde, das sich aus einer Vielzahl von Abläufen zusammensetzt, und nur auf den konkreten Ablauf kann es ankommen. Schießt etwa der Fußgänger auf einen Autofahrer[37] oder wirft er Steine auf ein fahrendes Fahrzeug, so tut er dies von „draußen", weil er an dem konkreten Verkehrsvorgang nicht beteiligt ist (vgl. auch *Fabricius* GA **1994** 164, 181 f). Es wäre auch schwerlich richtig, ihn aufgrund seiner Eigenschaft als Verkehrsteilnehmer gegenüber demjenigen zu privilegieren, der das Gleiche als Zuschauer von einer Brücke herab oder aus dem Fenster eines Gebäudes tut.[38] Aber auch dann, wenn der Täter an dem jeweiligen Prozess beteiligt ist, kann er in dessen geordneten Ablauf eingreifen. So steht der Wortsinn des Merkmals einer Interpretation nicht entgegen, wonach etwa der auf den Vorausfahrenden Schießende oder der abrupt Bremsende in den geordneten Verkehrsablauf eingreift. Ein Ausschlussverhältnis zwischen den §§ 315b und 315c, das lediglich auf das Kriterium Handeln räumlich im öffentlichen Verkehr versus Handeln von außerhalb des Verkehrsraums abstellt, kann demnach nicht überzeugend konstruiert werden.[39]

16 cc) **Verkehrsfeindliche Absicht versus Fortbewegungakt.** Dementsprechend ist der Rechtsprechung in Übereinstimmung mit der ganz überwiegenden Literatur[40] darin bei-

---

[37] **AM** womöglich BGH StV **2002** 361 (Drohen mit Schreckschusspistole durch einen Fußgänger); hierzu Rdn. 35.

[38] Wobei die straßenverkehrsrechtliche Begriffsbestimmung sogar die Interpretation zuließe, dass solchermaßen vorgehende Extranei, Verkehrsteilnehmer sind, weil sie auf Verkehrsvorgänge einwirken (vgl. *Hentschel/König* § 1 StVO Rdn. 17). Jedoch kommt es nicht auf die formale Stellung an, sondern darauf, ob der Einzelne an Verkehrsvorgängen beteiligt ist.

[39] Insoweit auch *Obermann* S. 28 ff.

[40] *Sch/Schröder/Cramer/Sternberg-Lieben* Rdn. 6 ff; *Horn/Wolters* SK Rdn. 3; *Lackner/Kühl* Rdn. 4; *Fischer* Rdn. 2, 9 ff; *Jagow/Burmann/Heß* Rdn. 2; *Arzt/Weber* BT § 38 Rdn. 21; *Janiszewski* Verkehrsstrafrecht Rdn. 240; *Maurach/Schroeder/Maiwald* BT/2 § 53 Rdn. 7, 17 ff; *Otto* GK BT Rdn. 18;

zupflichten, dass es Fehlleistungen im Verkehr gibt, die § 315b unterfallen. Allerdings sind die (kaum mehr überschaubaren) Entscheidungen des BGH und der Oberlandesgerichte gelegentlich durch kasuistische Abgrenzungen und eine unübersichtliche Art der Argumentation geprägt. Für die Verwerfungen verantwortlich ist dabei nicht in erster Linie das Merkmal des „ähnlichen, ebenso gefährlichen Eingriffs" nach § 315b Abs. 1 Nr. 3 (so *Cramer* aaO). Denn die Problematik ist bei § 315b Abs. 1 Nr. 2 (und 1) die gleiche, wenn sie sich auch bei Absatz 1 Nr. 3 besonders stark auswirkt (s. Rdn. 39 ff, 57). Vielmehr stellt es die Praxis vor beträchtliche tatsächliche Schwierigkeiten, bei fließenden Übergängen im Einzelnen verkehrsfremde Handlungen im Rahmen von Verkehrsvorgängen von solchen zu scheiden, die zwar u.U. ungewöhnlich, aber noch dem Verkehrsverhalten zuzurechnen sind. Das maßgebende Abstellen auf innere Absichten (Rdn. 12) birgt dabei erhebliche Probleme in sich; überdies fügt es sich nicht ohne Weiteres in den Deliktsaufbau ein. Freilich ist es der Wissenschaft bislang nicht gelungen, trennschärfere Kriterien oder gar ein stimmiges Gesamtkonzept herauszuarbeiten; dies wird teilweise auch eingeräumt.[41] Die durch BGHSt **48** 233 vorgenommene Restriktion auf Taten mit bedingtem Schädigungsvorsatz ist zwar geeignet, mit einem „glatten Schnitt" einen Teil der relevanten Fälle aus § 315b auszugliedern, vermag jedoch gleichfalls nicht zu überzeugen (Rdn. 12a).

Ein hinreichend schlüssiges Konzept ist auch nicht in dem Vorschlag von *Fabricius* (GA **1994** 164, 181 ff) zu sehen, unter gänzlichem Verzicht auf subjektive Elemente entscheidend darauf abzustellen, ob sich der Vorgang **nach außen hin als Akt der Fortbewegung/Verkehrsteilnahme darstellt** (dann allenfalls § 315c) oder nicht (dann u.U. Eingriff). Zwar vermag dieser Ansatz für einige Konstellationen folgerichtige Ergebnisse zu liefern (z.B. Abgabe von Schüssen, Fallenlassen eines Koffers oder [versuchter] Suizid, indem sich der Täter vor ein Fahrzeug wirft, als Eingriff versus gestürzter Motorradfahrer, humpelnder Fußgänger als Akt der Fortbewegung; *Fabricius* aaO S. 182). Er löst jedoch die Grenzfälle nicht (bzw. nur in negativem Sinn), die in der Praxis Probleme bereiten. Dabei geht es um Konstellationen, in denen sich der Täter zwar fortbewegt, aber gerade den Akt der Fortbewegung zu verkehrsfremden Zwecken missbraucht. Sie treten vor allem bei der Polizeiflucht und ähnlichen Vorgängen auf (hierzu auch BGHSt **41** 231, 236; näher Rdn. 42 ff). Wenn etwa der Täter einen Polizeibeamten, der sich außen am Täterfahrzeug festklammert, dadurch abzuschütteln versucht, dass er über eine längere Strecke hinweg abwechselnd stark beschleunigt und abbremst, so ist dies Fortbewegung. Das Gleiche gilt für das abrupte Abbremsen zur Provokation eines Auffahrunfalls (und zum Erlangen der Versicherungsleistung). Es handelt sich um pervertierte Fortbewegung, deren Eingriffscharakter außer Frage steht. Man wird deshalb weiterhin die Ziele heranziehen müssen, die der Täter mit der Fortbewegung erreichen will. Davon bleibt unberührt, dass das Kriterium der Fortbewegung Anhaltspunkte für die Beurteilung ergeben kann. Der BGH zieht es gerade in den Fluchtfällen auch heran, dies freilich seit BGHSt **48** 233 in einer nicht überzeugenden Weise (Rdn. 12a, 12b). **16a**

dd) **Reichweite der Sperrwirkung.** Die Sperrwirkung des § 315c erfasst im Grundsatz sämtliche an Verkehrsvorgängen beteiligten Personen. Dies ist an sich nicht selbstverständlich. Denn die in § 315c Abs. 1 normierten Tathandlungen beziehen sich allesamt **17**

Wessels/Hettinger BT/1 Rdn. 979; *Cramer* JZ **1983** 812; *Fabricius* GA **1994** 164, 166; *Geppert* Jura **1996** 639, 642; *Ranft* Jura **1987** 608.

[41] *Cramer* JZ **1983** 812; *Geppert* Jura **1996** 639, 644.

auf den Fahrzeugführer (BayObLGSt **1969** 67, 71), bei einer Durchbrechung in § 315c Abs. 1 Nr. 2g. Indessen ist kein durchgreifender Grund ersichtlich, die für den Fahrzeugführer entwickelten Kriterien nicht auch auf einen Fußgänger[42] oder z.B. auf einen Reiter anzuwenden. Denn die Privilegierung von Handlungen im Zuge der Verkehrsteilnahme bezieht sich generell auf Verkehrsvorgänge. Wenn der Gesetzgeber gerade die Pflichten des Fahrzeugführers heraushebt, so ist dies dadurch bedingt, dass er das Fehlverhalten beim Führen eines Fahrzeugs als besonders gefährlich angesehen hat. Es besteht dann aber keine Rechtfertigung, an die typisiert betrachtet ungefährlichere Verkehrsteilnahme strengere Maßstäbe anzulegen. Zum Hindernisbereiten durch Fußgänger Rdn. 28, 35 f.

18 ee) **Speziell: Mitfahrer.** In die Privilegierung einbezogen wird durch die wohl noch h.M. (zweifelnd nunmehr BGH NZV **2006** 483)[43] auch der Beifahrer, der eigenmächtig in die Fahrzeugführung eingreift.[44] Konsequenz dieses Standpunkts ist, dass der Beifahrer § 315b nur dann erfüllt, wenn er verkehrsfeindliche Absichten verfolgt. Diese Auffassung ist jedoch abzulehnen. Zwar wird der Beifahrer im verkehrsrechtlichen Sinn zum Verkehrsteilnehmer, sobald er in den Ablauf des Verkehrsvorgangs eingreift (*Hentschel-König*[40] § 1 StVO Rdn. 17).[45] Dies gibt allerdings für die Würdigung des (verbotenen) Eingriffs selbst wenig her. Vor diesem Zeitpunkt ist er jedenfalls Extraneus (*Hentschel-König*[40] aaO). Es macht wenig Sinn, ihn uno actu mit dem Eingriff der Privilegien des Verkehrsteilnehmers teilhaftig werden zu lassen. Andernfalls gäbe es kaum noch Außeneingriffe. Denn der vollendete Eingriff übt (schädliche) Wirkung auf den Verkehr aus. Z.B. müsste man auch dem Passanten die Wohltaten gewähren, der von einer Brücke aus Steine auf die Fahrbahn wirft; denn auch er wirkt auf Verkehrsvorgänge ein (vgl. auch Rdn. 15). Es erscheint deshalb gerechtfertigt, Eingriffe in die Fahrzeugführung generell als Außeneingriffe anzusehen (OLG Karlsruhe NJW **1978** 1391, 1392),[46] für die § 315b uneingeschränkt gilt. Dafür sprechen auch die beträchtlichen Gefahren solchen Handelns. Z.B. für das Abziehen des Zündschlüssels und Auslösen der Lenkradsperre während der Fahrt (hierzu OLG Karlsruhe NJW **1978** 1391) sind sie offensichtlich. Aber auch beim Eingriff in den Lenkvorgang ist der Beifahrer nicht in der Lage, Gas- und Bremspedal, ggf. die Kupplung, und damit das Fahrzeug insgesamt zu beherrschen (s. den OLG Hamm NJW **1969** 1975 zugrunde liegenden Fall). Die Einstufung als Außeneingriff bedeutet keine Überfrachtung des Tatbestands. Denn bei geringfügigen Handlungen fehlt es an dem für § 315b Abs. 1 Nr. 3 notwendigen Eingriff von Gewicht

---

42 BGHSt **41** 231, 234; BGH StV **2002** 361 [implizit]; *Lackner/Kühl* Rdn. 4 a.E.; *Ranft* JR **1997** 210, 211; *Molketin* BA **33** (1996) 161, 162; *Hauf* JA **1996** 359, 360; letztlich wie hier wohl *Barnickel* MK Rdn. 23 f.

43 Hierzu (im Einzelnen teils zw.) *Grupp/Kinzig* NStZ **2007** 132, s. auch Fn. 47.

44 BGHR § 315b Abs. 1 Nr. 3 Vorsatz 1 m. Anm. *Molketin* NZV **1990** 35; OLG Hamm NJW **1969** 1975, 1976; NJW **2000** 2686, Verkehrsrecht aktuell **2006** 17; OLG Köln NJW **1971** 670; *Lackner/Kühl* Rdn. 4; *Herzog* NK Rdn. 14; *Otto* GK/BT § 80 Rdn. 18; wohl auch *Obermann* S. 50; *Ranft* Jura **1987** 608, 609; widersprüchlich *Fischer* Rdn. 8, 12.

45 Hingegen ist der mitfahrende Halter, der einer betrunkenen Person das Steuer überlässt, Verkehrsteilnehmer (BGHSt **14** 24, 27 f).

46 Ebenso *Horn/Wolters* SK Rdn. 15, 16; *Sch/Schröder/Cramer/Sternberg-Lieben* Rdn. 10a; *Barnickel* MK Rdn. 23; *Geppert* Jura **1996** 639, 644 f; *Grupp/Kinzig* NStZ **2007** 132. Ob der durch das OLG Karlsruhe zitierten Entscheidung des BGH [VRS **36** 267, 269] (implizit) dieselbe Auffassung zugrunde liegt, ist mit Blick auf die Absicht des dortigen Täters, einen Unglücksfall herbeizuführen, nicht eindeutig (hierzu auch OLG Köln NJW **1971** 670).

(im Einzelnen Rdn. 41 ff). Ansonsten stehen die Opportunitätsvorschriften der Verfahrensordnungen sowie die allgemeinen Regeln der Strafzumessung zu Gebote. Zu den Details der von der hier vertretenen Auffassung abweichenden h.M. wird auf Rdn. 54 verwiesen. *Eine Ausnahme* ist lediglich *für den Fahrlehrer* während einer Ausbildungs- und Prüfungsfahrt anzuerkennen, der, weil er – zumindest durch Worte – Einfluss auf das Fahrgeschehen ausübt, am Verkehrsvorgang (als Verkehrsteilnehmer) beteiligt ist; damit ist nicht gesagt, dass er auch als Fahrzeugführer anzusehen ist (hiergegen ausführlich § 315c Rdn. 42).[47] Aufgrund der Ausrüstung von Fahrschulwagen sowie der Ausbildung des Fahrlehrers ist ferner die Gefahrenlage, die § 315b im Blick hat, hier nicht gegeben.

ff) **Keine Einschränkung bei Außeneingriffen.** Verkehrsfeindliche Absicht ist nicht erforderlich bei Eingriffen, die räumlich von außen kommen. Das gilt ausnahmslos. Beispielsweise ist § 315b erfüllt, wenn der Automechaniker bei einer Reparatur (fahrlässig) die Bremsanlage zerstört (§ 315b Abs. 1 Nr. 1) bzw. (fahrlässig) die ihm aufgetragene Reparatur der Bremsanlage fehlerhaft ausführt (§ 315b Abs. 1 Nr. 3) und es infolgedessen zu einem Unfall kommt. Die für den letztgenannten Fall gegenteilige, soweit ersichtlich vereinzelt gebliebene Entscheidung des BayObLG (JR **1975** 28 mit zust. Anm. *Rüth*), nach der § 315b nur bei Sabotageabsicht eingreifen soll, vermag nicht zu überzeugen.[48] Sie tritt in Widerspruch zur Rechtsprechung des BGH (BGHSt **10** 404, 405; **24** 231, 233 [für den Bahnverkehr]) und wäre konsequent zu Ende gedacht geeignet, die Fahrlässigkeitsstrafbarkeit zu einem nicht geringen Teil leer laufen zu lassen. Für eine Reduktion besteht mit Blick auf die Gefährlichkeit einschlägiger Handlungen (und Unterlassungen) schon kein Anlass (vgl. *Horn/Wolters* SK Rdn. 15). § 315c gibt dafür nichts her, weil er auf Verkehrsvorgänge beschränkt ist. Verkehrsvorgang ist die Reparatur des Fahrzeugs aber ohne Zweifel nicht. Die durch das BayObLG gezogene Parallele zum Fahrzeugführer, der mit einer schadhaften Bremsanlage fährt und mit Rücksicht auf § 315c u.U. straflos ausgeht (BayObLG JR **1975** 28), setzt deshalb inkomparable Sachverhalte einander gleich und entspringt letztlich Billigkeitserwägungen. Dass die Reparatur der Verkehrsteilnahme vorgelagert ist und in einem unmittelbaren Zusammenhang mit ihr stehen kann, ändert daran nichts (aM *Obermann* S. 220 f). Überdies muss ein unmittelbarer (zeitlicher) Zusammenhang keineswegs stets bestehen. **19**

2. **Eingriffe in Anlagen oder Fahrzeuge (Absatz 1 Nr. 1).** Absatz 1 Nr. 1 deckt sich im Wesentlichen mit § 315 Abs. 1 Nr. 1. Es wird lediglich statt des Wortes „Beförderungsmittel" das Wort „Fahrzeuge" verwendet. Dies beruht auf der Überlegung, dass „im Straßenverkehr als Beförderungsmittel nur Fahrzeuge vorkommen und der Begriff des Fahrzeugs allgemeinverständlicher zum Ausdruck bringt, was gemeint ist" (BTDrucks. IV/651 S. 28). **20**

---

[47] Der Begriff des Verkehrsteilnehmers ist weiter als der des Fahrzeugführers (*Hentschel/König* § 1 StVO Rdn. 17 mit zahlreichen Beispielen), was von *Barnickel* MK Rdn. 23 mit Fn. 169 verkannt wird. Wenig überzeugend auch *Grupp/Kinzig* NStZ **2007** 132, die aus der Einordnung des Fahrlehrers als Nicht-Fahrzeugführer „a maiore ad minus" die generelle Qualifikation des Beifahrers als Außeneingreifer ableiten wollen.

[48] Wie hier *Horn/Wolters* SK Rdn. 15; *Fischer* Rdn. 6; *Barnickel* MK Rdn. 27; **aM** *Sch/Schröder/Cramer/Sternberg-Lieben* Rdn. 5, *Obermann* S. 220 f, wohl auch *Geppert* Jura **1996** 639, 642 f sowie – freilich ohne nähere Begründung und unter unzutreffender Bezugnahme auf die Entscheidung des BayObLG

21 a) **Anlagen.** Anlagen sind ortsfest eingesetzte (§ 315 Rdn. 28) Einrichtungen, die dem Verkehr auf öffentlichen Straßen zu dienen bestimmt sind. Verkehrszeichen, Verkehrssignaleinrichtungen (Ampeln), Sperrvorrichtungen, sonstige Verkehrseinrichtungen im Sinne von § 43 StVO, Leitplanken, Leitzeichen gehören ebenso dazu wie Brücken, Über- und Unterführungen sowie die Straße selbst (BGH NZV **2002** 517). Das Gleiche gilt für Signaleinrichtungen der Schienenbahnen (vor allem der Straßenbahnen), sofern diese am Straßenverkehr teilnehmen (§ 315d).

22 b) **Fahrzeugbegriff.** Fahrzeuge im Sinne des § 315c sind nicht nur Kraftfahrzeuge (§ 1 Abs. 2 StVG), sondern auch Fahrräder, Fuhrwerke oder Schienenbahnen, Letztere aber nur, sofern sie am Straßenverkehr teilnehmen (§ 315d). Auf die Eigentumslage kommt es nicht an, weswegen auch das Täterfahrzeug geeignetes Eingriffsobjekt sein kann (*Horn/Wolters* SK Rdn. 5). Gleichfalls irrelevant ist die Antriebskraft, weswegen u.a. auch mit Muskelkraft bewegte Fahrzeuge tatbestandsrelevant sind. Wegen der näheren Einzelheiten vgl. § 315c Rdn. 7 ff. Zu beachten ist, dass sich die Situation im Rahmen des § 315b anders darstellt als bei § 315c. Denn hier ist das Fahrzeug potentielles Objekt eines gefährlichen Eingriffs und nicht abstrakt gefährlicher Gegenstand in der Hand des Fahrzeugführers. Gleichwohl sind die für § 315c angestellten Überlegungen auch für § 315b relevant. Denn je höher die mit einem Fortbewegungsmittel erreichbaren Geschwindigkeiten sind, desto größer sind auch die Gefahren, die mit Eingriffen verbunden sind; dies gilt typisierend betrachtet auch in seiner Umkehr. Vor diesem Hintergrund kann der Großteil der in § 24 Abs. 1 StVO aufgeführten besonderen Fortbewegungsmittel nicht als Fahrzeug im Sinne des § 315b gelten (näher § 315c Rdn. 8).[49] Anders liegt es aufgrund der damit erreichbaren Geschwindigkeiten und der Art ihres im täglichen Leben zu beobachtenden Einsatzes für Inline-Skates. Ein Sabotageakt (z.B. Lockern der Rollen) oder ein anderer Eingriff kann Folgen zeitigen, die hinter denen einer entsprechenden Tat bei einem Fahrrad oder bei einem Kraftfahrzeug nicht zurückstehen. Ungeachtet der Einstufung nach der StVO (vgl. BGH NJW **2002** 1955; näher § 315c Rdn. 8a) sind Inline-Skates deshalb grundsätzlich als Fahrzeuge im Sinne des § 315b anzusehen.[50]

23 c) **Zerstören, Beschädigen und Beseitigen.** Die Begriffe des Zerstörens, Beschädigens und Beseitigens stimmen mit denen nach § 315 Abs. 1 Nr. 1 überein. Wegen der Begriffsbestimmungen wird auf das unter § 315 Rdn. 27 ff Gesagte verwiesen.

24 aa) **Außeneingriffe.** Die Tatalternative der Nummer 1 ist beispielsweise einschlägig, wenn eine Ampelanlage durch einen Saboteur zerstört oder, etwa durch Entziehung elektrischer Energie, vorübergehend außer Funktion gesetzt wird (s. aber die nachfolgende Rdn.). Tatbestandsrelevant sind das Abreißen der Bremsleitungen und das Durchtrennen des Bremsschlauchs eines Kfz (s. auch Rdn. 65),[51] oder auch das Blockieren der Lenkung,

---

sowie auf zwei Urteile des BGH, in denen es gerade um Sabotageakte ging – *Maurach/Schroeder/Maiwald* BT/2 § 53 Rdn. 15. § 315b nicht erörtert durch BGH NJW **2008** 1897.

[49] AM *Sch/Schröder/Cramer/Sternberg-Lieben* Rdn. 5; *Horn/Wolters* SK Rdn. 5 (je: auch Fortbewegungsmittel nach § 24 StVO).

[50] *Sch/Schröder/Cramer/Sternberg-Lieben* Rdn. 5; *Herzog* NK Rdn. 4; für Prüfung im Rahmen eines Gefährlichkeitsurteils *Obermann* S. 73 ff; gegen Qualifizierung von Inline-Skates als Fahrzeuge *Fischer* Rdn. 6; *Herzog* NK Rdn. 5; unklar *Horn/Wolters* SK Rdn. 5.

[51] BGH NJW **1985** 1036 m. Anm. *Geppert* NStZ **1985** 264 und *Hentschel* JR **1985** 434; BGH NZV **1989** 119 m. Anm. *Berz*; BGH NJW **1996** 329 m. Anm. *Renzikowski* JR **1997** 115 und Bspr. *von Heintschel-Heinegg* JA **1996** 447.

die Arretierung des Gaspedals sowie das Lockern von Radschrauben (BGH v 3.4.2007, 4 StR 108/07; juris), u.U. auch das sicherheitsgefährdende Ablassen der Luft aus dem Reifen (vgl. OLG Düsseldorf NZV **1994** 486) sowie das Durchstechen von Reifen mit der Folge langsamen Entweichens der Luft (vgl. OLG Karlsruhe NZV **2005** 690).[52] Nach freilich nicht unumstrittener Ansicht sind unter § 315b Abs. 1 Nr. 1 aber auch Fälle zu subsumieren, in denen – ohne Sabotageabsicht – bei einer Reparatur (fahrlässig) funktionswichtige Teile des Fahrzeugs (z.B. die Lenkung oder die Bremsanlage) beschädigt werden; ansonsten kann bei nicht ordnungsgemäßer Wartung ein ähnlicher, ebenso gefährlicher Eingriff gegeben sein (im Einzelnen Rdn. 19, 56). Weitere Beispiele für relevante Außeneingriffe sind der Steinwurf in die Rückscheibe eines Kraftfahrzeugs (OLG Schleswig VerkMitt. **1967** Nr. 34 S. 21) und das Werfen eines Steckschlüssels gegen einen vorbeifahrenden Pkw, wodurch dessen Windschutzscheibe zertrümmert wird (OLG Braunschweig VRS **32** 371 f; hierzu auch Rdn. 40), dies jedoch nur, wenn *aufgrund der* Beschädigung/Zerstörung die Verkehrssicherheit beeinträchtigt und der Gefahrerfolg verursacht werden (Rdn. 26, 63 ff). Eine Beseitigung von Anlagen würde z.B. in der Entfernung von Verkehrsschildern liegen oder im Beseitigen eines Gullydeckels (BGH NZV **2002** 517).

bb) **Verkehrsfremde Inneneingriffe.** Bei verkehrsinternem Fehlverhalten ist Absatz 1 Nr. 1 grundsätzlich nicht einschlägig (Rdn. 11 ff). Wer etwa nach einem Schleudervorgang eine Ampelanlage (ungewollt) zerstört und dadurch konkrete Gefahren für Menschen oder bedeutende Sachwerte verursacht, kann demnach nicht nach § 315b bestraft werden (*Cramer* StVR [1971] Rdn. 13). Werden durch Beschädigungen von Anlagen oder Fahrzeugen im Zuge von Verkehrsvorgängen Gefahrenzustände verursacht, so kann allerdings Hindernisbereiten bzw. ein Eingriff nach Absatz 1 Nr. 3 durch Unterlassen anzunehmen sein (Rdn. 36 ff, 56). Das absichtliche Rammen eines anderen Fahrzeugs soll nach BGH VRS **50** 94, 95 unter Absatz 1 Nr. 1 (oder 2), nicht aber unter Absatz 1 Nr. 3 fallen können.[53] Dies trifft unter der Prämisse zu, dass gerade aufgrund des Rammens der erforderliche Gefahrerfolg eintritt, was etwa dann der Fall ist, wenn das Fahrzeug infolge des Aufpralls manövrierunfähig wird und andere gefährdet (hierzu BGH DAR **1954** 211, 213). Ansonsten kommt Hindernisbereiten oder ähnlicher, ebenso gefährlicher Eingriff in Betracht (Rdn. 27 ff; 39 ff; *König* JA **2003** 818). **25**

d) **Folgenlose Beschädigung.** Der in Rdn. 25 zuletzt genannte Aspekt muss stets im Auge behalten werden. Selbst bei verkehrsfeindlicher Absicht reicht es für Absatz 1 Nr. 1 *niemals* aus, wenn im Straßenverkehr eine Anlage oder ein Fahrzeug zerstört oder beschädigt wird, ohne dass weitere Folgen eintreten. Die auf *das Fahrzeug oder die Anlage wirkende schädigende Handlung muss der Beeinträchtigung/Gefährdung vorangehen* (s. auch § 315 Rdn. 48). Stellt die Beschädigung/Zerstörung hingegen nur die Realisierung einer durch ein Hindernisbereiten oder einen ähnlichen, ebenso gefährlichen Eingriff geschaffenen Gefahr dar, so ist allein Absatz 1 Nr. 2 oder 3 einschlägig.[54] Daran hat **26**

---

52 Dort ist allerdings nur § 303 erwähnt. S. hierzu *König/Seitz* DAR **2006** 121.

53 Jedoch unter unzutreffender Bezugnahme auf BGHSt **21** 301 und ohne Vertiefungen.

54 St. Rspr. und allgemeine Meinung. S. etwa BGHSt **5** 298, 299; BGH DAR **1954** 211, 213; BGH NZV **1990** 77; NJW **1991** 1120; BGHR § 315b Abs. 1 Nr. 1 Hindernisbereiten 1 S. 2; BGH NStZ **1995** 31; OLG Köln NZV **1991** 319, 320. *Fischer* Rdn. 4; *Horn/Wolters* SK Rdn. 7; *Geppert* Jura **1996** 639, 642; *König* JA **2003** 818. Vgl. auch Rdn. 59.

sich auch durch BGHSt **48** 233 nichts geändert (Rdn. 12a, 59). § 315b Abs. 1 Nr. 1 ist nämlich kein Sondertatbestand der (gemeinschädlichen) Sachbeschädigung (*Sch/Schröder/Cramer/Sternberg-Lieben* Rdn. 5). Die Tat erhält ihren spezifischen Unrechtsgehalt dadurch, dass die Beschädigung oder Zerstörung die Verkehrssicherheit beeinträchtigt und den Gefahrerfolg herbeiführt.

27 2. **Hindernisbereiten (Absatz 1 Nr. 2).** Unter Hindernisbereiten ist nach h.M. jede Einwirkung im Verkehrsraum zu verstehen, die geeignet ist, den reibungslosen Verkehrsablauf zu hemmen oder zu verzögern (BGHSt **41** 231, 234). Der Hindernisbegriff beinhaltet dabei weder ein Nötigungselement noch muss das Hindernis geeignet sein, das Gefährdungsopfer im Fall der Kollision aufzuhalten oder zu schädigen (Rdn. 28a sowie eingehend § 315 Rdn. 35 m.w.N.). Zur näheren Ausfüllung des Hindernisbegriffs empfiehlt sich eine Orientierung am Wortlaut des § 32 StVO; Hindernisse wären danach auf die Straße (auch im Luftraum oberhalb der Fahrbahnoberfläche) gebrachte, bewegte oder statische Gegenstände (auch lebende Körper) sowie Verschmutzungen und Benetzungen der Fahrbahn (so eingehend *Obermann* S. 118 ff). Namentlich bloß optisch oder akustisch wirkende Tathandlungen genügen hingegen nicht (Rdn. 28). Fehlt es an den genannten Kriterien, so ist die Tat aber an Absatz 1 Nr. 1 oder 3 zu messen. Die Unterschiede können fließend sein. Mit Rücksicht darauf, dass „im heutigen Straßenverkehr Verkehrsteilnehmer sich ständig gegenseitig irgendwie behindern" (*Rüth* LK[10] Rdn. 18), kommt der grundsätzlichen Beschränkung des § 315b auf verkehrsfremdes Verhalten (Rdn. 11 ff) besondere Bedeutung zu. Klargestellt worden ist durch den BGH, dass nicht nur zeitlich gestreckte Taten unter Nr. 2 fallen (Rdn. 83).

28 a) **Außeneingriffe** (*verkehrsfeindliche Absicht und Schädigungsvorsatz also nicht erforderlich*). Beim Hindernisbereiten durch Eingriffe von außen handelt es sich in der Praxis um die vergleichsweise am wenigsten problematische Fallgruppe. § 315b Abs. 1 Nr. 2 ist etwa gegeben, wenn der Täter einen Menschen auf die Fahrbahn stößt (OLG Hamm VRS **25** 186 f). In einem Fall, in dem ein Fußgänger einem anderen während des Überquerens der Fahrbahn einen Stoß versetzt, woraufhin dieser zur Mitte der Fahrbahn hin strauchelt und es zu einem Beinahe-Unfall mit einem Fahrzeug kommt, fordert OLG Köln VRS **69** 30 unzutreffend verkehrsfeindliche Absicht und verneint sie, weil der Täter aus „Ulk" gehandelt habe. Hingegen bejaht BGH NZV **2006** 483 in einem ähnlichen Fall mit Recht einen Außeneingriff, der verkehrsfeindliche Absicht nicht erfordert (hierzu auch Rdn. 66, 84).[55] *Entgegen* BGH StV **2002** 361 begeht jedoch auch der Fußgänger, der Autofahrer zum Anhalten zwingen will, indem er sich mit einer Schreckschusspistole in die Mitte der Fahrbahn stellt, *einen Außeneingriff*; denn ein solches, nicht im Rahmen eines Verkehrsvorgangs erfolgendes Verhalten ist nicht anders zu beurteilen, als wenn Gegenstände in den Verkehrsraum eingebracht werden.[56] Hindernisbereiten ist ferner gegeben, wenn ein Fußgänger auf die Motorhaube eines mit einer Geschwindigkeit von 30 km/h fahrenden Pkw springt (OLG Zweibrücken VRS **93** 101, 102). Weitere Beispiele sind die Errichtung von Straßensperren (OLG Frankfurt VRS **28** 423, 425), eine unzulässige Abschrankung (BayObLGSt **1960** 258, 261), das Legen einer Telegraphenstange über die Fahrbahn (BGH VRS **13** 125, 126), das Spannen eines Drahtes über die Straße (OLG Hamm NJW **1965** 2167 [passim]), das Werfen von Holzscheiten auf die Autobahn (BGH VRS **45** 38), das Treiben von Schafen auf die Autobahn (vgl. LG Lübeck SchlHA

[55] Wohl auch BGH DAR **2001** 465 (Fahrlässigkeitseingriff nach § 315b Abs. 5).

[56] *Barnickel* MK Rdn. 23; krit. auch *Saal* Jura **2003** 838.

1962 202 [dort Unterlassen]), das Schieben eines Fahrzeugs auf die Fahrbahn (BayObLGSt **1979** 38, 40), das plötzliche Schließen einer Eisenbahnschranke (BGH NJW **1960** 2013) oder das Kippen von Schmierseife (*Fabricius* GA **1994** 164, 176) oder von Altöl (BGH bei *Spiegel* DAR **1978** 148) auf die Straße. Demgegenüber ist das Blenden eines anderen (namentlich Kraftfahrers) kein Hindernisbereiten (Rdn. 27), kann aber, falls Außeneingriff u.U. als ähnlicher, ebenso gefährlicher Eingriff anzusehen sein,[57] desgleichen vom Täter verursachte Rauchschwaden (hierzu *Hentschel-König* § 32 StVO Rdn. 8). Weitere auch im Rahmen des § 315b beachtliche Beispiele bei *Hentschel-König* § 32 StVO Rdn. 6/7, 8.

Nicht maßgebend ist, ob das Hindernis **nur „symbolisch" wirkt** (im Einzelnen § 315 Rdn. 35 m.w.N.). Ein Hindernis im Sinne der Vorschrift bereitet deswegen auch derjenige, der ein wie ein Drahtseil aussehendes Papierseil über die Straße spannt oder Schaumstoffbalken auf die Straße legt, die das Aussehen von Betonpfeilern haben (Beispiele nach *Fabricius* GA **1994** 164, 176). In beiden Fällen handelt es sich unzweifelhaft um Einwirkungen, die den Verkehrsablauf (schwer) zu beeinträchtigen vermögen. Dass die den Verkehrsablauf störenden Gegenstände das Fahrzeug tatsächlich *aufzuhalten* imstande sein müssten, lässt sich weder dem Wortsinn des Merkmals des „Hindernisses" noch dem des „Eingriffs" entnehmen; Hindernisbereiten ist nicht im Sinne der *Ver*hinderung des fließenden Verkehrs zu verstehen (BGHSt **41** 231, 235; **aM** *Fabricius* GA **1994** 164, 176). Absatz 1 Nr. 2 kann unter bestimmten Voraussetzungen ferner erfüllt werden durch das Aufstellen von Farbkegeln auf der Autobahn zum Zwecke des Einfahrens von Panzerkolonnen der Bundeswehr in diese (sog. „Aufschleusen"; *Heinen* NZWehrr **1996** 45, 48 ff). Ein Hindernis bereitet schließlich derjenige, der sich in Selbstmordabsicht vor ein Auto wirft.[58] **28a**

b) Speziell: Verkehrsberuhigung. Folgt man der Definition des Hindernisbereitens in Übereinstimmung mit § 32 StVO (Rdn. 27), so sind Maßnahmen zur Verkehrsberuhigung beim Rückbau von Straßen durch Veränderung der Straße selbst (z.B. Fahrbahnverengungen, Aufpflasterungen, Fahrbahnschwellen) schon deswegen nicht nach Absatz 1 Nr. 2 tatbestandsrelevant, weil durch sie kein Gegenstand „auf die Straße gebracht wird" (*Obermann* S. 126 f; s. auch *Hentschel-König* § 32 StVO Rdn. 8). Sie können jedoch, falls nicht durch Verwaltungsrecht (§ 45 StVO) gedeckt bzw. unsachgemäß entgegen den bestehenden Verkehrssicherungspflichten vorgenommen,[59] unter Absatz 1 Nr. 3 fallen (*Obermann* aaO). Denkbar ist dies z.B., wenn Bodenschwellen, Aufpflasterungen etc. so hoch gebaut werden, dass Fahrzeuge mit geringer Bodenfreiheit notwendig „aufsitzen" müssen.[60] Sind sie geeignet, einen ordnungsgemäßen Verkehrsablauf herzustellen, kommt auch eine teleologische Reduktion des Tatbestands in Betracht.[61] Allerdings scheidet § 315b nicht schon allein deshalb aus, weil die Verantwortlichen auf Verkehrsberuhigung **29**

---

57 Vgl. OLG Frankfurt NJW **1956** 1210 [zu § 315a a.F.]; im dortigen Fall offen geblieben, weil Inneneingriff; s. hierzu *Obermann* S. 113 f.

58 So – unter unzutreffender Bezugnahme auf OLG Hamm NJW **1965** 2167 – *Fabricius* GA **1994** 164, 182.

59 *Sch/Schröder/Cramer/Sternberg-Lieben* Rdn. 6; *Fischer* Rdn. 7; *Jagow/Burmann/Heß* Rdn. 4. Zur Verletzung der Verkehrssicherungspflicht etwa BGH NZV **1991** 385 [Z]; *Hentschel/König* § 32 StVO Rdn. 8; § 45 StVO Rdn. 53 (Stichworte „Hindernis", „Unebenheiten"); *Greger* Haftungsrecht des Straßenverkehrs § 31 Rdn. 71 f.

60 Zur Problematik BGH NZV **1991** 385 [Z]; *Greger* Haftungsrecht des Straßenverkehrs § 31 Rdn. 71 f.

61 Vgl. OLG Frankfurt NZV **1992** 38, 39 m. zust. Anm. *Molketin.* S. auch *Horn/Wolters* SK Rdn. 11.

abzielen. Riskante, unsachgemäße „Straßenmöblierungen" (z.B. Blumenkübel, Betonhindernisse oder transportable, etwa aus Metallteilen zusammengesetzte Fahrbahnschwellen) namentlich außerhalb von verkehrsberuhigten Bereichen, etwa vor unübersichtlichen Kreuzungen können deshalb strafbares Hindernisbereiten darstellen.[62]

30 c) **Verkehrsinternes Verhalten.** Vorgänge des ruhenden oder fließenden Verkehrs unterfallen § 315b Abs. 1 Nr. 2 grundsätzlich nicht (Rdn. 11 ff). Dabei ist nicht maßgebend, ob die Entstehung des Hindernisses notwendige Begleiterscheinung bzw. (unmittelbare) Folge der Fortbewegung ist oder nur als (mittelbare) Folgeerscheinung des Verkehrsvorgangs angesehen werden kann (*Sch/Schröder/Cramer/Sternberg-Lieben* Rdn. 7; **aA** OLG Stuttgart VRS **16** 200, 201). Insbesondere bei (mittelbaren) Folgeerscheinungen (z.B. Ausfließen von Öl aus einem Lastzug; OLG Stuttgart aaO) ist freilich stets zu prüfen, ob eine Strafbarkeit wegen Unterlassens gegeben ist (hierzu Rdn. 38). Sofern nicht ein verkehrsfremder Eingriff vorliegt (Rdn. 32 ff), sind solche Vorgänge an § 315c zu messen.

31 aa) **Eingriff nicht gegeben.** § 315b Abs. 1 Nr. 2 kommt beispielsweise nicht zum Zuge, wenn ein Fahrzeugführer einen anderen, z.B. durch Einschalten des Fernlichts, blendet (OLG Frankfurt NJW **1956** 1210; zur Frage, ob Blenden Hindernisbereiten ist, Rdn. 27, 28), wenn ein Lkw-Anhänger so in eine Einfahrt hineingeschoben wird, dass die Anhängerachse in die Fahrbahn hineinragt (OLG Hamm VRS **25** 119, 120), wenn von einem verkehrsunsicheren Lkw während der Fahrt die Räder abspringen (OLG Stuttgart VRS **29** 193, 194 f), wenn unzulässig breite, schwer erkennbar seitlich herausragende Ladung auf schmaler Straße mitgeführt wird (BayObLGSt **1959** 1, 5 f), wenn von einem Lkw Splittsteine herunterfallen, die die Windschutzscheibe des nachfolgenden Wagens zertrümmern (OLG Karlsruhe VRS **19** 291, 293 f),[63] wenn aufgrund eines Leitungsbruchs an einem Lkw Dieselöl auf die Straße fließt und hierdurch eine Ölspur verursacht wird (**aM** OLG Stuttgart VRS **16** 200, 201 f; aber u.U. Unterlassen), wenn ein Motorradfahrer nach regelwidrigem Verhalten stürzt und bewusstlos liegen bleibt (OLG Stuttgart VRS **19** 294, 295 f), wenn Fahrzeuge zusammenstoßen und dadurch ein Dritter zu einer gefährlichen Notbremsung gezwungen wird (OLG Hamm VRS **25** 186 f), wenn ein Pkw bei Dunkelheit fast im rechten Winkel langsam in eine Bundesstraße einfährt und hierdurch eine Fahrbahn versperrt (OLG Hamm NJW **1965** 2167), wenn ein wegen Motorschadens abgestellter Lkw aufgrund unzureichender Sicherung in die Autobahn hineinrollt und die Fahrbahn versperrt (BayObLG JR **1975** 164 m. krit. Anm. *Kohlhaas*). Das Fahren auf der Autobahn in entgegengesetzter Richtung („Geisterfahren") bzw. das Wenden auf der Autobahn[64] ist seit geraumer Zeit eindeutig in § 315c Abs. 1 Nr. 2f geregelt (vgl. § 315c Rdn. 120). Zur Frage, ob § 315b Abs. 1 Nr. 3 eingreift, wenn der „Geisterfahrer" mit seinem Tun mutwillig Verletzungen oder schwere Gefährdungen herbeiführen will, s. Rdn. 45.

32 bb) **Verkehrsfremde Inneneingriffe.** Bei Handlungen im Rahmen von Verkehrsvorgängen ist § 315b Abs. 1 Nr. 2 trotz der prinzipiell gegebenen Sperrwirkung des § 315c

---

62 *Fischer* Rdn. 7; *Obermann* S. 125 ff [133]; *Franzheim* NJW **1993** 1836, 1837. **AA** wohl *Lackner/Kühl* Rdn. 4; unklar *Jagow/Burmann/Heß* Rdn. 4.

63 **AM** – allgemein zu während des Fahrens herunterfallenden Bestandteilen der Ladung – *Fabricius* GA **1994** 164, 182.

64 BGHSt **15** 28, 35 ff hat das Wenden auf der Autobahn noch als Hindernisbereiten angesehen.

anwendbar, wenn der Täter den Verkehrsvorgang in verkehrsfeindlicher Absicht zu einem Eingriff in den Straßenverkehr pervertiert (näher Rdn. 12 ff). Wie bei Absatz 1 Nr. 3 (Rdn. 41) ist außerdem erforderlich, dass es sich um eine grobe Einwirkung von einigem Gewicht handelt (BGHSt **41** 231, 237). Bei Eingriffen im Zuge des Fahrzeugführens muss eine bewusste Zweckentfremdung des Fahrzeugs vorliegen, die sich darin ausprägt, dass das Fahrzeug vom Täter als Mittel zum Hindernisbereiten benutzt wird, das Bereiten des Hindernisses also nicht nur Folgeerscheinung des verbotenen Verhaltens ist, sondern dessen Zweck (BGHSt 7 379, 380; **21** 301, 302; st. Rspr.). Nach BGHSt **48** 233 ist darüber hinaus jedenfalls dann (zumindest bedingter) Schädigungsvorsatz erforderlich, wenn (insbesondere im Rahmen von Fluchtvorgängen) das eigene Fortkommen (Fern-) Ziel des Täters ist (Rdn. 12a). Ob dies in gleicher Weise gilt, wenn der Täter andere Zwecke verfolgt, ist durch den BGH noch nicht eindeutig geklärt (Rdn. 12b).

(1) **Bremsvorgänge; „verkehrsgerechtes Verhalten".** Die häufigste Fallgruppe ist das Hindernisbereiten im Rahmen von Bremsvorgängen; die Übergänge zwischen § 315b Abs. 1 Nr. 2 und 3 sind dabei fließend (s. etwa BGH NJW **1999** 3132). Einen relevanten Eingriff vollführt, wer *willkürlich scharf abbremst*, um den nachfolgenden Fahrer, z.B. aus „Rache" oder mit dem Ziel der Disziplinierung, zu einer scharfen Bremsung oder zur Vollbremsung zu zwingen.[65] Auf die bewusste Zweckentfremdung kann dann geschlossen werden, wenn zwischen dem vorausfahrenden und dem nachfolgenden Fahrzeug ein geringer Abstand besteht.[66] U.U. kann daraus trotz damit verbundener Selbstschädigung (Rdn. 84) auch *der Schädigungsvorsatz* (Rdn. 12a, 32) abgeleitet werden (vgl. OLG München NJW **2005** 3794), der nach OLG München aaO, OLG Hamm VD **2005** 192 und KG VRS **111** 140 für Fälle des „Gewaltbremsens" zur Disziplinierung oder aus Rache erforderlich ist (zw., hierzu Rdn. 12b, 32). Trotz der auch daraus resultierenden Gefahren steht das *kurze Aufleuchtenlassen* des Bremslichts (vgl. OLG Köln VRS **93** 338, 340), um den zu dicht auffahrenden Nachfolger zu warnen, dem vollführten Bremsen nicht gleich; insoweit fehlt es möglicherweise schon am Begriff des Hindernisbereitens (*Obermann* S. 114), jedenfalls aber an der Einwirkung von einigem Gewicht und auf der Grundlage von BGHSt **48** 233 (Rdn. 12a, 32) zumeist auch am Schädigungsvorsatz. Letzteres gilt, sofern die Maßnahme nicht schon nach Strafprozess- und/oder Gefahrenabwehrrecht gerechtfertigt ist (dies verneinend LG Bückeberg NJW **2005** 3014), bei der Verursachung künstlicher Staus aus Gründen der Verfolgung flüchtender Straftäter durch die Polizei.[67] Erfolgt der verkehrsfeindliche Eingriff im Zusammenhang mit einem Überholvorgang, so ist nur § 315b anzuwenden; für § 315c Abs. 1 Nr. 2b ermangelt es an dem dafür erforderlichen inneren Zusammenhang (dort Rdn. 95). 33

Verkehrsfeindliche Absicht ist gegeben, wenn der Täter von der Verkehrslage unveranlasst durch eine Vollbremsung **einen Auffahrunfall zu provozieren beabsichtigt**, um Versicherungsleistungen zu erlangen.[68] Dabei spielt es keine Rolle, ob er sich, läge verkehrsfeindliche Absicht *nicht* vor, objektiv gerade noch verkehrsgerecht oder schon ver- 33a

---

65 OLG Celle VRS **68** 43, 45; OLG Düsseldorf VRS **68** 449, 451; **73** 41, 42; OLG Karlsruhe VRS **93** 102, 103.

66 Vgl. OLG Karlsruhe VRS **93** 102, 103; s. auch OLG Düsseldorf VRS **73** 41, 42.

67 Weitergehend (dem unter Rdn. 12b skizzierten Ansatz folgend, dass die Rspr. des BGH zum bedingten Schädigungsvorsatz womöglich auf Vorgänge beschränkt ist, die das ungehinderte Fortkommen zum Ziel haben) *Melkos/Clauß* DAR **2006** 73; s. auch *Barnickel* MK Rdn. 35.

68 BGH VRS **53** 355 f; NZV **1992** 325; NJW **1999** 3132; OLG München NJW **2005** 3794.

kehrswidrig verhalten hätte.[69] Ein verkehrsfremder Inneneingriff ist deshalb z.B. gegeben, wenn er in Schädigungsabsicht bei Gelblicht bremst, nachdem er zuvor durch zügiges Fahren bei Gelblicht über mehrere Kreuzungen hinweg beim „Hintermann" das Vertrauen auf Wiederholung erweckt hat (BGH NZV **1992** 157) oder wenn er bei den nachfolgenden Kraftfahrern die Vorstellung bewirkt, er werde erst an einer Kreuzung abbiegen, dann aber sein Fahrzeug bereits vor der Kreuzung in Höhe einer Einfahrt abbremst (BGH NJW **1999** 3132). In beiden Konstellationen setzt er sein Fahrzeug unter dem Schein äußerlich verkehrsgerechten Verhaltens als Werkzeug zur Schädigung eines anderen ein. Dass die verkehrsfeindliche Absicht den Eingriff zu einem verkehrsfremden qualifiziert, unterscheidet die inmitten stehende Fallgestaltung dabei nicht von anderen pervertierten Inneneingriffen.[70] Der verkehrsfremde Inneneingriff in Verletzungsabsicht (hierzu auch Rdn. 45) ist *per se verkehrswidrig*; diese Selbstverständlichkeit geht auch aus § 1 Abs. 2 StVO hervor (vgl. BGH aaO, im Anschluss an *Seier* NZV **1992** 158, 159). In den einschlägigen Fällen wird auch nicht etwa die „böse Gesinnung" geahndet; die verwerflichen Absichten sind nämlich in die Tat umgesetzt (BGH aaO). Kommt es nach „absichtsvollem Bremsen" nicht zum Gefahrerfolg, so ist Versuch gegeben; das gegenteilige Ergebnis lässt sich aus BGH NJW **1999** 3132 nicht ableiten (*König* JA **2000** 777, 779; **aA** *Kopp* JA **2000** 365, 367). *Es reicht allerdings nicht aus*, wenn der Verkehrsteilnehmer auf das Unfallereignis und die daran anknüpfenden Schadensersatzleistungen lediglich hofft oder den drohenden Unfall billigend in Kauf nimmt (BGH NJW **1999** 3132, 3133).

34 (2) **Abschneiden des Wegs.** Ein verkehrsfremder Eingriff durch Hindernisbereiten kann gegeben sein, wenn der Täter, durch die Verkehrslage nicht veranlasst, dem Nachfolgenden den Weg abschneidet, um diesem die ungehinderte Weiterfahrt unmöglich zu machen, namentlich am Überholen zu hindern.[71] Anwendungsfälle finden sich vor allem bei Fluchtvorgängen. Wie schon für die vorstehend angesprochene Fallgruppe werden einschlägige Vorgänge teilweise (zugleich) dem ähnlichen, ebenso gefährlichen Eingriff zugeordnet (z.B. BGHSt **23** 4, 6). Im Hinblick darauf, dass die Übergänge oftmals fließend sind, ist dies nicht zu kritisieren. Für Schneidevorgänge im vorgenannten Sinn fordert BGHSt **48** 233 *Schädigungsvorsatz* (Rdn. 12a). Ein Hindernisbereiten durch Abschneiden des Weges ist grundsätzlich *auch gegenüber einem Fußgänger* möglich. Jedoch scheidet § 315b Abs. 1 Nr. 2 aus, wenn es diesem ohne Weiteres möglich ist, an dem Fahrzeug (Hindernis) vorbei zu gehen (BGH VRS **64** 267, 268); es fehlt dann an der für die Tatbestandserfüllung notwendigen groben Einwirkung von einigem Gewicht (Rdn. 48) und auf der Basis der neueren Rspr. des BGH (Rdn. 12a) in aller Regel auch am Schädigungsvorsatz. Zu einem Hindernisbereiten durch einen Radfahrer, der in der Absicht der Unfallprovokation vor einen Pkw und dort, wie von ihm beabsichtigt, zu Fall kommt, s. BGH DAR **2008** 272, wo aber wohl § 315b Abs. 1 Nr. 3 bejaht wird.

---

[69] BGH NZV **1992** 157 m. krit., aber im Ergebnis zust. Anm. *Seier*; BGH NJW **1999** 3132. Zust. *Sch/Schröder/Cramer/Sternberg-Lieben* Rdn. 8; *Lackner/Kühl* Rdn. 4; *Fischer* Rdn. 11. **AM** *Wessels/Hettinger* Strafrecht BT/1 Rdn. 979; *Kopp* JA **2000** 365; *Kudlich* StV **2000** 23; *Scheffler* NZV **1993** 463. Zum Ganzen *König* JA **2000** 777 und *Freund* JuS **2000** 754.

[70] Entgegen *Kudlich* StV **2000** 23, 25 geht es also nicht darum, dass der Verstoß gegen § 1 Abs. 2 StVO die Handlung zu einem Eingriff „spezifiziert".

[71] BGHSt **7** 379, 380; **21** 301, 303; **22** 67, 72; **23** 4, 6; **48** 233.

(3) **Hindernisbereiten durch Fußgänger.** Zum Hindernisbereiten durch Fußgänger *als Außeneingriff* s. Rdn. 28. Bereitet der Fußgänger durch den Akt der Fortbewegung ein Hindernis, so nimmt er an der Sperrwirkung des § 315c für verkehrsinternes Verhalten teil (Rdn. 17; BGHSt **41** 231, 235 f). Für einschlägiges Fehlverhalten ist er deshalb unter dem Aspekt des § 315b nur zu bestrafen, wenn die Voraussetzungen des verkehrsfremden Eingriffs (verkehrsfeindliche Absicht, Eingriff von Gewicht) gegeben sind (BGH aaO S. 237 f) und nach BGHSt **48** 233 Schädigungsvorsatz (Rdn. 12a). An den Voraussetzungen soll es nach BGHSt **41** 231 („Münchner Fahrbahngeher") bei einer Person fehlen, die – teilweise bei Dunkelheit und Regen – auf der Fahrbahn stark frequentierter Großstadtstraßen geht, um den Fahrzeugverkehr zu behindern und die Autofahrer zu zwingen, anzuhalten oder zumindest auf Schrittgeschwindigkeit abzubremsen und dadurch auf ihre Ziele einer „autofreien Stadt" aufmerksam zu machen (BGH aaO S. 231 f). Es ermangele eines Eingriffs von Gewicht, weil dem Verhalten des Täters nicht das Risiko anhafte, zu einer konkreten Gefährdung zu führen; die tatsächlich erfolgte Kollision mit einem Kraftfahrzeug und ein Beinahe-Unfall entfalteten insoweit keine hinreichende indizielle Wirkung (BGH aaO S. 238 f). Zudem sei auch im Hinblick auf die Selbstgefährdung die Absicht nicht feststellbar, in die Verkehrssicherheit einzugreifen; der „Geher" habe die Autofahrer nur veranlassen wollen, um ihn herumzufahren (BGH aaO S. 239 f). 35

Die Entscheidung **vermag nicht zu überzeugen.**[72] Der Täter hat die beträchtliche Gefahr von Kollisionen mit ihm selbst, aber auch von Unfällen bei Ausweichmanövern hervorgerufen, weswegen ein Eingriff von erheblichem Gewicht zu bejahen gewesen wäre. Dies liegt so sehr auf der Hand, dass die gegenteiligen Ausführungen des BGH, zumal angesichts eines Beinahe-Unfalls und einer erfolgten Kollision, kaum nachvollzogen werden können. Auch an der verkehrsfeindlichen Absicht war nicht zu zweifeln. Wie sich aus dem Sachverhalt mit aller Klarheit ergibt, ist die Behinderung der Autofahrer, also der Eingriff, Zweck, nicht bloße Folge des verbotswidrigen Täterverhaltens gewesen (hierzu Rdn. 12). Der Aspekt der Selbstgefährdung steht dem bereits deswegen nicht entgegen, weil es sich bei dem Betroffenen um einen „Überzeugungstäter" („Sonderling") gehandelt hat (*Ranft* JR **1997** 210, 212). Dass es den Autofahrern jeweils gelingen würde, um ihn herumzufahren, muss unter den gegebenen Umständen als unbeachtliche vage Hoffnung gewertet werden. Zu verlangen, dass dem Täter die Beeinträchtigung der Verkehrssicherheit spezifisch in der Form der Selbstgefährdung bzw. Selbstverletzung erwünscht gewesen ist, würde die Anforderungen an die Pervertierungsabsicht und an den Gefährdungsvorsatz bei weitem überspannen (im Ergebnis auch *Ranft* JR **1997** 210, 212; abw. *Meurer* BA **33** [1996] 161, 163). Im Übrigen schließt der Umstand, dass sich der Täter durch den gefährlichen Eingriff selbst gefährdet, die Annahme des Fremdgefährdungsvorsatzes auch sonst nicht aus (Rdn. 84, § 315 Rdn. 102); für die pervertierte Verkehrsteilnahme ist er sogar typisch. Nach den gegebenen Umständen kann sogar (bedingter) Schädigungsvorsatz vorgelegen haben (Rdn. 12a, 32). Die Entscheidung stellt sich insgesamt als Substrat ergebnisorientierter Judikatur dar (*Ranft* JR **1997** 210, 212). Man sollte sie mit Rücksicht auf die exzeptionelle Fallgestaltung nicht verallgemeinern.

d) **Hindernisbereiten durch Unterlassen.** Beim Hindernisbereiten handelt es sich um ein erfolgsbezogenes Merkmal. Straftaten nach § 315b Abs. 1 Nr. 2 können demgemäß auch durch Unterlassen begangen werden; die „Entsprechensklausel" nach § 13 Abs. 1 steht dem nicht entgegen.[73] 36

---

[72] Wie hier *Sch/Schröder/Cramer/Sternberg-Lieben* Rdn. 8; *Barnickel* MK Rdn. 30.

[73] H.M., *Horn/Wolters* SK Rdn. 14; *Maurach/Schroeder/Maiwald* BT/2 § 53 Rdn. 20;

37 aa) **Hindernisse aufgrund verkehrsfremder Vorgänge.** Eine Strafbarkeit nach § 315b Abs. 1 Nr. 2 durch Unterlassen ist unproblematisch gegeben, wenn die Hindernisse aufgrund verkehrsfremder Vorgänge entstanden sind. Unterlassenstäter ist beispielsweise der Tierhalter, der seine auf die Straße geratenen Tiere nicht wieder von dort entfernt (LG Lübeck SchlHA **1962** 202). Ebenso ist es zu beurteilen, wenn es der Verkehrspolizist verabsäumt, die nächtliche Unfallstelle zu räumen oder durch Signalleuchten kenntlich zu machen (Beispiel nach *Horn/Wolters* SK Rdn. 14), oder wenn der dafür Verantwortliche eine Baustelle nicht absichert (BGH VRS **16** 28, 35; KG VRS **12** 372, 376 f). Zu weiteren denkbaren Anwendungsfällen s. die in Rdn. 28 aufgeführte Kasuistik.

38 bb) **Hindernisse aufgrund von Verkehrsvorgängen.** Sowohl die Rechtsprechung[74] als auch die herrschende Lehre[75] bejahen Hindernisbereiten durch Unterlassen darüber hinaus auch dann, wenn als Folge der Verkehrsteilnahme auf die Fahrbahn gelangte Hindernisse vom garantenpflichtigen Verkehrsteilnehmer nicht beseitigt werden.[76] Hindernisbereiten durch Unterlassen ist auf dieser Linie u.a. angenommen worden beim Kraftfahrer, der Verkehrsbaken umgefahren und diese nicht weggeräumt hat (BayObLGSt **1969** 67, 70 ff), sowie beim Lkw-Fahrer, der abgesprungene Reifen oder andere verlorene Fahrzeugteile nicht alsbald wieder von der Fahrbahn entfernt (OLG Celle NdsRpfl. **1970** 46, 47; OLG Hamm VRS **51** 103, 104). Desgleichen ist in der Nichtbeseitigung einer Öl- oder Benzinspur ein Hindernisbereiten gesehen worden (BayObLG NZV **1989** 443) und ebenso im Liegenlassen eines Leichnams (OLG Oldenburg VRS **11** 53, 54). Der herrschenden Lehre widerspricht eine Mindermeinung; sie anerkennt eine Unterlassensstrafbarkeit in derartigen Fällen nur bei verkehrsfeindlicher Absicht des Verkehrsteilnehmers.[77] Maßgebend verwiesen wird auf § 315c Abs. 1 Nr. 2g, der einen Fall der Nichtbeseitigung von Hindernissen durch den Verkehrsteilnehmer regle. Eingeräumt wird, dass dieser Ansatz mangels Justitiabilität der verkehrsfeindlichen Absicht in Unterlassungsfällen faktisch zu einem Leerlaufen der Strafbarkeit des Verkehrsteilnehmers führt.[78] BayObLGSt **1969** 67 ist solchen Überlegungen mit Recht entgegengetreten. § 315c Abs. 1 Nr. 2g pönalisiere die Verletzung von Pflichten, die den Verkehrsteilnehmer im ruhenden Verkehr beträfen. Hingegen sei das Liegenlassen von Gegenständen nicht der Verkehrsteilnahme im ruhenden Verkehr zuzurechnen. Dementsprechend richte sich das allgemeine Gebot, verkehrsgefährdende Gegenstände von der Straße zu beseitigen (heute § 32 StVO), nicht spezifisch an den Verkehrsteilnehmer, sondern an jeden, der für den

---

Rengier BT/II § 45 Rdn. 7; *Geppert* Jura **1996** 639, 643. **AA** *Sch/Schröder/Cramer/Sternberg-Lieben* Rdn. 11 (danach aber u.U. ähnlicher, ebenso gefährlicher Eingriff). Hierzu auch § 315 Rdn. 45 f.

74 BayObLGSt **1969** 67, 70 ff; BayObLG NZV **1989** 443; OLG Celle NdsRpfl. **1970** 46; OLG Hamm VRS **51** 103, 104; KG DAR **1961** 145, 146; OLG Oldenburg VRS **11** 53, 54; OLG Stuttgart DAR **1974** 106, 107. AA womöglich OLG Celle NJW **1969** 1184, 1185.

75 *Fischer* Rdn. 15; *Lackner/Kühl* Rdn. 4; *Barnickel* MK Rdn. 32; *Hentschel/König* Rdn. 10; *Jagow/Burmann/Heß* Rdn. 4; *Otto* GK/BT § 80 Rdn. 18; *Rengier* BT/II § 45 Rdn. 7; *Ranft* Jura **1987** 608, 611 f. AM *Obermann* S. 221 ff.

76 Zur Zurechnung von Gefahren, die sich noch in unmittelbarem räumlichem und zeitlichem Zusammenhang mit dem Fahrvorgang realisieren, § 315c Rdn. 184 f.

77 *Horn/Wolters* SK Rdn. 14; *Sch/Schröder/Cramer/Sternberg-Lieben* Rdn. 11 [im Rahmen des ähnlichen, ebenso gefährlichen Eingriffs]; *Geppert* Jura **1996** 639, 643. Ebenso schon *Krumme* KVR von A–Z „Verkehrsgefährdung; Hindernisbereiten, Erläuterungen 1“ Bl. 4, 5 [zitiert nach BayObLGSt **1969** 66, 71].

78 *Horn/Wolters* SK Rdn. 14; *Geppert* Jura **1996** 639, 643.

störenden Zustand verantwortlich sei. Ein hinreichender Zusammenhang der Pflicht zur Beseitigung gerade mit der Verkehrsteilnahme sei daher nicht gegeben. Gegen eine Privilegierung derartiger Konstellationen sprächen auch kriminalpolitische Erwägungen (BayObLG aaO S. 71 f).

3. **Absatz 1 Nr. 3 (Ähnlicher, ebenso gefährlicher Eingriff).** Das Merkmal des ähnlichen, ebenso gefährlichen Eingriffs entspricht § 315 Abs. 1 Nr. 4. Hinsichtlich der Entstehungsgeschichte und der verfassungsrechtlichen Beurteilung wird auf das in § 315 Rdn. 40 f Ausgeführte Bezug genommen. Die Abgrenzungsprobleme zwischen vielleicht ungewöhnlichem Verkehrsverhalten, das mit Blick auf die Sperrwirkung des § 315c nicht tatbestandsrelevant ist, und verkehrsfremdem Eingriff (näher Rdn. 11 ff) stellen sich im Rahmen des Absatzes 1 Nr. 3 in besonderem Maße (Rdn. 41). 39

a) **Außeneingriffe** *(verkehrsfeindliche Absicht und Schädigungsvorsatz also nicht erforderlich)*. Verkehrsfremde Eingriffe „von außen", die nicht bereits durch Absatz 1 Nr. 1 oder 2 erfasst werden, sind in der Praxis eher selten anzutreffen. Als Außeneingriff kann u.a. die falsche Signal- oder Zeichengebung anzusehen sein. Absatz 1 Nr. 3 ist danach z.B. einschlägig, wenn eine Ampelanlage allseits auf Grün gestellt (*Cramer* JZ **1983** 812, 813; **aA** *Fabricius* GA **1994** 164, 176[79]) oder ein Verkehrszeichen unkenntlich gemacht[80] bzw. ein Einbahnstraßenschild in die entgegengesetzte Richtung gedreht wird (*Fischer* Rdn. 8). Auch wer mit Benzin gefüllte Plastikbeutel im Motorraum unmittelbar neben der Einspritzdüse deponiert, um eine Explosion herbeizuführen, erfüllt Absatz 1 Nr. 3 (BGH NZV **1989** 119 m. Anm. *Berz*). Als gefährlicher Eingriff kommt weiterhin die Abgabe von (u.U. ungezielten) Schüssen in Betracht,[81] desgleichen – mit der Maßgabe, dass nicht hierdurch etwa die Windschutzscheibe eines Pkw zertrümmert wird und gerade daraus konkrete Gefahren herrühren[82] – das Werfen von Steinen oder anderen „Gegenständen von einigem Gewicht" auf durchfahrende Pkw von einer Brücke herab (vgl. BGH VRS **63** 119, NStZ **2003** 206; BGHSt **48** 119), das Herabschütten von Lackfarbe auf durchfahrende Kraftwagen (vgl. BGHSt **48** 119 [aber „verkehrsspezifische Gefahr" verneint, s. Rdn. 83a]), das Abwerfen von Mülltonnen aus einem fahrenden Pkw (vgl. BGHSt **47** 158), das Werfen eines Steckschlüssels gegen die Windschutzscheibe eines vorbeifahrenden Pkw (vgl. OLG Braunschweig VRS **32** 371)[83] oder das Werfen einer gefüllten Getränkedose aus einem fahrenden Fahrzeug gegen die Windschutzscheibe eines Busses (OLG Hamm VRS **95** 28). Als Außeneingriff dürften desgleichen tätliche Angriffe auf den Fahrzeugführer anzusehen sein (s. auch § 315 Rdn. 43). Verkehrsfeindliche Absicht ist dementsprechend nicht erforderlich, wird aber, etwa bei einem gewaltsamen Angriff oder bei Bedrohung, vielfach gegeben sein. Einen Außeneingriff stellt es beispielsweise dar, wenn der Täter einer Radfahrerin von hinten ein Tuch über den Kopf wirft und sie zu Boden reißt (BGHR § 315b Abs. 1 Nr. 3 Eingriff 1). Auch das eigenmächtige Eingreifen des Beifahrers in die Fahrzeugführung ist ***entgegen der (noch) h.M.*** 40

---

[79] Weil nur symbolisch wirkend; hierzu Rdn. 28.

[80] Evt. auch Absatz 1 Nr. 1; hierzu § 315 Rdn. 32.

[81] BGHSt **25** 306, 307 f; BGH bei *Hürxthal* DRiZ **1977** 146 [Schüsse aus dem Fenster eines fahrenden Pkw auf die Reifen eines 50 Meter vorausfahrenden Pkw], bei *Hürxthal* DRiZ **1980** 144 [gezielte Schüsse auf den vorausfahrenden Nebenbuhler während der Fahrt]; bei *Spiegel* DAR **1982** 199 [Schüsse mit einer Schrotflinte auf ein verfolgendes Polizeifahrzeug] sowie BGH NZV **2006** 270 m. Anm. *König* NZV **2006** 432 [Schüsse im Rahmen einer „Bestrafungsaktion" wegen Ehrverletzung].

[82] Dann ist Absatz 1 Nr. 1 gegeben, s. Rdn. 24.

[83] Evt. § 315b Abs. 1 Nr. 1; s. Rdn. 24.

in der Regel gefährlicher Eingriff „von außen“, weswegen verkehrsfeindliche Absicht nicht gegeben sein muss (hierzu Rdn. 18, 54).

41 b) **Verkehrsfremde Inneneingriffe.** Der verkehrsfremde Eingriff im Zuge von Verkehrsvorgängen setzt **verkehrsfeindliche Absicht** und eine **grobe Einwirkung von einigem Gewicht** voraus (näher Rdn. 12). Dabei füllt der durch Pervertierungsabsicht geprägte Eingriff das in Absatz 1 Nr. 3 enthaltene Ähnlichkeitskriterium („*ähnlicher* ... Eingriff“) aus, während die grobe Einwirkung von einigem Gewicht das Gefährlichkeitskriterium („... *ebenso gefährlicher* Eingriff“) ausfüllt. Wenn u.a. *Cramer* in methodischer Hinsicht kritisiert, dass die Rechtsprechung das Ähnlichkeitskriterium zumeist außer Acht lasse und die Entscheidung faktisch von der besonderen Gefährlichkeit des Täterverhaltens abhängig mache (JZ **1983** 812, 813), so trifft dies demgemäß nur insoweit zu, als die Gerichte das Merkmal nicht jedes Mal ausdrücklich erörtern.[84] Der Rechtsprechung dürfte die Auffassung zugrunde liegen, dass die durch die verkehrsfeindliche Absicht geprägte Tat *als solche* den in § 315b Abs. 1 Nr. 1 und 2 geregelten Handlungen ähnlich ist (etwa BGHSt **26** 176, 177 f). Begreift man die dort eingestellten Tathandlungen als tatbestandlich vertypte Art der Pervertierung des Straßenverkehrs, so erscheint dies schlüssig. Für den Eingriff in Nötigungs- und Verletzungsabsicht (Rdn. 42 ff) können deutliche Affinitäten vor allem zum Hindernisbereiten konstatiert werden. Gelegentlich unterscheidet der BGH zwischen (nicht ausreichenden) Eingriffen im Straßenverkehr und (hinreichenden) Eingriffen in den Straßenverkehr (BGHR § 315b Abs. 1 Nr. 3 Eingriff 3 und 4). Ein wesentlicher Gewinn für die Rechtsanwendung ist damit jedoch nicht verbunden. Wie auch die bislang erfolglosen Versuche des kritisierenden Schrifttums erweisen (zur Kritik der Rechtsprechung und Lösungsansätzen des Schrifttums Rdn. 57 ff) entzieht sich der Katalog des § 315b in Verbindung mit den schillernden Verhaltensformen im Straßenverkehr einer überzeugenden, übergreifenden Kategorisierung (s. auch § 315 Rdn. 42). Die Entscheidung kann nur anhand der Umstände des Einzelfalls getroffen werden. Es sollte nach Fallgruppen unterschieden werden:

42 aa) **Zufahren auf einen anderen.** Ein großer Teil der zu § 315b ergangenen Judikatur entfällt auf Konstellationen, in denen der Führer eines Kraftfahrzeugs gezielt auf einen anderen Menschen oder ein anderes Fahrzeug zufährt oder knapp an seinem Opfer vorbeisteuert und es dabei gefährdet. Viele davon betreffen Fälle der „Polizeiflucht“. Gerade insoweit wirkt sich das Erfordernis des Schädigungsvorsatzes in besonderem Maße aus, weswegen ein großer Teil der vormals durch die ganz herrschende Rechtsprechung als gefährlicher Eingriff in den Straßenverkehr beurteilten Taten nicht mehr mit § 315b erfasst werden kann (Rdn. 12a). Zur Kritik eines Teils der Lehre Rdn. 60.

43 (1) **Verkehrsfeindliche Absicht.** Es sind im Wesentlichen zwei Fallgruppen, in denen der BGH verkehrsfeindliche Absicht annimmt: das Handeln in Nötigungsabsicht (Rdn. 44) und das Handeln in Verletzungsabsicht (Rdn. 45). Hingegen ist der Gebrauch des Fahrzeugs in Fluchtabsicht bei (bedingtem) Gefährdungsvorsatz jedenfalls auf der Basis der neueren Rechtsprechung zum Erfordernis eines Schädigungsvorsatzes (Rdn. 12a) nicht mehr tatbestandsrelevant (Rdn. 46). Gewiss nicht ausreichend ist das bloße Fliehen ohne Gefährdungsvorsatz (Rdn. 47).

---

[84] Zu Ausnahmen s. etwa BGHSt **25** 306, 307; **26** 176, 177 f; BGHR § 315b Abs. 1 Nr. 3 Eingriff 1.

(a) **Nötigungsabsicht.** Verkehrsfeindliche Absicht wird angenommen, wenn der Täter 44
den anderen dazu veranlassen will, den Weg freizugeben,[85] also beim Handeln in Nötigungsabsicht (*Sch/Schröder/Cramer/Sternberg-Lieben* Rdn. 10).[86] Gleich steht es, wenn er sein Fahrzeug mit (zumindest bedingtem) Schädigungsvorsatz) in Richtung auf sein Opfer zurücksetzt, um es in seine Gewalt zu bringen (BGH NZV **2001** 352). Ein verkehrsfremder Eingriff in Nötigungsabsicht liegt ferner vor, wenn er ein anderes Fahrzeug im Überholvorgang durch gezieltes Zufahren von der Fahrbahn abzudrängen versucht (OLG Koblenz VRS **73** 58, 60 f); zumeist wird in solchen Konstellationen aber Hindernisbereiten gegeben sein (Rdn. 34). Nach *vormaliger* Rechtsprechung nicht erforderlich war es, dass der Täter Schädigungsvorsatz aufweist; vielmehr genügte es, wenn er beabsichtigt, im letzten Moment noch auszuweichen oder das Fahrzeug abzubremsen.[87] Die Voraussetzungen waren demnach auch dann gegeben, wenn dem Täter sein Tun nur um den Preis einer nicht unerheblichen Gefährdung des anderen möglich erscheint und er diese Gefährdung billigend in Kauf nimmt,[88] also bei bedingtem Gefährdungsvorsatz. BGH VRS **39** 187 hatte es sogar genügen lassen, dass der Täter *in Bezug auf das Vorhandensein* eines festnahmebereiten Polizeibeamten mit bedingtem Vorsatz handelt.[89] Diese Rechtsprechung ist durch BGHSt **48** 233 überholt (Rdn. 12a). BGH DAR **2004** 230 verneint auf der neu gefundenen Basis § 315b für einen Angeklagten, der sein Fahrzeug „mit erheblicher Beschleunigung" auf eine 2–3 m hinter seinem Fahrzeug stehende Person hin zurücksetzt, weswegen diese beiseite springen muss, und sich dabei verletzt; der Täter habe darauf vertraut, dass die Person „den Weg freigeben und nicht verletzt werden würde". OLG Köln DAR **2004** 469 verlangt Schädigungsvorsatz für das frontale Zufahren auf ein anderes Fahrzeug, um dessen Fahrzeugführer zum Anhalten zu zwingen und zur Rede zu stellen (auch auf der Basis von BGHSt **48** 233 zw., hierzu Rdn. 12b). Zum Erfordernis des Schädigungsvorsatzes in Fällen der Polizeiflucht s. BGH DAR **2006** 30, KG VRS **111** 184 und OLG Jena VRS **111** 187, zu Fällen des Abdrängens BGH StraFo **2006** 122 und OLG Hamm NZV **2008** 261. Zum mit Nötigungs- und (bedingtem) Schädigungsvorsatz handelnden Geisterfahrer Rdn. 45 a.E.

(b) **Verletzungsabsicht.** Die subjektive Seite des verkehrsfremden Eingriffs liegt nach 45
der Rechtsprechung auch dann vor, wenn der Täter mit Verletzungsabsicht handelt, also

---

85 BGHSt **22** 6, 7 f; 67, 75; BGH VRS **36** 267, 268; BGHSt **23** 4, 7; **26** 176, 178; **28** 87, 89; BGH VRS **51** 209, 210; **65** 428, 429; **69** 125, 126; **71** 193, 194; **93** 307, 308; BGHR § 315b Abs. 3 Absicht 1; § 315b Abs. 1 Konkurrenzen 3; BGH NStZ-RR **2001** 298; BayObLG bei *Rüth* DAR **1978** 209; AG Homburg VRS **80** 346, 347.

86 Soweit *Schwab* NJW **1983** 1100, 1101 hinsichtlich des *Nötigungserfolgs* generell bedingten Vorsatz ausreichen lassen will, kann sich dies entgegen seinen Ausführungen nicht auf die Rechtsprechung stützen.

87 BGHSt **22** 67, 75; **26** 176, 178 m. Bspr. *Meyer-Gerhards* JuS **1976** 228; **28** 87, 89; BGH VRS **51** 209, 210; **69** 125, 126; BayObLG bei *Rüth* DAR **1978** 209. Zum Eintritt der konkreten Gefahr in solchen Konstellationen Rdn. 67.

88 Explizit OLG Düsseldorf NJW **1982** 1111, 1112; OLG Köln NZV **1991** 319, 320. Nach *Horn/Wolters/Hoyer* JZ **1987** 965, 968 ist dies in der Rechtsprechung umstritten; allerdings ergibt sich die gegenteilige Auffassung aus der dort in Fn. 58 in Bezug genommenen Entscheidung des OLG Karlsruhe (VRS **68** 452, 453) nicht deutlich.

89 So dichtes Vorbeifahren an der geöffneten Türe eines Polizeifahrzeugs, dass die Tür gestreift wird, um einen möglicherweise neben die Türe tretenden Polizeibeamten zum Ausweichen zu zwingen (BGH aaO S. 188; ebenso BGH VRS **46** 106, 110).

sein Fahrzeug als Mittel (Waffe) zur Verletzung eines Menschen missbraucht.[90] Absatz 1 Nr. 3 ist beispielsweise erfüllt, wenn der Täter einen Fußgänger mit einer Geschwindigkeit von 30 bis 40 km/h anfährt (BGH VRS **43** 34, 36) oder sein Motorrad bewusst und gezielt einsetzt, um eine auf dem Fußweg vor ihm flüchtende Person anzufahren (BGHR § 315c Konkurrenzen 1). Entsprechendes gilt, wenn er einen aufgrund eines Unfalls am Boden liegenden Zweiradfahrer aus Verärgerung (dort mit seinem Traktor) überrollt (BGHR § 315b Abs. 1 Nr. 3 Eingriff, erheblicher 4). An die *Feststellung der Verletzungsabsicht* sind dabei strenge Anforderungen zu stellen (vgl. BGHR § 315b Abs. 3 Absicht 1). Ein Einsatz des Fahrzeugs als Waffe bzw. als „Schadenswerkzeug" und damit verkehrsfeindliche Absicht ist des Weiteren gegeben, wenn der Täter ein anderes Fahrzeug *bewusst rammt*[91] oder zu einem Zeitpunkt, in dem der Wartepflichtige nicht mehr damit rechnet, *durch plötzliches Beschleunigen die Vorfahrt erzwingt* (BGH VRS **53** 355 f). Handelt es sich bei dem geschädigten Fahrzeug allerdings um das eines Tatbeteiligten, so scheidet § 315b nach der Rechtsprechung aus (näher Rdn. 71 ff). Absatz 1 Nr. 3 ist ungeachtet dessen „Vertatbestandlichung" in § 315c Abs. 1 Nr. 2f (hierzu § 315c Rdn. 120) ferner auf den *„Geisterfahrer"* anwendbar, der es von vornherein darauf angelegt hat, Unfälle zu verursachen[92] oder gar mit Tötungsvorsatz handelt (BGH NStZ **2006** 503). Demgemäß müssten auch Fälle mit Nötigungsabsicht und „bloßem" bedingten Schädigungsvorsatz (hierzu *König* NStZ **2004** 175, 178) hinreichend sein. Hingegen genügt es seit BGHSt **48** 233 nicht (mehr), wenn der „Geisterfahrer" „nur" schwere Verkehrsgefährdungen verursachen will.[93] Schon vor dem Rechtsprechungswandel war es nicht ausreichend, wenn der Betreffende nach Erkennen seiner Situation bis zur nächsten Ausfahrt oder Wendemöglichkeit weiterfährt (s. auch Rdn. 31).[94]

46 (c) **Flucht mit Gefährdungsvorsatz.** Von dem Grundsatz, dass verkehrsfeindliche Absicht prinzipiell nicht gegeben ist, wenn der Lenker das Fahrzeug nicht als Nötigungs- oder Verletzungsmittel benutzt, sondern lediglich damit flüchten will, hatte der BGH vormals für den Fall eine Ausnahme gemacht, dass der Täter die Möglichkeit der Gefährdung oder Verletzung des anderen erkennt und eine solche Folge in Kauf nimmt, weil ihm seine Flucht nur um den Preis einer nicht unerheblichen Gefährdung des anderen und/oder seines Fahrzeugs möglich erscheint.[95] Ob diese Fallgruppe der Rechtsprechung

---

[90] BGH VRS **43** 34, 36; BGH JZ **1983** 811 m. krit. Anm. *Cramer* ebd. S. 812; BGH VRS **65** 359, 361; **69** 125, 126; BGHR § 315c Konkurrenzen 1; BGHR § 315b Abs. 1 Nr. 3 Eingriff, erheblicher 4; BGH NZV **2000** 88, 89; **2001** 352.

[91] BGH NStZ **1992** 233, 234; NStZ **1995** 31; BGH NJW **1999** 3132; BGH NStZ-RR **2001** 298; BayObLG bei *Rüth* DAR **1978** 209 [willentliches Auffahren auf vorausfahrendes Fahrzeug]. Anders noch (Absatz 1 Nr. 1 oder 2) – freilich ohne nähere Begründung – BGH VRS **50** 94, 95 (näher Rdn. 25). Zum Fall des Anfahrens eines Leicht-Kraftrads durch einen verfolgenden Dienstwagen der Polizei BayObLG NStZ **1988** 518 m. Anm. *Molketin* NStZ **1989** 488, 489.

[92] OLG Stuttgart JR **1980** 470 m. zust. Anm. *Kürschner*; *Sch/Schröder/Cramer/Sternberg-Lieben* Rdn. 10a a.E.; *Jagow/Burmann/Heß* § 315b Rdn. 5 [allerdings Annahme des Hindernisbereitens]; *Otto* GK BT § 80 Rdn. 18.

[93] Ablehnend *König* NStZ **2004** 175, 178; ebenso *Sch/Schröder/Cramer/Sternberg-Lieben* Rdn. 10a.

[94] OLG Stuttgart JR **1980** 470; **aM** OLG Stuttgart JR **1977** 253 m. zust. Anm. *Rüth;* OLG Hamm VRS **27** 202, 204 (Annahme des Hindernisbereitens bei „Rasen" mit 100 km/h auf der Überholspur in der entgegengesetzten Richtung ohne Feststellung der Absicht des Hindernisbereitens [zu § 315a a.F.]).

[95] BGH NStZ **1985** 267; NJW **1989** 917, 918; BGHR § 315b Abs. 1 Nr. 3 Eingriff, erheblicher 4 S. 1; BGH NJW **1996** 203 [insoweit in BGHSt **41** 231 (234) nicht abgedruckt]; BGH VRS **93** 307, 308; **94** 213, 214.

des BGH entnommen werden kann, war freilich nicht unumstritten.[96] Namentlich BGH NStZ **1985** 267 kann aber wohl nicht anders verstanden werden. Diese Rechtsprechung ist durch BGHSt **48** 233 (Rdn. 12a) überholt (näher *König* NStZ **2004** 175).

(d) **Flucht ohne Gefährdungsvorsatz.** Das „bloße" Fliehen kann nicht als bewusst verkehrsfremder Fahrzeugeinsatz angesehen werden;[97] im Vordergrund des Fahrzeugeinsatzes steht hier der Zweck der Fortbewegung. § 315b ist demgemäß nicht einschlägig, wenn der Kraftfahrer beabsichtigt, an einem Halt gebietenden Polizeibeamten bzw. an einem Fahrzeug vorbeizufahren und er dies ohne dessen Gefährdung für möglich hält.[98] Setzt der Täter zu Zwecken der Flucht das Fahrzeug zurück und rammt er dabei einen Polizeiwagen, so kann hieraus nicht auf Verletzungsabsicht bzw. Gefährdungsvorsatz geschlossen werden (BGH VRS **65** 428, 429). Verkehrsfeindliche Absicht liegt nicht schon dann vor, wenn der Täter mit einer Geschwindigkeit von 70 km/h durch eine zwischen einem quergestellten Polizeiwagen und dem Fahrbahnrand bestehende Lücke entfliehen will (BGH VRS **93** 307, 308). Im Durchfahren einer Grenzabfertigungsstelle ist kein verkehrsfremder Eingriff zu sehen, sofern der Fahrzeuglenker den Halt gebietenden Beamten nicht wahrnimmt und dessen Vorhandensein auch nicht in seinen Vorsatz aufgenommen hat (OLG Karlsruhe VRS **68** 452, 453) oder an einem Polizeifahrzeug vorbeizufahren beabsichtigt, ohne damit zu rechnen, dass ein Beamter neben dem Wagen steht (BGH VRS **39** 187, 189). 47

(2) **Grobe Einwirkung von Gewicht.** Zur verkehrsfeindlichen Absicht hinzu kommen muss die grobe Einwirkung von Gewicht. Ob dieser Einschränkung in den hier relevanten Fällen unter dem Erfordernis eines (bedingten) Schädigungsvorsatzes (Rdn. 12a) noch eine eigenständige Bedeutung zukommt, ist freilich nicht unzweifelhaft. Grobe Einwirkung *ist bejaht worden* bei Tätern, die auf ihnen den Weg versperrende Polizeibeamte bzw. -fahrzeuge[99] oder auf einen sonstigen Festnahmeberechtigten[100] schnell zufahren, ferner bei einem Fahrzeugführer, der mit Vollgas auf den Bürgersteig fährt, um einen Durchbruchversuch gegenüber einer Gruppe von Fußgängern zu unternehmen (BGHSt **22** 365, 366 ff) bzw. um einen Fußgänger zu veranlassen, sofort den Weg freizugeben (BGH VRS **51** 209, 210). Ein gewichtiger Eingriff liegt des Weiteren vor, wenn der Täter auf einen Fußgänger zufährt, um ihn möglicherweise anzufahren und körperlich zu verletzen, auf jeden Fall aber zu erschrecken (BGH VRS **48** 28, 29; für den Fall des „nur" Erschreckensvorsatzes u.U. überholt durch BGHSt **48** 233, s. aber Rdn. 12b), oder wenn er mit aufheulendem Motor auf sein Opfer zufährt, um es in Panik zu versetzen und so zum Beiseitetreten zu veranlassen (BGH VRS **69** 125, 127; u.U. überholt durch BGHSt **48** 233, Rdn. 12b; s. aber zu beidem auch BGHSt **28** 87, 90 sowie unten), desgleichen, wenn er das Fahrzeug so stark beschleunigt, dass einer unmittelbar vor ihm stehenden Person keine oder nur minimale Zeit zur Reaktion verbleibt (BGH bei *Hürxthal* DRiZ 48

96 Abw. wohl BayObLG bei *Rüth* DAR **1976** 175; **aA** OLG Düsseldorf NJW **1982** 1111, 1112 [Absatz 1 Nr. 3 nur bei Nötigungs- oder Verletzungsabsicht] m. abl. Bspr. *Schwab* NJW **1983** 1100, und implizit OLG Düsseldorf NZV **1999** 388; wie OLG Düsseldorf wohl auch *Horn/Hoyer* JZ **1987** 965, 968.

97 BGHSt **23** 4, 6; **28** 87, 89; BGH VRS **53** 31, 32 f; **55** 185, 186; **65** 428, 429.

98 BGHSt **23** 4, 6; BGH VRS **39** 187, 189; **53** 31, 32 f; **55** 185, 186; BGHSt **28** 87, 89; BGH NStZ **1985** 267; BayObLG bei *Rüth* DAR **1978** 209; OLG Hamm NStZ-RR **2001** 104.

99 BGHSt **22** 6, 7; 67, 75; BGH VRS **36** 267, 268; BGHSt **26** 176, 178; BGHR § 315b Abs. 1 Konkurrenzen 3.

100 BGH VRS **71** 193, 194.

1979 150 [Nr. 19 b]; BGHR § 315b Abs. 1 Nr. 3 Eingriff, erheblicher 1 S. 1). Handelt der Täter in *der Absicht, sein Opfer zu verletzen oder das fremde Fahrzeug zu beschädigen*, so ist die gefahrene Geschwindigkeit ohne Belang;[101] der Eingriff hat dann per se das erforderliche Gewicht. *Nicht tatbestandsmäßige Verstöße geringeren Gewichts* sind u.a. angenommen worden beim langsamen Zufahren mit aufgeblendetem Fernlicht auf einen entgegenkommenden Mopedfahrer, um diesen „in Bedrängnis zu bringen" (BGH VRS **45** 186, 187). Entsprechendes gilt für das langsame Zufahren auf einen Fußgänger, der ohne Schwierigkeit und ohne Gefahr ausweichen kann,[102] was auch beim Rückwärtsfahren mit hoher Geschwindigkeit denkbar ist (BGHR § 315b Abs. 1 Nr. 3 Eingriff, erheblicher 2), sowie bei einem vom Täter beherrschten Fahrvorgang, wenn dieser das Fahrzeug kurz vor dem Bedrohten zum Stehen bringen will (BGH VRS **69** 125, 127). Das Verlassen der Fahrbahn und das Fahren auf den Bürgersteig reicht für sich allein nicht aus (BGH VRS **64** 267, 268). Das bloße Erschreckenwollen des anderen genügt gleichfalls nicht (BGHSt **28** 87, 90 in Abgrenzung zu BGH VRS **48** 28; hierzu oben), ebenso nicht das Abschneiden des Weges eines Fußgängers, um diesen „zu stellen" (BGH VRS **63** 205, 207).

49 bb) **„Mitnehmen", Abschütteln etc.** Vielfach im Rahmen von Fluchtvorgängen und nicht selten als Folgeentwicklung des Zufahrens auf einen anderen kommt es zu Situationen, in denen der Täter versucht, eine sich an seinem Fahrzeug festklammernde oder sonst am oder im Fahrzeug befindliche Personen durch Fahrbewegungen oder sonstige Handlungen abzuschütteln bzw. aus dem Fahrzeug zu stoßen. Strukturell ähnlich sind Fälle, in denen ein Mitfahrer im Wagen gehalten werden soll. Zumindest in der ersten Konstellation müsste an sich die durch BGHSt **48** 233 eingeführte Einschränkung gelten, dass der Täter mit Schädigungsvorsatz gehandelt haben muss; denn dem Täter geht es um sein Fortkommen (Rdn. 12a). Jedoch stehen in dieser Fallgruppe Taten in Frage, bei denen man beim besten Willen nicht zu postulieren vermag, es stünde bloß fehlerhaftes Verkehrsverhalten inmitten, das abschließend von § 315c erfasst werden solle. Sie stellen vielmehr schon nach dem äußeren Erscheinungsbild, pervertierte „Verkehrsteilnahme" dar, für die § 315c keine Regelung trifft. U.U. ist die Problematik dadurch ein wenig „entschärft", dass oftmals Schädigungsvorsatz vorliegen wird.

50 (1) **Verkehrsfeindliche Absicht.** Verkehrsfeindliche Absicht kommt in Betracht bei der Weiterfahrt mit einem sich auf der Kühlerhaube, an der Türe oder am Fahrersitz festhaltenden Menschen, wenn der Täter mit der Weiterfahrt erreichen will, dass sich der andere vom Fahrzeug löst.[103] Das Fahrzeug wird dann zweckfremd als gefährliches Nötigungsmittel missbraucht (BGHR § 315b Abs. 1 Nr. 3 Eingriff, erheblicher 4 S. 1, 2). Nicht zwingend erforderlich ist, dass die Gefährdung des Opfers gerade durch den Einsatz des Fahrzeugs hervorgerufen wird (z.B. durch knappes Vorbeifahren an einem anderen Fahrzeug, um den am Fahrzeug hängenden Menschen „abzustreifen"). Vielmehr genügen auch gewaltsame Handlungen des Fahrers, z.B. das Einschlagen auf die Arme des anderen, mit denen sich dieser festhält, und der Versuch, diesen wegzustoßen (BGH

---

[101] BGH JZ **1983** 811, 812; BGH VRS **65** 359, 361; BGHR § 315b Abs. 1 Nr. 3 Eingriff, erheblicher 4.

[102] BGH VRS **40** 104, 105 f; **44** 437, 438; BGHR § 315b Abs. 1 Nr. 3 Eingriff, erheblicher 1, S. 2; vgl. auch BGHSt **26** 51 f, **41** 231, 237 und OLG Köln VRS **53** 184, 185.

[103] BGHSt **26** 51, 52; BGH VRS **56** 141, 143; BGHR § 315b Abs. 1 Nr. 3 Eingriff, erheblicher 4; OLG Köln VRS **53** 184, 185 f. S. auch BGH VRS **85** 104, 105.

aaO; vgl. auch BGH VRS **56** 141, 143 f). Der BGH verwendete vormals die Formel, wonach es ausreicht, dass der Täter die Möglichkeit der erheblichen Gefährdung oder Verletzung eines anderen erkennt und eine solche Folge in Kauf nimmt, weil ihm seine Flucht nur um diesen Preis möglich erscheint (BGHR § 315b Abs. 1 Nr. 3 Eingriff, erheblicher 4 S. 1; s. Rdn. 46, aber auch die nachfolgende Rdn.). Nach neuerer Rechtsprechung wird man womöglich in allen Fällen Schädigungsvorsatz verlangen müssen (Rdn. 12a, 49).

(a) **Hinausstoßen aus dem Fahrzeug.** Einen schwierig zu beurteilenden Grenzfall, der den BGH zu filigranen Überlegungen veranlasst hat, betrifft BGH NZV **1998** 36. Dort hatte der Kraftfahrzeuglenker seine Mitfahrerin aus dem Wagen gestoßen, und zwar, nachdem er sein Fahrzeug zuvor auf 40 km/h beschleunigt hatte. Nach Auffassung des BGH soll § 315b Abs. 1 Nr. 3 bereits deswegen nicht gegeben sein, weil sich der Eingriff im Bewirken der Körperverletzung erschöpfe. Es handele sich daher lediglich um einen Eingriff im Straßenverkehr und nicht um einen solchen *in den* Straßenverkehr. Dass dies nicht ausreiche, leuchte ohne Weiteres ein, wenn man sich den Fall vorstelle, dass der Täter sein Fahrzeug anhalte, bevor er das Opfer hinausstoße. Die gezogene Parallele überzeugt freilich schon deshalb nicht, weil die besonderen Gefahren gerade aus der Fahrbewegung herrühren. Der Vergleich ließe sich im Übrigen in den Konstellationen des Abschüttelns (Rdn. 50) genauso ziehen. In der Sache übertrug der BGH hier – soweit ersichtlich erstmals – die Grundsätze zu § 315b Abs. 1 Nr. 1 (dazu Rdn. 26) auf Absatz 1 Nr. 3. Diese Rechtsprechung ist mittlerweile durch BGHSt **48** 119 aufgegeben (Rdn. 83). Der BGH zieht ungeachtet dessen einen verkehrsfremden Eingriff in Betracht, und zwar unter der Voraussetzung, dass der Täter die Beschleunigung als Mittel zur Gefährdung des Opfers eingesetzt habe; allerdings reiche hierfür nicht aus, dass er mit dem Ziel gehandelt habe, unerkannt zu entkommen; es bedürfe einer Perversion des Verkehrsvorgangs und der Absicht, in die Sicherheit des Straßenverkehrs einzugreifen. Legt man die herkömmlichen Kriterien an, so wird freilich erneut nicht deutlich, woran es eigentlich fehlen soll. Denn in solchen Fällen ist § 315b Abs. 1 Nr. 3 nach st. Rspr., die der Senat auch zitiert (BGH NZV **1998** 36), dann erfüllt, wenn dem Täter die Flucht nur um den Preis der Gefährdung oder Verletzung eines anderen möglich erscheint (Rdn. 46; 50 a.E.), wobei in solchen Fällen Schädigungsvorsatz nahe liegt. Es liegt auch nicht ohne Weiteres auf der Hand, wo der Unterschied liegen soll zwischen dem Hinausstoßen aus einem fahrenden Pkw, um unerkannt zu entkommen, und dem von demselben Ziel bestimmten „Abschütteln" eines Verfolgers, der sich am Fahrzeug festhält (Rdn. 50). Schwerlich überzeugend wäre es jedenfalls, wollte man auf die Dauer des Vorgangs abstellen (die auch eher beim Kriterium der groben Einwirkung von Gewicht eine Rolle spielen würde) oder darauf, ob der Täter dem Wegstoßen etwa durch abrupte Fahrbewegungen mehr Kraft verleiht (s. dazu, dass andere Einwirkungen als der Einsatz des Fahrzeugs grundsätzlich ausreichen, Rdn. 50).[104] 51

(b) **Festhalten im Fahrzeug, bewusst herbeigeführter Unfall.** Verkehrsfeindliche Absicht kann auch im umgekehrten Fall gegeben sein, in dem ein Mitfahrer das Fahrzeug verlassen möchte, der Fahrer jedoch zu dem Zweck, den anderen am Verlassen zu hindern, sein Fahrzeug so einsetzt, dass der andere sich nicht mehr vom Fahrzeug lösen 52

---

104 Wie hier *Sch/Schröder/Cramer/Sternberg-Lieben* Rdn. 10; im Erg. auch *Barnickel* MK Rdn. 21.

kann und mitgeschleift wird (BGH NJW **1989** 917, 918). Im konkreten Fall hatte das Tatopfer bereits mit seinem Oberkörper weit aus der Fahrzeugtüre gehangen und „streifte durch das Anfahren drei bis vier Meter auf der Asphaltoberfläche des Parkplatzes entlang". Der Angeklagte bemerkte dies und fuhr gleichwohl weiter, um seinen Tatplan (sexuelles Gewaltdelikt) durchführen zu können (BGH aaO S. 917). Der BGH meint dennoch, es könne an der verkehrsfeindlichen Absicht fehlen, weil sich der Täter womöglich nur mit dem Opfer habe fortbewegen wollen und bedingter Vorsatz hinsichtlich der Gefährdung nicht hinreichend festgestellt sei (aaO S. 918). Das ist auf der Basis vormaliger Rechtsprechung in doppelter Hinsicht wenig einleuchtend. Denn zum einen kann nicht zweifelhaft sein, dass der Täter das Fahrzeug bzw. den Akt der Fortbewegung als Nötigungsmittel missbraucht, um sein Opfer im Fahrzeug zu halten. Zum anderen werden die Anforderungen an den Gefährdungsvorsatz erheblich überspannt (in diesem Sinne auch *Otto* JR **1989** 340, 341), wobei sogar Schädigungsvorsatz nahe liegt. Der BGH hat seine Rechtsprechung in einem ähnlichen Fall fortgeführt, ohne auf die Einwände einzugehen (BGH NZV **2001** 352). Hingegen beanstandet BGH v. 31.1.2002 (4 StR 417/01) eine Verurteilung (auch) wegen § 315b in einem Fall nicht, in dem der Angekl. mit einer Geschwindigkeit von 120 km/h ungebremst gegen eine Leitplanke fährt, um sich und seine im Fahrzeug befindliche Ehefrau zu töten. Mit den vorgenannten Entscheidungen erscheint dies schwerlich vereinbar, soweit diese auf den Aspekt des Willens zur Fortbewegung abstellen.

53 (2) **Grobe Einwirkung.** Zur verkehrsfeindlichen Absicht hinzukommen muss die grobe Einwirkung von einigem Gewicht (zur eingeschränkten Bedeutung dieses Erfordernisses auf der Basis der neueren Rechtsprechung Rdn. 48). *Sie ist bejaht worden* beim „Mitnehmen" eines Menschen auf der Kühlerhaube bei Beschleunigung des Fahrzeugs auf 120 bis 130 km/h über eine Strecke von 2300 Metern hinweg (BGHSt **26** 51, 52) sowie bei der Weiterfahrt mit einer Geschwindigkeit von mindestens 30 km/h über 430 Meter hinweg, bei der sich der andere seitlich an der Fahrertüre festhält (BGHR § 315b Abs. 1 Nr. 3 Eingriff, erheblicher 4), gleichfalls beim Einschwenken in eine dreispurige Fahrbahn unter starker Beschleunigung und abrupter Lenkbewegung (OLG Köln VRS **53** 184, 185 f) sowie bei scharfem Anfahren und heftigen Lenkbewegungen sowie Zick-Zack-Fahren über eine Strecke von mehr als 200 Metern hinweg (BGH VRS **56** 189, 190). Kein hinreichend gewichtiger Eingriff liegt demgegenüber in der „Mitnahme" eines anderen auf der Motorhaube in langsamer Fahrt (20 km/h möglicherweise auch weniger) über 20 Meter hinweg (BGH VRS **40** 104, 105 f) sowie bei äußerst langsamem Zufahren, um eine sich dem Fahrzeug entgegenstemmende Person wegzudrängen, wobei diese beinahe auf die Fahrzeughaube geraten wäre (BGH VRS **44** 437, 438). Der groben Einwirkung ermangelt es auch beim ruckweise Hin- und Herfahren mit einem Fahrzeug, um auf diese Weise eine Person abzuschütteln, die sich auf den Kotflügel stützt (BGH VRS **45** 185). Gleichfalls reicht es nicht aus, wenn der sich am Türholm festklammernde Polizeibeamte ca. 5 Meter weit mitgezogen wird, wobei er sich ohne Weiteres hätte vom Fahrzeug lösen können (BGHSt **28** 87, 92).

54 cc) **Eingriffe in die Fahrzeugführung.** Nach der hier vertretenen Auffassung stellen eigenmächtige Eingriffe des Beifahrers in die Fahrzeugführung *Außeneingriffe* dar, so dass es der Feststellung einer verkehrsfeindlichen Absicht nicht bedarf (Rdn. 18, 40). Die nachfolgend referierten Fallgestaltungen würden danach durchwegs unter § 315b fallen. Demgegenüber gehen die noch (s. BGH NZV **2006** 483, hierzu Rdn. 18) herrschende Rspr. und ein großer Teil der Lehre von einem Inneneingriff aus und differenzieren danach, ob der Beifahrer den Verkehrsvorgang zu einem Eingriff pervertiert oder nur auf einen Verkehrsvorgang Einfluss nimmt.[105] Dies führt zu wenig plausiblen Ergebnissen. § 315b Abs. 1 Nr. 3 ist auf dieser Linie beispielsweise nicht erfüllt, wenn der Mitfahrer durch einen Eingriff in die Steuerung nur das Abbiegen oder Anhalten erzwingen will (BGHR § 315b Abs. 1 Nr. 3 Vorsatz 1; BayObLG bei *Bär* DAR **1991** 367), wenn er das Lenkrad scharf nach einer Seite reißt, um die Rückfahrt zu einem Lokal oder zur Polizeistation zu verhindern (OLG Hamm NJW **1969** 1975, 1976) oder um in trunkenheitsbedingter Verkennung der Situation einen Unfall mit einem entgegenkommenden Fahrzeug zu vermeiden (OLG Köln NJW **1971** 670). Entsprechendes soll gelten für das abrupte Anziehen der Handbremse vor einer Geschwindigkeitskontrolle (BayObLG bei *Janiszewski* NStZ **1992** 271), oder weil der Beifahrer aussteigen will (OLG Hamm Verkehrsrecht aktuell **2006** 17), und das Fahrzeug ins Schleudern gerät, oder weil der Beifahrer den Fahrer zu einer den Verkehrsvorschriften angepassten Fahrweise veranlassen will (OLG Hamm NJW **2000** 2686). Selbst dann, wenn der Beifahrer bei einer Geschwindigkeit von 40 bis 50 km/h den Zündschlüssel zieht und so das Einrasten des Lenkradschlosses sowie die Steuerungslosigkeit des Wagens bewirkt, müsste konsequent Straflosigkeit unter dem Aspekt des § 315b angenommen werden, sofern der Beifahrer „nur" das Anhalten bewirken will.[106] Dass ein solches Verhalten außerordentlich gefährlich ist, würde daran nichts zu ändern; denn die hier nicht vorliegende verkehrsfeindliche Absicht ist gesondert festzustellen.[107] Einen verkehrsfremden Eingriff nimmt demgegenüber nach allen Ansichten vor, wer sich in Verletzungs- oder Tötungsabsicht bei hoher Geschwindigkeit vom Rücksitz eines Pkw plötzlich nach vorne wirft, in das Steuer greift und versucht, den Wagen auf die Straßenböschung zu steuern (BGH VRS **36** 267, 269).

dd) **„Auto-Surfen"**. Den sonstigen Konstellationen nicht recht zuordnen lässt sich das verharmlosend so genannte „Auto-Surfen". Einen einschlägigen Fall[108] hatte OLG Düsseldorf NZV **1998** 76 zu entscheiden. Der Vorgang ähnelt zwar den unter Rdn. 49 ff angesprochenen Fällen der „Mitnahme" anderer auf der Kühlerhaube etc., unterscheidet sich davon aber dadurch, dass der Fahrzeugführer Nötigungs- oder Verletzungsabsichten gerade nicht verfolgt. Das OLG Düsseldorf hat die durch die Vorinstanz (LG Mönchengladbach VRS **93** 100) ausgesprochene Verurteilung nach § 315b u.a. deswegen aufgehoben, weil die körperliche Unversehrtheit der Tatbeteiligten nicht im Schutzbereich des § 315b liege. Das ist nach dem von der Rechtsprechung auch sonst eingenommenen Standpunkt konsequent (näher Rdn. 71 ff). Der Beschluss äußert sich aber auch zum verkehrsfremden Eingriff. Er nimmt eine Zweckentfremdung des Fahrzeugs an, weil dieses nicht mehr als Verkehrsmittel verwandt, sondern als Mittel der Unterhaltung missbraucht worden sei. Jedoch hätten die „Auto-Surfer" bewusst des Nachts verkehrsfreie Wege gewählt, um eine Gefährdung anderer auszuschließen. Deswegen fehle es an der Absicht, auf den öffentlichen Straßenverkehr einzuwirken, ihn zu stören oder zu unter- 55

---

105 BGHR § 315b Abs. 1 Nr. 3 Vorsatz 1 m. zust. Anm. *Molketin* NZV **1990** 35; OLG Hamm NJW **1969** 1975, 1976; OLG Köln NJW **1971** 670. Weitere Nachweise in Rdn. 18.

106 So der OLG Karlsruhe NJW **1978** 1391 zugrunde liegende Fall; das OLG Karlsruhe hat allerdings mit Recht anders entschieden.

107 Verkannt von *Molketin* NZV **1990** 35.

108 Dabei lagen eine oder mehrere Personen auf dem Dach eines fahrenden Autos und hielten sich, teils in gegenseitiger Umklammerung, durch die geöffneten Fenster an den Türholmen fest, wobei die Geschwindigkeit „bis zur Grenze des Möglichen" gesteigert wurde. In einer mit ca. 70 km/h durchfahrenen Kurve ist einer der „Surfer" aufgrund der starken Fliehkraft vom Dach geschleudert worden und hat außerordentlich schwere Verletzungen erlitten.

binden.[109] Verkehrsfeindliche Absicht könne vor diesem Hintergrund nicht angenommen werden. Was die Ablehnung des verkehrsfremden Eingriffs anbelangt, ist dem Senat im Ergebnis zuzustimmen. Zwar dürfte es *entgegen* seiner Auffassung nicht an einer Einwirkung auf den öffentlichen Straßenverkehr fehlen. Denn öffentlicher Straßenverkehr bleibt öffentlicher Straßenverkehr auch dann, wenn der Verkehrsraum wenig oder gar nicht belebt ist; ausgeschlossen werden kann das Entgegenkommen eines Verkehrsteilnehmers zu keiner Zeit. Auch lassen sich bei Vorgängen wie dem „Auto-Surfen" (beabsichtigte) Einwirkungen auf die Verkehrssicherheit kaum in Abrede stellen (näher *Saal* NZV **1998** 49, 52). Es steht ein regelwidrig ablaufender Verkehrsvorgang in Frage, bei potentiell gravierenden Gefahren für die Beteiligten und möglicherweise sonst tangierte Verkehrsteilnehmer. Indessen dürfte verkehrsfeindliche Absicht zu verneinen sein. Dass Fahrzeuge im Straßenverkehr als „Unterhaltungsmittel" missbraucht werden, ist kein Spezifikum des „Auto-Surfens". Auch bei demjenigen, der die Reserven seines Sportwagens vor einer unübersichtlichen Kurve ausreizt oder der nachts auf nicht befahrener Autobahn die zulässige Geschwindigkeit in einer Baustelle um das Dreifache überschreitet, um sein Auto „auszufahren", stehen Unterhaltungszwecke bzw. das Herbeiführen von „Nervenkitzel" im Vordergrund; gleichfalls handelt er höchst gefährlich. Dies allein eröffnet aber noch nicht den Anwendungsbereich des § 315b. Auf der Grundlage von BGHSt **48** 233 (Rdn. 12a) wäre wohl darüber hinaus *Schädigungsvorsatz* zu verlangen, an dem es häufig fehlen wird (voluntatives Vorsatzelement).

56 c) **Eingriff durch Unterlassen.** Der gefährliche Eingriff kann nach allgemeinen Regeln auch durch Unterlassen begangen werden. Betrachtet man wie hier (Rdn. 36 ff) die Nichtbeseitigung von Gefahrenzuständen als Hindernisbereiten durch Unterlassen, so bleibt für Absatz 1 Nr. 3 allerdings nicht viel übrig. Ein (umstrittenes) Beispiel wäre die unterlassene Reparatur funktionswichtiger Teile des Fahrzeugs wie etwa der Bremsanlage (Rdn. 19, 24).

57 d) **Kritik der Rechtsprechung.** Der Rechtsprechung zum verkehrsfeindlichen Inneneingriff wird von Teilen der Lehre im Grunde prinzipienlose Kasuistik vorgeworfen, bei der kriminalpolitische Erwägungen und das Strafwürdigkeitsempfinden des Richters den Ausschlag gäben (s. auch schon Rdn. 41).[110] Tendenzen in Richtung auf das Letztere sind in *einzelnen* Entscheidungen durchaus feststellbar (s. Rdn. 35, 51, 52). *Im Ganzen gesehen* erschien dieser Vorwurf jedoch nicht berechtigt. Der BGH und die Oberlandesgerichte hatten durchaus strikt nach den in langen Jahren entwickelten (und vom Gesetzgeber gebilligten) Kriterien verfahren und dabei die unter dem Aspekt des § 315b relevanten Fallgruppen zutreffend herausgearbeitet (*König* NStZ **2004** 175). Insbesondere hatte man auf der Basis der vormaligen Rechtsprechung schwerlich sagen können, dass die Judikatur von übertriebener Härte geprägt war. Eher war das Gegenteil der Fall. Davon bleibt unberührt, dass die gelegentlich filigranen Differenzierungen unter maßgebendem Abstellen auf die vom Täter verfolgten Absichten in Verbindung mit nahe liegendem Verteidigungsverhalten Unbehagen bereiten können. Dieses Unbehagen schimmerte in den letzten Jahren vermehrt auch in der Rechtsprechung des BGH durch und führte letztlich zum Erfordernis des Schädigungsvorsatzes in Fällen der Nötigungsabsicht

---

[109] Zust. *Lackner/Kühl* Rdn. 4; *Barnickel* MK Rdn. 47; *Rengier* BT/II § 44 Rdn. 14. Zweifel bei *Fischer* Rdn. 12. **AA** *Saal* NZV **1998** 49, 52.

[110] In diese Richtung *Cramer* JZ **1983** 812; *Sch/Schröder/Cramer/Sternberg-Lieben* Rdn. 10. Kritisch auch *Geppert* Jura **1996** 639, 644; *Ranft* Jura **1987** 608, 610 f.

(Rdn. 12a). Hierdurch wurde dem verkehrsfeindlichen Inneneingriff ein großer Teil seines Anwendungsbereichs entzogen. Wie bei jeder Entkriminalisierung stellen sich insoweit naturgemäß auch keine Anwendungsprobleme mehr. Das ist zugleich der einzige Gewinn (wenn man ihn als solchen bezeichnen will) des Rechtsprechungswandels. Auf der anderen Seite steht, dass über einen nicht überzeugenden Gradmesser ein Spektrum von Taten aus § 315b „herausreduziert" worden ist, deren Relevanz vom ganz überwiegenden Schrifttum nicht in Zweifel gezogen worden war und für die der Strafschutz des § 315b weiterhin notwendig wäre. Die „Versubjektivierung" des Inneneingriffs, die einer der Hauptvorwürfe gegen die Rechtsprechung ist, wurde dabei nicht ausgeräumt. Schließlich ist, wie auch die vorstehenden Rdn. zeigen, weiterhin Rechtsunsicherheit zu konstatieren, wie weit die neue Rechtsprechung eigentlich reicht.

Vorschläge aus dem Schrifttum. Die mit dem Inneneingriff verbundenen und auch nach dem Rechtsprechungswandel fortbestehenden (Rdn. 57) Verwerfungen könnten durch einen radikalen Schnitt ausgeräumt werden, indem § 315b (entgegen den gesetzgeberischen Intentionen) auf Außeneingriffe beschränkt wird.[111] Es gibt nach wie vor nur wenige, die dies ernstlich befürworten.[112] Auch ansonsten vermag das kritisierende Schrifttum weiterhin überlegene Lösungen nicht anzubieten: **57a**

Ausgliederung der Polizeiflucht? Kein gangbarer Weg dürfte es zunächst sein, einem Vorschlag *Ranfts* entsprechend die Polizeiflucht bzw. das, was durch BGHSt **48** 233 von ihr übrig gelassen wurde, aus dem Anwendungsbereich des § 315b herauszunehmen. *Ranft* stützt sich auf die Erwägung, dass der genötigte oder verletzte Polizeibeamte nicht in seiner Eigenschaft als Verkehrsteilnehmer gefährdet werde, sondern als Person, die in Wahrnehmung amtlicher Befugnisse und Pflichten „von außen" auf den Verkehrsablauf einwirke (Jura **1987** 608, 611). Abgesehen davon, dass sich dies nicht mit der herkömmlichen Bestimmung des „Verkehrsteilnehmers" verträgt,[113] kann freilich nicht überzeugend erklärt werden, warum nach dem äußeren Erscheinungsbild und den Auswirkungen auf die Verkehrssicherheit sowie nach den Intentionen des Täters identische Sachverhalte unterschiedlich behandelt werden. Eine solchermaßen differenzierende Auslegung bliebe auch für andere Konstellationen nicht ohne Auswirkung. So müsste wohl der Schuss auf den verfolgenden Polizeiwagen unter dem Aspekt des § 315b gleichfalls straflos bleiben. Mit Recht hat daher die Rechtsprechung den Polizeibeamten als tatbestandsrelevantes Gefährdungsobjekt angesehen (ausdrücklich etwa in BGH VRS **37** 430, 431; **46** 106, 109). **57b**

Lediglich Schutz argloser Verkehrsteilnahme? Demgegenüber bestimmt *Dencker* (FS Nehm S. 373) das Ähnlichkeitskriterium mit Blick auf den aus seiner Sicht bestehenden gemeinsamen Zweck der in Absatz 1 Nr. 1 und 2 normierten Tathandlungen. Das Gesetz wolle gewährleisten, dass sich das jeweilige Opfer im Straßenverkehr arglos und im Vertrauen auf die sächlichen Grundlagen der Verkehrssicherheit bewegen könne (aaO S. 380 ff, 384 ff). Ähnlichkeit zu Absatz 1 Nr. 1 und 2 sei immer dann gegeben, „wenn der Eingriff so [sei], dass ein gedachter Verkehrsteilnehmer bei argloser Verkehrsteilnahme durch ihn in seiner Eigenschaft als Verkehrsteilnehmer in Gefahr geraten" könne (aaO S. 382). Indessen geben weder das Gesetz noch der gesetzgeberische Wille Anhaltspunkte **57c**

---

111 Vor diesem Hintergrund stehen die Vorschläge *Obermanns* zur Ausfüllung des Ähnlichkeitskriteriums S. 154 ff.

112 Zur Auffassung von *Obermann* und *Solbach/Kugler* oben Rdn. 13 ff; zur Auffassung von *Fabricius* Rdn. 16.

113 Hierzu BGHSt **14** 24, BayObLG NZV **1992** 326: Verkehrsteilnehmer ist, wer „sich verkehrserheblich verhält, d.h. körperlich und unmittelbar auf den Ablauf eines Verkehrsvorgangs einwirkt". Zum Ganzen *Hentschel/König* § 1 StVO Rdn. 17.

dafür, dass § 315b ausschließlich oder jedenfalls maßgebend auf den Schutz von Arglosigkeit abzielen könnte. Auch die Konsequenzen erscheinen ungereimt. Beispielsweise wird der Strafschutz des (strukturgleichen) § 315 sogar in besonderem Maße benötigt, wenn der gesamte Bahnverkehr nach Ankündigung und Durchführung von Anschlägen auf den Bahnverkehr vonseiten terroristischer Organisationen in Atem gehalten wird und sich deswegen überhaupt kein Fahrzeugführer arglos in den Verkehr begeben kann. Nicht erklärbar wäre ferner, warum dem von einem „Stalker" (vgl. § 238; Anwendungsfall in BGH NZV **2006** 270, s. Rdn. 40, 83a) Verfolgten der Strafschutz des § 315b versagt werden sollte, weil es ihm wegen ständiger Verfolgung bei allem, was er tut, an der Arglosigkeit ermangelt. Das Gleiche gilt für den Polizeibeamten, den *Dencker* im Ansatz ähnlich wie *Ranft* (Rdn. 57a) aus dem Strafschutz ausgliedern will, weil er „situationstypisch" nicht die erforderliche Arglosigkeit aufweise (*Dencker* FS Nehm S. 385). Ob die Situationstypik gegeben ist, erscheint überdies zweifelhaft. Denn Fälle, in denen auf Polizeibeamte in Nötigungs- oder Verletzungsabsicht zugefahren wird, sind im Verkehrsalltag nach wie vor die seltene Ausnahme. Der „normale" Polizeibeamte wird deshalb mit solch kriminellem Verhalten nicht rechnen und auch nicht rechnen müssen. Aus der dem Gedanken der Arglosigkeit folgenden Struktur der Nummern 1 und 2 ergibt sich nach Auffassung von *Dencker* ferner, dass ein Eingriff, der sich die Eigendynamik namentlich des Täterfahrzeugs zunutze mache, nicht tatbestandsrelevant sein könne; in Absatz 1 Nr. 1, 2 sei die Eigendynamik nicht als Risikoelement erkennbar (aaO S. 385 f). Jedoch sind die Tathandlungen des Absatzes 1 Nr. 1 und 2 in Bezug auf die jeweils wirkende Dynamik wertfrei formuliert. Ein gemeinsames Strukturelement kann ihnen insoweit nicht entnommen werden. Z.B. lässt sich nicht überzeugend begründen, dass ein Hindernis statisch sein muss. Erkennt man aber an, dass der Täter mit seinem bewegten Fahrzeug ein Hindernis bilden kann (hierfür richtigerweise auch *Dencker* aaO S. 385), so ist nicht ersichtlich, warum der Fahrzeugeinsatz zwar bei Verminderung der Energie (Abbremsen, vgl. *Dencker* aaO) tatbestandsrelevant sein soll, nicht hingegen bei deren vollem Einsatz (z.B. Täter fährt dem Opferfahrzeug mit gerade hierzu erhöhter Geschwindigkeit in die Seite, um es von der Straße abzudrängen). Dementsprechend sieht sich die ganz h.M. im Rahmen des strukturell identischen § 315 auch nicht gehindert, sogar Eingriffe einzubeziehen, in denen *ausschließlich* die Eigendynamik des Täter- (und zugleich Opfer-) Fahrzeugs wirkt (s. dort Rdn. 43).

VI. Beeinträchtigung der Sicherheit des Straßenverkehrs

58 Folge der in Absatz 1 Nr. 1 bis 3 beschriebenen Handlungen muss eine Beeinträchtigung der Verkehrssicherheit sein. Die Sicherheitsbeeinträchtigung ist vollwertiges Tatbestandsmerkmal und deswegen vom Richter gesondert festzustellen. Sie ist gegeben, wenn die Handlung *generell geeignet ist, den Verkehr zu gefährden*, also die „Betriebsgefahr" zu erhöhen. Wegen der Einzelheiten wird auf das in § 315 Rdn. 47 Ausgeführte Bezug genommen. Zur „verkehrsspezifischen" (konkreten) Gefahr s. Rdn. 83a.

59 **1. Sicherheitsbeeinträchtigung als Folge.** Vor allem für Absatz 1 Nr. 1 ist wichtig, dass die *Sicherheitsbeeinträchtigung durch den Eingriff bewirkt wird, diesem also nachfolgen muss* (im Einzelnen § 315 Rdn. 48). Stellen Beschädigung/Zerstörung hingegen lediglich die Realisierung der durch den Eingriff geschaffenen Gefahr dar, ohne dass weitere Folgen eintreten, so ist der Tatbestand nicht erfüllt (näher Rdn. 26). In Betracht kommen dann allerdings Hindernisbereiten oder ähnlicher, ebenso gefährlicher Eingriff (s. auch Rdn. 83).

2. **Angriff auf bestimmte Personen.** Beim verkehrsfeindlichen Inneneingriff geht die hierdurch bewirkte Sicherheitsbeeinträchtigung der Schädigung oder Gefährdung oftmals nur kurze Zeit voraus. Das gilt namentlich für das Zufahren auf einen anderen Menschen oder auf ein anderes Fahrzeug in Verletzungs- oder Nötigungsabsicht (hierzu Rdn. 42 ff). Die Rechtsprechung bejaht die Sicherheitsbeeinträchtigung in solchen Fällen meist implizit und sieht sie dort, wo sie sie gesondert anspricht, als selbstverständlich gegeben an.[114] Demgegenüber verneint ein Teil der Literatur einen Eingriff in die Verkehrssicherheit, wenn sich der Angriff gegen bestimmt ausgewählte Personen richtet und sonst niemand in den Gefahrenbereich kommen kann (*Cramer* JZ **1983** 812, 814).[115] Das zumindest als „Rest" nach wie vor erforderliche gemeingefährliche Element des § 315b sei dann nicht gegeben; § 315b sei keine „Super-Qualifikation" des § 224; einschlägige Handlungen innerhalb und außerhalb des öffentlichen Verkehrsraums müssten gleichbehandelt werden (*Cramer* aaO S. 813 f). Mit ähnlicher Argumentation verlangt *Ranft*, dass der Gefährdete mit seinen Gütern die Allgemeinheit im Straßenverkehr repräsentieren müsse, was bei einer individuell ausgewählten Person nicht der Fall sei (Jura **1987** 608, 611). Es leuchtet freilich nicht ein, warum es an der Eignung, die Verkehrssicherheit zu beeinträchtigen, gerade dann fehlen soll, wenn der Täter den Verkehrsvorgang in der Weise pervertiert, dass er einen anderen zielgerichtet angreift (vgl. auch *Mayr* FG BGH S. 271, 274 f). Zudem gelangt man bei einer Interpretation im vorgenannten Sinne in genau die Abgrenzungsschwierigkeiten, denen der Gesetzgeber mit dem Verzicht auf den Begriff der Gemeingefahr aus dem Wege gehen wollte (hierzu § 315 Entstehungsgeschichte IV.2 und dort Rdn. 67). Dass schließlich Vorgänge innerhalb des öffentlichen Straßenverkehrs anders beurteilt werden als solche außerhalb, liegt in der Natur der Sache und beschränkt sich keineswegs auf die Fallgruppe der absichtlichen Verletzung oder Nötigung bestimmter Einzelpersonen. **60**

3. **Beeinträchtigung des öffentlichen Straßenverkehrs.** Aufgrund des Eingriffs muss die Sicherheit des *öffentlichen* Straßenverkehrs beeinträchtigt werden. Sicherheitsbeeinträchtigungen des nichtöffentlichen Raums (näher Rdn. 6 ff) genügen deshalb nicht. Ebenso wenig reicht ein bloßer Zusammenhang mit dem Straßenverkehr aus, wie er z.B. gegeben ist, wenn der Täter sein außerhalb des öffentlichen Verkehrsraums befindliches Opfer von der Straße aus „anvisiert", den Eingriff aber erst auf der nichtöffentlichen Fläche vollführt (Rdn. 9). Der Tatbestand ist hingegen zu bejahen, wenn der regelwidrige Verkehrsvorgang ganz oder teilweise im öffentlichen Straßenverkehr stattfindet und lediglich der Gefahrerfolg außerhalb eintritt. BGH NStZ **2004** 625 (m. Anm. *König* DAR **2004** 656) stellt deshalb klar, dass § 315b erfüllt ist, wenn der Täter das Opfer mit seinem Pkw auf der Straße verfolgt, es aber erst außerhalb des öffentlichen Verkehrsraums erfasst.[116] **61**

---

114 S. BGHR § 315b Abs. 1 Nr. 3 Eingriff, erheblicher 3 S. 2: „Der Angeklagte hat den gestürzten Zweiradfahrer in seiner Eigenschaft als Verkehrsteilnehmer überfahren und verletzt, denn L. lag als Opfer eines Verkehrsunfalls vor ihm. Der Angriff auf ihn galt damit auch der Sicherheit des Straßenverkehrs; diese verlangt im Falle eines Unfalls den Schutz der Opfer."; s. auch BGH NStZ-RR **2004** 108. Zur Fragestellung auch *Mayr* FG BGH S. 271, 274 f.

115 Ähnlich argumentiert das OLG Düsseldorf im Fall des „Auto-Surfens"; hierzu Rdn. 55.

116 **AM** womöglich BGH VRS **61** 122, 123. Im zugrunde liegenden Fall hatte der Eingriff vollständig außerhalb des öffentlichen Verkehrsraums stattgefunden; allerdings formuliert der BGH sehr strikt: „Während § 315c StGB auch die neben der Straße befindlichen Personen und Sachen schützen soll und deshalb das Merkmal der Beeinträchtigung der „Sicherheit des Straßenverkehrs" im Gegen-

Dem ist zuzustimmen. Dass sich das Gefährdungsobjekt im öffentlichen Verkehrsraum befinden muss, kann dem Gesetz nämlich nicht entnommen werden.[117] Insbesondere enthält die Gefährdungsklausel keine diesbezüglichen Einschränkungen. Nach Sinn und Zweck des § 315b erscheint die Einbeziehung einschlägiger Fälle zwingend. So liegt auf der Hand, dass die Sicherheit des Straßenverkehrs beeinträchtigt wird, wenn der Fahrzeugführer einem Hindernis ausweichen muss oder seinen Wagen infolge eines Sabotageakts nicht mehr zu manövrieren vermag und in der Folge von der Straße abkommt. Es wäre widersinnig, wenn für die Strafbarkeit nach § 315b der Zufall entscheiden würde, ob sich die Gefahr noch auf der Straße oder erst knapp hinter der Straßenabgrenzung konkretisiert. Entsprechendes gilt für unbeteiligte Personen. Es kann nicht darauf ankommen, ob sich der durch das Fahrzeug überrollte Arbeiter im Straßenraum befunden hat oder auf dem unbefestigten Bankett. Ebenso ist die Gefährdung des Bauern tatbestandsrelevant, der auf dem neben der Straße gelegenen Feld arbeitet,[118] und die Verletzung von auf der Außenterrasse eines Straßencafés befindlichen Personen nach einer Amokfahrt.[119] Dem entspricht die soweit ersichtlich allgemeine Meinung zum Parallelproblem im Rahmen des § 315 (dort Rdn. 67). Dass der Gesetzgeber für § 315c das Merkmal „im Straßenverkehr" gewählt hat, um die Gefährdung verkehrsexterner Personen eindeutig zu erfassen, gibt für eine abweichende Interpretation des § 315b nichts her. Denn hierdurch sollten nur letzte Zweifel ausgeräumt werden; es handelte sich demgemäß um eine bloße Klarstellung (BTDrucks. IV/651 S. 28;[120] näher § 315c Rdn. 3 f). Eine entsprechende Klarstellung kam für § 315b aber naturgemäß nicht in Betracht, weil hierdurch gerade Außeneingriffe zum großen Teil aus dem Anwendungsbereich herausgefallen wären. Ferner stellt auch § 315a nicht ausdrücklich auf die Beeinträchtigung der Verkehrssicherheit ab, ohne dass hieraus Einschränkungen in Bezug auf § 315 abgeleitet würden.

62 **4. Beeinträchtigung von Verkehrsvorgängen.** Schließlich ist wie bei § 315 (dort Rdn. 49) erforderlich, dass der ordnungsgemäße Ablauf von Verkehrsvorgängen beeinträchtigt wird. In dieser Hinsicht folgenlose Eingriffe bleiben daher außer Betracht. An

---

satz zu § 315b StGB nicht enthält ..., besteht bei § 315b StGB für eine solche Tatbestandserweiterung kein kriminalpolitisches Bedürfnis. ..." In diesem Sinne wohl auch *Krumme* Rdn. 7. Hierzu sowie zu OLG Düsseldorf NJW **1982** 2391 Rdn. 9.

[117] BGH NStZ **2004** 625 formuliert allerdings weiter: „Befindet sich wie hier das Opfer dagegen von vorneherein – d.h. in dem Zeitpunkt, in dem sich der Täter zur Tatbegehung entschließt und sein Fahrzeug zweckwidrig als Waffe oder Schadenswerkzeug einsetzt („pervertiert") – außerhalb des öffentlichen Verkehrsraums, fehlt es an einer Beeinträchtigung der Sicherheit des Straßenverkehrs und damit an einer tatbestandlichen Voraussetzung für die Anwendbarkeit des § 315b StGB." Dies bezieht sich allerdings ersichtlich auf Fälle wie den der Entscheidung zugrunde liegenden und besagt wohl nicht, dass sich das Opfer nach Auffassung des BGH stets im öffentlichen Verkehrsraum befinden muss; dazu im folgenden Text. Abw. gewürdigt wohl von *Sch/Schröder/Cramer/Sternberg-Lieben* Rdn. 2.

[118] Beispiel nach BTDrucks. IV/651 S. 28 [zu § 315c].

[119] BGH NStZ **2006** 167. Soweit *Barnickel* MK diese Entscheidung in Fn. 93 zu Rdn. 12 als Beleg dafür anführt, dass die Außenterrasse vom BGH womöglich als öffentlicher Verkehrsraum angesehen worden sei, wird verkannt, dass bereits die auf öffentlichem Verkehrsgrund vollführte Amokfahrt die Verkehrssicherheit (in erheblichem Maße) gefährdet hatte.

[120] „... Die Rechtsprechung hat deshalb schon das geltende Recht in diesem Sinne ausgelegt. Die Neufassung räumt insoweit jeden Zweifel aus."

der Sicherheitsbeeinträchtigung fehlt es beispielsweise, wenn – ohne Bezug zu einem Verkehrsvorgang – im Fahrzeug Benzin verspritzt wird und es dadurch zu einer Brand- oder Explosionsgefahr kommt (BGH VRS **93** 306, 307). Desgleichen genügt es nicht, wenn beim Fällen eines Baumes, mit dem der Täter ein Hindernis im Straßenverkehr bereiten will, Passanten verletzt werden (Beispiel nach *Sch/Schröder/Cramer/Sternberg-Lieben* Rdn. 12).

VII. Gefahr für Leib und Leben oder Sachwerte

Durch die in Absatz 1 Nr. 1 bis 3 bezeichneten, generell gefährlichen Handlungen muss *als selbstständig festzustellender Taterfolg* eine konkrete Gefahr für Leib oder Leben eines anderen Menschen oder für fremde Sachen von bedeutendem Wert herbeigeführt werden. Die Gefahr ist gegeben, wenn die Sicherheit einer bestimmten Person oder Sache durch das Verhalten des Täters so stark beeinträchtigt wird, dass es *nur noch vom Zufall abhängt, ob das Rechtsgut verletzt wird oder nicht* (grundlegend BGH VRS **44** 422, 423). Seit der Grundsatzentscheidung vom 30.3.1995 (NJW **1995** 3131, 3132)[121] fordert der BGH unter wesentlicher Einengung seiner bisherigen Rechtsprechung darüber hinaus **einen „Beinahe-Unfall", also ein Geschehen, bei dem ein unbeteiligter Beobachter zu der Einschätzung gelangt, dass das noch einmal gut gegangen sei** (im Einzelnen § 315 Rdn. 53). Die Gefährdung beliebiger Menschen oder Sachen reicht aus; die beeinträchtigten Belange des Gefährdeten müssen nicht die Allgemeinheit repräsentieren (§ 315 Rdn. 67, 72). Die Menschen oder Sachen müssen sich auch nicht im Verkehrsraum befinden; erforderlich ist jedoch, dass der regelwidrig ablaufende Verkehrsvorgang ganz oder teilweise im öffentlichen Verkehrsraum stattfindet (Rdn. 9, 61). 63

1. **Konkrete Gefahr in typischen Fallgruppen.** Die grundsätzlichen Aspekte zur Feststellung der konkreten Gefahr sind in § 315 Rdn. 52 ff zusammengefasst. Darauf wird verwiesen. Im Folgenden sollen in Anlehnung an *Berz* (NZV **1989** 409) und *Jähnke* (DRiZ **1990** 425) anhand von Beispielen aus der Rechtsprechung typische Problemlagen dargestellt werden. Hervorzuheben ist dabei, dass in Konstellationen, in denen es zu einer Verletzung gekommen ist, *zwingend* auf das Vorliegen einer konkreten Gefahr zu schließen ist (§ 315 Rdn. 57). Die aufgeführten Entscheidungen betreffen daher Fälle, in denen es zu einer Verletzung von Leib oder Leben bzw. der bedeutenden Schädigung von Sachwerten nicht gekommen ist. Weitere Fallbeispiele finden sich unter § 315c Rdn. 154 ff. Ob die Feststellung der konkreten Gefahr in Fällen des verkehrsfremden Inneneingriffs nach Einführung des Erfordernisses des Schädigungsvorsatzes (Rdn. 12a) in der Praxis noch eine nennenswerte Rolle spielt, ist nicht unzweifelhaft; denn bei Ausbleiben des Verletzungserfolgs wird einschlägiges Verteidigungsvorbringen, man habe fest darauf vertraut, den Unfall noch vermeiden zu können, nicht leicht zu widerlegen sein (dazu *König* NStZ **2004** 175). 64

a) **Verkehrsteilnahme ohne Bremsanlage.** Nach BGH NJW **1985** 1036 liegt eine konkrete Gefahr vor, sobald sich der Führer eines Fahrzeugs, dessen Bremsanlage durch einen Sabotageakt funktionsunfähig gemacht worden ist, in den Verkehr begibt. Dies sei 65

---

[121] Fortgeführt in BGH NJW **1996** 329 und BGH NStZ-RR **1997** 200; so auch BayObLGSt **1996** 5.

aufgrund des besonders hohen Unfallrisikos anzunehmen; denn der Fahrzeugführer habe das Fahrzeug bei notwendig werdenden Bremsbewegungen nicht mehr in der Hand.[122] BGH NZV **1989** 119 (m. zust. Anm. *Berz*) fügt präzisierend hinzu, dass sich das Opfer in den fließenden Verkehr begeben müsse. Im Anschluss an BGH NJW **1995** 3131 ist die bisherige Rechtsprechung in BGH NJW **1996** 329 (330) *dann ausdrücklich aufgegeben und das Fahren mit defekter Bremsanlage lediglich als abstrakt gefährlich eingestuft worden.* In Ermangelung eines Beinahe-Unfalls kann der Saboteur nach der höchstrichterlichen Rechtsprechung demgemäß nur noch wegen Versuchs bestraft werden (Anwendungsfall in OLG München NJW **2006** 3364).[123] Gleich steht es, wenn am Fahrzeug die Radmuttern gelockert werden, was vom Opfer alsbald bemerkt wird (BGH v 3.4.2007, 4 StR 108/07, juris), oder wenn vom Täter Luft aus dem Reifen abgelassen wird (OLG Düsseldorf NZV **1994** 486). Dem Rechtsprechungswandel wird durch das Schrifttum soweit ersichtlich nicht widersprochen.[124]

66 b) **Hindernisbereiten.** BGH VRS **45** 38 bejaht die konkrete Gefahr nach Herunterwerfen von 1 m langen, 25 cm dicken und etwa 30 kg schweren Holzscheiten auf die Autobahn nicht nur in Bezug auf die tatsächlich geschädigten Fahrer und Fahrzeuge sowie den Fahrzeugführer, der nur durch schnelle Reaktion den Aufprall hatte vermeiden können, sondern auch für die Fälle, „in denen die bestehende Gefahr nicht so sehr äußerlich sichtbar geworden ist"; auch insoweit habe die Gefahr eines Personenschadens nahe gelegen (aaO S. 39). Letzteres dürfte zumindest in dieser Generalität heute keine Gültigkeit mehr haben.[125] BGH NZV **2006** 483 bejaht mit Recht konkrete Gefahr in einem Fall, in dem eine Person auf die Fahrbahn einer Autobahn gestoßen und dort durch den Täter festgehalten wird; während sie dergestalt fixiert auf der Fahrbahn gelegen habe, seien mehrere nachfolgende Pkw mit hoher Geschwindigkeit dicht an ihrem Kopf vorbeigefahren, andere Fahrzeuge hätten ausweichen und auf die linke Fahrspur wechseln müssen, um sie und den Beschuldigten nicht zu überfahren (s. auch Rdn. 18, 84). Nach OLG Hamm VRS **16** 200, 202 genügt es, wenn ein Fahrzeug auf einer *Ölspur* ins Schleudern gerät. Konkrete Gefahr liegt nach OLG Celle VRS **68** 43, 45 und OLG Düsseldorf VRS **68** 449, 451 vor, wenn der Vorausfahrende den Nachfolgenden *durch Abbremsen seinerseits zu scharfem Bremsen veranlasst.*[126] In der Folge zweimaligen abrupten Abbremsens aus einer Geschwindigkeit von 120 km/h auf 60 km/h ist nach OLG Düsseldorf VRS **73** 41, 42 eine hinreichend konkretisierte Krisensituation gegeben, wenn der nachfolgende Wagen derart scharf abbremsen muss, dass er „leicht ins Schleudern" gerät (vgl. auch Rdn. 68 a.E.). Demgegenüber ist es nach OLG Düsseldorf NStE Nr. 11 zu § 315b S. 2[127],

---

122 Zust. *Hentschel* JR **1985** 434, 435; *Jähnke* DRiZ **1990** 425, 430; für die Teilnahme am fließenden Verkehr auch *Geppert* NStZ **1985** 264, 266 f; wohl auch Berz NZV 1989 409, 413; ablehnend Horn/*Hoyer* JZ 1987 965, 966.

123 Hierzu *König/Seitz* DAR **2007** 361.

124 *Lackner/Kühl* Rdn. 5; *Horn/Wolters* SK Rdn. 16; *Fischer* Rdn. 19; *Jagow/Burmann/Heß* § 315b Rdn. 9; *Otto* GK/BT § 80 Rdn. 28; *Geppert* Jura **1996** 639, 645; *v. Heintschel-Heinegg* JA **1996** 447; *Renzikowski* JR **1997** 115. S. auch *Sch/Schröder/Cramer/Sternberg-Lieben* Rdn. 12.

125 Zu eng *Wolter* Objektive und personale Zurechnung S. 246: keine Gefahr auch dann, wenn es dem Fahrer aufgrund seiner geschickten Fahrweise gelungen sei, dem Hindernis „ohne große Mühe" auszuweichen. Zu der damit zusammenhängenden Problematik näher § 315 Rdn. 62.

126 Vgl. auch BGH NZV **1992** 325, 326. Generell kritisch zur Annahme der konkreten Gefahr in den „Auffahr-Fällen" *Wolter* Objektive und personale Zurechnung S. 241 ff.

127 Ähnlich OLG Hamm NZV **1991** 158 [zu § 315c]; NZV **1994** 406; ZfS **2006** 49;

ersichtlich die von *Berz* (NZV **1989** 409, 411 ff) geübte Kritik aufgreifend, nicht ausreichend, wenn im Urteil lediglich ausgeführt wird, es sei eine Voll- oder Notbremsung bzw. ein scharfes Abbremsen notwendig geworden. Für die Feststellung einer „hochgradigen Existenzkrise" der betroffenen Rechtsgüter seien konkretere Feststellungen erforderlich (wie etwa quietschende/qualmende Reifen, Ausbrechen und/oder Schlingern/Schleudern des Fahrzeugs, umherfliegende Gegenstände in der Fahrgastzelle, Verletzung eines Insassen, Ansprechen oder Auslösung von Sicherheitsgurten oder des Airbag). Abgesehen davon, dass bereits ein Teil der Kriterien Zweifeln ausgesetzt ist,[128] werden hierdurch die Anforderungen an die Feststellung der konkreten Gefahr überspannt.[129] Vor allem gibt für eine solche einengende Interpretation die Überlegung wenig her, dass „ein Abbremsen in plötzlich auftretenden gefährlichen Verkehrslagen eine jedem Kraftfahrer vertraute Reaktion [sei], die nicht ohne weiteres zu gravierenden Beeinträchtigungen" führe (OLG Düsseldorf NStE Nr. 11 zu § 315b S. 2). Denn die abstrakte Verkehrsüblichkeit des den Verletzungseintritt hindernden Verhaltens kann nicht maßgebend sein. Entscheidend ist vielmehr, ob es zu einem Beinahe-Unfall gekommen ist, und dies kann nach Lage des Einzelfalls auch bei „bloßem" Abbremsen gegeben sein, bei dem die Kollision „gerade eben noch" bzw. „um Haaresbreite" vermieden werden kann.[130] Beim Abbremsen eines langsam fahrenden *Busses* genügt für die Annahme einer konkreten Gefährdung der Fahrgäste die abstrakte Feststellung nicht, dass es hierdurch zum Sturz eines Fahrgastes hätte kommen können (BayObLG NJW **1983** 2827, 2829); vielmehr muss feststehen, dass tatsächlich ein Fahrgast gestanden hat, der beinahe gestürzt wäre (vgl. auch LG Bochum DAR **1957** 302 f). Zur Gefährdung im Rahmen von Bremsvorgängen s. ergänzend § 315c Rdn. 155.

c) **Zufahren auf einen anderen Menschen.** Konkrete Gefahr ist in aller Regel gegeben, wenn sich das Opfer erst im letzten Moment durch einen Sprung hinter ein Fahrzeug, einen schnellen Schritt zur Seite o.Ä. retten kann.[131] Sie kann auch vorliegen, wenn der Täter die Kollision durch knappes Vorbeifahren oder durch Abbremsen eben noch verhindert; in solchen Konstellationen ist entscheidend, ob der Täter den Vorgang sicher beherrscht, woran es namentlich dann fehlt, wenn Fehlreaktionen des Opfers zu erwarten sind (im Einzelnen § 315 Rdn. 62 f).[132] Hingegen reicht es nicht aus, wenn bei geziel- **67**

SVR **2007** 64 [je zu § 315c]; OLG Koblenz DAR **2000** 371, 372 f [zu § 315c]; OLG Rostock v. 20.12.**2002**, 1 Ss 206/01, I 88/01, juris.

128 So stellt die Verletzung eines Insassen die Realisierung der Gefahr dar, weswegen § 315b sicher erfüllt ist. Das Quietschen von Reifen hängt u.a. auch von den Temperaturverhältnissen ab.

129 OLG Frankfurt NZV **1994** 365, 366; in diese Richtung auch BGH NJW **1995** 3131; *Tepperwien* FS Nehm S. 427, 436; kritisch *Berz* NStZ **1996** 85. Näher zu den notwendigen Feststellungen § 315 Rdn. 65.

130 Beispielsfälle in OLG Hamm VRS **38** 285 [zu § 315c]; OLG Karlsruhe VerkMitt. **1980** Nr. 23 S. 18 [zu § 315c]; OLG Koblenz VRS **50** 203 f; VRS **71** 278; OLG Düsseldorf VRS **68** 449, 450 f; OLG Stuttgart NJW **1967** 1766 [zu § 315c].

131 BGHSt **22** 6, 9; 67, 72 ff; BGH VRS **36** 267, 268; **39** 187, 188; **51** 209, 210; **71** 193, 194; vgl. auch BGH NJW **1995** 3131; OLG Koblenz VRS **46** 344, 345 [zu § 315c]; AG Homburg VRS **80** 346, 347. Zust. *Berz* NZV **1989** 409, 410. Enger *Wolter* Objektive und personale Zurechnung S. 245: konkrete Gefahr erst, wenn der Aufprall durch einen waghalsigen mächtigen Sprung zur Seite vermieden werden kann. Zur Rettung aufgrund überdurchschnittlicher Fähigkeiten des Bedrohten § 315 Rdn. 62.

132 BGHSt **26** 176, 178 f; **28** 87, 89; BGH JZ **1983** 811, 812; VRS **69** 125, 126; **71** 193, 194.

tem Zufahren auf einen anderen und Abbremsen jeweils im Abstand von 1,5 bis 2 Metern die bloße Möglichkeit besteht, dass der Täter vom Bremspedal rutscht oder das Opfer ins fahrende Fahrzeug läuft, fällt oder gestoßen wird (BGH VRS **69** 125, 127; s. auch BGH VRS **63** 205, 207 f); hierbei handelt es sich lediglich um abstrakte Gefahren. Keine konkrete Gefahr ist auch gegeben, sofern der Täter an einem halt gebietenden Polizeibeamten in einem Abstand von drei Metern vorbeifährt (BGH VRS **50** 43, 44). Zum Eintritt des Gefahrerfolgs bei Beeinträchtigungen von Fußgängern s. ergänzend § 315c Rdn. 158.

68 d) **Zufahren auf ein anderes Fahrzeug.** Fährt der Täter gezielt auf ein bereits neben ihm fahrendes Polizeifahrzeug zu, um es am Überholen zu hindern, so liegt konkrete Gefahr vor, wenn das gefährdete Fahrzeug mit den Rädern auf den unbefestigten Seitenstreifen gerät und vom Fahrer nur noch mit Mühe abgefangen werden kann (BGHSt **22** 67, 72) oder ein Aufprall nur durch scharfes Abbremsen und ein Ausweichmanöver verhindert werden kann (OLG Koblenz VRS **73** 58, 61).[133] Nach BGH VRS **93** 307, 308 soll es demgegenüber nicht genügen, wenn der flüchtende Täter eine zwischen einem quergestellten Polizeifahrzeug und dem Straßenrand bestehende Lücke von zwei Metern durchfährt, wobei das Fluchtfahrzeug leicht ins Schleudern gerät und eine Fahrzeugberührung nur äußerst knapp vermieden werden kann.

69 e) **Fälle der „Mitnahme“.** Die Fahrt mit einem am Wagen hängenden Verfolger kann für die Annahme der konkreten Gefahr jedenfalls dann genügen, wenn der Fahrzeugführer zusätzlich versucht, den Verfolger wegzustoßen (BGHR § 315b Abs. 1 Nr. 3 Eingriff, erheblicher 4 S. 2). Nach OLG Köln VRS **53** 184, 186 soll es genügen, wenn sich das Opfer nach einer „Mitnahme“ auf der Kühlerhaube vom Fahrzeug herabfallen lässt und auf die Fahrbahn einer belebten Straße stürzt. Es sei nur dem Zufall zu verdanken, dass die Ampel für den Verkehr Rotlicht gezeigt habe; bei Grünlicht und dann, wenn sich das Opfer verletzungsbedingt nicht mehr hätte erheben können, wäre es möglicherweise überfahren worden. Den Anforderungen an die Feststellung der konkreten Gefahr entspricht dies nicht. Vielmehr ist eine Konstellation gegeben, in der bereits die akute Krisensituation (zufällig) ausgeblieben ist, also nur eine abstrakte (latente) Gefahrenlage bestanden hat (hierzu § 315 Rdn. 60; s. aber zu einem Fall des Stoßens einer Person auf die Fahrbahn Rdn. 66).

70 **2. Gefahr für Leib oder Leben eines anderen Menschen a) Gefahr für beliebigen Menschen.** Grundsätzlich genügt die Gefährdung eines beliebigen Menschen. Anders als unter der Geltung des Merkmals der Gemeingefahr erfordert § 315b nicht, dass der gefährdete Einzelne als Repräsentant der Allgemeinheit anzusehen ist (**aA** soweit ersichtlich nur *Ranft* Jura **1987** 608, 611; hierzu Rdn. 60). Auch muss der gefährdete Mensch weder Verkehrsteilnehmer sein noch sich im öffentlichen Verkehrsraum befinden (im Einzelnen Rdn. 9, 61). Nicht ausreichend ist die Gefährdung des *nasciturus* oder eines *Leichnams* (§ 315 Rdn. 71).

71 b) **Gefährdung von Tatbeteiligten.** Sehr umstritten ist die Beurteilung von Konstellationen, in denen nur der einverständlich mit dem Täter handelnde Tatbeteiligte, also der Mittäter oder Teilnehmer gefährdet wird. Bedeutung hat dies im Rahmen des § 315b vor

---

[133] Zust. *Berz* NZV **1989** 409, 412. Zur Frage des Abbremsens näher Rdn. 66.

allem für kollusiv herbeigeführte Verkehrsunfälle, mit denen Versicherungsbetrügereien vorbereitet werden. Einen neu hinzugekommenen, freilich auch aus anderen Gründen letztlich nicht tatbestandlich relevanten Anwendungsbereich stellt das sog. „Auto-Surfen" dar (Rdn. 55). Lediglich im Ergebnis ist man sich in Rechtsprechung und Schrifttum weitgehend darin einig, dass § 315b bei Gefährdung des Tatbeteiligten nicht eingreift. Konstruktiv bestehen jedoch beträchtliche Unterschiede. Hervorzuheben ist, dass sich die Divergenzen im Rahmen des § 315b kaum auswirken. Von zentraler Bedeutung sind sie im Rahmen des § 315c und dort bei den „Mitfahrer-Fällen".[134] Während nämlich nach der Rechtsprechung Straflosigkeit auch dort nur unter der Voraussetzung eintritt, dass der Mitfahrer Teilnehmer ist, gelangen Teile der Literatur unter dem Aspekt der Einwilligung bzw. der Zurechnung in weiterem Umfang zur Straflosigkeit. Die Problematik kann für die §§ 315b, 315c nur einheitlich beurteilt werden.

aa) **Tatbestandlicher Ausschluss.** Nach gefestigter Rechtsprechung und einem Teil des Schrifttums fällt der „Tatbeteiligte" von vornherein nicht in den Schutzbereich des § 315b.[135] Der BGH hat die Restriktion unter der Geltung des vormaligen Rechts wesentlich aus dem Merkmal der Gemeingefahr hergeleitet. „Tatteilnehmer" stünden „auf der Seite des Täters und nicht stellvertretend für die Gemeinschaft" (BGHSt **11** 199, 203).[136] Zwar ergebe sich dies nicht aus dem Gesetzeswortlaut, folge aber aus „rechtslogischen Erwägungen". Der Täter und etwaige Teilnehmer, die nur sich selbst in Gefahr brächten, könnten des strafrechtlichen Schutzes nicht teilhaftig werden, den das Gesetz gerade anderen, durch sie gefährdeten Verkehrsteilnehmern zugedacht habe (BGH aaO). In NJW **1991** 1120 zieht der BGH zusätzlich den Aspekt der Beeinträchtigung der Verkehrssicherheit heran. An einer relevanten Beeinträchtigung fehle es, wenn die Beteiligten den „Unfall" selbst herbeigeführt hätten und keiner von ihnen dadurch überrascht worden sei, die Verkehrsgefahr also nicht vom Zufall bestimmt worden sei; mit der Beeinträchtigung eigener Belange seien die Tatbeteiligten aber einverstanden. 72

bb) **Lösungen der Lehre.** Demgegenüber gelangen ein Teil der älteren Rechtsprechung[137] und weite Teile der Literatur über andere Lösungsansätze zur Straflosigkeit. Teils wird sie **unter dem Blickwinkel der Einwilligung** befürwortet, deren rechtfertigender Wirkung das Schutzgut der §§ 315 ff mit Rücksicht auf dessen „Janusköpfigkeit" bzw. deswegen nicht entgegenstehe, weil das Verkehrsstrafrecht vorrangig Individualinteressen zu schützen bestimmt sei.[138] Eine Mindermeinung differenziert noch dahin- 73

[134] Also in Konstellationen, in denen der Mitfahrer die rauschmittelbedingte Fahrunsicherheit des Täters und die daraus herrührenden Gefahren in Kauf nimmt.

[135] BGHSt **6** 100, 102; 232, 235; **11** 148, 150; **11** 199, 203; **27** 40, 43 (passim); BGH NJW **1991** 1120; BGH NStZ **1992** 233; NStZ **1995** 31; NStZ-RR **1998** 150; **1999** 120; **2008** 289; OLG Düsseldorf NZV **1998** 76, 77. *Lackner/Kühl* § 315c Rdn. 25; *Sch/Schröder/Cramer/Heine* §§ 306 ff Vorbem. Rdn. 12; unklar *Fischer* Rdn. 16 mit § 315c Rdn. 17; *Krumme* Rdn. 27; *Janiszewski* Verkehrsstrafrecht Rdn. 252; *Tepperwien* FS Nehm S. 427; *Fleischer* NJW **1976** 878, 880. **AA** OLG Stuttgart NJW **1976** 1904.

[136] Abw. *Hillenkamp* JuS **1977** 166, 168.

[137] OLG Hamburg NJW **1969** 336, 337; OLG Schleswig SchlHA **1968** Nr. 140 S. 229.

[138] *Horn/Wolters* SK vor § 306 Rdn. 9, 12; *Sch/Schröder/Cramer/Sternberg-Lieben* § 315c Rdn. 43; *Maurach/Schroeder/Maiwald* BT/2 § 50 Rdn. 7; *Rengier* BT/II § 44 Rdn. 9; *Bickelhaupt* NJW **1967** 713, 714; *Geppert* ZStW **83** (1971) 847; *Graul* JuS **1992** 321, 325; *Hillenkamp* JuS **1977** 166, 170 ff; *Hoffmann* NJW **1954** 1676 f; *ders.* NJW **1957** 211, 212 [je zu § 315a a.F.]; *Langrock* MDR **1970** 982, 983 f; *Oellers* NJW **1970** 2121; *Schroeder* JuS **1994** 846, 847 f.

gehend, dass die Einwilligung nur dann beachtlich sei, wenn das Rechtsgut der Verkehrssicherheit durch andere Strafnormen hinreichend geschützt werde,[139] was zur Straflosigkeit nur für die Fälle des § 315c Abs. 1 Nr. 1a, nicht aber für die sonstigen in § 315c Abs. 1 pönalisierten Handlungen und auch nicht in den Fällen des § 315b führt. Hingegen beurteilt eine breite Strömung die Problematik unter dem Aspekt der **einverständlichen Fremdgefährdung**[140] oder der **eigenverantwortlichen Selbstgefährdung**,[141] von denen jedenfalls die Letztere die objektive Zurechnung ausschließt; bei der einverständlichen Fremdgefährdung ist dies umstritten.[142] Wer eigenverantwortlich oder im Einverständnis mit einem anderen eine Gefahr begründe, könne nicht zugleich Opfer des gefährlichen Rechtsgutseingriffs sein; in den *verkehrsrechtlichen* Schutz Dritter werde dann nicht eingegriffen (*Otto* Jura **1991** 443, 445). Namentlich manche Stimmen, die den Weg über die Einwilligung gehen, halten eine Rechtfertigung nur dann für möglich, wenn es lediglich zu einer Leibesgefährdung gekommen sei, während bei Lebensgefährdung mit Blick auf die in § 216 getroffene Wertentscheidung Strafbarkeit gegeben sei.[143] Dem wird von anderen entgegengetreten.[144]

74 cc) **Stellungnahme** (1) Der vom BGH befürwortete tatbestandliche Ausschluss der Tatbeteiligten aus den §§ 315b, 315c erscheint nicht überzeugend. Bereits im Ansatz leuchtet nicht ein, warum für die Verkehrsgefahr ein Überraschungs- oder Zufallsmoment eine Rolle spielen sollte (BGH NJW **1991** 1120).[145] Dem Tatbestand ist weder das eine noch das andere zu entnehmen. Wird beispielsweise der Polizeibeamte durch den flüchtenden Straftäter absichtlich angefahren oder der am Boden liegende Zweiradfahrer durch den Lenker eines Traktors gezielt überrollt (Rdn. 45), so scheidet § 315b nicht deshalb aus, weil der Gefährdete dem Angriff sehenden Auges ausgesetzt ist. Dies entspricht (naturgemäß) auch der Auffassung des BGH. Ein ungeschriebenes Heimtücke- oder Hinterlisterfordernis enthält die Vorschrift nicht. Genauso wenig konstituiert sich die Verkehrsgefahr durch ein Zufallselement. Einer dahingehenden Interpretation würde u.a. § 315b Abs. 3 in Verbindung mit § 315 Abs. 3 Nr. 1a widerstreiten, der die absichtliche Herbeiführung eines Unglücksfalls unter schwerere Strafdrohung stellt. Aber auch dem bewussten Sabotageakt durch einen Eingriff von außen (Rdn. 24, 28, 40) haftet hinsichtlich der Entstehung der Verkehrsgefahr nichts Zufälliges an. Ferner setzt die Rechtsprechung zur Pervertierung des Verkehrsvorgangs (hierzu Rdn. 41 ff) gerade voraus, dass die Verkehrssicherheit gezielt und nicht zufällig beeinträchtigt wird. Zufall und Überraschung sind im Rahmen der §§ 315 ff nur insofern relevant, als das *Ausbleiben*

---

139 *Geppert* ZStW **83** (1971) 847, 986 (aufgegeben in Jura **1996** 47, 49); *Hillenkamp* JuS **1977** 166, 170; wohl auch *Graul* JuS **1992** 321, 325.

140 *Geppert* Jura **1996** 47, 48 ff; **1996** 639, 646; **2001** 559, 565; *Schünemann* JA **1975** 715, 723. Kritisch hierzu *Schroeder* JuS **1994** 846, 848.

141 *Otto* GK BT § 80 Rdn. 34; *ders.* Jura **1991** 443, 444 f; wohl auch *Ranft* Jura **1987** 608, 614 f.

142 Zum Streitstand z.B. *Fischer* vor § 13 Rdn. 19a; *Sch/Schröder/Cramer/Sternberg-Lieben* § 15 Rdn. 165 ff.

143 *Bickelhaupt* NJW **1967** 713, 714; *Geppert* ZStW **83** (1971) 847, 987 (aufgegeben in Jura **1996** 47, 49f).

144 *Maurach/Schroeder/Maiwald* BT/2 § 50 Rdn. 8; *Langrock* MDR **1970** 982, 984; *Ranft* Jura **1987** 608, 615; *Schroeder* JuS **1994** 846, 848.

145 Die in diesem Zusammenhang in Bezug genommene Entscheidung in BGHSt **23** 261, 265 vermag die Ausführungen nicht zu stützen. Sie befasst sich mit den Folgen, die bei Anerkennung einer rechtfertigenden Einwilligung für die Rechtsanwendung eintreten würden, und spricht lediglich in diesem Kontext vom durch den Zufall bestimmten Ablauf der Verkehrsgefahr.

der Verletzung darauf beruhen muss, andernfalls eine konkrete Gefahr u.U. ausscheidet (Rdn. 63). Mit der vorgelagerten Frage, ob die Verkehrssicherheit beeinträchtigt ist, hat dies nichts zu tun. Und *dass* die Verkehrssicherheit bei fingierten Unfällen abstrakt beeinträchtigt ist, wird man schwerlich in Abrede stellen können (**aA** allerdings *Fleischer* NJW **1976** 878, 880). Die Konstellationen, in denen es im Rahmen solcher Vorgänge zur Drittgefährdung/-verletzung mit teils tragischem Ausgang gekommen ist und in denen auch der BGH zur Annahme des Tatbestandes gelangt (Rdn. 75), liefern dafür Zeugnis. Von der Argumentation des BGH bleibt damit letztlich nur *der Aspekt des einverständlichen Handelns übrig*. Gerade das Abheben auf das Einverständnis des Gefährdeten wirkt aus dem Munde des BGH aber besonders überraschend. Denn dass über das Schutzgut der Verkehrssicherheit nicht verfügt werden kann, ist ein Eckpfeiler der Judikatur zum gesamten Verkehrsstrafrecht (§ 315 Rdn. 3 ff). Er wird umgeworfen, wenn man dem in der Beteiligung liegenden Einverständnis eine tatbestandsausschließende Wirkung zuschreibt (hierzu auch *Hillenkamp* JuS **1976** 166, 169). Die Heranziehung dieses Gesichtspunkts offenbart deutlich den in der Rechtsprechung des BGH angelegten Zwiespalt. Einerseits sollen die Tatbeteiligten aus dem Kreis der Gefährdeten ausgeklammert werden; zugleich soll aber das Dogma der Indisponibilität der Verkehrssicherheit (§ 315c Rdn. 161) aufrechterhalten werden. Der dahingehende Versuch kommt einer Quadratur des Kreises nahe. Im Grunde genommen befindet sich der BGH spätestens seit BGH NJW **1991** 1120 auch in der Begründung „im Lager" der Teile der Lehre, die der Einwilligung rechtfertigende Wirkung zuerkennen bzw. die den Zurechnungszusammenhang verneinen.[146] Es bleibt abzuwarten, ob er den nächsten Schritt tut und auf diese Weise zur generellen, d.h. vom Aspekt der Tatbeteiligung unabhängigen Straflosigkeit bei Einverständnis gelangt. Ebenso wenig überzeugen die durch BGHSt **11** 199, 203 angeführten *rechtslogischen Erwägungen*. Die darin angelegte „Lagertheorie" (*Hillenkamp* JuS **1977** 166, 169), wonach des strafrechtlichen Schutzes verlustig geht, wer den für andere Verkehrsteilnehmer gedachten Schutz (mit-) beeinträchtigt hat, würde letztlich zur Anerkennung einer Verwirkung des Strafrechtsschutzes durch Tatteilnahme führen, die jedenfalls als allgemeines Prinzip nicht gerechtfertigt werden kann.[147] Sie lässt sich auch nicht mit der durch den BGH ansonsten vertretenen Bestimmung des Schutzguts der §§ 315 ff vereinbaren. Wenn nämlich das Verkehrsstrafrecht das Allgemeininteresse an der Sicherheit des Verkehrs zu schützen bestimmt ist (§ 315 Rdn. 3 ff), so kann man kaum eine „strafrechtsfreie Exklave" für Tatbeteiligte konstruieren. Ferner ist selbstverständlich, dass aus dem vormals noch gesetzlich fixierten Merkmal der Gemeingefahr nach dessen Aufhebung nichts mehr zugunsten des Ausschlusses von Tatbeteiligten abgeleitet werden kann (*Horn/Wolters* SK vor § 306 Rdn. 9).

(2) Die **Stimmen in der Literatur**, die die Lösung über die rechtfertigende Einwilligung oder über die objektive Zurechnung suchen, können anders als der BGH auf die **74a**
Konsequenz der Ergebnisse und deshalb vielfach auf ein insoweit stimmiges Gesamtkonzept verweisen. Freilich steht und fällt jedes Gesamtkonzept, das sich maßgebend auf das Einvernehmen des Gefährdeten stützt, mit dem Verständnis vom Schutzgut der §§ 315 ff. Nur dann, wenn man die §§ 315 ff in dem Sinn begreift, dass sie „janusköpfig"

146 Hierzu auch *Otto* Jura **1991** 443, 445; *Geppert* Jura **1996** 47, 48 und dort Fn. 15.

147 In diesem Sinne OLG Stuttgart NJW **1976** 1904; *Horn/Wolters* SK vor § 306 Rdn. 9; *Rengier* BT/II § 44 Rdn. 8; *Geppert* Jura **1996** 47, 48; *ders.* Jura **1996** 639, 646; *Graul* JuS **1992** 321, 324; *Hillenkamp* JuS **1977** 166, 169; *Krumme* LM Nr. 2 zu § 315a Abs. 1 Ziff. 4 S. 2; *Otto* Jura **1991** 443, 445; *Ranft* Jura **1987** 608, 614.

auch oder dass sie nur die Individualinteressen des Gefährdeten zu schützen bestimmt sind, kann der bewussten Inkaufnahme der Gefahr durch den Gefährdeten strafausschließende Wirkung beigemessen werden. Anders ist es aber, wenn man der hier und im Grundsatz auch vom BGH vertretenen Auffassung folgt, dass die Verkehrsstrafvorschriften „durch und durch" Tatbestände zum Schutz der Allgemeinheit enthalten (§ 315 Rdn. 3 ff). Geht man auf dieser Linie davon aus, dass sich in der Herbeiführung einer konkreten Gefahr für fremde Individualrechtsgüter die besondere Gefährlichkeit der Tat für die Gemeinschaft ausprägt, dass der Herbeiführung der Gefahr also indizielle Bedeutung zukommt und dass der mitverwirklichte Schutz des Einzelnen nur eine Nebenwirkung von untergeordneter Bedeutung ist, so kann das Einverständnis des Gefährdeten weder unter dem Blickwinkel der Einwilligung (aM *Hillenkamp* JuS **1977** 166, 170) noch im Rahmen der Zurechnung (aM *Otto* Jura **1991** 443, 445) ausschlaggebend sein. Die bewusste Inkaufnahme des Gefährdungsrisikos durch den Gefährdeten ist dann irrelevant, weil dieser im Rechtssinn nicht „Opfer" der §§ 315 ff ist.

74b (3) Die konsequente Durchführung des auf das Allgemeininteresse der Verkehrssicherheit ausgerichteten Schutzgutskonzepts erscheint auch in ihren Auswirkungen schlüssig. Die Tat ist nicht deswegen weniger gefährlich, weil sich das „Opfer" der abstrakten Gefahr wissentlich und willentlich ausgesetzt hat. Dies ist in den Mitfahrer-Fällen signifikant. Aber auch bei absichtlich herbeigeführten Verkehrsunfällen ist nicht einzusehen, weswegen die hierdurch verwirklichte Pervertierung des Straßenverkehrs sowie die darin liegende erhebliche kriminelle Energie und (abstrakte) Gefährlichkeit *gerade in Bezug auf die Verkehrssicherheit* (s. hierzu die in Rdn. 75 referierten Fälle) schlechthin nicht durch § 315b erfasst werden sollten. Es hat daher auch für die Lösung über die objektive Zurechnung Gültigkeit, was *Lackner* einst in Bezug auf die Einwilligung formuliert hat: „Wenn [die gesetzgeberische Entscheidung] rechtspolitisch verfehlt ist, dann muss der Versuch einer Gesetzesänderung unternommen werden. Der Weg über die Einwilligung führt durch ein Hintertürchen, das nur ein Teil der Täter – und zwar nicht etwa nach sachlich einleuchtenden Maßstäben, sondern nach der zufälligen Konstellation des Einzelfalles – mit Aussicht auf Erfolg benutzen kann." (Das konkrete Gefährdungsdelikt S. 13). Nach alledem kann die Gefährdung allein Tatbeteiligter weder als solche noch unter dem Blickwinkel der Einwilligung oder des Zurechnungszusammenhangs zum Strafbarkeitsausschluss führen (im Ergebnis wie OLG Stuttgart NJW **1976** 1904).

75 **dd) Zusätzliche Gefährdung Dritter.** Immer zu beachten ist, dass die herrschende Lehre nur dann zum Ausschluss der §§ 315 ff gelangt, wenn *ausschließlich* die Tatbeteiligten und ihre Sachen gefährdet werden. Sind durch den Eingriff hingegen die Rechtsgüter Dritter konkret gefährdet oder verletzt worden, so kommt § 315b zur Anwendung. Dies gilt etwa für den Fall, dass der Täter aufgrund des gestellten Unfalls die Kontrolle über das Fahrzeug verliert und mit seinem Fahrzeug eine Passantin erfasst und tötet (BGH NStZ **1992** 233, 234) oder wenn er mit solcher Wucht auf das parkende Fahrzeug des Tatbeteiligten auffährt, dass es auf Fahrzeuge unbeteiligter Personen geschoben wird (BGH NStZ **1995** 31).

76 c) **Einverständnis in anderen Fällen.** Konstellationen außerhalb der in den vorstehenden Randnummern aufgeführten Fallgruppen, in denen die gefährdete Person mit der Gefährdung oder Verletzung einverstanden ist, sind im Bereich des § 315b soweit ersichtlich nicht Gegenstand der veröffentlichten Rechtsprechung geworden (zum „Auto-Surfen" Rdn. 55). Denken könnte man an den (theoretischen) Fall, dass eine nicht tatbeteiligte Person in einem Fahrzeug mitfährt, das in verkehrsfeindlicher Absicht eingesetzt wird, und dabei das daraus herrührende Risiko in Kauf nimmt. Aus dem in Rdn. 74 Ausgeführten ergibt sich, dass nach der hier vertretenen Auffassung einer *Einwilligung keine rechtfertigende Wirkung zukommt*, weil der Gefährdete/Verletzte nicht dessen Inhaber ist. Dies stimmt mit dem Standpunkt der Rechtsprechung und eines Teils der Literatur überein (näher § 315c Rdn. 161).

d) **Erfordernis erheblicher Gefahr.** Ohne dass dies im Gesetz gesondert zum Ausdruck kommt, reicht für § 315b nicht jede Gefahr für die körperliche Unversehrtheit aus. 77
Kein tatbestandsrelevantes Risiko ist gegeben, wo nur unbedeutende Beeinträchtigungen zu erwarten sind (im Einzelnen § 315 Rdn. 70).

3. Gefahr für fremde Sachen von bedeutendem Wert

a) **Fremde Sache.** Gefährdet werden müssen eine oder mehrere fremde Sachen. Für die 78
Beurteilung entscheidet grundsätzlich das bürgerliche Recht. Die Sache ist danach für den Täter fremd, wenn sie nicht in seinem Alleineigentum steht und nicht herrenlos ist (hierzu § 315 Rdn. 73). Eine Ausnahme ist anzuerkennen, wenn Sachen gefährdet werden, die dem Täter bei wirtschaftlicher Betrachtungsweise gehören, was z.B. für das Eigentum einer GmbH zutrifft, deren Alleingesellschafter der Täter ist (näher § 315 Rdn. 74).

aa) **Fälle rechtmäßigen Besitzes.** Schwierige Probleme werfen Konstellationen auf, in 79
denen der Täter die von ihm gefährdete Sache unter Eigentumsvorbehalt gekauft, als Leasingnehmer benutzt, zur Sicherung übereignet oder sonst im Einverständnis mit dem Eigentümer in Besitz hat (z.B. als Ehegatte, Sohn oder Tochter). Sie sind im Bereich des § 315b weniger bedeutsam, weil der Tatbestand auf Eingriffe von außen und verkehrsfeindliche Inneneingriffe beschränkt ist. Einen Beispielsfall würde der (nicht allein eigentumsberechtigte) Sohn oder Mitgesellschafter des Eigentümers liefern, der durch eine unsachgemäße Reparatur die Bremsanlage eines Kfz außer Funktion setzt, weswegen es bei der nächsten Fahrt ohne Gefährdung anderer zu einem (Beinahe-) Unfall kommt.[148] Die Fallgestaltung unterscheidet sich von der in der nachfolgenden Rdn. erörterten dadurch, dass die maßgebende Handlung *vor* Antritt der Fahrt liegt, das Fahrzeug also nicht „Tatmittel" ist. Nach der hier vertretenen Auffassung besteht trotz aller damit verbundenen Härten keine Möglichkeit, solche Fälle im Wege der Interpretation aus dem Tatbestand zu eliminieren, etwa indem eine tatbestandsrelevante Gefährdung dann ausgeschlossen wird, wenn der Täter die Sache rechtmäßig in Besitz hat (§ 315 Rdn. 75 f; § 315c Rdn. 166). Der Weg über die Einwilligung ist deswegen verschlossen, weil das durch § 315b geschützte Rechtsgut dem Täter nicht zusteht (Rdn. 74); zudem hilft er zumeist auch aus tatsächlichen Gründen nicht weiter (§ 315c Rdn. 165).

bb) **Selbst geführtes Fahrzeug.** Die im Rahmen des § 315c praktisch wichtigste Fall- 80
gruppe, nämlich die Gefährdung/Schädigung nur des vom Täter selbst geführten, (auch) fremden Fahrzeugs, tritt im Rahmen des § 315b nicht sehr oft auf. Dies ist dadurch bedingt, dass bei einem gefährlichen Einsatz des Fahrzeugs in der Regel auch eine Gefährdung fremder Rechtsgüter eintritt. In der veröffentlichten Judikatur zu § 315b sind Gegebenheiten **einvernehmlich fingierter Verkehrsunfälle** betroffen. BGH NStZ-RR **1999** 120 liegt ein einschlägiger Fall zugrunde. Das von einem der Unfallverursacher

---

148 Zur (umstrittenen) Strafbarkeit solcher Fälle oben Rdn. 19.

geführte Fahrzeug war von diesem gemietet worden. BGH aaO überträgt die von ihm in ständiger Rechtsprechung zu § 315c vertretene Rechtsauffassung auf § 315b, wonach eine hinreichende Gefährdung nicht vorliegt, weil das benutzte Fahrzeug als *notwendiges Mittel der Tatbegehung nicht zugleich vom Strafschutz mit umfasst werden könne* (§ 315c Rdn. 167). Strukturell passt der Gedanke für die hier relevanten Gestaltungen, in denen das Fahrzeug gezielt als Schadenswerkzeug eingesetzt wird, im Grunde besser als bei § 315c (§ 315c Rdn. 168a). Gleichwohl kann ihm nicht gefolgt werden. Denn diesem Ansatz haftet wie dem zur Gefährdung des Tatbeteiligten eine Art von „Lagertheorie“ an (*Hillenkamp* JuS **1977** 166, 169), die bereits oben abgelehnt worden ist (Rdn. 74). Es geht auch nicht darum, dass die §§ 315 ff nicht dafür gedacht sind, zusätzlichen Eigentumsschutz zu gewähren (so BGHSt **27** 40, 43; BayObLG NJW **1983** 2827, 2828). Entscheidend ist nämlich, dass sich nach dem gesetzgeberischen Konzept in der Gefährdung fremder Rechtsgüter die Gefährlichkeit der Tat ausprägt, und dies ist auch bei einer Gefährdung/Schädigung des selbst geführten (fremden) Fahrzeugs der Fall (§ 315c Rdn. 168b). Für die Ladung des Fahrzeugs ist dies anerkannt. Ergänzend wird auf das unter § 315c Rdn. 168 Gesagte Bezug genommen.

81 cc) **Sachen Tatbeteiligter.** Von der in der vorstehenden Rdn. erörterten Fallgruppe sind Gegebenheiten zu unterscheiden, in denen der Täter vor allem bei fingierten Unfällen *nur* die Sachen (insbesondere Fahrzeuge) anderer Tatbeteiligter gefährdet oder verletzt. Dies führt nach ganz herrschender Lehre *nicht* zu einer Strafbarkeit nach § 315b. Die Ausführungen unter Rdn. 71 ff auch zum hiesigen, entgegengesetzten Standpunkt gelten sinngemäß.

82 b) **Sache von bedeutendem Wert.** Gefährdet werden müssen fremde Sachen von bedeutendem Wert. Die Sachgefährdungsklausel ist dabei dahin zu interpretieren, dass der Sache von bedeutendem Wert auch bedeutender Schaden drohen muss. Die Wertgrenze dürfte nach den derzeitigen Verhältnissen bei **750 €** anzusiedeln sein. Die Details sind unter § 315 Rdn. 82 ff dargelegt.

VIII. Kausalität, objektive Zurechnung

83 1. **Ursache der Gefahr** muss eine in Absatz 1 Nr. 1 bis 3 beschriebene, *generell gefährliche Tathandlung sein* („dadurch“). Es reicht aus, wenn die Gefahr durch die Handlung **mit**verursacht wird. Die Gefahr muss dem Eingriff nachfolgen. Es genügt nicht, wenn sie gleichzeitig mit ihm eintritt oder nur gelegentlich der Handlung entsteht. Ausdrücklich aufgegeben hat der BGH mit Recht seinen in einzelnen Entscheidungen[149] vertretenen Standpunkt, dass in den Fällen des Hindernisbereitens und des ähnlichen, ebenso gefährlichen Eingriffs einem Verletzungserfolg ein weiterer Gefahr- oder Verletzungserfolg nachfolgen müsse; damit ist zugleich klargestellt, dass schnell ablaufende Taten (z.B. Rammen eines Fahrzeugs, Werfen von Gegenständen, Abgabe von Schüssen) tatbestandsrelevant sein können.[150] S. aber Rdn. 83a.

83a 2. **Verkehrsspezifische Gefahr.** In seiner bislang soweit ersichtlich nicht ausdrücklich fortgeführten Grundsatzentscheidung vom 4.12.2002 (BGHSt **48** 119 [zu § 315b]) ver-

[149] BGH NZV **1998** 36; **2001** 265; BGHSt **47** 158.

[150] BGHSt **48** 119, 122 m insoweit zust. Anm. *König* JR **2003** 255 und Bespr. JA **2003** 818 sowie *Horn/Wolters* Rdn. 19.

langt der BGH, dass sich die konkrete Gefahr als Steigerung der durch die Tathandlung bewirkten abstrakten Gefahr für die Verkehrssicherheit darstellt („verkehrsspezifische Gefahr"). Der Erfolg (Gefahr, Verletzung) müsse jedenfalls auch auf die Wirkungsweise der für Verkehrsvorgänge typischen Fortbewegungskräfte zurückzuführen sein, wohingegen es nicht ausreiche, wenn der Eingriff zwar zu einer abstrakten Gefährdung des Straßenverkehrs führe, die sich hieraus entwickelnde konkrete Gefahr aber in keiner inneren Verbindung mit der Dynamik des Straßenverkehrs stehe (BGHSt **48** 119, 124 f). Die Einzelheiten zu diesem Standpunkt und seiner Ausführung sind unter § 315 Rdn. 97a f dargelegt.

3. Der erforderliche Zurechnungszusammenhang wird von einer breiten Strömung in der Literatur bei **bewusster Inkaufnahme des Risikos durch den Gefährdeten** unter dem Aspekt der eigenverantwortlichen Selbstgefährdung bzw. der einverständlichen Fremdgefährdung als unterbrochen angesehen. Insoweit wird auf die Ausführungen in Rdn. 73 f verwiesen. **83b**

IX. Subjektiver Tatbestand

Der subjektive Tatbestand des § 315b ist so konstruiert wie der des § 315 (im Einzelnen § 315 Rdn. 98 ff; § 315c Rdn. 187 ff). Eine Bestrafung **nach Absatz 1** setzt durchgehend (Tathandlung, Beeinträchtigung der Verkehrssicherheit, konkrete Gefahr) vorsätzliches Verhalten voraus. Der (bedingte) Vorsatz in Bezug auf den Taterfolg muss sich grundsätzlich nicht auf die Verletzung, sondern nur auf die Gefährdung beziehen. Davon ausgenommen sind allerdings die Fälle des Inneneingriffs, in denen die Rechtsprechung Verletzungsabsicht fordert (Rdn. 45). Ferner verlangt die Rechtsprechung seit BGHSt **48** 233 jedenfalls in Fällen, in denen das eigene Fortkommen das Ziel des Täters ist, zumindest bedingten Schädigungsvorsatz (Rdn. 12a, 12b sowie bei den einzelnen Fallgruppen). Ansonsten hindert es die Annahme vorsätzlichen Verhaltens beispielsweise nicht, wenn der Täter nur einen „glimpflichen Unfall" herbeiführen will (vgl. BGH NZV **1992** 325, 326). Der Umstand, dass *sich der Täter durch seine Tat selbst gefährdet oder schädigt*, schließt den Vorsatz nicht aus,[151] nötigt aber zu einer Auseinandersetzung damit in den Entscheidungsgründen (§ 315 Rdn. 102; § 315c Rdn. 193). **84**

Abgestufte Strafdrohungen sind für die **vorsätzlich verwirklichte Tathandlung bei fahrlässig herbeigeführtem Gefahrerfolg (Absatz 4)** und für durchgehend fahrlässiges Verhalten (Absatz 5) vorgesehen. Für die Vorsatz-Fahrlässigkeits-Kombination nach Absatz 4 gilt § 11 Abs. 2, so dass Teilnahme nach allgemeinen Grundsätzen möglich ist (BGH NStZ **1992** 233, 234); zu verurteilen ist wegen *vorsätzlichen* Eingriffs (vgl. § 315c Rdn. 194). Hervorzuheben ist, dass bei verkehrsfeindlichen Inneneingriffen durch die Rechtsprechung teils zumindest bedingter Schädigungsvorsatz (Rdn. 12a, 12b sowie bei den einzelnen Fallgruppen), teils Verletzungsabsicht (Rdn. 45), verlangt wird. Entwickelt sich die Tat so wie vom Täter vorgesehen, d.h., tritt der Gefahrerfolg ein, den der Täter in seinen (bedingten) Vorsatz aufgenommen hat, so kommt eine Anwendung von Absatz 4 nicht in Betracht. Allerdings kann Absatz 4 einschlägig sein, wenn durch die verkehrsfeindliche Handlung fahrlässig andere Folgen verursacht werden.[152] Generell wird in **84a**

[151] Aus der neueren Rechtsprechung zu § 315b z.B. BGH NZV **2006** 483 (hierzu Rdn. 18, 66); OLG München NJW **2005** 3794 (hierzu Rdn. 33); NJW **2006** 3364.

[152] Beispielsfall zu einem fingierten Verkehrsunfall in BGH NStZ **1992** 233, 234.

Konstellationen bewusst verkehrsfeindlichen Handelns eine Verurteilung nach Absatz 4 selten in Erwägung zu ziehen sein, eine solche nach Absatz 5 ist kaum denkbar.[153]

X. Vollendung, Beendigung, Versuch

85 **1. Vollendung.** Die Tat ist mit Eintritt der konkreten Gefahr vollendet. Ein Schaden braucht nicht eingetreten zu sein. Bei der Strafbarkeit wegen vollendeter Tat bleibt es auch dann, wenn die Verletzung nach Eintritt des Gefahrerfolgs durch den Gefährdeten, durch Dritte oder durch Naturgewalten noch verhindert wird, also z.B., wenn sich der Gefährdete noch in Sicherheit bringen kann oder wenn die Hindernisse noch beseitigt werden. Der Bereich zwischen Eintritt der Gefahr und Eintritt einer etwaigen Verletzung ist freilich aufgrund des Rechtsprechungswandels zum Beinahe-Unfall (Rdn. 63) deutlich schmaler geworden.

86 **2. Beendigung.** Beendigung tritt ein mit Beseitigung der Gefahr[154] bzw. mit deren Realisierung in einem Verletzungserfolg. Bei § 315b handelt es sich **nicht um eine Dauerstraftat** (BGH NJW **1995** 1766, 1767). Das ergibt sich freilich nicht daraus, dass die §§ 315 ff wesentlich auf den Schutz von Individualinteressen ausgerichtet sein könnten (so aber BGH aaO),[155] sondern aus der Tatbestandsstruktur des § 315b. Die in der Vorschrift pönalisierten Tathandlungen sind nicht dadurch geprägt, dass mit ihnen ein dauerhafter rechtswidriger Zustand geschaffen oder dass deren kontinuierliche Fortsetzung über einen längeren Zeitraum vorausgesetzt wird; vielmehr bezeichnet der Eingriff eine punktuelle Angriffsform (*Sowada* NZV **1995** 465, 468). Die Gefährlichkeit des Täterverhaltens für die Verkehrssicherheit erweist sich abschließend im Eintritt des Gefahrerfolgs.

87 **3. Versuch.** Aufgrund der Rechtsprechung zum Beinahe-Unfall kommt es vermehrt dazu, dass trotz hochriskanten Verhaltens der Eintritt des Gefahrerfolgs verneint werden muss; dadurch hat zugleich die Bedeutung der Versuchsstrafbarkeit zugenommen (näher § 315 Rdn. 66). Der Versuch einer Tat nach Absatz 4 ist nicht strafbar (§ 315 Rdn. 109). Für den Rücktritt vom Versuch gelten die allgemeinen Regeln. Der Rücktritt spielt allerdings infolge der Tatbestandsstruktur eine eher geringe Rolle. Maßnahmen des Täters nach Eintritt des Gefahrerfolgs sind unter dem Aspekt der Tätigen Reue (§ 320) sowie nach allgemeinen Regeln im Rahmen der Strafzumessung zu würdigen (Rdn. 91).

---

[153] BGHSt **23** 4, 8; BGH VerkMitt. **1979** 9; BGH VRS **65** 428, 429; BGHR § 315b Abs. 1 Nr. 3 Eingriff 4 S. 2; OLG Karlsruhe NJW **1978** 1391; OLG Köln NZV **1991** 319, 320; NZV **1994** 365; OLG Düsseldorf NZV **1994** 486; *Sch/Schröder/Cramer* Rdn. 13; *Fischer* Rdn. 21.

[154] *Wessels/Hettinger* BT/1 Rdn. 985 [zu § 315c].

[155] *Sowada* (NZV **1995** 465, 468) weist zu Recht darauf hin, dass die einschlägige Passage in BGH NJW **1995** 1766, 1767 in Spannung tritt u.a. mit BGH NJW **1989** 2550, wo der BGH wesentlich aus dem in § 315b gewährleisteten Universalrechtsgüterschutz herleitet, dass bei mehrfacher Verletzung/Gefährdung verschiedener Individualinteressen durch eine Handlung eine Tat des § 315b vorliege (hierzu Rdn. 96). Zum Schutzgut der §§ 315 ff § 315 Rdn. 3 ff.

XI. Qualifikationstatbestände (Absatz 3)

Absatz 3 ordnet die Geltung der Qualifikationstatbestände nach § 315 Abs. 3 an. Wegen der Details wird auf die Ausführungen unter § 315 Rdn. 110 ff verwiesen. Die Tat ist wie § 315 Abs. 3 Verbrechen. Allerdings ist die Freiheitsstrafe in § 315b Abs. 3 im Höchstmaß auf zehn Jahre begrenzt. Im Rahmen des § 315b kommt vor allem § 315 Abs. 3 Nr. 1 eine nicht geringe praktische Relevanz zu. **88**

1. **Herbeiführen eines Unglücksfalls.** S. im Einzelnen § 315 Rdn. 113 f. Bei verkehrsfeindlichen Inneneingriffen in Verletzungsabsicht (Rdn. 45), aber auch bei Sabotageakten durch Eingriffe nach Absatz 1 Nr. 1 (z.B. Abreißen des Bremsschlauchs) oder des Hindernisbereitens nach Absatz 1 Nr. 2 (etwa Werfen schwerer Holzscheite auf die Autobahn) ist in aller Regel auch die Absicht gegeben, einen Unglücksfall herbeizuführen. Daneben kann auch § 315 Abs. 3 Nr. 2 erfüllt sein. Bei einvernehmlich von den Tätern gestellten Verkehrsunfällen soll es nach BGH NJW **1991** 1120 am Merkmal des Unglücksfalls fehlen (näher § 315 Rdn. 114); die Frage hat allerdings nur theoretische Bedeutung, weil die Gefährdung des Tatbeteiligten und seiner Sachen nach herrschender Lehre nicht tatbestandsrelevant ist (Rdn. 71 ff). Zu beachten ist, dass das Merkmal des Unglücksfalls nach h.M. die Verletzung eines Menschen nicht voraussetzt. Es genügt, wenn der Täter bedeutenden Sachschaden herbeizuführen beabsichtigt (§ 315 Rdn. 113). **89**

2. **Ermöglichungs-/Verdeckungsabsicht.** S. im Einzelnen § 315 Rdn. 116. **Ermöglichungsabsicht** wird (oftmals neben § 315 Abs. 3 Nr. 1a) insbesondere in Konstellationen relevant, in denen Auffahrunfälle provoziert oder – sofern nach der Rechtsprechung tatbestandsrelevant (Rdn. 71 ff [75], 81) – Unfälle von Tatbeteiligten einvernehmlich verursacht werden, um die Grundlage für Versicherungsbetrügereien zu schaffen.[156] Die Qualifikation ist erfüllt, wenn die Tat Mittel zum Zweck einer Freiheitsberaubung ist (BGH NZV **2001** 352). Generell ist bedeutsam, dass die Tat nach Absatz 1 *Mittel zur Ermöglichung oder Verdeckung* sein muss. Es genügt deshalb nicht, wenn sie mit der anderen Straftat zusammenfällt. So liegt es, wenn sich der Täter durch den gefährlichen Eingriff (z.B. Zufahren auf Polizeibeamten in Nötigungsabsicht) der Festnahme entzieht und dadurch § 113 (BGH NZV **1995** 285) oder § 240 (vgl. BGH NStZ-RR **2001** 298) erfüllt. Der Täter handelt dann nicht, um eine Straftat nach § 113 zu ermöglichen, vielmehr stellt sich seine Tat als Widerstandshandlung bzw. Nötigung dar (BGH NZV **1995** 285; vgl. BGH NStZ-RR **2001** 298). Zur Ermöglichungsabsicht in Bezug auf einen Prozessbetrug: § 315 Rdn. 116. **Verdeckungsabsicht** ist häufig in den Fällen der Polizeiflucht gegeben. Sie liegt beispielsweise vor, wenn der Fahrzeuglenker in betrunkenem Zustand von der Polizei gestellt wird und eine Polizeisperre durchbricht, um sich dem Zugriff zu entziehen (BGH VRS **56** 141, 144; **62** 190), oder wenn er entkommen will, um nicht wegen Diebstahls oder Fahrens ohne Fahrerlaubnis zur Verantwortung gezogen zu werden (BGH VRS **46** 106, 110). Allerdings genügt es nicht, wenn der Täter davon ausgehen muss, dass seine Täterschaft durch die Polizei schon festgestellt ist, er also nur einen zeitlichen Vorsprung erhalten will, um fliehen zu können (vgl. OLG Hamm NZV **2008** 261). Die Ermöglichungs-/Verdeckungsabsicht muss sich auf eine *mit Kriminalstrafe bedrohte* Handlung beziehen; eine Ordnungswidrigkeit reicht als Bezugspunkt demnach nicht aus (§ 315 Rdn. 118). **90**

---

[156] Zu einem gefährlichen Eingriff zwecks Ermöglichung des Raubes BGHR § 315b Abs. 1 Nr. 3 Eingriff 1.

XII. Minder schwerer Fall; Tätige Reue

91 Zum minder schweren Fall (Absatz 3) gelten die Ausführungen unter § 315 Rdn. 123, zur nunmehr in § 320 normierten Honorierung Tätiger Reue (§ 315 Entstehungsgeschichte VI 3) die unter § 315 Rdn. 124 ff sinngemäß.

XIII. Täterschaft, Teilnahme

92 **§ 315b normiert Allgemeindelikte**; Täterschaft und Teilnahme folgen damit den allgemeinen Regeln (hierzu § 315 Rdn. 132). Täter kann daher im Grundsatz jedermann sein. Nach *Kuckuk*[157] soll allerdings ein eigenhändiges Delikt vorliegen, soweit Hindernisbereiten bzw. ähnlicher, ebenso gefährlicher Eingriff gerade durch verkehrsfeindliches Fahrverhalten gegeben ist.[158] Mittelbare Täterschaft und uneigenhändige Mittäterschaft würden dann nach allgemeinen Grundsätzen ausscheiden; Mittäterschaft wäre nur möglich in den (seltenen) Fällen des gemeinsamen Führens des Fahrzeugs (hierzu § 315c Rdn. 37 ff). Die praktische Bedeutung der Frage ist im Rahmen des § 315b als eher gering einzustufen. Denn der Mitfahrer, der, auch kurzzeitig, eigenmächtig in die Fahrzeugführung eingreift, kann selbstredend Täter des § 315b sein, und zwar nach Rechtsprechung und herrschender Lehre nach denselben Maßstäben wie der Fahrzeuglenker (Rdn. 18, 54). Ungeachtet dessen dürfte kein Fall der Eigenhändigkeit vorliegen. Denn die Strafbarkeit nach § 315b knüpft nicht wie bei § 315c spezifisch an das regelwidrige *Führen* des Fahrzeugs an, sondern an dessen verkehrsfeindlichen Einsatz (als Waffe bzw. Schadenswerkzeug) *in all seinen Formen*.

XIV. Rechtswidrigkeit

92a **Zur Einwilligung** s. Rdn. 73 ff, 76, 79. **Notwehr** wird nur ganz ausnahmsweise in Betracht kommen (vgl. *Barnickel* MK Rdn. 59 m.w.N.).[159] **§ 127 StPO** kommt grundsätzlich in Betracht. Jedoch kann das Anfahren eines Motorrads durch ein Polizeifahrzeug wegen der damit verbundenen Gefahren nicht als gerechtfertigt angesehen werden (BayObLG NStZ **1988** 518). Zu durch die Polizei künstlich verursachten Staus Rdn. 33.

XV. Konkurrenzen

93 **1. Idealkonkurrenz bei (Teil-)Identität der Ausführungshandlungen.** *Tateinheit ist möglich* zwischen § 315b und *sämtlichen Verletzungsdelikten* (insbesondere *Tötungsdelikten;*[160]

---

157 KVR von A–Z Verkehrsgefährdung Hindernisbereiten Erläuterungen 1 (Lieferung 1/95) Bl. 21.

158 So auch *Krumme* Rdn. 41. Die dort in Bezug genommene Entscheidung BGHSt **18** 6, 8 f kann dafür freilich nicht als Beleg dienen. Sie betrifft einen Fall der heute in § 315c Abs. 1 Nr. 1a geregelten Gefährdung des Straßenverkehrs.

159 Zu einem Fall der Putativnotwehr KG v. 3.2.1997, (3) 1 Ss 261/96 (118/96); jedoch lassen sich der Entscheidung die näheren Einzelheiten nicht entnehmen.

160 BGH VRS **56** 139, 140; **63** 119; BGH vom 6.5.1997 – 4 StR 152/97 (insoweit in NStZ-RR **1997** 302 nicht abgedruckt); NStZ-RR **2004** 108; NJW **2007** 2130.

Körperverletzungsdelikten;[161] *Sachbeschädigung*). Dies ist aus der Klarstellungsfunktion der Tateinheit abzuleiten. Denn in einer Verurteilung nur wegen § 315b kommt nicht zum Ausdruck, ob körperliche Unversehrtheit, Leben oder Eigentum *verletzt* sind (vgl. *Sch/Schröder/Cramer/Sternberg-Lieben* Rdn. 16; *Horn/Wolters* SK § 315c Rdn. 26). Zudem werden durch § 315b nicht die genannten Individualrechtsgüter, sondern das Allgemeininteresse an der Verkehrssicherheit geschützt. Tateinheit dürfte auf dieser Grundlage auch gegeben sein, wenn die Sachbeschädigung die Realisierung eines in Verletzungs*absicht* erfolgten ähnlichen, ebenso gefährlichen Eingriffs darstellt. Hingegen *tritt die Sachbeschädigung hinter § 315b zurück*, wenn sie sich in der Tathandlung der Zerstörung oder Beschädigung nach Absatz 1 Nr. 1 erschöpft.[162] *Tateinheit kann ferner gegeben sein* mit *§§ 113, 114,*[163] mit *§ 240,*[164] mit *§§ 316a, 316b oder 318* und auch mit der Einfuhr von illegalen Drogen nach *§ 29 Abs. 1 Satz 1 Nr. 1 BtMG* oder der *Steuerhinterziehung* (zu beidem BGH bei *Holtz* MDR **1980** 455). Beim Hindernisbereiten durch Unterlassen kann § 315b mit *§ 323c* idealiter konkurrieren (OLG Oldenburg VRS **11** 53, 54 f). Idealiter konkurrieren können das *Hindernisbereiten durch Unterlassen und § 142* (OLG Hamm VRS **25** 193, 194; OLG Oldenburg VRS **11** 54, 55).

Tateinheit kann des Weiteren gegeben sein mit den *Dauerstraftaten* der Trunkenheit im Verkehr nach *§ 316* (BGHSt **25** 313; BGH NJW **1995** 1766; s. auch Rdn. 95 a.E.), des unbefugten Gebrauchs von Fahrzeugen nach *§ 248b* (BGH NJW **1995** 1766) und des Fahrens ohne Fahrerlaubnis nach *§ 21 Abs. 1 Nr. 1 StVG* (BGHSt **22** 67, 76 f; OLG Koblenz VRS **56** 38, 40). Allerdings ist die Zäsurwirkung insbesondere eines Unfalls zu beachten (*Geppert* Jura **1996** 639, 647). Die genannten Dauerdelikte können als geringer wiegende Straftaten ihrerseits keine Klammerwirkung hinsichtlich mehrerer Straftaten des § 315b auslösen.[165] Hingegen ist es nach den in BGHSt **31** 29, 31 entwickelten Grundsätzen möglich, dass die Trunkenheitsfahrt eine Tat nach § 315b mit einer minder gewichtigen Straftat wie Diebstahl oder unbefugtem Gebrauch eines Kraftfahrzeugs verklammert (BGH NJW **1995** 1766). 94

Tateinheit kann schließlich vorliegen, wenn der Täter wegen Fahrens im Zustand der Fahrunsicherheit neben § 315b auch *§ 315c Abs. 1 Nr. 1* erfüllt.[166] Andernfalls käme das in der Trunkenheitsfahrt liegende verkehrswidrige Handeln des Täters im Schuldspruch nicht zum Ausdruck (*Geppert* Jura **1996** 639, 647; Klarstellungsfunktion). Voraussetzung ist allerdings, dass sich das in der Fahrt im fahrunsicheren Zustand liegende spezifische Risiko im Gefahrerfolg verwirklicht. Beschädigt der fahrunsichere Fahrer beispielsweise bewusst und gezielt Fahrzeuge, ohne dass sich die Fahrunsicherheit (verstärkend) auswirkt, so liegt § 315c Abs. 1 Nr. 1a bereits tatbestandlich nicht vor; das Gleiche gilt, wenn er in Verletzungsabsicht gezielt auf einen Menschen zufährt; in einem solchen Fall ist § 315b tateinheitlich nur mit § 316 erfüllt.[167] **Keine Tateinheit mit § 315c dürfte** 95

---

[161] BGH VRS **56** 141, 144.

[162] BGH VRS **65** 359, 361; eingehend OLG Braunschweig VRS **32** 371 f; *Fischer* Rdn. 23; **aA** *Sch/Schröder/Cramer/Sternberg-Lieben* Rdn. 16 und wohl auch *Horn/Wolters* SK § 315c Rdn. 26.

[163] BGHSt **25** 313, 314; **48** 233; BGH VRS **56** 141, 144; OLG Koblenz VRS **56** 38, 39.

[164] BGHSt **22** 365, 366; **48** 233; vgl. auch BGHSt **24** 262, 264 ff.

[165] BGHSt **22** 67, 76; *Sowada* NZV **1995** 465, 467; s. aber die nachfolgende Rdn.

[166] BGHSt **22** 67, 76 f; BGH VRS **53** 356; **65** 359, 361. *Lackner/Kühl* Rdn. 7; *Fischer* Rdn. 23; *Jagow/Burmann/Heß* Rdn. 17; *Geppert* Jura **1996** 639, 647. **AA** *Sch/Schröder/Cramer/Sternberg-Lieben* Rdn. 16; *Horn/Wolters* SK § 315c Rdn. 26.

[167] BGH VRS **65** 359, 360; NJW **1995** 1766; NZV **2000** 88, 89; NStZ-RR **2004** 108; **2005** 340; NStZ **2007** 330; s. ergänzend § 315c Rdn. 171, 180, 211.

auch gegeben sein, wenn das verkehrsfremde Verhalten des Täters mit einem der in § 315c Abs. 1 Nr. 2 normierten Regelverstöße zusammenfällt, z.B., wenn der Täter ein Fahrzeug beim Überholen absichtlich rammt und mit dem darin liegenden ähnlichen, ebenso gefährlichen Eingriff nach § 315b Abs. 1 Nr. 3 zugleich auch § 315c Abs. 1 Nr. 2b erfüllt. Insoweit ist es nicht geboten, die Tat auch als Gefährdung des Straßenverkehrs nach § 315c zu kennzeichnen; denn es stehen eine regelwidrige Handlung, eine Sicherheitsbeeinträchtigung und dieselbe Gefahr in Frage.[168] Demgemäß dürfte § 315c hinter § 315b zurücktreten.[169] Anders liegt es, wenn das Tatgeschehen als natürliche Handlungseinheit anzusehen ist und einzelne Teilakte nur den § 315c Abs. 1 Nr. 2 erfüllen (BGH NStZ-RR **2007** 59). Fehlt es am inneren Zusammenhang zwischen Regelverletzung und Gefahrerfolg, so entfällt bereits der Tatbestand des § 315c (Beispiel unter § 315c Rdn. 113 a.E.).

96 **2. Eine Handlung, eine Gefahrenlage für die Belange verschiedener Rechtsgutsinhaber.** *Eine einheitliche Tat* nach § 315b liegt nach zutreffender h.M. vor, wenn der Täter *gleichzeitig mehrere Personen oder Sachen mehrerer Eigentümer gefährdet oder verletzt.*[170] Anwendungsfälle bilden das Zufahren auf mehrere Personen (BGH VRS **55** 185) und das Rammen mehrerer fremder Fahrzeuge (BGHR § 315b Abs. 1 Konkurrenzen 3). In NJW **1989** 2550 hat der BGH seine früher vertretene Auffassung (BGH VRS **55** 185) ausdrücklich aufgegeben, dass in solchen Fällen gleichartige Tateinheit vorliege. Im Rahmen des § 315c hatte er schon kurz zuvor ebenfalls gleichartige Tateinheit abgelehnt (BGH NJW **1989** 1227).[171] Der Standpunkt der Rechtsprechung und h.M. wird zutreffend aus dem durch § 315b geschützten Rechtsgut abgeleitet (hierzu § 315 Rdn. 3 ff). Die im konkret verwirklichten Eingriff in den Straßenverkehr liegende Gefährlichkeit für das Allgemeininteresse an der Sicherheit des Straßenverkehrs hat sich in der Gefährdung bzw. Verletzung mehrerer Personen bzw. Sachen lediglich in besonders starkem Maße konkretisiert (BGH NJW **1989** 2550, 2551). Es liegt demgemäß eine quantitative Intensivierung der Verletzung/Gefährdung *dieses* Rechtsguts vor (*Geppert* Jura **1996** 639, 647). Deswegen zwingt, sofern höchstpersönliche Rechtsgüter wie Leben und körperliche Unversehrtheit faktisch tangiert sind, auch der Umstand, dass diese nach allgemeinen Regeln einer additiven Betrachtung nicht zugänglich sind,[172] nicht zur Annahme gleichartiger Tateinheit.[173] Zu Recht betont der BGH, dass sich die Beeinträchtigung mehrerer Menschen oder Sachen auf den Schuldumfang auswirkt (BGH NJW **1989** 1227, 1228). Sie führt deshalb grundsätzlich zu höherer Strafe.

97 **3. Eine Handlung, mehrere Gefahrenlagen für die Belange verschiedener Rechtsgutsinhaber.** Dieselben Grundsätze sind anzulegen, wenn der Täter durch eine einzige Handlung nacheinander die Gefährdung verschiedener Menschen oder Sachen mehrerer Eigen-

---

[168] So, allerdings generell für das Verhältnis der §§ 315b und 315c, *Sch/Schröder/Cramer/Sternberg-Lieben* Rdn. 16; s. auch *Krumme* Rdn. 45 unter Bezugnahme auf BGHSt **21** 301, 302; **23** 4, 6, 8; BGH VRS **38** 344, 345.

[169] BGH NStZ-RR **2007** 59; *Sch/Schröder/Cramer/Sternberg-Lieben* Rdn. 16.

[170] BGH NJW **1989** 2550; *Fischer* Rdn. 23; *Lackner/Kühl* Rdn. 7; *Jagow/Burmann/Heß* Rdn. 17; *Hentschel/König* Rdn. 22; *Krumme* Rdn. 50; *Wessels/Hettinger* BT/1 Rdn. 985; *Janiszewski* Verkehrsstrafrecht Rdn. 260; *Engelhardt* DRiZ **1982** 106, 107; *Geppert* Jura **1996** 639, 647. Vgl. auch BGH NJW **1989** 1227, 1228; BayObLG VRS **63** 275; NJW **1984** 68 (alle zu § 315c).

[171] Mit zust. Anmerkung *Geppert* NStZ **1989** 320; insoweit auch *Werle* JR **1990** 74, 76.

[172] *Sch/Schröder/Stree* § 52 Rdn. 26; vgl. auch *Sowada* NZV **1995** 465, 467 f.

[173] BGH NJW **1989** 1227, 1228 [zu § 315c]; **1989** 2550, 2551; BayObLG NJW **1984** 68

tümer verursacht. Beispiele geben die Zerstörung der Bremsanlage eines Fahrzeugs, in deren Folge mehrere kritische Verkehrssituationen entstehen (*Geppert* Jura **1996** 639, 648) oder auch das Bereiten eines Hindernisses (z.B. das Werfen eines schweren Holzscheites auf die Autobahn oder das Nichtbeseitigen einer Ölspur), das dieselben Konsequenzen nach sich zieht. Insofern tritt ebenfalls nur eine quantitative Intensivierung der Gefahrenlage ein (*Geppert* aaO).

4. Polizeiflucht – natürliche Handlungseinheit. In gefestigter Rechtsprechung vertritt der BGH die Auffassung, dass sämtliche strafbaren Handlungen, die der Täter im Verlauf einer ununterbrochenen Fluchtfahrt[174] begeht, um sich der Verfolgung insbesondere (aber nicht nur)[175] durch die Polizei zu entziehen, *eine einzige Tat bilden.*[176] Betroffen sind beispielsweise §§ 142,[177] 113, 211 f, 223 ff; 240. Die Gesamtheit der Handlungen sei von dem Gedanken beherrscht, unentdeckt zu entkommen, und mithin von einem einheitlichen Handlungswillen getragen; sie bilde ein in sich geschlossenes, zusammengehöriges Verhalten, eine natürliche Handlungseinheit (BGHSt **22** 67, 76). Die Fälle der Polizeiflucht sind ein Hauptanwendungsfall der natürlichen Handlungseinheit. Die hierzu ergangene Rechtsprechung des BGH ist allerdings **erheblicher Kritik aus dem Schrifttum** ausgesetzt. Hauptsächlich wird eingewandt, dass es nicht zuletzt unter dem Blickwinkel des Bestimmtheitsgebots problematisch sei, dem vorgefassten Täterplan die Wirkung beizumessen, ganz verschiedenartige Normverstöße zu einer Tat zu verbinden. Die Verbindung mehrerer strafbarer Handlungen unter Verzicht auf das sonst anerkannte Erfordernis der Teilidentität der Ausführungshandlungen sei systemfremd und dogmatisch widersprüchlich; sie stehe auch im Gegensatz zu den im Beschluss des Großen Senats des BGH zur Aufgabe der fortgesetzten Handlung entwickelten Grundsätzen (BGHSt **40** 138).[178] Trotz der berechtigten Kritik hält der BGH an seiner Rechtsprechung bis heute fest (BGH vom 6.5.1997 – 4 StR 152/97;[179] NStZ-RR **1997** 331, 332; BGHSt **48** 233). Hoffnungen (*Sowada* NZV **1995** 465, 469) bzw. Erwartungen (in diesem Sinne wohl *Geppert* Jura **1996** 639, 647 f), dass mit BGH NJW **1995** 1766 (dazu die nachfolgende Rdn.) eine grundsätzliche Umkehr eingeleitet worden sein könnte, haben sich demnach nicht erfüllt. 98

[zu § 315c]; *Geppert* Jura **1996** 639, 647 sowie die in Fn. 170 aufgeführte Kommentar- und Lehrbuchliteratur. **AA** *Sch/Schröder/Cramer/Sternberg-Lieben* Rdn. 16; § 315c Rdn. 170 [nur sofern mehrere *Personen* gefährdet werden]; *Horn/Wolters* § 315c Rdn. 26; *Horn/Hoyer* JZ **1987** 965 [nach beiden *auch* gleichartige Tateinheit, wenn die *Sachen* mehrerer Eigentümer gefährdet werden].

174 Natürliche Handlungseinheit liegt nach BGH vom 10.3.1993 – 2 StR 56/93 (insoweit in NStE § 24 Nr. 38 nicht abgedruckt) auch beim Flüchten *zu Fuß* vor; demgegenüber wird dies durch BGH bei *Holtz* MDR **1974** 13 verneint.

175 BGH NJW **1989** 2550, 2551.

176 Insbesondere BGH VRS **13** 135, 136; **28** 359, 361; **29** 185, 187; BGHSt **22** 67, 76 f; BGHR § 142 Konkurrenzen 1 und § 315b Abs. 1 Konkurrenzen 2 m.w.N.; BGH NJW **1995** 1766, 1767; BGH NStZ-RR **1997** 331; BGH VRS **92** 205 [zu § 315c; hierzu auch § 315c Rdn. 209]; BGHSt **48** 233; BGH NZV **2001** 265 [zu § 315c]. Abw. BGH VRS **50** 94, 95.

177 BGH VRS **28** 359, 361; BGHR § 142 Konkurrenzen 1; BGH NStZ-RR **1997** 302.

178 Zum Ganzen mit umfänglichen Nachweisen *Sch/Schröder/Stree* Vorbem. §§ 52 ff Rdn. 21 ff; *Lackner/Kühl* vor § 52 Rdn. 4 ff; § 52 Rdn. 3; *Sowada* NZV **1995** 465, 466 f, alle m.w.N.

179 Insoweit in NStZ-RR **1997** 302 nicht abgedruckt.

99 5. **Einheitlicher Entschluss, mehrere Handlungen, mehrere Gefahrenlagen.** *Keine natürliche Handlungseinheit* liegt nach BGH NJW **1995** 1766 grundsätzlich dann vor, wenn der Täter aufgrund eines einheitlichen Entschlusses nacheinander mehrere Pkw absichtlich rammt. Weder der einheitliche Entschluss noch die ununterbrochene Fahrt sei geeignet, eine natürliche Handlungseinheit zu begründen. Die bei der Polizeiflucht gegebene „besondere Sachlage" sei hier nicht gegeben. Der vorgefasste allgemeine Entschluss ändere nichts daran, dass der Täter den konkreten Vorsatz in Bezug auf jede von ihm geschaffene Gefahrenlage neu fasse. § 315b sei auch keine Dauerstraftat (hierzu Rdn. 86), weswegen sich die Herbeiführung jeder weiteren Gefahrenlage konsequenterweise als eine neue Tat des § 315b StGB darstelle (aaO S. 1767). *Anders könne es sein,* wenn der Täter die Fahrzeuge, die er im Verlauf einer kurzen Fahrtstrecke rammen wolle, konkret in seinen Entschluss aufnehme, wenn er sie *sozusagen „auf einen Blick" erfasse* (aaO S. 1767). Der Annahme von Tatmehrheit im konkreten Fall ist zwar im Ergebnis zuzustimmen. Der Beschluss ist aber mit der Rechtsprechung zur Polizeiflucht schwer in Einklang zu bringen. Nach dem zugrunde liegenden Sachverhalt lag die Annahme natürlicher Handlungseinheit entsprechend den dafür geltenden herkömmlichen Regeln dort sogar sehr viel näher als in manchem Fall der Polizeiflucht. Eine einleuchtende Begründung, warum hier so und dort anders geurteilt worden ist, kann der Entscheidung nicht entnommen werden (eingehend *Sowada* NZV **1995** 465, 468 f).

100 6. **Tatmehrheit.** Tatmehrheit ist z.B. gegeben mit Betrug und ggf. weiteren Begleitdelikten (Falschaussage, Meineid etc.), wenn der Täter durch provozierte Auffahrunfälle oder durch mit anderen Tatbeteiligten einvernehmlich herbeigeführte „Unfälle" die Grundlage für Versicherungsbetrügereien schafft (Anwendungsfälle: BGH NStZ **1992** 233; NStZ **1995** 31). Erfolgt der Eingriff in den Straßenverkehr, um eine Körperverletzung zu ermöglichen (§ 315 Abs. 3 i.V.m. § 315 Abs. 3 Nr. 1b erfüllt), so besteht zwischen § 315b und der nachfolgenden Körperverletzung Tatmehrheit (BGH NStZ-RR **2001** 298). (Beendete) Steuerhehlerei und § 315b, um sich wieder in den Besitz der gehehlten Waren zu bringen, bilden materiell-rechtlich und prozessual zwei Taten (BGHR StPO § 264 Abs. 1 Tatidentität 33). Zum absichtlichen Rammen mehrerer Fahrzeuge gilt das in Rdn. 99 Gesagte. Im Rahmen der Polizeiflucht hängt die Annahme von Tatmehrheit bei fehlender Teilidentität der Ausführungshandlungen davon ab, ob und inwieweit man bereit ist, der Rechtsprechung des BGH zu folgen (Rdn. 98).

XVI. Sonstiges

101 Wird das Fahrzeug *als Tatwerkzeug* gebraucht (z.B. als Hindernis, als Waffe, als Schadenswerkzeug) eingesetzt, so kann es **nach § 74 eingezogen werden.** Die Einziehung nach § 74 Abs. 2 Nr. 2 setzt allerdings voraus, dass die nahe Wahrscheinlichkeit besteht, das Fahrzeug werde auch künftig zu Straftaten benutzt; allein die Straftat nach § 315b begründet eine solche Wahrscheinlichkeit nicht (§ 74 Abs. 2 Nr. 2).[180] Die **Entziehung der Fahrerlaubnis** (§ 69 StGB) ist *bei Außeneingriffen* grundsätzlich nicht möglich.[181]

---

[180] BGH StV **1991** 262; *Fischer* Rdn. 23.

[181] BGH NZV **2001** 133 [Steinwurf], Ce NZV **1998** 170 [Manipulation an fremdem Fahrzeug in Gefährdungs-, Verletzungs- oder Tötungsabsicht]; *Hentschel/König* § 69 StGB Rdn. 6a; s. aber zu einem Reifenstecher, der mit dem Fahrzeug zum Tatort gefahren war, OLG Karlsruhe NZV **2005** 590 [zu § 303] und hierzu *König/Seitz* DAR **2006** 121; **2007** 361.

Anders liegt es naturgemäß bei Inneneingriffen unter Einsatz des Fahrzeugs (z.B. BGH NStZ-RR **1997** 331, NZV **2001** 265). Möglich ist sie auch bei Eingriffen des Mitfahrers in die Fahrzeugführung (Rdn. 18, 54).[182] Das Androhen sowie Vortäuschen einer Tat nach § 315b Abs. 3 führt nach § 126 Abs. 1 Nr. 6, Abs. 2, § 145d Abs. 1 Nr. 2, Abs. 2 Nr. 2 unter den dort genannten Voraussetzungen zur Strafbarkeit, Belohnung und Billigung unter denen des § 140. Die Nichtanzeige geplanter Straftaten nach § 315b Abs. 3 ist nach § 138 Abs. 1 Nr. 9 pönalisiert. § 315b Abs. 3 ist auch in § 100a Abs. 2 Nr. 1s StPO (Überwachung der Telekommunikation) genannt.

§ 315c
Gefährdung des Straßenverkehrs

(1) Wer im Straßenverkehr

1. ein Fahrzeug führt, obwohl er
   a) infolge des Genusses alkoholischer Getränke oder anderer berauschender Mittel oder
   b) infolge geistiger oder körperlicher Mängel

nicht in der Lage ist, das Fahrzeug sicher zu führen, oder

2. grob verkehrswidrig und rücksichtslos
   a) die Vorfahrt nicht beachtet,
   b) falsch überholt oder sonst bei Überholvorgängen falsch fährt,
   c) an Fußgängerüberwegen falsch fährt,
   d) an unübersichtlichen Stellen, an Straßenkreuzungen, Straßeneinmündungen oder Bahnübergängen zu schnell fährt,
   e) an unübersichtlichen Stellen nicht die rechte Seite der Fahrbahn einhält,
   f) auf Autobahnen oder Kraftfahrstraßen wendet, rückwärts oder entgegen der Fahrtrichtung fährt oder dies versucht oder
   g) haltende oder liegengebliebene Fahrzeuge nicht auf ausreichende Entfernung kenntlich macht, obwohl das zur Sicherung des Verkehrs erforderlich ist,

und dadurch Leib oder Leben eines anderen Menschen oder fremde Sachen von bedeutendem Wert gefährdet, wird mit Freiheitsstrafe bis zu fünf Jahren oder mit Geldstrafe bestraft.

(2) In den Fällen des Absatzes 1 Nr. 1 ist der Versuch strafbar.

(3) Wer in den Fällen des Absatzes 1

1. die Gefahr fahrlässig verursacht oder

2. fahrlässig handelt und die Gefahr fahrlässig verursacht,

wird mit Freiheitsstrafe bis zu zwei Jahren oder mit Geldstrafe bestraft.

Schrifttum

Cramer Überlegungen zu einem Dritten Straßenverkehrssicherungsgesetz, VOR **1974** 21; *Demuth* Der Einfluss der neuen StVO auf § 315c StGB, JurA **1971** 383; *Eisele* Der Tatbestand der Gefährdung des Straßenverkehrs (§ 315c StGB), JA **2007** 168; *Geppert* Zu examensrelevanten

[182] Vgl. LG Zweibrücken NZV **2004** 211; LG Ravensburg NZV **1993** 325; s. auch *Hentschel/König* § 69 StGB Rdn. 6; krit. *Barnickel* MK Rdn. 64.

Fragen im Rahmen alkoholbedingter Straßenverkehrsgefährdung (§ 315c Abs. 1 Nr. 1a StGB) durch Gefährdung von Mitfahrern, Jura **1996** 47; *ders.* Gefährdung des Straßenverkehrs (§ 315c StGB) und Trunkenheit im Verkehr (§ 316 StGB), Jura **2001** 559; *Hartung* Zum inneren Tatbestand der neuen Vergehen gegen den Straßenverkehr, DAR **1953** 141; *ders.* Fahrgeschwindigkeiten nach Alkoholgenuß und ihre Ursächlichkeiten für den Unfall, DAR **1975** 125; *Haubrich* Verkehrsrowdytum auf Bundesautobahnen und seine strafrechtliche Würdigung, NJW **1989** 1197; *Heinrich* Gefährdung des nachfolgenden Pkw durch ausscherenden Lkw, SVR **2008** 165; *Jagusch* Zum inneren Tatbestand der neuen Vergehen gegen die Sicherheit des Straßenverkehrs, DAR **1953** 141; *Joerden* Der Fahrzeugführer hinter dem Fahrzeugführer – eine akzeptable Rechtsfigur? BA **03** (2003) 104; *Koch* Das Tatbestandsmerkmal „rücksichtslos" des § 315c Abs. 1 Nr. 2 StGB in der Praxis, DAR **1970** 322; *König* Fahrunsicherheit oder Blutalkoholgehalt als Merkmal der Trunkenheitsdelikte, Besprechungsaufsatz zur gleichnamigen Dissertation *Riemenschneiders*, NZV **2001** 69; *ders.* Fahrlehrer und Trunkenheitsfahrt, DAR **2003** 448; *ders.* Fuhrparkmanagement SVR **2008** 121; *ders.* Von Entzugserscheinungen und ampelgesicherten Fußgängerüberwegen, NZV **2008** 492; *Lackner* Der Strafrechtsteil des Gesetzes zur Sicherung des Straßenverkehrs, MDR **1953** 73; *Maassen* Die strafrechtlichen Bestimmungen des Gesetzes zur Sicherung des Straßenverkehrs, NJW **1953** 201; *Mayr* Die Tatbestände der Straßenverkehrsgefährdung in der Rechtsentwicklung, BGH-Festgabe (1975) S. 273; *Miseré* Die Grundprobleme der Delikte mit strafbegründender Folge (1997; zugl. jur. Diss. Köln 1995); *Mühlhaus* Überholen mit und ohne Überholabsicht, DAR **1968** 169; *ders.* Über die Standspur der Autobahn, DAR **1978** 162; *Peters* Zum Merkmal „rücksichtslos" im Tatbestand der Straßenverkehrsgefährdung, DAR **1980** 45; *Puhm* Strafbarkeit gemäß § 315c StGB bei Gefährdung des Mitfahrers (jur. Diss. Passau 1990); *Rehberg* „Fremdhändige" Täterschaft bei Verkehrsdelikten?, Festschrift Schultz (1977) S. 72; *Rudolphi* Strafbarkeit der Beteiligung an den Trunkenheitsdelikten im Straßenverkehr, GA **1970** 353; *Schweling* Der Begriff „rücksichtslos" im Verkehrsrecht, ZStW 72 (1960) 464; *Wohlers* Trunkenheitsfahrten als eigenhändige Delikte, SchwZStr. **116** (1998) 95; *Zimmermann* Straßenverkehrsgefährdung durch Rücksichtslosigkeit. Ein ungelöstes Problem, MDR 1987 364; *Volk* Reformüberlegungen zur Strafbarkeit der fahrlässigen Körperverletzung im Straßenverkehr, GA **1976** 161.

Zur Frage des **körperlichen oder geistigen Mangels** sind vor allem die Begutachtungs-Leitlinien des Gemeinsamen Beirats für Verkehrsmedizin beim Bundesministerium für Verkehr und beim Bundesministerium für Gesundheit bedeutsam (Berichte der Bundesanstalt für Straßenwesen, Mensch und Sicherheit, Heft M 115 (6. Aufl. 2000); s. auch Anlage 4 zur FeV; *Lewrenz, Brieler, Püschel* Krankheit und Kraftverkehr" (2006) sowie die (sonstige) Spezialliteratur zur Fahreignungsbeurteilung. Die Schrifttumsnachweise zur Alkohol-, Drogen- und Arzneimittelproblematik sind bei § 316 zusammengefasst.

S. ergänzend die Schrifttumsnachweise zu §§ 315 bis 315b und § 316.

Entstehungsgeschichte

I. § 315c ist im Wesentlichen aus § 315a Abs. 1 Nr. 2 bis 4 a.F. hervorgegangen, der durch das **Gesetz zur Sicherung des Straßenverkehrs vom 19.12.1952** (BGBl. I S. 832) in das Strafgesetzbuch eingefügt worden ist. Zu dessen Wortlaut und Genese wird auf die Entstehungsgeschichte zu §§ 315 und 315b Bezug genommen.

Die in § 315a Abs. 1 Nr. 2 bis 4 a.F. aufgeführten Verkehrsverstöße konnten vor dem (1.) StraßenVSichG lediglich mit Übertretungsstrafe geahndet werden (§ 49 StVO, § 71 StVZO). Dem Unrechtsgehalt solcher Taten wurde dies nach Auffassung des Regierungsentwurfs (BTDrucks. [I/] 2674 S. 15) und später auch des Gesetzgebers in keiner Weise gerecht.

Der Regierungsentwurf hatte neben dem Fahren im Zustand der Fahrunsicherheit eine Generalklausel vorgeschlagen, wonach derjenige sollte bestraft werden können, der *„als Führer eines Fahrzeugs rücksichtslos fährt"* und dadurch eine Gemeingefahr herbeiführt

(§ 315a Abs. 1 Nr. 2 i.d.F. des Regierungsentwurfs).[1] Eher noch weiter wollte insoweit der BR gehen (*„Wer durch einen schweren Verstoß gegen die zur Regelung des Straßenverkehrs erlassenen Vorschriften die Sicherheit des Straßenverkehrs ... beeinträchtigt und dadurch eine Gemeingefahr herbeiführt ...“*). Diese Formulierungen erschienen den Bundestagsausschüssen als unbestimmt und zu weitgehend (BTDrucks. [I/] 3774 S. 5 [zum Regierungsentwurf]). Nach sehr streitigen Beratungen (*Floegel/Hartung* Straßenverkehrsrecht[8] [1953] § 315a Anm. 1) wurden diejenigen Verhaltensweisen herausgegriffen, die ausweislich der Unfallstatistik die häufigsten Unfallquellen bildeten; Ungerechtigkeiten im Vergleich zu nicht weniger schwerwiegenden, aber selteneren Fehlleistungen mussten dabei in Kauf genommen werden (*Lackner* MDR **1953** 73, 75).[2] In einen abschließenden Katalog eingestellt worden sind dementsprechend die Tathandlungen des Nichtbeachtens der Vorfahrt, des falschen Überholens und des zu schnellen Fahrens an unübersichtlichen Stellen, an Straßenkreuzungen oder -einmündungen. Überdies ist dem Merkmal „rücksichtslos“ das Merkmal „grob verkehrswidrig“ an die Seite gestellt worden.

Der Vorschlag des BR, einen Straftatbestand gegen die *folgenlose* Trunkenheitsfahrt in das StGB einzustellen, vermochte sich nicht durchzusetzen (§ 316 Entstehungsgeschichte I).

II. Mit dem **Zweiten Gesetz zur Sicherung des Straßenverkehrs vom 21.11.1964 (BGBl. I S. 921)** erfolgte die Aufspaltung in gefährliche Eingriffe in den Straßenverkehr (§ 315b) einerseits und die Gefährdung des Straßenverkehrs (§ 315c) andererseits (hierzu § 315b Entstehungsgeschichte III). Die nunmehr in § 315c eingestellten Vorschriften wurden insgesamt redaktionell stärker strukturiert und durch Nummerierung handhabbarer gemacht. Die Tatbestände gegen das Fahren im Zustand der Fahrunsicherheit (Absatz 1 Nr. 1) erfuhren eine sprachliche Vereinheitlichung. Zugleich wurde der Katalog der besonders gefährlichen Verhaltensweisen (nunmehr § 315c Abs. 1 Nr. 2) unter Berücksichtigung von Ergebnissen der Unfallursachenforschung ausgebaut (BTDrucks. IV/651 S. 28; *Lackner* JZ **1965** 92; 120, 123). Der Tatbestand des falschen Überholens ist auf das falsche Fahren bei Überholvorgängen und damit auf Fahrfehler des Überholten erweitert worden (Absatz 1 Nr. 2b). Hinsichtlich des zu schnellen Fahrens sind Bahnübergänge einbezogen worden (Absatz 1 Nr. 2d). Neu hinzugekommen sind das falsche Fahren an Fußgängerüberwegen (Absatz 1 Nr. 2c), die Nichteinhaltung der rechten Fahrbahn an unübersichtlichen Stellen (Absatz 1 Nr. 2e), das Wenden auf der Autobahn und dessen Versuch (Absatz 1 Nr. 2f) sowie das Nichtkenntlichmachen haltender und liegen gebliebener Fahrzeuge (Absatz 1 Nr. 2g).

III. Absatz 1 Nr. 2f ist durch Art. 1 Nr. 176 des **EGStGB vom 2.3.1974** (BGBl. I S. 469) ergänzt worden. Seither ist außer dem Wenden auch das (versuchte) Rückwärtsfahren im Tatbestand aufgeführt. Ferner wurde die Vorschrift auf Kraftfahrstraßen erstreckt.

IV. Eine erneute Änderung erfuhr diese Regelung durch Art. 3 des **OWiGStVGÄndG vom 7.7.1986** (BGBl. I S. 977). Um sog. „Geisterfahrer“ eindeutig erfassen zu können, hat der Gesetzgeber das (versuchte) „Fahren entgegen der Fahrtrichtung“ eingefügt (näher Rdn. 120).

---

1 Zu einem ähnlichen Vorschlag des Verkehrsausschusses („Wer sich sonst grob verkehrswidrig verhält.“) *Lackner* MDR **1953** 73, 75 Fn. 7.

2 Kritisch *Maassen* NJW **1953** 201, 202; vgl. auch *Floegel/Hartung* Straßenverkehrsrecht[8] (1953) § 315a Anm. 1; *Hartung* DAR **1953** 141, 142.

V. § 315c ist durch Art. 1 Nr. 82 des **6. Strafrechtsreformgesetzes vom 26.1.1998** (BGBl. I S. 164) nur unwesentlich geändert worden. Es ist lediglich eine redaktionelle Änderung in Absatz 1 zu verzeichnen (eines anderen *Menschen*; hierzu § 315 Entstehungsgeschichte VI).

Übersicht

Alphabetische Übersicht

I. Bedeutung der Vorschrift

§ 315c kommt in der Praxis der Strafverfolgung gewichtige Bedeutung zu. Aus der Strafverfolgungsstatistik[3] ergibt sich hinsichtlich der rechtskräftigen Aburteilungen (jeweils Zeile 1) und Verurteilungen (jeweils Zeile 2) folgendes Bild: 1

§ 315c insgesamt:

1970	1975	1980	1985	1990	1995	2000	2005	2006
37.785	35.139	39.662	33.056	36.968	29.831	22.670	19.903	17.727
35.302	32.967	36.825	30.369	32.400	31.663	20.229	14.421	15.507

Davon infolge Trunkenheit (§ 315c Abs. 1 Nr. 1a, Abs. 3):

1970	1975	1980	1985	1990	1995	2000	2005	2006
32.298	31.016	35.088	28.199	27.859	23.797	17.988	15.464	13.687
31171	30.151	33.974	27.439	26.952	22.878	16.970	14.421	12.651

Die Ergebnisse verdeutlichen zunächst die Dominanz von Fahrten im Zustand der rauschmittelbedingten Fahrunsicherheit (§ 315c Abs. 1 Nr. 1a). Die übrigen Regelverstöße folgen mit großem Abstand, wobei § 315c Abs. 1 Nr. 2b (falsches Fahren beim Überholvorgang) quantitativ herausragt, wiederum mit Abstand gefolgt von § 315c Abs. 1 Nr. 1b (Fahrunsicherheit aufgrund anderer körperlicher oder geistiger Mängel) und § 315c Abs. 1 Nr. 2a (Vorfahrtverstöße) sowie (mit großem Abstand) von § 315c Abs. 1 Nr. 2d (an unübersichtlichen Stellen zu schnell); die sonstigen Verkehrsverstöße sind quantitativ zu vernachlässigen (s. auch Rdn. 48, 70, 76, 101, 106, 114, 115 und 121). Seit Anfang der neunziger Jahre ist ein signifikanter Rückgang der absoluten Zahlen festzustellen (2006 gegenüber 1990 Halbierung). Die Abnahme kann dabei nur zu einem geringen Teil durch ein (der allgemeinen Entwicklung entsprechendes) verändertes Anklageverhalten der Staatsanwaltschaften erklärt werden (vermehrte Erledigung im Wege der Diversion; s. auch § 315b Rdn. 1). Denn in den quantitativ bei weitem überwiegenden Trunkenheitsfällen kommen staatsanwaltschaftliche Diversionsentscheidungen weiterhin kaum vor. Zu bedenken ist darüber hinaus, dass das Dunkelfeld beim (Gefahr-) Erfolgsdelikt des § 315c vergleichsweise klein ist (zu beidem *Schöch* NStZ **1991** 11, 14). Die zahlenmäßige Entwicklung deutet gemeinsam mit anderen Indikatoren darauf hin, dass zumindest die Alkoholfahrten real abnehmen (näher § 316 Rdn. 1). Bemerkenswert ist weiterhin, dass ca. 65 % bis 70 % aller Verurteilungen nach § 315c und etwa 80 % bis 85 % der darin inbegriffenen Trunkenheitsfälle ein Unfallgeschehen zum Gegenstand haben.

---

[3] Quelle: Strafverfolgungsstatistik (Hrsg. Statistisches Bundesamt, Wiesbaden) Tabelle 2.1 (abrufbar über www.destatis.de).

II. Deliktsaufbau und -charakter

2 Die in § 315c enthaltenen Tatbestände sind anders als die des § 315b **zweistufig aufgebaut**. Durch die in Absatz 1 genannten *gefährlichen Handlungen* muss „nur" die *konkrete Gefahr* verursacht werden. Die in § 315b gesondert geforderte Beeinträchtigung der Verkehrssicherheit (dazu § 315b Rdn. 58 ff) ist hier kein eigenständiges Merkmal des Tatbestandes. Der Gesetzgeber ist ersichtlich davon ausgegangen, dass die Tathandlungen nach § 315c Abs. 1 Nr. 1 generell geeignet sind, eine abstrakte Gefährdung der Verkehrssicherheit herbeizuführen (vgl. *Sch/Schröder/Cramer/Sternberg-Lieben* Rdn. 1). Demgegenüber verlangt das Gesetz in den Fällen des § 315c Abs. 1 Nr. 2 in Gestalt der groben Verkehrswidrigkeit explizit ein „konkret-abstrakt" besonders gefährliches Fehlverhalten (Rdn. 133 ff). § 315c ist wie § 315b konkretes Gefährdungs- und zugleich Erfolgsdelikt, trägt aber auch Züge des abstrakten Gefährdungsdelikts (näher § 315b Rdn. 2). Normadressat ist nahezu ausschließlich der Fahrzeugführer. Anders liegt es nur bei § 315c Abs. 1 Nr. 2g, wo z.B. der mitfahrende Halter oder auch derjenige (Unterlassungs-) Täter sein kann, der die Sicherungspflicht tatsächlich übernommen hat (Rdn. 129). Die den Fahrzeugführer betreffenden Taten sind eigenhändige Delikte (Rdn. 201 ff). § 315c normiert keine Dauerstraftaten (Rdn. 196, 209).

III. Schutzgut

3 Geschütztes Rechtsgut ist nach gefestigter Rechtsprechung und einem Teil der Lehre wie bei den §§ 315 bis 315b **das Universalinteresse an der Sicherheit des öffentlichen Straßenverkehrs** (im Einzelnen § 315 Rdn. 3 ff). Dem steht nicht entgegen, dass § 315c anders als §§ 315 und 315b das Merkmal der Beeinträchtigung der Verkehrssicherheit nicht mehr ausdrücklich aufführt. Mit dem Verzicht auf das Merkmal sollte lediglich klarstellt werden, dass der Tatbestand auch dann erfüllt ist, wenn sich zwar der regelwidrig ablaufende Verkehrsvorgang im Straßenverkehr abspielt, der Gefahrerfolg aber auf nichtöffentlichen Flächen eintritt. Beispiele sind der betrunkene Kraftfahrer, der mit seinem Wagen von der Fahrbahn abkommt und den auf dem Felde pflügenden Bauern (BTDrucks. IV/651 S. 28) überfährt, und der Verkehrsrowdy, der den im Straßengraben arbeitenden Angehörigen der Autobahnverwaltung gefährdet oder verletzt. Eine Veränderung des Schutzzwecks hat der Gesetzgeber mit der Maßnahme nicht bewirken wollen und im Ergebnis auch nicht bewirkt. Ob die Korrektur rückblickend als sachgerecht anzusehen ist, kann mit Blick auf die u.a. daraus herrührenden Auseinandersetzungen um das Schutzgut des § 315c sowie auf die Unsicherheiten im Rahmen des § 315b (dort Rdn. 9, 61) allerdings bezweifelt werden. Ein unabweisbares Bedürfnis für ein Tätigwerden des Gesetzgebers hatte nicht bestanden. Die einschlägigen Fälle waren nämlich durch die Rechtsprechung bereits nach vormaligem Recht als tatbestandsmäßig angesehen geworden (BTDrucks. IV/651 S. 28).

IV. „Im Straßenverkehr"

4 § 315c verlangt ein Handeln i**m Straßenverkehr**. Für den Begriff des öffentlichen Straßenverkehrs gilt das in § 315b Rdn. 4 ff Ausgeführte entsprechend. Nur der regelwidrige Verkehrsvorgang muss im Straßenverkehr stattfinden; nicht erforderlich ist hingegen, dass auch der Gefahrerfolg dort eintritt (vorstehende Rdn.).

V. Tathandlungen

Absatz 1 führt enumerativ **die gefährlichsten Regelverstöße im Straßenverkehr** auf. *Nummer 1* stellt das Führen von Fahrzeugen im Zustand der Fahrunsicherheit dann unter (erhöhte) Strafe, wenn hierdurch eine konkrete Gefahr für fremde Rechtsgüter verursacht wird. *Nummer 2* verlangt über den Regelverstoß hinaus zusätzlich, dass der Täter grob verkehrswidrig und rücksichtslos handelt. § 315c regelt verkehrsinternes Fehlverhalten vor allem des Fahrzeugführers grundsätzlich abschließend. Gefahrverursachendes Fehlverhalten, das dem Katalog des Absatzes 1 nicht unterfällt, kann demnach allenfalls nach anderen (allgemeinen) Straftatbeständen (insbesondere Verletzungsdelikten) bzw. als Ordnungswidrigkeit geahndet werden. Trotz der prinzipiellen Exklusivität des § 315c ist § 315b freilich anwendbar, wenn ein verkehrsfremder Inneneingriff zu bejahen ist. Die näheren Einzelheiten insoweit ergeben sich aus § 315b Rdn. 1 ff. 5

1. **Fahrzeugführen im Zustand der Fahrunsicherheit (Absatz 1 Nr. 1).** Absatz 1 Nr. 1 erfordert das Führen eines Fahrzeugs im Zustand der Fahrunsicherheit. Die Wortfassung stimmt mit der des § 315a Abs. 1 Nr. 1 und hinsichtlich der rauschmittelbedingten Fahrunsicherheit (Nummer 1a) auch mit der des § 316 Abs. 1 überein. 6

a) **Fahrzeugbegriff.** Der Begriff des Fahrzeugs entspricht grundsätzlich dem des Straßenverkehrsrechts. Er ist erfüllt bei technischen Vorrichtungen zum ortsverändernden Fahren (*Hentschel/König*[40] § 23 StVO Rdn. 11.) bzw. bei zur Ortsveränderung bestimmten Fortbewegungsmitteln zur Beförderung von Personen oder Gütern (BayObLG NZV **2000** 509). Gleichgültig ist die Antriebsart (Vergaser- oder Elektromotor, durch Menschenkraft bewegt oder von Tieren gezogen). Zu den Fahrzeugen rechnen zunächst Kraftfahrzeuge (§ 1 Abs. 2 StVG, § 2 Nr. 1 FZV). Beispiele sind neben Pkw, Lkw und Omnibussen auch auf Rädern bewegte Bagger (OLG Düsseldorf VRS **64** 115) oder Kräne und motorisierte Schneepflüge sowie (Jugend-)Gokarts (OLG Koblenz VersR **2005** 705) oder der elektrobetriebene Roller Segway (dazu *Kettler* NZV **2008** 71). Auch motorgetriebene Krankenfahrstühle rechnen hierher (dazu Rdn. 9), gleichfalls das Herrenfahrrad, das durch einen auf den Rücken des Fahrers geschnallten Gleitschirmpropellermotor fortbewegt wird (OLG Oldenburg NZV **1999** 390). Für die Schienenbahn gilt § 315c nur, sofern sie am Straßenverkehr teilnimmt (§ 315d). Ein infolge eines Schadens betriebsunfähig gewordenes Kraftfahrzeug behält die Eigenschaft als Fahrzeug im Sinne der §§ 315c, 316 (OLG Celle NStZ **1988** 411; hierzu BGHSt **36** 341, 343 und Rdn. 20). Nicht Kraftfahrzeuge, aber Fahrzeuge sind beispielsweise Fahrräder oder Fuhrwerke. Das Gerät darf nicht fest mit dem Erdboden verbunden sein, sondern muss fortbewegt werden können, weswegen die Autos in einem Karussell keine (Kraft-)Fahrzeuge sind (*Hentschel-Dauer* § 2 StVG Rdn. 2). 7

aa) **Besondere Fortbewegungsmittel nach § 24 Abs. 1 StVG.** Rodelschlitten, Tretroller (einschließlich sog. „Kickboards" bzw. „Skootern"), Kinderwagen, Kinderfahrräder u.Ä. fallen begrifflich unter den Fahrzeugbegriff. Nach § 24 Abs. 1 StVO sind sie jedoch keine Fahrzeuge im Sinne der StVO. Solche Fortbewegungsmittel können prinzipiell auch nicht als Fahrzeuge im Sinne des § 315c angesehen werden.[4] Das ergibt sich zwar nicht zwin- 8

---

[4] Ebenso *Sch/Schröder/Cramer/Sternberg-Lieben* Rdn. 5; *Janiszewski* Verkehrsstrafrecht Rdn. 265.

gend aus § 24 Abs. 1 StVO, der seinem ausdrücklichen Wortlaut nach Geltungswirkung nur für die StVO beansprucht. Gleichwohl erscheint es sachgerecht, § 315c insoweit einschränkend auszulegen. Angesichts der geringen Geschwindigkeiten, mit denen die von § 24 Abs. 1 StVO erfassten Fortbewegungsmittel in der Regel bewegt werden, besteht nicht die Gefahrenlage, die das Gesetz vor Augen hat. Wenn die StVO sie u.a. aufgrund der von ihnen ausgehenden geringeren Gefahren dem Fußgängerverkehr zuordnet (§ 25 StVO), kann für § 315c nichts anderes gelten. Auch ist der Katalog des § 315c Abs. 1 Nr. 2 ersichtlich nicht für solche Fortbewegungsmittel gedacht.

8a **Keine Fahrzeuge** (sondern nach der StVO „ähnliche Fortbewegungsmittel") sind auch **Skate-Boards** und **Rollschuhe.** Demgegenüber können (unzulässig) mit Motor angetriebene Rollbretter oder (gleichfalls unzulässig) motorisierte „Tretroller" nicht unter § 24 StVO subsumiert werden und erfüllen den straßenverkehrsrechtlichen Begriff des (Kraft-)Fahrzeugs (vgl. *Hentschel/König* § 24 StVO Rdn. 8). Sie sind auch Fahrzeuge im Sinne des § 315c. Schwierig ist die Beurteilung für **Inline-Skates.** Nach allerdings nicht unumstrittener h.M. im Straßenverkehrsrecht werden sie nicht als Fahrzeuge eingestuft und den Regeln des Fußgängerverkehrs unterworfen, weil „auf diese Weise ... den für Inline-Skater bestehenden und von ihnen ausgehenden Gefahren derzeit noch am ehesten begegnet werden" kann (BGH NZV **2002** 225; s. auch *Hentschel/König* § 24 StVO Rdn. 8). Indessen ist dies ein *ordnungsrechtlicher* Gedanke, der auf das Strafrecht nicht uneingeschränkt übertragen werden kann. Zu berücksichtigen ist, dass mit ihnen Spitzengeschwindigkeiten von über 30 km/h erreicht werden können; die durchschnittlich gefahrenen Geschwindigkeiten reichen an die von Fahrrädern heran (*Vieweg* NZV **1998** 1, 3). Auch entspricht die Zuordnung zum Fußgängerverkehr vielfach nicht der Art ihres im täglichen Leben zu beobachtenden Einsatzes. Werden Inline-Skates gleich Fahrrädern eingesetzt, so sind sie deshalb ungeachtet der Einstufung der StVO strafrechtlich wie diese als Fahrzeuge zu qualifizieren.[5] Dass ihr Einsatz auch sportlichen Zwecken dient (vgl. *Hentschel/König*[40] § 24 StVO Rdn. 8, 10), unterscheidet sie von jenen nicht. Zum *Schieben von Fahrzeugen* (Fahrrädern, Krafträdern) wird auf das in Rdn. 14 Gesagte verwiesen.

9 bb) **Fortbewegungsmittel nach § 24 Abs. 2 StVG.** Die in § 24 Abs. 2 StVO genannten Krankenfahrstühle und anderen Rollstühle sind Fahrzeuge (vgl. VwV zu § 24 StVO Rdn. 4), dürfen allerdings im Fußgängerverkehr bewegt werden. Ungeachtet dessen, ob sie geschoben, durch die Muskelkraft ihres Besitzers oder durch maschinelle Kraft fortbewegt werden, haben sie auch als Fahrzeuge im Sinne des § 315c zu gelten (BayObLG NZV **2000** 509), wobei der motorisierte Krankenfahrstuhl Kraftfahrzeug ist (BayOblG aaO; insoweit auch AG Löbau NJW **2008** 530; s. aber § 316 Rdn. 67 zum anzuwendenden Promille-Grenzwert). Werden Rollstühle geschoben, so fehlt es allerdings am Merkmal des „Führens" (Rdn. 14).

10 b) **Führen eines Fahrzeugs.** Fahrzeugführen ist nach ständiger Rechtsprechung und soweit ersichtlich allgemeiner Meinung im Schrifttum gegeben, wenn jemand das Fahrzeug unter bestimmungsgemäßer Verwendung seiner Antriebskräfte unter eigener Allein- oder Mitverantwortung in Bewegung setzt *oder* es während der Fahrbewegung durch den öffentlichen Verkehrsraum ganz oder wenigstens zum Teil lenkt; der Fahrzeugführer

[5] Ebenso *Sch/Schröder/Cramer/Sternberg-Lieben* Rdn. 5. Zum maßgebenden Grenzwert § 316 Rdn. 72. Zur Einstufung nach der StVO BGH NZV 2002 225; OLG Karlsruhe NZV **1999** 44; OLG Celle NJW-RR **1999** 1187; *Hentschel/König*[40] § 24 StVO Rdn. 8, 10 m.w.N.

muss sich dabei *selbst aller oder wenigstens eines Teils der wesentlichen technischen Einrichtungen des Fahrzeugs bedienen.*[6] Das Merkmal kann demgemäß nur eigenhändig verwirklicht werden (Rdn. 41 f, 201). Entgegen mancher Andeutung im Schrifttum[7] betrifft diese Formel nicht lediglich die Bestimmung *des Beginns* des Führens, sondern stellt die Definition des Führens dar (vgl. BGH NZV **1995** 364, StraFo **2007** 475). Dem durch die Rechtsprechung nach wie vor verwendeten Begriffselement der bestimmungsgemäßen Verwendung der Antriebskräfte des Fahrzeugs dürfte keine eigenständige Bedeutung mehr zukommen. Es rührt aus der älteren Rechtsprechung zum Führen eines **Kraft**fahrzeugs her (eingehend BayObLG VRS **16** 57 ff; hierzu auch Rdn. 27), die für den Begriff des Fahrzeugführens, wie die Konstellationen des Führens von Kraftfahrzeugen ohne aktuell wirkende Motorkraft (Rdn. 15 ff) und namentlich BGHSt **36** 341 (Rdn. 16, 20) erweisen, nicht mehr uneingeschränkt herangezogen werden kann. Zum Fahrzeugführen **durch Unterlassen** § 316 Rdn. 9

aa) **Bewegungsvorgang.** Der Begriff des „Führens" setzt einen Bewegungsvorgang im Verkehr voraus und ist damit wesentlich enger als der der Verkehrsteilnahme nach § 2 FeV.[8] Tatbestandsmäßig ist seit der zu § 316 getroffenen Grundsatzentscheidung des BGH vom 27.10.1988 (BGHSt **35** 390)[9] *erst der Bewegungsvorgang des Abfahrens selbst,* der sich bei auf Rädern bewegten Fahrzeugen durch das Anrollen der Räder nach außen hin manifestiert (BGH aaO S. 394 f). Die Beschränkung des Begriffs auf Bewegungsvorgänge entspricht seither der gefestigten Rechtsprechung[10] und der nahezu einhelligen Lehre.[11] BGHSt **35** 390 hat Bedenken gegen eine in der vormaligen Rechtsprechung verbreitete ausdehnende Auslegung des Fahrzeugführens berücksichtigt, wonach bereits der Bewegung vorgelagerte Handlungen genügten, sofern nur die Absicht alsbaldigen Fahrens bestand und die Fortbewegung nicht objektiv unmöglich war.[12] Kritik war sowohl von einzelnen Gerichten[13] als auch durch einen großen Teil des Schrifttums[14] geäußert wor- **11**

[6] BGHSt **18** 6, 8 f; **35** 390, 393; **36** 341, 343 f; BGH NZV **1995** 364; StraFo **2007** 475. *Lackner/Kühl* Rdn. 3; *Sch/Schröder/Cramer/Sternberg-Lieben* § 316 Rdn. 20; *Horn/Wolters* SK Rdn. 5; *Fischer* Rdn. 3; *Hentschel* Trunkenheit Rdn. 338; *Krumme* Rdn. 3; *Jagow/Burmann/Heß* § 2 StVO Rdn. 6; *Otto* GK BT § 80 Rdn. 22; *Wessels/Hettinger* BT/1 Rdn. 984; *Janiszewski* Verkehrsstrafrecht Rdn. 327.

[7] Z.B. *Fischer* § 315a Rdn. 4; s. aber *denselben* § 315c Rdn. 3, § 316 Rdn. 2.

[8] Zur Verkehrsteilnahme nach § 2 StVZO a.F. vor In-Kraft-Treten des (1.) StraßenVSichG z.B. BGHSt **7** 315, 316; BayObLG VRS **27** 220, 221; OLG Hamburg DAR **1955** 115; OLG Hamm NJW **1954** 1780. S. auch BGHSt **19** 371, 373 f und hierzu BGHSt **35** 390, 392 sowie die nachfolgende Rdn.

[9] Auf Vorlage des OLG Celle NStZ **1988** 411.

[10] BGHSt **42** 235, 239 f; OLG Düsseldorf VRS **76** 386, 387 f; OLG Karlsruhe VRS **83** 425, 426; LG Düsseldorf VRS **82** 454, 455.

[11] *Geppert* LK § 69 Rdn. 30; *ders.* JK 4 zu § 316; *Lackner/Kühl* Rdn. 3; *Sch/Schröder/Cramer/Sternberg-Lieben* Rdn. 20; *Horn/Wolters* SK Rdn. 5; *Fischer* Rdn. 3; *Jagow/Burmann/Heß* § 2 StVO Rdn. 7; *Maurach/Schroeder/Maiwald* BT/2 § 53 Rdn. 32; *Otto* GK BT § 80 Rdn. 22; s. auch *Horn/Hoyer* JZ **1989** 965, 968 f.

[12] BayObLG VRS **48** 207; OLG Celle VerkMitt. **1973** Nr. 24 S. 19; OLG Düsseldorf VerkMitt. **1971** Nr. 24 S. 16; OLG Koblenz DAR **1972** 50, 51; VRS **46** 352, 353; OLG Schleswig VerkMitt. **1974** Nr. 72 S. 56; LG Frankfurt VerkMitt. **1986** Nr. 10 S. 7; AG Homburg VRS **72** 184, 185.

[13] OLG Celle NStZ **1988** 411; OLG Hamm NJW **1984** 137; LG Hamburg VRS **74** 273; AG Freiburg VRS **71** 283, 285 ff; AG Homburg VRS **74** 27.

[14] *Lackner*[17] Anm. 3a; *Sch/Schröder/Cramer*[23] § 316 Rdn. 7; *Cramer* StVR § 316 Rdn. 32; *Mühlhaus/Janiszewski*[11] § 2 StVO Anm. 8; *Janiszewski* NStZ **1984** 113; *ders.* NStZ **1987** 271 m.w.N. zur älteren Literatur; *ders.* NStZ **1987** 546.

den. Im Anschluss daran leitet der BGH die engere Interpretation des Merkmals überzeugend aus dessen Wortsinn her, weil etwas Statisches nicht „geführt" werden könne (aaO S. 393), aus dem Normzweck des § 316, nach dem der Nichtbeherrschung des (fahrenden) Fahrzeugs entgegengewirkt werden solle (aaO S. 393 f), und aus der Entstehungsgeschichte des § 316, weil der Gesetzgeber bewusst darauf verzichtet habe, den Täter, der „nach Alkoholgenuss unmittelbar zum Abfahren [ansetzt]", allein schon deswegen zu pönalisieren (aaO S. 394).[15] Demgegenüber verweisen einzelne kritische Stimmen insbesondere darauf, dass bereits dem Fahren vorgelagerte Handlungen eine Beherrschung des Fahrzeugs erforderten und dass deren Verrichtung durch eine fahrunsichere Person abstrakt gefährlich sein könne; dies zeige sich etwa an Fällen, in denen der Fahrunsichere das Fahrzeug ungewollt in Bewegung setze (etwa beim Starten des Motors mit versehentlich eingelegtem Gang oder beim unsachgemäßen Lösen der Handbremse auf einer Gefällstrecke). Zudem seien schwer widerlegbare Einlassungen dahingehend zu befürchten, man habe das Fahrzeug ungewollt in Bewegung gesetzt.[16] Dem steht allerdings zwingend entgegen, dass die Gefahr von Strafbarkeitslücken, die der BGH durchaus nicht verkannt hat (BGHSt **35** 390, 394, 395), nicht eine Interpretation über den noch möglichen Wortsinn hinaus rechtfertigt (s. auch Rdn. 197, § 316 Rdn. 228).

12 (1) **Ansetzen zum Abfahren.** Verhaltensweisen, mit denen zum Abfahren angesetzt wird, können im Rahmen des § 315c allenfalls als Versuch strafbar sein (Absatz 2). Dies wird allerdings kaum je praktisch werden, weil hierfür nicht nur Vorsatz bezüglich des Fahrzeugführens im Zustand der Fahrunsicherheit, sondern auch Gefährdungsvorsatz gegeben und vor allem nachweisbar sein müsste (Rdn. 197). Bloßes Ansetzen zum Abfahren und damit (noch) kein tatbestandsrelevantes Fahrzeugführen ist (teils auch schon nach früherer Rechtsprechung) beispielsweise in folgenden Vorgängen zu sehen: Die Einnahme der Fahrerposition, ggf. auch bei laufendem Motor,[17] der vergebliche Versuch eines Betrunkenen, den Zündschlüssel ins Schloss zu führen (OLG Hamm VRS **22** 384), das Einstecken des Zündschlüssels,[18] das Anlassen des Fahrzeugs im Leerlauf,[19] das abfahrbereite Sitzen eines Motorradfahrers auf einem bereits angelassenen Motorrad mit aufgesetztem Helm,[20] das Lösen der Feststellbremse[21] oder das Einschalten des Stand- oder Abblendlichts (BGHSt **35** 390, 394), der vergebliche Versuch, ein auf einem Betonpfosten aufsitzendes (BayObLG VRS **70** 442, 443) oder ein in weichem Waldboden festsitzendes Fahrzeug frei zu bekommen, selbst wenn minimale Fortbewegung stattgefunden hat (OLG Karlsruhe VRS **83** 425, 426, OLG Potsdam DAR **2006** 219). Auch das Aufsperren des an einem Kraftrad befindlichen Zahlenschlosses mit anschließendem Versuch des Besteigens genügt nicht (BayObLG VRS **48** 207, 208), ebenso nicht das Be-

---

15 Näher § 316 Rdn. 228.

16 Vgl. *Hentschel* Trunkenheit Rdn. 344; *Hentschel* JR **1990** 32 f. S. auch die ergebnisorientierte, in der Argumentation wenig stringente Kritik von *Sunder* BA **26** (1989) 297, 298 ff.

17 BGHSt **35** 390, 394; vgl. BayObLG VRS **27** 220, 221; OLG Düsseldorf VerkMitt. **1971** Nr. 24 S. 16; OLG Hamm VRS **65** 437, 438 f [in Verbindung mit Blinkerbetätigung]. Vgl. auch OLG Köln VRS **27** 235, 236 f.

18 Vgl. OLG Hamm VRS **22** 384 f.

19 BGHSt **35** 390, 394. Anders noch BayObLG VRS **32** 127; VRS **66** 202, 203; OLG Braunschweig VRS **64** 363; OLG Düsseldorf VerkMitt. **1971** Nr. 24 S. 16; OLG Koblenz DAR **1972** 50, 51; AG Homburg VRS **72** 184, 185.

20 LG Braunschweig bei *Janiszewski* NStZ **1987** 271; anders noch OLG Braunschweig VRS **74** 363, m. ablehnender Bspr. *Janiszewski* NStZ **1987** 546.

21 Vgl. BayObLG VRS **32** 127.

steigen eines Fahrrads oder Mofas.[22] Wird ein Kraftrad vom Fahrersitz aus und unter Bedienung des Lenkers mithilfe der Beine aus einer Parklücke herausrangiert, damit ein anderer damit wegfahren kann, so stellt dies hingegen bereits den Bewegungsvorgang selbst dar, womit Fahrzeugführen gegeben ist (**aA** BayObLG VRS **75** 127; näher Rdn. 14, 28 ff).[23] Fahrzeugführen kommt *von vornherein nicht in Betracht,* wenn das Verhalten des Betroffenen auf einen Bewegungsvorgang gar nicht abzielt. Wer z.B. das Trieb- oder Schwenkwerk eines auf öffentlicher Straße abgestellten Baggers in Betrieb setzt, um den Ausleger zu drehen, führt folglich kein Fahrzeug (BayObLG VRS **32** 127 f).[24]

(2) **Vorgänge nach Abschluss der Bewegung.** Nicht unumstritten ist die Frage, ob die notwendige Sicherung nach Abstellen des Fahrzeugs noch dem Fahrzeugführen zuzurechnen ist. Der BGH hat sie – freilich noch unter der Geltung des Rechtszustands vor dem 2. StraßenVSichG und unter Bezugnahme auf seine hierzu ergangene, heute nicht mehr einschlägige Rechtsprechung zum Beginn des (vollendeten) Fahrzeugführens (BGHSt **7** 315, 316) – bejaht (BGHSt **19** 371, 373).[25] Dem Beschluss hatte ein Fall zugrunde gelegen, in dem der fahrunsichere Führer eines Lkw infolge seiner Alkoholisierung verkannte, dass er auf einer Brückenkuppe mit leichtem Gefälle parkte, und es deswegen unterließ, den Gang einzulegen oder die Handbremse zu ziehen; der Lkw setzte sich ca. 25 Minuten später in Bewegung, stürzte über eine Straßenböschung hinab und beschädigte ein Haus. Sieht man den Bewegungsvorgang entsprechend der heute ganz h.M. als essentielles Begriffselement des Fahrzeugführens an, so erscheint eine Interpretation im Sinne von BGHSt **19** 371 heute nicht mehr haltbar. Denn der Bewegungsvorgang ist mit dem Abstellen des Motors endgültig abgeschlossen und die etwaige Nichtbeherrschung des stehenden Fahrzeugs sowie die daraus resultierenden abstrakten Gefahren hat § 315c Abs. 1 Nr. 1 nicht im Auge (Rdn. 11). Die Beurteilung kann für das Stadium nach Abschluss der Fortbewegung nicht anders ausfallen als vor deren Beginn. Dies ist mittlerweile ganz **h.M.**[26] Dementsprechend verurteilt OLG Dresden NZV **2006** 441 in einem Fall nur wegen § 316, in dem der alkoholberauschte Angekl. beim Abstellen des Fahrzeugs vergessen hatte, dieses ausreichend zu sichern, weshalb das Fahrzeug führerlos zurückrollte, die Straße überquerte und auf ein auf dem gegenüberliegenden Fahrbahnrand abgestelltes Fahrzeug prallte. Zur Beweiswürdigung bei einem schlafend im Kraftfahrzeug aufgefundenen Fahrunsicheren OLG Karlsruhe NJW **2004** 3356. 13

bb) „Mitführen" von Fahrzeugen. Kaum erörtert wird die Frage, ob derjenige, der ein Fahrzeug im Sinne des Straßenverkehrsrechts „mitführt" (§ 25 Abs. 2 Satz 1, 2 StVO), als Fahrzeugführer im Sinne der §§ 315c, 316 anzusehen ist.[27] Sie stellt sich in der 14

---

22 Anders noch LG Frankfurt VerkMitt. **1986** Nr. 10 S. 7.

23 Wie BayObLG auch *Geppert* LK § 69 Rdn. 28; *Fischer* Rdn. 3; wohl auch *Sch/Schröder/Cramer/Sternberg-Lieben* Rdn. 20.

24 Was nicht bedeutet, dass ein Bagger nicht als (Kraft-)Fahrzeug im Verkehr geführt werden könnte (hierzu OLG Düsseldorf VRS **64** 115; *Janiszewski* Verkehrsstrafrecht Rdn. 330).

25 Zum Schlafen in einem geparkten Wagen bei laufendem Motor als Verkehrsteilnahme vgl. auch BayObLG VRS **27** 220, 221.

26 Ebenso *Geppert* LK § 69 Rdn. 31; *Sch/Schröder/Cramer/Sternberg-Lieben* Rdn. 20, *Horn/Wolters* SK Rdn. 5; *Fischer* Rdn. 3; *Lackner/Kühl* Rdn. 3; *Sch/Schröder/Stree* § 69 Rdn. 12; s. auch *Sunder* BA **26** (1989) 297, 299. **AA** *Jagow/Burmann/Heß* § 2 StVO Rdn. 16; *Maurach/Schroeder/Maiwald* BT/2 Rdn. 32; *Hentschel* Trunkenheit Rdn. 346; *Janiszewski* Verkehrsstrafrecht Rdn. 329 und – im Hinblick auf die uneingeschränkte Bezugnahme auf BGHSt **19** 371 – womöglich BGHSt **35** 390, 392.

27 S., freilich zum Mitführen eines Handfahrzeugs, eingehend *Rüth* LK[10] Rdn. 4.

Praxis vor allem beim Schieben von Zweirädern, also von Fahrrädern und Krafträdern. Streng genommen erfüllt ein derartiger Vorgang den Begriff des Fahrzeugführens. Denn der Schiebende wird dafür in aller Regel den Lenker bedienen (s. BayObLG VRS **75** 127, 128), so dass das Zweirad unter eigenverantwortlicher Handhabung einer seiner wesentlichen technischen Vorrichtungen durch den öffentlichen Verkehrsraum geleitet wird (Rdn. 10). Allerdings wäre es wenig überzeugend, den ein Zweirad Schiebenden anders zu behandeln als denjenigen, der Fortbewegungsmittel im Sinne des § 24 Abs. 1 StVO schiebt (Rdn. 8). Die Gefahrenlage ist hier nicht anders als dort. Sachgerecht erscheint es deshalb, einschlägige Verhaltensweisen im Wege der teleologischen Reduktion aus dem Tatbestand zu eliminieren.[28] Dafür kann stützend die Wertung der StVO herangezogen werden, wonach die genannten Phänomene wesentlichen Regelungen des Fußgängerverkehrs unterworfen sind (§ 25 Abs. 2 StVO, vgl. auch § 23 Abs. 2 Halbsatz 2 StVO).[29] Lediglich „Mitführen" und nicht „Führen" dürfte auch dann gegeben sein, wenn ein Kraftrad zwar bei laufendem Motor, aber ohne Zuhilfenahme der Motorkraft geschoben wird, ohne dass also zwischen dem Motor und dem Antriebsrad ein Kraftschluss hergestellt wird (vgl. BayObLG VRS **75** 127, 129).[30] Hingegen kann von „Schieben" nicht mehr gesprochen werden, wenn die jeweilige Person den Fahrersitz einnimmt und das Kraftrad „mit Beinarbeit" bewegt (**aA** BayObLG aaO). Dann ist Fahrzeugführen gegeben, und es stellt sich nur noch die Frage, ob auch das Führen eines **Kraft**fahrzeugs angenommen werden kann (hierzu Rdn. 28 ff). Im Hinblick auf dessen Ausmaße und Gewicht kommt beim Schieben eines Kraftwagens gleichfalls keine Restriktion unter dem Aspekt des „Mitführens" in Betracht (Rdn. 22 a.E.).

15 cc) **Fahrzeug-, Kraftfahrzeugführen.** Der Begriff des *Fahrzeug*führens setzt nicht voraus, dass ein Kraftfahrzeug mit der ihm eigenen Motorkraft bewegt wird.[31] Ausreichend ist nach allgemeinen Regeln, wenn es unter Handhabung wenigstens eines Teils seiner technischen Einrichtungen (namentlich Lenkung, Bremsanlage, Kupplung) durch den öffentlichen Straßenverkehr geleitet wird (Rdn. 10). Ein Fahrzeug führt demnach grundsätzlich auch, wer das Kraftfahrzeug mit Hilfe von Muskelkraft bewegt oder wer ein Kraftfahrzeug lenkt, das durch außerhalb seiner selbst liegende Kräfte (Motorkraft eines anderen Fahrzeugs, Schwerkraft oder Muskelkraft einer anderen Person) bewegt wird.

---

[28] In diese Richtung BayObLG VRS **75** 127, 129; im Ergebnis auch OLG Düsseldorf VRS **50** 426 f. Vgl. zur Verkehrsteilnahme des alten Rechts auch OLG Köln VRS **27** 233, 234 [Schieben eines unbeladenen Motorrollers]. Anders – gleichfalls zur Rechtslage vor In-Kraft-Treten des 2. StraßenVSichG – OLG Hamburg VerkMitt. **1958** Nr. 148 S. 72 [Schieben eines beladenen Motorrollers]; vgl. auch OLG Düsseldorf VerkMitt. **1958** Nr. 53 S. 24.

[29] Hierzu BayObLG VRS **65** 154 f; VRS **75** 127, 129. *Hentschel/König* § 25 StVO Rdn. 46; *Jagow/Burmann/Heß* § 25 StVO Rdn. 6; § 8 StVO Rdn. 3. Vgl. auch VwV zu § 23 StVO Rdn. 2: „Fußgänger, die Handfahrzeuge mitführen, sind keine Fahrzeugführer." und dazu *Rüth* LK[10] Rdn. 4.

[30] S. auch BayObLG bei *Rüth* DAR **1985** 242 [Einschalten des Motors, um das Rücklicht in Betrieb zu nehmen].

[31] BGHSt **14** 185, 186 ff; **36** 341, 344; BayObLG VRS **16** 57, 58; VRS **67** 373; OLG Karlsruhe DAR **1983** 365. *Geppert* LK § 69 Rdn. 26; *Horn/Wolters* SK Rdn. 5; *Lackner/Kühl* Rdn. 3; *Sch/Schröder/Cramer/Sternberg-Lieben* Rdn. 21; *Sch/Schröder/Stree* § 69 Rdn. 12; *Fischer* Rdn. 3; *Hentschel* Trunkenheit Rdn. 349; *Jagow/Burmann/Heß* § 2 StVO Rdn. 10.

Soweit in solchen Fällen problematisiert wird, ob das Fahrzeug gerade als **Kraft**fahrzeug[32] bewegt wird[33] bzw. ob der Täter als **Kraft**fahrer anzusehen ist,[34] ist dies für das Merkmal des Fahrzeugführens belanglos. Denn § 315c erfordert ebenso wie § 316 lediglich das Führen eines *Fahrzeugs* (u.a. BGHSt **36** 341, 345 f). Innerhalb des § 315c und des § 316[35] erlangt die Frage allerdings Bedeutung dafür, ob nach der konkreten Art der Fortbewegung der für den Führer eines Kraftfahrzeugs entwickelte BAK-Grenzwert von 1,1 ‰ (§ 316 Rdn. 63, 67 ff) oder etwa der für Radfahrer geltende (1,6 ‰; § 316 Rdn. 71) anzuwenden ist, bzw. ob überhaupt keine „absoluten" Grenzwerte anzuerkennen sind, mithin die Beweislage der „relativen Fahrunsicherheit" gegeben ist; im letztgenannten Fall müssen für die Annahme des Tatbestands *stets* zusätzliche aussagekräftige Beweisanzeichen (namentlich Ausfallerscheinungen) festgestellt sein (§ 316 Rdn. 90 ff). Sämtliche nachfolgend zusammengestellte Bewegungsvorgänge haben gemein, dass speziell für sie keine verkehrsmedizinischen, insbesondere experimentellen Untersuchungen existieren (vgl. BGHSt **36** 341, 346); die experimentelle Alkoholforschung betrifft vielmehr in erster Linie das Führen eines Kraftfahrzeugs *unter Motorkraft* (vgl. § 316 Rdn. 16 ff), zu einem geringeren Teil auch das Radfahren (§ 316 Rdn. 71). **15a**

Es steht eine **außerordentlich verästelte, unübersichtliche und von einer abschließenden Klärung weit entfernte Problematik inmitten.** Sie ist dadurch geprägt, dass einige der einschlägigen Judikate vor In-Kraft-Treten des 2. StraßenVSichG und damit zur verbotenen, weiter als das Fahrzeugführen auszulegenden Verkehrsteilnahme ergangen sind. Zudem sind speziell zur Frage des Führens von **Kraft**fahrzeugen oftmals Entscheidungen betroffen, die nicht die §§ 315c, 316 behandeln, sondern das Kraftfahrzeugführen ohne Fahrerlaubnis (§ 21 StVG). Die Geltung des Beweisgrenzwerts der Blutalkoholkonzentration spielt dort naturgemäß keine Rolle; ferner ist dort entscheidungserheblich nur die Frage des Führens eines *Kraft*fahrzeugs, wohingegen sich eine Stellungnahme zum *Fahrzeug*führen erübrigt. Man kann den diesbezüglichen Entscheidungen deswegen teils nicht mit Sicherheit entnehmen, ob über das *Kraft*fahrzeugführen hinaus auch das Merkmal des *Fahrzeug*führens verneint worden wäre. Schließlich sind die Grundsatzentscheidungen des BGH zum Fahrzeugführen als Bewegungsvorgang (BGHSt **35** 390; Rdn. 11) und zum Führen (ab-)geschleppter motorisierter Fahrzeuge (BGHSt **36** 341, dazu Rdn. 16, 20) in ihren Ausstrahlungen auf die Vielzahl relevanter Einzelfallgestaltungen wohl noch nicht gänzlich ausgelotet. Von einem hinreichend gesicherten Stand der Rechtsprechung kann vor diesem Hintergrund nicht ausgegangen werden. Aus Gründen des Zusammenhangs mit dem Fahrzeugführen wird der Fragenkreis hier mitbehandelt. Eine schlagwortartige Auflistung der wesentlichen Ergebnisse findet sich unter § 316 Rdn. 69 f; darauf wird ergänzend verwiesen (zum Ganzen auch die tabellarische Übersicht bei *König* JA 2003 131). **15b**

(1) **Leitgedanke: Gefährlichkeit.** Der in BGHSt **36** 341 niedergelegten Grundsatzentscheidung des BGH zum Führen (ab-)geschleppter (Kraft-)Fahrzeuge (Rdn. 20) kann als *zentrale (und überzeugende) Aussage* entnommen werden, dass *nicht* maßgebend ist, ob das jeweilige Fortbewegungsmittel *den formalen Begriff des Kraftfahrzeugs erfüllt*, son- **16**

---

32 Zum Begriff des Kraftfahrzeugs s. *Geppert* LK § 69 Rdn. 22, 23; *Sch/Schröder/Stree* § 69 Rdn. 11; *Hentschel-Dauer* § 1 StVG Rdn. 2 ff .

33 *Rüth* LK[10] Rdn. 7 ff; *Sch/Schröder/Cramer/Sternberg-Lieben* § 316 Rdn. 20, 10, 11; *Fischer* Rdn. 3; *Jagow/Burmann/Heß* § 2 StVO Rdn. 10 ff.

34 *Hentschel* Trunkenheit Rdn. 149 f; 348 ff.

35 Maßgebend ist die Frage namentlich auch für § 44 Abs. 1, § 69 Abs. 1 StGB, § 21 StVG.

dern dass es darauf ankommt, ob der Lenker „hinsichtlich der von ihm geforderten psycho-physischen Leistungsfähigkeit" und „bezüglich der von ihm in alkoholisiertem Zustand für andere Verkehrsteilnehmer ausgehenden Gefahr" dem Führer eines Kraftfahrzeugs unter Motorkraft gleichzustellen ist (vgl. BGH aaO S. 346). Der BGH prüft in typisierender Betrachtungsweise, ob der Bewegungsvorgang dem Lenker ein Maß von Aufmerksamkeit, Reaktions- und Koordinierungsvermögen abverlangt, wie es dem Fahrzeugführen unter Motorkraft entspricht (aaO S. 347 f). Er betont, dass die *konkret gefahrenen Geschwindigkeiten* nicht von ausschlaggebender Bedeutung sind; dem entspreche es, dass die Führer von Kraftfahrzeugen, die bauartbedingt nur über geringere Höchstgeschwindigkeiten verfügten (Traktoren, Mofas), nicht vom für den Kraftfahrer geltenden Beweisgrenzwert ausgenommen seien (aaO S. 348). Wie der Vergleich zum „normalen Tatbild" des Kraftfahrzeugführens zeigt, kann darüber hinaus *die Länge der ohne Motorkraft zurückgelegten Strecke* gleichfalls nicht von Bedeutung sein.[36] Denn auch wer sein Kraftfahrzeug nur eine kurze Strecke fährt, wird nach allgemeinen Regeln vom „Kraftfahrergrenzwert" erfasst.

17 (2) **Ziel: Ingangsetzung der Triebkräfte.** Die herrschende Meinung im Schrifttum[37] und die (überwiegend ältere und zum Teil zum Kraftfahrzeugführen ohne Fahrerlaubnis ergangene) Rechtsprechung[38] setzt dem Führen eines Kraftfahrzeugs *unter Motorkraft* den Fall gleich, dass der konkrete Bewegungsvorgang (Ab-, Ausrollenlassen, Anschleppen, Schleppen, Antreten eines Kraftrads, Anschieben) dem Ziel dient, den Motor in Gang zu setzen, und wendet demnach – soweit die §§ 315c, 316 betroffen sind – den Beweisgrenzwert von 1,1 ‰ für diese Fallgestaltung generell an. Sofern dies begründet wird, findet sich der Hinweis darauf, dass bei Anspringen des Motors sogleich die bestimmungsgemäßen Triebkräfte auf das Kraftfahrzeug einwirkten, weswegen der Lenker auch Kupplung, Gaspedal, Gangschaltung und Bremse bedienen und daher hierzu auch in der Lage sein müsse (OLG Celle VRS **28** 279, 281 [zu § 24 StVG a.F.]). Einschränkend bemerkt OLG Karlsruhe DAR **1983** 365 (zu § 69), dass der Vorgang nach der Vorstellung des Täters *unmittelbar* zum Anspringen des Motors führen müsse, weil andernfalls die Grenzen zwischen Versuch und Vollendung verwischt würden.

17a Die vorstehend referierten Überlegungen erscheinen nicht unschlüssig. Ob sie heute noch tragen, ist gleichwohl zweifelhaft. Das Kriterium der Fortbewegung zum Zwecke des Anlassens des Motors ist zu einer Zeit entwickelt worden, als auch in der Absicht alsbaldiger Fortbewegung verrichtete, dem Bewegungsvorgang vorgelagerte Handlungen bereits als vollendetes Fahrzeugführen angesehen worden sind; u.a. das Einnehmen der Fahrerposition und das Anlassen des Motors reichten danach aus (Rdn. 12). Auf dieser Linie ist es plausibel, auch die Bewegung des Kraftfahrzeugs für das Führen **als Kraftfahrzeug** genügen zu lassen, die (unmittelbar) in das motorisierte Fahrzeugführen einmünden soll. Der Standpunkt ist für den Begriff des Fahrzeugführens freilich mittlerweile mit guten Gründen aufgegeben worden (Rdn. 11). Es vermag nicht zu überzeugen, ihn für die hier in Frage stehende Problematik faktisch beizubehalten. Maßgebend muss sein,

---

[36] Vgl. BGHSt **14** 185, 187, 189; BayObLG VRS **67** 373, 374 [jeweils zu § 21 StVG]; OLG Karlsruhe DAR **1983** 365 [zum Anschieben von Kraftfahrzeugen].

[37] *Geppert* LK § 69 Rdn. 26, 30; *Sch/Schröder/Cramer/Sternberg-Lieben* § 316 Rdn. 9; *Sch/Schröder/Stree* § 69 Rdn. 12; *Hentschel* Trunkenheit Rdn. 149 f; 348 ff; *Jagow/Burmann/Heß* § 2 StVO Rdn. 11, 12; *Grohmann* BA **31** (1994) 158, 160 f.

[38] BayObLG VRS **75** 127, 128; KG VRS **12** 110, 114; OLG Celle VRS **28** 279, 281; VRS **53** 371, 373; OLG Karlsruhe DAR **1983** 365; OLG Oldenburg MDR **1975** 421, 422.

ob der Fahrzeugführer mit Blick auf die *objektiven* Gegebenheiten des konkreten Bewegungsvorgangs den Anforderungen des Kraftfahrers ausgesetzt ist und ob von ihm Gefahren ausgehen, die denen des alkoholisierten Kraftfahrers „unter Motorkraft" gleichzusetzen sind. Allein innere Absichten bzw. die Gefährlichkeit aktuell gar nicht wirkender motorischer Kräfte vermögen aber schwerlich aus einer für sich genommen nicht hinreichend riskanten eine hinreichend gefährliche Fortbewegung zu machen.[39] Im Ergebnis läuft die h.M. demgemäß auf die für das Fahrzeugführen nahezu allgemein abgelehnte Vorverlagerung der Strafbarkeit wegen Vollendung in das Vorbereitungs- bzw. Versuchsstadium hinaus (diesmal bezogen auf den Grenzwert und bei § 21 StVG auf das *Kraftfahrzeug*).[40] Damit verbunden ist, dass dem Täter die Möglichkeit der Umkehr und, was nicht ganz selten ist, die „Wohltat" des rauschbedingten Scheiterns genommen wird[41] sowie dass die Ahndbarkeit letztlich vom Zufall und u.U. auch von der mehr oder weniger geschickten Einlassung des Fahrzeugführers abhängt. Die Beurteilung sollte deshalb **allein** anhand des in der vorstehenden Rdn. genannten Maßstabs erfolgen, ohne dass es auf die inneren Absichten des Fahrzeugführers ankäme.

(3) **Fallgruppen.** Es haben sich in der Rechtsprechung bestimmte Fallgruppen herausgebildet, in denen die Problematik relevant wird. Im Hinblick darauf, dass die Gefährlichkeit des jeweiligen Bewegungsvorgangs (Rdn. 16) wesentlich durch Größe und Gewicht des jeweiligen Fahrzeugs mitbestimmt wird, wird nachfolgend zwischen Kraftwagen (Rdn. 19 ff) und Krafträdern (Rdn. 28 ff) differenziert. **18**

(a) **Ab-, Ausrollenlassen von Kraftwagen.** Unumstritten ist, dass ein *Fahrzeug* führt, wer einen Kraftwagen *über ein Gefälle abrollen* oder (auch auf ebener Strecke) noch *unter der Einwirkung der vormaligen Motorkraft ausrollen lässt.* Im Anschluss an BayObLG VRS **16** 57 nimmt der BGH in einer zum Kraftfahrzeugführen ohne Fahrerlaubnis ergangenen Grundsatzentscheidung auch das Führen eines **Kraft**fahrzeugs an (BGHSt **14** 185, 188 f).[42] Zutreffend wird darauf verwiesen, dass entscheidend die Gefährdung der Verkehrssicherheit durch Personen sein müsse, die das Fahrzeug nicht (ausreichend) beherrschten. Die Risiken seien aber nicht spezifisch durch die aktuell betätigte Motorkraft bedingt, sondern durch die Ausmaße, das hohe Gewicht und den leichten Lauf der betroffenen Fahrzeuge (BayObLG VRS **16** 57, 59). Gerade auf Gefällstrecken erreiche das Kraftfahrzeug aufgrund seines Gewichts schnell beträchtliche Geschwindigkeiten, wobei die Bremswirkung des laufenden Motors fehle (BGHSt **14** 185, 187 f).[43] Für die Ein- **19**

---

[39] Nach OLG Hamm DAR **1959** 54 soll es sogar ausreichen, wenn der Lenker den Motor aufgrund eines leicht behebbaren Mangels gar nicht in Gang setzen *kann*, sofern er nur die entsprechende Absicht hat.

[40] Signifikant etwa BayObLG VRS **66** 202, 203: „Dies bedeutet, dass das Anlassen des Motors … den Beginn der *in Aussicht genommenen* anschließenden Fortbewegung darstellt mit der Folge, dass … § 316 … auch dann erfüllt ist, wenn es zu der in Aussicht genommenen Fortbewegung nicht mehr kommt." [Hervorhebung durch Verf.]. Zugrunde lag ein Fall, in dem der Täter sein Mofa bei laufendem Motor geschoben hat, ohne dass deutlich wird, ob dabei die Motorkraft unterstützend eingesetzt worden ist. Mit Blick auf das in Rdn. 14 Gesagte und auf BGHSt **35** 390 ist zweifelhaft, ob das BayObLG, sofern es noch existieren würde, an seinem Standpunkt festhielte.

[41] Hierzu auch AG Winsen/Luhe NJW **1985** 692, 693.

[42] Zust. *Geppert* LK § 69 Rdn. 26; *Jagow/Burmann/Heß* § 2 StVO Rdn. 10; insoweit auch *Hentschel* Trunkenheit Rdn. 349 und *Grohmann* BA **31** (1994) 158, 160 f.

[43] Hinzu kommen praktische Aspekte. Denn wenn entscheidend auf die aktuell wirkende Motorkraft abgestellt würde, würde es am

stufung des Fahrzeugs als Kraftfahrzeug sei es unerheblich, ob das Fahrzeug vor dem Abrollenlassen oder nachher mit Motorkraft bewegt worden sei bzw. bewegt werden sollte.[44] Die Länge der ohne Motorkraft zurückgelegten Strecke sei gleichfalls ohne Bedeutung.[45]

19a Aus diesen Überlegungen wird zugleich deutlich, dass der Fahrer eines durch Schwerkraft und/oder nachwirkende Motorkraft bewegten Kraftwagens bei typisierender Betrachtung denselben psycho-physischen Anforderungen genügen muss wie beim Fahren mit Motorkraft und dass die von ihm in alkoholisiertem Zustand ausgehenden Gefahren für andere Verkehrsteilnehmer aufgrund der fehlenden Motorkraft nicht geringer sind. Es erscheint deswegen gerechtfertigt, den **„absoluten" Grenzwert von 1,1 ‰** in den einschlägigen Konstellationen **generell** anzuwenden.[46] Entgegen einem Teil der Literatur[47] und der älteren Rechtsprechung[48] sind dabei die konkret gefahrenen Geschwindigkeiten bzw. die Länge der auf diese Weise zurückgelegten Strecke nicht entscheidend (Rdn. 16), weswegen es als irrelevant zu erachten ist, ob das Fahrzeug über eine sehr abschüssige Gefällstrecke hinabfährt oder über ein flaches Gefälle (abw. OLG Hamm DAR **1960** 55, 56). Nach den durch BGHSt **36** 341 entwickelten Kriterien (Rdn. 16) ist gleichfalls nicht von Belang, ob der mittels Schwerkraft über ein Gefälle bewegte Wagen aktuell nicht betriebsbereit (Batterie nicht intakt; kein Benzin im Tank) bzw. (vorübergehend) wegen eines Defekts betriebsunfähig ist.

20 (b) **(Ab-, An-) Schleppen von Kraftwagen.** Den Begriff des *Fahrzeug*führens erfüllt nach zutreffender h.M. auch der Lenker *eines abgeschleppten (betriebsunfähigen) Kraftfahrzeugs* (BGHSt **36** 341).[49] Es handelt sich dabei um einen Fall des einvernehmlichen Fahrzeugführens durch mehrere Personen (Rdn. 37), in dem der Lenker des abgeschleppten Fahrzeugs dieses in erforderlichem Maße eigenverantwortlich beherrscht. Denn er kann durch Lenkbewegungen, Bremsen, Kuppeln usw. die Fortbewegung wesentlich beeinflussen.[50] Der BGH hat dies als eine „Art Mittäterschaft" bezeichnet (BGHSt **36** 341, 344). Demgegenüber liegt im Führen eines abgeschleppten Kraftwagens nach einer früher aus § 18 Abs. 1 StVZO a.F. hergeleiteten Wertung des Verordnungsgebers, die heute wohl zum Gewohnheitsrecht erstarkt ist (*Hentschel-Dauer* § 33 StVZO Rdn. 6), *rechtlich* kein

---

Führen eines Kraftfahrzeugs streng genommen auch fehlen, wenn der Fahrer das Fahrzeug bei laufendem Motor, aber im Leerlauf abrollen lässt. Daraus würden unüberwindliche Schwierigkeiten auch für die Verkehrsüberwachung resultieren (BayObLG VRS **16** 57, 59; ebenso BGHSt **14** 185, 188).

[44] BGHSt **14** 185, 187, 188; BayObLG VRS **67** 373 f; wohl auch BayObLG VRS **16** 57, 59. Anders noch OLG Hamm VRS **15** 134, 135.

[45] BGHSt **14** 185, 187, 189; BayObLG VRS **67** 373, 374 [zu § 21 StVG]; OLG Karlsruhe DAR **1983** 365.

[46] Ebenso OLG Koblenz VRS **49** 366, 368; vgl. auch OLG Hamburg VerkMitt. **1967** Nr. 46, S. 31 (geschobenes Kfz; dazu Rdn. 21 ff).

[47] *Hentschel* Trunkenheit Rdn. 149, 349.

[48] OLG Hamm DAR **1957** 367 f; DAR **1960** 55 f.

[49] M. Anm. *Hentschel* JR **1991** 113; BayObLG NJW **1984** 878, 879 [unter Aufgabe seiner früheren Rechtsprechung; offen gelassen noch in VRS **62** 42]; OLG Bremen VRS **33** 205; OLG Celle VRS **77** 221; OLG Frankfurt NJW **1985** 2961, 2962; OLG Hamm VRS **96** 373. *Geppert* LK § 69 Rdn. 27; *Lackner/Kühl* Rdn. 3; *Sch/Schröder/Cramer/Sternberg-Lieben* § 316 Rdn. 21; *Fischer* Rdn. 3; nunmehr auch *Hentschel* Trunkenheit Rdn. 356 f; *Reichart* NJW **1994** 103. Anders noch BayObLG bei *Rüth* DAR **1969** 232; OLG Hamm VRS **27** 303, 304; OLG Frankfurt VRS **58** 145; KG VRS **67** 154 [zu § 6 PflVersG]; *Krumme* § 21 StVG Rdn. 5; u.U. auch *Sch/Schröder/Stree* § 69 Rdn. 12.

[50] BGHSt **36** 341, 345 f; BayObLG NJW **1984** 878, 879; OLG Frankfurt NJW **1985** 2961, 2962.

Führen eines *Kraft*fahrzeugs.[51] Denn der Kraftwagen hat seine Eigenschaft als Kraftfahrzeug verloren, ohne dass von Belang wäre, ob die fehlende Betriebsbereitschaft auf einem Defekt, der Erschöpfung der Batterie oder auf einem Mangel von betriebsnotwendigem Kraftstoff beruht (OLG Hamm VRS **96** 373, 374). Bedeutung hat dies insoweit, als kein Kraftfahrzeugführen ohne Fahrerlaubnis vorliegt, wenn der Lenker nicht über die erforderliche Fahrerlaubnis verfügt (*Hentschel/König* § 21 StVG Rdn. 11). Jedoch ist der Lenker des abgeschleppten Fahrzeugs sowohl hinsichtlich der von ihm geforderten psycho-physischen Leistungsfähigkeit als auch bezüglich der von ihm in alkoholisiertem Zustand ausgehenden Gefahren einem Kraftfahrzeugführer gleichzustellen und *unterliegt deshalb dem für diesen geltenden absoluten Alkoholgrenzwert von 1,1 ‰* (BGHSt **36** 341, 344 ff; Rdn. 16).[52] Anders kann es vielleicht einmal sein, wenn das Abschleppen mit einer starren Verbindung (Stange) erfolgt. Dies setzt allerdings voraus, dass der „Lenker" des abgeschleppten Fahrzeugs dieses nicht wirklich beherrscht, weil es „quasi wie ein sonstiger Anhänger gezogen und dirigiert wird" (*Janiszewski* NStZ **1990** 273); für diesen Fall würde es freilich bereits am Merkmal des „Führens" fehlen. Gleichfalls am Merkmal des Führens fehlt es, wenn das betriebsunfähige Kfz, was von einer nicht unzweifelhaften Rechtsprechung (OLG Jena NStZ-RR **2007** 248, BayObLG NZV **1994** 163; OLG Koblenz NZV **1998** 257) als Abschleppen angesehen wird, auf einem Anhänger transportiert wird.

Ob der am Steuer eines im Sinne des § 33 StVZO ohne eigene Motorkraft **geschleppten** (also als Anhänger benutzten) Kraftwagens Sitzende überhaupt ein Fahrzeug führt, hängt von den Umständen des Einzelfalls ab. Vermag er die Fortbewegung wesentlich zu beeinflussen, so ist Fahrzeugführen gegeben, erneut allerdings, ohne dass rechtlich ein Führen als *Kraft*fahrzeug vorliegen würde. Dass es dem geschleppten Fahrzeug an der Eigenschaft als Kraftfahrzeug ermangelt, folgt dabei aus § 33 Abs. 2 Nr. 1 Satz 2 StVZO (BGHSt **36** 341, 345) sowie aus § 33 Abs. 2 Nr. 4 StVZO. Für den Fall, dass Fahrzeugführen angenommen werden kann, ist der Grenzwert von 1,1 ‰ BAK aus den vorgenannten Gründen auch hier anzuwenden. Dasselbe gilt für den Lenker eines Kraftfahrzeugs, das durch **ein anderes Fahrzeug angeschleppt wird**, um den Motor in Gang zu bringen. Auf der Linie der h.M. folgt dies bereits daraus, dass der Fahrzeugführer den Motor in Gang setzen will, nach der hier vertretenen Auffassung aus der Gefährlichkeit des Vorgangs an sich (im Einzelnen Rdn. 16, 17). **20a**

(c) **Mit Muskelkraft bewegte Kraftwagen.** Zum Führen eines von Menschenhand geschobenen Kraftwagens hat sich eine feingesponnene, uneinheitliche und in ihren Abgrenzungen vielfach nicht recht plausible Kasuistik entwickelt. Sie betrifft in erster Linie wiederum das Problem, wann der Betreffende ein *Kraft*fahrzeug führt, mit der Folge, dass der Grenzwert von 1,1 ‰ BAK für ihn gilt (Rdn. 15), aber auch bereits die dem vorgelagerte Frage, wann Fahrzeugführen gegeben ist. **21**

---

51 Vgl. BGHSt **36** 341 345 f; BayObLG VRS **62** 42; OLG Frankfurt NJW **1985** 2961, 2962; OLG Hamm VRS **96** 373, 374. *Geppert* LK § 69 Rdn. 27; *Sch/Schröder/Stree* § 69 Rdn. 12; *Hentschel/Dauer* § 33 StVZO Rdn. 7, *Hentschel/König* § 21 StVG Rdn. 11.

52 BGHSt **36** 341, 346 ff; BayObLG NJW **1984** 878, 879 [jeweils zum damals noch geltenden Grenzwert von 1,3 ‰]; OLG Hamm VRS **96** 373, 374. *Sch/Schröder/Cramer/Sternberg-Lieben* Rdn. 11; *Hentschel* Trunkenheit Rdn. 150, 357; *Jagow/Burmann/Heß* § 2 StVO Rdn. 12. **AM** noch OLG Bremen VRS **33** 205, 206; OLG Frankfurt NJW **1985** 2961, 2962. **AM** auch *Riemenschneider* Fahrunsicherheit S. 159; gegen sie *König* NZV **2001** 69, 70.

22 (aa) **Betätigung der wesentlichen Vorrichtungen.** Klar sollte zunächst sein, dass derjenige, der einen Kraftwagen schiebt, ohne die für die Fortbewegung wesentlichen technischen Vorrichtungen (Lenkung, Bremse etc.) zu bedienen, kein Fahrzeug führt; denn dann fehlt es an den wesentlichen Merkmalen der hierzu bestehenden Begriffsbestimmung (Rdn. 10, 35 ff).[53] Demgegenüber ist Fahrzeugführen schon dann gegeben, wenn die den Wagen schiebende Person durch dessen offenes Fenster die Lenkung betätigt.[54] Desgleichen ist der Lenker eines von anderen geschobenen Fahrzeugs grundsätzlich als Fahrzeugführer anzusehen.[55] In beiden Fällen wird das Fahrzeug unter Handhabung der essentiellen Steuerungsfunktion durch den öffentlichen Verkehrsraum geleitet. Für die Annahme des Fahrzeugführens spricht die Beurteilung des Führens eines (ab-)geschleppten Fahrzeugs (Rdn. 20 f). Hinreichende strukturelle Unterschiede, die eine divergierende Beurteilung rechtfertigen könnten, sind nicht ersichtlich. Vor allem kann keine ausschlaggebende Rolle spielen, dass die Fortbewegung hier auf Muskelkraft beruht. Andernfalls müsste das Merkmal auch bei dem einen Anstieg hinaufgezogenen Fuhrwerk, bei dem eine Anhöhe bewältigenden Radfahrer oder beim ausschließlich Muskelkraft einsetzenden Rollstuhlfahrer[56] in Zweifel gezogen werden. In all diesen Fällen ist eine Eigenbewegung des Fahrzeugs nicht vorhanden. Mit Rücksicht auf die unterschiedliche Situation beim Schieben eines Kraft*wagens* dürfte auch eine teleologische Reduktion unter dem Aspekt des „Mitführens" (Rdn. 14) nicht in Betracht kommen.

23 (bb) **„Führen durch Worte".** Einen Sonderfall betrifft BGH VRS 52 408 (6. Zivilsenat).[57] Danach soll mangels hinreichender Eigenverantwortlichkeit die am Steuer sitzende und das Fahrzeug lenkende Person nicht Führer des Fahrzeugs sein, wenn sie den Anweisungen der das Fahrzeug schiebenden Person „bedingungslos" folgt.[58] In solchen Fällen sei allenfalls die schiebende Person Fahrzeugführer, die lenkende Person hingegen nur deren „Werkzeug" (BGH aaO S. 409).[59] Dem ist jedoch nicht zu folgen. Die

---

[53] BayObLG VRS **75** 127; OLG Oldenburg MDR **1975** 421; *Hentschel* Trunkenheit Rdn. 353; vgl. auch OLG Düsseldorf VRS **50** 426. **AM** u.U. BGH VRS **52** 408, 409 (dazu Rdn. 23).

[54] OLG Koblenz VRS **49** 366, 367, 368; OLG Frankfurt NJW **1985** 2961, 2962; wohl auch OLG Karlsruhe DAR **1983** 365. BGH bei *Herlan* GA **1961** 362 bejaht Führen eines **Kraft**fahrzeugs [zu § 24 StVG a.F.]; BGH bei *Martin* DAR **1970** 113 (Nr. 3) verneint es [zu § 21 StVG], die näheren Umstände gehen aus beiden Veröffentlichungen nicht hervor. **Kein** Fahrzeugführen liegt vor nach OLG Oldenburg MDR **1975** 421; *Hentschel* Trunkenheit Rdn. 352; wohl auch nicht nach BayObLG VRS **75** 127, 128 f.

[55] *Sch/Schröder/Cramer/Sternberg-Lieben* § 316 Rdn. 21; generell in diesem Sinne auch *Jagow/Burmann/Heß* § 2 StVO Rdn. 10, freilich unter Bezugnahme auf OLG Hamburg VerkMitt. **1967** 46 [Anschieben und anschließendes Weiterrollen]; OLG Celle VRS **28** 279, 280 f; VRS **53** 371, 373 [Anschieben, um den Motor in Gang zu setzen].

[56] Hierzu OLG Frankfurt NJW **1985** 2961, 2962.

[57] Die Frage war, ob der durch einen anderen verletzten 19-jährigen Lenkerin des geschobenen Fahrzeugs Mitverschulden zur Last fiel, weil sie über keine Fahrerlaubnis verfügte.

[58] Dass die Lenkerin des Fahrzeugs im konkreten Fall den Anweisungen des anderen „bedingungslos" gefolgt sein könnte bzw. zu folgen in der Lage war, ist im Übrigen zweifelhaft. Offenbar mit aufgrund eines falschen Lenkeinschlags ist nämlich ein Unfall verursacht worden (BGH VRS **52** 408). Daran erweist sich auch die Gefährlichkeit einschlägiger Verhaltensweisen durch nicht im Fahren (Lenken) geübte bzw. fahrunsichere Personen.

[59] Ähnlich schon RGZ **90** 157, 159. Im Grundsatz zustimmend wohl BGHSt **36** 341, 344 f. Ob nach den in den Rdn. 26 f niedergelegten Kriterien überhaupt ein „Führen" als **Kraft**-

Argumentation des 6. Zivilsenats läuft auch in der Wortwahl auf die Annahme mittelbarer Täterschaft hinaus. Mittelbare Täterschaft dürfte dabei nach den dafür geltenden Regeln schon deswegen nicht vorliegen, weil das „Werkzeug" die essentielle Steuerungsfunktion allein und eigenverantwortlich verwirklichte, während die das Fahrzeug schiebende Person darauf nur durch Worte Einfluss nehmen konnte. Diskutabel ist allenfalls uneigenhändige Mittäterschaft vonseiten des „Hintermanns". Darauf kommt es aber letztlich nicht entscheidend an, weil sowohl mittelbare Täterschaft als auch uneigenhändige Mittäterschaft beim nach ganz h.M. nur eigenhändig zu erfüllenden Merkmal des Fahrzeugführens nicht möglich sind (Rdn. 201). Dem entspricht die Beurteilung beim neben dem Fahrer sitzenden und diesen instruierenden Beifahrer (Rdn. 41). Zur Problematik von Übungs- und Prüfungsfahrten des Fahrschülers in Begleitung des Fahrlehrers wird auf die Ausführungen in Rdn. 42 verwiesen.

(cc) **Fallgruppen.** Zu der Frage, ob der Betreffende in den vorstehend genannten Konstellationen des Schiebens von Kraftwagen hinsichtlich des „absoluten" Grenzwerts von 1,1 ‰ dem Führer eines **Kraft**fahrzeugs gleichgesetzt werden kann, sind im Wesentlichen **drei Fallgruppen** zu unterscheiden, nämlich das Anschieben bzw. Angeschobenwerden zum Zweck des Anlassens des Motors (Rdn. 25), das Führen des Fahrzeugs, während dieses nach dem Vorgang des Schiebens selbsttätig weiterrollt (Rdn. 26) und das Führen eines ausschließlich mit Muskelkraft bewegten Kraftwagens (Rdn. 27). **24**

(i) **Ziel: Ingangsetzung der Triebkräfte.** In der ersten Fallgruppe, in der das Anschieben erfolgt, um dadurch den Motor in Gang zu setzen und das Fahrzeug dann mit Motorkraft fortzubewegen, nehmen eine seit langem gefestigte Rechtsprechung[60] und die h.M. im Schrifttum[61] vollendetes Führen eines Kraftfahrzeugs an und müssen deshalb zur Geltung des „Kraftfahrergrenzwerts" kommen. Der h.M. ist jedoch aus den in Rdn. 17 genannten Gründen *nicht zu folgen*. Nach der hier vertretenen Auffassung gilt der „Kraftfahrergrenzwert" in dieser Konstellation nur unter den in der nachfolgenden Rdn. aufgeführten Voraussetzungen. Ansonsten sind die Grundsätze der „relativen Fahrunsicherheit" anzuwenden. **25**

(ii) **Selbsttätiges Weiterrollen.** Für die zweite Fallgruppe gelangt ein Teil der Rechtsprechung[62] und des Schrifttums[63] zur Annahme des Führens eines Kraftfahrzeugs dann, wenn das Fahrzeug durch das Anschieben seitens des Täters und/oder anderer Personen einen solchen Schwung erhält, dass es selbsttätig weiterrollt, und sei es auch nur über eine Strecke von wenigen Metern (OLG Karlsruhe DAR **1983** 365). Dem ist zuzustimmen. Denn an die Fähigkeiten des Lenkers werden in solchen Konstellationen bei typisie- **26**

---

fahrzeug gegeben war, kann anhand der veröffentlichten Entscheidungsgründe nicht abschließend beurteilt werden; der BGH hat die Frage offen gelassen.

60 BayObLG VRS **75** 127, 128; KG VRS **12** 110, 114; OLG Celle VRS **28** 279, 281; VRS **53** 371, 373; OLG Karlsruhe DAR **1983** 365; OLG Oldenburg MDR **1975** 421, 422. **AM** AG Winsen/Luhe NJW **1985** 692, 693.

61 *Geppert* LK § 69 Rdn. 26, 30; *Sch/Schröder/Cramer/Sternberg-Lieben* § 316 Rdn. 9; *Sch/Schröder/Stree* § 69 Rdn. 12; *Jagow/Burmann/Heß* § 2 StVO Rdn. 12; *Hentschel* Trunkenheit Rdn. 351 ff.

62 OLG Hamburg VerkMitt. **1967** Nr. 46 S. 31; OLG Koblenz VRS **49** 366, 368; OLG Karlsruhe DAR **1983** 365; OLG Düsseldorf VRS **62** 193; wohl auch BayObLG VRS **75** 127, 128 f [unmittelbar zum Führen eines Kraftrads] und OLG Oldenburg MDR **1975** 421, 422; **aA** OLG Celle VRS **53** 371, 372.

63 *Geppert* LK § 69 Rdn. 26; **aA** *Hentschel* Trunkenheit Rdn. 352.

render Betrachtung keine geringeren Anforderungen gestellt als beim Ausrollenlassen eines zuvor mit Motorkraft angetriebenen Fahrzeugs oder bei der Bewegung eines Kraftwagens mit ausgeschaltetem Motor über eine (flache) Gefällstrecke hin.[64] Mit Blick auf die von einem alkoholisierten Fahrzeugführer ausgehenden Gefahren ist deshalb in den einschlägigen Fällen der *für den Kraftfahrer* geltende Grenzwert der absoluten Fahrunsicherheit (1,1 ‰ BAK) anzuwenden (näher Rdn. 16, 19). Härtefällen ist ggf. über die Anwendung der §§ 153, 153a StPO sowie im Rahmen der Strafzumessung Rechnung zu tragen.

27 (iii) **Ausschließlich durch Muskelkraft.** Demgegenüber reicht es für die Annahme des Führens eines **Kraft**fahrzeugs (und für die Anwendung des 1,1 ‰-Grenzwerts) nach soweit ersichtlich allgemeiner Meinung nicht aus, wenn der Wagen *ausschließlich durch Muskelkraft* bewegt wird, ohne dass es in Eigenbewegung versetzt wird.[65] Dies geht zurück auf eine ältere Judikatur, nach der das Kraftfahrzeug nicht als solches in Betrieb ist, wenn es durch „fremde Kraft" bewegt wird, also etwa „durch Menschen, Tiere oder ein anderes Kfz gezogen oder geschoben wird", wohingegen „eine Naturkraft" (Schwerkraft durch Schwung) nicht als solche „fremde Kraft" angesehen worden ist (eingehend und m.w.N. BayObLG VRS **16** 57 ff). Trotz gewisser Bedenken mit Blick auf die Beherrschbarkeit der „Eigenkräfte" eines (schweren) Kraftwagens, der Beurteilung in Grenzfällen sowie der Abschichtung gegenüber der Situation beim An- und Abschleppen sowie beim Schleppen von Fahrzeugen (Rdn. 20 f) wird man dem letztlich beipflichten können. Anzulegen sein dürften die Grundsätze der „relativen" Fahrunsicherheit.

28 (d) **Führen von Krafträdern.** Differenzierter Beurteilung unterliegt auch das Führen motorisierter Zweiräder, die nicht unter Motorkraft gefahren werden (zu den Gründen der Aufgliederung Rdn. 18):

29 (aa) **Fahrzeugführen.** Zunächst ist stets zu prüfen, ob überhaupt das Merkmal des „Führens" erfüllt ist. Daran fehlt es, sofern der Betroffene *das Kraftrad, ggf. auch unter Bedienung des Lenkers, schiebt*, ohne dabei den Fahrersitz einzunehmen. Entsprechendes gilt, wenn während des Schiebens zwar der Motor läuft, die Motorkraft aber nicht zur Unterstützung des Schiebens eingesetzt wird. In solchen Fällen ist lediglich ein aus dem Tatbestand zu eliminierendes „Mitführen" des Zweirads anzunehmen (im Einzelnen Rdn. 14). Demgegenüber *liegt Fahrzeugführen vor*, wenn der Betreffende beim Schieben unterstützend die Motorkraft einsetzt.[66] Ein Fahrzeug führt auch, wer ein Mofa auf dem Sattel sitzend dadurch fortbewegt, dass er sich mit den Füßen vom Boden abstößt[67] oder wer ein Kraftrad über eine Gefällstrecke abrollen[68] oder nach Ausschalten des Motors *ausrollen lässt*, ferner derjenige, der ein Leicht-Mofa durch Treten der Pedale wie ein Fahrrad benutzt[69] oder – *einen Bewegungsvorgang vorausgesetzt* – den Motor eines Mopeds oder Mofas durch Treten der Pedale zum Anspringen bringen will.[70]

---

64 OLG Hamburg VerkMitt. **1967** Nr. 46 S. 31; näher Rdn. 19.

65 KG VRS **12** 110, 114; OLG Oldenburg MDR **1975** 421 und OLG Karlsruhe DAR **1983** 365. Vgl. auch BayObLG **75** 127, 128 f.

66 BayObLG VRS **66** 202, 203; VRS **75** 127, 129; BayObLG bei *Rüth* DAR **1985** 242; OLG Düsseldorf VRS **50** 426, 427; *Fischer* Rdn. § 316 Rdn. 6. **AA** AG Winsen/Luhe NJW **1985** 692, 693 [Führen nur, falls „Fahren"].

67 OLG Düsseldorf VRS **62** 193.

68 BayObLG VRS **67** 373, 374.

69 OLG Düsseldorf VRS **62** 193.

70 OLG Hamm DAR **1959** 54.

Einen Grenzfall behandelt BayObLG VRS 75 127 (zu § 21 StVG). Nach den Feststellungen hatte der Betroffene auf dem Fahrersitz sitzend ein Kraftrad „mit Beinarbeit" aus einer Parklücke herausrangiert und bis zu einer Stelle fortbewegt, von der ab ein anderer das Kraftrad mit Motorkraft weiterfahren sollte. Das BayObLG verneint Führen des Kraftfahrzeugs und wohl auch Fahrzeugführen, weil solches Handeln faktisch dem Schieben des Zweirads gleichstehe (hierzu soeben und Rdn. 14). Die Ablehnung des Fahrzeugführens würde jedoch nicht überzeugen.[71] Denn von einem Schieben im Wortsinn kann nicht mehr gesprochen werden. Der Lenker des Kraftrads bewegt dieses unter Betätigung der essentiellen Steuerungsfunktionen. Dem entspricht es, dass der Kraftradfahrer, der sein Fahrzeug durch Abstoßen der Füße bewegt, auch sonst als Fahrzeugführer angesehen wird (s. oben). Eine Differenzierung mit Blick auf die jeweils entwickelten Geschwindigkeiten erscheint nicht durchführbar. Auch der Aspekt der Fremdhilfe (*Geppert* LK § 69 Rdn. 28 Fn. 121) ist nicht weiterführend. Der Vorgang mag dem Zweck dienen, die Fortbewegung eines anderen vorzubereiten; hierdurch wird aber nicht ausgeschlossen, dass bereits diese Vorbereitung alle Begriffselemente des Fahrzeugführens erfüllt. Wie beim Bewegen eines Kraft*wagens* allein durch Muskelkraft (Rdn. 22) ist demnach Fahrzeugführen gegeben. **29a**

(bb) Geltung der Grenzwerte. Die Übertragbarkeit des für den Kraftfahrer unter Motorkraft geltenden BAK-Grenzwerts von 1,1 ‰ hängt wie bei der Fortbewegung von Kraft*wagen* davon ab, welchen Anforderungen der Betreffende genügen muss, um das Kraftfahrzeug sicher zu beherrschen, und welche Gefahren von ihm in fahrunsicheren Zustand für andere Verkehrsteilnehmer ausgehen (Rdn. 16). Sowohl die Anforderungen als auch die Gefahren sind in Bezug auf das Führen von Krafträdern bei typisierender Betrachtung geringer zu veranschlagen als im Rahmen entsprechender Vorgänge zur Fortbewegung eines Kraftwagens. **30**

(i) **Kein „absoluter" Grenzwert.** Das Schieben von Krafträdern ist unter der Voraussetzung als Fahrzeugführen anzusehen, dass der Betreffende dabei die *Kraft des laufenden Motors nutzt* (Rdn. 29). Das bedeutet jedoch noch nicht, dass deswegen auch der Grenzwert von 1,1 ‰ gelten müsste. Zwar sind die in einem solchen Handeln liegenden Gefahren nicht zu verkennen (hierzu OLG Düsseldorf VRS 50 426, 427). Dem *Fahren* unter Motorkraft ist der Vorgang jedoch nicht gleichzusetzen. Im Hinblick darauf, dass es insoweit an hinreichend validen verkehrsmedizinischen Erkenntnissen fehlen dürfte, sind die Grundsätze über die absolute Fahrunsicherheit *überhaupt nicht* anzuwenden; zur Annahme der („relativen") Fahrunsicherheit bedarf es deshalb der Feststellung von Ausfallerscheinungen (BayObLG VRS **66** 202, 203; **aM** wohl OLG Düsseldorf VRS **50** 426, 427). **31**

(ii) „Radfahrergrenzwert" (1,6 ‰). Der für Radfahrer geltende Grenzwert von 1,6 ‰ (§ 316 Rdn. 71) ist anzuwenden, sofern der Vorgang stärkere Affinitäten hierzu als zum idealtypischen Fahren von Kraftfahrzeugen unter Motorkraft aufweist. So liegt es beispielsweise, wenn der Betreffende ein Mofa durch reine Pedalkraft wie ein Fahrrad nutzt[72] (vgl. aber auch die nachfolgende Rdn.). Entsprechend ist es zu beurteilen, wenn **32**

---

[71] Wohl aber die des Führens eines **Kraft**fahrzeugs; hierzu Rdn. 32.

[72] OLG Düsseldorf VRS **62** 193, 194 f; wohl auch *Sch/Schröder/Cramer/Sternberg-Lieben* § 316 Rdn. 20 und *Jagow/Burmann/Heß* § 316 Rdn. 22; *Hentschel* Trunkenheit Rdn. 350. **AA** OLG Hamm DAR **1959** 54 [Grenzwert für Kraftfahrer, solange sich der Fahrzeugführer der motorischen Kraft bedienen will *oder* kann]; **aM** wohl auch *Horn/Wolters* SK § 316 Rdn. 20.

der Lenker eines Mofa 25 dieses über eine leichte Gefällstrecke abrollen lässt, ohne den Motor in Betrieb zu setzen[73] (zum schweren Motorrad nachfolgende Rdn.). Der „Radfahrergrenzwert" gilt auch, wenn das Kraftrad durch Abstoßen der Füße bewegt[74] oder wenn – Fahrzeugführen vorausgesetzt – das schwere Motorrad „per Beinarbeit" aus der Parklücke herausrangiert wird (Rdn. 29).[75]

33 (iii) **„Kraftfahrergrenzwert" (1,1 ‰).** Die Fortbewegung des Kraftrads durch Treten der Pedale wird von der ganz h.M. dann dem für den Kraftfahrer geltenden Beweisgrenzwert von 1,1 ‰ zugeordnet, wenn sie **zum Zwecke des „Anwerfens" des Motors erfolgt.**[76] Der h.M. ist aus den im Einzelnen in Rdn. 17 genannten Gründen *nicht zu folgen*; es gilt vielmehr der „Radfahrergrenzwert" (vorstehende Rdn.). Hingegen dürfte der „Kraftfahrergrenzwert" gelten, wenn der Betreffende ein *schweres Motorrad* über ein Gefälle ab- oder wenn er es ausrollen lässt (zu „leichten" Krafträdern vorstehende Rdn.); das Gleiche dürfte gelten, wenn es etwa nach einem Schiebe- oder „Anstoßvorgang" in Eigenbewegung versetzt wird. Insoweit müssen aufgrund des hohen Eigengewichts und der damit verbundenen Gefahren dieselben Maßstäbe angelegt werden wie bei der Fortbewegung von Kraftwagen (Rdn. 19, 26).

34 dd) **Willentliches Führen.** Der Begriff des Führens beinhaltet ein finales Element. *Kein* Fahrzeugführen liegt demgemäß vor, wenn das Fahrzeug *ohne Zutun oder ohne Willen* der darin sitzenden Person ins Rollen gerät.[77] Lässt jemand den Motor an und setzt er hierdurch versehentlich das Fahrzeug in Bewegung, weil der Gang eingelegt war, so führt er kein Fahrzeug.[78] Führen eines Fahrzeugs kann gleichfalls nicht angenommen werden, wenn der aufgrund Alkoholgenusses fahrunsicher gewordene Kraftfahrer sich in das bereits vor Eintritt der Fahrunsicherheit auf einer abschüssigen Straße abgestellte Fahrzeug setzt, ohne dieses zunächst in Betrieb nehmen zu wollen, und das Fahrzeug dann infolge unzureichender Sicherung, möglicherweise in Verbindung mit der unbeabsichtigten Lösung der Arretierung, ins Rollen kommt (BayObLG VRS **39** 206 f). Dem nicht willentlichen Führen dürften auch noch Handlungen zuzuordnen sein, die der Betreffende benötigt, um das solchermaßen in Bewegung geratene Fahrzeug gefahrlos zum Halten zu bringen. Beschränkt er sich hingegen nicht darauf, so übernimmt er willentlich die Führung und handelt tatbestandsgemäß. Zum Ganzen auch Rdn. 189 sowie § 316 Rdn. 183.

---

[73] Das Führen eines Kraftfahrzeugs bejaht, allerdings zu § 21 StVG, BayObLG VRS **67** 373. Der dort wesentliche Aspekt, dass das Mofa aufgrund vorgenommener Manipulationen nicht mehr fahrerlaubnisfrei gewesen ist, spielt nur im Rahmen des § 21 StVG eine Rolle.

[74] OLG Düsseldorf VRS **62** 193, 194; *Janiszewski* Verkehrsstrafrecht Rdn. 330.

[75] *Hentschel* Trunkenheit Rdn. 350; *Jagow/Burmann/Heß* § 2 StVO Rdn. 10.

[76] BayObLG VRS **66** 202, 203; OLG Hamm DAR **1959** 54 [danach soll dies sogar dann gelten, wenn der Lenker den Motor aufgrund eines leicht behebbaren Mangels gar nicht in Gang setzen *kann*, sofern er nur die entsprechende Absicht hat]; *Hentschel* Trunkenheit Rdn. 350; *Jagow/Burmann/Heß* § 2 StVO Rdn. 12.

[77] BayObLG VRS **39** 206; BayObLG bei *Rüth* DAR **1980** 266; OLG Frankfurt NZV **1990** 277; OLG Düsseldorf NZV **1992** 197; LG Düsseldorf VRS **82** 454. *Geppert* LK § 69 Rdn. 28; *Lackner/Kühl* Rdn. 3; *Sch/Schröder/Cramer/Sternberg-Lieben* § 316 Rdn. 20; *Fischer* Rdn. 3; *Hentschel* Trunkenheit Rdn. 346.

[78] OLG Frankfurt NZV **1990** 277; OLG Düsseldorf NZV **1992** 197.

ee) Ausübung essentieller (Teil-)Funktionen. Führer des Fahrzeugs ist nur, wer die *(Mit)Verantwortung für die Bewegung des Fahrzeugs hat* und diese mit Blick auf den Bewegungsvorgang *faktisch betätigt* (Rdn. 10). Nach ganz h.M. muss der Täter diese (Teil-) Funktionen mit eigener Hand wahrnehmen (Rdn. 201). Zum Fahrzeugführen bei durch Muskelkraft bewegten Fahrzeugen wird auf das unter Rdn. 22 f Gesagte verwiesen. **35**

(1) **Wahrnehmung aller Funktionen.** Fahrzeugführer ist danach unproblematisch, wer *alle* für die Fortbewegung des Fahrzeugs erforderlichen technischen Funktionen ausübt (BGHSt **36** 341, 344). Womöglich entgegen der Auffassung des BGH spielt es für den Begriff des „Führens" dabei keine Rolle, ob und inwieweit der Lenker in seiner Tätigkeit von einem anderen instruiert wird; wer die für Art und Weise der Fortbewegung essentiellen technischen Funktionen ausübt, verrichtet nämlich auch dann keinen unbeachtlichen „bloßen Hilfsdienst" (vgl. BGH aaO S. 345),[79] wenn sein Entscheidungsspielraum gering ist. Dass er überhaupt keinen Entscheidungsspielraum hat, wird – willensgetragenes Handeln vorausgesetzt – nicht vorkommen. Der Lenker ist, weil er alle Begriffsmerkmale des Führens in eigener Person erfüllt, nach allgemeinen Täterschaftskriterien unmittelbarer Täter. Fraglich kann nur sein, ob der „Hintermann" neben ihm gleichfalls als Fahrzeugführer anzusehen ist (dazu die nachfolgenden Rdn.). Wechseln sich Fahrer und Beifahrer in der Fahrzeugführung ab, so ist nur der jeweils Fahrende Fahrzeugführer (*Jagow/Burmann/Heß* § 2 StVO Rdn. 15). **36**

(2) **Arbeitsteiliges Führen.** Seit langem ist in Rechtsprechung und Literatur anerkannt, dass sich mehrere Personen die Führung eines Fahrzeugs derart teilen können, dass *jeder von ihnen als Fahrzeugführer anzusehen ist.*[80] Führer des Fahrzeugs ist danach auch derjenige, der *einzelne* technische Funktionen ausübt, ohne die eine zielgerichtete Fortbewegung des Fahrzeugs im Verkehr unmöglich wäre (BGHSt **36** 341, 344). Nach Auffassung des BGH handelt es sich um eine „Art Mittäterschaft" (BGH aaO).[81] **37**

(a) **Essentielle Teilfunktionen.** Die Beurteilung der Führereigenschaft hängt naturgemäß von den konkreten Umständen des Einzelfalls ab. Essentiell zur Fortbewegung erforderliche Verrichtungen sind jedenfalls das Lenken, Gasgeben und Bremsen. Steuert der eine, während der andere Kupplung, Gaspedal und Bremse bedient, so sind beide als Führer des Kraftfahrzeugs zu qualifizieren (BGHSt **13** 226, 227). Ein Beispiel für arbeitsteiliges Fahrzeugführen ist auch das *Schleppen von Fahrzeugen* (hierzu Rdn. 20). Beim Fahren auf *Fahrradtandems* liegt gleichfalls regelmäßig arbeitsteiliges Fahrzeugführen vor. Denn der tretende Mitfahrer hat auf wesentliche Faktoren der Fortbewegung **38**

---

79 Ob es sich insoweit nicht lediglich um eine missverständliche Ausdrucksweise handelt, kann nicht sicher beurteilt werden. Mit Ausnahme einer Entscheidung des 6. Zivilsenats (BGH VRS **52** 408; hierzu im Einzelnen Rdn. 23), die der 4. Strafsenat allerdings (zustimmend?) zitiert (BGHSt **36** 341, 345), ist kein Fall ersichtlich, in dem der BGH den Lenker nicht als Fahrzeugführer qualifiziert hat.

80 BGHSt **13** 226, 227 [zu § 24 StVG a.F.]; BGHSt **36** 341, 344; BayObLG NJW **1984** 878, 879; OLG Hamm VRS **37** 281. *Geppert* LK § 69 Rdn. 28; *Lackner/Kühl* Rdn. 3; *Fischer* Rdn. 3; *Sch/Schröder/Cramer/Sternberg-Lieben* § 316 Rdn. 23; *Hentschel* Trunkenheit Rdn. 347. Offen geblieben in KG VRS **12** 110, 112 f, mit Nachweisen zur älteren, teils entgegengesetzten Rechtsprechung und Literatur.

81 Nach *Wohlers* SchwZStr. **116** (1998) 95, 107 Fn. 58 ist das arbeitsteilige Fahrzeugführen der Nebentäterschaft zuzuordnen.

(Beschleunigung, Abbremsen, Richtungsänderungen durch Körperbewegung) maßgebenden Einfluss (zum Soziusfahrer Rdn. 40).

39 (b) **Beifahrer.** An der eigenverantwortlichen Übernahme einer notwendigen Teilfunktion fehlt es beim *nicht in die Fahrzeugführung eingreifenden* Beifahrer. Er ist deswegen nicht Fahrzeugführer. Daran ändert es nichts, wenn der Beifahrer Halter des Kraftfahrzeugs ist.[82] Wer als Kraftfahrzeughalter einer erkennbar fahrunsicheren Person die Führung des Fahrzeugs überlässt, ist demgemäß nicht Führer des Fahrzeugs und kann sich nicht als (Neben-)Täter, sondern nur als Anstifter oder Gehilfe bezüglich einer Straftat nach §§ 315c, 316 (BGHSt **18** 6, 8 f) bzw. wegen eines (fahrlässigen) Verletzungsdelikts strafbar machen. Ermangelt es insoweit an den Voraussetzungen, so verbleibt lediglich eine Ordnungswidrigkeit nach § 31 Abs. 2, § 69a Abs. 5 Nr. 3 StVZO.[83] Der Beifahrer wird zum Fahrzeugführer auch nicht dann, wenn sich der Lenker nach seinen technischen Anweisungen richtet (Rdn. 41).

39a Die **Betätigung der Gangschaltung** während der Fahrt, ohne auf Kupplung und weitere wesentliche Einrichtungen Einfluss zu nehmen, macht den Beifahrer nicht zum Fahrzeugführer (KG VRS **12** 110, 113; *Fischer* Rdn. 3). Entsprechendes gilt für den mitfahrenden Halter, der dem Fahrer die Bedienung des Fahrzeugs erklärt sowie den Motor anlässt und vor der Abfahrt den Gang einlegt (OLG Hamm VRS **33** 281, 282). Ob er sich vorbehält, im Bedarfsfall einzugreifen und die Führung des Fahrzeugs zu übernehmen, ist belanglos (BGHSt **13** 226, 227 f). Gleichfalls nicht Fahrzeugführer ist der Beifahrer, der *kurzzeitig* in die Fahrzeugführung durch einen anderen eingreift, z.B. das Steuer herumreißt, um eine Richtungsänderung zu bewirken.[84] Allerdings kann in solchen Konstellationen eine Straftat nach § 315b vorliegen (hierzu § 315b Rdn. 18, 54). Übernimmt der Beifahrer hingegen nicht nur für einen kurzen Moment gegen den Willen des Fahrers die Lenkung, um das Fahrzeug an einen von ihm gewünschten Ort zu steuern, so ist er alleiniger Führer des Fahrzeugs.[85]

40 (c) **Beiwagen-/Soziusfahrer.** Kein Fahrzeugführer ist der Soziusfahrer auf einem Kraftrad (*Jagow/Burmann/Heß* § 2 StVO Rdn. 1). Das Gleiche gilt für den Beiwagenfahrer. Die von beiden namentlich beim Kurvenfahren verrichtete „aktive Mitarbeit" und der dadurch erbrachte Beitrag für die Sicherheit des Kraftrades reichen mangels Übernahme einer essentiellen technischen Teilfunktion nicht aus (BGHSt **36** 341, 345). Zum Fahrradtandem Rdn. 38.

41 (d) **„Führen durch Worte".** Nach OLG Hamm VRS **37** 281 (282) soll der Beifahrer (ggf. Halter) zum Mitführer des Fahrzeugs werden, wenn sich der (fahrunkundige) Lenker des Fahrzeugs im Wesentlichen nach seinen technischen Anweisungen richtet.[86] Auf der Grundlage der ganz herrschenden Lehre ist die Annahme der (Mit-)Führereigenschaft

---

82 BGHSt **18** 6, 8 f; *Jagow/Burmann/Heß* § 2 StVO Rdn. 15. **AA** *Schröder* FS v. Weber S. 233, 238 ff; gegen ihn mit Recht *Rudolphi* GA **1970** 353, 359 f.

83 Hierzu eingehend *Hentschel-Dauer* § 31 StVZO Rdn. 8 ff; *König* SVR **2008** 121.

84 Vgl. OLG Hamm NJW **1969** 1975, 1976; OLG Köln NJW **1971** 670; *Geppert* LK § 69 Rdn. 28; *Fischer* Rdn. 3; *Sch/Schröder/Cramer/Sternberg-Lieben* § 316 Rdn. 23. **AA** *Krumme* § 315c Rdn. 4.

85 OLG Köln DAR **1982** 30; ebenso *Geppert* LK § 69 Rdn. 28; *Hentschel* Trunkenheit Rdn. 347; *Jagow/Burmann/Heß* § 2 StVO Rdn. 15.

86 Zust. *Hentschel* Trunkenheit Rdn. 347 und *Janiszewski* Verkehrsstrafrecht Rdn. 329. Bedenken äußert hingegen mit Recht *Geppert* LK § 69 Rdn. 28 Fn. 121.

in derartigen Fällen jedoch nicht vertretbar. Denn danach kann das Fahrzeugführen nur *eigenhändig verwirklicht werden* (Rdn. 201). Der Täter muss sich demnach *selbst zumindest eines Teils* der wesentlichen technischen Einrichtungen des Fahrzeugs bedienen (u.a. BGHSt **18** 6, 8 f; **36** 341, 343), was entgegen Andeutungen im Schrifttum nicht nur für den Beginn des Führens erforderlich ist, sondern für das Führen selbst (Rdn. 10). Uneigenhändige Mittäterschaft und damit auch *ein „Fahrzeugführen durch Worte"* müssen auf dieser Linie ausscheiden.[87] Dementsprechend ist auch der Beifahrer *beim begleiteten Fahren ab 17* nicht Fahrzeugführer (*Tolksdorf* FS Nehm S. 437).

(e) **Speziell: Fahrschulfahrten.** Im Rahmen von Ausbildungs- und Prüfungsfahrten leitet der Fahrlehrer den Fahrschüler an. Allein dieses „Führen durch Worte" (vorstehende Rdn.) macht den Fahrlehrer jedoch nicht zum Fahrzeugführer im Sinne des nur eigenhändig zu verwirklichenden § 315c (sowie des § 316). Fahrzeugführer kann wie auch sonst nur sein, wer zumindest essentielle technische Teilfunktionen mit eigener Hand ausübt (Rdn. 10, 201). Das ist, wenn man sich die Abläufe bei Ausbildungsfahrten vor Augen hält, in aller Regel ausschließlich der Fahrschüler (vgl. auch KG VersR **1975** 836).[88] Besonders deutlich wird es bei fortgeschrittenen Fahrschülern, bei Prüfungsfahrten sowie bei der Motorradausbildung, bei der der Fahrlehrer den Fahrschüler von seinem Fahrzeug aus über Funk „dirigiert". Der Fahrlehrer kann zum Fahrzeugführer nach allgemeinen Regeln nur werden, sofern er „tätlich" und nicht nur kurzfristig in die Fahrzeugführung eingreift. § 2 Abs. 15 Satz 2 StVG[89] steht dem nicht entgegen. Zwar gilt der Fahrlehrer danach bei Übungs- und Prüfungsfahrten als Führer des Kraftfahrzeugs, wenn der Lenker nicht über eine entsprechende Fahrerlaubnis verfügt. Diese gesetzliche Fiktion bewirkt jedoch nicht, dass der Fahrlehrer auch als (alleiniger) Fahrzeugführer im Sinne der §§ 315c, 316 anzusehen ist. Sie misst sich bereits ihrem eindeutigen Wortlaut nach Geltung lediglich für das StVG und die auf seiner Grundlage erlassenen Rechtsverordnungen bei.[90] Auch die damit verfolgten Zwecke sind auf die §§ 315c, 316 nicht übertragbar. § 2 Abs. 15 Satz 2 StVG stellt den Fahrschüler während der Ausbildungs- und Prüfungsfahrt von der Fahrerlaubnispflicht frei, weshalb eine Strafbarkeit wegen Kraftfahrzeugführens ohne Fahrerlaubnis (§ 21 StVG) entfällt.[91] Bedeutung hat die Regelung außerdem vor allem für die zivilrechtliche Gefährdungshaftung nach § 18 StVG.[92] Demgegenüber geht es bei den §§ 315c, 316 darum, wer für die Folgen einer 42

---

87 In Richtung auf Führereigenschaft auch BGH VRS **52** 408 (dazu oben Rdn. 23). Zur gleichgelagerten Problematik bei § 315a s. dort Rdn. 9.

88 Jedenfalls für weit fortgeschrittenen Fahrschüler zust. OLG Dresden NJW **2006** 1013 m. Anm. *König* DAR **2006** 161 und *Joerden* BA **43** (2006) 316; zum Ganzen *König* DAR **2003** 448; ebenso *Joerden* BA **40** (2003) 104; nunmehr wohl auch *Fischer*[55] Rdn. 3 (s. aber *dens.* § 315a Rdn. 4); aM AG Cottbus DAR **2003** 476, *Sch/Schröder/Cramer/Sternberg-Lieben* § 316 Rdn. 23 sowie, jeweils wenig präzis, *Blum/Weber* NZV **2007** 228; *Ternig* VD **2007** 14.

89 Bis zum In-Kraft-Treten der Fahrerlaubnis-Verordnung (FeV) vom 18.8.1998 (BGBl. I S. 2214) waren die einschlägigen Regelungen in § 3 Abs. 2 StVG und § 6 StVZO enthalten.

90 Zu den Konsequenzen insoweit z.B. BGH VRS **10** 225, 228; BGHSt **13** 226, 228; BGH NJW **1969** 2197; KG VRS **12** 110, 111 f; VRS **15** 64, 66; VersR **1975** 836; OLG Saarbrücken VRS **46** 212, 214; OLG Karlsruhe VRS **64** 153, 157. Vgl. auch RGZ **90** 157, 159.

91 BGH VRS **10** 225, 228; KG VRS **15** 64, 66; *Möller/Full* Straßenverkehrsrecht I[22] (1969) § 3 StVG Rdn. 4, 5 (dort auch zur geschichtlichen Entwicklung).

92 Hierzu *Hentschel-Dauer* § 2 StVG Rdn. 42 ff; *Greger* Haftungsrecht des Straßenverkehrs[4] (2007) § 4 Rdn. 18 ff.

schuldhaft verwirklichten gefährlichen Fahrt aufgrund der Disposition des Fahrzeugführers (Fahrunsicherheit) oder dessen grob verkehrswidriger und rücksichtsloser Fahrweise strafrechtlich einzustehen hat. Es kann nicht ernsthaft angenommen werden, der Gesetzgeber habe dem Fahrschüler insoweit die Verantwortung abnehmen und – was im Rahmen der zivilrechtlichen Gefährdungshaftung geschieht – dem Fahrlehrer überbürden wollen.[93] In Bezug auf die Trunkenheitsfahrt des Fahrschülers hätte die gegenteilige Interpretation im Übrigen die seltsame Konsequenz, dass sich *niemand* strafbar machen würde: der Fahrschüler nicht, weil er nicht Fahrzeugführer ist, und der Fahrlehrer nicht, weil das Gesetz (§ 315c Abs. 1 Nr. 1, § 316) Fahrzeugführen und Fahrunsicherheit miteinander verkoppelt; fahrunsicher ist aber der Fahrlehrer im Beispielsfall nicht (im Einzelnen Rdn. 201). Mit dem Charakter der einschlägigen Tatbestände als eigenhändige Delikte ist es aber auch nicht vereinbar, den Fahrlehrer, wie es unter Hinweis auf § 2 Abs. 15 Satz 2 StVG zum Teil vertreten wird,[94] **neben** dem Fahrschüler als Fahrzeugführer zu qualifizieren. Die Regelung müsste hierfür – schwerlich überzeugend – ihres spezifischen Zusammenhangs mit dem Straßenverkehrsrecht entkleidet und überdies in eine Vorschrift zur strafrechtlichen *Mit*haftung des Fahrlehrers umgedeutet werden, während es doch in deren unmittelbarem Anwendungsbereich darum geht, den *Fahrschüler* in gewissem Umfang von Lasten (Fahrerlaubnispflicht, Gefährdungshaftung) *freizustellen*. Es bleibt nach alledem dabei, dass der Fahrlehrer *zwar den Fahrschüler*, aber nicht, wie es das Gesetz verlangt, *das Fahrzeug* führt. Demgemäß kann die (Mit-)Führereigenschaft des Fahrlehrers nur für richtig halten, wer das Fahrzeugführen (entgegen der ganz h.M.) als uneigenhändig zu verwirklichendes Tatbestandsmerkmal begreift (hierzu Rdn. 201 ff).

43 ff) **Führen von Pferdefuhrwerken.** Führer eines Pferdefuhrwerks ist, wer die insoweit erforderlichen spezifischen Funktionen ausübt. Das sind vor allem die Führung der Zügel, der Peitsche, die Betätigung der Bremse und die typischen Zurufe, mit denen Pferde angetrieben und zum Halten gebracht werden (OLG Hamm VRS **19** 367, 368 f; Rdn. 6).

44 c) **Im Zustand der Fahrunsicherheit.** § 315c Abs. 1 Nr. 1 pönalisiert das Fahrzeugführen im Zustand der Fahrunsicherheit bei dadurch verursachtem Gefahrerfolg. **Begrifflich** sollte man von „Fahr*unsicherheit*" statt – wie weiterhin in Rechtsprechung und Schrifttum gängig – von „Fahr*untüchtigkeit*" oder gar von „Fahr*untauglichkeit*" sprechen. Denn die Termini der Fahruntüchtigkeit bzw. Fahruntauglichkeit können dahin missverstanden werden, es sei (völlige) Untüchtigkeit bzw. Untauglichkeit zum Fahren erforderlich. Das ist jedoch nicht gemeint. Das Gesetz setzt vielmehr seinem ausdrücklichen Wortlaut nach sehr viel früher ein, nämlich dort, wo der Täter nicht mehr imstande ist, das Fahrzeug *sicher* zu beherrschen.[95] BGH NZV **2008** 528 (m. Bspr. *König* NZV **2008** 492) erkennt dies nunmehr ausdrücklich an.

---

[93] Den Fahrschüler sehen wie hier als geeigneten Täter an: OLG Hamm VRS **23** 153, 154 [zu § 2 StVZO a.F.]; *Geppert* LK § 69 Rdn. 29; *Hentschel-Dauer* § 2 StVG Rdn. 2; *Rüth* DAR **1972** 57, 58. **AA** *Janiszewski* Verkehrsstrafrecht Rdn. 329. Nach *Grohmann* BA **31** (1994) 158, 159 soll es für die Täterschaft darauf ankommen, ob der Fahrschüler weisungswidrig „auf eigene Faust" handelt; das ist freilich zivilrechtlich gedacht.

[94] *Geppert* LK § 69 Rdn. 29; *Sch/Schröder/Cramer/Sternberg-Lieben* § 316 Rdn. 23, *Rüth* DAR **1972** 57, 58.

[95] Engagiert in diesem Sinne *Janiszewski* Verkehrsstrafrecht Rdn. 265, 323, 332; *Hentschel* Trunkenheit Rdn. 1; VGT **1981** S. 103, 107 f, alle m.w.N; Entschließung des 19. VGT (1981), VGT **1981** S. 9. Vgl. auch *Lackner/Kühl* Rdn. 5 *Maurach/Schroeder/Maiwald* BT/2 § 53 Rdn. 33; *Scheffler/*

aa) Begriff der Fahrunsicherheit. Fahrunsicherheit ist nach allgemeiner Meinung gegeben, wenn die Gesamtleistungsfähigkeit des Fahrzeugführers, namentlich infolge Enthemmung sowie geistig-seelischer oder körperlicher Leistungsausfälle, so weit herabgesetzt ist, dass er nicht mehr fähig ist, sein Fahrzeug im Straßenverkehr eine längere Strecke, und zwar auch bei plötzlichem Eintritt schwieriger Verkehrslagen, sicher zu steuern (BGHSt **13** 83, 90), d.h. den Anforderungen des Verkehrs nicht mehr durch rasches, angemessenes und zielbewusstes Handeln zu genügen vermag (BGHSt **21** 157, 160). Der Zustand der Fahrunsicherheit ist dabei *nicht erst dann erreicht*, wenn beim Fahrzeugführer bestimmte schwerwiegende psycho-physische Ausfallerscheinungen festzustellen sind.[96] Wegen der näheren Einzelheiten wird auf das unter § 316 Rdn. 11, 59 ff, 90 ff Gesagte Bezug genommen. Zur Abgrenzung gegenüber der fahrerlaubnisrechtlichen Nichteignung und -befähigung s. Rdn. 48a. **45**

bb) Systematik. Absatz 1 Nr. 1 unterscheidet hinsichtlich der Ursachen der Fahrunsicherheit zwischen dem Genuss alkoholischer Getränke oder anderer berauschender Mittel (Buchstabe a) und geistigen oder körperlichen Mängeln (Buchstabe b). Letzteres geht auf § 2 StVZO a.F. zurück.[97] In § 315a Abs. 1 i.d.F. des (1.) StraßenVSichG waren die beiden Varianten noch in zwei selbstständigen Nummern eingestellt gewesen (Nummern 2 und 3). Das 2. StraßenVSichG hat diese „getrennte und überwiegend nur im sprachlichen Ausdruck unterschiedliche Regelung des Rauschzustandes auf der einen und der übrigen geistigen und körperlichen Mängel auf der anderen Seite aufgegeben" und die Regelungen unter einem einheitlichen Gesichtspunkt zusammengefasst; für beide Bereiche komme es nämlich einheitlich darauf an, ob der Täter fahrunsicher sei (BTDrucks. IV/651 S. 28). Auch daraus wird deutlich, dass die rauschmittelbedingte Fahrunsicherheit (Nummer 1a) systematisch ein Unterfall der in Nummer 1b beschriebenen Defektzustände zu betrachten ist, und zwar, wegen der Intoxikationswirkung des Rauschmittels, als Spezialfall des „körperlichen Mangels".[98] Der Gesetzgeber hat die gesonderte Normierung der „Rauschmitteltatbestände" mit Recht beibehalten. Dies erfolgte „vornehmlich aus Wertgesichtspunkten". Denn die Berauschungsfälle weichen „im Vergleich zu den Fahruntüchtigkeitsfällen infolge geistiger oder körperlicher Mängel in Bezug auf ihre Vorwerfbarkeit doch ganz erheblich voneinander" ab. Darüber hinaus seien sie „bei Trennung beider Deliktstatbestände statistisch leichter auswertbar" (BTDrucks. IV/2161 S. 4). Hinzu kommt ihre außerordentliche praktische Relevanz.[99] Absatz 1 Nr. 1b tritt demgemäß konkurrenzrechtlich hinter Absatz 1 Nr. 1a zurück.[100] **46**

Halecker BA **41** (2004) 422. Nochmals anders, aber ohne Gewinn in terminologischer Hinsicht, *Eisenberg* Beweisrecht der StPO Rdn. 1850: „Nicht-Fahrsicherheit".

96 Zum Ganzen grundlegend BGHSt **13** 83, 90. S. auch BGHSt **19** 243, 244; **21** 157, 160; **31** 42, 44 f; **34** 133, 135; **37** 89, 95, 99. Aus dem Schrifttum: *Sch/Schröder/Cramer/Sternberg-Lieben* § 316 Rdn. 4; *Horn/Wolters* SK Rdn. 6; *Fischer* Rdn. 3a; *Hentschel* Trunkenheit Rdn. 2; *Küper* BT S. 115; *Janiszewski* Verkehrsstrafrecht Rdn. 332. Kritisch *Haffke* JuS **1972** 448 und *v. Götz* ZRP **1995** 246, 247 f.

97 Eingehend zur Entwicklung *Riemenschneider* Fahrunsicherheit S. 34 ff. Die einschlägige Regelung ist heute in § 2 Abs. 1 Satz 1 FeV enthalten.

98 *Janiszewski* Verkehrsstrafrecht Rdn. 266. Vgl. auch OLG Hamm NJW **1957** 1567 und KG VRS **15** 414, 415.

99 Vgl. hierzu auch *Fischer* Rdn. 3b; *Janiszewski* Verkehrsstrafrecht Rdn. 266.

100 BGH VRS **41** 93, 95; OLG Düsseldorf NJW **1957** 1567; *Sch/Schröder/Cramer/Sternberg-Lieben* Rdn. 11, § 316 Rdn. 5.

47 cc) **Rauschmittelbedingte Fahrunsicherheit.** Die Voraussetzungen der durch den Konsum von Alkohol und/oder anderen berauschenden Mittel bedingten Fahrunsicherheit (Absatz 1 Nr. 1a) entsprechen denen des § 316. Auf die dortigen Ausführungen wird daher verwiesen.

48 dd) **Geistige oder körperliche Mängel.** Bei der Normierung des heute in Absatz 1 Nr. 1b eingestellten Tatbestands hatte der Gesetzgeber des (1.) StraßenVSichG vor allem „die nicht unerhebliche Zahl von Kraftfahrern" vor Augen, „die schon vor langer Zeit den Führerschein erworben haben, jetzt aber infolge Krankheit oder anderer körperlicher Mängel nicht mehr in der Lage sind, sicher zu fahren" (BTDrucks. [I/] 3774 S. 5).[101] Auf ältere Fahrzeugführer und altersbedingte Gebrechen ist die Regelung aber naturgemäß nicht beschränkt; sie umfasst vielmehr sämtliche geistigen (psychopathologischen) und körperlichen Defektzustände. Die forensische Bedeutung des § 315c Abs. 1 Nr. 1b ist im Vergleich zu der der rauschmittelbedingten Fahrunsicherheit (§ 315c Abs. 1 Nr. 1a) verschwindend gering (Rdn. 1). Immerhin kommt es aber pro Jahr zu über 500 rechtskräftigen Verurteilungen nach dieser Vorschrift (2006: 586), wobei auch hier (vgl. Rdn. 1) in den letzten Jahren eine spürbare Abnahme der Verurteiltenzahlen zu verzeichnen ist. Die Unterscheidung zwischen geistigem und körperlichem Mangel fällt gelegentlich nicht leicht, kann aber, da gesetzlich in vollem Umfang gleichgestellt, in der Praxis dahingestellt bleiben. Selbstverständlich ist der Tatbestand auch erfüllt, wenn die Fahrunsicherheit erst aufgrund des Zusammenwirkens von geistigen *und* körperlichen Defekten herbeigeführt wird. Wird die Fahrunsicherheit durch Alkohol oder andere berauschende Mittel zumindest mitverursacht, so ist nur der Spezialfall nach Absatzes 1 Nr. 1a anwendbar (Rdn. 46 a.E.). Die in den Rdn. 53 ff vorgenommene Klassifizierung orientiert sich nicht an der Einstufung von Krankheiten und Mängeln in der (ohnehin nicht abschließenden) Anl. 4 zur FeV, sondern – im Ansatz wie im Rahmen der §§ 20, 21 – daran, ob der Zustand auf eine organische Ursache zurückgeführt oder diese zumindest postuliert werden kann (dann körperlicher Mangel) oder nicht (dann geistiger Mangel).

48a Der Begriff der Fahrunsicherheit ist nicht mit dem der **fahrerlaubnisrechtlichen Nichteignung** (§ 3 StVG, s. auch § 2 Abs. 4, 8 StVG, § 11 FeV) gleichzusetzen. Nichteignung in diesem Sinn liegt vor, wenn das von dem Fahrerlaubnisinhaber als Kraftfahrer ausgehende Sicherheitsrisiko das allgemein von dem Führen von Kraftfahrzeugen ausgehende Risiko deutlich übersteigt (BVerfG NJW **2002** 2380). Es handelt sich demnach um eine *in die Zukunft gerichtete generelle Gefahrenprognose*. Demgegenüber beurteilt *das Strafrecht punktuell*. Es kann daher sein, dass der *abstrakt* gefährliche Betroffene (etwa der sich in der Abstinenzphase befindliche Drogenabhängige, der nüchtern ein Fahrzeug führt) bei der konkreten Fahrt fahrsicher gewesen ist (*König* NZV **2008** 492). Anders als im Fahrerlaubnisrecht sind ferner *charakterliche Mängel* (vgl. § 2 Abs. 4 Satz 1 StVG, § 11 FeV)[102] im Rahmen des § 315c Abs. 1 Nr. 1b von vornherein nicht berücksichtigungsfähig. Genauso wenig ist **fahrerlaubnisrechtliche Befähigung** (§ 2 Abs. 4 StVG) ein relevanter Maßstab. *Mangelnde technische Beherrschung* des Fahrzeugs oder *Ungeschicklichkeit* des Fahrzeugführers sind deshalb nicht tatbestandsrelevant.[103] Das lässt unberührt, dass der Katalog von Erkrankungen und anderen Mängeln nach Anlage 4 zur FeV Hinweise

---

[101] Der Regelung war im Gesetzgebungsverfahren teils vorgeworfen worden, sie richte sich wesentlich gegen den Kriegsbeschädigten (hierzu *Maassen* NJW **1953** 201).

[102] Hierzu *Hentschel-Dauer* § 2 StVG Rdn. 12 ff, § 11 FeV Rdn. 14; *Jagow/Burmann/Heß* § 2 StVG Rdn. 10.

[103] OLG Hamm VRS **29** 58, 59 [zu § 2 StVZO a.F.]; *Sch/Schröder/Cramer/Sternberg-Lieben* Rdn. 11.

zur Qualifikation als geistiger oder körperlicher Mängel gibt (im Einzelnen Rdn. 53 ff). Dabei führt das Vorhandensein einer Erkrankung nach Anlage 4 zur FeV noch nicht zwingend zum Urteil der Fahrunsicherheit. Jedoch existieren Krankheiten, bei deren Vorhandensein stets von Fahrunsicherheit ausgegangen werden muss (etwa Erblindung, Rdn. 53, oder auch Epilepsie, Rdn. 55). Im Hinblick darauf, dass die zugrundeliegenden Sachverhalte nicht vergleichbar sind, passt der Begriff der „absoluten" Fahrunsicherheit für solche Fallgruppen nicht (vgl. BGH NZV 2008 528). Man könnte stattdessen von „genereller" oder auch „völliger" Fahrunsicherheit sprechen (*König* NZV **2008** 492).

(1) **Vorsorgemaßnahmen.** Die Defekte müssen den Zustand der Fahrunsicherheit im konkreten Einzelfall auch tatsächlich bewirken. Daran fehlt es, wenn der Fahrzeugführer zureichende Vorsorge getroffen hat, dass er andere nicht gefährdet. § 315a Abs. 1 Nr. 3 i.d.F. des (1.) StraßenVSichG hatte dies noch gesondert zum Ausdruck gebracht. Mit dem 2. StraßenVSichG ist der diesbezügliche Zusatz als überflüssig gestrichen worden, und dies zu Recht. Wenn nämlich die Vorsorge ausreichend ist, um Fahrsicherheit herzustellen, ist der Tatbestand nicht erfüllt. Reichen die getroffenen Vorsorgemaßnahmen hingegen nicht aus, so darf der Betreffende kein Fahrzeug führen; ungenügende Vorsorge entlastet ihn nicht (BTDrucks. IV/651 S. 28). Lediglich solch *ungenügende Vorsorge* stellt die Mitnahme einer Begleitperson dar, sofern der Fahrzeugführer selbst fahrunsicher ist.[104] Denn der Beifahrer wird meist schon mangels entsprechender Einrichtungen im Fahrzeug, wie sie z.B. in einem Fahrschulwagen vorhanden sind, gar nicht zu einem raschen, die Gefährdung ausschließenden Eingreifen in der Lage sein; selbst bei Vorhandensein solcher Einrichtungen wird er für eine effektiv wirkende Hilfe nicht ausgebildet sein. **49**

(a) **Technische Hilfsmittel.** Relativ unproblematisch ist der Ausgleich bestimmter körperlicher Mängel (Rdn. 53) durch technische Hilfsmittel. So kann im konkreten Einzelfall vergleichsweise leicht feststellt werden, ob die getragene Brille bzw. die getragenen Kontaktlinsen das Sehvermögen des Betreffenden soweit hergestellt hat bzw. haben, dass Fahrsicherheit gegeben ist. Ob die Sehhilfen wirklich getragen worden sind, ist Tatfrage. Bei Beeinträchtigungen der Bewegungsfähigkeit (z.B. Amputation, Lähmung, Versteifung) kann eine Prothese, vor allem aber der Einbau einer Getriebeautomatik oder von Spezialvorrichtungen (etwa Knauf am Lenkrad, Hebelvorrichtungen) hinreichend Abhilfe schaffen. Ob die Hilfsmittel genügen, ist wiederum eine nach den Umständen des Einzelfalls zu beurteilende Frage; die darin liegende Aufgabe lässt sich ungeachtet etwaiger Nachweisprobleme bewältigen. **50**

(b) **Medikamente.** Sehr viel schwieriger ist die Lage bei der Vorsorge durch Medikamente. Einerseits kann eine Arzneimitteltherapie den gesundheitlichen Zustand des Kranken soweit verbessern, dass dieser nunmehr imstande ist, ohne Gefährdung anderer ein Fahrzeug zu führen. Beispiele sind Arzneimittelgaben bei Diabetes oder Bluthochdruck,[105] aber auch bei Erkältungskrankheiten und bei bestimmten Schmerzzuständen, sowie die Einnahme von Schlafmitteln zur Verhinderung der Übermüdung bei temporärer Schlaflosigkeit. Auch die Gabe von Medikamenten bei geistigen Erkrankungen wie Psychosen oder epileptischen Anfallsleiden wird genannt.[106] Andererseits kann selbst ein **51**

---

104 *Sch/Schröder/Cramer/Sternberg-Lieben* Rdn. 11; **aM** *Lackner/Kühl* Rdn. 12.

105 *Maatz* BA **36** (1999) 145, 146; *Pluisch* NZV **1999** 1, 3 Fn. 20.

106 *Schöch* DAR **1996** 452, 453; *Pluisch* NZV **1999** 1, 3 Fn. 20. Die Herstellung hinreichender Fahrsicherheit bei epileptischen Anfallsleiden ist zweifelhaft; hierzu Rdn. 55,

Teil landläufig als harmlos angesehener Medikamente fahrsicherheitsrelevante Beeinträchtigungen der psycho-physischen Leistungsfähigkeit (z.B. des Reaktions- und Wahrnehmungsvermögens) auslösen. Und schließlich können sich Grundleiden und Nebenwirkungen von Medikamenten mit der Folge summieren, dass nicht nur keine Verbesserung der Leistungsfähigkeit erreicht wird, sondern nunmehr (erst recht) Fahrunsicherheit gegeben ist (vgl. zum Ganzen *Pluisch* NZV **1999** 1, 3). In diesen Fällen wird deswegen die Wirkung des Medikaments selbst zum Problem des geistigen oder körperlichen Mangels, bzw. – bei Rauschmitteleigenschaft des Medikaments – des Absatzes 1 Nr. 1a. Dies gilt bereits bei ordnungsgemäßem Gebrauch der Arzneimittel. Bei Missbrauch etwa durch Überdosierung oder Kombination mit anderen schädlichen Substanzen können sich die Leistungsstörungen potenzieren (näher Rdn. 58 ff).

52 (2) **Dauernder oder vorübergehender Art.** Die Mängel können dauerhafter oder vorübergehender Natur sein. Einbezogen sind demnach Krankheiten, die die Fahrsicherheit für die Zeit ihres Bestehens, ggf. auch auf Dauer, so sehr beeinträchtigen, dass der Fahrzeugführer nicht sicher fahren kann. Anders als im Rahmen des § 315c Abs. 1 Nr. 1a, der auf eine *aktuelle* Leistungsbeeinträchtigung bei Antritt der Fahrt infolge zeitnahen Rauschmittelkonsums zugeschnitten ist, sind durch Absatz 1 Nr. 1b Krankheiten umfasst, die zwar außerhalb akuter Phasen keine nachteiligen Wirkungen entfalten, die aber die erhebliche Gefahr jederzeit auftretender Anfälle und damit einer plötzlich eintretenden Fahrunsicherheit begründen (Anfallsleiden).[107] Hingegen ist die abstrakt bei jedem Kraftfahrer vorhandene Gefahr, während der Fahrt einen Schwächeanfall oder eine Bewusstseinstrübung zu erleiden, grundsätzlich als sozialadäquat hinzunehmen; Fahrunsicherheit im Sinne des Gesetzes wird auch noch nicht durch die geringfügige Steigerung dieser Risiken begründet, wie sie etwa bei höherem Lebensalter oder einem allgemein angegriffenen Gesundheitszustand gegeben ist (BGHSt **40** 341, 345).

53 (3) **Körperliche Mängel (a) Organische Dauerleiden** können die Fahrsicherheit aufheben; jedoch können Ausnahmen anzuerkennen sein. Beispielhaft sind zu nennen: *Hohes Alter* ist für sich genommen *kein* körperlicher Mangel. Zwar ist mit zunehmendem Alter in aller Regel eine Minderung des physischen Leistungsvermögens auch in Bezug auf die Teilnahme am Straßenverkehr verbunden. Dies kann jedoch oftmals durch vorsichtiges Fahren ausgeglichen werden. Dem entspricht es, dass die Zahl der durch ältere Personen verursachten Verkehrsunfälle weit hinter denen etwa der 20- bis 25-jährigen zurückbleibt.[108] Altersabbau in Verbindung mit körperlichen Ausfallerscheinungen kann aber zur Fahrunsicherheit führen.[109] Die Überprüfung wird mithilfe eines medizinischen Sachverständigen vorzunehmen sein (OLG Celle v. 7.8.2007 – 32 Ss 113/07, juris). Die *Amputation* von Beinen oder Armen kann Fahrunsicherheit bewirken, desgleichen die *Versteifung* oder die *Lähmung* von Gliedmaßen; jedoch kann oftmals mittels technischer Hilfsmittel Ausgleich geschaffen werden (Rdn. 50).[110] Ein an Blindheit grenzendes

---

dort auch zur (ungenügenden) Vorsorge bei Mitnahme von Arzneimitteln zwecks Verhinderung eines Anfalls.

[107] BGHSt **40** 341, 344 [Epilepsie] m. insoweit zust. Anm. *Foerster/Winckler* NStZ **1995** 344 f und *Kaatsch* BA **32** (1995) 293. *Lackner/Kühl* Rdn. 12; *Sch/Schröder/Cramer/Sternberg-Lieben* Rdn. 11. S. auch VGH Baden-Württemberg VRS **76** 411, 412 ff.

[108] Vgl. *Hentschel-Dauer* § 2 StVG Rdn. 9 mit zahlreichen Nachweisen.

[109] Vgl. BayObLG NJW **1996** 2045; OLG Celle v. 7.8.2007 – 32 Ss 113/07, juris; OLG Oldenburg VRS **102** 276; OVG Bremen VRS **68** 395, 397 ff; *Hentschel-Dauer* § 2 StVG Rdn. 9. S. auch die nachfolgende Rdn.

[110] Vgl. Anlage 4 zur FeV; Begutachtungs-Leitlinien Anhang.

Augenleiden führt zu (genereller) Fahrunsicherheit, zumeist auch ein Star-Leiden.[111] Ansonsten kommt es darauf an, ob das Augenleiden durch Hilfsmittel, namentlich eine Brille hinreichend ausgeglichen werden kann (Rdn. 50).[112] *Nachtblindheit* bzw. eingeschränktes Dämmerungssehvermögen bewirkt, dass der daran Leidende vom Anbeginn der Dämmerung sein Fahrzeug nicht mehr sicher führen kann.[113] Hingegen sind *Farbenblinde* nicht als Fahrzeugführer ausgeschlossen, sofern der Mangel durch Gewöhnung und ausgeprägtes Verantwortungsbewusstsein ausgeglichen wird. Davon ist in der Regel auszugehen. Die Verwechslungsgefahr ist überwindbar, weil die Lichtzeichen stets in derselben Reihenfolge angeordnet sind.[114] Auch *Gehörlosigkeit* oder eine schwere Beeinträchtigung des Hörvermögens steht der Fahrsicherheit nicht grundsätzlich entgegen.[115] Fahrunsicherheit ist gegeben bei *cerebralen Einschränkungen* nach mehreren Schlaganfällen, die die jederzeitige Gefahr erneuter Schlaganfälle begründen (vgl. VGH Baden-Württemberg VRS **76** 411, 412 ff). *Schwere Diabetes* führt regelmäßig zur Fahrunsicherheit,[116] ebenso (wegen der latenten Gefahr eines Schlaganfalls) Bluthochdruck ab diastolischen Blutdruckwerten von 130 mm Hg,[117] niedriger Blutdruck demgegenüber nur dann, wenn anfallsartige Bewusstseinsstörungen auftreten.[118] Selbst *außergewöhnliche Schreckhaftigkeit* kann fahrunsicher machen.[119]

(b) **Vorübergehende körperliche Anomalien.** Von den vorübergehenden Anomalien sind hervorzuheben: *Fiebrige Erkrankungen* können für die Dauer der Erkrankung fahrunsicher machen,[120] desgleichen bei hinreichender Intensität sogar *Heuschnupfen* (AG Gießen NJW **1954** 612 m. Anm. *Booß*), *akute Migräne,*[121] *Infekte im Gastrointestinalbereich* oder schwere *Stoffwechselstörungen* etwa aufgrund von Nierenerkrankungen.[122] Entsprechendes gilt bei konkreter Wiederholungsgefahr für *Ohnmachts- oder Schwächeanfälle* oder *Bewusstseinsstörungen* aus unbekannter Ursache[123] oder für den Zustand 54

111 Zum Fahrzeugführen nach Staroperation OLG Hamm VerkMitt. **1959** Nr. 46 S. 24 f.

112 Zu den Mindestanforderungen an das Sehvermögen im Rahmen der Eignungsprüfung vgl. § 12 FeV nebst Anlage 6; *Hentschel-Dauer* § 2 StVG Rdn. 8; *Himmelreich/Janker/Karbach* Rdn. 60 ff.

113 *Rüth/Berr/Berz* StVR § 2 StVZO Rdn. 25; *Hentschel-Dauer* § 2 StVG Rdn. 8; *Himmelreich/Janker/Karbach* Rdn. 65. Vgl. auch OVG Bremen VRS **58** 296, 297 ff.

114 Vgl. *Hentschel-Dauer* § 2 StVG Rdn. 8; *Himmelreich/Janker/Karbach* Rdn. 64 f; *Jagow/Burmann/Heß* § 2 StVG Rdn. 8. S. aber BVerwG VerkMitt. **1966** Nr. 109 S. 58 m. insoweit abl. Anm. *Booß*.

115 Vgl. Nr. 2 Anlage 4 zur FeV; *Hentschel-Dauer* § 2 StVG Rdn. 8; *Himmelreich/Janker/Karbach* Rdn. 71 ff; *Jagow/Burmann/Heß* § 2 StVG Rdn. 8, alle m.w.N. Zur Schwerhörigkeit als ein Faktor zur Beurteilung der Fahreignung BVerwG VRS **74** 156, 157 ff.

116 Vgl. OVG Berlin VerkMitt. **1967** Nr. 71 S. 51; Nr. 5 Anlage 4 zur FeV: Begutachtungs-Leitlinien Nr. 3.5; *Hentschel-Dauer* § 2 StVG Rdn. 10: *Himmelreich/Janker/Karbach* Rdn. 95 ff; *Penning* Alkohol, Drogen und Verkehrssicherheit S. 7.

117 Begutachtungs-Leitlinien Nr. 3.4.2; *Himmelreich/Janker/Karbach* Rdn. 90.

118 Begutachtungs-Leitlinien Nr. 3.4.2; *Himmelreich/Janker/Karbach* Rdn. 92.

119 Vgl. OLG Hamm VRS **17** 440, 442; *Hentschel-Dauer* § 2 StVG Rdn. 10.

120 OLG Koblenz v 25.6.2007 – 1 Ss 107/07, juris; *Himmelreich/Janker/Karbach* Rdn. 107; *Penning* Alkohol, Drogen und Verkehrssicherheit S. 5.

121 *Himmelreich/Janker/Karbach* Rdn. 107; *Penning* Alkohol, Drogen und Verkehrssicherheit S. 5.

122 Nr. 10 Anlage 4 zur FeV; Begutachtungs-Leitlinien Nr. 3.6; *Himmelreich/Janker/Karbach* Rdn. 107.

123 Vgl. BVerwG NJW **1965** 1098; OVG Schleswig DAR **1994** 40 f; *Himmelreich/Janker/Karbach* Rdn. 83; *Hentschel-Dauer* § 2 StVG Rdn. 10.

nach einem *gerade überwundenen Herzinfarkt*, bei dem die Gefahr eines Rückfalls besteht (LG Heilbronn VRS 52 188, 191), sowie für einen Spontanpneumothorax, also einer Gewebeschwäche, die zum Zusammenfallen eines Lungenflügels führt (BayObLG VRS 79 364, 366).

55 (c) **Krankhafte seelische Anomalien.** Körperliche Mängel sind *exogene und endogene Psychosen.*[124] *Paralyse*, *altersbedingte Hirnabbauprozesse* und *Störungen nach Hirnverletzungen* können dementsprechend zur Fahrunsicherheit führen. Namentlich die Auswirkungen von Hirnverletzungen können je nach Schweregrad aber durch langjährige Verkehrspraxis ausgeglichen werden (*Himmelreich/Janker/Karbach* Rdn. 120).[125] *Arteriosklerose* kann fahrunsicher machen, sofern sich der davon Betroffene nicht mehr hinreichend auf die jeweilige Verkehrssituation einzustellen vermag.[126] Praktisch wichtig sind *epileptische Anfallsleiden.* Sie schließen Fahrsicherheit in aller Regel völlig aus. Ob den daraus herrührenden Gefahren durch Einnahme krampfhemmender Medikamente hinreichend vorgebeugt werden kann, ist eine Frage des Einzelfalls. Fahrunsicherheit ist jedenfalls auch bei langjähriger komplikationsloser Verkehrsteilnahme gegeben, wenn die Anfälle trotz ordnungsgemäßer Einnahme der verschriebenen Medikamente in kurzen Intervallen und gerade in Belastungssituationen auftreten (BGHSt **40** 341, 346). Das Bereithalten von Medikamenten während der Fahrt ist *keine* zureichende Vorsorge (in diesem Sinne wohl BGH aaO S. 347; s. auch Rdn. 51). Fahrsicherheit wird unter strengen Voraussetzungen (dauernder Beobachtung) u.U. dann bejaht werden können, wenn der Betreffende ca. zwei Jahre frei von epileptischen Reaktionen ist.[127] An die Selbstprüfung und Zuverlässigkeit des Betroffenen sind jedenfalls strenge Anforderungen zu stellen (Rdn. 65 ff).[128] *Narkolepsie* (anfallartig eintretende, kurz andauernde Schlafsucht) macht gleichfalls regelmäßig fahrunsicher.[129] Entsprechendes gilt für *Schizophrenie.*[130]

56 (d) **Medikamentenbedingte Mängel.** Zu den geistigen und körperlichen Mängeln im Sinne des § 315c Abs. 1 Nr. 1b rechnen auch solche, die durch die Wirkung von Medikamenten (mit-)verursacht werden (dazu schon Rdn. 51). Anders als die rauschmittelbedingte Fahrunsicherheit (Absatz 1 Nr. 1a, § 316 Abs. 1) kommt die medikamentenbedingte aber im Gesetzestext nicht gesondert zum Ausdruck. Tatbestandsrelevant ist der Mangel als solcher, der sich z.B. in Bewusstseinsstörungen, eingeschränktem Reaktionsvermögen oder Einschränkungen der Sehkraft auswirken kann. Die Medikamenteneinnahme kann dafür die (Mit-)Ursache sein, spielt aber nur insofern eine Rolle, als sie zur richterlichen Überzeugungsbildung vom Vorliegen der Fahrunsicherheit beizutragen ver-

---

[124] Zur Klassifizierung s. *Schöch* LK § 20 Rdn. 52, 82 ff, 91. Entsprechend dem Dortigen wird die endogene Psychose, bei der die somatische Ursache nur postuliert wird, hier zu den körperlichen Mängeln (Krankheiten) gerechnet.

[125] S. Nr. 6.5 Anlage 4 zur FeV; Begutachtungs-Leitlinien Nr. 3.9.5; *Himmelreich/Janker/Karbach* Rdn. 120.

[126] Vgl. Hessischer VGH DAR **1964** 255; s. auch BGH (ZR) VRS **74** 83, 86 und OLG Köln (ZR) VRS **89** 421, 422 f; *Himmelreich/Janker/Karbach* Rdn. 137.

[127] Vgl. Nr. 6 Anlage 4 zur FeV; Begutachtungs-Leitlinien Nr. 3.9.6; zw. *Himmelreich/Janker/Karbach* Rdn. 124; *Penning* Alkohol, Drogen und Verkehrssicherheit S. 5 f. Offen gelassen von BGHSt **40** 341, 346.

[128] Eingehend *Himmelreich/Janker/Karbach* Rdn. 124. S. auch *Hentschel-Dauer* § 2 StVG Rdn. 10; *Foerster/Winckler* NStZ **1995** 344 f; *Kaatsch* BA **32** (1995) 293.

[129] Vgl. BGHSt **23** 156, 167; *Himmelreich/Janker/Karbach* Rdn. 124.

[130] Vgl. Begutachtungs-Leitlinien Nr. 3.10.5; *Himmelreich/Janker/Karbach* Rdn. 123; *Penning* Alkohol, Drogen und Verkehrssicherheit S. 6.

mag (Rdn. 60). Bedeutung erlangt sie außerdem u.a. bei der Vorsatzprüfung sowie im Rahmen der Strafzumessung. Bei medikamentenbedingten Mängeln muss stets der beschränkte Anwendungsbereich des Absatzes 1 Nr. 1b im Auge behalten werden. Denn die rauschmittelbedingte Fahrunsicherheit ist Spezialfall der durch den körperlichen Mangel verursachten und geht dieser vor (Rdn. 46 a.E.). Absatz 1 Nr. 1b kommt deshalb nicht zum Zuge, sofern das Medikament Substanzen enthält, die als „andere berauschende Mittel" anzusehen sind (Rdn. 57). Das Gleiche gilt dann, wenn der Fahrzeugführer unter der Wirkung mehrerer leistungsbeeinträchtigender Substanzen steht, von denen wenigstens eine Rauschmittelqualität aufweist und die Fahrunsicherheit (mit-)verursacht hat (Mischintoxikation; Rdn. 58). In den genannten Fällen ist *nur Absatz 1 Nr. 1a anzuwenden.*

Der Begriff des Rauschmittels bildet nicht nur die Scheidelinie zwischen § 315c Abs. 1 **56a**
Nr. 1a und b, sondern nicht selten auch die **Scheidelinie zwischen Strafbarkeit und Sanktionslosigkeit.** Während nämlich für das Fahrzeugführen im Zustand rauschmittelbedingter Fahrunsicherheit der abstrakte Gefährdungstatbestand des § 316 zur Verfügung steht, setzt § 315c stets den (schuldhaft herbeigeführten) Gefahrerfolg voraus. Fehlt es daran, also bei folgenloser Fahrt in medikamentenbedingtem Defektzustand, kann nur noch der Bußgeldtatbestand nach § 2 Abs. 1 Satz 1, § 75 Nr. 1 FeV eingreifen.[131] Er wird allerdings in der Praxis kaum beachtet.[132]

(aa) **Abgrenzungskriterium: Rauschmittel.** Inwieweit der Defektzustand nach Medika- **57**
menteneinnahme als „körperlicher oder geistiger Mangel" im Rahmen des § 315c Abs. 1 Nr. 1b relevant wird, hängt nach dem vorstehend Gesagten entscheidend von der Auslegung des Merkmals der „anderen berauschenden Mittel" nach § 315c Abs. 1 Nr. 1a ab. Rauschmittel sind dabei nach h.M. solche zentralwirksamen Substanzen, die in ihren Auswirkungen denen des Alkohols vergleichbar sind und die zu einer Beeinträchtigung des Hemmungsvermögens sowie der intellektuellen und motorischen Fähigkeiten führen (vgl. BGH VRS 53 356; § 316 Rdn. 140). Hierzu zählen grundsätzlich die in den Anlagen I bis III zum BtMG als Betäubungsmittel definierten Stoffe und Zubereitungen; u.a. Schmerzmittel und Antirheumatika, die Opiate/Opioide enthalten, sind als Rauschmittel anzusehen (im Einzelnen § 316 Rdn. 142, 144 ff). Rauschmitteleigenschaft weisen aber auch zahlreiche **Psychopharmaka** im engeren Sinn sowie **Hypnotika/Sedativa** auf, und dabei vor allem solche, die einen Wirkstoff aus der Gruppe der **Benzodiazepine** (z.B. Valium®) oder der (nicht mehr so verbreiteten) Barbiturate enthalten (näher § 316 Rdn. 169 ff). Nach derzeitigem Kenntnisstand handelt es sich bei Medikamenten aus diesen Arzneimittelgruppen um die praktisch für die Verkehrssicherheit bedeutsamsten. Daraus wird deutlich, dass die Thematik „Medikamente im Straßenverkehr" von der tatsächlichen Relevanz her gesehen nicht in erster Linie ein Problemkreis des geistigen oder körperlichen Mangels, sondern ein solcher der rauschmittelbedingten Fahrunsicherheit ist.

(bb) **Ausgrenzung der Mischintoxikation.** Eine weitere, praktisch außerordentlich rele- **58**
vante Einschränkung erfährt der Tatbestand des Absatzes 1 Nr. 1b dadurch, dass in der Lebenswirklichkeit mit dem Medikamentenmissbrauch oftmals der Missbrauch berauschender Mittel einhergeht. Im Vordergrund steht dabei *der gleichzeitige Alkoholeinfluss.*

---

131 Nach *Schöch* DAR **1996** 452, 454 handelt es sich dabei um eine „richtige" Strafbarkeitslücke.

132 *Maatz* BA **36** (1999) 145, 147; *Schöch* DAR **1996** 452, 456.

Liegt eine nicht nur minimale, von den Wirkungen her gesehen letztlich zu vernachlässigende Alkoholkonzentration vor, so wird der Medikamenteneinfluss für die Feststellung der Fahrunsicherheit in den Hintergrund gedrängt. Die Rechtsprechung prüft dann alkoholbedingte Fahrunsicherheit (§ 316 Rdn. 179). Bei BAK-Werten *über* dem absoluten Grenzwert ist der zusätzliche Medikamenteneinfluss für die Tatbestandserfüllung (nicht aber für die Schuldfähigkeit) irrelevant. Ansonsten ist er u.U. als zusätzliches Beweisanzeichen für das Vorliegen alkoholbedingter („relativer") Fahrunsicherheit zu bewerten (§ 316 Rdn. 130 ff). Entsprechendes gilt, wenn zum Medikamenteneinfluss die Wirkung *anderer berauschender Mittel* als Alkohol hinzutritt (§ 316 Rdn. 147).

59 (cc) **Arzneimittel ohne berauschende Wirkstoffe.** Für Absatz 1 Nr. 1b verbleiben nach dem vorstehend Gesagten Konstellationen, in denen der Mangel und die dadurch bedingte Fahrunsicherheit *ausschließlich* durch solche Arzneimittel verursacht worden sind, die *keine* Rauschmitteleigenschaft aufweisen. Die Prüfung, ob solche „sonstigen" Arzneimittel in Verbindung mit der aktuellen Konstitution und Disposition des Fahrzeugführers zur Aufhebung der Fahrsicherheit geführt haben, muss dabei *unter Hinzuziehung eines Sachverständigen* jeweils im Einzelfall durchgeführt werden. Gesagt werden kann, dass Medikamente mit potentiell nachteiliger Wirkung auf die psycho-physische Leistungsfähigkeit in reicher Zahl existieren,[133] wobei fahrsicherheitsrelevante Beeinträchtigungen um so eher auftreten, je sedierender das Medikament wirkt (§ 316 Rdn. 134). Aufgrund der (ständig zunehmenden) Fülle von einschlägigen Arzneimitteln, die in ihrer Zusammensetzung überdies ständig fortentwickelt werden, würde eine auch nur annähernd vollständige Zusammenstellung das Maß des Machbaren sprengen (hierzu auch, mit Hinweisen auf die vorhandene Spezialliteratur, § 316 Rdn. 169). Lediglich beispielhaft sollen von den Arzneimittelgruppen, die zwar fahrsicherheitsrelevante Wirkungen zu entfalten vermögen, jedoch nur zum geringeren Teil Wirkstoffe mit Rauschmittelcharakter enthalten, *Magen-Darm-* und *Herz-Kreislauf-Mittel* sowie *Muskelrelaxanthien* genannt werden (*Schöch* DAR **1996** 452, 454).[134] So können bei (namentlich dauernder) Einnahme von Herz-Kreislaufmitteln Blutungen, Rhythmus-, Sehstörungen, von psychischen Störungen, Schwindel usw. auftreten (Begutachtungs-Leitlinien Nr. 3.12.3). Ein weiteres Beispiel wäre Atropin, das unmittelbar am Auge angewandt zur Pupillenweitstellung und damit auch zur Fahrunsicherheit führen kann, aber nicht zentral wirkt (*Strasser* Der Begriff der „anderen berauschenden Mittel" S. 53).

60 (dd) **Kein „absoluter" Grenzwert.** Wie bei illegalen Drogen und bei Medikamenten mit Rauschmittelcharakter (§ 316 Rdn. 148, 175) existiert auch für die „sonstigen" Arzneimittel unbestritten kein Grenzwert „absoluter Fahrunsicherheit". Ein solcher wird sich „angesichts der Vielfalt der Wirkstoffe und ihrer Kombinationen sowie der individuellen Unterschiede bei den Dosiswirkungen und den Eliminationszeiten" (*Schöch* DAR **1996** 452, 455) wohl auch in Zukunft nicht finden lassen. Der Richter muss sich deshalb wie im Rahmen der alkoholbedingten „relativen Fahrunsicherheit" (§ 316 Rdn. 90 ff) und bei illegalen Drogen bzw. berauschenden Medikamenten (§ 316 Rdn. 154 ff; 175) im

---

[133] Instruktiver Überblick über die verschiedenen Arzneimittelgruppen bei *Ulbricht* Rauschmittel im Straßenverkehr S. 244 ff. Über die leistungsbeeinträchtigenden Wirkungen der sonstigen Arzneimittel ist damit aber natürlich noch nichts gesagt.

[134] Nach *Strasser* Der Begriff der „anderen berauschenden Mittel" S. 247 existieren auch rauschmittelhaltige Muskelrelaxanthien. Hierzu auch *Madea/Mußhoff* Handbuch Verkehrsrecht S. 2213.

Wege des Indizienbeweises eine Überzeugung davon bilden, ob Fahrunsicherheit gegeben ist. Wie dort ist dabei entscheidend, ob aussagekräftige Ausfallerscheinungen vornehmlich im Fahrverhalten, aber auch im Vor-, Begleit- und Nachtatverhalten feststellbar sind, die hinreichendes Zeugnis für die Aufhebung der im Verkehr erforderlichen Leistungsfähigkeit liefern. Dass der Täter zur Tatzeit unter dem Einfluss von Medikamenten gestanden hat, ist dabei nur mittelbar insofern relevant, als Tatsache und Ausprägung des Defektzustands ggf. aufgrund der Wirkungsweise des betreffenden Medikaments durch den Sachverständigen erklärt werden können.

(4) **Geistige Mängel.** Der Begriff des geistigen Mangels *ist weit auszulegen.* Darunter fallen auch Anlagen des geistig-seelischen Bereichs.[135] In der Sache kommt es nicht darauf an, ob der Mangel bei Fahrtantritt aktuell besteht; genügend ist vielmehr, dass die Gefahr seiner plötzlichen Realisierung gegeben ist (Rdn. 52). Im Rahmen des § 315c ist nicht bedeutsam, ob der geistige Mangel Krankheitswert hat oder auch nur auf einem Leiden mit Krankheitswert beruht. **61**

(a) **Geistig-seelische Anomalien.** Von den geistig-seelischen Anomalien sind in erster Linie diejenigen hierher zu rechnen, die dem 3. und 4. Merkmal des § 20 (schwere andere seelische Abartigkeit) zugeordnet werden, also solche, die keine körperliche Ursache haben (*Schöch* LK § 20 Rdn. 69). Beispielhaft zu nennen sind nicht organisch bedingter *Schwachsinn*, *Persönlichkeitsstörungen* (Psychopatien) sowie abnorme Erlebnisreaktionen (*Neurosen*).[136] Dass etwa Persönlichkeitsstörungen oder Neurosen generell zur Fahrunsicherheit führen, kann aber nicht gesagt werden. Maßgebend ist, ob sich die Störungen auf die Fahrtätigkeit auswirken, was zumeist schon nicht wird bewiesen werden können. Die Problematik dürfte in der Praxis auch deswegen keine Rolle spielen. **61a**

(b) **Ermüdung/Übermüdung.** Eine nicht ganz unbedeutende Rolle unter den vorübergehenden geistigen Mängeln spielt die Übermüdung, hauptsächlich allerdings in Verbindung mit Rauschmittelkonsum, vor allem Alkohol. Wird ein trotz der Ermüdung an sich noch leistungsfähiger Fahrzeugführer deswegen fahrunsicher, weil er (auch geringe) Mengen von Alkohol und/oder anderen berauschenden Mitteln zu sich genommen hat, so ist nicht § 315c Abs. 1 Nr. 1b, sondern § 315c Abs. 1 Nr. 1a anzuwenden (näher § 316 Rdn. 129, 179). Allerdings hat (starke) Müdigkeit auch für sich genommen einen erheblichen nachteiligen Einfluss auf die psycho-physische Leistungsfähigkeit des Menschen. Dies ist in der medizinisch-naturwissenschaftlichen Forschung unumstritten. Versuche haben ergeben, dass etwa die Leistungsminderungen nach einer durchwachten Nacht *annähernd denen entsprechen, die bei einer Blutalkoholkonzentration von 0,8 ‰ eintreten* (*Grüner/Ludwig/Domer* BA 3 [1965/1966] 53, 55 f). Übermüdung hat u.a. eine Verlängerung der Reaktionszeit, eine erschwerte Einordnungsfähigkeit für neu auftretende Situationen sowie Störungen der Aufmerksamkeitsfähigkeit und des Tiefensehens zur Folge (*Forster/Joachim* Blutalkohol und Straftat S. 150). Die Ursachen der Übermüdung können vielfältiger Natur sein, „das Gesamtproblem … [ist] sehr komplex".[137] **62**

Fälle, in denen Fahrunsicherheit allein (s. Rdn. 62) wegen Übermüdung angenommen wird, sind in der Praxis im Vergleich zur Fahrunsicherheit aus sonstigen Gründen selten. **62a**

---

135 Vgl. BVerwG VRS **26** 232, 233; *Himmelreich/Janker/Karbach* Rdn. 117.

136 Hierzu *Himmelreich/Janker/Karbach* Rdn. 117.

137 So BGHSt **23** 156, 160, unter Hinweis auf *Prokop* Dt. Zeitschrift für die gesamte gerichtliche Medizin Bd. 44 S. 343, 344.

Den tatsächlichen Dimensionen im Verkehrsalltag, namentlich im Zusammenhang mit Lenkzeitüberschreitungen, dürfte dies in keiner Weise entsprechen. Das Auseinanderklaffen von tatsächlicher und justizieller Relevanz wird dabei auf Nachweisprobleme zurückzuführen sein (*König* SVR **2008** 121, 123 f). Es sollte ein Sachverständiger zugezogen werden (vgl. AG Aachen SVR **2008** 144 [*Krumm*]). Gelegentlich haben sich die Gerichte freilich mit Konstellationen zu befassen, in denen der Fahrer am Steuer einschläft und in diesem Zustand einen Unfall verursacht. In BGHSt 23 156 hat der BGH hierzu den **Erfahrungssatz anerkannt**, dass ein Kraftfahrer, bevor er am Steuer einschläft, **stets deutliche Zeichen der Ermüdung (Übermüdung) an sich wahrnimmt** oder zumindest wahrnehmen kann.[138] Dies beruht auf der in den berufenen Fachkreisen gesicherten Erkenntnis, dass ein gesunder, bislang hellwacher und nicht durch den Konsum von Alkohol oder anderen psychoaktiven Substanzen beeinflusster Mensch nicht plötzlich und ohne Vorwarnungen „vom Schlaf übermannt" wird. Frühsymptome können z.B. Lidschwere, Sehen von Doppelbildern, Fremdkörperreiz in den Augen o.Ä. sein. Schläft der Betroffene gleichwohl ein, so hat er sich entweder über diese Warnzeichen bewusst hinweggesetzt oder er ist der ihm obliegenden Selbstbeobachtung nicht hinreichend nachgekommen (BGH aaO S. 165 f). Darin liegt sein vorwerfbares Verschulden. Es wird verstärkt, wenn sich der Fahrzeugführer zusätzlich noch durch das Versenden von SMS während der Fahrt ablenkt (BayObLG NJW **2003** 3499).

62b Von den Zuständen vorwerfbarer temporärer Übermüdung zu scheiden ist die (seltene) Krankheit der **Narkolepsie**; ein Fahrzeugführer, der daran leidet, ist jedoch schon wegen dieser Krankheit generell fahrunsicher (Rdn. 55). Eine weitere Ausnahme wäre der sog. **„Jet-Lag"** (**„Sekundenschlaf"**), der nach einer Flugreise über mehrere Zeitzonen hinweg mitunter eintreten soll, und zwar plötzlich und ohne jedes Warnzeichen.[139]

62c Übermüdung ist von **„bloßer" Ermüdung**[140] zu unterscheiden. Müdigkeit, etwa nach langem Tagewerk, macht allein noch nicht fahrunsicher (OLG Düsseldorf VerkMitt. **1976** Nr. 18 S. 13; OLG Köln DAR **1989** 352, 353). Hat ein Kraftfahrer einen Verkehrsunfall erlitten und kann er sich für die Zeit vor dem Unfall nicht mehr erinnern, so ist dies kein Indiz dafür, dass er vor dem Unfall übermüdet war (OLG Düsseldorf VerkMitt. **1978** Nr. 15 S. 15, 16).

63 (d) **Drogenabhängigkeit/Echorausch.** Geistiger Mangel im Sinne des § 315c Abs. 1 Nr. 1b ist auch die Abhängigkeit von Drogen (Alkohol, illegalen Drogen, Arzneimitteln)[141] einschließlich der damit einhergehenden körperlichen und geistigen Verfallserscheinungen. Die Drogenabhängigkeit *als solche* (anders die durch die Drogenaufnahme verursachten Entzugserscheinungen) ist also nicht der rauschmittelbedingten Fahrunsicherheit zuzuordnen (im Einzelnen § 316 Rdn. 158, 165). In der Sache ist zu beachten, dass die Drogenabhängigkeit nicht zu einem Zustand genereller Fahrunsicherheit führt. Vielmehr ist

---

[138] Ebenso BayObLG VRS **59** 197, 198. NJW **2003** 3499. Anders noch BGH VRS **5** 374, 375; VRS **7** 181, 182; VRS **14** 361, 362; OLG Hamm VRS **25** 214, 215; s. zum Ganzen auch *Hentschel-Dauer* § 2 FeV Rdn. 6.

[139] Hierzu OLG Koblenz bei *Janiszewski* NStZ **1995** 584, das gleichwohl geprüft hat, ob es der Betroffenen zumutbar gewesen wäre, sich über das Phänomen des „Jet-Lag" zu informieren; kritisch *Janiszewski* ebd.; s. auch *Jagow/Burmann/Heß* Rdn. 16.

[140] Zur Unterscheidung Ermüdung, Ermüdungsgefühl, Übermüdung, Überanstrengung und Erschöpfung *Grüner/Ludwig/Domer* BA 3 (1965/1966) 53, 54.

[141] Vgl. Nr. 9.3 der Anl. 4 zu § 11 FeV; Nr. 3.12.1 Begutachtungs-Leitlinien; *Penning* Alkohol, Drogen und Verkehrssicherheit S. 7.

im Einzelfall zu überprüfen, ob sich die Erkrankung im Sinne von Fahrunsicherheit ausgewirkt hat (vgl. BGH NZV **2008** 528 m. Bspr. *König* NZV **2008** 492). Dies erklärt sich aus der unterschiedlichen Ausrichtung des fahrerlaubnisrechtlichen Eignungsurteils gegenüber der strafrechtlichen Fahrsicherheitsprüfung und steht in Übereinstimmung mit der Wertung des Fahrerlaubnisrechts, das bei Drogenabhängigkeit ***nur für den Regelfall*** von fehlender Eignung ausgeht (*König* NZV **2008** 492; s. hierzu schon Rdn. 48a).[142] Werden **Drogenabhängige mit Methadon substituiert**, so kann es sein, dass die mit der Abhängigkeit verbundenen Verfallserscheinungen nicht auftreten bzw. in fahrsicherheitsrelevanter Weise gemildert werden. Allerdings ist Methadon selbst berauschendes Mittel im Sinne von Absatz 1 Nr. 1a (§ 316 Rdn. 133) und kann im Einzelfall, namentlich bei Überdosierung oder dem nach epidemiologischen Studien sehr häufig anzutreffenden Beigebrauch (§ 316 Rdn. 145a)[143] zur Fahrunsicherheit nach Absatz 1 Nr. 1a und nach § 316 führen. Ob Substituierte generalisierend als fahrtauglich bzw. fahruntauglich eingestuft werden können, unterliegt unterschiedlicher Beurteilung. Nr. 3.12.1 der Begutachtungs-Leitlinien hält Fahrtauglichkeit unter Methadoneinfluss zwar nicht für ausgeschlossen, allerdings nur in „seltenen Ausnahmefällen" und unter strengsten Vorkehrungen.[144] Im Strafrecht muss im Einzelnen festgestellt werden, ob sich der Zustand im Sinne der Fahrunsicherheit ausgewirkt hat (dazu schon oben). Zur Frage der ärztlichen Verordnung § 316 Rdn. 166. Ebenfalls der Fallvariante des Fahrens mit geistigem Mangel zuzurechnen sein dürfte der Antritt der Fahrt nach länger zurückliegendem Drogenkonsum, bei dem die Gefahr des sog. Echorauschs („flash back") besteht. Das Phänomen wird vor allem im Zusammenhang mit dem Konsum von Cannabis und LSD erörtert. Wegen der näheren Einzelheiten s. § 316 Rdn. 159 m.w.N.

(5) **Bezugspunkt des Schuldvorwurfs.** Nicht selten ermangelt es dem durch einen kör- **64**
perlichen oder geistigen Mangel beeinträchtigten Fahrzeugführer in dem Zeitpunkt, in dem der Mangel in einer akuten Krisensituation kulminiert, an der Schuldfähigkeit. Mitunter fehlt es gar an einer Handlung im strafrechtlichen Sinne. Der erstgenannte Fall kann z.B. gegeben sein, wenn ein vor der Fahrt eingenommenes Medikament während der Fahrt einen die Schuldfähigkeit aufhebenden Zustand bewirkt oder wenn mit derselben Folge aufgrund eines psychotischen Schubs Bewusstseinsstörungen eintreten. An einer Handlung würde es beispielsweise fehlen beim übermüdeten Fahrer, der am Steuer „eingenickt" ist (vgl. auch *Horn/Wolters* SK Rdn. 32), desgleichen bei dem an einem Herzleiden oder an einem epileptischen Anfallsleiden Erkrankten, der eine Herz-

---

142 *Hentschel/Dauer* § 2 StVG Rn. 17, 17k; *König* NZV **2008** 492; implizit BGH NZV **2008** 528.

143 S. etwa *Iwersen-Bergmann/Stein/Schmodt* BA **41** (2004) 493 und *Musshoff/Banaschak/Madea* BA **38** (2001) 325, wonach der Anteil der Betroffenen, die nur methadonpositiv waren, sehr gering war; in den allermeisten Fällen war Mischgebrauch namentlich mit Benzodiazepimen, Morphin und anderen Rauschmitteln festzustellen.

144 Mehr als einjährige Methadonsubstitution, psychosoziale, stabile Integration, Freiheit von Beigebrauch anderer psychoaktiver Substanzen einschließlich Alkohol seit mindestens einem Jahr, keine Störung der Gesamtpersönlichkeit. Zum Ganzen *Berr/Krause/Sachs* Rdn. 61 ff; *Gebert* MedR **1994** 483, 485; *Schöch* BA **42** (2005) 359 f; *Dittert/Nabert/Soyka* Der Nervenarzt **1999** 457 [experimentelle Studie]; *Berghaus/Friedel* NZV **1994** 377; zurückhaltend *Maatz* BA **36** (1999) 145, 146 f. Weitergehend (bei sachgerechter Dosierung immer volle Fahrtüchtigkeit) *Böllinger* in Entwicklungen der Suchtmedizin, 7. Suchtmedizinischer Kongress [Hrsg. *Zerdick*] S. 381, 385.

attacke bzw. einen Krampfanfall[145] erleidet und deswegen die Gewalt über das Fahrzeug verliert.

65 (a) **Antritt der Fahrt/Weiterfahrt.** Für den (Fahrlässigkeits-) Schuldvorwurf im Rahmen des § 315c ist die Handlungsqualität bzw. die Schuldfähigkeit im Zeitpunkt der temporären Krisensituation irrelevant, ohne dass die Rechtsfigur der actio libera in causa (Rdn. 68) bemüht werden müsste.[146] Begibt sich der Betreffende trotz seines Zustands mit einem Fahrzeug in den Verkehr, so liegt **hierin** sein objektiv pflichtwidriges Verhalten (BGHSt **40** 341, 345 f; OLG Nürnberg NZV **2006** 486; sog. Übernahmeverschulden). Entsprechend ist es zu beurteilen, wenn er weiterfährt, obwohl er Anzeichen herannahender Fahrunsicherheit an sich bemerkt (BGHSt **21** 156, 165 f). Der Fahrzeugführer weiß in der Regel auch um das Bestehen eines körperlichen oder geistigen Defektzustandes. Dies gilt namentlich bei dauernden Gebrechen. Allerdings wird man aufgrund dieses Wissens nur selten auf zumindest bedingten Vorsatz schließen können (Rdn. 189).

66 (b) **Gehörige Selbstprüfung.** Hinsichtlich der subjektiven Sorgfaltspflichten stellt die Rechtsprechung wegen der im Straßenverkehr erwachsenden hohen Gefahren für andere Verkehrsteilnehmer generell *strenge Anforderungen*. Der Fahrzeugführer, insbesondere der Kraftfahrer, muss sich vor Antritt der Fahrt stets vergewissern, dass er den Anforderungen des Straßenverkehrs (noch) gewachsen ist. Je eher der Betroffene nach seiner Konstitution mit einer Beeinträchtigung der Fahrsicherheit rechnen muss, desto schärfer sind die Anforderungen an die gebotene Selbstbeobachtung und Selbstkontrolle. Erhöhte Anforderungen sind beispielsweise bei altersbedingten Ausfallerscheinungen, Ermüdung, Erkrankung, gerade überstandener Operation, Anfallsleiden usw. zu stellen.[147] Allerdings ist stets weiter zu prüfen, ob der betreffende Mangel, ggf. in Verbindung mit weiteren Umständen, den Täter außerstande gesetzt hat, seinen Sorgfaltspflichten nachzukommen. Es existiert dabei *kein Erfahrungssatz des Inhalts, dass der Betroffene stets zu gehöriger Selbstprüfung in der Lage ist*, also unterlaufene Fehler und die Fahrsicherheit insgesamt subjektiv richtig einzuschätzen vermag. Ob der Täter die objektive Sorgfaltspflichtverletzung voraussehen und vermeiden konnte, muss *nach seinen persönlichen Kenntnissen und Fähigkeiten*, nach seiner Intelligenz und seiner Selbstkritik beurteilt werden (BayObLG NJW **1996** 2045). Die Anforderungen an die zumutbare verkehrsmäßige Sorgfalt bezüglich der persönlichen Voraussichts- und Motivationspflicht können dabei durch Angstgefühle, Aufregung und Bestürzung über eine plötzlich eintretende Verschlechterung und auch durch das Bewusstsein, mit anderen Mitteln als mit dem Fahrzeug nicht mehr recht-

---

145 S. den BGHSt **40** 341 zugrunde liegenden Fall; zur Handlung bei epileptischen Anfällen OLG Schleswig VRS **64** 429, 431. S. auch *Schöch* LK § 20 Rdn. 2.

146 BGHSt **40** 341, 343 [zu den Ausführungen des BGH betreffend die Beurteilung der Schuldfähigkeit kritisch *Foerster/Winckler* NStZ **1995** 344, 345]. Abweichend zur Anknüpfung OLG Schleswig VRS **64** 429, 431 [betreffend die fahrlässige Körperverletzung].

147 BGH (jeweils 6. Zivilsenat) VersR **1955** 342, 343; VersR **1959** 445, 446 [Ermüdung]; VersR **1967** 808 [Sehvermögen]; VRS **74** 83 [altersbedingte Ausfallerscheinungen in Verbindung mit Grippe]; BGHSt **21** 156, 165 f [Ermüdung]; BGHSt **40** 341, 343 [epileptisches Anfallsleiden]; BayObLG NJW **1996** 2045, OLG Oldenburg VRS **102** 276 [jeweils altersbedingte Ausfallerscheinungen]; NJW **2003** 3499 [Übermüdung]; OLG Hamm VerkMitt. **1959** Nr. 46 S. 23, 24; OLG Koblenz VRS **59** 199, 203 [Einnahme eines die Fahrsicherheit beeinträchtigenden Schmerzmittels]; LG Heilbronn VRS **52** 188, 191 [Gefahr neuer Herzattacke nach kurz zuvor erlittenem Herzinfarkt]. *Jagow/Burmann/Heß* Rdn. 15; *Salger* DAR **1986** 383, 390 f.

zeitig zum Arzt zu kommen, vermindert sein (BayObLG VRS **79** 364, 366). Hinsichtlich der Feststellung eines Sorgfaltsverstoßes hat der Tatrichter einen durch die Revisionsinstanz nur beschränkt nachprüfbaren Beurteilungsspielraum (BayObLG aaO S. 365 f).

(c) **Kasuistik.** *Schleichender Altersabbau* ist nicht ohne Weiteres erkennbar (BayObLG **67**
NJW **1996** 2045). Bei einem an einem *Anfallsleiden* Erkrankten kann es an der subjektiven Sorgfaltswidrigkeit fehlen, wenn dieser nur über bedingte Krankheitseinsicht verfügt und vom behandelnden Arzt nicht hinreichend belehrt worden ist (BGHSt **40** 341, 348 f). Ebenso kann es liegen, wenn der Kraftfahrer von seinem Arzt nach einer *Augenoperation* die Auskunft erhalten hat, seine Sehfähigkeit sei „hundertprozentig" wieder hergestellt (OLG Hamm VerkMitt. **1959** Nr. 46 S. 23, 24). Demgegenüber ist Vorwerfbarkeit gegeben, wenn der Kraftfahrer nach einem kurz zuvor erlittenen *Herzanfall* mit einer erneuten Herzattacke rechnen musste, worüber er auch belehrt worden ist (LG Heilbronn VRS **52** 188, 191). Bei der Einnahme von *Medikamenten* (Rdn. 56 ff) kommt es auch darauf an, ob Störungen der Fahrsicherheit zu den typischen, atypischen oder extrem seltenen Nebenwirkungen gehören.[148] Mit Nebenwirkungen, die auf dem sog. „Beipackzettel" nicht aufgeführt sind, muss der Patient nicht rechnen, es sei denn, er ist vom Arzt mündlich auf die spezifischen Gefahren bei einer Verkehrsteilnahme hingewiesen worden. Hingegen ist subjektive Sorgfaltswidrigkeit gegeben, wenn sich der Betroffene über einen im „Beipackzettel" enthaltenen Warnhinweis[149] hinwegsetzt oder einen solchen Beipackzettel erst gar nicht zur Kenntnis nimmt.[150] Erst recht ist der Schuldvorwurf bei einer ausdrücklichen Warnung durch den Arzt oder durch ärztliches Personal begründet; sind die Warnungen hinreichend strikt formuliert, so kann nach Lage des Einzelfalls auch einmal die Annahme bedingten Vorsatzes in Betracht kommen (*Tolksdorf* 33. VGT **1995** S. 79, 89).

(6) **Actio libera in causa.** Das Rechtsinstitut der actio libera in causa ist dadurch **68**
gekennzeichnet, dass der Täter bei der Tat schuldunfähig ist, gleichwohl aber strafrechtlich zur Verantwortung gezogen wird, weil er sich in (noch) verantwortlichem Zustand schuldhaft in den Defektzustand versetzt und dadurch einem Tatgeschehen seinen Lauf gegeben hat, das er in seinen Vorsatz aufgenommen bzw. in Bezug auf das er fahrlässig gehandelt hat (vgl. *Schöch* LK § 20 Rdn. 196). Bereits daraus wird deutlich, dass der geistige oder körperliche Mangel im Sinne des § 315c Abs. 1 Nr. 1b von vornherein kein breites Anwendungsfeld für die actio libera in causa bietet. Anders als bei der Berauschung kann der Betroffene für die meisten körperlichen oder geistigen Mängel nämlich zumeist nichts, womit es schon an der schuldhaften Herbeiführung des Defektzustands fehlt. Ist der Fahrzeugführer bei Antritt der Fahrt noch schuldfähig, so bedarf es der Heranziehung der actio libera in causa überdies nicht, weil der Schuldvorwurf an das

---

148 *Maatz* BA **36** (1999) 145, 150, dort (S. 151 ff) auch zu den Pflichten des Arztes und den straf- und zivilrechtlichen Folgen ihrer Verletzung; *Schewe* BA **18** (1981) 265, 266. S. auch *Schulz/Hein* in: Medikamente im Straßenverkehr S. 189 ff.

149 Zur Gestaltung der Warnhinweise kritisch *Pluisch* NZV **1999** 1, 2. Hierzu auch die Empfehlung des 37. VGT 1999, die Hinweise verbrauchergerechter zu formulieren (37. VGT **1999** S. 8).

150 Vgl. OLG Hamburg BA **19** (1982) 470, 472 [zu § 323a]; OLG Koblenz VRS **59** 199, 203; OLG Köln VRS **32** 349, 351; alle zu Medikamenten mit Rauschmitteleigenschaft, teils speziell zu Wirkungsverstärkungen bei gleichzeitigem Alkoholgenuss. *Salger* DRiZ **1986** 383, 389, 390 f; *Schöch* DAR **1996** 452, 455. Anders noch OLG Stuttgart NJW **1966** 410.

(Weiter-)Fahren trotz des Defektzustands anknüpft (Rdn. 64 ff). Ein Anwendungsbeispiel für das Rechtsinstitut wäre etwa der (wohl sehr seltene) Fall, in dem der Betroffene ein Medikament einnimmt, das *kein* Rauschmittel ist (sonst Absatz 1 Nr. 1a), und deswegen noch vor Antritt der von ihm geplanten Fahrt schuldunfähig wird. Kommen die Grundsätze der actio libera in causa überhaupt in Betracht, so ist der Rechtsprechung der Rückgriff auf dieses Institut seit der grundlegenden Entscheidung des 4. Strafsenats des BGH in BGHSt **42** 235 (S. 238 ff) faktisch verschlossen. Für § 315c StGB (und § 21 StVG) hat der 4. Strafsenat die Auffassung vertreten, dass sich eine Ausdehnung strafrechtlicher Schuld auf dem Fahrzeugführen vorgelagerte Verhaltensweisen nach der gesetzlichen Umschreibung der Tathandlung (hierzu Rdn. 10 f) verbiete, weswegen sowohl die sog. „Tatbestandslösung" als auch das Modell der mittelbaren Täterschaft (zu beidem *Schöch* LK § 20 Rdn. 198) ausscheiden müssten (BGHSt **42** 235, 239 f). Das „Ausdehnungsmodell" und das „Ausnahmemodell" (zu beidem *Schöch* LK § 20 Rdn. 199 f) hat der BGH aus grundsätzlichen Erwägungen verworfen, Letzteres wesentlich unter Hinweis auf einen damit verbundenen Verstoß gegen das in Art. 103 Abs. 2 GG verbürgte Gesetzlichkeitsprinzip (BGHSt **42** 235, 240 ff). Die Entscheidung des 4. Strafsenats beansprucht naturgemäß auch Gültigkeit für § 316. Im Rahmen der auf das Fahren bezogenen Verkehrsdelikte *existiert die actio libera in causa in der Praxis demgemäß nicht mehr*. Deren Wegfall hat sich nicht als nachteilig erwiesen. Die relevanten Fälle können nach den Erfahrungen mit § 323a zutreffend erfasst werden (§ 316 Rdn. 230). Die mit der actio libera in causa zusammenhängenden Aspekte gehören in den Kontext des Allgemeinen Teils (umfassend *Schöch* LK § 20 Rdn. 194 ff).

69 **2. Grob verkehrswidrige und rücksichtslose Verkehrsverstöße (Absatz 1 Nr. 2).** Absatz 1 Nr. 2 pönalisiert abstrakt gesehen besonders gefährliche Regelverstöße im Straßenverkehr (die sog. „Todsünden"). Die forensische Bedeutung des in Nummer 2 beschriebenen Fehlverhaltens ist dabei im Vergleich zu den „Berauschungsfällen" nach Absatz 1 Nr. 1a zwar nicht groß (Rdn. 1), keinesfalls aber zu vernachlässigen. Der durch die Ergebnisse der Unfallforschung maßgebend beeinflusste Katalog ist abschließend (Entstehungsgeschichte). Eine generelle Regelung, wie sie mit dem „ähnlichen, ebenso gefährlichen Eingriff" in § 315 Abs. 1 Nr. 4, § 315b Abs. 1 Nr. 3 enthalten ist, existiert hier ebenso wenig wie ein umfassender Blankettatbestand entsprechend § 315a Abs. 1 Nr. 2.[151] Der Katalog ist seit seiner Schaffung durch das (1.) StraßenVSichG mehrfach erweitert worden (Entstehungsgeschichte und unten bei den einzelnen Nummern). Reformvorschläge, ihn um das zu schnelle Fahren trotz angekündigter Gefahrenstelle (hierzu Rdn. 106) bzw. generell um das (erhebliche) Überschreiten der höchstzulässigen Geschwindigkeit[152] zu erweitern, haben sich zu Recht nicht durchgesetzt. Als zusätzliches,

---

[151] Zu diesbezüglichen Bestrebungen im Gesetzgebungsverfahren zum (1.) StraßenVSichG vgl. Entstehungsgeschichte.

[152] So ein Gesetzesantrag des Landes Brandenburg (BR-Drs. 542/93). U.a. steht dem entgegen, dass die Entscheidung für oder gegen die Strafbarkeit bei einem Strafrahmen bis zu fünf Jahren Freiheitsstrafe von einem km/h mehr oder weniger abhängen würde, wobei auch Nachweisprobleme namentlich in subjektiver Hinsicht sowie bezüglich des Zusammenhangs des Regelverstoßes mit dem Gefahrerfolg zu bedenken sind. Zudem könnte sich ein starres Abheben auf die höchstzulässige Geschwindigkeit sogar kontraproduktiv auswirken („Heranfahren" an die Höchstgrenze in Situationen, in denen selbst die zulässige Höchstgeschwindigkeit zu hoch ist, ähnlich dem „Herantrinken" an die „Promillegrenze"). Kritisch zu einem früheren, gleichgerichteten Vorschlag Nordrhein-Westfalens (BR-Drucks. 227/89) mit Recht *Geppert* BA **27** (1990) 23, 26 f.

die Strafbarkeit einschränkendes Korrektiv hat der Gesetzgeber des (1.) StraßenVSichG das (umstrittene) Begriffspaar „grob verkehrswidrig und rücksichtslos" (Rdn. 131 ff) in den Tatbestand aufgenommen (zu Reformvorschlägen Rdn. 139). Zum grob verkehrswidrigen und rücksichtslosen Regelverstoß hinzu kommen muss – wie durchgehend bei § 315c – der schuldhaft herbeigeführte Gefahrerfolg (Rdn. 150 ff).

a) **Die einzelnen Verkehrsverstöße**

aa) **Nichtbeachtung der Vorfahrt (Nummer 2a)**. Nummer 2a stellt das Fahren unter Missachtung der Vorfahrt unter Strafe. Es handelt sich demgemäß nicht um ein (echtes) Unterlassungsdelikt, sondern um ein Begehungsdelikt (*Horn/Wolters* SK Rdn. 10). Unter den Regelverstößen nach § 315c Abs. 1 Nr. 2 nimmt der Vorfahrtverstoß in der forensischen Praxis die „zweite Stelle" ein, freilich mit weitem Abstand hinter Regelverstößen nach § 315c Abs. 1 Nr. 2b (falsches Fahren beim Überholvorgang; Rdn. 1). 2006 ist es zu 401 rechtskräftigen Verurteilungen wegen Straftaten nach § 315c Abs. 1 Nr. 2a gekommen. **70**

(1) **Begriff der Vorfahrt.** Nach ganz h.M. betrifft der Begriff der Vorfahrt im Sinne des § 315c Abs. 1 Nr. 2a all die Verkehrsvorgänge, bei denen die Fahrlinien verschiedener Verkehrsteilnehmer aufeinander treffen oder einander doch gefährlich nahe kommen würden, wenn sie ihre Fahrweise und Fahrtrichtung beibehielten; maßgebend ist in solchen Verkehrslagen, ob das Gesetz (die StVO) einem Verkehrsteilnehmer den Fahrtvorrang vor einem anderen einräumt (sog. **erweiterter Vorfahrtbegriff**; grundlegend BGHSt **11** 219, 221 ff).[153] Die Begriffsbestimmung geht damit über den Vorfahrtbegriff der StVO hinaus. Sie erfasst nicht nur den „klassischen" Fall des § 8 Abs. 1 Satz 1 StVO, in dem die Fahrlinien mehrerer Verkehrsteilnehmer, die sich *aus verschiedenen öffentlichen Straßen* aufeinander zu bewegen, und den in der StVO auch so bezeichneten Vorfahrtfall des § 18 Abs. 3 StVO,[154] sondern auch Konstellationen, in denen sich die Verkehrsteilnehmer *auf derselben Straße* bewegen oder in denen ein Verkehrsteilnehmer aus einem Grundstück ausfahren will (BGHSt **11** 219, 223). Der herrschenden Lehre wird wegen der Einbeziehung der „vorfahrtähnlichen Lage" *von einer Mindermeinung ein Verstoß gegen das Analogieverbot vorgeworfen*; der Vorfahrtbegriff werde hierdurch überdehnt.[155] Die Kritik ist jedoch nicht berechtigt. Denn beim Begriff der Vorfahrt in § 315c Abs. 1 Nr. 2a handelt es sich um ein aus sich heraus verständliches normatives Tatbestandsmerkmal,[156] dessen Auslegung nicht strikt der Interpretation des (zumal untergesetzlichen) Vorfahrtbegriffs der StVO folgen muss,[157] sondern im Strafrecht ein eigenes Schicksal nehmen kann. Maßgebend ist, ob Wortlaut und Wortsinn die einschlägigen Konstellationen abdecken, was – auch nach dem allgemeinen Sprachgebrauch – der Fall ist. Hinzu **71**

---

153 S. auch BGHSt **13** 129, 132 f; BGH VRS **38** 100, 102; BayObLGSt **1958** 252; OLG Hamm NJW **1957** 1528; OLG Oldenburg VRS **42** 34, 35 f; KG VRS **46** 192, 193; OLG Düsseldorf VRS **66** 354, 355. *Horn/Wolters* SK Rdn. 10; *Lackner/Kühl* Rdn. 13; *Sch/Schröder/Cramer/Sternberg-Lieben* Rdn. 16; *Fischer* Rdn. 5; *Jagow/Burmann/Heß* Rdn. 21.

154 Vorfahrtsrecht des Verkehrs auf der durchgehenden Fahrbahn von Autobahnen und Kraftfahrstraßen, z.B. bei Einordnung von einem Parkplatz oder der Standspur aus.

155 So *Demuth* JurA **1971** 383, 384 ff.

156 Zu den Schwierigkeiten der Abgrenzung zum echten Blankett s. nur *Sch/Schröder/Cramer/Sternberg-Lieben* § 15 Rdn. 103 m.w.N.

157 BVerfG NJW **1995** 315, 316 [zum Begriff des Überholens]. Insoweit auch *Demuth* JurA **1971** 383.

kommt, dass § 18 Abs. 3 StVO, der auch von der Mindermeinung als strafrechtlich relevanter Vorfahrtfall angesehen wird, von „Vorfahrt“ spricht, obwohl sich die Fahrzeuge dort auf derselben Straße, wenn auch auf verschiedenen Fahrbahnen, bewegen. § 18 Abs. 3 StVO mag mit der besonderen Beschaffenheit von Autobahnen und Kraftfahrstraßen zusammenhängen (*Demuth* JurA **1971** 383, 386), erschüttert aber gleichwohl die Charakterisierung des Zusammentreffens aus verschiedenen Straßen als essentielles Begriffselement der „Vorfahrt“ und zumal den Vorwurf der Überdehnung des *Wortlauts* des Gesetzes. Die Gesetzgebungsgeschichte spricht nicht gegen die h.M.[158]

72 (a) **Fälle der Vorfahrt.** § 315c Abs. 1 Nr. 2a ist danach über die Fälle der § 8 Abs. 1 Satz 1, § 18 Abs. 3 StVO hinaus anwendbar, wenn der an einem haltenden Fahrzeug, einer Absperrung oder an einem sonstigen Hindernis links vorbeifahrende Fahrzeugführer den Vorrang des entgegenkommenden Verkehrs (§ 6 Satz 1 StVO) verletzt (KG VRS **46** 192, 193 f; DAR **2004** 459). Entsprechendes gilt, wenn der Linksabbieger den Fahrtvorrang eines entgegenkommenden Fahrzeugs verletzt, und zwar auch dann, wenn er nach links in ein Grundstück einfahren will (§ 9 Abs. 3 Satz 1, Abs. 4 Satz 1 StVO).[159] Nicht anders dürfte der Fahrtvorrang der in gleicher Richtung fahrenden Schienenfahrzeuge, Fahrräder mit Hilfsmotor und Radfahrer (§ 9 Abs. 3 Satz 1 StVO)[160] sowie der Linienbusse und sonstigen Fahrzeuge, die Sonderfahrstreifen benutzen (§ 9 Abs. 3 Satz 2 StVO) zu beurteilen sein. Eine Vorfahrtverletzung ist auch gegeben, wenn der aus einem Grundstück Ausfahrende bzw. Anfahrende den Vorrang des fließenden Verkehrs verletzt (§ 9 Abs. 5, § 10 Satz 1 StVO).[161] Ebenso ist der Vorrang von Schienenbahnen (§ 19 StVO; KG DAR **2004** 459), wobei aber bei gegebenem Bahnvorrang § 315 und nicht § 315c zur Anwendung kommt (§ 315d Rdn. 5a ff), und von Fahrzeugen mit Sonderrechten (§ 35, § 38 Abs. 1 StVO) umfasst (BGHSt **11** 219, 223). Die Vorfahrt verletzt des Weiteren, wer die (allein stehenden) Zeichen 205 oder 206[162] missachtet oder sich an einer durch Zeichen 208[163] gekennzeichneten oder durch Farbzeichen geregelten Engstelle die Durchfahrt erzwingt (OLG Oldenburg VRS **42** 34, 35), und auch, wer bei Rot in eine Kreuzung einfährt und dadurch den Fahrtvorrang des Querverkehrs beeinträchtigt.[164] Es genügt bei Hinzutreten der weiteren Voraussetzungen des § 315c ein „schlichter“ Rotlichtverstoß.[165]

73 (b) **Kein Fall der Vorfahrt.** Kein relevanter Vorfahrtverstoß liegt hingegen vor, wenn der Täter den Gegenverkehr dadurch gefährdet, dass er auf der linken Seite fährt und dem entgegenkommenden Fahrzeug nicht nach rechts ausweicht (BGH VRS **38** 100, 103). Ebenso wenig ist § 315c Abs. 1 Nr. 2a einschlägig, wenn der aus der linken Fahr-

---

[158] Im Einzelnen BGHSt **11** 219, 221 f; OLG Oldenburg VRS **42** 34, 35 f; KG VRS **46** 192, 194. **AA** *Demuth* JurA **1971** 383, 385.

[159] Vgl. BGHSt **11** 219, 223; KG DAR **2004** 459; OLG Hamm NJW **1957** 1528.

[160] Nicht erörtert von OLG Düsseldorf VRS **77** 219, 220 [zu § 315c Abs. 1 Nr. 2b] und von BayObLG VRS **70** 377, 379 [zu § 10 StVO]. Zum falschen Überholen in solchen Fällen Rdn. 97.

[161] BGHSt **11** 219, 223; **13** 129, 134; KG DAR **2004** 459.

[162] Vorfahrt gewähren; „Stoppschild“.

[163] Dem Gegenverkehr Vorrang gewähren.

[164] BayObLGSt **1958** 252; OLG Düsseldorf VRS **91** 358, 359; OLG Jena NZV **1995** 237; OLG Frankfurt NZV **1994** 365; OLG Karlsruhe VRS **107** 292.

[165] **AM** *Fischer* Rdn. 5 und *Sch/Schröder/Cramer/Sternberg-Lieben* Rdn. 16 unter Bezugnahme auf OLG Jena NZV **1995** 237. Jedoch gibt die Entscheidung dafür nichts her; sie befasst sich im Schwerpunkt mit Vorsatz und Fahrlässigkeit sowie dem Merkmal der Rücksichtslosigkeit.

spur nach rechts Abbiegende einem auf der rechten Fahrbahn fahrenden Fahrzeug den Weg abschneidet; denn in solchen Fällen besteht kein durch die StVO eingeräumter Fahrtvorrang des nachfolgenden Fahrzeugs, vielmehr hat der Nachfahrende seine Fahrweise an derjenigen des Vorausfahrenden auszurichten, soweit ihm dies möglich ist (OLG Stuttgart VRS **43** 274, 275). Es kommt allerdings ein Regelverstoß des Abbiegenden nach § 315c Abs. 1 Nr. 2b in Betracht (OLG Stuttgart aaO). Keinen Fall der Vorfahrt betrifft auch § 11 StVO. Denn dort wird nur vorgeschrieben, dass der an sich Bevorrechtigte in besonderen Verkehrslagen auf sein Vorrecht verzichten muss, ohne dass aber zugleich einem anderen Verkehrsteilnehmer ein Vorrecht eingeräumt würde. Ferner fällt das verbotene Befahren einer Einbahnstraße im Verhältnis zum berechtigt Entgegenkommenden nicht unter Absatz 1 Nr. 2a (KG DAR **2004** 459). Weicht ein Autobahnbenutzer einem rechts stehenden Kraftfahrzeug aus, so kann hierin keine Nichtbeachtung der Vorfahrt gesehen werden (OLG Hamm VRS **28** 127 f).

(2) **Vorrecht von Fußgängern.** Konsens besteht mittlerweile (anders noch *Dreher/Tröndle*[46] Rdn. 5), dass das Vorrecht des Fußgängers nach § 9 Abs. 3 Satz 3, § 26 StVO auch vom sog. erweiterten Vorfahrtbegriff *nicht umfasst wird.* Denn „Vorf**ahrt**", meint ersichtlich nur das Vorrecht von Fahrzeugen. Hinzu kommt, dass das Gesetz einen typischen Fall der Verletzung des Fußgängervorrangs (§ 26 StVO) ausdrücklich in den Katalog der besonders gefährlichen Verhaltensweisen aufgenommen hat (§ 315c Abs. 1 Nr. 2c).[166] Dem Fußgängerverkehr zugeordnet sind grundsätzlich auch Fußgänger, die Fahrzeuge mitführen.[167] Dementsprechend gilt das soeben Gesagte auch für sie.[168] 74

(3) **Normadressat: Wartepflichtiger.** Seinem eindeutigen Wortlaut nach richtet sich § 315c Abs. 1 Nr. 2a nur an den Wartepflichtigen. Der Vorfahrt*berechtigte* wird demgemäß auch bei noch so verkehrswidrigem Verhalten nicht erfasst. Allerdings kann das Verhalten des Wartepflichtigen nicht isoliert betrachtet werden; ob dieser grob verkehrswidrig und rücksichtslos gehandelt hat, hängt auch von der Fahrweise des Vorfahrtberechtigten ab (*Janiszewski* Verkehrsstrafrecht Rdn. 270). 75

bb) Falsches Überholen und Falschfahren beim Überholvorgang (Nummer 2b). Die Vorschrift war zunächst auf das falsche Überholen beschränkt und richtete sich demnach nur an den Überholenden. Durch das 2. StraßenVSichG (Entstehungsgeschichte) ist dann die Variante des falschen Verhaltens bei Überholvorgängen eingefügt worden. Dafür war die Erfahrung maßgebend, dass es aufgrund des Fehlverhaltens des Überholten oft zu folgenschweren Unfällen kommt (BTDrucks. IV/651 S. 28 f). Systematisch ist die Variante des falschen Überholens seither nur noch ein Unterfall des falschen Verhaltens bei Überholvorgängen (*sonst* bei Überholvorgängen falsch fährt; vgl. auch *Horn/Wolters* SK Rdn. 11). Strukturell handelt es sich bei § 315c Abs. 1 Nr. 2b um ein Tätigkeitsdelikt (näher Rdn. 88). Gegenüber den anderen in Nummer 2 normierten Regelverstößen ragt Buchstabe b hinsichtlich seiner forensischen Relevanz heraus (Rdn. 1). 2006 ist es zu 1.641 Verurteilungen wegen einschlägiger Straftaten gekommen. 76

---

166 OLG Düsseldorf VRS **66** 354; KG VRS **84** 444, 445; OLG Hamm VRS **91** 117, 118 f; *Lackner/Kühl* Rdn. 13; *Sch/Schröder/Cramer/Sternberg-Lieben* Rdn. 16; *Fischer* Rdn. 5; *Jagow/Burmann/Heß* Rdn. 21.

167 Hierzu BayObLG VRS **65** 154 f; VRS **75** 127, 129. *Hentschel/König* § 25 StVO Rdn. 46; *Jagow/Burmann/Heß* § 25 StVO Rdn. 6; § 8 StVO Rdn. 3. Zum Überholen von Fußgängern Rdn. 81.

168 **AA** zu dem diesbezüglichen Vorrecht nach § 8 Abs. 3 Satz 2 StVO a.F. *Demuth* JurA **1971** 383, 385 (s. aber ebd. S. 387).

77 (1) **Begriff des Überholens.** Unter Überholen wird *im Straßenverkehrsrecht* (§ 5 StVO) ein tatsächlicher Vorgang verstanden, der vorliegt, wenn ein Verkehrsteilnehmer *von hinten* an einem anderen *vorbeifährt*, der sich auf *derselben* Fahrbahn in *derselben* Richtung *bewegt* oder *nur* mit Rücksicht auf die Verkehrslage anhält.[169] Der Überholbegriff der StVO deckt sich im Wesentlichen mit dem Merkmal des Überholens in § 315c Abs. 1 Nr. 2b. Ähnlich wie schon der Vorfahrtbegriff nach § 315c Abs. 1 Nr. 1a (Rdn. 71) wird aber auch das Merkmal des Überholens im Rahmen des § 315c umfassender ausgelegt als in der StVO.[170] Die Abweichung betrifft das straßenverkehrsrechtliche Begriffselement des *Bewegens auf derselben Fahrbahn* (dazu die nachfolgenden Rdn.). In Analogie zum „erweiterten Vorfahrtbegriff" könnte man deswegen von einem *„erweiterten (strafrechtlichen) Überholbegriff"* sprechen.

78 (a) **Dieselbe Fahrbahn.** Der Begriff des Überholens im Sinne der StVO erfordert, dass Überholer und Überholter dieselbe Fahrbahn benutzen; fehlt es daran, so ist § 5 StVO nicht anwendbar.[171] „Fahrbahn" ist dabei zunächst die Gesamtfahrbahn mit ihren „Normalstreifen". Zur Fahrbahn ist jedoch auch, und zwar nicht nur auf Bundesautobahnen, die *Kriechspur* zu rechnen.[172] Wer z.B. unzulässigerweise über die Kriechspur rechts überholt, verletzt demnach unproblematisch § 5 StVO; bei Vorliegen der weiteren Voraussetzungen erfüllt er auch § 315c.

78a **Im Straßenverkehrsrecht** hatte es in der Vergangenheit allerdings Unsicherheiten in der Beurteilung der Frage gegeben, ob befestigte *Seitenstreifen* (Mehrzweckstreifen, Standspuren) vor allem auf Bundesautobahnen der Fahrbahn[173] zuzurechnen sind. Davon hängt es ab, ob beispielsweise derjenige, der rechts über die Standspur an einem langsamer auf der durchgehenden Fahrbahn fahrenden Verkehrsteilnehmer vorbeifährt, entgegen § 5 Abs. 1 StVO falsch überholt. Die vormals herrschende Rechtsprechung hatte den Seitenstreifen unter Vorantritt des BGH der Fahrbahn zugeordnet und folglich (falsches) Überholen bejaht.[174] Dem ist der Verordnungsgeber durch die 12. Verordnung zur Änderung der StVO vom 22.12.1992 (BGBl. I S. 2482, 1993 I S. 223)[175] ausdrücklich entgegengetreten,[176] indem er in § 2 Abs. 1 Satz 2 StVO klargestellt hat, dass Seiten-

---

[169] BGH VRS **4** 542, 543; VRS **6** 155; VRS **11** 171, 172; **17** 43, 45; BGHSt **22** 137, 139; **25** 293, 296; **26** 73, 74; BayObLG VRS **26** 387, 388; OLG Düsseldorf VRS **59** 151; OLG Hamm NJW **1972** 652. *Lackner/Kühl* Rdn. 14; *Sch/Schröder/Cramer/Sternberg-Lieben* Rdn. 17; *Fischer* Rdn. 6; *Hentschel/König* § 5 StVO Rdn. 16; *Jagow/Burmann/Heß* § 5 StVO Rdn. 2 und § 315c Rdn. 22; s. auch *Demuth* JurA **1971** 383, 389.

[170] BVerfG NJW **1995** 315, 316; *Jagow/Burmann/Heß* Rdn. 22a und § 5 StVO Rdn. 59a; *Mühlhaus* DAR **1978** 162 (s. aber *dens.* DAR **1968** 169). Nicht recht klar *Lackner/Kühl* Rdn. 14 eingangs, und *Sch/Schröder/Cramer/Sternberg-Lieben* Rdn. 17, 20.

[171] U.a. BGHSt **30** 85, 86 f; BayObLG VRS **66** 291 f; OLG Düsseldorf VRS **73** 146 f; **79** 133, 134; VRS **91** 387; *Hentschel/König* § 5 StVO Rdn. 19a ff.

[172] BGHSt **23** 128, 130; **30** 85, 90. *Hentschel/König* § 5 StVO Rdn. 20; *Jagow/Burmann/Heß* § 5 StVO Rdn. 59a.

[173] S. dazu, dass Seitenstreifen Bestandteil der Bundesautobahn und ihres Straßenkörpers sind, m.w.N. BGHSt **30** 85, 86.

[174] Eingehend BGHSt **30** 85, 87 ff. S. auch OLG Düsseldorf VRS **47** 214 ff; OLG Hamm DAR **1975** 277; OLG Köln VRS **83** 374 ff. **AA** bereits vormals BayObLG DAR **1979** 111; *Mühlhaus* DAR **1978** 162 f.

[175] Begründung abgedruckt bei *Hentschel/König* § 2 StVO Rdn. 16c.

[176] BRDrucks. 786/92 [Beschluss]: Die Auffassung der Rechtsprechung führe zu „sinnwidrigen Folgerungen". Zur Vorgeschichte (eine mittelbare Klarstellung in § 18 Abs. 8 StVO hatte nicht zu dem intendierten Rechtsprechungswandel geführt) s. dort.

streifen nicht zur Fahrbahn gehören. Seither können einschlägige Handlungen bußgeldrechtlich nur noch als Verstoß gegen das Gebot der Fahrbahnbenutzung geahndet werden (§ 2 Abs. 1, § 49 Abs. 1 Nr. 2 StVO).

Würde die in der StVO vorgenommene Weichenstellung **im Strafrecht** nachvollzogen, so hätte dies – wenig überzeugend – zur Folge, dass das im Verkehrsalltag nicht selten zu beobachtende, besonders riskante (grob verkehrswidrige und rücksichtslose) „Rechtsüberholen" über Standspuren, Bankette, Grünstreifen etc. bei Eintritt des Gefahrerfolgs nicht mehr nach § 315c geahndet werden könnte. Wortlaut und Wortsinn des Überholbegriffs bzw. des Merkmals des Überholvorgangs zwingen jedoch zu einer derart engen Interpretation nicht. Nach von der StVO unverbildeter Anschauung kommen keine Bedenken auf, Verhaltensweisen wie die genannten als „Überholen" zu bezeichnen; von Sinn und Zweck des § 315c ist deren Einbeziehung ohnehin gedeckt. BVerfG NJW **1995** 315 hat dementsprechend eine gegenüber der StVO divergierende Ausfüllung des strafrechtlichen Überholbegriffs unter Einbeziehung des Vorbeifahrens auf Flächen außerhalb der Fahrbahn als verfassungsrechtlich unbedenklich angesehen (aaO S. 316). Dies ist im Schrifttum mit Recht unwidersprochen geblieben.[177] Der Überholbegriff des § 315c Abs. 1 Nr. 2b setzt folglich die Bewegung *auf derselben Fahrbahn nicht zwingend voraus.* **78b**

(aa) **Überholen gegeben.** Andererseits kann bei Bewegungsvorgängen auf Flächen außerhalb der Fahrbahn bzw. auf verschiedenen Fahrbahnen auch nicht jedes „Vorbeifahren eines Verkehrsteilnehmers von hinten an einem anderen, der sich in derselben Richtung bewegt," unter den strafrechtlichen Überholbegriff subsumiert werden. Nach welchen Maßstäben im Einzelnen die Abgrenzung vorgenommen werden soll, ist noch nicht abschließend geklärt. Kriterien werden aber sein, ob ein hinreichend **enger Zusammenhang zwischen den jeweiligen Flächen** besteht und wo der **Schwerpunkt des „Überholvorgangs"** liegt. Wird der Überholvorgang von der durchgehenden Fahrbahn aus begonnen und kehrt der Vorbeifahrende unverzüglich wieder dahin zurück, so spricht dies für die Annahme des Überholens (in diese Richtung OLG Hamm VRS **32** 449, 450). Von § 315c Abs. 1 Nr. 2b umfasst ist danach über die Benutzung der Standspur hinaus die Benutzung des Grünstreifens (BVerfG NJW **1995** 315, 316) sowie von Mehrzweckstreifen und Banketten. Entsprechendes gilt für das Rechtsüberholen über eine Park- oder Omnibusbucht und das verkehrswidrige Überholen über einen Gehsteig (zum Letzteren OLG Hamm **32** 449, 450). Desgleichen überholt im Sinne des § 315c Abs. 1 Nr. 2b, wer von der Richtungsfahrbahn aus rechts auf den Verzögerungs- bzw. Beschleunigungsstreifen einer Autobahn (OLG Düsseldorf DAR **2004** 596)[178] ausschert, um sich nach Passieren des anderen Fahrzeugs vor dieses zu setzen (vgl. aber Rdn. 80 a.E.). **79**

(bb) **Überholen nicht gegeben.** Kein Überholen ist zunächst gegeben, wenn die Fahrzeuge auf verschiedenen *Straßen* fahren, z.B. der eine auf einer breit ausgebauten Hauptverkehrsstraße, der andere auf einer daneben verlaufenden schmalen Anliegerstraße, oder wenn der Vorbeifahrende auf einer parallel zur Bundesautobahn verlaufenden, von dieser durch einen Grünstreifen getrennten „Parkplatzstraße" (vgl. OLG Düsseldorf VRS **80**

---

177 *Fischer* Rdn. 6a; *Jagow/Burmann/Heß* Rdn. 22a und § 5 StVO Rdn. 59a. S. auch *Lackner/Kühl* Rdn. 14 und *Sch/Schröder/Cramer/Sternberg-Lieben* Rdn. 17, 20.

178 Beschleunigungs- und Verzögerungsstreifen (auch Ein- und Ausfahrstreifen genannt) sind nach wohl h.M. nicht Teil der Fahrbahn des Durchgangsverkehrs, sondern selbstständige Fahrbahnen (*Hentschel/König* § 2 StVO Rdn. 25a; § 5 StVO Rdn. 20; § 18 Rdn. 20; s. aber BGHSt **30** 85, 90 m.w.N.

73 146 ff) „überholt". Ebenso fehlt es am Überholen, wenn die Zu- und Abfahrten von Tankstellen und Raststätten (OLG Frankfurt VRS **46** 191)[179] durchfahren werden, um auf der Durchgangsfahrbahn sich bewegende langsamere Fahrzeuge „zu überholen", und wohl auch bei vergleichbaren Verkehrsvorgängen auf der parallel zur Autobahn verlaufenden Verteilerfahrbahn eines Autobahnkreuzes (vgl. OLG Düsseldorf VRS **53** 378 f). Schließlich liegt kein Überholen vor, wenn der in eine Bundesautobahn Einfahrende schneller als der sich auf der Durchgangsfahrbahn bewegende Fahrzeugführer fährt und sich nach dem Einfahrvorgang vor diesen setzt;[180] mangels Beginns des „Überholvorgangs" auf der durchgehenden Fahrbahn ist der Schwerpunkt nicht dort anzusiedeln (hierzu Rdn. 79 eingangs). Allerdings kann eine Verletzung des Vorfahrtsrechts nach § 18 Abs. 3 StVO gegeben sein (s. Rdn. 71 ff).

81 (b) **Überholen von Fußgängern.** Überholt werden können Fahrzeuge aller Art, prinzipiell aber nicht auf der Fahrbahn gehende Fußgänger. Anders ist es jedoch zu beurteilen, wenn Fußgänger auf der Fahrbahn Fahrzeuge mitführen.[181] Bleibt der Fußgänger stehen, um das Fahrzeug vorbeizulassen, so liegt kein Überholen, sondern ein bloßes Vorbeifahren vor (Rdn. 85, 87).

82 (c) **Vorbeifahren von hinten.** Überholen bedingt grundsätzlich, dass sich der Überholende während des zu beurteilenden, u.U. gestreckten Vorgangs einmal hinter dem anderen befunden hat.[182] Schon aus diesem Grund scheidet das Merkmal aus, wenn an einer Grünlicht anzeigenden Ampel ein Fahrzeug schneller anfährt als das andere (vgl. OLG Düsseldorf DAR **1966** 26 m.w.N.; s. auch Rdn. 87). Hindert der Rechtsfahrende den anderen allerdings in der Folge durch jeweiliges Beschleunigen bzw. Herabsetzen seiner Geschwindigkeit daran, sich nach rechts einzuordnen, so fährt der Rechtsfahrende bei einem Überholvorgang falsch (OLG Düsseldorf VRS **59** 28, 29).

83 (d) **Spurwechsel/Geschwindigkeit/Rückkehr.** Nach soweit ersichtlich allgemeiner Ansicht ist *nicht erforderlich*, dass der Überholende vor dem Überholvorgang *die Spur wechselt* und/oder die *Geschwindigkeit erhöht,*[183] und auch nicht, dass er nach Beendigung des Vorgangs *auf seine ursprüngliche Fahrspur zurückkehrt* (BGHSt **22** 137, 139; **25** 293, 295; BayObLG VRS **26** 387, 388) bzw. sich in der Fahrspur des Überholten vor diesem einordnet. Es überholt deswegen auch, wer mit gleichbleibender Geschwindigkeit auf der rechten Spur an den auf der linken (Überholspur) befindlichen Fahrzeugen vorbeizieht (vgl. m.w.N. *Hentschel/König* § 5 StVO Rdn. 16) oder als Motorradfahrer, ohne seine Fahrlinie grundsätzlich zu verändern, mit (vielleicht auch verminderter Geschwindigkeit) bei zähflüssigem Verkehr zwischen zwei Fahrspuren an links und rechts von ihm fahrenden Fahrzeugen vorbeifährt (vgl. z.B. OLG Düsseldorf VRS **79** 139, 140 f).

---

179 Vgl. auch BayObLG VRS **25** 223, 224; VRS **66** 291; OLG Hamm VRS **36** 456 f.

180 Derartiges „Überholen" ist nach § 42 Abs. 6 Nr. 1e StVO erlaubt (*Hentschel/König* § 5 StVO Rdn. 20); anders beim Verzögerungsstreifen (*Hentschel/König* § 18 StVO Rdn. 20).

181 BayObLGSt **1955** 142, 143; **1973** 23 f; *Mühlhaus* DAR **1968** 169. Zum Fußgänger näher *Hentschel/König* § 5 StVO Rdn. 19; *Jagow/Burmann/Heß* § 5 StVO Rdn. 5.

182 OLG Düsseldorf DAR **1966** 26; VRS **58** 28, 29; OLG Hamm VRS **25** 359, 360; vgl. auch BGHSt **25** 393, 396 f. Zu einem Sonderfall *Jagow/Burmann/Heß* § 5 StVO Rdn. 2.

183 BGHSt **22** 137, 139; BayObLG VRS **26** 387, 388; OLG Düsseldorf VRS **79** 139, 140 f; OLG Stuttgart VRS **57** 361, 362 ff.

(e) **Überholabsicht.** Kein notwendiges Element des Überholbegriffs ist auch die Überholabsicht.[184] Überholen ist ein rein tatsächlicher Vorgang; fahrlässiges und bedingt vorsätzliches Überholen sind daher möglich (vgl. BayObLG VRS **26** 387, 388). Überholen ist beispielsweise gegeben, wenn der Betroffene auf „seinem" Fahrstreifen mit gleichbleibender Geschwindigkeit weiterfährt und dabei ein anderes Fahrzeug hinter sich zurücklässt, das ihn gerade zu überholen trachtet, aber z.B. aufgrund eines Anstiegs langsamer wird.[185] Das Merkmal wird meist auch dann erfüllt sein, wenn ein nachfolgender Fahrzeugführer sich mit hoher Geschwindigkeit einem „Vordermann" genähert hat und nun unter gleichzeitigem Bremsen nach rechts oder links ausschert, um auf das vorausfahrende Fahrzeug nicht aufzufahren; dies gilt zumindest dann, wenn er ein Stück neben ihm vorbeizieht oder wenn er ihn ganz passiert (vgl. BGH VRS **18** 36, 40; **abw.** OLG Hamm VRS **27** 69, 70).[186] Obwohl der Überholbegriff keine diesbezügliche Absicht voraussetzt, wird die Überholabsicht von der h.M. allerdings in besonders gelagerten Fallgestaltungen maßgebend herangezogen, um den Beginn des Überholvorgangs festzulegen (Rdn. 91 f). 84

(f) **Überholen – Vorbeifahren.** Überholen setzt begrifflich nicht voraus, dass sich der zu überholende Verkehrsteilnehmer in Bewegung befindet. Allerdings stellt nicht jedes Vorbeifahren an einem sich nicht bewegenden Fahrzeug ein Überholen dar. Überholen ist vielmehr ein Sonderfall des Vorbeifahrens und aus diesem auszugrenzen. 85

(aa) **Überholen.** Überholt werden kann, wer nur mit Rücksicht auf die augenblickliche Verkehrslage kurz angehalten (BGHSt **22** 137, 139, st. Rspr.)[187] und dabei die einem sich bewegenden Fahrzeug entsprechende Stellung auf der Fahrbahn beibehalten hat.[188] Voraussetzung ist, dass es sich um ein mehr oder weniger erzwungenes Stehenbleiben handelt, der Fahrzeugführer also grundsätzlich weiterfahren will (BayObLGSt **1973** 23, 24). Ein Anhalten aus verkehrsbedingten Gründen ist u.a. gegeben beim Warten vor einer Rotlicht zeigenden Ampel (BGHSt **26** 73, 74 ff; BayObLGSt **1973** 23, 24) oder einer entsprechenden Anordnung. Begrifflich rechnet hierzu auch das Warten vor einem Zebrastreifen; jedoch wird das Überholen eines davor wartenden Fahrzeugs nunmehr abschließend von § 315c Abs. 1 Nr. 2c erfasst (hierzu Rdn. 101 ff). Verkehrsbedingt wartet auch, wer hinter einer Straßenbahn stehen bleibt, die zur Ermöglichung des Ein- und Aussteigens der Fahrgäste angehalten hat, bzw. hinter einem fahrplanbedingt zum Stillstand gekommenen Omnibus (OLG Hamm DAR **1956** 108; OLG Düsseldorf VRS 59 86

184 BGHSt **22** 137, 139; BayObLG VRS **26** 387, 388. *Hentschel/König* § 5 StVO Rdn. 16; *Jagow/Burmann/Heß* § 5 StVO Rdn. 9. **AA** OLG Celle VerkMitt. **1959** Nr. 58 S. 32 [aufgegeben in VerkMitt. **1963** Nr. 121 S. 77]; OLG Hamm VRS **27** 69, 70.

185 BayObLG VRS **26** 387, 388; OLG Karlsruhe NJW **1972** 962, 963. *Jagow/Burmann/Heß* § 5 StVO Rdn. 9. **AA** *Schmidt* KVR Autobahn Fahrverhalten Erläuterungen 1 (Lieferung 3/81) Bl. 37 [unter unzutreffender Bezugnahme auf BayObLG VRS **26** 387]; differenzierend *Mühlhaus* DAR **1968** 169, 172 f [Überholen nur dann, wenn der zunächst links Überholende einen so großen Vorsprung „herausgefahren" hat, dass sein Verbleiben auf der linken Spur mit dem Überholen nichts mehr zu tun hat.].

186 Wie OLG Hamm *Jagow/Burmann/Heß* § 5 StVO Rdn. 8; *Mühlhaus* DAR **1968** 169, 172.

187 Vgl. auch VwV zu § 5 StVO Rdn. 1: „An Teilnehmern des Fahrbahnverkehrs, die sich in der gleichen Richtung weiterbewegen wollen, aber warten müssen, wird nicht vorbeigefahren; sie werden überholt. Wer durch die Verkehrslage oder durch eine Anordnung aufgehalten ist, der wartet."

188 BGH VRS **17** 43, 45; BayObLGSt **1958** 164, 165; **1962** 305, 306; **1973** 23, 24.

294)[189] oder einem anderen Hindernis, wie etwa einem am rechten Rand einer engen Straße geparkten Pkw bei Gegenverkehr. Verkehrsbedingt hält sein Fahrzeug ferner an, wer aus Gefälligkeit einem anderen Fahrzeug die Vorfahrt einräumt oder einen Fußgänger die Straße überqueren lässt (KG VRS **96** 335).

86a Das **Nebeneinanderfahren im Sinne des § 7 Abs. 2 bis 3 StVO** stellt terminologisch ein Überholen dar, folgt jedoch eigenständigen Regeln.[190] Ein Anlass, es vollständig aus dem Anwendungsbereich des § 315c Abs. 1 Nr. 2b zu eliminieren, ist nicht gegeben.[191] Grob verkehrswidrige und rücksichtslose Regelverstöße gegen § 7 StVO können daher grundsätzlich strafrechtlich erfasst werden (s. auch Rdn. 97 a.E.).

87 **(bb) Vorbeifahren.** Kein Überholen, *sondern ein Vorbeifahren* liegt vor, wenn der andere Verkehrsteilnehmer nicht verkehrsbedingt angehalten und/oder die einem sich bewegenden Fahrzeug entsprechende Stellung aufgegeben hat. Das ist namentlich der Fall, wenn er parkt oder wegen eines Defekts zum Stillstand gekommen ist (OLG Hamm VRS **28** 127, 128). Auch an einem fahrplanbedingt haltenden öffentlichen Verkehrsmittel[192] wird vorbeigefahren;[193] sobald es anfährt, wird es jedoch überholt (BGH NJW **1960** 1524; BayObLGSt **1962** 305, 307). Ein zum Zwecke des nicht verkehrsbedingten Haltens ausrollendes Fahrzeug ist dem bereits angehaltenen gleichzustellen; an ihm wird deshalb vorbeigefahren (OLG Hamm VRS **12** 392, 393; OLG Düsseldorf VRS **63** 60, 61). Ein Kraftfahrer, der einen vor ihm am rechten Fahrbahnrand sein Fahrrad schiebenden Fußgänger passiert, überholt nicht, sofern der Fußgänger stehen geblieben ist, um die Vorbeifahrt zu ermöglichen; das Gleiche gilt bei einem Fahrzeug, dessen Führer anhält, um dem schnelleren Hintermann die Vorbeifahrt zu ermöglichen (BayObLGSt **1973** 23, 24). Das Nebeneinanderfahren an einer Lichtzeichenanlage auf einer mehrspurigen Fahrbahn stellt zwar begrifflich ein Überholen dar; wie aus § 37 Abs. 4 StVO hervorgeht, beinhaltet es jedoch keinen Verstoß gegen das Verbot des Rechtsüberholens. Das gilt auch dann, wenn der später Heranfahrende bei mittlerweile aufscheinendem Grünlicht zügig durchfährt (BayObLG VRS **58** 279, 280 f; *Hentschel/König* § 5 StVO Rdn. 17). Ein nach rechts abbiegendes Fahrzeug wird von einem geradeaus fahrenden Fahrzeug jedenfalls dann nicht mehr überholt, wenn es die durchgehende Fahrbahn verlassen hat.[194]

88 **(2) Der Überholvorgang.** OLG Düsseldorf VRS **59** 151 (152) unterteilt den *Überholvorgang* instruktiv in drei Phasen: *Erstens* das Aufschließen und Heranfahren an das zu überholende Fahrzeug (meist verbunden mit einem Ausscheren des Überholenden nach links oder rechts), *zweitens* das Vorbeifahren an dem zu überholenden Fahrzeug und *drittens* das Gewinnen eines hinreichenden Sicherheitsabstands zu dem überholten Fahrzeug (meist gefolgt von einem Sicheinordnen vor dieses). Das Ausscheren und das Sich-

---

[189] Zum Vorbeifahren an dem fahrplanbedingt anhaltenden öffentlichen Verkehrsmittel selbst s. die nachfolgende Rdn.

[190] Im Einzelnen *Hentschel/König* § 5 StVO Rdn. 17; § 7 StVO Rdn. 10 ff; *Jagow/Burmann/Heß* § 7 StVO Rdn. 16; s. auch *Demuth* JurA **1971** 383, 389 f.

[191] OLG Düsseldorf VerkMitt. **1975** Nr. 5 S. 3; *Janiszewski* Verkehrsstrafrecht Rdn. 274; **aA** *Demuth* JurA **1971** 383, 389 f.

[192] *Linienomnibus:* RGZ **167** 357, 361 ff; BGH VRS **4** 542, 543; BayObLGSt **1951** 404, 405; **1962** 305, 306; OLG Düsseldorf VRS **59** 294 m.w.N. *Straßenbahn:* BGH VRS **17** 43, 45; BayObLGSt **1962** 305, 306 f m.w.N. auch zur früheren gegensätzlichen Rechtsprechung, *Hentschel/König* § 5 StVO Rdn. 18.

[193] Zum Überholen der hinter einem solchen Fahrzeug haltenden Verkehrsteilnehmer s. aber die vorstehende Rdn.

[194] OLG Bremen VRS **32** 473 f; OLG Hamm DAR **1953** 219; *Jagow/Burmann/Heß* § 5 Rdn. 4, beide m.w.N.

einordnen sind dabei keine notwendigen Elemente des Überholvorgangs. Denn Überholen ist auch dann gegeben, wenn der überholende und der überholte Verkehrsteilnehmer während des gesamten Vorgangs bzw. vor oder nach dem Passieren *verschiedene* Fahrspuren benutzt haben (Rdn. 83).

Fehlverhalten während jeder der drei Phasen kann zu einer *vollendeten Straftat* nach § 315c Abs. 1 Nr. 2b führen; allerdings bedarf namentlich die 1. Phase der Eingrenzung (Rdn. 89 ff). § 315c Abs. 1 Nr. 2b ist dabei kein Erfolgsdelikt, das gerade an das *Zurücklassen* eines anderen Verkehrsteilnehmers anknüpft und demgemäß erst damit vollendet wird. Vielmehr handelt es sich um ein **Tätigkeitsdelikt**. Unrechtskern ist das dem Überholen dienende falsche Fahrverhalten als solches, das sich im Versperren einer Fahrspur auswirkt (vgl. BayObLGSt **1967** 132, 133).[195] Davon gehen besondere Gefahren aus, weil der Überholende entgegenkommendem Verkehr oder sonstigen Hindernissen mit Rücksicht darauf nur schwer zu entgehen vermag, dass die andere Fahrspur durch das neben ihm oder in knappem Abstand versetzt vor oder hinter ihm fahrende überholte Fahrzeug versperrt ist (vgl. *Mühlhaus* DAR **1968** 169, 172). Das gilt spiegelbildlich auch für den Überholten. Im Vergleich dazu ist der Gefährdungsgrad bei Eintritt des „Erfolgs" (endgültiges Zurücklassen des anderen Fahrzeugs) oftmals geringer; nicht selten ist die Gefahrenlage in diesem Zeitpunkt sogar entfallen (BayObLGSt **1967** 132, 133). **88a**

(a) **Beginn des Überholvorgangs.** Zur Festlegung des Überholbeginns existiert scheinbar eine gefestigte Rechtsprechung. Bei näherem Hinsehen fällt es jedoch außerordentlich schwer, hinreichend sichere Kriterien anzugeben, die auch geeignet sind, die Vorgänge im Vergleich zueinander plausibel abzugrenzen und die sich darüber hinaus in die Kategorien herkömmlichen Strafrechtsdenkens einfügen. In Anlehnung an *Mühlhaus* DAR **1968** 169 sollte nach Fallgruppen unterschieden werden: **89**

(aa) **Überholen mit Wechsel der Fahrspur.** Nach ganz h.M. leitet einen nach § 315c Abs. 1 Nr. 2b rechtlich erheblichen Überholvorgang jedenfalls ein, wer zum Zweck des Überholens auf die andere Fahrspur ausschert.[196] Diese Interpretation kann sich auf § 5 StVO stützen, der nach seinem Gesamtzusammenhang und nach der von ihm ins Auge gefassten Gefahrenlage (Rdn. 88) das Ausscheren dem Überholvorgang zuordnen dürfte.[197] **90**

---

195 Eingehend *Mühlhaus* DAR **1968** 169, 171, 172. **AA**, freilich unter unzutreffender Berufung auf BGHSt **25** 293, *Horn/Wolters* SK Rdn. 11.

196 S. etwa BayObLGSt **1967** 132, 133; **1981** 140, 141; OLG Düsseldorf VRS **70** 292, 293; OLG Hamburg VerkMitt. **1966** Nr. 123 S. 68; OLG Karlsruhe NJW **1972** 962, 963; OLG Koblenz VRS **85** 337, 338. *Sch/Schröder/Cramer/Sternberg-Lieben* Rdn. 18; *Hentschel/König* § 5 StVO Rdn. 22; *Jagow/Burmann/Heß* § 5 StVO Rdn. 8; *Mühlhaus* DAR **1968** 169, 172. Insoweit sollte man im Hinblick auf die Affinität zum „unmittelbaren Ansetzen" bei der Versuchsstrafbarkeit allerdings nicht entsprechend einer vielfach missverständlich gebrauchten Wendung (u.a. OLG Koblenz VRS **85** 337; auch amtliche Begründung zur StVO, abgedruckt bei *Hentschel/König* § 5 StVO Rdn. 3) von „Ansetzen zum Überholen" sprechen. Denn die Einleitung des Überholens ist schon der Überholvorgang selbst.

197 § 5 Abs. 2 StVO: „Überholen darf nur, wer übersehen kann, dass *während des ganzen Überholvorgangs* jede Behinderung des Gegenverkehrs ausgeschlossen ist." [Hervorhebung durch *Verf.*]. Nach Sinn und Zweck muss dies das Ausscheren einbeziehen (hierzu auch die amtl. Begründung, abgedruckt bei *Hentschel/König* § 5 StVO Rdn. 3). Allerdings ist der Sprachgebrauch nicht ganz eindeutig. Aus § 5 Abs. 4 („Wer *zum* Überholen ausscheren will") und Abs. 5 („Das Ausscheren *zum* Überholen ...") könnte man auch das Gegenteil folgern.

Mit dem begonnenen Wechsel der Fahrspur ist das Überholen vollendet. Demgemäß lässt es die Strafbarkeit wegen vollendeter Tat unberührt, wenn der Betreffende den Vorgang abbricht und sich wieder in die ursprüngliche Fahrspur einordnet.[198]

91 (i) **„Probeweises" Ausscheren.** Nicht einheitlich beurteilt wird, ob der Überholvorgang auch dann eingeleitet ist, wenn der nachfahrende Fahrzeugführer auf die Gegenfahrbahn ausschert, um sich einen Überblick zu verschaffen, ob diese frei ist. Rechtsprechung und Literatur[199] verneinen die Frage überwiegend, indessen letztlich nicht überzeugend. Entscheidend ist, dass sich das Ausscheren in Vergewisserungsabsicht objektiv nicht von demselben Fahrverhalten in Überholabsicht unterscheidet. Auch die Gefahrenlage ist die gleiche. Vergewisserung geht ggf. in Bruchteilen von Sekunden in das endgültige Vorbeifahren über, weswegen der Vorgang bereits als integrales Element des Überholvorgangs angesehen werden kann. Dass der Täter die Überhol*absicht* noch nicht unbedingt gefasst hat, steht dem nicht entgegen. Denn eine Überholabsicht verlangt der Terminus des Überholens nach h.M. gerade nicht (Rdn. 84). Es würde auch nicht sonderlich überzeugend wirken, wenn zwischen demjenigen unterschieden werden müsste, der sich bei unbedingtem Entschluss nur vorbehalten hat, für den Fall ungünstiger Verkehrslage wieder auf die „alte" Fahrspur zurückzukehren (dann Überholabsicht), und demjenigen, der von vornherein lediglich unter der Bedingung vorbeifahren will, dass die Gegenfahrbahn frei ist (dann keine Überholabsicht).[200] Vorsatzgegenstand ist in solchen Konstellationen der Vorgang des Ausscherens als objektiver Bestandteil des Überholvorgangs.

92 (ii) **„Drängeln" auf der Autobahn.** Die ganz h.M. sieht im dichten Auffahren auf ein anderes Fahrzeug dann ein (falsches) Überholen gerade gegenüber dem Vorausfahrenden, wenn sich die Überholabsicht („zwanglos") aus den Umständen ergibt; solche Umstände sind neben der deutlichen Verkürzung des Sicherheitsabstands vor allem die Betätigung der Lichthupe oder der Hupe bzw. auch die des linken Blinkers.[201] Keine Rolle soll es dabei spielen, ob der Überholvorgang überhaupt möglich ist (u.a. OLG Frankfurt VerkMitt. **1979** Nr. 41 S. 28). Trotz aller Gefahren, die mit solchem Verkehrsrowdytum verbunden sind, dürfte eine Interpretation in diesem Sinne die Strafvorschrift des § 315c Abs. 1 Nr. 2b jedoch überspannen. Derjenige, der auf den „Vordermann" auffährt, um diesen zum Freimachen der Fahrspur zu veranlassen, will sich erst die Möglichkeit des

---

198 BayObLGSt **1967** 132, 133; OLG Düsseldorf VerkMitt. **1961** Nr. 40 S. 30; OLG Hamburg VerkMitt. **1966** Nr. 123 S. 68; OLG Köln VRS **44** 16, 17; *Sch/Schröder/Cramer/Sternberg-Lieben* Rdn. 18; *Mühlhaus* DAR **1968** 169, 172.

199 BayObLG bei *Bär* DAR **1988** 366; vgl. auch BayObLGSt **1967** 132, 133 f; OLG Celle VerkMitt. **1959** Nr. 58 S. 32 (s. aber auch VerkMitt. **1963** Nr. 121 S. 77); OLG Hamburg VerkMitt. **1966** Nr. 123 S. 68; OLG Koblenz VRS **85** 337; *Hentschel/König* § 5 StVO Rdn. 22; *Jagow/Burmann/Heß* § 5 StVO Rdn. 8; *Mühlhaus* DAR **1968** 169, 170.

200 Wie hier *Sch/Schröder/Cramer/Sternberg-Lieben* Rdn. 18; s. auch OLG Düsseldorf VerkMitt. **1966** Nr. 8 S. 4 [zu § 1 StVO].

201 BayObLG VRS **79** 15, 16; OLG Karlsruhe NJW **1972** 962, 963 f; OLG Düsseldorf VRS **66** 355; VRS **70** 292, 293; VRS **77** 280, 281; OLG Frankfurt VerkMitt. **1979** Nr. 41 S. 28 f; OLG Koblenz VRS **85** 337, 338; OLG Hamm SVR **2007** 64; LG Karlsruhe NJW **2005** 915; *Sch/Schröder/Cramer/Sternberg-Lieben* Rdn. 18; *Hentschel/König* § 5 StVO Rdn. 22; *Fischer* Rdn. 6; wohl auch *Jagow/Burmann/Heß* § 5 StVO Rdn. 8; *Haubrich* NJW **1989** 1197, 1198. Zweifelnd *Lackner/Kühl* Rdn. 14.

Überholens verschaffen,[202] er überholt aber (noch) nicht. Anders als in den in Rdn. 91 angesprochenen Konstellationen hat sich der Vorgang noch nicht hinreichend äußerlich verdichtet. In Bezug auf das Verhalten *des „Dränglers"* bewirkt der Vorgang darüber hinaus nicht die typische Überholgefahr (Rdn. 88). Für eine Vorverlagerung der Strafbarkeit mögen kriminalpolitische Gründe sprechen, wobei aber u.U. eine Strafbarkeit wegen Nötigung gegeben ist (hierzu *Hentschel/König* § 240 Rdn. 10 ff). Deren Berücksichtigung muss sich aber in den durch Wortlaut und Wortsinn des Merkmals vorgegebenen Grenzen halten. Das ist nicht der Fall. Der Versuch des Überholens ist, anders als es in § 315c Abs. 1 Nr. 2f für das Wenden etc. geregelt ist, der Vollendung nicht gleichgestellt.[203] darüber hinaus ließe sich trefflich darüber streiten, ob nicht sogar nur eine Vorbereitungshandlung anzunehmen wäre.

Eine andere Frage ist, ob der „Drängler" deswegen zur Verantwortung gezogen werden kann, weil er **bei einem Überholvorgang falsch fährt**. OLG Düsseldorf VRS **62** 44 nimmt dies in einem Fall an, in dem der Führer eines schweren Sattelschleppers auf der Mittelspur eine dichte Fahrzeugkolonne überholt hat und dabei mit unverminderter Geschwindigkeit dicht auf einen vorausfahrenden Pkw aufgefahren ist (wohl, aber nach Auffassung der Vorinstanz nicht nachweisbar, um den Vorausfahrenden zur Freigabe der Fahrspur zu veranlassen); dabei war es sogar mehrfach zum Aufprall gekommen. OLG Düsseldorf knüpft daran an, dass der auf der Mittelspur Vorausfahrende selbst einen Überholvorgang eingeleitet hat, weil er im Begriff gewesen ist, an dem auf der rechten Fahrspur befindlichen Verkehr vorbeizufahren. *Bezogen auf diesen Überholvorgang des Vorausfahrenden* habe sich der Nachfahrende falsch verhalten. Nicht erforderlich sei nämlich, dass der Verkehrsverstoß gerade den Überholten (den rechts fahrenden Fahrzeugverkehr) gefährde. Falsches Fahren beim Überholvorgang könne in jedem verkehrswidrigen Verhalten liegen, durch das Vorausfahrende, Nachfolgende, Überholende und Überholte gefährdet würden. Der Regelverstoß müsse nur das Überholen als solches gefährlicher machen. § 1 Abs. 2 und § 4 StVO, die der Nachfolgende verletzt habe, seien aber eindeutig bestimmt, den Überholvorgang des (dem Täter vorausfahrenden) Überholenden zu schützen. Der vom OLG Düsseldorf gewählte Ansatz wirkt kompliziert, ist aber mit der Gesetzesfassung vereinbar und ermöglicht für die Breite der Fälle sachgerechte Lösungen. Über die in der Entscheidung genannten Aspekte hinaus ist darauf hinzuweisen, dass der erforderliche funktionale Zusammenhang zwischen dem Verkehrsverstoß und der besonderen Gefährlichkeit gerade des Überholvorgangs (näher Rdn. 99 f) auch in Bezug auf den rechts fahrenden Verkehr gegeben sein kann. Denn solches Verhalten birgt die Gefahr in sich (und zielt oftmals darauf ab), dass der Bedrängte unter dem Eindruck des „Drängelns" die Fahrspur wechselt, etwa indem er sich in eine zu knappe Lücke „zwängt", und dabei den Verkehr auf der rechten Spur beeinträchtigt. Auch die Gefahr anderer Fehlreaktionen liegt nahe. Zudem wird der „Drängler" meist selbst Fahrzeuge auf der Normalspur überholen. Eine *unmittelbare* Beeinträchtigung des 93

---

[202] Insoweit auch wörtlich OLG Frankfurt VerkMitt. **1979** Nr. 41 S. 28, 29, das aber zugleich die Einleitung des Überholvorgangs bejaht. Signifikant *Haubrich* NJW **1989** 1197 1198: „Dies [die Vorverlagerung der Strafbarkeit] mag zwar dem Laien – *mangels eigentlichen Überholvorganges* als solchem – unverständlich bleiben, ..." [Hervorhebung durch *Verf.*]. Es bleibt anzumerken, dass Unverständnis nicht nur beim Laien aufkommt und dass sich gerade das Straßenverkehrsrecht in besonderem Maße an den „Laien" richtet, weswegen es auch für ihn verständlich sein sollte, wenn es befolgt werden will.

[203] *Cramer* VOR **1974** 21, 38 und *Demuth* JurA **1971** 383, 388 schlagen vor, die Nichteinhaltung des Sicherheitsabstands in den Katalog des § 315c Abs. 1 Nr. 2 aufzunehmen.

auf der Normalspur befindlichen Verkehrs durch falsches Überholen des „Dränglers" kann z.B. gegeben sein, wenn dieser – wie es im Verkehrsalltag nicht selten zu beobachten ist – im „Zickzackkurs" hinter dem bedrängten Kraftfahrer fährt, um eine Lücke zu finden, die ihm das Vorbeifahren ermöglicht. In solchen Fällen kann die Nichteinhaltung des seitlichen Sicherheitsabstands (§ 5 Abs. 2 Satz 2 StVO; s. auch Rdn. 97) und *unter diesem Aspekt* falsches Überholen anzunehmen sein.

94 (bb) **Überholen ohne Wechsel der Fahrspur.** Hier ist zunächst an Fahrzeugführer zu denken, die auf der Autobahn oder auf sonstigen vier- oder mehrspurigen Schnellstraßen ständig oder über eine längere Strecke auf der Überholspur verbleiben. Außerdem sind Konstellationen betroffen, in denen auf der rechten Spur befindliche Fahrzeugführer an den auf der linken Spur fahrenden Verkehrsteilnehmern vorbeifahren; ob sie dabei mit erhöhter, gleich bleibender oder verminderter Geschwindigkeit fahren, ist unerheblich.[204] Unter solchen Vorzeichen fällt das Ausscheren zum Überholen als Abgrenzungskriterium (hierzu Rdn. 90 f) aus. Richtig dürfe es sein, den Beginn des Überholvorgangs (und damit eine vollendete Tat) zu dem Zeitpunkt anzunehmen, in dem das rechts überholende Fahrzeug so nahe auf das auf der Überholspur fahrende aufschließt, dass es nicht mehr gefahrlos hinter diesem bleiben kann, wenn das links fahrende auf die rechte Fahrspur ausbiegt. Denn dann ist die typische „Überholgefahr" gegeben (*Mühlhaus* DAR **1968** 169, 170). Ähnliches gilt für den links Überholenden; Überholen liegt spätestens vor, wenn dieser sich nicht mehr ohne Weiteres hinter dem rechts fahrenden Fahrzeug einordnen könnte (*Jagow/Burmann/Heß* § 5 StVO Rdn. 8). Für die Beurteilung spielen die gefahrenen Geschwindigkeiten und damit die Umstände des konkreten Einzelfalls eine ausschlaggebende Rolle (vgl. BayObLG DAR **1993** 269). Dabei kann der Beginn des Überholvorgangs nicht unter Bezugnahme auf die Überholabsicht zu weit auf den Vorgang des Aufschließens vorverlagert werden (**aA** wohl *Mühlhaus* DAR **1968** 169, 170). Denn die Beurteilung hat anhand objektiver Faktoren und nicht innerer Absichten zu erfolgen. Das in Rdn. 92 Gesagte gilt hier sinngemäß.

95 (b) **Beendigung des Überholvorgangs.** *Nach* Beendigung des Überholvorgangs liegendes Fehlverhalten führt nicht zur Strafbarkeit gemäß § 315c Abs. 1 Nr. 2b.[205] Abgeschlossen ist der Überholvorgang bei *einem Überholen mit Spurwechsel* erst, nachdem sich der Überholende in die ursprüngliche Fahrspur eingeordnet hat und der Überholte seine Fahrt ungehindert und ungefährdet fortsetzen kann (OLG Düsseldorf VRS **75** 351, 352). Pflichtverstöße, die der Überholende *beim* Sicheinordnen begeht, fallen noch unter § 315c Abs. 1 Nr. 2b.[206] Dazu rechnet nach OLG Düsseldorf VRS **75** 351, 352 auch der Fall, dass der Überholende unmittelbar nach dem Wiedereinscheren – verkehrsbedingt oder auch aus verkehrsfremden Gründen – stark abbremst.[207] Demgegenüber sieht OLG Celle VRS **68** 43, 44 in einer ähnlichen Konstellation den Überholvorgang als beendet an und hält (nur) § 315b Abs. 1 Nr. 2 für verwirklicht. OLG Düsseldorf VRS **75** 351 ist darin zuzustimmen, dass Bremsvorgänge unmittelbar nach dem Wiedereinscheren noch

---

[204] Zur Zuordnung solcher Konstellationen zum Überholbegriff und zum Fahren in Fahrzeugkolonnen Rdn. 83.

[205] OLG Hamm DAR **1955** 307; OLG Karlsruhe VRS **93** 102, 103; OLG Stuttgart DAR **1965** 103 f; *Sch/Schröder/Cramer/Sternberg-Lieben* Rdn. 19.

[206] U.a. OLG Düsseldorf VerkMitt. **1978** Nr. 70 S. 61; VRS **75** 351, 352; OLG Potsdam VRS **93** 103, 104, AG Rudolstadt VRS **112** 35; *Sch/Schröder/Cramer/Sternberg-Lieben* Rdn. 19; *Hentschel/König* § 5 StVO Rdn. 23.

[207] S. auch OLG Karlsruhe GA **1958** 156, 157; OLG Hamm NZV **2006** 388; OLG Düsseldorf NZV **2007** 585.

grundsätzlich tatbestandsrelevant sind. Jedoch setzt dies voraus, dass der innere Zusammenhang mit der besonderen Gefährlichkeit des Überholvorgangs gegeben ist (Rdn. 99 f). Für abruptes Abbremsen etwa im Zuge eines „Sicheinzwängens" in eine zu knappe Lücke ist dies zu bejahen. Hingegen fehlt es daran, wenn der Überholende nicht die spezifische Überholsituation ausnutzt, sondern den verkehrsfeindlichen Eingriff lediglich bei Gelegenheit des Überholvorgangs vornimmt, indem er sein Fahrzeug zur Disziplinierung oder zu „Strafzwecken" scharf abbremst; ein solcher Vorgang ist nur an § 315b zu messen, wobei das durch BGHSt **48** 233 statuierte Erfordernis des bedingten Schädigungsvorsatzes eine besondere Rolle spielt (dort Rdn. 12b, 33).

Verbleibt der Überholende bei einem **Überholen im gleichgerichteten Verkehr** auf der Überholspur oder auf der rechten Spur, so kommt es darauf an, ob der Überholer den Überholten so weit hinter sich gelassen hat, dass die Weiterfahrt der beiden Fahrzeuge in keinem inneren Zusammenhang mit dem Überholvorgang mehr steht.[208] Ein Zusammenhang mit dem Überholvorgang ist noch gegeben, wenn das überholende Fahrzeug das überholte erst so weit hinter sich gelassen hat, dass sich die Rückseite des Fahrzeugs mindestens in Höhe der Vorderseite des überholten Fahrzeugs befindet (vgl. BGHSt **25** 293, 300 f; abw. OLG Hamburg DAR **1973** 25); auch genügt es für die Beendigung des Vorgangs nicht, dass der Überholende überhaupt einen Vorsprung gegenüber dem Überholten gewonnen hat (*Sch/Schröder/Cramer/Sternberg-Lieben* Rdn. 19). **95a**

(3) **Falsches Fahren beim Überholvorgang.** Falsches Fahren beim Überholvorgang liegt vor, wenn der Täter (Überholender oder Überholter) eine der in § 5 StVO normierten Regeln verletzt. § 315c Abs. 1 Nr. 2b ist jedoch nach allgemeiner Meinung[209] nicht auf Verstöße gegen § 5 StVO beschränkt, sondern erfasst im Prinzip jede Fehlleistung bei Einleitung und Durchführung des Überholvorgangs. Dies steht spätestens seit der Ergänzung der Nummer 2b um den Oberbegriff des falschen Fahrens beim Überholvorgang außer jeglichen Zweifels und begegnet von Verfassungs wegen keinen Bedenken (vgl. BVerfG NJW **1995** 315, 316).[210] Voraussetzung ist allerdings, dass ein innerer Zusammenhang zwischen dem Verkehrsverstoß und der spezifischen Gefahrenlage des Überholens besteht (Rdn. 99 f). Bei Verletzung des Überholverbots an Fußgängerüberwegen (§ 26 Abs. 3 StVO) geht § 315c Abs. 1 Nr. 2c vor (Rdn. 105). **96**

(a) **Fehlverhalten des Überholenden.** Beispiele für Fehlverhalten des Überholenden sind: Verbotenes Rechtsüberholen (§ 5 Abs. 1 StVO), auch falls über den Gehsteig (OLG Hamm VRS **32** 449, 450), über die Kriech- (BGH VRS **37** 443, 444 f) bzw. Standspur oder ein anderes nicht zur Fahrbahn gehörendes Straßenteil (näher Rdn. 78 f). Überholen, ohne den Gegenverkehr übersehen zu können, z.B. vor einer sichtbehindernden Kuppe oder an anderen unübersichtlichen Stellen[211] oder bei sonst unklarer Verkehrslage (§ 5 Abs. 2, 3 Nr. 1 StVO), etwa indem das Fahrzeug in einer Rechtskurve praktisch „blind" in die Gegenfahrbahn hineingelenkt wird (OLG Düsseldorf VRS **85** 337). Über- **97**

---

[208] BayObLGSt **1968** 15; VerkMitt. **1972** Nr. 67 S. 51; OLG Braunschweig VRS **32** 372, 375; OLG Celle VRS **68** 43, 44; OLG Schleswig VerkMitt. **1971** Nr. 97 S. 79, 80; OLG Stuttgart VerkMitt. **1958** Nr. 50 S. 23. *Sch/Schröder/Cramer/Sternberg-Lieben* Rdn. 19; *Hentschel/König* § 5 StVO Rdn. 23.

[209] S. nur *Lackner/Kühl* Rdn. 14; *Sch/Schröder/Cramer/Sternberg-Lieben* Rdn. 20; *Fischer* Rdn. 6; *Jagow/Burmann/Heß* Rdn. 22; *Demuth* JurA **1971** 383, 388.

[210] Näher zu dieser Entscheidung, die unmittelbar den *Begriff* des Überholens betrifft, Rdn. 78 f.

[211] U.a. BayObLGSt **1952** 179 f; OLG Celle NStZ-RR **2004** 369; OLG Koblenz VRS **46** 37 39; OLG Hamm VD **2005** 133.

holen bei wetterbedingt schlechten Sichtverhältnissen, u.a., wenn bei dichtem Nebel zum Überholen ausgeschert wird (BayObLGSt **1955** 142, 143 f; OLG Köln VRS **40** 194, 195 ff) und Überholen trotz Gegenverkehrs (OLG Dresden v. 2.12.2002, 3 Ss 529/02, juris). Missachtung von Verkehrszeichen (Zeichen 276, 277; § 5 Abs. 3 Nr. 2 StVO); Verbotszeichen müssen dabei sofort beachtet, evt. bereits begonnene Überholvorgänge notfalls abgebrochen werden.[212] Verletzung der Sorgfaltspflichten, die den Überholenden gegenüber dem nachfolgenden Verkehr treffen (§ 5 Abs. 4 Satz 1 StVO), was etwa dann gegeben sein kann, wenn der Täter ohne Rücksicht auf den nachfolgenden Verkehr in Überholabsicht ausschert (OLG Hamm VRS **21** 280, 281) oder wenn er mit hoher Geschwindigkeit hinter einem langsamer fahrenden Fahrzeug in eine Autobahn (OLG Köln VRS **25** 201, 202) oder eine Kraftfahrstraße (LG Bonn VRS **79** 17) einfährt und dann sofort auf die Überholspur wechselt, wo er ein herankommendes schnelleres Fahrzeug zu einer Notbremsung zwingt bzw. einen Auffahrunfall verursacht. Ein relevanter Regelverstoß ist allerdings noch nicht mit *jeder* Behinderung des nachfolgenden Verkehrs beim Ausscheren zum Überholen verwirklicht. Denn der Nachfolgende hat keinen Vorrang und muss seinerseits den Vorausfahrenden beobachten und sich auf dessen Verhalten einstellen; leichte Behinderungen sind hinzunehmen (BayObLGSt **1981** 140, 141).

97a Einhaltung eines zu geringen Seitenabstands (§ 5 Abs. 4 Satz 2 StVO) oder zu knappes Einscheren nach rechts oder links („Schneiden") beim Abschluss des Überholens (§ 5 Abs. 4 Satz 4 StVO),[213] u.U. nach Überholen einer Fahrzeugkolonne bei Gegenverkehr und „Einzwängen" in eine Lücke – „Kolonnenspringen" – (OLG Stuttgart VRS **46** 36, 37; OLG Koblenz VRS **46** 37, 38). Gleichgültig ist, ob links oder rechts überholt wird (OLG Düsseldorf VerkMitt. **1970** Nr. 93 S. 76). Wer einen Überholvorgang gegenüber geradeaus fahrenden Radfahrern dadurch abschließt, dass er unmittelbar vor ihnen rechts abbiegt, überholt falsch (OLG Köln DAR **1958** 21).[214] Relevantes Fehlverhalten liegt auch im nicht rechtzeitigen Sichwiedereinordnen (§ 5 Abs. 4 Satz 3 StVO), beispielsweise auch, wenn der Täter mit einer für die Sichtweite zu hohen Geschwindigkeit auf der linken Fahrbahnseite fährt und einen am linken Fahrbahnrand in gleicher Richtung gehenden, von ihm nicht wahrgenommenen Fußgänger zu einem Zeitpunkt anfährt, zu dem er bereits wieder auf die rechte Fahrspur hätte zurückkehren können (BayObLG VRS **35** 280, 282). „Schneiden" bzw. bewusstes Abdrängen während des Überholvorgangs, dies nach BGH auch dann, wenn es aus verkehrsfeindlichen Beweggründen geschieht (BGHSt **48** 233 und hierzu § 315b Rdn. 12a, 12b) sowie „Ausbremsmanöver" beim Sichwiedereinordnen in die rechte Spur verstoßen gegen § 5 Abs. 4 Satz 4, sofern sie noch dem Überholvorgang zuzurechnen sind (Rdn. 95). Überholen eines Linksabbiegers, der seine Absicht rechtzeitig angekündigt und sich zum Abbiegen eingeordnet hat (§ 5 Abs. 7 Satz 1 StVO; BGH bei *Spiegel* DAR **1989** 247). Verletzung der zum Überholen (Nebeneinanderfahren) in § 7 StVO enthaltenen Regeln.[215] Zum „Drängeln" gegenüber einem Vorausfahrenden Rdn. 92 f.

---

[212] Zum Überholen bei Verbotszeichen BGHSt **25** 293, 295 ff; s. auch *Krumme* Rdn. 108.

[213] OLG Hamm DAR **1956** 108; **1963** 277; OLG Köln DAR **1958** 21; OLG Hamburg VerkMitt. **1961** Nr. 49 S. 35; OLG Koblenz VRS **46** 37, 39; OLG Zweibrücken VRS **33** 201, 202. Vgl. auch OLG Düsseldorf VRS **64** 7, 8 f.

[214] Abw. – ohne nähere Begründung – OLG Düsseldorf VRS **77** 219, 220. Kritisch hierzu auch *Janiszewski* Verkehrsstrafrecht Rdn. 272. S. ferner BayObLG VRS **70** 377, 379 [zum Ordnungswidrigkeitenrecht]. Zur Vorfahrtsverletzung Rdn. 72.

[215] OLG Düsseldorf VerkMitt. **1975** Nr. 5 S. 3; *Janiszewski* Verkehrsstrafrecht Rdn. 274. **AA** *Demuth* JurA **1971** 383, 389 f. Hierzu bereits Rdn. 86 a.E.

(b) **Fehlverhalten des Überholten.** Beispiele für Fehlverhalten des Überholten sind: Beschleunigung während des Überholtwerdens, namentlich um dieses zu verhindern (§ 5 Abs. 6 Satz 1 StVO; OLG Düsseldorf VRS **58** 28, 29; BTDrucks. IV/651 S. 28 f). Verkürzung des Sicherheitsabstands, um einem Überholer das Einscheren unmöglich zu machen. Ausscheren nach links, etwa mit der Folge, dass der Überholer auf das Bankett gedrängt wird. Wechseln in die andere Fahrspur über eine geschlossene Nagelreihe hinweg, weswegen der Überholende zu einer Notbremsung gezwungen wird (OLG Stuttgart VRS **41** 427, 428; s. auch KG v. 27.10.2005, 1 Ss 318/05, juris). 98

(c) **Innerer Zusammenhang.** Einigkeit besteht, dass nicht jeder Fahrfehler beim Überholen zur Annahme des § 315c Abs. 1 Nr. 2b führen kann. Erfasst wird Fehlverhalten über die in § 5 StVO aufgeführten Überholverstöße hinaus nur dann, wenn sich das Fehlverhalten als Verstoß gegen die gerade für das Überholen geltenden Verhaltenspflichten darstellt. Die Verkehrsverstöße müssen bei typisierender Betrachtungsweise das Überholen als solches gefährlicher machen. Notwendig ist ein innerer Zusammenhang zwischen Verkehrsverstoß und der besonderen Gefährlichkeit und Unfallträchtigkeit des Überholvorgangs (*Demuth* JurA **1971** 383, 387).[216] Wohl in erster Linie aufgrund des umfangreichen Pflichtenkatalogs des § 5 StVO wird dieser Aspekt in der Praxis eher selten relevant. Zum inneren Zusammenhang mit der abstrakten Gefährlichkeit des Überholens hinzukommen muss, dass sich die besondere Gefährlichkeit des Überholverstoßes im Gefahrerfolg realisiert (allgemein Rdn. 171 ff [183]). 99

Am notwendigen Zusammenhang fehlt es bei Fahrfehlern, die nur gelegentlich des Überholens unterlaufen, so z.B., wenn der Fahrer dabei das Gas- mit dem Bremspedal verwechselt; die Konnexität dürfte hingegen gewahrt sein, wenn dies aus Schrecken über auftauchenden Gegenverkehr geschieht (Beispiel nach *Sch/Schröder/Cramer/Sternberg-Lieben* Rdn. 20). Auch bei Geschwindigkeitsüberschreitungen und der Verkürzung des vorgeschriebenen Sicherheitsabstands kommt es darauf an, ob hierdurch gerade die mit dem Überholvorgang verbundene abstrakte Gefahr erhöht wird.[217] Zur Verkürzung des Sicherheitsabstands gegenüber dem auf derselben Fahrspur Vorausfahrenden in Überholabsicht und in der Absicht, diesen von der Fahrspur zu vertreiben, gilt das in Rdn. 92 f, zum scharfen Abbremsen unmittelbar nach Wiedereinscheren in die ursprüngliche Fahrbahn das in Rdn. 95 Gesagte. 100

cc) **Falschfahren an Fußgängerüberwegen (Nummer 2c).** Nummer 2c ist durch das 2. StraßenVSichG in den Katalog der besonders gefährlichen Regelverstöße aufgenommen worden (Entstehungsgeschichte). Anlass waren schwere Unfälle durch einschlägiges Verhalten; besonders der Unsitte, „links an einem vor dem Fußgängerüberweg haltenden Fahrzeug, das den Fußgängern den Weg freimachen will, vorbeizufahren", wollte der Gesetzgeber entgegentreten (BTDrucks. IV/651 S. 29). In der forensischen Praxis hat die Vorschrift keine allzu große Relevanz erlangt (Rdn. 1). 2006 ist es zu 43 rechtskräftigen Verurteilungen gekommen. Die Vorschrift knüpft unmittelbar an die in § 26 StVO enthaltenen Regelungen an. Andere Verkehrsverstöße, wie etwa die Verletzung des ähnlichen Fußgängervorrechts des nach § 9 Abs. 3 Satz 3 StVO,[218] werden durch § 315c Abs. 1 Nr. 2c nicht erfasst. 101

---

216 Vgl. OLG Düsseldorf VRS **62** 44, 46; VRS **77** 280, 281; LG Bonn VRS **79** 17, 18. *Sch/Schröder/Cramer/Sternberg-Lieben* Rdn. 20; *Fischer* Rdn. 6.

217 S. etwa BayObLG VRS **35** 280, 283; OLG Braunschweig VRS **32** 372, 375; OLG Düsseldorf VRS **75** 351, 352. Vgl. auch *Demuth* JurA **1971** 383, 388.

218 Eine Einbeziehung de lege ferenda schlagen *Cramer* VOR **1974** 21, 35 f; *Sch/Schröder/*

102 (1) **Fußgängerüberweg.** Ein Fußgängerüberweg entsteht nur durch Anbringung des Zeichens 293 *(Zebrastreifen)*. Das Hinweiszeichen 350 und das Gefahrzeichen 134 schaffen keinen Fußgängerüberweg im Sinne des Gesetzes.[219] Kein Fußgängerüberweg ist unumstritten die *nur* durch eine Lichtzeichenanlage gesicherte Fußgängerfurt (kein Zebrastreifen). **Nicht anwendbar** ist § 315c Abs. 1 Nr. 2c (und § 26 StVO) nach ganz h.M.[220] auch dann, wenn der Zebrastreifen *zusätzlich* durch eine Lichtzeichenanlage gesichert und diese in Betrieb ist. Denn die Ampelregelung suspendiert die Wirkung des Zebrastreifens (§ 37 Abs. 1, 2 Nr. 2 StVO), weswegen die mit dem Zeichen 293 bezeichneten Überwege während des Betriebs einer Lichtzeichenanlage rechtlich als nicht vorhanden gelten (*Hentschel/König* § 26 StVO Rdn. 12; *König* NZV **2008** 492). Die Schutzwürdigkeitserwägungen der Gegenauffassung (vgl. insbesondere OLG Koblenz VerkMitt. **1976** Nr. 16 S. 12) greifen nicht durch. Sie gelten nämlich für *jeden* ampelgesicherten Übergang. Einen so umfassenden Strafschutz gewährleistet die Vorschrift aber unumstritten nicht (s.o.). Demgemäß führt die Gegenauffassung trotz identischer Ausgangslage (es herrscht das „Regime" der Lichtzeichenanlage) zu einer Ungleichbehandlung von ampelgesicherten Fußgängerübergängen mit (Strafschutz gegeben) und ohne (Strafschutz nicht gegeben) Zebrastreifen. Das leuchtet nicht ein.[221] Dem Normzweck läuft die Ausklammerung des aktuell ampelgesicherten Zebrastreifens nicht zuwider. Das Strafrecht soll nämlich einen Ausgleich dafür schaffen, dass der Zebrastreifen nicht zusätzlich durch technische Einrichtungen geschützt und deswegen besonders gefährdet ist (OLG Stuttgart NJW **1969** 889, 890; *Janiszewski* Verkehrsstrafrecht Rdn. 276; *Mächtel* NJW **1966** 641). Ist die Lichtzeichenanlage hingegen *nicht* in Betrieb, so ist diese Gefahrenlage gegeben, weswegen für diesen Fall keine Bedenken gegen die Anwendung des § 315c Abs. 1 Nr. 2c bestehen (vgl. OLG Köln DAR **1975** 17; *Hentschel/König* § 37 Rdn. 58).

102a Der Zebrastreifen entfaltet die ihm eigene Wirkung nur, wenn er **für den Fahrzeugführer erkennbar ist** (Sichtbarkeitsgrundsatz, vgl. BGH NJW **1971** 1213). Daran fehlt es beispielsweise, sofern die Markierung stark abgenutzt oder durch Schneebelag verdeckt ist (*Hentschel/König* § 26 StVO Rdn. 10 m.w.N.). Dass der Übergang zur Tatzeit (erkennbar) durch einen Zebrastreifen bezeichnet war, muss im Urteil festgestellt werden (BayObLG NJW **1968** 313).

103 (2) **Persönlicher Schutzbereich.** § 26 Abs. 1 StVO gewährt *Fußgängern, Fahrern von Krankenfahrstühlen und von Rollstühlen* Vorrang. Danach bestimmt sich auch die Anwendbarkeit des § 315c Abs. 1 Nr. 2c. In den Schutzbereich einbezogen sind nach allgemeiner Meinung auch Fußgänger, die Fortbewegungsmittel im Sinne von § 24 Abs. 1 StVO bewegen. Das Gleiche gilt für Personen, die Fahrzeuge mitführen, insbesondere

---

Cramer/Sternberg-Lieben Rdn. 21 und *Demuth* JurA **1971** 383, 391 vor.

219 *Hentschel/König* § 26 StVO Rdn. 10; *Jagow/Burmann/Heß* § 26 StVO Rdn. 3, beide m.w.N.

220 BayObLG NJW **1967** 406; OLG Stuttgart NJW **1969** 889, 890; OLG Düsseldorf VRS **66** 135; *Lackner/Kühl* Rdn. 15; *Fischer* Rdn. 7; *Hentschel/König* § 26 StVO Rdn. 12; § 37 Rdn. 58; *Jagow/Burmann/Heß* Rdn. 23; *Janiszewski* Verkehrsstrafrecht Rdn. 275 f; *Demuth* JurA **1971** 383, 392; *Mächtel* NJW **1966** 641. Offen gelassen von OLG Hamm NJW **1969** 440. **AA** OLG Koblenz VerkMitt. **1976** Nr. 16 S. 12; *Cramer* VOR **1974** 21, 36; *Horn/Wolters* SK Rdn. 12; *Sch/Schröder/Cramer/Sternberg-Lieben* Rdn. 21; der Gegenauffassung zuneigend aber BGH NZV **2008** 528 m. Bspr. *König* NZV **2008** 492.

221 BayObLG NJW **1967** 406; *Demuth* JurA **1971** 383, 392.

Fahrräder schieben.[222] Denn diese sind im Wesentlichen dem Fußgängerverkehr zugeordnet (vgl. § 25 Abs. 2 StVO). Hingegen genießt der Radfahrer nach ganz h.M. *nicht* den Schutz des § 26 StVO und damit auch nicht den des § 315c Abs. 1 Nr. 2c.[223] Im Hinblick darauf wäre es problematisch, Personen als mitgeschützt anzusehen, die sich – auf dem Sattel des Fahrrads sitzend und den Lenker bedienend – „untypisch" mit dem Rad fortbewegen, etwa durch wiederholtes Abstoßen mit einem Fuß. Denn insoweit liegt kein Schieben mehr vor, sondern ein Fahrzeugführen (Rdn. 14, 29 f).[224] Nach OLG Stuttgart VRS 74 186, 187 kommt es für die Pflichtenstellung des Führers eines sich dem Zebrastreifen nähernden Fahrzeugs auf den Zeitpunkt des Heranfahrens an. Er habe die Regeln des § 26 StVO zu beachten, sofern eine auf dem Rad sitzende Person (insbesondere ein Kind) am Fußgängerüberweg warte und diesen ersichtlich überqueren wolle. Er dürfe dabei nicht darauf spekulieren, dass sich diese Person des Schutzes des § 26 StVO begeben werde, indem sie den Überweg *fahrend* benütze. Tue sie es doch, so sei § 315c Abs. 1 Nr. 2c jedenfalls erfüllt, wenn der Gefahrerfolg auch beim Schieben des Rads eingetreten wäre.

(3) **Falsch Fahren.** Falsch Fahren liegt bereits dann vor, wenn der Fahrzeugführer das **104**
Vorrecht des Fußgängers nicht beachtet, obwohl aus dessen gesamtem Verhalten die Absicht erkennbar wird, die Straße zu überqueren (BGHSt **20** 215, 216). Erkennbarkeit ist gegeben, sofern sich der Fußgänger mit unverminderter Gehgeschwindigkeit dem Straßenrand und dem Fußgängerüberweg nähert. Ist die Sicht auf den Überweg behindert, so darf der Fahrzeugführer nur mit einer Geschwindigkeit heranfahren, die es ihm gestattet, jederzeit anzuhalten, und aus der deutlich wird, dass er den Vorrang des Fußgängers achten werde (OLG Karlsruhe VRS **45** 40). Ein Fahrzeugführer darf nicht davon ausgehen, dass der gerade aufgrund seines eiligen Heranfahrens zögernde Fußgänger auf das Vorrecht verzichten werde; lediglich dann, wenn der Fußgänger unmissverständlich zum Ausdruck bringt, dass er stehen bleiben wolle, hat er freie Fahrt (BGHSt **20** 215, 216). Zu den Pflichten gegenüber auf einem Fahrrad sitzenden Personen s. Rdn. 103. Tatbestandsmäßig ist auch ein „Blitzstart" des Fahrzeugführers, nachdem er andere Fußgänger hat passieren lassen (LG Marburg ZfS **2005** 621). Falsch fahren umfasst schon nach dem Wortlaut **nicht das verbotswidrige Halten** nach § 12 Abs. 1 Nr. 4 StVO.

(4) **Überholverbot.** Im Bereich des eigentlichen Überwegs besteht nach § 26 Abs. 3 **105**
StVO ein absolutes Überholverbot (*Hentschel/König* § 26 StVO Rdn. 20). Ein vorher begonnener Überholversuch muss bis dahin beendet sein; ggf. ist er abzubrechen (*Hentschel/König* aaO). Fährt der Fahrzeugführer am Überweg an einem *haltenden* Fahrzeug (im Gegensatz zum bloß *wartenden*) vorbei, so überholt er zwar nicht (Rdn. 87), fährt aber im Sinne des § 315c Abs. 1 Nr. 2c falsch, wenn er die dabei anzulegenden, besonders hohen (*Hentschel/König* § 26 StVO Rdn. 20; *Demuth* JurA **1971** 383, 391) Anforderungen an die Sorgfaltspflicht verletzt. Wird entgegen § 26 Abs. 3 StVO überholt, so ist

---

222 OLG Düsseldorf VRS **95** 289; OLG Stuttgart VRS **74** 186; *Hentschel/König* § 26 StVO Rdn. 8; *Jagow/Burmann/Heß* § 26 StVO Rdn. 2.

223 OLG Düsseldorf VRS **95** 289; OLG Hamm NZV **1993** 66; NZV **1996** 449. *Hentschel/König* § 26 StVO Rdn. 8; *Jagow/Burmann/Heß* § 26 StVO Rdn. 1; *Grüneberg* NZV **1997** 420; *Hentschel* NJW **1988** 1120, 1124 f. Offen gelassen von OLG Stuttgart VRS **74** 186. **AA** OLG Düsseldorf MDR **1987** 1029.

224 **AM** wohl OLG Stuttgart VRS **74** 186.

neben § 315c Abs. 1 Nr. 2c an sich auch § 315c Abs. 1 Nr. 2b erfüllt. § 315c Abs. 1 Nr. 2b tritt aber hinter die spezielle Regelung des § 315c Abs. 1 Nr. 2c zurück (vgl. *Janiszewski* Verkehrsstrafrecht Rdn. 275).

106 **dd) Zu schnelles Fahren an unübersichtlichen Gefahrstellen (Nummer 2d).** Nummer 2d knüpft an die straßenverkehrsrechtliche Grundregel an, wonach ein Fahrzeugführer nur so schnell fahren darf, dass er sein Fahrzeug ständig beherrscht (§ 3 Abs. 1 Satz 1 StVO). Von der Strafdrohung erfasst wird nicht *jedes* zu schnelle Fahren.[225] Vielmehr greift das Gesetz typisierend die übermäßige Geschwindigkeit an bestimmten Gefahrstellen heraus (vgl. BTDrucks. IV/651 S. 29; s. auch Entstehungsgeschichte). Ein Vorschlag des Bundesrates (BTDrucks 13/8587 S. 73), den Tatbestand auf sämtliche angekündigten Gefahrstellen auszuweiten, hat sich wegen der damit verbundenen Ausweitung der Strafbarkeit (es existieren annähernd 30 Gefahrzeichen im Sinne von § 40 StVO) mit Recht nicht durchgesetzt (BReg in BTDrucks 13/8587 S. 89). Die forensische Bedeutung der Vorschrift ist gering (Rdn. 1). 2006 ist es zu 112 rechtskräftigen Verurteilungen gekommen.

107 (1) **Unübersichtliche Stelle.** Der Begriff der unübersichtlichen Stelle ist aus § 9 StVO a.F.[226] in das StGB übernommen worden (BayObLG VRS **75** 209, 210; *Demuth* JurA **1971** 383, 393). Er existiert heute in § 3 StVO nicht mehr (s. aber § 8 Abs. 2, § 12 Nr. 1 StVO) und muss daher aus sich heraus verstanden werden. § 3 Abs. 1 StVO benennt vielmehr beispielhaft bestimmte Faktoren wie Straßen-, Verkehrs-, Sicht- und Wetterverhältnisse, denen der Fahrzeugführer durch Anpassung der Geschwindigkeit Rechnung zu tragen hat. Das StGB hat den herkömmlichen Begriff hingegen beibehalten, ohne dass dessen Ausfüllung durch die Neufassung der StVO aus dem Jahre 1970 eine Änderung erfahren hätte.

107a **Eine Stelle ist unübersichtlich**, wenn der Fahrzeugführer den Verkehrsablauf wegen ungenügenden Überblicks über die Fahrbahn oder die sie umgebende Örtlichkeit nicht vollständig übersehen, deshalb Hindernisse und Gefahren nicht rechtzeitig bemerken und ihnen nicht sicher begegnen kann.[227] Die Umstände, aus denen sich die Unübersichtlichkeit ergibt, sind vom Richter festzustellen und im Urteil darzulegen (OLG Hamm DAR **1969** 275; OLG Düsseldorf VRS **79** 370). Aus den Urteilsgründen muss sich namentlich der Grad der Sichtbehinderung ergeben (BayObLGSt **1952** 252, 253).

108 (a) **Örtliche Verhältnisse, Sichtverstellung.** Unübersichtlichkeit kann zunächst aufgrund der örtlichen Verhältnisse gegeben sein, so etwa vor nicht einsehbaren Kurven oder Bergkuppen (BayObLG VRS **75** 209, 210 f; *Demuth* JurA **1971** 383, 393). Weitere Beispiele sind nahe an der Fahrbahn stehende Häuser, Bäume, Büsche, hoch gewachsenes Gras oder anderer Bewuchs (OLG Celle VRS **31** 33, 34). Wesentlich durch die Örtlichkeit bedingt sein kann die Unübersichtlichkeit desgleichen bei Dunkelheit (BGH VRS **3** 247, 249; DAR **1953** 58 f), z.B. bei unzureichender Laternenbeleuchtung oder bei durch die Schein-

[225] Zu Reformbestrebungen in diese Richtung vgl. Rdn. 69.

[226] § 9 Abs. 1 a.F. lautete: *„Der Fahrzeugführer hat die Fahrgeschwindigkeit so einzurichten, dass er jederzeit in der Lage ist, seinen Verpflichtungen im Verkehr Genüge zu leisten, und dass er das Fahrzeug nötigenfalls rechtzeitig anhalten kann. Das gilt besonders an unübersichtlichen Stellen und an höhengleichen Bahnübergängen."*

[227] BGH VRS **3** 247, 249; **17** 43; BayObLGSt **1952** 252, 253; **1955** 240 f; **1968** 15, 20; BayObLG VRS **75** 209, 210; OLG Celle VRS **31** 33, 34; OLG Hamburg VerkMitt. **1964** Nr. 26 S. 21.

werfer des Fahrzeugs nicht ausleuchtbarer sehr breiter Fahrbahn (BGH DAR **1953** 58 f). Entsprechendes gilt, wenn infolge einer Krümmung nur eine kurze Strecke beleuchtet wird (BayObLGSt **1955** 240, 241), und für das Durchfahren von Kurven mit Gegenverkehr (vgl. BGH VRS **24** 369, 372 ff).

Eine Straßenstelle kann auch durch **vorübergehende sächliche Hindernisse** unübersichtlich werden, z.B. bei Sichtbehinderung durch eine Baustelle oder durch ein oder mehrere parkende Fahrzeuge an einer Engstelle (BayObLGSt **1952** 252, 253 f). § 315c Abs. 1 Nr. 2d kann des Weiteren erfüllen, wer an einem an einer Haltestelle stehen gebliebenen öffentlichen Verkehrsmittel mit hoher Geschwindigkeit vorbeifährt und dabei Personen gefährdet, die zum Zweck des Einsteigens bereits auf die Straße getreten sind (BGH VRS **17** 43, 46).[228] Demgegenüber begründet eine kurzzeitige Verstellung der Sicht noch keine Unübersichtlichkeit im Sinne des Gesetzes, z.B. nicht ein auf der gegenüberliegenden Fahrbahn haltender Bus, der die Sicht auf den hinter ihm liegenden Streckenteil versperrt (BGHSt **13** 169, 171 f) bzw. – mit derselben Folge – entgegenkommende Fahrzeuge (BGH VRS **27** 119, 124; VerkMitt. **1965** Nr. 28 S. 19; BayObLG DAR **1962** 272). **108a**

(b) **Andere Hindernisse.** Nach ganz h.M.[229] können weitere von außen kommende Umstände eine nach der konkreten Örtlichkeit an sich übersichtliche zu einer unübersichtlichen Stelle machen. Dazu rechnet u.a. die Sichtbehinderung durch Nebel (BayObLGSt **1952** 45, 46 f; BayObLG VRS 75 209, 210; OLG Köln VRS **40** 194, 195 f), auch durch Rauschwaden, die durch einen gezündeten Feuerwerkskörper ausgelöst werden (OLG Hamm Verkehrsrecht aktuell **2006** 36), oder durch starken Regen- oder Schneefall. Eine Blendwirkung durch Sonnenstrahlen wird ebenso diesen Umständen zugeordnet (OLG Hamm VRS **25** 443, 445) wie die Blendung durch entgegenkommende Fahrzeuge (OLG Stuttgart DAR **1965** 103, 104; vgl. auch BayObLGSt **1955** 96, 99).[230] Die Einbeziehung der genannten „Hindernisse" dürfte allerdings am Rande des noch Vertretbaren liegen (vgl. *Cramer* VOR **1974** 21 36 f). Jedenfalls die Vereisung (Verschmutzung) der Scheiben kann als Eigenschaft spezifisch des Fahrzeugs nicht mehr genügen; die *Stelle* wird hierdurch nicht unübersichtlich.[231] Das Gleiche gilt für eine (vorübergehende) Sichtbehinderung aufgrund der Disposition des Fahrers (*Horn/Wolters* SK Rdn. 13), wie z.B. vermindertes Sehvermögen nach Herunterfallen der Brille oder wegen Übermüdung. **109**

(2) **Straßenkreuzungen, -einmündungen.** Der Begriff der Straßenkreuzungen und Straßeneinmündungen entspricht dem des § 8 StVO. Zu schnelles Fahren *vor* der Gefahrenstelle genügt prinzipiell nicht (BayObLG DAR **1956** 19). Führt das zu schnelle Fahren vor der Gefahrenstelle allerdings dazu, dass der Fahrzeugführer seinen Pflichten *in* der Kreuzung/Einmündung nicht mehr entsprechen kann, so reicht dies aus (BGH VRS **48** 28; BayObLG VRS **61** 212 f).[232] § 315c Abs. 1 Nr. 2d ist z.B. gegeben, wenn ein Kraftfahrer sich mit hoher Geschwindigkeit einer Kreuzung nähert, bei Umschaltung der Ampel auf Gelb/Rot seine Geschwindigkeit erhöht und schließlich beim Überqueren der **110**

---

228 S. dazu, dass in solchen Fällen kein Überholen gegeben ist, Rdn. 87.

229 *Horn/Wolters* SK Rdn. 13; *Lackner/Kühl* Rdn. 16; *Sch/Schröder/Cramer/Sternberg-Lieben* Rdn. 22; *Fischer* Rdn. 8; *Jagow/Burmann/Heß* Rdn. 24; *Demuth* JurA **1971** 383, 393.

230 Ebenso *Lackner/Kühl* Rdn. 16; *Jagow/Burmann/Heß* Rdn. 24; **AA** *Horn/Wolters* SK Rdn. 13; *Fischer* Rdn. 8.

231 *Horn/Wolters* SK Rdn. 13; *Fischer* Rdn. 8; *Jagow/Burmann/Heß* Rdn. 24. Der gegenteiligen Auffassung zuneigend BayObLGSt **1968** 15, 20.

232 S. auch BVerfG DAR **1999** 309.

Kreuzung andere gefährdet (OLG Stuttgart DAR **1970** 133 f). (Zu schnelles) Fahren in einer Einbahnstraße entgegen der vorgegebenen Richtung hindert die Anwendung der Vorschrift nicht (BGH VRS **18** 191, 192 f). § 315c Abs. 1 Nr. 2d dient auch dem Schutz der Fußgänger vor einbiegenden Fahrzeugen an Kreuzungen und Einmündungen (§ 9 Abs. 3 Satz 3 StVO). Deshalb handelt ein Fahrzeugführer tatbestandsmäßig, der sein Fahrzeug aufgrund zu hoher Geschwindigkeit nicht mehr rechtzeitig anhalten kann, die Ampel bei Rot überfährt und Fußgänger gefährdet, die bei Grünlicht die Straße überqueren (KG VRS **37** 445, 446 f). Das Gleiche gilt, wenn er durch ein unvernünftig schnelles Anfahren die jenseits der Kreuzung auf der Fahrbahn befindlichen Passanten in Gefahr bringt (OLG Hamm VRS **11** 57, 58).

111 (3) **Bahnübergänge.** Beim zu schnellen Fahren an Bahnübergängen (vgl. § 19 StVO) wird nicht selten § 315 Abs. 1 Nr. 2 (Hindernisbereiten) gegeben sein (§ 315 Rdn. 35), hinter den § 315c Abs. 1 Nr. 2d in der Regel zurücktritt. § 315c Abs. 1 Nr. 2d muss aber im Schuldspruch selbstständig zum Ausdruck kommen, wenn außer dem Schienen- auch der Straßenverkehr gefährdet wird.

112 (4) **Zu schnelles Fahren.** Hinsichtlich des zu schnellen Fahrens ist grundsätzlich von der Regelung des § 3 Abs. 1 StVO auszugehen. Der Fahrzeugführer darf danach nur so schnell fahren, dass er sein Fahrzeug jederzeit rechtzeitig anhalten kann. Dabei muss er hinsichtlich der Wahl der Fahrgeschwindigkeit nicht nur die Sichtverhältnisse berücksichtigen, sondern auch seine persönlichen Fähigkeiten und die Eigenschaften des Fahrzeugs. Ergibt sich die Sichtbehinderung allerdings wesentlich aus persönlichen Eigenschaften oder der Beschaffenheit des Fahrzeugs, so kann allein deswegen keine Unübersichtlichkeit der Stelle angenommen werden (Rdn. 109). Zum zu schnellen Fahren an Kreuzungen und Einmündungen gilt das in Rdn. 110 Gesagte.

113 (5) **Innerer Zusammenhang.** Die herbeigeführte Gefahr muss in innerem Zusammenhang (dazu allgemein unten Rdn. 171 ff) mit den Risiken stehen, die von Straßenkreuzungen, -einmündungen und Bahnübergängen typischerweise ausgehen. Dass der Gefahrerfolg nur gelegentlich des zu schnellen Fahrens eintritt, genügt nicht (BGH NStZ 2007 222). Nach dem Gesetz ist der Bereich des Strafwürdigen und der Strafe Bedürftigen nämlich nur dann erreicht, wenn der Täter die spezifischen Risiken der Gefahrstelle missachtet und sich gerade dies in der Gefährdung fremder Rechtsgüter realisiert, also nicht, sofern die besondere Gefahrenlage zum Eintritt der konkreten Gefahr nicht beigetragen hat. Mithin ist § 315c Abs. 1 Nr. 2d nicht erfüllt, wenn die Gefahrstelle hinweggedacht werden kann, ohne dass hierdurch der Gefahrerfolg entfiele (BayObLGSt **1976** 11, 12; AG Rudolstadt VRS **111** 49). Wird der Täter ungeachtet der Sichtverhältnisse beispielsweise aufgrund zu hoher Geschwindigkeit oder wegen eines Fahrfehlers aus einer Kurve getragen, so geht er unter dem Aspekt des § 315c Abs. 1 Nr. 2d straffrei aus (BayObLG VRS **64** 371, 372 f; OLG Hamm NJW **1955** 723; s. auch BGH NStZ **2007** 222). Am inneren Zusammenhang fehlt es auch dann, wenn der Täter an einer Einmündung gezielt auf einen Fußgänger zufährt, um diesen möglicherweise zu verletzen (Rdn. 171 a.E.). In solchen Fällen ist jedoch § 315b Abs. 1 Nr. 3 erfüllt (BGH VRS **48** 28 f; § 315b Rdn. 45, 95 a.E.). Gegeben ist der Zusammenhang z.B., wenn der Täter wegen eines aus der Nebenstraße kommenden Verkehrsteilnehmers in Schreck gerät und deshalb die Kontrolle über sein Fahrzeug verliert (vgl. BGH NStZ **2007** 222).

114 **ee) Verletzung des Rechtsfahrgebots an unübersichtlichen Stellen (Nummer 2e).** Zur unübersichtlichen Stelle gilt das in Rdn. 107 ff Gesagte. Die forensische Bedeutung der

Vorschrift ist sehr gering (Rdn. 1). 2006 ist es zu 14 rechtskräftigen Verurteilungen gekommen. Mit der Aufnahme der Nummer 2e in den Katalog des § 315c Abs. 1 wollte der Gesetzgeber vor allem der besonders unfallträchtigen Unsitte des Kurvenschneidens entgegenwirken, die „den Gegenverkehr auf das schwerste gefährden kann" (BTDrucks. IV/651 S. 29). Dementsprechend genügt eine bloße Verletzung des Rechtsfahrgebots (§ 2 Abs. 2 StVO) allein noch nicht, sondern *muss die rechte Fahrbahnseite mindestens teilweise verlassen* und damit der Gegenverkehr unmittelbar in Mitleidenschaft gezogen werden (BTDrucks. IV/651 S. 29; BGH VRS **44** 422, 423). Dies ist z.B. gegeben, wenn ein Motorradfahrer mit überhöhter Geschwindigkeit in eine durch einen Wald verdeckte unübersichtliche Kurve einfährt und die Mittellinie dabei um einen Meter überschreitet (BayObLG VRS **64** 123, 124) oder wenn der Täter bei einer Sichtweite von 30 bis 40 Metern mit einem 2,60 Meter breiten Kran auf der Mitte einer schmalen Straße in eine nicht überschaubare Kurve einfährt (OLG Stuttgart DAR **1971** 248). Hingegen passt der Tatbestand seinem ganzen Zuschnitt nach nicht für das Fahren auf Autobahnen und Kraftfahrstraßen in entgegengesetzter Richtung (hierzu § 315c Abs. 1 Nr. 2 f) und auch nicht für das (ständige) Linksfahren auf Autobahnen oder anderen Straßen mit zwei gleichgerichteten Fahrspuren (*Demuth* JurA **1971** 383, 395 f).

ff) Wenden, Rückwärtsfahren oder Fahren entgegen der Fahrtrichtung auf Autobahnen und Kraftfahrstraßen (Nummer 2f). Nummer 2f pönalisiert nicht oft vorkommende (2006: 53 rechtskräftige Verurteilungen; vgl. auch Rdn. 1), aber um so gefährlichere Verkehrsverstöße. Die Vorschrift ist mehrfach erweitert worden und hat seit 1986 ihre heutige Fassung (vgl. Entstehungsgeschichte). Der Versuch der Tathandlungen ist deren Vollendung gleichgestellt, weswegen der Sache nach ein Unternehmensdelikt (§ 11 Abs. 1 Nr. 6) gegeben ist.[233] Infolgedessen sind die Strafrahmenverschiebung nach § 23 Abs. 2, § 49 Abs. 1 und der Rücktritt vom Versuch (§ 24) ausgeschlossen. Die Merkmale des Wendens und Rückwärtsfahrens sind auch in § 9 Abs. 5, § 18 Abs. 7 StVO enthalten und wie dort zu interpretieren. Das Gleiche gilt für die Begriffe der Autobahn und der Kraftfahrstraße (§ 18 Abs. 1 Satz 1 StVO). 115

(1) **Autobahn, Kraftfahrstraße.** Der Anwendungsbereich des § 315c Abs. 1 Nr. 2f ist auf Autobahnen und Kraftfahrstraßen beschränkt. *Autobahn* ist der zwischen den Zeichen 330 („Autobahn") und 334 („Ende der Autobahn")[234] befindliche Straßenraum. Den Zeichen kommt konstitutive Wirkung zu. Der Ausbauzustand der Straße ist ohne rechtlichen Belang (u.a. BayObLG VRS **58** 154; OLG Hamm VRS **48** 65, 67). § 315c Abs. 1 Nr. 2f ist deshalb nicht anwendbar, wenn die Tathandlung auf einer *vor* dem Zeichen 330 befindlichen Straßenstelle stattgefunden hat, auch wenn die Stelle Teil einer einheitlichen und im späteren Bereich mit Zeichen 330 gekennzeichneten Autobahnzufahrt ist (vgl. OLG Düsseldorf VRS **94** 232, 233). *Innerhalb* der genannten Zeichen ist der *gesamte Straßenbereich* – also nicht etwa nur die durchgehende Fahrbahnen – „Autobahn" im Sinne des § 18 StVO.[235] Umfasst sind die Standspur (OLG Düsseldorf VRS **68** 141, 142, OLG Oldenburg VRS **60** 312, 313) und auch die Zu- und Abfahrtstraßen (die Anschlussstellen der Autobahn) sowie die Zu- und Abfahrten von Auto- 116

---

233 Vgl. BayObLGSt **1996** 48, 49; *Horn/Wolters* SK Rdn. 15; *Sch/Schröder/Cramer/Sternberg-Lieben* Rdn. 24.

234 Zur Aufstellung jeweils Nr. I Satz 1 VwV (je Rdn. 1) zu den Zeichen 330, 334.

235 Allgemeine Meinung, s. nur BGHSt **18** 188, 189 ff; BayObLG VRS **58** 154; OLG Düsseldorf VRS **94** 232; OLG Hamm VRS **59** 458; *Hentschel/König* § 18 StVO Rdn. 14 ff, alle m.w.N.

bahnraststätten, Tankstellen oder Parkplätzen (OLG Hamm **59** 458 f), desgleichen die neben der Hauptfahrbahn verlaufenden sog. Verbindungsstraßen zwischen den Aus- und Einfahrten (BGHSt **31** 71, 74 m.w.N.). Hingegen gelten die Verbote des § 315c Abs. 1 Nr. 2f (sowie des § 18 Abs. 7 StVO) nicht für das Raststätten-, Tankstellen- oder Parkplatzgelände selbst (BGHSt **47** 252 [zu § 18 StVO]; BayObLG VRS **58** 154, 155). Ob eine Straße die Qualifikation einer Kraftfahrstraße aufweist, bestimmt sich – ebenso wie bei der Autobahn – formal nach der rechtsgestaltenden Setzung der Zeichen 331 und 336.[236] Das Zeichen 331 markiert den Anfang der Kraftfahrstraße dabei nicht, wenn durch Zusatzschild 741 (z.B. „50 m") klargestellt ist, dass die Kraftfahrstraße erst in einem späteren Streckenabschnitt beginnen soll; ist das Zeichen 331 dort dann nicht (ohne Zusatzschild) aufgestellt, so fehlt es am Merkmal der Kraftfahrstraße (OLG Karlsruhe VRS **60** 227, 228).

117 (2) **Wenden.** Wenden wird allgemein als Vorgang verstanden, mit dem das Fahrzeug auf derselben (baulich einheitlichen) Straße, ggf. unter Mitbenutzung von neben der eigentlichen Verkehrsfläche liegenden anderen Grundflächen, von der bisherigen in die entgegengesetzte Richtung gebracht, mithin eine *Richtungsänderung um 180 Grad* bewirkt wird. Kein Wenden, sondern ein Abbiegen liegt vor, wenn der Täter die baulich einheitliche Straße vollständig verlassen hat (BGHSt **31** 71, 74; BayObLG VRS **90** 448, 448).[237] Gleichfalls kein Wenden, wenn der Betroffene auf einer Kraftfahrstraße unter Einbeziehung von zwei gegenüberliegenden Parkplätzen sein Fahrzeug in der Weise in die der bisherigen Fahrtrichtung entgegengesetzte Richtung bringt, dass er zunächst in den rechtsseitig gelegenen Parkplatz einfährt, diesen durchfährt, sein Fahrzeug sodann über dessen Ausfahrt unter Überqueren der Kraftfahrstraße in die Einfahrt des gegenüberliegenden Parkplatzes lenkt und diesen über die Ausfahrt entgegen seiner ursprünglichen Fahrtrichtung wieder verlässt (BGHSt **47** 252; OLG Stuttgart NZV **2001** 179 [je zu § 18 StVO]). Nicht entscheidend ist, ob der Fahrzeugführer anschließend in der entgegengesetzten Richtung weiterfährt oder weiterzufahren beabsichtigt.[238] Die Gefährlichkeit des Fahrmanövers besteht nämlich in der Überquerung der Fahrbahn und dem Umdrehen des Fahrzeugs in die Gegenrichtung, nicht aber im Weiterfahren oder gar der diesbezüglichen Absicht (BGHSt **27** 233, 235; **47** 252). Trotz dieses Umstands und obwohl Wortlaut und Wortsinn es durchaus erlauben würden, als Wenden den gesamten (gestreckten) Vorgang des Umdrehens des Fahrzeugs zu verstehen, sieht die h.M. das Merkmal erst *mit der Ausführung des Bogens als vollendet an*.[239] Ein Widerspruch zur Vorgehensweise beim strukturell sehr ähnlichen Überholen (hierzu Rdn. 88 ff) ist dabei nicht zu verkennen. Die divergierende Behandlung kann wohl nur mit der historischen Entwicklung erklärt werden. Anders als bei § 18 Abs. 7 StVO (hierzu BayObLGSt **1996** 48, 49 f) wirkt sich die Frage allerdings im Rahmen des § 315c Abs. 1 Nr. 2f praktisch nicht aus, weil hier auch der Versuch des Wendens einbezogen ist. Beim Wenden nach Bemerken einer „Geisterfahrt" kann es an der Rücksichtslosigkeit fehlen (OLG Oldenburg

---

[236] OLG Hamm VRS **42** 311, 312; VRS **48** 65, 67; OLG Karlsruhe VRS **60** 227.

[237] Näher *Hentschel/König* § 9 StVO Rdn. 50; *Jagow/Burmann/Heß* § 9 Rdn. 56 ff.

[238] BGHSt **27** 233, 234 f; BayObLGSt **1953** 52; BayObLG VRS **52** 146, 147; OLG Düsseldorf VRS **81** 467, 468; *Hentschel/König* § 9 StVO Rdn. 50; *Jagow/Burmann/Heß* § 9 StVO Rdn. 56; *Rüth/Berr/Berz* § 9 StVO Rdn. 117. **AA** zur anschließenden Fortbewegungsabsicht noch OLG Celle VRS **51** 74, 75; OLG Koblenz VRS **50** 135, 136.

[239] BayObLGSt **1996** 48, 49; BayObLG VRS **94** 295, 296; OLG Celle VerkMitt. **1983** Nr. 105 S. 87, 88; *Hentschel/König* § 9 StVO Rdn. 50; *Jagow/Burmann/Heß* § 9 StVO Rdn. 57.

DAR 2002 89). „Wenden" verlangt einen **zielgerichteten Vorgang**. Wer durch einen Schleudervorgang in die entgegengesetzte Richtung gerät, wendet deshalb nicht (OLG Köln VRS **74** 139). Allerdings kann bei ungewollt eingeleiteter Richtungsänderung u.U. in deren gezielter Fortsetzung ein tatbestandsrelevantes Wenden zu sehen sein (so OLG Stuttgart JR **1977** 253, 255).

Der **Versuch des Wendens beginnt** mit dem Einschlagen des Steuers und dem Anfang der Richtungsänderung, also mit dem Anfahren in die angestrebte neue Fahrtrichtung (BayObLGSt **1996** 48, 50; *Sch/Schröder/Cramer/Sternberg-Lieben* Rdn. 22). Hingegen sind die Herabsetzung der Geschwindigkeit und das Anhalten zum Zweck des Wendemanövers noch dem Vorbereitungsstadium zuzurechnen (BayObLGSt **1996** 48, 49 f; *Horn/Wolters* SK Rdn. 15). **Beendet** ist das Wenden mit der Einordnung in den Gegenverkehr oder mit dem Anhalten auf der anderen Straßenseite (*Jagow/Burmann/Heß* § 9 StVO Rdn. 57). § 23 Abs. 2 und § 24 StGB sind nicht anwendbar (hierzu Rdn. 115). Wird die Gefahr durch das Weiterfahren nach beendetem Wendevorgang ausgelöst, so ist dies nicht tatbestandsrelevant (OLG Celle VerkMitt. **1983** Nr. 105 S. 87, 88). **118**

(3) **Rückwärtsfahren.** Unter Rückwärtsfahren ist das technisch zu verstehende, gewollte Fahren in Heckrichtung zu verstehen.[240] Dass der Fahrzeugführer hierzu den Rückwärtsgang einlegt (so wohl OLG Düsseldorf VRS **81** 467, 468; NZV **2000** 303; *Jagow/Burmann/Heß* § 9 StVO Rdn. 67), ist kein notwendiges Begriffselement. Es genügt, wenn er das Fahrzeug z.B. unter bewusster Ausnutzung der Schwerkraft nach hinten abrollen lässt (vgl. auch *Horn/Wolters* SK Rdn. 15 a.E.). Demgegenüber kann das *ungewollte* Zurückrollen nicht als Rückwärtsfahren angesehen werden (OLG Düsseldorf VRS **63** 471, 472; NZV **2000** 303; OLG Stuttgart VerkMitt. **1973** Nr. 83 S. 61).[241] Wer eine Kraftfahrstraße verlässt, indem er nach links in einen privaten Forstweg abbiegt, und von dort rückwärts wieder in sie einfährt, fährt auf einer Kraftfahrstraße rückwärts (BayObLG VRS **90** 448, 449). Stellt sich das Rückwärtsfahren als Notmaßnahme dar (z.B. Verlust eines Gepäckstücks oder eines Zubehörteils des Fahrzeugs), so kann es je nach den Umständen des Einzelfalls an der Rücksichtslosigkeit fehlen (Rdn. 143). Das Gleiche gilt, wenn vom Zurücksetzen auf dem Seitenstreifen einer Autobahn geringere Gefahren für den nachfolgenden Verkehr ausgehen, als wenn der Fahrzeugführer stehen bleibt und zurückgeht oder wenn der aus einer Autobahn Ausfahrende versehentlich in eine Autobahneinfahrt gerät, dies alsbald bemerkt und dann mit größtmöglicher Sorgfalt zurückstößt.[242] Kein Rückwärtsfahren im Sinne des § 315c Abs. 1 Nr. 2f liegt nach einhelliger Ansicht[243] **beim sog. „Geisterfahrer"** vor, also bei demjenigen, der sein Fahrzeug *frontwärts* entgegen der vorgeschriebenen Fahrtrichtung fortbewegt (hierzu Rdn. 120). **119**

Wie beim Wenden (Rdn. 118) liegt der **Versuchsbeginn** noch nicht im Anhalten zum Zweck des Rückwärtsfahrens (*Horn/Wolters* SK Rdn. 15; *Sch/Schröder/Cramer/Stern-* **119a**

[240] BayObLG VRS **67** 142 f; OLG Düsseldorf VRS **81** 467, 468; OLG Köln VRS **60** 221; VRS **74** 139; OLG Stuttgart JR **1977** 253, 255 mit insoweit zust. Anmerkung *Rüth* JR **1977** 255; OLG Stuttgart JR **1980** 470 f m. Anm. *Kürschner* JR **1980** 472; *Hentschel/König* § 9 StVO Rdn. 51; *Jagow/Burmann/Heß* § 9 StVO Rdn. 67.

[241] *Hentschel/König* § 9 StVO Rdn. 51; *Jagow/Burmann/Heß* § 9 StVO Rdn. 67.

[242] Nach OLG Köln VRS **56** 63 kann ein Verstoß gegen § 18 Abs. 7 StVO in einem solchen Fall gemäß § 16 OWiG gerechtfertigt sein; zust. *Hentschel/König* § 18 StVO Rdn. 22.

[243] BayObLG VRS **67** 142 f; **94** 295 f; OLG Stuttgart JR 1977 253, 255; VRS **58** 203 f; OLG Köln VRS **60** 221; OLG Düsseldorf VRS **81** 467, 468 f.

berg-Lieben Rdn. 24; **aA** *Janiszewski* Verkehrsstrafrecht Rdn. 281), sondern erst im Einlegen des Rückwärtsgangs und beim Abrollenlassen im Lösen der Bremse (vgl. *Horn/Wolters* SK Rdn. 15). Mit dem Anrollen der Räder ist das Rückwärtsfahren vollendet; beendet ist es mit dem endgültigen Stillstand der Räder.

120 (4) **Fahren entgegen der Fahrtrichtung.** Das Fahren entgegen der Fahrtrichtung ist mit dem OWiGStVGÄndG aus dem Jahre 1986 (s. Entstehungsgeschichte) in Nummer 2f aufgenommen worden. Der Gesetzgeber trug damit dem Umstand Rechnung, dass diese gefährliche, mitunter kilometerlang beibehaltene Verhaltensweise „nicht als Rückwärtsfahren anzusehen ist und auch nicht stets ein Wenden voraussetzt (z.B. bei falschem Einfahren)" und selbst bei ausgeführtem Wendevorgang u.U. nicht als solcher strafrechtlich erfasst werden kann, weil bei Eintritt des Gefahrerfolgs der Wendevorgang bereits abgeschlossen ist und sich das darin liegende Risiko nicht im Gefahrerfolg realisiert (BTDrucks. 10/2652 S. 35). Die – empfindliche – Strafbarkeitslücke bezüglich des quantitativ nicht zu vernachlässigenden Phänomens[244] ist seither geschlossen (*Sch/Schröder/Cramer/Sternberg-Lieben* Rdn. 25). In Ausnahmekonstellationen kann es an grober Verkehrswidrigkeit und/oder Rücksichtslosigkeit fehlen. Ist z.B. die Überholspur der Autobahn in einer Kurve durch ein entgegen der Fahrtrichtung stehendes Fahrzeug versperrt, kann es dem Führer dieses Fahrzeugs nicht als grob verkehrswidrig und rücksichtslos angelastet werden, wenn er entgegengesetzt zur Fahrtrichtung fahrend auf dem kürzesten Weg den Seitenstreifen aufsucht; das gilt jedenfalls dann, wenn ein Wenden in einem Zug nicht durchführbar ist (OLG Köln VRS **88** 433, 434 f; s. auch OLG Oldenburg DAR **2002** 89; Rdn. 136, 143).[245] Fahren entgegen der Fahrtrichtung auf der Standspur einer Autobahn ist tatbestandsgemäß (BGHSt **48** 233). Zum Versuchsbeginn gilt das in Rdn. 118, 119a Gesagte sinngemäß. Bei einer Pervertierung des Verkehrsvorgangs (insbesondere Verletzungsabsicht) kann, was freilich umstritten ist – ein gefährlicher Eingriff in den Straßenverkehr gemäß § 315b Abs. 1 Nr. 3 gegeben sein (§ 315b Rdn. 31, 45).

121 **gg) Nichtkenntlichmachen liegen gebliebener oder haltender Fahrzeuge (Nummer 2g).** Die Nichtsicherung von liegen gebliebenen und haltenden Fahrzeugen hat die Rechtsprechung vor In-Kraft-Treten des 2. StraßenVSichG an § 315b Abs. 1 Nr. 1 (Hindernisbereiten) gemessen. Mit § 315c Abs. 1 Nr. 2g wollte der Gesetzgeber mit Blick auf den prinzipiell gegebenen Ausschlusscharakter des § 315c im Verhältnis zu § 315b gewährleisten, dass einschlägige Verhaltensweisen weiterhin geahndet werden können (BTDrucks. IV/651 S. 29). Im Anwendungsbereich des § 315c Abs. 1 Nr. 2g ist § 315b Abs. 1 Nr. 2 seither ausgeschlossen. Bei Vorliegen verkehrsfeindlicher Absicht dürfte zwar eine Ausnahme anzuerkennen sein. Dem kommt jedoch eher theoretische Bedeutung zu (näher § 315b Rdn. 38). Die *forensische Bedeutung* der Vorschrift ist äußerst gering (s. auch Rdn. 1). 2006 ist es zu zwei rechtskräftigen Verurteilungen gekommen.

122 Bei § 315c Abs. 1 Nr. 2g handelt es sich, da die Vorschrift eine anderweitig begründete Sicherungspflicht voraussetzt, dem Deliktscharakter nach um ein **unechtes Unterlassungsdelikt** (*Sch/Schröder/Cramer/Sternberg-Lieben* Rdn. 27).[246] Ähnlich wie schon bei Num-

---

244 S. etwa *Dvorak* DAR **1979** 32 und *Kürschner* JR **1977** 472, 473.

245 Zur Würdigung des Falschfahrens, um eine verlorene Brieftasche wieder zu erlangen, im Rahmen des § 16 OWiG, OLG Düsseldorf VRS **81** 467 [im konkreten Fall ist Notstand mit Recht verneint worden].

246 Ebenso *Horn/Wolters* SK Rdn. 16; *Fischer* Rdn. 11; *Lackner/Kühl* Rdn. 17a. Zur Begriffsverwirrung bei der Unterscheidung echtes – unechtes Unterlassungsdelikt *Weigend* LK § 13 Rdn. 16.

mer 2c (s. Rdn. 107) ist die Wortfassung der Regelung an einem straßenverkehrsrechtlichen Gebot orientiert, das in dieser Form heute nicht mehr existiert (§ 23 Abs. 2 StVO a.F.;[247] hierzu *Demuth* JurA **1971** 383, 396). Erneut ergeben sich hierdurch Divergenzen zwischen StVO und StGB, was nicht recht zufrieden stellen kann:

(1) **Sprachgebrauch der StVO.** Die StVO unterscheidet zwischen Liegenbleiben und Halten eines Fahrzeugs und knüpft daran in § 15 StVO und in § 17 Abs. 4 StVO differenzierte Handlungspflichten. Ein **Liegenbleiben** ist gegeben, sofern das Fahrzeug gegen den Willen des Fahrzeugführers und nicht durch Anordnungen (Ampel u.ä.) oder die Verkehrslage bedingt zum Stillstand kommt oder der Fahrzeugführer nach gewolltem Anhalten nicht mehr aus eigener Kraft weiterfahren kann.[248] Die Gründe für den unfreiwilligen Stillstand werden meist in technischem Versagen des Fahrzeugs liegen, wie etwa einem Motor- (OLG Düsseldorf VRS 58 281) oder Getriebeschaden (BGH VRS 73 427), der Verstopfung der Brennstoffleitung (BGH VerkMitt. **1968** Nr. 127 S. 89), einem geplatztem Reifen (OLG Hamm VRS 47 65), dem Ausfall der Zündanlage (OLG Zweibrücken VerkMitt. **1974** Nr. 62 S. 48), aber auch nach Unfall, bei Benzinmangel (OLG Hamm VRS 57 215) oder bei einer wegen vereister Kuppe unmöglichen Weiterfahrt (*Jagow/Burmann/Heß* § 15 StVO Rdn. 4). Mit Recht rechnet die ganz h.M. auch den Fall hierher, dass der Weiterfahrt Umstände in der Person des Fahrzeugführers entgegenstehen; ein Beispiel ist Fahrunfähigkeit nach einem Herzanfall.[249] Denn dem Gesetz lässt sich nicht entnehmen, dass die Gründe für den unfreiwilligen Stillstand gerade in Zusammenhang mit dem Fahrzeug und dessen Eigenschaften stehen müssen. Der Begriff verlangt allerdings länger dauernden Stillstand. Demgemäß stellen ganz kurzfristige Fahrtunterbrechungen, wie sie z.B. nach einem „Abwürgen" des Motors gegeben sein können, kein „Liegenbleiben" dar (KG VRS 58 61, 63), anders jedoch u.U., wenn mehrere Startversuche erfolglos bleiben (OLG Düsseldorf VerMitt. **1974** 87; krit. insoweit KG VRS 58 61, 63). Freiwilliges und kurzzeitiges Stehenbleiben ist als **„Halten"** anzusehen. 123

(2) **Sprachgebrauch des StGB.** Demgegenüber behandelt das Strafrecht Liegenbleiben und Halten im Prinzip gleich. Die Strafbarkeit nach § 315c Abs. 1 Nr. 2g steht hinsichtlich beider Fälle unter der gemeinsamen Voraussetzung, dass der Täter das Fahrzeug nicht oder nicht ausreichend kenntlich macht, *obwohl dies zur Sicherung des Verkehrs erforderlich gewesen wäre*. Es handelt sich dabei um ein eigenständiges strafrechtliches Merkmal. Zu dessen Ausfüllung können und müssen zwar die Verhaltensregeln nach §§ 15, 17 Abs. 4, § 23 Abs. 2 StVO gewürdigt werden. Die strafrechtliche Beurteilung ist jedoch nicht strikt mit diesen Vorschriften verknüpft. Mithin kann es dazu kommen, dass ein nach § 315c Abs. 1 Nr. 2g relevanter Pflichtenverstoß vorliegt, obwohl die genannten Normen nicht verletzt oder von vornherein nicht einschlägig sind (kritisch *Demuth* JurA **1971** 383, 395 f); theoretisch ist freilich auch die umgekehrte Konstellation 124

247 Die Vorschrift lautete: „*Wenn es zur Sicherung des Verkehrs erforderlich ist, müssen haltende oder liegengebliebene Fahrzeuge durch besondere Sicherungslampen, Fackeln oder ähnliche Beleuchtungseinrichtungen oder durch rückstrahlende Warneinrichtungen auf ausreichende Entfernung kenntlich gemacht werden.*"

248 BGH (6. Zivilsenat) VRS 73 427, 430; KG VRS 58 61, 63; OLG Düsseldorf VRS 58 281; VRS 63 70, 71; OLG Zweibrücken VerkMitt. **1977** Nr. 54 S. 43; *Hentschel/König* § 15 StVO Rdn. 2; *Jagow/Burmann/Heß* § 15 StVO Rdn. 4; *Rüth/Berr/Berz* § 15 StVO Rdn. 1.

249 KG VRS 58 61, 62; *Hentschel/König* § 15 StVO Rdn. 2; *Jagow/Burmann/Heß* § 15 StVO Rdn. 4; *Rüth/Berr/Berz* § 15 StVO Rdn. 1.

denkbar. Was im konkreten Einzelfall zur Sicherung des Verkehrs erforderlich ist, muss ergänzend nach den zu § 1 Abs. 2 StVO entwickelten Grundsätzen beurteilt werden (vgl. *Sch/Schröder/Cramer/Sternberg-Lieben* Rdn. 26).

125 (a) **Mehrspurige Fahrzeuge.** Die straßenverkehrsrechtlichen Verhaltensgebote beim Liegenbleiben von mehrspurigen Fahrzeugen ergeben sich aus § 15 StVO. Dazu gehören das Einschalten des Warnblinklichts (§ 15 Satz 1 StVO), die Aufstellung von Warnzeichen, insbesondere des Warndreiecks (§ 15 Satz 2 StVO) und die Beleuchtung nach den Vorschriften über haltende Fahrzeuge (§ 15 Satz 3 StVO). Die Sicherungspflicht ist sofort zu erfüllen; sie geht dem Wegschaffen des Fahrzeugs im Grundsatz vor.[250] Die Pflicht zur Aufstellung *des Warnzeichens* kann freilich entfallen, wenn deren Erfüllung länger dauern würde als ein zulässiges Entfernen des Fahrzeugs von der Stelle, an der es liegen geblieben ist (OLG Köln VRS **88** 433, 434). Der Fahrzeugführer muss auch noch kein Warndreieck aufstellen, bevor er sich nicht sicher sein kann, ob ein Defekt vorliegt, der dem Weiterfahren entgegensteht (BayObLG VRS **70** 461, 463).[251]

126 Kommt der Verantwortliche den Geboten des § 15 StVO nach, so scheidet auch § 315c Abs. 1 Nr. 2g in aller Regel aus, weil zugleich das zur Sicherung des Verkehrs Erforderliche unternommen worden ist. In Ausnahmefällen ist allerdings denkbar, dass die Verkehrssicherheit ein Mehr verlangt. Beispielsweise kann es wegen der Größe des Fahrzeugs geboten sein, nicht nur ein, sondern mehrere Warnzeichen aufzustellen. Sofern der Verantwortliche dieser Handlungspflicht schuldhaft sowie grob verkehrswidrig und rücksichtslos nicht genügt, ist § 315c Abs. 1 Nr. 2g in Betracht zu ziehen;[252] dies wird freilich nicht oft vorkommen. Hierfür muss es sich geradezu aufdrängen, dass die Sicherung durch ein einziges Zeichen nicht ausreicht (s. auch § 15 Satz 2 StVO: *„mindestens"*).

127 (b) **Einspurige Fahrzeuge.** Auf liegen gebliebene einspurige Fahrzeuge ist § 15 StVO nicht anwendbar. Betroffen sind namentlich Krafträder, selbst wenn sie einen Beiwagen führen (*Hentschel/König*[40] § 15 StVO Rdn. 1), sowie Fahrräder. Einspurige Fahrzeuge sind nach der StVO (§ 17 Abs. 4 Satz 4; § 23 Abs. 2 StVO) unverzüglich von der Fahrbahn zu beseitigen oder an den Rand zu schieben (*Jagow/Burmann/Heß* § 15 StVO Rdn. 3). Ein Verstoß gegen *diese* Pflicht führt allerdings nicht zur Strafbarkeit nach § 315c Abs. 1 Nr. 2g, der auf die *Nichtkenntlichmachung* abstellt. Jedoch besteht kein Anlass, § 315c Abs. 1 Nr. 2g auf den unmittelbaren Anwendungsbereich des § 15 StVO zu beschränken. Das Erfordernis des mehrspurigen Fahrzeugs ist in § 315c Abs. 1 Nr. 2g nicht enthalten, und von Sinn und Zweck der Strafnorm ist z.B. das ungesicherte Stehenlassen eines Motorrads auf der Standspur einer Autobahn eindeutig umfasst. Die Strafbarkeit setzt allerdings voraus, dass es dem Betroffenen möglich ist, das Fahrzeug hinreichend kenntlich zu machen, was mangels mitgeführten Warndreiecks[253] u.U. auf Schwierigkeiten stößt. Ggf. müssen Warnposten o.Ä. aufgestellt werden.

---

250 Vgl. BGHSt **16** 89, 92 ff; BGH (6. Zivilsenat) VRS **73** 427, 431; *Hentschel/König* Rdn. 6; *Jagow/Burmann/Heß* § 15 StVO Rdn. 6.

251 Im konkreten Fall hatte der Fahrzeugführer angehalten, nachdem er von anderen auf Unregelmäßigkeiten aufmerksam gemacht worden war, und die Warnblinkanlage eingeschaltet. Danach vergewisserte er sich über den Zustand der Heckbeleuchtung, ohne zuvor das Warnzeichen aufgestellt zu haben.

252 Vgl. *Sch/Schröder/Cramer/Sternberg-Lieben* Rdn. 26; **aA** *Demuth* JurA **1971** 383, 397.

253 Auf Krafträdern muss ein Warndreieck nicht mitgeführt werden (§ 53a Abs. 2 StVZO).

(c) **(Sonst) haltende Fahrzeuge.** Für (sonst) haltende Fahrzeuge ergeben sich in Bezug auf die Sicherungspflichten Anhaltspunkte aus § 17 Abs. 4 StVO. Die Vorschrift betrifft namentlich die Pflicht zu ausreichender Beleuchtung bei Dunkelheit nach den dort weiter genannten Vorgaben. Darauf beschränken sich die Sicherungspflichten jedoch nicht. Denn haltende Fahrzeuge können im ungesicherten Zustand auch bei Tag eine genauso große Gefahrenquelle bilden wie liegen gebliebene. Hinsichtlich der im Interesse der Sicherung des Verkehrs gebotenen Maßnahmen gelten die Umstände des Einzelfalls; eine Orientierung an § 15 StVO ist zweckmäßig (*Sch/Schröder/Cramer/Sternberg-Lieben* Rdn. 26; *Demuth* JurA **1971** 383, 398). **128**

(3) **Adressat der Sicherungspflicht.** Ein Normadressat ist in § 315c Abs. 1 Nr. 2g nicht aufgeführt. Zur Bestimmung des Verantwortlichen können die Grundsätze des unechten Unterlassungsdelikts herangezogen werden (*Sch/Schröder/Cramer/Sternberg-Lieben* Rdn. 27). Danach ist in erster Linie der Fahrzeugführer handlungspflichtig, aber auch etwa der im Wagen mitfahrende Halter des Fahrzeugs (*Hentschel/König*[40] § 15 StVO Rdn. 10). Daneben kann die Sicherungspflicht jeden treffen, der deren Erfüllung tatsächlich übernommen hat. Eine Garantenstellung kraft Ingerenz bzw. Überwachungspflicht kann des Weiteren Personen treffen, die an einem vorangegangenen Unfall beteiligt waren (vgl. *Sch/Schröder/Cramer/Sternberg-Lieben* Rdn. 27). **129**

(4) **Hilfspflichten.** Sind durch einen Unfall Personen verletzt, so kommt es darauf an, ob die Hilfspflicht der Sicherungspflicht nach § 315c Abs. 1 Nr. 2g vorgeht. Bei unmittelbar drohender Lebensgefahr ist zunächst dem Verletzten zu helfen. Droht dem Verletzten bei Ergreifen der Warnmaßnahmen kein weiterer Schaden, so sind zunächst die Letzteren anzugehen. Ein Irrtum über den Vorrang der Pflichten ist Tatbestandsirrtum, wenn er auf einer Verkennung der tatsächlichen Umstände beruht. Glaubt der Verantwortliche irrig, die Hilfspflicht gehe stets vor, so ist ein Verbotsirrtum gegeben (vgl. OLG Stuttgart DAR **1958** 222). Ungeachtet dessen wird es in solchen Konstellationen häufig an der Rücksichtslosigkeit fehlen, z.B. bei demjenigen, der sich vor Aufstellung des Warndreiecks um seine Ehefrau kümmert, die einen Schock erlitten hat (vgl. OLG Saarbrücken VerkMitt. **1974** Nr. 94 S. 70 f). **130**

b) **Grob verkehrswidrig und rücksichtslos.** Die Regelverstöße nach § 315c Abs. 1 Nr. 2 (nicht die nach Nummer 1) müssen „grob verkehrswidrig und rücksichtslos" begangen werden. Das Begriffspaar hat mit dem (1.) StraßenVSichG aus dem Jahre 1952 in das Strafgesetzbuch Eingang gefunden.[254] Es bildet ein entscheidendes Korrektiv zur Eingrenzung der Strafbarkeit. Dadurch wird erreicht, dass nur solche Verkehrsverstöße strafrechtlich erfasst werden, die objektiv wie subjektiv aus der Masse der im Straßenverkehr begangenen Zuwiderhandlungen herausragen (*Sch/Schröder/Cramer/Sternberg-Lieben* Rdn. 28). Fehlt es nur an einem der Merkmale, so scheidet § 315c Abs. 1 Nr. 2 aus. Sofern dann nicht Körperverletzungs- oder Tötungsdelikte gegeben sind, verbleiben nur Ordnungswidrigkeiten nach Straßenverkehrsrecht. **131**

aa) **Allgemeines.** Inhaltlich bezeichnet „grob verkehrswidrig" nach einer herkömmlichen Unterscheidung mehr den *objektiv* besonders verkehrsgefährdenden Charakter des **132**

---

[254] Damals „in grob verkehrswidriger und rücksichtsloser Weise"; näher Entstehungsgeschichte.

jeweiligen Verhaltens, während die Rücksichtslosigkeit mehr für einen besonderen Grad *subjektiver* Pflichtwidrigkeit steht.[255] Systematisch ist die grobe Verkehrswidrigkeit – wie auch die grobe Pflichtwidrigkeit nach § 315a Abs. 1 Nr. 2 (§ 315a Rdn. 28, 34) – den *gesamttatbewertenden Tatbestandsmerkmalen* zuzuordnen (*Lackner/Kühl* § 15 Rdn. 16). Nach zutreffender, freilich sehr streitiger Auffassung handelt es sich aber auch bei der Rücksichtslosigkeit *um ein Element des Unrechtstatbestandes* (Rdn. 138). Entsprechend dem eindeutigen Gesetzeswortlaut muss der Täter grob verkehrswidrig *und zugleich* rücksichtslos handeln. Demgemäß genügt es bei mehreren Verfehlungen nicht, wenn er in einem Fall „nur" grob verkehrswidrig, im anderen Fall aber „nur" rücksichtslos gehandelt hat (BGH VRS **16** 132, 133; OLG Hamm NZV **2006** 388); eine „Addition" der beiden Elemente ist unzulässig. Der Vorwurf richtet sich gegen den *in der Fahrweise* zum Ausdruck gekommenen Pflichtenverstoß; er kann deshalb nicht allein und auch nicht ergänzend damit begründet werden, dass der Täter sich in fahrunsicherem Zustand an das Steuer eines Fahrzeugs begeben hat (vgl. BGH VRS **16** 132, 133). Der Tatrichter hat die Umstände, aus denen sich grobe Verkehrswidrigkeit und Rücksichtslosigkeit ergeben, in den Urteilsgründen nachvollziehbar darzulegen (z.B. OLG Köln VRS **84** 293, 294; OLG Oldenburg DAR **2002** 89), wobei formelhafte Ausführungen nicht genügen (OLG Koblenz NStZ **2003** 617). Bei der Bewertung eines Verhaltens als rücksichtslos hat er einen durch die Revisionsinstanz nur beschränkt nachprüfbaren Beurteilungsspielraum (BayObLG VRS **79** 365, 367; OLG Karlsruhe VerkMitt. **1980** Nr. 23 S. 18, 19).

133 bb) **Grob verkehrswidrig** ist ein Verhalten, das sich objektiv als *besonders schwerer Verstoß* gegen die Verkehrsvorschriften und gegen die Verkehrssicherheit darstellt.[256] Nach der durch den Gesetzgeber aus wohl erwogenen Gründen (Rdn. 131) getroffenen Entscheidung ist Strafbarkeit noch nicht bei jedem vom Katalog des § 315c Abs. 1 Nr. 2 erfassten Fehlverhalten gegeben. Vielmehr muss ein im Schweregrad qualifizierter Regelverstoß gegeben sein. Dabei dürfen die Unterschiede zwischen den einzelnen Tathandlungen nicht außer Acht gelassen werden. Während nämlich insbesondere die Vorfahrtverletzung nach Nummer 2a ein breites Spektrum von mehr oder weniger gefährlichen Verhaltensweisen umfasst, ist Nummer 2c oder f in der Tatbestandsbeschreibung vergleichsweise eng und bereits abstrakt gesehen so riskant, dass in der Regel grob verkehrswidriges Verhalten anzunehmen sein wird (zum „Geisterfahren" vgl. auch *Jähnke* DRiZ **1990** 425, 429 f). Die Situation stellt sich damit ähnlich dar wie bei der groben Pflichtwidrigkeit nach § 315a Abs. 1 Nr. 2 (s. dort Rdn. 28).

134 (1) **Besonders schweres Fehlverhalten.** Ob schweres Fehlverhalten vorliegt, lässt sich nur anhand der Umstände des Einzelfalls beurteilen. Von der konkreten Verkehrslage ausgehend ist zu fragen, ob die Verkehrssicherheit *nach generalisierender Würdigung* in besonders schwerem Maße beeinträchtigt ist.[257] Das Merkmal übernimmt demnach

---

[255] OLG Düsseldorf DAR **1957** 189, 190; OLG Karlsruhe NJW **1957** 1567; OLG Köln VRS **84** 293, 294; OLG Stuttgart NJW **1967** 1766; *Sch/Schröder/Cramer/Sternberg-Lieben* Rdn. 28; *Janiszewski* Verkehrsstrafrecht Rdn. 17; *Wessels/Hettinger* BT/1 Rdn. 998. Differenzierend *Koch* DAR **1970** 322. Vgl. auch *Schweling* ZStW **72** (1960) 464, 474.

[256] Ganz h.M. S. nur BGHSt 5 392, 395; OLG Braunschweig, VRS **32** 372, 373 f; OLG Düsseldorf VRS **91** 358, 359; **98** 350, 352; OLG Köln **84** 293, 294; OLG Stuttgart NJW **1967** 1766. *Horn/Wolters* SK Rdn. 17; *Lackner/Kühl* Rdn. 19; *Sch/Schröder/Cramer/Sternberg-Lieben* Rdn. 29; *Fischer* Rdn. 13.

[257] OLG Braunschweig VRS **32** 372, 373 f; OLG Hamm VRS **38** 285, 288; OLG Koblenz VRS **46** 344, 345 f; OLG Köln VRS **59** 123, 124; OLG Stuttgart NJW

letztlich, und zwar in qualifizierender Form, die Funktion der in §§ 315, 315b gesondert enthaltenen Voraussetzung der Beeinträchtigung der Verkehrssicherheit (Rdn. 2). Maßgebend ist das *Gewicht des Fehlverhaltens*. Der grobe Verkehrsverstoß darf nicht allein daraus abgeleitet werden, dass eine schwere Gefahr bzw. Verletzung eingetreten ist.[258]

(2) **Grobe Verkehrswidrigkeit ist beispielsweise bejaht worden/zu bejahen** **135**

in den Fällen des § 315c Abs. 1 Nr. 2a, wenn der Fahrzeugführer bereits seit einiger Zeit aufleuchtendes Rotlicht überfährt, mit einer Geschwindigkeit von 50 km/h in die Kreuzung einfährt und dabei den Querverkehr gefährdet (OLG Düsseldorf VRS **91** 358, 359 f; vgl. auch OLG Stuttgart NJW **1967** 1766), bei erschwerenden Umständen des Einzelfalls, wenn der Täter in der letzten Phase des Gelblichts in die Kreuzung einfährt, obwohl ihm ein rechtzeitiges Anhalten unschwer möglich gewesen wäre (OLG Karlsruhe VRS **107** 292), wenn er unter Missachtung des Vorfahrtrechts nach § 18 Abs. 3 StVO ohne Rücksicht auf den herannahenden Verkehr von einem Parkplatz in die Autobahn einfährt (OLG Düsseldorf VerkMitt. **1966** Nr. 5 S. 3; OLG Frankfurt VRS **46** 191, 192), wenn er sich an einer Engstelle unter Fahren mit überhöhter Geschwindigkeit den Vortritt erzwingt (OLG Oldenburg VRS **42** 34, 35),

in den Fällen des § 315c Abs. 1 Nr. 2b, wenn der Täter sein Fahrzeug bei einem Überholvorgang „praktisch blind" in die Gegenfahrbahn hineinlenkt (OLG Koblenz VRS **85** 337, 338), wenn er sich als „Kolonnenspringer" betätigt (LG Bochum DAR **1957** 302, 303) oder sofort nach dem Einfahren in eine Autobahn auf die Überholspur wechselt und dadurch ein schnell heranfahrendes Fahrzeug gefährdet (LG Bonn VRS **79** 17, 19), wenn er ein vorausfahrendes, seinerseits überholendes Fahrzeug bedrängt, indem er über eine Strecke von 500 Metern 3 bis 4 Meter an es heranfährt und zu den überholten Fahrzeugen einen Seitenabstand von nur 50 cm einhält (offen gelassen von OLG Düsseldorf VRS **78** 112, 113),[259] wenn er mit hoher Geschwindigkeit (180 km/h) auf ein vor ihm wesentlich langsamer fahrendes Fahrzeug dicht auffährt, wobei die geringste Verwerfung unweigerlich zu einem Unfall führt (LG Karlsruhe NJW **2005** 915; s. aber Rdn. 92 f), wenn der Führer eines Lastkraftwagens auf die Überholspur ausschert und dabei ein mit ca. 180 km/h fahrendes und bereits auf 60 bis 80 Meter herangekommenes Fahrzeug gefährdet (OLG Koblenz VRS **76** 432, 433) oder seinen Lastzug ohne Vorankündigung nach links herüberzieht und einen überholenden Pkw hierdurch abdrängt (OLG Hamm VRS **38** 285, 286 f), wenn sich der Täter bei hoher Geschwindigkeit nach einem Rechtsüberholen auf der Autobahn drei bis vier Wagenlängen vor dem Überholten einordnet, danach stark abbremst und diesen dadurch zu einer Notbremsung zwingt (OLG Düsseldorf VRS **75** 351, 352; s. auch OLG Braunschweig VRS **32** 372, 374), sich vor dem Überholten einordnet und dann zwecks Erteilung einer Lektion durch abruptes Abbremsen zu einer Notbremsung zwingt (AG Rudolstadt VRS **112** 35), wenn er ein mit zwei Personen bemanntes Motorrad an einer Fahrbahnverengung zum abrupten Abbremsen bzw. gegen die Bordsteinkante drückt (OLG Düsseldorf NZV **2007** 585 m. Anm. *König* NZV **2008** 46), den rechts Überholten dadurch „schneidet", dass er sich in eine Fahrzeuglücke von lediglich 20 Metern einzwängt (OLG Koblenz VRS **71** 278, 279) oder einen Linienbus mit relativ hoher Geschwindigkeit rechts überholt, dann

---

1967 1766. *Sch/Schröder/Cramer/Sternberg-Lieben* Rdn. 29; *Horn/Wolters* SK Rdn. 17; *Fischer* Rdn. 13; *Janiszewski* Verkehrsstrafrecht Rdn. 284.

[258] OLG Hamm VRS **38** 285, 288; OLG Karlsruhe VRS **107** 292; *Sch/Schröder/Cramer/Sternberg-Lieben* Rdn. 29; *Geppert* Jura **2001** 559, 563; *Ranft* Jura **1987** 608, 612.

[259] Zum „Drängeln" als Überholen Rdn. 92 f.

knapp vor ihm nach links einbiegt und diesen so zu einer Notbremsung zwingt (OLG Düsseldorf VRS **98** 350, 352), wenn der Täter bei sehr eingeschränkter Sichtweite (unübersichtliche Kurve, zusätzlich Kuppe, OLG Koblenz VRS **64** 125, 126) oder bei schlechten Witterungsverhältnissen und ohne den Gegenverkehr überschauen zu können (OLG Celle NStZ-RR **2004** 369) überholt, den Überholvorgang vor einer schlecht übersehbaren, abschüssigen Kurve fortsetzt (OLG Koblenz VRS **49** 40, 42) oder in einer lang gezogenen, an sich übersichtlichen Kurve ohne hinreichenden Überblick überholt und dem Gegenverkehr hiermit die Durchfahrt versperrt (OLG Braunschweig VRS **30** 286, 287), wenn der Fahrzeugführer mit weit überhöhter Geschwindigkeit rechts überholt, und dies, obwohl das auf der linken Fahrbahn befindliche Fahrzeug durch das rechte Blinkzeichen zu erkennen gibt, dass es in die rechte Fahrspur einscheren will (BGH VRS **50** 342, 343), wenn der Täter unter Benutzung des Gehsteigs rechts überholt (OLG Hamm VRS **32** 449, 451),

in den Fällen des § 315c Abs. 1 Nr. 2c, wenn der Täter ein an einem Fußgängerüberweg wartendes Fahrzeug mit unverminderter Geschwindigkeit überholt, obwohl sich auf dem Überweg ein Kind befindet (OLG Köln VRS **59** 123, 124), wenn er mit nahezu „Stadtgeschwindigkeit" (40 km/h) an einen Überweg heranfährt, obwohl vor ihm ein anderes Fahrzeug angehalten hat, um einem Fußgänger das Überqueren der Straße zu ermöglichen (OLG Düsseldorf VerkMitt. **1974** Nr. 50 S. 37), wenn er an einem Fußgängerüberweg einen „Blitzstart" vollführt (vgl. LG Marburg ZfS **2005** 621),

in den Fällen des § 315c Abs. 1 Nr. 2d, wenn der Täter trotz einer wegen dichten Nebels auf 30 bis 50 Meter eingeschränkten Sichtweite mit einer Geschwindigkeit von 90 km/h fährt (BayObLG VRS **75** 209, 211),[260] wenn der Täter mit weit überhöhter Geschwindigkeit (135 km/h statt wie zugelassen 60 km/h) an eine Kreuzung heranfährt (BayObLG VRS **73** 379, 380), wenn er mit übersetzter Geschwindigkeit in eine unübersichtliche Kurve einfährt (BayObLG VRS **64** 371, 372), und erst recht, wenn er die Kurve schneidet und dabei „nach Rennfahrerart" bis hart an den linken Fahrbahnrand heranfährt (OLG Koblenz VRS **46** 344, 345 f), wenn der Täter so schnell an eine Einmündung heranfährt, dass er dort seinen Pflichten nicht mehr nachkommen kann (BayObLG VRS **61** 212, 213), in der Regel, wenn er die höchstzulässige Geschwindigkeit um das Doppelte überschreitet (apodiktisch OLG Karlsruhe NJW **1960** 546 [LS][261]), wenn der Führer eines leeren Lastzugs (erhöhte Schleudergefahr) seine ohnehin schon zu hohe Geschwindigkeit bei Umschalten von grünem Dauerlicht auf grünes Blinklicht nochmals erhöht, um eine ampelbewehrte Kreuzung noch überqueren zu können (OLG Stuttgart DAR **1970** 133, 134), wenn der Führer eines Lkw mit überhöhter Geschwindigkeit an einer ihm den Blick teilweise versperrenden Straßenbahn vorbeifährt (BGH VRS **17** 43, 46),

in den Fällen des § 315c Abs. 1 Nr. 2e, wenn der Täter (Motorradfahrer) in einer unübersichtlichen Kurve die Mittellinie einer Kraftfahrstraße um einen Meter überfährt (BayObLG VRS **64** 123, 124).

In den Fällen des § 315c Abs. 1 Nr. 2f wird zumeist grobe Verkehrswidrigkeit gegeben sein (z.B. OLG Oldenburg DAR **2002** 89, OLG Koblenz v. 25.6.2007, 1 Ss 107/07, juris); die dort verpönten Regelverstöße sind schon per se außerordentlich schwerwiegend (Rdn. 133). Dies muss aber nicht stets der Fall sein (Rdn. 136); u.U. kann es auch an der Rücksichtslosigkeit fehlen (Rdn. 143).

---

[260] Nach BVerfG DAR **1999** 309 verstößt die Annahme grober Verkehrswidrigkeit in solchen Fällen, was freilich auch nicht überrascht, nicht gegen das Grundgesetz.

[261] S. dazu, dass grobe Verkehrswidrigkeit auch vorliegen kann, wenn der Täter unter der zulässigen Höchstgeschwindigkeit bleibt, BGH VRS **16** 132, 133.

Bei der Nichtkenntlichmachung haltender oder liegengebliebener Fahrzeuge (**§ 315c Abs. 1 Nr. 2g**) sind u.a. der Standort des Fahrzeugs (etwa auf der Normalspur oder Überholspur einer Autobahn), die Wetter- und Sichtverhältnisse (z.B. Dunkelheit, Niederschlag, Nebel) und die Verkehrsdichte von entscheidender Bedeutung (vgl. auch *Sch/Schröder/Cramer/Sternberg-Lieben* Rdn. 29).

(3) **Grobe Verkehrswidrigkeit ist u.a. verneint worden/zu verneinen** 136

in den Fällen des § 315c Abs. 1 Nr. 2a bei einem „bloßen" Gelblichtverstoß ohne Hinzutreten besonderer Umstände (OLG Karlsruhe VRS **107** 292),

in den Fällen des § 315c Abs. 1 Nr. 2b je nach den Umständen des Einzelfalls, wenn der Täter den Überholten beim Rechtsüberholen schneidet (OLG Köln VRS **35** 436; vgl. auch OLG Köln VRS **84** 293),

in den Fällen des § 315c Abs. 1 Nr. 2c, wenn der Täter mit 32 km/h an einen Fußgängerüberweg heranfährt, ohne einen an dessen Rand stehenden Passanten zu bemerken (vgl. OLG Stuttgart VRS **74** 186, 187 f),

wohl in den Fällen des § 315c Abs. 1 Nr. 2f, wenn der Fahrzeugführer, dessen Fahrzeug nach einem Unfall bei Nässe entgegengesetzt und in einer Linkskurve auf der Überholspur der Autobahn zum Stehen gekommen ist, durch Wenden und, da ihm ein Wenden in einem Zug nicht möglich ist, entgegengesetzt zur Fahrtrichtung fahrend auf dem kürzesten Weg den Seitenstreifen aufsucht (vgl. OLG Köln VRS **88** 433; dort: nicht rücksichtslos [Rdn. 143]; s. auch Rdn. 119, 120),

wohl in den Fällen des § 315c Abs. 1 Nr. 2g, wenn die Kenntlichmachung des Fahrzeugs längere Zeit in Anspruch nehmen würde als die Beseitigung der Hindernisse (vgl. OLG Köln VRS **88** 433; dort: nicht rücksichtslos).

cc) **Rücksichtslos.** Das Merkmal der „Rücksichtslosigkeit" dürfte seine historischen Wurzeln im allgemeinen Rücksichtnahmegebot der straßenverkehrsrechtlichen Generalklausel (§ 1 StVO) haben. Es sollte nach dem Vorschlag der Regierungsvorlage zum (1.) StraßenVSichG einziger Gradmesser sein, um das Führen eines Fahrzeugs mit schuldhaft herbeigeführter (Gemein-) Gefahr zur Straftat zu qualifizieren. Dieser umfassende Ansatz ist jedoch nach sehr kontroversen Beratungen in den Ausschüssen des Bundestags zu Recht fallen gelassen worden (Entstehungsgeschichte). „Rücksichtslosigkeit" weist Parallelen zu dem u.a. in § 170c a.F. und § 170d a.F. verwendeten Merkmal der „Gewissenlosigkeit" auf (*Maassen* NJW **1953** 201, 202), deckt sich jedoch damit nicht (*Schweling* ZStW **72** (1960) 464, 475 f). 137

(1) **Stellung im Deliktsaufbau.** Die Stellung des Merkmals der Rücksichtslosigkeit im Verbrechensaufbau ist nicht leicht zu bestimmen und dementsprechend außerordentlich umstritten. Der BGH hat die Rücksichtslosigkeit in einem Urteil aus dem Jahre 1962 im Anschluss an *Schmidhäuser*[262] als **schuldsteigerndes Gesinnungsmerkmal** verstanden (BGH VRS **23** 289, 292 f). Er berief sich dafür auf die Intentionen des historischen Gesetzgebers, der eine extrem verwerfliche Verkehrsgesinnung des Täters zur Zeit seiner Verfehlung im Blick gehabt habe (BGH aaO S. 292 f, m.w.N. aus dem älteren Schrifttum). Zuvor hatte der BGH die Rücksichtslosigkeit als ein zum inneren Tatbestand 138

[262] Gesinnungsmerkmale im Strafrecht (1958) S. 258 f. Kritisch *Stratenwerth* FS v. Weber S. 171 ff.

gehörendes Element bezeichnet (BGHSt 5 392, 395). Die Einstufung als Schuldmerkmal entspricht einer in der Lehre verbreiteten Auffassung.[263] Die Rechtsprechung der Oberlandesgerichte ist uneinheitlich. Teils wird unter Bezugnahme auf BGH VRS **23** 289 vom schuldsteigernden Gesinnungsmerkmal gesprochen,[264] teils ist allgemein von einem die subjektive Vorwerfbarkeit begründenden Element die Rede,[265] teils wird das Merkmal aber auch kurzerhand (zugleich) dem objektiven Tatbestand zugeschlagen.[266] Vertieft worden ist die Problematik seit BGH VRS **23** 286 in der Rechtsprechung aber soweit ersichtlich nicht mehr. Richtig dürfte es sein, die Rücksichtslosigkeit nicht als zur Schuld gehörend, sondern als **Element des Unrechtstatbestandes** anzusehen. Dafür spricht entscheidend, dass sie auf der gefährlichen Fahrweise – einem Bezugspunkt im Unrechtsbereich – aufbaut und mit ihm verwoben ist (Rdn. 141). Wer grob verkehrswidrig, aber nicht rücksichtslos fährt, hat nicht etwa den Tatbestand des § 315c Abs. 1 Nr. 2 „in Ermangelung eines Schuld-, nämlich eines Gesinnungsmerkmals rechtswidrig, aber schuldlos, sondern er hat ihn überhaupt nicht verwirklicht" (*Bockelmann/Volk* AT S. 56).[267]

139 (2) **Bestandskritik.** Das Merkmal der Rücksichtslosigkeit war von Anfang an umstritten und ist weiterhin Gegenstand der Reformkritik.[268] Es wirft zweifellos interpretatorische Schwierigkeiten auf, ein Charakteristikum, das es freilich mit einer Vielzahl von ausfüllungsbedürftigen Begriffen des Strafrechts teilt. In der bisherigen Reformdiskussion ist es dabei nicht gelungen, einen Begriff zu entwickeln, der als signifikant überlegen gelten könnte.[269] Der Gesetzgeber hat es demgemäß beim Hergebrachten belassen. Dieses legislatorische Unterlassen kann für sich anführen, dass das Merkmal auf eine langjährige Ausformung durch die Rechtsprechung zurückblicken kann, ein Aspekt, der gerade in Massenverfahren nicht vernachlässigt werden darf. Hinzu kommt, dass sich mittlerweile

---

263 *Jescheck/Weigend* AT § 42 II 3a; *Roxin* AT I § 10 Rdn. 78, 82 (jeweils „echtes Gesinnungsmerkmal"); *Sch/Schröder/Stree* Vorbem. §§ 13 ff Rdn. 121; *Krumme* Rdn. 127; wohl auch *Baumann/Weber* AT § 20 I 2.

264 Z.B. OLG Celle NdsRpfl. **1977** 169 [LS]; wohl auch OLG Stuttgart NJW **1967** 1766; vgl. (referierend) OLG Karlsruhe VerkMitt. **1980** Nr. 23 S. 18.

265 Etwa OLG Köln VRS **88** 433, 436; OLG Koblenz NStZ **2003** 617.

266 Deutlich OLG Köln VRS **84** 293, 294 und VRS **88** 433, 435 (s. aber dort, wonach das Merkmal die subjektive Vorwerfbarkeit begründet); vgl. auch OLG Koblenz VRS **85** 337, 338.

267 Im Ergebnis auch *Lackner/Kühl* § 15 Rdn. 17; *Puppe* NK § 15 Rdn. 71 f; *Sch/Schröder/Cramer/Sternberg-Lieben* § 15 Rdn. 24; *Ranft* Jura **1987** 608, 612; *Maurach/Zipf* AT/I § 22 Rdn. 56; *Eisele* JA **2007** 168, 170. Vgl. auch *Jakobs* AT 8/97.

268 U.a. *Arzt/Weber* BT § 38 Rdn. 36 ff; *Maurach/Schroeder/Maiwald* BT/2 § 53 Rdn. 43; *Arzt* GS Schröder S. 118, 129; *Cramer* VOR **1974** 21, 34; *Peters* DAR **1980** 45; überzogen *Spöhr/Karst* NJW **1993** 3308, 3309: Die durch den Gesetzgeber mit § 315c verfolgten Intentionen müssten wegen des nicht justitiablen Merkmals als gescheitert angesehen werden. Einige Zeilen später wird dann das, was man erreichen will (Regelvermutung), als gängige Praxis bezeichnet.

269 *Cramer* (VOR **1974** 21, 35, 41; ebenso *Sch/Schröder/Cramer/Sternberg-Lieben* Rdn. 30) schlägt die Formel „unter grober Nichtbeachtung der Belange der Verkehrssicherheit" vor. In der Sache liegt die Formel sehr nahe an der „groben Verkehrswidrigkeit" und läuft deshalb auf die Streichung des Merkmals der Rücksichtslosigkeit hinaus, die *Cramer* zutreffend ablehnt (VOR **1974** 21, 34 und *Sch/Schröder* aaO). Das Strafrecht der ehemaligen DDR hatte zunächst auf „verantwortungslose Gleichgültigkeit" abgestellt (hierzu *Gäbler/Schröder* NJ **1969** 333, 337). In § 196 Abs. 3 Satz 1 StGB-DDR (schwerer Fall) fand dann die „rücksichtslose Verletzung" von Sicherheitsbestimmungen sowie die Verletzung von Sorgfaltspflichten „in besonders verantwortungsloser Weise" Verwendung.

typische Fallgruppen in positivem wie negativem Sinn herausgebildet haben (Rdn. 141 ff), die dem Ganzen festere Konturen verleihen. Mustert man die Rechtsprechung der Oberlandesgerichte durch, so lässt sich – bei allen naturgegebenen Unterschieden im Einzelfall – durchaus eine Linie erkennen. Von einem „Lotteriespiel für alle Beteiligten"[270] kann keine Rede sein. Desgleichen wird deutlich, dass das Merkmal die ihm vom Gesetzgeber zugedachte Filterfunktion in der Praxis erfüllt. Ungeachtet der Schwierigkeiten der Rechtsanwendung sollte jedenfalls klar sein, dass die zuweilen geforderte alternative Ausgestaltung (grob verkehrswidrig *oder* rücksichtslos) unter dem Aspekt des Übermaßverbots staatlichen Strafens als gänzlich unvertretbar ausscheiden muss.[271] Das Gleiche gilt für einen Vorschlag des Bundesrates (BTDrucks. 13/8587 S. 73), das Merkmal der Rücksichtslosigkeit zu streichen[272] und § 315c Abs. 1 Nr. 2 „zum Ausgleich" im Wesentlichen als Vorsatztat auszugestalten (hiergegen mit Recht BReg. in BTDrucks. 13/8587 S. 89), was im Hinblick darauf, dass Verurteilungen wegen Vorsatztaten nicht überwiegen, zu einem teilweisen Leerlaufen des § 315c Abs. 1 Nr. 2 führen würde.[273]

(3) **Begriffsbestimmung.** Rücksichtslosigkeit verlangt keinen Charaktermangel (BGH VRS **14** 304, 305). Sie bezeichnet vielmehr die *Verkehrsgesinnung bei der in Frage stehenden einzelnen Tat* (*Krumme* StVR Rdn. 129). Auch ein sonst rücksichtsvoller Verkehrsteilnehmer kann demgemäß rücksichtslos handeln (BGH VRS **14** 304, 305). Nach einhelliger Rechtsprechung, die auf der Grundlage des *geltenden* Rechts vom Schrifttum kaum angegriffen wird,[274] handelt rücksichtslos, wer sich im gegebenen Fall seiner Pflicht bewusst ist, sich aber aus eigensüchtigen Gründen, etwa seines ungehinderten Fortkommens wegen, über sie hinwegsetzt, mag er auch darauf vertraut haben, dass es zu einer Beeinträchtigung anderer Verkehrsteilnehmer nicht kommen werde. Rücksichtslos handelt ferner, wer sich aus Gleichgültigkeit auf seine Pflichten nicht besinnt, Hemmungen gegen seine Fahrweise in sich gar nicht aufkommen lässt und unbekümmert um die Folgen seines Verhaltens darauf losfährt (BGHSt **5** 392, 395).[275] Diese, durch den BGH bereits sehr früh gefundene und seither unverändert gebliebene Begriffsbestimmung umfasst neben vorsätzlichem Verhalten die Formen der bewussten („seiner Pflicht bewusst ist, ..."), aber auch der unbewussten Fahrlässigkeit („... sich seiner Pflichten nicht besinnt, ..."). Im älteren Schrifttum geäußerte Einwände, dass fahrlässig rücksichtsloses **140**

---

[270] So *Spöhr/Karst* NJW **1993** 3308, 3309.

[271] Ebenso *Cramer* VOR **1974** 21, 34; *Jagow/Burmann/Heß* Rdn. 17; *Janiszewski* Verkehrsstrafrecht Rdn. 311.

[272] In diesem Sinne *Peters* DAR **1980** 45, 48.

[273] Ebenso schon ein Gesetzesantrag Hessens im Bundesrat (BRDrucks. 400/93).

[274] *Horn/Wolters* SK Rdn. 17; *Lackner/Kühl* Rdn. 19; *Sch/Schröder/Cramer/Sternberg-Lieben* Rdn. 30; *Fischer* Rdn. 14; *Burmann/Jagow/Heß* Rdn. 19; *Haubrich* NJW **1989** 1197, 1199 f. Kritisch *Zimmermann* MDR **1987** 364, 365. Andere Begriffsbestimmung bei *Schweling* ZStW **72** (1960) 464, 527: „Wer vorsätzlich oder fahrlässig sittlich anerkannte und erheblich vorrangige Interessen anderer Verkehrsteilnehmer oder der Verkehrsgemeinschaft, die deutlich hervortreten, missachtet." Der Vorschlag birgt jedoch die Gefahr in sich, neben den sonstigen Tatbestandsmerkmalen des § 315c Abs. 1 Nr. 2 zur Leerformel zu verkommen. BGH VRS **23** 289 hat ihn deshalb mit Recht abgelehnt (aaO S. 292).

[275] BGH VRS **7** 98, 99; **13** 28, 29; **14** 304, 305; **17** 43, 46; **23** 289, 291; **50** 342, 343; BayObLGSt **1959** 263, 265; BayObLG VRS **64** 123, 124 f; OLG Braunschweig VRS **30** 286, 287 f; **32** 373 f; OLG Celle NStZ-RR **2004** 369; OLG Düsseldorf VRS **77** 350, 353; **91** 358, 360; OLG Hamm NZV **2006** 388; OLG Karlsruhe VerkMitt. **1980** Nr. 23 S. 18; OLG Koblenz VRS **71** 278 f; **85** 337, 338; OLG Köln VRS **59** 123, 124; **84** 293, 294; OLG Stuttgart NJW **1967** 1766; OLG Oldenburg DAR **2002** 89; OLG Schleswig VRS **8** 216, 218.

Verhalten kaum denkbar sei (so *Lackner* MDR **1953** 73, 75; zust. OLG Braunschweig NJW **1954** 486) bzw. dass der Begriff zumindest das unbewusst fahrlässige Verhalten nicht abdecke (z.B. *Hartung* JR **1954** 309, 310),[276] hat der BGH ausdrücklich zurückgewiesen,[277] und dies mit Recht. Denn dem Wortsinn nach kann derjenige, der sich aus Gleichgültigkeit erst gar keine Gedanken über die von ihm ausgelöste Gefährdung fremder Rechtsgüter macht, unzweifelhaft als „rücksichtslos" bezeichnet werden (so schon *Hartung* DAR **1953** 141, 142).[278]

141 (a) **Bedeutung des äußeren Tatgeschehens.** Das Merkmal der Rücksichtslosigkeit verlangt eine *üble Verkehrsgesinnung*, die sich in Leichtsinn, Eigensucht, Gleichgültigkeit oder unverständlicher Nachlässigkeit des Täters anderen Verkehrsteilnehmern gegenüber dokumentiert (vgl. u.a. BGH VRS **7** 98, 99; OLG Braunschweig VRS **30** 286, 288; OLG Stuttgart NJW **1967** 1766). Die üble Verkehrsgesinnung muss in der *konkreten Tat hervorgetreten sein*. Entgegen manch missverständlicher Formulierung[279] ist deswegen erster und oftmals entscheidender Anknüpfungspunkt für die strafrechtliche Beurteilung *das äußere Tatgeschehen*. Zwar wird in Revisionsentscheidungen teils gesagt, der Vorwurf rücksichtslosen Verhaltens werde *nicht ohne Weiteres* durch das äußere Tatgeschehen gerechtfertigt (u.a. BGH VRS **20** 51, 52; OLG Braunschweig VRS **30** 286, 288; OLG Köln VRS **59** 123, 125) bzw. könne nicht allein aus dem objektiven Geschehensablauf begründet werden (KG VRS **113** 291). Dies steht jedoch zumeist vor dem Hintergrund entweder eines vollständigen Schweigens des Tatrichters (z.B. BGH VRS **20** 51, 52; OLG Braunschweig VRS **30** 286, 287), lückenhafter tatsächlicher Feststellungen zum Verkehrsverstoß (z.B. OLG Köln VRS **59** 123, 125; KG VRS **113** 291) und/oder exzeptioneller (etwa BGH VRS **50** 342, 344[280]) bzw. ambivalenter (z.B. OLG Düsseldorf VRS **91** 358, 360; wohl auch VRS **98** 350, 352) Sachverhalte. Bereits aus der Formulierung „ohne Weiteres" wird jedoch deutlich, dass nach der höchstrichterlichen Rechtsprechung aus dem gefährlichen Verstoß als solchem Rücksichtslosigkeit namentlich in Gestalt des „auf Eigensucht beruhenden, ungehinderten und schnelleren Fortkommenwollens" abgeleitet werden kann. Die Feststellungen zum Tatgeschehen müssen nur so geartet sein, dass eine diesbezügliche tatrichterliche Würdigung durch Umstände gestützt wird, die „ohne Weiteres in diese Richtung drängen und keinen Zweifel offen lassen" (so OLG Köln VRS **59** 123, 125).[281] Das hat nichts damit zu tun, dass die Rücksichtslosigkeit ein objektives Merkmal darstellt,[282] und nicht ganz treffgenau ist es, von einer Indizwirkung der

---

276 Ähnlich *Zimmermann* MDR **1987** 364, 366; vgl. auch *Cramer* VOR **1974** 21, 35.

277 BGHSt 5 392, 395 f; BGH VRS **7** 98, 99; **16** 354, 356 f; **17** 43, 46; **23** 289, 291.

278 S. aber *Hartung* JR **1954** 309, 310. Eingehend *Schweling* ZStW **72** (1960) 464, 474 f und mehrfach, freilich kritisch zum interpretatorischen Ertrag der „Gleichgültigkeit" (aaO S. 487 ff); vgl. auch *Maassen* NJW **1953** 201, 202.

279 Etwa *Rüth* LK[10] Rdn. 33: „... das äußere Tatgeschehen reicht hierfür [sc. für die Feststellung der üblen Verkehrsgesinnung] als Beurteilungsmaßstab ebenso wenig aus ..." oder *Fischer* Rdn. 14a: „Das äußere Tatgeschehen allein reicht jedoch für die Beurteilung nicht aus." Strikt ablehnend wohl *Lackner/Kühl* Rdn. 19.

280 Einlassung, von „Rockern" verfolgt worden zu sein.

281 S. dazu, dass die Rücksichtslosigkeit aus der mit der Fahrweise verbundenen Gefährlichkeit gefolgert werden kann, u.a. BayObLG VRS **64** 123, 124 f; OLG Frankfurt VRS **46** 191, 192; OLG Karlsruhe VerkMitt. **1980** Nr. 23 S. 18, 19; OLG Koblenz VRS **71** 278 f; OLG Stuttgart DAR **1971** 248. Implizit in zahlreichen anderen Entscheidungen.

282 So aber *Spöhr/Karst* NJW **1993** 3308, 3309.

groben Verkehrswidrigkeit für die Annahme der Rücksichtslosigkeit zu sprechen.[283] Vielmehr gibt es ein Spektrum von gravierendem Fehlverhalten im Straßenverkehr, das bereits nach dem äußeren Erscheinungsbild nicht anders erklärt werden kann als durch eine üble („subjektive") Verkehrsgesinnung des Täters (ähnlich *Zimmermann* MDR **1987** 364, 365). Allerdings deckt sich der Bereich solcher Konstellationen keineswegs mit der gesamten Bandbreite objektiv grob verkehrswidrigen Verhaltens, sondern bildet nur eine Teilmenge daraus.

(aa) **Evidenzfälle.** Auf dieser Linie hat die höchstrichterliche Rechtsprechung z.B. das blinde Hineinfahren in eine Kurve nach Zick-Zack-Fahrt hinter „lästigen Vorausfahrern" ohne viel Federlesens als rücksichtslos angesehen (OLG Koblenz VRS **85** 337, 338) und ebenso das Heranfahren an einen Fußgängerüberweg mit wesentlich überhöhter Geschwindigkeit (OLG Düsseldorf VerkMitt. **1974** Nr. 50 S. 37, 38).[284] Zu dieser Fallgruppe rechnet das gefährliche Überholen des „Kolonnenspringers" (LG Bochum DAR **1957** 302, 303), das Schneiden einer Kurve, bei dem der Täter „nach Rennfahrerart" bis hart an den linken Fahrbahnrand heranfährt und dadurch Passanten gefährdet (OLG Koblenz VRS **46** 344, 345 f; s. auch OLG Stuttgart Die Justiz **1963** 37), das Wegdrängen des auf der Überholspur einer Autobahn Vorausfahrenden durch erhebliche Unterschreitung des erforderlichen Abstands bei über 180 km/h (LG Karlsruhe NJW **2005** 915), das „Hineinzwängen" in eine knappe Lücke nach ungeduldigem Rechtsüberholen (OLG Koblenz VRS **71** 278 f) oder das am Ende eines Überholvorgangs erfolgte Abdrängen eines mit zwei Personen besetzten Motorrads in Richtung auf die Bordsteinkante vor einer Fahrbahnverengung (vgl. OLG Düsseldorf NZV **2007** 585 m. Anm. *König* NZV **2008** 46). Das gilt erst recht, wenn der Überholende zugleich oder unmittelbar danach abbremst, um dem anderen einen Denkzettel zu verpassen.[285] Keiner eingehenden Diskussion bedarf die Rücksichtslosigkeit des Weiteren dann, wenn der Täter mit gravierend überhöhter Geschwindigkeit (135 km/h statt wie zugelassen 60 km/h) in eine Kreuzung einfährt (BayObLG VRS **73** 379, 380) oder wenn Kraftradfahrer auf belebter und teilweise unübersichtlicher Bundesstraße in gegenseitigem Überholen um die Wette fahren, und sei es auch aus „Sportsgeist" (BGH bei *Martin* DAR **1960** 68). Nicht zweifelhaft sein kann ferner die Rücksichtslosigkeit desjenigen, der „in geradezu unverständlicher Nachlässigkeit drei auf die bevorstehende Kreuzung und die Wartepflicht hinweisende, in erheblichem Abstand angebrachte Schilder nicht beachtet" und danach mit überhöhter Geschwindigkeit in die Kreuzung einfährt (BGH VRS **7** 98, 99),[286] sowie beim unvorsichtigen Vorbeifahren an einer haltenden Straßenbahn, noch dazu mit schadhafter Bremsanlage (BGH VRS **17** 43, 46). Rücksichtslosigkeit ist regelmäßig auch dann offensichtlich gegeben, wenn der Fahrzeugführer unter bewusster Missachtung bereits länger 142

[283] So *Koch* DAR **1970** 322, 323; zust. *Peters* DAR **1980** 45, 47; *Spöhr/Karst* NJW **1993** 3308, 3309; wohl auch *Sch/Schröder/Cramer/Sternberg-Lieben* Rdn. 30. Insoweit wie hier *Kuckuk* KVR Verkehrsgefährdung Rücksichtslosigkeit Erläuterungen 1 (Lieferung 10/93) Bl. 17.

[284] „Ein Fahrer, der sich so verhält, fährt bewusst riskant und damit rücksichtslos."

[285] OLG Köln VRS **45** 436, 437; OLG Düsseldorf VRS **75** 351, 352; OLG Braunschweig VRS **32** 372, 374, AG Rudolstadt VRS **112** 35. Zur Frage, ob ein solches Verhalten noch dem Überholen zuzurechnen oder („nur") unter dem Aspekt des § 315b relevant ist, Rdn. 95, 97.

[286] Vgl. aber BGH VRS **8** 216, 219, wonach beim Übersehen zweier Warnschilder die näheren Umstände festgestellt werden müssen.

angezeigten Rotlichts in eine Kreuzung einfährt (OLG Stuttgart NJW **1967** 1766 f; abw. wohl OLG Jena VerkMitt. **1995** Nr. 46 S. 44, 45).

143 Selbst in Evidenzfällen kann **Rücksichtslosigkeit ausnahmsweise zu verneinen** sein. So ist das Wenden bzw. das Fahren in entgegengesetzter Richtung auf der Autobahn (§ 315c Abs. 1 Nr. 2f) als gesetzlich normierter Evidenzfall anzusehen. Der darin liegende Regelverstoß trägt die üble Verkehrsgesinnung gewissermaßen „auf der Stirne". Einen Ausnahmesachverhalt hatte OLG Köln VRS **88** 433 zu beurteilen. Ein Kraftfahrer war nach einem Schleudervorgang bei Nässe und in einer Linkskurve auf der Überholspur der Autobahn entgegen der Fahrtrichtung zum Stehen gekommen. Er hatte dieses höchst gefährliche Hindernis zu beseitigen gesucht, indem er das Fahrzeug wendete, und war, da ihm ein Wenden in einem Zug nicht möglich war, ein kurzes Stück entgegengesetzt zur Fahrtrichtung gefahren, um auf dem kürzesten Weg den Seitenstreifen zu erreichen. Verneint man nicht schon die grobe Verkehrswidrigkeit (Rdn. 136), so fehlt es jedenfalls an der Rücksichtslosigkeit (s. auch Rdn. 119). Denn ein solches Verhalten ist nicht durch üble Verkehrsgesinnung, sondern im Gegenteil durch Pflichtbewusstsein geprägt (im Einzelnen OLG Köln aaO S. 435 f). In einem Fall des „Geisterfahrens" auf der Autobahn aus Unaufmerksamkeit und dem Wenden nach Bemerken des Fehlverhaltens, um die „Geisterfahrt" zu beenden, vermisst OLG Oldenburg DAR **2002** 89 eine Auseinandersetzung mit dem Merkmal der Rücksichtslosigkeit. OLG Koblenz v. 25.6.2007 (1 Ss 107/07, juris) zieht Rücksichtslosigkeit bei bewusstem „Geisterfahren" auf der Überholspur einer Bundesstraße „aus Eile" in Zweifel, wobei das Fehlverhalten u.U. durch fehlende Ortskenntnisse sowie die Befindlichkeit des Fahrzeugführers (Kopfschmerzen, Fieber) mitbedingt gewesen sein kann. Das vermag nicht zu überzeugen. Im Vordergrund stand offenbar das Streben nach schnellerem Vorankommen, weswegen es sich um einen idealtypischen Fall der Rücksichtslosigkeit handelte; mangelnde Ortskenntnis vermögen den Fahrzeugführer dabei genauso wenig zu entlasten wie etwaige Defizite der Befindlichkeit (*König/Seitz* DAR **2008** 361, 362 f). Rücksichtslosigkeit kann bei einer Tat nach § 315c Abs. 1 Nr. 2g zu verneinen sein, wenn Hindernisse auf die Fahrbahn gelangt sind und die Kenntlichmachung des haltenden Fahrzeugs längere Zeit in Anspruch nehmen würde als die Beseitigung der Hindernisse (vgl. OLG Köln VRS **88** 433). An der Rücksichtslosigkeit aufgrund „psychischer Ausnahmesituation" soll es nach OLG Düsseldorf VRS **88** 349 im Fall eines 79-jährigen Fahrzeugführers fehlen, der nach einem schweren Fahrfehler entgegen der Fahrtrichtung in der Ausbuchtung eines Grünstreifens der Autobahn zum Stehen gekommen ist und dann, obwohl ihm auf beiden Fahrspuren Fahrzeuge entgegenkommen, ein Wendemanöver über diese Fahrspuren auf den Standstreifen durchführt (OLG Düsseldorf aaO S. 350 f). Dies dürfte freilich zumindest am Rande des noch Vertretbaren liegen.

144 (bb) **Ambivalente Fälle.** Der besonders schwere Regelverstoß führt nicht zwangsläufig zur Annahme auch rücksichtslosen Verhaltens. Das Gesetz trägt mit dem Merkmal der Lebenserfahrung Rechnung, dass kein Kraftfahrer vor schweren Fehlern gefeit ist. Diese sollen nicht ohne Weiteres zur Strafbarkeit nach § 315c Abs. 1 Nr. 2 führen, und zwar auch nicht dann, wenn für den schweren Fehler das Interesse des Fahrzeugführers am eigenen schnelleren Vorwärtskommen mit verantwortlich war. Denn dieses Interesse wird in den meisten Fällen des § 315 Abs. 1 Nr. 2 gegeben sein (OLG Düsseldorf VerkMitt. **1977** Nr. 105 S. 88).[287] Der Schwierigkeit, das konkrete Verhalten unter den posi-

[287] Hierzu auch *Zimmermann* MDR **1987** 364, 365; *Peters* DAR **1980** 45, 47.

tiv formulierten, in dieser Form notwendig umgreifenden und wenig inhaltsreichen Begriff der Rücksichtslosigkeit zu subsumieren, begegnet die Rechtsprechung in der Sache damit, dass sie den Begriffskern durch negative Faktoren eingrenzt (vgl. *Volk* GA **1976** 161, 179). Als solche Faktoren haben sich in der Praxis die *augenblickliche Unaufmerksamkeit* bzw. die auf *menschlichem Versagen beruhende irrige Beurteilung der Verkehrslage* und das Handeln in *Bestürzung, Verwirrung, Schrecken* im Moment der Gefahr herauskristallisiert. Ergeben sich Anhaltspunkte dafür, dass der Regelverstoß durch diese Faktoren mitbestimmt ist, so muss sich der Richter damit auseinandersetzen.[288]

(i) **Augenblicksversagen.** Ein lediglich auf *Unaufmerksamkeit, Augenblicksversagen oder falscher Lagebeurteilung* beruhendes Fehlverhalten ist u.a. angenommen worden bei einem Kraftfahrer, der zunächst an der Haltelinie vor einer bevorrechtigten Straße angehalten und sich nach rechts und links umgesehen hat, dann aber ohne nochmalige Orientierung nach rechts in die Vorfahrtstraße eingefahren ist (OLG Stuttgart DAR **1976** 23, 24), beim Führer eines 2,6 Meter breiten und 16 Tonnen schweren Mobilkrans, der womöglich aufgrund von Bedenken wegen schlechter Fahrbahnränder und des Gewichts des Fahrzeugs in einer unübersichtlichen Kurve das Rechtsfahrgebot nicht eingehalten hat (OLG Stuttgart DAR **1971** 248, zw.), beim Überholen unter Nutzung von Sperrflächen und Fahrbahnbegrenzungen, weil der Fahrzeugführer die Fahrbahnmarkierung u.U. wegen ungünstiger Lichtverhältnisse und Streuresten auf der Fahrbahn nicht rechtzeitig erkannt hat (OLG Düsseldorf VerkMitt. **1977** Nr. 105 S. 88), beim Überholen, wenn der Fahrzeugführer verkannt hat, dass er den Überholvorgang infolge der durch Nässe bedingten besonderen Schlüpfrigkeit des Straßenbelags nicht mehr rechtzeitig beenden kann (BGH VRS **13** 28, 29), beim Schneiden eines Linienbusses nach Rechtsüberholen, wenn sich das Urteil nicht dazu verhält, ob der Fahrer aus Unaufmerksamkeit handelte oder die Lage falsch einschätzte (OLG Düsseldorf VRS **98** 350, 352), beim Fahren auf der linken Spur in einer unübersichtlichen Kurve, wenn nicht auszuschließen ist, dass der Fahrzeugführer infolge einer falschen Beurteilung der Straßenverhältnisse und vielleicht auch aufgrund einer Alkoholbeeinflussung auf die andere Fahrbahn abgekommen ist (KG VRS **38** 50, 52), beim Übersehen eines Warnschildes (BGHSt **5** 392, 396),[289] beim Überfahren eines Rotlichts, wenn eine Sichtbeeinträchtigung durch die entgegenstehende Sonne nicht ausgeschlossen werden kann (OLG Düsseldorf VRS **91** 358, 360), beim Einfahren in eine Kreuzung in der „Gelblichtphase" einer Lichtzeichenanlage (OLG Karlsruhe VRS **107** 292) nach OLG Jena NZV **1995** 237 auch bei einem bewussten (fahrlässigen?) Rotlichtverstoß, weil es der Fahrzeugführer „eilig" gehabt hat (zw.), beim Überholen, bei dem der Fahrzeugführer aufgrund ungünstiger Lichtverhältnisse den Abstand eines entgegenkommenden Fahrzeugs sowie die Tatsache verkennt, dass es sich dabei nicht um ein Fahrrad, sondern um ein Motorrad handelt (BGH VRS **16** 354, 356 f), beim gefährlichen Heranfahren an einen Fußgängerüberweg (OLG Köln VRS **38** 288; nach dem mitgeteilten Sachverhalt zw.) oder beim Überfahren eines Fußgängerwegs mit unverminderter Fahrgeschwindigkeit, weil der Fahrzeugführer beim Abbremsen seine mitfahrende zweijährige Tochter gefährdet hätte (OLG Köln VRS **59** 121, 122 f; zw.), beim Ausscheren auf die Überholspur, um einem anderen das Einfahren auf die Autobahn zu ermöglichen, wobei der Fahrzeugführer sich nicht hinreichend (nur durch kurzen 145

---

[288] St. Rspr. s. etwa BGHSt 5 392, 396; BGH VRS 7 98, 99; 13 28; 16 354, 356 f; 23 289, 291 f; OLG Karlsruhe VerkMitt. **1980** Nr. 23 S. 18 f; OLG Oldenburg DAR **2002** 89; OLG Koblenz v. 25.6.2007, 1 Ss 107/07, juris.

[289] Anders beim Übersehen mehrerer Warnschilder, hierzu Rdn. 142.

Blick in den Rückspiegel) versichert hat, dass die Überholspur frei ist (OLG Stuttgart VRS **45** 437, 439). **Gegen bloßes Handeln aus Unaufmerksamkeit** etc. spricht andererseits, dass der Kraftfahrer 100 Meter vor einer auf Gelblicht umschaltenden Ampel seine Geschwindigkeit noch erhöht (OLG Stuttgart DAR **1970** 133, 134). Das Gleiche gilt für den Fall, dass die Straße bei einem gefährlichen Überholvorgang weithin übersichtlich ist und der Überholende nach dem Wiedereinordnen mutwillig abbremst (OLG Karlsruhe VerkMitt. **1980** Nr. 23 S. 18, 19).

146 (ii) **„Asthenische Affekte"**. Ein durch *Erregung, Bestürzung, Verwirrung oder Schrecken bedingtes Fahrverhalten* ist z.B. angenommen worden beim gefährlichen Vorbeifahren an einer Polizeisperre (unübersichtliche Stelle), wobei sich der Fahrzeugführer im Zustand der Aufgeregtheit wegen einer bevorstehenden, als ungerechtfertigt empfundenen Festnahme befunden hat (BGH VRS **23** 289, 293), bei einem Kraftfahrer, der „zu seiner Bestürzung" von plötzlichen erheblichen technischen Defekten seines Fahrzeugs überrascht worden ist und sich statt des gefahrlosen Auskuppelns und Bremsens zu einem Überholen entschlossen hat, um einen Auffahrunfall zu vermeiden (OLG Düsseldorf VerkMitt. **1972** Nr. 32 S. 29, 30), u.U. bei einem Kraftfahrer, der sich von „Rockern" verfolgt glaubt (BGH VRS **50** 342, 344), jedenfalls in Fällen *krassen* Fehlverhaltens in der Regel *nicht* bei Aufregung über einsetzende Wehen der Ehefrau (KG VRS **40** 268, 269 f; s. auch die nachfolgende Rdn.). Zu Ausnahmesituationen in Evidenzfällen vgl. Rdn. 143.

147 (b) **Berücksichtigung von Motiven.** Nach h.M. ist für die Rücksichtslosigkeit die im konkreten Fahrvorgang zutage getretene üble Verkehrsgesinnung gegenüber den anderen Verkehrsteilnehmern maßgebend. Hingegen spielt es keine Rolle, welche Motive (Fernziele) den Betreffenden geleitet haben.[290] Diese müssen dementsprechend auch nicht aufgeklärt werden. Der Grundsatz der Nichtberücksichtigung von Fernzielen gilt sowohl zugunsten als auch zulasten des Täters. Deshalb kann es nicht zum Nachteil des Fahrzeugführers verwertet werden, wenn er einen riskanten Überholvorgang einleitet, weil er „so wenig wie möglich von der 2. Krimifolge" einer Fernsehserie versäumen will (abw. u.U. OLG Köln VerkMitt. **1972** Nr. 44 S. 35). Andererseits kommt es einem riskant fahrenden Fahrzeugführer auch nicht zugute, wenn er rasch zu seiner kranken Mutter gelangen (BayObLGSt **1959** 263, 265 ff) oder wenn er seine Ehefrau, bei der die Wehen eingesetzt haben, schnellstens ins Krankenhaus verbringen will (KG VRS **40** 268, 269 f; hierzu auch die vorstehende Rdn.). Das Gleiche gilt, wenn ein Arzt einer Patientin wegen schwerer Blutungen zu Hilfe eilt und auf dem Weg dahin mit überhöhter Geschwindigkeit eine Kurve schneidet (OLG Stuttgart Die Justiz **1963** 37, 38). Weitere Beispiele geben der Fahrzeugführer, der einen Gerichtstermin nicht verpassen (KG VRS **40** 268, 269), der Paketwagenfahrer der Post, der die Zustellung nicht verzögern will (*Koch* DAR **1970** 322, 323), oder derjenige, der sich mit überhöhter Geschwindigkeit aus „verständlichen" Gründen der Verfolgung durch die Polizei entziehen will (BGH NZV **1995** 80).

148 Diese Rechtsprechung wird im Schrifttum gelegentlich **als zu streng kritisiert.**[291] Mitunter wird ihr auch vorgeworfen, den Begriff des *eigensüchtigen* Verhaltens nicht hin-

[290] BGH NZV **1995** 80; BayObLGSt **1959** 263 [Fall extremen Verkehrsrowdytums]; OLG Stuttgart Die Justiz **1963** 37; KG VRS **40** 268; OLG Karlsruhe VerkMitt. **1980** Nr. 23 S. 18 f. Zust. *Lackner/Kühl* Rdn. 19; *Krumme* Rdn. 136; *Jagow/Burmann/Heß* Rdn. 19; *Arzt/Weber* BT § 38 Rdn. 36; *Koch* DAR **1970** 322, 323.

[291] *Sch/Schröder/Cramer/Sternberg-Lieben* Rdn. 31. Vgl. auch *Maurach/Schroeder/Maiwald* BT/2 § 53 Rdn. 43.

reichend ernst zu nehmen (so wohl *Maurach/Schroeder/Maiwald* BT/2 § 53 Rdn. 43). Die Kritik erscheint jedoch nicht berechtigt. Bezugspunkt der Rücksichtslosigkeit (wie auch des gesamten § 315c Abs. 1 Nr. 2) ist die Verkehrssicherheit. Rücksichtslosigkeit bedeutet dementsprechend üble *Verkehrs*gesinnung, nicht üble Gesinnung schlechthin. Außer Zweifel steht aber, dass es beispielsweise übler Verkehrsgesinnung entspringt, wenn der Fahrzeugführer in einer engen, unübersichtlichen Straße mit regem Fußgängerverkehr seine Geschwindigkeit mehrfach auf das Doppelte des Erlaubten „hochschraubt" und in kurzer zeitlicher Abfolge eine Frau dazu zwingt, einen Kinderwagen zur Seite zu reißen, eine Fußgängergruppe veranlasst, „wie Hühner auseinander zu rennen", und einen Fußgänger dazu bringt, dass er über den Straßengraben springt (so der Fall in BayObLGSt **1959** 263). Ob er mit einem solchen Verhalten verständliche, isoliert betrachtet vielleicht sogar hoch stehende Intentionen verfolgt, ist irrelevant. Er stellt nämlich verkehrsfremde, in engerem oder weiterem Sinn eigene Belange über die Rechtsgüter der anderen Verkehrsteilnehmer, setzt also aufgrund eigener Wertvorstellungen deren Leib und Gesundheit aufs Spiel (*Krumme* StVR Rdn. 136). Das Sicherheitsbedürfnis der Verkehrsteilnehmer in der konkreten Verkehrssituation hat aber Vorrang vor den Fernzielen des riskant fahrenden Fahrzeugführers (OLG Karlsruhe VerkMitt. **1980** Nr. 23 S. 18, 19). Alles andere würde auf eine Art Freibrief für verwegenes Verhalten im Straßenverkehr hinauslaufen und hätte darüber hinaus unübersehbare Auswirkungen auf die Rechtsanwendung (BayObLGSt **1959** 263, 266). Wo Notsituationen auftreten, müssen diese nach den dafür zu Gebote stehenden Regelungen (§§ 34, 35) gewürdigt werden.[292] Die §§ 34, 35 werden freilich schon deswegen kaum je eingreifen, weil der Täter zumeist um winziger Geschwindigkeitsvorteile willen handelt (vgl. OLG Stuttgart Die Justiz **1963** 37; KG VRS **40** 268, 269). Das Merkmal der Rücksichtslosigkeit hat jedenfalls nicht die Funktion, auf einer vorgelagerten Stufe den Notstand „zu vertreten", und es ist auch nicht dafür gedacht, Verhaltensweisen aufzufangen, die hierdurch nicht mehr gedeckt werden. Das Ergebnis wird durch einen Vergleich mit der Beurteilung bevorrechtigter Fahrzeuge (§ 35 StVO) bestätigt. Selbst bevorrechtigte Fahrer sind nicht berechtigt, unbekümmert und rücksichtslos darauf loszufahren,[293] sondern dürfen ihr Vorrecht nur unter gebührender Beachtung der öffentlichen Sicherheit und Ordnung ausüben (§ 35 Abs. 8 StVO).[294]

dd) **Vorsatzbezug.** Wie allgemein bei den gesamttatbewertenden Merkmalen muss **149**
der Täter nur *die tatsächlichen Umstände* der groben Verkehrswidrigkeit in seinen Vorsatz aufgenommen haben, die seine Tat zu einer tatbestandsrelevanten machen; die Wertung als grob verkehrswidrig muss er hingegen nicht nachvollziehen (§ 315a Rdn. 34; BayObLGSt **1968** 91, 93 f). Genauso liegt es bei der gleichfalls dem Unrechtstatbestand zugehörenden (Rdn. 138) Rücksichtslosigkeit. Der Täter muss die Bedeutung der zugrunde liegenden Umstände richtig erfassen (vgl. BayObLG aaO; *Lackner/Kühl* Rdn. 19 und § 15 Rdn. 17). Wird die Rücksichtslosigkeit aus der besonderen Gefährlichkeit der Tat abgeleitet (Rdn. 141 ff), muss er sich *der Gefährlichkeit seines Handelns bewusst* sein (BayObLG VRS **64** 123, 125; OLG Koblenz VRS **71** 278, 280; OLG Düsseldorf VRS **98**

---

[292] S. etwa *Vogel* LK § 34 Rdn. 60; *Sch/Schröder/Lenckner/Perron* § 34 Rdn. 28; *Fischer* § 15 Rdn. 22; *Koch* DAR **1970** 322, 323. Kategorischer Ausschluss des Notstands bei *Krumme* Rdn. 138 f.

[293] So schon RGSt. **73** 280, 281; BayObLGSt **1959** 263, 267; OLG Stuttgart Die Justiz **1963** 37, ebenso *Krumme* Rdn. 136.

[294] Im Einzelnen *Hentschel/König* § 35 StVO Rdn. 8; *Jagow/Burmann/Heß* § 35 StVO Rdn. 13 ff.

350, 353). Die Gefährlichkeit der Fahrweise ist demnach Tatumstand, der vom Vorsatzwissen umfasst sein muss (vgl. *Puppe* NK § 16 Rdn. 71, 72 m.w.N.). Hingegen ist die üble Verkehrsgesinnung selbst nicht Vorsatzgegenstand.[295] Ob der Täter das besondere Unwerturteil der Rücksichtslosigkeit für sich trifft, ist nicht maßgebend (BayObLG VRS **64** 123, 125; OLG Koblenz VRS **71** 278, 280).

VI. Gefahr für Leib und Leben oder bedeutende Sachwerte

150 Durch die in Absatz 1 bezeichneten Handlungen muss *als selbstständig festzustellender Taterfolg* eine konkrete Gefahr für Leib oder Leben eines anderen Menschen oder für fremde Sachen von bedeutendem Wert herbeigeführt werden. Sie ist gegeben, wenn die Sicherheit einer bestimmten Person oder Sache durch das Verhalten des Täters so stark beeinträchtigt wird, dass es *nur noch vom Zufall abhängt, ob das Rechtsgut verletzt wird oder nicht* (grundlegend BGH VRS **44** 422, 423). Seit der zur Mitfahrerproblematik (Rdn. 152) ergangenen Grundsatzentscheidung vom 30.3.1995 (NJW **1995** 3131, 3132) fordert der BGH unter wesentlicher Einengung seiner bisherigen Rechtsprechung **einen „Beinahe-Unfall", also ein Geschehen, bei dem ein unbeteiligter Beobachter zu der Einschätzung gelangt, dass „das gerade noch einmal gut gegangen ist"** (näher § 315 Rdn. 53 ff). Ist es zu einer Verletzung gekommen, so muss dem zwingend eine konkrete Gefahr vorgelagert gewesen sein (§ 315 Rdn. 51, 57, 88). Andererseits schließt der Nichteintritt einer Verletzung, etwa aufgrund Rettungsmaßnahmen des Gefährdeten oder Dritter, die Annahme konkreter Gefahr nicht aus (§ 315 Rdn. 58 ff). Die Gefährdung beliebiger Menschen oder Sachen reicht aus; die beeinträchtigten Belange des Gefährdeten müssen nicht die Allgemeinheit repräsentieren (§ 315 Rdn. 67, 72). Die gefährdeten Menschen oder Sachen müssen sich auch nicht im Verkehrsraum befinden; erforderlich ist jedoch, dass sich das Fehlverhalten im öffentlichen Verkehrsraum abspielt (Rdn. 3 f). Tatbestandsrelevant ist eine *erhebliche Leibesgefahr* und eine *erhebliche Gefahr* für bedeutende Sachwerte; geringfügige Gefahren genügen demgemäß nicht (§ 315 Rdn. 70, 82).

151 **1. Feststellung der konkreten Gefahr.** Die grundsätzlichen Aspekte zur Feststellung der konkreten Gefahr sind in § 315 Rdn. 56 ff zusammengefasst. Fallgruppen konkreter Gefährdung im Straßenverkehr im Rahmen des § 315b sind in § 315b Rdn. 64 ff aufgeführt. Darauf wird Bezug genommen. Hinzuweisen ist darauf, dass ältere Judikatur für die Beurteilung von Gefährdungslagen im Hinblick auf die Rechtsprechung des BGH zum Beinahe-Unfall nur noch mit Vorsicht herangezogen werden kann.

152 a) **Gefährdung des Mitfahrers.** Nach mittlerweile gefestigter Rechtsprechung und ganz h.M. im Schrifttum kann die konkrete Gefahr für den im Fahrzeug mitfahrenden Insassen nicht allein damit begründet werden, dass der Fahrzeugführer fahrunsicher gewesen ist und sich die Fahrunsicherheit „indiziell nach außen gezeigt" hat, wie beispielsweise im *folgenlosen* Fahren in Schlangenlinien und im *folgenlosen* Abkommen von der Fahrbahn. Sie kann auch nicht allein aus einer besonders hohen BAK (z.B. 2,8 ‰) des Fahrzeugführers abgeleitet werden. Erforderlich ist vielmehr, dass es zu einer durch den alkoholbedingten Fahrfehler herbeigeführten kritischen Verkehrssituation für den

---

[295] Vgl. *Lackner/Kühl* § 15 Rdn. 8; *Fischer* Rdn. 16; *Sch/Schröder/Cramer/Sternberg-Lieben* § 15 Rdn. 24; *Schroth* Vorsatz und Irrtum (1998) S. 46; *Warda* Jura **1979** 71, 74 f. U.U. abw. BGH VRS **23** 289, 293.

Beifahrer, eben *zu einem Beinahe-Unfall gekommen ist* (BGH NJW **1995** 3131, 3132). An seiner entgegenstehenden früheren Rechtsprechung (Rdn. 153) hat der BGH in dieser Entscheidung im Anschluss an *Geppert* (NStZ **1985** 264, 265) allerdings für den Fall festgehalten, dass die alkoholische Beeinflussung einen solchen Grad erreicht hat, dass der Fahrer zu kontrollierten Fahrmanövern nicht mehr in der Lage „und damit die Situation einem Fahren ohne die notwendigen technischen Einrichtungen – z.B. ohne intakte Bremsen – vergleichbar ist" (BGH aaO). Im Hinblick darauf, dass er in BGH NJW **1996** 329, 330 (hierzu § 315b Rdn. 65) auch für die letztgenannte Konstellation die in der Verkehrsteilnahme als solche liegende hohe (abstrakte) Gefahr nicht mehr ausreichen lässt, dürfte auch dies überholt sein.[296] Bei derart hochgradigen Defektzuständen ist freilich kaum vorstellbar, dass es nicht zu Beinahe-Unfällen kommt, weswegen der Streitfrage theoretische Bedeutung zukommt (ebenso *Tepperwien* FS Nehm S. 427, 436). Ungeachtet dessen ist **ohne Ausnahme** ein „Beinahe-Unfall" zu fordern.[297]

Dem Rechtsprechungswandel sind obiter dicta des BGH vorausgegangen, wonach der Beifahrer aufgrund des ihn ungleich stärker als jeden anderen Verkehrsteilnehmer treffenden Risikos auch bei folgenlosen Trunkenheitsfahrten zumindest dann konkret gefährdet werden könne, wenn die Fahrunsicherheit in Gestalt von trunkenheitsbedingten Fahrfehlern akut geworden sei.[298] Dies ist sowohl in der Rechtsprechung[299] als auch im Schrifttum[300] auf nahezu einhellige Ablehnung gestoßen. Namentlich das BayObLG ist dem BGH mit der Begründung entgegengetreten, dass der Insasse außerhalb kritischer Verkehrssituationen lediglich abstrakt und insoweit nicht unterscheidbar von den außerhalb des Fahrzeugs liegenden Rechtsgütern gefährdet werde; der BGH verwische dementsprechend die Grenzen zwischen abstrakter und konkreter Gefahr, weswegen in den einschlägigen Fällen für § 316 kaum mehr ein Anwendungsbereich verbleibe (BayObLGSt **1988** 76; **1989** 125; BayObLG VRS **87** 121, 125). Der BGH hat sich der Kritik letztlich gebeugt. Es steht zu wünschen, dass sich alle Diskutanten der Tragweite der Problematik für andere hochriskante Verhaltensweisen (s. z.B. Rdn. 157) und den Gefahrbegriff insgesamt bewusst gewesen sind. **153**

b) Konkrete Gefahr in typischen Fallgruppen. Die veröffentlichte Rechtsprechung der Oberlandesgerichte hat sich bislang eher selten mit Grenzfällen konkreter Gefährdung im Lichte der neueren Rechtsprechung des BGH zum Gefahrbegriff auseinanderzusetzen. **154**

---

296 AA *Lackner/Kühl* Rdn. 23; *Fischer* Rdn. 15a; *Sch/Schröder/Cramer/Sternberg-Lieben* Rdn. 35; *Hentschel* Trunkenheit Rdn. 399; *Jagow/Burmann/Heß* Rdn. 11.

297 *Küper* BT S. 140; *Otto* GK BT § 80 Rdn. 28; *Wessels/Hettinger* BT/1 Rdn. 992.

298 BGH NJW **1985** 1036 m. Anm. *Geppert* NStZ **1985** 264 und *Janiszewski* NStZ **1985** 257; BGH NStZ **1989** 73, 74 m. Anm. *Werle* JR **1990** 74 und Bespr. *Ströber* DAR **1989** 414; BGH NZV **1992** 370 f. Umfassend zur Entwicklung *Puhm* Strafbarkeit gemäß § 315c StGB, S. 38 ff.

299 BayObLGSt **1988** 76 m. zust. Anm. *Janiszewski* NStZ **1988** 544; BayObLGSt **1989** 125 m. zust. Anm. *Berz* NStZ **1990** 237; BayObLG VRS **87** 121, 125 m. zust. Anm. *Schmid* BA **31** (1994) 322; OLG Köln NJW **1991** 3291. Im Ergebnis ebenso bereits BayObLG NJW **1954** 1258; OLG Köln DAR **1956** 252; OLG Düsseldorf DAR **1957** 160.

300 *Lackner*[20] Rdn. 23; *Sch/Schröder/Cramer*[24] Rdn. 29a; *Jagusch/Hentschel*[33] Rdn. 3; *Janiszewski* Verkehrsstrafrecht, Rdn. 288b; *Becker* NStZ **1990** 125; *Berz* NZV **1989** 409, 414 f; NStZ **1990** 237; *Geppert* NStZ **1985** 264, 265; *ders.* NStZ **1989** 320, 322 und Jura **1996** 47, 50 f; *Hauf* DAR **1994** 59; *Hentschel* JR **1985** 434; *ders.* NJW **1995** 627, 634; *Knollmann/Lappe* JuS **1992** 708, 710; *Ströber* DAR **1989** 414; *Werle* JR **1990** 76. Abw. *Jähnke* DRiZ **1990** 425, 430 f.

Das kann daran liegen, dass einschlägige Verfahren bereits durch die Staatsanwaltschaften nicht weiterbetrieben werden. Dafür wiederum sind womöglich Oberlandesgerichtsentscheidungen mitverantwortlich, die unter Verwendung des Begriffs der „hochgradigen Existenzkrise“ [301] sehr hohe Anforderungen an den Nachweis des Gefahrerfolgs stellen. Nimmt man beide Entwicklungen zusammen, so ist zu besorgen, dass sich der Anwendungsbereich der §§ 315 bis 315c noch mehr auf Konstellationen verengt, in denen es zu einer Verletzung gekommen ist (zur Statistik Rdn. 1). Mit Blick auf die Verkehrssicherheit ist dies nicht wünschenswert (OLG Frankfurt NZV **1994** 565, 566). Der Gefahrbegriff zwingt auch in seiner neuen Ausprägung nicht zu forensisch kaum je zu erreichender „mathematischer Genauigkeit“ (in diesem Sinne BGH NJW **1995** 3131; *Tepperwien* FS Nehm S. 427, 436). Zur Feststellung der konkreten Gefahr einschließlich der Frage der „verkehrsüblichen“ Reaktion des Gefährdeten s. im Einzelnen § 315b Rdn. 66 sowie § 315 Rdn. 65. Zur polizeilichen Beweisführung instruktiv Heinrich SVR **2008** 165, 169 f.

155 aa) **Bremsmanöver.** Bei Bremsmanövern (z.B. nach Vorfahrtverletzungen oder nach Falschfahren bei Überholvorgängen) genügt es, wenn festgestellt werden kann, dass der Unfall „gerade noch“ bzw. „um Haaresbreite“ vermieden werden konnte. Zusätzliche äußere Gefahrzeichen wie z.B. quietschende oder gar qualmende Reifen sind nicht unabdingbar (vorstehende Rdn.; § 315b Rdn. 66). Andererseits reicht allein die Feststellung nicht aus, der beeinträchtigte Fahrzeugführer habe „verhältnismäßig scharf“ abbremsen müssen (anders OLG Braunschweig VRS **32** 372, 375 f). Nach OLG Rostock (v. 20.12. 2002, 1 Ss 206/01 I 88/01, juris) genügt die Notwendigkeit einer Vollbremsung allein zwar nicht, jedoch schon in Verbindung mit der Feststellung, es seien „auf der Rückbank des [beeinträchtigten] Fahrzeugs ... liegende Gegenstände heruntergefallen“. Hinsichtlich der *Passagiere eines Omnibusses*, der scharf abbremsen muss, kommt es darauf an, wie stark der „Rückstoß“ im Einzelfall ist; kann sich der gefährdete Fahrgast durch Anklammern an einen Haltegriff eben noch halten oder stürzt er, ohne sich zu verletzen, so wird der Gefahrerfolg in aller Regel zu bejahen sein (vgl. auch § 315b Rdn. 66). Entsprechendes gilt, wenn der *Insasse eines Pkw* infolge einer Notbremsung nach vorne geschleudert wird und einen Aufprall auf die Windschutzscheibe eben noch vermeiden kann (OLG Köln VRS **45** 436, 437).

156 bb) **Schleudervorgänge, Ausweichen o.Ä.** Gegeben ist der Gefahrerfolg regelmäßig, wenn das gefährdete Fahrzeug, z.B. nach Schneiden oder Abdrängen im Zuge von Überholvorgängen, ins Schleudern gerät oder der Unfall durch Ausweichen auf den Fahrbahnrand, den Randstreifen, den Bürgersteig oder die andere Fahrspur gerade noch vermieden wird.[302] Gleichfalls hinreichend festgestellt ist die konkrete Gefahr, wenn der beeinträchtigte Fahrzeugführer nach dem Urteil „nur um wenige Meter einer Kollision mit dem Fahrzeug des Angeklagten entging und dieser nur durch eine überobligationsmäßige Reaktion ... überhaupt wieder auf die rechte Fahrspur einscheren und damit den Zusammenstoß vermeiden konnte“ (OLG Rostock v. 20.12.2002, 1 Ss 206/01 I 88/01, juris). Das Gleiche gilt, wenn der „Kolonnenspringer“ einer Kollision mit einem anderen Fahr-

---

301 OLG Hamm NZV **1991** 158; ZfS **2006** 49; OLG Düsseldorf NJW **1993** 3212; NZV **1994** 406; OLG Koblenz DAR **2000** 371; OLG Rostock v. 20.12.2002, 1 Ss 206/01 I 88/01, juris.

302 BGH NZV **1995** 80; OLG Koblenz VRS **71** 278 f; KG VRS **46** 192, 193. Vgl. auch OLG Stuttgart DAR **1971** 248; VRS **45** 437; OLG Hamm VRS **38** 50 [alle im konkreten Fall mit Verletzung].

zeug nur dadurch entgeht, dass er sein Fahrzeug scharf zur Seite reißt und es, zeitweilig auf zwei Rädern fahrend, gerade noch abfängt (vgl. LG Bochum DAR **1957** 302), wenn der Motorradfahrer sein Kraftrad im letzten Moment noch herumzureißen vermag und dadurch die rechte Fahrbahn erreicht (BayObLG VRS **64** 123), wenn der Motorradfahrer bei einem Überholvorgang zur Bordkante abgedrängt wird, sich der überholende Pkw dem Motorrad bis auf nur wenige Zentimeter nähert und der Motorradfahrer stark abbremsen muss, um nicht gegen die Bordsteinkante zu fahren und zu verunglücken (vgl. OLG Düsseldorf NZV **2007** 585 m. Anm. *König* NZV **2008** 46), oder wenn derjenige, der die Kurve geschnitten hat, sein Fahrzeug nach Überfahren des Straßenbanketts und eines zugewachsenen Straßengrabens noch zum Stehen bringt (OLG Stuttgart Die Justiz **1963** 37). Wenig überzeugend OLG Düsseldorf NStE Nr. 12 zu § 315c, wonach der Eintritt des Gefahrerfolgs nicht allein mit denkbaren Fehlreaktionen des Gefährdeten begründet werden können soll, wenn der Täter mit einer Geschwindigkeit von über 100 km/h bei einem seitlichen Abstand von lediglich 50 cm überholt, weswegen der Überholte auf den Mehrzweckstreifen ausweichen muss. Auch nach dem hier vertretenen großzügigeren Maßstab dürfte die Feststellung, der beeinträchtigte Fahrzeugführer habe „scharf nach rechts lenken" müssen, hingegen nicht hinreichen (vgl. OLG Koblenz DAR **2000** 371).

cc) **Dichtes Auffahren („Drängeln"); „Geisterfahren".** Entgegen der früheren Recht- **157**
sprechung[303] kann konkrete Gefahr nicht ohne Weiteres angenommen werden, wenn der Nachfahrende auf das vorausfahrende Fahrzeug über eine nicht ganz kurze Strecke hinweg, ggf. unter Abgabe von Licht- und Schallzeichen, **dicht auffährt.**[304] Dass der Nachfahrende in solchen Konstellationen nicht in der Lage ist, das von ihm geführte Fahrzeug im Bedarfsfall noch rechtzeitig abzubremsen, begründet auch dann nur eine *hohe abstrakte (potentielle) Gefahr*, wenn erschwerend hinzukommt, dass die rechte Fahrspur dicht besetzt ist und deswegen keine Ausweichmöglichkeit besteht (*Berz* NZV **1989** 409, 413 f). Die nahe liegende Befürchtung, dass der Vorausfahrende verunsichert werden und sich in diesem Zustand zu kopflosen und unfallträchtigen Reaktionen veranlasst sehen könnte, vermag daran nichts zu ändern.[305] Eine konkrete Gefahr liegt erst dann vor, wenn das abstrakte Risiko in einer kritischen Verkehrssituation kulminiert, etwa weil aufgrund eines Hindernisses oder des Fahrverhaltens eines anderen Verkehrsteilnehmers tatsächlich ein Bremsmanöver oder ein Ausweichvorgang notwendig wird (weitergehend *Berz* NZV **1989** 409, 414). Dieselben Maßstäbe sind an das **„Geisterfahren"** anzulegen. Auch hier genügt demnach die hohe latente Gefahr für den Eintritt des Gefahrerfolgs nicht, und ist für dessen Annahme ein Beinahe-Unfall erforderlich (abw. noch *Jähnke* DRiZ **1990** 425, 429 f). Nicht zu verkennen ist, dass das Abstellen auf den Beinahe-Unfall hinsichtlich der beiden vorgenannten Verhaltensweisen faktisch darauf hinaus-

303 Z.B. BGHSt **22** 341, 343 ff [zu § 1 StVO]; BayObLG VRS **59** 285 [zu § 1 StVO]; OLG Karlsruhe NJW **1971** 1818 f [zu § 1 StVO]; NJW **1972** 962, 964; OLG Köln VRS **61** 425, 427 f. Kritisch hierzu auch schon vor der Einengung der Gefahrformel *Berz* NZV **1989** 409, 413 f.

304 Z.B. Abstand zeitweise zwei Meter über eine Strecke von einem bis 1,5 km bei 120 km/h (OLG Köln VRS **44** 16, 17 f) oder Sicherheitsabstand, der nicht nur ganz vorübergehend geringer ist als die in 0,8 Sekunden durchfahrene Strecke (OLG Frankfurt VerkMitt. **1979** Nr. 41 S. 28, 29).

305 Hierzu u.a. BGHSt **19** 263, 266, 268 f [zu § 240]; **22** 341, 343 ff [zu § 1 StVO]; OLG Köln VRS **61** 425; Beispielsfall auch in LG Karlsruhe NJW **2005** 915 [„Autobahnraser von Karlsruhe"]; zu dieser Entscheidung auch *Maatz* NZV **2006** 637, freilich ohne die Frage zu problematisieren.

läuft, dass *der Gefahrerfolg mit dem Unglücksfall zusammenfällt*. Denn im Ernstfall wird kaum je eine realistische Rettungschance bestehen (*Jähnke* aaO S. 430). Dies muss aber wohl hingenommen werden.

158 **dd) Gefährdung von Fußgängern.** Beim Falschfahren am Fußgängerüberweg ist eine konkrete Gefahr gegeben, wenn der Täter sein Fahrzeug durch eine Vollbremsung mit quietschenden Reifen eben noch vor dem Zebrastreifen zum Stillstand bringt (OLG Düsseldorf VerkMitt. **1974** Nr. 50 S. 37 f; vgl. auch OLG Köln VRS **38** 288) oder wenn Fußgänger, die mit dem Überschreiten der Straße schon begonnen haben, zurückspringen müssen, um einem Unfall zu entgehen (OLG Stuttgart NJW **1969** 889; s. auch OLG Hamm NJW **1969** 440 [Rotlicht zeigende Ampel]). Das Gleiche gilt, sofern der Täter mit unverminderter Geschwindigkeit zwischen einem den Fußgängerüberweg überquerenden Mädchen und einem vor dem Zebrastreifen haltenden Fahrzeug durchfährt, wobei er das Mädchen überfahren hätte, wenn es nicht aufgrund einer Warnung abrupt stehen geblieben wäre (OLG Köln VRS **59** 123, 124). Demgegenüber soll nach OLG Schleswig NStE Nr. 11 zu § 315c konkrete Gefahr zu verneinen sein, wenn „der Grund dafür, dass eine Verletzung in concreto ausscheiden musste, bekannt" ist. Der Täter hatte mit einer Geschwindigkeit von 50 km/h einen Zebrastreifen überfahren, der gerade von einem „schwerfällig gehenden alten Mann" überquert wurde; zu einem Unfall war es nicht gekommen, weil ein vor dem Überweg haltender Fahrzeugführer gehupt und andere Warnzeichen gegeben hatte, weswegen der alte Mann stehen geblieben war. Das Ausbleiben der Verletzung beruht nach OLG Schleswig nicht auf Zufall, sondern auf dem steuernden Verhalten des anderen Fahrzeugführers, also auf „bekannten" Umständen. Dabei wird allerdings vernachlässigt, dass die näheren Umstände ex post in aller Regel „bekannt" sind. Maßgebend ist aber die objektiv nachträgliche Gefahrprognose aus der Sicht ex ante (§ 315 Rdn. 56 ff). Bei Anlegung dieses Maßstabs wäre u.a. zu berücksichtigen gewesen, dass weder der riskant fahrende Täter noch der andere Fahrzeugführer vorausschauend betrachtet das Verhalten des alten Mannes hinreichend zu beherrschen bzw. zu „steuern" vermochte; ebenso wenig hatte der andere Fahrzeugführer das Verhalten des Täters in der Hand.[306] Bei der **Beeinträchtigung des (sonstigen) Fußgängerverkehrs** ist der Gefahrerfolg beispielsweise zu bejahen, wenn eine Passantin den von ihr geführten Kinderwagen „im letzten Augenblick noch rasch zur Seite" reißen kann (BayObLGSt **1959** 263, 264), sich ein Fußgänger nur durch einen Sprung über den Straßengraben (BayObLG aaO) oder über die Leitplanke (OLG Koblenz VRS **46** 344, 345) zu retten vermag. Entsprechendes gilt, wenn der Täter unmittelbar an den Schuhspitzen des sich in seiner Not an eine Leitplanke drückenden Fußgängers vorbeifährt und dabei dessen Hose fast streift (OLG Koblenz aaO). Hingegen belegt die Feststellung, der Fußgänger habe dem Fahrzeug des Angeklagten „durch ein paar forsche Schritte ausweichen müssen", nach OLG Celle v. 7.8.2007, 32 Ss 113/07 (juris) keine konkrete Gefährdung. Zur Gefährdung von Fußgängern s. auch § 315b Rdn. 67.

159 **2. Gefahr für Leib und Leben eines anderen Menschen.** Grundsätzlich genügt die (erhebliche) Gefährdung eines *beliebigen* Menschen. Anders als unter der Geltung des Merkmals der Gemeingefahr ist nicht erforderlich, dass der gefährdete Einzelne als Repräsentant der Allgemeinheit anzusehen ist; der gefährdete Mensch muss auch weder Verkehrsteilnehmer sein noch muss er sich im öffentlichen Verkehrsraum befinden

---

[306] Diesen Ansätzen zustimmend *Sch/Schröder/Cramer/Sternberg-Lieben* Rdn. 35; Bedenken hingegen auch bei *Lackner/Kühl* Rdn. 22.

(Rdn. 150). Nicht tatbestandsrelevant ist die Gefährdung des *nasciturus* oder eines *Leichnams* (§ 315 Rdn. 71).

a) **Tatbeteiligter.** Der *Mitfahrer* ist in den Strafschutz prinzipiell einbezogen. Allerdings machen die Rechtsprechung und ein Teil des Schrifttums hiervon *eine Ausnahme*, sofern der Insasse an der Tat als *Anstifter oder Gehilfe beteiligt* ist. Dem liegt eine sonst nicht vertretene und auch nicht zu rechtfertigende „Lagertheorie" zugrunde, die dem Gefährdeten letztlich die Macht gibt, über das auch nach Auffassung des BGH nicht verfügbare Rechtsgut des Allgemeininteresses an der Sicherheit des Straßenverkehrs zu disponieren (*Hillenkamp* JuS **1977** 166, 169). Konsequent zu Ende gedacht müsste eine derartige Interpretation dazu führen, dass nicht nur der tatbeteiligte Mitfahrer als geeignetes Gefährdungsobjekt ausscheidet, sondern auch derjenige, der den Betrunkenen zu seiner Tat anstiftet, sich danach zu Fuß auf den Weg nach Hause macht und dort von dem Betrunkenen angefahren wird (Beispiel von *Hillenkamp* aaO S. 169 f), was gewiss als seltsames Ergebnis gelten kann. Wegen der näheren Einzelheiten wird auf die Ausführungen unter § 315b Rdn. 71 ff Bezug genommen. 160

b) **Einwilligung.** Weitergehend als die Lehre vom tatbestandlichen Ausschluss des Tatbeteiligten gelangt eine breite Strömung im Schrifttum unter dem Blickwinkel der Einwilligung zum Ausschluss der Strafbarkeit in den Mitfahrer-Fällen, wobei sie aber teils in der Sache differenziert (hierzu mit Nachweisen § 315b Rdn. 73). Dem ist jedoch mit der gefestigten Judikatur[307] und einem Teil der Literatur[308] zu widersprechen. Der Gefährdete ist nicht Inhaber des Universalrechtsguts der Sicherheit des Straßenverkehrs. Er ist nicht „Opfer" der Straftat im Rechtssinn. Aus dem gleichen Grund scheidet eine Straflosigkeit unter dem Aspekt der objektiven Zurechnung aus. Zu beidem wird auf das unter § 315b Rdn. 74 Gesagte verwiesen. 161

3. **Gefahr für fremde Sachen von bedeutendem Wert.** Gefährdet werden müssen fremde Sachen von bedeutendem Wert. Dabei sind – entsprechend der Lage bei der Leibes- und Lebensgefahr – nicht nur den Verkehrseinrichtungen zuzurechnende Sachen und Fahrzeuge in den Schutzbereich einbezogen, sondern *im Prinzip alle für den Täter fremden Sachgegenstände* (§ 315 Rdn. 72). 162

a) **Fremde Sache.** „Fremd" ist grundsätzlich nach bürgerlichem Recht auszufüllen. Danach ist die Sache für den Täter fremd, wenn sie nicht in seinem Alleineigentum steht und nicht herrenlos ist (§ 315 Rdn. 73). In Ausnahmefällen kann das Merkmal zu verneinen sein, obwohl dem Täter das Alleineigentum an der Sache *formal* nicht zusteht. Wirtschaftlicher Eigentümer von Gegenständen, die der GmbH gehören, ist beispielsweise der Gesellschafter einer „Ein-Mann-GmbH" (§ 315 Rdn. 74). Das Abstellen auf den zivilrechtlichen Eigentumsbegriff in sonstigen Fällen kann im Rahmen des § 315c – wie im gesamten Verkehrsstrafrecht (§ 315 Rdn. 73) – zu vom Gesetzgeber wohl nicht gewollten 163

---

[307] BGHSt **6** 232, 234; **23** 261, 262 ff; BGH NZV **1995** 80 f; OLG Düsseldorf VRS **36** 109, 110; OLG Hamm VRS **36** 279, 280; KG VRS **36** 107, 108 f; OLG Karlsruhe NJW **1967** 2321, 2322; OLG Stuttgart NJW **1976** 1904. AM noch OLG Hamburg NJW **1969** 336, 337; OLG Schleswig SchlHA **1968** Nr. 140 S. 229.

[308] *Lackner/Kühl* Rdn. 32; (wohl) *Fischer* Rdn. 17; *Jagow/Burmann/Heß* Rdn. 35; *Wessels/Hettinger* BT/1 Rdn. 993; *Geerds* BA **3** (1965) 124, 133 f; *Schaffstein* FS Welzel S. 557, 574.

Härten führen. Dies betrifft vornehmlich das vom Täter **geführte und von ihm gefährdete Fahrzeug.** Genügt die Gefährdung einer (auch) fremden Sache schlechthin, so gelangen u.a. der das Fahrzeug benutzende, nicht (allein) eigentumsberechtigte Ehegatte,[309] der Sohn oder die Tochter des Eigners, Mitgesellschafter, Freunde etc. in den Anwendungsbereich des § 315c. Das Gleiche gilt für denjenigen, der das Fahrzeug unter Eigentumsvorbehalt gekauft, einem Dritten zur Sicherheit übereignet, geleast oder gemietet hat. Die formale Eigentümerposition entscheidet dann über das Vorliegen einer Straftat statt einer bloßen Ordnungswidrigkeit (§ 315c Abs. 1 Nr. 2) bzw. über einen Strafrahmen bis zu fünf statt bis zu einem Jahr Freiheitsstrafe (§ 315c Abs. 1 Nr. 1, § 316). Die Beurteilung solcher Konstellationen ist seit jeher umstritten. Rechtsprechung und Schrifttum sind sich aber weithin im Ergebnis darin einig, dass derartige Härten durch eine Elimination des vom Täter geführten Fahrzeugs vermieden werden sollten (Rdn. 165 ff).

164 **aa) Die (auch) fremde Ladung.** Demgegenüber wird soweit ersichtlich nicht in Zweifel gezogen, dass für den Täter (auch) fremde Gegenstände, die sich im Fahrzeug befinden (die Ladung), geeignete Gefährdungsgegenstände sind.[310] Dies versteht sich nicht von selbst, weil insoweit dieselben Härten wie beim Fahrzeug auftreten können. Dass sie nicht in gleicher Weise problematisiert werden, dürfte hauptsächlich praktische Gründe haben. Bei Unfällen von privat eingesetzten Fahrzeugen wird in der Praxis wohl nicht nachgeforscht, ob die transportierten Sachen im Eigentum des Fahrzeugführers stehen. Andererseits bildet die Beurteilung der Ladung eine „offene Flanke" der interpretatorischen Elimination des vom Täter geführten Fahrzeugs. Denn es erscheint wenig einleuchtend, denjenigen straflos zu stellen, der in grob verkehrswidriger und rücksichtsloser Fahrt den Pkw seines Arbeitgebers im Wert von 50.000 € zerstört, ihn aber dann zu bestrafen, wenn sich im Pkw ein gleichfalls zerstörter tragbarer Computer im Wert von 1500 € befindet, der dem Fahrer nicht gehört. Denkbar wäre natürlich, neben dem Fahrzeug selbst auch all das aus dem Tatbestand auszugrenzen, was sich im Inneren des Fahrzeugs befindet. Allerdings könnte dann auch die Gefährdung der Insassen wohl nicht mehr berücksichtigt werden. Das wird nur wenige überzeugen.

165 **bb) Wirtschaftliche Betrachtungsweise.** Zur Vermeidung der angesprochenen Härten (Rdn. 163) befürwortet ein Teil des (älteren) Schrifttums eine wirtschaftliche Anschauung. Danach ist eine Sache nicht fremd im Sinne der Vorschrift, wenn der Täter wie ein Eigentümer damit verfahren kann. Dies soll vor allem dann gegeben sein, wenn der Täter die Sache unter Eigentumsvorbehalt gekauft oder zur Sicherung einem Dritten übereignet hat.[311] Ein weiteres Anwendungsbeispiel wäre je nach Vertragsgestaltung der Leasingvertrag. Diese Auffassung hat sich jedoch zu Recht nicht durchgesetzt. Denn in den genannten Fällen wird schon die wirtschaftliche Betrachtungsweise oftmals nicht zu dem intendierten Ergebnis führen. So lässt sich bei einem Vorbehaltskauf, bei dem gerade erst eine Rate bezahlt worden ist, oder bei einer Not leidenden Sicherungsübereignung schwerlich behaupten, der Vorbehaltskäufer bzw. Sicherungsgeber sei wirtschaftlich

---

[309] Anwendungsfall in OLG Schleswig NJW **1965** 1727 m. Bespr. *Hartung* NJW **1966** 15, 18.

[310] OLG Hamm DAR **1960** 121 [zu § 1 Abs. 2 StVO]; OLG Celle JZ **1963** 563; *Horn/Wolters* SK vor § 306 Rdn. 10; *Jagow/Burmann/Heß* Rdn. 6; *Rengier* BT/II § 44 Rdn. 10; *Ranft* Jura **1987** 608, 614; *Rüth* JR **1977** 432, 433; *Warda* MDR **1965** 1, 5; wohl auch *Lackner/Kühl* Rdn. 25; implizit *Becker* NStZ **1990** 125. Offen gelassen von OLG Stuttgart NJW **1966** 2280, 2281.

[311] *Hartung* NJW **1966** 15, 17 f; *ders.* NJW **1967** 909, 910; *Rüth* LK[10] § 315 Rdn. 37.

schon bzw. noch als der wahre Eigentümer anzusehen. Kein gangbarer Weg dürfte es auch sein, hinsichtlich des Vorbehaltskaufs auf die verschiedenen Stadien des Erstarkens der Anwartschaft zum Vollrecht abzustellen und für die Sicherungsübereignung auf deren (voraussichtliche) Bestandskraft. Die strafrechtliche Beurteilung würde hierdurch mit erheblichen und letztlich untragbaren Unsicherheiten befrachtet.[312]

cc) **Rechtmäßiger Besitz.** Vereinzelt geblieben ist der Vorschlag *Rüths* (JR **1977** 432, 433), der, freilich wohl nur *in Bezug auf das Fahrzeug*, das Merkmal „fremd" bei rechtmäßigem Besitz des Täters generell verneinen wollte. Über die in Rdn. 165 genannten Konstellationen hinaus wären davon auch die in Rdn. 163 angesprochenen umfasst. Einer solchen Auslegung ist aber mit Blick auf das von der Norm geschützte Rechtsgut der Weg verstellt. Geht man davon aus, dass die §§ 315 ff das Allgemeininteresse an der Verkehrssicherheit zu schützen bestimmt sind und dass die Gefährdung fremder Rechtsgüter die Gefährlichkeit des Täterverhaltens indiziert (§ 315 Rdn. 5), so ist nicht einzusehen, wie die Rechtmäßigkeit des Besitzes diese Indizwirkung sollte entkräften können. Zudem kollidiert eine solche Betrachtungsweise mit der h.M., wonach die vom Täter rechtmäßig mitgeführten fremden Beförderungs*gegenstände* schlechthin geeignetes Gefährdungsobjekt sind (Rdn. 164). **166**

dd) **Elimination des selbst geführten Fahrzeugs.** Demgegenüber greift eine seit vielen Jahrzehnten gefestigte Rechtsprechung zu einer generellen Reduktion des Tatbestandes. Danach ist die Gefährdung des vom Täter geführten (auch) fremden Fahrzeugs schlechthin aus dem Tatbestand zu eliminieren.[313] Das soll selbst dann gelten, wenn der Täter das Fahrzeug *gestohlen* (BGHSt **11** 148, 151) oder *geraubt* (BGH NStZ **1999** 350) hat. Das Fahrzeug sei notwendiges Tatmittel und könne deswegen nicht zugleich vom Strafschutz mit umfasst werden (BGHSt **11** 148, 150; insoweit relativierend BGHSt **27** 40, 43 f). Die Strafbarkeit des Vorbehaltskäufers dürfe nicht von dem Zufall abhängen, ob die letzte Rate bereits bezahlt worden sei (BGHSt **11** 148, 150 f; **27** 40, 43). Durch § 315c werde das Allgemeininteresse an der Sicherheit des Verkehrs geschützt; eine Erhöhung des Eigentumsschutzes bezwecke die Vorschrift hingegen nicht. Solange jemand „ohne verkehrsmäßige (verkehrstypische) Beteiligung eines Dritten lediglich eine Gefahr für das von ihm eingesetzte Fahrzeug [setze]", würden „die Strafvorschriften über die Gefährdung des Straßenverkehrs überhaupt nicht angesprochen"; erst bei verkehrsbezogener Beteiligung eines Dritten am Verkehr, „der sich selbst in den Verkehrsbereich eingebracht" habe, nehme dieser an dem besonderen verkehrsrechtlichen Schutz teil (BGHSt **27** 40, 43). Aus § 315 Abs. 1 Nr. 1, § 315b Abs. 1 Nr. 1 und § 315c Abs. 1 Nr. 2g sei der allgemeine Grundsatz herzuleiten, dass es immer zu einer konkreten Gefährdung des Straßenverkehrs kommen müsse; „die bloße *Gefährdung* des Fahrzeugs *auf der Straße*" reiche hingegen nicht aus (BGH aaO S. 44, im Anschluss an *Sch/Schröder*[8] §§ 306 ff Vorbem. Rdn. 9). Die ganz herrschende Lehre ist dem BGH im Ergebnis gefolgt.[314] **167**

---

312 In diesem Sinne auch allgemein BGHSt **12** 282, 287; hierzu kritisch *Hartung* NJW **1966** 15, 17 f.

313 BGHSt **11** 148, 150; **27** 40, 42 ff; BGH NStZ **1992** 233; NStZ-RR **1999** 120; NZV **2000** 213; BayObLG NJW **1983** 2827, 2828; OLG Celle NJW **1967** 1767 f; OLG Hamm NJW **1967** 943 f; OLG Stuttgart NJW **1966** 2280, 2281; OLG Schleswig NJW **1965** 1727. Anders noch OLG Celle VRS **6** 381, 382; NdsRpfl **1957** 136 f; OLG Hamm NJW **1957** 968; OLG Koblenz NJW **1957** 231 f.

314 *Lackner/Kühl* Rdn. 27; *Sch/Schröder/Cramer/Sternberg-Lieben* §§ 306 ff Vorbem. Rdn. 11; *Fischer* Rdn. 15b; *Jagow/Burmann/Heß* Rdn. 6; *Rengier* BT/II § 44 Rdn. 10; *Otto* GK BT § 80 Rdn. 1; *Geppert*

168 ee) **Stellungnahme.** Angesichts der jahrzehntelangen Praxis und der nahezu einhelligen Zustimmung des Schrifttums könnte man fast geneigt sein, die tatbestandliche Reduktion des § 315c als gewohnheitsrechtlich anerkannt anzusehen.[315] Die daran zu stellenden Anforderungen dürften jedoch letztlich nicht erfüllt sein. In der Sache handelt es sich um eine richterliche Rechtsfortbildung, die vom Ergebnis her bestimmt ist und bei der dem Richter zumindest nicht in diesem Maße zukommende Strafwürdigkeitserwägungen den Ausschlag geben. Keines der angeführten Argumente findet einen hinreichenden Anhalt im Gesetz; hinzu kommt eine Reihe von krassen Widersprüchlichkeiten.

168a (1) So existiert – wie auch bei der durch den BGH vorgenommenen Ausgrenzung der Gefährdung des Tatbeteiligten (hierzu § 315b Rdn. 71 ff)[316] – *kein allgemeiner Grundsatz* des Inhalts, *dass das „Tatmittel" nicht zugleich geeigneter Gefährdungs- oder Verletzungsgegenstand sein kann.* Dies lässt sich mit Beispielen belegen.[317] Aber bereits der Topos des „Tatwerkzeugs" bzw. „Tatmittels", aus dem der BGH so weit reichende Folgerungen zieht, passt für die Regelverstöße nach § 315c im Allgemeinen nicht. Zwar ist es zutreffend, dass § 315c fast durchwegs[318] den Gebrauch eines Fahrzeugs voraussetzt. Allein dadurch wird das Beförderungsmittel aber nicht zum „Werkzeug" auf der Seite des Täters. Es ist vielmehr passives Element der Tat. Seine Verwendung erschöpft sich im konkreten Gebrauch, auf dessen Verhinderung § 315c abzielt. Dem entspricht die ganz h.M. zum Recht der Einziehung (§§ 74 ff), die das Fahrzeug bei Straftaten nach § 315c (§ 316) als bloßen Beziehungsgegenstand ansieht (Rdn. 217). Eine abweichende Beurteilung kann allenfalls dann gerechtfertigt sein, wenn der Täter sowohl hinsichtlich der Tathandlung als auch hinsichtlich der Gefahr vorsätzlich handelt (OLG Hamm BA **11** [1974] 282). Aber das ist bekanntlich in den allerwenigsten Fällen gegeben. Und schließlich widerlegt sich der BGH selbst, indem er die Ausgrenzung des selbst geführten Fahrzeugs für den Bahn-, Schiffs- und Luftverkehr und damit wohl auch für § 315a nicht nachvollziehen will (hierzu § 315 Rdn. 77 f), obgleich die Strukturen dort identisch sind.

168b (2) Richtig ist, dass das Verkehrsstrafrecht *nicht darauf abzielt, den Eigentumsschutz zu erhöhen.* Allerdings spricht dies nicht gegen die Einbeziehung des vom Täter geführten Fahrzeugs. Geht man mit dem hier vertretenen und im Grundsatz auch vom BGH eingenommen Standpunkt davon aus, dass Schutzgut des § 315c das Allgemeininteresse an der Sicherheit des Straßenverkehrs ist, dessen Beeinträchtigung sich in der Gefährdung

---

Jura **2001** *559, 565.* Zweifelnd *Hillenkamp* JuS **1977** 166, 169; ähnlich *Graul* JuS **1992** 321, 324. **AA** *Horn/Wolters* SK vor § 306 Rdn. 10; *Hartung* NJW **1966** 15; *ders.* NJW **1967** 909. Zweifelnd hinsichtlich des gestohlenen Fahrzeugs *Mayr* FG BGH S. 273, 275.

315 Zur gewohnheitsrechtlich verfestigten Tatbestandseinengung durch milde Auslegung etwa *Dannecker* LK § 1 Rdn. 175 ff; *Lackner/Kühl* § 1 Rdn. 3; *Sch/Schröder/Eser* § 1 Rdn. 13; *Fischer* § 1 Rdn. 9; *Roxin* AT I § 5 Rdn. 47, 50; kritisch *Jakobs* AT 4/46 f.

316 Darauf wird in der Leitentscheidung ausdrücklich Bezug genommen (BGHSt **11** 148, 150). Dort findet sich u.a. der Satz: „Es [das benutzte Fahrzeug] nimmt auf der Seite des Täters an dessen vorschriftswidrigem Verhalten teil."

317 Treffend *Horn/Wolters* SK vor § 306 Rdn. 10: Sachbeschädigung scheitere mit Sicherheit nicht daran, dass der Täter das gemietete Fahrzeug an die Hauswand fahre, statt es auf andere Weise zu demolieren. Vgl. auch *Hartung* NJW **1966** 15, 16 und NJW **1967** 909, 910.

318 Mit Ausnahme des § 315c Abs. 1 Nr. 2g.

fremder Rechtsgüter indiziell zeigt, so müssten sich Gründe finden lassen, warum das nicht auch für das Fahrzeug gelten sollte. Diese sind nicht vorhanden. So dokumentiert sich die Gefährlichkeit des Täterverhaltens für die Sicherheit des Straßenverkehrs gewiss nicht greifbarer, wenn der betrunkene Fahrer einen in fremdem Eigentum stehenden Zaun streift und dabei einen über der Wertgrenze liegenden Schaden verursacht, als wenn er aufgrund seiner Volltrunkenheit von der Straße abkommt und das von ihm geführte fremde Fahrzeug völlig zerstört, wobei es nur dem Zufall zu verdanken ist, dass sich kein anderes Rechtsgut in der Gefahrenzone befunden hat. Fehl geht es, wenn der BGH in diesem Kontext die Parallele zum betrunkenen Fahrer zieht, der auf nichtöffentlichen Wegen fahrlässig ein fremdes Fahrzeug beschädige und insoweit keinen Vorschriften über den strafrechtlichen *Eigentums*schutz unterliege, was bei derselben Tat auf öffentlichen Wegen nicht anders sein könne (BGHSt 27 40, 43). Denn ein Eigentumsdelikt ist § 315c gerade nicht. Mit dieser Aussage wird im Grunde die wenige Absätze zuvor (aaO S. 41 f) nochmals bekräftigte Auffassung konterkariert, dass die §§ 315 ff das Universalrechtsgut der Sicherheit des Straßenverkehrs zu schützen bestimmt seien. Die Schutzrichtung dieser Vorschriften in Bezug auf den *öffentlichen* Straßenverkehr erweist sich aber gerade in der Beschränkung eben auf den *öffentlichen* Straßenverkehr. Wie sich der *Eigentums*schutz innerhalb und außerhalb des öffentlichen Verkehrsraums gestaltet, ist dafür irrelevant. Wenn der betrunkene Fahrzeugführer auf einem privaten Grundstück fahrlässig einen Zaun beschädigt, macht er sich nicht wegen Sachbeschädigung strafbar. Das ist auch dann nicht anders, wenn er dasselbe im öffentlichen Verkehrsraum tut. Gleichwohl greift im letztgenannten Fall ganz unbestreitbar § 315c ein. Einwenden kann man, dass sich die besondere Gefährlichkeit des Verhaltens u.U. auch an der Gefährdung eigener Sachen erweist. Aber das ist Folge einer vom Gesetzgeber bewusst getroffenen und damit hinzunehmenden Entscheidung (hierzu § 315 Rdn. 5).

(3) Nicht tragfähig erscheint auch der Hinweis zur *verkehrsmäßigen bzw. verkehrs-* **168c**
typischen Beteiligung Dritter, die sich selbst in den Verkehrsbereich „einbringen" müssten, damit ihnen *verkehrs*rechtlicher Schutz gewährt werden könne. Dies ist zunächst mit der allgemeinen Meinung nicht zu vereinbaren, wonach der gefährdete Dritte weder im öffentlichen Verkehrsraum befindlich noch gar am Verkehrsvorgang beteiligt sein muss (z.B. pflügender Bauer auf dem Feld, Rdn. 3).[319] Sodann wird außer Acht gelassen, dass sich fremde *Sach*werte (die Leitplanke, das Haus usw.) kaum je in den Verkehr „einzubringen" pflegen, aber trotzdem unzweifelhaft geeignete Gefährdungsobjekte sind. Konsequent zu Ende gedacht müsste der Gedanke im Übrigen dazu führen, dass auch dem Beifahrer, auf den die diesbezüglichen Ausführungen des BGH ersichtlich zielen (BGHSt 27 40, 43), der verkehrsrechtliche Schutz zu versagen wäre. Denn am Verkehrsvorgang beteiligt ist der Beifahrer solange nicht, wie er sich auf das passive Mitfahren beschränkt (eingehend hierzu § 315b Rdn. 18). Selbst wenn man aber den Kreis weiter zieht und das „Sich-Einbringen" damit gleichsetzt, dass sich der Beifahrer aufgrund freier Entscheidung in das Fahrzeug begibt, wären die Ergebnisse außerordentlich ungereimt. So könnte der bewusstlose Kranke, der in einem Krankenfahrzeug transportiert wird, mangels „Sich-Einbringens" wohl nicht in tatbestandsrelevanter Weise gefährdet werden. Und wiederum bleibt zu fragen, wie es mit den im Fahrzeug beförderten Gegenständen steht, die dem Täter nicht (alleine) gehören (Rdn. 164).

---

[319] *Rüth* JR 1977 432; zustimmend *Horn/Wolters* SK vor § 306 Rdn. 10.

168d (4) Entgegen der Auffassung des BGH kann den § 315 Abs. 1 Nr. 1, § 315b Abs. 1 Nr. 1 und § 315c Abs. 1 Nr. 2g *kein allgemeines Prinzip* des Inhalts entnommen werden, dass es zu einer *konkreten Gefährdung des Straßenverkehrs* kommen müsse, wofür die bloße Gefährdung des Fahrzeugs „auf der Straße" nicht genüge (BGHSt 27 40, 44).[320] Einmal ist eine *konkrete* Gefährdung des *„Straßenverkehrs"* im Rahmen des § 315c *überhaupt nicht* erforderlich. Notwendig (und ausreichend) ist – wie durchgehend für die §§ 315 ff – vielmehr eine *abstrakte* Gefährdung des (Straßen-)Verkehrs, die sich in der konkreten Gefahr für ein oder mehrere Individuen oder für bedeutende Sachwerte (darunter selbstverständlich auch Fahrzeuge auf der Straße) auswirken muss.[321] Sodann genügt für die § 315 Abs. 1 Nr. 1, § 315b Abs. 1 Nr. 1 sehr wohl die Gefährdung des (u.U. auch selbst geführten) Fahrzeugs. Zerstört der Täter beispielsweise die Bremsanlage des ihm nicht gehörenden Kraftwagens und kann das Fahrzeug dann im öffentlichen Straßenverkehr nicht mehr rechtzeitig vor einem Hindernis zum Stillstand gebracht werden, so ist nicht ersichtlich, was einer Anwendung des § 315b entgegenstehen sollte. Auch an der Erfüllung des § 315 Abs. 1 Nr. 1 würde man wohl nicht zweifeln, wenn der Lokomotivführer während der Fahrt essentielle Vorrichtungen außer Funktion setzt und den nunmehr führerlosen Wagen dadurch zum Entgleisen bringt. Gerade mit dem Hinweis auf § 315 setzt sich der BGH aber auch erneut mit seiner Rechtsprechung in Widerspruch, wonach die Elimination des Beförderungsmittels für die von §§ 315, 315a geschützten Verkehrsarten nicht gelten soll (§ 315 Rdn. 77 f). Es erscheint alles andere als plausibel, aus einer Norm einerseits einen allgemeinen Grundsatz ableiten zu wollen, diesem dann aber zugleich gerade für diese Norm jegliche Gültigkeit zu versagen. Womöglich zielt die Passage zu der im Rahmen der §§ 315, 315b nicht ausreichenden Zerstörung usw. des Fahrzeugs auf Konstellationen, in denen der Eingriff mit der Beschädigung, Zerstörung des Fahrzeugs zusammenfällt, *ohne dass* eine abstrakte Beeinträchtigung der Verkehrssicherheit eintritt (hierzu § 315 Rdn. 48, § 315b Rdn. 26, 59). Diese Fälle sind aber mit der Situation im Rahmen des § 315c nicht vergleichbar. Denn hier geht das abstrakt gefährliche Verhalten (Fahren im Zustand der Fahrunsicherheit, unter Verletzung der Vorfahrt etc.) der konkreten Gefährdung notwendig voraus und muss deren Ursache sein. Zutreffend ist, dass die Gefährdung des *liegen gebliebenen* Fahrzeugs nicht zur Strafbarkeit nach § 315c Abs. 1 Nr. 2g führt. Das ist strukturell bedingt. Rein tatsächlich *ist hier eine konkrete Gefährdungslage überhaupt nicht denkbar, wenn es nicht zu einer riskanten Annäherung mit einem anderen Rechtsgut kommt.* Freilich nimmt § 315c Abs. 1 Nr. 2g im Rahmen des § 315c *eine absolute Ausnahmestellung ein.* Anders als alle anderen Regelverstöße im Katalog des § 315c Abs. 1 knüpft die Vorschrift nämlich nicht an das Führen eines Fahrzeugs bzw. an das Fahrverhalten an (Rdn. 2), sondern an eine Sicherungspflicht, die darüber hinaus noch nicht einmal den Führer des Fahrzeugs treffen muss (Rdn. 129). Mit Blick auf diese Ausnahmestellung kann der Vorschrift schwerlich ein allgemeiner Rechtsgedanke für die §§ 315 ff oder auch nur für § 315c entnommen werden.

168e (5) Es verbleibt die rechtspolitisch unbefriedigende Situation, dass für die Strafbarkeit der **Zufall den Ausschlag geben kann,** ob der Vorbehaltskäufer die letzte Kaufrate bereits entrichtet hat oder noch nicht. Abgesehen davon, dass dieser Aspekt nur einen

[320] Deutlicher bei *Sch/Schröder/Heine* §§ 306 ff Vorbem. Rdn. 11.

[321] Zum Deliktscharakter § 315 Rdn. 2.

Ausschnitt aus den tangierten Fallgestaltungen bildet, der z.B. auf den Mieter, Entleiher oder gar den Dieb nicht zutrifft und schon deswegen nicht als tragfähiges Fundament für eine Reduktion von erheblicher Tragweite gelten kann, und abgesehen davon, dass abermals dasselbe für die mitgeführten Gegenstände gelten müsste (Rdn. 164 a.E.), wirkt dieser Gedanke im Rahmen eines konkreten Gefährdungsdelikts nicht sonderlich überzeugend. Denn das konkrete Gefährdungsdelikt baut (wie jedes Erfolgsdelikt) wesensgemäß zu einem guten Teil auf dem Zufall auf. Vom Zufall bestimmt kann es sein, ob sich jemand zum Mitfahren mit einem Betrunkenen bereit findet, ob sich fremde Gegenstände im Fahrzeug befinden, ob fremde Rechtsgüter außerhalb des Fahrzeugs in die Gefahrenzone geraten und ob es zu einem Beinahe-Unfall kommt (vgl. auch *Horn/Wolters* SK vor § 306 Rdn. 10). Trotzdem verhelfen all diese Zufälle, wenn sie denn im Einzelfall unglücklich kumulieren, dem Täter nicht zur Straflosigkeit.

Ergebnis ist deshalb, dass das vom Täter geführte, (auch) fremde Fahrzeug wie jeder **168f**
andere fremde Sachwert *auch Gefährdungsobjekt im Sinne des § 315c sein kann.* Mit dem Vorstehenden soll nicht gesagt werden, dass dieses Ergebnis in jeder Hinsicht zufriedenstellt. Man wird andererseits auch nicht behaupten können, dass es mit Blick auf das Schutzgut des § 315c außerhalb jeglicher Vertretbarkeit liegt. Die Gefährdung des selbst geführten (auch) fremden Fahrzeugs mag *praktisch* die wichtigste Fallgruppe sein, bei der Härtefälle auftreten. Dies rechtfertigt es jedoch nicht, sie ohne tragfähige Grundlage durch Richterrecht generell aus dem Tatbestand herauszunehmen und auf diese Weise Widersprüche im Verhältnis zu anderen Fallgestaltungen zu produzieren, die im Unrechtsgehalt vergleichbar sind oder sogar dahinter zurückbleiben (Gefährdung der Ladung; Streifen des Zauns). Die Ausgrenzung des vom Täter selbst geführten und für ihn (auch) fremden Fahrzeugs aus der Reihe geeigneter Gefährdungsobjekte bedürfte einer Entscheidung des Gesetzgebers. De lege lata bieten das Strafverfahrensrecht und die Strafzumessung Handhaben, mit denen Härtefällen Rechnung getragen werden kann.

ee) **Einwilligung.** *Horn/Wolters* (SK vor § 306 Rdn. 10) wollen – im Ergebnis in Über- **169**
einstimmung mit dem in den vorstehenden Rdn. Gesagten – *grundsätzlich den formalen Eigentumsbegriff* entscheiden lassen, meinen jedoch, einige der relevanten Fälle ließen sich über die rechtfertigende Einwilligung dogmatisch sauber lösen (*Horn/Wolters* SK vor § 306 Rdn. 12). Es sei zu fragen, ob sich ein gewerbsmäßiger Fahrzeugvermieter sowie der Vorbehaltsverkäufer nicht „dadurch des Schutzes ihres Eigentums aus § 315c begeben, dass sie in ein Verhalten des Fahrers «quam in suis», u.U. auch in «gefährliche» Verhaltensweisen» ... einwilligen" (*Horn/Wolters* aaO). Ungeachtet der grundsätzlichen Bedenken gegen eine Anerkennung der rechtfertigenden Wirkung der Einwilligung (Rdn. 161 und § 315b Rdn. 74) liegt auf der Hand, dass ein solcher Ansatz aus tatsächlichen Gründen allenfalls in extremen Ausnahmefällen weiterzuhelfen vermag. Gefährliche Verhaltensweisen des Vorbehaltskäufers, Mieters, Sicherungsgebers, Leasingnehmers etc. laufen den Interessen des Eigentümers nämlich diametral zuwider. Die Annahme einer Einwilligung bereits in solch gefährliche Verhaltensweisen wäre Fiktion. Dass nicht in den Erfolg eingewilligt wird (hierzu *Horn/Wolters* SK vor § 306 Rdn. 12), versteht sich ohnehin von selbst.

b) **Bedeutender Wert.** Die gefährdeten Sachen müssen von bedeutendem Wert sein. **170**
Diesen muss – wie schon bei der Leibesgefahr – bedeutende Gefahr drohen. Die Wertgrenze ist nach der Rechtsprechung des BGH **bei 750 € anzusiedeln** (im Einzelnen § 315 Rdn. 95). Wegen der näheren Einzelheiten wird auf die Ausführungen unter § 315 Rdn. 82 ff verwiesen.

VII. Kausalität, objektive Zurechnung

171 Ursache der Gefahr muss ein in Absatz 1 beschriebenes Fehlverhalten sein („dadurch"). Wie bei anderen Erfolgsdelikten auch darf sich der Richter dabei nicht mit der Aussage begnügen, das Verhalten des Täters sei conditio sine qua non für den Gefahrerfolg gewesen. Vielmehr muss ein spezifischer Zusammenhang zwischen einem der in § 315c Abs. 1 Nr. 1 oder 2 aufgeführten Regelverstöße und der konkreten Gefahr in dem Sinn dargetan werden, dass der Gefahrerfolg **seinen Grund gerade in der Pflichtwidrigkeit hat,** sich mithin als die Realisierung der in dieser liegenden (abstrakten) Gefahr darstellt, und es muss der Zweck des Ge- oder Verbots sein, Erfolge der eingetretenen Art zu verhindern.[322] Die Rechtsprechung behandelt die Beziehung zwischen Pflichtwidrigkeit und Erfolg entgegen der überwiegenden Lehre als eine Frage des Kausalzusammenhangs, wobei sie in der Terminologie nicht immer ganz präzis verfährt.[323] Im *Ansatz* der Einordnung *als Kausalitätsproblem* hat sie in jüngerer Zeit vermehrt Zustimmung gefunden.[324] Insgesamt ist in diesem Bereich konstruktiv nahezu alles außerordentlich umstritten, und erscheint der „gegenwärtige Diskussionsstand von einer abschließenden Klärung weit entfernt" (*Lackner/Kühl* § 15 Rdn. 45).[325] Der Ursachenzusammenhang **ist nach der Rechtsprechung gegeben,** wenn auszuschließen ist, dass es ohne die Fahrunsicherheit bzw. den Regelverstoß nicht zum Eintritt der Gefahr gekommen wäre (vgl. BGH VRS **49** 429 f; *Sch/Schröder/Cramer/Sternberg-Lieben* Rdn. 36). Eine *nur gelegentlich* des Fahrverhaltens entstehende Gefahr genügt demgegenüber nicht (BGH NStZ **2007** 222).[326] Wird *wegen mehrerer Regelverstöße* verurteilt, so muss der Zusammenhang zwischen *jedem* der Regelverstöße und einer relevanten Gefährdung bestehen (OLG Hamm VRS **41** 40, 41). Es genügt, wenn die Gefahr durch den Regelverstoß *mit*verursacht wird.[327] In allen Fällen schließt ein *Mitverschulden des Opfers* die Ursächlichkeit nicht aus,[328] sofern nicht ein völlig atypischer Kausalverlauf vorliegt. Ist der Ursachenzusammenhang nicht gegeben oder kann er nicht nachgewiesen werden, so kommt in den Fällen des § 315c Abs. 1 Nr. 1a eine Strafbarkeit nach § 316 in Betracht, ggf. aber auch lediglich eine Ordnungswidrigkeit nach § 24a StVG. In den Fällen des § 315c Abs. 1 Nr. 1b, Nr. 2 wird zumeist *nur* eine Ordnungswidrigkeit gegeben sein. Allerdings kann es am erforderlichen Bezug auch fehlen, wenn der fahrunsichere und in Pervertierungsabsicht regelwidrig fahrende Täter sein Fahrzeug *gezielt als Schadenswerkzeug* einsetzt, ohne dass sich gerade die Fahrunsicherheit auswirkt. In solchen Konstellationen ist dann, u.U. neben (versuchten) Verletzungsdelikten, § 315b in Erwägung zu ziehen.[329]

---

322 Ganz h.M. S. etwa BayObLG NJW **1969** 2026; OLG Hamm VRS **41** 40, 41; OLG Karlsruhe Die Justiz **1979 444, 445**; *Sch/Schröder/Cramer/Sternberg-Lieben* Rdn. 36; *Rengier* KK OWiG § 10 Rdn. 32.

323 S. etwa BayObLG NZV **1989** 359 und hierzu *Deutscher* ebd. S. 360.

324 Namentlich *Jakobs* AT 7/78; *ders.* FS Lackner S 53, 59 f; *Puppe* NK vor § 13 Rdn. 189 ff; *dies.* ZStW **99** (1987) 595, 601; *dies.* Jura **1997** 408, 513.

325 Zum Streitstand *Puppe* NK vor § 13 Rdn. 142 ff, 183 ff; *Sch/Schröder/Lenckner/Eisele* §§ 13 ff Vorbem. Rdn. 73 ff; *Sch/Schröder/Cramer/Sternberg-Lieben* § 15 Rdn. 160 ff; *Fischer* vor § 13 Rdn. 20 ff, alle mit zahlreichen Nachweisen.

326 BayObLG VRS **64** 371, 372; NZV **1989** 359; OLG Hamm NJW **1955** 723.

327 BayObLGSt **1969** 169, 171; BayObLG VRS **38** 112, 113; NZV **1989** 359; OLG Hamburg VRS **32** 444. *Lackner/Kühl* Rdn. 12.

328 BGH VRS **17** 21, 24; VRS **19** 29, 30 f (implizit); OLG Karlsruhe NJW **1965** 361. *Deutscher* NZV **1989** 360. Vgl. auch BayObLGSt **1994** 9, 11.

329 Vgl. BGH VRS **65** 359, 360; NJW **1995** 1766; NZV **2000** 88, 89; NStZ-RR **2004** 108; **2005** 340; NStZ-RR **2007** 59; s. auch § 315b Rdn. 95.

1. Fahren im Zustand der Fahrunsicherheit. Die Fahrunsicherheit muss sich auf einen bestimmten einzelnen Verkehrsvorgang ausgewirkt haben, was nach der Rechtsprechung der Fall ist, wenn „das reibungslose Ineinandergreifen einzelner Verkehrsvorgänge" gerade mit Rücksicht auf den durch Rauschmittel beeinflussten Zustand des Fahrers konkret beeinträchtigt wird. Die Gefahr muss durch die rauschmittelbedingte Leistungsminderung des Täters ihr Gepräge erhalten (BGHSt 8 28, 33). Auf der Grundlage der Bedingungstheorie negativ formuliert bedeutet dies: Die Gefahr beruht *nicht* auf der Fahrunsicherheit des Täters, falls dieser die gleiche Gefahr für die Allgemeinheit begründet hätte, wenn *er* bei Bewältigung derselben Verkehrsaufgabe *nüchtern gewesen wäre.*[330] Entsprechendes gilt naturgemäß für die durch *körperliche bzw. geistige Mängel* ausgelöste Fahrunsicherheit (§ 315c Abs. 1 Nr. 1b). Am erforderlichen Zusammenhang z.B. mit einer Fahrunsicherheit aufgrund Übermüdung fehlt es dann, wenn der Erfolg nicht ausschließbar auch ohne die Übermüdung eingetreten wäre (OLG Karlsruhe VRS 50 280, 283). *Missverständlich* ist die mitunter gebrauchte Kurzformel, es sei entscheidend, ob die Gefahr der Fremdschädigung bei der gegebenen Sachlage auch von *einem (irgendeinem) nüchternen Fahrer* ausgegangen wäre.[331] Denn unter Zugrundelegung dieser Definition hätte die Rechtsprechung „die Bedingungstheorie verlassen" (OLG Neustadt VRS **16** 41, 43).[332] 172

a) **Beeinträchtigung der Fahrweise.** In älteren Entscheidungen wird nicht selten ergänzend ausgeführt, dass sich die Fahrunsicherheit *nicht notwendig auf die Fahrweise* des berauschten oder aufgrund eines anderen Defekts beeinträchtigten Fahrzeugführers ausgewirkt haben müsse, weil die regelwidrige Fahrweise nicht Tatbestandsmerkmal sei.[333] Dies steht im Zusammenhang mit dem Gefahrbegriff. In Abgrenzung zu einer vormals verbreiteten Rechtsprechung (BayObLG VRS **6** 302; zusammenfassend *Riemenschneider* Fahrunsicherheit S. 44 f) wird damit zum Ausdruck gebracht, dass der Fahrzeugführer *vor* der kritischen Situation nicht notwendig durch regelwidriges Fahrverhalten aufgefallen sein muss. Vielmehr ist der Ursachenzusammenhang auch dann gegeben, wenn die Krise entsteht, weil der Täter ad hoc nicht mehr in der Lage war, sachgerecht zu reagieren, z.B., weil sein Wahrnehmungsvermögen aufgrund des Drogenkonsums beeinträchtigt war. 173

b) **BGHSt 24 31.** *Nicht auf § 315c Abs. 1 Nr. 1a übertragbar* sind die durch BGHSt 24 31 zur Kausalitätsprüfung im Rahmen der §§ 222, 229 (230 a.F.) entwickelten Grundsätze. Danach ist bei der Prüfung der Frage, ob ein Verkehrsunfall für einen alkoholbedingt fahrunsicheren Kraftfahrer vermeidbar war, nicht darauf abzustellen, ob der Fahrer den Unfall in nüchternem Zustand bei Einhaltung derselben Geschwindigkeit hätte vermeiden können, sondern darauf, bei welcher geringeren Geschwindigkeit er – abgesehen davon, dass er als Fahrunsicherer überhaupt nicht am Verkehr teilnehmen durfte – noch seiner durch den Alkoholgenuss herabgesetzten Wahrnehmungs- und 174

---

330 So BGH VRS **16** 448, 452, im Anschluss an OLG Neustadt VRS **16** 41, 43; BGH VRS **19** 29, 30; VRS **31** 36, 37; OLG Neustadt NJW **1961** 2223, 2224.

331 So BGHSt 8 28, 33; BGH VRS **13** 204, 205; VRS **16** 129, 131; BayObLG NZV **1989** 359; BayObLGSt **1994** 29, 34; OLG Saarbrücken DAR **1963** 21, 22 (auch in der weiteren Begründung zweifelhaft).

332 Zust. BGH VRS **16** 448, 452; vgl. auch *Hentschel* Trunkenheit Rdn. 416; *Peters* NZV **1990** 260, 262 und dort Fn. 20.

333 U.a. BGHSt 8 28, 33; BGH VRS **13** 204, 205; BGH VRS **16** 448, 452; OLG Neustadt VRS **16** 41, 43.

Reaktionsfähigkeit bei Eintritt der kritischen Verkehrslage hätte Rechnung tragen können und ob es auch bei dieser Geschwindigkeit zu dem Unfall gekommen wäre.[334] Mit Recht weist BayObLGSt **1994** 29, 34 auf die unterschiedliche Fragestellung im Rahmen des § 315c Abs. 1 Nr. 1a hin. Anders als beim fahrlässigen Verletzungsdelikt *reicht im Rahmen des § 315c nicht jedes* den Schutzbereich beeinträchtigende verkehrswidrige Verhalten aus, sondern muss die Gefahr gerade aus der rauschmittelbedingten Fahrunsicherheit herrühren.[335] Deshalb kann es auch nur auf den diesbezüglichen Ursachenzusammenhang ankommen.

175 c) **Feststellung des Zusammenhangs.** Die Feststellung, ob die Gefahr durch die rauschmittelbedingte Fahrunsicherheit „ihr Gepräge erhalten" hat (Rdn. 172), kann außerordentliche Probleme aufwerfen. Sie rühren daher, dass nicht mit Gewissheit gesagt werden kann, wie sich der Fahrzeugführer als Nüchterner verhalten hätte. Zwar entspricht es den allgemein anerkannten Ergebnissen der Alkoholforschung (hierzu § 316 Rdn. 16 ff), dass für den jeweiligen Defekt typische Faktoren wie etwa eine herabgesetzte Sehfähigkeit, Störungen des Reaktionsvermögens oder Beeinträchtigungen der Gesamtpersönlichkeit (Wagnisbereitschaft, Selbstüberschätzung) Ursachen für den Gefahrerfolg sein können. Dem steht aber die Erfahrung gegenüber, dass nahezu alle Fehlleistungen, die einem im Defektzustand befindlichen Fahrzeugführer unterlaufen, zumindest gelegentlich auch bei Nüchternen vorkommen. Das Nachfolgende betrifft vornehmlich die alkoholbedingte Fahrunsicherheit. Dies ist darauf zurückzuführen, dass insoweit reichhaltiges Material existiert. Das meiste kann sinngemäß auf die Fahrunsicherheit infolge des Konsums anderer Rauschmittel sowie geistiger oder körperlicher Mängel übertragen werden.

176 aa) **Gefahrenzusammenhang – alkoholbedingte Fahrunsicherheit.** Die Fragestellung schneidet sich mit dem praktisch wichtigsten Problemkreis der Beurteilung alkoholbedingter Fahrunsicherheit. In den Fällen, in denen der Grenzwert absoluter Fahrunsicherheit (§ 316 Rdn. 59 ff) nicht erreicht ist,[336] ist der Würdigung des Gefahrenzusammenhangs *die Prüfung vorgelagert, ob die Fahrsicherheit gerade aufgrund der Alkoholwirkung aufgehoben war* (§ 316 Rdn. 90 ff). Zumeist wird die Annahme der Fahrunsicherheit aus den Beweisanzeichen Grad der Alkoholisierung und einer im Fahrverhalten deutlich gewordenen Ausfallerscheinung hergeleitet. War es dann gerade die als alkoholbedingt erkannte Fahrweise (Ausfallerscheinung), die zum Gefahrerfolg geführt hat, so wird der Ursachenzusammenhang zwischen alkoholbedingter Fahrunsicherheit und dem Gefahrerfolg durch die Rechtsprechung in aller Regel nicht mehr eigenständig untersucht.[337] Dies erscheint plausibel. Denn in solchen Fällen steht mit der Annahme alkoholbedingter Fahrunsicherheit zugleich fest, dass diese der Gefahrensituation „ihr Gepräge" verliehen hat. **Einer gesonderten Prüfung muss der Gefahrenzusammenhang**

---

[334] So u.a. auch BayObLGSt **1994** 29, 31 ff m. krit. Anm. *Puppe* NStZ **1997** 389 und *Schmid* BA **31** (1994) 330, 331 f; OLG Koblenz in DAR **1974** 25; VRS **71** 281. Zust. z.B. *Hardtung* MK § 222 Rdn. 51; *Hentschel/König* §§ 222, 229 Rdn. 16; zur Kritik s. nur *Hentschel* Trunkenheit Rdn. 322 ff; *Mühlhaus* DAR **1970** 125; *Möhl* JR **1971** 247; *Puppe* JZ **1985** 295; *dies.* NStZ **1997** 389.

[335] Ebenso *Hentschel* Trunkenheit Rdn. 416; *Jagow/Burmann/Heß* Rdn. 12; *Eisele* JA **2007** 168, 172; unklar *Schmid* BA **31** (1994) 330, 332. Abw. – freilich ohne auf die unterschiedliche Problemlage einzugehen – OLG Koblenz VRS **71** 281.

[336] Oder nicht nachgewiesen werden kann oder für die konkrete Art des Fahrzeugführens kein Grenzwert anerkannt ist.

[337] U.a. BGH VRS **19** 29, 30; VRS **22** 137, 138; VRS **49** 429, 430.

deshalb nur unterzogen werden, wenn der Grenzwert absoluter Fahrunsicherheit überschritten ist oder die Fahrunsicherheit wesentlich aus anderen Indizien als dem Fahrverhalten abgeleitet wird, das den Gefahrerfolg unmittelbar herbeigeführt hat (z.B. Vor- oder Nachtatverhalten; § 316 Rdn. 114 ff). Solche Konstellation sind vergleichsweise selten.

bb) Generelle Faktoren. Dem Vorstehenden entspricht es, dass die Rechtsprechung bei der Würdigung des Gefahrenzusammenhangs dieselben Kriterien zugrunde legt wie bei der Feststellung rauschmittelbedingter Fahrunsicherheit anhand des Fahrverhaltens. Auf die diesbezügliche Kommentierung (§ 316 Rdn. 98 ff) wird daher zunächst Bezug genommen. Für § 315c hervorzuheben ist, dass die näheren Umstände eines vom Täter verursachten Unfalls nach gefestigter Rechtsprechung den erforderlichen Ursachenzusammenhang so sehr nahe legen können, dass die Annahme der Kausalität keiner eingehenden Begründung bedarf.[338] Dies ist bei *grobem Fahrversagen* der Fall, das sich „bei vernünftiger Betrachtung, jedenfalls normalerweise, nur durch typische alkoholbedingte Ausfallerscheinung erklären lässt" (BGH VRS **49** 429). Auch dann sollten es die Urteilsgründe aber möglichst nicht bei der Feststellung belassen, der Ursachenzusammenhang sei „offenbar" gegeben (BGH VRS **22** 137, 138), sondern sollten darlegen, dass die Umstände des Falls keinerlei verständliche Zweifel daran wecken, dass der Angeklagte „im nüchternen Zustand [nicht] so versagt haben würde" (BGH VRS **49** 429, 430).[339] Demgegenüber *wird der Ursachenzusammenhang verneint*, wenn der Fahrzeugführer trotz seiner Alkoholisierung in der Gefahrensituation *richtig und zielgerichtet reagiert hat* (s. auch § 316 Rdn. 107). 177

Langjährige Erfahrung als Kraftfahrer und Unfallfreiheit können sich bei der Zurechnung des Gefahrerfolgs zum Nachteil des Täters auswirken. Denn dann drängt sich um so mehr die Annahme auf, dass der Betreffende die Situation in fahrsicherem Zustand gemeistert hätte.[340] Die *Höhe der BAK* bleibt bei der Beurteilung nicht unberücksichtigt. Allerdings ist der zuweilen gebrauchte Satz, mit dem Grad der Alkoholbeeinflussung sänken die Anforderungen an die Feststellung der Ursächlichkeit, in dieser Form missverständlich. Der darin zum Ausdruck kommende Gedanke ist bei der Frage mitentscheidend, ob alkoholbedingte („relative") Fahrunsicherheit vorgelegen hat (§ 316 Rdn. 90 ff) und spielt für den Gefahrenzusammenhang mittelbar eine Rolle, sofern der Richter einen leichteren Fahrfehler (eine leichtere Ausfallerscheinung) im Hinblick auf den hohen BAK-Wert hat ausreichen lassen, und dieser Fehler den Gefahrerfolg herbeigeführt hat (Rdn. 176). Selbst bei sehr hoher BAK ist der Ursachenzusammenhang aber schon verneint worden (Rdn. 180). 177a

cc) Kasuistik. Ergänzend zur nachfolgenden Kasuistik wird auf die Rechtsprechungsnachweise unter § 316 Rdn. 97 ff verwiesen. Aus den o.g. Gründen betreffen sie teilweise ebenfalls Fälle der Straßenverkehrsgefährdung, ohne dass der Gefahrenzusammenhang jeweils ausdrücklich behandelt wird, wie auch um gekehrt hier Entscheidungen aufgeführt sind, in denen der Gefahrenzusammenhang nur implizit mitbehandelt ist. Es ist ver- 178

---

338 BGH VRS **8** 199, 201; BGHSt **8** 28, 31; BGH VRS **16** 448, 452; **49** 429.

339 S. auch das von *Janiszewski* Verkehrsstrafrecht Rdn. 295a referierte Urteil, in dem der Ursachenzusammenhang ohne nähere Begründung angenommen worden, dann aber im Rahmen der Strafzumessung ausgeführt war, der Unfall hätte bei der gegebenen Glatteislage einem nüchternen Fahrzeugführer genauso passieren können.

340 S. etwa BGH VRS **17** 21, 23; **19** 29, 30; **24** 369, 372, 374; s. aber auch BGH VRS **36** 174, 175.

sucht worden, „typische" Fälle der Straßenverkehrsgefährdung zusammenzufassen. Die Thematik von Geschwindigkeitsüberschreitungen, namentlich im Kontext mit Fluchtfahrten, ist des Zusammenhangs wegen unter § 316 Rdn. 105 ff, 110 ff erörtert. Hinsichtlich der angegebenen BAK-Werte ist der Rechtsprechungswandel bezüglich des Grenzwerts absoluter Fahrunsicherheit zu beachten (§ 316 Rdn. 61 ff).

179 (1) **Ursächlichkeit der Fahrunsicherheit für die Gefahr ist z.B. angenommen worden** bei einem Täter, der in der Mitte der Fahrbahn gefahren und dem es dann innerhalb von zwei Sekunden nicht gelungen war, einem entgegenkommenden Kraftradfahrer auszuweichen (BGH VRS **13** 204, 205 [BAK weit über 1,5 ‰]), bei einem Kraftfahrer, der nach Blendung der Gefahr nicht ausgewichen war, sondern „unter dem Einfluss des Alkohols von den Scheinwerfern förmlich angezogen wurde und direkt auf die Blendquelle zufuhr" (BGH VRS **24** 369, 372, 374 [BAK mindestens 0,5 ‰][341]), bei einem Täter, der in Verkennung der Situation versucht hatte, einem entgegenkommenden Fahrzeug dadurch auszuweichen, dass er auf der Gegenfahrbahn links an diesem vorbeifuhr, statt auf seiner Fahrbahn zu bleiben und eine dort befindliche, ausreichende „Lücke" zu nutzen (BGH VRS **17** 21, 23 f [BAK 1,35 ‰]), beim Abkommen auf die Gegenfahrbahn unter widrigen äußeren Bedingungen (BGH VRS **14** 282, 284 f [BAK 0,5 ‰ in Verbindung mit Ermüdung]), bei unvermitteltem Steuern des Fahrzeugs auf die Gegenfahrbahn trotz günstiger äußerer Fahrbedingungen und nachfolgender falscher (Bremsen statt Ausweichen) Reaktion (BGH VRS **19** 29, 30 [BAK 0,85 ‰]; vgl. auch BGH VRS **47** 19), bei nach den Umständen des Einzelfalls zu nahem (Abstand ein Meter) Überholen eines Fußgängers (BGH VRS **31** 36, 37 [BAK 1,33 ‰]), u.U. bei falscher Lenkbewegung und anschließendem Schleudervorgang nach Schlag auf die Schulter und alkoholbedingter falscher Reaktion hierauf (BGH VRS **33** 431, 432 [BAK 1,8 bis 1,9 ‰]), beim Überfahren einer ganzen Fußgängergruppe, auch bei Nachtzeit, auf ebener gerader Straße und bei trockener Witterung infolge Unaufmerksamkeit oder zu hoher Geschwindigkeit (BGH VRS **49** 429 f [BAK 0,7 bis 1,2 ‰]).[342]

180 (2) **Ursächlichkeit der Fahrunsicherheit ist u.a. verneint (bzw. in Frage gestellt) worden** beim Schneiden einer Kurve, die aufgrund ihrer Bauweise insbesondere einen Kraftradfahrer dazu veranlassen konnte, von der rechten Fahrbahnhälfte auf die linke überzuwechseln, um ein zügiges Tempo beibehalten zu können (OLG Neustadt VRS **16** 41, 43), bei einem Unfall mit einer Fußgängergruppe, nachdem der Täter zuvor ordnungsgemäß andere Fußgängergruppen überholt hatte und Anzeichen für eine Mitursächlichkeit mangelnder Anpassung der Augen nicht vorhanden waren (hell ausgeleuchtete Straße), sofern ein Ausweichen auf die linke Fahrbahn nicht möglich gewesen wäre (BGH VRS **16** 448, 452 [BAK 1,3 ‰]), bei Nichteinhaltung der rechten Fahrbahn und zu schnellem Fahren auf verkehrsarmer Straße (BGH VRS **22** 137, 138 [BAK 1,11 ‰]), bei sofortiger Reaktion nach Bemerken eines Fußgängers im letzten Augenblick (BGH VRS **24** 188, 189 [BAK 1,61 ‰]),[343] bei angesichts der Sichtverhältnisse zu hoher, aber nicht gravierend überhöhter Geschwindigkeit (BGH VRS **34** 360, 361 [BAK 1,34 ‰]),[344] weil eine

---

341 Zu Blendungsfällen s. aber auch die nachfolgende Rdn.

342 Zum Überfahren zweier Fußgänger auf einer trockenen, gut ausgebauten und durch Straßenlaternen ausgeleuchteten zweispurigen Straße innerhalb einer geschlossenen Ortschaft bei zu hoher Geschwindigkeit: OLG Koblenz VRS **63** 359.

343 Eine Minderung des Wahrnehmungsvermögens lag allerdings nahe.

344 Formelhafte Begründung der Vorinstanz.

Überschreitung der höchstzulässigen Geschwindigkeit nicht hinreichend sicher nachgewiesen werden konnte (AG Bochum BA 27 (1990) 234, 235),[345] weil nicht festgestellt war, dass der Täter der Blendwirkung gerade wegen der vorhandenen Alkoholbeeinflussung nicht standgehalten oder dass er falsch reagiert hatte (OLG Karlsruhe GA **1971** 214, 217; Die Justiz **1979** 444, 445; zw.),[346] bei abruptem Fahrbahnwechsel und anschließendem Schleudern, wenn der Fahrzeugführer keine Ausweichmöglichkeit hatte (BayObLGSt **1994** 29, 34), bei sofortiger Reaktion, nachdem ein Fußgänger blindlings auf die Straße getreten war (OLG Köln DAR **1978** 331, 332 [BAK 2,14 bis 2,5 ‰]), bei verkehrsbedingtem Bremsen auf eisglatter Fahrbahn (OLG Zweibrücken BA **21** [1984] 273), bei Abkommen von der Fahrbahn entweder wegen zu schnellen Fahrens oder wegen Auftreffens auf eine Eiskante (OLG Hamm NZV **2002** 279 [BAK nicht exakt festgestellt]), bei Anfahren parkender Fahrzeuge, obwohl genug Platz zum Vorbeifahren gewesen wäre (OLG Köln DAR **2002** 278 [1,14 ‰]),[347] wenn der Täter unter Einsatz des Fahrzeugs als Schadenswerkzeug gezielt auf einen anderen zufährt, um diesen zu verletzen (BGH VRS **65** 359, 360), es sei denn, die Gefahr ist durch die alkoholbedingte Fahrunsicherheit noch verstärkt worden (BayObLG VRS **64** 368, 369 f), bei unzureichendem Ausweichen des Führers eines Lkw, das auf dessen Trotz und Gewissenlosigkeit zurückzuführen sein konnte (BayObLG NJW **1954** 730, 731; zw.), wenn der Fahrzeugführer schon in nüchternem Zustand nicht imstande ist, ein Fahrzeug zu bedienen und zu lenken (OLG Hamm VRS **29** 58, 59),[348] bei Fahrunsicherheit *wegen Übermüdung*, weil nicht ausgeschlossen werden konnte, dass der Gefahrerfolg nicht wegen der Übermüdung eingetreten war, sondern aufgrund Schreckens, Furcht oder Verwirrung nach einem „halluzinatorischen" Eingriff des – gleichfalls übermüdeten – Beifahrers in die Steuerung (OLG Karlsruhe VRS **50** 280, 283 f). Vgl. auch BSG BA **13** (1976) 235, 238 zum alkoholbedingten Bücken nach einem Bonbon als wesentlicher Unfallursache.

(3) **Speziell: leichtsinniger Fahrer.** Exemplarisch für die Schwierigkeiten ist OLG Hamm JMBlNW **1966** 259. Bei einer Tatzeit-BAK von 1,2 ‰ war der Täter mit überhöhter Geschwindigkeit in eine Kurve eingefahren, wobei die Fahrbahn regenglatt und der Zustand der Bereifung schadhaft gewesen war. Der Wagen geriet ins Schleudern und prallte auf einen Baum. Bei dem Unfall wurde die Beifahrerin getötet. Die Vorinstanz hatte § 315c nicht als erfüllt angesehen, weil der Täter als „besonders forscher und schneller Kraftfahrer" bekannt und bereits wiederholt in gefährliche Nähe von Unfällen geraten sei; mit einem früheren Wagen habe er einen Totalschaden erlitten. Es könne deshalb nicht ausgeschlossen werden, dass er in nüchternem Zustand in dieselbe Situation gekommen wäre. Das OLG Hamm hat das Urteil unter Hinweis auf die Beeinträchtigungen der Leistungsfähigkeit nach Alkoholkonsum im Ergebnis mit Recht beanstandet; die Leistungsminderungen wirkten sich um so stärker bei einem Menschen aus, der schon ohne Alkohol dazu neige, leichtsinnig und unbesonnen zu fahren (OLG Hamm JMBlNW **1966** 259, 260). Ergänzend wird auf das unter § 316 Rdn. 99 ff Gesagte verwiesen. 181

[345] M. zu Recht kritischer Anm. *Benz* BA 27 (1990) 235.

[346] Zu Fällen der „Blendhilflosigkeit" aufgrund Berauschung s. die vorstehende Rdn.

[347] Nach Auffassung des OLG Köln unzureichende tatrichterliche Feststellungen; woran es gefehlt hat, lässt sich der Entscheidung nicht eindeutig entnehmen.

[348] Zu § 2 StVZO a.F.; s. auch OLG Hamm VRS 30 452, 453. Beide unmittelbar zur alkoholbedingten Fahrunsicherheit; zu diesen Entscheidungen näher § 316 Rdn. 180.

182 d) **Schutzzweckprüfung.** Ist auf der Linie der Rechtsprechung die „Ursächlichkeit im Rechtssinne" festgestellt, so bedarf es im Rahmen des § 315c Abs. 1 Nr. 1a *keiner gesonderten Prüfung* mehr, ob eine durch den Täter verletzte *Verkehrsregel der StVO gerade diesen Gefahrerfolg verhindern will.*[349] Davon abweichend hat allerdings BayObLG NZV **1989** 359 den Vorwurf der trunkenheitsbedingten Straßenverkehrsgefährdung bei einem Fahrzeugführer nicht als berechtigt angesehen, der „infolge seiner Fahruntüchtigkeit" (aaO linke Spalte)[350] das Rechtsfahrgebot nach § 2 Abs. 2 StVO verletzt hatte und dabei mit einem anderen Fahrzeug zusammengestoßen war. Das andere Fahrzeug sei dem einbiegenden Seitenverkehr zuzurechnen, den das Rechtsfahrgebot (wie auch den kreuzenden Seitenverkehr) nicht zu schützen bestimmt sei. Die Gefahr sei daher unabhängig vom alkoholbedingt fahruntüchtigen Zustand des Angeklagten entstanden. Damit in Widerspruch steht allerdings die Feststellung des BayObLG, wonach der Täter „infolge seiner Alkoholisierung vor der Kreuzung die Spur gewechselt [hatte] und trotz der fehlenden Einsehbarkeit nach links abgebogen" war, wodurch der Unfall verursacht worden war. Das verkehrstypische Risiko der Trunkenheitsgefahr hat sich demnach verwirklicht (zutr. *Deutscher* NZV **1989** 360, 361). Und dass § 315c Abs. 1 Nr. 1a den mit dem Fahren im Zustand der Fahrunsicherheit verbundenen typischen Gefahren (hier etwa: übertriebene Risikobereitschaft) entgegenwirken will, steht außer Frage. Allein auf den Schutzzweck des § 315c Abs. 1 Nr. 1a kommt es aber an. Dass dem anderen Fahrer ein Mitverschulden zur Last fällt, ist für den notwendigen Zusammenhang solange belanglos, wie nicht ein völlig atypischer Kausalverlauf gegeben ist (Rdn. 171).

183 2. **Fälle des § 315c Abs. 1 Nr. 2.** Der spezifische (Ursachen-)Zusammenhang muss auch in den Fällen des § 315c Abs. 1 Nr. 2 gegeben sein. Wenn das Gesetz (nur) an die dort beschriebenen Regelverstöße eine Strafdrohung knüpft, so ist daraus abzuleiten, dass die Gefahr gerade aus der mit ihnen verbundenen besonderen Gefahrenlage herrühren muss (OLG Hamm NJW **1955** 723; BayObLGSt **1976** 11, 12). Die zu diesem Problemkreis veröffentlichte Rechtsprechung und Literatur betrifft vor allem Fälle des falschen Fahrens bei Überholvorgängen (§ 315c Abs. 1 Nr. 2b) und des riskanten Fahrens an Gefahrenstellen (§ 315c Abs. 1 Nr. 2d). Hierzu wird auf die Ausführungen unter Rdn. 99 f, 113 verwiesen.

184 3. **Gefahreintritt nach Beendigung der Fahrt.** Nach ständiger Rechtsprechung und h.M. im Schrifttum konkretisiert sich die typische (abstrakte) Gefahr des in § 315c Abs. 1 Nr. 1 und 2[351] pönalisierten Verhaltens nur dann, wenn die Gefahr noch *während* oder jedenfalls *in unmittelbarem zeitlichem und räumlichem Zusammenhang mit dem Fahrvorgang* eintritt.[352] Demgegenüber scheidet § 315c aus, wenn sich die Gefahr realisiert, nachdem der Fahrvorgang endgültig zum Stillstand gekommen ist. Auf dieser Linie ist Straßenverkehrsgefährdung verneint worden für einen Motorradfahrer, der bei einem

---

[349] *Deutscher* NZV **1989** 360, 361; *Hentschel* Trunkenheit Rdn. 416; *Hentschel* NJW **1990** 1454, 1461; zweifelnd *Lackner/Kühl* Rdn. 27. **AM** BayObLG NZV **1989** 359; *Herzog* NK Rdn. 19; *Janiszewski* NStZ **1989** 566; *Peters* NZV **1990** 260, 262.

[350] Dies verkennen *Peters* NZV **1990** 260, 262 und wohl auch *Janiszewski* NStZ **1989** 566.

[351] Ausnahme: § 315c Abs. 1 Nr. 2g.

[352] BayObLGSt **1969** 67, 70; OLG Celle NJW **1969** 1184, 1185; NJW **1970** 1091, 1092; OLG Hamm DAR **1973** 247 f; KG DAR **1961** 145 f; OLG Stuttgart NJW **1960** 1484; DAR **1974** 106, 107. *Horn/Wolters* SK Rdn. 20; *Janiszewski* Verkehrsstrafrecht Rdn. 294; *Geppert* Jura **2001** 559, *Eisele* JA **2007** 168, 172. Zweifelnd *Lackner/Kühl* Rdn. 27. **AM** *Sch/Schröder/Cramer/Sternberg-Lieben* Rdn. 38.

alkoholbedingten Unfall auf die Straße geschleudert wurde und – dort bewusstlos liegen bleibend – die rechte Fahrspur blockierte, weswegen es kurze Zeit später fast zu einem weiteren Unfall gekommen wäre (OLG Stuttgart NJW **1960** 1484), beim Umfahren einer Straßenlaterne, die auf dem Fahrdamm liegen blieb, wobei aus der defekten Gasleitung Gas ausströmte (KG DAR **1961** 145, 146,[353] OLG Hamm DAR **1964** 25), beim Umfahren von Leucht- und Abweisbaken, von denen mindestens zwei auf die Fahrbahn geschleudert wurden (BayObLGSt **1969** 67), beim Umfahren von Leitpfosten, die auf die Fahrbahn geworfen wurden, woraufhin es 15 Minuten später zu einem Unfall kam (OLG Stuttgart DAR **1974** 106, 107), beim Umfahren eines Baumes, der auf die Fahrbahn fiel und diese versperrte (OLG Celle NJW **1969** 1184, 1185), beim Liegenbleiben eines Fahrzeugs nach einem Schleudervorgang auf der Autobahn (OLG Hamm DAR **1973** 247, 248). Demgegenüber bejaht OLG Celle NJW **1970** 1091 unmittelbaren räumlichen und zeitlichen Zusammenhang für einen alkoholbedingt herbeigeführten Schleudervorgang, bei dem sich die nachfolgenden Kraftfahrer bereits in der Gefahrenzone befunden hatten, als sich das schleudernde Fahrzeug noch bewegte, wohingegen sich die Gefahr erst nach dessen Stillstand realisierte (OLG Celle NJW **1970** 1091, 1092).

Cramer und *Sternberg-Lieben* kritisieren diese Rechtsprechung. Bei Gefahren, die „unmittelbar" aus einem Fehlverhalten resultierten, könne es nicht darauf ankommen, ob sich das vom Täter geführte Fahrzeug noch bewege oder bereits zum Stillstand gekommen sei (*Sch/Schröder/Cramer/Sternberg-Lieben* Rdn. 38). Nicht deutlich wird dabei allerdings, wo genau die Unterschiede zur herrschenden Lehre liegen. Denn auch die h.M. stellt auf den unmittelbaren Zusammenhang des Fehlverhaltens mit der Gefahr ab und sieht Konnexität dann als gegeben an, wenn sich die Rechtsgüter anderer noch während des Bewegungsvorgangs im Gefahrenbereich befunden haben. Dies wird besonders deutlich an OLG Celle NJW **1970** 1091, 1092, auf das sich *Cramer* und *Sternberg-Lieben* für ihre vorgeblich andere Ansicht berufen.[354] Trotz der filigranen Unterscheidungen, die das Kriterium der Gefahrenzone im Einzelfall notwendig machen kann, ist in der Sache *der h.M. zuzustimmen*. Strukturell geht es in den relevanten Fällen um Gefahren, die von nicht bewegten Hindernissen herrühren. Ob insoweit eine Pflicht zur Beseitigung besteht und ob sich an die Nichtbeseitigung strafrechtliche Folgen knüpfen, ist keine Frage des § 315c, sondern eine solche des § 315b Abs. 1 Nr. 2 (s. dort Rdn. 38), die Pflicht zur Sicherung gegen Gefahren ggf. auch eine Frage des § 315c Abs. 1 Nr. 2g. 185

4. Bewusste Inkaufnahme des Risikos. Der erforderliche Zurechnungszusammenhang wird von einer durchaus breiten Strömung in der Literatur bei bewusster Inkaufnahme des Risikos durch den Gefährdeten unter dem Aspekt der eigenverantwortlichen Selbstgefährdung bzw. der einverständlichen Fremdgefährdung (dort konstruktiv vorwiegend über die Einwilligung) als unterbrochen angesehen. Davon betroffen sind die sog. Mitfahrer-Fälle. Insoweit wird auf die Ausführungen in Rdn. 161 und § 315b Rdn. 73 f verwiesen. 186

---

[353] Im zugrunde liegenden Fall fehlte es zudem an einer konkreten Gefahr.

[354] Im gleichen Sinn aber auch BayObLGSt **1969** 67 und OLG Hamm DAR **1973** 247, 248, die von *Cramer* für die „Gegenansicht" angeführt werden. Hierzu auch deutlich OLG Celle NJW **1970** 1091, 1092.

VIII. Subjektiver Tatbestand

187 § 315c stellt – wie es bei den §§ 315 ff durchgehend der Fall ist – vorsätzliches und fahrlässiges Verhalten unter Strafe. Dem unterschiedlichen Gewicht der einschlägigen Taten trägt das Gesetz durch abgestufte Strafdrohungen Rechnung (Absatz 1: Freiheitsstrafe bis zu fünf Jahren; Absatz 3: Freiheitsstrafe bis zu zwei Jahren). Die Schuldform (vorsätzliche oder fahrlässige Gefährdung des Straßenverkehrs) *muss sich aus dem Tenor des Urteils ergeben und in den Gründen erläutert werden* (BGH VRS **65** 359, 361). Ist die Anklage wegen fahrlässiger Straßenverkehrsgefährdung erhoben und zur Hauptverhandlung zugelassen worden, so bedarf es eines rechtlichen Hinweises nach § 265 Abs. 1 StPO, wenn der Tatrichter wegen vorsätzlicher Straßenverkehrsgefährdung verurteilen will (OLG Koblenz VRS **63** 50).

188 **1. Vorsatzbezug.** Bei Absatz 1 ist Vorsatz hinsichtlich sämtlicher Tatbestandsmerkmale erforderlich. Der Vorsatz muss demgemäß neben dem Fahrzeugführen im Zustand der Fahrunsicherheit (Nummer 1) bzw. dem Regelverstoß nach Nummer 2 einschließlich der Umstände, die die grobe Verkehrswidrigkeit und Rücksichtslosigkeit ausmachen, auch die konkrete Gefahr für Menschen oder fremde Sachwerte umfassen. Bedingter Vorsatz reicht aus (BGH VRS 30 340, 341; 50 342, 344).[355]

189 a) **Vorsatz hinsichtlich der Tathandlungen.** Der Vorsatz muss sich zunächst auf die Tathandlungen beziehen.

aa) **§ 315c Abs. 1 Nr. 1.** Das *Merkmal des Führens eines Fahrzeugs* setzt bereits begrifflich willentliches Handeln voraus (Rdn. 34). Fehlt es daran, so scheidet nicht nur Absatz 1, sondern § 315c insgesamt aus (s. auch § 316 Rdn. 183). Zum Vorsatz betreffend die *rauschmittelbedingte Fahrunsicherheit* wird auf das in § 316 Rdn. 184 ff Gesagte verwiesen. Eher noch seltener als hinsichtlich der rauschmittelbedingten Fahrunsicherheit wird man bei der Fahrunsicherheit aufgrund *körperlicher oder geistiger Mängel* (§ 315c Abs. 1 Nr. 1b) zur Annahme vorsätzlichen Verhaltens gelangen. Vorsatz erfordert zunächst, dass der Betreffende mit dem Vorhandensein des jeweiligen Mangels zumindest rechnet. Außerdem muss er die Fahrunsicherheit als möglich und nicht ganz fern liegend erkannt und billigend in Kauf genommen oder sich um des erstrebten Ziels (des Fahrzeugführens) willen wenigstens mit ihr abgefunden haben, mag sie ihm auch an sich unerwünscht gewesen sein. Oftmals beeinträchtigt aber gerade der Defektzustand die Fähigkeit des Täters zur Selbstprüfung (Rdn. 65 ff). Ein Erfahrungssatz in Richtung auf bedingten Vorsatz existiert nicht; zu berücksichtigen sind die Persönlichkeit des Täters, seine Intelligenz und Fähigkeit zur Selbstkritik, wobei die Wahrnehmungsfähigkeit durch den Mangel beeinflusst sein kann (vgl. BayObLG bei *Bär* DAR **1991** 367; NJW **1995** 2045; OLG Oldenburg VRS **102** 276). Zur Fahrunsicherheit nach Einnahme leistungsbeeinträchtigender Medikamente gilt das in Rdn. 67 Gesagte.

190 bb) **§ 315c Abs. 1 Nr. 2.** Demgegenüber wird in den Fällen des § 315c Abs. 1 Nr. 2 eher Vorsatz hinsichtlich des Regelverstoßes angenommen werden können. Nicht selten stehen hier Fälle des „Verkehrsrowdytums" in Frage, bei denen nach dem äußeren Tatgeschehen an sich zwanglos auf vorsätzliches Verhalten geschlossen werden kann. Aller-

---

[355] RGSt 71 43; *Sch/Schröder/Cramer/Sternberg-Lieben* Rdn. 41; *Fischer* Rdn. 18.

dings muss der Täter zugleich mit dem Regelverstoß auch die tatsächlichen Umstände in seinen Vorsatz aufgenommen haben, die sein Verhalten zu einem *grob verkehrswidrigen und rücksichtslosen* gemacht haben. Sofern die Rücksichtslosigkeit aus dem äußeren Tatgeschehen abgeleitet wird, muss sich der Vorsatz auch auf die hohe Gefährlichkeit der Tat beziehen (Rdn. 149). Wird die Rücksichtslosigkeit damit begründet, dass der Täter *aus Gleichgültigkeit* gegenüber den Belangen anderer Verkehrsteilnehmer Bedenken gegen sein Verhalten nicht aufkommen lässt, so spricht dies in erheblichem Umfang für Fahrlässigkeit (BayObLG VRS **64** 123, 124; vgl. auch OLG Koblenz VRS **71** 278 f). Die Praxis verfährt mit der Annahme vorsätzlichen Handelns wohl eher restriktiv.[356]

b) **Gefährdungsvorsatz.** Erforderlich ist ferner Gefährdungsvorsatz. Gefährdungsvorsatz ist zunächst unproblematisch gegeben, wenn der Täter *die (erhebliche) Verletzung* des fremden Rechtsguts in seinen Vorsatz aufgenommen hat (*Horn/Wolters* SK vor § 306 Rdn. 13; *Arzt/Weber* BT § 35 Rdn. 101). Nach zutreffender h.M. muss sich der Vorsatz aber nicht zugleich auf die Verletzung beziehen, fallen Gefährdungs- und Verletzungsvorsatz also nicht notwendig zusammen (§ 315 Rdn. 100). Denn der Täter kann zwar die Gefahr sicher voraussehen und in Kauf nehmen, die Verletzung aber beispielsweise verhindern wollen. Es fehlt dann hinsichtlich der Verletzung am voluntativen Vorsatzelement (*Arzt/Weber* BT § 35 Rdn. 102). **191**

aa) **Vorsatz bezüglich konkreter Gefahr.** Für den Gefährdungsvorsatz reicht es nicht aus, wenn dem Täter bewusst ist, dass er eine *abstrakte* Gefahr für den Straßenverkehr verursacht (vgl. BGH VRS **92** 205, 206), z.B., weil ihm bei Fahrtantritt seine Fahrunsicherheit bewusst ist (BGH NStZ-RR **1998** 150). Er muss vielmehr die Umstände kennen, die den Gefahrerfolg (Beinahe-Unfall) als nahe liegende Möglichkeit erscheinen lassen, und diese Gefahrenlage zumindest billigend in Kauf nehmen (vgl. BGHSt **22** 67, 73 ff; BGH VRS **92** 205, 206). Dies ist in aller Regel anzunehmen, wenn er durch seine riskante Fahrweise bereits einen oder mehrere (Beinahe-) Unfälle herbeigeführt hat (BGH VRS **92** 205, 206). Bei der **Sach**gefährdung müssen auch die Faktoren vom Vorsatz umfasst sein, die die bedeutende Gefahr für einen bedeutenden fremden Sachwert ergeben (vgl. OLG Hamm **44** 100, 101). **192**

bb) **Vorsatz bei Selbstgefährdung.** Dass sich der Täter durch die Tat selbst gefährdet, steht der Annahme des Fremdgefährdungsvorsatzes nicht entgegen (§ 315 Rdn. 102; § 315b Rdn. 84).[357] Allerdings verlangt die Rechtsprechung verschiedentlich, dass dann der *Fremdgefährdungsvorsatz näher begründet wird.*[358] Beispielsweise im Rahmen einer Polizeiflucht ist Fremdgefährdungsvorsatz unproblematisch gegeben, wenn der Täter unter allen Umständen entkommen will und gegenüber diesem, sein ganzes Verhalten beherrschenden Ziel eigene Belange hintanstellt (BGH VRS **92** 205, 206). Sieht das Gericht **193**

---

356 Vorsatz auch hinsichtlich der Rücksichtslosigkeit wurde etwa angenommen durch OLG Braunschweig VRS **32** 372; OLG Hamm VRS **38** 285; OLG Koblenz VRS **85** 337; OLG Oldenburg VRS **42** 34. Es handelt sich jeweils um krasses Fehlverhalten.

357 BGH DAR **1955** 282; BGH VRS **92** 205, 206; NStZ-RR **1998** 150; NZV **2006** 483; NJW **2006** 3364; BayObLG NJW **1955** 1448, 1449 m. Anm. *Dahs*; OLG München NJW **2005** 3794; OLG Braunschweig NJW **1954** 486, 487; OLG Hamm NJW **1954** 1418 f; KG VRS **12** 352, 354 f. *Haubrich* NJW **1989** 1197, 1200.

358 BayObLG NJW **1955** 1448, 1449 m. Anm. *Dahs*; OLG Braunschweig NJW **1954** 486, 487; OLG Hamm NJW **1954** 1418 f; OLG Köln NZV **1992** 80, 82 [zu § 315b].

beim Einsatz des Fahrzeugs als Schadenswerkzeug durch eine fahrunsichere Person neben § 315b auch § 315c Abs. 1 Nr. 1a als verwirklicht an, so muss im Urteil dargelegt werden, dass sich der Täter auch des *Ursachenzusammenhangs* zwischen der alkoholbedingten Fahrunsicherheit und der hierdurch bedingten (zusätzlichen) Gefahr bewusst gewesen ist (vgl. BayObLG VRS **64** 368).

194 2. **Vorsatz-Fahrlässigkeitskombination (Absatz 3 Nr. 1).** Absatz 3 Nr. 1 erfasst den Fall, dass der Täter hinsichtlich der Tathandlung(en) vorsätzlich handelt, die konkrete Gefahr aber nur fahrlässig verursacht. Die Tat ist, wie auch aus § 11 Abs. 2 hervorgeht, Vorsatzdelikt.[359] Deswegen ist auch *wegen vorsätzlicher Straßenverkehrsgefährdung zu verurteilen* (BGH VRS **57** 271 f; NStZ-RR **1998** 150; **aA** *Horn/Wolters* SK Rdn. 36 f). Materiell hat die Einstufung als Vorsatzdelikt vor allem Bedeutung für die Teilnahme, die auch bei nur fahrlässig herbeigeführtem Gefahrerfolg möglich bleibt (Rdn. 206). Die theoretisch denkbare Versuchsstrafbarkeit (Absatz 2) ist – ungeachtet ihrer ohnehin zu vernachlässigenden Bedeutung – im Rahmen des Absatzes 3 Nr. 1 ausgeschlossen (Rdn. 197). Ergänzend wird auf § 315 Rdn. 109 verwiesen. Kritik wird gelegentlich daran geübt, dass für die Vorsatz-Fahrlässigkeitskombination derselbe Strafrahmen angeordnet ist wie für durchgehend fahrlässiges Verhalten nach Absatz 3 Nr. 2; dies werde dem abstrakt höheren Unrechtsgehalt der Vorsatztat nach Absatz 3 Nr. 1 nicht gerecht (u.a. *Sch/Schröder/Cramer/Sternberg-Lieben* Rdn. 42). Allerdings wird Vorsatz in Bezug auf die Tathandlung in aller Regel zu einer höheren Strafe führen als eine insgesamt fahrlässige Tat. Darüber hinaus ist generell vor allzu ausziselierter Strafrahmenarithmetik zu warnen. Ergänzend wird auf die Ausführungen zu § 315a verwiesen (dort Rdn. 35), wo sich die Problematik in gleicher Weise stellt.

195 3. **Fahrlässigkeitstat (Absatz 3 Nr. 2).** Absatz 3 Nr. 2 kommt in der Praxis wohl eine weitaus größere Bedeutung zu als den Vorsatztaten nach Absatz 1 und 3 Nr. 1. Die Vorschrift beschreibt durchgehend fahrlässiges Verhalten. Sie greift ein, wenn es nur hinsichtlich eines Elements der (grob verkehrswidrigen und rücksichtslosen) Tathandlung am Vorsatz fehlt und auch in Bezug auf den Gefahrerfolg nur Fahrlässigkeit vorliegt (vgl. BGH VRS 30 340, 341; 50 342, 344). Anwendung finden dürfte sie aber auch dann, wenn – was freilich kaum je vorkommen wird, aber namentlich bei den Regelverstößen nach Absatz 1 Nr. 2 auch nicht ausgeschlossen ist – Fahrlässigkeit hinsichtlich der (grob verkehrswidrigen und rücksichtslosen) Tathandlung gegeben ist, aber (bedingter) Vorsatz in Bezug auf die Gefahr.[360] Umfasst werden sowohl bewusste als auch unbewusste Fahrlässigkeit. **Zum Sorgfaltsmaßstab** hinsichtlich der rauschmittelbedingten Fahrunsicherheit s. § 316 Rdn. 210 ff, zum Maßstab bei (anderen) geistigen/körperlichen Defekten oben Rdn. 64 ff. Hervorzuheben ist, dass der Täter – wie sonst auch – mit Ereignissen nicht zu rechnen braucht, die gänzlich außerhalb der gewöhnlichen Erfahrung liegen. So ist zwar generell voraussehbar, dass Fahrunsicherheit zu schweren, ggf. sogar tödlichen Unfällen führt. Außerhalb der Voraussehbarkeit liegt es aber in der Regel, dass der übermüdete Beifahrer aufgrund eines „halluzinatorischen" Affekts dem ebenfalls übermüdeten (oder alkoholisierten) Fahrzeugführer unvermittelt ins Lenkrad greift (OLG Karlsruhe VRS 50 280, 284). Die **Rücksichtslosigkeit** kann sowohl auf bewusster als auch auf unbewusster Fahrlässigkeit beruhen (hierzu Rdn. 140). Geht das Gericht von Fahrlässig-

---

[359] Missverständlich *Sch/Schröder/Cramer/Sternberg-Lieben* Rdn. 42 eingangs.

[360] Zum ähnlichen Problem im Rahmen des § 315 Abs. 4 s. dort Rdn. 104.

keit aus, so muss das Urteil darlegen, ob der Täter bewusst oder unbewusst fahrlässig gehandelt hat.[361]

IX. Vollendung, Beendigung, Versuch, Tätige Reue

1. Vollendung, Beendigung. Die Tat ist *mit Eintritt der konkreten Gefahr vollendet.* 196
Ein Schaden braucht *nicht* eingetreten zu sein. An der Strafbarkeit wegen vollendeter Tat ändert es deswegen nichts, wenn nach Eintritt des Gefahrerfolgs die Verletzung durch den Gefährdeten, durch Dritte oder durch Naturgewalten noch verhindert wird. *Beendigung* tritt ein mit der Beseitigung der Gefahr (*Fischer* Rdn. 23; *Wessels/Hettinger* BT/1 Rdn. 985) oder mit deren Realisierung in einem Verletzungserfolg. Bei § 315c handelt es sich **nicht um eine Dauerstraftat** (s. Rdn. 207 ff).

2. Versuch. In Absatz 2 wird die Versuchsstrafbarkeit nur für die Fälle des Fahrzeug- 197
führens im Zustand der Fahrunsicherheit angeordnet. Gänzlich vermögen die für die partielle Anordnung der Versuchsstrafbarkeit in den Materialien angegebenen Gründe nicht zu überzeugen (§ 315a Rdn. 36). Gleichfalls nicht ganz plausibel erscheint, dass der Versuch des konkreten Gefährdungsdelikts mit Strafe bedroht wird, nicht aber der Versuch des abstrakten Gefährdungsdelikts nach § 316 (näher § 316 Rdn. 228). § 315c Abs. 2 kann als „totes Recht" bezeichnet werden. Dem Täter müsste nämlich über den (kaum je nachweisbaren, Rdn. 189; § 316 Rdn. 184 ff) Vorsatz bezüglich der Fahrunsicherheit hinaus der zumindest bedingte Vorsatz hinsichtlich der Gefährdung nachgewiesen werden (vgl. auch OLG Düsseldorf NJW **1956** 1043, 1044; OLG Hamm NJW **1954** 1780; VRS **22** 384 f). Das ist kaum vorstellbar. Theoretisch sind dem Versuchsbeginn einige der Verhaltensweisen zuzuordnen, die nach früherer Rechtsprechung als vollendetes Führen angesehen worden sind (Rdn. 12). Für den Rücktritt vom Versuch gelten die allgemeinen Regeln. Im Rahmen des § 315c Abs. 1 Nr. 2f ist der Versuch der Vollendung gleichgestellt, weswegen Rücktritt nicht möglich ist (Rdn. 115, 118). Der Versuch einer **Tat nach Absatz 3 Nr. 1** ist trotz deren Charakters als Vorsatztat (Rdn. 194) nicht strafbar. Dies ergibt sich aus der systematischen Stellung des Absatzes 2 unmittelbar hinter Absatz 1, womit Absatz 3 nicht mit umfasst wird. Ergänzend wird auf die Ausführungen in § 315 Rdn. 109 verwiesen.

3. Tätige Reue. Tätige Reue wird bei Straftaten nach § 315c nicht eigenständig hono- 198
riert (vgl. § 320). Entsprechende Bemühungen des Täters, für die es allerdings aufgrund der Struktur der Vorschrift nur einen schmalen Bereich gibt, können und müssen im Rahmen der Strafzumessung und im Rahmen von Opportunitätsentscheidungen (insbesondere §§ 153, 153a StPO) gewürdigt werden. Auf das zur entsprechenden Problematik für § 315a Gesagte (dort Rdn. 37) wird verwiesen.

X. Rechtswidrigkeit. Die Tat wird nicht durch **Einwilligung** namentlich des Mitfah- 199
rers gerechtfertigt, weil der Gefährdete nicht Inhaber des Rechtsguts der Sicherheit des Straßenverkehrs ist (Rdn. 161, 169, § 315b Rdn. 73 f). **Notstand** (§ 34) wird zumeist schon deswegen nicht eingreifen, weil anderweitige Hilfe zur Verfügung steht und durch das riskante Fahren in aller Regel nur geringe Zeitvorteile gewonnen werden können

[361] OLG Braunschweig VRS **30** 286, 288; OLG Celle NJW **1957** 1568; OLG Oldenburg VRS **18** 444, 445. *Haubrich* NJW **1989** 1197, 1199.

(s. oben Rdn. 148; § 316 Rdn. 229). Im Hinblick darauf fehlt es zumeist an der Erforderlichkeit (*Vogel* LK § 34 Rdn. 51, 52 m.w.N.). Selbst wenn diese aber gegeben sein sollte, kann die konkrete Gefährdung des Lebens von Verkehrsteilnehmern nicht gerechtfertigt werden, weil der konkreten Gefährdung eines anderen entgegengewirkt werden soll.[362] Die befugte Inanspruchnahme von **Sonderrechten (§§ 35, 38 StVO)** kann Regelverstöße rechtfertigen, sie berechtigt jedoch nicht zu rücksichtslosem Verhalten (Rdn. 148). Entsprechendes gilt für die Inanspruchnahme sonstiger amtlicher Befugnisse.

XI. Schuldfähigkeit

200 Die Frage der Schuldfähigkeit kann vor allem beim Fahrzeugführen im Zustand der Fahrunsicherheit (Absatz 1 Nr. 1) relevant werden. Insoweit wird auf das unter Rdn. 68 Gesagte verwiesen.

XII. Täterschaft, Teilnahme

201 1. **Täterschaft.** Bei § 315c Abs. 1 Nr. 1, 2a bis f (sowie den § 315a Abs. 1 Nr. 1, 2, 1. Alt., § 316) **handelt es sich um eigenhändige Delikte.** Dies entspricht seit der Grundsatzentscheidung des BGH vom 27.7.1962 (BGHSt **18** 6, 8 f)[363] der ständigen Rechtsprechung[364] und für Fahrten im Zustand der Fahrunsicherheit (§ 315a Abs. 1 Nr. 1, § 315c Abs. 1 Nr. 1, § 316) auch der ganz herrschenden Lehre,[365] gilt jedoch entgegen nicht nur vereinzelten Stimmen in der Literatur[366] auch für gefährliche Fahrten im Sinne des § 315c Abs. 1 Nr. 2.[367] Täter kann danach nur sein, wer das Fahrzeug selbst steuert oder zumindest technische *Teil*funktionen, die für die Fortbewegung des Fahrzeugs essentiell sind, *mit eigener Hand* wahrnimmt (Rdn. 10, 23, 38 ff). Demgegenüber sind uneigenhändige Mittäterschaft und mittelbare Täterschaft ausgeschlossen.[368] Gleichfalls nicht möglich ist vorsätzliche oder fahrlässige Nebentäterschaft (BGHSt **18** 6, 9).[369] Der Extraneus

---

[362] S. etwa *Vogel* LK § 34 Rdn. 60; *Sch/Schröder/Lenckner/Perron* § 34 Rdn. 28; *Koch* DAR **1970** 322, 323. Differenzierend *Stratenwerth* AT Rdn. 456. Kategorischer Ausschluss des Notstands bei *Krumme* StVR Rdn. 138 f.

[363] Zu § 315a Abs. 1 Nr. 2 a.F.

[364] Insbesondere BGHSt **42** 235, 240; BGH NJW **1996** 208; StraFo **2007** 475; OLG Dresden NJW **2006** 1013 m. Anm. *König* DAR **2006** 161.

[365] *Schünemann* LK § 25 Rdn. 52; *Horn/Wolters* SK Rdn. 24; *Lackner/Kühl* Rdn. 4; *Samson* SK § 25 Rdn. 71; *Sch/Schröder/Cramer/Sternberg-Lieben* Rdn. 45; *Fischer* Rdn. 3; § 316 Rdn. 2; *Jagow/Burmann/Heß* Rdn. 3; *Maurach/Schroeder/Maiwald* BT/2 § 53 Rdn. 44; *Engisch* FS Eb. Schmidt S. 90, 109; *Geppert* Jura **2001** 559, 561; *Jescheck/Weigend* AT S. 267; *Herzberg* ZStW **82** (1970) 896, 926 f; *Rehberg* FS Schultz S. 72 ff; *Rudolphi* GA **1970** 353, 357 ff; *Schünemann* FS Jung S. 881, 889; *Stratenwerth* SchwZStr. **115** (1997) 86, 92 f; *Wohlers* SchwZStr. **116** (1998) 95, 108 ff.

[366] *Lackner/Kühl* Rdn. 4; *Maurach/Schroeder/Maiwald* BT/2 § 53 Rdn. 44; *Wohlers* SchwZStr. **116** (1998) 95, 110.

[367] BGH NZV **1995** 364, bei *Tolksdorf* DAR **1996** 175; StraFo **2007** 475; OLG Dresden NJW **2006** 1013; *Schünemann* LK § 25 Rdn. 52. Mit Ausnahme des Buchst. g (Rdn. 205).

[368] *Schünemann* LK § 25 Rdn. 45; *Horn/Wolters* SK Rdn. 24; *Sch/Schröder/Cramer/Sternberg-Lieben* Rdn. 45.

[369] S. dazu, dass die Figur der Nebentäterschaft keine selbstständige Bedeutung hat, *Schünemann* LK § 25 Rdn. 222. Nach *Wohlers* SchwZStr. **116** (1998) 95, 107 Fn. 58 ist das arbeitsteilige Fahrzeugführen der Nebentäterschaft zuzuordnen.

kann sich daher nur wegen Anstiftung oder Beihilfe sowie nach allgemeinen Tatbeständen strafbar machen (Rdn. 206).

a) **Höchstpersönliche Pflichtdelikte.** Dass als Täter entsprechend der h.M. nur der Fahrer (Lenker) selbst in Betracht kommt, ergibt sich aus Struktur und Ausrichtung der einschlägigen Tatbestände. Bereits Wortlaut und Wortsinn des „Führens" indizieren die Eigenhändigkeit (vgl. *Engisch* FS Eb. Schmidt S. 90, 109). Entsprechendes gilt für die in § 315c Abs. Nr. 2a bis f verwendeten Termini des „Fahrens", „Überholens", „Wendens" etc. In der Sache greift der Gesetzgeber aus der Vielzahl von Verkehrsteilnehmern den Fahrzeugführer heraus und pönalisiert die Verletzung von Pflichten, die in dieser Weise nur ihn treffen.[370] Diese besondere Pflichtenstellung und das Fahrzeugführen (Fahren) bedingen sich gegenseitig: Die erhöhten Pflichten sind dem Fahrer gerade wegen der abstrakten Risiken des Fahrens auferlegt. Von Extranei (mitfahrender Ehegatte/Halter, Fußgänger) gehen typisierend betrachtet keine vergleichbaren Gefahren aus (vgl. BGHSt **18** 6, 9). Die an das Fahrzeugführen anknüpfenden Tatbestände sind demnach den „höchstpersönlichen Pflichtdelikten" (Begriff nach *Roxin* Täterschaft und Tatherrschaft[7] S. 710) zuzurechnen.[371] **202**

b) **Schlichte Tätigkeitsdelikte?** Die am weitesten gehende Gegenansicht, die sich teils gegen die Deliktskategorie der eigenhändigen Delikte insgesamt wendet,[372] *will die Möglichkeit von mittelbarer Täterschaft und Mittäterschaft generell anerkennen.*[373] Im Ergebnis verselbstständigt sie u.a. mit Blick auf kriminalpolitische Bedürfnisse die abstrakte Gefährlichkeit der Fahrt von den Tathandlungen (vgl. *Rehberg* FS Schultz S. 72, 79). Dies zieht vor allem im Bereich der Mittäterschaft gravierende Verwerfungen nach sich. Konsequent zu Ende gedacht müsste man auf dieser Linie wohl etwa für den Fall zur Annahme der Mittäterschaft gelangen, dass sich der betrunkene Fahrlehrer eigener Steuerungstätigkeit enthält, aber den nüchternen Fahrschüler hinsichtlich der technischen und sonstigen Verrichtungen in der Weise instruiert, dass dieser mehr oder minder als sein „verlängerter Arm" anzusehen ist.[374] Zur Begründung könnte man anführen, dass die Fahrt nach ihrem Gesamtbild eine Trunkenheitsfahrt ist, weil die fahrtechnischen Defizite des Lenkers des Ausgleichs bedürfen, der Ausgleich aber nur alkoholbedingt leistungsvermindert erbracht wird. Man müsste also nur dem Fahrlehrer das tätige Führen und dem Lenker die Fahrunsicherheit des Fahrlehrers zurechnen. Freilich ist dies gänzlich unvertretbar, weil der Lenker unter dem Aspekt der „Trunkenheitsdelikte" rechtmäßig handelt. Ferner steht einer solchen Interpretation die Wortlautschranke entgegen (nachstehende Rdn.). Nicht ersichtlich ist schließlich, wie in solchen Fällen die Fahrunsicherheit des „Mittäters" festgestellt werden sollte. Ob die absoluten Grenzwerte gelten, wenn die Leistungsbeeinträchtigungen erst durch das „Medium" eines vollständig „intakten" Lenkers auf den Verkehr einwirken, ist mangels jeglicher naturwissenschaftlich-medizinischer Erkenntnisse zu dieser Fallkonstellation (Fahrversuche!, s. § 316 **203**

---

370 *Rehberg* FS Schultz S. 72, 82; *Rudolphi* GA **1970** 353, 357.

371 Wie hier *Schünemann* LK § 25 Rdn. 52; aM *Roxin* AT/II § 25 Rdn. 295.

372 Insbesondere *Schubarth* SchwZStr. **114** (1996) 325; ZStW **110** (1998) 825. Hiergegen mit Recht *Schünemann* LK § 25 Rdn. 52.

373 Z.B. *Spendel* LK[11] § 323a Rdn. 278; *Miseré* Grundprobleme (1997) S. 85 ff; *Schubarth* SchwZStr. **114** (1996) 325 (331 ff); ZStW **110** (1998) 825, 841 ff. Zum (fehlenden) Sonderdeliktscharakter der einschlägigen Tatbestände *Deichmann* Grenzfälle der Sonderstraftat (1994) S. 194 ff.

374 Zu Fällen des „Führens durch Worte" eingehend Rdn. 23, 41 f sowie § 315a Rdn. 9.

Rdn. 16 ff) mehr als zweifelhaft. Ansonsten bedürfte es aussagekräftiger Beweisanzeichen im Leistungsverhalten, die die *Fahr*unsicherheit des Hintermanns indizieren. Sowohl für „Trunkenheitsfahrten" als auch für sonstige Fahrten würden im Übrigen kaum lösbare Probleme auftreten, ab welchem Einwirkungsgrad von funktionaler Tatherrschaft auszugehen sein könnte (s. ergänzend Rdn. 42).

204 c) **Eigenhändigkeit nur des § 315c Abs. 1 Nr. 1?** Eine engere Auffassung hält zwar uneigenhändiges Führen für möglich, schließt aber mittelbare Täterschaft (und wohl auch uneigenhändige Mittäterschaft) bei den *Trunkenheitsdelikten* aus. Dies ergebe sich aus dem eindeutigen Gesetzeswortlaut, der die Eigenschaft als Führer eines Fahrzeugs mit dem Zustand der Fahrunsicherheit verkoppele („Wer ... ein Fahrzeug führt, obwohl *er* ... nicht in der Lage ist, ..."). Das Schulbeispiel des dolosen Mitzechers, der den anderen heimlich betrunken macht, um ihn danach zu einer Trunkenheitsfahrt zu veranlassen, ist nach dieser Lehre (entsprechend der h.M.) de lege lata nicht in der Weise lösbar, dass der Hintermann als mittelbarer Täter bestraft wird (*Wohlers* SchwZStr. **116** [1998] 95, 110). Wer aber mittelbares Führen grundsätzlich für möglich hält, müsste zur Strafbarkeit des Hintermanns zumindest für den Fall gelangen, dass dieser gleichfalls fahrunsicher ist. Denn der mittelbare Täter ist dann „Führer" des Fahrzeugs. Es wäre allerdings seltsam, die Strafbarkeit des Hintermanns davon abhängig machen zu wollen, ob dieser sich im Zustand der Fahrunsicherheit befindet. Denn für das Rechtsgut sind naturgemäß in erster Linie die Leistungsbeeinträchtigungen des Fahrzeuglenkers maßgebend. Wer zur Vermeidung dieser Konsequenz nunmehr auf die (mit dem Begriff der „Führereigenschaft" deckungsgleiche) „Fahrereigenschaft" rekurriert (so *Wohlers* aaO), der konzediert im Grunde die Eigenhändigkeit des „Führens". Dies kann aber dann im Rahmen des § 315c Abs. 1 Nr. 2 nicht anders sein.

205 d) **§ 315c Abs. 1 Nr. 2g.** In den Fällen des § 315c Abs. 1 Nr. 2 g kann (unumstritten) Täter auch sein, wer die Sicherungspflichten vom Fahrzeugführer übernommen hat (Rdn. 129).

206 2. **Teilnahme.** Personen, die das Fahrzeug nicht führen, können sich auf der Grundlage der h.M. nur als Teilnehmer oder nach anderen Vorschriften (insbesondere Verletzungsdelikten) strafbar machen. Für die Teilnahme gelten die allgemeinen Regeln. Teilnahme ist danach nur bei den Vorsatztaten nach Absatz 1 und 3 Nr. 1 (insoweit § 11 Abs. 2) möglich. Sie ist insoweit gegeben, wenn der Betreffende den Tatentschluss in Bezug auf den vom Täter vorsätzlich verwirklichten „Vorsatzteil" (Tathandlung) vorsätzlich hervorruft bzw. zum „Vorsatzteil" vorsätzlich Hilfe leistet. Darüber hinaus ist mit der ganz h.M. zu fordern, dass ihm hinsichtlich des Eintritts der konkreten Gefahr zumindest Fahrlässigkeit zur Last fällt (näher § 315 Rdn. 132). Die Merkmale des Fahrzeugführens (**aM** *Horn/Wolters* SK Rdn. 24) und der groben Verkehrswidrigkeit sind nicht als besondere persönliche Merkmale im Sinne des § 28 Abs. 1, sondern als tatbezogene anzusehen, weswegen für den Teilnehmer, der sie nicht aufweist, eine Strafmilderung nach § 28 Abs. 1 nicht zu gewähren ist (**aM** *Schünemann* LK § 28 Rdn. 19). Die „Rücksichtslosigkeit" ist nach der hier vertretenen Auffassung kein Schuldmerkmal (Rdn. 138), so dass eine Anwendung des § 29 ausscheidet. Sie dürfte aber als täterbezogenes Merkmal zu begreifen sein und damit den Anwendungsbereich des § 28 Abs. 1 eröffnen (*Horn/Wolters* SK Rdn. 24; *Fischer* § 28 Rdn. 6a). Ein strafmodifizierendes Merkmal im Sinne des § 28 Abs. 2 ist sie nicht. Deshalb kommt eine Anwendung der § 28 Abs. 2 StGB, § 14 Abs. 4 OWiG in Fällen nicht in Betracht, in denen mehrere an einer grob verkehrswidrig begangenen Tat nach Absatz 1 Nr. 2 beteiligt sind, aber nur

einer von ihnen rücksichtslos handelt, mit der Folge, dass nur der rücksichtslos Handelnde eine Straftat begehen würde, während die anderen lediglich Täter (§ 14 OWiG) einer Ordnungswidrigkeit nach § 24 StVG wären (so *Lackner/Kühl* § 28 Rdn. 12). Denn das Merkmal der Rücksichtslosigkeit bedingt „für sich alleine noch nicht den Schritt von der Ordnungswidrigkeit zur Straftat" (*Rengier* KK OWiG § 14 Rdn. 50). Hinzu kommt, dass § 315 Abs. 1 Nr. 2 die Regelverstöße teils abweichend von den Ordnungswidrigkeiten nach dem StVG beschreibt (z.B. 107, 123 ff) und teils auch die Begrifflichkeiten im Strafrecht eigenständig interpretiert werden (z.B. Rdn. 71, 77). Selbst bei weiter Interpretation kann deshalb nicht mehr von Mischtatbeständen (hierzu *Göhler-König* OWiG vor § 1 Rdn. 33 ff) gesprochen werden, auf die § 14 Abs. 4 OWiG abzielt.

XIII. Konkurrenzen

1. Innertatbestandliche Konkurrenzfragen. § 315c Abs. 1 Nr. 1a ist gegenüber § 315c Abs. 1 Nr. 1b speziell und verdrängt diesen demgemäß (Rdn. 46, 48). Im Übrigen ist zu unterscheiden: **207**

a) **Eine Handlung, eine Gefahrenlage.** Treffen mehrere Begehungsformen des § 315c in einer Handlung zusammen und hat der Täter *nur eine* Person oder *eine* fremde Sache von bedeutendem Wert gefährdet, so liegt nach ganz h.M. nicht Idealkonkurrenz, sondern eine Tat des § 315c vor.[375] Dies gilt etwa für den Fall, dass der alkoholbedingt fahrunsichere Täter an einer unübersichtlichen Stelle zu schnell fährt und einen Fußgänger gefährdet, wobei sich sowohl die Fahrunsicherheit als auch die in der Gefahrenstelle liegende Gefahr auswirkt. Ein weiterer Anwendungsfall liegt BGH NZV **2008** 528 (m. Bspr. *König* NZV **2008** 492) zugrunde (entzugsbedingte Fahrunsicherheit und Falschfahren am Fußgängerüberweg). Hat der Fahrzeugführer hinsichtlich des Fahrens im Zustand der Fahrunsicherheit fahrlässig, hinsichtlich des Regelverstoßes nach § 315c Abs. 1 Nr. 2 aber vorsätzlich gehandelt, so ist nur wegen vorsätzlicher Tat zu verurteilen (BayObLG VRS **73** 379, 380). *Ein* Delikt des § 315 c und nicht gleichartige Idealkonkurrenz ist aber auch dann gegeben, wenn durch *eine* Handlung *mehrere* Personen oder Sachen gefährdet werden. Das ist seit BGH NJW **1989** 1227[376] gesicherter Stand der Rechtsprechung und überwiegende Meinung im Schrifttum.[377] Das Ergebnis wird zutreffend aus dem durch § 315c geschützten Rechtsgut abgeleitet (hierzu § 315 Rdn. 3 ff). Die Gefährlichkeit des Täterverhaltens für das Allgemeininteresse an der Sicherheit des Straßenverkehrs hat sich in der Gefährdung bzw. Verletzung mehrerer Personen/Sachen lediglich in besonders starkem Maße konkretisiert. Die Problematik liegt wie bei § 315b, **208**

---

375 BayObLG VRS **63** 275; NJW **1984** 68; VRS **73** 379, 380; OLG Hamm **41** 40 f; *Horn/Wolters* SK Rdn. 26; *Lackner/Kühl* Rdn. 35; *Sch/Schröder/Cramer/Sternberg-Lieben* Rdn. 50; *Fischer* Rdn. 23; *Hentschel* Trunkenheit Rdn. 441; *Jagow/Burmann/Heß* Rdn. 10; *Geerds* BA **3** (1965) 124, 128; *Geppert* Jura **1996** 47, 51.

376 Im Anschluss an BayObLG NJW **1984** 68; zuvor schon ebenso BayObLG VRS **63** 275.

377 *Fischer* Rdn. 23; *Hentschel* Trunkenheit Rdn. 441; *Jagow/Burmann/Heß* Rdn. 10; *Geerds* BA **3** (1965) 124, 128; *Geppert* NStZ **1989** 320; *ders.* Jura **1996** 47, 51; insoweit auch *Werle* JR **1990** 74, 76. *Engelhardt* DRiZ **1982** 106, 107 (zu § 315b). Zweifelnd *Lackner/Kühl* Rdn. 4, 35. Differenzierend *Sch/Schröder/Cramer/Sternberg-Lieben* Rdn. 54: gleichartige Idealkonkurrenz, sofern mehrere *Personen*, eine Tat, sofern mehrere *Sachen* gefährdet worden sind. **AM** *Horn/Wolters* § 315c Rdn. 26; *Horn/Hoyer* JZ **1987** 965 (stets gleichartige Idealkonkurrenz).

für den der BGH kurz nach dem Grundsatzurteil in NJW **1989** 1227 entsprechend entschieden hat (BGH NJW **1989** 2550). Wegen der Einzelheiten wird auf das dort Gesagte (§ 315b Rdn. 96 f) verwiesen.

b) Eine Fahrt, mehrere Gefahrenlagen

209 **aa) Dauerdeliktsähnliche Trunkenheitsfahrt?** Lediglich **eine Tat** – womöglich aber nur bei Straftaten nach § 315c Abs. 1 Nr. 1a (s. Rdn. 210) – soll nach BGH NJW **1989** 1227 auch dann vorliegen, wenn es auf einer Fahrt zu *mehreren Gefährdungslagen* für verschiedene Personen oder fremde Sachen gekommen ist (aaO S. 1228).[378] Auch insoweit ist nach Auffassung des BGH nur eine quantitative Intensivierung der Verletzung/Gefährdung des Rechtsguts der Sicherheit des Straßenverkehrs gegeben. Selbst wenn man dem Gedanken im Grundsatz folgt (Rdn. 208), ist die Interpretation des BGH konkurrenzrechtlich problematisch. Denn dem Deliktscharakter nach ist § 315c ein Erfolgsdelikt, dessen Struktur sich in die Kategorie der Dauerstraftat nicht einordnen lässt. Dies ist in BGHSt **23** 141 (S. 147 f) in Abweichung von der früheren Rechtsprechung (BGH VRS **9** 350, 353; BGHSt **22** 67, 71 f)[379] mit überzeugender Begründung zum Ausdruck gebracht worden. Der BGH will daran, wie aus BGH NJW **1995** 1766 hervorgeht (aaO S. 1767), auch weiterhin festhalten. Wenn aber die Tat mit dem Eintritt des Gefahrerfolgs vollendet und normalerweise auch beendet ist (Rdn. 196), so müssten sich Gründe für die Annahme *einer* Handlung finden lassen. Sie können in der natürlichen Handlungseinheit liegen (BGHSt **23** 141, 148). Eine solche ist aber gerade nicht bejaht worden. In den relevanten Fällen werden die Voraussetzungen der natürlichen Handlungseinheit auch nur selten gegeben sein.[380] Eine Ausnahme bilden auf der Grundlage der Rechtsprechung **die Fälle der (Polizei-)Flucht.**[381] Ansonsten bleibt nur übrig, § 315c als *dauer-*

---

[378] In der Kommentarliteratur zust. *Fischer* Rdn. 23; *Jagow/Burmann/Heß* Rdn. 10; im Ergebnis ebenso, allerdings unter Annahme eines Dauerdelikts und inkonsequent, was die Annahme einer Tat bei der Gefährdung mehrerer *Personen* anbelangt (vorstehende Fn.), *Sch/Schröder/Cramer/Sternberg-Lieben* Rdn. 53; hierzu zutr. *Geppert* NStZ **1989** 320, 321 f. Unklar *Hentschel* Trunkenheit Rdn. 441, 443. **AA** mit Recht *Lackner/Kühl* Rdn. 4, 35.

[379] S. aus der älteren Rechtsprechung ferner BGH VRS **8** 49, 50; BayObLGSt **1957** 108, 109; **1973** 96; OLG Braunschweig VRS **6** 432, 433; OLG Celle VRS **7** 102; OLG Hamm VRS **7** 360; KG VRS **10** 52, 54. Für Dauerdelikt aber OLG Düsseldorf NZV **1999** 388. Demgegenüber können BGH NJW **1983** 1744 und BayObLG NJW **1984** 68 nicht für die Annahme eines Dauerdelikts herangezogen werden. In beiden Entscheidungen ging es um *eine* punktuelle Ausführungshandlung. In BGH NJW 1989 1766 ist § 315c allenfalls (verdeckt) als Dauerstraftat *behandelt* worden; dazu im Text.

[380] *Geppert* NStZ **1989** 320, 321; *Seier* NZV **1990** 129, 130. Abw. wohl *Werle* JR **1990** 74, 77. Vgl. auch BGH NJW **1995** 1766, 1767, wo Handlungseinheit im Rahmen des § 315b sogar bei einheitlichem Tatentschluss abgelehnt worden ist, und hierzu § 315b Rdn. 99.

[381] Hierzu § 315b Rdn. 98. Exemplarischer Fall in BGH VRS **92** 205: Um seinen Führerschein nicht zu verlieren, hatte der dortige Angeklagte beschlossen, sich der Verkehrskontrolle „auf Teufel komm raus" durch eine rücksichtslose Flucht zu entziehen. In deren Verlauf entgingen zwei entgegenkommende Fahrzeuge nur knapp einem Zusammenstoß. Anschließend streifte das Fahrzeug des Angeklagten zwei weitere Pkws. Ungeachtet dessen „raste er mit gleich bleibend hohem Tempo" auf die Kreuzung zu, wo er schließlich „praktisch ungebremst" auf einen dort haltenden Pkw auffuhr, dessen Fahrer auf der Stelle getötet wurde. Vgl. auch BGH NZV **2001** 265; OLG Düsseldorf NZV **1999** 388.

deliktsähnlich (so *Geppert* NStZ **1989** 320, 321; *ders.* Jura **1996** 47, 52 und Jura **2001** 559, 567)[382] bzw. als *„eine Art von Dauerdelikt"* oder *„Tat im Sinne des Dauerdelikts"* (*Sch/Schröder/Cramer/Sternberg-Lieben* Rdn. 53)[383] anzusehen. Es erscheint allerdings sehr zweifelhaft, ob man im ohnehin schon zersplitterten Konkurrenzrecht den Typus der dauerdeliktsähnlichen Straftat (usw.) etablieren sollte. Sehr viel näher liegt es, die Konsequenzen aus der mit guten Gründen getroffenen Einstufung des § 315c als Nicht-Dauerstraftat zu ziehen und in den einschlägigen Fällen *von Tatmehrheit auszugehen.*[384] Etwaige Härten (hierzu *Seier* NZV **1990** 129, 130 f) können bei der Bemessung der Gesamtstrafe ausgeglichen werden. Dies ist, zumal seit der Aufgabe des Rechtsinstituts der fortgesetzten Handlung, auch in anderen Bereichen Gerichtsalltag.

bb) § 315c Abs. 1 Nr. 2. Hervorzuheben ist, dass sich die vorgenannten Aspekte **210** wohl nur auf die im Zustand der Fahrunsicherheit begangene Straßenverkehrsgefährdung (§ 315c Abs. 1 Nr. 1) beziehen; teils wird ausdrücklich nur § 315c Abs. 1 Nr. 1a bzw. „die Trunkenheitsfahrt" genannt.[385] *Sternberg-Lieben* betont dementsprechend, *im Rahmen des § 315c Abs. 1 Nr. 2* sei regelmäßig *von Tatmehrheit auszugehen* (*Sch/Schröder* Rdn. 52). Dem ist im Ergebnis zuzustimmen. Indessen ist vom Standpunkt der Befürworter der dauerdeliktsähnlichen Straftat bzw. der „Tat im Sinne des Dauerdelikts" nicht recht ersichtlich, welche Gründe für eine generell divergierende Behandlung der Regelverstöße nach Absatz 1 Nr. 2 im Verhältnis zur „Trunkenheitsfahrt" ins Feld geführt werden könnten. Einzuräumen ist, dass der fahrunsichere Fahrzeugführer eine latente Gefahrenquelle darstellt. Aber das ist beim notorischen Kolonnenspringer oder beim rücksichtslosen „Amokfahrer"[386] nicht anders. Hier wie dort muss auch der Entschluss, das abstrakt gefährliche Handeln fortzusetzen, nach jeder Konkretisierung in einem (Beinahe-) Unfall verfestigt bzw. neu gefasst werden. Unterschwellig spielt vielleicht der Gedanke der Verklammerung durch die Dauerstraftat des § 316 eine Rolle, der für die Fälle des § 315c Abs. 1 Nr. 2 eben nicht einschlägig ist (vgl. *Sch/Schröder/Cramer/Sternberg-Lieben* Rdn. 53). Dieser Weg ist freilich wegen des minder schweren Charakters dieser Straftat gegenüber § 315c nach der Rechtsprechung verschlossen (vgl. BGHSt 22 67, 76 [zu § 315b]; *Seier* NZV **1990** 129, 130).

2. Zusammentreffen mit anderen Delikten

a) (Teil-)Identität der Ausführungshandlungen. Neben **§ 315b** wird § 315c schon **211** meist tatbestandlich nicht vorliegen, weil es am erforderlichen Zurechnungszusammenhang zwischen Fehlverhalten (Fahren im Zustand der Fahrunsicherheit bzw. Regelverstoß nach § 315c Abs. 1 Nr. 2) und Gefahrerfolg fehlt (Rdn. 171). Wirkt sich jedoch der Regelverstoß (verstärkend) aus, so kann **Tateinheit** gegeben sein (im Einzelnen § 315b Rdn. 95).

§ 316 ist gegenüber **§ 315c formell subsidiär** (§ 316 Abs. 1 letzter Halbsatz) und tritt **211a** demgemäß dahinter zurück. Die Verdrängungswirkung erfasst die konkrete Dauerstraftat nach § 316 *als ganze*, mithin auch insofern, als diese über den Zeitpunkt der Beendigung des § 315c hinaus angedauert hat. *Nicht* inbegriffen ist demgegenüber eine

---

382 Im Ergebnis zust. *Seier* NZV **1990** 129, 130 f; *Sowada* NZV **1995** 465, 468 Fn. 38; aA wohl *Werle* JR **1990** 74, 77.

383 So auch OLG Düsseldorf NZV **1999** 388.

384 *Lackner/Kühl* Rdn. 35; für § 315c Abs. 1 Nr. 2 auch *Sch/Schröder/Cramer/Sternberg-Lieben* Rdn. 52.

385 *Fischer* Rdn. 23; *Geppert* NStZ **1989** 320, 321.

386 Beispielsfall in BayObLGSt **1959** 263.

(weitere) Trunkenheitsfahrt, die nach Eintritt einer Zäsur (hierzu Rdn. 212) neu begonnen hat. Eine Handlung ist nach der Rechtsprechung z.B. gegeben, wenn sich der Täter während der Fahrt entschließt, *entgegen einer polizeilichen Weisung* weiterzufahren, um für sein bisheriges Verhalten nicht zur Verantwortung gezogen zu werden.[387] Die damit verbundene partielle Änderung des Beweggrundes zum Fahren bewirkt also genausowenig eine Zäsur wie eine etwaige Änderung der Fahrtroute (BGH VRS **48** 354, 355). **Keine Zäsur** wird auch bewirkt durch einen **Wechsel der Schuldform** während der Fahrt (BayObLGSt **1980** 13, 14),[388] also wenn der Täter erst unterwegs, z.B. nach einem Unfall,[389] die Fahrunsicherheit bemerkt und von da ab § 316 vorsätzlich verwirklicht; die *vorsätzlich* begangene Trunkenheit im Verkehr tritt dann ggf. hinter die *fahrlässige* Straßenverkehrsgefährdung zurück (BayObLG aaO). Eine Unterbrechung wird schließlich auch nicht dadurch herbeigeführt, dass der Täter nach einem Verkehrsunfall einige hundert Meter weiterfährt, um lediglich zu wenden und zur Ermöglichung der gebotenen Feststellungen an die Unfallstelle zurückzukehren (BayObLGSt **1973** 96 f), oder dass er die Fahrt *vor* Verursachung der Gefährdungslage kurz zum Zweck des Tankens unterbrochen hat (BayObLG bei *Rüth* DAR **1982** 250; s. erg. § 316 Rdn. 253).

211b Wirkt sich bei einem Regelverstoß nach **§ 315c Abs. 1 Nr. 2** die rauschmittelbedingte Fahrunsicherheit nicht aus, so ist **Idealkonkurrenz** dieser Tat mit § 316 gegeben (*Fischer* Rdn. 23). Der Wortlaut der Subsidiaritätsklausel umfasst allerdings § 315c insgesamt und könnte einer solchen Interpretation demgemäß entgegenstehen. Jedoch meint das Gesetz mit „die Tat" ersichtlich die „*Trunkenheits*tat" im Sinne des § 315c Abs. 1 Nr. 1a, so dass Tateinheit angenommen werden kann.

211c Im Verhältnis zu **§ 142** kommt (außer in den Fällen der Polizeiflucht, BGH NZV **2001** 265; Rdn. 209) Idealkonkurrenz auf der Linie der Rechtsprechung **nur selten** in Betracht. In Erwägung zu ziehen sein kann sie in den Fällen des § 315c Abs. 1 Nr. 2g, wenn das Liegenbleiben des Fahrzeugs durch den die Wartepflicht auslösenden Unfall bedingt war; die Flucht fällt hier mit dem Unterlassen der Sicherung in einem Akt zusammen.[390] Denkbar ist Tateinheit z.B. auch dann, wenn der Täter durch eine Straftat nach § 315c einen Unfall verursacht hat, vom Unfallort flüchtet und, bevor die Straftat nach § 142 beendet ist, einen zweiten Unfall verursacht. Der im zweiten Abschnitt verwirklichte § 315c steht dann mit der Unfallflucht in Tateinheit. Ansonsten bewirkt der Unfall in aller Regel eine Zäsur, die zur Realkonkurrenz bezüglich des weiteren Geschehens führt (näher Rdn. 212).

211d **Tateinheit** liegt unproblematisch vor hinsichtlich etwaiger, mit § 315c zugleich verwirklichter Verletzungsdelikte (vor allem **§§ 222, 229**). Dies ist aus der Klarstellungsfunktion der Tateinheit abzuleiten (hierzu m.w.N. *v. Heintschel-Heinegg* MK vor 52 Rdn. 27). Denn in einer Verurteilung nur wegen § 315c kommt nicht zum Ausdruck, ob

---

[387] BGH bei *Hürxthal* DRiZ **1974** 57; BGH VRS **48** 354, 355; VRS **49** 177 und 185; BGH NJW **1983** 1744; BayObLGSt **1973** 96; OLG Hamm VRS **48** 266. Vgl. aber OLG Celle VRS **33** 113 f; OLG Hamm VRS **42** 21.

[388] *Fischer* Rdn. 23. Vgl. aber BayObLGSt 1959 279, 283.

[389] Sofern der Unfall die Pflichten des § 142 nicht auslöst (sonst: Zäsur, s. Rdn. 212). In dem BayObLGSt **1980** 13 zugrunde liegenden Fall ging es um die Zerstörung einer Kristallfensterscheibe auf einem Firmengelände, die dem Eigentümer (Arbeitgeber des Täters) erst am nächsten Tag gemeldet werden musste.

[390] Vgl. OLG Hamm VRS **25** 193, 194; OLG Oldenburg VRS **11** 54, 55 [jeweils zum Hindernisbereiten durch Unterlassen]. **AA** *Sch/Schröder/Cramer/Sternberg-Lieben* Rdn. 59.

körperliche Unversehrtheit, Leben oder Eigentum *verletzt* ist (§ 315b Rdn. 93). Zudem werden durch § 315c nicht die genannten Individualrechtsgüter, sondern das Allgemeininteresse an der Verkehrssicherheit geschützt. Idealkonkurrenz kann ferner gegeben mit Dauerstraftaten wie dem Fahren ohne Fahrerlaubnis (§ **21** **StVG**), dem unbefugten Gebrauch eines Fahrzeugs (§ **248b**) oder der Freiheitsberaubung (§ **239**). Erfolgt Letztere zum Zweck einer Vergewaltigung; sexuellen Nötigung (§ **177**), so fasst sie die während ihrer Begehung verwirklichten Tatbestände der §§ 177, 315c zur Tateinheit zusammen (BGH NJW **1989** 1227, 1228; NStZ **1988** 70, 71). In den Fällen des § 315c Abs. 1 Nr. 2 kommt nicht selten Idealkonkurrenz mit Nötigung (§ **240**) in Betracht (z.B. OLG Köln VRS **61** 425; abw. womöglich OLG Düsseldorf NZV **2007** 585 m. abl. Anm. *König* NZV **2008** 46).

b) **Mehrere Handlungen** (**Zäsur**). Außerordentliches Gewicht legt die Rechtsprechung auf die Frage, ob sich der Täter nach einem Unfall zu **einer Straftat nach** § **142** **entschließt**. Ist dies der Fall, so wird regelmäßig Tatmehrheit zwischen dem zum Unfall führenden Verhalten (insbesondere § 315c) und dem nachfolgenden Geschehen (zumindest § 142, ggf. aber auch § 316 oder § 315c und andere Tatbestände) angenommen. Dies beruht auf der Erkenntnis, dass „ein Täter sich im allgemeinen durch den von ihm verursachten Verkehrsunfall sowohl im äußeren Geschehen wie in seiner geistig-seelischen Verfassung vor eine ganz neue Lage gestellt sieht und zur Begehung der Unfallflucht in der Regel eine besondere ethische und psychische Hemmungsschranke durchbrechen muss" (BGH VRS **48** 354, 355).[391] Der deswegen notwendige neue Tatentschluss bewirkt demnach eine Zäsur des Tatgeschehens. Nicht maßgebend ist, ob der Täter die Fahrt unterbricht oder ohne Halt weiterfährt (BGHSt **21** 203, 204 ff). Desgleichen liegt Tatmehrheit vor, wenn er nach dem Unfall weiterfährt, ohne diesen bemerkt zu haben, aber noch in unmittelbarem örtlichem und zeitlichem Zusammenhang vom Unfall und seiner Beteiligung daran erfährt (BayObLG JR **1982** 249 [zu § 316] m. zust. Anm. *Hentschel*). Andererseits ist eine Zäsur (unstreitig) nicht anzunehmen, wenn der Täter den Unfall auch nicht nachträglich als solchen erkennt. Ebenso soll aber zu entscheiden sein, wenn der Unfall keine Wartepflicht nach § 142 auslöst (BayObLGSt **1980** 13, 14 und die vorstehende Rdn.). Sind auf der Linie dieser Rechtsprechung selbstständige Handlungen (z.B. § 315c in Tatmehrheit mit §§ 142 und 316) Gegenstand der Anklage und des Eröffnungsbeschlusses, kann aber § 142 nicht erwiesen werden, so ist nur wegen eines Vergehens nach § 315c zu verurteilen (Rdn. 211), ohne dass für einen Teilfreispruch in Bezug auf § 142 Raum bestünde (KG VRS **60** 107; Stuttgart VRS **67** 356; Zweibrücken VRS **85** 206). **212**

In Abweichung zur Rechtsprechung verlangt die wohl vorherrschende Lehre,[392] dass nicht nur im inneren, sondern auch im äußeren Geschehen ein deutlicher Einschnitt vorliegt, der einen neuen Entschluss erforderlich macht. Bei einer ununterbrochenen Weiterfahrt unter Verstoß gegen § 142 wird dies noch nicht angenommen, wohl aber z.B., wenn der Täter nach dem Unfall anhält, um sich mit den anderen Unfallbeteiligten zu **213**

[391] BGH VRS **13** 120, 122; BGHSt **21** 203, 204 ff [zu § 316]; BGHSt **25** 72, 76; BGH VRS **49** 177; BayObLGSt **1973** 96 f; **1980** 13, 14; KG VRS **60** 107; OLG Stuttgart VRS **67** 356; *Hentschel* Trunkenheit Rdn. 452 ff; *Brückner* NZV **1996** 266; anders noch BGH VRS **9** 350, 353.

[392] *Sch/Schröder/Cramer/Sternberg-Lieben* Rdn. 57; *Sch/Schröder/Stree/Sternberg-Lieben* §§ 52 ff Vorbem. Rdn. 85, 87; *Seier* NZV **1990** 129, 130, 132 f, alle m.w.N.

einigen, dann aber den Entschluss zur Flucht fasst, weil die Polizei herbeigeholt werden soll (*Sch/Schröder/Stree/Sternberg-Lieben* Vorbem. §§ 52 ff Rdn. 85). Gegen ein maßgebendes Abstellen auf das äußere Verhalten wendet BGHSt **21** 203, 204 f aber mit Recht ein, dass es vielfach vom Zufall abhängt, ob der Fluchtwillige die Fahrt unterbricht oder nicht. Ungereimtheiten dieser Rechtsprechung z.B. gegenüber der Beurteilung der Missachtung eines polizeilichen Haltegebots (Rdn. 211) sind allerdings nicht zu verkennen.

214 **3. Zusammentreffen mit Ordnungswidrigkeiten.** Erfüllt die Handlung neben § 315c zugleich einen Bußgeldtatbestand (§ 24a StVG, Ordnungswidrigkeiten nach der StVO und der StVZO), so kommt nur § 315c zur Anwendung (§ 21 Abs. 1 Satz 1 OWiG). Eine Verfolgung als Ordnungswidrigkeit ist jedoch möglich, wenn eine Strafe nicht verhängt wird, was namentlich beim Absehen von Strafverfolgung nach den Opportunitätsvorschriften der Verfahrensordnungen (z.B. §§ 153, 153b, 154 StPO)[393] der Fall ist. Zum Problem wird in der Praxis teils die Verjährung. Denn die kurzen Verjährungsfristen des Ordnungswidrigkeitenrechts sind nicht selten bereits abgelaufen, wenn das Ermittlungsverfahren zum Abschluss gebracht wird. Nr. 274 RiStBV ordnet deswegen Unterbrechungshandlungen an. Für solche Verfahren, die bei Gericht anhängig geworden sind, schafft allerdings § 33 Abs. 3 Satz 3 OWiG Abhilfe, wo als absolute Verjährungsfrist die für die Strafdrohung geltende angeordnet ist (hierzu BGH NJW **1992** 921; *Göhler-König* OWiG § 33 Rdn. 51). Die Ahndung als Ordnungswidrigkeit hat dann der Strafrichter vorzunehmen; der Bußgeldbehörde ist eine Verfolgung als Ordnungswidrigkeit mit Blick auf die Sachentscheidung des Gerichts verwehrt (§ 82 Abs. 1, § 84 Abs. 1 OWiG).

XIV. Sanktionen

215 Hinsichtlich der Sanktionspraxis bestehen für § 315c Abs. 1 Nr. 2 grundsätzlich keine Besonderheiten gegenüber sonstigen Straftaten. Anders ist dies bei der Trunkenheitsfahrt nach § 315c Abs. 1 Nr. 1a. Die insoweit relevanten Aspekte sind unter § 316 Rdn. 233 ff zusammengefasst. Im Rahmen des § 315c stellt sich die Situation nicht selten deswegen unterschiedlich dar, weil die Trunkenheitsfahrt zur Körperverletzung oder zum Tod eines oder mehrerer Menschen geführt hat. Dann wird in der Regel auch bei einem Ersttäter Freiheitsstrafe von über sechs Monaten geboten sein. Sind schwere, nicht wieder gut zu machende Unfallfolgen eingetreten, so liegt zumeist die Annahme nahe, dass bei einem günstig prognostizierten Täter die Vollstreckung der Strafe „zur Verteidigung der Rechtsordnung" (§ 56 Abs. 3) angezeigt ist.[394] Dies gilt auch bei Fahrten trotz Übermüdung; es existiert kein Grundsatz, dass solche Taten in einem milderen Licht zu beurteilen sind als Trunkenheitsfahrten (Bay NJW **2003** 3499). Auch den Fällen Absatzes 1 Nr 2 kann die Verteidigung der Rechtsordnung die Vollstreckung der Strafe gebieten (OLG Karlsruhe NZV **2004** 156, ZfS **2008** 349). Allerdings ist jeglicher Schematismus zu vermeiden; die Umstände des Einzelfalls müssen sorgfältig gegeneinander abgewogen werden (BGH NJW **1990** 193; *Hentschel/König*[40] Rdn. 60 ff). Beispielsweise können eine extrem lange Ver-

[393] Nicht § 153a StPO, s. *Göhler-König* OWiG § 21 Rdn. 27 (str.).

[394] Grundsatzentscheidung in BGHSt **24** 64, 68 f, seither st. Rspr., s. etwa BGH NJW **1990** 193, BayObLG NJW **2003** 3498; 3499; OLG Hamm NZV **1993** 317, OLG Koblenz VRS **75** 37; OLG Karlsruhe NZV **2004** 156; zum Ganzen m. zahlreichen Nw *Hentschel/König* Rdn. 63 ff.

fahrensdauer (BayObLG VRS **69** 283, OLG Karlsruhe NZV **2004** 156), schwerwiegende Folgen für den Täter und/oder seine Angehörigen (BayObLG VRS **65** 279) oder das Mitverschulden des Verletzten (BGHSt **24** 64, 68; BGH NJW **1990** 193[395]) die Strafaussetzung zur Bewährung vertretbar erscheinen lassen (*Hentschel/König*[40] Rdn. 64 m.w.N.).

XV. Entziehung der Fahrerlaubnis, Fahrverbot

Von zentraler Bedeutung ist es, dass § 315c Regeltatbestand für die *Entziehung der Fahrerlaubnis* (§ 69 Abs. 2 Nr. 1) ist. Wird die Fahrerlaubnis bei Taten nach § 315c Abs. 1 Nr. 1a, Abs. 3 nicht entzogen, so ist in der Regel die *Anordnung eines Fahrverbots angezeigt* (§ 44 Abs. 1 Satz 2). Zu beidem wird auf die Kommentierung von *Geppert* (LK zu §§ 44, 69 ff) verwiesen. **216**

XVI. Einziehung

Die Einziehung des durch den Täter benutzten Fahrzeugs kommt in der Regel nicht in Betracht, da dieses bloßer Beziehungsgegenstand und nicht Tatwerkzeug im Sinne des § 74 Abs. 1 ist und eine Sondervorschrift nach § 74 Abs. 4 fehlt.[396] Eine abweichende Beurteilung kann allenfalls dann gerechtfertigt sein, wenn der Täter im Rahmen des § 315c sowohl hinsichtlich der Tathandlung als auch hinsichtlich der Gefahr vorsätzlich handelt (OLG Hamm BA **11** [1974] 282). **217**

§ 315d
Schienenbahnen im Straßenverkehr

Soweit Schienenbahnen am Straßenverkehr teilnehmen, sind nur die Vorschriften zum Schutz des Straßenverkehrs (§§ 315b und 315c) anzuwenden.

Schrifttum

Cramer Zur Abgrenzung der Transport- und Straßenverkehrsgefährdung nach § 315d StGB, JZ **1969** 412.

Entstehungsgeschichte

§ 315d hat – ohne hierauf beschränkt zu sein – ein praktisch sehr wichtiges Anwendungsfeld im Bereich des strafrechtlichen Schutzes des **Straßenbahnbetriebs.** Die Straßenbahn nimmt insofern eine Art Zwitterstellung ein (*Maurach/Schroeder/Maiwald* BT/2

---

395 Der bei dem trunkenheitsbedingten Unfall getötete Freund des Verurteilten war nach dem gemeinsamen Besuch mehrerer Gaststätten in dessen Fahrzeug mitgefahren.

396 OLG Hamm BA **11** (1974) 282; *Lackner/Kühl* § 74 Rdn. 5; *Sch/Schröder/Eser* § 74 Rdn. 12a, 33; *Schmidt* LK § 74 Rdn. 57, 61; *Geppert* DAR **1988** 12, 14. Vgl. auch BGHSt 10 28, 29 ff; OLG Hamburg MDR **1982** 515 [jeweils zum Fahren ohne Fahrerlaubnis]. Dazu schon oben Rdn. 168a.

§ 53 Rdn. 3), als sie sich nicht selten teils auf Verkehrswegen bewegt, die eisenbahngleich vom öffentlichen Straßenverkehr getrennt sind, teils aber auch auf öffentlichen Straßen fährt, wobei der von den Straßenbahnschienen durchzogene Straßenteil allen Verkehrsteilnehmern zur Benützung freisteht.

§ 315 i.d.F. des **Gesetzes zur Änderung des Strafgesetzbuchs vom 28.6.1935** (RGBl. I S. 839) hatte die Straßenbahn generell dem Bahnverkehr zugeordnet. Die Vorschrift schützte den Betrieb einer „Eisenbahn"; Straßenbahnen mit eigenem Bahnkörper galten als „Eisenbahn" (*Arndt/Guelde* Gesetz zur Sicherung des Straßenverkehrs [1953] S. 103). Wer hingegen in den Formen der Transportgefährdung die Sicherheit des Betriebs einer Straßenbahn *ohne* eigenen Bahnkörper beeinträchtigte, war durch § 315 Abs. 2 a.F. mit einem milderen Strafrahmen bedroht (s. auch § 315 Entstehungsgeschichte II).

Mit dem **Gesetz zur Sicherung des Straßenverkehrs vom 19.12.1952** (BGBl. I S. 832) ist die eigenständige Benennung der Straßenbahn aufgegeben worden. Der Gesetzgeber versuchte die Problematik von Beförderungsmitteln, die sowohl im Bahn- als auch im Straßenverkehr vorkommen, in der Weise zu lösen, dass er den Schutzbereich des § 315 an die „Schienenbahn auf besonderem Bahnkörper" knüpfte, während die Straßenbahn – eine Teilnahme am öffentlichen Straßenverkehr vorausgesetzt – in den Schutzbereich des § 315a a.F. einbezogen wurde (BTDrucks. [I/] 2674 S. 14; [I/] 3774 S. 5). Letzteres galt auch für andere Schienenbahnen ohne besonderen Gleiskörper und für Schienenbahnen generell, sofern sie an Übergängen und Kreuzungen ohne zusätzliche Schutzvorkehrungen (Schranken, Warnkreuze) in den öffentlichen Straßenverkehr eintraten (vgl. BGHSt **15** 9, 15).

Wohl nicht zuletzt aufgrund zahlreicher Auslegungsprobleme, die der Begriff der „Schienenbahn auf besonderem Bahnkörper" in der Praxis aufgeworfen hatte,[1] löste sich das **Zweite Gesetz zur Sicherung des Straßenverkehrs vom 21.11.1964** (BGBl. I S. 921) von diesem „formalen Merkmal" und stellte für die Geltung der §§ 315b, 315c in § 315d „materiell" darauf ab, ob die Schienenbahn am Straßenverkehr teilnimmt (BTDrucks. IV/651 S. 22, 29). Die Wortfassung ist seither unverändert geblieben.

Übersicht

[1] Zum Ganzen *Cramer* JZ **1969** 412 f. S. aus der Rechtsprechung insbesondere BGHSt **11** 162; **15** 9; BGH VRS **19** 442; BayObLG VRS **17** 125; OLG Hamm VRS **12** 137; OLG Köln VRS **13** 288; **15** 49; OLG Frankfurt DAR **1956** 18.

I. Tatsächliche Bedeutung

§ 315d hat in der Praxis der Strafverfolgung heute wohl nur geringe Bedeutung. Die soweit ersichtlich letzte veröffentlichte obergerichtliche Entscheidung, in der die Vorschrift problematisiert worden ist, datiert aus dem Jahr 1972 (OLG Stuttgart VerkMitt. **1972** Nr. 120 S. 93).[2] Die geringe praktische Relevanz dürfte zu einem guten Teil auf die Veränderung der tatsächlichen Verhältnisse im öffentlichen Nahverkehr zurückzuführen sein, und dabei namentlich auf den Siegeszug der S- und U-Bahnen. Hinzu kommen die Bemühungen der Verkehrsunternehmen, die gefährlichen Berührungspunkte zwischen Schienenbahn- und Straßenverkehr auf ein Minimum zu reduzieren bzw. weitestmöglich abzusichern (s. auch *Filthaut* NZV **1992** 395). 1

II. Funktion

§ 315d bildet eine „*Schaltstelle*" zwischen den Bahnverkehrsregelungen einerseits und den Straßenverkehrsnormen andererseits. Bei Teilnahme der Schienenbahn am Straßenverkehr sind nur die §§ 315b, 315c anwendbar, anderenfalls gelten die in vielerlei Hinsicht schärferen Vorschriften zum Schutz des Bahnverkehrs (§§ 315, 315a). Die Einbeziehung der Schienenbahn in die Regelungen zum Straßenverkehr beruht dabei auf der Überlegung, dass „für alle Teilnehmer am Straßenverkehr einheitlich dieselbe Rechtsordnung gelten muss" (BTDrucks. IV/651 S. 29). Anders als sonst trifft die Schienenbahn im Straßenverkehr nämlich nicht auf einen von Hindernissen in der Regel freien Verkehrsraum, in dem schneller gefahren werden darf und auch schneller gefahren wird als im Straßenverkehr (BayObLG VRS **17** 125, 127; OLG Stuttgart VerkMitt. **1972** Nr. 110 S. 93 f), sondern ist zur Rücksichtnahme auf die anderen Teilnehmer am Straßenverkehr verpflichtet. Zugleich ist es infolge der typischen Gegebenheiten des Straßenverkehrs auch gerechtfertigt, insbesondere den Schienenbahnführer an den Privilegien teilhaben zu lassen, die die sonstigen Fahrzeugführer im Straßenverkehr genießen (Ausschlusswirkung des § 315c). So klar und schlüssig der hinter § 315d stehende Gedanke auf den ersten Blick wirkt, so schwierig sind freilich die Probleme, die die gesetzliche Regelung im Einzelnen aufwerfen kann. Auch im Hinblick darauf, dass die Schienenbahn im Verlauf ihres Kurses, u.U. mehrfach, die verschiedenen Rechtsbereiche durchlaufen kann (vgl. *Nüse* JR **1965** 41 f), sind Wertungswidersprüche unausweichlich. Zudem passt das gesetzliche Konzept auf eine Reihe von nach § 315 pönalisierten Verhaltensweisen nicht ohne Weiteres. Ein Beispiel ist der Sabotageakt im Depot der Schienenbahn, der sich in einem beliebigen Streckenteil auswirken kann (hierzu BTDrucks. IV/651 S. 29; vgl. Rdn. 16). Die Zuordnung zur jeweiligen Verkehrsart hat dabei durchaus erhebliche Folgewirkungen (anders wohl *Sch/Schröder/Cramer/Sternberg-Lieben* Rdn. 1). Über die generell höheren Strafdrohungen des § 315 gegenüber § 315b hinaus werden die jeweiligen Regelungskomplexe durch Rechtsprechung und herrschende Lehre auch inhaltlich differenziert ausgelegt (vgl. Rdn. 6; § 315 Rdn. 19 ff). 2

De lege ferenda wäre ein Teil der Probleme und Wertungswidersprüche vermeidbar, wenn dem gelegentlich unterbreiteten Vorschlag gefolgt würde, einheitliche Vorschriften zum Schutz aller Verkehrsarten zu schaffen (in diesem Sinne z.B. *Cramer* JZ **1969** 412, 2a

---

[2] Vgl. aber auch BayObLG NJW **1983** 2827; OLG Stuttgart NJW **1976** 1904.

413). Der Gesetzgeber hat sich jedoch bewusst hiergegen entschieden (BTDrucks. IV/651 S. 30). Strafrechtlich gesehen könnte es ferner als Alternative gelten, die Schienenbahn *ausnahmslos* den Vorschriften zum Bahnverkehr zu unterwerfen. Dafür lassen sich die hohen Risiken für Personen und Sachwerte anführen, die bei einer Beeinträchtigung vor allem des Straßenbahnbetriebs nicht anders als beim sonstigen Schienenbahnverkehr typischerweise entstehen. Ob dies straßenverkehrsrechtlich sinnvoll ist und mit Blick auf die anderen Teilnehmer am Straßenverkehr zu überzeugen vermag, erscheint freilich zweifelhaft.

III. Schienenbahn

3 Der Begriff der Schienenbahn umfasst nach herkömmlicher strafrechtlicher Definition jedes an Gleise gebundene Fahrzeug, das durch Motorkraft oder mechanisch auf Schienen bewegt wird (§ 315 Rdn. 11, 12). Keine Rolle spielt demgemäß, ob das Beförderungsmittel gewerberechtlich als Eisenbahn oder als Straßenbahn zugelassen ist. Dies trägt nach den Gesetzesmaterialien dem Umstand Rechnung, dass die gewerberechtliche Zulassung „von zahlreichen, den sachlichen Unterschied der beiden Verkehrsarten nicht betreffenden Zufälligkeiten abhängt" (BTDrucks. IV/651 S. 30) und damit nicht als geeigneter Gradmesser für oder gegen die Geltung der jeweils bereichsspezifischen Regelungen gelten kann. Genauso wenig überzeugend wäre es, nach dem Schwerpunkt des Gebrauchs der Schienenbahn abzugrenzen, die §§ 315, 315a also anzuwenden, sofern die Bahn hauptsächlich außerhalb des Straßenraums verkehrt, hingegen die §§ 315b, 315c als einschlägig anzusehen, falls die Bewegung im Straßenverkehr überwiegt. Ganz abgesehen davon, dass sich ein solches Übergewicht oftmals rein tatsächlich nicht feststellen lässt, erschiene die womöglich daraus resultierende Ungleichbehandlung zweier an der konkreten Stelle identisch fortbewegter Bahnen ungereimt (BTDrucks. IV/651 S. 30). Mit dem geltenden Recht wäre eine in diese Richtung zielende Interpretation nicht vereinbar. Zu den Details betreffend den Begriff der Schienenbahn wird auf das in § 315 Rdn. 10 ff Gesagte Bezug genommen.

IV. Teilnahme am Straßenverkehr

4 1. **Straßenverkehr.** § 315d stellt darauf ab, ob die Schienenbahn am Straßenverkehr teilnimmt. Der Begriff des Straßenverkehrs hat dieselbe Bedeutung wie im Rahmen der §§ 315b, 315c. Demgemäß sind nur *Vorgänge im (faktisch) öffentlichen Verkehrsraum* betroffen (§ 315b Rdn. 4 ff). Außerhalb des Straßenverkehrs verbleibt es bei der Geltung der §§ 315, 315a, die anders als die §§ 315b, 315c private Verkehrsvorgänge umfassen (§ 315 Rdn. 7; § 315a Rdn. 4; § 316 Rdn. 6). Beispielsweise die auf einem der Öffentlichkeit nicht zugänglichen Betriebsgelände verkehrende Schienenbahn fällt demnach selbst dann unter die §§ 315, 315a, wenn die Schienen ohne Abtrennung in einem Gelände verlegt sind, das „Straßenfahrzeugen" offen steht.

5 2. **Teilnahme am Straßenverkehr.** Nach der Rechtsprechung zum früheren Begriff der „Schienenbahn auf besonderem Bahnkörper" (Entstehungsgeschichte) war § 315 Abs. 1 anwendbar, wenn der übrige Verkehr von dem der Schienenbahn vorbehaltenen Straßenteil nach der Beschaffenheit des Bahnkörpers ausgeschlossen war; an Bahnübergängen

genoss die Schienenbahn den erhöhten Strafschutz des § 315 Abs. 1 nur dann, wenn er durch das Andreaskreuz gesichert war.[3] Seit der Neufassung des § 315d durch das 2. Verkehrssicherungsgesetz (Entstehungsgeschichte) kommt es darauf an, ob die Schienenbahn am Straßenverkehr teilnimmt (dann §§ 315b, 315c) oder nicht (dann §§ 315, 315a). Für die Beurteilung maßgebend ist nach den Intentionen des Gesetzgebers, denen die h.M. gefolgt ist, ob der Führer der Schienenbahn „sein Fahrverhalten ganz allgemein, und nicht nur bei erkennbar drohender Gefahr, nach dem ihm umgebenden Straßenverkehr zu richten" hat (BTDrucks. IV/651 S. 29; vgl. auch BGHSt **15** 9, 13 f) oder ob er auf strikten Bahnvorrang vertrauen darf. Die Frage ist nach den allerdings reichlich verworrenen und wohl nicht hinreichend miteinander sowie mit dem Strafrecht harmonisierten Regelungen im Eisenbahn- und Straßenverkehrsrecht zu beantworten. Es dürfte wie folgt zu differenzieren sein:

Für die Straßenbahn ist Teilnahme am Straßenverkehr nach der ausdrücklichen Rege- **5a** lung in § 55 Abs. 1 Satz 1 BOStrab gegeben, wenn sie auf einem *straßenbündigen*, also mit Gleisen in Straßenfahrbahnen oder Gehwegflächen eingebetteten Bahnkörper (§ 16 Abs. 5 BOStrab) verkehrt. Der Fahrzeugführer der Straßenbahn unterliegt dann in vollem Umfang den für den Straßenverkehr geltenden Verhaltensgeboten namentlich über Vorrang und Vorfahrt (§ 55 Abs. 1 Satz 2 BOStrab; s. auch *Filthaut* NZV **1992** 395). Dementsprechend sind nur die §§ 315b, 315c anwendbar. Verkehrt die Straßenbahn hingegen auf einem auf Grund seiner Lage oder Bauart vom übrigen Verkehr *„unabhängigen Bahnkörper"* (§ 16 Abs. 7 Satz 1 BOStrab) oder auf einem zwar im Verkehrsraum öffentlicher Straßen liegenden, jedoch vom übrigen Verkehr durch Bordsteine, Leitplanken, Hecken, Baumreihen oder andere ortsfeste Hindernisse getrennten *„besonderen Bahnkörper"* (§ 16 Abs. 6 Satz 1 BOStrab), so ist sie dem Bahnverkehr zuzurechnen (§ 55 Abs. 3 BOStrab), weswegen die §§ 315, 315a gelten. Beim Verkehr auf *unabhängigen* Bahnkörpern gehören höhengleiche (Gegensatz: Über- oder Unterführungen; vgl. § 1 Abs. 2 EBKrG) Kreuzungen mit dem (öffentlichen) Straßenverkehr als Bahnübergänge (§ 20 Abs. 1 BOStrab) zum Bahnverkehr (§ 55 Abs. 3 BOStrab), sofern sie *durch Andreaskreuz gesichert sind* (§ 20 Abs. 1 BOStrab, § 19 Abs. 1 Satz 1 StVO). § 20 Abs. 2 BOStrab und § 19 Abs. 1 Satz 1 Nr. 1 StVO räumen ihnen unter dieser Voraussetzung den Vorrang vor dem Straßenverkehr ein, weswegen auch die §§ 315, 315a gelten. Beim Verkehr auf *besonderem* Bahnkörper macht § 20 Abs. 7 BOStrab demgegenüber die Qualifikation als Bahnübergang und damit auch den Vorrang vor dem Straßenverkehr (§ 20 Abs. 2 BOStrab) zusätzlich davon abhängig, ob das Andreaskreuz an einem bestimmten Standort aufgestellt ist (§ 20 Abs. 3 BOStrab) und ob bestimmte technische Sicherungen vorgenommen sind (§ 20 Abs. 4–6 BOStrab). Da auch die Vorrangsregelung des § 19 Abs. 1 Satz 1 StVO an die Qualifikation als Bahnübergang anknüpft, wird man annehmen müssen, dass auch bei Vorhandensein eines Andreaskreuzes nicht die §§ 315, 315a, sondern die §§ 315b, 315c anzuwenden sind, wenn die Voraussetzungen des § 20 Abs. 3–6 BOStrab nicht erfüllt sind. Demgemäß muss der Tatrichter in einschlägigen Fällen auch Feststellungen zu diesen Voraussetzungen treffen. Insgesamt erscheint die Rechtslage wenig befriedigend.

Die Eisenbahn verkehrt wohl nur auf Bahnkörpern, die den Merkmalen des unab- **5b** hängigen Bahnkörpers im Sinne von § 16 Abs. 7 Satz 1 BOStrab (Rdn. 5a) entsprechen

[3] BGHSt **15** 9, 15; BGH VRS **19** 442, 443; BayObLG VRS **17** 125, 127 f; abw. noch [zusätzlich besondere bauliche Gestaltung notwendig]: OLG Köln VRS **13** 288, 289; **15** 49, 54; abw. auch OLG Düsseldorf NJW **1960** 1496 sowie OLG Frankfurt DAR **1956** 18. *Jagow/Burmann/Heß* Rdn. 1.

und ist, solange sie darauf verkehrt, dem Bahnverkehr zuzuordnen (Geltung der §§ 315, 315a). An Bahnübergängen besteht der Bahnvorrang nach § 19 Abs. 1 Satz 1 Nr. 1 StVO grundsätzlich nur unter der Voraussetzung, dass ein Andreaskreuz aufgestellt ist. Demgegenüber ordnet § 11 EBO (auch in Verbindung mit § 11 ESBO [Schmalspurbahnen]) in seinem Absatz 3 Satz 1 Bahnvorrang an und schreibt in seinem Absatz 3 Satz 2 grundsätzlich die Aufstellung des Andreaskreuzes vor. Nach dem Verordnungstext könnte angenommen werden, dass das Eisenbahnrecht strikten Bahnvorrang unabhängig von der Aufstellung des Andreaskreuzes anordnet. Es wäre jedoch gänzlich widersinnig, wenn das Eisenbahnrecht andere Vorränge statuieren würde als das Straßenverkehrsrecht. Man wird deshalb auch § 11 Abs. 3 Satz 1, 2 EBO so verstehen müssen, dass der Bahnvorrang nur bei Aufstellung des Andreaskreuzes gewährt werden soll.[4] Dafür spricht auch, dass § 19 Abs. 6 StVO als selbstverständlich von Bahnübergängen ohne Vorrang ausgeht, wobei die wohl h.M. im Verkehrsrecht den Führer der Schienenbahn in einschlägigen Fällen den Regeln des Straßenverkehrs unterwirft.[5] Er unterliegt den besonderen Sorgfaltspflichten des § 10 StVO.[6] Es bedarf deshalb für den erhöhten Schutz der §§ 315, 315a *grundsätzlich der Aufstellung des Andreaskreuzes.*[7] Anders liegt es jedoch in den Fällen, in denen der Bahnvorrang nach ausdrücklicher gesetzlicher Regelung auch ohne Andreaskreuz besteht, nämlich bei Bahnübergängen über Fuß-, Feld-, Wald- oder Radwege (§ 19 Abs. 1 Satz 1 Nr. 2; s. auch § 11 Abs. 3 Satz 3 Nr. 1, 2 EBO) sowie an Privatwegen ohne öffentlichen Verkehr (§ 11 Abs. 3 Satz 3 Nr. 3 EBO), für die § 19 StVO, als nur für den öffentlichen Verkehr geltende Bestimmung keine Regelung trifft (Hentschel-*König* § 19 StVO Rdn. 9) sowie bei Sicherung des Bahnübergangs durch Posten (§ 11 Abs. 3 Satz 3 Nr. 4 EBO). § 19 Abs. 1 Satz 1 Nr. 3 StVO lässt darüber hinaus die Aufstellung des Andreaskreuzes an den Einfahrten von Hafen- und Industriegebieten zu. In all diesen Fällen gelten auch ohne Andreaskreuz die §§ 315, 315a. Auf der Grundlage dieses Standes von Rechtsprechung und herrschender Lehre ist hinsichtlich der Konsequenzen wie folgt zu unterscheiden:

a) Regelverstöße des Führers der Schienenbahn

6 **aa) Allgemeine Grundsätze.** Solange sich die Schienenbahn auf einem eigenen Bahnkörper bewegt oder einen bevorrechtigten Übergang passiert (Rdn. 5a, 5b), sind Pflichtverstöße des Fahrzeugführers an den §§ 315, 315a zu messen. Zu beachten ist in diesem Kontext vor allem, dass § 315 nach h.M. anders als § 315b *auch verkehrsinternes Fehlverhalten* umfasst (§ 315 Rdn. 19 ff). Fahren im Zustand der Fahrunsicherheit unterliegt § 315a Abs. 1 Nr. 1 (dort Rdn. 13 ff), andere Regelverstöße sind, soweit nicht schon durch § 315 erfasst, § 315a Abs. 1 Nr. 2 unterworfen (dort Rdn. 21 ff). *Im Straßenver-*

---

[4] AM *Barnickel* MK Rdn. 6; der § 19 StVO ernsthaft jede Bedeutung absprechen will, weil sich die Vorschrift nicht an den Schienenbahnführer richte. Jedoch ordnet § 19 Abs. 1 Satz 1 StVO einen Vorrang an und gilt demgemäß auch für den Schienenbahnführer. Die Entscheidung des OLG Braunschweig in VRS **28** 122, auf die sich *Barnickel* für seinen abweichenden Standpunkt bezieht (MK Rdn. 6 Fn. 23), betrifft den „besonderen Bahnkörper" nach § 315 a.F. (hierzu Entstehungsgeschichte und Rdn. 5); beurteilt wurde überdies ein Bahnübergang *mit* Andreaskreuz (OLG Braunschweig VRS **28** 122, 125).

[5] OLG Hamburg VerkMitt. **1965** 47; *Cramer* § 19 StVO Rdn. 10; *Rüth/Berr/Berz* § 19 StVO Rdn. 4; *Hentschel/König* § 19 StVO Rdn. 13; *Filthaut* NZV **1992** 395.

[6] *Rüth/Berr/Berz* § 19 StVO Rdn. 4; *Filthaut* NZV **1992** 395.

[7] Ebenso OLG Stuttgart VerkMitt. **1972** Nr. 120 S. 93, *Sch/Schröder/Cramer/Sternberg-Lieben* Rdn. 3. S. auch *Horn/Wolters* SK Rdn. 3; *Lackner/Kühl* Rdn. 2; *Fischer* Rdn. 2.

kehr führt verkehrsinternes Fehlverhalten des Fahrzeugführers hingegen nur unter den Voraussetzungen des § 315c Abs. 1 Nr. 2[8] bzw. des verkehrsfeindlichen Inneneingriffs im Rahmen des § 315b (dort Rdn. 12 ff) zur Strafbarkeit. Für das Fahren im Zustand der Fahrunsicherheit gilt § 315c Abs. 1 Nr. 1.

bb) **Auseinanderfallen von Handlungs- und Erfolgsort.** Umstritten ist die Beurteilung von Fällen, in denen sich zwar der Regelverstoß im Bahnverkehr ereignet, der Gefahrerfolg aber im Straßenverkehr (Übergang, gemeinsam genutzter Verkehrsraum) eintritt, oder umgekehrt ein Fehlverhalten im Straßenverkehr eine konkrete Gefahr im Bahnverkehr herbeiführt. 7

(1) **Maßgebend: Ort der Tathandlung.** Ein Teil der Rechtsprechung und Literatur will in solchen Konstellationen auf den Ort abheben, an dem der Gefahrerfolg eintritt, also die §§ 315, 315a anwenden, sofern dieser dem Bahnverkehr zuzuordnen ist, die §§ 315b, 315c, sofern der Erfolgsort im Straßenverkehrsraum liegt.[9] Dem kann jedoch nicht zugestimmt werden. Allein entscheidend sein muss, ob *die Gefahrenursache im Straßenverkehr* gesetzt wird; der mehr oder weniger zufällige Erfolgsort spielt im Bereich des § 315d *keine* Rolle.[10] Wenn die Anwendung der Straßenverkehrsstrafvorschriften (unumstritten) danach zu bestimmen ist, ob der Fahrzeugführer sein Verhalten „auf den ihm umgebenden Straßenverkehr" einzurichten hat (Rdn. 5), so zielt dies eindeutig auf das verwirklichte *Handlungsunrecht*. Ob das *Verkehrsverhalten* tatbestandsrelevant ist, kann sinnvoll aber nur anhand der dafür geltenden spezifischen Rechtsmaterie beurteilt werden. Das sind die Regeln des Bahnverkehrs bei der Bewegung im Bahnverkehr und die Regeln des Straßenverkehrs für die Bewegung im Straßenverkehr. Eine Art Rückbeziehung der §§ 315b, 315c bzw. der §§ 315, 315a auf vorgelagertes Handeln in der jeweils anderen Verkehrsart erscheint nicht schlüssig begründbar. Die gegenteilige Auslegung könnte im Extremfall sogar dazu führen, dass einschlägig pflichtwidriges Verhalten im Bahnverkehr unter dem Aspekt des Verkehrsstrafrechts aus der Strafbarkeit herausfällt, weil § 315c Abs. 1 Nr. 2 den betreffenden Regelverstoß nicht pönalisiert und der Anwendung des § 315b die Ausschlusswirkung des § 315c entgegensteht. Dies ist vom Normzweck des § 315d her gesehen nicht zu rechtfertigen und leuchtet auch mit Blick darauf nicht ein, dass es im Rahmen der §§ 315 ff *allgemein* nicht darauf ankommt, ob die Gefahr innerhalb oder außerhalb der jeweiligen Verkehrsart eintritt (vgl. auch *Horn/Wolters* SK Rdn. 4). 8

(2) **Irrelevanz der Zugehörigkeit des Objekts.** Gleichfalls irrelevant ist, ob das gefährdete Objekt dem Bahnverkehr oder dem Straßenverkehr zuzurechnen ist. Wird durch das pflichtwidrige Verhalten eines Schienenbahnführers im Straßenverkehrsraum also eine andere Schienenbahn gefährdet, so kommen die §§ 315b, 315c zur Anwendung (abw. *Cramer* JZ **1969** 412, 416). Das folgt aus dem eindeutigen Wortlaut des Gesetzes. Denn 9

---

[8] Insoweit werden vor allem § 315c Abs. 1 Nr. 2a, d, mit Abstrichen auch g in Betracht kommen, wohingegen § 315c Abs. 1 Nr. 2b, c, e und f auf den schienengebundenen Verkehr gar nicht passen oder nur in extremen Ausnahmefällen erfüllt sein können. Hierzu *Cramer* JZ **1969** 412, 416; *Horn/Wolters* SK Rdn. 4.

[9] BGHSt **11** 162, 164; *Lackner/Kühl* Rdn. 2; *Fischer* Rdn. 2; *Jagow/Burmann/Heß* Rdn. 2; diff. *Barnickel* MK Rdn. 11 ff.

[10] BGHSt **15** 9, 15 f; *Horn/Wolters* SK Rdn. 4; insoweit auch *Sch/Schröder/Cramer/Sternberg-Lieben* Rdn. 6; *Cramer* JZ **1969** 412, 415 f.

die die Gefährdung auslösende Schienenbahn nimmt wie auch die gefährdete am Straßenverkehr teil (vgl. *Horn/Wolters* SK Rdn. 4, 7). Für eine funktionale Betrachtungsweise in dem Sinne, dass als maßgebend angesehen wird, ob die eingetretene Gefahr dem typischen Risiko der jeweiligen Verkehrsart entspringt, lässt das Gesetz keinen Raum (näher Rdn. 15).

10 (3) **Fahrzeugführen in Fahrunsicherheit.** Dieselben Grundsätze gelten, wenn der Fahrzeugführer im Zustand der Fahrunsicherheit eine Schienenbahn geführt und dadurch einen konkreten Gefahrerfolg herbeigeführt hat. Eine Anwendung des § 315c Abs. 1 Nr. 1 kommt nur dann in Betracht, wenn sich das durch die Fahrunsicherheit bedingte und den Gefahrerfolg verursachende Fehlverhalten im Straßenverkehr ereignet hat (*Sch/Schröder/Cramer/Sternberg-Lieben* Rdn. 8; *Horn/Wolters* SK Rdn. 4). Idealkonkurrenz zwischen § 315a und § 315c wird eher selten anzunehmen sein. Ein Beispielsfall wäre es, wenn der Fahrzeugführer im Übergang zwischen Bahn- und Straßenverkehr alkoholbedingt die Herrschaft über sein Fahrzeug verliert und dadurch eine relevante Gefährdung verursacht (ähnlich für Eingriffe von außen *Horn/Wolters* SK Rdn. 6). Überfährt er hingegen aufgrund seiner Trunkenheit ein Haltesignal des Bahnverkehrs und gefährdet er dann im Straßenverkehr Menschen oder Sachwerte, so kommt nur § 315a, ggf. auch § 315 Abs. 1 Nr. 4, zur Anwendung.

b) Beeinträchtigungen der Schienenbahn

11 aa) **Internes Verhalten von Straßenverkehrsteilnehmern.** Auch bei Beeinträchtigungen, die von außen her auf die Schienenbahn eindringen, kommt es darauf an, in welchem Streckenabschnitt dies geschieht. Trifft es die Schienenbahn im „Aggregatzustand" des Straßenverkehrsmittels (so plastisch *Horn/Wolters* SK Rdn. 6), so sind die §§ 315b, 315c anzuwenden, ansonsten gelten die §§ 315, 315a. Der Fahrer eines Pkw, der in eine nicht bevorrechtigte Kreuzung einfährt (s. Rdn. 5a) und dabei eine Straßenbahn gefährdet, macht sich daher nicht wegen Hindernisbereitens nach § 315 Abs. 1 Nr. 2 strafbar. Eine Strafbarkeit ist grundsätzlich nur gegeben, wenn er einen grob verkehrswidrigen und rücksichtslosen Regelverstoß nach § 315c Abs. 1 Nr. 2 begeht; ansonsten bleiben nur Ordnungswidrigkeiten (vgl. z.B. OLG Stuttgart VerkMitt. **1972** Nr. 120 S. 93 f). In besonders gelagerten Fällen, nämlich bei verkehrsfeindlichen Inneneingriffen, kann allerdings § 315b Abs. 1 Nr. 2 erfüllt sein (s. dort Rdn. 30 ff).

12 (1) **Auseinanderfallen von Handlungs- und Erfolgsort.** Hat die Schienenbahn im Zeitpunkt des Eingriffs am Straßenverkehr teilgenommen, so sind die §§ 315b, 315c *ausnahmslos* anzuwenden; inbegriffen sind demnach auch die Konstellationen, in denen der Ort des verkehrsgefährdenden Verhaltens der einen Verkehrsart zuzuordnen ist, während der (Gefahr-)Erfolgsort in der anderen liegt. Führt beispielsweise die durch den Verkehrsteilnehmer im Straßenverkehrsraum verursachte Notbremsung der Straßenbahn im weiteren Verlauf der Strecke zu einer Gefährdung von Fahrgästen, so kann es keinen Unterschied machen, ob die nachfolgende Strecke zum Bahn- oder zum Straßenverkehr gehört. Die teils vertretene Gegenansicht, die auf den Ort des Gefahrerfolgs abstellen will, führt, wie *Cramer* nachgewiesen hat (JZ **1969** 412, 415), zu Zufallsergebnissen, die nicht gerechtfertigt werden können (dazu schon oben Rdn. 8).[11]

---

[11] Zust. *Horn/Wolters* SK Rdn. 6. Im Ergebnis ebenso BGHSt 15 9, 15 f. **AA** die in Fn. 9 aufgeführten Stimmen der Literatur.

(2) **Sonst für die Sicherheit Verantwortlicher.** An der Privilegierung des Verkehrsverhaltens im Straßenverkehr nimmt auch der „sonst für die Sicherheit Verantwortliche" im Sinne des § 315a Abs. 1 Nr. 2 teil (§ 315a Rdn. 23), sofern er am Verkehrsvorgang beteiligt ist. Eine Differenzierung „im Inneren" der Schienenbahn würde schwerlich einleuchten. Ihr würde auch entgegenstehen, dass im Straßenverkehr die Vorschriften des Straßenverkehrs gelten und nicht die des Bahnverkehrs, an die § 315a Abs. 1 Nr. 2 anknüpft (vgl. *Sch/Schröder/Cramer/Sternberg-Lieben* Rdn. 7). Im Hinblick darauf, dass § 315c Abs. 1 Nr. 1, 2a bis f ausschließlich das Verhalten des Fahrzeugführers pönalisiert, wird der Regelverstoß des Sonderpflichtigen unter dem Aspekt des Verkehrsstrafrechts in weitem Umfang straflos bleiben. Denkbar ist aber eine Strafbarkeit nach § 315c Abs. 1 Nr. 2g (*Horn/Wolters* SK Rdn. 8). Unberührt bleibt eine etwaige Strafbarkeit nach § 315b bei verkehrsfeindlichem Verhalten sowie bei eigenmächtigen Eingriffen in die Steuerung des Fahrzeugs (zur umstrittenen Problematik des eingreifenden Mitfahrers s. § 315b Rdn. 18, 54). Geht es um pflichtwidrige Handlungen oder Unterlassungen „im Depot" (etwa fehlerhafte Wartung), so sind freilich die §§ 315, 315a anzuwenden (Rdn. 14 ff). 13

bb) **Verkehrsexterne Eingriffe.** Weniger gut passt die in § 315d getroffene Regelung auf Außeneingriffe im eigentlichen Sinn. Das ist durch den Gesetzgeber auch nicht verkannt worden. Problematisch ist z.B. die Beschädigung essentieller Einrichtungen (Steuerung, Bremsanlage) der Bahn im Depot (BTDrucks. IV/651 S. 30). Aber auch für die Lockerung von Schienen (*Cramer* JZ **1969** 412, 415) oder das Anbringen eines Metallbügels auf der Oberleitung bzw. eines Stahlkörpers auf den Schienen ist nicht recht einsichtig, aus welchem Grund der insgesamt mildere § 315b zur Anwendung kommen soll, weil der Sabotageakt im nicht durch Warnkreuze gesicherten Kreuzungsbereich bzw. unmittelbar im Straßenverkehrsraum verübt worden ist. Der Unrechtsgehalt einschlägigen Verhaltens und die daraus resultierenden Gefahren sind generalisierend betrachtet nicht geringer als bei entsprechendem Handeln im „reinen" Bahnverkehr. 14

(1) **Funktionale Betrachtungsweise.** *Cramer* (JZ **1969** 412, 415; ebenso *Sch/Schröder/Sternberg-Lieben* Rdn. 6) schlägt vor diesem Hintergrund eine funktionale Betrachtungsweise vor. Er will danach unterscheiden, ob der Grund für die eingetretene Gefahr in den typischen Gefahren des Straßenverkehrs oder in denen des Bahnverkehrs liegt. Bei „typischen" Außeneingriffen im Sinne des § 315 Abs. 1 Nr. 1 bis 4, d.h. solchen, die nicht durch Verkehrsvorgänge im Straßenverkehr bedingt sind, soll § 315d generell ausgeschlossen sein (*Cramer* JZ **1969** 412, 415). Z.B. der Sabotageakt auf den Gleiskörper wäre danach generell dem Bahnverkehr zuzuordnen und würde zur Anwendung des § 315 Abs. 1 Nr. 1 führen. Sofern zusätzlich der Straßenverkehr gefährdet wird, soll Tateinheit mit § 315b Abs. 1 Nr. 1 gegeben sein (*Cramer* aaO). Obwohl der Vorschlag im gedanklichen Ansatz Einiges für sich hat und zu schlüssigen Ergebnissen verhilft, hat er sich mit Recht nicht durchgesetzt. Denn die Lösung *Cramers* ist mit dem noch möglichen Wortsinn des § 315d nicht in Übereinstimmung zu bringen. Danach ist maßgebend, ob der Bahnbetrieb in einem Stadium gestört wird, in dem die Schienenbahn am Straßenverkehr teilnimmt oder eben nicht (*Horn/Wolters* SK Rdn. 7).[12] Ist diese Voraussetzung erfüllt, so sind die Weichen in Richtung auf den Straßenverkehr gestellt, ohne dass Korrekturmöglichkeiten nach der Art des Eingriffs und dem jeweiligen Objekt der 15

---

12 Ablehnend auch *Lackner/Kühl* Rdn. 2; *Fischer* Rdn. 2.

Störung bestünden. Das Erfordernis eines gefahrtypischen Zusammenhangs mit der jeweiligen Verkehrsart lässt sich aus der Vorschrift nicht ableiten. Ein funktionaler Ansatz würde demnach eine Neufassung des Gesetzes notwendig machen, die freilich beträchtliche Formulierungsprobleme aufwerfen würde.

16 (2) **Ortsbezogene Auslegung.** De lege lata muss es deshalb für Außeneingriffe jeglicher Art bei der ortsbezogenen Auslegung verbleiben. Entscheidend ist, in welchem Streckenabschnitt der Eingriff die Bahn tangiert; der Ort des Gefahrerfolgs ist nicht maßgebend (Rdn. 8 f, 12; Letzteres offen gelassen von BGHSt **15** 9, 17). Der Eingriff in die Gleisanlage ist daher nach § 315b zu ahnden, sofern die Gleise im Straßenverkehrsraum verlegt sind. Genauso liegt es für das Geben falscher Signale im Straßenverkehrsraum, das ggf. als ähnlicher, ebenso gefährlicher Eingriff nach § 315b Abs. 1 Nr. 3 zu qualifizieren ist (vgl. § 315b Rdn. 10, 40). Hingegen ist der Sabotageakt im Bahndepot stets nach § 315 (Abs. 1 Nr. 1) zu ahnden; das Gleiche gilt für (unterlassene) Wartungsarbeiten im Depot. Denn das Depot muss uneingeschränkt dem Bahnbereich zugerechnet werden (*Horn/Wolters* SK Rdn. 6). Dies dürfte selbst dann gelten, wenn namentlich eine Straßenbahn (außerhalb des Depots) *ausschließlich* auf Strecken verkehrt, die im Straßenverkehrsraum verlegt sind. Im Zeitpunkt des Eingriffs nimmt sie nämlich am Straßenverkehr nicht teil („soweit"). Idealkonkurrenz des § 315 mit § 315b wird nach diesen Grundsätzen nicht sehr häufig gegeben sein (vgl. auch Rdn. 10 a.E.). Vorstellbar ist sie, wenn der Eingriff (z.B. in die Gleisanlage) am Übergang des einen Verkehrsraums in den anderen erfolgt (*Horn/Wolters* SK Rdn. 6 a.E.).

§ 316
Trunkenheit im Verkehr

(1) Wer im Verkehr (§§ 315 bis 315d) ein Fahrzeug führt, obwohl er infolge des Genusses alkoholischer Getränke oder anderer berauschender Mittel nicht in der Lage ist, das Fahrzeug sicher zu führen, wird mit Freiheitsstrafe bis zu einem Jahr oder mit Geldstrafe bestraft, wenn die Tat nicht in § 315a oder § 315c mit Strafe bedroht ist.

(2) Nach Absatz 1 wird auch bestraft, wer die Tat fahrlässig begeht.

Schrifttum

Alkoholbedingte Fahrunsicherheit. *Gutachten des Bundesgesundheitsamts.* Gutachten „Blutalkohol bei Verkehrsstraftaten" (1955); redigiert und kommentiert von *Borgmann* (zitiert: „BGA-Gutachten 1955"); Gutachten „Alkohol bei Verkehrsstraftaten" (1966); bearbeitet von *Lundt* und *Jahn* (zitiert: „BGA-Gutachten 1966"); „Ergänzende Stellungnahme" (1967); bearbeitet von *Lundt* und *Jahn*; „Zweites Gutachten Alkohol und Straßenverkehr" (1977); bearbeitet von *Lundt* unter Mitarbeit von *Berg, Gerchow, Grüner, Heifer, Janssen* (zitiert: „BGA-Gutachten 1977"); Gutachten zum Sicherheitszuschlag auf die Blutalkoholbestimmung; bearbeitet von *Schoknecht* (zitiert: „BGA-Gutachten 1989"), NZV **1990** 104 = BA **27** (1990) 202.

Übergreifende Darstellungen. Juristische Abhandlungen. *Hentschel* Trunkenheit, Fahrerlaubnisentziehung, Fahrverbot im Straf- und Ordnungswidrigkeitenrecht (10. Aufl. 2006); *Horn* Blutalkoholgehalt und Fahruntüchtigkeit (1970); *Riemenschneider* Fahrunsicherheit oder Blutalkoholgehalt als Merkmal der Trunkenheitsdelikte – zugleich ein Beitrag zur Rechtsentwicklung (2000; zugleich jur. Diss. Gießen 1999). **Medizinische/naturwissenschaftliche Abhandlungen.** *Forster/*

Joachim Blutalkohol und Straftat (1975); *Madea/Mußhoff* in: Handbuch des Fachanwalts Verkehrsrecht [Hrsg. Himmelreich/Halm], 2. Aufl 2008, S. 2153. *Penning* Alkohol, Drogen und Verkehrssicherheit [Sonderdruck aus „Rechtsmedizin systematisch"; Hrsg. Bund gegen Alkohol im Straßenverkehr] 1995.

Insbesondere Prävention, Dunkelfeld und Sanktionen. *Brauchle/Weinmann/Pollak* Drogen- und Medikamentenbeeinflussung von Verkehrsteilnehmern im Raum Südbaden am Beispiel des Jahres 1995, BA **34** (1997) 385; *Fischer* Generalprävention und Trunkenheit im Straßenverkehr – Bisherige Erkenntnisse im In- und Ausland, BA **35** (1998) 204; *Giebel/Klein* Erste Erfahrungen mit der „0,8-Promille"-Regelung in Thüringen, BA **32** (1995) 279; *Götting* Gesetzliche Strafrahmen und Strafzumessungspraxis Eine empirische Untersuchung anhand der Strafverfolgungsstatistik für die Jahre 1987 bis 1991 (1997; zugl. jur. Diss. Göttingen 1995); *Iffland* Gedanken zu Dunkelfeld und Dunkelziffer für Trunkenheitsfahrten mit Kraftfahrzeugen in Deutschland, DAR **1995** 269; *ders.* Wie zuverlässig ist die Dunkelfeldbestimmung nach dem „Deutschen Roadside Survey"?, BA **35** (1998) 258; *ders./Balling* Erste Auswirkungen der 0,5-Promille-Grenze auf das Fahrverhalten alkoholisierter Verkehrsteilnehmer, BA **36** (1999) 39; *Krüger* (Hrsg.) Fahren unter Alkohol in Deutschland (1998); *Middendorf* Verkehrskriminologie – Ergebnisse und Folgerungen, DAR **1979** 145; *A. Müller* Fahrerlaubnisentzug, Eignungsbegutachtung, Nachschulung und Therapie bei Trunkenheitstätern: Ansätze zu einer notwendigen Neuorientierung, BA **30** (1993) 65; *H. E. Müller* Das Dunkelfeld der Alkoholfahrten und die Atemalkoholmessung in § 24a Abs. 1 StVG, BA **36** (1999) 313; *Schöch* Strafzumessung und Verkehrsdelinquenz Kriminologische Aspekte der Strafzumessung am Beispiel einer empirischen Untersuchung zur Trunkenheit im Verkehr (1973); *ders.* Kriminologische und sanktionsrechtliche Aspekte der Alkoholdelinquenz im Verkehr, NStZ **1991** 11; *ders.* Präventive Verkehrskontrollmaßnahmen bei Alkohol- und Drogenfahrten und ihre Bedeutung für das Straf- und Bußgeldverfahren, BA **34** (1997) 169; *ders.* Verkehrsrechtliche Rahmenbedingungen zur Verhütung alkoholbedingter Unfälle und ihre Umsetzung – eine kritische Würdigung, in: Alkohol im Straßenverkehr – ein vermeidbares Übel? [Hrsg. *Dräger/Pissulla*; 1997] S. 29; *ders.* Generalprävention und Fahren unter Alkohol, in: Fahren unter Alkohol in Deutschland [1998; Hrsg. *Krüger*] S. 161; *Stephan* Trunkenheitsdelikte im Verkehr und Alkoholmißbrauch, BA **25** (1988) 201; *ders.* „Bedingte Eignung", eine Chance für die Verkehrssicherheit und den alkoholauffälligen Kraftfahrer II, DAR **1989** 125; *Vollrath/Kazenwadel* Das Dunkelfeld bei Trunkenheitsfahrten, BA **34** (1997) 344; *Vollrath/Krüger* Auswirkungen der „Androhung" 0,5-Promille-Grenze im Kontext längerfristiger Entwicklungen, BA **36** (1999) 349; *Weigend* Zur Rolle des Strafrechts im Straßenverkehr, Festschrift Miyazawa (1995) S. 549.

Insbesondere Alkohol und Fahrsicherheit. *Bartl/Brandstätter/Hosemann/Reitter* Blickbewegungen und Reaktionen von Fahrern bei sogenannter Minderalkoholisierung, BA **35** (1998) 124; *Borkenstein/Crowther/Shumate/Ziel/Zylman* The Role of the drinking driver in traffic accidents (The Grand Rapids Study), BA **11** (1974) Supplement 1; *Dittmann/Pribilla/Wagner* Äthanolelimination beim Menschen unter Einfluß häufig verordneter *b*-Rezeptorenblocker BA **22** (1985) 364; *Eisenmenger/Schorn/Gilg* Untersuchungen zur Funktionsfähigkeit des Gehörs, speziell der Frequenzauflösung, unter Alkoholeinfluß, BA **21** (1984) 250; *Elbel/Schleyer* Blutalkohol (2. Aufl. 1956); *Gerchow* Über den Einfluß der kleinen Alkoholdosen auf die Verkehrssicherheit unter besonderer Berücksichtigung der Ergebnisse des sog. Wolfsburger Versuches, BA **13** (1976) 341; *ders.* Zur Schuldfähigkeit Drogenabhängiger BA **16** (1979) 97; *ders.* Alkohol- und Drogenkriminalität unter dem Aspekt neuerer Entwicklungen BA **22** (1985) 152; *Gerlach* Fahrversuche zum Kurvenunfall nach Alkoholgenuss, BA **9** (1972) 239; *Gilg/Liebhardt/Schuller/Riedel* Alkoholbedingte Wahrnehmungsstörungen im peripheren Gesichtsfeld Untersuchungen mit dem automatischen Perimeter OCTOPUS®, BA **21** (1984) 235; *Grüner/Ludwig/Domer* Zur Abhängigkeit alkoholbedingter Aufmerksamkeitsstörungen vom Blutalkoholwert bei niedrigen Konzentrationen, BA **2** (1963/1964) 445; *Grüner/Ludwig/Trabant* Alkoholbedingte Leistungsminderung bei Tag und Nacht, BA **7** (1970) 337; *Grüner/Kirch/Bilzer/Penners* Die Eliminationskinetik von Äthanol nach Gabe von Metoprolol in der frühen und späten Eliminationsphase, BA **23** (1986) 28; *Heifer/Sellier/Kutzner* Experimentelle und statistische Untersuchungen über den alkoholbedingten postrotatorischen Fixationsnystagmus, BA **3** (1965/1966) 537; *Heifer* Untersuchungen über den Alkoholeinfluß auf die optokinetische

Erregbarkeit im Fahrversuch, BA **8** (1971) 385; *ders.* Alkoholbedingte, akute Störungen der psychophysischen Leistungsverfügbarkeit und ihre verkehrsmedizinische Relevanz, BA **23** (1986) 364; *Heppner* Verlaufsuntersuchungen über den alkoholbedingten Leistungsabfall in einem Bereich von 0,5–1,15 ‰ mit einem Fahrsimulator, BA **10** (1973) 166; *Kronsbein/Oehmichen/Kömpf* Wirkung niedriger Alkoholkonzentrationen auf sakkadische Augenbewegungen Infrarotreflexionstechnik zur Erfassung okulomotorischer Reaktionen bei Betrachtung gefährlicher Verkehrssituationen, BA **31** (1994) 57; *Lockemann/Püschel* Veränderungen straßenverkehrsrelevanter vestibulärer Reaktionen bei 0,4 Promille und 0,8 Promille Blutalkoholkonzentration, BA **34** (1997) 241; *Lewrenz* Psychiatrische Aspekte zur Trunkenheit am Steuer, BA **6** (1969) 388; *Schmidt/Lautenschläger/Weise/Heide/Sannemüller/Stiller/Trübner* STOPAL®: Ein weiterer wirkungsloser „Promille-Killer", BA **36** (1999) 73; *Schmidt/Dettmeyer/Padosch/Madea* Beweiswert rechtsmedizinischer Begutachtungskriterien zur Feststellung der relativen alkoholbedingten Fahruntüchtigkeit, BA **41** (2004) 1; *Schneble* Ernüchterungsmittel – nüchtern betrachtet, BA **25** (1988) 18; *Schewe/Schuster/Englert/Ludwig/Stertmann* Experimentelle Untersuchungen zur Frage der alkoholbedingten Fahruntüchtigkeit von Fahrrad- und Mofafahrern, BA **17** (1980) 298; *Schewe/Knöss/Ludwig/Schäufele/Schuster* Experimentelle Untersuchungen zur Frage des Grenzwertes der alkoholbedingten absoluten Fahruntüchtigkeit bei Fahrradfahrern, BA **21** (1984) 97; *Schuster ua* Pkw-Fahrversuche zur Frage der alkoholbedingten Fahrunsicherheit bei Dunkelheitsfahrten, BA **28** (1991) 287; *Schwerd* Alkohol und Fahrsicherheit Bemerkungen zur Geschichte und Begutachtung, Festschrift Spendel (1992) S. 583; *Staak/Springer/Schoor* Experimentelle Untersuchungen über objektiv meßbare Wirkungen niedriger Blutalkoholkonzentrationen im Doppelblindversuch, BA **9** (1972) 441; *Strasser* Über die Dynamik der Alkoholwirkung auf eine psychomotorische Trackingleistung in der Resorptions- bzw. Übergangsphase, BA 9 (1972) 112; *Wilhelmi/Lindner/Audrlický* Untersuchungen über das Sehen in der Dämmerung nach Alkoholaufnahme, BA 9 (1972) 473.

Insbesondere Blutalkoholgrenzwerte. Juristische/rechtspolitische Abhandlungen. *v. Below* Der Gefahrengrenzwert 0,8 Promille als subsidiärer Tatbestand und seine Abgrenzung zu den Alkoholdelikten im Straßenverkehr (§§ 316, 315 c StGB), BA **6** (1969) 378; *Bialas* Promille-Grenzen, Vorsatz und Fahrlässigkeit (1996, zugl. jur. Diss. Frankfurt 1995); *Dencker* Die „0,3-Promille-Grenze", Festschrift zum 25-jährigen Bestehen der Arbeitsgemeinschaft des Deutschen Anwaltsvereins (2004) 371; *Geppert* Reicht das gesetzliche Instrumentarium zur Verbesserung der Verkehrssicherheit aus?, BA **27** (1990) 23; *Grohmann* 1,10/1,15 Promille – Folgen für das geltende und das zukünftige Promillerecht, BA **28** (1991) 84; *Händel* Anwendung und Auswirkungen des 0,8-Promille-Gesetzes, BA **10** (1973) 353; *Haffke* Zur Problematik der 1,3-Promille-Grenze – BGHSt 21 157, JuS **1972** 448; *Hentrich* Die Odyssee eines Gesetzes, BA **10** (1973) 177; *Hüting/Konzak* Das „gestörte Verhältnis" zwischen §§ 315c, 316 StGB und § 24a StVG nach der Senkung des Grenzwerts der absoluten Fahrunsicherheit durch den BGH, NZV **1992** 136; *Janiszewski* Zur Frage der Einführung einer 0,5-Promille-Grenze, DAR **1988** 253; *ders.* Auto und Alkohol Neue Erkenntnisse – neue Grenzen?, DAR **1990** 415; *König* Fahrunsicherheit oder Blutalkoholgehalt als Merkmal der Trunkenheitsdelikte (Besprechungsaufsatz zur gleichnamigen Dissertation Riemenschneiders), NZV **2001** 69; *ders.* Promillearithmetik im Verkehrsstraf- und Ordnungswidrigkeitenrecht JA **2003** 131; *Lackner* Trunkenheit am Steuer als Gefährdungstatbestand, BA **1** (1961/1962) 217; *ders.* Trunkenheit am Steuer als Gefährdungstatbestand, BA **2** (1963/1964) 53; *ders.* Möglichkeiten zur Vereinheitlichung der strafrechtlichen Ahndung von Trunkenheitsdelikten im Straßenverkehr auf internationaler Ebene, BA **6** (1969) 273; *Maatz* „Das Sein und das Sollen" – Normative Aspekte zum Begriff der Grenzwerte und der Fahrtüchtigkeit, BA **38** (2001) 40; *Mayer* Zum Beweis der Fahruntüchtigkeit bei Blutalkoholgehalten unter dem Grenzwert, BA **3** (1965/1966) 277; *Möhl* Beweis der „relativen" Fahruntüchtigkeit, DAR **1971** 4; *Nehm* Grenzwertsetzungen zwischen juristischen Anforderungen und naturwissenschaftlicher Wahrhaftigkeit, DAR **2008** 1; *Peters* Der Nachweis der „relativen" Fahruntüchtigkeit durch regelwidriges Fahrverhalten, MDR **1991** 487; *Rüth* Rechtsfragen zum 0,8 Promille-Gesetz, DAR **1974** 57; *Salger* Die Zerstörung des Vertrauens in eine gefestigte Rechtsprechung – 1,1 Promille als neuer Grenzwert der absoluten Fahruntüchtigkeit? NZV **1990** 1 = BA **27** (1990) 1 = DRiZ **1990** 16; *Scheffler/Halecker* Die Problematik der Beweiswürdigung bei drogenbedingter Fahrunsicherheit i.S.d. § 316 StGB, BA **41** (2004) 422; *Schneble* Nachweis der Fahrunsicherheit infolge Alkohols, BA **20** (1983) 177; *ders.* Vertane Jahre, BA **30** (1993) 1; *Spiegel* Zur Eröffnung des 27.

Deutschen Verkehrsgerichtstages, BA **26** (1989) 65; *Strate* Zur Mitteilung der Blutalkoholbefunde im strafrichterlichen Urteil, BA **15** (1978) 405; *ders.* Nachweis der Fahrunsicherheit infolge Alkohols, Prozessuale Probleme, BA **20** (1983) 188.

Medizinische/naturwissenschaftliche Abhandlungen. *Arbab-Zadeh* Zur neuen Blutalkoholgrenze, NJW **1967** 273; *Gerchow* 0,8 ‰ Gefahrengrenzwert aus gerichtsärztlicher Sicht, BA **6** (1969) 399; *Grüner/Bilzer* Zur Senkung des Grenzwertes der absoluten Fahruntüchtigkeit wegen verbesserter Meßqualität bei der forensischen Blutalkoholbestimmung, BA **27** (1990) 175; *dies.* Vergleichende Betrachtung der Gutachten des Bundesgesundheitsamtes „Zur Frage Alkohol bei Verkehrsstraftaten" (1966) und „Zum Sicherheitszuschlag auf die Blutalkoholbestimmung" (1989), BA **27** (1990) 222; *Haffner/Erath/Kardatzki* Alkoholtypische Verkehrsunfälle als zusätzliche Beweisanzeichen für relative Fahruntüchtigkeit, NZV **1995** 301; *Heifer* Anmerkung zum Entwurf eines Gesetzes zur Änderung des Straßenverkehrsgesetzes (§ 24a StVG), BA **9** (1972) 407; *ders.* Der Gefahrengrenzwert von 0,8 ‰, BA **10** (1973) 1; *ders.* Zur Praktikabilität des 0,8-Promille-Gesetzes, BA **10** (1973) 192; *ders.* Alkohol und Straßenverkehr (Kritische Erörterungen aus rechts- und verkehrsmedizinischer Sicht), BA **27** (1990) 50; *ders./Brzezinka* Blutalkoholkonzentration von 1,1 g ‰ – neuer Grenzwert der „absoluten Fahruntüchtigkeit"? NZV **1990** 134 = BA **27** (1990) 215; *ders./Pluisch* Herabsetzung der Promille-Grenze Rechts- und verkehrsmedizinische Überlegungen zu der Frage, ob die Promillegrenze im Straßenverkehr auf 0,5 ‰ heruntergesetzt werden sollte, ZRP **1991** 421; *Krüger* Absolute Fahruntüchtigkeit bei 1,0 Promille – die falsch gesetzte Grenze, BA **27** (1990) 182; *ders./Schöch* Absenkung der Promillegrenze Ein zweifelhafter Beitrag zur Verkehrssicherheit DAR **1993** 334; *Metter* Relative Fahruntüchtigkeit aus medizinischer Sicht, BA **13** (1976) 241; *Utzelmann* Die Entwicklung der Alkoholunfälle unter besonderer Berücksichtigung „alkoholaffiner" Unfalltypen in der Bundesrepublik Deutschland und in den Bundesländern von 1966 bis 1970, BA **11** (1974) 217; *v. Weber* Trunkenheit am Steuer als Gefährdungstatbestand, BA **1** (1961/1962) 209.

Zur Anwendung neuer Grenzwerte auf „Alttaten". *Händel* Anwendung des Beweisgrenzwerts von 1,3 Promille auf vor dem 9.12.1966 begangene Taten, NJW **1967** 537; *Haffke* Das Rückwirkungsverbot des Art. 103 II GG bei Änderung der Rechtsprechung zum materiellen Recht (jur. Diss. 1970); *ders.* Promille-Grenze und Rückwirkungsverbot BA **9** (1972) 32; *Hettinger/Engländer* Täterbelastende Rechtsprechungsänderung im Strafrecht, Festschrift Meyer-Goßner (2001) 145; *v. Mutius* Zu den verfassungsrechtlichen Grenzen höchstrichterlicher Norminterpretation und Rechtsfortbildung Anmerkungen zum Beschluß des BGH vom 28.6.1990 – 4 StR 297/90, BA **27** (1990) 375; *Naucke* Rückwirkende Senkung der Promillegrenze und Rückwirkungsverbot (Art. 103 Abs. 2 GG), NJW **1968** 2321; *Neumann* Rückwirkungsverbot bei belastenden Rechtsprechungsänderungen, ZStW **103** (1991) 336; *Ranft* Herabsetzung des Grenzwerts der „absoluten Fahruntüchtigkeit" und Rückwirkungsverbot – BayObLG, NJW **1990** 2833, JuS **1992** 468; *Tröndle* Rückwirkungsverbot bei Rechtsprechungswandel? Eine Betrachtung zu einem Scheinproblem der Strafrechtswissenschaft, Festschrift Dreher S. 117; *Weidemann* Unkenntnis geänderter Rechtsprechung als Entschuldigungsgrund?, DAR **1984** 310; *Werny* Übergangsphase bei der Einführung einer 1,1 – Grenze?, NZV **1990** 137.

Zur Bestimmung der BAK. *Alt/Wurst/Seidl* Ermittlung individueller Verteilungsfaktoren zur Berechnung der Blutalkoholkonzentrationen unter Berücksichtigung von Körpergröße und Körpergewicht, Festschrift (med.) für Schneider (2000) S. 501; *Beier* Über die „Standardabweichung" im Gutachten 1989 des Bundesgesundheitsamts zur Blutalkoholbestimmung, NZV **1996** 343; *Brettel* Der Korrekturfaktor bei der gaschromatographischen Leichenblutalkoholbestimmung, BA **10** (1973) 120; *v. Gerlach* Blutalkoholwert und Schuldfähigkeit in der Rechtsprechung des Bundesgerichtshofs, BA **27** (1990) 305; *Gerchow/Heifer/Schewe/Schwerd/Zink* Die Berechnung der maximalen Blutalkoholkonzentration und ihr Beweiswert für die Beurteilung der Schuldfähigkeit, BA **22** (1985) 77; *Greiner* Die Streuung der gaschromatographischen Bestimmung des Aethylalkohols im Serum innerhalb des Routineverfahrens, BA **10** (1973) 236; *Grüner* Zur forensischen Verwertbarkeit der Blutalkoholbefunde (Analysenmittelwerte), BA **14** (1977) 215; *ders./Ludwig* Zur forensischen Verwertbarkeit der Analysenergebnisse von weniger als fünf (vier) Blutalkoholbestimmungen aus einer Blutprobe, BA **27** (1990) 316; *ders.* Zur Qualitätssicherung der Blutalkoholbestimmung BA **28**

(1991) 360; *Haffke* Mittelwert der Blutalkoholkonzentration und Grundsatz „in dubio pro reo", NJW **1971** 1874; *Haffner/Besserer/Stetter/Mann* Die Äthanol-Eliminationsgeschwindigkeit bei Alkoholikern unter besonderer Berücksichtigung der Maximalwertvariante der forensischen BAK-Rückrechnung BA **28** (1991) 46; *Haffner/Batra/Bilzer/Dietz/Gilg/Graw/Mann/Meyer/Penners/Soyka* Statistische Annäherung an forensische Rückrechnungswerte für Alkoholiker, BA **29** (1992) 53; *Heifer* Untersuchungen zur Rückrechnung der Blutalkoholkonzentration nach „normalem Trinkverlauf", BA **13** (1976) 305; *ders./Wehner* Zur Frage des Ethanol-„Resorptionsdefizits", BA **25** (1988) 299; *Jessnitzer* Eigene Sachkunde des Richters bei der Rückrechnung, BA **15** (1978) 315; *Klug/Schmidt* 2-Säulen-Headspace-GC-Analyse, eine neue Variante zur Blutalkoholbestimmung, BA **18** (1981) 237; *Köhler/Schleyer* Über die Treffsicherheit von Rückrechnungen auf Blutalkohol-Tatzeitwerte, BA **12** (1975) 52; *Krauland/Schmidt* Zum Beweiswert der Blutalkoholbestimmungen, Festschrift BA S. 91; *Machata* Über die gaschromatographische Blutalkoholbestimmung, BA **4** (1967) 252; *ders.* Zur Frage der „Zwei voneinander verschiedenen Verfahren" zur Ermittlung der Blutalkoholkonzentration, BA **20** (1983) 236; *Martin* Richter und Rückrechnung?, BA **7** (1970) 89; *Musshoff/Daldrup/Bonte/Leitner/Nimmerichter/Walter/Lesch* Ethanolunabhängige Methanolelimination bei chronischen Alkoholikern, BA **32** (1995) 317; *Naeve* Untersuchungen unter lebensnahen Bedingungen über den Verlauf von Alkoholkurven in den ersten 90 Minuten nach Trinkende, BA **10** (1973) 366; *Rüdell/Rüdell* Läßt die höchstrichterliche Rechtsprechung zum neuen Grenzwert der absoluten Fahruntüchtigkeit (BGH 4 StR 297/90, Beschl. v. 28.6.1990) eine Ungleichbehandlung von alkoholisierten Verkehrsteilnehmern zu?, BA **28** (1991) 252; *Sachs/Zink* Hat die dritte Dezimalstelle der Einzelwerte Bedeutung für die Berechnung des Mittelwertes der BAK?, BA **28** (1991) 321; *Salger* Zur korrekten Berechnung der Tatzeit-Blutalkoholkonzentration, DRiZ **1989** 174; *Schmidt* Präzision und Streuung bei der Alkoholbestimmung mittels 2-Säulen-Headspace-GC-Analyse, BA **19** (1982) 122; *Schoknecht* Beurteilung von Blutalkoholbestimmungen nach dem ADH- und GC-Verfahren, NZV **1996** 217; *Schröter/Sopp/Brettel* Trinkversuche zur Rückrechnung bei langen Rückrechnungszeiten, BA 32 (1995) 344; *Staak/Berghaus* Aktuelle Aspekte der Grenzwertdiskussion in der rechtsmedizinischen Alkoholbegutachtung, NJW **1981** 2500; *Zink* Zur Blutalkoholbestimmung mit weniger als fünf Einzelanalysen, BA **23** (1986) 144; *ders./Reinhardt* Zur Dauer der Resorptionsphase, BA **12** (1975) 100; *dies.* Der Verlauf der Blutalkoholkurve bei großen Trinkmengen, BA **21** (1984) 422.

Zu Nach- und Sturztrunk einschließlich Begleitstoffanalyse. *Aderjan/Schmitt/Schulz* Überprüfung von Trinkangaben und Nachtrunkbehauptungen durch Analyse von Begleitstoffen alkoholischer Getränke in Blutproben, NZV **2007** 167; *Bär* Zur Auswertung von Doppelblutentnahmen mit kurzen Entnahmeintervallen, BA **23** (1986) 304; *Berghaus/Althoff* Erfahrungen und Kritik zum neuen ministeriellen Erlaß über Doppelblutentnahmen in Nordrhein-Westfalen, BA **16** (1979) 375; *Bonte/Stöppelmann/Rüdell/Sprung* Vollautomatischer Nachweis von Begleitstoffen alkoholischer Getränke in Körperflüssigkeiten, BA **18** (1981) 303; *Bonte/Rüdell/Sprung/Bilzer/Kühnholz* Die Begleitstoffanalyse – eine neue Möglichkeit zur Begutachtung von Nachtrunkbehauptungen, NJW **1982** 2109; *Bonte/Rüdell/Sprung/Frauenrath/Facius/Reihs/Walther* Begleitstoffspiegel im Blut nach dem Konsum alkoholischer Getränke, BA **20** (1983) 313; *Bonte* Begleitstoffe alkoholischer Getränke (1987); *ders.* Überprüfung von Nachtrunkbehauptungen mittels Begleitstoffanalyse, Die Polizei **1999** 348; *Burre* Die Nachtrunkbehauptung aus polizeilicher Sicht, Die Polizei **1999** 286; *Grüner/Ludwig/Rockenfeller* Die Bedeutung der Doppelblutentnahmen für die Beurteilung von Nachtrunkbehauptungen, BA **17** (1980) 26; *Haffner* Der Wert der Doppelblutentnahme, Die Polizei **1999** 291; *Heifer* Sturztrunk und Alkoholanflutungswirkung, BA 7 (1970) 383; *Hoppe/Haffner* Doppelblutentnahme und Alkoholanflutungsgeschwindigkeit in der Bewertung von Nachtrunkeinlassungen, NZV **1998** 265; *Iffland/Staak/Rieger* Experimentelle Untersuchungen zur Überprüfung von Nachtrunkbehauptungen, BA **19** (1982) 235; *Iffland* Die Renaissance der Doppelblutprobe Ein kritischer Kommentar zum Gemeinsamen Runderlaß vom 1.7.1995, NZV **1996** 129; *ders.* Nachtrunk und Harnprobe, BA **36** (1999) 99; *Jachau/Röhmhild/Bartels/Krause/Wittig* Beweiswert der zweiten Blutalkoholprobe bei sog Doppelblutentnahmen zur Beurteilung von Nachtrunkangaben, BA **40** (2003) 411; *Lachenmeier/Godelmann/Sohnius/Musshoff* Änderung der Begleitstoffgehalte alkoholischer Mischgetränke als Folge des Alkopopsteuergesetzes, BA **43** (2007) 277; *Machata/Prokop* Über Begleitsubstanzen alkoholischer Getränke im Blut, BA **8** (1971) 349; *Meininger* Nachtrunk und

Rechtsprechung, Die Polizei **1999** 346; *Schleyer/Wichmann* Über die Beziehungen zwischen dem Intervall vom angeblichen Alkoholkonsumende bis zur Blutentnahme und dem Ausmaß der stündlichen Blutalkoholsenkung, BA **1** (1961/1962) 234; *Schöllkopf/Jainz* Zum Beweiswert von Doppelblutentnahmen in der forensischen Praxis, BA **10** (1973) 397; *Schütz/Weiler/Erdmann* Erfahrungen mit Begleitstoffanalysen bei Getränken (Nachtrunk) ohne Begleitstoffe, BA **29** (1992) 336; *Schulz/Teske/Gilg/Aderjan/Herbold* Bestandsaufnahme der Begleitstoffanalyse und Ergebnisse erster Ringversuche, BA **43** (2007) 269; *Sprung/Frauenrath/Rüdell/Bonte* Einfluß der Begleitstoffe alkoholischer Getränke auf den Verlauf der Blutalkoholkonzentration, BA **18** (1981) 311; *Verhoff/Oehmke/Schütz/Weiler* Ein Beitrag zur Berechnung der Mindest-BAK bei Nachtrunkbehauptung, BA **42** (2005) 85; *Zink/Reinhardt* Der Beweiswert von Doppelblutentnahmen Empfehlungen zur Neufassung der bundeseinheitlichen Verwaltungsvorschrift, BA **18** (1981) 377.

Atemalkoholanalyse. *Bundesgesundheitsamt* Gutachten „Prüfung der Beweissicherheit der Atemalkoholanalyse" (1991), bearbeitet von *Schoknecht*, unter Mitarbeit von *Fleck* und *Kophamel-Röder* (zitiert: BGA-Gutachten 1991; Seitenzahlen nach dem Original; Gutachten abrufbar über www.bast.de).

Juristische/rechtspolitische Abhandlungen. *Alck* Die forensische Anerkennung von Atemtestgeräten?, BA **25** (1988) 396; *Bode* Rechtliche Probleme der Atemalkohol-Nachweisverfahren, BA **36** (1999) 249; *Bönke* Atemalkoholanalyse bei Verkehrsstraftaten BA **39** (2002) Supplement 2 S. 6; *Geppert* Zur Einführung verdachtsfreier Atemalkoholkontrollen aus rechtlicher Sicht, Festschrift Spendel S. 655; *ders.* Verdachtsfreie Atemalkoholkontrollen? Entschließungen des 30. Deutschen Verkehrsgerichtstages (29. bis 31.1.1992 in Goslar), BA **29** (1992) 289; *Hentschel* Atemalkoholanalyse bei Verkehrsstraftaten BA **39** (2002) Supplement 2 S. 18; *Hillmann* Atemalkoholanalyse bei Verkehrsstraftaten BA **39** (2002) Supplement 2 S. 32; *Iffland/Hentschel* Sind nach dem Stand der Forschung Atemalkoholmessungen gerichtsverwertbar?, NZV **1999** 489; *Karl* Atemalkoholanalyse, Erfahrungen – Probleme – Erwartungen (aus polizeilicher Sicht), NZV **2000** 152; *Maatz* Forensische Verwertbarkeit und Konsequenzen aus der AAK-Entscheidung des BGH, BA **39** (2002) 21; *ders.* Atemalkoholanalyse bei Verkehrsstraftaten BA **39** (2002) Supplement 2 S. 12; *Scheffler* Atemalkoholanalyse bei Verkehrsstraftaten BA **39** (2002) Supplement 2 S. 37.

Medizinische/naturwissenschaftliche Abhandlungen. *Aderjan/Schmitt/Wu* Klebstoff-Lösemittel als Ursache eines „Atemalkohol-Wertes" von „1,96 Promille", BA **29** (1992) 360; *Alkoholkommission der Deutschen Gesellschaft für Rechtsmedizin* Empfehlungen zur Rückrechnung von Atemalkoholkonzentrationen, BA **36** (1999) 177; *Arbab-Zadeh* Ist die zwangsläufige Blutentnahme nach Trunkenheitsdelikten noch verfassungskonform?, NJW **1984** 2615; *Bilzer/Grüner* Erfahrungen mit elektronisch arbeitenden Atemalkoholmessgeräten im Bereich der forensischen Begutachtung, BA **30** (1993) 225; *Bilzer/Schewe/Blauert/Kirschall* Experimentelle Untersuchungen mit dem Evidential 7110 MK II von Dräger im standardisierten Trinkversuch bei gleichzeitiger Gabe von Fructose und Ascorbinsäure, BA **34** (1997) 89; *Bilzer/Hatz* Vergleichende Untersuchungen zwischen der Blutalkoholkonzentration, der Speichel- und Atemalkoholkonzentration zur Frage der Einführung einer „Beweissicheren Atemalkoholanalyse" BA **35** (1998) 321; *Brackemeyer/Schoknecht* Ergebnisse einer Erprobung der beweissicheren Atemalkoholanalyse im polizeilichen Einsatz, Die Polizei **1997** 345; *Brackemeyer* Die beweissichere Atemalkoholanalyse aus polizeitechnischer Sicht, BA **36** (1999) Supplement 1 S. 26; *Dettling/Fischer/Böhler/Ulrichs/Schuff/Skopp/v. Meyer/Graw/Haffner* Grundlagen der Pharmakokinetik des Ethanols anhand von Atemalkoholkonzentrationen, BA **43** (2006) 257; 376; *Deutsche Gesellschaft für Rechtsmedizin* Denkschrift zur Frage der Einführung einer „Beweissicheren Atemalkoholprobe", BA **28** (1992) 108; *dies.* Zur Frage der Einführung der Atemalkoholanalyse bei Verkehrsstraftaten nach § 315c Abs. 1 Nr. 1a, und § 316 StGB, BA **39** (2002) 182; *Eisenmenger* Atemalkoholanalyse bei Verkehrsstraftaten BA **39** (2002) Supplement 2 S. 29; *Fous/Wermuth* Praxistest zum Vergleich von Blut- und Atemalkohol, ZVR **1987** 150; *Gilg/Eisenmenger* Zur Beweissicherheit und forensischen Akzeptanz von Atemalkoholanalysen mit neuen, „beweissicheren" Geräten, DAR **1997** 1; *Gilg* Trinkversuche mit beweissicheren Atemalkoholmessgeräten, BA **36** (1999) Supplement 1 S. 30; *Grüner* Die Atemalkoholprobe: Grundlagen und Beweiswert (1985); *ders./Bilzer* Untersuchungen zur Beeinflußbarkeit der Alcomat-Atemalkoholmessungen durch verschiedene Stoffe des täglichen Gebrauchs (Mundwässer, Parfüms, Rasierwässer etc.) BA **27** (1990) 119; *dies.* Zum gegenwärtigen Stand der forensischen Atemalkoholanalyse, BA **29** (1992) 98; *dies.* Zur Parallelität von BAK- und AAK-Grenzwerten und zu den Folgen einer „Zweigleisigkeit" bei der forensischen Begutachtung, BA **29** (1992) 161; *Heifer* Atemalkoholkonzentration/Blutalkoholkonzentration: Utopie eines forensisch brauchbaren Beweismittels, BA **23** (1986) 229; *ders./Loos/Klaes/Schyma* Zeitlicher Verlauf der Atem- und Blutalkoholkonzentration bei Störungen der Lungenfunktion, BA **32** (1995) 218; *ders.* Atemalkoholanalyse – Erfahrungen, Probleme, Erwartungen, BA **37** (2000) 103; *ders.* Atemalkoholanalyse bei Verkehrsstraftaten BA **39** (2002) Supplement 2 S. 9; *Hilse* Atemanalyse zur Feststellung der Alkoholfahrt, 30. VGT **1992** S. 306; *Höfle* Atemanalyse zur Feststellung der Alkoholfahrt, 30. VGT **1992** S. 314; *Iffland/Bilzer* Zweifel an dem beweissicheren Atemalkoholnachweisverfahren mit dem „Alcotest 7110 Evidential", DAR **1999** 1; *Iffland/Eisenmenger/Bilzer* Bedenken gegen die Verwertbarkeit des Atemalkoholspiegels in der forensischen Praxis, NJW **1999** 1379; *Iffland* Anforderungen an eine sichere Atemalkoholanalyse aus naturwissenschaftlicher Sicht, BA **36** (1999) Supplement 1 S. 15; *ders./Hentschel* Sind nach dem Stand der Forschung Atemalkoholmessungen gerichtsverwertbar?, NZV **1999** 489; *ders./Eisenmenger/Bilzer* Gerichtsverwertbarkeit von Atemalkoholmessungen, DAR **2000** 9; *Jachau/Krause* Zum Einfluss ethanolhaltiger Medikamente auf die Atemalkoholkonzentration, gemessen mit dem Alcotest 7110 Evidential MK III, BA **43** (2006) 169; *Knopf/Slemeyer/Klüß* Bestimmung der Atemalkoholkonzentration nach DIN VDE 0405, NZV **2000** 195; *Köhler/Banaschak/Brinkmann* AAK-BAK-Vergleichsuntersuchung mit dem „beweissicheren" Alcotestgerät 7110 Evidential, BA **34** (1997) 36; *Krause/Wittig/Römhild/Jachau* Thesen zu den naturwissenschaftlichen Grundlagen eines strafrechtsrelevanten Atemalkoholgrenzwerts, BA **39** (2002) 2, mit Erwiderung *Schoknecht/Slemeyer/Brackemeyer* BA **39** (2002) 252 und Entgegnung *Krause/Wittig/Römhild/Jachau* BA **39** (2002) 257; *Lagois* Dräger Alcotest 7110 Evidential – das Messgerät zur gerichtsverwertbaren Atemalkoholanalyse in Deutschland, BA **37** (2000) 77; *Löhle* Zur Physik der Meßtechnik des Dräger Alcotest 7110 MK III Evidential, NZV **2000** 189; *Mengersen* Blutalkoholkonzentration und Atemalkoholkonzentration aus der Sicht des gesetzlichen Meßwesens, Die Polizei **1997** 352; *Schoknecht/Kophamel* Das Temperaturproblem bei der Atemalkoholanalyse, BA **25** (1988) 345; *Schoknecht/Fleck/Kophamel* Die Zuverlässigkeit von Atemalkoholmessgeräten, BA **26** (1989) 71; *Schoknecht/Kophamel/Barduhn* Temperaturmessung bei der Atemalkoholanalyse, BA **26** (1989) 137; *Schoknecht/Fleck/Kophamel* Einfluß des Atemvolumens auf die Atemalkoholanalyse, BA **27** (1990) 83; *Schoknecht* Praxiserprobung der Atemalkoholanalyse, BA **27** (1990) 145; *Schoknecht/Kophamel-Röder/Fleck* Vorschlag zur Realisierung einer beweissicheren Atemalkoholmessung, BA **28** (1991) 210; *Schoknecht/Hahlbrauck* Erkennung von Fremdgasen bei der Atemalkoholanalyse, BA **29** (1992) 193; *Schoknecht* „Atemanalyse zur Feststellung von Alkoholfahrten" Grundlagen und Grenzwerte der beweissicheren Atemalkoholmessung, 30. VGT **1992** S. 331; *ders.* Vergleichsmessungen mit Atemalkoholmessgeräten, BA **29** (1992) 353; *Schoknecht/Barduhn* Atemalkohol-Messgeräte: Grundlagen der Kalibrierung, BA **32** (1995) 74; *dies.* Messungen mit Prüfgasen zur Kalibrierung von Atemalkohol-Messgeräten, BA **36** (1999) 159; *Schoknecht* Die Atemalkoholanalyse als beweissicheres Verfahren, BA **36** (1999) Supplement 1 S. 3; Slemeyer Atemalkoholanalyse bei Verkehrsstraftaten BA **39** (2002) Supplement 2 S. 22; *Slemeyer/Arnold/Klutzny/Brackemeyer* Blut- und Atemalkohol-Konzentration im Vergleich – Ergebnisse der statistischen Auswertung der Daten aus den Bundesländern, NZV **2001** 281; *Slemeyer/Schoknecht* Beweiswert der Atemalkohol-Analyse im strafrechtlich relevanten Konzentrationsbereich – Länderstudie 2006 –, BA **45** (2008) 49; *Staak/Berghaus* Systematischer Vergleich der Verfahren zur Blut- und Atemalkoholanalyse, BA **23** (1986) 418; *Tsokos/Bilzer* Zum Einfluß von Hypersalivation auf die Atemalkoholkonzentration, BA **34** (1997) 405; *Urban/Wolf/Eidam/Kleemann/Schroeder/Tröger* Das Atemalkoholtestgerät „ALCOMAT" im kontrollierten Trinkversuch, BA **28** (1991) 304; *Wilske/Eisenmenger/Liebhardt* Atemalkohol gegenüber Blutalkohol: Problem mit Ausreißern, BA **28** (1991) 224; *Wilske/Eisenmenger* Die Atemalkoholprobe: Möglichkeiten und Grenzen, DAR **1992** 41; *Wilske* Die „beweissichere Atemalkoholprobe" – Wie beweissicher ist sie?, DAR **2000** 16.

Zum klinischen Befund. *Ducho* Zur statistischen Auswertung von Trunkenheitsbefunden, BA **4** (1967) 128; *Heifer* Der grobschlägige Drehnachnystagmus als Zeichen der Alkoholwirkung, BA **1** (1961/1962) 257; *ders.* Untersuchungen über die Wertigkeit von Alkoholwirkungs-Merkmalen, BA **2**

(1963/1964) 244; *Klose/Darschin* Ärztliche Berichte über Personen mit hohen Blutalkoholwerten, BA **10** (1973) 410; *Krauland/Rose/Freudenberg* Blutalkoholkonzentration und ärztliche Diagnose, BA **2** (1963/1964) 514; *Legat* Alkoholbeeinflußte Verkehrsteilnahme im Bereich bayerischer Untermain, BA **22** (1985) 272; *Penttilä/Tenhu/Lehti/Kataja* Die klinischen Befunde der Trunkenheitsuntersuchung bei Personen mit Blutalkohol 0,00–0,15‰, BA **8** (1971) 99; *Penttilä/Kataja/Tenhu* Examination Model for Suspected Drunken Drivers, BA **12** (1975) 24; *Rasch* Wert und Verwertbarkeit der sogenannten klinischen Trunkenheitsuntersuchung, BA **6** (1969) 129; *Schmidt/Dettmeyer/Padosch/Madea* Beweiswert rechtsmedizinischer Begutachtungskriterien zur Feststellung der relativen alkoholbedingten Fahruntüchtigkeit, BA **41** (2004) 1; *Seidl/Müller/Reinhardt* Untersuchungen der Gleichgewichtsregulation bei akuter Alkoholintoxikation mit der Methode der Cranio-Corpo-Graphie, BA **31** (1994) 186; *Taschen* Nystagmusprobe zur Feststellung der Alkoholbeeinflussung, Kriminalistik **1954** 180.

Andere berauschende Mittel (illegale Drogen, Medikamente)

Übergreifende Darstellungen. *Berr/Krause/Sachs* Drogen im Straßenverkehrsrecht (2007); *Geschwinde* Rauschdrogen, Marktformen und Wirkungsweisen (5. Aufl. 2003); *Harbort* Rauschmitteleinnahme und Fahrsicherheit, Indikatoren – Analysen – Maßnahmen (2. Aufl. 2002); *Iten* Fahren unter Drogen- und Medikamenteneinfluß Forensische Interpretation und Begutachtung (1995); *Mettke* Drogen im Straßenverkehr (2001; zugleich Diss. jur. München 2000); *Möller* Drogenerkennung im Straßenverkehr, Berichte der Bundesanstalt für Straßenwesen Heft M 96 (1998); *Müller/Topic/Huston/Strohbeck-Kühner/Lutz/Skopp/Aderjan* Cannabis im Straßenverkehr, BASt-Bericht M 182 (2006); *Strasser* Der Begriff der „anderen berauschenden Mittel" im Strafrecht (2007, zugl. jur. Diss. Münster 2006).

Einzelne Aspekte. Juristische/kriminologische Abhandlungen. *Amelung* Drogen und Sicherheit des Straßenverkehrs, 31. VGT **1993** S. 40; *Bönke* Die neue Bußgeldvorschrift gegen Drogen im Straßenverkehr, NZV **1998** 393; *ders.* Die Sehnsucht nach Grenzwerten – nicht erfüllbar? BA **41** (2004) Supplement 1 S. 4; *ders.* Drogengrenzwerte – eine Standortbestimmung, BA **45** (2008) Supplement S. 27; *Burmann* „Andere berauschende Mittel" im Verkehrsstrafrecht, 25. VGT **1987** S. 50; *Granitza* Polizeiliche Praxis der Erkennung drogenbeeinflußter Fahrer, in: Drogen und Verkehrssicherheit, Berichte der Bundesanstalt für Straßenwesen Heft M 41 (1995), S. 52; *Grohmann* „Andere berauschende Mittel" im Verkehrsstrafrecht, 25. VGT **1987** S. 64; *Haase/Sachs* Beurteilung einer Drogenfahrt unter der Wirkung von Haschisch (THC) als Straftat nach § 316 StGB oder als Ordnungswidrigkeit nach § 24a StVG, Lotteriespiel oder Rechtssicherheit?, DAR **2006** 61; *dies.* Drogenfahrt mit Blutspiegeln unterhalb der Grenzwerte der Grenzwertkommission – Straftat (§ 316 StGB), Ordnungswidrigkeit (§ 24a StVG) oder Einstellung (§ 47 OWiG), NZV **2008** 221; *Harbort* Indikatoren für rauschmittelbedingte Fahrunsicherheit, NZV **1996** 219; *ders.* Fahrunsicherheit nach Einnahme von Benzodiazepinen, NZV **1997** 209; *ders.* Zum Verkehrsgefährdungs-Profil der Amphetaminderivate („Ecstasy"), NZV **1998** 15; *Hentschel* Neuerungen bei Alkohol und Rauschmitteln im Straßenverkehr, NJW **1998** 2385; *Janiszewski* Andere berauschende Mittel, BA **24** (1987) 243; *Kreuzer* Straßenverkehrsdelinquenz im Zusammenhang mit Drogenmißbrauch, BA **11** (1974) 329; *ders.* Drogen und Sicherheit des Straßenverkehrs, NStZ **1993** 209; *ders.* Verfassungs-, straf- und verwaltungsrechtliche Behandlung des Drogenfahrens – Einigkeiten und Diskrepanzen, NZV **1999** 353; *Ludovisy* Arzneimittel und Verkehrssicherheit, 37. VGT **1999** S. 110; *Maatz* Rechtliche Anforderungen an medizinische Befunde zur Beurteilung der Fahrtüchtigkeit bei Fahrten unter Drogeneinfluss – Zur Diskussion um die Etablierung von Grenzwerten „absoluter Fahruntüchtigkeit", BA **32** (1995) 97; *ders.* Arzneimittel und Verkehrssicherheit – Straf- und zivilrechtliche Aspekte, BA **36** (1999) 145; *ders./Mille* Drogen und Sicherheit des Straßenverkehrs, DRiZ **1993** 15; *ders.* Grenzwerte bei Drogen oder Alternativen BA **41** (2004) Supplement 1 S. 9; *ders.* Fahruntüchtigkeit nach Drogenkonsum, BA **43** (2006) 451; *ders.* Absolute Fahruntüchtigkeit nach Drogenkonsum – immer noch eine Utopie?, BA **45** (2008) Supplement S. 31; *Meininger* Zur Fahruntüchtigkeit nach vorausgegangenem Cannabiskonsum, Festschrift Salger (1995) S. 535; *Nehm* Abkehr von der Suche nach Drogengrenzwerten, DAR **1993** 375; *Quensel* Drogen im Straßenverkehr: Eine Anhörung oder: Empirische Argumente in der Kriminalpolitik, MschrKrim. **1997** 333; *Riemenschneider/*

Paetzold Absolutes Drogenverbot im Straßenverkehr – Zur Reform des § 24a StVG, DAR **1997** 60; *Salger* Einnahme von Psychopharmaka – ihr Einfluss auf die Fahrtüchtigkeit und Schuldfähigkeit, DAR **1986** 383; *ders./Maatz* Zur Fahruntüchtigkeit infolge der Einnahme von Rauschdrogen, NZV **1993** 329; *ders.* Drogeneinnahme und Fahrtüchtigkeit, DAR **1994** 433; *ders.* Fahruntüchtigkeit nach Drogenkonsum, BA **43** (2006) 451; *Schöch* Straßenverkehrsgefährdung durch Arzneimittel, Festschrift Miyazawa (1995), S. 227; *ders.* Rauschmitteläquivalenz von Alkohol und Medikamenten im Straßenverkehr, in: *Krüger/Kohnen/Schöch* [Hrsg.] Medikamente im Straßenverkehr (1995) S. 201; *ders.* Medikamente im Straßenverkehr, DAR **1996** 452; *derselbe* Probleme der Fahrsicherheit und Fahreignung von Substitutionspatienten, BA **42** (2005) 354; *Stein* Offensichtliche und versteckte Probleme im neuen § 24a II StVG („Drogen im Straßenverkehr"), NZV **1999** 441; *Trunk* Fahrunsicherheit nach Haschischkonsum, NZV **1991** 258; *Ulbricht* Rauschmittel im Straßenverkehr. Eine Untersuchung über Medikamente als Rauschmittel im Sinne der § 315c, 316 StGB (1990; zugl. jur. Diss. Marburg 1989).

Medizinische/toxikologische Abhandlungen. *Aderjan* Zur forensisch-toxikologischen Bewertung der Morphinkonzentratration im Blut von Heroinkonsumenten, Festschrift Salger (1995), S. 583; *ders./Herbold* Qualitätskontrolle für quantitative Analysen von Betäubungsmitteln im Blut, Berichte der Bundesanstalt für Straßenwesen, Heft M 87 (1998); *ders./Schütz/Käferstein/Wilske* Immunologische Messungen von Substanzen im Blut reichen für den Nachweis einer Ordnungswidrigkeit im Sinne des § 24a Abs. 2 StVG nicht aus [Empfehlung der Kommission „Grenzwertfragen bei Arzneimitteln und Suchtstoffen ...], BA **40** (2003) 337; *Below/Rosenstock/Lignitz* Hanfprodukte auf dem deutschen Lebensmittelmarkt – THC-Gehalt und forensische Bedeutung, BA **42** (2005) 442; *Berghaus* Cannabis und Fahrtüchtigkeit – Relationen zwischen Blutalkohol und Tetrahydrocannabinol (THC)-Konzentrationen auf der Basis einer Metaanalyse experimenteller Studien, in: Drogen und Verkehrssicherheit, Berichte der Bundesanstalt für das Straßenwesen Heft M 41 (1995) S. 44; *Berghaus/Krüger* (Hrsg.) Cannabis im Straßenverkehr (1998); *Bogusz/Früchtnicht/Maier* Heroinmetaboliten im Blut von Verkehrsdelinquenten und anderen Straftätern, BA **36** (1999) 276; *Bonnichsen/Maehly/Åqvist* Arzneimittel und Fahrtüchtigkeit, BA **6** (1969) 165; *Bratzke* Drogen und Sicherheit des Straßenverkehrs – Nachweis und Wirkungen – Tatsächliche Verbreitung und Verdachtsbild – Straf- und verwaltungsrechtliche Reaktion –, 31. VGT **1993** S. 47; *Brauchle/Weinmann/Pollak* Drogen- und Medikamentenbeeinflussung von Verkehrsteilnehmern im Raum Südbaden am Beispiel des Jahres 1995 in Südbaden, BA **34** (1997) 385; *Bund gegen Alkohol im Straßenverkehr* Drogen, Gefahr für die Verkehrssicherheit Leitsätze für die Verkehrssicherheitsarbeit, BA **31** (1994) 379; *Daldrup/Reudenbach/Kimm* Cannabis und Alkohol im Straßenverkehr, BA **24** (1987) 144; *Daldrup* Cannabis im Straßenverkehr [Abschlussbericht im Auftrage des Ministeriums für Wirtschaft und Mittelstand, Technologie und Verkehr des Landes Nordrhein-Westfalen] 1996; *ders.* „Drogen im Straßenverkehr" Schwerpunktthema Heroin [Abschlussbericht im Auftrag des Ministeriums für Wirtschaft und Mittelstand, Technologie und Verkehr des Landes Nordrhein-Westfalen] 1998; *ders.* Neue Erkenntnisse zur Beurteilung der Blutbefunde, BA **45** (2008) Supplement S. 2; *Drasch/v. Meyer/Roider/Jägerhuber* Absolute Fahruntüchtigkeit unter der Wirkung von Cannabis ..., BA **40** (2003) 269; *Drasch/v. Meyer/Roider/Staack/Paul/Eisenmenger* Unfälle und reale Gefährdung des Straßenverkehr unter Cannabiswirkung, BA **43** (2006) 441; *Eisenmenger* Gibt es keine absolute Grenze der Fahrtauglichkeit unter Drogen?, BA **45** (2008) Supplement S. 11; *Friedel* Arzneimittel und Verkehrssicherheit, 37. VGT **1999** S. 96; *Gebert* Methadon und Fahrtauglichkeit – Strafrechtliche und verwaltungsrechtliche Aspekte, MedR **1994** 483; *Gerchow* „Andere berauschende Mittel" im Verkehrsstrafrecht, BA **24** (1987) 233; *Geywitz/Graw/Mallach* Epidemiologische Untersuchungen über den Einfluß von Alkohol und Arzneimitteln auf die psychophysische Leistungsfähigkeit, BA **28** (1991) 192; *Hecker/Röhrich/Neis/Rittner* Phänomenologie der Akutwirkung von „Partydrogen" bei Diskothekenbesuchern, BA **40** (2003) 85; *Hein/Schulz* Drogenevaluations- und -klassifizierungsprogramm in den USA – auch ein Modell für Deutschland, BA **29** (1992) 225; *Helmer/Wunder/Zellmann/Haesen* Experimentelle Untersuchungen zur Fahrtüchtigkeit nach Einnahme von Haschisch, BA **9** (1972) 213; *Joó* Nachweis von Drogen und Medikamenten bei verkehrsauffälligen Kraftfahrern, BA **32** (1995) 84; *Kannheiser/Maukisch* Die verkehrsbezogene Gefährlichkeit von Cannabis und Konsequenzen für die Fahreignungsdiagnostik, NZV **1995** 417; *Kannheiser* Mögliche verkehrsrelevante Auswirkungen von gewohnheitsmäßigem Cannabiskonsum, NZV **2000** 57;

Kauert/Eisenmenger/v. Meyer/Drasch THC-Blutspiegel und Fahrtüchtigkeit, Zentralblatt Rechtsmedizin **1992** 38; *Kauert* Drogennachweis im Rahmen der Verkehrsmedizinischen Begutachtung, in: Drogen und Verkehrssicherheit, Berichte der Bundesanstalt für Straßenwesen Heft M 41 (1995), S. 56; *ders.* Toxikologisch-medizinische Aspekte des Medikamenteneinflusses auf die Fahrtüchtigkeit, DAR **1996** 447; *ders.* Drogenkonsum und Fahruntüchtigkeit BA **40** (2002) 102; *Müller-Trudrung* Drogen, Sehleistungsfähigkeit, Grenzwerte, BA **41** (2004) Supplement 1 S. 23; *ders.* Drogengrenzwerte für absolute Fahruntüchtigkeit – Warum? oder etwas provokanter gefragt: warum nicht?, BA **45** (2008) Supplement S. 16; *Kemper* Psychopharmaka im Straßenverkehr, DAR **1986** 391; *Krüger* Medikamente im Straßenverkehr. Epidemiologische Ergebnisse zu Auftreten und Risiken, in: *Kohnen/Schöch* [Hrsg.] Medikamente im Straßenverkehr (1995) S. 3; *Krüger* Auftreten und Risiken von Cannabis im Straßenverkehr, Eine epidemiologische Studie, in: Drogen und Verkehrssicherheit, Berichte der Bundesanstalt für Straßenwesen Heft M 41 (1995), S. 25; *ders.* Kombinationswirkung von Medikamenten und Alkohol, Berichte der Bundesanstalt für Straßenwesen Heft M 64 1996; *ders./Schulz/Magerl* Medikamenten- und Drogennachweis bei verkehrsunauffälligen Fahrern – Roadside Survey, Berichte der Bundesanstalt für Straßenwesen Heft M 60 (1996); *Lakemeyer* Opiathaltige Schmerzmittel und Verkehrssicherheit, Berichte der Bundesanstalt für Straßenwesen Heft M 86 (1998); *Mischkowitz/Möller/Hartung* Gefährdungen durch Drogen Blutprobenuntersuchungen zur Prävalenz und Wirkung von Drogen- und Medikamentenbeeinflussung im Straßenverkehr und bei Kriminaldelikten, BKA-Forschungsreihe Bd. 37 (1996); *dies.* Rauschgift und Kriminalität, Kriminalistik **1998** 628; *Möller* Drogenkonsum und Drogennachweis bei Verkehrsteilnehmern, DAR **1993** 7; *ders./Hartung/Wilske* Prävalenz von Drogen und Medikamenten bei verkehrsauffälligen Kraftfahrern, BA **36** (1999) 25; *ders./Kauert/Tönnes/Schneider/Theunissen/Ramaekers* Leistungsverhalten und Toxikokinetik der Cannabinoide nach inhalativer Marihuanaaufnahme, BA **43** (2006) 361; *Moser* Die Untersuchung kraftfahrwesentlicher Leistungsminderungen durch Arzneimittel, BA **11** (1974) 285; *Münzhuber* Cannabis und Fahrtüchtigkeit Eine Meta-Analyse der Weltliteratur zur Epidemiologie und Experimentalforschung (med. Diss. München 1995); *Musshoff/Banaschak/Madea* Verkehrsteilnehmer unter dem Einfluss von Methadon – Ein aktueller Zustandsbericht, BA **38** (2001) 325; *Pluisch* Medikamente im Straßenverkehr, NZV **1999** 1; *Priemer/Gappmaier/Ruby/Sachs/Tutsch-Bauer/Peschel/Eisenmenger* Pupillenverhalten unter akutem THC-Einfluß, BA **36** (1999) 84; ROSITA (Roadside Testing Asessment) Erstes Internationales Symposion (Beiträge verschiedener Autoren aus dem In- und Ausland), BA **37** (2000) Supplement 1; *Schmidt/Scheer/Berghaus* Cannabiskonsum und Fahruntüchtigkeit Simulator- und reale Fahrversuche zur Ermittlung der Fahrtüchtigkeit unter Cannabiseinfluß – eine Literaturübersicht, Kriminalistik **1995** 241; *L. H. Schreiber* Der Beschluß des BGH zur Frage der Fahruntüchtigkeit unter dem Einfluß von Drogenstoffen, NJW **1999** 1770; *Schulz/Vollrath/Klimesch/Szegedi* Fahruntüchtigkeit durch Cannabis, Amphetamine und Cocain, Literaturanalyse, in: Drogen und Verkehrssicherheit, Berichte der Bundesanstalt für Straßenwesen Heft M 81 (1997); *Schütz/Weiler* Zur Problematik der Festlegung von Grenzwerten für „folgenlose Fahrten" im Straßenverkehr unter Einfluß von zentral wirksamen Mitteln aus pharmakokinetischer und pharmakodynamischer Sicht, BA **30** (1993) 137; *Staak* Möglichkeiten der Entsprechung rechtlicher Anforderungen aus der Sicht der Medizin, in: Drogen und Verkehrssicherheit, Berichte der Bundesanstalt für das Straßenwesen Heft M 41 (1995) S. 18; *Stephan/Mattern/Tschöp/Skopp* Die Leistungsfähigkeit von Coffeeshopbesuchern vor und unmittelbar nach Cannabiskonsum sowie vor möglichem Fahrtantritt, BA **41** (2004) Supplement 1 S. 25; *Uchtenhagen* Arten, Funktionen und Wirkungen der Drogen (Psychopharmakologie und Toxikologie), in: Handbuch des Betäubungsmittelstrafrechts [Hrsg. *Kreuzer*] § 1 S. 1; *Ulrich* Benzodiazepine in Blutproben alkoholisierter Verkehrsteilnehmer, BA **31** (1994) 165; *Vollrath/Krüger* Auftreten und Risikopotential von Drogen und Straßenverkehr BA **39** (2002) Supplement 1 S. 32; *Wehner/Wildemann/Köhling* Quantitative Pharmakinetik der passiven THC-Aufnahme, BA **43** (2006) 349; *Weiler/Schütz* Rechtsmedizinische Fragen und Nachweisverfahren, Handbuch des Betäubungsmittelstrafrechts (1998) [Hrsg. *Kreuzer*] § 8 S. 523. *Wollersen/Müller/Musshoff/Madea* Drogen- und Arzneimittelbeeinflussung von Verkehrsteilnehmern, BA **45** (2008) 89.

Zu Vorsatz und Fahrlässigkeit. *Eisenmenger* Anmerkungen aus rechtsmedizinischer Sicht zu Vorsatz und Fahrlässigkeit bei Trunkenheitsfahrten, Festschrift Salger (1995) S. 619; *Harbort* Zur Annahme von Vorsatz bei drogenbedingter Fahrunsicherheit, NZV **1996** 432; *Haubrich* Zum Nachweis der vorsätzlichen Trunkenheitsfahrt, DAR **1982** 285; *Hentschel* Die Feststellung von Vorsatz in Bezug auf Fahrunsicherheit bei den Vergehen der §§ 316 und 315c Abs. I Nr. 1a StGB durch den Tatrichter, DAR **1993** 449; *König* Stundenarithmetik bei der Feststellung fahrlässiger Drogenfahrt?, DAR **2007** 626; *Janker* Vorsatz und Fahrlässigkeit bei Trunkenheits- und Drogenfahrt – versicherungsrechtliche Aspekte –, 33. VGT **1995** S. 103; *J. Krüger* Zur Frage des Vorsatzes bei Trunkenheitsdelikten, DAR **1984** 47; *Lackner* Alkoholdelikt und Vorsatz, k + v **1969** 397; *Liebhardt/Spann* Die subjektiv empfundene Reizschwelle nach Alkoholgenuss, BA **4** (1967) 174; *Nehm* Kein Vorsatz bei Trunkenheitsfahrten?, Festschrift Salger (1995) S. 115; *Salger* Zum Vorsatz bei der Trunkenheitsfahrt, DRiZ **1993** 311; *Schmid* Zum Vorsatz bei der Trunkenheitsfahrt, BA **36** (1999) 262; *Schneble* Verschulden bei Trunkenheitsdelikten aus juristischer Sicht, BA **21** (1984) 281; *Schulz/Hein* Rechtsmedizinische Überlegungen zu Vorsatz und Fahrlässigkeit bei Verkehrsdelikten im Zusammenhang mit psychoaktiven Substanzen, in: *Krüger/Kohnen/Schöch* [Hrsg.] Medikamente im Straßenverkehr S. 189; *Schulz* Vorsatz und Fahrlässigkeit bei Trunkenheits- und Drogenfahrt – Rechtsmedizinische Kriterien –, 33. VGT **1995** S. 90; *Seidl/Scheller/Reinhardt* Die Selbsteinschätzung der Höhe der BAK bei akuter Alkoholisierung, BA **33** (1996) 23; *Teige/Niermeyer* Zur Frage der kritischen Selbstprüfung alkoholisierter Verkehrsteilnehmer, BA **13** (1976) 415; *Teyssen* Vorsatz und Fahrlässigkeit bei Trunkenheitsfahrten mit höheren Promillewerten aus der Sicht des Strafrechtlers, BA **21** (1984) 175; *Tolksdorf* Vorsatz und Fahrlässigkeit bei Trunkenheits- und Drogenfahrt – Rechtsprechung und Wirklichkeit –, 33. VGT **1995** S. 79; *Zink/Reinhardt/Schreiber* Vorsatz und Fahrlässigkeit im Verkehr – medizinische und juristische Aspekte, BA **20** (1983) 503.

Ergänzend wird auf die Schrifttumsnachweise namentlich zu §§ 315, 315a und 315c verwiesen. Weitere Nachweise zum älteren Schrifttum bei *Rüth* LK[10] zu § 316.

Entstehungsgeschichte

Der Straftatbestand gegen das Fahrzeugführen in rauschmittelbedingter Fahrunsicherheit ist mit dem **Zweiten Gesetz zur Sicherung des Straßenverkehrs vom 21.11.1964** (BGBl. I S. 921) eingeführt worden. Zuvor konnte die Teilnahme am Straßenverkehr im Zustand der Fahrunsicherheit aufgrund eines geistigen oder körperlichen Mangels nur als Übertretung (§§ 2, 71 StVZO bzw. § 2 StVZO, § 21 StVG) geahndet werden. Mit Ausnahme der allgemeinen Umstellung der Strafdrohungen durch das **Erste Gesetz zur Reform des Strafrechts vom 25.6.1969** (BGBl. I S. 645) ist § 316 seither unverändert geblieben.

I. Die Ursprünge des in § 316 normierten Vergehens der folgenlosen „Trunkenheitsfahrt" reichen allerdings weiter zurück (eingehend *Riemenschneider* Fahrunsicherheit S. 23 ff). Bereits im Zuge des **Gesetzgebungsverfahrens zum (1.) StraßenVSichG aus dem Jahre 1952** (s. Entstehungsgeschichte III zu § 315) hatte der BR eine Ergänzung des StGB um einen Tatbestand (§ 139c StGB-E) vorgeschlagen, mit dem pönalisiert werden sollte, wer „auf öffentlichen Straßen ein Fahrzeug führt, obwohl er infolge des Genusses geistiger Getränke oder anderer berauschender Mittel in der sicheren Führung des Fahrzeuges behindert ist" (BTDrucks. [I/] 2674 S. 22). Dem Vorschlag war durch die BReg. zugestimmt worden, wobei diese ergänzend empfahl, die öffentliche Bekanntmachung einer einschlägigen Verurteilung zu ermöglichen (BTDrucks. [I/] 2674 S. 25). Der Bundestagsausschuss für Verkehrswesen machte sich die Empfehlung des Bundesrats und der BReg. zu eigen; dem Vorschlag zur öffentlichen Bekanntmachung der Verurteilung folgte er im Hinblick auf die mit einer Bekanntmachung verbundene „Diskriminierung gewisser Verkehrsteilnehmer" allerdings nicht (BT-Drucks. [I/] 3774 S. 4 f). § 139c StGB-E fand jedoch im BT nicht die erforderliche Mehrheit und ist deshalb nicht Gesetz geworden.

II. **§ 346 E 1960 und § 345 E 1962** griffen das Anliegen erneut auf, freilich mit gravierenden Abweichungen im Detail. § 346 E 1960 enthielt in Übereinstimmung mit dem heute geltenden Recht einen alle Fahrzeug- und Verkehrsarten umfassenden Tatbestand, der generell auf die Fahrunsicherheit abstellte. Dieser Vorschlag wurde in den später der Diskontinuität verfallenen Regierungsentwurf eines Zweiten Gesetzes zur Sicherung des Straßenverkehrs aus der 3. Wahlperiode des Bundestags übernommen (§ 316 i.d.F. der Regierungsvorlage BTDrucks. III/2368). Demgegenüber beschritt § 345 E 1962 neue Wege, indem er – im Ansatz in Einklang mit dem im Jahre 1973 Gesetz gewordenen § 24a StVG[1] – die Strafbarkeit an einen Blutalkoholgehalt von mindestens 0,8 ‰ zur Tatzeit koppelte und den Anwendungsbereich auf das Führen von *Kraft*fahrzeugen im *Straßen*verkehr beschränkte. Zur Begründung verwies der E 1962 darauf, dass die naturwissenschaftlichen Erfahrungen über die Bedeutung des Alkohols für die Fahrtüchtigkeit vornehmlich an Kraftfahrern gewonnen worden seien. Für andere Verkehrsteilnehmer und auch für den Bahn-, Schiffs- und Luftverkehr lägen hingegen nur spärliche naturwissenschaftliche Untersuchungen vor. Zudem seien in den anderen Verkehrsarten aufgrund der dort überall geltenden, außerordentlich strengen Dienstvorschriften und der wirksamen dienstlichen Überwachung Trunkenheitsdelikte höchst selten. Der Nachweis der Fahruntüchtigkeit könne in diesem Bereich, in dem anders als bei den Straßenverkehrsdelikten Trunkenheitsfälle nicht massenhaft aufträten, leichter geführt werden (E 1962, BTDrucks. IV/650 S. 532). Nach sämtlichen Vorschlägen sollte ferner die *Versuchsstrafbarkeit* vorgesehen werden.

III. Der in der **4. Wahlperiode** durch die BReg. erneut eingebrachte, mit dem Vorentwurf im Wesentlichen inhaltsgleiche **Entwurf eines Zweiten Gesetzes zur Sicherung des Straßenverkehrs** sah bezüglich der folgenlosen „Trunkenheitsfahrt" von einer konkreten Empfehlung ab. Die Zeit für die Einführung eines Tatbestands, mit dem unter Verzicht auf das Erfordernis der konkreten Verkehrsgefahr bereits das Führen von Fahrzeugen unter Einfluss von Rauschmitteln unter Strafe gestellt werde, sei noch nicht reif. Zuvor müsse noch die Fertigstellung eines durch den Bundesminister der Justiz beim Bundesgesundheitsamt in Auftrag gegebenen umfassenden Gutachtens zur Bedeutung des Alkohols im Straßenverkehr abgewartet werden; derzeit liege davon aber erst ein Teilgutachten vor (BTDrucks. IV/651 S. 4 Fn. 2; S. 9 f). Im Hintergrund hat u.U. die Befürchtung gestanden, an dieser in besonderem Maße mit Emotionen behafteten Frage könne das gesamte, als dringlich empfundene Vorhaben der Verbesserung des Verkehrsstrafrechts nochmals scheitern.[2]

IV. Die Auffassung, dass noch bis zur Vorlage des Gesamtgutachtens des Bundesgesundheitsamts zugewartet werden müsse, hat bei den **Erörterungen im Bundestag** der mitberatende Ausschuss für Verkehr, Post- und Fernmeldewesen geteilt. Hingegen glaubte der federführende Rechtsausschuss, „angesichts der ungeheuren Zahl von Trunkenheitsdelikten" „eine weitere Zurückstellung der Umwandlung des Alkohol-Übertretungs-Tatbestandes in ein Vergehen nicht verantworten zu können"; lediglich die gesetzliche Festlegung einer bestimmten Promillegrenze sei noch nicht entscheidungsreif (BTDrucks. IV/2161 S. 5). Ausdrücklich hat der Ausschuss dabei von der Empfehlung abgesehen, den Versuch des Fahrzeugführens im Zustand der Fahrunsicherheit für strafbar zu erklären (BTDrucks. IV/2161 aaO).

---

1 Zur Entstehungsgeschichte des § 24a StVG *Janiszewski* Verkehrsstrafrecht Rdn. 404.

2 Zu den Problemen des Gesetzgebungsverfahrens eingehend *Lackner* JZ **1965** 92, 93 f.

Die Empfehlungen des Rechtsausschusses haben sich letztlich durchgesetzt. Die durch den Rechtsausschuss abgelehnte und im Gesetzesbeschluss des BT zum 2. StraßenVSichG dann auch nicht enthaltene Aufnahme des § 316 in den Katalog der Regeltatbestände für die Entziehung der Fahrerlaubnis beruht allerdings auf einem Vorschlag des durch den BR angerufenen Vermittlungsausschusses; nach dem durch den Bundestag im Gesetzesbeschluss eingenommenen Standpunkt sollte insoweit regelmäßig nur ein Fahrverbot angeordnet werden (hierzu *Lackner* JZ **1965** 120, 121).

Übersicht

Alphabetische Übersicht

I. Bedeutung der Vorschrift

1 § 316 kommt in der Praxis der Strafverfolgung **außerordentlich große Bedeutung zu.** Von den Aburteilungen und Verurteilungen wegen Straftaten im Straßenverkehr entfallen mehr als 40 % auf das Vergehen der „Trunkenheit im Verkehr". Aus der Strafverfolgungsstatistik[3] ergibt sich hinsichtlich der rechtskräftigen Aburteilungen (jeweils Zeile 1) und Verurteilungen (jeweils Zeile 2) folgendes Bild:

1970	1975	1980	1985	1990	1995	2000	2005	2006
82.854	103.079	120.375	108.328	107.488	113.053	88.599	78.780	73.216
78.972	100.689	117.419	106.084	105.450	110.903	86.872	77.131	71.669

Die Auflistung zeigt bis Mitte der neunziger Jahre eine relativ stabile Entwicklung, Dass die Verurteiltenzahl ab 1991 und in den folgenden Jahren gegenüber 1990 und auch gegenüber der zweiten Hälfte der achtziger Jahre angestiegen war, ist mit der im Jahr 1990 durch den BGH vorgenommenen Absenkung des „absoluten" BAK-Grenzwerts von 1,3 ‰ auf 1,1 ‰ zu erklären (Rdn. 63). Sie wirkt sich bei der folgenlosen Trunkenheitsfahrt nach § 316 naturgemäß stärker aus als bei den Trunkenheitsfahrten nach § 315c Abs. 1 Nr. 1a mit Gefahrerfolg. Denn bei den Letzteren geht der Gefahrerfolg häufig auf eine Ausfallerscheinung im Fahrverhalten zurück, womit Fahrunsicherheit auch bei BAK-Werten unterhalb des jeweiligen Grenzwerts festgestellt werden kann. Seit dem Jahr 1998 ist ein starker Rückgang gegenüber den Vorjahren zu konstatieren, der bei Straftaten nach § 315c „in Trunkenheit" in gleicher Weise festzustellen ist. Diese Entwicklung ist möglicherweise durch die im Jahr 1998 eingeführte neue Promille-Grenze von 0,5 ‰ in § 24a Abs. 1 StVG sowie die in diesem Kontext geführten öffentlichen Diskussionen mitbeeinflusst worden (hierzu auch Rdn. 15).

Der Anwendungsbereich des § 316 umfasst sämtliche Verkehrsarten und über das Fahren „unter Alkohol" hinaus das Fahrzeugführen unter dem Einfluss „anderer berauschender Mittel" (illegale Drogen und Medikamente mit Rauschmitteleigenschaft). Trotz zunehmender Bedeutung des Fahrens unter sonstigen Rauschdrogen (s.u.) steht jedoch die Alkoholfahrt im Straßenverkehr in der Praxis der Strafverfolgung nach wie vor ganz im Vordergrund. Der Bahn-, Schiffs- und Luftverkehr spielt in der Spruchpraxis der Gerichte keine nennenswerte Rolle.[4]

Die *tatsächliche* Verbreitung von Straftaten nach § 316 kann – wie in anderen Bereichen der Kriminalität auch – natürlich nicht an der Strafverfolgungsstatistik abgelesen werden. So hängt die forensische Bedeutung der Vorschrift sehr viel mehr als die des (Gefahr-)Erfolgsdelikts nach § 315c Abs. 1 Nr. 1a von der polizeilichen Kontrolldichte ab. Auch die Verurteiltenzahlen weisen aber darauf hin, dass jedenfalls die Fahrten unter tatbestandsrelevantem Alkoholeinfluss im Straßenverkehr in den vergangenen Jahren *real abgenommen haben* (*Schöch* NStZ **1991** 11, 16). Dabei ist die Abnahme der nach § 315c abgeurteilten Taten (§ 315c Rdn. 1) und der anderen Erfolgsdelikte „in Trunkenheit" §§ 222, 229) im Hinblick auf das dort vergleichsweise kleinere Dunkelfeld ein aussagekräftigerer Indikator;[5] die Einschätzung wird gestützt durch eine Reihe weiterer

[3] Quelle: Strafverfolgungsstatistik (Hrsg. Statistisches Bundesamt, Wiesbaden) Tabelle 2.1; abrufbar über www.destatis.de).

[4] S. aber zum Schiffsverkehr § 315a Rdn. 16 ff.

[5] Kritisch zu diesem Indikator *H. E. Müller* BA **36** (1999) 313, 327 Fn. 32; letztlich gelangt er jedoch zu demselben Ergebnis (aaO S. 320 f).

Faktoren wie etwa das Zurückgehen der Verurteiltenziffer und der Kraftfahrzeug-Belastungsziffer (*Schöch* aaO) sowie die zahlenmäßige Abnahme der „Unfallursache Alkohol“.[6]

Zur *tatsächlichen* Verbreitung nicht behördlich registrierter Drogenfahrten mit Kraftfahrzeugen im Straßenverkehr[7] existiert eine Vielzahl von epidemiologischen Dunkelfeldstudien.[8] Nach deren Ergebnissen kommt dem **Kraftfahrzeugführen unter Alkohol** – im Grundsatz der Verfahrenswirklichkeit entsprechend – nach wie vor die größte tatsächliche Bedeutung zu. Von den absoluten Zahlen her gesehen ist das Dunkelfeld der Alkoholfahrt im Straßenverkehr dabei *unbestreitbar bedeutend*. Es ist davon auszugehen, dass pro Jahr viele Millionen Fahrten „in Trunkenheit“ vollführt werden. Bedacht werden muss allerdings, dass davon nur der Teil strafrechtlich relevant ist, bei dem der Fahrzeugführer den „absoluten“ Grenzwert von 1,1 ‰ bzw. 1,6 ‰ überschritten hat oder trotz Unterschreitens des Grenzwerts faktisch fahrunsicher gewesen ist; die Relevanz des letztgenannten Phänomens kann dabei empirisch nicht ermittelt werden.

Die Berechnungen bzw. Schätzungen zum Dunkelfeld der Alkoholfahrt weisen eine beträchtliche Schwankungsbreite auf.[9] Ungeachtet aller Unsicherheiten sprechen gute Gründe dafür, dass der Anteil der Fahrten mit einer Blutalkoholkonzentration des Fahrzeugführers von 0,8 ‰ und darüber an der Gesamtzahl der Kfz-Fahrten (um 20 Milliarden) unter 1 % liegt. Die am breitesten angelegte deutsche Untersuchung („Deutscher Roadside Survey“)[10] gelangt insoweit – bei einer absoluten Zahl von 102,52 Millionen Fahrten mit BAK-Werten ab 0,8‰ im Jahr und einer Dunkelfeldziffer von 590:1 – zu

6 BTDrucks. 14/2629 S. 6. So hat die Zahl der Verkehrsunfälle im Jahr 2006 gegenüber 2005 nochmals um 6 % abgenommen (*Vorndran* Unfallgeschehen im Straßenverkehr 2006, Statistisches Bundesamt, Wirtschaft und Verkehr **2007** 679, 684); zur längerfristigen Entwicklung 2. Periodischer Sicherheitsbericht der BReg. Kurzfassung S. 53; *H. E. Müller* BA **36** [1999] 313, 314, 320 f). Zu den Ergebnissen einer, freilich nicht näher spezifizierten, Auswertung von 858.649 Blutproben in den Mitgliedstaaten der EU BA **45** (2008) 123.

7 Für die anderen Verkehrsarten sind soweit ersichtlich keine validen Erkenntnisse vorhanden; zu Untersuchungen betreffend den Schiffsverkehr vgl. allerdings § 315a Rdn. 16 ff.

8 Zur Verbreitung von Drogenfahrten wird derzeit von der EU-Kommission in Zusammenarbeit mit der BASt ein groß angelegtes Forschungsprojekt durchgeführt (voraussichtlicher Abschluss: 2010). Einzelheiten unter www.druid-project.eu/cln_007/Druid/EN/home/homepage_node.html?_nnn=true.

9 Einerseits *Iffland* DAR **1995** 269, 273: 10 bis 15 Millionen Trunkenheitsfahrten (Fahrten mit einer BAK von 0,8 ‰ und darüber); ähnlich *A. Müller* BA **30** (1993) 65, 66: 12 Millionen Trunkenheitsfahrten; andererseits *Stephan* Niederschrift der 79. Sitzung des Rechtsausschusses des BT vom 24.6.1993 Ausschuss-Drucks. S. 128: 400 Millionen Trunkenheitsfahrten. Tabellarische Übersicht zu einschlägigen Untersuchungen und Schätzungen bei *H. E. Müller* BA **36** (1999) 313, 316.

10 Ausgewertet in „Fahren unter Alkohol in Deutschland“ (Hrsg. *Krüger*; 1998). Zu Nachfolgeuntersuchungen („DRS 2“) *Vollrath/Krüger* BA **36** (1999) 349. Angesichts der Thematik auffallend heftige und im Ton überzogene Kritik bei *Iffland* BA **35** (1998) 258, 265 ff; der von ihm in Alkohol, Drogen und Medikamente (1999) S. 15 hergestellte direkte Bezug zwischen einer angeblich künstlich hochgehaltenen Dunkelfeldziffer mit der forensisch verwertbaren Atemalkoholanalyse (Rdn. 50), ist fernliegend; auch zehn bis 15 Millionen Alkoholfahrten würden genügen, um eine höhere Kontrolldichte einzufordern. Kritisch zum „DRS“ auch *H. E. Müller* BA **36** (1999) 313, 317 f.

einem prozentualen Anteil von 0,55%[11] und für Fahrten mit einer Blutalkoholkonzentration von 1,1 ‰ und mehr auf einen Anteil von 0,15 %.[12]

Die Zahl der Alkoholfahrten ist – nach welcher Berechnung bzw. Schätzung auch immer – nach wie vor erschreckend hoch. Andererseits sprechen die Befunde im Hinblick auf die gesellschaftliche Verbreitung des Alkohols[13] für eine beachtliche Norminternalisierung im Großteil der Bevölkerung (*Kaiser* Kriminologie § 78 Rdn. 5). Hinzu nehmen muss man in diesem Kontext, dass eine beträchtliche Zahl der Alkoholfahrten auf eine (im Vergleich zur Gesamtbevölkerung) kleine Gruppe hartnäckiger Wiederholungstäter entfallen dürfte (insbesondere auf die oftmals auch wegen „klassischer" Straftaten aufgefallenen[14] „fahrenden Trinker"[15]), die mit Sanktionen, aber auch mit therapeutischen Maßnahmen nur schwer erreichbar sind. Außer Frage steht, dass auch künftig alle Anstrengungen unternommen werden müssen, um das Alkoholproblem (nicht nur) im Straßenverkehr zurückzudrängen. Dazu gehört eine im Rahmen des Möglichen intensivierte Verkehrsüberwachung. Allerdings wäre es verfehlt, den bisherigen Bemühungen ein Scheitern vorwerfen zu wollen. Gesetzgeberische Schritte, namentlich der Bußgeldtatbestand des § 24a StVG und andere Maßnahmen im Bereich des Straßenverkehrsrechts, haben ihre Wirkungen nicht verfehlt. Sie sind begleitet worden durch verstärkte Aufklärung auf allen Ebenen. Unverzichtbares Element in einem Gesamtkonzept zur Zurückdrängung der Drogenproblematik im Verkehr ist aber auch der Straftatbestand des § 316. Über die lerntheoretische Bedeutung der Vorschrift[16] hinaus dürfen auch die daran anknüpfenden inner- und außerstrafrechtlichen Konsequenzen gerade in Bezug auf Wiederholungstäter nicht außer Acht gelassen werden. Die wichtigste davon ist der (zeitweilige) Ausschluss vom Führen eines Kraftfahrzeugs im Wege der Entziehung der Fahrerlaubnis (hierzu *Geppert* LK zu § 69). Auch Behandlungsmaßnahmen unter dem Druck der Strafverfolgung (Nachschulung, Therapieweisung, Entziehungskur, Unterbringung nach § 64) vermögen im Einzelfall präventive Wirkung zu entfalten (*Schöch* in Fahren unter Alkohol in Deutschland S. 161, 180 f).

Sowohl in quantitativer wie auch in qualitativer Hinsicht stellen **Fahrten unter dem Einfluss anderer berauschender Mittel** eine beachtliche und anwachsende Größe dar. Dies lässt sich u.a. an der Zunahme von registrierten Drogenfahrten nach § 24a Abs. 2 StVG[17] sowie an der Entwicklung der Unfälle mit Personenschaden und mit Unfallursache „andere berauschende Mittel" ablesen.[18] Hinzu kommen weitere Indikatoren

---

11 *Vollrath/Kazenwadel* BA **34** (1997) 344, 349; s. auch *Krüger/Vollrath* in: Fahren unter Alkohol in Deutschland S. 33 ff (dort [S. 45 ff] auch im Vergleich zu anderen Staaten). Beim „DRS 2" haben sich noch geringere Werte ergeben (*Vollrath/Krüger* BA **36** [1999] 349, 352). Hingegen *Iffland* in Alkohol, Drogen und Medikamente [1999] S. 15: Dunkelziffer ca. 60:1. Zutreffende Kritik gegenüber *Iffland* bei *H. E. Müller* BA **36** [1999] 313, 318 f.

12 *Krüger/Vollrath* in: Fahren unter Alkohol in Deutschland S. 33, 50.

13 Hierzu etwa 2. Periodischer Sicherheitsbericht der BReg Kurzfassung S. 45 f.

14 *Kaiser* Kriminologie § 77 Rdn. 22; *Schöch* Strafzumessungspraxis und Verkehrsdelinquenz S. 151 ff; *ders.* NStZ **1991** 11, 12.

15 *Schneider* Kriminologie S. 598 f; *Middendorf* DAR **1979** 145, 152; *Schöch* NStZ **1991** 11, 17; *Stephan* BA **25** (1988) 203, 206 f, 223; *ders.* DAR **1989** 125, 127 ff.

16 *Jakobs* AT 6/88; *Weigend* (FS Miyazawa S. 549, 558 ff) sieht die Legitimation der Strafdrohung darin, dass die Tat aufgrund des hohen Unfallrisikos dem Versuch der gefährlichen Körperverletzung nahesteht.

17 Von 5.000 im Jahr 2001 auf 24.000 im Jahr 2005 (BTDrucks. 16/3928 S. 10), was allerdings auch auf eine verstärkte Kontrollintensität zurückzuführen sein wird (BReg. in 2. Periodischer Sicherheitsbericht Kurzfassung S. 56).

18 Von 1997 bis 2005 ist die Zahl der Unfälle mit Personenschaden und mit Unfallursache

wie etwa drogen- und medikamentenpositive Nachweise in den Blutproben von Unfallfahrern (Rdn. 131, 145, 174).[19] „Drogenfahrten" haben jedoch namentlich wegen des Fehlens eines „absoluten" Grenzwerts (Rdn. 148 f, 175) im Vergleich zur „Alkoholfahrt" *im Strafrecht* nach wie vor zahlenmäßig keine entscheidende forensische Relevanz (s. auch Rdn. 15d). Überdies werden sie selbst bei einem Unfallgeschehen oftmals nicht entdeckt, weil typische Indizien wie die „Alkoholfahne" fehlen (Rdn. 163). Im Einzelnen wird auf das in den Rdn. 130 ff, 144 ff, 167 ff Gesagte verwiesen (vgl. auch § 315c Rdn. 58 ff).

Nimmt man alles zusammen, so erscheint die Aussage berechtigt, dass gerade in Bezug auf die Alkoholfahrt (auch) **das strafrechtliche Konzept „durchaus als erfolgreich gelten kann"** (*Schöch* NStZ **1991** 11, 16).[20] Mitunter erhobene Forderungen nach Streichung des § 316[21] müssen als unverantwortlich angesehen werden. Zu gegenläufigen Forderungen nach Verschärfung der Vorschrift wird auf die Ausführungen unter Rdn. 15 verwiesen.

II. Deliktsaufbau und -charakter

2 § 316 ist ein **abstraktes Gefährdungsdelikt und zugleich ein Tätigkeitsdelikt.** Pönalisiert ist bereits das Führen von Fahrzeugen im Straßen-, Bahn-, Schiffs- und Luftverkehr im Zustand der rauschmittelbedingten Fahrunsicherheit. Eine konkrete Gefahr für Leben oder körperliche Unversehrtheit eines anderen bzw. fremde Sachwerte wird nicht vorausgesetzt. Zieht das Verhalten einen Gefahrerfolg nach sich, so wird § 316 durch § 315a Abs. 1 Nr. 1 bzw. § 315c Abs. 1 Nr. 1a verdrängt (§ 316 Abs. 1 letzter Halbsatz), sofern nicht die Gefährdung hinter dem in § 315a bzw. § 315c verlangten Erheblichkeitsgrad (hierzu § 315 Rdn. 70, 82 ff) zurückbleibt. Unterhalb des § 316, d.h. dann, wenn Fahrunsicherheit nicht vorliegt oder nicht festgestellt werden kann, greifen §§ 24a, 24c StVG, ggf. auch andere Bußgeldtatbestände (hierzu Nr. 3.2.1 a.E. RiBA [Rdn. 255]) ein. Die Tat ist nach ganz h.M. (wie die nach § 315a Abs. 1 Nr. 1 und § 315c Abs. 1 Nr. 1a) eigenhändiges Delikt (Rdn. 231, § 315c Rdn. 201 ff). Anders als die konkreten Gefährdungsdelikte nach §§ 315a, 315c (s. insbesondere § 315c Rdn. 209) ist sie Dauerstraftat (Rdn. 228).

III. Schutzgut

3 Schutzgut ist das **Universalinteresse an der Sicherheit des öffentlichen Straßenverkehrs sowie des Bahn-, Schiffs- und Luftverkehrs.** Das ist – anders als bei den §§ 315 bis 315c (s. insbesondere § 315 Rdn. 3 ff, § 315c Rdn. 3) – weitgehend unbestritten. Allerdings

„andere berauschende Mittel" von 612 auf 1.337, also um knapp 125 % angestiegen (BTDrucks. 16/2264).

[19] Dementsprechend berichten *Wollersen/Müller/Musshoff/Madea* BA **45** (2008) 89 von einer Verfünffachung einschlägiger Untersuchungsaufträge.

[20] Skeptisch *Weigend* FS Miyazawa S. 549, 551 ff. Abw. z.B. *Schneble* BA **30** (1993) 1, 12, wonach dem Gefahrengrenzwert von 0,8 ‰ auf der Ebene des Ordnungswidrigkeitenrechts der Anschein als „Kavaliersdelikt" anhaften soll; diese gesetzgeberische Entscheidung habe sich als „ganz verhängnisvoll erwiesen". Den Beweis dafür wird man freilich nicht führen können (näher Rdn. 15).

[21] Etwa *Bialas* Promille-Grenzen, Vorsatz und Fahrlässigkeit S. 249; *Zieschang* Die Gefährdungsdelikte S. 391 ff.

wird teilweise auch für § 316 die Auffassung vertreten, dass Schutzgüter der Vorschrift die Individualrechtsgüter Leben, Gesundheit und Eigentum sind (z.B. *Horn/Wolters* SK Rdn. 2).

IV. „Im Verkehr"

4 § 316 gilt, wie auch aus dem Klammerzusatz „(§§ 315 bis 315d)" deutlich hervorgeht, **für sämtliche von den §§ 315 ff geschützten Verkehrsarten**, also auch für den Bahn-, Schiffs- und Luftverkehr.[22] Der engere Ansatz des E 1962, der auf den Bereich des öffentlichen Straßenverkehrs beschränkt war (hierzu Entstehungsgeschichte II), hat sich, ohne dass dies in der Beschlussempfehlung des federführenden Rechtsausschusses problematisiert worden wäre (BTDrucks. IV/2161 S. 5), im Gesetzgebungsverfahren nicht durchgesetzt. Diese Entscheidung des Gesetzgebers erscheint sachgerecht. Es wäre nicht vertretbar, für die wenigstens bei typisierender Betrachtung „riskanteren" Verkehrsarten einen geringeren strafrechtlichen Schutz zu gewährleisten als im Straßenverkehr. Zumindest für den Schiffsverkehr erscheint nach den mittlerweile vorliegenden Erfahrungen die Aussage berechtigt, dass ein auch tatsächlich relevanter Problemkreis in Frage steht (näher § 315a Rdn. 16 ff), weswegen die Einschätzung des E 1962, die Trunkenheitsfahrt stelle (auch) dort ein praktisch zu vernachlässigendes Phänomen dar (Entstehungsgeschichte II), insoweit als überholt gelten kann. Ob sie nach dem *damaligen* Erkenntnisstand hinreichend gesichert gewesen ist, kann dahingestellt bleiben.

5 1. **Straßenverkehr.** Über den Klammerzusatz wird der Begriff des Straßenverkehrs in § 316 so einbezogen, wie er in den §§ 315b, 315c gebraucht ist. Er umfasst nur *Vorgänge im (faktisch) öffentlichen Verkehrsraum.* Fahrzeugführen im Zustand drogenbedingter Fahrunsicherheit ist demgemäß nicht strafbar, sofern der Täter im nichtöffentlichen Verkehrsraum ein Fahrzeug bewegt. Wegen der Einzelheiten wird auf die Ausführungen unter § 315b Rdn. 6 ff verwiesen.

6 2. **Bahn-, Schiffs- und Luftverkehr.** Die einschränkungslose Benennung der von §§ 315, 315a geschützten Verkehrsarten bringt es mit sich, dass § 316 bei diesen *„private" Verkehrsvorgänge mit einbezieht.* Dies kann z.B. beim Führen von Schienenbahnen auf der Öffentlichkeit nicht zugänglichen Werksgeländen oder bei der Schifffahrt auf Privatgewässern relevant werden (§ 315 Rdn. 7; § 315a Rdn. 4).[23] Für den Komplex des Luftverkehrs wird die Problematik nicht akut, weil sich der Führer eines Luftfahrzeugs stets im öffentlichen Verkehrsraum bewegt.

V. Führen eines Fahrzeugs

7 **Tathandlung des § 316** ist das Führen eines Fahrzeugs im Zustand der Fahrunsicherheit. Dies entspricht § 315a Abs. 1 Nr. 1, 1. Alt. und § 315c Abs. 1 Nr. 1a.

---

[22] Missverständliche Ausführungen bei *Maurach/Schroeder/Maiwald* BT/2 § 53 Rdn. 2 und 5, wo § 316 jeweils nur dem Straßenverkehr zugeordnet wird.

[23] AA, ohne Begründung, *Rüth* LK[10] Rdn. 3, 8; s. aber dort § 315 Rdn. 2; wohl auch, ohne Begründung, *Jagow/Burmann/Heß* Rdn. 1. Für eine Beschränkung auf den öffentlichen Schiffsverkehr unter Bezugnahme auf *Rüth* auch *Hentschel* Trunkenheit Rdn. 334 und *Geppert* BA **24** (1987) 262, 263.

1. **Fahrzeugbegriff.** Zum Fahrzeugbegriff des Bahn-, Schiffs- und Luftverkehrs gilt das unter § 315 Rdn. 9 ff, 12 ff, 15, 16 f Gesagte. Die Details zum Fahrzeugbegriff des Straßenverkehrs sind unter § 315c Rdn. 7 ff dargelegt. 8

2. **Fahrzeugführen.** Fahrzeugführen ist nach soweit ersichtlich allgemeiner Meinung gegeben, wenn jemand das Fahrzeug unter bestimmungsgemäßer Verwendung seiner Antriebskräfte *unter eigener Allein- oder Mitverantwortung in Bewegung setzt oder es während der Fahrbewegung durch den öffentlichen Verkehrsraum ganz oder wenigstens zum Teil lenkt*. Der Fahrzeugführer muss sich dabei selbst aller oder wenigstens eines Teils der wesentlichen technischen Einrichtungen des Fahrzeugs bedienen; demgemäß kann das Merkmal des „Führens" nur eigenhändig verwirklicht werden (Rdn. 231, § 315c Rdn. 10, 201). Dem Begriffselement der „bestimmungsgemäßen Verwendung der Antriebskräfte" Fahrzeugs dürfte keine eigenständige Bedeutung zukommen (§ 315c Rdn. 10). 9

Essentielles Element des Begriffs des „Führens" **ist der Bewegungsvorgang.** Dies entspricht seit BGHSt **35** 390 der ganz h.M. Die früher herrschende Rechtsprechung, die den Begriff auf dem Bewegungsvorgang vorgelagerte Handlungen erstreckt hat, ist überholt (im Einzelnen § 315a Rdn. 10; § 315c Rdn. 11 f). Genausowenig gehört die Sicherung des Fahrzeugs *nach dessen Abstellen* noch zum „Führen" (§ 315c Rdn. 13). Zum Führen von (Kraft-)Fahrzeugen im Straßenverkehr hat sich eine uneinheitliche, kaum noch auf einen gemeinsamen Nenner zu bringende Judikatur entwickelt. Insoweit wird auf die Ausführungen unter § 315c Rdn. 15 ff sowie unten Rdn. 67 ff Bezug genommen. Der Begriff des Fahrzeugführens beinhaltet ein finales Element, weswegen fahrlässiges Führen begrifflich ausgeschlossen ist (§ 315c Rdn. 34 sowie unten Rdn. 183). Die Frage, ob das Fahrzeugführen *durch Unterlassen* verwirklicht werden kann, ist – wie allgemein für Tätigkeitsdelikte – umstritten.[24] Sie wird in der Praxis schon deswegen lediglich in extremen Ausnahmekonstellationen relevant, weil das „Führen" nur eigenhändig erfüllt werden kann. Ein solcher Ausnahmefall hat BayObLG JR **1979** 289 zugrunde gelegen: Das BayObLG bejaht Führen durch Unterlassen, weil sich der alkoholsüchtige Kraftfahrzeughalter in „schuldfähigen Intervallen" nicht seines Fahrzeugs entäußert und hierdurch die Grundlage geschaffen habe, dass er im Zustand der Schuldunfähigkeit sein Fahrzeug geführt habe (aaO S. 290 f; m. krit. Anm. *Horn*, s. auch. *Horn/Wolters* SK Rdn. 10 sowie *Jescheck* LK[11] § 13 Rdn. 2 Fn. 5). 9a

VI. Im Zustand der Fahrunsicherheit

§ 316 verlangt ein Führen des Fahrzeugs im Zustand der Fahrunsicherheit („nicht in der Lage ist, das Fahrzeug sicher zu führen"). Begrifflich sollte man von Fahr*unsicherheit* und nicht von Fahr*untüchtigkeit* oder gar Fahr*untauglichkeit* sprechen (näher § 315c Rdn. 44). Das hat BGH NZV **2008** 528 (m. Bspr. *König* NZV **2008** 492) ausdrücklich anerkannt. Fahrunsicherheit ist ein Rechtsbegriff, dessen normative Ausfüllung in erster Linie richterliche Aufgabe ist (BGHSt **44** 219, 221; vgl. auch BGHSt **37** 89, 91, 93). Diese Aufgabe kann allerdings nicht losgelöst von rechts- und verkehrsmedizinischen sowie von toxikologischen Erkenntnissen bewältigt werden (BGHSt **44** 219, 221). An medizi- 10

---

24 Bejahend etwa *Lackner/Kühl* § 13 Rdn. 6; *Sch/Schröder/Stree* § 13 Rdn. 3; *Fischer* § 13 Rdn. 3; *Rengier* KK OWiG § 8 Rdn. 10. Verneinend *Jescheck* LK[11] § 13 Rdn. 2, alle m.w.N.

nisch-naturwissenschaftliche Erfahrungswerte, die in den berufenen Fachkreisen allgemein und zweifelsfrei als richtig erwiesen sind, ist der Richter gebunden.[25] Ob und wann Fahrunsicherheit gegeben ist, hängt in der Sache einerseits vom Ausmaß der Minderung der Leistungsfähigkeit und der Beeinträchtigung der Gesamtpersönlichkeit des Fahrzeugführers ab, andererseits aber auch vom Ausmaß der Gefahren, die von ihm nach der konkreten Art der Fortbewegung für andere Verkehrsteilnehmer ausgehen (u.a. BGHSt **36** 341, 346).

11 1. **Begriff der Fahrunsicherheit.** Fahrunsicherheit ist nach allgemeiner Meinung gegeben, wenn die Gesamtleistungsfähigkeit des Fahrzeugführers, namentlich infolge Enthemmung sowie geistig-seelischer oder körperlicher Leistungsausfälle, so weit herabgesetzt ist, dass er nicht mehr fähig ist, ein Fahrzeug der jeweiligen Verkehrsart eine längere Strecke, und zwar auch bei plötzlichem Eintritt schwieriger Verkehrslagen, sicher zu steuern (BGHSt **13** 83, 90), d.h. den Anforderungen des Verkehrs nicht mehr durch rasches, angemessenes und zielbewusstes Handeln zu genügen vermag (BGHSt **21** 157, 160). Der Zustand der Fahrunsicherheit ist dabei nicht erst dann erreicht, wenn beim Fahrzeugführer bestimmte schwerwiegende psycho-physische Ausfallerscheinungen festzustellen sind.[26] Kurz gesagt liegt Fahrunsicherheit vor, wenn der Täter das Fahrzeug nur noch gefährlich führen kann (vgl. *Maurach/Schroeder/Maiwald* BT/2 § 53 Rdn. 33).

12 2. **Gerade aufgrund von Rauschmittelkonsum.** Das Gesetz stellt nicht auf die Fahrunsicherheit allgemein ab, sondern verlangt, dass diese gerade auf den Genuss alkoholischer Getränke oder anderer berauschender Mittel zurückzuführen ist. Die in den § 315a Abs. 1 Nr. 1, § 315c Abs. 1 Nr. 1b aufgeführte Alternative der Fahrunsicherheit aufgrund (anderer) geistiger oder körperlicher Mängel (hierzu § 315c Rdn. 48 ff) hat in § 316 keine Entsprechung. Oberbegriff ist das „berauschende Mittel“. Allerdings ist das „gesetzliche Leitbild“ die Droge Alkohol (Rdn. 14), weswegen die ständige Rechtsprechung verlangt, dass das „andere berauschende Mittel“ dem Alkohol in seinen Wirkungen vergleichbar ist (Rdn. 140). Dass die Fahrunsicherheit rauschmittelbedingt war, muss im Verfahren festgestellt werden, andernfalls der Tatbestand nicht erfüllt ist. Weder der Konsum des Rauschmittels noch die Berauschung selbst muss indessen die alleinige Ursache der Fahrunsicherheit sein (Rdn. 179).

13 3. **„Genuss“ = Einnahme.** Die Vorschrift spricht vom „Genuss“ von Alkohol oder anderen berauschenden Mitteln. Diese Formulierung hat in der Vergangenheit vor allem im Kontext mit dem Terminus des „anderen berauschenden Mittels“ (Rdn. 140) gelegentlich zu Irritationen geführt. Sie ist teils in dem Sinne verstanden worden, dass der Täter die berauschenden Mittel „zum Genuss“, also in der Absicht eingenommen haben müsse, einen Rausch oder andere euphorische, lustbetonte Empfindungen hervorzurufen (so insbesondere BayObLGSt **1958** 108, 109; OLG Karlsruhe NJW **1979** 611).[27] Der

---

[25] BGHSt **21** 157, 159; **24** 200, 203; **25** 246, 248; **30** 251, 252 f; **34** 133, 134; **36** 341, 346; **37** 89, 91.

[26] Zum Ganzen grundlegend BGHSt **13** 83, 90. S. auch BGHSt **19** 243, 244; **21** 157, 160; **31** 42, 44 f; **34** 133, 135; **37** 89, 94 f, BGH NZV **2008** 528 m. Bspr. *König* NZV **2008** 492. Aus dem Schrifttum: *Sch/Schröder/Cramer/Sternberg-Lieben* § 316 Rdn. 4; *Horn/Wolters* SK Rdn. 4; *Fischer* Rdn. 5; *Hentschel* Trunkenheit Rdn. 2; *Küper* BT S. 115; *Janiszewski* Verkehrsstrafrecht Rdn. 332.

[27] Im Hinblick darauf hat der AK I des 25. VGT 1987 gefordert, dass der „irreführende und überflüssige Begriff“ gestrichen werde (Empfehlung Nr. 1 Abs. 2, 25; VGT **1987** S. 7). Der Gesetzgeber hat dies bislang nicht aufgegriffen. Im Hinblick darauf, dass

mittlerweile gefestigten, durch den BGH implizit gebilligten[28] Rechtsprechung und ganz h.M. im Schrifttum entspricht es jedoch, dass „Genuss" nichts anderes bedeutet als die Einnahme bzw. die Einführung des Rauschmittels in den Körper.[29] Mit dem Wortsinn des Merkmals ist dies vereinbar.[30] Dem Normzweck würde jede andere Interpretation diametral zuwiderlaufen. Sie hätte überdies kaum überwindliche praktische Probleme zur Folge. „Genuss" ist nach der gebotenen weiten Begriffsbestimmung demnach selbst dann gegeben, wenn der Täter das berauschende Mittel zum Zweck der Selbsttötung[31] oder widerwillig konsumiert hat.[32]

4. **Alkoholbedingte Fahrunsicherheit.** Leitbild des historischen Gesetzgebers bei der 14
Einführung des in § 316 eingestellten Tatbestands war die alkoholbedingte Fahrunsicherheit (Entstehungsgeschichte). Dies findet in der – auch in Bezug auf die Alkoholisierung missverständlichen[33] – amtlichen Überschrift („Trunkenheit im Verkehr") noch heute seinen Ausdruck. Alkoholfahrten haben in der Praxis nach wie vor die weitaus größte Bedeutung, wenngleich die Relevanz anderer Drogen in den letzten Jahren zugenommen hat (Rdn. 1, 130 ff, 144 ff, 167 ff). Der Alkohol kann zugleich hinsichtlich seiner Wirkungsweise im menschlichen Körper und seiner Folgen für die Leistungsfähigkeit des Einzelnen speziell im Straßenverkehr als die naturwissenschaftlich bei weitem am besten erforschte Droge gelten. Gute Quantifizierbarkeit, bekanntes Stoffwechselverhalten sowie überprüfbare und bedingt reproduzierbare Wirkungsweise (*Gerchow* BA **24** [1987] 233, 235; BGHSt **44** 219, 221 f; OLG Köln NJW **1990** 2945, 2946) haben zu den Erfolgen der Forschung beigetragen. Ein zentrales, seit vielen Jahrzehnten nach Erkenntnissen aus dem In- und Ausland feststehendes Forschungsergebnis ist es, dass ab einem bestimmten Alkoholisierungsgrad *kein* Mensch mehr zur sicheren Führung eines (Kraft-) Fahrzeugs im (Straßen-)Verkehr in der Lage ist (vgl. Rdn. 16). Daran anknüpfend füllen Rechtsprechung und ganz herrschende Lehre den Rechtsbegriff der Fahrunsicherheit (Rdn. 10) in der Weise aus, dass zwischen „absoluter" und „relativer" Fahrunsicherheit differenziert wird. Diese – nicht ganz treffgenauen – Begriffe beschreiben dabei nicht unterschiedliche Grade der Fahr(un)sicherheit; sie beziehen sich vielmehr nur auf die Art

---

in den letzten Jahren soweit ersichtlich keine Probleme mehr aufgetreten sind (dazu im Text), ist jedenfalls kein dringender gesetzgeberischer Handlungsbedarf gegeben. In §§ 64, 323a StGB sowie in § 122 OWiG ist das Merkmal als entbehrlich gestrichen worden (hierzu *Janiszewski* Verkehrsstrafrecht Rdn. 382).

[28] *Maatz/Mille* DRiZ **1993** 15, 17, unter Hinweis auf BGH GA **1984** 121 und BGH vom 21.3.1978 4 StR 104/78; *Salger* DAR **1986** 383, 386.

[29] BayObLG VRS **79** 116, 117; OLG Schleswig SchlHA **1977** 180; OLG Frankfurt BA **16** (1979) 407 f; vgl. auch OLG Koblenz VRS **59** 199. *Lackner/Kühl* § 315c Rdn. 5; *Jagow/Burmann/Heß* Rdn. 6; *Janiszewski* Verkehrsstrafrecht Rdn. 333, 382; *ders.* BA **24** (1987) 243; 246; *Gerchow* BA **16** (1979) 97, 99 ff; *Salger* DAR **1986** 383, 385 f; *Schewe* BA **13** (1976) 87, 89 ff; BA **16** (1979) 60 f; BA **18** (1981) 265 f. Dahingestellt geblieben in OLG Schleswig VRS **70** 364, 365 f.

[30] Hierzu *Burmann* 25. VGT **1987** S. 50, 57: „Man spricht ... auch von dem Genuss vergifteten Olivenöls."

[31] BayObLG VRS **79** 116, 117; bei *Rüth* DAR **1977** 204; OLG Hamm NJW **1975** 2252; OLG Frankfurt BA **16** (1979) 407, 408, jeweils zu § 323a bzw. § 330a a.F.

[32] *Janiszewski* Verkehrsstrafrecht Rdn. 333: Erfasst sei auch die widerwillige Einnahme z.B. gegen Magenverstimmung seitens eines Abstinenzlers.

[33] Zutr. *Jagow/Burmann/Heß* Rdn. 1; *Janiszewski* Verkehrsstrafrecht Rdn. 323, 331: Es sei keine (völlige) Trunkenheit erforderlich. Vgl. auch *Heifer* BA **23** (1986) 364.

und Weise des Tatnachweises.[34] Beim Vorliegen absoluter Fahrunsicherheit steht unwiderleglich fest, dass der Fahrzeugführer nicht mehr in der Lage ist, sein Fahrzeug mit der notwendigen Sicherheit im Verkehr zu führen (im Einzelnen Rdn. 59 ff); wird der Grenzwert hingegen nicht erreicht, kann er nicht oder nicht in ordnungsgemäßer Weise nachgewiesen werden oder existiert mangels hinreichender verkehrsmedizinischer Erkenntnisse für die konkrete Art des Fahrzeugführens in der jeweiligen Verkehrsart kein absoluter Grenzwert, so bedarf die Feststellung der Fahrunsicherheit stets zusätzlicher Beweisanzeichen (Beweislage der relativen Fahrunsicherheit; im Einzelnen Rdn. 90 ff).

15 a) **Reformdiskussion.** Der Gesetzgeber hat – entgegen dem Vorschlag des E 1962 – davon abgesehen, das Führen eines (Kraft-)Fahrzeugs (im Straßenverkehr) ab einem bestimmten Grenzwert der Alkoholkonzentration im Blut bzw. einer bestimmten Alkoholmenge im Körper unter Strafe zu stellen. Bei der Verabschiedung des 2. StraßenVSichG erschien ihm die Angelegenheit mit Blick darauf noch nicht entscheidungsreif, dass das Gutachten des Bundesgesundheitsamts noch nicht vollständig vorlag (Entstehungsgeschichte). Mit der – nach zähem Ringen erfolgten[35] – Einführung des § 24a StVG im Jahre 1973 hat er sich bewusst für eine Lösung auf der Ebene des Ordnungswidrigkeitenrechts entschieden. Reformforderungen und Initiativen des Inhalts, den von der Rechtsprechung anerkannten Grenzwert der „absoluten Fahrunsicherheit" im Gesetz festzuschreiben[36] oder einen *straf*bewehrten *Gefahren*grenzwert von 0,8 ‰ bzw. 0,5 ‰ einzuführen,[37] sind bislang nicht aufgegriffen worden. Die gesetzgeberischen Maßnahmen zur Absenkung der Promillegrenze in § 24a Abs. 1 StVG auf 0,5 ‰ (1998) sowie zur Einführung eines „absoluten Alkoholverbots" für Fahranfänger im Jahr 2007 (§ 24c StVG) betrafen das Ordnungswidrigkeitenrecht.[38]

15a Die gesetzgeberische Entscheidung, von der Einführung einer starren „Promillegrenze" (unterhalb des Grenzwerts von 1,1 ‰) im Strafrecht abzusehen, **erscheint alles in allem sachgerecht**. Die Vorteile einer strafrechtlichen Lösung in diesem Sinne überwiegen deren Nachteile nicht so deutlich, dass ein Abgehen von dem im Wesentlichen bewährten (Rdn. 1) Ineinandergreifen von Straf- und Ordnungswidrigkeitenrecht gerechtfertigt werden könnte. So ist nicht recht ersichtlich, dass die (teilweise) Ablösung des Bußgeldtatbestandes gerade durch einen Straftatbestand im fraglichen Bereich überlegene generalpräventive Wirkung entfalten könnte.[39] Im Bewusstsein der Bevölkerung dürfte eher der Grenz-

---

34 BGHSt **31** 42, 44; *Horn/Wolters* SK Rdn. 17; *Horn.* Blutalkohol und Fahrtüchtigkeit S. 14 ff; *Jagow/Burmann/Heß* Rdn. 26; *Hentschel* Trunkenheit Rdn. 4, 145; *Janiszewski* Verkehrsstrafrecht Rdn. 358.

35 S. etwa *Händel* BA **10** (1973) 353; *Heifer* BA **10** (1973) 1; *ders.* ebd. S. 192; *Hentrich* BA **10** (1973) 177.

36 So u.a. *Cramer* VOR **1974** 21, 28 f; *Riemenschneider* Fahrunsicherheit S. 256 ff; s. auch unten Fn 45, gegen sie eingehend *König* NZV **2001** 69, 70 ff.

37 *Bund gegen Alkohol im Straßenverkehr* BA **25** (1988) 1; BA **31** (1994) 379, 383; *Geppert* BA **27** (1990) 23, 25 f; *Heifer* BA **27** (1990) 50, 56 f; *Nehm* DAR **2008** 1; *Schneble* BA **30** (1993) 1, 11 ff; *Spiegel* BA **26** (1989) 65, 68. S. auch *Lackner* BA **1** (1961/1962) 217, 221 in Erwiderung auf *v. Weber* BA **1** (1961/1962) 209. *Krüger* (BA **27** [1990] 182, 197) hält einen Grenzwert von 0,7 ‰/0,8 ‰ in Bezug auf die *Fahrunsicherheit* für gerechtfertigt (dazu Rdn. 16c).

38 S. hierzu etwa *Hentschel/König* zu §§ 24a und 24c StVG.

39 Zu generalpräventiven Aspekten der Sanktionsschwere eingehend *Schöch* in Fahren unter Alkohol in Deutschland (1998) S. 161 ff. Zu ersten Erfolgen der 0,5 ‰-Grenze des § 24a Abs. 1 Nr. 2 StVG auch im Bereich über 1,1 ‰ *Iffland/Balling* BA **36** (1999) 39; vgl. auch *Vollrath/Krüger* BA **36** (1999) 349 sowie oben Rdn. 1.

wert von 0,5 ‰[40] verankert sein als der von 1,1 ‰. Dass der Normunterworfene das Zusammenspiel von Straf- und Ordnungswidrigkeitenrecht sowie die jeweiligen Grenzwerte nicht genau kennt, ist kein durchschlagendes Argument für eine „Vereinfachung". Denn es genügt, wenn er weiß, dass er nach nicht nur ganz geringfügigem Alkoholkonsum nicht fahren darf, und dies vermitteln ihm vielfältige Quellen (vgl. *Janiszewski* DAR **1988** 253, 255). Nicht zu verkennen ist in spezialpräventiver Hinsicht, dass bei einer strafrechtlichen Lösung die Entziehung der Fahrerlaubnis zur Verfügung stünde (*Heifer* BA 27 [1990] 50, 56). Jedoch erhalten Aspekte der Verhältnismäßigkeit ein um so größeres Gewicht, je geringer die Alkoholisierung des jeweiligen Fahrzeugführers gewesen ist (vgl. *Janiszewski* DAR **1988** 253, 257 f). Zudem muss im Auge behalten werden, dass eine strafrechtliche Promillegrenze von 0,8 ‰ oder 0,5 ‰ eine grundsätzliche kriminalpolitische Weichenstellung bedeuten würde. Sie wäre angesichts der quantitativen Bedeutung des Phänomens eine Rückkehr zur „Vielstraferei". Dass es gelingen könnte, aufgrund der nachdrücklicheren Wirkung des Strafrechts auf den Einzelnen die „Alkoholfahrt" aus der Lebenswirklichkeit zu *eliminieren*, wird dabei ernsthaft niemand behaupten wollen; dass sie wenigstens spürbar zurückgedrängt würde, ist nicht mehr als eine Hoffnung.[41] Zumindest bei einer Promillegrenze von 0,5 ‰ (im Hinblick auf den Sicherheitszuschlag also faktisch 0,4 ‰) sind darüber hinaus Bedenken unter dem Blickwinkel des Übermaßverbots staatlichen Strafens nicht leicht auszuräumen. Der teils in Ansatz gebrachte Hinweis auf eine gegebene Strafbarkeit in anderen Staaten (z.B. *Spiegel* BA **26** [1989] 65, 68) krankt schließlich daran, dass kaum ein anderer Staat die deutsche Unterscheidung zwischen (Kriminal-)Strafe und Ordnungswidrigkeit kennt (vgl. *Riemenschneider* Fahrunsicherheit S. 237 ff). Für die Wiedereinführung der Übertretung werden sich aber nur wenige Anhänger finden. Auch ist das Ausland in der Bekämpfung des Fahrens unter Alkohol bei vergleichbarer Verfolgungsdichte wohl nicht signifikant erfolgreicher als die deutsche Rechtsordnung (Rdn. 1; *Janiszewski* DAR **1990** 415 f).

Grundsatzkritik wird teils am **Merkmal der Fahrunsicherheit** geübt. Das rechtsmedi- **15b**
zinische Schrifttum artikuliert seit jeher Unbehagen, weil dieser Rechtsbegriff die durch den Alkohol ausgelöste Beeinträchtigung *der Gesamtpersönlichkeit* nur unvollkommen umschreibe und der Komplexität der Wirkungszusammenhänge nicht gerecht werde; was den Grenzwert anbelange, dürfe nicht maßgebend sein, wann Fahrunsicherheit bei *allen* Kraftfahrern anzunehmen sei, entscheidend sei vielmehr, ab wann für *die Mehrheit der Kraftfahrer* eine *Gefährdung* anderer zu befürchten sei (BGA-Gutachten 1966 S. 40).[42]

---

[40] Vgl. *Barth/Gaspar/Peters* BA **22** (1985) 109, 110 f, mit kaum nachvollziehbarer Bewertung der Ergebnisse (S. 112 f). Nach dieser Erhebung waren 90,3 % der Befragten der Meinung, dass spätestens ab 0,8 ‰ ein amtliches Einschreiten möglich sei, immerhin 47,6 % hielten eine Verfolgung bereits bei Werten darunter für möglich, 18,3 % ab 0,3‰; der damalige Grenzwert von 1,3 ‰ war nicht signifikant vertreten (0,9 %). *Krüger/Vollrath/Schöch* haben eine Kenntnis der (bußgeldrechtlichen) Promille-Grenze bei über 82,9 % („Nüchternfahrer") bzw. knapp 86,9 % (Alkoholfahrer) ermittelt (in: Fahren unter Alkohol in Deutschland S. 59, 79).

[41] **AA** *Schneble* BA **30** (1993) 1, 14: „Eine Freiheitsstrafe oder eine erhebliche Geldstrafe, verbunden jeweils mit dem gefürchteten Entzug der Fahrerlaubnis anstatt einer bloßen Geldbuße kann gar nicht ohne heilsame Wirkung bleiben …" Die relativ hohe Zahl der Wiederholungstäter spricht allerdings nicht für diese These, und den „an sich rechtstreuen" Täter, dem ein Augenblicksversagen vorzuwerfen ist, wird man auch mit Geldbuße, Fahrverbot und „Punkten in Flensburg" erreichen.

[42] S. auch *Arbab-Zadeh* NJW **1967** 273, 274 ff; *Gerchow* BGA-Gutachten 1966 (Anl. 10) S. 174, 175 f; *Heifer* BA **23** (1986) 364; *ders.* BA **27** (1990) 50, 56.

Sowohl in rechtsmedizinischen als auch in juristischen Publikationen werden ferner die Schwierigkeiten hervorgehoben, die bei der Prüfung der „relativen" Fahrunsicherheit (hierzu Rdn. 90 ff) auftreten.[43] Teils wird das Kriterium sogar für nicht justitiabel und aufgrund mangelnder Bestimmtheit für verfassungswidrig gehalten (*Haffke* JuS **1972** 448, 451 f). Die Bedenken haben durchaus Gewicht. Jedoch ist dem Anliegen des Gefahrengrenzwerts mit § 24a Abs. 1 StVG und dem „absoluten Alkoholverbot für Fahranfänger" (§ 24c StVG) mittlerweile zu einem guten Teil Rechnung getragen. Für den strafrechtlichen Bereich steht dem Vorwurf mangelnder Justitiabilität entgegen, dass die Praxis mit den einschlägigen Tatbeständen Jahrzehnte lang und vieltausendfach einigermaßen zurecht gekommen zu sein scheint. Das Schicksal, das Gewollte nicht ganz vollkommen auszudrücken und im Einzelfall Probleme aufzuwerfen, teilt der Begriff mit den meisten anderen strafrechtlichen Termini. Auch hat das BVerfG in mehreren Entscheidungen keinen Grund zur Beanstandung gefunden (BVerfG NJW **1990** 3140; NJW **1995** 125; s. auch *Riemenschneider* Fahrunsicherheit S. 213 ff; 216 ff). Klar ist andererseits, dass die Rechtsanwendung erleichtert würde, wenn man den Promillebereich ab 0,8 ‰ (0,5 ‰) vollständig mit dem Strafrecht überziehen würde. Möglichst einfaches Strafen kann freilich kaum als primäres Ziel des materiellen Strafrechts gelten. Mit einer „Vereinfachung" sind überdies *gravierende Folgeprobleme* verbunden. So könnte auf das Merkmal der Fahrunsicherheit bereits aufgrund der „anderen berauschenden Mittel"[44] sowie des „geistigen und körperlichen Mangels"[45] nicht verzichtet werden. Im Hinblick auf die zunehmende Problematik des Fahrzeugführens unter dem Einfluss illegaler Drogen und von Medikamenten mit Rauschmittelcharakter (Rdn. 130 ff, 144 ff, 167 ff) erscheint sogar die Aussage berechtigt, dass das Merkmal neu „erfunden" werden müsste, wenn man es nicht schon hätte (s. auch Rdn. 15d). Bei seinem Wegfall *nur für Alkohol* könnten die Fälle der in der Regel bei 0,3 ‰ beginnenden „relativen Fahrunsicherheit" nicht mehr strafrechtlich geahndet werden, es sei denn, man würde die Grenze (radikal und nicht vertretbar) eben bei 0,3 ‰ (faktisch 0,2 ‰) festsetzen. Selbst dann wären aber die Konstellationen nicht mehr strafrechtlich zu erfassen, in denen die Rechtsprechung heute anhand beweiskräftiger Indizien zur Annahme von Fahrunsicherheit gelangt, ohne dass eine *bestimmte* Blutalkoholkonzentration festgestellt werden kann (Rdn. 96 f). Weitere, im Ergebnis kontraproduktive Konsequenzen würden eintreten (eingehend *Janiszewski* DAR **1988** 253, 255 f). Es verbliebe deshalb allenfalls, dem *beibehaltenen* Merkmal der Fahrunsicherheit eine gesetzliche Fiktion oder eine Beweisregel analog § 24a Abs. 2 StVG[45a] an die Seite zu stellen, wonach ab einer BAK von 1,1 ‰, 0,8 ‰ oder 0,5 ‰ zwingend von Fahrunsicherheit auszugehen ist, oder neben dem unveränderten § 316 einen (auf Kraftfahrzeuge im Straßenverkehr beschränkten?) „1,1 ‰-, 0,8 ‰- bzw. 0,5 ‰-Straftatbestand" einzuführen. Fraglich wäre, ob man dabei ohne weitere Differenzierungen auskäme (z.B. Führen eines Mofas, s. Rdn. 67; Strafrahmen) und ob eine solchermaßen beschränkte Lösung u.a. mit Blick auf nicht motorisierte Fahrzeuge, auf die anderen Verkehrsarten (Rdn. 73 ff)

---

[43] U.a. *Berz* NZV **1990** 359; *Peters* MDR **1991** 487, 491 f; *Schneble* BA **6** (1969) 53 ff; *ders.* BA **30** (1993) 1, 14; *Strate* BA **20** (1983) 188 ff, 194.

[44] § 315a Abs. 1 Nr. 1, 1. Alt., § 315c Abs. 1 Nr. 1a, § 316 Abs. 1.

[45] § 315a Abs. 1 Nr. 1, 2. Alt., § 315c Abs. 1 Nr. 1b. AA *Riemenschneider* Fahrunsicherheit, die sich für eine Streichung des § 315 Abs. 1 Nr. 1 ausspricht (S. 278 ff) und einen auf Kraftfahrzeuge und den Straßenverkehr beschränkten „1,0 ‰-Tatbestand" mit einem Strafrahmen bis zu fünf bzw. zwei Jahren vorschlägt, die anderen Verkehrs- und Fahrzeugarten also ausspart (S. 239 ff); so leicht könnte es sich der Gesetzgeber nicht machen; hierzu *König* NZV **2001** 169, 170 ff.

[45a] Vgl. *Hentschel/König* § 24a StVG Rdn. 21.

und das Fahrzeugführen unter sonstigen Rauschmitteln überzeugen könnte. Das Verhältnis der verschiedenen Tatbestände zueinander müsste geklärt werden (Spezial-, Auffangtatbestand?). In der Reichweite ungewisse Ausstrahlungen auf die Interpretation des Merkmals der Fahrunsicherheit wären nicht auszuschließen. Ferner würde eine solche Lösung dort nichts helfen, wo derzeit schwerwiegende rechtliche Unsicherheiten bestehen, nämlich bei den Fragen, die sich um das Führen motorisierter Fahrzeuge ohne aktuell wirkende Motorkraft ranken (Rdn. 68 ff; zum Ganzen auch *König* NZV **2001** 69).

Forderungen nach Einführung strafrechtlicher Grenzwerte wurden in der jüngeren und jüngsten Vergangenheit von der Ständigen Konferenz der Innenminister und -senatoren erhoben (Beschlüsse vom 10.5.2001 und vom 7.12.2007[46]). Sie zielen darauf ab, **die Atemalkoholanalyse auch im Strafverfahren zu verankern**, also die Blutalkoholanalyse in den komplikationslos verlaufenden Fällen zu verdrängen. Im Hinblick darauf, dass die Gerichte AAK-Grenzwerte für die Feststellung „absoluter" Fahrunsicherheit derzeit nicht anerkennen (Rdn. 56, 56a), ist dies nur durch gesetzgeberische Maßnahmen möglich, die sich dann naturgemäß nicht auf die Statuierung von AAK-Grenzwerten beschränken, sondern auch BAK-Grenzwerte mit umfassen würden.[47] Die justitielle Praxis lehnt die Verdrängung der Blutalkoholanalyse nach dem Ergebnis von Umfragen aus den Jahren 2002 und 2008 mehrheitlich ab, wobei vor allem die mangelnde Reproduzierbarkeit der Atemprobe (Rdn. 53) und die damit verbundene Unmöglichkeit eine Rolle spielt, Nachtrunkbehauptungen (Rdn. 84 ff) zu überprüfen; auch werden Verwerfungen im Zusammenhang mit denkbarem Verteidigungsverhalten befürchtet (Verwechslung, Verfahrensfehler bei der Abnahme der Atemprobe usw.) und wird auf den Stellenwert des ärztlichen Untersuchungsberichts (s. hierzu freilich die Rdn. 121, 121a) verwiesen, der nicht mehr zur Verfügung stünde.[48] Hinzu kommen Probleme bei der Rückrechnung, für die bei den Atemwerten bislang die Erfahrungen fehlen. Dem stehen die Vorteile der Atemalkoholanalyse gegenüber (Rdn. 48), zu denen ein justizpraktisch bedeutsamer Vorzug hinzukommen würde, wenn sich im Anschluss an BVerfG NJW **2007** 1345[49] in der Rechtsprechung die Auffassung durchsetzen sollte, dass die Anordnung der Blutentnahme durch Polizei und Staatsanwaltschaft wegen Gefahr im Verzug (§ 81a Abs. 2 StPO) nur noch im Ausnahmefall möglich ist.[50] Die Justizministerkonferenz hat die teilweise Ersetzung der Blutalkoholanalyse durch die Atemalkoholanalyse u.a. wegen des Meinungsbildes der justitiellen Praxis im Juni 2008 abgelehnt, dabei aber zum Ausdruck gebracht, die weitere Entwicklung der wissenschaftlichen Diskussion „aufmerksam beobachten" zu wollen.[51] Die Abwägung der praktischen Vorzüge gegenüber den praktischen Nachteilen fällt nicht leicht. Zu bedenken ist, dass der Verzicht auf die Blutprobe auf eindeutige Fälle 15c

46 BA **45** (2008) 47; auch abrufbar über www.im.nrw.de/inn/doks/imk1207.pdf.

47 Hierzu, mit gesetzgeberischem Vorschlag *Maatz* BA **39** (2001) 21, 30 (hinsichtlich der kriminalpolitischen Notwendigkeit jedoch skeptisch, s. dort Fn. 54), ebenso *ders.* in BA **39** (2002) Supplement Nr. 2, S. 12.

48 Zu diesen Aspekten *Bönke* BA **39** (2002) Supplement Nr. 2, S. 12; *Hentschel* ebd. S. 18, 19 f; *Hillmann* ebd. S. 32, 33 sowie *Deutsche Gesellschaft für Rechtsmedizin* BA **39** (2002) 182 und Gemeinsame Stellungnahme der *Deutschen Gesellschaft für Rechtsmedizin*, der *Deutschen Gesellschaft für Verkehrsmedizin* und der *Deutschen Gesellschaft für toxikologische und forensische Chemie* BA **45** (2008) 249.

49 M. Anm. *Vahle* Kriminalistik **2007** 406, 434; *Burhoff* VRR **2007** 151.

50 So in einem obiter dictum OLG Stuttgart NStZ **2008** 238 m. abl. Anm. *Götz*; LG Berlin BA **45** (2008) 266; differenzierend OLG Hamburg StraFo **2008** 158; ablehnend LG Hamburg BA **45** (2008) 77; Zum Ganzen m.w.N. *Hentschel/König*[40] § 81a StPO Rdn. 5, 6.

51 BA **45** (2008) 251; auch abrufbar über www.mj.niedersachsen.de.

beschränkt würde, in denen Nachtrunkbehauptungen nicht zu erwarten sind und auch nicht rückgerechnet werden muss. Bei Verdacht der Intoxikation mit anderen Rauschmitteln als Alkohol würde die Blutentnahme gleichfalls regelmäßig durchgeführt werden. Beides entspricht der Weisungslage im Bußgeldverfahren (Nr. 3.2.1, 3.2.3 und 3.2.4 RiBA [Rdn. 255]). Das Spektrum von Fällen, in denen Verteidigungsverhalten des Angeklagten mangels verfügbarer Blutprobe nicht mehr begegnet werden könnte, würde dadurch wohl gering gehalten. Andererseits kommen Bedenken auf, wenn tief eingreifende Sanktionen wie die Freiheitsstrafe, die Entziehung der Fahrerlaubnis oder die Unterbringung in der Entziehungsanstalt auf das „flüchtige Medium" Atem gestützt werden. Zudem sieht sich eine „Kodifizierung" der Atemalkoholanalyse im Strafrecht, gegen die verfassungsrechtliche Bedenken nicht bestünden,[52] genau den Schwierigkeiten ausgesetzt, die in Rdn. 15b dargestellt sind. Beispielsweise wäre es bei einem auf das Kraftfahrzeugführen im Straßenverkehr bezogenen Straftatbestand schwerlich überzeugend, dass zwar beim Radfahrer und in all den Konstellationen, in denen „nur" von Fahrzeugführen, nicht aber von *Kraft*fahrzeugführen ausgegangen werden kann (Rdn. 69, 70), sowie in den Verkehrsarten außerhalb des Straßenverkehrs eine Blutentnahme notwendig ist, beim Kraftfahrer hingegen die Atemprobe ausreicht. Die ohnehin kritisierte Unübersichtlichkeit im Bereich der „Promille-Gesetzgebung" würde durch derartige Maßnahmen noch verstärkt.

15d Weitere Impulse in Richtung auf ein Tätigwerden des Gesetzgebers könnten **sich aufgrund der rechtstatsächlichen Probleme beim Fahren unter illegalen Drogen und rauschmittelhaltigen Medikamenten** ergeben. Mangels eines Grenzwerts „absoluter" Fahrunsicherheit (Rdn. 153) liegt der Schwerpunkt der Sanktionierung bei den illegalen Drogen derzeit im Ordnungswidrigkeitenrecht (§ 24a Abs. 2 StVG). Im Hinblick auf die Gefahren solcher Taten sowie unter dem Aspekt der materiellen Gerechtigkeit kann dies nicht zufrieden stellen (vgl. etwa *Maatz* BA **42** (2006) 451, 460 ff). Jedoch bestehen kaum überwindliche Schwierigkeiten, in absehbarer Zeit zumindest für die wichtigsten illegalen Drogen und rauschmittelhaltigen Medikamente zu einigermaßen plausiblen Grenzwerten zu finden (näher Rdn. 148a).[53] Hinzu kommt, dass eine Normierung von Grenzwerten für Rauschdrogen (z.B. Heroin oder Kokain) schädliche Signale auf die Rechtsgemeinschaft aussenden würde. Denn der Gesetzgeber würde damit letztlich zum Ausdruck bringen, dass das Kraftfahrzeugführen unter der Wirkung solcher und anderer illegaler Drogen nur eines Pflichtenappells bedarf, sofern die Grenzwerte nicht erreicht sind (s. auch BReg in BTDrucks. 16/2264 S. 3 zu Grenzwerten in § 24a StVG). Ein strafrechtlicher „Nullwert", der im Hinblick darauf schlüssig begründbar wäre (s. auch Rdn. 148), dass sich (vom Betroffenen anders als bei in den Grenzen des Sozialüblichen liegendem Alkoholkonsum intendierter) Rausch und Fahrzeugführen im Straßenverkehr keinesfalls vertragen, war schon im Gesetzgebungsverfahren zur Einführung des § 24a Abs. 2 StVG nicht durchsetzbar. Angesichts der (problematischen) Kammerentscheidung des BVerfG zum analytischen Grenzwert[54] gilt dies umso mehr.

---

[52] Hierzu, mit gesetzgeberischem Vorschlag *Maatz* BA **39** (2001) 21; aM *Scheffler* BA **39** (2002) Supplement, Nr. 2, S. 37, 38.

[53] Optimistischer *Eisenmenger* BA **45** (2008), Heft Nr. 4, Supplement S. 11; nur für Cannabis unter Abstellen auf den CIF-Wert (hierzu Rdn. 148a) *Daldrup* aaO S. 2; gleichfalls zu Cannabis zurückhaltend *Kauert* aaO S. 16, 20. Gesetzgeberischer Vorschlag bei *Maatz* aaO S. 31, 33; ablehnend *Bönke* aaO S. 27; dort auch zur Lage in einigen Ländern des europäischen Auslands.

[54] BVerfG NJW **2005** 349; hierzu Rdn. 156b.

b) **Beeinträchtigungen der psycho-physischen Leistungsfähigkeit.** Zur Wirkungsweise des Alkohols auf den Menschen und speziell auf dessen Fahrsicherheit existiert reichhaltiges, nicht überschaubares Material. Eine grundlegende epidemiologische Untersuchung über die Rolle des Alkohols im Straßenverkehr stellt die Grand Rapids Study aus dem Jahr 1964 dar (überarbeitet in BA **11** [1974] Supplement 1 abgedruckt). Deren zentrale Aussagen beanspruchen auch heute noch Gültigkeit. Es können hier nur einige wesentliche Gesichtspunkte herausgestellt werden:[55] 16

aa) Eine zentrale Erkenntnis der Alkoholforschung ist es, dass nicht einzelnen Funktionsstörungen die für die Fahr(un)sicherheit entscheidende Bedeutung zukommt, sondern der **Beeinträchtigung der Gesamtpersönlichkeit** (BGA-Gutachten 1966 S. 39). Die Rechtsprechung greift dies in der Begriffsbestimmung der Fahrunsicherheit auf, indem sie maßgebend auf die Störung der Gesamtleistungsfähigkeit abstellt (Rdn. 10). Der Alkohol schwächt das Verantwortungsgefühl und verleitet zu unbekümmertem, gegenüber den Belangen anderer rücksichtslosem Verhalten. „Grundmechanismus ist ... eine globale Enthemmung und (dadurch) [eine] Demaskierung sonst unterdrückter Charakterzüge"; u.a. werden spontane Impulse unreflektiert sofort umgesetzt (*Penning* Alkohol, Drogen und Verkehrssicherheit S. 19). Sinnestäuschungen können auftreten. Die im Straßenverkehr essentielle Fähigkeit zu rascher und koordinierter Reaktion wird nachhaltig gestört.[56] Die für den Kraftfahrer unentbehrlichen, durch Erfahrung eingeübten Automatismen sind beeinträchtigt (*Gerchow* BGA-Gutachten 1966 [Anl. 10] S. 174, 175).[57] Der unter Alkoholeinfluss Stehende vermag die schnell ablaufenden Verkehrsvorgänge nicht mehr mit der gebotenen Konzentration und Aufmerksamkeit zu verfolgen und namentlich in Bezug auf die Entfernungen und Geschwindigkeiten richtig einzuschätzen. Er kann sich nur noch schwer oder nicht mehr auf eine bestimmte Tätigkeit konzentrieren (*Tenazität*), und auch nicht mehr ohne Weiteres von einer Tätigkeit lösen (*Vigilität*).[58] Mit der Verminderung des Leistungsvermögens geht wachsende Selbstüberschätzung einher. Das objektiv gegebene Leistungsvermögen bleibt (weit) hinter dem subjektiv empfundenen zurück (*Gerchow* BA **13** [1976] 341, 347). Gerade auch bei nicht allzu hohen Blutalkoholkonzentrationen „ist die überwiegende Mehrzahl der ... Kraftfahrer außerstande, ihre tatsächlich gegebene Leistungsminderung richtig zu beurteilen und daraus für ihre Fahrweise die notwendigen Schlüsse zu ziehen"; vielmehr vermittelt sich dem Kraftfahrer oftmals die Vorstellung, „er sei noch in der Lage, sein Fahrzeug besonders sicher und zügig zu führen" (E 1962 S. 530). Dies ist gerade für besonders ge- 16a

[55] Zum Ganzen insbesondere BGA-Gutachten 1966 S. 38 ff; *Freudenberg* (dort Anl. 8) S. 158 ff, *Elbel* (dort Anl. 9) S. 166 ff, *Gerchow* (dort Anl. 10) S. 174 ff; s. auch E 1962 S. 529 ff; Zusammenfassend *Forster/Joachim* Blutalkohol und Straftat S. 116 ff; *Janiszewski* Verkehrsstrafrecht Rdn. 339 ff; *Madea/Mußhoff* Handbuch Verkehrsrecht S. 2182, 2184 (tabellarische Übersichten); *Penning* Alkohol, Drogen und Verkehrssicherheit S. 17 ff; *Heifer* BA **23** (1986) 364; *Maatz/Mille* DRiZ **1993** 15, 17 f. Eingehende Auswertung von experimentellen Untersuchungen aus dem In- und Ausland bei *Krüger* BA **27** (1990) 182.

[56] Zu den Ausfällen bei Reaktion und Aufmerksamkeit nach Alkoholaufnahme eingehend *Forster/Joachim* Blutalkohol und Straftat S. 129 ff.

[57] Nach *Krüger* (BA **27** [1990] 182, 185 f, 193) sind es weniger die Automatismen, die gestört werden, als die kontrollierenden Leistungshandlungen (Bewältigung von Doppelaufgaben), was sich besonders in kritischen Situationen auswirke.

[58] *Penning* Alkohol, Drogen und Verkehrssicherheit S. 19.

übte (reaktionsschnelle) Fahrer wesentlich; denn die Fahrweise „behält ihre individuelle Tönung“, obgleich die Voraussetzungen dafür fehlen (BGA-Gutachten 1966 S. 43).[59] Gravierend beeinträchtigt wird das *Wahrnehmungsvermögen*,[60] vor allem das *Sehvermögen*.[61] Die Ausfälle gehen auf die Schädigung des Ablaufs der Augenbewegung (Motilität) zurück (*Forster/Joachim* Blutalkohol und Straftat S. 124); die Koordination des Augenhilfsapparats ist derart gestört, dass die Augen feine Ruck- und Schüttelbewegungen während der Fahrt mitmachen und keine ordnungsgemäße Fixation mehr zustande bringen – die Augen „hinken nach“ (*Gerlach* BA **9** [1972] 239, 247). Dies wirkt sich insbesondere bei schnellem Fahren, beim Durchfahren von Kurven, aber auch beim Überholen schädlich aus (*Gerchow* BA **6** [1969] 399, 409 f; *Heifer u.a.* BA **3** [1965/1966] 537, 555); aufgrund einer Entkoppelung des optischen und des vestibulären Systems kann scharfes Sehen bei Bewegung unmöglich werden (*Lockemann/Püschel* BA **34** [1997] 241, 251). Die Fähigkeit zu räumlichem Sehen wird genauso gestört wie die Anpassungsfähigkeit der Augen an den Wechsel zwischen Hell und Dunkel; die Empfindlichkeit bei Blendung nimmt zu.[62] Die alkoholbedingten Defizite sind dabei nachts stärker als am Tag (*Grüner u.a.* BA **7** [1970] 337, 342 ff).[63] Der Alkoholisierte fährt nachts „wie mit einer Sonnenbrille“ (*Penning* Alkohol, Drogen und Verkehrssicherheit S. 18). Es kann zur Einengung des Blick- und Gesichtsfelds kommen,[64] Kontrastverwischungen und Farbsinnschädigungen können hinzutreten (*Hentschel/König*[40] Rdn. 10 m.w.N.). Gestört wird, was eng mit der Beeinträchtigung des Sehvermögens zusammenhängt, auch der *Gleichgewichtsapparat* (*Forster/Joachim* Blutalkohol und Straftat S. 124 ff), desgleichen die *Feinmotorik*, was beim Autofahren zu überschießenden Korrekturen von kleineren Lenkunsicherheiten bis hin zum Schlangenlinienfahren führt (*Penning* Alkohol, Drogen und Verkehrssicherheit S. 18). Verlangsamt bis unkontrollierbar wird die Sprachmuskulatur; dies wirkt sich in einer verwaschenen Aussprache bis hin zum Lallen aus (*Penning* aaO).

16b **bb)** Anerkanntermaßen korrelieren die Wahrscheinlichkeit und Stärke der Ausfälle im Leistungsvermögen und damit auch die Gefährlichkeit des alkoholisierten Fahrzeugführers mit dem Alkoholgehalt im Blut, ohne dass allerdings eine gleichmäßige Entsprechung vorhanden wäre (vgl. *Gerchow* BGA-Gutachten 1966 [Anl. 10] S. 174, 182). Zu unterschiedlich sind die Variablen, die für die Alkoholwirkung auf den Einzelnen verantwortlich sind (u.a. aktuelle Disposition, Alkoholgewöhnung; Persönlichkeit). Vielfach,

---

[59] Zu Fahrversuchen mit Rennfahrern *Gerlach* BA **9** (1972) 239; *Forster/Joachim* Blutalkohol und Straftat S. 134 f. Zur Selbstüberschätzung vgl. auch *Heppner* BA **10** (1973) 166, 174.

[60] S. dazu, dass das Hörvermögen nicht signifikant beeinträchtigt wird, *Forster/Joachim* Blutalkohol und Straftat S. 128 f; *Eisenmenger/Schorn/Gilg* BA **21** (1984) 250, 260 ff.

[61] *Bartl/Brandstätter/Hosemann/Reitter* BA **35** (1998) 124, 135 ff; *Forster/Joachim* Blutalkohol und Straftat S. 123; *Gerlach* BA **9** (1972) 239, 247; *Heifer/Sellier/Kutzner* BA **3** (1965/1966) 537; *Heifer* BA **8** (1971) 385, 402 ff; *ders.* BA **23** (1986) 364, 366 f; *Lockemann/Püschel* BA **34** (1997) 241, 248 ff. S. auch *Kronsbein/Oehmichen/Kömpf* BA **31** (1994) 57, 71 ff.

[62] *Gerlach* BA **9** (1972) 239, 246; *Heifer* BA **23** (1986) 364, 366; *Salger* BA **27** (1990) 1, 2; differenzierend *Wilhelmi/Lindner/Audrlický* BA **9** (1972) 473, 482 ff.

[63] S. auch *Schuster/Schewe/Ludwig/Friedel/Hellwege* BA **28** (1991) 287, 296 ff. Zu stärkeren Beeinträchtigungen am Abend *Lutz/Rahn/ Taupp* BA **28** (1991) 235, 240 f.

[64] Vgl. *Forster/Joachim* Blutalkohol und Straftat S. 119; *Penning* Alkohol, Drogen und Verkehrssicherheit S. 18; *Gerchow* BA **6** (1969) 399, 409; *ders.* BA **13** (1976) 341, 352 ff; *Gilg/Liebhardt/ Schuller/Riedel* BA **21** (1984) 235, 244 ff; *Heifer* BA **23** (1986) 364, 366 f.

und zwar gerade auch in experimentellen Untersuchungen, ist erwiesen worden, dass relevante Störungen der Gesamtleistungsfähigkeit *schon bei geringen Alkoholdosen* auftreten können. Experimentell nachweisbar sind sie ab *BAK-Werten zwischen 0,2 und 0,3 ‰.*[65] Unumstritten können geringe Alkoholisierungsgrade in diesem Bereich vor allem in Verbindung mit ungünstigen Umständen (z.B. schlechte Sicht aufgrund Dämmerung oder Niederschlag, Ermüdung, Erkrankung) zur Fahrunsicherheit führen. Nicht selten wird hervorgehoben, dass es überhaupt keine für die Fahrsicherheit irrelevante Alkoholkonzentration gibt.[66] Nach einer amerikanischen Studie ist das Unfallrisiko von Fahranfängern bereits bei einer BAK von 0,1 ‰ um 25 % erhöht.[67] *Nachhaltige Beeinträchtigungen* der Fahrsicherheit sind vielfach schon bei einer *BAK von 0,5 ‰* zu erwarten. Bei einer BAK von 0,6 ‰ ist die Gefährlichkeit des Kraftfahrers in Bezug auf Unfälle mit Todesfolge gegenüber einem Nüchternen bereits dreimal, bei 0,8 ‰ viereinhalb mal so hoch (*Freudenberg* BGA-Gutachten 1966 [Anl. 8] S. 158, 162). Nach *Gerchow* (BGA-Gutachten 1966 Anl. 10 S. 174, 184) sind ab 0,7 bis 0,8 ‰ über 50 % aller Menschen fahruntüchtig und muss ab einer BAK von 1,2 ‰ stets „mit irgendwelchen Ausfällen gerechnet werden". Das BGA-Gutachten 1966 (S. 50) kommt zusammenfassend zu dem Ergebnis, dass bei einer BAK *zwischen* 1,0 und 1,1 ‰ bei *jedem* Menschen Leistungsausfälle von solchem Gewicht auftreten, dass eine Teilnahme am Straßenverkehr als Kraftfahrer nicht mehr verantwortet werden kann.

cc) Bereits dem BGA-Gutachten 1966 lagen, was teils nicht hinreichend berücksichtigt wird (z.B. *Haffke* JuS **1972** 448, 449), nicht lediglich unfallstatistische Wahrscheinlichkeitsrechnungen zugrunde; vielmehr sind darin **Ergebnisse aus der Experimentalforschung eingegangen**, die, von Außenseitermeinungen abgesehen, „auf der ganzen Welt im wesentlichen unbestritten" sind (*Gerchow* BA **6** [1969] 399, 400). Die Grundaussagen des Gutachtens sind durch die Alkoholforschung der nachfolgenden Jahre bestätigt worden. „Echte" Fahrversuche, Untersuchungen mit Fahrsimulatoren und laborexperimentelle Studien, auf die die neuere Rechtsprechung besonderes Gewicht legt (BGHSt **30** 251, 253 ff; **34** 133, 134 ff; **37** 89, 94), haben vor allem die Einstufung von BAK-Werten ab 0,4 ‰/0,5 ‰ als kritische und von Werten ab 1,0 ‰ als absolut unverträgliche Grenze erhärtet.[68] *Krüger* (BA 27 [1990] 182, 193 ff) kommt nach Auswertung einer Vielzahl experimenteller Untersuchungen sogar zu dem Ergebnis, dass die Fahrsicherheit bereits ab einer BAK zwischen 0,7 und 0,8 ‰ allgemein aufgehoben sei. Er stellt dabei – prinzi- **16c**

---

65 Unter vielen *Elbel* BGA-Gutachten 1966 (Anl. 9) S. 166, 170 f; *Gerchow* BA **6** (1969) 399, 409; *Heifer* BA **23** (1986) 364, 367 f; *ders.* BA **28** (1991) 121, 124 f; *Krüger* BA **27** (1990) 182, 194; *Lewrenz/Berghaus/Dotzauer* BA **11** (1974) 104.

66 Vgl. *Elbel* BGA-Gutachten 1966 (Anl. 9) S. 166, 170; *Heifer* BA **28** (1991) 121, 138 (Nr. 1); *Lockemann/Püschel* BA **34** (1997) 241, 256. Zur Bedeutung dieser Erkenntnisse in Bezug auf eine Untergrenze des Nachweisbereichs der „relativen" Fahrunsicherheit s. Rdn. 93 f.

67 Zitiert durch den Regierungsentwurf betreffend das „absolute Alkoholverbot für Fahranfänger" nach § 24c StVG (BTDrucks 16/5047 S. 7, abgedruckt bei *Hentschel/König*[40] § 24c StVG Rdn. 1).

68 *Gerchow* BA **13** (1976) 341; *Gerlach* BA **9** (1972) 239; *Gilg/Liebhardt/Schuller/Riedel* BA **21** (1984) 235; *Heifer* BA **8** (1971) 385; *Lutz/Rahn/Taupp* BA **28** (1991) 235; *Heppner* BA **10** (1973) 166; *Lewrenz/Berghaus/Dotzauer* BA **11** (1974) 104; *Lockemann/Püschel* BA **34** (1997) 241, 248 ff; *Wilhelmi/Lindner/Audrlický* BA **9** (1972) 473. S. andererseits *Staak/Springer/Schoor* BA **9** (1972) 441, 448 f, die bei Werten zwischen 0,4 und 0,5 ‰ keine signifikanten Leistungsabnahmen gegenüber einem Placebo-Versuch festgestellt haben.

piell in Einklang mit der Begriffsbestimmung der Rechtsprechung (Rdn. 10) – maßgebend darauf ab, dass der Kraftfahrer nicht nur Standardsituationen gewachsen, sondern auch in der Lage sein müsse, kritische Verkehrslagen zu meistern; bei einer BAK ab 0,7 bzw. 0,8 ‰ könne man allenfalls von Ersterem, nicht aber von Letzterem ausgehen (s. aber Rdn. 16e a.E.).

16d dd) Unumstrittenes Ergebnis der Alkoholforschung ist es, dass das Maß der Leistungsstörungen nicht im gesamten Verlauf der „Alkoholkurve" gleich bleibend ist. Vielmehr sind die Beeinträchtigungen in deren aufsteigendem Ast sehr viel stärker als im abfallenden (also dann, wenn die Ausscheidung des Alkohols dessen Aufnahme überwiegt). Am massivsten sind sie kurz vor Abschluss der Resorption und etwas darüber hinaus (*Gerchow* BGA-Gutachten 1966 [Anl. 10] S. 174, 183). Dies haben sowohl der Gesetzgeber als auch die Rechtsprechung aufgegriffen, indem beide neben dem BAK-Wert zur Tatzeit darauf abstellen, ob die Alkoholmenge, die der Betroffene zur Tatzeit im Körper hat, zu einer BAK über dem maßgebenden Grenzwert führt (hierzu Rdn. 81).

16e ee) Im Zuge der „Grenzwertdiskussion" spielt naturgemäß die Frage eine Rolle, ob beim Trinkgewöhnten andere Maßstäbe angelegt werden müssen als beim (mehr oder weniger) Abstinenten.[69] Auch im Strafverfahren wird bzw. wurde gelegentlich argumentiert, z.B. der Weinprüfer oder Bierfahrer verfüge über eine bessere Alkoholverträglichkeit. Gemeint sind damit nicht Fälle einer geringeren oder größeren Trinkgewöhnung „im Rahmen des noch «Normalen»", für die keine erhöhte Alkoholtoleranz nachgewiesen ist (*Elbel/Schleyer* Blutalkohol S. 163), sondern die chronischen Trinker. Für diese ist wohl davon auszugehen, dass sie es zumindest verstehen, ausgefallene *Teil*funktionen durch andere zu ersetzen (*Krüger* BA **27** [1990] 182, 195). Allerdings hielt es das BGA-Gutachten 1966 im Anschluss an *Elbel/Schleyer* (Blutalkohol S. 162 f) für hinreichend gesichert, dass sich eine erhöhte Toleranz nicht auf die *gesamte* Skala der Leistungen erstrecke, die vom Kraftfahrer im Straßenverkehr verlangt werde (BGA-Gutachten 1966 S. 49). Dies wird durch Versuche bestätigt, die u. a. mit Bierfahrern unternommen worden sind (vgl. *Gerchow* BGA-Gutachten 1966 [Anl. 10] S. 174, 179). Jedenfalls durch einen Grenzwert von 1,0 ‰ wird auch diese Personengruppe nicht unangemessen benachteiligt. Hingegen sieht *Krüger* (BA **27** [1990] 182, 195) für den von ihm vorgeschlagenen Grenzwert von 0,7/0,8 ‰ (Rdn. 16c) insoweit noch Forschungsbedarf.

17 c) **Die Blutalkoholkonzentration (BAK).** Wichtigstes Beweisanzeichen für das Vorliegen alkoholbedingter Fahrunsicherheit ist nach wie vor die Alkoholkonzentration im Blut (vgl. BGHSt **31** 42, 44; zur Atemalkoholanalyse Rdn. 44 ff). Sie wird in Promille angegeben (Alkohol in Gramm pro 1000 ccm Blut) und in aller Regel durch *Analyse einer Blutprobe* festgestellt (Rdn. 18 ff), die aufgrund einer Anordnung nach § 81a StPO entnommen worden ist. Es ist jedoch auch möglich, die BAK nach der Menge Alkohol zu errechnen, die der Beschuldigte aufgenommen hat (Trinkmenge). Die Ergebnisse einer durch *Trinkmengenberechnung* vorgenommenen BAK-Bestimmung (Rdn. 37 ff) sind allerdings bei weitem unsicherer als die der Blutprobenanalyse.

18 aa) **BAK-Bestimmung anhand einer Blutprobe.** Für das Verfahren der BAK-Bestimmung anhand einer Blutprobe hat das Bundesgesundheitsamt im Jahre 1966 Richtlinien

---

[69] Zu Fällen krankheitsbedingter erhöhter Alkoholverträglichkeit Rdn. 77 a.E., zum Einfluss von Krankheiten, Gegengiften Rdn. 42.

vorgelegt (Anl. 6a bis 6c des BGA-Gutachtens 1966), die im BGA-Gutachten 1977 (S. 7 ff; Anl. 2) weiter entwickelt worden sind und durch die BAK-Richtlinien-Kommission[70] den tatsächlichen und rechtlichen Entwicklungen fortlaufend angepasst werden (vgl. BA **44** [2007] 273). Sie entsprechen dem Erkenntnisstand der medizinisch-naturwissenschaftlichen Forschung und tragen den forensisch zu stellenden Anforderungen Rechnung. Die vom Bundesgesundheitsamt vorgegebenen Verfahrensgrundsätze haben dementsprechend allgemein Anerkennung gefunden. Deren Einhaltung ist durch Nr. 3.6 Abs. 2 der im Wesentlichen bundeseinheitlich geltenden Verwaltungsvorschriften über die Feststellung von Alkohol-, Medikamenten- und Drogeneinfluss bei Straftaten und Ordnungswidrigkeiten (RiBA [Rdn. 255]) zwingend vorgeschrieben. Sie ist Voraussetzung für die Anerkennung einer Blutprobenanalyse im Strafverfahren (vgl. BGHSt **21** 157, 159; **39** 291, 298; BayObLGSt **1995** 181, 183); für den Zivilprozess gilt dasselbe (BGH VRS **75** 444, 446).

(1) **Fünf bzw. vier Einzelanalysen.** Anlage 6a des BGA-Gutachtens 1966 (S. 146 **19**
[Nr. 1]) ordnet fünf Einzelanalysen an, die nach zwei voneinander unabhängigen Untersuchungsverfahren gewonnen sein müssen (drei Proben nach dem Verfahren *Widmark*[71] und zwei nach der *ADH-Methode*[72]). Zugleich bringt das Gutachten aber zum Ausdruck, dass neben den zur Zeit seiner Erstellung gebräuchlichen Methoden (Widmark; ADH) neue Untersuchungsverfahren zugelassen werden können, sofern sie der wissenschaftlichen Nachprüfung in Bezug auf Genauigkeit, Reproduzierbarkeit und Spezifität standhalten (Gutachten 1966 S. 147 [Nr. 9]). Das trifft auf das *automatisierte gaschromatographische Verfahren (GC-Verfahren)* zu. Dieses Verfahren ist den anderen beiden Verfahren in Bezug auf Zuverlässigkeit und Leistungskonstanz nach verbreiteter Auffassung der medizinisch-naturwissenschaftlichen Forschung überlegen.[73] Mit dem BGA-Gutachten 1977 (S. 7 ff) ist es als weitere Untersuchungsmethode anerkannt worden.[74] Unumstritten ist, dass statt der drei Untersuchungen nach Widmark oder der zwei Untersuchungen nach ADH zwei gaschromatographische Untersuchungen vorgenommen werden können, womit vier Einzelanalysen ausreichen.[75] Die Alkoholbestimmung unter Anwendung des GC-Verfahrens in Verbindung mit der ADH-Methode hat das Verfahren unter Erhebung von fünf Einzelanalysen nach den beiden anderen Methoden in der Praxis mittlerweile in den Hintergrund gedrängt.

---

70 Der Deutschen Gesellschaft für Rechtsmedizin, der Gesellschaft für toxikologische und forensische Chemie und der Deutschen Gesellschaft für Verkehrsmedizin.

71 Es handelt sich um ein mikrochemisches jodometrisches Titrationsverfahren; hierzu eingehend *Forster/Joachim* Blutalkohol und Straftat S. 29 ff.

72 „Alkoholdehydrogenase-Verfahren"; fermentatives Verfahren, das gleichsam die erste Stufe des Alkoholabbaus nachahmt (im Einzelnen *Forster/Joachim* Blutalkohol und Straftat S. 40 ff; vgl. auch *Hentschel* Trunkenheit Rdn. 59 ff).

73 BGA-Gutachten 1977 S. 7, 8; *Brettel* BA **10** (1973) 120; *Greiner* BA **10** (1973) 236, 239 (kritisch hierzu BGA-Gutachten 1977 S. 9); *Grüner* BA **28** (1991) 360, 361; *Krauland/Schmidt* FS BA S. 91; *Machata* BA **4** (1967) 252; Zusammenfassend *Forster/Joachim* Blutalkohol und Straftat S. 47 ff; *Hentschel* Trunkenheit Rdn. 65 ff. Vgl. auch *Klug/Schmidt* BA **18** (1981) 237; *Machata* BA **20** (1983) 236; *Schmidt* BA **19** (1982) 122.

74 Ebenso bereits zuvor BayObLG BA **13** (1976) 227, 229 f; OLG Köln BA **13** (1976) 435 f; OLG Hamburg BA **13** (1976) 230 f, 231 f.

75 S. nur BGHSt **28** 1, 2; BGH VRS **75** 444, 446 [zu § 2 AUB]; BayObLG VRS **62** 461, 462; OLG Stuttgart VRS **66** 450, 452; OLG Düsseldorf VRS **94** 352, 353; vgl. auch Nr. 5.1 ff der Anpassungsrichtlinien 2007, BA **44** (2007) 273, 275.

20 (a) **Mehr als vier/fünf Einzelanalysen.** Die Beschränkung auf vier bzw. fünf Einzelanalysen erfolgte nicht zuletzt aus finanziellen Erwägungen und mit Blick auf womöglich nur beschränkt zur Verfügung stehendes Untersuchungsmaterial (OLG Hamm BA **12** [1975] 279, 280). Es handelt sich insoweit *um eine Mindestanforderung*, die der Durchführung einer *größeren Anzahl von Analysen nicht entgegensteht*. Nach der Gauß'schen Wahrscheinlichkeitstheorie nimmt die Wahrscheinlichkeit, dem „Wahren Wert" möglichst nahe zu kommen, mit der Anzahl der Einzelwerte zu; der Angeklagte ist bei Durchführung und Verwertung einer größeren Anzahl von Analysenergebnissen demnach nicht unzulässig beschwert.[76] Sind nach einer Messmethode mehr Analysen als vorgeschrieben durchgeführt worden, so darf der Richter deswegen auch nicht unter Hinweis auf den Zweifelssatz nur jeweils die beiden (drei) günstigsten Messbefunde der einen Methode herausgreifen und mit diesen sowie den nach der anderen Messmethode erhobenen den Mittelwert bilden (offen gelassen von OLG Düsseldorf BA **16** (1979) 61, 62 f, zum Zweifelssatz bei der Bildung des Mittelwerts näher Rdn. 23).

21 (b) **Verfehlen der Mindestzahl, Sonstiges.** Werden hingegen *weniger als die geforderten Einzelanalysen* durchgeführt, so hat der Untersuchungsbefund hinsichtlich des festgestellten BAK-Werts keine uneingeschränkte Beweiskraft. Bedeutsam ist dies vor allem für die Feststellung der absoluten Fahrunsicherheit. Die Problematik ist deshalb in Rdn. 89 ff im Zusammenhang erläutert. Die Einzelwerte **dürfen nicht aufgerundet** werden (Rdn. 79). Zur **Mitteilung der Einzelwerte** durch das Institut bzw. im Urteil wird auf das in Rdn. 27 Gesagte Bezug genommen. Die für die BAK-Bestimmung verwendeten Geräte unterliegen **nicht der Eichpflicht** (OLG Düsseldorf BA **32** [1995] 301, 302; OLG Schleswig BA **33** [1996] 54, 55). Die Verwendung nicht geeichter Geräte führt deshalb nicht zu einem strafprozessualen Verwertungsverbot. Die erforderliche Messgenauigkeit wird auf andere Weise, nämlich durch laufende interne Qualitätskontrollen und durch die regelmäßige Teilnahme der Untersuchungsstelle an Ringversuchen sichergestellt (OLG Düsseldorf BA **32** [1995] 301, 302; s. auch Rdn. 63b).[77]

22 (2) **Zwei Untersuchungsmethoden.** In Übereinstimmung mit den BGA-Gutachten 1966 (S. 146 [Nr. 1]) und 1977 (S. 7) hält die Rechtsprechung daran fest, dass zwei voneinander unabhängige Untersuchungsmethoden angewandt werden müssen.[78] Dies beruht auf der Erkenntnis, dass mit Messungen im Bereich der Naturwissenschaft absolute Genauigkeit im Sinne völliger Übereinstimmung des Messergebnisses mit der wirklich gegebenen Größe selbst unter günstigsten Voraussetzungen nicht erzielt werden kann. Keine Untersuchungsmethode, auch nicht das gaschromatographische Verfahren, kann als fehlerfrei angesehen werden (OLG Düsseldorf VRS **94** 352, 354). Demgegenüber wird durch die rechtsmedizinische Wissenschaft teils vorgeschlagen, die Doppelbestimmung im automatisierten gaschromatographischen Verfahren als eigenständige Methode zur BAK-Bestimmung anzuerkennen.[79] Die Vorschläge stützen sich auf die Messgenauigkeit

---

[76] OLG Hamm BA **12** (1975) 279, 280; OLG Düsseldorf BA **16** (1979) 405, 406; BA **17** (1980) 174; VRS **67** 35, 36; *Hentschel* Trunkenheit Rdn. 64; *Dotzauer/Berghaus* BA **16** (1979) 63. Abw. u.U. OLG Düsseldorf BA **16** (1979) 61, 62 f.

[77] Zur Validierung der Geräte nach internationalen Standards *Schmitt/Aderjan* BA **41** (2004) 299. Zur Führung von verfahrenskombinierenden Kontrollkarten *dies.* BA **45** (2008) 221.

[78] BayObLG VRS **62** 461, 462; BayObLGSt **1995** 181, 183 f; OLG Düsseldorf VRS **94** 352, 354.

[79] *Heifer/Brzezinka* BA **27** (1990) 215, 216 f; *Krauland/Schmidt* FS BA S. 91, 95. Vgl. auch *Klug/Schmidt* BA **18** (1981) 237; *Machata* BA **20** (1983) 236; *Schmidt* BA **19** (1982) 122.

der GC-Methode und auf mittlerweile langjährige und gute Erfahrungen; zudem sei bei zwei prinzipiell unterschiedlichen Verfahren ein systematischer „Fehler" zu erwarten, der bei Verwendung nur eines Verfahrens ausgeschaltet oder zumindest minimiert werden könne (*Heifer/Brzezinka* BA 27 [1990] 215, 216 f). Vereinzelt wird sogar die Auffassung vertreten, die Doppel-GC-Methode könne bereits heute als richtliniengerechtes BAK-Bestimmungsverfahren unter Anwendung zweier Untersuchungsmethoden gelten, sofern zwei Untersucher unabhängig voneinander je zwei Analysen durchführten, ggf. dabei auch zwei Geräte verwendeten (so *Machata* BA 20 [1983] 236, 239). Mit den insoweit eindeutigen Aussagen des BGA-Gutachtens 1977 (S. 7 f) ist dies freilich nicht zu vereinbaren. Der „konservative" Standpunkt der Rechtsprechung erscheint deshalb verständlich. Eine derart einschneidende Änderung in der Praxis der BAK-Bestimmung bedürfte einer breiten medizinisch-naturwissenschaftlichen Absicherung. Es wäre wünschenswert, wenn die Rechtsprechung einen Anstoß dahin geben würde, die formalen Kriterien zu überdenken (näher Rdn. 89 a.E.). Bedauerlicherweise steht das Bundesgesundheitsamt für die damit verbundenen Aufgaben nicht mehr zur Verfügung. Wird **nur ein Verfahren angewandt**, so ist der Beweiswert des so ermittelten Befundes vermindert. Der Befund kann zwar als Beweisanzeichen im Rahmen der Prüfung „relativer Fahrunsicherheit" dienen; für die Feststellung „absoluter Fahrunsicherheit" darf er jedoch nicht mehr vorbehaltlos herangezogen werden; die Einzelheiten sind umstritten (im Einzelnen Rdn. 89 ff).

(3) **Mittelwert.** Dem Untersuchungsbefund ist nach gefestigter Rechtsprechung und **23**
ganz h.M. im Schrifttum das **arithmetische Mittel aus allen vier bzw. fünf ermittelten Einzelwerten** zugrunde zu legen; auf diese Weise kommt man dem „Wahren Wert" am nächsten.[80] Die vereinzelt vertretene Auffassung, der Zweifelssatz zwinge dazu, den niedrigsten Einzelwert heranzuziehen,[81] verkennt u.a., dass der Fehlerbreite der Messergebnisse bereits durch Bildung des Mittelwerts aus vier bzw. fünf Einzelwerten Rechnung getragen wird, von denen je zwei in voneinander unabhängigen Messverfahren erhoben worden sind (BayObLGSt **1995** 181, 184). Darüber hinaus ist die „Streubreite" im Sicherheitszuschlag (Rdn. 60) berücksichtigt (OLG Düsseldorf VRS **94** 352, 355). Für eine weitere Begünstigung des Beschuldigten besteht vor diesem Hintergrund kein Anlass (*Haffke* NJW **1971** 1874, 1875; *Hentschel* Trunkenheit Rdn. 82 f). Der Richter ist aufgrund des Zweifelssatzes auch nicht gehalten, die Einzelwerte des gaschromatographischen Verfahrens zugrunde zu legen, sofern diese im konkreten Fall niedriger sind als die im anderen Verfahren ermittelten (OLG Düsseldorf VRS **94** 352, 355). Er darf ferner nicht das arithmetische Mittel aus den Mittelwerten der beiden Untersuchungsmethoden bilden, und zwar auch dann nicht, wenn im konkreten Fall mehr als die vorgeschriebenen vier bzw. fünf Einzelanalysen vorgenommen worden sind (OLG Düsseldorf BA **17** [1980] 174, 175; VRS **67** 35, 36).[82] Bei Erhebung von *mehr als den vorgeschriebenen Analysen* verstößt es desgleichen nicht gegen den Zweifelssatz, wenn der Richter *sämtliche* Messbefunde verwertet; er ist im Gegenteil hierzu verpflichtet (hierzu auch Rdn. 20). Der Mittelwert *darf nicht aufgerundet* werden. Dies gilt auch dann, wenn er nur äußerst

80 S. nur BGHSt **28** 1, 2; **37** 89, 95 f; **45** 140; BayObLGSt **1995** 181, 183 f; OLG Düsseldorf VRS **94** 352, 354; BGA-Gutachten 1966 S. 32 f [insbesondere Nr. 5 bis 7]; BGA-Gutachten 1977 S. 8; *Lackner/Kühl* § 315c Rdn. 8; *Sch/Schröder/Cramer/Sternberg-Lieben* Rdn. 17; *Fischer* Rdn. 18; *Hentschel* Trunkenheit Rdn. 79; *Haffke* NJW **1971** 1874, 1875.

81 OLG Neustadt DAR **1959** 137, 139; *Sch/Schröder/Cramer*[24] Rdn. 5b (nunmehr aufgegeben); *Weigelt* DAR **1962** 359 f.

82 Noch offen gelassen von OLG Düsseldorf BA **16** (1979) 405, 406.

knapp unter der für die Annahme der absoluten Fahrunsicherheit geltenden Grenze liegt; das Rundungsverbot erstreckt sich auf die Einzelergebnisse (näher Rdn. 79).

24 (a) **Zulässige Variationsbreite.** Bei physikalischen Messungen und chemischen Bestimmungen kann absolute Genauigkeit niemals gewährleistet werden (Rdn. 22). Das Bestreben kann nur dahin gehen, eine möglichst weitgehende Annäherung an den „Wahren Wert" zu erreichen, d.h. die Differenz zwischen „Wahrem Wert" und Messergebnis so klein wie möglich zu halten (BGA-Gutachten 1966 S. 32 [Nr. 5]). Mit Rücksicht darauf dürfen die Ergebnisse der Einzelmessungen anerkanntermaßen für die Bestimmung des Mittelwerts verwendet werden, sofern sie nur geringfügig voneinander abweichen. Die divergierenden Werte müssen sich jedoch **innerhalb der zulässigen Variationsbreite** halten. Unter Variationsbreite[83] ist dabei die Differenz zwischen dem höchsten und dem niedrigsten Einzelergebnis zu verstehen (BGA-Gutachten 1966 S. 33 [Nr. 9]). Die Variationsbreite darf nicht mehr als 10% des Mittelwerts, bei einem Mittelwert unter 1 ‰ nicht mehr als 0,1 ‰, betragen (BGA-Gutachten 1966 S. 25 f; S. 147 [Nr. 6]; BGHSt **45** 140, st. Rspr.). Laufen die Einzelwerte weiter auseinander, so darf ein aus ihnen gebildeter Mittelwert der Entscheidung nicht zugrunde gelegt werden. Der Richter darf also nicht etwa den „Ausreißer" unter den Einzelergebnissen außer Betracht lassen und den Mittelwert aus den drei bzw. vier verbliebenen Einzelwerten errechnen; dies gilt auch dann, wenn er eine Gegenprobe durch eine Trinkmengenberechnung macht (BayObLG bei *Rüth* DAR **1980** 266). Gleichermaßen unzulässig ist es, wenn er unter Einbeziehung des „Ausreißers" den Mittelwert aus allen Einzelwerten bildet und zum Ausgleich des Fehlers kurzerhand den Sicherheitszuschlag erhöht (BayObLGSt **1995** 181, 183). Eine Ausnahme soll allerdings gelten, sofern alle Befunde (also einschließlich des „Ausreißers") über dem maßgebenden Grenzwert liegen (BayObLG bei *Rüth* DAR **1980** 262; unten Rdn. 89a).

24a „Streuen" die Einzelwerte weiter als es die zulässige Variationsbreite erlaubt, so **muss die Analyse wiederholt** werden (BGA-Gutachten 1966 S. 151 [Nr. 10]).[84] Im Gutachten dürfen dann nur die Ergebnisse der zweiten Messung verwertet werden. Wenn die dann durchgeführte Nachuntersuchung geringere BAK-Werte ergibt, so ist dies kein Indiz für die Fehlerhaftigkeit der bisherigen Untersuchungen oder gar für eine Unzuverlässigkeit des Instituts. Vielmehr ist ein Konzentrationsabfall bis zu einem gewissen Grad selbst bei kürzeren Lagerungszeiten nicht ungewöhnlich (*Schewe* BA **19** [1982] 381). Allerdings stellt es einen Verfahrensfehler dar, wenn der Richter unter Hinweis darauf einen Beweisantrag ohne Weiteres ablehnt, der auf die Feststellung der Fehlerhaftigkeit der durchgeführten Untersuchungen abzielt.[85] Reicht das Untersuchungsmaterial nicht aus, um eine Nachuntersuchung durchführen zu können, so stellt sich die Frage, welche Beweiskraft die Erstuntersuchung zu entfalten vermag. Sie ist in erster Linie für die Feststellung der absoluter Fahrunsicherheit relevant und wird deshalb dort (Rdn. 89 ff) erörtert. Zur **Mitteilung des Mittelwerts/der Einzelwerte** durch das Institut bzw. im Urteil s. Rdn. 26 f.

---

83 Auch „Spannweite" genannt, vgl. BayObLGSt **1995** 181, 184.

84 BayObLGSt **1995** 181, 183; Nr. 3.6 Abs. 3 Satz 1 und 2 der RiBA (Rdn. 255); *Jagow/Burmann/Heß* Rdn. 12; *Hentschel* Trunkenheit Rdn. 85.

85 OLG Köln BA **19** [1982] 380 m. zust. Anm. *Schewe* ebd. S. 381 f; s. auch, m.w.N., *Hentschel* Trunkenheit Rdn. 72.

(b) **Standardabweichung.** Wird die zulässige Variationsbreite eingehalten, so darf der Mittelwert *auch dann verwertet werden*, wenn bezogen auf die Einzelwerte *die maximal zulässige Standardabweichung überschritten wird.* Mit **Standardabweichung** ist der Unterschied zwischen einem durch die Analyse ermittelten Einzelwert und dem Mittelwert aus allen Einzelwerten gemeint. Sie darf nach dem BGA-Gutachten 1989 (NZV **1990** 104) je nach den im Einzelfall angewendeten beiden Untersuchungsmethoden zwischen 0,03 und 0,04 ‰ betragen (aaO S. 106).[86] Im Anschluss an die Neubestimmung des für Kraftfahrer geltenden Grenzwerts zur absoluten Fahrunsicherheit (dazu Rdn. 63) hatte sich die Frage gestellt, ob die Begrenzung der Standardabweichung als neues Fehlerkriterium an die Stelle der zulässigen Variationsbreite treten sollte. Dies geht auf die in BGHSt 37 89 aufgestellte Forderung zurück, die Untersuchungsinstitute hätten „durch die Bekanntgabe der vier bzw. fünf Einzelmesswerte jeder Blutalkoholbestimmung nachzuweisen, dass die sich ergebende Abweichung unter den im Gutachten 1989 (S. 106) angegebenen Maximalwerten liegt" (aaO S. 98; ebenso BGHSt **39** 291, 298). **25**

BayObLGSt **1995** 181[87] hält es „für ausgeschlossen, dass der Bundesgerichtshof durch ... die zitierten Äußerungen die statistische Größe der Standardabweichung als Kontrollmaß für die Messpräzision fordern wollte" (aaO S. 185) und sieht mit eingehender und überzeugender Begründung weiterhin die zulässige Variationsbreite der Einzelanalysen als allein entscheidendes Fehlerkriterium an.[88] Dem ist der BGH mit Beschluss vom 20.7.1999 (BGHSt **45** 140, 143 ff) in Bezug auf den Grenzwert von 1,1 ‰ beigetreten, soweit die Untersuchung durch Institute durchgeführt wird, die sich erfolgreich an Ringversuchen beteiligen (Rdn. 63). Die Standardabweichung beschreibe die Präzision einer größeren Messreihe, während die Messpräzision eines Instituts anhand einer Stichprobe von vier oder fünf Einzelwerten nicht untersucht werden könne. Der Aufdeckung des systematischen Fehlers trage das Kriterium der zulässigen Variationsbreite Rechnung. Die Überprüfung der Messpräzision durch Berücksichtigung der Standardabweichung, die ohne Sachverständigen nicht möglich sei, würde die Beweisaufnahme unnötig belasten. BayObLGSt **1995** 181 (188) zieht die Berechnung der Standardabweichung allerdings für den Fall in Erwägung, dass die Werte innerhalb der beiden Analyseverfahren erheblich differieren und dabei die Summe der sich aus den beiden Verfahren (GC und ADH) ergebenden Differenzwerte 0,15 ‰ übersteigt. Der BGH äußert sich hierzu nicht und stellt ausschließlich auf die Einhaltung der Variationsbreite ab (BGHSt **45** 140, 147 f); im Hinblick darauf dürfte die Berechnung der Standardabweichung *generell* unterbleiben können. Vor diesem Hintergrund versteht es sich von selbst, dass der Richter bei Überschreitung der zulässigen Standardabweichung *nicht* den für Institute, die sich nicht an Ringversuchen beteiligen, erhöhten Sicherheitszuschlag von 0,15 ‰ (Rdn. 63) zugrunde legen darf.[89] **25a**

---

[86] Das Gutachten gibt jeweils 0,03 ‰ für die Verwendung des gaschromatographischen Verfahrens mit dem ADH- bzw. Widmark-Verfahren und 0,04 ‰ für die Verwendung des ADH- und des Widmark-Verfahrens an.

[87] Mit zust. Anm. *Heifer/Brzezinka* BA **33** (1996) 106 und *Hentschel* JR **1996** 388, 389 f.

[88] Mit sorgfältiger Begründung schon zuvor LG Göttingen NdsRpfl **1991** 276, 277 f. Ebenso *Lackner/Kühl* § 315c Rdn. 6b; *Hentschel* Trunkenheit Rdn. 85 f; wohl auch *Jagow/Burmann/Heß* Rdn. 12; *Beier* NZV **1996** 343; *Rüdell/ Rüdell* BA **28** (1991) 252; *Sammler/Sprung/Hilgers* BA **29** (1992) 205. Abweichend *Schoknecht* NZV **1996** 218. **AA** LG Hamburg BA **30** (1993) 367; LG München I NZV **1996** 378; *Sch/Schröder/Cramer/Sternberg-Lieben* Rdn. 17; *Löffel* NZV **1995** 478.

[89] BayObLGSt **1995** 181, 183; **aA** noch LG Hamburg BA **30** [1993] 367 m. Anm. *Kaun*; hierzu *Daldrup* BA **31** (1994) 46; LG München I NZV **1996** 378.

26 (c) **Mitteilungspflichten des Instituts.** Das untersuchende Institut muss die Gewähr bieten, dass es die Messtoleranzen nicht überschreitet. Dazu muss es nach der Rechtsprechung in der schriftlichen Mitteilung der Analysenergebnisse versichern, dass es regelmäßige Qualitätskontrollen durchführt und erfolgreich an Ringversuchen teilgenommen hat (u.a. BGHSt **37** 89, 98; **39** 291, 298; vgl. auch BGHSt **28** 235, 236 f sowie Nr. 3.6 RiBA; Rdn. 255), ferner, dass der Mittelwert richtliniengerecht ermittelt und auch nicht aufgerundet worden ist (*Hentschel* Trunkenheit Rdn. 86 m.w.N.). BGHSt **37** 89 (98) hatte darüber hinaus verlangt, dass die Institute der Strafjustiz die Einzelwerte bekannt geben. Dies steht vor dem Hintergrund der Überprüfung der Standardabweichung und dürfte durch BGHSt **45** 140 überholt sein (vorstehende Rdn.). Dort wird bekräftigt, dass es erforderlich, aber auch ausreichend ist, wenn das Institut die erfolgreiche Teilnahme an Ringversuchen versichert. Dies lässt unberührt, dass sich die Mitteilung der Einzelergebnisse zur Vermeidung von Komplikationen und Verzögerungen weiterhin *empfiehlt* (so schon BGHSt **28** 235, 239).

27 (d) **Mitteilung im Urteil.** Im Urteil muss nur der durch das Institut festgestellte Mittelwert angegeben werden (BGHSt **28** 235, 236 ff). Mit Recht betont der BGH, dass die Einzelanalysenwerte und der „simple Rechenvorgang" (*Händel* BA **15** (1978) 214) der Addition und Division als einer von vielen Teilvorgängen im Zuge der BAK-Bestimmung nicht zu den wesentlichen Anknüpfungstatsachen und Gedankengängen gehören, die eine Wiedergabe im Urteil erfordern (BGHSt **28** 235, 238). Entgegen einer in der Rechtsprechung vormals teilweise vertretenen Meinung[90] gilt dies auch dann, wenn die Grenzwerte (insbesondere 1,1 ‰) tangiert sind. Der „simple Rechenvorgang" ist nämlich in der Nähe der Grenzwerte nicht weniger einfach als anderswo. Die von der abweichenden Meinung vorgenommene Beschränkung der Mitteilungspflicht auf den Grenzbereich erscheint im Übrigen bereits im Ansatz nicht plausibel; denn es gibt keinen Erfahrungssatz des Inhalts, dass ein wirklicher Fehler sich gerade im Grenzbereich auswirkt (BGH aaO S. 238 f im Anschluss an OLG Düsseldorf BA **15** [1978] 221, 223 f).[91] Genausowenig können aus der Mitteilung der Einzelwerte Hinweise auf das Vorliegen eines systematischen Analysenfehlers gewonnen werden (BGHSt **28** 235, 239).[92] Daran, dass *im Urteil* nur der Analysenmittelwert mitgeteilt werden muss, hat auch BGHSt **37** 89 nichts geändert (abw. u.U. *Jagow/Burmann/Heß* Rdn. 13a). Das ist in BGHSt **39** 291 (298) nochmals explizit bestätigt worden (vgl. auch KG BA **37** [2000] 115 f [zu § 24a StVG]). Etwaige Mitteilungspflichten der Institute (vorstehende Rdn.) haben mit der *richterlichen* Darlegungspflicht unmittelbar nichts zu tun. Selbstredend hat aber der Richter etwaigen Zweifeln an der Richtigkeit der Ergebnisse auch künftig nachzugehen, und bleibt es dem Verteidiger nach wie vor unbenommen, auf weitere Aufklärung zu drängen (BGHSt **39** 291, 298).

28 (4) **Rückrechnung.** Entscheidend ist **grundsätzlich die BAK zur Tatzeit** (Tatzeitwert). Die Blutprobe wird aber zumeist erst geraume Zeit nach der Tat entnommen. Zu diesem Zeitpunkt ist der Alkohol in der Regel jedoch vom Körper bereits wieder zum Teil abge-

---

[90] OLG Bremen BA **12** (1975) 329, 330 f; OLG Karlsruhe BA **14** (1977) 125, 126 ff; OLG Köln BA **13** (1976) 238 f.

[91] BGHSt **39** 291, 298; OLG Schleswig BA **15** (1978) 212 m. zust. Anm. *Händel* ebd. S. 214; *Lackner/Kühl* § 315c Rdn. 8; *Fischer* Rdn. 18; abw. womöglich *Jagow/Burmann/Heß* Rdn. 13a. **AA** *Strate* BA **15** (1978) 405.

[92] Im Anschluss an *Gerchow* BA **12** (1975) 331, 332 und *Grüner* BA **14** (1977) 189, 190 f; BA **14** (1977) 215, 223 ff. Abw. OLG Hamm BA **14** (1977) 188, 189.

baut (eliminiert). Die Blutprobe ergibt dann eine niedrigere BAK als zur Tatzeit. Deshalb muss dem anhand der Blutprobe ermittelten BAK-Wert (Entnahmewert) der zwischen Tat und Entnahme abgebaute Alkohol (Abbauwert) hinzugerechnet werden. Die Tatzeit-BAK wird demnach *vom Entnahmewert aus* durch Addition des Abbauwerts „hochgerechnet" (vgl. BGHSt 25 246, 251). Die Rückrechnung ist allerdings „nur insoweit eine Hochrechnung, als sie in die Eliminationsphase fällt" (BGH aaO). Außerhalb der Eliminationsphase, also in der Phase, in der der Körper den Alkohol erst noch aufnimmt (Resorption) oder noch nicht wieder (überwiegend) abbaut, darf nicht addiert werden. Situationen, in denen hinreichend sicher davon ausgegangen werden kann, dass der Zeitraum zwischen der Tat und der Blutentnahme *vollständig* mit der Eliminationsphase zusammenfällt, werden dabei kaum je vorkommen. Denn der Resorptionsverlauf entzieht sich exakter Bestimmung (Rdn. 30 ff); selbst bei „normalem" Trinkverhalten kann die Alkoholkurve von „Launenhaftigkeit" geprägt sein, z.B. wenn Resorptionsverzögerungen eintreten (BGA-Gutachten 1977 S. 22). Situationen atypischen Trinkverhaltens kommen hinzu (Rdn. 29). „Rückrechnung" und „Hochrechnung" sollten vor diesem Hintergrund nicht, wie es gelegentlich geschieht, terminologisch gleichgesetzt werden. Der Vorschlag des BGA-Gutachtens 1977, die präzisere (aber sehr lange) Bezeichnung der „Ermittlung des Tatzeitwertes der Blutalkoholkonzentration (oder des Alkoholisierungsgrades) aus der BAK zur Zeit der Blutentnahme" zu verwenden (S. 23), hat sich nicht durchgesetzt. Eine Berechnung des Tatzeitwerts anhand der BAK *vor* der Tat hat nach den Grundsätzen unter Rdn. 40 zu erfolgen (OLG Koblenz DAR **2000** 371, 372; atypischer Fall).

(a) **Ausschluss der „Hochrechnung"**. Ist mit einem *Ansteigen* der „Alkoholkurve" **29**
nach der Fahrt bis zur Entnahme zu rechnen, so kann der Entnahmewert höher sein als der Tatzeitwert, weswegen u.U. sogar ein Abzug vom Entnahmewert vorgenommen werden muss (BGHSt 25 246, 251). Dies kann bei rascher Aufnahme großer Alkoholmengen kurz vor Antritt der Fahrt geschehen (namentlich „Sturztrunk"). In solchen Fällen wird demnach nicht „hochgerechnet" (addiert). Allerdings kann im Hinblick auf die die Leistungsfähigkeit des Einzelnen stark beeinträchtigende Anflutungswirkung des Alkohols *der Entnahmewert zugrunde gelegt werden*; für den maßgebenden Grenzwert genügt es, wenn der Betroffene eine Alkoholmenge im Körper hat, die den Grenzwert sicher erreicht. Dies ist in den Rdn. 81 f erörtert. Sofern die Alkoholkurve auch noch *nach der Blutentnahme* ansteigt, kann sogar eine „Vorausrechnung" erforderlich werden (Rdn. 83). Einen weiteren Sonderfall stellt es schließlich dar, wenn der Betroffene behauptet, *nach Beendigung der Fahrt* Alkohol aufgenommen zu haben („Nachtrunk"); hierzu wird auf das unter Rdn. 84 ff Gesagte verwiesen.

(b) **Keine „Hochrechnung" während der Resorption.** Eine „Hochrechnung" (Addition **30**
des Abbauwerts)[93] setzt voraus, dass der eingenommene Alkohol zur Zeit der Tat vom Körper des Betroffenen bereits vollständig resorbiert, d.h. ganz in die Blutbahn übergetreten ist. Befindet sich der Betroffene während der Fahrt hingegen noch im „aufsteigenden Ast" der Alkoholkurve oder tritt eine Resorptionsverzögerung („Plateau", s. Rdn. 30a) ein, so würde sich bei Addition von Abbauwerten über den gesamten Zeitraum zwischen Tat und Blutentnahme hinweg ein zu hoher BAK-Wert ergeben. Für die Phase der Resorption darf deshalb nicht „hochgerechnet" (addiert) werden. Der (wahr-

---

[93] BGA-Gutachten 1966 S. 53: „Rückrechnung «sensu strictiori»".

scheinliche) Tatzeitwert kann im Wege der Rückrechnung deshalb nur zutreffend bestimmt werden, *wenn das Ende der Resorptionsphase feststeht.*[94] Im Hinblick darauf, dass die Dauer der Resorption von einer Vielzahl von Faktoren in der Konstitution und Disposition des Betroffenen, von Größe, Gesundheits- und Füllungszustand des Magens, vor allem aber von der Trinkintensität (Alkoholmenge pro Zeiteinheit) während der Gesamttrinkzeit abhängt, ist die präzise Feststellung des Resorptionsendes im Einzelfall schwierig, wenn nicht gar unmöglich (BGHSt **25** 246, 249). Zwar ist wissenschaftlich gesichert, dass die Resorption bei „normaler" Alkoholaufnahme vielfach 60 bis 90 Minuten nach Trinkende abgeschlossen ist. Selbst bei „normalem" Trinkverhalten ist aber eine Resorptionsdauer von maximal 120 Minuten nicht völlig ausgeschlossen (*Heifer* BA **13** [1976] 305, 308 ff). Wenn große Mengen Bier oder Wein getrunken werden, kann es zur Bildung eines „Plateau" der Blutalkoholkurve[95] kommen, wonach das Ende der Resorption erst 150 Minuten nach Trinkende erreicht wird (BGA-Gutachten 1966 S. 60). Die Resorptionsphase kann andererseits auch erheblich kürzer sein. Häufig sind Resorptionszeiten von 30 bis 60 Minuten. Bei gleichmäßigem Trinken über einen längeren Zeitraum hinweg können Trinkende und Abschluss der Resorption zusammenfallen oder die Resorption kurze Zeit nach Trinkende abgeschlossen sein; allerdings muss dies nicht immer der Fall sein (*Naeve* BA **10** [1973] 366, 369 f). Für die Resorption nach „Sturztrunk" werden Resorptionszeiten von 20 bis 120 Minuten genannt (OLG Düsseldorf VRS **63** 62, 63). Zahl und Vielfalt der in die Würdigung einzustellenden Faktoren lassen dabei eine Schematisierung nicht zu (BGHSt **25** 246, 249 f; BGA-Gutachten 1966 S. 60; BGA-Gutachten 1977 S. 17).[96] Vor diesem Hintergrund hat BGHSt **25** 246 als *„Richtwert" eine Resorptionsdauer von 120 Minuten nach Trinkende* vorgegeben; der Richtwert gilt für den *„normalen Trinkverlauf"*, der bei einer alkoholischen Belastung von 0,5 bis 0,8 g/kg in der Stunde anzunehmen ist (aaO S. 250). In diesem Richtwert ist zugunsten des Beschuldigten ein Sicherheitszuschlag enthalten. Die Zeitspanne von zwei Stunden hat für die „Hochrechnung" grundsätzlich (d.h. ohne Anhörung eines Sachverständigen) *außer Betracht zu bleiben.* Diese Maxime liegt seither der ständigen Rechtsprechung[97] zugrunde; sie hat auch, trotz kritischer Stimmen u.a. in Richtung auf eine bei einer „Karenzzeit" von zwei Stunden nach Trinkende unangemessene Begünstigung

---

[94] S. dazu, dass der Gipfelpunkt der Alkoholkurve streng genommen nicht mit dem Ende der Resorptionsphase zusammenfällt, vielmehr den Zeitpunkt bezeichnet, von dem an die Ausscheidung und Verbrennung (Elimination) die Resorption überwiegen, BGA-Gutachten 1977 S. 17.

[95] Wie der Name besagt, versteht man darunter eine Alkoholkurve, die keine „echte" Spitze aufweist, sondern beim höchsten Wert über eine gewisse Zeit hinweg in etwa flach verläuft, um erst dann abzufallen; hierzu u.a. *Forster/Joachim* Blutalkohol und Straftat S. 79 ff; *Janiszewski* Verkehrsstrafrecht Rdn. 337. Zur Plateaubildung bei hoher Alkoholaufnahme und anschließendem Erbrechen *Schuff/Dettling/Haffner* BA **44** (2007) 73.

[96] Zusammenfassend BGA-Gutachten 1977 S. 17 ff; *Forster/Joachim* Blutalkohol und Straftat S. 60 ff; *Hentschel* Trunkenheit Rdn. 90 ff; *Jagow/Burmann/Heß* Rdn. 7; *Janiszewski* Verkehrsstrafrecht Rdn. 333 ff.

[97] U.a. BGH DAR **2007** 272; BayObLG VRS **88** 351, 352; DAR **2002** 80; OLG Düsseldorf VRS **73** 470, 472 [zu § 24a StVG]; OLG Köln VRS **61** 140, 141; VRS **64** 294, 295; VRS **65** 217, 218 [zu § 24a StVG]; VRS **65** 367, 368 f; VRS **66** 352 f; OLG Zweibrücken VRS **87** 435, 436. In einem Fall feststehenden Trinkendes legt AG Aachen BA **45** (2008) 203 wohl ohne Hinzuziehung eines Sachverständigen im Tatzeitpunkt (ca. 3 Stunden nach Trinkende) abgeschlossene Resorption zugrunde, setzt also kein rückrechnungsfreies Intervall fest. Das wird vertretbar sein.

des Beschuldigten,[98] in der juristischen[99] und im Ergebnis auch der rechtsmedizinischen Literatur[100] weithin Zustimmung bzw. Bestätigung gefunden.

31 BGHSt 25 246 hat jedoch **kein striktes Hochrechnungsverbot** für die ersten beiden Stunden nach Trinkende aufgestellt (vgl. aaO S. 250). Ein solches Verbot wäre „weder medizinisch noch rechtlich vertretbar" (BGA-Gutachten 1977 S. 22). Ein Abweichen vom Richtwert kann angezeigt sein, wenn kein „Normalfall" gegeben ist, also etwa weniger als 0,5 g/kg in der Stunde aufgenommen worden ist oder die Alkoholbelastung höher liegt als 0,8 g/kg. Eine kürzere (oder längere) Resorptionsdauer als zwei Stunden darf jedoch nur angenommen werden, wenn hinreichende Anknüpfungstatsachen festgestellt sind. Minimum sind insoweit Angaben zu Trinkzeit und Trinkende, Trinkmenge in der Zeiteinheit, Getränkeart, etwaiger Nahrungsaufnahme, Tatzeit, Zeitpunkt der Blutentnahme, Körpergewicht und Konstitutionstyp (BGA-Gutachten 1977 S. 23; s. auch BGH DAR **2007** 272). Das Gericht wird in solchen Fällen ohne einen Sachverständigen nicht auskommen (BGHSt 25 246, 250: „kaum"; *Salger* DRiZ **1989** 174, 175: „muss"). Die Anknüpfungstatsachen sind im Urteil auch dann im Einzelnen darzulegen, wenn sich das Gericht sachverständiger Hilfe bedient hat (st. Rspr.).[101]

32 (c) **Der Abbauwert (Rückrechnungswert).** Der Abbauwert wird für die Zeit der angenommenen Eliminationszeit zum Entnahmewert hinzugerechnet (Rdn. 28). Soweit es um die Frage der Fahrunsicherheit zur Tatzeit geht, ist es für den Beschuldigten deshalb um so günstiger, je niedriger er angesetzt wird.[102] Der durchschnittliche Abbauwert liegt nach zahlreichen naturwissenschaftlichen Untersuchungen bei ca. 0,15 ‰ pro Stunde, bei sehr niedrigen Trinkmengen bei ca. 0,14 ‰/h, bei großen Alkoholmengen bei ca. 0,17 ‰/h (*Gerchow u.a.* BA 22 [1985] 77, 104; s. auch BGA-Gutachten 1966 S. 59). Die Rechtsprechung[103] legt bei der Rückrechnung (Hochrechnung) unter Anwendung des Zweifelssatzes seit BGHSt 25 246 für die gesamte Dauer der Eliminationszeit einen **gleich bleibenden Stundenwert von 0,1 ‰** zugrunde; es handelt sich dabei um einen statistisch gesicherten *Mindestabbauwert*, der jede Benachteiligung des Beschuldigten vermeidet (BGH aaO S. 250). Vormals war in der Judikatur im Anschluss an einen Vorschlag des BGA-Gutachtens 1966 (S. 54 f) eine gestaffelte Rückrechnung gebräuchlich (u.a. BGH VRS **20** 444, 445; **34** 212, 213). Diese Rückrechnungsmethode würde zwar anerkanntermaßen vielfach zu einer größeren Annäherung an den wahren Tatzeitwert führen, schließt jedoch eine Benachteiligung des Beschuldigten im Einzelfall nicht aus.[104] Der BGH hat sich mit Rücksicht darauf für die lineare Methode mit 0,1 ‰ entschieden. Dass

---

98 *Köhler/Schleyer* BA **12** (1975) 52, 56; *Schwerd* BA **11** (1975) 140, 141. Vgl. auch *Elbel* BA **11** (1974) 139 f.

99 *Lackner/Kühl* § 315c Rdn. 9; *Sch/Schröder/Cramer/Sternberg-Lieben* Rdn. 18; *Fischer* Rdn. 19; *Hentschel* Trunkenheit Rdn. 101 f; *Jagow/Burmann/Heß* Rdn. 7, 14; *Janiszewski* Verkehrsstrafrecht Rdn. 374a; *Salger* DRiZ **1989** 174.

100 *Elbel* BA **11** (1974) 139, 140; *Heifer* BA **13** (1976) 305, 312 f; *Zink/Reinhardt* BA **12** (1975) 100, 103, 105. Zur Beurteilung aus rechtsmedizinischer Sicht eingehend BGA-Gutachten 1977 S. 17 ff.

101 S. etwa BayObLG VRS **88** 351; OLG Köln VRS **61** 140 f; VRS **64** 294, 295; VRS **65** 217, 218 f.

102 Umgekehrt liegt es bei der Feststellung der (verminderten) Schuldfähigkeit sowie bei der „Hinrechnung" (hierzu Rdn. 40).

103 Z.B. BGH NStZ **1985** 452; **1992** 32; BGHSt **37** 231; BGH DAR **2007** 272, OLG Hamm NZV **2002** 279; OLG Koblenz DAR **2000** 371; OLG Zweibrücken VRS **87** 435. AG Aachen BA **45** (2008) 203 rechnet „minutengenau" zurück.

104 *Hentschel* Trunkenheit Rdn. 96; *Elbel* BA **11** (1974) 139, 140; *Köhler/Schleyer* BA **12** (1975) 52, 55; *Zink/Reinhardt* BA **21** (1984) 422, 439.

der Beschuldigte durch diese Methode in der Mehrheit der Fälle unverdient bevorzugt wird,[105] muss dabei in Kauf genommen werden. Der in Ansatz gebrachte Abbauwert *muss im Urteil angegeben werden* (BGH DAR 2007 272, st. Rspr.). **Bei Alkoholkranken und andere besonders alkoholgewöhnte Personen** sind in einer nicht zu vernachlässigenden Breite von Fällen überdurchschnittlich hohe Abbauwerte festgestellt worden. Allerdings ist dies in erster Linie für den *maximalen* Abbauwert relevant (im Einzelnen Rdn. 41). Da auch in dieser Personengruppe weiterhin Minimalabbauwerte um die 0,1 ‰ vorkommen (*Schröter* u.a. BA **32** [1995] 344, 350 f; *Zink/Reinhardt* BA **21** [1984] 422, 438 f), ist mit einer Veränderung dieses Werts für die Rückrechnung auch künftig nicht zu rechnen (vgl. zum Minimalabbauwert bei Verwendung der Widmark-Formel BGHSt **37** 231, 238).

33 Wie bei der „Karenzzeit" (Rdn. 31) existiert an sich **kein striktes Verbot**, einen anderen Abbauwert als 0,1 ‰ zugrunde zu legen; will der Richter diesen Weg beschreiten, so **muss** er einen Sachverständigen hinzuziehen (BGHSt **25** 246, 250). Jedoch ist zu beachten, dass sich ein „individueller Abbauwert", namentlich durch Entnahme einer zweiten Blutprobe, nach medizinisch-naturwissenschaftlichen Erkenntnissen nachträglich nicht mehr ermitteln lässt (BGHSt **34** 29, 32 f [zum maximalen Abbauwert]).[106] Auch ein dispositioneller oder aktueller (stündlicher) Abbauwert kann nur im Experiment festgestellt werden und gilt dann auch nur für dieses Experiment (BGH VRS **70** 207, 208 [zum maximalen Abbauwert]).[107]

34 (d) **Richterliche Rückrechnung.** Bei der Rückrechnung handelt es sich im Hinblick auf die Bandbreite der in die Würdigung einzubeziehenden Faktoren um eine außerordentlich diffizile Aufgabe. Sie wird nicht selten noch zusätzlich dadurch erschwert, dass diese Faktoren aufgrund zielgerichteter Einlassungen des Beschuldigten manipuliert sind. „Nicht in der Alkoholanalyse, vielmehr in der «Rückrechnung» ... liegt die Problematik der medizinischen Blutalkoholbegutachtung" (*Naeve* BA **10** [1973] 366, 367). Andererseits ist die Beurteilung von Fragen der Blutalkoholkonzentration gerade für den langjährigen Verkehrsrichter Alltag (OLG Koblenz BA **13** [1976] 369, 370); das Gleiche gilt für den in Verkehrssachen tätigen Staatsanwalt, den die Last der Rückrechnung bei der Abschlussentscheidung genauso trifft. Einschlägige Kenntnisse vermitteln beiden die in ihrer Praxis erstatteten medizinischen Sachverständigengutachten; sie werden durch das Studium bereitstehender Periodika komplettiert (vgl. *Jessnitzer* BA **15** [1978] 315, 320 f). Es entspricht vor diesem Hintergrund ständiger – (nicht nur) von der Rechtsmedizin freilich mitunter zurückhaltend beurteilter[108] – höchstrichterlicher Rechtsprechung, dass sich der Tatrichter *im Allgemeinen* die erforderliche Sachkunde für die Rückrechnung des Blutalkoholgehalts vom Zeitpunkt der Blutentnahme auf die Tatzeit selbst zutrauen darf,[109] wobei es – wie auch sonst – in einem Richterkollegium genügt, wenn ein Richter

---

[105] BGA-Gutachten 1977 S. 26 f; *Köhler/Schleyer* BA **12** (1975) 52, 55 f.

[106] Zu Besonderheiten in der Konstitution und Disposition des Beschuldigten Rdn. 42.

[107] BGH VRS **71** 176, 177; **72** 359. Zum Ganzen *Schöch* LK § 20 Rdn. 109; *Lackner/Kühl* § 20 Rdn. 23a; *Jagow/Burmann/Heß* Rdn. 10; *Hentschel* Trunkenheit Rdn. 97, 261; Gutachten von *Gerchow/Heifer/Schewe/Schwerd/Zink* BA **22** (1985) 77, 78 f; *Gerchow* BA **20** (1983) 540, 541; *Gerchow* BA **22** (1985) 152, 155; vgl. auch BGA-Gutachten 1977 S. 26 f.

[108] Vgl. BGA-Gutachten 1977 S. 22; s. aber *Schwerd* BA **11** (1975) 140, 141. Skeptisch (aus (revisions-)staatsanwaltschaftlicher Sicht) auch *Martin* BA **7** (1970) 89, 95.

[109] U.a. BGH VRS **21** 54, 55; **65** 128; OLG Karlsruhe GA **1971** 214; OLG Koblenz BA **13** (1976) 369, 370; BA **21** (1984) 536, 537;

über die erforderliche Sachkunde verfügt (BGHSt **12** 18, 20 f). Der Grundsatz gilt allerdings *nur für den „Normalfall"*, bei dem besondere Schwierigkeiten nicht auftreten. Ein solcher liegt z.B. vor, wenn Trinkzeit, Trinkende, Tatzeit und Entnahmezeit eindeutig festgestellt sind (OLG Koblenz BA **13** [1976] 369, 370). Das Urteil muss neben den Anknüpfungstatsachen auch nachprüfbar erkennen lassen, dass der Tatrichter die eigene Sachkunde zu Recht angenommen hat (OLG Stuttgart VRS **61** 379, 380).

Die Hinzuziehung sachverständigen Rats ist hingegen *zwingend erforderlich*, wenn das Gericht einen anderen *Abbauwert* als gleich bleibend 0,1 ‰ je Stunde zugrunde legen will (Rdn. 33). Auch für die Verkürzung der „hochrechnungsfreien *Karenzzeit*" von zwei Stunden nach Trinkende wird die eigene Sachkunde des Richter nicht ausreichen (vgl. BGHSt **25** 246, 250; Rdn. 31). *Kein „Normalfall"* ist ferner gegeben, wenn schwierige Fragen des *Nachtrunks* zu beantworten sind (z.B. OLG Hamm VRS **39** 290, 291; OLG Koblenz VRS **49** 374, 375; OLG Stuttgart VRS **61** 379, 380; Rdn. 84 f) oder *forciertes Trinken* beurteilt werden muss (BGHSt **25** 246, 250), desgleichen nicht, wenn *Sturztrunk* behauptet wird (OLG Düsseldorf VRS **63** 62, 63; Rdn. 82) oder die Blutentnahme erhebliche Zeit nach der Tat stattgefunden hat (vgl. OLG Koblenz VRS **49** 433, 434 [zu §§ 20, 21]). Auch dann, wenn der Tatzeitwert *in der Nähe der Grenzwerte* liegt, empfiehlt sich die Hinzuziehung eines Sachverständigen (*Martin* BA 7 [1970] 89, 95). **35**

(e) **Lange Rückrechnungszeiten.** Die Problematik langer Rückrechnungszeiten (mehr als neun oder zehn Stunden) wird hinsichtlich der Feststellung der Fahrunsicherheit im Rahmen der §§ 315c, 316 in der Praxis nur vergleichsweise selten relevant (s. aber BGH DAR **2007** 272). Akut wird sie zumeist bei der Beurteilung der (verminderten) Schuldfähigkeit wegen sonstiger Taten. Die Rückrechnung mit dem maximalen Abbauwert von 0,2 ‰ über mehrere Stunden hinweg führt dort zu unrealistischen, weit vom wahrscheinlichen Tatzeitwert entfernt liegenden Werten (BGHSt **35** 308, 314; **36** 286, 288 f). Sie führt außerdem zu einem krassen Auseinanderklaffen von Maximal- und Minimalwert (BGHSt **36** 286, 289).[110] Nach BGHSt **35** 308 (S. 315 f) und BGHSt **36** 286 (S. 288 f [jeweils 1. Strafsenat]) verliert die Indizwirkung der errechneten BAK in solchen Fällen an indizieller Bedeutung. BGHSt **37** 231 (S. 236 [4. Strafsenat]) ist hingegen der Auffassung, dass zumindest bei Rückrechnungszeiten unter zehn Stunden eine Relativierung der Indizwirkung im Hinblick auf den Zweifelssatz nicht zulässig ist.[111] **36**

Für die **Beurteilung der Fahrsicherheit** ist zu unterscheiden. Selbstverständlich bestehen auch bei der Rückrechnung über einen längeren Zeitraum hinweg keine Bedenken, von Fahrunsicherheit auszugehen, wenn der Grenzwert absoluter Fahrunsicherheit erreicht oder überschritten ist (und Nachtrunk nicht behauptet wird). Demgegenüber erscheint es schwerlich vertretbar, bei (knappem) Verfehlen des maßgebenden Grenzwerts ohne weitere Beweisanzeichen (absolute) Fahrunsicherheit mit der Begründung anzunehmen, die tatsächliche BAK habe wahrscheinlich weit über dem Grenzwert gelegen, weil der Abbauwert den Beschuldigten ohnehin begünstige, was sich bei langer **36a**

OLG Stuttgart VRS **61** 379, 380; *Hentschel* Trunkenheit Rdn. 111; *Janiszewski* Verkehrsstrafrecht Rdn. 376; *Jessnitzer* BA **15** (1978) 315, 319 ff.

110 Dortiger Minimalwert 0,1 ‰, Maximalwert 2,4 ‰ (Rückrechnungszeit: 13 Stunden). Hierzu auch *Schwerd* FS Spendel S. 583, 586 f.

111 Zum Ganzen m.w.N. *Schöch* LK § 20 Rdn. 111; *Lackner/Kühl* § 20 Rdn. 23a; *Sch/Schröder/Lenckner* § 20 Rdn. 16b; *Fischer* § 20 Rdn. 19. Vgl. auch *v. Gerlach* BA **27** (1990) 305, 312 ff.

Rückrechnungszeit summiere. Der Verstoß gegen den Zweifelssatz ist hier offensichtlich. Muss es nach den Feststellungen hingegen als ausgeschlossen erscheinen, dass die „rückgerechnete", unterhalb des Grenzwerts liegende Mindest-BAK den Realitäten entspricht, so steht sie der Annahme von („absoluter") Fahrunsicherheit wohl nicht stets entgegen. Zu denken ist vor allem daran, dass das Trinkgeschehen und die weiteren wesentlichen Faktoren verlässlich erhoben worden sind und dass sich im Wege der „Hinrechnung" nach der Widmark-Formel (Rdn. 37 ff) eine über den Beweisgrenzwerten liegende BAK ergibt. Die Beweiswirkung der durch Rückrechnung ermittelten BAK kann hierdurch entkräftet werden. Was den Grenzwert für absolute Fahrunsicherheit anbelangt, sind jedoch Abstriche für Konstellationen zu machen, in denen der durch „Hinrechnung" ermittelte Wert nur knapp über dem Grenzwert liegt; denn die „Hinrechnung" ist mit Unsicherheiten behaftet. In solchen Fällen müssen deshalb weitere aussagekräftige Beweisanzeichen hinzukommen (Situation der „relativen Fahrunsicherheit"; Rdn. 90 ff). Der *untere Wert der „relativen Fahrunsicherheit" (0,3 ‰)* ist nach der hier vertretenen Auffassung kein Beweisgrenzwert, sondern eine bloße Richtgröße (Rdn. 93 f). Insoweit kommt es deswegen nicht entscheidend auf die errechneten Werte an, sondern auf die Gesamtwürdigung der nach Lage des Falls vorhandenen Indizien. Die Rechtsprechung verfährt in der Sache nach diesen Grundsätzen (Rdn. 96).

37 bb) **BAK-Bestimmung anhand der Trinkmenge.** Die BAK zur Tatzeit kann (annähernd) auch dann berechnet werden, wenn eine Blutprobe nicht vorliegt. Es handelt sich dabei nicht um eine **Rück**rechnung (vom Zeitpunkt der Blutentnahme zurück zur Tatzeit; Rdn. 28), sondern um eine **Hin**rechnung (vom Trinkbeginn hin zur Tatzeit; vgl. *Schöch* LK § 20 Rdn. 107 f). Im Rahmen der §§ 315c, 316 muss die BAK freilich nur selten unter solchen Vorzeichen bestimmt werden, weil in aller Regel eine Blutprobe entnommen worden ist. Man benötigt für die Berechnung vor allem die **konsumierte Alkoholmenge**; außerdem sind Angaben über die **Trinkzeit** und das **Körpergewicht des Beschuldigten** erforderlich. Die Ermittlungen werden dadurch erschwert, dass man hinsichtlich der Trinkmenge und der Trinkzeit in der Regel auf ein Geständnis des Beschuldigten angewiesen ist, sofern nicht zuverlässige Zeugenaussagen vorhanden sind. Je vager die Feststellungen zum Trinkgeschehen sind, desto geringer ist der Beweiswert einer BAK-Bestimmung. Lässt sich das Trinkgeschehen nicht hinreichend eingrenzen, so ist die Berechnung ohne Wert und kann deshalb unterbleiben (BGH NStZ **1994** 334, 335; VRS **98** 118, 119 f [jeweils zu §§ 20, 21]). Als Anknüpfungstatsache für die Annahme von Fahrunsicherheit verbleibt dann vor allem das Leistungsverhalten des Beschuldigten. Aus dem Leistungsverhalten darf dabei zwar nicht eine *bestimmte* BAK abgeleitet werden (BGHR StGB § 21 BAK 7, 10, 15, 18, 32). In Ausnahmekonstellationen können jedoch hinreichende Grundlagen gegeben sein, um unter strengen Voraussetzungen in freier Beweiswürdigung auf Fahrunsicherheit zu schließen. Dasselbe gilt, wenn sich aufgrund eines sich über mehrere Stunden hinziehendes Trinkgeschehen eine unrealistisch niedrige BAK ergibt.[112] Zu beidem wird auf das in Rdn. 96 Gesagte verwiesen.

38 (1) **„Theoretische" BAK.** Bei der Trinkmengenberechnung muss in einem ersten Schritt die (theoretische) BAK errechnet werden, die aufgebaut würde, wenn sich der aufgenommene Alkohol sogleich bei Trinkbeginn vollständig im gesamten Körper verteilt hätte (*Salger* DRiZ **1989** 174, 175). Hierzu wird die „Widmark-Formel" herange-

---

[112] In diesem Sinne BayObLG vom 10.1.1991 2 St 279/90.

zogen.[113] Danach ist die konsumierte Menge Alkohol (in Gramm)[114] durch das mit dem sog. Reduktionsfaktor multiplizierte Körpergewicht (in Kilogramm) zu dividieren. Mit dem Reduktionsfaktor wird dabei dem Umstand Rechnung getragen, dass der Alkohol wasser-, aber nicht fettlöslich ist und deswegen nicht gleichmäßig vom Körper aufgenommen wird (z.B. nehmen Knochen und Fett weniger Alkohol auf).[115] Der Reduktionsfaktor beträgt bei Männern durchschnittlich 0,7, bei Frauen wegen des höheren Fettanteils am Körpergewicht 0,6. Der individuelle Reduktionsfaktor kann aber höher oder niedriger liegen als der Durchschnittswert.[116] Je höher er liegt, desto niedriger ist die aufgebaute BAK. Bei der Feststellung der BAK für die Frage der Fahrunsicherheit[117] ist demnach der *höchstmögliche Faktor* zugleich der für den Beschuldigten günstigstmögliche. Dieser ist aufgrund des Zweifelssatzes zugrunde zu legen, sofern der Sachverständige den „wirklichen" (individuellen) Faktor nicht ermitteln kann. Das Urteil muss nachprüfbar erkennen lassen, dass nicht mit Durchschnittswerten, sondern mit den denkbar günstigsten Werten gerechnet worden ist (BayObLG VRS **58** 391, 392 [zum Nachtrunk]; OLG Köln DAR **1989** 352).[118]

(2) **Resorptionsdefizit.** Nach ständiger Praxis[119] ist von der nach der Widmark-Formel ermittelten „theoretischen" BAK sodann das sog. Resorptionsdefizit zu subtrahieren.[120] Damit wird berücksichtigt, dass bei Vergleichen der durch Blutprobenanalyse ermittelten Alkoholbelastung mit der aufgenommenen Alkoholmenge eine Fehlbilanz in dem Sinne beobachtet worden ist, dass die Trinkmenge zu einem niedrigeren BAK-Wert führte als er eigentlich hätte sein müssen. Diese Fehlbilanz ist bei forcierter Nahrungsauf- **39**

---

113 Zur Widmark-Formel jeweils mit Berechnungsbeispielen: *Schöch* LK § 20 Rdn. 108; *Hentschel* Trunkenheit Rdn. 116 ff; *Jagow/Burmann/Heß* Rdn. 9c; *Janiszewski* Verkehrsstrafrecht Rdn. 372b f; *Forster/Joachim* Blutalkohol und Straftat S. 95 ff; *Penning* Alkohol, Drogen und Verkehrssicherheit S. 16 f; *Salger* DRiZ **1989** 174, 175 f.

114 Vgl. die Blutalkoholtabellen bei *Jagow/Burmann/Heß* Rdn. 39; *Forster/Joachim* Blutalkohol und Straftat S. 98 f und *Penning* Alkohol, Drogen und Verkehrssicherheit S. 16. Zur Zusammensetzung von sog. „Designerdrinks" („Alcopops" usw.; s. auch Rdn. 220) *Glenewinkel/Iffland/Grellner* BA 35 (1998) 36, 37.

115 *Madea/Mußhoff* Handbuch Verkehrsrecht S. 2169.

116 S. hierzu auch *Zink/Reinhardt* BA **21** (1984) 422, 439, die bei hoher Alkoholmenge (2 g Alkohol pro Kilogramm Körpergewicht) einen durchschnittlichen Reduktionsfaktor von 1,0 vorschlagen, wohingegen der Abzug des Resorptionsdefizits unterbleiben könne. Allgemein zur Berechnung eines individuellen Reduktionsfaktors, mit dessen Hilfe gleichfalls ohne Abzug eines Resorptionsdefizits eine größere Annäherung an die „wahre" BAK erreicht werden könne, *Alt/Wurst/Seidl* FS Schneider (med.) S. 501.

117 Umgekehrt ist bei der Herausrechnung der „Nachtrunk-BAK" (Rdn. 88) und bei der Beurteilung der §§ 20, 21 zu verfahren; dort ist jeweils der niedrigstmögliche Faktor zu verwenden.

118 OLG Karlsruhe VRS **92** 346; OLG Köln VRS **66** 352 f; VRS **67** 459, 460 f; OLG Stuttgart VRS **61** 379, 380 [alle zum Nachtrunk]. *Jagow/Burmann/Heß* Rdn. 24a; *Hentschel* Trunkenheit Rdn. 107. Großzügiger [„in aller Regel"] wohl der BGH im Rahmen der Beurteilung der §§ 20, 21; vgl. BGH vom 23.10.1991 – 3 StR 399/91; vom 25.6.1993 – 3 StR 206/93; vom 24.8.1993 – 4 StR 452/93 [insoweit in StV **1994** 14 nicht abgedruckt]; *Schöch* LK § 20 Rdn. 107.

119 U.a. BGHSt **37** 231, 238; BGH vom 25.2.1993 – 2 StR 52/93; BGH vom 4.3.1993 –4 StR 60/93; BGH vom 15.4.1999 – 4 StR 93/99; s. auch die Nachweise in Fn. 118.

120 Zu den Ansätzen von *Zink/Reinhardt* und *Alt/Wurst/Seidl* betreffend die Nichtberücksichtigung des Resorptionsdefizits s. Fn. 116.

nahme und verzögerter Resorption besonders stark (*Heifer/Wehner* BA 25 [1988] 299, 308) und ist z.B. beim Trinken von Bier größer als beim Trinken von Schnaps (*Forster/Joachim* Blutalkohol und Straftat S. 64). *Dass* sie auftritt ist nicht umstritten. Ungeklärt ist jedoch, auf welchen Ursachen dies beruht. Teils wird in Zweifel gezogen, dass sie einem Resorptionsdefizit zuzuordnen ist, und zur denkbaren Erklärung auf inkorrekte Extrapolationsvorgänge verwiesen (*Heifer/Wehner* BA 25 [1988] 299, 308). Ungeachtet dieser Unsicherheiten muss das „Resorptionsdefizit" genannte Phänomen weiterhin in Ansatz gebracht werden, solange nicht ausgeschlossen werden kann, dass ein Teil des Alkohols erst gar nicht in das Blut übertritt und sich deshalb auf die Fahrsicherheit nicht auswirkt. Die Fehlbilanz beträgt nach derzeitigem Erkenntnisstand zwischen 10 % und 30 % des konsumierten Alkohols (*Salger* DRiZ **1989** 174, 177).[121] Wiederum muss für die Beurteilung der Fahrunsicherheit der dem Beschuldigten günstigste, also *höchste* Wert (30%) in Ansatz gebracht werden. Z.B. von einer (theoretischen) BAK von 2,0 ‰ sind demnach 0,6 ‰ zu subtrahieren, womit sich ein Wert von 1,4 ‰ ergäbe.

40 (3) **Abbauwert.** Schließlich ist der Abbauwert in Abzug zu bringen. Zugunsten des Beschuldigten wird in diesem Rahmen angenommen, dass dieser den Alkohol mit Trinkbeginn auch sofort wieder abbaut (eliminiert). Eine „berechnungsfreie Karenzzeit" für die Dauer der Resorption des Alkohols gibt es hier – anders als bei der BAK-Berechnung anhand einer Blutprobe (Rdn. 30 f) – also nicht (vgl. OLG Köln VRS 77 215, 216). Ein individueller Abbauwert kann nach derzeitigem Stand nachträglich nicht festgestellt werden (Rdn. 33). Es ist deshalb unter erneuter Anwendung des Zweifelssatzes zugunsten des Beschuldigten der höchstmögliche Abbauwert zugrunde zu legen. Er beträgt nach der neueren Rechtsprechung des BGH *je Stunde 0,2 ‰*; hinzugerechnet wird *ein einmaliger Sicherheitszuschlag von 0,2 ‰* (im Einzelnen, auch zur Kritik *Schöch* LK § 20 Rdn. 109). Liegt im o.g. Beispiel zwischen Trinkbeginn und Tatzeit ein Zeitraum von zwei Stunden, so ist die Tatzeit-BAK nach diesen Grundsätzen mit 0,8 ‰ zu bemessen (1,4 ‰–0,6 ‰ [Abbauwert von 2 × 0,2 ‰ + 0,2 ‰ Sicherheitszuschlag]).

41 (a) **Höhere Abbauwerte bei Alkoholikern?** Im Anschluss an das im Jahre 1985 von *Gerchow* u. a. erstattete Gutachten[122] hatte der BGH den in der vorstehenden Rdn. angesprochenen Abbauwert festgesetzt; er war dabei davon ausgegangen, dass bei der Bemessung des maximalen Abbauwerts von 0,2 ‰ (zuzüglich Sicherheitszuschlag von 0,2 ‰) mit einer für die richterliche Überzeugungsbildung (noch) ausreichenden Gewissheit eine Benachteiligung des Beschuldigten ausgeschlossen werden könne (BGHSt **37** 231, 237). Aufgrund neuerer wissenschaftlicher Untersuchungen ist diese Rechtsprechung in Frage gestellt worden; danach erscheint hinreichend gesichert, dass Alkoholiker und andere besonders alkoholgewöhnte Personen Äthanol schneller aus dem Körper eliminieren als Nicht-Alkoholiker, mithin einen höheren stündlichen Abbauwert aufweisen.[123] Es liegt daher nahe, dass bei diesem Personenkreis auch für der Beurteilung der Fahrunsicherheit ohne Blutprobe *höhere stündliche Abbauwerte* zugrunde gelegt werden müs-

---

[121] In Ausnahmekonstellationen kann es nach *Elbel/Schleyer* Blutalkohol (1956) S. 73 rund 70 % betragen; hierzu auch *Heifer/Wehner* BA **25** (1988) 299, 307.

[122] *Gerchow/Heifer/Schewe/Schwerd/Zink* BA **22** (1985) 77, 83, 90.

[123] *Haffner/Besserer/Stetter/Mann* BA **28** (1991) 46, 51 f; *Haffner/Batra/Bilzer/Dietz/Gilg/Graw/ Mann/Meyer/Penners/Soyka* BA **29** (1992) 53 ff; *Schröter/Sopp/Brettel* BA **32** (1995) 344, 348 ff; vgl. auch *Mußhoff/Daldrup/Bonte/Leitner/Nimmerichter/Walter/Lesch* BA **32** (1995) 317; *Zink/Reinhardt* BA **21** (1984) 422, 435 ff.

sen (vgl. BGH NStZ **1997** 591, 592 [zu §§ 20, 21; obiter dictum]).[124] *Zink/Reinhardt* (BA **21** [1984] 422, 439) schlagen vor, bei besonders großen Trinkmengen und bei Verdacht auf Alkoholabhängigkeit den einmaligen Sicherheitszuschlag auf 0,3 ‰ zu erhöhen. Allerdings sind in den angesprochenen Untersuchungen bei einem nicht zu vernachlässigenden Teil alkoholgewöhnter Personen Abbauwerte festgestellt worden, die durch eine solche Verfahrensweise nicht abgedeckt würden; eine taugliche Alternative könnte ein Stundenwert von 0,29 ‰ sein (*Haffner u.a.* BA **29** [1992] 53 ff; *Schröter u.a.* BA **32** [1995] 344, 348 ff), dies allerdings nur für den Regelfall (vgl. *Schröter u.a.* aaO S. 350). Die Rechtsprechung hat die Problematik seither soweit ersichtlich aber nicht mehr aufgegriffen. Für die Beurteilung der inmitten stehenden Fragen ist die Hinzuziehung eines Sachverständigen zwingend erforderlich (Rdn. 43).

(b) **Kein Abweichen ansonsten.** Jedenfalls außerhalb der Personengruppe der Alkoholiker bzw. der sonst besonders alkoholgewöhnten Personen (Rdn. 41) verbleibt es bei den durch den BGH entwickelten Grundsätzen. Besonderheiten liegen grundsätzlich in der Schwankungsbreite und rechtfertigen kein Abgehen von den eingeführten Abbauwerten. Z.B. wird der Alkoholabbau bei einer **Lebererkrankung** und wohl auch bei **Diabetes** allenfalls verzögert (BGA-Gutachten 1966, Ergänzende Stellungnahme [1967] S. 11 f, 15; OLG Düsseldorf VRS **60** 219, 220 f),[125] so dass der Beschuldigte durch den herkömmlichen Abbauwert jedenfalls nicht benachteiligt wird. Auch bei sonstigen Erkrankungen verläuft die Blutalkoholkurve in aller Regel wie bei Gesunden (*Forster/Joachim* Blutalkohol und Straftat S. 93). Entsprechendes gilt beim Eintritt von **Blutverlust**[126] oder bei schweren **Hirnschäden** (BGA-Gutachten 1966 Ergänzende Stellungnahme [1967] S. 16 [Nr. 4 und 5]). Mit Blick darauf bedarf es bei Anhaltspunkten, die auf Erkrankungen hinweisen bzw. bei entsprechenden Behauptungen des Beschuldigten, meist keiner expliziten Stellungnahme eines Sachverständigen zu einer u.U. beschleunigten Elimination (vgl. OLG Düsseldorf VRS **60** 219, 220 f [zum Vorsatz im Rahmen des § 24a StVG]).[127] **Körperliche Anstrengungen**, namentlich körperliche Arbeit, und Schlaf forcieren den Alkoholabbau gleichfalls nicht (*Forster/Joachim* aaO S. 91 f). Ebenso bewirkt die Einnahme von **Gegengiften** keine höheren Abbauwerte; das gilt sowohl für Koffein[128] als auch für den früher in diesem Zusammenhang teils erörterten Gewürzsaft Sangrita (*Schneble* BA **25** [1988] 18, 44). Zahlreiche wissenschaftliche Untersuchungen haben des Weiteren erwiesen, dass immer wieder von interessierten Kreisen angebotene und so beworbene Ernüchterungsmittel (**„Promille-Killer"**) oder auch **Betarezeptorenblocker**[129] grundsätzlich weder geeignet sind, die leistungsmindernden Wirkungen des Alkohols zu beseitigen oder zu vermindern, noch gar die Elimination des Alkohols zu 42

---

124 Offengelassen von BGH NStZ **1993** 278; nicht erörtert von BGH vom 18.8.1998 – 5 StR 363/98; zum Resorptionsdefizit bei Alkoholikern s. BGH NStZ **1998** 459; abl. zu höheren Abbauwerten *Fischer* § 20 Rdn. 14.

125 S. auch *Laube/Mallach* BA **17** (1980) 15; und hierzu *Karu* ebd. S. 283 sowie *Mallach* S. 284.

126 Zu einem (behaupteten) starken „Blutsturz" im Vaginalbereich AG Köln BA **19** (1982) 382.

127 S. zur Alkoholaufnahme nach Magenresektion aber BGA-Gutachten 1966, Ergänzende Stellungnahme (1967) S. 10 f, 16.

128 Zu koffeinhaltigen „Energy Drinks" („Red Bull", „Flying Horse" etc.) *Riesselmann/Rosenbaum/Schneider* BA 33 (1996) 201, 206.

129 *Dittmann/Pribilla/Wagner* BA **22** (1985) 364, 368 f; *Grüner/Kirch/Bilzer/Penners* BA **23** (1986) 28, 32 ff.

beschleunigen (eingehend *Schneble* aaO S. 34 ff).[130] Die (intravenöse) Zufuhr von **Fruchtzucker** in großen (gesundheitsschädlichen) Mengen hat nur theoretische Bedeutung (vgl. *Schneble* aaO S. 23 ff; BGA-Gutachten 1966, Ergänzende Stellungnahme S. 20). Der Einfluss von Fructose[131] und von **Ascorbinsäure** auf den Abbau von Alkohol wird dabei nicht einheitlich beurteilt. Während einige Untersuchungen eine Senkung der Blutalkoholgipfelwerte und eine Beschleunigung der Elimination feststellen (*Schellmann/Reinhardt/Löser* BA 17 [1980] 89, 92 ff; *Bilzer/Schewe/Blauert/Kirschall* BA 34 [1997] 89, 96 ff), wird dies von anderen in Abrede gestellt (*Schneble* BA 25 [1988] 18, 24 f m.w.N.).

43 (4) **Richterliche Überzeugungsbildung.** Nach Auffassung des BGH legt die Schwierigkeit auch der „Hinrechnung" die Hinzuziehung eines Sachverständigen zumindest dann nahe, wenn eine lange Trinkzeit und der Genuss verschiedenartiger Alkoholika in Frage stehen (BGH VRS **65** 359, 360). „Einfache" Trinkmengenberechnungen wird der Tatrichter aber – wie auch bei der Rückrechnung (Rdn. 34 f) – selbst vornehmen dürfen, sofern er über die erforderliche Sachkunde verfügt. Er muss dabei sämtliche für die Berechnung der BAK wesentlichen Daten im Urteil darlegen. Dazu gehören vor allem Angaben über Trinkzeit und Trinkmenge (Alkohol in Gramm) sowie über die Konstitution des Angeklagten (insbesondere das Körpergewicht, auch die Körpergröße). Mitgeteilt werden müssen ferner der zugrunde gelegte Reduktionsfaktor und das angenommene Resorptionsdefizit sowie Abbauwert und Sicherheitszuschlag.[132] Diese Darlegungspflichten gelten auch dann, wenn dem Urteil ein Sachverständigengutachten zugrunde gelegt wird. Zwar ist es nach einhelliger Rechtsprechung nicht zu beanstanden, wenn sich das Gericht mangels eigener Kenntnisse dem Gutachten anschließt; das Urteil muss dem Revisionsgericht aber die Prüfung ermöglichen, ob die gutachterliche BAK-Bestimmung schlüssig ist und namentlich den Zweifelssatz nicht verletzt (vgl. BGHSt **34** 29, 31; BGH VRS **71** 357 f). Der bloße Hinweis auf das Ergebnis eines („in jeder Hinsicht schlüssigen und überzeugenden") Sachverständigengutachtens genügt diesen Anforderungen nicht (vgl. BGH vom 11.1.1995 – 5 StR 750/94).

44 d) **Die Alkoholbestimmung in der Atemluft.** Die Atemalkoholanalyse macht sich den Umstand zunutze, dass über die Ausatemluft flüchtige Substanzen und damit auch Alkohol (Äthanol) abgeatmet werden (*Wilske/Eisenmenger* DAR **1992** 41). Sie vermag dabei (annähernd) verlässliche Ergebnisse nur zu liefern, wenn die Alveolarluft erfasst wird, also die Luftprobe aus den Lungenbläschen (Alveolen) des Probanden stammt; in den Lungenbläschen findet nämlich der Austausch des Äthanols zwischen den Blutkapillaren und der eingeatmeten Luft statt (BGA-Gutachten 1991 [Rdn. 50] S. 17). Hinsichtlich der Nachweisverfahren ist zu unterscheiden zwischen dem Einsatz von „Alcotestprüfröhrchen" (Rdn. 46), von Vortestgeräten (Rdn. 47) und von Atemalkoholmessgeräten im eigentlichen Sinne (Rdn. 48 ff).

---

[130] BGA-Gutachten 1966, Ergänzende Stellungnahme (1967) S. 20, 25; *Jagow/Burmann/Heß* Rdn. 11; *Dittmann/Pribilla/Wagner* BA 22 (1985) 364, 368 f; *Grüner/Kirch/Bilzer/Penners* BA 23 (1986) 28, 32 ff. S. auch *Schmidt/Lautenschläger/Weise/Heide/Sannemüller/Stiller/Trübner* BA 36 (1999) 73, 80 ff [STOPAL®].

[131] Zum Promille-Killer „Break Down" *Mußhoff/Preuss/Thierauf/Madea* BA 44 (2007) 78.

[132] St. Rspr. Vgl. BayObLG bei *Janiszewski* NStZ **1988** 473; *Jagow/Burmann/Heß* Rdn. 19b.

aa) **Freiwilligkeit.** Der Atemalkoholtest kann nur durchgeführt werden, wenn der Fahrzeugführer aktiv mitwirkt. Bereits aus tatsächlichen Gründen kann niemand gezwungen werden, in das Prüfmedium zu blasen. In Deutschland besteht aber – anders als teilweise im Ausland[133] – bezüglich der Abgabe der Atemprobe auch keine rechtliche Verpflichtung bzw. Sanktionierungsmöglichkeit. Jeglicher Atemalkoholtest ist nur auf freiwilliger Basis möglich (Nr. 2 RiBA [Rdn. 255]), worüber der Fahrzeugführer belehrt werden muss (Nr. 2.1.1 RiBA). Verweigert er seine Mitwirkung, so ist bei hinreichenden Verdachtsgründen[134] in Bezug auf das Vorliegen einer Straftat oder Ordnungswidrigkeit und bei Vorliegen der weiteren Voraussetzungen allerdings die körperliche Untersuchung (Blutentnahme) anzuordnen (§ 81a StPO, auch in Verbindung mit § 46 Abs. 1 OWiG). 45

bb) **Alcotestprüfröhrchen.** Der Alkoholtest mittels Prüfröhrchen soll die Entscheidung vorbereiten, ob eine Blutentnahme, ggf. auch die vorläufige Sicherstellung bzw. Beschlagnahme des Führerscheins, anzuordnen ist. Der Betroffene bläst einen an das Röhrchen angeschlossenen Beutel auf. Enthält die Exspirationsluft Alkohol, so verfärben sich im Röhrchen befindliche Substanzen von gelb nach grün. An Ausdehnung und Intensität der Verfärbung kann in etwa abgelesen werden, ob eine Alkoholisierung über dem Gefahrengrenzwert vorliegt.[135] Der „Röhrchentest" liefert – richtige Handhabung vorausgesetzt – durchaus ordentliche Ergebnisse (BGA-Gutachten 1966, Ergänzende Stellungnahme S. 29). Er vermag allerdings nur eine grobe Orientierung zu vermitteln und ist störanfällig. *Unumstritten* kann aus dem Ergebnis des Vortests deshalb *keine bestimmte BAK* und damit auch nicht der Grenzwert „absoluter Fahrunsicherheit" (Rdn. 59 ff) abgeleitet werden.[136] Andererseits sind keine durchgreifenden Gründe ersichtlich, die seiner Verwertung als ein Beweisanzeichen für das Vorliegen von (relativer) Fahrunsicherheit (Rdn. 96) entgegenstehen könnten (vgl. etwa OLG Koblenz VRS **45** 118, 119; VRS **50** 288, 290).[137] Der „Röhrchentest" wird aufgrund des „Vormarsches" der Testgeräte in der Praxis nur noch vergleichsweise selten durchgeführt. 46

cc) **Vortestgeräte.** Speziell für den Vortest sind Atemalkoholanalysegeräte konstruiert worden, die den gemessenen Wert digital anzeigen. Mit ihnen wird demnach nicht der Anspruch erhoben, „gerichtsfeste" Alkoholwerte zu liefern (vgl. *Alck* BA **25** [1988] 396, 47

---

133 In Österreich und in den Niederlanden wird die Verweigerung des Atemtests genauso sanktioniert wie die Trunkenheitsfahrt, in Kanada wird bei Weigerung alkoholbedingte Fahrunsicherheit unterstellt, in Frankreich droht die Sicherstellung des Führerscheins mit nachfolgendem Fahrverbot/Fahrerlaubnisentzug. Vgl. *Geppert* FS Spendel S. 655, 657 f; *ders.* BA **29** (1992) 289, 293 f.

134 Zur Problematik „verdachtsfreier Atemalkoholkontrollen" einerseits 30. VGT **1992** S. 14; *Hilse* 30. VGT **1992** S. 306, 312 f; *Höfle* 30. VGT **1992** S. 314, 321 ff; *Schöch* in: Alkohol im Straßenverkehr S. 29, 41 ff; *ders.* BA **34** (1997) 169, 171 ff; andererseits *Geppert* FS Spendel S. 655, 657 f: *ders.* BA **29** (1992) 289, 291 ff.

135 BGA-Gutachten 1955 S. 31 ff; BGA-Gutachten 1966 Ergänzende Stellungnahme S. 28 ff; BGA-Gutachten 1977 S. 55 f. *Forster/Joachim* Blutalkohol und Straftat S. 9 ff; *Hentschel* Trunkenheit Rdn. 121; *Althoff/Leymann* BA **18** (1981) 83, 84 f; vgl. auch *Arbab-Zadeh* NJW **1984** 2615, 2616. Die neueste „Generation" der Prüfröhrchen ist der Änderung des § 24a Abs. 1 StVG entsprechend auf 0,5 ‰ eingestellt. Zur Geschichte des Alcotests *Lignitz/Schmiedebach* BA **37** (2000) 4.

136 So schon BGA-Gutachten 1955 S. 33; BGH bei *Martin* DAR **1972** 120; OLG Köln VRS **52** 367; OLG Zweibrücken NJW **1989** 2765; *Sch/Schröder/Cramer/Sternberg-Lieben* Rdn. 16; *Hentschel* Trunkenheit Rdn. 110.

137 **AA** u.U. *Hentschel* Trunkenheit Rdn. 110 (Verwertbarkeit nur zugunsten des Beschuldigten).

397). Vortestgerät in diesem Sinn ist z.B. das Alcotest 7310, das den Alkohol mittels Halbleitergassensoren misst (*Alck* aaO). Das Nachfolgemodell Alcotest 7410 arbeitet mit dem System der elektrochemischen Detektion (*Wilske/Eisenmenger* DAR **1992** 41). Auf demselben Prinzip basiert das Vortestgerät AlcoQuant A 3020 (*Iffland/Schuff* BA **35** [1998] 376). Mehrere Untersuchungen haben die Vorzüge der digitalisierten Messmethode gegenüber den Prüfröhrchen bestätigt, zugleich aber Schwächen ergeben.[138] Ein Teil der Fehlmessungen beruht freilich auf falscher Handhabung (*Majert* BA **30** [1993] 290 ff). Angesichts der Fehlerbreite und entsprechend dem Einsatzzweck der Geräte gilt hinsichtlich der Verwertbarkeit der Messergebnisse im Straf- und Ordnungswidrigkeitenverfahren dasselbe wie beim „Röhrchentest". Der unmittelbare Nachweis einer Mindest-BAK (der jeweiligen Grenzwerte) *kann mit ihnen nach allgemeiner Meinung nicht geführt werden.*[139] Die Messbefunde entfalten allerdings *Indizwirkung* bei der Prüfung „relativer Fahrunsicherheit" (OLG Köln VRS **67** 246, 248; OLG Stuttgart DAR **2004** 409; Rdn. 96).

48 dd) **Atemalkoholmessgeräte.** Seit Anfang der siebziger Jahre[140] werden vor allem von Seiten der Verkehrs- und Innenministerien der Länder und des Bundes beträchtliche Anstrengungen unternommen, um die Atemalkoholanalyse zu einem uneingeschränkt forensisch verwertbaren Beweismittel zu entwickeln. Dahinter stehen schlüssige Zielvorstellungen. Die gegenüber der Blutalkoholanalyse bestehenden **Vorteile sind evident.** Es handelt sich um eine vergleichsweise einfach zu handhabende Messmethode. Sie kann den mit der Blutentnahme verbundenen zeitlichen, personellen und organisatorischen Aufwand sowohl bei der Polizei[141] als auch bei den rechtsmedizinischen Instituten in der Breite der Fälle[142] entbehrlich machen. Hierdurch werden Kapazitäten für eine Intensivierung der polizeilichen Verkehrsüberwachung frei. Plausibel erscheint ferner, dass die Erkennungsrate (strafrechtlich) relevanter Alkoholisierung steigt, wenn der Polizeibeamte vor Ort sogleich zum ohne Weiteres verwertbaren Atemtest schreiten kann, die Beschwerlichkeiten der Blutentnahme also nicht mehr unmittelbar vor Augen hat.[143] Hinsichtlich des Fahrzeugführers erübrigt sich ein Eingriff in die körperliche Unversehrt-

---

138 *Huckenberg/Schweizer* BA **22** (1985) 417, 420 ff; *Heifer* BA **23** (1986) 229 ff; *Iffland/Schuff* BA **35** (1998) 376, 376, 378 f; *Iffland/Staak* BA **23** (1986) 77, 88 ff; *Staak/Iffland* BA **21** (1984) 131, 143 ff.

139 OLG Hamm NJW **1995** 2425, 2426; OLG Köln VRS **67** 246, 247; OLG Stuttgart DAR **2004** 409. *Sch/Schröder/Cramer/Sternberg-Lieben* Rdn. 16; *Fischer* Rdn. 23; *Hentschel* Trunkenheit Rdn. 110.

140 „Programm für die Innere Sicherheit in der Bundesrepublik Deutschland" (1972/1974); vgl. *Brackemeyer/Schoknecht* Die Polizei **1997** 345.

141 *Alck* (BA **25** [1988] 396) weist zutreffend darauf hin, dass eine einzige Blutentnahme eine ganze Streifenbesatzung für zwei bis drei Stunden in Anspruch nehmen („blockieren") kann. Demgegenüber nimmt die Atemalkoholanalyse nach den Erfahrungen ca. 30 Minuten in Anspruch (*Albat* Alkohol, Drogen, Medikamente und Verkehrssicherheit [1999] S. 69, 71 f; s. auch *Karl* NZV **2000** 152, 154 f). *Müller* (BA **36** [1999] 313, 323 f) zieht dies mit Hilfe von Schlüssigkeitsüberlegungen in Zweifel. Die praktischen Erfahrungen widerlegen ihn. Verfehlt auch *Iffland/Eisenmenger/Bilzer* DAR **2000** 9, 16.

142 Dass die Atemalkoholanalyse die Blutprobenanalyse nicht ganz zu ersetzen vermag, versteht sich von selbst. Z.B. bei fehlender Mitwirkungsbereitschaft bzw. -fähigkeit des Fahrzeugführers oder bei Verdacht auf Drogen- oder Medikamenteneinfluss ist die Blutentnahme weiterhin anzuordnen (Nr. 3.2.1 ff, 3.3.2 der RiBA [Rdn. 255]).

143 Vgl. *Schöch* Alkohol im Straßenverkehr S. 29, 33.

heit.[144] Die Atemalkoholanalyse kann ihm außerdem Zeitverlust, Kosten und Unannehmlichkeiten ersparen (z.B. Stehenlassen des Fahrzeugs, vorläufige Sicherstellung/Beschlagnahme des Führerscheins; BTDrucks. 13/1439 S. 4).[145] Die Bestrebungen in Richtung auf die beweissichere Atemalkoholanalyse sind auch im Lichte der internationalen Entwicklung zu sehen. So gehörte Deutschland vor der Einführung von Grenzwerten der Atemalkoholkonzentration in § 24a Abs. 1 StVG zu einem von nur noch wenigen Ländern innerhalb der Europäischen Union, in denen die Atemalkoholanalyse noch nicht als vollwertiges Beweismittel angesehen wird.[146]

(1) **Infrarotgeräte.** Die Anerkennung der Atemalkoholanalyse als unmittelbar verwertbares Beweismittel setzt das Vorhandensein von Atemalkoholmessgeräten voraus, die anders als die in Rdn. 47 angesprochenen Vortestgeräte darauf ausgerichtet sind, den Schluss auf eine bestimmte Alkoholkonzentration zu ermöglichen. In der Praxis verbreitet waren bzw. sind insoweit Geräte, die auf dem Prinzip der Infrarotabsorption aufbauen, wobei die Infrarotmessung die einzige Messmethode ist.[147] Das Infrarotverfahren gilt weithin als zuverlässig und ermöglicht im Grundsatz exakte Ergebnisse.[148] Geräte dieser Bauart wurden im Ausland für den unmittelbaren Nachweis einer tatbestandsrelevanten Alkoholisierung des Fahrzeugführers eingesetzt.[149] In Deutschland sind sie jedoch nicht als in jeder Hinsicht „beweissicher" anerkannt. Dafür verantwortlich sind/waren u.a. experimentell festgestellte Schwächen, die mangelnde Konvertierbarkeit zwischen Atemalkohol und Blutalkohol sowie – damit in engem Zusammenhang stehend – das Defizit an anerkannten Grenzwerten für die Atemalkoholkonzentration (nachfolgende Rdn.). Darüber hinaus findet anders als bei der Blutalkoholanalyse lediglich eine Messmethode Anwendung. Die Messbefunde erweisen nach ganz h.M. in Rechtsprechung[150] und 49

144 *Arbab-Zadeh* (NJW **1984** 2615, 2616) äußert mit Blick auf die (seinerzeit) jährlich aufgrund des Primats der Blutalkoholanalyse anfallenden 150.000 Blutentnahmen sogar verfassungsrechtliche Bedenken unter dem Aspekt der Verhältnismäßigkeit.

145 *Albat* (Alkohol, Drogen, Medikamente und Verkehrssicherheit [1999] S. 69, 71) berichtet über eine hohe Akzeptanz bei sistierten Kraftfahrern.

146 Die Atemalkoholanalyse ist in den Mitgliedstaaten der EU weithin forensisch anerkannt. Außerdem ist die Maßnahme in vielen außereuropäischen Ländern eingeführt, u.a. in den USA, Kanada und Australien (Antwort der BReg. auf eine Kleine Anfrage von Bündnis 90/Die Grünen, BT-Drucks. 13/9094 S. 3). S. auch *Alck* (BA **25** [1988] 396, 399 f; *Schoknecht* 30. VGT **1992** S. 331, 340.

147 „Alcomat" der Firma Siemens in verschiedenen Versionen; „Alcotest 7010", „Alcotest 7110" der Firma Dräger. Zusammenstellung im BGA-Gutachten 1991 (Rdn. 50) S. 10.

148 *Alck* BA **25** (1988) 396, 397 f; *Arbab-Zadeh* NJW **1984** 2615, 2616; *Staak/Berghaus* BA **23** (1986) 418, 422 f.

149 S. etwa § 1 Satz 1, 2 Nr. 1 der österreichischen Alkomatverordnung (ÖBGBl. 1994 Nr. 789; ÖBGBl. 1997 II Nr. 146), wonach das Gerät „Alcomat M 52052/A 15" der Firma Siemens für die Untersuchung zugelassen ist. Mittlerweile wird auch in Österreich das „beweissichere" Atemmessgerät eingesetzt. Zur Beweiswirkung des Alcomat *Bittmann* BA **30** (1993) 344, 346 f [Annahme relevanter Alkoholbeeinträchtigung, falls der Verdächtige keine Blutentnahme verlangt hat]; zu guten Ergebnissen eines Praxistests Fn. 191.

150 BGH NStZ **1995** 539, 540 (bei der Schuldfähigkeit zumindest nicht zum Nachteil [„Dräger-Testgerät"]); BayObLG JR **1989** 79 f [Alcomat] m. insoweit zust. Anm. *Grüner* ebd. S. 80; vom 15.6.1999 2 St RR 47/99 S. 8 [„Dräger- und Siemens-Messgerät"]; OLG Karlsruhe NStZ **1993** 554, 555 (zur Schuldfähigkeit [Alcomat]); OLG Magdeburg vom 25.8.1997 – 2 Ss 428/96 [Vorgängergerät des „Alcotest 7110 Evidential"]; LG Gera DAR **1996** 156 (implizit [„Atemalkoholtestgerät"]); abw. LG Münster NStZ **1992** 544, 545 (verwertbar bei Sicherheitszuschlag [„Data

Schrifttum[151] *keinen bestimmten Alkoholisierungsgrad*, mithin auch nicht den jeweiligen Grenzwert „absoluter Fahrunsicherheit". Die Annahme fehlender Beweissicherheit steht dabei in Übereinstimmung mit der Auffassung des Bundesgesundheitsamts (BGA-Gutachten 1991 S. 57; nachfolgende Rdn.). Den Messergebnissen kommt, wie auch denen nach Einsatz von Prüfröhrchen (Rdn. 46) und von Vortestgeräten (Rdn. 47), nur Indizwirkung für das Vorliegen von („relativer") Fahrunsicherheit zu (Rdn. 96a).[152] „Reine" Infrarotgeräte wurden bzw. werden in der Praxis in Deutschland lediglich zu Zwecken des Vortests eingesetzt.

50 (2) **Beweissichere Atemalkoholanalyse.** In seinem 1991 vorgelegten „Gutachten zur Prüfung der Beweissicherheit der Atemalkoholanalyse" (BGA-Gutachten 1991)[153] ist das Bundesgesundheitsamt zu dem Ergebnis gelangt, dass die „Atemalkoholanalytik ein in sich geschlossenes und widerspruchsfreies Verfahren zur Beurteilung des Alkoholisierungsgrades eines Probanden darstellt".[154] Nach einem außerordentlich langwierigen und umstrittenen Gesetzgebungsverfahren hat der Gesetzgeber den Forschungsstand im Gesetz zur Änderung des Straßenverkehrsgesetzes vom 27.4.1998 (BGBl. I S. 795) als hinreichend gesichert angesehen, um an das Erreichen bestimmter Alkoholkonzentrationen im Atem (neben der BAK) bußgeldrechtliche Sanktionen zu knüpfen (§ 24a Abs. 1 StVG). Eigenständige AAK-Grenzwerte sind deswegen festgelegt worden, weil eine direkte Konvertierung von AAK-Werten in BAK-Werte anerkanntermaßen nicht möglich ist. Das BGA-Gutachten 1991 führt dies darauf zurück, dass die AAK in ihrem zeitlichen Verlauf der arteriellen BAK (Lungenblut) und nicht der venösen (Blutprobe) folge und dass die Umrechnung der aus dem Blutserum gewonnenen venösen BAK auf die BAK des Voll-

---

master II"]); **aA** AG Hannover BA **22** (1985) 338 f [Alcomat]. S. auch BGH NStZ **1995** 96, 97 (Verpflichtung, das Testergebnis bei der Prüfung der Schuldfähigkeit zugunsten des Beschuldigten zu berücksichtigen [Alcomat]). Vgl. ferner VGH Baden-Württemberg VRS **92** 298 [Atemalkoholanalyse mit Alcomat als Grundlage für die Überprüfung der Fahreignung].

151 *Lackner/Kühl* § 315c Rdn. 8; *Sch/Schröder/Cramer/Sternberg-Lieben* Rdn. 16; *Fischer* Rdn. 23; *Hentschel* Trunkenheit Rdn. 110; *Janiszewski* Verkehrsstrafrecht Rdn. 380; sowie nahezu das gesamte rechtsmedizinische Schrifttum (Fn. 167). **AA** aber *Arbab-Zadeh* NJW **1984** 2615, 2616.

152 BayObLG vom 15.6.1999 2 St RR 47/99 S. 8 f; OLG Magdeburg vom 25.8.1997 – 2 Ss 428/96; LG Gera DAR **1996** 156. Indizqualität spricht OLG Karlsruhe NStZ **1993** 554, 555 einem Alcomat-Test im Rahmen der Prüfung der Schuldfähigkeit ab.

153 Die Arbeiten sind durch eine projektbegleitende Kommission unterstützt worden, an der namhafte Vertreter der berufenen Fachkreise (*Arbab-Zadeh*, *Friedel*, *Grüner*, *Krüger*), des BGH (der ehemalige Vizepräsident und Vorsitzende des 4. Strafsenats des BGH *Salger*), der Physikalisch-Technischen Bundesanstalt, der Polizei sowie Vertreter von Bundes- und Landesministerien beteiligt waren (BGA-Gutachten 1991 S. 5). Es ist nicht gerade Ausdruck von Sachlichkeit, wenn *Iffland/Eisenmenger/Bilzer* ausführen, in der Kommission sei *Grüner* der „einzige mit der notwendigen wissenschaftlichen Kompetenz" gewesen (DAR **2000** 9, 10).

154 BGA-Gutachten 1991 S. 55. Vorbereitend bzw. ergänzend: *Brackemeyer/Schoknecht* Die Polizei **1997** 345; *Brackemeyer* BA **36** (1999) Anhang 1 S. 26; *Schoknecht/Kophamel* BA **25** (1988) 345; *Schoknecht/Fleck/Kophamel* BA **26** (1989) 71; *Schoknecht/Kophamel/Barduhn* BA **26** (1989) 137; *Schoknecht/Fleck/Kophamel* BA **27** (1990) 83; *Schoknecht* BA **27** (1990) 145; *Schoknecht/Kophamel-Röder/Fleck* BA **28** (1991) 210; *Schoknecht/Hahlbrauck* BA **29** (1992) 193 m. krit. Erwiderung *Kijewski/Sprung* ebd. S. 350; *Schoknecht* BA **29** (1992) 353; *Schoknecht/Barduhn* BA **32** (1995) 74; *dies.* BA **36** (1999) 159; *Schoknecht* BA **36** (1999) Anhang 1 S. 4; vgl. auch *Mengersen* Die Polizei **1997** 352.

bluts individuellen Schwankungen unterliege (BGA-Gutachten 1991 S. 32 ff).[155] In § 24a Abs. 1 StVG ist einem BAK-Wert von 0,5 ‰ ein Wert von 0,25 mg Alkohol pro Liter Atemluft gleichgesetzt. Das Verteilungsverhältnis berücksichtigt die statistischen Zusammenhänge zwischen AAK und BAK; die für die BAK-Grenzwerte geltenden Sicherheitszuschläge sind in den AAK-Grenzwerten enthalten (*Schoknecht* BA **36** [1999] Supplement 1 S. 4, 11; *Slemeyer* BA **37** [2000] 203, 208 ff). Bei der zugrunde liegenden Wahrscheinlichkeitsrechnung hat entsprechend einer Forderung *Salgers* (BGA-Gutachten 1991 S. 51 ff, 60 f) ein Umrechnungsquotient von 1:2000 (statt wie sonst gebräuchlich 1:2100) Verwendung gefunden, der den Betroffenen im Vergleich zur Blutalkoholanalyse geringfügig, nämlich um etwa 5 % besser stellt; von Verfassungs wegen begegnen die eingeführten AAK-Werte keinen Bedenken (BGHSt **46** 358; BayObLG NZV **2000** 295; Rdn. 55). Sie stehen auch im Wesentlichen in Einklang mit den Werten anderer Länder (*Schoknecht* 30. VGT **1992** S. 331, 340).

(a) **Beweissichere Geräte.** Parallel zum Gesetzgebungsverfahren ist die Gerätetechnik verbessert worden. Ziel war die Konstruktion eines Geräts, das den Anforderungen des BGA-Gutachtens 1991 genügt. Die Anforderungen sind unter Berücksichtigung der seit Erstellung des Gutachtens erzielten technischen Fortschritts in der DIN VDE 0405[156] niedergelegt worden, die die Basis der Bauartzulassung bildet. Derzeit hat allein das Gerät **„Alcotest 7110 Evidential Typ MK III“** der Firma Dräger Sicherheitstechnik GmbH die Bauartzulassung durch die Physikalisch Technische Bundesanstalt (PTB) erhalten. Das Gerät ist damit eichfähig. Die Eichpflicht ergibt sich aus § 2 Abs. 1, 2, EichG, § 3 Abs. 1 Nr. 3 Eichordnung. Mit Bauartzulassung, Ersteichung und den nachfolgenden halbjährlichen Eichungen[157] wird die Zuverlässigkeit der Messungen sichergestellt (vgl. § 1 Nr. 2 EichG; § 32 Eichordnung).[158] 51

Das Gerät ermöglicht Messungen nach **zwei voneinander unabhängigen Methoden** unterschiedlicher analytischer Spezifität, nämlich mit einem infrarotoptischen und einem elektrochemischen Meßsystem. Erforderlich ist die zweimalige Abgabe einer Atemprobe innerhalb von zwei bis fünf Minuten. Die erste Atemprobe wird elektrochemisch, die zweite mittels des Infrarotverfahrens geprüft, wobei im Rahmen der ersten Messung noch zusätzlich der Infrarotsensor eingesetzt wird, was der geräteinternen Kontrolle dient (*Knopf/Slemeyer/Klüß* NZV **2000** 195, 197). Im Anschluss daran erfolgt geräteintern ein Vergleich der AAK-Werte der ersten und der zweiten Atemalkoholmessung. Die Abweichungen zwischen den Einzelwerten beider Messungen müssen innerhalb von 10 % des Mittelwerts, bei Werten unter 0,4 mg/l innerhalb von 0,04 mg/l liegen.[159] Dies entspricht in der Sache der Variationsbreite bei der Blutalkoholanalyse (Rdn. 24), wobei die Toleranzen etwas strenger sind als dort.[160] Für die Mittelwertbildung werden der EC- 51a

[155] Sehr kritisch *Iffland/Bilzer* DAR **1999** 1, 7; *Iffland/Eisenmenger/Bilzer* NJW **1999** 1379: Es seien allein die nicht beherrschbaren Schwankungen beim Atemalkohol ausschlaggebend.

[156] DIN VDE 0405. Ermittlung der Atemalkoholkonzentration (1995).

[157] § 33 Abs. 4 Eichordnung i.V.m. Anlage 18, Abschnitt 7 (BGBl. 1992 I S. 1653, 1665); zum Ganzen BayObLG NZV **2000** 295, 297 f; s. auch *Brackemeyer/Schoknecht* Die Polizei **1997** 345; *Knopf/Slemeyer/Klüß* NZV **2000** 195, 198.

[158] BTDrucks. 13/9094 S. 7; dort auch dazu, dass die Prüfbedingungen in der Norm DIN VDE 0405 und von der OIML festgelegt sind.

[159] Soweit *Knopf/Slemeyer/Klüß* NZV **2000** 195, 197 und *Lagois* BA 37 (2000) 77, 88 höchstzulässige Abweichungen von 0,02 mg/l bzw. 5 % des Mittelwerts nennen, ist damit dasselbe ausgedrückt.

[160] Verfehlt *Iffland/Bilzer* DAR **1999** 1, 2, die bei ihrer Kritik auf die Standardabweichung abstellen; s. *Schoknecht* NZV **2000** 181.

Wert der ersten und der IR-Wert der zweiten Atemprobe verwendet (*Knopf/Slemeyer/Klüß* NZV **2000** 195, 197). Nur dann, wenn die AAK-Werte in sich schlüssig und plausibel sind und die Toleranzwerte nicht überschritten werden, wird auf dem Gerätedisplay der errechnete endgültige AAK-Mittelwert angezeigt.[161] Gleichzeitig erfolgt ein Protokollausdruck auf dem geräteeigenen Kleindrucker oder wahlweise über einen externen Drucker.[162] Neben den Personalien des Probanden und dem AAK-Mittelwert werden u.a. auch der Wert der ersten (EC-Wert) und der zweiten Atemprobe (IR-Wert) zu Dokumentations- und Nachweiszwecken ausgedruckt,[163] was sowohl der DIN 0405 als auch dem BGA-Gutachten 1991 entspricht (Rdn. 55). Bei unzulässiger Streuung oder einer Fehlermeldung wird kein verwertbarer endgültiger AAK-Mittelwert ausgedruckt; der Ausdruck enthält eine entsprechende Meldung. Einer zentralen (technisch sehr schwer umzusetzenden) Forderung des Bundesgesundheitsamts entsprechend wird die Temperatur der Ausatemluft gemessen, und werden die Atemalkoholmesswerte auf eine Durchschnittstemparatur von 34° Celsius umgerechnet. Verfälschungen durch Körper- und Umgebungstemperatur oder die Atemtechnik (Hyper-, Hypoventilation, Mundkühlung) wird so entgegengewirkt. Geräteinterne Sicherungsmechanismen sorgen dafür, dass nur Atemproben akzeptiert werden, die die (von Alter und Geschlecht des Probanden abhängigen) Mindestluftvolumina übertreffen. Dies soll gewährleisten, dass die Alveolarluft erfasst wird, und vor allem auch Manipulationsversuchen des Probanden begegnen. Die Zuverlässigkeit des Gerätesystems gegenüber Fremdeinflüssen ist u.a. in den von *Schmidt/Jachau/Wittig/Bartels/Krause* (BA **37** [2000] 92; s. auch Rdn. 55) und *Jachau/Krause* (BA **43** (2006) 169 [zu alkoholhaltigen Medikamenten und alkoholhaltigen Asthma-Sprays] durchgeführten Versuchen bestätigt worden.

52 (b) **Verfahrensvorkehrungen.** Das Messverfahren wird durch strenge Verfahrensvorkehrungen abgesichert, die gleichfalls durch das Bundesgesundheitsamt herausgearbeitet worden sind. Sie haben in Nr. 2.1.2 der RiBA (Rdn. 255) Eingang gefunden. Es ist durch die Rechtsprechung als standardisiertes Verfahren anerkannt.[164] Es müssen von der PTB zugelassene und halbjährlich geeichte Geräte verwendet werden (vorstehende Rdn.). Der Messvorgang darf frühestens 20 Minuten nach Trinkende erfolgen, um eine Verfälschung durch Mundrestalkohol oder Mundalkohol zu vermeiden. Das Messpersonal hat darauf zu achten, dass der Betroffene mindestens zehn Minuten vor Beginn der Messung nicht isst, trinkt, kein Mundspray verwendet und nicht raucht. Die zehnminütige Kontrollzeit kann in der Wartezeit von 20 Minuten enthalten sein. **Verstöße gegen diese Verfahrensbestimmungen** führen *im Bußgeldverfahren* (zur Lage im Strafverfahren Rdn. 56) grundsätzlich zur Unverwertbarkeit des Messergebnisses. Das gilt zunächst für ein Fehlen der Bauartzulassung oder eine fehlende bzw. abgelaufene Eichung, ohne dass der Fehler mit Sicherheitszuschlägen ausgeglichen werden kann (*Maatz* BA **39** (2002) 21, 31, s. auch OVG Magdeburg BA **40** (2003) 390). Entsprechendes gilt für die Kontrollzeit von 10 Minuten (vgl. OLG Hamm NZV **2005** 109). Auch die Nichteinhaltung der Wartezeit

---

161 Das in der Anfangszeit bestehende Problem, dass das Gerät vor der Mittelwertbildung ab der dritten Dezimalstelle entgegen BGHSt **28** 1 (Rdn. 79) aufgerundet hat, ist behoben. Benachteiligungen von Fahrzeugführern sind durch Verwaltungsanweisungen ausgeschlossen worden. Hierzu auch *Knopf/Slemeyer/ Klüß* NZV **2000** 195, 197, 198; *Löhle* NZV **2000** 189, 191.

162 Zur Funktionsweise instruktiv *Knopf/Slemeyer/Klüß* NZV **2000** 195; *Lagois* BA **37** (2000) 77 ff; s. auch *Löhle* NZV **2000** 189.

163 S. im Einzelnen das Schaubild bei *Lagois* BA **37** (2000) 77, 89.

164 BGHSt **46** 358; BayObLG NZV **2005** 53; OLG Dresden DAR **2005** 226; *Hentschel/König*[40] § 24a StVG Rdn. 17a m.w.N.

führt grundsätzlich zur Unverwertbarkeit (BayObLG NZV **2005** 53, OLG Dresden NStZ **2004** 352; OLG Jena DAR **2006** 225). Jedoch kann nach einem Teil der Rechtsprechung bei deutlicher Überschreitung des Grenzwerts durch Einholung eines Sachverständigengutachtens geklärt werden, ob die mit der Nichteinhaltung verbundenen Schwankungen der Messwerte durch einen Sicherheitszuschlag ausgeglichen werden können (OLG Karlsruhe NJW **2006** 1988).[165] Wie bei der Blutalkoholanalyse (Rdn. 79) wird die 3. Dezimalstelle der Messergebnisse (Einzelwerte und Mittelwert) nicht berücksichtigt und besteht ein Aufrundungsverbot (BayObLG DAR **2001** 465; OLG Düsseldorf ZfS **2003** 517).[166]

(c) **Kritik des rechtsmedizinischen Schrifttums.** Die Bemühungen um Entwicklung der Atemalkoholanalyse zu einem forensisch verwertbaren Beweismittel wurden von einem „Sperrfeuer“ der Kritik aus dem rechtsmedizinischen Schrifttum begleitet.[167] Die Schärfe der Auseinandersetzungen hat erst nach der höchstrichterlichen Klärung durch das BayObLG und den BGH (Rdn. 55) abgenommen.[168] Ein Haupteinwand rührt aus den Divergenzen zwischen Atemalkohol und Blutalkohol her (Rdn. 50). Dieses zentrale Problem der Atemalkoholanalyse sei nach wie vor ungenügend gelöst (und gerätemäßig auch gar nicht lösbar).[169] Die Atemalkoholanalyse vermöge kein Abbild der „wahren“ Alkoholkurve zu vermitteln; die Werte seien teils überhöht (resorptive Phase),[170] teils auch zu niedrig (Eliminationsphase).[171] Die Atemalkoholanalyse sei in ihren Bezügen zur Fahrunsicherheit unzulänglich experimentell erprobt (z.B. *Iffland/Eisenmenger/Bilzer* DAR **2000** 11 f). Sicherheitsniveau und Verfahrensvorkehrungen blieben weit hinter den Standards der Blutalkoholanalyse (hierzu Rdn. 18 ff) zurück; namentlich widerspreche die Messung bzw. der Ausdruck von nur zwei (statt vier) Einzelwerten den „Festlegungen **53**

---

[165] Offen gelassen von BayObLG NJW **2005** 232; zu Abweichungen im Einzelfall *Slemeyer* NZV **2004** 615.

[166] BayObLG DAR **2001** 465; OLG Düsseldorf ZfS **2003** 517; OLG Dresden VRS **108** 114; *Hentschel/König*[40] § 24a StVG Rdn. 16a.

[167] U.a. *Aderjan/Schmitt/Wu* BA **29** (1992) 360; *Alkoholkommission der Deutschen Gesellschaft für Rechtsmedizin* BA **36** (1999) 177; *Bilzer/Grüner* BA **30** (1993) 225; *Bilzer/Hatz* BA **35** (1998) 321, 328; *Deutsche Gesellschaft für Rechtsmedizin* BA **29** (1992) 108; *Gilg/Eisenmenger* DAR **1997** 1; *Grüner* Die Atemalkoholprobe: Grundlagen und Beweiswert (1985); *Grüner/Bilzer* BA **27** (1990) 119; *dies.* BA **29** (1992) 98; 161; *Heifer* BA **23** (1986) 229; *ders./Loos/Klaes/Schyma* BA **32** (1995) 218; *ders.* BA **35** (1998) 229; *ders.* BA **37** (2000) 103; *Iffland/Bilzer* DAR **1999** 1; *Iffland/Eisenmenger/Bilzer* NJW **1999** 1379; *Kijewski/Sprung/Eggert* BA **28** (1991) 243; *Köhler/Banaschak/Brinkmann* BA **34** (1997) 36; *Tsokos/Bilzer* BA **34** (1997) 405; *Urban/Wolf/Eidam/Kleemann/Schroeder/Tröger* BA **28** (1991) 304; *Wilske/Eisenmenger/Liebhardt* BA **28** (1991) 224; s. auch den Schriftwechsel m. Stellungnahme *Heifer* BA **35** (1998) 229. Zusammenfassend *Hentschel/König*[40] Rdn. 52 f; § 24a Abs. 1 StVG Rdn. 16.

[168] Hingegen hatte das In-Kraft-Treten des § 24a StVG noch nicht zur Befriedung beigetragen. S. etwa *Gilg* BA **36** (1999) Supplement 1 S. 30; *Iffland/Bilzer* DAR **1999** 1; *Iffland/Eisenmenger/Bilzer* NJW **1999** 1379; *dies.* DAR **2000** 9; *Iffland* BA **36** (1999) Supplement 1 S. 15; *Iffland/Hentschel* NZV **1999** 489, 491; *Wilske* DAR **2000** 16.

[169] *Alkoholkommission der Deutschen Gesellschaft für Rechtsmedizin* BA **29** (1992) 108, 110; *Iffland/Bilzer* DAR **1999** 1, 7.

[170] *Bilzer/Schewe/Blauert/Kirschall* BA **34** (1997) 89, 97 ff; *Gilg/Eisenmenger* DAR **1997** 1, 5; *Wilske/ Eisenmenger* DAR **1992** 41, 44.

[171] *Deutsche Gesellschaft für Rechtsmedizin* BA **29** (1992) 108, 111; *Grüner/Bilzer* BA **29** (1992) 98, 105; *Iffland/Hentschel* NZV **1999** 489, 491.

des BGH" zur Blutprobenanalyse.[172] Bauartzulassung und halbjährliche Eichungen könnten die bei der Blutalkoholanalyse erforderlichen laufenden Qualitätskontrollen und die Teilnahme an Ringversuchen nicht ersetzen (*Iffland/Bilzer* DAR **1999** 1, 2).[173] Auch die Anforderungen des BGA-Gutachten 1991 erfülle das Gerät nicht, weil der Infrarotdetektor anders als dort vorgesehen lediglich auf einer statt auf zwei Wellenlängen messe (*Iffland/Eisenmenger/Bilzer* NJW **1999** 1379, 1380; hierzu Rdn. 55). Die Zuverlässigkeit an sich sei zweifelhaft; es komme zu „Ausreißern".[174] Vielfältige Störungen (und diesbezügliche Einwendungen des Beschuldigten) seien denkbar, etwa bei akuten oder chronischen Erkrankungen,[175] Restalkohol im Mund und Aufstoßen[176] oder nach Gebrauch von Mundwässern, Parfüms etc.,[177] von Schnüffelstoffen und anderen Fremdgasen,[178] bei Hypersalivation (vermehrter Speichelbildung),[179] aufgrund des Exspirationsvolumens[180] und der Exspirationsdauer sowie bei Temperatureinflüssen (hierzu Rdn. 51 f).[181] Um der Fehlerbreite der Atemalkoholanalyse gerecht zu werden, müsse man einen derart hohen Sicherheitszuschlag vornehmen, dass die (damalige) 0,8 ‰-Grenze des § 24a Abs. 1 Nr. 1 StVG faktisch auf fast 1,2 ‰ angehoben sei,[182] was alle bisherigen Bemühungen gegen den Alkohol im Straßenverkehr zunichte mache (*Iffland/Bilzer* DAR **1999** 1, 7).[183] Die Kritik setzt ferner an den systemimmanenten Nachteilen der Atemmessung an. Genannt wird u. a. die mangelnde Reproduzierbarkeit der „flüchtigen" Subs-

---

172 U.a. *Bilzer/Grüner* BA **30** (1993) 225, 230; *Iffland/Bilzer* DAR **1999** 1, 2 f; *Wilske/ Eisenmenger/Liebhardt* BA **28** (1991) 224, 231 f. Hierzu Rdn. 55.

173 Relativiert von *Iffland/Eisenmenger/Bilzer* DAR **2000** 9, 14 f: Blutalkoholanalysen seien nicht ungenauer als AAK-Messungen. Was die Ringversuche bei der Blutalkoholanalyse anbelangt: Sie finden zwar halbjährlich statt; jedoch wird das „Zertifikat" jeweils für ein ganzes Jahr erteilt. Atemalkoholmessgeräte stellen sich hingegen automatisch ab, wenn die Eichfrist erreicht ist (interne Stellungnahme *Brackemeyer*, insoweit von *Iffland/Eisenmenger/Bilzer* nicht wiedergegeben). S. auch *Schoknecht* NZV **2000** 181.

174 *Bilzer/Grüner* BA **30** (1993) 225, 230; *Grüner/ Bilzer* BA **29** (1992) 161, 169 f; *Wilske/Eisenmenger/Liebhardt* BA **28** (1991) 224.

175 *Bilzer/Grüner* BA **30** (1993) 225, 230; bei Lungenfunktionsstörungen haben *Heifer/ Loos/Klaes/Schyma* freilich keinen signifikanten Unterschied festgestellt (BA **32** [1995] 218, 223).

176 *Penners/Bilzer* BA **24** (1987) 172, 175; *Urban/Wolf/Eidam/Kleemann/Schroeder/ Tröger* BA **28** (1991) 304, 306 ff. Bei Mundrestalkohol erfolgt allerdings eine Fehlermeldung des Geräts, so dass dieser Effekt von untergeordneter Bedeutung sein dürfte; zudem darf die Messung frühestens 20 Minuten nach Trinkende erfolgen (vgl. *Bilzer/Grüner* BA **30** [1993] 225, 228 und Rdn. 52), in denen der Mundrestalkohol durch Aufnahme in den Körper vollständig abgebaut wird.

177 *Bilzer/Grüner* BA **30** (1993) 225, 229 f; *Grüner/Bilzer* BA **27** (1990) 119, 127 ff. Innerhalb von 10 Minuten nach Gebrauch von Mundsprays darf die Messung nicht durchgeführt werden (Rdn. 52) und führt zu einer Fehlermeldung (Anzeige im Display und auf dem Ausdruck: „INTERFERENZ"), weil von dem Gerät Fremdgase erkannt werden.

178 *Kijewski/Sprung/Eggert* BA **28** (1991) 243, 248 ff; *Kijewski/Sprung* BA **29** (1992) 350 f; *Wilske/ Eisenmenger/Liebhardt* BA **28** (1991) 224, 230.

179 *Tsokos/Bilzer* BA **34** (1997) 405, 409 ff.

180 *Wilske/Eisenmenger/Liebhardt* BA **28** (1991) 224, 227.

181 Zu Divergenzen der Atemalkoholwerte gegenüber Blutalkoholwerten *Wittig/ Schmidt/Jachau/Römhild/Krause* BA **37** (2000) 30; näher hierzu Rdn. 56a.

182 *Iffland/Bilzer* DAR **1999** 1, 7; *Köhler/ Banaschak/Brinkmann* BA **34** (1997) 36, 43 f.

183 S. auch *Wilske* DAR **2000** 16, 19 f sowie *Bode* BA **36** (1999) 249 ff, gegen Letzteren mit Recht BayObLG NZV **2000** 295, 297 (Rdn. 55) sowie *Schoknecht* NZV **2000** 181 f.

tanz Atemluft, die nachträgliche Kontrolluntersuchungen unmöglich mache;[184] auch könne der Einfluss von anderen Drogen und Medikamenten in der Atemluft nicht festgestellt werden. Eine Begleitstoffanalyse bei Nachtrunkbehauptungen (hierzu Rdn. 86) sei genauso wenig durchführbar wie die Rückrechnung auf die Tatzeit.[185]

(d) **Beschränkung auf das Bußgeldverfahren.** In den RiBA (Rdn. 255) ist der Einsatz der Atemalkoholanalyse mit dem zugelassenen Gerät als unmittelbares Beweismittel auf den Nachweis von Ordnungswidrigkeiten nach § 24a Abs. 1 StVG beschränkt worden (Nr. 2 Satz 4, Nr. 3.3.1 Spiegelstrich 4 RiBA). Besteht der Verdacht, dass der Beschuldigte eine Straftat (namentlich § 316) begangen hat, so ist weiterhin eine Blutentnahme herbeizuführen (Nr. 3.2.1 RiBA). Außerdem kann die Atemmessung für den Vortest hinsichtlich der Entscheidung nach § 81a StPO eingesetzt werden (Nr. 2 Satz 3 RiBA), was ihrem bisherigen Einsatz im Strafverfahren entspricht (Rdn. 46 ff).[186] Die in den RiBA vorgenommene Beschränkung auf das Ordnungswidrigkeitenverfahren ist dabei kein Beweis dafür, dass die Bedenken aus dem rechtsmedizinischen Schrifttum gegen die Atemalkoholanalyse insgesamt und/oder die Zuverlässigkeit des eingesetzten Geräts berechtigt sind (so aber *Iffland/Hentschel* NZV **1999** 489, 490). Sie ist vielmehr dadurch bedingt, dass die Heranziehung von AAK-Werten für die Annahme „absoluter Fahrunsicherheit" spezifische Probleme aufwirft (Rdn. 56). Dieses „gestaffelte" Vorgehen der RiBA entspricht im Übrigen im Grundsatz einem Kompromissvorschlag, der aus dem rechtsmedizinischen Schrifttum unterbreitet worden war.[187] Der 38. VGT (2000) hatte sich gleichfalls für diesen Weg ausgesprochen (Nr. 2, 3 der Empfehlungen des Arbeitskreises IV).[188] **54**

(e) **Stand der Rechtsprechung.** Im Anschluss an den sorgfältig begründeten Grundsatzbeschluss des BayObLG vom 12.5.2000 (NZV **2000** 295 m. zust. Anm. *König*) hat **55**

---

184 S. allerdings *Arbab-Zadeh* NJW **1984** 2615, 2618, wonach Kontrolluntersuchungen in der Praxis kaum je vorkommen und die forensische Aussagekraft des Untersuchungsmaterials mit der Dauer der Asservierung abnimmt.

185 *Alkoholkommission der Deutschen Gesellschaft für Rechtsmedizin* BA **36** (1999) 177 f; *Iffland/ Eisenmenger/Bilzer* NJW **1999** 1379, 1381. Allerdings wird die Atemalkoholanalyse anders als die Blutentnahme in der Regel unmittelbar nach der Tat (Fahrt) und damit im „rückrechnungsfreien Intervall" (Rdn. 30) durchgeführt. Zur Rückrechnung der AAK *Messiner* ZVR **1990** 166, 167. Hierzu auch die positiven Ergebnisse von *Dettling/Fischer/Böhler/ Ulrichs/Schuff/Skopp/v. Meyer/Graw/ Haffner* BA **43** (2006) 257; 376.

186 Eine abweichende Anordnungslage bestand für eine Übergangszeit in Sachsen-Anhalt. Dort konnte auf die Blutentnahme auch verzichtet werden, wenn eine Berufung auf Nachtrunk nicht zu befürchten ist und die Atemmessung einen Wert von 0,8 mg/l ergibt (Erlass v. 7.6.1999, MBl. LSA Nr. 29/1999; auszugsweise abgedruckt in BA **37** [2000] 171). Nachdem das OLG Naumburg die Messergebnisse als nicht verwertungsfähig anerkannt hatte (Rdn. 56), wurde der Erlass aufgehoben.

187 *Wilske/Eisenmenger* DAR **1992** 41, 47, im Anschluss an *Heifer/Pluisch* ZRP **1991** 421, 426. Später war jedoch vonseiten der Rechtsmedizin keine Kompromissbereitschaft mehr zu spüren; s. nur *Iffland/ Eisenmenger/Bilzer* NJW **1999** 1379; *Iffland/Bilzer* DAR **1999** 1.

188 Abgedruckt in DAR **2000** 112. Zugleich hat der Arbeitskreis mit knappen Mehrheiten (und wenig überzeugend) gefordert, die technischen Mindestanforderungen zu normieren (zu den bereits gegebenen Normen Rdn. 51 f) und dem Betroffenen das Recht zu geben, dass nach einer Atemalkoholanalyse auf sein Verlangen zusätzlich eine Blutprobenentnahme erfolgt (Nr. 4, 5). Zum Verlauf der Diskussionen *Händel* BA **37** (2000) 101.

der BGH auf Vorlage des OLG Hamm (NZV **2000** 426) die Atemalkoholanalyse mit dem zugelassenen Gerät als unmittelbares Beweismittel für die Feststellung von Ordnungswidrigkeiten nach § 24a Abs. 1 StVG anerkannt; generelle Sicherheitsabschläge, die OLG Hamm NZV **2000** 426 für erforderlich gehalten hatte, müssen *nicht* vorgenommen werden (BGHSt **46** 358). Mit Recht wird hervorgehoben, dass sich die im Zusammenhang mit der mangelnden Konvertierbarkeit von AAK- in BAK-Werten aufgeworfenen Probleme von vornherein nicht stellten, weil der Gesetzgeber in § 24a Abs. 1 StVG eigenständige AAK-Grenzwerte festgelegt habe. Er habe demnach *gerade nicht* die Möglichkeit eröffnet, die BAK anhand der AAK zu bestimmen, sondern lediglich dieselben Rechtsfolgen für das Erreichen bestimmter AAK-Grenzwerte angeordnet. Anerkanntermaßen liefert die AAK einen Hinweis auf die alkoholische Beeinflussung des Probanden (BayObLG NZV **2000** 295, 299),[189] wobei jedem AAK-Wert eine gewisse „Bandbreite" von BAK-Werten entsprechen kann (BGHSt **46** 358; BayObLG NZV **2000** 295, 296).[190] Das zugrunde gelegte Verteilungsverhältnis berücksichtige die guten statistischen Entsprechungen zwischen AAK und BAK, wobei der Betroffene im Vergleich zur Blutalkoholanalyse prinzipiell besser gestellt werde (Rdn. 50). Beides – die Entsprechungen wie auch die regelmäßige Begünstigung des Probanden – ist in Versuchen bestätigt worden.[191] Die Besserstellung halte sich genauso innerhalb des gesetzgeberischen Entscheidungsspielraums wie eine denkbare Benachteiligung bei einem Atemtest in der Anflutungsphase. Letzteres gelte um so mehr, als niemand gezwungen werden könne, sich einer Atemmessung zu unterziehen. Auch hinsichtlich der Zuverlässigkeit des Geräts und der formalen Kriterien des Messverfahrens bestünden keine Bedenken. Bei Atemalkohol- und Blutalkoholanalyse handle es sich um nicht vergleichbare Messmethoden bezüglich unterschiedlicher Substanzen (Alveolarluft bzw. Serum des venösen Bluts), die unterschiedlichen Qualitätskriterien genügen müssten. Die Messung mittels Infrarotabsorption und elektrochemischer Methode stelle gegenüber den Anforderungen des BGA-Gutachtens 1991, das eine Messung mit dem Infrarotdetektor auf zwei Wellenlängen angesprochen habe, eine technische Verbesserung dar.[192] Sowohl das BGA-Gutachten 1991 als auch die DIN VDE 0405 verlangten nur die Messung und Mitteilung zweier Einzelmesswerte, weswegen die Forderung nach (Messung und) Mitteilung von vier Einzelwerten „auf einem offensichtlichen Missverständnis" beruhe (BayObLG NZV **2000** 295, 297). Die halbjährliche Eichung genüge den Anforderungen, was durch umfangreiche

---

189 Was sich u.a. aus der Grand Rapids Study (Rdn. 16) ergibt, die auf einer Umrechnung von AAK- in BAK-Werte basiert und im BGA-Gutachten 1966 „zur Begründung der Grenze der sog. absoluten Fahruntüchtigkeit berücksichtigt" worden ist (vgl. BA **11** (1974), Supplement 1, S. 3); übersehen von *Iffland/Hentschel* NZV **1999** 489, 497; hierzu *König* NZV **2000** 298, 299.

190 Im Anschluss an *Heifer* BA **37** (2000) 103, 105.

191 *Slemeyer/Arnold/Klutzny/Brackemeyer* NZV **2001** 281; *Schoknecht* BA **39** (2002) 308 (je 1166 Messwertpaare AAK/BAK); *Slemeyer/Schoknecht* Länderstudie 2006 [2636 Datensätze], BA **45** (2008) 49). S. auch *Brackemeyer/Schoknecht* Die Polizei **1997** 345. Hierzu die Antwort der BReg. auf eine Kleine Anfrage (BTDrucks. 13/9094 S. 6). Harsche Kritik an den älteren Versuchen bei *Iffland/ Eisenmenger/Bilzer* NJW **1999** 1379 (1380) und bei *Iffland/Bilzer* DAR **1999** 1, (7), dort (S. 3) auch gegenüber der Antwort der BReg.: „Beweis mangelnder Sachkunde". Zu einem 1986 durchgeführten Test in Österreich, der eine Übereinstimmung der Blut- und Atemwerte von 99,76 % ergeben hat [eingesetzte Geräte u.a. Siemens Alcomat, Dräger Alcotest 7110; hierzu Rdn. 48 f] *Fous/Wermuth* ZVR **1986** 150.

192 *Knopf/Slemeyer/Klüß* NZV **2000** 195, 196; insoweit auch *Löhle* NZV **2000** 189, 192.

Untersuchungen bestätigt werde.[193] Die Gerichte könnten deshalb davon ausgehen, dass das Messergebnis zutreffe, sofern nicht konkrete Anhaltspunkte für einen Messfehler bestünden oder behauptet würden. Ergänzend ist darauf hinzuweisen, dass die „Verabsolutierung" der Blutalkoholanalyse als Vergleichsparameter auch dann etwas verwundern muss, wenn man die Vorsicht der Verkehrsmedizin gegenüber der Fehlerbreite naturwissenschaftlicher Messungen etwa im Rahmen der Doppelblutentnahme in den Blick nimmt (Rdn. 85); strenger als bei der Blutalkoholanalytik werden bei der Atemalkoholanalyse in kurzem Abstand zwei Atemwerte genommen und verglichen (Rdn. 51).

Jedenfalls für die justitielle und polizeiliche Praxis *im Bußgeldverfahren* sind die Auseinandersetzungen um die generelle Beweissicherheit der Atemalkoholanalyse seit den grundlegenden Entscheidungen des BGH und des BayObLG (Rdn. 55) **im Grundsatz als erledigt anzusehen.**[194] In der gerichtlichen Praxis ist die Methode mittlerweile soweit ersichtlich akzeptiert und wirft wohl auch keine unüberwindlichen Probleme auf. Dass *im Einzelfall* Schwierigkeiten zu bewältigen sein können und dass Hinweisen auf Unregelmäßigkeiten sowie auf Messfehler durch die Gerichte nachzugehen ist,[195] unterscheidet die Atemalkoholanalyse nicht von anderen Beweisverfahren, namentlich auch nicht von der Blutalkoholanalyse. Akzeptanz besteht auch in der Bevölkerung; der weitaus größte Teil einschlägiger Bußgeldbescheide wird ohne Einspruch bestandskräftig (*Hentschel/König*[40] § 24a StVG Rdn. 16). **55a**

(g) **Lage im Strafverfahren.** Weder BGHSt **46** 358 (*Maatz* BA **39** (2002) 21, 22) noch BayObLG NZV **2000** 295 hat abschließende Aussagen zu der Frage getroffen, ob, ggf. auch nach Sicherheitsabschlägen, mit der „beweissicheren" Atemalkoholanalyse (Rdn. 50 ff) auch der Grenzwert „absoluter" Fahrunsicherheit festgestellt werden kann. Die Frage der unmittelbaren Verwertbarkeit ihrer Messergebnisse kann auch im Strafverfahren relevant werden, obwohl das zugelassene Gerät zum Zweck des Beweises eines bestimmten Alkoholisierungsgrades derzeit nur im Bußgeldverfahren eingesetzt wird (Rdn. 54). Z.B. kann die Blutprobe verloren gehen oder das Untersuchungsmaterial für eine ordnungsgemäße Blutalkoholanalyse nicht ausreichen. Die Problematik war in der Vergangenheit in Sachsen-Anhalt mehrfach gerichtlich zu beurteilen, weil dort für eine Übergangszeit ab einem AAK-Wert von 0,8 mg/l auf eine Blutentnahme verzichtet wurde. Nachdem das OLG Naumburg die Verwertbarkeit der Atemprobe zur Feststellung „absoluter" Fahrunsicherheit abgelehnt hatte,[196] ist der entsprechende Verwaltungserlass aufgehoben worden. **56**

Die Schwierigkeit liegt darin, dass in den § 315c Abs. 1 Nr. 1a, § 316 anders als in § 24a Abs. 1 StVG AAK-Grenzwerte nicht *gesetzlich* festgelegt und die Kriterien zur **56a**

---

193 Untersuchungen an 470 Geräten haben ergeben, dass nur 0,64 % davon nach einem halben Jahr Ergebnisse außerhalb der Verkehrsfehlergrenzen lieferten; kein einziges ergab eine zu hohe Atemalkoholkonzentration (*Knopf/Slemeyer/Klüß* NZV **2000** 195, 198).

194 Vereinzelt geblieben sind die nach der Grundsatzentscheidung des BGH ergangenen Urteile des AG Baden-Baden BA **40** (2003) 386; 388 m. abl. Bespr. *Slemeyer* BA **41** (2004) 35 und *Schoknecht* BA **41** (2004) 45.

195 Hierzu BGH NJW **2001** 1952; OLG Hamm ZfS **2004** 583; OLG Bamberg NJW **2006** 2197; *Hentschel/König*[40] § 24a StVG Rdn. 17a.

196 OLG Naumburg NStZ-RR **2001** 105 [AAK: 0,94 mg/l] m. zust. Anm. *Scheffler* BA **38** (2001) 192; ZfS **2001** 135 [AAK: 0,82 mg/l]; ZfS **2001** 137 [AAK: 0,87 mg/l].

Annahme absoluter Fahrunsicherheit vorrangig *auf die BAK*[197] bezogen sind. Die Atemmessung erweist aber als eigenständiges Verfahren nur die AAK, die nicht „direkt" in die BAK umgerechnet werden kann (Rdn. 50). Es kommt also unmittelbar auf das Verteilungsverhältnis zwischen AAK und BAK an, ohne dass den Gerichten ein Entscheidungsspielraum wie dem Gesetzgeber zu Gebote stünde, der es in gewissem Rahmen ermöglicht, Ungleiches gleich zu behandeln (vgl. BayObLG NZV **2000** 295, 296). Dass sich der Tatrichter die erforderliche richterliche Überzeugung vom Vorliegen eines dem Grenzwert von 1,1 ‰ entsprechenden Alkoholisierungsgrades auch anhand einer Atemprobe verschaffen kann, erscheint andererseits nicht zweifelhaft (*Maatz* BA **39** (2002) 21, 28). Denn § 315c Abs. 1 Nr. 1a und § 316 stellen ebenso wenig auf Blutalkoholgrenzwerte ab wie auf Atemalkoholgrenzwerte. Es entscheidet vielmehr das normative Tatbestandsmerkmal der Fahrunsicherheit. Nach dem gegenwärtigen Stand ist Voraussetzung für die Annahme absoluter Fahrunsicherheit, dass der konkret und ordnungsgemäß (zum fehlerhaften Rdn. 56b) gemessene AAK-Wert dem relevanten BAK-Grenzwert *mit an Sicherheit grenzender Wahrscheinlichkeit zumindest entspricht.*[198] Das Bundesgesundheitsamt hat auf derselben Grundlage wie bei den in § 24a Abs. 1 StVG festgelegten AAK-Werten die den strafrechtlich relevanten BAK-Grenzwerten korrelierenden AAK-Werte errechnet; der dem „absoluten" Grenzwert für Kraftfahrer (BAK von 1,1 ‰) entsprechende AAK-Wert wird mit 0,55 mg/l bezeichnet.[199] Die Werte beruhen dabei zwar auf einer Wahrscheinlichkeitsrechnung, weswegen Abweichungen nach oben und nach unten nicht ganz ausschließbar sind (BayObLG NZV **2000** 295, 296). Aber das ist bei der Festsetzung des BAK-Gefahrengrenzwerts und des Grenzwerts „absoluter Fahrunsicherheit" durch das Bundesgesundheitsamt (BGA-Gutachten 1966 S. 41 f, 49 f) nicht wesentlich anders gewesen; auch dort ist der nach der Wahrscheinlichkeitsrechnung verbleibende Rest an Unsicherheit durch einen Sicherheitszuschlag ausgeglichen worden (*Schoknecht* BA **36** [1999] Supplement 1 S. 4, 9 ff), der in die AAK-Werte eingegangen ist, wobei der Proband aufgrund des verwendeten Quotienten prinzipiell begünstigt wird (Rdn. 50). Die Berechnungen sind auch hinsichtlich der regelmäßigen Bevorzugung des Probanden in Versuchen eindrucksvoll bestätigt worden.[200] Gegenteilige Ergebnisse existieren freilich (Rdn. 53).[201] Unter Zustimmung des nahezu einhelligen Schrifttums sind die Ergebnisse

---

197 Zur Grand Rapids Study allerdings Fn. 189; übersehen von *Iffland/Hentschel* NZV **1999** 489, 497. Zur Aussagekraft der Studie in Bezug auf das Unfallrisiko *Schoknecht* BA **37** (2000) 161, 168 ff.

198 OLG Naumburg NStZ-RR **2001** 105; ZfS **2001** 135; **2001** 137; KG BA **45** (2008) 74; AG Klötze DAR **2000** 178, 179 (zur Berechnung im zugrunde liegenden Verfahren *Schoknecht* BA **37** (2000) 161, 165 ff; hiergegen *Krause/Wittig/Schmidt/Jachau/Bartels* BA **37** (2000) 154 ff); *Maatz* BA **39** (2002) 21, 27 f.

199 Der untere Richtwert der „relativen Fahrunsicherheit" (BAK: 0,3 ‰), dessen Bedeutung allerdings vernachlässigt werden kann (Rdn. 93), wird im BGA-Gutachten 1991 (S. 53, 61) mit 0,15 mg/l und der für Radfahrer geltende Grenzwert (BAK: 1,6 ‰) mit 0,80 mg/l bemessen.

200 *Schoknecht* BA **36** (1999) Supplement 1 S. 4, 12 ff; *Slemeyer/Arnold/Klutzny/Brackemeyer* NZV **2001** 281; *Schoknecht* BA **39** (2002) 308 (je 1166 Messwertpaare AAK/BAK); *Slemeyer/Schoknecht* Länderstudie 2006 BA **45** (2008) 49 (2636 Datensätze). Nach *Slemeyer u.a.* NZV **2001** 281 auf der Basis von knapp 1.000 Vergleichsproben, die innerhalb von 30 Minuten genommen wurden. Danach hat es ab einem AAK-Wert von 0,58 mg/l keinen einzigen BAK-Wert der Vergleichsproben mehr gegeben, der unter dem BAK-Grenzwert lag. Noch besser lagen die Ergebnisse der Länderstudie 2006 (*Slemeyer/Schoknecht*, s.o.).

201 Wenngleich vielfach auf spärlicher Datenbasis, dazu *Slemeyer/Arnold/Klutzny/Ulrich/Brackemeyer* NZV **2001** 281, 284. S. auch *Krause/Wittig/Römhild/Jachau* BA **39** (2002) 2, mit Erwiderung *Schoknecht/Slemeyer/*

einer „beweissicheren" Atemalkoholanalyse durch eine allerdings spärliche obergerichtliche Rechtsprechung bislang nicht zur Feststellung „absoluter Fahrunsicherheit" herangezogen worden.[202] Zumindest die hierbei an den Tag gelegte Rigorosität vermag dabei freilich nicht zu überzeugen. Namentlich sollte die richterliche Überzeugung vom Vorliegen „absoluter Fahrunsicherheit" im Einzelfall zumindest auf hohe AAK-Werte gestützt werden können. Unverständlich ist es beispielsweise, wenn OLG Naumburg NStZ-RR **2001** 105 nicht einmal eine AAK von 0,94 mg/l (was einer BAK von 1,9 ‰ nahe kommt) ausreichen lässt, obwohl der rechtsmedizinische Sachverständige mit einer Wahrscheinlichkeit von 99,63 % festzustellen vermochte, dass der Wert *mindestens* einer BAK von 1,1 ‰ entspricht (krit. auch *Maatz* BA **39** (2002) 21, Fn. 42). Dass *der Gesetzgeber* bei dem erreichten Forschungsstand legitimiert wäre, Atemwerte als Tatbestandsmerkmale zu normieren, erscheint ungeachtet dessen nicht zweifelhaft (dazu näher Rdn. 15c). Zur derzeit wohl nicht zuverlässig möglichen **Rückrechnung** von Atemalkoholwerten auf die Tatzeit s. Rdn. 53 a.E.

Dass „beweissichere" AAK-Werte **hohe indizielle Bedeutung im Rahmen der Prüfung** **56b**
„relativer Fahrunsicherheit" entfalten, sollte außer Frage stehen (Rdn. 95). Wie bei der Blutprobenanalyse (Rdn. 89 ff) ist eine indizielle Aussagekraft auch solchen Atemwerten nicht grundsätzlich abzusprechen, die unter Verletzung von Verfahrensbestimmungen (dazu Rdn. 52) zustande gekommen sind.

e) **Bestimmung des Alkoholgehalts im Harn.** Alkohol wird in den Nieren durch Dif- **57**
fusion des auf dem Blutweg zugeführten Alkohols ausgeschieden und kann daher im Harn festgestellt werden (BGA-Gutachten 1955 S. 30). Einen hinreichend sicheren Rückschluss auf eine bestimmte Blutalkoholkonzentration lässt die Harnalkoholkonzentration allerdings nicht zu,[203] wenngleich dies in der medizinisch-naturwissenschaftlichen Forschung wohl nicht ganz einheitlich beurteilt wird.[204] In der Praxis spielt die Harnalkoholanalyse als alleiniges Beweismittel für den Nachweis „absoluter" Fahrunsicherheit dementsprechend keine Rolle.[205] Dass sie ggf. als eines von mehreren Beweisanzeichen für die Würdigung der Fahrunsicherheit herangezogen werden kann, bleibt davon unberührt. Gute Ergebnisse sind mit der Analyse der Harnprobe bei der *Überprüfung von Nachtrunkbehauptungen* erzielt worden (Rdn. 87).

f) **Alkoholgehalt im Speichel.** Lediglich theoretische Bedeutung kommt der Bestim- **58**
mung der Blutalkoholkonzentration über die Alkoholkonzentration im Speichel zu. Beziehungen zwischen Speichel- und Blutalkoholkonzentrationen konnten zwar experi-

---

Brackemeyer BA **39** (2002) 252 und wenig überzeugender Entgegnung von *Krause/Wittig/Römhild/Jachau* BA **39** (2002) 257 sowie *Haffner/Graw/Jeske/Schmitt/Goll/Dietz* BA **39** (2002) 397.

202 OLG Naumburg NStZ-RR **2001** 105; ZfS **2001** 135; **2001** 137; s. auch LG Dessau DAR **2000** 538 (0,94 mg/l), AG Magdeburg ZfS **2000** 361, AG Klötze DAR **2000** 178, 179; nach *Maatz* BA **39** (2002) 21, 28 müsste der Wert „deutlich oberhalb von 0,55 mg/l angesetzt werden; ebenso *Hillmann* DAR **2001** 279.

203 BGA-Gutachten 1955 S. 30 f; *Forster/Joachim* Blutalkohol und Straftat S. 68: lediglich „vorsichtige Hinweise"; *Weiler/Schütz* Handbuch des Betäubungsmittelstrafrechts § 8 Rdn. 140.

204 Vgl. *Hentschel* Trunkenheit Rdn. 128 unter Hinweis auf *Klug/Hopfenmiller* FS Schmidt S. 229: „unter günstigen Umständen"; *Fischer* Rdn. 20. S. auch BGA-Gutachten 1955 S. 30 f.

205 S. ergänzend OLG Düsseldorf VerkMitt. **1971** Nr. 96 S. 79: Dort war mit dem Ergebnis einer Urinprobe das Ergebnis einer Blutalkoholanalyse (erfolglos) in Frage gestellt worden.

mentell festgestellt werden,[206] ein gesicherter Forschungsstand existiert jedoch nicht (vgl. aber *Schulz/Magerl/Vock* BA 23 [1986] 55, 61).[207] Als Beweisanzeichen im Rahmen der Prüfung „relativer Fahrunsicherheit" kann der Alkoholgehalt im Speichel aber ggf. dienen. Dass er auf Mundalkohol oder Mundrestalkohol beruht, muss aber dann ausgeschlossen werden.

59 g) **Die „absolute Fahrunsicherheit".** Fahrunsicherheit ist gegeben, wenn der Täter das Fahrzeug wegen der Alkoholwirkung im Verkehr nicht mehr hinreichend zu beherrschen vermag; in der Beurteilung des Merkmals ist der Richter an zweifelsfrei als richtig anerkannte medizinisch-naturwissenschaftliche Erfahrungswerte gebunden (näher Rdn. 10, 14). Zur Wirkungsweise des Alkohols existiert umfängliches, sowohl in die Breite als auch in die Tiefe gehendes Untersuchungsmaterial. Einem zentralen Ergebnis der psychologischen, statistischen und experimentellen Alkoholforschung entspricht es, dass *jeder* Mensch ab einer bestimmten Alkoholmenge im Körper derart starke Leistungsminderungen und Persönlichkeitsveränderungen aufweist, dass er den Anforderungen des Verkehrs nicht mehr gewachsen ist (Rdn. 16 ff).[208] Der Begriff der „absoluten" (bzw. „unbedingten") Fahrunsicherheit knüpft an diesen Erkenntnisstand an (BGHSt **21** 157, 160). Es handelt sich dabei nicht um eine medizinisch-naturwissenschaftliche Aussage, sondern um das Ergebnis *einer juristischen Bewertung* der medizinisch-naturwissenschaftlichen Erkenntnisse (*Maatz* BA **39** (2002) 21, 25). Diese münden in den allgemeinen, den Tatrichter bindenden Erfahrungssatz ein, wonach – was für die richterliche Überzeugungsbildung ausreicht[209] – *mit an Sicherheit grenzender Wahrscheinlichkeit feststeht, dass der Betreffende fahrunsicher ist*, sofern der jeweilige Alkoholisierungsgrad erreicht wird. Der Beweis ist erbracht, womit eine gegenteilige richterliche Beweiswürdigung ausgeschlossen ist und dem Gegenbeweis der Fahrsicherheit von vornherein kein beachtlicher Beweiswert zukommt (Rdn. 77; *Haffke* BA **9** [1972] 32, 34). Ist der Grenzwert andererseits *nicht erreicht*, ist er nicht nachweisbar oder existiert für die konkrete Art des Fahrzeugführens in der jeweiligen Verkehrsart kein absoluter Grenzwert, so bedarf es für die Feststellung der Fahrunsicherheit zusätzlicher Beweisanzeichen („relative Fahrunsicherheit", im Einzelnen Rdn. 90 ff). Die Grundsätze zur „absoluten" Fahrunsicherheit haben die Bedeutung **prozessualer Beweisregeln.**[210]

59a Wichtigster Gradmesser für die Feststellung absoluter Fahrunsicherheit ist die **Alkoholkonzentration im Blut** zur Tatzeit. Allerdings muss der maßgebende BAK-Wert

---

206 *Weiler/Schütz* Handbuch des Betäubungsmittelstrafrechts § 8 Rdn. 141.

207 Zu in Apotheken für den Selbsttest angebotenen Sticks („Alco Screen") und deren beträchtlicher Unsicherheit: *Lutz/Fröhlich/Reuhl* BA **30** (1993) 240.

208 Die Forschungsergebnisse sind in ihrer Gesamtheit zu würdigen (BGHSt **21** 157, 160 f). Verkannt von OLG Hamburg DAR **1966** 133; 135.

209 BGHSt **21** 156, 161; *Maatz* BA **39** (2002) 21, 25. **AA**, weil der Satz nach der im BGA-Gutachten getroffenen Wahrscheinlichkeitsberechnung „nur" in 99,879 % der Fälle zutreffe, *Haffke* JuS **1972** 448, 449 f; *Scheffler/Halecker* BA **41** (2004) 422; s. auch *Arbab-Zadeh* NJW **1967** 273, 274; *Nehm* DAR **2008** 1.

210 Ganz h.M. S. nur BVerfG NJW **1990** 3140; **1995** 125, 126; *Horn/Wolters* SK Rdn. 17; *Horn* Blutalkohol und Fahruntüchtigkeit S. 25 ff; *Lackner/ Kühl* § 315c Rdn. 6d; *Fischer* Rdn. 13; *Haffke* BA **9** (1972) 32, 34 f, 38; *Nehm* FS Salger S. 115, 120; *Tolksdorf* 33. VGT **1995** S. 79, 81. **AA** für den Grundwert *Ranft* JuS **1992** 468, 470; *Riemenschneider* Fahrunsicherheit S. 118 ff; *Sarstedt* FS Ernst E. Hirsch S. 171, 184 f. **AA** u.a. *Naucke* NJW **1968** 2321, 2324, sowie weit ausgreifend und wenig überzeugend *Bialas* Promille-Grenzen S. 73 ff, 112 f.

während der Fahrt noch nicht erreicht sein; vielmehr genügt es, wenn der Fahrzeugführer zu diesem Zeitpunkt eine Alkoholmenge im Körper hat, die eine Blutalkoholkonzentration von oder über dem Grenzwert bewirkt (Rdn. 81).

Die Grenzwerte sind vornehmlich für das Führen eines **Kraftfahrzeugs im Straßenverkehr** entwickelt worden (BGA-Gutachten 1966 S. 46). Auch zum Fahrradfahren (Rdn. 71) sowie für den Schiffsverkehr (Rdn. 74) liegen jedoch mittlerweile Forschungsergebnisse vor. Sofern ein Beweisgrenzwert nicht höchstrichterlich anerkannt ist, muss jeweils im Einzelfall geprüft werden, ob die Maximen der „absoluten Fahrunsicherheit" herangezogen werden können (Rdn. 72 ff). **59b**

Die Maßgaben zur **Blutprobenanalytik**, zur **Rückrechnung auf die Tatzeit** sowie zur **„Hinrechnung"** auf der Grundlage der Trinkmenge sind in den Rdn. 18 ff, 28 ff und 37 ff dargelegt. **59c**

Mit der Schaffung des § 24a Abs. 1 StVG hat der Gesetzgeber den Forschungsstand hinsichtlich des **Alkoholgehalts in der Atemluft** als hinreichend gesichert angesehen, um daran eine Bußgeldbewehrung zu knüpfen. Ein AAK-Grenzwert (Rdn. 44 ff) für die Annahme absoluter Fahrunsicherheit ist durch die Rechtsprechung aber nicht anerkannt (Rdn. 56a). **59d**

Keine Rolle spielt in der Praxis die Frage, ob aufgrund des **Alkoholgehalts im Harn** (Rdn. 57) bzw. **im Speichel** (Rdn. 58) absolute Fahrunsicherheit angenommen werden kann. **59e**

aa) **Der „absolute" Beweisgrenzwert.** Der Beweisgrenzwert „absoluter" Fahrunsicherheit setzt sich zusammen aus **einem Grundwert,** bei dessen Erreichen der Fahrzeugführer als generell fahrunsicher anzusehen ist (Rdn. 16, 59), und **einem Sicherheitszuschlag.** Mit dem Sicherheitszuschlag wird ein weiteres Mal dem Umstand Rechnung getragen, dass der „Wahre Wert" der BAK durch keines der Nachweisverfahren „punktgenau" ermittelt werden kann und dass sich eine gewisse Fehlerbreite auch bei Verwendung modernster Messgeräte nicht vermeiden lässt (Rdn. 20, 22 ff). Der Sicherheitszuschlag wird auf den Grundwert aufaddiert, um jede Benachteiligung des Beschuldigten auszuschließen, und ist damit Ausfluss des Zweifelssatzes. Liegt der durch ausgewiesene Institute ermittelte (Rdn. 63) konkrete Analysenmittelwert z.B. bei 1,1 ‰, so beträgt der „Wahre Wert" der BAK auch unter Berücksichtigung aller Fehlermöglichkeiten mindestens 1,0 ‰ (BGHSt 45 140, 148; *Hentschel* Trunkenheit Rdn. 87). Die zweimalige Herabsetzung des „absoluten" (Kraftfahrer-)Grenzwerts durch den BGH (Rdn. 62 ff) entfällt größtenteils auf den Sicherheitszuschlag, der von ursprünglich 0,5 ‰ auf nunmehr 0,1 ‰ zurückgeführt worden ist; dies ist durch die Verbesserung der Messtechnik ermöglicht worden. Die Entwicklung der Rechtsprechung ist im Wesentlichen *in drei Etappen* verlaufen. Sie stellt sich in groben Zügen (umfänglich *Riemenschneider* Fahrunsicherheit S. 49 ff) wie folgt dar: **60**

(1) **Grenzwert von 1,5/1,3 ‰ (1953 bis 1966).** Seit der Grundsatzentscheidung des BGH vom 5.11.1953 (BGHSt 5 168) wurde absolute (unbedingte) Fahrunsicherheit des Kraftwagenfahrers ab einem BAK-Wert von 1,5 ‰ angenommen (BGH aaO S. 170 ff).[211] Schon damals ist der BGH aber davon ausgegangen, dass ein Blutalkoholwert (Grundwert) von 1,0 ‰ als das Höchstmaß dessen zu gelten habe, „was noch einigermaßen ver- **61**

---

[211] S. auch BGHSt **10** 265, 268 f; **13** 83, 84 ff; 278, 279 ff; **19** 243, 244.

antwortet werden" könne (aaO S. 171). Lediglich „wegen der Schwankungsbreite der sog. Widmarkschen Reaktion und wegen gewisser Ungenauigkeiten", die sich im Rahmen der Rückrechnung bei spät durchgeführten Blutentnahmen ergeben könnten, wurde ein – reichlicher – Sicherheitszuschlag von 0,5 ‰ für erforderlich gehalten (BGH aaO S. 170; BGHSt **13** 83, 85 ff). Für *Kraftradfahrer* hatte die Rechtsprechung allerdings den niedrigeren Grenzwert von 1,3 ‰ festgesetzt (BGHSt **13** 278, 281 ff).[212] Dies ist mit der schwierigeren Handhabung des Zweirads und den daraus resultierenden, verkehrstechnisch höchsten Anforderungen im Straßenverkehr begründet worden (BGH aaO S. 281; BGHSt **13** 83, 89).

62 (2) **Grenzwert von 1,3 ‰ (1966 bis 1990).** Mit Beschluss vom 9.12.1966 hat der BGH den Grenzwert für **Kraftwagenfahrer** auf eine BAK von 1,3 ‰ festgesetzt (BGHSt **21** 157). Dafür maßgebend war die Vorlage des aus drei Teilen bestehenden BGA-Gutachtens 1966 (BGH aaO S. 163). Der BGH ging dabei in grundsätzlicher Übereinstimmung mit dem Gutachten (und mit BGHSt **5** 169, 171) davon aus, dass auch ein noch so alkoholgewöhnter Kraftfahrer bei einer Blutalkoholkonzentration *zwischen* 1,0 bis 1,1 ‰ nicht mehr als fahrsicher angesehen werden könne; den Grundwert setzte er unter Anwendung des Zweifelssatzes zugunsten des Täters auf 1,1 ‰ fest (BGHSt **21** 157, 161 ff). Aufgrund gewisser Bedenken hinsichtlich der Zuverlässigkeit des Blutalkoholbestimmungsverfahrens bemaß er den Sicherheitszuschlag mit 0,2 ‰ (BGH aaO S. 165 ff). Das BGA-Gutachten 1966 hatte insoweit lediglich 0,15 ‰ vorgeschlagen (S. 33 [Nr. 10], 49), weil nach dem durchgeführten Verfahrenskontrollversuch der Unterschied zwischen dem aus den Einzelwerten ermittelten Probenmittelwert und dem wirklichen Wert mit einer Wahrscheinlichkeit von 99,865 % nicht mehr als höchstens 0,15 ‰ betragen habe (BGA-Gutachten 1966 S. 27 ff; Anl. 5). Fehlerquellen und Ungenauigkeiten des Rückrechnungsverfahrens (hierzu allgemein Rdn. 28 ff) sind bei der Bemessung des Sicherheitszuschlags nicht mehr berücksichtigt worden. Insoweit wurde die berechtigte Kritik des Bundesgesundheitsamts an der „alten" Rechtsprechung aufgegriffen (BGA-Gutachten 1966 S. 48 f). Die Rückrechnung sei eine Aufgabe des Tatrichters, die nur im konkreten Einzelfall bewältigt werden könne und sich generellen Festlegungen im „absoluten" Beweisgrenzwert entziehe (BGHSt **21** 157, 163 f). In BGHSt **22** 352 hat der BGH dann – abweichend von seiner bisherigen Rechtsprechung (Rdn. 61) – die Auffassung vertreten, dass für **Kraftradfahrer keine andere Beurteilung** gerechtfertigt sei als für die Führer von Kraftwagen. Es müsse insoweit gleichermaßen der Grenzwert von 1,3 ‰ gelten (aaO S. 356 ff). Für diese Entscheidung war nicht zuletzt die Überlegung maßgebend, dass sonst „eine verwirrende Vielfalt von Werten und Begriffen für die Verkehrsteilnehmer" zu besorgen sei (aaO S. 359). Sie geht ebenfalls auf das BGA-Gutachtens 1966 (S. 51, 52) zurück (s. auch Rdn. 78).

63 (3) **Grenzwert von 1,1 ‰ (seit 1990).** Ihren vorläufigen Schlusspunkt hat die Entwicklung im Beschluss des BGH vom 28.6.1990 (BGHSt **37** 89) gefunden.[213] Angekündigt durch eine Publikation seines damaligen Vorsitzenden (*Salger* BA 27 [1990] 1 = NZV **1990** 1 = DRiZ **1990** 16) setzte der 4. Strafsenat den für Kraftfahrer geltenden

[212] Zahlreiche weitere Nachweise aus der älteren Rechtsprechung bei *Rüth* LK[10] Rdn. 10.

[213] M. krit. Anm. *Berz* NZV **1990** 357; *Heifer* BA 27 (1990) 373; *Janiszewski* NStZ **1990** 491; *v. Mutius* BA 27 (1990) 375; *Schneble* BA 27 (1990) 374.

„absoluten" Beweisgrenzwert grundsätzlich auf eine BAK von 1,1 ‰ fest.[214] Der Grenzwert setzt sich zusammen aus einem Grundwert von nunmehr 1,0 ‰ und einem Sicherheitszuschlag von in der Regel nur noch 0,1 ‰.

Bei der **Verminderung des Grundwerts** wich der BGH von der im BGA-Gutachten 1966 getroffenen Aussage ab, absolute Fahrunsicherheit des Kraftfahrers trete erst bei einer BAK *zwischen* 1,0 und 1,1 ‰ ein (BGA-Gutachten 1966 S. 50). Hierbei handele es sich lediglich um eine Bewertung statistischer Ergebnisse, an die der Richter nicht gebunden sei (BGHSt 37 89, 93).[215] Durch die nach 1966 veröffentlichten Ergebnisse vor allem der *experimentellen* Alkoholforschung (Rdn. 16)[216] sei der Grundwert von 1,0 ‰ bestätigt worden, bei dessen Vorliegen bei jedem Kraftfahrer von absoluter Fahrunsicherheit ausgegangen werden müsse (BGH aaO S. 94). Hinzu kämen die seit 1966 stark veränderten Verkehrsverhältnisse (Zunahme der Verkehrsdichte, höhere Geschwindigkeiten), die alkoholbedingte Leistungsbeeinträchtigungen noch gefährlicher machten (BGH aaO S. 94 f). **63a**

Für die **Halbierung des Sicherheitszuschlags** stützte sich der BGH maßgebend auf ein von ihm in Auftrag gegebenes Gutachten des Bundesgesundheitsamts zum „Sicherheitszuschlag auf die Blutalkoholbestimmung" (NZV **1990** 104 = BA **27** [1990] 202; „BGA-Gutachten 1989"). In einem durch das Bundesgesundheitsamt durchgeführten und von ihm als repräsentativ bewerteten Ringversuch hatte sich eine maximale Standardabweichung der Messergebnisse von knapp 0,05 ‰ ergeben.[217] Dies macht nur ein Drittel dessen aus, was das BGA-Gutachten 1966 ermittelt hatte (NZV **1990** 104, 106).[218] Zum Ausgleich verbleibender Unsicherheiten ist der Sicherheitszuschlag mit 0,1 ‰ bemessen worden (BGHSt 37 89, 97). Dabei wurde betont, dass dieser Sicherheitszuschlag nur für Institute gelte, die sich erfolgreich an Ringversuchen beteiligen; für Blutalkoholanalysen anderer Institute betrage er 0,15 ‰, womit sich insoweit übergangsweise ein Grenzwert von insgesamt 1,15 ‰ ergebe (BGH aaO S. 98 f). Mit dem „Übergangswert" wollte der BGH Bedenken aus dem rechtsmedizinischen Schrifttum[219] Rechnung tragen, dass die Institute den erhöhten Anforderungen an die Messgenauigkeit nicht vollends entsprechen **63b**

---

[214] So im Anschluss an *Salger* BA **27** (1990) 1 bereits zuvor OLG Zweibrücken BA **27** (1990) 441; LG Dortmund BA **27** (1990) 445; LG Landau NZV **1990** 243; LG Lübeck BA **27** (1990) 232; LG Münster BA **27** (1990) 303; AG Osterholz-Scharmbeck BA **27** (1990) 229, 231 f. Anders noch, unter ausdrücklicher Würdigung der aktuellen Lage, BayObLG VRS **79** 443; AG Höxter BA **27** (1990) 232, 233 f.

[215] Allerdings beruht das BGA-Gutachten 1966 nicht lediglich auf statistischen Berechnungen (Rdn. 16c).

[216] Ausdrückliche Bezugnahme auf *Gerlach* BA **9** (1972) 239; *Gilg/Liebhardt/Schuller/Riedel* BA **21** (1984) 235; *Heifer* BA **23** (1986) 364; *Heppner* BA **10** (1973) 166; *Lewrenz/Berghaus/Dotzauer* BA **11** (1974) 104; *Strasser* BA **9** (1972) 112; *Wilhelmi/Lindner/Audrlický* BA **9** (1972) 473. Die Ergebnisse werden durch neuere Untersuchungen bestätigt. *Schuster ua* (BA **28** [1991] 287, 298) stellten eine durchschnittliche Leistungsminderung im 1,1 ‰-Fahrversuch bei Tageslicht um 55 % gegenüber der Nüchternleistung fest, bei Dunkelheit sogar eine Einbuße von 70 % gegenüber der Tagesnüchternleistung.

[217] Dazu, dass die Standardabweichung kein Fehlerkriterium für die Einzelanalysen ist, Rdn. 25.

[218] In einer Auskunft aus dem Jahre 1984 hatte das Bundesgesundheitsamt freilich noch an dem „alten" Sicherheitszuschlag von 0,2 ‰ festgehalten (mitgeteilt in BGHSt **34** 133, 136 f; vgl. auch Rdn. 71). Hierauf hatte sich das BayObLG bei seiner Ablehnung einer Verminderung des Grenzwerts in VRS **79** 433 maßgebend gestützt.

[219] *Grüner/Bilzer* BA **27** (1990) 175, *dies.* BA **27** (1990) 222, 225 f; *Heifer/Brzezinka* NZV **1990** 134; *dies.* BA **27** (1990) 215; *Heifer* BA **27** (1990) 373 f.

könnten (BGH aaO). Spätestens seit dem Inkraftsetzen der überarbeiteten RiBA in den Jahren 1995/1996 ist die Übergangszeit beendet. Nr. 3.6 Abs. 5 der RiBA (Rdn. 255) schreibt nämlich zwingend vor, dass die Untersuchungsstellen regelmäßig an Ringversuchen teilnehmen müssen. Der neue Grenzwert von 1,1 ‰ liegt seither der ständigen Praxis zugrunde, ohne dass nennenswerte verfahrenstechnische Schwierigkeiten aufgetreten wären.

64 (4) **Anwendung auf „Alttaten".** Die unter Rdn. 62 und 63 referierten Entscheidungen zur Herabsetzung der „Promille-Grenze" haben (naturgemäß) jeweils Taten erfasst, die noch unter der „Geltung" des jeweils „alten" Grenzwerts begangen worden sind. Dies sowie die generelle Anwendung der neuen Rechtsprechung auf „Alttaten" begegnet nach zutreffender h.M.,[220] die in einem mit Recht knapp begründeten Nichtannahmebeschluss durch das BVerfG bestätigt worden ist (NJW **1990** 3140), **keinen verfassungsrechtlichen Bedenken**. Das Rückwirkungsverbot (Art. 103 Abs. 2 GG, §§ 1, 2 StGB), der Gleichheitsgrundsatz und das darin verankerte Willkürverbot (Art. 3 Abs. 1 GG), Art. 2 Abs. 1 GG sowie das im Rechtsstaatsprinzip gewährleistete Gebot des Vertrauensschutzes sind nicht in relevanter Weise tangiert. Eindeutig erscheint zunächst, dass das Rückwirkungsverbot auf die Anwendung des Gesetzes durch den Richter nicht unmittelbar anwendbar ist (BayObLG NJW **1990** 2833). Aber auch eine entsprechende Anwendung oder ein Abstellen auf den Vertrauensgrundsatz wegen einer vorgeblich gesetzesergänzenden Bedeutung der „Promille-Grenze" (so u.a. *Sch/Schröder/Eser* § 2 Rdn. 9) kann nicht in Betracht kommen. Einmal ist der Grenzwert keine „Quasi-Norm" (BVerfG NJW **1995** 125, 126), sondern Element einer Beweisregel (Rdn. 59). Selbst wenn man ihm aber Gesetzesgleichheit zugestehen wollte, würde dies nicht zu einem Verbot der „Rückwirkung" führen. Denn es stünde Verfahrensrecht in Frage (eingehend *Horn* Blutalkoholgehalt und Fahrunsicherheit S. 14 ff), bei dem nach h.M. das Rückwirkungsverbot nicht gilt (*Tröndle* FS Dreher S. 117, 120). Was den Vertrauensgrundsatz allgemein angeht, ist nicht recht ersichtlich, worin der schutzwürdige Vertrauenstatbestand gefunden werden könnte. Denn der Täter musste immerhin damit rechnen, dass er wegen einer Ordnungswidrigkeit (§ 24a StVG) zur Verantwortung gezogen wird. Er hat – sofern eine entsprechende Tätervorstellung in der Lebenswirklichkeit überhaupt vorkommen sollte – allenfalls gehofft, dass ihm seine Fahrunsicherheit nicht nachgewiesen werden kann (*Haffke* BA **9** [1972] 32, 40; BayObLG NJW **1990** 2833). Derartige Hoffnungen werden aber von der Verfassung nicht geschützt. Und schließlich würde die mit vielfältigen Begründungsansätzen und Differenzierungen (teils nur für den Grundwert) vertretene Gegenansicht, die explizit oder im Ergebnis ein Rückwirkungsverbot bei Rechtsprechungswandel anerkennen will,[221] unüberwindliche prozessuale und praktische

---

[220] Implizit sämtliche Entscheidungen zur Veränderung der Grenzwerte. Ausdrücklich: BayObLG NJW **1990** 2833; OLG Bremen VRS **63** 124, 125; OLG Düsseldorf VRS **91** 179; OLG Frankfurt NJW **1969** 1634; OLG Karlsruhe NJW **1967** 2167 m. Anm. *Eckert* NJW **1968** 1390; OLG Köln VRS **49** 422, 423 f. *Herzog* NK Rdn. 14; *Horn/Wolters* SK Rdn. 18; *Lackner/Kühl* § 315c Rdn. 6d; *Sch/Schröder/Cramer/Sternberg-Lieben* Rdn. 9; *Hentschel* Trunkenheit Rdn. 169 ff; *Händel* NJW **1967** 537; *ders.* NJW **1974** 247, 248; *Salger* BA **27** (1990) 1, 6 f; *Tröndle* FS Dreher S. 117, 119 ff; *Werny* NZV **1990** 137.

[221] LG Düsseldorf NJW **1973** 1054 [zum Rechtsprechungswandel betreffend den „Sturztrunk"]; *Sch/Schröder/Eser* § 2 Rdn. 9; *Hettinger/Engländer* FS Meyer-Goßner S. 145 *Hüting/Konzak* NZV **1991** 255; *Krahl* NJW **1991** 808; *Müller-Dietz* FS Maurach S. 41; *Naucke* NJW **1968** 758; *ders.* NJW **1968** 2321; *Neumann* ZStW 103 (1991) 331; *Ranft* JuS **1992** 468, 471; *Schreiber* JZ **1973** 713 ff.

Folgeprobleme nach sich ziehen (eindrucksvoll *Tröndle* FS Dreher S. 117, 124 ff). *Dass* gravierende Schwierigkeiten in Frage stehen, wird auch von Vertretern der Gegenansicht nicht verkannt.[222]

Im Kontext mit der Veränderung der Grenzwerte werden teils auch **Tatbestands- und** 65
Verbotsirrtum in Erwägung gezogen.[223] Ein *Tatbestandsirrtum* scheidet aber schon deswegen aus, weil der jeweils geltende Grenzwert kein Tatumstand ist, der vom Vorsatz umfasst sein müsste (Rdn. 188). Für einen Irrtum über das Merkmal der Fahrunsicherheit müsste der Täter zunächst den absoluten Grenzwert kennen; sodann müsste ihm die Vorstellung zuzubilligen sein, bei einer BAK zwischen 1,1 ‰ und 1,3 ‰ noch fahrsicher zu sein. Beides wirkt lebensfremd (*Hentschel* Trunkenheit Rdn. 178 m.w.N.). Zudem bliebe eine Bestrafung wegen fahrlässiger Tat unberührt (§ 16 Abs. 1 Satz 2),[224] weswegen dem Täter selbst bei Annahme eines Tatbestandsirrtums wenig geholfen wäre. Verurteilungen wegen einer vorsätzlichen Straftat nach § 315c Abs. 1 Nr. 1a, § 316 Abs. 1 sind ohnehin sehr selten (Rdn. 181 ff). In Bezug auf den *Verbotsirrtum* wird erneut relevant, dass das Unrechtsbewusstsein bereits im Hinblick auf die Ordnungswidrigkeit nach § 24a StVG schwerlich in Abrede gestellt werden kann. Eine etwaige Unklarheit darüber, ob die Tat als Ordnungswidrigkeit oder als Straftat geahndet werden kann, begründet nach h.M. keinen Verbotsirrtum (vgl. BGHSt **11** 263, 265 f; BayObLG NJW **1990** 2833).[225] Dass sich der Täter vorstellen könnte, zwar fahrunsicher zu sein, gleichwohl aber kein Unrecht zu tun, wenn er trotz der Fahrunsicherheit ein Fahrzeug führe, sofern er nur eine bestimmte BAK nicht überschreite, liegt überdies fern (*Haffke* BA **9** [1972] 32, 42). Demgemäß verbleibt nur, etwaigen Härten mit den vorhandenen prozessualen Instrumentarien sowie im Rahmen der Strafzumessung Rechnung zu tragen.

bb) Grenzwerte für die verschiedenen Fahrzeug- und Verkehrsarten. Der Grenzwert 66
„absoluter Fahrunsicherheit" ist im Schwerpunkt für den *Führer* eines *Kraft*fahrzeugs *im Straßenverkehr* entwickelt worden (Rdn. 16). Damit ist die Frage aufgeworfen, welche Maßstäbe für das Führen *anderer Fahrzeuge* im Straßenverkehr und für die anderen von § 316 erfassten Verkehrsarten zu gelten haben. Aber auch für das Führen von Kraftfahrzeugen im Straßenverkehr ist die Lage nur scheinbar klar. Denn der Begriff des „Führens" bezieht Bewegungsvorgänge ein, bei denen zweifelhaft sein kann, ob die Geltung des strengen „Kraftfahrer-Grenzwerts" zu rechtfertigen ist. Die damit verbundenen Probleme sind durch die Rechtsprechung noch nicht vollständig geklärt. Vielmehr ist eine zersplitterte Kasuistik zu konstatieren. Die „verwirrende Vielfalt von Werten", die BGHSt **22** 352 (359) zu vermeiden suchte, existiert in anderem Gewande bei der Begriffsinterpretation des (Kraft-)Fahrzeugführens und den daran anknüpfenden Grenzwerten. Die Verwerfungen sind dabei nicht der Rechtsprechung anzulasten, sondern gehen auf die vielfältigen Erscheinungsformen der Fortbewegung im Verkehr zurück. Die Einführung eines strikten Grenzwerts im Strafrecht ist gleichwohl keine überzeugende

---

222 *Sch/Schröder/Eser* § 2 Rdn. 9; *Neumann* ZStW **103** (1991) 331, 352 ff; *Ranft* JuS **1992** 468, 472; *Schreiber* JZ **1973** 713, 716 ff.

223 So wohl OLG Bremen VRS **63** 124, 126 [zum Grenzwert für Mofa-Fahrer]; OLG Frankfurt NJW **1969** 1634; OLG Karlsruhe NJW **1967** 2167; KG VRS **32** 264, 265.

224 BayObLG NJW **1990** 2833; OLG Karlsruhe NJW **1967** 2167; *Hentschel* Trunkenheit Rdn. 178; *Haffke* BA **9** (1972) 32, 41 f.

225 *Lackner/Kühl* § 17 Rdn. 2; *Neumann* NK § 17 Rdn. 28; *Sch/Schröder/Cramer/Sternberg-Lieben* § 17 Rdn. 5; *Fischer* § 17 Rdn. 3; **aA** *Schroeder* LK[11] § 17 Rdn. 8, alle m.w.N.; abw. [zum Grenzwert für Mofa-Fahrer] wohl auch OLG Bremen VRS **63** 124, 126 und hierzu *Hentschel* Trunkenheit Rdn. 181.

Alternative (Rdn. 15 ff). Überdies ließe sich – außer man würde zu radikalen Lösungen greifen – auch dadurch allenfalls ein Teil der Probleme bewältigen.

67 (1) **Kraftfahrzeuge im Straßenverkehr.** Der Grenzwert von 1,1 ‰ gilt im Grundsatz für sämtliche Führer eines Kraftfahrzeugs (BGHSt **37** 89, 99).[226] Wie aus der ausdrücklichen Bezugnahme des BGH (aaO) hervorgeht, sind die Führer von **Krafträdern** (BGHSt **22** 352; hierzu Rdn. 62)[227] und auch von **Fahrrädern mit Hilfsmotor** inbegriffen („Mofa 25"; BGHSt **30** 251, 253 f).[228] Ein hinreichender Grund, das Führen von sog. **Leichtmofas** „unter Motorkraft" anders zu beurteilen, ist nicht ersichtlich (**aA** LG Oldenburg DAR **1990** 72: Behandlung wie Fahrräder).[229] Entsprechendes gilt z.B. für das Führen eines **Baggers**[230] im Straßenverkehr[231] sowie unzulässig als Kraftfahrzeug betriebener Fortbewegungsmittel wie etwa für ein Fahrrad, das durch einen auf den Rücken des Fahrers geschnallten Gleitschirmpropellermotor fortbewegt wird (vgl. OLG Oldenburg NZV **1999** 390) und motorisierte Rollbretter oder „Tretroller" (zum Fahrzeugbegriff § 315c Rdn. 7 ff). Auch der (zulässigerweise) **motorisierte Krankenfahrstuhl** ist Kraftfahrzeug (§ 315c Rdn. 9). AG Löbau NJW **2008** 530 wendet wegen der ihm zukommenden typischen Eigenschaften (geringe Masse und Geschwindigkeit; sofortiges Anhalten möglich) gleichwohl den Radfahrer-Grenzwert (Rdn. 71) an (zust. *Jahn* JuS **2008** 80). Nicht zuletzt im Hinblick darauf, dass es sich beim Krankenfahrstuhl nicht um ein instabiles Zweirad handelt, wird man dem auch im Vergleich zur Behandlung des Mofas (s.o.) letztlich zustimmen können. **Schienengebundene Fahrzeuge** (insbesondere die Straßenbahn) sind keine Kraftfahrzeuge (BayObLGSt **1993** 44, 47 f; zum diesbezüglichen Grenzwert Rdn. 73).

68 Wichtig ist, dass der Täter das jeweilige Kraftfahrzeug auch *als solches* geführt haben bzw. nach der konkreten Art der Fortbewegung **denselben Anforderungen an die psychophysische Leistungsfähigkeit** ausgesetzt gewesen sein und eine entsprechende abstrakte Gefahr verursacht haben muss wie der „normale" Kraftfahrzeugführer. Problematisch ist dies namentlich in Fällen, in denen das Kraftfahrzeug *ohne Nutzung der ihm eigenen Motorkraft* fortbewegt wird. Es lassen sich im Wesentlichen die folgenden, in der Kommentierung zu § 315c näher erläuterten Unterscheidungen (§ 315c Rdn. 15 ff, 18) vornehmen:

69 (a) **Kraftwagen.** Der Grenzwert von 1,1 ‰ **gilt**

nach freilich nicht unumstrittener Ansicht **generell** für das **Ab- und Ausrollenlassen** eines Kraftwagens ohne Inanspruchnahme der Motorkraft; dabei kommt es nicht darauf an, ob der Kraftwagen zur Tatzeit betriebsbereit ist oder nicht (§ 315c Rdn. 19),

---

[226] Zum Begriff des Kraftfahrzeugs s. auch *Geppert* LK § 69 Rdn. 22 f.

[227] S. dazu, dass der Sozius auf einem Motorrad und der im Beiwagen Sitzende nicht Fahrzeugführer sind, § 315c Rdn. 40.

[228] Im Anschluss an *Schewe/Schuster/Englert/Ludwig/Stertmann* BA **17** (1980) 298, 323 f; zust. *Heifer* BA **18** (1981) 270 f. Zuvor schon OLG Hamm VRS **34** 367, 368; OLG Koblenz DAR **1972** 50, 51. Anders noch BGHSt **25** 360, 362 ff; OLG Oldenburg VRS **46** 346, 348 f [Vorlagebeschluss]. Weitere Nachweise zur älteren Rechtsprechung bei *Rüth* LK[10] Rdn. 13.

[229] Wie hier *Hentschel* Trunkenheit Rdn. 161; *Jagow/Burmann/Heß* Rdn. 22; *Janiszewski* NStZ **1990** 273. **AA** *Grohmann* BA **25** (1988) 143, 144 ff. Zum Führen ohne Zuhilfenahme des Motors Rdn. 70.

[230] Der unzweifelhaft ein Kraftfahrzeug darstellt, s. OLG Hamm BA **13** (1976) 375. S. dazu, dass es beim bloßen Bewegen des Schwenkarms ohne Fortbewegung des Baggers selbst am „Führen" fehlt, § 315c Rdn. 12 a.E.

[231] Offen gelassen von OLG Düsseldorf VerkMitt. **1978** Nr. 41 S. 34; vgl. auch OLG Düsseldorf VRS **64** 115.

nach wohl h.M. für den Führer eines **(ab-)geschleppten oder angeschleppten Kraftwagens**, ohne dass es darauf ankäme, ob der Kraftwagen *rechtlich* als Kraftfahrzeug gilt (§ 315c Rdn. 20),

nach wohl herrschender, jedoch abzulehnender Meinung für das **Anschieben** eines Kraftwagens mit Muskelkraft (soweit es den Begriff des Führens erfüllt) sowie das **Lenken eines mit Muskelkraft angeschobenen** Kraftwagens, sofern das Anschieben **zu dem Zweck erfolgt, den Motor in Gang zu setzen** (§ 315c Rdn. 17, 25),

nach wohl h.M. für das Führen eines Kraftwagens, der nach einem Anschiebevorgang **selbsttätig weiterrollt** (§ 315c Rdn. 26).

Der Grenzwert gilt nach soweit ersichtlich allgemeiner Meinung **nicht**

für das Führen eines Kraftwagens, der **ausschließlich durch Muskelkraft** bewegt wird, **ohne dass er in Eigenbewegung versetzt wird** und ohne dass der Motor in Gang gesetzt werden soll (§ 315 c Rdn. 27); insoweit sind die Grundsätze der „relativen" Fahrunsicherheit anzuwenden.

(b) **Krafträder.** Der Grenzwert von 1,1 ‰ **gilt**

wohl, wenn der Fahrzeugführer ein **schweres** Motorrad ohne Betätigung der Motorkraft **ab- oder ausrollen** lässt oder wenn es sonst in Eigenbewegung versetzt wird (§ 315c Rdn. 33), **70**

nach herrschender, aber abzulehnender Meinung, wenn der Fahrzeugführer das Kraftrad, eine Fortbewegung vorausgesetzt, **mit Pedalkraft antritt, um auf diese Weise den Motor in Gang zu setzen** (§ 315c Rdn. 17, 33).

Der Grenzwert von 1,1 ‰ **gilt nicht,**

wenn der Fahrzeugführer **jeweils ohne Zuhilfenahme der Motorkraft** ein Mofa durch **reine Pedalkraft in der Art eine Fahrrads** oder das Kraftrad **durch Abstoßen der Beine** vom Boden fortbewegt oder **per „Beinarbeit" aus einer Parklücke herausrangiert**; es gilt dann jeweils der Grenzwert für Radfahrer (§ 315c Rdn. 32),

wenn der Täter ein „leichtes" Motorrad oder Mofa ohne Betätigung der Motorkraft **ab- oder ausrollen** lässt; auch dann dürfte der Grenzwert für Radfahrer anzusetzen sein (§ 315c Rdn. 32),

wenn der Täter ein Kraftrad **unter Zuhilfenahme der Motorkraft schiebt**; insoweit dürften die Grundsätze über die absolute Fahrunsicherheit nicht gelten (§ 315c Rdn. 31).[232]

(2) **Radfahrer.** In seiner Grundsatzentscheidung vom 17.7.1986 (BGHSt **34** 133) hat der BGH den Grenzwert für Radfahrer unter Aufgabe seiner früheren Rechtsprechung[233] auf eine BAK von 1,7 ‰ festgesetzt (Grundwert von 1,5 ‰, Sicherheitszuschlag: 0,2 ‰). Er stützte sich maßgebend auf zwei experimentelle Untersuchungen von *Schewe u.a.*, in deren Rahmen Fahrversuche durchgeführt worden waren (BA **17** [1980] 298; BA **21** [1984] 97). Bei *sämtlichen* 150 Probanden war es ab einer BAK von 1,5 ‰ zu deutlichen **71**

---

232 Beim Schieben des Fahrzeugs ohne Unterstützung der Motorkraft liegt kein „Führen" vor (§ 315c Rdn. 14).

233 BGHSt **19** 82 hatte die Festsetzung eines Grenzwerts für Radfahrer aufgrund mangelnder wissenschaftlicher Erkenntnisse noch abgelehnt. Nachweise zum Streitstand vor dem Rechtsprechungswandel bei *Rüth* LK[10] Rdn. 44 f.

Leistungseinbußen im Vergleich zu nüchternen Personen und zu erheblichen Fahrfehlern gekommen, weswegen insoweit ein „absoluter" Grenzwert festgesetzt werden konnte (BGHSt **34** 133, 135; *Schewe u.a.* BA **21** [1984] 97, 108). Demgegenüber rechtfertigten die Ergebnisse trotz signifikant gesteigerter Gefährlichkeit keine Übertragung des damaligen „Kraftfahrer-Grenzwert" von 1,3 ‰ auf den Radfahrer (*Schewe u.a.* BA **17** [1980] 298, 320 f). Bei der Festsetzung des neuen Grenzwerts für Kraftfahrzeugführer in BGHSt **37** 89 (Rdn. 63) hat sich der BGH nicht dazu geäußert, ob der Wert für Radfahrer im Lichte neuerer Erkenntnisse gleichfalls herabzusetzen sei. Nach mittlerweile gefestigter obergerichtlicher Rechtsprechung[234] sowie nach ganz h.M. im Schrifttum[235] wirkt sich der Rechtsprechungswandel zwar auf den Beweisgrenzwert aus, dies aber *nur hinsichtlich des Sicherheitszuschlags*. Danach ist **für Radfahrer ein Grenzwert von nunmehr 1,6 ‰** zugrunde zu legen. Dem ist zuzustimmen. BGHSt **34** 133 (S. 136 f) hatte noch einen Sicherheitszuschlag von 0,2 ‰ angenommen und sich dabei ausdrücklich auf eine Auskunft des Bundesgesundheitsamts aus dem Jahre 1984 bezogen, wonach die verbesserte Analysetechnik einen geringeren Zuschlag als 0,2 ‰ nicht rechtfertige. Wenn sich die Situation aufgrund des BGA-Gutachtens 1989 nunmehr geändert hat (Rdn. 63), so muss dies zwingend für alle Blutproben gelten, gleich ob vom Kraft- oder vom Radfahrer entnommen (BayObLG NJW **1992** 1906, 1907). Andererseits besteht *kein hinreichender Anlass, den Grundwert niedriger anzusetzen* als noch 1986. Seither ist in Bezug auf Radfahrer kein fundamentaler Wandel der Verkehrsverhältnisse eingetreten. Darüber hinaus ist der gewachsenen Verkehrsdichte mit der vermehrten Schaffung von Radwegen und abgegrenzten Fahrradspuren begegnet worden (OLG Karlsruhe VRS **94** 109, 111). Einen Grenzwert von 1,6 ‰ legen auch die RiBA (Rdn. 255) zugrunde (Nr. 3.2.1, Spiegelstrich 3). Zur Geltung des Radfahrer-Grenzwerts bei **motorisierten Krankenfahrstühlen** Rdn. 67.

72 (3) **Andere Fahrzeuge im Straßenverkehr.** Für die weiteren vom Fahrzeugbegriff umfassten Fortbewegungsmittel (§ 315c Rdn. 8 f) sind „absolute" Grenzwerte durch die Rechtsprechung nicht anerkannt. Im Hinblick auf die mit ihnen erreichbaren Geschwindigkeiten und die im Vergleich zum Fahrrad schwerere Beherrschbarkeit erscheint es jedoch gerechtfertigt, das Führen von *Inline-Skates,* sofern es den Begriff des Fahrzeugführens erfüllt (§ 315c Rdn. 8), dem für das Radfahren geltenden Grenzwert von 1,6 ‰ zu unterstellen. Auf den *Führer eines Pferdefuhrwerks* kann der für den Kraftfahrer geltende Grenzwert nicht übertragen werden (BGHSt **36** 341, 348). Gleiches gilt nach AG Köln NJW **1989** 921 für den „Radfahrer-Grenzwert". Einerseits komme es beim „Kutscher" nicht so sehr auf den Gleichgewichtssinn an wie beim Radfahrer, und würden Leistungsschwächen in gewissem Rahmen durch die den Pferden „eigene Intelligenz" kompensiert, andererseits sei etwa bei einem Scheuen der Pferde rasche und sichere Reaktion nötig; jedenfalls fehle es aber an statistischer und experimenteller Forschung.[236]

---

[234] BayObLG NJW **1992** 1906, 1907; DAR **2002** 80: OLG Celle NJW **1992** 2169 f; OLG Hamm NZV **1992** 198; OLG Karlsruhe VRS **94** 109, 110; OLG Zweibrücken VRS **83** 342, 343; offen gelassen von OLG Düsseldorf NJW **1992** 992. **AA** LG Verden NZV **1992** 292f [1,5 ‰]; AG Karlsruhe DAR **1996** 246 [1,7 ‰; aufgehoben durch OLG Karlsruhe VRS **94** 109].

[235] *Herzog* NK Rdn. 15; *Horn/Wolters* SK Rdn. 20; *Lackner/Kühl* § 315c Rdn. 6a; *Sch/Schröder/Cramer/Sternberg-Lieben* Rdn. 12; *Fischer* Rdn. 27; *Jagow/Burmann/Heß* Rdn. 25; *Berz* NZV **1990** 359; *Grohmann* BA **28** (1991) 84, 89. **AA** wohl *Hentschel* Trunkenheit Rdn. 164; NZV **1991** 329, 333 f.

[236] Zust. *Hentschel* Trunkenheit Rdn. 166. Hinsichtlich der Wortwahl kritisch *Schwerd* FS Spendel S. 583, 584. Zum Pferdefuhrwerk auch BGA-Gutachten 1966 S. 46 f.

(4) **Bahnverkehr.** Für den Bahnverkehr existieren keine höchstrichterlich anerkannten „absoluten“ Grenzwerte. Mit Rücksicht darauf, dass die Anforderungen an die psychophysische Leistungsfähigkeit des Führers einer Eisenbahn, von U- und S-Bahnen und auch von Straßenbahnen nicht geringer sind als an die des Führers eines Kraftfahrzeugs im Straßenverkehr liegt es gleichwohl nahe, den *Grenzwert von 1,1 ‰ grundsätzlich auch dort anzuwenden* (näher § 315a Rdn. 15). 73

(5) **Schiffsverkehr.** Im Vergleich zum Bahnverkehr gesicherter ist der Forschungsstand in Bezug auf den Schiffsverkehr. Jedenfalls für den *Passagier- und Frachtschiffsverkehr*, aber auch für das (sonstige) Führen *motorisierter Schiffe und für größere Segelschiffe* erscheint es gerechtfertigt, den Grenzwert von 1,1 ‰ anzuwenden. **Ausnahmen** müssen allerdings für *Kleinfahrzeuge „unter Muskelkraft“* und (geringer) Motorkraft vorgenommen werden. Insoweit gelten die Grundsätze der „relativen“ Fahrunsicherheit (im Einzelnen § 315a Rdn. 16 ff). 74

(6) **Luftverkehr.** Im Luftverkehr sollten für die Feststellung absoluter Fahrunsicherheit zumindest keine geringeren Werte gelten als für das Führen von Kraftfahrzeugen im Straßenverkehr (näher § 315a Rdn. 19). 75

cc) **Strikte Geltung der Grenzwerte.** Die jeweiligen Grenzwerte gelten „absolut“, sind also *strikt zu beachten*. Dies bedeutet zunächst, dass der Täter bei Erreichen des „absoluten“ Grenzwerts mit dem Gegenbeweis ausgeschlossen ist, er sei trotz seines hohen Alkoholspiegels fahrsicher gewesen (Rdn. 77). Bleibt die festgestellte BAK andererseits hinter dem maßgebenden Grenzwert zurück, so darf nicht zu Lasten des Angeklagten von („absoluter“) Fahrunsicherheit ausgegangen werden. Das gilt sowohl für das Hinzutreten erschwerender innerer oder äußerer Bedingungen (Rdn. 78) als auch in rechnerischer Hinsicht (Rdn. 79). 76

(1) **Kein Gegenbeweis bei erreichtem Grenzwert.** Liegt die BAK über dem jeweiligen Grenzwert, so ist der Fahrzeugführer, was keinen verfassungsrechtlichen Bedenken begegnet (BVerfG NJW **1995** 125, 126), unwiderleglich („absolut“) fahrunsicher (BGHSt **31** 42, 44). Für den Gegenbeweis der Fahrsicherheit, etwa durch nachträgliche Fahrproben oder sonstige Alkoholbelastungsversuche, ist daher kein Raum (s. auch Rdn. 59).[237] Überdurchschnittliche Alkoholverträglichkeit, wie sie beispielsweise für Weinprüfer oder Bierfahrer mitunter behauptet wird,[238] ist bei der Bemessung des Grenzwerts bereits berücksichtigt worden (Rdn. 16e). Der Grenzwert gilt dementsprechend auch „beim Vorhandensein günstigster äußerer und innerer Bedingungen, also bei bester Alkoholverträglichkeit, bei besten psychischen und psychosensorischen Voraussetzungen, bei bester Fahrpraxis, bei besten Straßenverhältnissen und bei günstigster Koordination von Straße und Fahrzeug“ (BGHSt **31** 42, 43). Theoretisch denkbar sind Ausnahmen von diesem Grundsatz allenfalls dann, wenn Tatsachen vorgetragen werden, die bei der Festsetzung 77

---

[237] U.a. BGHSt **5** 168, 170; **10** 265, 268 f; **13** 83, 84; 278, 279; **31** 42, 44; *Horn/Wolters* SK Rdn. 19; *Maatz* BA **39** (2002) 21, 25; insoweit auch *Scheffler/Halecker* BA **41** (2004) 422; teils krit. *Fischer* Rdn. 13, 15.

[238] S. etwa die in BGHSt **10** 265, 266 mitgeteilte Einlassung des dortigen Verurteilten, er trinke als Brauereivertreter seit zehn Jahren täglich etwa 25 Glas Bier und sei deshalb auch bei einer BAK von 1,92 ‰ noch fahrtüchtig. Zur Thematik besonderer Alkoholverträglichkeit interessant *Reh* BA 3 (1965/1966) 199.

des Grenzwerts noch nicht gewürdigt worden sind (*Horn/Wolters* SK Rdn. 19; s. auch *Haffke* JuS **1972** 448, 449). Ob die Behauptung besonderer Alkoholverträglichkeit aufgrund einer Nebennierenerkrankung bzw. der insofern durchgeführten Langzeittherapie als relevante Behauptung in diesem Sinn gelten kann (*Arbab-Zadeh* NJW **1967** 273, 275; *Haffke* JuS **1972** 448, 449), erscheint höchst zweifelhaft (vgl. *Volk/Burmeister/Gostomzyk/Henn* BA **6** [1969] 265, 270 ff; *Walther/Pierach* BA **4** [1967] 277, 280 ff). Zu einem Versuch mit einem Patienten, der nach einer Operation seinen Angaben zufolge auch bei massivem Alkoholkonsum keine kognitiven Beeinträchtigungen fühlte, *Käferstein u.a.* BA **44** (2007) 73 (mit Erwiderung *Gilg/v. Meyer* BA **44** (2007) 466 und Entgegnung *Käferstein* BA **44** (2007) 467).

78 (2) **Keine Einzelfallkorrektur bei nicht erreichtem Grenzwert.** Ist der maßgebende Grenzwert andererseits nicht erreicht, so darf nicht mit Blick auf besonders schwierige Verkehrsverhältnisse und/oder erschwerende Umstände in der Konstitution oder Disposition des Täters gleichwohl von absoluter Fahrunsicherheit ausgegangen werden.[239] Der Grenzwert gilt auch dann, „wenn die Fahrt des Angeklagten unter besonders ungünstigen objektiven und subjektiven Umständen" erfolgt (BGHSt **31** 42, 43 f). *Schwierige äußere Bedingungen* (z.B. Nacht, Nebel, Glatteis oder Großstadtverkehr) gestatten dessen Herabsetzung dementsprechend genauso wenig wie *Erschwernisse in der persönlichen Sphäre des Täters* (u. a. Ermüdung, besondere Erregungszustände, psychische sowie physische Erkrankungen). In seiner Grundsatzentscheidung zur Fahrunsicherheit nach dem Konsum illegaler Drogen hat der BGH seinen Standpunkt nochmals dadurch bekräftigt, dass er der „sozusagen absoluten Fahrunsicherheit" *eine ausdrückliche Absage erteilt hat* (BGHSt **44** 219, 223; Rdn. 153). Für die Annahme der („relativen") Fahrunsicherheit müssen danach stets Ausfallerscheinungen im Leistungsverhalten des Beschuldigten festgestellt werden (Rdn. 90 ff). Auch in Fällen des *Schluss-Sturztrunks* ist es nicht zulässig, unterhalb der Grenze liegende Werte mit solchen oberhalb kurzerhand gleichzusetzen (Rdn. 82 a.E.). Die Rechtsprechung ist mit dieser allgemein ablehnenden Haltung gegenüber einer „Einzelfallkorrektur nach unten" von ihrer früheren Haltung abgerückt, wie sie in den vormals niedrigeren Grenzwerten für Kraftradfahrer zum Ausdruck gekommen war (hierzu Rdn. 61 f). Sie ist damit dem BGA-Gutachten 1966 gefolgt. Das Bundesgesundheitsamt hatte vor einer „ganze(n) Skala von Grenzwerten für die verschiedenen Verkehrsteilnehmer sowie für besondere Verkehrslagen" und den Schwierigkeiten der Rechtsanwendung bei detailliert gestaffelten Grenzwerten gewarnt. In dieser Weise „aufgesplitterte" Grenzwerte ließen sich auch nicht hinreichend wissenschaftlich begründen (BGA-Gutachten 1966 S. 51 f). Der Standpunkt der Rechtsprechung erscheint im Prinzip schlüssig. Bei seiner konsequenten Durchführung sind freilich *gravierende Ungereimtheiten hinsichtlich des Zusammenwirkens von Alkohol mit anderen Rauschmitteln* nicht zu verkennen. Insoweit wird auf das unter Rdn. 137a Gesagte verwiesen.

79 (3) **Keine Aufrundung bei nicht erreichtem Grenzwert.** Nach nunmehr gefestigter Rechtsprechung und ganz h.M. im Schrifttum ist es nicht zulässig, den aus den Ergebnissen der vier/fünf Einzelanalysen errechneten Mittelwert[240] zum Nachteil des Täters

---

[239] BGH VRS **31** 107, 108; **33** 118, 119; BGHSt **31** 42, 43; BayObLG NJW **1968** 1200; OLG Düsseldorf VerkMitt. **1976** Nr. 18 S. 13, 14; OLG Hamburg DAR **1968** 334, 335; OLG Zweibrücken VRS **80** 347, 349. *Horn/Wolters* SK Rdn. 19; *Sch/Schröder/Cramer/Sternberg-Lieben* Rdn. 9; *Hentschel* Trunkenheit Rdn. 168.

[240] Zur Bildung des Mittelwerts Rdn. 23.

aufzurunden.[241] Ergibt sich beim Führer eines Kraftfahrzeugs ein BAK-Wert von knapp unter 1,1 ‰ (etwa 1,099 ‰), so darf demnach nicht vom Vorliegen („absoluter") Fahrunsicherheit ausgegangen werden.[242] Wie BGHSt **28** 1 [zu § 24a StVG][243] mit eingehender Begründung darlegt, folgt das Verbot der Aufrundung daraus, dass bei der Bestimmung der Blutalkoholkonzentration *der ersten Dezimale hinter dem Komma die (allein-)entscheidende Bedeutung zukommt*, während die „dritte Dezimale ... sowohl analytisch wie biologisch" keinerlei Aussagekraft besitzt (BGH aaO S. 3).[244] Dies kann im Rahmen des § 316 verständlicherweise nicht abweichend beurteilt werden. Sind bei Werten knapp unter der maßgebenden Grenze relevante Ausfallerscheinungen nicht festgestellt, so kann die Tat demnach nur als Ordnungswidrigkeit (§§ 24a, 24c StVG bzw. entsprechende Bußgeldtatbestände) geahndet werden (vgl. auch Nr. 3.2.1 RiBA [Rdn. 255]). Die durchaus lebensnahe und gewiss auch rechtsmedizinisch abgesicherte Überlegung, dass sich die leistungsbeeinträchtigenden Auswirkungen einer BAK nahe der jeweiligen Grenze nicht sehr von einer solchen knapp über den Grenzwerten unterscheiden (in diese Richtung *Brettel* BA **12** [1975] 400), hat demzufolge außer Betracht zu bleiben (vgl. *Hentschel* Trunkenheit Rdn. 153). Abgesehen davon, dass man genauso gut anders herum argumentieren könnte, würden bei einer derartigen Vorgehensweise neue Abgrenzungsprobleme aufgeworfen (vgl. *Schwerd* BA **15** [1978] 298). Dass eine nahe am „absoluten" Grenzwert liegende BAK bei der Prüfung der „relativen Fahrunsicherheit" von besonderem Gewicht ist (Rdn. 90, 94), bleibt davon unberührt. Das Aufrundungsverbot erstreckt sich *auch auf die Analyseneinzelwerte* (BGHSt **28** 1, 4; *Hentschel* Trunkenheit Rdn. 153).

dd) **Grenzwert zur Tatzeit.** Maßgebend ist die Fahrunsicherheit zur Zeit der Tat. **80**
Demgemäß muss in den Fällen der absoluten Fahrunsicherheit grundsätzlich festgestellt sein, dass der jeweilige BAK-Grenzwert während der Fahrt erreicht oder überschritten war. Die Blutalkoholkonzentration zur Tatzeit ist anhand der oftmals erst geraume Zeit nach Abschluss der Fahrt entnommenen Blutprobe ggf. durch Rückrechnung zu ermitteln (hierzu Rdn. 28 ff).

(1) **Hinreichende Alkoholmenge im Körper.** Die Tatzeit-BAK muss den Grenzwert **81**
allerdings noch nicht erreicht haben. Das ist seit der Grundsatzentscheidung des BGH vom 11.12.1973 (BGHSt **25** 246) allgemein anerkannt (vgl. auch schon BGHSt **24** 200). Es genügt, wenn der Täter zur Zeit der Tat eine Alkoholmenge im Körper hat, die zu einer BAK von oder über dem maßgebenden Grenzwert führt (BGHSt **25** 246, 251 f).[245]

---

[241] OLG Hamm NJW **1975** 2551, 2252; VRS **56** 147, 148 sowie zu § 24a StVG: BayObLG VRS **53** 53 f; OLG Hamm NJW **1976** 2309 f; OLG Köln DAR **1976** 81; VRS **67** 459; *Fischer* Rdn. 18; *Jagow/Burmann/Heß* Rdn. 13a, 22a und § 24a Rdn. 3c; *Hentschel* Trunkenheit Rdn. 151 f; *Janiszewski* Verkehrsstrafrecht Rdn. 353, 357, 414; *Lundt* BA **12** (1975) 400, 401. **AA** noch OLG Hamm NJW **1976** 382 [zu § 24a StVG] m. abl. Anm. *Lundt* BA **13** (1976) 158 und abl. Bespr. *Meurer* JR **1976** 454; **aA** *Grüner* BA **14** (1977) 215, 222 f; wohl auch *Staak/Berghaus* NJW **1981** 2500, 2502; Zweifel bei *Lackner/Kühl* § 315c Rdn. 8.

[242] Zu Anfangsproblemen betreffend das Aufrundungsverbot bei den Atemalkoholmessgeräten Fn. 161.

[243] Mit zust. Anm. *Schwerd* BA **15** (1978) 298 und *Lundt* ebd. S. 298 f.

[244] S. allerdings dazu, dass es ein vermeidbarer Fehler sein soll, bei der Verwendung der Einzelergebnisse die dritte Dezimalstelle hinter dem Komma außer Acht zu lassen, *Sachs/Zink* BA **28** (1991) 321, 323.

[245] M. Anm. *Händel* NJW **1974** 247 und *Meyer* NJW **1974** 613. Hierzu auch *Horn/Wolters* SK Rdn. 22; *Lackner/Kühl* § 315c Rdn. 6c; *Sch/Schröder/Cramer/Sternberg-Lieben* Rdn. 18; *Hentschel* Trunkenheit Rdn. 154 ff; *Janiszewski* Verkehrsstrafrecht Rdn. 354 ff.

Dies beruht auf der in den berufenen Fachkreisen nicht umstrittenen Erkenntnis, dass die alkoholbedingten Ausfallerscheinungen bei demselben Promillegehalt „im aufsteigenden Ast der Blutalkoholkurve allgemein stärker sind als im abfallenden" (BGHSt **24** 200, 202; vgl. auch BGHSt **21** 157, 165). Im Anschluss namentlich an Arbeiten *Heifers*[246] hat es der BGH als gesichert angesehen, dass die Anflutungswirkung des Alkohols auf den Grenzwert oder auf einen höheren Wert hin den Konzentrationsfehlbetrag gegenüber dem Grenzwert zum Zeitpunkt der Fahrt zumindest ausgleicht. „Es macht also keinen Unterschied, ob der Alkohol in der für die Frage der Fahruntüchtigkeit entscheidenden Menge ... vor der Fahrt, während der Fahrt oder erst nach Beendigung der Fahrt in das Blut übertritt" (BGHSt **25** 246, 251 f). Die dieser Rechtsprechung zugrunde liegenden wissenschaftlichen Erkenntnisse hatte der Gesetzgeber, was gleichfalls zu einem nicht geringen Teil auf das Engagement *Heifers* zurückzuführen ist (s. BA **10** [1973] 192), bereits vor dem Beschluss des BGH vom 11.12.1973 im (damals) neuen § 24a StVG aufgegriffen (BGBl. 1973 I S. 870). Dort wird – wie auch in den parallel ausgestalteten „Alkoholtatbeständen" der anderen Verkehrsordnungen – dem Erreichen des maßgebenden Tatzeitwerts im Blut (0,5 ‰) die Alternative zur Seite gestellt, dass der Täter „eine Alkoholmenge im Körper hat, die zu einer solchen [Atem- oder] Blutalkoholkonzentration führt".

82 (a) **„Schluss-Sturztrunk".** Mit der neuen Rechtsprechung ist der vormals nicht seltenen (Schutz-)Behauptung im Wesentlichen die Grundlage entzogen worden, man habe kurz vor Antritt der Fahrt erhebliche Mengen Alkohol[247] „hinuntergestürzt". Sie war vorgetragen worden, um sich einen Abzug von dem aus der Blutprobe ermittelten BAK-Wert und damit u.U. einen Wert unterhalb der Grenze absoluter Fahrunsicherheit zu verschaffen. Ist nämlich im Einzelfall mit einem Ansteigen der BAK auch noch bis zur Blutentnahme zu rechnen, so kann die BAK, sofern die Tat nur relativ kurze Zeit nach Trinkende begangen worden ist, zur Tatzeit niedriger gewesen sein als im Zeitpunkt der Blutentnahme (Rdn. 29). Diesen Umstand hatte sich die Behauptung des Schluss-Sturztrunks zunutze gemacht. Sie hatte zu einer uneinheitlichen und komplizierten Rechtsprechung (eingehend *Rüth* LK[10] Rdn. 16 ff) und zu einer Bevorzugung des „cleveren" bzw. gut beratenen Trunkenheitsfahrers geführt.[248] Sofern der Entnahmewert über der jeweiligen Grenze liegt, hilft sie dem Täter heute nicht mehr (BGHSt **25** 256, 251). Ein Schluss-Sturztrunk kann, sofern absolute Fahrunsicherheit nicht feststellbar ist, als **Beweisanzeichen** im Rahmen der Prüfung („relativer") Fahrunsicherheit gewertet werden (BGHSt **24** 200, 204 f; Rdn. 116).

82a Dass die Behauptung des Schluss-Sturztrunks durch den Rechtsprechungswandel **nicht völlig ihre Bedeutung verloren hat,** zeigt OLG Düsseldorf VRS **64** 436. In dem der Entscheidung zugrunde liegenden Fall hatte der Angeklagte (nicht widerlegbar) etwa sechs Minuten vor Antritt der Fahrt 32g Alkohol, davon 18g u.U. unbewusst, zu sich genommen und war wenig später von der Polizei angehalten worden. Die Blutprobe

---

[246] BA 7 (1970) 383 (Grundsatzgutachten); BA **9** (1972) 407, 409 ff; BA **10** (1973) 1, 7 ff; 192 f. Hierzu auch *Elbel/Schleyer* Blutalkohol S. 161; *Gerchow* BGA-Gutachten 1966 (Anl. 10) S. 174, 183; *Händel* BA **10** (1973) 353, 363 ff; *Hentrich* BA **10** (1973) 177, 180 ff.

[247] Aufnahme von 0,5 oder mehr Gramm Alkohol pro Kilogramm Körpergewicht in einem Zeitraum von bis zu 15 Minuten; s. *Hentschel* Trunkenheit Rdn. 209 m.w.N.; dort [Rdn. 210] auch Beispiele aus der Rechtsprechung.

[248] Schlagwort „Wer rechnen kann, wird freigesprochen" (vgl. *Heifer* BA **9** [1972] 407).

ergab 1,42 ‰, wobei durch die 18g Alkohol eine BAK von 0,37 ‰ aufgebaut worden sein konnte. Das OLG Düsseldorf hält dem Angeklagten zugute, dass die – mit fünf bis zehn Minuten angesetzte[249] – Anflutungswirkung erst gegen Ende des Anflutungszeitraums und damit nach der Beendigung der Fahrt akut geworden ist. Im Hinblick darauf könne es an der Sorgfaltswidrigkeit gefehlt haben (OLG Düsseldorf aaO S. 438). Dies berücksichtigt freilich nicht hinreichend, dass mit der *Möglichkeit* der Fahrunsicherheit bereits aufgrund der *bewusst* aufgenommenen Alkoholmenge hätte gerechnet werden müssen (Rdn. 215).[250] Die Entscheidung ist vereinzelt geblieben.

(b) **„Vorausrechnung"**. Genügt für die Annahme der absoluten Fahrunsicherheit eine zum Grenzwert führende Alkoholmenge im Körper zur Tatzeit, so sind Fälle tatbestandsrelevant, in denen der Täter *erst nach der Blutentnahme* den maßgebenden Grenzwert erreicht. Dies ist vorstellbar, wenn die Resorption im Zeitpunkt der Blutentnahme noch nicht abgeschlossen war. Auch dann kann sich der Täter zur Tatzeit „in Anflutung auf sicher erreichte 1,1 ‰" befunden haben. Der höchst erreichbare BAK-Wert muss ggf. auf der Grundlage des Entnahmewerts für einen *späteren* Zeitpunkt „hochgerechnet" werden. Für diese, als „Vorausrechnung" bezeichnete Aufgabe,[251] sind allerdings hinreichende Anknüpfungstatsachen u.a. zu Trinkmenge und Trinkverhalten erforderlich; sie kann ohne Hinzuziehung eines Sachverständigen nicht bewältigt werden (*D. Hartung* BA 12 [1975] 162, 163). **Keinesfalls zulässig** ist es, eine unterhalb der maßgebenden Grenze liegende BAK unter Hinweis auf eine möglicherweise noch nicht abgeschlossene Resorption einer solchen oberhalb kurzerhand „gleichzusetzen" (OLG Zweibrücken VRS 80 347, 349; vgl. auch OLG Düsseldorf VRS **63** 62, 63). 83

(2) **Nachtrunk.** Vom Schluss-Sturztrunk ist der sog. „Nachtrunk" zu unterscheiden. 84
Damit sind Fälle gemeint, in denen der Täter *nach* Abschluss der Fahrt, aber *vor* der Blutentnahme Alkohol zu sich genommen hat. Wie die „Sturztrunkbehauptung" ist auch die „Nachtrunkbehauptung" häufig nur ein bloßer Schutzeinwand, der oftmals nicht sogleich, sondern (nach Beratung) erst im weiteren Verlauf des Verfahrens erhoben wird (*Bonte* Die Polizei **1999** 350 f). In der Praxis tritt die Nachtrunkbehauptung vergleichsweise selten auf, und zwar vornehmlich in Fällen, in denen der Täter vom Unfallort geflohen ist und erst später (z.B. in seiner Wohnung) angetroffen wird.[252] Sofern die Nachtrunkbehauptung den Tatsachen entspricht oder nicht widerlegbar ist, darf sie nicht unberücksichtigt bleiben. Denn der nach der Fahrt genossene Alkohol kann während der Fahrt natürlich nicht gewirkt haben. Der Richter muss sich, und zwar auch im Verfahren der vorläufigen Entziehung der Fahrerlaubnis (AG Säckingen DAR **2003** 186), damit auseinandersetzen (s. auch BayObLG DAR **2003** 428). Bei der Behauptung von Nachtrunk sind sorgfältige Erhebungen der Ermittlungsbehörden erforderlich (vgl. OLG Karlsruhe VRS **92** 346).[253] Der Beschuldigte und etwaige Zeugen sind u.a. nach Art, Menge und Zeitpunkt des nach Abschluss der Fahrt konsumierten Alkohols zu befragen. Wich-

---

[249] Zur Dauer der Resorptionsphase bei Sturztrunk vgl. auch OLG Düsseldorf VRS **63** 62, 63 [20 bis 120 Minuten].

[250] *Grüner* BA **21** (1984) 279, 280; *Janiszewski* NStZ **1983** 404. Kritisch auch *Hentschel* DAR **1983** 261.

[251] *D. Hartung* BA **12** (1975) 162, 163; zust. *Hentschel* Trunkenheit Rdn. 114.

[252] *Burre* Die Polizei **1999** 286, 287; *Meininger* Die Polizei **1999** 346.

[253] *Burre* Die Polizei **1999** 286, 287 ff; *Iffland/Staak/Rieger* BA **19** (1982) 235, 240; *Meininger* Die Polizei **1999** 346, 347.

tig sind auch Feststellungen zu den äußeren Umständen (Flaschen, Dosen etc.); aufgrund besonderer „Cleverness" des ermittelnden Polizeibeamten konnte schon mancher Nachtrunkbehauptung auf relativ einfache Weise die Grundlage entzogen werden.[254] In der Hauptverhandlung ist ggf. auch der Vernehmensbeamte hinzuzuziehen (OLG Koblenz VRS 55 130, 131). Hat der Angeklagte bei der polizeilichen Kontrolle und der Blutentnahme von seinem Schweigerecht Gebrauch gemacht, darf ihm später nicht entgegengehalten werden, dass er nicht schon zu diesem Zeitpunkt auf Nachtrunk hingewiesen habe (OLG Karlsruhe DAR **2005** 104). Widersprüchliches Einlassungsverhalten darf aber natürlich den allgemeinen Regeln entsprechend gewürdigt werden (OLG Rostock BA 38 (2001) 293 [zum Schiffsverkehr]).

85 (a) **Doppelblutentnahme.** Nach Nr. 3.5.4 der RiBA (Rdn. 255) ist u.a. bei Berufung auf Nachtrunk bzw., wenn mit einer Berufung auf Nachtrunk gerechnet werden muss, eine zweite Blutentnahme anzuordnen.[255] Sie soll, weil sonst anerkanntermaßen ohne jeden Wert,[256] frühestens 30 Minuten nach der ersten Blutentnahme erfolgen (Nr. 3.5.4 Satz 3 RiBA). Die Anordnung der Doppelblutentnahme geht auf eine Empfehlung des BGA-Gutachtens 1966 zurück (S. 62, 63 [Nr. 6 Satz 2]). Der Ertrag der Maßnahme für die Überprüfung von Nachtrunkbehauptungen wird jedoch im rechtsmedizinischen Schrifttum nicht einheitlich beurteilt. Die Auffassungen reichen von (teils schroffer) Ablehnung[257] über eine vorsichtige Befürwortung, weil in Einzelfällen Erkenntnisse vermittelt werden könnten,[258] bis hin zur Einstufung als sinnvoll.[259] Nach *Aderjan/Schmitt/Schulz* (NZV **2007** 167) kann sie für die Begleitstoffanalyse (Rdn. 86) wertvoll sein, wobei eine Wartezeit von 60 Minuten empfohlen wird. Die Unsicherheiten rühren u.a. aus der „Launenhaftigkeit" der Blutalkoholkurve her, die die treffgenaue Bewertung etwaiger Divergenzen zwischen erster und zweiter Blutentnahme (oder deren weitgehende Übereinstimmung) gerade in Bezug auf das (behauptete) Trinkverhalten erschweren, sowie aus der Fehlerbreite, die jeglichem Messergebnis grundsätzlich anhaftet (vgl. *Forster/Joachim* Blutalkohol und Straftat S. 26; s. auch oben Rdn. 20, 23 f, 28 ff).

---

[254] So kann die Schimmelschicht am Rand der „Nachtrunkflasche" oder eine dort befindliche, nicht durch Griffspuren unterbrochene Staubschicht eine Nachtrunkbehauptung widerlegen (*Schwerd* FS Spendel S. 583, 590).

[255] Unter den zuständigen Fachressorts der Länder konnte keine Einigkeit erzielt werden, ob die 2. Blutentnahme beibehalten werden soll. Derzeit ist aber wahrscheinlich, dass ein Teil der Länder darauf verzichten wird.

[256] Wegen der Fehlerbreite der Messergebnisse kann die „wahre" BAK bei einer zweiten Blutentnahme innerhalb von 30 Minuten trotz Ermittlung eines geringeren Messwerts sogar angestiegen sein. Hierzu BayObLG NJW **1976** 382; OLG Karlsruhe VRS **92** 346; *Jagow/Burmann/Heß* Rdn. 24a; *Hentschel* Trunkenheit Rdn. 75 ff m.w.N; *Berghaus/Althoff* BA **16** (1979) 375, 379; *Haffner* Die Polizei **1999** 291, 293 f.

[257] Stellungnahme der *Deutschen Gesellschaft für Rechtsmedizin* BA **41** (2004) 447; *Hoppe/Haffner* NZV **1998** 265; *Iffland/Staak/Rieger* BA **19** (1982) 235, 244 f; *Iffland* NZV **1996** 129, 130; BA **36** (1999) 99, 104; **40** (2003) 403, DAR **2001** 141, **2002** 476, *Jachau/Röhmhild/Bartels/Krause/Wittig* BA **40** (2003) 411, *Schleyer/Wichmann* BA **1** (1961/1962) 234, 244 f; *Schöllkopf/Jainz* BA **10** (1973) 397, 402 f.

[258] *Bär* BA **23** (1986) 304, 310 ff; *Berghaus/Althoff* BA **16** (1979) 375, 379; *Forster/Joachim* Blutalkohol und Straftat S. 26 f.

[259] *Grüner/Ludwig/Rockenfeller* BA **17** (1980) 26, 34 ff; *Zink/Reinhardt* BA **18** (1981) 377, 383 ff.

(b) **Begleitstoffanalyse.** Sehr viel einheitlicher ist das Meinungsbild zur gaschromatographischen Begleitstoffanalyse.[260] Die Ermittlung der Begleitalkohole kann, was auch in der Rechtsprechung sowie im juristischen Schrifttum anerkannt ist,[261] geeignet sein, die Angaben des Beschuldigten zu Art und Menge der nach der Tat aufgenommenen Alkoholika zu bestätigen oder zu widerlegen,[262] wobei in der Praxis die Entkräftung der Nachtrunkbehauptung im Vordergrund steht.[263] Die Konfrontation des Beschuldigten mit einem Begleitstoffgutachten führt dabei gelegentlich sogar zu Geständnissen (*Schütz/Weiler/Erdmann* BA **29** [1992] 336, 338). Die Möglichkeiten der Begleitstoffanalyse dürfen andererseits nicht überschätzt werden. Erforderlich sind exakte Daten zu Trinkzeit, Trinkmenge und Getränkeart; zu lange Trinkzeiten, zu langer Zeitabstand zwischen Vorfall und Blutentnahme, zu kleine Trinkmengen oder begleitstoffarme Getränke stehen dem Erfolg entgegen (*Bonte* Die Polizei **1999** 350, 351). Zur Bedeutung der 2. Blutentnahme für die Begleitstoffanalyse Rdn. 85. **86**

(c) **Harnanalyse.** Daneben ist die Alkoholkonzentration im Harn ein wichtiges Beweismittel.[264] Nach *Iffland* (BA **36** [1999] 99, 103) ist sie ein wirksamerer Schutz gegen Nachtrunkangaben als alle anderen Methoden einschließlich der Begleitstoffanalyse. Voraussetzung für ihren zweckentsprechenden Einsatz ist es, dass vor der Sistierung durch die Polizei die Blase des Probanden nicht entleert worden ist; sorgfältiges Vorgehen der Polizei ist erforderlich (*Iffland* aaO). Die Harnprobe kann dabei nicht gegen den Willen des Beschuldigten erlangt werden (zur Harnprobe – freilich ohne Bezug zum Nachtrunk – Nr. 4 RiBA [Rdn. 255]).[265] **87**

(d) **Berechnung.** Muss Nachtrunk zugrunde gelegt werden, so ist auf der Grundlage der angegebenen Nachtrunkmenge zu ermitteln, zu welcher Blutalkoholkonzentration der Nachtrunk geführt haben kann. Dieser Wert ist dann von dem anhand der Blutprobenanalyse ggf. durch Rückrechnung – ohne Berücksichtigung des Nachtrunks (also „theoretischen") – ermittelten Blutalkoholkonzentration zur Tatzeit *zu subtrahieren.*[266] Für den Beschuldigten ist es deswegen um so günstiger, je höher die durch den Nachtrunk möglicherweise aufgebaute BAK ist. Aufgrund des Zweifelssatzes muss für das Urteil die *höchstmögliche* durch den Nachtrunk erreichbare BAK angesetzt werden. **88**

---

260 Vorgestellt von *Machata/Prokop* BA 8 (1971) 349.

261 Vgl. OLG Celle DAR **1984** 121, 122; OLG Karlsruhe VRS **92** 346, 347; *Jagow/Burmann/Heß* Rdn. 24; *Hentschel* Trunkenheit Rdn. 109; *Janiszewski* Verkehrsstrafrecht Rdn. 356b; *Meininger* Die Polizei **1999** 346, 347 ff.

262 *Bonte/Stöppelmann/Rüdell/Sprung* BA **18** (1981) 303, 309; *Bonte/Rüdell/Sprung/Bilzer/Kühnholz* NJW **1982** 2109; *Bonte/Rüdell/Sprung/Frauenrath/Facius/Reihs/Walther* BA **20** (1983) 313, 325 f; *Bonte* Begleitstoffe alkoholischer Getränke (1987); *Hoppe/Haffner* NZV **1998** 265, 268; *Iffland/Staak/Rieger* BA **19** (1982) 235, 246 ff; *Iffland* Kriminalistik **1984** 446; *Schütz/Weiler/Erdmann* BA **29** (1992) 336, 338 ff; *Schwerd* FS Spendel S. 583, 590.

263 Nach *Bonte* (Die Polizei **1999** 350, 351) konnten im dortigen Institut 75 % der Nachtrunkbehauptungen ausgeschlossen und lediglich 10 % nicht widerlegt werden.

264 *Jagow/Burmann/Heß* Rdn. 26c; *Hentschel* Trunkenheit Rdn. 108; *Iffland/Staak/Rieger* BA **19** (1982) 235, 245 f; *Iffland* NZV **1996** 129, 131; vgl. auch *Staak/Springer/Baum* BA **13** (1976) 100.

265 Der Vorschlag *209Fflands* (BA **36** [1999] 99, 104), die neu gefassten RiBA entsprechend zu ergänzen, hat sich nicht durchgesetzt.

266 BayObLG VRS **58** 391, 392; OLG Karlsruhe VRS **92** 346; OLG Köln VRS **66** 352 f; VRS **67** 459, 460 f; OLG Stuttgart NJW **1981** 2525 f. *Jagow/Burmann/Heß* Rdn. 24a; *Hentschel* Trunkenheit Rdn. 107, 110.

Genau umgekehrt liegt es bei der Bestimmung der Mindest-BAK zur Beurteilung der Fahrunsicherheit durch Trinkmengenberechnung (im Einzelnen Rdn. 37 ff). Die Blutalkoholkonzentration, die sich aus dem Nachtrunk ergibt, wird in der Weise berechnet, dass die Menge des „nachgetrunkenen" Alkohols (in Gramm) durch das mit dem sog. Reduktionsfaktor multiplizierte Körpergewicht (in Kilogramm) geteilt wird (Widmark-Formel; Rdn. 38). Dabei ist der dem Beschuldigten *günstigstmögliche Reduktionsfaktor* zu verwenden, sofern der für ihn maßgebende Reduktionsfaktor nicht individuell festgestellt worden ist (näher Rdn. 38). Das ist der *niedrigstmögliche*; es darf also nicht mit Durchschnittswerten (0,7 bei Männern, 0,6 bei Frauen) gerechnet werden (BayObLG VRS **58** 391, 392). Des Weiteren muss der Richter *das Körpergewicht* des Beschuldigten *zur Tatzeit* feststellen. Denn je niedriger es ist, desto höher fällt die denkbare Alkoholbelastung durch den Nachtrunk und desto günstiger für den Beschuldigten demgemäß auch die Berechnung insgesamt aus. Der Tatrichter muss auch hier vom *niedrigstmöglichen Körpergewicht* ausgehen; er darf das Gewicht nicht kurzerhand mit einem ihm als real erscheinenden Wert schätzen (OLG Stuttgart VRS **61** 379, 381 f). Schließlich muss das *Resorptionsdefizit* abgezogen werden (Rdn. 39). Wiederum ist für den Beschuldigten die geringstmögliche Größe die günstigste, weil dann die herauszurechnende „Nachtrunk-BAK" den höchsten Wert erreicht. Das Resorptionsdefizit ist deshalb mit dem *niedrigsten Wert, nämlich 10 %*, zu bemessen.[267] Ein *stündlicher Abbauwert* muss für den Nachtrunk *nicht* in Ansatz gebracht werden. Denn es kann insgesamt nur eine bestimmte Alkoholmenge im Körper abgebaut werden; der Abbau ist aber bereits durch die Rückrechnung vom Entnahmewert auf den Tatzeitwert berücksichtigt worden (BGH vom 24.8.1993 – 4 StR 452/93).[268] Zur Klärung der in der Regel komplizierten Frage des Nachtrunks[269] wird sich das Gericht der *Hilfe eines Sachverständigen* bedienen müssen (u.a. OLG Karlsruhe VRS **92** 346, 347; OLG Stuttgart VRS **61** 379, 380).

89 ee) **Ordnungsgemäß festgestellte BAK.** Für den Nachweis der absoluten Fahrunsicherheit muss der Untersuchungsbefund ordnungsgemäß zustande gekommen sein. Dafür sind nach gefestigter Rechtsprechung (mindestens) vier bzw. fünf Analysen erforderlich, die nach zwei voneinander unabhängigen Untersuchungsmethoden erhoben worden sind; aus allen Einzelwerten ist dann das arithmetische Mittel zu bilden (im Einzelnen Rdn. 18 ff). In der Praxis geschieht es gelegentlich, dass **die Mindestzahl von vier bzw. fünf Analysen nicht erreicht** und/oder **nur eine Untersuchungsmethode** angewandt werden kann. Zumeist liegt dies daran, dass das Untersuchungsmaterial nicht genügt, um sämtliche Analysen durchzuführen. Die Problematik kann jedoch auch relevant werden, wenn sich bei der (Erst-)Untersuchung nicht alle Einzelwerte innerhalb der zulässigen Variationsbreite

---

[267] Umgekehrt liegt es bei der Herausrechnung der Nachtrunk-BAK im Rahmen der §§ 20, 21. Da dort für den Beschuldigten der Maximalwert zur Tatzeit am günstigsten ist, kommt es ihm zugute, wenn die Nachtrunk-BAK möglichst niedrig ist. Das Resorptionsdefizit für den Nachtrunk ist deshalb dort mit 30 % anzusetzen (BGHR StGB § 21 Blutalkoholkonzentration 10; BGH StV **1994** 406, 407; NStZ-RR **1997** 35, 36).

[268] Insoweit in StV **1994** 14 nicht abgedruckt.

[269] Zu den Details der Berechnungsmethode *Verhoff/Oehmke/Schütz/Weiler* BA 42 (2005) 85. Sie schlagen eine „fraktionierte" Rückrechnungsmethode vor: Zunächst Rückrechnung der Mindest-BAK bis zum Beginn des Nachtrunks; Abzug der durch den Nachtrunk maximal erreichten BAK; ergebe sich ein Wert unter 0,15 ‰, könne für die gemessene BAK alleine der Nachtrunk verantwortlich sein; andernfalls wird bis zur Tatzeit bzw. dem anzunehmenden Resorptionsende des vor der Tat aufgenommenen Alkohols zurückgerechnet. Dies ermögliche eine Plausibilitätsprüfung.

halten und eine Nachuntersuchung mangels ausreichenden Untersuchungsmaterials nicht möglich ist (s. auch Rdn. 24). Ein weiterer Anwendungsfall ist die Begutachtung von im Ausland durchgeführten Untersuchungen, denen nur zwei Analysenwerte zugrunde liegen (vgl. LG Kiel SchlHA **1983** 196 f; *Grüner/Ludwig* BA **27** [1990] 316, 317). Was in derartigen Konstellationen zu gelten hat, ist noch nicht in allen Details geklärt:

(1) Einigkeit[270] dürfte zunächst darin bestehen, dass eine solchermaßen zustande gekommenen BAK-Bestimmung nicht dieselbe („absolute") Beweiskraft entfaltet wie eine unter Einhaltung aller Mindestvoraussetzungen erfolgte. Ein auf der Grundlage des nicht richtliniengerechten Messbefundes bestimmter Tatzeitwert von exakt 1,1 ‰ genügt für die Annahme („absoluter") Fahrunsicherheit demgemäß nicht. Dies gilt schon deswegen, weil die Wahrscheinlichkeit, dem „Wahren Wert" möglichst nahezukommen, um so geringer ist, je weniger Einzelanalysen vorhanden sind (Rdn. 20), sich die Einhaltung der zulässigen Variationsbreite (Rdn. 24) allenfalls sehr eingeschränkt überprüfen lässt und ggf. das Korrektiv der zweiten, von der ersten unabhängigen Untersuchungsmethode ausfällt (Rdn. 22). Andererseits wird soweit ersichtlich gleichfalls nicht bestritten, dass der Befund nicht schlechthin unverwertbar ist, vielmehr jedenfalls als Indiz im Rahmen der Prüfung relativer Fahrunsicherheit herangezogen werden kann.[271] Für den Fall, dass die durch die Richtlinien verlangten vier bzw. fünf Untersuchungen durchgeführt worden sind, sich aber unter den Befunden ein „Ausreißer" befindet, zieht das BayObLG (bei *Rüth* DAR **1980** 262 [zu § 24a StVG]) in Erwägung, dass eine Grenzwertüberschreitung angenommen werden kann, sofern *alle* Werte über der Grenze liegen; dies sei allerdings nicht zulässig, wenn eine durchgeführte Nachuntersuchung Werte unterhalb des Grenzwerts ergeben habe. **89a**

(2) **Nicht einheitlich beurteilt wird hingegen,** ob und ggf. unter welchen zusätzlichen Voraussetzungen absolute Fahrunsicherheit angenommen kann, wenn der Einzelwert bzw. der Mittelwert aus den erhobenen Einzelwerten *nicht unerheblich über* dem maßgebenden Grenzwert liegt. **89b**

(a) **Ein Teil der Rechtsprechung und des Schrifttums** vertritt die Auffassung, die Einzelanalyse(n) und ein u.U. daraus gebildeter Mittelwert könnten in freier Beweiswürdigung unter Berücksichtigung der konkreten Analyseumstände die alleinige Grundlage für die Annahme („absoluter") Fahrunsicherheit bilden. Der höheren Fehlerbreite könne durch einen großzügigen Sicherheitszuschlag Rechnung getragen werden; der Zuschlag sei unter Hinzuziehung eines Sachverständigen zu bemessen.[272] Der Gefahr von (unbe- **89c**

---

270 Es sei denn, es ist eine Untersuchung im automatisierten Doppel-GC-Verfahren durchgeführt worden, und man verträte mit *Machata* die Auffassung dies genüge den Richtlinien des Bundesgesundheitsamts. Selbst dann wären aber vier Analyseneinzelwerte bei zwei Untersuchern erforderlich (zum ganzen Rdn. 22).

271 BGH NZV **2002** 559 (zu § 61 VVG) m. Anm. *Heinemann* BA **40** (2003) 373 und *Halm* SVR **2004** 113; OLG Stuttgart VRS **66** 450, 453; AG Gemünden DAR **1977** 49; ebenso wohl OLG Nürnberg NJW-RR **1994** 97, das ausdrücklich darauf abstellt, dass keine weiteren Indizien vorhanden sind.

272 OLG Hamm NJW **1974** 2064, 2065 [zwei im GC-Verfahren]; BA **18** (1981) 261, 262 [drei nach Widmark]; VersR **1995** 949f [eine nach ADH; zu § 2 AUB]; OLG Köln [ZR] BA **37** (2000) 253, 254 m. zust. Anm. *Gerchow* [vier nach ADH]; LG Kiel SchlHA **1983** 196 [zwei im GC-Verfahren]; LG Mönchengladbach MDR **1985** 428 [vier im GC-Verfahren]; AG Langen BA **26** (1989) 207 [zwei im GC-Verfahren] m. zust. Anm. *Grüner* 210, 211; *Hentschel* Trunkenheit

merkten) „Ausreißern" bei nur wenigen Einzelwerten könne dadurch begegnet werden, dass das verwendete Gerät einer eingehenden Prüfung durch Vergleichsmessungen und deren statistische Auswertung unterzogen werde (so *Hentschel* Trunkenheit Rdn. 71).

89d (b) Zumindest für den Fall, dass bei zwei Einzelwerten lediglich eine Untersuchungsmethode angewandt worden ist (also erst recht bei nur einem Einzelwert), darf das Ergebnis **nach der Gegenansicht** nicht zur Feststellung einer *bestimmten* BAK und damit jedenfalls grundsätzlich auch *nicht zur Feststellung absoluter Fahrunsicherheit herangezogen werden.*[273] OLG Stuttgart VRS **66** 450 (S. 452) schließt dies auch dann aus, wenn die beiden zur Verfügung stehenden Einzelwerte im anerkannt überlegenen gaschromatographischen Verfahren (hierzu Rdn. 19) erhoben worden sind. Das Ergebnis einer Blutalkoholuntersuchung dürfe nach den Richtlinien nur verwertet werden, wenn die zulässige Variationsbreite eingehalten sei (Rdn. 24). Diese zusätzliche Kontrollfunktion werde aber ausgeschaltet, wenn man die Vornahme von nur zwei Einzelanalysen nach derselben Methode als ausreichende Grundlage der Blutalkoholbestimmung ansehen würde. Es könne nämlich keineswegs von vornherein davon ausgegangen werden, dass sich die weiteren (unterbliebenen) Einzelanalysen im Rahmen der zulässigen Streubreite gehalten hätten. Ebenso wenig lasse sich hinreichend sicher ausschließen, dass die beiden im konkreten Fall durchgeführten Einzelanalysen fehlerhaft gewesen seien (BayObLG VRS **62** 461, 464; zust. BGH VRS **75** 444, 447; OLG Stuttgart VRS **66** 450, 452). Auf dieser Linie dürfte auch die Bildung des Mittelwerts aus drei Einzelwerten nach zwei verschiedenen Methoden nicht ausreichen. Denn es ist nicht undenkbar, dass der (einzige) Einzelwert aus der „anderen" Methode auf einer Fehlmessung beruht.

89e (c) Auf der Grundlage der *bestehenden* Richtlinien zur BAK-Bestimmung **spricht mehr für die zuletzt angeführte „strenge" Auffassung**. Sie mag auf den ersten Blick formalistisch erscheinen. Jedoch hat die Formalisierung ihren guten Sinn (Rdn. 89a, 89d). Man sollte sie nicht leichthin relativieren. Eine Aufweichung könnte unerwünschte Konsequenzen nach sich ziehen. Versuche, die Untersuchungsmethoden zu eigenen Gunsten „aufzusplitten", hat es in der Praxis bereits gegeben (vgl. OLG Düsseldorf VRS **94** 352). Sie erhalten Nahrung, wenn dargelegt wird, dass dem „Wahren Wert" mit weniger als den geforderten Einzelwerten/Untersuchungsverfahren fast ebenso gut nahezukommen sei wie bei Einhaltung der Anforderungen (vgl. u.a. *Grüner/Ludwig* BA **27** [1990] 316, 322 f; *Zink* BA **23** [1986] 144, 145). Auch scheint die denkbare Schwankungsbreite bei Messungen unterhalb der erforderlichen Anzahl von Einzelwerten/Untersuchungsmetho-

---

Rdn. 71 f; *Grüner/Ludwig* BA **27** (1990) 316, 322 ff; *Sachs* NJW **1987** 2915, 2916. Vgl. auch den Sonderfall in OLG Hamm BA **22** (1985) 484, 485 f [drei Einzelwerte, Nachuntersuchung des Blutkuchens mit einem Ergebnis außerhalb der zulässigen Variationsbreite]; hierzu *Zink* BA **23** (1986) 144, 145.

[273] BGH NZV **2002** 559 (eine nach ADH [zu § 61 VVG]) m. Anm. *Heinemann* BA **40** (2003) 373 und *Halm* SVR **2004** 113; BayObLG VRS **62** 461, 463 f [zwei nach ADH] m. zust. Anm. *Krauland* BA **20** (1983) 76 f; OLG Stuttgart VRS **66** 450, 452 [zwei im GC-Verfahren]; LG Hanau VRS **76** 25, 27 [jedenfalls bei nur einer Probe im GC-Verfahren]; AG Gemünden DAR **1977** 49 [zwei nach ADH]; LSG Baden-Württemberg v. 17.10.2006, L 1 U 5341/04, juris; wohl auch OLG Düsseldorf VRS **93** 455, 456. In diese Richtung auch, ohne die Frage abschließend zu entscheiden, BGH VRS **75** 444, 445 ff [zwei nach ADH; zu § 2 AUB]. *Sch/Schröder/Cramer/Sternberg-Lieben* Rdn. 15; *Fischer* Rdn. 18; *Strate* BA **15** (1978) 405, 407.

den nach fundierten wissenschaftlichen Äußerungen zumindest bei Verwendung allein der ADH-Methode durchaus beträchtlich sein zu können (Gutachten *Heifer*; mitgeteilt in BayObLG VRS **62** 461, 463 f). Ob bei zwei Messungen im GC-Verfahren ein Sicherheitszuschlag im Bereich von 0,2 ‰ (AG Langen BA **26** (1989) 207) oder gar darunter (OLG Hamm NJW **1974** 2064, 2065) generell genügt, um jegliche Benachteiligung des Beschuldigten auszuschließen, bedürfte der Absicherung. Fraglich kann vor diesem Hintergrund allenfalls sein, was bei Tatzeitwerten geschieht, die weit über dem maßgeblichen Grenzwert, z.B. bei oder jenseits der 2 ‰ liegen und die auf zumindest zwei für sich genommen nicht unzulässig „streuenden" Einzelwerten beruhen. Es dürfte vertretbar sein, in einem solchen Befund eine hinreichend sichere Grundlage für die richterliche Überzeugungsbildung zu sehen.[274] Das Ergebnis kann u.U. durch eine statistische Vergleichsmessung gestützt werden (insoweit skeptisch freilich BayObLG VRS **62** 461, 464). Ansonsten verbleibt es dabei, dass es nur als ein Indiz im Rahmen der Prüfung („relativer") Fahrunsicherheit herangezogen werden kann (Rdn. 94, 96).

Eine andere Frage ist, ob nicht die Richtlinien selbst einer grundsätzlichen Überprüfung unterzogen werden sollten. Forderungen des rechtsmedizinischen Schrifttums nach Zulassung der Doppelbestimmung im GC-Verfahren unter Verzicht auf eine weitere Methode erscheinen schlüssig (Rdn. 22). Auch kommen andere Staaten offensichtlich mit lediglich zwei Einzelwerten aus (vgl. Rdn. 89). Schließlich könnte auch die Zulassung der Atemalkoholanalyse und die in diesem Rahmen gerügten Divergenzen zur Blutalkoholanalytik (Rdn. 54 ff) den Anstoß geben, die mittlerweile mehr als dreißig Jahre „alten" und unter ganz anderen Voraussetzungen hinsichtlich der Messgenauigkeit entwickelten formalen Kriterien zu überdenken. Dabei sollten auch Bestimmungen zu etwaigen Sicherheitszuschlägen in Fällen getroffen werden, in denen die Zahl der Einzelanalysen (der Untersuchungsmethoden) nicht eingehalten werden kann. Insoweit bedarf es breiter wissenschaftlicher Fundierung (hierzu auch Rdn. 22). **89f**

h) Die „relative Fahrunsicherheit". Wird der jeweilige „absolute" Grenzwert (Rdn. 59 ff) nicht erreicht, kann er nicht oder nicht in ordnungsgemäßer Weise nachgewiesen werden oder ist mangels hinreichender verkehrsmedizinischer Erkenntnisse für die konkrete Art des Fahrzeugführens in der jeweiligen Verkehrsart kein absoluter Grenzwert anzuerkennen, so bedarf es für die Feststellung der Fahrunsicherheit stets zusätzlicher Beweisanzeichen.[275] Anders als bei der Beweislage der „absoluten Fahrunsicherheit" vermittelt der Alkoholisierungsgrad des Fahrzeugführers allein demnach keine hinreichende Grundlage für die richterliche Überzeugungsbildung. Erst *die Gesamtheit der nach Lage des Falles vorhandenen Indizien* kann die Annahme der Fahrunsicherheit begründen. Diese *Beweislage* meint der Terminus der relativen Fahrunsicherheit. Der Begriff beschreibt also nicht einen Zustand minderer Leistungsbeeinträchtigungen, als sie **90**

274 Einen hohen Sicherheitszuschlag zieht BGH VRS **75** 444, 447 in Erwägung; BayObLG VRS **62** 463, 464 schließt eine Verwertung bei einer weit über den Grenzwerten liegenden BAK nicht kategorisch aus. BayObLGSt **1995** 181, 183 steht dem wohl nicht entgegen, weil die dortige Feststellung, bei einer Verfehlung der Mindestanforderungen müsse eine pauschale Erhöhung des Sicherheitszuschlags ausscheiden, ersichtlich im Kontext mit einer zuvor in Angriff zu nehmenden Nachuntersuchung steht.

275 BGH VRS **19** 296, 298; VRS **27** 192, 193; VRS **32** 40, 43; BGHSt **31** 42, 44; BGH DAR **2007** 272; OLG Köln VRS **90** 119; *Horn/Wolters* SK Rdn. 25; *Lackner/Kühl* § 315c Rdn. 7; *Sch/Schröder/Cramer/Sternberg-Lieben* Rdn. 13; *Fischer* Rdn. 30; *Jagow/Burmann/Heß* Rdn. 26.

bei „absoluter Fahrunsicherheit“ gegeben wären; vielmehr ist dasselbe Ergebnis („Fahrunsicherheit“) nur auf unterschiedliche Art bewiesen worden (vgl. BGHSt **31** 42, 44 m.w.N.). Die Form des Nachweises ändert aber nichts daran, dass der Fahrzeugführer entweder fahrunsicher ist oder eben nicht, er ist im Rechtssinn nicht „absolut“ oder „relativ“ fahrunsicher.

90a Den höchsten Stellenwert innerhalb der relevanten Indizien nimmt naturgemäß der **Alkoholisierungsgrad des Fahrzeugführers** ein (Rdn. 91 ff). Sein Ausmaß bestimmt zugleich die Anforderungen an die Signifikanz der zusätzlichen Indizien: Je höher der Alkoholspiegel ist, desto weniger ausgeprägt müssen diese sein, wie auch umgekehrt die zusätzlichen Indizien um so aussagekräftiger sein müssen, je niedriger der Alkoholspiegel ist (vgl. auch Rdn. 97).

Hinsichtlich der Art der **zusätzlichen Beweisanzeichen** unterscheidet BGHSt **31** 42 (44 f) instruktiv zwischen

- dem konkreten äußeren, nicht notwendig gerade die Fahrweise betreffenden Leistungsverhalten des Fahrzeugführers, das durch die Aufnahme alkoholischer Getränke zumindest mit beeinträchtigt sein muss (**Ausfallerscheinungen**; Rdn. 97 ff),
- in der Person liegenden Gegebenheiten wie Krankheit oder Ermüdung (**inneren Umständen**; Rdn. 128 ff) und
- den äußeren Bedingungen der Fahrt wie Straßen- und Witterungsverhältnissen (**äußeren Umständen**; Rdn. 138).

Die aufgeführten zusätzlichen Indizien haben nach der höchstrichterlichen Rechtsprechung bei der Beweisführung unterschiedliches Gewicht. Herausragende Bedeutung kommt der Ausfallerscheinung zu. Während es an erschwerenden inneren oder äußeren Umständen im Einzelfall fehlen kann, ist eine *(geringfügige) Ausfallerscheinung grundsätzlich unverzichtbar* (BGH aaO S. 45; näher Rdn. 97 ff).

91 aa) **Alkoholisierungsgrad.** Vorliegen und Ausmaß der Alkoholisierung spiegeln sich in der Blutalkoholkonzentration wider. Die Annahme von Fahrunsicherheit setzt grundsätzlich die Feststellung voraus, dass der Fahrzeugführer zur Tatzeit eine relevante BAK (Rdn. 92 ff) aufgewiesen hat. Bei Anerkennung der Atemalkoholanalyse als forensisch verwertbares Beweismittel kann der Nachweis einer bestimmten Alkoholisierung desgleichen mit Hilfe des Alkoholgehalts in der Atemluft geführt werden (Rdn. 95). Aber auch dann, wenn in Ermangelung einer (ordnungsgemäßen) Blutprobenanalyse und eines (ordnungsgemäßen) Atemalkoholtests eine *bestimmte* Alkoholkonzentration nicht ermittelt werden kann, besteht *unter besonderen Umständen* die Möglichkeit, in freier richterlicher Beweiswürdigung auf Fahrunsicherheit zu schließen (Rdn. 96 f).

92 (1) **Beweisanzeichen BAK.** Wichtigstes Beweisanzeichen ist die BAK des Fahrzeugführers zur Zeit der Tat. Sie wird ggf. ausgehend vom Ergebnis einer Blutprobenanalyse durch Rückrechnung auf die Tatzeit ermittelt (Rdn. 18 ff). Sind hinlängliche Beweismittel zum Trinkgeschehen vorhanden, so kann die BAK auch anhand der aufgenommenen Alkoholmenge berechnet werden (Rdn. 37 ff). Der Nachweisbereich der relativen Fahrunsicherheit beginnt nach ganz h.M. schon bei geringen Alkoholkonzentrationen und reicht bis zu einem etwaigen Grenzwert „absoluter Fahrunsicherheit“; ist ein „absoluter“ Grenzwert nicht anzuerkennen, so ist der Nachweisbereich nach oben hin nicht begrenzt.

93 (a) **Richtwert 0,3 ‰.** Der Schwellenwert, von dem ab alkoholbedingte Fahrunsicherheit in Betracht kommt, wird seit vielen Jahrzehnten üblicherweise mit einer BAK von

0,3 ‰ angegeben.[276] Diese Angabe stützt sich auf die allgemein anerkannten Ergebnisse der Alkoholforschung. Danach muss bereits bei Blutalkoholkonzentrationen im Bereich von 0,2 ‰ und 0,3 ‰ mit fahrsicherheitsrelevanten Beeinträchtigungen der psycho-physischen Leistungsfähigkeit gerechnet werden (näher Rdn. 16b). Anklagen bzw. Verurteilungen wegen Trunkenheitsfahrten mit BAK-Werten zwischen 0,3 ‰ und 0,5 ‰ sind in der Praxis außerordentlich selten. Fraglich ist, ob der BAK-Wert von 0,3 ‰ eine „echte" Beweisgrenze darstellt, also strikte Ausschlusswirkung „nach unten hin" entfaltet. Teilweise wird dies angenommen. So findet sich in der Rechtsprechung (OLG Köln DAR **1989** 352)[277] und im Schrifttum (z.B. *Hentschel* Trunkenheit Rdn. 183)[278] bisweilen die (nicht näher begründete) Aussage, eine *BAK von unterhalb 0,3 ‰ rechtfertige niemals die Annahme alkoholbedingter Fahrunsicherheit.* Dies *vermag jedoch nicht zu überzeugen.* Hierfür bedürfte es eines medizinisch-naturwissenschaftlich abgesicherten Erfahrungssatzes des Inhalts, dass bei einer geringeren BAK mit an Gewissheit grenzender Wahrscheinlichkeit *kein* Mensch alkoholbedingte Leistungsausfälle aufweist, die die Fahrsicherheit aufheben, und zwar selbst unter widrigsten inneren und äußeren Umständen. Ein solcher Erfahrungssatz dürfte nicht existieren. Die Alkoholforschung zu den Auswirkungen geringer Alkoholmengen hat sich soweit ersichtlich nicht vertieft mit der Frage befasst, ob die Fahrsicherheit beseitigende Beeinträchtigungen unterhalb von 0,3 ‰ *im Einzelfall* vorkommen *können.* Die Untersuchungen standen vielmehr in engem Zusammenhang mit der Problematik des Gefahrengrenzwerts. Festgestellt werden sollte, ob in einer *signifikanten Bandbreite von Fällen* gefährliche Leistungsbeeinträchtigungen nachweisbar sind, so dass ein gesetzlicher Grenzwert von 0,5 ‰/0,8 ‰[279] zu rechtfertigen ist (s. z.B. die Synopse bei *Heifer* BA 28 [1991] 121). Daneben steht aber die auch im BGA-Gutachten 1966 referierte, unwidersprochen gebliebene und in den berufenen Fachkreisen wohl sogar allgemein konsentierte Aussage, dass es im Grunde *gar keine* für die Fahrsicherheit irrelevante Alkoholkonzentration gibt,[280] oder auch die aus einer amerikanischen Studie herrührende Erkenntnis, dass das Unfallrisiko bei Fahranfängern bereits ab einer BAK von 0,1 ‰ um 25 % erhöht ist (zu beidem Rdn. 16b). Es ist wenig wahrscheinlich, wenn nicht gar ausgeschlossen, dass ein medizinischer Sachverständiger Fahrunsicherheit unter Hinweis auf das Nichterreichen des „Grenzwerts" beispielsweise in einem Fall ausschließen würde, in dem der Fahrzeugführer einen Tatzeitwert von 0,29 ‰ aufgewiesen und zugleich unter dem Einfluss eines Medikaments gestanden hat,

---

276 U.a. BGH VRS **19** 296, 299; **21** 54, 56; **27** 192, 193; **47** 178, 179; **49** 429; BayObLG DAR **1989** 427; OLG Hamm NJW **1967** 1332; KG VRS **26** 116, 117; OLG Koblenz VRS **45** 118, 119; VRS **63** 359, 361; OLG Köln DAR **1989** 352; VRS **90** 119; vgl. auch BGHSt **13** 278, 281 f; 83, 90 f. *Horn/Wolters* SK Rdn. 26; *Lackner/Kühl* § 315c Rdn. 6; *Sch/Schröder/Cramer/Sternberg-Lieben* Rdn. 13; *Fischer* Rdn. 31; *Jagow/Burmann/Heß* Rdn. 26; *Hentschel* Trunkenheit Rdn. 183. Anfangs hatte die Rechtsprechung noch gelegentlich einen Wert von 0,5 ‰ genannt, s. etwa BGH VRS **5** 550; **20** 444, 445; **22** 121, 123. Zusammengeführt in BGH VRS **27** 192, 193; hierzu auch OLG Schleswig VerkMitt. **1970** Nr. 25 S. 23.

277 S. auch OLG Saarbrücken NStZ-RR **2000** 12, 13 und OLG Koblenz DAR **2000** 371, 372.

278 Nach *Eisenberg* Beweisrecht der StPO Rdn. 1850d soll dies „allgemeine Ansicht" sein. In Richtung auf einen Beweisgrenzwert auch Nr. 3.2.1 erster Spiegelstrich RiBA (Rdn. 255).

279 Im Straf- bzw. Ordnungswidrigkeitenrecht; zur diesbezüglichen kriminalpolitischen Diskussion Rdn. 15.

280 *Elbel* BGA-Gutachten 1966 (Anl. 9) S. 166, 170. S. auch *Heifer* BA **28** (1991) 121, 138: „Jede Blutalkoholkonzentration kann auf die Fahrsicherheit Einfluss nehmen." *Lockemann/Püschel* BA **34** (1997) 241, 256.

das im Zusammenwirken mit Alkohol bekanntermaßen zu Leistungsausfällen führt, und in dem Ausfallerscheinungen festgestellt sind.[281] Er würde vielmehr zu der Frage Stellung nehmen, ob die Ausfallerscheinungen anders als mit der (medikamentös verstärkten) Alkoholwirkung erklärt werden können. Entsprechendes gälte etwa für die Kombination Alkoholeinfluss und Übermüdung (vgl. z.B. BGH VRS **14** 282, 284 f).[282]

93a Bei näherem Hinsehen wird die „0,3 ‰-Grenze" durch die Rechtsprechung *in der Sache* weithin auch gar nicht im Sinne einer strikten Beweisgrenze angewendet. Andernfalls müssten nämlich all die Regularien, die für den Grenzwert „absoluter" Fahrunsicherheit gelten, auf die „Untergrenze" übertragen werden. Insbesondere wäre ein Sicherheitszuschlag erforderlich.[283] Der Mindestwert von 0,3 ‰ würde sich dann aus einem Grundwert von 0,2 ‰ und einem Sicherheitszuschlag von 0,1‰ zusammensetzen (Rdn. 63). Das wäre zwar *heute* vertretbar. Allerdings war der Sicherheitszuschlag von der Rechtsprechung bis 1966 mit 0,5 ‰ (Rdn. 61) und bis 1990 mit 0,2 ‰ (Rdn. 62) bemessen worden. Dies hätte vormals entweder zu „Grundwerten" geführt, die statistisch und experimentell gar nicht (0,0 ‰) oder nur schwer (0,1 ‰) begründbar sind, oder aber, es hätten unter Berücksichtigung des jeweiligen Sicherheitszuschlags Untergrenzen von 0,8 ‰ bzw. 0,5 ‰ festgelegt werden müssen. Für den letztgenannten Fall hätte aber beispielsweise in BGH VRS **21** 54 unter der Geltung des Sicherheitszuschlags von 0,5 ‰ nicht offen bleiben können, ob der dortige Angeklagte nicht lediglich einen Tatzeitwert von „rund 0,76 ‰" aufgewiesen hat (aaO S. 56), und BGH VRS **24** 369 hätte sich nicht mit der Hilfserwägung begnügen dürfen, die BAK habe „mindestens 0,5 ‰" betragen, was für „relative Fahrunsicherheit" ausreiche (aaO S. 374; s. auch BGH VRS **14** 282, 284 f).[284] Die These vom Ausschlusscharakter der „0,3 ‰-Grenze" ist aber auch mit der ständigen Rechtsprechung der Oberlandesgerichte schwerlich in Einklang zu bringen, wonach die Annahme alkoholbedingter Fahrunsicherheit selbst dann in Betracht kommt, wenn eine ***bestimmte*** BAK nicht ermittelt werden kann (Rdn. 96 f). Denn es ist nicht ersichtlich, wie der Richter, der ***keine*** bestimmte BAK festzustellen vermag, zu der ***Überzeugung*** gelangen sollte, es habe eine BAK von mindestens 0,3 ‰ und nicht lediglich eine solche von 0,299 ‰ vorgelegen.[285]

93b Eine „absolute" Untergrenze wäre im Nachweisbereich der „relativen Fahrunsicherheit" schließlich auch ein Fremdkörper. In Frage steht ein Indizienbeweis. Maßgebend ist die Gesamtwürdigung aller Beweisanzeichen. Der Alkoholisierungsgrad ist in diesem

---

281 S. dazu, dass die Ergebnisse der experimentellen Alkoholforschung und der Fahrversuche an gesunden, auf die Situation eingestellten Personen gewonnen worden sind, *Gerchow* BA **6** (1969) 399, 409.

282 Der dortige Sachverständige hatte allerdings die Auffassung vertreten, „die Psyche des Angeklagten" sei bei einer BAK von noch nicht 0,5 ‰ „lediglich in einer gesellschaftlich wünschenswerten Weise beeinflusst" gewesen; dies ist vom BGH mit Unverständnis aufgenommen worden.

283 S. aber OLG Hamm NJW **1967** 1332, 1333, wo ein Sicherheitszuschlag (Abzug) erwogen wird.

284 Soweit *Dencker* FS Arbeitsgemeinschaft DAV S. 371, 374 ausführt, es könne vernünftigerweise nur der „Wahre Wert" gemeint sein, mag dies zutreffen. Jedoch wurde die „0,3 ‰-Grenze" von der Rechtsprechung nicht in diesem Sinne gebraucht; dazu im Text.

285 In diese Richtung aber OLG Koblenz VRS **45** 118, 119; **54** 282, 283; *Horn/Wolters* SK Rdn. 26. S. hingegen OLG Hamm VRS **59** 40, 41: „... wollte das LG mit seiner Formulierung, der Angekl. habe zur Tatzeit mindestens eine Blutalkoholkonzentration von 0,3 ‰ aufgewiesen, zum Ausdruck bringen, dass der Angeklagte nicht nur ganz geringfügig alkoholbeeinträchtigt war, sondern in einem erheblichen, seine Fahruntüchtigkeit herbeiführenden Maß."

Rahmen nur eine (wenngleich die wichtigste) Variable. Je niedriger er ausfällt, desto schlagkräftiger müssen die zusätzlichen Beweisanzeichen und darunter vor allem die Ausfallerscheinung sein (Rdn. 90, 97). Das führt *rein faktisch* dazu, dass alkoholbedingte Fahrunsicherheit bei niedrigen BAK-Werten zumeist nicht angenommen werden kann, weil die zusätzlichen Indizien zu schwach ausgeprägt sind, um die Defizite der Variablen BAK ausgleichen zu können. Andererseits besteht kein Grund, dem Richter diese Prüfung aufgrund statistischer und experimenteller Forschungsergebnisse abzuschneiden, die für den konkreten Einzelfall keine absolute Gültigkeit beanspruchen. Dass allgemeingültige Erkenntnisse der Alkoholforschung in die Würdigung des Einzelfalls durch den Sachverständigen einfließen, bleibt davon unberührt. **Die „0,3 ‰-Grenze" ist nach alledem ein bloßer Richtwert.** Sie bietet dem Richter Orientierungshilfe und ist insofern für die Rechtsfindung wertvoll. Rechtswirkungen im Sinne eines Ausschlusses der Annahme von Fahrunsicherheit bei Unterschreiten der 0,3 ‰ entfaltet sie nicht.[286]

(b) **Höhe der BAK.** Die Höhe der BAK hat für die Feststellung des Merkmals der Fahrunsicherheit vor allem insoweit Bedeutung, als sie die Anforderungen an die Durchschlagskraft der zusätzlichen Indizien bestimmt (Rdn. 90). Deren präzise Angabe ist deshalb wünschenswert. Das gilt insbesondere dann, wenn die BAK den jeweiligen Grenzwert absoluter Fahrunsicherheit knapp verfehlt und der Richter im Hinblick darauf ein für sich genommen nur noch schwaches zusätzliches Indiz genügen lassen will (vgl. BayObLG bei *Rüth* DAR **1974** 179). Auch im Grenzbereich kommt es aber auf den exakten „Punktwert" der BAK nicht entscheidend an (vgl. OLG Hamm VRS **41** 41, 42; DAR **1975** 249).[287] Z.B. bei problematischen Rückrechnungen, aber auch bei schwierigen Trinkmengen-[288] oder Nachtrunkberechnungen kann es demgemäß ausreichen, wenn der dem Beschuldigten günstigstmögliche Wert oder lediglich der Bereich bezeichnet wird, in dem die BAK gelegen hat. Entsprechendes gilt, wenn die Blutprobenanalyse zwar ein bestimmtes Ergebnis liefert, aber deswegen keine volle Beweiskraft entfaltet, weil die Richtlinien des Bundesgesundheitsamts zur Blutprobenanalyse nicht eingehalten werden konnten. Ist z.B. die Untersuchung anhand lediglich zweier, nicht unzulässig „streuender" Einzelwerte nach einem Messverfahren vorgenommen worden (hierzu Rdn. 18 ff, 89 ff) und hat sich danach ein Tatzeitwert von 1,5 ‰ ergeben, so wird der Richter davon ausgehen können, dass mindestens eine Alkoholisierung im Grenzbereich vorgelegen hat.[289] Voraussetzung ist natürlich immer, dass der angegebene BAK-Wert bzw. BAK-Bereich hinreichend gesichert ist und dass er in Verbindung mit den sonstigen 94

---

286 Im Ergebnis wie hier OLG Hamm BA 41 (2004) 357, 359; *Jagow/Burmann/Heß* Rdn. 26; *Janiszewski* Verkehrsstrafrecht Rdn. 359; die dort in Bezug genommene Entscheidung (BayObLG StVE Nr. 94 zu § 316) stützt diese Auffassung aber wohl nicht unmittelbar (näher Rdn. 96 a.E.); *Dencker* FS Arbeitsgemeinschaft DAV S. 373; *Janker* NZV **2001** 197 (freilich unter Anführung größtenteils nicht einschlägiger Judikate), s. auch *dens.* FS Himmelreich S. 53. Soweit *Fischer* Rz 31 die in Rdn. 96 zitierte Rechtsprechung unter Hinweis auf den Zweifelssatz stützt, ist entgegenzuhalten, dass eine hinreichende Grundlage dafür fehlt, den Zweifelssatz *generell* an einer *bestimmten* BAK festzumachen.

287 S. auch BGH VRS **19** 296, 298; **21** 54, 56.

288 Zur Problematik von Trinkmengenberechnungen mit unrealistischem Ergebnis s. Rdn. 96a.

289 OLG Hamm VRS **41** 41, 42 (bei einem „am Grenzwert liegenden" Mittelwert aus drei Einzelanalysen nach Widmark könne von einer nicht wesentlich unter dem Grenzwert liegenden BAK ausgegangen werden); vgl. auch OLG Hamm NJW **1975** 2251, 2252; OLG Stuttgart VRS **62** 461, 464, OLG Magdeburg vom 25.8.1997 – 2 Ss 428/96; *Hentschel* Trunkenheit Rdn. 187.

Indizien die Annahme der Fahrunsicherheit stützt. Lassen die vorhandenen Erkenntnisse hingegen keinen hinreichend zuverlässigen Schluss auf eine annähernd bestimmte BAK zu, so gilt das in Rdn. 96 f Gesagte.

95 (2) **Beweisanzeichen Atemalkoholkonzentration.** Durch die Atemalkoholanalyse mit bauartzugelassenen Geräten (Rdn. 51) kann jedenfalls die AAK „beweissicher" festgestellt werden; dass AAK-Werte Aussagekraft hinsichtlich der alkoholischen Beeinflussung des Fahrzeugführers entfalten, sollte dabei außer Frage stehen (Rdn. 56b).[290] Trotz der Unsicherheiten in Bezug auf die Frage, ob aufgrund der statistischen Entsprechungen damit auch eine bestimmte Mindest-BAK erwiesen ist (Rdn. 56a), kommt „beweissicheren" AAK-Werten hohe indizielle Wirkung für oder gegen die Annahme von Fahrunsicherheit zu. Hingegen sind die Resultate von Atemtests, die mit Hilfe von „Alcotestprüfröhrchen", Vortestgeräten und wohl auch von „reinen" Infrarotgeräten, durchgeführt worden sind, nur als mehr oder weniger starkes Indiz für Vorliegen und ungefähres Ausmaß einer Alkoholisierung verwertbar (Rdn. 50, 96a). Wegen der näheren Einzelheiten zur Atem alkoholanalyse wird auf die Ausführungen unter Rdn. 48 ff Bezug genommen.

96 (3) **Keine zuverlässig festgestellte Alkoholkonzentration.** Wird eine annähernd bestimmte Alkoholkonzentration mangels (verwertbarer)[291] Blutprobe, verlässlicher Erkenntnisse über das Trinkgeschehen oder „beweissicheren" Atemtests nicht festgestellt, so scheidet die Annahme alkoholbedingter Fahrunsicherheit gleichwohl nicht notwendig aus. Nach gefestigter, vom Schrifttum soweit ersichtlich nicht angefochtener[292] obergerichtlicher Rechtsprechung kann der Richter vielmehr in freier Beweiswürdigung zum Urteil der Fahrunsicherheit gelangen, sofern hinreichend schlagkräftige Indizien (zB Lallen, Torkeln, wirres Reden) vorhanden sind.[293] Soweit in der Rechtsprechung gelegentlich formuliert wird, den Indizien und deren Gesamtwürdigung müsse *eine außergewöhnliche, überdurchschnittliche Überzeugungskraft* innewohnen,[294] dürfte dies nicht in dem Sinn zu verstehen sein, dass die allgemeinen Grundsätze der richterlichen Beweiswürdigung außer Kraft gesetzt sind (aM OLG Zweibrücken DAR **1999** 278; LG Berlin BA **45** (2008) 266; *Fischer* Rdn. 38), sondern dass an die zusätzlichen Beweisanzeichen strenge Anforderungen zu stellen sind. Das folgt aus der besonderen Beweissituation und dürfte kaum bestreitbar sein (abw. aber wohl LG Berlin BA **45** (2008) 266): Mit der zuverlässig erwiesenen Alkoholkonzentration fällt das wichtigste Indiz im Wesentlichen aus. Das Defizit bei der Alkoholkonzentration muss durch das (nur) zweitwichtigste Indiz Leis-

---

[290] S. allerdings KG BA **45** (2008) 74: Das Ergebnis der Atemalkoholanalyse mit dem zugelassenen Gerät könne „allenfalls" als Beweisanzeichen für alkoholbedingte Fahrunsicherheit gewertet werden.

[291] Vgl. LG Berlin BA **45** (2008) 266 (wegen Anordnung der Blutentnahme durch den Polizeibeamten; insoweit sehr zw., vgl. *Hentschel/König*[40] § 81a StPO Rdn. 5, 6).

[292] *Horn/Wolters* SK Rdn. 26; *Sch/Schröder/Cramer/Sternberg-Lieben* Rdn. 19; *Fischer* Rdn. 38; *Jagow/Burmann/Heß* Rdn. 19, 19a; *Hentschel* Trunkenheit Rdn. 226.

[293] Grundlegend OLG Koblenz VRS **45** 118, 119 f; s. auch BayObLG vom 10.1.1991 – 2 St 279/90; OLG Düsseldorf BA **17** (1980) 231, 232; BA **19** (1982) 378, 379 m. abl. Anm. *Middendorff* ebd. S. 379; OLG Düsseldorf NZV **1990** 198; **1992** 81; OLG Hamm VRS **59** 40, 41; NZV **2005** 654; OLG Koblenz VRS **50** 288, 290; **54** 282, 283; **67** 256; OLG Köln VRS **61** 365; DAR **1989** 352, 353; OLG Stuttgart DAR **2004** 409; OLG Magdeburg vom 25.8.1997 – 2 Ss 428/96; OLG Zweibrücken DAR **1999** 278; s. auch OLG Saarbrücken NStZ-RR **2000** 12, 13.

[294] Z.B. OLG Koblenz VRS **45** 118, 119 f; **54** 282, 283; OLG Düsseldorf NZV **1990** 198.

tungsverhalten (Ausfallerscheinung; Rdn. 97 ff) ausgeglichen werden. Dementsprechend muss diesem Indiz, ggf. ergänzt durch weitere Beweisanzeichen, außerordentliches Gewicht beizumessen sein.

Selbstverständlich muss zunächst zur Überzeugung des Richters feststehen, dass der Fahrzeugführer **überhaupt Alkohol zu sich genommen hat** (OLG Düsseldorf VRS 78 281, 282).[295] Belegtatsachen hierfür sowie für die Ausfallerscheinung(en) ergeben sich zumeist aus zuverlässigen Zeugenaussagen.[296] U.U. muss (ergänzend) auf die Einlassung des Beschuldigten zurückgegriffen werden (s. auch Rdn. 120). Die Indizien müssen durch *tatsächliche* Feststellungen zum Fahrgeschehen sowie zur Disposition des Beschuldigten (Haltung, Gang, Sprache, Benehmen, Aussehen usw.) belegt und möglichst „unverwechselbar" sein (z.B. Lallen, Torkeln, starke Alkoholfahne; näher Rdn. 122). Auf die subjektive Einschätzung des Trunkenheitsgrads des Fahrzeugführers durch Zeugen (im Einzelnen Rdn. 121 ff)[297] darf die Annahme der Fahrunsicherheit hingegen nicht maßgebend gestützt werden (OLG Düsseldorf BA **19** [1982] 378, 379; OLG Hamm NZV **2005** 654; Rdn. 119).[298] Anhaltspunkte für Tatsache und ungefähres Ausmaß der Alkoholisierung können sich ferner ergeben aus einer Blutalkoholanalyse, von der nur ein Einzelwert zur Verfügung steht oder deren Ergebnisse unzulässig breit „streuen", aus einer Atemmessung mittels „Prüfröhrchen" (Rdn. 46), unter Einsatz eines Vortest- (Rdn. 47; Beispiel in OLG Stuttgart DAR **2004** 409) oder Infrarotgeräts (Rdn. 49; 95), wobei hinsichtlich der Aussagekraft naturgemäß Differenzierungen geboten sind (z.B. Prüfröhrchen versus Infrarotgerät). Zur „beweissicheren" Atemalkoholanalyse Rdn. 56a, 95. Eine besondere Konstellation betrifft BayObLG vom 10.1.1991.[299] Der dortige Angeklagte hatte während eines Aufenthalts in einer Gaststätte von etwas weniger als sieben Stunden vier Liter Bier getrunken. Im Hinblick auf die lange Trinkzeit und die unter Zugrundelegung von Maximalwerten durchzuführende „Hinrechnung" (Rdn. 37 ff) hatte sich eine *unrealistisch niedrige (nämlich keine) Alkoholkonzentration* zur Tatzeit ergeben. Das BayObLG sieht die indizielle Bedeutung der anhand Trinkmengenberechnung ermittelten BAK auf der Grundlage von BGHSt **35** 308 und **36** 286 (hierzu Rdn. 36) mit Recht als entkräftet an und stellt wesentlich auf das Leistungsverhalten ab. **96a**

bb) Ausfallerscheinung (Leistungsverhalten). Dem Leistungsverhalten des Fahrzeugführers kommt im Rahmen der Prüfung „relativer Fahrunsicherheit" neben dem Grad der Alkoholisierung die ausschlaggebende Bedeutung zu (Rdn. 90). Nach ständiger höchstrichterlicher Rechtsprechung ist „eine – wenn auch geringe – **Ausfallerscheinung ... für** **97**

---

[295] Im zugrunde liegenden Fall hatte der Angeklagte Alkoholgenuss bestritten. Obgleich offenbar ein „ordnungsgemäßer" Atemtest mit einem nicht näher beschriebenen Testgerät durchgeführt worden war (BAK von 1,4 ‰; VRS 78 281) und weitere Beweisanzeichen vorgelegen hatten, sieht OLG Düsseldorf „keinerlei Belegtatsachen" für Alkoholkonsum (aaO S. 282). Allerdings hatten die Tatgerichte die Indizien wohl unzureichend festgestellt und gewürdigt, so dass nicht sicher beurteilt werden kann, ob der Strafsenat dem Atemtest keinerlei Indizwirkung zuerkennt, was schwerlich überzeugen könnte.

[296] Vgl. u.a. OLG Düsseldorf VRS **82** 125 f; OLG Koblenz VRS **50** 288, 290; VRS **54** 282, 293 f; LG Berlin BA **45** (2008) 266.

[297] Z.B. der Eindruck, der Fahrzeugführer habe „erheblich unter Alkoholeinfluss gestanden" oder „sei wie ein Betrunkener gefahren" (vgl. OLG Düsseldorf BA **19** [1982] 378 f).

[298] Emotionale und wenig substanzielle Kritik bei *Middendorff* BA **19** (1982) 379.

[299] 2 St 279/90 [insoweit in StVE Nr. 94 zu § 316 nicht abgedruckt].

die richterliche Überzeugungsbildung grundsätzlich unverzichtbar" (BGHSt **31** 42, 45).[300] Spätestens seit BGHSt **44** 219 wird man das „grundsätzlich" im Sinne eines „stets" zu interpretieren haben. Dort ist der „sozusagen absoluten Fahrunsicherheit" eine Absage erteilt worden (BGH aaO S. 221, 223, 225 ff; Rdn. 153). Auf eine „sozusagen absolute Fahrunsicherheit" liefe es aber hinaus, wenn man allein den Grad der Alkoholisierung in Verbindung mit erschwerenden inneren (Krankheit, Übermüdung etc.) und/oder äußeren (Witterungsverhältnisse, Dunkelheit usw.) Umständen genügen ließe, ohne dass sich der Defektzustand wenigstens schwach im Leistungsverhalten gezeigt hat.[301] Der Standpunkt der Rechtsprechung erscheint dementsprechend in der Breite der Fälle plausibel. Allerdings sind gravierende Ungereimtheiten namentlich für Konstellationen nicht zu verkennen, in denen der Fahrzeugführer eine BAK von knapp unter dem absoluten Grenzwert aufweist und zusätzlich unter dem Einfluss von anderen Rauschmitteln steht (näher Rdn. 137 f). Die Ausfallerscheinung **muss nicht notwendig beim Fahren** aufgetreten sein oder gar die Fahrweise selbst (Rdn. 98 ff) betreffen. Die Beeinträchtigungen des psycho-physischen Leistungsvermögens können sich vielmehr auch im Verhalten vor oder nach der Tat dokumentiert haben (BGHSt **31** 42, 45 f)[302] sowie in Auffälligkeiten während der Fahrt (im Einzelnen Rdn. **114** ff). Dabei sind die Anforderungen an die Signifikanz der Ausfallerscheinung(en) um so geringer, je näher die Alkoholkonzentration dem „absoluten" Grenzwert kommt, bzw. – in Ermangelung eines „absoluten" Grenzwerts – je stärker sie ist, und je ungünstiger die objektiven und subjektiven Bedingungen der Fahrt sind (vgl. BGH aaO). Dieses Prinzip gilt auch in seiner Umkehrung: Je schwächer ausgeprägt die Alkoholisierung ist und je günstiger die Umstände der Fahrt sind, um so aussagekräftiger muss das Leistungsverhalten sein.

98 (1) **Beweisanzeichen Fahrverhalten.** Aussagekräftige Indizien für das Vorliegen von Fahrunsicherheit können vornehmlich im Fahrverhalten gefunden werden. Das Beweisanzeichen auffälliges/regelwidriges Fahrverhalten ist allerdings zugleich das mit am schwierigsten zu beurteilende. § 316 verlangt den Nachweis *alkoholbedingter Fahrunsicherheit.* Aufgabe des Richters ist es, sich in freier Beweiswürdigung eine Überzeugung zu bilden, ob das spezifische Fahrverhalten (mit) auf die Alkoholwirkung zurückzuführen und als alkoholbedingte Ausfallerscheinung gemeinsam mit dem Grad der Alkoholisierung und etwaigen sonstigen Indizien hinreichende Gewissheit für die Aufhebung der im Verkehr zu fordernden Leistungsfähigkeit vermittelt. Der Richter ist dabei mit der Erkenntnis konfrontiert, dass nahezu alle denkbaren Fehlleistungen zumindest gelegentlich auch nüchternen Fahrzeugführern unterlaufen. Zwar existiert eine Palette von Leistungsausfällen, denen nach den Ergebnissen der Alkoholforschung starke Aussagekraft in Richtung auf fahrsicherheitsrelevante Defekte zukommt (Rdn. 102). Es kann aber kein Erfah-

---

[300] BGHSt **44** 219, 225 f [implizit]; BayObLG JR **1990** 436; OLG Koblenz VRS **63** 359, 361; **78** 448; OLG Zweibrücken VRS **66** 204; **80** 347. Zust. *Lackner/Kühl* § 315c Rdn. 7; *Jagow/Burmann/Heß* Rdn. 26d; *Hentschel* Trunkenheit Rdn. 190. Vgl. aus der älteren Rechtsprechung auch BGH VRS **31** 107, 108; BayObLG NJW **1968** 1200; OLG Düsseldorf VRS **14** 204; VerkMitt. **1976** Nr. 18 S. 13; OLG Saarbrücken DAR **1963** 336 [Nachtfahrt].

[301] Zur Kombination von Alkohol und Medikamenteneinfluss nach BayObLG BA **17** (1980) 220 s. Rdn. 137.

[302] Bekräftigt für den Konsum illegaler Drogen in BGHSt **44** 219, 226; verfehlt deshalb OLG Frankfurt NJW **1992** 1571, 1572 sowie OLG Düsseldorf BA **36** (1999) 140, 142. Hierzu Rdn. 154.

rungssatz des Inhalts aufgestellt werden, dass eine bestimmte Fahrweise *stets* Ausdruck alkoholbedingter Fahrunsicherheit ist.[303] „*Die* alkoholtypische Fahrweise" als von außen her bestimmbares, scharf konturiertes und keine andere Erklärung als die Alkoholwirkung zulassendes Phänomen[304] gibt es nicht. Aus dem gleichen Grund ist es problematisch, wenn gelegentlich formuliert wird,[305] es müsse *feststehen*, dass der konkrete Fehler nach seiner Art einem Nüchternen nicht unterlaufen wäre. Dieser Nachweis könnte nicht zuverlässig erbracht werden (*Mayer* BA **3** [1965/1966] 277, 280). Darüber hinaus kann es für die Bestrafung *dieses* Fahrers nach allgemeinen Regeln nicht entscheidend darauf ankommen, wie sich *irgendein* (nüchterner) Fahrer in der konkreten Situation verhalten hätte, sondern es ist maßgebend, ob die Fahrsicherheit *dieses* Fahrzeugführers aufgrund der Alkoholisierung aufgehoben war (hierzu auch § 315c Rdn. 172).

(a) **Bezugspunkt: dieser Fahrer.** Dementsprechend herrscht heute soweit ersichtlich Konsens, dass Bezugspunkt der Würdigung *dieser* Fahrer ist. Davon ausgehend stellt die wohl herrschende Rechtsprechung die Frage, *ob sich der betreffende Fahrzeugführer ohne den Alkoholkonsum anders verhalten hätte, als er es tatsächlich getan hat.*[306] In Fortführung dieses Gedankens ist dem Tatrichter gelegentlich aufgegeben worden, sich „von dem gewöhnlichen Fahrverhalten des Angeklagten im nüchternen Zustand einen bestimmten Eindruck zu verschaffen" (BGH bei *Martin* DAR **1968** 123). Hierdurch gerät man jedoch in ein kaum auflösbares Dilemma. Zunächst ist nicht ersichtlich, wie der Richter zur Feststellung der Fahrweise im nüchternen Zustand imstande sein sollte (vgl. *Martin* DAR **1968** 123 Fn. 11). So erbringt ein Fahrversuch keine hinreichende Sicherheit, weil die jeweilige Situation nicht originalgetreu wiederholt werden kann;[307] auch müsste der Angeklagte z.B. die Kurve nur wieder genauso verwegen durchfahren wie zur Tatzeit, um sich in eine vorteilhafte prozessuale Lage zu bringen. Es verbleiben die Einlassung des Angeklagten und Zeugenaussagen. Abgesehen davon, dass es nicht sonderlich überzeugend wirkt, den Verfahrensausgang entscheidend von der unvorsichtigen Einlassung des Angeklagten abhängig zu machen, er fahre nüchtern besonnener (in diesem Sinne OLG Köln VRS **37** 200),[308] hilft aber auch dies nicht weiter. Selbst wenn man nämlich weiß, dass der Betroffene normalerweise vorsichtig und vorschriftsgemäß fährt, lässt sich hieraus kein sicherer Schluss auf dessen Verhalten als Nüchterner zur Tatzeit ableiten. Auch der Gewissenhafte handelt nämlich zuweilen unvorsichtig, reagiert falsch, 99

303 Zum Fall des an einer Steigung Schlangenlinien fahrenden älteren Radfahrers *Hentschel* Trunkenheit Rdn. 196 und unten Rdn. 105b a.E.

304 „So kann nur ein Betrunkener fahren."

305 U.a. OLG Karlsruhe DAR **1958** 252; OLG Saarbrücken VRS **22** 69, 71; KG NJW **1962** 1783. Hiergegen auch OLG Düsseldorf VerkMitt. **1972** Nr. 81 S. 63; OLG Düsseldorf VerkMitt. **1977** Nr. 37 S. 28, 29.

306 U.a. BGH bei *Martin* DAR **1968** 123; DAR **1969** 105; VRS **36** 174; BayObLGSt **1988** 38, 39; OLG Düsseldorf VerkMitt. **1972** Nr. 81 S. 63; OLG Köln VRS **89** 446, 448; **90** 119, 120. S. auch § 315c Rdn. 175 ff.

307 Insbesondere müssten – unter „Abzug" des Alkoholkonsums – der Tagesablauf, die Disposition des Täters, die Witterungs- und Straßenverhältnisse, der Verkehrsfluss identisch sein. Hierzu auch *Mayer* BA **3** (1965/1966) 277, 280; *Peters* MDR **1991** 487, 488; *Schneble* BA **20** (1983) 177, 184 f.

308 „Wie der BGH ... es verlangt, hat sich die Strafkammer von dem gewöhnlichen Fahrverhalten des Angeklagten im nüchternen Zustand einen bestimmten Eindruck verschafft. Es ist nicht rechtsfehlerhaft, wenn sie der Angabe des Angeklagten geglaubt hat, dass er sonst diese Kurven nachts langsamer durchfahren hat." Nach einer neueren Entscheidung des BGH kommt einer solchen Einlassung kein hinreichender Beweiswert zu, s. Rdn. 120.

fährt, etwa aus Zeitnot, zu schnell usw. Zugleich wird Raum für eine Fülle von Ersatzbedingungen geschaffen. Dem (gut verteidigten) Verkehrsrowdy müsste zunächst zugestanden werden, stets so zu fahren, dem jungen Menschen die jugendliche Unbekümmertheit, dem Eiligen die Zeitnot, dem ertappten Straftäter das Fluchtmotiv usw. Im Hinblick darauf, dass als Belegtatsachen im konkreten Fall oftmals nur der Grad der Alkoholisierung und die Fehlleistung zur Verfügung stehen, fällt es dann naturgemäß nicht leicht, diese anderen Umstände als alleinige Quelle der Fehlleistung jeweils auszuschließen.[309] Die tat- und obergerichtliche Rechtsprechung muss sich vor diesem Hintergrund auf andere Weise behelfen (hierzu Rdn. 101).

100 (b) **Aussagekraft des Alkoholspiegels.** Der in Rdn. 99 angesprochene Lösungsansatz berücksichtigt indessen nicht hinreichend, dass der Fahrzeugführer einen mehr oder weniger ausgeprägten Alkoholspiegel im Blut aufweist, bei dem nach den Erkenntnissen der Alkoholforschung bestimmte Leistungsbeeinträchtigungen zu erwarten sind, und zwar gleich, ob der Fahrer Verkehrsrowdy oder ob er jung ist, ob er es eilig hat oder ob er von der Polizei verfolgt wird. Mit dem Grad der Alkoholisierung allein kann der volle Schuldnachweis zwar nicht erbracht werden. Der Alkoholisierungsgrad ist aber unumstritten **das stärkste Indiz** für das Vorliegen von Fahrunsicherheit. Er ist deswegen Ausgangspunkt der Prüfung und in jedem Stadium der Würdigung mit zu berücksichtigen. Keinesfalls darf er „in der Rolle des die Prüfung der Frage der Fahruntüchtigkeit bloß anstoßenden Umstands" zurückgelassen werden (*Mayer* BA 3 [1965/1966] 277, 280). Dies im Blick lässt sich die Aufgabe des Richters – im Grundsatz einem Vorschlag von *Forster/Joachim* (Blutalkohol und Straftat S. 169)[310] entsprechend – in der Weise bewältigen, dass zunächst geprüft wird, ob sich die konkrete(n) Fehlleistung(en) nach den Ergebnissen der Alkoholforschung (Rdn. 16 ff) „zwanglos" durch die Alkoholwirkung erklären lässt (lassen), um sodann zu fragen, ob konkrete Anhaltspunkte eine andere Erklärung nahe legen. Fehlen nach Lage des Falls Ansätze für eine solche andere Erklärung, so sind die verbleibenden Zweifel bloß theoretischer Natur und stehen als solche der Verurteilung nicht entgegen. Mathematische, jede Möglichkeit des Gegenteils ausschließende Gewissheit verlangt der Indizienbeweis nicht (st. Rspr.; u.a. BGH VRS **24** 207, 210; VRS **49** 429, 430). Der Richter kann sich zur Frage der alkoholbedingten Ausfallerscheinung der Hilfe eines medizinischen Sachverständigen bedienen (OLG Koblenz VRS **71** 195).[311] Klar ist, dass auch der skizzierte Weg keine Patentlösung bietet. Dies versteht sich bereits deswegen von selbst, weil die meisten Fehlleistungen auf die vielfältigen Wirkungen des Alkohols zurückgeführt werden können. Zudem muss die Ausfallerscheinung nicht nur Ausdruck der Einwirkung des Alkohols sein, sondern auch Zeugnis für die Aufhebung der Fahrsicherheit liefern. Jedoch ist es nach der Art der in Frage stehenden Beweisführung vorgegeben, dass stärkere und schwächere Indizien vorhanden sind. Der Richter hat sie im Rahmen der Gesamtwürdigung zu wägen und freizusprechen, falls er begründete Zweifel nicht zu überwinden vermag. Kennt man allerdings

---

309 Beispiele in OLG Hamm JMBlNW **1966** 259, 260 [Verkehrsrowdy]; OLG Köln VRS **37** 35, 37 [junger Fahrer]; OLG Koblenz VRS **78** 448, 450f [aufzuholende Verspätung]; zu Fluchtfahrten Rdn. 110 ff.

310 Präzisierend *Peters* MDR **1991** 487, 489.

311 S. dazu, dass die Gerichtsmedizin die mit der „relativen Fahrunsicherheit" verbundenen Fragen als Domäne des medizinischen Sachverständigen betrachtet, u.a. *Forster/Joachim* Blutalkohol und Straftat S. 168 ff; *Krauland* BA **8** (1971) 229; zu Erfolgen der Beiziehung *Schmidt/Dettmeyer/Padosch/Madea* BA **41** (2004) 1. Für die regelmäßige Hinzuziehung eines Sachverständigen auch *Rüth* LK[10] Rdn. 36; *v. Below* BA **6** (1969) 378, 382.

bei „entsprechenden relevanten Werten mit Sicherheit schwere Störungen, so besteht so lange kein Grund, andere Ursachen für Fahrweisen, die gerade auf solchen Störungen beruhen, anzunehmen, als dies nicht dargetan und nahegelegt ist" (*Forster/Joachim* Blutalkohol und Straftat S. 169). Beispielsweise ist in den berufenen Fachkreisen allgemein anerkannt, dass der Alkohol das Sehvermögen gravierend beeinträchtigt (Rdn. 16a). Bei entsprechendem Alkoholisierungsgrad ist es deshalb ein ausreichendes Indiz für alkoholbedingte Fahrunsicherheit, wenn sich der Fahrzeugführer bei Nacht hinsichtlich der Entfernung eines anderen Fahrzeugs verschätzt und dieses deswegen nicht mehr weiter beobachtet. Die Überlegung, dass dem Angeklagten „ein so grober Fahrfehler" „auch ohne Alkoholeinfluss einmal" hätte unterlaufen können (vgl. BGH VRS **36** 174, 175), begründet dann keinen vernünftigen Zweifel an der Alkoholbedingtheit der Fehlleistung (vgl. aber BGH aaO).[312] Vielfach nachgewiesen ist auch, dass der Alkohol Selbstüberschätzung und erhöhte Risikobereitschaft bewirkt, obwohl das Leistungsvermögen mit zunehmender Alkoholisierung stetig abnimmt (Rdn. 16a). Eine Ausfallerscheinung kann deshalb schon darin gesehen werden, dass der alkoholisierte Fahrzeugführer die Geschwindigkeit nicht seinem beeinträchtigten Zustand anpasst und die höchstzulässige Geschwindigkeit ausschöpft oder gar überschreitet (*Peters* MDR **1991** 487, 490). Wenn zusätzlich noch ein krasser Fahrfehler unterläuft, geben Umstände wie Zeitnot, Jugendlichkeit oder die auch sonst gegebene Rücksichtslosigkeit des Angeklagten keinen Anlass zu vernünftigen Zweifeln an der (Mit-)Ursächlichkeit der Alkoholwirkung und der hierdurch aufgehobenen Fahrsicherheit *dieses* Fahrer bei *dieser* Fahrweise (im Einzelnen Rdn. 106 ff). Entsprechendes gilt für den von der Polizei verfolgten Fahrer (Rdn. 110 ff).

(c) **Typizität der Fehlleistung.** Wesentliche Bedeutung im Rahmen des zu führenden **101**
Indizienbeweises kommt der Typizität der jeweiligen Fehlleistung zu. In der Rechtsprechung wird dies mit der Formel zum Ausdruck gebracht, es könne um so eher angenommen werden, dass der Fehler dem jeweiligen Angeklagten in nüchternem Zustand nicht unterlaufen wäre, je seltener der in Frage stehende Fahrfehler bei nüchternen Fahrern vorkomme (z.B. OLG Köln VRS **89** 446, 448; **100** 123), wohingegen umgekehrt nicht unberücksichtigt bleiben dürfe, wenn die Fehlleistung erfahrungsgemäß auch zahlreichen nicht alkoholisierten Fahrern unterlaufe (u. a. BGH NZV **1995** 80). Das erscheint vom Ansatz der Rechtsprechung her gesehen (Rdn. 99) nicht ganz schlüssig. Denn die statistische Verteilung des jeweiligen Fahrfehlers auf Alkoholisierte und nicht Alkoholisierte vermag an sich keinen Aufschluss darüber zu geben, wie gerade der Angeklagte in nüchternem Zustand gefahren wäre.[313] Davon bleibt unberührt, dass Erfahrungswerte zu beachten sind, dies allerdings bei der Frage, ob die konkrete Fehlleistung mehr oder weniger „zwanglos" auf die Alkoholwirkung zurückgeführt werden kann (Rdn. 100). Es existieren eben Fehlleistungen mit höherer und solche mit minderer Aussagekraft.

(aa) **Fehlleistungen mit hoher Aussagekraft.** Beispiele für Fehlleistungen mit hoher **102**
Aussagekraft in Richtung auf alkoholbedingte Fahrunsicherheit sind u.a. das (zumeist

---

[312] Der BGH hat nicht mit dieser Begründung aufgehoben, sondern lediglich die Beweiswürdigung der Vorinstanz nicht beanstandet. Kritisch auch *v. Below* BA **6** (1969) 378, 383 f.

[313] Anders *Hentschel* Trunkenheit Rdn. 196: „Insoweit erlangt also die Frage, wie sich wohl die Mehrzahl der nüchternen Kraftfahrer in der gleichen Situation verhalten haben würde, durchaus eine nicht unerhebliche *mittelbare* Bedeutung auch für die Überzeugungsbildung des Richters darüber, wie sich gerade der *Angeklagte* ohne Alkoholeinfluss verhalten hätte". Ähnlich OLG Köln VRS **90** 119, 120.

erst bei gravierender Alkoholisierung auftretende) Fahren in Schlangenlinien, das von der Verkehrslage nicht veranlasste Abkommen von der (geraden) Fahrbahn, das Geradeausfahren in einer Kurve,[314] die Fehleinschätzung von Entfernungen insbesondere in der Nacht, stark verzögerte oder unverständlich falsche Reaktionen bei plötzlich eintretenden Verkehrssituationen, waghalsige bzw. generell unsichere Fahrweise (ruckartige Lenkbewegungen und leichtere Abweichungen von der geraden Fahrlinie)[315] oder die „Blendhilflosigkeit".[316] Derartige Phänomene lassen sich ohne Weiteres mit alkoholbedingten Beeinträchtigungen des Leistungsvermögens erklären. Es bedarf dann gewichtiger Anhaltspunkte, um zu dem Ergebnis zu gelangen, das Fahrverhalten sei *nicht* alkoholbedingt gewesen.[317] Dies gilt erst recht, wenn die Variable „Grad der Alkoholisierung" stark ausgeprägt ist.

103 (bb) **„Jedermannsfehler"**. Je mehr die Auffälligkeit andererseits nach außen hin als „Jedermannsfehler" erscheint (und je geringer die Alkoholisierung ist), desto höher sind die Anforderungen an die richterliche Überzeugungsbildung. „Jedermannsfehler" in diesem Sinn sind u.a. (geringfügige) Geschwindigkeitsverstöße (näher Rdn. 106 ff), zu nahes Vorbeifahren an der Straßenbegrenzung oder an einem zu überholenden Fahrzeug, leichte Fehler beim Abbiegen, Fehler beim Ein- und Ausparken etc. Sie dürfen allerdings nicht von vornherein ausgeschieden werden. Denn nicht das einzelne Indiz muss einen zwingenden Schluss auf das Beweisergebnis zulassen. Entscheidend ist vielmehr die Würdigung sämtlicher Beweisanzeichen, und in diesem Rahmen kann auch der „Jedermannsfehler" im konkreten Fall nicht anders als durch die Alkoholwirkung erklärbar sein, mithin zu einem Mosaikstein des Gesamturteils werden.[318] Ein Anwendungsfall ist die Häufung jeweils für sich genommen „schwacher" Ausfallerscheinungen (z.B. überhöhte Geschwindigkeit, beim Abbiegen Blinker nicht gesetzt, Überfahren des Bordsteins)[319] oder auch das Zusammentreffen mit Ausfallerscheinungen im Vor- oder Nachtatverhalten (Rdn. 114 ff).

104 (cc) **Weitere Parameter.** In der Rechtsprechung scheinen immer wieder weitere Parameter auf, die im Einzelfall relevant werden können. Einer davon ist die **Verkehrssitua-**

---

[314] Zur Signifikanz von Kurvenunfällen u.a. *Penning* Alkohol, Drogen und Verkehrssicherheit S. 20; *Haffner/Erath/Kardatzki* NZV **1995** 301, 303; *Legat* BA **22** (1985) 272, 277; *Metter* BA **13** (1976) 241, 244; *Utzelmann* BA **11** (1974) 217, 227 f; *Schmidt/Dettmeyer/Padosch/Madea* BA **41** (2004) 1, 7 f.

[315] *Penning* Alkohol, Drogen und Verkehrssicherheit S. 20.

[316] Hierzu BGH VRS **24** 369 und § 315c Rdn. 179. Das Phänomen geht auf die durch den Alkohol ausgelöste Pupillenweitstellung („Mydriasis") zurück.

[317] Z.B. bei Fehlverhalten des Beifahrers (*Forster/Joachim* Blutalkohol und Straftat S. 169), etwa einem „halluzinatorischen" Eingriff in die Steuerung (OLG Karlsruhe VRS **50** 280, 283 f), beim „Schlangenlinienfahren" eines eine Steigung hinauffahrenden betagten Radfahrers (BayObLG bei *Bär* DAR **1989** 366) oder bei Straßenglätte (vgl. BayObLG JR **1990** 436 f; andererseits KG VRS **48** 204, 205), bei „Abwehr" einer Wespe. Insoweit sowie etwa beim Bücken nach einem heruntergefallenen Gegenstand handelt es sich nicht selten um Schutzbehauptungen. Letzteres ist auch schon als Ausfallerscheinung gewertet worden.

[318] S. dazu, dass die Revisionsgerichte (aber auch die Tatgerichte) nicht immer nach dieser Erkenntnis verfahren, *Mayer* BA **3** (1965/1966) 277, 279 ff; vgl. auch *Strate* BA **20** (1983) 188, 190 ff sowie aus rechtsmedizinischer Sicht *Schmidt/Dettmeyer/Padosch/Madea* BA **41** (2004) 1, 8.

[319] Beispiele nach *Peters* MDR **1991** 487, 491; aus rechtsmedizinischer Sicht *Schmidt/Dettmeyer/Padosch/Madea* BA **41** (2004) 1, 8.

tion. Je leichter sie zu bewältigen war und je unverständlicher der Fehler im Hinblick darauf erscheinen muss, desto eher ist die Annahme gerechtfertigt, es habe sich um die „typische Fehlreaktion eines Betrunkenen" (BGH VRS **27** 192, 193) gehandelt (*Möhl* DAR **1971** 4, 6). In diesem Zusammenhang ist u.U. beachtlich, wie gut der Fahrzeugführer mit den örtlichen Verhältnissen vertraut ist (BGH VRS **27** 192, 193; *Möhl* DAR **1971** 4, 6). Zu Lasten des Fahrers kann es sich des Weiteren auswirken, wenn er über eine **langjährige Fahrpraxis** verfügt. Denn dann drängt sich um so mehr die Annahme auf, dass der Betreffende die Situation in fahrsicherem Zustand gemeistert hätte.[320]

(d) **Kasuistik.** Nicht außer Acht gelassen werden darf, dass der Ausgang des vorzu- **105**
nehmenden Indizienbeweises mit den Umständen des konkreten Einzelfalls verwoben ist. Selbst wenn vordergründig dasselbe oder ein sehr ähnliches Fahrverhalten in Frage steht, darf dies nicht in dem Sinn verallgemeinert werden, dass jenes Beweisanzeichen „nach der Rechtsprechung" für die Annahme der Fahrunsicherheit ausreicht oder eben nicht. Genauso wenig liefert es einen zwingenden Beweis für eine divergierende Beurteilung oder die „Unberechenbarkeit" „der Rechtsprechung", wenn dieselbe Auffälligkeit im einen Fall zu dem einen, im anderen Fall aber zum gegenteiligen Ergebnis führt. Denn erst die Gesamtwürdigung sämtlicher Details gibt den Ausschlag. Die Details aber sind bekanntlich kaum je völlig identisch und kommen in den veröffentlichten (zumeist obergerichtlichen) Entscheidungen zudem oft nur unvollkommen zum Ausdruck. Die nachfolgend aufgeführten Beispiele aus der Judikatur vermögen daher nur Anhaltspunkte für die generell maßgebenden Aspekte zu geben. Für die Beurteilung des konkreten Einzelfalls dürfen sie nur mit aller Vorsicht herangezogen werden. Ergänzend ist auf die Übersicht zum Zusammenhang zwischen alkoholbedingter Fahrunsicherheit und konkreter Gefahr (§ 315c Rdn. 178 ff) zu verweisen, wo die hier relevante Frage jeweils implizit mitbehandelt wird. Hinsichtlich der angegebenen BAK-Werte ist der Rechtsprechungswandel bezüglich des Grenzwerts absoluter Fahrunsicherheit zu beachten (Rdn. 61 ff).

Alkoholbedingte Fahrunsicherheit ist z.B. **angenommen worden** bei einer Zick-Zack- **105a**
Fahrt und längerem Verbleiben auf der linken Fahrbahn ohne jede äußere Veranlassung (BGH VRS **5** 550, 551 [BAK 1,07 ‰]), bei einem Kraftradfahrer, der während schneller Fahrt den Kopf gesenkt hatte und ohne ersichtlichen Grund auf den Seitenstreifen geraten war (BGH VRS **19** 296, 298 [BAK 1,22 ‰, mindestens aber 0,77 bzw. 0,82 ‰]), beim Abkommen von der Fahrbahn unter Hinzutreten schwieriger Bedingungen[321] (BGH VRS **22** 121, 123 [BAK mindestens 0,68 ‰]),[322] beim Ausweichen auf einen dem Täter unbekannten Grünstreifen wegen Entgegenkommens eines sich vollständig auf seiner Fahrbahn befindlichen Pkw (OLG Hamm [Z] BA **41** (2004) 356 [BAK 0,55 ‰]), beim Abkommen von einer überfrorenen und deswegen „außerordentlich glatt(en) Straße" wegen überhöhter Geschwindigkeit oder Fehlbedienung des Lenkrads (KG VRS **48** 204, 205 [BAK 0,64 ‰]), bei überhöhter Geschwindigkeit in einer Kurve mit überladenem

---

320 S. etwa BGH VRS **17** 21, 23; **19** 29, 30; **24** 369, 372, 374; **69** 368, 370; KG VRS **48** 204, 205; s. aber auch BGH VRS **36** 174, 175.

321 Reger Fahrzeugverkehr, Nieselregen, Dämmerung, sehr schlechte Sicht, Müdigkeit. Außerdem Eindruck von Zeugen, der Angeklagte sei „angeheitert" gewesen.

322 Zu BGH VRS **47** 19 und VRS **49** 429 s. § 315c Rdn. 179. Vgl. auch BGHSt **13** 83, 90f (Ermüdung nach langem Arbeitstag; Besuch mehrerer Wirtschaften und Entschluss, danach noch ein Festzelt aufzusuchen; Nachtfahrt [BAK 1,12 ‰]); OLG Hamm VRS **59** 40, 41 f (Geraten auf den Bürgersteig; keine zuverlässig festgestellte BAK).

Kraftwagen (BGH VRS **21** 54, 56 [BAK rund 0,76 ‰]),[323] bei überhöhter Geschwindigkeit und Abkommen von der Fahrbahn auf regennasser Fahrbahn ausgangs einer lang gezogenen Rechtskurve (OLG Köln VRS **100** 123 [BAK 0,96 ‰]), bei überhöhter Geschwindigkeit in Verbindung mit Drehnachnystagmus von 14 Sekunden (AG Tecklenburg NZV **1989** 83 [BAK 1,25 ‰]; näher Rdn. 126), beim Schneiden einer scharfen, schlecht beleuchteten und unübersichtlichen Kurve sowie Ausfallerscheinungen „auf optischem Gebiet"[324] (BGH VRS **32** 40, 43 [BAK 1,3 ‰]), beim zweimaligen Geraten auf die linke Fahrbahn ohne jeden äußeren Anlass (BGH VRS **27** 192, 193 [BAK mindestens 1,3 ‰]);[325] beim Fahren in Schlangenlinien über eine Strecke von 300 bis 400 Metern hinweg (OLG Hamm BA **3** [1965/1966] 393, 394 [BAK 1,21 ‰]),[326] auch wenn dies bewusst aus Übermut und in „lustiger Festessstimmung" geschieht (OLG Hamm VRS **11** 307, 308 [BAK 1,49 ‰]), beim Auffahren auf einen parkenden Wagen, den der Täter aus größerer Entfernung für ein sich bewegendes, vorausfahrendes gehalten und daher nicht mehr genügend die von ihm befahrene Fahrbahn beobachtet hatte[327] (OLG Saarbrücken DAR **1963** 336 [BAK 1,03 ‰]), bei bewusst verkehrswidrigem Überqueren der ununterbrochenen Linie (OLG Düsseldorf VerkMitt. **1977** Nr. 37 S. 28 [BAK 1,22 ‰]), bei einer Vorfahrtsverletzung in Verbindung mit weiteren Beweisanzeichen[328] (OLG Magdeburg vom 25.8.1997 – 2 Ss 428/96; 1,66 ‰/1,68 ‰ [Atemtest]), bei Missachtung des Rotlichts (OLG Düsseldorf VRS **81** 450 [BAK 0,98 ‰]), beim Übersehen von mehreren deutlichen Verkehrsschildern, Durchfahren eines Maschendrahtzauns und Überfahren einer weiteren Zaunabsperrung ohne erkennbare Reaktion (OLG Koblenz VRS **50** 355, 357 f [BAK mindestens 0,9 ‰]), bei „blindem" Verhalten aus grob unvernünftiger Motivation[329]

---

[323] Außerdem Entschluss zur Fortsetzung eines „Umtrunks" nach dem Besuch zweier Gastwirtschaften als Indiz für alkoholbedingte Enthemmung. Zum Fall eines 18-jährigen in Verbindung mit weiteren Umständen (leicht zu befahrende Kurve, keine Erfahrung mit dem betreffenden Fahrzeug, klinischer Befund) OLG Köln VRS **37** 35, 37 [BAK 1,1 ‰]; s. auch OLG Köln VRS **37** 200 (schnelles, mit Quietschen der Reifen verbundenes Durchfahren einer Kurve) und OLG Zweibrücken VRS **48** 104, 105 (schlechte Witterungs- und Straßenverhältnisse).

[324] Der Angeklagte hatte zwei Fußgänger, die hintereinander gingen, nebeneinander gehen gesehen. Weiteres Indiz: Ermüdung.

[325] Zu einem Fall „törichten" Fahrverhaltens OLG Köln BA **11** (1974) 131. Der ortsunkundige Angeklagte hatte sich von einem gleichfalls betrunkenen Kollegen durch Vorausfahren leiten lassen; als dieser alkoholbedingt auf die Gegenfahrbahn abkam und sein Fahrzeug erst kurz vor einem dort am Straßenrand abgestellten Polizeiwagen zum Stehen bringen konnte, folgte er dem Kollegen auch darin blindlings [BAK mindestens 1,2 ‰].

[326] Der Angeklagte hatte als Ursache für die auffällige Fahrweise eine angeregte Unterhaltung mit seinem Beifahrer angegeben. OLG Hamm hält es für ausgeschlossen, dass dies bei einem fahrsicheren Fahrer zu derartigen Fahrfehlern führt, und weist darauf hin, dass auch die angeregte Unterhaltung Indiz für die Alkoholwirkung sein könne (Unbekümmertheit, Redseligkeit etc.). Zust. Anm. von *Hein* BA **3** (1965/1966) 394; kritisch hinsichtlich des Eingriffs in die tatrichterliche Beweiswürdigung *Strate* BA **20** (1983) 188, 192 f. S. auch OLG Hamburg BA **11** (1974) 433, 434 [BAK 0,94 ‰].

[327] Statt dessen Fixieren einer Passantengruppe am Fahrbahnrand, um darin Begleiter für einen weiteren Gaststättenbesuch zu finden, was auch für sich genommen als Indiz für alkoholbedingte Enthemmung gewertet worden ist.

[328] Der Angeklagte konnte nicht mehr frei stehen, musste sich am Auto festhalten, roch nach Alkohol.

[329] Der Angeklagte war aufgrund der Ungewissheit über den Weg zu einer weiteren Bar so sehr beschäftigt und abgelenkt, dass er einen neben ihm auffahrenden Polizeiwagen nicht bemerkte.

nach unrichtiger Einordnung (OLG Köln VRS **42** 364, 365 [BAK 1,24‰]), beim Fahren gegen eine Hauswand im Rückwärtsgang trotz hinreichenden Raums, anschließendem Fahren in eine Sackgasse und Fahren in ein Blumenbeet in Verbindung mit wirrem Gerede und aggressivem Verhalten (OLG Koblenz VRS **54** 282, 283 f [keine bestimmte BAK festgestellt]), bei einem Fahrzeugführer, der sein Fahrzeug ohne Grund vor einer Grünlicht zeigenden Verkehrsampel angehalten hatte und erst bei der nächsten Grünphase weitergefahren war (OLG Oldenburg BA **20** [1983] 364, 365 f [BAK 0,85 ‰]).

Alkoholbedingte Fahrunsicherheit ist z.B. **verneint bzw. in Zweifel gezogen worden** bei einer Verletzung des Vorfahrtrechts (BGH VRS **34** 211, 212 [keine zuverlässig festgestellte BAK]),[330] bei einem Fahrfehler beim Linksabbiegen (LG Zweibrücken VRS **114** 283 [BAK 0,67 ‰], bei einem Kraftfahrer, der sich nachts hinsichtlich der Entfernung eines auf einer zu überquerenden Straße nähernden Fahrzeugs verschätzt hatte (BGH VRS **36** 174, 175),[331] bei zu schnellem Durchfahren einer Kurve durch einen jungen Menschen, weil das leichtsinnige Fahrverhalten jugendlicher Selbstüberschätzung entspringen könne (BGH bei *Martin* DAR **1968** 123; [BAK 0,75 ‰]),[332] bei einem Unfall nach unwiderlegbarem Ausweichmanöver vor einem Reh (OLG Köln VRS **89** 446, 449 [BAK 0,92 ‰]), bei leichtem Fahrfehler in schwieriger Verkehrssituation (OLG Karlsruhe DAR **1958** 252, 253 [BAK 1,09‰]), bei fehlerhaftem Linksabbiegen (LG Osnabrück DAR **1995** 79 [BAK 0,76 ‰]), beim Einfahren in eine Kreuzung bei Rot-Gelb-Licht, Nichtbeachten des Rotlichts an einer weiteren Ampel, Fahrt mit erhöhter Geschwindigkeit und Missachtung eines Haltegebots (vgl. BayObLG DAR **1971** 161 [BAK 0,7 ‰]; zw.), beim Übersehen eines Verkehrsschilds zur Nachtzeit in einer fremden Stadt (OLG Köln BA **3** [1965/1966] 392f [BAK 1,45 ‰]), bei Abweichen von der geraden Fahrlinie aufgrund heftigen Windes (OLG Hamm NZV **1994** 117 [BAK 0,91 ‰]), bei Fortsetzung der Fahrt trotz widriger Straßenverhältnisse und anschließendem Abkommen von der Fahrbahn aufgrund Schneeglätte, es sei denn, jeder nüchterne Kraftfahrer hätte angesichts der Straßenverhältnisse von einer Weiterfahrt Abstand genommen (BayObLG JR **1990** 436 f [BAK 0,93 ‰] m. insoweit zust. Anm. *Loos* ebd. S. 438),[333] bei „vollem Benutzen der Gegenfahrbahn" (OLG Düsseldorf VRS **78** 281f [keine BAK festgestellt]),[334] bei einem Fahrzeugführer, der während des Verlassens einer Parklücke ein neben ihm parkendes Fahrzeug beschädigte, obgleich die Lage für einen geübten Fahrer „äußerst leicht" gewesen war (OLG Koblenz VRS **52** 350, 351 [BAK 0,8 ‰]), bei Auffahrunfall in Verbindung mit unsicherem Gang und unklarer Artikulation (OLG Hamm BA **41** (2004) 357 [BAK mindestens 0,25 ‰]), bei „unsicherem" Ausparken eines fremden Luxuswagens durch einen Fahrzeugführer ohne Fahrpraxis (OLG Köln VRS **90** 119, 120f [BAK 0,76 ‰]), bei reaktionslosem Verhalten vor einer Ampelanlage für etwa 30 Sekunden (BayObLG bei *Rüth* DAR **1974** 179), beim Fahren mit Standlicht und unauffälligem klinischen Befund (LG Potsdam NZV **2005** 597 [BAK 0,82 ‰]), nach AG Frankfurt a.M. bei *Himmelreich/Lessing* NStZ **2000** 300 auch nicht beim Fahren ohne Licht und Übersehen des Rotlichts Ansteuern einer Parklücke (BAK 1,03 ‰; zw.), bei einem Rotlichtverstoß (LG Berlin BA **44** (2007) 186 [BAK 0,7 ‰]), beim „Schlangenlinienfahren" eines 74 Jahre alten Radfahrers, weil bereits bei geringen Steigungen und langsamem Fahren mehr oder weniger stark ausgeprägte Schlangenlinien beschrieben **105b**

---

330 Zur (in der Regel mangelnden) indiziellen Bedeutung von Vorfahrtverletzungen *Boetzinger* MDR **1989** 512.

331 Zu dieser Entscheidung Rdn. 100.

332 Zur Problematik dieser Entscheidung Rdn. 99 sowie die in Fn. 323 zitierten Entscheidungen des OLG Köln.

333 S. aber auch KG VRS **48** 204, 205.

334 Zu dieser Entscheidung bereits Fn. 295.

werden müssten, um das Gleichgewicht zu halten (BayObLG bei *Bär* DAR **1989** 366 [BAK 1,0 7‰]).

106 (e) **Speziell: Geschwindigkeitsüberschreitung.** Nach gefestigter Rechtsprechung darf es bei der Würdigung der Fahrweise nicht unberücksichtigt bleiben, wenn die konkrete Fehlleistung auch zahlreichen nicht alkoholisierten Fahrern unterläuft (Rdn. 98, 101). Dies wirkt sich vor allem auf den ubiquitären Regelverstoß der Überschreitung der höchstzulässigen Geschwindigkeit bzw. der nicht an die Verkehrslage angepassten Fahrgeschwindigkeit aus.[335] Die Fehlleistung *kann* zwar im Rahmen der Gesamtwürdigung als Ausdruck alkoholbedingter Enthemmung herangezogen werden. Als *einziges* Indiz neben der Alkoholisierung lässt die Rechtsprechung jedoch selbst eine *deutliche* Geschwindigkeitsüberschreitung grundsätzlich nicht genügen.[336] Für den hinreichend sicheren Schluss auf Fahrunsicherheit bedarf es danach zusätzlicher Anhaltspunkte.

107 (aa) **Eintritt einer Gefahrenlage.** Einen solchen zusätzlichen Anhaltspunkt bietet nicht ohne Weiteres der Umstand, dass es während der zu schnellen Fahrt zu einer gefährlichen Situation oder zu einem Unfall kommt. Reagiert der Fahrzeugführer in der kritischen Lage rasch und zielgerichtet, so spricht dies im Gegenteil für eine noch erhalten gebliebene Fahrsicherheit (vgl. BGH NStZ **1995** 88, 89; OLG Koblenz VRS **78** 448, 451; s. auch § 315c Rdn. 177). Ein Hinweis auf die Alkoholwirkung kann der Gefahrenlage nur dann entnommen werden, wenn dem Fahrzeugführer insoweit eine Fehlleistung zur Last fällt. Bei grobem Fahrversagen, etwa wenn Fußgänger auf einer trockenen, gut ausgebauten und durch Straßenlaternen ausgeleuchteten zweispurigen Straße bei zu hoher Geschwindigkeit überfahren werden (OLG Koblenz VRS **63** 359 [BAK 0,98 ‰]),[337] drängt sich dies auf. In weniger signifikanten Konstellationen, verfährt die (ober- und höchstrichterliche) Rechtsprechung trotz eindeutigen Versagens des alkoholisierten Fahrzeugführer allerdings gelegentlich sehr restriktiv. Dahinter steht der Gedanke, dass die Fehlleistung nicht auf die Alkoholwirkung zurückgehen müsse, sondern womöglich allein auf die ihrerseits nicht notwendig alkoholbedingte Geschwindigkeitsüberschreitung.[338] Dementsprechend formuliert BGH VRS **69** 368 (369 f)[339] in einem Fall des zu schnellen Einfahrens in eine Kurve und anschließenden Abkommens von der Fahrbahn: „In Wirklichkeit liegen … nicht zwei voneinander unabhängige Fahrfehler, sondern nur ein einziger vor: das Abkommen von der Fahrbahn ist eine Folge der überhöhten Geschwindigkeit". Auf dieser Linie eröffnet der Fahrfehler „zu schnelles Fahren" also eine neue, vom Sonstigen unabhängige Kausalreihe. Weitere Fehlleistungen werden daraufhin untersucht, ob sie sich in diese Reihe eingliedern lassen.

107a Ein derartiges Vorgehen **ist freilich erheblichen Bedenken ausgesetzt.** Denn die Ausfallerscheinungen dürfen nicht von dem (stärksten) Indiz des Alkoholisierungsgrades isoliert und sodann gemeinsam „abgeschlachtet" werden (plastisch *Mayer* BA 3 [1965/1966] 277, 280). Schon die zu hohe Geschwindigkeit an sich stellt eine Fehlleistung dar,

---

[335] Zu Fällen der Flucht Rdn. 110 ff.

[336] BGH VRS **34** 360, 361; **69** 368 [zu § 3 AUB]; BGH NZV **1995** 80; BayObLGSt **1988** 38, 39; OLG Düsseldorf BA **36** (1999) 140, 141 [Mischkonsum von Alkohol und Ecstasy; s. auch Rdn. 137 und dort Fn. 422]; OLG Hamm VRS **39** 37, 38; KG NJW **1962** 1783, 1784; OLG Koblenz VRS **78** 448, 450; OLG Köln VRS **89** 446, 449; **90** 119, 120; OLG Zweibrücken VRS **48** 104, 105.

[337] Zu Fällen groben Fahrversagens s. auch Rdn. 105 sowie § 315c Rdn. 177, 179.

[338] Deutlich in den Konstellationen der Fluchtfahrt; hierzu Rdn. 110 ff.

[339] Zu § 3 AUB.

die durch die Alkoholwirkung zwanglos erklärt werden kann (Enthemmung, erhöhte Risikobereitschaft, Selbstüberschätzung; Rdn. 100). Sofern der Fahrer im weiteren Verlauf die Geschwindigkeit vor einer Gefahrenstelle nicht rechtzeitig vermindert und anschließend die Kontrolle über sein Fahrzeug verliert, werden sowohl die Aussagekraft dieses Anzeichens als auch die des Anzeichens „Grad der Alkoholisierung" durch die weitere Ausfallerscheinung verstärkt. Alles zusammengenommen ergibt dann das Gesamtbild. Die Indizien (hoher) Blutalkoholspiegel + Entschluss zu schneller Fahrt + Versagen in zu schneller Fahrt werden mithin in aller Regel den Schluss auf Fahrunsicherheit so sehr nahe legen, dass Zweifel nur noch theoretischer Natur sind (im Ergebnis auch OLG Köln VRS **100** 123).

Mehr als nur theoretischen Zweifel vermittelt auch nicht der Umstand, dass der **107b** Betreffende sein Fahrzeug **vor** Eintritt der Gefahr trotz der erhöhten Geschwindigkeit und trotz Auftretens diffiziler Verkehrslagen **beherrscht hat.** Denn erfahrungsgemäß vermögen alkoholisierte Fahrer ihr Fahrzeug über eine längere, auch schwierige Strecke hinweg durchaus sicher zu steuern, um dann bei Zuspitzung der Situation letztlich doch zu versagen (*Forster/Joachim* Blutalkohol und Straftat S. 169 f; anders teilweise die Rechtsprechung; s. Rdn. 111 f).

(bb) **Sonstige Indizien.** Hinsichtlich der sonstigen Indizien, die zusammen mit der zu **108** schnellen Fahrt dem Sachverhalt das Gepräge der Alkoholwirkung zu verleihen vermögen, gelten die allgemeinen Grundsätze. Diese können z.B. in einer riskanten oder gravierend fehlerhaften Fahrweise (z.B. Schlangenlinienfahren), aber auch in der Häufung geringfügiger Ausfälle (Rdn. 103 a.E.) liegen. Zu Ausfallerscheinungen im Vor-, Begleit- und Nachtatverhalten gilt das in Rdn. 114 ff,[340] zur schnellen Fahrt trotz widriger äußerer (z.B. schlechte Sicht,[341] Glätte etc.) und/oder innerer (z.B. Ermüdung,[342] Krankheit etc.) das in Rdn. 128 ff, 138 Gesagte.

(cc) **Darlegung im Urteil; „Motiverforschung".** Hebt das Urteil (in Verbindung mit **109** weiteren Anzeichen) entscheidend auf die überhöhte Geschwindigkeit ab, so *müssen deren Ausmaß festgestellt* sowie die sonstigen Umstände nachvollziehbar dargelegt werden (BGH NZV **1995** 80). Der Richter darf *sich nicht auf formelhafte Ausführungen beschränken.*[343] Die Revisionsgerichte muten dem Tatrichter dabei mitunter zu, sich mit den Motiven der zu hohen Geschwindigkeit im Einzelnen auseinanderzusetzen. Etwa OLG Koblenz VRS 78 448, 450 f[344] ist wohl dahin zu verstehen, dass beim Bemühen des Fahrzeugführers, durch eine Geschwindigkeitsüberschreitung eine Verspätung aufzuholen, explizit diskutiert werden muss, ob im Hinblick auf dieses verständliche Motiv der Zusammenhang mit der Alkoholwirkung in Frage gestellt ist. Damit wird freilich nicht hinreichend berücksichtigt, dass „auch ein alkoholbeeinflusstes Verhalten ... in aller Regel auf einem Beweggrund" beruht (so treffend OLG Düsseldorf NJW **1997**

---

340 Zu AG Tecklenburg NZV **1989** 83 [überhöhte Geschwindigkeit in Verbindung mit Drehnachnystagmus] s. Fn. 389.

341 BGH DAR **1967** 280, 281; s. aber BGH VRS **34** 360, 361 [zu nicht gravierend überhöhter Geschwindigkeit bei schlechten äußeren Bedingungen] und OLG Zweibrücken VRS **48** 104, 105.

342 OLG Hamm DAR **1969** 188, 189.

343 BGH VRS **34** 360, 361 [zum Zusammenhang zwischen („absoluter") Fahrunsicherheit und Gefahr]; BGH bei *Martin* DAR **1968** 123; OLG Hamm DAR **1969** 188, 189; VRS **39** 37, 38; OLG Koblenz VRS **78** 448, 450.

344 Geschwindigkeit von 79 km/h bei zugelassenen 50 km/h [BAK 1,11 ‰].

1382, 1383). Der Bestand des Urteils sollte nicht maßgebend davon abhängig gemacht werden, dass der Tatrichter seine Überzeugung, der Angeklagte habe seinen egoistischen Motiven auch wegen der Alkoholwirkung den Vorzug gegeben, *ausdrücklich* (formelhaft?) zu Papier bringt; denn implizit hat er den Zusammenhang mit der Annahme alkoholbedingter Fahrunsicherheit bereits bejaht (zum „Fluchtmotiv" s. Rdn. 110 ff).

110 (f) **Speziell: Fluchtfahrt.** Immer wieder werden in der Praxis Fälle relevant, in denen sich Fahrzeugführer durch Flucht einer Polizeikontrolle entziehen wollen und während der Fluchtfahrt die höchstzulässige Geschwindigkeit (erheblich) überschreiten.[345] Dies geht nicht selten mit weiteren Regelverstößen einher (z.B. Rotlichtverstöße, Vorfahrtverletzungen, Schneiden von Kurven, Überfahren von Fahrbahnbegrenzungen, Bürgersteigen etc.).

111 (aa) **Stand der Rechtsprechung.** Soweit ersichtlich erstmals in der obergerichtlichen Rechtsprechung[346] bezeichnet OLG Saarbrücken VRS **72** 377 (379) das Bestreben, sich der Sistierung durch die Polizei zu entziehen, als **„verständliches Motiv" für die überhöhte Geschwindigkeit** und stellt fest, nicht die Alkoholwirkung (BAK: 1,11 ‰) sei Ursache für das Fehlverhalten gewesen, sondern der Entschluss zur Flucht. Der BGH hat den Gedanken in drei, zeitlich relativ kurz aufeinander folgenden Beschlüssen[347] aufgegriffen. Während aber die Entscheidung des OLG Saarbrücken „nur" ein „zwar unerlaubtes, aber fehlerfreies Rasen"[348] betraf, hatte der BGH Konstellationen zu beurteilen, in denen weitere Fehlleistungen hinzugetreten waren. In diesen Fehlleistungen hat er keine hinreichenden Anhaltspunkte für alkoholbedingte Fahrunsicherheit gesehen, so in BGH NZV **1995** 80 nicht einen beim zu schnellen Fahren[349] verursachten Unfall, weil der Umstand, dass der Angeklagte „zuletzt versagt" habe, auf dem Entschluss zur schnellen Flucht und dessen Umsetzung beruhe (BAK 0,7 ‰). Entsprechendes soll nach BGH NStZ **1995** 88 gelten, wenn der Fahrzeugführer (BAK 1 ‰) bei einer Geschwindigkeit von 200 km/h statt zugelassener 120 km/h nach einem Fahrstreifenwechsel ein auf der Mittelspur langsam fahrendes Fahrzeug zu spät erkannt hat. Zwar könne das zu späte Erkennen der Gefahrenlage durch eine alkoholbedingte Einschränkung der Wahrnehmungsfähigkeit verursacht worden sein; ebenso gut sei aber denkbar, dass der Fahrzeugführer wegen der hohen Geschwindigkeit und des Fluchtgedankens auf die Beherrschung seines Fahrzeugs konzentriert gewesen sei (BGH aaO S. 89). Nach BGH DAR **1995** 166 beruht schließlich auch das Überqueren mehrerer Kreuzungen bei Rotlicht mit einer Geschwindigkeit von nahezu 150 km/h im Stadtgebiet auf dem Entschluss zur Flucht (BAK 0,96 ‰). Als Indiz für eine noch erhalten gebliebene Fahrsicherheit ist gewertet worden, dass der Fahrer sein Fahrzeug über eine längere Zeit hin und in schwierigen Verkehrslagen beherrscht habe (hierzu auch Rdn. 107b). In BGH NZV **2000** 419 wird diese Rechtsprechung für einen Fall der Polizeiflucht eines unter der Wirkung von Cannabis stehenden Täters [1,6 ng/ml THC] fortgeführt, in dem Angeklagte an einem ihm den

---

345 Zur Flucht vor der Blutentnahme Rdn. 118.

346 Ähnlich aber schon LG Hamburg DAR **1984** 126 bei einem extrem undisziplinierten und charakterlich ungeeigneten Fahrzeugführer, der schon zuvor durch Geschwindigkeitsüberschreitungen aufgefallen war. S. auch *Groth* NJW **1986** 759, 760.

347 BGH NStZ **1995** 88, 89; BGH NZV **1995** 80 m. zust. Anm. *Hauf* ebd. S. 81; BGH DAR **1995** 166.

348 Fahrt mit mindestens 100 km/h innerhalb einer geschlossenen Ortschaft auf teilweise glatter, kurvenreicher Strecke.

349 Nahezu 160 km/h wohl innerhalb einer geschlossenen Ortschaft.

Weg versperrenden Polizeifahrzeug vorbeifahren wollte und dabei die offen stehende Tür des Polizeiwagens touchierte,[350] und in BGH NZV **2008** 528 (m. Bspr. *König* NZV 2008 492) für einen nach Heroinkonsum unter Entzugserscheinungen leidenden Fahrzeugführer, der auf seiner Flucht einen bei Grünlicht eine Fußgängerfurt überschreitenden Fußgänger mit seinem Kraftfahrzeug erfasste, weil er sich zuvor nach seinem Verfolger umgesehen hatte.

Andererseits betont der BGH, dass die Annahme alkoholbedingter Fahrunsicherheit in „Fluchtfällen" **nicht schlechthin ausscheidet. Für** alkoholbedingte Fahrunsicherheit kann nach seiner Auffassung[351] *eine deutlich unsichere, waghalsige und fehlerhafte Fahrweise sprechen* (vgl. OLG Koblenz VRS **45** 118, 120). Auf dieser Linie ist z.B. das bewusste Fahren in Schlangenlinien, um das verfolgende Polizeifahrzeug am Überholen zu hindern, in älteren obergerichtlichen Entscheidungen als deutliches Indiz für alkoholbedingte Enthemmung herangezogen worden (OLG Düsseldorf VRS **49** 38, 40 [BAK 1 ‰]; OLG Hamm VRS **35** 360, 361f [BAK 1 ‰]; OLG Koblenz VRS **45** 118, 120). OLG Hamm DAR **1969** 188 (189) bejaht Fahrunsicherheit bei einer Fluchtfahrt mit über 130 km/h in Verbindung mit mehrstündigem Arbeitstag und Fahrt zur Nachtzeit (BAK 1,2 ‰). OLG Düsseldorf NJW **1997** 1382 (1383) sieht bei einem Sachverhalt, der mit BGH DAR **1995** 166 vergleichbar ist,[352] Fahrunsicherheit als gegeben an, dies allerdings, ohne die Entscheidungen des BGH zu erwähnen. **111a**

(bb) **Kritik.** Die Rechtsprechung des BGH **vermag nicht zu überzeugen.** Sie baut vom Entschluss zur Flucht aus eine durchlaufende Kausalbeziehung für das weitere Geschehen auf und blendet dabei die Alkoholisierung im Wesentlichen aus. Dies erscheint methodisch verfehlt und läuft den allgemein anerkannten Ergebnissen der Alkoholforschung zuwider (Rdn. 16 ff, 100, 107). Bereits der Entschluss zu einer – zumeist ohnehin aussichtslosen (OLG Düsseldorf NJW **1997** 1382, 1383) – „Amokfahrt" mit weit überhöhter Geschwindigkeit ist deutliches Indiz für alkoholbedingte Realitätsferne, Selbstüberschätzung und erhöhte Wagnisbereitschaft. Spätestens beim Hinzutreten schwerwiegender Regelverstöße wie dem Überfahren mehrerer Kreuzungen bei Rotlicht (BGH DAR **1995** 166) wird sich die Beweislage zu einer für die Verurteilung ausreichenden Gewissheit verdichten. Eher noch mehr gilt dies für den Fall, dass der Fahrzeugführer seine Geschwindigkeit vor einer Kurve nicht rechtzeitig vermindert und in der Folge von der Fahrbahn abkommt (BGH NZV **1995** 80, 81; Rdn. 107) oder nach einem Wechsel der Fahrspur auf ein langsam fahrendes Fahrzeug infolge zu späten Erkennens der Gefahrenlage auffährt (BGH NStZ **1995** 88, 89). Dass der Betroffene zuvor „fehlerfrei gerast ist", wirkt sich nicht zu seinen Gunsten aus (hierzu Rdn. 107). Was die **„deutlich unsichere, waghalsige und fehlerhafte Fahrweise"** anbelangt, die auch nach Auffassung des BGH alkoholbedingte Fahrunsicherheit zu indizieren vermag, so erschließt sich im Übrigen nicht ohne Weiteres, wann von einer solchen ausgegangen werden könnte. Waghalsigkeit allein genügt offensichtlich nicht; denn alle Beschlüsse betrafen waghalsige **112**

---

[350] Auf der Linie des BGH auch OLG Jena VRS **111** 187; LG Leipzig BA **44** (2007) 382.

[351] BGH NStZ **1995** 88, 89; NZV **1995** 80; DAR **1995** 166; NZV **2000** 419. S. auch OLG Köln VRS **90** 119, 122; LG Hamburg DAR **1984** 126 [BAK 1,19 ‰]; LG Osnabrück DAR **1994** 128 [LS; BAK 0,72 ‰]: Berühren des Grünstreifens; für das Überfahren des Grünstreifens soll nach dem Leitsatz wohl anderes gelten, was allerdings schwerlich einleuchten würde.

[352] Geschwindigkeit von über 100 km/h auf innerörtlichen Straßen, streckenweise bei höchstzulässiger Geschwindigkeit von 30 km/h; Rotlichtverstoß [BAK um 0,8 ‰].

Fluchtfahrten. Waghalsigkeit in Verbindung mit Regelverstößen/Fahrfehlern reicht danach ebenfalls nicht aus. Es verbleibt das Element der „deutlich unsicheren Fahrweise". Allerdings können bei einigem Bemühen nahezu alle Unsicherheiten auf die überhöhte Geschwindigkeit und die Konzentration des Fahrzeugführers auf das Fluchtgeschehen zurückgeführt werden. Näheren Aufschluss gibt auch nicht der Hinweis auf OLG Koblenz VRS **45** 118, der sich sowohl in BGH NStZ **1995** 88 (89) als auch in BGH DAR **1995** 166 (und in BGH NZV **1995** 80 mittelbar) findet. Denn in der Entscheidung des OLG Koblenz dürfte es weniger um eine „deutlich unsichere" als um eine waghalsige und grob regelwidrige Fahrweise gegangen sein, wie sie auch den Beschlüssen des BGH zugrunde lag. Der Angeklagte hatte wohl versucht, das verfolgende Polizeifahrzeug durch wiederholtes Wechseln der Fahrbahn sowie abruptes Abbremsen am Überholen zu hindern bzw. „abzuschütteln" (OLG Koblenz VRS **45** 118, 120),[353] ein Verhalten, das sich genauso gut auf den Entschluss zur Flucht zurückführen lässt wie etwa der wiederholte Rotlichtverstoß.

113 (g) **Speziell: Auffälliges Langsamfahren.** Alkoholtypisch ist auch das von der Verkehrslage nicht veranlasste auffällige Langsamfahren (*Metter* BA **13** [1976] 241, 245). Allerdings spricht eine solche Verhaltensweise dafür, dass sich der Fahrzeugführer seiner Defizite bewusst ist und ihnen durch besonders vorsichtige Fahrweise Rechnung tragen will, also zumindest nicht einen Zustand alkoholbedingter Enthemmung aufweist (vgl. *Möhl* DAR **1971** 4, 6). Dementsprechend kann das Langsamfahren erst bei Hinzutreten weiterer Beweisanzeichen zur Annahme der Fahrunsicherheit führen. Solche zusätzlichen Beweisanzeichen können in einer fehlerhaften Fahrweise liegen, z.B., wenn die Fahrbahn nicht „gehalten" werden kann. Das Schlangenlinienfahren mit fast rhythmischen Abweichungen nach links und rechts in langsamer Fahrt ist typischer Ausdruck schwerer Trunkenheit und damit deutliches Zeichen für das Vorliegen von Fahrunsicherheit (*Penning* Alkohol, Drogen und Verkehrssicherheit S. 21). Aussagekräftige Indizien können auch aus dem Nachtatverhalten abgeleitet werden, etwa wenn sich zeigt, dass der Fahrzeugführer zu hinreichend raschen und koordinierten motorischen Leistungen nicht mehr in der Lage ist. OLG Düsseldorf verneint Fahrunsicherheit bei langsamer Fahrt auf der linken Fahrbahn aus nicht unschlüssigen Gründen[354] (VerkMitt. **1968** Nr. 112 S. 81, 82 [BAK 1,2 ‰]). Nach OLG Hamm DAR **1975** 249 muss sich der Tatrichter mit den Ursachen zweier „Schlenker" von 50 cm bis zu einem Meter in Richtung Fahrbahnmitte im Einzelnen auseinandersetzen.[355] OLG Hamm NJW **1975** 2251 (2252) sieht im Langsamfahren mit sehr hochtourig laufendem Motor ein relevantes Beweisanzeichen für alkoholbedingte Fahrunsicherheit [BAK 1,2975 ‰].[356]

---

[353] Er war den Beamten offenbar wegen Fahrens mit überhöhter Geschwindigkeit aufgefallen. Der auf diesen Umstand abhebende Abgrenzungsversuch des OLG Saarbrücken (VRS **72** 377, 379) geht ins Leere. Genügt „fehlerfreies Rasen" allein nicht, so kann bei einer Kombination mit zuvor gleichfalls fehlerfreiem zu schnellem Fahren kaum anderes gelten.

[354] Anhand früherer Erfahrungen erläuterte Befürchtung, dass aus einem an der Straße gelegenen Jazzkeller Jugendliche auf die Straße stürzen. Ablehnende Anm. von *Mayer* BA **6** (1969) 235 f; kritisch auch *v. Below* BA **6** (1969) 378, 382 f.

[355] Einlassung der Angeklagten, sie habe sich nach ihrer heruntergefallenen Handtasche gebückt, was allenfalls einen der Schlenker erklärt hätte [BAK 1,23 bis 1,28 ‰].

[356] Weitere Beweisanzeichen: Der Fahrer hatte sich nicht mehr fahrsicher gefühlt, was darin zum Ausdruck gekommen war, dass er das Steuer einem seiner Freunde überlassen wollte; drei kleine Gläser Bier kurz vor Antritt der Fahrt.

(2) **Beweisanzeichen Vor-, Begleit- und Nachtatverhalten.** Die Ausfallerscheinung muss nicht notwendig mit der Fahrweise im engeren Sinn zusammenhängen. Vielmehr können auch das Verhalten des Fahrzeugführers vor und nach der Tat sowie das Verhalten bei Gelegenheit des eigentlichen Fahrgeschehens Zeugnis für die Aufhebung der im Verkehr erforderlichen Leistungsfähigkeit liefern (BGHSt **31** 42, 45 f; Rdn. 97). Zumeist werden solche Auffälligkeiten im Rahmen der Gesamtwürdigung lediglich stützend neben der signifikanten Fahrweise herangezogen. Das ist rein praktisch dadurch bedingt, dass bei unauffälliger Fahrweise ohne Unfallfolgen in aller Regel kein Anlass zur Kontrolle besteht. Es ist allerdings nicht ausgeschlossen, alkoholbedingte Fahrunsicherheit neben dem Grad der Alkoholisierung auch allein mit einer nicht die Fahrweise als solche betreffenden Ausfallerscheinung zu begründen (BGH aaO; BGHSt **44** 219, 226 [zu illegalen Drogen]). Ein Anwendungsfall dafür wäre etwa gegeben, wenn der Fahrzeugführer nach Beendigung der Fahrt zu keinerlei physischer und/oder gedanklicher Koordination mehr imstande ist, z.B. aus dem Wagen fällt und nicht mehr stehen und/oder reden kann. **114**

(a) **Koordinationsstörungen, Sprechstörungen, Gemütsverfassung.** Deutliche Anzeichen für fahrsicherheitsrelevante Beeinträchtigungen des Leistungsvermögens sind Störungen der Fähigkeit zu geordneter Koordination.[357] An erster Stelle steht die *Torkeln* genannte Gleichgewichtsstörung.[358] Sie ist von lediglich leichtem Schwanken zu unterscheiden, das auch durch die gewöhnliche Gehweise des Betroffenen oder u.U. durch eine „Steifheit der Glieder" bedingt sein kann (OLG Hamm VRS **37** 48, 49). Beweisanzeichen kann eine *lallende bzw. verwaschene Sprechweise* sein,[359] wobei aber insoweit präzise Feststellungen notwendig sind (BayObLG JR **1989** 79, 80). Das Gleiche gilt – in Verbindung mit anderen Anzeichen – für unveranlasst *aggressives Verhalten* (OLG Koblenz VRS **50** 288, 291; OLG Düsseldorf VRS **82** 125) und „wirres Gerede" (OLG Koblenz VRS **54** 282, 283). Dass der Fahrzeugführer dem berechtigten Einschreiten eines Polizeibeamten verständnislos gegenübergestanden und daran unsachliche Kritik geäußert hat, genügt allein nicht (OLG Hamm VRS **37** 48 f). Zu diesen Aspekten sowie zur „Alkoholfahne" gilt ergänzend das in Rdn. 122 Gesagte. **115**

(b) **Verhalten vor der Fahrt.** Über die in der vorstehenden Rdn. angesprochenen Aspekte hinaus können anerkanntermaßen im **Trinkverhalten** (Dauer, Art und Intensität des Alkoholkonsums) Anhaltspunkte dafür gefunden werden, dass der Fahrzeugführer in seiner Persönlichkeitsstruktur und seiner gesamten Leistungsfähigkeit so nachhaltig beeinträchtigt ist, dass er sein Fahrzeug nicht mehr sicher im Verkehr führen kann. Das gilt namentlich für die Aufnahme erheblicher Mengen Alkohol kurz vor Antritt der Fahrt (*„Sturztrunk"*, hierzu auch Rdn. 82). Es deutet nämlich auf einen weitgehenden Abbau der natürlichen Hemmungen und auf besondere Kritiklosigkeit des Täters aufgrund der Wirkung des schon zuvor eingenommenen Alkohols hin, wenn er sich der auch jedem Laien geläufigen Anflutungswirkung bei „sturzartiger" Einnahme von Alkohol aussetzt.[360] Für alkoholbedingte Enthemmung sprechen ferner z.B. der Entschluss, einen **116**

---

[357] Zum klinischen Befund s. Rdn. 121 ff.

[358] U.a. BGHSt **31** 42, 46; BayObLG vom 10.1.1991 2 St 279/90; OLG Düsseldorf VRS **82** 125; OLG Hamm VRS **37** 48, 49; OLG Koblenz VRS **50** 288, 291; OLG Köln BA **10** (1973) 135, 136; DAR **1973** 21; VRS **90** 119, 122.

[359] OLG Koblenz VRS **50** 288, 291; LG Gera DAR **1996** 156.

[360] BGHSt **24** 200, 204 f; BayObLG VRS **44** 285, 290; OLG Hamm VRS **51** 31, 33; OLG Oldenburg VRS **40** 200, 202. Eingehend und m.w.N. *Hentschel* Trunkenheit Rdn. 206 ff.

Umtrunk nach dem Besuch zweier Gaststätten fortzusetzen, nachdem der Fahrzeugführer eine Gaststätte bereits geschlossen vorgefunden hatte (BGH VRS **21** 54, 56), dass sich der Angeklagte trotz geringer Fahrübung zutraut, seine zahlreichen Gäste mit überladenem Fahrzeug und bei ungünstiger Gewichtsverteilung heimzubringen (vgl. BGH aaO), desgleichen u.U. der Entschluss, die Fahrt nach langem Arbeitstag und trotz erheblichen Alkoholkonsums und schlechter Witterungsbedingungen anzutreten (OLG Zweibrücken VRS **48** 104, 105), und der Antritt der Fahrt trotz widriger Straßenverhältnisse und schlechten Wetters, sofern jeder nüchterne Kraftfahrer angesichts der äußeren Bedingungen von einer Weiterfahrt Abstand genommen hätte (BayObLG JR **1990** 436 f). Auch der Antritt der Fahrt trotz mangelhafter Scheinwerferanlage und schadhaften (profillosen) Reifen kann als aussagekräftiges Beweisanzeichen anzusehen sein (OLG Köln BA **10** [1973] 135, 136).

117 (c) **Ausfälle während der Fahrt.** Anhaltspunkte für alkoholbedingte Fahrunsicherheit aufgrund von Ausfällen während der Fahrt[361] können u.a. vorliegen bei festgestellten Sehstörungen (BGH VRS **32** 40, 43),[362] mit aller Vorsicht bei unbegründetem Hupen (OLG Hamm VRS **39** 37, 38 f), nicht aber schon dann, wenn der Fahrzeugführer durch Licht- oder Hupsignale auf sein Nahen aufmerksam macht, weil er einen auf der Fahrbahn Wendenden bemerkt hat, ohne dass Anhaltspunkte dafür vorhanden sind, dass der Wendende in die Fahrbahn zurückstoßen will (OLG Stuttgart DAR **1968** 161), in Verbindung mit groben Fahrfehlern bei angeregter Unterhaltung, weil auf ungewöhnliche Unbekümmertheit und Redseligkeit hindeutend (OLG Hamm BA **3** [1965/1966] 394),[363] beim Fixieren einer Passantengruppe am Fahrbahnrand, um darin Begleiter für einen weiteren Gaststättenbesuch zu finden (OLG Saarbrücken DAR **1963** 336).[364] Aus einem „fliegenden Fahrerwechsel" während der Fahrt kann hingegen noch nicht ohne Weiteres auf alkoholbedingte Fahrunsicherheit geschlossen werden, sofern die Gründe dafür nachvollziehbar sind und der Fahrerwechsel ohne Komplikationen verläuft (BayObLG bei *Janiszewski* NStZ **1995** 584 [0,76 ‰]).

118 (d) **Verhalten nach der Fahrt.** *Allein* darin, dass sich der Fahrzeugführer der Blutentnahme *durch Flucht entzieht*, kann **kein** hinreichend sicheres Beweisanzeichen erblickt werden. Denn das Fluchtmotiv kann auf einer unübersehbaren Vielzahl von Gründen beruhen, u.a. darauf, dass der sich noch fahrsicher Fühlende fürchtet, es könne eine Blut- oder Atemalkoholkonzentration über dem Gefahrengrenzwert (0,5 ‰ bzw. 0,25 mg/l) festgestellt werden.[365] Andererseits können die näheren Umstände der Flucht auf eine alkoholbedingte Verkennung der Situation hindeuten. Das gilt etwa für Konstellationen, in denen sich der Fahrzeugführer zu einer von vornherein aussichtslosen, waghalsigen Fluchtfahrt entschließt (näher Rdn. 110 ff). Nicht aussagekräftig ist es, wenn der Betroffene den auf der Rückseite eines Polizeifahrzeugs beleuchteten Befehl „Folgen" in Verbindung mit einer aus dem Polizeifahrzeug herausgehaltenen Kelle dahin missversteht, er solle sogleich auf der Standspur der Autobahn anhalten (OLG Hamm BA **19** [1982] 191). „Situationsunvernünftiges" Verhalten der Art, dass der Kraftfahrer in einer Entfernung

---

[361] Zu Ausfallerscheinungen in der Fahrweise Rdn. 98 ff.

[362] Näher Fn. 324.

[363] Näher Fn. 326.

[364] Näher Fn. 327.

[365] OLG Düsseldorf VRS **78** 281, 282; OLG Magdeburg vom 25.8.1997 – 2 Ss 428/96; *Hentschel* Trunkenheit Rdn. 201. Abw. wohl LG Gera DAR **1996** 156 f. **AA** *Salger* DRiZ **1993** 311, 313. Zum Vorsatznachweis bei „Polizeiflucht" Rdn. 204.

von 25 Metern vor einer Polizeistreife anhält und sich zu Fuß zu den Polizeibeamten begibt, ist ein ambivalentes Phänomen. Es kann einerseits, weil möglicherweise auf einem alkoholbedingten Schätzfehler beruhend, ein Beweisanzeichen darstellen; u.U. will aber der Fahrzeugführer auch nur verhindern, dass die Beamten den Alkoholdunst im Wageninneren riechen (OLG Köln DAR **1973** 21). Ergänzend wird auf das in Rdn. 115 Gesagte verwiesen.

(e) **Einschätzung durch Zeugen.** Das Beweisanzeichen „Ausfallerscheinung im Leistungsverhalten des Fahrzeugführers vor und nach der Tat" steht und fällt naturgemäß mit der Qualität der zugrunde liegenden Zeugenaussagen. Hinreichende Aussagekraft kommt den Bekundungen von Zeugen dabei nur zu, wenn diese **objektivierbare Belegtatsachen vermitteln.** Demgegenüber gibt allein die nicht näher substantiierte Einschätzung eines Zeugen (auch eines Polizeibeamten), der Fahrzeugführer sei (stark) betrunken gewesen, für die richterliche Überzeugungsbildung wenig her.[366] Umgekehrt ist die Bekundung der Auskunftsperson ohne wesentlichen Belang, der Fahrer habe einen nüchternen Eindruck gemacht.[367] Dass Tatsache und Ausmaß der Trunkenheit anhand äußerlicher Symptome nicht nur für Laien, sondern auch für medizinische Fachleute nicht sicher wahrnehmbar sind, erweisen die Erfahrungen mit dem klinischen Befund (vgl. OLG Saarbrücken VerkMitt. **1957** Nr. 147 S. 74; Rdn. 121 ff). **119**

(f) **Einlassung des Beschuldigten.** Ähnlich wie mit Zeugenaussagen (Rdn. 119) verfährt die Rechtsprechung mit der Einlassung des Angeklagten. Ergeben sich daraus tatsächliche Anhaltspunkte für Leistungsbeeinträchtigungen, so werden sie natürlich verwertet.[368] Die Angaben müssen allerdings zur richterlichen Überzeugung festgestellt sein; bei einer Einlassung, die das Gericht nur als nicht widerlegt bezeichnet, ist dies nicht der Fall (OLG Hamm VRS **40** 362). Der **Selbsteinschätzung des Täters** in Bezug auf seine Fahrunsicherheit wird von der Rechtsprechung kein wesentlicher Aussagewert beigemessen. Nach OLG Köln DAR **1989** 352 (353) *ersetzt* die Angabe des Fahrzeugführers gegenüber einem Arzt, es habe sich um einen „betrunkenen Auffahrunfall" gehandelt, die objektiv nachprüfbare Feststellung der Fahrunsicherheit nicht. Das Gleiche gilt, wenn der Beschuldigte „seine alkoholbedingte Fahrunsicherheit" pauschal einräumt (OLG Zweibrücken BA **27** [1990] 70, 72). Nach BGH NZV **1995** 80 vermag die (konkretere) Bekundung des Beschuldigten gegenüber der Polizei, eine Geschwindigkeitsüberschreitung sei „ausschließlich auf seine Alkoholisierung" zurückzuführen, andere Beweisanzeichen nicht einmal zu ergänzen. Denn „diese – naturgemäß einer Objektivierung ohnehin kaum zugängliche – Selbsteinschätzung wäre auch mit der Annahme vereinbar, dass zwar eine alkoholbedingte Enthemmung vorlag, sie aber noch keinen solchen Grad erreichte, dass deshalb die Fahrtüchtigkeit aufgehoben war." Allerdings war der Tatrichter aufgrund dieser Aussage in Verbindung mit weiteren aussagekräftigen Indizien (waghalsige Flucht und anschließendes Versagen, s. Rdn. 111 f) zur Überzeugung gelangt, der Täter sei fahrunsicher gewesen. Dass die Heranziehung einer solchen (glaubhaften) Einlassung als rechtsfehlerhaft anzusehen ist, wird sich dabei schwerlich behaupten lassen **120**

366 OLG Düsseldorf BA **19** (1982) 378, 379; OLG Hamm BA **2** (1963/1964) 236; s. hierzu auch Rdn. 96 f.

367 BGH VRS **4** 549, 550; **8** 199, 201; OLG Düsseldorf VerkMitt. **1958** Nr. 26 S. 12; OLG Koblenz VRS **3** 279, 281; OLG Oldenburg DAR **1957** 300; OLG Saarbrücken VerkMitt. **1957** Nr. 147 S. 74.

368 Zu Auffälligkeiten, die wohl nur anhand der Angaben des Angeklagten hatten festgestellt werden können, s. Fn. 324 und 327.

(vgl. z.B. OLG Köln VRS 37 200). Wenn der BGH gleichwohl nach anderen, vielleicht *auch* denkbaren Annahmen sucht, so stellt dies zunächst einen unzulässigen Eingriff in die richterliche Beweiswürdigung dar. Darüber hinaus ist unklar, wie der Tatrichter Fahrunsicherheit überhaupt noch „revisionssicher" soll begründen können, wenn ihm aufgegeben wird, hinsichtlich einzelner Indizien zwischen verschiedenen Graden alkoholbedingter Enthemmung zu differenzieren.

121 (g) **Klinischer Befund.** Sehr zurückhaltend wird allgemein der Trunkenheitsbefund (klinische Befund) des die Blutentnahme durchführenden Arztes beurteilt. Diese skeptische Haltung geht auf die Ergebnisse zahlreicher empirischer Untersuchungen[369] zurück, nach denen die klinische Diagnose mit der festgestellten Blutalkoholkonzentration vielfach nicht in Übereinstimmung zu bringen ist, und zwar sowohl in der Richtung, dass bei gravierenden BAK-Werten nicht selten eine „nicht merkbare" oder „leichte" Alkoholisierung diagnostiziert wird,[370] als auch in der umgekehrten, dass nämlich bei Personen mit unbedeutenden BAK-Werten (bis zu 0,15 ‰) oder gar ohne Alkoholkonsum sämtliche Alkoholisierungsgrade bis hin zur starken Alkoholbeeinträchtigung konstatiert werden.[371] Nach Schätzungen wird in etwa 44 % der Fälle eine falsche Diagnose gestellt (*Forster/Joachim* Blutalkohol und Straftat S. 25). Die Fehlerbreite ist durch eine Palette von Umständen bedingt. Grundsätzlich ist darauf hinzuweisen, dass Trunkenheit, zumal in der besonderen Situation der von der Polizei veranlassten Blutentnahme, nicht exakt wahrnehmbar ist. So besteht zwischen der tatsächlichen Alkoholisierung und dem Auftreten bestimmter Trunkenheitssymptome anerkanntermaßen keine unmittelbare Beziehung (*Elbel/Schleyer* Blutalkohol S. 180). Darüber hinaus gelingt es zahlreichen Probanden, sich „äußerlich zusammenzureißen", für die begrenzte Zeit der Untersuchung also sämtliche noch vorhandenen Kräfte zu mobilisieren und die Prüfung „durchzustehen".[372] Der mit der Sistierung (*Metter* BA **13** [1976] 241, 246) oder einem Unfall (OLG Hamm BA **41** (2004) 356 [Z]) verbundene Ernüchterungseffekt tritt hinzu. Große Bedeutung ist auch dem Zeitpunkt der Untersuchung beizumessen. Er liegt in der Regel einige Stunden nach Trinkende, so dass sich der Proband in der Eliminationsphase befindet, in der die äußerlichen Trunkenheitssymptome bereits wieder abklingen.[373] Diese Aspekte ver-

[369] *Elbel/Schleyer* Blutalkohol S. 180 ff; *Forster/Joachim* Blutalkohol und Straftat S. 22 ff; *Ducho* BA **4** (1967) 128; *Heifer* BA **2** (1963/1964) 244; *Klose/Darschin* BA **10** (1973) 410; *Krauland/Rose/Freudenberg* BA **2** (1963/1964) 514; *Legat* BA **22** (1985) 272, 286; *Penttilä/Tenhu/Lehti/ Kataja* BA **8** (1971) 99; vgl. auch *Penttilä/Kataja/Tenhu* BA **12** (1975) 24; *Rasch* BA **6** (1969) 129.

[370] *Klose/Darschin* BA **10** (1973) 410, 411: 14,9 % von Personen mit BAK-Werten zwischen 2,5 und 3,0 ‰ wurden als „leicht", 3,63 % als „nicht merkbar" unter Alkoholeinfluss stehend, 26 % von Personen mit einer BAK von über 3 ‰ als „leicht" unter Alkoholeinfluss stehend bezeichnet.

[371] Insbesondere *Penttilä/Tenhu/Lehti/Kataja* BA 8 (1971) 99, 108 ff; dort (S. 110 ff) auch zu möglichen Erklärungen.

[372] *Elbel/Schleyer* Blutalkohol S. 180 ff, s. dort (S. 190) die plastischen Beispiele von einem Arzt, der sämtliche Tests tadellos besteht, nach deren Abschluss aber zu Boden schlägt, und von einem anderen Vorgeführten, der, nachdem ihm vom Entnahmearzt bescheinigt worden ist, „nicht merkbar unter Alkohol" zu stehen, in Gegenwart des Arztes und der Polizeibeamten auf den Teppich des Sprechzimmers uriniert (BAK 1,6 ‰). Weiterer Anwendungsfall in OLG Saarbrücken VerkMitt. **1957** Nr. 147 S. 74. Zu einem Urteil, in dem der Tatrichter entsprechende Anspannung kurzerhand unterstellt hat, OLG Köln BA **3** (1965/1966) 392, 393.

[373] S. etwa *Metter* BA **13** (1976) 241, 246; *Seidl/Müller/Reinhardt* BA **31** (1994) 186, 194, wonach sich die Beeinträchtigungen des Gleichgewichtssystems zwei Stunden nach

mögen allerdings nur solche Befunde zu erklären, mit denen ein zu geringer Trunkenheitsgrad festgestellt wird, die sich für den Probanden in Bezug auf die Feststellung der Fahrunsicherheit[374] *also günstig* auswirken, nicht aber die Diagnose der Alkoholbeeinflussung *bei (praktisch) nicht alkoholisierten* Personen. Insofern dürfte Voreingenommenheit des Untersuchers eine maßgebende Rolle spielen; er kann davon ausgehen, dass die Polizei den Betroffenen nicht ohne Grund vorführt (vgl. *Penttilä u.a.* BA **8** [1971] 99, 113). Ein Teil des rechtsmedizinischen Schrifttums hält den klinischen Befund angesichts der Unsicherheiten insgesamt für „völlig wertlos" (*Elbel/Schleyer* Blutalkohol S. 190 m.w.N.). Andere verweisen auf bessere Ergebnisse, sofern die Untersuchung von erfahrenen Ärzten im Gegensatz zu „Gelegenheitsuntersuchern" durchgeführt und das Verfahren verbessert wird.[375]

Mit der wohl h.M. ist hinsichtlich der Aussagekraft des klinischen Befundes zu differenzieren: Einerseits kann *allein* auf das nicht durch konkrete Belegtatsachen objektivierte Gesamturteil des untersuchenden Arztes[376] in Verbindung mit dem festgestellten BAK-Wert *nicht* die Annahme der Fahrunsicherheit gestützt werden, und zwar auch dann nicht, wenn ein geübter Untersucher tätig geworden ist (OLG Hamburg BA **11** [1974] 433, 434). Umgekehrt vermag ein *negativer* klinischer Befund grundsätzlich nicht das Ergebnis einer Blutprobenanalyse in Verbindung mit sonstigen Beweisanzeichen zu erschüttern.[377] Indessen ist kein Grund ersichtlich, warum den durch den Arzt getroffenen tatsächlichen Feststellungen jegliche Beweisbedeutung abgesprochen werden sollte. Andernfalls würde man den Erhebungen des Arzts selbst noch den Beweiswert „der Bekundungen eines beliebigen anderen Zeugen" (vgl. *Rasch* BA **6** [1969] 129, 139) absprechen, was gewiss zu weit ginge. Die Rechtsprechung zieht daher die Untersuchungsergebnisse mit Recht heran, wobei sie aber betont, dass diese „je nach dem Grad der festgestellten Ausfallerscheinungen sorgfältig daraufhin geprüft werden [müssen], ob sie von einem geübten Arzt durchgeführt, wie sie vorgenommen worden sind und um welche Art von Tests es sich im Einzelnen" gehandelt hat (OLG Hamm BA **17** [1980] 171, 172; 172, 173).[378] Kommt es auf die Feststellungen des Arztes entscheidend an, so muss er vernommen werden (OLG Hamm aaO).[379] Fälle, in denen nur aufgrund des Alkoholspiegels in Verbindung mit dem klinischen Befund alkoholbedingte Fahrunsicherheit **121a**

Trinkende trotz noch hoher Alkoholkonzentration bereits wieder Nüchternwerten annähern.

374 Anders bei der Feststellung der Schuldfähigkeit; s. *Rasch* BA **6** (1969) 129, 130.

375 *Ducho* BA **4** (1967) 128 ff; *Heifer* BA **2** (1963/1964) 244, 256 ff; s. auch *Krauland/Rose/Freudenberg* BA **2** (1963/1964) 514; *Penttilä/Kataja/Tenhu* BA **12** (1975) 24; vgl. auch *Seidl/Müller/Reinhardt* BA **31** (1994) 186, 187 ff; *Schmidt/Dettmeyer/Padosch/Madea* BA **41** (2004) 1, 5 ff.

376 Etwa des Inhalts, der Fahrzeugführer sei „mittelgradig betrunken (1,5–2,0 ‰)" (OLG Hamburg BA **11** [1974] 433, 434). S. auch *Legat* BA **22** (1985) 272, 286.

377 OLG Hamm BA **2** (1963/1964) 236 m. Anm. *Westarp* ebd. S. 237; BA **6** (1969) 430, 431; OLG Hamm BA **41** (2004) 356 [Z]; anders aber bei krassem Auseinanderlaufen: 3,37 ‰ versus „nur leichte Alkoholbeeinflussung"; der Richter darf dann Einwände, die Blutprobe sei vertauscht werden, nicht ohne Weiteres übergehen; OLG Köln VRS **42** 364, 365; OLG Saarbrücken BA **41** (2004) 72 (Mischintoxikation illegaler Drogen); *Forster/Joachim* Blutalkohol und Straftat S. 22. Positiver gegenüber dem klinischen Befund OLG Köln BA **3** (1965/1966) 392, 393; 609, 610.

378 S. auch BayObLG JR **1989** 79, 80; OLG Hamm VRS **33** 440, 441; **36** 49, 50 f; **53** 117, 118 f.

379 Zum u.U. geringen Ertrag einer Zeugenvernehmung des Arztes *Rasch* BA **6** (1969) 129, 136 ff.

angenommen wird, sind in der Praxis außerordentlich selten.[380] Dem klinischen Befund kommt freilich bei der Beurteilung der Fahrunsicherheit aufgrund anderer Rauschmittel eine erhebliche Bedeutung zu (im Einzelnen Rdn. 162 ff).

122 (aa) **Disposition des Beschuldigten.** Für alkoholbedingte psychische Enthemmung sprechen Redseligkeit, Euphorie, grobes Schimpfen, zornige Gereiztheit oder Weinerlichkeit; desgleichen können erschwerte Ansprechbarkeit und gestörte Orientierung sowie „schwere Sprache" Ausdruck der Alkoholwirkung sein (*Elbel/Schleyer* Blutalkohol S. 182). Die genannten Ausfallerscheinungen sind allerdings lediglich geeignet, das Gesamtbild abzurunden. Die Annahme der Fahrunsicherheit rechtfertigen sie nur im Zusammenwirken mit weiteren Umständen. Den Befunden zu Sprachstörungen sowie zu Beeinträchtigungen des Orientierungsvermögens wird dabei höhere „Wertigkeit" beigemessen als anderen.[381] Gerötete oder „verschwommene" Augen geben genauso wie eine gerötete Gesichtsfarbe nicht mehr als schwache Hinweise (vgl. *Elbel/Schleyer* aaO S. 181, 183). Der Alkoholgeruch in der Atemluft (die *„Alkoholfahne"*) ist kein aussagekräftiges Beweisanzeichen (OLG Hamm VRS **30** 118, 120; vgl. auch OLG Düsseldorf VRS **78** 281, 283); er zeugt allenfalls für den Konsum, nicht aber für Menge und Wirkungsgrad des Alkohols (BayObLG JR **1989** 79, 80; *Elbel/Schleyer* Blutalkohol S. 183).

123 (bb) **Bewegungs- und Konzentrationstests.** Im Rahmen der **Probe nach Romberg** wird das Stehen mit geschlossenen Augen und parallel gestellten Füßen, im „verschärften Romberg" das Gehen mit offenen oder geschlossenen Augen geradeaus, möglichst Fuß hinter Fuß, untersucht (*Elbel/Schleyer* Blutalkohol S. 180). Beim **Tretversuch nach Unterberger** müssen mit nach vorne ausgestreckten Armen in schneller Folge Schritte auf der Stelle ausgeführt werden, wobei die Augen verbunden sind (*Seidl u.a.* BA **31** [1994] 186, 189). Weitere Tests betreffen die Kehrtwendung auf dem Absatz, der Einbeinstand, das Zusammenführen der Fingerspitzen mit geschlossenen Augen (Finger-Finger-Probe), den „Finger-Nasen-Versuch" sowie das Aufheben kleiner Gegenstände vom Fußboden.[382] Sämtliche Leistungstests sind nur auf freiwilliger Basis möglich. Die Erfahrung lehrt aber, dass zahlreiche Beschuldigte sich darauf einlassen. Dafür wird zumeist das Bestreben maßgebend sein, die eigene Leistungsfähigkeit unter Beweis zu stellen. Dies gelingt selbst stärker alkoholisierten Personen nicht selten. Ein negativer Befund vermag im Hinblick darauf keinen Beweis für die Fahrsicherheit zu erbringen (Rdn. 121). Andererseits treten im Rahmen der genannten Tests häufig auch bei nicht alkoholisierten Personen Auffälligkeiten auf,[383] weswegen die Ergebnisse prinzipiell nicht als geeignete Indizien für Fahrunsicherheit gewertet werden können; das gilt vor allem für „leichtes Schwanken" im

---

380 In der veröffentlichten Rechtsprechung soweit ersichtlich nur OLG Hamm laut Anmerkung zu OLG Hamm VRS 53 117 (aaO S. 119 f [BAK 1,22 ‰ in Verbindung mit starken Ausfallerscheinungen beim Romberg-Test, der Kehrtwendung, den Fingerproben, mittelweiten Pupillen]).

381 OLG Hamm VRS 33 440, 441; *Ducho* BA 4 (1967) 128, 132; *Heifer* BA 2 (1963/1964) 244, 254 f.

382 Tabellarische Übersicht über gebräuchliche Leistungstests bei *Madea/Mußhoff* Handbuch Verkehrsrecht S. 2165.

383 Insbesondere *Penttilä/Tenhu/Lehti/Kataja* BA **8** (1971) 99, 111: im Rahmen des Romberg-Tests fehlerhafte Leistungen bei 77,1 %, im Rahmen der Fingerprobe bei 58 % jeweils des „Nullmaterials". S. andererseits *Seidl/Müller/Reinhardt* BA 31 (1994) 186, 187 ff zu guten Ergebnissen des Romberg-Tests, der mittels Cranio-Corpo-Graphie aufgezeichnet und ausgewertet wird.

Romberg-Test.[384] Eine Ausnahme ist jedoch anzuerkennen für *grobe* Ausfallerscheinungen, z.B., wenn sich der Proband kaum auf den Beinen halten kann, wenn er in starkem Maße schwankt oder torkelt usw. (*Hentschel* Trunkenheit Rdn. 219).[385] Dem Vorbringen des Angeklagten, aufgetretene Koordinationsstörungen seien nicht auf die Alkoholwirkung, sondern auf die winterliche Bekleidung und eine rheumatische Erkrankung zurückzuführen, muss der Richter nachgehen (OLG Hamm BA **17** [1980] 171, 172). Zur Bedeutung von Bewegungstests bei Fahrunsicherheit aufgrund anderer berauschender Mittel s. Rdn. 164.

(cc) **Prüfung des Sehvermögens.** Alkohol beeinträchtigt den optischen Apparat in besonderem Maße; fahrsicherheitsrelevant ist vor allem die dadurch ausgelöste Verzögerung der sicheren Blickeinstellung, die sich bei schnellem Fahren, beim Kurvenfahren, bei Geschwindigkeitsveränderungen und bei Erschütterungen nachteilig auswirkt (*Heifer u.a.* BA **3** [1965/1966] 537, 555; Rdn. 16a). Vor diesem Hintergrund stehen Versuche, diese alkoholtypischen Leistungsstörungen anhand objektivierter Methoden nachzuweisen. Trotz der auf diesem Gebiet durch die medizinisch-naturwissenschaftliche Forschung erzielten Erfolge spielt der klinische Befund bezüglich des optischen Apparats des alkoholisierten Fahrers forensisch eine nur untergeordnete Rolle. Zur Bedeutung der Prüfung des Sehvermögens bei **Drogenintoxikation** im Einzelnen Rdn. 162. **124**

(i) **Drehnachnystagmus.** Unter Nystagmus wird ein schnelles rhythmisches Augenzittern in horizontaler oder vertikaler Richtung als Folge wirklicher oder scheinbarer Bewegungen der Umwelt verstanden; der Nystagmus kann vom Menschen nicht beeinflusst werden (*Möller* Drogenerkennung im Straßenverkehr S. 122). Zentralnervöse, möglicherweise durch Alkohol bedingte Ausfallerscheinung ist ein mehr oder weniger lange dauerndes Nachzittern des Auges beim Fixieren eines Gegenstandes. Sie wird im Drehnachnystagmus untersucht, bei dem der Proband innerhalb von zehn Sekunden mehrfach um die eigene Körperachse gedreht wird und danach den 25 cm von seiner Nase entfernten Finger des Untersuchers zu fixieren hat (vgl. OLG Koblenz VRS **85** 436, 438).[386] Das Nachzittern des Auges entsteht bzw. verlängert oder verstärkt sich regelmäßig unter Alkoholeinfluss. Derartige Fixationsschwächen sind allerdings nicht alkoholspezifisch; sie treten auch bei Nüchternen auf, etwa nach zentralnervösen Erkrankungen oder bei Erkrankungen des Auges sowie nach der Einnahme von Medikamenten (vgl. *Heifer* BA **1** [1961/1962] 257, 258; *ders.* BA **21** [1984] 535 f). Ein Nachzittern von mehr als zehn Sekunden gilt als auffällig (*Möller* Drogenerkennung im Straßenverkehr S. 122).[387] Die Messung sollte möglichst mittels elektronystagmographischer Ableitung erfolgen. Mindesterfordernis einer Messung ohne derartige technische Hilfsmittel ist eine Uhr mit Sekundenzeiger. Besser geeignet sind aber Stoppuhren, Die Untersuchung setzt einschlägige Erfahrungen voraus, wohingegen die Ergebnisse unerfahrener „Gelegenheitsuntersucher" als wertlos gelten (vgl. OLG Hamm aaO S. 118 f auf der Grundlage eines Gutachtens *Heifers*). **125**

---

384 OLG Hamm VRS **33** 440, 441; **53** 117, 118; OLG Köln NJW **1967** 310, 312; OLG Saarbrücken BA **41** (2004) 72 [Drogenintoxikation]; vgl. auch OLG Düsseldorf VerkMitt. **1980** Nr. 31 S. 24; *Hentschel* Trunkenheit Rdn. 224. S. auch *Penttilä/Tenhu/Lehti/Kataja* BA **8** (1971) 99, 111.

385 In diesem Sinne auch OLG Hamm im Anschluss an *Heifer*, hierzu Fn. 380.

386 Zum Auslenkungsnystagmus *Möller* Drogenerkennung im Straßenverkehr S. 122 f.

387 Angesprochen in OLG Jena BA **44** (2007) 182, 183 (Mischintoxikation von Alkohol und Cannabis).

126 Ein Erfahrungssatz des Inhalts, dass ab einer bestimmten Intensität des Drehnachnystagmus von Fahrunsicherheit ausgegangen werden kann, **ist in der Rechtsprechung nicht anerkannt.**[388] Soweit ersichtlich existiert aber auch noch keine obergerichtliche[389] Entscheidung, mit der das Ergebnis des Drehnachnystagmus **als geeignetes Beweisanzeichen** für Fahrunsicherheit anerkannt worden ist.[390] Betont wird jeweils, dass den Messergebnissen Aussagekraft allenfalls dann beizumessen sei, wenn ein nach Dauer und Stärke signifikant vom Nüchternwert (Nullwert) abweichender, *„grobschlägiger Drehnachnystagmus"* festgestellt worden sei.[391] Mit Rücksicht darauf, dass die Fixationsschwächen auch bei nicht alkoholisierten Personen auftreten, ist zwingende Voraussetzung für eine Verwertung, dass als Vergleichswert *ein Nüchternbefund dieses Fahrers zur Verfügung steht.*[392] Dies macht zugleich eine der immanenten Schwächen aus, weil der Nüchternbefund ohne Mitwirkung des Angeklagten nicht zu erlangen ist (vgl. *Hentschel* Trunkenheit Rdn. 221). Schließlich muss der Richter ggf. Erhebungen dazu treffen, ob ein erfahrener Untersucher tätig geworden ist und welche Methode er angewandt hat (OLG Hamm BA **17** [1980] 172, 173). Sind all diese Voraussetzungen erfüllt, so ist indessen kein überzeugender Grund ersichtlich, warum der – sachverständig beratene – Richter die Messbefunde nicht sollte als ein Indiz neben anderen heranziehen dürfen. Dies gilt namentlich, wenn man den Vergleich zu sonstigen, für sich genommen gewiss nicht weniger unsicheren äußeren Beweisanzeichen zieht.

127 (ii) **Pupillenreaktion.** Ähnliches wie für den Drehnachnystagmus gilt für die Pupillenreaktion allgemein. Ein sicherer Rückschluss vom Verhalten der Pupille auf den Blutalkoholwert ist nicht möglich (*Forster/Joachim* Blutalkohol und Straftat S. 23). Insbesondere eine träge Pupillenreaktion einer sonst gesunden Person bei normaler Beleuchtung, aber auch mittelweite Pupillen in einem überhellen Raum können allerdings auf eine zentrale, toxische Beeinflussung hinweisen (vgl. OLG Hamm VRS **53** 117, 118, 119 f). Ausfallerscheinungen bei der Pupillenreaktion können im Einzelfall als ein (schwaches) Indiz für die richterliche Überzeugungsbildung verwertet werden (OLG Hamm aaO), dies aller-

---

[388] OLG Hamm VRS **53** 117, 119; OLG Köln NJW **1967** 310, 311 f; BA **12** (1975) 143, 144; OLG Zweibrücken BA **21** (1984) 534, 535; *Hentschel* Trunkenheit Rdn. 221.

[389] S. allerdings AG Tecklenburg NZV **1989** 83 [überhöhte Geschwindigkeit in Verbindung mit Drehnachnystagmus von 14 Sekunden bei BAK-Wert von 1,25 ‰, wohl ohne Nüchternbefund und ohne die weiter erforderlichen Feststellungen und deswegen nicht haltbar].

[390] Nicht abschließend entschieden in OLG Hamm VRS **33** 442, 443; VRS **53** 117, 119; BA **17** (1980) 172, 173; OLG Koblenz VRS **85** 436; OLG Köln BA **12** (1975) 143, 144; sehr skeptisch OLG Zweibrücken BA **21** (1984) 534, 535; NZV **1996** 158. Befürwortend *Heifer* BA **28** (1991) 121, 124 f; wohl auch *Forster/Joachim* Blutalkohol und Straftat S. 23. Relativierend *Hentschel* Trunkenheit Rdn. 222 [„nur bedingte ergänzende Bedeutung"].

[391] OLG Hamm VRS **33** 442, 443; BA **17** (1980) 172, 173; OLG Koblenz VRS **85** 436; OLG Köln BA **12** (1975) 143, 144; VRS **65** 440; OLG Zweibrücken BA **21** (1984) 534, 535 m. zust. Anm. *Heifer;* OLG Zweibrücken NZV **1996** 158; *Forster/Joachim* Blutalkohol und Straftat S. 24; *Heifer/Sellier/Kutzner* BA **3** (1965/1966) 537, 555. S. auch die Faustformel zur Berechnung der BAK bei *Möller* Drogenerkennung im Straßenverkehr S. 122. Zu Zweifeln in Bezug auf die Trennschärfe der Abgrenzung gegenüber mittel- oder feinschlägigem Drehnachnystagmus *Hentschel* Trunkenheit Rdn. 221 m.w.N.

[392] BayObLG JR **1989** 79, 80; OLG Hamm VRS **33** 442, 443; BA **17** (1980) 172, 173; OLG Koblenz VRS **85** 436; OLG Köln BA **12** (1975) 143, 144; VRS **65** 440; OLG Zweibrücken BA **21** (1984) 534, 535; NZV **1996** 158; *Heifer/Sellier/Kutzner* BA **3** (1965/1966) 537, 556.

dings unter der Prämisse, dass die Befunde ordnungsgemäß erhoben sind. Dafür muss sich der Richter ein Bild über die näheren Umstände der Untersuchung verschaffen. Auch hier dürfte ein Nüchternbefund des Probanden unverzichtbar sein. Der Richter muss sich sachverständiger Hilfe bedienen, will er aus der Pupillenreaktion Schlüsse auf das Vorliegen von Fahrunsicherheit ziehen.

cc) **Beweisanzeichen innere Umstände.** Allein mit erschwerenden Umständen in der Person oder Disposition des Fahrzeugführers in Verbindung mit dem Alkoholisierungsgrad kann die Annahme der Fahrunsicherheit nach der Rechtsprechung nicht begründet werden.[393] Hinzu treten muss „grundsätzlich" (stets) **eine Ausfallerscheinung im Leistungsverhalten**, die bei hohem Alkoholspiegel allerdings schwach ausgeprägt sein kann (Rdn. 90, 97). Widrige innere Umständen entfalten im Rahmen der Gesamtschau demnach nur stützende Funktion. Als „innere Indizien" kommen im Prinzip sämtliche Defekte dauernder oder vorübergehender Art in Betracht. Eine Reihe fahrsicherheitsrelevanter körperlicher und geistiger Mängel ist unter § 315c Rdn. 48 ff zusammengefasst. Darüber hinaus ist geringe Fahrpraxis generell, u.U. aber auch mit dem konkret gefahrenen Fahrzeug zu nennen. Von praktischer Bedeutung sind vor allem Ermüdung bzw. Übermüdung, Krankheit sowie der Einfluss von Medikamenten und illegalen Drogen. Hervorzuheben ist, dass die Alkoholisierung für den Zustand der Fahrunsicherheit nur **mitursächlich** gewesen sein muss. § 316 ist demgemäß erfüllt, wenn die im Verkehr erforderliche Leistungsfähigkeit zwar allein aufgrund der Alkoholwirkung nicht aufgehoben worden wäre, wohl aber im Zusammenwirken mit einem beim Betroffenen aus anderen Gründen vorhandenen Defekt (s. auch Rdn. 178 ff). 128

(1) **Disposition des Beschuldigten.** Eine wichtige Rolle unter den zusätzlichen Beweisanzeichen in der Disposition des Beschuldigten spielt in der Praxis die **Ermüdung/Übermüdung.**[394] Übermüdung kann bereits für sich genommen zu Leistungsminderungen führen, die denen nach beachtlichem Alkoholkonsum entsprechen (§ 315c Rdn. 62 ff). Dass die nachteiligen Wirkungen des Alkohols bei Hinzutreten von (hochgradiger) Müdigkeit verstärkt bzw. potenziert werden, ist vielfach erwiesen und dementsprechend ganz unumstritten (BGH VRS **14** 282, 284 f; BGHSt **13** 83, 90; *Forster/Joachim* Blutalkohol und Straftat S. 154), wenngleich kein Erfahrungssatz des Inhalts existiert, dass allein Übermüdung in Verbindung mit (auch im Grenzbereich liegender) Alkoholisierung Fahrunsicherheit bewirkt (vorstehende Rdn.), weswegen es namentlich im Bereich geringerer Alkoholbelastung diesbezüglicher Feststellungen bedarf (BayObLG DAR **2003** 428 [BAK 0,5 ‰]). Als dispositionelles Beweisanzeichen sind durch die – in diesem Punkt freilich nicht sehr ergiebige – Rechtsprechung zur Feststellung der Fahrunsicherheit[395] ferner anerkannt bzw. erörtert worden schmächtige körperliche Konstitution und altersbedingte Alkoholempfindlichkeit (OLG Köln VRS **34** 46, 47 [BAK 1,1 129

---

393 Zur hier vertretenen Ausnahme bezüglich der Mischintoxikation von Alkohol mit illegalen Drogen/Medikamenten bei BAK-Werten im Grenzbereich „absoluter Fahrunsicherheit" Rdn. 137a.

394 Z.B. BGH VRS **14** 282, 284 f; BGHSt **13** 83, 90; VRS **16** 126, 128; **21** 54, 56; **22** 121, 123; **31** 107, 108; BGHSt **31** 42, 45 f; BayObLG NJW **1968** 1200, 1201; OLG Hamm NJW **1967** 1332; OLG Hamburg DAR **1968** 334, 335; OLG Karlsruhe VRS **58** 140; OLG Koblenz VRS **51** 36, 37 f; OLG Köln DAR **1973** 21; VRS **51** 33, 35 f.

395 Zu erhöhter Alkoholempfindlichkeit nach mehreren Schädelbrüchen im Rahmen der Schuldfähigkeitsprüfung BGH VRS **16** 186, 188 f.

bis 1,2 ‰]),[396] vorübergehende Alkoholüberempfindlichkeit nach vorhergehender Krankheit mit Alkoholentwöhnung und dauernde Alkoholüberempfindlichkeit aufgrund Hirnverletzung (OLG Bremen VRS 20 439, 440 [BAK 2,22 ‰; im Rahmen der actio libera in causa]) sowie „Grippe“ (BayObLG NJW **1968** 1200, 1201).

130 (2) **Medikamenten-/Drogeneinfluss.** Als zusätzliches „inneres“ Indiz kann es auch angesehen werden, wenn der alkoholisierte Fahrzeugführer zugleich unter dem Einfluss anderer Rauschmittel bzw. für sich genommen nicht berauschender Medikamente steht, die die nachteiligen Wirkungen des Alkohols intensivieren oder die in Wechselwirkung mit dem Alkohol ihrerseits toxische Wirkungen entfalten. Im Rahmen der hier inmitten stehenden Prüfung *alkoholbedingter* Fahrunsicherheit spielt dabei die Frage, ob die festgestellte zusätzliche Substanz selbst Rauschmittelqualität aufweist (hierzu Rdn. 139 ff),[397] in rechtlicher Hinsicht keine Rolle (OLG Hamburg NJW **1967** 1522, 1523). Maßgebend ist vielmehr, ob bei Interaktion des Alkohols mit der (den) anderen Substanz(en) die leistungsbeeinträchtigenden Wirkungen verstärkt (addiert, überaddiert oder potenziert)[398] werden. Denn für die Annahme der idealtypisch vorrangigen alkoholbedingten Fahrunsicherheit genügt die Mitursächlichkeit des Alkohols (Rdn. 179). Hinsichtlich der Wirkungszusammenhänge muss der Richter einen Sachverständigen hinzuziehen.

131 (a) **Tatsächliche Verbreitung.** Wie häufig unter dem aktuellen Einfluss von Alkohol und anderen potentiell leistungsbeeinträchtigenden Substanzen im Verkehr Fahrzeuge geführt werden, lässt sich nicht sicher ermitteln. Das ist nicht anders als in anderen Kriminalitätsbereichen auch. Zahlreiche Indikatoren weisen aber darauf hin, dass die Problematik quantitativ und qualitativ eine beachtliche Größe darstellt, ohne freilich in ihrer Bedeutung das Phänomen des „nur“ alkoholisierten Fahrens zu erreichen. Die Kombination von Alkohol mit illegalen Drogen/Medikamenten dürfte dabei häufiger vorkommen als das Fahrzeugführen nach Konsum anderer berauschenden Mitteln allein (hierzu Rdn. 145, 174). Für die Einschätzung der Lage geben die Kriminalstatistiken (*Kreuzer* Handbuch des Betäubungsmittelstrafrechts § 4 Rdn. 526) und die Verkehrsunfallstatistik (vgl. *Schöch* DAR **1996** 452, 453) nichts bzw. wenig her. Allerdings legt bereits die Verbreitung von Alkohol, illegalen Drogen (Rdn. 145) und von Medikamenten (Rdn. 174) in der „fahrenden“ Bevölkerung die Annahme nahe, dass zumindest gelegentlich nach Mischkonsum Fahrzeuge geführt werden. Diese Annahme wird durch die Ergebnisse der epidemiologischen Befragungsforschung gestützt (näher *Kreuzer* Handbuch des Betäubungsmittelstrafrechts § 4 Rdn. 527 ff). Ferner sind in überreicher Zahl epidemiologische Studien aus dem In- und Ausland vorhanden, im Rahmen derer Blut-, Urin- und Speichelproben auf das Vorhandensein einschlägiger Substanzen analysiert worden sind. Sie weisen vielfach, wenngleich mit außerordentlicher Schwankungsbreite im Detail, Mischintoxikationen von bedenklichem Ausmaß aus. Hinsichtlich der vorhandenen Untersuchungen muss deren methodischer Ansatz stets mit berücksichtigt werden. Der Großteil davon enthält die Auswertung von Blutproben unfallverletzter/bei Unfällen getöteter

---

[396] Neben Abkommen von der Straße; Alter des Angeklagten: 19 Jahre.

[397] Zur ausschließlichen Einnahme von Medikamenten ohne Rauschmittelcharakter als Ursache für einen geistigen Mangel im Sinne des § 315c Abs. 1 Nr. 1b s. § 315c Rdn. 56 ff.

[398] Zu dieser Unterscheidung *Forster/Joachim* Blutalkohol und Straftat S. 142; s. auch *Möller* Drogenerkennung im Straßenverkehr S. 86 ff.

Personen,[399] von Alkoholblutproben,[400] und von Blut- und Urinanalysen, die wegen des (zusätzlichen) Verdachts auf Drogen-/Medikamentenkonsum angeordnet worden sind[401] (*Krüger/Schulz/Magerl* Drogen- und Medikamentennachweis S. 53 ff).[402] Es ist davon auszugehen, dass Untersuchungen mit diesem Zuschnitt auf einer negativen Auslese beruhen und das Phänomen daher *tendenziell überschätzen.*[403] Sie erlauben daher keine „Hochrechnung" auf die Gesamtzahl einschlägiger Fahrten. Verlässlicheren Aufschluss über die tatsächlichen Verhältnisse könnte im Prinzip die Stichprobenerhebung in der unselektiert fahrenden Bevölkerung geben (*„Roadside Survey"*). Im Rahmen der bislang einzigen in Deutschland durchgeführten Erhebung dieser Art („Würzburger" bzw. „Deutscher Roadside Survey") sind knapp 21.000 Autofahrer befragt und 2.235 freiwillig abgegebene Speichelproben analysiert worden.[404] Die Untersuchung gelangt zu vergleichsweise niedrigen Belastungsquoten (*Krüger/Schulz/Magerl* Drogen- und Medikamentennachweis S. 49). Jedoch ist die Abgabe des Speichels von 8,3 % der Befragten verweigert worden („Non-Responder"); bei 33 % der Probanden konnte mangels genügenden Speichelvolumens keine Analyse durchgeführt werden, was u.U. mit der durch Cannabiskonsum typischerweise ausgelösten Mundtrockenheit zu tun hat; ferner ist der Speichel

---

399 Z.B. *Daldrup/Reudenbach/Kimm* BA **24** (1987) 144: 11 % der Alkoholblutproben mit BAK-Werten unter 1,3 ‰ waren cannabispositiv. *Kreuzer* (NStZ **1993** 209, 210) verweist auf Untersuchungen aus den USA, die hohe Alkohol-/Drogenanteile ergeben haben (bei 90 % der unter Cannabiseinfluss und bei 75 % der unter Kokaineinfluss stehenden Personen zugleich Alkohol); *Iwersen-Bergmann/Stein/Schmoldt* BA **41** (2004) 493: in 26,3 % der Blutproben von Cannabiskonsumenten auch Alkohol. S. auch *Bönke* NZV **1998** 393.

400 Z.B. *Joó* BA **32** (1995) 84, 87: In 10 % der Blutproben fanden sich andere Drogen bzw. Medikamente neben Alkohol, dabei in 39 von 54 Cannabis-Fällen und in 25 von 37 Benzodiazepin-Fällen; dort (S. 87 ff) auch zu teils abweichenden Studien aus der Schweiz und den USA. Nach im Jahr 1993 am Institut für Rechtsmedizin der Universität München durchgeführten Untersuchungen von 1246 Blutproben (wohl nicht ausschließlich Alkoholblutproben) auffällig gewordener Verkehrsteilnehmer waren 15,7 % cannabispositiv, 2,5 % kokainpositiv, 11,2 % enthielten Opiate, 13,3 % Benzodiazepine und 6,9 % Barbiturate (BA 31 [1994] 379, 381). S. auch *Möller* DAR **1993** 7, 8: Betäubungsmittel in 8,5 % der Alkoholblutproben nachweisbar, davon fast ausschließlich Cannabis, gefolgt von Heroin und Amphetaminen, und *Ulrich* BA **31** (1994) 165, 175: 3,6 % der Alkoholblutproben wiesen Benzodiazepine auf, bei zumeist sehr hohen BAK-Werten; in weiteren 14 % der Fälle war (nicht näher bezeichneter) Arzneimittelkonsum angegeben worden.

401 Z.B. *Brauchle/Weinmann/Pollak* BA **34** (1997) 385, 390: jeweils in etwa 60 % der Benzodiazepin-Fälle und der Cannabis-Fälle, in über 35 % der Opiat-Fälle, in etwas über 30 % der Kokain-Fälle und in ca. 25 % der Methadon-Fälle zugleich Alkohol; *Daldrup* Cannabis im Straßenverkehr; *Geywitz/Graw/Mallach* BA **28** (1991) 193; *Iwersen-Bergmann/Stein/Schmoldt* BA **41** (2004) 493; *Bönke* NZV **1998** 393 zu einer schwedischen Untersuchung, die in breitem Umfang Mischintoxikationen ergeben hat.

402 S. dort (S. 56 f) die instruktive Synopse der ausgewerteten 69 Studien aus dem In- und Ausland.

403 Im Einzelnen *Kreuzer* Handbuch des Betäubungsmittelstrafrechts § 4 Rdn. 537 ff; *Krüger/Schulz/Magerl* Drogen- und Medikamentennachweis S. 53 ff. S. auch *Mischkowitz/Möller/Hartung* Gefährdung durch Drogen S. 116 ff; *Harbort* NZV **1997** 209, 210; *Kannheiser/Maukisch* NZV **1995** 417, 424; *Kreuzer* NStZ **1993** 209, 210; *Salger* DAR **1994** 433, 436; *Schütz/Weiler* BA 30 (1993) 137, 138.

404 Erhebungen in Unterfranken und Thüringen im Zeitraum von 1992 bis 1994. Zu den Details *Krüger* in: Medikamente im Straßenverkehr S. 3, 8 ff.

als nicht ganz sicheres Untersuchungsmaterial anzusehen (*Kauert* DAR **1996** 447, 449 f; *ders.* BA 37 [2000] Supplement 1 S. 76 ff).[405] Der „Würzburger Roadside Survey" ist demnach gleichfalls mit methodischen Problemen behaftet.

131a Nach den verfügbaren Erkenntnisquellen steht hinsichtlich des gleichzeitigen Missbrauchs von Alkohol und illegalen Drogen **Cannabis phänomenologisch im Vordergrund,**[406] jedoch greifen auch Kokainkonsumenten nicht selten zugleich zum Alkohol (*Möller* Drogenerkennung im Straßenverkehr S. 85). Die Erscheinung **„Alkohol und Medikamente"** ist in ihrer tatsächlichen Relevanz durch den Mischkonsum mit Wirkstoffen aus der Gruppe der *Benzodiazepine* geprägt.[407] Über die Mischintoxikation durch *eine* Substanz und Alkohol hinaus ist die Einnahme mehrerer Drogen bzw. Medikamente neben Alkohol nicht selten (vgl. etwa *Kreuzer* NStZ **1993** 209, 210). Die durch Mischgebrauch von leistungsbeeinträchtigenden Substanzen mit Alkohol entstehenden Gefahren für die Verkehrssicherheit sind anerkanntermaßen beträchtlich.

131b In der Verfahrenswirklichkeit wird zusätzlicher Drogen-/Medikamenteneinfluss oftmals nicht festgestellt, weil die Ermittlungen „alkoholzentriert" geführt, d.h. festgestellte Ausfallerscheinungen dem Alkoholkonsum zugeordnet und vorhandene Blutproben nicht auf zusätzliche Gifte analysiert werden; hinzu kommen die Schwierigkeiten, Arzneimittelsubstanzen im Blut zu „entdecken" (Rdn. 174 a.E.). Ein **großes Dunkelfeld** ist auch mit Rücksicht auf diese Aspekte zu vermuten.[408] Die Praxis ist, u.a. durch spezifische Schulung von Polizeibeamten und durch die Sensibilisierung von Ärzten, um Verbesserungen bemüht (s. auch Nr. 3.2.3, 3.2.4 der RiBA [Rdn. 255]).

132 (b) **Wirkungsverstärkungen.** Ein Überblick über (wechselseitige) Wirkungsverstärkungen zwischen Alkohol und Drogen bzw. Medikamenten mit Anspruch auf nur annähernde Vollständigkeit kann hier bereits angesichts der Fülle der einschlägigen Substanzen und denkbarer Kombinationen nicht gegeben werden. Die Interaktionen im Einzelnen sind zudem weitgehend ungeklärt (*Ulbricht* Rauschmittel im Straßenverkehr S. 89) und mit Blick auf die Komplexität und die Schwierigkeit der Materie auch in Zukunft wohl nicht umfassend zu klären (s. auch Rdn. 136).

---

[405] Hierzu auch *Mischkowitz/Möller/Hartung* Gefährdung durch Drogen S. 125 ff sowie Bundesanstalt für das Straßenwesen (Stellungnahme für die Sachverständigenanhörung vom 19.2.1997, Bundestagsausschuss für Verkehr; Ausschuss-Drucks. Nr. 46 S. 91).

[406] In seiner Meta-Analyse vorwiegend nordamerikanischer Studien verweist *Münzhuber* darauf, dass in ca. zwei Drittel der cannabis- bzw. THC-positiven Proben auch Alkohol nachgewiesen worden ist (Cannabis und Fahrtüchtigkeit S. 23, 24); *Iwersen-Bergmann/Stein/Schmoldt* BA **41** (2004) 493 stellen 32,4 % alkoholpositive Proben fest, zu ähnlichen Ergebnissen Fn. 400. Hingegen scheint der gleichzeitige Missbrauch von Alkohol bei Opiatkonsumenten keine vergleichbar zentrale Rolle zu spielen (Rdn. 145); s. allerdings *Brauchle/Weinmann/Pollak* BA **34** (1997) 385, 390.

[407] Nach der von *Krüger/Schulz/Magerl* (Drogen- und Medikamentennachweis S. 55) durchgeführten Auswertung der einschlägigen Literatur liegt der Benzodiazepinanteil bei den Alkoholblutproben zwischen 3 % und 5 %. Vgl. auch den Beschluss des BR vom 19.12.1997 (BR-Drucks. 939/97) sowie die nachfolgenden Rdn.

[408] *Friedel* 37. VGT **1999** S. 96, 102 f; *Granitza* in: Drogen und Verkehrssicherheit (1995) S. 52, 53; *Harbort* NZV **1996** 219, 220; *Hein/Schulz* BA **29** (1992) 225, 234 f; *Möller* DAR **1993** 7, 8; *Nehm* DAR **1993** 375 f; *Salger/Maatz* NZV **1993** 329, 330; *Salger* DAR **1994** 433, 436.

(aa) **Illegale Drogen.** Bei Mischkonsum von Alkohol mit illegalen Drogen[409] ist in aller Regel von einer (additiven bzw. potenzierenden) Wirkungsverstärkung auszugehen. Dies gilt namentlich für *Cannabis*,[410] aber auch für *Heroin*[411] und *Opiate (Opioide) generell*,[412] einschließlich also *opiat- bzw. opioidhaltige Analgetika (Morphin, (Levo-) Methadon), Codein, Dihydrocodein* (vgl. *Harbort* Rauschmitteleinnahme und Fahrsicherheit Rdn. 272 f, 311) sowie z.B. Dolantin®, Fortral®, Tilidin®, Tramal® oder Valoron® (*Berr/Krause/Sachs* Rdn. 133). Stimulantia wie *Amphetamin („Speed")* und *Designer-Amphetamine („Ecstasy")* oder *Kokain* mildern zwar die sedierende Wirkung des Alkohols ab, zugleich ist jedoch mit einer erhöhten Zahl von Fehlreaktionen zu rechnen (*Penning* Alkohol, Drogen und Verkehrssicherheit S. 27; *Berr/Krause/Sachs* Rdn. 81 f).[413] 133

(bb) **Arzneimittel.** Nach Auswertung von 113 Studien zur kombinierten Einnahme von Medikamenten[414] und Alkohol trifft *Krüger* (Kombinationswirkung von Medikamenten und Alkohol S. 51) folgende, trotz der gebotenen Zurückhaltung wohl verallgemeinerungsfähige Aussagen: 134

- Je sedierender (beruhigender) das Medikament ist, um so häufiger treten Wechselwirkungen mit Alkohol auf.
- Je sedierender das Medikament ist, um so weniger Alkohol genügt für eine Wechselwirkung.
- Je sedierender das Medikament ist, um so länger nach dessen Einnahme treten Wechselwirkungen mit Alkohol auf.
- Leistungsbeeinträchtigende Wirkungen des Medikaments allein, die bei chronischer Einnahme geringer werden, tauchen unter dem Einfluss von Alkohol wieder auf.

---

[409] Zur Unterscheidung von illegalen Drogen und Medikamenten Rdn. 144.

[410] *Berr/Krause/Sachs* Rdn. 31, 519 f; *Harbort* Rauschmitteleinnahme und Fahrsicherheit Rdn. 237; *Iten* Fahren unter Medikamenten- und Drogeneinfluss S. 33, 102; *Münzhuber* Cannabis und Fahrtüchtigkeit S. 77 ff, 85 f [Auswertung von 11 angloamerikanischen Untersuchungen, die ganz überwiegend additive bis potenzierende Wechselwirkungen ausweisen]; *Penning* Alkohol, Drogen und Verkehrssicherheit S. 26; *Uchtenhagen* Handbuch des Betäubungsmittelstrafrechts § 1 Rdn. 32; *Kannheiser/Maukisch* NZV **1995** 417, 424 m.w.N. Nach einer von *Daldrup/Reudenbach/Kimm* durchgeführten kleineren Studie wies eine „Cannabis-Gruppe" (BAK zwischen 0,71 ‰ bis 1,29 ‰) signifikant stärkere Ausfallerscheinungen auf und hatte schwerere Unfälle verursacht als eine „reine" Alkoholgruppe (BA **24** [1987] 144, 152 f). Ebenso unter Bezugnahme auf eine von *Kauert* u.a. durchgeführte Untersuchung *Nehm* DAR **1993** 373, 377 und *Salger* DAR **1994** 433, 438. Abw. wohl *Quensel* MschrKrim. **1997** 333, 338. Differenzierend *Krüger/Löbmann* in: Cannabis im Straßenverkehr [1998; Hrsg. Berghaus/Krüger] S. 113, 131 ff.

[411] *Iten* Fahren unter Medikamenten- und Drogeneinfluss S. 189; *Uchtenhagen* Handbuch des Betäubungsmittelstrafrechts § 1 Rdn. 24; wohl auch *Quensel* MschrKrim. **1997** 333, 340. S. dazu, dass der Alkoholkonsum bei Opiatkonsumenten wohl nicht sehr häufig vorkommt Rdn. 145.

[412] *Möller* Drogenerkennung im Straßenverkehr S. 88; *Penning* Alkohol, Drogen und Verkehrssicherheit S. 26; *Friedel* 37. VGT **1999** S. 96, 99. S. aber auch vorstehende Fn.

[413] Zu einem Fall des Mischkonsums von Alkohol und Ecstasy OLG Düsseldorf BA **36** (1999) 140, näher Rdn. 137. Zu Todesfällen nach Mischkonsum mit Alkohol *Harbort* Rauschmitteleinnahme und Fahrsicherheit Rdn. 260; s. auch *Weber*² BtMG § 1 Rdn. 139.

[414] Zur Unterscheidung von illegalen Drogen und Medikamenten Rdn. 144.

- Je weniger sedierend ein Medikament ist, um so weniger wahrscheinlich sind Wechselwirkungen; es deutet sich an, dass ein Teil der negativen Alkoholwirkungen durch stimulierende Substanzen kompensiert werden kann.

Dementsprechend wird bei Hypnotika/Sedativa (Schlaf- und Beruhigungsmittel), Antiallergika, Antidepressiva und Neuroleptika am häufigsten über negative Alkoholeffekte berichtet.[415] Nach den vorliegenden epidemiologischen Untersuchungen kommt der in Hypnotika/Sedativa verwendeten Wirkstoffgruppe der **Benzodiazepine** (Rdn. 131a, 174) die größte tatsächliche Relevanz zu; es sind additive bis hin zu potenzierenden Wechselwirkungen zu befürchten.[416] Im Hinblick darauf, dass Benzodiazepine sehr langsam aus dem Körper eliminiert werden, können schädliche Wirkungsverstärkungen auch eintreten, wenn der Alkoholkonsum längere Zeit nach der Einnahme erfolgt. Die in Hypnotika/Sedativa verwendete Wirkstoffgruppe der **Barbiturate,**[417] bei der potenzierende Coergismen mit Alkohol gleichfalls seit langer Zeit gesichert sind, ist zwar weitgehend durch die Gruppe der Benzodiazepine vom Markt verdrängt worden, jedoch immer noch anzutreffen; Barbiturate wirken gleichfalls noch lange Zeit nach.

134a Alkoholunverträglichkeitsreaktionen, die sich potentiell nachteilig auch auf die Fahrsicherheit auswirken, können aber auch auftreten etwa nach Einnahme von **Antibiotika** wie INH, Chloramphenicol und anderen Sulfonamiden, Nitrofurantoin, Metronidazol oder Pyrazol-Derivaten (*Penning* Alkohol, Drogen und Verkehrssicherheit S. 27). Entsprechendes gilt mit Blick auf die blutzuckersenkende Wirkung des Alkohols beim Zusammentreffen mit **Antidiabetika** (Sulfonylharnstoffen, Glymidin); hier kann eine unerwünscht starke Blutzuckersenkung mit dadurch ausgelösten Bewusstseinsstörungen eintreten (*Schulz/Hein* in: Medikamente im Straßenverkehr S. 189, 195; *Penning* Alkohol, Drogen und Verkehrssicherheit S. 32). Lebensbedrohende und damit auch fahrsicherheitsbeeinträchtigende Wirkungen kann die gleichzeitige Einnahme von **Alkoholentwöhnungsmitteln** wie Antabus® und Distraneurin® auslösen (OLG Hamburg NJW **1967** 1522, 1523 [Antabus®]; *Möller* Drogenerkennung im Straßenverkehr S. 60).

135 (cc) **Nikotin, „Energy Drinks“.** In einer soweit ersichtlich vereinzelt gebliebenen Entscheidung sieht das OLG Hamm einen Fahrzeugführer, der durch Alkoholaufnahme in Verbindung mit ungewohntem **Nikotingenuss** die Voraussetzungen für einen (nicht widerlegbaren) Ohnmachtsanfall während der Fahrt geschaffen hat, als alkoholbedingt fahrunsicher an (JMBlNW **1960** 166). Der gleichzeitige Konsum von sog. „Energy-“ bzw. „Power Drinks“ (z.B. „Red Bull“, „Flying Horse“, „Red Eagle“) verstärkt die Alkoholwirkung nicht (*Riesselmann/Rosenbaum/Schneider* BA **33** [1996] 201, 206).

---

415 Tabellarische Übersicht bei *Krüger* Kombinationswirkung von Medikamenten und Alkohol S. 39; s. auch *Möller* Drogenerkennung im Straßenverkehr S. 60.

416 Zu den Wirkungsverstärkungen bei Mischgebrauch mit Alkohol *Iten* Fahren unter Medikamenten- und Drogeneinfluss S. 33, 96 [Bromazepam]; 123 [Diazepam]; 131 [Flunitrazepam], 138 [Flurazepam]; 164 [Lorazepam]; 182 [Nordazepam/Chlorazepat]. Zu einem Fall des Mischgebrauchs von Alkohol mit Valium® OLG Hamm BA **15** (1978) 455, 455 [im Rahmen des Vollrauschtatbestands].

417 BGA-Gutachten 1966 Ergänzende Stellungnahme (1967) S. 21 f; *Forster/Joachim* Blutalkohol und Straftat S. 142; *Harbort* Rauschmitteleinnahme und Fahrsicherheit Rdn. 354, 375; *Uchtenhagen* Handbuch des Betäubungsmittelstrafrechts § 1 Rdn. 43; *Bonnichsen/Maehly/Åqvist* BA **6** (1969) 165, 169 f. Eindrucksvoll der von *Doenicke* (Arzneimittelforschung **12** [1962] 1050 ff) durchgeführte Versuch, im Rahmen dessen der Genuss eines halben Liters Bier [BAK 0,31 ‰] 24 Stunden nach Injektion eines Barbiturats zu einem Bild der Volltrunkenheit geführt hat (hierzu *Ulbricht* Rauschmittel im Straßenverkehr S. 120).

(c) **Kein „absoluter" Grenzwert.** Genausowenig wie für die „bloße" Einnahme von Medikamenten ohne Rauschmittelcharakter (§ 315c Rdn. 62) oder von illegalen Drogen/Arzneimitteln mit Rauschmitteleigenschaft (Rdn. 148, 175) sind für das Zusammenwirken von Alkohol und illegalen Drogen/Medikamenten durch die Rechtsprechung „absolute" Grenzwerte (der Alkoholkonzentration und/oder der Dosis von Medikament/Droge) anerkannt, bei deren Erreichen ohne Weiteres von Fahrunsicherheit ausgegangen werden kann (BayObLG BA 17 [1980] 220, 221).[418] Dies hat mit der nicht überschaubaren Fülle der auf dem legalen und illegalen, kontinuierlich wachsenden Markt befindlichen Substanzen zu tun. Ferner sind die Wirkungen der verschiedenen Substanzen auf den Einzelnen in Verbindung mit Alkohol von einer Vielzahl von Faktoren in der Konstitution und Disposition des Betroffenen sowie von der Dosierung, der Art der Aufnahme, der Zusammensetzung im Detail und etwaigem Aufeinandertreffen mit anderen zugleich wirksamen Substanzen abhängig (BGA-Gutachten 1966 Ergänzende Stellungnahme [1967] S. 19 [zu Arzneimitteln]). Schließlich bergen experimentelle Forschungen oftmals hohe Gefahren für den Probanden in sich und sind deshalb nur in engen Grenzen ethisch und rechtlich vertretbar (vgl. BGA-Gutachten aaO). **136**

(d) **„Sozusagen absolute Fahrunsicherheit"?** Trotz des vorstehend Gesagten drängt sich naturgemäß die Frage auf, ob nicht Extremfälle denkbar sind, in denen bereits aufgrund der Alkoholisierung in Verbindung mit akutem Drogen- oder Medikamenteneinfluss Fahrunsicherheit angenommen werden kann. BayObLG BA **17** (1980) 220 (221)[419] zieht dies beiläufig in einem Fall in Erwägung, in dem der Fahrzeugführer eine BAK von 0,89 ‰ bei vorheriger Einnahme von zwei bis drei Tabletten Dolviran®[420] in zweistündigem Rhythmus aufgewiesen hat. Folgt man dem, so läge zwar nicht ein Fall „absoluter Fahrunsicherheit" vor, weil der Grenzwert der BAK unverändert bliebe (*Hentschel* BA **17** [1980] 221, 222);[421] jedoch würde sich die Annahme von („relativer") Fahrunsicherheit allein auf den zusätzlichen inneren Umstand des Medikamenteneinflusses stützen, ohne dass eine durch die ständige höchstrichterliche Rechtsprechung als „grundsätzlich" (stets) unverzichtbar erachtete (Rdn. 97, 153), zumindest schwach ausgeprägte Ausfallerscheinung im Leistungsverhalten festgestellt ist. Dies liefe wohl auf die Anerkennung einer „sozusagen absoluten Fahrunsicherheit" hinaus. Der BGH hat die „sozusagen absolute Fahrunsicherheit" aber ausdrücklich abgelehnt (BGHSt **44** 221, 223, 225 ff). Dabei hatte der dortige – drogenabhängige – Täter wenige Stunden vor Antritt der Fahrt immerhin Heroin sowie Kokain in nicht geringen Mengen und wohl auch Haschisch konsumiert (Rdn. 153). Auf dieser Linie sieht auch OLG Düsseldorf BA **36** (1999) 140 (141 f) bei Mischkonsum von Alkohol (BAK 0,81 ‰) und Ecstasy (63 ng MDE/ml) keine hinreichende Grundlage für die Annahme von Fahrunsicherheit, und **137**

---

418 Unter Bezugnahme auf OLG Frankfurt VRS **29** 478, 479 und OLG Hamm VRS **32** 278, 279 [jeweils zur Schuldfähigkeit]. **AA** *Salger* DAR **1994** 433, 438: absolute Fahrunsicherheit bei Kombination von Cannabis mit Alkohol ab BAK-Werten von 0,3 ‰. S. auch den Vorschlag *Schöchs*, einen Bußgeldtatbestand für das Fahren mit BAK-Werten ab 0,3 ‰ und gleichzeitigem Rauschmitteleinfluss einzuführen (DAR **1996** 452, 459 f).

419 Insoweit zust. Anm. *Hentschel* BA 17 (1980) 221, 222.

420 Die Gesamtdosis Dolviran® lässt sich dem Urteil nicht entnehmen. Dolviran® (codeinhaltig) ist als Rauschmittel anzusehen.

421 BayObLG BA **17** (1980) 220, 221 und OLG Düsseldorf BA **36** (1999) 140, 141 sprechen insoweit etwas unscharf von „absoluter Fahrunsicherheit"; indessen bleibt sich dies in der Sache letztlich gleich.

dies, obwohl weitere zusätzliche Beweisanzeichen vorhanden gewesen sind.[422] Ebenso entscheiden KG v. 6.2.2002, 1 Ss 392/01, juris [BAK 0,67 ‰, Kokaingehalt ca. 8,2 ng/ml mit „Gefahrenbremsung" bei Gelblicht], OLG Jena BA **44** (2007) 182 (BAK 1,05 ‰ und THC-Nachweis), OLG Hamm BA **41** (2004) 264 (BAK 0,25 ‰, Amphetamin 114 ng/ml) und OLG Naumburg NZV **2006** 98 (BAK 0,61 ‰ und Cannabis mit überhöhter Geschwindigkeit und Abkommen von der Fahrbahn [zu § 2 AUB]),

137a Die strikte Durchführung des in der höchstrichterlichen Rechtsprechung angelegten Gedankens hat allerdings die doch etwas merkwürdige Konsequenz, dass z.B. ein Fahrer u.U. straffrei ausgeht, der zur Tatzeit einen Blutalkoholspiegel von 1,09 ‰ aufweist und darüber hinaus unter dem akuten Einfluss von Cannabis, LSD, Heroin oder auch von Barbituraten steht, womöglich sogar in Kombination mit weiteren leistungsbeeinträchtigenden Substanzen, während beim „nur" alkoholisierten Fahrzeugführer ein BAK-Wert von 1,1 ‰ stets für eine Bestrafung genügt. Trotz aller bei einer Ausnahme entstehender Abgrenzungsprobleme erscheint zweifelhaft, ob der Richter gehalten ist, diese Konsequenz zu ziehen. In den berufenen Fachkreisen dürfte unumstritten sein, dass sich die psycho-physischen Leistungsbeeinträchtigungen bei BAK-Werten knapp unterhalb des Grenzwerts kaum von solchen knapp oberhalb unterscheiden (z.B. *Brettel* BA **12** [1975] 400). Anders als bei der „nur" drogen-/medikamentenbedingten Fahrunsicherheit steht hier mit dem Blutalkoholspiegel ein bestens erforschter Parameter zur Verfügung. Zumindest für die Vielzahl der illegalen Drogen und auch für Benzodiazepine sowie Barbiturate dürfte gleichfalls als gesichert gelten können, *dass* bei Mischintoxikation mit Alkohol Wirkungsverstärkungen eintreten. Vor diesem Hintergrund ist im Zusatzkonsum der genannten Substanzen der Wasserstrahl in ein übervolles Fass zu sehen, der dasselbe zum Überlaufen bringt. Dies liegt so sehr auf der Hand, dass es weder exakter Kenntnisse von den Interaktionen im Einzelnen noch unfallstatistischer oder experimenteller Untersuchungen bedarf. Demgemäß sollten jedenfalls BAK-Werte im Grenzbereich für die richterliche Überzeugung vom Vorliegen der Fahrunsicherheit ausreichen.[423] Ob man sich bei einer gegenteiligen Auffassung mit der Erwägung beruhigen kann, dass unter solchermaßen starkem Drogeneinfluss in aller Regel Ausfallerscheinungen festgestellt werden können, ist ungewiss. Die Praxis zeigt, dass dies nicht immer gewährleistet sein muss (etwa bei gerade angetretener Fahrt; vgl. BGHSt **44** 219).

138 **dd) Beweisanzeichen äußere Umstände.** Mit ungünstigen äußeren Bedingungen sind namentlich schlechte Witterungsbedingungen (Nebel, Regen, Schneefall, Sturm usw.), Straßenverhältnisse (Regen-, Schnee-, Eisglätte; kurvenreiche Straße usw.), hohe Verkehrsdichte sowie das Fahren bei Dunkelheit gemeint (BGH VRS **6** 203, 206; BGHSt **31** 42, 44 f). Ferner sind erschwerende Umstände zu nennen, die mit dem Fahrzeug zusammenhängen, wie etwa das Fahren mit einem überladenen (BGH VRS **21** 54, 56) oder technisch mangelhaften Fahrzeug (OLG Köln BA **10** [1973] 135, 136). Diese Aspekte sind zunächst insofern von Bedeutung, als bereits der Antritt der Fahrt, aber vor allem das Fahren mit nicht angepasster Geschwindigkeit unter den erschwerten Umständen Ausdruck alkoholbedingter Enthemmung, Selbstüberschätzung und Wagnisbereitschaft sein

---

[422] Unangepasste Geschwindigkeit, nach dem Anhalten teilnahmslos, schläfrig und nervös, begriffsstutzig, stark erweiterte, glänzende Pupillen. Einen unzulässigen Eingriff in die tatrichterliche Beweiswürdigung rügt mit Recht *Maatz* BA **36** (1999) 145, 157 (Fn. 22a); s. auch *Mettke* NZV **2000** 199, 201; zust. hingegen *Hentschel* JR **1999** 476 ff.

[423] Weitergehend *Salger* DAR **1994** 433, 438 (näher Fn. 418).

kann. Je schwieriger die äußeren Bedingungen sind, um so größer sind aber auch die Anforderungen an die Leistungsfähigkeit des Fahrzeugführers. Die einschlägigen Rechtsprechungsnachweise sind unter Rdn. 105, 108, 116 aufgeführt.

5. **Fahrunsicherheit infolge des Genusses anderer berauschender Mittel.** Der Begriff der „anderen berauschenden Mittel" ist durch das (1.) StraßenVSichG (s. § 315b, Entstehungsgeschichte) aus dem Jahre 1952 in die Verkehrsstrafvorschriften aufgenommen worden.[424] Der Begriff wird auch in §§ 64, 323a verwendet (s. im Einzelnen dort). Hier sollen in erster Linie die für die §§ 315a, 315c und 316 bedeutsamen Aspekte zusammengefasst werden. **139**

a) **Begriffsbestimmung der h.M.** Gesetzgeberisches Leitbild der in § 316 normierten „Trunkenheit im Verkehr" war die Droge Alkohol (Rdn. 14). Dies kommt in der amtlichen Überschrift und tatbestandlich in der Hervorhebung des Alkohols aus der Vielzahl der Rauschmittel sowie in der Verwendung des Wortes „anderer" (berauschender Mittel) deutlich zum Ausdruck. *De lege lata* kann demnach als Rauschmittel im Sinne des Gesetzes nur eine Substanz gelten, die dem Alkohol ähnliche Wirkungen entfaltet. Darin besteht weithin Einigkeit.[425] Dementsprechend hat der BGH in einer die Fahrunsicherheit unter dem Einfluss von Haschisch betreffenden Entscheidung aus dem Jahre 1976 (VRS 53 356) als Rauschmittel solche Wirkstoffe bezeichnet, *die in ihren Auswirkungen denen des Alkohols vergleichbar sind und die zu einer Beeinträchtigung des Hemmungsvermögens sowie der intellektuellen und motorischen Fähigkeiten führen.* Diese Begriffsbestimmung liegt der (zur Anwendung der Verkehrsstrafvorschriften freilich noch nicht sehr reichhaltigen) Rechtsprechung[426] sowie der ganz h.M. im juristischen Schrifttum[427] wörtlich oder sinngemäß zugrunde. **140**

aa) **Leistungsfähigkeit der Begriffsbestimmung.** Hervorzuheben ist, dass der Rauschmittelbegriff in der Definition der h.M. anerkanntermaßen keine Schwierigkeiten bereitet, **141**

---

424 Zuvor war er in § 17 Abs. 2 der Verordnung über den Kraftfahrzeugverkehr verwandt worden; hierzu und zur geschichtlichen Entwicklung *Strasser* Der Begriff des anderen berauschenden Mittels S. 18 ff.

425 S. nur *Hanack* LK[11] § 64 Rdn. 56; *Sch/Schröder/Cramer/Sternberg-Lieben* Rdn. 5; wohl auch *Lackner/Kühl* § 315c Rdn. 5; *Harbort* Rauschmitteleinnahme und Fahrsicherheit Rdn. 135; *Ulbricht* Rauschmittel im Straßenverkehr S. 57; *Gerchow* BA **24** (1987) 233, 239; *Janiszewski* BA **24** (1987) 243, 249; *Maatz/Mille* DRiZ **1993** 15, 16 f; *Salger* DAR **1986** 383, 386; *Schöch* DAR **1996** 452, 453 f. **AA** aber wohl *Schewe* BA **18** (1981) 265 f.

426 U.a. BayObLG NJW **1997** 1381, 1382; OLG Köln VRS **80** 451, 453; OLG Düsseldorf NJW **1993** 2390; NJW **1994** 2428, 2429; BA 36 (1999) 140, 141; s. auch BGH NZV **2000** 474 [zu §§ 20, 21]. S. auch BSGE **59** 193, 197: „... sondern auch Medikamente, wenn sie bei entsprechender Dosierung und Anwendungsform als Rauschdrogen wirken bzw. wie Alkohol dieselben Funktionen im Zentralnervensystem angreifen und beeinträchtigen."

427 *Sch/Schröder/Cramer/Sternberg-Lieben* Rdn. 5; *Herzog* NK Rdn. 26; *Fischer* § 64 Rdn. 5; *Jagow/Burmann/Heß* Rdn. 27; *Janiszewski* BA **24** (1987) 243, 249; *Maatz/Mille* DRiZ **1993** 15, 16 f; *Salger* DAR **1986** 383, 386. Ähnlich *Wolters/Horn* SK § 323a Rdn. 5: „... die nach generell-abstrakter Erfahrung die ... Eigenschaft besitzen, auf biochemischem Wege die psychosomatischen Bedingungen für normale menschliche Einsicht und/oder Steuerung nicht unerheblich – wenn auch u.U. nur kurzfristig – zu beeinträchtigen"; sehr weit *Lackner/Kühl* § 315c Rdn. 5: „zur Herbeiführung von Enthemmung oder zur Beseitigung von Unlustgefühlen geeignete Stoffe oder Zubereitungen".

soweit es um „klassische Rauschdrogen" wie Heroin, Kokain oder Cannabisprodukte geht (im Einzelnen Rdn. 144 ff). Die Leistungsfähigkeit der Begriffsbestimmung muss sich vielmehr an der Beurteilung von Medikamenten erweisen, die die psycho-physische Leistungsfähigkeit in ähnlicher Weise zu beeinträchtigen bzw. aufzuheben vermögen (Rdn. 167 ff). Hinreichende Aussagekraft insoweit wurde bzw. wird ihr gelegentlich in Abrede gestellt. Vornehmlich aus dem rechtsmedizinischen Schrifttum wird gerügt, dass bereits der Alkohol eine Fülle von Zustandsbildern hervorzurufen imstande sei und sich daher als „symptomatisches Vorbild" für andere Substanzen nicht eigne; der „Rausch" (und damit auch das Rauschmittel) sei nach psychopathologischen Kriterien praktisch nicht definierbar, wobei die mit dem Merkmal des „Genusses" verbundenen Verwerfungen (hierzu Rdn. 13) hinzukämen.[428] Die Uneinheitlichkeit der Rechtsprechung und der Literatur[429] sei vor diesem Hintergrund zu sehen. *Gerchow* schlägt daher – de lege ferenda – den „wirkungsbezogenen, wertfrei-deskriptiven Begriff" der „zentral wirksamen Substanzen" vor (BA **24** [1987] 233, 239).[430] Hiervon ausgehend sind nach Auffassung von *Ulbricht* (de lege lata) unter den Begriff des Rauschmittels „alle zentralwirksamen Substanzen" zu fassen, „die geeignet sind, eine erhebliche akute Intoxikationspsychose im Sinne der §§ 20, 21 StGB auszulösen" (Rauschmittel im Straßenverkehr S. 57) und nach *Strasser* (Der Begriff der „anderen berauschenden Mittel" im Strafrecht S. 155) ein „dem Körper zugeführter Stoff, der zentral wirkt und dabei den Konsumenten enthemmt sowie sein Bewusstsein und seine Wahrnehmung beeinträchtigt".

141a Ob die soeben angesprochenen Vorschläge in der Sache sehr weit von der durch die Rechtsprechung entwickelten Formel (bzw. vom geltenden Recht) entfernt liegen und ob sie als überlegene Alternative gelten können, erscheint fraglich. Vor allem spricht nichts dagegen, als essentielle Wirkung des Alkohols die Veränderung des Zentralen Nervensystems sowie die dadurch ausgelöste Psychose zu begreifen und die Beurteilung anderer Stoffe wesentlich daran auszurichten (vgl. Nr. 1 RiBA [Rdn. 255]; wohl auch *Maatz/Mille* DRiZ **1993** 15, 17, 18). Es überrascht daher nicht, wenn *Gerchow* die Begriffsbestimmung des BGH ausdrücklich begrüßt und deren ersten Teil zum Gegenstand des von ihm unterbreiteten Alternativvorschlags macht (BA **24** [1987] 233, 239, 240). Der zweite Teil der Rechtsprechungsformel zielt auf die Beeinträchtigung der Gesamtpersönlichkeit und – teils damit einhergehend – der psycho-physischen Leistungsfähigkeit (näher Rdn. 16), was für die Verkehrsstrafvorschriften[431] normzweckorientierter, sachgerechter Interpretation entspricht. Zur kritisierten Uneinheitlichkeit der Rechtsprechung ist zu bemerken, dass eine diffizile Thematik in Frage steht, mit der sich die Gerichte in

---

[428] Vgl. *Gerchow* BA **16** (1979) 97, 100; BA **24** (1987) 233, 236 f; *Schewe* BA **13** (1976) 87, 91 ff; BA **16** (1979) 60 f; BA **18** (1981) 265 f. Hierzu *Spendel* LK[11] § 323a Rdn. 72, 88.

[429] Überblick über weitere im Schrifttum vorgeschlagene Begriffsbestimmungen bei *Ulbricht* Rauschmittel im Straßenverkehr S. 50 ff, *Harbort* Rauschmitteleinnahme und Fahrsicherheit Rdn. 117 ff und *Strasser* Der Begriff der „anderen berauschenden Mittel" S. 57 ff.

[430] Zust. *Harbort* Rauschmitteleinnahme und Fahrsicherheit Rdn. 134; *Schöch* DAR **1996** 452, 454; zur Kritik: *Strasser* Der Begriff des anderen berauschenden Mittels S. 33 ff, die darauf hinweist, dass bei alleinigem Abstellen auf die zentrale Wirksamkeit etwa auch Kaffee oder Nikotin berauschendes Mittel im Sinne des Gesetzes wären.

[431] Zur Frage, ob der Terminus des „anderen berauschenden Mittels" im jeweiligen Kontext einer bereichsspezifischen Interpretation zugänglich ist, bejahend *Hanack* LK[11] § 64 Rdn. 56; **aA** *Burmann* 25. VGT **1987** S. 50, 51 f; *Grohmann* 25. VGT **1987** S. 64, 66 f. Für eine einheitliche Definition *Strasser* Der Begriff der anderen berauschenden Mittel im Strafrecht S. 33 ff.

der Vergangenheit nur punktuell zu befassen hatten. Der Erkenntnisstand ist in den letzten Jahren ganz wesentlich verbessert worden; das Problembewusstsein hat sich geschärft. Der Großteil der *vielleicht* als uneinheitlich zu bezeichnenden Judikate liegt überdies vor der Grundsatzentscheidung des BGH,[432] wobei die sich um das Merkmal des „Genusses" rankenden Verwerfungen mittlerweile bereinigt sein dürften (Rdn. 13). Schließlich können Abgrenzungsprobleme im Einzelfall bei *keiner* Begriffsbestimmung (Gesetzesänderung) schlechthin ausgeschlossen werden, es sei denn, man wählt den weder auf der Grundlage des geltenden noch des künftigen Rechts vertretbaren Terminus des „anderen, die Fahrsicherheit beeinträchtigenden Mittels".[433] Letztlich wird man mit *Salger* (DAR **1986** 383, 386) und vielen anderen Autoren zu der Einschätzung gelangen können, dass das geltende Recht in der Auslegung der h.M. bei allen, angesichts der Komplexität der Materie naturgegebenen Schwierigkeiten sachgerechte Ergebnisse ermöglicht.

bb) Kriterium Anlagen zum BtMG. Nach Auffassung des BGH (VRS 53 356)[434] zählen zu den „anderen berauschenden Mitteln" (nicht nur, aber auch) *„grundsätzlich die in § 1 BtMG aufgezählten Stoffe"*. Das Schrifttum hat sich dem weithin angeschlossen.[435] Die h.M. geht demnach – mit Recht – davon aus, dass die in die Anlagen zum BtMG aufgenommenen und damit als Betäubungsmittel definierten Stoffe und Zubereitungen (§ 1 Abs. 1 BtMG) auf das Zentrale Nervensystem zu wirken und einen der Alkoholintoxikation vergleichbaren Defektzustand zu verursachen vermögen. Auf dieser Linie kann die namentlich für Medikamente bestehende Problematik des Rauschmittelbegriffs (vorstehende Rdn.) zum Teil entschärft werden. In der Anlage III[436] ist nämlich eine Fülle von Arzneimittelwirkstoffen aufgeführt, die in Bezug auf die Verkehrssicherheit bedeutsam sind, so etwa Stoffe aus der Gruppe der *Benzodiazepine* und *Barbiturate* (Rdn. 168 ff) sowie *Codein* und *Dihydrocodein*. Nicht verkannt werden darf, dass die Aussage der Rechtsprechung nicht absolut formuliert ist („grundsätzlich").[437] Dahinter wird die Überlegung stehen, dass insbesondere bei den in der Anlage III enthaltenen Substanzen eine Einzelfallprüfung vorbehalten bleibt. Ungeachtet dessen spricht die Einstellung des betreffenden Wirkstoffs jedenfalls *in hohem Maße für gegebenen Rauschmittelcharakter*.[438] Zur Anlage zu § 24a Abs. 2 StVG Rdn. 144. 142

---

[432] S. die Übersicht bei *Ulbricht* Rauschmittel im Straßenverkehr S. 4, 5.

[433] So der durch den Arbeitskreis I des 25. VGT 1987 unterbreitete Vorschlag (27. VGT 1987 S. 7). Hierzu mit Recht kritisch *Ulbricht* Rauschmittel im Straßenverkehr S. 272 f; *Burmann* 25. VGT **1987** S. 50, 63; *Janiszewski* BA **24** (1987) 243, 249; *Schöch* DAR **1996** 452, 454 Fn. 44.

[434] Ebenso OLG Düsseldorf NJW **1993** 2390; **1994** 2428, 2429; BA **36** (1999) 140, 141.

[435] *Herzog* NK Rdn. 26; *Lackner/Kühl* § 315c Rdn. 5; *Spendel* LK[11] § 323a Rdn. 91; *Jagow/Burmann/Heß* Rdn. 27; *Weber*[2] BtMG vor § 29 Rdn. 780; *Harbort* Rauschmitteleinnahme und Fahrsicherheit Rdn. 96; *Maatz/Mille* DRiZ **1993** 15, 23; *Salger* DAR **1994** 433, 434.

[436] Verkehrsfähige und verschreibungsfähige Stoffe und Zubereitungen.

[437] Dies wird gelegentlich übersehen. S. etwa *Harbort* Rauschmitteleinnahme und Fahrsicherheit Rdn. 96: „In der Rechtsprechung wird allgemein davon ausgegangen, dass die in den Anlagen I–III ... genannten Stoffe und Zubereitungen aufgrund ihrer immanenten Rauschwirkung zu den «berauschenden Mitteln» zu zählen sind".

[438] In diesem Sinne u.a. BayObLG NJW **1990** 2334 [zu § 323a]: „Das – Bromazepam (vgl. Anl. ... zum BtMG) enthaltende – Medikament ... stellt nämlich ein berauschendes Mittel ... dar.", OLG Koblenz VRS **59** 199 (201): „Dies gilt ... für die Arzneien, die Rauschgifte im Sinne des Betäubungsmittelgesetzes oder der Betäubungsmittelgleich-

142a Die Vermutung für gegebene Rauschmitteleigenschaft eines (Arzneimittel-)Wirkstoffs wird dabei bereits **durch dessen Aufnahme in die Anlagen zum BtMG ausgelöst.** Es ist deshalb *nicht* erheblich, ob das Medikament als ausgenommene Zubereitung (§ 2 Abs. 1 Nr. 3 BtMG) ganz oder teilweise den betäubungsmittelrechtlichen Vorschriften nicht unterliegt. Wie durchgehend für die einschlägigen Verkehrsstrafvorschriften ist nämlich nur die *Eignung des Stoffs* maßgebend, eine dem Alkohol vergleichbare Wirkung auszulösen, und von dieser ist aufgrund der Aufnahme in die BtMG-Anlagen „grundsätzlich“ auszugehen (s. auch Rdn. 143).

142b Selbstverständlich kann einer Substanz die Rauschmitteleigenschaft **nicht mit der Begründung abgesprochen werden, dass sie nicht in die Anlagen zum BtMG aufgenommen ist.** Denn das BtMG erfasst bekanntlich nur einen kleinen Teil von berauschend wirkenden Stoffen und Zubereitungen (statt vieler *Uchtenhagen* Handbuch des Betäubungsmittelstrafrechts § 1 Rdn. 2). Für die in die Anlage zu § 24a Abs. 2 StVG aufgenommen Rauschdrogen gilt dasselbe (Rdn. 144).

143 cc) **Irrelevanz der Dosis/Aufnahmeart.** Gelegentlich wird im Zusammenhang mit Medikamenten die Auffassung vertreten, der Begriff des „anderen berauschenden Mittels“ setze voraus, dass mit dem Mittel Missbrauch getrieben werde. Als Beispiel wird der Fahrzeugführer genannt, der eine Überdosis konsumiert, der ein Arzneimittel injiziert statt oral aufnimmt oder der es mit anderen gefährlichen Substanzen kombiniert.[439] Diese Auslegung überzeugt jedoch nicht.[440] Einen erreichten oder erstrebten Rauschzustand verlangt das Gesetz nicht (Rdn. 13). Nach dessen eindeutigem Wortlaut ist allein entscheidend, ob die Substanz *objektiv* Rauschmitteleigenschaft aufweist und ob die durch die Einnahme ausgelösten Wirkungen die Fahrsicherheit *im konkreten Fall* aufgehoben haben. Ist beides (nachweisbar) gegeben, so kommt es nicht mehr darauf an, ob der Fahrzeugführer das Medikament, u.U. aufgrund ärztlicher Verschreibung (hierzu auch Rdn. 166), bestimmungsgemäß eingesetzt hat oder nicht. Das gilt schon deswegen, weil die relevanten Arzneimittel auch bei bestimmungsgemäßer Einnahme berauschend wirken können. Die Beurteilung ändert sich aber auch nicht, wenn man etwa den Fall nimmt, dass der Fahrzeugführer ein codeinhaltiges Arzneimittel konsumiert, das die Fahrsicherheit zwar normalerweise nicht wesentlich beeinträchtigt, das aber unter ungünstigen Umständen (z.B. die behandelte Krankheit, Ermüdung etc.) beachtliche Leistungsbeeinträchtigungen bewirkt. War das berauschende Mittel dann für die Fahrunsicherheit mitverantwortlich, so ist kein durchgreifender Grund ersichtlich, der der Anwendung des Tatbestands entgegenstehen könnte. Das ist im Übrigen nicht anders als bei der alkoholbedingten Fahrunsicherheit. Alkohol bleibt Rauschmittel und damit grundsätzlich tatbestandsrelevant, sofern er nur in geringen, die Fahrsicherheit *in der Regel* nicht aufhebenden Mengen konsumiert worden ist, und geringer Alkoholkonsum kann bei Zusammentreffen mit ungünstigen Umständen strafrechtlich relevante Fahrunsicherheit herbeiführen. Daraus wird zugleich deutlich, dass die Eingrenzung der Strafbarkeit hier wie dort durch den Begriff der Fahrunsicherheit und den notwendigen

---

stellungsverordnungen enthalten …“ oder OLG Köln VRS **80** 451 (453), wonach die Hinzuziehung eines Sachverständigen insbesondere dann erforderlich ist, „wenn ein Mittel … nicht in die Liste der Betäubungsmittel der Anlagen zum BtMG aufgenommen ist“.

[439] In diese Richtung OLG Köln BA **14** (1977) 124 f; *Jagow/Burmann/Heß* Rdn. 27.

[440] Wie hier *Rüth* LK[10] Rdn. 50 und *Salger* DRiZ **1986** 383, 387; wohl auch *Spendel* LK[11] § 323a Rdn. 98.

Kausalitätsnachweis geleistet wird. Es bedarf keiner Restriktionen beim Merkmal des Rauschmittels. Anders mag es vielleicht in dem (wohl eher theoretischen Fall) liegen, in dem das rauschmittelhaltige Lokalanästhetikum aufgrund seiner betäubenden Wirkung zur Lähmung von Körperteilen und *deswegen* zum Eintritt der Fahrunsicherheit führt (vgl. *Strasser* Der Begriff der „anderen berauschenden Mittel" S. 53). Es bleibt dann zwar Rauschmittel (aM *Strasser* aaO); jedoch entspricht ein solcher Sachverhalt nicht dem Tatbild des § 316, weswegen die Vorschrift teleologisch zu reduzieren ist. Der Sachverhalt ist an § 315c Abs. 1 Nr. 1b zu messen. Die Frage der indizierten/bestimmungsgemäßen Einnahme des Arzneimittels kann jedoch bei der **Prüfung des subjektiven Tatbestands** relevant werden. Jedoch wird der Fahrzeugführer in diesem Rahmen gleichfalls nur entlastet, wenn das eingenommene Mittel, wie er weiß oder bei Anspannung der gebotenen Sorgfalt wissen könnte, unter den gegebenen Umständen nicht schon bei ordnungsgemäßer Verwendung geeignet ist, die Fahrsicherheit aufzuheben (Rdn. 208, 223, 225).

b) **Illegale Drogen.** Vom Begriff der „anderen berauschenden Mittel" *werden grundsätzlich sämtliche Betäubungsmittel im Sinne des Betäubungsmittelgesetzes (BtMG) erfasst* (BGH VRS 53 356),[441] also die in den Anlagen I bis III[442] zum BtMG genannten Stoffe und Zubereitungen (§ 2 Abs. 1 Nr. 1, 2 BtMG). Die Einstufung eines Stoffs als Betäubungsmittel indiziert dessen Rauschmitteleigenschaft (Rdn. 142). Bei den „klassischen Rauschdrogen" ist sie unzweifelhaft gegeben. Zu diesen sind u.a. Cannabis (Haschisch, Marihuana), Opiate (Heroin, Morphin), Kokain (einschließlich „Crack"), Amphetamin sowie „Designer-Drogen" („Ecstasy" – MDMA), Methamphetamin und LSD zu rechnen. Deren Relevanz hat der Gesetzgeber weitgehend in dem auf *Kraft*fahrer im *Straßen*verkehr beschränkten Bußgeldtatbestand des § 24a Abs. 2 StVG Rechnung getragen. Durch den in § 24a Abs. 2 Satz 1 StVG verwendeten, mit den Verkehrsstrafvorschriften deckungsgleichen Begriff des „berauschenden Mittels" hat er zugleich den Charakter der in der Anlage zu § 24a Abs. 2 Satz 1 StVG[443] aufgeführten illegalen Drogen als Rauschmittel anerkannt. Eine Ausschlusswirkung für andere Drogen ist damit selbstverständlich nicht verbunden. **144**

Aus Gründen des Zusammenhangs ist die nachfolgende Darstellung nicht streng an der Systematik des BtMG und seiner Anlagen ausgerichtet. Unter dem Titel „illegale Drogen" sind einmal die „klassischen Rauschdrogen" aufgeführt, wegen der engen Verwandtschaft mit Morphin aber auch die Opiate Codein und Dihydrocodein sowie die Opioide (Methadon, Levomethadon usw.). Die übrigen Substanzen werden im Zusammenhang mit Medikamenten erörtert (Rdn. 168 ff). Die „illegalen Drogen" im Detail darzustellen und in ihrer Wirkungsweise jeweils zu erläutern, kann nicht Aufgabe einer Kommentierung der Verkehrsstrafvorschriften sein. Die nachfolgenden Ausführungen beschränken sich auf die in der Lebenswirklichkeit am meisten verbreiteten und dementsprechend auch für die Verkehrssicherheit bedeutsamsten Rauschdrogen. Im Übrigen muss **144a**

---

441 Rechtsprechungs- und Literaturnachweise in Fn. 434 und 438.

442 Anlage I erfasst die nicht verkehrsfähigen und nicht verschreibungsfähigen, Anlage II die verkehrsfähigen, aber nicht verschreibungsfähigen und Anlage III die verkehrsfähigen und verschreibungsfähigen Stoffe und Zubereitungen (zur Systematik *Weber*[2] BtMG § 1 Rdn. 136 ff).

443 Cannabis, Heroin, Morphin, Kokain, Amphetamin, nebst deren Substanzen (Wirkstoffen bzw. Abbauprodukten), Designer-Amphetamine mit den Wirkstoffen MDE und MDMA, Methamphetamin.

auf die überaus reichhaltige Spezialliteratur verwiesen werden (prägnante Zusammenstellung bei *Weber*² BtMG § 1 Rdn. 112 ff, 217 ff).[444]

145 aa) **Tatsächliche Verbreitung.** In Rdn. 131 ist das (besonders gefährliche) Fahrzeugführen nach Mischintoxikation durch Alkohol und illegale Drogen/Medikamente erörtert. Dort sind auch die methodischen Schwierigkeiten benannt, die sich bei der Evaluierung der „Drogenfahrt" stellen. Darauf wird Bezug genommen. Trotz all ihrer Unwägbarkeiten lässt sich hier wie dort aus den vorhandenen Erkenntnisquellen mit hinreichender Sicherheit ableiten, dass es sich beim Fahrzeugführen unter dem Einfluss illegaler Drogen auch zahlenmäßig um ein sehr ernst zu nehmendes und wohl auch zunehmendes Problemfeld handelt. Bereits die Verbreitung illegaler Drogen vor allem bei jungen Menschen[445] und ein defizitäres Trennungsverhalten von Konsum und Fahrzeugführen (*Vollrath/Krüger* BA 39 (2002) Supplement 1 S. 33) sprechen dafür, dass ein Teil der Konsumenten, darunter auch der Drogenabhängigen, nach aktuellem Drogenkonsum zuweilen ein Fahrzeug führt. Diese Annahme findet in den Ergebnissen der Befragungsforschung[446] sowie in der Vielzahl epidemiologischer Untersuchungen ihre Bestätigung, in denen u.a. Blutproben von bei Unfällen Verletzten oder Getöteten sowie Blut- und Urinproben verkehrsauffälliger Personen ausgewertet worden sind. Die Studien weisen oftmals hohe Anteile drogenpositiver Befunde aus.[447] Der „Würzburger" bzw. „Deutsche

[444] S. auch *Geschwinde* Rauschdrogen; *Harbort* Rauschmitteleinnahme und Fahrsicherheit Rdn. 213 ff; *Iten* Fahren unter Medikamenten- und Drogeneinfluss S. 87 ff; *Uchtenhagen* in: Handbuch des Betäubungsmittelstrafrechts § 1, alle mit zahlreichen Nachweisen.

[445] Statt vieler *Weber*² BtMG Einleitung Abschnitt J; exorbitant hohe Werte zu Drogenkonsumerfahrungen von Schülern ermitteln *Below/Kopas/Bockholdt* BA 45 (2008) 103.

[446] Vgl. *Musshoff/Schachtschneider/Madea* BA 41 (2004) 330; *Kreuzer* Handbuch des Betäubungsmittelstrafrechts § 4 Rdn. 527 ff, 534. S. auch *dens.* NStZ **1993** 209, 210 und BA 11 (1974) 329, 332 ff [zu Fixern unter Hinweis auch auf ältere amerikanische Studien].

[447] Eine durch *Krüger/Schulz/Magerl* durchgeführte Meta-Analyse von 69 in- und ausländischen Studien ergab Drogenanteile zwischen 10 und 28 % (Medikamenten- und Drogennachweis S. 54; Synopse S. 56 f), eine von *Münzhuber* vorgenommene Meta-Analyse von 22 vorwiegend nordamerikanischen Untersuchungen ergab durchschnittlich 18 % cannabis-/THC-positive Befunde (Cannabis und Fahrtüchtigkeit S. 20 f; Synopse S. 16 ff). Eine Blutprobenanalyse verkehrsauffälliger Personen weist einen Anteil von 8,2 % cannabispositiver Befunde aus (*Mischkowitz/Möller/Hartung* Gefährdung durch Drogen S. 72). Mit rund 58 % cannabispositiven und 32 % opiatpositiven Befunden weist die durch *Daldrup* durchgeführte Analyse von insgesamt 683 Blutproben außerordentlich hohe Drogenanteile aus (Cannabis im Straßenverkehr [1996] Zusammenfassung), desgleichen die Untersuchung von *Wollersen/Müller/Musshoff/Madea* BA 45 (2008) 89 (59,1 % Cannabionide, 20,9 % Benzodiazepine, 19,7 % Amphetamine, 19,1 % Opiate, 9,3 % Methadon). Betroffen waren freilich Fälle, in denen bereits der Verdacht auf „andere berauschende Mittel" bestanden hatte. Das Gleiche gilt für eine Studie aus der Schweiz (*Iten* Fahren unter Medikamenten- und Drogeneinfluss S. 15: 47 % cannabis-, 42 % opiat- und 28 % kokainpositiv) und für die Untersuchung von 2202 Verdachtsproben in Rich-tung § 24a StVG sowie von Unfallbeteiligten im Zeitraum von 1993 bis 2000 in Hamburg durch *Iwersen-Bergmann/Stein/Schmodt* BA **41** (2004) 493 (insgesamt positiv 75,3 %; davon Cannabis 51,4 %, Kokain 31,5 %, Morphin 31,3 %, Benzodiazepine 30,3 %, Methadon 12,8 %, Amphetamine/Amphetaminderivate 6,1 %). In einer Untersuchung von Urin- und Blutproben von 268 Unfallopfern in Luxemburg betrug der Anteil Methadon-Positiver 20,5 % (*Wenning* (BA 37 [2000] 84) Zu weiteren Studien oben Rdn. 131.

Roadside Survey“ hat hingegen sehr geringe Belastungsquoten ergeben;[448] dessen Resultate müssen jedoch in Bezug auf illegale Drogen mit Fragezeichen versehen werden (Rdn. 131). Gleichwohl dürfte das Fahrzeugführen unter dem Einfluss illegaler Drogen (noch?) nicht die Dimensionen der „reinen Alkoholfahrt“ erreichen.[449]

Hinsichtlich der Häufigkeit der verschiedenen Substanzen bei der Verkehrsteilnahme belegen sämtliche Studien **die Spitzenstellung von Cannabis**; mit Abstand folgen – bei wohl steigender Tendenz – Kokain, Opiate, Amphetamine und Amphetaminderivate.[450] Überaus häufig kommt polyvalenter Drogeneinfluss vor, also die gleichzeitige Wirkung mehrerer leistungsbeeinträchtigender Stoffe. Vielfach erwiesen wurde dabei eine hohe Affinität von Cannabis- sowie Kokainmissbrauch zu Alkoholkonsum (Rdn. 131). Beliebt zu sein scheint unter den Konsumenten auch der Mischkonsum von Cannabisprodukten mit Amphetamin, um die stimulierende Wirkung von Amphetaminen zu dämpfen (*Wollersen/Müller/Musshoff/Madea* BA **45** (2008) 85, 99). Hingegen scheint der Zusatzkonsum von Alkohol bei **Opiatkonsumenten** keine vergleichbar zentrale Rolle zu spielen; dort dominiert die nicht weniger gefährliche Mischintoxikation durch andere illegale Drogen und/oder durch rauschmittelhaltige Medikamente (*Mischkowitz/Möller/Hartung* Gefährdung durch Drogen S. 80 f),[451] was Ausdruck der gerade bei Schwerabhängigen häufig anzutreffenden „rauschdrogenspezifischen“ Polytoxikomanie ist (vgl. *Weber*² BtMG § 1 Rdn. 44). Dies wird durch eine Untersuchung *Daldrups* („Drogen im Straßenverkehr“ [1998] S. 40 ff, 64) bestätigt; 90 % der Heroinkonsumenten hatten mindestens einen zusätzlichen Stoff aufgenommen, davon 80 % in nicht unwesentlichen Konzentrationen, wobei die Kombinationen Opiate mit Kokain und Benzodiazepinen sowie Opiate mit Cannabis und Benzodiazepinen am häufigsten waren.[452] Gleichfalls hohe Affinität zu anderen illegalen Drogen/Medikamenten scheint bei Konsumenten von Amphetaminen und Designerdrogen zu bestehen (*Möller* Drogenerkennung im Straßenverkehr S. 85). *Iwersen-Bergmann/Stein/Schmodt* BA **41** (2004) 493, 504 stellen extrem häufigen Mischkonsum von Methadon und Benzodiazepinen fest, und zwar gerade in Blutproben von Unfallbeteiligten, was auf ein hohes Gefährdungsrisiko hindeutet.[453] Die Feststellung einer Beeinflussung von Fahrzeugführern durch illegale Drogen und rauschmittelhaltige Medikamente fällt mangels auffälliger Indikatoren wie der „Alkoholfahne“ erheblich schwerer als beim Alkohol (Rdn. 131, 163). Aufgrund verstärkter Bemühungen in der Ermittlungsarbeit ist in jüngster Zeit freilich eine Steigerung der Erkennungsrate zu verzeichnen. Dies spiegelt sich in einer ganzen Reihe von revisionsrichterlichen Entscheidungen (Rdn. 153) und in der steigenden Zahl von Verfahren nach § 24a Abs. 2 **145a**

---

[448] 0,57 % Cannabis, 0,62 % Opiate inkl. Codein (Codein drei Viertel), 0,08 % Amphetamin; 0,01 % Kokain (*Krüger/Schulz/Magerl* Medikamenten- und Drogennachweis S. 3).

[449] Allerdings gehen *Vollrath/Krüger* BA **39** (2002) Supplement 1 S. 32, 35 davon aus, dass Fahrten unter Cannabis ähnlich häufig auftreten wie Alkoholfahrten ab einer BAK von 0,5 ‰.

[450] *Möller* DAR **1993** 7, 8; *Vollrath/Krüger* BA **39** (2002) Supplement 1 S. 32, 35.

[451] *Bogusz/Früchtnicht/Maier* BA **36** (1999) 276, 277 ff; *Brauchle/Weinmann/Pollak* BA **34** (1997) 385, 391; *Mischkowitz/Möller/Hartung* Kriminalistik **1998** 628; *Möller/Hartung/Wilske* BA **36** (1999) 25, 30, 34; *Iwersen-Bergmann/Stein/Schmodt* BA **41** (2004) 493.

[452] Untersucht worden sind 912 Blutproben, bei denen bereits der Verdacht auf den Einfluss von illegalen Drogen/Medikamenten bestanden hatte; Anlass der Überprüfung waren überwiegend Unfälle (281), Verkehrskontrollen (267) und auffällige Fahrweise (176), Drogen im Straßenverkehr S. 31; *Iwersen-Bergmann/Stein/Schmodt* BA **41** (2004) 493.

[453] Ähnliche Ergebnisse bei *Musshoff/Banaschak/Madea* BA **38** (2001) 325.

StVG wider (Nw. bei *Hentschel/König* § 24a Rdn. 21 f). Ungeachtet dessen *ist ein großes Dunkelfeld zu vermuten* (zu den Befunden der Unfallstatistik BTDrucks. 16/2264 S. 2 f).

146 **bb) Leistungsbeeinträchtigende Wirkungen.** Der RegE zur Änderung des Straßenverkehrsgesetzes, der mit dem „Drogentatbestand" des § 24a Abs. 2 StVG umgesetzt worden ist, beschreibt die Wirkungsweise der wichtigsten Rauschdrogen knapp wie folgt (BTDrucks. 13/3764 S. 5 [Hervorhebungen durch *Verf.*]):

> *„Bei **Cannabis** führen die beim typischen Rauschverlauf auftretenden Wirkungen, wie z.B. Euphorie, Antriebsminderung, Konzentrationsstörungen, Wahrnehmungsstörungen, Denkstörungen, Änderung des Zeiterlebens, leichtere Ablenkbarkeit, zu Leistungseinbußen in den für den Kraftfahrzeugführer wichtigen psychomotorischen Funktionen. Außerdem können atypische Rauschverläufe auftreten mit psychopathologischen Störungen, wie z.B. Angst, Panik, innere Unruhe, Verwirrtheit, Halluzinationen, Größenverzerrungen."*[454]
>
> *„**Heroin und Morphin** erzeugen einen Rauschzustand höchster Euphorie mit Gleichgültigkeit gegenüber Außenreizen, Verblassen der Sinneswahrnehmungen, Konzentrationsschwäche, Verlängerung der Reaktionszeit, Benommenheit, Pupillenverengung, die auch in der Dunkelheit bestehen bleibt."*[455]
>
> *„Der **Kokainrausch** ist gekennzeichnet durch Euphorie, eingeschränkte Kritikfähigkeit, erhöhte Risikobereitschaft, Enthemmung, Halluzinationen und Wahnvorstellungen."*[456]

Darüber hinaus wird im RegE darauf verwiesen, dass *„es keine strenge Korrelation zwischen Wirkung und Höhe der Konzentration gibt, so dass keine Kalkulierbarkeit zwischen Wirkstoffdosis und Wirkungsstärke bzw. -ablauf besteht. Eine verläßliche Abschätzung des Wirkungsverlaufs ist damit nicht möglich. Andererseits sind jedoch auch bei der*

---

[454] S. ergänzend *Berr/Krause/Sachs* Rdn. 22 ff; *Haase/Sachs* DAR **2006** 61; NZV **2008** 221; *Harbort* Rauschmitteleinnahme und Fahrsicherheit Rdn. 220 ff; *Weber*[2] BtMG § 1 Rdn. 247 ff; *Iten* Fahren unter Medikamenten- und Drogeneinfluss S. 99 ff; *Möller* Drogenerkennung im Straßenverkehr S. 64 ff; *Münzhuber* Cannabis und Fahrtüchtigkeit S. 6; *Penning* Alkohol, Drogen und Verkehrssicherheit S. 28; *Uchtenhagen* Handbuch des Betäubungsmittelstrafrechts § 1 Rdn. 31 f; *Maatz/Mille* DRiZ **1993** 15, 18 f. Zur Pupillenreaktion (Miosis bzw. Mydriasis) Rdn. 162. Zu Leistungsbeeinträchtigungen bei Dauerkonsumenten *Kannheiser* NZV **2000** 57.

[455] S. ergänzend *Berr/Krause/Sachs* Rdn. 55 ff; *Haase/Sachs* NZV **2008** 221; *Harbort* Rauschmitteleinnahme und Fahrsicherheit Rdn. 241 ff; *Iten* Fahren unter Medikamenten- und Drogeneinfluss S. 187 ff; *Möller* Drogenerkennung im Straßenverkehr S. 70 f; *Penning* Alkohol, Drogen und Verkehrssicherheit S. 29 f; *Weber*[2] BtMG § 1 Rdn. 317 ff; *Uchtenhagen* Handbuch des Betäubungsmittelstrafrechts § 1 Rdn. 22, 24; *Maatz/Mille* DRiZ **1993** 15, 20 f. Nach einer Untersuchung *Daldrups* (Fn. 452) kommt es bereits bei sehr geringen Wirkstoffkonzentrationen zu signifikanten Ausfallerscheinungen (Drogen im Straßenverkehr [1998] S. 64).

[456] S. ergänzend *Berr/Krause/Sachs* Rdn. 72 ff; *Haase/Sachs* NZV **2008** 221; *Harbort* Rauschmitteleinnahme und Fahrsicherheit Rdn. 285ff, 297; *Möller* Drogenerkennung im Straßenverkehr S. 74 ff; *Iten* Fahren unter Medikamenten- und Drogeneinfluss S. 143 ff; *Penning* Alkohol, Drogen und Verkehrssicherheit S. 29; *Weber*[2] BtMG § 1 Rdn. 410 ff; *Uchtenhagen* Handbuch des Betäubungsmittelstrafrechts § 1 Rdn. 45; *Schulz/Vollrath/Klimesch/Szegedi* Fahruntüchtigkeit durch Cannabis, Amphetamine und Cocain S. 37 f; *Maatz/Mille* DRiZ **1993** 15, 20.

Einnahme von nur sehr geringen Mengen pathologische Rauschzustände möglich." Dies ist auf die nachfolgend aufgeführten Substanzen übertragbar.

Hinsichtlich der **Amphetamine und der amphetaminähnlichen Aufputschmittel** („**Speed**") **sowie der Designerdrogen** („**Ecstasy**"; auch „Disco-Drogen") sind u.a. Euphorie, übersteigertes Selbstgefühl sowie aufputschende Steigerung der Gedankenabläufe und Handlungen (*Bönke* NZV **1998** 393, 395) bis hin zu paranoid-halluzinatorischen Zuständen mit optischen und akustischen Sinnestäuschungen zu nennen.[457] Dem Amphetamin sehr ähnlich ist **Cathinon** (Khat), das in Appetitzüglern enthalten ist und aufputschend wirkt sowie bei hohen Dosen Wahrnehmungsstörungen, Verwirrtheitszustände und Halluzinationen verursachen kann (LG Freiburg BA **44** (2007) 183; dazu näher Rdn. 164). Das im Jahr 2007 neu in die Anlage zu § 24a StVG aufgenommene **Metamphetamin** führt häufig zu Selbstüberschätzung und Aggressivität sowie zu einem schnellen, unkontrollierten, unberechenbaren und risikobereiten Fahrstil und damit zu einem erhöhten Unfallrisiko (BRDrucks. 231/07). **146a**

Angesprochen werden sollen noch

LSD, das zu Pseudo-Halluzinationen, Wahrnehmungsveränderungen Koordinations- und Affektstörungen, evt. zum „Horrortrip" mit psychotischen Verfolgungsideen und potentieller Gewaltbereitschaft führt (*Penning* Alkohol, Drogen und Verkehrssicherheit S. 29)[458] und

die zur Schmerzbehandlung, aber auch zur Substitution Abhängiger eingesetzten **starken Opioide** wie **Levomethadon** (Handelsname L-Polamidon®) und **Methadon**, die ähnliche Wirkungen wie Heroin nach sich ziehen, allerdings ohne den sog. „kick" auszulösen (*Weber*² BtMG § 1 Rdn. 459),[459] und Handelspräparate wie Morphin Merck®, Sevredol® (Wirkstoff **Morphin**), Dolantin® (Wirkstoff **Pethidin**), Valoron® (Wirkstoff **Tilidin**) oder Fortral® (Wirkstoff **Pentazocin**) sowie

die Opiate **Codein** und **Dihydrocodein**, die vor allem in **Hustenmitteln** (Codein-Compretten®, DHC-Mundipharma® („Codein-Saft"), Remedacen®; Tussipect®) Verwendung finden; bei den genannten Substanzen handelt es sich um Ableitungen des Morphins; sie wirken vergleichsweise schwach sedierend, vermögen jedoch bei hoher Dosis sowie bei Mischintoxikationen mit anderen Drogen schwere Rauschzustände zu erzeugen.[460]

---

457 Eingehend BGHSt **42** 255, 263 ff. Zusammenstellungen bei *Berr/Krause/Sachs* Rdn. 38 ff, 47 ff, 54; *Haase/Sachs* NZV **2008** 221; *Harbort* Rauschmitteleinnahme und Fahrsicherheit Rdn. 303 ff; *Iten* Fahren unter Medikamenten- und Drogeneinfluss S. 87 ff, 92 ff; *Möller* Drogenerkennung im Straßenverkehr S. 77 f; *Penning* Alkohol, Drogen und Verkehrssicherheit S. 29; *Weber*² BtMG § 1 Rdn. 297 ff, 396 ff; *Uchtenhagen* Handbuch des Betäubungsmittelstrafrechts § 1 Rdn. 67; *Schulz/Vollrath/Klimesch/Szegedi* Fahruntüchtigkeit durch Cannabis, Amphetamine und Cocain S. 45; *Hecker/Röhrich/Neis/Rittner* BA **40** (2003) 85; zu hierdurch verursachten Schädigungen des Gehirns *Teuchert-Noodt/Bagorda* BA **39** (2002) Supplement 1 S. 21; *Harbort* NZV **1998** 15, 18; *Maatz/Mille* DRiZ **1993** 15, 20.

458 Ergänzend *Harbort* Rauschmitteleinnahme und Fahrsicherheit Rdn. 249 ff; *Möller* Drogenerkennung im Straßenverkehr S. 82 ff; *Weber*² BtMG § 1 Rdn. 343 ff; *Maatz/Mille* DRiZ **1993** 15, 19.

459 Ergänzend *Harbort* Rauschmitteleinnahme und Fahrsicherheit Rdn. 309 ff; *Iten* Fahren unter Medikamenten- und Drogeneinfluss S. 167 ff; *Penning* Alkohol, Drogen und Verkehrssicherheit S. 30.

460 *Harbort* Rauschmitteleinnahme und Fahrsicherheit Rdn. 271 f, 276; *Weber*² BtMG § 1 Rdn. 438; *Penning* Alkohol, Drogen und Verkehrssicherheit S. 30.

Codeinhaltige Präparate werden auch zur Substutionstherapie eingesetzt und häufig missbraucht; **codeinhaltige Arzneimittel** unterfallen generell dem Rauschmittelbegriff.[461]

146b Hinsichtlich der Auswirkungen des Konsums illegaler Drogen auf die Verkehrssicherheit existieren – im Hinblick auf die hiergegen bestehenden rechtlichen und ethischen Bedenken (Rdn. 148) – **nur vergleichsweise wenige experimentelle Studien**, und zwar vornehmlich aus dem Ausland. Der Großteil davon entfällt auf **Cannabis**. Die Untersuchungen kommen zumeist zu dem Ergebnis, dass die Fahrsicherheit vor allem bei höheren Wirkstoffkonzentrationen deutlich beeinträchtigt wird.[462] Das Ausmaß fahrsicherheitsrelevanter Auswirkungen geringer Dosen unterliegt in den berufenen Fachkreisen keiner einheitlichen Beurteilung, was auch mit differierenden Zuschnitten der einschlägigen Studien zu tun hat. Jedoch wird man jedenfalls nicht ausschließen können, dass auch THC-Konzentrationen im Blutserum von unter 1 ng/ml Fahrunsicherheit bewirken können.[463] Eine durch *Schulz u.a.* durchgeführte Literaturstudie bezüglich ausländischer Humanexperimente zu den Auswirkungen von **Kokain und Amphetaminen**[464] kommt zu einem ambivalenten Ergebnis. Greifbaren negativen Effekten standen sogar positive gegenüber; allerdings lagen die den Probanden verabreichten Dosen ganz überwiegend unter den in der Szene üblichen Mengen.[465] Die Autoren warnen nachdrücklich davor, die Befunde in Richtung auf Bedeutungslosigkeit der genannten Drogen für die Fahrsicherheit zu verallgemeinern, und zwar auch aufgrund konkreter, in der Praxis gewonnener Erfahrungen.[466] Zu Hirnschädigungen aufgrund des Missbrauchs von Amphetamin und Metamphetamin *Teuchert-Noodt/Bagorda* BA **39** (2002) Supplement 1 S. 21.

146c Gerade im Kontext mit Cannabiskonsum wird nicht selten der **„Echorausch"** („flash back") erörtert. Damit ist der Eintritt eines rauschähnlichen Zustands während eines

---

461 *Berr/Krause/Sachs* Rdn. 133; *Ulbricht* Rauschmittel im Straßenverkehr S. 127. Vgl. auch *Maatz/Mille* DRiZ **1993** 15, 22. AA OLG Köln VRS **80** 451, 453 [ohne nähere Begründung, unter Bezugnahme auf *Körner* BtMG³ § 29 Rdn. 659]; näher Rdn. 176.

462 S. die Auswertung von *Münzhuber* Cannabis und Fahrtüchtigkeit S. 31 ff [Reaktionszeit]; 37 ff [Trackingtests]; 42 ff [Koordinations-, Motoriktests, Zeiteinschätzung]; 55 ff [Empfindung, Wahrnehmung]; 68 ff [„echte" Fahrtests]; *Kauert/Müller-Trudrung* BA **41** (2004) Supplement 1 S. 25 [Sehvermögen]; *Drasch/v. Meyer/Roider/Jägerhuber* BA **40** (2003) 269; *Möller/Kauert/Tönnes/Schneider/Theunissen/Ramaekers* BA **43** (2006) 361; *Schmidt/Scheer/Berghaus* Kriminalistik **1995** 241, 244 ff und die Zusammenfassung von *Schulz/Vollrath/Klimesch/Szegedi* Fahruntüchtigkeit durch Cannabis, Amphetamine und Cocain S. 26; vgl. auch *Berghaus* in: Drogen und Verkehrssicherheit S. 44, 45, andererseits 48; *Türk* BA **43** (2006) 286. Die in diesem Zusammenhang nicht selten als Gegenbeweis zitierte Untersuchung von *Robbe* (Influence of Marijuana on Driving Maastricht 1994) ist erläuterungsbedürftig (*Mischkowitz/Möller/Hartung* Gefährdung durch Drogen S. 148 ff; *Möller* Sachverständigenanhörung vom 19.2.1997 vor dem Bundestagsausschuss für Verkehr (Ausschuss-Drucks. Nr. 46 S. 28 f).

463 *Drasch/v. Meyer/Roider/Staack/Paul/Eisenmenger* BA **43** (2006) 441, insbesondere auch zu erhöhten Gefahren in der Spätphase; *Eisenmenger* NZV **2006** 21; *Schulz/Vollrath/Klimesch/Szegedi* Fahruntüchtigkeit durch Cannabis, Amphetamine und Cocain S. 26. Abw. *Krüger* in: Drogen und Verkehrssicherheit S. 25, 33 f, 36; *Vollrath/Krüger* BA **39** (2002) Supplement 1 S. 32; *Möller/Kauert/Tönnes/Schneider/Theunissen/Ramaekers* BA **43** (2006) 361; zusammenfassend *Berr/Krause/Sachs* Rdn. 157 ff.

464 *Schulz/Vollrath/Klimesch/Szegedi* Fahruntüchtigkeit durch Cannabis, Amphetamine und Cocain insbesondere S. 42 ff.

465 *Schulz/Vollrath/Klimesch/Szegedi* Fahruntüchtigkeit durch Cannabis, Amphetamine und Cocain insbesondere S. 42, 43, 45.

466 *Schulz/Vollrath/Klimesch/Szegedi* Fahruntüchtigkeit durch Cannabis, Amphetamine und Cocain insbesondere S. 45.

drogenfreien Intervalls gemeint.[467] Die Bedeutung dieses noch wenig erforschten Phänomens (*Weber*[2] BtMG § 1 Rdn. 268) dürfte aber jedenfalls nach alleiniger Aufnahme von Cannabis zu vernachlässigen sein (vgl. BVerfG NJW **2002** 2378 m.w.N.). Relevanz hat die Erscheinung aber wohl bei LSD sowie bei gemischtem Konsum von LSD und anderen Halluzinogenen, darunter auch Cannabis (s. auch Rdn. 159).[468]

cc) **Wirkungsverstärkungen.** Zu den Wirkungsverstärkungen, die bei Mischkonsum **mit Alkohol** eintreten, wird auf Rdn. 132 ff verwiesen. Nicht vorhersehbare Interaktionen werden ausgelöst, wenn **mehrere illegale Drogen zugleich** wirken. Bei Opiatkonsumenten ist derartiger Mischgebrauch verbreitet (Rdn. 145, 145a). Additiv dämpfend wirkt der Mischkonsum von Opiaten **mit Benzodiazepinen und Barbituraten** (Übersicht bei *Möller* Drogenerkennung im Straßenverkehr S. 88).[469] **147**

dd) **Kein „absoluter" Grenzwert.** Dass der akute Drogenrausch zu einer erheblichen Beeinträchtigung der Fahrsicherheit führt, kann mit Blick auf die – in Rdn. 146 nur schlaglichtartig wiedergegebenen – Erkenntnisse über die nachteiligen Wirkungen von Rauschdrogen nicht zweifelhaft sein.[470] Wenn es gleichwohl Stimmen gibt, die die Risiken verharmlosen,[471] so muss dies als Ausdruck einer auch sonst nicht selten anzutreffenden, drogenpolitisch „gefärbten" Art der Argumentation gelten. Derartiges ist mit Blick auf die greifbare Gefährdung von Fremdinteressen im hier inmitten stehenden Kontext von vornherein verfehlt. Andererseits finden Meinungen, die für die Dauer des Rauschzustands *stets* von einer *Aufhebung* der Fahrsicherheit, also von „absoluter Fahrunsicherheit", ausgehen („Nullwert"),[472] keine uneingeschränkte Unterstützung in medi- **148**

---

467 *Weiler/Schütz* Handbuch des Betäubungsmittelstrafrechts § 8 Rdn. 42; BVerfGE **89** 69, 86 ff. Mangels jeglicher Anhaltspunkte lehnt OLG Zweibrücken NStZ-RR **2004** 149 die Annahme eines durch den medizinischen Sachverständigen für möglich gehaltenen „flash back" ab.

468 *Penning* Alkohol, Drogen und Verkehrssicherheit S. 28; Stellungnahme der Bundesanstalt für das Straßenwesen für die Sachverständigenanhörung vom 19.2.1997 vor dem Bundestagsausschuss für Verkehr (Ausschuss-Drucks. Nr. 46 S. 89; *Kauert* ebd. S. 201). Zum flash back m.w.N. auch *Täschner* in: Cannabis im Straßenverkehr [1998; Hrsg. Berghaus/Krüger] S. 243, 246 f.

469 S. zur Kombination von Heroin mit anderen Substanzen *Daldrup* Drogen im Straßenverkehr (1998) S. 45 ff.

470 Vgl. BVerfGE **90** 145, 181; s. auch BVerfGE **89** 69, 77 ff; BGHSt **42** 1, 6 [jeweils zu Cannabis]; BGHSt **44** 219, 223 [zu „harten" Drogen]. Insoweit auch mit einer Vielzahl von Nachweisen *Bratzke* 31. VGT **1993** S. 47, 48.

471 Z.B. *Quensel* MschrKrim. **1997** 333, 339 f für Kokain [„... dürfte ... verkehrstechnisch relativ wenig Probleme bereiten. Dies gilt insbesondere für einen kulturell integrierten Konsum."], für Heroin und Morphin unter verfehlter Bezugnahme auf die Schmerztherapie bei „richtig eingestellte[m] Konsum" und für Cannabis, weil „erfahrene Cannabis-Konsumenten besser und bewusster mit [den] Auswirkungen umgehen können als vergleichbare Alkohol-Konsumenten". Sehr seltsam auch *Nolte* BA 39 (2002) Supplement 1 S. 17. Zur dort jeweils in Bezug genommenen Untersuchung von *Robbe* vgl. Fn. 462.

472 Etwa *Harbort* Rauschmitteleinnahme und Fahrsicherheit Rdn. 244, 298 [Heroin, Morphin], 295 [Opium], 289, 267 [Kokain, „Crack"], 254 [LSD], s. aber dort Rdn. 146 ff; *Penning* Alkohol, Drogen und Verkehrssicherheit S. 28 f [Cannabis bei positivem THC-Nachweis; Heroin, Kokain, LSD, Amphetamine (diese je nach Dosierung)]; *Salger* DAR **1994** 433, 435 f, 437 f; *Schreiber* NJW **1999** 1770, 1772 [Mischintoxikation mehrerer Drogen in Verbindung mit Miosis; dazu Rdn. 162]; vgl. auch *Kauert* mitgeteilt von AG München BA 30 (1993) 251, 252 f.

zinisch-naturwissenschaftlichen Fachkreisen,[473] und dies, obschon die Tatsache der Aufhebung der Fahrsicherheit unter akutem Drogeneinfluss bis zu der sich seit dem Jahr 1990 herausbildenden ober- und höchstrichterlichen Rechtsprechung (Rdn. 153) „zum allgemeinen rechtsmedizinischen Verständnis" gehört haben dürfte (vgl. *Bratzke* 31. VGT **1993** S. 47).

148a Nach wie vor ganz überwiegende Auffassung ist wiederum, dass „derzeit Dosis-Wirkungsbeziehungen ... nicht festgestellt werden können" und dass „es nicht möglich [ist], Grenzwerte festzulegen" (BTDrucks. 13/3764 S. 5). Im Unterschied zum Alkohol fehlt es insoweit weitgehend an validen unfallstatistischen und experimentellen Forschungsergebnissen (hierzu auch Rdn. 147). Bereits aufgrund der Fülle der einschlägigen Stoffe und Zubereitungen, deren unterschiedlicher und mit dem Verlauf der Alkoholintoxikation im Detail nicht vergleichbarer Wirkungsweise auf den Einzelnen in seiner jeweiligen Konstitution und Disposition, namentlich auch seiner Konsumgewohnheiten, sowie denkbarer Kombinationen dürfte es jedenfalls für die *breite Palette* der Drogen auch in Zukunft nicht möglich sein, zu allgemein anerkannten Grenzwerten zu gelangen (vgl. *Schütz/Weiler* BA **30** [1993] 137, 151).[474] Eine besondere Schwierigkeit liegt darin, dass experimentelle Studien, auf die die neuere Rechtsprechung besonderen Wert legt (Rdn. 16c), bei illegalen Drogen auf ethische und rechtliche Bedenken stoßen (vgl. BTDrucks. 13/3764 S. 6),[475] weswegen eine hinreichende medizinisch-naturwissenschaftliche Absicherung etwaiger Grenzwerte auch in Zukunft schwer fallen dürfte. Mit Ausnahme von Cannabis sind die vorliegenden Daten dementsprechend spärlich zu nennen (*Kauert* BA **45** [2008] Supplement S. 16, 21). Vorschläge zu Cannabis, die „absolute" Fahrunsicherheit an das Erreichen eines **CIF-Werts von 10** (*Cannabis Influence Factor*)[476] anzuknüpfen, finden in den berufenen Fachkreisen jedenfalls derzeit keine uneingeschränkte Unterstützung; eines der Probleme ist eine Ungleichbehandlung von Dauerkonsumenten, bei denen THC länger nachweisbar ist als bei Gelegenheitskonsumenten und die höhere THC-Konzentrationen aufweisen als jene, wobei die Leistungsbeeinträchtigungen wohl geringer sind.[477] Hinzu

---

473 Vgl. *Bratzke* 31. VGT **1993** S. 47, 51; *Hein/Schulz* BA **29** (1992) 225, 236; *Maatz* BA **32** (1995) 97, 103; *Schütz/Weiler* in: Medikamente im Straßenverkehr S. 131, 132. Einige der in diesem Zusammenhang häufig zitierten Autoren (z.B. *Bratzke* 31. VGT **1993** S. 47; *Möller* DAR **1993** 7, 11) verweisen freilich ihrerseits maßgebend auf die Nichtanerkennung des „Nullwerts" durch die Rechtsprechung.

474 Eingehend zu den Problemen *Berr/Krause/Sachs* Rdn. 176 [zu Cannabis]; *Staak* in: Drogen und Verkehrssicherheit (1995) S. 18 ff; *Weiler/Schütz* Handbuch des Betäubungsmittelstrafrechts § 8 Rdn. 270 ff. Optimistisch der Ergebnisbericht der Grenzwertkommission BA **35** (1998) 372, 375; hierzu *Schütz/Weiler* in: Medikamente im Straßenverkehr S. 131, 150. S. auch die Versuche in Bezug auf Cannabis bei sowie zu Heroin bei *Iten* Fahren unter Medikamenten- und Drogeneinfluss S. 26 ff [individuell-konkret] und bei *Bogusz/Fürchtnicht/Maier* BA **36** (1999) 276. Einen absoluten Grenzwert von 10 ng Morphinkonzentration pro ml schlägt *Daldrup* für Heroinkonsum vor (Drogen im Straßenverkehr [1998] S. 66). Zur Mischintoxikation mit Alkohol und zur Einnahme von Medikamenten Rdn. 136, 174.

475 BGHSt **44** 219 (223) ist aber wohl dahin zu verstehen, dass experimentelle Forschungen in diesem Bereich nicht unverzichtbar sind, vielmehr unfallstatistische Erhebungen ausreichen (Rdn. 153 ff).

476 Berechnet aus dem Verhältnis der Konzentration von THC, 11-OH THC und THC-COOH. Entwickelt von *Daldrup* Cannabis im Straßenverkehr (hierzu *Möller* Sachverständigenanhörung vom 19.2.1997 vor dem Bundestagsausschuss für Verkehr, Ausschuss-Drucks. Nr. 46 S. 56 f), und *Berghaus* Drogen und Verkehrssicherheit (1995) S. 44 ff.

477 Eingehend *Berr/Krause/Sachs* Rdn. 192 ff; *Kauert* BA **45** (2008) Supplement S. 16, 20; s. aber *Daldrup* aaO S. 2, 7. Im Grundsatz

kommt, dass derzeit keine hinreichend zuverlässige Rückrechnung möglich ist (Rdn. 152). Der Gesetzgeber hat diesen Umständen, freilich auf der Ebene des Ordnungswidrigkeitenrechts, durch Einführung eines absoluten Verbots des Führens von Kraftfahrzeugen im Straßenverkehr unter der Wirkung bestimmter, in der Anlage zu § 24a Abs. 2 StVG enumerativ aufgezählter Drogen Rechnung getragen (Rdn. 144).

ee) **Der Wirkstoffbefund.** Der Konsum von illegalen Drogen (und rauschmittelhaltigen **149**
Medikamenten) kann – wie auch der von Alkohol – in mehreren Körpersubstanzen nachgewiesen werden, beispielsweise in den Körperflüssigkeiten Blut, Urin, Speichel und Schweiß sowie im Haar. Für die Praxis der Strafverfolgung bedeutsam ist vor allem die Blutprobe. Jedoch kann auch die Analyse der anderen Substanzen im Rahmen des Indizienbeweises der „relativen Fahrunsicherheit" Bedeutung erlangen (Rdn. 156 ff). Der Drogennachweis stellt an die Leistungsfähigkeit der Labors außerordentlich hohe Anforderungen. Einem plastischen Vergleich *Möllers* zufolge ist „der Nachweis von Alkohol im Blut mit dem Nachweis eines Zuckerstücks in 2,7 Liter Flüssigkeit vergleichbar, ... der Nachweis von THC [entspricht] der Wiederfindung dieser Zuckermenge in einem Tankschiff, der von LSD der Wiederfindung in einem mittelgroßen Stausee" (Drogenerkennung im Straßenverkehr S. 112).[478]

(1) **Analyseverfahren.** Bevorzugte, weil „beweissicherste" Methode zur Feststellung **150**
des Drogenkonsums im Blut und im Urin ist die gaschromatographisch-massenspektrometrische Untersuchung (GC-MS),[479] wobei zum Zwecke des Vortests das auch nur in diesem Rahmen brauchbare immunchemische Verfahren eingesetzt wird.[480] Für die durch besonders qualifizierte Institute durchzuführenden chemisch-toxikologischen Untersuchungen gelten die Laborrichtlinien der Gesellschaft für Toxikologische und Forensische Chemie (GTFCH).[481] Parallel zum Gesetzgebungsverfahren betreffend § 24a Abs. 2 StVG sind vier Ringversuche zur Eignung der angewandten Methoden und zum festzulegenden analytischen Wert für die Nachweisgrenze der jeweiligen Substanzen durchgeführt und im Jahre 1996 abgeschlossen worden; nach ihren Ergebnissen sind ausreichend viele Labors in der Lage, die in der Anlage zu § 24a Abs. 2 StVG genannten Substanzen mit der erforderlichen Zuverlässigkeit zu bestimmen (*Aderjan/Herbold* Qualitätskontrolle für quantitative Analysen [1998] S. 3). Dies dürfte für die nicht durch § 24a Abs. 2 StVG erfassten Stoffe entsprechend gelten. Vormals bestehende Probleme bei der Auswahl von Instituten (hierzu *Meininger/Daldrup* DRiZ **1993** 270, 271 ff) sollten damit behoben sein.

---

positive Beurteilung bei *Drasch/v. Meyer/Roider/Jägerhuber* BA **40** (2003) 269 und *Kauert* BA **39** (2002) 102; skeptischer wohl *Eisenmenger* NZV **2006** 24.

478 Zu Manipulations- und Verfälschungsmöglichkeiten bei Drogentests im Harn *Schütz* DRiZ **2000** 75 ff.

479 Die Methode ermöglicht beispielsweise auch die Feststellung, ob im Blut befindliches Morphin aus der Aufnahme von Heroin oder von Codein/Dihydrocodein herrührt, was vor allem für den Bußgeldtatbestand des § 24a Abs. 2 StVG von erheblicher Bedeutung ist.

480 Zum Ganzen *Möller* Drogenerkennung im Straßenverkehr S. 112; *Aderjan* in: Cannabis im Straßenverkehr [1998; Hrsg. *Berghaus/Krüger*] S. 153, 164 ff; *Bratzke* 31. VGT **1993** S. 47, 55; *Möller* DAR **1993** 7, 9; *Harbort* Rauschmitteleinnahme und Fahrsicherheit Rdn. 483; *Aderjan/Schütz/Käferstein/Wilske* BA **40** (2003) 337. S. auch *Meininger/Daldrup* DRiZ **1993** 270.

481 BTDrucks. 13/3764 S. 5; vgl. auch Grenzwertkommission BA **35** (1998) 372, 373, *Möller* BA **41** (2004) Supplement 1 S. 16.

151 (2) **Nachweisdauer.** Wie lange der Drogenkonsum in den verschiedenen Körpersubstanzen nachgewiesen werden kann, ist von Droge zu Droge verschieden, hängt von zahlreichen weiteren Faktoren ab, namentlich auch von der aufgenommenen Dosis sowie der Disposition des Betroffenen (Gelegenheits-, Dauerkonsument?), und wird in den berufenen Fachkreisen (wohl auch deswegen) nicht einheitlich beurteilt. Die Wirkstoffe der wichtigsten Rauschdrogen[482] bzw. deren Abbauprodukte[483] können dabei **im Blut** zumeist nur wenige Stunden bis zu ca. einem Tag nach Aufnahme festgestellt werden. Demgegenüber ist der Drogennachweis **im Urin** noch Tage und **im Haar** noch Monate nach dem Konsum möglich.[484] Der Positivbefund im Blut nimmt dabei im Strafverfahren den höchsten Stellenwert ein, weil er anders als die Befunde in den sonstigen Körpersubstanzen zeitnahen Konsum dokumentiert und deshalb die Annahme rechtfertigt, dass die jeweilige Substanz die Leistungsfähigkeit des Fahrzeugführer zur Tatzeit nachteilig beeinflusst haben kann (Rdn. 155).[485] Hingegen muss die Droge naturgemäß nicht für den gesamten Zeitraum der Nachweisdauer im Urin oder gar im Haar akut leistungsbeeinträchtigende Wirkungen entfaltet haben; vor allem der Urinprobe kommt aber für die Feststellung der „relativen" Fahrunsicherheit hoher Stellenwert zu (Rdn. 156 ff).

152 (3) **(Keine) Rückrechnung.** Anders als beim Alkohol (Rdn. 28 ff) ist bei den Rauschdrogen (noch?) keine (annähernde) Bestimmung der zur Tatzeit aktuellen Wirkstoffkonzentration anhand des Entnahmewerts möglich.[486] Es kann deshalb hier auch keine Rückrechnung („Hochrechnung" = Addieren von Abbauwerten auf den Entnahmewert) erfolgen. Zu den Konsequenzen für die („relative") Fahrunsicherheit wird auf das in Rdn. 161 Gesagte verwiesen.

---

482 Z.B. **Cannabis:** THC; **Heroin/Morphin:** Morphin; **Amphetamin:** Amphetamin; **Designer-Amphetamine:** MDE, MDMA (Anlage zu § 24a Abs. 2 StVO), MDA, MBDB, DOB (*Weber*² BtMG § 1 Rdn. 288 ff).

483 **Kokain:** Benzoylecgonin (Anlage zu § 24a Abs. 2 StVO).

484 Für **Cannabis** werden in den berufenen Fachkreisen ganz unterschiedliche Nachweisdauern, in Ausnahmefällen wohl sogar bis hin zu mehreren Wochen (im Spurenbereich) angegeben; dabei entfallen Nachweisdauern von über 24 Stunden wohl auf Dauerkonsumenten; s. die Zusammenfassung bei *Berr/Krause/Sachs* Rdn. 477 ff. Z.B. *Bratzke* 31. VGT **1993** S. 47, 54: (ein Joint): Wirksamkeitsdauer zwei bis vier Stunden; Nachweis von THC im Blut ca. drei Stunden; im Urin: ein bis drei Tage (bei chronischem Missbrauch bis zu drei Monaten); im Haar: Monate. S. auch *Aderjan* in: Cannabis im Straßenverkehr [1998; Hrsg. *Berghaus/Krüger*] S. 153, 165. **Heroin:** Wirksamkeitsdauer drei bis sechs Stunden; Nachweis im Blut ca. 15 Stunden; im Urin: ca. drei Tage; im Haar: Monate. **Kokain:** Wirksamkeitsdauer ein bis zwei Stunden; Nachweis im Blut ca. fünf Stunden; im Urin: ca. drei Tage; im Haar: Monate. Zu den Schwierigkeiten des Kokainnachweises *Toennes/Iwersen-Bergmann/Kauert* BA **44** (2007) 1.

485 Auf diesen Umstand hat der Gesetzgeber in § 24a Abs. 2 Satz 2 StVG maßgebend abgestellt (BTDrucks. 13/8979 S. 6; s. auch BTDrucks. 13/3764 S. 5); s. hierzu die weit ausgreifende, teils sehr feingesponnene Kritik von *Stein* NZV **1999** 441, 444 ff; vgl. auch *Riemenschneider/Paetzold* DAR **1997** 60, 63.

486 *Weiler/Schütz* Handbuch des Betäubungsmittelstrafrechts § 8 Rdn. 300; Grenzwertkommission BA **35** (1998) 372, 375; *Harbort* Rauschmitteleinnahme und Fahrsicherheit Rdn. 488 f; *Maatz* BA **32** (1995) 97, 102; *Schütz/Weiler* BA **30** (1993) 137, 152; speziell zu Kokain *Toennes/Iwersen-Bergmann/Kauert* BA **44** (2007) 1. Zu teilweise optimistischeren Befunden bei Cannabis *Berr/Krause/Sachs* Rdn. 486 ff, 547 ff.

ee) Stand der Rechtsprechung. In seiner Grundsatzentscheidung vom 3.11.1998 (BGHSt **44** 219)[487] hat der BGH die Auffassung vertreten, dass *allein mit dem Nachweis von Drogenwirkstoffen im Blut die Annahme der Fahrunsicherheit nicht begründet werden könne.* Die Entscheidung betrifft einen Fall polyvalenten Drogenmissbrauchs, der nach den vorhandenen epidemiologischen Erkenntnissen als für den Opiatkonsum typisch gelten kann (Rdn. 145). Der Angeklagte, ein „manifest“ von Drogenabhängiger, hatte weniger als vier Stunden vor seiner Fahrt Heroin gespritzt und außerdem Kokain in nicht unerheblichen Mengen eingenommen; zudem hatte er wohl Haschisch konsumiert.[488] Der BGH anerkennt zwar, dass jedenfalls der Konsum „harter“ Drogen generell-abstrakt geeignet sei, die aktuelle Fahrsicherheit aufzuheben (BGH aaO S. 222, 223), sieht aber den Forschungsstand nicht in dem Maße als gesichert an, dass die Annahme der Aufhebung der Fahrsicherheit unter der Wirkung dieser Drogen „auch individuell-konkret unter Ausschluss jeden vernünftigen Zweifels gerechtfertigt“ werden könne (BGH aaO S. 222). Der Nachweis einer von der Vorinstanz angenommenen „sozusagen absoluter Fahrunsicherheit“ könne allein mit dem positiven Wirkstoffbefund nicht geführt werden; vielmehr bedürfe es – entsprechend der Lage beim Alkohol (vgl. Rdn. 16 ff) – derzeit nicht vorliegender (Rdn. 148) „unfallstatistischer Untersuchungen über die dosisabhängige Steigerung des Unfallrisikos“ (BGH aaO S. 223). Dies impliziert zugleich, dass ein „absoluter“ Grenzwert, wie er für den Großteil alkoholisierter Fahrzeugführer im Straßenverkehr besteht (Rdn. 59 ff), im Bereich der Rauschdrogen nicht existiert. Der durch den BGH eingenommene Standpunkt steht in Einklang mit der zuvor ergangenen obergerichtlichen Rechtsprechung[489] und mit der ganz h.M. im Schrifttum.[490] Er ist seither einhellige ober- und höchstrichterliche Rechtsprechung.[491] Einzelne Entscheidungen von Amtsgerichten, in denen unter Heranziehung des CIF-Werts (Rdn. 148a) bei Cannabisintoxikation von „absoluter“ Fahrunsicherheit ausgegangen wird,[492] legen einen nicht hinreichend medizinisch-naturwissenschaftlich abgesicherten Erfahrungssatz zugrunde 153

487 M. zust. Anm. *Berz* NStZ **1999** 407 und abl. Bespr. von *Schreiber* NJW **1999** 1770.

488 Eine Urinprobe ergab ca. 14,2 µg Morphin, ca. 149 µg Morphinkonjugate und ca. 7,3 µg Codein pro ml; eine Blutprobe ca. 50 ng Morphin und ca. 950 ng Morphinkonjugate, ca. 92 ng Kokain und ca. 82 ng Benzoylecgonin pro ml. Im Urin hatten sich außerdem Spuren an Abbauprodukten von Haschischinhaltsstoffen gefunden (BGHSt **44** 219 f).

489 BayObLG bei *Bär* DAR **1990** 366 [Haschisch]; NJW **1994** 2427 [Haschisch]; NJW **1994** 2427 [Haschisch]; NJW **1997** 1381 [Haschisch]; OLG Düsseldorf NJW **1993** 2390 [Haschisch] m. Anm. *Trunk* NZV **1993** 276; NJW **1994** 2428 [Haschisch], vgl. auch OLG Düsseldorf VRS **88** 139; OLG Frankfurt NJW **1992** 1570 [Heroin]; NZV **1995** 116 [Haschisch]; OLG Köln NJW **1990** 2945 [Haschisch]; LG Krefeld NZV **1993** 166 [Haschisch]; LG Stuttgart NZV **1995** 379 [Kokain, zudem Einnahme des benzodiazepinhaltigen Tranquilizers Frisium]; OLG Hamm BA **44** (2007) 41 [Amphetamin, Heroin und Cannabis]. Zu OLG Düsseldorf BA **36** (1999) 140 [Mischintoxikation durch Alkohol und Amphetaminen] Rdn. 137.

490 *Sch/Schröder/Cramer/Sternberg-Lieben* Rdn. 5; *Fischer* Rdn. 39; *Jagow/Burmann/Heß* Rdn. 27a; *Athing* BA **39** (2002) 95; *Berz* NStZ **1999** 407; *Maatz/Mille* DRiZ **1993** 15, 24; *Maatz/Salger* NZV **1993** 329, 331 f; *Maatz* BA **32** (1995) 97, 102 ff; *Nehm* DAR **1993** 375, 377 ff; *Trunk* NZV **1991** 258. Nachweise zur Gegenansicht in Fn. 472.

491 BGH NZV **2000** 419, OLG Frankfurt NStZ-RR **2002** 17, OLG Hamm BA **41** (2004) 264, OLG München NZV **2006** 275, OLG Zweibrücken VRS **105** 125; **106** 288.

492 AG Moers BA **41** (2004) 276 [über 30 ng/ml THC und CIF-Wert von über 10, konkret: 30], AG Greifswald BA **44** (2007) 43 [CIF von 10 entspreche 1,1 ‰], s. auch AG München BA **30** (1993) 251, 252 f [Haschisch]; abl. *Maatz* BA **32** (1995) 97, 103.

(Rdn. 148a) und entsprechen demgemäß nicht dem Stand der obergerichtlichen Rechtsprechung (vgl. OLG Jena StraFo **2007** 300; s. auch OLG Naumburg NZV **2006** 98 [zu § 2 AUB]). Der BGH hat seine Rechtsprechung in der Sache mittlerweile für Entzugserscheinungen fortgesetzt (Rdn. 158).

154 (1) **„Relative Fahrunsicherheit"**. Mangels Anerkennung eines „absoluten" Grenzwerts (bzw. „Nullwerts") müssen für die Feststellung drogenbedingter Fahrunsicherheit stets aussagekräftige, zusätzliche Beweisanzeichen hinzukommen. Es ist demnach hier durchwegs die Beweislage der sog. „relativen Fahrunsicherheit" gegeben; für den danach durchzuführenden Indizienbeweis sind die Kriterien heranzuziehen, die für die entsprechende Fragestellung im Rahmen der alkoholbedingten Fahrunsicherheit entwickelt worden sind (vgl. BGHSt **44** 219, 224 f; im Einzelnen Rdn. 90 ff). Das bedeutet auf der Grundlage der ständigen Rechtsprechung insbesondere, dass für die richterliche Überzeugungsbildung die Feststellung *einer Ausfallerscheinung grundsätzlich unverzichtbar ist.*[493] Entgegen den Ausführungen in vereinzelten obergerichtlichen Entscheidungen[494] ist es dabei – wie auch für die alkoholbedingte Fahrunsicherheit (Rdn. 97 ff)[495] – *nicht unabdingbar, dass die Ausfallerscheinung das Fahrverhalten betrifft*; vielmehr kann die Aufhebung der Fahrsicherheit auch aus dem Leistungsverhalten des Fahrzeugführer *vor, während und nach der Tat* abgeleitet werden. Lediglich ein Beispiel sind Auffälligkeiten in der Anhaltesituation, aus denen sich konkrete Hinweise auf eine schwerwiegende Beeinträchtigung der Wahrnehmungs- und Reaktionsfähigkeit ergeben (BGHSt **44** 219, 225 f).[496] Insoweit kommt den polizeilichen Feststellungen (Rdn. 163) sowie dem klinischen Befund und den hierbei durchgeführten Tests (Rdn. 121 ff) hohe Bedeutung zu.[497] Wenngleich die Grundsätze zur alkoholbedingten Fahrunsicherheit im Prinzip auf die drogenbedingte übertragen werden können, so sind doch zumindest[498] folgende Besonderheiten hervorzuheben:

155 (a) **Positiver Blutwirkstoffbefund.** Nach BGHSt **44** 219 (225) ist für die Annahme der Fahrunsicherheit (grundsätzlich?) ein positiver Blutwirkstoffbefund erforderlich. Mit

[493] Zu etwaigen Ausnahmen bei BAK-Werten im Grenzbereich in Verbindung mit Drogenkonsum Rdn. 137a.

[494] OLG Frankfurt NJW **1992** 1570, 1571: „... hätte die – relative – Fahruntüchtigkeit nur aus auffälligem Fehlverhalten bei Führen des Kraftfahrzeuges gefolgert werden können." und OLG Düsseldorf BA **36** (1999) 140, 142: „... läge nur dann vor, wenn sich die Auffälligkeiten in der Fahrweise des Angeklagten niedergeschlagen hätten, ..." (s. aber zuvor S. 141). S. auch OLG Frankfurt NZV **1995** 116, 117: „... in der Person des Fahrers *und* in seiner Fahrweise ..." [Hervorhebung durch Verf.]. In diese Richtung auch OLG Düsseldorf NJW **1994** 2428 (dazu Rdn. 162).

[495] Der durch BayObLG NJW **1997** 1381, 1382 vorgenommenen Differenzierungen hätte es daher wohl nicht unbedingt bedurft.

[496] Explizit schon zuvor BayObLG NJW **1997** 1381, 1382 (hierzu auch die vorstehende Fn.); OLG Düsseldorf NJW **1994** 2428, 2429; LG Stuttgart NZV **1996** 378, 379; seither st. Rspr.; s. auch *Fischer* Rdn. 4; *Weber*² BtMG vor § 29 Rdn. 1275; *Maatz* BA **32** (1995) 97, 104 f.

[497] S. hierzu den Kriterienkatalog von *Haase/Sachs* DAR **2006** 61: 1. Fehlende kognitive Fähigkeit; 2. reduzierte motorische Fähigkeit; 3. Gleichgewichtsstörung; 4. unsicherer Finger/Fingertest und Finger-/Nasentest; 5. verringerte Pupillenreaktion bei Dunkelheit; 6. massiv fehlerhafter Zeitempfindungstest. Erforderlich seien zwei dieser „harten" Kriterien, davon mindestens eine aus den Gruppen 1 bis 3. Differenzierend nach einzelnen Rauschmitteln *dies.* NZV **2008** 221.

[498] Eine abschließende Übersicht über die aufgeworfenen Probleme kann derzeit nicht gegeben werden.

dem Abstellen auf den Befund *gerade im Blut(-serum)* knüpft der BGH zum einen an die Rechtsprechung zur alkoholbedingten Fahrunsicherheit an, bei der der Blutalkoholspiegel das wichtigste Indiz darstellt (Rdn. 92). Sodann berücksichtigt er die Besonderheiten der anderen Rauschdrogen. Die Nachweisdauer von illegalen Drogen im Blut ist nur relativ kurz bemessen; der positive Blutwirkstoffbefund erweist demnach anders als etwa der Nachweis im Haar oder Urin zeitnahen Konsum und rechtfertigt grundsätzlich die Annahme von drogenbedingten Leistungsstörungen zur Tatzeit (Rdn. 151). Dies gilt um so mehr, als die Blutprobe in der Regel erst eine Stunde oder mehr nach der Tat entnommen wird.

Andererseits sind Fälle denkbar, in denen der positive Blutbefund **noch kein sicheres Indiz** für drogenbedingte Fahrunsicherheit darstellt. Beispielsweise kann es sein, dass der Fahrzeugführer die Fahrt sofort nach Aufnahme der Droge antritt oder das Rauschmittel erst während der Fahrt konsumiert, etwa am Steuer einen „Joint" raucht.[499] Zu berücksichtigen ist insoweit, dass die Rauschwirkung bei illegalen Drogen gewöhnlich außerordentlich rasch eintritt,[500] weswegen an ihr selbst in solchen Konstellationen oftmals nicht zu zweifeln sein wird. Jedoch existieren Rauschdrogen sowie verschiedene Konsumformen, bei denen die Wirkungen erst nach längerer Zeit akut werden.[501] Ein positiver Entnahmewert lässt dann u.U. keinen sicheren Schluss auf die Drogenwirkung im Zeitpunkt der Tat zu. Auch mit Blick auf einschlägige Schutzbehauptungen kommt Zeugenaussagen zum Fahrgeschehen und insbesondere den polizeilichen Feststellungen zum Zustand des Fahrzeugführers in der Anhaltesituation hohe Bedeutung zu (vgl. auch Rdn. 154 a.E., 163). Legal erhältliche Hanfprodukte (z.B. Hanfbier) führen nicht zu einem relevanten THC-Wert (*Below/Rosenstock/Lignitz* BA **42** (2005) 442). **155a**

(b) **Negativer/kein Blutwirkstoffbefund.** Das vom BGH (eher beiläufig) statuierte Erfordernis des positiven Blutwirkstoffbefundes (vorstehende Rdn.) bedarf auch in umgekehrter Richtung der Relativierung: Die negativ verlaufene Blutprobenanalyse in Bezug auf aktive Wirkstoffe der jeweiligen Droge zieht im Rahmen des durchzuführenden Indizienbeweises **keine rechtliche Ausschlusswirkung** der Annahme von Fahrunsicherheit nach sich (zust. *Sch/Schröder/Cramer/Sternberg-Lieben* Rdn. 6). Der Blutwirkstoffbefund ist nämlich im Unterschied zu § 24a Abs. 2 StVG (vgl. § 24a Abs. 2 Satz 2 StVG; hierzu *Hentschel/König* § 24a StVG Rdn. 21) bei den §§ 315a, 315c und 316 StGB kein Gradmesser der Tatbestandserfüllung. Dies erklärt sich aus der unterschiedlichen Ausrichtung des Bußgeldtatbestandes einerseits und der Verkehrsstrafvorschriften andererseits. Beim *Gefahren*tatbestand des § 24a Abs. 2 StVG geht es um die Frage, unter welchen Voraus- **156**

---

[499] So in dem BayObLG NJW **1994** 2427 f zugrunde liegenden Fall.

[500] Z.B. beim „Joint" **Haschisch** nach wenigen Minuten; beim „Schnupfen" von **Kokain** nach ca. drei Minuten, bei Injektion nach wenigen Sekunden; bei **LSD** in wenigen Minuten; nach Injektion von **Heroin** nach ein bis drei Minuten (*Penning* Alkohol, Drogen und Verkehrssicherheit S. 28, 29); bei **Amphetaminen** bei Injektion innerhalb von Sekunden, bei oraler Aufnahme innerhalb von Minuten (*Möller* Drogenerkennung im Straßenverkehr S. 77). Zu den Problemen der Ermittlung des Konsumzeitpunkts nach Konsum von Cannabis *Daldrup/Meininger* in: Cannabis im Straßenverkehr [1998; Hrsg. Berghaus/Krüger] S. 181, 199 ff.

[501] Zum Essen eines „Haschisch-Cookie" (Wirkungseintritt u.U. erst nach 30 bis 120 Minuten) m.w.N. *Stein* NZV **1999** 441, 444 und dort Fn. 31 sowie *Weber*² BtMG § 1 Rdn. 253. Auch bei synthetischen Drogen (Ecstasy) kann die Wirkung je nach enthaltenem Wirkstoff (hierzu *Weber*² BtMG § 1 Rdn. 297 ff) erst nach ca. 30 bis 60 Minuten eintreten (*Möller* Drogenerkennung im Straßenverkehr S. 80).

setzungen *abstrakt-generell* von einer für die Verkehrssicherheit riskanten Drogenfahrt ausgegangen werden kann. Der Gesetzgeber sieht in typisierender Betrachtung entsprechende Gefahren jedenfalls für die Dauer der *akuten* Wirkung der Drogenintoxikation als gegeben an und verknüpft die Bußgelddrohung – sachverständig beraten – mit dem hierfür vorhandenen objektiven Gradmesser des positiven Blutwirkstoffbefundes (s. auch BVerfG NJW **2005** 349; zum „analytischen" Grenzwert Rdn. 156b). Er beschränkt sich dabei auf Drogen, bei denen ihm der Forschungsstand insoweit hinreichend gesichert erscheint (vgl. BTDrucks. 13/3764 S. 9). Beides bedeutet aber nicht (und wäre wissenschaftlich auch gar nicht begründbar), dass alle betroffenen Drogen keine fahrsicherheitsrelevante Wirkung mehr entfalten *können*, sobald deren aktive Wirkstoffe im Blut nicht mehr nachweisbar sind (Rdn. 157 ff). Umgekehrt kann es nach der Einschätzung des Gesetzgebers vorkommen, dass die Fahrsicherheit während der akuten Drogenwirkung bestehen bleibt. Denn sonst hätte es des Bußgeldtatbestandes gar nicht bedurft. Demgegenüber ist *für die §§ 315a, 315c und 316* maßgebend, ob die Fahrsicherheit zur Tatzeit *individuell-konkret* aufgehoben war. Auch hierfür ist in erster Linie an die akute Drogenintoxikation zu denken. Diese ist aber nicht denknotwendig und schon gar nicht für sämtliche illegalen Drogen auf die Zeit der Nachweisbarkeit der aktiven Wirkstoffe im Blut beschränkt; illegale Drogen können über den akuten Drogen*rausch* hinauswirken (zu beidem Rdn. 157 ff). Schließlich kann es vorkommen, dass *aus tatsächlichen Gründen* kein positiver Blutbefund zur Verfügung steht und gleichwohl die Annahme der Fahrunsicherheit gerechtfertigt ist (Rdn. 160). Im Grundsatz nicht anders als bei der Alkoholfahrt[502] kann es demnach zur Verurteilung wegen einer Straftat kommen, ohne dass der für die konsumierten Drogen grundsätzlich einschlägige Bußgeldtatbestand erfüllt ist.

156a **Schlagkräftige Indizien.** Allerdings müssen die sonst vorhandenen Indizien (z.B. andere Substanzen im Blut, positive Urinprobe, Geständnis, Zeugenaussagen in Verbindung mit weiteren Beweisanzeichen) aussagekräftig genug sein, um eine hinreichende Grundlage für die richterliche Überzeugungsbildung vom Vorliegen der Fahrunsicherheit zu bieten. Ob die Ergebnisse von **Drogenschnelltests** als Beweisanzeichen verwertet werden dürfen, hat in der veröffentlichten strafgerichtlichen Rechtsprechung soweit ersichtlich noch keine Rolle gespielt. Es sind verschiedene Systeme verfügbar.[503] Der Drug-Wipe®-Test prüft den Schweiß[504], ToxiQuick® und andere den Urin,[505] DrugWipe®II und andere den Speichel.[506] Sämtliche Schnelltests weisen Fehlerquoten auf; hinzu kommt, dass sie keinen Aufschluss über die Zeitnähe oder -ferne des Drogenkonsums geben und dass z.B. positive Ergebnisse in Bezug auf Morphin durch Essen von Mohnkuchen oder sonstigen mohnhaltigen Lebensmitteln verursacht werden können.[507] Dass die Ergebnisse solcher Schnelltests deswegen als Beweisanzeichen schlechterdings ausscheiden sollen,[508] er-

---

502 BAK unter 0,5 ‰; keine BAK festgestellt, jeweils in Verbindung mit Ausfallerscheinungen.

503 Zusammenfassend *Berr/Krause/Sachs* Rdn. 321 ff; s. auch *Bönke* NZV **1998** 393, 396; *Iffland/Kruse* in: Cannabis im Straßenverkehr [1998; Hrsg. Berghaus/Krüger] S. 139, 149 f. Zu Drogenschnelltests im Rahmen des Programms ROSITA = Roadside Testing Assessment) BA **37** (2000) Supplement 1.

504 *Berr/Krause/Sachs* Rdn. 322 ff.

505 *Berr/Krause/Sachs* Rdn. 328 ff.

506 *Berr/Krause/Sachs* Rdn. 334 ff; hierzu auch *Käferstein/Falk/Rothschild* BA **43** (2006) 1; zu einem THC-Twin-Test *Lott/Protzek/Aderjan* BA **44** (2007) 345.

507 *Berr/Krause/Sachs* Rdn. 324 ff, 328; zur Problematik s. auch *Sproll/Lachenmeier* BA **44** (2007) 360 m.w.N.

508 In diese Richtung wohl *Berr/Krause/Sachs* Rdn. 332, 340.

scheint gleichwohl wenig plausibel. Vielmehr kann der positive Befund (wie sonst auch) als Indiz für einen Drogenkonsum herangezogen werden, wenn das Ergebnis durch weitere Umstände (z.B. Geständnis des Betroffenen, Betäubungsmittelbesitz, Ausfallerscheinungen) bestätigt wird (BayVGH v. 21.3.2005, 11 CS 04.2334, juris).

Mindest-Wirkstoffkonzentration? Aus den in Rdn. 156, 156a und nachfolgend Rdn. 157 genannten Gründen ist eine Mindestkonzentration aktiver Wirkstoffe im Blutserum, unterhalb derer Fahrunsicherheit nicht angenommen werden darf, *nicht* anzuerkennen. Die Annahme von Fahrunsicherheit setzt also – wie im Übrigen auch die Erfüllung des § 24a StVG[509] – bei den in der Anlage zu § 24a StVG aufgeführten Drogen nicht etwa das Erreichen der jeweiligen „analytischen Grenzwerte“ voraus (ebenso LG München I BA **43** (2006) 43). BVerfG NJW **2005** 349 steht dem nicht entgegen. Denn ein wissenschaftlich abgesicherter Erfahrungssatz, dass unterhalb des jeweiligen analytischen Grenzwerts keine die Fahrsicherheit beeinträchtigenden Ausfallerscheinungen auftreten können, dürfte nicht existieren (vgl. OLG München NJW **2006** 1606; zum Ganzen *Hentschel/König* § 24a StVG Rdn. 21; s. auch Rdn. 157). **156b**

(aa) **Störungen über die Nachweisdauer hinaus.** Als Beispiel für ein Rauschmittel, das über die Nachweisdauer der aktiven THC-Konzentration im Blutserum hinaus noch fahrsicherheitsrelevante Beeinträchtigungen auszulösen vermag, wird **Cannabis** genannt. Die verkehrsmedizinisch bedeutsamen Wirkungen können bis ca. neun bis zehn Stunden nach Konsumende andauern (*Penning* Alkohol, Drogen und Verkehrssicherheit S. 28). Bei Dauerkonsumenten können noch bis zu 24 Stunden oder länger Hangover-Effekte auftreten.[510] Teils wurden in der Späthphase hinsichtlich der Unfallhäufigkeit stärkere negative Wirkungen des Cannabismissbrauchs festgestellt als in der a kuten Rauschphase,[511] wobei insoweit wohl eine entscheidende Rolle spielt, ob es sich bei dem Betroffenen um einen Dauerkonsumenten handelt (*Daldrup* BA **45** [2008] Supplement S. 2). Bei **LSD** hält der akute Rauschzustand ca. zehn Stunden nach Aufnahme an, freilich mit teils tagelanger wellenförmiger Nachphase, wobei schon im Rauschzustand evt. kein relevanter Blutspiegel mehr nachweisbar ist (*Penning* aaO S. 29). Gleichwohl kann in beiden Fällen, zuverlässige anderweitige Indizien für die Aufhebung der Fahrsicherheit vorausgesetzt, trotz des negativen Blutspiegels eine Verurteilung erfolgen. Im Hinblick auf offenkundige Nachweisprobleme wird dies nicht häufig vorkommen. **157**

---

509 OLG München NJW **2006** 1606 m. zust Anm. *König* DAR **2006** 287, OLG Bamberg DAR **2007** 272 m. zust. Bspr. *König/Seitz* DAR **2007** 367, ebenso *Maatz* BA **43** (2006) 451, 455 f; **aM** OLG Bamberg DAR **2006** 286 [aufgegeben durch OLG Bamberg DAR 2007 272]; *Wehowsky* BA **43** (2006) 125; VGT **2006** 10 unter Nr 1 (AK IV), wohl auch BReg in BTDrucks. 16/2264 S. 2 f.

510 Vgl. BayVGH v. 7.12.2006, 11 CS 06.1350, juris; *Berr/Krause/Sachs* Rdn. 30; *Kannheiser* NZV **2000** 57, 64; zurückhaltend BVerfG NJW **2002** 2378, dort Rdn. 28, 33, unter Bezugnahme auf das Gutachten von *Berghaus* BA **39** (2002) 321, 330.

511 *Drasch/v. Meyer/Roider/Staack/Paul/Eisenmenger* BA **43** (2006) 441, 448: „Aus diesen Untersuchungen ergibt sich kein Hinweis darauf, dass die derzeitige analytische Nachweisgrenze von 0,5 ng/ml bereits die Untergrenze der negativen Wirkung von Cannabis im Straßenverkehr darstellt“. S. auch die Grafik von *Chiang/Barnett*, abgedruckt bei *Berr/Krause/Sachs* Rdn. 518 sowie das Schreiben *Daldrups*, ebd. Rdn. 528. Nach diesen und weiteren von *Berr/Krause/Sachs* mitgeteilten Befunden überrascht es ein wenig, dass die Autoren der hier vertretenen Auffassung widersprechen (dort Rdn. 190).

158 (i) **Entzugserscheinungen.** Als rauschmittelbedingt im Sinne des § 316 kann auch eine Fahrunsicherheit anzusehen sein, die durch Entzugserscheinungen verursacht wird. Dies gilt jedenfalls dann, wenn die durch den *aktuellen* Drogenkonsum ausgelöste *Rauschwirkung und das Entzugssyndrom untrennbar ineinander übergehen*, wenn sich also „Rauschwirkung und Entzugssyndrom" zueinander verhalten wie „Bild und Spiegelbild".[512] Tritt in der Entzugsphase Fahrunsicherheit ein oder dauert die Fahrunsicherheit bis in die Entzugsphase fort, so ist kein Grund ersichtlich, der einer Anwendung des § 316 entgegenstehen könnte (zust. *Sch/Schröder/Cramer/Sternberg-Lieben* Rdn. 6). Denn der Defektzustand ist unmittelbar durch die Aufnahme der Droge verursacht worden, er ist eine chemisch-physiologische Reaktion auf den Drogenkonsum (*König* NZV **2008** 492). Dass er durch einen „Rausch" bewirkt wird, verlangt der Tatbestand nicht. Ein Beispielsfall liegt BGH NZV **2008** 528 zugrunde. Der BGH ordnet das Entzugssyndrom, ohne die Frage freilich zu problematisieren, dem körperlichen oder geistigen Mangel nach § 315c Abs. 1 Nr. 1b zu (hiergegen *König* NZV **2008** 492).

158a Typisch für derart „spiegelbildlichen" Entzug ist der **Heroinmissbrauch.** Die Injektion von Heroin führt bereits nach ca. zehn Stunden in die Entzugsphase, die nach 36 bis 48 Stunden ihren Höhepunkt erreicht, also zu einem Zeitpunkt, in dem das Morphin im Blut u.U. nicht mehr nachweisbar ist.[513] Entzugserscheinungen sind u. a. Herz-Kreislauf-Beschwerden von lebensbedrohender Intensität (*Weber*[2] BtMG § 1 Rdn. 325) sowie heftiges Zittern und Zuckungen am ganzen Körper.[514] Starke Entzugssymptome können zu einer langsamen und unsicheren Fahrweise führen, wohingegen nach Abklingen der hypnotischen Phase eine aggressive, enthemmte Fahrweise beobachtet wird (*Madea/Mußhoff* Handbuch Verkehrsrecht S. 2197). Ist der Betreffende trotz seiner Disposition noch in der Lage, sich zu seinem Fahrzeug zu schleppen und es (notdürftig) zu steuern, so kann er § 316 erfüllen. Wie auch sonst im Bereich der „relativen" Fahrunsicherheit ist jedoch im Einzelnen festzustellen, ob das Entzugssyndrom Fahrunsicherheit bewirkt hat; eine „absolute" Fahrunsicherheit in der Entzugsphase lässt sich auf der Grundlage der Rspr. des BGH (Rdn. 153) genauso wenig begründen wie in der Phase des akuten Rauschs (vgl. BGH NZV **2008** 528 m. Bspr. *König* NZV **2008** 492). Die für den Heroinmissbrauch angesprochenen Folgewirkungen können auch auftreten nach übertherapeutischer Dosierung von **opiat-/opioidhaltigen Medikamenten** sowie nach Missbrauch solcher Stoffe (insbesondere [Levo-]Methadon) im Rahmen der Substitution (*Möller* aaO; hierzu Rdn. 166 sowie § 315c Rdn. 63). Das depressive Stadium, das auf den akuten **Kokainrausch** folgt und zu Beeinträchtigungen der Aufmerksamkeits- und Wahrnehmungsfähigkeit führen kann (*Möller* aaO S. 75, *Madea/Mußhoff* Handbuch Verkehrsrecht S. 2199), ist gleichfalls hierher zu rechnen.

158b Leistungsbeeinträchtigungen nach *aktuellem* Drogenkonsum sind abzugrenzen von Folgewirkungen (einschließlich Ausprägungen des Entzugssyndroms),[515] die der Drogenmissbrauch auf längere Sicht nach sich zieht. Namentlich die Begleiterscheinungen der

---

[512] So anschaulich zum Opiat-Enzugs-Syndrom *Möller* Drogenerkennung im Straßenverkehr S. 70.

[513] Nachweisdauer im Blut allenfalls bis zu acht Stunden (*Möller* Drogenerkennung im Straßenverkehr S. 71) bis, was stark dosisabhängig ist, zu wenigen Tagen (*Weiler/Schütz* Handbuch des Betäubungsmittelstrafrechts § 8 Rdn. 86) nach der Injektion.

[514] *Möller* Drogenerkennung im Straßenverkehr S. 71; tabellarische Übersicht bei *Madea/Mußhoff* Handbuch Verkehrsrecht S. 2196.

[515] S. dazu, dass die Abhängigkeit als Ausfluss des Entzugssyndroms angesehen werden kann, *Möller* Drogenerkennung im Straßenverkehr S. 39.

Drogenabhängigkeit bis hin zum körperlichen und geistigen Verfall dürften *nicht mehr von § 316 erfasst werden*. Die Abgrenzung wird naturgemäß schwerfallen. Das Nähere findet sich unter Rdn. 165.

(ii) **Echorausch.** Aus den in Rdn. 165 zur Drogenabhängigkeit genannten Gründen **159**
dürfte die Fahrunsicherheit infolge eines sog. Echorausches, also des Eintritts eines rauschähnlichen Zustands in einem drogenfreien Intervall („flash back"; näher Rdn. 146c), nicht von § 316, sondern von § 315c Abs. 1 Nr. 1b erfasst werden. Zwar ist der Echorausch möglicherweise auf einen bestimmten (einzigen) Drogenkonsum zurückzuführen. Jedoch entspricht der Antritt der Fahrt in nicht akut drogenbeeinflusstem Zustand nicht dem Tatbild des § 316. Bereits aufgrund der in derartigen Konstellationen aufgeworfenen Nachweisprobleme und kaum vorhandenen/nachweisbaren Vorsatzes dürfte dem Phänomen und seiner strafrechtlichen Beurteilung lediglich theoretische Bedeutung beizumessen sein. Mangels hinreichender Anhaltspunkte lehnt OLG Zweibrücken NStZ-RR 2004 149 das Vorhandensein eines vom medizinischen Sachverständigen für möglich gehaltenen Echorausches nach Genuss von Cannabis ab.

(bb) **Tatferne Entnahme/keine Blutprobe.** Zu berücksichtigen sind ferner Fälle, in **160**
denen die Blutprobe mehrere Stunden nach der Tat und damit zu einem Zeitpunkt entnommen wird, in dem die Substanz im Blut bereits abgebaut ist. Darüber hinaus sind – wie auch bei der alkoholbedingten Fahrunsicherheit – sogar Konstellationen vorstellbar, in denen ohne jeden Wirkstoffbefund eine Verurteilung in Betracht zu ziehen ist. Hierfür müssen freilich Feststellungen zum äußeren Tatgeschehen getroffen sein, denen in Bezug auf die Aufnahme von Rauschdrogen sowie auf deren akut leistungsbeeinträchtigende, die Fahrsicherheit aufhebende Wirkungen **außergewöhnliche, überdurchschnittliche Überzeugungskraft** innewohnen. In Übereinstimmung mit den zur alkoholbedingten Fahrunsicherheit entwickelten Kriterien (im Einzelnen Rdn. 96 f) stehen insoweit exzeptionelle Gegebenheiten in Frage.

(c) **Stärke der Wirkstoffkonzentration.** Bei dem im Rahmen der Beweislage „relativer **161**
Fahrunsicherheit" durchzuführenden Indizienbeweis nimmt die *bestimmte* Feststellung (der „Punktwert") der Wirkstoffkonzentration nicht den Stellenwert ein, wie es bei den „absoluten" BAK-Grenzwerten der Fall ist (Rdn. 94). Allerdings hat die Rechtsprechung für die alkoholbedingte Fahrunsicherheit den Grundsatz entwickelt, dass die Anforderungen an die Signifikanz der Ausfallerscheinung(en) um so geringer sind, je höher die im Blut festgestellte Wirkstoffkonzentration ist (vgl. BGHSt **31** 42, 45; Rdn. 90, 97). Trotz des noch weitgehend ungesicherten Forschungsstands hinsichtlich der „erheblichen sowohl inter- als auch intraindividuellen Wirkungsunterschiede nach Drogenkonsum" (BGHSt **44** 219, 225) wird dieser Grundsatz durch die Rechtsprechung auf die drogenbedingte Fahrunsicherheit übertragen (vgl. BGH aaO).[516] Dem stehen allerdings verkehrsmedizinische Erkenntnisse gegenüber, nach denen z.B. nach Cannabiskonsum die „Spätphase" mit einer nur noch geringen THC-Konzentration gefährlicher ist als der akute Drogenrausch (*Drasch/v.* weniger *Meyer/Roider/Staack/Paul/Eisenmenger* BA **43** (2006)

---

[516] Ebenso OLG Jena StraFo **2007** 300 zu einem hohen CIF-Wert (dazu Rdn. 148a); OLG Zweibrücken NZV **2005** 164 (dazu Rdn. 162); *Weiler/Schütz* Handbuch des Betäubungsmittelstrafrechts § 8 Rdn. 306; *dies.* BA **30** (1993) 137, 152 f; s. auch *Maatz* BA **32** (1995) 97, 104. Zweifelnd *Harbort* NZV **1996** 219, 221.

441, 448).[517] Nach *Kauert* BA 39 (2002) 102, 108 gibt es keine Nachweise dafür, dass besonders hohe THC-Werte zu einer erheblichen Steigerung der Unfallgefahr führen; eher sei das Gegenteil der Fall. Die Wirkungsweise von THC wird dabei maßgebend dadurch beeinflusst, ob der Betreffende Dauer- oder Gelegenheitskonsument ist (Rdn. 148a). Demgemäß ist Vorsicht geboten (BGHSt **44** 219, 225). Jedenfalls dürfte der Gedanke auf die **Mischintoxikation durch verschiedenen Substanzen** anwendbar sein, von denen anzunehmen ist, dass sie in (über) additiver oder gar potenzierender Wechselwirkung zueinander gravierende Leistungsbeeinträchtigungen herbeizuführen geeignet sind. Will der Tatrichter aus einer hohen Wirkstoffkonzentration bzw. aus der Wechselwirkung der im Einzelfall konsumierten verschiedenen Substanzen Schlüsse für die Beweisführung ziehen, *so muss er sich sachverständig beraten lassen* und sich mit den damit verbundenen Fragen[518] im Einzelnen auseinandersetzen (vgl. BGHSt **44** 219, 225). Die Hinzuziehung eines Sachverständigen dürfte auch deswegen unabdingbar sein, weil eine Rückrechnung auf die Tatzeit nach derzeitigem Forschungsstand nicht hinreichend sicher durchführbar ist (Rdn. 152). Ferner gilt der in Rdn. 161 angesprochene Grundsatz zur alkoholbedingten Fahrunsicherheit dort **in seiner Umkehrung entsprechend**: Je niedriger die Wirkstoffkonzentration ist, desto „schlagkräftiger" müssen die zusätzlichen Beweisanzeichen sein. Ob man dies dies auf die drogenbedingte Fahrunsicherheit übertragen kann, ist aus den genannten Gründen nicht unzweifelhaft. Bereits die BReg hat hierzu darauf hingewiesen, dass die anderen Rauschdrogen weniger berechenbar seien als der Alkohol; schon bei Aufnahme sehr geringer Mengen seien pathologische Rauschzustände möglich (BTDrucks. 13/3764 S. 5; oben Rdn. 144).

162 (d) **Beweisanzeichen Pupillenreaktion (Miosis/Mydriasis).** Eine besondere Rolle in der bisher vorliegenden Rechtsprechung einschließlich der Entscheidung des BGH hat die durch den Missbrauch bestimmter Rauschdrogen ausgelöste Beeinträchtigung des Sehvermögens gespielt. Vielfach belegt ist insoweit, dass nach Heroinkonsum eine vom Konsumenten nicht beeinflussbare Pupillenengstellung (**Miosis**) eintritt (BGHSt **44** 219, 226).[519] Unterschiedlich beurteilt wird in den berufenen Fachkreisen hingegen, ob und inwieweit akuter Cannabiseinfluss eine Pupillenweitstellung (**Mydriasis**) oder gleichfalls eine Miosis bewirkt.[520] Soweit ersichtlich Einigkeit besteht, *dass* Drogenkonsum zu Sehstörungen führt.[521] In der Sache kann nicht zweifelhaft sein, dass eine im konkreten Fall *sicher festgestellte* (massive) Beeinträchtigung des Sehvermögens zur Tatzeit ein zusätzliches Beweisanzeichen für die Aufhebung der Fahrsicherheit darstellt. Es ist deshalb missverständlich, wenn OLG Düsseldorf NJW **1994** 2428 (2429) formuliert, bei der Pupillenweitstellung und weiteren Ausfällen handele „es sich lediglich um Beeinträchtigungen, die auf die Wirkung des Haschisch auf das zentrale Nervensystem zurückzuführen ... und als typische Anzeichen für Haschischgenuss anzusehen" seien, weswegen sich aus ihnen nichts für die Beurteilung der Fahrsicherheit ableiten lasse. Denn selbst-

---

517 Insoweit auch *Daldrup* BA **45** (2008) Supplement S. 2.

518 Z.B., ob die Wirkstoffkonzentration überhaupt als hoch anzusehen ist.

519 *Geschwinde* Rauschdrogen Rdn. 1115; *Harbort* Rauschmitteleinnahme und Fahrsicherheit Rdn. 244; *Schreiber* NJW **1999** 1770, 1772.

520 Einerseits *Geschwinde* Rauschdrogen Rdn. 106; *Harbort* NZV **1996** 219, 222; *Heinke* BA **41** (2004) 241 [Mydriasis], andererseits *Priemer/Gappmaier/Ruby/Sachs/Tutsch-Bauer/Peschel/Eisenmenger* BA 36 (1999) 84, 93 ff [leichte Miosis].

521 *Kauert/Müller-Tudrung* BA **41** (2004) Supplement 1 S. 23 (Cannabis, Amphetamine); *Heinke* BA **41** (2004) 241.

verständlich sind es gerade die drogentypischen Störungen, die im Rahmen des Indizienbeweises heranzuziehen sind. Lässt sich z.B. aufgrund einer Zeugenaussage oder eines Geständnisses feststellen, dass der Fahrzeugführer aufgrund einer Halluzination in Panik geraten ist,[522] so darf (und muss) dies als Indiz im Rahmen der Fahrsicherheitsprüfung verwertet werden. Nichts anderes gilt für das Auftreten von Sehstörungen.[523] Gemeint ist mit der diesbezüglichen Passage (und mit ähnlichen Ausführungen in BGHSt **44** 219, 227)[524] wohl lediglich, dass es der Tatrichter nicht bei der Feststellung der Miosis/Mydriasis belassen darf, sondern dass er das genaue Ausmaß der Sehbehinderung zu ermitteln hat (BGHSt **44** 219, 227 f).[525] Vermag der Sachverständige aufgrund der Pupilleneng- oder -weitstellung eine schwere Sehbehinderung darzulegen, nach der es als ausgeschlossen gelten kann, dass der Betreffende zur sicheren Steuerung des Fahrzeugs noch in der Lage war, so steht der Annahme des Tatbestands nichts im Wege.[526] Dementsprechend beanstandet OLG Zweibrücken NZV **2005** 164 die Verurteilung wegen § 316 StGB in einem Fall nicht, in dem der Fahrzeugführer eine hohe THC-Konzentration (13,3 ng/ml) aufwies und nach sachverständiger Feststellung an einer starken Sehbehinderung litt, die zu einer erhöhten Blendempfindlichkeit bei der Nachtfahrt führte.[527] Drogengewöhnung/Toleranzbildung führt dabei entgegen einer diesbezüglichen Erwägung des BGH (aaO) wohl nicht zur Kompensation der Störungen (*Schreiber* NJW **1999** 1770, 1772). Die Rechtsprechung ist zu dieser Problematik noch nicht annähernd konsolidiert (s. Rdn. 164 f).

(e) **Polizeiliche Ermittlungsarbeit.** Besondere Anforderungen stellt das Phänomen des **163**
Drogen- und Medikamenteneinflusses an die polizeiliche Ermittlungsarbeit. Im Hinblick darauf, dass Grenzwerte nicht anerkannt sind, kommt es maßgebend auf die möglichst genaue Dokumentation des Leistungsverhaltens des Fahrzeugführers und sonstiger Beweisanzeichen an. Schwierigkeiten bestehen aber schon „eine Stufe zuvor". Drogen-/Medikamenteneinfluss ist nämlich nicht auf den ersten Blick erkennbar. Ist der Fahrzeug-

---

522 S. das Beispiel von *Möller* in der Sachverständigenanhörung vom 19.2.1997 vor dem Bundestagsausschuss für Verkehr (Ausschuss-Drucks. Nr. 46 S. 56) von einem aufgrund eines Schraubenziehers in Panik geratenen Cannabiskonsumenten.

523 Zu Fällen, in denen Sehstörungen nach Alkoholintoxikation verwertet wurden, Rdn. 105, zur Bedeutung der Pupillenreaktion bei Alkohol Rdn. 124 ff.

524 Der BGH meint unter Bezugnahme auf die Entwurfsbegründung betreffend den Drogentatbestand nach § 24a Abs. 2 StVG (BTDrucks. 13/3764 S. 5; Rdn. 146), die dortige Aussage, dass es auf „eine tatsächliche Beeinträchtigung der Fahrtüchtigkeit im Einzelfall" nicht ankomme, müsse auch für die §§ 315c, 316 „Beachtung finden". Allerdings ist im Regierungsentwurf an derselben Stelle u.a. auch von regelmäßigen Leistungseinbußen wie Wahnvorstellungen, Verwirrtheit, Benommenheit, verzögertem Reaktionsvermögen die Rede. Es ist nicht ersichtlich, dass und wie die Entwurfsbegründung, die sich naturgemäß nur auf den Gefahrentatbestand bezieht, bei der strafrechtlichen Beurteilung „Beachtung finden" sollte, wenn solche Störungen im Einzelfall auftreten. Wie BGH OLG Saarbrücken BA **41** (2004) 72 m. abl. Bspr. *Heinke* BA **41** (2004) 241, OLG Koblenz BA **43** (2006) 231, OLG Zweibrücken v. 27.2.2004, 1 Ss 5/04, juris [0,182 mg/L Amphetamin] sowie OLG Jena BA **44** (2007) 182 (Mischintoxikation mit Alkohol); zu dieser Entscheidung Rdn. 137 f.

525 Die harsche Kritik *Schreibers* (NJW **1999** 1770, 1772) schießt deswegen über das Ziel hinaus.

526 Zust. *Maatz* BA **43** (2006) 451, 458; in diesem Sinne wohl auch *Hentschel* JR **1999** 476, 478 f.

527 Zust. *König/Seitz* DAR **2006** 121; *Maatz* BA **43** (2006) 451, 459 sowie aus medizinischer Sicht *Heinke* BA **42** (2005) 257.

führer alkoholisiert („Fahne"), so wird auffälliges Verhalten allzu leicht der Alkoholisierung zugeschlagen (Rdn. 131). Fehlt es mangels Alkoholkonsums an der „Fahne", so unterbleibt die Anordnung einer Blutentnahme nicht selten ganz. Die Situation hat sich in den letzten Jahren freilich verbessert. Bei Mitwirkung des Betroffenen können Schnelltests eingesetzt werden, die zwar keinen verlässlichen Wirkstoffnachweis zu liefern vermögen (Rdn. 156a), jedoch geeignet sind, einen etwaigen Anfangsverdacht zu bestätigen, vielleicht aber auch zu entkräften. Entsprechend einer Forderung des 31. VGT 1993[528] ist im Auftrag der Bundesanstalt für das Straßenwesen ein an amerikanische Vorbilder[529] angelehntes Schulungsprogramm für Polizeibeamte entwickelt worden, das in zahlreichen Ländern angewandt wird.[530] Gleichwohl kann die Lage, was durch die Schwierigkeiten der Problematik bedingt ist, nicht vollends zufriedenstellen.[531] Indikatoren für das Vorliegen von Drogen- oder Medikamenteneinfluss sind in Nr. 3.2.4 der RiBA [Rdn. 255] aufgeführt.

164 (2) **Kasuistik** (s. ergänzend die unter Rdn. 105 ff und 114 ff behandelte Kasuistik zur alkoholbedingten Fahrunsicherheit). Durch die (bislang nicht sehr reichhaltige) Rechtsprechung[532] ist drogenbedingte Fahrunsicherheit **angenommen bzw. in Betracht gezogen worden** bei einer Häufung von ungewöhnlichen Fahrfehlern[533] eines erfahrenen Berufskraftfahrer (OLG Frankfurt NZV **1995** 116, 117 [Haschisch]), bei verbotswidrigem Wenden in Verbindung mit nach der Tat festgestellten Auffälligkeiten[534] (BayObLG NJW **1997** 1381, 1382 [Haschisch]), bei einer nicht anders als durch den Drogeneinfluss erklärbaren abrupten Lenkbewegung (AG München BA **30** [1993] 251, 254 [Haschisch]),[535]– *ohne Auffälligkeiten im Fahrverhalten* – bei erheblichen Ausfallerscheinungen im Nachtatverhalten[536] (BGH vom 18.1.1994 – 4 StR 650/93 [wohl Haschisch, Heroin und Codein])[537], z.B. nicht kältebedingtem Zittern und einer Reihe von Auffälligkeiten bei der polizeilichen Sistierung sowie im Rahmen der Blutentnahme (OLG München NZV **2006** 275), etwa deutlichen feinmotorischen Störungen an den Händen, unsicherem Finger-Finger-Test, Stimmung gleichgültig; Augen glasig; Pupille vergrößert; Pupillenreaktion verlangsamt; starkes Wimpern- und Augenliderzucken (BayObLG BA

[528] Arbeitskreis I des 31. VGT **1993** S. 7 (Empfehlung Nr. 3).

[529] Hierzu *Hein/Schulz* BA **29** (1992) 225; *Möller* DAR **1993** 7, 10.

[530] *Möller* Drogenerkennung im Straßenverkehr, Berichte der Bundesanstalt für Straßenwesen Heft M 96 (1998). Hierzu auch BA **36** (1999) 60, NZV **1999**, Heft 11 IV, und *Gerchow* BA **36** (1999) 137.

[531] *Müller u.a.* Cannabis und Verkehrssicherheit S. 135 ff; 165 ff; s. auch *Musshoff/Schachtschneider/Madea* BA **41** (2004) 30

[532] In BGH VRS **53** 356 [Haschisch] sind die näheren Umstände nicht mitgeteilt; zu OLG Düsseldorf BA **36** (1999) 140 [Mischkonsum von Alkohol mit Amphetaminen] vgl. Rdn. 137. Nachweise zu weiteren unveröffentlichten erstinstanzlichen Entscheidungen bei *Daldrup/Meininger* in: Cannabis im Straßenverkehr [1998; Hrsg. Berghaus/Krüger] S. 181, 185 ff.

[533] Einfahren in eine Kreuzung unter Nichtbeachtung des Haltezeichens eines Polizeibeamten; verspätet eingeleitete und nicht sachgerecht durchgeführte Bremsung.

[534] Mühe bei der Beantwortung von Fragen, stark gerötete Augen; Pupillenreaktion.

[535] Weswegen es auf die durch das AG München eingehend behandelte Grenzwertfrage nicht angekommen wäre (hierzu kritisch *Maatz* BA **32** [1995] 97, 103). Die gleichwohl erfolgte Erörterung zielte wohl darauf ab, das Revisionsgericht zu einer Äußerung zu veranlassen, was legitim erscheint.

[536] Stark benommener, apathischer Eindruck, Mühe bei der Beantwortung von Fragen, lallende verwaschene Aussprache, leicht unsicherer Gang.

[537] Mitgeteilt in BGHSt **44** 219, 226 und von *Maatz* BA **32** (1995) 97, 104 f.

39 (2002) 392 [Ecstasy, hoher Wirkstoffgehalt]; BayObLG BA 39 (2002) 394 [LS]), bei hohem Wirkstoffgehalt und einer massiven Sehbehinderung (OLG Zweibrücken NZV **2005** 164; hierzu Rdn. 162), bei unsicherem Finger-Finger-Test, stark verkleinerten, auf Prüfreize nicht reagierenden Pupillen, Gleichgewichtsstörungen, verlangsamter Reaktion (LG München I BA **43** (2006) 43), bei Beeinträchtigungen der Körperbeherrschung wie z.B. Stolpern und Schwanken beim Gehen trotz jugendlichen Alters (LG Saarbrücken BA **41** (2004) 472 [Konsum von 3 bis 4 Joints Haschisch, 2 Tabletten Ecstasy, BAK 0,05 ‰]). Fahrunsicherheit ist schließlich angenommen worden nach überdosierter Einnahme eines *Appetitzüglers* (Antiadipositum X 112 T), der einen Cathinon vergleichbaren Wirkstoff enthält, in Verbindung mit Koffein sowie deutlichen Ausfallerscheinungen beim Fahren (Schlangenlinien, unmotiviertes Abbremsen) und Auffälligkeiten im Nachtatverhalten (Verwirrung, schwankender Gang).[538]

164a Als **nicht hinreichend aussagekräftig sind angesehen worden** Apathie, Müdigkeit, Schläfrigkeit und verwaschene Aussprache, weil im konkreten Fall nicht typische Auswirkung der aufgenommenen Substanzen (LG Stuttgart NZV **1996** 379, 380), leichte Gefühlsschwankungen ohne sonstige Auffälligkeiten (AG Bremerhaven BA **43** (2006) 44 [THC 0,04674 g/ml]), die drogenbedingte Pupillenweitstellung (**Mydriasis**; OLG Düsseldorf NJW **1993** 2390, 2391; OLG Frankfurt NStZ-RR **2002** 17 [erheblicher Rauschmittelkonsum]), auch nicht in Verbindung mit schnellem Start und Geschwindigkeitsüberschreitung sowie schweißnasser Haut und nicht spezifizierten Stimmungsschwankungen (KG v. 20.2.2002, (3) 1 Ss 32/02, juris [THC 1,8 ng/ml]), mit Bremsung bei Gelb (KG 6.2.2002, (3) 1 Ss 392/01, juris [Kokain 8,2 ng/ml; BAK 0,67 ‰]), mit „verzögertem Aufnahmevermögen" und schleppender Sprache (OLG Düsseldorf NJW **1994** 2428, 2429), Unruhe (OLG Hamm BA **41** [2004] 264 [BAK 0,25 ‰, Amphetamin 114 ng/ml]) oder schleppendem Gang (LG Siegen BA **41** (2004) 473), Unsicherheiten bei der Finger-Finger-Probe (LG Krefeld NZV **1993** 166), die bei Konsum von Opiaten typischerweise auftretende Pupillenengstellung (**Miosis**; BGHSt **44** 219, 226 ff), Sehstörungen auch nicht in Verbindung mit Lidflattern, verlangsamtem Denkablauf, stumpfer Stimmung, verwaschener Sprache beim klinischen Befund (OLG Saarbrücken BA **41** (2004) 72 [0,087 mg/l Morphin, 0,024 mg/l Benzoylecgonin, Codein, Methylecgonin])[539], „Pupillenveränderung", auch nicht in Verbindung mit Unkonzentriertheit, Gleichgewichtsstörungen (OLG Koblenz BA **43** (2006) 231 [0,231 mg/l Amphetamin, 7,7 ng/ml THC]),[540] mit polizeilich festgestellter Sprunghaftigkeit im Denkablauf, übersteigertem Bewegungsdrang und Umtriebigkeit bei niedrigem THC-Wirkstoffnachweis (0,95 ng/ml) und unauffälligem klinischen Befund (OLG Zweibrücken NStZ-RR **2004** 149), mit „sehr schläfrigem" Verhalten, zögerlichen Reaktionen und Äußerung von Selbstmordabsichten, Stimmungsschwankungen „von Minute zu Minute zwischen aggressiv, aufgedreht lustig und weinerlich depressiv" (OLG Zweibrücken DAR **2003** 431 [4,4 ng/ml THC, Morphin Spur, Codein 0,034 mg/l, Benzoylecgonin 0,012 mg/l, Methylecgonin 0,0009 mg/l])[541], eine „auf Schätzungen beruhende Pupillenstarre" bei „sehr niedriger" (17,3 ng/ml!) THC-Konzen-

538 LG Freiburg BA **44** (2007) 183, das missverständlich von „absoluter" Fahrunsicherheit spricht; dazu Rdn. 175 mit Fn. 573.

539 Keine Fahrfehler, sonst keine Auffälligkeiten. Abl. Bspr. *Heinke* BA **41** (2004) 241; zust. hingegen *Maatz* BA **43** (2006) 451, 459. Zur Aussagekraft des klinischen Befunds Rdn. 121.

540 Unzureichende tatrichterliche Feststellungen, namentlich keine Hinzuziehung eines Sachverständigen.

541 Werte nach der krit. Anm. *Rittner* BA **40** (2003) 323, 324] dort auch zu den weiteren Beweisanzeichen. Nach dem dort mitgeteilten Gesamtbild erscheint die Entscheidung des OLG Zweibrücken sehr zweifelhaft.

tration in Verbindung mit einem Geschwindigkeitsverstoß (LG Bremen BA **42** (2005) 258). Zur Frage der Sehstörungen wird auf das in Rdn. 162 Gesagte verwiesen.

165 gg) **Drogenabhängigkeit.** Dem Drogenabhängigen ist nach allgemeiner Meinung in der Regel die Fahreignung abzusprechen (§ 315c Rdn. 63). Entgegen einer möglicherweise nur missverständlichen Formulierung des OLG Frankfurt (NJW **1992** 1570, 1571) macht sich der Drogenabhängige aber nicht stets nach § 316 strafbar, wenn er im Verkehr ein Fahrzeug führt (vgl. BGH NZV **2008** 528 m. Bspr. *König* NZV **2008** 492; implizit schon BGHSt **44** 219). Zwar ließen Wortlaut und Normzweck der Vorschrift eine gegenteilige Interpretation zu, und erscheint auch die Kausalität nicht zweifelhaft (eher schon deren Nachweisbarkeit). Jedoch fügt sich solchermaßen „gestreckte" und kumulierte Rauschmittelbedingtheit in § 316 nicht bruchlos ein. Der Gesetzgeber hat mit der rauschmittelbedingten Fahrunsicherheit einen Sonderfall des „geistigen oder körperlichen Mangels" (§ 315a Abs. 1 Nr. 1, § 315c Abs. 1 Nr. 1b) herausgegriffen und diesbezüglich in § 316 die folgenlose Fahrt unter Strafe gestellt. Er hatte dabei die besondere Gefährlichkeit des Fahrens im akuten Zustand der Trunkenheit vor Augen. Hingegen nimmt das *Strafrecht*[542] das Fahrzeugführen in fahrunsicherem Zustand bei allen anderen geistigen und körperlichen Mängeln solange in Kauf, wie sich deren Gefährlichkeit nicht im Eintritt eines Gefahrerfolgs manifestiert. Davon sind so riskante Verhaltensweisen umfasst wie das Fahren trotz schwerer Sehbehinderung, trotz eines Anfallsleidens oder einer Herzkrankheit, die jederzeit zum Infarkt führen kann. Warum aus der Vielzahl der Krankheiten gerade die durch Rauschmittelmissbrauch verursachten Dauerdefekte einem schärferen strafrechtlichen Zugriff unterworfen werden sollten, kann nicht schlüssig erklärt werden. Auf eine Lebensführungsschuld kommt es auch bei den sonstigen Gebrechen nicht an. Der durch Rauschmittelmissbrauch verursachte dauernde Defektzustand wird demnach (nur) durch den körperlichen oder geistigen Mangel im Sinne des § 315c Abs. 1 Nr. 1b (§ 315a Abs. 1 Nr. 1) abgedeckt (näher § 315c Rdn. 63).[543] Zu beachten ist aber, dass **Entzugserscheinungen**, die notwendig durch *aktuellen* Drogenkonsum ausgelöst werden (z.B. nach Opiat- und Kokainkonsum), noch der rauschmittelbedingten Fahrunsicherheit zuzuordnen sind. Wegen der näheren Einzelheiten wird auf die Ausführungen unter Rdn. 158 ff verwiesen. Nicht zu verkennende Abgrenzungsprobleme im Einzelfall müssen in Kauf genommen werden.

166 hh) **Ärztliche Verordnung.** § 24a Abs. 2 Satz 3 StVG schließt die Anwendung des Bußgeldtatbestandes nach § 24a Abs. 2 Satz 1 StVG aus, wenn die beim Fahrzeugführer festgestellte Substanz „aus der bestimmungsgemäßen Einnahme eines für einen konkreten Krankheitsfall verschriebenen Arzneimittels herrührt". Diese sog. „Medikamentenklausel", die zu den umstrittensten Punkten des zum „Drogentatbestand" des § 24a Abs. 2 StVG führenden Gesetzgebungsverfahrens gehört hatte,[544] bzw. – für illegale Drogen, die von § 24a Abs. 2 StVG nicht erfasst werden – der dahinter stehende Gedanke hat *auf die strafrechtliche Beurteilung einer „Drogenfahrt" keinen Einfluss*. Bewirkt etwa die bestimmungsgemäße Einnahme eines ärztlich verschriebenen, morphinhaltigen Schmerzmittels

542 S. aber § 2 Abs. 1 Satz 1, § 75 Nr. 1 FeV.

543 Wie hier auch KG VRS **15** 414, 415. **AA** wohl *Salger* DAR **1986** 383, 386.

544 Einerseits Empfehlung Nr. 2 des BR (BT-Drucks. 13/3764 S. 7); Empfehlung des 31. VGT (Arbeitskreis I Nr. 6; 31. VGT **1993** S. 7); in diese Richtung auch *Maatz* BA **36** (1999) 145, 146 f. Andererseits die Stellungnahme der BReg. (BTDrucks. 13/3764 S. 9 [Nr. 2]); *Bönke* NZV **1998** 393, 396.

Fahrunsicherheit, so ist der objektive Tatbestand des § 316 unproblematisch erfüllt (vgl. *Maatz* BA **36** [1999] 145, 147 f).[545] Weitere Beispiele sind das Fahren unter der Wirkung amphetaminhaltiger Arzneimittel oder von Betäubungsmitteln, die im Rahmen einer Substitution verordnet worden sind (Levomethadon, Methadon; s. zur Fahreignung § 315c Rdn. 63). Bedeutung kann die ärztliche Verschreibung und bestimmungsgemäße Einnahme (und zwar unabhängig von § 24a Abs. 2 Satz 3 StVG) für *sämtliche* Arzneimittel allenfalls im Rahmen von Vorsatz und Fahrlässigkeit erlangen (Rdn. 208, 223, 225). Ergänzend wird auf das unter Rdn. 143 Gesagte verwiesen.

c) **Medikamente.** § 316 kommt nur zur Anwendung, wenn das Medikament eine **167** oder mehrere Substanzen enthält, die als „andere berauschende Mittel" anzusehen sind. Fehlt es daran, so scheidet der Tatbestand aus. In Betracht zu ziehen ist dann eine Strafbarkeit nach § 315a Abs. 1 Nr. 1, 2. Alt., § 315c Abs. 1 Nr. 1b, die allerdings einen konkreten Gefahrerfolg voraussetzen. Bei *folgenloser* Fahrt im geistigen oder körperlichen Defektzustand kann nur noch der praktisch nicht bedeutsame Bußgeldtatbestand nach § 2 Abs. 1 Satz 1, § 75 Nr. 1 FeV eingreifen. Der Begriff des „anderen berauschenden Mittels" bildet daher nicht selten die Scheidelinie zwischen Strafbarkeit und Sanktionslosigkeit (§ 315c Rdn. 56 ff). Unter den Rauschmittelbegriff fallen **zentralwirksame Wirkstoffe, die eine dem Alkohol ähnliche Wirkung (Psychose) auszulösen vermögen** (im Einzelnen Rdn. 140). Maßgebend ist insoweit die diesbezügliche *Eignung* des Wirkstoffs; ob das Medikament missbräuchlich (z.B. in Überdosis) verwendet wird und ob es an sich (bei therapeutischer Dosis) geeignet ist, die Fahrsicherheit eines andernfalls Fahrungeeigneten herzustellen, ist für den Rauschmittelbegriff irrelevant (Rdn. 142 f; s. auch § 315c Rdn. 51). Für die Frage, ob ein Medikament als Rauschmittel im Sinne des § 316 angesehen werden kann, ist der Blick in die *Anlagen zum BtMG* hilfreich; ist ein Arzneimittelwirkstoff dort aufgeführt, so indiziert dies dessen Rauschmitteleigenschaft (im Einzelnen Rdn. 142). Enthält das in *flüssiger* Form durch Trinken aufgenommene Medikament *Alkohol,*[546] so liegt der Spezialfall des „alkoholischen Getränks" vor, womit der Oberbegriff des „anderen berauschenden Mittels" nicht mehr eigens angegangen werden muss.[547] Bei Darreichung eines alkoholhaltigen Arzneimittels in sonstiger Form ist unproblematisch ein „anderes" Rauschmittel gegeben. Nicht *unmittelbar entscheidungserheblich ist* die Frage der Rauschmitteleigenschaft des konkret eingenommenen, hinsichtlich seiner Rauschmitteleigenschaft nicht eindeutigen Medikaments, sofern ein Fall der **Mischintoxikation** mit Alkohol (Rdn. 130 ff), „klassischen Rauschdrogen" (Rdn. 144 ff) oder sonstigen Substanzen mit feststehender Rauschmitteleigenschaft (z.B. Valium®) vorliegt und die Wirkung dieser Substanzen die Fahrunsicherheit zumindest mitverursacht hat. Denn die Mitursächlichkeit *eines* berauschenden Mittels (einschließlich Alkohol) genügt für die Erfüllung des Tatbestands (Rdn. 178 ff).

---

[545] Schmerztherapeuten vertreten die Auffassung, dass einem mit morphinhaltigen Schmerzmitteln behandelten Patienten lediglich in der Einstellphase die Fahrsicherheit abzusprechen ist; hingegen soll diese später durchaus gegeben sein (im Einzelnen *Lakemeyer* Opiathaltige Schmerzmittel und Verkehrssicherheit [1998]).

[546] Z.B. Klosterfrau-Melissengeist, Baldrian-Tinktur, bestimmte Hustenmittel, zahlreiche homöopathische Arzneimittel.

[547] S. u.a. OLG Braunschweig DAR **1956** 170 [Klosterfrau-Melissengeist]; OLG Celle BA **18** (1981) 176 [Baldrian-Tinktur; implizit] m. Anm. *Recktenwald* ebd. S. 178. Zum Alkoholgehalt von Hustenmitteln *Bettingen/Ulbricht/Herrmann* BA **11** (1974) 54. AM jedoch BReg. in der Entwurfsbegründung zur Einführung des § 24c StVG, BTDrucks. 16/5047 S. 9, 14; hiergegen BR aaO S. 13; sowie *Hentschel/König*[40] § 24c Rdn. 8.

Im Folgenden werden Arzneimittel mit erörtert, die in der Anlage III zum BtMG aufgeführt sind (z.B. Benzodiazepine, Barbiturate). Die Opiate Codein und Dihydrocodein sowie die Opioide Methadon und Levomethadon sind wegen ihrer engen Verwandtschaft mit Morphin bei den illegalen Drogen erörtert (Rdn. 146). Die Aufgliederung orientiert sich demnach nicht streng an der Systematik des BtMG und seiner Anlagen (Rdn. 144).

168 aa) **Medikamente mit Rauschmitteleigenschaft.** Es existiert eine nicht überschaubare Fülle von Medikamenten mit (potentiell) fahrsicherheitsrelevanter Wirkung. Bei weitem nicht alle erfüllen den Rauschmittelbegriff. Freilich ist *Ulbricht* (Rauschmittel im Straßenverkehr S. 274) nach Analyse von 1000 der am meisten verordneten Pharmaka zu dem Ergebnis gelangt, dass 39,3 % davon die Wirkungen eines Rauschmittels aufweisen;[548] sie hat dabei eine Interpretation des „anderen berauschenden Mittels" zugrunde gelegt, die vom Standpunkt der h.M. – wenn überhaupt – jedenfalls nicht weit entfernt liegt (Rdn. 141). Eine instruktive Übersicht über (nicht) rauschmittelhaltige Medikamente findet sich auch bei *Berr/Krause/Sachs* Rdn. 102 ff und bei *Strasser* Der Begriff der „anderen berauschenden Mittel, S. 205 ff.

169 (1) **Wichtige Arzneimittelgruppen.** Wie bei den illegalen „Rauschdrogen" (Rdn. 144) würde eine auch nur annähernd vollständige Zusammenstellung und Erläuterung von Medikamenten mit Rauschmittelqualität das Maß des an dieser Stelle Machbaren sprengen. Insoweit muss auf die Spezialliteratur verwiesen werden.[549] Hier sollen nur einige praktisch wichtige Arzneimittelgruppen angesprochen werden. Sie können vielfach nicht scharf voneinander abgegrenzt werden.

170 (a) **Hypnotika/Sedativa.** In Anlehnung an die in Rdn. 134 zusammengefassten Aspekte wird man **generell** sagen können, dass die Qualifikation als Rauschmittel um so näher liegt, je sedierender das Medikament auf das zentrale Nervensystem wirkt. In den engsten Kreis der Rauschmittel sind vor diesem Hintergrund die Hypnotika/Sedativa (Schlaf- und Beruhigungsmittel) zu ziehen. Herausragende tatsächliche Bedeutung (Rdn. 134, 174) kommt der **Wirkstoffgruppe der Benzodiazepine** zu. Bekannt sind Adumbran®, Frisium®, Lexotanil®, Librium®, das mittlerweile dem BtMG unterstellte Rohypnol® sowie Tavor®, Valium®.[550] Benzodiazepine wirken bewusstseins- und wahrnehmungsdämpfend, schlafanstoßend, atemdepressiv und verlangsamend; in hoher Dosis treten Verwirrtheit und Gleichgewichtsstörungen auf; längerer Gebrauch löst Entzugserscheinungen aus (*Penning* Alkohol, Drogen und Verkehrssicherheit S. 31). Aufgrund der teilweise sehr langen Eliminationsdauer können bei Dauergebrauch Kumulationswir-

---

[548] Instruktive Übersicht zu den Anteilen von Rauschmitteln in den jeweiligen Gruppen S. 244 f.

[549] S. insbesondere *Ulbricht* Rauschmittel im Straßenverkehr und dort die Anhänge I und II, wo die einzelnen Pharmaka und die als Rauschmittel anzusehenden Wirkstoffe aufgelistet sind, sowie *Berr/Krause/Sachs* Rdn. 1002 ff. Vgl. auch *Geschwinde* Rauschdrogen Rdn. 1700 ff; *Harbort* Rauschmitteleinnahme und Fahrsicherheit Rdn. 312 ff. Zusammenfassungen bei *Penning* Alkohol, Drogen und Verkehrssicherheit S. 31 f; *Maatz/Mille* DRiZ **1993** 15, 21 ff; *Schöch* DAR **1996** 452, 454; *Salger* DAR **1986** 383, 384 f. S. auch *Kemper* DAR **1986** 391.

[550] Auflistung der wichtigsten Medikamente sowie der dadurch ausgelösten Wirkungen bei *Berr/Krause/Sachs* Rdn. 102 ff; s. auch *Weiler/Schütz* Handbuch des Betäubungsmittelstrafrechts § 8 Rdn. 110 ff und *Iten* Fahren unter Medikamenten- und Drogeneinfluss.

kungen auftreten.[551] Benzodiazepine sind *generell als berauschende Mittel einzustufen.*[552] Besonders zu nennen sind ferner die **Barbiturate**, deren Verbreitung allerdings aufgrund des „Siegeszugs" der Benzodiazepine abnimmt. Barbiturate wirken auf das zentrale Nervensystem stark dämpfend, sedierend, angstlösend, schlafförderd, auch euphorisierend; bei Überdosierung lösen sie rauschartige Zustände aus.[553] Bekannt sind Luminal® sowie die mittlerweile vom Markt genommenen Präparate Medinox® und Vesparax®.[554] Jedoch enthält auch der rezeptfreie Erkältungssaft Wick MediNait® stark sedierende Substanzen und dürfte als Rauschmittel einzustufen sein (*Berr/Krause/Sachs* Rdn. 131). Auch Barbiturate können *generell als Rauschmittel gelten* (*Ulbricht* aaO S. 120).[555]

(b) **Antidepressiva und Neuroleptika.** Weniger eindeutig sind die Befunde bei den **Antidepressiva**, die auch nur z. T. sedierend wirken (*Ulbricht* Rauschmittel im Straßenverkehr S. 97 ff). Sie dürfen daher nicht mit den Schlafmitteln gleichgesetzt werden und können zur Verbesserung der Fahrfähigkeit führen (*Berr/Krause/Sachs* Rdn. 132). Freilich schließt dies den Charakter als Rauschmittel nicht aus (Rdn. 143, 167). Soweit als Antidepressiva Benzodiazepine oder Barbiturate eingesetzt werden (*Ulbricht* aaO S. 102), ist Rauschmitteleigenschaft gegeben (Rdn. 170).[556] Mit **Neuroleptika** werden vor allem schizophrene Psychosen behandelt. Zumindest ein Teil davon enthält berauschende Wirkstoffe.[557]. Zur Schizophrenie als geistiger Mangel im Sinne des § 315c Abs. 1 Nr. 1b s. dort Rdn. 55. **171**

(c) **Weitere Gruppen.** Von den Arzneimittelgruppen, die teils als Rauschmittel zu wertende Substanzen enthalten,[558] sind ferner anzusprechen *Anabolika* (z.B. Clenbuterol, Nandrolon, Testosteron),[559] *Antiepileptika* (*Berr/Krause/Sachs* Rdn. 136), *Mittel gegen ADH bzw. ADHS* (Ritalin®, Tradon®),[560] bestimmte *Herz-/Kreislaufmittel* (insbesondere Beta-Rezeptoren-Blocker), *Appetitzügler* (Schlankheitsmittel) mit den Wirkstoffen Ephedrin oder Norpseudoephedrin[561] und selbst *Mittel gegen Schnupfen/Husten*[562] oder *Augenleiden* (*Ulbricht* aaO S. 152 ff, 155; 167, 194; 160 ff, 167). *Lokalanästhetika* (s. dazu **172**

[551] *Iten* Fahren unter Medikamenten- und Drogeneinfluss z.B. S. 127 [Diazepam], 135 [Flunitrazepam]; 184 [Nordazepam].

[552] *Harbort* Rauschmitteleinnahme und Fahrsicherheit Rdn. 322; *ders.* NZV **1997** 209, 212 f; *Ulbricht* Rauschmittel im Straßenverkehr S. 96; *Schöch* DAR **1996** 452, 454. Valium® und Lexotanil® sind durch die Rechtsprechung als Rauschmittel bewertet worden. Zur Wechselwirkung mit Alkohol s. Rdn. 134.

[553] *Penning* Alkohol, Drogen und Verkehrssicherheit S. 31. Zur Wechselwirkung mit Alkohol Rdn. 134.

[554] Auflistung wichtiger Handelspräparate bei *Weiler/Schütz* Handbuch des Betäubungsmittelstrafrechts § 8 Rdn. 100 ff.

[555] Ältere Rechtsprechungsnachweise bei *Spendel* LK[11] § 323a Rdn. 97. Zu den gleichfalls in Hypnotika eingesetzten Bromiden (Rauschmitteleigenschaft gegeben) und Antihistaminen (von Fall zu Fall zu entscheiden) *Ulbricht* Rauschmittel im Straßenverkehr S. 121, 185 f.

[556] Zu weiteren Antidepressiva mit Rauschwirkung *Strasser* Der Begriff der „anderen berauschenden Mittel" S. 219 ff.

[557] *Strasser* Der Begriff der „anderen berauschenden Mittel" S. 225. Hingegen gelangt *Ulbricht* lediglich für den Wirkstoff Alimemazin zur Annahme der Rauschmittelqualität (aaO S. 107).

[558] Zu opiat-/opioidhaltigen Analgetika s. Rdn. 146a.

[559] Auflistung anaboler Wirkstoffe in der Anlage zu § 6a Abs. 2a AMG; s. auch *Strasser* Der Begriff der „anderen berauschenden Mittel" S. 241 f.

[560] *Strasser* Der Begriff der „anderen berauschenden Mittel" S. 234 f.

[561] *Strasser* Der Begriff der „anderen berauschenden Mittel" S. 235 f; s. auch Rdn. 146 f, 164, 208.

[562] Z.B. Wirkstoff DXM (*Strasser* Der Begriff der anderen berauschenden Mittel S. 243). Zu codeinhaltigen Mitteln s. Rdn. 146a.

auch Rdn. 143), *Narkotika* und *Antiparkinsonmittel* enthalten *durchgehend* als Rauschmittel anzusehende Wirkstoffe (*Ulbricht* aaO S. 244).

173 (2) **Wirkungsverstärkungen.** Steht der Fahrzeugführer unter dem Einfluss mehrerer Rauschmittel, so können Wirkungsverstärkungen eintreten. Für den Mischkonsum von Arzneimitteln **mit Alkohol** gilt dabei das in Rdn. 134, für den **mit illegalen Drogen** das in Rdn. 147 Gesagte. Bei Mischkonsum mehrerer Arzneimittel lässt sich allgemein sagen, dass eine Wirkungsverstärkung um so eher zu erwarten ist, je sedierender die zusammentreffenden Substanzen sind (vgl. auch Rdn. 134). Dementsprechend sind die Fahrsicherheit erheblich beeinträchtigende Interaktionen zu erwarten z.B. bei Mischkonsum mehrerer Benzodiazepine oder von Benzodiazepinen mit Barbituraten sowie mit Codein,[563] gleichfalls bei Kombination der genannten Substanzen etwa mit sedierend wirkenden Antidepressiva (vgl. *Möller* Drogenerkennung im Straßenverkehr S. 59 f; 88).

174 bb) **Tatsächliche Verbreitung.** Eine fundierte wissenschaftliche Basis, auf der das tatsächliche Vorkommen von Arzneimitteln mit Rauschmittelcharakter in der Verkehrswirklichkeit bestimmt werden könnte, existiert gegenwärtig nicht (vgl. *Friedel* 37. VGT **1999** S. 96, 98).[564] Ähnlich wie bei den illegalen Drogen (Rdn. 145) kann aber bereits angesichts von rund 1,4 Millionen medikamentenabhängigen Personen, die es nach Schätzungen in Deutschland gibt (*Pluisch* NZV **1999** 1), davon ausgegangen werden, dass das Fahrzeugführen unter dem Einfluss solcher Substanzen nicht selten ist. Nicht abhängige, länger währende Einnahme sowie der punktuelle Gebrauch zentralwirksamer Arzneimittel, etwa im Wege der Lokalanästhesie, zur Behandlung von Infekten oder von Schlaflosigkeit, kommen hinzu. Zu beachten ist, dass lege artis vorgenommene Medikamentation in vielen Fällen die Fahrsicherheit kranker Personen erst wieder herstellt.[565] Allerdings existieren Schätzungen, wonach 20 % bis 40 % der Unfälle durch psychoaktive Medikamente mitverursacht sein sollen.[566]

Dass das Phänomen des Fahrzeugführens unter dem Einfluss zentralwirksamer Medikamente in der Realität existiert, wird durch eine Vielzahl von Studien aus dem In- und Ausland belegt. Entsprechend der Verordnungshäufigkeit[567] werden in Blut-, Harn- oder Speichelproben von Kraftfahrern dabei vor allem **Benzodiazepine** nachgewiesen. Die Zahlen schwanken freilich je nach dem methodischen Zuschnitt der Untersuchung außerordentlich stark;[568] ein großer Teil der Studien dürfte das Problem dabei angesichts der

---

563 Zu Mischgebrauch von Dolviran® [damals barbiturat- und codeinhaltig] mit (dem nicht mehr auf dem Markt befindlichen) Sekundal® [bromidhaltig] OLG Hamm BA **13** (1976) 436, 437 [zum Vollrausch].

564 Generell zu leistungsbeeinträchtigenden Arzneimitteln.

565 Hierzu schon § 315c Rdn. 51. S. auch BTDrucks. 13/8979 S. 5, sowie statt vieler *Friedel* 37. VGT 1999 S. 96, 97.

566 Nach *Maatz* BA **36** (1999) 145, 146 handelt es sich um „begründete" Schätzungen. Nach Auffassung der „alten" Regierungskoalition spielt „der falsche Umgang mit Medikamenten" „bei zahlreichen Verkehrsunfällen" eine Rolle (BTDrucks. 13/8979 S. 5).

567 Nach *Friedel* 37. VGT **1999** S. 96, 101 sind im Jahr 1996 in Deutschland 580 Millionen Tagesdosen von Benzodiazepin-Präparaten verordnet und 2,25 Millionen Packungen eines Diazepam-Präparats verkauft worden.

568 Eine durch *Harbort* (NZV **1997** 209, 210 f) durchgeführte Auswertung von 22 Studien aus dem deutschsprachigen Raum hat Anteile von 0,6 bis 29,2 % (durchschnittlich 8,6 %), eine Auswertung von 23 internationalen Untersuchungen der Proben verunfallter Fahrzeugführer Anteile zwischen 0,6 bis zu 39 % (durchschnittlich 9,7 %) ergeben. Besteht bereits der Verdacht auf Drogen-/Medikamenteneinfluss, so fallen die Quoten höher aus (s. *Möller* in: Drogen und Verkehrssicherheit S. 40: in 45 % der Proben Benzodiazepine festgestellt). Zu weiteren

Methodenwahl überschätzen (näher Rdn. 131, 145). Die im „Würzburger" bzw. „Deutschen Roadside Survey" durchgeführte Erhebung bei „unselektierten" Verkehrsteilnehmern hat einen Benzodiazepinanteil von 2,67 % und einen Barbituratanteil von 0,57 % ergeben.[569] Nicht außer Acht gelassen werden darf, dass aus den erhobenen Daten meist nicht eindeutig hervorgeht, inwieweit der Medikamenteneinfluss im Einzelfall akut geworden ist (*Harbort* NZV **1997** 209, 210). Eine zuverlässige Abschätzung des Risikos für die Beeinträchtigung der Verkehrssicherheit durch Arzneimittel ist auf der Grundlage der vorhandenen Untersuchungen nicht möglich (*Friedel* 37. VGT **1999** S. 96, 105).

Trotz aller Unsicherheiten lässt sich den vorhandenen Fakten entnehmen, dass es sich beim Fahrzeugführen unter dem Einfluss psychoaktiver Medikamente um eine *gewichtige Problematik* handelt. Im Vordergrund steht dabei das Fahren nach Benzodiazepinkonsum, das in seiner quantitativen Bedeutung an das Fahrzeugführen unter dem Einfluss von Cannabis heranreichen dürfte, wobei aber auch der Stellenwert von Barbituraten nicht vernachlässigt werden darf. Unumstritten verbreitet ist die wegen der eintretenden Wechselwirkungen höchst gefährliche **Misch**intoxikation mit Alkohol (Rdn. 131) und mit illegalen Drogen (Rdn. 145, 145a).[570]

Der Tragweite der Problematik in tatsächlicher Hinsicht entspricht deren forensische Relevanz in keiner Weise; Letztere ist bei weitem geringer als die des Fahrens unter dem Einfluss von illegalen Drogen (Rdn. 145). Man muss einschlägige Fälle „mit der Lupe suchen" (vgl. *Schöch* DAR **1996** 452, 453).[571] Die mindere Relevanz ist vor allem durch die im Vergleich zur Lage bei den illegalen Drogen (Rdn. 163) noch größeren Schwierigkeiten der Verdachtsgewinnung bedingt. Denn hier fehlt es zumeist an typischen Indikatoren wie Einstichstellen im Körper und dem Mitführen von Spritzen oder anderer einschlägiger Utensilien.[572] Hinzu treten die Probleme, Arzneimittelsubstanzen im Blut aufzufinden; diese bleiben unentdeckt, sofern nicht gezielt nach ihnen gesucht wird. Es ist ein *großes Dunkelfeld zu vermuten.*

cc) **Strafrechtliche Beurteilung.** In rechtlicher Hinsicht sind an das Fahrzeugführen 175
unter dem Einfluss von zentralwirksamen Medikamenten dieselben Maßstäbe anzulegen, wie an das Fahrzeugführen nach Aufnahme illegaler Drogen. Insbesondere existiert unumstritten **kein „absoluter" Grenzwert**, bei dessen Erreichen der Fahrzeugführer ohne weitere Anhaltspunkte als fahrunsicher angesehen werden kann (BGH NStZ **2001** 245 [Benzodiazepine]).[573] Die Suche nach entsprechenden Grenzwerten bereitet hier eher noch größere Probleme als dort (vgl. *Friedel* 37. VGT **1999** S. 96, 100; Rdn. 148); aus-

---

epidemiologischen Studien s. Rdn. 145a mit den dortigen Fn.

569 *Krüger/Schulz/Magerl* Drogen- und Medikamentennachweis S. 3. Zu den methodischen Problemen dieser Studie Rdn. 131, 145.

570 S. dazu, dass „Benzos" von Polytoxikomanen in extremer Überdosis „eingeworfen" werden, *Penning* Alkohol, Drogen und Verkehrssicherheit S. 31; zum Missbrauch von Rohypnol („Rosch" bzw. „Rohys") ferner *Weber*² BtMG § 1 Rdn. 451.

571 Nicht alkoholbedingt sind rund 1 % der Unfälle; der Anteil der Unfälle mit Personenschaden unter Einfluss von Drogen und Medikamenten liegt bei ca. 1 ‰; zu beidem *Schöch* DAR **1996** 452, 453 sowie dort Fn. 11.

572 S. die „Checkliste" bei *Friedel* 37. VGT **1999** S. 96, 107.

573 Von „absoluter Fahrunsicherheit" spricht freilich LG Freiburg BA **44** (2007) 183, 186 (zu dieser Entscheidung s. auch Rdn. 164) bei weit überdosiertem Konsum eines aufputschenden Appetitzüglers in Verbindung mit einer großen Menge Kaffee und/oder Cola. Jedoch wies die Fahrzeugführerin gravierende Ausfallerscheinungen auf, weswegen es sich wahrscheinlich nur um eine missverständliche Formulierung handelt.

sagekräftige Experimentalforschung existiert soweit ersichtlich nicht.[574] Demgemäß ist nach den zur **relativen Fahrunsicherheit entwickelten Grundsätzen zu verfahren,** d.h. für die Annahme der Fahrunsicherheit bedarf es zusätzlicher, aussagekräftiger Indizien (BGH NStZ **2001** 245; im Einzelnen Rdn. 154 ff). Eine Rückrechnung auf die Tatzeit ist auch hier nicht möglich (vgl. *Friedel* aaO; *Salger* DRiZ **1986** 383, 388; Rdn. 152), nach *Iten*[575] beispielsweise bei Flunitrazepam aufgrund dessen langer Halbwertzeiten (durchschnittlich 25 Stunden) in der Regel jedoch auch nicht notwendig. Hinsichtlich der nach Konsum von Benzodiazepinen teils beobachteten **Hangover-Effekte** (*Harbort* Rauschmitteleinnahme und Fahrsicherheit Rdn. 325) können ähnliche Probleme auftreten wie bei der Beurteilung von illegalen Drogen einschließlich der Problematik von Entzugserscheinungen (Rdn. 158 f); Begleiterscheinungen der **Medikamentenabhängigkeit** sind nicht an § 316 zu messen, sondern als „geistiger Mangel" im Sinne der § 315a Abs. 1 Nr. 1, § 315c Abs. 1 Nr. 1b anzusehen (Rdn. 165). Zur Frage der ärztlichen Verordnung gilt das in Rdn. 166 Gesagte.

176 **dd) Kasuistik.** Veröffentlichte Entscheidungen, die sich mit der Fahrunsicherheit allein aufgrund Medikamenteneinflusses befassen, sind insgesamt nicht häufig; soweit das Merkmal des „anderen berauschenden Mittels" überhaupt eine Rolle spielt, ist oftmals Mischintoxikation mit Alkohol gegeben, bei zumeist hohen, weit über dem „absoluten" Grenzwert liegenden BAK-Werten.[576] Solche Entscheidungen betreffen dementsprechend in erster Linie den Tatbestand des Vollrauschs und/oder die Schuldfähigkeit; ein Überblick über die ältere Judikatur findet sich bei *Spendel*[11] LK § 323a Rdn. 97 ff. An dieser Stelle sollen nur einige, gerade für die Verkehrsstrafvorschriften interessante Judikate referiert werden: KG VRS **15** 414 (415) nimmt (nur) medikamenten- bzw. rauschmittelbedingte Fahrunsicherheit an bei einem bereits im körperlichen und geistigen Verfall befindlichen medikamentenabhängigen[577] Fahrzeugführer, der eine mehr als dreifache Überdosis des Arzneimittels Metrotonin® aufgenommen hat, und zwar in Verbindung mit Fahrfehlern, Übermüdung und auffälligem Nachtatverhalten;[578] OLG Hamm VRS **59** 199 (201 f) kommt zu demselben Ergebnis bei einer gleichfalls abhängigen Fahrzeugführerin, die unter dem Einfluss des damals barbiturat- und codeinhaltigen Arzneimittels Dolviran® gestanden hatte,[579] desgleichen AG Köln BA **18** (1981) 263 (264)

---

[574] *Weiler/Schütz* Handbuch des Betäubungsmittelstrafrechts § 8 Rdn. 304 schlagen vor, die obere therapeutische Bereichsgrenze zu wählen, die um einen Sicherheitszuschlag von 50 % des oberen therapeutischen Werts zu erhöhen wäre. Dies bezieht sich aber wohl auf einen vom Gesetzgeber zu schaffenden *Gefahrengrenzwert.* Dort auch eingehende Ausführungen zur Schwierigkeit der Grenzwertbestimmung.

[575] Fahren unter Medikamenten- und Drogeneinfluss S. 135.

[576] S. die Übersichten bei *Harbort* Rauschmitteleinnahme und Fahrsicherheit Rdn. 94 ff und *Ulbricht* Rauschmittel im Straßenverkehr S. 4 f.

[577] Zur rauschmittelbedingten Fahrunsicherheit in Abgrenzung zum geistigen Mangel bei Drogenabhängigkeit Rdn. 165.

[578] Dass der Angeklagte auch eine Flasche Bier getrunken hatte, wird nicht näher erörtert.

[579] Zusätzliche Indizien: Auffälliges Vor- und Nachtatverhalten (u.a. musste die Angeklagte beim Aufstehen festgehalten werden, andernfalls sie gestürzt wäre), Übermüdung, nicht bemerkter Unfall bei langer Fahrpraxis. Mit einer vor Antritt der Fahrt getrunkenen Flasche Bier befasst sich die Entscheidung nur in Bezug auf den subjektiven Tatbestand (S. 202 u.). Dolviran® enthält heute keine Barbiturate mehr, wohl aber noch Codein (vgl. *Ulbricht* Rauschmittel im Straßenverkehr S. 299). Gegen Einstufung als Rauschmittel *Berr/Krause/Sachs* Rdn. 135.

für die Einnahme des barbiturathaltigen Eusedon® (m. Anm. *Schewe* ebd. S. 265); OLG Köln VRS **80** 451 (453) hält zur Beurteilung der Rauschmitteleigenschaft die Zuziehung eines Sachverständigen erforderlich, weil das im konkreten Fall eingenommene Rohypnol®, was mittlerweile überholt ist,[580] nicht in die Anlagen zum BtMG aufgenommen sei, und spricht schwerlich haltbar dem gleichfalls aufgenommenen Codein die berauschende Wirkung ab;[581] bei gleichzeitigem Missbrauch mehrerer psychotroper Mittel[582] soll die Rauschmitteleigenschaft nach OLG Köln BA **14** (1977) 124 (125) davon abhängen, ob Missbrauch gegeben ist (fragwürdig; näher Rdn. 143). BGH NStZ **2001** 245 lässt allein die Intoxikation mit *Benzodiazepinen* nicht ausreichen (Rdn. 175). Zu aufputschenden *Appetitzüglern* s. Rdn. 164, 172.

d) **„Schnüffelstoffe“.** Der Vollständigkeit halber sollen noch die „Schnüffelstoffe“ **177** angesprochen werden, die – eingeatmet und über die Atemwege und insbesondere über die Lungen resorbiert – einen rauschähnlichen Zustand zu bewirken vermögen (*Möller* Drogenerkennung im Straßenverkehr S. 53 ff). Sie lassen sich in drei Gruppen unterteilen, nämlich in die leicht flüchtigen Lösungsmittel,[583] die Aerosole[584] sowie die medizinisch genutzten flüchtigen Stoffe[585] (*Möller* aaO S. 53 f). Leistungsbeeinträchtigende Wirkungen sind u.a. Halluzinationen, Schwindel, Euphorie, Selbstüberschätzung und Konzentrationsstörungen (*Möller* aaO S. 54). Über die Verbreitung einschlägigen Missbrauchs und seine Auswirkungen auf die Verkehrssicherheit ist wenig bekannt. Vermutet wird, dass eine Anzahl von „Disco-Unfällen“ auf den Konsum derartiger Substanzen zurückzuführen ist (*Harbort* Rauschmitteleinnahme und Fahrsicherheit Rdn. 387). Dies lässt sich jedoch in der Praxis kaum je verifizieren, weil sich die Substanzen nur für sehr kurze Zeit im Blut (ca. 20 Minuten), im Urin etwas länger nachweisen lassen; auch hier ist die Wirkungsdauer u.U. länger als die Nachweisdauer im Blut (*Möller* Drogenerkennung im Straßenverkehr S. 55).[586]

6. **Die (Mit-)Ursächlichkeit des Rauschmittelkonsums.** Die Fahrunsicherheit muss **178** durch den Rauschmittelkonsum verursacht worden sein („infolge“). Die Ursächlichkeit versteht sich von selbst, sofern der Grenzwert „absoluter Fahrunsicherheit“ erreicht ist. Erhebliche Probleme bereitet die Feststellung des Kausalzusammenhangs hingegen im Rahmen der Beweislage der relativen Fahrunsicherheit (Rdn. 97 ff).

a) **Mitursächlichkeit.** Auf der Grundlage der Bedingungstheorie genügt es, wenn die **179** Wirkung des Rauschmittels *eine* der Ursachen für den Eintritt der Fahrunsicherheit darstellt, also für den Defektzustand *mit*ursächlich gewesen ist (heute soweit ersichtlich allgemeine Meinung).[587] § 316 ist demnach auch dann erfüllt, wenn die Fahrunsicherheit zwar nicht allein aufgrund des Rauschmittels eingetreten wäre, wohl aber aufgrund dessen Zusammentreffens mit erschwerenden Umständen in der Konstitution oder Dis-

---

580 Das Medikament ist aufgrund des damit betriebenen Missbrauchs im Jahr 1998 in die Anlage III zum BtMG aufgenommen worden (*Weber*² BtMG § 1 Rdn. 251).

581 S. näher Rdn. 142, 146.

582 Luminal® und Valium® bzw. Dermopan® und Vesparax® u.U. zusammen mit Valium®.

583 U.a. Benzin, Farben, Lacke, Verdünner, Nagellackentferner.

584 U.a. Haarsprays, Deodorant, Insektenspray, Sprühlack.

585 U.a. Narkosemittel (Äther, Chloroform, Lachgas) und Mittel gegen Angina Pectoris.

586 Zu den damit verbundenen Aspekten bei der Feststellung der („relativen“) Fahrunsicherheit Rdn. 157.

587 Abw. *Schröder* NJW **1966** 488 (dem Alkohol müsse die entscheidende Bedeutung zukommen).

position des Fahrzeugführers (z.B. starke Müdigkeit, Krankheit [Rdn. 128 f], Medikamenteneinfluss [Rdn. 130 ff]; Nikotin [Rdn. 135]). Bei Zusammenwirken **von Alkohol und anderen berauschenden Mitteln** (illegalen Drogen, Medikamenten mit Rauschmitteleigenschaft; Rdn. 130 ff) prüft die Rechtsprechung alkoholbedingte Fahrunsicherheit (Rdn. 130). Dies ist insofern nicht ganz ohne Bedeutung, als die teils nicht leicht festzustellende Rauschmitteleigenschaft von Arzneimitteln dahingestellt bleiben kann, wenn der Fahrzeugführer jedenfalls mit aufgrund des in seiner Wirkung verstärkten Einflusses des Alkohols fahrunsicher geworden ist (Rdn. 167). Eine Ausnahme wird gemacht bzw. erwogen, sofern die BAK zur Tatzeit gering, namentlich im Spurenbereich ist (OLG Köln BA **14** [1977] 124, 125 [BAK 0,16 ‰]).[588] Dies erscheint insofern plausibel, als der Kausalzusammenhang mit der Alkoholwirkung bei derart niedrigen, schon an den körpereigenen Blutalkohol heranreichenden BAK-Werten (OLG Köln aaO S. 124) in aller Regel nicht *bewiesen* werden kann. Allerdings darf die Alkoholwirkung und deren Kausalität für den Defektzustand nicht von vornherein mit der Begründung verneint werden, dass der Schwellenwert von 0,3 ‰ nicht erreicht sei (so etwa *Sch/Schröder/Cramer/Sternberg-Lieben* Rdn. 5); insoweit handelt es sich nach der hier vertretenen Auffassung um einen bloßen Richtwert (Rdn. 93).

180 b) **Andere Ursachen.** *Gerade der Rauschmittelkonsum* muss die Fahrunsicherheit (mit-)bewirkt haben. An der Kausalität fehlt es, wenn die rauschmittelbedingte Enthemmung zwar den entscheidenden Anstoß gibt, dass der Betreffende mit dem Fahrzeug am Verkehr teilnimmt, er aber aufgrund mangelnder technischer Fertigkeiten oder körperlicher bzw. geistiger Mängel auch in nüchternem Zustand gänzlich unfähig ist, ein Fahrzeug zu führen (vgl. OLG Hamm VRS **29** 58, 59). (Mit-)Ursächlichkeit ist hingegen zu bejahen, sofern der Täter zumindest über Fähigkeiten verfügt, aufgrund derer er unter günstigen Bedingungen mit dem Fahren *einigermaßen* zurechtkommt, die Alkoholwirkung diese Mindestleistungsfähigkeit jedoch aufhebt (OLG Hamm aaO[589]). In diesen Kontext gehört auch das etwas theoretisch wirkende Beispiel vom Fahrzeugführer, der aufgrund rauschmittelbedingter Reizbarkeit eine Schlägerei beginnt und infolge der dabei erlittenen Schläge in Fahrunsicherheit verfällt (*Horn/Wolters* SK Rdn. 7); eine tatbestandsrelevante Fahrunsicherheit liegt in einem solchen Fall nicht vor.

VII. Subjektiver Tatbestand

181 § 316 kann auch fahrlässig verwirklicht werden (Absatz 2). Das Gesetz differenziert im Strafrahmen nicht zwischen Vorsatz und Fahrlässigkeit; vielmehr ist einheitlich Freiheitsstrafe bis zu einem Jahr Freiheitsstrafe oder Geldstrafe angedroht. Zu den Gründen verweisen die Motive darauf, dass „bei dem Delikt der Trunkenheit im Verkehr Vorsatz und Fahrlässigkeit häufig kaum unterscheidbar ineinander" übergehen und dass „der Vorsatz nicht selten nur infolge des Rauschzustands ausgeschlossen [ist], was den Täter

---

[588] S. auch OLG Hamburg NJW **1967** 1522, 1523. Zu Entscheidungen betreffend medikamentenbedingte Fahrunsicherheit, in denen jeweils eine zusätzlich getrunkene Flasche Bier bezüglich der Fahrsicherheit außer Ansatz geblieben sind, Rdn. 176.

[589] Zu § 2 StVZO a.F. Im konkreten Fall war die Täterin – als Kranführerin „in technischen Dingen sicherlich nicht ungeübt" – immerhin in der Lage gewesen, das Fahrzeug in Gang zu setzen und durch drei Straßen über eine Strecke von mehr als 500 Metern zu lenken. Ähnlich OLG Hamm VRS 30 452, 453.

im allgemeinen nicht entlastet" (BTDrucks. III/2368 S. 23).[590] Diese Überlegungen sind, wie auch die nachfolgenden Ausführungen bestätigen, damals wie heute plausibel. Bedenken unter dem Aspekt des Schuldgrundsatzes und der Gleichbehandlung von Ungleichem greifen nicht durch. § 316 ist ein abstraktes Gefährdungsdelikt; Unrechtsgehalt und (abstrakte) Gefährlichkeit rechtfertigen auch für die Fahrlässigkeitstat ein Höchstmaß von einem Jahr Freiheitsstrafe. Im Rahmen der Strafzumessung hat der Richter hinreichenden Spielraum, um Unterschieden hinsichtlich der Schuldschwere im Einzelfall Rechnung zu tragen. Bereits aufgrund des abstrakten Unrechtsgehalts der fahrlässigen „Trunkenheitsfahrt", aber auch mit Blick auf die heute übliche Gesetzessystematik könnte die teils geforderte Differenzierung im Übrigen wohl nur mit Hilfe einer *Erhöhung* der Strafdrohung für vorsätzliches Handeln realisiert werden.[591] Bei einer Abmilderung für die Fahrlässigkeitstat verbliebe insoweit nämlich nur ein Strafrahmen bis zu sechs Monaten; ein solcher wird aber nicht mehr gerne gewählt, weil er in Spannungslage zu der in § 47 getroffenen Wertentscheidung tritt, wonach die kurze Freiheitsstrafe möglichst zurückgedrängt werden soll.[592]

Trotz der Identität der Strafdrohung ist die im Urteil angenommene Schuldform für den Täter nicht ganz ohne Bedeutung.[593] So kann die Vorsatztat zu einem höheren Strafmaß führen als die Fahrlässigkeitstat (Rdn. 237). Eine gewisse Relevanz hat außerdem der Ausschlusstatbestand des § 2 Satz 2 Nr. i) aa) Satz 2 ARB 2000/2008 (= § 4 Abs. 3b ARB 75), wonach ein (nicht unbedingt umfassender, vgl. *Schneider* ZfS 2008 249) Erstattungsanspruch der Rechtsschutzversicherung entsteht, sofern der Betroffene rechtskräftig wegen vorsätzlicher „Trunkenheitsfahrt" verurteilt wird.[594] Es wird gesagt, dass die Annahme des Vorsatzes in der Praxis gelegentlich aus diesen Gründen „umkämpft" sei.[595] Schließlich kann die Frage im Zusammenhang mit der Teilnahme akut werden; denn Anstiftung und Beihilfe setzen eine Vorsatztat voraus (Rdn. 232).

---

590 Der diesbezügliche Entwurf ist in der 3. Wahlperiode des BT der Diskontinuität verfallen; in der in der 4. Wahlperiode umgesetzten Regierungsvorlage zum 2. StraßenVSichG war ein Tatbestand gegen die Trunkenheit im Verkehr nicht enthalten. Fast identische Formulierungen enthielten der E 1960 (Einzelbegründung zu § 346, S. 490) und der E 1962 (Einzelbegründung zu § 345, S. 532). Zum ganzen Entstehungsgeschichte II, III.

591 Mit entsprechenden Folgewirkungen auf die §§ 315 ff.

592 Empfehlungen des Bundesministeriums der Justiz zur Ausgestaltung von Straf- und Bußgeldvorschriften im Nebenstrafrecht (BAnz. vom 22.9.1999 Nr. 178a) Rdn. 52. Dementsprechend existieren heute im StGB nur noch wenige Vorschriften mit einem Höchstmaß von sechs Monaten (§ 107b Abs. 1, 160 Abs. 1, §§ 184a, 285), im Nebenstrafrecht etwas mehr.

593 Bei der Abkürzung der Sperrfrist nach § 69a im Gnadenweg dürfte die Verurteilung wegen Vorsatzes entgegen *Sch/Schröder/Cramer/Sternberg-Lieben* Rdn. 25 keine Rolle spielen; allerdings kommen Gnadenerweise bei Wiederholungstätern, bei denen vorsätzliches Handeln häufiger angenommen wird (Rdn. 202), kaum in Betracht, so dass die Verurteilung wegen Vorsatztat lediglich äußeres Symptom ist. Gnadenverfahren sind im Hinblick auf die im Jahr 1998 geschaffene Abkürzungsmöglichkeit nach § 69a Abs. 7 seltener geworden.

594 Hierzu sowie zu den versicherungsrechtlichen Folgen der Trunkenheitsfahrt insgesamt *Janker* 33. VGT **1995** S. 103 ff (109). S. auch *Salger* DRiZ **1993** 311 f.

595 Der *Verfasser* hat in seiner Zeit als Vorsitzender einer Berufungsstrafkammer allerdings keinen einzigen „umkämpften" Fall erlebt und er kennt auch keinen Kollegen, der die Behauptung bestätigen würde.

Unter Vorantritt der Oberlandesgerichte **verfährt die Praxis bei der Annahme vorsätzlichen Verhaltens sehr restriktiv.** Dies ist nicht selten Gegenstand der Kritik,[596] die bei *Fischer* vormals gar in dem Vorwurf kulminierte, es habe sich „im amtsgerichtlichen Massengeschäft ... eine der Gerechtigkeit und dem Ansehen der Justiz abträgliche ... *deal*-Praxis herausgebildet, die sich bei «Geständnis» der Fahrlässigkeit zum Nutzen aller Beteiligter vom Gesetz" entferne[597] bzw. nunmehr, dass es dem Tatrichter darum gehe, „10 Sachen am Vormittag" zu erledigen und dem Verteidiger in Gestalt des Rechtsschutzversicherers um einen liquiden Gebührenschuldner, wobei in diesem Zusammenhang sogar der Tatbestand des Versicherungsmissbrauchs (§ 265) genannt wird (*Fischer*[55] Rdn. 43). Freilich will die Behauptung von der „deal-Praxis" nicht recht mit der Tatsache zusammenpassen, dass der Verhandlungsspielraum des Tatrichters angesichts einer seit Jahrzehnten gefestigten, äußerst zurückhaltenden revisionsgerichtlichen Rechtsprechung (Rdn. 192) denkbar gering ist und dass das Gleiche mit Blick auf die kaum je vorkommenden Freisprüche aufgrund nicht nachweisbarer Fahrlässigkeit (Rdn. 210) für den des Angeklagten gilt. Dem ferner erhobenen Vorwurf sachfremder Verfahrensbeschleunigung durch den Tatrichter steht gleichfalls die oberlandesgerichtliche Rechtsprechung entgegen, an die sich der Tatrichter (wie auch sonst) halten wird, will er nicht eine Urteilsaufhebung riskieren. Dass es Bestreben der Oberlandesgerichte sein könnte, den Amtsgerichten größtmögliche Verfahrensökonomie auf Kosten der Rechtsschutzversicherer zu ermöglichen, erscheint fernliegend.

Ungeachtet dessen kann als sicher angenommen werden, dass zahlreiche „Trunkenheitstäter" in Wahrheit zu Unrecht nur wegen fahrlässiger Tat verurteilt und damit unverdient gut behandelt werden (vgl. *Hentschel* DAR **1993** 449, 452). Das mag nicht zufriedenstellend sein, kommt allerdings in Verfahren außerhalb des Verkehrsstrafrechts ebenso vor, gelegentlich wohl sogar in solchen, die der BGH zu beurteilen hat.[598] Auch im Rahmen des § 316 dürften solche Phänomene freilich weniger auf die Bequemlichkeit der Tatrichter[599] oder die Lässigkeit und Ignoranz der Oberlandesgerichte[600] zurückgehen als auf die Schwierigkeit der Beweisführung. Anhand äußerer Indizien muss einem zumeist schweigenden bzw. seine aufrechterhaltene Fahrsicherheit betonenden Angeklagten nachgewiesen werden, dass er das Fahren in fahrunsicherem Zustand zumindest in seinen bedingten Vorsatz aufgenommen hat. Eine spezifische Problematik liegt dabei darin, dass gerade die Wirkungen der Drogenintoxikation, die die Fahrsicherheit auf-

---

596 BGHSt **22** 192, 200, wonach die Tatrichter vorsätzliches Verhalten selbst bei gravierenden BAK-Werten und nach „Zechtouren" „auffallend selten für erwiesen erachten". Nach *Nehm* FS Salger S. 115, 116 Fn. 3 ist dies eine „milde Rüge"; offen bleibt, worin die Legitimation gründet, eine solche „Rüge" auszusprechen.

597 *Tröndle/Fischer*[49] Rdn. 9. Ähnlich zuvor schon *Tolksdorf* 33. VGT **1995** S. 79 ff. Danach ist – trotz der selbst angenommenen geringen Effekte häufigerer Annahme des Vorsatzes (aaO S. 87) – das ständige „Vorbeijudizieren" an der Wirklichkeit dem Ansehen der Gerichte abträglich und birgt die Gefahr der Verharmlosung in sich (aaO S. 83). Allerdings dürften der Täter und die Allgemeinheit eher die Entziehung der Fahrerlaubnis oder das Fahrverbot vor Augen haben, und beides ist in seinem und im Allgemeinverständnis alles andere als harmlos.

598 Etwa bei den Tötungsdelikten (hierzu *Nehm* FS Salger S. 115, 116). Es spricht viel dafür, dass die Strafjustiz eher an der Beurteilung von Kapitalverbrechen gemessen wird als an der Behandlung der Vorsatzproblematik im Rahmen des § 316.

599 So *Fischer* Rdn. 43; *Salger* DRiZ **1993** 311.

600 *Nehm* FS Salger S. 115: „... ein Indiz, wie sehr sich die Oberlandesgerichte zuweilen – möglicherweise aus Scheu vor der Einschaltung des Bundesgerichtshofs (§ 121 Abs. 2 GVG) – der Prüfung nahe liegender Lösungen enthalten können."

heben (Enthemmung, Selbstüberschätzung, Wagnisbereitschaft etc.) auch den Vorsatz in Frage zu stellen vermögen. Wie die Praxis in ganz Deutschland zeigt, steht eine diffizile Aufgabe inmitten. Man sollte sich davor hüten, vorgeblich einfache Lösungen zu präsentieren, um es dann zu skandalisieren, wenn der Lösungsweg als *zu* einfach verworfen wird.

1. **Vorsatz.** Vorsatz ist gegeben, wenn der Täter wissentlich und willentlich im Verkehr ein Fahrzeug führt, obwohl er aufgrund des Konsums (Rdn. 13) eines Rauschmittels (Alkohol oder anderes berauschendes Mittel) das Fahrzeug nicht mehr hinreichend sicher zu beherrschen vermag, also fahrunsicher ist. Der Vorsatz muss sich neben dem Fahrzeugführen im Verkehr auf die rauschmittelbedingte Fahrunsicherheit beziehen; hier liegen die zentralen Probleme. Bedingter Vorsatz genügt durchgehend. **182**

a) **Fahrzeugführen im Verkehr.** Der Vorsatz muss zunächst das „Fahrzeugführen im Verkehr" umfassen. Zu beachten ist, dass das Merkmal des „Führens" ein finales Element beinhaltet, weswegen fahrlässiges Führen begrifflich ausgeschlossen ist (Rdn. 9, § 315c Rdn. 34). Setzt sich das Fahrzeug etwa nach versehentlich unterlassener Arretierung auf abschüssiger Strecke ohne Willen des Betroffenen in Bewegung, so ist bereits dieses Merkmal und damit der Tatbestand insgesamt nicht erfüllt. Hält der Betroffene es dann allerdings nicht sofort an, so führt er das Fahrzeug (näher § 315c Rdn. 34). Fahrlässigkeit könnte für Fälle diskutiert werden, in denen der Täter das „Führen" als nicht gegeben ansieht, z.B. das Merkmal bei (willentlichem) Abrollenlassen eines Kraftwagens oder beim Steuern eines geschleppten Fahrzeugs (zu diesen Fragen § 315c Rdn. 15 ff) für sich verneint. Jedoch dürfte insofern kein den Vorsatz ausschließender Tatbestandsirrtum vorliegen (**aA** *Rüth* LK[10] Rdn. 93). Das gilt auch dann, wenn man auf dieses (aber wohl deskriptive) Tatbestandsmerkmal die Grundsätze zur Parallelwertung in der Laiensphäre anwendet, also reine Faktenkenntnis nicht genügen lassen würde.[601] Denn der Täter hat mit der bewussten Fortbewegung des Fahrzeugs (im Zustand der Fahrunsicherheit) den unrechtstypisierenden Bedeutungsgehalt zutreffend erfasst. Vorsatz ist ferner gegeben, wenn der Täter den (deskriptiven) Begriff des Fahrzeugs verkennt, etwa einen motorisierten Krankenfahrstuhl (§ 315c Rdn. 9) bzw. ein Paddelboot (§ 315 Rdn. 15) nicht als Fahrzeug ansieht. Ein bloßer Subsumtionsirrtum liegt schließlich vor, wenn er der Ansicht ist, beim Führen einer Schienenbahn in einem abgeschlossenen Betriebsgelände sei das Merkmal „im Verkehr" (hierzu Rdn. 6) nicht erfüllt.[602] Die Irrtumsproblematik spielt in der strafrechtlichen Praxis soweit ersichtlich keine Rolle .[603] **183**

b) **Fahrunsicherheit.** *Direkter* Vorsatz hinsichtlich der Fahrunsicherheit wird durchaus vorkommen, aber kaum je nachweisbar sein. Für den *dolus eventualis* muss der Fahrzeugführer auf der Grundlage der Rechtsprechung und der wohl noch herrschenden Lehre[604] die Fahrunsicherheit als möglich und nicht ganz fern liegend erkannt und **184**

---

[601] Zu den Schwierigkeiten der Abgrenzung allgemein *Rengier* KK OWiG § 11 Rdn. 12; *Göhler-König* § 11 Rdn. 3 ff.

[602] Zur Einstufung des Irrtums betreffend das Merkmal des öffentlichen Verkehrsraums im Sinne von § 1 StVO als Verbotsirrtum BayObLGSt **1955** 256, 258; *Rengier* KK OWiG § 11 Rdn. 116; **aA** *Sch/Schröder/Cramer/Sternberg-Lieben* § 17 Rdn. 12; *Göhler* OWiG[12] § 11 Rdn. 31.

[603] Anders im [Straßen-]Verkehrsordnungswidrigkeitenrecht, s. *Rengier* KK OWiG § 11 Rdn. 109 ff; *Göhler-König* § 11 Rdn. 9 ff, 31 f.

[604] Zu den von der h.M. abweichenden Vorsatztheorien s. *Lackner/Kühl* § 15 Rdn. 23 ff; *Vogel* LK § 15 Rdn. 118 ff.

billigend in Kauf genommen oder sich um des erstrebten Ziels (des Fahrzeugführens) willen wenigstens mit ihr abgefunden haben, mag sie ihm auch an sich unerwünscht gewesen sein; demgegenüber liegt lediglich (bewusste) Fahrlässigkeit vor, falls der Täter ernsthaft – nicht nur vage – darauf vertraut hat, dass diese sei nicht gegeben sei (vgl. *Nehm* FS Salger S. 115, 123 f, 125).

185 **aa) Voluntatives Vorsatzelement.** Nach h.M.[605] kann auch in Bezug auf die Fahrunsicherheit *nicht auf das voluntative Vorsatzelement verzichtet werden.* Den gegenteiligen Standpunkt nehmen namentlich *Horn/Wolters* ein (SK Rdn. 8).[606] Nach ihrer Auffassung kann man den Zustand der Fahrunsicherheit grundsätzlich nicht „verwirklichen wollen"; dieser sei „beim Fahren entweder da oder er fehl(e) (noch)". Deshalb handele vorsätzlich, wer „sich der Möglichkeit des Vorhandenseins der entspr. Umstände ... bewusst" sei, wohingegen sich in einem unbeachtlichen Subsumtionsirrtum befinde, wer sich gleichwohl für fahrsicher halte. Zu den spezifischen Umständen rechneten „das Alkohol- und Medikamentenquantum und der Einnahmezeitraum". Diese Auffassung vermag jedoch nicht zu überzeugen. Abgesehen davon, dass bereits die Prämisse zweifelhaft ist, darf jedenfalls die gesetzliche Symbiose von Fahrunsicherheit und Fahrzeugführen nicht aufgespalten werden. Fraglos kann man im Zustand der Fahrunsicherheit ein Fahrzeug führen „wollen", indem man sich bei der Fahrt mit dem als möglich erkannten Eintritt der Fahrunsicherheit zumindest abfindet (bedingter Vorsatz). Vertraut der Täter hingegen darauf, dass er den im Verkehr zu stellenden Anforderungen noch genügt, so subsumiert er nicht falsch, sondern er „will" § 316 nicht verwirklichen. Es fehlt dann mit dem voluntativen Element ein Essentiale des (bedingten) Vorsatzes.

186 **bb) Bezugspunkt: Fahrunsicherheit.** Bezugspunkt des Vorsatzes ist die Fahrunsicherheit. Den normativen Begriff der Fahrunsicherheit (Rdn. 10) muss der Täter dabei nicht in allen Einzelheiten nachvollziehen. Bedeutungskenntnis in Laienart genügt (vgl. *Schroth* Vorsatz und Irrtum [1998] S. 62). Allein entscheidend ist, ob der Fahrzeugführer eine so gravierende Beeinträchtigung seiner Gesamtleistungsfähigkeit zumindest für möglich hält und zumindest billigend in Kauf nimmt, dass er den im Verkehr zu stellenden Anforderungen nicht mehr genügt.

187 **(1) Verbotskenntnis.** Die Vorstellung, wegen des vorangegangenen Alkoholkonsums nicht mehr fahren zu dürfen, vermittelt *keinen* Tatvorsatz im Sinne des § 316.[607] So ist

---

[605] S. aus jüngerer Zeit (zumeist Wissens- und Willenselement undifferenziert nebeneinander nennend): BGH VRS **65** 359, 361; BayObLG bei *Bär* DAR **1991** 368 (Nr. 15a, b); OLG Celle NZV **1998** 123; OLG Düsseldorf NZV **1994** 324, 325; OLG Frankfurt NJW **1996** 1358, 1359; OLG Hamm VRS **54** 44, 45; NZV **1999** 92; OLG Karlsruhe NZV **1993** 117, 118; NZV **1999** 301; OLG Zweibrücken VRS **87** 435, 436; DAR **1999** 132. Im Ergebnis ebenso *Lackner/Kühl* Rdn. 4; *Sch/Schröder/Cramer/Sternberg-Lieben* Rdn. 26; *Jagow/Burmann/Heß* Rdn. 29; *Hentschel* Trunkenheit Rdn. 362; *Hentschel* DAR **1993** 449; *Nehm* FS Salger S. 115, 123 f, 125 [nur im Grundsatz]; *Teyssen* BA **21** (1984) 175, 182.

[606] Ebenso *Krüger* DAR **1984** 47, 51; im Ergebnis ähnlich *Nehm* FS Salger S. 115, 125 und *Tolksdorf* 33. VGT **1995** S. 79, 80 ff; dazu Rdn. 193.

[607] BayObLG bei *Rüth* DAR **1984** 242; OLG Köln DAR **1987** 126; *Sch/Schröder/Cramer/Sternberg-Lieben* Rdn. 26; *Hentschel* Trunkenheit Rdn. 362; *Hentschel* DAR **1993** 449. **AA** *Nehm* FS Salger S. 115, 125; *Salger* DRiZ **1993** 311, 313 und – jedoch wohl nur für „Trunkenheitsfahrten im Bereich der absoluten Fahrunsicherheit" – *Tolksdorf* 33. VGT **1995** S. 79, 81.

das Führen eines Kraftfahrzeugs im Straßenverkehr bereits ab einem BAK-Wert von 0,5 ‰ verboten (§ 24a Abs. 1 Nr. 2 StVG). Der Fahrzeugführer muss jedoch deswegen noch nicht fahrunsicher sein. Wie gerade die einschlägigen Bußgeldvorschriften erweisen, geht davon auch der Gesetzgeber aus. Dementsprechend muss der Fahrzeugführer, der mit der Überschreitung des Gefahrengrenzwerts ein verbotswidriges Verhalten in seinen Vorsatz aufgenommen hat, noch nicht zwingend mit der Möglichkeit seiner Fahrunsicherheit gerechnet haben (vgl. auch OLG Celle NZV **1997** 320; OLG Köln VRS **63** 283). Das Vorstehende gilt für das Fahren unter der Wirkung der durch den „Drogentatbestand" des § 24a Abs. 2 StVG erfassten *illegalen Drogen* entsprechend. Auch dort kann aus der Verbotskenntnis nicht bereits der Vorsatz in Bezug auf die Fahrunsicherheit gefolgert werden, und zwar auch nicht „im allgemeinen" (**aA** *Tolksdorf* 33. VGT **1995** S. 79, 88). Ein solcher Schluss kann ebenso wenig mit der Erwägung gerechtfertigt werden, dass der Täter einen Rauschzustand habe herbeiführen wollen, weswegen „eine bewusst gewollte Durchbrechung des Gesetzes mit dem Ziel einer jedenfalls die Fahrtauglichkeit aufhebenden Bewusstseinsveränderung" vorliege (so *Salger* DAR **1994** 433, 440). Denn nach der Einschätzung des Gesetzgebers muss die Fahrsicherheit auch unter der Wirkung illegaler Drogen nicht notwendig aufgehoben sein; dies kann nicht ohne Auswirkung auf die Würdigung des subjektiven Tatbestandes bleiben.

(2) **Die Bedeutung „absoluter Grenzwerte"**. Absolute Grenzwerte, wie sie derzeit nur **188** für die Droge Alkohol[608] und dort insbesondere für das Führen von Kraftfahrzeugen im Straßenverkehr anerkannt sind (Rdn. 66 ff), stellen nach ganz h.M. keine Tatbestandsmerkmale, sondern Elemente einer Beweisregel dar (Rdn. 59). Dies impliziert, dass sie auch *nicht vom Vorsatz umfasst sein müssen*; wie sonst auch sind Umstände der Beweisführung für den subjektiven Tatbestand irrelevant. Darin besteht weithin Einigkeit.[609] Der Fahrzeugführer muss den jeweiligen Grenzwert also weder kennen noch muss er seinen Blutalkoholspiegel zutreffend berechnet haben. Die Beurteilung hat nach denselben Maßstäben zu erfolgen wie in den Bereichen, in denen absolute Grenzwerte nicht existieren. Hohe Blutalkoholkonzentrationen können allerdings im Rahmen des Indizienbeweises eine Rolle spielen (Rdn. 190 ff). Verschiedentlich wird der Versuch unternommen, die Beweisgrenzwerte zu „vertatbestandlichen" und auf diese Weise für die Vorsatzprüfung fruchtbar zu machen. Etwa *Tolksdorf* formuliert, maßgebend sei die Kenntnis des Täters davon, dass er eine Alkoholmenge zu sich genommen habe, von der er wisse, „dass sie nach den geltenden Regeln seine Fahrunsicherheit bewirkt" (33. VGT **1995** S. 79, 83). Vorstöße in diese Richtung sind jedoch zum Scheitern verurteilt. Entgegen der Auffassung ihrer Befürworter (*Tolksdorf* aaO S. 81) können nämlich nachteilige Konsequenzen aus den „geltenden Regeln" (also den absoluten Grenzwerten) nur abgeleitet werden, wenn sie zumindest in Laienart vom Täter nachvollzogen werden. Davon ist aber in Bezug auf die Grundsätze der „absoluten Fahrunsicherheit" allenfalls für einen verschwindend geringen Teil der „fahrenden Bevölkerung" auszugehen. Im Bewusstsein der großen Mehrheit sind die strafrechtliche Grenzwerte von 1,1 ‰ (Kraftfahrer) und 1,6 ‰ (Radfahrer) sowie deren Bedeutung wohl nicht verankert.[610] Dementsprechend

[608] S. dazu, dass für andere berauschende Mittel keine Grenzwerte anerkannt sind, Rdn. 148, 175.

[609] S. nur *Horn/Wolters* SK Rdn. 8; *Sch/Schröder/Cramer/Sternberg-Lieben* Rdn. 26; *Fischer* Rdn. 44.

[610] Zu einer Untersuchung über die Implementation des für Kraftfahrer geltenden Grenzwerts s. Fn. 40.

dürfte auch dem „Herantrinken" an diese Grenzwerte keine praktische Relevanz zukommen.[611] Bedeutung könnte der Beweisgrenzwert in der Konstellation erlangen, dass der einschlägig informierte Täter mit der Überschreitung des Grenzwerts nachweisbar rechnet *und* auch die rechtliche Wirkung dieses Grenzwerts in ihrer ganzen Tragweite (erweislich) nachzuvollziehen vermag. Dann wäre ihm zugleich bekannt, dass bei einer solchen Blutalkoholkonzentration *kein* Mensch mehr zur sicheren Führung eines Fahrzeugs in der Lage ist; glaubt er nun, *als einziger* noch fahrsicher zu sein, so stellt dies lediglich eine vage Hoffnung dar, die den (bedingten) Vorsatz nicht ausschließt. Es liegt auf der Hand, dass ein derartiger Fall in der Lebenswirklichkeit nicht anzutreffen ist.

189 cc) **Maßgebender Zeitpunkt.** Der (bedingte) Vorsatz muss *bei Antritt der Fahrt gegeben sein.* Es genügt aber auch, wenn der Fahrzeugführer den Tatvorsatz *während der Fahrt* fasst (hierzu Rdn. 203). Hingegen reicht dolus antecedens nach allgemeinen Regeln nicht aus. Begibt sich der Täter mit seinem Fahrzeug zwecks Aufnahme von Alkohol oder anderen Rauschmitteln etwa zu einer Gaststätte oder Diskothek oder unternimmt er allgemein eine Zechtour und rechnet er dabei damit, dass er später in fahrunsicherem Zustand wieder nach Hause fahren werde, ohne dass bei Fahrtantritt/während der Fahrt Vorsatz gegeben/nachweisbar ist, so kann er nicht wegen einer Straftat nach § 316 Abs. 1 verurteilt werden (*Hentschel* Trunkenheit Rdn. 365).[612] Andernfalls müsste, was schon im Grundsatz schwerlich tragfähig erscheint, eine Art actio libera in causa konstruiert werden,[613] die aber im Rahmen des § 316 nach der Rechtsprechung ohnehin nicht mehr existiert (OLG Celle NZV **1998** 123; OLG Hamm NZV **1998** 334; Rdn. 230). Selbst eine „Vorsatzvorverlagerung" in diesem Sinn würde aber nicht viel weiterhelfen, weil dem Täter dann für den vorgezogenen Zeitpunkt Vorsatz bezüglich der später eingetretenen Fahrunsicherheit nachgewiesen werden müsste, was keine geringeren Schwierigkeiten aufwirft als der Vorsatznachweis für die Tatzeit (vgl. *Sch/Schröder/Cramer/Sternberg-Lieben* Rdn. 26 a.E.).[614] Die Umstände der Drogenaufnahme ergeben nur selten hinreichend aussagekräftige Beweisanzeichen für die Annahme des Vorsatzes (Rdn. 196 ff).

190 dd) **Indizienbeweis (Alkohol).** Wie bei der „relativen Fahrunsicherheit" (Rdn. 90 ff, 154 ff) muss auch bezüglich des subjektiven Tatbestandes ein Indizienbeweis geführt werden. Dies beinhaltet, dass die Würdigung von den konkreten Umständen des Einzelfalls abhängt (statt aller OLG Hamm NZV **1999** 92). Mangels eines Geständnisses[615] muss sich der Richter anhand des äußeren Tatgeschehens eine Überzeugung davon verschaffen, ob der Täter vorsätzlich gehandelt hat; zumeist stehen außerdem die Ergebnisse einer Blutprobenanalyse zur Verfügung. Welche allgemeinen Erfahrungstatsachen für die erforderliche Gesamtwürdigung anzuerkennen sind und inwieweit sie ggf. die richterliche

---

611 Abw. *Tolksdorf* 33. VGT **1995** S. 79, 82, der freilich undeutlich von einem Herantrinken „an die Grenzen" spricht.

612 In die gegenteilige Richtung aber AG Hannover BA **20** (1983) 169; auch *Krüger* DAR **1984** 47, 52 und *Schmid* BA **36** (1999) 262, 265, 267; nicht abschließend entschieden von OLG Karlsruhe NZV **1993** 117, 118. Seltsam *Bialas* (Promille-Grenzen S. 120 f), die offenbar der Meinung ist, das OLG Karlsruhe könne ein Urteil des AG Hannover aufheben, wobei der Autorin darüber hinaus noch nicht einmal der zwischen den beiden Entscheidungen liegende Zeitraum von zehn Jahren aufgefallen ist.

613 In diese Richtung aber OLG Hamm BA **15** (1978) 59, 60 m. krit. Anm. *Seib* ebd. S. 60, 61.

614 S. auch *Hentschel* Trunkenheit Rdn. 365; *Hentschel* DAR **1993** 449, 451.

615 Zu einem Fall mit Geständnis OLG Düsseldorf VerkMitt. **1974** Nr. 79 S. 60.

Überzeugungsbildung vom Vorliegen des Vorsatzes zu stützen vermögen, ist umstritten (Rdn. 191 ff).

Die nachfolgenden Rdn. befassen sich auf der Grundlage der dazu ergangenen Rechtsprechung mit der **alkoholbedingten Fahrunsicherheit.** Zu den Besonderheiten der Fahrunsicherheit infolge **anderer berauschender Mittel** wird auf das in Rdn. 206 ff Gesagte verwiesen.

(1) **Blutalkoholkonzentration/Alkoholmenge.** Nicht selten einziges Indiz, aus dem der Tatvorsatz u.U. abgeleitet werden kann, ist die Höhe der Blutalkoholkonzentration. Die Höhe des festgestellten Blutalkoholspiegels als solche ist allerdings für den Vorsatznachweis lediglich mittelbar bedeutsam. Denn der Fahrzeugführer vermag sie nicht zu errechnen, hat darüber also allenfalls eine mehr oder weniger vage Vorstellung. Das gilt selbst für den (theoretischen) Fall, dass er sich (nachweisbar) an den absoluten Grenzwert „herangetrunken" hat (hierzu Rdn. 188). Wenn deshalb in Rechtsprechung und Literatur vom Beweisanzeichen der BAK gesprochen wird, so ist dies wohl durchgehend in dem Sinne gemeint, dass aus einem hohen Wirkstoffbefund auf *einen massiven, für den Täter in der Regel wahrnehmbaren Alkoholkonsum* geschlossen werden kann und daraus dann evt. auf die Tätervorstellung. **191**

(a) **Stand der Rechtsprechung.** Nach ständiger Rechtsprechung der Oberlandesgerichte,[616] der der BGH (BGH VRS **65** 359, 360 f) und ein großer Teil des Schrifttums[617] zustimmen, existiert *kein* Erfahrungssatz des Inhalts, dass der Täter bei Antritt der Fahrt nach hohem Alkoholkonsum stets (bedingt) vorsätzlich handelt. Die Rechtsprechung knüpft dabei an die gesicherte Erkenntnis der Alkoholforschung an, wonach mit überhöhtem Alkoholgenuss ein Verlust an Kritik- und Erkenntnisfähigkeit einhergeht (statt vieler OLG Köln DAR **1997** 499 f). Es entspricht darüber hinaus den bei Trinkversuchen gewonnenen Erfahrungen, dass sich gerade Probanden mit hohen Blutalkoholkonzentrationen noch „durchaus" oder „voll" fahrsicher fühlen, obwohl dies nicht in Einklang mit den objektiven Gegebenheiten steht.[618] In den einschlägigen Entscheidungen wird dabei – **192**

---

[616] S. aus der kaum mehr überschaubaren Fülle einschlägiger Entscheidungen nur BayObLG VRS **59** 336, 338; OLG Celle VerkMitt. **1963** Nr. 136 S. 87; NZV **1998** 123; OLG Düsseldorf VerkMitt. **1974** Nr. 79 S. 60; VRS **85** 322, 323; NZV **1994** 324, 325 m. Anm. *Schneble* BA **31** (1994) 264; OLG Frankfurt DAR **1992** 226 f; NJW **1996** 1358, 1359; OLG Hamm VRS **54** 44, 45; NZV **1998** 291; 334; BA **35** (1998) 462, 463 f m. Bspr. *Schmid* BA **36** (1999) 262; NZV **1999** 92; BA **42** (2005) 384, **40** (2004) 538; OLG Jena DAR **1997** 324, 325; KG VRS **80** 448, 449; OLG Karlsruhe VRS **81** 24 f; NZV **1993** 117, 118; **1999** 301; OLG Koblenz VRS **70** 11 f m. zust. Anm. *Schultz* BA **23** (1986) 152; OLG Köln DAR **1987** 126; 157; **1997** 499, 500 f; VRS **98** 140, 145; OLG Saarbrücken NJW **1971** 1904, 1905 BA **38** (2001) 458; OLG Schleswig SchlHA **1993** 222; OLG Zweibrücken VRS **82** 33; **85** 202, 203 f; **87** 435, 436 m. insoweit zust. Anm. *Schmid* BA **32** (1995) 236, 238 f; ZfS **2001** 334. **AA** AG Coesfeld BA **35** (1998) 319 f; AG Rheine NJW **1995** 894, 895 ff (gezwungen humoristisch; mit Recht kritisch insoweit *Sendler* NJW **1995** 847, 849).

[617] *Sch/Schröder/Cramer/Sternberg-Lieben* Rdn. 26 f; wohl auch *Lackner/Kühl* Rdn. 4; *Maurach/Schroeder/Maiwald* BT/2 § 53 Rdn. 38; *Hentschel* Trunkenheit Rdn. 363 ff; *Hentschel* DAR **1993** 449, 450 ff; *Jagow/Burmann/Heß* Rdn. 29; *Eisenmenger* FS Salger S. 619, 627; *Teyssen* BA **21** (1984) 175, 180. S. auch die Empfehlung Nr. 1 des 33. VGT 1995 (33. VGT **1995** S. 8).

[618] *Blank* BA **34** (1997) 116, 117 ff; *Eisenmenger* FS Salger S. 619, 628 ff; *Seidl/Scheller/Reinhardt* BA **33** (1996) 23, 28 ff: zwei Drittel der Probanden hielten sich, z.T. sogar bis hin zu BAK-Werten von 2 ‰, noch

wohl im Anschluss an BGHSt **22** 192, 200 und nach verkehrsmedizinischen Erkenntnissen eher zweifelhaft[619] – zugleich betont, dass bei BAK-Werten, die den „absoluten" Grenzwert *weit* übersteigen, die Annahme zumindest bedingten Vorsatzes „nahe liege" (z.B. OLG Celle NZV **1998** 123). Dies wird nicht selten mit dem Hinweis verbunden, dass die näheren Umstände aufzuklären seien, insbesondere die Persönlichkeit des Fahrzeugführers, dessen Intelligenz und verbleibende Selbstkritik, Art und Zeitraum der Alkoholaufnahme, die Alkoholgewöhnung, das Trinkverhalten und dessen Zusammenhang mit dem Fahrtantritt usw. (z.B. OLG Frankfurt NJW **1996** 1358, 1359). Derartige Hinweise führen jedoch im Ergebnis meist nicht weiter, weil entsprechende Feststellungen nicht getroffen sind (nicht getroffen werden konnten) oder nicht ausreichend erscheinen (Rdn. 196 ff). Die Folge ist, dass in aller Regel „nur" wegen Fahrlässigkeit verurteilt werden kann (s. auch Rdn. 181).

Nicht in Einklang mit der sonst im Wesentlichen einheitlichen „Phalanx" der Oberlandesgerichtsentscheidungen jüngerer Zeit steht OLG Düsseldorf VRS **87** 330.[620] Zwar wird auch dort kein Erfahrungssatz im vorgenannten Sinne anerkannt. Jedoch vertritt das OLG Düsseldorf die Auffassung, die Notwendigkeit ergänzender Feststellungen bestehe vornehmlich im Bereich zwischen 1,1 ‰ und 2,0 ‰ und nehme „demgemäß mit der Höhe der festgestellten Blutalkoholkonzentration reziprok ab" (aaO S. 332). Bei sehr hohen Blutalkoholwerten [im konkreten Fall 2,32 ‰] könne es „keinem ernsthaften Zweifel unterliegen, dass in jedem Fall deutlich erkennbare Warnsignale [aufträten], welche dem Kraftfahrer einwandfrei [bedeuteten], dass seine Fahrtüchtigkeit mehr als zweifelhaft" sei; wer sich dennoch in den Straßenverkehr begebe, handele „zumindest mit bedingtem Vorsatz" (aaO S. 333). Ein so formulierter Erfahrungssatz steht freilich in Widerspruch auch zur Rechtsprechung des OLG Düsseldorf selbst[621] und ist in der Folge von anderen Oberlandesgerichten mit Recht (Rdn. 194) nicht aufgegriffen worden (ausdrücklich OLG Hamm BA **35** [1998] 462, 464; OLG Köln DAR **1997** 499, 500).[622] Ähn-

für fahrtüchtig; *Stephan* ZVS **1986** 2, 4: bei BAK-Werten ab 1,3 ‰ meinte die Hälfte der Probanden, „voll fahrtüchtig" zu sein; *Teige/Niermeyer* BA **13** (1976) 415, 417: Bei BAK-Werten zwischen 1,1 und 1,6 ‰ bezeichneten sich die Probanden als „kaum merkbar" bzw. „leicht" beeinflusst; *Zink/Reinhardt/Schreiber* BA **20** (1983) 503, 506 ff; s. auch *Liebhardt/Spann* BA **4** (1967) 174. Aus rechtsmedizinischer Sicht abw. *Schulz* 33. VGT **1995** 90, 92 ff. *Schneble* (BA **21** [1984] 281, 293) meint, die Erfahrungen aus Trinkversuchen seien nicht mit der Realität (der „freien Wildbahn") vergleichbar.

[619] OLG Koblenz VRS **70** 11 f weist im Anschluss an *Zink/Reinhardt/Schreiber* (BA **20** [1983] 503, 509 f) darauf hin, dass ein hoher Blutalkoholgehalt geeignet sei, das in den ersten Stadien der Alkoholisierung noch vorhandene Empfinden für die Wirkung des Alkohols zu beeinträchtigen. Hierzu auch *Hentschel* Trunkenheit Rdn. 364; *ders.* DAR **1993** 449, 451. **AA** insoweit ausdrücklich OLG Celle VRS **61** 35, 37 f; OLG Düsseldorf VRS **87** 330, 332 [dazu im Text].

[620] Früher schon ähnlich OLG Celle VRS **61** 35, 37 f [2,32 ‰; geordnetes Trinkgeschehen; alkoholerfahrener Fahrer, bei dem trotz der hohen BAK („insoweit jedenfalls nicht alltäglich") Ausfallerscheinungen nicht festgestellt wurden]; vgl. auch OLG Celle NJW **1969** 1588, 1599 [zu § 330a a.F.].

[621] Z.B. OLG Düsseldorf VRS **85** 322, 323 [BAK 1,92 ‰]; NZV **1994** 324, 325 [BAK 1,91 ‰], jeweils unter Hinweis darauf, dass die Kritik- und Erkenntnisfähigkeit mit zunehmender Alkoholisierung abnehme.

[622] Eine Vorlage an den BGH nach § 121 Abs. 2 GVG kam dabei nicht in Betracht, weil im konkreten Fall weitere Beweisanzeichen vorhanden waren, weswegen es an der Entscheidungserheblichkeit fehlte (hierzu auch OLG Köln DAR **1997** 499, 500). Entgegen *Schmid* (BA **36** [1999] 262, 267) genügt ein „in abstracto ausfechtbarer Unterschied" für die Divergenzvorlage nicht.

lich nimmt mit beträchtlichem Begründungsaufwand OLG Koblenz BA **38** (2001) 464 (m. Anm. *Scheffler* BA 38 (2001) 468). Vorsatz an, soweit keine den indiziellen Beweiswert einer hohen BAK (2,31 ‰) mindernden Umstände ersichtlich sind (hierzu Rdn. 205). Ein den Indizwert mindernder Umstand liegt nach OLG Koblenz StraFo **2008** 220 vor, wenn das Trinkende lange (dort 5 1/2 Stunden) zurückliegt, also bei der Wirkung von Restalkohol.

(b) **Weitergehende Ansätze.** Die herrschende Rechtsprechung wird von einem Teil des **193**
Schrifttums (Rdn. 181), partiell aber auch durch die tatrichterliche Praxis[623] kritisiert. Die Kritik erkennt dabei im Prinzip an, dass es keinen Erfahrungssatz gibt, wonach der Fahrzeugführer jenseits einer bestimmten BAK stets vorsätzlich handele (explizit *Nehm* FS Salger S. 115, 125). Jedoch wird – einen „übersichtlichen Trinkverlauf" (hierzu Rdn. 197) vorausgesetzt – mit Unterschieden im Detail ein Regel-Ausnahmeverhältnis in dem Sinne postuliert, dass bei Alkoholmengen, die zum „absoluten" Grenzwert von 1,1 ‰ oder darüber[624] bzw. zu Blutalkoholkonzentrationen ab 2,0 ‰[625] führen, „grundsätzlich" vorsätzliches Handeln angenommen werden könne. Ausgangspunkt ist die Überlegung, dass die fahrsicherheitsrelevanten Wirkungen massiven Alkoholkonsums *Bestandteil des dauernden Begleitwissens* seien, das auch durch die toxischen Wirkungen des Alkohols nicht geschmälert werde und durch den Täter allenfalls überspielt, aber nicht ausgeschaltet werden könne (*Lackner* k + v **1969** 397, 403). Die Verankerung im Begleitwissen folge dabei daraus, dass Kenntnisse über die Wirkungen der Alkoholintoxikation jedem Kraftfahrzeugführer bereits im Rahmen der Fahrausbildung vermittelt würden und dass die Thematik darüber hinaus ständig Gegenstand von Medienberichten sei (OLG Celle VRS **61** 35, 37; OLG Düsseldorf VRS **87** 330, 332). Soweit das voluntative Vorsatzelement problematisiert wird, wird maßgebend auf den bewussten Konsum gravierender Mengen Alkohol verwiesen: Wer so viel trinke, wie für den Aufbau hoher BAK-Werte erforderlich sei, dem fehle es an einer „Wollens-Alternative", er finde sich dementsprechend mit der Tatbestandsverwirklichung ab (*Nehm* FS Salger S. 115, 125; hierzu auch Rdn. 185).

(c) **Stellungnahme.** Selbstverständlich existiert kein Erfahrungssatz, wonach alkohol- **194**
bedingter Kontrollverlust vorsätzliches Handeln stets oder auch nur zumeist ausschließt (*Nehm* FS Salger S. 115, 125). Weiterhin erscheint es – wohl entgegen der überwiegenden Rechtsprechung – plausibel, dass das Wissen um die fahrsicherheitsrelevanten Wirkungen des Alkohols zum „Bodensatz" des Bewusstseins des fahrenden Durchschnittsbürgers rechnet („Mitbewusstsein").[626] Selbst bei starker Alkoholintoxikation dürfte das Einsichtsvermögen nicht in dem Maße beeinträchtigt werden, dass der Fahrzeugführer bei Antritt der Fahrt mit der Möglichkeit der Fahrunsicherheit nicht zumindest rechnen würde (vgl. *Eisenmenger* FS Salger S. 619, 626). Auch der vielzitierte „Jurist in leitender Stellung", der es im Rahmen eines Trinkversuchs bei einem BAK-Wert von 1,3 ‰ als

---

[623] AG Coesfeld BA **35** (1998) 319; AG Rheine NJW **1995** 894.

[624] So *Krüger* DAR **1984** 47, 52; *Nehm* FS Salger S. 115, 126 f; *Schneble* BA **21** (1984) 281, 293 [bei BAK-Werten zwischen absolutem Grenzwert und 2,0 ‰].

[625] In diesem Sinne auch OLG Celle VRS **61** 35; OLG Düsseldorf VRS **87** 330. *Tolksdorf* 33. VGT **1995** S. 79, 84. Nach *Haubrich* (DAR **1982** 285, 287) ist dieser Wert Teil einer „Faustregel" zur Annahme des Vorsatzes in der „täglichen Verkehrsstrafrechtspraxis", was zumindest heute wohl nicht (mehr) den Tatsachen entspricht.

[626] Hierzu kritisch und differenzierend *Schroth* Vorsatz und Irrtum S. 88 ff; s. auch *Riemenschneider* Fahrunsicherheit S. 172 ff.

völlig unverantwortlich bezeichnet hatte, jetzt noch ein Fahrzeug zu führen, der dann aber bei einem Blutalkoholspiegel von 1,5 ‰ lautstark nach einem Auto verlangte, um seine Fahrsicherheit unter Beweis zu stellen (*Zink/Reinhardt/Schreiber* BA 20 [1983] 503, 509), wird den Eintritt der Fahrunsicherheit durchaus ins Kalkül gezogen haben. Wäre er danach gefragt worden, so hätte er wohl bekundet, dass nach Aufnahme der von ihm genossenen Alkoholmengen Fahrunsicherheit eintreten könne (vgl. allgemein *Schroth* Vorsatz und Irrtum S. 92). Genauso nahe liegend ist aber, dass er nicht nur die vage Hoffnung hegte, er könne den im Verkehr zu stellenden Anforderungen noch genügen, sondern dass er darauf tatsächlich vertraut hat (hierzu auch Rdn. 16a, E 1962, S. 530). Wenn dem aber so ist, so handelt er ohne Vorsatz (Rdn. 185). Der Schwerpunkt der Problematik dürfte demgemäß nicht auf der Wissensebene liegen, sondern *beim Willenselement des Vorsatzes* (nicht nur aus rechtsmedizinischer Sicht überzeugend *Eisenmenger* FS Salger S. 619, 626 f). Es mag dabei sein, dass der angesprochene Jurist „im Ernstfall" eine Probe aufs Exempel nicht gewagt hätte; aber ganz gewiss ist dies nicht. Auch wird nicht jeder nach derart massivem Alkoholkonsum der mehr oder minder ausgeprägten Überzeugung sein, dass die Fahrt schon noch gut gehen werde. Jedoch dürften die Erkenntnisse der Alkoholforschung und die bei Fahrversuchen gesammelten Erfahrungen (Rdn. 192) hinreichend sicher belegen, dass es sich bei dem auf seine Fahrunsicherheit noch vertrauenden „Trunkenheitsfahrer" nicht nur um eine singuläre Erscheinung handelt.[627] In den Blick genommen werden müssen in diesem Rahmen auch eingeübte Verhaltensmuster, etwa die Erfahrung, dass „man in vergleichbarer Situation ja oft gefahren und immer gut nach Hause gekommen" sei (*Eisenmenger* FS Salger S. 627). Sofern nicht weitere Indizien hinzutreten, verbleibt alles in allem nur die durch die Lebenserfahrung gestützte *Vermutung*, dass der Täter fahrsicherheitsaufhebende Leistungsminderungen billigend in Kauf genommen hat. Auf eine auch noch so plausible Vermutung kann die Verurteilung aber nicht gestützt werden. Der herrschenden Rechtsprechung ist deshalb im Grundsatz zuzustimmen. Freilich werden die Anforderungen an die Vorsatzfeststellung in mancher revisionsgerichtlichen Entscheidung überspannt (s. insbesondere Rdn. 203).

195 (d) **„Geringe" Blutalkoholkonzentration/Alkoholmenge.** Nach herrschender Rechtsprechung liegt die Annahme des Vorsatzes bei hohen BAK-Werten nahe (Rdn. 192). Anscheinend verfährt die Praxis bei geringeren BAK-Werten spiegelbildlich in der Weise, dass sie vorsätzliches Handeln dann eher nicht in Betracht zieht. Für eine dahingehende Annahme spricht die veröffentlichte Rechtsprechung, die die Vorsatzfrage vornehmlich bei Tatzeitwerten von (weit) über 1,1 ‰ problematisiert. Ungeachtet der Schwierigkeiten der Vorsatzfeststellung auch in derartigen Konstellationen vermag jedenfalls der Grundsatz nicht zu überzeugen. Denn leichtere Alkoholintoxikationen tangieren die Kritikfähigkeit des Einzelnen wohl in minderem Maße als schwerere (*Zink/Reinhardt/Schreiber* BA 20 [1983] 503, 509 f).

196 (2) **Umstände des Alkoholkonsums/Fahrtantritt.** Als Belegtatsachen im Rahmen des zu führenden Indizienbeweises werden Art und Zeitraum der Alkoholaufnahme sowie das Trinkverhalten und dessen Zusammenhang mit dem Fahrtantritt genannt (Rdn. 192).

---

[627] Wenig überzeugend erscheint der Versuch *Nehms* (FS Salger S. 115, 119), diese Aspekte unter Hinweis darauf wegzuwischen, dass die Feststellung des inneren Tatbestands Domäne des Richters sei und der Sachverständige seine Kompetenzen überschreite, sofern er den Vorsatz aufgrund des Kontrollverlusts generell in Frage stelle.

Bei näherem Hinsehen sind diese Umstände für die Feststellung des Vorsatzes wenig ertragreich.

(a) **Geordnetes Trinkgeschehen.** Nicht unschlüssig ist die Überlegung, dass der Fahrzeugführer bei „geordnetem Trinkgeschehen" einen Überblick über die von ihm aufgenommene Alkoholmenge haben wird. Als typischer Fall wird der Gaststättenbesuch genannt, in dessen Verlauf mit etwa gleich bleibender Trinkgeschwindigkeit alkoholische Getränke meist derselben Art (Bier oder Wein) in insgesamt erheblicher Menge konsumiert werden (OLG Celle VRS **61** 35, 37). Anders stellt sich die Lage z.B. bei Genuss unbekannter Mixgetränke oder bei Mitwirken von Restalkohol,[628] aber auch bei einer Feier im privaten Kreis dar, bei der der Gradmesser des anschließenden Bezahlenmüssens (Striche auf dem Bierdeckel) nicht vorhanden ist. Das Gleiche gilt für den Schützen- oder Volksfestbesuch, bei dem zumeist in unregelmäßigen Zeitabständen alkoholische Getränke jeweils unterschiedlicher Menge und Konzentration aufgenommen werden (OLG Celle aaO S. 36 f). Um aus dem Trinkgeschehen Schlüsse ableiten zu können, muss dieses freilich *hinreichend sicher festgestellt werden*. Schweigt der Angeklagte, so fällt der Nachweis in der Praxis alles andere als leicht. Auch ist das Trinkgeschehen gerade bei beträchtlichem Alkoholkonsum selbst in der Gaststätte keinesfalls immer oder auch nur in der Breite der Fälle „geordnet" (im Einzelnen *Eisenmenger* FS Salger S. 619, 627). Deswegen kann ein Erfahrungssatz über Art und Weise der Alkoholaufnahme nicht anerkannt werden (vgl. OLG Zweibrücken DAR **1999** 132, 133).[629] Selbst wenn aber von einem übersichtlichen Trinkverlauf auszugehen ist, rechtfertigt allein das Wissen um den (hohen) Alkoholkonsum noch nicht die Verurteilung wegen vorsätzlicher Tat (Rdn. 191 ff). **197**

(b) **Fahrtantritt in der Anflutungsphase.** Sodann kann der unmittelbare Fahrtantritt nach Trinkende in gewissem Umfang deswegen für Vorsatz sprechen, weil sich der Fahrzeugführer u.U. noch in der Anflutungsphase befindet, in der die Alkoholwirkungen deutlicher spürbar sind als in der Eliminationsphase (z.B. OLG Köln DAR **1997** 499, 500). Steht jedoch nicht fest, dass Leistungsbeeinträchtigungen (Ausfallerscheinungen) tatsächlich aufgetreten sind (nachstehende Rdn.), so bewegt sich die auf die *typischen* Alkoholwirkungen gestützte Annahme des Vorsatzes nach wie vor auf der Ebene der Vermutung. Hinzu kommt, dass das Ende der Resorptionsphase gerade bei länger währendem gleichmäßigem Trinken durchaus mit dem Trinkende zusammenfallen kann (Rdn. 30). Judikate, die maßgebend auf den Fahrtantritt unmittelbar nach Trinkende abstellen, sind dementsprechend selten (in diese Richtung OLG Celle VRS **61** 35, 38)[630] und problematisch. **198**

(3) **Verhalten vor der Tat (Ausfallerscheinungen).** Als geeignetes Beweisanzeichen für die Annahme des Vorsatzes kann es gelten, wenn gewichtige, vom Fahrzeugführer wahrgenommene (s. auch Rdn. 203) Ausfallerscheinungen vor Fahrtantritt festgestellt sind (vgl. OLG Karlsruhe VRS **81** 24, 25). Von (bedingtem) Vorsatz wird man beispielsweise ausgehen können, wenn der Betreffende nur noch unter Schwierigkeiten und/oder unter **199**

---

[628] Zur Bedeutung des Restalkohols bei der Prüfung der Fahrlässigkeit Rdn. 221.

[629] Insoweit auch *Tolksdorf* 33. VGT **1995** S. 79, 85 f, der darüber hinaus auf Verwertungsprobleme bezüglich der Angaben des Beschuldigten gegenüber dem Arzt verweist.

[630] Die Entscheidung ist auch insofern nicht widerspruchsfrei, als beim dortigen Angeklagten weder während der Polizeikontrolle noch später Ausfallerscheinungen festgestellt worden sind (hierzu Rdn. 205).

Hilfestellung anderer stehen und/oder gehen kann. Die Vorstellung, in einem solchen Zustand noch hinreichend sicher ein Fahrzeug führen zu können, ist reinem Wunschdenken zuzuschlagen, das den Vorsatz unberührt lässt. Das Beweisanzeichen „Ausfälle im Vortatverhalten" spielt allerdings in der veröffentlichten Rechtsprechung zur Vorsatzproblematik soweit ersichtlich keine beachtliche Rolle.[631] **Kein sicheres Indiz** ist darin zu sehen, dass der Betreffende vor der Tat einen längeren „Ausnüchterungsspaziergang" unternimmt; denn es ist nicht auszuschließen, dass er nach dessen Abschluss an die Wiederherstellung der Fahrsicherheit glaubt und daher nur fahrlässig handelt (BGH VRS 80 279, 280; **aA** *Nehm* FS Salger 115, 123). Das Gleiche gilt dann, wenn er wegen des aufgenommenen Alkohols zunächst Bedenken äußert, noch nach Hause zu fahren, sich darüber aber aufgrund des Verhaltens anderer hinwegsetzt (OLG Hamm BA **37** [2000] 117, 118).

200 (4) **Warnhinweise anderer.** Indizielles Gewicht wird etwaigen Warnhinweisen dritter Personen (des Gastwirts, der Mitzecher etc.) beigemessen (OLG Zweibrücken ZfS **2001** 334; *Salger* DRiZ **1993** 311, 313). Diese vermögen ggf. das in Rdn. 199 erörterte Indiz „Ausfallerscheinungen" zu verstärken, soweit sie aus konkretem Anlass erfolgt sind. So erscheint die Annahme von Vorsatz vertretbar, wenn der Fahrzeugführer während einer „wilden" Fluchtfahrt (zur Flucht als solcher Rdn. 204) vor der Polizei Aufforderungen seiner Mitfahrer, das Fahrzeug anzuhalten, mit dem Hinweis nicht entspricht, dass im Fall des Anhaltens „sein Führerschein weg" sei (OLG Hamm VersR **2008** 65, 66 [zu § 2 AUB]). Ein weiteres Beispiel geben Konstellationen, in denen der Fahrzeugführer von der Polizei aufgehalten worden, danach aber trotz Sicherstellung des Führerscheins weitergefahren ist (*Hentschel* DAR **1993** 449, 452). Ansonsten können Warnungen auch lediglich mit Rücksicht auf den Alkoholkonsum gegeben worden sein, etwa mit Blick auf den Gefahrengrenzwert oder aus genereller Abneigung gegenüber „Alkohol im Straßenverkehr". Für diesen Fall dürfte die Warnung allein nicht genügen. Denn der Betreffende kann nach Selbstprüfung gleichwohl noch auf seine Fahrsicherheit vertraut haben.

201 (5) **Intelligenz/Selbstkritik.** In ständiger Rechtsprechung verlangen die Oberlandesgerichte eine Auseinandersetzung mit der Persönlichkeit des Angeklagten, insbesondere mit seiner Intelligenz und (verbliebenen) Fähigkeit zur Selbstkritik (Rdn. 192). Solche Forderungen stellen den Tatrichter vor kaum lösbare Aufgaben. Die Situation zur Tatzeit lässt sich nämlich nicht mehr mit hinreichender Sicherheit rekonstruieren, wobei auch die Kritikfähigkeit intelligenter Personen aufgrund der Alkoholwirkung Schaden nimmt.[632] Ein Sachverständigengutachten wird in den meisten Fällen nicht weiterführen, weil es dem Sachverständigen – wie dem Richter – nicht gegeben ist, die Innenwelt des Angeklagten zur Tatzeit zu ermitteln (**aA** wohl OLG Hamm NZV **1998** 334).[633] Vor diesem Hintergrund wäre die regelmäßige Einschaltung eines Gutachters auch unter dem Aspekt der Verfahrensökonomie nicht vertretbar (vgl. OLG Celle VRS **61** 35, 37). Die den Tat-

---

[631] Unerörtert geblieben etwa in OLG Koblenz VRS **50** 288, 290 f [stolpernder, schwankender Schritt, Notwendigkeit, sich an einer geöffneten Tür festzuhalten] und OLG Düsseldorf VRS **82** 125 [Schwanken, Bitte um Hilfe, weil der Fahrzeugführer selbst nicht mehr „zu Rande komme"].

[632] S. das Beispiel vom „Juristen in leitender Stellung" in Rdn. 194.

[633] Zu den diesbezüglichen Schwierigkeiten *Eisenmenger* FS Salger 619, 630.

sachengerichten angesonnenen detaillierten Darlegungen drohen auf fruchtlose Förmelei mit in der Regel vorgegebenem Ergebnis hinauszulaufen und erscheinen grundsätzlich verzichtbar (in diese Richtung wohl auch OLG Köln DAR **1987** 126; *Hentschel* DAR **1993** 449, 452).

(6) **Einschlägige Vorverurteilung.** Nach herrschender Rechtsprechung kann die Warnwirkung, die mit einer Vorverurteilung wegen § 316 (§ 315c Abs. 1 Nr. 1a) verbunden ist, im Rahmen der Vorsatzprüfung zum Nachteil des Angeklagten berücksichtigt werden.[634] Denn bei einem einschlägig erfahrenen Wiederholungstäter, dessen Vertrauen in die eigene Fahrsicherheit bereits einmal oder auch mehrfach erschüttert worden ist, wird man nicht davon ausgehen können, er habe erneut auf seine Leistungsfähigkeit vertraut. Die Annahme des Vorsatzes setzt freilich voraus, dass die frühere Verurteilung zeitlich nicht allzu weit zurückliegt und dass der ihr zugrunde liegende Sachverhalt mit dem aktuellen in etwa vergleichbar ist; aufgrund dessen muss der der Vorverteilung zugrunde liegende Sachverhalt im Urteil mitgeteilt werden.[635] Vollständige Identität ist jedoch nicht erforderlich, weswegen es keinen entscheidenden Unterschied macht, ob der Betroffene nur bei einer der beiden Taten während der Fahrt Alkohol trinkt, ob er die eine Tat mit dem Pkw auf der Fahrt zur Arbeitsstelle begangen hat, die andere mit dem Lkw während der Arbeitszeit und ob sich die Blutalkoholkonzentrationen vollständig decken (aM OLG Hamm **41** (2004) 538). **202**

(7) **Ausfallerscheinungen während der Fahrt.** Ausfallerscheinungen während der Fahrt können signifikante Beweisanzeichen darstellen. Voraussetzung ist jedoch, dass sie dem Fahrzeugführer *(nachweisbar) bewusst geworden sind.* Unter dieser Prämisse kann vorsätzliches Handeln zu bejahen sein, natürlich aber nur für die Weiterfahrt nach Auftreten der Fehlleistung, also nicht für den Zeitraum davor (OLG Zweibrücken VRS **82** 33, 35). Die Wahrnehmbarkeit versteht sich beim **Schlangenlinienfahren** nicht von selbst, weil dieses typischerweise auf einer Störung des unreflektierten Lenkverhaltens (Übersteigerung der notwendigen Lenkbewegung) beruht (OLG Hamm NZV **1998** 291, 292);[636] ein Erfahrungssatz des Inhalts, dass der Fahrzeugführer die Leistungsstörung erkannt hat, existiert insoweit wie generell nicht (OLG Karlsruhe VRS **81** 24, 25). Erkennbarkeit ist in der Regel dann anzunehmen, wenn der Fahrzeugführer aufgrund seiner Leistungsbeeinträchtigungen **einen Unfall verursacht hat;**[637] allerdings muss der Unfall seiner Art nach geeignet sein, dem Täter die alkoholbedingte Fahrunsicherheit vor Augen zu führen. *Entgegen* OLG Hamm NZV **1999** 92 ist der Vorsatz beispielsweise nicht zweifelhaft, wenn der Angeklagte **in einer Kurve geradeaus gefahren ist** und das Abkommen von der Fahrbahn erst im letzten Augenblick durch Herumreißen des Steuers verhindern kann; bei einem derart krassen Fahrversagen erscheint die tatrichterliche Überlegung ausreichend, dass die Ausfallerscheinung dem Fahrzeugführer „unmöglich verborgen geblie- **203**

---

634 OLG Celle NZV **1996** 204, 205; NZV **1998** 123; OLG Düsseldorf VRS **87** 330, 332; OLG Hamm BA **38** (2001) 461; **41** (2004) 538; OLG Köln DAR **1987** 126; OLG Saarbrücken DAR **2008** 402. *Hentschel* Trunkenheit Rdn. 367; *ders.* DAR **1993** 449, 452. Nicht erörtert von OLG Hamm BA **15** (1978) 59.

635 OLG Celle NZV **1998** 123; OLG Saarbrücken BA **38** (2001) 458; OLG Hamm BA **38** (2001) 461.

636 S. auch OLG Hamm BA **15** (1978) 59, 60 m. krit. Anm. *Seib* sowie OLG Hamm BA **37** (2000) 117, 118.

637 BayObLG bei *Rüth* DAR **1982** 251; DAR **1983** 395, 396; OLG Koblenz VRS **71** 195, 198; OLG Zweibrücken VRS **82** 33; *Hentschel* Trunkenheit Rdn. 367.

ben sein" könne.[638] Entsprechendes gilt für OLG Hamm BA **38** (2001) 461 (Abkommen von der Fahrbahn und Geraten auf den Grünstreifen sowie weitere Beweisanzeichen). Vorsatz kann ferner angenommen werden, wenn der Fahrzeugführer aufgrund einer Sinnestäuschung überreagiert und deswegen einen Schleudervorgang bewirkt hat (OLG Koblenz VRS **71** 195, 198) oder wenn er als wegen § 316 Vorbestrafter (Rdn. 202) erneut in Fahrbereitschaft trinkt und mehrere gravierende alkoholbedingte Fahrfehler begeht (Auffahren auf einen vor einer Lichtzeichenanlage stehenden Pkw, beim Zurücksetzen Streifen des geschädigten Fahrzeugs, Überfahren des Rotlichts; OLG Saarbrücken DAR **2008** 402).

204 (8) **Flucht/Verschleierung/besonders vorsichtige Fahrweise.** Ergreift der Fahrzeugführer vor einer Polizeikontrolle die **Flucht**, so ist dies auch in Verbindung mit einem hohen BAK-Wert noch kein hinreichend aussagekräftiges Beweisanzeichen.[639] Denn ein solches Verhalten zeugt allenfalls von schlechtem Gewissen; dahinter kann die Befürchtung stehen, den Gefahrengrenzwert überschritten zu haben. Für die Annahme des Vorsatzes genügt dies nicht (Rdn. 187). S. aber zu einer „wilden" Fluchtfahrt in Verbindung mit Anhalteaufforderungen Rdn. 200. Aus denselben Gründen liefern etwaige **Verschleierungsversuche**, z.B. die Benutzung von Schleichwegen oder lebensfremde Nachtrunkbehauptungen, kein zulängliches Zeugnis für vorsätzliches Verhalten (*Hentschel* DAR **1993** 449, 452).[640] Gleich steht es, wenn der Fahrzeugführer im Angesicht der Polizei zunächst vom Fahren Abstand nimmt und die Fahrt erst nach deren Entfernung antritt (OLG Saarbrücken BA **38** (2001) 458). Eine **besonders vorsichtige Fahrweise** muss gleichfalls nicht unbedingt für Vorsatz sprechen; vielmehr kann sich der Fahrzeugführer bei einer solchen Fahrweise gerade noch für fahrsicher halten (OLG Köln DAR **1987** 157 f;[641] *Hentschel* DAR **1993** 449, 452).

205 (9) **Nachtatverhalten.** Wenig aussagekräftig für die Beurteilung des Vorsatzes zur Tatzeit sind Ausfallerscheinungen im Nachtatverhalten. Beispielsweise zeugen gravierende Leistungsbeeinträchtigungen bei Blutentnahme und klinischer Untersuchung nur für eine erhebliche Alkoholwirkung zu diesem Zeitpunkt. Zwar sind die Alkoholwirkungen in der Anflutungsphase stärker als in der Eliminationsphase, so dass vermutet werden kann, der Fahrzeugführer habe bereits bei Antritt der Fahrt dieselben oder stärkere Leistungsausfälle aufgewiesen. Ganz sicher ist dies jedoch nicht. Zudem müsste nachgewiesen werden, dass der Beschuldigte die Störungen auch wahrgenommen hat. Umgekehrt ist koordiniertes Verhalten bei der Sistierung durch die Polizei und bei der Blutentnahme kein geeignetes Beweisanzeichen für eine aufrechterhaltene Kritikfähigkeit zur Tatzeit; ein Auseinanderklaffen von Leistungsverhalten und Wirkstoffbefund kann auf die An-

---

[638] Wenig einleuchtend ist auch die in diesem Zusammenhang getroffene Aussage des OLG Hamm, dass der Vorsatz nach Auftreten des Fahrfehlers nicht auf den Fahrtantritt zurückwirke. Denn der Angeklagte war nach dem Fahrfehler weitergefahren (und nach 200 Metern auf einen Straßenbaum geprallt).

[639] BayObLG bei *Rüth* DAR **1985** 242; OLG Hamm BA **14** (1977) 122, 123; BA **15** (1978) 376, 377; BA **37** (2000) 117, 118; OLG Köln DAR **1987** 126; *Hentschel* Trunkenheit Rdn. 365. **AM** LG Potsdam BA **41** (2004) 540 m. Anm. *Scheffler*; *Krüger* DAR **1984** 47, 52; *Nehm* FS Salger S. 115, 123; *Salger* DRiZ **1993** 311, 313; *Tolksdorf* 33. VGT **1995** 79, 85.

[640] **AM** *Krüger* DAR **1984** 47, 52; *Nehm* FS Salger S. 115, 123; *Salger* DRiZ **1993** 311, 313; *Tolksdorf* 33. VGT **1995** 79, 85.

[641] Die Fahrzeugführerin hatte vorzeitig und trotz Vorfahrtsrechts vor einer Einmündung im Kreisverkehr angehalten [BAK ca. 1,81 ‰].

spannung aller verbliebenen Reserven (s. auch Rdn. 121) oder auch auf den sog. „Nüchternschock" zurückzuführen sein.[642] Nach OLG Koblenz BA **38** (2001) 464 soll hohe BAK (2,31 ‰) die Annahme von Vorsatz rechtfertigen, sofern sich der Angeklagte unter gleichzeitigem Hinweis auf die Folgenlosigkeit der Alkoholfahrt nicht ausdrücklich darauf beruft, sich noch fahrsicher gefühlt zu haben. Das läuft faktisch auf die Annahme eines Regel-/Ausnahmeverhältnis hinaus (Rdn. 192) und erscheint auch deswegen wenig plausibel, weil die Rechtsprechung der Selbsteinschätzung des Angeklagten ansonsten einen sehr geringen Stellenwert einräumt (Rdn. 120).

ee) **Andere berauschende Mittel.** Die Rechtsprechung hatte sich bislang vornehmlich mit der alkoholbedingten Fahrunsicherheit zu befassen. Die insoweit für die Vorsatzfrage einschlägigen Aspekte (Rdn. 190 ff) können grundsätzlich auch für die Beurteilung nach Konsum anderer berauschender Mittel herangezogen werden. Zu den Besonderheiten der drogenbedingten Fahrunsicherheit existiert derzeit nur spärliches Material. **206**

(1) **Illegale Drogen.** Die Lebenserfahrung spricht dafür, dass ein Täter, der im Drogenrausch ein Fahrzeug führt, hinsichtlich der Fahrunsicherheit zumindest bedingt vorsätzlich handelt. Namentlich kann angenommen werden, dass die fahrsicherheitsrelevanten Auswirkungen des Konsums „harter" wie „weicher" Drogen vom Vorstellungsbild des Konsumenten umfasst sind (**aM** *Tolksdorf* 33. VGT **1995** 79, 88). Jedoch dürfte – nicht anders als beim Alkohol – für die meisten illegalen Drogen davon auszugehen sein, dass die Erkenntnis- und Kritikfähigkeit durch die Drogenintoxikation geschwächt wird. Die Dosis-Wirkungsbeziehungen nach Konsum illegaler Drogen sind überdies noch weitgehend ungeklärt und von Droge zu Droge unterschiedlich (Rdn. 146 ff). Deswegen können in der Regel weder aus der Tatsache des Drogenkonsums überhaupt sowie ggf. aus dem Wissen, dass die Drogenfahrt nach § 24a Abs. 2 StVG ausnahmslos verboten ist (näher Rdn. 187), noch aus der aufgenommenen Drogenmenge hinreichend sichere Schlüsse auf die innere Tatseite gezogen werden.[643] Das Gleiche dürfte für die Drogenaufnahme in Fahrbereitschaft gelten.[644] Wenig praktikabel erscheint das Abstellen auf die (überdies kaum aufklärbaren) Umstände des Rauschverlaufs oder auf die Drogenerfahrung des Täters; die Drogenaufnahme im Fahrzeug erweist nur den Vorsatz bezüglich des Konsums, nicht hinreichend sicher aber auch in Bezug auf die Fahrunsicherheit.[645] Wie bei der alkoholbedingten Fahrunsicherheit wird es deshalb vor allem darauf ankommen, dem Täter wahrnehmbare Ausfallerscheinungen vor und während der Tat möglichst genau festzustellen (Rdn. 199, 203); auch aus einer einschlägigen Vorverurteilung können ggf. Schlüsse abgeleitet werden (Rdn. 202). **207**

(2) **Medikamente mit Rauschmitteleigenschaft.** Bei Medikamenten mit Rauschmitteleigenschaft ist bezüglich der inneren Tatseite vor allem an die im Beipackzettel enthaltenen Warnhinweise zu denken. Jedoch muss dem Betroffenen zunächst nachgewiesen werden, dass er den Warnhinweis auch zur Kenntnis genommen hat. Selbst wenn dies **208**

---

[642] OLG Zweibrücken VRS **82** 33, 34 f; s. auch OLG Karlsruhe NZV **1999** 301 sowie (sehr feinsinnig) OLG Hamm BA **41** (2004) 538, 540; aA wohl OLG Celle VRS **61** 35, 38.

[643] So für den Mischgebrauch von Alkohol und Cannabis OLG Frankfurt NJW **1996** 1358, 1359. Hierzu auch *Daldrup/Meininger* in: Cannabis im Straßenverkehr [1998; Hrsg. Berghaus/Krüger] S. 181, 195 f.

[644] **AA** *Harbort* NZV **1996** 432, 436; s. auch Rdn. 189.

[645] Wenig klare Ausführungen zu beidem bei *Harbort* NZV **1996** 432, 435 f.

gelingt, kann daraus in aller Regel nicht auf Vorsatz geschlossen werden. Denn im Beipackzettel wird zumeist nur auf die *Möglichkeit* von Leistungsbeeinträchtigungen verwiesen (*Schöch* DAR **1996** 452, 455).[646] Vorbehaltlich eindeutiger Beweisanzeichen zum Leistungsverhalten vor und während der Fahrt (Rdn. 199, 203) bzw. einschlägiger Vorverurteilungen (Rdn. 202) wird der Vorsatznachweis in einem solchen Fall nur selten geführt werden können (s. auch Rdn. 223, 225 sowie § 315c Rdn. 67, 189). Jedoch ist von Vorsatz auszugehen, wenn der Täter in Kenntnis des Beipackzettels die vielfache Dosis eines Appetitzüglers aufnimmt, um die ihm bekannte aufputschende Wirkung Mittels zu erreichen und zusätzlich beträchtliche Mengen Kaffee und/oder Cola trinkt, was zur Wirkungsverstärkung führen muss (LG Freiburg BA **44** (2007) 183). Anders kann es auch zu beurteilen sein, wenn strikt formulierte Warnungen des behandelnden Arztes festgestellt sind.

209 ff) **Vorsatz und Strafbefehl.** Mit Blick auf die Vielzahl der zu würdigenden Umstände wird teilweise die Auffassung vertreten, im summarischen Strafbefehlsverfahren dürfe grundsätzlich nicht wegen einer Vorsatztat verurteilt werden.[647] Dem ist zumindest in dieser Allgemeinheit nicht zu folgen. Liegt ein Geständnis vor, so steht der Wahl des Strafbefehlsverfahrens ohnehin nichts entgegen (insoweit auch *Hentschel* Trunkenheit Rdn. 368). Die Annahme des Vorsatzes aufgrund hinreichender Beweisanzeichen (z.B. zeitnahe Vorverurteilung(en), deutliche Ausfallerscheinungen vor und während der Tat) kann aber gleichfalls bereits nach Aktenlage gerechtfertigt sein.

210 2. **Fahrlässigkeit.** Nach gefestigter Rechtsprechung[648] und ganz h.M. im Schrifttum[649] ist Fahrlässigkeit *regelmäßig* gegeben, sofern der Täter infolge *bewusster* Aufnahme von Alkohol in relevanter Menge objektiv fahrunsicher geworden ist. Dem Fahrzeugführer wird auferlegt, mit großer Sorgfalt zu prüfen, ob er trotz des Alkoholkonsums noch zur sicheren Führung eines Fahrzeugs in der Lage ist; über verbleibende Zweifel darf er sich nicht hinwegsetzen; sofern er nicht die Gewissheit hat, trotz des Alkoholkonsums noch fahrsicher zu sein, muss er vom Fahren Abstand nehmen (BayObLG VRS **66** 280, 281). Tut er es doch, so liegt ein Fall der sog. Übernahmefahrlässigkeit vor. Bezugspunkt des Fahrlässigkeitsvorwurfs ist dabei *der Eintritt der Fahrunsicherheit*, nicht das Erreichen eines etwaigen „absoluten" Grenzwerts (Rdn. 186 f). Dieselben Kriterien sind prinzipiell für die Fahrunsicherheit aufgrund *anderer berauschender Mittel* heranzuziehen (Rdn. 225). **Nach einer Mindermeinung** versteht es sich nicht von selbst, dass der Trunkenheitsfahrer bei Anwendung der ihm möglichen Sorgfalt seine Fahrunsicherheit hätte bemerken können und müssen; es grenze an einen Widerspruch in sich, wenn mit einem „alkoholgeschädigten Gehirn … das Ausmaß der Alkoholbeeinträchtigung des Gehirns erfasst" werden solle (*Zink/Reinhardt/Schreiber* BA **20** [1983] 503,

---

646 Zur Gestaltung der Warnhinweise s. auch *Krüger* Medikamenten und Alkohol S. 45 f.

647 *Zink/Reinhardt/Schreiber* BA **20** (1983) 503, 511 und im Anschluss daran *Hentschel* Trunkenheit Rdn. 368.

648 Z.B. BGH DAR **1952** 43, 44; BayObLG VRS **66** 280, 281; OLG Düsseldorf BA **21** (1984) 277, 278 m. Anm. *Grüner*; OLG Hamburg VerkMitt. **1966** Nr. 114 S. 61; BA **8** (1971) 71, 72; OLG Hamm JMBlNW **1964** 42; NJW **1975** 660, 661; VRS **69** 220, 221; KG VRS **5** 477, 478; OLG Koblenz VRS **44** 199, 201 f; OLG Köln VRS **5** 78, 79; BA **15** (1978) 302, 303 m. zust. Anm. *Schneble*. Implizit in einer Vielzahl weiterer, auch zu § 315c ergangener Entscheidungen.

649 *Herzog* NK Rdn. 32 f; *Horn/Wolters* SK Rdn. 9; *Lackner/Kühl* Rdn. 5; *Sch/Schröder/Cramer/Sternberg-Lieben* Rdn. 27; *Fischer* Rdn. 48; *Hentschel* Trunkenheit Rdn. 370 ff; *Jagow/Burmann/Heß* Rdn. 29b; *Eisenmenger* FS Salger S. 619, 630.

510, 511). Wenn die Praxis nach Ablehnung des Vorsatzes gewissermaßen „automatisch" Fahrlässigkeit zugrunde lege, so laufe dies auf eine Verletzung des Zweifelssatzes und auf eine schuldstrafrechtlich bedenkliche Gefährdungshaftung hinaus.[650] Bei einer solchen Betrachtungsweise wird allerdings nicht hinreichend beachtet, dass dem Täter nicht auferlegt wird, die Alkoholintoxikation exakt einzuschätzen. Vielmehr genügt es, wenn er den Eintritt der Fahrunsicherheit als *möglich* erkennt oder erkennen musste. Dass ins Gewicht fallender Alkoholkonsum die Fahrsicherheit aufzuheben vermag, ist aber fester Bestandteil des (Mit-)Bewusstseins; dieses kann auch unter der akuten Wirkung der Droge grundsätzlich nicht ausgeschaltet werden (Rdn. 184, 193 f). Wie in anderen Bereichen des Strafrechts auch darf (und muss) der Richter, dem ein Blick ins Innere des Täters naturgemäß nicht möglich ist, diesen Kenntnisstand im Rahmen der Beweiswürdigung zugrunde legen (*Nehm* FS Salger S. 115, 124).[651] Dem charakteristischen (nachweisbaren) Tatbild des § 316 entspricht mithin die Schuldform bewusster Fahrlässigkeit. Die „Automatik" Verneinung des Vorsatzes/Annahme der Fahrlässigkeit ist Ausdruck des Umstands, dass bei der „Trunkenheitsfahrt" rein tatsächlich Vorsatz und Fahrlässigkeit typischerweise kaum unterscheidbar ineinander übergehen (Rdn. 181).

a) **Alkoholbedingte Fahrunsicherheit.** In der Praxis steht nach wie vor die alkohol- **211**
bedingte Fahrunsicherheit ganz im Vordergrund. Es haben sich typische Fallgruppen herausgebildet, in denen die Fahrlässigkeitsproblematik erörtert wird.

aa) **Blutalkoholkonzentration/aufgenommene Alkoholmenge.** Der Großteil der ein- **212**
schlägigen Entscheidungen befasst sich mit Konstellationen, in denen hohe Alkoholmengen aufgenommen und dementsprechend gravierende Blutalkoholkonzentrationen festgestellt sind. Jedoch ist der Fahrlässigkeitsvorwurf keineswegs nur dann begründet, wenn BAK-Werte um oder (weit) über etwaigen „absoluten" Grenzwerten (insbesondere 1,1 ‰) erreicht werden.[652] Dass selbst minderer Alkoholkonsum zur Fahrunsicherheit führen kann, gehört zum Allgemeingut (so bereits KG VRS 5 477, 478), weswegen es prinzipiell vorwerfbar ist, wenn der (objektiv fahrunsichere) Täter gleichwohl das Risiko eingeht, die Fahrt anzutreten (BayObLG VRS **66** 280, 281). Zu berücksichtigen ist insoweit auch, dass es nicht ganz bedeutungsloser Alkoholmengen bedarf, um Blutalkoholspiegel von etwa 0,5 ‰ und darüber aufzubauen, bei denen die forensische Praxis in der Regel erst „beginnt". Eingehender Begründung bedarf die Annahme der Fahrlässigkeit demgegenüber, sofern eine noch darunter liegende Alkoholkonzentration festgestellt worden ist, die ggf. erst im Zusammenwirken mit weiteren ungünstigen Umständen Fahrunsicherheit bewirkt. Allerdings stellt die Rechtsprechung bei Umständen, aufgrund derer die nachteiligen Wirkungen des Alkohols bekanntermaßen verstärkt werden (z.B. Krankheit, Medikamenteneinnahme), erhöhte Sorgfaltsanforderungen (Rdn. 222 f).

bb) **Bewusste Alkoholaufnahme.** Dass der Täter die relevante Alkoholmenge bewusst **213**
konsumiert hat, ist in der großen Breite der Fälle nicht zweifelhaft. Gelegentlich lassen

[650] So *Koch* DAR **1974** 37, 40; *Zink/Reinhardt/Schreiber* BA **20** (1983) 503, 510; *Bialas* Promille-Grenzen S. 134 f; *Riemenschneider* Fahrunsicherheit S. 185 ff.

[651] *Nehm* gelangt allerdings mit dieser Begründung zur Regelannahme des Vorsatzes (hierzu Rdn. 193 f).

[652] S. dazu, dass die leistungsbeeinträchtigenden Wirkungen bei geringeren Alkoholmengen spürbarer sind als bei höheren, Rdn. 192. Vgl. auch *Reinhardt/Zink* BA 9 (1972) 129.

sich Beschuldigte aber dahin ein, sie hätten von der Alkoholaufnahme in der nach der Blutprobenanalyse anzunehmenden Menge keine Kenntnis gehabt. Hauptsächlich wird vorgetragen, Dritte hätten unbemerkt hochprozentige Alkoholika in das/die Getränk(e) des Beschuldigten gegossen (Rdn. 214 ff). Zuweilen gibt dieser aber auch an, alkoholhaltige Medikamente in Unkenntnis des (konkreten) Alkoholgehalts eingenommen zu haben (Rdn. 219). Schließlich gehören Konstellationen hierher, in denen der Betreffende unbekannte (Mix-)Getränke konsumiert haben will, deren hohen Alkoholgehalt er nicht zu erkennen vermochte (Rdn. 220). Nicht selten handelt es sich bei alledem um Schutzbehauptungen, mit denen man normalerweise nicht durchdringt. Die nachfolgend referierte Judikatur ist ganz überwiegend älteren Datums. Dies lässt vermuten, dass derartiges Verteidigungsvorbringen aufgrund der zumeist strengen Haltung der Rechtsprechung weitgehend an Bedeutung verloren hat.

214 (1) **Heimliche Beigabe durch Dritte.** Eine „ins Blaue hinein" abgegebene Behauptung des Angeklagten, es seien ihm hochprozentige Alkoholika unbemerkt beigebracht worden, darf der Richter nicht als unwiderlegbar hinnehmen (vgl. auch BGHSt **34** 29, 34); erscheint die diesbezügliche Einlassung mangels jeglicher für sie sprechender Anhaltspunkte als unglaubhafte Schutzbehauptung, so kann sie, ggf. nach insoweit durchgeführter Beweiserhebung, als solche behandelt werden (vgl. OLG Braunschweig DAR **1964** 270, 271).[653] Um derartige unglaubhafte Einlassungen handelt es sich etwa, wenn der Beschuldigte vorträgt, ihm sei im Zustand der Bewusstlosigkeit ein großes Glas Klosterfrau-Melissengeist eingeflößt worden (vgl. OLG Hamm BA 7 [1970] 153),[654] oder wenn er behauptet, innerhalb von zwei Stunden seien 12 Gläser Schnaps in die von ihm getrunkenen alkoholfreien Getränke gegossen worden, wobei er weder die zwölfmalige Beimischung noch den Alkoholgeschmack[655] wahrgenommen habe (vgl. OLG Köln BA **15** [1978] 302).[656] Wenig plausibel ist auch die Einlassung, Freunde oder Verwandte, die anschließend durch den Fahrzeugführer noch nach Hause gebracht werden wollten, hätten heimlich zusätzlichen Alkohol beigemischt (OLG Hamm VRS **56** 112, 114 [zu § 24a StVG]).

215 (a) **Bemerkbarkeit der Alkoholwirkung.** Kann die Tatsache der Beimischung nicht widerlegt werden, so stellt die nunmehr herrschende Rechtsprechung auf die Bemerkbarkeit der Alkoholwirkungen ab. Ausgehend von dem Grundsatz, dass der Täter bereits aufgrund des durch ihn eingeräumten Alkoholkonsums zu einer besonders gewissenhaften Selbstprüfung verpflichtet sei (Rdn. 210), wird betont, dass es auf die exakte Kenntnis der insgesamt aufgenommenen Alkoholmenge nicht ankomme (OLG Köln BA **15** [1978] 302, 303). Teilweise wird die Bemerkbarkeit bei hohen Alkoholkonzentrationen ohne Weiteres angenommen.[657] Andere Entscheidungen verweisen maß-

---

[653] Schwerlich überzeugend freilich *Middendorf* BA **20** (1983) 366, der meint, die „Ausrede [sei] zu alt und zu durchsichtig, als dass sie noch Beachtung finden dürfte", weswegen der „Grundsatz «in dubio pro reo» ... bei Massendelikten und in Fällen dieser Art nur eingeschränkt anzuwenden" sei.

[654] Es ist nach medizinischen Erkenntnissen nicht möglich, einem Ohnmächtigen den Inhalt eines großen Glases einzuflößen, da ein Bewusstloser nicht schluckt und folglich ersticken würde (OLG Hamm aaO).

[655] Zur Wahrnehmbarkeit des Alkoholgeschmacks Rdn. 217.

[656] Hierzu *Schneble* BA **15** (1978) 304.

[657] Z.B. BayObLG bei *Rüth* DAR **1977** 204: „Bei einem Alkoholverzehr, der zu einem mittelgradigen Rauschzustand führt (hier 2,55 ‰), sind die Alkoholisierung und die dadurch bedingte Fahruntüchtigkeit grundsätzlich auch dann erkennbar, wenn

gebend[658] oder ergänzend[659] darauf, dass der Fahrzeugführer die starke Alkoholisierung deswegen hätte bemerken können und müssen, weil sie mit der bewusst aufgenommenen Alkoholmenge nicht erklärt werden könne, und/oder, dass sich der Täter in der Resorptionsphase befunden habe, in der die Alkoholwirkungen nach verkehrsmedizinischen Erkenntnissen deutlich spürbar seien. Entscheidungen, in denen fahrlässiges Handeln in Zweifel gezogen bzw. verneint worden ist, *sind vereinzelt geblieben.*[660] Teils war dies auf nach Meinung der Revisionsgerichte unzureichende tatsächliche Feststellungen oder Begründungen der Vorinstanz zurückzuführen. Teils schimmert aber auch ein „Grenzwertdenken" in dem Sinne durch, dass der Fahrzeugführer nach seinem Zustand mit dem Erreichen des „absoluten" Grenzwerts hätte rechnen müssen.[661] Das ist jedoch nicht überzeugend, weil Bezugspunkt des Vorsatz- und Fahrlässigkeitsvorwurfs der Eintritt der Fahrunsicherheit ist und nicht das Erreichen des Grenzwerts (Rdn. 186, 210). Mit („relativer") Fahrunsicherheit muss der Fahrzeugführer nach nicht unerheblichem Alkoholkonsum aber immer rechnen. Aus diesem Grunde kommt es auch nicht darauf an, ob der bereits zuvor erheblich alkoholisierte Fahrzeugführer die Wirkungen eines „Schluss-Sturztrunks", dem heimlich Alkohol zugesetzt worden ist, bei Antritt der Fahrt bereits verspürt hat (**aA** OLG Düsseldorf VRS **64** 436, 438; hierzu Rdn. 82). Eine besonders gelagerte Fallgestaltung betrifft OLG Hamm DAR **1973** 23. Dort hatte es das Tatsachengericht bei einem kranken Fahrzeugführer, der Tabletten eingenommen hatte, dahingestellt sein lassen, ob eine eingetretene Übelkeit auf dem Alkoholkonsum (BAK 2,47 ‰) oder „auf anderen Gründen" beruhte; das OLG Hamm hat nähere Feststellungen zu Art und Ausmaß Krankheit sowie zu Art und Zahl der Medikamente vermisst.[662]

(b) **Kenntnis der Alkoholmenge.** In deutlichem Widerspruch zur Rechtsprechung der anderen Oberlandesgerichte steht ein Urteil des OLG Saarbrücken aus dem Jahre 1963 (NJW **1963** 1685).[663] Dort wird die Auffassung vertreten, Anknüpfungspunkt für den **216**

---

ein Teil des Alkohols … unbewusst getrunken worden ist." oder OLG Braunschweig DAR **1960** 270, 271: „Ein Blutalkoholgehalt von 1,89 ‰ bzw. 1,96 ‰ ist subjektiv ohne weiteres bemerkbar". S. auch OLG Hamm DAR **1960** 84 [BAK 2,15 ‰, davon 0,75 ‰ unbewusst]; NJW **1975** 660 f [BAK 1,62 ‰].

658 Insbesondere OLG Hamburg VerkMitt. **1966** Nr. 114 S. 61, 62: Der Täter ist „für seine spätere Fahruntüchtigkeit nur verantwortlich, soweit diese auch aufgrund der bewusst getrunkenen Alkoholmengen gegeben ist, es sei denn, dass die Auswirkungen der zusätzlichen Alkoholmengen so erheblich gewesen sind, dass der Angeklagte sie nach der Lebenserfahrung schuldlos nicht hätte übersehen können" [BAK 2,0 bis 2,1 ‰, davon 0,7 bis 0,8 ‰ bewusst]. S. auch OLG Hamburg VerkMitt. **1973** Nr. 95 S. 69 [BAK 2,3 ‰, davon eine halbe Flasche Schnaps unbewusst].

659 OLG Koblenz DAR **1973** 106, 107 [BAK 1,66 ‰, davon evt. 0,86 ‰ unbewusst]; OLG Köln BA **15** (1978) 302, 303 [BAK 1,59 ‰, davon 0,7 bis 0,8 ‰ unbewusst].

660 OLG Hamburg VRS **54** 438 [BAK 1,42 ‰, davon 0,4 ‰ unbewusst]; OLG Hamm JMBlNW **1965** 119 [BAK 1,74 ‰, davon 0,36 ‰ unbewusst]; VRS **34** 128 [1,6 ‰, davon 0,6 ‰ unbewusst]; OLG Hamm DAR **1973** 23 [BAK 2,47 ‰; atypischer Fall].

661 In diesem Sinne wohl OLG Hamm JMBlNW **1965** 119; auch OLG Hamm VRS **34** 128, 129. Deutlich OLG Celle BA **18** (1981) 176 f hierzu Rdn. 219.

662 Nach den veröffentlichten Entscheidungsgründen wirkt das Urteil beckmesserisch.

663 Es war um einen Fall der Restalkoholwirkung gegangen. Der Angeklagte hatte am Vorabend der Tat seinen Angaben zufolge acht bis zehn Gläser Bier getrunken und danach sieben Stunden in seinem Wagen geschlafen. Der Tatzeitwert am nächsten Morgen betrug 2,33 ‰. Die Vorinstanz hatte es als nicht widerlegbar angesehen, dass ein Zechkumpan unbemerkt größere Mengen Schnaps in das Bier des Angeklag-

Schuldvorwurf sei nicht der Umstand, dass der Täter anhand äußerer Symptome seine alkoholische Beeinflussung erkannt habe oder hätte erkennen müssen; hierzu sei er nach wissenschaftlichen Erkenntnissen namentlich in der Eliminationsphase außerstande. Vielmehr müsse darauf abgestellt werden, dass er sich in Kenntnis des genossenen Alkohols an das Steuer seines Fahrzeugs gesetzt habe, weswegen immer nur der Alkoholgenuss zugrunde gelegt werden dürfe, der dem Täter bekannt sei (OLG Saarbrücken aaO S. 1686). Spätere Entscheidungen anderer Oberlandesgerichte sind, soweit sie sich mit dem Standpunkt des OLG Saarbrücken auseinandersetzen, einer Divergenzvorlage an den BGH ausgewichen.[664] Der Meinung des OLG Saarbrücken ist insoweit zuzustimmen, als der Täter gewusst haben muss, Alkohol in nicht unerheblicher Menge getrunken zu haben. Dies ist jedoch in dem der betreffenden Entscheidung zugrunde liegenden Fall wie auch in sämtlichen in der veröffentlichten Rechtsprechung relevant gewordenen Konstellationen nicht zweifelhaft gewesen. Unter dieser Prämisse kann es aber nicht darauf ankommen, ob der Täter genaue Kenntnis von der aufgenommenen Alkoholmenge hat. Exakte Mengenkenntnis ist irrelevant, weil der Täter, selbst wenn er sie hätte, keine Gewissheit über das Maß etwaiger Leistungsbeeinträchtigungen haben kann. Entscheidend ist hier wie generell, dass er trotz des Wissens um nicht unerheblichen Alkoholkonsum die Fahrt in objektiv fahrunsicherem Zustand antritt, also im Rahmen der gebotenen Selbstprüfung versagt bzw. diese nicht hinreichend durchgeführt hat (Rdn. 210). In dieser Weise verfährt die einhellige Rechtsprechung auch sonst, etwa beim Genuss von Alkoholika mit unbekannter Wirkstoffkonzentration sowie beim Alkoholkonsum im Rahmen eines unkontrollierten Trinkgeschehens (Rdn. 220).

217 (c) **Geschmackliche Wahrnehmbarkeit.** Die nahe liegende Annahme, der Beschuldigte habe die Beimischung hochprozentiger Alkoholika am Geschmack oder Geruch erkennen können, spielt in den einschlägigen Entscheidungen eine untergeordnete Rolle. Dies liegt vor allem daran, dass sich die Angeklagten der jeweiligen Verfahren nicht selten dahin eingelassen hatten, sie seien zur Tatzeit erkältet gewesen, woran ihr Geschmacks- und Geruchssinn gelitten habe.[665] Ob man bei unbeeinträchtigtem Geruchs- und Geschmackssinn davon ausgehen kann, dass der beigemischte Schnaps vom Trinkenden „herausgeschmeckt oder -gerochen" worden ist, hängt von den konkreten Umständen des Einzelfalls ab.[666] So erscheint es von vornherein „schwer vorstellbar", dass ein erwachsener Mann die Beimischung wenig verdünnten Klosterfrau-Melissengeists (Alkoholgehalt über 50 %) in einem Glas Coca-Cola nicht bereits beim ersten Schluck bemerkt (OLG Hamm BA 7 [1970] 153, 154). Ein Erfahrungssatz in Richtung auf *generelle* Wahrnehmbarkeit existiert aber nicht. Dass zugemischter Schnaps nicht immer wahrgenommen wird, findet vielmehr in den Ergebnissen eines kleineren Trinkversuchs seine Bestätigung. Dort hatten keiner der Probanden in 0,3 l Bier und in Kaffee beigemischten Wodka (0,2 cl bzw. 0,1 cl) und nur zwei von sieben Probanden in Kaffee beigemischten Wodka (0,2 cl) erkannt (*Kernbichler/Röpke* BA **16** [1979] 399, 401 f). Ggf. muss ein Sachverständiger hinzugezogen werden.

---

ten gegossen hatte. S. auch schon OLG Saarbrücken JMBl. Saar **1963** 23.

664 Z.B. OLG Hamburg VerkMitt. **1966** Nr. 114 S. 61, 62; OLG Hamm JMBlNW **1965** 119; VRS **48** 100, 102 f.

665 Z.B. OLG Hamburg VRS **54** 438, 439; OLG Hamm NJW **1975** 660, 661; VRS **48** 100, 101; VRS **56** 112, 114 [zu § 24a StVG]. Eine Verminderung des Geschmacks- und Geruchssinns aufgrund des Einatmens von Nitrolack-Dämpfen hatte der Angeklagte in OLG Hamm VRS **34** 128, 129 geltend gemacht.

666 Vgl. OLG Düsseldorf VRS **64** 436, 438 für beträchtliche Mengen Wodka; s. auch OLG Hamm DAR **1973** 23.

(d) **Wahrscheinlichkeit der Beimischung.** Gelegentlich wird in der Rechtsprechung erörtert, ob das Verschulden des Fahrzeugführers darin liege, dass er nach den Umständen mit der Beimischung habe rechnen müssen. Entscheidungserheblich ist dies soweit ersichtlich noch nicht geworden. Diesbezügliche Passagen finden sich in erster Linie in Hinweisen aufhebender Revisionsentscheidungen an die Vorinstanz. Als Umstände, die beim Beschuldigten Vorsicht aufkommen lassen müssen, werden z.B. ausgelassene Karnevalsstimmung und nicht ausgetrunkene Schnapsgläser auf dem Tisch genannt (OLG Düsseldorf VRS **64** 436, 438).[667] Ein Fahrlässigkeitsvorwurf aufgrund solcher Aspekte wird freilich nur bei konkreteren Anzeichen in Betracht kommen (vgl. auch OLG Hamm VRS **34** 128, 129), die u. a. darin liegen können, dass solche Beimischung vom Beschuldigten bereits einmal bemerkt worden ist oder dass derartige gefährliche Unsitten in den Kreisen, in denen der Fahrzeugführer verkehrt, auch sonst gepflogen werden. Dies muss dann allerdings bewiesen werden. Hat sich der Angeklagte bewusst von einem Mitzecher Schnaps zugießen lassen, so kann er sich nicht damit verteidigen, der Mitzecher habe mehr beigemischt als konsentiert; Fahrlässigkeit liegt bereits darin, dass er die unkontrollierte Beimischung zugelassen und im Anschluss daran die Fahrt angetreten hat.[668] **218**

(2) **Alkoholhaltige Medikamente.** Dass sich der Angeklagte darauf beruft, die Fahrunsicherheit sei auf die Einnahme von Medikamenten zurückzuführen, von deren Alkoholgehalt er nichts gewusst habe, kommt in der Praxis eher selten vor. Dies ist dadurch bedingt, dass solche Mittel gewöhnlich nicht in Mengen konsumiert werden, mit denen relevante Blutalkoholkonzentrationen aufgebaut werden könnten. Es geht demnach ausnahmslos um Zusatzkonsum zu „normalen" Alkoholika. Der Fahrlässigkeitsvorwurf ist in solchen Fällen schon deswegen begründet, weil der Betreffende verpflichtet gewesen wäre, sich über die Zusammensetzung des Mittels zu informieren (OLG Braunschweig DAR **1964** 170 f;[669] Rdn. 208, 225). Dies gilt aufgrund der Sensibilisierung einer breiten Öffentlichkeit für die Problematik auch bei nicht rezept- und apothekenpflichtigen Hausmitteln wie Baldriantinktur (**aA** OLG Celle BA **18** [1981] 176, 177 f)[670] oder etwa auch homöopathischen Mitteln, die oftmals hohe Alkoholgehalte aufweisen. Bei sehr hoch konzentrierten Hausmitteln wie Klosterfrau-Melissengeist[671] ist zudem davon auszu- **219**

667 S. auch OLG Oldenburg DAR **1983** 90, 91 [zu § 24a StVG] m. Anm. *Middendorf* BA 20 (1983) 366.

668 *Fischer* Rdn. 48; *Dittmer* BA **16** (1979) 230. Abw. – freilich zu § 24a StVG – OLG Köln BA **16** (1979) 229 f.

669 Zu Klosterfrau-Melissengeist.

670 M. krit. Anm. *Recktenwald* ebd. S. 178. Die Entscheidung ist auch deswegen problematisch, weil der Tatrichter – vom OLG Celle unbeanstandet – hinsichtlich des subjektiven Tatbestands aus einem Tatzeitwert von 1,52 ‰ die durch die „löffelweise" eingenommene Baldriantinktur aufgebaute BAK von 0,3 ‰ herausgerechnet hatte, hierdurch zu einem unter dem damaligen Grenzwert von 1,3 ‰ liegenden Wert gelangt war und den Angeklagten lediglich wegen einer Ordnungswidrigkeit nach § 24a Abs. 1 StVG verurteilt hatte. Dem Angeklagte war aber bereits deswegen Fahrlässigkeit vorzuwerfen, weil er nach bewusstem, massivem Konsum anderer alkoholischer Getränke die Fahrt angetreten und hierdurch die Pflicht zu gewissenhafter Selbstprüfung verletzt hatte; ob er mit einer Überschreitung des „absoluten" Grenzwerts rechnete oder rechnen musste, ist unerheblich (hierzu Rdn. 210, 215). Selbst wenn man aber dem Ansatz des OLG Celle folgen wollte, wäre ein „Rechnenmüssen" bei einer Unterschreitung des Grenzwerts um nur 0,08 ‰ anzunehmen gewesen.

671 Anders aufgrund des „penetranten Baldriangeschmacks" für Baldriantinktur OLG Celle BA **18** (1981) 176, 177.

gehen, dass der Konsument den Alkoholgehalt verspürt (OLG Hamm BA **16** [1979] 501, 502 [zu § 24a StVG]).[672]

220 (3) **Unbekannte Alkoholmenge.** Es entlastet den Fahrzeugführer nicht, wenn er aufgrund eines außer Kontrolle geratenen Trinkgeschehens nicht darüber orientiert ist, wie viel er im Einzelnen getrunken hat (BayObLG VRS **66** 280, 281).[673] Dasselbe gilt, wenn er (zugleich) Mix-Getränke, wie etwa Bowle, zu sich nimmt, deren Zusammensetzung ihm nicht bekannt ist (vgl. OLG Hamm JMBlNW **1964** 42).[674] In beiden Fällen ist er gerade aufgrund seiner Unkenntnis zu besonderer Sorgfalt verpflichtet und muss das Fahren unterlassen, sofern er nicht die Gewissheit hat, noch hinreichend leistungsfähig zu sein (BayObLG VRS **66** 280, 281). Dasselbe hat zu gelten für die verbreiteten „Designerdrinks" bzw. Modegetränke (z.B. „Alcopops", „Cider", Hanfgetränke, Modebiere usw.). Zwar wird der Alkoholgehalt vor allem bei den „Alcopops" durch deren Süße überdeckt und ist ständiger Änderung unterworfen.[675] Jedoch kann dieser Umstand angesichts der heftigen medialen Diskussionen der vergangenen Jahre als allgemein bekannt vorausgesetzt werden.

221 cc) **Restalkohol.** Zur Beurteilung des Restalkohols in Bezug auf den Fahrlässigkeitsvorwurf existiert überwiegend ältere Rechtsprechung. Sie betrifft durchwegs Fälle, in denen der Fahrzeugführer geraume Zeit vor der Tat Alkohol in außerordentlichen Mengen zu sich genommen hat. Die Rechtsprechung geht im Wesentlichen einheitlich davon aus, dass das Wissen um die postalkoholischen Wirkungen derart ausschweifenden Konsums wie auch um den Umstand, dass diese sich nicht durch einige Stunden Schlaf beheben lassen, dem allgemeinen Erfahrungswissen der „fahrenden" Bevölkerung zuzurechnen sei; demgemäß fällt es dem Fahrzeugführer zur Last, wenn er unter der Wirkung von Restalkohol im Zustand objektiv gegebener Fahrunsicherheit die Fahrt antritt.[676] Entscheidungen, in denen der gegenteilige Standpunkt eingenommen worden ist,[677] können im Hinblick auf die seither ergangene, gefestigte Judikatur als überholt gelten. Allenfalls in extremen Ausnahmefällen ist eine andere Beurteilung diskutabel, so etwa, wenn

---

672 Zur unbewussten Aufnahme von Melissengeist Rdn. 214.

673 Z.B. Mittrinken von den Getränken anderer (BayObLG aaO), Spendieren und Spendiertbekommen (*Eisenmenger* FS Salger S. 619, 627), unübersichtlicher Trinkverlauf bei Volksfestbesuchen (OLG Celle VRS **61** 35). Näher Rdn. 197.

674 Zu mit Weinbrand gestreckter Ananasbowle.

675 Zu Alcopops *Glenewinkel/Iffland/Grellner* BA **35** (1998) 36; *Lachenmeier/Godelmann/Sohnius/Musshoff* BA **43** (2007) 277; *Verhoff/Oehmke/Schütz/Weiler* BA **43** (2007) 9; dort auch zu den Erschwernissen in Bezug auf die Erstellung des rechtsmedizinischen Gutachtens.

676 OLG Hamburg DAR **1957** 54 f; VRS **54** 438, 441; OLG Hamm BA **3** (1965/1966) 243 f; DAR **1970** 192; KG VerkMitt. **1955** Nr. 88 S. 47 f; VRS **33** 265 f; OLG Koblenz VRS **45** 450, 452; OLG Saarbrücken DAR **1963** 21, 22; OLG Stuttgart VerkMitt. **1955** Nr. 116 S. 67; OLG Oldenburg DAR **1954** 115, 116; OLG Zweibrücken VRS **66** 136, 137. S. auch OLG Düsseldorf VRS **78** 461, 462 und VRS **96** 228, 229 [jeweils keine mildere Beurteilung in Bezug auf ein Fahrverbot bei Restalkohol].

677 Z.B. LG Frankfurt DAR **1953** 140 [BAK 2,18 ‰, ca. fünf Stunden Karenzzeit]; abw. auch OLG Saarbrücken NJW **1963** 1685, 1686 f (hierzu Rdn. 216); gänzlich verfehlt OLG Hamm BA **39** (2002) 123, wonach Restalkohol bzw. unbewusste Alkoholaufnahme bei einer BAK von 0,95 ‰ (!) zu erörtern sein sollen, ohne dass irgendwelche Anhaltspunkte dafür vorhanden sind [zu § 24a StVG).

zwischen Trinkende und Fahrtantritt ein sehr langer Zeitraum liegt.[678] Nimmt man andererseits in den Blick, welch gewaltige Mengen ein Fahrzeugführer aufgenommen haben muss, um z.B. 24 Stunden nach Trinkende noch eine relevante Blutalkoholkonzentration aufzuweisen, so ist die Annahme von Fahrlässigkeit auch bei einer derart langen Karenzzeit angezeigt.

dd) **Alkohol und Krankheit.** Krankheit zählt zu den inneren Bedingungen, die im Zusammenwirken mit Alkohol Fahrunsicherheit bewirken können (s. auch Rdn. 129). Wenn ein Mensch krank ist, wird Alkohol schlechter vertragen; die Giftwirkung des Alkohols tritt zudem nach geringeren Alkoholmengen ein, als es sonst der Fall wäre (OLG Köln BA **9** [1972] 139, 140).[679] Wer trotz seiner Krankheit Alkohol konsumiert und anschließend ein Fahrzeug führen will, hat diese allgemein bekannte Tatsache in Rechnung zu stellen; er kann sich also nicht mit Erfolg darauf berufen, er habe die Leistungsstörungen nicht voraussehen und vermeiden können.[680] Das Gleiche würde etwa für den Einwand des an Diabetes mellitus leidenden Angeklagten gelten, er habe die krankheitsbedingte Alkoholabbauverzögerung nicht in sein Vorstellungsbild aufgenommen (vgl. OLG Düsseldorf VRS **60** 219, 220 [zu § 24a StVG]; s. auch Rdn. 42). Die subjektive Beeinträchtigung durch Alkohol, d.h. die deutliche Empfindung der spezifischen Alkoholwirkung, wird durch Krankheiten wie Angina oder Grippe nicht vermindert, sondern verstärkt (OLG Hamm NJW **1975** 660 [unter Bezugnahme auf ein Gutachten von *Elbel*]). Allerdings muss der grippekranke Fahrzeugführer nicht ohne Weiteres mit einer plötzlich eintretenden Bewusstseinsstörung rechnen (BayObLG NJW **1968** 1200, 1201).[681] **222**

ee) **Alkohol und Medikamente.** Es existiert eine Vielzahl von Arzneimitteln, die im Zusammenwirken mit Alkohol die Fahrunsicherheit bewirken können (Rdn. 132 ff).[682] Nach mittlerweile ganz h.M. hat sich der Fahrzeugführer, der zusätzlich zum Alkohol Medikamente einnimmt, über etwaige Wechselwirkungen im Beipackzettel zu informieren (dazu Rdn. 208); versäumt er diese Pflicht oder setzt er sich über die dort befindlichen Warnhinweise hinweg und tritt er im Zustand der Fahrunsicherheit die Fahrt an, so handelt er grundsätzlich fahrlässig.[683] Ergänzend wird auf das unter § 315c Rdn. 66 f Gesagte verwiesen. **223**

---

678 OLG Frankfurt NJW **1953** 1885 [BAK 2,15 ‰; 24 Stunden Karenzzeit nach dem Genuss von zwei bis drei Litern Pfirsichbowle; ein Viertel Liter Wein vor der Fahrt aufgenommen].

679 Im Anschluss an *Osterhaus* BA **2** (1963/1964) 399, 405.

680 OLG Düsseldorf VRS **60** 219, 220; OLG Köln BA **9** (1972) 139, 140; *Hentschel* Trunkenheit Rdn. 385.

681 Zu OLG Hamm DAR **1973** 23 s. Rdn. 215.

682 Zu Medikamenten mit Alkoholgehalt Rdn. 219.

683 OLG Braunschweig DAR **1964** 170; OLG Celle NJW **1963** 2385, 2386; OLG Frankfurt VerkMitt. **1976** Nr. 19 S. 14 [zu § 330a a.F.]; OLG Hamburg JZ **1982** 160, 161; OLG Hamm NJW **1974** 614, 615 [zur actio libera in causa]; OLG Köln DAR **1967** 195 [zu § 330a a.F.]; BA **9** (1972) 139, 140. *Horn/Wolters* SK Rdn. 9; *Fischer* Rdn. 48; *Hentschel* Trunkenheit Rdn. 247, 388. Differenzierend nach dem Bildungsgrad OLG Frankfurt DAR **1970** 162, 163; *Rüth* LK[10] § 316 Rdn. 104. Anders für im Krankenhaus abgegebene Medikamente OLG Stuttgart NJW **1966** 410, 411. S. auch *Schulz/Hein* in: Medikamente im Straßenverkehr S. 189, 195, wonach die Vorwerfbarkeit bei Einnahme Antidiabetika und Alkohol schwer feststellbar ist.

224 ff) **Ernüchterungsmittel/-methoden.** Es gibt bislang keine Mittel, mit denen die leistungsbeeinträchtigenden Wirkungen des Alkohols zuverlässig beseitigt oder spürbar vermindert werden können (Rdn. 42). Das ist allgemein bekannt. Die Berufung eines Angeklagten darauf, er sei aufgrund der Einnahme eines sog. „Promille-Killers" fest davon ausgegangen, dass die Alkoholwirkung nicht eintrete oder dass der Alkohol schneller abgebaut worden sei, muss daher fehlschlagen (*Schlichting* BA 7 [1970] 354, 357).[684] Das Gleiche gilt naturgemäß für „zur Ernüchterung" eingenommenen Kaffee. Die Durchführung eines zweistündigen „Ausnüchterungsspaziergangs" (BGH VRS 80 279, 280) oder einige Stunden Schlaf[685] entlasten den Beschuldigten ebenso wenig.

225 b) **Illegale Drogen/andere Rauschmittel.** Auch der Täter, der unter dem Einfluss von illegalen Drogen im Zustand objektiv gegebener Fahrunsicherheit ein Fahrzeug führt, handelt grundsätzlich fahrlässig. Zu berücksichtigen ist insoweit ergänzend die Unberechenbarkeit von Rauschdrogen (Rdn. 146), bei denen bereits geringe Dosen atypische Rauschverläufe bewirken können, sowie die teils lange Wirkungsdauer (Rdn. 225a). Dies muss der Fahrzeugführer in Rechnung stellen. Der Fahrlässigkeitsvorwurf ist dabei i.d.R. auch dann gerechtfertigt, wenn sich der Täter darauf beruft, namentlich den Wirkstoff von Cannabis **durch Passivrauchen** aufgenommen zu haben. Wer sich beispielsweise längere Zeit in einem von dicken Cannabis-Nebelschwaden durchzogenen Nebenraum einer Techno-Veranstaltung („chill-out-Raum") aufhält, in dem ca. 100 Personen über die ganze Zeit hinweg in erheblichem Umfang Cannabis konsumieren, muss mit einer Intoxikation und ggf. auch mit dem Eintritt der Fahrunsicherheit rechnen (vgl. VGH Mannheim NZV **2005** 214).[686] Legal erhältliche Hanfprodukte (z.B. Hanfbier) führen nicht zu einem relevanten THC-Wert (*Below/Rosenstock/Lignitz* BA **42** (2005) 442). Zur Aufnahme von THC durch Einatmen von *Weihrauch* existieren keine wissenschaftlichen Erkenntnisse (vgl. VG Augsburg ZfS **2007** 597, 599).

225a aa) Die in Rdn. 221 für den Alkohol angesprochene Problematik der **Wirkungsdauer der Droge** stellt sich sowohl bei illegalen Drogen als auch bei „berauschenden" Medikamenten ähnlich bzw. in verstärktem Maße. Wirkstoffe aus beiden Kategorien ziehen nicht selten noch sehr lange Zeit nach dem Konsum gravierende Leistungsbeeinträchtigungen nach sich (Rdn. 157, 175). Auch daraufhin hat sich der Betreffende bei Fahrtantritt zu überprüfen. Demgegenüber vertreten einige Oberlandesgerichte im Rahmen des „Drogentatbestandes" nach § 24a Abs. 2 StVG die Auffassung, bei einer nach der Einlassung des Betroffenen „länger" zurückliegenden Drogenaufnahme (Cannabis) könne es an der Erkennbarkeit eines positiven Wirkstoffnachweises im Blutserum fehlen.[687] Diese Rechtsprechung steht in Widerspruch zur ganz herrschenden Beurteilung des Fahrlässigkeitsvorwurfs bei Restalkohol (Rdn. 221) und ist im Hinblick auf die durch den

---

684 Zum Gewürzsaft „Sangrita".

685 Zur Problematik des Restalkohols Rdn. 221.

686 Zu den durch Passivrauchen aufbaubaren THC-Konzentrationen *Berr/Krause/Sachs* Rdn. 587 ff (nach dort, Rdn. 591, zitierten Publikationen Konzentrationen bis zu 18,8 ng/ml); *Wehner/Wildemann/Köhling* BA **43** (2006) 349 (i.d.R. keine Konzentrationen über 2 ng/ml).

687 OLG Hamm NJW **2005** 3298: „2 oder 3 Tage vor Fahrtantritt" [THC 6,9 ng/ml]; OLG Frankfurt a.M. NStZ-RR **2007** 249: „höchstens 24 Stunden vor Fahrtantritt" [THC 2,2 ng/ml]; OLG Saarbrücken NJW **2007** 309 [THC 2,0 ng/ml]; 1373: 28 Stunden vor Fahrtantritt [THC 2,0 ng/ml]; s. auch OLG Karlsruhe NZV **2007** 248. Zust. wohl *Fischer*[55] Rdn. 47a.

Drogenkonsumenten unschwer erfahrbare Unberechenbarkeit von Rauschdrogen auch in Bezug auf eine lange Wirkungsdauer unverständlich (*Hentschel/König* § 24a StVG Rdn. 25b; *König* DAR 2007 626). Wie sonst auch darf sich in den Straßenverkehr nur begeben, wer sich der Gefahrlosigkeit der Fahrt gewiss sein kann; vertraut der Fahrzeugführer hingegen auf ungesicherter Grundlage auf den vollständigen Abbau und die Wirkungslosigkeit der Droge und verwirklicht sich sein Einschätzungsrisiko, so handelt er objektiv und subjektiv fahrlässig (*König* DAR 2007 626, 628).[688]

bb) **Für Medikamente mit Rauschmittelcharakter** gilt das in Rdn. 219, 223 und § 315c Rdn. 67 Ausgeführte sinngemäß. Es kann angenommen werden, dass die einschlägigen Medikamente mit entsprechenden Warnhinweisen versehen sind. Diese besagen meist, dass die Fahrsicherheit auch bei bestimmungsgemäßer Verwendung beeinträchtigt werden kann (s. auch Rdn. 208). Ärztliche Verordnung und ordnungsgemäße Verwendung lassen die Fahrlässigkeit nicht entfallen, weil der Fahrzeugführer die Warnungen nicht außer Acht lassen oder sich darüber hinwegsetzen darf. Anders ist es zu beurteilen, wenn z.B. der mit Levomethadon substituierte Drogenabhängige oder der mit morphinhaltigen Arzneimitteln behandelte Schmerzpatient (zu beidem Rdn. 166) durch den Therapeuten dahin unterrichtet wird, dass das Führen eines Fahrzeugs verantwortet werden könne; tritt Fahrunsicherheit ein, obwohl der Betreffende sich an die Anweisungen hält, ist der Fahrlässigkeitsvorwurf wohl nicht begründet. **225b**

c) **Sorgfaltsmaßstab bei Ausländern.** Der strenge Sorgfaltsmaßstab gilt nach OLG Hamm DAR **1963** 255 f für einen der deutschen Sprache nicht mächtigen und erst kurz in Deutschland aufhältlichen Ausländer entsprechend, in dessen Land die Kenntnisse über die fahrsicherheitsrelevanten Wirkungen des Alkohols nicht so allgemein verbreitet sind wie in Deutschland. Der Betreffende habe sich über die im Inland geltenden Regularien zunächst gewissenhaft zu informieren; bei deren Unkenntnis dürfe er überhaupt kein Fahrzeug führen. **226**

3. **Verfahrensrechtliche Aspekte.** Trotz des für Vorsatz und Fahrlässigkeit geltenden einheitlichen Strafrahmens muss die Schuldform – Verurteilung wegen vorsätzlicher oder fahrlässiger „Trunkenheit im Verkehr“ – im Urteilstenor angegeben werden (BGH VRS 65 359, 361; bei *Tolksdorf* DAR **1996** 175). Ist dies unterblieben und lässt sich die Verurteilung wegen eines Vergehens nach § 316 Abs. 1 oder 2 auch nicht aus der exakten Bezeichnung in der Vorschriftenliste entnehmen (§ 260 Abs. 5 StPO), so kann eine Berufung nicht wirksam auf die Straffrage beschränkt werden (OLG Koblenz VRS **53** 337, 338). Will das Gericht den wegen fahrlässiger Tat Angeklagten wegen einer Vorsatztat verurteilen, so hat es ihn vorher nach § 265 Abs. 1 StPO zu belehren (BGH VRS **49** 184, 185 [zu § 315c]). **227**

VIII. Vollendung, Versuch

Die Tat ist mit dem Anfang der Ausführungshandlung (Beginn der Fortbewegung; § 315c Rdn. 11) zugleich auch vollendet. Es handelt es sich um eine **Dauerstraftat** die erst **228**

[688] Im Ergebnis ebenso (jeweils zu § 24a StVG) AG Nördlingen BA 43 (2006) 47 (durch BayObLG nicht beanstandet) und wohl auch OLG Zweibrücken DAR 2002 135: Die Fehlvorstellung über die Dauer der Wirkung sei grundsätzlich unerheblich.

beendet ist, wenn der Täter mit dem Weiterfahren endgültig aufhört[689] oder wenn die leistungsbeeinträchtigenden Wirkungen des Rauschmittels so weit abgeklungen sind, dass keine Fahrunsicherheit mehr besteht (vgl. BayObLGSt **1980** 13 f). Der Versuch der „Trunkenheitsfahrt" *ist nicht pönalisiert.* Der Gesetzgeber ist damit – ohne nähere Begründung (BTDrucks. IV/2161 S. 5) – den der Vorschrift des § 316 zugrunde liegenden Entwürfen[690] nicht gefolgt. Diese hatten sämtlich die Einführung der Versuchsstrafbarkeit vorgeschlagen. Dafür bestehe „ein unabweisbares kriminalpolitisches Bedürfnis, damit die Strafverfolgungsbehörden schon eingreifen können, wenn der Täter nach Alkoholgenuss unmittelbar zum Abfahren" ansetze (BTDrucks. III/2368 S. 23). Ergänzend ist auf den Gleichklang mit § 315a a.F. und mit der neu einzuführenden Vorschrift der Gefährdung des Straßenverkehrs verwiesen worden, wo der Versuch des Fahrzeugführens im Zustand der Fahrunsicherheit ebenfalls mit Strafe bedroht sei. Beide Erwägungen haben im Grundsatz nach wie vor Gültigkeit. Für die erste gilt dies sogar in verstärktem Maße, weil seit BGHSt **35** 390 Vorgänge des Ansetzens zum Abfahren nicht mehr strafrechtlich geahndet werden, die die frühere Rechtsprechung bereits dem Fahrzeugführen zugeordnet hatte (näher § 315c Rdn. 11 f). Darüber hinaus ist in Bezug auf § 315c Abs. 2 insofern eine Schieflage zu konstatieren, als die dort angeordnete Versuchsstrafbarkeit als „totes Recht" bezeichnet werden kann, weil im Zeitpunkt des Ansetzens zum Fahren spätestens der Gefährdungsvorsatz kaum je nachweisbar sein wird (§ 315c Rdn. 197). Nicht verkannt werden darf allerdings, dass der Versuch des § 316 im Hinblick auf die restriktive Handhabung der h.M. zur Annahme des Vorsatzes (Rdn. 181 ff) gleichfalls nur sehr selten zur Anwendung käme. Vielleicht liegt es auch daran, dass der Gesetzgeber den Gedanken der Versuchsstrafbarkeit bislang nicht aufgegriffen hat.

IX. Rechtswidrigkeit

229 Die Trunkenheitsfahrt wird nicht durch Notwehr bzw. Nothilfe gerechtfertigt. Z.B. beeinträchtigt der fahrunsichere Täter, der einen anderen verfolgt, um die Entführung einer Frau zu verhindern, das Universalrechtsgut der Sicherheit des Straßenverkehrs, womit § 32 nach allgemeinen Regeln ausscheidet (vgl. OLG Celle NJW **1969** 1775, m. krit. Anm. *Horn* NJW **1969** 2156). In diesem (Extrem-) Fall kommt aber eine Rechtfertigung nach § 34 in Betracht. § 34 wird ansonsten nur selten erfüllt sein. Die Vorschrift wird namentlich in dem praktisch relevanten Fall nicht eingreifen, in dem der fahrunsichere Täter einem Kranken zu Hilfe eilen oder eine verunglückte/kranke Person ins nächstgelegene Krankenhaus verbringen will. Denn in aller Regel gibt es andere Möglichkeiten, mit denen dieses Ziel besser als durch die gefährliche Trunkenheitsfahrt und (fast) ebenso schnell erreicht werden kann (Krankenwagen, andere fahrsichere und fahrbereite Personen, Taxi etc.). Die Trunkenheitsfahrt ist dann weder ein geeignetes noch das relativ mildeste Mittel, mithin nicht erforderlich.[691] Entsprechendes gilt, wenn der Fahrzeugführer wegen eines schmerzhaften Harnverhalts eine Trunkenheitsfahrt ins Krankenhaus unternimmt (OLG Koblenz NZV **2008** 367). Strikt ausgeschlossen ist Not-

---

689 BGH VRS **48** 354, 355; **49** 177; 185; VRS **65** 131; BayObLGSt **1980** 13.

690 § 346 Abs. 2 E 1960; § 345 Abs. 2 E 1962; § 316 Abs. 2 i.d.F. des E-2. StraßenVSichG aus der 3. Wahlperiode des BT (BTDrucks. III/2368).

691 OLG Koblenz MDR **1972** 885; NJW **1988** 2316, 2317 m. krit. Anm. *Mitsch* JuS **1989** 964; s. auch *Sch/Schröder/Cramer/Sternberg-Lieben* Rdn. 29.

stand aber naturgemäß nicht.[692] Notstand kann etwa gegeben sein, wenn der Täter der Einzige ist, der ein Notfallfahrzeug bei einem dringlichen Einsatz zum Unfallort zu steuern vermag (OLG Celle VRS **63** 449, 450 ff).[693]

X. Schuldfähigkeit

Die Schuldfrage wird in erster Linie dann relevant, wenn der Täter aufgrund des Rauschmittelkonsums (nicht ausschließbar) in einen Defektzustand nach § 20 verfällt. Dies ist bei der „Trunkenheit im Verkehr" naturgemäß nicht ganz selten der Fall. Aufgrund dessen hat das Rechtsinstitut der **actio libera in causa** in der Vergangenheit eine gewichtige Rolle gespielt (s. *Rüth* LK[10] § 316 Rdn. 106 ff; mit zahlreichen Nw.). Seit der Grundsatzentscheidung des 4. Strafsenats des BGH vom 22.10.1996 (BGHSt **42** 235) existiert die actio libera in causa aber im Rahmen des § 316 in der Praxis nicht mehr (näher § 315c Rdn. 68). Der Wegfall des Rechtsinstituts hat nicht zu unüberwindlichen Schwierigkeiten geführt. Die einschlägigen Fälle werden durch den Auffangtatbestand des § 323a erfasst. Die mit der actio libera in causa zusammenhängenden Aspekte gehören in den Kontext des Allgemeinen Teils (umfassend *Schöch* LK § 20 Rdn. 194 ff). **230**

XI. Täterschaft, Teilnahme

1. Täterschaft. § 316 ist nach ständiger Rechtsprechung und ganz herrschender Lehre ein **eigenhändiges Delikt.** Täter kann mithin nur sein, wer zumindest Teilfunktionen, die für die Fortbewegung des Fahrzeugs essentiell sind, mit eigener Hand verrichtet (Rdn. 9). Demgegenüber *sind mittelbare Täterschaft, uneigenhändige Mittäterschaft und uneigenhändige Nebentäterschaft ausgeschlossen.* Im Schulbeispiel des dolosen Mitzechers, der den anderen heimlich betrunken macht, um ihn danach zu einer Trunkenheitsfahrt zu veranlassen, kann daher der Hintermann nicht als Täter bestraft werden. Im Hinblick darauf, dass bereits die Beimischung (zusätzlichen) Alkohols schwer nachweisbar ist und dass außerdem der Vorsatz des „Hintermanns" bezüglich der Fahrunsicherheit des anderen festgestellt werden muss, dürfte der Konstellation freilich in erster Linie akademische Bedeutung beizumessen sein. Wegen der näheren Einzelheiten wird auf die Ausführungen unter § 315c Rdn. 201 ff verwiesen. **231**

2. Teilnahme. Anstiftung und Beihilfe setzen außer dem Teilnehmervorsatz eine vorsätzlich begangene Haupttat voraus (§§ 26, 27). Dies bringt es mit sich, dass der Teilnahme an einer Straftat nach § 316 eine sehr geringe praktische Bedeutung zukommt.[694] **232**

---

[692] Vgl. OLG Düsseldorf VerkMitt. **1967** 38; OLG Oldenburg VRS **29** 264; OLG Hamm VRS **20** 232 (jeweils zum Putativnotstand).

[693] Im konkreten Fall handelte es sich um einen Feuerwehrmann, der nach erheblichem Alkoholkonsum alarmiert worden war und als einziger über die Fahrerlaubnis für den Tanklöschzug verfügte. Das OLG Celle sieht auch die Fahrt des Angeklagten mit seinem Privatwagen zum Gerätehaus als gerechtfertigt an.

[694] Anwendungsfall aber OLG Koblenz NJW **1988** 152 (nähere Umstände nicht mitgeteilt). Zur Forderung nach Strafbarkeit der Teilnahme an fahrlässiger Haupttat für das schweizerische Recht *Rehberg* FS Schultz S. 72, 84 ff und für das deutsche Strafrecht vor der Strafrechtsreform *Rudolphi* GA **1970** 353, 360 ff.

Für die Anstiftung müsste man den Fall konstruieren, dass der die Fahrunsicherheit des Täters erkennende oder zumindest für möglich haltende und sich damit abfindende Anstifter den seine Fahrunsicherheit für möglich haltenden und sich damit abfindenden Täter überredet, gleichwohl die Fahrt anzutreten. Das wird zumindest nicht nachweisbar sein.[695] Näher liegt die Annahme, dass der „Anstifter" die Bedenken des Täters zerstreut hat, womit aber beim Lenker lediglich Fahrlässigkeit gegeben wäre. Beihilfe kann z.B. darin liegen, dass der andere dem Täter ein Fahrzeug zur Verfügung stellt (OLG Koblenz NJW **1988** 152) oder dass der Gastwirt oder private Gastgeber dem Fahrzeugführer weiterhin Alkohol ausschenkt. Allerdings wird auch dies in der Regel nicht praktisch, weil die Vorsatztat in der Verfahrenswirklichkeit sehr selten angenommen wird (Rdn. 181 ff). Das Gleiche gilt für die (grundsätzlich mögliche) Beihilfe durch Unterlassen. Dementsprechend hatte sich eine vornehmlich ältere Rechtsprechung nicht mit einer Teilnahme an der „Trunkenheitsfahrt", sondern mit der Haftung des Gastwirts, privaten Gastgebers oder Mitzechers nach §§ 222, 229 zu befassen, wobei insoweit der Bereich sozial adäquaten Verhaltens der genannten Personen erst dann überschritten ist, wenn der potentielle Fahrzeugführer erkennbar nicht mehr eigenverantwortlich handeln kann.[696] Ist nur fahrlässige „Trunkenheitsfahrt" gegeben bzw. nachweisbar, so kann der „Gehilfe" aber u.U. als Beteiligter (§ 14 OWiG) an der subsidiären Ordnungswidrigkeit nach § 24a StVG anzusehen sein. Dies setzt voraus, dass – was trotz Fahrlässigkeit hinsichtlich der Tat nach § 316 grundsätzlich auch beim Täter möglich ist (Rdn. 187) – in Bezug auf § 24a StVG bei beiden Beteiligten Vorsatz gegeben ist (OLG Köln VRS **63** 283; *Göhler-König* OWiG § 14 Rdn. 20; *Rengier* KK OWiG § 14 Rdn. 32).

XII. Sanktionen

233 **Allgemeines.** Das Verkehrsstrafrecht zählt zu einem der wenigen Gebiete der Massenkriminalität, in dem – bei allen regionalen Divergenzen im Detail – eine annähernd gleichmäßige Sanktionspraxis besteht. Dies hat auch damit zu tun, dass über Art und Weise einer effektiven Verfolgung und Ahndung von Straftaten im Straßenverkehr und dabei vor allem von Straßenverkehrsdelikten „in Trunkenheit" im politischen Raum weithin Einigkeit besteht, während in anderen Bereichen (insbesondere Ladendiebstahl, Drogenkriminalität) vielfach durch politische Vorgaben auf eine großzügige Diversionspraxis der Staatsanwaltschaften hingewirkt wird. Im Unterschied zu den beiden letztgenannten Kriminalitätssparten und auch zu anderen Delikten, die im Straßenverkehr begangen werden, existiert die staatsanwaltschaftliche Einstellung wegen Geringfügigkeit bei Trunkenheitsdelikten bundesweit praktisch nicht (vgl. *Schöch* NStZ **1991** 11, 13 f).

234 **1. Sanktionspraxis der Gerichte.** Hinsichtlich der Strafpraxis der Gerichte ist gegenüber den sechziger Jahren eine fast radikal zu nennende Veränderung eingetreten. Während vormals die kurze Freiheitsstrafe weit im Vordergrund gestanden hat (*Schöch* NStZ **1991** 11, 13 f), dominiert seit dem 1. StrRG aus dem Jahre 1969 – wie in anderen Be-

---

[695] Anstiftung ist – wahlweise zur Täterschaft – angenommen worden von OLG Düsseldorf BA **13** (1976) 291. Die näheren Umstände zur subjektiven Tatseite werden jedoch nicht mitgeteilt.

[696] Insbesondere BGHSt **19** 152 unter Einschränkung von BGHSt **4** 20; BGHSt **26** 35; KG VRS **11** 357, 359 f; OLG Saarbrücken NJW-RR **1995** 986, 987, *Hentschel/König* §§ 222, 229 Rdn. 3. S. auch *Fischer* Rdn. 50; *Rengier* KK OWiG § 14 Rdn. 63; *Geilen* JZ **1965** 469.

reichen auch – die Geldstrafe, auf die fast 90 % aller rechtskräftigen Verurteilungen entfallen. Hinsichtlich der Zahl der Tagessätze verteilt sich jeweils rund die Hälfte auf die Gruppe bis zu 30 Tagessätzen und die Gruppe zwischen 31 und 90 Tagessätzen;[697] lediglich etwas über zwei Prozent der verhängten Freiheitsstrafen werden nicht zur Bewährung ausgesetzt (*Götting* Gesetzliche Strafrahmen [1997] S. 104 f).[698] Die Abmilderung hat sich nicht nachteilig auf die Verkehrssicherheit ausgewirkt (Rdn. 1).[699]

2. **Strafzumessung.** Zu der verhältnismäßig wenig auseinander laufenden Strafzumessungspraxis der Gerichte haben die Empfehlungen mehrerer Verkehrsgerichtstage beigetragen (vgl. *Fischer* Rdn. 53). Sie sind nicht Ausdruck problematischen „Taxenstrafrechts",[700] sondern entspringen dem legitimen Bestreben, die Trunkenheitsfahrt, die sehr viel mehr als andere Straftaten durch im Wesentlichen gleichgelagerte Sachverhalte geprägt ist, auch möglichst gleichmäßig zu ahnden (*Janiszewski* Verkehrsstrafrecht Rdn. 397).[701] **235**

a) **Strafzumessungsfaktoren.** Für die Strafzumessung gelten die allgemeinen Grundsätze. Sie sind in der Kommentierung zu den einschlägigen Vorschriften (insbesondere §§ 21, 46, 47 und 56) eingehend erläutert. Im Hinblick darauf sollen hier nur einige Aspekte hervorgehoben werden. Generell gilt, dass sich der Tatrichter nicht damit begnügen darf, neben der Höhe der Blutalkoholkonzentration und der Schuldform lediglich anzugeben, dass der Angeklagte zu einem bestimmten Zeitpunkt an einem bestimmten Ort ein Fahrzeug geführt hat; vielmehr muss er die für und gegen den Täter sprechenden Umstände im Einzelnen würdigen (z.B. BayObLG VRS **93** 108, 109; OLG Köln VRS **98** 140, 143; StV **2001** 355). **236**

aa) **Schuldform.** Trotz des einheitlichen Strafrahmens (Rdn. 181) kann bei vorsätzlicher Tat eine höhere Strafe gerechtfertigt sein als bei fahrlässiger.[702] Das Maß der Schuld und damit die Höhe der Strafe wird auch dadurch beeinflusst, ob der Täter bewusst oder unbewusst fahrlässig gehandelt hat (BayObLG VRS **93** 108, 109). **237**

bb) **Umstände des Alkoholkonsums.** Die Gründe des Alkoholkonsums, z.B., ob dieser mit auf einen beruflichen Anlass zurückzuführen (OLG Stuttgart VRS **80** 212, 213) oder ob der Täter durch Dritte zum Alkoholkonsum gedrängt worden ist, müssen genauso gewürdigt werden wie die Frage, ob er sich in ausgeglichener Gemütslage oder einer psychischen Ausnahmesituation befunden hat (BayObLG VRS **93** 108, 109). Das *Trinken in* **238**

---

697 Bei Taten nach § 316 mit Unfall liegt das Übergewicht in der Gruppe von 31 bis 90 Tagessätzen, bei Taten ohne Unfall in der von 5 bis 30 Tagessätzen (Jahre 1987 bis 1991).

698 Bei der Arbeit *Göttings* handelt es sich um eine empirische Untersuchung anhand der Strafverfolgungsstatistik für die Jahre 1987 bis 1991.

699 Zu Strafzumessungspraxis und Verkehrsdelinquenz grundlegend die gleichnamige Arbeit *Schöchs* (1973).

700 Zum „Taxenstrafrecht" eingehend *Schöch* Strafzumessungspraxis und Verkehrsdelinquenz S. 66 ff.

701 S. auch *Rüth* LK[10] Rdn. 131; *Hentschel* Trunkenheit Rdn. 467 ff; *Dünnebier* JR **1970** 241; *Hassemer* MschrKrim **1986** 21; *Kaiser* BA **9** (1972) 141; *Kruse* BA **8** (1971) 15; *Middendorf* BA **8** (1971) 26; *Seib* BA **8** (1971) 18; *Tröndle* BA **8** (1971) 73 sowie die „Berliner Empfehlungen" BA **6** (1969) 456. Unberechtigte Kritik bei *Jagusch* NJW **1970** 401; 1865.

702 OLG Saarbrücken NJW **1974** 1391, 1392; OLG Schleswig BA **18** (1981) 370, 371; *Theune* LK § 46 Rdn. 103; *Freund* GA **1999** 509, 520. Wenig überzeugende Ausführungen hierzu bei *Tolksdorf* 33. VGT **1995** S. 79, 87.

Fahrbereitschaft wirkt sich in der Regel zum Nachteil des Täters aus, und zwar namentlich bei „reinen Vergnügungsfahrten" oder bei Zechtouren (BayObLG aaO; OLG Koblenz BA **17** [1980] 228, 229).

239 cc) **Hoher Grad der Fahrunsicherheit.** Der Grad der Fahrunsicherheit kann im Rahmen der Strafzumessung grundsätzlich einmal unter dem Aspekt eines besonders hohen Maßes der Pflichtwidrigkeit (Fahrtantritt trotz erheblichen Alkoholkonsums)[703] und zum anderen aufgrund der gesteigerten abstrakten Gefährlichkeit der Tat (nachfolgende Rdn.) relevant werden.[704] Jedoch ist hinsichtlich beider Gesichtspunkte Vorsicht geboten. In Bezug auf die Pflichtwidrigkeit müssen die enthemmenden Wirkungen gerade hoher Blutalkoholkonzentrationen (Rdn. 191 ff) bedacht werden (OLG Potsdam NStZ **1995** 52, 53) und die Gefährlichkeit der Tat muss, um eine höhere Strafe zu rechtfertigen, nach den konkreten Umständen über der liegen, die der Tat bereits nach dem typischen Tatbild des § 316 innewohnt; andernfalls ist ein Verstoß gegen § 46 Abs. 3 gegeben (BayObLG NZV **1992** 453 f).[705] Eine vergleichsweise niedrige Blutalkoholkonzentration wirkt sich in der Regel zugunsten des Täters aus (OLG Stuttgart VRS **80** 212, 213). Der Umstand, dass sich der Fahrzeugführer bei Fahrtantritt in der Resorptionsphase befunden hat, darf prinzipiell nicht für eine Strafschärfung herangezogen werden (BayObLG VRS **28** 31 f).

240 dd) **Gefährlichkeit der Tat.** Von erheblicher Bedeutung für die Schuldschwere ist das Ausmaß der durch die Tat ausgelösten abstrakten Gefahr. Es darf daher nicht unberücksichtigt bleiben, ob der Angeklagte nur wenige Meter gefahren ist oder eine viele Kilometer lange Fahrtstrecke zurückgelegt hat.[706] Dass der Täter wenig befahrene Straßen („Schleichwege") benutzt hat, um einer polizeilichen Kontrolle zu entgehen, führt aber nicht zur Strafmilderung (LG Verden DAR **1976** 137 f). Die generell mit der Trunkenheitsfahrt verbundene Gefahr an sich darf – da bereits Strafgrund des § 316 – nicht strafschärfend verwertet werden (vorstehende Rdn.). Das Maß der Gefahr kann nach der Art des benützten Fahrzeugs in einem günstigeren Licht zu sehen sein, etwa beim Führen eines Fahrrads oder Mofas (vgl. OLG Hamm NJW **1968** 998, 999 f; *Hentschel* Trunkenheit Rdn. 474), aber auch beim Führen eines Paddelboots. Umgekehrt liegt es z.B. beim Steuern eines Lkw, Omnibusses, Schnellzugs, Passagierschiffs oder Flugzeugs in „Trunkenheit".

241 ee) **Stellung des Angeklagten.** Nach neuerer höchstrichterlicher Rechtsprechung darf *eine herausgehobene soziale und berufliche Stellung des Angeklagten* hinsichtlich einer dem privaten Lebensbereich zuzurechnenden Straftat nur dann zu dessen Nachteil berücksichtigt werden, wenn zwischen ihr und der Tat ein innerer Zusammenhang besteht; ein Zusammenhang besteht, sofern die Verletzung der mit der Stellung verbundenen Pflichten der Tatausführung förderlich ist (*Theune* LK § 46 Rdn. 119). Dies wird bei Straftaten nach § 316 nur selten der Fall sein. Die Rechtsprechung neigt im Übrigen

---

703 **AA** womöglich OLG Karlsruhe NZV **1990** 277 f.

704 BayObLG NZV **1992** 453; OLG Karlsruhe NZV **1990** 277 f; *Gribbohm* LK[11] § 46 Rdn. 115.

705 Erhöhte Pflichtwidrigkeit noch nicht bei Anflutung auf eine BAK von 1,39 ‰.

706 BayObLG NZV **1992** 453, 454; VRS **93** 108, 109; OLG Karlsruhe VRS **81** 19, 22; OLG Köln StV **2001** 355; NZV **1990** 277, 278; vgl. auch OLG Düsseldorf VRS **74** 259, 260 f; OLG Stuttgart NJW **1987** 142 [jeweils zu § 69].

generell dazu, den inneren Zusammenhang im Zweifel zu verneinen (*Theune* LK § 46 Rdn. 185). Eine ältere Rechtsprechung, die Strafschärfungen teilweise mit der beruflichen Stellung und einer damit verbundenen Vorbildfunktion bzw. dem Wissen um die Bedürfnisse des Straßenverkehrs[707] oder mit der überlegenen Kenntnis über die Wirkungsweise des Alkohols (OLG Frankfurt NJW **1972** 1524 [Arzt])[708] begründet hatte, dürfte deswegen als überholt gelten können (*Theune* LK § 46 Rdn. 122 ff).[709] Dementsprechend darf nach OLG Hamm BA **44** (2007) 38 für die Trunkenheitsfahrt eines Arztes auf dem Weg zu seiner Praxis keine Strafverschärfung vorgenommen werden. Strafschärfend kann es hingegen wirken, wenn die Tat (des Polizeibeamten, Bus- oder Taxifahrers) in Ausübung des Berufs begangen wird (vgl. *Hentschel* Trunkenheit Rdn. 475). Hat der Täter Fahrgäste zu befördern, so ist zugleich eine abstrakt erhöhte Gefahr gegeben (vorstehende Rdn.).

ff) **Vorstrafen, Vortaten.** Der bedeutendste Strafzumessungsfaktor ist – wie auch bei Straftaten außerhalb des Verkehrsstrafrechts – eine etwaige einschlägige Vorbelastung des Angeklagten, während es sich zugunsten des Angeklagten auswirkt, wenn er bislang unbeanstandet gefahren ist. Ein (nicht nur bei § 316 auftretendes) Sonderproblem ist durch § 29 Abs. 8 Satz 1 StVG aufgeworfen. OLG München DAR **2008** 398 vertritt die Auffassung, dass nach BZRG verwertbare Voreintragungen nicht verwertet werden dürfen, wenn sie zugleich im Verkehrszentralregister eingetragen waren, aber dort schon getilgt sind. Jedoch führt diese, vom Gesetzgeber wohl nicht gewollte Interpretation des § 29 Abs. 8 Satz 1 StVG bei allen Verurteilungen wegen Straftaten im Zusammenhang mit dem Straßenverkehr zu einem Leerlaufen der Verwertungsregelungen des BZR, was geradezu widersinnig erscheint; geboten ist deshalb eine teleologische Reduktion des § 29 Abs. 8 Satz 1 StVG (*König* DAR **2008** 398; hierzu auch BTDrucks. 16/10175 S. 10, 12). Ansonsten gelten für Straftaten nach § 316 keine Besonderheiten. Die Details sind bei *Theune* LK § 46 Rdn. 169 ff erläutert. **242**

gg) **Erheblich verminderte Schuldfähigkeit.** Nach früherer höchstrichterlicher Rechtsprechung war dem Schwellenwert einer BAK von 2,0 ‰ (2,2 ‰ bei Kapitaldelikten) eine „praktisch unwiderlegbare Indizfunktion für das Vorliegen der Voraussetzungen des § 21" zugekommen (*Jähnke* LK[11] § 20 Rdn. 45) und dem Schwellenwert von 3,0 ‰ (3,3 ‰) eine solche für die Aufhebung der Schuldfähigkeit (BGHSt **37** 231, 235). Diese Rechtsprechung hat der BGH in seiner Grundsatzentscheidung vom 29.4.1997 (BGHSt **43** 66) aufgegeben; nach seiner Auffassung kommt es aufgrund der bei jedem Menschen **243**

707 Z.B. BGH VRS **15** 412, 413 [Verkehrsstaatsanwalt; hierzu auch Rdn. 244]; OLG Braunschweig NJW **1960** 1073 [Kriminalbeamte]; OLG Hamm BA **14** (1977) 428 [Angehörige der Wasserschutzpolizei]; NJW **1956** 1849; **1957** 1449 [Verkehrsrichter, Verkehrspolizisten, Fahrlehrer]; OLG Oldenburg NJW **1964** 1333, 1334 [Taxifahrer].

708 M. abl. Anm. *Hanack* NJW **1972** 2228. S. auch BGH v. 6.2.1993 – 5 StR 3/93 und v. 20.1.1999 – 5 StR 609/98 [keine Strafschärfung wegen der Stellung als Arzt bei der Einfuhr von Betäubungsmitteln].

709 Dahingestellt geblieben in OLG Hamm VRS **68** 441, 443 f [bei Müllwagenfahrer aber keinesfalls]. S. auch BGH VRS **24** 47, 50 [Bundeswehrangehöriger]; BGH NJW **2000** 154 [Landtagsabgeordneter]; NStZ **2000** 366 [„flugbegleitende Sicherheitskraft"]; BayObLG bei *Rüth* DAR **1981** 243; OLG Köln VRS **33** 31, 32 [jeweils Rechtsanwalt]); OLG Hamm DAR **1958** 192, 193 [Abgeordnete]; *Sch/Schröder/Cramer/Sternberg-Lieben* Rdn. 32; abw. *Jagow/Burmann/Heß* Rdn. 35, wonach die strafschärfende Berücksichtigung solcher Umstände „in der Praxis üblich" sein soll.

unterschiedlichen Wirkungsweise des Alkohols (aaO S. 72) auf die *Gegebenheiten des Einzelfalls* an (aaO S. 76). Allerdings sind Blutalkoholkonzentrationen von über 2 ‰ bzw. 3,0 ‰ weiterhin als gewichtiges Beweisanzeichen für das Vorliegen erheblich verminderter bzw. aufgehobener Schuldfähigkeit zu werten, weswegen sich der Richter bei deren Vorliegen mit §§ 20, 21 stets auseinanderzusetzen hat (im Einzelnen *Schöch* LK § 20 Rdn. 100; *Hentschel/König*[40] § 316 Rdn. 88). Sind die Voraussetzung des § 21 gegeben, so hat der Tatrichter im Wege der im Urteil mitzuteilenden Gesamtwürdigung (*Schöch* LK § 21 Rdn. 46) zu entscheiden, ob er von der fakultativen Strafrahmenverschiebung (§§ 21, 49 Abs. 1) Gebrauch macht. Der Strafrahmenverschiebung können schulderhöhende Gründe entgegenstehen. Der wichtigste davon ist die selbstverschuldete Alkoholaufnahme bzw. Drogenaufnahme. Während nach früherer Rechtsprechung des BGH für die Versagung der Strafrahmenverschiebung unter diesem Aspekt die Neigung des Täters festgestellt sein musste, nach dem Konsum von Alkohol oder anderen Drogen annähernd vergleichbare Straftaten zu begehen, sowie der Umstand, dass sich der Täter dieser Neigung bewusst ist oder doch hätte bewusst sein können (im Einzelnen *Schöch* LK § 21 Rdn. 50), verfährt der BGH neuerdings strenger, wobei zwischen den verschiedenen Strafsenaten des BGH Divergenzen bestehen (*Schöch* LK § 21 Rdn. 53 f). Die Problematik ist bei § 316 *praktisch* (nicht aber rechtlich, s. OLG Hamm BA **43** (2006) 487) von eher untergeordneter Bedeutung, weil es keinen großen Unterschied macht, ob man die verminderte Schuldfähigkeit (was schuldstrafrechtlich zwingend ist) innerhalb des nicht verschobenen Strafrahmens von einem Jahr Freiheitsstrafe würdigt oder ob man von neun Monaten Höchstmaß ausgeht, wobei der Schuldminderung dann im bereits gemilderten Strafrahmen ein geringeres Gewicht zukommt (*Hentschel/König*[40] Rdn. 105). Ungeachtet dessen ist in der Regel jedenfalls dann *keine Strafrahmenverschiebung zu gewähren*, wenn der Täter die Alkoholisierung zu verantworten hat und sich die Gefahr vorwerfbar erhöht hat, eine Straftat zu begehen (BGH NStZ **2004** 678), was z.B. der Fall ist, wenn die spätere Benutzung des Fahrzeugs für den Täter schon bei Trinkbeginn vorhersehbar war (BGH NStZ **2004** 678, 680, DAR **1987** 199, VRS **69** 118), ebenso, wenn der Täter seine Neigung zu Straftaten unter Alkoholeinfluss kannte (BGH NStZ-RR **2003** 136, OLG Koblenz VRS **104** 300). Hingegen kann die Alkoholaufnahme einem Alkoholkranken oftmals nicht vorgeworfen werden (BGH StV **2005** 495; OLG Hamm BA **43** (2006) 487).

244 **hh) Nachtatverhalten.** Die sog. *qualifizierte Spurenbeseitigung* kann sich nach allgemeinen Regeln zum Nachteil des Angeklagten auswirken; dies setzt allerdings voraus, dass der Täter dem tatbestandsmäßigen Unrecht ein in derselben Richtung liegendes zusätzliches Unrecht hinzufügt, das vom Richter als Ausdruck eines sich nicht in der Tatbestandsverwirklichung erschöpfenden Verhaltens gewürdigt werden kann (*Theune* LK § 46 Rdn. 200 ff). Im Rahmen des § 316 ist ein solches Verhalten bei einem Arzt angenommen worden, der auf einen Gerichtsmediziner eingewirkt hatte, die entnommene Blutprobe zu vertauschen (OLG Frankfurt NJW **1972** 1524, 1525). Im Hinblick darauf, dass durch derartiges Handeln gewichtiges neues Unrecht unter versuchter Verstrickung anderer geschaffen wird, erscheint dies vertretbar.[710] Das Gleiche gilt für den Versuch, andere Personen zu einer Falschaussage zu veranlassen (*Theune* LK § 46 Rdn. 211), beispielsweise das Verhalten eines mit Verkehrssachen befassten Staatsanwalts, der drei Per-

---

[710] *Gribbohm* LK[11] § 46 Rdn. 191 f; **aM** *Hentschel* Trunkenheit Rdn. 478; *Hanack* NJW **1972** 2228.

sonen, darunter einen Polizeibeamten, zu beeinflussen versucht hatte (BGH VRS **15** 412, 413 f). Demgegenüber ist der Nachtrunk der sog. „einfachen Spurenbeseitigung" zuzurechnen, die eine Strafschärfung bezüglich des § 316[711] grundsätzlich nicht rechtfertigt (*Hentschel* Trunkenheit Rdn. 478 f; **aM** OLG Oldenburg NJW **1968** 1293, 1294). Zur Benutzung von Schleichwegen s. Rdn. 240.

ii) **Nachschulung.** Zum Nachtatverhalten rechnet auch der Umstand, dass der Angeklagte an einem Aufbauseminar oder einer verkehrspsychologischen Beratung (vgl. § 4 Abs. 8, 9 StVG) bzw. einer sonstigen therapeutischen Maßnahme teilgenommen hat oder zuverlässig erklärt, daran teilnehmen zu wollen. Relevant werden solche Umstände namentlich im Rahmen der Entziehung der Fahrerlaubnis (hierzu *Geppert* LK § 69 Rdn. 97 ff) sowie bei der Entscheidung über die Strafaussetzung zur Bewährung. Dies schließt es allerdings nicht aus, sie bereits bei der Bemessung der Strafe zugunsten des Angeklagten zu berücksichtigen (vgl. *Theune* LK § 46 Rdn. 219).[712] **245**

jj) **Generalprävention.** Für die Berücksichtigung generalpräventiver Aspekte gelten die allgemeinen Grundsätze. Zu den Straftaten, bei denen generalpräventive Aspekte typischerweise in besonderem Maße beachtet werden müssen, gehört § 316 nicht.[713] **246**

kk) **Wechselwirkung mit §§ 69, 44.** Nach ganz h.M. sind die Wirkungen, die von der Maßregel der **Entziehung der Fahrerlaubnis** (§ 69) ausgehen, auch im Rahmen der Strafzumessung zu berücksichtigen.[714] Die spezialpräventiven Wirkungen der Maßregel vermögen die Strafe von ihrer sichernden und bessernden Funktion in gewissem Umfang zu entlasten (BTDrucks. IV/651 S. 16). Zur Wechselwirkung zwischen Hauptstrafe und **Fahrverbot** vgl. *Geppert* LK § 44 Rdn. 28 f; *Hentschel/König*[40] § 44 Rdn. 6. **247**

b) **Kurze Freiheitsstrafe.** Freiheitsstrafe von unter sechs Monaten darf nach § 47 Abs. 1 nur verhängt werden, wenn besondere Umstände in der Tat oder der Persönlichkeit des Täters liegen, die die Freiheitsstrafe zur Einwirkung auf den Täter oder zur Verteidigung der Rechtsordnung unerlässlich machen. Besondere Umstände liegen bei der Trunkenheit im Verkehr nicht schon per se vor, so dass auch hier die Geldstrafe die Regelstrafe ist (im Einzelnen *Hentschel/König*[40] Rdn. 102 ff). Die Praxis verfährt danach (Rdn. 234). Die Verhängung kurzer Freiheitsstrafe bedarf stets besonderer Begründung (OLG Düsseldorf VRS **92** 329, 331). Bei einem **Ersttäter** kommt die Verhängung der Freiheitsstrafe kaum je in Betracht (s. aber OLG Frankfurt DAR **1972** 48, 49). Das Schwergewicht der Fälle, in denen kurze Freiheitsstrafen zur Einwirkung auf den Täter unerlässlich sind, liegt beim **Wiederholungstäter.** Unerlässlichkeit ist jedoch nicht schon zwingend bei der ersten Wiederholungstat gegeben (*Hentschel/König*[40] Rdn. 102). Auch bei mehrfachem Rückfall darf nicht schematisch verfahren werden, und kann eine hohe Geldstrafe ausnahmsweise ausreichen. Dies gilt beispielsweise, wenn sich der Täter Nachschulungsmaßnahmen oder einer therapeutischen Behandlung unterzogen hat (vgl. Rdn. 245). Bei **248**

---

711 Anders bei § 142; s. BGHSt **17** 143, 144; *Gribbohm* LK[11] § 46 Rdn. 191; *Hentschel* Trunkenheit Rdn. 479.

712 OLG Hamm BA **18** (1981) 274, 275 f; AG Homburg BA **21** (1984) 187, 188 m. zust. Anm. *Zabel* ebd. S. 189 f; AG Westerode VRS **72** 369, 370 [psychologische Beratung]; *Hentschel* Trunkenheit Rdn. 480; *Bode* BA **21** (1984) 31, 32 f; *Zabel* BA **18** (1981) 273, alle m.w.N.

713 Hierzu und zum Ganzen *Theune* LK § 46 Rdn. 22 ff (27); s. auch unten Rdn. 248 a.E.

714 Hierzu eingehend und mit zahlreichen Nw. *Geppert* LK § 69 Rdn. 3, § 69a Rdn. 55 ff; *Hentschel/König* § 69 StGB Rdn. 1.

hoher Rückfallgeschwindigkeit, namentlich bei Taten innerhalb laufender Bewährungsfrist, ist regelmäßig Freiheitsstrafe angezeigt (etwa OLG Koblenz BA **14** [1977] 435, 436; OLG Köln BA 7 [1970] 250); deren Verhängung darf nicht mit der Erwägung unterbleiben, die Freiheitsstrafe sei, was der bisherige Verlauf zeige, nicht geeignet, den Täter zu beeindrucken (BayObLG VRS **76** 130, 132 f [zu § 242]). Eine kurze Freiheitsstrafe **„zur Verteidigung der Rechtsordnung"** wird kaum je in Betracht kommen. Sie lässt sich insbesondere schwer mit einem Anstieg der Trunkenheitsfahrten allgemein[715] oder im Gerichtsbezirk begründen (*Hentschel/König*[40] Rdn. 103; § 315c Rdn. 52 f m.w.N.). In Betracht kommt sie bei schweren Folgen der Tat, also vor allem bei zugleich verwirklichter fahrlässiger Tötung. Jedoch wird in solchen Fällen in aller Regel eine Freiheitsstrafe von über sechs Monaten geboten sein, und zwar auch bei Ersttätern (hierzu § 315c Rdn. 215; s. auch *Hentschel/König*[40] § 315c Rdn. 52 ff).

249 c) **Strafaussetzung zur Bewährung.** Wie im Rahmen der Strafzumessung insgesamt gelten auch für die Strafaussetzung zur Bewährung die allgemeinen Grundsätze. Eine ungünstige Sozialprognose ist vor allem bei Taten innerhalb laufender Bewährungsfristen zu stellen; die nochmalige Strafaussetzung bedarf dann besonderer Umstände, die im Urteil im Einzelnen darzulegen sind (*Hentschel/König*[40] Rdn. 110 m.w.N.). Besondere Umstände liegen beispielsweise vor, wenn hinreichende Anzeichen für einen grundsätzlichen Gesinnungswandel des Angeklagten vorhanden sind (z.B. BayObLG bei *Rüth* DAR **1985** 239; LG Aschaffenburg VRS **74** 28, 29 [Nachschulungskurs; Alkoholtherapie]). Die Versagung der Strafaussetzung kurzer Freiheitsstrafen darf nach § 56 Abs. 3 nicht mit dem Aspekt der Verteidigung der Rechtsordnung begründet werden (OLG Koblenz VRS **66** 40). Bei einschlägigen Straftaten kommt der Therapieweisung (§ 56c Abs. 3) hohe Bedeutung zu. Zur Bewährungsstrafe bei *schweren Unfallfolgen* wird auf das unter § 315c Rdn. 215 Gesagte verwiesen.

250 3. **Unterbringung, Entziehung der Fahrerlaubnis, Fahrverbot.** Bei den nicht selten zur Aburteilung kommenden „fahrenden Trinkern" ist, was von den Amtsgerichten oftmals übersehen wird, die **Unterbringung nach § 64** zumindest zu erörtern. Sie wird nicht selten auch geboten sein. Bei Verurteilten mit einer langen „Alkoholkarriere" und einigen gescheiterten Therapien kann es jedoch an einer hinreichenden Erfolgsaussicht nach § 64 Satz 2 fehlen. Die Neufassung des § 64 sowie die Lockerung der Pflicht zur Anhörung eines Sachverständigen (§ 246a StPO) erleichtern in derartigen, wenig aussichtsreichen Fällen die Rechtsanwendung (s. BTDrucks. 16/1344 S. 10). Bei Straftaten nach § 316 ist in der Regel **die Fahrerlaubnis zu entziehen** (§ 69 Abs. 2 Nr. 2). Wo die Entziehung unterbleibt, ist in der Regel **ein Fahrverbot anzuordnen** (§ 44 Abs. 1 Satz 2). Die Details sind bei *Geppert* LK zu §§ 44 und 69 erläutert. Sowohl § 44 als auch § 69 setzen allerdings voraus, dass die Straftat bei oder im Zusammenhang mit dem Führen eines *Kraftfahrzeugs* oder im Zusammenhang mit den Pflichten eines Kraftfahrzeugführers begangen worden ist. Eine strafgerichtliche Anordnung kommt daher z.B. beim *Radfahrer* oder beim Führen eines (ab-)geschleppten Kraftfahrzeugs, das diese Eigenschaft aufgrund von Betriebsunfähigkeit verloren hat (hierzu Rdn. 68 ff), nicht in Betracht; gleichfalls gelten die §§ 44, 69 nicht für das Führen von *Schienen-, Wasser- und Luftfahrzeugen* (*Geppert* LK § 69 Rdn. 22 f; *König* LK § 315a Rdn. 40).

---

715 S. dazu, dass Trunkenheitsfahrten seit einiger Zeit real zurückgehen, Rdn. 1.

4. **Einziehung des Fahrzeugs.** Die Einziehung des durch den Täter benutzten Fahrzeugs ist in der Regel nicht möglich, da dieses bloßer Beziehungsgegenstand und nicht Tatwerkzeug im Sinne des § 74 Abs. 1 ist und eine Sondervorschrift nach § 74 Abs. 4 fehlt (anders z.B. § 21 Abs. 3 StVG).[716] 251

5. **Verwarnung mit Strafvorbehalt.** Die Verwarnung mit Strafvorbehalt (§ 59) ist bei Verkehrsdelikten nicht grundsätzlich ausgeschlossen, wird jedoch dort – wie auch allgemein – nur selten angeordnet. Der Verwarnung kommt auch nach der Neufassung der sog. „Würdigkeitsklausel" (§ 59 Abs. 1 Satz 1 Nr. 2) durch das 2. JuMoG v 22.12.2006 (BGBl. I S. 3416) nur ausnahmsweise zur Anwendung. Zwar lässt sich den Gesetzesmaterialien nicht entnehmen, für welche Fälle die erweiterte Verwarnung eigentlich gedacht ist (mit Recht krit BR in BTDrucks. 16/3038 S. 72 ff). Beabsichtigt war jedoch ein nur „moderater Ausbau" (BTDrucks. 16/3038 S. 59). Mit dieser Intention wäre es nicht vereinbar, wenn die Verwarnung bei Trunkenheitsdelikten in breitem Umfang an die Stelle der Geldstrafe treten würde, zumal neben der Verwarnung weder die Entziehung der Fahrerlaubnis (§ 59 Abs. 3 Satz 2) noch ein Fahrverbot möglich ist, weswegen bei einer anderen Interpretation das strafrechtliche Instrumentarium gegen gefährliche Verkehrsstraftaten empfindlich geschwächt würde. Das kann nicht gewollt sein. Bei Trunkenheitsfahrten werden „besondere Umstände" iS von § 59 Abs. 1 Satz 1 Nr. 2 allenfalls in den extremen Ausnahmekonstellationen in Betracht kommen, in denen trotz § 69 Abs. 2 Nr. 2 von der Entziehung der Fahrerlaubnis und trotz § 44 Abs. 1 Satz 2 vom Fahrverbot abgesehen werden kann. In Fällen, in denen der Tatrichter die Entziehung der Fahrerlaubnis für gerechtfertigt hält, wird es zugleich an der nach § 59 Abs 1 Satz 1 Nr. 1 erforderlichen günstigen Sozialprognose fehlen. Denn anders als in den Fällen einer Entziehung der Fahrerlaubnis neben zur Bewährung ausgesetzter Freiheitsstrafe (hierzu BGH NJW **1961** 683; *Hentschel/König*[40] § 69 Rdn. 11) kann die Entziehung der Fahrerlaubnis ihre heilsame Wirkung mangels Anordnung neben einer Verschonung vor Strafe nicht entfalten. 252

XIII. Konkurrenzen

§ 316 ist gegenüber §§ **315a**, § **315c** formell subsidiär (§ 316 Abs. 1 letzter Halbsatz) und tritt demgemäß dahinter zurück; mit § 315 c Abs. 1 Nr. 2 kann allerdings Tateinheit bestehen (§ 315c Rdn. 211). Bei § 316 handelt es sich um eine **Dauerstraftat** die erst beendet ist, wenn der Täter mit dem Weiterfahren endgültig aufhört oder wenn die leistungsbeeinträchtigenden Wirkungen des Rauschmittels so weit abgeklungen sind, dass keine Fahrunsicherheit mehr besteht (Rdn. 228). Weiterhin eine Tat liegt vor, wenn die Fahrt bei aufrechterhaltener Fahrabsicht verkehrsbedingt kurzzeitig unterbrochen wird (BayObLG bei *Janiszewski* NStZ **1987** 114, AG Lüdinghausen BA **45** (2008) 79); auch längere Fahrtunterbrechungen etwa zum Zweck des Tankens oder eines Gaststättenbesuchs sollen nicht unterbrechen (näher *Seier* NZV **1990** 129, 131 f). Desgleichen bewirkt ein Wechsel der Schuldform keine Zäsur (§ 315c Rdn. 211). 253

Tatmehrheit ist gegeben, wenn der Täter **einen neuen Tatentschluss fasst;** dieser bewirkt eine Zäsur des Tatgeschehens. Tatmehrheit des bis zu einem Unfallgeschehen verwirklichten § 316 mit danach begangenen Straftaten ist nach der Rechtsprechung

---

[716] OLG Hamm BA **11** (1974) 282; *Lackner/Kühl* § 74 Rdn. 5; *Sch/Schröder/Eser* § 74 Rdn. 12a, 33; *Geppert* DAR **1988** 12, 14. Vgl. auch BGHSt **10** 28, 29 ff; OLG Hamburg MDR **1982** 515 [jeweils zum Fahren ohne Fahrerlaubnis].

regelmäßig gegeben, wenn sich der Täter zu einer Straftat **nach § 142** entschließt; die erneut begangene Straftat nach § 316 steht dann mit § 142 in Tateinheit (zur Konkurrenzfrage bei Verwirklichung des § 315c s. dort Rdn. 211 f).

Tateinheit ist möglich mit § 315, § 315a Abs. 1 Nr. 2 und § 315b (zu § 315c Abs. 1 Nr. 2 oben), desgleichen mit § 113 (BGH VRS **49** 117), § 142 (s. oben), § 242 (BayObLG NJW **1983** 406), § 323a (eingehend *Spendel* LK[11] § 323a Rdn. 43), mit Verletzungsdelikten, namentlich Körperverletzungs- und Tötungsdelikten, mit § 21 StVG und mit Waffendelikten (*Fischer* Rdn. 57).

Zur Polizeiflucht gilt das in § 315b Rdn. 98 f und § 315c Rdn. 209 Gesagte.

Erfüllt die Handlung neben § 316 zugleich einen **Ordnungswidrigkeitentatbestand** (insbesondere den Bußgeldtatbestand § 24a StVG), so kommt nur § 316 zur Anwendung (§ 21 Abs. 1 Satz 1 OWiG). Wegen der näheren Einzelheiten wird auf die Ausführungen unter § 315c Rdn. 214 verwiesen. Zur Beteiligung an der an sich verdrängten vorsätzlichen Ordnungswidrigkeit nach § 24a StVG s. oben Rdn. 232.

XIV. Wahlfeststellung

254 Nach OLG Hamm NJW **1982** 192 (m. Anm. *Schultz* NJW **1983** 265) ist Wahlfeststellung zwischen fahrlässiger Trunkenheit im Verkehr und fahrlässigem Gestatten des Fahrens ohne Fahrerlaubnis nach § 21 Abs. 1 Nr. 2, Abs. 2 Nr. 1 StVG zulässig. OLG Düsseldorf BA **13** (1976) 291 hält Wahlfeststellung auch zwischen vorsätzlicher Trunkenheit im Verkehr und Anstiftung dazu für möglich. Lässt sich bei fahrlässiger Körperverletzung oder Tötung durch Alkoholeinfluss nicht feststellen, ob der Angeklagte entweder selbst das Fahrzeug fahrunsicher geführt oder aber dieses als Halter einer erkennbar fahrunsicheren anderen Person überlassen hat, ist eine (eindeutige) Verurteilung nach §§ 229 bzw. 222 auf Grund alternativer Sachverhaltsfeststellung zulässig (OLG Karlsruhe NJW **1980** 1859, **aM** OLG Koblenz NJW **1965** 1926 mit abl Anm. Möhl).

XV. Interministerielle Richtlinien

255 In den Jahren 1999 bis 2001 wurden in den Ländern die überarbeiteten interministeriellen Richtlinien zur *Feststellung von Alkohol-, Medikamenten- und Drogeneinfluss bei Straftaten und Ordnungswidrigkeiten; Sicherstellung und Beschlagnahme von Führerscheinen (RiBA)*[717] in Kraft gesetzt. Sie sind in den wesentlichen Regelungen bundesweit inhaltsgleich.[718] Im Folgenden ist die Allgemeine Verfügung Bayerns vom 5.4.2001 (BayAllMBl. S. 165) abgedruckt:

[717] Die Abkürzung ist nicht amtlich.
[718] Zur zwischenzeitlichen Abweichung bezüglich der Atemalkoholanalyse in Sachsen-Anhalt Rdn. 54, Fn. 186.

1. Allgemeines. Bei Verdacht einer unter der Einwirkung von Alkohol oder anderen, allein oder im Zusammenwirken mit Alkohol auf das Zentralnervensystem wirkenden Stoffen (Medikamente, Drogen) begangenen Straftat oder Ordnungswidrigkeit ist zu prüfen, ob eine Atemalkoholprüfung, eine körperliche Untersuchung, eine Blutentnahme, eine Urinprobe oder eine Haarprobe in Betracht kommen. Besonders wichtig sind diese Maßnahmen bei Verdacht schwerwiegender Straftaten und Verkehrsstraftaten, bei denen zudem eine Sicherstellung oder Beschlagnahme von Führerscheinen (Nr. 7) in Betracht kommen kann, sowie bei Ordnungswidrigkeiten nach § 24a StVG.

2. Atemalkoholprüfung. Atemalkoholprüfungen (Vortest und Atemalkoholmessung) sind keine körperlichen Untersuchungen im Sinne von § 81a StPO. Eine rechtliche Grundlage für ihre zwangsweise Durchsetzung besteht nicht. Sie können daher, und weil sie ein aktives Mitwirken erfordern, nur mit Einverständnis der betroffenen Person durchgeführt werden und sollen die Entscheidung über die Anordnung einer Blutentnahme erleichtern. Die Atemalkoholmessung mittels Atemalkoholmessgerät dient darüber hinaus auch der Feststellung, ob die in § 24a Abs. 1 StVG genannten Atemalkoholwerte erreicht oder überschritten sind. Wird die Atemalkoholprüfung abgelehnt oder das Test- beziehungsweise Messgerät nicht vorschriftsmäßig beatmet, sind bei Verdacht auf rechtserhebliche Alkoholbeeinflussung eine körperliche Untersuchung und die Blutentnahme anzuordnen. Für die Belehrung gilt Nr. 2.1.1 entsprechend auch für den Vortest.

2.1 Verfahren bei der Atemalkoholmessung. Die Verwertbarkeit der Atemalkoholmessung als Beweismittel hängt entscheidend davon ab, dass Fehlmessungen zu Lasten der betroffenen Person sicher ausgeschlossen werden. Deshalb darf die Atemalkoholmessung nur unter Beachtung der folgenden Regeln durchgeführt werden.

2.1.1 Belehrung. Vor Durchführung der Atemalkoholmessung ist die betroffene Person ausdrücklich darüber zu belehren, dass die Messung nur mit ihrem Einverständnis durchgeführt wird. Der betroffenen Person ist dabei zu eröffnen, welche Straftat oder Ordnungswidrigkeit ihr zur Last gelegt wird. Ablauf und Zweck der Messung sind zu erläutern; auf die Folgen einer Weigerung oder einer nicht vorschriftsmäßigen Beatmung des Messgerätes ist hinzuweisen.

2.1.2 Gewinnung der Atemprobe. Zur Atemalkoholmessung dürfen nur von der Physikalisch Technischen Bundesanstalt Braunschweig und Berlin zugelassene und von den zuständigen Eichbehörden gültig geeichte Atemalkoholmessgeräte verwendet werden. Die Messung muss von dazu ausgebildeten Personen unter Beachtung der DIN VDE 0405, Teil 3, beschriebenen Verfahrens und der für das jeweilige Messgerät gültigen Gebrauchsanweisung durchgeführt werden.

Der Messvorgang, der sich aus zwei Einzelmessungen zusammensetzt, darf frühestens 20 Minuten nach Trinkende erfolgen (Wartezeit).

Das Messpersonal achtet dabei besonders auf Umstände, durch die der Beweiswert der Messergebnisse beeinträchtigt werden kann, vergewissert sich, dass die Gültigkeitsdauer der Eichung nicht abgelaufen ist, die Eichmarke unverletzt ist, das Messgerät keine Anzeichen einer Beschädigung aufweist und stellt namentlich sicher, dass die Daten der betroffenen Person ordnungsgemäß in das Messgerät eingegeben werden, das Mundstück des Messgerätes gewechselt wurde und die betroffene Person in einer Kontrollzeit von mindestens zehn Minuten vor Beginn der Messung keine Substanzen aufnimmt, insbesondere nicht isst oder trinkt, kein Mundspray verwendet und nicht raucht. Die Kontrollzeit kann in der Wartezeit enthalten sein. Während der Messung ist auf die vorschriftsmäßige Beatmung des Messgerätes zu achten. Nach der Messung hat sich das Messpersonal davon zu überzeugen, dass die im Anzeigenfeld des Messgerätes abgelesene Atemalkoholkonzentration mit dem Ausdruck des Messprotokolls übereinstimmt. Zeigt das Messgerät eine ungültige Messung an und liegt die Ursache in einem Verhalten der zu untersuchenden Person, so ist bei der Wiederholungsmessung auf eine Vermeidung zu achten.

2.1.3 Messprotokoll. Die Einhaltung des für die Atemalkoholmessung vorgeschriebenen Messverfahrens ist mittels Messprotokollausdruck zu dokumentieren. Auf dem von dem Messgerät erstellten Ausdruck bestätigt das Messpersonal durch Unterschrift, dass es zur Bedienung des Gerätes befugt ist und die Messung nach Maßgabe der Gebrauchsanweisung des Geräteherstellers durchgeführt wurde. Auf dem Messprotokoll ist für Rückfragen neben der Unterschrift auch der Familienname und die Dienststelle der den Test durchführenden Person anzugeben. Das Messprotokoll ist zu den Akten zu nehmen.

2.2 Löschung der personenbezogenen Daten. Nach Durchführung der Messungen und Ausdruck des Messprotokolls sind die personenbezogenen Daten aus dem Messgerät zu löschen.

3. Körperliche Untersuchung und Blutentnahme.

3.1 Rechtliche Grundlagen.

3.1.1 Beschuldigte und Betroffene. Bei Beschuldigten und Betroffenen sind ohne ihre Einwilligung die körperliche Untersuchung sowie die Blutentnahme zur Feststellung von Tatsachen zulässig, die für das Verfahren von Bedeutung sind, wenn kein Nachteil für ihre Gesundheit zu befürchten ist (§ 81a Abs. 1 StPO, § 46 Abs. 1 OWiG). Betroffene haben jedoch nur die Blutentnahme und andere geringfügige Eingriffe zu dulden (§ 46 Abs. 4 OWiG).

3.1.2 **Andere Personen.** Bei anderen Personen als Beschuldigten oder Betroffenen ist ohne ihre Einwilligung

- die körperliche Untersuchung nur zulässig, wenn sie als Zeuginnen oder Zeugen in Betracht kommen und zur Erforschung der Wahrheit festgestellt werden muss, ob sich an ihrem Körper eine bestimmte Spur oder Folge einer Straftat oder einer Ordnungswidrigkeit befindet (§ 81c Abs. 1 StPO, § 46 Abs. 1 OWiG);
- die Blutentnahme nur zulässig, wenn kein Nachteil für die Gesundheit zu befürchten und die Maßnahme zur Erforschung der Wahrheit unerlässlich ist (§ 81c Abs. 2 StPO, § 46 Abs. 1 OWiG).

In diesen Fällen können die Untersuchung und die Blutentnahme aus den gleichen Gründen wie das Zeugnis verweigert werden; beide Maßnahmen sind ferner unzulässig, wenn sie der betroffenen Person bei Würdigung aller Umstände nicht zugemutet werden können (§ 81c Abs. 3, 4 StPO, § 46 Abs. 1 OWiG).

3.1.3 **Verstorbene.** Bei Leichen sind Blutentnahmen zur Beweissicherung nach § 94 StPO zulässig.

3.2 Gründe für die Anordnung

3.2.1. **Regelfälle für die Anordnung.** Eine körperliche Untersuchung und eine Blutentnahme sind in der Regel anzuordnen bei Personen, die verdächtig sind, unter der Einwirkung von Alkohol und/oder von sonstigen auf das Zentralnervensystem wirkenden Stoffen (Medikamente, Drogen) eine **Straftat** begangen zu haben, namentlich

- ein Fahrzeug im Straßenverkehr geführt zu haben mit 0,3 Promille oder mehr Alkohol im Blut oder einer Alkoholmenge im Körper, die zu einer solchen Blutalkoholkonzentration führt, wenn es infolge des Alkoholkonsums zu Ausfallerscheinungen, einer verkehrswidrigen Fahrweise oder einem Verkehrsunfall gekommen ist;
- ein Kraftfahrzeug im Straßenverkehr geführt zu haben mit 1,1 Promille oder mehr Alkohol im Blut oder einer Alkoholmenge im Körper, die zu einer solchen Blutalkoholkonzentration führt;
- ein Fahrrad im Straßenverkehr geführt zu haben mit 1,6 Promille oder mehr Alkohol im Blut oder einer Alkoholmenge im Körper, die zu einer solchen Blutalkoholkonzentration führt;
- ein Schienenbahn- oder Schwebebahnfahrzeug, ein Schiff oder ein Luftfahrzeug geführt zu haben, obwohl aufgrund der Gesamtumstände angenommen werden muss, dass sie nicht in der Lage waren, das Fahrzeug sicher zu führen;

eine **Ordnungswidrigkeit** begangen zu haben, namentlich

- im Straßenverkehr ein Kraftfahrzeug unter der Wirkung eines in der Anlage zu § 24a StVG genannten berauschenden Mittels geführt zu haben (§ 24a Abs. 2 StVG);
- ein Wasserfahrzeug geführt zu haben mit einer Blutalkoholkonzentration von 0,8 oder mehr Promille oder einer Alkoholmenge im Körper, die zu einer solchen Blutalkoholkonzentration führt, sofern Schifffahrtspolizeiverordnungen entsprechende Bußgeldtatbestände enthalten;
- nach § 3 Abs. 3 und § 61 Abs. 1 Nr. 1 SeeSchStrO in Verbindung mit § 15 Abs. 1 Nr. 2 Seeaufgabengesetz oder § 7 Abs. 1 Binnenschifffahrtsaufgabengesetz;
- nach § 8 Abs. 3 Nr. 1, Abs. 4, 5 und § 45 Abs. 2 Nrn. 2a, 3a und 4a BOKraft in Verbindung mit § 61 Abs. 1 Nr. 4 PBefG;
- nach § 1 Abs. 3 und § 43 Nr. 3 LuftVO in Verbindung mit § 58 Abs. 1 Nr. 10 LuftVG.

3.2.2 **Verkehrsordnungswidrigkeiten.** Bei Personen, die ausschließlich verdächtig sind, eine vorsätzliche oder fahrlässige Verkehrsordnungswidrigkeit nach § 24a Abs. 1, 3 StVG begangen zu haben, soll entsprechend Nr. 3.3.1 statt der körperlichen Untersuchung und Blutentnahme eine Atemalkoholmessung (Nr. 2.1) durchgeführt werden. Wird die Atemalkoholprüfung abgelehnt oder das Test- beziehungsweise Messgerät nicht vorschriftsmäßig beatmet, sind bei Verdacht auf rechtserhebliche Alkoholbeeinflussung eine körperliche Untersuchung und die Blutentnahme anzuordnen.

Bei anderen Bußgeldtatbeständen, die entweder ebenfalls Atemalkoholgrenzwerte enthalten oder die keinen dem Wert nach bestimmten Grad der Alkoholisierung bei den Betroffenen verlangen (z.B. § 45 Abs. 2 Nr. 2a, 3a und 4a BOKraft in Verbindung mit § 61 Abs. 1 Nr. 4 PBefG), gilt dies entsprechend.

3.2.3 **Unklare Verdachtslage.** Eine körperliche Untersuchung und eine Blutentnahme sind in der Regel auch anzuordnen

- bei schwerwiegenden Straftaten und bei schweren Unfällen, die sich anhand örtlicher oder tageszeitlicher Bedingungen, aufgrund der Straßen- und Witterungsverhältnisse oder durch übliche Fehlverhaltensweisen nicht oder nicht ausreichend erklären lassen;
- bei unter Alkoholeinwirkung oder der Einwirkung sonstiger auf das Zentralnervensystem wirkender Stoffe (Medikamente, Drogen) stehenden Personen, die sich in oder auf einem Fahrzeug befinden oder befunden haben, wenn die das Fahrzeug führende Person nicht mit Sicherheit festzustellen und der Tatverdacht gegen sie nicht auszuschließen ist;
- bei unter Alkoholeinwirkung oder unter der Einwirkung sonstiger auf das Zentralnervensystem wirkender Stoffe (Medikamente, Drogen) stehenden anderen Personen (z.B. Fußgänger oder Beifahrer), wenn sie im Verdacht stehen, den Straßenverkehr gefährdet zu haben und wenn dadurch andere Personen verletzt oder an fremden Sachen bedeutender Schaden entstanden ist;
- bei Verstorbenen, wenn Anhaltspunkte für die Einwirkung von Alkohol oder sonstigen auf das Zentralnervensystem wirkenden Stoffen (Medikamente, Drogen) vorhanden sind (z.B. Alkoholgeruch, Zeugenaussage, Art des zum Tode führenden Geschehens), es sei denn, ein Fremdverschulden ist auszuschließen;
- wenn eine Atemalkoholprüfung nicht durchgeführt werden kann (vgl. Nr. 2 Satz 5).

3.2.4 **Verdacht auf Medikamenten- oder Drogeneinfluss.** Anhaltspunkte für das Einwirken sonstiger auf das Zentralnervensystem wirkender Stoffe (Medikamente, Drogen) sind insbesondere typische Ausfallerscheinungen oder unerklärliche Fahrfehler, die trotz auszuschließender Alkoholeinwirkung beziehungsweise nicht eindeutiger oder ausschließlicher Alkoholbeeinflussung (z.B. nach vorhergegangenem Atemalkoholtest) festgestellt werden. Als weitere Anhaltspunkte kommen das Auffinden von Medikamenten, Drogen oder Gegenständen, die dem Konsum von Betäubungsmitteln dienen, sowie die positive Kenntnis früherer Verstöße gegen das Betäubungsmittelgesetz (BtMG) in Betracht.

3.3 Verzicht auf die Anordnung

3.3.1 Eine körperliche Untersuchung und eine Blutentnahme sollen grundsätzlich unterbleiben

- bei den **Privatklagedelikten** des Hausfriedensbruchs (§ 123 StGB), der Beleidigung (§§ 185 bis 189 StGB) und der einfachen Sachbeschädigung (§ 303 StGB);
- **bei leichten Vergehen und Ordnungswidrigkeiten**, mit Ausnahme der unter Nr. 3.2.1 genannten **Regelfälle**, es sei denn, dass Anhaltspunkte dafür bestehen, dass der Täter oder die Täterin schuldunfähig oder vermindert schuldfähig sein könnte (§§ 20, 21, 323a StGB, § 12 Abs. 2, § 122 OWiG);
- wenn im Rahmen der **Atemalkoholprüfung** bei vorschriftsmäßiger Beatmung des elektronischen Atemalkoholprüfgerätes (Vortest- oder Atemalkoholmessgerät) weniger als 0,25 mg/l (oder 0,5 Promille) angezeigt werden;
- wenn die entsprechend Nr. 2.1 durchgeführte Atemalkoholmessung einen Atemalkoholwert unter 0,55 mg/l ergeben hat und lediglich der Verdacht einer vorsätzlichen oder fahrlässigen Verkehrsordnungswidrigkeit nach § 24a Abs. 1 Nr. 1 oder 2 StVG besteht.

3.3.2 Ausnahmen. Die Maßnahmen müssen auch in diesen Fällen angeordnet werden,

- falls sie nach pflichtgemäßer Überprüfung wegen der Besonderheiten des Einzelfalles (Schwere oder Folgen der Tat, Verdacht auf Medikamenten- oder Drogeneinfluss, relative Fahruntüchtigkeit) ausnahmsweise geboten sind;
- falls das Testergebnis zwar einen unter 0,25 mg/l (oder 0,5 Promille) liegenden Atemalkoholwert ergibt, der Test aber erst später als eine Stunde nach der Tat durchgeführt werden konnte und
- äußere Merkmale (z.B. gerötete Augen, enge oder weite Pupillen, Sprechweise, schwankender Gang) oder
- die Art des nur durch alkoholtypische Beeinträchtigung erklärbaren Verkehrsverhaltens

auf eine Alkoholbeeinflussung zur Tatzeit hindeuten;

- auf Weisung der jeweils zuständigen Staatsanwaltschaft an die Polizei.

3.4 Zuständigkeit für die Anordnung. Die Anordnung einer körperlichen Untersuchung sowie einer Blutentnahme steht dem Richter, bei Gefährdung des Untersuchungserfolges durch Verzögerung auch der Staatsanwaltschaft, deren Hilfsbeamten und den Verfolgungsbehörden zu. Sollen Minderjährige oder Betreute, die nicht beschuldigt oder betroffen sind, körperlich untersucht oder einer Blutentnahme unterzogen werden, so kann ausschließlich der Richter die Maßnahme anordnen, falls der gesetzliche Vertreter zustimmen müsste, aber von der Entscheidung ausgeschlossen oder an einer rechtzeitigen Entscheidung gehindert ist (§ 81a Abs. 2, § 81c Abs. 3 und 5, § 98 Abs. 1 StPO, § 46 Abs. 1 und 2, § 53 Abs. 2 OWiG).

3.5 Verfahren bei der Blutentnahme

3.5.1 Entnahme der Blutprobe. Blutentnahmen dürfen nur von Ärzten (einschließlich solcher im Praktikum) nach den Regeln der ärztlichen Kunst durchgeführt werden. Ersuchen um Blutentnahmen sind an Ärzte zu richten, die rechtlich dazu verpflichtet oder bereit sind. Andere Ärzte sind nicht verpflichtet, Ersuchen um Blutentnahmen nachzukommen.

Da die Richtigkeit der bei der Untersuchung auf Alkohol sowie Drogen und Medikamente gewonnenen Messwerte wesentlich von der sachgemäßen Blutentnahme abhängt, ist dabei grundsätzlich wie folgt zu verfahren:

- Das Blut ist möglichst bald nach der Tat zu entnehmen.
- Es ist durch Venen-Punktion mittels eines von der zuständigen Landesbehörde zugelassenen Blutentnahmesystems zu entnehmen, bei dem die Verletzungs- und Kontaminationsgefahr minimiert ist. Die Einstichstelle ist mit einem geeigneten nichtalkoholischen Desinfektionstupfer, der luftdicht verpackt gewesen sein muss, zu desinfizieren. Die Punktion ist in der Regel aus einer Vene der oberen Extremitäten vorzunehmen. Zumindest für die jeweiligen Nadelsysteme und Tupfer sind geeignete Entsorgungsgefäße vorzuhalten.
- Bei Leichen ist das Blut in der Regel aus einer durch Einschnitt freigelegten Oberschenkelvene zu entnehmen. Dabei ist darauf zu achten, dass keine Spuren vernichtet werden. Falls bei einer Obduktion die Blutentnahme aus der Oberschenkelvene nicht möglich ist, müssen die Entnahmestelle und die Gründe für ihre Wahl angegeben werden.

3.5.2 Protokoll. Die polizeiliche Vernehmung/Anhörung über die Aufnahme von Alkohol, Drogen oder Medikamenten sowie die körperliche Untersuchung sind nach Maßgabe der hierzu verwendeten Formblätter vorzunehmen. Sie sind möglichst umgehend nach der Tat durchzuführen, um den zur Zeit der Tat bestehenden Grad der alkohol-, drogen- oder medikamentenbedingten Einwirkung festzustellen. Das Protokoll ist zu den Ermittlungsakten zu nehmen. Sofern eine Ausfertigung der Untersuchungsstelle übersandt wird, ist sie in der Weise zu anonymisieren, dass zumindest Anschrift, Geburtstag und Geburtsmonat nicht übermittelt werden.

3.5.3 Anordnung/Anwendung von Zwang. Beschuldigte oder Betroffene, die sich der körperlichen Untersuchung oder Blutentnahme widersetzen, sind mit den nach den Umständen erforderlichen Mitteln zu zwingen, die körperliche Untersuchung und die Blutentnahme zu dulden.

Gegen andere Personen als Beschuldigte oder Betroffene (vgl. Nr. 3.1.2) darf unmittelbarer Zwang nur auf besondere richterliche Anordnung angewandt werden (§ 81c Abs. 6 StPO, § 46 Abs. 1 OWiG).

3.5.4 **Zweite Blutentnahme.** Eine zweite Blutentnahme ist im Hinblick auf den Grundsatz der Verhältnismäßigkeit nur in Ausnahmefällen und unter Berücksichtigung der besonderen Umstände des Einzelfalles anzuordnen. Dazu besteht z.B. Anlass, wenn

- Anhaltspunkte für die Annahme gegeben sind, dass Beschuldigte oder Betroffene innerhalb einer Stunde vor der ersten Blutentnahme Alkohol zu sich genommen haben;
- sich der Beschuldigte oder Betroffene auf Nachtrunk berufen oder Anhaltspunkte für einen Nachtrunk vorliegen.

Die zweite Blutentnahme soll 30 Minuten nach der ersten Blutentnahme erfolgen.

3.5.5 **Sicherung der Blutproben.** Die die körperliche Untersuchung und Blutentnahme anordnende oder eine von ihr zu beauftragende Person soll bei dem gesamten Blutentnahmevorgang zugegen sein. Sie hat darauf zu achten, dass Verwechslungen von Blutproben bei der Blutentnahme ausgeschlossen sind.

Die bei der Blutentnahme anwesende Person ist auch für die ausreichende Kennzeichnung der Blutprobe(n) verantwortlich. Zu diesem Zweck sollen mehrteilige Klebezettel verwendet werden, die jeweils die gleiche Identitätsnummer tragen.

Die für die Überwachung verantwortliche Person hat die Teile des Klebezettels übereinstimmend zu beschriften. Ein Teil ist auf das mit Blut gefüllte Röhrchen aufzukleben. Der zweite Abschnitt ist auf das Untersuchungsprotokoll aufzukleben, das der Untersuchungsstelle übersandt wird. Ihm ist zugleich der dritte Abschnitt lose anzuheften. Er ist nach Feststellung des Blutalkohol- beziehungsweise Drogengehalts für das Gutachten zu verwenden. Der vierte Teil des Klebezettels ist in die Ermittlungsvorgänge einzukleben. Bei einer zweiten Blutentnahme ist auf den Klebezetteln die Reihenfolge anzugeben. Die Richtigkeit der Beschriftung ist vom Arzt zu bescheinigen.

Die bruchsicher verpackten Röhrchen sind auf dem schnellsten Weg der zuständigen Untersuchungsstelle zuzuleiten. Bei der Übersendung sind die Blutproben möglichst kühl, aber frostsicher zu lagern.

3.6 **Verfahren bei der Untersuchung.** Die Untersuchungsstelle hat die erforderlichen Maßnahmen zu treffen, um sicherzustellen, dass Verwechslungen von Blutproben ausgeschlossen werden. Die Aufzeichnungen über die Kennzeichnung der Proben und die Ergebnisse der Bestimmung von Blutalkohol und/oder von berauschenden Mitteln und deren Abbauprodukten sind für die Dauer von sechs Jahren aufzubewahren, damit sie gegebenenfalls dem Gericht oder der Verfolgungsbehörde vorgelegt werden können.

Die Blutalkoholbestimmung für forensische Zwecke ist nach den vom Bundesgesundheitsamt aufgestellten Richtlinien durchzuführen.

Wird die rechtlich zulässige Variationsbreite überschritten, muss die Analyse wiederholt werden. Dem Gutachten sind dann nur die Ergebnisse der zweiten Untersuchung zugrunde zu legen. Tritt ausnahmsweise auch bei dieser eine Überschreitung der zulässigen Variationsbreite ein, so ist dies im Gutachten zu erläutern.

Weichen Sachverständige im Einzelfall von den vorstehenden Grundsätzen ab, so haben sie dem Gericht oder der Verfolgungsbehörde darzulegen, ob hierdurch die Zuverlässigkeit des Untersuchungsergebnisses beeinträchtigt wird.

Die Untersuchungsstellen haben zur Gewährleistung einer gleich bleibenden Zuverlässigkeit ihrer Ergebnisse laufend interne Qualitätskontrollen vorzunehmen und regelmäßig an Ringversuchen teilzunehmen.

Das Gutachten der Untersuchungsstelle ist umgehend der Behörde zuzuleiten, die die Untersuchung veranlasst hat, sofern diese nicht die Übersendung an eine andere Stelle angeordnet hat.

Die Blutprobenreste sollen gekühlt, das Blutserum muss tiefgekühlt aufbewahrt werden.

4. Urinproben. Ergeben sich Anhaltspunkte für die Einnahme von Medikamenten oder Drogen, ist im Fall des Verdachts einer Straftat oder einer schwerwiegenden Ordnungswidrigkeit (z.B. nach § 24a Abs. 2 StVG) neben einer Blutentnahme auf die Abgabe einer Urinprobe hinzuwirken. Die Entscheidung trifft die die Blutentnahme anordnende Person grundsätzlich nach ärztlicher Beratung. Eine solche Maßnahme ist jedoch nur mit Einwilligung der betroffenen Person möglich. Diese ist hierüber zu belehren; die Belehrung ist aktenkundig zu machen. Für die Untersuchung der Urinprobe sollte Urin in ausreichender Menge (möglichst 50 bis 100 ml) zur Verfügung stehen.

Gibt die betroffene Person eine Urinprobe nicht ab, ist bei der Blutentnahme darauf zu achten, dass nicht nur die für die Alkoholfeststellung übliche Blutmenge (ca. 8 bis 10 ml) entnommen wird. In diesen Fällen sollen im Hinblick auf weiter gehende Untersuchungen mindestens 15 ml Blut der betroffenen Person entnommen werden.

Bis zur Übersendung sind Urinproben möglichst kühl zu lagern. Sie müssen in dichtschließenden Behältnissen sowie festem Verpackungsmaterial gegebenenfalls gemeinsam mit gleichzeitig entnommenen Blutproben auf schnellstem Weg der zuständigen Untersuchungsstelle zugeleitet werden. Dabei sollen mit der Blutprobe gleich lautende Identitätsnummern verwendet werden. Die Untersuchungsstelle hat die Urinprobe, soweit sie nicht einer sofortigen Untersuchung unterzogen wird, zur Sicherung einer gerichtsverwertbaren Untersuchung auf berauschende Mittel unverzüglich tiefzufrieren und tiefgefroren aufzubewahren.

Forensisch relevante Analyseergebnisse sind durch den Einsatz spezieller Methoden abzusichern. Der hierzu erforderliche Standard ist durch regelmäßige interne und externe Qualitätskontrollen zu gewährleisten.

Für die Entnahme von Urinproben bei Verstorbenen gilt Nr. 3.1.3 entsprechend.

5. Haarproben. Daneben kommt die Sicherung einer Haarprobe durch Abschneiden in Betracht, wenn die länger dauernde Zufuhr von Medikamenten und Drogen in Frage steht. Die Entnahme einer Haarprobe stellt eine körperliche Untersuchung dar und darf gegen den Willen des Beschuldigten nur von einem Richter, bei Gefährdung des Untersuchungserfolges durch Verzögerung auch durch die Staatsanwaltschaft und ihre Hilfsbeamten angeordnet werden (§ 81a Abs. 2 StPO).

Die Sicherung der Haarprobe kann auch durch Angehörige des Polizeidienstes erfolgen.

Bei der Probenahme ist Folgendes zu beachten:

- Die Probenahme, das Verpacken und Versenden darf nicht in der Nähe von Rauschmittelasservaten stattfinden.
- Grundsätzlich sind für die Haarprobe Kopfhaare zu sichern. Die Entnahme sollte über dem Hinterhauptshöcker erfolgen. Soweit dies nicht möglich ist, sind Kopfhaare an anderer Stelle oder gegebenenfalls andere Körperhaare zu sichern.
- Die Probe sollte aus einem mindestens bleistift- bis kleinfingerdicken Strang bestehen.
- Die Haare sind vor dem Abschneiden mit einem Bindfaden, möglichst 2 bis 3 cm von der Kopfhaut entfernt, fest zusammenzubinden.
- Die zusammengebundenen Haare sind möglichst direkt an der Kopfhaut abzuschneiden. Sollte dies nicht möglich sein, ist die Länge der zurückgebliebenen Haarreste zu dokumentieren.
- Die entnommene Haarprobe ist fest in Papier oder Aluminiumfolie einzurollen. Die Probenbeschriftung mit Probenkennung, Bezeichnung der Entnahmestelle, Kennzeichnung von kopfnahem Ende und Haarspitze sowie Angaben zur Länge der verbliebenen Haarreste ist auf dem Bogen zu vermerken.

Für die Sicherung der Qualität der Untersuchung gilt Nr. 4 Abs. 4 entsprechend.

6. Vernichtung des Untersuchungsmaterials

6.1 Untersuchungsproben. Die den Betroffenen entnommenen Urinproben einschließlich des aus ihnen aufbereiteten Materials und der Zwischenprodukte sind unverzüglich zu vernichten, sobald sie für das betreffende oder ein anderes anhängiges Straf- beziehungsweise Ordnungswidrigkeitenverfahren nicht mehr benötigt werden. Die Entscheidung über die Vernichtung hat diejenige Stelle zu treffen, der jeweils die Verfahrensherrschaft zukommt.

6.2 Untersuchungsbefunde. Die Untersuchungsbefunde sind zu den Verfahrensakten zu nehmen und mit diesen nach den dafür geltenden Bestimmungen zu vernichten.

7. Sicherstellung/Beschlagnahme von Führerscheinen

7.1 Voraussetzungen. Liegen die Voraussetzungen für eine vorläufige Entziehung der Fahrerlaubnis (§ 111a Abs. 1, 6 StPO, §§ 69, 69b StGB) vor, so ist der Führerschein sicherzustellen oder zu beschlagnahmen (§ 94 Abs. 3, § 98 Abs. 1, § 111a Abs. 6 StPO).

7.1.1 Atemalkoholprüfung. Ist ein Kraftfahrzeug geführt worden, so hat dies jedenfalls dann zu erfolgen, wenn bei vorschriftsmäßiger Beatmung des elektronischen Atemalkoholprüfgerätes (Vortest- oder Atemalkoholmessgerät) 0,55 mg/l (oder 1,1 Promille) und mehr angezeigt werden oder Anhaltspunkte für eine relative Fahruntüchtigkeit bestehen.

7.1.2 Weigerung. Der Führerschein ist auch dann sicherzustellen oder zu beschlagnahmen, wenn von einer relativen oder absoluten Fahruntüchtigkeit auszugehen ist und die beschuldigte Person sich weigert, an der Atemalkoholprüfung mitzuwirken und deshalb eine Blutentnahme angeordnet und durchgeführt wird.

7.2. Verfahren

7.2.1 Abgabe an die Staatsanwaltschaft. Der sichergestellte – auch freiwillig herausgegebene – oder beschlagnahmte Führerschein ist unverzüglich mit den bereits vorliegenden Ermittlungsvorgängen der Staatsanwaltschaft zuzuleiten oder – bei entsprechenden Absprachen – dem Amtsgericht, bei dem der Antrag nach § 111a StPO oder Antrag auf beschleunigtes Verfahren nach § 417 StPO gestellt wird. Die Vorgänge müssen vor allem die Gründe enthalten, die eine vorläufige Entziehung der Fahrerlaubnis erforderlich erscheinen lassen.

7.2.2 Rückgabe an Betroffene. Steht fest, dass lediglich eine Ordnungswidrigkeit in Betracht kommt und befindet sich der sichergestellte oder beschlagnahmte Führerschein noch bei der Polizeidienststelle, ist seine Rückgabe an die betroffene Person unverzüglich im Einvernehmen mit der Staatsanwaltschaft zu veranlassen.

7.2.3 Ausländische Führerscheine. Nrn. 7.2.1 und 7.2.2 gelten auch für von einer Behörde eines Mitgliedstaates der Europäischen Union oder eines anderen Vertragsstaates des Abkommens über den Europäischen Wirtschaftsraum ausgestellte Führerscheine, sofern der Inhaber seinen ordentlichen Wohnsitz im Inland hat. Handelt es sich um andere ausländische Führerscheine, die zum Zweck der Anbringung eines Vermerkes über die vorläufige Entziehung der Fahrerlaubnis sichergestellt oder beschlagnahmt worden sind (§ 111a Abs. 6 StPO), gelten sie mit der Maßgabe, dass diese Führerscheine nach der Anbringung des Vermerks unverzüglich zurückzugeben sind.

8. Bevorrechtigte Personen

8.1 Abgeordnete. Soweit von Ermittlungshandlungen Abgeordnete des Deutschen Bundestages, der Gesetzgebungsorgane der Länder oder Mitglieder des Europäischen Parlaments aus der Bundesrepublik Deutschland betroffen sind, wird auf das Rundschreiben des Bundesministeriums des Innern vom 10.01.1983 (P II 5-640180/9, GMBl S. 37) verwiesen.

Danach ist es nach der Praxis der Immunitätsausschüsse in Bund und Ländern zulässig, nach Maßgabe von Nr. 191 Abs. 3 Buchst. H, Nr. 192b Abs. 1 RiStBV Abgeordnete zum Zwecke der Blutentnahme zur Polizeidienststelle und zu einem Arzt zu bringen.

Die sofortige Sicherstellung oder Beschlagnahme des Führerscheines von Abgeordneten ist nicht zulässig. Die Staatsanwaltschaft ist unverzüglich fernmündlich zu unterrichten.

Mitglieder des Europäischen Parlaments aus anderen Mitgliedsstaaten der Europäischen Union dürfen im Bundesgebiet weder festgehalten noch gerichtlich verfolgt werden.

8.2 Diplomaten u.a. Bei Personen, die diplomatische Vorrechte und Befreiungen genießen, sind Maßnahmen nach §§ 81a, 81c StPO und die Beschlagnahme des Führerscheins nicht zulässig (§§ 18, 19 GVG). Bei Angehörigen konsularischer Vertretungen sind sie nur unter gewissen Einschränkungen zulässig; danach kommt eine Immunität von Konsularbeamten und Bediensteten des Verwaltungs- und technischen Personals nur dann in Betracht, wenn die Handlung in engem sachlichen Zusammenhang mit der Wahrnehmung konsularischer Aufgaben steht (z. B. nicht bei Privatfahrten). Soweit eine Strafverfolgung zulässig ist, werden bei Verdacht schwerer Straftaten gegen die zwangsweise Blutentnahme aufgrund einer Entscheidung der zuständigen Justizbehörden keine Bedenken zu erheben sein (vgl. Rundschreiben des Bundesministeriums des Innern vom 17.8.1983 – P I 6 640 005/1, GMBl S. 589, sowie Nrn. 193 bis 195 RiStBV).

8.3 Stationierungsstreitkräfte

8.3.1 Grundsätze. Bei Mitgliedern der Stationierungsstreitkräfte und des zivilen Gefolges sowie deren Angehörigen sind Maßnahmen nach § 81a, § 81c StPO grundsätzlich zulässig (vgl. Art. VII NATO-Truppenstatut), soweit die Tat

- nach deutschem Recht, aber nicht nach dem Recht des Entsendestaates (dessen Truppe hier stationiert ist) strafbar ist, oder
- sowohl nach deutschem Recht als auch nach dem Recht des Entsendestaates strafbar ist, jedoch nicht in Ausübung des Dienstes begangen wird und sich nicht lediglich gegen das Vermögen oder die Sicherheit des Entsendestaates oder nur gegen die Person oder das Vermögen eines Mitgliedes der Truppe, deren zivilen Gefolges oder anderer Angehöriger richtet, und die deutschen Behörden nicht auf die Ausübung der Gerichtsbarkeit verzichten.

In allen anderen Fällen ist von der Anwendung der §§ 81a, 81c StPO abzusehen, da das Militärrecht verschiedener Stationierungsstreitkräfte die Blutentnahme gegen den Willen des Betroffenen für unzulässig erklärt.

8.3.2 Erlaubnisse zum Führen dienstlicher Kraftfahrzeuge. Auf Führerscheinen, die Mitgliedern der Stationierungsstreitkräfte oder des zivilen Gefolges von einer Behörde eines Entsendestaates zum Führen dienstlicher Kraftfahrzeuge erteilt worden sind, ist § 69b StGB nicht anwendbar (Art. 9 Abs. 6a und b NTS-ZA). Eine Sicherstellung oder Beschlagnahme eines Führerscheines ist deshalb nicht zulässig. Jedoch nimmt die Polizei den Führerschein im Rahmen der gegenseitigen Unterstützung (Art. 3 NTS-ZA) in Verwahrung und übergibt ihn der zuständigen Militärpolizeibehörde.

8.3.3 Erlaubnisse zum Führen privater Kraftfahrzeuge. Führerscheine zum Führen privater Kraftfahrzeuge, die Mitgliedern der Stationierungsstreitkräfte oder des zivilen Gefolges und deren Angehörigen im Entsendestaat oder von einer Behörde der Truppe erteilt worden sind, können in den Fällen, in denen die deutschen Gerichte die Gerichtsbarkeit ausüben, nach Maßgabe des § 69b StGB entzogen werden (Art. 9 Abs. 6b NTS-ZA). Bis zur Eintragung des Vermerks über die vorläufige Entziehung der Fahrerlaubnis kann der Führerschein sichergestellt oder nach § 111a Abs. 6 Satz 2 StPO auch beschlagnahmt werden. Die Beschlagnahme ist jedoch nur anzuordnen, wenn die Militärpolizei erklärt, keine Ermittlungen führen zu wollen. Erscheint die Militärpolizei nicht oder nicht rechtzeitig, so ist unverzüglich die Entscheidung der Staatsanwaltschaft über die Beschlagnahme einzuholen.

9. Kosten. Die Kosten der körperlichen Untersuchung, der Blutentnahme und -untersuchung sowie der Urin- und Haarprobe und deren Untersuchung sind zu den Akten des Strafverfahrens oder des Bußgeldverfahrens mitzuteilen. Über die Pflicht der Kostentragung wird im Rahmen des Strafverfahrens oder des Bußgeldverfahrens entschieden. Eine vorherige Einziehung unterbleibt.

§ 316a
Räuberischer Angriff auf Kraftfahrer

(1) Wer zur Begehung eines Raubes (§§ 249 oder 250), eines räuberischen Diebstahls (§ 252) oder einer räuberischen Erpressung (§ 255) einen Angriff auf Leib oder Leben oder die Entschlußfreiheit des Führers eines Kraftfahrzeugs oder eines Mitfahrers verübt und dabei die besonderen Verhältnisse des Straßenverkehrs ausnutzt, wird mit Freiheitsstrafe nicht unter fünf Jahren bestraft.

(2) In minder schweren Fällen ist die Strafe Freiheitsstrafe von einem bis zu zehn Jahren.

(3) Verursacht der Täter durch die Tat wenigstens leichtfertig den Tod eines anderen Menschen, so ist die Strafe lebenslange Freiheitsstrafe oder Freiheitsstrafe nicht unter zehn Jahren.

Schrifttum

Beyer Zur Auslegung des § 316a StGB (Autostraßenraub) NJW **1971** 872; *v. Danwitz* Zur Begriffsbestimmung des Mitfahrers als taugliches Tatobjekt i.S.d. § 316a StGB, NZV **2002** 551; *Dehne-Niemann* Zur Neustrukturierung des § 316a StGB: Der räuberische Angriff auf „Noch-nicht-Kraftfahrer", NStZ **2008** 319; *Duttge/Nolden* Die rechtsgutsorientierte Interpretation des § 316a StGB, JuS **2005** 193; *Ch. Fischer* Der räuberische Angriff auf Kraftfahrer nach dem 6. Strafrechtsreformgesetz, Jura **2000** 433 ff; *Geilen* Räuberischer Angriff auf Kraftfahrer, in: *Ulsamer* (Hrsg.) Lexikon des Rechts: Strafrecht, Strafverfahrensrecht 2. Aufl. (1996) S. 744; *Geppert* Räuberischer Angriff auf Kraftfahrer (§ 316a StGB) Jura **1995** 310; *Greiner* Ein kriminologisches Phänomen in der Weimarer Republik: „Autofallen", Die Polizei **2000** 121; *Große* Einfluß der nationalsozialistischen Strafgesetzgebung auf das heutige StGB am Beispiel des § 316a StGB, NStZ **1993** 525; *Grünauer* Das Verbrechen des räuberischen Angriffs auf Kraftfahrer, Diss. Hamburg 1970; *Günther* Der „Versuch" des räuberischen Angriffs auf Kraftfahrer, JZ **1987** 16; *ders.* Der räuberische Angriff auf Fußgänger – ein Fall des § 316a StGB? JZ **1987** 369; *Hübsch* Der Begriff des Angriffs in § 316a StGB (2007); *Ingelfinger* Zur tatbestandlichen Reichweite der Neuregelung des räuberischen Angriffs auf Kraftfahrer und zur Möglichkeit strafbefreienden Rücktritts vom Versuch, JR **2000** 225; *Krüger* Zum „Ausnutzen der besonderen Verhältnisse des Straßenverkehrs" im Sinne von § 316a StGB, NZV **2008** 234; *Meurer-Meichsner* Untersuchungen zum Gelegenheitsgesetz im Strafrecht. Zugleich ein Beitrag zu § 316a StGB (Autostraßenraub) 1974; *Mitsch* Der neue § 316a StGB, JA **1999** 662; *Roßmüller/Rohrer* Der räuberische Angriff auf Kraftfahrer, NZV **1995**, 253; *Roth-Stielow* Die gesetzwidrige Ausweitung des § 316a StGB, NJW **1969** 303; *Rusam* Der räuberische Angriff auf Kraftfahrer – § 316a des Strafgesetzbuches, Diss. München 1960; *Seibert* Zum Autostraßenraub (§ 316a StGB) NJW **1971** 781; *Sowada* Im Labyrinth des § 316a StGB, FS Otto (2007) 799; *ders.* Der räuberische Angriff auf einen „Noch-nicht-Kraftfahrer", HRRS **2008** 136; *Steinberg* § 316a StGB – Perspektiven einer begrüßenswerten auslegungsmethodischen Trendwende, NZV **2007** 545; *Wolters* „Neues" vom räuberischen Angriff auf Kraftfahrer? GA **2002** 303.

Entstehungsgeschichte

I. Als Vorläufer des heutigen § 316a bestimmte das **„Gesetz gegen Straßenraub mittels Autofallen"** (AutofallenG) vom 22.6.1938 (RGBl. I, S. 651): „Wer in räuberischer Absicht eine Autofalle stellt, wird mit dem Tode bestraft." Anlass für dieses (mit Rückwirkung zum 1.1.1936 versehene) Gesetz waren die großes Aufsehen erregenden Taten der Gebrüder Max und Walter Götze, die in der Umgebung von Berlin durch Umlegen von Straßenbäumen, Spannen von Drähten u.Ä. zahlreiche Kraftwagen zum Anhalten gezwungen und die Insassen sodann ausgeraubt hatten.[1] Die weite Ausdehnung der Strafbarkeit in das Vorfeld des Raubes, die mit dem Terminus der „Autofalle" bewusst gewählte Unbestimmtheit[2] und die drakonische Rechtsfolge der absolut angedrohten Todesstrafe weisen dieses „im Zorn"[3] geschaffene „Gelegenheitsgesetz"[4] als Akt rechtsstaatswidriger nationalsozialistischer Gesetzgebung aus.[5] Aus diesem Grunde wurde das Autofallengesetz durch das Kontrollratsgesetz Nr. 55 vom 20.6.1947[6] aufgehoben.

II. Schon wenige Jahre später sah sich der Gesetzgeber aufgrund einiger schwerwiegender Verbrechen, die sich auf Autobahnen ereignet hatten, sowie infolge einer Häufung von Überfällen auf Taxifahrer veranlasst, eine rechtsstaatlichen Anforderungen genügende Nachfolgebestimmung des Autofallengesetzes in das StGB aufzunehmen.[7] Der durch das (Erste) **„Gesetz zur Sicherung des Straßenverkehrs"** vom 19.12.1952[8] eingeführte § 316a hatte folgenden Wortlaut:

(1) Wer zur Begehung von Raub oder räuberischer Erpressung (§ 255) einen Angriff auf Leib, Leben oder Entschlußfreiheit des Führers eines Kraftfahrzeugs oder eines Mitfahrers unter Ausnutzung der besonderen Verhältnisse des Straßenverkehrs unternimmt, wird mit Zuchthaus nicht unter fünf Jahren, in besonders schweren Fällen mit lebenslangem Zuchthaus bestraft.

(2) Das Gericht kann die in Absatz 1 angedrohte Mindeststrafe unterschreiten, auf Gefängnis erkennen oder von einer Bestrafung nach dieser Vorschrift absehen, wenn der Täter aus freien Stücken seine Tätigkeit aufgibt und den Erfolg abwendet. Unterbleibt der Erfolg ohne Zutun des Täters, so genügt sein ernstliches Bemühen, den Erfolg abzuwenden.

Ob der Gesetzgeber das Ziel einer angemessenen Restriktion des Strafbarkeitsbereichs mit dieser Tatbestandsfassung erreicht hat, ist vielfach bezweifelt worden.[9] Kritik hat ferner die immer noch sehr hohe Strafdrohung erfahren, in der der Rigorismus des Auto-

---

1 Vgl. zu diesem Hintergrund *Gruchmann* Justiz im Dritten Reich 2. Aufl. (1990) S. 897 ff; *Geppert* Jura **1995** 311; *Große* NStZ **1993** 526; *Herzog* NK Rdn. 1 f sowie ausführlich *Meurer-Meichsner* S. 17, 21 ff. Das kriminologische Phänomen der „Autofalle" trat bereits in der Weimarer Republik zutage; vgl. *Greiner* Die Polizei **2000** 121.

2 *v. Gemmingen* DStR **1939** 1, 20 ff; *Werle* Justiz-Strafrecht und polizeiliche Verbrechensbekämpfung im Dritten Reich (1989) S. 201. Zur extensiven Auslegung des AutofallenG durch die Rechtsprechung vgl. RGSt. 73, 71 ff; *Ch. Fischer* Jura **2000** 435 und *Meurer-Meichsner* S. 27 ff.

3 *v. Gemmingen* DStR **1939** 1, 7.

4 Allgemein zu dieser Kategorie *Meurer-Meichsner* S. 14 ff.

5 *Ch. Fischer* Jura **2000** 434 f; *Geilen* S. 744; *Meurer-Meichsner* S. 23 ff; *Eb. Schmidt* Einführung in die Geschichte der deutschen Strafrechtspflege 3. Aufl. (1965) S. 435 f; *Schroeder*, in: Maurach/Schroeder/Maiwald (= Maurach/ Schroeder) Strafrecht Besonderer Teil Teilband 1 9. Aufl. (2003) § 35 Rdn. 45; *Steinberg* NZV **2007** 546 ff; *Werle* (Fn. 2) S. 200 f.

6 Amtsblatt des Kontrollrats Nr. 16 S. 284 (285).

7 Zur Gesetzgebungsgeschichte vgl. insoweit *Meurer-Meichsner* S. 35 ff; s. auch BGHSt **24** 173, 175 ff.

8 BGBl. I S. 832.

9 *Beyer* NJW **1971** 871; *Geppert* Jura **1995** 311; *Gössel* Strafrecht Besonderer Teil Band 2 (1996) § 15 Rdn. 27; *Grünauer* S. 2 f; *Günther* JZ **1987** 369; *Hentschel* JR **1986** 428, 429; *Hübner* LM Nr. 12; *Rusam* S. 2; *Schmidhäuser* Strafrecht Besonderer Teil 2. Aufl. (1983) 8/62. S. auch BTDrucks. 13/7164 S. 51; BTDrucks. 13/8587 S. 51.

fallengesetzes nachwirkte.[10] Von den nachfolgenden Gesetzesänderungen[11] ist insbesondere die Absenkung der Mindeststrafe für minder schwere Fälle (auf ein Jahr Freiheitsstrafe)[12] und die Einbeziehung des räuberischen Diebstahls (§ 252) als Bezugstat[13] hervorzuheben.

III. Seine heutige Fassung hat der § 316a durch das **6. Strafrechtsreformgesetz** vom 26.1.1998[14] erhalten.[15] Hierdurch wurde die frühere Ausgestaltung als echtes Unternehmensdelikt (mit der Konsequenz einer Gleichstellung von Versuch und Vollendung; vgl. § 11 Abs. 1 Nr. 6) aufgegeben, indem die Neufassung die Tathandlung dahingehend umschreibt, dass der Täter einen Angriff auf Leib, Leben oder Entschlussfreiheit des Opfers **„verübt"** haben muss. Da als Folge dieser Änderung die Vorschriften über den Versuch (§§ 22 ff) und insbesondere die Bestimmung über den Rücktritt (§ 24) auf § 316a Anwendung finden, hat der Gesetzgeber die Regelung über die tätige Reue (§ 316a Abs. 2 a.F.) gestrichen. An die Stelle der Strafschärfung für unbenannte besonders schwere Fälle (§ 316a Abs. 1 S. 2 1. Hs. a.F.: lebenslange Freiheitsstrafe) ist die **Erfolgsqualifikation** des § 316a Abs. 3 (bezüglich der wenigstens leichtfertigen Verursachung des Todes eines anderen Menschen; Strafdrohung: lebenslange Freiheitsstrafe oder Freiheitsstrafe nicht unter zehn Jahren) getreten. Für die minder schweren Fälle sieht § 316a Abs. 2 n.F. nunmehr einen Strafrahmen von einem bis zu zehn Jahren Freiheitsstrafe vor (im Gegensatz hierzu hatte § 316a Abs. 1 S. 2 2. Hs. a.F. allein eine Mindeststrafe von einem Jahr Freiheitsstrafe festgelegt). Auch die Neufassung des § 316a ist rechtspolitisch umstritten;[16] teilweise wird die völlige Streichung der Vorschrift angeregt.[17] Dem Vorschlag des Bundesrats, die Mindeststrafdrohung in § 316a Abs. 1 auf drei Jahre Freiheitsstrafe zurückzunehmen, wurde nicht gefolgt.[18]

Übersicht

[10] *Geilen* S. 744 f; *Mitsch* JA **1999** 663; *Seibert* NJW **1971** 781; s. auch BGHSt **15** 322, 325; **24** 173, 175 ff = NJW **1971** 2034 m. Anm. *Beyer*.

[11] Vgl. hierzu *Schäfer* LK[10] Rdn. 1.

[12] Durch das 11. Strafrechtsänderungsgesetz vom 16.12.1971 (BGBl. I, S. 1977); vgl. hierzu *Meurer-Meichsner* S. 46 f.

[13] Durch Art. 19 Nr. 177 EGStGB vom 2.3.1974 (BGBl. I, S. 469).

[14] BGBl. I, S. 164. Zur Gesetzesbegründung s. BTDrucks. 13/8587 S. 51 (abgedruckt bei *Hentschel/König* Straßenverkehrsrecht 39. Aufl. [2007] Rdn. 1); s. auch *Hübsch* S. 29 ff; *Wolters* GA **2002** 303 f.

[15] Zur Gegenüberstellung zwischen alter und neuer Gesetzeslage (auch im Hinblick auf das intertemporale Strafrecht; vgl. § 2) *Mitsch* JA **1999** 664 ff.

[16] *Herzog* NK Rdn. 2, 6; *Kreß* NJW **1998** 633, 643 f; *Wolters* JZ **1998** 397, 400.

[17] *Ch. Fischer* Jura **2000** 441; *Fischer* Rdn. 2; *Freund* ZStW **109** (1997) 455, 482 f; *Herzog* JR **2004** 258, 259; *Kosloh* Das Sechste Strafrechtsreformgesetz (2000), S. 178 ff, 189; *Krey/Hellmann* Strafrecht Besonderer Teil Band 2 14. Aufl. (2005) Rdn. 238; *Krüger* Die Entmaterialisierungstendenz beim Rechtsgutsbegriff (2000), S. 161 ff, 165; s. auch *Hörnle* Jura **1998** 169, 175; *Sander* MK Rdn. 4 sowie (zur a.F.) *Geilen* S. 744.

[18] Vgl. BTDrucks. 13/8587, S. 75, 89.

I. Dogmatische Bedeutung der Neufassung

Der Erläuterung der Einzelmerkmale des § 316a soll ein gleichsam vor die Klammer gezogener kursorischer Überblick vorangestellt werden. Das Ziel dieser Tour d'Horizon besteht darin, die dogmatische Bedeutung der Umgestaltung dieser Vorschrift im Zusammenhang zu betrachten, um – losgelöst von den konkreten Facetten einzelner Tatbestandsmerkmale – allgemein jene Problemfelder zu beleuchten, in denen die bislang weitgehend gesichert erscheinenden Aussagen obsolet geworden sind oder einer kritischen Überprüfung, wenn nicht sogar einer grundsätzlichen Neuorientierung bedürfen. Zur kriminalpolitischen Bedeutung der Vorschrift vgl. *Sander* MK Rdn. 4. **1**

1. Deliktsnatur. Von prinzipieller Bedeutung ist vor allem die Festlegung, dass der Täter den Angriff „verübt" (und nicht mehr „unternommen") haben muss. Ist § 316a hiernach nicht mehr als echtes Unternehmensdelikt zu klassifizieren, so gehen die Meinungen über die Deliktsnatur der Neufassung auseinander.[19] Einerseits verfolgte der Gesetzgeber mit der Neufassung erklärtermaßen das Ziel, die Vollendungsstrafbarkeit im Vergleich zur früheren Gesetzeslage hinauszuschieben.[20] Andererseits ist zu bedenken, dass das beibehaltene Begriffsmerkmal „Angriff" eine feindselige Willensbetätigung umschreibt, die den anvisierten Erfolg nicht unbedingt erreichen muss und insoweit als „materielle" Versuchshandlung gedeutet werden kann. Vor diesem Hintergrund wird die Ansicht vertreten, dass § 316a nunmehr zwar nicht mehr als echtes, aber immerhin noch als sog. „unechtes" Unternehmensdelikt anzusehen sei.[21] Andere Autoren charakterisieren die Neufassung des § 316a als Kombination von Tätigkeits- und Absichtsdelikt,[22] doch wird die Norm vereinzelt auch als Erfolgsdelikt[23] bezeichnet. **2**

---

[19] Eingehend hierzu *Ingelfinger* JR **2000** 225 ff; offen gelassen von BGH NStZ **2001** 197.

[20] BTDrucks. 13/8587 S. 51.

[21] So insbesondere *Stein*, in: Dencker u.a., Einführung in das 6. Strafrechtsreformgesetz 1998 (1998) 4. Teil Rdn. 114 f; *Ch. Fischer* Jura **2000** 439; *Hübsch* S. 92 ff, 153; *Sander* MK Rdn. 3; vgl. auch schon *Günther* JZ **1987** 27; *Meurer-Meichsner* S. 41 (Fn. 50).

[22] *Küper* Strafrecht Besonderer Teil 7. Aufl. (2008) S. 20; *Herzog* NK Rdn. 6; *Wessels/Hillenkamp* Strafrecht Besonderer Teil/2 30. Aufl. (2007) Rdn. 381; *Wolters/Horn* SK Rdn. 2a; s. auch *Roßmüller/Rohrer* NZV **1995** 258.

[23] *Bayer*, in: Schlüchter (Hrsg.), Bochumer Erläuterungen zum 6. Strafrechtsreformgesetz (1998) Rdn. 3. S. auch *Kindhäuser* LPK Rdn. 1.

3 Die Bezeichnung als **„unechtes Unternehmensdelikt"** ist prinzipiellen Bedenken insofern ausgesetzt, als sich diese Rechtsfigur lediglich zur Kennzeichnung einer spezifischen, aus der strukturellen Parallele zum Versuch resultierenden Problemlage eignet. Die maßgeblichen Antworten lassen sich nicht allgemein aus dieser Kategorie ableiten, sondern sie müssen im Wege einer Auslegung der betreffenden Einzeldelikte gewonnen werden.[24] Immerhin macht diese Einordnung deutlich, dass für die Neufassung des § 316a Anlass zu der Frage besteht, wie die Grenze zwischen einem (wegen des Verbrechenscharakters gemäß §§ 22, 23 Abs. 1 strafbaren) Angriffsversuch und einem vollendeten „Angriff" zu ziehen ist. Hierbei sind zwei unterschiedliche Anknüpfungspunkte für eine mögliche Abschichtung zu erörtern: Zum einen ist – im Rahmen des Merkmals „Angriff" – zu fragen, ob auch objektiv ungefährliche Verhaltensweisen als vollendete Tat strafbar sein können, zum anderen ist – bezüglich des „Verübens" des Angriffs – zu untersuchen, wie weit das Täterverhalten in zeitlicher Hinsicht vorangeschritten sein muss, um als vollendeter Angriff zu erscheinen (vgl. Rdn. 12 ff).

4 Der Deutung als **Kombination von Absichts- und Tätigkeitsdelikt** ist insofern zuzustimmen, als es eines Erfolges im Sinne einer wirklichen Beeinträchtigung von Leib, Leben oder Entschlussfreiheit nicht bedarf. Zeigt sich der Kraftfahrer von der Drohung des Täters unbeeindruckt, so ist der Angriff gleichwohl vollendet. Deshalb wäre es zumindest missverständlich, § 316a als **„Erfolgsdelikt"** zu bezeichnen.[25] Andererseits soll diese Rubrizierung möglicherweise lediglich zum Ausdruck bringen, dass die bloße Handlungsvornahme durch den Täter für sich genommen nicht (stets) zur Tatvollendung ausreicht. So bezieht *Bayer*[26] den „Erfolg" auf das Erfordernis eines „tatsächlich verübten Angriffs". Das ist nicht unbedingt dasselbe wie ein erfolgreicher (= gelungener) Angriff. Vergleichbare Schwierigkeiten bezüglich der Festlegung der Deliktsnatur bestehen im Übrigen auch bei anderen Straftatbeständen, so z.B. hinsichtlich des Merkmals des „Hilfeleistens" in § 257.[27]

5 **2. Beginn der Strafbarkeit.** Die vorstehend angesprochene Problematik betrifft die Binnenabgrenzung zwischen (strafbarer) versuchter und vollendeter Tatbegehung. Hiervon ist die Frage zu unterscheiden, ob die Umgestaltung des § 316a auch die Außengrenzen des Strafbarkeitsbereichs verschoben hat. Dogmatisch erzwungen ist eine solche Veränderung nicht. Denn die Besonderheit der echten Unternehmensdelikte, den Versuch als Vollendung zu behandeln (vgl. § 11 Abs. 1 Nr. 6), bedeutet keine Modifizierung der Maßstäbe, nach denen der Deliktsversuch von dem Bereich strafloser Vorbereitung abzugrenzen ist. Vor diesem Hintergrund würde sich die Reform des § 316a allein auf der Rechtsfolgenseite auswirken, indem die vormals als Vollendung geahndeten Versuchsfälle bei grundsätzlich gleicher Reichweite dem Regime der §§ 22 ff unterfielen.[28] Andererseits ist zu konstatieren, dass die Strafbarkeitsgrenzen bezüglich der alten Fassung vielfach sehr früh angesetzt wurden. Die Orientierung an früheren Judikaten und die durch den Unternehmenscharakter implizierte Gesamtbetrachtung haben zu einer vielfach zu Recht kritisierten extensiven Vorverlagerung der Strafbarkeit geführt, die auch mit der allgemeinen Verengung des Versuchsbeginns auf Fälle des „unmittelbaren" Ansetzens

[24] Vgl. hierzu allgemein *Sowada* GA **1988** 195 ff, 205 f; zustimmend *Zieschang* Die Gefährdungsdelikte (1998) S. 337 (Fn. 551).

[25] Näher hierzu *Hübsch* S. 118 ff.

[26] In: Schlüchter (Fn. 23) Rdn. 3. Vgl. auch *Geppert* JK 00 § 255/10 („erfolgsbezogenes Tätigkeitsdelikt").

[27] Vgl. insoweit *Küper* BT S. 205 f (m.w.N.).

[28] *Ch. Fischer* Jura **2000** 438; *Küper* BT[6] S. 20.

(§ 22) nicht in Einklang zu bringen war.[29] In diesem Zusammenhang ist die Umgestaltung des § 316a mittelbar von („psychologischer") Bedeutung. Denn mit dem Erfordernis, dass der Angriff „verübt" worden sein muss, geht eine perspektivische Veränderung in dem Sinne einher, dass der Blick vom diffusen Gesamtgeschehen punktuell auf den Augenblick der Einwirkung auf das Opfer gelenkt wird.[30] Wenngleich also bei streng dogmatischer Betrachtung die Grenzziehung zwischen Vorbereitung und Versuch an sich unangetastet bleibt, kann die Neugestaltung der Norm den Bemühungen um eine restriktive Auslegung neuen Auftrieb geben und somit ein **Nachrücken der Versuchsgrenze** nahelegen. Insofern verstärkt die Reform des § 316a tendenziell die Notwendigkeit, die früheren Judikate zum Strafbarkeitsbeginn nicht unbesehen fortzuschreiben, sondern im Lichte der Neufassung kritisch zu würdigen. Ganz allgemein hatten sich die durch das 6. StrRG vorgenommenen Änderungen zunächst nicht in der höchstrichterlichen Rechtsprechung niedergeschlagen.[31] Inzwischen hat § 316a jedoch einen **grundlegenden Rechtsprechungswandel** erfahren (näher dazu Rdn. 10 f, 20 ff, 27 ff, 36).

3. **Privilegierung des Täterverhaltens.** Ein drittes Problem betrifft den Bereich der Privilegierung des Täterverhaltens. Für den im Versuchsstadium befindlichen Täter eröffnet der Rücktritt (§ 24) die Möglichkeit völliger Straflosigkeit (bezüglich § 316a). Die Streichung der Vorschrift über die tätige Reue (§ 316a Abs. 2 a.F.) ist insoweit dogmatisch konsequent und benachteiligt den Täter nicht, zumal die frühere Bestimmung die Möglichkeit des Absehens von Strafe (neben einer fakultativen Strafmilderung gemäß § 49 Abs. 1) lediglich in das Ermessen des Gerichts gestellt hatte. Allerdings bedeutet der Wegfall des § 316a Abs. 2 a.F. unter Umständen in anderer Hinsicht zugleich eine Verschärfung für den Täter. Zum früheren Recht wurde teilweise die Auffassung vertreten, dass eine tätige Reue im Sinne des § 316a Abs. 2 bis zur Vollendung des geplanten Raubes, des räuberischen Diebstahls oder der räuberischen Erpressung in Betracht komme (vgl. näher unten Rdn. 50). Ferner wird darauf hingewiesen, dass auch nach der Neufassung des § 316a die Vollendungsstrafbarkeit deutlich im Vorfeld des vom Täter intendierten Eigentums- oder Vermögensdelikts einsetzt.[32] Dieser Befund schlägt sich nicht allein in dem Bemühen nieder, das Merkmal des „Verübens" möglichst erfolgsnah zu interpretieren, sondern es gibt auch Überlegungen, die auf eine partielle analoge Fortgeltung des § 316a Abs. 2 a.F. (oder auf eine analoge Anwendung sonstiger Vorschriften über tätige Reue) gerichtet sind.[33] 6

II. Geschütztes Rechtsgut

Von der Umgestaltung der Vorschrift unberührt ist demgegenüber der Streit über das geschützte Rechtsgut dieser „gewissermaßen auf der Nahtstelle zwischen Vermögens- 7

[29] *Geppert* NStZ **1986** 552, 553 f; *Günther* JZ **1987** 23 ff; *Kindhäuser* Strafrecht Besonderer Teil II 4. Aufl. (2003) § 19 Rdn. 16; *Krey/Hellmann* BT/2 Rdn. 226; *Lackner/Kühl* Rdn. 4; *Wessels/Hillenkamp* BT/2 Rdn. 388.

[30] Vgl. auch zum Begriff „Angriffsunternehmen" *Roßmüller/Rohrer* NZV **1995** 260 f; s. auch *Sowada* GA **1988** 195, 208 f.

[31] *Wolters* GA **2002** 303 ff.

[32] *Freund* ZStW **109** (1997) 455, 482; *Joecks* Studienkommentar 7. Aufl. (2007) Rdn. 6; *Mitsch* JA **1999** 664 f; *Fischer* Rdn. 8; *Wolters* JZ **1998** 397, 400; s. auch BTDrucks. 13/8587 S. 51.

[33] *Wessels/Hillenkamp* BT/2 Rdn. 389; s. auch *Ingelfinger* JR **2000** 231 f; *Küper* BT S. 21.

und Verkehrsdelikten"[34] angesiedelten Strafnorm. Die Rechtsprechung[35] und ein Teil des Schrifttums[36] interpretieren die Vorschrift als eine Norm, die (zumindest gleichrangig neben den Vermögensaspekten[37]) dem **Schutz des Kraftverkehrs** und dem Vertrauen in dessen Sicherheit dient. Demgegenüber sieht die Gegenansicht[38] in § 316a (jedenfalls primär, insbesondere durch eine auf die Vermeidung von Raubtaten bezogene Ausrichtung der Verkehrskomponente[39]) eine durch die besondere Begehungsweise qualifizierte Form des Raubes, des räuberischen Diebstahls bzw. der räuberischen Erpressung. Wenngleich der zuletzt genannten Auffassung zuzugeben ist, dass es zur Verwirklichung des § 316a weder der Herbeiführung einer Gemeingefahr noch der konkreten Gefährdung von Verkehrsteilnehmern bedarf, sprechen die besseren Gründe dafür, die straßenverkehrsrechtliche Dimension nicht als bloßen Schutzreflex, sondern als tragenden Bestandteil der Unrechtskonzeption (neben dem **Vermögensschutz**) anzusehen.[40] Diese Deutung entspricht sowohl der systematischen Einordnung des § 316a in den 28. Abschnitt des StGB als auch den Vorstellungen des historischen Gesetzgebers.[41] Das Hauptargument resultiert jedoch daraus, dass die in § 316a Abs. 1 angedrohte hohe Mindeststrafe von fünf Jahren Freiheitsstrafe für ein im Vorfeld des Raubes (etc.) angesiedeltes Verhalten (unabhängig von der Frage der kriminalpolitischen Notwendigkeit einer solchen Strafdrohung) allenfalls durch den Hinweis auf ein hinzutretendes Schutzgut von Gewicht legitimierbar erscheint.[42] Das Bemühen um eine Stimmigkeit der Rechtsfolgensystematik und die Anerkennung einer verkehrsrechtlichen Schutzgutsbestimmung bilden zugleich die Anknüpfungspunkte für die gebotene enge Auslegung des § 316a (s. Rdn. 37 ff).[43]

---

[34] Niederschriften der Großen Strafrechtskommission **9** 366.

[35] BGHSt **5** 280, 281; **13** 27, 29; **22** 114, 117; **39** 249, 250; BGH MDR bei Holtz **1991** 104, 105.

[36] *Günther* JZ **1987** 375 ff; *Duttge/Nolden* JuS **2005** 195; *Geppert* Jura **1995** 311; *Gössel* BT/2 § 15 Rdn. 27 f; *Hentschel* JR **1986** 428, 429; *Schäfer* LK[10] Rdn. 3.

[37] BGHSt **49** 8, 11; BGH NStZ **2004** 626. Für eine kumulative Schutzrichtung *Fischer* Rdn. 2; *Joecks* Studienkommentar Rdn. 1; *Kindhäuser* BT/2 19/1; *Lackner/Kühl* Rdn. 1; *Mitsch* BT 2/2 § 2 Rdn. 6; *Rengier* Strafrecht Besonderer Teil I 9. Aufl. (2007) § 12 Rdn. 1; *Sander* MK Rdn. 2; *Wessels/Hillenkamp* BT/2 Rdn. 381 f.

[38] *Hübsch* S. 37 ff, 59; *Otto* Grundkurs Strafrecht: Die einzelnen Delikte (= BT) 7. Aufl. (2005) § 46 Rdn. 69; *Krey/Hellmann* BT/2 Rdn. 224; *Meurer-Meichsner* S. 96 ff, 106 f; *Maurach/Schroeder* BT/1 § 35 Rdn. 45 f; *Wolters/Horn* SK Rdn. 2.

[39] In diesem Sinne *Sch/Schröder/Cramer/Sternberg-Lieben* Rdn. 1; s. auch *D. und I. Sternberg-Lieben* JZ **2004** 633, 634 sowie *Herzog* NK Rdn. 4 f, 14. Grundsätzlich kritisch zum „teleologischen Grauschleier", der § 316a umgibt, *Ch. Fischer* Jura **2000** 436, 438, 441 f.

[40] Näher zum Folgenden *Sowada* FS Otto, S. 809 ff; zust. *Dehne-Niemann* NStZ **2008** 319, 320 f.

[41] *Günther* JZ **1987** 376 f.

[42] In diesem Sinne auch die (für die Reform des § 316a durch das 6. StrRG bedeutsame; vgl. *Ingelfinger* JR **2000** 225) Begründung zu § 348 des E 1962 (BTDrucks. IV/650 S. 533 f). Für eine auf die §§ 239a, 250 Abs. 2 ausgerichtete Rechtfertigung des Strafrahmens *Wolters* GA **2002** 307 (kritisch hierzu *Sowada* FS Otto, S. 813); für ein Verständnis als Qualifikation des beabsichtigten Verbrechens *Steinberg* NZV **2007** 551.

[43] Hierzu *Duttge/Nolden* JuS **2005** 195 f; *Küper* BT[6] S. 21 f. Allgemein zur Bedeutung des Strafrahmens als „Auslegungskriterium zweiter Stufe" *Kudlich* ZStW **115** (2003) 1 ff, 13, 24.

III. Objektiver Tatbestand

Der objektive Tatbestand des § 316a Abs. 1 erfordert das Verüben eines Angriffs auf Leib, Leben oder Entschlussfreiheit (= Tathandlung) des Führers eines Kraftfahrzeugs oder eines Mitfahrers (= Tatobjekt) unter Ausnutzung der besonderen Verhältnisse des Straßenverkehrs (= Tatsituation). 8

1. Tathandlung

a) **Angriff auf Leib, Leben oder Entschlussfreiheit.** **„Angriff"** ist jede auf die Beeinträchtigung der genannten Rechtsgüter gerichtete feindselige Handlung ohne Rücksicht darauf, ob ein verletzender Erfolg eintritt.[44] Dieser tatbestandliche Angriff und die geplante Raubtat können, müssen aber nicht zusammenfallen.[45] Angriffe gegen **Leib oder Leben** setzen eine unmittelbar auf den Körper zielende feindselige Einwirkung voraus, bei der die Gefahr der Tötung oder einer nicht ganz unerheblichen (teilweise enger: erheblichen[46]) Körperverletzung besteht;[47] hiernach genügt jede Art tatbestandsmäßiger Körperverletzung oder Tötung.[48] Das Merkmal des Angriffs auf die **Entschlussfreiheit** umfasst alle Formen der Nötigung (einschließlich der Gewalt gegen Sachen), soweit diese nicht bereits Leibes- oder Lebensangriffe darstellen.[49] In Betracht kommen z.B. die Errichtung einer Straßensperre (durch Umlegen von Bäumen oder das Errichten einer Barrikade aus Ästen und Zweigen,[50] Spannen von Drähten, Ausstreuen von Nägeln o.ä.), das Versperren der Fahrbahn durch einen Fußgänger (BGH GA **1965** 150),[51] Veränderungen am Fahrzeug (heimliches Auslaufenlassen von Treibstoff), das Ergreifen des Lenkrades oder das (vom Opfer bemerkte[52]) Betätigen der Kindersicherung (BGH NStZ-RR **2004** 171, 172).[53] Auch konkludente Drohungen (z.B. das Vorhalten eines Messers oder einer Schusswaffe[54]) stellen einen Angriff auf die Entschlussfreiheit dar; ein allgemein aggressives Auftreten, das für den Fall der Weigerung kein erkennbares Übel in Aussicht stellt, genügt jedoch nicht.[55] 9

---

44 *Fischer* Rdn. 6; *Geppert* Jura **1995** 312; *Hentschel/König* Rdn. 2; *Herzog* NK Rdn. 7; *Ingelfinger* JR **2000** 227 (m.w.N.); *Kühl* Rdn. 2; *Rengier* BT/1 § 12 Rdn. 3; *Schäfer* LK10 Rdn. 5; *Sch/Schröder/Cramer/Sternberg-Lieben* Rdn. 3; *Wessels/Hillenkamp* BT/2 Rdn. 383. Näher zum Merkmal „Angriff" *Grünauer* S. 8 ff; *Hübsch* S. 61 ff; *Wolters/Horn* SK Rdn. 3b.

45 BGHSt **49** 8, 12; *Geppert* NStZ **1986** 552, 553 (m.w.N.); *ders.* Jura **1995** 312; *Sander* MK Rdn. 9; *Wolters/Horn* SK Rdn. 3a.

46 *Wessels/Hillenkamp* BT/2 Rdn. 383a.

47 BGHR § 316a Abs. 1 Angriff Nr. 1; *Sch/Schröder/Cramer/Sternberg-Lieben* Rdn. 4; *Gössel* BT/2 § 15 Rdn. 32; *Griesbaum* Heidelberger Kommentar zum Straßenverkehrsrecht (= HK/StVR) 1993 Rdn. 4; *Herzog* NK Rdn. 9; *Lackner/Kühl* Rdn. 2 in Verbindung mit § 102 Rdn. 2.

48 *Geppert* Jura **1995** 312; *Rengier* BT/1 § 12 Rdn. 5.

49 BGH NStE Nr. 2 und 3; BGHR § 316a Abs. 1 Angriff Nr. 1; § 255 Drohung Nr. 3; DAR bei Spiegel 1989 241; *Fischer* Rdn. 6; 8; *Geppert* Jura **1995** 312; *Gössel* BT/2 § 15 Rdn. 32; *Krey/Hellmann* BT/2 Rdn. 226; *Sander* MK Rdn. 10; *Sch/Schröder/Cramer/Sternberg-Lieben* Rdn. 4.

50 BGH DAR **2001** 513.

51 S. auch BGH StV **2002** 361, 362.

52 Gegen dieses Erfordernis *Sander* MK Rdn. 26; *Sch/Schröder/Cramer/Sternberg-Lieben* Rdn. 4.

53 Weitere Beispiele bei *Hentschel/König* Rdn. 6.

54 BGHSt **50** 169; BGH NStZ **2003** 35; **2004** 269.

55 BGHR § 316a Abs. 1 Angriff Nr. 1; *Sch/Schröder/Cramer/Sternberg-Lieben* Rdn. 4.

10 Sehr umstritten ist inzwischen die (früher im Grundsatz weitgehend bejahte)[56] Frage, ob und inwieweit die Entschlussfreiheit auch durch **Täuschung** oder **List** angegriffen werden kann. Nachdem die gerichtsinterne Zuständigkeit für § 316a (seit 2003) beim BGH auf den 4. Strafsenat konzentriert worden war,[57] hat dieser – beginnend mit dem Grundsatzurteil BGHSt **49** 8 ff – in weitgehender Übereinstimmung mit der Literatur und in ausdrücklicher Abkehr von älteren Judikaten einen enger am Schutzzweck und den einzelnen Tatbestandsmerkmalen orientierten, restriktiveren Kurs eingeschlagen.[58] Ein Element der grundlegenden Neuorientierung bildet die Aussage, dass List und Täuschung „regelmäßig" noch keinen Angriff darstellen.[59] Die Reichweite dieser Einschränkung (Ausnahmen zu „regelmäßig"?) ist noch nicht geklärt. Im Schrifttum wird teilweise die List als Angriffsform generell ausgeschlossen und § 316a StGB auf den Einsatz von Nötigungsmitteln eingeengt.[60] Andere Autoren beziehen Täuschungen mit ein, sofern sie nach den Gesamtumständen einen nötigenden (oder nötigungsähnlichen) Charakter dadurch aufweisen, dass bei Vorliegen der vorgespiegelten Umstände eine Rechtspflicht zur Vornahme (oder Unterlassung) einer bestimmten Handlung bestünde.[61] Nach wiederum anderer Ansicht soll auch die Schaffung einer das Opfer nur moralisch zu einem bestimmten Handeln verpflichtenden Situation ausreichen.[62] Vereinzelt wird die Einbeziehung der List ohne nähere Einschränkung befürwortet.[63]

11 Zustimmung verdient die Restriktion zunächst insoweit, als das **Erschleichen der Mitfahrt** durch Verschweigen der räuberischen Absicht sowie die bloße **Benennung eines** als Ort des späteren Überfalls vorgesehenen **Fahrtziels** nicht (mehr)[64] dem § 316a unterfallen.[65] Das Hervorrufen eines Motivirrtums für eine ansonsten unbeeinflusste Fahrt bildet zwar einen Kausalfaktor auf dem Weg zum späteren Überfall, aber noch keinen „Angriff" auf die „Freiheit" zur Entschlussfassung.[66] Überdies wird hierdurch lediglich die Gutgläubigkeit des Opfers ausgenutzt, nicht jedoch die besonderen Verhältnisse des Straßenverkehrs. Die gleichen Überlegungen gelten ungeachtet der in § 22 PBefG nor-

---

[56] Vgl. die Nachweise bei Sowada LK[11] Rdn. 9.

[57] Hierzu *Sander* MK Rdn. 64.

[58] BGHSt **49** 8, 10 f = JR **2004** 256 mit Anm. *Herzog* = JZ **2004** 630 mit Anm. *D.* und *I. Sternberg-Lieben*; vgl. zu dieser Entscheidung ferner *Duttge/Nolden* JuS **2005** 193 ff; *Geppert* JK 5/04, § 316a/6; *Krüger* NZV **2004** 161 ff; *Martin* JuS **2004** 352 ff; *Petersohn* JA **2004** 515 ff; *Sander* NStZ **2004** 501 ff. Vgl. ferner BGHSt **50** 169 ff (hierzu *Kubiciel* JA **2005** 842 ff; *Kudlich* JuS **2005** 1134 ff); **52** 44 ff (hierzu *Dehne-Niemann* NStZ **2008** 319 ff; *Geppert* JK 7/08 § 316a/8; *Krüger* NZV **2008** 234 ff; *Sowada* HRRS **2008** 136 ff). Allgemein zur neuen Ausrichtung der Rechtsprechung auch *Ferner* SVR **2004** 96, 101 ff; *Küper* BT S. 21 f; *Sowada* FS Otto, S. 800 ff; *Steinberg* NZV **2007** 545 ff.

[59] BGHSt **49** 8 und 12 f.

[60] *Duttge/Nolden* JuS **2005** 197; *Hentschel/König* Rdn. 2; *Krüger* NZV **2004** 165 ff; *Krey/Hellmann* BT/2 Rdn. 228a, 229; *Kudlich* Strafrecht BT I (2004), Nr. 186; *Maurach/Schroeder* BT/1 § 35 Rdn. 50; *Mitsch* BT 2/2 § 2 Rdn. 15.

[61] *Rengier* BT 1 § 12 Rdn. 28 f; *Sander* MK Rdn. 11; *Wessels/Hillenkamp* BT/2 Rdn. 383a; *Wolters* GA 2002 315 f; *Wolters/Horn* SK Rdn. 3c.

[62] *Sch/Schröder/Cramer/Sternberg-Lieben* Rdn. 4; *D.* und *I. Sternberg-Lieben* JZ **2004** 633, 636; s. auch *Roßmüller/Rohrer* NZV **1995** 263.

[63] *Lackner/Kühl* Rdn. 2; s. auch *Hübsch* S. 65.

[64] Zur weitergehenden Rechtsprechung zu § 316a a.F. (z.B. BGHSt **33** 378, 381 m.w.N.) vgl. *Sowada* LK[11] Rdn. 39.

[65] BGHSt **49** 8, 12 f; BGH NStZ-RR **2004** 171, 172; *Ch. Fischer* Jura **2000** 436 f; *Geppert* NStZ **1986** 552, 554; *Herzog* NK Rdn. 7, 10; *Rengier* BT/1 § 12 Rdn. 6, 28; *Sowada* FS Otto, S. 807 (m.w.N.); *Wolters/Horn* SK Rdn. 3c, 4a.

[66] Näher *Wolters/Horn* SK Rdn. 3c.

mierten Beförderungspflicht in Bezug auf Taxifahrer[67] (soweit BGHSt **49** 8, 13 f eine Ausnahme für die Veranlassung der Fahrt durch die Berufung auf den Kontrahierungszwang annimmt, ist zumindest das Ausnutzungsmerkmal zu verneinen[68]). Auch das Hinlocken des Opfers an einen verkehrsarmen Ort ist noch nicht als Angriff anzusehen (problematisch insoweit – wenngleich anknüpfend an den späteren Überfall – BGH NStZ **1994** 340 f[69]); denn letztlich kann es keinen Unterschied machen, ob der Täter den zur Begehung des Raubes ausgesuchten Tatort als Mitfahrer oder als Außenstehender (z.B. als Lieferkunde) vorgibt.[70] Umgekehrt erscheint die Bejahung einer sog. psychischen Autofalle (zumindest) in jenen Fällen überzeugend, in denen die vom Täter vorgespiegelten Umstände ein bestimmtes Verkehrsverhalten rechtlich (scheinbar) vorschreiben. So steht es der Errichtung einer physischen Straßensperre gleich, wenn der Täter als vermeintlicher Polizist eine Verkehrskontrolle vortäuscht, falsche Stoppschilder aufstellt oder durch Manipulation ein rotes Ampellicht bewirkt. Ungeachtet der (im Übrigen auch in den Fällen der vis compulsiva bestehenden) faktischen Möglichkeit, diese Vorgaben zu ignorieren, ist das Verhalten hier fremdbestimmt.[71] Ebenso verhält es sich beim Vortäuschen eines Unglücksfalls (§ 323c), für den allerdings das bloße (vorgespiegelte) Liegenbleiben eines Fahrzeugs regelmäßig[72] nicht ausreicht.[73] Sobald man über diesen gesicherten Bereich **vorgetäuschter Rechtspflichten** hinausgeht und insbesondere auch die Schaffung von nur moralisch als verpflichtend empfundenen Situationen ausreichen lässt, ergeben sich erhebliche Bestimmtheits- und Abgrenzungsprobleme (z.B. beim Gerieren als Anhalter[74] oder bei manipulierten Wegweisern),[75] sofern man nicht jede sich unmittelbar im Fahrverhalten auswirkende Täuschung als tatbestandsmäßig ansehen will.[76] Inwieweit eine nicht als „Angriff" zu qualifizierende List einen Versuch begründet, bestimmt sich nach den allgemeinen Grundsätzen des § 22.[77] Für die deutlich vorgelagerten Verhaltensweisen (Erschleichen der Mitfahrt, Hinlocken zum geplanten Überfallort etc.) ist dies jedoch regelmäßig zu verneinen.[78] Umgekehrt enthebt die Bejahung eines „Angriffs" nicht von der sorgfältigen Prüfung des Ausnutzungsmerkmals (vgl. dazu Rdn. 29 ff, 40).[79] Mündet das täuschende Verhalten direkt in die räube-

---

67 *Rengier* BT/1 § 12 Rdn. 30; *Steinberg* NZV **2007** 550; mit anderer Begründung auch *Duttge/Nolden* JuS **2005** 197 f; **aA** *Roßmüller/Rohrer* NZV **1995** 263 f.

68 Ebenso *Sander* MK Rdn. 13, 37; *D.* und *I. Sternberg-Lieben* JZ **2004** 633, 636.

69 Dem BGH tendenziell zustimmend *Wessels/Hillenkamp* BT/2 Rdn. 391; s. auch *Lackner/Kühl* Rdn. 3; kritisch hingegen *Hauf* NStZ **1996** 40 f; *Hentschel/König* Rdn. 3; *Roßmüller/Rohrer* NZV **1995** 257; *Sander* NStZ **2004** 501, 502.

70 Ebenso *Rengier* BT/1 § 12 Rdn. 32; *Sander* MK Rdn. 35 f; s. aber auch *Fischer* Rdn. 11a.

71 *Sander* MK Rdn. 11; näher *Wolters/Horn* SK Rdn. 3c.

72 Eine besondere Fallgestaltung betrifft BGH VRS **80** (1991) 126 f (Vortäuschen einer Panne stellt zugleich ein physisches Hindernis dar, an dem das Opfer nur noch ganz langsam vorbeifahren konnte).

73 *Hentschel/König* Rdn. 6; *Hanft* JuS **2005** 1010, 1012; *Sowada* FS Otto, S. 808 (m.w.N.). Für Bejahung des § 316a hingegen noch BGHR § 316a Strafzumessung 1; ferner *Fischer* Rdn. 7; *Sander* MK Rdn. 11; *Sch/Schröder/Cramer/Sternberg-Lieben* Rdn. 4.

74 § 316a a.F. bejaht von BGH MDR bei Dallinger **1975** 725.

75 Näher hierzu *Sowada* FS Otto, S. 808.

76 Vgl. in diese Richtung *Fischer* Rdn. 7; *Kindhäuser* LPK Rdn. 5; s. auch *Sowada* LK[11] Rdn. 40.

77 *Lackner/Kühl* Rdn. 4; vgl. auch BGHSt **49** 8, 16.

78 BGHSt **49** 8, 12 („regelmäßig ein ... den Angriff vorbereitendes Geschehen"; ebenso BGH NStZ-RR **2004** 171, 172); *Herzog* NK Rdn. 10; *Rengier* BT 1 § 12 Rdn. 39; *Wessels/Hillenkamp* BT/2 Rdn. 388; weiter *Fischer* Rdn. 7, 11a.

79 *Wolters/Horn* SK Rdn. 3c, 4a.

rische Tat, so kommt dem Problem der Einbeziehung der List keine praktische Bedeutung zu.[80]

12 Teilweise wird die Ansicht vertreten, ein vollendeter Angriff liege nur vor, wenn das Verhalten des Täters **objektiv geeignet** ist, Leib, Leben oder Entschlussfreiheit des Opfers zu beeinträchtigen. Fehle es hieran, so sei stets nur ein untauglicher Versuch gegeben.[81] Eine solche Restriktion ist erkennbar von dem Bestreben geleitet, die Tatvollendung so weit wie möglich an die Verwirklichung des Erfolgsunrechts anzunähern und dem Täter (insbesondere angesichts des unvermindert hohen Strafrahmens und der Streichung des § 316a Abs. 2 a.F.) die Rücktrittsoption so lang wie möglich offenzuhalten. Ferner wird z.T. allgemein der Anwendungsbereich „unechter" Unternehmensdelikte auf taugliche Versuchshandlungen beschränkt.[82]

13 Dennoch erscheint die **Ausgrenzung untauglicher Angriffsformen** im Rahmen des § 316a **zweifelhaft.**[83] Der tätigkeitsbezogene Begriff des „Angriffs" erfasst nach seiner Wortbedeutung auch objektiv ungefährliche Verhaltensweisen.[84] Die Beschränkung des Tatbestands ist in diesem Zusammenhang auf der zeitlichen Schiene vorzunehmen. Insoweit bildet das Merkmal des „Verübens" zugleich einen gesetzlichen Anknüpfungspunkt. Die These, dass der Gesetzgeber bei der Neufassung *alle* Arten von materiellen Versuchen zumindest weitgehend von der Vollendungsstrafbarkeit ausnehmen wollte,[85] findet in den Gesetzesmaterialien keine Stütze. Verlangt man für die Vollendung ein zeitlich fortgeschrittenes Täterhandeln, so ist auch ein zwingendes Privilegierungsbedürfnis nicht zu erkennen (z.B. beim Abdrücken eines ungeladenen Revolvers oder dem Aussprechen der Drohung in einer vom Kraftfahrer nicht verstandenen Sprache). Allerdings kann eine verkehrsbezogene Interpretation des **Ausnutzungsmerkmals** zur Verneinung einer Vollendungsstrafbarkeit führen (s. Rdn. 40). Im Übrigen wird die praktische Auswirkung dieses Auslegungsproblems dadurch vermindert, dass ein untauglicher Angriff auf Leib oder Leben sich zugleich als tauglicher (ggf. sogar erfolgreicher) Angriff auf die Entschlussfreiheit darstellen kann (*Beispiel:* Der Täter will das Opfer mit einem Schuss aus der ungeladenen Gaspistole aus dem Auto vertreiben; obwohl kein Gas freigesetzt wird, flieht der Fahrer).

14 b) **Verüben.** Im Gegensatz zur früheren Gesetzesfassung muss der Angriff nicht (nur) „unternommen", sondern „verübt" sein. Dieses Erfordernis ist erfüllt, wenn der Angriff „ausgeführt" ist.[86] Hierfür genügt jedoch nicht schon der Beginn einer Ausführungshandlung. Mit dem ersten Spatenstich zu einer Autofalle, in der geraume Zeit später ein Kraftfahrer gefangen werden soll, wird kein Angriff „verübt", sondern lediglich ein solcher vorbereitet. Würde man auch für die Neufassung des § 316a das Überschreiten der Schwelle zum „Jetzt geht es los" als Vollendung ansehen, so würde das gesetzgeberische Anliegen einer Unrechtsabstufung zwischen Versuch und Vollendung konterkariert

---

80 *Sander* MK Rdn. 14.

81 *Ch. Fischer* Jura **2000** 439 f; *Ingelfinger* JR **2000** 232; *Maurach/Schroeder* BT/1 § 35 Rdn. 49; *Sander* MK Rdn. 27, 51; *Stein*, in: Dencker u.a. (Fn. 21) 4. Teil Rdn. 114; ebenso zu § 316a a.F. *Gössel* BT/2 § 15 Rdn. 31. Für Straflosigkeit des untauglichen Versuchs *Hübsch* S. 148 ff.

82 *Sch/Schröder/Eser* Rdn. 53 f zu § 11; vgl. ferner *Sowada* GA **1988** 195, 203 ff.

83 Ablehnend auch *Fischer* Rdn. 13; *Sch/Schröder/Cramer/Sternberg-Lieben* Rdn. 3; *Wolters/Horn* SK Rdn. 7 (a.E.).

84 *Grünauer* S. 14, 40.

85 *Ingelfinger* JR **2000** 232.

86 *Küper* BT S. 18; *Lackner/Kühl* Rdn. 4; *Rengier* BT/1 § 12 Rdn. 8; *Wessels/Hillenkamp* BT/2 Rdn. 383.

und der Rücktrittsmöglichkeit jeder Anwendungsbereich entzogen (sofern man nicht den Versuch unter Missachtung des § 22 schon vor dem unmittelbaren Ansetzen zur Einwirkung auf das Opfer beginnen lassen will). Deshalb ist ein fortgeschrittenes Stadium des Handlungsvollzugs in Gestalt eines beendeten materiellen Versuchs, d.h. die Vornahme einer den Kernbereich der Opfersphäre berührenden Angriffstätigkeit zu verlangen.[87]

Zustimmung verdienen insoweit auch die zur Verdeutlichung gebildeten **Beispiele** von *Joecks*:[88] Das Einsteigen in ein Taxi mit einer Schusswaffe, um den Taxifahrer zu überfallen, ist als straflose Vorbereitung zu beurteilen. Das Ergreifen der Waffe, um sie dem Taxifahrer wenig später an den Kopf zu halten, stellt ein unmittelbares Ansetzen zum Verüben (mithin einen Versuch des § 316a) dar. Hält der Täter dem Taxifahrer die Waffe an den Kopf, ist der Angriff verübt (= Vollendung). Weitere Beispiele für das Vorliegen einer vollendeten Tat sind das Aussprechen der Drohung oder die Abgabe eines Schusses.[89] **15**

Diese Grenzziehung bedarf jedoch weiterer **Präzisierung**. Das Erfordernis eines „beendeten Versuchs" für die Annahme einer Vollendung des § 316a bringt zutreffend zum Ausdruck, dass es nicht genügt, wenn nach der Vorstellung des Täters weitere Zwischenschritte zur Beeinträchtigung von Leib, Leben oder Entschlussfreiheit des Opfers vonnöten sind. Umgekehrt erscheint es jedoch zu weitgehend, jedes Verhalten, das im Rahmen der zu § 24 entwickelten Dogmatik als beendeter Versuch anzusehen wäre, als Vollendung zu qualifizieren. Denn abgesehen davon, dass diese Unterteilung auf die zur Erlangung der Straffreiheit notwendigen Anforderungen zugeschnitten ist (und der insoweit maßgebliche Rücktrittshorizont für die Auslegung des Merkmals des „verübten Angriffs" nicht passt), hätte eine schematische Übertragung dieses Kriteriums zur Folge, dass für eine Straflosigkeit durch eine aktive Umkehrleistung des Täters kein Raum ist. Dieses Leerlaufen des § 24 Abs. 1 S. 1 2. Alt. ist jedoch unangemessen. Kappt der Täter das von ihm gespannte Seil (oder deaktiviert er eine von ihm installierte Lichtschrankenkonstruktion) unmittelbar vor der Berührung des herannahenden Fahrzeugs, so ist der Angriff nicht „verübt", obwohl ein beendeter Versuch gegeben ist. Gleiches gilt, wenn der Täter, der dem Opfer den mit K.O.-Tropfen versetzten Kaffee gereicht hat, dem Opfer den Becher im letzten Augenblick aus der Hand schlägt.[90] Während es für einen beendeten Versuch darauf ankommt, dass der Täter das seiner Vorstellung nach zur Tatbestandsverwirklichung Erforderliche getan hat und das Opfer in den Gefahrenbereich gelangt ist, muss das Täterverhalten für ein „Verüben" des Angriffs das Opfer (zumindest in der Tätervorstellung) tatsächlich erreicht haben.[91] „Ausgeführt" ist der Angriff mithin erst mit der (vom Täter im Sinne eines „point of no return" verstandenen) **Einwirkung auf das Opfer**. Nach der neueren Rechtsprechung des BGH (BGHSt 49 8, 12; BGH NStZ-RR 2004 171, 172) muss das Opfer den objektiven Nötigungscharakter der Täterhandlung wahrgenommen haben.[92] **16**

[87] In diesem Sinne *Hentschel/König* Rdn. 2; *Ingelfinger* JR 2000 232; *Joecks* Studienkommentar Rdn. 6; *Stein*, in: Dencker u.a. (Fn. 21) 4. Teil Rdn. 114; aA *Sander* MK Rdn. 26; *Wolters/Horn* SK Rdn. 3b.

[88] *Joecks* Studienkommentar Rdn. 6. S. auch *Mitsch* BT 2/2 § 2 Rdn. 41.

[89] *Lackner/Kühl* Rdn. 4; *Stein*, in: Dencker u.a. (Fn. 21) 4. Teil Rdn. 114.

[90] Vgl. zu den Beispielen *Ingelfinger* JR 2000 232; *Sch/Schröder/Cramer/Sternberg-Lieben* Rdn. 3; *Wessels/Hillenkamp* BT/2 Rdn. 389.

[91] Vgl. *Ingelfinger* JR 2000 232 („Berührung des Kernbereichs der Opfersphäre"; „unmittelbaren Kontakt des Angriffsmittels mit den geschützten Rechtsgütern"); *Mitsch* BT 2/2 § 2 Rdn. 14; *Rengier* BT/1 § 12 Rdn. 8; *Sch/Schröder/Cramer/Sternberg-Lieben* Rdn. 3; *Wessels/Hillenkamp* BT/2 Rdn. 383, 388.

[92] AA *Sander* MK Rdn. 26; *Sch/Schröder/Cramer/Sternberg-Lieben* Rdn. 4.

17 Der hier befürworteten Restriktion kann nicht entgegengehalten werden, sie mache den § 316a zum Erfolgsdelikt.[93] Auch die Einordnung anderer Straftatbestände als schlichte Tätigkeitsdelikte wird nicht dadurch in Frage gestellt, dass der Täter mit seiner Handlung die Sphäre des Opfers oder eines Dritten erreichen muss.[94] Das gilt etwa bezüglich des Hausfriedensbruchs (§ 123: „eindringen") oder der Eidesdelikte (§§ 153 ff: Vollendung mit Abschluss der Aussage vor Gericht). Der Tätigkeitsbezug des Merkmals „Angriff" ist dadurch gewahrt, dass es unerheblich ist, ob das Opfer getötet oder verletzt wird oder ob Drohungen oder Täuschungen tatsächlich zu einem entsprechenden Opferverhalten führen. Wegen der dem „Angriff" immanenten Subjektivierung reicht es aus, wenn der Täter die für erforderlich gehaltenen Handlungen erbracht und hierbei irrig das Eindringen in die Opfersphäre angenommen hat. So ist § 316a z.B. vollendet, wenn der Täter eine nicht funktionierende ferngesteuerte Autobombe zündet (s. aber auch Rdn. 40).

2. Täter und Tatobjekt

18 a) **Täterkreis.** Der Täterkreis ist nicht beschränkt. Deshalb kommen neben den von außen angreifenden Dritten auch die Insassen des Fahrzeugs (unabhängig von ihrer Rolle im Straßenverkehr) als taugliche Täter in Betracht. Angreifer können somit auch der Fahrer selbst (BGHSt **13** 27 ff; **15** 322, 324; BGH NJW **1971** 765; BGH VRS 55 [1978] 262; *Grünauer* S. 42 ff; **aA** *Beyer* NJW **1971** 873) oder ein Mitfahrer (gegenüber dem Führer des Kraftfahrzeugs[95] oder einem anderen Mitfahrer[96]) sein.[97]

19 b) **Tatobjekt.** Als taugliches Tatobjekt nennt das Gesetz den Führer eines Kraftfahrzeugs sowie den Mitfahrer. **Kraftfahrzeuge** sind alle durch Maschinenkraft angetriebenen, nicht an Gleise gebundenen Landfahrzeuge (§ 1 Abs. 2 StVG; s. auch § 248b Abs. 4).[98] Hierzu rechnen auch Mofas, d.h. mit Maschinenkraft angetriebene Fahrräder mit Hilfsmotor und einer bauartbedingten Höchstgeschwindigkeit von nicht mehr als 25km/h (BGHSt **39** 249 ff[99]), nicht hingegen Straßenbahnen, (die in § 315d vorgenommene Einbeziehung in die den Straßenverkehr schützenden Normen ist auf die §§ 315b und 315c beschränkt).[100]

20 aa) **Führer eines Kraftfahrzeugs.** Von einem „Führer" kann (ebenso wie von einem „Mitfahrer") nur bezüglich eines in Betrieb befindlichen Fahrzeugs gesprochen werden (BGH MDR bei Holtz **1976** 988 = DAR bei Spiegel **1977** 141). Anders als im Rahmen der §§ 315c, 316 ist hierfür nicht unbedingt erforderlich, dass das Fahrzeug erfolgreich in Bewegung gesetzt wurde oder sich im Augenblick des Angriffs in Bewegung befindet

[93] In diesem Sinne jedoch *Roßmüller/Rohrer* NZV **1995** 258 f.

[94] Vgl. *Roxin* Strafrecht Allgemeiner Teil Bd. I 4. Aufl. (2006) § 10 Rdn. 103 f.

[95] BGHSt **6** 32 ff; **33** 378 ff; **50** 169 ff; BGH NStZ **2000** 144; **2003** 35.

[96] BGHSt **13** 27 ff; **22** 114 ff.

[97] *Geppert* Jura **1995** 312; *Hentschel/König* Rdn. 4; *Hübsch* S. 65 f; *Kindhäuser* BT/2 § 19 Rdn. 7; *Lackner/Kühl* Rdn. 2; *Mitsch* BT 2/2 § 2 Rdn. 13; *Wolters/Horn* SK Rdn. 9.

[98] *Herzog* NK Rdn. 12; *Kindhäuser* BT/2 § 19 Rdn. 6; *Sander* MK Rdn. 16.

[99] Ebenso *Brunner* JA **2003** 152, 158 f; *Geppert* Jura **1995** 312; *Hentschel/König* Rdn. 3; *Kudlich* BT/1 Nr. 187; *Sch/Schröder/Cramer/Sternberg-Lieben* Rdn. 5; *Wolters/Horn* SK Rdn. 3; ablehnend *Große* NStZ **1993** 527; s. auch *Herzog* NK Rdn. 19.

[100] Ebenso *Mitsch* BT 2/2 § 2 Rdn. 21; *Wolters/Horn* SK Rdn. 3.

(BGHSt **38** 196 ff = JR **1992** 514 m. Anm. *Keller*[101]). Maßgeblich ist insoweit vielmehr die Teilnahme am fließenden Straßenverkehr. Auf dieser Grundlage haben die zuvor weitgehend unbeachteten Merkmale[102] des „Führers" bzw. „Mitfahrers" im Restriktionskurs der **neueren Rechtsprechung** (vgl. Rdn. 5, 10) eine herausgehobene Bedeutung erlangt. Hiernach ist Führer im Sinne des § 316a, wer das Kraftfahrzeug in Bewegung zu setzen beginnt, es in Bewegung hält oder allgemein mit dem Betrieb des Fahrzeugs und/oder mit der Bewältigung von Verkehrsvorgängen beschäftigt ist (BGHSt **49** 8, 14; **50** 169, 171; BGH NStZ-RR **2006** 185).[103] Umgekehrt verneint der BGH die Führereigenschaft, sobald sich der Fahrer **außerhalb des Fahrzeugs** befindet.[104] Bezüglich des Aufenthalts im haltenden Fahrzeug differenziert der BGH wie folgt: Bei einem **verkehrsbedingten Halt** (z.B. an einer roten Ampel,[105] einer Bahnschranke oder bei einem Stau[106]) bleibt der Fahrer taugliches Tatobjekt unabhängig davon, ob der Motor weiterläuft oder kurzfristig abgestellt wird. Ist der Halt **nicht verkehrsbedingt** (insbesondere auch beim Abkassieren einer Taxifahrt), so bleibe der Fahrer Führer eines Kraftfahrzeugs, solange er sich in dem Fahrzeug aufhält und mit dessen Betrieb und/oder mit der Bewältigung von Verkehrsvorgängen beschäftigt ist. Hier ende die Führereigenschaft regelmäßig mit dem Abstellen des Motors; beim (verkehrsfremden) Halten mit noch laufendem Motor sei in einem „zweiten Schritt" im Rahmen der Ausnutzung der besonderen Verhältnisse des Straßenverkehrs nach dem Vorliegen „weitere(r) verkehrsspezifische(r) Umstände" zu fragen (BGHSt **49** 8, 14 f; **50** 169, 171 f; BGH NStZ-RR **2006** 185 f).

Im **Schrifttum** hat diese Position neben vielfacher Zustimmung[107] auch Kritik aus unterschiedlicher Richtung erfahren. Hierbei besteht im Ausgangspunkt – soweit ersichtlich – Einigkeit darüber, dass die frühere Judikatur den Anwendungsbereich des § 316a insbesondere bei Angriffen außerhalb des Fahrzeugs zu weit ausdehnte, indem sie (im Rahmen des Ausnutzungsmerkmals) auf einen „unmittelbaren räumlichen und zeitlichen Zusammenhang" zwischen dem geplanten Überfall und dem Anhalten und Aussteigen abstellte.[108] Bilden die Fälle der aktuellen Fortbewegung unbestreitbar den Prototyp des Führermerkmals, so treten einige Autoren – insoweit über die neue Linie des BGH hin- **21**

[101] Vgl. ferner BGHSt **25** 315 ff; BGH NStE Nr. 3; NJW **1969** 1679; *Geppert* Jura **1995** 312; *Herzog* NK Rdn. 13 (m.w.N.); *Schäfer* LK[10] Rdn. 6.

[102] Vgl. *Ch. Fischer* Jura **2000** 437; *Küper* BT S. 21 f; *Roßmüller/Rohrer* NZV **1995** 254 f; *Sander* MK Rdn. 17 f; *Wolters* GA **2002** 309 f. Zu entsprechenden Restriktionsbemühungen im Schrifttum (vor BGHSt 49 8) *Gössel* BT/2 § 15 Rdn,. 33 f, 36 ff; ferner *Ch. Fischer* Jura **2000** 437; *Roßmüller* NZV **1997** 236.

[103] S. auch bereits *Roßmüller* JR **1997** 162; *Roßmüller/Rohrer* NZV **1995** 254 f; *Geppert* Jura **1995** 312; *Wolters/Horn* SK Rdn. 3.

[104] Ebenso BGH NStZ-RR **2004** 171, 172. Anders demgegenüber noch BGHR § 316a Straßenverkehr 3 [m.w.N.]; BGH NStZ **1989** 476, 477; vgl. *Sowada* LK[11] Rdn. 24 ff.

[105] BGHR § 316a Abs. 1 Straßenverkehr 16.

[106] Bei einem langandauernden Stau die Fahrereigenschaft verneinend *Mitsch* BT 2/2 § 2 Rdn. 18 *Sch/Schröder/Cramer/Sternberg-Lieben* Rdn. 5.

[107] *Hentschel/König* Rdn. 3; *Krey/Hellmann* Rdn. 228a, 229; *Rengier* BT/1 § 12 Rdn. 10 ff; *Sander* NStZ **2004** 501 f; *ders.* MK Rdn. 17 ff; *Wolters/Horn* SK Rdn. 3. Weitgehend zustimmend auch *Sch/Schröder/Cramer/Sternberg-Lieben* Rdn. 5.

[108] Vgl. BGHSt **22** 114 ff; **33** 378 ff m. Anm. *Geppert* NStZ **1986** 552 f sowie zu dieser inzwischen (zumindest teilweise; vgl. *Fischer* Rdn. 9 f; *Wolters/Horn* SK Rdn. 4, 4a) überholten Rechtsprechung *Ch. Fischer* Jura **2000** 436 ff; *Günther* JZ **1987** 23 ff und 369 ff; *Sch/Schröder/Cramer/Sternberg-Lieben* Rdn. 5 und *Sowada* LK[11] Rdn. 26 ff, 37.

ausgehend –[109] für eine **Angleichung an** die Interpretation in den §§ **315c, 316** ein mit der Folge, dass das Fahrzeug sich bei fehlender Fortbewegung zumindest in Betrieb befinden müsse.[110] Dies hat freilich zur Konsequenz, dass auch bei einem aus verkehrsbedingten Gründen erfolgenden Abstellen des Motors die Fahrereigenschaft entfiele. Allerdings ist eine inhaltliche Gleichsetzung zwischen dem „Führer" und dem „Führen" eines Kraftfahrzeugs schon deshalb nicht erzwungen, weil es in § 316a um die Charakterisierung des Tatopfers, in den §§ 315c, 316 hingegen um die Festlegung der Täterseite geht.[111] Ob die mit der engeren Sichtweise einhergehenden Resultate überzeugen, hängt von der in das Ausnutzungsmerkmal eingebetteten Gefahrenbeurteilung ab (s. Rdn. 39 ff).

22 Um diesen dogmatischen Kontext nicht zu zerreißen, erscheint es – sofern man nicht alle Fälle des Haltens aus dem Anwendungsbereich des § 316a eliminieren will – **vorzugswürdig**, den Status des Fahrzeugführers unter Rückgriff auf die in § 12 Abs. 2 StVO vorgezeichnete **Abgrenzung zwischen Halten und Parken** zu bestimmen.[112] Mittels dieses (noch recht groben) Filters ließen sich immerhin jene Fallgestaltungen aussondern, die in deutlichem zeitlichen Abstand dem eigentlichen Führen eines Fahrzeugs vorgelagert sind (z.B. Überfall eines vor Fahrtantritt auf dem Weg zu seinem Fahrzeug befindlichen Kraftfahrers; vgl. bereits BGH MDR bei Holtz **1976** 988 = DAR bei Spiegel **1977** 141; s. aber auch Rdn. 23) oder ihm nachfolgen (z.B. Raub in der Schlafkoje eines geparkten Lkw, wo der Täter zuvor mit dem Opfer Geschlechtsverkehr hatte[113]). Die Übernahme der straßenverkehrsrechtlichen Perspektive entspricht der Bestimmung des „Kraftfahrzeugs" (s. Rdn. 19) und macht die nach dem Anlass differenzierende „Motor an/Motor aus-Lösung" entbehrlich. Im Bereich der **kurzzeitigen Fahrtunterbrechungen** impliziert dies einen weitergehenden Zuschnitt als das Modell des BGH (nochmals: ob sich dies auch im Ergebnis auswirkt, entscheidet sich bei der Beurteilung des funktionalen Zusammenhangs zum Straßenverkehr; s. dazu Rdn. 41 f). So ist derjenige, der den Motor abstellt, um einen Blick in die Straßenkarte zu werfen oder einen Passanten nach dem Weg zu fragen, weiterhin als Fahrzeugführer anzusehen.[114] Gleiches gilt für denjenigen, der etwa verlorene Ladung einsammelt oder ein Warndreieck aufstellt, auch wenn er zur Erfüllung der ihm als Fahrzeugführer obliegenden Pflichten sein Fahrzeug verlässt.[115] Für die Abgrenzung zwischen Halten und Parken ist (für berufsbedingte Situationen ebenso wie für private Gefälligkeitsverhältnisse) die **Perspektive des Fahrers** maßgeblich.[116] Deshalb ist (im Gegensatz zu der im Schrifttum weithin geteilten Ansicht des BGH)[117] der Taxi-

---

[109] *Küper* BT S. 22.

[110] So *Wolters* GA **2002** 309 f; *Mitsch* BT 2/2 § 2 Rdn. 17; s. auch *Fischer* Rdn. 4; *Krüger* NZV **2004** 164 f; *Wolters/Horn* SK Rdn. 3 sowie ausführlich *Steinberg* NZV **2007** 548 ff.

[111] Näher *Sowada* FS Otto, S. 804 f; im Ergebnis ebenso *Wessels/Hillenkamp* BT/2 Rdn. 383b.

[112] Näher (auch zum Folgenden) *Sowada* FS Otto, S. 805 f; *ders.* HRRS **2008** 137 f; s. auch bereits (zum Ausnutzungsmerkmal) *Baier* JA **2001** 452, 454 und *Sowada* LK[11] Rdn. 36. Selbst die Insassen eines parkenden Fahrzeugs einbeziehend *Maurach/Schroeder* BT/1 § 35 Rdn. 52.

[113] BGH vom 11.2.1970 – 2 StR 600/69 (allerdings als Frage des Ausnutzens der besonderen Verhältnisse des Straßenverkehrs; ebenso BGH NStZ **2000** 144 [m.w.N.]).

[114] Ebenso *D.* und *I. Sternberg-Lieben* JZ **2004** 633, 636; *Wessels/Hillenkamp* BT/2 Rdn. 383b.

[115] *Duttge/Nolden* JuS **2005** 195 f; *Wessels/Hillenkamp* BT/2 Rdn. 383b; **aA** (unter Hinweis auf die Wortlautgrenze) *Kudlich* BT/1 Nr. 188; *Sch/Schröder/Cramer/Sternberg-Lieben* Rdn. 5.

[116] *Grünauer* S. 73; *Sowada* FS Otto, S. 805 f.

[117] BGHSt **49** 8, 14 f; zust. *Fischer* Rdn. 11; *Herzog* JR **2004** 258, 259; s. auch *Beckemper* JA **2003** 541, 543. (kritisch zu BGH NStZ **2003** 35); *Sander* MK Rdn. 22 f.

fahrer selbst dann taugliches Tatobjekt, wenn er nach Erreichen des Fahrtziels den Motor abgestellt[118] oder sogar das Fahrzeug verlassen hat, um dem Fahrgast das Gepäck zu geben.

Ferner weist der BGH (St **49** 8, 11 f; **50** 169, 170 f; **52** 44, 45 [Rdn. 6]; BGH NStZ-RR **2004** 171, 172) auf die **zeitliche Verknüpfung** dergestalt hin, dass das Opfer gerade beim Verüben des Angriffs entweder Führer oder Mitfahrer eines Kraftfahrzeugs sein muss. Hierbei handelt es sich um eine Ausprägung des allgemeinen Koinzidenzprinzips.[119] Vor dem Beginn der Führereigenschaft[120] verübte Angriffe unterfallen als solche nicht dem § 316a.[121] Allerdings genügt es, wenn ein derartiger (Dauer-)Angriff bis zu einem Zeitpunkt fortgeführt wird, in welchem das genötigte Opfer taugliches Tatobjekt ist (BGHSt **52** 44, 46 [Rdn. 8][122]; s. auch Rdn. 30, 35). **23**

Mitfahrer. „Mitfahrer" sind alle an diesem Verkehrsgeschehen (zumeist nur passiv) beteiligten Insassen des Fahrzeugs (Beifahrer, Fahrgast), wobei es (ebenso wie für den Fahrzeugführer[123]) unerheblich ist, ob die (Mit-)Fahrt freiwillig, aufgrund einer Täuschung oder infolge einer Nötigung erfolgt.[124] Auch der Transport im Laderaum oder auf der freien Ladefläche eines Lkw begründet die Mitfahrereigenschaft; teilweise wird sogar die Mitnahme außerhalb des Fahrzeugs (Auto-Surfer, Anklammern an ein fliehendes Fahrzeug) als ausreichend angesehen.[125] Wer selbst aus dem Fahrzeug aussteigt, ist nach neuer Rechtsprechung nicht mehr „Mitfahrer" (BGH NStZ-RR **2004** 171, 172[126]). Im Übrigen ist der Mitfahrerstatus akzessorisch; er endet somit, wenn das Kraftfahrzeug nicht mehr geführt wird (s. hierzu Rdn. 20 ff).[127] **24**

3. **Tatsituation.** Die vom Gesetz zur Umschreibung der Tatsituation verwandte Formel von der **„Ausnutzung der besonderen Verhältnisse des Straßenverkehrs"** bereitet seit jeher erhebliche Auslegungsschwierigkeiten.[128] Dieses Merkmal fungiert als Scharnier, **25**

---

118 Für eine einzelfallbezogene Prüfung (z.B. bei Halten mit abgestelltem Motor auf einer Busspur) *Kubiciel* JA **2005** 841, 842 f.

119 *Ch. Fischer* Jura **2000** 437; *Geppert* JK 7/08 § 316a/8; *Krüger* NZV **2004** 164; *Mitsch* BT 2/2 § 2 Rdn. 27 f; *Sowada* FS Otto, S. 803. Vgl. auch *Dehne-Niemann* NStZ **2008** 319, 321 ff.

120 Vgl. hierzu *Sander* MK Rdn. 19.

121 Vgl. bereits BGH GA **1979** 466, 467; BGH EzSt Nr. 1; BGH NStZ-RR **1997** 356; s. ferner die in Rdn. 22 angegebenen Nachweise.

122 Hierzu *Sowada* HRRS **2008** 138 f; s. auch *ders.* FS Otto, S. 817 ff. Ebenso *Krey/Hellmann* BT/2 Rdn. 233 f; *Sander* MK Rdn. 15 (m.w.N.). Vgl. auch BGH MDR bei Holtz **1977** 638; BGH JR **1997** 162 m. Anm. *Roßmüller*; BGH NStZ **2004** 626 f.

123 BGH JR **1997** 162 m. Anm. *Roßmüller*; *Geilen* S. 746.

124 BGHSt **52** 44, 46 (Rdn. 8); BGH NStZ **2004** 626; *Lackner/Kühl* Rdn. 2; *Mitsch* BT 2/2 § 2 Rdn. 19; *Sander* MK Rdn. 24; *Wolters/Horn* SK Rdn. 3; s. ferner BGH NStZ **1996** 435 = NZV **1997** 236 m. Anm. *Roßmüller*; aber auch BGH StV **2002** 362 und 363.

125 So *v. Danwitz* NZV **2002** 552 ff; *Sch/Schröder/Cramer/Sternberg-Lieben* Rdn. 5; **aA** *Rengier* BT/1 § 12 Rdn. 16; wohl auch (weil auf die Mitnahme „in" einem Kraftfahrzeug abstellend) *Lackner/Kühl* Rdn. 2; *Mitsch* BT 2/2 § 2 Rdn. 19; *Steinberg* NZV **2007** 550.

126 Ebenso *Lackner/Kühl* Rdn. 2; *Otto* BT § 46 Rdn. 71; *Sander* MK Rdn. 24; *Wolters/Horn* SK Rdn. 3; kritisch *Wessels/Hillenkamp* BT/2 Rdn. 383b.

127 *Fischer* Rdn. 5; *Hentschel/König* Rdn. 3; *Sander* MK Rdn. 24; *Sch/Schröder/Cramer/Sternberg-Lieben* Rdn. 5.

128 *Küper* BT[6] S. 22; vgl. auch *Fränkel* LM Nr. 1; *Hentschel* JR **1986** 428, 429; *Rusam* S. 72 ff sowie die von *Beyer* (NJW **1971** 2034) wiedergegebene Äußerung aus dem Bundesjustizministerium (in der Sitzung des Sonderausschusses für die Strafrechtsreform vom 21.1.1971), „daß die Rechtsprechung auch des BGH zu § 316a gezeigt habe,

indem der Täter die Verkehrsbedingungen zur Erreichung seiner gegen das Vermögen des Opfers gerichteten Pläne instrumentalisiert.[129] Damit vereint dieser „Schlüsselbegriff" des § 316a zwei voneinander zu trennende (wenngleich vielfach ineinander übergehende) Erfordernisse.[130] Das Merkmal der „besonderen Verhältnisse des Straßenverkehrs" ist auf die opferbezogenen Besonderheiten der Tatsituation zugeschnitten.[131] Demgegenüber ist das Kriterium des „Ausnutzens" täterbezogen.[132] Es bringt zum einen (negativ) zum Ausdruck, dass der Täter die spezifische Situation nicht geschaffen haben muss, sondern dass es ausreicht, wenn er die vorgefundenen Umstände in seinen Tatplan integriert (BGHSt **18** 170, 171; BGH VRS **29** [1965] 198, 199; *Herzog* NK Rdn. 16). Umgekehrt ist jedoch (positiv) das Bewusstsein des Täters unverzichtbar, sich die Gegebenheiten des Straßenverkehrs für die Tatbegehung zunutze zu machen. Das Gesetz bezieht die Ausnutzung der besonderen Verhältnisse des Straßenverkehrs ausschließlich auf die Tathandlung (also das Verüben des Angriffs auf Leib, Leben oder Entschlussfreiheit), nicht hingegen auf die (möglicherweise spätere) Durchführung des geplanten Raubes, räuberischen Diebstahls bzw. der räuberischen Erpressung[133] (s. auch Rdn. 47).

26 Im Hinblick auf das auch dem Schutz von Allgemeininteressen dienende Schutzgut bezieht sich § 316a auf die Verhältnisse des **öffentlichen** Straßenverkehrs.[134] Hierzu gehören (über die dem Verkehr förmlich gewidmeten Straßen, Plätze und Wege hinaus) auch sonstige Flächen, sofern deren Benutzung durch einen unbestimmten Personenkreis vom Berechtigten vorgesehen ist oder zumindest geduldet wird.[135]

27 a) **Darstellung der Rechtsprechung und der herrschenden Meinung.** Die Neufassung des § 316a durch das 6. StrRG hat den Regelungsgehalt des Ausnutzungsmerkmals ungeachtet der geringfügigen sprachlichen Modifizierung[136] nicht verändert.[137] Behält somit die frühere Rechtsprechung grundsätzlich weiterhin Bedeutung,[138] so wirkt sich der vom 4. Strafsenat des BGH vollzogene grundlegende Rechtsprechungswandel (s. Rdn. 5, 10) auch auf die Interpretation dieses Merkmals aus. Dies geschieht zum einen in direkter Weise durch eine engere Auslegung des Ausnutzungsmerkmals,[139] zum anderen (und vor allem) indirekt, indem einige der früher hier erörterten Gesichtspunkte nunmehr dem Anwendungsbereich des komplexen Ausnutzungsmerkmals durch den restriktiven Neuzuschnitt vorgelagerter Tatbestandsmerkmale (insbesondere der Führereigenschaft und der weitgehenden Ausblendung der List als Angriffsmittel; s. Rdn. 10 f) entzogen wurden. Hat sich die eigenständige Bedeutung dieses Merkmals somit verringert,[140] so ist es

---

daß man mit der Formulierung ‚unter Ausnutzung der besonderen Verhältnisse des Straßenverkehrs' machen könne, was man wolle".

[129] *Mitsch* BT 2/2 § 2 Rdn. 22; *Sander* MK Rdn. 38.

[130] *Geppert* Jura **1995** 313.

[131] BGHSt **50** 169, 172; *Günther* JZ **1987** 378, 380.

[132] *Günther* JZ **1987** 378, 381.

[133] *Ch. Fischer* Jura **2000** 438; *Geppert* NStZ **1986** 552; *ders.* JK 91 § 316a/3; *Hübsch* S. 79 f; *Kindhäuser* BT/2 § 19 Rdn. 8; *Roßmüller* NZV **1997** 237.

[134] *Mitsch* BT 2/2 § 2 Rdn. 23.

[135] *Sander* MK Rdn. 29. *Wessels/Hillenkamp* BT/2 Rdn. 385.

[136] Statt „unter Ausnutzung der besonderen Verhältnisse des Straßenverkehrs" heißt es nunmehr „und dabei (= beim Angriff auf Leib, Leben oder Entschlussfreiheit) die besonderen Verhältnisse des Straßenverkehrs ausnutzt".

[137] BGH NStZ **2001** 197; *Ch. Fischer* Jura **2000** 440. **Kritisch** *Krüger* NZV **2004** 166.

[138] *Sander* MK Rdn. 28.

[139] *Hentschel/König* Rdn. 5. Vgl. auch näher *Hübsch* S. 74 ff.

[140] *Sch/Schröder/Cramer/Sternberg-Lieben* Rdn. 6; *Steinberg* NZV **2007** 550.

dennoch als situative Klammer zwischen dem Angriff und den Verkehrsgefahren keineswegs funktionslos geworden.[141]

aa) Gefahren des fließenden Straßenverkehrs. Im Ausgangspunkt besteht in ständiger Rechtsprechung[142] und Schrifttum[143] Einigkeit darüber, dass das Merkmal der „besonderen Verhältnisse des Straßenverkehrs" auf jene Gefahrenlage abstellt, die dem fließenden Straßenverkehr eigentümlich ist. Eine solche typische Gefahrenlage resultiert „in erster Linie" aus der **Beanspruchung des Fahrers durch** das **Lenken** eines Kraftfahrzeugs, insbesondere aus der damit verbundenen Konzentration auf den Straßenverkehr und der hieraus folgenden Erschwerung einer Gegenwehr (BGHSt **38** 196, 197; BGH NStZ **1994** 340, 341; BGH NStZ-RR **1997** 356[144]). Als weiteres (bezüglich seiner Reichweite jedoch umstrittenes; vgl. Rdn. 29) Gefahrenmoment wird für alle Insassen die **Erschwerung von Flucht oder Gegenwehr** angeführt (BGHSt **5** 280, 281; **15** 322, 324; **25** 315, 317; BGH VRS 7 [1954] 125, 127; BGH NStZ **2006** 626). Der nunmehr für die Fälle des § 316a allein zuständige 4. Strafsenat des BGH sieht in ständiger Rechtsprechung das Ausnutzungsmerkmal objektiv als verwirklicht an, wenn der Führer eines Kraftfahrzeugs im Zeitpunkt des Angriffs noch in einer Weise mit der **Beherrschung seines Kraftfahrzeugs** und/oder mit der **Bewältigung von Verkehrsvorgängen** beschäftigt ist, dass er gerade deshalb leichter zum Angriffsobjekt eines Überfalls werden kann (BGHSt **50** 169, 172; **52** 44, 46 [Rdn. 10]; BGH VRS **106** [2004] 199, 200; **107** [2004] 37, 38; BGH NStZ **2004** 269; **2006** 185; s. auch BGHSt **49** 8, 14 f). 28

Auf dieser Grundlage hatte sich schon die Rechtsprechung zu § 316a a.F. um eine (jedenfalls im Vergleich zur früheren Judikatur[145]) **restriktive Auslegung** bemüht. So wurde § 316a in den Fällen verneint, in denen der Angriff „im **ruhenden Verkehr** stattfindet, also erst in zeitlichem Abstand, nachdem das Fahrzeug auf einem Parkplatz, am Fahrtziel oder einem Zwischenziel angekommen und die Fahrt damit zumindest vorerst beendet ist" (BGH NStZ **1996** 435, 436[146]). In derartigen Fällen (vgl. auch zum Angriff vor dem Losfahren BGH DAR bei Martin **1970** 114; BGH MDR bei Holtz **1980** 629; anders jedoch bezüglich der erzwungenen Mitfahrt; vgl. Rdn. 23) wäre allerdings regelmäßig bereits das Führermerkmal zu verneinen.[147] Ebenfalls verneint wird § 316a beim Verbringen eines gefesselten Opfers an einen entlegenen Ort (BGHR § 316a Abs. 1 29

---

141 Insoweit kritisch jedoch *Duttge/Nolden* JuS 2005 197.

142 So u.a. BGHSt **18** 170, 171; **25** 315, 317; **37** 256, 258; **38** 196, 197 = JR **1992** 514 m. Anm. *Keller* sowie *Geppert* JK 92 § 316a/4; **39** 249, 250 f; BGH NJW **1971** 765; BGH NStZ **1989** 476, 477; **1994** 340, 341 m. Anm. *Hauf* NStZ **1996** 40 f = NZV **1994** 444 m. Aufs. *Roßmüller/Rohrer* NZV **1995** 253, 255 ff; BGH NStZ **1996**, 435 = NZV **1997** 236 m. Anm. *Roßmüller*; BGH NStZ **2000** 144; **2001** 197 = JR **2002** 163 m. Anm. *Wolters*; BGH NStZ **2003** 35; BGH NStZ-RR **2003** 204; BGH StV **2002** 361.

143 Vgl. z.B. (auch zum Folgenden) *Sch/Schröder/Cramer/Sternberg-Lieben* Rdn. 6; *Fischer* Rdn. 9; *Geppert* Jura **1995** 313 f; *Hentschel/König* Rdn. 5; *Kindhäuser* LPK Rdn. 14; *Lackner/Kühl* Rdn. 3; *Mitsch* BT 2/2 § 2 Rdn. 25 f; *Rengier* BT/2 § 12 Rdn. 17; *Sander* MK Rdn. 30; *Wessels/Hillenkamp* BT/2 Rdn. 385 f; *Wolters/Horn* SK Rdn. 4.

144 Ohne eine entsprechende Hervorhebung („in erster Linie") BGHSt **5** 280, 281; **24** 173, 176; BGH, VRS **29** (1965) 198, 199; BGH NStZ **1989** 476, 477.

145 Vgl. hierzu *Meurer-Meichsner* S. 59 ff.

146 S. auch BGHSt **38** 196, 198 m. Anm. *Keller* JR **1992** 515, 516; BGH NStZ **1994** 340, 341 m. Anm. *Hauf* NStZ **1996** 40; BGH NStZ-RR **2002** 108; weiter hingegen noch BGHSt **18** 170, 171.

147 *Fischer* Rdn. 11; *Herzog* NK Rdn. 16. S. auch oben Rdn. 18 ff.

Straßenverkehr 11; BGH NStZ 1998, 263; **2007** 35, 36). Ferner werden die besonderen Verhältnisse des Straßenverkehrs nicht bereits dadurch ausgenutzt, dass **Gegenstand des Raubes ein fahrbereites Kraftfahrzeug** ist oder dass darüber hinaus der Täter das **Fahrzeug als Fluchtmittel** nutzen will (BGHSt 38 196, 197[148]). Das Kraftfahrzeug muss für die Tat mithin als „Verkehrsmittel" (nicht nur als Transport- oder Fluchtmittel) eine Rolle spielen.[149] Des Weiteren genügt es nicht, dass lediglich die Abwehrmöglichkeiten des Fahrers durch die **Enge im Fahrzeug** eingeschränkt ist (BGH NStZ **1996** 389, 390; **2000** 144; BGH NStZ-RR **2003** 204; BGH VRS **107** [2004] 38, 40; s. aber auch BGH NStZ **1994** 340, 341; **2001** 197, 198). Unter Aufgabe früherer Rechtsprechung[150] sieht der BGH auch in der **„Vereinzelung" des Opfers** und der aus der **Abgelegenheit des Tatortes** resultierenden Herabsetzung der Abwehrmöglichkeiten keine spezifische Eigenschaft des Straßenverkehrs mehr (BGHSt **49** 8, 16; BGH VRS **107** [2004] 38, 40).[151] Von diesem Aspekt wird im Schrifttum teilweise ausdrücklich die (den Verkehrsverhältnissen zugerechnete) Isolierung der Fahrzeuginsassen und die hiermit einhergehende Erschwerung fremder Hilfe unterschieden.[152]

30 Bei (nötigenden) Angriffen auf den Führer eines **fahrenden** Kraftfahrzeugs liegt die Ausnutzung der besonderen Verhältnisse des Straßenverkehrs regelmäßig auf der Hand und bedarf keiner besonderen tatrichterlichen Begründung (BGHSt **50** 169, 172 f;[153] s. aber auch Rdn. 42). Das ist z.B. evident, wenn der Täter das Opfer durch einen plötzlichen Tritt gegen das Mofa zu Fall bringt.[154] Ganz allgemein reduziert die Notwendigkeit, die Hände am Steuer zu lassen, die Abwehrmöglichkeiten des Fahrers erheblich; umgekehrt würde jeder Verteidigungsversuch gravierende (latente) Unfallgefahren heraufbeschwören. Angesichts der eingeschränkten Verteidigungsmöglichkeiten und des hohen Gefahrenpotenzials (auch bei stressbedingten Fehlreaktionen) überzeugt es nicht, dass bei einem bereits vor Fahrtantritt vorgenommenen, während der Fahrt fortdauernden Angriff das Ausnutzungsmerkmal wegen einer verfestigten Nötigungslage nur in Ausnahmefällen gegeben sein soll (so aber BGHSt **52** 44, 47 [Rdn. 11 ff]).[155]

31 Ungeachtet dieser Einschränkungen umfasst der Bereich des fließenden Straßenverkehrs nach einhelliger Ansicht auch die Phasen eines **verkehrsbedingten Halts** im Verlauf einer noch andauernden Fahrt (z.B. an einer roten Ampel[156]); anders verhält es sich hingegen (mangels eines tauglichen Tatobjekts; vgl. Rdn. 20 ff) beim Parken in zweiter

---

148 S. auch BGHSt **22** 114, 117; **24** 320, 321 = ausführlicher in NJW **1972** 913, 914; BGH NJW **1969** 1679; BGH NStZ **1996** 389, 390; BGH NStZ-RR **1997** 356.

149 BGH NStZ **2003** 35; *Fischer* Rdn. 9, 12; *Geppert* JK 5/04, § 316a/6; *Joecks* Studienkommentar Rdn. 8; *Kindhäuser* LPK Rdn. 15; *Sander* MK Rdn. 33 f; *Sowada* FS Otto, S. 819.

150 BGHSt **5** 280, 281; **13** 27, 30; **15** 322, 324; s. auch BGHSt **24** 173, 176; BGH NStZ **1989** 476, 477; BGH MDR bei Holtz **1991** 104, 105. Kritisch hierzu *Roßmüller/Rohrer* NZV **1995** 254, 255 ff; *Horn/Hoyer* JZ **1987** 965, 968; *Sowada* LK[11] Rdn. 33; s. auch *Hauf* NStZ **1996** 40 f; *Wolters/Horn* SK Rdn. 4.

151 Zustimmend *Herzog* JR **2004** 258, 260; *Krey/Hellmann* BT/2 Rdn. 228a, 229; *Rengier* BT/2 § 12 Rdn. 33; *Sander* MK Rdn. 31.

152 *Herzog* NK Rdn. 16; *Maurach/Schroeder* BT/1 § 35 Rdn. 51 f; *Sch/Schröder/Cramer/Sternberg-Lieben* Rdn. 6; *D.* und *I. Sternberg-Lieben* JZ **2004** 633, 634, 636; s. auch *Mitsch* BT 2/2 § 2 Rdn. 26.

153 BGH StV **2002** 362; BGH NStZ-RR **2002** 108; *Hentschel/König* Rdn. 5; *Mitsch* BT 2/2 § 2 Rdn. 26; *Rengier* BT/2 § 12 Rdn. 20.

154 BGH NStZ **1993** 540 (insoweit in BGHSt **39** 249 nicht abgedruckt).

155 Kritisch hierzu *Sowada* HRRS **2008** 139 ff; vgl. auch *Fischer* Rdn. 11a.

156 BGHSt **38** 196, 197 f m. Anm. *Keller* JR **1992** 515, 516; s. auch BGHR § 316a Abs. 1 Straßenverkehr 1.

Reihe, um jemandem das Aussteigen zu ermöglichen.[157] Nicht eindeutig geklärt ist, inwieweit es sich nach der höchstrichterlichen Rechtsprechung auswirkt, wenn das Opfer bei einem verkehrsbedingten Halt den **Motor abgestellt** hat. An der Führereigenschaft ändert dies nichts (s. Rdn. 20). Im Kontext des Ausnutzungsmerkmals hat der 4. Senat die für den fließenden Verkehr geltenden Grundsätze (s. vorige Rdn.) auf die Konstellation übertragen, dass das Kraftfahrzeug verkehrsbedingt „und mit laufendem Motor hält" und die Fahrt sogleich nach einer Veränderung der Verkehrssituation fortgesetzt werden soll (BGHSt **50** 169, 173). In einem anderen Urteil (BGH NStZ-RR **2006** 185 f) sieht der Senat in der Verübung des Angriffs im fließenden Verkehr oder bei einem verkehrsbedingten Halt ein „gewichtiges Indiz" für die Ausnutzung der besonderen Verhältnisse des Straßenverkehrs, ohne den Umstand anzusprechen, ob der Motor weiterläuft.[158] Hiernach wird man einerseits die weite Deutung des Führermerkmals (unerheblich, ob der Motor abgestellt ist) nicht unbesehen auf das Ausnutzungsmerkmal übertragen dürfen, andererseits aber auch nicht annehmen können, der BGH verneine bei einem abgestellten Motor stets und ausnahmslos eine Ausnutzung der besonderen Gefahren des Straßenverkehrs.[159] Bei einer „Gleichschaltung" mit der Führereigenschaft würde das Ausnutzungsmerkmal für die Fälle des verkehrsbedingten Halts funktionslos werden;[160] bei einer strikten Ausgrenzung der Fälle mit abgestelltem Motor liefe die diesbezügliche Erweiterung des Führermerkmals vollständig leer. Unter welchen Voraussetzungen bei einem aus verkehrsbedingten Gründen mit einem abgestellten Motor haltenden Fahrzeug die besonderen Verhältnisse des Straßenverkehrs ausgenutzt werden, ist durch Rückbindung an die generelle Auslegung dieses Merkmals zu bestimmen (s. dazu auch Rdn. 36 ff). Deshalb ist ein Ausnutzen jedenfalls dann zu verneinen, wenn der Kraftfahrer nicht in besonderer Weise mit der Vorbereitung auf Verkehrsvorgänge beansprucht ist, sondern z.B. an einer Bahnschranke oder in einem Stau bei abgestelltem Motor die Zeitung liest oder in eine Straßenkarte sieht.[161] Damit rückt der verkehrsbedingte Anlass gegenüber der aktuellen Situation (grundsätzlich keine gesteigerte Konzentration bei abgestelltem Motor) tendenziell in den Hintergrund. Zugleich erweist sich die für das Führermerkmal bedeutsame Differenzierung nach dem Anlass für das Abstellen des Motors hier als wenig konsistent.[162] Zur Frage, inwieweit umgekehrt trotz **laufenden Motors** der verkehrsspezifische Zusammenhang zu verneinen (oder dieses Merkmal prinzipiell enger zu interpretieren) ist, vgl. auch Rdn. 32, 39, 41 f.

Bei einem **nicht verkehrsbedingten Halt** (hierzu zählt insbesondere auch das Abkassie- **32**
ren einer Fahrt durch einen Taxifahrer) führen das Abstellen des Motors oder das Aussteigen nach Ansicht des BGH regelmäßig bereits zur Verneinung der Führereigenschaft (vgl. Rdn. 20). Umgekehrt genügt die Tatsache, dass der Motor weiterhin läuft und der Fahrer deshalb noch mit dem Betrieb des Fahrzeugs beschäftigt ist, für sich genommen nicht für die Bejahung des Ausnutzungsmerkmals. Vielmehr verlangt der BGH (BGHSt **50** 169, 173 f; BGH NStZ-RR **2006** 185, 186) das Vorliegen **weiterer verkehrsspezifischer Umstände**, die (nach BGHSt **50** 169, 174 mwN) gegeben sein können, wenn der Angriff unmittelbar im Zusammenhang mit dem Anhaltevorgang verübt wird, wenn sich das

157 BGH NStZ-RR **1997** 356; s. auch BGH NStZ **1996** 435 = NZV **1997** 236 m. Anm. *Roßmüller*; *Gössel* BT/2 § 15 Rdn. 37.

158 S. auch BGH NStZ **2004** 269; BGHR § 316a Abs. 1 Straßenverkehr 16.

159 In diesem Sinne auch *Wessels/Hillenkamp* BT/2 Rdn. 386.

160 Vgl. auch *Sander* MK Rdn. 32.

161 Ebenso *Rengier* BT/1 § 12 Rdn. 21.

162 Vgl. auch *Duttge/Nolden* JuS **2005** 194 f; *Kubiciel* JA **2005** 842, 843 f; *Sowada* FS Otto, S. 814.

Fahrzeug infolge der heftigen Gegenwehr des Führers plötzlich in Bewegung setzt, wenn der Fahrer (bei einem auf Dauerbetrieb belassenen Automatikgetriebe) mit dem Fuß auf der Bremse das Wegrollen des Fahrzeugs verhindert oder wenn der Fahrer auf einer schmalen Kreisstraße ohne Randstreifen nach einem Blick in den Rückspiegel anhält, um einen Anhalter aussteigen zu lassen. Umgekehrt wurden solche Umstände **verneint** beim Halten im Leerlauf bei angezogener Handbremse außerhalb der allgemeinen Fahrbahn (z.B. in einer Parkbucht),[163] ferner bei fehlendem Verkehrsaufkommen, zumal wenn das Fahrzeug durch Einlegen des Automatikhebels in die Parkstellung gesichert war.[164]

33 Größere Schwierigkeiten bereitet das Ausnutzungsmerkmal bezüglich **Mitfahrern**,[165] weil der für den Fahrer vorrangige Gesichtspunkt einer gesteigerten Opferanfälligkeit infolge der Konzentration auf die Verkehrsvorgänge hier nicht zum Tragen kommt. Bei Überfällen während der Fahrt wird die Erschwerung von Gegenwehr und Flucht regelmäßig zur Bejahung des § 316a führen, doch dürfte z.B. beim Handtaschenraub im vollbesetzten Omnibus kurz vor dem Anhalten das Merkmal des Ausnutzens der besonderen Verhältnisse des Straßenverkehrs (zumindest in subjektiver Hinsicht) zu verneinen sein.[166] Bei Angriffen in **Haltephasen** ist erstens zu fragen, ob der Überfallene noch „Mitfahrer" ist (vgl. Rdn. 24), und zweitens zu bedenken, dass die Enge im Fahrzeug als solche das Ausnutzungsmerkmal nicht (mehr) begründet (s. Rdn. 29). Immerhin kann auch insoweit dem Opfer die Möglichkeit zur Flucht durch die vom vorbeiflutenden Verkehr ausgehenden Gefahren genommen sein (BGH NStZ **2004** 626), ebenso ist an den (freilich nicht unproblematischen) Aspekt der „Isolierung" zu denken (vgl. Rdn. 29 a.E.).

34 **bb) Zeitlicher Zusammenhang zwischen Angriff und Ausnutzung.** Dem Wortlaut des § 316a („dabei") und dem allgemeinen Koinzidenzprinzip entsprechend muss die Ausnutzung (vgl. hierzu Rdn. 25) während der Verübung des Angriffs, d.h. **zwischen Versuchsbeginn und der Vollendung des Angriffs**, erfolgen (näher *Mitsch* BT 2/2 § 2 Rdn. 27 f). Deshalb muss der räuberische Entschluss bereits (vor oder) während der Fahrt gefasst worden sein. Bezüglich eines (möglicherweise) erst **nach Fahrtende** gefassten Entschlusses verneinte die frühere Rechtsprechung (BGHSt **37** 256, 258; BGH NStZ **2000** 144 [mwN][167]) ein Ausnutzen der besonderen Verhältnisse des Straßenverkehrs; gleiches galt, wenn der Täter bereits während der Fahrt beabsichtigte, gegen den Kraftfahrer unmittelbar nach dem Anhalten des Fahrzeugs ein anderes, nicht in § 316a genanntes Delikt zu begehen.[168] Diese Einschränkungen würden heute überwiegend mit der fehlenden zeitlichen Verknüpfung zwischen einem tauglichen Tatobjekt und dem Verüben des Angriffs begründet werden (s. Rdn. 23).[169] Eine deutliche Verengung ergibt sich daraus, dass auch die Rechtsprechung das Erschleichen der Mitfahrt unter Verbergen der räuberischen Absicht nicht mehr als Angriff auf die Entschlussfreiheit beurteilt (vgl. Rdn. 11; näher *Wolters/Horn* SK Rdn. 4a).

---

163 BGHSt **50** 169, 173.

164 BGH NStZ-RR **2006** 185, 186.

165 Hierzu *Kindhäuser* BT/2 § 19 Rdn. 10; *Mitsch* BT 2/2 § 2 Rdn. 26; *Rengier* BT/1 § 12 Rdn. 24 f.

166 Ebenso *Joecks* Studienkommentar Rdn. 16; s. auch *Sander* MK Rdn. 38.

167 BGH StV **1985** 415 (L); BGH VRS **29** (1965) 198 f; BGH DAR bei Spiegel **1976** 86; *Sch/Schröder/Cramer/Sternberg-Lieben* Rdn. 5; *Griesbaum* HK/StVR Rdn. 7; *Hentschel* JR **1986** 428, 429; *Hübner* JR **1975** 201, 202 (m.w.N.); *Joecks* Studienkommentar Rdn. 15; *Rengier* BT/1 § 12 Rdn. 31; *Wessels/Hillenkamp* BT/2 Rdn. 385.

168 BGHSt **37** 256, 258; BGH VRS **55** (1978) 262, 263. S. auch *Mitsch* BT 2/2 § 2 Rdn. 33.

169 *Sander* MK Rdn. 39.

Hingegen ist § 316a zu bejahen, wenn der **vor Fahrtantritt** bzw. zunächst aus einem anderen Grunde begonnene Angriff unter fortdauernder Ausnutzung der besonderen Verhältnisse des Straßenverkehrs in räuberischer Absicht fortgesetzt wird (BGHSt 52 44, 45 f [Rdn. 7 f]).[170] Soweit der BGH (aaO) bei einer vor Fahrtantritt einsetzenden, während der anschließenden Fahrt kontinuierlich aufrecht erhaltenen Bedrohung eines Kraftfahrers das Ausnutzungsmerkmal unter Hinweis auf eine verfestigte Nötigungslage nur ausnahmsweise bejahen will, vermag dies ebenso wenig zu überzeugen (s. Rdn. 30) wie das (früher) vom 2. Strafsenat herangezogene Erfordernis einer Verschlechterung der Opferlage.[171] Zur Frage eines engen zeitlichen und räumlichen Zusammenhanges zur räuberischen Tat (zumindest in der Vorstellung des Täters) vgl. unten Rdn. 47. 35

b) **Kritik.** Der vom 4. Strafsenat des BGH vollzogene grundlegende Restriktionskurs hat der gegenüber der früheren Judikatur zunehmend geäußerten Kritik[172] weitgehend Rechnung getragen und somit eine Abmilderung der Meinungsverschiedenheiten bewirkt. Obwohl die nähere Konturierung in Einzelfragen noch aussteht und die dogmatische Zuordnung zu den einzelnen Normmerkmalen teilweise umstritten ist, findet die **deutliche Verengung** des § 316a im Ergebnis zu Recht (vgl. aber auch Rdn. 37 ff) weitgehenden **Beifall.** Insbesondere jene problematischen Fälle, in denen der räuberische Überfall erst nach Beendigung der Fahrt (insbesondere außerhalb des Fahrzeugs) erfolgt bzw. erfolgen soll, sind durch die rigorose Beschneidung des Führermerkmals und der (weitgehenden) Eliminierung der Täuschung als Angriffsform dem Anwendungsbereich des § 316a entzogen. 36

Weist die Entwicklung in die richtige Richtung, so bietet die hohe Regelstrafdrohung des § 316a Abs. 1 Anlass, nach **noch weiter gehenden Restriktionsmöglichkeiten** zu fragen. Die für im Vorfeld des Raubes (bzw. der §§ 252, 255) angesiedelte Verhaltensweisen gegenüber § 249 auf das Fünffache gesteigerte Mindeststrafe lässt sich (wenn überhaupt) nur durch das Hinzutreten einer beträchtlichen zusätzlichen Unrechtskomponente legitimieren, die angesichts des dualen Schutzguts der Vorschrift (s. Rdn. 7) gerade auf die **Verkehrssicherheit** zu beziehen ist. Den historischen Regelungsanlass für das Autofallengesetz bildeten die Fälle der mechanischen Hindernisse (z.B. durch das Spannen von Drahtseilen). Dieser „Prototyp" des räuberischen Angriffs ist dadurch gekennzeichnet, dass es sich (1) um Angriffe von außen handelt, die sich (2) gegen ein in Bewegung befindliches Fahrzeug richten und bei denen (3) der Angriff in einer räumlich und zeitlich engen Beziehung zum sich (in der Vorstellung des Täters) unmittelbar anschließenden räuberischen Akt steht. Diese ursprünglich im Vordergrund stehenden Gesichtspunkte kommen heute kumulativ kaum noch vor.[173] Zumeist sind die Täter Fahrzeuginsassen; überdies richten sich die Angriffe vielfach gegen Personen in stehenden Kraftfahrzeugen. Verglichen mit den früher vorherrschenden Konstellationen weisen diese „modernen" Fallgestaltungen ein deutlich geringeres Unfallrisiko auf. Wenngleich der Wortlaut des § 316a weder eine Gemeingefahr noch den Eintritt einer konkreten Gefahr 37

---

170 Vgl. auch BGHSt **25** 315, 317 m. Anm. *Hübner* JR **1975** 201 f; BGH VRS 55 (1978) 262, 263; *Geppert* JK 91 § 316a/4.

171 Vgl. BGH StV **2002** 362 f; krit. hierzu *Sowada* FS Otto, S. 819 f; *ders.* HRRS **2008** 140 ff. Wie hier auch *Sch/Schröder/Cramer/Sternberg-Lieben* Rdn. 3 (a.E.). Kritisch zur „Vertiefung der Angriffslage" auch *Dehne-Niemann* NStZ **2008** 319, 323 f.

172 Vgl. insbesondere *Ch. Fischer* Jura **2000** 436 ff; *Günther* JZ **1987** 23 ff und 369 ff; *Roßmüller/Rohrer* NZV **1995** 253 ff; *Sowada* LK[11] Rdn. 28 ff.

173 *Grünauer* S. 23, 55. Vgl. aber BGHSt 39 249 (Angriff auf Mofa-Fahrer).

für den Angegriffenen oder sonstige Verkehrsteilnehmer voraussetzt, bildet die Überlegung, dass das räuberische Vorhaben des Täters die Gefahr eines Verkehrsunfalls mit erheblichen Rechtsgutsverletzungen des Opfers und unbeteiligter Dritter heraufbeschwört, den nächstliegenden und plausibelsten Grund für eine deutliche Verschärfung der für das Raubdelikt vorgesehenen Strafdrohung.[174] Fraglich ist jedoch, in welcher Weise und in welchem Ausmaß dieser Aspekt die Tatbestandsrestriktion bestimmen soll.

38 Nicht zu überzeugen vermag die von *Beyer* (NJW **1971** 872 f) befürwortete (radikale) Beschränkung des § 316a auf **von außen kommende Angriffe** auf den Führer eines Kraftfahrzeugs. Sowohl die Einbeziehung der „Mitfahrer" als taugliche Tatobjekte als auch der vom Gesetzgeber 1952 beabsichtigte Schutz von Taxifahrern vor Überfällen seitens der Fahrgäste sprechen gegen diese Tatbestandsverengung.[175] Es kommt hinzu, dass der während der Fahrt von einem Mitfahrer bedrohte (aber auch der einen Beifahrer bedrohende) Kraftfahrer stark abgelenkt ist und aus der besonderen psychischen Anspannung erhebliche Unfallgefahren resultieren.

39 Ein erhebliches Restriktionspotenzial erschließt sich durch eine **stärkere Betonung** des Gedankens **der Vermeidung von Unfallgefahren.** Dieser bislang erst vereinzelt (insbesondere von *Duttge/Nolden* JuS **2005** 195 ff) vertretene Ansatz verdient grundsätzlich Zustimmung, selbst wenn die Herausarbeitung des deliktsspezifischen Gefahrenprofils noch weiterer Diskussion bedarf.[176] Die überwiegende Ansicht in Rechtsprechung[177] und Schrifttum[178] vertritt demgegenüber eine „rauborientierte" Norminterpretation, die vorrangig nach den Gefahren fragt, infolge der verkehrsspezifischen Besonderheiten leichter zum Opfer eines Raubes zu werden (s. auch Rdn. 28). Mit dieser Ausrichtung gerät der Verkehrsschutzaspekt in die Nähe eines bloßen Schutzreflexes und § 316a wird zu einem Vorfeldtatbestand des Raubes. Nimmt man hingegen – der historischen Ausgangslage und der systematischen Stellung im Gesetz entsprechend und der hohen Strafdrohung Rechnung tragend – die duale Schutzgutskonzeption ernst (s. Rdn. 7), so sind die für das Individualopfer und für die Allgemeinheit drohenden Unfallgefahren bei der Auslegung des Ausnutzungsmerkmals als Schnittstelle derartiger Normzwecküberlegungen zur Geltung zu bringen. Der „verkehrsnahe" Ausführungsmodus des Angriffs ist für andere Verkehrsteilnehmer gefährlich, weil er unberechenbare riskante Fahrzeugbewegungen provozieren und ein außer Kontrolle geratenes Kraftfahrzeug schnell eine eskalierende Gemeingefahr herbeiführen kann.[179] Diese Beschreibung lässt sich zum Ausgangspunkt für ein Restriktionskonzept machen, indem man – weil der Eintritt einer konkreten (Gemein-)Gefahr vom Tatbestand nicht gefordert ist – aus § 316a solche Tatverläufe ausscheidet, mit denen typischerweise keine nennenswerte Erhöhung von Unfallgefahren einhergeht.

40 Zu den **Konsequenzen** eines derartigen Ansatzes gehört die **vollständige Ausblendung von Täuschungsangriffen.** Soweit sich die List des Täters unmittelbar auf das Fahrverhalten des Kraftfahrers auswirkt, lässt sich wegen der Parallele zu mechanischen Hindernissen ein Angriff auf die Entschlussfreiheit bejahen (vgl. oben Rdn. 11), durch den das

---

174 Ebenso *Duttge/Nolden* JuS **2005** 195 („Eignung zur Gemeingefährdung").

175 *Günther* JZ **1987** 373 (Fn. 72).

176 Näher zum Folgenden *Sowada* FS Otto, S. 808 ff; *ders.* HRRS **2008** 140 ff.

177 BGHSt **49** 8, 14 f; **50** 169, 172 ff; **52** 44, 46 (Rdn. 10); BGH NStZ-RR **2006** 185; BGH VRS **106** (2004) 199, 200; **107** (2004) 37, 38 und 38, 39; BGHR § 316a Abs. 1 Straßenverkehr 16, 17 und 19. S. aber auch BGH NStZ **2004** 626.

178 So *Sch/Schröder/Cramer/Sternberg-Lieben* Rdn. 1; s. auch *D.* u. *I. Sternberg-Lieben* JZ **2004** 633, 634; *Herzog* NK Rdn. 4 f, 14.

179 *Duttge/Nolden* JuS **2005** 195; *Mitsch* BT 2/2 § 2 Rdn. 22.

an eine bestimmte Stelle gelockte oder zum Halten veranlasste Opfer anschließend auch erhöhten Raubgefahren ausgesetzt wird. Legt man den Akzent des Ausnutzungsmerkmals aber nicht auf die Raubgefahren, sondern (unter Betonung der Verkehrssicherheit) auf eine signifikante Steigerung latenter Unfallgefahren, so steht im Vordergrund, dass der irrtumsbefangene Kraftfahrer in der Beherrschung der von ihm zu bewältigenden Verkehrsvorgänge grundsätzlich nicht beeinträchtigt ist. Die Strafbarkeit gemäß § 316a beurteilt sich hiernach nicht mit Blick auf das Täuschungsverhalten, sondern auf den späteren Überfall. Die zweistufige Ausfilterung der Täuschungsangriffe mag unnötig kompliziert anmuten,[180] doch erscheint sie dogmatisch vorzugswürdig, da die gleichberechtigte Gewichtung der Schutzgüter nicht erzwungen ist und auch die Auffassung denkbar erscheint, die Anforderungen an das Ausnutzen seien um so geringer, je mehr der Täter zur Schaffung der Gefahr beigetragen habe.[181] Mit paralleler Argumentation lässt sich begründen, dass **untaugliche Angriffe** (vgl. Rdn. 12 f) mangels Steigerung der Unfallgefahr nur zu einer Versuchsstrafbarkeit führen. Denn das gegenüber dem Ausnutzen eigenständige Merkmal der „besonderen Verhältnisse des Straßenverkehrs" dient im Tatbestandsgefüge der Umschreibung der spezifischen Opfersituation (s. Rdn. 25), die nicht nur in der Vorstellung des Täters, sondern objektiv gegeben sein muss. Dass es keiner konkreten Verkehrsgefahr bedarf, steht der Restriktion nicht entgegen (vgl. auch – zu § 224 Abs. 1 Nr. 1 – *Hardtung* MK § 224 Rdn. 8: „abstrakte Gefährlichkeit unter Ausschluss konkreter Ungefährlichkeit").[182]

Unter dem Gesichtspunkt einer Erhöhung latenter Unfallgefahren spricht vieles dafür, **41**
bei **abgestelltem Motor** sowie bei einem **außerhalb des Fahrzeugs befindlichen Tatopfer** eine Strafbarkeit gemäß § 316a regelmäßig zu verneinen. Für die Frage der von dem Kraftfahrzeug ausgehenden Verkehrsgefahren ist es ohne Bedeutung, ob der Motor aus verkehrsbedingten oder aus sonstigen Gründen ausgeschaltet wurde. Zwar können auch in solchen Situationen Unfallgefahren entstehen (z.B. beim Angriff auf einen eine Reifenpanne behebenden Lkw-Fahrer oder beim die Flucht vorbereitenden Öffnen der Tür auf belebter Straße).[183] Doch es erscheint fraglich, ob die aus der bloßen Nähe zum vorbeifließenden Verkehr resultierenden Gefahren ausreichen oder ob das in den fließenden Verkehr funktional eingebundene Kraftfahrzeug selbst zum potenziellen Gefährdungsfaktor werden muss. Immerhin muss der Täter die „besonderen" (= spezifischen) Verhältnisse des Straßenverkehrs ausnutzen.[184] Die Lage des während des Reifenwechsels angegriffenen Fahrers unterscheidet sich hinsichtlich der Unfallgefahren nicht wesentlich von Angriffen auf Fußgänger am Rande belebter Straßen; auch dort können durch Ablenkung der vorbeifahrenden Verkehrsteilnehmer oder panikartige Fluchtreaktionen des Opfers Unfallgefahren entstehen, die aber (vom Fehlen eines tauglichen Tatobjekts abgesehen) nicht als für den fließenden Verkehr typische Gefahrenkonstellation erscheinen. Das Öffnen der Fahrzeugtür (freilich nur auf der dem Verkehr zugewandten Seite) stellt einen Grenzfall dar, bei dem man über die Verkehrstypizität streiten kann. Jedenfalls genügt die rein abstrakte Möglichkeit, dass bei Fluchtversuchen Unfallgefahren entstehen können, für die Bejahung des Ausnutzens der besonderen Verhältnisse des Straßenverkehrs nicht. Vielmehr wäre zumindest das vom BGH für die Fälle des mit

---

180 In diesem Sinne wohl *Duttge/Nolden* JuS **2005** 197 f.

181 So noch *Sch/Schröder/Cramer/Sternberg-Lieben*[26] Rdn. 6a; zutreffend **aA** *Sander* MK Rdn. 38. Vgl. auch *Roßmüller/Rohrer* NZV **1995** 261.

182 S. auch *Sowada* FS Otto, S. 816.

183 *Wessels/Hillenkamp* BT/2 Rdn. 386.

184 Vgl. auch *Hentschel/König* Rdn. 5.

laufendem Motor aus nicht verkehrsbedingten Gründen haltenden Kraftfahrers geforderte Hinzutreten weiterer (konkreter) verkehrsspezifischer Umstände (vgl. Rdn. 32) erst recht bei einem (sei es auch aus verkehrsbedingten Gründen erfolgten) Abstellen des Motors zu verlangen. Weil der Grund für das **Halten** für die Unfallgefahren weitgehend bedeutungslos ist, erscheint es vom hier skizzierten Ausgangspunkt aus konsequent, auch beim verkehrsbedingten Halt (insoweit strenger als die Rechtsprechung; s. Rdn. 26 f) nach weiteren verkehrsspezifischen Umständen zu fragen, die freilich weniger auf die Raub- als auf die Unfallgefahren zu beziehen sind.

42 Eine noch engere Anbindung an die Gefahren des fließenden Straßenverkehrs und die hierfür typischen dynamischen Faktoren ergibt sich, wenn man (mit *Duttge/Nolden* JuS 2005 196) fordert, dass der Täter die **Bewegungsvorgänge eines Kraftfahrzeugs** ausnutzt[185] und hierdurch genuin straßenverkehrsbedingte „besondere" Gefahren für die Allgemeinheit mit hohen Unfall- und Schadensrisiken verursacht. Gerade diese unterschiedlichen Positionen belegen die weiterhin bestehende herausgehobene Bedeutung des Merkmals der Ausnutzung der besonderen Verhältnisse des Straßenverkehrs. Hier bedarf die teleologische Verknüpfung der räuberischen Absicht mit den für das Opfer und die Allgemeinheit mit dem Angriff verbundenen Unfallgefahren einer verstärkten Diskussion (s. hierzu *Sowada* FS Otto 814 ff).

IV. Subjektiver Tatbestand

43 Der subjektive Tatbestand des § 316a enthält zwei Elemente: zum einen den Vorsatz bezüglich des objektiven Tatbestandes, zum anderen (im Sinne einer überschießenden Innentendenz) die auf die Begehung eines Raubes, eines räuberischen Diebstahls oder einer räuberischen Erpressung gerichtete Absicht.

44 1. **Vorsatz.** Bezüglich der Merkmale des objektiven Tatbestandes muss der Täter mit zumindest bedingtem Vorsatz handeln,[186] der spätestens bei Vornahme der Tathandlung, also dem Verüben des Angriffs auf Leib, Leben oder Entschlussfreiheit eines tauglichen Tatobjekts, gegeben sein muss.[187] In diesem Zusammenhang ist von Bedeutung, dass Täuschung oder List in weitem Umfang nicht mehr als Angriff auf die Entschlussfreiheit anzusehen sind (vgl. Rdn. 10 f, 40).[188] Das Bewusstsein des Täters muss auch darauf gerichtet sein, sich die besonderen Verhältnisse des (fließenden) Straßenverkehrs bei der Tatbegehung zunutze zu machen (zur Möglichkeit gesteigerter Anforderungen an das Ausnutzungsbewusstseins entsprechend den zum Heimtückemerkmal in § 211 entwickelten Grundsätzen vgl. *Günther* JZ **1987** 381; *Krüger* NZV **2008** 234, 23: s. auch BGHSt 50 169, 172; **52** 44, 46 f [Rdn. 10]).[189] Dies bedeutet aber nicht, dass der Täter eine aus der Beanspruchung des Opfers mit Verkehrsvorgängen oder dem Betrieb des Fahrzeugs resultierende Erleichterung zur ursächlichen Bedingung seines Angriffs machen muss

---

185 Ähnlich (auf ein „rollendes" Fahrzeug abstellend) *Joecks* Studienkommentar Rdn. 14a.

186 *Fischer* Rdn. 12; *Lackner/Kühl* Rdn. 5; *Sch/Schröder/Cramer/Sternberg-Lieben* Rdn. 7.

187 BGHSt 15 322, 324; *Kindhäuser* LPK Rdn. 17; *Sander* MK Rdn. 40.

188 *Wolters/Horn* SK Rdn. 5.

189 *Hentschel/König* Rdn. 5; *Hübsch* S. 81; *Mitsch* BT 2/2 § 2 Rdn. 30; *Rengier* BT/1 § 12 Rdn. 18; *Wolters/Horn* SK Rdn. 5. Insoweit direkten Vorsatz verlangend Gössel BT/2 § 15 Rdn. 45.

(BGH aaO; s. auch *Lackner/Kühl* Rdn. 5; *Otto* BT § 46 Rdn. 73). Der Angriff auf den Führer eines fahrenden Kraftfahrzeugs ist ein wichtiges Indiz für das Ausnutzen.[190] An einem Ausnutzungsbewusstsein soll es (nach BGHSt **49** 8, 16) fehlen, wenn die Täter sich nicht die mit dem Betrieb des Kraftfahrzeugs verbundene erhöhte Schutzlosigkeit zunutze machen wollen, sondern davon ausgehen, dass das Opfer aufgrund der zahlenmäßigen Überlegenheit der Angreifer keine Abwehrchance habe.[191] Zum Verbotsirrtum vgl. BGH VRS **65** (1983) 127.

2. **Absicht bezüglich der räuberischen Tat.** Des Weiteren verlangt der subjektive Tatbestand des § 316a, dass der Täter den Angriff in der Absicht verübt, einen **Raub**, einen **räuberischen Diebstahl** oder eine **räuberische Erpressung** (§§ 249 oder 250, 252, 255) zu begehen. Die Absicht (= zielgerichtetes Wollen)[192] kann in dem Sinne „bedingt" sein, dass der Täter den Einsatz von Nötigungsmitteln nur für den (nicht nur fernliegenden) Fall vorsieht, dass er das Wegnahmeobjekt nicht unbemerkt erlangen kann (BGH NJW **1970** 1381, 1382; BGH NStZ **1997** 236, 237[193]). Eine wahlweise Feststellung der Bezugstat genügt.[194] Hingegen scheidet eine Strafbarkeit gemäß § 316a aus, wenn der Täter lediglich ein sonstiges Delikt (z.B. Körperverletzung oder Vergewaltigung) beabsichtigt[195] oder wenn die Gewalttätigkeit allein die Einschüchterung des Opfers bezweckt, um den nicht näher konkretisierten finanziellen Forderungen des Täters allgemein Nachdruck zu verleihen (BGH NStZ **1997** 236, 237; *Fischer* Rdn. 12). 45

Die Absicht des Täters muss auf die **täterschaftliche Begehung** der zumindest in ihren wesentlichen Grundzügen hinreichend konkretisierten räuberischen Tat[196] gerichtet sein (BGHSt **24** 284; *Fischer* Rdn. 12). Seit dem 6. StrRG genügt insoweit auch ein auf eine Drittzueignung abzielendes Raubvorhaben.[197] Hinreichender Gegenstand einer Bereicherungsabsicht (im Rahmen des § 255) ist der erzwungene Verzicht auf ein Beförderungsentgelt,[198] regelmäßig aber nicht der durch die erzwungene Mitfahrt verbrauchte Kraftstoff.[199] Zu Irrtümern bezüglich der räuberischen Tat vgl. *Joecks* Studienkommentar Rdn. 10; *Wessels/Hillenkamp* BT/2 Rdn. 390. Aus der funktionalen Verknüpfung zwischen dem tatbestandsmäßigen Angriff und der räuberischen Absicht folgt, dass beide Aspekte zeitlich zusammenfallen müssen. Die räuberische Absicht muss daher zwar nicht unbedingt bei Beginn, aber spätestens **vor Abschluss der Angriffshandlung** vorhanden 46

---

190 Unter Einbeziehung des verkehrsbedingten Haltens mit laufendem Motor BGHSt **50** 169, 172; *Hentschel/König* Rdn. 5; *Kindhäuser* LPK Rdn. 17.

191 Zustimmend *Sander* MK Rdn. 40; **krit.** *Wessels/Hillenkamp* BT/2 Rdn. 387.

192 BGHR § 316a Abs. 1 Straßenverkehr 9 = NStZ **1997** 236, 237; *Herzog* NK Rdn. 22; *Kindhäuser* LPK Rdn. 18.

193 *Geilen* S. 747; *Hentschel/König* Rdn. 7; *Lackner/Kühl* Rdn. 5; *Maurach/Schroeder* BT/1 § 35 Rdn. 55.

194 BGHSt 5 280, 281; BGH VRS **21** (1961) 206, 207; *Herzog* NK Rdn. 23; *Sander* MK Rdn. 63.

195 *Fischer* Rdn. 12; *Mitsch* BT 2/2 § 2 Rdn. 33; *Sch/Schröder/Cramer/Sternberg-Lieben* Rdn. 7; zu Motivbündeln *Roßmüller* NZV **1997** 236, 237; *Sander* MK Rdn. 42.

196 BGHSt **18** 170, 173; **33** 378, 381; BGH NStZ **1997** 236, 237; *Rengier* BT/1 § 12 Rdn. 26; *Sander* MK Rdn. 44; *Sch/Schröder/Cramer/Sternberg-Lieben* Rdn. 7.

197 *Ch. Fischer* Jura **2000** 440 (auch zu § 252 als Bezugstat); *Herzog* NK Rdn. 24; *Sander* MK Rdn. 42. Zur Ermöglichung einer fremden räuberischen Tat vgl. einerseits *Mitsch* BT 2/2 § 2 Rdn. 34; andererseits *Sch/Schröder/Cramer/Sternberg-Lieben* Rdn. 10.

198 BGH NStZ-RR 2002 367; *Fischer* Rdn. 12; *Lackner/Kühl* Rdn. 5.

199 BGH DAR bei Spiegel **1981** 186; *Fischer* Rdn. 12; *Hentschel/König* Rdn. 5.

sein (BGHSt **25** 315 ff m. Anm. *Hübner* JR **1975** 201 f[200]). Deshalb genügt es nicht, wenn der Täter die Absicht zur räuberischen Tat erst fasst, nachdem das Opfer gefesselt oder bewusstlos ist.[201] Ferner muss der Täter auch im Zeitpunkt des räuberischen Entschlusses noch die besonderen Verhältnisse des Straßenverkehrs für seinen Angriff ausnutzen (BGHSt 37 256, 258 f m. Anm. *Geppert* JK 91 § 316a/3; *Wolters/Horn* SK Rdn. 6; s. auch BGH NStZ **2000** 144 m.w.N.).

47 Wenn der Angriff auf Leib, Leben oder Entschlussfreiheit im Sinne einer situativen Einheit zugleich den Nötigungsakt der räuberischen Tat bildet,[202] erfasst das Erfordernis der Ausnutzung der besonderen Verhältnisse des Straßenverkehrs zugleich die Bezugstat.[203] Fallen der tatbestandsmäßige Angriff und die Anwendung der „Raub-Gewalt" (bzw. Drohung) auseinander, so ist umstritten, ob auch der (geplante) räuberische Teilakt einen hinreichend engen **räumlichen und zeitlichen Bezug zum fließenden Straßenverkehr** aufweisen muss. Die frühere Rechtsprechung hatte – teilweise in einer die Strafbarkeit gemäß § 316a auf außerhalb des Fahrzeugs vorgenommene Angriffe ausdehnenden Weise – davon abhängig gemacht, dass der geplante Überfall in „unmittelbarem räumlichen und zeitlichen Zusammenhang" mit dem Anhalten und Aussteigen steht.[204] Dieses Kriterium fand auch zur Tatbestandseinschränkung in Fällen von dem räuberischen Akt vorausgegangenen Nötigungsangriffen Anwendung.[205] Teilweise wird die Beibehaltung dieses Restriktionselements befürwortet.[206] Die inzwischen überwiegende Ansicht im Schrifttum[207] verweist demgegenüber (vorzugswürdig)[208] darauf, dass das Gesetz das Ausnutzungsmerkmal ausschließlich auf den Angriff, nicht hingegen auf die räuberische Tat bezieht. Angesichts der neueren Restriktionsansätze (Verengung des Führermerkmals, Eliminierung der Täuschungsangriffe) kann das Kriterium des unmittelbaren Zusammenhangs (jedenfalls bei einer zusätzlich auf die potenziellen Unfallgefahren zugeschnittenen engen Auslegung des Ausnutzungsmerkmals) als überholt angesehen werden.[209] Müssen die besonderen Verhältnisse des (fließenden) Straßenverkehrs nur für den Angriff (und nicht für die geplante Raubtat) von Bedeutung sein, so ist andererseits zu beachten, dass § 316a immerhin einen (durch die Worte „zur Begehung eines Raubes" etc. zum Ausdruck gebrachten) **finalen Zusammenhang zwischen Angriff und** der beabsichtigten **Vermögensstraftat** fordert. Unter diesem Aspekt wird man – parallel zur (ungeachtet des unterschiedlichen Anknüpfungspunkts für das Ausnutzungsmerkmal) entsprechenden

---

[200] BGHSt **37** 256, 258; BGH VRS **55** (1978) 262, 263; BGH NStZ **1989** 119; **1997** 236, 237; *Geppert* Jura **1995** 315; *Gössel* BT/2 § 15 Rdn. 49; *Herzog* NK Rdn. 22; *Krey/Hellmann* BT/2 Rdn. 231; *Maurach/Schroeder* BT/1 § 35 Rdn. 56; .*Sander* MK Rdn. 43; *Sch/Schröder/Cramer/Sternberg-Lieben* Rdn. 7; *Wessels/Hillenkamp* BT/2 Rdn. 387; *Wolters/Horn* SK Rdn. 6.

[201] BGH NStZ **2007** 35, 36; *Herzog* NK Rdn. 22; *Sander* MK Rdn. 43; *Wolters/Horn* SK Rdn. 6.

[202] Zur zeitlichen Abfolge *Mitsch* BT 2/2 § 2 Rdn. 35 f.

[203] *Wessels/Hillenkamp* BT/2 Rdn. 384, 387.

[204] So z.B. BGHSt 33 378, 381; vgl. *Sowada* LK[11] Rdn. 26 f m.w.N.

[205] Vgl. BGH NStZ **1989** 119; **1996** 435 f = NZV **1997** 236 m. krit. Anm. *Roßmüller*; BGH JR **1997** 162 m. krit. Anm. *Roßmüller*. S. auch *Sowada* LK[11] Rdn. 41; *Wolters/Horn* SK Rdn. 4, 4a, 5.

[206] So insbesondere *Sander* MK Rdn. 45; s. auch *Kühl/Schramm* JuS **2003** 681, 686.

[207] *Ch. Fischer* Jura **2000** 438; *Geppert* NStZ **1986** 552; *Herzog* NK Rdn. 22; *Mitsch* BT 2/2 § 2 Rdn. 37; *Roßmüller* NZV **1997** 236, 237; *Sch/Schröder/Cramer/Sternberg-Lieben* Rdn. 7.

[208] Anders noch *Sowada* LK[11] Rdn. 43 (s. aber auch aaO Rdn. 41).

[209] Vgl. auch *Hentschel/König* Rdn. 5 (a.E.); *Küper* BT[6] S. 23.

Restriktion bei den §§ 239a, 239b –[210] eine Strafbarkeit gemäß § 316a verneinen können, wenn die durch den Angriff geschaffene Lage des Opfers sich nach dem Täterplan infolge einer zwischenzeitlichen Aufhebung der Nötigungssituation nicht bei der beabsichtigten räuberischen Tat auswirken soll.

V. Vollendung, Versuch und Rücktritt

1. Vollendung. Das Delikt des § 316a ist vollendet, wenn der Täter den Angriff auf Leib, Leben oder Entschlussfreiheit des Opfers unter Ausnutzung der besonderen Verhältnisse des Straßenverkehrs „verübt" (= ausgeführt) und hierbei in räuberischer Absicht gehandelt hat.[211] Das Verhalten des Täters muss auf die Angriffsgüter einwirken, ohne dass es jedoch zu einer realen Beeinträchtigung dieser Güter kommen muss (*Wolters/Horn* SK Rdn. 7; vgl. näher oben Rdn. 9 ff, 14 ff).[212] Verlangt man mit dem BGH[213] für einen Angriff auf die Entschlussfreiheit, dass das Opfer den objektiven Nötigungscharakter des Täterhandelns wahrgenommen hat, so kommt vor einer derartigen Wahrnehmung lediglich ein Versuch in Betracht.[214] **Beendet** ist die Tat bei einem längeren zeitlichen und räumlichen Abstand zu dem abgeschlossenen Angriff auch dann, wenn die Bemächtigungslage fortbesteht (BGH NStZ **2007** 35, 36; *Fischer* Rdn. 15). **48**

2. Versuch. Der Versuch ist wegen des Verbrechenscharakters des § 316a strafbar (§ 23 Abs. 1). Der Versuchsbeginn bestimmt sich nach § 22.[215] Hiernach ist eine Versuchsstrafbarkeit nur dann gegeben, wenn der Angriffszeitpunkt nach dem Täterplan unmittelbar bevorsteht und Täter und Opfer sich bereits in unmittelbarer Nähe des vorgesehenen Angriffsortes befinden (so im Anschluss an *Günther* JZ **1987** 26, 28 [zu § 316a a.F.] *Krey/Hellmann* BT/2 Rdn. 226; *Lackner/Kühl* Rdn. 4; *Sander* MK Rdn. 52; *Wessels/Hillenkamp* BT/2 Rdn. 388; *Wolters/Horn* SK Rdn. 8).[216] Insbesondere begründet der Umstand, dass der Täter die Mitfahrt unter Verdeckung seiner räuberischen Absicht vornimmt, noch keine Versuchsstrafbarkeit (*Rengier* BT/1 § 12 Rdn. 39; s. auch Rdn. 11). **49**

3. Rücktritt. Bis zur Vollendung der Tat eröffnet § 24 die Möglichkeit des strafbefreienden **Rücktritts vom Versuch.** Da der Rücktritt zur uneingeschränkten Straflosigkeit bezüglich des Versuchsdelikts führt, ist die Regelung des § 24 für den Täter günstiger als die frühere Vorschrift über die **tätige Reue (§ 316a Abs. 2 a.F.)**, nach der das Gericht die Strafe nach seinem Ermessen mildern (§ 49 Abs. 2) oder von der Bestrafung nach § 316a absehen konnte, „wenn der Täter freiwillig seine Tätigkeit aufgibt und den Erfolg **50**

---

210 Vgl. BGH NJW **1997** 1082 f = JR **1998** 125 m. Anm. *Renzikowski*; BGH NStZ **2006** 36 ff m. Anm. *Jahn/Kudlich* NStZ **2006** 340 f; *Lackner/Kühl* § 239a Rdn. 4a.

211 BGH NStZ **2004** 626 f;

212 S. auch *Fischer* Rdn. 13 m.w.N. sowie (mit abweichender Konzeption) *Hübsch* S. 90 ff, 143 ff.

213 BGHSt **49** 8, 12; BGH NStZ-RR **2004** 171, 172.

214 *Sander* MK Rdn. 50; *Wessels/Hillenkamp* BT/2 Rdn. 388.

215 *Mitsch* BT 2/2 § 2 Rdn. 40; *Rengier* BT/1 § 12 Rdn. 37 f; *Sander* MK Rdn. 51. Grundlegend abweichend *Hübsch* S. 145 ff; *Wolters/Horn* SK Rdn. 8.

216 Zur gebotenen Restriktion auch *Joecks* Studienkommentar Rdn. 17; *Kindhäuser* BT/2 § 19 Rdn. 16; *Sander/Hohmann* NStZ **1998** 273, 278; ferner (zu § 316a a.F.) *Roßmüller/Rohrer* NZV **1995** 259.

abwendet" oder wenn der Täter, sofern der Erfolg ohne sein Zutun unterbleibt, sich ernsthaft bemüht, den Erfolg abzuwenden. Im Hinblick auf die jetzt unmittelbar geltende weitergehende Privilegierung gemäß § 24 hat der Gesetzgeber des 6. StrRG § 316a Abs. 2 a.F. wegen des Wegfalls des Unternehmenscharakters als überflüssig angesehen und ersatzlos gestrichen.[217] Allerdings ist diese legislatorische Maßnahme nicht so unproblematisch, wie es auf den ersten Blick scheint. Zur alten Gesetzeslage wurde im Schrifttum teilweise die Auffassung vertreten, als „Erfolg" im Sinne des § 316a Abs. 2 a.F. sei nicht der tatbestandsmäßige Angriff auf Leib, Leben oder Entschlussfreiheit des Opfers (so aber die herrschende Ansicht[218]), sondern die geplante räuberische Tat anzusehen.[219] Auf dem Boden dieser Sichtweise bedeutet die Streichung des § 316a Abs. 2 a.F. zugleich eine Verschärfung insofern, als eine dem Angriff nachfolgende tätige Reue dem Täter nicht mehr zur Straflosigkeit verhelfen kann.[220] Zur Vermeidung dieses Ergebnisses wird teilweise erwogen, die Vorschrift des § 24 oder die Regelung(en) über die tätige Reue auch bezüglich der neuen Fassung des § 316a analog anzuwenden (*Wessels/Hillenkamp* BT/2, Rdn. 389; s. auch *Ingelfinger* JR **2000** 231 f; *Küper* BT S. 21 sowie ausführlich *Hübsch* S. 99 ff).

51 Derartige Überlegungen verdienen **keine Zustimmung.**[221] Die extensive Interpretation des § 316a Abs. 2 a.F. war erkennbar von dem kriminalpolitischen Bestreben getragen, die Umkehr des Täters in möglichst weitem Umfang zu honorieren. Dieses Anliegen erscheint zwar angesichts der (fortbestehenden) hohen Strafdrohung (weiterhin) begrüßenswert, doch war eine solche Auslegung schon in der Vergangenheit kaum mit dem Gesetzeswortlaut des § 316a Abs. 2 a.F. zu vereinbaren.[222] Selbst wenn man aber jene Extensivierung zur früheren Gesetzeslage für noch vertretbar erachten wollte, weil der Begriff des „Erfolges" im Rahmen eines Tätigkeitsdelikts auf ein der Vollendung nachfolgendes Ereignis bezogen werden könne, lässt sich diese Lesart nicht auf den nunmehr maßgeblichen § 24 übertragen, der nicht auf einen „Erfolg", sondern auf die „Ausführung der Tat" (bzw. auf die Verhinderung der Vollendung) abstellt. Eine analoge Anwendung des § 24 scheidet aus, weil sie in ihrer Privilegierungswirkung über den Status quo ante zu § 316a a.F. hinausgehen würde und auch Spannungen zur Rechtsfolgenseite der übrigen Regelungen über die tätige Reue bestünden.[223]

52 Eine **analoge Fortgeltung des § 316a Abs. 2 a.F.** kommt nicht in Betracht, weil eine aufgehobene Vorschrift als nicht existent anzusehen ist und daher nicht (auch nicht analog) angewendet werden darf. Doch auch das allenfalls denkbare Ausweichen auf den parallel gestalteten § 83a liefe darauf hinaus, die Gesetzesänderung für einen Teilbereich außer Kraft zu setzen. Eine solche Gesetzeskorrektur ist dem Rechtsanwender **verwehrt.** Insbesondere fehlt es an einer planwidrigen Lücke des Gesetzes, zumal eine (möglicherweise unbeabsichtigte) Verschärfung der Neufassung (jedenfalls im Wesentlichen[224]) nur

---

217 BTDrucks. 13/8587 S. 51.

218 BGHSt **10** 320, 322 f; BGH VRS **21** (1961) 206 ff; *Gössel* BT/2 § 15 Rdn. 51; *Griesbaum* HK/StVR Rdn. 15; *Schäfer* LK[10] Rdn. 31 (m.w.N.); s. auch *Grünauer* S. 128 ff.

219 So *Blei* BT S. 357 f; *Geilen* S. 748; *Geppert* Jura **1995** 315 f.

220 *Mitsch* JA **1999** 665; *ders.* BT 2/2 § 2 Rdn. 41.

221 So auch *Fischer* Rdn. 16; *Hentschel/König* Rdn. 9; *Herzog* NK Rdn. 27; *Krey/Hellmann* BT/2 Rdn. 235 ff; *Lackner/Kühl* Rdn. 4; *Mitsch* JA **1999** 665; *ders.* BT 2/2 § 2 Rdn. 41; *Rengier* BT/1 § 12 Rdn. 36; *Sander* MK Rdn. 60; *Sch/Schröder/Cramer/Sternberg-Lieben* Rdn. 9; *Wolters/Horn* SK Rdn. 8.

222 *Herzog* NK Rdn. 26; *Maurach/Schroeder* BT/1 § 35 Rdn. 59.

223 Vgl. *Berz* FS Stree/Wessels, S. 331, 339.

224 Die teilweise auch gegenüber der engeren herrschenden Meinung zu § 316a Abs. 2 a.F. angenommene Verschärfung (*Wessels/Hillenkamp* BT/2 Rdn. 389 durch Gegenüberstellung zwischen Einwirkung auf das und

auf dem Boden einer literarischen Minderansicht vorliegt,[225] die sich der Gesetzgeber erkennbar nicht zu eigen gemacht hat.[226] Soweit man § 316a eine die Verkehrssicherheit betonende Schutzrichtung zuweist, ist mit der Verübung des Angriffs neben der formellen Deliktsvollendung regelmäßig auch eine materielle Rechtsgutsgefährdung verbunden. Die Härten, die sich aus der hohen Strafdrohung und der Vorverlagerung der Strafbarkeit gegenüber den §§ 249, 250; 252 und 255 ergeben, sind de lege lata durch die Annahme eines minder schweren Falles (§ 316a Abs. 2 n.F.)[227] sowie durch eine „rücktrittsfreundliche" Tatbestandsauslegung abzumildern, die dem Täter auch in Fällen des beendeten Versuchs die Möglichkeit einer Strafbefreiung gemäß § 24 eröffnet (s. oben Rdn. 16). Die Forderung nach einer noch weiter gehenden Strafbefreiung ist rechtspolitischer Natur; sie zielt in letzter Konsequenz auf die (in der Tat ernsthaft zu erwägende) Entbehrlichkeit des § 316a.[228]

VI. Täterschaft und Teilnahme

1. Täterschaft. Die Abgrenzung zwischen Täterschaft und Teilnahme erfolgt nach den allgemeinen Regelungen. Täter des § 316a ist jeder, der mit Tatherrschaft (gegebenenfalls auch in mittelbarer Täterschaft[229]) den tatbestandlichen Angriff verübt und hierbei die (mit-)täterschaftliche Begehung eines Raubes (oder eines diesem gleichgestellten Delikts) beabsichtigt. Sukzessive Mittäterschaft zu § 316a ist möglich, solange auf das Opfer unter Ausnutzung der besonderen Verhältnisse des Straßenverkehrs eingewirkt wird.[230] Die erst nach Erlöschen des Bezuges zum fließenden Straßenverkehr erfolgende Mitwirkung genügt hingegen nicht;[231] insoweit kommt lediglich eine Beteiligung an der (Quasi-)Raubtat in Betracht. 53

2. Teilnahme. Für eine Teilnahmestrafbarkeit ist die Kenntnis des Teilnehmers erforderlich (aber auch ausreichend), dass der den Angriff verübende Täter mit der spezifischen Absicht handelt.[232] Ein Kraftfahrer, der den ohne sein Wissen von Mitfahrern gegenüber einem weiteren Insassen verübten Überfall bemerkt und gleichwohl weiterfährt, kann sich der Beihilfe durch aktives Tun schuldig machen.[233] Wird der Entschluss 54

Auswirkung beim Opfer) kommt allenfalls für seltene Fallgestaltungen in Betracht.

225 *Ch. Fischer* Jura **2000** 440 f; *Mitsch* JA **1999** 665.

226 Vgl. *Herzog* NK Rdn. 27; *Schäfer* LK[10] Rdn. 34.

227 *Fischer* Rdn. 16; *Rengier* BT/1 § 12 Rdn. 36; *Sch/Schröder/Cramer/Sternberg-Lieben* Rdn. 11; *Wessels/Hillenkamp* BT/2 Rdn. 389.

228 In diesem Sinne *Ch. Fischer* Jura **2000** 441; *Fischer* Rdn. 2; *Freund* ZStW **109** (1997) 455, 482 f; *Herzog* JR **2004** 258, 259; *Kosloh* Das Sechste Strafrechtsreformgesetz (2000), S. 178 ff, 189; *Krey/Hellmann* Strafrecht Besonderer Teil Band 2 14. Aufl. (2005) Rdn. 238; *Krüger* Die Entmaterialisierungstendenz beim Rechtsgutsbegriff (2000), S. 161 ff, 165; s. auch *Hörnle* Jura **1998** 169, 175; *Krey/Hellmann Sander* MK Rdn. 4; *Stein*, in: Dencker u.a. (Fn. 21) 4. Teil Rdn. 115; *Wessels/Hillenkamp* BT/2, Rdn. 382.

229 *Wolters/Horn* SK Rdn. 9.

230 *Sander* MK Rdn. 48. Vgl. auch BGH VRS **101** (2001) 113.

231 Vgl. näher *Mitsch* BT 2/2 § 2 Rdn. 38; *Sch/Schröder/Cramer/Sternberg-Lieben* Rdn. 10.

232 BGH DAR **1981** 226 = VRS **61** (1981) 213, 214; *Herzog* NK Rdn. 24; *Mitsch* BT 2/2 § 2 Rdn. 39; *Wolters/Horn* SK Rdn. 9.

233 BGH DAR **1981** 226 = VRS **61** (1981) 213; s. auch BGHSt **13** 27, 31; *Hentschel/König* Rdn. 10; *Sander* MK Rdn. 48.

zur Unterstützung erst gefasst, nachdem der Angriff abgeschlossen ist (und insbesondere alle Insassen das Fahrzeug verlassen haben), so begründet die Mitwirkung keine Beihilfestrafbarkeit.[234] Entschließt sich jemand erst nach der fortdauernden Fesselung des beraubten Kraftfahrers, beim Abtransport der Beute mitzuwirken, so ist dieses Verhalten als Begünstigung und Beihilfe zur Freiheitsberaubung, nicht aber als Beihilfe zu § 316a strafbar (BGH NStZ **2007** 35, 36; *Fischer* Rdn. 17).

VII. Rechtsfolgen

55 **1. Minder schwere Fälle.** Für minder schwere Fälle[235] sieht § 316a Abs. 2 (n.F.) einen Strafrahmen von einem Jahr bis zu zehn Jahren Freiheitsstrafe vor. Damit ist die Annahme eines minder schweren Falles für den Täter günstiger als die über § 49 Abs. 1 vorgesehene Milderung.[236] Über das Vorliegen eines minder schweren Falles entscheidet das Gericht im Rahmen einer umfassenden Gesamtwürdigung (BGH VRS **45** [1973] 363, 364; BGH NStZ-RR **1996** 133; *Herzog* NK Rdn. 29, *Sander* MK Rdn. 58 m.w.N.). Als Anlass zur Milderung kommt neben dem geringeren Gewicht der geplanten oder auch schon verwirklichten Tat (vgl. § 249 Abs. 2) auch eine vergleichsweise geringe Intensität des Angriffs in Betracht.[237] Allerdings begründet weder der Umstand, dass sich der Angriff nicht gegen Leib oder Leben, sondern ausschließlich gegen die Entschlussfreiheit des Opfers richtet, noch das Ausbleiben einer Gemeingefahr einen so gravierenden Unterschied gegenüber den Normalfällen des § 316a, dass allein aus diesem Grund ein minder schwerer Fall anzunehmen wäre.[238]

56 **2. Erfolgsqualifikation.** Für (unbenannte) besonders schwere Fälle hatte § 316a Abs. 1 S. 1 1. Hs a.F. die lebenslange Freiheitsstrafe angedroht. Diese Strafschärfung hat das 6. StrRG durch die neu eingeführte Erfolgsqualifikation (§ 316a Abs. 3 n.F.) ersetzt (ausführlich zu deren Voraussetzungen *Mitsch* BT 2/2 § 2 Rdn. 42 ff; zur Strafzumessung *Sander* MK Rdn. 59). Hiernach ist (ohne die Möglichkeit eines minder schweren Falls)[239] mit lebenslanger Freiheitsstrafe oder mit Freiheitsstrafe nicht unter zehn Jahren zu bestrafen, wer durch die Tat wenigstens leichtfertig den Tod eines anderen Menschen verursacht. Diese Regelung bedeutet eine zeitliche Vorverlagerung des durch § 251 intendierten (verstärkten) Strafrechtsschutzes auf die (gegebenenfalls sogar dem Raubversuch vorangehende) Phase des Angriffs. Sofern der Angriff zugleich den Versuch der (anschließend nicht vollendeten) räuberischen Tat darstellt, entfallen im Vergleich zu einer Strafbarkeit gemäß §§ 251, 22 sowohl die (fakultative) Strafmilderung gemäß § 23 Abs. 2 als auch die Möglichkeit des Rücktritts vom erfolgsqualifizierten Versuch.[240] Aus der Formulierung **„Tod eines anderen Menschen"** (im Gegensatz etwa zu §§ 239 Abs. 4, 239a Abs. 3: „Tod des Opfers"; § 227: „Tod der verletzten Person") folgt, dass über das Angriffsopfer hinaus auch dritte Personen taugliche Tatobjekte der Erfolgsqualifikation sind. Die überwiegend befürwortete Herausnahme der Tatbeteiligten aus dem Schutzbe-

---

[234] BGH, Beschluss vom 27.5.2003 – 4 StR 102/03; *Fischer* Rdn. 17; *Sander* MK Rdn. 49.

[235] Allgemein zur Strafzumessung bei § 316a *Sander* MK Rdn. 56.

[236] Vgl. hierzu *Sander* MK Rdn. 57; *Wolters/Horn* SK Rdn. 12.

[237] *Fischer* Rdn. 18; s. auch BGH NStZ-RR **1996** 133.

[238] BGH VRS **45** (1973) 363; *Hentschel/König* Rdn. 11; *Schäfer* LK[10] Rdn. 38.

[239] *Sander* MK Rdn. 59.

[240] *Mitsch* JA **1999** 665.

reich der Strafschärfungsklausel[241] vermag nicht zu überzeugen;[242] den geeigneten dogmatischen Ansatzpunkt bilden die Aspekte der freiverantwortlichen Selbst- bzw. der einverständlichen Fremdgefährdung.[243]

Im Hinblick auf den (für alle erfolgsqualifizierten Delikte als besonderes Merkmal der objektiven Zurechnung geforderten[244]) sog. **„Unmittelbarkeitszusammenhang"** muss sich in der schweren Folge gerade die spezifische Gefahr des Grunddelikts realisiert haben. Zum Kreis der grunddeliktstypischen Todesverläufe gehören auch Unfälle, die aus Fehlreaktionen des während der Fahrt angegriffenen Kraftfahrers (Lenkfehler, gegebenenfalls auch abruptes Bremsen) oder aus den hierauf bezogenen Verhaltensweisen anderer Verkehrsteilnehmer (z.B. Ausweichmanöver) resultieren.[245] Ergibt sich hieraus ein weit gezogener Zurechnungsrahmen, so ist der Bezug auf die mit dem „Angriff" und die hiermit zusammenhängenden, vom Täter ausgenutzten Gefahren des fließenden Straßenverkehrs unverzichtbar. Deshalb scheidet eine Strafbarkeit gemäß § 316a Abs. 3 aus, wenn der Tod lediglich die unmittelbare Folge eines (ohne Verkehrsbezug) zur Verwirklichung der tatbestandsspezifischen Absicht eingesetzten Nötigungsmittels ist (so aber *Fischer* Rdn. 19; *Wessels/Hillenkamp* BT/1 Rdn. 381; wie hier *Mitsch* BT 2/2 § 2 Rdn. 55 f; *Wolters/Horn* SK Rdn. 13); in solchen Fällen ist allein § 251 (bzw. §§ 251, 22) einschlägig. 57

Mit der Gesetzesformulierung, dass die Todesverursachung **„wenigstens leichtfertig"** erfolgt sein muss, ist klargestellt, dass auch die mit Tötungsvorsatz verübten Angriffe dem Anwendungsbereich des § 316a Abs. 3 (gegebenenfalls in der Form des Versuchs) unterfallen. Leichtfertigkeit ist gleichbedeutend mit einem gesteigerten, der groben Fahrlässigkeit im Sinne des Zivilrechts vergleichbaren Grad der Fahrlässigkeit bezüglich der Todesfolge.[246] Die Verhängung lebenslanger Freiheitsstrafen wird allerdings regelmäßig nur in Fällen vorsätzlicher Todesherbeiführung in Betracht kommen.[247] Zur **Beteiligung** am erfolgsqualifizierten Delikt sowie zum Komplex der **Versuchsstrafbarkeit** und zum **Rücktritt** vom Versuch des erfolgsqualifizierten Delikts gelten die allgemeinen Grundsätze,[248] doch dürfte für die Konstellation des sog. erfolgsqualifizierten Versuchs (= Eintritt der schweren Folge bei lediglich versuchtem Grunddelikt) angesichts des frühen Vollendungszeitpunkts des § 316a Abs. 1 praktisch kaum Raum sein.[249] 58

---

241 *Fischer* Rdn. 19; *Herzog* NK Rdn. 31; *Kindhäuser* BT/2 § 19 Rdn. 17; *Mitsch* BT 2/2 § 2 Rdn. 46. Nur Mittäter, nicht aber sonstige Tatbeteiligte ausschließend *Sch/Schröder/Cramer/Sternberg-Lieben* Rdn. 11.

242 Ablehnend auch *Wolters/Horn* SK Rdn. 13 in Verbindung mit § 306c Rdn. 3 ff.

243 Vgl. allgemein zu dieser Problematik *Sowada* Die „notwendige Teilnahme" als funktionales Privilegierungsmodell im Strafrecht (1992) S. 35 ff; ferner (bezüglich § 315c) *Geppert* Jura **1996** 47 ff sowie *König* LK § 315b Rdn. 71 ff.

244 Vgl. hierzu *Altenhain* GA **1996** 19 ff; *Sowada* Jura **1994** 643, 645 f.

245 *Fischer* Rdn. 19; *Stein*, in: Dencker u.a. (Fn. 21) 4. Teil Rdn. 116 f; s. auch (mit weiteren Beispielen) *Sch/Schröder/Cramer/Sternberg-Lieben* Rdn. 11; ferner (bei Panikreaktionen des Angriffsopfers eine besondere Prüfung der spezifischen Zurechnungsvoraussetzungen fordernd) *Wolters/Horn* SK Rdn. 13.

246 *Hentschel/König* Rdn. 11; *Herzog* NK Rdn. 32; *Mitsch* BT 2/2 § 2 Rdn. 58; vgl. allgemein BGHSt **33** 66, 67; **35** 257, 258; OLG Nürnberg NStZ **1986** 556; *Lackner/Kühl* § 15 Rdn. 55; *Sowada* Jura **1995** 644 (m.w.N.).

247 *Fischer* Rdn. 19; *Sander* MK Rdn. 59; *Wolters/Horn* SK Rdn. 13.

248 Vgl. hierzu *Sowada* Jura **1995** 644, 646 ff.

249 *Ch. Fischer* Jura **2000** 441. S. auch (noch enger) *Hardtung* Versuch und Rücktritt bei den Teilvorsatzdelikten des § 11 Abs. 2 (2002), S. 158 f.

59 3. **Sonstiges.** Als Maßregel der Besserung und Sicherung kommt vor allem die **Entziehung der Fahrerlaubnis** (§ 69) insbesondere in Fällen des vom Kraftfahrer auf ein mitfahrendes Opfer verübten Angriffs in Betracht (BGH[GS]St **50** 93, 103). Die Anordnung von **Führungsaufsicht** ist in § 321 nicht vorgesehen, doch bildet § 256 Abs. 1 eine mögliche Grundlage, sofern die räuberische Tat zumindest in das Versuchsstadium gelangt ist (*Sander* MK Rdn. 61). Die **Einziehung** des Kraftfahrzeugs als Tatmittel richtet sich nach § 74.[250]

VIII. Konkurrenzen

60 1. **Verhältnis zur räuberischen Tat.** Im Verhältnis zwischen § 316a und dem bei der Verübung des Angriffs beabsichtigten Raub, räuberischen Diebstahl oder der räuberischen Erpressung ist zu unterscheiden: Gelangen diese Taten zur *Vollendung*, so stehen sie zu § 316a regelmäßig in Tateinheit (BGH NJW **1963** 1413 f; BGHSt **25** 224, 229[251]). Das gilt jedenfalls dann, wenn der Angriff zugleich die Ausführungshandlung des anderen Delikts darstellt (BGH NStZ **1999** 350 f; *Fischer* Rdn. 20) oder wenn der Angriff und die anschließend zur Absichtsverwirklichung eingesetzten Nötigungsmittel als Bestandteil einer natürlichen Handlungseinheit erscheinen (*Grünauer* S. 118). Eine Gesetzeskonkurrenz kommt nicht in Betracht, da eine Verurteilung allein wegen § 316a das begangene Unrecht nur unvollständig wiedergeben würde[252] (**aA** – für Konsumtion der Raubdelikte mit Ausnahme des § 251 – *Otto* BT § 46 Rdn. 75 in Verbindung mit Rdn. 69). Hingegen wird ein *versuchter* einfacher Raub (etc.) als regelmäßige Begleittat vom strafhöheren § 316a im Wege der Konsumtion gesetzeskonkurrierend verdrängt (BGHSt **25** 373 f = LM Nr. 7 zu § 316a StGB 1969 m. Anm. *Martin*; *Sch/Schröder/Cramer/Sternberg-Lieben* Rdn. 12;[253] zweifelnd *Fischer* Rdn. 20). Handelt es sich jedoch um einen *qualifizierten* Raubversuch etc. (§§ 250, 251), so soll aus Klarstellungsgründen wiederum Tateinheit anzunehmen sein.[254] Ein solches Klarstellungsbedürfnis ist seit dem 6. StrRG bezüglich des versuchten Raubes mit Todesfolge (§§ 251, 22) nicht mehr gegeben; denn durch die Einführung der dem § 251 entsprechenden Erfolgsqualifikation in § 316a Abs. 3 kommt bei einer Verurteilung nach dieser Vorschrift eindeutig zum Ausdruck, dass der Täter durch den räuberischen Angriff (und den hierdurch verdrängten Raubversuch) wenigstens leichtfertig den Tod eines anderen Menschen herbeigeführt hat.[255]

61 2. **Sonstige Delikte.** Beim Zusammentreffen mit sonstigen Delikten kommt wegen der eigenständigen Schutzrichtung regelmäßig Tateinheit in Betracht.[256] Das gilt insbesondere für Tötungs- und Körperverletzungsdelikte, aber auch für Sexualstraftaten (BGH VRS **60** [1981] 102 f) sowie für § 315b (BGHSt **39** 249).

---

250 *Hentschel/König* Rdn. 11; s. auch BGH NJW **1955** 1327.

251 BGHSt **14** 386, 391; **15** 322, 323; **25** 373 f; BGH NJW **1969** 1679; *Herzog* NK Rdn. 33; *Krey/Hellmann* BT/2 Rdn. 232; *Sander* MK Rdn. 54 (m.w.N.); *Wolters/Horn* SK Rdn. 10

252 *Sch/Schröder/Cramer/Sternberg-Lieben* Rdn. 12; *Geppert* Jura **1995** 316.

253 Ebenso *Geppert* Jura **1995** 316; *Gössel* BT/2 § 15 Rdn. 53; *Griesbaum* HK/StVR Rdn. 16; *Krey/Hellmann* BT/2 Rdn. 232; *Rengier* BT/1 § 12 Rdn. 40.

254 *Herzog* NK Rdn. 33; *Hohmann/Sander* BT/1 § 15 Rdn. 23; *Lackner/Kühl* Rdn. 8; *Otto* BT § 46 Rdn. 75 f; *Sander* MK Rdn. 55; bezüglich §§ 250, 22 ebenso BGH MDR bei Holtz **1977** 807, 808; *Kindhäuser* BT/2 § 19 Rdn. 20; *Krey/Hellmann* BT/2 Rdn. 232.

255 *Sander* MK Rdn. 55.

256 *Sander* MK Rdn. 54 (m.w.N.); *Fischer* Rdn. 20; *Geppert* Jura 1995 316; *Hentschel/König* Rdn. 12; *Maurach/Schroeder* BT/1 § 35 Rdn. 60.

IX. Prozessuales

Die **Verjährungsfrist** beträgt 20 Jahre, in den Fällen des § 316a Abs. 3 30 Jahre (§ 78 Abs. 3 Nr. 1 und 2). Zum **intertemporalen** Strafrecht (§ 2) vgl. *Mitsch* JA **1999** 665 f; zur gerichtlichen **Zuständigkeit** vgl. *Sander* MK Rdn. 63 f. Bezüglich strafprozessualer **Zwangsmaßnahmen** kommen insbesondere die Überwachung der Telekommunikation (§ 100a Abs. 2 Nr. 1s StPO) sowie die Anordnung der Untersuchungshaft wegen Wiederholungsgefahr (§ 112a Abs. 1 Nr. 2) in Betracht, nicht hingegen die Anordnung einer Kontrollstelle gemäß § 111 StPO (kritisch hierzu *Mitsch* BT 2/2 § 2 Rdn. 11). 62

§ 316b
Störung öffentlicher Betriebe

(1) Wer den Betrieb
1. von Unternehmen oder Anlagen, die der öffentlichen Versorgung mit Postdienstleistungen oder dem öffentlichen Verkehr dienen,
2. einer der öffentlichen Versorgung mit Wasser, Licht, Wärme oder Kraft dienenden Anlage oder eines für die Versorgung der Bevölkerung lebenswichtigen Unternehmens oder
3. einer der öffentlichen Ordnung oder Sicherheit dienenden Einrichtung oder Anlage
dadurch verhindert oder stört, dass er eine dem Betrieb dienende Sache zerstört, beschädigt, beseitigt, verändert oder unbrauchbar macht oder die für den Betrieb bestimmte elektrische Kraft entzieht, wird mit Freiheitsstrafe bis zu fünf Jahren oder mit Geldstrafe bestraft.

(2) Der Versuch ist strafbar.

(3) In besonders schweren Fällen ist die Strafe Freiheitsstrafe von sechs Monaten bis zu zehn Jahren. Ein besonders schwerer Fall liegt in der Regel vor, wenn der Täter durch die Tat die Versorgung der Bevölkerung mit lebenswichtigen Gütern, insbesondere mit Wasser, Licht, Wärme oder Kraft, beeinträchtigt.

Schrifttum

Bernstein § 316b StGB – Störung öffentlicher Betriebe (jur. Diss. Göttingen 1989); *Stree* Beschädigung eines Polizeistreifenwagens – BGHSt 31 185, JuS **1983** 836.

Entstehungsgeschichte

I. Die Vorschrift gegen die Störung öffentlicher Betriebe ist durch das **(1.) StrÄndG vom 30.8.1951** (BGBl. I S. 739) als **§ 316a** in das StGB eingefügt worden. Sie erhielt mit dem **Gesetz zur Sicherung des Straßenverkehrs vom 19.12.1952** (BGBl. I S. 832) ihren heutigen Standort. Vor In-Kraft-Treten des (1.) StrÄndG existierte im Kernstrafrecht[1] in

---

[1] S. allerdings § 2 Abs. 1 („Störung eines wichtigen Betriebs") der Verordnung zur Ergänzung der Strafvorschriften zum Schutz der Wehrkraft des Deutschen Volkes vom 25.11.1939 (RGBl. I S. 2319): *„Wer das ordnungsgemäße Arbeiten eines für die Reichs-*

Bezug auf Sabotageakte an gemeinwichtigen Betrieben lediglich die Strafnorm des § 317 (Verhinderung bzw. Gefährdung des Betriebs einer Telegraphenanlage; hierzu im Einzelnen *Wolff* LK § 317 Entstehungsgeschichte). § 316b geht auf die durch die Entwürfe von 1927 und 1930 jeweils in § 238 vorgeschlagenen Tatbestände gegen die „Verhinderung eines lebenswichtigen Betriebes"[2] zurück. Spätere Reformarbeiten (§ 314 E 1936;[3] § 321 E 1939)[4] sind berücksichtigt worden (vgl. *Schafheutle* JZ **1951** 609, 618).[5]

II. Überlegungen des Entwurfs von 1936 aufgreifend wurden im **E 1960 und im E 1962** Vorschriften konzipiert, in denen die §§ 316b und 317 zusammengefasst waren („Sabotage an lebenswichtigen Betrieben").[6] Trotz der weitgehend identischen Tatbestandsausgestaltung der §§ 316b, 317 und des übereinstimmenden Schutzzwecks ist es zu dieser Vereinheitlichung – anders als im Rahmen des § 88 – bis heute nicht gekommen. Vorschläge, einen *allgemeinen* Straftatbestand gegen die Betriebssabotage zu schaffen (§ 179 AE [1977]; *Lampe* ZStW **89** [1977] 325), sind bislang gleichfalls nicht aufgegriffen worden (vgl. auch Beschlussempfehlung und Bericht zum 2. WiKG [BTDrucks. 10/5058 S. 35]; *Möhrenschlager* wistra **1986** 128, 141).

III. Durch das **1. StrRG vom 25.6.1969** (BGBl. I S. 645) ist der vormals in § 316b Abs. 3 eingestellte unbenannte Strafschärfungsgrund für besonders schwere Fälle aufgehoben worden. Eine redaktionelle Änderung (Streichung des Wortes „vorsätzlich" in Absatz 1) erfolgte durch das **EGStGB vom 2.3.1974** (BGBl. I S. 469, 495, 502); zugleich erhielt § 316 b seine amtliche Überschrift.

IV. Mit dem **Gesetz zur Änderung des Strafgesetzbuches, der Strafprozeßordnung und des Versammlungsgesetzes und der Einführung einer Kronzeugenregelung bei terroristischen Straftaten vom 9.6.1989** (BGBl. I S. 1059) wurde der durch ein Regelbeispiel erläuterte Strafzumessungsgrund des geltenden Rechts eingeführt. Anlass dafür waren

---

verteidigung oder die Versorgung der Bevölkerung wichtigen Betriebs dadurch stört oder gefährdet, daß er eine dem Betrieb dienende Sache ganz oder teilweise unbrauchbar macht oder außer Tätigkeit setzt, wird mit Zuchthaus, in besonders schweren Fällen mit dem Tode bestraft.". § 1 der Verordnung enthielt ähnlich ausgestaltete Tatbestände gegen die Wehrmittelbeschädigung.

2 § 238 Abs. 1 E 1927 hatte folgenden Wortlaut: „*Wer den Betrieb einer dem öffentlichen Verkehr dienenden Eisenbahn, Straßenbahn, Schwebebahn, Kraftfahrlinie, Schiffahrts- oder Luftfahrtsunternehmung, eines Schiffs- oder Flughafens, der Post, eines zur öffentlichen Versorgung mit Wasser, Licht, Wärme oder Kraft dienenden Werkes, einer dem Schutze gegen Feuersgefahr dienenden öffentlichen Einrichtung oder einer staatlichen Anstalt, die der Landesverteidigung dient, dadurch verhindert oder stört, daß er Bestandteile oder Zubehör beschädigt, zerstört, beseitigt, verändert oder außer Tätigkeit setzt, wird mit Gefängnis bestraft.*" Im E 1930 ist die Vorschrift nur noch unwesentlich verändert worden. S. auch § 184 E 1909, § 268 E 1919 und § 214 E 1925.

3 § 314 Abs. 1 StGB-E lautete: „*Wer das ordnungsgemäße Arbeiten eines dem öffentlichen Verkehr dienenden Unternehmens, einer öffentlichen Zwecken dienenden Fernmeldeanlage, einer der öffentlichen Versorgung mit Wasser, Licht, Wärme oder Kraft dienenden Anlage oder eines anderen lebens- oder kriegswichtigen Betriebes dadurch stört oder gefährdet, daß er eine dem Betrieb dienende Sache beschädigt, verändert, beseitigt, unbrauchbar macht oder außer Tätigkeit setzt, wird mit Zuchthaus bestraft.*"

4 Er entsprach im Wesentlichen § 314 E 1936; abgedruckt bei *Bernstein* § 316b StGB S. 10.

5 Eingehend zur Entstehungsgeschichte *Bernstein* § 316b StGB S. 2 ff; s. auch *Lampe* ZStW **89** (1977) 325, 326.

6 Jeweils § 335. Im Einzelnen BTDrucks. III/2150 S. 474; IV/650 S. 512.

vor allem Anschläge auf Strommasten und Anlagen der Deutschen Bundesbahn (BTDrucks. 11/2834 S. 7; BRDrucks. 563/86 S. 13 f; Rdn. 1).

V. Absatz 1 Nr. 1 ist durch Art. 2 Abs. 13 des **Begleitgesetzes zum Telekommunikationsgesetz vom 17.12.1997** (BGBl. I S. 3108) neu gefasst worden. Die Bestimmung hatte zuvor auf die Verhinderung bzw. Störung des Betriebs „*einer Eisenbahn, der Post oder dem öffentlichen Verkehr dienender Unternehmen oder Anlagen*" abgestellt. Die Änderung ist aufgrund der Privatisierung von Postdienstleistungen notwendig geworden. Mit der Streichung der „Eisenbahn" als eigenständigem Schutzobjekt sollte – entsprechend der schon vorher herrschenden Meinung – klargestellt werden, dass im Grundsatz nur eine dem *öffentlichen* Verkehr dienende Eisenbahn dem Anwendungsbereich des Absatzes 1 Nr. 1 unterfällt (BTDrucks. 13/8016 S. 28; Rdn. 12).

Übersicht

I. Bedeutung der Vorschrift

Die quantitative Bedeutung des § 316b ist vergleichsweise gering. Ausweislich der 1
Strafverfolgungsstatistik hat es im Jahr 2006 53 rechtskräftige Verurteilungen wegen Straftaten nach §§ 316b und 317 gegeben,[7] was gegenüber den neunziger Jahren des vergangenen Jahrhunderts einen starken Rückgang bedeutet (vgl. *König* LK[11] § 316b Rdn. 1). Jedoch ist zu berücksichtigen, dass die absoluten Zahlen gering sind, weswegen absolut gesehen kleinere Schwankungen zu großen prozentualen Ausschlägen führen. In

7 Quelle: Strafverfolgungsstatistik (Hrsg. Statistisches Bundesamt, Wiesbaden) Tabelle 2.1 (abrufbar über www.destatis.de). Straftaten nach §§ 316b und 317 werden nicht gesondert ausgewiesen.

der jüngeren Vergangenheit hat die Vorschrift vor allem im Zusammenhang mit militanten Protesten gegen die Errichtung von Großprojekten und den Transport von „Atommüll" eine Rolle gespielt.[8] Ein relativ neuer Anwendungsbereich ist der Vorschrift zumindest theoretisch für Sabotageangriffe auf Computersysteme über die globalen Datennetze erwachsen (z.B. DoS-Attacken und andere Hackerangriffe auf die Systeme von öffentlichen Einrichtungen).

II. Deliktsaufbau und -charakter

2 § 316b ist *zweistufig aufgebaut.* Durch Angriffe auf betriebsdienliche Sachen oder durch die Entziehung von betriebsbestimmter elektrischer Energie muss eine Beeinträchtigung des Betriebs von Unternehmen, Einrichtungen oder Anlagen bewirkt werden. § 316b trägt dabei hinsichtlich des Zerstörens etc. Züge eines Verletzungsdelikts, zielt jedoch maßgebend auf die Sicherstellung von Leistungen ab, die für die Bevölkerung von wesentlicher Bedeutung sind, und ist deshalb als *abstraktes Gefährdungsdelikt* anzusehen. Im Hinblick darauf, dass es zur Störung bzw. Verhinderung kommen muss, ist § 316b zugleich Erfolgsdelikt (vgl. BGHSt **27** 307, 309 [zu § 88]).

III. Schutzgut

3 Geschütztes Rechtsgut ist **die Sicherheit des Betriebs bestimmter, gemeinwichtigen Zwecken dienender Unternehmen, Einrichtungen und Anlagen** (vgl. BTDrucks. 13/8016 S. 28; BGHSt **27** 307, 310 f [zu § 88]).[9] Letztlich gewährleistet werden soll die Versorgung der Bevölkerung mit lebenswichtigen Gütern (*Wolters/Horn* Rdn. 2), womit im Hintergrund ein Bündel von Individualrechtsgütern wie etwa Gesundheit, Leben, Handlungsfreiheit oder Eigentum steht. Der mit § 316b intendierte Strafschutz wird durch § 88 (verfassungsfeindliche Sabotage) und § 109e (Sabotagehandlungen an Verteidigungsmitteln) sowie durch § 303b (Computersabotage) und § 305a (Zerstörung wichtiger Arbeitsmittel) ergänzt bzw. spezifisch ausgeformt oder vorverlagert.

IV. Die Schutzobjekte

4 Die Objekte, deren störungsfreien Betrieb § 316b gewährleisten soll, sind in Absatz 1 Nr. 1 bis 3 aufgeführt. *Belanglos ist* nach allgemeiner Meinung, ob die Unternehmen etc. öffentlich-rechtlich oder privatrechtlich organisiert sind und ob sie in öffentlichem oder privatem Eigentum stehen. Mit dem Begleitgesetz zum Telekommunikationsgesetz aus dem Jahre 1997 hat sich der Gesetzgeber endgültig von der partiell auch noch dem davor geltenden Recht zugrunde liegenden Systematik der Reformentwürfe gelöst, einzelne öffentliche Objekte (Post, Eisenbahn etc.) enumerativ zu benennen (Entstehungsgeschichte). Absatz 1 Nr. 1 bis 3 beschreibt die Schutzobjekte nunmehr nur noch nach deren Funktion, bestimmten, im Gemeinwohl liegenden Zwecken zu dienen. Diese Technik bringt es mit sich, dass weite Auslegungsspielräume bestehen. Der darin liegende Vorteil ist aller-

---

[8] Vgl. BTDrucks. 11/2834 S. 7; BRDrucks. 563/86 S. 13 f; BGH NStZ **1993** 341; **1994** 33.

[9] Dies entspricht trotz mancher abweichender Formulierung im Detail der ganz h.M. Zusammenstellung bei *Bernstein* § 316b StGB S. 13 ff.

dings teuer erkauft. Aufgrund der übergreifenden Tatbestandsbeschreibung wird ein breites Spektrum von Objekten dem Wortlaut nach zunächst einmal erfasst, deren besondere Schutzwürdigkeit teils nicht auf der Hand liegt. Die Eingrenzung wirft gravierende Interpretationsschwierigkeiten auf. Hinzu kommt, dass § 316b durch eine wenig stringente Terminologie geprägt ist (Rdn. 5 ff). Die inmitten stehenden Probleme sind von einer abschließenden Klärung weit entfernt. Dass sie bislang nur vereinzelt zutage getreten sind, ist dem Schattendasein des § 316b in der Praxis der Strafverfolgung (Rdn. 1) zu verdanken.

1. Begriffsbestimmungen

a) **Unternehmen, Betrieb.** Zum Merkmal des **Unternehmens** existieren im Schrifttum 5
mannigfaltige Definitionen.[10] Viele davon heben die in der Regel wirtschaftliche (kaufmännische) bzw. kapitalmäßige Prägung des Unternehmens gegenüber der mehr technischen des Betriebs hervor.[11] Eine wirtschaftliche Determination des Unternehmensbegriffs in diesem Sinne vermag jedenfalls im Rahmen des auf den Schutz von *gemeinwichtigen* Einheiten ausgerichteten § 316b aber nicht zu überzeugen und würde beispielsweise zweifelhaft erscheinen lassen, ob ein Krankenhaus als Unternehmen im Sinne des Absatzes 1 Nr. 2, 2. Alt. (Rdn. 22) angesehen werden kann. Näher liegt es, dass der Unternehmensbegriff im Grundsatz sinngleich mit dem des Betriebs zu deuten ist (so für § 14 *Schünemann* LK § 14 Rdn. 57), zumal dessen Einstellung in § 316b womöglich sprachliche Gründe hat (andernfalls: „Wer den Betrieb 1. von Betrieben ..."). Vom Unternehmensbegriff umfasst sein dürften nicht lediglich Betriebe größeren Umfangs (**aA** *Sch/Schröder/Cramer/Sternberg-Lieben* Rdn. 2/3); vielmehr entfaltet die Größe der jeweiligen Einheit lediglich mittelbar Bedeutung hinsichtlich der Ersetzbarkeit bei deren Ausfall (Rdn. 11). Nach herkömmlichen Regeln ist **Betrieb** eine, gleich in welcher Rechtsform, auf Dauer angelegte organisatorische Zusammenfassung von persönlichen und sächlichen Mitteln zur Erreichung des nicht notwendig wirtschaftlichen Zwecks, Güter oder Leistungen zu erzeugen oder zur Verfügung zu stellen (*Lackner/Kühl* Rdn. § 11 Rdn. 15; *Schünemann* LK § 14 Rdn. 56).[12] In dieser Bedeutung ist der Betriebsbegriff allerdings wohl nur in der amtlichen Überschrift verwendet. Das im Tatbestand dreimal gebrauchte Wort „Betrieb" („Wer den Betrieb ..."; „eine dem Betrieb dienende Sache", „für den Betrieb bestimmte elektrische Kraft") dürfte hingegen funktional im Sinne des ordnungsgemäßen Arbeitens zu verstehen sein (Rdn. 9). Der „Betrieb" als organisatorischer Zusammenschluss wird durch das „Unternehmen" „vertreten" (s. oben).

b) **Einrichtung.** Der Begriff der Einrichtung findet sich in zahlreichen Strafvorschriften. 6
Einrichtungen sind allgemein Gesamtheiten von Personen und/oder Sachen, die einem bestimmten Zweck dienen sollen, gleich ob sie auf Dauer angelegt sind oder nur vorübergehend bestehen, ob sie mit Grund und Boden fest verbunden oder beweglich, ob sie zu

---

[10] *Schünemann* LK § 14 Rdn. 55 f; *Sch/Schröder/Lenckner/Perron* § 14 Rdn. 28/29; *Göhler-König* OWiG[14] § 9 Rdn. 44; *Rebmann/Roth/Herrmann* OWiG § 9 Rdn. 52; *Rogall* KK OWiG § 9 Rdn. 68, alle m.w.N.

[11] Z.B. *Göhler* OWiG[12] § 9 Rdn. 44: durch die Rechtsform (OHG, KG etc.) sowie den wirtschaftlichen Zweck bestimmter Betriebe; *Rebmann/Roth/Herrmann* OWiG § 9 Rdn. 52: „rechtlich-wirtschaftliche Einheit", *Rogall* KK OWiG[2] § 9 Rdn. 68: „organisatorische, kapitalmäßige Einheit"; in KK OWiG[3] relativierend.

[12] Eingehend zum Begriff des Betriebs *Lampe* ZStW **89** (1977) 325, 328 ff.

einer sachlichen Einheit verbunden sind oder die Verbindung nur durch den gemeinsamen Zweck hergestellt wird (BGHSt 31 1, 2). Nach Ansicht des BGH kann der Terminus sachgerecht nur im Lichte des ihn jeweils verwendenden Tatbestands ausgefüllt werden; für § 316b Abs. 1 Nr. 3 folge aus dem dortigen Nebeneinander von „Einrichtung" und der (sächlich zu verstehenden) „Anlage", dass die „Einrichtung" hier *jedenfalls auch* Gesamtheiten von Personen sowie von Personen und Sachen umfasse (BGH aaO). Das durch den BGH gebrauchte Argument ist dabei – wie u.a. § 248c[13] und § 88 Abs. 1 Nr. 4[14] zeigen – nicht zwingend (*Stree* JuS 1983 836, 840). Gleichwohl überzeugt das gefundene Ergebnis.[15] § 316b verwendet in Absatz 1 Nr. 1 das Begriffspaar „Unternehmen – Anlage", wobei „Unternehmen" personalen Bezug aufweist (*Stree* aaO). Dass das Gesetz in Absatz 1 Nr. 3 Gesamtheiten mit personalem Bezug unberücksichtigt lassen will, kann ausgeschlossen werden. Wenn der Gesetzgeber hier statt des Begriffs des „Unternehmens" den der „Einrichtung" wählt, so ist dies wohl darauf zurückzuführen, dass „Unternehmen" für die von Absatz 1 Nr. 3 betroffenen Gesamtheiten (Polizei, Feuerwehr etc.) nicht passt (vgl. auch § 88 Abs. 1 Nr. 4).

7 c) **Anlage.** Der Terminus der „Anlage" setzt seinem Wortsinn nach eine **„Konstruktion aus technischen Materialien"** voraus (BGHSt 31 1, 2). Er bezeichnet im Regelfall *reine Sachgesamtheiten.* Jedoch dürfte es nicht zwingend sein, ihn auf reine Sachgesamtheiten zu beschränken (in diese Richtung aber BGH aaO). Eine dahingehende Interpretation zöge im Rahmen des § 316b Abs. 1 Nr. 2, 1. Alt., wo nur der Anlagenbegriff verwendet wird, seltsame Konsequenzen nach sich (näher Rdn. 16). In Abgrenzung zum Unternehmen und zur Einrichtung dürfte der Anlagenbegriff des § 316b *als vornehmlich aus sächlichen Mitteln bestehende Funktionseinheit zur planmäßigen Erreichung eines auf eine gewisse Dauer berechneten Erfolgs* annähernd zutreffend beschrieben sein. Hinzu kommen muss, dass die Funktionseinheit *ortsfest eingesetzt* wird (Rdn. 8), dass sie den gemeinwichtigen Zwecken *selbstständig dient* (Rdn. 9) und dass sie *„dynamisch" arbeitet* (Rdn. 10).

8 aa) **Ortsfestigkeit.** Essentielles Element des Anlagenbegriffs im Sinne des § 316b dürfte die Ortsfestigkeit sein.[16] Vor allem *das einzelne Fahrzeug* kann deshalb – wohl entgegen der herrschenden Lehre[17] und entgegen dem Sprachgebrauch des Umweltstrafrechts[18] – *nicht als eigenständiges Schutzobjekt des § 316b gelten.* Für diese Interpretation lässt sich anführen, dass die „Anlage" im Verkehrsstrafrecht (§ 315 Abs. 1 Nr. 1, § 315b Abs. 1 Nr. 1), also in nahem örtlichem und sachlichem Regelungszusammenhang mit § 316b,

13 „Einrichtung" ist dort im Sinne einer reinen Sachgesamtheit zu interpretieren (vgl. *Ruß* LK[11] § 248c Rdn. 2).

14 Dort werden außer „Einrichtungen" und „Anlagen" noch „Dienststellen" und „Gegenstände" aufgeführt.

15 Ebenso *Wolters/Horn* SK Rdn. 3. Dass die Einrichtung nicht *auch* reine Sachgesamtheiten umfasst, lässt sich der Entscheidung nicht entnehmen (**aA** wohl *Maurach/Schroeder/Maiwald* BT/2 § 57 Rdn. 17). Für § 316b kommt es aber hierauf nicht an.

16 So – freilich ohne nähere Begründung – auch *Bernstein* § 316b StGB S. 43.

17 Vgl. *Sch/Schröder/Cramer/Sternberg-Lieben* Rdn. 5; *Fischer* Rdn. 4; *Maurach/Schroeder/Maiwald* BT/2 § 57 Rdn. 17; wohl auch *Lackner/Kühl* Rdn. 2 i.V.m. § 325 Rdn. 2. S. auch Prot. V S. 1167 [zu § 88] ; wie hier aber *Wolters/Horn* Rdn. 4.

18 Dort sind Fahrzeuge prinzipiell umfasst. Kraftfahrzeuge, Schienen-, Luft- und Wasserfahrzeuge mussten deswegen aus dem Anwendungsbereich der Tatbestände gegen die Luftverunreinigung ausdrücklich ausgenommen werden (§ 325 Abs. 5 und hierzu *Sch/Schröder/Stree/Heine* § 325 Rdn. 4).

gesondert neben dem Beförderungsmittel bzw. Fahrzeug genannt und dementsprechend dort als ortsfestes Gebilde verstanden wird (*König* LK § 315 Rdn. 28, § 315b Rdn. 21). Ferner wäre § 305a Abs. 1 Nr. 2 andernfalls überflüssig.[19] Auch das früher geltende Recht spricht eher für als gegen den Ausschluss von beweglich eingesetzten Gegenständen; denn der Aufführung der *(einer)* Eisenbahn hätte es nicht bedurft, wenn diese bereits vom Begriff der Anlage umfasst wäre.[20] Schließlich kann nicht angenommen werden, der Gesetzgeber habe beispielsweise das Fahrrad des Briefträgers dem erhöhten Strafschutz des § 316b unterstellen wollen. Eine Auslegung im vorgenannten Sinn, die womöglich implizit auch der zu § 316b ergangenen – freilich spärlichen – Rechtsprechung zugrunde liegt,[21] *reißt keine unvertretbaren Schutzlücken.* Denn Fahrzeuge und andere beweglich eingesetzte Gegenstände sind dem Betrieb (des Unternehmens oder der Einrichtung) dienende Sachen. Es ist zu fragen, ob aufgrund deren Störung der Betrieb des Unternehmens bzw. der Einrichtung beeinträchtigt wird. Dies ist bei Ausfall bzw. Störung eines Flugzeugs, eines Passagierschiffs, einer Schienenbahn (ICE, U- oder S-Bahn, Straßenbahn) oder eines Omnibusses etc. in aller Regel der Fall, bei einem Ausfall des Fahrrads des Briefträgers, aber auch etwa eines Einsatzwagens der Polizei hingegen nicht unbedingt. Folgt man dem nicht, so kann eine Ausgrenzung unter dem Aspekt des „Hilfsmittels" erfolgen (nachfolgende Rdn.). *Ortsfest* meint nicht „unbeweglich" bzw. mit dem Boden fest verbunden, sondern *bedeutet ortsfest eingesetzt.* Beispielsweise ein fahrbares Notstromaggregat kann somit Anlage im Sinne des § 316b (Abs. 1 Nr. 2) sein.

bb) **Anlage – Hilfsmittel.** Im Rahmen des § 316b Abs. 1 Nr. 3 geht die wohl bereits h.M. dahin, dass technische Einsatzmittel, derer sich Unternehmen/Einrichtungen zur Erfüllung ihrer Aufgaben bedienen, nicht schon per se als Schutzobjekte des § 316b gelten können, wenn sie den Anlagenbegriff formal erfüllen. Zumeist wird der Terminus jedoch nicht problematisiert.[22] Demgegenüber stellt OLG Stuttgart NStZ **1997** 342 f mit eingehender Begründung darauf ab, *ob das Objekt als unselbstständiges Hilfsmittel einer übergeordneten „Organisationseinheit" zu dienen bestimmt sei.* Für diesen Fall genüge die Beeinträchtigung des „Hilfsmittels" allein nicht; der Tatbestand sei vielmehr nur erfüllt, sofern aufgrund der Beeinträchtigung des Hilfsmittels der Betrieb der „übergeordneten Organisationseinheit" gestört oder verhindert werde.[23] Dies sei aus dem Gesetzeswortlaut herzuleiten, „der eindeutig zwischen dem öffentlichen Betrieb, der gestört **9**

19 Zur Konzeption des § 305a als Tatbestand im Vorfeld des § 316b BTDrucks. 11/6635 S. 13.

20 Wobei nicht ganz klar ist, ob nicht schon damit der Bahn*betrieb* gemeint war (in diesem Sinne wohl die Entwurfsbegründung zum TKG-Begleitgesetz BTDrucks. 13/8016 S. 28: „rein privaten Zwecken dienende Bahnbetriebe" und „an sich privat genutzter Bahnbetrieb"). Deutlicher in Richtung auf Einbeziehung einzelner Fahrzeuge allerdings die Reformentwürfe (Entstehungsgeschichte).

21 BGHSt **31** 185, 188 f [Einsatzfahrzeug der Polizei]; OLG Koblenz VRS **46** 33, 35 [Feuerlöschfahrzeug]. U.U. sind die Fahrzeuge auch als bloße Hilfsmittel (nachstehende Rdn.) angesehen worden.

22 BGHSt **31** 1, 2 f [Maschinengewehre einer Einsatzhundertschaft der Polizei]; 185, 188 f; OLG Koblenz VRS **46** 33, 35. S. dazu, dass den letztgenannten Entscheidungen u.U. auch die Auffassung zugrunde liegt, Fahrzeuge seien als beweglich eingesetzte Gegenstände keine Anlagen, die vorstehende Rdn.

23 Im Ergebnis auch *Lackner/Kühl* Rdn. 4; *Bernstein* § 316b StGB S. 106 ff und mehrfach; *Loos* JR **1984** 169; *Stree* JuS **1983** 836, 839. Vgl. auch *Sch/Schröder/Cramer/Sternberg-Lieben* Rdn. 5; *Fischer* Rdn. 4; *Maurach/Schroeder/Maiwald* BT/2 § 57 Rdn. 17. **AA** wohl *Wolters/Horn* SK Rdn. 5 ff.

[werde], und der Ursache der Störung, nämlich der Beschädigung einer dem Betrieb dienenden Sache" unterscheide (OLG Stuttgart aaO S. 342).

9a Mit dem Gesetzes*wortlaut* lässt sich eine solche Interpretation freilich nicht überzeugend begründen. Der (öffentliche) „Betrieb" als organisatorischer Zusammenschluss (Rdn. 5) wird im Tatbestand selbst nämlich nicht ausdrücklich aufgeführt. Er findet sich dort nur als Substrat des „Unternehmens", dies allerdings nicht als „übergeordnete Organisationseinheit", sondern *gleichrangig neben den anderen Schutzgegenständen*, mithin auch der Anlage. Er ist als Oberbegriff auch nicht deswegen verdeckt im Tatbestand enthalten, weil dort hinsichtlich der Tathandlungen (Zerstörung, Beschädigung etc.) an eine „dem Betrieb dienende Sache" angeknüpft wird. Denn „Betrieb" kann – genauso wie im diesbezüglich wort- und strukturgleichen § 317 – nur im Sinne des ordnungsgemäßen *Arbeitens*[24] von Unternehmen, Einrichtungen *und* Anlagen verstanden werden.[25] Nicht durchführbar erscheint es ferner, die (Einzel-)Sache von der sächlichen Funktionseinheit abgrenzen zu wollen (so *Stree* JuS **1983** 836, 839). Denn in Frage stehen *in aller Regel* Funktionseinheiten. Z.B. bei der Computeranlage ist dies augenfällig. Beschädigt der Täter den Prozessor oder die Festplatte, so beschädigt er eine dem Betrieb der Computeranlage dienende Sache, mit der Folge, dass diese Anlage nicht benutzt werden kann. Ein weiteres Beispiel gäbe der zerstochene Reifen eines hochtechnisierten Feuerlöschfahrzeugs.[26] Nicht anders liegt es aber letztlich beim Fahrrad. Kein gangbarer Weg ist es schließlich, dem öffentlichen Betrieb als generell übergeordneter Einheit mithilfe der amtlichen Überschrift Eingang in den Tatbestand verschaffen zu wollen.[27] Das gilt schon deswegen, weil der Betrieb eine Kombination von Personen *und* Sachen voraussetzt (Rdn. 5), wohingegen die Anlage zumindest in erster Linie *rein sächliche Gesamtheiten* umfasst (Rdn. 7). Der Oberbegriff würde demnach ein gesondertes Schutzobjekt größtenteils nicht abdecken. Dem Anliegen nach Eingrenzung eines sehr weit geratenen Tatbestands kann jedoch mit einer am Normzweck orientierten Auslegung Rechnung getragen werden. In Übereinstimmung mit der der h.M. zugrunde liegenden funktionalen Betrachtungsweise ist das in Absatz 1 Nr. 1 bis 3 fast durchgehend verwendete Wort „dienen" in dem Sinn zu lesen, dass das jeweilige Schutzobjekt den vom Tatbestand vorausgesetzten Zwecken *selbstständig* dienen muss (ähnlich *Bernstein* § 316b StGB S. 106 ff).[28] Bei Zerstörung, Beschädigung etc. einer den gemeinwichtigen Zwecken selbstständig dienenden Anlage (z.B. einer Ampelanlage, Schleuse, Notrufsäule) entsteht nämlich typischerweise sofort die durch § 316b ins Auge gefasste Gefahrenlage. Hingegen gibt es bei Anlagen, die „als unselbstständiges Glied in die Kette der betrieblichen Vorgänge"[29] eines Unternehmens oder einer Einrichtung integriert sind, oftmals Möglichkeiten, den Ausfall dieses „Glieds" zu kompensieren; u.U. ist dessen Ausfall überhaupt nicht zu spüren. Die tatbestandsspezifische Gefährdungssituation entsteht dann erst gar nicht. Strafschutz gerade durch § 316b ist nur notwendig, sofern der Betrieb der

---

[24] In diesem Sinne auch *Wolff* LK § 317 Rdn. 6, 6. Die gegenteilige Interpretation hätte i.Ü. zur Folge, dass demselben Begriff innerhalb einer Vorschrift zwei verschiedene Bedeutungen beigemessen würden.

[25] Bezüglich der Anlage ausformuliert lautet die Vorschrift: Wer den Betrieb einer Anlage ... dadurch behindert ..., dass er eine dem Betrieb der Anlage dienende Sache ....

[26] Zur Frage der Ortsfestigkeit vorstehende Rdn.

[27] So OLG Stuttgart NStZ **1997** 342, 343, im Anschluss an *Loos* JR **1984** 169.

[28] Anders wohl der E 1962, der „die Einsatzmittel" u.a. der Polizei und Feuerwehr als geschützt ansah; dies bezieht sich freilich auf § 370 Abs. 1 Nr. 4 StGB-E, der § 88 Abs. 1 Nr. 4 des geltenden Rechts entspricht und „Gegenstände" einbezieht (BTDrucks. IV/650 S. 566).

[29] OLG Stuttgart NStZ **1997** 342.

„Hauptsache" verhindert oder gestört wird. Klar ist, dass eine Eliminierung des „Hilfsmittels" nicht ohne Auswirkungen auf den subjektiven Tatbestand bleibt. Denn der Täter muss die Verhinderung oder Störung des Betriebs der „Hauptsache" in seinen Vorsatz aufgenommen haben (Rdn. 35).

cc) **Dynamischer Prozess.** § 316b setzt voraus, dass die Anlage geeignet ist, „betrieben" zu werden, also im Sinne eines dynamischen Prozesses „arbeiten" können muss (vgl. *Wolters/Horn* SK Rdn. 8). Daran fehlt es bei Gegenständen, deren Funktion sich „in ihrem unbeeinträchtigten Bestand bzw. in ihrem gegenständlichen Sein" erschöpft (*Bernstein* § 316b StGB S. 58). Beispiele sind Gleisanlagen des Bahnverkehrs, Landebahnen, Brücken, Straßen, aber auch Verkehrsschilder. Deren Beeinträchtigung ist allerdings tatbestandsrelevant, sofern hierdurch das Funktionieren eines Unternehmens, einer Einrichtung oder Anlage gestört wird, dem/der die Gegenstände dienen. Etwa bei Gleisanlagen oder der Landebahn eines Flughafens macht dies keine Schwierigkeiten, weil bei deren Beeinträchtigung regelmäßig der Betrieb des Bahnunternehmens oder des Flughafens beeinträchtigt wird. Zur Gleisblockade auf einer gesperrten Eisenbahnstrecke s. Rdn. 14. Anders ist dies freilich im Straßenverkehr (Straße, Verkehrsschild), wo Vergleichbares nicht existiert. Zudem sind Wertungswidersprüche nicht zu verkennen, wenn etwa die Beeinträchtigung der Ampelanlage als solche genügt, die des Verkehrsschilds jedoch nicht, obwohl Letzterem dieselbe wichtige Funktion zukommen kann. Auf den Straßenträger oder die Straßenverkehrsbehörde abzustellen, würde dabei wohl zu weit führen. Letztlich können die Verwerfungen aber hingenommen werden. Strafschutz besteht ggf. über die §§ 303 ff, 315b (für den Bahn-, Luft- und Schiffsverkehr ggf. § 315). 10

2. **„Besonders wichtige" Objekte; „Unersetzlichkeit".** Verschiedentlich wird die Auffassung vertreten, der Kreis der wortlautgemäß erfassten Objekte müsse interpretatorisch auf „besonders wichtige" Betriebe bzw. Betriebe „von ganz besonderer Bedeutung" reduziert werden.[30] Dem Gedanken ist insoweit beizupflichten, als der Tatbestand der Beschränkung bedarf. Jedoch ist der Topos der „besonderen Wichtigkeit" viel zu vage, um ein Abgrenzungskriterium bilden zu können. Demgegenüber kann namentlich im Rahmen des Absatzes 1 Nr. 1, 2 die Überlegung Anhaltspunkte für die Beurteilung liefern, ob das Objekt (in weitestem Sinn verstandene) *„Leistungen" erbringt, die nicht, nicht ohne Weiteres oder nicht in angemessener Zeit ersetzbar sind*, bei deren Ausfall/Störung also (in weitestem Sinn verstandene) „Versorgungsengpässe" entstehen oder die „Versorgung" ausbleibt (Rdn. 14, 20, 22).[31] Die Prüfung kann nur anhand der Umstände des Einzelfalls erfolgen, wobei in diesem Rahmen u.U. die – für sich genommen nicht hinreichend aussagekräftige – Größe der Funktionseinheit Bedeutung erlangt (*Bernstein* § 316b StGB S. 46). Denn die „Versorgungsengpässe" werden um so spürbarer sein, je umfänglicher die Leistungen sind, die die Einheit erbringt. Wo die jeweiligen Objekte allerdings ihrer Natur nach „unersetzlich" sind, ist für eine gesonderte Prüfung, ob sie „nur wichtig" oder schon „besonders wichtig" sind, kein Raum (vgl. LG Ravensburg NStZ **1997** 191, 192). Das gilt vor allem für die der Gefahrenabwehr dienenden Einrichtungen und Anlagen (Rdn. 25 ff). 11

[30] *Bernstein* § 316b StGB S. 18 f und vielfach; im Anschluss daran auch OLG Stuttgart NStZ **1997** 342, 343.

[31] Zum Aspekt der Ersetzbarkeit *Bernstein* § 316b StGB S. 54 und vielfach.

3. Die einzelnen Schutzobjekte

12 **a) Postdienst, öffentlicher Verkehr (Absatz 1 Nr. 1).** Absatz 1 Nr. 1 hat seine heutige Fassung durch das Begleitgesetz zum Telekommunikationsgesetz aus dem Jahr 1997 erhalten (Entstehungsgeschichte V). Die Neufassung trug der Privatisierung der Deutschen Bundespost Rechnung. Neben der Deutschen Post AG treten z.B. im Frachtbereich (Päckchen und Pakete) und mittlerweile auch bei der Briefpost andere Anbieter auf. Dem Gesetzgeber erschien die ordnungsgemäße Versorgung mit diesen Leistungen weiterhin im bisherigen Umfang schützenswert (BTDrucks. 13/8016 S. 28). Für Unternehmen und Anlagen, die dem öffentlichen Verkehr dienen, hat sich aufgrund des Umstandes, dass die Eisenbahn nicht mehr ausdrücklich benannt wird, keine wesentliche sachliche Änderung ergeben.

13 **aa) Postdienstleistungen.** Mit Postdienstleistungen ist die Versendung, der Transport und die Zustellung von Briefen, Drucksachen, Päckchen und Paketen gemeint (BTDrucks. 13/8016 S. 28; *Fischer* Rdn. 2). Demgemäß fallen die früher von der Deutschen Bundespost verrichteten Leistungen des Girodienstes und der Telekommunikation nicht unter Absatz 1 Nr. 1 (*Wolters/Horn* SK Rdn. 4).[32] Das Gleiche gilt für den E-Mailverkehr. Der Dienst muss der *öffentlichen* Versorgung gewidmet sein, also im Grundsatz jedermann offen stehen. Beispielsweise die Hauspost in (größeren) Betrieben ist deswegen nicht tatbestandsrelevant (weitergehend *Fischer* Rdn. 2). Das in der nachstehenden Rdn. zur Eisenbahn Gesagte gilt aber sinngemäß. Fahrzeuge (Fahrrad des Briefträgers, Paketwagen; Rdn. 8) und andere Hilfsmittel (z.B. EDV-, Postverteileranlage;[33] Rdn. 9) sind nicht als selbstständige Anlagen anzusehen, weswegen insoweit maßgebend ist, ob bei deren Beeinträchtigung die „Hauptsache" gestört wird. Gesondertes Schutzobjekt ist demgegenüber z.B. *der Briefkasten*; seine Bedeutung beschränkt sich nicht auf das „gegenständliche Sein" (s. Rdn. 10), sondern er wird „betrieben" (Leerung, Einstellung der Leerungszeiten etc.).

14 **bb) Öffentlicher Verkehr.** Die Unternehmen/Anlagen des öffentlichen Verkehrs müssen im Grundsatz jedermann zur Benutzung offen stehen, weswegen z.B. die Busfahrlinie eines Hotels (vgl. *Sch/Schröder/Cramer/Sternberg-Lieben* Rdn. 3), reine Werksbahnbetriebe und andere lediglich für einen von vornherein beschränkten Benutzerkreis bestimmte Privatbahnen von Absatz 1 Nr. 1 nicht erfasst werden (BTDrucks. 13/8016 S. 28).[34] Deren Beeinträchtigung kann allerdings eine Strafbarkeit nach Absatz 1 Nr. 2 auslösen, sofern die übergeordneten Unternehmen und Einrichtungen für die Versorgung der Bevölkerung lebenswichtig sind, oder auch nach Absatz 1 Nr. 3, falls diese der öffentlichen Sicherheit und Ordnung dienen (in diesem Sinne u.U. BTDrucks. 13/8016 aaO; *Laufhütte/Kuschel* § 88 Rdn. 3). (Öffentliche) Verkehrs*unternehmen* (Rdn. 5) sind insbesondere die Deutsche Bahn AG, die kommunalen Nahverkehrsunternehmen, Luft- und Schifffahrtunternehmen sowie, da Gesamtheit aus Personen und Sachen (Rdn. 5, 7), Bahnhöfe, Flug- und Schiffshäfen.[35] Dass es sich bei dem Verkehrsunternehmen im Grundsatz um ein öffentliches handelt, dürfte allerdings nicht immer genügen. Führt etwa die Deutsche Bahn AG auf einer für den öffentlichen Verkehr *gesperrten* Eisenbahn-

---

[32] Die zum vormaligen Recht teilweise vertretene Auffassung, dass der gesamte Betrieb der Deutschen Bundespost § 316b unterfalle (*Rüth* LK[10] Rdn. 3; *Bernstein* § 316b StGB S. 37), ist überholt.

[33] Insoweit aM *Wolters/Horn* Rdn. 4.

[34] AA OLG Celle GA 1965 214 f; weitergehend wohl *Fischer* Rdn. 2.

[35] AA *Bernstein* § 316b StGB S. 56 ff: Anlagen.

strecke einen Transport durch, so reicht allein die Beeinträchtigung dieses nichtöffentlichen Verkehrs wohl nicht hin.[36] Anders liegt es jedoch, wenn die Störung dieses Streckenabschnitts eine Beeinträchtigung des sonstigen (öffentlichen) Personen- oder Güterverkehrs zur Folge hat.[37] Speditionen und Taxiunternehmen können taugliche Schutzobjekte sein, sofern sie „unersetzlich" sind (Rdn. 11), was jedoch kaum je gegeben sein wird.[38] **Anlagen** (Rdn. 7) des öffentlichen Verkehrs sind u.a. die Signalanlagen sämtlicher Verkehrsarten, aus dem Bahnverkehr auch Bahnschranken, Weichenstellenanlagen, aus dem Schiffsverkehr Schleusen (s. auch *König* LK § 315 Rdn. 28) und aus dem Straßenverkehr Verkehrsleiteinrichtungen (s. auch *König* LK § 315b Rdn. 21). Für *Rolltreppen und Fahrstühle* in öffentlich zugänglichen Gebäuden und in Bahnhöfen oder Flughäfen fällt die Beurteilung schwer.[39] Deren Einbeziehung liegt aber nicht außerhalb des Schutzzwecks, weil sie namentlich für alte, behinderte und erkrankte Personen im echten Sinne unersetzlich sind, weswegen sie als vom Tatbestand umfasst gelten können. In geringer gewichtigen Fällen wird an die §§ 153, 153a StPO zu denken sein. Beweglich eingesetzte Funktionseinheiten, vor allem *die Beförderungsmittel* (Fahrzeuge), sind keine gesonderten Schutzobjekte (Rdn. 8). Entsprechendes gilt für *Gegenstände mit bloßer Hilfsfunktion*, so etwa die Computer- oder Fernsprechanlage des Verkehrsunternehmens (im Einzelnen Rdn. 9). *Gleise, Straßen, Brücken* etc. fallen gleichfalls nicht unmittelbar unter § 316b Abs. 1 Nr. 1 (näher Rdn. 10). In allen Fällen ist entscheidend, ob der Betrieb einer übergeordneten Organisationseinheit beeinträchtigt wird (Rdn. 8 bis 10).

b) **Versorgungsanlagen/-unternehmen (Absatz 1 Nr. 2).** § 316b Abs. 1 Nr. 2 differen- **15**
ziert zwischen *Anlagen*, die der öffentlichen Versorgung mit Wasser, Licht etc. dienen, und *Unternehmen*, die für die Versorgung der Bevölkerung lebenswichtig sind. Durch die Vorschrift wird dem Wortlaut nach ein außerordentlich breites Spektrum von Objekten erfasst (eingehend *Bernstein* § 316b StGB S. 59 ff).

aa) **Wasser, Energieversorgung.** Auffallend ist, dass das Gesetz in der ersten Variante **16**
der Nummer 2 nur den Begriff der „Anlage" verwendet und nicht zugleich den des Unternehmens bzw. der Einrichtung. Wäre Anlage im Sinne einer ausschließlich sächlichen Funktionseinheit zu verstehen (Rdn. 7), so müssten Objekte mit personalem Bezug an sich ausscheiden. Dies erschiene freilich ungereimt, weil zahlreiche Versorgungseinheiten naturgemäß nicht ohne Personal auskommen. Allzu spitzfindig wäre es wohl, die der Versorgung mit Energie oder Wasser dienende Funktionseinheit mit personalem Bezug der Variante 2 (lebenswichtiges Unternehmen) zuzuschlagen und nur die ausschließlich sächliche bei der Variante 1 zu belassen. Näher liegt, dass im Rahmen der Variante 1 der personale Bezug nicht schadet. Dass der Gesetzgeber den personalen Bezug ausschließen *wollte*, kann nicht angenommen werden. Dementsprechend ist die vormals auch in § 90 Abs. 1 Nr. 3 a.F. enthaltene Unstimmigkeit mit der Neufassung dieser Vorschrift in § 88 Abs. 1 Nr. 3 durch das 8. StRÄndG bereinigt worden (vgl. auch BTDrucks. 13/8016 S. 28).

---

36 *Herzog* NK Rdn. 5; *Sch/Schröder/Cramer/Sternberg-Lieben* Rdn. 3; nicht erörtert von OLG Celle NStZ **2005** 217; **aM** OLG Celle v. 12.8.2003, 22 Ss 86/03, juris; nicht beanstandet von BVerfG NVwZ **2006** 583; *Fischer* Rdn. 2; SK *Wolters/Horn* Rdn. 5.

37 Zutr. *Sch/Schröder/Cramer/Sternberg-Lieben* Rdn. 3; so lag der Fall des AG Lüneburg NStZ **2002** 598.

38 Für Taxiunternehmen strikt ablehnend *Bernstein* § 316b StGB S. 55 f.

39 Bejahend *Wolters/Horn* SK Rdn. 5; **aA** *Sch/Schröder/Cramer/Sternberg-Lieben* Rdn. 3.

17 (1) **Öffentliche Versorgung.** Die betreffenden Anlagen müssen zunächst der *öffentlichen* Versorgung dienen, d.h. im Prinzip jedermann zur Verfügung stehen (*Wolters/Horn* SK Rdn. 6). Versorgt sich beispielsweise ein großes Krankenhaus selbst mit „Wärme" so dient die diesbezügliche Anlage nicht der Öffentlichkeit. Deren Zerstörung bzw. Beschädigung beeinträchtigt jedoch den Betrieb des Krankenhauses, also eines lebenswichtigen Unternehmens (Rdn. 22) und ist deshalb tatbestandsrelevant (§ 316b Abs. 1 Nr. 2, 2. Alt.).

18 (2) **Wasser, Energie.** *Wasser* umfasst neben dem Trinkwasser auch das Brauchwasser (*Bernstein* § 316b StGB S. 63). Mit *Licht*, *Wärme* und *Kraft* ist offensichtlich die Versorgung mit Energie gemeint. Da das Gesetz hinsichtlich der Energieträger keine Einschränkungen vornimmt, ist nicht nur die Versorgung mit Strom, Gas und Dampf tatbestandsrelevant, sondern auch die mit Heizöl, Kohle und anderen Brennstoffen; mit Rücksicht auf die gesonderte Benennung der „Kraft" ist Treibstoff (z.B. Benzin, Dieselöl, Kerosin) inbegriffen (*Bernstein* aaO S. 64 f).

19 (3) **Leitungsgebundene Versorgung.** Unzweifelhaft in den Tatbestand einbezogen sind die leitungsgebundenen Wasser-, Strom-, Gas-, Fernwärmeversorgungssysteme namentlich der Kommunen. Die im liberalisierten Markt tätigen privaten Stromversorger fallen gleichfalls in den Anwendungsbereich (s. auch Rdn. 4, 11). Die Leitungen selbst sind ebenso wie andere in den Betriebsablauf eingegliederte Funktionseinheiten (z.B. Brunnen, Pumpen, Wassertürme, Belüftungsanlagen; Strommasten) keine eigenständigen Schutzobjekte (*Bernstein* § 316b StGB S. 77 f; **aM** *Wolters/Horn* SK Rdn. 6), so dass es darauf ankommt, ob durch ihre Beeinträchtigung der Betrieb der gesamten „Anlage" beeinträchtigt ist (im Einzelnen Rdn. 9), was zumeist der Fall sein wird.

20 (4) **Nicht leitungsgebundene Versorgung.** Aus dem in Rdn. 18 Ausgeführten folgt, dass § 316b Abs. 1 Nr. 2, 1. Alt. die nicht leitungsgebundene Versorgung mit Energieträgern umfasst, also z.B. die Lieferung von Heizöl oder Kohle, aber auch die Leistungen einer Tankstellenanlage (*Bernstein* § 316b StGB S. 64 f, 78 f). Deren Einbeziehung liegt grundsätzlich im Schutzzweck der Norm. Allerdings wird § 316b nur selten erfüllt sein, weil die Versorgungsleistungen etwa eines Heizöllieferanten oder einer Tankstelle – von Notzeiten abgesehen – substituierbar sind (Rdn. 11; *Bernstein* aaO S. 79). Anders kann die Beurteilung ausfallen, wenn die einzige Tankstelle in einem größeren Einzugsbereich beeinträchtigt wird. Werkstankstellen dienen nicht der *öffentlichen* Versorgung (Rdn. 17).

21 (5) **Energieerzeugungsanlagen, Lagerstätten.** Energie*erzeugungs*anlagen und Lagerstätten sind § 316b Abs. 1 Nr. 2, 1. Alt. (mittelbar) zuzuordnen, sofern sie unselbstständiger Teil eines Energieversorgungsunternehmens sind (Rdn. 19). Ansonsten wird man die Vorschrift in dem Sinn lesen müssen, dass die Anlage im Prinzip jedermann (Rdn. 17) *selbstständig* (unmittelbar) dienen muss (vgl. auch Rdn. 9). Sofern es an einer unmittelbaren Versorgung des „Endverbrauchers" fehlt, dürften z.B. Atom- oder Wasserkraftwerke, Verbrennungsanlagen, Windräder, Solaranlagen, Erdölraffinerien, Kohlegruben, Tank- und Kohlenlager nicht unter die Bestimmung fallen (**aA** *Bernstein* § 316b StGB S. 78 f). Lebenswichtigkeit vorausgesetzt ist allerdings § 316b Abs. 1 Nr. 2, 2. Alt. erfüllt; sie wird in aller Regel gegeben sein.

22 bb) **Lebenswichtige Unternehmen.** Dass unter einen nicht näher eingegrenzten Begriff des Versorgungsunternehmens eine nicht überschaubare Fülle von Unternehmen fallen würde, liegt auf der Hand. Umfasst wäre u.a. der gesamte Einzelhandel, aber auch eine Vielzahl von Dienstleistungsbetrieben. Vor diesem Hintergrund beschränkt das

Gesetz den Strafschutz auf das *lebenswichtige* Unternehmen, wobei der Begriff „lebenswichtig" ein Substrat der dem § 316b vorausgehenden Reformentwürfe sein dürfte (Entstehungsgeschichte I). Der nicht sehr scharf konturierte Terminus muss im Lichte des § 316b Abs. 1 Nr. 2, 1. Alt. interpretiert werden. Das Unternehmen muss die Bevölkerung mit ähnlich wichtigen Gütern und Leistungen versorgen wie Wasser und Energie. Das sind vor allem Grundnahrungsmittel, Kleidung, Medikamente sowie ärztliche und pflegerische Leistungen. Naturgemäß kann es nicht ausreichen, dass die Güter bzw. Leistungen als solche lebensnotwendig sind. Andernfalls würde z.B. die Betriebsstörung einer Bäckerei, Metzgerei oder eines Getränkemarkts die Strafdrohung des § 316b auslösen. Derartige Störungen sind aber nicht tatbestandsrelevant, weil an die Stelle von solchen, in ihrem Betriebsablauf beeinträchtigten Unternehmen – ausgenommen in Notzeiten – zahlreiche andere treten (Rdn. 11). Vielmehr muss bei Ausfall des jeweiligen Unternehmens eine ausreichende Versorgung zumindest von Teilen der Bevölkerung in Frage gestellt sein (*Lackner/Kühl* Rdn. 3). Demgemäß ist vorwiegend an Unternehmen zu denken, die eine *Monopol- bzw. Schlüsselstellung* innehaben (*Kohlrausch/Lange* § 316b Nr. 2 Anm. II). Nicht erforderlich ist, dass bei Ausfall des Unternehmens gemeine Not ausbrechen würde (vgl. auch § 316b Abs. 3). Es genügen spürbare Versorgungsengpässe.

Lebenswichtige Versorgungsunternehmen sind u.a. der Schlachthof, die Milchzentrale, **22a**
die Großmarkthalle, das Krankenhaus, Blut- oder andere Organ- und Gewebebanken oder auch pharmazeutische Unternehmen. Weiter gehören hierher die Müllabfuhr (*Fischer* Rdn. 3), Abwasser- und Kläranlagen, Bestattungsunternehmen und Friedhöfe. Dass z.B. die Müllabfuhr und die Abwasseranlage der *Ent*sorgung dienen, steht dem nicht entgegen (**aA** *Wolters/Horn* SK Rdn. 6; *Bernstein* § 316b StGB S. 82); maßgebend ist nämlich die jeweilige *Dienstleistung*, mit der die Bevölkerung unzweifelhaft *ver*sorgt wird. Mit Blick auf den im Vergleich zu § 316b Abs. 1 Nr. 2, 1. Alt. gelockerten Bezug („für die Versorgung der Bevölkerung lebenswichtigen") sind die meisten Energieerzeugungsunternehmen u.Ä. – sofern nicht bereits unter Absatz 1 Nr. 2, 1. Alt. fallend – den lebenswichtigen Unternehmen zuzurechnen (Rdn. 21).

c) **Öffentliche Ordnung oder Sicherheit (Absatz 1 Nr. 3).** Schutzobjekte des Absatzes 1 **23**
Nr. 3 sind Einrichtungen (Rdn. 6) und Anlagen (Rdn. 7), die der öffentlichen Ordnung oder Sicherheit dienen.

aa) **Gefahrenabwehr – Repression.** Das Gesetz verwendet den im Polizei- und Sicher- **24**
heits- bzw. Ordnungsrecht gebräuchlichen Fachbegriff der öffentlichen Ordnung oder Sicherheit.[40] Daraus wird man schließen müssen, dass jedenfalls grundsätzlich nur der Bereich der Gefahrenabwehr (Prävention) erfasst ist (*Bernstein* § 316b StGB S. 96). Das bedeutet zugleich, dass Einrichtungen, die *ausschließlich* auf die Strafverfolgung und die Verfolgung von Ordnungswidrigkeiten (Repression) ausgerichtet sind, vom Strafschutz des § 316b *nicht* erfasst sind. Namentlich die Staatsanwaltschaften und Strafgerichte, aber auch zentrale Bußgeldbehörden[41] sind damit keine Einrichtungen im Sinne des

[40] Allerdings in ungebräuchlicher Reihenfolge (sonst „öffentliche Sicherheit oder Ordnung"). Damit ist jedoch kein sachlicher Unterschied verbunden; die Unstimmigkeit ist ursprünglich auch in § 90 (Abs. 1 Nr. 4) a.F. enthalten gewesen und durch das 8. StrÄndG bereinigt worden (s. auch Rdn. 16). Zur Formulierung ausführlich *Bernstein* § 316b StGB S. 95 f.

[41] Zur Bußgeldbehörde OLG Stuttgart NStZ 1997 342, 343; *Wolters/Horn* SK Rdn. 7; *Fischer* Rdn. 4; *Maurach/Schroeder/Maiwald* BT/2 § 57 Rdn. 17. Zu den Folgerungen für die Beurteilung von Geschwindigkeitsmessanlagen Rdn. 29.

§ 316b Abs. 1 Nr. 3. Gehen allerdings präventive und repressive Zwecke ununterscheidbar ineinander über, so ist der Anwendungsbereich des § 316b eröffnet. Davon betroffen ist insbesondere die Polizei, aber auch der Justiz- und Maßregelvollzug (näher Rdn. 26). Dass das Gesetz die Verfolgung und Ahndung von Straftaten und Ordnungswidrigkeiten ausspart, erscheint wenig gereimt und sollte überdacht werden. Denn mit der „Repression" werden zu einem guten Teil auch präventive Zwecke verfolgt. Deren essentielle Bedeutung für Sicherheit und Ordnung steht außer Zweifel.

25 **bb) Zweck der Gefahrenabwehr.** Von dem Begriff der „öffentlichen Ordnung oder Sicherheit" wird im Prinzip die Bandbreite von Tätigkeiten umfasst, die durch das Polizei- und Sicherheits- bzw. Ordnungsrecht abgedeckt wird. Dazu rechnen neben der gefahrenabwehrenden Tätigkeit der Polizeien der Länder und des Bundes beispielsweise Tätigkeiten auf dem Gebiet des Gesundheitswesens, der Gewerbe- und Bauaufsicht, der Lebensmittelüberwachung oder auch des Katastrophen- und des Umweltschutzes.

26 **(1) Der Gefahrenabwehr „dienen".** Anders als § 88 Abs. 1 Nr. 4 verlangt § 316b Abs. 1 Nr. 3 nicht, dass die Einrichtung/Anlage der Ordnung oder Sicherheit „ganz oder überwiegend" dient. § 316b Abs. 1 Nr. 3 reicht deshalb *weiter* als die korrespondierende Regelung des § 88.[42] Die Vorschrift schließt Einrichtungen/Anlagen ein, die *auch* der öffentlichen Ordnung oder Sicherheit dienen, ohne dass die gefahrenabwehrende Aufgabenstellung im Vordergrund stehen müsste. Wollte man die Vorschrift des § 316 Abs. 1 Nr. 3 demgegenüber in dem Sinne lesen, dass die Funktionseinheiten *nur* der Ordnung oder Sicherheit dienen müssen, so wäre sie zu einem guten Teil ihres Anwendungsbereichs entkleidet. Insbesondere würde mit der Polizei wohl diejenige Einrichtung herausfallen, die von der allgemeinen Meinung als ein Hauptfall für eine tatbestandsrelevante Einrichtung anerkannt ist. Denn gleichrangig neben der Aufgabe der Gefahrenabwehr nimmt die Polizei Aufgaben der Strafverfolgung wahr. Bei Einnahme des gegenteiligen Standpunkts würde es auch nicht weiterhelfen, auf den konkreten Einsatzzweck einer Polizeieinheit abzustellen. In zahlreichen Fällen sind präventive und repressive Zwecke nämlich untrennbar miteinander verwoben (z.B. um sich schlagender Randalierer, Geiselnahme usw.). Dies erweist zugleich, dass der Gesetzgeber gut daran getan hat, die mit der Gemengelage von Prävention und Repression bei polizeilichem Vorgehen verbundenen Probleme nicht in § 316 Abs. 1 Nr. 3 hineinzutragen. Im Hinblick darauf, dass eine der wesentlichen Aufgaben des Strafvollzugs die Sicherung der Rechtsgemeinschaft vor gefährlichen Straftätern ist (§ 2 Satz 2 StVollzG), können *Justizvollzugsanstalten* als Schutzobjekte angesehen werden (im Ergebnis auch *Wolters/Horn* SK Rdn. 7). Dasselbe gilt für die (sichernden) Einrichtungen des *Maßregelvollzugs*.

27 **(2) Nur Abwehr konkreter Gefahren?** Nach Auffassung des OLG Stuttgart ist der Schutzbereich des § 316b Abs. 1 Nr. 3 auf Einrichtungen und Anlagen begrenzt, „deren Hauptzweck die *unmittelbare*[43] Abwehr von Gefahren für bedeutende Rechtsgüter der Allgemeinheit oder des einzelnen" ist (NStZ **1997** 342, 343 im Anschluss an *Bernstein* § 316b StGB S. 98 f, 101 ff). Dies folge daraus, dass öffentliche Versorgungsbetriebe, die

[42] Einzelbegründung zu § 370 E 1962 BTDrucks. IV/650 S. 567; *Krauth* Prot. V S. 1167; s. allerdings die Einzelbegründung zu § 335 E 1962 aaO S. 512, wonach der Anwendungsbereich „verdeutlicht" werde. Wenig überzeugende, beispielsbezogene Kritik bei *Bernstein* § 316b StGB S. 102 f; im Ergebnis wie *Bernstein* freilich *Willms* LK[10] § 88 Rdn. 2 und wohl auch *Laufhütte/Kuschel* § 88 Rdn. 4.

[43] Hervorhebung durch *Verf.*

in einer Nebenfunktion der vorbeugenden Gefahrenvorsorge dienten, gesondert als Schutzobjekte in Nummer 2 aufgenommen worden seien und dass die Abwehr konkreter Gefahren „besonders wichtig" sei; für eine Auslegung in diesem Sinne sprächen auch die dem § 316b vorausgehenden Reformentwürfe (§ 238 E 1927; hierzu Entstehungsgeschichte I). Der vom OLG Stuttgart eingenommene Standpunkt **ist jedoch keinesfalls haltbar**. Dass Maßnahmen der „Gefahrenvorsorge" „weniger wichtig" sein könnten als Verrichtungen, mit denen gegenwärtige Gefahren abgewehrt werden, lässt sich nicht schlüssig begründen. Vorbeugende Gefahrenvorsorge ist für die Allgemeinheit offensichtlich von herausragender Bedeutung. Die Störung von Einrichtungen und Anlagen in diesem Bereich kann dementsprechend beträchtliche Gefahren und Schäden nach sich ziehen. Dies wird deutlich, wenn man z.B. an die Atomaufsicht, die Lebens- und Arzneimittelkontrolle, die Fleischhygiene, die Gewerbe- und Bauaufsicht oder die Kontrollen durch die Umweltverwaltung denkt. Die Beispiele ließen sich beliebig fortführen. Solche „Gefahrenvorsorge" müsste demnach selbst dann einbezogen werden, wenn man der (hier abgelehnten) Auffassung folgen wollte, § 316b beziehe nur „besonders wichtige Betriebe" ein (Rdn. 11). Darüber hinaus sollte man sich nicht zu sehr an Reformentwürfe klammern, die der Gesetzgeber in ihrer engen Fassung gerade nicht umgesetzt hat. Hinzu kommt, dass § 238 E 1927 mit der „Anstalt, die der Landesverteidigung" dient, eine Einrichtung aufgeführt hat, die in Friedenszeiten als Paradebeispiel für „vorbeugende Gefahrenvorsorge" gelten kann; es ist nicht anzunehmen, dass der Gesetzgeber des (1.) StrÄndG diesbezüglich andere Intentionen verfolgt hat.[44] Für eine Beschränkung auf Institutionen, die überwiegend der Abwehr konkreter Gefahren dienen, findet sich demnach weder im Gesetz noch in der Entstehungsgeschichte ein hinreichender Anhaltspunkt.

cc) **Einzelne Einrichtungen.** Hauptbeispiele für Einrichtungen (Rdn. 6) im Sinne des Absatzes 1 Nr. 3 sind *Polizei und Feuerwehr*. Der BGH hat offen gelassen, ob „die Polizei" als solche eine Einrichtung im Sinne des Gesetzes sein kann (BGHSt **31** 1, 2). Die Frage ist, wie auch die ausdrückliche Benennung der Post im früheren Recht zeigt, im Grundsatz zu bejahen (im Einzelnen *Bernstein* § 316b StGB S. 109 f). Relevant werden kann sie beispielsweise, wenn eine durch ein Landeskriminalamt gepflegte zentrale Datei beeinträchtigt oder wenn ein behördliches Intranet lahm gelegt wird; in solchen Fällen kann die Arbeit der gesamten (Landes-) Polizei gestört werden. Entsprechendes würde für durch das Bundeskriminalamt geführte Dateien gelten. Ansonsten ist auf die Einheiten, Inspektionen etc. der Polizei abzustellen und in Bezug auf die Feuerwehr z.B. auf die Feuerwache. Der Erörterung des Problems, ob etwa die Störung einer Polizeiinspektion auf die Landespolizei „hochgerechnet" werden kann und welche Voraussetzungen dafür gelten, bedarf es nicht. Relevante Einrichtungen sind ferner die Sicherheits- bzw. Ordnungsbehörden (vorstehende Rdn.), die Organisationen des *Rettungsdienstes*, die *Bundeswehr*[45] sowie Einheiten des Technischen Hilfswerks und ähnlicher Organisationen. Bereits durch § 316b Abs. 1 Nr. 2, Alt. 2 erfasst werden *Entsorgungsbetriebe*, wie 28

[44] S. auch Einzelbegründung zu § 370 E 1962 BTDrucks. IV/650 S. 566: „... gegen die Einsatzmittel der Polizei, des Grenzschutzes, der Feuerwehr oder *anderer öffentlicher Organe*, die dem Schutz der inneren Sicherheit oder Ordnung dienen" [Hervorhebung durch *Verf.*].

[45] Einzelbegründung zu § 370 E 1962 BTDrucks. IV/650 S. 567; **aM** *Bernstein* § 316b StGB S. 104 f: nur, sofern sie auf dem Gebiet des Katastrophenschutzes tätig ist.

etwa die Müllabfuhr oder eine Kläranlage (Rdn. 22), so dass es nicht mehr darauf ankommt, ob sie auch § 316b Abs. 1 Nr. 3 erfüllen. Ein Ausschließlichkeitsverhältnis zwischen den einzelnen Nummern des Absatzes 1 ist ungeachtet dessen nicht anzuerkennen (**aA** wohl OLG Stuttgart NStZ **1997** 342, 343; *Bernstein* § 316 b StGB S. 98 f).

29 **dd) Einzelne Anlagen.** Anlagen im Sinne des Absatzes 1 Nr. 3 sind u.a. Notrufsäulen oder Feuermelder[46] und Sprinkleranlagen (*Wolters/Horn* SK Rdn. 7). Auch *Radaranlagen* (Geschwindigkeitsmessanlagen) sowie *Geräte zur Überwachung von Rotlichtverstößen* („Starenkästen")[47] fallen unter § 316b Abs. 1 Nr. 3. Sie tragen allein durch ihr (einsatzbereites) Vorhandensein und das abstrakte Wissen der Verkehrsteilnehmer darum entscheidend zur Erhaltung der Verkehrsdisziplin, zur Abwehr von Gefahren für Leib und Leben sowie zur Verhinderung von Ordnungswidrigkeiten bei und dienen deshalb – was genügt (Rdn. 26) – *zumindest auch* der öffentlichen Sicherheit oder Ordnung; dass ihnen daneben repressive Funktion zukommt, ist nicht von ausschlaggebender Bedeutung.[48] Demgemäß spielt es auch keine Rolle, ob die Radaranlagen im Zuge „verdeckter" oder „offener", also angekündigter Geschwindigkeitsmessungen eingesetzt werden oder ob „Geschwindigkeitssünder" durch die vor Ort befindliche Polizei angehalten und entsprechend belehrt werden (**abw.** OLG Stuttgart NStZ **1997** 342, 343).[49] Entgegen der Auffassung des OLG Stuttgart (aaO) wird der Betrieb der genannten Anlagen durch eine Verschmutzung der Fotolinse auch im Sinne des Gesetzes verhindert, ohne dass von Belang wäre, ob die die Anlage passierenden Kraftfahrer von deren „Lahmlegung" Kenntnis haben. Das Gerät arbeitet nicht mehr ordnungsgemäß (Rdn. 34). Die präventive Zwecksetzung kann aber nur mit einsatzfähigen Geräten erfüllt werden.[50] Eine *konkrete* Gefährdung der öffentlichen Sicherheit oder Ordnung verlangt § 316b gerade nicht. Dementsprechend hat BGHSt **31** 1, 2 f mit Recht kein Wort darüber verloren, ob die durch den dortigen Täter unbrauchbar gemachten Maschinenpistolen einer Polizeieinheit ihren Zweck nicht auch als abschreckende „Attrappen" erfüllt hätten. *Einsatzfahrzeuge der Polizei* oder der Feuerwehr sind als beweglich eingesetzte Funktionseinheiten sowie als bloße Hilfsmittel nicht per se Schutzobjekte des § 316b. Das Gleiche gilt für Maschinenpistolen einer Einheit der Polizei sowie auch für Computeranlagen. Wegen der näheren Einzelheiten wird auf das in Rdn. 8, 9 Gesagte verwiesen. Zu Entsorgungsanlagen s. Rdn. 22. Die öffentliche Fernsprechzelle dürfte den Anforderungen genügen (*Wolters/Horn* SK Rdn. 7); sie ist zugleich Telekommunikationsanlage im Sinne des § 317.

---

46 Beide sind zugleich Telekommunikationsanlagen nach § 317; zum Konkurrenzverhältnis Rdn. 38.

47 Der Ausdruck ist auch für fest installierte Geschwindigkeitsmessanlagen gebräuchlich.

48 Wie hier *Wolters/Horn* Rdn. 7; *Fischer* Rdn. 4; **aM** *Sch/Schröder/Cramer/Sternberg-Lieben* Rdn. 5; *Herzog* NK Rdn. 7; *Lackner/Kühl* Rdn. 4 sowie – mit unklarer Begründung – *Wieck-Noodt* MK Rdn. 21.

49 Überwiegen der Gefahrenabwehrfunktion nur bei „offenen" Geschwindigkeitskontrollen. **AA** *Bernstein* NZV **1999** 316, 318 f, 320 f: Die systematische Verkehrsüberwachung sei der Beginn der Verfolgungstätigkeit.

50 Hingegen wird bei der Verwendung von „Gegenblitzanlagen" (vgl. LG Flensburg NJW **2000** 1664; *Geppert* DAR **2000** 106) oder von Reflektoren (vgl. OLG München NJW **2006** 2132 m. Anm. *Mann* NStZ **2007** 271), deren Zweck es ist, den Fahrzeugführer auf der ausgelösten Fotographie unkenntlich und damit eine Verfolgung des einzelnen Betroffenen unmöglich zu machen, nur die repressive Funktion beeinträchtigt; ferner wird die Funktionsfähigkeit der Radaranlage als solche nicht tangiert (hierzu auch *Mann* aaO, der freilich übersieht, dass es einen bußgeldbewehrten Verbotstatbestand in Form des § 23 Abs. 1b StVO bereits gibt).

V. Angriff auf eine betriebsdienliche Sache

In seiner ersten Variante kann § 316b dadurch verwirklicht werden, dass der Täter eine „dem Betrieb dienende Sache“ zerstört, beschädigt usw. 30

1. Dem Betrieb dienende Sache. Für den Begriff der – nicht notwendig fremden – Sache gelten die allgemeinen Regeln (*Wolff* LK § 303 Rdn. 3). Dem Betrieb dient eine Sache dann, wenn ein störungsfreies Arbeiten des Unternehmens, der Einrichtung oder der Anlage im Sinne der in Absatz 1 Nr. 1 bis 3 beschriebenen Zweckbestimmung ohne sie nicht möglich ist (*Wolters/Horn* SK Rdn. 10). Betriebsdienliche Sachen können Bestandteile oder Zubehör sein, ohne dass es auf eine exakte Abgrenzung ankäme. Bestandteile sind u.a. die Postverteileranlage eines Postdienstes (Rdn. 13), die Gleis- oder Signalanlagen des Bahnverkehrs, die Landebahn eines Flughafens (Rdn. 14) oder die Leitungen, Pumpen oder Wasserbecken eines Wasserwerks (Rdn. 19). Zum Zubehör würden etwa die EDV-Anlage eines Unternehmens oder die Einsatzwagen der Polizei- oder Feuerwehr rechnen (Rdn. 9, 29). Die Sache muss dem Betrieb **zur Tatzeit** dienen, also bereits in den Betriebsablauf eingegliedert sein. Dies ist auch aus der Gegenüberstellung mit der 2. Variante (für den Betrieb *bestimmte* Energie) abzuleiten. Deswegen genügen Eingriffe in einen Zulieferbetrieb des jeweiligen Unternehmens nicht (*Wolters/Horn* SK Rdn. 10; s. auch *Bernstein* § 316b StGB S. 113 f). Die Angriffshandlungen müssen der betriebsdienlichen *Sache* gelten, weswegen Angriffe auf Menschen, z.B. im Rahmen eines Streiks (s. aber Rdn. 33), die eine Betriebsstörung zur Folge haben, nicht tatbestandsrelevant sind (*Wolters/Horn* SK Rdn. 10). OLG Celle NStZ **2005** 217 lehnt den Tatbestand unter diesem Aspekt für die demonstrative Blockade eines Eisenbahngleises durch eine Personengruppe ab; Folge der Handlung sei eine lediglich psychische Wirkung bei den Zugführern.[51] Anders liegt es jedoch, wenn die Blockadeaktion durch eine Unterhöhlung des Gleiskörpers unterstützt wird (OLG Celle v. 12.8.2003, 22 Ss 86/03, juris; nicht beanstandet von BVerfG NVwZ **2006** 583). 31

2. Angriffsformen. Die möglichen Angriffsformen sind im Gesetz abschließend aufgeführt. Zum Zerstören und Beschädigen s. *Wolff* LK § 303 Rdn. 9 ff, *König* LK § 315 Rdn. 27 ff, zum Beseitigen *König* LK § 315 Rdn. 34, zum Verändern[52] und Unbrauchbarmachen *Wolff* LK § 317 Rdn. 7; zum Ganzen auch *Schroeder* LK § 109e Rdn. 6. § 316b kann etwa auch in der Weise begangen werden, dass der Täter eine Computeranlage eines Unternehmens durch ein „Virenprogramm“ (vorübergehend) unbrauchbar macht. 32

VI. Entziehung elektrischer Kraft

Der Täter „entzieht“ elektrische Kraft, wenn er, gleich an welchem Ort (*Wolff* LK § 317 Rdn. 7), *eine Unterbrechung oder Beeinträchtigung der Stromzufuhr verursacht* (vgl. *Wolters/Horn* SK Rdn. 11). Es ist – anders als im Rahmen des § 248c – nicht erforderlich, dass dies gerade durch Ableiten geschieht; dem Gesetz ist für eine gegenteilige 33

[51] Zust. *Wolters/Horn* Rdn. 10; aM AG Lüneburg NdsRpfl **2004** 49; NStZ **2002** 598.

[52] Eine Veränderung stellt es beispielsweise dar, wenn der Täter Platten auf Bahngleise legt (OLG Celle GA **1965** 214, 215; zust. *Bernstein* § 316b StGB S. 119).

Interpretation keinerlei Anhaltspunkt zu entnehmen.[53] Im Hinblick darauf, dass im Prinzip jeder Handlungsakt[54] (auch ein Unterlassen) genügt, fällt die Betriebsstörung von Schutzobjekten, die durch *einen Streik* in einem Stromversorgungsunternehmen verursacht wird, unter § 316b.[55] Das Merkmal der „Entziehung" beinhaltet weder ein Gewaltelement noch setzt § 316b generell gewaltsames Handeln voraus. Für die Strafbarkeit der Streikenden kommt es – Vorsatz vorausgesetzt – maßgebend darauf an, ob der Streik rechtmäßig gewesen ist. **„Für den Betrieb bestimmt"** ist die elektrische Energie auch dann, wenn sie im allgemeinen Stromversorgungsnetz zur Verfügung gestellt wird (*Bernstein* § 316b StGB S. 121). Die Entziehung anderer Energieträger als Strom (Gas, Dampf) fällt nicht unter § 316b (*Sch/Schröder/Cramer/Sternberg-Lieben* Rdn. 8).

VII. Verhinderung/Störung des Betriebs

34 Durch[56] die unter Rdn. 30 ff und Rdn. 33 angesprochenen Angriffshandlungen muss der Betrieb des Schutzobjekts gestört oder verhindert werden. „Betrieb" ist dabei im Sinne des „Betreibens" als eines dynamischen Geschehens zu verstehen (*Wolters/Horn* SK Rdn. 8; oben Rdn. 9). „Verhindern" und „Stören" unterscheiden sich nur graduell. Kann der mit dem Objekt verfolgte Zweck jedenfalls für eine gewisse Zeitdauer überhaupt nicht mehr erreicht werden, so ist der Betrieb verhindert (*Wolters/Horn* SK Rdn. 8). Stören bedeutet nach der im E 1962 gegebenen Begriffsbestimmung „eine nicht unerhebliche Beeinträchtigung der ordnungsgemäßen Fortführung des Betriebs".[57] Ob eine tatbestandsrelevante Beeinträchtigung gegeben ist, hängt von den Umständen des Einzelfalls ab.[58] Gradmesser sind u.a. Ausstattung und Organisation der jeweiligen Funktionseinheit (vgl. BGHSt **31** 185, 188). Nach dem Gesetzeswortlaut genügt jede Verhinderung/Störung des ordnungsgemäßen Arbeitens. Würde man dies konsequent durchführen, so fiele der Anwendungsbereich des § 316b aber vielfach mit dem der Sachbeschädigungsdelikte zusammen. Das kann nicht gewollt sein. Dementsprechend müssen nicht spürbare und unerhebliche Beeinträchtigungen ausgegrenzt werden. Werden z.B. unselbstständige Hilfsmittel eines Unternehmens bzw. einer Einrichtung zerstört oder beschädigt, die ohne Weiteres ersetzt werden können, so ist der Tatbestand nicht gegeben (vgl. BGHSt **31** 185, 188; *Stree* JuS **1983** 836, 840; oben Rdn. 9). Solange die betrieblichen Funktionen aufrechterhalten werden können, genügt auch eine geringfügige Erschwerung der Arbeitsbedingungen nicht (vgl. BGHSt **27** 307, 311 [zu § 88]). Nicht erforderlich ist aber, dass die *Zweckerfüllung* des Schutzobjekts *konkret* gefährdet wird. Beispielsweise wird der „Betrieb" einer Einheit der Polizei bereits dann gestört, wenn deren Schusswaffen nicht einsatzfähig sind; es muss also nicht erst zu einem Einsatz mit

---

[53] Vgl. *Wolff* LK § 317 Rdn. 7; *Bernstein* § 316b StGB S. 122; **aA** *Sch/Schröder/Cramer/Sternberg-Lieben* Rdn. 8.

[54] In diesem Sinne auch *Bernstein* § 316b StGB S. 122, freilich widersprüchlich (aaO S. 122: „grundsätzlich jede Handlung"; aaO S. 123: „gewaltlose Sabotage" genüge nicht) bzw. gänzlich unklar (aaO S. 124: bloßes Untätigbleiben genüge nicht, erforderlich sei eine Beeinträchtigung durch ein „gewisses aktives Verhalten", das eine Beeinträchtigung „in technisch wirksamer Weise" zur Folge habe).

[55] *Wolters/Horn* SK Rdn. 15; **aM** *Bernstein* § 316b StGB S. 122 ff. Offen gelassen vom E 1962 (Einzelbegründung zu § 370, BTDrucks. IV/650 S. 567). S. auch Prot. V S. 1167 ff [zu § 88].

[56] Zu denkbaren Kausalitätsproblemen *Bernstein* § 316b StGB S. 134 ff.

[57] Einzelbegründung zu § 335 E 1962, BTDrucks. IV/650 S. 512.

[58] Zum Ganzen eingehend, aber nicht widerspruchsfrei *Bernstein* § 316b StGB S. 125 ff.

Schusswaffengebrauch kommen (vgl. BGHSt **31** 1, 2 f). Zur Verhinderung des Betriebs einer Radarmessanlage Rdn. 29. Eine relevante Störung **ist nicht gegeben**, wenn der Täter die Anlage durch bestimmungsgemäße – wenn auch unbefugte – Inbetriebnahme temporär unbenutzbar macht und für die Ingangsetzung eine Sicherungsvorrichtung zerstören muss (RGSt. **65** 133, 134 [Inbetriebnahme eines Feuermelders]).

VIII. Subjektiver Tatbestand

Der zumindest bedingte Vorsatz muss neben den Angriffshandlungen gegen ein taugliches Angriffsobjekt auch die Störung oder Verhinderung des Betriebs eines geeigneten Schutzobjekts umfassen. Hinsichtlich der in Absatz 1 beschriebenen Objekte und deren Zwecksetzung genügt Tatsachenkenntnis; exakte juristische Bedeutungskenntnis ist nicht notwendig. Zerstört bzw. beschädigt der Täter ein bloßes Hilfsmittel, so muss er auch die Betriebsstörung bzw. -verhinderung des Unternehmens bzw. der Einrichtung in seinen Vorsatz aufgenommen haben (Rdn. 9). Fahrlässiges Verhalten ist anders als bei § 317 (dort Absatz 3) nicht pönalisiert. **35**

IX. Versuch

Nach Absatz 2 ist der Versuch strafbar. Versucht ist die Tat, wenn der Täter mit Tatvorsatz zu einer der Angriffshandlungen unmittelbar ansetzt. Vollendung ist gegeben, sobald die Verhinderung bzw. Störung des Betriebs eintritt. **36**

X. Besonders schwerer Fall (Absatz 3)

Der Strafzumessungsgrund des Absatzes 3 ist im Jahr 1989 eingeführt worden (Entstehungsgeschichte V).[59] Er sieht für Fälle exzeptionellen Unrechts einen Strafrahmen von sechs Monaten bis zu zehn Jahren Freiheitsstrafe vor. Erfasst werden sollen vor allem Konstellationen, in denen aufgrund der Tat die Stromversorgung einer ganzen Gemeinde oder eines Gemeindegebiets ausfällt und/oder die medizinische Versorgung in Krankenhäusern gefährdet wird; es ist ferner an den Fall gedacht, dass im Winter die Versorgung größerer Gebiete mit Heizkraft nicht mehr gewährleistet werden kann (BTDrucks. 11/2834 S. 10). Wie die Tatbestandsfassung und die Motive erweisen, ist Absatz 3 auf Schutzobjekte nach Absatz 1 Nr. 2 zugeschnitten. Hat die Betriebsbeeinträchtigung eines Schutzobjekts im Sinne des Absatzes 1 Nr. 1 oder 3 ähnlich einschneidende Auswirkungen, so kommt die Annahme eines atypischen besonders schweren Falls in Betracht (vgl. BRDrucks. 563/86 S. 13 f). **37**

XI. Konkurrenzen

Tateinheit ist u.a. möglich mit § 88 (*Fischer* Rdn. 10), mit §§ 242, 246, 303, weil diese anders als § 316b auf eine Eigentumsverletzung abstellen (*Wolters/Horn* SK Rdn. 14), mit § 303b (Computersabotage) und mit § 315 (BGH NStZ **1988** 178; NStZ- **38**

---

[59] Kritisch zur Fassung *Achenbach* Kriminalistik **1989** 633, 634 f; Dt. Richterbund DRiZ **1988** 152; *Kunert/Bernsmann* NStZ **1989** 449, 452.

RR **1997** 200) sowie mit den §§ 315b, 316c. Hinter § **109e** tritt § 316b zurück (*Fischer* Rdn. 10; **aM** *Sch/Schröder/Cramer/Sternberg-Lieben* Rdn. 11). § 316b verdrängt aber seinerseits § **87**, § **304** und – weil dieser im Verhältnis zu § 316b Vorfeldtatbestand ist – § **305a** (*Sch/Schröder/Stree* § 305a Rdn. 15; **aA** *Wolff* LK § 305a Rdn. 19). **Das Verhältnis zu** § **317** dürfte sich wie folgt darstellen: Sofern der Täter eine selbstständige Telekommunikationsanlage beeinträchtigt, die als solche eigenständiges Schutzobjekt des § 316b ist (Notrufsäule, Feuermelder, Rdn. 29), geht § 317 vor; zerstört, beschädigt etc. er hingegen eine Telekommunikationsanlage, die einem Unternehmen oder einer Einrichtung als unselbstständiges Hilfsmittel dient, und beeinträchtigt er dadurch den Betrieb der übergeordneten Einheit (Rdn. 9),[60] so konkurrieren die §§ 316b, 317 idealiter (**aA** *Bernstein* § 316b StGB S. 31 ff: stets Idealkonkurrenz).

XII. Sonstiges

39 § 316b ist ganz oder teilweise in §§ 87, 129a und 305a inkorporiert.

§ 316c
Angriffe auf den Luft- und Seeverkehr

(1) Mit Freiheitsstrafe nicht unter fünf Jahren wird bestraft, wer

1. Gewalt anwendet oder die Entschlussfreiheit einer Person angreift oder sonstige Machenschaften vornimmt, um dadurch die Herrschaft über
a) ein im zivilen Luftverkehr eingesetztes und im Flug befindliches Luftfahrzeug oder
b) ein im zivilen Seeverkehr eingesetztes Schiff
zu erlangen oder auf dessen Führung einzuwirken, oder

2. um ein solches Luftfahrzeug oder Schiff oder dessen an Bord befindliche Ladung zu zerstören oder zu beschädigen, Schusswaffen gebraucht oder es unternimmt, eine Explosion oder einen Brand herbeizuführen.

Einem im Flug befindlichen Luftfahrzeug steht ein Luftfahrzeug gleich, das von Mitgliedern der Besatzung oder von Fluggästen bereits betreten ist oder dessen Beladung bereits begonnen hat oder das von Mitgliedern der Besatzung oder von Fluggästen noch nicht planmäßig verlassen ist oder dessen planmäßige Entladung noch nicht abgeschlossen ist.

(2) In minder schweren Fällen ist die Strafe Freiheitsstrafe von einem Jahr bis zu zehn Jahren.

(3) Verursacht der Täter durch die Tat wenigstens leichtfertig den Tod eines anderen Menschen, so ist die Strafe lebenslange Freiheitsstrafe oder Freiheitsstrafe nicht unter zehn Jahren.

(4) Wer zur Vorbereitung einer Straftat nach Absatz 1 Schusswaffen, Sprengstoffe oder sonst zur Herbeiführung einer Explosion oder eines Brandes bestimmte Stoffe oder Vorrichtungen herstellt, sich oder einem anderen verschafft, verwahrt oder einem anderen überläßt, wird mit Freiheitsstrafe von sechs Monaten bis zu fünf Jahren bestraft.

---

[60] Zur – teilweise umstrittenen – Beurteilung privater Telefonanschlüsse im Rahmen des § 317 *Wolff* LK § 317 Rdn. 3; s. auch BTDrucks. 13/8016 S. 28, wo die tatbestandliche Relevanz von Telekommunikationsanlagen in privater Hand ausdrücklich bestätigt wird.

Schrifttum

Hailbronner Luftpiraterie in rechtlicher Sicht – Von Tokyo bis Montreal – (1972); *ders.* Aktuelle Fragen der Luftpiraterie, NJW **1973** 1636; *Hsueh* Luftpiraterie § 316c (jur. Diss. Göttingen 1993); *Jescheck* Flugzeugentführungen und ihre internationale Bekämpfung, GA **1981** 65; *Kunath* Zur Einführung eines einheitlichen Straftatbestandes gegen „Luftpiraterie" durch das Elfte Strafrechtsänderungsgesetz vom 16. Dezember 1971, JZ **1972** 199; *Mannheimer* Luftpiraterie, JR **1971** 227; *Maurach* Probleme des erfolgsqualifizierten Delikts bei Menschenraub, Geiselnahme und Luftpiraterie, Festschrift Heinitz (1972) S. 403; *Meyer* Luftpiraterie – Begriff, Tatbestände, Bekämpfung (1972); *Pötz* Die strafrechtliche Ahndung von Flugzeugentführungen, ZStW **86** (1974) 489; *Schmidt-Räntsch* Zur Luftpiraterie, JR **1972** 146; *Wille* Die Verfolgung strafbarer Handlungen an Bord von Schiffen und Luftfahrzeugen (1974, zugl. jur. Diss. Berlin 1973).

Entstehungsgeschichte

I. Bei § 316c handelt es sich um eine verhältnismäßig junge Strafnorm. Sie ist durch das **11. StrÄndG vom 16.12.1971** (BGBl. I S. 1977) in das StGB eingestellt worden.

Die Vorschrift geht auf einen Gesetzentwurf des Bundesrats zurück (BTDrucks. VI/1478). Anlass der Initiative war eine besorgniserregende Zunahme von Fällen der Luftpiraterie und der Luftsabotage (Flugzeugentführungen und schwere Anschläge auf Flugzeuge) im In- und Ausland, die im Jahre 1970 einen Höhepunkt erreicht hatte (vgl. BTDrucks. VI/1478 S. 3).[1] Dem Gesetzentwurf erschien der über allgemeine Strafbestimmungen (u.a. §§ 239, 240, 249 ff, 311, 311a, 315, 211, 212) sowie über Tatbestände des Luftverkehrs-, Sprengstoff-, Waffen- und Kriegswaffenkontrollgesetz gewährleistete strafrechtliche Schutz als unangemessen; durch eine umfassende Tatbestandsbeschreibung bei weitgehender Erfassung des Vorfelds und durch Einführung des Weltrechtsprinzips sollte die Handhabe geschaffen werden, einschlägigen Handlungen effektiver zu begegnen (BTDrucks. VI/1478 S. 3). Als Vorbild diente dem Entwurf der Tatbestand des räuberischen Angriffs auf Kraftfahrer (§ 316a).

Das Gesetzgebungsverfahren ist begleitet worden durch **Bemühungen gegen die Luftpiraterie auf internationaler Ebene**, die in die Abkommen von Den Haag vom 16.12.1970[2] und von Montreal vom 23.9.1971[3] sowie in Entschließungen der Interparlamentarischen Union aus dem Oktober 1970 (BTDrucks. VI/1430 S. 2 bis 4) einmündeten. Dem war das Abkommen von Tokio vom 14.9.1963[4] vorausgegangen.

Der Gesetzentwurf des Bundesrats ist durch den **Sonderausschuss für die Strafrechtsreform** beraten worden. Maßgebend unter dem Einfluss des durch die BReg. bereits ge-

---

1 Zusammenstellung der Flugzeugentführungen und Sabotageakte auf Flugzeuge bei *Hsueh* Luftpiraterie (1993) S. 1 ff; *Pötz* ZStW 86 (1974) 489 ff. Auch der AE hatte die Einführung einer spezifischen Strafvorschrift vorgeschlagen (§ 163 StGB i.d.F. des AE; AE BT 2. Halbband [1971] S. 102 ff).

2 „Übereinkommen zur Bekämpfung der widerrechtlichen Inbesitznahme von Luftfahrzeugen" (BGBl. 1972 II S. 1505; 1975 II S. 1204). Hierzu eingehend *Hailbronner* Luftpiraterie in rechtlicher Sicht S. 29 ff; *Hsueh* Luftpiraterie S. 19 ff.

3 „Übereinkommen zur Bekämpfung widerrechtlicher Handlungen gegen die Sicherheit der Zivilluftfahrt" (BGBl. 1977 II S. 1229). *Hailbronner* Luftpiraterie in rechtlicher Sicht S. 54 ff; *Hsueh* Luftpiraterie (1993) S. 21 f.

4 „Abkommen über strafbare und bestimmte andere an Bord von Luftfahrzeugen begangene Handlungen" (BGBl. 1969 II S. 121; 1970 II S. 276). *Hailbronner* Luftpiraterie in rechtlicher Sicht S. 24 ff; *Hsueh* Luftpiraterie (1993) S. 16 ff.

zeichneten Haager Übereinkommens sind sowohl hinsichtlich des Aufbaus als auch der Ausgestaltung einzelner Tatbestandsmerkmale wesentliche Änderungen vorgenommen worden (im Einzelnen BTDrucks. VI/2721; Prot. VI S. 1167 ff; 1582 ff). In einigen Punkten ist der Sonderausschuss über das Abkommen hinausgegangen (s. etwa Rdn. 12 ff). Er formulierte in seinem Bericht ferner einen Entschließungsantrag, in dem die BReg. gebeten wurde, verstärkte Anstrengungen zur Gefahrenabwehr im Luftverkehr zu unternehmen (BTDrucks. VI/2721 S. 5). Das Gesetz ist dann entsprechend der Beschlussempfehlung (BTDrucks. VI/2721 S. 6 f) gemeinsam mit der Entschließung durch den Bundestag verabschiedet worden.

II. Die Vorschriften über die Tätige Reue (Absatz 4 a.F.) sind durch Art. 19 Nr. 179 **EGStGB vom 2.3.1974** (BGBl. I S. 469) neu gefasst worden.

III. Durch Art. 2 Nr. 2 des **Gesetzes vom 13.6.1990** (BGBl. 1990 II S. 494) zu dem Übereinkommen vom 10.3.1988 zur Bekämpfung widerrechtlicher Handlungen gegen die Sicherheit der Seeschifffahrt und zum Protokoll vom 10.3.1988 zur Bekämpfung widerrechtlicher Handlungen gegen die Sicherheit fester Plattformen, die sich auf dem Festlandsockel befinden, **ist § 316c auf im zivilen Seeverkehr eingesetzte Schiffe ausgedehnt worden.** Dem entspricht die durch dieses Gesetz ergänzte amtliche Überschrift.

IV. Das **Sechste Gesetz zur Reform des Strafrechts (6. StrRG) vom 26.1.1998** (BGBl. I S. 164) hat § 316c nur geringfügig verändert (vgl. BTDrucks. 13/8587 S. 51). Der minder schwere Fall ist aus Absatz 1 herausgelöst und in Absatz 2 eingestellt worden, wobei zugleich das Höchststrafmaß auf zehn Jahre Freiheitsstrafe begrenzt wurde (zuvor Freiheitsstrafe von nicht unter einem Jahr); Letzteres entspringt dem generellen Bestreben des 6. StrRG nach Harmonisierung der Strafrahmen (BTDrucks. 13/8587 S. 19 ff). Die Ergänzung der Erfolgsqualifikation nach § 316c Abs. 3 um das Wort „wenigstens" *(„wenigstens leichtfertig")* erfolgte – wie auch in vergleichbaren Tatbeständen – zum Zweck der Klarstellung, dass bezüglich der schweren Folge neben Leichtfertigkeit auch Vorsatz umfasst ist (BTDrucks. 13/8587 S. 79). Das Wort „Menschen" in § 316c Abs. 3 (früher *„eines anderen"*) ist zur Herstellung einer geschlechtsindifferenten Fassung eingefügt worden; die Änderung hat also lediglich redaktionelle Bedeutung (BTDrucks. 13/8587 S. 18 f). Die zuvor in § 316c Abs. 4 enthaltenen Regelungen zur Tätigen Reue wurden in die „Sammelvorschrift" des § 320 übernommen (dort Absatz 1, 3 Nr. 2, Absatz 4). S. hierzu auch *König* LK § 315 Entstehungsgeschichte VI.

Übersicht

I. Bedeutung der Vorschrift

Die praktische Bedeutung des § 316c ist gering. Die Strafverfolgungsstatistik weist in der Regel rechtskräftige Verurteilungen im (niedrigen) einstelligen Bereich aus (2006: drei Verurteilungen).[5] Dies entspricht der geringen Verbreitung des zugrunde liegenden Phänomens. 1

II. Deliktsaufbau und -charakter

Die Vorschrift normiert in Absatz 1 Satz 1 Nr. 1 und 2 Tatbestände mit unterschiedlicher Ausrichtung. Absatz 1 Satz 1 Nr. 1 erfasst die *Luft- und Seepiraterie* („Entführung"), Absatz 1 Satz 1 Nr. 2 die *Luft- und Schiffssabotage* („Attentat"). Absatz 3 enthält eine Erfolgsqualifikation für den Fall der zumindest leichtfertigen Verursachung des Todes eines anderen. Absatz 4 pönalisiert *Vorbereitungshandlungen* in Bezug auf Straftaten nach Absatz 1. § 316c ist nach allgemeiner Meinung *abstraktes Gefährdungsdelikt*. Weder zur „Entführung" (Erlangen der Herrschaft; Einwirkung auf das Fahrzeugführen) noch zum „Attentat" (Zerstörung, Beschädigung) muss es kommen. Absatz 1 Satz 1 enthält durchgehend *Tätigkeitsdelikte mit überschießender Innentendenz* (*Maurach* FS Heinitz S. 403, 409).[6] Absatz 1 Satz 1 Nr. 2, 2. Alt. ist ferner „echtes" *Unternehmensdelikt* im Sinne des § 11 Abs. 1 Nr. 6. 2

[5] Quelle: Strafverfolgungsstatistik (Hrsg. Statistisches Bundesamt, Wiesbaden) Tabelle 2.1 (abrufbar über www.destatis.de).

[6] Ebenso *Herzog* NK § 316c Rdn. 28; *Fischer* Rdn. 17; *Wolters/Horn* SK Rdn. 17. Soweit *Horn* SK Rdn. 17 vormals von einem Unternehmenstatbestand ausging, steht dies weder mit dem Wortlaut noch mit der Entstehungsgeschichte in Einklang: Der Gesetzgeber hat den Vorschlag des BR, in Anlehnung an § 316a durchgehend Unternehmenstatbestände zu normieren (BTDrucks. IV/1478 S. 2), bewusst nicht aufgegriffen (BTDrucks. VI/2721 S. 3).

III. Schutzgut

3 Geschütztes Rechtsgut ist – entsprechend der Einstellung in den 28. Abschnitt des StGB („Gemeingefährliche Straftaten“) – **die Sicherheit des zivilen Luft- und Seeverkehrs.**[7] Geschützt werden sollen zugleich die im Luft- und Seeverkehr beförderten Personen sowie das Flugpersonal vor Angriffen auf die körperliche Unversehrtheit, das Leben und die Freiheit. Daneben will die Norm entsprechend dem Haager Übereinkommen (Entstehungsgeschichte) auch das Vertrauen der Völkergemeinschaft in die Sicherheit der zivilen Luft- und Seefahrt erhalten (*Kunath* JZ **1972** 199, 200). Sachgüter (das Luftfahrzeug oder Schiff selbst, die Fracht) sind insoweit einbezogen, als ein Angriff auf sie auch die Verkehrssicherheit und die höchstpersönlichen Rechtsgüter der an Bord befindlichen Menschen gefährdet (vgl. BTDrucks. VI/2721 S. 2; 11/4946 S. 6). Normzweck ist es hingegen nicht, das Eigentum der Fluggesellschaften (*Kunath* JZ **1972** 199, 200) oder der Seeschifffahrtsbetriebe einem erhöhten strafrechtlichen Schutz zu unterstellen. Die scharfen Strafdrohungen wären unter dem Aspekt des Eigentumsschutzes nicht zu rechtfertigen. Das Eigentum an diesen Sachgütern ist demnach nur faktisch mitgeschützt.[8] Entsprechendes hat für das Eigentum der Passagiere am Gepäck sowie das Eigentum an der Fracht zu gelten.

IV. Angriffsobjekte

4 Geeignete Angriffsgegenstände sind in der zivilen Luft- bzw. Seefahrt *eingesetzte* Luftfahrzeuge und Schiffe (Absatz 1 Satz 1 Nr. 1, 2; Rdn. 5 ff, 16 ff). Für das Luftfahrzeug präzisiert das Gesetz die Einsatzphase in der Weise, dass sich dieses im Flug befinden muss (Absatz 1 Satz 1 Nr. 1a, 2; Rdn. 11); Absatz 1 Satz 2 erweitert den Schutzzeitraum aber auf das Stadium vor dem Abheben und nach der Landung (Rdn. 12 ff). Stets im Auge behalten werden muss, dass die solchermaßen bestimmten Angriffsobjekte *Elemente des subjektiven Tatbestandes* sind; sie leisten insoweit einen wesentlichen Beitrag zur Eingrenzung des nach § 316c strafbaren Verhaltens (Rdn. 32 ff).

5 **1. Ziviler Einsatz.** § 316c setzt voraus, dass das Luftfahrzeug oder Schiff im zivilen Luft- oder Seeverkehr eingesetzt ist. Dies trägt der besonderen Anfälligkeit gerade der zivilen Luft- und Seefahrt Rechnung, bei der Außenstehende leichter Zutritt finden als bei Flügen bzw. Fahrten zu hoheitlichen Zwecken; darüber hinaus wäre es völkerrechtlich nicht unproblematisch, ausländischen hoheitlichen Diensten ubiquitär strafrechtlichen Schutz zu gewähren (vgl. BTDrucks. VI/2721 S. 2).

6 **a) Ziviler Luft- und Seeverkehr.** Einbezogen ist der gesamte zivile Luft- und Seeverkehr. Dazu rechnen nicht nur der Linien- und Charterverkehr, sondern auch der Verkehr mit Sport- und Privatflugzeugen sowie Überführungs-, Schau-, Arbeits- und Werks-

---

[7] BTDrucks. 11/4946 S. 5 f; *Herzog* NK Rdn. 4; *Wille* Die Verfolgung strafbarer Handlungen S. 217 f; wohl auch *Hsueh* Luftpiraterie (1993) S. 34 f; *Kunath* JZ **1972** 199, 200; diff. *Lackner/Kühl* Rdn. 1; *Fischer* Rdn. 2; *Sch/Schröder/Cramer/Sternberg-Lieben* Rdn. 2. **AM** *Wolters/Horn* SK Rdn. 2; *Maurach/Schroeder/Maiwald* BT/2 § 53 Rdn. 58: nur Leib und Leben sowie fremdes Eigentum. In diese Richtung auch BMJ Prot. VI S. 1168 f, 1173.

[8] Ebenso *Fischer* Rdn. 2; *Wolters/Horn* Rdn. 2; **aM** etwa *Sch/Schröder/Cramer/Sternberg-Lieben* Rdn. 2; *Herzog* NK Rdn. 5; zum ähnlichen Problem bei den §§ 315 ff *König* LK § 315 Rdn. 3 ff.

flüge (BTDrucks. VI/2721 S. 2) und Schiffsfahrten zu Sport- und Vergnügungszwecken (BTDrucks. 11/4946 S. 6). Dass der konkrete Flug bzw. die konkrete Fahrt im Grundsatz *jedem* Bürger offen stehen muss, lässt sich aus dem Merkmal „zivil" nicht ableiten; denn damit soll lediglich die Abgrenzung zum *hoheitlich* eingesetzten Luft- oder Seefahrzeug geleistet werden (nachstehende Rdn.).[9] Umfasst sind demgemäß auch Flüge und Fahrten ohne Passagiere und ohne Ladung (*Fischer* Rdn. 3).

b) **Hoheitlicher Verkehr.** Nicht tatbestandsrelevant sind Flüge/Fahrten, die hoheit- 7
lichen Zwecken dienen, namentlich solche im Rahmen des Staats-, Militär-, Zoll- und Polizeidienstes (BTDrucks. VI/2721 S. 2; 11/4946 S. 6).[10] Hoheitlichen Zwecken dienen auch Hilfstransporte der Bundeswehr in Katastrophengebiete.[11] Ein weiteres Beispiel ist die Beförderung von Mitgliedern der Bundes- oder einer Landesregierung mit einer Militärmaschine zur Wahrnehmung der Amtsgeschäfte (vgl. *Sch/Schröder/Cramer/Sternberg-Lieben* Rdn. 6). Der hoheitliche Charakter eines solchen Flugs bleibt erhalten, sofern die Amtsperson Journalisten oder Vertreter der Wirtschaft an Bord einer ausschließlich für einen Staatsbesuch eingesetzten Maschine nimmt. Andererseits kann der Linienflug oder die Fahrt mit einem Linienschiff nicht schon deswegen als hoheitlich angesehen werden, weil der Bundeskanzler oder ein Minister in amtlicher Eigenschaft mit an Bord ist. Der „zivile" Einsatzzweck wird hierdurch nicht verändert.

c) **Konkreter Einsatzzweck.** Maßgebend ist der konkrete („tatsächliche") Einsatz- 8
zweck. Ob das Fahrzeug Eigentum des Staates und ob es als „hoheitliches" Fahrzeug „registriert" ist (Prot. VI S. 1177), spielt keine Rolle. Deswegen ist § 316c beispielsweise nicht anwendbar, sofern ein in privatem Eigentum stehendes Flugzeug zur Verkehrsüberwachung eingesetzt oder von der Bundeswehr für militärische Zwecke „ausgeliehen" wird. Demgegenüber greift die Vorschrift ein, wenn, z.B. nach der Zerstörung einer Großzahl von Zivilflugzeugen durch ein Unglück, Militärflugzeuge für zivile Verkehrszwecke eingesetzt werden (BTDrucks. VI/2721 S. 2; Prot. VI S. 1177) oder wenn ein im staatlichen Eigentum stehendes Schiff für Fischereiforschungszwecke genutzt wird (BTDrucks. 11/4946 S. 6). Der zuvor verfolgte Einsatzzweck des Fahrzeugs bleibt erhalten, nachdem sich „Entführer" dessen bemächtigt haben (*Wolters/Horn* SK Rdn. 4).

2. **Luftfahrzeug.** Taugliches Tatobjekt ist das – zivil eingesetzte (Rdn. 5 ff) – Luftfahr- 9
zeug. Der Strafschutz besteht freilich nicht generell, sondern – dem Normzweck gemäß – nur während bestimmter Zeiten.

a) **Begriff des Luftfahrzeugs.** Die in § 1 Abs. 2 Satz 1 LuftVG normierte Begriffs- 10
bestimmung des Luftfahrzeugs gilt grundsätzlich auch für § 316c. Danach sind als Luftfahrzeuge anzusehen Flugzeuge, Drehflügler, Luftschiffe, Segelflugzeuge, Motorsegler, Frei- und Fesselballons, Drachen, Fallschirme, Flugmodelle und sonstige für die Benutzung des Luftraums bestimmte Geräte. Raumfahrzeuge, Raketen und ähnliche Flugkörper gelten als Luftfahrzeuge, solange sie sich im Luftraum (und nicht im Weltraum) befinden (§ 1 Abs. 2 Satz 2 LuftVG). Allerdings können nicht sämtliche der in § 1 Abs. 2 Satz 1 LuftVG aufgeführten Fluggeräte als Luftfahrzeuge im Sinne des § 316c gelten.

---

[9] AA soweit ersichtlich nur *Hsueh* Luftpiraterie (1993) S. 47.

[10] S. auch Art. 3 Abs. 2 des Haager und Art. 4 Abs. 1 des Abkommens von Montreal.

[11] AA wohl *Hsueh* Luftpiraterie (1993) S. 46 f.

§ 316c Abs. 1 Satz 2 lässt sich entnehmen, dass das Luftfahrzeug gewisse Mindestvoraussetzungen erfüllen muss. Insbesondere *muss es im Wortsinn betreten werden können* und wohl auch *geeignet sein, zumindest in gewissem Umfang Ladung aufzunehmen* (vgl. Prot. VI S. 1587). Dass Kinderdrachen oder Flugmodelle diesen Voraussetzungen nicht genügen, liegt auf der Hand; aber auch Fallschirme einschließlich des „Drachenfallschirms", fallen mangels Betretungsmöglichkeit nicht unter § 316c.[12] Im Hinblick auf die alternative Aufzählung in § 316c Abs. 1 Satz 2 ist die Vorschrift hingegen einschlägig, sofern das Luftfahrzeug nur keinen Platz für Fluggäste bietet. Luftfahrzeuge ohne eigenen Motorantrieb wie z.B. Fesselballons oder Segelflugzeuge sind umfasst (Prot. VI S. 1587).[13]

11 b) **Im Flug befindlich.** Nach Wortlaut und Wortsinn des Gesetzes befindet sich ein Luftfahrzeug im Flug, wenn es den Boden nicht mehr oder noch nicht wieder berührt, also vom Abheben bis zum Wiederaufsetzen. Eine Interpretation im Sinne von Art. 3 Abs. 1 des Haager Übereinkommens, wonach der *Flug*phase auch der Zeitraum vom Schließen aller Außentüren vor dem Start bis zum Öffnen zumindest einer Tür nach der Landung zugerechnet wird,[14] würde das Analogieverbot verletzen.[15] Einer erweiternden Auslegung bedarf es auch nicht, weil der Gesetzgeber der Notwendigkeit verlängerten strafrechtlichen Schutzes (und den Verpflichtungen des Haager Übereinkommens) mit der Gleichstellungsklausel nach § 316c Abs. 1 Satz 2 (nachfolgende Rdn.) Rechnung getragen hat.

12 c) **Gleichstellungsklausel (Absatz 1 Satz 2).** § 316c Abs. 1 Satz 2 erweitert den strafrechtlichen Schutz über die eigentliche Flugphase hinaus auf Vorgänge vor dem Abheben des Luftfahrzeugs und nach dessen Landung. Der Strafschutz beginnt vor dem Start bereits mit dem Betreten (Rdn. 13) bzw. dem Beladungsvorgang (Rdn. 14) und endet nach der Landung erst, nachdem das Luftfahrzeug ordnungsgemäß verlassen und entladen worden ist (Rdn. 15). Das Gesetz geht insoweit über die Verpflichtungen aus dem Haager Übereinkommen (vorstehende Rdn.) noch hinaus.

13 aa) **„Betreten" ist das Luftfahrzeug,** sobald sich *mindestens eine Person in seinem Innenraum befindet.* Außenarbeiten am Luftfahrzeug oder das Besteigen der Tragfläche genügen somit nicht. Wie die Person in das Luftfahrzeug gelangt ist (über die Tür oder etwa über eine Ladeluke), spielt keine Rolle. Die Person muss zur *Besatzung gehören oder Fluggast sein.* Deshalb genügt es nicht, wenn sich ein Monteur, eine externe Kontrollperson oder ein Beamter des Polizei- oder Zolldienstes im Innenraum aufhält. Aus dem Zusammenhang mit dem Erfordernis des „im Flug befindlichen" Luftfahrzeugs und dem Begriff des „zivilen Einsatzes" ist ferner zu folgern, dass das Betreten der Maschine durch das Mitglied des Bordpersonals *gerade der Startvorbereitung dienen muss* (**aA** – ohne Begründung – *Wille* Die Verfolgung strafbarer Handlungen S. 220). Unter dem Aspekt des § 316c straflos handelt deswegen der Täter, der das Flugzeug in seine Gewalt bringt, während es vom Piloten zu einer Reparatur oder Überprüfung in den Hangar

---

[12] **AA** für (wohl Kinder-) Drachen *Kunath* JZ **1972** 199, 200 Fn. 9, der meint, die „Regulierung" könne über die Handlungsmodalitäten erfolgen. Dies trifft insofern zu. Demgegenüber ist zweifelhaft, ob nicht z.B. der Stoß gegen einen startenden „Drachenflieger" (Drachenfallschirm) den Wortlaut des § 316c Abs. 1 Nr. 1 erfüllt. Das Tatbild des § 316c ist in solchen Fällen nicht gegeben.

[13] **AA** soweit ersichtlich nur *Hsueh* Luftpiraterie (1993) S. 47.

[14] Ebenso Art. 2 Buchst. a des Abkommens von Montreal (Entstehungsgeschichte II).

[15] **AA** *Rüth* LK[10] Rdn. 5 f.

verbracht wird (insoweit auch *Wille* aaO). Zu Taten in Bezug auf abgestellte Flugzeuge wird auf das in Rdn. 33 ff Gesagte verwiesen.

bb) **Beladung.** Die Beladung beginnt in dem Augenblick, in dem Transportgüter oder Reisegepäck in das Luftfahrzeug verbracht werden (BTDrucks. VI/2721 S. 3). Der maßgebende Zeitpunkt dürfte bereits beim Öffnen der Tür zum Frachtraum anzusetzen sein; dass sich schon ein Stück im Frachtraum befindet, lässt sich dem Gesetz nicht entnehmen („... begonnen hat").[16] Das Einladen von Ausrüstungsgegenständen, des Gepäcks der Besatzung sowie der Bordverpflegung und das Auftanken des Luftfahrzeugs genügen unbestritten nicht.[17] Dies erscheint hinsichtlich der Ausrüstung und des Gepäcks des Personals nicht ganz unzweifelhaft, weil Absatz 1 Satz 2 nicht ausdrücklich auf bestimmte Gegenstände (das Frachtgut) beschränkt ist. Gleichwohl wird man der allgemeinen Meinung mit Blick auf das Merkmal der „an Bord befindlichen Ladung" (Absatz 1 Satz 1 Nr. 2) in Verbindung mit dem eindeutigen Willen des Gesetzgebers, der die „Ladung" als etwas von der „Ausrüstung" zu Scheidendes verstanden hat (BTDrucks. VI/2721 S. 3; Prot. VI S. 1179), letztlich zustimmen können. **14**

cc) **Verlassen, Entladung „nach Plan".** § 316c erweitert die eigentliche Flugphase über die Landung hinaus. Die Intentionen des Gesetzgebers sind klar: Strafrechtlicher Schutz gegen Entführung und Sabotage soll grundsätzlich gewährleistet sein, solange der Flug noch nicht endgültig abgeschlossen ist. Endgültig abgeschlossen ist er erst, nachdem das Luftfahrzeug durch alle Mitglieder der Besatzung *und* alle Fluggäste verlassen worden ist *und* nachdem die Transportgüter vollständig entladen sind. Anders als bezüglich *des Beginns* der „erweiterten Flugphase" (Betreten, Beladen) knüpft die Vorschrift nicht nur an tatsächliche Merkmale an (Verlassen/Entladen), sondern stellt diesen das normative Merkmal „planmäßig" an die Seite. Auch hier ist das Gewollte nicht zweifelhaft. Gedacht ist an außergewöhnliche Situationen, in denen die normspezifische Gefahrenlage trotz an sich „leeren" Flugzeugs fortbesteht. Namentlich soll eine vom Täter erzwungene Zwischenlandung den Schutzzeitraum nicht beenden können (BTDrucks. VI/2721 S. 3); § 316c soll beispielsweise eingreifen, wenn das Flugzeug nach erzwungener Notlandung und erzwungenem Verlassen der Maschine durch Personal und Passagiere in die Luft gesprengt wird (Prot. VI S. 1587). Derartige Taten zu ahnden, ist Deutschland nach dem Haager Übereinkommen verpflichtet.[18] **15**

Einer verbreiteten Auffassung im Schrifttum zufolge bringt die Regelung das Gewollte allerdings nicht zutreffend zum Ausdruck.[19] Sei das Flugzeug völlig verlassen und entladen, so fehle es an den Gleichstellungsvoraussetzungen. Dies ergebe sich aus dem Gesetzeswortlaut („noch nicht ... verlassen"; *Wolters/Horn* SK Rdn. 5). Bedeutung habe das Wort „planmäßig" demgemäß in Konstellationen, in denen das Luftfahrzeug planwidrig noch nicht „leer" sei, z.B., wenn sich ein Fluggast im Flugzeug verstecke, um dort stehlen zu können, oder die Stewardess vorschriftswidrig im Flugzeug verbleibe (Beispiele **15a**

16 AM *Sch/Schröder/Cramer/Sternberg-Lieben* Rdn. 10. Allerdings stehen hier filigrane Unterscheidungen in Frage, die wohl nicht praktisch werden.

17 *Herzog* NK Rdn. 11; *Wolters/Horn* SK Rdn. 5; *Lackner/Kühl* Rdn. 5; *Sch/Schröder/Cramer/Sternberg-Lieben* Rdn. 10; *Fischer* Rdn. 3; *Wille* Die Verfolgung strafbarer Handlungen S. 220.

18 Nach Art. 3 Abs. 1 Satz 2 des Haager Übereinkommens gilt der Flug bei Notlandungen als fortdauernd, bis die zuständigen Behörden die Verantwortung über das Flugzeug übernommen haben.

19 *Herzog* NK Rdn. 12; *Wolters/Horn* SK Rdn. 5; *Lackner/Kühl* Rdn. 5; teils auch *Sch/Schröder/Cramer/Sternberg-Lieben* Rdn. 11.

nach *Sch/Schröder/Cramer/Sternberg-Lieben* Rdn. 11). Ungereimte Ergebnisse seien hinzunehmen, weil der Gesetzeswortlaut aufgrund des Analogieverbots nicht zum Nachteil des Täters korrigiert werden dürfe (*Lackner/Kühl* Rdn. 5).

15b Die vorstehend skizzierte Tatbestandsauslegung vermag freilich nicht nur im Ergebnis **schwerlich zu überzeugen.** Sie verkehrt den Sinn des Gesetzes in sein Gegenteil, ohne dass dessen Wortlaut hierzu zwingen würde. § 316b Abs. 1 Satz 2 stellt nicht auf das *planwidrige Verbleiben* (Stewardess, Dieb) ab und er schneidet den Strafschutz auch nicht strikt ab, sobald das Flugzeug verlassen und entladen ist. Das Gesetz macht vielmehr die Beendigung der erweiterten Flugphase von der *zusätzlichen* Voraussetzung abhängig, dass Verlassen und Entladung ordnungsgemäß („planmäßig") erfolgt sind. Das bedeutet umgekehrt mit aller wünschenswerten Klarheit, dass die erweiterte Flugphase *nicht* abgeschlossen ist, das Flugzeug also weiterhin dem im Flug befindlichen gleichsteht, wenn Verlassen und/oder Entladung nicht ordnungsgemäß erfolgt sind. Die gegenteilige Wortlautinterpretation („noch nicht ... verlassen") krankt daran, dass sie mit dem Wort „planmäßig" gerade den Begriff kurzerhand ausblendet, auf dem in den einschlägigen Fällen die Betonung liegt.

15c § 316b Abs. 1 Satz 2 ist demnach in dem Sinne zu lesen, dass Verlassen und/oder Entladung **noch nicht oder nicht ordnungsgemäß** abgeschlossen sein dürfen.[20] Der strafrechtliche Schutz bleibt demnach *stets* solange erhalten, wie das Luftfahrzeug noch nicht vollständig „leer" ist. Es schadet nicht, wenn beides oder eines von beidem planwidrig verzögert wird, z.B., weil Verlassen und/oder Entladung wegen eines Streiks des Flughafenpersonals vorerst nicht durchgeführt werden können;[21] dasselbe gilt in den o.g. – etwas lebensfremden – Beispielen vom Dieb und der Stewardess, deren Verbleiben im Luftfahrzeug der Täter im Übrigen in seinen Vorsatz aufgenommen haben muss. Das Ergebnis ist sachgerecht, weil die vom Gesetz vorausgesetzte Gefahrenlage fortbesteht. *Das Merkmal „planmäßig" wird erst dann relevant, wenn das Luftfahrzeug „leer" ist.* An einem ordnungsgemäßen Abschluss fehlt es unzweifelhaft bei einem vom Luftpiraten erzwungenen Verlassen (vgl. oben). Anders liegt es, wenn der „Sportflieger" plötzlich auf den Gedanken verfallen sollte, „er könne den Rest des Tages besser in einem Lokal verbringen als im Cockpit" (Beispiel nach *Maurach/Schroeder/Maiwald* BT/2 § 53 Rdn. 56). Der Flug ist dann ordnungsgemäß abgeschlossen, weil es dem Sportflieger jederzeit freisteht, seine ursprünglichen Absichten zu ändern, somit das Verlassen des Luftfahrzeugs dem (neuen) Plan entspricht.

16 3. **Schiff.** Schiff ist „ein nicht dauerhaft am Meeresboden befestigtes Wasserfahrzeug jeder Art und Größe" (BTDrucks. 11/4946 S. 6). Daraus ergibt sich zugleich, dass *Plattformen*, da dauerhaft am Meeresboden befestigt, *dem § 316c nicht unterfallen.* Für die Nichteinbeziehung von Plattformen waren systematische Überlegungen maßgebend. Fest verankerte Meeresplattformen stehen nämlich „nicht zu einem bestimmten Beförderungsvorgang in Beziehung"; Angriffe auf solche fest verankerten Objekte weisen zudem

---

[20] Im Ergebnis wie hier (wohl) *Fischer* Rdn. 3; *Hsueh* Luftpiraterie (1993) S. 58 ff; *Wille* Die Verfolgung strafbarer Handlungen S. 220; *Kunath* JZ **1972** 199, 200. Differenzierend *Maurach/Schroeder/Maiwald* BT/2 § 53 Rdn. 56: Strafschutz dann, wenn der Ausnahmezustand durch die Luftpiraten herbeigeführt worden ist. Widersprüchlich *Wieck-Noodt* MK Rdn. 16 die die hier vorgeschlagene Formel übernimmt, sich aber letztlich wohl der gegenteiligen Auffassung anschließt.

[21] Von ihrem Standpunkt aus inkonsequent wollen *Rüth* LK[10] Rdn. 10, 11 sowie *Herzog* NK Rdn. 12 hier Strafschutz gewähren.

nicht die gleiche Art von Gefährlichkeit auf wie die durch die Vorschrift sonst erfassten Angriffe auf Fahrzeuge (BTDrucks. 11/4946 S. 6).

a) **Keine eigenständige Begrenzung.** Im Unterschied zur Lage beim Luftfahrzeug (§ 316c Abs. 1 Satz 2; Rdn. 11 ff) enthält das Gesetz keine eigenständigen Bestimmungen zur Eingrenzung des Schutzzeitraums. Dem Gesetzgeber erschien insoweit das Merkmal des *Einsatzes im* zivilen (hierzu Rdn. 4 ff) *Seeverkehr* (Absatz 1 Satz 1 Nr. 1b) ausreichend (nachstehende Rdn.); zudem könne Art. 4 des Seeschifffahrtsübereinkommens (Entstehungsgeschichte IV) als Auslegungshilfe herangezogen werden (BTDrucks. 11/4946 S. 6).[22] Die Motive begründen die Nichtregelung mit Unterschieden zwischen Schiffsverkehr und Luftfahrt. Ob dies vollends zu überzeugen vermag, ist nicht unzweifelhaft. 17

b) **Einsatz im Seeverkehr. „Eingesetzt"** ist das Schiff jedenfalls für die Dauer der eigentlichen Fahrt. Strafrechtlicher Schutz unter dem Aspekt des § 316c dürfte aber wie beim Luftfahrzeug über die Dauer der Fahrt hinaus auch in der Phase unmittelbar vor dem Auslaufen und unmittelbar nach der Landung gegeben sein. Vom Begriff „eingesetzt" wird eine Interpretation in diesem Sinn gedeckt; ein eingrenzendes Merkmal, vergleichbar dem „im Flug befindlichen Luftfahrzeug" enthält der Tatbestand nicht. Durch den Verzicht auf eine ausdrückliche Regelung des Schutzzeitraums (vorstehende Rdn.) sollte eine Auslegung in diesem Sinn wohl nicht ausgeschlossen werden. Das Schiff muss **gerade im Seeverkehr** eingesetzt sein. Dazu rechnet auch das Fahren auf Binnenwasserstraßen, sofern es in engem Zusammenhang mit dem Einsatz im Seeverkehr steht; der Zusammenhang ist gegeben, wenn die Fahrt zum Zweck des Ladens und Löschens erfolgt (BTDrucks. 11/4946 S. 6).[23] Die Wortlautgrenze überschreitet eine Auslegung in diesem Sinne nicht, weil das Gesetz nicht auf das *Fahren* auf hoher See, sondern auf den *Einsatz* im Seeverkehr abstellt. Der Einsatz im Seeverkehr dauert aber fort, wenn das Schiff zeitweise andere Gewässer befährt. Voraussetzung ist allerdings, dass die Fahrt auf einem Binnengewässer dem Fahren auf hoher See unmittelbar vorausgeht oder dieses unmittelbar abschließt (*Lackner/Kühl* Rdn. 6). 18

V. Die Luftfahrzeugs- und Schiffspiraterie (Absatz 1 Nr. 1)

Tathandlungen der Luft- und Schiffspiraterie sind die Anwendung von Gewalt, der Angriff auf die Entschlussfreiheit und die Vornahme „sonstiger Machenschaften". Mit deren Ausführung ist der Tatbestand vollendet. Nicht erforderlich ist, dass ihnen Erfolg beschieden ist. Es handelt sich um Tätigkeitsdelikte mit überschießender Innentendenz (Rdn. 2; s. auch Rdn. 44). Der Täter muss bei Ausführung der Tathandlung von der Absicht geleitet sein (Rdn. 36 ff), die Herrschaft über das im zivilen Verkehr eingesetzte Luftfahrzeug oder Schiff (Rdn. 4 ff) zu erlangen oder auf dessen Führung einzuwirken. 19

---

22 Art. 4 lautet: *„(1) Dieses Übereinkommen findet Anwendung, wenn das Schiff in Gewässer einfährt, Gewässer durchfährt oder aus Gewässern kommt, die jenseits der seewärtigen Grenze des Küstenmeers eines einzelnen Staates oder jenseits der seitlichen Grenzen seines Küstenmeers zu angrenzenden Staaten liegen, oder der Fahrplan des Schiffes dies vorsieht. (2) In Fällen, in denen dieses Übereinkommen nicht nach Absatz 1 Anwendung findet, ist es dennoch anzuwenden, wenn der Täter oder Verdächtige im Hoheitsgebiet eines anderen Vertragsstaats als des in Absatz 1 bezeichneten Staates aufgefunden wird."*

23 Ebenso *Herzog* NK Rdn. 14; *Lackner/Kühl* Rdn. 6; *Fischer* Rdn. 3.

1. Tathandlungen

20 a) **Anwendung von Gewalt.** Nach dem Gesetz genügt jede Form von Gewalt. Gewalt setzt jedenfalls grundsätzlich die Entfaltung physischer Kraft zur Überwindung eines geleisteten oder erwarteten Widerstands voraus (im Einzelnen m.w.N. *Gribbohm* LK[11] § 234 Rdn. 10).

21 aa) **Arten der Gewalt.** Nach allgemeinen Regeln (näher *Gribbohm* LK[11] § 234 Rdn. 11) kann Gewalt in der Form angewandt werden, dass dem Betroffenen eine Willensbildung oder -betätigung schlechthin unmöglich gemacht wird *(vis absoluta)*, wie auch in der Weise, dass der Wille des Betroffenen gebeugt und in eine bestimmte Richtung getrieben wird *(vis compulsiva)*. Beide Arten der Gewaltanwendung erfüllen auch die Gewaltalternative des § 316c Abs. 1 Nr. 1. Die gegenteilige Auffassung, die die vis compulsiva der Tatbestandsvariante des Angriffs auf die Entschlussfreiheit zuordnet,[24] vermag nicht zu überzeugen. Der zweiten Tatalternative ist kein Ausschlusscharakter beizumessen; vielmehr soll ihr ersichtlich die Funktion zukommen, Konstellationen aufzufangen, die vom Gewaltbegriff nicht erfasst werden. Überdies kann nicht schlüssig begründet werden, warum der „Angriffsalternative" ggf. nur die vis compulsiva zugeschlagen werden sollte; denn auch vis absoluta stellt einen „Angriff auf die Entschlussfreiheit" dar (abw. wohl *Sch/Schröder/Cramer/Sternberg-Lieben* Rdn. 14). Der Gewaltbegriff ist nicht im Lichte der Tatalternative der „sonstigen Machenschaften" anders als sonst auszulegen (hierzu Rdn. 31).

21a Die Gewaltalternative **ist beispielsweise erfüllt**, wenn der Täter den Piloten oder Schiffsführer fesselt, niederschlägt oder erschießt, um sich des Steuers des Luftfahrzeugs zu bemächtigen. Nach den durch BGHSt **41** 182, 185 f zur Nötigung entwickelten Grundsätzen kann auch der Fall als Gewaltanwendung angesehen werden, dass der Täter mit einem Fahrzeug die Startbahn blockiert (Beispiel nach BTDrucks. VI/2721 S. 3); denn das Fahrzeug bildet für das startende Flugzeug ein faktisch unüberwindliches Hindernis. Im Hinblick auf BVerfGE **92** 1 zweifelhaft geworden ist die Frage, ob Konstellationen des *gewaltlosen Beibringens von Betäubungs- oder Rauschmitteln* noch unter den Gewaltbegriff subsumiert werden können (letztlich verneinend *Gribbohm* LK[11] § 234 Rdn. 14 f). Einer abschließenden Entscheidung bedarf dies im Rahmen des § 316c jedoch nicht, weil solche Fälle jedenfalls als Angriff auf die Entschlussfreiheit gewertet werden können. Entsprechendes gilt für die Bedrohung mit einer Schusswaffe oder mit dem Einsatz von Sprengstoffen etc.

22 bb) **Gewalt gegen Sachen.** Gewalt gegen Sachen ist einbezogen,[25] sofern damit der (geleistete oder erwartete) Widerstand des Betroffenen überwunden werden soll. Dies kann beispielsweise angenommen werden, wenn der Täter ein Leck in das Schiff schlägt, um den Schiffsführer zum Anlaufen eines bestimmten Hafens zu zwingen, oder wenn er mit einem Gegenstand wuchtige Schläge gegen das Fenster des Flugzeugs oder gegen essentielle technische Einrichtungen (z.B. die Navigationsanlage) vornimmt, um den Piloten hierdurch auf den von ihm gewollten Kurs zu bringen.

---

[24] *Herzog* NK Rdn. 15 f; *Wolters/Horn* SK Rdn. 7; *Sch/Schröder/Cramer/Sternberg-Lieben* Rdn. 14; *Wille* Die Verfolgung strafbarer Handlungen S. 221 f.

[25] AA *Hsueh* Luftpiraterie (1993) S. 67 f.

cc) **„Adressaten"/Ort der Gewaltanwendung.** Der Gesetzgeber hat bewusst davon abgesehen, die Tatalternative der Gewaltanwendung (wie auch die anderen Tatbestandsvarianten) örtlich und personell zu beschränken. Weder muss die Tathandlung „an Bord" des Luftfahrzeugs oder Schiffs begangen werden noch ist sie in ihrer Richtung auf den Führer des Luftfahrzeugs oder Schiffs beschränkt.[26] Das Gesetz ist damit sowohl über Art. 1 des Haager Übereinkommens als auch über die Gesetzesvorlage des Bundesrats (Entstehungsgeschichte I) hinausgegangen (BTDrucks. VI/2721 S. 3; *Kunath* JZ 1972 199, 200). Die Gewaltalternative ist u.a. verwirklicht, wenn der Entführer Bordpersonal, z.B. eine Stewardess bzw. einen Rudergänger oder einen Fahrgast gefangen nimmt, vielleicht sogar foltert, um den Widerstand des Flugzeug-/Schiffsführers zu überwinden. Gegeben ist sie ferner, wenn er durch Entfaltung physischer Kraft den Direktor eines Luftfahrtunternehmens zwingt, dem Flugsicherungslotsen einen bestimmten Befehl zu geben, ohne dass Letzterer oder der Pilot die Lage erkennt (BTDrucks. VI/2721 S. 3), bzw. wenn er in dieser Weise auf den Lotsen einwirkt, ohne dass der Pilot die Situation erfasst. 23

dd) **Zeit der Gewaltanwendung.** Die Gewaltanwendung muss in engem zeitlichem und funktionalem Zusammenhang mit der intendierten „Entführung" stehen. Zu den Einzelheiten Rdn. 39. 24

ee) **Keine Vollendung.** Der Täter muss nicht zum Ziel kommen, also den Widerstand des „Gewaltopfers" nicht tatsächlich brechen. Die Anwendung der Gewalt genügt. 25

b) **Angriff auf die Entschlussfreiheit einer Person.** Die Tatalternative des Angriffs auf die Entschlussfreiheit einer Person ist § 316a Abs. 1 entnommen. Rechtsprechung und Schrifttum hierzu können für deren Interpretation herangezogen werden; unter „Angriff" ist dabei jede feindselige Einwirkung auf die Entschlussfreiheit zu verstehen (im Einzelnen *Sowada* LK § 316a Rdn. 9). 26

aa) **Vis compulsiva/Drohung.** Dem Merkmal des „Angriffs auf die Entschlussfreiheit" kommt im Rahmen des § 316c *kein Ausschließlichkeitscharakter* gegenüber der Gewaltanwendung zu; die Anwendung von vis compulsiva ist deshalb durch die Gewalt- und nicht durch die Angriffsalternative umfasst (Rdn. 21). Die Angriffsalternative entfaltet vielmehr eine Auffangfunktion für Handlungen, die nicht (mehr) als Gewalt anzusehen sind. Betroffen ist *vor allem die Drohung* (z.B. mit Schusswaffen- oder Sprengstoffeinsatz), ggf. auch das gewaltlose Beibringen von Betäubungs- oder Rauschmitteln (s. Rdn. 21). Ein Beispielsfall der Angriffsalternative wäre etwa das Hinterlassen einer auf einen Zettel geschriebenen Bombendrohung in der Bordtoilette eines Flugzeugs (s. KG v. 5.3.2001, 1 AR 1222/99, 4 Ws 30/01, 1 AR 1222/99, 4 Ws 30/01, juris). 27

bb) **List.** Nach herrschender Lehre zur gleichgelagerten Problematik bei § 316a kann der Angriff auf die Entschlussfreiheit auch durch das Tatmittel der List erfolgen (*Sowada* LK § 316a Rdn. 10, 40, 44 f). Für eine divergierende Beurteilung im Rahmen des § 316c ist kein überzeugender Grund vorhanden; das Vorgehen mit List ist somit nicht erst der dritten Tatalternative (Machenschaft), sondern bereits der Angriffsalternative zuzuord- 28

---

26 AA *Hsueh* Luftpiraterie (1993) S. 61 ff (66 ff) mit problematischer Interpretation des Gewaltbegriffs und problematischen Abgrenzungen bezüglich des Gewichts der einzelnen Tatalternativen.

nen.[27] Sie wird beispielsweise verwirklicht, wenn der Täter den Piloten oder Schiffsführer durch eine falsche Schadensmeldung zur Landung (auf einem bestimmten Flughafen oder in einem bestimmten Hafen) veranlasst. Demgegenüber müssen Fälle ausscheiden, in denen der Adressat des „Angriffs" frei entscheidet, so wenn der Pilot oder Schiffsführer zur Kursänderung überredet oder insoweit bestochen wird.[28] Geht allerdings die bestochene Person ihrerseits „listig" gegenüber dem Piloten/Schiffsführer vor, so verübt sie nach dem zuvor Gesagten einen Angriff die Entschlussfreiheit im Sinne des Gesetzes (vgl. *Fischer* Rdn. 6 [zur Machenschaft]). Der „Hintermann" ist dann Mittäter oder Anstifter.

29 cc) **Schweregrad.** Einen bestimmten Schweregrad des „Angriffs" legt das Gesetz nicht fest. Jedoch kann die Ankündigung von nachteiligen Lappalien, bei denen erwartet werden kann, dass der Adressat ihnen standhält, nicht als „Angriff" gewertet werden (allg.M.). Das Merkmal ist mit Blick auf die hohe Strafdrohung eng auszulegen. Ebenso wenig genügen leicht durchschaubare Lügen (*Wille* Die Verfolgung strafbarer Handlungen S. 224).

30 dd) **Ort/Zeit/Adressaten/Vollendung.** Hinsichtlich des Orts und der Adressaten des „Angriffs" sowie des zeitlichen Zusammenhangs und der Vollendung sind dieselben Maßstäbe anzulegen wie bei der Gewaltanwendung (Rdn. 23 ff).

31 c) **Vornahme sonstiger Machenschaften.** Die Tatalternative der „Vornahme sonstiger Machenschaften" ist erst im Laufe der Beratungen des Sonderausschusses eingefügt worden.[29] Sie wird im StGB ansonsten nur durch § 109a verwendet. Gegeben ist sie bei einem „methodischen, berechneten Gesamtverhalten".[30] Dass ein solchermaßen auszufüllender Terminus wenig Konturen aufweist (*Lackner/Kühl* Rdn. 7), liegt auf der Hand. Überdies ist das in § 109a enthaltene, richtunggebende Arglist- und Täuschungsmoment nicht in § 316c übernommen worden (*Maurach* FS Heinitz S. 403, 410). Schließlich wirft die Verkoppelung mit dem Attribut „sonstigen" zusätzliche Fragen auf. Entsprechend allgemeinen Auslegungsmaximen könnte sie in dem Sinn verstanden werden, dass die (sonstige) Machenschaft den Oberbegriff bildet, womit dann auch die anderen Tatalternativen einem berechneten Gesamtverhalten entspringen müssten (vgl. *Maurach/Schroeder/Maiwald* BT/2 § 53 Rdn. 53). Jedoch hat der Gesetzgeber eine solche Ausstrahlungswirkung gewiss nicht beabsichtigt (*Kunath* JZ **1972** 199, 201), und wäre dieser Ansatz auch nicht weiterführend (vgl. *Maurach/Schroeder/Maiwald* BT/2 § 53 Rdn. 53).

31a Richtig dürfte es sein, die dritte Tatalternative **als Auffangtatbestand zu begreifen** (*Maurach* FS Heinitz S. 403, 410). Mit Rücksicht darauf, dass durch die Tathandlungen der Gewaltanwendung und des Angriffs auf die Entschlussfreiheit bereits die typischen Angriffsformen der Luftpiraterie einschließlich des Vorgehens mit List und Täuschung erfasst werden, bleibt für sie allerdings nicht viel übrig. Sie bildet gewissermaßen das

---

[27] *Herzog* NK Rdn. 17; *Sch/Schröder/Cramer/Sternberg-Lieben* Rdn. 15; *Wille* Die Verfolgung strafbarer Handlungen S. 223 f. **AM** *Wolters/Horn* SK Rdn. 9; *Hsueh* Luftpiraterie (1993) S. 63.

[28] Ebenso *Wolters/Horn* SK Rdn. 9; *Lackner/Kühl* Rdn. 7; *Sch/Schröder/Cramer/Sternberg-Lieben* Rdn. 16 *Fischer* Rdn. 6; *Maurach/Schroeder/Maiwald* BT/2 § 53 Rdn. 54 [jeweils zur „Machenschaft"]; *Wille* Die Verfolgung strafbarer Handlungen S. 226. **AM** *Kunath* JZ **1972** 199, 201; *Maurach* FS Heinitz S. 403, 411 [zur „Machenschaft"].

[29] Sie beruht auf einem Vorschlag von MdB *de With* (s. Prot. VI S. 1172).

[30] *Lackner/Kühl* § 109a Rdn. 3; *Fischer* § 109a Rdn. 3; enger *Schroeder* LK § 109a Rdn. 5.

„letzte Auffangbecken“. Bei der Auslegung des Begriffs darf der Zusammenhang mit den anderen Varianten („sonstige“) nicht ausgeblendet werden. Zumindest ist zu fordern, dass die freie Willensbildung und -betätigung eines anderen aufgrund der „Machenschaft“ außer Kraft gesetzt oder überspielt wird. Damit kann das in den Motiven genannte Beispiel erfasst werden, dass der Täter „mit technischen, elektronischen und anderen Mitteln Kommunikations- (Funk-) und Navigationsgeräte eines Flugzeugs“ beeinflusst (BTDrucks. VI/2721 S. 3; s. auch Prot. VI S. 1179). Wer den Verantwortlichen nur überredet oder besticht, nimmt hingegen keine sonstigen Machenschaften vor, weil der Adressat frei entscheidet, ob er dem Ansinnen entsprechen will (Rdn. 28, m.w.N. auch zur Gegenansicht).[31]

2. **Innerer Tatbestand.** Die objektive Tatseite der Luft- und Seepiraterie ist sehr weit ausgeformt. Erst durch den subjektiven Tatbestand wird die Eingrenzung des nach § 316c Abs. 1 Nr. 1 strafbaren Handelns geleistet. Die Konstruktion des Gesetzes ist dabei gewiss nicht unkompliziert. Jedoch wird § 316c im Wesentlichen der Aufgabe gerecht, den strafwürdigen Kern einschlägiger Handlungen zutreffend zu erfassen. **32**

a) **Vorsatz.** Der innere Tatbestand erfordert zunächst (zumindest bedingten) Vorsatz hinsichtlich der Tathandlung(en). (Bedingter) Vorsatz genügt auch hinsichtlich des Merkmals des im Flug befindlichen (Rdn. 11) bzw. schon betretenen/beladenen oder noch nicht planmäßig verlassenen/entladenen (Rdn. 12 ff) Luftfahrzeugs (Rdn. 10) bzw. Schiffs (Rdn. 16) sowie des zivilen Einsatzes des Luftfahrzeugs/Schiffs (Rdn. 5 ff) und – in Bezug auf das Schiff – des Einsatzes gerade im Seeverkehr (Rdn. 18). **Von zentraler Bedeutung** ist es, dass der Täter das Merkmal eines **bereits eingesetzten Luftfahrzeugs oder Schiffs** in seinen (bedingten) Vorsatz aufgenommen haben muss. Aufgrund dieses Erfordernisses fällt eine Reihe von Konstellationen aus dem Anwendungsbereich des § 316c heraus, die auf den ersten Blick als tatbestandsrelevant angesehen werden könnten: **33**

aa) **(Gewaltsame) Entwendung.** Nicht erfasst werden zunächst bestimmte Fallgestaltungen der (gewaltsamen) Entwendung sowie des unbefugten Gebrauchs von Luftfahrzeugen oder Schiffen. Ein Beispiel gibt der Fall, dass der Täter den Eigner des Fahrzeugs unter einem Vorwand wegschickt (listiges Vorgehen), um sich dann an das Steuer zu setzen und wegzufahren bzw. wegzufliegen (Prot. VI S. 1173), oder dass er ihm (mit demselben Ziel) einen Fuß stellt (Gewalt), um ihm zuvorzukommen (Prot. VI S. 1176, 1178). Anders ist es freilich zu beurteilen, wenn das Luftfahrzeug, wie der Täter weiß, bereits beladen ist (Rdn. 14). Dann wäre wohl – je nach den konkreten Umständen – ein Anwendungsfall für den minder schweren Fall gegeben (Rdn. 46). **34**

bb) **Nötigung/Geiselnahme.** Eine große Rolle hat bei den Beratungen des Sonderausschusses für die Strafrechtsreform die Beurteilung von Nötigungsfällen auch im Zusammenhang mit Geiselnahmen gespielt. Kontrovers diskutiert wurden insbesondere Konstellationen, in denen der Pilot durch den Täter dazu gezwungen wird, ein noch im Hangar abgestelltes Flugzeug herauszufahren und mit ihm zu starten oder in denen die Verantwortlichen gezwungen werden, dem Täter ein abgestelltes Flugzeug bereitzumachen und – mit einer Besatzung versehen – zur Verfügung zu stellen, beispielsweise unter der Drohung, ansonsten Geiseln zu töten.[32] § 316c ist in solchen Konstellationen **35**

[31] Bei den Beratungen im Sonderausschuss für die Strafrechtsreform war dies umstritten, s. Prot. VI S. 1172, 1173 f, 1179 f.

[32] Prot. VI S. 1174, 1177, 1587 f und mehrfach.

nicht gegeben, weil das Fahrzeug nach dem Vorstellungsbild des Täters noch nicht „eingesetzt“ ist (Rdn. 33).[33] Wendet der Täter allerdings im weiteren Verlauf (während der Startphase, des Flugs) Gewalt an usw., um auf die Führung des Flugzeugs Einfluss zu nehmen, oder wirkt die Drohung fort, so erscheint die Anwendung der Vorschrift diskutabel.[34] Denn ein „planmäßiges“ Betreten fordert das Gesetz – anders als für die Phase nach der Landung (hierzu Rdn. 15) – nicht.[35] Ob die Konstruktion trägt, ist gleichwohl zweifelhaft. Deren Konsequenz ist nämlich, dass das Merkmal des *zivilen* Einsatzes hinfällig wird; es würde sich die Frage stellen, wie zu verfahren ist, wenn sich derselbe Vorgang auf eine Militärmaschine bezieht (*Wulf* Prot. VI S. 1174; s. aber *dens.* aaO S. 1587 und andererseits *Sturm* aaO S. 1587 f).

36 b) **Absichtserfordernis.** Darüber hinaus muss der Täter beabsichtigen, die Herrschaft über das Luftfahrzeug oder Schiff zu erlangen oder auf dessen Führung einzuwirken. Er muss diese Ziele allerdings nicht erreichen; auch müssen das Fahrzeug oder die Passagiere nicht gefährdet werden. Den Übergang einer *bereits anderweitig bestehenden* Herrschaft muss der Täter nicht erstreben (**aA** *Wolters/Horn* SK Rdn. 13). Denn beim Luftfahrzeug genügt es, wenn sich ein Mitglied der Besatzung (nicht notwendig der Fahrzeugführer) oder Frachtgut im Innenraum befindet (Rdn. 13 f); „Herrschaft“ muss in diesem Zeitpunkt somit noch nicht begründet sein. Herrschaftserlangung und Einwirken auf das Führen lassen sich nicht trennscharf voneinander abgrenzen; die beiden Modalitäten unterscheiden sich lediglich in der Intensität der Einwirkung. Der Pilot bzw. Schiffsführer selbst kann nicht Täter sein, weil er die Herrschaft bereits innehat und aufgrund der Vornahme essentieller Steuerungsfunktionen in eigener Person „führt“.

37 aa) **Herrschaft über das Fahrzeug.** Herrschaft über das Luftfahrzeug bzw. Schiff hat der Täter unzweifelhaft dann, wenn er dessen Steuer übernimmt, also das Fahrzeug selbst führt. Das Merkmal ist aber auch erfüllt, sofern der Entführer die volle Befehlsgewalt innehat, also die Art und Richtung der Fortbewegung des Luftfahrzeugs/Schiffs allein von seinen Anweisungen abhängt, ohne dass dem Bordpersonal noch ein eigener Entscheidungsspielraum verbleibt. Herrschaft hat auch derjenige erlangt, der das Luftfahrzeug auf dem Flughafen besetzt hält und den Besitz zu Erpressungen nutzt (*Sch/Schröder/Cramer/Sternberg-Lieben* Rdn. 19).

38 bb) **Einwirken auf die Führung.** Die Alternative des Einwirkens auf die Führung beschreibt ein Verhalten, mit dem der Täter mehr punktuell Einfluss nimmt, ohne die vollständige Kontrolle zu übernehmen. Als Beispiel nennen die Motive den Fall, dass der Täter den Bordkommandanten daran hindert, an einem bestimmten Ort zu landen, dass er ihm aber die Möglichkeit belässt, sich einen beliebigen Flugplatz zur Landung auszusuchen (BTDrucks. VI/2721 S. 3).

---

[33] Eingehend *Wolters/Horn* SK Rdn. 13 f; unrichtig ist allerdings, dass eine bereits bestehende Herrschaft auf den Täter übergehen muss; hierzu Rdn. 36.

[34] In diesem Sinne im Anschluss an *Sturm* Prot. VI S. 1587 *Wille* Die Verfolgung strafbarer Handlungen S. 227.

[35] Im ursprünglichen Formulierungsvorschlag des BMJ vom 19.1.1971 war das Merkmal „planmäßig“ auch für die Phase vor dem Start vorgesehen (Prot. VI S. 1182). U.U. ist es in den endgültigen Vorschlag nicht aufgenommen worden, um die im Text angesprochene Interpretation nicht auszuschließen.

c) **Zusammenhang („um dadurch“).** Zwischen den Tathandlungen (Gewaltanwendung usw.) und der intendierten „Entführung“ muss ein enger zeitlicher und funktionaler Zusammenhang bestehen; die Tathandlung muss nach dem Vorstellungsbild des Täters unmittelbar in die Herrschaftserlangung bzw. das Erlangen der Möglichkeit des Einwirkens einmünden („um dadurch“; *Wolters/Horn* SK Rdn. 14). Demgemäß ist § 316c nicht erfüllt, wenn sich der Täter „beispielsweise drei Monate vor der beabsichtigten Entführung ... gewaltsam die zur Ausführung der Tat benötigte Pistole besorgt“.[36] Am erforderlichen Zusammenhang fehlt es weiterhin, wenn sich der Täter Zugang zum Rollfeld verschafft, indem er eine Aufsichtsperson niederschlägt. Demgegenüber dürfte der erforderliche nahe Zusammenhang gegeben sein, wenn er zunächst Personen angreift, die die Herrschaft über das Fahrzeug nicht selbst innehaben oder mittragen; schlägt er etwa einen Fluggast nieder, um dies sogleich zu Drohungen gegenüber dem Piloten zu nutzen, so ist der Tatbestand vollendet und nicht nur versucht (aA wohl *Wolters/Horn* SK Rdn. 14). 39

VI. Luftfahrzeugs- und Schiffssabotage (Absatz 1 Satz 1 Nr. 2)

Die Luftfahrzeugs- und Schiffssabotage zerfällt in zwei Tatbestände, nämlich einerseits in den Gebrauch von Schusswaffen und andererseits das Unternehmen, eine Explosion oder einen Brand herbeizuführen. Hinsichtlich des Gebrauchs der Schusswaffe hat der Gesetzgeber bewusst von einer Ausgestaltung als Unternehmenstatbestand abgesehen, um dem Täter die Rücktrittsmöglichkeit zu belassen (Prot. VI S. 1170). Die Tathandlungen müssen in der Absicht vollführt werden, das Luftfahrzeug oder Schiff, das den in den Rdn. 4 ff dargelegten Voraussetzungen genügen muss („solches“), oder dessen an Bord befindliche Ladung zu zerstören oder zu beschädigen. Die Tatbestände schneiden sich mit § 315 Abs. 1 Nr. 1 und § 308. Dem Gesetzgeber des 11. StrÄndG erschienen die erhöhte Strafdrohung und die Vorverlegung der Strafbarkeit aufgrund der besonderen Anfälligkeit eines Luftfahrzeugs gegen Explosionen, Brände und Schusswaffengebrauch angezeigt. Ob man diese Überlegungen in vollem Umfang auf das im Seeverkehr eingesetzte Schiff übertragen kann, ist nicht gänzlich unzweifelhaft (s. aber BTDrucks. 11/4946 S. 6). Tatbestandsrelevant sind nur die in der Vorschrift beschriebenen Tathandlungen. Beispielsweise das Ansägen der Steuerseile oder das Gießen von Wasser in die Tanks genügt dementsprechend nicht (*Sch/Schröder/Cramer/Sternberg-Lieben* Rdn. 28). Die Luftfahrzeugs- und Schiffssabotage ist nach der Tatbestandsfassung ein **Delikt im Vorfeld der Sachbeschädigung.**[37] Dem Gesetz geht es jedoch nicht um den Schutz von Sachgütern, sondern um die (abstrakte) Gefährdung der Sicherheit des Luft- und Seeverkehrs sowie von Menschenleben, die durch einen Schusswaffeneinsatz oder eine Explosion typischerweise stets in hohem Maße beeinträchtigt werden. Die Verkoppelung mit der Zerstörungs- oder Beschädigungsabsicht hat der Gesetzgeber gewählt, weil Fälle rechtmäßigen Waffengebrauchs durch bewaffnete Begleiter ausländischer Gesellschaften nicht ausgeschlossen werden konnten (Prot. VI S. 1175). 40

---

[36] Beispiel nach *Maurach/Schroeder/Maiwald* BT/2 § 53 Rdn. 53, wo allerdings die Auffassung vertreten wird, eine solche Handlung erfülle den Buchstaben des Gesetzes.

[37] Nach *Sch/Schröder/Cramer/Sternberg-Lieben* Rdn. 23; *Herzog* NK Rdn. 22 und *Wolters/Horn* SK Rdn. 20 handelt es sich um ein Sachbeschädigungsdelikt.

1. **Tathandlungen**

41 a) **Schusswaffengebrauch.** „Gebrauch" von Schusswaffen[38] bedeutet im Rahmen des § 316c Abs. 1 Nr. 2, dass der Täter **tatsächlich schießen muss**, ist also nicht mit dem Begriff des „Verwendens" nach § 250 Abs. 2 Nr. 1 identisch. Grund für die scharfe Strafdrohung ist nämlich die hohe Gefahr, die gerade mit der Abgabe eines Schusses in einem Luftfahrzeug verbunden ist (vorstehende Rdn.).[39] Sie ist bei einem Gebrauch der Schusswaffe als Schlagwerkzeug nicht in gleicher Weise gegeben.[40] Aus demselben Grund sowie mit Blick auf das Erfordernis der Zerstörungs- oder Beschädigungsabsicht reicht es auch nicht aus, wenn der Täter mithilfe der Schusswaffe Drohungen unterstützt (vgl. *Maurach* FS Heinitz S. 403, 411).[41] In solchen Fällen ist in aller Regel § 316c Abs. 1 Satz 1 Nr. 1 erfüllt. Die Abgabe eines Warnschusses, mit dem der Täter nicht schon zerstören bzw. beschädigen will, kann aufgrund des diesbezüglichen Absichtserfordernisses nicht genügen (**aA** wohl *Maurach* FS Heinitz S. 403, 411). Dies erscheint ungereimt, weil der Warnschuss an Bord eines Luftfahrzeug zumeist genauso riskant sein wird wie der gezielte Schuss.[42] Freilich dürfte die Bedeutung des Problems gering sein, weil beim „Schreckschuss" mit einer scharfen Schusswaffe in einem Luftfahrzeug die Beschädigung als (möglicherweise unerwünschtes) Zwischenziel stets mitgedacht ist. Relevanz erlangen kann sie allerdings auf Schiffen, wo der Schusswaffengebrauch nicht dieselben verheerenden Folgen haben muss. Versagt die in Zerstörungs- oder Beschädigungsabsicht gebrauchte Waffe etwa aufgrund einer Ladehemmung, so liegt untauglicher Versuch vor.

42 b) **Unternehmen der Herbeiführung einer Explosion/eines Brandes.** Die Herbeiführung eines Brandes (zum Begriff *Wolff* LK § 306 Rdn. 5) oder einer Explosion (hierzu *Wolff* LK § 308 Rdn. 3) unternimmt, wer es zumindest versucht (§ 11 Abs. 1 Nr. 6), die genannten Erfolge zu herbeizuführen. Die Explosion muss dabei nicht gerade durch Sprengstoff verursacht werden. Implosionen sind inbegriffen (*Wolff* LK § 308 Rdn. 3 m.w.N. auch zur Gegenansicht). Die Tat muss ins Versuchsstadium eingetreten sein. Die Abgrenzung zu bloßen Vorbereitungshandlungen hat nach den allgemein hierfür entwickelten Kriterien zu erfolgen. Das Anbringen eines Sprengsatzes mit Zeitzünder oder einer mit dem Höhenmesser verkoppelten Vorrichtung, die bei Erreichen einer bestimmten Flughöhe die Explosion auslöst, erfüllt den Tatbestand. Versagt die Vorrichtung aufgrund eines technischen Fehlers, so ist untauglicher Versuch gegeben, der zur Vollendung des Unternehmensdelikts genügt (zu Letzterem *Hilgendorf* LK § 11 Rdn. 84). Das Einschmuggeln eines Sprengsatzes ist Vorbereitungshandlung (Rdn. 44). Die Zerstörungswirkung kann über andere Objekte (etwa ein Tankfahrzeug) vermittelt werden (*Wolters/Horn* SK Rdn. 22).

43 2. **Innerer Tatbestand.** Für den Vorsatz gilt das in Rdn. 32 Gesagte entsprechend. Darüber hinaus muss es dem Täter **darauf ankommen** (Absichtserfordernis), das Luft-

---

[38] Zum Begriff der Schusswaffe im Einzelnen *Ruß* LK[11] § 244 Rdn. 3.

[39] S. dazu, dass das BMJ überlegt hatte, allein auf das Schießen abzustellen, Prot. VI S. 1175.

[40] AM *Wieck-Noodt* MK Rdn. 29, weil die erhöhte Gefährlichkeit auch dann gegeben sei, wenn der Täter die Waffe als Schlagwerkzeug einsetze und dabei in Kauf nehme, dass sich ein Schuss löse. Jedoch liegt in einem solchen Fall (bedingt) vorsätzliches Schießen vor.

[41] Ebenso *Wolters/Horn* SK Rdn. 21; **aM** *Herzog* NK Rdn. 24; *Lackner/Kühl* Rdn. 10; *Fischer* Rdn. 8.

[42] Zu den der Verkoppelung mit der Zerstörungs-/Beschädigungsabsicht zugrunde liegenden Überlegungen vorstehende Rdn. sowie Fn. 38.

fahrzeug oder Schiff bzw. die an Bord befindliche Ladung zu zerstören oder zu beschädigen (hierzu § 315 Rdn. 31 ff; *Wolff* LK § 303 Rdn. 7 ff). Der Erfolg muss nicht eintreten.

VII. Versuch, Vollendung

Der Versuch einer Straftat nach Absatz 1 Nr. 1, 2, 1. Alt. ist im Hinblick auf den Verbrechenscharakter der Norm strafbar (§ 23 Abs. 1). Im Rahmen des Unternehmenstatbestandes nach Absatz 1 Nr. 2, 2. Alt. ist der Versuch der Vollendung gleichgestellt, weswegen eine Strafmilderung nach § 23 Abs. 2, § 49 Abs. 1 sowie der Rücktritt vom Versuch nicht in Betracht kommen (zur Tätigen Reue Rdn. 49 ff). Der Versuch des Unternehmens ist nach h.M. nicht möglich (Prot. VI S. 1173; im Einzelnen *Hilgendorf* LK § 11 Rdn. 84). Generell ist zu beachten, dass aufgrund des subjektiven Einschlags der Vorschrift Vollendung in der Regel bereits zu einem frühen Zeitpunkt gegeben ist (s. zu den einzelnen Tathandlungen). Namentlich müssen die vom Absichtserfordernis erfassten schweren Folgen nicht tatsächlich eintreten. Gelingt es dem Täter, mit einer Waffe oder mit Sprengstoff die Durchgangskontrollen namentlich am Flughafen zu überwinden, ist allerdings nur eine Vorbereitungshandlung gegeben.[43] Auch bei einer Mitnahme von Tatmitteln an Bord des Luftfahrzeugs oder Schiffs dürfte unmittelbares Ansetzen im Sinne des § 22 noch nicht gegeben sein (aA *Herzog* NK Rdn. 29). **44**

VIII. Rechtswidrigkeit

Rechtfertigung kommt zunächst dann in Betracht, wenn Luft- oder Seepiraten, die das Luftfahrzeug oder Schiff bereits unter Kontrolle haben, wieder aus ihrer Stellung verdrängt werden sollen (*Fischer* Rdn. 16; Notwehr oder Amtsrechte). Das Völkerrecht kann es erlauben, Flugzeuge, die widerrechtlich in den inländischen Luftraum eingedrungen sind, durch Warnschüsse, ggf. auch durch gezielte Schüsse zum Landen zu zwingen (*Fischer* Rdn. 16; *Hsueh* Luftpiraterie [1993] S. 172). Rechtfertigender Notstand (§ 34) ist grundsätzlich ausgeschlossen. Eine Rechtfertigung danach kann jedoch in Erwägung zu ziehen sein, falls die Entführung des Luftfahrzeugs oder Schiffs dem Täter die einzige Möglichkeit bietet, schwerwiegenden Willkürmaßnahmen eines totalitären Unrechtsregimes zu entkommen; ob § 34 eingreift, hängt von den Umständen des Einzelfalls ab, wobei dem Vorgehen des Täters (gewalttätige Ausführung, Gefährdung von Dritten) und dem in Frage stehenden Fahrzeug (z.B. Passagierflugzeug versus Motorboot) Bedeutung für die Abwägung zukommt.[44] **45**

---

[43] *Herzog* NK Rdn. 29; in diese Richtung auch *Wolters/Horn* SK Rdn. 17; unklar *Fischer* Rdn. 11; unentschieden *Sturm* Prot. VI S. 1170; aA *Rüth* LK[10] Rdn. 35 (dort, Rdn. 36, zur Beurteilung der Aufstellung eines Raketenabschussgeräts).

[44] Ebenso *Fischer* Rdn. 16; für den „Regelfall“ der Entführung einer Passagiermaschine ablehnend *Wille* Die Verfolgung strafbarer Handlungen S. 234 f; strikt ablehnend *Hsueh* Luftpiraterie (1993) S. 172 ff.

IX. Minder schwerer Fall (Absatz 2)

46 Absatz 2 sieht für den minder schweren Fall einen Strafrahmen von einem bis zu zehn Jahren vor.[45] Der minder schwere Fall ist nach allgemeinen Grundsätzen im Wege einer umfassenden Gesamtwürdigung festzustellen.[46] Das Vorliegen des vertypten Strafmilderungsgrundes nach § 320 Abs. 1 kann zur Annahme des § 316c Abs. 2 führen (vgl. *Theune* LK § 46 Rdn. 301 m.w.N.). Ein minder schwerer Fall kann ferner gegeben sein, wenn der Täter in notstandsähnlicher Lage gehandelt hat (*Sch/Schröder/Cramer/Sternberg-Lieben* Rdn. 29; s. auch vorstehende Rdn.). Zu berücksichtigen ist es, wenn hinreichende Vorkehrungen gegen eine Gefährdung von Menschen oder Gütern getroffen worden sind, wobei allerdings eine „Automatik" in Richtung auf Annahme des Absatzes 2 nicht anzuerkennen ist.[47]

X. Qualifikationstatbestand (Absatz 3)

47 Freiheitsstrafe von nicht unter zehn Jahren oder lebenslange Freiheitsstrafe ist zu verhängen, wenn der Täter durch die Tat wenigstens leichtfertig den Tod eines Menschen verursacht hat. Seit dem In-Kraft-Treten des 6. StrRG ist gesetzlich klargestellt, dass vorsätzliches Handeln hinsichtlich der schweren Folge einbezogen ist („wenigstens"). Die Normierung des Leichtfertigkeitserfordernisses (im Einzelnen *Vogel* LK § 15 Rdn. 292 ff) ist in dem zum 11. StrÄndG führenden Gesetzgebungsverfahren umstritten gewesen;[48] der Sonderausschuss für die Strafrechtsreform hat sich mit knapper Mehrheit (Prot. VI S. 1590) für die engere Lösung ausgesprochen. Beispielsweise sollte der Fall aus Absatz 3 ausgeschlossen werden, dass ein herzkranker Passagier „vor Aufregung über eine vom Täter erzwungene und über Lautsprecher durchgegebene Kursänderung an Herzschlag stirbt" (BTDrucks. VI/2721 S. 4). Leichtfertigkeit wird demgegenüber zu bejahen sein, wenn die Herzattacke durch die Bedrohung mit einer „scharfen" Pistole, aber auch einer Schusswaffenattrappe ausgelöst wird (Prot. VI S. 1180), desgleichen, sofern dem Täter von vornherein klar ist, dass es zu einem Feuergefecht kommen werde, weil bewaffnete Begleitpersonen an Bord sind, und er das Risiko gleichwohl eingeht (Prot. VI S. 1171). Weitere Beispiele sind brutales Vorgehen des Täters oder durch diesen veranlasste gefährliche Flug- oder Landemanöver. Relevant ist die Tötung **irgendeines Menschen**. Es sind demgemäß nicht nur Passagiere oder Mitglieder der Besatzung einbezogen, sondern z.B. auch Flughafenpersonal oder unbeteiligte Personen, die bei einer durch den Täter zu verantwortenden Notlandung zu Tode kommen. Auch *der Tod eines Tatbeteiligten genügt*.[49] Daran hat die seit dem 6. StrRG geltende geschlechtsindifferente Gesetzesfassung (eines anderen *Menschen*; Entstehungsgeschichte VI) nichts geändert (**aA** *Herzog* NK Rdn. 31). Dass der „andere" nur ein Mensch sein kann, war bereits vor der Gesetzesänderung nicht zweifelhaft und am Merkmal des *anderen* hat das 6. StrRG nichts geändert. Eine

[45] Der minder schwere Fall ist im Gesetzgebungsverfahren umstritten gewesen (Prot. VI S. 1582 f; *Kunath* JZ **1972** 199, 200).

[46] Eingehend *Gribbohm* LK[11] § 46 Rdn. 254 ff.

[47] BTDrucks. VI/2721 S. 4; *Sch/Schröder/Cramer/Sternberg-Lieben* Rdn. 29. Kritisch *Hsueh* Luftpiraterie (1993) S. 177 f und *Wille* Die Verfolgung strafbarer Handlungen S. 236 f.

[48] S. Prot. VI S. 1170 f, 1180, 1582, 1584, 1589 f.

[49] *Wolters/Horn* SK Rdn. 26. **AA** *Herzog* NK Rdn. 31; *Lackner/Kühl* Rdn. 12; *Sch/Schröder/Cramer/Sternberg-Lieben* Rdn. 30; *Fischer* Rdn. 13. S. auch einerseits *Wulf* Prot. VI S. 1171 und andererseits *de With* ebd. S. 1589.

„Lagertheorie“ ist sowohl generell wie auch im Rahmen des § 316c nicht anzuerkennen. Mit Rücksicht darauf, dass die Vollendung bei § 316c sehr frühzeitig eintritt (Rdn. 44), werden sich die mit dem erfolgsqualifizierten Versuch verbundenen Probleme (hierzu *Vogel* LK § 18 Rdn. 72 ff) nur selten stellen.

XI. Vorbereitungshandlungen (Absatz 4)

In Absatz 4 sind nach dem Vorbild ähnlicher Tatbestände (insbesondere § 310) bestimmte Vorbereitungshandlungen unter Strafe gestellt. Tathandlungen sind das Herstellen (tatsächliches Fertigstellen einschließlich Zwischenstufen), Sich- oder einem anderen Verschaffen (Bewirken eigener Verfügungsgewalt bzw. der Verfügungsgewalt eines anderen), Verwahren (Ausübung der tatsächlichen Verfügungsgewalt) und Überlassen (Übertragung der Verfügungsgewalt) von Gegenständen (zum Ganzen *Wolff* LK § 310 Rdn. 7 ff). An relevanten Gegenständen sind zunächst Schusswaffen (Rdn. 41) und Sprengstoffe (*Wolff* aaO Rdn. 3) genannt, daneben aber auch „sonst zur Herbeiführung einer Explosion oder eines Brandes bestimmte Stoffe oder Vorrichtungen“, also etwa ein Brandsatz. Anders als im Rahmen des § 310 (hierzu *Wolff* aaO Rdn. 6) ist eine Eingrenzung auf „besondere“ Vorrichtungen (und Stoffe) nicht vorgenommen worden. Damit genügt der Einkauf von Benzin und Streichhölzern (*Fischer* Rdn. 15) oder eines Weckers (*Wolff* LK § 310 Rdn. 6). Der Täter muss *zur Vorbereitung einer Straftat nach § 316c Abs. 1 handeln.* Hinsichtlich der vorbereiteten Straftat genügt bedingter Vorsatz; der Täter muss also zumindest damit rechnen, dass seine Handlung diese Straftat fördert (BayObLG NJW **1973** 2038, 2039; **aA** [Absicht] *Wolff* LK § 310 Rdn. 13 m.w.N.). Ob die geplante Straftat von ihm oder einem anderen begangen werden soll, ist ohne Belang, Teilnahme ist nach allgemeinen Regeln möglich (im Einzelnen *Wolff* LK § 310 Rdn. 15). Der **Versuch** einer Tat nach Absatz 4 ist nicht strafbar. Zur **Rechtfertigung** gilt das in Rdn. 45 Gesagte entsprechend. **48**

XII. Tätige Reue

Die vormals für Straftaten § 316c Abs. 1 Satz 1 Nr. 2 sowie für Vorbereitungstaten (heute: § 316c Abs. 4) gegebene Möglichkeit, von Strafe ganz abzusehen, ist durch das EGStGB vom 2.3.1974 (BGBl. I S. 469) beseitigt worden. § 316c Abs. 4 a.F. ermöglichte nur noch die Strafmilderung. Seit In-Kraft-Treten des 6. StrRG sind die für Taten nach § 316c Abs. 1 und 4 einschlägigen Regelungen zur Tätigen Reue in § 320 Abs. 1, 3 Nr. 2, Abs. 4 enthalten. Sie sind in der Systematik und im Sprachgebrauch auf der Grundlage des früheren § 311c vereinheitlicht worden (BTDrucks. 13/8587 S. 52). Nach dem Gesetzeswortlaut kommt es nicht mehr darauf an, ob ein erheblicher Schaden eingetreten ist (s. hingegen § 316c Abs. 4 a.F.). Was mit der in den Motiven nicht näher erläuterten Änderung gewollt ist, erschließt sich mit Blick auf die generell unklare Regelung (nachstehende Rdn.) nicht ohne Weiteres. In der Sache dürfte der Tatbestand eher verengt worden sein. Zudem normiert § 320 Abs. 3 Nr. 2 für Vorbereitungstaten nach § 316c Abs. 4 einen persönlichen Strafaufhebungsgrund, geht also zugunsten des Täters noch über die Rechtslage vor dem EGStGB hinaus (wie § 311c Abs. 3 Nr. 2 a.F.). Die Regelungen wirken sich nur für Taten nach § 316c aus, gelten also für konkurrierende Delikte nicht. **49**

1. Straftaten nach § 316c Abs. 1. Um sich die Strafmilderung zu verdienen, muss der Täter freiwillig (*Lilie/Albrecht* LK § 24 Rdn. 220 ff) die weitere Ausführung der Tat auf- **50**

geben bzw. sonst den Erfolg (freiwillig) abwenden (§ 320 Abs. 1) oder sich – bei Gefahr- oder Erfolgsabwendung ohne sein Zutun – freiwillig und ernsthaft bemühen, dieses Ziel zu erreichen (§ 320 Abs. 4). Beim *Unternehmensdelikt des § 316c Abs. 1 Nr. 2, 2. Alt.* ist § 320 Abs. 1 nach allgemeiner Meinung anwendbar, wenn der Täter den Brand oder die Explosion verhindert, z.B., indem er rechtzeitig mitteilt, wo der Brand- oder Explosionssatz angebracht ist (BTDrucks. VI/2721 S. 4). Im Übrigen werfen die Tatbestände deswegen Interpretationsschwierigkeiten auf, weil sie als schlichte Tätigkeitsdelikte (Rdn. 2) keinen „Erfolg" im eigentlichen Sinne haben (vgl. *Fischer* Rdn. 17). „Erfolg" ist die Tätigkeit an sich, also die Gewaltanwendung, der Angriff etc.; Herrschaftserlangung, Einwirken auf die Führung und die Zerstörung/Beschädigung sind nur das Ziel des Täters (vgl. BGHSt **10** 320, 323 [zu § 316a]).[50] Die Abwendung dieses „Erfolgs" wird aber schon durch § 320 Abs. 1 (freiwillige Aufgabe der Tat) abgedeckt, sofern, was sehr selten sein wird, noch ein „Rest" vorhanden ist, der aufgegeben werden kann. Es kommt damit allenfalls in Betracht, die Regelungen zur Tätigen Reue im Hinblick auf die mit ihnen verfolgten und durch das 6. StrRG nochmals bekräftigten Intentionen analog anzuwenden, falls es zur Erreichung der ursprüngliche *Ziele* des Täters aufgrund dessen (freiwilliger) Beiträge nicht mehr kommt bzw. falls insoweit die Situation des § 320 Abs. 4 gegeben ist.

51 2. **Vorbereitungstaten (§ 316c Abs. 4).** § 320 Abs. 3 Nr. 2 verlangt, dass der Täter freiwillig die weitere Ausführung der Tat aufgibt oder sonst die Gefahr abwendet; dem steht es gleich, dass er sich nach Maßgabe des § 320 Abs. 4 um die Abwendung des Erfolgs bemüht. Ein (eher theoretischer) Beispielsfall wäre es, dass der Täter davon Abstand nimmt, eine „Höllenmaschine" fertig zu stellen, mit deren Herstellung er begonnen. Für Fälle, in denen die Vorbereitungstat vollendet ist und der Täter nur den Plan aufgibt, eine Straftat nach § 316c Abs. 1 zu begehen, passt der Wortlaut des § 320 hingegen nicht. Die „weitere Ausführung" einer vollendeten Tat kann nicht aufgegeben werden. Sachgerecht erscheint die Anwendung des § 320 Abs. 3 Nr. 2, falls der Täter die Gefahr abwendet, dass *ein anderer* die Tat weiter vorbereitet oder begeht, bzw. sich unter den Voraussetzungen des § 320 Abs. 4 freiwillig und ernsthaft um das Unterbleiben der Tat des anderen bemüht (*Fischer* Rdn. 17).[51]

XIII. Täterschaft, Teilnahmes

52 § 316c normiert Allgemeindelikte. Täter kann jeder sein, in der vom Gesetz verlangten Absicht handelt. Die Absicht ist tatbezogenes Merkmal, so dass § 28 nicht gilt (*Wolters/Horn* SK Rdn. 15).

XIV. Konkurrenzen

53 Im Hinblick auf die Klarstellungsfunktion der Tateinheit konkurrieren Straftaten nach § 316c Abs. 1, 3 mit Verletzungs- und konkreten Gefährdungsdelikten idealiter, so insbesondere mit **Körperverletzungs- und Tötungsdelikten** (bei Vorsatz hinsichtlich der Todesfolge auch im Fall des § 316c Abs. 3; ansonsten s. unten) sowie mit den § 240

[50] AM *Sch/Schröder/Cramer/Sternberg-Lieben* Rdn. 32; Rdn. 32.

[51] AM *Herzog* NK Rdn. 28; *Sch/Schröder/Cramer/Sternberg-Lieben* Rdn. 32.

(s. aber unten), § **306 Abs. 1 Nr. 4**, § **306a Abs. 2**, §§ **308, 315**. Tateinheit kann außerdem gegeben sein mit §§ **239, 239a, 239b** sowie mit Straftaten nach dem Waffen- und Luftverkehrsgesetz. Sofern die §§ **239, 240** notwendig mit der Entführung des Luftfahrzeugs oder Schiffs einhergehen, treten sie hinter § 316c zurück (*Sch/Schröder/Cramer/Sternberg-Lieben* Rdn. 33). § **222** tritt hinter § 316c Abs. 3 zurück (*Fischer* Rdn. 14). **Vorbereitungstaten nach** § **316c Abs. 4** treten hinter Straftaten nach § 316c Abs. 1, 3 zurück, falls diese unter Beteiligung des Täters begangen werden; § 316c Abs. 4 verdrängt seinerseits § 310 (vgl. *Wolff* LK § 310 Rdn. 19 m.w.N.) sowie § 40 Abs. 1, 2 SprengG (vgl. BayObLG NJW **1973** 2038, 2039 [zu § 311a a.F.]). Mit Straftaten nach § 316c Abs. 1, § 30 steht § 316c Abs. 4 in Tateinheit (vgl. *Fischer* Rdn. 14).

XV. Sonstiges

§ 316c ist insgesamt **dem Weltrechtsprinzip unterstellt** (§ 6 Nr. 3; vgl. BGH [Ermittlungsrichter] NStZ-RR **2002** 300). § 153c StPO gewährt der Staatsanwaltschaft jedoch bei Auslandstaten in weitem Umfang die Möglichkeit, von der Verfolgung abzusehen (hierzu *Wieck-Noodt* MK Rdn. 64 ff). Für die Aburteilung von Taten nach § 316c Abs. 3 zuständig ist das Schwurgericht (§ 74 Abs. 2 Nr. 24 GVG). Folgende Straftaten inkorporieren § 316c ganz oder zum Teil: Agententätigkeit (§ 87 Abs. 2 Nr. 1); Störung des öffentlichen Friedens durch Androhung (§ 126 Abs. 1 Nr. 6); Bildung terroristischer Vereinigungen (§ 129a Abs. 2 Nr. 2); Anzeigepflicht (§ 138 Abs. 1 Nr. 8); Belohnung und Billigung (§ 140); Vortäuschung (§ 145d). **Führungsaufsicht** kann in den Fällen des § 316c Abs. 1 Satz 1 Nr. 2 angeordnet werden (§ 321). Die erweiterte **Einziehung** von Tatwerkzeugen und Produkten der Tat sowie die Einziehung von Beziehungsgegenständen wird durch § 322 ermöglicht. § 316c ist Katalogtat für die **Überwachung der Telekommunikation** (§ 100a Abs. 2 Nr. 1s StPO). Zur Verfolgung von Straftaten nach § 316c ist die Verwendung von personenbezogenen Stasi-Unterlagen möglich (§ 23 Abs. 1 Satz 1 Nr. 1b StUG). 54

§ 317
Störung von Telekommunikationsanlagen

(1) Wer den Betrieb einer öffentlichen Zwecken dienenden Telekommunikationsanlage dadurch verhindert oder gefährdet, daß er eine dem Betrieb dienende Sache zerstört, beschädigt, beseitigt, verändert oder unbrauchbar macht oder die für den Betrieb bestimmte elektrische Kraft entzieht, wird mit Freiheitsstrafe bis zu fünf Jahren oder mit Geldstrafe bestraft.

(2) Der Versuch ist strafbar.

(3) Wer die Tat fahrlässig begeht, wird mit Freiheitsstrafe bis zu einem Jahr oder mit Geldstrafe bestraft.

Schrifttum

Brauner/Göhner Die Strafbarkeit „kostenloser Störanrufe“, NJW **1978** 1469; *Detaille* Delikte gegen Fernsprechhäuschen der Deutschen Bundespost unter besonderer Berücksichtigung der Phänomene des Vandalismus, Diss. Köln 1982; *Eck* Strafrechtliche Probleme der neuen Datendienste der Deutschen Bundespost, Archiv f. Post- u. Fernmeldewesen **1986** 38; *Ehmke* Zur rechtlichen Beurteilung von Telefonbelästigungen, Die Polizei **1981** 247; *Hahn* Wann dient eine Fernmeldeanlage i.S.d. § 317 StGB „öffentlichen Zwecken"? Archiv f. Post u. Telekommunikation **1992** 37; *Herzog* Telefonterror (fast) straflos? GA **1975** 257; *Krause/Wuermeling* Mißbrauch von Kabelfernsehanschlüssen, NStZ **1990** 526; *Mahnkopf* Forum: Probleme der unbefugten Telefonbenutzung, JuS **1982** 885; *Niggl* Deutsches Post- und Telegraphen-Strafrecht[3] (1926); *Schmittmann* Strafbarkeit gemäß § 317 StGB, CR **1995** 548; *Schumann* Der strafrechtliche Schutz im Fernmeldewesen, Diss. Köln 1961; *Thieme* Zur Einführung: Telekommunikationsrecht, JuS **1989** 791; *v. Ullmann* Hinderung und Gefährdung des Telegraphenbetriebs, VDB IX S. 95.

Entstehungsgeschichte

§ 317 in der Fassung des Strafgesetzbuchs für das Deutsche Reich (RGBl. 1871 S. 127, 188 f) bedrohte vorsätzliche Handlungen gegen eine öffentlichen Zwecken dienende Telegraphenanstalt, welche die Benutzung dieser Anstalt verhinderten oder störten, mit Gefängnis von einem Monat bis zu drei Jahren. § 318 stellte in Absatz 1 entsprechende fahrlässige Handlungen unter Gefängnisstrafe bis zu einem Jahr oder Geldstrafe bis zu dreihundert Thalern; in Absatz 2 wurden bestimmte Pflichtversäumnisse von Bediensteten der Telegraphenanstalten als Delikt erfasst. § 319 sah ein Beschäftigungsverbot unter anderem von Straftätern nach § 318 Abs. 2 im Telegraphendienst vor. § 320 stellte Verstöße gegen ein solches Beschäftigungsverbot unter Strafe. Mit Art. I des Gesetzes vom 26. Februar 1876 (RGBl. S. 25, 33) wurde der Anwendungsbereich des Beschäftigungsverbost nach § 319 erweitert. Durch Art. II und III des Gesetzes betreffend Änderung des StGB vom 13. Mai 1891 (RGBl. S. 107) wurden die §§ 317 und 318 dahin umgestaltet, dass nach § 317 mit Gefängnis von einem Monat bis zu drei Jahren bestraft werden sollte, wer vorsätzlich und rechtswidrig den Betrieb einer zu öffentlichen Zwecken dienenden Telegraphenanlage dadurch verhindert oder gefährdet, dass er Teile oder Zubehörungen derselben beschädigt oder Veränderungen daran vornimmt, während § 318 Abs. 1 entsprechende fahrlässige Handlungen mit Gefängnis bis zu einem Jahr oder mit Geldstrafe bis zu neunhundert Mark bedrohte; außerdem wurde ein § 318a in das StGB eingestellt, dessen Absatz 1 die Anwendung von §§ 317, 318 auf öffentlichen Zwecken dienende Rohrpostanlagen erstreckte und dessen Absatz 2 Fernsprechanlagen Telegraphenanlagen gleichstellte. Wenig später erging das Gesetz über das Telegraphenwesen des Deutschen Reichs vom 6. April 1892 (RGBl. S. 467), das in § 1 ebenfalls den Begriff Telegraphenanlagen unter Einschluss von Fernsprechanlagen verwendete. Es wurde nach vorherigen Änderungen auf der Grundlage des Gesetzes vom 3. Dezember 1927 (RGBl. I 331) als Gesetz über Fernmeldeanlagen neu bekanntgemacht (RGBl. I 1928 S. 8), wobei der Begriff Telegraphenanlage durch den Begriff Fernmeldeanlage abgelöst wurde; das Fernmeldeanlagengesetz ist im Wesentlichen mit Ablauf des 31. Dezember 1997 außer Kraft getreten. Obwohl dieses Gesetz ergänzende Straftatbestände enthielt, wurde der Begriff Fernmeldeanlage zunächst nicht in das StGB übernommen. Dies geschah erst durch das 1. StRÄndG vom 30. August 1951 (BGBl. I 739, 745), durch dessen Artikel 2 Nr. 8 § 317 Abs. 1 weitgehend der heute geltenden Fassung angenähert, mit Absatz 2 die Versuchsstrafbarkeit eingefügt und in einem Absatz 3 ein strengerer Strafrahmen für besonders schwere Fälle vorgesehen wurde; außerdem wurde der Fahrlässigkeitstatbestand des § 318 Abs. 1 als Absatz 4 in § 317 aufgenommen und die §§ 318, 318a aufgehoben. Zugleich wurde die Vorläufervorschrift des jetzigen § 88 geschaffen (BGH NJW **1978** 431, 432). §§ 319, 320 waren bereits durch Art. 4 Nr. 2 des Gesetzes zur Änderung des Strafgesetzbuchs vom 28. Juni 1935 (RGBl. I 839, 841) gestrichen worden. Durch Art. 1 Nr. 92 des 1. StrRG vom 25. Juni 1969 (BGBl. I 645, 656) wurde § 317 Abs. 3 gestrichen und der bisherige Absatz 4 in Absatz 3 umgewandelt; außerdem wurde die angedrohte

Gefängnisstrafe in Freiheitsstrafe übergeleitet (Art. 4 und 5 – S. 657). Art. 12 Abs. 1, Art. 19 Nr. 178 und 207 EGStGB 1974 (BGBl. I 469) eröffneten für § 317 Abs. 1 die Möglichkeit der Verhängung von Geldstrafe.

In den erwähnten Gesetzen wurden weder die ursprünglich verwendeten Begriffe Telegraphenanstalt und Telegraphenanlage noch der spätere Begriff Fernmeldeanlage (über die im Fernmeldeanlagengesetz verwendete Begriffsbestimmung hinaus – siehe dazu *Wolff* LK[10] § 317 Rdn. 1) definiert. Man wollte die Begriffe für zukünftige technische Entwicklungen offenhalten (BVerfGE **46** 120, 146 ff; BVerwG NJW **1987** 2096 ff). Durch Art. 2 Abs. 13 Nr. 5 des Begleitgesetzes zum Telekommunikationsgesetz vom 17. Dezember 1997 (BGBl. I 3108, 3114) ist in der Paragraphenüberschrift und in Absatz 1 von § 317 das Wort Fernmeldeanlage durch das Wort Telekommunikationsanlage ersetzt worden. § 317 und sein Normenumfeld geben auf diese Weise ein Spiegelbild der Entwicklung der Nachrichtenübertragung in den vergangenen mehr als einhundert Jahren.

Übersicht

I. Allgemeines

§§ 316b und **317** schützen bestimmte, öffentlichen Zwecken dienende Einrichtungen gegen Betriebsstörungen. Der Gesetzgeber hat also u.a. durch diese Vorschriften wichtige Einrichtungen öffentlicher Daseinsvorsorge (dagegen *Herzog* NK Rdn. 1) besonderem strafrechtlichen Schutz unterstellt (vgl. BGH NJW **1983** 1437). Daneben tritt § 88 als Strafvorschrift gegen Sabotageakte. Dabei **schützt** § 317 **Telekommunikationsanlagen** wie § 316b die dort erfassten öffentlichen Betriebe gegen Eingriffe in den Betrieb, d.h. **gegen Eingriffe in die Funktionsfähigkeit**, und dient damit der Aufrechterhaltung der störungsfreien technischen Verwendungsmöglichkeit von Telekommunikationsanlagen.[1] Ergänzend treten § 303b für Computersabotage und § 265a für das Erschleichen u.a. von Leistungen eines öffentlichen Zwecken dienenden Telekommunikationsnetzes hinzu. 1

[1] BGHSt **27** 307, 309 f; *Herzog* NK Rdn. 1; *Kindhäuser* LPK Rdn. 1; *Lackner/Kühl* Rdn. 1; *Sch/Schröder/Cramer/Sternberg-Lieben* Rdn. 1; Dölling/Duttge/Rössner/*Weiler* HK Rdn. 1; *Wieck-Noodt* MK Rdn. 1; *Wolters/Horn* SK Rdn. 2.

II. Öffentlichen Zwecken dienende Telekommunikationsanlagen

2 1. § 317 betrifft **Telekommunikationsanlagen.** Nach § 3 Nr. 16 des Telekommunikationsgesetzes vom 25. Juli 1996 – TKG – (BGBl. I 1120, 1122), das der Regulierung im Bereich der Telekommunikation diente, § 1, ist Telekommunikation der technische Vorgang des Aussendens, Übermittelns und Empfangens von Nachrichten jeglicher Art in der Form von Zeichen, Sprache, Bildern oder Tönen mittels Telekommunikationsanlagen; nach § 3 Nr. 17 TKG 1996 sind Telekommunikationsanlagen technische Einrichtungen oder Systeme, die als Nachrichten identifizierbare elektromagnetische oder optische Signale senden, übertragen, vermitteln, empfangen, steuern oder kontrollieren können.[2] Diese Begriffsbestimmung, die sich mit der Bedeutung des abgelösten Begriffs Fernmeldeanlagen weitgehend deckt, hat auch für § 317 Gültigkeit.[3] Es geht danach um technische Einrichtungen zur körperlosen Übermittlung von Informationen einschließlich dazu dienender Zwischenspeicherung. Dazu gehören neben dem Fernsprech- und Mobilfunknetz[4] namentlich Rundfunk und Fernsehfunk einschließlich des Breitbandkabelnetzes,[5] aber auch Schiffsfunk.[6] Einbezogen sind die Telekommunikationsnetze und -dienste der unterschiedlichsten Art.[7] Das gleiche gilt für Anlagen zur elektronischen Datenübertragung z.B. im Internet sowie Fernschreib- und Signalanlagen; dagegen nicht bloße Klingelanlagen.[8] Die jeweiligen Endeinrichtungen sind grundsätzlich ebenfalls zu den Telekommunikationsanlagen zu rechnen (s. auch Rdn. 4). Dem § 317 Abs. 1 sind weiter beispielsweise unterzuordnen Notrufeinrichtungen an Fernstraßen.[9] Die zeitweise ebenfalls geschützten Rohrpostanlagen unterfallen dem Strafrechtsschutz nicht mehr, weil es sich nicht um Telekommunikationsanlagen im erörterten Sinn handelt.[10]

---

[2] Das TKG 1996 ist inzwischen abgelöst durch das Telekommunikationsgesetz – TKG – vom 26. Juni 2004 (BGBl. I 1190), zuletzt geändert durch Gesetz vom 18. Februar 2007 (BGBl. I 106). Dort ist in § 3 Nr. 22 Telekommunikation etwas verkürzt als der technische Vorgang des Aussendens, Übermittelns und Empfangens von Signalen mittels Telekommunikationsanlagen definiert; die Begriffsbestimmung von Telekommunikationsanlagen ist in § 3 Nr. 23 unverändert übernommen.

[3] *Fischer* Rdn. 1a, s. auch § 265a Rdn. 16; *Herzog* NK Rdn. 2; *Lackner/Kühl* Rdn. 2; *Sch/Schröder/Cramer/Sternberg-Lieben* Rdn. 2/3; Dölling/Duttge/Rössner/*Weiler* HK Rdn. 2; *Wieck-Noodt* MK Rdn. 6; *Wolters/Horn* SK Rdn. 4; *Maurach/Schroeder/Maiwald* BT/2 § 57 Rdn. 17. Vgl. auch *Tiedemann* LK[11] Nachtrag zu § 265a.

[4] *Fischer* Rdn. 2; *Herzog* NK Rdn. 2; *Lackner/Kühl* Rdn. 2; *Sch/Schröder/Cramer/Sternberg-Lieben* Rdn. 2/3; Dölling/Duttge/Rössner/*Weiler* HK Rdn. 2; *Wieck-Noodt* MK Rdn. 7; *Wolters/Horn* SK Rdn. 4.

[5] *Fischer* Rdn. 2; *Herzog* NK Rdn. 2; *Lackner/Kühl* Rdn. 2; *Sch/Schröder/Cramer/Sternberg-Lieben* Rdn. 2/3; Dölling/Duttge/Rössner/*Weiler* HK Rdn. 2; *Wieck-Noodt* MK Rdn. 7; *Wolters/Horn* SK Rdn. 5. Für Hörfunk und Fernsehen vgl. auch BVerfGE **12** 205, 225 ff; OLG Braunschweig NJW **1951** 613 f; OLG Stuttgart JZ **1951** 116, 117; zum Breitbandkabelnetz siehe zudem BVerwG NJW **1987** 2096, 2097; *Krause/Wuermeling* NStZ **1990** 526, 527.

[6] *Fischer* Rdn. 2; *Wieck-Noodt* MK Rdn. 7.

[7] *Fischer* Rdn. 2; *Herzog* NK Rdn. 2; *Lackner/Kühl* Rdn. 2; *Sch/Schröder/Cramer/Sternberg-Lieben* Rdn. 2/3; Dölling/Duttge/Rössner/*Weiler* HK Rdn. 2; *Wieck-Noodt* MK Rdn. 7; *Wolters/Horn* SK Rdn. 5.

[8] *Sch/Schröder/Cramer/Sternberg-Lieben* Rdn. 2/3; *Wolters/Horn* SK Rdn. 4. Nach *Fischer* Rdn. 1a gehören zu den Telekommunikationsanlagen auch Anlagen zur einseitigen Auslösung akustischer Signale; ebenso *Wieck-Noodt* MK Rdn. 6 (die Klingelanlagen jedoch ausschließt).

[9] *Sch/Schröder/Cramer/Strenberg-Lieben* Rdn. 2/3; Dölling/Duttge/Rössner/*Weiler* HK Rdn. 2; *Wieck-Noodt* MK Rdn. 7; vgl. auch *U. Fischer* JuS **1985** 328.

[10] *Herzog* NK Rdn. 2; *Sch/Schröder/Cramer/Sternberg-Lieben* Rdn. 3; *Wieck-Noodt* MK Rdn. 7; *Wolters/Horn* SK Rdn. 4; vgl. auch RGSt **4** 406 ff.

2. **Öffentlichen Zwecken dienen** Telekommunikationsanlagen, deren Betrieb im allgemeinen Interesse liegt.[11] Das trifft zunächst auf diejenigen zu, die dem allgemeinen Gebrauch zugänglich sind (RGSt **29** 244, 246). Es gilt aber auch, wenn die Anlagen für den internen Gebrauch von Behörden oder für die Benutzung durch öffentlich Bedienstete (RGSt **34** 249 ff) oder für den Dienstbetrieb eines in privater Hand stehenden Straßenbahnunternehmens (RG GA **51** 50 ff) bestimmt sind. Überhaupt sind öffentlich-rechtliche oder privatrechtliche Organisation wie Eigentumslage ohne Bedeutung. 3

Das **Fernsprechnetz** dient zweifelsohne einem öffentlichen Zweck in diesem Sinne, denn es hat sich zu dem wichtigsten Kommunikationsmittel entwickelt, das es dem einzelnen Fernsprechteilnehmer erlaubt, mit der Öffentlichkeit in Verbindung zu treten, und umgekehrt der Öffentlichkeit die Möglichkeit eröffnet, den jeweiligen Fernsprechteilnehmer zu erreichen (BGHSt **25** 370 ff; **39** 288 ff); vgl. auch § 78 TKG 2004. Schon früher war allerdings strittig, ob der einzelne Telefonanschluss an das Fernsprechnetz von dem Schutz des § 317 erfasst wird. Die herrschende Meinung insbesondere in der Rechtsprechung bejahte dies zunächst ohne Rücksicht auf die – in der Tat unerhebliche – Eigentumslage, weil der Einzelanschluss notwendiger Teil des Telefonnetzes sei.[12] Teilweise wurde ein öffentlicher Zweck bei dem einzelnen privaten Anschluss verneint.[13] Das Problem hat an Schärfe gewonnen, seit einerseits Endeinrichtungen des Telefonnetzes mit diesem nicht mehr fest, teilweise nicht einmal mehr per Leitung verbunden sind und andererseits, beginnend mit dem Gesetz zur Neustrukturierung des Post- und Fernmeldewesens und der Deutschen Bundespost vom 8. Juni 1989 (BGBl. I 1026) und fortgesetzt mit dem Gesetz zur Neuordnung des Postwesens und der Telekommunikation vom 14. September 1994 (BGBl. I 2325) die Post umorganisiert und privatisiert worden ist. Insbesondere hat sie ihr Monopol für die an das Telefonnetz anzuschließenden Endeinrichtungen verloren. Auf der Grundlage dieser Entwicklung hat sich das BayObLG auf den Standpunkt gestellt, der Einzelanschluss einer Privatperson diene nicht mehr öffentlichen Zwecken und unterstehe daher nicht mehr dem Schutz von § 317 (BayObLGSt **1992** 127 ff). Diese Auffassung hat im Schrifttum weithin Zustimmung gefunden.[14] Der BGH hat sich dem in BGHSt **39** 288 ff mit einer entsprechend kritisierten Entscheidung nicht angeschlossen. In dem Urteil wird darauf abgestellt, dass die Zerstörung des Telefonanschlusses gegen den Willen von Betreibergesellschaft und Anschluss- 4

---

11 *Fischer* Rdn. 2 und § 265a Rdn. 16; *Herzog* NK Rdn. 3; *Lackner/Kühl* Rdn. 2; *Sch/Schröder/Cramer/Sternberg-Lieben* Rdn. 4; Dölling/Duttge/Rössner/*Weiler* HK Rdn. 3; *Wieck-Noodt* MK Rdn. 9; *Wolters/Horn* SK Rdn. 5; vgl. auch *Tiedemann* LK[11] § 265a Rdn. 27; *Laue* JuS **2002** 359, 361; sowie z.B. die Verordnung zur Sicherstellung von Telekommunikationsdienstleistungen pp. vom 26. November 1997 (BGBl. I 2751), zuletzt geändert durch Gesetz vom 7. Juli 2005 (BGBl. I 1970, 2013).

12 RGSt **29** 244 ff; RG GA **60** 284 f; RG Recht 1907 Nr. 1581; RG JW **1920** 1036 m. Anm. *Fuchs*; BGHSt **29** 370 ff; OLG Hamm JMBlNRW **1966** 94 f; *Dreher/Tröndle*[46] Rdn. 2; *Lackner*[20] Rdn. 2; *Otto* BT[3] S. 367; *Krause* JR **1975** 380; *Mahnkopf* JuS **1982** 885, 886; *Martin* LM § 317 StGB 1969 Nr. 1.

13 BayObLGSt **1970** 242 ff, **1972** 7, 10; *Horn* SK[5] Rdn. 5; *Sch/Schröder/Cramer*[20] Rdn. 4; *Maurach/Schroeder/Maiwald* BT/2[7] § 57 Rdn. 17; *Eifert* JuS **1993** 1032, 1037; *Hahn* Archiv f. Post u. Telekommunikation **1992** 37 ff; kritisch auch *Momberg* JZ **1982** 574; vgl. außerdem *Scheffler* Jura **1993** 617 ff.

14 *Dreher/Tröndle*[47] Rdn. 2; *Hahn* NStZ **1994** 190 f; *ders.* CR **1994** 640 f; *Helgerth* JR **1994** 122 f; *Rütter* Archiv f. Post u. Telekommunikation **1993** 76 f; *Schmittmann* NStZ **1994** 587 f; ablehnend demgegenüber *Krause* CR **1994** 172 ff.

inhaber erfolgten und jedenfalls in diesem Falle § 317 anwendbar bleiben müsse.[15] Dies zu Recht: Die erwähnten tatsächlichen und rechtlichen Veränderungen haben keine unmittelbaren Auswirkungen auf § 317. Sie erfordern es auch nicht, den Begriff des öffentlichen Zwecks einzuschränken. Dabei ist zu berücksichtigen, dass mit der vollständigen Herausnahme des privaten Einzelanschlusses aus dem Anwendungsbereich des § 317 der strafrechtliche Schutz auch für Fälle aufgegeben würde, in denen er nötig und sinnvoll ist; wenn nämlich durch Zerstörung des Telefons oder der Verbindung zum Netz dem Teilnehmer in Notlagen das Herbeitelefonieren von Hilfe unmöglich gemacht wird (vgl. z.B. BGHR StGB § 249 Abs. 1 Gewalt 9). Es geht dabei nicht um den Schutz eines lediglich privaten Interesses. Entscheidend ist unverändert, dass das Telefonnetz zu einem zweckentsprechenden Funktionieren den von Betreiber und Anschlussinhaber gewollten schadlosen Bestand einschließlich der Betriebsmöglichkeit der Endeinrichtungen voraussetzt und deshalb der mit Hilfe von § 317 angestrebte Schutz sich zwangsläufig auf die Endeinrichtungen erstreckt. Dagegen ist § 317 zu verneinen, wenn der Anschlussinhaber vorsätzlich oder fahrlässig die ihm gehörende Endeinrichtung beschädigt oder mit der Beschädigung durch einen Dritten einverstanden ist. Da er diese Geräte oder Verbindungskabel nach Belieben abkoppeln, abschalten oder ersetzen kann, ist ihm auch die Beschädigung oder Zerstörung erlaubt.

5 Die gleichen Maßstäbe wird man grundsätzlich auf die in privater Hand befindlichen **Endgeräte** der Telekommunikationsnetze insgesamt anzuwenden haben;[16] bei der heutigen Bedeutung **des Internets** und **des Mobilfunknetzes**, die sich als allgemein benutzte, notwendige Kommunikationsmittel durchgesetzt haben, auch die Endgeräte dieser Netze, sofern sie dem erwähnten Zweck dienen sollen (also nicht das im privaten KFZ eingesetzte Navigationsgerät – vgl. *Fischer* Rdn. 2a). Allerdings dient weder der privat genutzte Rundfunk- oder Fernsehempfänger öffentlichen Zwecken[17] noch die verbotswidrig errichtete oder betriebene Anlage,[18] auch wenn Hörfunk und Fernsehen selbst als Massenkommunikationsmittel einer öffentlichen Zweckbestimmung unterliegen. Diese öffentliche Zweckbestimmung erstreckt sich auch auf das Breitbandkabelnetz.[19]

III. Tatobjekte und Tathandlungen

6 **1. Tatobjekte** sind Sachen, die dem Betrieb einer Telekommunikationsanlage im zuvor umschriebenen Sinne dienen. Dabei entspricht der Sachbegriff dem des § 303 (vgl. *Wolff*

[15] Dem BGH folgen: *Herzog* NK Rdn. 4; *Lackner/Kühl* Rdn. 2, 3 (trotz Zweifeln); grundsätzlich auch *Statz* Archiv f. Post u. Telekommunikation **1994** 67. **AA** *Fischer* Rdn. 2a; *Sch/Schröder/Cramer/Sternberg-Lieben* Rdn. 4; *Wieck-Noodt* MK Rdn. 12 ff; *Wolters/Horn* SK Rdn. 5; *Maurach/Schroeder/Maiwald* BT/2 § 57 Rdn. 16; *Frank* Zur strafrechtlichen Bewältigung des Spamming (2003) 164; *Schmittmann* CR **1995** 548 ff; letztlich auch Dölling/Duttge/Rössner/*Weiler* HK Rdn. 3.

[16] Vgl. *Scherer* Telekommunikationsrecht und Telekommunikationspolitik (1985) 65; *Thieme* JuS **1989** 791, 793. **Ablehnend** *Fischer* Rdn. 2a; *Sch/Schröder/Cramer/Sternberg-Lieben* Rdn. 4; *Wieck-Noodt* MK Rdn. 14; *Frank*, wie Fn. 15, S. 164 (für die private E-Mail-Box) und im Ergebnis auch Dölling/Duttge/Rössner/*Weiler* HK Rdn. 3.

[17] *Lackner/Kühl* Rdn. 2; *Sch/Schröder/Cramer/Sternberg-Lieben* Rdn. 4; Dölling/Duttge/Rössner/*Weiler* HK Rdn. 3; *Wieck-Noodt* MK Rdn. 11; *Wolters/Horn* SK Rdn. 5.

[18] *Fischer* Rdn. 2a; *Sch/Schröder/Cramer/Sternberg-Lieben* Rdn. 4; *Wieck-Noodt* MK Rdn. 10.

[19] BVerwG NJW **1987** 2096, 2097; *Krause/Wuermeling* NStZ **1990** 526, 527.

LK § 303 Rdn. 3). Eine Sache dient dann dem Betrieb einer Kommunikationsanlage, wenn sie zu deren bestimmungsmäßiger Benutzung erforderlich oder jedenfalls nützlich ist. Tatobjekt ist darüber hinaus die zum Betrieb der Anlage nötige elektrische Energie.

2. Mögliche **Tathandlungen** sind zum einen das **Beschädigen** oder **Zerstören** (vgl. zu diesen Begriffen zunächst *Wolff* LK § 303 Rdn. 9, 21) einer dem Betrieb der Telekommunikationsanlage dienenden Sache; so das Durchtrennen eines Glasfaserübertragungskabels oder das Abreißen des Hörers eines Münzfernsprechers. Eine Beschädigung kann allerdings nicht darin gesehen werden, dass die Steckverbindung von Telefonapparat und Anschlussdose gelöst wird (BGHSt **39** 288 ff). Ebensowenig ist es eine Beschädigung, wenn eine Telekommunikationsanlage zwar unbefugt, aber ordnungsgemäß in Betrieb gesetzt wird (*Fischer* Rdn. 3; *Herzog* NK Rdn. 5; Dölling/Duttge/Rössner/*Weiler* HK Rdn. 5); so das Auslösen eines Feuermelders (RGSt **65** 133 ff) oder die Benutzung des Telefons durch einen Einbrecher (*Mahnkopf* JuS **1982** 885, 886), das Ausnutzen von Vermittlungsmöglichkeiten über nichtöffentliche Fernsprechnummern, der Missbrauch von Calling-Card-Codes, missbräuchliche Nutzung von Rufumleitungen mittels Mobilfunktelefonen. **7**

Tathandlungen sind aber auch das **Beseitigen** oder **Verändern** einer dem Betrieb der Anlage dienenden Sache. Beseitigen bedeutet das Aufheben der Gebrauchsmöglichkeit durch räumliche Entfernung. Verändern ist die Beseitigung des bisherigen Zustands und die Ersetzung durch einen davon abweichenden Zustand einer zu der Telekommunikationsanlage gehörenden Sache; z.B. das Verstopfen des Münzkanals eines Münzfernsprechers. Ein Verändern ist es weiter, wenn durch Ankoppeln eines mit einem entsprechenden Computerprogramm ausgestatteten Geräts (Blue-Box) an einen Telefonapparat das Frequenzspektrum des Telefonnetzes manipuliert wird, um über Servicenummern auf Kosten einer Telefongesellschaft Verbindungen aufzubauen.[20] Einer Substanzverletzung oder der Beseitigung der Verbindung mit anderen Teilen der Anlage bedarf es dazu nicht.[21] **8**

Unbrauchbarmachen, eine weitere Tathandlungsvariante und meist, jedoch nicht zwingend ein Unterfall des Beschädigens, liegt bei einem erheblichen Mindern der bestimmungsgemäßen Verwendbarkeit vor. Auch hier ist die Einwirkung auf die Sache selbst vorzunehmen (OLG Celle NStZ **2005** 217 f). Unbrauchbarmachen (oder Verändern) ist aber noch nicht das Ausnutzen einer in der Konstruktion der Telekommunikationsanlage liegenden Missbrauchsmöglichkeit wie das Blockieren eines Fernsprechanschlusses durch Anwählen aus einer Fernsprechzelle, ohne dass der Hörer wieder eingehängt wird,[22] oder die Benutzung eines Telefonanschlusses zu allein der Störung **9**

---

[20] Vgl. dazu auch *Mühle* Hacker und Computer-Viren im Internet – eine strafrechtliche Beurteilung, Diss. Passau 1998, S. 14 f.

[21] RGSt **37** 53, 54 f; RG JW **1920** 1036 m. Anm. *Fuchs*; *Fischer* Rdn. 3; *Herzog* NK Rdn. 5; *Lackner/Kühl* Rdn. 3; *Fickel* Archiv f. Post- u. Fernmeldewesen **1983** 380; vgl. auch BGHSt **25** 370, 372; OLG Celle VRS **28** 129 f; Dölling/Duttge/Rössner/*Weiler* HK Rdn. 5; *Behm* JR **1988** 360, 361. BGH NJW **1978** 431, 432 steht nicht entgegen. Einen Eingriff in die Sachsubstanz halten demgegenüber z.B. für erforderlich: OLG Hamm VRS **36** 51, 53; OLG Hamm JMBlNRW **1966** 94 f. Zum Teil wird das Verändern als Unterfall des Beschädigens gesehen (vgl. *Wolff* LK § 303 Fn. 17, 18).

[22] BayObLGSt **1970** 242 ff; OLG Hamm VRS **36** 51, 53; OLG Hamm JMBlNRW **1966** 94 f; *Fischer* Rdn. 3; *Herzog* NK Rdn. 5; *Sch/Schröder/Cramer/Sternberg-Lieben* Rdn. 5; Dölling/Duttge/Rössner/*Weiler* HK Rdn. 5; *Wieck-Noodt* MK Rdn. 17; *Ehmke* Die Polizei **1981** 247 f; *Herzog* GA **1975** 257, 259 f; **aM** LG Bielefeld Archiv f. Post- und Fernmeldewesen **1983** 99.

oder der Belästigung dienenden Anrufen (siehe dazu jetzt § 238 Abs. 1 Nr. 2).[23] Deshalb erfüllen weder D(enial)-o(f)-S(ervice)-Attacken, siehe dazu jetzt § 303b Abs. 1 Nr. 2,[24] noch das sog. Spamming – massenhaftes Versenden unerwünschter E-Mails – § 317, und zwar auch dann nicht, wenn dadurch der Server pp. den Datenfluss nicht mehr bewältigen kann (**aA** *Lackner/Kühl* Rdn. 3; *Sch/Schröder/Cramer/ Sternberg-Lieben* Rdn. 4; *Schmittmann/Lorenz* K&R **2007** 609, 612).

10 Tathandlungsvariante ist schließlich der **Entzug der zum Betrieb der Anlage bestimmten elektrischen Energie**, eine Regelung, die sich aus dem Streit um die Sachnatur des elektrischen Stroms erklärt. Bei dieser Variante kommt es nicht darauf an, dass die elektrische Energie unmittelbar der Telekommunikationsanlage oder den zu ihrem Betrieb dienenden Sachen entzogen wird (s. z.B. *Mahnkopf* JuS **1982** 885, 886). Ein Abschalten, Unterbrechen oder Ableiten des elektrischen Stroms außerhalb der Telekommunikationsanlage reicht aus. Es ist weiter bedeutungslos, ob der Täter die elektrische Energie anderweit nutzen will oder nicht. Ist der Stromentzug Folge eines legalen Streiks, ist zwar der Tatbestand erfüllt, doch greift das Streikrecht als Rechtfertigungsgrund ein.

11 Die Einwirkung muss mit der sich aus Rdn. 10 ergebenden Einschränkung auf die Anlage selbst vorgenommen werden (RG DStRZ **1916** Sp. 337). Wer lediglich einen Postbediensteten hindert, ein Telegramm weiterzugeben, erfüllt den Tatbestand nicht (*Frank* Anm. II). Die Tat kann allerdings auch an einer vorübergehend nicht in Betrieb befindlichen Anlage begangen werden.[25] Das ist z.B. der Fall, wenn der Telefonanschluss wegen nicht gezahlter Gebühren gesperrt worden ist (OLG Breslau LZ **1917** Sp. 1200). Der mögliche Täterkreis ist im Übrigen nicht auf außerhalb des Telekommunikationsbetriebs stehende Personen beschränkt (*Wieck-Noodt* MK Rdn. 5; *Wolters/Horn* SK Rdn. 2).

12 3. Die einzelnen Verhaltensweisen müssen zum **Erfolg** haben, dass der **Betrieb der Telekommunikationsanlage verhindert oder gefährdet** wird; insoweit ist § 317 konkretes Gefährdungsdelikt.[26] Ersteres ist der Fall, wenn die bestimmungsgemäße Benutzung der Anlage jedenfalls zeitweise ausgeschlossen ist. Gefährden bedeutet das Schaffen eines Zustands, der Betriebsstörungen wahrscheinlich macht.[27] Insofern unterscheidet sich § 317 von § 316b, der eine tatsächlich eingetretene Störung des Betriebs voraussetzt. An dem nötigen Erfolg wird es meist fehlen, wenn beispielsweise das Breitbandkabelnetz ohne die nötige Genehmigung angezapft wird (*Krause/Wuermeling* NStZ **1990** 526, 527). Ohne Belang ist, ob die Anlage gerade zu der Zeit der Tat zu öffentlichen Zwecken gebraucht wurde oder gebraucht werden sollte.[28]

---

23 *Sch/Schröder/Cramer/Sternberg-Lieben* Rdn. 5; *Brauner/Göhner* NJW **1978** 1469, 1472.

24 *Eichelberger* DuD **2006** 490, 494 f; **aA** *Frank*, wie Fußnote 15, S. 150 f. Siehe ergänzend auch *Wolff* LK § 303b Rdn. 25.

25 OLG Hamm JMBlNRW **1967** 68 f; *Fischer* Rdn. 3; *Herzog* NK Rdn. 5; **aA** OLG Düsseldorf MDR **1984** 1040, 1041. Vgl. auch *Wieck-Noodt* MK Rdn. 18.

26 Für Charakterisierung als abstraktes Gefährdungsdelikt sprechen sich *Sch/Schröder/Cramer/Sternberg-Lieben* Rdn. 1 aus; vgl. auch *Wieck-Noodt* MK Rdn. 2 und *Maurach/Schroeder/Maiwald* BT/2 § 57 Rdn. 13.

27 RGSt **29** 244, 246; *Frank* Anm. II; *Herzog* NK Rdn. 6; *Lackner/Kühl* Rdn. 3; Dölling/Duttge/Rössner/*Weiler* HK Rdn. 5. Einen engeren Gefahrbegriff vertreten *Maurach/Schroeder/Maiwald* BT/2 § 57 Rdn. 18; abweichende Abgrenzung von Betriebsverhinderung und -gefährdung bei *Sch/Schröder/Cramer/Sternberg-Lieben* Rdn. 5; *Wolters/Horn* SK Rdn. 6.

28 RG GA **40** 336; RG JW **1920** 1036 m. Anm. *Fuchs*; BGHSt **25** 370, 372.

IV. Subjektiver Tatbestand

1. Bei **§ 317 Abs. 1 und 2** ist **Vorsatz** nötig. Bedingter Vorsatz genügt (RGSt 22 393, 394). Vorsätzlich handelt, wer sämtliche äußeren Merkmale des Tatbestandes einschließlich der Verhinderung oder Gefährdung des Betriebs kennt und verwirklichen will (RGSt 22 393 f). Die Verfolgung eines besonderen Zwecks ist nicht nötig. Insbesondere braucht es dem Täter nicht um sicherheitsgefährdende oder gar verfassungsfeindliche Bestrebungen zu gehen (BGH NJW **1978** 431, 432). **13**

2. Nach **§ 317 Abs.** 3 ist die **fahrlässige Begehungsweise** gleichfalls strafbar. Auch die Fahrlässigkeit muss sich auf die Verhinderung oder Gefährdung des Betriebs einer Telekommunikationsanlage erstrecken.[29] Gerät ein Kraftfahrer infolge eines Fahrfehlers mit seinem Fahrzeug gegen eine neben der Straße stehende Sache, die Teil einer Telekommunikationsanlage ist und beschädigt sie, so ist die Anwendbarkeit von § 317 Abs. 3 nicht grundsätzlich mangels Vorhersehbarkeit ausgeschlossen;[30] dies entscheidet sich vielmehr nach den allgemeinen für Fahrlässigkeit geltenden Regeln. Ist für den Täter also erkennbar gewesen, dass es sich um einen zu einer Telekommunikationsanlage gehörenden Gegenstand handelte und dass der Betrieb der Anlage durch die schadenstiftende Fahrweise gefährdet werden konnte, so ist § 317 Abs. 3 gegeben.[31] **14**

V. Versuch

Der **Versuch** ist nach Absatz 2 **strafbar** (vgl. für ein Beispiel RG Recht **1915** Nr. 2777). **15**

VI. Strafe

Der Strafrahmen sieht für das vorsätzliche Delikt nach Absatz 1 Freiheitsstrafe bis zu fünf Jahren oder Geldstrafe vor. Die fahrlässige Tat nach Absatz 3 ist mit Freiheitsstrafe bis zu einem Jahr oder mit Geldstrafe bedroht. Zu dem darin im Vergleich zu verwandten Strafbestimmungen liegenden Wertungsbruch vgl. insbesondere *Bohnert* JR **1988** 446, 447. **16**

VII. Konkurrenzen

Tateinheit ist möglich mit § 88; ebenso zwischen § 317 Abs. 3 und §§ 303 Abs. 1, 304 Abs. 1.[32] Dagegen besteht zwischen § 317 Abs. 1 und 2 und § 304 Abs. 1 und 3 **Gesetzeseinheit**; letztere Vorschriften treten zurück, weil die gemeinschädliche Sachbe- **17**

---

[29] *Herzog* NK Rdn. 7; *Sch/Schröder/Cramer/Sternberg-Lieben* Rdn. 6; Dölling/Duttge/Rössner/*Weiler* HK Rdn. 8; *Wolters/Horn* SK Rdn. 11.

[30] BGHSt **15** 110 ff m. zust. Anm. *Martin* LM StGB § 317 Nr. 1; BayObLG VRS **19** 49 f; BayObLGSt **1972** 7 ff; *Fischer* Rdn. 5; *Herzog* NK Rdn. 7; *Lackner/Kühl* Rdn. 5; *Wieck-Noodt* MK Rdn. 22; **aA** OLG Stuttgart DAR **1957** 243 f; *Sch/Schröder/Cramer/Sternberg-Lieben* Rdn. 6.

[31] BGHSt **15** 110, 112; OLG Schleswig SchlHA **1956** 272 f; vgl. aber auch BayObLG bei Ruth DAR **1965** 281, 283; BayObLGSt **1972** 7 ff.

[32] RG GA **39** 425; *Fischer* Rdn. 6; *Herzog* NK Rdn. 7; *Kindhäuser* LPK Rdn. 5; *Lackner/Kühl* Rdn. 6; *Sch/Schröder/Cramer/Stern-*

schädigung zu den gesetzlichen Merkmalen des vorsätzlichen Vergehens nach § 317 gehört.[33] Das vorsätzliche Delikt nach § 317 verdrängt auch eine Tat nach § 248c Abs. 1. Zum Verhältnis von § 317 zu § 316b vgl. *König* LK § 316b Rdn. 38. Ergänzend sei auf die Straf- und Bußgeldvorschriften des TKG 2004 (§§ 148 f) verwiesen. Erwähnt seien ferner die Straf- und Bußgeldvorschriften, mit denen der am 14. März 1884 unter Beteiligung des Deutschen Reiches abgeschlossene und noch geltende Internationale Vertrag zum Schutze der unterseeischen Telegraphenkabel (RGBl. 1888 S. 151 mit ergänzender Deklaration vom 1. Dezember 1886/23. März 1887 – RGBl. 1888 S. 167) bewehrt ist (Ausführungsgesetz vom 21. November 1887 – RGBl. 1888 S. 169, geändert durch Art. 151 EGStGB 1974 – BGBl. I 469, 579).

VIII. Recht des Einigungsvertrages

18 Zum Recht des Einigungvertrages wird auf *Wolff* LK[11] § 317 Rdn. 12 f verwiesen.

IX. Sonstiges

19 Ein Vergehen nach § 317 Abs. 1 kann Anlass bieten, das Delikt der Bildung einer Terroristischen Vereinigung nach § 129a Abs. 2 Nr. 2 (vgl. auch § 129b) zu prüfen (vgl. auch BGHSt 52 98 ff und ergänzend *Wolff* LK § 303b Rdn. 41).

§ 318
Beschädigung wichtiger Anlagen

(1) Wer Wasserleitungen, Schleusen, Wehre, Deiche, Dämme oder andere Wasserbauten oder Brücken, Fähren, Wege oder Schutzwehre oder dem Bergwerksbetrieb dienende Vorrichtungen zur Wasserhaltung, zur Wetterführung oder zum Ein- und Ausfahren der Beschäftigten beschädigt oder zerstört und dadurch Leib oder Leben eines anderen Menschen gefährdet, wird mit Freiheitsstrafe von drei Monaten bis zu fünf Jahren bestraft.

(2) Der Versuch ist strafbar.

(3) Verursacht der Täter durch die Tat eine schwere Gesundheitsschädigung eines anderen Menschen oder eine Gesundheitsschädigung einer großen Zahl von Menschen, so ist auf Freiheitsstrafe von einem Jahr bis zu zehn Jahren zu erkennen.

(4) Verursacht der Täter durch die Tat den Tod eines anderen Menschen, so ist die Strafe Freiheitsstrafe nicht unter drei Jahren.

(5) In minder schweren Fällen des Absatzes 3 ist auf Freiheitsstrafe von sechs Monaten bis zu fünf Jahren, in minder schweren Fällen des Absatzes 4 auf Freiheitsstrafe von einem Jahr bis zu zehn Jahren zu erkennen.

---

berg-Lieben Rdn. 8; *Wieck-Noodt* MK Rdn. 26; hinsichtlich § 304 **aA** *Frank* § 318 Anm. III.

[33] RGSt 34 249, 251; *Fischer* Rdn. 6; *Herzog* NK Rdn. 7; *Kindhäuser* LPK Rdn. 5; *Lackner/Kühl* Rdn. 6; *Sch/Schröder/Cramer/Sternberg-Lieben* Rdn. 8; *Wieck-Noodt* MK Rdn 27; *Wolters/Horn* SK Rdn. 10; *Arzt/Weber* BT § 37 Rdn. 88. **AA** Dölling/Duttge/Rössner/*Weiler* HK Rdn. 9.

(6) Wer in den Fällen des Absatzes 1
1. die Gefahr fahrlässig verursacht oder
2. fahrlässig handelt und die Gefahr fahrlässig verursacht,
wird mit Freiheitsstrafe bis zu drei Jahren oder mit Geldstrafe bestraft.

Schrifttum

Nolte in Schlüchter (Hrsgin.) Bochumer Erläuterungen zum 6. Strafrechtsreformgesetz (1998); *Sack* Umweltschutzstrafrecht[5] (Stand: Juni 2007) A 1.14; *v. Ullmann* Gefährdung von Leben und Gesundheit durch Beschädigung von Wasserbauten und anderen Anlagen, VDB IX S. 113.

Entstehungsgeschichte

Das Strafgesetzbuch für das Deutsche Reich sah in seiner ursprünglichen Fassung als § 321 bereits einen praktisch gleichlautenden Schutz der heute in § 318 Abs. 1 aufgezählten Anlagen mit Ausnahme der dem Bergwerksbetrieb dienenden Vorrichtungen vor; darüber hinaus war die Störung des Fahrwassers in schiffbaren Strömen, Flüssen oder Kanälen mit Strafe bedroht (RGBl. 1871 S. 127, 189). Die dem Bergwerksbetrieb dienenden Vorrichtungen wurden durch Gesetz vom 26. Februar 1876 in die Bestimmung einbezogen (RGBl. 25, 33). Durch Art 4 Nr. 3 des Gesetzes zur Änderung des StGB vom 28. Juni 1935 (RGBl. I 839, 841) wurde die Störung des Fahrwassers in schiffbaren Strömen, Flüssen oder Kanälen als Tatbestandsvariante gestrichen. Durch Art. 4, 5 des 1. StrRG vom 25. Juni 1969 (BGBl. I 645, 657) sind die ursprünglichen Strafdrohungen – Gefängnis und Zuchthausstrafe – in Freiheitsstrafe übergeleitet worden. Art. 19 Nr. 180, 207 EGStGB 1974 (BGBl. I 469) brachte Fassungsänderungen ohne sachliche Veränderung. Die heutige Nummerierung der Vorschrift geht auf Art. 1 Nr. 9 des 18. StRÄndG vom 28. März 1980 (BGBl. I 373, 374) zurück.

Durch Art. 1 Nr. 86 des 6. StrRG (BGBl. I 164, 184) ist der bisherige § 320, soweit es die fahrlässige Beschädigung wichtiger Anlagen betraf (vgl. zu dessen Entstehungsgeschichte *Wolff* LK[11] § 320), unter sachlicher Änderung als Absatz 6 in § 318 einbezogen worden. Demgegenüber ist § 318 Abs. 1 unverändert geblieben. In Absatz 2 ist der Versuch neu unter Strafe gestellt worden, um Unstimmigkeiten mit dem jetzigen § 303 Abs. 3 zu vermeiden. Die Absätze 3 und 4 gestalten die bisherigen Qualifikationen des § 318 Abs. 2 a.F. unter Änderung der Strafrahmen um. Diese Regelung ist in Absatz 5 durch Festlegung geringerer Strafrahmen für minder schwere Fälle ergänzt worden. Im Regierungsentwurf zum 6. StrRG war § 318, sieht man von Absatz 1 ab, noch in anderer Fassung vorgesehen. (BTDrucks. 13/8587 S. 14, 51). Der Bundesrat beanstandete insbesondere eine nicht nachvollziehbar uneinheitliche Vorgehensweise bei Qualifikationstatbeständen und darauf bezogenen minder schweren Fällen im Entwurf (BTDrucks. 13/8587 Anlage 2 S. 55 f, 71, 75). Die Bundesregierung griff in ihrer Gegenäußerung die Anregung auf, indem sie nunmehr die vorgesehenen Strafzumessungsregeln für besonders schwere Fälle weitgehend in Qualifikationstatbestände umgestalten wollte, und teilte ihre Überlegungen zu Strafzumessungsregeln für minder schwere Fälle mit (BTDrucks. 13/8587 Anlage 3 S. 78 ff). Die dann Gesetz gewordene Fassung wurde auf dieser Grundlage im Rechtsausschuss des Bundestags erarbeitet (Beschlussempfehlung BTDrucks. 13/8991 S. 27 und Bericht dazu BTDrucks. 13/9064 S. 15 und 23).

Übersicht

I. Allgemeines

1 § 318 Abs. 1, ein **konkretes Gefährdungsdelikt**[1] von geringer Bedeutung in der gerichtlichen Praxis,[2] bedroht mit Strafe vorsätzliche Beschädigungen von 1. Wasserbauten, von denen Wasserleitungen, Schleusen, Wehre (also Stauwerke), Deiche und Dämme beispielhaft aufgezählt sind, 2. Schutzwehren, 3. Brücken, Fähren und Wegen und schließlich 4. bestimmten Einrichtungen des Bergwerkbetriebs, wenn sie zur Gefährdung von Menschen führen. Die Eigentumslage ist dabei unerheblich.[3] Damit fasst die Vorschrift verschiedene Grundgedanken zusammen: Zum einen sollen Anlagen geschützt werden, die dazu dienen, dem Menschen das in der Natur vorhandene Wasser nutzbar zu machen; weiter Anlagen, die vor der Naturgewalt Wasser schützen sollen – wobei den Wasserbauten vielfach Doppelfunktion zukommen wird, nämlich Schutz und Nutzbarmachung –; daneben ist der Schutz von Anlagen, die bestimmte Betriebsgefahren abwehren sollen, bezweckt; und schließlich der Schutz von Verkehrsanlagen. Der Gesetzgeber hat also mit u.a. § 318 eine besondere Strafvorschrift zum Schutz wichtiger Einrichtungen öffentlicher Daseinsvorsorge geschaffen.[4] Im E 1962 ist, wie bereits bei vorangegan-

---

1 *Fischer* Rdn. 1, 6; *Herzog* NK Rdn. 2; *Kindhäuser* LPK Rdn. 1; *Lackner/Kühl* Rdn. 2; *Sch/Schröder/Cramer/Sternberg-Lieben* Rdn. 1, 6; Dölling/Duttge/Rössner/*Weiler* HK Rdn. 1; *Wieck-Noodt* MK Rdn. 2, 12; *Wolters/Horn* SK Rdn. 3, 6; *Arzt/Weber* BT § 37 Rdn. 86; *Otto* BT § 78 Rdn. 22; *Sack* Rdn. 1, 4.

2 In der polizeilichen Praxis haben Anschläge der unterschiedlichsten Art auf Verkehrswege wie Straßen und Brücken mindestens in der Vergangenheit z.B. zur Verhinderung von geplanten Transporten radioaktiver Abfallstoffe in das Zwischenlager Gorleben eine nicht unerhebliche Rolle gespielt; vgl. auch den Ersten periodischen Sicherheitsbericht der Bundesministerien des Innern und der Justiz 2001 S. 295 ff (Politisch motivierte Kriminalität Linksextremistischer Gruppierungen, Nr. 2.10.4).

3 *Fischer* Rdn. 2; *Lackner/Kühl* Rdn. 1; *Sch/Schröder/Cramer/Sternberg-Lieben* Rdn. 1; Dölling/Duttge/Rössner/*Weiler* HK Rdn. 1; *Wieck-Noodt* MK Rdn. 1; *Wolters/Horn* SK Rdn. 2, 4.

4 BGH NJW **1983** 1437. Überwiegend werden Leib und Leben von Menschen und die vom Gesetz erfassten baulichen Anlagen als geschützte Rechtsgüter angesehen, so *Kindhäuser* LPK Rdn. 1; *Lackner/Kühl* Rdn. 1; *Sch/Schröder/Cramer/Sternberg-Lieben* Rdn. 1; Dölling/Duttge/Rössner/*Weiler* HK Rdn. 1; *Wieck-Noodt* MK Rdn. 1. Nach *Fischer* Rdn. 1 und *Wolters/Horn* SK Rdn. 2 schützt die Bestimmung Leben und Gesundheit von Menschen.

genen Entwürfen, eine Aufteilung dieser verschiedenen Schutzzwecke auf mehrere Vorschriften bei gleichzeitiger Ausdehnung und Verallgemeinerung vorgesehen gewesen (vgl. §§ 333, 334, 342 ff – BTDrucks. IV/650 S. 65, 67, 509 ff, 520 ff). Soweit es den Schutz von Verkehrsanlagen betrifft, ist die Reformabsicht durch das 2. Straßenverkehrssicherungsgesetz vom 26. November 1964 (BGBl. I 921) in die Tat umgesetzt worden. Da § 318 Abs. 1 unverändert geblieben ist, bestehen hinsichtlich der Verkehrsanlagen gewisse Überschneidungen mit § 315b (vgl. Rdn. 5, 7).

In § 318 Abs. 2 ist der Versuch des Vergehens nach Absatz 1 unter Strafe gestellt. Die **2** Absätze 3 und 4 regeln Qualifikationstatbestände, die in Absatz 5 durch herabgesetzte Strafrahmen für minder schwere Fälle ergänzt werden. In Absatz 6 wird bei Taten nach Absatz 1 das fahrlässige Verursachen der Gefahr (Nummer 1) und fahrlässiges Handeln und fahrlässiges Verursachen der Gefahr (Nummer 2) erfasst.

II. Tatobjekte und Tathandlungen bei § 318 Abs. 1

1. **Tatobjekte** sind: **3**

a) **Wasserbauten.** Das sind Bauwerke, die der Regulierung, Speicherung, Leitung oder **4** Abdämmung von Wasser dienen. Das Gesetz selbst führt die Hauptbeispiele auf.[5] Die Wasserbauten können das Grundwasser, Flüsse, Seen oder das Meer betreffen. Es fallen offene oder gedeckte Kanäle darunter, gleichgültig, ob sie Trink-, Brauch- oder Abwasser führen; auch Kanäle, die der Schifffahrt dienen. Der Begriff *Wasserleitung* schließt dem Sprachgebrauch nach Rohrleitungen ein, die Häusern Nutzwasser zuführen, wenn auch der umfassende Begriff Wasserbauten dies vielleicht nicht nahelegt. Die Frage ist strittig. *Frank* (§ 321 Anm. I 1) und *Olshausen* (§ 321 Anm. 3a) beziehen Wasserleitungen lediglich auf offene oder geschlossene Kanäle; dazu neigt auch Dölling/Duttge/Rössner/*Weiler* HK Rdn. 2. Doch ist diese Einschränkung von dem Sinn der Bestimmung her, u.a. Wasserversorgungsanlagen zu schützen, nicht gerechtfertigt. Die Wasserleitungen in den einzelnen Häusern einzubeziehen, besteht allerdings kein Bedürfnis.[6] Der Schutz vor dem Wasser steht bei dem Begriff *Schutzwehr* im Vordergrund.

b) **Brücken, Fähren, Wege.**[7] Zum Begriff der *Brücke* vgl. *Wolff* LK § 305 Rdn. 7. Es **5** gehören auch Schiffsbrücken dazu (*Olshausen* § 321 Anm. 3b unter Hinweis auf eine soweit ersichtlich nicht veröffentlichte RG-Entscheidung; *Wieck-Noodt* MK Rdn. 8).

---

[5] Vgl. auch RG GA 51 406 f; ob ein an einer Brücke für Arbeiten angebrachtes Gerüst als Wasserbau angesehen werden kann, erscheint allerdings sehr zweifelhaft.

[6] *Fischer* Rdn. 3; *Herzog* NK Rdn. 3; *Sch/Schröder/Cramer/Sternberg-Lieben* Rdn. 2; *Wieck-Noodt* MK Rdn. 7; *Wolters/Horn* SK Rdn. 3a; *Sack* Rdn. 2; aA *Lackner/Kühl* Rdn. 1.

[7] Nach *Fischer* Rdn. 4; *Herzog* NK Rdn. 2, 4; *Sch/Schröder/Cramer/Sternberg-Lieben* Rdn. 3; Dölling/Duttge/Rössner/*Weiler* HK Rdn. 2 und *Wieck-Noodt* MK Rdn. 8 erfasst § 318 Abs. 1 derartige bauliche Anlagen nur, wenn sie der Überquerung oder der Nutzung oder dem Schutz vor Gefahren des Wassers dienen. Bei Fähren liegt es in der Natur der Sache, dass sie zur Überquerung von Wasser dienen. Bei Brücken und Wegen ist nicht ersichtlich, woraus sich diese Einschränkung ergeben sollte; sie lässt sich insbesondere nicht aus § 315b ableiten, der den Wortlaut von § 318 Abs. 1 unverändert gelassen und diesen auch der Sache nach nicht eingeschränkt hat; ebenso *Wolters/Horn* SK Rdn. 3a. Vgl. auch *Maurach/Schroeder/Maiwald* BT/2 § 57 Rdn. 30.

Unter *Fähre* ist nicht nur das Fährschiff, sondern sind auch die an Land befindlichen Anlagen wie Landungsbrücken oder die Verankerung des Fährseils zu verstehen (**aA** *Wolters/Horn* SK Rdn. 3a). Der Begriff *Wege* umfasst Wege jeder Art (RGSt **28** 117, 119), auch Notwege (RGSt 27 363, 364) oder sonstige rein tatsächlich entstandene Wege wie z.B. einen über die Eisdecke eines Flusses führenden Weg (BayKassH GA **24** 644). Es kommt also weder auf die Erstellung eines Bauwerks wie bei § 305 noch auf eine Widmung an. Es macht auch keinen Unterschied, ob es sich um einen öffentlichen oder privaten Weg handelt (RGSt **20** 393, 395). Danach kann derjenige gegen § 318 Abs. 1 verstoßen, der zur Sperrung eines auf seinem Grund und Boden verlaufenden Privatweges Dritten gegenüber befugt ist, wenn er den Weg durch Beschädigungen sperrt, die Gefahr für das Leben oder die Gesundheit anderer herbeiführen (RGSt **27** 363 ff), oder den Weg mit der Folge einer solchen Gefahr beschädigt, ohne ihn zu sperren. Zur Absperrung genügt nicht das Aufstellen von Warntafeln, denn auch ein verbotener Weg bleibt ein Weg, der von einem Dritten benutzt werden kann.

6 c) Bei einem **Bergwerk** handelt es sich um eine Betriebsanlage, die dem Aufsuchen, der Gewinnung, dem Fördern und der mit dem Abbau verbundenen Aufbereitung von nutzbaren mineralischen Rohstoffen dient. Zu derartigen Mineralien gehören beispielsweise Erze und Kohle, Salz, aber auch Erdöl und Erdgas. Darunter fallen einmal die Betriebsgebäude und -anlagen über der Erde, zum anderen Schachtanlagen, Stollen, Strecken, Bohrungen. Tagebaubetriebe sind einzubeziehen. Dagegen fallen ehemalige Bergwerke, die als Lagerstätte für gefährliche Abfälle benutzt werden, heraus, denn sie lassen sich nicht mehr dem Bergwerksbetrieb, also dem Bergbau zurechnen. § 318 erfasst allerdings nur **dem Bergwerksbetrieb dienende Vorrichtungen** zur Wasserhaltung, zur Wetterführung, also zur Frischluftzufuhr und zur Abluftableitung, und zum Ein- und Ausfahren der Beschäftigten.[8] Auch hier spielt keine Rolle, wem die Betriebsvorrichtungen gehören (RG Rspr. **4** 692, 693).

7 2. Die **Tathandlung,** auch Unterlassen kommt in Betracht, besteht im **Beschädigen oder Zerstören.** Zu diesen Begriffen siehe zunächst bei *Wolff* LK § 303 Rdn. 9 ff, 21. Dabei ist vom Sinn der Vorschrift her gesehen im Rahmen des § 318 für die Beantwortung der Frage, ob eine Beschädigung oder Zerstörung vorliegt, wie bei der Sachbeschädigung auf die Beeinträchtigung oder Aufhebung der bestimmungsmäßigen Funktion der einzelnen Gegenstände abzustellen.[9] Danach bedeutet das Anbringen außergewöhnlicher und besonders gefährlicher Hindernisse auf Wegen, die dadurch für den gesamten Verkehr oder für besondere Arten des Verkehrs unbrauchbar werden, eine Beschädigung oder Zerstörung im Sinne des § 318 Abs. 1.[10] Es besteht kein tragfähiger Anhalt dafür,

---

[8] § 318 Abs. 1 a.F. enthielt stattdessen den Begriff Arbeiter. Ein sachlicher Unterschied wird in dem Begriffswechsel nicht zu sehen sein, es ging und geht um alle im Bergwerk Tätigen; vgl. auch *Nolte* S. 135 Rdn. 3.

[9] *Herzog* NK Rdn. 6; *Lackner/Kühl* Rdn. 2; *Fischer* Rdn. 6; *Wieck-Noodt* MK Rdn. 11 und *Wolters/Horn* SK Rdn. 5 verlangen einen Substanzeingriff; nach u.a. *Sch/Schröder/Cramer/Sternberg-Lieben* Rdn. 5 gilt die Einschränkung, dass Hindernisbereiten nicht genügt, weil §§ 315, 315b insoweit eine abschließende Sonderregelung treffen. Die Vergleichbarkeit mit den gleichlautenden Begriffen in § 303 Abs. 1 ist verneint in BGHSt **29** 129, 133.

[10] Z.B. RGSt **74** 13 ff; RG HRR **1940** Nr. 1216; in RG JW **1936** 456 wird § 321 (jetzt § 318) jedoch bei vergleichbarem Sachverhalt nicht erwähnt; vgl. auch BayObLG NZV **1994** 116 f. Zu abweichenden Meinungen siehe Fn 9.

dass § 318 durch § 315b Abs. 1 Nr. 2 eingeschränkt worden ist.[11] Die neuere Judikatur wendet allerdings, soweit zu sehen, letztere Vorschrift allein an, wenn es um öffentlichen Verkehrsraum geht (vgl. die bei *König* LK § 315b Rdn. 28 zitierte Rechtsprechung). Das bestimmungsgemäße Bedienen von Wasserbauten, das eine Überschwemmung zur Folge hat, erfüllt den Tatbestand im Übrigen nicht (BGH Zeitschrift f. Wasserrecht **1994** 15 ff).

3. Folge der Beschädigung oder Zerstörung eines der erfassten Tatobjekte muss eine **Gefahr für Leben oder Gesundheit eines anderen Menschen** sein (Mittäter und Tatbeteiligte sind dabei nicht gemeint).[12] § 318 Abs. 1 ist wie erwähnt (Rdn. 1) konkretes Gefährdungsdelikt; eine gemeine Gefahr ist nicht gefordert. Zum Begriff der konkreten Gefahr wird auf *Wolff* LK § 306a Rdn. 29 verwiesen. **8**

III. Subjektiver Tatbestand bei § 318 Abs. 1

Für ein Vergehen nach § 318 Abs. 1 ist **Vorsatz** erforderlich, wobei bedingter Vorsatz genügt. Der Vorsatz muss sich auf das Beschädigen oder Zerstören einer wichtigen Anlage, aber auch darauf erstrecken, dass die Handlung eine Gefahr für Leib oder Leben eines anderen herbeiführt.[13] **9**

IV. Die Qualifikationstatbestände nach § 318 Abs. 3 und 4

In Anknüpfung an § 318a Abs. 2 a.F. sind in den Absätzen 3 und 4 zwei Qualifikationstatbestände normiert. Diesen ist gemeinsam, dass sich bei der Herbeiführung des Qualifikationserfolgs die spezifische Gefahr, die mit der Beschädigung oder Zerstörung einer wichtigen Anlage verbunden ist, ausgewirkt haben muss.[14] Mittäter und Tatbeteiligte sind, anders als zu Hilfe eilende Personen, vom Schutz durch die Tatbestände ausgeschlossen.[15] **10**

1. **Der Qualifikationstatbestand des § 318 Abs. 3.** Qualifizierend wirkt zum einen, wenn der Täter durch die Beschädigung einer wichtigen Anlage nach § 318 Abs. 1 wenigstens fahrlässig, § 18, die schwere Gesundheitsschädigung eines anderen Menschen oder die Gesundheitsschädigung einer großen Zahl von Menschen verursacht. Dieses Qualifikationsmerkmal ist in einer ganzen Reihe von Vorschriften verwendet, z.B. in § 306b Abs. 1, § 308 Abs. 2 und § 313 Abs. 2 in Verbindung mit § 308 Abs. 2. Auch wenn bei diesen erwähnten Qualifikationstatbeständen der Strafrahmen etwas höher liegt als in § 318 Abs. 3 und man zugrunde legt, dass insbesondere das Tatbestandsmerkmal einer großen Zahl von Menschen tatbestandsspezifisch auszulegen ist (BGHSt **44** 175, 177), **11**

---

[11] AA *Sch/Schröder/Cramer/Sternberg-Lieben* Rdn. 5; *Wieck-Noodt* MK Rdn. 11; vgl. auch *Wolters/Horn* SK Rdn. 5.

[12] Vgl. *Wolff* LK § 308 Rdn. 6; **aA** *Wolters/Horn* SK Rdn. 6 in Verbindung mit Rdn. 9 vor § 306.

[13] RGSt **35** 53; RG HRR **1940** Nr. 1216; *Fischer* Rdn. 7; *Frank* § 321 Anm. II; *Herzog* NK Rdn. 8; *Lackner/Kühl* Rdn. 3; *Sch/Schröder/Cramer/Sternberg-Lieben* Rdn. 7; *Wieck-Noodt* MK Rdn. 13; *Wolters/Horn* SK Rdn. 8; *Sack* Rdn. 5; **aM** *Olshausen* § 321 Anm. 8.

[14] *Fischer* Rdn. 9; *Sch/Schröder/Cramer/Sternberg-Lieben* Rdn.8; *Wieck-Noodt* MK Rdn. 16, 18; *Wolters/Horn* SK Rdn. 13.

[15] Rettungspersonen sehen gleichfalls als geschützt an: *Sch/Schröder/Cramer/Sternberg-Lieben* Rdn. 8.

lassen sich die bei den drei als Parallele herangezogenen Vorschriften entwickelten Überlegungen auf § 318 Abs. 3 übertragen.[16] Daher ist hier die Kommentierung von *Wolff* LK § 306b Rdn. 4 ff und § 308 Rdn. 15 f sinngemäß heranzuziehen.

12 2. **Der Qualifikationstatbestand des § 318 Abs. 4.** Es wirkt weiter qualifizierend, wenn der Täter durch die Tat den Tod eines anderen Menschen verursacht. Während im Regierungsentwurf zum 6. StrRG für diese Qualifikation noch vorgesehen war, dass der Täter den Tod leichtfertig verursacht haben müsse (BTDrucks. 13/8587 S. 14), ist im weiteren Gesetzgebungsverfahren darauf verzichtet worden, um einen drohenden, bedenklich erscheinenden Strafrahmensprung zwischen Fällen fahrlässiger und leichtfertiger Todesverursachung zu vermeiden; es genügt nunmehr einfache Fahrlässigkeit, § 18 (Bericht des Rechtsausschusses des Bundestags BTDrucks. 13/9064 S. 15; *Nolte* S. 136 Rdn. 6). Im Übrigen ergeben sich bei diesem Qualifikationstatbestand die gleichen Anforderungen wie z.B. bei § 306c, § 308 Abs. 3 und § 313 Abs. 2 in Verbindung mit § 308 Abs. 3, so dass die dortigen Ausführungen sinngemäß heranzuziehen sind (*Wolff* LK § 306c Rdn. 3 ff, § 308 Rdn. 18 ff).

V. Versuch

13 Nach **§ 318 Abs. 2** ist der Versuch eines Delikts nach § 318 Abs. 1 strafbar. Da § 318 Abs. 1 Vergehen ist, § 12 Abs. 2, bedurfte dies ausdrücklicher Regelung, § 23 Abs. 1 2. Alternative. Nachdem der Versuch bei den Sachbeschädigungsdelikten der §§ 303 Abs. 1, § 304 Abs. 1, 305 Abs. 1 und § 305a Abs. 1 unter Strafe gestellt ist, ist diese Ergänzung durch den Gesetzgeber nur konsequent. Nach der früheren Rechtslage musste auf § 303 zurückgegriffen werden (RG Rspr. 4 692 f). Bei den Qualifikationstatbeständen des **§ 318 Abs. 3 und 4** handelt es sich um Verbrechen, § 12 Abs. 1, so dass Versuch ohne weitere Erwähnung im Gesetz strafbar ist, § 23 Abs. 1 1. Alternative. Er kommt sowohl als erfolgsqualifizierter Versuch als auch – bei entsprechendem Vorsatz – als versuchte Erfolgsqualifizierung in Betracht.[17]

VI. Rechtswidrigkeit

14 Die Tat ist grundsätzlich, d.h. soweit eine rechtlich erhebliche Einwilligung überhaupt in Betracht kommt,[18] gerechtfertigt, wenn die gefährdeten Personen sämtlich **einwilligen.** Außerdem mögen **Notstand** oder **behördliche Genehmigung** in Betracht kommen, wenn

---

16 Ebenso *Fischer* Rdn. 9; *Wolters/Horn* SK Rdn. 13; vgl. auch *Wieck-Noodt* MK Rdn. 17. Auf § 330 als Vergleichsbasis verweisen demgegenüber: *Lackner/Kühl* Rdn. 4; *Sch/Schröder/Cramer/Sternberg-Lieben* Rdn. 8; *Sack* Rdn. 6.

17 *Sch/Schröder/Cramer/Sternberg-Lieben* Rdn. 8; *Wieck-Noodt* MK Rdn. 16 (anders allerdings Rdn. 20 in Bezug auf § 318 Abs. 1) und *Wolters/Horn* SK Rdn. 7 verlangen demgegenüber Vollendung der Beschädigung einer wichtigen Anlage, lehnen also die Möglichkeit des erfolgsqualifizierten Versuchs ab. Doch können bereits durch den Versuch der Beschädigung einer wichtigen Anlage Gefahren für Personen ausgelöst werden, die zu den spezifischen Gefahren dieses Delikts zu rechnen sind. Vgl. ergänzend auch *Wolff* LK § 306c Rdn. 11.

18 Streitpunkt ist neben der dogmatischen Einordnung, ob in eine Gefährdung des Lebens wirksam eingewilligt werden kann; vgl. *Walter* LK Vor § 13 Rdn. 128 ff.; *Vogel* LK § 15 Rdn. 237 ff.; jeweils mit Nachweisen.

durch die Beschädigung einer wichtigen Anlage Menschenleben gerettet werden sollen, beispielsweise wenn durch einen Deichdurchstich eine drohende Überschwemmung eines Wohngebietes abgewendet werden soll, indem die Wassermassen auf unbesiedeltes Land gelenkt werden, auch wenn mit dem Deichdurchstich eine gewisse Gefahr für anwesende Personen verbunden ist (vgl. AG Zerbst NJ **2004** 181 f m. Anm. *Krüger*).

VII. Fahrlässigkeit nach § 318 Abs. 6

Während § 320 a.F. nur die fahrlässige Beschädigung wichtiger Anlagen unter der Voraussetzung vorsah, dass durch die Handlung entweder ein Schaden[19] oder der Tod eines Menschen verursacht worden war (§ 18), unterscheidet **§ 318 Abs. 6** zwei Fälle: Erstens wenn der Täter eine wichtige Anlage vorsätzlich beschädigt und dadurch fahrlässig Gefahr für Leib oder Leben eines anderen verursacht hat, eine vorsätzliche Tat, § 11 Abs. 2; und zweitens wenn der Täter fahrlässig gehandelt und dadurch fahrlässig die Gefahr verursacht hat. Damit müssen die objektiven Voraussetzungen von § 318 Abs. 1 ausgefüllt sein. Für die Fahrlässigkeit gelten die allgemeinen Regeln. **15**

VIII. Strafrahmen. Minder schwere Fälle

Für das Vergehen des **§ 318 Abs. 1** ist ein Strafrahmen von drei Monaten bis zu fünf Jahren Freiheitsstrafe vorgesehen. Zu einer Geldstrafe kann es danach nur unter den Voraussetzungen von § 47 Abs. 2 kommen. Für Verbrechen nach **§ 318 Abs. 3 und 4** ist Freiheitsstrafe von einem bis zu zehn Jahren bzw. von drei Jahren bis zu fünfzehn Jahren angedroht, die sich bei einem minder schweren Fall auf Freiheitsstrafe von sechs Monaten bis zu fünf Jahren (was die Anwendung von § 47 ausschließt) bzw. von einem Jahr bis zu zehn Jahren reduziert. Minder schwere Fälle mögen vorkommen, wenn das Opfer erhebliches Mitverschulden trifft oder der Täter in einer Gefahrensituation für sich oder andere gehandelt hat, ohne dass die Voraussetzungen rechtfertigenden oder entschuldigenden Notstandes vorlagen.[20] Im Falle einer Tat nach **§ 318 Abs. 6** ist Freiheitsstrafe bis zu drei Jahren oder Geldstrafe angedroht, ohne dass das Gesetz zwischen den beiden Alternativen differenziert. **16**

IX. Konkurrenzen

§ 318 Abs. 1 verdrängt § 318 Abs. 6 und tritt seinerseits hinter der spezielleren Regelung von § 318 Abs. 3 und 4 zurück. Mit Körperverletzungs- und Tötungsdelikten nach §§ 223 ff, 211 ff kann **Tateinheit** bestehen, soweit diese nicht durch die spezielleren Bestimmungen des § 318 Abs. 3 und 4 verdrängt werden.[21] Tateinheit kann weiter bei- **17**

---

[19] Es handelte sich um eine objektive Bedingung der Strafbarkeit, vgl. *Wolff* LK 11 § 320 Rdn. 3 ff mit Nachweisen.

[20] *Fischer* Rdn. 10; *Sch/Schröder/Cramer/Sternberg-Lieben* Rdn. 8; *Wieck-Noodt* MK Rdn. 26; vgl. auch AG Zerbst NJ **2004** 181 f m. Anm. *Krüger*.

[21] *Fischer* Rdn. 11 f; *Herzog* NK Rdn. 11; *Sch/Schröder/Cramer/Sternberg-Lieben* Rdn. 9; *Wieck-Noodt* MK Rdn. 22 f; *Wolters/Horn* SK Rdn. 11; *Sack* Rdn. 10.

spielsweise bestehen mit §§ 304 Abs. 1, 305, während § 303 Abs. 1 zurücktritt.[22] Tateinheit kommt auch in Betracht mit dem Herbeiführen einer Überschwemmung nach § 313 (*Wolters(Horn* SK Rdn. 11; *Maurach/Schroeder/Maiwald* BT/2 § 57 Rdn. 30; vgl. auch AG Zerbst NJ **2004** 181 f m. Anm. *Krüger*); sowie mit § 315b.[23]

X. Tätige Reue

18 Zur **tätigen Reue** vgl. § 320 Abs. 2 Nr. 3, Abs. 3 Nr. 1c. Führungsaufsicht ist in § 321 für § 318 nicht vorgesehen. Auch die Einziehungsvorschrift des § 322 findet auf § 318 keine Anwendung; es ist § 74 anzuwenden.

XI. Recht des Einigungsvertrages

19 Zum Recht des Einigungsvertrages wird auf die Vorauflage verwiesen (vgl. *Wolff* LK[11] § 318 Rdn. 12 f).

§ 319
Baugefährdung

(1) Wer bei der Planung, Leitung oder Ausführung eines Baues oder des Abbruchs eines Bauwerks gegen die allgemeinen Regeln der Technik verstößt und dadurch Leib oder Leben eines anderen Menschen gefährdet, wird mit Freiheitsstrafe bis zu fünf Jahren oder mit Geldstrafe bestraft.

(2) Ebenso wird bestraft, wer in Ausübung eines Berufs oder Gewerbes bei der Planung, Leitung oder Ausführung eines Vorhabens, technische Einrichtungen in ein Bauwerk einzubauen oder eingebaute Einrichtungen dieser Art zu ändern, gegen die allgemein anerkannten Regeln der Technik verstößt und dadurch Leib oder Leben eines anderen Menschen gefährdet.

(3) Wer die Gefahr fahrlässig verursacht, wird mit Freiheitsstrafe bis zu drei Jahren oder mit Geldstrafe bestraft.

(4) Wer in den Fällen der Absätze 1 und 2 fahrlässig handelt und die Gefahr fahrlässig verursacht, wird mit Freiheitsstrafe bis zu zwei Jahren oder mit Geldstrafe bestraft.

Schrifttum

Althans Die gemeingefährliche Bauausführung (1909); *Berlowitz* Der Verstoß gegen die allgemein anerkannten Regeln der Baukunst (1915); *Bindhardt/Jagenburg* Die Haftung des Architekten[8] (1981); *Bockelmann* Das strafrechtliche Risiko der am Straßenbau Beteiligten, Kraftfahrt und Ver-

---

[22] *Herzog* NK Rdn. 11; *Sch/Schröder/Cramer/Sternberg-Lieben* Rdn. 9; *Wieck-Noodt* MK Rdn. 23 f; *Wolters/Horn* SK Rdn. 11 (mit der Einschränkung, dass auch zu § 303 Tateinheit besteht); *Sack* Rdn. 10. Vgl. zu dem Verhältnis zu § 303 Abs. 1 auch RG Rspr. 4 692, 693.

[23] *Fischer* Rdn. 12; *König* LK § 315b Rdn. 93; *Sch/Schröder/Cramer/Sternberg-Lieben* Rdn. 9; *Wieck-Noodt* MK Rdn. 22; *Wolters/Horn* SK Rdn. 11.

kehrsrecht **1966** 104; *Bottke/Mayer* Krankmachende Bauprodukte, ZfBR **1991** 233; *Gallas* Die strafrechtliche Verantwortlichkeit der am Bau Beteiligten unter besonderer Berücksichtigung des „verantwortlichen Bauleiters" (1963); *Hammer* Technische „Normen" in der Rechtsordnung, MDR **1966** 977; *Kromik/Schwager* Straftaten und Ordnungswidrigkeiten bei der Durchführung von Bauvorhaben (1982); *Landau* Das strafrechtliche Risiko der am Bau Beteiligten, wistra **1999** 47; *Leipold* in Greve/Leipold Handbuch des Baustrafrechts (2004) 591; *Marburger* Die Regeln der Technik im Recht (1979); *Neumeyer* Gefährliche Bauführung VDB IX S. 179; *Nickusch* § 330 StGB als Beispiel für eine unzulässige Verweisung auf die Regeln der Technik, NJW **1967** 811; *Rabe* Die Verantwortlichkeit des Bauleiters, BauR **1981** 332; *Scherer* Strafrecht in der Baupraxis (1965); *Schneider* Die Baugefährdung (1906); *Schünemann* Grundfragen der strafrechtlichen Zurechnung im Tatbestand der Baugefährdung (§ 330 StGB), ZfBR **1980** 4, 113, 159; *ders.* Die Regeln der Technik im Strafrecht, Festschrift Lackner (1987) 367; *Veit* Die Rezeption technischer Regeln im Strafrecht und Ordnungswidrigkeitenrecht unter besonderer Berücksichtigung ihrer verfassungsrechtlichen Problematik (1989); *Velten* Die Baugefährdung (§ 330 StGB), Eine strafrechtliche und kriminologische Untersuchung, Diss. Kiel 1965; *Werner/Pastor/Müller* Baurecht von A–Z (2000) Stichworte: Allgemein anerkannte Regeln der Baukunst/Technik und Strafrecht.

Entstehungsgeschichte

Das Strafgesetzbuch für das Deutsche Reich sah ursprünglich als § 330 folgende Strafbestimmung vor (RGBl. 1871 S. 127, 191):

> Wer bei der Leitung oder Ausführung eines Baues wider die allgemein anerkannten Regeln der Baukunst dergestalt handelt, daß hieraus für Andere Gefahr entsteht, wird mit Geldstrafe bis zu dreihundert Thalern oder mit Gefängniß bis zu Einem Jahre bestraft.

Die Bestimmung, die nach herrschender Meinung vorsätzliche und fahrlässige Begehung erfasste, blieb, sieht man von Anpassungen betreffend die angedrohte Geldstrafe ab, zunächst etwa ein Jahrhundert unverändert. Mit Art. 4, 5 Abs. 4 des 1. StrRG vom 25. Juni 1969 (BGBl. I 645, 657) ist dann die angedrohte Gefängnisstrafe in Freiheitsstrafe übergeleitet worden. Eine Umgestaltung der Vorschrift geht auf Art. 19 Nr. 185 EGStGB 1974 (BGBl. I 469, 495) zurück (zu den Gesetzesmaterialien vgl. insbes. BTDrucks. 7/550 S. 1, 30 f, 267 f). Diese Fassung des Tatbestandes entsprach praktisch den §§ 337 Abs. 1, 2 und 4, 340 Abs. 1 Nr. 2. 341 Abs. 2 Nr. 3 E 1962, in dem mit § 336 noch ein Straftatbestand: Gefährdung durch Elektrizität oder Gas vorgeschlagen waren (vgl. BT/Drucks. IV/ 650 S. 1. 65 f, 512 ff). Die Neufassung bedeutete eine Erweiterung durch Einbeziehung der Planung in Absatz 1 und durch Einfügung von Absatz 2. Eine Klarstellung ist die ausdrückliche Erwähnung des Abbruchs eines Bauwerks in Absatz 1 (für Strafbarkeit bereits nach der ursprünglichen Fassung RGSt **25** 90 ff; **28** 318, 320; anders noch RGSt **21** 142 ff). Zugleich war die Strafdrohung verschärft und – bei entsprechend § 315 gestuften Schuldformen – differenziert worden. Durch Art 1 Nr. 14 des 18. StRÄndG vom 28. März 1980 (BGBl. I 373, 374) ist lediglich die Nummerierung von § 330 in § 323 geändert worden.

Durch Art. 1 Nr. 87 des 6. StrRG (BGBl. I 164, 185) hat der bisherige § 323 die Paragraphennummer 319 erhalten. Dabei ist zugleich die Fassung in den Absätzen 1 und 2 geringfügig verändert, sowie Absatz 5, der in § 320 aufgegangen ist, aufgehoben worden. Zu den Materialien siehe den Regierungsentwurf zum 6. StrRG (BTDrucks. 13/8587 S. 14 und 51 f), die Stellungnahme des Bundesrates (BTDrucks. 13/8587 Anlage 2 S. 75), die Gegenäußerung der Bundesregierung (BTDrucks. 13/8587 S. 88 f), die Beschlussempfehlung des Rechtsausschusses des Bundestags (BT/Drucks. 13/8991 S. 27) und den Bericht dazu (BT/Drucks. 13/9064 S. 23).

Übersicht

I. § 319 Abs. 1 und 2 als konkrete Gefährdungsdelikte

1 Bei den in Absatz 1 und 2 normierten Tatbeständen handelt es sich um **konkrete Gefährdungsdelikte.**[1] Die Bestimmung des § 319 will Menschen Schutz gewähren gegen die Gefahren, die aus dem fehlerhaften Betrieb des Baugewerbes entspringen.[2] Da für die Täterschaft besondere persönliche Merkmale Voraussetzung sind, handelt es sich um Sonderdelikte.[3] Es ist dabei auch an § 14 und § 28 Abs. 1 zu denken.

II. Der Anwendungsbereich von § 319 Abs. 1

2 § 319 Abs. 1 betrifft *diejenigen, die bei der Planung, Leitung oder Ausführung eines Baus oder des Abbruchs eines Bauwerks* tätig werden. Die Tätigkeit braucht, anders als bei Absatz 2, nicht berufs- oder gewerbsmäßig ausgeübt zu werden; auch wenn dies meist der Fall sein wird.

3 **1. Bau als Bauarbeit oder Bautätigkeit.** Das RG bezeichnete in Übereinstimmung mit dem Schrifttum als **Bau** „jede in das Gebiet der Bauthätigkeit, der Ausübung des Bauhandwerkes fallende Thätigkeit ..., für deren Vornahme allgemein anerkannte Regeln der Baukunst von solcher Bedeutung, daß ein Zuwiderhandeln gegen sie mit Gefahr für Andere verbunden ist, bestehen" (RGSt **25** 90, 92; vgl. auch RGSt **56** 343, 347; RG GA

---

[1] *Fischer* Rdn. 1; *Herzog* NK Rdn. 2; *Kindhäuser* LPK Rdn. 1; *Lackner/Kühl* Rdn. 1; *Sch/Schröder/Cramer/Sternberg-Lieben* Rdn. 6; Dölling/Duttge/Rössner/*Weiler* HK Rdn. 1; *Wieck-Noodt* MK Rdn. 3; *Wolters/Horn* SK Rdn. 2, 12; *Bottke/Mayer* ZfBR **1991** 233, 235; *Gallas* S. 14; *Landau* wistra **1999** 47; *Ostendorf* JuS **1982** 426, 428; *Scherer* S. 25; *Schünemann* ZfBR **1980** 163; *Werner/Pastor/Müller* Stichwort Strafrecht; vgl. auch *Frank* § 330 Anm. III.

[2] RGSt **25** 90, 92, 93; **28** 318, 320; **29** 71, 73; **31** 180, 181; **39** 417, 418; vgl. auch *Fischer* Rdn. 1; *Herzog* NK Rdn. 2; *Kindhäuser* LPK Rdn. 1; *Lackner/Kühl* Rdn. 1; *Sch/Schröder/Cramer/Sternberg-Lieben* Rdn. 1; Dölling/Duttge/Rössner/*Weiler* HK Rdn. 1; *Wieck-Noodt* MK Rdn. 2; *Wolters/Horn* SK Rdn. 2; *Gallas* S. 13; *Scherer* S. 13.

[3] *Fischer* Rdn. 2; *Kindhäuser* LPK Rdn. 1; *Lackner/Kühl* Rdn. 5; *Sch/Schröder/Cramer/Sternberg-Lieben* Rdn. 14; Dölling/Duttge/Rössner/*Weiler* HK Rdn. 1; *Wieck-Noodt* MK Rdn. 7; *Maurach/Schroeder/Maiwald* BT/2 § 54 Rdn. 4; *Bottke/Mayer* ZfBR **1991** 233, 235 f; *Landau* wistra **1999** 47; vgl. auch *Gallas* S. 13; *Veit* S. 155. Nach *Wolters/Horn* SK Rdn. 14 geht es nur bei Absatz 2 um ein Sonderdelikt; so auch *Herzog* NK Rdn. 3.

56 219 f). Nach dieser Begriffsbestimmung, die unverändert gilt,[4] bedeutet also Bau im Sinne des § 319 nicht Bauwerk, sondern ist als **Bauarbeit oder Bautätigkeit** zu verstehen. Dazu gehört auch die vom Gesetz jetzt aufgezählte Planung (und Berechnung). Unerheblich ist, ob die Bauarbeiten die Ausführung von Gebäuden (Hochbau), von Straßen und Eisenbahnen usw. (Tiefbau) oder sonstige Bauwerke wie Wasserbauten und Bergwerke (siehe *Wolff* LK § 318 Rdn. 4, 6) zum Gegenstand haben (RGSt **23** 277 ff; siehe auch BTDrucks. IV/650 S. 513 und 7/550 S. 267); ob sie der Errichtung eines neuen, die Erweiterung (RGSt **23** 277, 278) oder die Ausbesserung eines bereits vorhandenen Bauwerks, die Herstellung des Rohbaus, den Putz (RGSt **27** 388 ff) oder Innenarbeiten (RGSt **29** 71, 72) betreffen. Ein Unterschied zwischen der Bautätigkeit im engeren Sinne und Nebenarbeiten wird nicht gemacht. Zum Bau zählen daher auch die Ausschachtung einer Baugrube (RGSt **23** 277, 278) und die Aufstellung eines Baugerüsts (RGSt **23** 277, 278; RG Rspr. **10** 242) und einer zu dessen Besteigung dienenden Leiter (RGSt **39** 417, 418), das Anbringen von Schutzvorrichtungen gegen das Herabfallen von Baustoffen oder Werkzeugen,[5] die Errichtung eines Bauzauns (*Olshausen* § 330 Anm. 3b; **aA** KG LZ **1917** Sp. 421), das Heranführen, nicht jedoch das Herstellen, der Baustoffe und -gerätschaften; ebenso das Absprengen von Felswänden zur Schaffung des Baugrunds (RGSt **23** 277, 278) und die Wegnahme von Lehrbögen (RGSt **31** 180 ff) sowie die Entfernung von Hilfskonstruktionen nach Abschluss der eigentlichen Bauarbeiten (vgl. BGHSt **47** 224, 225 = NStZ **2002** 274 m. Anm. *Freund* – Wuppertaler Schwebebahn). Sogar die Anlage von Sand- und Kiesgruben zur Gewinnung von Baumaterialien ist schon unter den Begriff des Baus gezogen worden (RGSt **29** 71 ff; vgl. aber auch RGSt **47** 426 ff und RG Recht **1914** Nr. 151).

2. Entsprechend weit ist der Begriff des **Abbruchs eines Bauwerks** zu verstehen. So wird nicht nur die völlige Niederlegung eines Gebäudes erfasst, sondern auch der Abbruch eines Gebäudeteils. Bei Abbrucharbeiten können spezifische Baugefahren auftreten, z.B. wenn asbesthaltige Baumaterialien verwendet worden waren.[6] 4

3. **Planung.** Mit Planung sind die Erstellung des Bau- oder Abrissplans, die Anfertigung der Bauzeichnungen und die statische Berechnung gemeint (vgl. BTDrucks. IV/650 S. 513; BTDrucks. 7/550 S. 267; sowie OLG Köln MDR **1963** 156), so dass der Bauherr im Normalfall als Täter ausscheidet (**aA** *Schünemann* ZfBR **1980** 7, 113). In erster Linie geht es vielmehr um Architekten (vgl. z.B. BGH BrBp **2005** 155 f m. Anm. *Jörgensen*) und Statiker,[7] nicht jedoch den Prüfingenieur für die Baustatik. 5

---

[4] *Fischer* Rdn. 3; *Kindhäuser* LPK Rdn. 5; *Lackner/Kühl* Rdn. 4; *Sch/Schröder/Cramer/Sternberg-Lieben* Rdn. 2; Dölling/Duttge/Rössner/*Weiler* HK Rdn. 3; *Wieck-Noodt* MK Rdn. 8; *Gallas* S. 13; *Scherer* S. 13; *Tiedemann* Jura **1982** 371, 377; siehe auch BT/Drucks. 7/550 S. 267.

[5] RGSt **56** 343 347; RG GA **56** 219 f; BGH, Urt. v. 10. Mai 1955 – 5 StR 39/55; OLG Celle, Beschl. v. 19. November 1992 – 3 Ss 98/92; **aA** *Frank* § 330 Anm. II, soweit es den Schutz von Passanten betrifft.

[6] Vgl. BayObLG NStZ-RR **1997** 120; OLG Düsseldorf GewArchiv **1994** 438; *Kuchenbauer* NJW **1997** 2009; sowie *Koepfer* BauR **2005** 28 ff.

[7] Beispielsweise sollen u.a. Fehler des für die Statik Verantwortlichen bei der Tragfähigkeitsberechnung der Dachträger in Holzbauweise zum Einsturz des Dachs der Bad Reichenhaller Eissporthalle unter Schneelast am 2. Januar 2006 beigetragen haben – FAZ Nr. 23 vom 28. Januar 2008 S. 9.

6 4. **Bauleiter** im Sinne von § 319 ist die Person, die über die Art und Weise der technischen Ausführung des Baues als eines Ganzen – nicht also nur nebensächlicher Arbeiten – entscheidet; mit anderen Worten *derjenige, dessen Gebote und Verbote für die Ausführenden in technischer Hinsicht maßgebend sind.*[8] Wesentlich kommt es dabei auf die tatsächliche Stellung des Betreffenden an, nicht auf das Rechtsverhältnis, aufgrund dessen er tätig wird (RG GA **45** 263 f; RG DJ **1940** 707 f). Die Erteilung eines formellen Auftrags ist daher nicht notwendig. Bauleiter ist in aller Regel der *Bauunternehmer* oder dessen – vgl. dazu ergänzend § 14 – Beauftragter (BGH NJW **1965** 1340), denn der Bauunternehmer kann seine Funktion auf einen Angestellten übertragen (RG Recht **1906** Nr. 124). Es ist denkbar, dass mehrere Personen zugleich oder nacheinander Bauleiter sind. Zieht der für das gesamte Bauvorhaben verantwortliche Bauunternehmer für bestimmte Arbeiten, z.B. für das Putzen, Akkordkolonnen oder, z.B. für die Zimmermannsarbeiten, selbständig tätig werdende und damit als Bauleiter für ihren Arbeitsabschnitt einzuordnende Handwerker heran, so bleibt seine Pflicht, auf die Einhaltung der Regeln der Technik zu achten, dennoch bestehen (vgl. OLG Karlsruhe NJW **1977** 1930 f). Werden mehrere Bauunternehmer in Folge für getrennte Baubereiche tätig, sind sie jeweils für ihren Bereich Bauleiter. Wer in Urlaub fährt, hat meist nicht mehr die Leitung des Baus in der Hand; seine Verantwortung beschränkt sich auf vorher erteilte Weisungen, die fortwirken (OLG Karlsruhe Justiz **1970** 52 f). Bei der Errichtung von Fertighäusern ist Bauleiter derjenige, der die Zusammensetzung der Einzelteile tatsächlich leitet; nicht aber, wer die Einzelteile nach von ihm entworfenen Plänen herstellt (vgl. BayObLGSt **1955** 21 ff).

7 Bauleiter ist regelmäßig **nicht der Bauherr**, selbst wenn er dem von ihm beauftragten Bauunternehmer oder einer bestellten Aufsichtsperson einzelne Anweisungen über die Art der Ausführung erteilt.[9] Solche Anweisungen werden unter der stillschweigenden Voraussetzung gegeben, dass sie mit den anerkannten Regeln der Technik nicht in Widerspruch stehen (RG GA **50** 390 f; BayObLGSt **1958** 217, 221). Errichtet der Bauherr dagegen einen Bau in Selbsthilfe (OLG Hamm GA **1966** 250, 251) oder Eigenregie (RG GA **38** 439 f), so ist er auch Bauleiter. So z.B. eine Behörde, die den Bau durch einen ihrer Beamten verantwortlich leiten lässt; dieser wird damit Bauleiter nach § 319 (RGSt **57** 205 f). Das gleiche gilt für den Leiter des Bauhofs einer Stadt, der die Errichtung eines Wartehäuschens übertragen erhält (OLG Karlsruhe IBR **2002** 648). Der den Bauplan entwerfende **Architekt** ist deswegen allein noch nicht Bauleiter. Das gilt selbst dann, wenn ihm vom Bauherrn die künstlerische oder technisch-geschäftliche Oberleitung oder die Bauüberwachung (örtliche Bauaufsicht) übertragen worden ist; denn § 319 stellt nicht die Vernachlässigung von Aufsichtspflichten unter Strafe, sondern die Verletzung

---

[8] RGSt **57** 205 f; RG Rspr. **9** 203, 204; RG GA **39** 323 ff; RG GA **46** 209 f; RG Recht **1907** Nr. 1582; RG LZ **1914** Sp. 479; RG DJ **1940** 707 f; BayObLGSt **1958** 217, 220; BayObLG OLGSt zu § 367 Nr. 15 a.F. S. 5; OLG Frankfurt a.M. MDR **1958** 425; OLG Hamm GA **1966** 250 f; *Fischer* Rdn. 5; *Herzog* Rdn. 6; *Kindhäuser* LPK Rdn. 6; *Lackner/Kühl* Rdn. 5; *Sch/Schröder/Cramer/Sternberg-Lieben* Rdn. 8; *Wieck-Noodt* MK Rdn. 10; *Wolters/Horn* SK Rdn. 5; *Bottke /Mayer* ZfBR **1991** 233, 235; *Gallas* S. 15; *Landau* wistra **1999** 47; *Leipold* S. 593; *Rabe* BauR **1981** 332, 347 Fn. 66; *Scherer* S. 26; *Schünemann* ZfBR **1980** 6, 7 f; *Werner/Pastor/Müller* Stichwort Strafrecht. Vgl. auch *Maurach/Schroeder/Maiwald* BT/2 § 54 Rdn. 8.

[9] RG Recht **1926** Nr. 1551; OLG Celle NdsRpfl. **1986** 133, 134; **aA** *Wolters/Horn* SK Rdn. 14. Vgl. auch OLG Stuttgart NJW **2005** 2567 f m. Besprechung *Foerste* NJW **2005** 3182 ff.

der Regeln des Bauhandwerks.[10] Auch der **verantwortliche Leiter der Landesbauordnungen** ist nicht allein schon deshalb Bauleiter im Sinne von § 319 (BGH NJW **1965** 1340; zweifelnd *Lackner/Kühl* Rdn. 5; einschränkend *Schünemann* ZfBR **1980** 8 f). Schließlich ist Bauleiter nicht, wer vom Bauherrn mit der Überwachung vertragsgemäßer Durchführung der Bauarbeiten durch den Unternehmer betraut ist;[11] ebensowenig, wer Baumaterialien abzunehmen hat (RG Recht **1914** Nr. 150).

Vom Bauleiter wird nicht ständige Überwachung des Baues verlangt (BGH, Urt. vom 8
15. April 1955 – 1 StR 15/55). Allerdings muss er die herangezogenen Hilfskräfte sorgfältig ausgewählt haben (OLG Celle NdsRpfl. **1986** 133, 134 f; OLG Celle, Beschl. vom 19. November 1992 – 3 Ss 98/92), wenn auch der Einsatz von mangelhaft ausgebildetem Personal für sich gesehen noch kein Verstoß gegen die anerkannten Regeln der Technik ist. Und er ist verpflichtet, wenn Veranlassung dazu besteht, für die Arbeiten konkrete Anweisungen und Belehrungen zu geben und das Arbeitsergebnis zu überprüfen (RGSt **19** 204, 205; RG Rspr. 5 8, 9). Er muss sich auch bei einer erkannt gefährlichen Baumaßnahme über die Notwendigkeit von Sicherungsmaßnahmen vergewissern (RG DJ **1940** 707, 708) und dabei in seine Überlegungen die Gefährdung von Nachbargebäuden einbeziehen (RG GA **39** 208 f). Ist bereits das Fundament eines Bauwerks derart fehlerhaft, dass es den Bau nicht zu tragen vermag, so muss der für den Weiterbau verantwortliche Bauleiter, der die Mängel erkannt hat, die Fortsetzung des Bauwerks ablehnen, wenn er den Bauherrn nicht zu einer ordnungsgemäßen Fundamentierung bestimmen kann (RG JW **1914** 379). Erfährt der Bauleiter von einer ohne sein Wissen begangenen, gefahrbringenden Abweichung vom Bauplan, so muss er für Abhilfe sorgen (BayObLGSt **1964** 1 ff).

5. **An der Ausführung des Baues Beteiligte.** An der **Ausführung** eines Baues **beteiligt** 9
sind alle Personen, die bei der Vornahme der Bauarbeiten mitwirken.[12] Zu diesen Personen gehören nicht nur der Polier (OLG Hamm JMBlNRW **1962** 246 f; OLG Koblenz GA **1974** 87 f) und Bauarbeiter, sondern auch die Unternehmer und Handwerksmeister, in deren Dienst die Arbeiter tätig sind (RG JW **1914** 379); nur ausnahmsweise Bauaufseher, welche die Bautätigkeit überwachen, so regelmäßig nicht die vom Bauherrn bestellte Aufsichtsperson, die die vertragsgemäße Ausführung des Bauwerks durch den Unternehmer kontrollieren soll (RGSt **43** 326 ff); lediglich im Ausnahmefall auch der Bauherr (vgl. BGH bei Schäfer/Finnern S. 2.1 Bl. 9, 10). Es genügt, dass der Täter an der Ausführung des Baus irgendwie beteiligt gewesen ist (RG DR **1940** 2239); Bauleiter und Bauplaner sind aber nicht ohne weiteres auch Bauausführende (RG GA **39** 323 ff; RG GA 50 390 f; BayObLG MDR **1954** 312). Doch ist jeder nur im Kreis der ihm zugewiesenen Tätigkeit und im Rahmen der ihm zustehenden Bewegungsfreiheit verantwortlich (RG DJ **1940** 707, 708); dort allerdings auch für die selbständige Anordnung und Durchführung von Sicherungsmaßnahmen (BGH, Urt. vom 21. September 1960 – 2 StR 196/60). Zur Herstellung des Baues gehören auch die Ausführung von Einzelteilen (RG GA 53 440 f) und Nebentätigkeiten, wie sie bei Rdn. 4 aufgeführt sind. Alternative Feststellung von Bauleitung und Bauausführung ist zulässig (**aA** *Olshausen* § 330 Anm. 3b).

---

[10] RG DJ **1940** 707 f; BGH NJW **1965** 1340; BayObLGSt **1958** 227 ff; vgl. auch OLG Nürnberg BauR **1996** 135 f.

[11] BGH NJW **1965** 1340; OLG Celle NdsRpfl. **1986** 133 ff; OLG Hamm NJW **1969** 2211 ff; vgl. auch BGHSt **19** 286 ff; OLG Hamm NJW **1971** 442 f; OLG Stuttgart NJW **1984** 2897 f m. Anm. *Henke* NStZ **1985** 124 f.

[12] RG GA **46** 209 f; RG LZ **1914** Sp. 479; RG DJ **1940** 707, 708; *Fischer* Rdn. 6; *Herzog* NK Rdn. 7; *Kindhäuser* LPK Rdn. 6; *Lackner/Kühl* Rdn. 5; *Sch/Schröder/Cramer/Sternberg-Lieben* Rdn. 9; *Wieck-Noodt* MK Rdn. 14.

III. Mögliche Täter nach § 319 Abs. 2

10 Nach **Absatz 2** ist möglicher Täter, wer in **Ausübung eines Berufs oder Gewerbes** (vgl. dazu *Hanack* LK § 70 Rdn. 12 ff), also nicht z.B. als Gebäudeeigentümer oder Mieter, **ein Vorhaben plant, leitet oder ausführt, durch das technische Einrichtungen in ein Bauwerk eingebaut oder eingebaute technische Einrichtungen geändert werden.** Mit der Beschränkung auf berufliche oder gewerbliche Tätigkeit wollte man eine zu weitgehende Ausweitung der Strafvorschrift vermeiden (vgl. Entwurf zum EGStGB 1974 BTDrucks. 7/550 S. 268 und E 1962 BTDrucks. IV/650 S. 513). Zu den technischen Einrichtungen gehören etwa Maschinen, Heizanlagen, Gasrohre, elektrische Anlagen, Aufzüge (vgl. BTDrucks. 7/550 S. 268 und BTDrucks. IV/650 S. 513).[13] Sie müssen fest mit dem Bauwerk verbunden werden oder sein. Dass das Bauwerk bereits vollendet wäre, wird nicht verlangt. Deshalb sind Überschneidungen zwischen Absatz 1 und Absatz 2 denkbar. Reparaturen von technischen Einrichtungen gehören nicht zur Änderung, solange sie nicht mit einer Umgestaltung verbunden sind.[14] Die Entfernung derartiger Einrichtungen unterfällt dem Tatbestand nicht. Beispiele sind: Wer als Fachmann in einen Duschraum einen Gasdurchlauferhitzer einbaut, muss für ordnungsgemäße Belüftung und Abführung der Abgase Sorge tragen (BGH, Urt. vom 19. Mai 1953 – 5 StR 472/52). Ein Gasmonteurmeister hat dafür Sorge zu tragen, dass Monteure, die in einer engen Baugrube einen Anschluss an eine unter Druck stehende Gasleitung herstellen sollen, mit einer Atemschutzmaske ausgerüstet sind und diese anlegen (vgl. OLG Naumburg NStZ-RR **1996** 229 ff).

IV. Allgemein anerkannte Regeln der Technik

11 Der früher verwendete Begriff Regeln der Baukunst ist durch den Ausdruck **Regeln der Technik** ersetzt worden. Man wollte den denkbaren Bezug zu den künstlerischen Regeln der Architektur vermeiden. Ein Bedeutungswandel war damit nicht verbunden. Gemeint sind neben den bautechnischen Regeln im engeren Sinne z.B. Regeln, die die Feuersicherheit des Bauwerks betreffen, solche, die die an einen Bau zu stellenden gesundheitlichen Anforderungen festlegen,[15] schließlich Regeln, die der Unfallverhütung (z.B. OLG Koblenz GA **1974** 87 f: Notwendigkeit des Abschaltens einer Stromleitung bei Bauarbeiten in deren Nähe; BGH NJW **2002** 1263 ff: Sicherheitsanforderungen bei Bauarbeiten an einer befahrenen Bahnstrecke; AG Erfurt BrBp **2004** 416 f m. Anm. *Schrobenhausen*: Sicherung von Passanten) oder der baulichen Sicherung dienen. Allen gemeinsam ist, dass ihre Verletzung zu Gefahren für Menschen führen kann. Die Regeln der Technik haben sich, sozusagen als geronnenes Fachwissen, vielfach in baupolizeilichen Vorschriften, in Normenkatalogen (wie DIN- und VDE-Vorschriften),[16] in Unfall-

---

[13] Der Begriff hat also hier nicht die gleiche Bedeutung wie in § 306 Abs. 1 Nr. 2, vgl. *Wolff* LK § 306 Rdn. 29 f.

[14] *Sch/Schröder/Cramer/Sternberg-Lieben* Rdn. 13; *Wieck-Noodt* MK Rdn. 19; *Leipold* S. 592 f; ähnlich *Herzog* NK Rdn. 9; *Tiedemann* Jura **1982** 371, 378; einschränkend auch *Maurach/Schroeder/Maiwald* BT/2 § 54 Rdn. 7; **aA** *Fischer* Rdn. 9.

[15] RGSt **27** 388, 389; BayObLGSt **2001** 115 ff (zum Verbauen mit Teeröl getränkter Bahnschwellen); vgl. auch BTDrucks. 7/550 S. 268 und BTDrucks. IV/650 S. 513 und die Verordnung über Sicherheit und Gesundheitsschutz auf Baustellen vom 10. Juni 1998 (BGBl. I 1283), zuletzt geändert durch Verordnung vom 23. Dezember 2004 (BGBl. I 3758, 3816), die in § 7 auch Ordnungswidrigkeiten- und Straftatbestände vorsieht.

[16] Es geht dabei um private technische Regeln mit Empfehlungscharakter, BGH NJW **1998** 2814, 2815. Vgl. z.B. zur DIN 4020 Geo-

verhütungsvorschriften der Berufsgenossenschaften[17] niedergeschlagen. Doch ist nicht jede DIN-Norm, Baupolizeivorschrift oder Unfallverhütungsbestimmung eine allgemein anerkannte Regel der Technik.[18] Verfassungsrechtliche Bedenken – mangelnde Tatbestandsbestimmtheit – gegen die Verweisung auf im Gesetz nicht näher bestimmte Regeln der Technik äußern *Hammer* (MDR **1966** 977, 979 f) und *Nickusch* (NJW **1967** 811 ff), die dabei von der Prämisse ausgehen, (jetzt) § 319 sei eine Blankettnorm (so auch *Arzt/Weber* BT § 37 Rdn. 93; vgl. zudem *Schünemann* ZfBR **1980** 160 ff und *Tiedemann* Jura **1982** 371, 377). Dies trifft indes nicht zu.[19] Mit dem Begriff der allgemein anerkannten Regeln der Technik wird nicht auf einen außerhalb des StGB stehenden, von privater Seite aufgestellten, sich wandelnden Normenkatalog verwiesen und dieser zum Bestandteil der Bestimmung gemacht.[20] Vielmehr handelt es sich dabei um einen vom Richter im Einzelfall auszufüllenden, also unbestimmten Rechtsbegriff,[21] der allerdings auch tatsächliche, dem Sachverständigenbeweis zugängliche Elemente enthält (was als bewährtes Fachwissen unter Baupraktikern anerkannt ist; vgl. auch *Dresenkamp* SchlHA **2000** 5 f; *Nicklisch* NJW **1983** 841 ff). *Wolters/Horn* (SK Rdn. 7) und *Veit* (S. 210 ff) verweisen mit Recht auf die Parallelität zum Begriff der im Verkehr erforderlichen Sorgfalt im Rahmen der Fahrlässigkeit.[22] Nach BVerfGE **49** 89, 134 ff (vgl. auch BVerfGE **75** 329 ff und zu dem Verbot unbestimmter Strafnormen allgemein z.B. *Roxin* AT I § 5 Rdn. 67 ff) bestehen gegen genügende Bestimmtheit einer derartigen Gesetzesfassung, für die ein praktisches Bedürfnis spricht, keine Bedenken.

Allgemein anerkannt sind Regeln der Technik, wenn sie in den Kreisen der einschlägi- **12**
gen Bautechniker bekannt und als richtig anerkannt sind und deshalb angewendet werden. Die Billigung allein durch die Theorie genügt nicht. Es reicht also nicht aus, dass die

---

technische Untersuchung für bautechnische Zwecke als Regel der Technik *Englert/Fuchs* BauR **2006** 1047 ff (betreffend Baugrunduntersuchung).

17 Auch diese sind keine Rechtsnormen, so dass sie tatrichterlicher Feststellung bedürfen, RGSt **52** 42; *Kuckein* KK [5] StPO § 337 Rdn. 14.

18 RGSt **56** 343, 346; RG Recht **1915** Nr. 2417; BGH NJW **1998** 2814, 2815; BayObLGSt **30** 36; *Fischer* Rdn. 11; *Lackner/Kühl* Rdn. 3; *Sch/Schröder/Cramer/Sternberg-Lieben* Rdn. 4; *Scherer* S. 18 ff; *Tiedemann* Jura **1982** 371, 378. Bedenklich daher die Begründung von OLG Hamm JMBlNRW **1962** 246 und OLG Koblenz GA **1974** 87, 88. Vgl. aber auch *Wieck-Noodt* MK Rdn. 23.

19 *Lackner/Kühl* Rdn. 3; *Wolters/Horn* SK Rdn. 7; *Landau* wistra **1999** 47, 48; *Veit* S. 160 ff. Vgl. auch *Schünemann* FS Lackner S. 367, 375 ff.

20 Vgl. zum Begriff des Blankettgesetzes allgemein BVerfGE **14** 245, 252; RGSt **46** 393, 395 f; BGHSt **6** 30, 40 f; sowie z.B. *Dannecker* LK § 1 Rdn. 148 ff; *Roxin* AT I § 5 Rdn. 40, § 12 Rdn. 110 und *Schünemann* FS Lackner S. 367, 370 ff. *Dietmeier* Blankettstrafrecht – Ein Beitrag zur Lehre vom Tatbestand (2002) 149 ff hält – zu Unrecht – Blankettmerkmale und normative Merkmale für nicht praktikabel voneinander abgrenzbar.

21 *Herzog* NK Rdn. 10; *Wieck-Noodt* MK Rdn. 21; *Wolters/Horn* Rdn. 7; *Enderle* Blankettstrafgesetze Verfassungs- und strafrechtliche Probleme von Wirtschaftsstraftatbeständen (2000) 275 f; *Landau* wistra **1999** 47, 48; *Schünemann* FS Lackner S. 367, 380 ff; *Veit* S. 170 f; vgl. auch *Kindhäuser* LPK Rdn. 3; *Lackner/Kühl* Rdn. 3; *Sch/Schröder/Cramer/Sternberg-Lieben* Rdn. 4; *Marburger* S. 345 ff und *Michalke* ZRP **1988** 273, 274 f.

22 Vgl. auch *Marburger* S. 151. *Schünemann* ZfBR **1980** 162 und *ders.* FS Lackner S. 367, 381 f, 396 sieht in der Verletzung der allgemein anerkannten Regeln der Technik nichts anders als objektiv grobe Fahrlässigkeit; ähnlich Dölling/Duttge/Rössner/*Weiler* HK Rdn. 2; *Bottke/Mayer* ZfBR **1991** 233, 236. Auf Unterschiede weisen demgegenüber *Sch/Schröder/Cramer/Sternberg-Lieben* Rdn. 4 hin; siehe auch *Kindhäuser* LPK Rdn. 3.

Regeln im Fachschrifttum vertreten und auf Fachschulen gelehrt werden; sie müssen in der Praxis erprobt und bewährt sein (RGSt **44** 75, 79). Unerheblich ist, ob einzelne Personen oder Personengruppen die Regeln nicht kennen oder nicht anerkennen (RG Recht **1907** Nr. 2228). Maßgebend ist die Durchschnittsmeinung, die sich bei Praktikern gebildet hat.[23] Auf Arbeiten, für die wegen ihrer Einfachheit besondere Regeln der Technik nicht bestehen, ist § 319 nicht anwendbar (vgl. RGSt **47** 426, 427; RG Recht **1914** Nr. 151). Verändern sich während der Bauausführung die allgemein anerkannten Regeln der Technik, sind diejenigen ausschlaggebend, die im Zeitpunkt der Abnahme gelten, soweit es nicht um solche geht, die vorangegangene Baustadien betreffen (BGH NJW **1998** 2814, 2815).

V. Tun oder Unterlassen als Zuwiderhandlung

13 Die **Zuwiderhandlung** kann in einem **Tun** oder **Unterlassen** bestehen (die Tathandlung grenzen *Wolters/Horn* SK Rdn. 3 anders ab). Der erste Fall liegt z.B. vor, wenn der Täter schlechtes oder gesundheitsgefährdendes Material oder mangelhafte Gerätschaften verwendet (vgl. OLG Celle NdsRpfl. **1986** 133, 135; LG Braunschweig NdsRpfl. **2000** 359 ff betreffend Gerüstbretter) oder eigenmächtig vom Bauplan abweicht oder die Balkonplatte eines Wohnhauses ohne die statisch erforderliche Zugbewehrung ausführt (vgl. OLG Karlsruhe NStZ **2008** 108 f). Der zweite Fall ist u.a. gegeben, wenn der Täter es versäumt, Absperrvorrichtungen und Warntafeln anzubringen (RGSt **56** 343, 347), ein Baugerüst mit Schutzlehnen oder einer Dachfangvorrichtung zu versehen (OLG Celle, Beschl. vom 19. November 1992 – 3 Ss 98/92), ein Baugerüst sturmfest auszulegen (vgl. BGH NJW **1999** 2593), ein Schutzdach zu errichten (RGSt **56** 343, 347), einen als fehlerhaft erkannten Zustand zu beseitigen. Dabei ist eine genaue Abgrenzung zwischen Tun und Unterlassen entbehrlich, weil im Falle von Unterlassen § 13 nicht anzuwenden ist. § 319 regelt abschließend, wer welchen Pflichten, die das Verhindern von Verstößen gegen allgemein anerkannte Regeln der Technik einschließen, nachzukommen hat; es geht also um ein echtes Unterlassungsdelikt, soweit auf Unterlassen abzustellen ist.[24] Die Beschäftigung von Arbeitern an gefährlicher Stelle bedeutet für sich allein noch keinen Verstoß gegen § 319 (RGSt **56** 343, 348). Weicht z.B. der planende Architekt in bewusster Übereinstimmung mit dem Bauherrn von der anerkannten Regeln der Technik ab, schließt dies eine Zuwiderhandlung gegen § 319 nicht aus. Ebensowenig liegt darin ein Rechtfertigungsgrund, denn der Kreis der möglichen Gefährdeten wird in aller Regel über den Bauherrn hinausgehen.

---

[23] RGSt **44** 75, 80; RG GA **39** 208 f; OLG Hamm BauR **1994** 246, 247; *Herzog* NK Rdn. 11; *Kindhäuser* LPK Rdn. 3; *Lackner/Kühl* Rdn. 3; *Sch/Schröder/Cramer/Sternberg-Lieben* Rdn. 4; Dölling/Duttge/Rössner/*Weiler* HK Rdn. 2; *Wolters/Horn* SK Rdn. 8; *Maurach/Schroeder/Maiwald* BT/2 § 54 Rdn. 10; *Backherms* JuS **1980** 9, 10; *Landau* wistra **1999** 47, 48; *Leipold* S. 592; *Marburger* S. 145 ff; *Scherer* S. 15 ff; *Siegburg* BauR **1985** 367, 372 ff; *Tiedemann* Jura **1982** 371, 378; *Veit* S. 172 ff; *Werner/Pastor/Müller* Stichwort Allgemein anerkannte Regeln der Baukunst/Technik; sowie aus zivilrechtlicher Sicht z.B. *Pastor* in Werner/Pastor Der Bauprozess[11] (2005) Rdn. 1458 ff und aus technischer Sicht *Hechtl/Nawrath* ZfBR **1996** 179 ff. Abweichend *Schünemann* ZfBR **1980** 162 f.

[24] *Gallas* S. 13 Fn. 16; *Landau* wistra **1999** 47, 48; **aA** *Lackner/Kühl* Rdn. 3; *Sch/Schröder/Cramer/Sternberg-Lieben* Rdn. 5; *Schünemann* ZfBR **1980** 114 f; *Velten* S. 59 f. Vgl. auch *Wieck-Noodt* MK Rdn. 25 f; *Wolters/Horn* SK Rdn. 10.

VI. Herbeigeführte Gefahr für Leib oder Leben eines anderen Menschen

Durch die Handlung (oder Unterlassung) muss eine **konkrete Gefahr für Leib oder Leben eines anderen Menschen** herbeigeführt, also verursacht sein (siehe OLG Celle NdsRpfl. **1986** 133, 136). Unter Gefahr ist ein Zustand zu verstehen, der die ernste und naheliegende Besorgnis eines entsprechenden Schadens begründet (vgl. ergänzend *Wolff* LK § 306a Rdn. 29). Eine gemeine Gefahr ist nicht nötig. Gefahr für Sachwerte reicht nicht aus (RG GA **43** 295; BGHZ **39** 366, 367). Die Gefahr muss gegenwärtig sein (RG Recht **1915** Nr. 2417). Dieser Grundsatz ist nicht in dem Sinne zu verstehen, dass die Wahrscheinlichkeit einer sofortigen Verwirklichung der Gefahr vorliegen muss; vielmehr ist eine gegenwärtige Gefahr auch dann vorhanden, wenn der Zustand, aus dem sie entspringt, bereits besteht, mag auch die Verwirklichung der Gefahr von einem späteren Ereignis abhängen.[25] So ist bei einem Gebäude gegenwärtige Gefahr schon dann zu bejahen, wenn sie sich erst mit zukünftiger bestimmungsgemäßer Benutzung manifestiert (RG Rspr. **9** 203, 204). Hiernach kann die Erstellung eines brandgefährdeten Bauwerks unter die Vorschrift fallen, auch wenn noch kein Brand ausgebrochen ist.[26] Wird die Errichtung einer notwendigen Brandmauer unterlassen, liegt darin eine gegenwärtige Gefahr (RG GA **47** 442). Eine Gefahr ist demgegenüber dann nicht gegenwärtig, wenn sie erst in Zukunft durch Veränderung eines bestehenden Zustands – z.B. durch Fortsetzung eines auf schlechten Fundamenten errichteten Rohbaus – herbeigeführt wird.[27] Ist der Verantwortliche von vornherein bereit und in der Lage, einer bestimmten Baugefahr zu begegnen, scheidet § 319 aus (RGSt **31** 180, 182). Ob die Gefahr zur Zeit der Aburteilung fortdauert, ist unerheblich; sie muss nur zu irgendeiner Zeit bestanden haben (RG JW **1926** 589 m. Anm. *Hegler*). Von den Umständen des einzelnen Falles hängt es ab, ob vor der baupolizeilichen Abnahme eines Neubaus eine gegenwärtige Gefahr besteht. Soweit sich die Gefahr auf Bauarbeiter erstreckt, wird sie regelmäßig vor dem erwähnten Zeitpunkt eintreten. **14**

Unter den unbestimmten Begriff **andere Menschen** lassen sich alle ordnen, die nicht Täter oder Teilnehmer der Tat sind.[28] Es können danach Personen darunter fallen, die bei dem Bau beschäftigt sind (RGSt **31** 180, 182); bei einem Gebäude dessen Bewohner und Benutzer; Nachbarn; Passanten. Ein Bauunternehmer, der schuldhaft den Einsturz einer Mauer verursacht, ist auch für Verletzungen verantwortlich, die sich Rettungsmannschaften bei der Bergung von Verschütteten zuziehen.[29] **15**

---

[25] Vgl. näher *Hegler* JW **1926** 589 f; ebenso *Landau* wistra **1999** 47, 48 f; vgl. auch *Fischer* Rdn. 11; *Wieck-Noodt* MK Rdn. 27; **aM** *Schünemann* ZfBR **1980** 164.

[26] RGSt **6** 129 ff; RG Recht **1915** Nr. 2417; KG DRiZ **1929** Nr. 914; *Wieck-Noodt* MK Rdn. 27. Bedenken gegen diese Rechtsprechung bei *Frank* § 330 Anm. III.

[27] RGSt **5** 254 f; **31** 180, 182; vgl. aber auch RG GA **53** 440 f: Ist die Einsturzgefahr infolge eines fehlerhaft gemauerten Pfeilers durch planmäßigen Weiterbau akut geworden, so ist der Tatbestand des § 319 erfüllt.

[28] *Fischer* Rdn. 11; *Herzog* NK Rdn. 12; *Kindhäuser* LPK Rdn. 2; *Lackner/Kühl* Rdn. 1; *Sch/Schröder/Cramer/Sternberg-Lieben* Rdn. 6 (wenn auch zweifelnd); *Wieck-Noodt* MK Rdn. 2, 28; BTDrucks. 7/550 S. 268; BTDrucks. IV/650 S. 514; vgl. ergänzend *Wolff* LK § 306a Rdn. 29. **AA** *Wolters/Horn* SK Rdn. 9 vor § 306.

[29] BGH, Urt. vom 21. September 1960 – 2 StR 196/60; *Sch/Schröder/Cramer/Sternberg-Lieben* Rdn. 6; *Wieck-Noodt* MK Rdn. 28; kritisch dazu *Schünemann* ZfBR **1980** 165.

VII. Subjektiver Tatbestand

16 Im Falle der **Absätze 1 und 2** ist **mindestens bedingter Vorsatz** für alle Merkmale des objektiven Tatbestands erforderlich, also auch für die herbeigeführte Gefahr. Ist der Verstoß gegen die anerkannten Regeln der Technik vorsätzlich begangen, die Gefahr aber fahrlässig herbeigeführt, gilt **Absatz 3** in Verbindung mit den Absätzen 1 oder 2. Es handelt sich um eine vorsätzliche Tat, § 11 Abs. 2, so dass Teilnahme möglich ist (einen Fall von Anstiftung behandelt RG GA **46** 110 f). Liegt insgesamt Fahrlässigkeit vor, greift **Absatz 4** in Verbindung mit den Absätzen 1 oder 2 ein. Die möglichen Straffolgen sind dem Verschuldensgrad entsprechend gestuft. Bereits bei der ursprünglichen Fassung der Bestimmung wurde die fahrlässige Tat als strafbar angesehen (RG Rspr. **5** 8 f; BGHSt **6** 131 ff).

17 **Fahrlässigkeit** ist immer dann gegeben, wenn der Täter die allgemeine Gefährlichkeit eines von ihm geschaffenen Zustandes erkennen und dementsprechend allgemein mit Schadensfolgen von der Art rechnen musste, wie sie dann tatsächlich eingetreten sind (BGH, Urt. vom 13. Februar 1962 – 1 StR 11/62). Fahrlässigkeit ist z.B. zu bejahen, wenn der Täter hätte erkennen können, dass seine Kenntnisse und Fähigkeiten und die Ausrüstung seines Unternehmens nicht hinreichten, um bestimmte, gefahrträchtige Bauarbeiten sicher auszuführen (RG GA **38** 439, 440). Zu den Wechselwirkungen von Sorgfaltspflichten bei Bauplanung und Bauleitung vgl. OLG Köln MDR **1963** 156. Ein Verstoß gegen Unfallverhütungsvorschriften bedeutet nicht ohne weiteres Fahrlässigkeit; doch können diese Vorschriften zur Begründung eines fahrlässigen Verhaltens in tatsächlicher Beziehung herangezogen werden (RG Recht **1906** Nr. 123). Irrt der Täter trotz Kenntnis aller Umstände über den Begriff des Bauleiters, liegt ein unbeachtlicher Subsumtionsirrtum vor (vgl. RGSt **57** 205 f; RG GA **39** 323 ff).

VIII. Tätige Reue

18 Das Gesetz sieht in § 320 Abs. 2 Nr. 4 und Abs. 3 Nr. 1 d) die Möglichkeit **tätiger Reue** vor.

IX. Konkurrenzen

19 **Tateinheit** kommt mit §§ 211 f,[30] 222,[31] 223 ff,[32] 229[33] in Betracht; denkbar ist sie auch mit fahrlässiger Brandstiftung nach § 306d und dem fahrlässigen Herbeiführen einer Sprengstoffexplosion nach § 308 Abs. 6 (*Herzog* NK Rdn. 15; *Wieck-Noodt* MK Rdn. 35; vgl. auch *Fischer* Rdn. 14). § 319 Abs. 2 tritt hinter § 318, der spezielleren Vorschrift, zurück (*Fischer* Rdn. 14; *Wieck-Noodt* MK Rdn. 36). Vgl. im Übrigen auch die Bauordnungen der Länder.

---

30 *Fischer* Rdn. 14; *Herzog* NK Rdn. 15; *Wieck-Noodt* MK Rdn. 35; *Wolters/Horn* SK Rdn. 15.

31 *Fischer* Rdn. 14; *Herzog* NK Rdn. 15; *Kindhäuser* LPK Rdn. 9; *Lackner/Kühl* Rdn. 8; *Sch/Schröder/Cramer/Sternberg-Lieben* Rdn. 16; *Wieck-Noodt* MK Rdn. 35; *Wolters/Horn* SK Rdn. 18.

32 *Herzog* NK Rdn. 15; *Wieck-Noodt* MK Rdn. 35; *Wolters/Horn* SK Rdn. 15.

33 *Fischer* Rdn. 14; *Kindhäuser* LPK Rdn. 9; *Lackner/Kühl* Rdn. 8; *Sch/Schröder/Cramer/Sternberg-Lieben* Rdn. 16; *Wieck-Noodt* MK Rdn. 35; *Wolters/Horn* SK Rdn. 18.

X. Verjährung

Die **Verjährung** beginnt, wenn die konkrete Gefahr eingetreten ist,[34] bei einem Bauwerk also spätestens mit Fertigstellung und Abnahme.[35] Bei § 319 handelt es sich nicht um ein Dauerdelikt.[36] **20**

XI. Recht des Einigungsvertrages

Hinsichtlich des Rechts des Einigungsvertrages wird auf die Vorauflage verwiesen (vgl. *Wolff* LK § 323 Rdn. 21 f). **21**

§ 320
Tätige Reue

(1) Das Gericht kann die Strafe in den Fällen des § 316c Abs. 1 nach seinem Ermessen mildern (§ 49 Abs. 2), wenn der Täter freiwillig die weitere Ausführung der Tat aufgibt oder sonst den Erfolg abwendet.

(2) Das Gericht kann die in den folgenden Vorschriften angedrohte Strafe nach seinem Ermessen mildern (§ 49 Abs. 2) oder von Strafe nach diesen Vorschriften absehen, wenn der Täter in den Fällen
1. des § 315 Abs. 1, 3 Nr. 1 oder Abs. 5,
2. des § 315b Abs. 1, 3 oder 4, Abs. 3 in Verbindung mit § 315 Abs. 3 Nr. 1,
3. des § 318 Abs. 1 oder 6 Nr. 1,
4. des § 319 Abs. 1 bis 3
freiwillig die Gefahr abwendet, bevor ein erheblicher Schaden entsteht.

(3) Nach den folgenden Vorschriften wird nicht bestraft, wer
1. in den Fällen des
a) § 315 Abs. 6,
b) § 315b Abs. 5,
c) § 318 Abs. 6 Nr. 2,
d) § 319 Abs. 4
freiwillig die Gefahr abwendet, bevor ein erheblicher Schaden entsteht, oder
2. in den Fällen des § 316c Abs. 4 freiwillig die weitere Ausführung der Tat aufgibt oder sonst die Gefahr abwendet.

(4) Wird ohne Zutun des Täters die Gefahr oder der Erfolg abgewendet, so genügt sein freiwilliges oder ernsthaftes Bemühen, dieses Ziel zu erreichen.

---

[34] RGSt **31** 180, 182; RG GA **53** 440 f; BayObLG JR **1958** 468 f; *Fischer* Rdn. 15; *Sch/Schröder/Cramer/Sternberg-Lieben* Rdn. 6; *Wieck-Noodt* MK Rdn. 33, 39.

[35] Das zuletzt von *Gleß* GA **2006** 689 ff für die Brandstiftungsdelikte behandelte Problem einer großen zeitlichen Differenz zwischen Handlung und Erfolg besteht deshalb für § 319 nicht.

[36] RGSt **6** 129, 130; **9** 152, 156; **26** 261, 262; *Wieck-Noodt* MK Rdn. 3.

Entstehungsgeschichte

Die Vorschrift, die durch Art. 1 Nr. 88 des 6. StrRG vom 26. Januar 1998 (BGBl. I 164, 185) in das StGB eingefügt worden ist, fasst die Möglichkeiten tätiger Reue bei den Delikten nach §§ 315 bis 319 zusammen. Zu ihrer Entstehung im Gesetzgebungsverfahren des 6. StrRG sei auf die Ausführungen zur Entstehungsgeschichte der Parallelvorschrift des § 314a verwiesen. Zuvor waren die Regelungen über tätige Reue auf die einzelnen Strafvorschriften verteilt, nämlich § 315 Abs. 6, § 315b Abs. 6, § 316a Abs. 2, § 316c Abs. 4 und § 323 Abs. 5, jeweils a.F.; insoweit wird auf die Bemerkungen zur Entstehungsgeschichte dieser Vorschriften verwiesen, wobei § 323 zu § 319 geworden ist (vgl. auch *Putzke* in Schlüchter (Hrsgin) Bochumer Erläuterungen zum 6. Strafrechtsreformgesetz (1998) 137 f). Bei § 318 ist die Möglichkeit tätiger Reue aus Gründen der Gleichbehandlung neu eingeführt worden (Begründung zum Regierungsentwurf des 6. StrRG BTDrucks. 13/8587 S. 52).

I. Fälle tätiger Reue nach § 320

1 § 320 entspricht hinsichtlich der **Voraussetzungen und den Folgen tätiger Reue bei §§ 315, 315b, 316c, 318 und 319** weitgehend den entsprechenden Anforderungen in § 314a, so dass die Ausführungen zu letzterer Bestimmung sinngemäß gelten. Deshalb soll hier ergänzend nur auf folgende Punkte eingegangen werden:

2 a) Nach **§ 320 Abs. 1** kann das Gericht nach seinem pflichtgemäßen Ermessen die Strafe mildern, § 49 Abs. 2, wenn der Täter eines Verbrechens nach **§ 316c Abs. 1** (ebenso eines minder schweren Falls nach § 316c Abs. 2) die weitere Ausführung der Tat aufgibt oder sonst den Erfolg abwendet. Schwierigkeiten macht dabei, was unter dem abzuwendenden Erfolg zu verstehen ist, weil das abstrakte Gefährdungsdelikt des § 316c Abs. 1 in Satz 1 als schlichtes Tätigkeitsdelikt mit überschießender Innentendenz ausgestaltet ist (vgl. *König* LK § 316c Rdn. 2, 50 m.N.) und deshalb keinen Erfolg voraussetzt. Soweit es das Unternehmensdelikt des § 316c Abs. 1 S. 1 Nr. 2 letzte Variante betrifft, kann als abzuwendender Erfolg die Explosion oder der Brand verstanden werden, die Luftfahrzeug oder Schiff oder Ladung zerstören oder beschädigen sollen (Bericht des Sonderausschusses für die Strafrechtsreform BTDrucks. IV/2721 S. 4).[1] Im Übrigen gibt es bei § 316c Abs. 1 S. 1 keinen Erfolg, es sei denn man betrachtet die Gewaltanwendung usw. als Erfolg,[2] wofür aber kein Anlass besteht; das Erlangen der Herrschaft über ein Luftfahrzeug pp. ist nicht Erfolg in diesem Sinne, sondern Ziel der Straftat.[3] Damit scheidet die Anwendbarkeit von § 320 Abs. 1 mit Beginn der Tätigkeit allerdings nicht aus.[4] Die

[1] *Fischer* Rdn. § 316c 17; *Herzog* NK Rdn. 2; *König* LK § 316c Rdn. 50; *Wieck-Noodt* MK § 316c Rdn. 61; *Wolters/Horn* SK § 316c Rdn. 24.

[2] In diesem Sinne BGHSt **10** 320, 323 zu einer früheren, nicht vergleichbaren Fassung von § 316a (siehe dazu auch *Schäfer* LK[10] § 316a Rdn. 31 m.N.); *König* LK § 316c Rdn. 50; *Wolters/Horn* SK § 316c Rdn. 17, 24.

[3] Bericht des Sonderausschusses für die Strafrechtsreform BTDrucks. VI/2721 S. 3; *Fischer* § 316c Rdn. 17; *König* LK § 316c Rdn. 50; **aA** *Sch/Schröder/Cramer/Sternberg-Lieben* § 316c Rdn. 32; *Wieck-Noodt* MK Rdn. 6 und § 316c Rdn. 61; vgl. auch *Wolters/Horn* SK § 316c Rdn. 17.

[4] So *Fischer* § 316c Rdn. 17; *Wieck-Noodt* MK Rdn. 3 f (vgl. aber auch *dies.* MK § 316c Rdn. 61); *Wolters/Horn* SK Rdn. 24; offenbar auch *König* LK § 316 c Rdn. 50.

Gesetzesfassung „die weitere Ausführung der Tat aufgibt" zeigt vielmehr, dass auch ein Abbrechen begonnener deliktischer Tätigkeit die Möglichkeit der Strafmilderung eröffnen soll; die Erfolgsabwendung muss, anders als in § 316a Abs. 2 a.F., zur Aufgabe weiterer Tatausführung nicht hinzutreten.

b) Es bereitet auch Schwierigkeiten, die Bedeutung von **§ 320 Abs. 3 Nr. 2** zu erfassen, nach welcher Vorschrift tätige Reue bei **§ 316c Abs. 4** zu einem persönlichen Strafaufhebungsgrund führt. Bezieht man, was nahe liegt, das freiwillige weitere Aufgeben der Tat auf das Vorbereitungsdelikt des § 316c Abs. 4, so wird erfasst, wenn der Täter z.B. den Bau der Bombe oder der Zündvorrichtung für einen Schiffsbrand abbricht (*König* LK § 316c Rdn. 51) oder die Verwahrung der Schusswaffe so aufgibt, dass sie für den geplanten Angriff im Luft- oder Seeverkehr nicht mehr verwendet werden kann. Mit dem Gesetzeswortlaut ist es aber auch vereinbar, das Aufgeben der weiteren Tatausführung dann, wenn der Vorbereitungstäter sie allein ausführen oder neben anderen daran selbst mitwirken will, auf die geplante Straftat nach § 316c Abs. 1 zu beziehen. Auch dies wird vom Gesetzeszweck, Straftaten nach § 316c Abs. 1 möglichst zu verhindern, getragen. Danach kann der Täter tätige Reue auch noch üben, wenn seine Vorbereitungstat abgeschlossen ist, er aber die geplante Durchführung der Tat nach § 316c Abs. 1 unterlässt[5] oder bei ihr nicht mitwirkt; wobei in letzterem Falle allerdings die Grundsätze von § 24 Abs. 2 entsprechend anzuwenden sind, so dass der Täter die Ausführung des Verbrechens nach § 316c Abs. 1 verhindern muss (*Wieck-Noodt* MK Rdn. 5). **3**

Dass das Merkmal weiteres Aufgeben so weit zu deuten ist, wird dadurch nahe gelegt, dass das Gesetz dem Täter die Wohltat tätiger Reue sogar dann noch gibt, wenn er sonst die Gefahr abwendet. § 316c Abs. 4 enthält das Merkmal Gefahr nicht und führt auch nicht zu einer abstrakten Gefahr für den durch § 316c Abs. 1 geschützten zivilen Luft- und Seeverkehr, es sei denn, man meint damit die Gefahr, dass die unter Verletzung von § 316c Abs. 4 von dem Täter der Vorbereitungstat vorbereitete Tat nach § 316c Abs. 1 durch Dritte ausgeführt wird (von dieser Gefahr spricht z.B. *Fischer* § 316c Rdn. 17). Allerdings enthält auch § 316c Abs. 1 als abstraktes Gefährdungsdelikt das Merkmal Gefahr nicht. Es kann dementsprechend nur um die mit einem solchen Delikt verbundene abstrakte Gefahr gehen, die abgewendet werden soll. Auch das läuft aber letztlich darauf hinaus, dass der Täter des Vorbereitungsdelikts Strafbefreiung erlangen kann, wenn er die Durchführung der geplanten Tat nach § 316c Abs. 1 durch Dritte verhindert,[6] denn nur dann ist die damit verbundene abstrakte Gefahr abgewendet. **4**

2. Bei § 315 Abs. 1, Abs. 3 Nr. 1, jeweils einschließlich minder schwerer Fälle nach § 315 Abs. 4, bei § 315 Abs. 5 und 6,[7] § 315b Abs. 1, Abs. 3 in Verbindung mit § 315 Abs. 3 Nr. 1, ebenfalls einschließlich minder schwerer Fälle, bei § 315b Abs. 4 und 5 sowie § 315d 1. Alternative, bei § 318 Abs. 1, Abs. 6 Nr. 1 und 2 und bei § 319 Abs. 1, 2, 3 und 4, bei welchen Delikten das Verursachen einer konkreten Gefahr mindestens für **5**

---

[5] *Sch/Schröder/Cramer/Sternberg-Lieben* § 316c Rdn. 32; *Wolters/Horn* SK § 316c Rdn. 28. Nach *König* LK § 316c Rdn. 51 passt der Wortlaut von § 320 Abs. 1 darauf nicht, denn die weitere Ausführung einer vollendeten Tat könne nicht aufgegeben werden; ebenso *Wieck-Noodt* MK § 316c Rdn. 63.

[6] Diesen Fall der tätigen Reue anerkennen: *Fischer* § 316c Rdn. 17; *König* LK § 316c Rdn. 51; *Sch/Schröder/Cramer/Sternberg-Lieben* § 316c Rdn. 32; *Wieck-Noodt* MK § 316c Rdn. 63; *Wolters/Horn* SK § 316c Rdn. 28.

[7] Siehe als Beispielsfall OLG Düsseldorf NJW **1971** 1850 f und dazu *Meyer-Gerhards* JuS **1972** 506, 507 f.

Leib oder Leben eines anderen Menschen zum Tatbestand gehört, ist tätige Reue bei freiwilligem Abwenden der Gefahr vor Entstehen eines erheblichen Schadens möglich, **§ 320 Abs. 2 Nr. 1 bis 4, Abs. 3 Nr. 1 lit. a) bis d).**[8] **Unterschiede** ergeben sich nur **hinsichtlich der Folgen** erfolgreicher tätiger Reue: In den Fällen nach § 320 Abs. 2 hat das Gericht die Möglichkeit, nach seinem Ermessen die Strafe zu mildern, § 49 Abs. 2, oder von Strafe abzusehen; bei Fällen nach § 320 Abs. 3 wirkt tätige Reue als persönlicher Strafaufhebungsgrund.

II. Deliktstatbestände der §§ 315 ff, bei denen tätige Reue nicht in Betracht kommt

6 Tätige Reue kommt nach der gesetzlichen Regelung bei den Qualifikationstatbeständen nach § 315 Abs. 3 Nr. 2, § 316c Abs. 3 und § 318 Abs. 3 und 4 nicht in Frage. Das entspricht der Gesetzeslage bei §§ 307 ff. Tätige Reue ist gleichfalls nicht vorgesehen bei Gefährdung des Bahn-, Schiffs- und Luftverkehrs nach § 315a (kritisch dazu z.B. *Sch/Schröder/Cramer/Sternberg-Lieben* § 315a Rdn. 16); das gleiche gilt für den den verkehrsinternen Ablauf betreffenden Straftatbestand des § 315c einschließlich Schienenbahnen, wenn sie am Straßenverkehr teilnehmen, § 315d (kritisch dazu z.B. *Zieschang* Die Gefährdungsdelikte (1998) 155). Die Erklärung dafür ergibt sich im wesentlichen aus der Begründung zum Entwurf eines Zweiten Gesetzes zur Sicherung des Straßenverkehrs vom 27. September 1962 – BTDrucks. IV/651 S. 26 f. Weiter scheidet tätige Reue bei Trunkenheit im Verkehr nach § 316 aus. Weniger einsichtig ist es, weshalb, anders als für § 316c Abs. 1 bei § 316a Abs. 1 keine Möglichkeit tätiger Reue eingeräumt ist.[9] Auch bei § 316b und § 317 könnte man gerade im Verhältnis zu dem geänderten § 318 Argumente dafür ins Feld führen, dass tätige Reue möglich sein sollte. Doch ist die Regelung in § 320 abschließend, und es ist für eine analoge Anwendung mangels planwidriger Gesetzeslücke kein Raum.[10]

---

[8] Siehe dazu bei *Wolff* LK § 314a Rdn. 4 f., 8 ff; sowie *Fischer* § 315 Rdn. 26; *König* LK § 315 Rdn. 126 ff.

[9] Seit dem 6. StrRG – Art. 1 Nr. 84 (BGBl. I 164, 184) – ist in § 316a Abs. 1 nicht mehr das Unternehmen eines Angriffs auf Kraftfahrer wie in § 316a Abs. a.F. unter Strafe gestellt, sondern das Verüben dieses Angriffs. Zugleich ist die Bestimmung über tätige Reue nach § 316a Abs. 2 gestrichen worden; da mit der Änderung von § 316a Abs. 1 die Rücktrittsvorschrift des § 24 anwendbar und zudem eine geringere Strafrahmenobergrenze für minder schwere Fälle normiert wurde, hat der Gesetzgeber § 316a Abs. 2 a.F. als überflüssig angesehen (Begründung zum Regierungsentwurf des 6. StrRG – BTDrucks. 13/8587 S. 51). Damit ist dem Täter jedoch tätige Reue nach vollendetem Angriff, anders als nach erfolgter Gewaltanwendung bei § 316c Abs. 1, abgeschnitten. Vgl. auch *König* LK § 316a Rdn. 46 ff; *Sch/Schröder/Cramer/Sternberg-Lieben*[26] Rdn. § 316a 10/14 m.N.; Dölling/Duttge/Rössner/*Weiler* HK Rdn. 1; *Stein* in Dencker/Struensee/Nelles/Stein Einführung in das 6. Strafrechtsreformgesetz 1998 (1998) 126 f (Rdn. 115).

[10] *Sch/Schröder/Cramer/Sternberg-Lieben* § 315a Rdn. 16; *Wieck-Noodt* MK § 316a Rdn. 60; vgl. auch *Wolters* GA **2002** 303, 317; **aA** *König* LK § 315a Rdn. 37 (siehe jedoch auch § 316a Rdn. 49 f). Nach *Fischer* § 315a Rdn. 11 ist die Möglichkeit von Analogie fraglich.

§ 321
Führungsaufsicht

In den Fällen der §§ 306 bis 306c und 307 Abs. 1 bis 3, des § 308 Abs. 1 bis 3, des § 309 Abs. 1 bis 4, des § 310 Abs. 1 und des § 316c Abs. 1 Nr. 2 kann das Gericht Führungsaufsicht anordnen (§ 68 Abs. 1).

Entstehungsgeschichte

Das Strafgesetzbuch für das Deutsche Reich sah in seiner ursprünglichen Fassung in § 325 die Möglichkeit der Polizeiaufsicht neben der Bestrafung mit Zuchthaus aus den §§ 306 bis 308, 311 bis 313, 315 und 321 bis 324 vor (RGBl. 1871 S. 127, 190). Änderungen erfolgten erst 1953 (vgl. *Wolff* LK[11] § 321 Entstehungsgeschichte). Nach § 325 in der Fassung von Art. 1 Nr. 93 des 1. StrRG vom 25. Juni 1969 (BGBl. I 645, 657) konnte neben einer wegen einer vorsätzlichen Tat nach §§ 306 bis 308, 311, 312, 313 Abs. 1, 315 Abs. 3, § 315b Abs. 3, 316a Abs. 1, 321 Abs. 2 und 324 erkannten Freiheitsstrafe von mindestens einem Jahr auf Zulässigkeit von Polizeiaufsicht erkannt werden. Laut Art. 14 EGStGB 1974 (BGBl. I 469) traten die Vorschriften, die Polizeiaufsicht zuließen, außer Kraft; statt dessen fügte Art. 19 Nr. 182 EGStGB 1974 unter entsprechender Überschrift als § 325 die Bestimmung ein, dass in den Fällen der §§ 306 bis 308, des § 310b Abs. 1 bis 3, des § 311 Abs. 1 bis 4, der §§ 311a, 311b und 316c Abs. 1 Nr. 2 Führungsaufsicht angeordnet (§ 68 Abs. 1 Nr. 2) werden könne. Mit Art. 1 Nr. 12 des 18. StRÄndG vom 28. März 1980 (BGBl. I 373, 374) ist die Nummerierung in § 321 geändert worden. In Art. 1 Nr. 18 des 23. StRÄndG vom 13. April 1986 (BGBl. I 393, 395) ist u.a. in § 321 die Verweisung auf § 68 Abs. 1 Nr. 2 durch die Verweisung auf § 68 Abs. 1 ersetzt worden. Die geltende Fassung ergibt sich aus Art. 1 Nr. 88 des 6. StrRG vom 26. Januar 1998 (BGBl. I 164, 185). Sie war vergleichbar schon in Art. 1 Nr. 70 des Regierungsentwurfs zum 6. StrRG vorgesehen (BTDrucks. 13/8587 S. 15 und 52; vgl. ergänzend Bericht des Rechtsausschusses des Bundestags – BTDrucks. 139064 S. 23) und entspricht mit den erforderlich gewordenen Verweisungsumstellungen im wesentlichen dem früheren Rechtszustand.

Bei den in der Vorschrift aufgezählten gemeingefährlichen Straftaten (auch bei Versuch, Teilnahme oder versuchter Teilnahme[1]) ist im Rahmen des § 68 Abs. 1, also bei der Verwirkung von mindestens sechs Monaten Freiheitsstrafe und bei Bestehen der Gefahr, dass der Täter weitere Straftaten begehen wird, die Anordnung von Führungsaufsicht möglich. Die Entscheidung steht im pflichtgemäßen Ermessen des Gerichts. Dabei kann sich die Anordnung mit der Regelung des § 68f – Führungsaufsicht bei Nichtaussetzung des Strafrestes – überschneiden (zu den Folgen siehe *Hanack* LK[11] § 68f Rdn. 9 f einerseits und z.B. *Tröndle/Fischer*[54] § 68f Rdn. 6 andererseits; vgl. außerdem *Groß* MK § 68f Rdn. 16; *Schneider* LK § 68 f Rdn. 6 f). Die Konsequenzen angeordneter Führungsaufsicht ergeben sich aus §§ 68a ff. Vgl. im Übrigen die Kommentierung von *Schneider* LK zu §§ 68 ff.

---

1 *Schneider* LK § 68 Rdn. 4; *Sch/Schröder/Cramer/Sternberg-Lieben* § 321; Dölling/Duttge/Rössner/*Weiler* HK Rdn. 1; *Wieck-Noodt* MK Rdn. 3.

§ 322
Einziehung

Ist eine Straftat nach den §§ 306 bis 306c, 307 bis 314 oder § 316c begangen worden, so können
1. Gegenstände, die durch die Tat hervorgebracht oder zu ihrer Begehung oder Vorbereitung gebraucht worden oder bestimmt gewesen sind, und
2. Gegenstände, auf die sich eine Straftat nach den §§ 310 bis 312, 314 oder 316c bezieht,
eingezogen werden.

Entstehungsgeschichte

Die Vorschrift, die durch Art. 1 Nr. 21 EGOWiG vom 24. Mai 1968 (BGBl. I 503, 507) unter Einbeziehung des aufgehobenen § 311c a.F., der die Einziehung bei Explosionsdelikten regelte und durch Art. 1 Nr. 1 des 7. StRÄndG vom 1. Juni 1964 (BGBl. I 337) in das StGB gekommen war, zunächst als § 325a eingefügt worden war, ist durch Art 19 Nr. 183, 207 EGStGB 1974 (BGBl. I 469) erweitert und mit ihrer Überschrift versehen worden. Eine spätere Fassung beruhte auf Art. 1 Nr. 13 des 18. StRÄndG – Gesetz zur Bekämpfung der Umweltkriminalität – vom 28. März 1980 (BGBl. I 373, 374), mit der die Einziehungsmöglichkeit auf die Straftaten nach §§ 311d und 311e erstreckt wurde. Sie wurde abgelöst durch die durch den Austausch von § 311c und § 311e im 31. StRÄndG vom 27. Juni 1994 (BGBl. I 14440) ausgelöste Fassung. Die geltende Fassung beruht auf Art. 1 Nr. 88 des 6. StrRG vom 26. Januar 1998 (BGBl. I 164, 185). Sie war vergleichbar bereits in Art. 1 Nr. 70 des Regierungsentwurfs zum 6. StrRG vorgesehen (BTDrucks. 13/8587 S. 15, 52; siehe ergänzend den Bericht des Rechtsausschusses des Bundestags BTDrucks. 13/9064 S. 23) und entspricht mit notwendigen Verweisungsumstellungen der davor geltenden Regelung, enthält aber auch Erweiterungen auf Brandstiftungsdelikte und das Herbeiführen einer Überschwemmung.

I. Einziehung nach § 322 Nr. 1

1 1. Soweit **vorsätzliche Taten** nach den in § 322 aufgezählten Strafbestimmungen in Frage stehen – das betrifft § 306, 306a, § 306b, § 306c, § 307 Abs. 1 bis 3, § 308 Abs. 1 bis 5, § 309, § 310, § 311 Abs. 1 und 2, § 312 Abs. 1 bis 6 Nr. 1 und Abs. 2 in Verbindung mit § 308 Abs. 2 bis 5; § 314 und § 316c –, deckt sich die Einziehungsmöglichkeit nach § 322 Nr. 1 mit derjenigen nach § 74 Abs. 1. Irgendwelche Besonderheiten gelten dabei nicht. Es kann deshalb auf die Kommentierung zu § 74 und den Folgebestimmungen verwiesen werden (siehe *Schmidt* LK zu §§ 74 ff).

2 2. Eine Sondervorschrift im Sinne des § 74 Abs. 4 bedeutet § 322 Nr. 1 insofern, als die Einziehung der producta und instrumenta sceleris auch bei den **Fahrlässigkeitstaten** nach § 307 Abs. 4, § 308 Abs. 6, 311 Abs. 3, § 312 Abs. 6 Nr. 2, § 313 Abs. 2 in Verbindung mit § 308 Abs. 6 möglich ist. Die weiteren Voraussetzungen der Einziehung ergeben sich wieder aus § 74 nebst Folgebestimmungen.

II. Einziehung der Beziehungsgegenstände nach § 322 Nr. 2

Bei den Tatbeständen der §§ 310 bis 312, 314 und 316c ist daneben nach § 322 Nr. 2 die Einziehung der sog. **Beziehungsgegenstände** (vgl. zu diesem Begriff BGHSt **10** 28 ff und *Schmidt* LK § 74 Rdn. 19) zulässig, also im wesentlichen der Objekte der Tat wie z.B. der nach § 310 aufbewahrte Sprengstoff oder die feilgehaltene, im Sinne des § 314 mit gefährlichen Stoffen vermischte Sache. Auch insoweit greifen ergänzend die §§ 74 ff ein. **3**

III. § 322 verweist nicht auf § 74a

Eine Verweisung auf § 74a enthält § 322 nicht. Die **Einziehung nicht dem Täter oder Teilnehmer gehörender Gegenstände** ist daher nur nach den allgemeinen Regeln, §§ 74 Abs. 2 Nr. 2, Abs. 3, § 76a Abs. 2, zulässig. Die Gefährlichkeit der Gegenstände im Sinne von § 74 Abs. 2 Nr. 2 wird bei den hier in Rede stehenden Delikten meist zu bejahen sein. **4**

IV. Prozessuale Hinweise

Auch bei einer auf § 322 gestützten Einziehung handelt es sich um eine **Ermessensentscheidung.** Sie setzt die Feststellung einer von der Anklage erfassten Tat, bei der der Gegenstand, um dessen Einziehung es geht, eine Rolle gespielt hat, voraus (BGHR StGB § 74 Abs. 1 Tatmittel 6). Die Ausübung des Ermessens ist dabei in einem Urteil deutlich zu machen (BGHR StGB § 74 Abs. 1 Ermessensentscheidung 1). Im Urteilstenor sind zudem eingezogene Gegenstände genau zu bezeichnen (BGHR StGB § 74 Abs. 1 Urteilsformel 1 m. Nachw.). **5**

§ 323

weggefallen

Sachregister

Die fetten Zahlen verweisen auf die Kapitel der Einleitung bzw. auf die Paragraphen, die mageren auf die Randnummern.

FSC
www.fsc.org
MIX
Papier | Fördert gute Waldnutzung
FSC® C083411

Kolibri 360 GmbH
Ferdinand-Jühlke-Straße 7
99095 Erfurt, Deutschland
produktsicherheit@kolibri360.de